2010

中国电力年鉴

《中国电力年鉴》编辑委员会

本年鉴连续三届荣获中央级年鉴评比一等奖

图书在版编目（CIP）数据

2010中国电力年鉴 /《中国电力年鉴》编辑委员会编.—北京:中国电力出版社,2010.11
ISBN 978-7-5123-1005-6

Ⅰ.①2… Ⅱ.①中… Ⅲ.①电力工业—中国—2010—年鉴 Ⅳ.①F426.61-54

中国版本图书馆CIP数据核字(2010)第204356号

中国电力出版社出版、发行
（北京三里河路6号 100044 http：//www.cepp.com.cn）
北京盛通印刷股份有限公司印刷
各地新华书店经售
*
2010年12月第一版 2010年12月北京第一次印刷
787毫米×1092毫米 16开本 50.75 印张 1708 千字 36插页
印数 0001—3000 册 定价 180.00 元

2009年1月25日(农历大年三十)，国家主席胡锦涛（左二）到江西华能井冈山电厂考察。

（中国华能集团公司　提供）

2009年10月18日，国家主席胡锦涛（左一）在中国大唐集团公司总经理翟若愚（左二）的陪同下到山东大唐东营风电场考察调研。

（中国大唐集团公司　提供）

2009年11月11日，全国人大常委会委员长吴邦国（右二）考察国电龙源甘肃玉门风电场。

（中国国电集团公司　提供）

2009年2月7日，国务院总理温家宝（右）在河南省许昌市亲切慰问奋战在抗旱一线的电力职工。

（徐强　摄）

2009年3月26日，中共中央政治局常委李长春（左一）在缅甸首都内比都出席《关于共同开发水电的政府间框架协议》签字仪式，明确了中国电力投资集团公司作为东南亚水电项目开发主体，并纳入政府间合作规划。

（中国电力投资集团公司　提供）

2009年4月13日，国家副主席习近平（前排左二）实地了解国家电网公司深入学习实践活动的开展情况及公司发展现状。图为国家副主席习近平在国家电网公司总经理刘振亚（前排左一）的陪同下在公司总部观看特高压设备模型。

（国家电网公司　提供）

2009年1月4日（新年第一个工作日），国务院副总理李克强（左一）在中国电力投资集团公司总经理陆启洲（左二）的陪同下到公司总部考察调研。（中国电力投资集团公司　提供）

2009年10月31日，国务院副总理李克强（右一）在贵州省万松变电站建设工地考察。

（贵州电网公司　提供）

2009年7月12日，中共中央政治局常委周永康（左）到新疆乌鲁木齐电业局电力调度中心看望和慰问坚守生产一线的广大电网员工。

（郭新刚　摄）

2009年4月21日，国务院副总理张德江（右二）在中国大唐集团公司总经理翟若愚（右三）的陪同下在北京参观第八届中国国际核电工业展览会中国大唐集团公司展区。

（中国大唐集团公司　提供）

2009年5月20日，国务院副总理张德江（右二）在国家电网公司总经理刘振亚（左一）的陪同下在北京视察国家电网公司特高压直流试验基地。

（国家电网公司　提供）

2009年8月24日，北京市委书记刘淇（前排左二）与北京市长郭金龙（前排右二）到天安门广场国庆60周年临时供电工程现场视察。（北京市电力公司 提供）

2009年6月13日，“重庆国企开放发展高层论坛”举办期间，重庆市委书记薄熙来（前排左）会见中国电力投资集团公司总经理陆启洲（前排右）。（中国电力投资集团公司 提供）

2009年6月20日，国务院国有资产监督管理委员会主任李荣融（左二）在中国南方电网公司董事长袁懋振（右二）、总经理赵建国（右一）的陪同下视察南方电网公司调度中心。

（中国南方电网有限责任公司　提供）

2009年12月2日，国家电力监管委员会主席王旭东（前排右二）到山东华电国际邹县发电厂调研。

（中国华电集团公司　提供）

2009年12月25日，中国电力企业联合会第五次全国会员代表大会在北京召开。会议选举产生了新一届领导班子，选举刘振亚为理事长、孙玉才为常务副理事长、魏昭峰为副理事长，王志轩为秘书长。

（中国电力企业联合会　提供）

2009年1月8～9日，2009年电力监管工作会议在北京召开。

（国家电力监管委员会　提供）

2009年1月17～19日，国家电网公司一届四次职工代表大会暨2009年工作会议在北京召开。

（杜平　摄）

2009年1月16～17日，中国南方电网公司2009年工作会议暨一届二次职工代表大会在广东珠海召开。

（中国南方电网有限责任公司　提供）

2009年1月14～15日，中国华能集团公司2009年工作会议在北京召开。
（中国华能集团公司　提供）

2009年1月15～16日，中国大唐集团公司2009年工作会议在北京召开。
（中国大唐集团公司　提供）

2009年1月9～10日，中国华电集团公司2009年工作会议在北京召开。
（中国华电集团公司　提供）

2009年2月23～24日，中国国电集团公司一届一次职工代表大会暨2009年工作会议在北京召开。

（中国国电集团公司　提供）

2009年1月15～16日，中国电力投资集团公司2009年工作会议在北京召开。

（中国电力投资集团公司　提供）

2009年5月21日，2009特高压输电技术国际会议在北京召开。

（国家电网公司　提供）

2009年5月27日，由国家电力监管委员会和中国电力企业联合会联合举办的电力安全监管报告和电力可靠性指标发布会在北京举行。

（中国电力企业联合会 提供）

2009年7月8日，由中国电力企业联合会举办的“第七届上海国际电力设备及技术展览会暨第六届上海国际电机工程及电力装备展览会”在上海国际展览中心开展。

（中国电力企业联合会 提供）

2009年11月3日，2009中国电力论坛在天津滨海新区国际会展中心开幕。本次论坛的主题是“清洁能源，绿色电力”。

（中国电力企业联合会 提供）

2009年2月，国家电网公司与内蒙古自治区政府在呼伦贝尔市、兴安盟电网整体划转协议上签字，并举行了国家电网公司内蒙古东部电力有限公司揭牌仪式。国家电网公司总经理刘振亚（前排左）与内蒙古自治区主席巴特尔（前排右）出席签字仪式并揭牌。

（内蒙古东部电力有限公司　提供）

2009年5月18日，中电投黄河拉西瓦水电站首批两台70万kW机组正式投产发电，其6号机组成为中国电力装机突破8亿kW的标志性机组。

（中国电力投资集团公司　提供）

2009年6月8日，中国南方电网公司在广州市与亚运会签署2010年高级合作伙伴协议。

（中国南方电网有限责任公司　提供）

2009年8月28日，第十一届全运会独立供电系统竣工送电仪式在山东济南奥体中心举行。

（国家电网公司　提供）

2009年9月19日，国庆60周年庆典活动首次焰火试演前夕，北京市电力公司发挥带电作业车装备优势，在天安门广场为56根民族团结柱安装试演烟花。

（高天宝　摄）

美国东部时间2009年9月21日，国家电网公司总经理刘振亚（左）应邀出席在华盛顿里根会议中心举行的美国智能电网周（GridWeek）开幕式，并作《坚强智能电网：能源创新发展与变革的引擎》主旨演讲。

（国家电网公司　提供）

2009年12月10日，国电龙源电力集团股份有限公司在香港联合交易所有限公司主板正式上市，募集资金总额约为港币175亿元，成为募集资金额最大的中国新能源公司。

（中国国电集团公司　提供）

2009年12月27日，国家电网公司智能电网科研产业（南京）基地奠基典礼在南京举行。

（国家电网公司　提供）

2009年12月30日，甘肃大唐景泰发电厂2号机组（660MW）投产暨中国大唐集团公司发电装机规模突破1亿kW庆典仪式在北京举行。

（中国大唐集团公司　提供）

2009年4月27日，中国南方电网公司副总经理王久玲（左一）会见到南方电网访问的印尼能源部官员。

（中国南方电网有限责任公司　提供）

2009年5月4日，中国大唐集团公司与韩国电力公社核电项目合作谅解备忘录签字仪式在北京举行。中国大唐集团公司总经理翟若愚（后排左四）和韩国电力公社社长金双秀（后排左三）出席签字仪式。

（中国大唐集团公司　提供）

2009年7月16日，国家电网公司总经理刘振亚(右三)在公司总部会见来华访问的美国能源部部长朱棣文（左二）和美国商务部部长骆家辉（左三）等一行。双方探讨了中美在清洁能源方面的合作机会，并就建设坚强智能电网推动清洁能源大规模利用交换了意见。

（国家电网公司　提供）

2009年9月21日，国电龙源电力集团股份有限公司与中非发展基金有限公司、南非穆力洛可再生能源有限公司签署谅解备忘录，拟联合开发南非风电项目，并着手开展前期工作。

（中国国电集团公司　提供）

2009年11月10日，中国华电集团公司总经理云公民（前排左一）在美国与未来能源控股公司签署《中国华电与美国未来能源控股公司绿色合作伙伴关系行动计划》。

（中国华电集团公司　提供）

2009年11月25日，中国国电集团公司在北京与芬兰贸易协会签署世博会清洁能源项目协议。

（中国国电集团公司　提供）

2009年12月15日，中国国电集团公司党组书记乔保平（右）在北京会见汇丰银行项目融资部全球副总裁大卫（左）。

（中国国电集团公司　提供）

2009年3月16日，华电宁夏灵武电厂二期全球首台超超临界空冷机组浇筑第一方混凝土，图为建设概貌。

（中国华电集团公司　提供）

2009年5月28日，国电谏壁发电厂1×1000MW机组扩建项目正式开工。

（中国国电集团公司　提供）

2009年11月22日，华电新疆发电有限公司乌鲁木齐热电厂1号热电联产机组（330MW）圆满完成168h满负荷试运行，移交生产，成为新疆维吾尔自治区投产的单机最大的火力发电机组。

（中国华电集团公司　提供）

2009年12月30日，甘肃大唐景泰发电厂一期工程2号机组（660MW）完成168h试运行并移交试生产。标志着大唐景泰发电厂2台660MW超临界直接空冷发电机组年内实现了双投产。以此为标志，中国大唐集团公司发电装机规模突破1亿kW，达到了10007.53万kW。

（中国大唐集团公司　提供）

发电·水力发电

2009年三峡大坝全景图。（中国长江三峡集团公司 提供）

2009年4月29日，我国水电对外投资最大的BOT项目——缅甸瑞丽江一级电站6号机组完成72h试运行。瑞丽江一级水电站总装机容量60万kW，设计年发电量40亿kWh，由中国华能集团所属华能澜沧江水电有限公司控股的云南联合电力开发有限公司以BOT方式开发、运行和管理。

（中国华能集团公司　提供）

2009年7月15日，水利部部长陈雷、西藏自治区党委书记张庆黎、主席向巴平措参加武警水电部队承建的西藏旁多水利枢纽工程开工典礼。

（郭伟　摄）

2009年8月5日，乌江构皮滩水电站首台机组（600MW）投产暨中国华电集团公司水电装机规模突破1000万kW庆典仪式在贵阳举行。

（中国华电集团公司　提供）

2009年5月2日，国电四川大渡河瀑布沟水电站将重达1160t的首台发电机组的转子成功吊装入机坑。标志着国电大渡河流域水电建设进入新的阶段。

（中国国电集团公司　提供）

2009年9月25日，国家西部大开发重点工程和云南省“西电东送”的标志性工程——华能小湾水电站首台70万kW机组投产发电。

（中国华能集团公司　提供）

2009年12月28日，武警水电三总队十一支队西藏老虎嘴水电站主厂房安装间混凝土浇筑至设计高程，提前4天实现工期调整后的重要节点目标。

（郭伟　摄）

2009年12月11日，国家“西电东送”重点工程——贵州乌江思林水电站（4×262.5MW）1号机组顺利通过72h试运行。

（中国华电集团公司　提供）

2009年3月26日，大唐湖南华银湘潭环保发电厂1号沼气发电机组（0.957MW）完成72h满负荷试运行并移交试生产，这是中国大唐集团公司第一台沼气内燃发电机。

（中国大唐集团公司　提供）

2009年3月31日，青海省电力公司与青海省发展和改革委员会签订“送电到乡”太阳能光伏电站代管协议。

（青海省电力公司　提供）

2009年6月26日，国电内蒙古晶阳能源公司年产3000t多晶硅项目举行开工奠基仪式。

（中国国电集团公司　提供）

2009年6月26日，中国国电集团公司“首个”太阳能光伏发电站——国电宁夏平罗太阳能光伏电站项目开工仪式在宁夏自治区石嘴山市平罗县太沙工业园举行。（中国国电集团公司　提供）

2009年7月7日，华能绿色煤电天津IGCC电站示范工程在天津举行开工仪式。

（中国华能集团公司　提供）

2009年8月20日，国内最大太阳能发电项目之一，青海国电龙源格尔木新能源开发有限公司20MW光伏发电项目在格尔木举行开工仪式。（中国国电集团公司　提供）

2009年10月20日，国内首个海上（潮间带）风力发电项目——国电龙源江苏如东海上（潮间带）试验风场建成，首批两台各1.5 MW风力发电机组并网发电。

（中国国电集团公司 提供）

2009年9月4日，上海东海大桥海上风电场工程（102MW）首批风电机组投产发电，这是亚洲首座海上风力发电场，单机容量3MW，为国内最大。

（中国大唐集团公司 提供）

2009年10月,全国最大的分布式能源站——广州大学城分布式能源站（2×78MW）实现“双投”。

（中国华电集团公司　提供）

2009年11月10日，中电投新疆霍城县3×20亿m³煤制天然气项目一期工程正式开工。

（中国电力投资集团公司　提供）

2009年12月16日，亚洲最大、中国华电集团公司首座大型太阳能光伏电站——华电宁夏宁东光伏电站一期工程并网发电（容量10MWp）。

（中国华电集团公司　提供）

2009年12月27日，中国大唐集团新能源锡盟多伦风电场三期工程（49.5MW）首批风电机组在内蒙古投产发电。以此为标志，中国大唐集团公司风电装机规模突破300万kW，达到302.26万kW。

（中国大唐集团公司　提供）

2009年12月28日，三代核电AP1000自主化依托项目——山东海阳核电项目一期工程正式开工。1号机组计划于2014年5月投产。

（中国电力投资集团公司　提供）

2009年12月底，中国国电集团公司在甘肃瓜州北大桥东风电场建成330kV升压站，有效解决甘肃地区风电项目的送出，是目前国内风电送出配套升压站最高电压等级。

（中国国电集团公司　提供）

2009年1月16日，江苏省徐州供电公司首次采用“平起法”成功消除了500kV东明开关站东三Ⅰ线B相高压电抗器底部法兰渗油隐患，确保了“西电东送”的安全。图为该公司检修员工顶着刺骨寒风实施消缺。

（王金刚　摄）

2009年5月25日，国家电网公司西北750kV骨干网架的标志性工程——750kV兰州东—平凉—乾县输变电工程竣工投产。

（西北电网有限公司　提供）

2009年5月25日，中国南方电网超高压公司在广西500kV梧州变电站加装的国内最大容量的静态无功补偿装置正式投入运行。

（贤柱英　摄）

2009年6月30日，500kV海南联网工程正式投产，从而宣告海南长达95年的“电力孤岛”成为历史。

（韩海光　摄）

2009年1月22日，四川省电力公司针对冰雪灾害专门开展应急大演习。图为采用飞艇对位于二郎山垭口的220kV冷临线75号铁塔进行了全方位的体验。

（四川省电力公司　提供）

2009年7月25日，江苏省电力公司组织500kV电网抢险示范性实战演练取得圆满成功，其中高71m、总质量达56t的直线塔从基础开挖到组立完毕，仅用了72h。图为抢险突击队员在安装铁塔基础。（周以欣　摄）

2009年8月5日，向家坝—上海±800kV特高压直流输电示范工程上海奉贤换流站首台800kV换流变压器阀侧高压套管顺利安装就位，标志着换流变压器主体安装结束。（国家电网公司　提供）

2009年8月10日，宁东—山东±660kV直流输电线路工程（第1标段）开工仪式在宁夏盐池举行，标志着世界首条±660kV直流输电线路工程建设正式拉开帷幕。

（国家电网公司　提供）

2009年10月30日，由青海省电力公司建设、青海送变电工程公司承建的西宁750kV变电站工程获得全国建设工程质量最高荣誉“鲁班奖”。这是西北地区电网建设工程首次荣获该项殊荣，标志着西宁750kV变电站的施工技术水平达到了国内领先水平。

（青海省电力公司　提供）

2009年12月28日，云南至广东±800kV特高压直流输电工程投产仪式在广州举行。

（中国南方电网有限责任公司 提供）

2009年12月28日,宝鸡—德阳±500kV直流输电工程正式投产。

(国家电网公司 提供)

2009年，图为正在建设中的±800kV向家坝—上海特高压直流输电工程长江大跨越。

（湖北电网公司　提供）

中国特高压工程技术（昆明）国家工程实验室基地概貌。

（黄启辉　摄）

2009年，建设中的国电宁夏大武口发电厂“上大压小”2×330MW热电联产工程施工现场。

（中国国电集团公司　提供）

2009年6月2日，国电浙江北仑三期工程7号机组顺利通过168h满负荷试运行，脱硫、脱硝等环保设施同步投产。

（中国国电集团公司　提供）

2009年7月29日，华能莱芜电厂1、2、3号共40.5万kW的小火电机组水塔成功爆破。至此，中国华能集团公司累计关停小火电机组475万kW，全国淘汰小火电已突破5400万kW，标志着国家“十一五”关停5000万kW小火电任务提前一年半圆满完成。

（中国华能集团公司　提供）

2009年12月25日，华能上海石洞口第二电厂二期工程建设两台66万kW国产超超临界机组，工程配套建设烟气脱硫、脱硝、脱碳装置。其脱碳装置即世界火电行业目前最大的10万t/年二氧化碳捕集装置的建成投产，开创了我国燃煤电站实现二氧化碳捕集规模化生产的先河。

（中国华能集团公司　提供）

精神文明建设

2009年4月2日，江苏省太仓市供电公司组织公司客户服务组和各供电所的客户服务人员进行供电营销规范服务培训。

（龚海华　摄）

2009年6月5日(世界环境日)，辽宁大连供电公司开展公益活动，向市民宣传电磁环境知识和家用电器节电常识。

（国家电网公司　提供）

2009年9月27日，中国华电集团公司与中宣部《时事报告》杂志社、中国志愿服务基金会在北京联合举行向全国贫困县中学捐赠《共和国成长的故事》仪式，中国华电集团公司向全国贫困县14915所中学捐赠10万册书。

（中国华电集团公司　提供）

《中国电力年鉴》编委会

《中国电力年鉴（2010）》

主　　编　周小谦
副 主 编　姜绍俊　刘广迎　于培双　朱跃良　邹正平
　　　　　严晓路　王　利　王燕军　解松崚　袁明刚
　　　　　宋　芃

《中国电力年鉴》编辑部

主　　任　肖　兰
副 主 任　李创军　刘正平
秘　　书　房庆红　邓　春　国建军

特约撰稿人（按姓氏笔画排列）

刁　宏　于　荣　马大庆　王　历　王华锋　王　庆　王红亮
王怡萍　王思敏　王振清　王　聪　王　巍　尹兰英　叶爱民
包丹阳　朱任翔　朱　峰　乔仁贵　刘志坦　刘抒彦　刘前卫
刘富长　安华云　安晓滨　许为宁　许　旻　孙占奎　孙剑炜
孙　铮　苏发亮　杜永昌　杨文春　杨　龙　杨吉深　杨　倞
杨德邦　李　龙　李创军　李连存　邴凤山　肖兴立　肖克勤
旷路明　邱晓伟　但　刚　余　芸　张文俊　张立先　张永华
张永军　张庆伟　张志伟　张国伟　张　建　张建扬　陆远兴
陈　云　陈　玮　国建军　易建山　竺　琳　岳　赢　金成生
孟继东　赵大青　郝晓文　胡宏伟　胡耀斌　修　建　侯　毅
姚建国　姚惠玲　娜日斯　贺金照　原增光　顾　典　党亚利
钱永兵　徐剑荣　高一萍　郭贤珊　郭泉辉　戚大安　梁　建
葛　俊　董是烈　韩　冰　程军生　程彦韬　谢兴发　蔡靖波
管廷福　廖业明　戴宗宝

编辑说明

1.《中国电力年鉴》于1993年创刊，已连续出版16期，是一本融史实性、资料性为一体的专业年鉴，也是一本全面实用，文、图、表并茂的综合性大型年刊。其主要服务对象为从事电力生产、建设、经营管理、科研技术的有关人员，以及与电力相关的政府和企事业单位的有关人员。

2. 本《年鉴》的编纂指导思想为：围绕电力工业改革与发展的主线，全面记载电力工业改革与发展、生产与经营、科技与进步、国际交流与合作等各方面的成就和内容。

3. 本《年鉴》是在国家电力监管委员会和中国电力企业联合会的指导下，由国家电网公司、中国南方电网有限责任公司、中国华能集团公司、中国大唐集团公司、中国华电集团公司、中国国电集团公司、中国电力投资集团公司共同组织编写的。《年鉴》编委会由国家电力监管委员会、中国电力企业联合会、国家电网公司、中国南方电网有限责任公司、五大发电集团公司、中国长江三峡开发总公司和四大辅业集团公司的主要负责人及有关单位的负责同志为委员组成，并作为《年鉴》的领导机构，决定《年鉴》编辑出版的指导思想和主要内容。

4. 根据《年鉴》编委会对本期《年鉴》编纂指导思想的确定，2010年《年鉴》的特色如下：首先，在“电力发展”篇目中增设了“中国电力发展60年60事”条目，以此来梳理中华人民共和国成立60周年以来电力工业的发展脉络；其次，对“重点工程”“电力工业论坛”“科技发展与创新”“国际合作与交流”等篇目的内容进行了丰富与完善；第三，在继续压缩文件、法规等的篇幅的基础上，加强了文献的二次加工，从而增加本《年鉴》的资料性和可读性。

5. 本期《年鉴》主要收录了2009年我国电力工业各方面所取得的成绩，重点反映了2009年电力工业发展和电力生产的内容。本期《年鉴》的框架结构由篇目、栏目、类目、条目4个层次和近百幅彩图组成。

特载：通过党和国家领导人关注电力、能源·政策、体制改革来反映2009年中国电力工业的大事、要事。

电力发展：主要介绍2009年全国电力工业综述、全国电力供需与经济运行形势分析预测报告（2009～2010年度）和中国电力发展60年60事。

重点工程：收录了2008年度、2009年度电力工程获奖项目，并反映了2009年度电力行业重大工程项目。

电力工作报告：包括工作会议报告和专题报告。通过2009年和2010年电力主要工作会议的会议报告来反映电力工业生产和发展的重大脉络，包括国家电力监管委员会、中国电力企业联合会的工作会议报告，以及国家电网公司、中国南方电网有限责任公司、中国华能集团公司、中国大唐集团公司、中国华电集团公司、中国国电集团公司、中国电力投资集团公司的工作会议报告。专题报告收录了2009年重要电力专题报告。

电力工业论坛：包括专题论坛和专家论坛，集中反映了2009年电力领域专业会议的概况和诸位专家对电力发展的观点与畅想。

电力监管：按照国务院授权，国家电力监管委员会行使行政执法职能，依照法律、法规统一履行全国电力监管职责。负责全国电力监管工作，建立统一的电力监管体系，对国家电力监管委员会的派出机构实行垂直领导。

行业管理：全面介绍了中国电力企业联合会的行业管理和服务工作，并介绍了中电联分会和电力行业协会的年度工作情况。

科技发展与创新、国际合作与交流：随着国民经济持续快速发展，近年来电力科学技术有了长足的发展，国际合作与交流丰富多彩，这两个篇目的设置正是为了及时跟踪和记录电网技术、发电技术以及电力设备制造技术的进步，全面介绍各电力企业国际合作与交流的情况。

学术团体：通过中国电机工程学会和中国水力发电工程学会两大学术团体的活动，介绍了电力专业的国际合作、外事管理、国际会议、国际展览、学术会议和学术交流方面的情况。

电力企业、各地区电力：全面反映了2009年度全国电力工业生产和建设所取得的巨大成就。

科研、教育与新闻出版：反映了2009年电力科研院所、教育培训和新闻出版单位的工作情况。

大事记：收录了2009年中国电力企业的主要事件，包括国家电力监管委员会、中国电力企业联合会、国家电网公司、中国南方电网有限责任公司、中国华能集团公司、中国大唐集团公司、中国华电集团公司、中国国电集团公司、中国电力投资集团公司的主要事件。

重要文献：收录了国务院、国务院国有资产监督管理委员会、财政部、国家发展和改革委员会、环境保护部和国家电力监管委员会有关电力的主要文件。

统计资料：包括电力行业的统计资料，以及国家电网公司和中国南方电网公司的统计资料。统计资料的数据未包括我国台湾省和澳门特别行政区。

企业风采：中国电力工业经过改革开放以来的巨大发展，通过城乡电网改造、电力技术进步和管理水平的加强，整个电力工业水平有了很明显的提高，这与电力设备制造企业提供的技术先进的产品密不可分。本篇通过展示电力设备制造企业的实力，可以更好地推进电力工业的技术进步。

附录：收录了2009年发布的电力国家标准和电力行业标准。

索引：本期《年鉴》在保留英文目录和主题内容索引的基础上，扩大了索引的范围，索引范围包括条目的部分内容。大事记、重要文献、统计资料、附录未作索引。

6. 本《年鉴》实行文责自负。条目内容、数据、彩图等均由撰稿单位校核及审定。

篇　目

目　　录

特　　载

电　力　发　展

重　点　工　程

电力工作报告

电力工业论坛

电力监管

行业管理

科技发展与创新

国际合作与交流

学　术　团　体

电　力　企　业

各地区电力

科研、教育与新闻出版

大　事　记

重　要　文　献

统 计 资 料

企　业　风　采

附　　录

索　　引

Contents

From Editor

Special Contributions

Development of Electric Power

Key Projects

Working Reports of Electric Power

Electric Power Forum

Electricity Regulation

Electricity Industry Management

Science & Technology Developments and Innovations

International Cooperation and Exchanges

Academic Organization

Electric Power Enterprises

Regional Electric Power Industry

Scientific Research, Education and Publishing Company

Major Events

Important Documents

Statistics

Enterprises

Appendix

Index

彩图目录

党和国家领导人关注电力

2009年1月25日（农历大年三十），国家主席胡锦涛（左二）到江西华能井冈山电厂考察。

（中国华能集团公司　提供）

2009年10月18日，国家主席胡锦涛（左一）在中国大唐集团公司总经理翟若愚（左二）的陪同下到山东大唐东营风电场考察调研。

（中国大唐集团公司　提供）

2009年11月11日，全国人大常委会委员长吴邦国（右二）考察国电龙源甘肃玉门风电场。

（中国国电集团公司　提供）

2009年2月7日，国务院总理温家宝（右）在河南省许昌市亲切慰问备战在抗旱一线的电力职工

（徐强　摄）

2009年3月26日，中共中央政治局常委李长春（左一）在缅甸首都内比都出席《关于共同开发水电的政府间框架协议》签字仪式，明确了中国电力投资集团公司作为东南亚水电项目开发主体，并纳入政府间合作规划。

（中国电力投资集团公司　提供）

2009年4月13日，国家副主席习近平（前排左二）实地了解国家电网公司深入学习实践活动的开展情况及公司发展现状。图为国家副主席习近平在国家电网公司总经理刘振亚（前排左一）的陪同下在公司总部观看特高压设备模型。

（国家电网公司　提供）

2009年1月4日（新年第一个工作日），国务院副总理李克强（左一）在中国电力投资集团公司总经理陆启洲（左二）的陪同下到公司总部考察调研。

（中国电力投资集团公司　提供）

2009年10月31日，国务院副总理李克强（右一）在贵州省万松变电站建设工地考察。

（贵州电网公司　提供）

2009年7月12日，中共中央政治局常委周永康（左）到新疆乌鲁木齐电业局电力调度中心看望和慰问坚守生产一线的广大电网员工。

（郭新刚　摄）

2009年4月21日，国务院副总理张德江（右二）在中国大唐集团公司总经理翟若愚（右三）的陪同下在北京参观第八届中国国际核电工业展览会中国大唐集团公司展区。

（中国大唐集团公司　提供）

2009年5月20日，国务院副总理张德江（右二）在国家电网公司总经理刘振亚（左一）的陪同下在北京视察国家电网公司特高压直流试验基地。

（国家电网公司　提供）

2009年8月24日，北京市委书记刘淇（前排左二）与北京市长郭金龙（前排右二）到天安门广场国庆60周年临时供电工程现场视察。

（北京市电力公司　提供）

2009年6月13日，“重庆国企开放发展高层论坛”举办期间，重庆市委书记薄熙来（前排左）会见中国电力投资集团公司总经理陆启洲（前排右）。

（中国电力投资集团公司　提供）

2009年6月20日，国务院国有资产监督管理委员会主任李荣融（左二）在中国南方电网公司董事长袁懋振（右二）、总经理赵建国（右一）的陪同下视察南方电网公司调度中心。

（中国南方电网有限责任公司　提供）

2009年12月2日，国家电力监管委员会主席王旭东（前排右二）到山东华电国际邹县发电厂调研。

（中国华电集团公司　提供）

重要电力事件

2009年12月25日，中国电力企业联合会第五次全国会员代表大会在北京召开。会议选举产生了新一届领导班子，选举刘振亚为理事长、孙玉才为常务副理事长、魏昭峰为副理事长，王志轩为秘书长。

（中国电力企业联合会　提供）

2009年1月8～9日，2009年电力监管工作会议在北京召开。

（国家电力监管委员会　提供）

2009年1月17～19日，国家电网公司一届四次职工代表大会暨2009年工作会议在北京召开。

（杜平　摄）

2009年1月16～17日，中国南方电网公司2009年工作会议暨一届二次职工代表大会在广东珠海召开

（中国南方电网有限责任公司　提供）

2009年1月14～15日，中国华能蒋团公司2009年工作会议在北京召开。

（中国华能集团公司　提供）

2009年1月15～16日，中国大唐集团公司2009年工作会议在北京召开。

（中国大唐集团公司　提供）

2009年1月9～10日，中国华电集团公司2009年工作会议在北京召开。

（中国华电集团公司　提供）

2009年2月23～24日，中国国电集团公司一届一次职工代表大会暨2009年工作会议在北京召开。

（中国国电集团公司　提供）

2009年1月15～16日，中国电力投资集团公司2009年工作会议在北京召开。

（中国电力投资集团公司　提供）

2009年5月21日，2009特高压输电技术国际会议在北京召开。

（国家电网公司　提供）

2009年5月27日，由国家电力监管委员会和中国电力企业联合会联合举办的电力安全监管报告和电力可靠性指标发布会在北京举行。

（中国电力企业联合会　提供）

2009年7月8日，由中国电力企业联合会举办的“第七届上海国际电力设备及技术展览会暨第六届上海国际电机工程及电力装备展览会”在上海国际展览中心开展。

（中国电力企业联合会　提供）

2009年11月3日，2009中国电力论坛在天津滨海新区国际会展中心开幕。本次论坛的主题是“清洁能源，绿色电力”。

（中国电力企业联合会　提供）

2009年2月，国家电网公司与内蒙古自治区政府在呼伦贝尔市、兴安盟电网整体划转协议上签字，并举行了国家电网公司内蒙古东部电力有限公司揭牌仪式。国家电网公司总经理刘振亚（前排左）与内蒙古自治区主席巴特尔（前排右）出席签字仪式并揭牌。

（内蒙古东部电力有限公司　提供）

2009年5月18日，中电投黄河拉西瓦水电站首批两台70万kW机组正式投产发电，其6号机组成为中国电力装机突破8亿kW的标志性机组。

（中国电力投资集团公司　提供）

2009年6月8日，中国南方电网公司在广州市与亚运会签署2010年高级合作伙伴协议。

（中国南方电网有限责任公司　提供）

2009年8月28日，第十一届全运会独立供电系统竣工送电仪式在山东济南奥体中心举行。

（国家电网公司　提供）

2009年9月19日，国庆60周年庆典活动首次焰火试演前夕，北京市电力公司发挥带电作业车装备优势，在天安门广场为56根民族团结柱安装试演烟花。

（高天宝　摄）

美国东部时间2009年9月21日，国家电网公司总经理刘振亚（左）应邀出席在华盛顿里根会议中心举行的美国智能电网周（GridWeek）开幕式，并作《坚强智能电网：能源创新发展与变革的引擎》主旨演讲。

（国家电网公司　提供）

2009年12月10日，国电龙源电力集团股份有限公司在香港联合交易所有限公司主板正式上市，募集资金总额约为港币175亿元，成为募集资金额最大的中国新能源公司。

（中国国电集团公司　提供）

2009年12月27日，国家电网公司智能电网科研产业（南京）基地奠基典礼在南京举行。

（国家电网公司　提供）

2009年12月30日，甘肃大唐景泰发电厂2号机组（660MW）投产暨中国大唐集团公司发电装机规模突破1亿kW庆典仪式在北京举行。

（中国大唐集团公司　提供）

国际交流与合作

2009年4月27日，中国南方电网公司副总经理王久玲（左一）会见到南方电网访问的印尼能源部官员。

（中国南方电网有限责任公司　提供）

2009年5月4日，中国大唐集团公司与韩国电力公社核电项目合作谅解备忘录签字仪式在北京举行。中国大唐集团公司总经理翟若愚（后排左四）和韩国电力公社社长金双秀（后排左三）出席签字仪式。

（中国大唐集团公司　提供）

2009年7月16日，国家电网公司总经理刘振亚（右三）在公司总部会见来华访问的美国能源部部长朱棣文（左二）和美国商务部部长骆家辉（左三）等一行。双方探讨了中美在清洁能源方面的合作机会，并就建设坚强智能电网推动清洁能源大规模利用交换了意见。

（国家电网公司　提供）

2009年9月21日，国电龙源电力集团股份有限公司与中非发展基金有限公司、南非穆力洛可再生能源有限公司签署谅解备忘录，拟联合开发南非风电项目，并着手开展前期工作。

（中国国电集团公司　提供）

2009年11月10日，中国华电集团公司总经理云公民（前排左一）在美国与未来能源控股公司签署《中国华电与美国未来能源控股公司绿色合作伙伴关系行动计划》。

（中国华电集团公司　提供）

2009年11月25日，中国国电集团公司在北京与芬兰贸易协会签署世博会清洁能源项目协议。

（中国国电集团公司　提供）

2009年12月15日，中国国电集团公司党组书记乔保平（右）在北京会见汇丰银行项目融资部全球副总裁大卫（左）。

（中国国电集团公司　提供）

发电·火力发电

2009年3月16日，华电宁夏灵武电厂二期全球首台超超临界空冷机组浇筑第一方混凝土，图为建设概貌。

（中国华电集团公司　提供）

2009年5月28日，国电谏壁发电厂1×1000MW机组扩建项目正式开工。

（中国国电集团公司　提供）

2009年11月22日，华电新疆发电有限公司乌鲁木齐热电厂1号热电联产机组（330MW）圆满完成168h满负荷试运行，移交生产，成为新疆维吾尔自治区投产的单机最大的火力发电机组。

（中国华电集团公司　提供）

2009年12月30日，甘肃大唐景泰发电厂一期工程2号机组（660MW）完成168h试运行并移交试生产。标志着大唐景泰发电厂2台660MW超临界直接空冷发电机组年内实现了双投产。以此为标志，中国大唐集团公司发电装机规模突破1亿kW，达到了10 007.53万kW。

（中国大唐集团公司　提供）

发电·水力发电

2009年三峡大坝全景图。

（中国长江三峡集团公司　提供）

2009年4月29日，我国水电对外投资最大的BOT项目——缅甸瑞丽江一级电站6号机组完成72h试运行。瑞丽江一级水电站总装机容量60万kW，设计年发电量40亿kWh，由中国华能集团所属华能澜沧江水电有限公司控股的云南联合电力开发有限公司以BOT方式开发、运行和管理。

（中国华能集团公司　提供）

2009年7月15日，水利部部长陈雷、西藏自治区党委书记张庆黎、主席向巴平措参加武警水电部队承建的西藏旁多水利枢纽工程开工典礼。

（郭伟　摄）

2009年8月5日，乌江构皮滩水电站首台机组（600MW）投产暨中国华电集团公司水电装机规模突破1000万kW庆典仪式在贵阳举行。

（中国华电集团公司　提供）

2009年5月2日，国电四川大渡河瀑布沟水电站将重达1160t的首台发电机组的转子成功吊装入机坑。标志着国电大渡河流域水电建设进入新的阶段。

（中国国电集团公司　提供）

2009年9月25日，国家西部大开发重点工程和云南省“西电东送”的标志性工程——华能小湾水电站首台70万kW机组投产发电。

（中国华能集团公司　提供）

2009年12月28日，武警水电三总队十一支队西藏老虎嘴水电站主厂房安装间混凝土浇筑至设计高程，提前4天实现工期调整后的重要节点目标。

（郭伟　摄）

2009年12月11日，国家“西电东送”重点工程——贵州乌江思林水电站（4×262.5MW）1号机组顺利通过72h试运行。

（中国华电集团公司　提供）

发电·核电及新能源发电

2009年3月26日，大唐湖南华银湘潭环保发电厂1号沼气发电机组（0.957MW）完成72h满负荷试运行并移交试生产，这是中国大唐集团公司第一台沼气内燃发电机。

（中国大唐集团公司　提供）

2009年3月31日，青海省电力公司与青海省发展和改革委员会签订“送电到乡”太阳能光伏电站代管协议。

（青海省电力公司　提供）

2009年6月26日，国电内蒙古晶阳能源公司年产3000t多晶硅项目举行开工奠基仪式。

（中国国电集团公司　提供）

2009年6月26日，中国国电集团公司“首个”太阳能光伏发电站——国电宁夏平罗太阳能光伏电站项目开工仪式在宁夏自治区石嘴山市平罗县太沙工业园举行。

（中国国电集团公司　提供）

2009年7月7日，华能绿色煤电天津IGCC电站示范工程在天津举行开工仪式。

（中国华能集团公司　提供）

2009年8月20日，国内最大太阳能发电项目之一，青海国电龙源格尔木新能源开发有限公司20MW光伏发电项目在格尔木举行开工仪式。

（中国国电集团公司　提供）

2009年10月20日，国内首个海上（潮间带）风力发电项目——国电龙源江苏如东海上（潮间带）试验风场建成，首批两台各1.5MW风力发电机组并网发电。

（中国国电集团公司　提供）

2009 年 9 月 4 日，上海东海大桥海上风电场工程（102MW）首批风电机组投产发电，这是亚洲首座海上风力发电场，单机容量 3MW，为国内最大。

（中国大唐集团公司　提供）

2009 年 10 月，全国最大的分布式能源站——广州大学城分布式能源站（2×78MW）实现“双投”。

（中国华电集团公司　提供）

2009 年 11 月 10 日，中电投新疆霍城县 3×20 亿 m^3 煤制天然气项目一期工程正式开工。

（中国电力投资集团公司　提供）

2009 年 12 月 16 日，亚洲最大、中国华电集团公司首座大型太阳能光伏电站——华电宁夏宁东光伏电站一期工程并网发电（容量 10MWp）。

（中国华电集团公司　提供）

2009 年 12 月 27 日，中国大唐集团新能源锡盟多伦风电场三期工程（49.5MW）首批风电机组在内蒙古投产发电。以此为标志，中国大唐集团公司风电装机规模突破 300 万 kW，达到 302.26 万 kW。

（中国大唐集团公司　提供）

2009 年 12 月 28 日，三代核电 AP1000 自主化依托项目——山东海阳核电项目一期工程正式开工。1 号机组计划于 2014 年 5 月投产。

（中国电力投资集团公司　提供）

2009 年 12 月底，中国国电集团公司在甘肃瓜州北大桥东风电场建成 330kV 升压站，有效解决甘肃地区风电项目的送出，是目前国内风电送出配套升压站最高电压等级。

（中国国电集团公司　提供）

输配电工程

2009 年 1 月 16 日，江苏省徐州供电公司首次采用“平起法”成功消除了 500kV 东明开关站东三Ⅰ级 B 相高压电抗器底部法兰渗油隐患，确保了“西电东送”的安全。图为该公司检修员工顶着刺骨寒风实施消缺。

（王金刚　摄）

2009 年 5 月 25 日，国家电网公司西北 750kV 骨干网架的标志性工程——750kV 兰州东—平凉—乾县输变电工程竣工投产。

（西北电网有限公司　提供）

2009 年 5 月 25 日，中国南方电网超高压公司在广西 500kV 梧州变电站加装的国内最大容量的静态无功补偿装置正式投入运行。

（贤柱英　摄）

2009 年 6 月 30 日，海南联网工程正式投产，从而宣告海南长达 95 年的“电力孤岛”成为历史。

（韩海光　摄）

2009 年 1 月 22 日，四川省电力公司针对冰雪灾害专门开展应急大演习。图为采用飞艇对位于二郎山垭口的 220kV 冷临线 75 号铁塔进行了全方位的体验。

（四川省电力公司　提供）

2009 年 7 月 25 日，江苏省电力公司组织 500kV 电网抢险示范性实战演练取得圆满成功，其中高 71m、总质量达 56t 的直线塔从基础开挖到组立完毕，仅用了 72h。图为抢险突击队员在安装铁塔基础。

（周以欣　摄）

2009 年 8 月 5 日，向家坝—上海±800kV 特高压直流输电示范工程上海奉贤换流站首台 800kV 换流变压器阀侧高压套管顺利安装就位，标志着换流变压器主体安装结束。

（国家电网公司　提供）

2009 年 8 月 10 日，宁东—山东±660kV 直流输电线路工程（第 1 标段）开工仪式在宁夏盐池举行，标志着世界首条±660kV 直流输电线路工程建设正式拉开帷幕。

（国家电网公司　提供）

2009 年 10 月 30 日，由青海省电力公司建设、青海送变电工程公司承建的西宁 750kV 变电站工程获得全国建设工程质量最高荣誉“鲁班奖”。这是西北地区电网建设工程首次荣获该项殊荣，标志着西宁 750kV 变电站的施工技术水平达到了国内领先水平。

（青海省电力公司　提供）

2009 年 12 月 28 日，云南至广东±800kV 特高压直流输电工程投产仪式在广州举行。

（中国南方电网有限责任公司　提供）

2009 年 12 月 28 日，宝鸡—德阳±500kV 直流输电工程正式投产。

（国家电网公司　提供）

2009 年，图为正在建设中的±800kV 向家坝—上海特高压直流输电工程长江大跨越。

（湖北电网公司　提供）

中国特高压工程技术（昆明）国家工程实验室基地概貌。

（黄启辉　摄）

节能减排

2009 年，建设中的国电宁夏大武口发电厂“上大压小”2×330MW 热电联产工程施工现场。

（中国国电集团公司　提供）

2009 年 6 月 2 日，国电浙江北仑三期工程 7 号机组顺利通过 168h 满负荷试运行，脱硫、脱硝等环保设施同步投产。

（中国国电集团公司　提供）

2009年7月29日，华能莱芜电厂1、2、3号共40.5万kW的小火电机组水塔成功爆破。至此，中国华能集团公司累计关停小火电机组475万kW，全国淘汰小火电已突破5400万kW，标志着国家“十一五”关停5000万kW小火电任务提前一年半圆满完成。

（中国华能集团公司　提供）

2009年12月25日，华能上海石洞口第二电厂二期工程建设两台66万kW国产超超临界机组，工程配套建设烟气脱硫、脱硝、脱碳装置。其脱碳装置即世界火电行业目前最大的10万t/年二氧化碳捕集装置的建成投产，开创了我国燃煤电站实现二氧化碳捕集规模化生产的先河。

（中国华能集团公司　提供）

精神文明建设

2009年4月2日，江苏省太仓市供电公司组织公司客户服务组和各供电所的客户服务人员进行供电营销规范服务培训。

（龚海华　摄）

2009年6月5日（世界环境日），辽宁大连供电公司开展公益活动，向市民宣传电磁环境知识和家用电器节电常识。

（国家电网公司　提供）

2009年9月27日，中国华电集团公司与中宣部《时事报告》杂志社、中国志愿服务基金会在北京联合举行向全国贫困县中学捐赠《共和国成长的故事》仪式，中国华电集团公司向全国贫困县14 915所中学捐赠10万册书。

（中国华电集团公司　提供）

特　　载

党和国家领导人关注电力

胡锦涛考察华能井冈山电厂

2009年1月24～25日，中共中央总书记、国家主席、中央军委主席胡锦涛在江西省委书记苏荣和省长吴新雄等陪同下来到井冈山市，看望慰问革命老区干部群众，代表党中央向全国各族人民致以节日的问候和新春的祝福。

胡锦涛十分关心节日期间的电力供应。1月25日16时许，总书记来到华能井冈山电厂，考察电力生产等情况，慰问一线职工。

在锅炉房内，胡锦涛详细询问了电厂发电、煤耗等生产经营情况以及设备运行和节日期间供电情况。井冈山电厂负责人一一作了汇报。井冈山电厂一期工程2台30万kW机组于1998年11月开工，2001年8月投产，目前累计发电238亿kWh，上缴税金7亿元，煤耗比2002年减少16g/kWh，年节约标准煤5.5万t，节约燃油1500t，节电2200万kWh。胡锦涛听后点头表示满意。

随后，胡锦涛来到集控室，与一线职工亲切握手、交谈。他说，今天是大年三十儿，同志们还坚守在电力生产的一线，请向全厂职工转达我们的亲切慰问。群众生活一刻也离不开电。春节来了，群众对电力需求的要求更高，搞好春节期间的电力供应尤为重要。希望你们抓好安全生产，保障电力供应，让人民群众过一个亮堂、欢乐、祥和的春节。

一线职工表示，一定不辜负总书记的期望，搞好安全生产，确保稳定发电。

胡锦涛来到电厂规划效果图前，询问了二期工程煤炭来源、设备利用小时等情况。井冈山电厂负责人汇报说，二期工程规划建设2台66万kW超超临界燃煤机组，供电煤耗292g/kWh。总书记指出，电厂要抓住目前时机降低工程造价。

离开集控室，胡锦涛来到汽机房。得知机组投产后从未发生任何安全事故，胡锦涛非常高兴，他强调管理好电厂，其中最重要的一是要抓好安全运行，二是要抓好节能减排。

井冈山电厂负责人说，谢谢党中央，谢谢总书记的关怀！我们一定按照总书记的要求全力以赴做好工作。

胡锦涛考察大唐东营风电场

2009年10月16～19日，中共中央总书记、国家主席、中央军委主席胡锦涛在山东省考察工作。10月18日，胡锦涛专程前往渤海之滨的大唐东营风力发电项目考察调研并亲切慰问生产一线干部职工。当得知这个项目全部投产后每年可发电逾9500万kWh、将优化当地电力能源结构，总书记十分高兴。他指出，大力发展包括风电在内的可再生能源，是抢抓世界新一轮能源革命先机的必然要求。胡锦涛希望企业抓住国家大力扶持可再生能源发展的有利时机，着力加强技术创新，着力降低运营成本，为做大做强风电产业、改善我国能源结构发挥更大作用。

吴邦国考察国电龙源甘肃玉门风电场

2009年11月9～14日，中共中央政治局常委、全国人大常委会委员长吴邦国在甘肃省调研。

11月11日下午，吴邦国顶风冒雨来到中国国电集团龙源电力集团股份有限公司甘肃玉门风电场考察调研，并慰问风电场员工。

吴邦国十分关心甘肃清洁能源产业的发展，首先询问了龙源甘肃玉门风电场的基本情况。玉门风电场是甘肃省开发的第一座示范性风电场，是甘肃省风电发展的历史缩影和发源地。早在1997年6月就投运了4台丹麦NORTANK 300kW风电机组，此后又相继完成了一、二、三期新建工程和技改工程，目前已投运各种风电机组142台，装机容量11万kW。吴邦国认真听取介绍，对龙源集团在中国风电事业发展中所承担的先行者责任给予了充分肯定，并详细询问了风电场建设规划、电力送出、上网电价、调峰电站建设情况。

在龙源玉门风电场中控室，吴邦国委员长与风电场值班人员亲切握手，重点了解了风电产业发展中存在的关键环节和主要问题。通过龙源集团自主研发的风电场远程监测系统，吴邦国一边兴致勃勃地察看龙源集团在各地风电场的实时运行数据，一边非常仔细地询问风机设备可利用率、设备故障处理、风电场检修维护等生产运营相关问题。当看到龙源江苏如东、启东、内蒙古巴彦淖尔、黑龙江伊春等地风电场运行状况良好，发电负荷超过90%时，吴邦国非常满意，称赞说风能资源丰富，可以产生良好的经济效益，发展前景看好。

吴邦国指出，发展风能、太阳能、核电等清洁能源和新能源，将成为经济发展新的增长点，是能源结构调整的主攻方向，也是应对气候变化、确保能源安全的重大举措。甘肃要充分利用得天独厚的条件，毫不动摇地发展风能、太阳能等清洁能源，全力搞好示范项目。他强调，要加大科技投入，加强自主创新，攻克技术难题，掌握关键技术，提高装备质量，努力降低成本，为可再生能源发展提供坚实的技术支撑和保障。

温家宝为特高压交流试验示范工程总结表彰大会作重要批示

2009年2月25日，国家电网公司在北京京西宾馆召开特高压交流试验示范工程总结表彰大会。会议传达了国务院总理温家宝的重要批示：特高压交流试验示范工程完成试运行，标志着我国在远距离、大容量、低损耗的特高压核心技术和设备国产化上取得了重大突破，对保障国家能源安全和电力可靠供应具有重要意义。要组织好工程验收工作，确保工程安全稳定运行。

会议还传达了国务院副总理李克强、国务院副总理张德江的重要批示，要求有关部门认真贯彻温家宝总理的批示精神，总结经验，加强电网建设，进一步完善提高特高压工程。

国家电网公司晋东南—南阳—荆门特高压交流试验示范工程是世界上正在运行的电压等级最高、技术水平最高、输送能力最强的输变电工程。该工程2006年8月通过国家核准，2009年1月正式投入运行，工程建设仅用了两年零四个月的时间。

国家电网公司党组书记、总经理刘振亚在会议上说，通过建设特高压工程，我国在能源基础研究和电力建设领域取得了一系列重大自主创新成果。一是特高压核心关键技术取得了全面突破，占领了世界输变电技术的制高点；二是设备研制实现了国产化目标，显著提升了我国民族装备制造业的自主创新能力和国际竞争力；三是具备了世界一流的特高压试验条件，实验研究能力达到了世界领先水平；四是建立了较为完整的特高压标准体系，为特高压技术的规模应用创造了条件；五是深化了对电网发展规律的认识，促进了电网发展理论和实践的创新。

温家宝视察特变电工沈变公司

2009年3月20日14时38分，中共中央政治局常委、国务院总理温家宝来到沈阳特变电工沈变公司，在公司张新董事长、叶军总经理等的陪同下，温总理分别视察了超大型项目公司厂房、特高压1000MVA/1000kV变压器铁芯装配现场、线圈车间、主控室等，当看到生产现场正紧张有序地生产着诸多拥有核心技术的世界级产品时，温总理非常高兴，发表了重要讲话："我原来没想到咱们的企业会这么好！我这次来辽宁主要关心四件事——生产、裁员、减薪、税收，但是特变电工在这四件事上创造了奇迹！你们没有减产反而增产，没有裁员反而增人，没有减薪反而增薪，没有向国家少上税反而增加！这四个惊喜还只是表面的，跟特变电工人面对面接触后，我在想，为什么特变电工人能做到这些呢？我又总结出四点：第一，党中央、国务院振兴东北的战略是十分正确的，有效推动了企业改革，为企业发展奠定了良好的体制和机制基础；第二，就是大规模的能源，特别是电力建设，使我们企业有了广阔的市场，任务饱满；第三，这是最主要的，你们有自主创新能力和世界品牌，这是你们产品能够畅销国内外市场的关键；最后，你们有几代产业工人、工程技术人员的不懈努力，通过大家几十年如一日的团结奋斗，走到今天真是不容易啊！虽然遇到国际金融危机的寒冬，但我觉得这里春意盎然，非常温暖！"

走出厂房，温总理握住张新、叶军的手，嘱托说："希望特变人再接再厉，继续实现大发展，不断为中国重大装备业振兴，为创新型国家建设作出新贡献！"张新代表全体特变电工员工郑重向总理承诺："请总理放心，我们一定不负总理重托，肩负起振兴民族工业的使命，加强自主创新能力建设，装备中国、装备世界，打造具有国际竞争力的知名品牌企业，同时，积极参与新疆优势资源转换战略，加快煤电硅、新能源太阳能产业链和煤电铝箔新材料产业链建设，为国家可再生能源发展作贡献！"

温家宝考察明阳吉林风电基地

2009年7月25～27日，中共中央政治局常委、国务院总理温家宝到吉林省考察。他强调，面对复杂的国内外经济环境，必须认真贯彻落实中央政治局会议精神，继续把促进经济平稳较快发展作为首要任务，保持宏观经济政策的连续性和稳定性，全面落实和完善促进经济增长的一揽子计划，面向市场需求，加快结构调整，推进科技创新，努力增强经济增长和企业发展的内在动力和活力。

7月25日下午，温家宝总理在吉林明阳大通风电技术有限公司考察时强调，要支持和推进新能源等新兴产业的技术研发和产业化，培育新的经济增长极，为经济发展开辟更广阔的空间。同时要做好市场调查，进一步研究能源发展布局和比重，制定能源发展总体规划，防止造成新的产能过剩。

同日下午，温家宝总理在国家发展改革委主任张平、工业与信息化部部长李毅中、吉林省委书记王珉和省长韩长赋陪同下赴明阳吉林风电基地考察。温家宝向现场工作人员认真询问国内风电设备研发和风力发电市场情况，并就风电行业规模、状况、市场和如何解决当前风电行业发展问题与明阳集团董事长张传卫进行交流。

温家宝还就发展风能发电提出七点意见：①发展洁净能源和可再生能源是世界的潮流，清洁能源前景广阔，方兴未艾；②我国具备发展风能的自然条件；③我国具备发展风能的工业基础和研发力量；④要进一步研究能源发展布局和比重，制定能源发展总体规划；⑤电力行业总装机容量必须和市场相适应，要防止发电设备产能过剩；⑥要集中力量开展风电并网的技术攻关；⑦风电发展的规模要合理，保证风电制造业的可持续，不能一哄而起，要可持续健康发展。

习近平调研国家电网公司深入学习实践科学发展观活动

2009年4月13～14日，中共中央政治局常委、中央书记处书记、国家副主席、中央深入学习实践科学发展观活动领导小组组长习近平接连深入包括国家电网公司在内的部分中央企业进行实地调研，并在4月14日召开的中央企业学习实践活动座谈会上发表重要讲话。

习近平强调，国有企业是国民经济的重要支柱，能不能科学发展直接关系我国经济发展的质量和水平，关系国计民生和国家战略安全。各级党委和国有企业党组织要切实增强责任感，把学习实践活动作为解决企业突出问题、完善企业体制机制的有效手段，作为应对国际金融危机、促进企业科学发展上水平的重要机遇，坚持高标准、高质量，确保活动取得明显成效。

习近平指出，深入学习、提高认识是搞好学习实践活动的前提和基础。企业党员干部要利用开展学习实践活动的机会认真学习，努力提高思想政策水平和理论素养，在本企业是不是科学发展、愿不愿科学发展、会不会科学发展等重大问题上进一步形成共识，着力把科学发展观转变为谋划企业科学发展的正确思路、领导企业科学发展的实际能力、促进企业科学发展的办法措施。

4月13日下午，习近平来到国家电网公司，实地了解公司学习实践活动的开展情况及公司发展现状，并主持召开座谈会。

习近平着重考察了国家电网公司以科学发展观推动电网发展的各项工作安排和具体措施。在公司总部一楼的特高压展板前，习近平了解了特高压输电工程发展情况，观看了特高压交流试验示范工程沙盘及设备模型。在国家电力调度通信中心，习近平听取了全国电力供需态势及电网发展情况汇报，对公司保障大电网安全稳定运行的措施表示肯定。

国家电网公司有2.6万个党组织、50.3万名党员。习近平非常关心国家电网公司系统广大党员结合工作实际，有效开展学习实践活动的情况。习近平观看了公司学习实践活动情况展示，了解活动进展及效果，并现场查阅了公司学习实践活动的有关文件、报刊、资料和部分党员的学习笔记。

国家电网公司学习实践活动正扎实推进。公司把开展深入学习实践科学发展观活动作为首要的政治任务，将应对金融危机、促进科学发展作为最大的实践，坚持“六个更加注重”，抓早、抓实、抓点、抓严、抓细，超前着手准备、精心组织部署、选好活动载体、创新学习方式、做到领导带头。习近平认为，国家电网公司学习实践活动的标准和质量比较高。

调研座谈中，习近平指出，学习要贯穿学习实践活动的始终。国家电网公司要切实抓好理论武装，坚持领导班子和党员领导干部带头，坚持学用结合，扎实完成学习调研阶段任务。学习实践活动即将转入分析检查阶段，要找准影响和制约科学发展的因素，进一步制定整改措施，为集中整改打下良好基础。要精心组织召开领导班子专题民主生活会，形成高质量的分析检查报告，做到把握脉搏、探索规律、找准病症、对症下药。国家电网公司党组织和党员数量较多，要搞好分类指导，正确处理搞好公司学习实践活动与指导好下属企业学习实践活动的关系。要统筹兼顾，正确处理推进学习实践活动与搞好当前工作的关系，要以学习实践活动来推动企业生产经营，以企业又好又快发展来检验学习实践活动的成效。

习近平指出，走出一条具有中国特色的电网发展道路，必须依靠科学发展观的指导。通过学习实践活动，加快推进公司和电网发展方式转变，既有现实意义，也有长远意义。当前，国家电网公司处在为国家建设承担繁重任务的历史阶段，建设、管理、创新的任务较多，希望国家电网公司立足已有成绩，再接再厉，为经济社会发展作出新贡献。

国家电网公司总经理刘振亚汇报了公司发展情况及前一阶段学习实践活动情况，表示公司将按照中央总体部署和中央企业学习实践活动领导小组的要求，继续落实学习实践活动实施方案，推动公司和电网科学发展。

习近平视察南京南瑞继保电气有限公司

2009年4月22日，中共中央政治局常委、中央书记处书记、国家副主席习近平视察南京南瑞继保电气有限公司（简称南瑞继保），中共中央政治局委员、中央书记处书记、中共中央组织部部长李源潮陪同视察。

沈国荣向习近平作了“务实创新、以人为本，坚持科学发展”的简要汇报，听完汇报，习近平作了重要讲话，他说：“你们自主创新的能力和水平给我留下了深刻的印象。你们通过自主创新，不断攀登国际最高水平。通过引进、吸收再创新，赶超国际水平。你们这套通过实践而来的科技创新的理念，是一种很宝贵的经验，具有广泛地借鉴意义。”

习近平强调：“沈院士讲到的企业发展思路，内涵很丰富。企业文化的思路，人才聚集的体会，很有独到之处。”习近平希望有关方面要很好地总结南瑞继保的成功经验以及这一套发展思路。

习近平高兴地说：“记得五年前胡锦涛总书记来过南瑞继保，五年后你们又取得了新的飞跃性发展，这个喜讯我要带回去，给总书记报告，他一定会感到欣慰。我们一方面要好好总结，这是科学发展一个很好的例子。同时希望沈院士领导的这个团队，再接再厉，不断地攀登电力自动化领域的科技最高峰，为国家的科技创新、科技兴国作出新的更大的贡献。”

习近平考察华能伊敏煤电公司

2009年8月22日，中共中央政治局常委、中央书记处书记、国家副主席习近平考察了华能伊敏煤电公司。

习近平实地考察了华能伊敏煤电公司露天矿，详细了解了露天矿煤层厚度、开采工艺和生产设备情况，听取了伊敏煤电公司负责人情况介绍，肯定了伊敏煤电公司坚持走煤电一体化道路，大力发展循环经济，取得经济效益、生态效益双丰收的做法。他很有感触地说，感谢伊敏煤电公司干部职工的辛勤劳动，感谢你们作出的突出贡献！

习近平指出，伊敏煤电公司作为国内第一家煤电一体化企业，起到了很好的示范作用，特别是企业在循环经济方面有独到之处。煤、电、水、灰的循环利用，使生态环境得到了很好的保护，这是科学发展的有机统一，是资源开发的创新之举，也是煤电运营体制改革的一种尝试。希望伊敏煤电公司通过学习实践科学发展观活动，建立长效机制，巩固学习实践活动成果，继续把企业的科学发展搞好。

习近平强调，伊敏煤电公司要将企业发展同推动当地经济建设相结合，将做好企业的生产经营同保护好生态环境相结合，将提高企业经济效益、社会效益同提高职工收入及当地群众的收入增长相结合，形成一种和谐共生、互惠互利的局面，努力工作，为国家创造更多的财富。

李克强赴中电投集团调研

2009年1月4日，中共中央政治局常委、国务院副总理、国务院第二次全国经济普查领导小组组长李克强到中电投集团调研经济普查工作开展情况，并详细了解了企业生产经营情况。

李克强详细询问了中电投集团经济普查工作开展情况，现场查看了普查数据汇总工作。在听取中电投集团总经理陆启洲作的工作汇报后，李克强对中电投集团经济普查工作给予了充分肯定。李克强指出，电力生产是工业增长的晴雨表，能够灵敏真实反映经济运行状况，要在全面掌握电力企业基本状况的同时，切实加强日常生产运行统计，跟踪分析能源市场动态，为准确把握经济形势，及时制定政策措施提供信息支撑。

在调研中，李克强与中电投集团普查员详细交谈，深入了解各类普查表的填写工作，他叮嘱普查工作人员，目前国家第二次经济普查已经进入数据填报的关键阶段，要牢固树立科学普查、依法普查的理念，严格执行普查方案，保证普查数据不重不漏，真实可信。他指出，及时客观完整地提供数据和资料，是所有普查对象依法应尽的义务，各类企业要支持和配合普查，社会各有关方面要理解和关心普查，为经济普查营造良好的氛围。

李克强出席全国能源工作座谈会

2009年2月4日，中共中央政治局常委、国务院副总理李克强在北京出席全国能源工作座谈会并讲话。李克强在全国能源工作座谈会上强调，要认真贯彻党中央、国务院关于保增长、扩内需、调结构的决策部署，按照科学发展观的要求，切实保障能源有效供给，不断提高能源效率，加快发展现代能源产业，推进能源结构调整升级，促进经济社会又好又快发展。

李克强说，能源关系国计民生，是经济社会发展的重要基础，是我国现代化建设的基本保障。进入新世纪以来，我国能源发展取得显著成绩。当前世界金融危机仍在蔓延，对我国经济造成较大冲击。能源发展中既存在结构不合理、环境压力大等老问题，也出现了需求减缓、效益下降等新情况。要立足当前、着眼长远，化挑战为机遇，积极应对金融危机带来的影响，在保持能源生产稳定增长的同时，大力推进能源结构调整，构筑稳定经济清洁安全的能源供应体系，以能源的健康发展支持经济增长，以能源的稳定发展支持经济社会可持续发展，以能源的安全供应支持国家现代化建设。

李克强指出，加强能源基础设施建设，有利于扩内需保增长，也有利于增强发展后劲。要针对当前能源领域存在的突出矛盾和问题，加大投入力度，重点推进农村和城镇电网改造、节能减排改造、西电东送、西气东输、大型煤炭基地、石油化工基地、大型核电等工程建设，更好地保障人民生活和经济社会发展。

李克强说，改革是发展的动力。加快能源结构调整步伐，促进能源产业可持续发展，必须深化能源领域各项改革。要积极稳妥地推进能源产品价格改革，理顺能源资源价格关系，加快能源市场体系建设进程，不断探索和改进新形势下政府能源管理体制，促进能源产业转入科学发展的轨道。加强战略规划，完善政策法规，创新工作方式，充分利用国际国内两个市场两种资源，提高能源领域对外开放水平，实现互利共赢。

座谈会由国家能源局局长张国宝主持。国家发展改革委主任张平在会上讲了话。有关省（区、市）政府和国务院有关部门负责同志，大型能源企业负责人，全国能源工作会议部分代表参加了会议。

李克强为2009中国电力论坛作出批示

2009年11月3日，由中国电力企业联合会与各大电力企业联合举办的“2009中国电力论坛（China Power 2009）”在天津滨海国际会展中心举行。本届论坛以“清洁能源　绿色电力”为主题，旨在推进实现我国电力工业的清洁发展、节约发展、可持续发展，构建面向2020年乃至更长远的中国电力新架构。2009（天津）国际节能减排科技博览会暨2009中国国际清洁能源发电技术与设备展览会同时开展。

中共中央政治局常委、国务院副总理李克强为论坛作出重要批示：2009中国电力论坛以“清洁能源　绿色电力”为主题，很有意义。大力发展清洁能源，促进电力可持续发展，是保障我国能源和经济安全的需要，也是加快发展战略性新兴产业、积极应对全球气候变化的需要。希望电力行业同志们同心协力，奋发有为，继续推进电力发展和改革，优化调整电力和能源结构，加大节能减排工作力度，为推动我国电力工业又好又快发展、促进经济长期平稳较快发展作出新贡献。

李克强出席中日节能环保综合论坛

2009年11月8日，中共中央政治局常委、国务院副总理李克强出席第四届中日节能环保综合论坛开幕式并讲话。李克强指出，面对继续应对国际金融危机的新情况并考虑“后危机”乃至更长一段时间的发展变化，我们应当把保增长与调结构更好地结合起来，更加重视节约能源资源，不断增强可持续发展能力，保持经济长期平稳较快发展。

李克强说，目前世界经济正在发生大变革大调整，发展绿色经济已经成为国际上一个重要趋势。中国经济增速逐季回升，结构调整和节能减排的任务相当紧迫。能源资源的节约高效利用，既是应对国际金融危机的有效途径，又是经济结构战略性调整的重要抓手，也是实现可持续发展和现代化目标的关键举措。通过加强节能等管理，可以抑制生产经营中各种浪费能源资源的行为，防止高耗能、高排放的建设项目上马，降低区域经济活动的能源资源消耗，从而有利于促进中国产业结构和整个经济结构的优化升级，提高经济增长的质量和效益。

李克强强调，在新的形势下，中国政府将立足当前、着眼长远，处理好保持经济平稳较快发展、调整经济结构与管理通胀预期的关系，坚持资源节约的基本国策，加大产业结构、能源结构调整力度，加快淘汰消耗高、污染重的落后产能，建立有利于节约能源资源的产业体系；积极发展新能源、清洁能源，提高可再生能源消费比重；推进能源原材料等重点行业、重点企业节能，实施好建筑节能、绿色照明等重点节能工程，继续降低单位 GDP 能源消耗水平，加快建设资源节约型、环境友好型社会。

李克强指出，节约能源有利于保障能源安全，也有利于减少温室气体排放。我们愿本着《联合国气候变化框架公约》、《京都议定书》和“巴厘路线图”的基本精神，坚持共同但有区别的责任原则，加强国际磋商与合作，推进应对气候变化的各项工作。

李克强出席中美清洁能源合作签字仪式

2009 年 11 月 17 日，国务院副总理李克强在人民大会堂会见了美国商务部长骆家辉、能源部长朱棣文、贸易代表柯克、贸易和开发署代理署长扎克，并出席中美清洁能源合作签字仪式。

李克强说，中国是世界上最大的发展中国家，美国是世界上最大的发达国家，两国基本国情不同、发展阶段迥异，但都是世界能源生产和消费大国，在应对气候变化、保障能源资源和环境安全、促进可持续发展等方面面临共同挑战，拥有广泛的合作基础。

李克强表示，发展清洁能源，是拓展能源利用领域、创新能源利用方式的重大变革，也是优化能源结构、调整经济结构的重要举措，需要企业主导和科技支撑，也需要政府支持和国际合作。希望双方加强政策对话，探索更加有效的资金技术合作机制，促进清洁能源产业发展，以实际行动为全球可持续发展作出贡献。

会见后，李克强出席了中美清洁能源合作签字仪式。作为《中美联合声明》中关于推进清洁能源合作的内容，双方签署了《中美关于在页岩气领域开展合作的谅解备忘录》《中美关于建立可再生能源伙伴关系的合作备忘录》《关于中美能源合作项目的谅解备忘录》三项政府部门间合作文件，以及多项企业间协议。

李克强为中电联第五次全国会员代表大会作出批示

2009 年 12 月 22 日，在中国电力企业联合会第五次全国会员代表大会召开之际，中共中央政治局常委、国务院副总理李克强作出重要批示：

“电力是重要基础性行业，关系经济发展、社会进步和民生改善。新中国成立尤其是改革开放以来，在中央领导下，广大电力员工团结拼搏，我国电力工业快速发展，企业活力不断增强，有力地支持了社会主义现代化建设。

当前，新能源革命正在孕育，推进城镇化工业化、建设生态文明也对电力提出了新要求。要深入贯彻落实科学发展观，统筹当前与长远，完善体制机制，在增加供应的同时优化结构，为经济社会发展提供优质可靠电力保障。

中国电力企业联合会成立 20 年来，在电力工业的发展改革中起到了重要的服务和纽带作用。希望你们再接再厉，开拓创新，为推动我国电力工业发展作出新的贡献！”

周永康考察国网新疆电力公司

2009 年 7 月 12 日，中共中央政治局常委、中央政法委书记周永康在新疆乌鲁木齐看望慰问各族群众，并就恢复正常生产生活进行检查指导。当天，周永康考察了国家电网新疆电力公司，充分肯定了公司职工为保持社会稳定、促进经济社会发展所作出的努力。

7 月 12 日 11 时，周永康来到国家电网新疆乌鲁木齐电力调度中心考察工作，慰问坚守在生产一线的职工。周永康详细了解了全市电网运行、供电保障等情况。新疆电力公司负责人汇报了“7·5”事件中乌鲁木齐市电力设施受损及抢修恢复情况。乌鲁木齐市用电量已经恢复并超过了“7·5”事件以前水平、新疆电网供电负荷已连创历史新高。

周永康通过调度指挥系统向全疆广大电力职工表示亲切慰问，对他们在关键时刻坚守岗位、及时抢修被破坏的电力设施、很快恢复了电力供应，表示衷心感谢。周永康指出，电力正常供应既保生产生活，也保社会稳定，希望电力企业发挥好国有企业的骨干作用，为新疆经济社会发展贡献力量。

新疆电力公司乌鲁木齐电业局三宫变电站值班员王俊代表新疆电力公司 3 万多名各族职工向周永康表态：“请首长放心，我们一定会旗帜鲜明地反对民族分裂主义，维护民族团结，维护社会稳定，以高度的责任感，坚守工作岗位，尽心尽力地保证电网安全运行。”

离开电力调度中心时，周永康看到停在门前的五辆抢修车上坐满了工具齐全、整装待发的电力职工，当得知电力职工是在24小时待命、准备随时应急抢修时，他走上前同大家一一亲切握手。周永康说："大家辛苦了，现代社会的生产和生活都离不开电，没有电什么都干不成，感谢大家为地区经济发展付出的辛勤努力。"

张德江考察华能北京热电厂

2009年3月19日，中共中央政治局委员、国务院副总理张德江考察了华能北京热电厂。国务院国资委主任李荣融，国务院副秘书长肖亚庆陪同考察。

张德江在华能集团公司总经理曹培玺、党组书记黄永达陪同下，先后考察了华能北京热电厂控制室、二期工程扩建端、脱硫烟塔合一工程以及二氧化碳捕集示范装置。考察过程中，张德江听取了曹培玺关于华能集团改革发展情况的简要汇报，详细询问了华能北京热电厂的供电供热、节能减排、安全生产以及我国第一个燃煤电厂二氧化碳捕集示范装置的工艺流程、技术特点和产品销售情况。

张德江考察中电投新昌电厂"上大压小"工程

2009年9月4日，中共中央政治局委员、国务院副总理张德江，在国家发展改革委副主任、国家能源局局长张国宝，江西省委副书记、省长吴新雄，江西省委常委、南昌市委书记余欣荣，江西省副省长洪礼和，中国电力投资集团公司总经理陆启洲的陪同下，考察了正在紧张建设的中电投新昌电厂，详细了解"上大压小"工程建设情况，亲切看望工程建设者，并对确保工程质量和安全、抓好能源建设提出要求。

在项目施工现场，张德江听取了中电投江西分公司有关负责人对项目情况的汇报。当了解到新昌电厂建设有望创下全国66万kW超超临界机组建设工期新纪录时，张德江非常高兴，对中电投在江西实施首个"上大压小"、节能减排项目，规范开展各项工作给予充分肯定。张德江指出，我国能源建设总的来讲要适当超前发展，更好服务经济社会发展。能源发展涉及能源结构、地区分布、综合配套、效益和市场等问题，要从全局上合理把握电力建设节奏。

张德江参观国际核电展

2009年4月21日，中共中央政治局委员、国务院副总理张德江到中国国际展览中心参观了第八届中国国际核电工业展，参观了中国华能集团公司和中国电力投资集团公司展位。

国务院副秘书长肖亚庆、国家发展改革委副主任刘铁男、国家能源局副局长孙勤等陪同。

张德江来到中国华能集团公司展台，观看了华能石岛湾核电站沙盘、高温气冷堆模型，询问了高温气冷堆技术特征、示范工程的选址、工作进展等情况，华能集团副总经理张廷克一一作答。张德江在听取了华能集团总经理曹培玺关于国家科技重大专项——具有我国自主知识产权的高温气冷堆核示范电站情况介绍后，对华能集团联合中核建、清华大学，积极推进国际第四代核技术，建设高温气冷堆核示范电站给予了充分肯定。华能集团公司此次展出了在核电领域发展取得的成果，用沙盘、模型等形式重点展示了国家科技重大专项、具有自主知识产权的高温气冷堆核电站示范工程。

张德江又来到中国电力投资集团公司展台，观看了江西彭泽核电和山东海阳核电AP1000模型。张德江在听取了中电投集团总经理陆启洲的介绍后，对中电投集团核电工作给予了肯定。

第八届中国国际核电工业展览会4月19日在北京开幕、4月22日闭幕，由中国核能行业协会主办，共有来自亚洲、欧洲、美洲的15个国家及地区的200多家核电工业企业、科研院所参加了本届展会。此展会创办于1995年，每两年举办一届，已成为世界核电企业展示成就、彰显实力、推介产品、交流经验、促进合作的重要平台。

李鹏、张德江为中电联成立20周年纪念大会发贺信

2009年1月20日，中国电力企业联合会（简称中电联）成立20周年纪念大会在北京隆重举行，李鹏向中电联发来贺信。中共中央政治局委员、国务院副总理张德江也向中电联发来贺信。国家电监会党组成员、副主席王禹民出席大会并发表重要讲话。中电联理事长赵希正，国家能源局、各大电力企业集团有关领导及电力行业老领导出席了大会。中电联党组书记、常务副理事长谢振华主持大会。

会议首先传达了中共中央政治局委员、国务院副总理张德江向中电联发来的贺信，贺信对中电联成立20周年表示热烈的祝贺！希望中电联总结经验，深入贯彻落实科学发展观，充分发挥自身优势，加强自身建设，增强服务意识，加强调查研究，围绕电力发展献计献策，为电力行业持续、快速、健康发展作出

新的更大的贡献。

大会进行期间，收到了原全国人大常委会委员长李鹏发来的贺信，向中电联成立20周年表示热烈的祝贺！在肯定中电联成绩的同时，希望中电联在今后的发展中，团结一致，开拓创新，求真务实，不断实现历史的跨越，为开创我国电力工业的新局面而努力奋斗！

王禹民在讲话中指出，中电联成立20周年，不仅是中电联发展史上的一个重要里程碑，也是我国电力行业发展中的一件喜事。20年来，中电联为我国电力行业持续快速健康发展作出了有目共睹的贡献，行业代表性和社会影响力不断增强，越来越得到了政府和企业的信任和好评。作为中电联的业务主管单位，国家电监会将继续大力支持中电联的发展，从各方面给予更大的支持，为中电联在新形势下继续发挥更大的作用创造良好的外部环境。

王禹民对中电联今后工作提出了希望和具体要求。他强调，国家电监会对中电联寄予了厚望，全体会员单位和广大电力企业也要一如既往地积极参与和支持中电联的各项工作。他希望中电联以成立20周年作为新的起点，充分发挥行业协会的优势，与时俱进，不断创新，推动电力工业又好又快发展。

赵希正表示，中电联将继续认真履行服务职能，推进行业科学发展；积极反映企业诉求，维护行业企业合法利益；不断拓展和深化基础服务，全面推动企业健康发展；精心打造服务品牌，树立电力行业协会良好形象，携手同心完成新世纪赋予的历史重任。再经过几年的努力奋斗，一个充满生机活力的"功能服务型、管理自律型、人才复合型，服务网络化、手段现代化，具有广泛公正性、代表性、与国际接轨的现代行业协会"一定会放射更加灿烂的光辉。

截至2009年1月，中电联已有团体会员单位1569家，理事单位219家，常务理事单位58家，设有13个专业分会和9个非常设专业分会，受国资委等政府部门委托，代管6个全国性行业协会，全国已成立的30家省级电力行业协会都是中电联的理事单位，构成了较为完善的电力行业管理与服务网络体系。

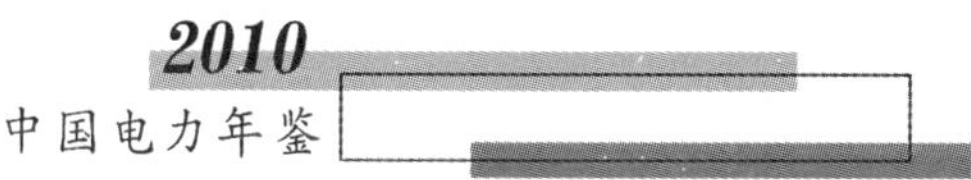

能源·政策

国家发展和改革委员会明确下阶段电价改革重点

2009年8月3日，国家发展和改革委员会（简称国家发改委）公布了上半年能源资源产品价格改革进展，并明确下一步国家发改委将按照既定的改革方向，继续深化电价改革，指导各地开展电力用户与发电企业直接交易试点；研究制定大型并网光伏电站标杆上网电价，完善生物质发电价格机制；抓紧研究下发销售电价分类结构的指导办法，减少交叉补贴；进一步规范电能交易价格管理办法。

国家发改委明确，电价改革的最终目标是：发电、售电价格由市场竞争形成，输电、配电价格由政府制定。按照这一改革目标，2009年上半年，国家发改委积极推进上网电价、销售电价等方面的价格改革。

（1）完善可再生能源发电价格政策。为规范风电价格管理，下发《关于完善风力发电上网电价政策的通知》，按照风能资源状况和工程建设条件，将全国分为四类风资源区，并相应制定风电标杆上网电价。一方面，通过事先公布标杆电价水平，为投资者提供明确的投资预期，鼓励开发优质资源，限制开发劣质资源，有利于促进风电开发的有序进行；另一方面，也有利于激励风电企业不断降低投资成本和运营成本，提高经营管理效率，促进风电产业健康发展。

（2）推进电力用户与发电企业直接交易工作。2009年3月，明确放开20%的售电市场，对符合国家产业政策、用电电压等级在110kV以上的大型工业用户，允许其向发电企业直接购电，鼓励供需双方协商定价。6月，与国家电监会、国家能源局联合下发《关于完善电力用户与发电企业直接交易试点工作有关问题的通知》，进一步规范和指导各地推进电力用户与发电企业直接交易试点工作。这些政策的出台，进一步推进了电价改革，有利于引入竞争机制，增加电力用户选择权，促进合理的电价机制形成。

（3）清理整顿优惠电价。针对部分省份自行出台对高耗能企业实行优惠电价，不利于促进高耗能行业结构调整和产业升级的情况，报经国务院批准，国家发改委与国家电监会、国家能源局联合下发《关于清理优惠电价有关问题的通知》，对各地凡是以发、用电企业双边交易等名义，擅自降低发电企业上网电价或用电企业销售电价，对高耗能企业实行优惠电价措施的进行全面清理，促进国民经济健康发展。

2009年节能减排工作安排

2009年7月19日，国务院办公厅以国办发［2009］48号文发出通知，印发《2009年节能减排工作安排》（简称《安排》）。

《安排》指出，2009年是实现“十一五”节能减排目标具有决定性意义的一年，各地区、各部门要进一步统一思想，充分认识节能减排工作的重要性和艰巨性，增强紧迫感和责任感，全面落实各项节能减排政策措施，进一步加大工作力度，务求取得更大成效，确保节能减排目标完成进度与“十一五”规划实施进度同步。

（1）加强目标责任考核。组织相关部门和专家对省级政府2008年节能减排目标完成情况进行现场评价考核，评价考核结果向社会公告，落实奖惩措施，实行严格的问责制。

（2）推动重点工程实施。继续加大中央预算内投资、新增中央投资、中央财政专项资金和国外优惠贷款对节能减排的支持力度，重点支持十大重点节能工程建设、循环经济发展、淘汰落后产能、城镇污水处理设施及配套管网建设、重点流域水污染治理，以及节能环保能力建设。2009年，通过实施十大重点节能工程，形成7500万t标准煤的节能能力；全国36个大城市基本实现污水全部收集处理；新增燃煤电厂烟气脱硫设施5000万kW以上。

（3）严控高耗能、高排放行业盲目扩张。组织修订《产业结构调整目录》。加大淘汰落后产能的力度，2009年“上大压小”关停小火电机组1500万kW，淘汰落后炼铁产能1000万t、炼钢600万t、水泥5000万t、造纸50万t、铁合金70万t、焦炭600万t。完善淘汰落后产能退出机制，公告淘汰落后产能企业名单，推广大型企业兼并重组落后企业等有效做法，落实好差别电价政策和淘汰落后产能企业职工安置政策措施。发布节能设备指导目录、落后高耗能设备淘汰目录等，推动淘汰落后高耗能设备。落实节能发电调度办法，抓紧出台配套政策。

（4）加快技术开发和推广。围绕能源、资源、环境等领域，建设和完善若干国家工程中心、国家工程实验室和国家重点实验室，在高效发电、重污染行业清洁生产、建筑节能等方面组织科研攻关，攻克一批节能减排关键和共性技术。支持大型先进压水堆及高温气冷堆核电站重大科技专项。加大新技术、新产品产业化的实施力度，做好“金太阳”太阳能发电、大型超超临界发电、有机废水循环利用等技术的规模化推广应用。制定半导体照明（LED）产业发展意见。加快风能资源的评估与开发。积极推进环保产业发展，继续开展烟气脱硫特许经营试点。广泛开展节能减排国际合作，切实加强双边、区域和多边在节能、新能源和低碳技术研发等方面的交流，积极引进国际先进技术和管理经验。

（5）着力抓好重点领域节能减排。继续大力推进千家企业节能行动，发布能源利用状况公告，开展节能管理师试点，形成2000万t标准煤的节能能力。

（6）大力发展循环经济。做好循环经济促进法贯彻实施工作。组织编制重点行业和重点领域循环经济发展规划，印发省市循环经济发展规划编制指南。建立循环经济发展专项资金，支持循环经济技术研发、示范推广、能力建设等。深化循环经济示范试点，开展“循环经济专家行”活动。

（7）完善相关经济政策。继续推进资源性产品价格改革，落实成品油价格和税费改革方案。完善天然气价格形成机制。实行鼓励余热余压发电的上网和价格政策。继续推进电价改革，完善需求侧电价管理制度。继续实行促进节约用水的水价制度，鼓励使用再生水。

（8）加快法规和标准建设。完善节能减排法律法规体系，加快节约能源法和循环经济促进法配套法规建设。落实好民用建筑节能条例、公共机构节能条例。研究起草排污许可证条例。尽快出台固定资产投资项目节能评估和审查办法、城镇排水和污水处理条例。制定电力企业节能降耗主要指标监管评价标准。

（9）强化节能减排监管。加强对各地区节能减排工作的监督检查，督促各项节能减排优惠政策的落实，坚决制止和纠正擅自出台对高耗能行业实行优惠电价、违规乱上高耗能和高排放项目等行为。加强节能减排执法检查，严肃查处严重浪费能源资源、严重破坏环境、违反能源利用状况报告制度、私自排污等问题。深入开展环保执法专项行动，重点做好电力、钢铁、建材、造纸等12个高耗能、高排放行业排放总量控制和排污许可制度执行情况的监督检查。加强职工节能减排义务监督员队伍建设，强化对义务监督员的培训。发布电力企业节能减排情况通报。

（10）加强监管能力建设。加快节能减排统计、监测和考核体系建设。加强资源环境、循环经济基础研究，建立体现资源节约型、环境友好型社会建设的中国资源环境统计指标体系。抓紧组建国家节能中心，健全省级节能监察机构和节能技术服务中心。结合第二次全国经济普查，组织实施第二、三产业用能单位能耗调查和主要耗能行业重点耗能设备普查。继续推进污染源普查工作，加强环境质量监测、污染源自动监控、信息传输与统计等能力建设。建设电力行业节能减排监管信息平台。

（11）开展规划编制等重大问题研究。编制节能环保产业发展规划，加快培育新的经济增长点。开展“十二五”节能专项规划前期研究，研究节能重大问题，重点做好节能目标预测。对节能中长期专项规划实施情况进行评估。开展“十二五”污染物排放总量控制计划前期研究，重点对实施总量控制的污染物及排放指标等开展专题研究。

（12）加大宣传教育工作力度。继续广泛深入开展“节能减排全民行动”，以节油节电和全民节能为重点，深入开展节能减排宣传教育，普及节能环保知识，积极倡导节约型的生产方式、消费模式和生活习惯。

电力行业治理商业贿赂

2009年，继续加大查办违纪违法案件工作力度。按照十七届中央纪委第三、四次全会的部署和中央治理商业贿赂领导小组第七次会议的要求，继续深入开展电力行业治理商业贿赂专项工作，共查结商业贿赂案件67件，涉案金额5205.18万元，142人受到处理。从查处情况看，电力工程建设和物资采购是商业贿赂案件易发多发领域，占案件总数的86.5%。

积极推动电力市场诚信体系建设迈上新台阶。修改完善了信用评价指标体系，评价质量得到提升。建立电力行业诚信信息管理系统，开通了电力行业诚信网（www.ceccr.cn）。加大信用评价师培训工作力度，设立专家库。稳步推进信用企业评价工作，全年评出AAA级信用企业64家，AA级信用企业5家。

体　制　改　革

中国三峡总公司重组中国水利投资（集团）公司

2009年1月7日，国务院国资委正式下文批复，原则同意中国三峡总公司重组中国水利投资（集团）公司（简称国水投集团）的实施方案，要求两家公司按照方案抓紧实施，确保重组达到预期效果。这标志着我国央企电力板块首例重组正式转入实施阶段。

中国三峡总公司是世界最大的水利枢纽——三峡工程的业主单位，截至2008年上半年，总资产达到2005亿元，其战略定位是以大型水电开发与运营为主的清洁能源集团，主要经营范围是水利工程建设与管理、电力生产、相关专业技术服务，同时也是国家发展改革委认定的海上风电主要投资运营商。

中国水利投资（集团）公司是中央水利资产的投资主体和运营主体之一，总资产约100亿元，其主业为水利水电、再生能源的投资与管理；工程承包；相关技术研究、贸易与服务，其在风电等新能源开发领域拥有较为丰富的资源和经验。

国资委要求两家公司依据《中华人民共和国公司法》、《企业国有资产监督管理暂行条例》、国务院《关于推进国有资本调整和国有企业重组的指导意见》等法律法规文件，积极稳妥地推进重组，努力实现企业发展目标；立足于企业发展战略定位和发展规划，逐步实施业务深度整合，积极推进资源优化配置；以重组为契机，进一步深化内部改革，推进管理创新，深化人事、劳动、分配制度改革，建立和完善有利于吸引和留住人才、能够充分调动广大职工积极性的激励机制，加快经营理念、管理体系、企业文化的全面融合，不断提高管理水平。同时，在新公司运作方面，国资委要求重组后的公司要规范母子公司管理体制，妥善解决历史遗留问题，切实维护国有股东权益，防止国有资产流失。此外，在思想和稳定保证方面，国资委强调重组要加强领导，精心组织，深入细致地做好职工的思想工作，依法规范操作，保证企业经营管理等各项工作有序进行，确保企业和社会的稳定。

国资委认为，中国三峡总公司与国水投（集团）

的重组合并符合科学发展观的要求，符合国资委的央企改革重组方向，符合双方战略发展的需要。

根据实施方案有关内容，中国三峡总公司与国水投（集团）自2009年1月1日起合并财务报表，国水投（集团）与其子公司中国水利电力对外公司（下称中水电公司）分立，分别成为中国三峡总公司的全资子公司，并计划于2010年年底前基本完成国水投（集团）和中水电公司辅业资产的清理整合工作，实现精干主业、减少管理层级的目标。

电力体制改革

电力体制改革取得进展，政府有关部门针对电价改革、电力用户与发电企业直接交易试点等陆续出台了一系列文件和规定，电力市场化改革稳步推进。

电价改革取得进展。6月，国家发展改革委发布《关于做好商业与工业用电、用水同价工作有关问题的通知》（发改办价格［2009］1255号），要求各地积极推进商业与工业用电同价工作。商业与工业用电同价，执行与工业用户相同的电价标准的同时，执行峰谷分时电价等需求侧电价管理制度。11月20日起，全国销售电价每千瓦时上调2.8分钱。在调整电价的同时，对销售电价结构作了进一步优化和完善。全国实现了城乡居民用电同价，全国城乡各类用电同价的省份增加到20个，其余省份也缩小了城乡各类用电价差，2/3的省份实现了商业用电与工业用电同价，适当调整了各电压等级差价。7月，国家发展改革委发布《关于完善风力发电上网电价政策的通知》（发改价格［2009］1906号），规范风电价格管理，促进风力发电产业健康持续发展。国家按风能资源状况和工程建设条件，将全国分为四类风能资源区，相应制定风电标杆上网电价。今后新建陆上风电项目，统一执行所在风能资源区的风电标杆上网电价。

政府有关部门陆续出台了一系列文件，积极推动电力用户与发电企业直接交易试点。2月，工信部等联合下发了《关于开展电解铝企业直购电试点工作的通知》，确定了15家电解铝企业开展直购电试点工作。同月，国家发展改革委等联合下发了《关于清理优惠电价有关问题的通知》，在要求取消各地自行出台的优惠电价的同时，部署积极稳妥地推进大用户直购电试点工作。4月，工信部下发了《关于工业企业参与大用户直购电试点有关问题的通知》，对参与大用户直购电试点工业企业的基本条件作出了规定。6月，国家电监会等联合下发了《关于完善电力用户与发电企业直接交易试点工作有关问题的通知》，在刺激经济恢复和增长的背景下，对市场准入条件、试点主要内容、计量与结算等问题作了进一步的明确。11月，国家电监会下发了《电力用户与发电企业直接交易试点基本规则（试行）》，对试点的准入与退出、交易方式、交易价格、容量剔除及电量分配、合同签订、安全校核、计量、信息和监管作出了规定。2009年10月和12月，国家电监会、国家发改委、国家能源局三部委先后联合批复了辽宁抚顺铝厂与华能伊敏发电公司、安徽铜陵有色公司与国投宣城发电公司开展直接交易试点。

2009年电力企业融资情况

2009年电力企业融资情况表

代　码	公司名称	发行日期	融资方式	融资额（亿元）	主承销商	期限（年）
600900.SH	长江电力	2009.11.06	定向增发	201.4	中信证券	
600027.SH	华电国际	2009.12.01	定向增发	34.5	中信证券	
600886.SH	国投电力	2009.12.04	定向增发	76.9	中金公司	
600726.SH	华电能源	2009.12.14	定向增发	14.8	中信证券	
600674.SH	川投能源	2009.12.16	定向增发	32.5	瑞银证券	
增发合计				**360.1**		
股权融资合计				**360.1**		
098014.IB	浙江能源	2009.02.23	企业债	47.0	华林证券	5
098015.IB	安徽能源	2009.02.24	企业债	10.0	广发证券	7
098024.IB	中国水利水电	2009.03.19	企业债	13.0	银河证券	5

续表

代　　码	公司名称	发行日期	融资方式	融资额（亿元）	主承销商	期限（年）
098048.IB;122970.SH	三峡集团	2009.04.08	企业债	70.0	中信证券	5
098059.IB	五凌电力	2009.04.23	企业债	10.0	中建投	10
0980113.IB	华能四川水电	2009.06.29	企业债	9.9	长城证券	10
0980118.IB	中核集团	2009.07.15	企业债	15.0	国泰君安	10
0980119.IB	中核集团	2009.07.15	企业债	25.0	国泰君安	10
0980132.IB	国家电网	2009.09.09	企业债	150.0	国泰君安	7
0980133.IB	国家电力	2009.09.09	企业债	50.0	国泰君安	10
0980184.IB	国家电网	2009.12.24	企业债	163.0	中金公司	7
0980185.IB	国家电网	2009.12.24	企业债	37.0	中金公司	10
122971.SH	三峡集团	2009.04.08	企业债	30.0	中信证券	7
122976.SH	永城煤电	2009.03.30	企业债	13.0	中建投	6
企业债合计				**642.9**		
0981002.IB	甘肃电力投资	2009.01.06	短期融资券	8.0	浦发银行	1
0981008.IB	永城煤电	2009.01.14	短期融资券	5.0	兴业银行	0.49
0981009.IB	京能热电	2009.01.15	短期融资券	6.0	深圳发展	1
0981011.IB	新华水利水电	2009.01.19	短期融资券	5.0	华夏银行	1
0981017.IB	中国水利投资	2009.02.05	短期融资券	4.0	华夏银行	1
0981026.IB	华能国际	2009.02.24	短期融资券	50.0	建设银行	1
0981030.IB	中电投蒙东	2009.03.02	短期融资券	10.0	建设银行	1
0981032.IB	湖北能源	2009.03.06	短期融资券	9.0	建设银行	1
0981035.IB	安徽能源	2009.03.10	短期融资券	10.0	建设银行	1
0981036.IB	葛洲坝集团	2009.03.11	短期融资券	8.0	进出口银行	1
0981038.IB	汉江水利水电	2009.05.18	短期融资券	3.0	华夏银行	1
0981052.IB	新华水利水电	2009.03.30	短期融资券	5.0	华夏银行	1
0981071.IB	建投能源	2009.04.22	短期融资券	5.0	中国银行	1
0981073.IB	安徽能源	2009.04.27	短期融资券	10.0	建设银行	1
0981079.IB	国水投集团	2009.05.05	短期融资券	11.0	中信银行	1
0981090.IB	重庆能源	2009.05.26	短期融资券	7.0	光大银行	1
0981092.IB	金山能源	2009.06.01	短期融资券	0.5	招商银行	1
0981096.IB	中广核	2009.06.03	短期融资券	85.0	国开行	1
0981098.IB	二滩水电	2009.06.04	短期融资券	5.0	工商银行	1
0981112.IB	华能集团	2009.06.29	短期融资券	40.0	工商银行	1
0981120.IB	长江电力	2009.07.13	短期融资券	10.0	建设银行	1
0981121.IB	深圳能源	2009.07.14	短期融资券	20.0	工商银行	1
0981122.IB	内蒙古岱海	2009.7.14	短期融资券	9.0	招商银行	1
0981134.IB	浙能兰溪	2009.08.06	短期融资券	6.0	民生银行	0.9

续表

代　　码	公司名称	发行日期	融资方式	融资额（亿元）	主承销商	期限（年）
0981141.IB	永城煤电	2009.08.14	短期融资券	5.0	兴业银行	1
0981151.IB	内蒙古电力	2009.08.27	短期融资券	5.0	民生银行	1
0981160.IB	二滩水电	2009.08.31	短期融资券	5.0	工商银行	0.9
0981167.IB	华能国际	2009.09.09	短期融资券	50.0	中国银行	0.74
0981181.IB	国电宣威	2009.09.28	短期融资券	5.0	招商银行	1
0981199.IB	华能集团	2009.10.20	短期融资券	30.0	工商银行	1
0981206.IB	四川水电投资	2009.10.29	短期融资券	6.0	光大银行	1
0981216.IB	核电秦山联营	2009.11.03	短期融资券	6.0	国开行	1
0981218.IB	国电大渡河	2009.11.04	短期融资券	6.0	工商银行	1
0981223.IB	华电国际	2009.11.11	短期融资券	15.0	工商银行	1
0981224.IB	华电国际	2009.11.11	短期融资券	15.0	工商银行	0.74
0981231.IB	浙江能源	2009.11.24	短期融资券	15.0	光大银行	0.49
0981234.IB	国电集团	2009.11.26	短期融资券	50.0	工商银行	1
0981237.IB	国电集团	2009.11.30	短期融资券	39.0	工商银行	1
0981239.IB	内蒙古电力	2009.12.01	短期融资券	15.0	民生银行	0.82
0981241.IB	永城煤电	2009.12.02	短期融资券	10.0	兴业银行	1
0981246.IB	中广核	2009.12.08	短期融资券	21.0	工商银行	1
0981250.IB	中电投集团	2009.12.14	短期融资券	25.0	光大银行	1
0981254.IB	宁波电力开发	2009.12.17	短期融资券	4.0	上海银行	1
0981260.IB	汉江水利水电	2009.12.28	短期融资券	3.0	华夏银行	1
短期融资券合计				**661.5**		
0982001.IB	中电投集团	2009.01.07	中期票据	10.0	光大银行	5
0982016.IB	大唐国际	2009.03.02	中期票据	30.0	交通银行	5
0982027.IB	华电国际	2009.03.17	中期票据	15.0	中金公司	3
0982031.IB	上海电力	2009.03.24	中期票据	12.0	中信证券	5
0982032.IB	华电国际	2009.03.25	中期票据	15.0	中金公司	5
0982037.IB	申能集团	2009.04.01	中期票据	30.0	中金公司	5
0982040.IB	上海电力	2009.04.07	中期票据	13.0	中信证券	5
0982051.IB	国家电网	2009.04.20	中期票据	300.0	交通银行	3
0982055.IB	国电集团	2009.04.21	中期票据	49.0	建设银行	5
0982064.IB	永城煤电	2009.05.05	中期票据	10.0	中信银行	3
0982068.IB	国电集团	2009.05.06	中期票据	26.0	建设银行	5
0982071.IB	华能国际	2009.05.14	中期票据	40.0	建设银行	5
0982079.IB	中广核	2009.06.03	中期票据	30.0	国开行	5
0982081.IB	中广核	2009.06.08	中期票据	20.0	国开行	5
0982083.IB	华能集团	2009.06.09	中期票据	35.0	中国银行	5

续表

代 码	公司名称	发行日期	融资方式	融资额（亿元）	主承销商	期限（年）
0982087.IB	大唐集团	2009.06.15	中期票据	35.0	工商银行	5
0982092.IB	国家电网	2009.06.26	中期票据	300.0	农业银行	5
0982104.IB	南方电网	2009.07.14	中期票据	70.0	工商银行	3
0982105.IB	南方电网	2009.07.14	中期票据	30.0	工商银行	5
0982113.IB	申能集团	2009.08.20	中期票据	40.0	中金公司	3
0982119.IB	山东鲁能	2009.08.28	中期票据	30.0	农业银行	5
0982126.IB	中电投集团	2009.09.09	中期票据	29.0	光大银行	3
0982133.IB	山东鲁能	2009.09.24	中期票据	15.0	农业银行	3
0982139.IB	浙江能源	2009.10.16	中期票据	10.0	兴业银行	3
0982142.IB	葛洲坝	2009.10.29	中期票据	5.0	进出口银行	5
0982150.IB	北京能源投资	2009.11.18	中期票据	15.0	浦发银行	5
0982152.IB	中核集团	2009.11.19	中期票据	6.0	浙商银行	3
0982153.IB	国家电网	2009.11.20	中期票据	300.0	工商银行	3
0982160.IB	北京能源投资	2009.12.03	中期票据	25.0	浦发银行	3
0982171.IB	中核集团	2009.12.25	中期票据	2.0	浙商银行	5
中期票据合计				**1547.0**		
092204.IB	中国电力财务	2009.08.05	金融债	30.0	交通银行	5
092206.IB	中国电力财务	2009.09.23	金融债	15.0	光大银行	5
092208.IB	中电投财务	2009.10.26	金融债	50.0	中银国际证券	5
金融债合计				**95.0**		
122015.SH	长江电力	2009.07.30	公司债	35.0	华泰证券	10
122017.SH	大唐国际	2009.08.17	公司债	30.0	中金公司	10
122024.SH	国阳新能	2009.09.15	公司债	14.0	招商证券	5
112010.SZ	西山煤电	2009.10.19	公司债	30.0	海通证券	5
公司债合计				**109.0**		
债权融资合计				**3055.4**		
融资合计				**3415.5**		

注 资料来源于Wind资讯、中信证券研究部。

电 力 发 展

2009年电力工业综述

（周小谦　葛旭波）

2009年，我国电力工业继续保持平稳较快发展。全年电力供需整体平衡，前松后紧；发电装机规模快速增长，电源结构不断优化；跨省跨区电网联络进一步加强，电网的资源优化配置能力得到较大提高。电力企业运行平稳，利润水平同比保持增长；电力科技快速发展，设备国产化率不断提高。

受国际金融危机影响，2009年1～5月，我国全社会用电量同比负增长；6月后，国家保增长、保民生、保稳定政策措施实施效果显现，经济企稳向好，加上高温天气等因素影响，全社会月用电量增速转正并逐月加速增长。2009年入冬以来，受经济发展回升和寒冷气候影响，用电需求进一步快速增长，我国华中、华东地区出现煤电运紧张，电煤库存快速下降，部分省区因缺煤停机而发生拉闸限电。

2009年，我国电源、电网继续保持较快发展。发电装机容量达到87 409.72亿kW，同比增长10.26%，全年发电量达到36 811.86亿kWh，同比增长6.67%。小火电关停2617万kW。水电、风电装机比重提高，电源结构进一步优化。核电在建规模快速增长，电源建设呈现低碳、清洁化趋势。晋东南—南阳—荆门1000kV特高压交流试验示范工程投入商业运行，云南—广东+800kV特高压直流输电工程单极投运，向家坝—上海±800kV特高压直流示范工程成功带电，特高压输电技术取得重大突破，电网的跨区资源优化配置能力不断加强。电力建设投资同比增长31.2%，继续保持较快发展。

2009年，电力行业经营情况改善，利润实现增长。随着煤价回落和售电量增长，发电企业盈利实现增长；电力供应业进一步降本增效，并在年底国家上调销售电价的作用下，实现盈利。

（一）电力消费情况

2009年，全国全社会用电量实现36 595.15亿kWh，同比增长6.44%。

全社会用电增速同比低开高走，四季度大幅上扬。1～2月，全社会用电同比下降5.2%；3～5月当月用电量分别同比下降2.0%、3.6%和2.6%；从6月开始，在经济回暖和高温天气等因素影响下，用电增速由负转正；6～8月分别同比增长4.3%、6.0%和8.2%；9～12月增速明显加快，分别为10.2%、15.9%、27.6%和26.0%。2008年以来各月当月与累计用电增速见图1。

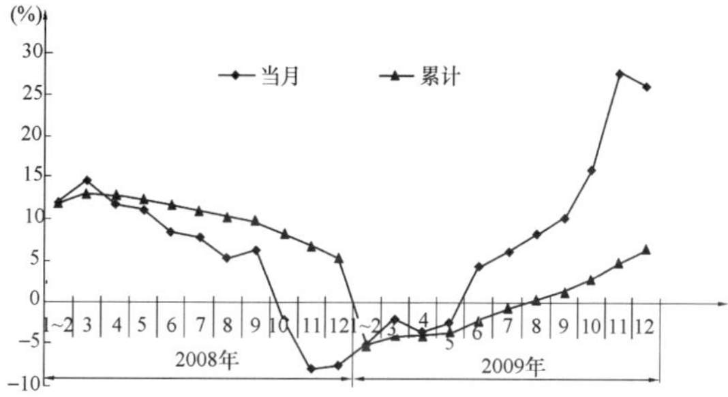

图1　2008年以来各月当月与累计用电增速

第二产业用电增长较慢，第三产业和居民生活用电增长较快。2009年，第一产业用电量为948亿kWh，同比增长8.0%，增幅同比提高6.2个百分点；第二产业用电量为27 125亿kWh，同比增长4.5%，增速同比提高0.5个百分点；第三产业用电量3946亿kWh，同比增长13.0%，增速同比提高3.2个百分点；居民生活用电4568亿kWh，同比增长12.6%，增速同比回落0.4个百分点。由于第二产业用电增速较慢，用电比重同比下降1.3个百分点，第三产业和居民生活用电比重均有所上升。2009年三次产业及居民生活用电情况见表1，2009年分产业用电增长情况见图2。

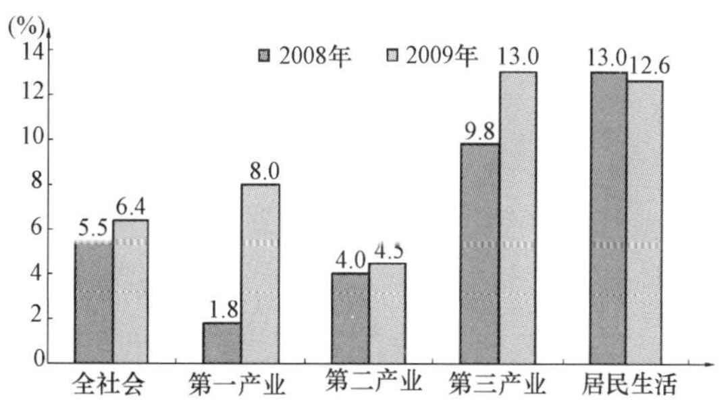

图2　2009年分产业用电增长情况

表1　2009年三次产业及居民生活用电情况　亿kWh，%

统计口径	2009年			2008年			增速变化	结构变化
	用电量	同比增速	结构	用电量	同比增速	结构		
全社会	36 587	6.4	100	34 380	5.5	100	0.9	—
第一产业	948	8.0	2.6	879	1.8	2.6	6.2	0.0
第二产业	27 125	4.5	74.1	25 920	4.0	75.4	0.5	−1.3
第三产业	3946	13.0	10.8	3498	9.8	10.2	3.2	0.6
居民生活	4568	12.6	12.5	4082	13.0	11.9	−0.4	0.7

工业用电稳步上升，重工业增速快于轻工业。2009年，工业用电26 742亿kWh，同比增长4.5%，增速同比提高0.6个百分点；占全社会用电的比重为73.1%，同比下降1.3个百分点。其中轻工业用电4610亿kWh，同比增长0.8%；重工业用电22 132亿kWh，同比增长5.2%。从分月增速来看，重工业用电回升速度明显快于轻工业。2008～2009年工业用电当月增长速度见图3。

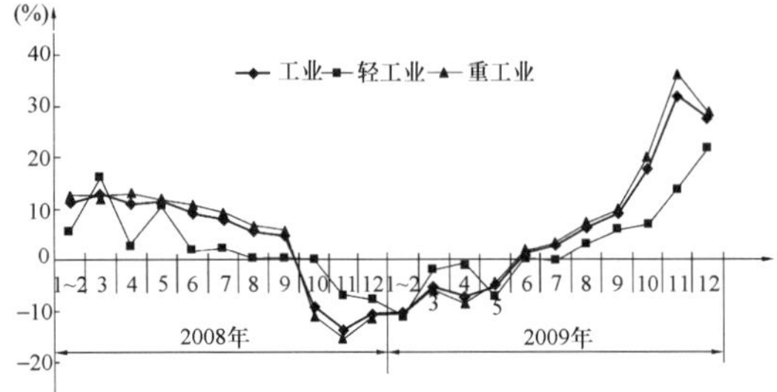

图3 2008～2009年工业用电当月增长速度

各区域用电量同比整体增长，华中增速最快。2009年，各区域用电量同比增长在4.4%～8.1%之间。华中电网用电增速最快，为8.1%，华北、西北、华东、南方次之，分别为6.7%、6.6%、6.0%和5.7%，东北用电增速较慢，为4.4%。2009年各区域电网用电增长情况见图4。

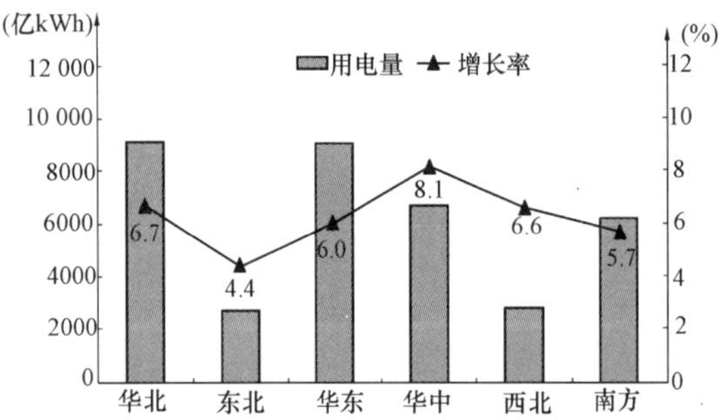

图4 2009年各区域电网用电增长情况

分省来看，2009年用电增速高于10%的省份主要有新疆(13.7%)、贵州(12.5%)、河北(11.9%)、西藏（11.5%)、江西（11.4%)、安徽（10.9%）和湖南（10.2%)；用电增速低于5%的省区有陕西(4.5%)、甘肃（4.1%)、吉林（3.8%)、广东(2.9%)、黑龙江（2.8%)、上海（1.3%）和山西(—3.6%)。

（二）电力生产情况

2009年，全国发电量36 811.86亿kWh，同比增长6.67%。其中，水电发电量5716.82亿kWh，同比增长1.08%；火电发电量30 116.87亿kWh，同比增长7.45%；核电发电量700.50亿kWh，同比增长1.20%；风电发电量276.15亿kWh，同比增长130.79%。

2009年，全国6000kW及以上电厂累计平均设备利用小时数为4527h，同比下降121h。其中，水电因下半年来水不足，为3264h，同比下降325h；火电4839h，同比下降46h，与2008年降幅相近；核电7914h，同比上升89h；风电1861h，同比降低185h。

2009年，全年关停小火电机组2617万kW，“十一五”期间到2009年底累计关停6006万kW，提前完成“十一五”小火电关停5000万kW的任务。全国6000kW及以上电厂发电耗用原煤13.99亿t，同比增长6.08%；供电标准煤耗为342g/kWh，比2008年降低3g/kWh。全国电网输电线路损失率为6.55%，比2008年下降0.24个百分点。

2009年，全国跨区交换电量1584亿kWh，同比增长11.4%，其中东北送电华北70亿kWh，华北送电华东166亿kWh，华北与华中交换电量89亿kWh，华中和华东交换电量384亿kWh，西北和华中交换电量36亿kWh，西北向华北电网送电150亿kWh，三峡向华中电网送电318亿元，华中与南方电网交换电量185亿kWh，南方电网向港澳送电138亿kWh，南方电网向老挝、越南送电41亿kWh，东北从俄方购电8.5亿kWh。南方电网西电东送电量1156亿kWh，同比增长9.5%。

2009年，通过晋东南—南阳—荆门特高压试验示范工程，华北送华中最大功率242万kW，华中送华北最大功率211万kW。6月30日，三峡电站首次实现26台机组全部并网发电，全年最高出力1806万kW，最小出力444万kW，全年上网电量790.7亿kWh，其中送华东322.45亿kWh、送华中317.9亿kWh、送南方150.33亿kWh。山西阳城电厂最大上网电力282万kW，上网电量166.26亿kWh。锦界、府谷电厂最大出力分别为221万、96万kW，向华北送电99.8亿、50亿kWh。西北与华中通过灵宝背靠背交换电量32.1亿kW，最大出力36万kW，通过德阳—宝鸡直流送电3.8亿kWh，最大出力100万kW。

2009年上半年，受全球金融危机影响，我国经济增长放缓，电力需求水平明显下降，电煤供需保持宽松平衡态势。下半年，随着经济形势好转，并在高温天气的作用下，用电量稳步回升。四季度入冬以来，用电量快速增长，华中、华东部分地区煤电运形势紧张，电煤库存大幅下降，主要因缺煤停机而导致拉闸限电。

一季度，电煤库存呈阶段性下降趋势。受冬季耗煤高峰和年初电煤订货会上电煤合同没有落实的影响，直供电厂电煤库存持续回落，但仍高于历史同期水平。3月31日，降至2009年以来的最低点2794万t，但还是比 2008 年同期高出 529 万 t。

二季度，电煤库存企稳回升。由于电力消费进入传统淡季，加之水电来水较好，电煤耗用水平显著下降，电煤库存开始回升，为迎峰度夏奠定了坚实基础。6 月 22 日，电煤库存出现 2009 年以来的第 1 个阶段性高峰 3393 万 t，比 2008 年同期高出 1228 万 t。

三季度，电煤库存小幅回落后逐步趋稳。7 月和 8 月全国出现了几次明显的大范围持续高温天气，电煤消耗达到 2009 年以来最高水平，电煤库存又开始回落，9 月 7 日已低于 2008 年同期水平，9 月 11 日已低于 2007 年水平。随着迎峰度夏工作的结束，电煤耗用不断回落，9 月中下旬电煤库存保持平稳运行。

四季度，部分地区出现电煤供应紧张。在经济持续向好、气温快速下降等因素的综合作用下，全社会用电需求显著上升，电煤消费快速上升，电煤库存持续下降。截至 12 月底，全国直供电厂电煤库存 2147 万 t，同比下降 50.4%，环比下降 9.8%；电煤库存实际可用天数为 8 天，同比下降 15.6 天，环比下降 4 天。2008～2009 年直供电厂月末库存和可用天数见图 5。

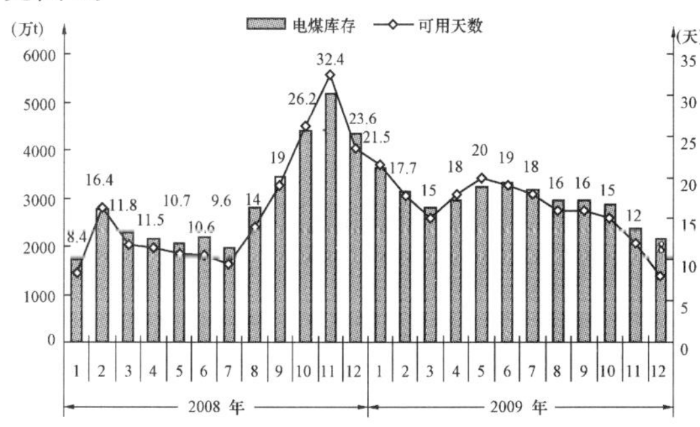

图 5　2008～2009 年直供电厂月末库存和可用天数

四季度，华东、华中、华北电网供电区域出现电煤需求快速增长，各省市（除湖南外）直供电厂电煤供应量低于消耗量，直供电厂电煤库存和可用天数持续降低，电煤供需形势趋于紧张。12 月末，湖北直供电厂电煤库存可用天数由 16 天下降到 12 天，江西直供电厂电煤库存可用天数由 21 天下降到 13 天，安徽直供电厂电煤库存可用天数由 4 天下降到 3 天，河南直供电厂电煤库存可用天数由 13 天下降到 8 天。2009 年 9～12 月主要地区直供电厂电煤库存可用天数见图 6。

电煤供应不足导致部分电网出现电力缺口。12 月，华中电网缺煤停机容量达 608 万 kW，其中湖北缺煤停机容量 304 万 kW，河南缺煤停机容量 184

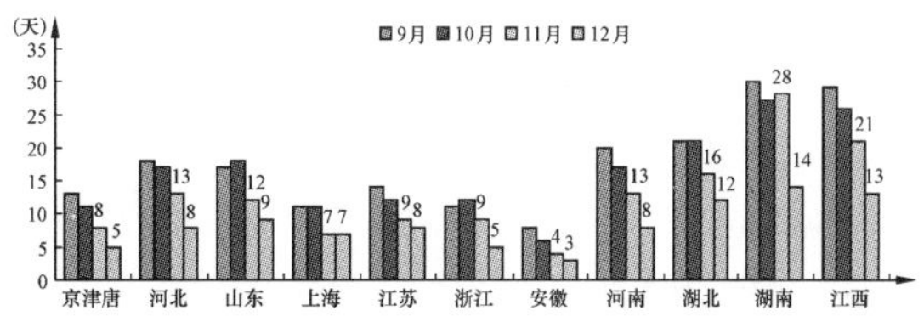

图 6　2009 年 9～12 月主要地区直供电厂电煤库存可用天数

万 kW。江西电网多数电厂电煤库存低于警戒水平，主力电源仅能维持 2～4 天的运行需要。受此影响，部分电网出现电力缺口。湖北于 12 月 12 日启动有序用电预案，限电 265 万 kW。江西因电煤问题影响发电出力约 186 万 kW。天津因煤质问题停机 100 万 kW。

（三）电力建设情况

2009 年，新增装机容量 8970 万 kW，其中：水电 1989 万 kW，占 22.2%；火电 6076 万 kW，占 67.7%，其中热电容量 1615 万 kW、气电 208 万 kW；风电 897 万 kW，占 10.0%。全年新投产百万千瓦火电机组 10 台，全国在运百万千瓦超超临界机组达到 21 台；新投产单机容量 60 万 kW 及以上火电机组容量比重高达 55.03%。2009 年，全国热电联产机组大幅增加，全年共投产 1614.7 万 kW。

截至 2009 年底，全国电源装机达到 87 409.72 万 kW，同比增长 10.26%。其中，水电装机 19629.02 万 kW，同比增长 13.72%；核电装机 907.82 万 kW，与 2008 年持平；风电 1759.94 万 kW，同比增长 109.82%。单机容量 30 万 kW 及以上火电机组占全部火电机组容量的 64.46%。水电、核电、风电等清洁能源发电装机占总装机的比重为 25.4%，同比上升 1.4 个百分点；火电装机 65 205 万 kW，占总装机的比重为 74.6%，同比下降 1.4 个百分点。

2009 年，全国电网新增 220kV 及以上输电线路 4.1 万 km，其中特高压交直流增加 2078km、750kV 线路新增 2021km、500kV 线路新增 12 385km。新增 220kV 及以上变电容量 2.7 亿 kVA，其中特高压交流变电容量 600 万 kVA，750kV 变电容量 1080 万 kVA，500kV 变电容量 11 620 万 kVA。

截至 2009 年底，全国电网 220kV 及以上输电线路长度 39.97 万 km，比 2008 年增长 11.38%；220kV 及以上公用变电设备容量 16.5 亿 kVA，比 2008 年增长 17.09%。

2009 年，华北与华中通过晋东南—南阳—荆门 1000kV 特高压交流试验示范工程实现联网运行，海南与广东 500kV 海底电缆联网工程建成投运，西北与华中联网的灵宝±500kV 背靠背扩建工程、宝鸡—

德阳±500kV直流工程单极投运，云南—广东±800kV特高压直流工程单极投运，向家坝—上海±800kV特高压直流示范工程全线带电成功。

重点电源建设项目进展顺利，电源结构调整力度加大。2009年4月15日，随着青海拉西瓦水电站6号机组的投产，全国发电装机容量突破8亿kW。青海拉西瓦水电站4台机组280万kW、云南小湾水电站3台机组210万kW、四川大渡河瀑布沟水电站2台机组110万kW、贵州构皮滩水电站3台机组180万kW和贵州乌江思林水电站3台机组78.75万kW等一批大中型水电机组先后投产，及河北、山西、河南、湖南、湖北、广东省合计385万kW抽水蓄能电站的建成，使得全国水电新增装机容量达到较高规模。

百万千瓦火电机组建设加快。2009年，广东海门一期2台和潮州二期2台、天津北疆2台、浙江宁海电厂二期扩建2台和北仑三期扩建1台、江苏金陵煤机1台等共10台百万千瓦超超临界机组相继投运，另有12台百万千瓦机组在建。

核电进一步加快建设速度。2009年，浙江三门2台125万kW、山东海阳2台125万kW、广东台山2台175万kW、辽宁红沿河3号、4号2台108万kW、福清2号108万kW、浙江方家山2号108万kW、广东阳红2号108万kW核电机组共8台982万kW新开工建设。开工建设。截至年底，我国在建核电机组20台，在建规模2192万kW。

风电继续快速发展。2009年，全国新增风电容量897万kW；内蒙古自治区风电装机并网容量突破500万kW，中国国电集团公司风电设备并网容量突破500万kW，我国第一个千万千瓦级风电基地——甘肃酒泉风电基地开工建设。

国内第一个兆瓦级大型太阳能光伏发电示范项目——甘肃敦煌太阳能光伏电站开工建设。全年新投产秸秆发电22.6万kW，垃圾发电12.5万kW，余温余压等循环利用发电10.9万kW。

电网重点工程建设顺利推进，各级电网协调发展。西北750kV主网架加快构建，玛纳斯—乌鲁木齐—吐鲁番—哈密750kV输变电工程等一批重点项目开工建设，拉西瓦送出、兰州东—乾县等750kV输变电工程建成投产。区域和省级电网500kV主网架不断加强。城乡配电网的建设和改造力度不断加大，电网结构得到进一步优化。国家电网公司通过技术改造共完成提高电网输电能力工程190项，提高电网输电能力1719万kW。

跨省跨区电网建设取得重大进展，电网资源配置能力不断提升。2009年1月6日，晋东南—南阳—荆门1000kV特高压交流试验示范工程正式投入商业运行，持续安全稳定，华北、华中区域之间交换能力得到大幅提升，增强了电网南北互供、水火互济能力，全年送电88.6亿kWh，其中丰水期华北吸纳华中水电33.1亿kWh、枯水期华北向华中补充火电55.5亿kWh。5月25日，西北750kV兰州东—平凉—乾县输变电工程竣工投产，西北750kV电网已覆盖陕西、甘肃、青海和宁夏四省区；6月30日，亚洲第一、世界第二的超高压跨海联网工程500kV海南与广东联网工程正式投运，结束了海南省“电力孤岛”的历史；12月14日，灵宝背靠背二期扩建工程投产运行，首次采用6in 4500A换流阀，新增交换容量75万kW；12月26日，向家坝—上海±800kV特高压直流示范工程线路和上海侧换流站成功带电；12月28日，云南—广州±800kV特高压直流输电工程成功实现单极投运；12月28日，宝鸡—德阳±500kV直流输电工程单极投运，增强了西北和华中两大电网的电力交换能力。三峡近区电网改造确保了三峡丰水期水电大发，首次实现三峡26台机组并网发电。锦界、府谷电厂送出系统忻都站5组串补投入运行，确保了全部出力送出。呼伦贝尔—辽宁直流工程、宁东—山东直流工程等重要跨省跨区电网项目加快建设。这些输电工程的建设标志着我国交直流输电技术，装备制造以及电网建设管理上升到一个新水平、新台阶，进入了世界领先行列。

农网完善工程顺利进行，新农村电气化建设全面推进。加快推进农网完善工程，落实三批扩大内需中的西部农网完善和无电地区电力建设项目，新建及改造110（66）kV线路2827km，110（66）kV变电站277座；35kV线路5712km，35kV变电站588座；10kV线路5万km、配电变压器5.7万台，低压线路9.6万km。西藏地区完成了日喀则地区16个县的“户户通电”任务，“户户通电”工程进入最后攻坚阶段。

2009年，电源工程建设完成投资3711.3亿元，同比增长8.91%，其中：水电投资868.6亿元，同比增长2.3%；火电投资1492.1亿元，同比下降11.1%；核电投资576.3亿元，同比增长74.9%；风电投资758.8亿元，同比增长43.9%。

2009年，电网工程建设投资完成3847亿元，同比增长32.89%，第一次实现电网建设投资大于电源投资，使电力建设投资逐步趋于合理化。其中基本建设投资3434亿元。基建投资中，特高压投资187.8亿元、750kV 153.2亿元、500kV 788.5亿元、330kV 43.1亿元、220kV 1074.6亿元。

（四）电力企业经营情况

2009年，在国家应对国际金融危机、促进经济发展、电价调整等一系列政策举措下，全国用电量低开高走，电力企业经营效益随电量增长逐步改善。电力企业利润表现为一至二季度迅速下滑、三季度逐步企稳、四季度实现增长的态势。

火电是带动电力行业2009年利润实现增长的主要力量。2009年火力发电利润比重为52.2%，利润同比增长218.6%。涨幅呈递增趋势，煤价回落、售电量上升是火电盈利改善的主要原因。

水电利润比重为25.9%，利润同比下降14.0%。水电受下半年来水量不足的影响，发电量减少是利润降低的主要原因。其他能源利润比重为14.8%，利润同比增长10.9%。

电力供应业利润比重为7.1%，利润同比下降77.9%。2009年上半年受宏观经济影响和上网电价单边上调等因素，电力供应业利润为负。6～8月，随着宏观经济企稳，回暖态势明显，工业生产持续加快，以及煤价回落、售电量提速等因素，电力供应行业利润实现正增长。因气温变化引起的电量增长对电力供应行业利润贡献也较大。

国家电网公司：2009年完成固定资产投资3111亿元，其中电网投资首次突破3000亿元，达到3058.6亿元，增长22.5%；完成拉动内需投资312.4亿元。110（66）kV及以上输电线路开工6.1万km，投产5.8万km；变电开工2.8亿kVA，投产2.9亿kVA。完成售电量22 748亿kWh，增长7.1%；国家电力市场交易电量2944亿kWh，增长11.6%；营业收入12 660亿元，增长11%。在受到国际金融危机严重影响、售电量增速大幅下滑、上网电价单边上调的情况下，实现利润45.2亿元，完成利税681.7亿元。资产总额18 600亿元，增长13.2%；资产负债率65.41%，同比上升2.35个百分点。全员劳动生产率29.8万元/人·年。

南方电网公司：2009年完成售电量5239亿kWh，同口径增长6.2%。西电东送电量1156亿kWh，同比增长9.5%。营业收入3136亿元，增长9.8%；利润总额36亿元。完成固定资产投资1051亿元，其中电网建设投资915亿元，增长91.5%，投产220kV及以上输电线路9174km，变电容量5197万kVA。年底，公司资产总额4425亿元，资产负债率66%。

华能集团公司：2009年完成发电量4201亿kWh，同比增长12.95%；完成煤炭产量4408万t，同比增加2159万t；实现合并销售收入1787亿元，同比增长18%；完成供电煤耗327.7g/kWh，同比下降5.89g/kWh；完成厂用电率5.61%，同比下降0.29个百分点；全年投产新机1615万kW，2009年底集团公司拥有境内外全资及控股电厂装机容量10 438万kW，同比增长21.5%，其中国内装机容量占全国装机容量的11.6%。新增煤炭产能2048万t/年，煤炭生产能力达到4772万t/年，同比增长75%。

大唐集团公司：大唐集团公司2009年新增装机1963.25万kW，总装机突破1亿kW，达到10 017.23万kW，其中水电1451.74万kW，风电302.26万kW。完成发电量3898.4亿kWh，同比增长10.45%，实现销售收入1515.69亿元，同比增长49.1%，实现利润22.8亿元，比2008年增加85.96亿元。资产总额达4800.28亿元，同比增长17.76%。2009年实现供电煤耗328.41g/kWh，同比降低6.73g/kWh，综合厂用电率完成6.23%，同比下降0.17个百分点。

华电集团公司：2009年完成发电量3029亿kWh，同比增长5.5%；供电煤耗331.7g/kWh，同比下降8.7g/kWh；销售收入突破1000亿元，达到1030亿元；投产装机790万kW，公司装机容量达到7697万kW，其中水电装机1382万kW，清洁能源装机比例占到总装机的24.3%，比2008年底提高5.3个百分点；投产煤炭1000万t/年，累计获取控参股煤炭资源开发权8750万t/年。

国电集团公司：2009年可控装机容量达到8203万kW，同比增长16.8%；资产总额4188.6亿元，同比增长36.1%；净资产762.2亿元，同比增长68%；资产负债率81.8%，同比降低3.46个百分点；完成发电量3532亿kWh，同比增长18.6%；供热量8968万GJ，同比增长13.3%；控股煤炭资源132亿t，同比增长50%；煤炭产量3200万t，同比增长38%；全口径营业收入1252亿元，利润总额59.8亿元。

中电投集团公司：2009年底可控装机达7550.73万kW，其中火电6239万kW，占82.63%，水电1235.96万kW，风电太阳能等为75.77万kW占1%，公司总资产3594.3亿元。2009年完成发电量3029亿kWh，同比增长5.5%，实现利润20.9亿元，同比减亏增盈88.9亿元，2009年投产发电装机790万kWh，投产煤炭1000万t/年。完成供电煤耗331.7g/kWh，同比下降8.7g/kWh。

（五）电力科技进步

2009年，发电技术快速发展，积极开发高效率、低污染、低能耗、低造价的发电设备，大力推进清洁煤燃烧技术的发展，加快核电发展等。

首台国产大功率全氢冷燃气轮发电机组开始发电。2月，首台整体国产化率达到100%的全氢冷390H型燃气轮发电机发电，单机容量400MW。与通过其他方式制冷的燃气轮发电机相比，系统进一步简化、制造成本降低、节能效果显著，是目前国内领先的高质量的大功率燃气、燃油燃气轮发电机。国内最大分布式能源项目——广州大学城一期2×78MW燃气联合循环机组投产，该工程包括了相应供电、供热、制冷系统。

百万千瓦超超临界空冷发电机组项目开工。2009年3月，宁夏百万千瓦超超临界空冷发电机组项目开工建设。与传统湿冷发电机组相比，两台空冷发电机组建成投产后，年节水量达2600万t。

国内火电单机容量最大的发电机组正式投产。6月，广东省首台百万千瓦超超临界节能环保型机组—华能海门电厂1号机组顺利通过168h试运行，正式投入商业运营。9月投入第二台百万机组。机组容量103.6万kW，是目前国内火电单机容量最大的机组。机组设计供电标准煤耗283.7g/kWh。海门电厂还是全国首个脱硫、脱硝工程与主体工程同步建设、同步投运的百万千瓦机组建设项目，是世界首例采用海水脱硫的百万机组，污水处理率达100%。

国产首台66万kW超临界塔式褐煤锅炉机组在华能九台电厂投产，为亚州最大的塔式褐煤炉。

国内首座具有自主知识产权IGCC电站开工建设。7月，我国首座自主开发、设计、制造并建设的IGCC示范工程项目华能天津IGCC示范电站在天津临港工业区正式开工，标志着具有我国自主知识产权、代表世界清洁煤技术前沿水平的绿色煤电计划取得了突破性进展，开启了我国清洁煤发电技术的新纪元。本期规划建设1台25万千瓦等级机组，计划2011年建成投产。此外白马60万kW CFBC示范工程开工，该设备为东方锅炉厂开发设计制造的超临界循环流化床机组。还有世界首台W型—超临界锅炉在湖南毛竹山电厂投运，为北京巴威公司应用美国B&W公司技术设计制造的。上海外高桥三厂首创零能耗脱硫系统投入运行，使机组运行煤耗降至每千瓦时282g的世界纪录，同时也创造了额定工况下机组带脱硫运行厂用电率为3.5%的世界纪录。天津北疆电厂首创了电水盐联产，每日淡化海水30万t，形成发电—海水淡化—浓海水制盐—土地节约整理—废物资源化再利用的循环经济发展模式。

全球首台AP1000三代核电机组在三门核电站开工建设。4月，浙江三门核电站一期工程开工，首台机组计划于2013年建成，一期工程共2台，二号机组也于2009年12月开工，另山东海阳核电一号AP1000也同期开工。AP1000核电机组属于第三代压水堆技术，可较大幅度的简化系统，减少设备数量，提高核电站的安全性和经济性。三门核电工程是我国第三代核电自主化依托项目，也是迄今为止中美能源合作建设的最大项目。2009年12月广东台山核电厂开工建设当前世界上单机容量最大核电机组，为引进法国珐玛通的EPR1750机组单机容量为1750kW。

我国第一台采用中国改进型压水堆核电技术CPR1000的核电机组调试成功。2009年9月，我国第一台采用国产改进型压水堆核电技术CPR1000的核电机组——岭澳核电站二期1号机组核岛冷试成功，成为2005年国家加快发展核电步伐以来首个进入商运前全面调试阶段的核电机组。从20世纪80年代初首次引进国外技术建设大亚湾核电站，到采用自主技术建设岭澳核电站（二期）、辽宁红沿河核电站，中国核电技术经过消化吸收、自主创新，形成了具有自主品牌的中国改进型百万千瓦级压水堆核电技术(CPR1000)，技术的总体性能达到国际同类先进水平。

2009年，电网科技投入持续加大，在特高压、大电网运行监控、电网智能化等方面取得显著突破，先进技术对电网的支撑能力进一步加强。

特高压工程建设、基础研究、关键设备和技术标准取得重要进展。晋东南—南阳—荆门1000kV特高压交流试验示范工程成为我国首个“国家重大工程标准化示范”，发布15项特高压交流输电技术国家标准。向家坝—上海±800kV特高压直流输电工程全线带电，云南—广东±800kV特高压直流输电工程成功实现单极投产。特高压交直流试验基地、特高压杆塔试验基地、西藏高海拔试验基地全面建成，形成了目前世界上试验能力最强、技术水平最高的特高压试验研究体系。我国率先研制成功全球容量最大的直流换流阀和1000千伏交流罐式电压互感器。2009年5月南方电网特高压工程技术国家工程实验室启用，建于海拔2100米的昆明，是高海拔特高压交直流试验站。国网公司于2009年11月验收了河北霸州特高压杆塔试验基地，该基地有7项技术装备与性能居世界首位，成为世界最高水平特高压试验研究体系。

大电网基础研究能力和关键技术取得突破。“电力系统仿真国家工程实验室”全面建成并发挥重要作用，“电力系统全数字实时仿真关键技术研究、装置研制和应用”项目获2009年度国家科技进步一等奖。电网防灾减灾科技攻关取得突破，融冰装置投入运行并发挥作用，电力系统抗灾能力建设取得阶段性成果。出台《重覆冰架空输电线路设计技术规程》行业标准和《110～750kV架空输电线路设计规范》国家标准。

此外在输变电工程建设方面，2009年在福州罗源建设了220kV 21.5kW的同塔6回线路，其中220kV2回，110kV4回，缩小走廊宽度60余米，浙江宁波—苍南500kV线路全线采用同塔3回，使单位线路走廊输电容量提高200%。我国第一个500kV数字化变电站试点工程在柳州投用；同期浙江海宁500kV数字化变电站也相继投产，规模为2×100万

kVA 是第一座 IEC 61850 标准的数字化变电站。2009 年 6 月，我国 1000mm² 大截面导线首次在甘肃 750kV 永白线上展放成功。2009 年 12 月我国首条 220kV 复合材料杆塔线路在江苏连云港 220kV 茅菁线改造中投用，该线路杆塔横担采用了玻璃纤维增强树脂和硅橡胶等复合材料。同期，我国首条采用 Q460j 顶角钢铁塔在焦作—博毫—新乡 500kV 线路上使用，使铁塔钢材重量减少 9.4%。

新能源应用技术研究体系建设全面启动。启动国家风电研发（实验）中心、国家太阳能发电研发（实验）中心、国家风光储输示范工程、新能源综合应用实验基地建设，初步形成了较系统的新能源应用技术研发体系。风电场和光伏发电接入电网的有关技术标准取得初步成果。大容量钠硫储能技术取得突破。第一台海上风电机 3000kW 在上海东海大桥成功提高。该风机由华能公司与奥地利联手设计开发，建设中采用了世界首创的风机；承台基础及风机整体吊装方法。另外我国首台自主知识产权：2MW 永磁直驱风力发电机组制成达到国际领先水平。

智能电网技术试点工程建设全面启动。启动上海世博园智能电网综合示范工程、常规电源网厂协调、用电信息采集、配电自动化、电动汽车充电站和智能电网调度技术支持系统等试点项目建设。上海、深圳分别建成商业化运营的电动汽车充电站和充电桩等充电设施。

全国电力供需与经济运行形势分析预测报告（2009～2010 年度）（摘要）

一、2009 年宏观经济运行情况

经国家统计局初步测算，2009 年，全国国内生产总值 335 353 亿元，按可比价格计算，比 2008 年增长 8.7%，增速比 2008 年回落 0.9 个百分点。分季度看，呈现逐步回升的趋势，一季度增长 6.2%、二季度增长 7.9%、三季度增长 9.1%、四季度增长 10.7%。分产业看，第一产业增加值 35 477 亿元，增长 4.2%；第二产业增加值 156 958 亿元，增长 9.5%；第三产业增加值 142 918 亿元，增长 8.9%；第二产业增加值占三次产业增加值总量的 46.8%，比 2008 年回落 0.7 个百分点。

（一）工业生产逐季回升，实现利润由大幅下降转为增长

2009 年，规模以上工业增加值比 2008 年增长 11.0%，增速比 2008 年回落 1.9 个百分点。其中，一季度增长 5.1%、二季度增长 9.1%、三季度增长 12.4%、四季度增长 18.0%。分轻重工业看，重工业增长 11.5%、轻工业增长 9.7%。分行业看，39 个大类行业全部实现同比增长。分地区看，东、中、西部地区分别增长 9.7%、12.1%和 15.5%。工业产销衔接状况良好，全年规模以上工业企业产销率达到 97.67%。

1～11 月，全国规模以上工业企业实现利润 25 891亿元，同比增长 7.8%，比 2008 年同期加快 2.9 个百分点。在 39 个工业大类中，30 个行业利润同比增长。

（二）投资持续快速增长，涉及民生领域的投资增长明显加快

2009 年，全社会固定资产投资224 846亿元，比 2008 年增长 30.1%，增速比 2008 年加快 4.6 个百分点。其中，城镇 194 139 亿元，增长 30.5%，加快 4.4 个百分点；农村 30 707 亿元，增长 27.5%，加快 6.0 个百分点。在城镇投资中，第一产业投资增长 49.9%、第二产业投资增长 26.8%、第三产业投资增长 33.0%。分地区看，东部地区投资增长 23.9%、中部地区增长 36.0%、西部地区增长 35.0%。

涉及民生领域的投资大幅增长。全年基础设施（扣除电力）投资 41 913 亿元，增长 44.3%。其中，铁路运输业增长 67.5%、道路运输业增长 40.1%、城市公共交通业增长 59.7%。居民服务和其他服务业增长 61.8%，教育增长 37.2%，卫生、社会保障和社会福利业增长 58.5%。全年房地产开发投资 36 232亿元，增长 16.1%，增速比 2008 年回落 4.8 个百分点。

（三）市场销售增长平稳较快，部分产品销售快速增长

2009 年，社会消费品零售总额 125 343 亿元，比 2008 年增长 15.5%；扣除价格因素，实际增长 16.9%，实际增速比 2008 年加快 2.1 个百分点。其中，城市 85 133 亿元，增长 15.5%；县及县以下 40 210亿元，增长 15.7%。

（四）居民消费价格和生产价格全年下降，年底出现上升

2009 年，居民消费价格比 2008 年下降 0.7%。其中，城市下降 0.9%，农村下降 0.3%。分类别看，八大类商品价格四涨四落：烟酒及用品上涨 1.5%，医疗保健和个人用品上涨 1.2%，食品上涨 0.7%，家庭设备用品及维修服务上涨 0.2%；居住下降 3.6%，交通和通信下降 2.4%，衣着下降 2.0%，娱乐教育文化用品及服务下降 0.7%。居民消费价格 11 月同比涨幅由负转正，当月上涨 0.6%，12 月上涨 1.9%。全年工业品出厂价格下降 5.4%，12 月由负转正，当月上涨 1.7%。全年原材

料、燃料、动力购进价格下降7.9%；商品零售价格下降1.2%。

(五)进出口总额全年下降，自11月由降转升

2009年，进出口总额22 073亿美元，比2008年下降13.9%。11月进出口总额同比涨幅由负转正，当月增长9.8%，12月增长32.7%。全年出口12 017亿美元，下降16.0%；进口10 056亿美元，下降11.2%。进出口相抵，贸易顺差1961亿美元，比2008年减少994亿美元。

(六)货币供应量增长较快，新增贷款大幅增加

12月末，广义货币(M2)余额60.6万亿元，比2008年末增长27.7%，增幅同比加快9.9个百分点；狭义货币(M1)22.0万亿元，增长32.4%，加快23.3个百分点；市场货币流通量(M0)38 246亿元，增长11.8%，回落0.9个百分点。金融机构各项贷款余额40.0万亿元，比年初增加9.6万亿元，同比多增4.7万亿元。

二、2009年全国电力供需与经济运行形势分析

(一)电力供应情况

1. 电力投资和新增能力的结构继续优化，供应能力充足

2009年，全国电力投资增速加快，投资结构有所优化。新增发电设备容量继续保持较大规模；结构继续优化，水电投产规模接近历史最高水平，风电投产规模翻倍增长，火电投产机组以大容量、环保型机组为主；核电在建规模居世界首位。国家“十一五”关停小火电机组目标超额提前完成；全国发电设备容量8.74亿kW，供应能力充足。

电力投资增速加快。根据全国电力工业统计快报(2009年)统计，2009年，全国电力建设完成投资7558亿元，远超年初预期；全年完成投资同比增长19.93%，增速比2008年提高8.92个百分点。其中，电源完成投资3711亿元，占全部电力投资的49.10%，同比增长8.92%，增速比2008年提高3.31个百分点。2009年电源工程建设完成投资情况见表1。全国电网工程建设投资完成额3847亿元，比2008年增长32.89%，占全部电力投资的50.90%。

电源基本建设投资继续呈现结构加快调整的态势，水电、核电、风电基本建设投资完成额同比分别增长2.33%、74.91%和43.90%，火电基本建设投资完成额同比下降11.11%。2006年来电源分类型投资结构变化情况见图1。

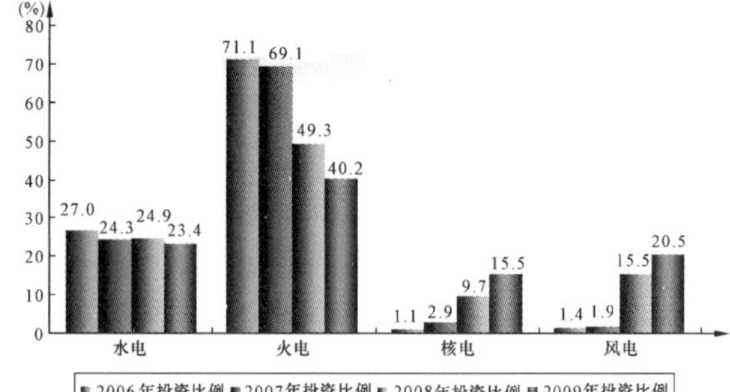

图1 2006年来电源分类型投资结构变化情况

电源基建新增继续保持较大规模。2009年，全国电源新增生产能力8970万kW，比2008年少投产232万kW，仍保持较高水平。其中，水电1989万kW，比2008年(2008年是我国投产水电机组最多的一年)少投产159万kW，占全部新投产机组的22.17%，比重较2008年降低1.17个百分点；火电6083万kW(其中：燃煤发电5671万kW、燃气发电208万kW、煤矸石发电158万kW、余温余压发电10.87万kW、垃圾发电12.54万kW、秸秆发电22.6万kW、技改增容7万kW)，比2008年少投产479万kW，占全部投产机组的67.73%，比重比2008年降低3.50个百分点；新增并网风电897万kW，占全部新投产机组的10.00%，比重比2008年提高4.57个百分点；2009年新增太阳能发电装机1.87万kW，首次年投产规模超过1万kW。火电新增规模比重持续降低，可再生能源投产规模逐步扩大，我国电源结构在逐步改善。详见表1。

表1 2009年电源工程建设完成投资情况

亿元，%

项 目	数量	比重
电源工程建设投资完成	3711.30	100.00
其中：水电	868.61	23.40
火电	1492.10	40.20
核电	576.31	15.53
风电	758.83	20.45
其他(主要是太阳能发电)	7.15	0.19
技改(主要是脱硫脱硝)	8.29	0.22

新增火电机组以大容量机组为主。2009年，新投产单机容量60万kW及以上火电机组47台、3347万kW，占新投产火电机组容量的55.03%；新投产单机容量30万kW及以上火电机组118台、5609万kW，占全部新投产火电机组容量的92.21%；30万kW以下机组基本都是热电联产机组或资源综合利用机组。表2为2009年火电新增装机分容量等级情况统计。

表 2 2009 年火电新增装机分容量等级情况统计表 万 kW，%

单机容量	新增容量	所占总量比例
60 万 kW 及以上	3347	55.03
30 万 kW 及以上	5609	92.21
30 万 kW 以下	474	7.79

新增装机分区情况。2009 年，华北区域、南方区域新增装机容量较多，华东区域和华中区域比 2008 年大幅缩小。表 3 为 2009 年分区域新增装机容量统计表。

表 3 2009 年分区域新增装机容量统计表 万 kW，%

地区	新增装机	占全国的比重
全 国	8970	100.00
华北区域	2262	25.22
东北区域	1129	12.59
华东区域	1066	11.88
华中区域	1467	16.36
西北区域	1205	13.43
南方区域	1841	20.52

注 内蒙古东部地区计入东北区域，内蒙古西部地区计入华北区域。

新增装机分省情况。2009 年，基建新增生产能力较多（超过 300 万 kW）的省份主要有广东（757 万 kW）、河北（679 万 kW）、内蒙古（605 万 kW，其中风电 362 万 kW）、山西（480 万 kW）、河南（480 万 kW）、云南（470 万 kW，其中水电 405 万 kW）、贵州（466 万 kW，其中水电 316 万 kW）、山东（453 万 kW）、吉林（405 万 kW，其中风电 52 万 kW）、辽宁（370 万 kW，其中风电 111 万 kW）、甘肃（358 万 kW）、浙江（342 万 kW）和四川（330 万 kW，其中水电 328 万 kW），基本分布在华北、东北、西北和西南等煤电、水电、风电大省或“上大压小”规模较大的省份。江苏、安徽、湖北、湖南、广西、陕西等省份新增发电设备容量比 2008 年有较大幅度的减少；北京没有新投机组，上海、重庆仅新增 5.74 万 kW 和 25.53 万 kW，天津集中投产容量较多，但都是百万千瓦机组和热电联产机组。

全国重点电源建设项目进展顺利。2009 年 4 月 15 日，青海拉西瓦水电站 6 号机组投产标志着全国发电装机容量突破 8 亿 kW。青海拉西瓦水电站 4 台机组（280 万 kW）、云南小湾水电站 3 台机组（210 万 kW）、四川大渡河瀑布沟水电站 2 台机组（110 万 kW）、贵州构皮滩水电站 3 台机组（180 万 kW）和贵州乌江思林水电站 3 台机组（78.75 万 kW）等一批大中型水电机组的相继投产，以及河北、山西、河南、湖南、广东等省份合计 385 万 kW 的抽水蓄能电站建成，全国新增水电装机容量保持较高规模；其中，新增抽水蓄能发电设备容量为历史最高水平。

火电建设继续向着大容量、高参数、环保型方向发展。广东海门电厂一期 2 台和潮州电厂二期 2 台、天津北疆电厂 2 台、浙江宁海电厂二期扩建 2 台和北仑电厂三期扩建 1 台、江苏金陵煤机电厂 1 台共 10 台百万千瓦超超临界机组的相继投运，全国在运百万千瓦超超临界机组达到 21 台，另有 12 台百万千瓦机组在建。2009 年投产的重点燃气项目主要有广东中山横门电厂（2 台共 78 万 kW）、福建晋江 LNG 电厂（1 台 35 万 kW）、福建厦门 LNG 电厂（2 台共 70 万 kW）。新增单机容量 30 万 kW 级的重点煤矸石发电项目主要有：山西平朔电厂（1 台 30 万 kW）、辽宁调兵山煤矸石电厂（2 台共 60 万 kW）和安徽淮北临涣中利发电有限公司（2 台共 60 万 kW）。

2009 年全年有包括华能长春生物质热电厂、承德环能热电有限责任公司等一批生物质发电厂和垃圾发电厂建成投产，全年新增生物质能发电设备容量 22.6 万 kW（其中江苏 8.4 万 kW、吉林 4.5 万 kW、安徽 4.9 万 kW、山东 3.3 万 kW）；新增垃圾发电设备容量 12.54 万 kW（其中河北、江苏分别新增 3 万 kW、4.85 万 kW）；新增余温、余压等循环利用发电项目 10.9 万 kW，其中江苏、安徽、新疆新增规模均在 3 万 kW 左右。

核电立项核准和建设速度进一步加快，全年共核准浙江三门、山东海阳、广东台山三个核电项目、6 台机组，建设总规模 850 万 kW。截至 2009 年底，全国在建施工规模 20 台、2180 万 kW，是世界上在建核电规模最大的国家。

风力发电继续翻倍增长，全年基建新增并网风电设备容量 897 万 kW。全年新增风电容量较多（超过 100 万 kW）的省份有内蒙古（362 万 kW）和辽宁（111 万 kW）。截至 2009 年底，内蒙古自治区和中国国电集团公司并网风电设备容量均突破 500 万 kW。风电规模化发展加快，我国第一座千万千瓦级风电示范基地——甘肃酒泉风电基地已开工建设。

太阳能发电重点项目启动。截至 2009 年底，已经开工的太阳能发电重点项目主要有：宁夏吴忠红寺堡光伏发电一厂 50MW 工程、高沙窝光伏发电一期 20MW 工程，甘肃省敦煌 10MW 光伏发电项目和青海锡铁山 10MW 光伏发电项目等。

“十一五”“关小”目标提前完成。经国家能源局核实，全年关停小火电机组容量 2617 万 kW，是关停工作力度最大的一年。“十一五”以来已累计关停小火电机组 6006 万 kW，提前一年半完成国家“十一五”关停小火电机组任务。

全国发电设备容量。2009年4月15日，随着青海拉西瓦水电站6号机组投产，全国发电装机容量突破8亿kW。根据全国电力工业统计快报（2009年）统计，截至2009年底，全国全口径发电设备容量87 407万kW，比2008年底净增8130万kW，同比增长10.23%，增速比2008年降低0.14个百分点。其中，水电19 679万kW，约占总容量22.51%，净增2419万kW，同比增长14.01%；火电65 205万kW，约占总容量74.60%，净增4919万kW，同比增长8.16%；核电908万kW，约占总容量的1.04%；并网风电1613万kW，约占总容量的1.84%，同比增长92.26%。

发电机组结构逐步优化，非化石能源所占比重有所上升。火电设备容量占总容量的比重比2008年下降1.45个百分点；风电连续3年翻倍增长，水电、风电比重分别提高0.74、0.78个百分点；核电没有新投产机组，所占比重略有下降。

分电网供电区域发电设备容量。根据全国电力工业统计快报（2009年）统计，2009年底，华北电网区域全口径发电设备容量接近2亿kW；火电设备容量占总容量的比重高达94.12%，装机结构比较单一。东北和西北区域内发电设备容量规模较小，分别仅有7107万kW和7355万kW，其中，东北区域发电设备容量净增规模792万kW，远小于其他电网供电区域；值得关注的是，东北区域风电设备容量597万kW，占本区域总容量的8.39%。华中和南方区域水电比重分别达到42.84%和38.69%，来水情况是影响这些区域电力供需平衡的主要因素之一。2008～2009年各电网区域发电设备容量统计见图2。

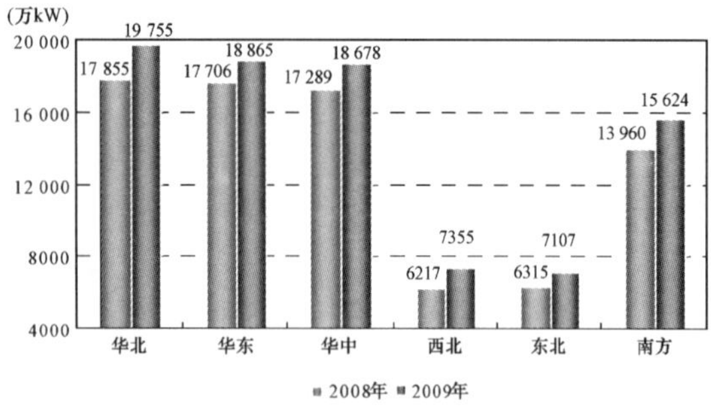

图2 2008～2009年各电网区域发电设备容量统计图

分省发电设备容量。2009年，各省发电设备容量较快增长，又有部分省份发电设备容量迈上新台阶。根据全国电力工业统计快报（2009年）统计，2009年底，广东、山东全口径发电设备容量突破6000万kW；江苏、浙江、内蒙古突破5000万kW；河南、湖北和山西突破4000万kW；天津和青海装机也突破1000万kW；全国发电设备容量未达到1000万kW的省份（西藏除外）有：宁夏（981万kW）、北京（592万kW）和海南（389万kW）。

根据全国电力工业统计快报（2009年）统计，2009年底，全口径发电设备容量同比增速超过15%的省份主要有海南（39.4%）、青海（35.0%）、天津（34.0%）、云南（23.6%）、吉林（23.2%）、宁夏（20.4%）、新疆（20.2%）、江西（18.1%）、甘肃（17.3%）、河北（15.9%），基本上以西北和华北区域的省份为主。净增规模超过400万kW的省份主要有云南（610万kW）、内蒙古（520万kW）、河北（512万kW）、广东（500万kW）、贵州（468万kW）、山西（478万kW）；其中，四川、贵州、云南、青海净增机组容量以水电为主。发电设备容量净增规模较小的省份主要有上海（净减14万kW）、北京（净增11万kW）、重庆（净增59万kW）、黑龙江（净增103万kW）、海南（净增110万kW）、河南（净增123万kW）；广东、山东全年发电设备容量增加主要体现在第四季度。全国发电设备容量统计见表4。

表4 全国发电设备容量统计表

地区	总计（万kW）		其中			
			水电（万kW）		火电（万kW）	
	容量	同比增长（%）	容量	同比增长（%）	容量	同比增长（%）
全国	87 407	10.2	19 679	14.0	65 205	8.2
北京市	592	1.9	105	0.0	487	2.3
天津市	1004	34.0	1		1003	34.0
河北省	3723	15.9	179	16.1	3423	14.6
山西省	4082	13.3	149	88.2	3928	11.4
内蒙古	5407	10.6	106	28.3	4797	4.9
辽宁省	2538	14.4	146	2.5	2229	12.0
吉林省	1601	23.2	398	2.3	1062	27.3
黑龙江	1915	5.7	94	0.2	1682	1.5
上海市	1669	−0.8			1665	−0.8
江苏省	5689	4.3	118	3.4	5260	3.8
浙江省	5642	6.2	954	6.4	4367	6.5
安徽省	2868	8.7	163	4.0	2705	9.0
福建省	3004	14.4	1096	3.6	1862	20.7
江西省	1545	18.1	381	2.7	1155	23.7
山东省	6000	4.6	106	0.4	5824	4.1
河南省	4695	2.7	335	11.0	4355	2.0
湖北省	4621	6.8	2979	2.5	1637	15.2
湖南省	2717	8.3	1128	5.9	1589	10.1
广东省	6508	8.0	1101	7.0	4962	8.5

续表

地 区	总计（万 kW）		其 中			
			水电（万 kW）		火电（万 kW）	
	容量	同比增长（%）	容量	同比增长（%）	容量	同比增长（%）
广 西 区	2530	4.4	1475	5.6	1055	2.7
海 南 省	389	39.4	69	68.3	309	30.3
重 庆 市	1132	5.5	449	10.5	682	2.4
四 川 省	3969	13.4	2729	22.7	1240	−2.9
贵 州 省	3019	13.3	1287	35.9	1732	0.9
云 南 省	3195	23.6	2113	34.3	1070	6.7
陕 西 省	2181	10.9	192	5.6	1990	11.5
甘 肃 省	1762	17.3	594	9.2	1093	21.7
青 海 省	1068	35.0	875	48.1	193	−3.6
宁 夏 区	981	20.4	44	1.5	884	17.1
新 疆 区	1309	20.2	270	23.7	958	16.8

2. 发电量增速加速回升，火电生产快速恢复

2009 年，全国发电量增速逐月回升加快。下半年全国大部分流域来水偏枯，水电增速逐月下降，9 月以后出现负增长；6 月以后，火电增速逐月显著回升；核力发电保持稳定；风电继续高速增长。

全国发电生产情况。根据全国电力工业统计快报（2009 年）统计，2009 年，全国全口径发电量36 639 亿 kWh，同比增长 6.2%，增速比 2008 年提高 0.5 个百分点。其中，水电 5747 亿 kWh，同比增长 1.6%，比 2008 年降低 18.4 个百分点；火电29 922 亿 kWh，同比增长 6.7%，增速比 2008 年提高 3.7 个百分点；核电 700 亿 kWh，同比增长 1.1%，增速比 2008 年回落 9.0 个百分点；并网风电发电量 269 亿 kWh，同比增长 105.9%，增速比 2008 年降低 23.1 个百分点。风电生产保持翻倍增长，所占比重上升到 0.73%；下半年水电生产大幅下降，导致全年水电发电量所占比重大幅下降，火电发电量所占比重有所提高。详见表 5。

各省发电生产。根据全国电力工业统计快报（2009 年）统计，2009 年，全口径发电量增速较高（高于 10%）的省份主要有安徽（18.7%）、青海（18.1%）、四川（16.0%）、新疆（15.3%）、海南（14.3%）、贵州（13.4%）、云南（13.1%）、湖南（12.1%），除海南、新疆外，基本都是能源输出省份，集中在华中、南方和西北等中西部地区。2009 年，发电量同比增长缓慢（低于 3%）的省份主要有上海（−4.2%）、黑龙江（−1.9%）、北京（−1.4%）、广东（− 0.6%）、甘肃（0.5%）、宁夏（2.2%）、湖北（2.4%）、广西（2.7%），其中，北京、上海、广东是本地需求放缓、省外电量输入较多，湖北、广西主要是水电出力下降较多，甘肃、宁夏是受金融危机影响本地耗能产业在上半年下降很多。

表 5　　2009 年全国电力生产基本情况　　亿 kWh，%，个百分点

分类	发电量	增长率		所占比重	
		同比增长	增速较 2008 年	所占比重	比重较 2008 年同期
合计	36 639	6.2	提高 0.5	100	—
水电	5747	1.6	回落 18.4	15.68	回落 0.71
火电	29 922	6.7	提高 3.7	81.67	提高 0.45
核电	700	1.1	回落 9.0	1.91	回落 0.10
风电	269	105.9	回落 23.1	0.73	提高 0.35

与 2008 年全口径发电量增速比，增速回升和放缓省份的数量基本相当。下降幅度较大的省份主要有广西（下降 22.2 个百分点）、上海（下降 11.3 个百分点）、湖北（下降 11.3 个百分点）、甘肃（下降 11.0 个百分点）、北京（下降 10.4 个百分点）、陕西（下降 10.4 个百分点），基本都是 2008 年同期较高或今年水电出力下降或需求增长缓慢的省份。增速回升较多的省份主要有四川（提高 15.2 个百分点）、河北（提高 12.1 个百分点）、青海（提高 11.5 个百分点）、海南（提高 10.7 个百分点）、湖南（提高 10.5 个百分点），这些省份 2008 年全口径发电量增速都远低于全国平均水平。

水力发电情况。根据全国电力工业统计快报（2009 年）统计，2009 年，全国全口径水电发电量 5747 亿 kWh，占全部发电量的 15.68%，同比增长 1.6%，增速比 2008 年放缓 18.4 个百分点。

2009 年，湖北、四川等 10 个水电生产大省全口径水电发电量 4913 亿 kWh，占全国水电发电量的 85.49%，其增长对全国水电发电量、乃至全国电力供需平衡的影响非常明显。其中，福建和广东全口径

水电发电量分别完成 279 亿 kWh 和 193 亿 kWh，同比分别下降 16.0%和 24.4%，福建已经连续两年水电出力下降。湖北、湖南、广西、贵州、云南的增速均大幅放缓甚至出现下降，这些省份水电增速回落直接带动全国水电发电量增速快速回落。四川、甘肃、青海水电发电量则始终保持较高增长。

火力发电情况。根据全国电力工业统计快报（2009 年）统计，2009 年，全国全口径火电发电量 29 922万 kWh，同比增长 6.7%，增速比 2008 年提高 3.7 个百分点。

从分省情况看，全口径火力发电量增速较高（高于 10%）的省份主要有云南（30.1%）、四川（21.2%）、广西（21.1%）、贵州（20.4%）、安徽（19.0%）、福建（18.0%）、湖南（16.7%）、新疆（13.2%）、湖北（10.5%），主要集中在中西部地区，部分是由于新增机组较多、外送任务重（如安徽、贵州、云南等），部分是受金融危机影响较少（如安徽、新疆等），还有的是由于水电增速放缓（如福建、湖北、湖南、广西、四川、贵州、云南等）。湖北、湖南和广西等省份水电增速下降导致月度火电增速大幅提高，如 8、9 月湖北的规模以上电厂火电发电量分别增长 33.8% 和 73.0%，湖南分别增长 59% 和 67.8%，广西分别增长 95.0%和 134.7%，贵州分别增长 23.1%和 26.85%；其中广西和贵州 12 月分别增长 121.3%和 113.2%。

火电发电量增速较低（低于 3%）的省份主要有甘肃（－8.8%）、上海（－4.2%）、黑龙江（－3.7%）、青海（－2.1%）、北京（－1.4%）、宁夏（0.8%）、广东（1.9%）和吉林（2.1%），基本都是需求增长相对缓慢（如黑龙江、上海、广东等）或者外来电比较多（如北京、上海、广东等），或者是送出减少（如黑龙江）的省份，或者是水电增长较快的省份（如青海、甘肃等）。

与 2008 年相比，全国大部分省份全口径火电发电量增速都有所提高，火电生产总体形势较 2008 年有所改观。增速下降较多的省份主要有北京（下降 10.5 个百分点）、上海（下降 13.6 个百分点）以及西北五省区，西北五省区（除宁夏外）是由于 2008 年增速较高。全口径火电发电量增速比 2008 年有较大幅度提高的省份以水电生产大省为主，如福建提高 14.6 个百分点、湖北提高 19.6 个百分点、湖南提高 17.5 个百分点、广西提高 26.3 个百分点、四川提高 32.4 个百分点、贵州提高 23.9 个百分点、云南提高 42.0 个百分点。

最高发电负荷。上半年，全国各地区统调最高发电负荷增长总体较弱，6 月开始才明显好转，进入四季度在气候和工业消费需求激增的带动作用，部分地区统调最高发电负荷连续刷新历史纪录。根据国家电力调度通信中心统计，2009 年，全国统调最高发电负荷 5.81 亿 kW，比 2008 年增长 20.33%；统调发电量 32 417 亿 kWh，比 2008 年增长 7.34%，统调最高发电负荷增速比统调发电量增速高 12.99 个百分点。详见表 6。

表 6　2009 年主要电网最高发电负荷及统调发电量情况

万 kW，亿 kWh，%

统计口径	最高发电负荷		累计发电量	
	2009 年	同比增长	2009 年	同比增长
国调直调	2329	10.48	1105	1.12
华北	12 764	21.62	7721	6.53
东北	4006	9.96	2532	4.35
华东	13 714	11.13	7742	5.85
华中	8815	19.75	5344	12.01
南方	9446	8.81	5546	9.30
西北			2004	4.53
全国合计	58 097	20.33	32 417	7.34

注　摘自国家电力调度通信中心旬报。

3. 月度发电设备利用小时逐步恢复到常年水平

全国发电设备利用小时小幅下降，降幅明显收窄；6 月以后月度发电设备利用小时数逐步回升，四季度已经恢复到常年水平。水电设备利用小时大幅下降，水电生产大省普遍下降。火电设备利用小时降幅收窄，下半年回升十分明显；核电设备利用小时略有上升；风电设备利用状况好于 2008 年。

全国总体情况。根据全国电力工业统计快报（2009 年）统计，2009 年，全国 6000kW 及以上电厂

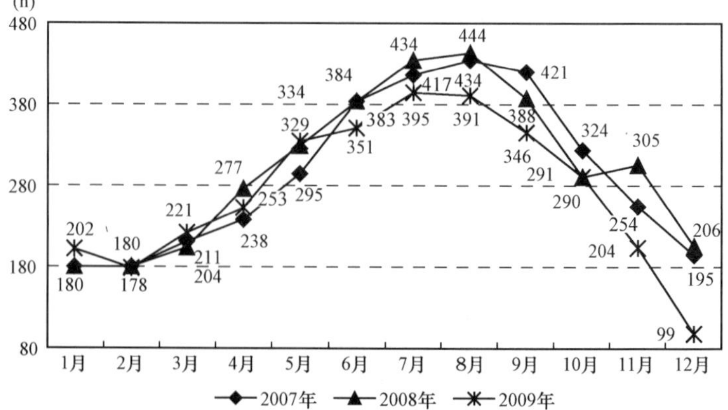

图 3　2007 年以来各月水电设备利用小时数变化情况
（图中 2007 年、2008 年 1、2 月平均利用小时变化数据采用合计数平分取得）

发电设备利用小时4527h，比2008年降低121h，与2008年相比下降幅度减小251h。其中，水电3264h，比2008年降低325h；火电4839h，比2008年降低46h，与2008年相比下降幅度减小413h；核电7914h，比2008年增加89h。

分省设备利用小时。根据全国电力工业统计快报（2009年）统计，2009年，发电设备利用小时下降幅度大的省份主要有陕西（—764h）、宁夏（—603h）、黑龙江（—555h）、安徽（—460h）、甘肃（—439h）、吉林（—436h）、广西（—412h）、海南（—403h）、新疆（—378h）、山西（—351h）、上海（—345h）、重庆（—323h）、湖北（—313h）。利用小时同比上升的省份明显增加（2008年只有2个省），增加幅度较大的省份主要有四川（542h）、江苏（451h）、云南（200h）、贵州（181h），山东、青海分别提高69h和46h。

发电设备利用小时高于全国平均水平的省份主要有天津（5070h）、河北（4985h）、山西（4890h）、辽宁（5010h）、江苏（5380h）、浙江（4565h）、安徽（4718h）、山东（4903h）、河南（4535h）、广东（4687h）、贵州（4809h）、宁夏（5190h）和新疆（4701h），基本都是发电大省且火电比重较大的省份。由于装机增加较多、区内需求增长缓慢、向区外输送部分受阻，内蒙古发电设备利用小时数已经低于全国平均水平。

广西（3590h）、湖南（3779h）、吉林（3850h）、重庆（3869h）、海南（3914h）、江西（3941h）和黑龙江（3963h）等省份发电设备利用小时普遍偏低，吉林、黑龙江主要是由于内部需求不旺和外送减少，江西、海南主要是新增机组较多，湖南、广西等是水电比重较大。

水电设备平均利用小时。根据全国电力工业统计快报（2009年）统计，2009年，全国水电设备平均利用小时3264h，同比降低325h（2008年为提高69h）。详见图3和表7。

2009年，在水电发电量较多的省份中，湖北、四川、甘肃水电设备利用小时均超过4000h，其他高于全国平均水平的省份有广西、青海、云南、贵州；福建、湖南和广东水电设备利用小时低于全国平均水平；全年下降幅度较大的省份有湖北省（—529h）、湖南（—290h，其中下半年为—539h）、广西（—1174h，基本上均是在下半年下降的）、云南（—905h，下半年下降近600h）；下半年，大部分省区水电利用小时均不同程度下降，只有四川和甘肃有一定程度的上升。

火电设备平均利用小时。根据全国电力工业统计快报（2009年）统计，2009年，全国火电设备利用小时4839h，同比下降46h，下降幅度比2008年少413h。

2009年以来火电设备利用小时逐月回升，8月开始已经高于2008年同期水平，9月以后甚至已经接近2007年水平。2009年各季度的火电设备利用小时分别为1100、1136、1279、1324h，分别比2008年同期低186h、低126h、高28h、高218h（图4中1、2月平均利用小时变化数据采用合计数平分取得）。

在各省中，火电设备平均利用小时较高（高于5000h）的省份主要有贵州（5628h）、辽宁（5386h）、江苏（5360h）、宁夏（5313h）、河北（5305h）、云南（5296h）、青海（5275h）、新疆（5243h）、吉林（5090h）、天津（5070h）、山东（5024h）、福建（5024h）、山西（5003h），基本都集中在华北、东北、西北等火电机组比例较高、或者水电出力下降较多的省份。由于连续4年新增装机规模大，内蒙古火电设备利用小时自2008年9月开始低于全国平均水平。火电设备利用小时偏低的省份主要有广西（3865h）、四川（3936h）、海南（4110h）、陕西（4141h）、湖北（4146h）、黑龙江（4182h）和湖南（4186h），其中，广西、湖南、四川、湖北是水电机组比重较高、上半年水电出力很好的省份，陕西是由于省内需求趋缓、2008年以来新增机组较多和外送减少；广西下半年火电利用小时恢复很快，四季度利用小时高达1619h，福建、贵州、青海、宁夏四季度利用小时分别达到1511、1700、1788、1609h。

火电设备利用小时下降幅度较大的省份主要有上海（下降426h）、新疆（下降452h）、河南（下降456h）、山西（下降459h）、海南（下降482h）、安徽（下降556h）、黑龙江（下降580h）、宁夏（下降786h）、甘肃（下降797h）、吉林（下降876h）、陕西（下降935h）；西北地区新增机组相对较多、前三季度需求低迷，导致全年下降幅度都超过400h（青海除外）。由于水电设备利用小时的波动，湖北、湖南和广西火电设备利用小时分别由上半年的同比降低411、411h和905h变为全年的同比上升97、322h和524h。火电设备利用小时比2008年增加的省份主要有河北（提高35h）、重庆（提高84h）、山东（提高88h）、湖北（提高97h）、江苏（提高445h）、广西（提高524h）、贵州（提高668h）、四川（提高771h）、云南（提高1226h），其中，部分是需求比较旺盛或装机增加较少的省份（如河北、江苏、山东、四川），部分是水电比重较大而水电出力下降的省份。

4. 电煤供需总体平衡，四季度变化较大

国内原煤供应总量同比增加。根据国家统计局数据，2009年，全国规模以上企业原煤产量29.65亿t，比2008年多生产3.34亿t，同比增长12.7%，增速比2008年增速降低0.1个百分点。根据海关统计，全年

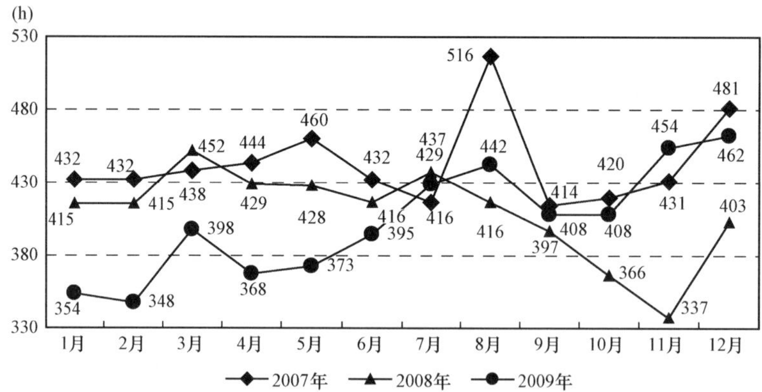

图 4 2007 年以来各月火电设备利用小时数变化情况

表 7 部分省份水电设备平均利用小时情况 h

地区	2009 年		2009 年上半年		2009 年下半年	
	设备利用小时数	比 2008 年增加	设备利用小时数	比 2008 年同期增加	设备利用小时数	比 2008 年同期增加
全国	3264	−325	1539	6	1725	−331
福建	2534	−645	1165	−414	1369	−231
湖北	4039	−529	1772	−19	2267	−510
湖南	3063	−230	1906	309	1157	−539
广东	1945	−637	1010	−151	935	−485
广西	3370	−1270	2020	98	1350	−1368
四川	4240	365	1702	135	2538	230
贵州	3316	−648	1945	208	1372	−857
云南	3887	−540	1404	−238	2483	−302
甘肃	4371	122	1932	−98	2439	221
青海	3698	19	1992	128	1706	−109

进口原煤 12 583 万 t，比 2008 年多进口 8543 万 t；出口原煤 2240 万 t，比 2008 年少出口 2303 万 t；全年净进口原煤 10 343 万 t，比 2008 年多 10 846 万 t。考虑国内生产和净进口数量，全年国内原煤供应总量 30.73 亿 t，比 2008 年增加 4.43 亿 t。

发电耗煤量下半年逐步回升。2009 年，全国大部分地区火电厂燃料供应和消耗总体基本平稳。进入 7 月以后，由于来水偏枯、水电出力下降，以及电力消费逐渐增强，导致燃煤机组出力逐月提高、年底大幅提升，全年发电耗煤量增长呈现出上半年低迷、三季度走强、四季度快速拉升的发展轨迹。12 月，全国直供电厂耗煤 7642 万 t；华东、华中、华北地区直供电厂月度耗煤量几乎比 5 月增长 80%。详见图 5 和图 6。

根据全国电力工业统计快报（2009 年）统计，2009 年，全国 6000kW 及以上电厂发电消耗原煤 13.99 亿 t，同比增长 6.08%，增速略低于火电发电量增速。全年发电耗煤高于 5000 万 t 的省份主要有内蒙古（13 158 万 t）、山东（12 894 万 t）、江苏（11 595 万 t）、河南（9450 万 t）、山西（8905 万 t）、广东（8147 万 t）、河北（8122 万 t）、浙江（7281 万 t）、辽宁（6135 万 t）、安徽（5857 万 t）、贵州（4862 万 t），其中山东增长 15.89%、安徽增长 18.23%、贵州增长 20.5%；其他增长幅度超过全国平均水平的省份主要有陕西（26.94%）、广西（21.84%）、四川（18.89%）、云南（9.19%）、湖北（7.79%）、新疆（7.28%）、福建（6.52%）、湖南（6.33%），除陕西、新疆是新增发电机组较多原因外，其他均是水电生产大省。

电煤库存总体保持较高水平，下半年持续下降。2009 年全国电煤库存前高后低（见图 7）。一季度，由于年初全国煤炭订货会上煤电双方因价格矛盾造成重点电煤合同未能签订，电厂电煤库存呈现下降趋势。

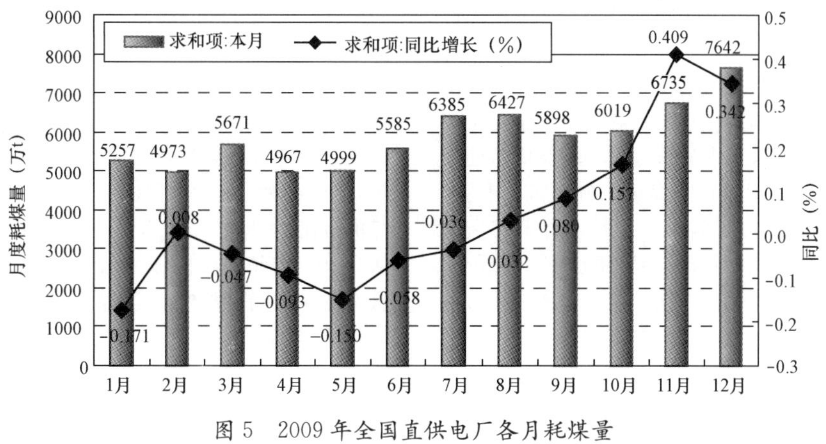

图5 2009年全国直供电厂各月耗煤量

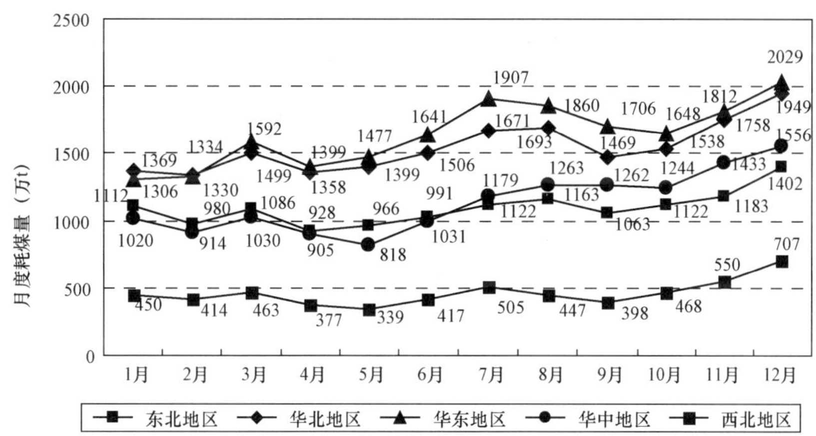

图6 2009年全国各区域直供电厂各月耗煤量

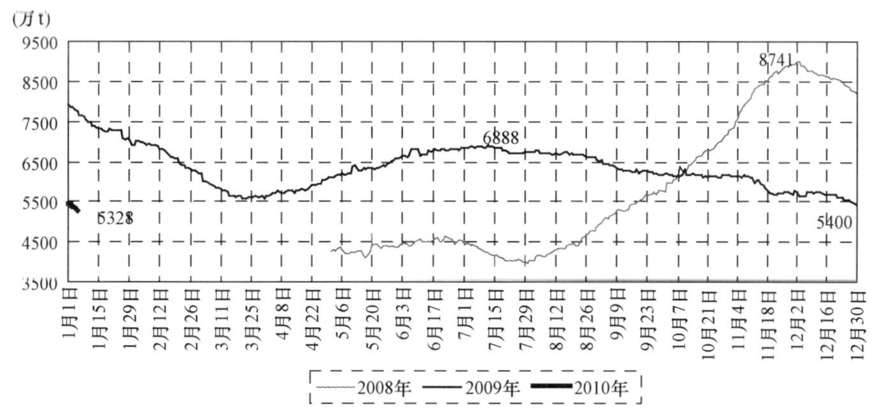

图7 全国10万kW及以上燃煤电厂电煤库存

全国10万kW及以上燃煤电厂(约占全国火电总装机的75.6%)煤炭库存平均可用天数由年初的20天下降至季末的13天。二季度,随着用电负荷回升,电煤需求加大,电厂逐步提升库存迎接夏季高峰。三季度,全国电煤库存平均可用天数保持在17天左右。四季度,电煤消耗量超出预期,全国电煤库存加速下降,部分地区因气温偏低、用电负荷快速增长以及趋于紧张的运力等,电煤库存处于紧张状态。截至2009年底,全国电煤库存平均可用天数已降至11天左右。纵观全年,全国各地区电煤库存偏低或出现紧张态势的主要有:黑龙江、安徽、河南、江苏、浙江、上海、湖北、江西。在这些地区中,一部分是煤炭资源生产省,其电煤价格矛盾比较突出,加上库存天数历来偏低(煤矿离电厂较近);一部分是中部水电大省和东部沿海省份，其交通运输瓶颈问题比较突出。

四季度电煤价格快速上涨。2009 年国内煤炭价格受国际能源价格及国内供求关系影响出现了几个波动时段。一季度，煤炭需求疲软，市场煤炭价格处于小幅下跌之势。4、5 月，市场煤价小幅缓慢回升。6 月，煤价稳中又有小幅回落。8、9 月，由于高温天气以及国庆节前部分煤矿停产、限产的影响，煤价又呈现持续上扬的走势。第四季度，需求增加带动市场价格的小幅上涨。入冬后市场价格继续高攀。

重点电煤合同价格在 2008 年的基础上有了较大涨幅（平均涨幅 25%左右）。如神华、中煤集团合同价格在 2008 年的基础上上涨 82 元，涨幅 17.9%。市场煤炭价格在四季度快速上涨，以全国煤炭价格风向标的秦皇岛市场煤炭价格行情为例（见图 8），发热量 5500kcal❶/kg 的山西优混煤在秦皇岛港的平仓参考价格在 2009 年底已达到 780 元/t，与年初相比上涨 28%，与年中相比涨幅已达 40%。相同煤质基准重点电煤合同价格与市场煤炭价格差最低 10 元/t，最高已达 240 元/t。

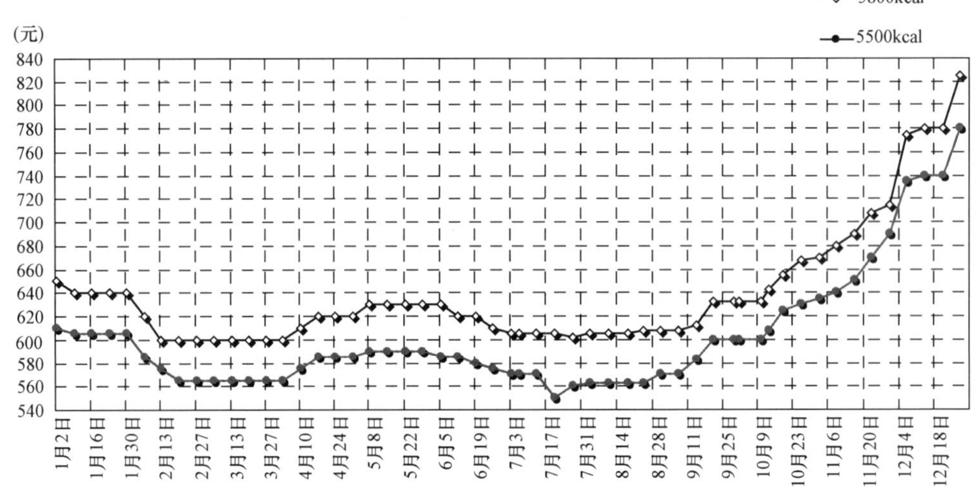

图 8 2009 年秦皇岛煤炭市场价格走势图

运输价格方面，2009 年铁路和海运价格都进行了上调。上半年运输价格变化平稳，下半年尤其是 11 月以来，煤炭需求的强劲回升引起了海运费的暴涨（11 月末比月初上涨 100%）。

（二）电网输送情况

1. 超高压电网投资和新增送变电容量加大

2009 年，全国电网工程建设投资完成额 3847 亿元，其中，送变电工程投资额 3377 亿元，占全部电网工程投资的 87.82%。在送变电工程投资完成额中，按电压等级分：特高压工程建设完成投资 188 亿元，750kV 工程完成投资 153 亿元，500kV 工程完成投资 789 亿元，330kV 工程完成投资 43 亿元，220kV 工程完成投资 1075 亿元。500、220kV 及以上电压等级工程投资完成额分别占送变电工程投资完成额的 33.47%、66.58%。

2009 年，全国新增 220kV 及以上变电容量 27 161万 kVA，比 2008 年多投产 3693 万 kVA；线路长度 40 308km，比 2008 年少投产 1568km。其中，新增 750kV 线路 2021km、变电容量 1080 万 kVA，分别比 2008 年多投产 1370km 和 720 万 kVA；新增 500kV 线路 12 385km，比 2008 年少投产 3051km，变电容量 11 620 万 kVA，比 2008 年多投产 1525 万 kVA；新增 330kV 线路 1528km，比 2008 年少投产 268km，变电容量 780 万 kVA，比 2008 年多投产 126 万 kVA；新增 220kV 线路 22 296km、变电容量 12 831万 kVA，分别比 2008 年少投产 1698km 和多投产 472 万 kVA。

各级电网建设取得重大进展。2009 年 1 月，1000kV 晋东南—荆门特高压交流试验示范工程顺利投产，已稳定运行一周年，发挥了显著的综合效益；11 月，世界第一个 ±800kV 特高压直流输电工程——云南至广东特高压直流输电工程单极成功送电，向家坝—上海特高压直流示范工程成功实现 800kV 全线带电，标志着我国输电电压等级、交直流输电技术、装备制造以及电网建设管理上升到一个新水平、新台阶，进入世界领先行列。5 月，我国首条同塔双回 750kV 输变电工程——兰州东至乾县输变电工程正式竣工投产，西北 750kV 主网架基本形成。

❶ 1kcal=4.19×10^3J。

6月，锦屏至苏南特高压直流工程开工建设；呼伦贝尔至辽宁直流和宁东至山东等重要跨区跨省电网项目加快建设。6月，500kV海南联网工程正式投运，结束了长期以来海南“电力孤岛”的历史；12月，华中与西北联网工程——灵宝背靠背扩建工程建成投产，宝鸡至德阳直流工程单机投运，西北与华中联网能力进一步加强。一批500kV输变电工程建成投产，网架结构得到加强。大力实施农网完善工程，继续推进新农村电气化县建设和“户户通电”工程。电网智能化研究和试点示范工程扎实推进。

电网规模继续扩大。根据电力工业统计快报（2009年）统计，2009年底，全国电网35kV及以上输电线路回路长度125.40万km，同比增长7.23%；其中，220kV及以上39.97万km，同比增长11.38%；35kV及以上公用变压器设备容量28.2亿kVA，同比增长16.03%；其中，220kV及以上公用变压器设备容量16.5亿kVA，同比增长17.09%。详见表8。

表8 35kV及以上输电线路长度及变电设备容量统计表

统计口径	输电线路回路长度		变电设备容量	
	长度（km）	增长率（%）	容量（万kVA）	增长率（%）
35kV及以上合计	1 254 031	7.23	282 050	16.03
其中：220kV及以上合计	399 729	11.38	165 147	17.09
1000kV交流	640		600	
±800kV直流	1438		250	
750kV	1388	120.32	1650	150.00
500kV	121 868	12.85	62 802	19.44
330kV	18 738	12.09	5282	17.09
220kV	255 657	9.46	94 563	13.54

从分省情况看，拥有220kV及以上输电线路回路长度较多的省份主要有江苏（28 139km）、广东（21 747km）、山东（20 690km）、河北（20 608km）、四川（20 550 km）、湖北（19 194 km）、浙江（18 590km）、内蒙古（18 013km）、河南(18 009km)、辽宁（17 245km）、云南（17 153km），其中拥有500kV输电线路回路长度最多的3个省份分别为湖北（9323km）、江苏（8203km）和河北（7228km），基本都是跨区送电骨干枢纽省份；拥有220kV及以上公用变压器设备容量较多的省份主要有广东（17 231万kVA）、江苏（14 772万kVA）、浙江（13 386万kVA）、山东（10 420万kVA）、河北（10 116万kVA）、河南（7741万kVA）、辽宁（7319万kVA）、湖北（6840万kVA）、上海（6471万kVA），其中拥有500kV变电设备容量最多的3个省份分别为广东（6053万kVA）、浙江（5901万kVA）、江苏（5065万kVA），均是供用电规模居全国前列的省份。

2. 跨区送电总量较快增长，三峡电厂送出略有减少

根据2009年12月全国电力工业统计月报统计，2009年，全国跨区送电量完成1213亿kWh，同比增长13.52%，增速比2008年提高2.93个百分点。总量增长较快的主要原因，一是1000kV特高压投产运行，共新增跨区送电华北送华中56亿kWh、华中送华北33亿kWh，合计占2009年新增跨区送电量的61.38%；二是2008年初的冰灾导致同期基数较低，全年在线路通道容量没有增加的情况下，华中送华东375亿kWh，增长0.92%，华中送南方254亿kWh，增长10.02%。三是东北送华北完成70亿kWh，增长32.09%。

各月跨区送电基本保持平稳，前三季度受2008年同期基数较低影响较大；四季度各月增速放缓，11月下降9.3%，主要原因是三峡送出电量下降。

2009年，三峡电厂共送出电量791亿kWh，同比下降1.07%，由于2008年新增机组电量增加的翘尾作用以及当年来水偏枯，送出电量增速比2008年降低31.78个百分点。自9月以来，三峡电厂各月送出电量同比分别下降21.16%、19.34%、45.12%和10.53%。详见图9。

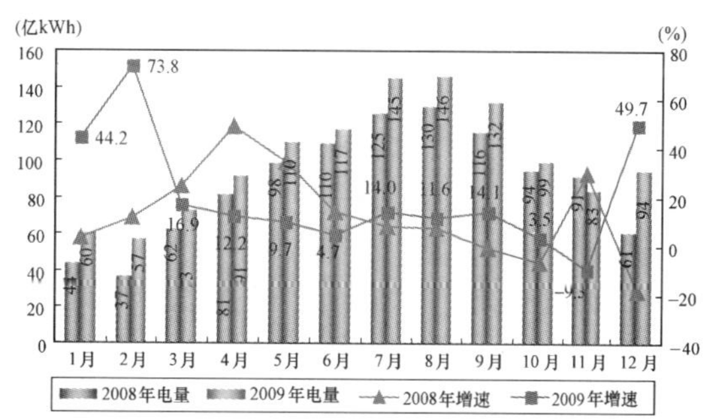

图9 2008～2009年分月跨区送电量及其增速统计

3. 区域内“西电东送”高速增长

根据2009年12月全国电力工业统计月报统计，2009年，南方电网“西电东送”1155亿kWh，同比增长9.26%，增速比2008年低13.27个百分点。其中，西电送广东和送广西分别完成1044亿kWh和111亿kWh，分别增长12.62%和下降14.61%。分月来看，1～2月、3月因2008年冰灾导致基数较低影响，增速分别达到134.25%和68.15%；二季度基

数效应消失，单月增速下降到 32.90%、6.44%和 -1.42%；7、8 月分别增长 9.87%、1.85%；9 月以后的 4 个月由于西部省份水电大幅下降，送电量低于 2008 年同期水平，分别降低 2.78%、15.98%、32.03%和 9.21%。

2009 年，京津唐电网受电电量 341 亿 kWh，同比增长 52.92%，增速比 2008 年提高 30.04 个百分点。其中，从山西电网受入电量 91 亿 kWh（2008 年受入 19.3 亿 kWh）；从内蒙古电网受入 250 亿 kWh，同比增长 24.51%，9 月以后各月受入电量基本稳定、但增速在逐月放缓，（均低于全年平均水平）。京津唐电网从 2008 年 6 月开始向山东电网送电，全年完成送电 63 亿 kWh；2009 年以来，京津唐电网未向河北南网和山西电网送电。

4. 省间电力电量交换保持较快增长

根据 2009 年 12 月电力工业统计月报统计，2009 年，全国省间累计输出电量 5247 亿 kWh，同比增长 17.93%，增速比 2008 年提高 1.81 个百分点，全年各月均保持较快增长。

2009 年，主要能源输出省份输出电量保持较快增长，如山西输出 641 亿 kWh，增长 32.03%；内蒙古输出 967 亿 kWh，增长 14.26%；安徽输出 378 亿 kWh，增长 52.28%；湖北输出 843 亿 kWh，增长 9.53%；湖南输出 113 亿 kWh，增长 26.28%；贵州输出 470 亿 kWh，增长 28.78%；云南输出 301 亿 kWh，增长 41.62%。特高压投运后，河南输出电力 62 亿 kWh，下降 4.00%，8、9 月分别仅输出 2 亿 kWh 和 3.6 亿 kWh，11、12 月湖北电量紧张后，河南当月输出电量增加到 17 亿 kWh 和 17.2 亿 kWh。

5. 进出口电量均有增加

根据 2009 年 12 月电力工业统计月报统计，2009 年，电力进出口总量为 241 亿 kWh，同比增长 18.01%。其中，进口电量 61 亿 kWh，同比增长 72.06%，主要是 3 月开始从俄罗斯购入电量，全年累计购入电量 8.5 亿 kWh；全年新增云南从缅甸购入电量 15 亿 kWh。出口电量 180 亿 kWh，同比增长 6.62%，其中，云南送越南 41 亿 kWh，增长 29.88%；广东送澳门 22 亿 kWh，下降 3.64%；12 月，随着云南送老挝 115kV 输电线路建成带电试运行，当月新增云南送老挝电量 117 万 kWh。二季度以后进出口电量双双高速增长，带动进出口电量增速由一季度的-16.74%回升到上半年的 0.46%、前三季度的 6.74%和全年的 18.01%。

（三）电力消费情况

1. 全社会用电量回升逐月加快，全年增速高于 2008 年

根据全国电力工业统计快报（2009 年）统计，2009 年，全国全社会用电量 36 430 亿 kWh，同比增长 5.96%，增速比 2008 年提高 0.47 个百分点。详见图 10 和图 11。

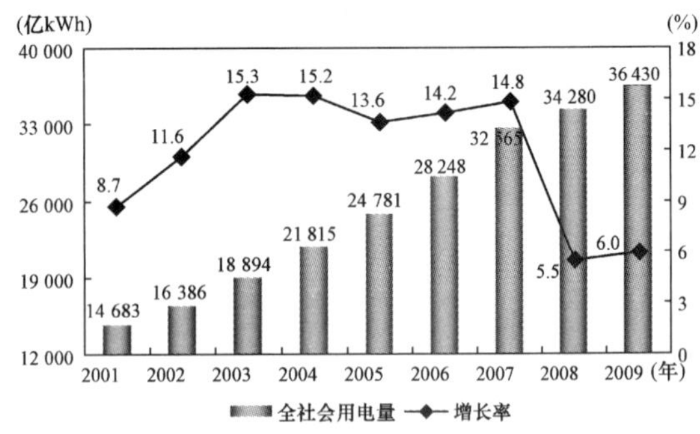

图 10　2001～2009 年全社会用电量及增长率统计

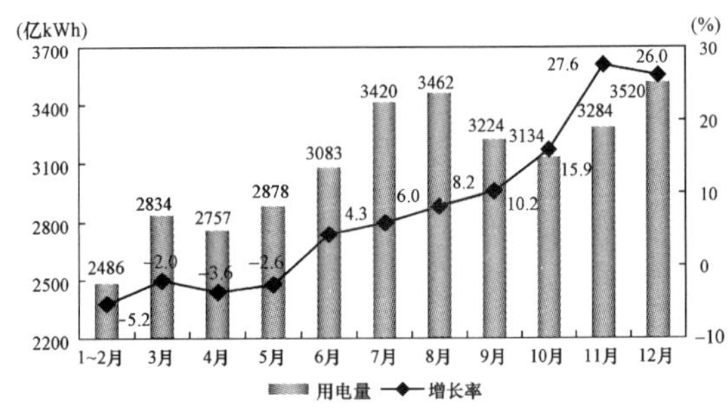

图 11　2009 年全国分月用电量及其增速统计（图中 1～2 月显示的是 1～2 月合计用电量的单月平均数据。图中 12 月数据为 12 月月报数据，与年度快报数据略有差别）

2009 年各季度，全社会用电量分别为 7810 亿、8716 亿、10 110 亿 kWh 和 9795 亿 kWh，分别增长 -4.02%、-0.59%、7.97%和 20.72%（根据年度统计快报数据计算）。用电增速连续四个季度回升。

2. 第二产业用电逐步恢复，其他产业用电稳步增长

第一产业用电量增速高于 2008 年。根据全国电力工业统计快报（2009 年）统计，2009 年，第一产业用电量 947 亿 kWh（占全社会用电量的 2.60%），同比增长 7.86%，比 2008 年提高 6.09 个百分点，气温偏高、部分地区干旱导致各月第一产业用电量增速基本都高于 2008 年同期。全年第一产业用电增长对全社会用电增长的贡献率为 3.37%。详见图 12。

第二产业用电恢复增长对全社会用电恢复增长的带动作用明显。根据全国电力工业统计快报（2009 年）统计，2009 年，第二产业用电量 26 993 亿 kWh，同比增长 4.15%，增速比 2008 年提高 0.17 个

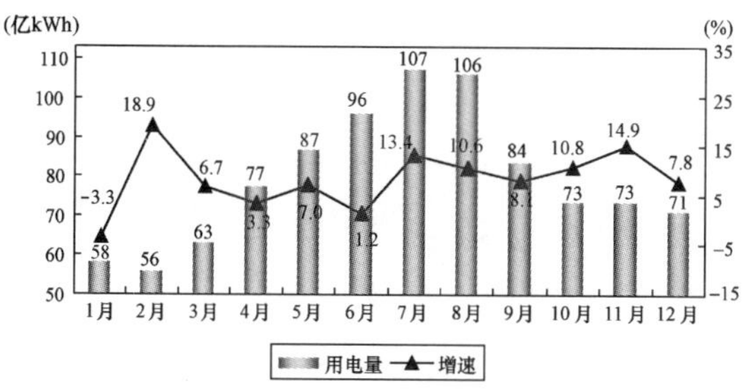

图 12　2009 年第一产业分月用电量及其增速
（表中 12 月数据为 12 月月报数据，
与年度快报数据略有差别）

百分点。第二产业用电量占全社会用电量的比重为 74%，因此第二产业用电量的大幅度波动对全社会用电量大幅波动影响最大。2009 年，第二产业用电从低迷中开始逐步回升，带动全社会用电增速快速回升，6 月用电量 2324 亿 kWh，同比增长 1.81%，自 2008 年四季度以来首次实现正增长；7、8 月用电量创同期新高；10 月实现累计用电量恢复正增长；12 月用电量 2693 亿 kWh（12 月月报数据，与年度快报计算数据略有差别），是历史上第二产业当月用电量最多的一个月，说明工业生产是带动用电量回升的最主要动力；第二产业用电量所占比重也从 1～2 月的 70.25%回升到 1～6 月的 73.65%、1～9 月的 73.40%和全年的 74.10%（由于当年累计效应，2008 年累计用电量所占比重比 2009 年要高）。单月第二产业用电增长对全社会用电增长的贡献率已由 6 月以前的负贡献分别上升到 9 月的 62.78%、11 月的 85.21%和 12 月的 79.9%，贡献率显著增加，是带动全社会用电恢复的最主要动力；全年累计贡献率为 52.44%。详见图 13。

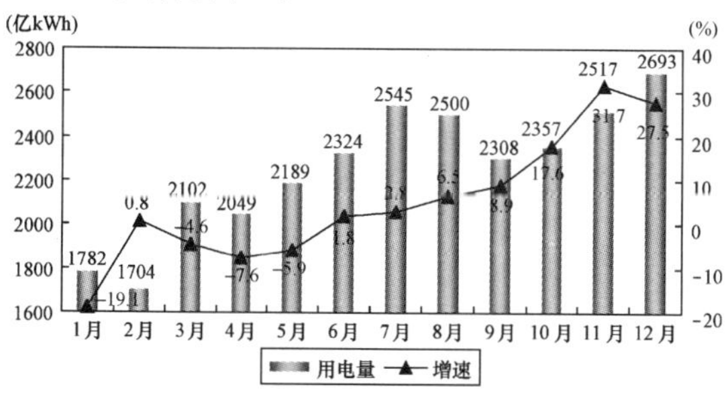

图 13　2009 年第二产业分月用电量及其增速
（表中 12 月数据为 12 月月报数据，
与年度快报数据略有差别）

2009 年各季度，第二产业用电量分别为 5591 亿、6580 亿、7379 亿 kWh 和 7444 亿 kWh，同比分别增长−8.21%、−3.51%、5.85%和 23.30%。

第三产业用电量增速走高，但所占比重持续降低。根据全国电力工业统计快报（2009 年）统计，2009 年，第三产业用电量 3921 亿 kWh，同比增长 12.11%，增速比上年提高 2.33 个百分点。分月来看，用电量增速已经从 1～2 月的 7.7%逐月提高到 7 月的 16.4%，11 月增长 16.09%。但是，第二产业用电量快速恢复导致第三产业用电所占比重从 1～2 月的 12.6%持续下降到全年的 10.2%。全年第三产业用电增长对全社会用电增长的贡献率为 20.67%。详见图 14。

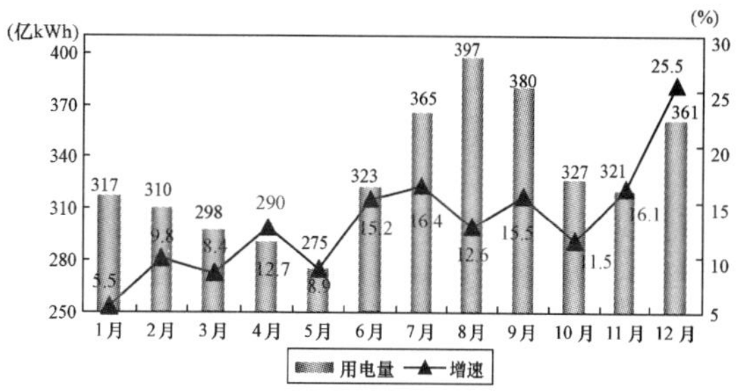

图 14　2009 年第三产业分月用电量及其增速
（表中 12 月数据为 12 月月报数据，
与年度快报数据略有差别）

城乡居民生活用电较快增长，农村用电增速略高于城镇用电。根据全国电力工业统计快报（2009 年）统计，2009 年，城乡居民生活用电量 4571 亿 kWh，同比增长 11.87%，增速比 2008 年回落 1.13 个百分点。分月来看，受气温偏高、房地产消费升温和家电下乡政策等因素影响，居民生活用电保持了较高增长，各月（3 月除外，是因为气温偏高、取暖负荷减少导致用电增速放缓）基本都保持 10%以上的增长速度，下半年增速更高。农村居民生活用电量增速比城镇居民生活用电量增速高 2.1 个百分点。城乡居民生活用电量所占比重在1～2 月达到 14.86%历史高位后开始回落到 2009 年全年为 11.8%，城乡居民用电增长对全社会用电增长的贡献率为 23.67%。详见图 15。

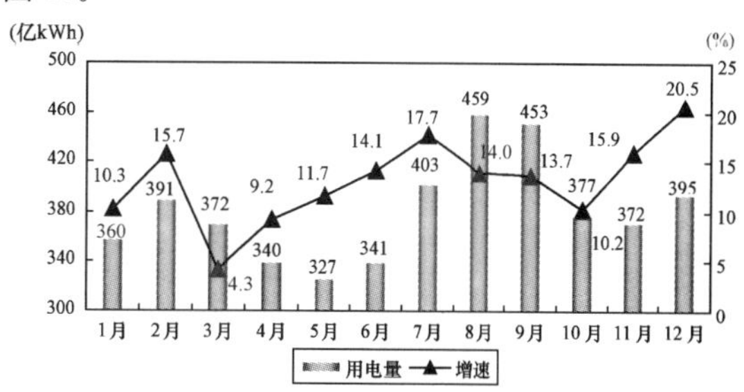

图 15　2009 年城乡居民生活用电分月用电量及其增速
（表中 12 月数据为 12 月月报数据，
与年度快报数据略有差别）

2008～2009 年城乡居民生活用电分月累计用电量所占比重见图 16。

2009年分产业各月累计用电量增长率统计见图17。

2009年各产业和居民生活用电量增长情况见表9。

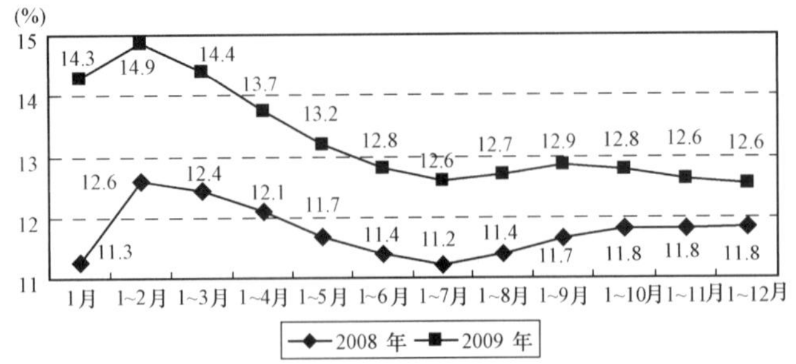

图16　2008～2009年城乡居民生活用电分月累计用电量所占比重

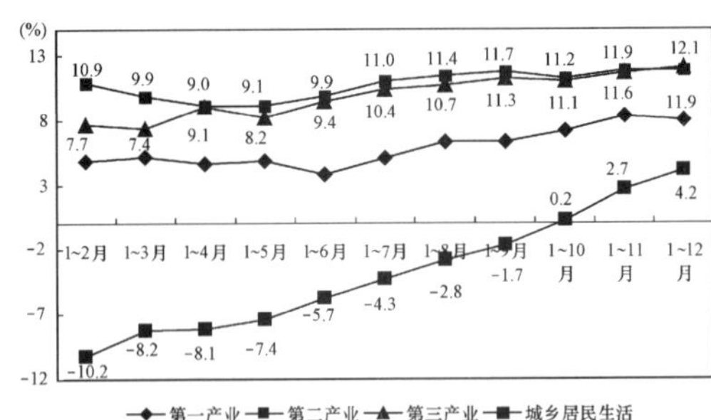

图17　2009年分产业各月累计用电量增长率统计

表9　2009年各产业和居民生活用电量增长情况

统计口径	用电量（亿kWh）	增长率		比重		增长贡献率	
		2009年（%）	与2008年同期比较的百分点	2009年（%）	与2008年同期比较的百分点	2009年（%）	与2008年同期比较的百分点
全社会	36 430	5.96	提高0.47	100	—		
第一产业	947	7.86	提高6.09	2.60	提高0.04	3.37	提高2.52
第二产业	26 993	4.15	提高0.17	74.10	回落1.29	52.44	降低3.05
第三产业	3921	12.11	提高2.33	10.76	提高0.58	20.67	提高3.26
城乡居民生活	4571	11.87	回落1.13	12.55	提高0.68	23.67	降低2.58

根据12月电力工业统计月报统计，分省来看，2009年，第二产业用电量增长较快的省份主要有新疆（15.52%）、贵州（12.15%）、江西（10.8%）、安徽（8.84%）、青海（7.41%）和湖南（7.04%），基本都是中西部省份；第二产业用电量增长较低的省份主要有山西（−6.59%）、上海（−3.34%）、广东（−0.35%）、吉林（1.19%）、河南（1.39%）、陕西（1.34%）、黑龙江（1.83%）、甘肃（2.66%）、北京（2.86%）；广东、吉林、河南、黑龙江是下半年第二产业用电量增速相对较慢导致全年第二产业用电量增速放缓；山西、上海是第二产业增长乏力；北京是产业结构调整；甘肃直到10月才实现第二产业用电量正增长。宁夏、内蒙古等上半年下降幅度较大的省份已经快速恢复，其第二产业用电量增速分别由2009年上半年的−15.46%、−19.36%上升到2009年全年的3.83%、4.79%。

3. 工业用电量逐月走高，重工业回升加快

根据全国电力工业统计快报（2009年）统计，2009年，全国工业用电量26 664亿kWh，同比增长4.27%，增速比2008年提高0.36个百分点。分月来看，工业用电量增速自4月的−7.75%逐月持续回升，到6月已经转正并逐月走高，12月月度用电量创历史新高；累计用电量在10月恢复正增长，迟于全社会用电量2个月。工业用电量是拉动全社会用电量增长的主要力量，其用电增长对全社会用电量增长的贡献率为53.24%，比2008年降低0.6个百分点。工业用电量占全社会用电量的比重为73.19%，已经连续两年下降。

重工业回升加快。2009年，全国轻、重工业用电量分别为4617亿kWh和22 048亿kWh，同比分别增长1.01%和4.97%，增速分别比2008年降低1.32个百分点和提高0.70个百分点。从轻、重工业受金融危机影响和恢复情况来看，轻工业受影响时间早、影响稍小、恢复缓慢；重工业受影响程度深、影响稍晚，但是受国家“4万亿投资计划”和“十大产业振兴规划”等政策的拉动作用，其用电量回升加快、12月创出历史新高，增幅快速提升，全年增幅比2008年高1个百分点。轻工业用电量从2008年二季度开始缓慢下降，重工业用电量从10月开始快速下降、其降幅大于轻工业，但是从6月开始单月增速高于轻工业，并且增速差距逐步加大，如2009年11月，轻重工业用电量增速分别为13.70%和36.15%，

增速差距拉大到22.45个百分点。

2000～2009年工业用电比重变化情况见图18。

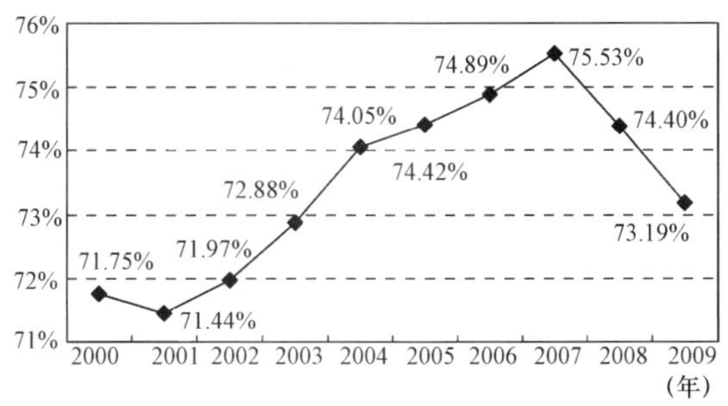

图18　2000～2009年工业用电比重变化情况

4. 重点行业用电全面复苏，对全社会用电增长贡献突出

2009年，钢铁、化工、建材、有色四大行业生产逐步恢复，总体表现出向好的趋势，特别自7月以来月度用电量持续增加并屡创新高，同期基数较低导致同比增速恢复更加明显。

黑色金属冶炼行业用电率先快速回升。钢铁行业是用电最多的工业行业。根据12月全国电力工业统计月报统计，2009年，钢铁冶炼行业累计用电量4080亿kWh，同比增长6.97%，比2008年增速提高5.0个百分点。国内投资和消费需求率先带动黑色行业用电快速回升，7月实现了当月用电量增速的正增长，8、9、10、11月对全社会用电增长的贡献分别达到15.56%、17.35%、20.58%和18.70%，全年累计贡献率为12%。2009年，铁合金冶炼用电782亿kWh，同比下降5.77%。2009年，在钢铁用电大省中，河北用电量691亿kWh，增长22.70%；其他增长较快的省份还有辽宁（298亿kWh，增长13.24%）、山东（232亿kWh，增长13.35%）、湖南（147亿kWh，增长22.49%）和四川（165亿kWh，增长16.39%）；2009年钢铁冶炼行业用电量累计增长仍然为负的省份主要有内蒙古（203亿kWh，下降16.39%）、河南（138亿kWh，下降3.06%）、宁夏（86亿kWh，下降4.49%）、黑龙江（30亿kWh，下降10.27%）、北京（29亿kWh，下降6.57%）、广东（85亿kWh，下降4.4%）、吉林（53亿kWh，下降2.07%）、上海（143亿kWh，下降0.74%）、重庆（46亿kWh，下降0.64%）。

5. 各省用电逐步恢复

2009年，各省区用电逐月恢复、但情况略有差异，除山西外，各省全部实现全年用电正增长。分月来看，3～9月分别有13、8、11、22、25、27个和29个省份用电量实现正增长（未包括西藏），四季度全部恢复正增长。

分省来看。2009年，全社会用电量实现较快增长的省份主要有新疆（13.69%）、贵州（12.90%）、河北（11.99%）、江西（11.50%）、湖南（10.64%）、安徽（10.49%）、广西（9.10%）、海南（8.20%），基本都是内部刚性发展需求较大、对外关联度低或承接产业转移比较多的中、西部地区，或者是高耗能恢复较早较快的省区（如河北、贵州等）。山西累计用电量仍然为负增长（－4.92%）；其他增长幅度较小的省份主要有上海（0.17%）、黑龙江（1.94%）、广东（2.66%）、吉林（3.45%）、甘肃（3.47%），黑龙江、吉林是用电恢复缓慢；甘肃是2008年下跌时间较晚，同比基数相对较高；上海、广东由于产业结构调整，需求尚需培育。西部高耗能比重较高的省份（如宁夏、青海、内蒙古）四季度恢复特别迅速，如11月单月增速分别高达83.31%、52.05%和58.50%，全年增速大幅回升。

分区域看。2009年，各地区用电量均实现正增长。华中、西北、华北、华东、东北、南方分别同比增长8.2%、8.0%、6.8%、6.0%、4.4%和5.7%。华中、西北在四季度恢复更加明显，分别增长24.8%和32.9%。

从分东、中、西、东北地区来看。东部地区用电量占全国用电量比重在50%左右，在上半年恢复速度快于其他区域，但是在四季度逐步被西部超过；中部地区各省增长比较平稳；西部地区在7月以后增速恢复明显，四季度更加突出，其所占比重比2008年提高0.25个百分点，灾后重建、高耗能恢复、2008年基数偏低是最主要原因；东北地区受经济回升较慢影响，累计用电增速始终低于全国平均水平。详见表10。

重点省份用电情况。2009年，河北、江苏、浙江、山东、河南和广东6个用电大省的合计用电量为16 722亿kWh，同比增长6.23%，高于全国用电量增长率0.27个百分点；6省合计用电量占全国用电量的比重为45.90%，比2008年同期提高0.12个百分点；6省区用电增长对全国用电增长的贡献率为47.88%，比2008年提高3.87个百分点。说明这6个省份是带动全社会用电量回升向好的主要动力。

6. 各区域最高用电负荷和统调用电量同比恢复增长，6月以后增长特别明显

根据国家电力调度通信中心旬报统计，2009年，全国主要电网统调最高用电负荷合计54 114万kW，同比增长14.26%；统调用电量32 472亿kWh，同比增长7.32%；统调最高用电负荷增速高于统调用电量增速6.94个百分点，反映出供需总体相对比较宽松、供应能力充足。

表10　2009年东、中、西、东北地区用电量及其增长情况统计表　亿kWh,%

区域	一季度		上半年		前三季度		2009年		
	用电量	增速	用电量	增速	用电量	增速	用电量	增速	占全国的比重
全国合计	7810	−4.02	16 526	−2.24	26 635	1.40	36 430	5.96	100
东部10省市	3868	−4.03	8317	−1.48	13 510	2.09	18 333	5.90	50.32
中部6省区	1521	−3.88	3183	−2.89	5132	0.61	7030	5.44	19.30
西部12省区	1791	−3.91	3767	−2.91	6053	1.17	8384	7.14	23.01
东北3省份	630	−4.64	1258	−3.50	1940	−0.17	2683	4.07	7.36

分区域来看，除南方电网区域外，其他各区域统调最高用电负荷增速均远高于其统调用电量增速；西北、华北、华中区域统调最高用电负荷增长最快，分别达到20.66%、19.99%和19.29%；南方电网区域统调最高用电负荷仅增长7.91%，低于统调用电量增速1.49个百分点。分省来看，南方电网五省区统调最高用电负荷均保持高速增长，但是同时性低导致南方电网统调最高用电负荷增速相对较低；上海、黑龙江统调最高用电负荷和统调用电量增速比较低；山西在统调最高用电负荷增长58.67%的情况下，统调用电量仍然下降1.72%，内蒙古统调最高用电负荷增长53.90%；华北的京津唐和河北南网、华东和华中的大部分省份以及南方电网的广东和广西增长较快。详见表11。

表11　2009年全国各地区最高用电负荷及增长情况

万kW，亿kWh,%

统计口径	统调最高用电负荷	同比增长率	统调用电量	同比增长率
全国合计	54 114	14.26	32 472	7.32
华北电网区域	12 915	19.99	7921	6.47
东北电网区域	3908	10.08	2462	3.71
华东电网区域	14 400	10.68	8259	5.51
华中电网区域	9463	19.29	5700	11.06
南方电网区域	9590	7.91	5742	9.40
西北电网区域（不含新疆）	3159	20.66	1967	4.55
新疆	649	13.86	407	19.06
西藏	30	7.91	15.44	11.55

注　摘自国家电力调度通信中心旬报。

负荷逐步恢复、增长加快。从分月增长情况看，1～5月延续了2008年10月以来的疲软态势，统调最高用电负荷增速和统调用电量增速持续负增长。6月以后由于持续高温天气和经济回暖导致工业用电逐步恢复，全国统调最高用电负荷和统调用电量均实现正增长，全国和各省级电网最高用电负荷增速基本都高于统调用电量增速。

2009年分季度统调最高用电负荷及其增速见表12。

表12　2009年分季度统调最高用电负荷及其增速

统计口径	一季度	上半年	前三季度	2009年
统调最高用电负荷（万kW）	42 566	47 532	52 768	54 114
统调最高用电负荷增速（%）	−0.79	8.59	11.43	14.26
统调用电量（万kWh）	6808	14 563	23 545	32 472
统调用电量增速（%）	−2.35	−2.11	1.64	7.32

7. 电力消费弹性系数高于2008年

根据国家统计局公布的第二次经济普查修订，2008年，修订后的全国GDP总量为314 045亿元，比2008年增长9.6%，增速比原来增速提高0.6个百分点。因此，2008年最终电力消费弹性系数为0.57。由于2009年工业特别是重工业生产回升更加明显，对弹性系数的影响非常大，2009年全国电力消费弹性系数为0.69，比2008年回升0.12。详见图19。

（四）电力生产及输送环节能源利用效率又有较大幅度提高

根据全国电力工业统计快报（2009年）统计，2009年，全国供电标准煤耗342g/kWh，比2008年同期降低3g/kWh。线路损失率6.55%，比2008年同期降低0.24个百分点。

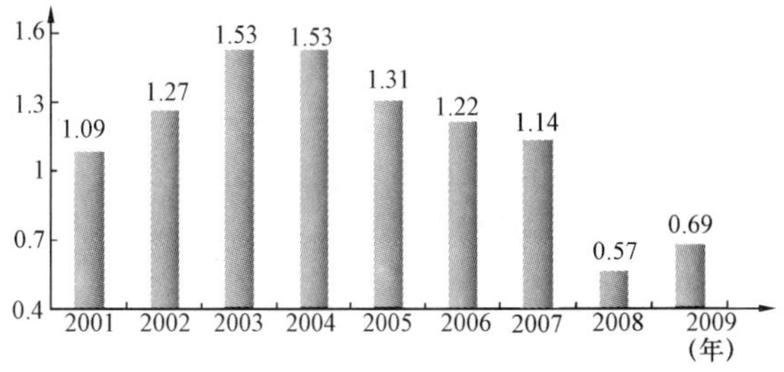

图 19　2001～2009 年全国电力消费弹性系数统计

根据 12 月全国电力工业统计月报统计，2009 年，全国 6000kW 以上电厂厂用电率 5.69%，比 2008 年下降 0.12 个百分点；其中水电 0.58%，火电 6.51%。

（五）电力行业效益没有机制保障，电网企业盈利大幅下降

1. 电力行业利润有所恢复，但利润率仍然偏低

2009 年 1～11 月，电力行业利润总额 891 亿元，同比增长 233.58%。电力行业利润增长较高的原因主要是火电行业利润由 2008 年同期的净亏损 377 亿元转为盈利 465 亿元，扭亏增盈 842 亿元，远高于全行业盈利增加额。但是，全行业销售利润率 3.16%，资产利润率 1.41%，明显偏低。详见表 13。

表 13　2007～2009 年来电力行业各时段利润总额对比

时间段	1～2 月	3～5 月	6～8 月	9～11 月	1～11 月
2009 年各时段利润总额（亿元）	32.45	158.95	326.21	373.25	890.86
2008 年各时段利润总额（亿元）	85.11	77.36	57.51	49.94	280.21
2007 年各时段利润总额（亿元）	216.10	376.22	476.43	513.83	1582.58
2009 年各时段利润总额增长率（%）	−61.87	105.47	467.22	647.40	233.58
2008 年各时段利润总额增长率（%）	−55.85	−79.44	−87.93	−90.28	−82.29

注　表中 2008 年数据是国家统计局当时公布数据，2009 年增长率是按 2008 年调整后数据计算的。

2. 行业利润逐季增多

2009 年，电力行业利润逐季增多，6～8 月，由于煤价大幅回落、火电发电量有所增长，导致火电行业利润总额大幅增加，全行业利润高达 326 亿元；9～11 月，由于用电量继续大幅回升，全行业特别是火电行业利润也大幅增长。1～11 月火电行业利润 465 亿元中有 193 亿元是在 9～11 月创造的，占 1～11 月全部利润比重的 41.5%。电力供应业的利润也由 1～8 月亏损 44 亿元，转为 1～11 月的盈利 63 亿元，9～11 月期间盈利 106.9 亿元，同比增长 8.2%。总之，电力行业利润在逐季增加，总体经营形势逐季好转。详见表 14。

表 14　2009 年分子行业、分段利润统计

行业名称	时间段	分时间段同比增长（%）	分时间段利润额占 1～11 月全部利润的比重（%）
全电力行业	1～11 月	233.6	100
	其中：1～2 月	−62	3.6
	3～5 月	86.8	17.8
	6～8 月	990	36.6
	9～11 月	458	41.9
火力发电	1～11 月	223.2	100
	其中：1～2 月	−32.6	2.9
	3～5 月	312	21.7
	6～8 月	179.3	33.9
	9～11 月	227.8	41.5
电力供应	1～11 月	−77.8	100
	其中：1～2 月	−144	−39
	3～5 月	−165	−57
	6～8 月	−78	26.2
	9～11 月	8.2	170

3. 火电行业总体实现扭亏

由于煤价由 2008 年同期的高位大幅回落，以及 2008 年上调上网电价的影响，加上下半年各月火力发电量的增加，共同导致 1～11 月火电行业企业经营总体实现扭亏。2009 年 1～11 月，火电企业亏损面为 35.46%，比 2008 年同期降低 24.71 个百分点。火电亏损企业亏损额 222 亿元，比 2008 年同期减少 450 亿元。火电行业主营业务成本同比降低 1.70%，

增幅比2008年同期降低30.82个百分点，比1～11月主营业务收入增速低11.68个百分点。1～11月，火电行业实现利润总额465亿元，比2008年同期（－377亿元）增加842亿元。

4. 电力供应业经营状况恶化趋势得到遏制

由于自2008年8月开始上网电价单边上调及金融危机对售电量的影响，导致今年11月以前各月电力供应企业经营状况持续恶化，但随着当前经济形势的逐步回暖、售电量的回升以及2009年11月开始的上网电价调整，电力供应业经营状况恶化趋势得到有效遏制，1～11月电力供应业整体实现扭亏，利润总额由1～8月的亏损44亿元扭亏为1～11月的盈利63亿元，比2008年同期减少221亿元。2009年1～11月，电力供应业企业亏损面为21.08%，分别比1～2月、1～5月、1～8月降低11.09、7.66、3.31个百分点；亏损企业亏损额246亿元，同比增长83.82%。

5. 出力下降导致水电、核电利润略有下降

2009年1～11月，水电行业实现利润总额231亿元，同比下降5.07%，其中，9～11月有较大幅度的下降，主要是6月以后水电出力逐月减少；1～11月，核电行业实现利润总额97亿元，同比下降7.99%。

其他能源发电（主要是新能源发电）利润总额为35亿元，同比增长199.86%。

发电行业经营状况大为改观。1～11月，发电行业实现利润总额由2008年同期的－17亿元增加到828亿元，利润总额有所增加、接近2007年同期水平。

6. 主营业务成本及收入增速逐季上升

2009年1～11月，主营业务收入和成本增长速度均比2008年各统计时间段有较大幅度回落；但随着发电量增长的逐步回升，主营业务成本及收入增速呈现出逐季上升的态势。1～11月，电力行业主营业务成本25 830亿元，同比增长8.31%，增速比2008年同期降低11.59个百分点，分别比1～2月、1～5月、1～8月提高3.07个、2.15个、1.88个百分点；主营业务收入28 195亿元，同比增长9.78%，增速比2008年同期下降3.49个百分点，分别比1～2月、1～5月、1～8月上升5.25个、4.82个、2.48个百分点。2009年1～11月，电力行业利息支出1135亿元，同比增长3.84%，分别比1～2月、1～5月、1～8月增速下降12.52个、8.04个、4.10个百分点，由于贷款利息降低，行业利息支出增速放缓，还贷压力有所减缓，但总体财务压力仍然很大。

7. 利润的地区分布极不平衡

由于各省区煤价、电价差异较大，加上电量增长速度不一，导致行业利润在各地区间分布极不均衡。1～11月，全国仍有山西、黑龙江、河南、湖北、四川、陕西、甘肃等11个省份的火力发电企业亏损，以中西部煤炭生产大省或水电生产大省为主，特别是山西、河南的火电企业亏损均超过10亿元。实现盈利省份的利润也主要集中在东部发达省份，江苏、浙江、广东三省火电企业利润343亿元，占全部火电利润的73.75%。

水电企业利润主要集中在湖北、广西、四川、云南四个省区，1～11月实现利润188亿元，占全部水电利润的81.20%。全国新能源发电利润增速与发电量增速基本保持一致，实现了翻番增长，绝大部分省份实现了赢利，但利润主要集中在河北、内蒙古、辽宁、黑龙江、山东、新疆等新能源发展规模较大的省区。

电力供应业利润的集中度很高。1～11月，北京和广东分别实现95亿元和50亿元，是全国电力供应业全部利润的2.30倍，其他略有盈利的省份还有河北、内蒙古、上海、浙江、江西、山东、广东、海南、重庆、云南、宁夏和新疆。亏损较多的省份主要有辽宁、吉林、黑龙江、江苏、河南、湖南，6省累计亏损102亿元。

8. 火电行业负债率近年来首次同比下降

电力行业的大规模投资和持续的政策性亏损造成电力企业负债率不断上升。2009年1～11月，电力行业负债率65.51%，比2008年同期提高1.25个百分点。具体来说，1～11月，水电、核电及电力供应业的负债率均有不同程度的增加，火电行业负债率近年来首次同比有所下降，其他能源类型的负债率也有所降低。详见表15。

9. 电力行业经营前景不容乐观

2009年电力行业经营出现了难得的恢复增长。但是11月20日，国家调整电厂上网电价和电网销售电价虽然有利于重新调整利润在各地区发电企业间的利益分布，也为电网企业重新创造了盈利空间，但是没有根本解决大部分火电企业亏损的难题，东部地区火电企业利润空间大幅压缩、西部地区由于煤价补涨，火电企业仍摆脱不了亏损。特别是四季度以来煤炭价格已经开始大幅上涨，按目前煤炭订货价格涨幅分析，煤炭涨价部分将转移掉火电企业的全部利润。如果煤价得不到有效控制或者电价不能得到及时疏导，2010年，火电行业甚至是发电行业很有可能重新陷入全行业亏损的境地，行业经营环境没有得到政策和机制上的保障。

（六）全国各地区供需形势

国家电网公司经营区域：

（1）华北电网。华北电网电力供需平衡有余。京津唐、山东电网电力供需基本平衡；山西电网、河北南网电力供需平衡有余；内蒙古电网电力富余较多，月富余电力1000万kW左右。

表 15 2008 年、2009 年 1～11 月全国电力各子行业资产负债率情况 亿元

统计口径	2009 年 1～11 月			2008 年 1～11 月		
	资产总计	负债合计	资产负债率	资产总计	负债合计	资产负债率
电力行业	63 379.19	41 522.85	65.51%	56 204.90	36 116.18	64.26%
发电合计	34 851.29	24 299.23	69.72%	31 241.67	21 950.29	70.26%
火力发电	21 479.79	15 618.82	72.71%	19 343.48	14 445.11	74.68%
水力发电	10 611.19	6751.45	63.63%	9771.69	6005.38	61.46%
核力发电	1168.81	875.77	74.93%	1155.41	832.51	72.05%
其他能源发电	1591.50	1053.19	66.18%	971.09	667.29	68.72%
电力供应	28 527.90	17 223.62	60.37%	24 963.23	14 165.89	56.75%

(2) 华东电网。华东电网电力供需平衡。上海、江苏、浙江电网电力供需基本平衡；安徽电网供需平衡有余；福建电网电力供需平衡。

(3) 华中电网。华中电网电力供需基本平衡。湖北电网电力供需紧张；江西、重庆电网电力供需基本平衡；湖南、四川电网电力供需平衡；河南电网电力供需平衡略余。

(4) 东北电网。东北电网电力供需平衡有余。辽宁电网电力供需平衡；吉林电网电力供需平衡有余；黑龙江电力供应充足，月均富余电力 350 万 kW。

(5) 西北电网。西北电网电力供需平衡有余。陕西、宁夏电网电力供需平衡有余；青海电网电力供需基本平衡；甘肃电网电力供应充足，备用率较高；新疆电网电力供需基本平衡，局部电网高峰时段偏紧。

西藏藏中电网由于电源建设滞后、电力增长较快、年最大负荷发生在冬季枯水期等因素影响，今冬明春存在电力缺口。

南方电网公司经营区域：

南方电网电力供需平衡。进入枯水期后，电力供应能力有所降低，高峰时段存在少量缺口。各省区电网电力供需平衡。

三、2010 年全国电力供需形势分析预测

(一) 宏观经济及市场环境分析

金融危机爆发以来，世界各国面对严重的经济衰退，均采取了力度较大的救助措施，从 2009 年全球主要经济体运行情况看，世界经济逐步趋于稳定，正在缓慢走出经济衰退的泥潭。特别是近一段时间世界经济运行出现了一些好的苗头，主要经济体有好转迹象，一些新兴经济体和发展中国家增速加快，主要国际组织普遍调高了对 2010 年世界增长的预测，世界各国对 2010 年经济增长的预期在不断增强，如国际货币基金组织 10 月预测，2010 年全球经济增长 3.1%。但是，影响世界经济复苏的不稳定、不确定因素仍然较多，金融危机的影响依然存在，金融领域风险尚未消除，导致金融危机爆发的体制机制性根源并没有得到实质性解决；私人投资也还疲软、企业投资意愿不强，特别是贸易保护主义抬头和大宗商品价格上涨也给各国采取一致的应对金融危机措施带来了很大的挑战，迪拜危机反映出经济复苏中仍隐含着很多风险。总之，世界经济全面复苏将是一个缓慢、曲折、复杂的过程，2010 年，发达国家存在的高失业率可能会影响经济复苏，部分发展中国家的结构性问题对经济增长也存在很大影响，全球经济将缓慢恢复。

国际金融危机爆发以来，我国政府科学分析、准确判断、果断决策、从容应对，有针对性地出台了 4 万亿元投资刺激计划、十大产业振兴规划、加大科技投入、改善民生、稳定出口、扩大内需等一系列政策措施，以最短的时间遏制了经济快速下滑，稳定了投资者和消费者信心，促进了经济的平稳加速回升，为 2010 年经济发展创造了比较有利的条件。

2010 年是我国实施“十一五”规划的最后一年，也是应对国际金融危机的关键一年，更是国际国内形势最为复杂的一年。国家经济工作的重点是继续保持宏观经济政策的连续性和稳定性，继续实施积极的财政政策和适度宽松的货币政策，根据新形势、新情况着力提高政策的针对性和灵活性，特别是更加注重提高经济增长质量和效益，更加注重推动经济发展方式转变和经济结构调整，更加注重推进改革开放和自主创新、增强经济增长活力和动力，更加注重改善民生、保持社会和谐稳定，更加注重统筹国内国际两个大局，努力实现经济平稳较快发展。从投资方面看，虽然国家开始控制新开工项目，但是 4 万亿元投资计划以及产业振兴调整规划可以保证 2010 年投资保持在一个较高增长速度；消费者信心增强、社会保障制

度逐步建立和完善、汽车和住房消费升级、家电下乡和以旧换新等政策可以确保2010年消费实现平稳增长；从出口方面看，全球经济温和复苏和2009年基数较低将促进中国出口形势有所好转，内需强劲也有助于拉动进口需求进一步加速，从而减少国际收支不平衡，预计2010年我国出口将小幅增长。综合分析判断，2010年我国经济发展的国际国内环境将好于2009年，有利条件将多于2009年，2010年全国国内生产总值GDP增长将在9%左右。

（二）电力供应能力分析及预测

1. 电力在建规模依然较大、清洁能源比例继续提高

根据2009年全国电力行业统计快报统计，2009年底，全国发电设备容量在建规模1.78亿kW，其中，水电6800万kW、火电8000万kW、核电2180万kW、风电640万kW。从中可以看出，核电在建规模明显增加。2010年，国家初步确定新开工建设电力装机预计规模为7000万kW左右，其中，火电装机规模4500万kW，比重有所减少。2010年，电网新开工110kV及以上输电线路和变电容量虽然比2009年略有减少，但是新开工规模仍然大于投产规模。这些都显示出未来3～5年我国电力发展将继续坚持"适度超前"的原则，发电装机和电网输电线路、变电设备将仍然保持在较大的投产规模上，未来3～5年电力供应和输配能力得到基本保证。

2. 投资保持较大规模，结构继续优化

近几年，电力投资规模保持了一定的增长速度。同时，电力作为国家拉动内需的基础保障性产业以及改善民生的重要产业，都是国家投资关注的重点行业。国家经济工作会议已经提出要启动新一轮农网改造，为电力行业提供了新的发展空间，投资方向更加明确、投资结构将继续优化、投资效果将更加突出。从目前在建规模和发展趋势分析，预计2010年电力投资将继续保持较大规模，全年电源和电网投资预计都将在3300亿元左右，全年全国电力投资完成额6600亿元左右，少于2009年水平。

投资结构继续优化，城市和农村配电网投资的力度将逐步加大，电源投资中火电投资比重将继续低于50%，水电、核电投资比重将继续提高；电网投资占电力投资的比重也会再度低于50%。

3. 基建新增维持高水平，全国装机规模将突破9亿kW

根据全国电力工业统计快报（2009年）统计以及调研情况看，2010年全国全年基建新增装机8500万kW。其中，水电新增超过1500万kW、火电新增5500万kW、核电新增108万kW、风电新增1300万kW、太阳能光伏新增20万kW。预计6月及四季度仍将是全年电源投产高峰。分区域来看，2010年、华东、东北和西北新增装机将比2009年有较大幅度增加，华北、南网区域新增装机容量同比减少较多，华中区域新增装机容量基本相当。

"上大压小"工作继续推进，关停范围继续扩大，国家将出台新的完善政策，鼓励跨地区替代，2010年计划关停小火电机组1000万kW。

考虑基建新增和关小因素后，预计2010年年中，全国发电装机容量将突破9亿kW。2010年底，全国发电装机容量在9.5亿kW左右，其中，水电2.1亿kW、火电7亿kW、核电1016万kW、并网风电3000万kW。

4.2010年电力发展情况

2009年底，全国水电在建规模6800万kW，比2008年略有减少，近几年新开工规模减少的影响已经开始有所显现。目前，在建的大型水电站主要有溪洛渡、向家坝、锦屏一二级、瀑布沟等，金沙江中游、澜沧江流域水电站仍处于前期及项目核准阶段。2010年，水电投产仍将处于高峰期，投产的水电项目主要有：河北白莲河抽水蓄能电站2台（共60万kW）、湖南黑麋峰抽水蓄能电站2台（共60万kW）、广东惠州抽水蓄能电站3台（共90万kW）、四川大渡河瀑布沟水电站4台（共220万kW）、贵州乌江思林水电站1台（26.25万kW）、贵州乌江构皮滩水电站2台（共120万kW）、贵州北盘江董箐2台（共44万kW）、云南小湾水电站3台（共210万kW）、青海拉西瓦水电站（1台70万kW），这些大型水电站将极大地提高"西电东送"能力，特别是抽水蓄能机组投运将极大地改善当地电源结构和提高电网调峰能力。

近几年，热电联产在我国北方大中城市发展较快。2010年计划投产的热电联产项目主要有：河北宣化热电工程2台（共66万kW），河北马头和张家口各1台30万kW机组，山西临汾河西、榆次以及临汾共4台30万kW级热电机组，内蒙古达赉湖热电、金山热电、乌斯太热电等多台30万kW级热电机组，辽宁沈阳苏家屯金山热电2台共40万kW和大连甘井子热电项目1台30万kW，吉林长春热电厂、松花江热电厂、四平热电厂各1台35万kW机组以及延吉热电2台共40万kW，山东黄台1台35万kW，甘肃兰州热电厂2台（共66万kW），宁夏六盘山热电厂2台（共66万kW），新疆红雁池热电工程2台（共66万kW机组）。

大容量、高参数、低排放火电机组仍是新增机组的主力。2010年，计划新投产的火电机组中，包括热电联产机组在内的30万kW及以上火电机组将达到90%以上，纯凝汽式燃煤机组基本都是60万kW

级以上机组。2010年投产的百万千瓦级大型火电项目主要有：辽宁绥中电厂二期工程2台、上海漕泾电厂2台、河南平顶山第二发电厂2台、广东惠东平海电厂2台。截至2010年底，全国百万千瓦机组将达到29台。2010年，计划新投产的60万kW火电机组主要有：内蒙古呼伦贝尔电厂一期工程2台、白音华金山发电工程2台、吉林白城电厂2台（共132kW）、江苏华润南热项目2台、大唐南电新建项目2台（共132kW）和吕四港电厂1台66万kW、浙能乐清电厂二期工程2台（共132kW）、江西新昌电厂1台66万kW、河南荥阳煤电一体化工程2台、湖北西塞山二期1台（68万kW）和葛店发电公司1台、四川珙县电厂1台、贵州发耳火电厂1台、云南雨汪发电厂1台、甘肃平凉电厂二期2台。

2010年核电将按照循序渐进的原则，逐渐积累经验，始终把安全、质量放在头等重要的位置，积极稳步推进核电建设，2010年将有岭澳二期核电站1台机组投产，在建规模仍将处于世界首位。

2010年，风电建设将继续坚持规模化发展方向，高度重视和着力解决风电发展过程中出现的问题，加强风电开发规划管理，同步考虑电网配套建设和接入问题，2010年将继续推进大型风电基地建设，特别是海上风电，将加快协调解决内蒙古、甘肃酒泉、吉林白城、河北张家口的风电市场消纳和外送问题。

太阳能开发利用加速，2010年将重点建设甘肃敦煌10MW光伏电站示范项目，在新疆、西藏、青海、宁夏、内蒙古、云南等太阳能资源富集地区，组织建设一批大型太阳能电站。

近年来，全国电力供需总体平衡但局部地区供电紧张，煤电运紧张反复出现，缺煤停机现象时有发生，加快转变电力发展方式、建设坚强智能电网任务十分紧迫。2010年，将配合大水电、大火电、大风电基地建设和城镇建设，着力解决特高压、超高压跨区输电和配电网的“两头薄弱”问题，优化电网结构，加快建设坚强智能电网。继续增强“西电东送”三大通道输送能力，充分发挥“西电东送”主通道作用；加快向家坝—上海、云南—广东特高压直流示范工程建设，确保双极投运；扎实推进锦屏—苏南直流、宁东—山东直流、三沪Ⅱ回、呼辽直流工程等一批在建工程建设；做好特高压交流试验示范工程的竣工验收；筹备开工一批跨区送电和能源基地送出等电网重点建设项目，加快启动淮南—上海、青藏联网工程等跨区项目。结合可再生能源并网技术标准的研究制定，解决好酒泉等大型风电基地配套送出工程。全面加强城乡配电网建设改造，以解决供电“卡脖子”问题、提高供电可靠性为主要目标，加大城市配电网和农村配电网建设和改造力度，特别是加大中低压配电网投资比例，提高供电质量；提早安排部署新一轮农网改造工作，确保工程项目规范有序进行；继续加快新农村电气化和“户户通电”工程建设。开展智能电网研究与试点，加快推进智能电网关键技术研究、标准制定、设备研制和试点建设等工作，加快智能电表推广应用和用电信息采集系统建设。

（三）电力保障能力及风险因素的分析与预测

1. 电煤供需偏紧，价格上涨压力很大

煤炭资源整合对煤炭供应产生一定影响。从山西开始的煤炭资源整合是实现煤炭行业资源高效利用、确保煤炭生产安全、保护环境、实现产煤地煤炭行业可持续发展的重要工作。这项工作在开展地区取得了比较明显的成绩，但是整合过程中，煤炭生产量下降，导致煤炭地区间平衡发生变化，对电力供应和地区平衡产生一定影响。河南、山东、黑龙江、内蒙古和贵州等地陆续开展煤炭资源整合也必将对2010年煤炭供应产生更显著的影响。

电煤供需偏紧的趋势短期内难以改变。由于2009年全国大部分流域来水普遍偏枯，加上经济快速恢复、需求大幅上升，导致水电出力下降，火电相应增发，电煤需求开始快速增加，2009年12月以来全国直供电网日耗煤达到240万t左右，直供电厂电煤库存持续下降，2010年1月6日存煤仅有2040万t，可用8天。铁路运力还不能完全满足，陇海、石太、晋东南运煤通道可能继续维持或出现紧张状态；加上部分省区进行煤炭整合和安全整改将改变原来煤炭的地区间供需关系和平衡格局，导致部分地区、部分电厂库存开始下降，在华中等水电比重较大的省区特别突出。由于现在水库蓄水偏少、需求高位增长，考虑2010年煤炭净进口很难达到2009年水平，可以判断，上半年火电发电量及火电耗煤量仍将保持在很高的水平上，电煤供需偏紧的局面短期内难以改变。预计2010年全国电厂发电、供热生产电煤消耗在16亿t左右。

煤价上涨压力很大。2009年11月国家调高部分省区火电标杆电价，一方面减轻了火电企业的成本负担，另一方面也提高了电煤提价的想象空间。从宏观层面看，明年电煤供应不容乐观。近期国家发改委正式发文，继续推进电煤市场化步伐，不再组织煤电集中洽谈衔接，进一步加大了电煤供应的不确定性，助长了电煤价格持续上涨。如秦皇岛煤炭价格已经由2008年三季度末的600元/t左右上涨到1月初的800元/t左右，低温天气的持续、水电出力下降等因素将使电煤需求在高位徘徊，价格仍有上涨可能。需求总量增加和结构性、地区性矛盾将进一步推动煤价继续走高，增加电厂煤炭采购难度和采购成本。

2. 气温出现偏高和偏低的概率加大

近几年，全球气候受厄尔尼诺现象影响，夏季高温、冬季低温等极端气候出现的频率大大增加，给能源保障造成非常大的压力。2009 年 1～10 月，全国平均气温较常年偏高，11 月初全国大部分地区出现大范围低温雨雪天气，气温偏低，12 月下旬以来更是出现全国范围的低温天气，相当一部分省份的最高或最低气温创 1951 年来的极值。从目前有关机构的研究判断，预计 2010 年我国大部分地区出现气温偏高、偏低等天气的概率仍然很大，部分时段电力保障能力将承受巨大考验。

3. 主要流域来水偏枯

2009 年入秋以来，全国大部分流域来水偏少，水电出力下降。四季度大部分流域来水更加偏枯。目前，各大水库水位普遍低于正常年份，水库蓄能严重不足。预计至 2010 年汛前，主要流域来水将继续维持目前严重偏枯的趋势，流域来水量仍将严重不足。预计 2010 年全国来水情况总体为平水年偏枯，今冬明春全国特别是华中地区干旱基本成定局。汛期也存在来水集中、来水量大等可能，水文预测、水库流域调度等工作显得非常重要。

（四）电力需求及供需形势预测

综合判断，预计 2010 年，全国电力消费增长势头将高于 2009 年，全年电力消费达到 39 700 亿 kWh 左右，以 2009 年全国电力工业统计快报为计算基数，全年电力消费同比增长 9%，达到39 700亿 kWh 左右。考虑到 2009 年各月的基数效应，2010 年全社会用电量将呈现“前高后低”的总趋势，上半年增速将超过 10%，下半年逐步回落。分地区来看，山西、内蒙古和西北各省等 2009 年基数较低、用电结构偏重的地区在 2010 年的用电增长将快于其他省区；东北地区各省在经济回升等因素带动下，用电量也会有一定的恢复性增长；华东等东部沿海地区受国际市场影响更大，其用电增长可能会低于全国平均水平。

预计全年发电设备利用小时将在 4500h 左右，与 2009 年基本持平或略有下降。

2010 年，全国电力供需总体平衡有余。受来水、电煤及天然气供应等不确定性因素影响，上海、江苏、浙江、湖北、湖南、江西、四川、重庆等地区部分时段电力供需偏紧，可能存在一定的电力电量缺口。

国家电网公司经营区域：

（1）华北电网：电力供需平衡有余。京津唐、河北南网电力供需平衡略有盈余；山西电网有一定电力盈余；山东电网电力供需基本平衡；内蒙古电网电力供应充足，电力盈余较多。

（2）华东电网：电力供需基本平衡，迎峰度夏期间可能存在备用不足情况。上海、浙江电网电力供需基本平衡，高峰时段偏紧；在已投产机组能够取得核准的条件下，江苏电网电力供需基本平衡。安徽、福建电网全年电力供需平衡略余。

（3）华中电网：电力供需平衡总体有余。河南电网电力富余较多；湖南、湖北、四川电网电力汛期平衡有余，枯期电力供需偏紧；江西电网电力供需基本平衡；重庆电网电力供需偏紧。

（4）东北电网：电力供需平衡且盈余较多。辽宁电网电力供需平衡。吉林、黑龙江电网电力供应充裕，富余较多。

（5）西北电网：电力供需平衡且盈余较多。陕西、甘肃、宁夏电网电力富余较多，青海电网电力供需平衡，丰水期外送能力较大；新疆电网电力供需基本平衡；西藏电力供需仍然紧张，用电存在较大缺口。

南方电网公司经营区域：

2010 年电力电量平衡偏紧。东部前紧后缓，一季度尤其紧张，随着装机容量的增加电力供需形势有所缓解，但平衡仍显脆弱；西部丰松枯紧，受来水特枯、电煤供应不稳定影响，枯水期电量缺口 25 亿 kWh 左右，丰水期仍有富余水电需要寻找消纳空间。全年用电形势比较复杂，来水、电网建设、广东油机补贴、贵州电煤供应是影响电力供应的主要因素。

广东供需总体平衡，电力平衡偏紧，电量有一定富余。一、二季度电力盈余较少，若发生供电能力非正常下降（如机组投产延期、西电大幅减送），将对电力供应产生一定影响。

广西电力电量平衡有余。枯水期若电煤供应紧张，则电力供应转紧，丰水期有富余水电 15 亿 kWh 左右（来水按照汛前偏枯 4 成，汛期平水考虑）。

云南枯期平衡偏紧。其中电力全年基本平衡，枯水期电量平衡紧张。预计 1～4 月有电量缺口 16 亿 kWh 左右。7～9 月汛期还有富余水电约 15 亿 kWh。

贵州电力供需形势严峻。贵州明年装机没有增长，电力装机不足，总体呈电源性缺电局面。枯水期电力电量平衡偏紧。如果考虑环保停机、电煤紧张等因素，枯水期将出现 100 万～200 万 kW 电力缺口，汛期基本平衡。

海南电力电量平衡有余。

四、对当前电力供需一些问题的认识与建议

（一）转变电力发展方式，引领行业科学发展

1. 进一步加快电源结构调整力度，实现清洁发电

要高度重视清洁煤发电。我国能源结构中以

煤炭为主的格局在相当长时期内难以改变，必须充分重视洁净煤燃烧技术的发展与推广。要继续上大压小，积极合理发展热电联产，提高综合能源利用效率。

要继续加快水电、核电、风电、太阳能发电等清洁能源发展，努力提高非化石能源发电在总装机中的比例，加强与电网协调发展的统一规划力度；加强与清洁能源发展有关的政策研究，争取良好的发展环境；组织研究和制订清洁能源发展有关行业标准和技术规范，尽快健全和完善标准体系。

2. 加大电网建设力度，实现电源电网协调发展

要加快建设坚强的智能电网，继续增强“西电东送”、跨区跨省电网输电能力建设，大力推进特高压、大煤电、大水电、大核电、大型可再生能源基地的建设，优化电源结构和布局，促进能源资源在更大范围的优化配置和提高电网平衡能力；加快城农网建设改造力度，实现各级电网协调发展，促进电力发展方式的根本性转变。

（二）逐步理顺煤电关系，完善推进电价改革

1. 理顺煤电关系

2008 年煤电关系十分紧张，火电企业严重亏损，煤电运衔接也存在许多矛盾。金融危机以来，电力需求下降导致煤电矛盾趋缓。随着 2009 年下半年经济形势好转，电力需求上升，电煤消费逐月增长加快。但由于地区电力结构不平衡、枯水期普遍来水少和极端天气影响，出现了缺煤停机或限电，煤价普遍上涨 40 元/t 左右，电煤问题又重新显现。要理顺煤电关系，特提出如下建议：

(1) 努力做好当前的煤炭供应工作。煤炭企业应在安全生产的前提下努力提高产量，运输行业应优化调整运力，保证重点地区、重点电厂的煤炭供应，发电企业应积极筹措资金，想方设法购买电煤，以保证当前乃至春节以及“两会”期间的电力安全。要加强对重点合同量、价的监管力度，提高履约率，保证电煤供应。对于部分省份的煤炭资源近期不得外运出省的地方保护政策，要坚决制止。

(2) 加强国家对煤炭资源的调配力度，建立国家煤炭应急储备制度。煤炭资源作为关系国计民生的基础性资源，国家应该具备相当的调配能力，从宏观制度层面构架煤炭储备体系，以应对电煤频繁告急。启动煤炭储备机制不仅可以缓解能源安全与经济发展提速间的冲突与矛盾，也可以平抑煤炭市场异常波动，防止过度投机行为，符合国际通用做法。同时，也应鼓励各发电集团建立自己的电煤储运机制。

(3) 加强煤炭产运需协调，整顿电煤流通环节，加大力度帮助电力企业协调重点地区、重点电厂（特别是新增的重点电厂）的电煤产运需保障平衡，确保资源总量基本平衡和稳定供应。尽快建立电煤信息统计体系，完善电煤价格指数测算与发布机制，做好电煤的预测预警工作。

(4) 适时启动煤电联动。煤电联动机制自 2004 年年底实施以来，一是不能及时启动，二是有关机制存在问题。现阶段，应进一步完善煤电价格联动机制，调整发电企业消化煤价上涨比例，设置煤电联动最高上限，适当控制电煤价格涨幅，保持煤炭、电力价格基本稳定。应根据 2009 年底及 2010 年初以来电煤价格不断上涨的情况，及时启动煤电联动，以缓解发电企业的经营压力和煤电之间的矛盾。

2. 推进电价改革

近年来的经济运行中，“市场煤、计划电”的体制性矛盾依然突出，电力企业这几年难以承受煤价频繁上涨和电价调整滞后造成的刚性成本增加，行业盈亏基本由政府制定的价格决定。煤电价格矛盾已影响到部分时段、部分地区的电力供需平衡。应采取切实可行的措施，进一步推进电价改革。

(1) 在合理的电价机制形成过程中，继续坚持煤电联动的原则和机制，同时解决热电价格长期倒挂的问题。

(2) 加大需求侧管理工作力度，发挥价格对需求的引导调节作用。理顺各种终端能源之间的比价关系，引导用户合理消费各种能源。

(3) 加快资源型产品价格改革步伐，尽快研究符合市场规律、适应我国国情的科学合理的电价形成机制，以促进清洁能源发展，调整能源结构。

（三）加强能源规划与协调，发挥行业协会作用

近两年电力发展和运行中，暴露出经济发展和电力发展、清洁能源发展与传统能源及电网发展、电力运行与上下游以及相关行业如何协调的问题，电力作为经济运行的晴雨表，又时刻影响这些重大关系的协调发展。建议政府有关部门要综合考虑煤电油运各种因素，做好“十二五”能源总体规划，坚持电力适度超前发展，统筹解决能源布局的结构性问题。建立健全能源综合运输调配体系，包括发展特高压长距离输电，提高相关部门能源跨区域调配能力，增强应对能源资源需求突发性、大规模变动的能力。电力行业发展与煤炭、石油、天然气、交通运输、机械制造、信息通信、科研教育等行业密切相关。要采取措施推动电力行业和其他行业间合作，建立行业之间的工作沟通与协调机制，努力推动煤电油气运等问题的有效解决。

中国电力发展60年60事

一、机构变迁

1. 1949年10月1日，中华人民共和国成立。中央人民政府设立燃料工业部，管理全国煤炭、电力和石油工业；成立之初，直接领导华北电业公司；东北地区的电力工业仍由东北人民政府工业部电业管理总局直接管理；中南6省的电力工业由中南燃料工业管理局统一管理；华东、西南和西北的电力工业分别由该省、市所在地方政府管理。至1952年，过渡到由燃料工业部对全国电力工业实行统一集中管理。1949年，全国年发电量为43.10亿kWh，年末发电设备总容量为184.86万kWh。

2. 在电力工业管理组织系统方面，经历了多次改革变迁。1955年7月30日，全国人大一届二次会议通过决议：撤销燃料工业部，设立煤炭工业部、电力工业部和石油工业部。1958年3月，根据全国人大二届五次会议决议，将电力部和水利部合并为水利电力部。1979年2月15日，国务院决定撤销水利电力部，分别成立电力工业部和水利部。1982年3月7日，全国人大五届四次会议决定将水利部与电力工业部合为水利电力部。

3. 1988年4月，七届全国人大一次会议原则批准国务院机构改革方案，撤销煤炭部、石油部、核工业部、水利电力部，成立能源部。1993年3月22日，八届全国人大一次会议通过了国务院机构改革方案，决定撤销能源部，分别组建电力工业部和煤炭工业部。

4. 1988年12月20日，中国电力企业联合会（简称中电联）成立大会在北京召开。

5. 1996年12月7日——《国务院关于组建国家电力公司的通知》（国发［1996］48号）发出。通知明确，国家电力公司由国务院出资设立，注册资本为1600亿元，是国务院界定的国有资产的出资者和国务院授权的投资主体及资产经营主体，是经营跨区送电的经实实体和统一管理国家电网的企业法人。1997年1月16日，国家电力公司成立大会在人民大会堂举行。1997～1998年是电力工业部与国家电力公司两块牌子、两套班子双轨运行时期。1998年3月，九届全国人大一次会议批准国务院机构改革方案，电力工业部撤销，电力工业的政府管理职能并入国家经贸委，开创了电力工业政企分开、市场化体制改革的新时期。

6. 2002年2月10日，国务院印发了《电力体制改革方案》（国发［2002］5号）。我国电力体制实施厂网分开，重组发电和电网企业；实行竞价上网，建立电力市场运行规则和政府监管体系；初步建立竞争、开放的区域电力市场，实行新的电价机制；制定发电排放的环境折价标准，形成激励清洁电源发展的新机制；开展发电企业直接供电的试点；继续推进农村电力管理体制的改革。

7. 2002年12月29日，在北京人民大会堂召开中国电力新组建（改组）公司成立大会。国家电网公司、南方电网公司、中国华能集团公司、中国大唐集团公司、中国华电集团公司、中国国电集团公司、中国电力投资集团公司、中国水电工程顾问集团公司、中国电力工程顾问集团公司、中国水利水电建设集团公司、中国葛洲坝集团公司正式宣布成立。

8. 2003年3月20日，国家电力监管委员会正式挂牌，开始履行电力监管职能。2003年2月下旬，国务院正式批准《国家电力监管委员会职能配置内设机构和人员编制规定》。电监会是我国基础产业领域首家政府监管机构，标志着我国电力工业管理体制由传统的行政管理向适应市场经济要求的依法监管的重大转变。

9. 2008年3月，人大第十一届一次会议通过国务院机构改革方案。决定设立国家能源委员会，组建国家能源局。国家能源局为国家发展改革委管理的国家局，其主要职责是：拟定能源发展战略、规划和政策，提出相关体制改革建议；实施对石油、天然气、煤炭、电力等能源的管理；提出发展新能源和能源行业节能的政策措施；开展能源国际合作等。

二、改革探索

10. 1953年1月1日，我国第一个五年计划正式实施。“一五”计划确定电力工业计划装机205万kW，1957年年发电量达到159亿kWh。“一五”计划提出，以建设火电站为主，同时利用已有资源进行水电站建设的电力建设方针。

11. 1967年7月11日，对水利电力部实行军管，所有管理工作由军管会的生产、后勤、政工三大组管理，把电力工业的管理权下放给地方政府。1975年撤销水利电力部革委会，恢复水利电力部建制。1967年8月下旬，全国电力工业“抓革命、促生产、促工作、促战备”座谈会召开，这是“文化大革命”期间召开的第一次全国电力会议，会议批判了利润挂帅、物质刺激、爬行主义、专家至上、安全第一以及重工轻农、重大轻小、重洋轻土……一系列所谓“反革命修正主义路线”。还对基建管理体制上的甲乙方制度、专业分工、垂直系统、专家治厂、规章制度、一切技术大权归总工程师等作了批判；电力工业建设遭到严重破坏。

12. 1975年7月25日，国务院发出114号文件《国务院关于加快发展电力工业的通知》，通知要求：抓紧完成1975年装机400万kW，1976年装机500万kW的任务；贯彻水电并举的方针和大、中、小并举的方针；严格计划用电；厉行节约用电；确保电网安全；加强电网统一管理。

13. 1985年5月23日，国务院国发［1985］72号文，批转国家经委等四部门《关于集资办电和实行多种电价的暂行规定》通知，鼓励地方、部门和企业集资办电，实行“谁投资、谁用电、谁得利”的政策，并实行多种电价。

14. 1987年9月14日，在国家计委、国家经委、水电部共同召开的加快电力发展与改革座谈会上，李鹏副总理代表国务院提出“政企分开，省为实体，联合电网，统一调度，集资办电”和“因地因网制宜”的电力改革方针。

15. 1993年1月，华北、东北、华东、华中、西北五大电力集团公司在北京人民大会堂集会，宣告五大电力集团公司正式成立。这五大公司连同华能集团公司，均列在国务院批准的第一批试点的55个大型集团公司之中。同年6月，财政部下发关于这五大集团公司实行财务计划单列和税利分流办法的通知。上世纪末、本世纪初，五大集团公司陆续改组为国家电力公司的分公司。

16. 1993年6月29日，李鹏总理签署国务院第115号令，正式颁布《电网调度管理条例》。该条例8章33条，自1993年11月1日施行。1994年10月11日，电力工业部发出第3号令，发布《电网调度管理条例实施办法》，自发布之日起施行。

17. 1995年12月28日，八届全国人大常委会第十七次会议通过《中华人民共和国电力法》。同日，国家主席江泽民签署第60号主席令，公布了《电力法》。《电力法》共10章75条，自1996年4月1日起施行。

18. 1998年10月4日，国务院办公厅国办发［1998］134号文，转发国家计委《关于改造农村电网、改革农电管理体制、实现同网同价请示的通知》，要求在改造农村电网、改革农村供电管理体制的基础上，力争用3年时间，统一城乡用电价格，实现同网同价。此前，国务院已决定，用3年时间对农村电网进行改造，加上城市电网建设和改造，全国共投入3700亿元资金。

19. 1998年12月24日，国务院办公厅以国办发［1998］146号文，发出《转发国家经贸委关于深化电力工业体制改革有关问题意见的通知》。该意见的主要内容是：推进厂网分开，引入竞争机制，建立规范有序的电力市场；坚持政企分开、省为实体的方针，深化省级电力公司的改革；加快实施全国联网，实现资源优化配置；加快农村电力体制改革，减轻农民负担，促进农村经济发展等。

20. 2001年6月，广东省决定实行电力体制厂网分开改革。8月8日，原广东省电力集团公司一分为二，分为广电集团公司和粤电集团公司，分别负责电网和电厂的经营管理。这是在全国率先实行的厂网分开改革。

21. 2005年2月2日，《电力监管条例》经国务院第八十次常务会议审议通过。温家宝总理2月15日签发国务院第432号令，《电力监管条例》正式公布，并自2005年5月1日起施行。

22. 2005年4月30日，国家发展改革委发出通知，公布煤电价格联动实施方案。自5月1日起，全国销售电价平均每千瓦时提高2.52分钱。2006年6月30日，第二次煤电联动正式启动。全国上网电价平均上调0.011 74元/kWh，销售电价平均提高0.024 94元/kWh。

三、发展创新

23. 1953年7月6日，黑龙江富拉尔基热电厂一期工程破土动工，这是我国“一五”计划期间兴建的第一座由苏联引进的高温高压热电厂，属于156项重点工程之一。初设容量15万kW，全部工程分4期进行，1969年3月建成。1953年7月20日，中国第一条自己设计、施工的横跨辽宁、吉林两省的220kV的松（丰满）东（虎石台）李（石寨）高压输电线路（即506工程）破土动工。1954年1月27日建成并网送电。

24. 1956年7月，中国第一座自行设计、自制设备、自行施工的具有多年调节220亿m^3库容的大型水电站——浙江省新安江水力发电工程开始兴建，1957年4月主体工程正式动工，1960年4月第一台机组开始发电，装机总容量为66.25万kW，1965年全部竣工。1959年4月，周恩来总理视察浙江新安江水电站并题词。

25. 1959年10月，我国第一座自行制造设备、自行设计、自行安装建设的大型高温高压热电厂在哈尔滨热电厂建成。同年11月10日，我国第一台5万kW机组在辽宁电厂投产发电。

26. 1960年1月28日，我国在武汉架设的由中国自行设计的第一条跨越长江高压输电线胜利架通。

27. 1969年9月，国产第一台12.5万kW双水内冷汽轮机在上海吴泾电厂投运，标志着我国机电制造工业有了新发展。

28. 1969年4月1日，中国首座百万千瓦级水电站——甘肃刘家峡水电站第一台22.5万kW机组投产，标志着我国具备了大型水电机组的建设能力。

29. 1970年12月，湖北宜昌长江葛洲坝工程经毛泽东主席批示开工。由于工程出现一些重大技术问题，因而开工半年后，停工两年多；于1974年10月经国务院批准复工，1988年全部竣工。

30. 1972年6月16日，中国自力更生建设的第一条330kV超高压刘（家峡）天（水）关（中）输电线路建成投运，陕西、甘肃、青海实现联网。

31. 1973年11月15日，国产第一台北20万kW汽轮机组在辽宁朝阳电厂投产发电。1974年11月25日，国产第一台燃油30万kW发电机组在江苏省望亭电厂正式移交生产。自1973年成月开工以来，该机组仅用17个月时间就建成投产。

32. 1981年12月22日，我国第一条500kV超高压输电线路——河南平顶山至湖北武昌输变电工程竣工；该工程全长595km，最大输送容量120万kW。

33. 1984年7月31日，云南鲁布革水电站引水系统工程开工。鲁布革工程利用世界银行1.454亿美元贷款，是新中国成立后第一个利用世行贷款，并率先实行国际招标、项目管理等国际工程管理机制的工程，自此引发了“鲁布革冲击”，我国水电建设以至全国基建行业开始学习推广鲁布革经验。

34. 1987年6月30日，我国引进美国技术制造的首台亚临界30万kW汽轮发电机组在山东石横电厂投产。1988年10月，我国引进美国技术制造的首台亚临界60万kW机组在安徽平圩电厂投产。

35. 1987年12月4日，龙羊峡水电站第二台32万kW水轮发电机组投入运行。该机组成为我国发电设装机容量达到1亿kW的标志性机组。其中水电已近3000万kW。

36. 1989年9月18日，我国第一条±500kV超高压直流输电工程——葛洲坝至上海直流输电工程单极投入运行，首次在华中、华东两大电网间实现了非同期联网。葛上线全长1052km，双极送电能力120万kW。1985年10月25日开工，1990年8月20日双极投入运行。

37. 1991年12月15日，我国自行设计、研制、安装的第一座核电站——秦山一期核电站并网发电，从此结束了中国大陆无核电的历史。1982年11月，秦山核电站批准建设。该核电站位于浙江海盐，容量30万kW，压水堆型。1985年3月20日正式开工，1994年4月1日投入商业运行。

38. 1992年4月，七届全国人大五次会议以1767票赞成、177票反对、664票弃权通过了关于兴建长江三峡工程的决议。1994年12月14日，长江三峡工程正式开工兴建。大坝长2335m，坝高185m，正常蓄水位175m，库容393亿m^3，安装32台70万kW和2台5万kW水轮发电机组，总容量2250万kW，是当今世界最大的水利水电工程。

39. 1994年3月12日，广州抽水蓄能电站一期工程竣工。广州抽水蓄能电站分一二期建设，各安装4台30万kW可逆式蓄能机组。一期工程1989年5月开工，首台机组于1993年6月投运。二期工程首台机组1998年12月21日投产，2000年3月14日最后一台机组建成，电站总装机容量达到240万kW，成为世界上最大的抽水蓄能电站。

40. 2000年11月8日，全国瞩目的“西电东送”首批工程——贵州洪家渡水电站、引子渡等七项发输电工程全面开工。2001年11月23日，西电东送第二批9个项目同时开工。2002年8月20日，西电东送北通道7个项目正式开工。

41. 2004年11月23日，我国首台国产60万kW超临界燃煤机组——沁北电厂1号机组投产。12月13日，第二台60万kW机组投运，作为我国60万kW超临界燃煤机组国产化依托项目的沁北电厂一期工程全部竣工。

42. 2005年9月26日，我国第一个750kV输变电示范工程正式投运。该工程包括青海官亭至甘肃兰州东的750kV输电线路141km，750kV变电站两座。该工程为2003年9月19日正式开工建设。

43. 2005年12月29日，随着中国神华能源集团公司浙江宁海电厂二号60万kW超临界机组正式投产，中国电力装机容量突破5亿kW。

44. 2006年8月19日，晋东南—南阳—荆门交流特高压试验示范工程在山西长治开工，我国首个百万伏级特高压交流试验示范工程正式启动。该工程起于山西长治，经河南南阳至湖北荆门，全长约653.8km，工程静态总投资约为56.88亿元，系统额定电压1000kV，最高运行电压1100kV，自然输送功率500万kW。2009年1月18日，该工程正式投运。2006年12月19日，云南至广东±800kV直流输电示范工程在云南楚雄开工，这是我国首个特高压直流输电示范工程。该工程西起云南楚雄州禄丰县，东至广州增城市，线路全长1438km，额定输送容量500万kW，计划2010年双极投运。12月21日，四川—上海±800kV特高压直流输电示范工程开工；工程全长约2000km，预计2010年建成。

45. 2009年5月18日，以中国电力投资集团公司所属拉西瓦水电站6号机组投产为标志，我国电力装机容量突破8亿kW。

四、先行使命

46. 1994年6月28日，华能大连电厂被电力部命名为“一流火电厂”。这是全国首家一流发电企业。1995年9月，山东德州电厂4号30万kW机组，被命名为全国首台基建移交生产达标投产机组。1997年3月，广州抽水蓄能电站被命名为全国首家一流水电站。1998年7月，山东电力集团公司成为全国首家一流管理的省电力公司。

47. 1994年8月4日，山东华能发电股份有限公司股票在美国纽约证券交易所挂牌上市，成为在纽约上市最早的国内企业。1994年10月，华能国际电力的股票也在纽约证券交易所挂牌上市。

48. 1999年9月7日，广东沙角B电厂在深圳举行移交典礼。这是我国内地第一个成功移交的BOT（建设—经营—转让）项目。沙角B电厂1985年7月1日开工，两台35万kW机组分别于1987年4月和7月并网发电。由深能集团有限公司与香港和合电力（中国）有限公司合作兴建，合同期为10年。1999年8月1日正式移交。

49. 2000年9月28日，浙江北仑发电厂二期工程最后一台机组投产，装机容量达到300万kW，成为20世纪中国最大的火力发电厂。北仑发电厂一期工程2台60万kW于1994年9月建成，二期工程3台60万kW1996年6月开工。两期工程动态总投资177.5亿元，其中利用世行及联合融资银团贷款8.48亿元。

50. 2001年3月12日，龙滩水电站197.58亿元银团贷款协议在京签署。该项目是中国第一个采用国内银团贷款融资的特大型基础设施建设项目，总装机容量630万kW。同年7月1日，龙滩水电站正式开工。2003年11月6日截流，2006年9月30日下闸蓄水，2007年12月26日，首批3台机组正式发电。

51. 2004年8月18日，我国第一个国家特许权示范风电项目——如东一期10万kW风电工程动工。民营企业华睿集团取得如东风电特许权项目一期10万kW的建设运营权，运营期为25年。江苏龙源风电公司中标如东风电特许权二期10.05万kW项目，2005年12月开工，2007年10月全部投入商业运行。

52. 2006年3月14日，国家电网公司首次对外发布企业社会责任报告。这是我国中央企业对外正式发布的第一份社会责任报告。2007年8月29日，中国华能集团公司发布年度社会责任报告，这是5大发电集团发布的首份社会责任报告。此后，中国大唐、中国华电、南方电网等也陆续发布年度社会责任报告。

53. 2006年8月22日，内蒙古托克托电厂8号机组建成移交生产。托电规划容量为8台60万kW火电机组，分4期建设，以500kV输电线路接入京津塘电网。一期工程于2000年8月1日开始建设，从2003～2006年，每年投产两台机组，至8号机组投产，一至四期工程全部建成，总装机达480万kW，成为目前我国最大的火电厂。

54. 2006年11月28日，浙江玉环电厂国产超超临界百万千瓦1号机组投产；12月4日，山东邹县电厂国产超超临界百万千瓦7号机组投产；标志着我国电力工业技术装备水平和制造能力进入新的发展阶段。2007年11月24日，华能玉环电厂4号机组顺利投产，总容量达400万kW，成为世界上超超临界百万千瓦级容量最大的火电厂。

55. 2007年1月29日，全国电力工业“上大压小”节能减排会议确定，今后四年全国关停小火电机组5000万千瓦以上。五大发电集团公司、两大电网公司及30个省（市、自治区）人民政府与国家发展改革委签订了目标责任书。当年全国共关停1438万kW，计553台，超额43%完成任务。至2009年7月30日，提前超额1年半完成“十一五”关停5000万kW小火电的任务。

56.2007年9月24日，内蒙古实现了风电100万kW装机目标，是我国首先达到风电装机百万千瓦的省区。9月26日，国电龙源电力集团公司风电装机容量突破100万kW，成为我国首家风电装机突破百万千瓦企业。

57.2005年10月31日，中国南方电网公司与越南国家电力公司共同签署《中国南方电网公司与越南国家电力公司有关向越南北部六省售电的合同》。此举标志着南方电网公司作为国家授权的大湄公河次区域电力合作具体执行单位，在落实“走出去”战略上迈出了新步伐。2007年12月12日，中国国家电网公司与菲律宾两家公司组成的联合体在菲律宾国家输电公司特许经营权拍卖会上竞标成功，获得菲律宾国家输电公司25年的特许经营权。这是我国首次获得境外国家级大型输电网络的特许经营权。

58.2008年3月8日，受雨雪冰冻灾害严重破坏的国家电网和南方电网全面恢复正常运行。1月中旬以来，罕见的雨雪冰冻天气，使电网遭到严重破坏。国家电网公司经营区域的545个县（区）、2706万用户，南方电网经营区域内99个县、642万户受到停电影响。数十万电业职工响应党中央、国务院的号召，在各方面的支持下，团结战斗、顽强拼搏，夺取了抗灾保电的全面胜利。2008年5月12日，汶川大地震对电力设施造成严重破坏。据统计，四川35kV及以上变电站停运171座，10kV及其以上线路停运2769条，累计造成405.07万用电户停电。国家电网公司及有关发电公司、地方电力企业迅速组织力量投入抢修。8月28日，江油220kV大康变电站竣工，标志着四川受损电力设施原地重建工作全面完成，转入规划重建阶段。

59. 2008年7月16日，国内首个“燃煤发电厂捕集二氧化碳试验示范工程项目”，在华能北京热电厂建成投运。该项目2007年12月26日开工，是根据中国华能集团公司和澳大利亚联邦科学与工业研究组织，签署的《关于洁净煤发电及二氧化碳捕集与处理等技术研究的合作框架》协议建设的。

60. 在2009年5月21日召开的“2009特高压输电技术国际会议”上，国家电网公司总经理刘振亚表示，国家电网公司将建设坚强智能电网的目标。按照规划，智能电网建设将分三个阶段：在2010年之前完成规划与试点工程；在2010年到2015年大面积推开；计划到2020年，全面建成统一的坚强智能电网。

2010 中国电力年鉴

重点工程

2008年度中国建设工程鲁班奖电力行业工程项目

序号	工程名称	施工单位
1	山东邹县电厂四期扩建工程	山东电力建设第一工程公司 山东电力建设第三工程公司 西北电力建设第四工程公司 中铁十九局集团第一工程有限公司
2	安徽淮南煤电基地田集电厂工程	安徽电力建设第一工程公司 安徽电力建设第二工程公司 上海电力建筑工程公司
3	河北国华黄骅发电厂一期工程	河北省电力建设第一工程公司 东北电业管理局第一工程公司
4	500kV淮宿变电站	安徽送变电工程公司
5	华电潍坊发电有限公司二期（2×670MW）工程	山东电力建设第三工程公司
6	贵州乌江洪家渡水电站	江南水利水电工程公司（武警水电第一总队） 中国水利水电第八工程局 中国水利水电第九工程局 中国水利水电第十四工程局 中铁五局（集团）有限公司 葛洲坝集团机电建设有限公司

2009年度中国建设工程鲁班奖电力行业工程项目

序号	工程名称	施工单位
1	浙能乐清电厂一期(2×60万kW)工程	浙江省火电建设公司
		浙江省二建建设集团有限公司
		浙江天地环保工程有限公司
2	山东泰安抽水蓄能电站工程(4×25万kW)工程	中国水利水电第四工程局有限公司
		中国水利水电第一工程局有限公司
		中国水利水电第十二工程局有限公司
		中铁十四局集团有限公司
		泰安市大河水库加固改建工程建设管理处
		江南水利水电工程公司
3	北京太阳宫燃气热电冷联供(2×24万kW＋30万kW)工程	浙江省火电建设公司
		中国建筑第一工程局第二建筑公司
4	国电泰州电厂一期(2×100万kW)工程	江苏省电力建设第三工程公司
		江苏省电力建设第一工程公司
		北京国电龙源环保工程有限公司
5	西宁750kV变电站工程	青海送变电工程公司

2009年度国家优质工程奖电力行业工程项目

金奖：

序号	工程名称	施工单位
1	黄河公伯峡水电站(5×30万kW)工程	中国水利水电第四工程局有限公司
		中国葛洲坝集团股份有限公司
		中国水利水电第三工程局有限公司
		青海公伯峡中国水利水电四局十一局机电联营体
		中国水电建设集团十五工程局有限公司

续表

序号	工程名称	施工单位
2	上海外高桥电厂三期扩建(2×100万kW)工程	上海电力建设有限责任公司
		上海隧道工程股份有限公司
		中交第二航务工程局有限公司
		北京博奇电力科技有限公司
		上海电力安装第一工程公司
		上海电力安装第二工程公司
		上海电力建筑工程公司

银奖:

序号	工程名称	施工单位
1	安徽华电宿州发电有限公司(2×60万kW)机组工程	安徽电力建设第二工程公司
		安徽电力建设第一工程公司
2	国投宣城电厂1号机组(1×60万kW)工程	安徽电力建设第二工程公司
		安徽电力建设第一工程公司
		哈尔滨动力设备股份有限公司
3	福州可门火电厂一期(2×60万kW)机组工程	广东火电工程总公司
		福建省第一电力建设公司
		中港第三航务工程局
		中海工程建设总局
4	淮浙煤电凤台发电厂一期(2×60万kW)工程	安徽电力建设第二工程公司
		浙江省火电建设公司
		浙江省二建建设集团有限公司
		浙江天地环保工程有限公司
5	华能上海燃机电厂(3×40万kW)F级燃气联合循环机组工程	上海电力安装第一工程公司
		上海电力建筑工程公司
		上海市基础工程公司
6	天津华能杨柳青热电有限责任公司四期(2×30万kW)扩建工程	天津电力建设公司
		江西省火电建设公司
		江西省水电工程局
		中铁十八局集团第二工程有限公司
		核工业华东建设工程集团公司
7	华能上安电厂三期(2×60万kW)扩建工程	河北省电力建设第一工程公司
		四川电力建设三公司
		河北省电力建设第二工程公司

续表

序号	工程名称	施工单位
8	鹤壁电厂三期(2×60万kW)机组工程	河南第一火电建设公司
		河南第二火电建设公司
		河南省第二建筑工程有限公司
		中建二局第二建筑工程有限公司
		中建三局第二建设工程有限责任公司
		中国建筑第七工程局
		浙大网新机电工程有限公司
9	华能沁北发电有限责任公司二期(2×60万kW)工程	河南省第二建筑工程有限责任公司
		东北电业管理局第一工程公司
		东北电业管理局第三工程公司
		东北电业管理局烟塔工程公司
		河南第二火电建设公司
10	南阳天益(2×60万kW)发电工程	河南第二火电建设公司
		山东电力建设第一工程公司
		中建三局第二建设工程有限责任公司
		中国建筑第七工程局有限公司
		河南省第二建筑工程有限责任公司
11	湖南益阳电厂二期(2×60万kW)工程	湖南省第四工程公司
		湖南省火电建设公司
		湖南省电力建设开发总公司
		湖南省第三工程公司
		北京博奇电力科技有限公司
12	华能吉林通榆风电特许项目一期(10.05万kW)工程	吉林省送变电工程公司
		中国水利水电第二工程局有限公司
		吉林省电力建设总公司
		广东力特工程机械有限公司
		吉林省六合通信网络工程有限公司
		白城地建建筑工程有限公司
		长春路桥交通设施工程有限公司
		长春市政建设(集团)有限公司
13	莱芜500kV变电站工程	山东送变电工程公司

续表

序号	工程名称	施工单位
14	宏腾能源百灵庙风电场4.95万kW风电工程	内蒙古送变电有限责任公司
		内蒙古地质工程总公司
		内蒙古黄河辽河工程局股份有限公司
		包头满都拉电业股份有限公司
		苏司兰能源(天津)有限公司
15	华能中电威海风力发电4.95万kW风力发电场项目	荣成市电力安装有限责任公司
		中铁十四局集团有限公司
		中交一航局第二工程有限公司
		中铁十五局集团有限公司
		新疆鑫风安装工程有限公司
16	广西红水河乐滩水电站(4×15万kW)工程	广西壮族自治区水电工程局
17	莆田LNG电厂至莆田变Ⅰ、Ⅱ回500kV输电线路工程	福建省第二电力建设公司
18	贵州—广东第二回±500kV直流输电工程	四川电力送变电建设公司
		贵州送变电工程公司
		吉林省送变电工程公司
		江西省送变电建设公司
		黑龙江省送变电工程公司
		青海送变电工程公司
		新疆维吾尔自治区送变电工程公司
		广西送变电建设公司
		北京电力工程公司
		葛洲坝集团电力有限责任公司
		东北电业管理局送变电工程公司
		江苏省送变电公司
		宁夏电力建设工程公司
		山东送变电工程公司
		湖南省电网建设公司
		甘肃送变电工程公司
		湖北省输变电工程公司
		华东送变电工程公司
		陕西送变电工程公司
		河北省送变电公司
		安徽送变电工程公司

续表

序号	工程名称	施工单位
18	贵州—广东第二回±500kV直流输电工程	内蒙古送变电有限责任公司
		江西省水电工程局
		广东省输变电工程公司
		天津送变电工程公司
		湖南省送变电建设公司
		北京送变电公司
		广东火电工程总公司
		河南送变电建设公司
		广东省南兴建筑工程有限公司
		广东省电力第一工程局
		中国葛洲坝集团股份有限公司
19	河南平顶山变—洛南变500kV输电线路工程	江西省送变电建设公司
		湖南省送变电建设公司
		湖北省输变电工程公司
		河南送变电建设公司
20	500kV六安(皋城)变电站	安徽送变电工程公司
21	朝阳500kV变电站工程	北京电力工程公司
		高碑店市建筑企业(集团)公司
22	河南省商丘500kV变电站工程	河南省第二建筑工程有限责任公司
		河南送变电建设公司
23	湖北黄冈500kV变电站工程	湖北省输变电工程公司
24	500kV嘉应变电站工程	广东省电力第一工程局
		广东省输变电工程公司
25	邕州500kV变电站	广西送变电建设公司
26	500kV锡西南变电站工程	江苏省送变电公司
		南京市第六建筑安装工程有限公司
27	500kV砚山变电所工程	云南省送变电工程公司
28	浙江温东500kV变电站工程	浙江省送变电工程公司
		浙江建安实业集团股份有限公司
29	辉腾锡勒风电场扩建4.05万kW风力发电工程	内蒙古送变电有限责任公司变电第三分公司
		中国核工业中原建设公司
		华锐风电科技有限公司

2009年度中国电力优质工程奖项目

序号	工程名称	施工单位
1	上海外高桥电厂三期扩建(2×100万kW)工程	上海电力建设有限责任公司
		上海隧道工程股份有限公司
		中交第二航务工程局有限公司
		北京博奇电力科技有限公司
		上海电力安装第一工程公司
		上海电力安装第二工程公司
		上海电力建筑工程公司
2	国电泰州电厂一期(2×100万kW)工程	江苏省电力建设第三工程公司
		江苏省电力建设第一工程公司
		北京国电龙源环保工程有限公司
3	北京太阳宫燃气热电冷联供(2×24万kW+30万kW)工程	浙江省火电建设公司
		中国建筑第一工程局第二建筑公司
4	浙能乐清电厂一期(2×60万kW)工程	浙江省火电建设公司
		浙江省二建建设集团有限公司
		浙江天地环保工程有限公司
5	淮南平圩发电有限责任公司二期(2×60万kW)工程	安徽电力建设第二工程公司
6	山东泰安抽水蓄能电站工程(4×25万kW)工程	中国水利水电第四工程局有限公司
		中国水利水电第一工程局有限公司
		中国水利水电第十二工程局有限公司
		中铁十四局集团有限公司
		泰安市大河水库加固改建工程建设管理处
		江南水利水电工程公司
7	西宁750kV变电站工程	青海送变电工程公司
8	贵州—广东第二回±500kV直流输电工程	四川电力送变电建设公司
		贵州送变电工程公司
		吉林省送变电工程公司
		江西省送变电建设公司

续表

序号	工程名称	施工单位
8	贵州—广东第二回±500kV直流输电工程	黑龙江省送变电工程公司
		青海送变电工程公司
		新疆维吾尔自治区送变电工程公司
		广西送变电建设公司
		北京电力工程公司
		葛洲坝集团电力有限责任公司
		东北电业管理局送变电工程公司
		江苏省送变电公司
		宁夏电力建设工程公司
		山东送变电工程公司
		湖南省电网建设公司
		甘肃送变电工程公司
		湖北省输变电工程公司
		华东送变电工程公司
		陕西送变电工程公司
		河北省送变电公司
		安徽送变电工程公司
		内蒙古送变电有限责任公司
		江西省水电工程局
		广东省输变电工程公司
		天津送变电工程公司
		湖南省送变电建设公司
		北京送变电公司
		广东火电工程总公司
		河南送变电建设公司
		广东省南兴建筑工程有限公司
		广东省电力第一工程局
		中国葛洲坝集团股份有限公司
9	华能中电威海风力发电4.95万kW风力发电场项目	荣成市电力安装有限责任公司
		中铁十四局集团有限公司
		中交一航局第二工程有限公司
		中铁十五局集团有限公司
		新疆鑫风安装工程有限公司
10	华能上安电厂三期(2×60万kW)扩建工程	河北省电力建设第一工程公司
		四川电力建设三公司
		河北省电力建设第二工程公司

续表

序号	工程名称	施工单位
11	浙江华能玉环电厂二期(2×100万kW)工程	天津电力建设公司
		浙江省火电建设公司
		浙江省二建建设集团有限公司
		中国交通股份有限公司第二航务工程局
		上海市基础工程公司
		上海电力建筑工程公司
12	天津华能杨柳青热电有限责任公司四期(2×30万kW)扩建工程	天津电力建设公司
		江西省火电建设公司
		江西省水电工程局
		中铁十八局集团第二工程有限公司
		核工业华东建设工程集团公司
13	安徽华电宿州发电有限公司(2×60万kW)机组工程	安徽电力建设第二工程公司
		安徽电力建设第一工程公司
14	南阳天益(2×60万kW)发电工程	河南第二火电建设公司
		山东电力建设第一工程公司
		中建三局第二建设工程有限责任公司
		中国建筑第七工程局有限公司
		河南省第二建筑工程有限责任公司
15	淮浙煤电凤台发电厂一期(2×60万kW)工程	安徽电力建设第二工程公司
		浙江省火电建设公司
		浙江省二建建设集团有限公司
		浙江天地环保工程有限公司
16	国投宣城电厂1号机组(1×60万kW)工程	安徽电力建设第二工程公司
		安徽电力建设第一工程公司
		哈尔滨动力设备股份有限公司
17	福州可门火电厂一期(2×60万kW)机组工程	广东火电工程总公司
		福建省第一电力建设公司
		中港第三航务工程局
		中海工程建设总局
18	湖南益阳电厂二期(2×60万kW)工程	湖南省第四工程公司
		湖南省火电建设公司
		湖南省电力建设开发总公司
		湖南省第三工程公司
		北京博奇电力科技有限公司

续表

序号	工程名称	施工单位
19	鹤壁电厂三期(2×60万kW)机组工程	河南第一火电建设公司
		河南第二火电建设公司
		河南省第二建筑工程有限公司
		中建二局第二建筑工程有限公司
		中建三局第二建设工程有限责任公司
		中国建筑第七工程局
		浙大网新机电工程有限公司
20	华能上海燃机电厂(3×40万kW)F级燃气联合循环机组工程	上海电力安装第一工程公司
		上海电力建筑工程公司
		上海市基础工程公司
21	华能沁北发电有限责任公司二期(2×60万kW)工程	河南省第二建筑工程有限责任公司
		东北电业管理局第一工程公司
		东北电业管理局第三工程公司
		东北电业管理局烟塔工程公司
		河南第二火电建设公司
22	广西红水河乐滩水电站(4×15万kW)工程	广西壮族自治区水电工程局
23	贵州乌江索风营水电站(3×20万kW)工程	中国水利水电第八工程局有限公司
		中国水利水电第九工程局有限公司
		中国水利水电第六工程局有限公司
		中国水电基础局有限公司
24	华能吉林通榆风电特许权项目一期(10.05万kW)工程	吉林省送变电工程公司
		中国水利水电第二工程局有限公司
		吉林省电力建设总公司
		广东力特工程机械有限公司
		吉林省六合通信网络工程有限公司
		白城地建建筑工程有限公司
		长春路桥交通设施工程有限公司
		长春市政建设(集团)有限公司

续表

序号	工程名称	施工单位
25	宏腾能源百灵庙风电场4.95万kW风电工程	内蒙古送变电有限责任公司
		内蒙古地质工程总公司
		内蒙古黄河辽河工程局股份有限公司
		包头满都拉电业股份有限公司
		苏司兰能源(天津)有限公司
26	莆田LNG电厂—莆田变Ⅰ、Ⅱ回500kV输电线路工程	福建省第二电力建设公司
27	河南平顶山变—洛南变500kV输电线路工程	江西省送变电建设公司
		湖南省送变电建设公司
		湖北省输变电工程公司
		河南送变电建设公司
28	汗海—沽源—平安城500kV双回紧凑型线路工程	北京送变电公司
		山西省电力公司供电工程承装公司
		山东送变电工程公司
		天津送变电工程公司
		内蒙古送变电有限责任公司
		山西省电力公司送变电工程公司
		重庆广信电力建设责任有限公司
29	山东鲁中500kV变电站工程	山东送变电工程公司
30	朝阳500kV变电站工程	北京电力工程公司
		高碑店市建筑企业(集团)公司
31	500kV六安(皋城)变电站	安徽送变电工程公司
32	500kV锡西南变电站工程	江苏省送变电公司
		南京市第六建筑安装工程有限公司
33	河南省商丘500kV变电站工程	河南省第二建筑工程有限责任公司
		河南送变电建设公司
34	湖北黄冈500kV变电站工程	湖北省输变电工程公司
35	银川东750kV变电站工程	宁夏电力建设工程公司送变电分公司
36	500kV砚山变电所工程	云南省送变电工程公司

续表

序号	工程名称	施工单位
37	500kV嘉应变电站工程	广东省电力第一工程局
		广东省输变电工程公司
38	邕州500kV变电站	广西送变电建设公司
39	黄冈大别山发电有限责任公司一期(2×60万kW)机组工程	湖北省电力建设第一工程公司
		中建三局第一建设工程有限责任公司
		上海电力安装第二工程公司
		上海电力建筑工程公司
		东北电业管理局烟塔工程公司
		江西省水电工程局
		东北电业管理局第三工程公司
		河南三建建设集团有限公司
40	国电成都金堂电厂一期(2×60万kW)燃煤机组工程	四川电力建设二公司
		四川电力建设三公司
		中建三局第二建设工程有限责任公司
		北京国电龙源环保工程有限公司
		中铁九局集团有限公司
		重庆电力建设总公司
41	新疆玛纳斯电厂三期扩建(2×30万kW)工程	新疆电力建设公司
42	国电福州江阴电厂(2×60万kW)新建工程	安徽省电力建设第二工程公司
		中国建筑总公司第二工程局
		北京国电龙源环保工程有限公司
		中国建筑总公司第三工程局
		福建省第一建筑工程公司
		福建省第一电力建设公司
		中港第四航务工程局
43	呼和浩特金桥热电厂(2×30万kW)供热机组工程	东北电业管理局第二工程公司
		吉林省电力建设总公司
		河南省第二建设工程公司
		北京朗新明环保科技有限公司
		南京龙源环保工程有限公司
		中电投远达环保有限公司
44	国能单县生物发电工程(1×2.5万kW)	山东电力工程咨询院有限公司
		山东电力建设第二工程公司

续表

序号	工程名称	施工单位
45	华能国际电力开发公司铜川电厂一期(2×60万kW)工程	河南省第二建筑工程有限责任公司
		甘肃省第一建筑工程有限责任公司
		西北电力建设第四工程公司
		江苏电力建设第一工程公司
		西北电力建设第一工程公司
		东北电业管理局第四工程公司
46	国电河北龙山发电厂一期(2×60万kW)工程	河北省电力建设第一工程公司
		河北省电力建设第二工程公司
47	华能巢湖发电有限责任公司一期(2×60万kW)工程	东北电业管理局第四工程公司
		安徽电力建设第二工程公司
		中国建筑第二工程局
		浙江省二建建设集团有限公司
		中国水利水电第八工程局有限公司
48	华能营口电厂二期(2×60万kW)工程	中建三局建设工程股份有限公司
		东北电业管理局第三工程公司
		东北电业管理局第二工程公司
		中港第一航运工程局第三工程公司
		甘肃第一建设集团有限责任公司
49	重庆乌江彭水水电站(5×35万kW)工程	中国水利水电第八工程局有限公司
		中国水利水电第七工程局有限公司
		中国水利水电第十四工程局有限公司
50	察汗乌苏水电站(3×10.3万kW)工程	中国水电建设集团十五工程局有限公司
		中国安能建设总公司
		中国葛洲坝集团股份有限公司第一工程有限公司
51	浙江慈溪风电场(33×0.15万kW)工程	中国水利水电第七工程局有限公司

续表

序号	工程名称	施工单位
52	中电投乌拉特中期巴音杭盖风电场一期(4.95万kW)工程	新疆金风科技股份有限公司
		中国第二冶金建设有限责任公司
		内蒙古送变电有限责任公司
		内蒙古全新建筑工程有限责任公司
		山西晋通送变电工程公司
		巴彦卓尔市康力建筑有限公司
53	国电龙源川井二期(4.93万kW)风电工程	内蒙古送变电有限责任公司
		内蒙古第三电力建设工程有限责任公司
		新疆电力建设公司
54	府谷电厂送出500kV输电线路工程	浙江省送变电工程公司
		青海送变电工程公司
		山西省电力公司送变电工程公司
		陕西省送变电工程公司
		宁夏电力建设工程公司
		新疆维吾尔自治区送变电工程公司
		山西省电力公司供电工程承装公司
		安徽送变电工程公司
		湖南省送变电建设公司
		葛洲坝集团电力有限责任公司
		河南省送变电建设公司
		黑龙江送变电工程公司
55	浙江温东500kV变电站工程	浙江省送变电工程公司
		浙江建安实业集团股份有限公司
56	平顶山500kV变电站工程	河南送变电建设公司
57	山西长治500kV变电站工程	山西省电力公司送变电工程公司
		山西多源电力建筑工程有限责任公司

续表

序号	工程名称	施工单位
58	500kV 罗百二回输变电工程	云南省送变电工程公司
		广西送变电建设公司
		安徽送变电工程公司
		北京电力工程公司
		内蒙古送变电有限责任公司
		上海送变电工程公司
		葛洲坝集团电力有限责任公司
		广西建宁输变电工程有限公司
		吉林省送变电工程公司
		江西省水电工程局
		贵州送变电工程公司
		山东送变电工程公司
59	500kV 鸭福Ⅱ回输电线路工程	贵州送变电工程公司
60	广东省500kV 贤令山变电站工程	广东省输变电工程公司
		广东省电力第一工程局

±800kV 锦屏—苏南特高压直流输电工程

一、工程概况

雅砻江位于四川西部，是金沙江的最大支流，锦屏一级（6×600MW）、二级（8×600MW）和官地（4×600MW）水电站为雅砻江下游梯级的大型水电基地，总装机 10 800MW，是川电外送的重要电源。锦屏一、二级水电站已分别于 2006 年 12 月、2008 年 11 月成功截流，预计 2012 年 8 月首台机组投产发电。2009 年，工程各项工作有序推进。

±800kV 锦屏—苏南特高压直流输电工程（简称锦苏工程）是雅砻江流域梯级水电站的配套送出工程，是国家电网规划建设的“十一五”特高压交直流输电通道的重要组成部分。

锦苏工程额定输送功率 7200MW，最大连续输送功率 7600MW，新建±800kV 换流站两座，起于四川西昌裕隆换流站，途经四川、云南、重庆、湖南、湖北、浙江、安徽、江苏 8 省市，止于江苏吴江同里换流站，线路全长约 2089km。

2008 年 11 月，锦苏工程获得国家发改委正式核准，2008 年 6 月，换流站设备采购方案取得国家发改委批复。工程计划 2012 年上半年双极低端投运、2012 年底双极建成投运。

二、工程主要技术方案

锦苏工程无论是输送容量还是送电距离，无论是设备制造还是运输安装，以及换流站所处的环境条件，比以往工程面临更大技术难度，将创造新的世界第一，进一步挑战工程设计、设备制造、大件运输和施工安装的极限。锦苏工程在借鉴向家坝—上海±800kV 特高压直流输电示范工程方案的基础上，进一步开展了技术创新。

工程额定直流电压±800kV，额定直流电流 4500A；两端换流站交流侧均接入 500kV 交流系统。直流侧按双极带接地极接线，每极 2 个 12 脉动换流器串联，每极换流器电压按 400kV+400kV 配置，每个 12 脉动换流器设旁路开关，按极装设平波电抗器、直流滤波器等装置，中性母线上安装“金属—大地回路转换用”断路器。平波电抗器分别串接在极母线和中性母线上。每极装设 2 组并联的双调谐直流滤波器。直流接线可改接为 2 个 12 脉动换流器并联对直流线路融冰的接线方式。500kV 采用一个半断路器接线，500kV 交流滤波器大组采用单母线接线，交流滤波器大组作为一个元件接入串中。送端裕隆换流站 500kV 远景出线 9 回，本期出线 7 回；受端同里换流站 500kV 交流远景和本期出线 6 回。

电气总平面布局按照“±800kV 直流开关场—阀厅及换流变压器—500kV 交流开关场”的工艺流向考虑。换流阀为二重阀悬挂布置，高端和低端阀厅面对面布置，两极低压阀厅背靠背布置，换流变压器、平波电抗器和直流场设备均为户外布置，换流变压器阀侧套管直接插入阀厅布置。500kV 交流开关场采用户内 GIS 设备。交流滤波器采用“田”字形布置，整个换流站布置方正、紧凑，节省占地面积。

三、工程建设进展情况

2009 年，工程各项工作有序推进。初步设计已完成，换流站交流设备采购完成，直流设备采购进入最后阶段，两端换流站土建和线路基础施工全面展开。

1. 工程初步设计完成

研究确定了将工程最大连续输送功率提升至 7600MW 的实施方案，调整了工程设计方案和关键设备技术参数，完成了换流站节能、抗震、接地极优化设计、900mm^2 大截面导线应用设计等一批专题研究，深入总结示范工程设计经验，对控制楼、GIS 布置等进行了进一步优化设计，研究落实预防直流工程双极闭锁预防事故措施。4月换流站工程初步设计通过评审，施工图正在有序交付现场。通过与向上工程集约开展设计，锦苏线路工程提前完成了基础施工图、房屋拆迁图和铁塔设计图，并完成了4基线路真型塔试验；11月锦苏线施工图设计全面完成。送端配套500kV输变电工程初步设计基本完成，施工图设计全面展开。

2. 设备研制准备进展顺利

通过深入研究站址和大件运输条件，并按照工程输送容量提升方案，合理调整了相关直流设备和交流设备的技术要求；结合向上工程经验，进一步优化相关设备的技术参数、接口条件、关键元部件要求和采购方案，换流站设备的可靠性进一步增强，设备报价趋向合理，目前所有技术、商务条款已锁定，具备最后报价条件。根据工程建设总体要求，编制完成了工程交流设备的技术规范，主要交流设备的采购工作已完成并签署合同，GIS、交流滤波器等设备已完成设计校核，开始生产准备。

3. 现场建设有序推进

锦苏工程规模大、标包多、接口复杂，在向上工程经验的基础上，进一步细化换流站工程“三通一平”、桩基、土建、安装和设备之间的纵向界面，以及A、B包之间的横向接口，使各标包工作范围更加合理，接口更加清晰。结合设备采购进展和工程建设进度计划，优化工程各个环节的施工进度安排，目前，两端换流站“三通一平”施工已完成，桩基施工接近尾声，土建施工已全面开工，大跨越及一般线路工程基础施工已全线展开，配套工程建设进展有序。

（郭贤珊　王怡萍）

±500kV宝鸡—德阳直流输电工程

一、工程概况

±500kV宝鸡—德阳直流输电工程是国家跨区电网建设重点工程，也是西北电网“十一五”期间规划建设的重点区外送电工程。起点为陕西宝鸡换流站，落点为四川德阳换流站，全长约534km，途经陕西、甘肃、四川3省。工程直流额定电压±500kV，直流额定容量300万kW。

1. 宝鸡换流站规模

直流输送功率：3000MW；

直流电压：额定直流电压±500kV；

直流电流：3000A；

交流母线电压：额定电压330kV；

双极每极12脉动换流器一套：额定电压±500kV，额定功率3000MW；

换流变压器（单相双绕组）：14台（其中2台备用相），每台容量约297.6MVA；

换流站容性无功补偿：总容量1800Mvar，按3大组、15小组配置，每小组容量120Mvar；

交流出线：换流站工程无交流出线，交流出线均在同址合建的750kV变电站内。

2. 德阳换流站规模

直流输送功率：3000MW；

直流电压：额定直流电压±500kV；

直流电流：3000A；

交流母线电压：额定电压500kV；

双极每极12脉动换流器一套：额定电压±500kV，额定功率3000MW；

换流变压器（单相双绕组）：14台（其中备用2台），每台容量为297.5MVA；

换流站容性无功补偿：总容量1860Mvar，按3大组、12小组配置，每小组容量155Mvar；

500kV交流出线：本期出线2回，至谭家湾500kV变电站，最终出线4回。

二、设计方案

1. 换流站

宝鸡换流站330kV交流采用1个半断路器接线，330kV交流配电装置采用AIS设备，本期换流站的交流配电装置部分为3个完整串（其中含交流变电站1回330kV出线）。德阳换流站500kV交流采用一个半断路器接线，500kV交流配电装置采用AIS设备，本期5串（其中2个为不完整串）。断路器三列式布置、悬吊管型母线。

500kV直流均采用典型的双极直流极线带接地极回路接线，每极一个12脉冲阀组。

换流变压器均采用单相双绕组型式，每极安装Y0y12及Y0d11各1组，冷却方式均为OFAF。

换流阀都采用空气绝缘水冷四重阀组，悬吊式安装，晶闸管为5in元件，采用光触发方式触发。

平波电抗器均采用油浸式、强油风冷，电感值290mH。

直流控制保护采用完全双重化设计，控制保护设备配置满足直流系统安全稳定运行的要求。

2. 直流输电线路

±500kV宝鸡—德阳直流输电线路全长534km，共有铁塔1092基。基础采用斜柱式基础、掏挖式基础、挖孔柱基础等型式。铁塔采用 GA10、GA20、GA30、GA40、GA50、GA60、JTA1、JTA2、JTA3 等型式自立塔。导线型号为 4×ACSR—720/50 型钢芯铝绞线（大跨越采用 4×AACSR/EST—450/200 型），地线左侧一根采用 OPGW—120 光缆，右侧一根采用 GJ—100 镀锌钢绞线。

三、工程进度安排和实施情况

工程于 2008 年 3 月获得国家发改委核准，工程原计划 2010 年 4 月双极投运，“5·12”汶川特大地震后，国家电网公司将±500kV 西北—华中（四川）直流联网工程确定为抗震救灾、促进四川省社会经济发展的重点工程，工程的投产日期提前到 2009 年 12 月单极投运、2010 年 3 月双极投运。

1. 设备供应商情况

宝鸡站换流变压器由西变公司提供，德阳站换流变压器由重庆 ABB 公司提供，平波电抗器由西安西电变压器有限责任公司提供，换流阀由西安西电电力整流器有限责任公司提供，直流控制保护由南瑞继保公司提供。

2. 设计、施工及监理单位

直流线路设计单位：西北电力设计院、西南电力设计院等 4 家单位。线路施工单位：四川省送变电公司、陕西省送变电公司等 9 家施工单位。线路监理单位：四川电力工程建设监理有限责任公司、湖北环宇建设工程监理有限公司等 4 家监理单位。宝鸡和德阳换流站设计单位分别为：西北电力设计院和西南电力设计院等 3 家单位。换流站监理单位分别是：江西诚达工程咨询监理有限公司、黑龙江电力建设监理有限责任公司。两个换流站施工单位为：湖南省送变电公司、湖北省输变电公司等 8 家单位。

3. 工程开工

德阳换流站和宝鸡换流站分别于 2008 年 8 月和 2008 年 9 月主体正式开工，直流线路于 2008 年 10 月正式开工。

4. 工程投产

2009 年 12 月 28 日，±500kV 宝鸡—德阳直流输电工程极Ⅰ投产。截至 2010 年 3 月 10 日，换流站极Ⅱ的安装工作、分系统调及站系统调试已全部完成，开始开展极Ⅱ及双极的系统调试工作，计划 2010 年 3 月 26 日完成系统调试，3 月 28 日双极试运行。本工程从土建主体开工到工程极Ⅰ系统投运，仅用了 17 个月，创下了直流建设工期最短纪录。

四、工程特点

±500kV 宝鸡—德阳直流输电工程实现了世界上首次 750kV 交流变电站与±500kV 直流换流站同址合建，对于交直流站合建情况下，一次设备布置、二次系统集成积累了成功经验。

本工程是我国第一个自主设计、自主成套、设备完全国产化的常规±500kV 300 万 kW 直流输电工程。

工程的建设将充分发挥电网配置能源资源的作用，提高电网水火互济、跨流域互济能力，促进西部水电、火电、风电资源的优化开发和高效利用。

（但 刚）

灵宝背靠背扩建工程

一、工程概况

灵宝背靠背扩建工程主要包括新建灵宝背靠背换流站（1×750MW）、渭南东开关站扩建间隔、三门峡变电站扩建间隔、新建灵宝至渭南东开关站交流线路（线路全长 238km，其中陕西段长 148km，河南段长 90km）、新建灵宝换流站至三门峡变电站 500kV 输电线路工程（线路全长 39km）、330kV 罗灵线 π 接工程、配套无功补偿及二次系统设备等任务。

二、设计方案

1. 基本情况

灵宝背靠背扩建工程直流输送功率：750MW；

直流电压：额定直流电压±166kV；

直流电流：4500A；

交流母线电压：华中侧额定电压 500kV，西北侧额定电压 330kV；

12 脉动换流器 2 套：额定电压±166kV，额定功率 750MW；

华中侧交流滤波器分为 2 大组（5 小组），每小组容量 90Mvar，西北侧交流滤波器分为 3 大组（9 小组），每小组容量 60Mvar；

华中侧 500kV 交流出线：共 1 回，至三门峡变电站；

西北侧 330kV 交流出线：共 4 回，分别至渭南东变电站 2 回，至罗敷变电站 1 回，至灵宝换流站Ⅰ期 1 回。

2. 阀组接线

本期建 1 个换流单元，容量为 750MW，采用一个 12 脉动阀组换流单元接线，逆变侧 6 脉动中点直接接地，整流侧 6 脉动中点经避雷器接地。换流阀整流侧、逆变侧间接 1 台平波电抗器，联网两侧均采用单相三绕组换流变压器。

3. 换流变压器接线

采用单相三绕组换流变压器，与阀厅在布置上配合紧凑，且经济性较好。

单相三绕组换流变压器网侧套管在网侧接成 Y0 接线，与交流系统直接相连，阀侧套管在阀厅内形成 Yy 或 Yd 接线，分别接入阀塔。

4. 直流侧接线

本工程换流站直流侧装有平波电抗器、直流电压测量装置、直流电流测量装置及过电压保护设备等。

直流正、负极母线均装设直流电压测量装置和直流电流测量装置，向控制保护及测量提供输入。另外在阀组 6 脉动接地线上也装设了直流电流测量装置以及过电压保护装置。

5. 两侧交流接线

华中侧 500kV 交流开关场采用一个半断路器接线。2 段交流滤波器母线作为独立元件分别接入 500kV 串中。为此华中侧 500kV 出线 1 回，换流变电站进线 1 回，交流滤波器母线 2 段，采用 2 个完整串接线。

西北侧 330kV 交流开关场采用一个半断路器接线。交流滤波器采用 3 大组进串方案，采用 3 个完整串和 2 个不完整串接线方案。

三、工程进度安排和实施情况

1. 设计进度

2006 年 11 月国家发改委核准同意建设灵宝背靠背扩建工程，10 月完成初步设计，12 月完成初步设计评审。

2. 设备招标及供应商情况

2008 年 2 月，通过公开招标确定了直流主设备厂家：西北侧换流变压器由特变电工沈阳变压器集团公司提供，华中侧换流变压器由中国西电电气股份有限公司提供，西北侧换流阀由中国电力科学研究院（2 个阀塔）和许继集团公司（1 个阀塔）提供，华中侧换流阀由许继集团公司（2 个阀塔）和中国西电公司（1 个阀塔）提供，直流控制保护由北京四方继保自动化股份有限公司提供。

3. 施工及监理单位

工程监理是江西诚达工程咨询监理有限公司；土建施工单位是河南三建建设集团有限公司和安徽省送变电公司；安装单位是河南省送变电公司和安徽省送变电公司；国家电网公司直流建设分公司承担成套设计；系统调试由中国电力科学研究院负责。

4. 工程开工

2008 年 1 月 18 日灵宝扩建工程换流站场平工程开工；4 月 1 日换流站土建工程开工。

5. 工程建设投产

2009 年 10 月 20 日，灵宝背靠背扩建工程完成全部设备安装工作，开始系统调试，12 月 7 日结束调试，正式进入试运行。12 月 21 日在北京召开灵宝背靠背扩建工程第三次启委会，并举行生产交接仪式。

四、工程特点

灵宝背靠背扩建工程是世界上第一个额定电流为 4500A 的直流工程。灵宝背靠背扩建工程成功投运，表明我国采用 6in 晶闸管的直流输电技术已经走在世界前列，同时为后续特高压直流工程采用 6in 4500A 晶闸管提高输送能力创造了条件。

该工程是继灵宝背靠背换流站工程Ⅰ期及高岭背靠背换流站工程之后，又一个通过自主创新，完全实现直流设备国产化的工程，大大降低了设备成本。

（孙 铮）

±660kV 宁东—山东直流输电示范工程

一、工程概况

该工程起于宁夏回族自治区灵武市境内的银川东换流站，止于山东省胶州市境内青岛换流站。路径长度 1335km，含 3.5km 黄河大跨越，曲折系数 1.11。线路途径宁夏、陕西、山西、河北、山东 5 省，额定输电功率 4000MW。

1. 银川东换流站

新建银川东换流站与已投产的银川东 750kV 变电站同址建设。具体建设规模：

（1）直流部分：直流额定容量 400 万 kW，直流额定电压±660kV，阀组接线采用双极，每极 1 个 12 脉动阀组。±660kV 直流出线 1 回，接地极出线 1 回。

（2）换流变压器部分：单台容量 40 万 kVA，本期共 14 台，其中 2 台备用。

（3）交流部分：换流变压器交流侧直接在站内接入银川东 750kV 变电站 330kV 配电装置。

（4）无功补偿：无功补偿总容量 210 万 kvar，分 3 大组 14 小组，每小组容量 15 万 kvar。

2. 青岛换流站

青岛换流站与青岛 500kV 变电站同址建设，具体建设规模：

（1）直流部分：直流额定容量 400 万 kW，直流额定电压±660kV，阀组接线采用双极，每极1个12脉动阀组。±660kV直流出线1回，接地极出线1回。

(2) 换流变压器部分：单台容量39.3万kVA，本期共14台，其中2台备用。

(3) 交流部分：换流变压器交流侧直接接入青岛500kV变电站500kV配电装置。

(4) 无功补偿：无功补偿总容量254.7万kvar，分3大组14小组，每小组容量18万kvar。

3. 直流输电线路

直流线路总长1335km，导线采用4×JL/G3A—1000/45钢芯铝绞线，地线采用LBGJ—150—20AC铝包钢绞线，全线架设OPGW复合光缆。

二、工程进度安排和实施情况

1. 工程建设管理

工程由公司建设部统一进行建设管理，委托国网直流建设分公司负责换流站主体工程建设管理；委托宁夏、山东公司负责换流站"四通一平"；委托宁夏、陕西、山西、河北、山东公司负责沿线直流线路建设管理。

银川东换流站主要参建单位有：西北电力设计院、宁夏电建工程公司、湖北电建工程公司、黑龙江省送变电工程公司。

青岛换流站主要参建单位有：中南电力设计院、国核电力设计院、天津电力建设公司、江西水电工程局、北京送变电工程公司、山东省送变电工程公司。

线路各标段主要施工单位有：宁夏送变电工程公司、武警水电二总队、陕西送变电工程公司、东电送变电工程公司、山西供电工程承装公司、上海送变电工程公司、黑龙江省送变电工程公司、山西省送变电工程公司、河北省送变电工程公司、青海省送变电工程公司、四川省送变电工程公司、山东省送变电工程公司、湖南省送变电工程公司、新疆送变电工程公司。

2. 工程设计进度

2008年11月完成可研报告、审查，2009年4月完成初设审查和收口，5月开始施工图设计，2010年3月完成土建施工图设计，计划于2010年5月完成电气安装施工图交付。

3. 工程施工进度

该工程于2008年12月15日举行开工仪式，银川东换流站于2009年5月完成场平、主体工程，6月正式开工，青岛换流站于4月完成场平、主体工程，7月正式开工。截至2010年3月，银川东换流站控制楼主体结构封顶，阀厅、户内场完成主钢柱吊装；阀厅防火墙完成85%浇注，换流变压器基础完成50%浇灌。青岛换流站控制楼主体结构封顶，极1阀厅完成彩钢外板封闭，极2阀厅完成主钢柱吊装；阀厅防火墙全部完成浇注；换流变压器基础完成70%浇灌；线路全线基础共2794基，已完成基础浇制2658基，占95.1%，组塔1231基，占44%。

4. 设备招标及供应商情况

2009年经过公开招标和竞争性谈判等方式陆续确定了工程主设备厂商：换流阀设备由中国电力科学研究院供货；换流变压器设备分别由西电集团公司和特变电工沈阳变压器集团有限公司与ABB公司联合生产；平波电抗器设备由北京电力设备总厂供货；直流控制保护设备由许继集团公司提供；直流场设备由西电集团公司集成供货。

三、工程建设特点

(1) 换流变压器首次采用三柱式结构布置技术，容量400MVA，质量340t，操作过电压耐受水平1550kV。

(2) 由于银川东站地震烈度高达8度，工程首次在阀厅内采用滑动管母连接技术解决换流阀位移偏移大的难题。

(3) 由于银川东换流站周围火电、化工项目较多，属重污秽地区，工程首次采取了平波电抗器分置、户内直流场技术解决送端换流站严重污秽闪络问题。

(4) 工程首次应用西门子技术的控制保护软、硬件平台触控基于AREVA技术路线换流阀设备。

(5) 工程首次采用"1+3"的直流干式平波电抗器布置方案。

(6) 工程首次全面应用4×1000mm^{2}大截面导线技术。

(7) 工程首次探索复合杆塔技术的应用。

四、工程"两个示范"

宁东—山东±660kV直流输电工程作为国家级示范工程，以工程技术创新和管理创新"两个示范"为载体，系统开展了项目全过程策划，探索跨区电网工程项目集群、管理集约、信息集成的建设管控方式，推进项目管理标准化和规范化水平不断提高，确保工程的示范效应。

(王 庆)

±500kV呼伦贝尔—辽宁直流输电工程

一、工程概况

呼辽工程额定输送容量为3000MW，工程包括内蒙古伊敏、辽宁木家换流站工程，接地极和接地极线路工程，直流输电线路工程，受端交流线路工程，二次系统及通信工程。

1. 伊敏换流站

伊敏换流站容量3000MW，直流额定电压±500kV，是呼辽工程的送端换流站，位于呼伦贝尔鄂温克自治旗境内中部地区，东邻伊敏电厂，站址总用地面积14.36hm²，围墙内用地面积11.11hm²。

2. 木家换流站

木家换流站容量3000MW，直流额定电压±500kV，是呼辽工程的受端换流站，位于辽宁省辽阳市木家镇境内，辽阳市的西南方向，站址总用地面积11.39hm²，围墙内用地面积10.53hm²。

3. 直流输电线路

呼辽工程起于内蒙古自治区呼伦贝尔盟的伊敏换流站，止于辽宁省境内的木家换流站，总长度908km。

4. 接地极及接地极线路工程

伊敏换流站接地极极址为哈尔干极址，换流站至接地极线路约73.42km；木家换流站接地极极址为韭菜台极址，木家换流站至接地极线路约35.886km。

二、设计方案

1. 换流站

伊敏换流站容量为3000MW，直流额定电压为±500kV；500kV直流采用双极直流接线，每极一个12脉冲阀组；换流变压器（单相双绕组）14台（2台备用），每台容量297.6MVA；交流滤波器采用3大组11小组，总容量1348.6Mvar（11×122.6Mvar）。1回±500kV高压直流输电线路，1回接地极线路。交流出线本期4回，远景6回。

木家换流站容量为3000MW，直流额定电压为±500kV；500kV直流采用双极直流接线，每极一个12脉冲阀组；换流变压器（单相双绕组）14台（2台备用），每台容量285.2MVA；交流滤波器采用3大组12小组，总容量1830Mvar（6×135Mvar+6×170Mvar）。1回±500kV高压直流输电线路，1回接地极线路。交流出线本期2回，远景4回。

2. 直流输电线路

呼辽工程起于内蒙古自治区呼伦贝尔盟的伊敏换流站，止于辽宁省境内的木家换流站，总长度908km，线路途径内蒙古自治区的呼伦贝尔盟、兴安盟、通辽市和辽宁省的阜新市、辽阳市，其中高山大岭占6.3%，一般山地占27.2%，丘陵占18.9%，平地占41.7%，河网、泥沼占5.9%；与220kV线路交叉8次，与500kV线路交叉4次，跨越等级公路（含高速公路）16次，铁路13次，较大河流14次。线路杆塔总数2112基，其中耐张转角塔54基（含终端塔），直线塔413基。

工程导线采用ACSR—720/50型钢芯铝绞线。每极采用四分裂结构，分裂间距为500mm，子导线成正方形排列，用间隔棒固定。

3. 接地极及接地极线路工程

（1）伊敏换流站接地极及接地极线路工程：

1）伊敏换流站接地极工程：接地极型式采用同心双圆环，大环半径$R=460$m，均分为4段，分离间距为1m；小环半径为$r=350$m，均分为2段，分离间距为1m。环长5084m，埋深4m，填充材料为煅烧石油焦炭。

2）伊敏换流站接地极线路工程：路径全长约73.42km，铁塔224基。线路位于呼伦贝尔市鄂温克旗境内。平地占38.6%，丘陵占54.3%，山地7.1%。

（2）木家换流站接地极及接地极线路工程：

1）木家换流站接地极工程：韭菜台极址采用双圆环布置，外环半径300m，内环半径210m；外环焦炭截面为0.55m×0.55m，内环焦炭截面为0.45m×0.45m；外环馈电棒采用直径为60mm的圆钢，内环馈电棒采用直径为55mm的圆钢，埋深3m。内环分为较均匀的2段，外环分为较均匀的4段。

2）木家换流站接地极线路工程：线路长度35.886km，杆塔总数109基，其中耐张转角塔22基（含终端塔），直线塔87基。

线路地形条件：平地占64.6%，河网、泥沼占35.4%；与220kV线路交叉2次，与500kV线路交叉2次，跨越等级公路1次、较大河流3次。

三、工程进度安排和实施情况

1. 工程开工及建设情况

呼辽工程于2008年3月获得核准，5月正式开工，工程总体进展顺利，截至2009年底，直流线路部分基础浇制已全部完成，组塔完成2053基，占97.2%，架线施工完成854.3km，占94.1%；送端交流工程已完成基础浇制和组塔工作，架线施工完成177.066km，占86.7%；两端换流站主建筑建设均已结束，交流场、交流滤波器场设备安装基本结束，正在进行直流主设备安装。接地极线路工程计划2010年3月底完工，直流线路工程计划于2010年7月具备带电条件，换流站工程计划于2010年9月竣工投产运行。

2. 工程参建单位

（1）伊敏换流站。

建设管理单位：国网直流建设分公司

设计单位：　　东北电力设计院

监理单位：　　江西诚达工程咨询监理有限公司

施工单位：　　黑龙江省送变电工程公司（场平）

吉林省电力建设总公司（土建A包）
黑龙江省送变电工程公司（土建B包）
黑龙江省送变电工程公司（安装A包）
北京送变电公司（安装B包）

（2）木家换流站。

建设管理单位：国网直流建设分公司
设计单位：中南电力设计院
监理单位：江苏省宏源电力建设监理有限公司
施工单位：辽宁两锦大洋电力建设集团有限公司（场平）
江西省水电工程局（桩基）
贵州送变电工程公司（土建A包）
东北电业管理局送变电工程公司（土建B包）
东北电业管理局送变电工程公司（安装A包）
江西省送变电建设公司（安装B包）

（3）直流输电线路。

建设管理单位：国网直流建设分公司（内蒙古段）
辽宁省电力有限公司（辽宁段）
设计单位：内蒙古电力勘测设计院（呼伦贝尔段）
东北电力设计院（兴安盟段）
西北电力设计院（通辽段）
河北省勘测设计研究院（辽宁段）
监理单位：黑龙江电力建设监理公司（A标）
长春国电建设监理有限公司（B标）
吉林省吉能电力建设监理有限责任公司（C标）
达华集团北京中达联咨询有限公司（D标）
东北电力建设监理有限公司（E标）
施工单位：江苏省送变电公司（A1）
新疆维吾尔自治区送变电工程公司（A2）
河南送变电建设公司（B1）
黑龙江省送变电工程公司（B2）
山西省电力公司送变电工程公司（B3）
山西省电力公司供电工程承装公司（C1）
内蒙古送变电有限责任公司（C2）
北京送变电公司（D1）
东北电业管理局送变电工程公司（D2）
安徽送变电公司（E1）
吉林省送变电公司（E2）
江西省送变电建设公司（E3）

3. 设备招标及供应商情况

换流站主要设备承包商有特变电工沈阳变压器集团公司（换流变压器）、中国西电电气股份有限公司（平波电抗器）、西安西电电力整流器有限公司（换流阀）、南京南瑞继保电气有限公司（控制保护装置）、许继集团公司（直流场设备）。

四、工程特点

呼辽工程处于内蒙古北部及大兴安岭等严寒地带，有效施工工期短，施工组织难度大；线路经过高山大岭、泥沼等各种地形地质情况，施工难度大。

线路长距离通过林区、草原，工程防火要求高；线路途径通辽沙漠地区，水土保持要求较高，部分沙化基础需采取固沙护基措施。

线路长距离经过少数民族聚居区，需要妥善处理好民族关系。

呼辽工程是蒙东地区第一个火电电源基地送出工程，安全稳定控制、孤岛运行方式对后续大型电源送出工程有很强的借鉴意义。

呼辽工程的建成将形成区域电网内的交直流混合电网，对于东北电网风电并网调度提出了更高的要求。

（王华锋）

葛沪直流综合改造（三沪Ⅱ回直流）工程

一、工程概况

葛沪直流综合改造（三沪Ⅱ回直流）工程线路途经湖北、安徽、浙江、江苏和上海4省1市，新建荆门换流站、枫泾换流站，额定输送容量3000MW。工程主要由葛洲坝—南桥、荆门—枫泾同塔双回直流输电线路工程，荆门、枫泾换流站工程，接地极及接地极线路工程，二次系统及通信工程四部分组成。

1. 荆门换流站（送端）规模

额定直流电压：±500kV；

额定直流电流：3000A；

额定交流母线电压：500kV；

双极每极12脉动换流器一套，功率为3000MW；

换流变压器（单相双绕组）：14台（其中2台备用相），每台容量297.6MVA；

换流站容性无功补偿：总容量1900Mvar，按3大组、10小组配置，每小组容量190Mvar；

500kV交流出线：共6回，其中三峡地下电站3回，荆门特高压站500kV侧3回，本期一次建成；

500kV高压电抗器：装设3组高压电抗器，本期全部上齐。其中2组150Mvar高压电抗器分别装设在至三峡地下电站的2回出线上，第3组180Mvar高压电抗器接入母线。

2. 枫泾换流站（受端）规模

额定直流电压：±500kV；

额定直流电流：3000A；

额定交流母线电压：500kV；

双极每极12脉动换流器一套，额定功率为3000MW；

换流变压器（单相双绕组）：14台（其中备用2台），每台容量为282MVA；

换流站容性无功补偿：总容量1818Mvar，按3大组、9小组配置，每小组容量202Mvar；

500kV交流出线：2回，至练塘500kV变电站。

3. 直流线路工程

葛沪直流综合改造（三沪Ⅱ回直流）工程新建线路全长1936.065km，包括荆门换流站—枫泾换流站线路（荆枫线）及上海南桥换流站—枫泾换流站线路。其中，荆枫线从荆门换流站至庙岭段线路60.144km为单回路（含沙洋汉江大跨越2.41km），庙岭至枫泾换流站段1835.544km为同塔双回改造线路（含吉阳长江大跨越2.33km）；上海南桥—枫泾段为单回共接地极线路，长度为40.377km。

4. 接地极及接地极线路工程

荆门换流站与龙泉换流站共用龙泉接地极，自荆门换流站出线后至龙泉接地极，接地极线路长33km；枫泾换流站与南桥换流站共用南桥接地极，接地极线路长度79km，自枫泾换流站出线后与新建直流线路同塔架设41km至南桥换流站，再单回路架设3km后与南桥换流站接地极线路同塔架设35km至南桥接地极。

二、设计方案

1. 换流站

两端换流站500kV交流均采用一个半断路器接线。500kV交流配电装置采用HGIS设备，荆门换流站本期6串（其中一个为不完整串）；枫泾换流站本期4串。断路器三列式布置、悬吊管型母线。交流滤波器采用大组接入一个半断路器配电装置串中。

500kV直流均采用典型的双极直流极线带接地极回路接线，每极一个12脉冲阀组。

换流变压器均采用单相双绕组型式，每极安装Y0y12及Y0d11各1组，荆门换流站每组换流变压器由3台297.6MVA单相双绕组换流变压器组成，阻抗16.0%，枫泾换流站每组换流变压器由3台282MVA单相双绕组换流变压器组成，阻抗16%，冷却方式均为OFAF。每站两极共设12+2台，其中2台为备用相。

换流阀都采用空气绝缘水冷二重阀组，悬吊式安装，晶闸管为5in元件，采用电触发方式触发。每站晶闸管元件全部为国内制造。

平波电抗器均采用油浸式、强油风冷，电感值290mH，每站设2+1台，其中1台备用。

交流滤波器及并联电容器均采用常规无源交流滤波器，荆门换流站分3大组、10小组，枫泾换流站分3大组、9小组。

直流控制保护采用完全双重化设计，控制保护设备配置满足直流系统安全稳定运行的要求。

2. 直流输电线路

全线一般线路导线采用4×ACSR—720/50；地线采用2根GJ—100；汉江大跨越导线采用AACSR/EST—450/200加强型耐热铝合金绞线，地线采用JLB14—210铝包钢绞线；吉阳长江大跨越导线采用2分裂KTACSR/EST—630/360特强钢芯高强耐热铝合金绞线，地线采用JLB14—230铝包钢绞线。

全线共有5、10、15mm覆冰，27、30、32m/s风区的风冰组合；悬垂串使用V串160、210、300kN合成绝缘子；耐张串采用2×400kN盘形悬式绝缘子、长棒式磁绝缘子；采用原状土掏挖基础、板式基础和灌注桩基础，地脚螺栓采用Q235B、Q345B、35号钢、45号钢；根据地形使用平腿和全方位高低腿自立式铁塔。线路普通段导线采用4×ACSR—720/50钢芯铝绞线，地线采用GJ—100镀锌钢绞线；吉阳大跨越导线采用AACSR/EST—630/360特强钢芯高强耐热铝合金绞线，地线采用JLB14—230铝包钢绞线；汉江大跨越导线采用AACSR/EST—450/200特强钢芯高强铝合金绞线，地线采用JLB14—210铝包钢绞线。

三、工程进度安排和实施情况

1. 设计进度

2008年8月，完成了可研报告、审查及前期评估，上报国家发改委核准。12月8日，经国家发改委以《国家发展改革委关于葛沪直流综合改造工程核准的批复》（发改能源［2008］3381号）核准开工建设。2009年3月，国务院三峡办与国家电网公司共同组织完成初步设计收口审查。6～11月，各设计院按计划并配合工程施工进度完成施工图设计工作。

2. 工程开工及建设情况

2008年12月30日，开工仪式分别在上海枫泾、湖北荆门同时举行；2009年2月，线路正式进场开工；10月12日，老葛南线路退役，开始老线路拆旧新建工作。

截至2010年3月，直流线路工程已完成基础浇制和铁塔组立，架线工程已完成超过90%，葛沪线路工程计划于2010年4月投产，满足上海世博会用电需要；换流站土建施工全面开展，主控楼主体已完成，阀厅钢柱吊装已完成，电气安装单位正开展构支架、接地网等电气部分的安装工作。

3. 工程参建单位

（1）换流站。

建设管理单位：国网直流建设分公司。

设计单位：华东电力设计院、中南电力设计院。

监理单位：中国超高压输变电建设公司、山东诚信工程建设监理有限公司。

施工单位：湖北省输变电工程公司、上海送变电工程公司、浙江省二建建设集团有限公司、河南送变电建设公司、上海电力建筑工程公司、安徽电力建设第一工程公司、华东送变电工程公司。

（2）直流线路。

建设管理单位：湖北省电力公司、安徽省电力公司、浙江省电力公司、上海市电力公司、江苏省电力公司。

设计单位：中南电力设计院、华东电力设计院。湖南省电力设计院、湖北省电力设计院、浙江省电力设计院、江苏省电力设计院。

监理单位：中国超高压输变电建设公司、安徽省电力工程监理有限责任公司、黑龙江电力建设监理有限责任公司、长春国电建设监理有限公司、东北电力建设监理有限公司、中国超高压输变电建设公司、浙江电力建设监理公司。

施工单位：黑龙江省送变电工程公司、湖南省送变电建设公司、河北省送变电公司、葛洲坝电力集团有限责任公司、中国人民武装警察部队水电第二总队、湖北省输变电工程公司、宁夏电力建设工程公司、四川电力送变电建设公司、湖南电网建设公司、青海省送变电工程公司、重庆渝能送变电有限公司、山东省送变电工程公司、甘肃送变电工程公司、安徽送变电工程公司、华东送变电工程公司、广东省输变电工程公司、浙江送变电工程公司、江苏送变电工程公司、上海送变电工程公司、武汉安泰结构加固有限公司。

4. 设备招标及供应商情况

2009年1月，通过公开招标确定了直流主设备厂家：换流变压器由保定天威保变电气股份有限公司提供，换流阀由中国电力科学研究院提供，直流控制保护由许继集团提供。4月完成铁塔招标工作，6月完成导地线、绝缘子等的招标工作。

四、工程特点

葛沪直流综合改造工程的实施，将增加华中向华东电网输电规模，将西部丰富的水电等资源输送到华东负荷中心，符合我国能源流向，并可发挥大电网联网效益，是落实国家西电东送能源发展战略的重要途径。

葛沪直流综合改造工程建成后，将使上海从外区受电的能力得到大大加强，同时也能缓解华东交流网架的压力，提高华东电网供电裕度，为上海这个特大城市经济发展提供坚实的能源支持。

本工程利用原葛南直流线路走廊资源建设，有效减少通道土地资源占用，该输电通道输送容量在葛南直流系统120万kW的基础上提高到600万kW，通道使用率在原有基础上提高4倍，是“资源节约型、环境友好型”电网建设的具体体现。

（叶爱民）

西北750kV输变电工程

一、750kV官亭变电站三期扩建工程

1. 工程概况

750kV官亭变电站三期扩建工程是750kV拉西瓦水电站送出工程的配套项目，本工程的建设将满足拉西瓦水电站的电力送出需要。本期规模为：750kV出线1回，安装2台GIS断路器；66kV并联电抗器4×60Mvar。工程于2009年4月15日正式投产。

2. 设计方案

750kV主接线与原变电站接线形式一致，为一个半断路器接线。本期扩建一回出线即拉西瓦出线，接入原主接线自东向西的第二串为不完整串。共新增2台断路器。

3. 工程进度安排和实施情况

（1）设计进度。工程于2008年1月完成可研报告，4月获得核准，4月完成设计招标，并于5月完成初步设计审查。

（2）工程开工及建设情况。2008年5月开工，12月底完成了工程竣工验收工作，2009年3月底带电投运。

（3）工程参建单位。

建设管理单位：西北电网有限公司；

设计单位：西北电力设计院；

监理单位：青海智鑫监理公司；

施工单位：青海省送变电公司。

（4）设备招标及供应商情况。本期简化GIS新建拉西瓦出线间隔采用河南平高电气股份有限公司产品。

二、750kV兰州东变电站三期扩建工程

1. 工程概况

750kV兰州东变电站三期扩建工程，是西北750kV兰州东—平凉—乾县同塔双回路输变电工程的起点，也是西北电网750kV兰州东—平凉—乾县输变电工程的配套项目，本工程的建设将加强西北内部电网结构，提高西北电网整体效益和适应性。本期规模为：750kV出线2回，安装3台GIS断路器；2组300Mvar 750kV高压电抗器。

2. 设计方案

750kV主接线与原变电站接线形式一致，为一个半断路器接线。本期扩建2回出线即平凉Ⅰ、Ⅱ出线，其中平凉Ⅰ出线接入原主接线自西向东的第3串，新增设2台断路器与预留Ⅱ出线组成一个不完整串。在原二期平凉Ⅱ—银川东Ⅰ出线间隔新增设1台断路器，构成1个完整串，新增3台断路器。

3. 工程进度安排和实施情况

（1）设计进度。工程于2008年1月完成可研报告，4月获得核准，4月完成设计招标，并于5月完成初步设计审查。

（2）工程开工及建设情况。2008年5月开工，2009年2月完成试验、调试等工作，3月底完成竣工验收，5月18日投运。

（3）工程参建单位。

建设管理单位：西北电网有限公司；

设计单位：西北电力设计院；

监理单位：甘肃光明监理公司；

施工单位：甘肃省送变电公司。

（4）设备招标及供应商情况。兰州东三期扩建平凉2回出线，新增3台750kV GIS断路器，由西安西开股份有限公司供货。

三、西北750kV官亭—兰州东Ⅱ回输变电工程

西北电网是全国六大区域电网之一。截至2005年底，陕甘青宁四省区电网全口径装机容量达3286万kW，全社会用电量1514亿kWh，统调最大负荷2176万kW。根据预测，到2010年陕甘青宁电网用电量将达2397亿kWh，最大负荷3638万kW，“十一五”期间年均增长率分别为9.7%、10.8%。

青海拉西瓦水电站总装机420万kW，年均发电量102亿kWh。该工程计划2009年投产3台机组，2010年投产1台机组，2011年6台机组全部发电。为构建西北750kV电网主网架，提高网内水火电交换能力，保证拉西瓦水电站的安全送出，建设官亭—兰州东第2回750kV线路是必要的。

1. 750kV官亭变电站四期扩建工程

（1）工程概况。750kV官亭变电站四期扩建工程是750kV官亭—兰州东Ⅱ回输变电工程的配套项目。四期规模为：750kV出线1回，安装1台GIS断路器。

（2）设计方案。750kV主接线与原变电站接线形式一致，为一个半断路器接线。本期扩建一回出线即兰州东Ⅱ出线，接入原主接线自东向西的第二串，与拉西瓦出线组成一个完整串，新增1台断路器。

（3）工程进度安排和实施情况。

1）设计进度。工程于2008年4月完成可研报告，10月获得核准，11月完成设计招标，12月完成初步设计并完成审查。

2）工程开工及建设情况。2008年12月开工，2009年3月底完成全部土建工程并开始主设备安装，7月完成电气安装，10月完成试验、调试等工作，11月底完成竣工验收，12月29日投运。

3）工程参建单位。

建设管理单位：西北公司西宁运行（建设）公司；

设计单位：西北电力设计院；

监理单位：青海智鑫监理公司；

施工单位：青海省送变电公司。

4）设备招标及供应商情况。本期简化GIS扩建兰州东二出线间隔采用河南平高电气股份有限公司产品。

2. 750kV兰州东变电站四期扩建工程

（1）工程概况。750kV兰州东变电站四期扩建工程是750kV官亭—兰州东Ⅱ回输变电工程的配套项目，本期规模为：750kV出线1回，安装2台GIS断路器；1组300Mvar 750kV高压电抗器。

（2）设计方案。750kV主接线与原变电站接线形式一致，为一个半断路器接线。本期扩建一回出线即兰州东Ⅱ出线，接入原主接线自西向东的第2串，新增设2台断路器与预留Ⅰ出线组成一个不完整串。

（3）工程进度安排和实施情况。

1）设计进度。工程于2008年4月完成可研报告，10月获得核准，11月完成设计招标，12月完成初步设计审查。

2）工程开工及建设情况。2008年12月开工，2009年3月底完成全部土建工程并开始主设备安装，7月完成电气安装，10月完成试验、调试等工作，11月底完成竣工验收，12月29日投运。

3）工程参建单位。

建设管理单位：西北电网有限公司；

设计单位：西北电力设计院；

监理单位：甘肃光明监理公司；

施工单位：甘肃省送变电公司。

4）设备招标及供应商情况。兰州东四期扩建官亭1回出线，新增2台750kV GIS断路器设备由西安西开股份有限公司供货。

3. 750kV官亭—兰州东Ⅱ回线路工程

（1）工程概况。750kV官亭—兰州东Ⅱ回线路工程始于青海省民和县官亭镇东侧2km的750kV官亭变电站，终于甘肃省兰州市东南30km，位于榆中县境内的750kV兰州东变电站，线路长度145km。

（2）设计方案。线路途径青海省民和回族土族自治县，甘肃省永靖县、东乡族自治县、临洮县、兰州市七里河区、榆中县，其中青海省境内约占13.3km，甘肃省境内约占131.7km，按750kV单回路新建。

（3）工程进度安排和实施情况。

1）设计进度。工程于2008年3月完成可研报告，9月获得核准并完成设计招标，10月完成初步设计审查。

2）工程开工及建设情况。2008年10月开工建设，2009年4月底完成基础施工，7月底完成铁塔组立，10月底完成放线工作，11月底完成竣工验收工作，12月29日投运。

3）工程参建单位。

建设管理单位：西北电网有限公司；

设计单位：西北电力设计院；

监理单位：青海智鑫监理有限公司；

施工单位：山东省送变电公司，葛洲坝电力安装公司，宁夏送变电公司，福建第二电力安装公司。

4）设备招标及供应商情况。

铁塔：武汉铁塔厂、成都铁塔厂、重庆顺泰铁塔制造有限公司；

导线：远东电缆有限公司。

（4）工程特点。针对官亭—兰州东输电线路的地理位置、气象条件，规划设计了海拔2500m和3000m两种海拔高度使用塔型，使其更具合理性。与750kV官兰线示范工程相比，在防雷设计上有很大的改进，地线对导线的保护角不大于10°。同时在15mm冰区增加了10%的纵向不平衡张力，提高了铁塔的抗冰能力。遵照差异化设计原则，加强线路的抗冰防倒塔能力。

该工程基础设计充分利用塔位有利地形，合理选择基础形式，大量采用原状土基础。尽量保持原地形地貌不被破坏，通过各种措施保护环境，防止水土流失，保护原有植被。

（朱任翔）

上海世博相关电力工程

上海市迎世博相关电网建设工程共28项，包括500kV静安输变电工程，北京西路—华夏西路电力隧道工程，220kV南市、连云输变电工程，220kV浦东站扩建3回、广场站电源进线调整、静安变电站220kV主变压器进线调整工程等配套输变电工程，以及110kV都市、群英、荟萃、花园港、蒙自输变电工程和35kV世博主题馆、世博中国馆、世博轴、世博演艺中心、世博村、世博公共活动中心、世博城市最佳实践区、南市水厂等配套电源接入工程。到2009年底，已完成世博电网建设工程11项，其中配套输变电工程8项，配套电源接入工程3项，分别占总量的67%和19%。

迎世博电力架空线入地工程共涉及道路161条、264km。截至2009年底，完成架空线入地工程122条、221km，占总道路数的76%，占全部道路长度的84%。

500kV静安变电站为全地下结构，地处上海市中心区，站址地块南北方向长约220m，东西方向宽约200m，地面部分规划为公共绿地，地下为四层筒形结构布置，圆筒外径130m，深度33.5m。基坑面积1.33万m^2，地下总建筑面积5.3万m^2。主要技术特点：大容量变电站深入市中心；国内首座多级降压500kV地下变电站，应用户内闭式冷却塔、地下变电站消防无线通信系统，采用完善的全站工业控制系统进行全站辅助系统的集中监控；圆形地下结构采用逆作法施工，采用抓、铣结合的地下连续墙成槽技术。

500kV静安输变电工程的500kV电缆进线来自浦东三林变电站，直线距离11.5km，隧道全长15.3km（不含工作井），其中盾构法隧道内径5.5m，长约8840m；顶管法隧道内径3.5m，长约6140m，沿线共设14座工作井。电缆长度17.35km，采用500kV 2500mm^2大截面电缆，整个工程为国内首创，建设规模列全国同类工程之首。由于上海地下的轨交隧道已在上海地下织成一张网，世博电缆隧道从这张网的密集处通过，共13次交叉穿越轨交线路，双方隧道交叉最近处1.5m。浦西段有3600m的隧道从南北高架98个桥墩旁擦肩而过，最小间距1.1m。

500kV静安变电站2006年1月18日开始土建施工，2009年1月9日开始电气施工，5月开始500kV电缆敷设，7月开始500kV电缆隧道施工。计划2010年3月启动投运。

（易建山 金成生）

±800kV云广特高压直流工程

一、工程概况

云广特高压直流工程是世界上第一个±800kV特高压直流输电工程，是迄今世界直流输电领域电压等级最高的项目，也是我国特高压直流输电自主化示范工程，工程西起云南省楚雄州禄丰县，东至广东省广州增城市，途经云南、广西、广东三省（区），线路全长1373km，额定直流电压±800kV，输送容量500万kW，静态投资147亿元，动态投资154亿元。工程新建楚雄换流站、穗东换流站、楚雄—穗东直流线路、接地极及接地极线路。该工程已于2009年12月单极投产，计划2010年6月双极投产。

二、工程建设情况

该工程的国内自主化率达到60%。南方电网技术研究中心承担工程的技术负责和直流成套设计工作。广东省电力设计研究院、西南电力设计研究院提供工程勘测设计。西门子公司、西安电力机械制造公司、特变电工沈阳变压器集团有限公司、许继集团有限公司、北京电力设备厂、保定天威保变电气股份有限公司等提供主要的设备和材料。

工程建设需要突破诸多技术问题，不少属于目前世界上最前沿的技术。电压升至±800kV，特别是在地处云贵高原、海拔1850m的楚雄换流站（为目前世界上海拔最高的换流站），设备绝缘水平要求是其他同类工程不可比拟的。南方电网公司在自主开展系统研究、成套设计、性能仿真试验的同时，深入开展了过电压和绝缘配合、电磁环境研究，提出了一整套技术规范、标准，并对有关技术参数进行了海拔修正。该工程大多数设备属于世界首次研制，技术、设计、制造等方面均有很大突破。换流变压器绝缘要求高、直流偏磁大，单台超过300t，完整安装结束后将超过500t，且又受到铁路运输严格的尺寸限制，其设计和制造达到了极限。质量达10t的直流穿墙套管长度也突破了世界同类产品长度之最，达21m。单台电感量为75mH的空芯平波电抗器，亦为全新研制。工程所用铁塔、线路、绝缘子及金具等均按照更高的电压、机械强度、高海拔、重覆冰等要求设计、制造和施工，其中单基铁塔最高达108m、最重达157t，而重冰区的线路强度按照百年一遇的标准进行设计，完全可以抵御类似2008年初的冰雪凝冻那样的灾害。

整个工程除了部分换流变压器和直流场设备由西门子公司提供，其余均由国内实力雄厚的厂家机构承担，综合自主化率超过60%，极大促进了自主创新战略的落实，推动了装备制造业的发展。截至目前，仅南方电网公司就在云广特高压直流工程上获得14项发明、专利和软件著作权，另有21项已被受理。

云广特高压直流工程计划工期短、建设任务重，自2006年12月19日正式开工以来，广大建设者“想尽办法去完成一切任务”，采取立体交叉施工方式，保证各个工作面有机协调、安全高质量向前推进。整个项目组织严密、管理科学，实现了工程建设零事故、本体工程零缺陷的目标。南方电网公司携手国内外100多家科研机构、制造厂商，工程设计、监理和施工单位参与工程建设，最高峰时期现场建设人员将近2万人。

三、工程大事记

（1）2003年8月，南方电网公司启动高一级电压等级应用研究。

（2）2004年12月，开展云广特高压直流工程可行性研究。

（3）2006年12月8日，国家发改委下发《国家发展改革委关于云广特高压直流示范工程项目核准的批复》（发改能源［2006］2752号），核准项目建设。

（4）2006年12月19日，南方电网公司举行云广特高压直流工程的开工仪式。

（5）2009年6月30日，开始极二400kV系统调试，云广直流全线贯通。7月19日，极二400kV部分投入试运行。8月29日，首台国产800kV换流变压器通过出厂试验。8月31日，极二400kV部分投入正式运行。11月15日，极二12台高端换流变压器全部进站。12月1日，楚雄站开始极二高端站系统调试。12月8日，楚雄站带线路成功升压至800kV。12月20日，穗东站开始极二高端站系统调试。12月23日，单极800kV送电正式进入试运行。截至目前，已向广东省负荷中心区输送电量超过30亿kWh。12月28日，工程举行单极投产仪式。

四、最新进展（截至2009年底）

（一）主设备到货情况

（1）换流阀、控制保护、平波电抗器等设备已全部到现场。

（2）换流变压器：

1）低端换流变压器：28台换流变压器中有22台已经运到现场，还有6台在制造或者运输途中，最后一台在4月下旬进站。

2）高端换流变压器：极二部分12台换流变压器已经到达现场。极一部分12台换流变压器的制造和交付计划基本落实，其中有3台由西门子转移到国内由沈变制造，集中在2010年1月到4月送到现场，最后一台在5月下旬进站。备用的4台高端换流变压器由西门子公司制造，按计划将在2010年6月底至7月出厂。

（二）安装调试情况

（1）极二400kV部分：云广直流线路，接地极和接地极线路，以及楚雄、穗东换流站的交流场、交流滤波场、站用电系统、控制保护设备和极二400kV部分的阀厅、换流变压器和直流场设备已投入运行。

（2）极二800kV部分：直流场设备、高压阀厅设备、高端换流变压器安装完成。

1）楚雄站极2高端的站系统调试和对穗东站极2低端的系统调试工作已完成，设备带电和送电正常。

2）穗东站于12月20日开始极二高端站系统调试。已完成直流场顺序操作试验、跳闸试验，12月22日进行阀组充电试验。

（3）极一部分。极一低压阀厅设备安装完成，高压阀厅正进行设备安装。楚雄站低端换流变压器安装完成3台；穗东站低端换流变压器安装完成6台。

（毕晓伟）

500kV海南联网工程

一、工程概况

海南联网工程采用500kV交流输电设计，本期输送容量为600MW。国家发改委于2005年以发改能源［2005］2209号文批准本工程建设。工程静态投资24亿元，计划于2009年6月30日建成投产。

工程包括陆上线路站点和海底电缆两部分，北起广东省500kV港城变电站，通过32km海底电缆穿越琼州海峡，南落海南省500kV福山变电站，通过5回输电线路与220kV海南电网相连，线路总长171.9km。

陆上架空线路为单回设计，总长139.9km，新建500kV福山变电站，扩建500kV港城变电站，新建500kV徐闻高抗站、南岭海底电缆终端站及林诗岛海底电缆终端站。其中，福山变电站为海南省第一座500kV变电站，南岭终端站是我国首个完全建立在沙土软弱地基上的变电站。

海底电缆全长32km，其中广东海域约8km，海南海域约24km，是目前世界上单条最长距离、较大容量的超高压海底电缆。南方电网公司经过对多种联网方案的反复论证比较后，采用了现行的500kV交流联网方案，由挪威奈克森公司实施，节省投资10亿多元。海底电缆与普通电缆不同，由15层组成，单根直径14cm、每米重达48kg，内部充油保持油压。电缆要求连续生产、没有接头，技术要求非常高。

二、工程建设

陆上输变电工程是常规的典型设计，架空输电线路，户外敞开式常规变电站。海底电缆是工程的关键，采用充油海底电缆，技术要求高，施工难度大。由于海底电缆的特殊性，要求32km电缆没有中间接头，对生产工艺、生产技术、设备要求高；与电缆密切相关的监控测量、供油系统都有特殊要求；琼州海峡海底地形复杂，广东侧比较平缓，中央深槽区深达100m，海南侧海底岩石分布较多，海底电缆敷设安装施工难度大、要求高。为了补偿海底电缆的电容电流，在电缆两侧需要设置高压电抗器；由于是架空线路与海底电缆混合输电线路，因此需配置相应的保护装置。通过国际招标，选择了代表当今世界电缆生产及敷设安装领先技术的供应商负责海底电缆的生产和敷设，保证关键设备的技术和质量，为联网工程建成后的安全稳定运行打下坚实基础。该工程由中南电力设计院、广东省电力设计研究院联合设计，挪威奈克森公司提供主要设备。

海底电缆施工是整个工程最关键和难度最大的部分，主要包括电缆路由勘查清理、海缆敷设和冲埋保护三个阶段。

（1）勘查清理。在敷设电缆前，必须做好施工区域内渔网渔具及残留物清理、海床沟道开挖、海上船只导航信息发布、安全警戒措施等各项准备工作。

（2）海缆敷设。敷设电缆要求一次性把一根电缆完全敷设到海底。琼州海峡海况复杂，广东侧为浅滩区，海南侧为隆起区，而中间为深海段深槽区，最深近100m。成功穿越琼州海峡的关键就是通过控制电缆敷设船的航行速度、电缆释放速度来控制电缆的入水角以及控制敷设电缆的张力在电缆允许的范围内，避免由于弯曲半径过小或张力过大而损伤电缆。

（3）冲埋保护。敷设完毕后，要对海底电缆进行深埋保护，减小复杂的海洋环境对海底电缆的影响，保证运行安全。在沙地及淤泥区，用高压冲水产生一条约2m深的沟槽，将电缆埋入其中，旁边的沙土将其覆盖；在珊瑚礁及黏土区，用切割机切割一条0.6～1.2m深的沟槽，把电缆埋入沟槽，自然回填形成保护；在坚硬岩石区，需在电缆上覆盖水泥盖板等硬质物体实施保护。

三、进度安排

（1）2001年，工程开始进行项目建设可行性研究。2002年开始向国外多个电缆厂商进行技术和价格咨询，对不同方案进行经济技术综合比较论证。2004年5月完成项目可行性研究评审。

（2）2005年6月，中国南方电网超高压输电公司与海南、广东两省政府共同签署《促进南方电网主网与海南电网500kV交流海底电缆联网工程建设的框架协议》，为尽早实施海南联网工程创造了良好的条件。

（3）2005年10月27日，国家发改委［2005］2209号文核准海南联网工程项目，工期调整为2009年竣工。

（4）2007年2月6日，中国南方电网超高压输电公司与挪威奈克森公司正式签订了海底电缆供货及施工合同，合同金额为1.86亿美元。

（5）2007年2月10日，举行海南联网工程开工仪式。

（6）2008年底，三根海底电缆陆续生产完毕并运抵施工现场，2009年3月开始电缆敷设。

（7）2009年6月30日，海南联网工程举行投产仪式，正式投产。

（邱晓伟）

华能小湾水电站工程

2009年9月25日，国家重点工程、西部大开发和云南“西电东送”的标志性工程——华能小湾水电站首台机组投产发电。

华能小湾水电站于2002年1月正式开工，规划装机容量420万kW，安装6台70万kW水轮发电机组，2010年全部机组投产后，预计年发电190亿kWh。截至目前，电站已累计完成投资超过350亿元。

华能小湾水电站建设创下了多项世界第一，即世界最高的双曲拱坝、最高的边坡、水头最高的机组等。电站建设攻克了300m级双曲拱堤坝浇筑、超大地下洞室群和世界最高边坡开挖、4600kW泄洪消能、水头最高机组安装等世界级设计和施工难题，刷新多项世界纪录。特别是成功解决了300m级坝体混凝土温控浇筑的世界级难题，为全国乃至世界高坝建设提供了借鉴。

华能小湾水电站工程以发电为主，兼有防洪、灌溉、拦沙及航运等综合利用效益。水库库容近150亿m^3，每年调节水量近100亿m^3，具有良好的多年调节性能。主要表现在：①除保证自身发电外，还可使下游的3个梯级电站的保证出力增加110万kW，发电量增加25.75亿kWh，且全部是枯水期电量，并可将15.65亿kWh的汛期电量转化为枯期电量。②通过实施系统流域联合优化调度，可使云南全省水电站群保证电量占全年电量的比例由52.8%达到86%，提高了62.8%，从而扭转云南电力系统长期难以解决的“丰弃枯紧”的被动局面。③大大增强了云南电网系统调峰能力和电能质量，水能利用率由88.5%达到98.7%，提高了12.16%，使云南电网系统有效电量每年净增约62亿kWh，带来巨大的经济效益。

作为一个世界级的挑战性工程，华能小湾电站的成功投产，标志着我国水电建设管理水平又迈上了新台阶。电站对充分发挥云南水能资源优势，带动区域经济社会发展具有重要意义，对推进节能减排和可再生能源发展具有重要作用，也将进一步优化华能集团的电源结构。

华能绿色煤电天津IGCC示范电站开工

2009年7月6日，我国首座自主开发、设计、制造并建设的IGCC（整体煤气化联合循环发电系统）示范工程项目——华能天津IGCC示范电站在天津临港工业区正式开工，标志着具有我国自主知识产权、代表世界清洁煤技术前沿水平的“绿色煤电”计划取得了实质性进展，开启了我国清洁煤发电技术的新纪元。

华能绿色煤电天津IGCC示范电站工程是“绿色煤电”计划第一阶段的依托项目，也是国家“十一五”863计划重大项目。工程于2009年5月正式核准，位于天津滨海新区的临港工业区，建设我国第一台25万kW等级化IGCC发电机组，采用华能自主研发的具有自主知识产权的2000t/天级两段式干煤粉气化炉，首台机组计划于2011年建成。

IGCC电站是目前世界上最环保的燃煤电厂，但在国内尚无先例。华能绿色煤电天津IGCC示范电站工程电站建成后，将成为我国最环保的燃煤示范电厂，发电效率达48%，脱硫效率达99%以上，可回收高纯度的硫，并将氮氧化物的排放控制在较低水平，使污染物排放指标达到燃气轮机发电机组的水平。该工程不仅填补了国内空白，更首次采用多项自主知识产权的技术，对进一步推动我国洁净煤发电技术发展、促进煤炭高效清洁利用和电源结构优化、增强自主创新能力都具有深远的现实意义，必将成为我国清洁煤发电史上一座新的里程碑。

华能集团于2004年率先提出具有我国自主知识产权、代表世界清洁煤技术前沿水平的“绿色煤电”计划，并于2005年联合8家大型国有发电、煤炭和投资企业共同发起组建绿色煤电公司。“绿色煤电”计划是以煤气化制氢、氢气轮机联合循环发电和燃料电池发电为主的一项新型发电技术，同时收集与处理二氧化碳，代表着未来清洁能源发展的主要趋势。该技术有两个主要特点：①使煤炭发电达到包括二氧化碳在内的污染物近零排放；②大幅度提高煤炭发电效率。目前该计划的关键技术已被列入《国家中长期科学和技术发展规划纲要》。“绿色煤电”计划分三个阶段，用10年左右时间，开发出可推广的绿色煤电示范电站：第一阶段，在2011年前，建成25万千瓦级IGCC示范电站；第二阶段，研发绿色煤电关键技术；第三阶段，实施绿色煤电示范项目，于2016年左右建成40万千瓦级绿色煤电示范工程。

此前，为促进我国早日掌握二氧化碳减排的核心技术，华能集团公司于2008年北京奥运会前夕在华能北京热电厂建成投产了我国首座年回收二氧化碳能力3000t的燃煤电厂烟气二氧化碳捕集示范工程；于2008年12月在上海成立了国内第一个煤电温室气体减排研究中心。2009年3月，华能研发的清洁煤电关键技术——干煤粉加压气化技术成功进入国际能源市场。

华能二氧化碳捕集工程投产

华能上海石洞口第二电厂一期工程两台60万kW超临界机组于1992年投产，成为我国火电行业大容量高效机组建设的里程碑。二期工程建设两台66万kW国产超超临界机组，工程配套建设烟气脱硫、脱硝、脱碳装置。2009年12月25日，其脱碳装置即世界火电行业目前最大的10万t/年二氧化碳捕集装置建成投产，开创了我国燃煤电站实现二氧化碳捕集规模化生产的先河。

该厂的脱碳区位于二期工程扩建端中部，分为两大区域，北侧为二氧化碳捕集设备区域，南侧为二氧化碳精制设备区域，电控楼布置在两大区域之间，整个脱碳区域面积有半个足球场那么大，看起来像个小型化工厂。脱碳装置采用燃烧后捕集技术的化学吸收法——这也是目前国际上燃煤电厂二氧化碳捕捉与封存（CCS）项目普遍采用的办法，即在对烟气进行脱硝、除尘、脱硫的基础上，采用化学吸收法（MEA法）实现脱碳。

碳捕集装置主要由烟气系统、吸收塔、再生塔、溶液系统、循环水冷却系统、辅助蒸汽系统等组成。首先，对电厂锅炉排烟进行脱硝、除尘、脱硫等预处理，脱除烟气中对后续工艺的有害物质，然后在吸收塔内复合溶液与烟气中的二氧化碳发生反应，从而将二氧化碳与烟气分离；其后在一定条件下于再生塔内将其生成物分解，从而释放出二氧化碳，二氧化碳再经过压缩、净化处理、液化，得到纯度大于99.5%的液体二氧化碳产品，再经过压缩、精制，最后可以产生达到食品级标准的、纯度为99.9%以上的二氧化碳液体。

燃煤电厂脱碳技术，被认为是在无法彻底改变能源应用结构的当前阶段，实现二氧化碳减排的一大有效手段。目前，二氧化碳捕集和封存技术正成为世界各国科学界和企业界研究的热点，全球有100多个CCS项目正在或即将运行。

大唐亭子口水利枢纽工程

嘉陵江亭子口水利枢纽位于四川省广元市苍溪县境内，是嘉陵江干流的控制性骨干水利枢纽工程，开发任务以防洪、灌溉及城乡供水、发电为主，兼顾航运，并具有拦沙减淤等综合利用效益。该水利枢纽是《长江流域综合利用规划简要报告（1990年修订）》和《嘉陵江干流广元至苍溪河段规划报告》中推荐的近期建设项目，也是国务院批转水利部《关于加强长江近期防洪建设若干意见》（国发〔1999〕12号）确定的完善长江防洪工程体系近期建设的防洪工程之一。作为水利部目前开工的最大工程，亭子口水利枢纽被列入四川省2010年西部大开发1号工程。

嘉陵江亭子口水库正常蓄水位458m，总库容40.67亿m^3，可灌溉农田292.14万亩，电站装机容量4×275MW，保证出力163～187MW，设计年平均发电量31.94亿～29.67亿kWh。通航能力为2×500t级。坝型为混凝土重力坝，坝轴线总长995.4m，坝顶高程465m，最大坝高115m。

工程等别为Ⅰ等，工程规模为大（1）型。枢纽布置为：河床中间布置8个表孔、5个底孔及消能建筑物，底孔（兼作排砂孔）布置在表孔左侧，河床左侧布置坝后式电站厂房，河床右侧布置垂直升船机，两岸布置非溢流坝段。

除了本身具有重大的防洪、灌溉及城乡供水、发电、航运等效益外，还具有拦沙减淤、梯级补偿、促进西部大开发和川东北地区经济社会发展等综合利用效益，在防洪、灌溉及城乡供水方面具有不可替代性，工程社会效益显著，并具有较好的经济和环境效益，建设亭子口水利枢纽符合国家产业发展政策，也是推进社会主义新农村建设的重大举措。

亭子口水利枢纽项目报批按国家“审批制”进行，项目建议书于2007年8月3日获得国家发改委批准（发改农经［2007］1924号文），2008年11月12日，水利部将亭子口水利枢纽项目可研报告以“水规计［2008］479号”文报国家发展改革委，2009年6月30日，国家发展改革委以发改农经［2009］1746号文正式批复了项目可研报告。2009年10月30日，水利部以水总［2009］526号文批复了嘉陵江亭子口水利枢纽初步设计报告，同日，水利部以办建管［2009］448号文批复了项目开工报告。2009年11月25日，由中共四川省委、中国大唐集团公司共同举办了开工仪式。

自2006年12月左岸进场公路开工至2009年底，相继完成了左岸进场公路、亭子口嘉陵江大桥、左右岸场内公路，建成了两岸施工供水系统、两岸混凝土生产系统和亚洲最大的天然砂石骨料加工系统，完成了导流工程、左岸前期工程土石开挖等施工任务。前期建设共计完成土石方开挖900余万m^3，浇筑混凝土约100余万m^3，钢筋、金结11 000余t。

截至2009年底，亭子口水利枢纽工程完成投资13.63亿元。工程自开工以来，未发生重大人身事故、重大机械设备责任事故、重大火灾事故、重大垮塌事故、同等责任以上的交通事故；原材料及中间产品抽检合格率100%；完成单元工程评定4335个，合格率达到100%，机电工程优良率95%，土建项目优良率93.1%，未发生重大及以上质量事故。

大唐东海大桥海上风电场

大唐东海大桥海上风电场是我国核准的首个大型海上风电示范项目，也是我国自行设计、建造的第一个商业化运营的海上风电项目，由中国大唐集团新能源有限责任公司、上海绿色环保能源有限公司、中广核风力发电有限公司和中电国际新能源控股有限公司共同出资组建的上海东海风力发电有限公司负责东海大桥海上风电场投资开发和运营管理工作。大唐东海大桥海上风电场由34台3000kW风电机组组成，总装机容量10.2万kW。工程于2008年9月28日开始打桩，2009年3月20日首台风机吊装成功，9月4日首批3台风机实现并网。

大唐东海大桥海上风电场在我国风电场建设史上创造了多项“第一”：第一次采用自主研发的3000kW离岸型机组，标志着中国制造的近海离岸型风力发电机正式登上历史舞台，使我国大功率风电机组装备制造业跻身世界先进行列；第一次采用海上风机整体吊装工艺，大大缩短了海上施工周期，创造了一个月在工装船上组装10台、海上吊装8台的纪录；在世界上第一次使用高桩承台基础设计，有效解决了高耸风机承载、抗拔、水平移位的技术难题。有数据显示，东海大桥风电场在项目设计、工程建设、施工进度、造价控制等方面都优于国外同类型的海上风电场。

大唐武威太阳能科技示范电站

大唐武威太阳能科技示范电站位于甘肃省武威市城东腾格里沙漠边缘的科技示范园区，电站占地面积约45亩，项目规划容量为1MW，是我国第一个荒漠化并网型光伏电站，也是国家“十一五”高技术研究发展计划先进能源领域“MW级并网光伏电站系统”重点项目，电站由大唐甘肃公司与国家“863”联合体及武威市人民政府三方合作建设，并于2008年投产发电。

该项目采用由“863”联合体研制的大容量国产逆变器和100kW单轴跟踪系统及100kW双轴跟踪系统，为我国大容量逆变器的运行提供宝贵的运行经验，是我国第一个采用跟踪系统容量最大、种类较全的光伏示范电站，填补了我国在大容量逆变器运行和国产单轴跟踪系统的技术空白，为大容量并网电站的研发、建设起到很好的示范作用。

大唐武威太阳能科技示范电站的建成标志着我国第一个荒漠化并网型光伏电站在甘肃省成功实施，也标志着甘肃省在新型清洁能源开发方面走在了全国的前面，不仅有利于光伏发电技术在省内的推广，也将推动区域能源结构的优化升级和清洁能源的快速发展。

华电构皮滩水电站

构皮滩水电站位于贵州省余庆县境内，是乌江流域规划的第七级电站，上距乌江渡水电站137km，下距河口涪陵455km，控制流域面积43 250km²，多年平均径流量226亿m³。工程开发的主要任务是发电，兼顾航运、防洪及其他综合利用。水库总库容64.51亿m³，调节库容31.54亿m³，正常蓄水位630m。地下电站装机容量5×600MW，保证出力751.8MW，年发电量96.67亿kWh，是贵州省实施“西电东送”战略的标志性工程。该工程列入国家“十五”计划国家重点工程。枢纽由大坝、泄洪消能、电站厂房、通航（缓建）及导流建筑物等组成。拦河大坝为混凝土抛物线型双曲拱坝，坝顶高程640.50m，河床建基面高程408.00m，最大坝高232.5m，目前在喀斯特岩溶地区为亚洲第一高拱坝。工程概算投资167.93亿元（含通航建筑物）。2003年11月8日，工程正式开工；2004年11月16日，大江截流；2009年7月31日，5号机组试运行结束后直接投入商业运行，标志着中国华电水电装机规模突破1000万kW。其余4台机组在2009年底全部投产，实现“一年五投”。

华电灵武二期（2×1000MW）空冷机组工程

该工程作为具有我国独立知识产权的世界首台百万千瓦空冷机组，不仅是国家百万千瓦机组空冷技术装备自主国产化示范项目，也是国家重点开发区宁东煤电化基地开工建设的“一号工程”，工程动态投资约76亿元。该机组节能减排效果突出，设计发电煤耗282克，与30万千瓦级传统发电机组相比，每发1千瓦时电可节煤近40克，年可节约标准煤逾40万t；与湿冷机组相比，节水率可达80%，年节水量达2600万t，相当于近80万人一年的用水量，对于建设宁夏“西电东送”火电基地，确保我国富煤、贫水地区电力工业的可持续发展具有重要的意义。该项目同步建设脱硫和脱硝装置，脱硝装置采用选择性催化还原法（SCR），效率≥75%；脱硫装置采用石灰石—石膏湿法，效率≥95%，节能减排效果显著，符合世界低碳经济发展方向。该工程于2008年底获国家发改委核准，2009年3月16日浇筑第一方混凝土预计2011年投产。

华电广州大学城分布式能源站

位于广东省广州市番禺区，占地面积11万m²，是广州大学城配套建设项目，为广州大学城一期18万km²区域内的10所大学提供冷、热、电能三联供，是目前全国最大的分布式能源站。能源站规划容量为4×78MW，分二期建设，一期工程2×78MW于2008年7月28日正式开工建设，两台（套）机组分别于2009年10月20日和10月21日通过“72＋24”h试运行，全面转入生产运营。

广州大学城分布式能源站以天然气为一次能源，通过燃气—蒸汽联合循环机组发电，利用发电后的尾部烟气余热生产高温热媒水，用于制备生活热水和空调冷冻水，向广州大学城区域同时提供冷、热、电三种能源，是典型的分布式能源系统。广州大学城分布式能源站的成功运行，为华电新能源公司进一步规模化发展天然气分布式能源奠定了基础，为探索适合我国国情的区域分布式能源站的发展之路进行了有益尝试。

华电普陀屋顶太阳能光伏发电并网项目

上海华电普陀太阳能光伏发电工程充分利用位于普陀区真南路2548号上海都市型工业示范区内30幢工业厂房屋顶建设，占用屋顶面积约2.4万m²，安装多晶硅电池组件5117件，装机容量为1.432MW；年平均发电量约为150万kWh。与传统的火电项目相比，该项目具有明显的环保和节能的优势，每年可节约标煤525t，可减排二氧化碳（CO_2）1545t，减排二氧化硫（SO_2）7.4t、氮氧化物（NO_x）5t、烟尘2.5t，为推动上海能源结构的优化升级和清洁能源的快速发展作出贡献。

该项目是中国华电集团公司第一个屋顶并网型太阳能项目、上海第二大规模屋顶太阳能光伏发电站，2009年12月29日正式建成并网投产。该项目建设没有采用传统的EPC模式，由上海华电太阳能发展有限公司负责建设与运营，建设过程中有效的针对成本进行了控制，着重对系统效率进行优化。电站自投产运营以来，在无人值守的情况下保持稳定高效运行，在同期建设的同类电站中处于领先地位。该项目取得了屋顶太阳能光伏电站建设的宝贵经验，将有利于上海屋顶太阳能并网光伏电站的发展。

国电大渡河瀑布沟水电站

一、电站基本情况

国电大渡河瀑布沟水电站位于四川省雅安市、凉山州境内，是大渡河上最大的水电站，其水库是大渡河流域的控制性水库之一。电站总装机容量6×600MW，设计多年平均发电量147.9亿kWh。水库总库容53.9亿m^3，其中调洪库容10.56亿m^3，调节库容38.82亿m^3，具有季调节能力。瀑布沟水电站于2003年1月获得国家批准立项，2004年3月30日工程正式开工，2005年11月成功截流，2009年12月6号、5号机组顺利投产发电，计划2010年10月前后续4台机组全部投运，2010年完工。

2009年，瀑布沟水电站工程圆满实现了年度各项建设任务。大坝工程全面填筑完成，共计2213万m^3；机组安装按计划推进，圆满实现了首批2台机组投产发电目标；溢洪道工程施工全部完成；放空洞工程完工并通过竣工验收，实现了成功过水；尼日河引水工程全线开挖贯通，进入衬砌阶段；泄洪洞工程全部完工。全年实现安全无事故，工程累计实现安全生产1961天。年内共计验收评定建筑单元工程5918项，质量合格率达100%，优良率达到94.1%；安装单元工程34项，合格率100%，优良率达到100%。全年完成枢纽建筑物投资19.73亿元。

二、瀑布沟水电站工程首台机组转子成功吊装

2009年5月2日，瀑布沟水电站首台发电机组6号机转子顺利吊装就位。该机组转子直径13.11m，高3.69m，质量1160t。吊装过程进展顺利，历时108min。

三、瀑布沟水电站首台机组成功投产发电

2009年12月13日15时55分，瀑布沟水电站首台发电机组6号机顺利通过72h试运行，并取得一次性成功，正式并网发电并投入商业运行。至此，作为国家“十五”重点建设项目、西部大开发标志性工程的瀑布沟水电站，历时8年的建设，成功实现了首台机组投产发电目标，标志着工程建设取得了重大里程碑成果。瀑布沟水电站首台机组成功投产发电，是我国水电建设事业取得的又一丰硕成果，是四川灾后重建中投产的最大水电工程，是四川本世纪以来投产的最大水电站，不仅对于促进四川建设“西部经济高地”和经济社会可持续发展，而且对于改善我国能源结构、发展低碳经济、建设生态文明都具有深远影响。

2009年12月23日11时，瀑布沟水电站第二台发电机组5号发电机组顺利结束72h试运行，正式并网发电并投入商业运行。至此，瀑布沟水电站在同一个月内实现了两台大型水轮发电机组（单机容量600MW）的投产目标。

四、瀑布沟水电站正式下闸蓄水

2009年11月1日10时16分，瀑布沟水电站2号导流洞顺利完成下闸，标志着瀑布沟水电站工程正式下闸蓄水。此前，1号导流洞已于9月28日成功下闸。11月10日，瀑布沟水电站蓄水至790m高程，完成了第一阶段蓄水任务。计划2010年4月中旬开始第二阶段蓄水至正常蓄水位850.00m高程。

五、瀑布沟水电站500kV送出工程东线反送电一次成功

2009年11月10日凌晨零时18分，瀑布沟水电站GIS开关站布坡三线及母线反送电一次成功；当天中午12时零6分，布坡四线一次充电成功。至此，瀑布沟水电站布坡三线、四线及两条母线成功带电，反送电工作圆满完成。这标志着瀑布沟水电站500kV送出工程东线全面竣工，正式进入系统分部试运行阶段。

瀑布沟水电站通过4回500kV输电线路送出，落点在眉山东坡变电站，简称瀑坡线。瀑坡线分两期建设，首期2回瀑坡东线于（全长172km）2008年6月开工，于2009年11月10日一次反送电成功；二期瀑坡西线2回（全长175km）于2009年4月开工，计划2010年6月投运。

（孙剑炜）

国电江苏如东二期扩建100.5MW项目

国电江苏如东二期扩建100.5MW项目是国电龙源如东风电场（该风电场荣获新中国成立60周年百项经典暨精品工程）扩建工程，也是目前国内规模最大的风电工程和江苏省2009年度重大项目之一。由国电龙源（如东）风力发电有限公司投资建设。工程场址位于江苏如东环港外滩和东凌垦

区，共安装 67 台单机 1.5MW 风电机组，塔筒高 80m，叶片长 77m，总投资 10.07 亿元。

国电江苏如东二期扩建 100.5MW 项目于 2009 年 9 月 18 日投产发电，预计年发电量 2.3 亿 kWh，相当于节约标煤 8 万 t，节水 70 万 t，减排二氧化碳 24 万 t，减排二氧化硫 1400t，具有良好的社会效益和环境效益。

国电江苏如东 30MW 潮间带试验风电场工程

国电江苏如东 30MW 潮间带试验风电场工程是由国电龙源电力集团股份有限公司投资建设的国内首个海上潮间带风电项目。工程位于江苏如东苴镇垦区外滩海上潮间带，在刘埠闸以西，规划的洋口港环港作业区以东区域内。风机布置区沿海岸线方向直线距离长约 4km、宽约 2km，垂直海岸线的离岸距离为 1～3km。项目总投资约 5.5 亿元，年上网电量约 7292 万 kWh。

该工程于 2009 年 6 月 11 日经江苏省发改委下发路条，同意该试验项目开展前期工作；2010 年 3 月 31 日由江苏省发改委核准。为支持风电设备国产化，带动地方经济发展，项目优先选择实力较强的国内主机制造企业作为合作伙伴。目前，已确定的机型有广东明阳、联合动力、上海电气、远景能源、重庆海装、华锐、金风、三一电气共八家企业的九种机型，机组涵盖 1.5、2.0、2.5MW 以及 3.0MW 的共 16 台机组；风机基础有混凝土承台及钢结构多管桩导管架等多种设计。该项目于 2009 年 6 月正式开工建设，首批两台机组在 4 个月的时间内完成机位承台混凝土浇筑及风机吊装，于 2009 年 10 月 20 日成功并网发电，填补了世界风电发展史上没有潮间带风电的空白，预计机组 2010 年 7 月全部投产。

该项目建成后，每年上网电量为 7299kWh，按火力发电标煤消耗量计算，每年可以节约标煤 2.18 万 t，按重油发电消耗量计算，每年可节约重油 1.09 万 t。每年可以减少排放温室效应气体 CO_2 4.95 万 t，减少灰渣 0.89 万 t，减少其他废气排放：SO_2 439t，NO_2 176t。此外，每年还节约用水 21 万 m^3，并减少相应的废水排放和温排水。实现了节能效益、环境效益和经济效益共赢。

海上潮间带试验风电场项目的建设，将为江苏打造风电“海上三峡”提供技术保证和支撑，为我国开发海上风电项目风资源评估选址、规划设计、施工安装、运行维护及运营状况等提供积极技术指导。

国电荥阳煤电一体化工程

国电荥阳煤电一体化工程是河南省“十一五”规划建设的重点项目，也是国电集团公司重点发展的三大煤电一体化项目之一。国电荥阳煤电一体化一期 2×600MW机组工程于 2008 年 12 月 8 日取得核准，2009 年 1 月 9 日正式开工建设，计划 2010 年“双投”发电，工程总投资 42.4 亿元；该项目由中国国电集团公司与鹤壁煤业（集团）有限责任公司分别按照 80%、20%的比例出资组建。

国电荥阳煤电一体化工程是河南省唯一直供郑州的大型发电项目，交通运输和接入系统方便，周边煤水资源丰富。根据煤炭地质勘探资料核算，其保有储量约 36 亿 t，可采储量约 17.3 亿 t，煤层气资源量约 1088 亿 m^3。2006 年 12 月，荥阳公司与鹤壁煤业（集团）有限责任公司分别按 40%、60%的比例，共同投资成立鹤煤国电郑州能源有限公司，共同开发荥巩煤田资源，建立大型煤电能源基地。

一期 2×600MW 机组工程设计理念先进，采用超临界“W”火焰锅炉设计供电煤耗 284g/kWh，以郑州城市中水为主水源，同期配套建设烟气脱硫设施和污水处理设施，并预留烟气脱硝设施的场地和条件。

中电投拉西瓦水电站

拉西瓦水电站是目前黄河流域大坝最高、装机容量最大、送出电压等级最高的水电站。电站最终安装 6 台 70 万 kW 水轮发电机组，总装机容量 420 万 kW，多年平均发电量 102.23 亿 kWh，总库容 10.79 亿 m^3。拉西瓦水电站前期工作于 2001 年启动；2004 年 12 月，拉西瓦水电站项目通过国家核准，工程具备正式开工条件；2006 年 4 月 15 日，拉西瓦水电站正式开工，大坝第一方混凝土开盘浇筑；2009 年 3 月，拉西瓦水电站下闸蓄水；2009 年 4 月，拉西瓦水电站首批两台机组具备发电条件。电站计划总工期为 9 年，自 2001 年启动至今，创造了当前我国水电建设史上多项新纪录，其中部分指标建设水平从一定程度上领先于当今世界水电建设水平。拉西瓦水电站工程创造了完成 250m 高拱坝、单机 700MW 水轮发电机组、750kV 电压等级电气设备的土建施工及设备安装仅用 7 年半施工工期的全国最短纪录。大坝从第一块混凝土浇筑到第一台机组发电仅用了 3 年时间；首台 700MW 机组调试用时 9 天，两台 700MW 机组同时调试仅用时 11 天；电站 750kV 电气设备从调试到并网仅用 5 天时间，这些都不断刷新中国水电建设的新纪录。电站首次使用 207m 高 750kV 高落差气体绝缘金属封闭输电线路管道为世界之最；在国内第一次采用反拱消力塘消能工；导流洞封堵闸门首次采用充压式水封；施工管理、工程质量、安全文明施工处于国内领先水平。

中电投海阳核电工程

2003 年 8 月，山东核电项目筹备处成立，2004 年 9 月 10 日山东核电有限公司正式揭牌成立。2006 年 12 月 16 日，中国三代核电技术招标工作结束，海阳核电项目作为国家三代核电自主化依托项目之一，确定采用美国西屋公司 AP1000 核电技术路线。AP1000 技术，以其特有的非能动安全系统和模块化设计成为目前世界上公认的最安全、最先进的核电技术。2007 年 4 月 25 日，海阳核电项目 1、2 号机组获得国家发改委“路条”，获批开展前期工作；2008 年 7 月 29 日，海阳核电项目一期工程核岛负挖较原计划提前 2 个月正式启动；2009 年 3 月 3 日，国家发改委批准同意 3、4 号机组开展前期工作。

中电投伊洛瓦底江项目

2009 年，伊江上游水电项目纳入中缅两国政府间重点合作项目，该项目规划建设七级水电站，总装机规模约 1650 万 kW，在满足当地社会用电的同时，具备按特高压、大容量直接向中国负荷中心送电的良好条件。项目全部建成后，将向缅甸和中国分别提供清洁电能，有力促进中缅两国经济和社会发展。规划装机 600 万 kW 的密松水电站前期工程已于 12 月 21 日正式开工。

电力工作报告

工作会议报告

国家电力监管委员会2009年工作会议报告（摘要）

一、2008年工作回顾

2008年在党和国家发展进程中是很不寻常、很不平凡的一年。一年来，我们接连经历了一些难以预料、历史罕见的重大挑战和考验。在党中央、国务院的坚强领导和全国各族人民的共同努力下，社会主义现代化建设事业取得新的显著成就。2008年也是电力发展历史上很不寻常、很不容易的一年。低温雨雪冰冻灾害和特大地震灾害给一些地区的电力设施和电力供应造成重大破坏和严重影响。电煤供应一度高度紧张，电厂用煤频频告急。8～9月，又迎来了举世瞩目的北京奥运会、残奥会的举办，奥运保电任务异常繁重和艰巨。10月以后，电力供需形势又出现逆转，电力需求持续下滑，连续出现负增长。面对这样的复杂形势和艰巨任务，在党中央、国务院的正确领导下，全国电力系统广大干部职工团结协作，顽强拼搏，共克时艰，保证了电力安全稳定运行，保证了电力可靠供应，保证了经济社会发展和人民生活用电需求。根据统计快报，2008年，全国新增发电装机容量9051万kW，发电装机总量达到7.9亿kW；全国发电量达到34 334亿kWh，同比增长5.18%，全社会用电量达到34 268亿kWh，同比增长5.23%；电网建设和电力节能减排工作也取得较大成效。

2008年，大事多，任务重。电监会系统深入贯彻落实科学发展观，牢固树立以人为本、监管为民的理念，认真履行监管职责，为促进电力工业发展做出了积极贡献。面对历史罕见的自然灾害和奥运保电的繁重任务，电监会系统坚决贯彻党中央、国务院的决策部署，攻坚克难，迎难而上，举全会之力打了抗冰抢险、抗震救灾和奥运保电三场硬仗，取得了抗冰抢险保电和抗震救灾保电斗争的重大胜利，圆满完成了奥运保电工作任务，向党和人民交出了一份合格答卷。抗冰抢险期间，电监会系统迅速反应，快速行动，牵头成立抢修电网指挥部，提前实现了抢修电网恢复重建目标。电监会四川抗震救灾保电工作指挥部被党中央、国务院、中央军委授予“全国抗震救灾英雄集体”。奥运保电工作做到了“万无一失”，得到了奥组委的高度评价。2009年，各项日常监管工作也都取得了新的成效。

（一）安全监管扎实有效

2008年，在应对自然灾害和做好奥运保电工作的同时，始终把安全监管作为电力监管的重中之重，持之以恒地做好安全监管各项日常工作，全国电力安全生产形势保持了总体平稳的态势。

强化安全监管措施。扎实开展隐患排查治理工作，深入开展电力安全生产百日督查专项行动，认真组织开展二次系统安全防护、电力建设施工安全、迎峰度夏、奥运保电安全保卫等专项检查活动。全面推进安全性评价工作，提高新建电厂安全管理水平。加强电力行业信息网络安全监管，实施电力行业信息安全分等分级，开展网络与信息安全应急演练，组织网络信息安全检查工作。开展水电站大坝注册、定检工作，推进水电站大坝信息化建设。加强电力可靠性管理，发布2007年度电力可靠性指标，评选公布2007年度全国发电可靠性金牌机组。

深化应急管理。加快电力应急管理法规制定工作，指导和规范电力应急体系建设。加强重要电力用户供电电源和自备应急电源配置的监督管理。推进应急预案编制和应急演练规范化，督促指导天津以及东北、华中、西北、南方地区部分城市开展大面积停电事故联合应急演练工作。

（二）市场监管工作不断深入

综合运用现场检查、行政执法、信息公开等监管手段，认真履行电力监管职责，各项业务监管工作全面推进，深入开展。

把现场检查作为电力监管的基本方式。开展了供电报告整改落实情况检查、供电服务专项检查、厂网电费结算执行情况检查、差别电价执行情况检查、电价政策调整执行情况检查、电网企业收购可再生能源电量全额上网执行情况和可再生能源电价执行情况检查、资质许可年检等检查活动。通过检查履行监管职责，通过检查树立监管形象，通过检查规范市场秩序，通过检查落实政策法规，收到了很好地效果。

把发布监管报告作为电力监管的重要抓手。2008年一年面向社会共发布监管报告9个，是监管报告制度建立以来发布最多的一年，内容基本覆盖电力监管的主要监管业务。这些监管报告反映的都是社会普遍关注的重点、热点问题，质量较高，影响越来越大。2008年还组织开展了电力用户供电服务满意度评价试点工作，形成了供电服务满意度评价报告。区域派出机构也根据监管工作情况发布了一批监管报告。

把行政执法作为电力监管的重要手段。经过多方努力，财政部正式明确了电力监管行政罚没收入汇缴有关事宜。加大稽查工作力度，依法查处了一批违法案件。积极开展电力争议调解工作，解决了一批争议事项。继续完善12398投诉举报体系，开通了短信受理投诉举报渠道，认真处理投诉举报，定期公布投诉举报信息。积极参与联合执法活动，配合有关部门开展了多个行政执法专项行动。

把节能减排监管作为电力监管的重要内容。严把市场准入关，一方面加快电力业务许可证普及颁发进度，一方面加强对燃煤机组二氧化硫治理的审查工作，开展已持证的地方燃煤电厂二氧化硫治理筛查和许可证标注工作，撤销关停小火电机组的发电业务许可证。推广脱硫设施建设运行情况实时在线监控系统，提升燃煤机组烟气脱硫监控效果。制定了发电权交易监管办法，促进和规范发电权交易。开展节能调度监管试点工作，成功进行了节能发电调度模拟运行。强化差别电价政策监管，监管供电企业落实对高耗能、高污染企业的停电、限电措施。配合国家环保总局开展污染减排核查工作。

把监管法规规章建设作为电力监管的重要保证。对现有电力监管规章进行了清理，废止了部分电力监管规章。不断完善“三公”报告报送、信息披露、合同协议备案、厂网联席会议制度，印发了发电厂并网运行管理和并网发电厂辅助服务管理的实施细则。加强输配成本核算监管，审核批复了国华陕西神木锦界电厂送出工程输电价格。制定和发布了厂网电费结算、节能发电调度信息发布、发电权交易监管、电力市场诚信体系建设等部门规章和规范性文件。电力标准化工作扎实推进，组织制定了一些行业标准。

（三）电力体制改革稳步推进

推进电力市场建设。积极推动大用户与发电企业双（多）边交易。加紧研究和推进内蒙古电力多边交易市场建设。积极支持吉林省电力多边交易工作。推动四川等地大用户直供电试点工作。电力市场建设的基础工作稳步推进。

继续做好920项目和647项目扫尾工作。协调有关方面签署647转让协议，督促收缴920变现资金，协调处理有关遗留问题。协调解决了青山电厂的历史遗留问题。

加强对电力改革有关重大问题研究。按照工作小组安排，对输配电管理体制、农电管理体制等后续改革问题进行了深入研究，完成了研究报告初稿。积极与有关部门沟通，提出了继续深化电力体制改革的意见和建议。

（四）积极服务党和国家工作大局

2008年年初，受低温雨雪冰冻灾害等因素影响，全国电煤库存持续下降，许多电厂存煤降到警戒线以下，给电力安全生产和电力供应造成严重影响。电监会在第一时间敏锐地捕捉到这个信号，及时向中央和有关部门报告有关情况。抗冰抢险期间，电监会坚持每天向中央和有关部门报送全国电厂电煤供应信息，积极参加国务院煤电油运协调机制，面向社会及时发布相关信息。冰雪灾害以后，受电煤价格持续上涨等因素影响，电煤供应紧张状况日趋严重。针对这种情况，及时组织召开发电企业电煤供应座谈会，分赴重点地区开展电煤供应情况专题调研，形成调研报告。《国务院办公厅关于加强能源预测预警工作的意见》下发后，认真贯彻落实，制定印发了《电力供需及电煤供应监测预警管理办法》，组织开发了全国电煤监测预警信息系统。从7月份开始，编发《全国电力供需及电煤供应监测预警信息》，及时向国务院提供电力供需及电煤供应信息，得到了党中央、国务院领导同志的肯定。还按季度组织开展电力运行情况分析预测工作，定期分析电力企业财务及经营状况。

2008年下半年以后，国际金融危机影响到我国实体经济。10月，电力需求首次出现负增长。针对国际国内经济形势的重大变化，坚决贯彻中央决策部署，深入开展调查研究，全面了解电力运行情况，认真研判全国电力工业发展趋势，积极为中央决策建言献策，形成了几个有针对性的报告，分别呈报国务院及中央领导同志，国务院领导同志在报告上作了重要批示，为中央决策提供了重要参考。

各派出机构积极开展电煤供应预测预警和电力供需形势分析，为地方政府决策服务，得到了地方政府的肯定。

（五）党风廉政建设和监管机构自身建设不断加强

党风廉政建设和干部队伍建设得到加强。人事管理进一步规范。组织开展学习培训，干部队伍素质稳步提高。落实党风廉政建设责任制，制定贯彻落实《建立健全惩治和预防腐败体系工作规划》实施意见。严格执行中央规定，开展公款出国（境）旅游专项治理工作。加强抗震救灾捐赠物资监管。清理纠正电监会工作人员投资电力企业和在企业兼职问题。继续做好治理商业贿赂工作，制定了推进电力行业诚信体系建设的意见，组织开展了首次电力行业信用企业评价工作。加强机关党建工作，基层党组织的战斗力在抗灾救灾和奥运保电工作中经受住了考验。

加强机关运行规范化、制度化建设。改进和完善办公自动化系统。健全工作督办机制。做好信访工作。开展保密检查，细化保密制度，做好信息化条件下的保密工作。推进“五五”普法工作。开通电力信息公开网站，推动政务公开。改进信息新闻工作。对外合作取得新成果。分设预算审计和机关财务机构，完善财务审计管理制度。提高后勤服务工作水平，解决了派出机构住房补贴问题和会机关部分干部职工的住房问题。

（六）学习实践科学发展观活动深入开展

2008年10月14日学习实践科学发展观活动正式启动以来，全会上下迅速行动，全体党员干部以高度的政治责任感和饱满的政治热情，认真学习胡锦涛、习近平等中央领导同志重要讲话和中央有关文件，深入开展调查研究，积极开展解放思想讨论，开好专题民主（组织）生活会，撰写分析检查报告，扎实做好学习实践活动每一阶段、每一环节的工作。在学习实践活动中，上下联动，加强协调，密切联系实际，突出实践特色，把学习实践活动与贯彻落实党的十七届三中全会和中央经济工作会议精神结合，与应对当前国际金融危机结合，与总结2008年工作、谋划2009年工作结合，有力推动了各项业务工作的开展。

二、准确把握当前的经济形势

受国际国内经济环境变化的影响，2008年10月以来，我国电力供需形势发生了重大变化，电力供需矛盾从供应紧张转变为一时性的需求不足。随着国际金融危机对我国经济影响的不断加深，这种趋势还将持续并可能有所发展。受此影响，2009年全社会用电量、发电量和机组利用小时将继续下降，加之煤电价格矛盾并没有得到合理解决，电力企业经营困难增加。电力供需形势和电力企业经营情况的变化，给电力安全稳定运行带来了新问题，也使得厂网关系问题更加突出，电量上网竞争更加激烈，厂网电费结算问题也将凸显。形势的变化也给2009年电力监管工作提出了新任务和新要求。如何应对电力需求不足问题，促进电力工业持续较快发展；如何应对电力安全生产面临的新情况，加强安全监管，保证电力安全稳定运行和可靠供应；如何应对电力市场出现的新情况，加强市场监管，协调厂网关系，规范市场秩序等，都是2009年电力监管工作需要重点关注和解决的重大问题。同时也要看到，这场金融危机也给电力工业实施结构调整、加快电网建设、推进市场化改革等带来前所未有的机遇。尽管电力工业发展面临前所未有的挑战，但随着中央采取的一系列扩大内需、促进经济发展政策的稳步实施和逐步见效，电力工业发展的基本趋势不会改变。

针对当前电力发展的新形势和新情况，既要继承和发扬这几年在实际工作中探索总结出来的行之有效的好经验、好做法，充分利用好这次学习实践活动形成的共识和成果；又要与时俱进，因时制宜，制定行之有效的工作思路和工作措施，有的放矢地开展工作。在2009年工作中，要更加注重发展，把促发展放在电力监管工作更加突出的位置，为扩内需、保增长营造良好的市场环境；要更加注重电力运行监测预警，把电力运行监测预警作为电力监管的常态工作，进一步完善电力运行预测预警系统，健全电力预测预警机制；要更加注重安全监管，始终把安全监管作为电力监管的重中之重，加强安全监管，保证电力安全稳定运行；要更加注重市场监管，把维护市场秩序、防止低水平建设和无序扩张以及协调厂网关系、化解厂网矛盾作为电力监管的重点工作，加强“三公”调度监管和厂网电费结算监管；要更加注重发挥市场配置资源的作用，把推进市场化改革摆到电力监管工作的重要议事日程，利用当前供需矛盾缓解的有利时机，加快电力市场建设，丰富电力市场交易形式，更多地运用市场化手段解决电力工业发展中的矛盾和问题。凡事预则立，不预则废。只要能够在变化的形势中捕捉和把握难得的发展机遇，就一定能够化危机为转机，变压力为动力，稳妥应对可能出现的变化，及时化解前进道路上的各种困难和问题，推进电力工业又好又快发展。

三、2009年电力监管工作安排

（一）强化电力安全监管和电力应急管理，努力实现电力系统安全稳定运行

2009年，电力安全监管面临新形势，新挑战，将迎来国庆60周年，促进社会经济平稳较快发展，电力安全保供任务很繁重。安全监管要常抓不懈，持之以恒。要总结发扬奥运保电的好经验、好做法，扎实做好安全监管各项工作，全面落实安全监管责任和安全生产责任，保证电力安全稳定运行和可靠供应。进一步完善电力安全监管法规制度。加强电网安全运行监督管理。强化电力建设施工安全监管。加强电力应急管理工作，推进电力应急指挥平台建设。继续做好电力可靠性监督管理，完善电力可靠性监管体系和制度。继续做好水电站大坝安全监督管理。进一步完善网络与信息安全管理制度。加强网络与信息安全的

监督管理。

（二）全面加强电力市场监管，规范电力市场秩序

树立大市场观，以监管报告为抓手，综合运用现场检查、信息公开、行政执法、在线监管等多种监管手段，全面推进市场监管工作，为电力发展营造良好的市场环境。

加强电力预警预测。认真做好电力供需形势分析和预测、电煤监测和预警分析、电力企业生产运行和财务状况监测、企业运营外部环境分析预测等工作，及时报告情况，提出意见建议，为党和政府经济决策提供参考依据。

加强市场准入监管。继续加大许可证颁发工作力度，继续完成普及许可证任务。切实加强对持证企业的事中、事后监管，加强对许可制度执行情况的监督检查。着手开展供用电监督资格证颁发管理工作。

加强市场运营和电网监管。以“三公”调度监管为重点，进一步完善和落实“三项”制度，协调和规范厂网关系。加强发电厂并网运行管理，初步建立辅助服务补偿机制。加强电费结算监管。加强对输电企业公平开放电网情况的监管。开展跨区跨省交易情况监督检查。加强市场诚信体系建设，稳步推进电力行业信用企业评价工作。

加强供电监管。制定发布供电监管办法。开展供电服务专项检查，加大对基层供电企业和农村供电的监管力度。建立完善供电监管的社会监督体系，开展电力用户供电服务满意度评价工作。

加强价格财务监管。完善价格财务监管法规规章。进一步做好电价执行情况监督检查。继续做好电力工程项目造价监管工作。加强对跨区域输电线路投资、成本、价格及运营情况的审核和监管。

2009年，要继续做好监管报告编写和发布工作，充分发挥监管报告对于监管工作的倒逼机制压力。要制定监管报告编制发布计划，编制发布计划要突出重点，落实责任。监管工作要敢于碰硬，监管报告要敢于揭露问题，真正形成一批有分量、有影响的监管报告。

（三）推进电力体制改革，加快电力市场建设

2008年12月18日，胡锦涛总书记在纪念党的十一届三中全会召开30周年大会上发表了重要讲话，明确指出了继续推进改革开放伟大事业的前进方向。一定要认真学习，深刻领会，在实际工作中抓好贯彻落实。

中央经济工作会议提出了2009年经济工作的总体要求和重点任务。温家宝总理在讲话中对电力改革提出了要求。要抓住当前有利时机，坚定不移地推进电力体制改革，扎实做好今年各项改革工作，争取在一些领域有所突破。一是积极推进区域电力市场建设。通过区域平台，规范跨区跨省电能交易行为。落实《发电权交易监管办法》，探索在区域平台上实现更大范围的资源优化配置。二是大力推动大用户直接交易。在区域电力市场框架下，推动建立大用户与发电企业多边交易市场机制。会同有关部门制定工业企业参与电力直接交易准入及管理的政策规范。进一步深化大用户直购电试点，扩大交易范围和规模。三是推动深化电力体制改革。落实中央经济工作会议精神，会同有关部门，推动电价改革，开展电力体制改革综合试点工作。组织开展电力体制改革重大课题研究。四是积极沟通协调，促进电力体制改革决策机制和实施机制的健全和完善，做好办公室的日常工作。

（四）健全法规制度，加大执法力度

要贯彻依法治国方略，牢固树立依法监管的观念，形成监管机构依法监管，电力企业依法经营，电力用户依法维权的良好格局。

做好立法工作，推进执法制度建设。法规建设是依法监管的基础工作。要制定立法规划和计划，加快监管立法工作，开展电力监管规章、规范性文件废、改、立工作。继续参与“两法三条例”制定修改的有关工作，推动《电力法》修订出台。组织开展《电力监管条例》及其配套规章执行情况检查评估。开展执法责任制试点。规范电力监管机构行政应诉程序。

完善投诉举报机制，加强电力稽查工作。加强12398热线系统建设，规范流程管理，完善案件跟踪督办、回访工作机制，加大曝光力度，定期公布投诉举报受理和办理情况。加快建立罚没收入账户，制定配套规则，健全行政处罚机制，加大行政处罚力度，依法依规查处电力违法违规案件。积极开展电力争议调解和裁决。会同有关部门联合开展对电力行业的有关行政执法工作。

落实国家节能减排法规政策，加强可再生能源电力监管。继续开展小火电机组关停监管。加强燃煤机组发电许可证动态管理，继续做好发电业务许可证备注事项的跟踪监管。做好关停机组保留发电计划指标替代发电监管和合同备案。积极配合开展节能发电调度试点工作，做好节能调度信息披露和补偿管理工作。加强可再生能源电力监管，监督可再生能源电量全额收购和电价政策执行。加强差别电价政策执行监管。督促电力企业落实高耗能、高污染企业停、限电措施。推广脱硫在线监测系统。

（五）进一步加强监管基础建设，不断提高监管能力

完善电力监管工作体制机制。加强监管组织体系建设，理顺监管机构之间、部门之间的工作机制，提

升监管合力。完善监管报告发布制度，着手编制电力监管工作手册。进一步完善电力监管规则制度、报表制度、许可制度、电力稽查制度和电力安全事故预防和应急处置制度。

加强电力监管信息化工作和标准化工作。完善电力监管网络基础设施，大力推进电力监管实时信息系统建设，加快建设电力监管专业信息平台。认真做好电力监管统计工作，加强信息的分析与整合应用。做好电力监管国家标准制修订工作，稳步推进电力企业标准化良好行为试点及确认工作，继续推进电力工程项目建设有关标准的制修订工作。

提高机关运行效率。健全机关工作制度，规范工作程序。进一步加大督办力度。健全财务管理制度，加强预算编制、执行监督和审计工作。完善保密制度，强化保密措施。创新政务公开及办事公开制度和方式，建立政务信息公开长效机制。继续推动“五五”普法工作。改进新闻宣传和信息报送工作。进一步加强监管研究工作。扩大对外交流，做好对外交流合作成果的应用工作。加强机关后勤管理，关心群众生活，切实解决一些关系群众切实利益的问题。

（六）加强机关党的建设，扎实做好反腐倡廉工作

加强领导班子和队伍建设。认真贯彻《党政领导干部选拔任用条例》，深化人事制度改革，做好干部选拔任用和监督工作。加强领导班子和队伍建设，建立干部交流制度。加大干部培训力度，增强干部培训的针对性和实效性。

不断加强和改进机关党的建设和党风廉政建设。认真贯彻中央纪委三次全会和国务院第二次廉政工作会议精神，落实《建立健全惩治和预防腐败体系工作规划》实施纲要和会党组制定的实施意见，搞好党风廉政教育，抓好领导干部廉洁自律各项规定的贯彻落实。加强对领导干部特别是主要领导干部的监督。加强领导干部作风建设。严肃查办违纪违法案件，深入开展治理商业贿赂专项工作。规范行业协会服务和收费行为，着力解决群众反映强烈的突出问题。

2009年还要按照中央要求和学习实践活动实施方案，善始善终地做好学习实践活动下一阶段的工作。集中的学习实践活动到2月底告一段落，但学习贯彻科学发展观是一项长期的任务，学习实践活动成果的应用也是一项长期的任务，绝不能松懈。要按照实施方案，高质量、高标准地做好分析检查报告编写、整改落实和活动总结的各项工作。

四、做好2009年工作的几点要求

一要统一思想，深化认识。2008年以来，通过开展学习实践活动，对监管理念的认识更加深刻，对监管定位的把握更加准确，在一些重大问题上形成了共识。要充分运用学习实践活动成果，进一步统一思想，扩大共识，坚持正确监管定位，牢固树立以人为本、监管为民的理念，推动完善监管体制，探索创新监管机制，履行好现有职能，努力做好当前各项工作，为促进电力工业又好又快发展发挥更大的作用。

二要坚定信心，振奋精神。伟大的事业催人奋进，伟大的事业孕育伟大的精神。精神不振，事业也不会兴。越是在困难的时候，越要坚定信心，振奋精神。当前电力监管工作中虽然遇到了一些困难，但电力监管的方向是正确的，路子是对头的，在市场经济条件下是不可或缺的，监管缺失是不可能实现持续协调发展的。要有一种开拓进取、奋发向上的锐气，团结和谐、众志成城的人气，攻坚克难、坚韧不拔的勇气，不甘落伍、锲而不舍的志气，在困难面前不低头，在挑战面前不退缩，以旺盛的精力、饱满的热情、昂扬的斗志，全力以赴做好电力监管各项工作。

三要解放思想，开拓创新。电力监管事业是创新型的事业。创新型的事业要求大胆解放思想，勇于开拓创新。要把对监管的认识和理解从传统的思维模式中解脱出来，勇于变革、勇于创新、永不停滞。要发扬学习实践活动中形成的好风气，进一步解放思想、开拓创新，立足中国国情和现阶段发展特征，努力探索适应中国国情的电力监管道路。

四要求真务实，狠抓落实。实干兴邦，空谈误国。任何一项事业都是踏踏实实干出来的。要大力发扬求真务实的工作作风，脚踏实地，扎实工作，说实话，干实事，求实效，克服消极情绪，摒弃浮躁作风，一步一个脚印，把电力监管工作不断推向前进。要把狠抓落实作为转变工作作风的突破口和着力点，在抓落实上花更多的精力，下更多的功夫，建立和完善抓落实的工作责任机制，形成一级抓一级、层层抓落实的工作格局，使各项工作有布置、有督促、有落实，保证中央的政策和党组的决策落到实处。

五要团结协作，形成合力。心往一处想、劲往一处使，精诚团结、同心协力，既是赢得2008年“三大战役”胜利的基本经验，也是做好监管工作的基本要求。在当前监管组织体系还不完善，人员编制还比较紧张的情况下，团结协作、形成合力的要求就更加迫切。要进一步加强各部门之间、部门与派出机构之间的联系与沟通，理顺区域局与城市办之间、部门之间的工作关系和工作机制，总结推广一线监管创新成果，充分调动各个方面的积极性，提升监管合力，提高监管工作成效。

六要清正廉洁，干净做事。干部特别是领导干部都要树立正确的世界观、人生观、价值观和权力观、

地位观、利益观，做到“干净、干事、干成事”，管得住小节，耐得住寂寞，抵得住诱惑，经得起考验，洁身自好，甘于奉献。要少一点时间应酬，多一点时间学习。监管也是一门专业、一门学问，要扑下身子认真学习监管业务知识，研究监管工作自身规律，努力做到博学多才、一专多能，成为电监工作的行家里手。要正确对待名与利、权与责，强化制度约束和权力制约，做清正廉洁，干净做事的模范与表率，以干部作风建设的改善促监管能力的提高。

国家电力监管委员会2010年工作会议报告（摘要）

一、2009年工作回顾

（一）深入开展“安全生产年”活动，安全监管进一步加强

2009年是国务院确定的“安全生产年”。电监会认真贯彻落实国务院统一部署，积极推进电力行业“安全生产年”活动，扎实开展“三项行动”，切实加强“三项建设”，着力构建电力安全生产长效机制。会同有关部门，督查指导电力企业周密安排，及早部署，圆满完成了国庆保电任务。结合2009年各个时期电力安全生产特点和各地区保电工作重点，制定工作方案，加强监督检查，注意跟踪气象变化，及时部署应对措施，完成了迎峰度夏、冬季大负荷、抢险救灾和哈尔滨大冬会、济南十一届全运会的保电任务。发布了《2008年度电力行业网络与信息安全情况通报》。完善了电力应急管理的技术规则和标准体系，出台了《关于加强电力应急体系建设的指导意见》。推进了电力应急平台体系建设，电监会综合应急指挥平台开始上线运行。积极推进和督促指导重庆、山西、内蒙古等地开展了处置电网大面积停电事件联合应急演练，电力应急管理工作不断深入。

（二）积极推进电力改革，大用户直购电试点取得突破

2009年，电监会抓住时机，因势利导，顺势而为，以市场为平台，以电价改革为核心，以大用户直购电为突破口，全力推进电力市场建设。2009年3月，工信部、电监会、发改委、能源局联合发文，确定15家符合国家产业政策的电解铝企业开展大用户直购电试点工作。6月，牵头制定的《关于完善电力用户与发电企业直接交易试点工作有关问题的通知》正式出台。此后，陆续出台了规范大用户直购电试点的两份文件，为大用户直购电试点工作的推开提供了政策依据。20号文印发后，积极参与和促进部分省（区、市）大用户直购电输配电价制定工作，各派出机构积极与地方政府沟通协调，共同做好试点工作的申报、组织工作。截至2009年年底，全国已经有11个省（区、市）正式上报了试点方案。目前，安徽省的试点申请已经批复，辽宁抚顺铝厂与华能伊敏电厂的试点工作已经批准。福建省、甘肃省电力用户与发电企业直接交易试点输配电价也已获发改委正式批复，目前正在积极推动两省抓紧组织发电企业与用户协商，形成直接交易意向后尽快履行报批手续。

在积极推动大用户直购电试点工作的同时，各派出机构积极开展发电权交易、各种灵活交易和辅助服务市场化试点工作。各区域局结合本地实际，因地制宜地推进市场建设。华北电监局稳步推进内蒙古双边交易市场建设，目前已经进入模拟运行。东北电监局组织开展了区域平台上的首次跨省发电权交易。西北电监局通过区域平台对跨区送电实行挂牌交易。华东电监局先行启动了华东电力市场跨省电能集中竞价交易。华中电监局利用区域市场吸纳区内省市的富余水电。南方电监局在丰水期启动了跨省水电临时交易。

电力体制改革工作稳步推进。积极推动农村电力体制改革，在深入调查研究和广泛听取意见的基础上，提出了开展农村电力体制改革试点工作的意见，完成了试点前期准备工作。推动电网企业主辅分离改革工作取得重要进展。积极参与、共同研究加快电价改革的意见。组织开展并完成了输配电体制改革、输配电价改革等重大课题研究，取得了积极成果。

（三）加大行政执法力度，稽查工作迈出新步伐

2009年是稽查工作深入推进的一年。年初，开设了电力监管罚没收财政账户。4月，印发了《关于进一步做好电力稽查工作的意见》。全年全系统共立案查处违法违规案件74起，罚款172万元。会里直接对华北电网有限公司自行出台新机组商业运行管理办法并从中违规获利、葛洲坝集团机电建设公司和黄河上游水电开发有限责任公司违反电力行政许可有关规定、广东电网公司违反新建机组进入商业运营有关规定、湖北省电力公司随州供电公司对用户受电工程“三指定”、贵州腾元电力发展有限公司违规供电五起案件进行了立案调查，有的已经进行了处罚和处理，在电力行业引起了较大反响。还有两起案件目前已调查完毕，正在审理过程中。

认真受理群众投诉举报，定期向社会公布12398投诉举报处理情况。全年电力监管机构共收到有效投诉举报信息10 381件，受理2492件，办结2116件。根据情况，对一些典型投诉举报案件直接进行了调查处理，有效维护了人民群众的切身利益和社会公共利益。积极开展电力争议调解和裁决，化解矛盾纠纷，

调解解决了一些争议案件。配合、协同环保、公安、质检等部门开展了行政执法活动。

（四）大力加强市场监管，市场秩序进一步规范

2009年，坚持以发布监管报告为重要抓手，综合运用现场检查、信息公开等多种手段，加大监管力度，全面推进市场监管各项工作。

强化电力预警监测工作。针对国际金融危机以来严峻复杂的经济形势，把电力预警监测纳入市场监管体系，作为电力监管的常态工作，理顺了预警监测工作机制，定期报告分析电力供需、电煤供应预警监测信息和电力企业财务经营情况，每个季度都召开会议，专题研究电力发展形势并向国务院上报分析报告，重要情况随时报告，为中央决策提供了参考。

适时将电力业务许可工作重点从普及发证转向加强后续管理。在全国范围内组织开展了承装（修、试）电力设施及电工进网作业许可制度执行情况的监督检查，依法处理了一批违规企业，发布了监管报告。加强了新建发电、输供电设施准入管理，启动了发电企业持证经营和输、供电企业新建设施预期报备的试点监督管理工作，开展了以新建设施为主要内容的许可证变更工作。

市场交易监管和“三公调度”监管不断深入。针对市场运行中存在的突出问题，重点加强了对新建机组进入商业运营的监管和“三公”调度监管，发布了“三公”调度交易及网厂电费结算情况监管报告，建立了电力系统年度运行方式汇报制度，开展了跨区跨省电能交易情况检查，发布了监管报告。继续推进厂网联席会议等三项制度的落实，厂网联席会议已经成为厂网沟通信息，解决纠纷的重要平台，对构建和谐厂网关系发挥了重要作用。

供电监管有新进展。在抓好2008年供电检查整改工作的基础上，组织开展了2009年供电检查工作，发布了监管报告。积极探索供电监管的新方式、新手段，引入第三方，在江苏无锡、广东东莞开展了供电用户满意度评价试点工作。联合国家质检总局对广东省中山市和河南省南阳市部分在用电能表计量性能进行了抽样检测。一些派出机构在开展定点监管、建立社会监督员制度等供电常态监管方面以及推进电力普遍服务实施、推动农村无电户通电等方面也进行了有益探索。

价格与财务监管工作积极推进。对山西晋东南—湖北荆门特高压示范工程输电价格进行了审核。与有关部门联合开展了清理优惠电价及大用户直购电等政策落实情况检查。发布了2008年度电价执行情况监管报告。进一步加强网厂电费结算行为监管，按季度编制网厂电费结算情况简报。推进输配电成本监管工作，定期编制两大电网公司输配电成本分析简报。加强工程建设造价监管，编制发布了《2007、2008年投产电力工程项目造价情况通报》。配合有关部门，开展了全国电价调整的相关工作。

积极落实国务院确定的节能减排工作分工。继续推广燃煤机组烟气脱硫在线监测系统，对持证燃煤电厂二氧化硫治理情况开展拉网式排查，会同有关部门编制发布了《2008年电力企业节能减排情况通报》，出台了节能发电调度经济补偿办法。配合有关部门制定了可再生能源电价附加与配额交易方案，开展了联合执法，取得了较好的社会效果。

积极推进监管法规建设和标准制定工作。发布了《供电监管办法》、《承装（修、试）电力设施许可证管理办法》和多个规范性文件。配合国务院法制办进一步修改《电力生产安全事故应急救援和调查处理条例》并推动列为2010年国务院立法计划一类项目。积极配合做好《可再生能源法》、《能源法》等法律法规的制（修）定工作。积极开展电力监管标准制修订工作，7项电力监管标准项目列入国标计划，电力工程项目建设有关标准制修订工作取得重要成果。成立了电力企业标准化良好行为试点及确认工作办事机构，试点和确认工作已进入实际操作阶段。

（五）不断夯实基础工作，自身建设得到新提高

2009年，继续深入开展学习实践科学发展观活动，认真做好分析检查阶段和整改落实阶段各项工作，形成了分析检查报告，制定了整改落实方案，明确了58项整改落实项目。学习实践活动结束后，以抓整改为重点推进学习实践活动不断深入，将整改落实工作作为全年工作重点，贯穿于全年工作始终，与监管工作一起落实、一起检查，一起考核，保证了整改落实项目的有效实施。目前，58项整改落实项目按进度要求除1项因客观原因需要延迟外，其他项目都按进度完成。

党风廉政建设取得新成效。认真落实中央关于反腐倡廉的重大决策部署，制定工作规划，扎实推进惩治和预防腐败体系建设。协助有关部门开展集中整治饮用水源地环境违法违规等突出问题，参加了“环保专项整治行动”。深入开展“小金库”治理工作，对发现的问题进行了纠正。认真落实厉行节约要求，压缩了三项经费开支，实现了四个零增长，坚决制止公款出国（境）旅游。组织开展工程建设领域突出问题专项治理工作，对电力工程建设领域的突出问题进行了调研和排查。深入开展电力行业治理商业贿赂专项工作，查结了一批案件。继续做好电力行业信用企业评价工作，建立了电力行业诚信记录信息库。切实加大查办违纪违法案件工作力度，对发现的违纪违规行

为进行了调查处理。

干部队伍建设和机关党的建设进一步加强。认真研究推进电监会系统干部人事制度改革，配合中组部完成了后备干部考察、干部选拔任用和整治用人上的不正之风检查工作。

基础工作更加扎实。电力监管实时信息系统建设取得重要进展。电力监管统计分析系统已在全国范围内投入运行，统计质量明显提高。组织开展了智能电网、“十二五”规划、风电发展等重大课题研究。电力监管机构“五五”普法工作取得阶段性成果。对外合作不断扩大，政府间合作项目取得了新进展。推进信息公开和政务公开，对电力信息公开网站进行了升级改造，印发了《供电企业信息公开实施办法（试行)》。加强了对信息工作的管理和考核，新闻宣传策划、发布和管理工作得到改进。按时办结全国人大代表建议和全国政协委员提案。完善了督办、检查、保密、财务等工作制度，规范机关运行，注重提高效率。预算管理、财务审计和资产管理工作不断加强，后勤服务保障工作进一步改善。

2009 年，中电联紧紧围绕党和国家工作大局，积极为政府服务、为行业服务、为企业服务，在统计分析、调查研究、标准制定、技术服务、行业自律等方面做了大量工作，自身建设不断加强，顺利完成了换届工作。中国电力报社认真贯彻落实中央宣传政策，坚持正确舆论导向，组织策划了国庆 60 周年等一系列重大宣传活动，新闻宣传水平不断提高，报社改革工作也取得新进展，发展活力增强。

回顾一年的工作，坚持做到了以下几点：一是坚持围绕中心、服务大局；二是抓住时机，推动改革；三是依法履行职能，加大执法力度；四是切实践行“以人为本，监管为民”的理念；五是注重练好内功，提高自身素质。

在充分肯定成绩的同时，也要清醒地看到，工作还存在一些不足。现有职能还没有完全落实到位，工作质量要继续提高，工作中还存在抓部署多、抓落实不够的问题；监管工作力度还要进一步加大，工作手段和方法要结合实际进一步创新；干部人事制度改革要继续深化，加强年轻干部培养、扩大干部交流要进一步加大力度；理顺工作机制、形成监管合力还有许多工作要做；深入一线调查研究，发现问题、总结经验要下更大功夫；反腐倡廉的教育、监督要进一步深化，机关运行效率要进一步提高。这些都需要在今后工作中认真研究，努力解决。

二、准确把握当前的形势

2009 年，面对严峻复杂的经济形势，党中央、国务院全面分析、准确判断、果断决策、从容应对，有效遏止了经济增长下滑态势，在全球率先实现了经济形势总体回升向好。受国际金融危机影响，2009 年上半年全社会用电量一度持续负增长。6 月全社会用电量首次实现同比正增长。8 月，全社会累计用电量年内首次由负转正。10 月，全国工业用电量年内首次实现正增长。10 月当月，全国所有省份用电量全部实现正增长，这也是国际金融危机以来的第一次。进入 11 月，电力需求加速回升，当月发电量同比增长 26.9%，超过 7、8 月迎峰度夏时水平。12 月，增速达到 26.03%。根据最新统计，2009 年，全社会用电量 3.66 万亿 kWh，同比增长 6.44%，超过预期；全国规模以上电厂发电量达到 3.58 万亿 kWh，同比增长 7.0%；全国全口径发电装机容量达到 8.74 亿 kW，比 2008 年增加 7900 万 kW。电源结构进一步优化，在役火电机组中，60 万 kW 及以上机组占到1/3，30 万 kW 及以上机组占到 2/3；水电装机容量超过 1.8 亿 kW，位居世界第一位；核电在运规模 910 万 kW，在建核电机组 2067 万 kW，是世界上在建规模最大的国家；风电装机突破 2000 万 kW。电网建设取得新进展，晋东南—湖北荆门特高压示范工程投产运行、±800kV 云南—广东特高压直流输电示范项目单极投产。电力行业节能减排也取得了积极成效，2009 年全年关停小火电机组 2617 万 kW，4 年累计淘汰小火电 6006 万 kW，超额完成“十一五”关停 5000 万 kW 任务，供电煤耗下降到 342 克/kWh。

2010 年，宏观经济走势将继续保持回升势头，但经济发展面临的形势依然十分复杂，转变经济发展方式已刻不容缓。随着宏观经济逐步回升向好，全社会用电量将稳步增长，按照中央确定的经济增长 8%左右的预期目标，预计全年用电量将增长 7%，达到 3.9 万亿 kWh。有关部门初步确定 2010 年新开工建设电力装机规模预期目标为 7000 万 kW 左右，其中火电装机规模约为 4500 万 kW。预计 2010 年全国电力供需仍将呈现总体相对宽松，局部地区、个别时段供应紧张的态势。2010 年国家将加快新能源产业发展，稳步推进西部、北部大型煤电、水电、风电和中东部地区核电等能源基地建设，同时将进一步加快电网建设，加大城乡配电网建设改造力度，启动新一轮农网改造，继续深化资源性产品价格改革，这些都为电力工业发展提供了良好机遇。电力发展环境总体是有利的。但由于煤电价格形成机制没有完全理顺，煤电矛盾以及电力工业发展中的一些深层次问题没有解决，电煤供应、运输、煤价、来水、天气等因素相互交织影响，加之应对气候变化和保护环境的压力越来越大，推进电力结构调整、转变电力发展方式要求越来越高以及大电网运行的安全风险等，2010 年电力发展也面临新挑战，电力供需依然存在不确定性。

三、2010年的工作安排

（一）进一步加强电力安全监管与应急管理，着力提高电力安全稳定运行水平

这几年，经过全系统的共同努力，保持了全国电力安全生产总体平稳态势。当前，电力安全生产事故仍时有发生，面临的任务依然繁重，绝不能掉以轻心，安全监管要持之以恒，常抓不懈。

要贯彻落实党中央国务院关于安全生产的决策部署，继续深入开展“安全生产年”活动，进一步完善安全监管法规体系，大力推动安全生产标准化体系建设和安全文化建设。制定重大活动电力安全保电规范，深入开展安全生产隐患排查治理，切实做好上海世博会、广州亚运会期间安全保电工作。适时开展电力系统安全风险和脆弱性评估试点工作，做好二次系统安全防护工作，加强风电并网安全监管。针对电力建设施工事故多发情况，进一步督促落实电力建设施工安全责任，切实加强电力建设工程项目安全生产投入、工期管理等工作，扎实推进电监会工程建设领域突出问题专项治理工作，组织开展电力工程建设标准强制性条文执行情况检查。总结吸取俄罗斯萨扬水电站事故教训，完善水电站大坝安全管理相关制度和技术标准，继续做好水电站大坝安全注册、定检等工作，加强水电站机电设备管理和运行安全监督检查。加强电力应急体系建设，大力推进电力监管综合应急指挥平台建设，继续开展省级电网大面积停电事件应急联合演练，积极推动重要电力用户应急管理及供电电源和自备应急电源建设。加强电力可靠性管理，继续开展火力发电金牌机组和金牌供电企业评选活动，发布2009年电力可靠性指标。落实国家信息安全等级保护制度，稳步开展电力行业信息安全等级保护测评体系建设试点和安全整改试点，组织开展电力行业网络与信息安全水平评价，开展网络与信息安全专项检查，切实做好电力行业网络与信息安全工作。

（二）进一步加强电力市场监管，切实维护电力市场秩序和各市场主体的合法权益

认真履行市场监管职责，创新工作思路，全面、深入地推进市场监管各项工作，为电力工业科学发展营造良好的市场环境。

加强市场监测与预警。2010年电力供需形势依然有一些不确定性。要密切关注电力供需形势，完善市场预警监测指标体系，做好电力供需形势分析、电煤预警监测工作和电力企业财务经营状况预警监测和动态分析工作，及时预警异常情况，为党和政府经济决策提供参考。

加强许可准入监督管理。要在继续做好许可证颁发工作的基础上，重点加强后续管理，进一步开展发电企业持证经营和输供电企业新建设施准入管理试点，同时严格新建机组的市场准入，做好以新建设施为主要内容的许可证变更管理工作。做好《承装（修、试）电力设施许可证管理办法》的宣贯实施工作，继续开展承装（修、试）电力设施和电工进网作业许可检查。

加强发电市场监管。要在已有工作的基础上，研究制定发电市场监管办法，修订新建发电机组进入商业运营管理办法，进一步完善合同备案、联席会议、信息披露三项制度建设，加强发电厂并网运行管理。同时，要加强电能交易信息披露和交易资格监管，开展购售电合同和市场规则执行情况的监督检查。

加强电网监管。对电网等垄断环节进行监管，既是电力监管的重点，也是难点。2010年，要积极探索电网监管的有效方式和途径，加大力度。加强调度信息披露监管和电力系统运行方式监管。组织开展输电网运营评价工作，积极探索电网规划和投资监管的有效方式。继续加强跨区跨省电能交易监管。

加强供电市场监管。这几年开展供电检查、发布监管报告，收到了很好效果。2010年要继续深入开展供电检查，严肃查处供电市场违法违规行为，切实维护消费者利益。做好《供电监管办法》的宣贯和实施工作。适时出台供电服务规范和居民供用电合同等示范文本。不断创新供电监管方式，完善供电检查办法，积极探索供电常态监管机制。

加强价格财务监管。认真落实国务院领导同志在2009年电价监管报告上的批示精神，推动价财监管工作创新。研究出台《电价监督检查办法》，规范电价监督检查行为。修订《输配电成本核算办法》，制定出台输配电成本监管办法，进一步规范输配电成本核算行为，加强输配电成本监管。理清跨区输电价格，做好跨区输电价格的审核工作。加强电价政策执行情况监督检查和电费结算监管。继续做好电力工程项目造价监管。

加强可再生能源电力监管。大力发展可再生能源是我国应对气候变化、保护环境、实现可持续发展的重大战略选择。要认真贯彻落实修订后的《可再生能源法》，加强可再生能源电量全额收购监管，完善电网企业全额收购可再生能源电量报告制度，推进适合可再生能源发电特点的购售电合同和并网调度协议示范文本制定工作，积极参与并配合做好可再生能源电价及附加政策的出台和完善工作，加强对国家可再生能源政策落实情况的监督检查，积极协调并网运行矛盾，为可再生能源发电创造有利的市场环境。

深入开展电力行业治理商业贿赂和工程建设领域

突出问题专项治理工作。这两项工作，既是廉政建设的重要内容，也是电力监管的重要任务。要按照中央统一要求和部署，进一步加大电力行业治理商业贿赂工作力度，严肃查办商业贿赂案件，继续推进电力市场诚信体系建设。认真落实《关于开展工程建设领域突出问题专项治理工作的意见》，全面排查存在的突出问题，严肃查处和通报典型违纪违法案件。

（三）着力推进电力市场建设，推动深化电力改革

温家宝总理在中央经济工作会议的讲话中指出，要深化垄断行业改革，推进资源性产品价格改革，开展用电大户与发电企业直接交易试点。要认真落实中央部署，在2009年工作的基础上，继续做好电力体制改革工作小组办公室各项工作，推动深化电力体制改革，力争电力市场建设和电力体制改革各项工作取得新进展。

一是要扩大大用户直购电试点范围。进一步完善大用户直购电试点规则，扩大试点范围，增加一批试点单位。选择若干条件较好的省份开展大用户双边交易试点工作。

二是要积极推进区域电力市场建设。积极推动东北区域跨区送出电量交易机制市场化。进一步丰富华东电力市场交易品种，促进华东跨省电能集中交易制度化。建立南方区域“西电东送”市场交易机制。进一步完善华北、华中、西北区域电力市场建设方案和规则，积极探索构建适合各区域特点的市场交易模式。继续大力开展发电权交易和各种灵活交易，促进电力辅助服务市场化。

三是进一步深化电力体制改革。按照国务院统一部署，积极推进农电体制改革，推动做好新一轮农网改造相关工作。推进落实电网企业主辅分离改革工作并促进实施。积极参与、配合做好电价改革工作。拟订输配电体制改革方案，就深化“十二五”电力体制改革提出意见。

（四）进一步加强执法监督，不断完善电力监管法规

监管是依据规则的管理。监管立法和行政执法是加强监管的依据和手段。2009年，加大稽查工作力度，通报并处理了几个有影响的典型案件，效果很好。2010年，要继续加大力度，进一步做好执法和立法工作。

加大违法违规案件查处力度。集中力量严肃依法查处一批违法违规案件。重视并善于从检查工作、投诉举报、来信来访、日常监管及新闻媒体中发现案件线索，建立稽查工作与现场检查、投诉举报、来信来访、日常监管的衔接联动机制。加强稽查能力建设，健全稽查组织机构，充实稽查力量，进一步加强12398举报投诉热线及举报短信平台建设，完善12398投诉举报案件办理机制，及时处理投诉举报事项，定期公布投诉举报受理和办理情况。进一步完善电力争议调解和裁决制度，做好争议调解工作。继续配合、协同其他部门，组织开展专项治理行动和联合行政执法工作，切实维护群众合法权益。

进一步加强监管立法工作，做好普法工作。系统梳理电监会职责范围内的立法需求，制定年度立法计划，拟订出台一批新的监管规章和规范性文件，推动形成较为完备的电力监管法律规章体系。积极参与《能源法》制定工作。配合有关部门重点做好《电力安全事故应急救援和调查处理条例》的制定工作，推动尽快出台。推动《电力法》和《电力供应与使用条例》、《电力设施保护条例》、《电网调度管理条例》的修订。组织开展法制培训和专项联合执法检查，研究建立电力监管机构行政复议制度，做好行政复议和行政应诉工作，组织开展“五五”普法总结验收，参加全国性普法专题活动。

进一步督促落实国家节能减排政策。适应应对气候变化、保护环境、实现可持续发展的要求，做好节能减排监管工作。做好节能发电调度试点经济补偿办法的落实工作，加强对试点工作的指导和监督。继续加强高耗能企业差别电价、燃煤机组脱硫电价等电价政策执行情况监督检查，对部分电力企业节能减排情况进行重点督查。继续做好电力行业节能降耗和污染物减排信息的统计分析工作，适时编制发布相关信息。推进火电机组脱硫在线监测系统的建设与联网运行，确保脱硫设施的投运。继续通过许可证颁发管理促进燃煤电厂二氧化硫的治理。

（五）进一步加强基础建设，不断提高监管能力

基础建设是监管机构能力建设的基础性、保障性工作。监管工作的不断深入对监管基础建设提出了更高的要求。要适应监管工作发展的新要求，加强基础建设，提高监管能力。

加强信息化工作，推进标准化建设。继续推动电力监管实时信息系统建设，组织开展电力调度实时信息接入系统试点。做好电力监管统计制度修订和信息分析。推进信息公开、政务公开，加强电子政务建设。做好新闻宣传工作。继续做好电力监管标准的制修订工作。稳步推进电力企业标准化良好行为试点和确认工作。继续推进核电、风电等电力项目建设有关标准的制修订工作。

加强调查研究，扩大对外交流。围绕电力发展改革和监管的中心工作，组织开展重大课题研究。加强调查研究，及时发现和总结一线的成功经验和好的做法。继续拓展交流渠道，深化与重点国家、国际组织

的合作机制，落实政府间合作项目，做好国际比较研究，扩大对外交流合作成果。

加强管理，提高效率。完善机关工作制度，健全机关工作机制。进一步加大督办力度，提高工作执行力。加强系统财务管理和国有资产管理，做好预算编制、执行监督和内部审计工作。加强保密管理和教育，落实保密责任制。做好应急、稳定和信访工作，提高应对突发事件能力。继续做好后勤服务保障工作，关心干部职工生活，改善机关办公条件，提升服务水平。

监管工作方式是影响监管成效的重要因素，是监管能力建设的重要内容。电监会成立以来，在学习借鉴的基础上，大胆探索创新，初步摸索出了监管报告等行之有效的监管工作方式，但与监管工作实际要求相比，监管工作方式创新的任务还很重，空间还很大。2010年，要结合监管工作实际，进一步推动监管工作方式创新。不断完善监管报告制度，进一步提高监管报告质量，发布一批有影响的监管报告。探索运用“监管谈话”或“监管约谈”等手段，丰富监管方式。立足于提高检查成效，努力改进检查方式方法，统筹监管资源，整合检查活动，提高监管效率和监管效果。

（六）进一步加强党的建设，为电力监管工作提供保证

推动监管事业发展，必须建设一支高素质的干部队伍。党的十七届四中全会《决定》和胡锦涛总书记的重要讲话强调，坚持德才兼备、以德为先的用人标准，要认真贯彻落实。进一步深化干部人事制度改革，推进竞争性选拔干部方式，做好领导班子充实调整工作，把政治上靠得住、工作上有本事、作风上过得硬、干部群众信得过的干部选拔上来。加强年轻干部培养，有计划地组织年轻干部到基层进行实践锻炼。不断完善干部交流制度，推进干部交流工作。不断改进和完善干部考核评价机制，加大治庸治懒力度。进一步拓展干部培训渠道，加强政治理论、依法行政和业务知识培训，不断提高干部队伍素质。要进一步理顺区域与省级监管机构的职责关系，充实派出机构监管力量。

深入学习贯彻胡锦涛总书记在中央纪委五次全会的重要讲话和全会精神，深入推进党风廉政建设和反腐败斗争。加强对中央关于推动科学发展重大决策部署执行情况的监督检查，进一步严肃政治纪律，确保中央政令畅通。把制度建设摆在更加突出的位置，进一步完善制度、减少漏洞，抓好落实，提高制度的执行力。加强对领导干部的廉洁从政教育，认真执行党员领导干部廉洁自律各项规定，落实党员领导干部报告个人有关事项制度，把住房、投资、配偶子女从业等情况列入报告内容。坚持勤俭节约，反对铺张浪费，惩治奢靡之风，严格控制因公出国（境）团组数、人数和经费支出。继续开展“小金库”专项治理工作，落实好整改要求，完善防治“小金库”的长效机制。加大对领导机关和领导干部作风方面突出问题的整顿力度，坚决纠正损害群众利益的不正之风。坚决查处违纪违法案件，严肃惩处腐败案件和整治消极腐败现象。进一步落实党风廉政建设责任制，加强组织领导，形成整体合力，推动工作落实。为深入贯彻落实中央纪委五次全会精神，做好电监会系统2010年反腐倡廉工作，会党组将专门制定文件，具体进行部署，近期将正式印发。

扎实推进机关党的建设。深入学习贯彻党的十七届三中、四中全会精神，以创建学习型组织为重点，抓好基层党组织和党员队伍建设。以加强党的执政能力建设和先进性建设为主线，加强机关党的组织制度建设，推进党建工作创新，为电力监管工作提供坚强的政治和组织保障。

四、做好2010年工作的几点要求

第一，要加强学习，增长本领。做好监管工作、推动电力监管事业又好又快发展，必须适应形势要求，立足本职工作，更加主动地加强学习。要认真贯彻党的十七届四中全会精神，在全系统广泛开展建设学习型组织活动，营造崇尚学习的浓厚氛围，自觉地向实践学习，向书本学习，坚持在干中学，在学中干，通过学习，不断提高素质，增长本领。要深入学习中国特色社会主义理论体系，学习电力基础知识、法律基础知识和监管业务知识，加强对电力改革发展和监管重大问题的研究，努力形成适应形势任务发展变化和岗位职责要求的知识结构。要坚持理论联系实际，真正把学习成果转化为推动工作的实际能力。要针对工作要求和干部职工的需求，有针对性地开展集中培训，支持干部职工在职继续学习，为干部职工学习创造良好条件。

第二，要开拓创新，有所作为。“干革命，搞建设，都要有一批勇于思考、勇于探索、勇于创新的闯将”。电力监管机构已经成立7年了，但在我国还是个新事物，没有现成的经验可以照抄照搬，需要创新思维、创新思路、创新方法解决工作中遇到的难题。要在电监会系统形成鼓励创新、鼓励探索的风气，尊重群众尤其是监管一线的首创精神，鼓励大家结合工作实际，探索创新，先行先试，有所作为，对了的，及时总结，加以推广。会机关要积极主动地为基层探索创新创造条件，学会总结经验，推广做法，这是机关工作的一项基本要求和基本技能。

第三，要互相配合，形成合力。工作任务重、人

手紧是当前电监会系统面临的一个共性问题。越是在这种情况下，越要强调团结协作、配合支持，形成工作合力。要进一步理顺工作机制，会内部门之间、会机关与派出机构之间、区域局与城市办之间、派出机构之间以及内部处室之间都要讲大局，讲团结，讲奉献，多补台，不拆台，心往一处想，劲往一处使，精诚合作，同心协力，共同推进监管事业发展。

第四，要转变作风，狠抓落实。胡锦涛总书记在四中全会上讲到抓落实时指出，制定一份好的文件不容易，把文件精神落到实处更不容易。这次会议对2010年工作作了全面部署，接下来关键就在落实。要把精力用到推进科学发展上，把功夫下到狠抓落实上，准确把握监管定位，全面落实“三定”职责，落实会党组部署安排的各项工作任务。要大兴调查研究之风，坚持深入实际、深入基层、深入群众，开展调查研究，会机关的同志，尤其是各级领导同志更要加强调查研究，多倾听一线同志的声音，了解基层的真实情况，善于总结发现一线探索出来的新经验、好办法。要大兴求真务实之风，说实话，干实事，出实招，求实效，力戒空对空，务求实对实，每项工作都要做到有布置、有督促、有检查、有落实、有考核，确保各项工作落到实处，见到实效。

中国电力企业联合会2009年工作会议报告（摘要）

一、2008年的主要工作

（一）紧紧围绕党和国家工作大局开展服务上了一个新台阶

第一，积极主动做好为抗冰保电、抗震救灾服务的工作。面对2008年年初我国南方部分地区发生的突如其来的雨雪冰冻灾害和5月12日四川发生的特大地震灾害，中电联坚决贯彻落实党中央、国务院关于抗冰保电、抗震救灾的一系列决策部署，认真做好行业协会应该做的事。主要做好五件事：一是迅速为政府和电力企业做好信息报送。在雨雪冰冻灾害发生后，迅速与13家理事长、副理事长单位等骨干企业建立实时数据报送渠道，为国家电监会、电力行业企业及时提供灾情综合信息服务。同时及时做好受灾地区的电力供需统计及对全国电力供需影响的分析预测。二是积极参与灾后重建。参与对受灾地区的调研并写出调研报告。中电联各有关业务部门根据电监会和政府有关部门及电力企业的需求，迅速加大工作力度，从电网的规划设计、运行管理、应急处理机制以及促进可靠性管理等方面都提出许多有益的意见和建议。特别是及时对电网重建设计的标准及工程造价管理等都提出修订标准的建议，发布了指导意见，提出具体的计算方法等，受到电监会和政府有关部门及电网企业的好评。三是力所能及支援灾区，积极倡议、协调组织部分电力设备生产企业向四川地震灾区捐助输变电设备。四是对受灾的电力企业及时发出慰问信，同时利用中电联和行业媒体大力宣传好人好事和可歌可泣的行业精神。五是中电联广大党员干部职工向地震灾区积极捐款，奉献爱心。中电联职工为抗震救灾共捐款98 585元，党员交纳的特殊党费161 100元。这些都得到了广大电力企业和政府部门的认同和赞许。

第二，积极主动为国家宏观调控和电力经济运行提供服务。一是成功召开经济形势与企业改革分析预测会以及替代能源的国际会议，向国务院有关领导报送并发布了《2007～2008年全国电力供需和经济运行形势分析预测报告》，编辑出版了《中国电力行业年度发展报告》，这些都从不同角度向国家有关部门提出了改善宏观调控的政策建议和电力经济运行的预警预测。二是向政府部门报送全国和各省（市、区）2007年电力消费统计数据，作为各省GDP能耗审计的关键核算数据。三是针对2008年以来电煤价格涨幅和涨速过快的问题，中电联向有关政府部门提出《电煤供应情况与政策建议》，及时反映了发电企业面临的经营困难和适时调整电煤价格的建议。四是为了推进合理控制电力建设投资规模，加强电力建设工程投资的动态管理，编写完成2008～2010年《电力建设投资价格指数测算报告》，为政府有关部门进一步加强对电力投资的宏观调控、完善电力建设预算管理体系提供科学可靠的依据。

第三，认真扎实做好为电力安全稳定运行服务。一是认真做好电煤的信息统计报送工作。二是高效率地完成2007年度的可靠性数据采集、分析工作，并与电监会联合成功召开2007年可靠性指标发布会，公布并表彰2007年度全国发电可靠性金牌机组。三是经过认真的调查研究，发布了西电东送三大通道和三峡水电机组的可靠性运行数据，引起社会的广泛关注，使可靠性管理工作在服务于电力安全生产中发挥更大作用。

第四，认真扎实参与推动行业节能减排工作。一是积极开展节能减排调研活动并参与国家节能减排相关法律、法规、政策、规划、标准的研究与制定，充分反映电力行业的意见和建议。二是受国家发改委委托，组织开展火电厂烟气脱硫产业化发展及脱硫工程后评估工作。三是受国家发改委委托和电力企业需要，开展火电机组能效水平对标工作，发布了首批60万kW火电机组能效对标结果，成为在各重点能耗行业中第一个发布对标结果的行业，走在全国前列。四是紧紧围绕节能减排开展技术服务，向政府部门和电力企业推荐了电力行业节能减排重点技术，开展机组竞赛、信息咨询、推广先进技术和经验，开展全国电力系统节能减排知识竞赛等。五是编制节能减排情况通报，由国家电监会、发改委、能源局发布。中电联在电力行业节能减排工作中发挥的重要作用，得到了发改委、电监会等政府部门和有关电力企业的充分肯定和认可。

第五，圆满完成纪念中国电力改革开放30年等各项纪念活动。在电监会的领导下，在发改委、国资委和能源局的共同支持下，联合理事长、副理事长单位和有关企业，中电联各部门通力合作，专家共同参与，历时半年的艰苦努力，组织编写出版60万字的《改革开放30年的中国电力》，隆重举办纪念中国电力改革开放30年大型座谈会和成就展览，得到政府有关部门和电力行业的广泛好评，也产生良好的社会影响。举办纪念中电联成立20周年大会，回顾了20年来中电联走过的风雨历程和取得的重要业绩，总结了20年来的成功经验，由中电联职工参与、电力企业支持的文艺演出丰富多彩。这些活动都得到中电联广大职工的好评，进一步激发了大家热爱中电联的热情，增强了对中电联发展的信心。

（二）紧紧围绕政府和电监会委托的工作开展服务上了一个新台阶

2008年，中电联与政府的协调沟通更加紧密，国务院和政府有关部门对行业协会的工作更加重视，受政府有关部门、电监会委托，开展一系列重要工作。中电联受邀请参加了两次国务院领导参加的会议。一次是在李克强副总理主持召开的电力生产情况座谈会上，中电联介绍了电力行业经济运行情况和存在的问题，并提出适时疏导电价以解决电力企业面临的困难等建议。在张德江副总理主持召开的全国重点行业协会负责人座谈会上，交流了行业协会发展的经验，提出促进协会发展的建议。中电联还多次参加国家和发改委、财政部、工信部等高层会议，反映行业的情况和诉求。国家能源局张国宝局长带队到中电联调研，进一步密切了中电联和行业管理部门的业务联系并理顺了某些关系。中电联还受发改委、国家能源局委托完成了特高压试验示范工程和特高压输电技术的评价报告，编制完成20kV及以下电网工程计价依据体系。实时跟踪电煤价格变化，向政府部门反映对行业企业的影响，积极反映热电联产企业生存发展问题，反映燃油税改革对能源行业影响，为政府部门批准外资并购国内电力企业提出建议。在电监会领导下，中电联认真开展信用体系建设，首次发布电力行业AAA级企业，在电力行业产生较大反响。密切配合电监会做好相关工作，如可靠性监管体系建设、电力企业标准化良好行为试点及确认工作、编撰四川汶川大地震志有关电力部分的内容，联合召开2008年上半年全国电力供需形势与经济运行分析座谈会，开展大型发电企业基本情况摸底调查与统计，积极承担所委托的一些重大课题，参与组织编制监管报告的相关内容等。

（三）紧紧围绕行业企业需求开展服务上了一个新台阶

2008年，中电联围绕企业需求开展了大量的服务工作，工作的方式和领域不断创新和扩展，品牌服务项目得到巩固和提升。一是《中国电力行业年度发展报告》、《2007年行业统计年报》提前完成，内容更加充实，质量进一步提高。二是确定了83项2008年电力标准英文版翻译计划项目，满足中外企业对电力标准英文版的需求。三是不断完善科技成果鉴定的全过程管理，加强前期服务、后期跟踪及效果评价，使科技成果鉴定在电力行业具有较高的权威性和公信度，得到企业的认可。四是完成特高压工程系列计价依据体系的编制，创新编制方法和工作模式，提高计价依据编制的实效性和实用性。五是成功举办第六届电力行业职业技能竞赛，各工种第一名已向中华全国总工会申报五一劳动奖章。六是为企业开展的司法鉴定、技术咨询、政策管理咨询等咨询服务工作都有新的提高。七是会展工作克服多种困难，为企业实施“走出去”战略开辟了一条新路，在印尼和越南成功举办电力技术展览，在国内电力企业和国际同业组织中树立了良好形象。八是坚持不懈反映企业诉求，通过各种方式和渠道扩大行业协会话语权，努力为电力企业创造较好的经营环境，赢得广大电力企业的高度评价。九是各分会和代管的学协会都根据各自的业务范围，根据企业需求和政府委托，有针对性地做了大量的专项服务工作，进一步丰富了中电联的整体工作内容。

（四）坚持民主办会、科学办会上了一个新台阶

2008年年初，按照章程组织召开理事长会议，向理事长、副理事长汇报2008年的工作，确定2008年的工作思路和重大部署，审议通过《关于举办中国改革开放30年纪念活动的议案》、关于增补副理事长单位及调整副理事长，以及关于增补中电联副秘书长等议案。年底成功召开第四届理事会第二次会议，向各位理事报告第四届理事会第一次会议以来中电联在四年中完成的主要工作业绩和今后一段时期的工作思路及重点工作建议，并向全行业企业发出节能减排、结构调整和开展诚信建设、团结一致共度难关的倡议，得到理事们的一致赞同。

（五）学习实践科学发展观活动深入进行

按照党中央统一部署，在电监会领导下，深入开展学习实践科学发展观活动，较好地完成了培训学习、深入调研、思想解放讨论、领导班子民主生活会、领导班子分析检查等环节的主要任务，开始进入实施方案的整改阶段。

（六）内部管理进一步加强，财务状况良好

2008年经费预算支出基本平衡，会费、专项服务费收缴状况良好，财务管理进一步规范。依据中电联与各部门签订的三项目标责任书，各部门均已按三项目标责任书要求，完成考核任务。各部门经费预算指标均未超支，共节约预算经费75万元。资产管理中心进一步完善法人治理结构，努力克服经营上的诸多困难，圆满完成上交任务，同时又拓展新的业务项目，为今年的发展奠定较好基础。技经中心、科技中心、会刊社三个独立核算单位的经济指标考核都已完成规定上交任务，规定负担的人员费用也都超额完成。另外，符合国家政策规定的有偿服务也取得一定进展。制度建设不断完善，内外关系基本和谐，职工队伍基本稳定，党员干部先锋模范作用很明显。

二、2009年面临的主要形势

从国际看，金融危机正在从局部发展到全球，从发达国家传导到新兴市场国家，从金融领域扩展到实体经济领域，波及范围之广、影响程度之深、冲击强度之大已经超出人们预料。

从国内看，在国际金融危机、外部环境趋紧的影响下，我国经济下行的压力依然十分严重，经济增速下滑已经成为经济运行中的主要问题，2009年上半年的经济形势依然严峻，保持经济平稳较快发展的任务十分艰巨。

金融危机及我国经济自身调整的影响给我国电力行业带来了严峻的挑战。一是电力需求下降。2008年，全国全社会用电量34 268亿kWh，同比增长5.23%。10月单月用电量同比下降3.7%，是自1999年以来首次单月用电量同比下降，而11月单月用电量同比下降8.14%，国际金融危机和国内经济形势对电力行业的负面影响充分显现。二是发电设备利用率持续下降。由于经济下滑，电量需求降低，加上国内发电装机容量依然保持较快增长，导致发电设备平均利用小时持续下降。2008年，全国发电设备累计平均利用小时为4677h，比上年同期降低337h。其中，火电设备平均利用小时为4911h，比上年同期降低427h。三是发电量增幅回落。2008年，全国全口径发电量34 334亿kWh，同比增幅回落5.18个百分点，其中火电同比增幅回落14.44个百分点。四是电价矛盾难以及时疏导，发电、电网企业经营困难加剧。2008年1～11月，五大发电集团公司亏损318.19亿元，利润同比下降214.17%；两大电网公司仅仅盈利150多亿元。同时，发电企业融资难度加大，发电企业已存在资金链断裂的风险。电网的辅业和多经企业生存也面临非常大的困难。

在看到困难的同时，也应该看到此次国际金融危机也给我国电力行业提供了难得的调整和新的发展机遇。电力供需矛盾得到缓和，一直绷得很紧的煤电油运矛盾已经得到缓解，为电力行业休养生息、解决一些深层次矛盾提供了重要机遇。可以抓住国家扩大内需、实施积极的财政政策和较为宽松的货币等政策的机遇，加强电力规划、推进电价改革、完善节能减排体制机制；加大电力结构调整力度，加快发展清洁能源、可再生能源，淘汰落后电力产能；加快城乡电网建设和各级电网的协调发展，加快电网和电源的协调发展，加快推动解决煤电的协调发展等。这些都为电力行业协会发挥优势、推动实现又好又快发展提供了良好的机遇。

2009年，中电联在促进电力发展的同时，必须看到自身面临的困难和问题。一是在电力企业普遍困难的情况下，收费工作难度将会进一步加大。二是由于外部条件和环境的变化，将使中电联的分会等分支机构和省级行协的服务网络发生新的变化，也会给中电联的工作带来一定的影响和适应问题。三是中电联本身的服务意识、创新意识、服务能力以及内部体制机制管理上都存在一些不适应形势和会员单位需要的地方。比如对行业协会定位的把握不够到位，员工素质还不能完全适应行业协会发展的需要，围绕行业重大问题的调查研究力度不够，调研报告深度不够，发挥中电联整体优势的力度不够，内部约束与激励机制不够完善等方面的问题。要深刻认识面临的内外形势，在行业服务和内部建设上，努力化不利为有利，化被动为主动，变压力为动力，尽最大努力促进行业健康发展，同时把中电联的事业继续推向前进。

三、2009年工作的指导思想和基本思路

结合党中央国务院的总体部署，以及电力行业面临的形势，中电联2009年工作的重点任务是七个方面：

一是紧紧服务党和国家工作大局，推进行业科学发展。要紧紧围绕电力的安全发展、清洁发展、节约发展和可持续发展等全局性、战略性、前瞻性、综合性的重大问题开展调查研究，提出有价值的研究分析报告。要在“十一五”后两年对“十二五”规划的制订中发挥积极作用，为制订行业发展规划、政策立法等提出意见建议。

二是认真分析形势，科学预测预警，引导企业正确把握发展机遇。要认真研究、正确分析电力供需形势，准确预测需求，引导电力企业正确判断市场。继续完善行业统计体系，增强统计信息的准确性、时效性，深化统计分析，拓宽统计信息服务范围，为政府和企业提供决策参考。要特别关注电煤市场，认真研究2009年煤炭订货会以后电煤供应走势及价格变化，努力促进电煤价格稳定，积极推进电力能源价格改革和煤电运协调机制的建立。积极推动理顺电煤信息服务体制。建立煤、电行业协会沟通、交流、协商机制。

三是积极为企业搭建沟通交流的平台。要充分发挥中电联已有的经济形势分析预测会、中国电力论坛、企业管理论坛、信息发布会、电力技术及设备展览以及《中国电力企业管理》、《电业政策研究》、中电联网站等不同载体的作用，为企业研讨行业改革发展的共性问题、难点热点问题、交流经验、展示成果、发布重要信息等提供舞台，为行业企业创造相互学习、相互交流、相互启迪的良好环境。

四是继续开展深入学习实践科学发展观活动。中电联学习实践科学发展观活动，已经进入制定整改落实方案阶段和总结测评环节。

五是进一步做好做强各项专业服务工作。要进一步参与完善节能减排的法规、规定，努力推动烟气脱硫装置的可靠性运行，大力推进节能对标；要进一步完善统计体系，提高行业统计信息的及时、全面、准确和权威性，提高统计信息的分析预测能力和话语权；要进一步加强标准的制修订工作，稳步推进电力企业标准化良好行为的试点及确认工作，继续完善标准化体系建设；尽快启动开展供电企业可靠性评价，积极研究并建立可靠性和安全性评价结合的评价体系，提高可靠性数据发布和共享的时效性；要加强对电力建设工程全过程造价管理工作的行业指导和规范；要创新技能鉴定与教育培训工作机制，为培养高技能人才做更大贡献；要深化科技成果鉴定工作，推动电力科技成果的更快转化；要继续积极推进组织电力企业参与电力市场诚信体系建设，稳步推进电力行业信用企业评价工作，探索行业企业信用自律机制；要基本完成四川汶川大地震志电力部分的编撰工作；要继续加大开拓国际会展市场力度，加快引导电力企业“走出去”开拓国际市场；要加大对电力行业企业的宣传力度，大力弘扬先进的企业文化和行业精神。要特别重视企业个性化要求，及时帮助电力企业在市场、管理、技术、法律、信息等方面做好有针对性的咨询服务。要信守合同，诚信服务，认真扎实、优质全面地完成政府采购和企业专项服务的年度合同项目。

六是继续巩固和创新中电联的各项服务品牌及抓好各项重大活动。要编辑出版好2009年《中国电力行业年度发展报告》、《2008年电力工业统计年报》，认真做好《2008～2009年全国电力行业供需与经济运行形势分析预测报告》。要密切结合当前形势，举办好企业改革与经济形势分析预测会和中国电力论坛，做好并继续创新可靠性指标发布会。认真策划筹备庆祝国庆60周年纪念活动和承办纪念国庆60周年电力成就展览，进一步激励员工增强信心，凝聚力量，振奋精神。

七是进一步加强自身建设，努力把自己的事情办好。要更加注意树立做好中电联事业的信心，要继续坚持做好爱岗敬业和中电联的协会文化建设。要继续加强自身能力建设，完善制度建设，继续增强造血功能，加强党的建设、党风廉政建设和队伍建设，使中电联真正有所作为。

四、全面完成2009年工作任务的具体措施

（一）加强对中电联改革发展中的重大问题的研究，强化科学发展意识，创建内部和谐

要有战略眼光，高度重视中电联的发展战略研究。内部和谐是做好一切工作的重要前提，也是中电联健康发展的内在要求。一是面对不断变化的外部环境，必须对中电联的长远发展进行全局性谋划。要确立未来几年甚至更长一些时间的核心业务、服务品牌和发展步骤及发展措施。二是要培育中电联的核心价值观、行为准则和理想追求，增强广大干部职工的荣誉感、责任感、归宿感和事业心，真正把以精细化管理为主要内容的文化建设落到实处，使文化无处不在、无时不有，把文化基因融入服务、植入行为、切入管理，真正使中电联形成凝心聚气、心情舒畅、聚精会神抓服务、抓管理的良好氛围。三是要牢固树立全员人才观和岗位成才的观念，要进一步加强提高全体员工政治素质和业务素质的全员培训，要进一步落实对后备人才和骨干人才的培养，进一步拓展人才培养的渠道和执行力度，不断改进岗位绩效的考核制度和机制。四是要通过千方百计的努力，加大经费收取力度，争取会费和专项费用收取至少不低于2008年的水平。要进一步完善政府购买服务机制，科学规范、合理有效用好政府委托的业务经费，使其发挥更大的作用。要始终坚持勤俭办会，要有过紧日子的思想，节约各种不必要的开支，各部门都不能突破2009年的经费预算。要继续增强中电联造血功能。资产管理中心要进一步克服困难，加强管理，开拓市场，千方百计保效益，抢抓机遇促发展。支持自收自支单位在国家政策允许范围内通过优质服务进一步扩

大有偿服务范围和收入。中电联其他有条件的部门也要加强管理、严格规范，在为企业精心做好个性化服务中增加经费来源，以弥补服务经费的不足，使中电联具有和谐发展和可持续发展能力。

（二）加强与电监会等政府部门和电力骨干企业的联系沟通，强化服务意识，创建外部和谐

外部和谐是做好一切工作的必要条件和重要保证。一是要主动争取电监会、国家能源局和政府有关部门对中电联工作的指导和支持，协助政府部门做好行业管理，不断充实完善中电联职能。同时，工作要更加贴近政府的需求，认真完成政府有关部门和电监会委托的重大课题和业务工作，进一步建立完善和政府、电监会的业务沟通和信息交流制度，努力参与电力行业的发展改革和政策立法，争取为促进行业健康发展有更大的话语权。二是要更好地团结服务会员企业，更加注重和骨干企业沟通，真正做到植根企业，及时反映诉求，为企业发展排忧解难。要积极为电力企业搭建沟通平台，增强行业的凝聚力。三是要主动联系上下游产业协会，加强沟通和交流，努力促进煤电行业的和谐共赢发展以及煤电油运的协调发展，为电力行业企业继续争取更好的发展环境而不懈努力。

（三）改进内部管理体制，调整完善中电联服务体系，努力提高团结凝聚会员企业的能力

第四届理事会成立以来，中电联努力加强科学办会的制度建设，使中电联各项工作基本走上了更加规范化的新阶段。要进一步总结和完善内部管理体制改革和建设工作，要把重点放在进一步做好团结凝聚会员的工作和服务体系的建设上。一是继续坚持开门办会、民主办会，依靠企业办会，坚持按章程办会。要做好本届理事会换届的准备工作。要把 2009 年中电联的工作做成本届理事会最好的一年，为下一届理事会发展奠定更好的基础。二是规范和调整分会、代管学协会的管理，要对 12 个分会和 6 个代管学协会进行认真研究分析，提出调整改革意见。三是对省级行业协会要本着积极支持、认真指导、努力办好的原则，要适应国家电网公司调整规范社团组织的新情况，抓紧沟通协调，提出改进意见，促进省级行业协会健康发展，使中电联继续保持较为完整的服务体系。要始终坚持中电联的行业性、开放性，坚持民主办会原则，进一步建立健全科学民主高效的工作机制，不断创新工作，不断增强会员企业的向心力和凝聚力。

（四）适应形势变化，切实改进作风，努力提高自身的执行能力

2009 年的形势变化还有很大不确定性，这给中电联工作带来很大的挑战和严峻的考验。越是面对困难和复杂的局面，越要增强大局意识、责任意识、忧患意识和创新意识，越要增强信心和战胜困难的勇气。一是党组班子要认识到位、工作到位、措施到位，借学习实践科学发展观活动的东风，认真搞好班子分析检查报告，切实制定好整改落实方案，努力把中电联广大干部群众最关心的事办好，努力把行业服务的大事办好，真正成为带领中电联广大干部职工开拓前进的主心骨。二是各部、中心，包括分会、代管学协会的领导要进一步解放思想，转变观念，服从大局，团结群众，攻坚克难，要主动适应变化了的形势，调整工作思路，改进工作方法，狠抓工作落实，充分调动方方面面的积极性，一步一个脚印把工作扎实推向前进，切实肩负起带领本单位科学发展的重任。三是全体党员和党组织要充分发挥先锋模范作用，要按照把 2009 年的工作做成是本届理事会最好的一年的要求，统一思想，坚定信心，开拓进取，真抓实干，一定要始终保持共产党员饱满的热情、旺盛的精力、昂扬的斗志，充分发挥各级党组织的战斗堡垒作用，真正做好贯彻执行上级和中电联党组各项决策的表率。四是全体员工都要加强学习，拓宽思路，爱岗敬业，众志成城，努力找准服务工作的切入点和着力点，着力消除服务中的薄弱环节。要及时把握企业、政府的需求和脉搏，用追求卓越、不断超越的精神，努力寻求自身的发展空间，真正练就适应新形势的工作和管理的真本领。

中国电力企业联合会 2010 年工作会议报告（摘要）

一、2009 年工作回顾

（一）紧紧围绕政府工作全局和行业发展重大问题，加强调研和统计分析，积极为政府服务

加强调查研究，反映企业诉求，提出立法和政策建议。受国家发改委、能源局、电监会、环保部、工信部等政府部门委托，积极开展能源及电力行业重大问题研究课题 30 余项，涉及产业政策、体制改革、电价机制、煤电运平衡、电力信息化、新能源发展等方面，对于政府决策起到重要作用或受到行业关注。通过参加全国人大、国务院以及 10 多个政府部门召开的各种分析会、座谈会，反映行业、企业的情况和诉求，提出重要政策建议。

提高统计工作时效和质量。电力统计数据作为反映国民经济的“晴雨表”作用，在应对金融危机中又一次充分展现。党中央、国务院和政府部门对电力行业统计工作非常重视，将其作为把握经济形势、进行

宏观调控的依据。中电联积极配合政府规范电力统计信息发布工作，加强统计分析，向政府部门累计提交相关报告40多个；发布相关电力供需分析预测、电力建设投资价格指数测算报告，配合国家统计局开展调研，使电力供需和经济运行分析工作更具时效性、实用性、前瞻性和权威性。

积极推动电力行业节能减排。参与起草国家环保产业发展建议，提出电厂烟尘排放与控制政策建议，完成政府部门委托的电力行业清洁生产推行规划、燃煤电厂氮氧化物污染控制规划、电力企业节能减排情况的报告；向政府部门推荐电力行业重大节能示范项目和重大节能技术，开展火电机组能效水平对标、烟气脱硫工程后评估、烟气脱硫特许经营试点，初步开展应对气候变化的工作。

（二）紧紧围绕行业需求，履行协会的行业管理职能，积极为行业服务

协助电力监管机构，促进行业安全生产和信用建设。完成可靠性数据的采集、分析和共享，提出11类可靠性分析报告，并与电监会共同发布电力可靠性指标；受电监会委托，开展电力行业信用建设和评价工作；举办中国国际电力安全发展暨应急管理论坛，开展四川汶川大地震抗震救灾志电力行业部分的编纂工作。

行业标准化工作取得新发展。完善电力标准化组织体系，成立电力节能和电力技术经济两个标委会；完成电力标准编制281项，批准立项163项，有15项特高压国家标准获批准；将1000kV晋东南～荆门特高压交流试验示范工程列为国家重大工程标准化示范。

电力工程造价与定额工作实现新拓展。编制完成电力定额编制手册；完成2009～2011年电力建设投资价格指数测算报告；调整电力工程概预算定额价格水平；编制并颁布20kV及以下电网工程定额和费用计算标准；首次编制完成西藏地区电网工程计价依据体系；首次颁布±800kV直流输电工程建设费用计算标准。

技能鉴定与教育培训取得新成果。完成2363人的高级技师资格评审和72个电力行业特有工种职业鉴定站的审核报批，完成企业高技能人才评价试点方案并报政府部门，电力行业专业技术人才知识更新工程（“653”工程）继续推进。

（三）紧紧围绕企业迫切需求，开展普遍性、个性化和专项工作，为企业和社会服务

特色服务受到欢迎。举办中国电力论坛、经济形势与企业改革分析预测会，编制《电力行业年度发展报告》、《电力工业年度统计分析报告》，出版《中国电力企业管理》、《电力技术》等刊物，开展企业管理创新成果及质量奖的评审与推广、电力司法技术鉴定等，上述工作都受到企业和社会的欢迎。

完成理事长单位、部分副理事长单位通过合同委托的专项服务工作以及部分电力企业委托的相关工作。

由中电联组织的发电机组、CFB技术、脱硫脱硝、风电、水电、配电等技术协作网已成为促进企业科技进步和技术交流的良好平台。

积极开展科技成果鉴定。完成273个新产品、新成果鉴定，其中包括一批填补国内外空白的重大项目。围绕特高压工程提供有效的技术服务，开展大截面导线的技术鉴定工作，为特高压工程导线招标奠定基础。

开拓国际合作业务。举办国际会展及技术讲座活动20余个，接待国际组织和企业来访60余个，翻译出版16项水电标准及行业年度发展报告，促进电力行业的国际合作和电力企业走出去战略的实施。

2009年，中电联本部党风廉政建设、人力资源管理、会员组织、新闻宣传、财务资产管理、后勤保障等工作，都取得丰硕成果。

二、2010年重点工作

（一）指导思想

认真贯彻落实中央经济工作会议、全国能源工作会议以及中电联第五届理事会一次会议精神，深入贯彻落实科学发展观，以服务企业、服务行业、服务政府、服务社会为宗旨，积极推进电力发展方式转变和电力结构调整，积极推动电力科技创新和管理创新，积极开展行业文化建设，围绕行业、企业发展的重点、热点、难点问题，反映企业诉求，向政府建言献策，全面加强本部能力建设，确保完成全年各项任务。

（二）重点工作

第一，积极推进电力发展方式转变，引导企业科学发展。通过参与立法、政策、规划、标准制订等工作，引导行业企业转变发展方式，走安全发展、清洁发展、节约发展的道路。要加强行业内外协调、组织电网、发电企业和相关研究单位，积极开展推进特高压、大煤电、大水电、大核电、大型可再生能源基地建设和智能电网发展的政策研究，促进外部环境改善。组织制订清洁能源与电网协调发展的行业标准和技术规范。开展太阳能发电、风电设备制造业结构调整和技术升级政策等新能源发展的调查研究。继续深入开展电力节能减排工作，建立电力节能标准体系，加快开展基础性和急需的标准制订。加强节能技术改造和自主创新技术的评估与推广，探索开展电厂设备和系统的节能诊断。在完成国家确定的约束性指标和

巩固烟气脱硫治理成果的基础上，积极开展烟气脱硝产业化发展研究和试点，促进区域性复合型大气污染治理。继续扩大和深入开展火电行业能效对标工作，重点研究 100 万 kW 机组和 30 万 kW 循环流化床锅炉对标技术方案。

第二，积极研究和参与制订“十二五”能源发展规划和电力发展规划，提出行业意见建议。一是中电联就电力行业“十二五”发展规划及相关重大问题立项研究，并与电力企业加强沟通，在吸取电力企业研究成果的基础上，向政府部门提出建议和意见。二是认真做好已中标国家能源局为“十二五”能源发展规划服务的《能源发展主要约束性因素研究》、《新兴能源发展基础设施及其配套体系研究》课题。三是积极参与“十二五”环保规划的研究，并在已完成的“十二五”氮氧化物控制规划研究的基础上，推进污染控制成本进入电价的政策出台。四是应企业和金融机构的要求，组织开展电力企业投融资规划研究，为企业技术创新、发展新能源以及节能减排探索金融支持途径。

第三，全面加强统计分析工作，更好服务于国家宏观调控和国民经济平稳运行的需求。做好全国电力市场供需形势和行业运行态势的分析和预警预测工作，及时提交或发布全国电力供需与经济运行形势分析预测报告；进一步健全电力行业统计体系，依托政府部门重点解决部分省（区）的电力统计的政府授权问题，保证电力统计数据的完整性、准确性和及时性；建立统计分析工作与电力企业的沟通与合作机制，提高中电联统计分析的权威性、针对性；加强分析技术手段的研发，深入调研各省各地区电网供用电统计流程，提出全国电力消费统计的月度时段标准建议；努力整合现有数据资源，进一步丰富电力统计月报、年报的信息量，力求内容有所创新，质量不断提高。

第四，积极推进构建电力行业应对气候变化行动体制机制，共同应对气候变化对行业带来的重大影响。在中电联层面成立非常设的、有代表性的电力企业决策层领导参加的应对气候变化协调小组或专门委员会；成立应对气候变化的专家顾问团队为协调小组提供咨询；其常设办事机构设在电力行业应对气候变化中心，兼作协调小组及专家顾问的联系机构。尽快启动电力行业应对气候变化的框架性策略研究，提出电力行业应对气候变化初步框架方案；筹备举办以转变发展方式、应对气候变化为主题的大型论坛和中国国际清洁能源博览会，为电力行业交流应对气候变化的新情况、展示新成果搭建平台；深化和加强与应对气候变化国际组织的信息交流、项目合作、课题研究，提高中电联应对气候变化的行业服务能力和国际合作能力。

第五，进一步加大反映会员企业诉求力度，维护行业企业利益，维护电力市场秩序。在深入调研的基础上，及时向政府反映电煤矛盾和电力企业经营困难问题，推进问题逐步解决；逐步理顺电力燃料分会体制和机制，充分发挥中电联电煤分支管理机构的作用。积极研究发电、电网企业在能源资源供应和地区供需平衡中的新趋势、新战略，反映新诉求，促进实现电力资源在更大范围优化配置。积极、客观地反映电力主辅分离改革中遇到的困难和问题，推进主辅分离改革。积极推进深化电价改革。

第六，积极支持企业科技创新。主动参与国家相关电力科技发展规划的研究与制定，加强对电力新技术动态的跟踪和分析，开展新技术、新设备的交流和宣传。在继续开展新产品鉴定的基础上，探索新技术的鉴定。巩固已初具规模的火电大机组协作网、配电技术协作网等服务平台和重点领域的专项技术服务平台，不断创新技术服务模式。针对电力企业普遍成立新能源研究机构的情况，加强联系合作，促进形成电力行业新能源研究的整体合力，推进行业企业科技创新能力提升。

第七，积极推进企业管理创新。根据国家“资源节约型、环境友好型”社会建设的总体部署及企业科学管理的需求，在电力行业内继续开展创建“两型一流（示范）”企业活动试点，制订和完善评选标准，建立健全评选组织体系，根据试点情况稳步推进。继续开展企业现代化管理创新成果评选，举办企业管理论坛，出版发行企业管理经验汇编；研究建立企业综合评价体系，开展企业管理评价工作。全面总结、推广和交流行业企业先进的管理经验，依托专家队伍，为电力企业创新管理理念、完善管理制度、提升管理水平提供咨询服务。

第八，积极推动行业文化建设。一是充分发挥中电联理事会的平台作用，组织行业企业共同参与行业文化建设，倡导和努力促进形成诚信、负责、合作、创新的行业文化，共同树立诚实守信、勇担责任、团结协作、开拓创新的行业形象。二是充分发挥中电联及电力企业各种宣传载体、中央主流媒体的作用，在行业内外营造和谐合作的良好氛围；三是组建推动行业文化建设的机构，吸纳行业内外文化建设方面的专家，研究梳理、充实完善行业文化内涵，确定推动行业文化建设的步骤和措施。

第九，加强行业间的交流与国际合作。积极搭建与煤炭、运输、机械制造等上下游行业沟通交流的平台，配合政府建立与相关行业的工作和利益协调机制，通过联合政策研究和跨行业政策技术交流等方式，努力推动煤电运等问题的有效解决。加强与国外同业组织的合作与交流，通过参与和组织中国电力工业（印尼）（越南）展、第十三届国际电力设备及技术展览、第七届中国—东盟博览会暨第三届中国—东盟电力合作与发展论坛、第十八届亚太电协大会和海峡两岸电力工业展览及会议等活动，展示国内外电力新产品、新技术和电力企业形象，学习借鉴国外同行的先进经验，支持企业实施“走出去”战略。

第十，围绕电力转变发展方式，在专业服务工作中加强创新。充分发挥可靠性指标发布会及可靠性管理等的作用，提高电网安全稳定运行水平，研究探索新能源发电可靠性评价方法，促进形成保障电力系统安全运行的工作机制。继续开展全国电力行业职业技能竞赛活动，研究拓展职业技能类别，建设高技能的人才队伍。结合国家标准委要求和电力发展的新情况，对现行电力标准体系进行修订，开展清洁能源发电行业标准体系和技术规范研究，向政府主管部门提出建议。完成电力建设工程概预算定额及费用标准的修编工作，完成新型能源发电工程计价依据与费用计划标准编制。

三、加强本部能力建设，开创中电联工作新局面

第五届理事会对中电联的发展提出更高的要求，而中电联本部作为理事会的执行机构，其执行能力直接决定中电联的宗旨、方向、目标能否实现。面对新形势、新任务、新要求，必须建设一个强有力的本部。2010年要把加强本部建设作为完成全年工作任务和开创第五届理事会工作新局面的关键。为此要做好以下工作：

第一，把学习贯彻落实中央经济工作会议、全国能源工作会议精神和第五届理事会一次会议精神以及禹民副主席、振亚理事长的要求，作为当前工作的重点。一是充分发挥中电联会刊、网站等载体的作用，制定宣传计划，进行深度宣传；二是组织全体员工结合工作认真学习；三是将全年的工作任务细化分解到各部门、各岗位，签订责任书；四是建立月、季、年度工作评价与考核制度。

第二，充实调整本部职能，加强机构建设，提高办事效率。新《章程》调整、充实、完善了中电联职能，优化了理事会结构，使之更适应电力行业发展改革的要求。为更好地全面履行《章程》所赋予的职能，努力把本部建成行业政策研究平台、统计信息平台、专业服务平台、沟通协调平台，有必要对本部的职能、机构进行调整优化，使中电联的核心业务更加明确，专业优势更加突出，工作运转更为协调，员工作用更好发挥。使本部人、财、物的使用与核心业务相匹配，与工作效果相适应。

第三，加强制度建设，强化规范管理。随着发展的需要，中电联本部机构几经调整，业务几经整合，原有的一些规章制度已经不适应现实情况和发展的需要，有必要进行清理和完善。要对现行的所有规章制度进行梳理，以确定继续执行、修改或新增的制度。当前，要在充分论证合法性、科学性、可执行性的基础上，加快制订新的本部工作规则、理事会工作规则和考核管理制度等，并增强制度执行的严肃性。

第四，提高中电联本部的研究和策划能力。凡事预则立，不预则废，刘振亚理事长在听取中电联工作汇报时指示，要对重点工作精心策划，精心组织，不做则已，做则求精。要深刻领会，认真落实，进一步增强研究和策划能力。要建立和完善本部重要事项会商机制；成立研究策划机构，加大中电联本部对重大问题的研究力度；密切与行业内研究机构的联系，汇集行业研究成果，为提高本部的决策能力提供智力支持。

第五，进一步完善用人机制，努力建设一流专家队伍。长期以来，中电联一直存在着人员流动不足、人才结构不合理、培训渠道不畅通等问题。尽管各届理事会都明确要求要建设一流的专家队伍，但在实践中仍差距很大。要抓紧研究和解决人才机制和专家队伍建设问题。针对本部当前实际情况，要建立靠感情留人、事业留人、待遇留人的机制。一是以吸引优秀人才为目的，继续完善长期聘用的人事制度。二是贯彻执行党的干部提拔任用制度，不拘一格，使用人才；加强本部轮岗换岗，培养业务能力、综合能力和协调能力强的复合型干部。同时，通过岗位锻炼发现和使用优秀人才。三是尽快提出具体办法，落实《章程》提出的挂职锻炼、企业委派制度实施。四是加快形成约束激励机制，建立在绩效考评基础上的奖励制度，使优秀人才与待遇相适应。五是要研究建立中电联本部不同专业的首席专家制度，吸引业内专家到中电联工作，使中电联本部有一定比例或数量的行业内认可的专家；同时分类建立专家库，形成一支代表行业高水平的专家队伍。

第六，规范有偿服务，增强造血功能，改善职工待遇。一是要按规定加强会费的收缴和管理；二是在新的条件下，根据中电联的新业务，测算所需费用，争取会员单位在会费上的支持；三是在划定职能和业务工作范围基础上，继续鼓励本部部门承担政府购买服务和企业欢迎的有偿服务业务，但要严格遵守国家有关收费规定，规范有偿服务收入分配方式；对于按职能划分不能进行有偿服务的部门，要坚决禁止自行从事有偿服务；四是依法规范，严格管理，加强对中电联管理资产的运作；五是提高职工待遇，并向工作

贡献大的员工倾斜。

第七，加强分会和代管学协会的管理。分会和专业委员会是中电联组织体系的重要部分，必须按照第五届理事会的要求，从组织上保障，工作上要求，梳理整顿，规范管理。对于代管学协会，中电联本部也要严格按照主管部门的要求和章程的规定，改进管理方法，加强科学管理。

第八，进一步树立中电联良好形象。20 多年来，中电联取得了巨大的成绩。但由于种种原因，也存在一些不足之处，对此，各届理事会都作出客观评价。要建设一个被企业、社会广泛认可的中电联，既要靠领导的爱护、会员的支持，更重要的是靠中电联本部全体员工的努力，实现以服务换信任，以质量求生存，以能力谋发展，以实力树形象。对于业内和社会上反映的一些打着中电联旗号，做有损于中电联名誉的事情，要分清情况区别对待。当发现有对中电联名誉造成影响的行为，属于假借中电联名义的个人和组织，要通过法律途径维权，而对于中电联本部机构、组织或员工，要像抓安全生产"四不放过"的要求一样，严肃处理。

第九，加强党风廉政建设。抓好本部领导干部党性修养教育，进一步推进干部思想作风、学风、工作作风和生活作风建设。全体员工要自觉遵守社会主义核心价值体系，树立正确的事业观、工作观；要严明党的政治纪律、严肃工作纪律，大力倡导良好风气、廉洁自律；完善监督管理制度，完善内部财务管理制度，加大资金监管力度，加强审计工作。

国家电网公司 2009 年工作会议报告（摘要）

一、2008 年工作回顾

（一）夺取抗灾救灾斗争全面胜利

面对突如其来的冰灾和震灾，公司反应迅速、行动果断、组织有力，充分发挥集团化优势和大电网优势，展开了规模空前的抗灾救灾斗争，为抢险救灾和恢复重建提供了电力保障，发挥了中央企业骨干和表率作用。

抗冰抢险中，公司迅速集结 27 万余人、调配 57 亿元的设备物资，投入电网抢修重建大会战，修复变电站 884 座、线路 1.5 万条、杆塔 70 万基，仅用 6 个星期就完成了需要 6 个月时间的恢复重建任务。抗震救灾中，公司快速展开救援，累计救治员工和群众 2081 人、安置受灾员工和家属 7000 多人，及时恢复和重建变电站 245 座、线路 3322 条。同时积极开展对口支援，圆满完成 6 个地方电网的抢修恢复任务。

（二）圆满完成艰巨的奥运保电任务

公司完成了 228 项奥运配套电网工程，全面提高了涉奥城市的供电保障能力；从各地调集 3000 多名骨干、250 多辆抢修车和发电车支援北京，共投入 17 万余人开展保电工作，在武警公安和群众力量的支持下，建立了组织严密的防控体系，在奥运会历史上创造了供电"零事故"的纪录，得到国际奥委会的高度评价。

公司初步形成了以总部和网省公司应急指挥中心为核心，由物资储备管理中心、电网备用调度和应急队伍组成的应急体系。全年未发生重大及以上安全事故，一般电网和设备事故同比分别下降 14.8% 和 57.3%。

（三）特高压工程建设实现重大突破

公司用 2 年零 4 个月攻克重重难关，建成投运了代表国际输变电技术最高水平的晋东南—南阳—荆门 1000kV 特高压交流试验示范工程，这标志着我国电网技术水平步入世界领先行列。

向家坝—上海 ±800kV 特高压直流输电示范工程全线开工。6in 晶闸管、换流变压器等重大技术和主设备研制全面突破。建立特高压企业标准 72 项，特高压技术标准体系基本形成。国际电工委员会和国际大电网组织将公司特高压交流电压标准推荐为国际标准。这些成就标志着我国在特高压领域实现了从理论到实践的跨越，标志着我国在远距离、大容量、低损耗的特高压核心技术和设备国产化上取得了重大突破，对保障国家能源安全和电力可靠供应具有重要意义。

（四）"四化"工作深入推进

公司继续加强资源优化配置和统一运作，重组整合直属单位，提高产业集中度和竞争力。国家电力市场完成交易电量 2639 亿 kWh，同比增长 23.9%。

加强资金集约管理，网省公司资金归集率提高，利息支出减少，管理费用和财务费用得到压缩；全年集中招标金额增长 15%，线损率同比降低 0.2 个百分点。

努力巩固和开拓用电市场，市场占有率获得提高，陈欠电费进一步下降。

全面推进资产全寿命周期管理，初步建立了有关组织体系和工作机制。标准化建设深入开展。基建"三通一标"管理体系基本建立，"两型一化"变电站全面推广，"两型三新"输电线路开始试点。以现场标准化作业为重点的生产标准化建设加快推进。

积极开展国际能源合作。2009 年 1 月 15 日正式运营菲律宾国家电网。与俄罗斯和蒙古等国电力合作积极推进。英大财险开业营运，英大人寿签署引进战略投资者协议。

（五）进一步加强企业规范管理（略）

（六）自主创新取得丰硕成果

优化完善了公司科技发展规划。加快推进“四基地二中心”建设。特高压交流、直流、杆塔、西藏高海拔试验基地和国家电网仿真中心投入使用，特高压试验研究水平步入世界领先行列。特高压交、直流试验基地成为国家工程实验室。公司被评为国家首批“创新型企业”。

2008年，公司取得一批重大科技创新成果。在特高压交直流技术实现全面突破的同时，500kV融冰装置等防灾减灾科技攻关项目取得成功；灵活交流输电关键技术和应用获得国家科技进步一等奖。SG186工程加快推进，一体化平台初步建成，八大业务应用进入全面推广阶段。公司在中央企业信息化评比中被评为A级企业。

（七）品牌价值和社会形象显著提升

落实国家宏观调控措施，深入推进节能减排工作。完成发电权交易电量994亿kWh，同比增长85.4%，节约标准煤914万t，减少二氧化碳、二氧化硫排放3300万t和26.6万t。大力推广节能技术，节电54亿kWh。

公司供区除西藏外全部实现“户户通电”。累计建成电气化县170个、电气化乡（镇）2019个、电气化村34 570个。

开展“金牌服务迎奥运”活动，实现了奥运期间服务质量零投诉。

积极履行社会责任。首批百所国家电网希望小学竣工，第一阶段爱心助学、助老项目基本完成。公司和广大员工、离退休老同志累计捐赠救灾款物超过4.4亿元，缴纳“特殊党费”1.05亿元。荣获改革开放30年中国品牌成就奖等荣誉，获得中国企业在《财富》全球社会责任百强企业的历史最好排名。

（八）员工队伍素质进一步提高

开展“电网先锋党支部”创建活动，加强基层党组织和党员队伍建设。开展“解放思想、科学发展”主题调研，增强了干部员工创新发展的主动性和紧迫感。加强反腐倡廉建设，领导干部的拒腐防变意识进一步增强。

加大干部员工教育培训和实践锻炼力度。采取多种形式开展各级管理人员和青年干部培训。国网技术学院正式成立，管理学院正在加紧筹建。大力加强诚信建设，开展“人人讲诚信”主题教育活动，企业文化建设不断加强。

二、把握形势应对挑战深入推进“两个转变”

（一）坚持服务党和国家工作大局

坚决贯彻党中央、国务院关于保增长、扩内需、调结构、促民生的重大决策，切实履行好所承担的经济责任、政治责任和社会责任。在服务经济增长上，要落实国家宏观调控部署，加大电网建设力度，确保电网安全运行，保证国家重点项目用电，努力实现公司持续健康发展，充分发挥对经济增长的促进作用。在服务结构调整上，要贯彻国家能源战略，积极推进“一特四大”战略实施，促进电力工业结构调整。加快转变电网发展方式，优化电网结构，落实节能减排、差别电价等政策，促进产业结构调整和经济发展方式转变。在服务民生上，要更多地关注和研究客户需求，注重服务的多样化、个性化和规范化，提高城乡供电可靠性，提升供电服务水平，促进和谐社会建设。

（二）坚持加强电网建设，进一步转变电网发展方式

当前，我国电力工业发展的总体趋势、基本格局和主要矛盾并未发生根本性变化，发展环境趋于严峻。我们要立足当前、着眼长远，加快转变电网发展方式，实现电网的科学发展、协调发展和集约发展。首先要继续贯彻“一特四大”战略，以大幅提高电网优化配置资源能力为目标，按照2012年形成特高压同步电网的要求，协同推进特高压电网和大型能源基地建设，实现电网电源协调发展。其次要把握好发展的重点和节奏，优先安排特高压工程，跨国跨区跨省直流输电工程，大型能源基地送出工程等工程，统筹区域和省级主网架工程，城乡电网建设与改造工程。最后要走内涵式发展道路，着力提高发展质量和效率。按照发展规模与发展能力相适应的要求，合理安排投资，提高投资效益；坚持标准化与差异化相结合，提高建设质量，严格控制造价；大力推广应用新技术、新材料、新工艺，增加科技含量，实现速度、质量、效益的协调统一。

（三）坚持依法从严治企，进一步转变公司发展方式

要将依法从严治企作为贯穿全年的重点工作，强化全员的自我规范、自我约束意识，认真落实依法经营企业、严格管理企业、勤俭办企业的各项要求。要以提高发展效率和经济效益为目标，把增收节支、降本增效的要求贯穿经营管理的全过程。要加强综合计划和全面预算管理，增强预见性、准确性、严肃性，提高调控力、执行力；尽快将标准化建设由基建、生产领域向管理领域拓展和延伸，覆盖所有业务工作。

要按照集团化、扁平化、专业化的要求，完善管理体制，健全内控机制，提高效率和效益。

（四）坚持安全第一、稳定至上，促进公司健康发展

安全稳定是做好一切工作的前提。在当前复杂严峻的形势下，电网安全面临的挑战进一步增大，辅业单位、多经企业和农电企业的稳定压力进一步增加。公司服务对象多、服务面广，做好安全稳定工作，既关系公司发展的全局，更关系社会和谐稳定的大局。没有安全稳定的基础，公司的健康发展、员工的根本利益就没有保证，优质服务就无从谈起。公司上下必须充分认识做好安全稳定工作的极端重要性，始终把确保安全稳定作为头等大事，层层落实责任，采取有效措施，强化超前防范，完善应急机制，确保电网安全和队伍稳定。

（五）坚持以优秀企业文化促进公司持续发展

加强企业文化建设是公司的一项长期任务，也是当前凝聚力量、应对挑战的需要。公司上下要牢固树立“诚信、责任、创新、奉献”的核心价值观，弘扬“努力超越、追求卓越”的企业精神，加快建设统一的优秀企业文化。一要夯实诚信基础，深入持久地开展“人人讲诚信”活动。二要强化责任观念，把对国家负责、对企业负责、对家庭负责作为日常行为准则，认真履行应尽的责任和义务。三要保持创新活力，以创新的思维破解发展难题，不断开创工作的新局面。四要弘扬奉献精神，努力实现员工与企业共同发展、企业与社会共同进步。

三、2009 年重点工作

（一）贯彻中央决策和部署，认真开展深入学习实践科学发展观活动

根据中央部署，公司将于 2009 年 3～8 月参加第二批深入学习实践科学发展观活动，这是一项重大的政治任务。公司上下要高度重视，周密部署，认真落实中央的各项要求。要突出实践特色，把开展学习实践活动与应对当前严峻形势结合起来，与公司中心工作结合起来，进一步统一思想，深刻理解科学发展观的科学内涵、精神实质和本质要求，增强推动公司科学发展的责任感和紧迫感，把握发展规律，创新发展思路。要注重实效，通过开展活动切实解决制约公司科学发展的突出矛盾和问题，着力构建有利于科学发展的体制机制，提高各级领导干部自觉实践科学发展观的能力和水平。

（二）确保电网安全，保证电力供应

坚持安全第一、预防为主、综合治理，严格落实公司关于 2009 年安全工作的意见，深入开展反违章活动，完善安全工作长效机制。

强化电网安全管理。加强特高压交流试验示范工程安全运行管理，科学安排各级电网运行方式。针对特高压初期运行特点，加强电压控制和联络线功率控制。深入研究特高压电网运行规律，创新电网运行工作协调机制，建立和完善专业管理、人才保障、技术支撑和技术服务体系，逐步推进调度标准化建设和一体化运行。

继续夯实安全基础。严格执行公司《安全工作奖惩规定》，严肃事故处理和责任追究。全面推进安全风险管理，开展安全风险辨识与评估，完善隐患排查治理常态机制，尤其要落实高危企业和重要客户供用电安全隐患治理计划和责任。切实抓好生产、基建、农电、辅业和多经企业安全管理，规范工程发包和作业行为，强化现场监督，加强施工监理，杜绝违章现象。确保公司管理发电机组的安全运行。

提高应急处置能力。全面建成总部和网省公司两级应急指挥中心，协调推进应急物资储备管理中心、备用调度和应急队伍建设，健全应急机构，完善应急预案，实现应急管理常态化、规范化、专业化。开展大面积停电联合应急演练，提高协同应对能力。落实针对雨雪冰冻等灾害的各项防范措施。

（三）实施“一特四大”战略，推进各级电网协调发展

加强电网规划和前期工作。进一步优化特高压和各级电网规划，做好特高压与各级电网的衔接。加快构建电网规划研究平台。配合地方政府尽快完成以电力为中心的能源中长期发展规划。完善大型能源基地输电规划，加强风电等新能源接入和消纳研究。贯彻电网规划设计标准化、差异化以及资产全寿命周期管理的要求，编制“十二五”电网规划。把握当前有利时机，加大重要电网项目前期工作力度。完成“十一五”规划项目以及青藏联网、西北与新疆联网等重要工程核准。加快“网纵网横”特高压电网工程前期工作，启动东北特高压电网和“十二五”电网项目前期工作。

重点加快特高压工程建设。开工建设淮南—上海、锡盟—上海、陕北—长沙特高压交流输变电工程，抓好向家坝—上海、锦屏—苏南特高压直流工程建设。积极推动淮南、晋东南、锡盟、陕北、宝清等煤电基地，金沙江下游、雅砻江、黄河上游等水电基地开发，以及哈密、酒泉等火电、风电基地“打捆”外送，促进特高压电网与能源基地协调发展。

统筹推进各级电网协调发展。加快完善西北 750kV 电网。加强区域和省级电网主网架建设，优化电网结构。坚持统一规划、统一实施，严格项目立

项、建设、竣工验收的全过程管理，加强项目督查和审计，管好用好中央专项资金，保证投资的有效性。对地方农电企业控股和代管等农电企业的资金投入，要明确资产权属关系和收益关系。加强农村电气化建设，加快实施西藏“户户通电”工程。做好上海世博会供电配套工程建设。

提高电网建设水平。创新特高压电网建设管理模式，完善机构和制度，落实统一协调、属地化管理有关措施。健全基建标准化体系，开展标准推广综合评价，在新建工程中全面推广标准化建设成果。严格控制工程造价，大力采用新技术、新材料、新工艺，在不降低设备技术标准和工程质量的情况下，使输变电工程造价有较大幅度下降。

（四）坚持严格管理，努力降本增效

强化“过紧日子”的各项措施，在夯实基础、强化内控、挖潜增效上狠下工夫。

增强综合计划、预算的执行力和调控力。根据形势变化，超前研究电价政策、售电量波动等因素，建立综合计划和预算滚动优化调整机制。建立纵向管控、横向协调的综合计划管理模式，拓展综合计划管理的范围和深度。深化全面预算管理，建立统一的预算成本定额体系，加强对重大收支项目的动态管理，扩大预算的覆盖面。按照“月分析、季通报、年考核”的要求，强化过程控制，形成闭环管理。做好国资委 EVA（经济增加值）考核准备工作，完善业绩考核方式。

加强财务集中管理。推行财务集中核算，加大资金集中管理和资本集中运作力度。统一公司会计政策，建立以网省公司为主体，包含各级分公司、子公司的财务集中核算体系，逐步实现公司会计信息的集中统一和实时共享。进一步压缩银行账户，实施统一备付和集中结算。加快内部资金融通，减少资金沉淀。加强资金支出监管。统一融资管理，加大直接融资力度，优化融资结构，降低融资成本。

全面开展“三节约”活动。要认真贯彻公司 1 号文件，细化活动方案，明确目标、措施和责任，做到全员发动、人人参与，努力增强全员节俭意识、形成节俭习惯，在规划设计、建设运行、生产经营等全过程落实勤俭节约要求，全面加强成本管理和控制，切实降低经营成本，提高经济效益。要严格控制小型基建项目，最大限度降低非生产性支出。要清理公务用车，规范配置标准，严格车辆报废和新车购置审批程序。要加强水、电和办公用品管理，严格控制会议、接待、差旅、出国团组的数量、规模和标准，实现费用负增长。

进一步深化集中招标管理。严格落实招投标制度，规范招标采购行为。继续扩大集中招标规模和范围，全面推广二次设备、办公用品集中招标采购。加快建立统一的监造管理体系和物资管理体系。加大对特高压、城农网建设改造设备的集中监造力度，确保供货质量和进度。健全招标、监造、验收等环节的问责制，严把设备入网关，杜绝新投产设备出现质量问题。密切跟踪原材料市场，实施大宗物资集中采购，降低电网建设成本。

做优做强直属产业。全面落实直属单位发展五年规划。在直属单位重组整合的基础上，继续开展优质资源整合与并购，推进大型产业项目开发和实施，加快发展有规模、有特色、上水平的战略性产业。围绕服务电网核心业务，完善科技与产业协调发展机制，增强科技创新对产业发展的支撑能力。加紧开展与国际知名企业在电气设备制造等领域的合作。认真做好菲律宾国家电网交接运营工作，强化风险控制，提升管理绩效。

（五）大力增供扩销，提高服务水平

实施积极有效的营销策略。围绕国家扩大内需、改善民生的重点领域，开拓潜在市场，培育新的电量增长点。优先安排有利于增供扩销的电网建设改造项目。加快业扩报装，加强计划停电管理，努力增加电力销售。清理整顿自供区，规范自备电厂、地方电厂并网管理。按照国家规定的范围和审批程序，稳妥推进大用户直购电试点。

加强跨区跨省电力交易。以国家、区域、省级市场协同交易为基础，完善统一开放的电力交易平台，组织跨地区大型煤电、水电等能源基地电力电量消纳，扩大跨区跨省交易规模。

切实防范欠费风险。严格电费回收责任制。实时跟踪分析客户经营状况，加大电费预付、分次划拨执行力度，强化电费回收过程控制和电费风险管理，加强汇报和宣传，确保完成全年回收任务。

深化优质服务。落实国家宏观调控措施，服务各级政府中心工作，认真履行社会责任，促进经济增长和民生改善。大力开展节能减排，稳妥推进节能发电调度试点，深入开展发电权交易，探索建立有利于节能环保的市场机制。总结推广“金牌服务迎奥运”活动经验，针对金融危机影响和电力供需形势变化，狠抓关键环节，完善服务标准，创新服务方式，规范服务行为。加强需求侧管理，促进安全用电、科学用电。加大特高压、节能减排、社会责任等工作的宣传力度，营造和谐的发展环境。

（六）开展依法治企活动，保障公司持续健康发展

贯彻依法治企、从严治企的方针，以治理经营管理中的“习惯性违章”为主要内容，按照全面自查、落实整改、总结提高三个环节的基本要求，在全公司

组织开展依法治企活动，着力解决有法不依、有章不循；有令不行、有禁不止；监督不严、执行不力等问题，建立健全依法决策、依法经营、依法管理、依法办事的工作机制和制度体系。各部门、各单位要高度重视，结合实际制定有针对性的活动计划，对经营管理领域的规章制度和执行情况进行一次全面梳理，分析查找问题，制订整改方案，落实整改措施，加强检查督导，确保取得实效。

（七）推进管理创新，不断完善体制机制

把体制机制创新与集团化运作有机结合，健全和完善保障公司科学发展的体制机制。一要深入研究集团化运作的目标模式和组织构架，在规范业务流程的基础上，建立跨部门、跨专业的协同工作机制，实现各类资源的统一调配。建立公司内部帮扶常态机制。二要按照国资委压缩管理层级、加强集团管控的要求，积极稳妥地实施内部管理体制创新，开展简化管理层级试点工作。三要把标准化作为提高管理效率和集团控制力的重要途径，将标准化建设贯穿企业决策、经营管理、队伍建设等各个方面，统一标准要求，严格标准执行。四要加快推进资产全寿命周期管理。以延长资产使用寿命、提高资产运用效率、降低寿命周期成本为目标，加强基础工作，建立健全资产全寿命周期管理的基本制度，完善标准体系，优化管理流程，建立跨业务、多部门协同运作和考核机制。加强重要节点控制，建立投资后评价机制，实现规划、设计、建设、运营直至退役各环节的紧密衔接。研究建立资产管理决策机制和指标评估体系，在试点基础上加快实施应用。全面开展输变电设备状态检修。加快资产管理标准化和信息化，建立完善的基础数据库。五要深化改革问题研究。积极推进主辅分离改革。加快主多分开，争取上半年基本完成、确保年底前全部完成网省公司层面的主多分开工作；下半年启动地（市）县层面的主多分开工作。六要着力抓好总部建设，转变思想作风，完善制度体系，规范工作流程，加强沟通协调，强化重大问题调查研究，切实提高总部的领导力、调控力和影响力。

（八）加快科技创新和信息化建设，多出快出成果

实施“一流四大”科技发展战略，以规划为指导，统一制订年度科技计划，整合科研资源，优化科研布局，逐步形成以网省公司为基础、直属科研单位为骨干、外部科研力量为协同的创新体系。加快创新型企业建设，强化激励约束，提高科技投入有效性和成果利用率。

加强重大科研攻关和前瞻技术研究。深入开展公司中长期战略规划与全面风险管理、大型能源基地送出与各级电网协调发展、“三华”同步电网安全运行控制、环保与节能等专题研究；加强电网安全基础理论研究；加快450万kVA交流特高压变压器、特高压灵活交流输电、±1000kV直流输电关键技术攻关和设备研制；加强输配电压序列、资产全寿命周期管理、电能质量监测治理、电网勘测设计优化等应用研究；开展智能电网、超导技术、国家电网2030年技术发展预测等前瞻性研究。

完善试验研究体系并充分发挥作用。全面建成特高压杆塔试验基地和国家电网仿真中心、计量中心。加快建设电网规划与工程设计研究中心，启动建设国家级风电研究中心，提升信息技术试验能力，继续确定一批公司重点实验室，构建较为完整的试验研究体系，增强公司创新能力。充分发挥“四基地二中心”的作用，在高海拔、特高压、大电网基础理论和关键技术上尽快取得一批原始创新成果。

大力推进成果转化和新技术应用。加强科技成果管理和转化，提升电网自动化、电力电子等优势技术的产业化水平。完善新技术推广激励约束机制，加快节能节材节地等先进技术推广应用。加强专利管理，有效保护自主知识产权。积极推进特高压、大电网等国际领先技术的标准化工作。

建成SG186工程。完善信息系统应用考核机制，健全信息安全防护体系。年底前全面完成一体化平台二期工程，实现信息系统在总部、网省、地市县三级贯通和业务系统的横向集成。深入研究并统一组织客户用电信息自动采集系统建设。完成人力资源、财务、物资等业务应用系统的推广实施，推动信息化由全面建设转向深化应用，不断提高应用水平，确保取得实效。

（九）加强队伍建设，培养高素质人才

进一步加强和改进人力资源基础管理，科学预测公司发展对人力资源的需求，完善特高压、科技、金融、法律等专项人才发展规划，落实人力资源年度计划，加强统一管理，增强人力资源的流动性，提高配置效率。

创新人才队伍建设机制。完善市场化的人才培养、引进、使用机制，抓住有利时机引进国内外优秀的电力、金融、法律等方面的人才，优化人才结构。强化内部交流机制，重视青年干部的多岗位锻炼，加大网省公司干部交流力度，继续从基层单位选拔优秀干部到总部挂职锻炼。继续加大对西部地区的人才帮扶力度。

深入开展全员教育培训。加快“两个学院”建设，尽快组建公司管理学院，强化领导干部的集中培训；加强技术学院配套设施建设，强化一线员工和新员工的技能培训。创新教育培训模式，统筹考虑多经企业回归人员安置等问题，采取离岗轮训、脱产培训

等方式，提高队伍整体素质。深化教育培训标准化建设，贯彻生产技能人员岗位培训规范，建立统一的培训课程体系。结合实际需要安排培训内容，突出电网建设运行、金融资本运作等新理论、新技术、新知识培训。以提高业务技能为重点，广泛开展练兵比武活动，引导员工“比学赶帮”，提高技能，增长才干。

大力推进全员绩效管理。深入研究以业绩和能力为导向的激励约束机制，完善工资总额预算和薪酬分配管理办法，建立健全业绩考核指标体系和分级考核体系。贯彻落实新的《供电企业劳动定员标准》，实现因事设岗、按岗配人、按编控制，提高劳动效率。力争用1～2年时间，在省会城市、副省级城市等特大型供电企业达到新的定员标准。严格执行公司《关于进一步加强劳动用工管理意见》，切实加强劳动用工管理，严禁超计划用工。

（十）加强党的建设和精神文明建设

认真学习贯彻党的十七大、十七届三中全会和中央经济工作会议精神，深入开展形势任务教育，引导干部员工正确认识形势，增强战胜困难的信心，坚决贯彻公司党组的决策部署，认真履行岗位职责。各级领导干部要着力增强宗旨观念、纪律观念，树立正确利益观，强化责任意识，提高实践能力，带头发扬党的光荣传统和优良作风。特别要大力发扬艰苦奋斗精神，牢固树立“过紧日子”的思想，勤俭办一切事情，求真务实，真抓实干，推动公司科学发展。

深入贯彻中央纪委三次全会精神，切实加强党风廉政建设。要把加强领导干部党性修养作为重要内容纳入深入学习实践科学发展观活动，把提高领导干部党性修养、树立和弘扬良好作风作为重大政治任务抓紧抓好。加强廉洁从业教育，认真落实领导人员廉洁从业“七项要求”。加强“三重一大”集体决策制度执行情况的监督检查。深入开展效能监察，尤其要加强对国家城农网建设改造资金使用情况的监督检查。严肃查处违纪违法行为。

大力开展精神文明创建活动。认真贯彻公司党组1号文件，弘扬“努力超越、追求卓越”的企业精神，建设以诚信为基础的优秀企业文化。进一步加强工会和共青团工作。关心困难员工生活，积极开展帮扶和送温暖活动。做好离退休工作，落实好各项政策和待遇。把确保队伍和谐稳定摆在突出重要的位置。及时掌握员工思想动态，围绕热点难点问题，深入细致开展思想政治工作。加强信访稳定工作，落实维稳责任，做好突发事件的应急处理和各类矛盾的排查化解。

深化企业民主管理，落实好职代会制度，健全职工代表巡查和总经理联络员机制，畅通民主管理渠道，提高科学决策、民主决策、依法决策水平，维护职工合法权益。职工代表要认真履行职责，积极建言献策，为公司发展多作贡献。

国家电网公司2010年工作会议报告（摘要）

一、2009年工作回顾

（一）深入学习实践科学发展观活动取得显著成效

在参加中央第二批学习实践科学发展观活动中，公司高度重视、精心组织，紧紧围绕“科学发展上水平”的核心目标，结合企业特点和工作实际，以“深化‘两个转变’、推动科学发展”为载体，超前调研、创新形式，高标准、高质量地开展学习实践活动，做到了“两手抓、两不误、两促进”。通过学习实践活动，广大员工深化了对电网功能定位、电力发展规律以及清洁能源发展带来的新挑战等重大问题的认识；公司作出了加强“三个建设”、推进人财物集约化管理等重大工作部署，确定了建设坚强智能电网的发展目标，解决了一批影响和制约公司科学发展的突出问题，“两个转变”和“四化”工作的内涵进一步丰富，电网建设、经营管理、优质服务等各方面工作得到新的加强，公司在服务国家宏观调控和维护安全稳定大局方面发挥了重要作用。党中央、国务院领导同志和中央企业学习实践活动指导检查组对公司学习实践活动的整体效果，特别是创新活动载体、注重活动实效等做法给予了充分肯定。

（二）为经济社会发展提供了安全可靠的电力保障

针对电力供需形势明显变化、发电装机继续大量投产、清洁能源迅猛发展、影响电网安全的不确定因素增多的新情况，公司始终坚持安全第一的方针，认真组织安全生产“三项行动”、“全国安全月”活动和秋季“三查一整改”活动，加强隐患排查治理，不断夯实安全基础，健全完善应急机制。在基建、辅业、农电等所属企业开展专项治理行动，对煤矿、化工等重要用户开展供用电安全隐患治理，按照“四不放过”原则，加大事故责任追究力度，公司安全工作水平有了新的提升，电网事故和设备事故同比分别下降56.5％和15.6％。针对2009年入冬以来华中等地区出现的缺电局面，公司充分发挥特高压和跨区跨省输电优势，精心调度，大范围优化资源配置，落实政府批准的有序用电方案，有效缓解了供电紧张矛盾。从现场作业、管理流程、状态检修、装备配置等方面，全面加强设备标准化管理和运行维护，提高了设备健康水平。组建了直升机公司。总部和各网省公司应急指挥中心全部建成。自觉规范市场行为，加大交易价格等重要信息公开力度，“三公”调度水平进一步提高。积极应对新疆“7·5”事件对电网和公司造成的影响，确保了电网安全和队伍稳定。圆满完成了新中国成立60周年庆典、全国两会、全运会、迎峰度夏（冬）等重要保电任务。

（三）电网发展实现重大突破

公司在应对危机中把握发展机遇，坚持以科学规划引领电网发展，认真落实国家拉动内需建设项目，加大电网投入，统筹推进特高压、跨区跨省输电、省级电网主网架和城乡配电网建设，电网结构得到改善，资源配置能力有了明显提升，为促进经济增长发挥了积极作用。

电网规划继续加强。结合大型能源基地特别是清洁能源基地的开发建设，完成了国家电网总体规划的滚动优化，以及蒙东、新疆等电网规划；初步完成了国家电网智能化规划；各地以电力为中心的能源规划研究进一步深化；启动了国家电网“十二五”发展规划编制工作。

各级电网建设取得重大进展。特高压交流试验示范工程自2009年1月初建成投运，到目前已安全运行超过一周年，输送电量超过90亿kWh，发挥了显著的综合效益，验证了特高压输电的可行性、安全性、优越性，被评为新中国成立60周年“百项经典暨精品工程”，列入“国家重大工程标准化示范”项目。向家坝—上海特高压直流示范工程成功实现800kV全线带电，锦屏—苏南特高压直流工程开工建设。灵宝背靠背扩建工程竣工投产。西北750kV主网架基本形成。青藏联网以及新疆—西北联网等工程前期工作取得重要进展。宝鸡—德阳直流工程单极投运，呼辽直流、宁东—山东等重要跨区跨省电网项目加快建设。一批500kV输变电工程建成投产，网架结构得到加强。完成提高电网输送能力工程190项，提高输送能力1719万kW。组织实施拉动内需农网完善工程，大力推进西藏“户户通电”。全年建成新农村电气化县132个、电气化乡镇1687个、电气化村3万个。全面推广“三通一标”成果，公司首条750kV同塔双回线路、首条220kV同塔6回线路建成投运。电网智能化工作全面推进。发布了建设坚强智能电网的战略报告，制定了智能电网技术路线和技术标准框架，用电信息采集系统、智能调度技术支持系统、智能变电站等关键技术研究取得阶段性成果。首批智能电网试点工程全面实施。上海世博园智能电网综合示范工程扎实推进。

（四）经营管理取得显著成效

在电力需求大幅下挫、电价矛盾不断积累、经营环境中不确定因素明显增多的情况下，公司上下坚持“过紧日子”，采取从严从紧的经营策略，以开展“三节约”活动为主线，严格综合计划和预算管理，充分发挥集团优势，深入挖掘内部潜力，在规划建设、生产运行、营销服务的全过程严格控制成本，大力增收节支、降本增效。各单位加强经济形势和电力供需分析，千方百计开拓市场。严控欠费风险，严打窃电行为，当年电费回收率达99.99%，陈欠电费下降56.5%。积极配合国家出台电价调整政策，电价矛盾得到部分疏导，为公司可持续发展提供了重要保障。

运营管理菲律宾国家电网平稳有序、取得实效。认真落实国资委法制工作三年目标要求，扎实推进依法治企，取得明显成效。积极配合审计署、财政部等部委完成了对三峡输变电工程的审计和评审、中央扩内需促增长政策落实情况检查等工作。理顺蒙东电力管理体制，成立了内蒙古东部电力有限公司。

（五）人财物集约化管理全面推进

公司着眼于提高管理效率和经济效益，以加强人财物资源整合和优化配置为重点，着力构建集约高效的管理体系，基本形成了总部、网省公司两级人财物管理体系和工作机制，初步实现了人财物管理由粗放到集约的转变，管理的集中度和调控力有了明显提升，有效减少了经营风险。

公司制订了人力资源战略规划和特高压、科技、金融等专项人才规划，加强了人力资源年度计划管理；规范网省、地市公司本部机构编制和职级序列，实施供电企业劳动定员标准，改进了公司绩效考核评价体系；员工入口得到有效管控。着力构建以“六统一、五集中”（“六统一”即统一会计政策、统一会计科目、统一信息标准、统一成本标准、统一业务流程、统一组织体系，“五集中”即会计集中核算、资金集中管理、资本集中运作、预算集约调控、风险在线监控）为基础的新型财务管理模式，试点工作取得重要进展。全面推行财务管理标准化，规范会计政策，统一的标准成本体系开始运用。实施资金集中运作，撤销了网省公司资金结算中心。网省公司资金归集率超过98%。加快建设统一的物资管理体系，建立了公司两级物资管理部门和三级物流服务机构。制定了统一的物资采购标准，扩大了集中招标采购规模。大力推行“总部统一组织，网省具体实施”的招标采购新模式，总部集中招标采购范围和比重进一步扩大。

全面加强农电人财物管理。落实管理责任，完善管理标准，着力解决用工不规范、混岗等问题，实现供电所人员全部持证上岗。直供直管县供电企业全部实现财务集中统一管理，物资采购全部纳入公司两级招标体系，农电企业规范管理取得明显成效。

（六）科技创新和信息化建设取得丰硕成果

公司以支撑“两个转变”为目标，坚持走自主创新的内涵式发展道路，继续实施“一流四大”科技发展战略，整合科研资源，加大科技投入，加快构建适应可持续发展需要的自主创新体系。“电力系统全数字实时仿真”项目获得国家科技进步一等奖，同时，获得国家科技进步二等奖5项，获得中国专利金奖和优秀奖各1项，获国家级奖励的数量创历史最好水平。发布特高压企业技术标准130项；申请专利2528项，获得授权专利1517项。

“四基地两中心”全面建成投运，形成了目前世界上功能最完整、试验能力最强、技术水平最高的特高压、大电网试验研究体系。新能源开发利用示范工程——“国家风光储输示范工程”全面启动。获准建设国家风能、太阳能发电研发（实验）中心。智能电网研究院筹建工作进展顺利。公司科技研发能力迈上新台阶，取得了一批具有国际领先水平的创新成果。研制成功全球容量最大的直流换流阀，标志着±800kV直流输电技术实现关键性突破。特高压交流灵活输电、450万kVA大容量变压器等技术研发取得阶段性成果。具有自主知识产权的国际首套500kV故障电流限制器成功研发并投入运行。碳纤维复合芯扩容导线研制成功并推广应用。

经过近4年的努力，完成了公司信息化SG186工程，提前一年实现了公司“十一五”信息化发展规划目标，建成了覆盖总部、网省、地市县公司，纵向贯通、横向集成的一体化信息平台，实现了公司经营业务应用的全面推广，健全完善了保障体系，公司信息化水平整体进入国内先进行列。公司在中央企业年度信息化评价中连续被评为A级企业。

（七）教育培训和人才建设进一步加强

公司坚持以人为本，立足于提高队伍综合素质，整合培训资源，完善培训体系，强化全员教育培训，同时加大高层次人才引进力度、岗位交流力度，着力解决人才结构性矛盾、西部地区人才短缺等突出问题，员工的业务素质、工作能力有了新的提升。国网技术学院完成了1500名新进员工的培训。管理学院正在加快建设。全年公司系统培训员工超过200万人·次，新增高级技师1100名、技师7800名。9名员工获得中央企业技术能手称号。落实国家“千人计划”，围绕智能电网、新能源、新技术等领域积极引进海外高层次人才。面向国内外公开招聘高级管理人才和科技人才193名。与知名高校合作培养了120名特高压技术人才。为西部五省区和西藏公司培养了240名优秀青年人才，从东部地区选拔44名管理和技术骨干支援西藏公司。组织三期共54名高级管理人员完成境外培训。

（八）党的建设和精神文明建设全面加强

公司认真组织学习贯彻党的十七届四中全会精神，落实全国国有企业党的建设工作会议部署，大力推进“三个建设”（党的建设、企业文化建设、队伍建设）。创建“四好”领导班子取得新成效，各级领导班子的领导力和执行力进一步提高。高度重视加强党风廉政建设，按照中央纪委《建立健全惩治和预防腐败体系2008～2012年工作规划》，着力构建国家电网特色惩防体系，取得了显著成效。在“三重一大”决策制度执行、工程建设、成本控制等重点领域，深入开展效能监察。积极开展“电网先锋党支部”创建活动，基层党支部和广大党员在深入推进“两个转变”中发挥了关键作用。广泛开展群众性精神文明创建活动，公司总部等112个单位荣获“全国文明单位”称号。充分发挥职代会作用，开展职工代表巡视检查和调查研究，132条代表提案全部落实。制定了班组建设30条重点要求，全面推进班组建设。充分发挥各级工会和团组织作用，大力开展劳动竞赛和建功立业活动。近25万名青年志愿者积极投身各类志愿服务行动。公司44个单位荣获“全国五一劳动奖状”，37名员工荣获“全国五一劳动奖章”，39个集体荣获中央企业先进集体称号，62名员工荣获中央企业劳动模范称号。逐级落实信访维稳责任，维护了公司和谐稳定局面。全面落实离退休老同志的政治待遇和生活待遇。实施品牌引领战略，全面履行社会责任，“国家电网”品牌名列2009中国500最具价值品牌第二名，公司名列2009中国服务企业500强第一名。

二、以“三个建设”为保证，全面推进“两个转变”

（一）全面加强“三个建设”

要把党的建设作为“三个建设”的首要任务。将公司党的建设与管理创新紧密结合，健全领导班子运行机制，建设高素质的领导班子、坚强的党组织和优秀的党员队伍，加强党风廉政建设，为公司发展提供坚强的政治保证、组织保证和作风保证。要把各级领导班子建设作为“三个建设”的重中之重。采取有力措施，健全“三重一大”决策程序，落实好公司重大工作部署，强化组织纪律性，消除“自转”现象，加快建设一支政治过硬、领导力强、执行力强、综合素质好的高水平领导班子团队。要把培育优秀企业文化作为“三个建设”的重要基础。按照“四统一”要求，健全企业文化建设工作机制，全面贯彻公司行为准则，推行以企业精神、企业宗旨、核心价值观等为主要内容的公司基本价值理念体系，将企业文化建设与公司各项工作有机融合，促进公司持续健康发展。

要把提高全员素质作为“三个建设”的根本着力点。坚持以人为本，继续实施人才强企战略，通过建设学习型组织、加大人才引进力度、开展全员教育培训、强化激励约束机制等措施，解决人才结构性矛盾，全面提升员工队伍的能力素质，为推进“两个转变”提供人才支撑。要全面提升公司的品牌价值和影响力。通过对内提高管理水平、提升队伍整体素质，对外履行社会责任、全面加强公司与社会各方面的和谐互动，积极树立公司讲政治、负责任，强管理、重服务，求创新、作表率的央企形象，使“国家电网”品牌成为员工和社会广泛认同的优秀品牌。

（二）进一步转变电网发展方式

要尽快形成坚强的网架结构。坚持以科学规划为指导，加快各级电网协调发展，重点建设特高压、跨区跨省送电、城乡配电网等电网工程，提高电网资源优化配置能力，促进“一特四大”战略实施。要全面提升电网各环节的智能化水平。按照统筹规划、试点先行、协调推进的原则，全面实施发电、输电、变电、配电、用电、调度等各环节的智能化建设与改造，提高电网的运行效率、供电质量、互动服务能力和抵御风险能力。要统一构建先进的通信信息网络。按照前瞻、开放、经济、适用的要求，将通信信息网络与各级电网同步规划、同步建设，加快构建技术先进、布局合理、传输顺畅、延伸到户的电力通信信息网，为坚强智能电网的发展提供信息通信技术支撑。要自主创新率先突破关键技术。加快建设世界一流水平的科研机构、试验研究体系和科技人才队伍，全面展开科技攻关，力争在特高压关键技术及设备、大电网运行及安全控制、智能用电、电动汽车充放电等重点领域实现重大突破，占领世界电力科技制高点，力争取得更大的科技成果。要积极构建新型商业模式。高度关注智能电网发展趋势，将智能技术应用、电网智能化升级与研究开发新型商业模式紧密结合，把握先机、争取主动，开拓公司新的战略业务领域，创造新的效益增长点，增强公司核心竞争力。

（三）进一步转变公司发展方式

实施人力资源、财务、物资集约化管理，在全公司推行统一的管理模式、管理标准、业务流程，建设统一的信息平台，不断加大资源重组整合和集约调控力度，提高人、财、物核心资源的集中度和调控力，最大限度发挥规模效益。人力资源集约化管理的重点是全面推进企业组织架构、劳动用工方式改革，实施规划计划、机构编制、用工制度、人才培养统一管理，着力解决结构性缺员问题，全面提高人力资源效率，充分发挥员工潜能，满足公司可持续发展需要。财务集约化管理的重点是全面推进“六统一、五集中”管理，实现公司财务资源的统一集中运作和财务与相关业务的集成融合，增强公司财务管控能力，提升运营效率和效益。物资集约化管理的重点是建立健全公司统一的物资标准体系和物资管理体系，全面推行物资计划管理、集中招标采购管理、供应商管理和应急物资管理，加快构建公司现代物流网络，降低物资供应成本，提高物资保障水平。

构建大规划、大建设、大运行、大生产、大营销体系，围绕公司规划、建设、运行、生产、营销等主要业务领域，全面推进管理体制和工作机制创新，变革组织架构、创新管理方式、优化业务流程，实现企业管理由条块分割向协同统一、分散粗放向集中精益方式的根本性转变。构建大规划体系，重点是理顺公司规划管理主体，实施规划集中管理，按照统一规划、分级管理的要求，明确各级职责分工，建立覆盖公司所有电压等级和各专项、各层级的统一规划体系。强化规划与计划的有机衔接、电网规划与经济社会发展规划的有机衔接。构建大建设体系，重点是优化完善现有电网建设组织管理模式，建立公司总部为决策主体、网省公司为项目法人主体、网省公司以下为项目执行主体的电网建设管理体系，实施统一的建设标准、管理流程和技术规范，强化安全、质量、进度和造价控制。构建大运行体系，重点是在确保安全的基础上，对现有电网调度和设备运行集控功能实施集约融合、统一管理，促进各级调度一体化运作，完善相应的工作制度、业务流程、标准体系和技术手段。构建大生产体系，重点是加强业务整合，优化配置公司检修、运行维护资源，按照专业化方向，推进设备巡检、维护、操作等一体化管理，积极探索利用社会资源、提高检修维护效率的新模式。构建大营销体系，重点是优化现有营销组织模式，拓展面向智能化、互动化的服务能力，加快用电信息采集系统建设，科学配置计量、收费和服务资源，实现计量检定配送、95598服务等业务向省级集中，构建营销稽查监控体系，推行统一的业务模式、服务标准和工作流程。

三、2010年重点工作

2010年是全面完成“十一五”规划任务、为“十二五”发展打好基础的关键年。当前，国际国内的经济形势、能源形势正在发生深刻变化，公司发展既面临许多有利条件，也面临前所未有的考验。

2010年公司工作总的要求是：以科学发展观为指导，以确保安全稳定和优质服务为基础，以建设坚强智能电网为主线，以推进“三集五大”工作为重点，切实加强“三个建设”，深入推进“两个转变”，确保完成全年任务，加快“一强三优”现代公司建设，为促进经济发展方式转变、实现经济平稳较快发展作出新贡献。

2010年主要发展和经营目标是：特高压直流示范工程建成投运。开工110（66）kV及以上交流输电线路4.8万km，变电容量2.6亿kVA；直流线路3128km，换流容量1890万kW。投产110（66）kV及以上交流输电线路4.7万km，变电容量2.2亿kVA；直流线路4118km，换流容量2580万kW。售电量24 800亿kWh。国家电力市场交易电量3225亿kWh。

重点做好八个方面工作：一是落实严细实要求，提升安全供电和服务水平；二是把握发展重点，加快建设坚强智能电网；三是深化集团化运作，全面推进集约化管理；四是大力增收节支，提高经济效益；五是坚持依法治企，严格规范管理；六是强化人才建设，提升队伍素质；七是坚持自主创新，增强核心竞争力；八是加强“三个建设”，为公司发展提供坚强保证。

中国南方电网公司2009年工作会议报告（摘要）

一、2008年工作回顾

（一）战胜了冰雪凝冻灾害，提高电网抗灾保障水平

这场艰苦卓绝的抗冰斗争磨砺了南方电网。在危急关头，公司迅速动员一切力量，义无反顾地投入抗险救灾；保持清醒的头脑和昂扬的斗志，敏锐地抓住关键，准确地把握战机，牢牢地掌控局面，及时作出果断决策和科学安排，展现了智慧和勇气；广大干部职工众志成城、顽强拼搏、不胜不休，仅用一个多月就完成了原本需要半年修复的任务，向党和国家、向五省区人民交出了一份合格答卷。2月公司研究确定近期采取分线融冰、应急通信网建设、线路加固三大综合措施，中长期着重加强电网建设、优化电源电网规划和适当提高电网建设标准，系统地提高电网抗灾保障水平。经过近一年的努力，各项措施已按计划落实到位：自主研发了直流融冰装置并配置到全网23个站点，建立了覆冰在线监测和预警系统；建成了应急通信网；投入17.4亿元，加固了110kV及以上线路127条、10～35kV线路638条；研究科学的设防标准，颁布了公司线路设计技术规定。再发生类似冰灾时，公司有了应对措施。最近监测到部分线路出现覆冰后，启动融冰装置，实战效果显著。

汶川特大地震发生后，公司迅速响应中央号召，像抗击冰灾一样不遗余力支援抗震救灾。派出支援小组赶赴灾区，干部职工踊跃捐款8975万元，捐款捐物累计达到1.3亿元。

（二）圆满完成奥运保供电任务，提高重大活动保供电的组织水平

全体干部职工以全民族奥运理想激发使命感和责任感，用实际行动支持奥运、参与奥运、奉献奥运。公司及早谋划、周密部署奥运保供电工作，成立专门的领导小组和专项工作组，层层落实责任和任务，上下贯通、密切配合、高效运转，圆满完成了奥运保电警戒状态期间的各项任务。特别是对与香港联网的变电站和输电线路实施全天候特级防护，为香港成功举办马术比赛提供了有力保障。各地还出色地完成多项重大活动的保供电任务。

（三）稳步推进安全生产体系化建设，提高对大电网的驾驭水平

形成了“体系化、规范化、指标化”的安全生产工作思路，初步建立了评价安全生产管理水平的指标体系。“三体系、一机制”建设稳步推进，15个单位的试点工作初显成效。健全了三级应急指挥机构，编制了三级应急预案1560个，成功应对了“黑格比”超强台风等自然灾害。落实各级电网风险控制措施，驾驭住了南方电网这个世界上最复杂的电网。进一步强化了二次系统管理，220kV及以上保护正确动作率99.89%，同比提高0.06个百分点，直流故障再启动成功率提高了26个百分点。深入开展隐患治理年和安全生产百日督查活动。完成了740个变电站运行标准化管理，开展了输电线路运行管理标准化试点工作。国资委等三部委确定公司为创新型企业试点单位后，制订了工作方案，全年科技投入12.7亿元，同比增长44%。国家重点科技项目“大容量、远距离交直流并联电网稳定技术开发”已通过验收；“特高压输变电系统开发与示范项目”已完成6个子课题，获授权专利6项，编写国家标准16项。昆明特高压基地试验线段投运。

（四）积极主动地协调上下游行业，提高复杂供需形势下的应对水平

全网统调最高负荷8887万kW，同比增长13.7%；冰灾期间最大电力缺口1465万kW，9月用电市场急转直下，10月起出现多年未见的负增长。公司从网、省、地市三级深入细致地跟踪分析市场变化，敏锐地注意到6月珠三角地区出现用电增长放缓的趋势，及时召开用电市场分析会，并开展全网范围的市场调研，及早制订应对措施。建立电煤日跟踪机制，成立协调小组，积极配合政府解决电煤问题。协助政府落实补贴政策，紧急启动广东9E、9F和地方油机增加出力120万kW。进一步加强需求侧管理，自觉错峰率达到99.9%，迎峰度夏期间全网最大错

峰电力 407 万 kW，同比下降 35%。出台《客户停电管理规定》，在国内率先制订《客户停电时间统计标准》。开展“金牌服务迎奥运”活动，切实解决群众反映的热点问题，业扩报装和故障抢修服务时限分别比国家要求快了 50%和 25%，客户投诉次数同比下降 81.3%，客户满意率 99.7%。公司在广东省社情民意调查中连续第三年荣获总体满意度第一。

（五）按期完成建设任务，提高电网优化发展水平

初步确定了“十二五”西电东送规模，完成了溪洛渡、糯扎渡电站至广东直流输电工程的可行性研究报告。克服冰灾对工期的影响，投产 13 项重点工程，西电东送形成“八交四直”大通道，输电能力超过了 1800 万 kW。云广特高压直流高端换流变压器通过了型式试验，海南联网工程已开始海底电缆预敷设。出台重点工程管理及考核激励办法，全面推行电网建设标准化。投资 14.6 亿元，解决了 38 个行政村、16.6 万户无电人口的用电问题，广东、广西提前实现了电网覆盖范围内的“户户通电”。推进“走出去”战略，全年向越南送电 33 亿 kWh，增长 23%；建成了 220kV 对澳门送电第四通道，与澳门特区政府签订了 2010 年后中长期电力合作框架协议。

（六）坚持过紧日子，提高节流开源水平

压缩费用开支，可控供电单位成本在预算基础上降低了 1.8 个百分点，行政费用支出比预算减少了 5.3%。积极争取政策支持，国家在国有资本经营预算支出中安排公司灾后重建资本金 33.4 亿元。加强融资统一管理，公司整体授信额度增加至 2690 亿元，贷款利率均下浮 10%。成功发行 80 亿元企业债券和 50 亿元短期融资券，年节约财务费用 3.1 亿元。努力化解欠费风险，应收电费余额与 2007 年基本持平。积极配合监事会监督检查，结合国家审计署电力建设项目专项审计调查和国资委“三重一大”集体决策制度自查，对薄弱环节认真整改。开展了资金管理和农电管理审计调查，纠正违规金额 1.1 亿元，促进增收节支 3.1 亿元。

（七）落实发输配用环节的降耗措施，提高节能减排工作水平

积极推进节能发电调度，通过优先吸纳水电、火电按能耗排序发电等措施，灵活配置电力资源，全年水电发电量同比增长 33%，购水电比重提高了 5.4 个百分点，消纳富余水电 87.8 亿 kWh，未发生调度和经济原因弃水；折合减少标煤消耗 361 万 t，相应减少二氧化硫排放 6.9 万 t。贵州、广东成为全国前两个正式启动节能发电调度试运行的省份。配合政府关停小火电机组 327 万 kW。抓好线损“四分”管理，完成了 5314 台高损配电变压器改造，全年综合线损率 6.68%，下降了 0.22 个百分点。“绿色行动”向纵深推进，累计为 2512 家企业开展节能诊断，有 580 家已完成改造，平均节电率达到 8.2%。

（八）加强内部管理，提高治企水平

公司系统继续按照“完善、规范、巩固、提高”的总体要求，持续改进各项管理工作。总部启用了标准编写模版，编制修订了 62 项技术、管理标准。落实“抓大放小”的原则，实施集团化运作、集约化发展和精细化管理。改进预算管理，推广应用预算模型，预算对经营活动的约束和引导作用进一步增强。引入经济增加值评价体系，建立了投入产出管理机制。加大资金归集力度，加强了总部的资金集中结算和直接支付。落实国资委《全面风险管理指引》，完善内控制度。实现对全网所有银行账户的实时监控，完成了财务核算数据的集中。创建国际先进水平供电局工作效果初显，创建国内先进水平供电局试点工作开始起步，推动了管理上水平。编制了公司法治工作三年规划，开展了重大法律纠纷案件的清理。县级供电企业中网公司级达标率提高了 23 个百分点，农村供电营业所规范化管理达标率达到 98%。股改上市工作取得阶段性成果，农电体制改革继续稳妥推进。

（九）全面深入地开展干部考核考察工作，提高领导班子和人才队伍建设水平

公司用半年时间对党组管理的领导班子、领导干部和后备干部进行了考核考察，收到了很好的效果。进一步完善了“四好”班子建设责任制考核评价办法，深入推进地市级和县级供电企业“四好”班子建设上水平。各级领导班子对“和而不同”有了统一的认识，更加团结和谐，战斗力更强，得到了广大干部职工的充分认可。制订了教育培训新的五年规划，强化了培训管理和目标考核。加大了一线员工的培训力度，制订了指导意见，突出抓好班组长培训及员工专业技能培训、普考和竞赛。全员培训覆盖率 93.9%，培训积分达标率 88.7%；培训班组长 1.3 万人次，培训一线员工 31 万人次，用于一线员工的培训经费占总经费的 75%。

（十）以改革创新精神加强党的建设，提高了精神文明建设水平

坚持不懈地抓好理论学习，学习内容更广，实际效果更好。研发了党建管理信息系统，基层单位“双创建、双连心”、“支部联建”、“三讲一进”等活动特色鲜明。贯彻落实中央《建立健全惩治和预防腐败体系 2008～2012 年工作规划》，制订了公司实施办法和分工方案。开展了落实国有企业领导人员廉洁自律“七项要求”的监督检查及述廉议廉等活动。大力推进诚信体系建设，全面推行“双合同”制度。充分发挥主流新闻媒体和内外部载体的作用，大力宣传和弘

扬抗灾精神。推进企业文化建设，南网方略在抗击自然灾害、迎峰度夏、应对金融危机中发挥了精神支柱作用。召开了全系统第一次职代会和团代会，更好地发挥了职工民主管理的作用和青年团员的生力军作用。高度重视信访维稳工作，维护了队伍稳定和社会稳定。公司系统涌现出一大批先进典型，获得的荣誉为历年最多。其中，中华慈善奖、全国“五一”劳动奖状奖章、全国文明单位等国家级集体荣誉 87 个、个人荣誉 26 个，省部级集体荣誉 197 个、个人荣誉 230 个。

回顾这一年来走过的历程，有五点深刻体会：一是在面临重大挑战的关键时刻体现国家意志，为国分忧，是中央企业义不容辞的责任；二是在经济发生波动时，发挥电力对经济平稳较快增长的保障和助力作用，是基础行业服务大局最重要的体现；三是把提高供电可靠率作为总抓手，真正以客户为中心，是电网企业在工作思路上的一次深刻变革；四是敏锐地洞察环境的变化和发展的趋势，见事早、出手快，是能够始终牢牢把握主动权的关键；五是发挥南网方略这一软实力的作用，激发良好的状态，是不断攻坚克难、夺取胜利的不竭动力。

在肯定成绩的同时，也要清醒地认识到存在的差距和不足：一是安全生产基础仍显薄弱。人员安全意识、安全技能有待进一步提高，安全责任传递、现场措施落实还有不到位的地方。二是供电保障水平还有待进一步提高。配网建设长期滞后，结构薄弱，设备陈旧，“卡脖子”问题依然存在。市场营销与基建、生产、运行等部门之间还没有形成相互衔接的客户需求反馈机制。三是公司整体运作能力还不够强。集团资源的整合效应还没有充分发挥，各单位盈利能力差异较大。部分县级供电企业的欠亏挂账、或有负债带来的影响逐步显现。四是管理仍然较为粗放。现有制度还存在不衔接、不配套的问题，流程不够清晰，执行中随意性较大。有的单位在招投标、物资、工程、资金包括电费等方面的管控上存在薄弱环节。县级供电企业的基础管理水平亟待提高。五是人才结构和人员素质还不能适应公司的发展需求。培训工作与岗位的实际要求结合得还不够紧密，一线员工的培训有待进一步深化。

二、2009 年工作安排

（一）统一认识，坚定战胜困难的信心

（1）对当前形势的认识，首先是要统一到中央的分析判断上来。中央经济工作会议指出，国际金融危机冲击力极强、波及范围极广，对实体经济的影响正进一步加深，目前我国经济下行压力加大，企业经营困难加剧。尽管面临着来自国际国内的严重困难和严峻挑战，中央强调，我国经济发展的基本面和长期趋势没有改变。经过改革开放 30 年的持续快速发展，我国积累了雄厚物质基础，经济实力、综合国力、抵御风险能力显著增强，扩大内需潜力巨大，宏观经济政策调整有较大余地，我国发展的重要战略机遇期仍然存在，不会因为这场金融危机而发生逆转。中央的分析判断完全符合实际。

（2）对当前形势的认识，要看到 2009 年是公司成立以来最严峻的一年，也是蕴含着重大机遇的一年。主要表现是需求不旺、经营困难、矛盾突出，挑战重重，机遇难得。

公司面临着五个方面的新挑战：一是经营方面。售电量增长将持续走低，营业收入增长放缓。2008 年火电上网电价调整后的电价矛盾尚未疏导，一些地方以降低电价来刺激经济，输配电价空间两头受到挤压。公司投资规模大幅增加，资产负债率攀升，成本控制更加困难。电费回收风险明显增大。二是电力供应方面。影响电力市场的不确定性因素很多，分析预测难度加大。发电利用小时下降，东西部之间、水火电之间、厂网之间的矛盾将进一步凸显。西部水电新项目大批投产，汛期全额消纳水电难度很大。三是安全生产方面。云广特高压直流、海南联网工程投产后，系统特性发生很大的变化，稳定问题更加突出。峰谷差加大，系统调峰更加困难。城农网改造项目全面铺开，加大了运行、施工安全的压力。四是电网发展方面。电网建设任务重、工期紧，规划及前期工作、投资计划落实、工程建设管理压力很大，专业管理人员紧缺，征地拆迁及青苗赔偿协调难度非常大。五是改革方面。国家深化电力体制改革的一些具体措施可能会加快推行，对公司的影响需要深入研究，员工队伍的思想动态和稳定问题需要高度关注。

公司也面临着难得的发展机遇：中央把保持经济平稳较快发展作为首要任务，确定 2009 年经济增长预期目标为 8%左右。最近五省区相继开会部署，广东提出经济增长 8.5%左右，通过实施《珠江三角洲地区改革发展规划纲要》带动全局，实现“三促进一保持”；广西、云南、贵州、海南预期经济增长分别达到 11%、9%、8%、9%，都有一系列拉动经济的具体举措。之前国务院已出台扩大内需的十项措施，安排中央预算内资金支持城网改造和农网完善。同时，电力供需矛盾趋缓，为电网“休养生息”、做强做优提供了难得的时机。正是看到这一机遇，公司决定今明两年每年增加电网建设投资 300 亿元左右。此外，国家实施积极的财政政策和适度宽松的货币政策，增值税向消费型转型，公司整体税负减轻，现金流量增加，存贷款利率下调，利息负担减轻。外部的困难也增强了干部职工的危机感和紧迫感，有利于形

成内部挖潜的共识和改进工作的动力。这些都是我们做好工作的有利条件。

(3) 把握当前的形势，最重要的是要树立坚定的信心。信心就是力量，信心就是希望。越是在复杂的形势下，越是要坚定信心，这对战胜困难至关重要。有必胜的信心，才能激发斗志和潜能，才能拿出制胜的办法；如果失掉信心，那就失掉了一切。领导干部要有信心，全体员工要有信心。这个信心来自于中央的坚强领导，全国上下协调一致保增长，在一些地方和领域开始见到效果；来自于公司已有的良好基础，具备较强的抵御风险能力；来自于抗灾洗礼后更加成熟的干部职工队伍，能够打赢硬仗。古语说“人定胜天”，这个“定”，更好的理解是“镇定”的“定”。只要坦然地去看待，镇定地去应对，就没有克服不了的困难。

(二) 理清思路，明确全年奋斗目标

做好2009年的工作，需要深入学习实践科学发展观，继续用南网方略统揽工作全局，把提高供电可靠率作为总抓手；突出加强增供扩销，突出加强电网发展，突出加强挖潜增效；注重从变化的形势中把握发展机遇，注重在复杂的关系中营造和谐环境，推动公司沿着科学发展的轨道稳健前进，为五省区经济平稳较快发展作出应有的贡献。

2009年的工作目标如下：

安全生产：不发生对社会和公司造成重大不良影响的生产安全事故。杜绝较大及以上人身事故；杜绝重大及以上电网、设备事故；不发生生产人员死亡事故；不发生有人员责任的较大电网、设备事故；不发生恶性误操作事故。电网频率合格率≥99.998%，综合电压合格率≥99.2%，城市供电可靠率≥99.907%，220kV及以上保护正确动作率≥99.63%，天广直流能量可用率≥65%，高肇直流能量可用率≥93%，兴安直流能量可用率≥94%，500kV交流输电线路可用系数≥96.8%。

基本建设：固定资产投资1025亿元，其中电网建设投资879.9亿元，调峰调频电源投资17亿元，小型基建投资18亿元，技改投资92亿元。投产220kV及以上输电线路8663km、变电容量4629万kVA。

电力营销：售电量5068亿kWh，同比增长5.0%。西电东送电量1216亿kWh，增长15.1%。其中，西电送广东1082亿kWh，增长16.9%。云南送出250亿kWh，增长41.2%。贵州送出468亿kWh，增长38.2%。

经营业绩：主营业务收入3005亿元。购电单位成本352.41元/MWh，供电单位成本144.5元/MWh。综合线损率6.59%。应收电费余额24亿元。实现利润总额31亿元。资产总额4612亿元，资产负债率控制在69.56%以内。

党的建设：全面落实“四好”班子建设、党风廉政建设和党建工作责任制目标。

2009年工作目标的核心是力争售电量增长5%，为中央保经济增长8%体现公司应有的作为。这是公司党组研究确定的奋斗目标，已经纳入经营业绩考核内容。主要的考虑是，基础行业要坚决与中央保持高度一致，带头贯彻落实中央保持经济平稳较快发展的决策部署，带头为五省区保增长、扩内需、调结构提供有力的电力保障；同时也考虑发挥售电量指标的导向作用，引导全系统深挖潜力，开拓市场，保持经营的稳健。从目前的情况来看，实现这一目标有相当大的难度，发挥主观能动性尤为重要，需要全网上下做出巨大的努力。

(三) 把握重点，系统推进各项工作

1. 增强对市场的把握能力，全力增供扩销

(1) 密切跟踪、有效应对市场变化。坚持以市场为导向，从组织结构、工作制度、研究方法、技术手段等方面入手，全面加强分析预测工作。高度关注宏观经济和地方经济的关键指标，及时掌握政府出台的各项调控政策和措施，深入研究经济运行态势对电力供应的影响。加强细分市场研究，密切跟踪主要行业的生产和用电变化情况，准确把握用电市场变化趋势。

(2) 千方百计开拓市场。要把售电量增长5%的目标层层分解细化，制订分月进度计划，加强跟踪分析，逐月落实。一是灵活制订增供扩销措施和方案，提前了解各地扩大内需、加大投资相关项目的用电需求，主动做好用电报装、制订供电方案等工作，建立绿色通道，提高办事效率，缩短新上用户的时间。二是充分挖掘工业市场、城乡居民用电市场、能源替代市场、趸售市场、自发电市场以及境外市场的潜力，培育新的增长点。三是继续深入开展“万家灯火、南网情深”优质服务工作，进一步规范客户工程管理，提高服务效率，提升服务品质。

(3) 加大全网资源优化配置协调力度。充分发挥南方电网大平台的作用，在完成西电东送计划的基础上，利用通道能力灵活地组织省间临时交易，合理安排机组开机方式，拉动低谷用电，最大程度减少弃水，优化购电结构。特别是要想方设法解决西部富余水电消纳问题，体现公司对西部省区的支持。坚持公开、公平、公正调度，及时披露信息，进一步加强与电厂、监管机构的沟通协调。加大对一次能源供应的跟踪协调力度，鼓励燃油、燃气机组顶峰发电，保障高峰时段电力的有序供应。

(4) 更加务实地提高供电可靠率。扎实做好基础

工作，力争用两年时间在所有供电局实现低压客户停电时间的精确统计。强化停电管理，进一步减少重复停电、超时停电和临时停电，全年安排停电超过3次、累计超过24h的客户数同比减少50%以上，计划停电工作中按时停送率不低于80%。制订配网业扩投资界面划分办法，逐步理顺与用户的产权关系。

2. 加大投资力度，全面加快电网发展

（1）加快城网改造和农网完善步伐。这是一项硬任务，将纳入重点工程考核范畴。要认真落实公司工作方案，将目标和任务细化，明确年度计划，有关部门要加大力度协调指导、督促检查。尽快出台公司配网规划导则，大力推进地市级、县级电网规划工作，研究电压层级优化。严格按规划立项，优先完善城市的供电网架，解决“卡脖子”问题，抓紧开展项目前期工作。每个项目都要做好投入产出分析，充分发挥投资效益。所有项目必须核准后开工，要规范管理，加强全过程的监管、监控、监测，确保安全质量。严格招投标程序，具备条件的要按照集中统一的招标方式采购设备，降低工程造价。各级单位要主动做工作，积极争取地方政府的政策支持，将电网规划纳入城市发展总体规划。公司将按照建设条件，动态调整各地区的投资规模，重点对有明确支持政策的地区加大投资力度。公司已经选定了15个主要城市，这些城市要在上半年全部完成规划和评审工作，建设改造完成情况将进行专项考核。

（2）在优化今明两年规划的基础上做好“十二五”规划。5月底前完成220kV及以上电网规划建设标准和技术原则的修订。在网、省公司层面完成“十二五”及中长期发展规划研究，适时启动“十二五”电网系统设计，做好与福建电网联网研究。开展海南联网第二回工程、独山—桂林输变电工程前期工作。有序推进调峰调频电源项目前期工作。

（3）确保主网重点工程按期高质量投产。2009年安排重点工程20项，年内投产17项。着重抓好云广特高压直流工程主设备供货，确保年内单极投产；做好海南联网工程海上作业的筹备与实施，确保6月底前投产；抓紧完成惠蓄电站机组制造缺陷的修复处理，确保5月底前第一台机组投产，争取年内3台机组投产。

（4）继续推进“走出去”战略。完成中越500kV联网工程可行性研究工作。开展老挝电网投资模式研究。继续抓好越南永兴火电项目、老挝南塔河1号、柬埔寨松博水电站等境外电源项目前期工作。编制向澳门供电2010～2020年规划。

3. 积极挖潜增效，保持稳健经营

（1）加大增收节支力度。积极争取国家财税政策支持。抓住电煤价格走低的时机，努力争取疏导电价矛盾。深入实施全面预算管理，通过预算引导经营活动、调整资源配置；强化预算监控，细化考评手段，增强执行刚性。探索资产全寿命周期管理，推动规划、设计、采购、建设、运营全过程的投资优化和成本控制。严格成本考核，降低购电成本，控制供电成本。从紧安排非生产性支出，办公、会议、差旅、接待、外事费用实行“五个零增长”，勤俭办一切事情。

（2）深化资金集中管理。加大资金实时集中力度，减少沉淀，省公司对供电局的资金归集率要达到90%以上。综合筹划投资规模和资金来源等问题，城农网改造资金由公司统一融资。要创新融资方式，广开筹资渠道，降低融资成本。拓展财务公司业务范围，加强财产保险的集中统一管理。

（3）强化经营风险控制。按信用等级分类，加强电费风险管理。对有市场潜力、资金周转暂时困难的客户，适当灵活处理；对电费回收风险很大的企业，采取预收电费、缩短收费周期、担保等措施；对已经形成的电费呆坏账，要想办法减少损失。加大力度清理非主业投资及小额投资，全面清理低效无效投资。进一步加强财务监督，完善重大财务事项报告制度，严格资产损失责任追究。开展审计整改年活动，深化审计成果运用，强化对预算执行、工程建设和内控制度的审计监督，开展风险管理内部审计，促进依法经营。

4. 抓住系统新的特性，确保电网安全稳定

（1）落实电网安全稳定措施。根据电网结构的变化深入研究系统特性，落实防范主网十大风险的各项措施，加强动态稳定分析，及时调整安稳策略，科学安排运行方式。继续深化二次系统管理，巩固电网三道防线，杜绝500kV主保护拒动。加强输变电设施的检修和缺陷管理，杜绝500kV设备爆炸和断路器拒动，杜绝直流双极闭锁。强化发电调度管理，对涉及电网安全的参数要加强监控。

（2）按照体系化、规范化、指标化的要求继续加强安全生产基础管理。稳步推进安全生产风险管理体系和生产管理规范化建设工作，年内50%的生产单位按计划启动风险管理体系建设。建立公司系统应急指挥平台，完善专业应急队伍和应急物资的管理、调配机制，规范应急流程和信息传递，加强与相关方的应急联动，开展各类演练。加强安全生产责任传递机制建设，强化全员安全意识，建立各级安全生产问责制。年内60%的变电站实现标准化管理，继续推进输电线路标准化管理，开展地市级和县级调度标准化管理。加强对大修技改项目的管控，编制中长期技改规划，开展技改项目后评估。规范设备准入、评价和退出管理。

（3）加快推进创新型企业建设。完善公司科技创

新体系和激励机制，建立专利奖励制度，鼓励生产技术人员积极承担科技项目，力争2009年新增专利30项以上。争取建立“海外高层次人才创新创业基地”。重点抓好特高压输变电系统开发与示范、高效节能与分布式供能技术等国家科研任务。推进国家级企业技术中心建设，上半年完成昆明特高压基地一期工程，年内启动广州特高压基地建设。

5. 配合地方产业结构调整，深化节能减排工作

（1）积极推进节能发电调度。认真总结水火电优化调度的有效做法，推广贵州、广东节能发电调度试点经验，在全网推行节能发电调度。广西、云南、海南电网要在6月底前具备试运行条件。年内配合完成关停小火电机组338万kW。

（2）支持地方淘汰落后产能。继续落实与五省区政府签订的需求侧管理合作备忘录，落实差别电价等节能减排政策。抓紧组建科学用电指导中心，充分发挥公司在负荷管理、无功补偿等方面的技术优势，积极协助企业客户加强节能技术改造与科技创新，建成一批在全国有影响力的节能服务示范项目。

（3）继续做好电网环节的降损工作。完成“十一五”末线损目标的难度很大，2009年是关键，需要做艰苦细致的工作。要按照既定目标，修编节能降损纲要，全面推行线损“四分”管理，开展达标验收。年内完成8046台高损配电变压器更新改造，做好非晶合金、单相配电变压器的应用总结。特别是农电线损管理还有较大差距，2009年要全面消除线损率在20%以上的县级供电企业，线损率在15%以上的要减少到10家以内。

6. 苦练内功，全方位加强内部管理

（1）强化内控机制建设。以解决经营管理中存在的突出问题为重点，抓住资金管理、资产转让、物资采购、工程承包和对外投资等关键领域，逐步建设涵盖企业经营发展全过程、各环节、分层次的内控制度体系，实现闭环管理。把“三重一大”集体决策情况纳入管理和监督范围，对分子公司进行一次全面的检查。落实公司法治工作三年规划，整体推进全系统法律工作，逐步建立重大案件分析论证和协调处理机制。

（2）下大力气提高农电基础管理水平。加强对县级供电企业的指导、帮扶、督促和检查，尽快与公司管理接轨、与南网文化融合。要从基本功抓起，抓好建章立制，逐步形成统一规范的管理标准和工作流程；抓好全面预算、成本、风险管理，提高经营水平和效益；解决农网规划建设粗放、无序的问题，提升供电服务水平。对新接管和组建的县级供电企业，要加强企业文化宣贯。年内完成10个行政村、8.9万户无电人口通电工程，海南和贵州要实现电网覆盖范围内的“户户通电”。

（3）积极推进管理创新。深入推进创先工作，年内广州、深圳供电局要实现国内先进这一阶段性目标，国内创先试点单位要进入实施阶段。总结推广创先工作的成功经验，以点带面，持续改进各项基础管理，全面提升管理水平。广东电网公司提出用3年时间达到省级电网企业国内先进水平，要大胆创新，先行先试。加强软课题研究成果的应用和交流，组织开展成果应用的后评估，举办“南方电网管理论坛”。认真落实“十一五”信息化规划，切实抓好营销、人事、财务、生产四个核心信息系统的应用推广，固化业务流程，为公司一体化管理服务，2009年要达到中央企业信息化B级的上游水平。按照国家的部署，认真落实各项改革工作。

7. 更加重视五类人才的培养培训，提升全员素质

（1）深入推进“四好”班子和人才队伍建设。在当前这种形势下，尤其需要维护班子的团结，要讲政治、顾大局、守纪律，大家共同分析形势、研究问题、提出对策、形成合力，坚决反对自由主义、分散主义。继续巩固分子公司“四好”班子建设，深化地市级和县级供电企业“四好”班子建设，健全长效机制。修订《公司领导人员管理规定》，建立班子的定期分析评价制度，加强干部制度建设。加大干部培养锻炼力度，对重要部门、关键岗位人员实行定期交流、轮岗，拿出部分岗位来竞争。对后备干部实行动态管理，优胜劣汰。组织好公司系统首批技术、技能专家的选聘工作，研究制订专家业绩激励办法，完善人才评价体系，努力造就一批创新型、实干型人才。

（2）系统性、针对性、人性化、差别化地开展大规模教育培训。各单位都要高度重视培训工作，落实好公司教育培训五年规划和培训的“三个转变”。突出系统性，实施培训的全过程闭环管理；突出针对性，事业发展需要什么就培训什么，人才成长缺少什么就培训什么；突出人性化，进一步完善培训、评价、使用、待遇、职业发展一体化的机制，不断激发员工参加学习培训的内生动力；突出差别化，在培训内容、方式和手段上都要体现差异。强化一线生产管理骨干、班组长和县级供电企业员工培训，全面推行岗前培训、持证上岗，推动学习型班组建设，加强培训质量管理和培训设施建设。每年至少要安排班组长参加一次集中培训，确保班组长培训覆盖率达到100%，培训积分达标率达到91%。

（3）构建和谐劳动关系，规范完善激励约束机制。进一步贯彻落实劳动合同法及实施条例，研究劳动用工管理标准，积极推行职系规范工作，逐步变身

份管理为岗位管理，解决混岗问题。进一步规范薪酬管理，制订分、子公司负责人薪酬管理办法，加强分、子公司本部工资预算管理。

8. 加强和改进党群工作，激发企业的活力和创造力

（1）扎实开展深入学习实践科学发展观活动。按照中央和国资委党委的部署要求，公司系统将在3～8月开展深入学习实践科学发展观活动。各单位要紧紧围绕党员干部受教育、科学发展上水平、人民群众得实惠的总要求，在完成“规定动作”的同时，根据实际情况创新“自选动作”，使学习实践活动更加具有针对性和实效性。

（2）全面加强反腐倡廉建设。认真贯彻落实中央纪委三次全会精神，把加强领导干部党性修养、树立和弘扬优良作风作为重大政治任务抓紧抓好，带领广大党员群众迎难而上、共克时艰；以惩治和预防腐败体系为重点，加强反腐倡廉建设。2009 年要重点督促检查各单位贯彻执行中央决策部署是否思想统一、行动迅速，工程项目规划、立项是否符合科学发展观的要求和中央规定的投向，各项管理工作是否依法合规。

（3）灵活多样地宣贯南网方略。南网方略是巨大的精神力量，也是公司的宝贵财富，这个独具特色的文化已经成为公司的软实力。各单位要结合实际，不拘一格，多形式、多层次地宣贯南网方略，让文化无处不在、无时不有，让文化喜闻乐见、潜移默化。要遵循企业文化建设的基本规律，做好整体推进和重点突破，以开展企业文化建设评价为手段，以深化安全文化、服务文化、廉洁文化和班组文化建设为重点，把南网方略的文化基因融入管理、切入业务、植入行为，实现文化转化。要用文化凝心聚气，使大家聚精会神地抓安全、抓生产、抓经营、抓建设、抓管理。

（4）扎实开展维护稳定工作。各级工会组织要为广大职工多办一些暖人心的实事，维护职工权益。各级共青团组织要通过“号手”和创新创效活动两个载体，树立南网团青工作品牌。面对内外多种因素可能引发的不稳定事件，各单位要高度重视，认真开展排查，完善工作预案。在经济困难的大环境下，要更加主动地关心困难企业、困难职工，解决合理诉求，做好思想政治工作，确保和谐稳定。

（四）强化责任，全力以赴抓落实

要严格责任制。每个单位都要把目标任务分解为下属各级各部门和各个岗位的责任，明确进度要求，在全系统形成一级抓一级、层层负责任、人人抓落实的工作机制。网公司和分子公司领导班子成员要做好表率，在各自分管范围内抓一两件关系全局的重点工作，力争取得明显成效。地市供电局的领导班子成员是各项重点工作的直接推动者，要勇于挑担子，把精力集中到推进重点工作上来。对突出难点、重大项目，成立专门的工作组，专责抓落实。要加强对重点工作的督查督办，健全责任追究制度，落实奖惩。能不能抓好落实是对干部的领导能力、综合素质的考验，要在抓落实中考察干部，选人用人坚持责任为重，引导干部敢负责、肯干事、干成事。

要保持良好的状态。在特殊的时期，更需要有特殊的状态，才能有特殊的作为。一是要有拼搏进取的冲劲。要提倡一个“敢”字，敢于攻坚，面对困难不动摇；敢于创新，千方百计动脑筋、想办法，创造性地开展工作。二是要有雷厉风行的干劲。要提倡一个“快”字，只争朝夕、争分夺秒，提高工作效率，尽一切努力争取主动，抢抓机遇，不能贻误战机。三是要有真抓实干的韧劲。要提倡一个“实”字，工作重心下移，经常深入基层调研，及时掌握情况，指导和促进工作，上下合力推动落实；精简会议和文件，使各级干部集中更多的时间和精力干实际工作。机关不能官僚主义，基层不能形式主义，大家一起讲实话、重实际、务实事、求实效，脚踏实地、埋头苦干抓落实。

三、全面深入推进南方电网科学发展

（一）这些年来的矢志探索打下了科学发展的良好基础

南方电网的实践，深化了公司对科学发展观的认识。科学发展观是发展中国特色社会主义必须坚持和贯彻的重大战略思想，也是公司企业实现又好又快发展的理论指导和基本保证。一方面，贯彻落实科学发展观是中央企业的重要政治责任。中央企业是国民经济的重要支柱，公司理应成为五省区全面建设小康社会的支撑力量，体现国家意志，在承担经济责任的同时，还要承担起对国家和社会的政治责任，要讲责无旁贷，讲自我加压，真正做好表率。另一方面，贯彻落实科学发展观也是公司实现又好又快发展的必然要求。科学发展观是指导发展的世界观和方法论的集中体现。当今世界，经济全球化进程加快，我国对外开放不断扩大和深化，国有企业迫切需要进一步加快改革发展、提升竞争能力，特别是公司作为国家电力体制改革的“试验田”，面临着很多新课题、新挑战，更需要以科学发展观作为指导，才能实现更长时间、更高水平、更好质量的发展。

南方电网的实践，贯穿着科学发展观这一主线。公司把科学发展观的要求结合实际具体化，逐步形成了南网方略这一整套治企章法。公司的每一步发展，都体现了这套治企章法的科学指导：确立统一的价值

观，公司融合得很快、很好；贯彻全员人才观，一支有素质的干部人才队伍成长起来；全方位加快电网建设步伐，集中力量解决电网“卡脖子”问题；发挥资源优化配置平台的作用，大力推进西电东送战略的实施；主动承担社会责任，创造了“限电不拉路，错峰不减产”的有效经验；牢记使命和责任，战胜了各种自然灾害等。特别是，考虑到现代社会什么都离不开电，公司一直突出强调提高供电可靠率，2008 年首次提出将其作为总抓手。提高供电可靠率实质是减少客户停电时间，体现了真正以客户为中心的理念，把满足社会和人民群众的用电需求作为各项工作的出发点，最大限度地保证安全、可靠、不间断供电，让电网发展的成果真正惠及人民群众，服务和谐社会建设，也就是纳入科学发展的路子。这是对传统上电力各项工作运作思路的深层次触动，是对南方电网从规划、建设、运行、服务、技术、管理等方方面面的一次思想解放和变革，是实践科学发展观的落脚点。

（二）把应对当前金融危机作为学习实践科学发展观的最好课堂

从 2002 年 6 月起，电力行业经历了 6 年发展最快的时期，全国装机容量平均每年增加 1 亿 kW，电网实现跨越式发展，电力科技水平、技术装备水平得到空前的改善，在一些领域已经处于世界领先地位。但是传统电力发展模式存在不少问题，主要体现在电源结构和布局不合理、电网电源投资比例长期倒挂、资源约束问题越来越突出等，值得很好地反思。这场金融危机以及由此引发的经济增速放缓，促使公司更加深刻地认识和思考问题，更重要的是为电力行业实践科学发展观提供了重大契机。扩张性的传统发展模式之“危”，正是调整优化的科学发展模式之“机”。在应对金融危机挑战的过程中，需要研究一系列课题：电力增长速度与经济增长速度如何更好地匹配；电源电网如何更协调地发展；如何优化调整电网结构，特别是完善城农网；如何建设资源节约型、环境友好型电网等。这些课题，有外部政策方面的，也有企业内部管理方面的，要求员工解放思想，以科学态度和辩证思维去深入思考、大胆探索，在破解难题、创新工作的过程中认识和把握经济运行规律、行业发展规律和企业自身发展规律，“按牌理出牌”，灵敏地应对不断变化的外部环境，这样才能真正把科学发展观学深学透、实践到位。

（三）与时俱进地走好南方电网科学发展之路

实践科学发展观，就是要继续落脚到提高供电可靠率这一系统工程上，做好方方面面的工作，符合这一要求的就全力以赴去做，不符合这一要求的就毫不含糊去改。

(1) 把握好发展这个第一要义，抓住机遇把南方电网做强做优。要围绕建设统一开放、结构合理、技术先进、安全可靠的现代化大电网这一目标，加快建设改造步伐，切实提高电网保障能力、电网运行的安全水平和经济水平。优化电网规划，引导电源合理布局，在强化主网架的同时，突出加快城农网改造，解决网架薄弱、局部“卡脖子”、设备陈旧老化等问题，以电网发展支持地方经济发展。

(2) 把握好以人为本这个核心，严爱结合带队伍。人的素质有多高，企业素质就有多高。要坚持把人才资源作为企业的第一资源，重视人才的培养、吸引和使用。继续建设讲原则、重感情、团结和谐有战斗力的各级领导班子，用好的班子带出好的队伍。推进智力资本的运作与扩张，对五类人才进行优化配置，余缺调剂，形成团队。还要倡导有为就有位，人人快乐工作，拓展职业发展通道，实现公司和员工的共同成长。

(3) 把握好全面协调可持续这个基本要求，走内涵式发展道路。外部经济环境是表，企业内部管理是本。应对外部的各种风险和危机，关键是要“强身健体”，练好“内功”，在完善体制机制、提高管理水平等基础工作上下工夫。要瞄准世界先进企业，看到自身的差距，坚持强本、创新、领先的发展思路，提升持久的竞争力。要把握改革开放的潮流和电力体制改革的趋势，积极实施体制机制创新。要继续夯实管理基础，不断提高管理能力、管理水平，实现管理到位。

(4) 把握好统筹兼顾这个根本方法，营造和谐的发展环境。要通过科学合理地配置省间资源，巩固东西部之间相互依赖、相互支持、互利互惠的利益共同体，实现多方共赢。坚持团结治网，维护和谐的厂网关系，与发电企业一道共渡难关、共谋发展。加强与政府的沟通，紧紧依靠地方政府的支持开展工作，为地方经济社会发展服好务。在提高企业效益的同时，更加注重社会效益，主动承担社会责任，树立企业良好形象，赢得社会各界的理解和支持。

中国南方电网公司 2010 年工作会议报告（摘要）

一、2009 年工作回顾

2009 年是公司成立以来经营最困难、任务最艰巨的一年，也是公司在挑战中矢志探索科学发展、在逆势中奋力推进做强做优的一年。面对国际金融危机的影响不断扩散蔓延、不确定因素很多的严峻复杂形势，公司在党中央、国务院的坚强领导下，认真落实“保增长、保民生、保稳定”的决策部署，谋大势、抓重点，见事早、行动快，牢牢掌握工作的主动权，全体干部员工用心全力、砥砺奋进，超额完成售电量增长5%的奋斗目标和固定资产投资1025亿元的硬任务。电网保持安全稳定，主要生产运行指标优于2008年。完成售电量5239亿kWh，同口径增长6.2%。西电东送电量1156亿kWh，同比增长9.5%。营业收入3136亿元，增长9.8%；利润总额36亿元。完成固定资产投资1051亿元，其中电网建设投资915亿元，增长91.5%，投产220kV及以上输电线路9174km，变电容量5197万kVA。年底，公司资产总额4425亿元，资产负债率66%。公司在世界500强企业的排名又大幅上升了41位，列185位。

在2009年的重大考验中，公司不仅取得了丰硕的工作成果，还积累了驾驭复杂局面的重要经验，同时深化对电网企业科学发展规律的认识，交出一份出色的央企答卷。

（一）积极应对国际金融危机的影响，发挥了电力作为基础产业的作用

公司突出加强增供扩销，突出加强电网发展，突出加强挖潜增效，取得了显著的成效。

（1）全力以赴为保持经济平稳较快发展提供电力支撑。全系统层层建立增供扩销组织体系、层层落实责任，各级领导班子成员带头深入基层，传递信心，加强督导。健全用电市场分析预测标准体系，完善日跟踪、周分析和月报告制度，分行业、分地区、分用户跟踪分析市场变化，全网年度电量预测准确率98%，月度预测准确率95%。千方百计开拓市场，通过采取“一厂一策”、“供电服务队”等灵活多样的措施，帮助企业启动潜在的生产能力；超前做好用电报装服务，实施以电代煤油气等工程，全年业扩报装新增容量2107万kVA，平均报装办理时间同比减少了14%。制定《客户停电管理规定》等制度，优化停电管理流程，规范客户停电时间统计工作。提高故障抢修的响应速度，抢修到达现场时间平均缩短了10%。全年增供扩销电量120亿kWh，拉动售电量多增长2.5个百分点。灵活调配五省区资源，有效缓解东西部发电侧矛盾，其中安排云南、贵州电量置换4.2亿kWh，减轻云南水电弃水压力，增加广东火电利用小时数。深入开展“绿色行动”，累计为企业客户开展节能诊断2.6万次，提供合理化建议11万余条，建成地方政府认定的节电示范项目67个，节约用电24亿kWh。公司在广东、云南社情民意调查中荣获服务评价总体满意度第一。

（2）抢抓机遇加速电网建设改造。与五省区政府建立政企合作共同推进电网建设的机制，全网62个地级市中已有48个建立电网建设绿色通道。选定15个主要城市重点加大投资，完成所有地市五年电网专题规划，全面梳理并制定电网技术原则和建设标准，将城农网改造纳入公司重点工程管理，推进工程建设协调属地化管理。进一步加大对农网和无电地区的投资力度，全年解决10.6万户无电人口的用电问题，海南和贵州实现电网覆盖范围内的“户户通电”。积极配合上级对中央扩大内需投资项目、城农网改造项目实施情况的监督检查，严肃认真地制定措施、限时整改。完成南方电网“十二五”及中长期规划研究评审，完成了溪洛渡、糯扎渡送电广东直流工程的核准申报工作。投产18项重点工程，西电东送形成“八交五直”大通道，输电能力超过了2300万kW。完成向澳门供电2010～2020年规划研究工作，加大力度推进越南永兴电厂项目，投产向老挝送电的115kV输变电工程。特别是，6月底海南联网工程投产，结束海南“电力孤岛”的历史，南方电网成为真正意义上的“一张网”；年底世界第一个±800kV特高压直流输电工程—云广特高压直流单极投产，输送负荷达到260万kW，工程自主化率62.9%，标志着我国电力技术、装备制造达到国际先进水平，在世界输变电领域占领新的制高点。

（3）多措并举挖潜增效。积极推进财务集约化管理，推行月度预算控制，提高预算对经营的管控能力。压缩可控成本规模，可控供电单位成本低于预算4.9个百分点；优化购电结构，节约购电成本8亿元；办公、差旅等五项费用均实现同口径零增长。深化线损“四分”管理，57家地市供电局省级达标，其中16家网级达标，全网综合线损率有较大幅度的降低。积极争取国家电价政策支持，2008年8月以来火电单边提价的影响得到疏导，海南电网公司在电价压力较大的情况下争取了提价3.45分；积极配合国家督查组对广西、云南两省区进行了优惠电价清理督查。实施城农网建设改造统一融资，充分运用国家财政、税收、金融政策，多渠道、低成本筹集建设资金，成功发行100亿元中期票据。加强资金优化调度，累计取得资金运作效益7.5亿元，有效控制了资产负债率。加强增值税抵扣管理，减轻公司整体税负。电网主业与财务公司、保险公司金融平台优势互补的作用得到进一步发挥。推进投资清理和产权级次优化整合，完成投资清理1.4亿元。按照信用等级分类，加强电费风险管控，年底应收电费余额同比减少了2亿元。积极配合监事会实地检查，认真落实整改；配合做好税务专项稽查、国有资本经营预算审计等工作。贯彻国资委关于工资总量调控的要求，制定《公司工资总额调控管理办法》。公司在国资委经营业

绩考核中连续四年获得A级。

（二）立足长远“练内功”，提高了企业整体素质

面对外部环境的变化，公司追求内涵式发展，持之以恒地加强内部管理，加大自主创新力度，抓好队伍建设，这样做既有利于克服短期困难，也为长远发展奠定基础。

（1）安全生产沿着“体系化、规范化、指标化”的轨道扎实推进。全面完成生产管理规范化和安全生产风险管理体系试点工作，形成可复制、可推广的模板，全系统84%的110kV及以上变电站、47%的输电运行管理单位实现规范化管理。完成10个生产班组规范化试点建设，颁发34册生产班组技能培训规范。公司应急指挥平台建设按期推进，累计已制定总体预案140个、专项预案1893个和现场处置方案7272个，组建920支应急队伍。制定《电网风险管理办法》，规范风险发布和预控措施管理。落实云广特高压直流和海南联网工程投产后的功率控制、安稳系统调整等对策。通过加强地区电网动态稳定管理等措施，全年没有发生系统低频振荡。对保护设备运行中发现的问题及时开展仿真分析，确保220kV及以上故障快速切除率100%。落实直流反措，调整直流重启动策略，杜绝直流双极闭锁，单极闭锁同比大幅减少54%。积极推进节能发电调度，具备条件的火电机组脱硫信息全部接入调度系统，实现在线监测和实时排序。

（2）科技创新取得重大成果。公司实事求是地研究推进智能电网建设，提出自己的见解和表述，特别重视提高配电网和终端负荷侧的智能化水平，得到多方面的认同。公司被国资委、科技部等部委认定为创新型企业，研究中心获授牌成为“国家能源大电网技术研发（实验）中心”。自主完成云广特高压直流工程的系统研究、成套设计和系统调试等工作。国家工程实验室昆明特高压试验基地正式投入使用。公司评定了首批重点实验室。重点科技项目按期推进，科技部“特高压输变电系统开发与示范”项目12个课题完成验收；国家863项目分布式供能工程已具备投运条件，成为全国示范工程。积极支持电动汽车等新技术发展，在深圳建成了全国规模最大的充电站。实施信息化水平“登高计划”，营销、人力资源、财务、安全生产四个核心业务系统已基本覆盖各分子公司本部和地市供电局。

（3）基础管理得到全方位加强。围绕物资采购、工程发包、资产转让、资金管理、电力购销和对外投资6个关键领域，进一步完善和深化内控体系建设。开展内部专项审计4951项，促进增收节支2.19亿元，提出审计建议3223条；深入开展“审计整改年”活动，促进审计成果的应用。常态化地发布社会责任报告，公司荣获国资委“中央企业优秀社会责任实践奖”。举办公司首届管理论坛，软课题研究更注重深度和实效。以广东电网为先导，因地制宜地推进各个层面的国际国内创先工作，取得积极进展。加强法律风险防范和法律纠纷案件管理，经济合同和重要规章制度的法律审核率达到100%。全面完成通信管理体制调整。农电体制改革稳步推进，县级供电企业基础管理达标率提高到66%，线损率全部降到20%以下。股改上市工作继续推进。

（4）队伍建设水平有了新的提高。继续深化“四好”班子建设，完成地市级和县级供电企业班子建设专题调研，抓好2008年分子公司班子集中考核反馈意见的整改落实。印发公司《关于加强培养选拔年轻干部工作的实施意见》。制定首批海外高层次人才引进计划，目前已有3人通过公司评审，其中1人作为2009年度“千人计划”人选通过了国资委评审。在南网总调、研究中心选聘了12名1～3级专家。高度重视教育培训工作，召开专题会议系统总结教育培训加速融合、根植文化、激发活力、提高素质、培育品牌等方面的有效经验，全面部署进一步实施大规模分类分层培训、推进人才强企战略的相关工作，这对提升企业素质、永葆企业活力具有深远的意义。完成东莞板桥变电运检实操培训基地建设；编写43册B、C级管理人员课程；制定覆盖7个专业系列、45个核心工种的技能人员评价标准，组织开展全网变电和调度运行技能普考。全系统共举办各类培训班18296期，培训员工69.5万人·次，全员培训覆盖率达到96.4%。

（三）把“提高供电可靠率，科学发展上水平”作为学习实践活动特色，找到了一条电网企业科学发展之路

（1）学习实践活动主题突出、成果丰硕。公司深刻分析影响制约企业科学发展的突出问题和原因，提出进一步贯彻落实科学发展观的思路和举措，形成分析检查报告和整改落实方案两大成果，找到“提高供电可靠率”这条电网企业的科学发展之路，体现把电网发展的成果真正惠及广大人民群众，在全体员工中引起强烈共鸣，得到社会各界的广泛认可，也为有效应对国际金融危机、全面完成全年目标任务注入新的动力。对查找出来的问题认真组织整改，让职工群众实实在在地感受到学习实践活动带来的新气象新变化。49个中长期整改项目已分解为145条措施，其中计划2009年完成的58条措施均已全部落实到位，其余的正在按计划推进，并纳入常态化管理。

（2）提高供电可靠率深入人心、取得实效。科学发展的意识、观念、思维浸润到公司的各项工作中，

全系统围绕“提高供电可靠率”这个总抓手，认真梳理电网规划建设、生产经营、技术创新、供电服务等各项业务流程，打好基础、提高水平；通过采取提高自动化水平、转供电、带电作业、备用一些应急柴油发电机等措施，千方百计减少客户停电时间，最大限度地为客户提供安全、可靠、不间断的电力供应。全网供电可靠率达到99.87%，同比提高0.02个百分点，全年客户平均停电时间同比减少13.6%。

(3) 学习实践活动促进了党建工作、激发了活力。各级党组织把学习实践活动与贯彻落实党的十七届四中全会、全国国有企业党的建设工作会议精神相结合，加强和改进党建工作。党组成员牵头开展党建专题调研，梳理公司系统党建工作的有效经验，找准存在的问题，提出下一步的工作目标和思路。大力推进党建管理信息系统建设，已实现总部与分子公司的互联互通。认真贯彻落实中央纪委三次、四次全会精神，坚持以完善惩防体系为主线，严格执行党性党风党纪的各项要求，严格落实党风廉政建设责任制，严格监督中央决策部署的执行情况，保障和促进全系统政令畅通、党组各项部署落实到位。认真贯彻《国有企业领导人员廉洁从业若干规定》等重要文件精神，开展各个层面的反腐倡廉教育。以规范权力运行为重点，对“三重一大”集体决策制度落实情况进行监督检查。

灵活多样地宣贯南网方略，把文化融入管理、切入业务、植入行为，重点加大在县级供电企业的宣贯和践行力度。组织开展企业文化建设评价，发布《公司营销服务文化手册》，促进子文化建设由宣教型向管理型转变。创新思想政治工作的方式方法，开展员工思想状况及企业文化建设网上调查，员工对南网方略的认同度高达95.2%；实施员工辅导计划的试点工作。深入开展“信访积案化解年”活动，共排查梳理积案131件，化解102件，维护和谐稳定局面。开展“祖国颂、南网情”庆祝国庆60周年系列主题活动。围绕公司中心工作，推出一批层次高、影响力强的新闻报道，营造良好的舆论氛围。抓好以职代会为基本形式的民主管理，广泛开展形式多样的劳动竞赛和丰富多彩的文体活动，注重引领青年立足岗位建功立业。公司系统涌现出一大批先进典型，获得国家级集体荣誉24个、个人荣誉14个，省部级集体荣誉109个、个人荣誉188个。

回顾一年来的工作，有五点深刻的体会：一是越在形势复杂多变的时候，越要把思想认识统一到中央的分析判断、决策部署上来，坚定信心，勇于担当，才能真正体现公司的宗旨，体现中央企业、基础行业的“顶梁柱”作用。二是在推进公司科学发展的进程中，必须时刻牢记电网企业的责任和使命，切实把提高供电可靠率作为总抓手，让电网更好更快地发展，让发展成果真正惠及广大人民群众。三是做好每一项工作，根本的依靠还是人的素质、能力和水平，2009年的“大考”再次证明，经过这些年的培养和锤炼，公司系统各级班子确实是坚强有力的，员工队伍是能打硬仗的。四是在谋划全面工作的时候，必须结合情势抓住主要矛盾，确立“跳起来摸得着”的核心指标作为着力点，引导全系统充分发挥主观能动作用，务期必成，才能促进工作能力、工作水平的不断提高。五是在科学技术日新月异、新知识新观念层出不穷的今天，必须增强敏锐性、提高学习力，同时结合国情、网情，实事求是地消化吸收，为我所用，才能紧跟时代步伐，把握创新先机，占领发展制高点。

在肯定成绩的同时，广大员工也要清醒地认识到存在的问题和不足，主要有以下几个方面：在安全生产上，2009年发生了2起生产人员死亡事故和3起恶性误操作事故，反映出在安全管理上还有纰漏，规章制度的执行还不严格，一些基本的、有效的方法还没有做到位。在内控监督上，内控机制的整体建设还需要进一步梳理、完善和加强，有些单位的“三重一大”集体决策制度还不健全，招投标管理存在不规范的地方，特别是与下属多经企业的一些关联问题需要引起高度重视。在电网建设上，各单位抓工作的力度不平衡，一些项目的前期工作不到位，基层单位规划、计划、设计和工程管理还需要进一步加强。在省间交易上，这些年的跨省区电力交易积累了一些矛盾，协调难度逐年加大，新情况、新问题不断出现。在农电发展上，县级供电企业普遍存在基础差、底子薄的问题，管理水平、人员素质亟待提高，班子的能力、水平亟待加强，对这个明显的“短板”，需要给予更多的指导和帮扶。在整个管理上，与先进水平相比还有一定差距，管理架构、机构设置还需要与时俱进地研究优化，整合内部资源、提高配置效率等方面还有潜力可挖。在队伍建设上，员工的整体素质还不适应公司快速发展的要求，高层次复合型管理人才和高水平技术技能人才不足，教育培训的方式方法还要更加注重针对性和实效性；各级机关工作人员的选拔、培养、任用需要更加科学、合理、有效。这些问题需要高度关注，在今后的工作中认真研究解决。

二、2010年的形势分析和工作安排

(一) 要清醒地认识2010年的复杂形势

2010年面临的形势比以往更加复杂，主要体现在三个方面：

(1) 经济社会发展形势复杂。中央经济工作会议强调，2010年经济发展中的不确定、不可预料的因素和“两难”问题增多，积极变化和不利影响同时显

现，短期问题和长期问题相互交织，国内因素和国际因素相互影响。当前世界经济出现复苏迹象，国际社会战胜金融危机信心增强，预计形势会好于2009年；同时世界经济运行存在诸多变数，全面复苏将是一个缓慢复杂的过程。我国已经有效遏制住经济明显下滑态势，回升向好趋势不断巩固，中央采取的一系列政策措施在应对国际金融危机冲击、保持经济平稳较快发展方面起到决定性作用，创造新的有利条件；同时经济运行中仍然存在一些突出矛盾和问题，回升的基础还不牢固，内在动力仍然不足，转变经济发展方式已刻不容缓。从五省区来看，广东2009年以来大力实施《珠江三角洲地区改革发展规划纲要》，积极推进“三促进一保持”，经济已经企稳向好，正在大力实施扩大内需战略等措施，促进经济增长向依靠消费、投资、出口协调拉动转变。广西、云南、贵州2009年下半年以来经济增长回升较快，2010年是西部大开发战略实施十周年，国家正在制定今后10年的政策措施，加大对西部地区的支持力度；同时也存在产业结构调整政策可能对高耗能企业带来一些影响等不确定因素。海南国际旅游岛建设已经上升为国家战略，面临着难得的发展机遇，需要加快基础设施、旅游环境等方面的建设。要正确研判、灵敏把握外部发展环境的变化，积极主动地做好自己的工作。

(2) 电力供需形势多变。需求方面，当前五省区用电继续回升，全年增速总体比2009年要高，但可能呈现“前高后低”的走势。初步预测，2010年全网最高负荷1.05亿kW，同比增长9.5%；全社会用电量6740亿kWh，同比增长7.3%。供应方面，2010年五省区新增机组1510万kW，但是水、煤、油、气等一次能源供应更加紧张，一些机组可能被迫停机。目前各大水库水位普遍低于正常年份，四大流域水库蓄能较多年平均少了53亿kWh，预计到汛前来水仍将延续偏枯趋势；贵州、云南本地煤炭产能没有大的提高，“小煤保大电”的局面难以改观，电煤供应仍需高度关注；油气供应随国际市场价格波动很大，最近广东合计有250万kW左右的9E机组因油价高而停机，这对广东电力供应造成一定影响。综合起来看，全网电力电量总体平衡偏紧，丰盈枯缺、平衡脆弱：5月前电力供应比较紧张，全网电力缺口可能超过300万kW；汛期电力供应紧张局面有所缓解，水电富余约30亿kWh；进入枯期后，西部省区电力电量偏紧。

(3) 面临的任务艰巨。安全生产方面，2010年电网安全稳定面临的风险和压力是前所未有的，特别是云广特高压直流双极投产后，给主网安全稳定带来很多新的课题，电网结构更加复杂，新系统、新设备、新技术还有待实践的检验。2010年西电东送最大电力将超过2500万kW，对主通道安全可靠运行提出更高的要求。海底电缆的冲埋保护尚未全面完成，一旦受到外力破坏，修复难度极大。电力供应方面，广东、广西、云南、贵州、海南预期经济增长分别为9%、13.9%、9%、8%、10%左右，要提前做好应对供需形势紧张局面的充分准备，为五省区经济社会发展提供电力支撑。跨省区交易可能凸显的利益矛盾，对“十二五”西电东送省间框架协议的签订增加协调上的困难。广州亚运会保供电工作责任重大，必须万无一失。经营方面，公司经过这些年的稳打稳扎，资产质量、收入水平、可持续发展能力都有了比较好的基础，2009年年底电价矛盾的疏导在一定程度上也缓解了经营压力。同时也要看到，国资委将从2010年起对中央企业实施EVA（经济增加值）考核，对公司价值创造能力提出新的要求；电网投资总量大与资本金短缺的矛盾仍然突出，电费回收风险不容忽视，集约化管理水平有待提升。电网发展方面，扩大内需仍将是2010年国家经济政策的重点，中央已经部署实施新一轮农村电网改造升级工程，这有利于公司进一步把电网做强做优。2010年的基本建设任务仍然很重，外部环境又日益严峻，对工程建设管理能力提出新的挑战。改革方面，需要密切关注深化电力体制改革的政策动态，落实国家的决策部署。大用户直购电等改革试点的推进，可能对现有购售电机制、调度管理等产生一定的影响，对公司的工作也是一场考验。

（二）要明确2010年的工作思路和目标

2010年工作的总体思路是：认真贯彻党的十七大和十七届四中全会、中央经济工作会议精神，落实中央企业负责人会议的部署，深入实践科学发展观，在继续做好应对国际金融危机各项工作的同时，充分发挥基础行业的保障作用和电网企业对上下游产业的引导作用，为推动五省区经济发展方式转变和经济结构调整做出贡献；坚持以南网方略为引领，坚持以提高供电可靠率为总抓手，继续夯实安全基础，继续保持电网投资水平，继续优化供电服务，继续推进集约化经营，着力加强技术创新，着力提高人员素质，着力改进内部管理，着力提升党建工作科学化水平，努力实现更高质量更好效益的科学发展。

工作目标如下：

安全生产：不发生对社会和公司造成重大不良影响的生产安全事故。杜绝较大及以上人身事故；杜绝重大及以上电网、设备事故；不发生生产人员死亡事故；不发生有人员责任的较大电网、设备事故；不发生恶性误操作事故。电网频率合格率≥99.998%，综合电压合格率≥99.25%，城市供电可靠率≥99.85%，220kV及以上保护正确动作率≥99.63%，直流能量综合可用率≥88.79%，500kV交流输电线路可用系数≥97.1%。

基本建设：固定资产投资1042亿元，其中电网建设投资880亿元，调峰调频电源投资15亿元，小型基建投资20亿元，技改投资109亿元。投产220kV及以上输电线路7807km、变电容量4813万kVA。

电力营销：售电量5637亿kWh，同比增长7.6%。西电东送电量1195亿kWh，增长3.4%。其中，西电送广东1087亿kWh，增长4.1%；送广西108亿kWh，增长－3.5%。云南送出352亿kWh，增长38.0%；贵州送出435亿kWh，增长0.1%。

经营业绩：营业收入3395亿元。购电单位成本359.1元/MWh，供电单位成本156.5元/MWh。综合线损率6.3%。应收电费余额24亿元。实现利润总额82亿元。资产总额4996亿元，资产负债率控制在69.8%以内。

党的建设：全面落实“四好”班子建设、党风廉政建设和党建工作责任制目标。

（三）要把握2010年的工作重点

1. 继续夯实安全基础，确保各级电网安全稳定运行

切实提高电网安全运行水平。电网安全是公司的根本，没有安全就没有一切。要深入研究把握云广特高压直流双极投产后的系统新特性，加强电网运行风险危害辨识和评估，优化电网运行方案，落实安全预控措施。完善技术监督管理体系。扎实做好天广直流综合整治。尽快完成海底电缆的冲埋保护，加大巡护力度。继续强化地区电网稳定管理，加强继电保护、安自系统、通信、自动化等二次系统的管理，220kV及以上故障快速切除率≥99.8%，生产实时控制业务通信通道平均中断时间≤25min。

持续推进“体系化、规范化、指标化”建设。全面推行安全生产风险管理体系、生产管理规范化、生产班组规范化，所有110kV及以上变电站、输电线路运行单位实现规范化管理。进一步完善技术指标管理，形成南方电网安全生产KPI指标体系。规范作业指导书应用，开展对应用覆盖率、执行率、培训率的考核。持续深化线损“四分”管理，年底前所有地市供电局省级达标，县级供电企业线损率全部降到15%以下。建立健全四级四类安全生产责任传递的规章制度，促进各级责任制的落实。完成公司三级应急指挥平台建设。切实加强对工程承包商的安全管理。

2. 继续保持电网投资水平，全面加快各级电网发展

电网建设资金向配电网倾斜。着力加大城网改造和农网改造升级投资，2010年安排资金616亿元。中央投资中西部农网完善工程项目要尽早形成实物工程量，优先确保用好农网国债资金。年内解决电网覆盖范围内的33个行政村、6.5万户无电人口的用电问题。专题研究、逐步解决各级电网单线单变的问题。加强投资计划动态管理，科学安排年度投资计划。加快工程结算，及时转增固定资产。继续抓好对中央扩大内需投资项目、城农网改造项目的专项监督检查。积极争取国家对公司城农网改造和自主创新技术项目的资金支持。

确保重点工程按计划投产。2010年安排重点工程21项，年内投产15项。要全力以赴实现云广特高压直流工程6月底前双极投产。开工建设溪洛渡、糯扎渡送电广东直流工程。推动各级地方政府建立电网建设绿色通道。继续推进工程建设协调属地化管理。落实2009年中央有关部委监察审计检查的整改要求，进一步规范和完善工程建设管理。

深入做好电网规划工作。抓好南方电网“十二五”发展规划及西电东送规划编制，全面开展系统设计和二次系统规划，研究逐年电网建设方案，配合政府做好“十二五”电力发展规划。协商政府签订“十二五”西电东送省间框架协议。开展云南季节性电能消纳方案、云贵水火互济方案研究。继续加强工程项目前期工作，完成金沙江中游电站送电广西直流工程等4个项目可研评审，推进深圳、梅州、阳江蓄能电站和佛山沙口LNG电厂等项目的前期工作，启动海南蓄能电站前期工作。

继续推进“走出去”战略实施。切实履行好公司作为大湄公河次区域电力合作中方执行单位的职责，加强次区域电力合作规划，利用公司的地缘优势和技术优势，加大“走出去”力度，进一步发挥好主导作用。开工建设越南永兴电厂项目。适时启动老挝电网投资前期工作，完成缅北水电输电规划和中越500kV联网研究。完善境外投资电力项目管理制度。进一步加强粤港澳电力合作，签订向澳门送电的中长期购售电协议。

3. 继续优化供电服务，助力各地调结构促转变

做好电力有序供应，支持经济平稳较快增长。进一步丰富和创新市场分析的方法、内容，准确把握电力供需形势变化。密切跟踪一次能源供应情况，统筹调剂水火资源，科学安排省间送电，尽最大可能减少错峰限电。完善跨省区交易机制，常态化地披露市场交易信息，加强对西电东送计划执行情况的考核，积极协调处理各方利益关系，促进西电东送持续健康发展。固化增供扩销成功经验，进一步提高报装接电效率，扩大电力占终端能源消费的份额；优化停电管理流程，推广营配信息一体化，加强客户基础资料管理；积极开展带电作业，科学配置故障抢修队伍和应

急发电设备，增强快速反应能力，努力提高供电可靠率。落实国家要求，认真参与政府制定大用户直购电方案的工作，平稳有序开展试点。

努力拓展服务领域，支持五省区经济结构调整。落实宏观调控政策，为高新产业、各地支柱和优势产业、第三产业、居民和农村新增用电做好服务，对“两高一资”、产能过剩行业用电严格执行差别电价等措施。在做好广州亚运会保供电工作的同时，以此为契机深化优质服务，推广应用营销服务创新成果，全面实施可靠供电工程、安全用电工程、服务品质提升工程以及服务品牌宣传工程。建立健全客户节能工作的组织机构，推广以合同能源管理方式开展节能服务，启动能效电厂、太阳能小区等项目的前期工作。

4. 继续推进集约化经营，提高企业价值创造能力

深化财务集约化管理。强化预算对资源配置的导向作用，增强预算对公司经营目标的整体调控，提高总部预算主导能力，通过提前预测和平衡各项业务预算安排，实现预算与业务的紧密衔接。以“一本账”管理为目标，建立集团管控式的会计集中核算体系。构建一体化资金管理体系，实现资金的统一归集、统一备付、统一运作。继续开展产权级次优化整合，压缩产权链条。财务公司要延伸结算范围，保险公司要扩展经营网络、开拓非股东业务，实现规模与效益同步发展。

努力提升经营效益。在公司系统全面推行 EVA 考核，将投入产出作为考核的重点，强化各级单位资本成本和价值创造意识。继续加大增收节支力度，从紧安排成本费用支出，各单位营业成本增长不得超过营业收入增长比例。组织做好居民生活用电价格调整听证工作，严肃电价执行纪律，确保电价政策执行到位。积极开展收入筹划、成本筹划和税务筹划，提高资源使用效率。

更加注重风险管控。认真落实国资委“财务内控提升年”的要求，深入开展内控有效性评估，对所有关键点、风险点开展内控有效性测试，将风险防范措施固化到业务流程，利用信息化手段加强风险的在线监控。继续加强重大财务事项管理，严格资金、债务、担保、抵押、重点物资采购等方面的管控，特别是要吸取个别基层单位的教训，防范资金安全风险。全面建立电费信用评级、电费风险预警、重大欠费报告制度，密切关注受国家宏观调控政策影响较大的行业和企业，防范电费风险。完善营销稽查常态化工作机制，建立营销差错分级、报告、处理及责任追究制度。积极配合监事会深化当期监督工作。加强全过程的内部审计监督，强化对日常业务的合规检查和关键环节的重点检查，由事后监督转变为事前和事中监督，及时发现和解决问题。

5. 着力加强技术创新，提升电网科技含量

继续推进创新型企业建设。结合南方电网的实际，不断用现代技术武装电网，提高电网管控的智能化水平和电网运行的经济安全水平，重点是提高配电网和终端负荷侧的智能化水平。要高度重视、尽快把特高压直流技术标准上升为国家、行业标准。“特高压输变电系统开发与示范”、“分布式供能”课题要通过科技部评审，总结自主创新成果并申报知识产权。推进“电网抵御极端天气灾害关键技术及装置开发与应用”等重大课题研究，积极向国家申请直流输电、配网智能化、区域大电网调度关键技术等重大课题，力争纳入“十二五”国家科技支撑计划。完成南方电网关键技术领域 3～5 年创新路线图。

确保信息化工作达到中央企业 B 级上游水平。全面完成公司信息化水平“登高计划”，建立规范的信息化管理架构，完善管理制度、标准和流程；重点推进营销、人力资源、财务、安全生产、规划基建、审计和数据中心“6＋1”工程建设；积极推进信息安全体系化和 IT 运维服务规范化建设。完成公司“十二五”信息化规划编制工作。

6. 着力提高人员素质，下大气力加强员工队伍建设

深化各级“四好”班子建设。要很好地总结这些年班子建设方面行之有效的经验，提高各级班子带队伍的水平；高度重视班子的团结，团结才能履行好职责，才能带好队伍、做好工作。积极推进学习型领导班子建设，研究制定促进科学发展的领导班子和领导干部综合考核评价办法，把学习情况纳入综合考核评价体系。重点加强县级供电企业“四好”班子建设，研究制定《关于加强县级供电企业党政正职队伍建设的指导意见》，选好配强班子，并争取年内把所有党政正职轮训一遍。

健全充满活力的选人用人机制。认真贯彻全国组织部长会议精神，进一步深化干部人事制度改革。修订出台《公司领导人员管理规定》、《公司公开选拔、竞争上岗管理规定》等制度，研究制定《2010～2020 年公司领导班子后备干部队伍建设规划》。完善干部选拔任用提名制度，推行干部差额选拔制度，丰富竞争性选拔方式。认真贯彻中央《关于进一步从严管理干部的意见》，对重要部门、关键岗位人员实行任期制，严格执行干部重大事项报告制度。继续开展高层次技术技能专家的选聘工作，拓宽人才发展通道。争取引进 3～5 名海外高层次人才，并研究制定相关管理办法。

完善教育培训机制和体系。贯彻落实公司教育培训工作会议精神，更加深入地开展大规模、系统性、

针对性、人性化、差别化的分类分层培训，进一步突出针对性、赋予时代性。出台《公司教育培训管理办法》，建立科学的目标考核指标体系，加快各级培训基地的建设改造。突出加强班组长、技术技能人员以及县级供电企业员工的培训，深化生产班组专业技术技能规范化培训。

进一步规范劳动用工管理和激励约束机制。建立健全组织机构设置及人力资源配置制度。全面推行劳动用工管理标准，建立岗位序列规范，提高组织效能。完善工资总额预算管理，加强内部收入分配调控。稳步推进公司系统分类分层的绩效管理体系建设。

7. 着力改进内部管理，更加规范高效地运作

全面加强企业管理。开展好公司“十二五”战略规划的编制工作。认真总结创先工作的经验，动态管理、与时俱进，切实在提高管理能力、管理水平、实现管理到位上下工夫；广东电网要通过创先工作，在管理上逐步与国际接轨。加强管理流程的科学化、规范化、系统化、标准化建设，重点梳理输变电设备管理、调度运行管理、市场营销管理、资金管理、电网建设管理等业务流程。继续研究改进农电管理模式，深入开展县级供电企业基础管理达标工作，各省公司要按照《县级供电企业基础管理达标优秀企业标准》制定工作计划和实施方案，确保质量、提升水平。系统推进社会责任工作深入开展。各级机关都要加强作风建设，提高办事效率，总部要走在前、做表率。

落实公司内控制度体系建设实施方案。将内部监督有机融入到各项管理流程中，进一步提高规章制度执行的刚性，养成按制度、按规矩办事的习惯。完成公司法治工作三年规划，继续加强法律风险防范，处理好历史遗留的重大法律纠纷案件。做好“五五普法”总结验收，大力倡导学法、懂法、遵法。坚决按照国资委的有关要求，规范职工投资持股工作。继续努力推进公司股改上市工作。

8. 着力提升党建工作科学化水平，为凝聚力量、攻坚克难、推动发展提供组织思想保障

把党的十七届四中全会和全国国有企业党的建设工作会议精神落到实处。制定公司加强和改进党建工作的具体措施，进一步把党组织发挥“参与决策、带头执行、有效监督”政治核心作用的途径、方法、程序和内容制度化、具体化，适时召开党委（组）书记座谈会。继续抓好学习实践活动整改落实工作，进一步巩固和扩大活动成果。深入开展创建学习型党组织活动。全面推广党建管理信息系统。创新基层党建工作，重点加强基层党支部建设和党员队伍建设，增强党员意识，引导党员认真履行义务，正确行使民主权利。推进特色党建主题活动和争先创优活动，更好地发挥基层党组织的战斗堡垒作用和党员的先锋模范作用。

大力推进反腐倡廉建设。深入贯彻中央纪委五次全会精神，学习好胡锦涛总书记和贺国强同志的重要讲话。继续按计划、有步骤地推进惩防体系建设，突出加强反腐倡廉教育制度、监督制度、预防制度、惩处制度建设，逐步建成内容科学、程序严密、配套完备、有效管用的反腐倡廉制度体系。严格落实《国有企业领导人员廉洁从业若干规定》等重要文件要求，加强对领导人员、重要岗位和招投标等关键环节的监督。强化党风廉政建设责任制，推行“一岗双责”，深化过程管理、考核评价和监督检查。深入开展党规党纪教育，开展廉洁风险点分析，严肃查办各类违纪违法案件。

全心全意依靠职工办企业。大力推进职代会、厂务公开等民主管理工作，关注职工诉求，维护合法权益。关心离退休老同志，关心困难职工。深入开展群众性的学技术、练本领、比技能的提升职工素质活动。重视人文关怀，实施员工辅导计划。推进青年创新创效，充分发挥生力军作用。做好和谐稳定工作，开展“同心结南网，携手迎亚运”群众性体育活动。进一步加强对外宣传工作，认真研究落实宣传策略，整合全网宣传资源，增强新闻策划能力和舆论引导能力，为公司改革发展营造良好的外部环境。

南方电网公司成立已经7周年了。七年来，公司承载着中央的重托、五省区的厚望、广大员工的信任，走过了很不平凡的道路。公司秉承“对中央负责、为五省区服务”的宗旨，在央企中率先提出把中央的路线方针政策具体化，体现国家意志，主动承担社会责任，形成以南网方略为核心内容的特色文化，树立起南方电网的品牌。广大员工风雨同舟、攻坚克难，取得了显著的成绩：电网规模、负荷、售电量、营业收入、资产总额都翻了一番多，公司售电量年均增长13.5%，营业收入年均增长17.1%，经济效益大幅提升；累计完成电网建设投资3049亿元，形成协调发展的各级电网，西电东送能力是2002年年底的6.3倍，西电东送电量年均增长28.3%。公司刚柔相济、励精图治，积累了宝贵的经验：在严重缺电的情况下“限电不拉路、错峰不减产”，“万家灯火、南网情深”的形象深入人心；按照“完善、规范、巩固、提高”的要求，建立起一整套比较规范、科学的管理制度和流程；用文化这个软实力来凝聚人心、协调步伐、调动积极性。公司以人为本、抓班子带队伍，提高了全员素质：建设讲原则、重感情、团结和谐有战斗力的各级领导班子，倡导“和而不同”；高标准、严要求，严爱结合带队伍，人人快乐工作；各级班子坚强有力、干事创业，员工队伍昂扬向上、凝聚力强。解放思想、与时俱进，通过学习实践活动，

找到电网企业科学发展的路子，走得越来越稳健、越来越富有活力。正是因为大家的奋发努力，才铸就了南方电网今天的辉煌。在当前这个承前启后的关键时期，要倍加珍惜来之不易的大好局面，进一步总结提炼好的经验和做法，发扬光大好的传统和作风，激发保持好的状态和干劲，不断把南方电网的事业做强做优、创出特色。

三、电网企业在低碳经济发展中的使命和作为

（一）把思想统一到中央关于低碳经济发展的部署要求上来

胡锦涛总书记在 2009 年 9 月联合国气候变化峰会上强调，我国将大力发展绿色经济，积极发展低碳经济和循环经济，争取到 2020 年非化石能源占一次能源消费比重达到 15%左右。11 月国务院常务会议提出，我国到 2020 年单位 GDP 二氧化碳排放要比 2005 年下降 40%～45%，中央经济工作会议进一步明确，这将作为约束性指标纳入国民经济和社会发展中长期规划。公司处在国民经济的基础行业和能源供应的重要领域，要落实中央的要求，顺应时代的潮流，深入思考、积极响应，准确把握在低碳经济发展中的定位，主动承担社会责任，把南方电网打造成为服务经济社会科学发展的“绿色平台”。

（二）低碳经济发展给电网企业带来的机遇和挑战

发展低碳经济的实质是高效利用能源、开发清洁能源、追求绿色 GDP。在这场深刻的变革中，电网企业面临的机遇与挑战并存。

一方面，新能源的大规模开发利用，主要依靠转化为电力来实现，电网是其不可或缺的传输平台。现在，新能源的发展刚刚起步，公司抓住了这个时机，就可以与发达国家在新能源电网技术方面处于同一起跑线，促进电网技术及相关产业的跨越式发展，加速向绿色电网的转型；同时可以引导新能源、清洁能源科学合理地开发利用，带来巨大的节能减排和化石能源替代效益。

另一方面，新能源的发展也将给电网企业带来一系列新挑战。一是给电网安全稳定运行带来新课题。风电、太阳能等新能源固有的随机性、不可控等特点，导致出力不稳定，大规模的并网运行将直接对电力电量平衡、系统调峰、电能质量等带来一系列技术、安全上的新问题。二是增加经营压力。新能源发展需要电网企业开展大量配套工程的建设，现阶段新能源的发电成本仍然远高于传统能源，而且平均利用小时数不高，送出线路实际利用效率低，导致电网建设资本回收压力很大。三是可能改变行业竞争格局。新能源的分布式发电和即插式储能装置的逐步普及，可能打破电网企业传统的单一经营模式，使得更多的用户参与电网的市场交易。这需要公司配合国家发展低碳经济的政策，研究新技术、新策略，更好地适应新的趋势、抢占先机。

（三）公司要在低碳经济发展中有所作为

要以主动积极的胸怀迎接低碳经济，以更加宽阔的视野认识低碳经济，以求真务实的态度研究低碳经济，以扎实有效的工作支持低碳经济，从以下几个方面进一步丰富和充实南方电网“绿色行动”的内涵，作出实实在在的成效。

在电源环节，一是在电力规划中，支持和引导电源结构优化调整，逐步提高水电、核电、风电、太阳能等非化石能源的装机比重，争取到 2020 年达到 51.4%。二是深入开展节能发电调度，优先安排清洁能源、新能源并网发电，支持开展洁净煤发电等清洁发电技术的试点和应用。三是配合政府实施“上大压小”，促进大容量、高效率、低排放的火电项目发展。

在电网环节，一是骨干电网、城市电网、农村电网等各级电网协调发展、灵活配置，提高配网的智能化水平，支持风电、太阳能等新能源快速灵活接入电网，为用户提供安全、可靠、清洁、经济上可承担的电力。二是继续挖掘降损潜力，通过优化各级电网结构、积极推广应用节能低损设备、加强线损“四分”管理等工作，多措并举降低电网损耗。三是开展低碳经济相关政策和技术的研究，加强新能源发展对系统运行、经营模式影响的分析，近期要抓紧推动风电、太阳能等新能源上网标准的研究制定。

在用户环节，一是挖掘用户节能潜力。这对低碳经济的贡献是最大的。继续加强需求侧管理，完善经济、技术、市场和行政手段多管齐下的综合管理机制；大力开展节能服务，继续帮助客户开展节能诊断，引导用户使用高效节电设备。二是密切关注大规模储能技术、电动汽车等新技术的发展，开展分布式能源利用、智能社区建设等相关课题研究。参与电动汽车配套建设，探索充电站运营模式。三是加大科学用电、节约用电的宣传力度，营造全社会实践低碳生产、低碳生活的氛围。

中国华能集团公司 2009 年工作会议报告（摘要）

一、关于 2008 年的工作回顾

（一）2008 年主要指标完成情况

（1）安全生产形势总体平稳，没有发生较大及以

上事故。

(2) 截至2008年年底，集团公司拥有境内外全资及控股电厂装机容量8586万kW，同比增长19.9%，其中国内装机容量约占全国装机容量的10.5%；煤炭生产能力达到2724万t/年。

(3) 国内装机累计完成发电量3645亿kWh，同比增长11.5%，约占全国发电量的10.6%；完成煤炭产量2188万t，同比增长28.6%。

(4) 实现销售收入1513亿元，同比增长30.9%；较好地完成国资委业绩考核指标。

(5) 完成供电煤耗333.59g/kWh，同比下降3.71g/kWh。

(6) 投产新机724.5万kW。

（二）2008年主要工作情况

1. 抗击自然灾害取得重大胜利

2008年，我国南方部分地区发生的雨雪冰冻灾害和四川汶川特大地震灾害，给公司生产经营带来重大影响。面对严重灾情，集团公司迅速组织、周密部署，领导干部深入一线、靠前指挥，全体员工众志成城、迎难而上，不惜代价保证电煤供应和安全稳定发电，全力以赴开展抗震救灾工作，最大限度地挽救受灾群众生命，最大限度地减低灾害造成的损失，最大限度地保障电力安全供应，夺取了抗击雨雪冰冻灾害和汶川特大地震灾害斗争的重大胜利。在抗击灾害斗争中，涌现了一批先进单位和先进个人。原沁北电厂副总经理郝法鹏等2位同志，被国资委授予抗击雨雪冰冻灾害先进个人；沁北电厂厂长赵贺等2位同志获五一劳动奖章；阳逻电厂副总经济师、燃料部主任余跃才同志，被国资委授予抗击雨雪冰冻灾害优秀共产党员；岳阳、井冈山电厂党委，分别被国资委党委授予抗击雨雪冰冻灾害先进集体和先进基层党组织。太平驿水电公司党委书记、总经理程洪同志，被授予全国抗震救灾模范等荣誉称号；四川公司董事长、党委书记张伟等4位同志，被国资委授予中央企业抗震救灾先进个人；四川公司总经理、党委副书记张小鸣等2位同志，被国资委授予中央企业抗震救灾优秀共产党员；太平驿水电公司大坝排险突击队被全国总工会授予抗震救灾重建家园工人先锋号；涪江公司等3个单位，被国资委授予中央企业抗震救灾先进集体；四川公司等3个单位党委，被国资委授予中央企业抗震救灾先进基层党组织。在抗击灾害斗争中，华能的企业精神得到了进一步锤炼和升华，成为我们战胜各种困难的无穷力量，促进各项事业发展的强大动力。

2. 安全生产总体保持稳定

2008年，公司安全生产任务十分繁重。各单位认真贯彻落实国家关于加强安全生产工作的重要部署，广泛开展“双争双优”活动，切实抓好安全性评价和隐患排查治理，认真做好设备检修维护，全面开展反违章专项活动，强化应急体系和机制建设，圆满完成了抗灾救灾、迎峰度夏和奥运保电各项任务。在德州、达拉特、大连等7个电厂开展的安全生产管理体系试点，在呼伦贝尔公司灵泉煤矿开展的安全性评价和“两票”试点，都取得了明显成效。大连、冷竹关、南山等21个水电、火电厂实现全年无非停，80%以上的电厂实现安全运行3个100天。呼伦贝尔公司全年原煤生产百万吨死亡率为零。北京、杨柳青和上都电厂，被国家电监会授予“奥运保电先进单位”。邯峰1号、沁北2号机组荣获全国火力发电可靠性60万kW级金牌机组称号，大连4号、太仓1号、包头三热3号机组荣获全国火电30万kW级金牌机组称号。

3. 经营管理不断加强

面对前所未有的经营困难，公司坚持内抓管理、挖掘潜力、外创环境、争取政策的经营方针，完善指标、考核和薪酬三位一体的绩效管理体系，加强市场研究，深化经营分析，强化预算管理，建立对标通报制度，努力保持经营工作平稳运行。

“三电”工作得到加强。澜沧江、里能、宁夏和新能源等公司超额完成全年发电任务。石洞口二厂、南通、岳阳、北京、乌海、上都、海勃湾等电厂的发电利用小时，大大高于当地平均水平。电价调整工作圆满完成，公司燃煤机组落实了各省调价标准，景洪、伊敏、海口、大坝、大连、珞璜、平凉、石洞口一厂、济宁等电厂的电价特殊问题得到疏导，股份公司、北方和山东等公司热价调整实现新的突破。电费结算取得重要成果，岳阳、伊敏等电厂的大额欠费问题得到妥善解决。

成本费用控制取得实效。通过加强煤炭全过程闭环管理，提高重点合同兑现率，燃料成本上涨势头得到一定抑制；牢固树立过“紧日子”的意识，加强四项费用管理，可控费用下降5%以上。资金保障工作得到加强，80%以上的新增贷款实现利率下浮，60%以上的新增贷款取得最优惠贷款利率。

在全体员工的艰苦努力下，公司最大限度地减少了亏损，部分企业保持了较好的盈利态势。能源交通、呼伦贝尔、澜沧江、新能源、热工院、香港公司等12个单位，全面完成年度利润预算目标。伊敏、上都、德州等火电厂保持较好盈利水平。能源交通公司煤炭生产和经销业务稳步发展，煤炭贸易物流体系初步形成，实现销售收入380.5亿元。资本公司积极开拓、加强管理，完成了信托公司收购和私募股权基金公司组建工作。综合产业公司基本完成资产清理任务，积极探索转型思路。

2008年公司接受了国家审计，这是公司成立以来，国家对公司开展的范围最广、力度最大的一次审计工作。各单位高度重视、加强领导、积极配合，圆满完成了迎审任务。

4. 企业发展实现新突破

前期工作取得新的进展。全年完成核准电力项目768万kW、煤矿项目500万t/年。新能源公司超额完成年度核准目标，并储备了大量优质风场资源；海南公司在核准东方一期的同时，取得了二期扩建路条；北方公司取得煤矿路条1700万t/年，为2009年项目核准创造了条件。

电源结构继续优化。全年投产水电、风电208.31万kW，风电装机突破100万kW，水电、风电总装机达到631万kW，在总装机中的比例提高1.7个百分点；生物质能和光伏发电开发建设顺利推进；公司参股的海南核电项目取得实质性进展。新投产60万kW及以上火电机组6台、375万kW，占投产火电容量的72.7%。截至2008年年底，60万kW及以上火电机组容量，占火电装机容量的34.4%，同比提高1.3个百分点。

电煤路港运一体化顺利推进。在加快蒙东、呼伦贝尔煤电基地建设的同时，蒙西、甘肃、陕西等地煤炭项目开发全面铺开，北方公司煤炭建设规模达到2400万t。开拓煤炭资源取得重要进展，获得甘肃正宁南煤田南矿区9亿t采矿权；完成收购华亭煤业40%的股权，陇东能源基地和陇电东送工程建设积极推进。在铁道部大力支持下，落实了扎赉诺尔至营口港500万t煤炭运力；积极参股建设蒙冀、天平、西平等铁路项目；加强天津、京唐、营口港的合作开发，推进太仓、海门港等煤炭中转基地的建设进程；时代航运公司运力达到160万载重吨，全年为公司运输煤炭2935万t；瑞宁航运公司完成组建。

国内资产收购取得重大进展。实施“走出去”战略迈出新步伐。公司成功竞购了新加坡大士能源公司100%的股权，成为新加坡发电和电力零售市场的重要参与者；缅甸瑞丽江一级水电站投产新机40万kW，在探索境外能源合作开发上开辟了新的途径；澳洲电力项目继续实现良好投资回报。

5. 基本建设取得新成绩

面对严重灾害天气和设备交货、外送工程滞后等诸多不利因素影响，集团公司高度重视、统一部署，有关公司精心组织、落实责任，项目单位全力以赴、顽强拼搏，各在建工程顺利推进，投产任务全面完成。上安电厂投产了首台国产60万kW超临界空冷机组，节能节水环保效果十分显著；瑞金电厂投产了首台国产35万kW超临界机组；巢湖电厂投产的60万kW超临界燃煤机组，单位造价和单位占地面积达到国内同类型机组领先水平；日照电厂2台68万kW超临界燃煤机组实现年内双投，创国内同类型工程建设最短工期；景洪水电站实现“一年三投”，揭开了澜沧江流域大型水电机组大规模投产的序幕；阜新一期、灰腾梁一期和文昌一期等风电项目投产发电，创公司风电投产规模历史最好水平。小湾工程大坝混凝土浇筑持续高产、稳产，引水发电系统有序推进，实现导流洞下闸蓄水目标。玉环一期获得2008年国家优质工程金奖；小天都电站、淮阴三期、鹤岗二期、威海风电获得国家优质工程银奖。珞璜三期、辛店改扩建、漫湾二期、辉腾锡勒风电扩建等9个项目，获得电力行业优质工程奖。

6. 节能减排取得新进展

公司加大技改投入，落实节能降耗措施，严格执行新建机组环保设施“三同时”制度，扎实推进节约环保型企业创建工作，全面完成了节能减排年度目标和奥运会空气质量保障任务。榆社、丰镇、海口等21个电厂的供电煤耗降幅超过5克/kWh。列入“千家企业节能行动”的19个电厂，完成节能量约116万t标准煤，完成年度分解目标的192%。二氧化硫排放总量继续下降。2008年公司有51台、1892.4万kW的脱硫装置投入运行，其中现役机组脱硫改造42台、1413.4万kW。截至2008年年底，公司安装脱硫设施的机组容量达到6003.4万kW，占燃煤机组容量的86.3%。2008年公司关停小火电机组12台、85.9万kW。截至2008年年底，公司“十一五”已关停小火电机组325.025万kW，完成“十一五”关停小火电机组责任书规定关停容量的129%。玉环电厂被环保部命名为“国家环境友好工程”。上海燃机等4个清洁发展机制项目，通过联合国执行理事会注册。

7. 技术创新取得新进步

进一步完善创新体系。科技事业部（技术创新中心）完成组建，华能北京温室气体减排实验室在北京市科委备案，华能上海电气温室气体减排研究中心组建协议正式签订。一批重大科研项目取得新的进展。国家重大技术装备研制项目—大型循环流化床锅炉研制通过项目验收；“十一五”863项目—高温高尘型烟气脱硝系统关键技术开发已经完成；公司在北京热电厂建设的3000t/年二氧化碳捕集试验示范装置，于奥运会前成功投运。前沿发电技术示范项目积极推进。国家科技重大专项依托项目—华能石岛湾高温气冷堆核电示范工程，实施方案得到国务院批准，前期工作全面开展，并已上报核准；“十一五”863重大项目依托工程—华能绿色煤电天津IGCC示范项目，获准开展前期工作，并已启动核准程序。北方公司与科研单位合作，成功实施了500kV系统串补投运与次同步谐振抑制效果的联合试验。对外技术合作得到加强。中欧煤炭利用近零排放项目、碳捕集与埋存等项目进展顺利。

8. 管理革命工作积极推进

公司制定了《关于继续推进管理革命完善公司管理体系的意见》，为完善管理体系奠定了基础。坚持以省为实体，整合在山东、甘肃等区域的电力能源项目，加快区域公司建设步伐，进一步完善区域布局和管理格局。制订、修订《企业重大事项决策暂行规定》、《产业公司经营目标责任制考核办法》、《完善年度绩效管理的实施意见》、《党组管理干部选拔任用办法》等有关制度，管理制度更加健全。以风险防范为重点的内控体系建设全面启动，风险评估和风险应对能力得到加强。公司总部《流程操作手册》印发试行，规范化、程序化水平进一步提高。在2008年全国电力行业企业管理创新成果评选中，公司有3项成果获得一等奖，4项成果获得二等奖，7项成果获得三等奖；公司总部获得了"全国电力行业企业管理创新成果优秀组织单位"称号。

9. 党的建设、队伍建设和党风廉政建设进一步加强

公司系统深入学习贯彻党的十七大精神，进一步加强和改进党建工作，完善党组（党委）中心组学习制度，开展处以上干部十七大精神学习培训。切实加强党的思想、组织、作风、制度和反腐倡廉建设，优化组织设置，健全组织体系，明确责任主体，充分发挥了党组织的政治核心作用、党支部的战斗堡垒作用和党员的先锋模范作用。积极推进产业公司和基层企业党建试点工作，在北方公司、永诚保险公司、北京热电厂三家单位开展党建试点，为加强公司系统党建工作积累经验。

以加强领导班子思想政治建设为重点，深化"四好"班子先进集体创建工作，创建比例进一步提高。加大领导干部管理力度，优化班子结构，加强领导班子建设，新组建和补充调整36家单位领导班子。加强干部交流、锻炼和培训，公司系统全年交流干部1280多人，华能党校培训各级领导干部430多人。建立边远、艰苦地区人才援助制度，制订海外人才引进计划。积极开展技能人才培训、鉴定工作，全年开展各类技能人才职业资格、岗位技能等培训34万人次。在中央企业、电力行业技能大赛中，太仓电厂周献东等4位同志获得银奖，石洞口二厂杨剑春等7位同志获得铜奖，临河热电厂赵宏勋等2位同志获得全国电力行业技术能手称号。在2008年全国电力行业技术能手评选中，华能上海电力检修公司刘国建等8位同志，被中电联授予全国电力行业技术能手称号。

积极开展纪念改革开放30周年暨公司成立20周年的"六个一"活动，回顾了改革开放取得的伟大成就，总结了经验，振奋了精神，鼓舞了士气。精神文明建设取得丰硕成果，漫湾等4个电厂通过全国文明单位考核验收，北方公司等14个单位通过全国精神文明建设先进单位考核验收。积极开展企业文化调研工作，以"三色公司"为核心的文化理念更加深入人心，为进一步完善核心理念体系、规范行为体系和形象识别体系奠定了基础。

认真贯彻落实十七届中央纪委二次全会和国务院第一次廉政工作会议精神，按照中央企业纪检监察工作会议的部署和要求，围绕中心，服务大局，严格执行党风廉政建设责任制，以完善惩治和预防腐败体系为重点加强反腐倡廉建设。制定《华能集团公司建立健全惩治和预防腐败体系2008～2012年实施办法》，扎实推进惩防体系建设。认真落实企业领导人员廉洁自律"七项要求"，规范干部廉洁从业行为。结合内控建设和风险管理，监督检查"三重一大"集体决策制度的建立与执行情况，促进企业领导人员正确履职、规范用权。开展巡视工作试点取得成效。深入推进效能监察工作，修订了《华能集团公司效能监察工作暂行办法》和四个单项操作规程。2008年公司系统效能监察共立项167项，节约资金1.16亿元，提出监察建议411条。加强反腐倡廉宣传教育，推进廉洁文化建设，营造"廉荣贪耻"的良好环境。认真做好查办案件工作。

10. 履行社会责任取得新成效

进一步健全社会责任管理体系，制定《履行社会责任行动指引》，发布了《2007年可持续发展报告》。履行社会责任工作，得到了联合国全球契约组织、国资委、中企联等有关单位专家的高度赞扬。积极捐款捐物，支援灾区抗灾救灾和恢复重建，冰冻灾害期间公司总部向受灾严重的湖南等八个省区累计捐款约1100万元，地震灾害期间公司系统向四川等地捐款7900多万元。与东方电气签订约45亿元的设备订单，支持他们自救重建。积极推进社会主义新农村建设，扎实做好定点扶贫和援疆、援藏工作；向山西贫困地区投入1000万元，支持中小学危房改造；澜沧江"百千万工程"和四川"哺农惠民工程"顺利推进，促进了当地经济社会发展。

认真做好维护稳定工作，健全工作网络，落实维稳责任制，及时排查和消除不稳定因素，保障了奥运会期间队伍和企业稳定。完善职工民主管理，广泛开展劳动竞赛和送温暖活动，基层工会、群团组织在企业发展中的生力军作用有效发挥，促进了和谐企业建设。

积极推进软科学研究工作转型，科研成果的前瞻性、时效性和实用性进一步增强。编制完成集团公司信息化规划，信息化建设顺利推进。宣传、法律、外

事、后勤等各项工作都取得积极进展。大厦公司克服重重困难，保证了大楼工程进度。

二、关于公司面临的形势

由美国次贷危机引发的国际金融危机，涉及范围广，影响程度深，冲击强度大。这场危机已从局部发展到全球，从发达国家传导到新兴市场国家和发展中国家，从金融领域扩散到实体经济领域。在金融危机的影响下，国际金融市场剧烈动荡，原材料价格和运价大幅下降，世界经济增速减缓，主要发达国家经济陷入衰退，新兴市场国家和发展中国家经济增速明显放缓。世界有关国家采取多种措施，积极应对这场金融危机，但还未见到明显成效。目前，这场金融危机不仅本身尚未见底，而且对实体经济的影响还在进一步加深，其严重后果还会进一步显现。研究机构预测，2009 年世界经济增长可能继续减速，国际通缩压力将继续加大。这场国际金融危机对我国经济造成的冲击也越来越大，经济运行中的困难明显增加。特别是 2008 年第三季度以来，我国经济面临的形势更加严峻，经济下行压力加大，工业增速大幅回落，钢铁、石化等主要原材料价格大幅下跌，发电量、货运量出现负增长，出口增速下滑严重，企业利润和财政收入增速下降，资本市场持续波动和低迷，亏损行业和企业增多。这场危机对我国经济影响的程度有多深、范围有多广、时间有多长，还存在许多不确定性。在今后一个时期内，我国将突出面临国际金融危机影响持续加深、全球经济增长明显放缓的压力，突出面临外部需求显著减少、传统竞争优势逐步减弱的压力，突出面临国际竞争日趋激烈、投资和贸易保护主义上升的压力。

受严重自然灾害和金融危机等多种因素影响，2008 年以来，电力行业遭遇了历史罕见的巨大困难。从年初开始，煤炭价格连续大幅上涨，8 月达到最高点，秦皇岛港 5500 大卡/kg 煤炭平仓价最高达 1050 元/t，比年初上涨 100%。自 6 月开始，发电量增速持续回落，10 月开始出现负增长。2008 年，全国发电量增速从 2007 年的 14.4%大幅下降至 5.2%，创下近年来最低水平。发电企业，特别是火电企业发电利用小时大幅下降，全国 6000kW 及以上电厂累计平均设备利用小时数同比降低 337h，其中火电设备利用小时同比降低 427h。在煤价大幅上涨、电量持续下滑、煤电联动政策未能到位的情况下，发电行业经营成本急剧上升，首次出现整体亏损，资金供应十分紧张。目前，发电量增速下滑的势头还在持续，煤炭价格在 12 月中旬又开始回涨，受下游经济下滑影响，发电企业经营形势依然十分严峻。

一是国家 30 年改革发展为应对金融危机冲击奠定了坚实基础。经过改革开放 30 年的持续快速发展，国家经济实力、综合国力、抵御风险能力显著增强，基础设施建设、产业发展、居民消费、生态环境保护等方面有广阔发展空间，社会主义市场经济体制不断完善，金融体系总体稳健。总之，我国经济发展的基本面和长期趋势没有改变，我国发展的重要战略机遇期依然存在。

二是国家采取有力措施拉动经济增长。2008 年下半年以来，党中央、国务院先后在财政、税收、金融等方面出台有关政策，刺激国内消费，促进产品出口，着力保证经济、金融稳定。2008 年 11 月，党中央、国务院决定实施积极的财政政策和适度宽松的货币政策，出台更加有力的促进经济发展的十项政策措施。2008 年 12 月召开的中央经济工作会议进一步指出，把保持经济平稳较快发展作为 2009 年经济工作的首要任务，全面部署保增长、扩内需、调结构、促发展的各项举措，着力推进促进经济社会发展的各项工作。

三是公司有应对风险和挑战的综合实力。华能创立以来，经过 20 多年的发展，装机容量不断增加，资产规模不断扩大，产业结构不断优化，区域布局不断完善，管理体系不断健全，整体实力得到显著增强。公司还有攻坚克难、锐意进取的好传统、好作风、好队伍，有多次应对重大突发事件的成功经验。

四是公司还面临着许多新的机遇。金融危机带来了严峻的挑战，也带来了经济格局和产业格局的调整，为我们提供了兼并重组的机遇；经济增速下滑、电力需求放缓，为公司提供了推进结构调整和节能技术改造的机遇；国家实施增值税改革等税收政策，有利于公司推进技术改造、节约成本支出；实施增加信贷规模、降低贷款利率等货币政策，有利于保障资金供应、降低资金成本。此外，国家还将出台支持地震灾区恢复重建、节能减排、自主创新、加强资本市场建设等一系列政策措施。这些都有利于公司进一步做好工作，努力渡过难关。

还要看到，应对金融危机的冲击，也是考验和历练公司的能力和水平、意志和毅力的重要机遇。只要公司经受住这场严峻的考验、克服这些巨大的困难，广大员工的素质将进一步增强，能力将进一步提升，就一定能够推进公司各项事业跃上新的台阶。

三、关于 2009 年的工作

（一）2009 年工作的总体要求和基本思路

2009 年工作的总体要求是：全面贯彻党的十七大和十七届三中全会精神，以邓小平理论和“三个代表”重要思想为指导，深入贯彻落实科学发展观，认真落实中央经济工作会议的部署，着力抓发展、抓改革、抓管理、抓队伍，努力提高安全、效益、发展、党建绩效水平，攻坚克难，奋发有为，不断超越，全面实现各项绩效目标，推进公司又好又快发展。

2009年工作的基本思路是：

(1) 坚持科学发展。要以科学发展观为统领，坚持不懈地抓好发展这个第一要务。全面推进公司做强做大，实现资产规模大、市场份额大、社会贡献大与盈利能力强、竞争能力强、可持续发展能力强的有机统一，做到速度和结构、质量、效益相协调。进一步加强结构调整，着力推进电源结构调整，加大水电、风电、核电等开发力度；着力优化火电结构，大力发展煤电一体化项目，加强煤电基地建设，推进煤电联营，努力形成电煤路港运有机衔接的产业链；积极开发大容量、高效率、低排放的煤电机组和供热机组。坚持开发与收购并重的方针，发现并把握机遇，做好资产收购工作。坚持战略统领、效益为先的原则，科学制定规划计划，优化资本布局和资源配置，加强发展全过程管理，增强可持续发展能力。

(2) 坚持改革创新。改革创新是推动公司发展的根本动力。要认真总结华能改革发展的成功经验，坚持解放思想、实事求是、与时俱进，大力推进体制、机制、技术和管理创新，努力构建充满活力、富有效率、更加开放、有利于科学发展的体制机制，进一步激发企业活力，增强发展动力。继续推进“管理革命”，完善集团公司—产业公司（区域公司）—基层企业三级管理体系。健全完善绩效管理机制，发挥有效的激励与约束作用，调动各级企业和广大干部职工的积极性。以提高自主创新能力为重点，大力推进技术创新。切实加强公司总部的思想、作风、能力和制度建设，不断提高管理效率。

(3) 进一步加强企业管理。管理是企业永恒的主题，提高管理永无止境。要坚持以经济效益为中心，积极借鉴国内外先进管理理念，进一步加强制度建设，健全管理体系，完善管理方法，优化管理流程，切实增强管理的针对性和有效性，使各项管理科学有效、可控在控。根据今年形势的严峻性和不确定性，要密切关注和积极应对电力、煤炭、资金三个市场变化，加强投资、营销、煤炭、资金管理，力求公司效益最大化。认真落实政治、经济、社会、安全、节能环保责任，确保政治、生产、经营、形象安全。

(4) 进一步加强党的建设和队伍建设。要切实加强党的建设，充分发挥政治优势。进一步加强领导班子建设，深化和拓展“四好”领导班子先进集体创建活动，不断提高各级领导班子的凝聚力、领导力、执行力和战斗力。进一步加强职工队伍建设，以提高“四大绩效”为中心，切实加强班组建设，努力提高职工队伍素质。进一步加强企业文化建设，构建以“三色公司”文化为核心、凝聚人心、特色鲜明的企业文化体系。进一步加强反腐倡廉建设，把标本兼治、综合治理、惩防并举、注重预防的方针落到实处。

（二）2009年的主要绩效目标

1. 安全绩效目标

杜绝人身伤亡事故，确保不发生生产基建较大及以上安全事故，不发生对企业稳定和形象造成不利影响的事件。

2. 效益绩效目标

完成国资委业绩考核指标，完成节能减排三项责任书的年度目标，建成9～10家节约环保型燃煤发电厂，主要技术经济指标达到国内领先和国际先进水平等。

3. 发展绩效目标（略）

4. 党建绩效目标

确保党和国家的各项方针政策在华能得到全面贯彻落实；确保领导班子建设、党员队伍建设再上新水平；确保不发生企业经营和领导人员违法、违纪案件。

（三）2009年要抓好的主要工作

1. 狠抓薄弱环节，切实提高安全生产水平

要进一步巩固和加强安全生产在企业工作中的基础地位，坚持“安全第一、预防为主、综合治理”的方针，牢固树立“安全就是效益，安全就是信誉，安全就是竞争力”的意识，从严从细从实地抓好安全生产工作，确保生产安全。

一是要进一步落实安全生产责任制。健全和推广具有华能特色的电厂安全生产管理体系，深入开展风险分析、危险点预控和安全性评价工作；进一步强化“三基”，扎实推进本质安全型企业创建工作；按照“以零违章确保零事故”的要求，狠抓反违章工作，严肃事故责任追究，杜绝人身伤亡事故。

二是要进一步加强设备治理和维护。树立“非停就是少发电”的意识，加大防磨防爆力度，落实各项反措，努力减少非计划停运。抓好设备技术改造、检修质量管理和过程控制，合理安排更改、检修项目，积极推行作业成本法，降低费用支出，提高检修质量。

三是要进一步加强基建安全管理。认真落实项目建设施工单位安全管理主体责任，充分发挥业主单位的组织、协调和监督职能，组织各参建单位持续开展反违章专项行动，坚决消灭工程事故。

四是要高度重视抓好煤矿安全管理。严格执行煤矿安全生产标准，把“两票”、安全性评价和安全质量标准化工作不断推向深入，全面提升煤矿安全管理

水平。

五是要进一步加强应急管理体系建设。实行预案动态管理，做好应急演练，形成突发事件的常态化管理机制。

2. 突破重点难点，努力实现扭亏增盈

要以提高经济效益为中心，以多发电量为前提，以控制成本为重点，以落实电价为保证，抓住量、本、价、费等关键环节，强化对标，落实措施，加大力度，努力实现扭亏增盈。

一是要准确把握市场变化。密切关注国际国内经济形势，深入研究电力、煤炭、资金市场变化，科学分析市场变化对公司的影响，准确判断变化趋势，动态调整经营策略。

二是要加强营销管理。创新营销体制机制，充分发挥集团公司、产业公司、区域公司和电厂各个层面的作用，为营销工作提供组织保证。创新营销策略，动态跟踪调整，全年抓结构，努力提高基数电量比例，优化电量结构；年初抓计划，确保机组性能优势和环保优势在基数电量中得到体现；月度抓市场，争发双边、外送等短期高价的交易电量，弥补电量缺口。大力开展同区域、同类型机组的对标分析，查错纠弊，不断超越，巩固和发展领先优势；积极探索省网内的经济调度模式，使消耗低、效益好的机组多发电，努力提高单位发电收益；加大营销工作力度，提高设备可靠性，确保设备利用小时行业领先。积极争取和落实电、热价政策，保证国家批复电价执行到位，提高综合电价结算水平。加大电费回收力度，确保丰产丰收。

三是要加强煤炭管理。完善燃料管理体制机制，强化煤炭全过程闭环管理，努力构建长期稳定的煤炭供应保障体系。加强煤炭采购管理，从规范合同管理入手，所有指标都要纳入合同考核范围。扩大煤炭供应的规模化、集约化管理，下水电厂要充分利用国内、国际两个市场，提高煤炭进口供应能力，加大调运和协调力度；直达电厂要重点抓好煤炭采购的规范化管理和区域间调配。优先保证电煤主渠道供应和重点计划落实，提高重点合同兑现率。加强煤炭内部管理，进一步完善考核机制，加强同一地区、同一煤源的对标管理，加大燃料入厂检斤检尺、储存、入炉煤及掺烧等方面的管理力度，严控热值不实。加强煤炭成本管理，根据生产安排、营销策略及煤炭市场情况，动态优化供应结构，合理安排煤炭库存，有效控制燃料成本。巩固和扩大与大型煤炭企业的长期、稳定合作关系，整合公司煤炭、港口、运力资源，提高煤炭供应保障能力。

四是要加强成本费用管理。严格执行可控成本费用定额标准，优于定额的不能倒退，与定额有差距的要进行削减，逐步达到定额水平。深入开展增收节支活动，确保完成年度预算目标，四项费用消耗水平要确保行业领先。认真落实增值税改革有关政策，努力降低工程造价，节约当期现金流，减少财务费用。

五是要加强资金管理。大力开拓资金来源，努力争取国有资本经营预算、财政补助等资金支持，扩大企业债、短期融资券等债务融资，积极探索产业投资基金、股权投资基金等股权融资。进一步提高资金使用效益，加快资金周转，提高系统资金在财务公司的集中度。努力降低资金成本，优化资金结构，控制负债比率。切实防范资金风险，严格担保管理，完善应急保障机制，确保各级企业资金不断链。

六是要深入推进风险管理和内控体系建设。进一步健全以风险防范为重点的内部控制体系，强化内部审计、效能监察和风险控制。切实推进管理诊断工作，健全完善流程体系；抓好股份公司内控复查，做好审计整改落实工作，确保经营安全。

七是要加强信息化工作。完善信息化规划，推进信息网络和数据库建设，强化生产运行和经营工作的在线管理。抓好华能大厦信息化建设。

3. 加大结构调整力度，保持又好又快发展势头

要认真实施公司规划，进一步加强结构调整，努力提高投资效益，全力推进科学发展。

一是要继续保持较快的发展速度。坚定不移地贯彻发展是硬道理的战略思想，做到聚精会神搞建设、一心一意谋发展，全面完成各项发展任务，为2010年公司发电装机超过1亿kW，煤炭产能超过6000万t/年奠定坚实基础。

二是要加快结构调整步伐。着力推进电源结构调整，进一步加大水电、风电、核电等开发力度。着力优化火电结构，大力发展煤电基地，优先开发煤电一体化和煤电联营项目；利用国家上大压小政策，积极开发大容量、高效率、低排放的煤电机组和供热机组。

三是要科学制定规划计划，继续做好“十二五”规划编制，以及重大发展专题论证工作。科学规划资本布局，优化资源配置，积极培育具有自我发展能力的发展主体。抓住经济格局和产业格局调整的时机，充分利用国家鼓励兼并重组的有关政策，积极开展资产收购工作。

四是要加强发展全过程管理。坚持“多点、优选、精建、严管”的方针，做好投资、前期和基建各项工作。完善投资管理制度，认真做好项目可行性论证和后评价工作。加大前期工作力度，使前期工作与发展战略和“十一五”规划相适应，做到项目储备、施工准备、开工建设与新机投产相协调，前期工作深

度、资金保障与工程进度相协调。按照“安、快、好、省、廉”的要求，科学安排投产计划，做好招投标工作，加大设备催交催运和送出工程协调力度，做到配套工程与主体工程同步投产。坚持过程控制，提高投产质量，实现达标投产，争创国家优质工程奖，确保新机安全稳定经济运行。

五是要继续做好“走出去”工作。加强境外项目管理，进一步提高投资收益。积极跟踪调研境外能源项目，寻找新的合作开发机会。

六是能源交通产业要完善产运销经营模式，加强生产管理，抓好项目开发，进一步发挥功能和业绩支撑作用。金融产业要做实做强金融服务平台，强化企业管理，控制经营风险，进一步发挥服务和业绩支撑作用。综合产业公司要做好工作规划，加强内部管理，继续发挥好重要战略力量的作用。

4. 推进改革创新，增强企业活力

要继续推进管理革命。加强管理体系和管理制度建设，认真贯彻《关于继续推进管理革命完善公司管理体系的意见》，制定相关细化方案，健全完善集团公司—产业公司（区域公司）—基层企业三级管理体系，充分发挥集团公司总部作为战略规划中心、投融资决策中心、资源配置中心、绩效管理中心和重大问题决策中心的作用，充分发挥产业公司和区域公司作为集团开发建设、生产经营活动责任主体和利润实现中心的作用，充分发挥基层企业作为集团安全生产责任主体和成本控制中心的作用。进一步理顺集团公司、开发公司、股份公司的管理体制，充分发挥开发公司的投资功能和股份公司的融资窗口作用以及管理优势。加快推进省级区域公司建设，加强新能源和能源交通产业管理，清晰各产业公司分工界面，制定相应的配套制度建设规划和规定。

要进一步完善绩效管理机制。健全完善以预算为龙头、对标为主线、责任制为载体、绩效与薪酬挂钩的绩效管理机制，形成科学有效的指标、考核和薪酬分配三位一体的绩效管理体系。完善对标体系，全方位开展对标工作，全面推行定额标准，努力构建对照先进、查错纠弊、持续改进、不断超越的对标管理机制。健全与定额和对标有机结合的考核体系，进一步完善考评机制。实行企业工资总额、企业负责人薪酬与绩效考核结果挂钩，在部分企业试行负责人年薪制。

要进一步推进技术创新。落实科技发展规划，完善技术创新制度，做好国家创新型企业试点工作。完善集团公司、产业公司、基层企业三级科技管理体制和产学研相结合的技术创新体系。积极推进前沿发电技术的研究和应用。进一步优化天津 IGCC 项目设计，稳步推进工程建设，确保绿色煤电第一阶段计划顺利实施。高温气冷堆核电示范工程要切实抓好建造许可证申领、工程设计及相关试验验证和现场施工准备等重点工作，确保 2009 年 9 月底以前开工建设。建成华能北京温室气体减排实验室和上海温室气体减排研究中心，提升西安热工院试验室的研究能力，推进天津绿色煤电实验室的建设工作。

要切实加强公司总部建设。适应“五个中心”的要求，进一步加强总部的思想、作风、能力和制度建设，提高管理能力和管理效率。进一步转变观念、提高认识，增强大局意识、责任意识和超越意识；进一步加强作风建设，增强服务意识，提高工作效率和工作质量；进一步优化组织机构，完善部门协同机制，提高组织、协调、指导和考核各种能力；进一步健全制度体系，推进管理制度的科学化、标准化和规范化。按照中央企业法制工作总体目标要求，健全总法律顾问制度，完善法律事务管理机构，强化法律审核把关。进一步加强软科学研究，为公司经营发展提供决策支持。认真做好世界企业 500 强的申报工作。

5. 深入挖掘内部潜力，提高节能减排水平

要以确保节能减排指标行业领先为目标，严格执行“一票否决制”，扎实推进节约环保型企业创建工作，全面完成节能减排年度任务。

一是要加强领导、落实责任。各单位主要领导要切实履行节能减排第一责任人的职责，加大对高能耗企业的监督考核和问责力度，促进节能降耗工作取得明显成效。

二是要强化节能降耗管理。按照对照先进、查找漏洞、落实措施、坚决整改的要求，深入开展对标工作，加大技术改造力度，进一步降低各类型机组供电煤耗、厂用电率等能耗指标，主力机型的能耗指标要达到国内领先水平。

三是要抓好新建机组设计优化和质量控制，加强对机组投产后的经济性能考核，新建机组要实现节能减排达标投产。

四是要做好机组运行方式优化工作，努力提高机组平均负荷，以及大容量、高效率机组的发电量权重。

五是要加强污染物排放控制，在做好环保设施“三同时”的基础上，狠抓环保设施运行、维护管理，确保环保设施稳定运行，各类污染物达标排放。

六是要继续做好关停小火电机组工作，确保完成关停 117.85 万 kW 的年度任务。进一步做好清洁发展机制项目开发工作。

6. 切实加强党的建设、队伍建设和反腐倡廉建设，为推进公司科学发展提供有力保证

要进一步加强和改进企业党建工作。全面贯彻落实党的十七大精神，按照党中央和国资委部署，认真组织开展学习实践科学发展观活动，引导领导干部增强贯彻落实科学发展观的自觉性和坚定性。认真学习

贯彻胡锦涛总书记在纪念党的十一届三中全会召开30周年大会上的讲话精神，紧紧围绕应对各种困难、促进企业发展，进一步加强企业党组织的思想建设、组织建设、作风建设、制度建设和反腐倡廉建设。以改革创新精神抓好党建创新试点工作，为加强和改进党建工作、发挥党的作用提供新经验、探索新途径，充分发挥党组织的政治核心作用、党支部的战斗堡垒作用和党员的先锋模范作用。

要进一步加强领导班子建设。扎实推进“四好”领导班子先进集体创建活动，形成创建“四好”领导班子的长效机制。坚持德才兼备、群众公认、注重实绩的用人标准，建立科学规范的选拔任用制度，完善干部选拔任用机制，进一步加强后备干部队伍建设。按照讲党性、重品行、做表率的要求，抓好各级领导班子的作风建设，大力弘扬求真务实作风，扑下身子抓工作，集中精力干事业，讲实话、出实招、求实效。

要进一步加强职工队伍建设。深化干部人事制度改革，加大干部交流锻炼和人才培养、培训力度；推动市场化用人机制改革，积极开展公开选拔、竞争上岗工作；实施边远、艰苦地区人才援助计划和海外高层次人才引进计划。深入推进班组建设，继续开展“争创优秀班组，争做优秀职工”活动，着力塑造“学习型、团队型、安全型、管理型、创新型”班组，提高职工综合素质和技术水平，为电厂履行好安全生产责任主体和成本控制中心的职能发挥重要作用。

要进一步加强反腐倡廉建设。认真学习贯彻胡锦涛总书记在十七届中央纪委三次全会上的重要讲话和十七届中央纪委三次全会精神，以党风廉政建设责任制为重要抓手，推动反腐倡廉建设各项工作深入开展。切实抓好集团公司惩防体系实施办法的贯彻落实，加快具有华能特色的惩防体系建设步伐。进一步加强党内监督，深入开展巡视工作，促进领导干部廉洁从业。大力推进廉洁文化建设，积极培育与华能企业文化相适应、相统一的廉洁文化理念。进一步提高各级领导干部的拒腐防变能力，确保政治安全。围绕企业经营管理重点领域和关键环节，健全完善各项制度，进一步加强效能监察工作。严格依纪依法查办案件，坚决惩治腐败。

要进一步推进以“三色公司”为核心的企业文化建设，不断提升公司软实力。完善民主管理制度，推进职代会制度建设，健全完善工会组织，广泛开展降本增效活动。全面落实维稳工作责任制，有效化解矛盾纠纷，全力做好稳定工作。进一步加强共青团工作，充分发挥团组织和团员青年的突击队和生力军作用。继续做好离退休人员工作。进一步健全履行社会责任管理体系，认真履行社会责任，营造良好的舆论氛围，确保形象安全。

中国华能集团公司2010年工作会议报告（摘要）

一、2009年工作回顾

（一）2009年主要指标完成情况

1. 安全绩效

公司安全形势总体平稳。没有发生较大及以上事故，各类事故较2008年同期均有所下降，没有发生影响企业稳定的事件。生产、经营、政治和形象安全得到有效保障。

2. 经营绩效

发电量和煤炭产量保持增长。完成发电量4201亿kWh，同比增长12.95%；完成煤炭产量4408万t，同比增加2159万t。

在五大发电集团中率先实现扭亏为盈。实现合并销售收入1787亿元，同比增长18%。

主要能耗指标保持行业领先。完成供电煤耗327.7g/kWh，同比下降5.89g/kWh；完成厂用电率5.61%，同比下降0.29个百分点。

3. 发展绩效

产能规模实现新突破。2009年投产新机1615万kW，2009年年底集团公司拥有境内外全资及控股电厂装机容量10 438万kW，同比增长21.5%，其中国内装机容量占全国装机容量的11.6%。新增煤炭产能2048万t/年，煤炭生产能力达到4772万t/年，同比增长75%。

项目储备持续增长。

4. 党建绩效

党和国家的方针政策在华能得到全面贯彻落实；领导班子和干部队伍建设、基层党组织和党员队伍建设进一步加强；职工队伍保持稳定；没有发生企业经营和领导人员违法、违纪案件。

（二）2009年主要工作情况

1. 安全生产保持平稳局面

公司以防范各类人身伤亡事故和设备事故为重点，积极开展“质量和安全年”、安全生产“三项行动”和“三项建设”等活动，安全生产基础进一步夯实。安全指标好于2008年。生产人身伤亡事故同比减少3起，90%以上的电厂实现安全生产3个100天。隐患整治取得成效。各企业全年排查隐患2万多项，整改1.9万多项，整改率达到97%。设备健康水平大幅提高。发电企业设备一类障碍、非停次数同比分别减少53次和89次。机组等效可用系数同比提高0.37个百分点，79个电厂实现全年无非停。大连电厂2号机组连续安全运行760天，创全国大型火电机组连续安全运行最新纪录。海口电厂9号、大连电厂2号机组荣获全国火电可靠性30万kW级金牌机组称号。沁北电厂1号、大连电厂2号、北京热电厂3号机组，分别荣获全国火电60万kW、30万kW、20万kW级机组竞赛一等奖。安全生产应急保障能力进一步增强。上安、邯峰等电厂有效应对暴雪侵袭，北京热电、杨柳青、上都等电厂圆满完成全国"两会"、国庆60周年庆典保电任务。因"5·12"地震灾害严重受损的四川太平驿水电厂全面恢复发电。煤矿安全管理进一步加强。

2. 扭亏为盈取得新成效

"三电"工作进一步加强。2009年发电量始终保持领先。国内机组发电量增幅高于全国平均水平5.6个百分点，股份公司、山东、呼伦贝尔、宁夏、四川、新能源公司超额完成发电量年度预算目标。公司累计利用小时4750h，高于全国平均水平213h。伊敏与新华电厂实现国内首单跨区域电量转移。电价工作取得较好成效。2009年累计电费回收率达到100%。

成本费用控制较好。面对复杂的燃料供应形势，公司系统进一步加强与重点合同供应商的沟通协调，有效稳定煤炭供应主渠道。加强燃料全过程闭环管理，大力开拓煤炭市场，优化供应结构，开展煤炭专项审计调查和效能监察工作，努力降低燃料成本。严控费用支出，加强资金管理，创新融资方式，拓展融资渠道，综合利率较平均基准利率有较大下降。

经济效益稳步增长。成立营销、燃料、资金市场三个工作小组，加强对经营工作的组织领导，积极应对"三个市场"变化，围绕"两重一大"，深入开展经济分析、对标和督导工作。股份公司、海南、四川、新能源、资本、香港、山东、澜沧江、呼伦贝尔等公司超额完成年度利润预算目标。股份公司盈利大幅增长，充分发挥电力核心企业的中坚作用。资本公司积极开拓市场、增创效益，金融服务和业绩支持作用进一步发挥。综合产业公司较好完成年度资产清理和存续资产管理任务。

3. 调整优化实现新突破

电源结构继续优化。水电建设步伐加快。澜沧江中游水电开发扎实推进，功果桥水电厂核准开工，景洪水电厂建成投产，我国"西电东送"标志性项目、国家重点工程—小湾水电厂提前一年发电，70万kW水电机组实现"零"的突破；四川宝兴河、涪江水电开发全面展开，宝兴、阴坪水电厂建成投产。基地型和效益型风场建设积极推进。阜新50万kW风电基地基本建成，河口等风电项目投产发电，通辽宝龙山、珠日河等风电基地初具规模，酒泉50万kW风电基地开工建设。参股的海南核电工程基本具备开工条件，石岛湾压水堆扩建工程前期工作积极推进。长春生物质热电厂、昆明石林太阳能大型光伏试验示范电站建设取得新的进展。到2009年年底，公司清洁能源占总装机容量的15%，比2008年提高2.6个百分点。新投产清洁能源容量占投产总容量的31%。结转在建项目中，清洁能源比重为66%。火电结构调整迈出新步伐。推进热电联产项目建设。大力发展煤电一体化项目。

煤电产业链建设取得新进展。陇东、蒙西、蒙东、山西陕西、新疆五大煤炭基地建设全面展开。完成对华亭煤业的二次重组，公司煤炭产能进一步增加。内部煤炭供应工作得到加强，能源交通产业功能支撑作用开始发挥，自供量创历史最好水平。煤炭物流体系建设取得新成效。

进一步实施"走出去"战略。广泛开展国际合作，境外业务进一步扩展和提升。澳洲电力公司和大士能源公司取得较好经济效益。我国水电对外投资最大的BOT项目——缅甸瑞丽江一级水电厂建成投产并实现当年盈利。大士能源公司登布苏多联产项目开工建设。具有我国自主知识产权的清洁煤电关键技术—干煤粉加压气化技术首次进入西方发达国家和国际能源市场。

资本运营工作取得重要进展。成功收购鲁能滇东煤电一体化及港口、船队等资产，为做强做大电力产业、增强电煤保障和储运能力、拓宽发展空间创造有利条件。实施内蒙华电资产置换，注入北方公司优质资产，为维护内蒙华电资本市场形象及拓展后续融资空间打下了基础。完成杨柳青、北京热电、启东风电股权转让注入股份公司的工作。

发展全过程管理得到加强。积极开展"十二五"发展规划及风电、核电、资金、人才等专项规划编制工作。与青海、宁夏、西藏、福建、山西、辽宁、浙江等省区加强能源战略合作。强化项目前期管理，做好重点项目论证和审批工作。基建工程设计审查、优化设计、招投标、投资管理、达标投产及造价控制等工作进一步加强。上海燃机、上安三期、沁北二期等7个项目，荣获2009年度国家优质工程奖。玉环电厂工程被评为新中国成立60周年百项经典暨精品工程。

4. 节能减排取得新成绩

深入推进节约环保型企业创建工作。加大60万kW及以上超（超）临界、35万kW及30万kW湿冷机组等主力机型节能降耗工作力度，发挥西安热工院的技术优势，对62台机组进行节能诊断分析，开展能耗指标创优工作。公司火电供电煤耗比"十一五”目标低3.8g/kWh，厂用电率比“十一五”目标低0.32个百分点。列入“千家企业节能行动”的19家电厂完成节能量173.7万t标准煤，完成“十一五”节能量的214%。

加强环保设施管理，综合脱硫效率稳步提高。全年新增脱硫机组2181万kW。到2009年年底，公司安装脱硫设施的机组容量达到8148万kW，规划脱硫机组全部实现脱硫，完成“十一五”环保责任书目标的165%。全年关停小火电机组138.5万kW，“十一五”累计关停519万kW，完成“十一五”关停小火电机组责任书的206%。

5. 企业管理得到新加强

三级管理体系建设取得新成效。进一步明确集团公司、区域（产业）公司和基层企业的基本定位和主要权责，优化集团公司总部与股份公司之间的管理关系，理顺风电、核电、科技管理体制，研究完善煤炭开发管理体制，体制机制更加科学。优化总部职能设置，制定总部绩效考核办法和员工培训规划，建立基层单位对总部机关的评价机制，总部思想、作风、能力、制度建设得到加强。按照所有权和管理权可分离等原则推进区域公司建设，加强专业化管理和集约化经营，调整和新组建10家分公司，筹建7个区域机构，已设区域公司管理逐步规范，资源配置效率明显提高。首次举办全系统基层电力企业党政主要负责人培训班，加强基层企业干部队伍建设。深入开展“双争双优”活动，扎实推动“五型”班组创建。

绩效管理机制进一步完善，绩效管理体系逐步健全。以财务预算为核心的全面预算管理体系初步形成，预算管理对战略实施、完成年度目标的保障作用基本实现。开展全方位对标管理，初步建立起对标工作机制。推进定额标准体系建设，制定定额管理办法，完善火电可控成本费用定额。逐级签订绩效目标责任书，形成“考核层层落实，责任层层传递，激励层层连接”的绩效责任体系。深化收入分配改革，在北方、澜沧江公司等6个单位开展了企业负责人年薪制试点，取得成效和经验。

完善内控机制建设。制定全面风险管理办法，开展年度风险评估，强化内部审计，不断提高风险管理的时效性和实用性，全面风险管理得到加强。

信息化建设扎实推进。综合数据库系统、实时监管系统建设取得积极进展，人力资源管理系统全面推广，OA系统成功升级，内外网建设有效推进。在国资委开展的中央企业信息化水平评级中，综合得分、评级和排名都有明显进步，完成国资委的“登高计划”。

6. 技术创新取得新进展

技术创新体系进一步完善。公司被命名为“国家级创新型企业”。初步建立科技创新制度体系，编制完成了2010～2025年中长期科学技术发展规划。组建和参与国家科技部等部委组织的中国火力发电产业、新一代煤化工产业、中国风力发电产业三个技术创新战略联盟。北京人才创新创业基地建设稳步推进。

示范工程建设取得实质性进展。华能天津IGCC示范项目取得核准并开工建设。集团公司与美国博地能源公司签署《绿色煤电有限公司增资认购协议》。国家科技重大专项依托项目——山东石岛湾高温气冷堆核电站示范工程项目核准审批工作正在抓紧进行，示范工程项目建造许可证申领取得重要进展。华能北京热电厂3000t/年二氧化碳捕集系统运转正常并进行大量试验研究工作，上海石洞口二厂10万t/年二氧化碳捕集系统成功投入运行。

技术研发和应用取得新成果。在役大机组节能评估技术在公司系统各电厂推广应用，为降低煤耗发挥积极作用。褐煤提质和褐煤气化工艺研发进入工业级工艺设计阶段。全年获得中国电力科学技术奖13项，其中一等奖2项；获得授权专利13项。

7. 学习实践科学发展观活动取得突出成果

按照中央部署和中央企业学习实践活动领导小组统一安排，公司系统1600多个党组织、3.6万名党员参加学习实践科学发展观活动。各单位围绕“攻坚克难、扭亏为盈、调整优化、科学发展”的总体目标要求，以“打造新优势、实现新超越”为实践载体，周密部署，扎实推进，完成各阶段任务。活动中，公司进一步明确“综合实力行业领先”、“三大三强”的发展理念，完善公司战略定位，研究把握推进科学发展的根本方法，统筹处理发展速度、规模与效益等“八个关系”，集中解决了一批影响公司科学发展和职工高度关注、反映比较集中的实际问题，广大党员干部进一步坚定了贯彻落实科学发展观的自觉性，坚定搞好国有企业的信心和决心，为公司扭亏为盈、保持良好的发展态势发挥重要的推动作用。职工群众对领导班子分析检查报告的满意率为99.6%，对学习实践活动综合满意度达到100%。中央、国资委党委对公司学习实践活动的做法和成效给予充分肯定，将公司作为典型单位进行宣传；确定为中央企业学习实践活动总结大会书面交流单位，并把交流的经验上报中央。

8. 党的建设、队伍建设和反腐倡廉建设得到进一步加强

认真贯彻党的十七届四中全会、全国国有企业党的建设工作会议精神，积极探索党建工作融入中心、进入管理、服务大局的有效途径。建立党建工作绩效考评体系和考核办法，落实党建工作责任制。北方公

司、永诚保险、北京热电厂党建创新试点为系统党建工作提供有益经验。广泛开展“党员示范行动”，使党员的先进性落实到基层、体现到班组、示范在岗位，为应对危机、降本增效注入生机和活力。

深化“四好”领导班子创建活动，建立对领导班子考核常态化、后备干部管理动态化的“两化”管理机制。瑞金电厂等12家基层企业荣获集团公司创建“四好”领导班子先进集体荣誉称号。推动竞争上岗和挂职锻炼工作，首次在系统内招聘总部有关部门副主任，选派近40名干部在总部和基层企业开展双向挂职锻炼。完善干部选拔任用机制，规范岗位设置，加强干部交流，注重对中青年干部的培养，加大年轻干部和基层干部的选拔力度。利用华能党校、上海电力检修培训中心等平台，加强对领导干部和专业人才的培训。

认真学习贯彻十七届中央纪委三次、四次全会和国务院第二次廉政工作会议精神，按照中央企业纪检监察工作会议的要求，以公司《建立健全惩治和预防腐败体系实施办法》为主线，全面深化惩防体系建设。贯彻落实《国有企业领导人员廉洁从业若干规定》，严格执行党风廉政建设责任制，认真组织“三重一大”制度执行情况效能监察，深入开展“廉洁从业无违纪”教育活动，反腐倡廉建设进一步加强。

企业文化建设广泛开展，“三色公司”文化深入人心。积极开展精神文明创建活动，井冈山电厂等4个单位荣获全国文明单位荣誉称号；公司总部、北方公司等14个单位荣获全国精神文明建设工作先进单位荣誉称号。关心员工生活，建立健全华能系统医疗保障和养老保险体系，制定职工重大疾病医疗救助办法，为520名患重大疾病的职工和离退休人员发放救助资金。落实维稳工作责任制，确保职工队伍稳定。加强群团工作，建立健全系统工会组织，制订公司表彰奖励制度，开展降本增效、劳动竞赛、青春立功、庆祝国庆60周年文艺演出、体育比赛以及“送温暖、献爱心”等活动。

9. 积极履行社会责任

认真做好定点扶贫、援疆、援藏工作，主动参与新农村建设和希望工程。澜沧江公司“百千万工程”、四川公司“哺农惠民工程”、北方公司“新牧区建设”、吉林、黑龙江公司“抗旱救灾”等活动，得到社会各界广泛赞誉。华能援建西藏过渡电源项目部克服重重困难，在较短时间内投运过渡电源项目，得到国家有关部门和西藏自治区各级政府高度评价。华能戈枕水利枢纽工程提前10个月全面投产，实现尽早造福当地居民的目标。公司荣获“2009中国企业社会责任特别大奖”，《2008年可持续发展报告》荣获“金蜜蜂2009优秀企业社会责任报告·领袖型”最高荣誉。玉环电厂、澜沧江公司入选“2009年度中央企业优秀社会责任实践案例”。企业法律事务管理工作进一步加强，公司总部荣获全国“五五”普法中期先进单位称号。华能大厦工程建设获得北京市“绿色施工样板工地”荣誉称号，即将具备入驻条件。

二、公司面临的形势和任务

一要高度重视国内外经济形势的变化。总体上看，2010年的经济发展环境将好于2009年，但也要看到，我国经济发展面临的形势依然十分复杂。复杂性和不确定性是2010年我国经济形势的突出特点。世界经济复苏基础并不稳固，国际金融危机影响仍然存在，全球性挑战压力增大，外需乏力，石油等初级产品价格和美元汇率振荡可能加剧。我国经济回升内在动力仍然不足，结构性矛盾仍很突出，保持经济平稳较快发展、推动经济发展方式转变和经济结构调整难度增大。当前，发展以低能耗、低污染、低排放为基础的低碳经济与绿色经济，是国际社会形成的广泛共识，成为各国政府和企业摆脱国际金融危机、实现经济转型的战略抉择。我国把应对气候变化纳入国民经济和社会发展规划，大力发展绿色经济，培育以低碳排放为特征的新的经济增长点。这对今后的发展来说，既是挑战，也是机遇。如何既顺应时代潮流、落实国家要求，走绿色、低碳、循环发展之路，又从思想上、战略上、措施上做好充分的准备，加快结构调整、实现科学发展，是必须深入研究和认真做好的重要课题。

二要高度重视“三个市场”的变化。从电力市场看，随着经济形势好转，电力需求保持增长势头，为增发电量提供了机遇。但是也要看到，受经济回升进程和各地市场情况影响，用电增长可能存在一定的不平衡性。同时，随着近年来电力装机容量持续大幅增加，2010年设备利用小时增长压力增大，增发电量也面临新的挑战。从煤炭市场看，受地方煤炭资源整合、国际资源价格和海运费上涨等因素影响，2009年下半年以来煤炭价格持续上涨，2010年煤炭市场存在的不确定性比2009年增大，局部地区、部分煤种供应压力增加，保障煤炭供应、降低燃料成本的任务更加艰巨。从资金市场看，2010年国家将继续实施积极的财政政策和适度宽松的货币政策，保持宏观经济政策的连续性和稳定性，同时根据新形势新情况，着力提高政策的针对性和灵活性。这对密切关注宏观经济政策，特别是货币政策变化对公司的影响，及时调整融资策略，保证资金供应，降低融资成本，提出新的要求。

三要高度重视国资委考核要求的变化。从2010年开始，国资委全面推行经济增加值（EVA）考核，加大对资产负债率的考核力度，反映了国资委对国有企业资产保值增值任务的新要求，旨在引导企业更加关注价值创造，规范投资行为，提高盈利水平和发展质量，合理控制资产负债规模，严禁超越自身实力的过度投资。国资委新的考核办法对公司经营发展带来重大影响，对提高发展质量和效益，增强价值创造能力，保持合适的发展速度，控制资产负债率，提出更高的要求。

四要高度重视公司产业结构等方面的变化。目前，公司业务涵盖发电、煤矿、核能、航运、港口、金融等产业，发电装机分布在全国27个省（自治区、直辖市），在澳大利亚、新加坡、缅甸3个国家还投资拥有发电项目，员工人数超过13万，具有产业门类多、分布区域广、从业人员多等特点，这些都对公司管理提出新的要求。如何遵循科学发展规律、产业发展规律和企业发展规律，根据产业的不同特点实施差异化管理，增强管理的针对性和有效性，统筹处理好产业之间、电源之间、公司之间、区域之间、企业和员工以及国内和国外发展的关系，在华能这个大家庭里为不同产业创造科学发展的优良环境，是公司必须面对、必须解决的新问题。

根据中央经济工作会议的重要部署和中央企业负责人会议的具体安排，结合公司面临的形势和任务，2010年工作的总体要求是：全面贯彻党的十七大和十七届三中、四中全会精神，以邓小平理论和“三个代表”重要思想为指导，深入贯彻落实科学发展观，着力转变发展方式，着力提升竞争能力，着力增强综合实力，更加注重提高发展质量和效益，更加注重推动结构调整和节能减排，更加注重加强企业管理和推进改革创新，更加注重加强党的建设和队伍建设，全面完成年度绩效目标和“十一五”规划目标，努力推动公司科学发展上水平。

“着力增强综合实力”是2010年和今后一个时期公司工作的主线。这是巩固和扩大学习实践科学发展观活动成果的具体体现，是认真贯彻国资委关于中央企业“做强主业增实力”的实际行动，是全面落实“保持综合实力行业领先”理念的内在要求。公司要认真践行“三色公司”的企业使命，坚持“电为核心、煤为基础、金融支持、科技引领、产业协同，把华能建设成为具有国际竞争力的综合能源集团”的战略定位，坚持做强与做大并重，努力增强综合实力，真正实现“资产规模大、市场份额大、社会贡献大与盈利能力强、竞争能力强、可持续发展能力强”的有机统一。

“着力转变发展方式”是增强综合实力的根本途径。面对新情况、新问题，公司要切实提高转变发展方式的自觉性和主动性，积极把握新的机遇、应对新的挑战，将推进公司经营发展和转变发展方式有机结合起来，把以经济效益为中心的要求贯穿于经营发展的全过程，制定配套制度和措施，切实把“多点、优选、精建、严管”的方针落到实处。全面实施“绿色发展行动计划”，重点在调整结构、节能减排、技术创新、提高效益上下工夫，努力提高清洁能源比重和能源转换效率，持续降低污染物及温室气体排放强度，努力使转变发展方式取得实质性进展，实现公司的全面协调可持续发展。

“着力提升竞争能力”是增强综合实力的重要保证。根据公司经营发展需要，当前要着重提升以下六个方面的能力：一是提升安全保障能力，认真履行经济责任、政治责任、社会责任，切实做到生产安全、经营安全、政治安全、形象安全；二是提升市场把握和开拓能力，重点是加大电力市场开拓力度，正确把握煤炭、资金等市场变化，提高规划前期、基本建设和资产运作等方面的工作水平；三是提升成本控制能力，把成本控制贯穿于公司经营发展全过程，重点是加强基建工程造价和生产经营成本管理；四是提升持续创新能力，重点是根据公司发展要求，努力推进体制、机制、技术和管理创新，不断增强企业活力；五是提升外创环境能力，重点是加强与社会各方沟通，搞好公共关系和形象宣传，为公司发展创造良好的外部环境；六是提升抓班子、带队伍的能力，重点是增强领导班子推动科学发展的本领，凝聚广大干部职工的智慧和力量，共同营造心齐气顺、风正劲足的工作氛围。

2010年的主要任务是：完成今年各项预算目标和“十一五”规划目标；保持综合实力行业领先；获得国资委业绩考核A级。

三、2010年的主要工作

（一）加强安全生产管理，确保生产安全稳定

进一步提高对做好安全生产工作极端重要性的认识，坚持“安全第一、预防为主、综合治理”的方针不动摇，牢固树立“以人为本、安全发展”的理念，全面推进华能电厂安全生产管理体系建设工作，落实安全责任，狠抓薄弱环节，确保生产安全。要全面开展安全性评价工作，认真查找安全生产管理、劳动作业环境和生产设备等方面存在的危险因素和安全隐患，对查出的问题要落实责任人和整改措施，限期整改。要深入开展反违章专项整治，加大安全考核和责任追究力度，以零违章保人身安全。要深入开展隐患排查治理，加强设备技术改造和检修维护管理，落实各项反措，以零缺陷保设备安全，努力减少非计划停运。要加强外包队伍管理，开展“外包工程安全管理年”

活动，坚决防止“以包代管”现象。要认真落实基建项目业主单位安全管理主体责任，加大监督检查力度，坚决消灭人身伤亡与质量事故。要不断完善应急体系，加强应急预案演练，提高安全风险防范能力。要加强基层职工技能培训，提高一线员工的技能水平。

（二）精心做好经营工作，巩固提高经济效益

切实加强经营管理。要积极跟踪电力、煤炭、资金市场形势，加强分析研判，动态调整经营策略，把握机遇，防范风险。加强经营预算管理，动态监控预算执行情况，确保经营目标圆满完成。大力推进经营工作精细化，重点加强对亏损企业的督导，深入查找“短板”，切实解决难点问题。

积极开拓电力和煤炭市场。要抓好电量、电价、电费回收工作，确保计划电量，积极争取计划外电量，优化电量结构，开展区域内经济调度，做好电量替代和转移工作，确保设备利用小时超过当地平均水平，争取领先水平，力争多发电、多发效益电；积极争取电（热）价格政策，抓好电价落实，努力提高综合电价结算水平；做好电费回收工作，确保颗粒归仓。全面开展“燃料管理年”活动，抓好煤量、煤质、煤价、煤耗工作，深挖内部潜力，统筹外部采购和内部供应，做好中长期协议签订及重点合同兑现落实工作，严控煤炭价格，狠抓煤质管理，闭环管控煤耗。

加大成本控制力度。要坚持眼睛向内、挖掘潜力，规范和细化各项成本费用核算。加强过程管理，增收节支、降本增效，努力降低工程造价，严格控制燃料成本、财务费用和各项可控费用支出。

做好资金保障工作。要积极开拓资金来源，进一步提高资金集中度，做好中长期资金储备，满足公司发展的资金需求。要加大资产负债管控力度，强化技改、基建等生产经营和发展过程中的投资管理，严控超预算支出和预算外项目，提升资本利用效率，努力控制资产负债率。

做好资本运营工作。要坚持生产经营和资本运营并重，创新资本运营形式，增强资产的流动性，通过资本运营降低资产负债率，拓展融资和运营空间。积极开展直接融资，培育具有自我发展能力的市场主体，推进资本布局优化和资源优化配置，提高国有资产保值增值能力。

努力提升效益水平。要着力提高各产业、各企业的盈利能力，盈利企业要作出更大贡献，亏损企业要努力实现扭亏为盈。火电产业要巩固和扩大扭亏为盈成果，水电、风电产业要进一步提高盈利水平。能源交通产业要加强市场研究，努力提高经济效益。金融产业要严控风险、优化结构，不断增强各金融企业的持续盈利能力。

（三）加大结构调整力度，努力提高发展质量

做好战略管理和规划编制工作。要加强战略研究，完善集团公司总体战略和有关产业发展战略。科学统筹人才、技术、资金等要素，加强专题研究和重大专项论证，编制好“十二五”及中长期发展规划、产业规划和重大专项规划，使“十一五”规划和“十二五”规划顺畅衔接。健全战略管理体系，建立战略评价和战略调整机制，提高战略执行力。

持续推进电源结构调整。推进大中型水电和核电项目建设，做好基地型和效益型风电项目建设。重点开发盈利空间大的大型火电基地项目和高效节能项目。积极开发煤电一体化和煤电联营项目。推进“上大压小”项目和热负荷、热价落实的热电项目建设。到2010年年底，清洁能源装机比重超过16%，结转“十二五”在建项目中，清洁能源装机比重超过50%。

切实抓好发展全过程管理。要坚持把做强贯穿于发展全过程，做到多点、优选、精建、严管。严格执行项目投资决策程序，认真做好可行性论证和后评价工作。加强项目前期工作管理，落实项目责任制，加大项目催批力度，严格遵守基本建设程序，强化配套制度建设，完善前期管理模式。认真落实“安、快、好、省、廉”的要求，加强基建工程管理，强化基建制度执行，确保完成各项基建任务，努力使安全、质量、工期、造价可控在控，实现集团公司基建投资效益最大化。统筹解决设备供货、送出工程等难点问题，做到配套工程与主体工程相协调。做好优化设计、设备选型、招投标、过程创优、机组调试和试运行等工作，着力提高投产机组质量，实现基建工程达标投产，确保新机投产即安全、稳定、经济、长周期运行。

进一步实施“走出去”战略。加强境外投资管理，确保项目投资回报，培养国际化经营管理人才。认真做好项目调研论证，积极稳妥地开展境外能源资源开发。积极开展国际对标和国际交流合作。

（四）完善煤炭管理体系，促进煤炭产业健康快速发展

要始终把确保安全生产放在煤炭开发各项工作的首位，加强煤矿安全性评价和安全质量标准化工作，不断提高煤矿安全管理水平，实现煤炭产业的安全发展。

按照煤炭产业“三级管理，条块结合”的发展思路，进一步明确三级管理职责，构建科学、高效的产业管理体系，建立健全与公司煤炭产业发展水平相适应的体制机制，确保煤炭企业安全、基建、生产过程可控、在控，促进煤炭产业可持续发展。优化煤炭产

业发展布局。优选煤炭资源及建设项目，建立内部煤炭市场供应机制，发挥产业协同效应。推进煤炭物流体系建设。

（五）深入推进节能减排，确保超额完成“十一五”节能减排责任书目标

2010年是国家下达的“十一五”节能减排目标责任书的考核年，也是公司实施“绿色发展行动计划”的启动年。要进一步加大节能减排工作力度，确保超额完成“十一五”节能减排考核目标，努力实现“绿色发展行动计划”确定的2010年各项减排目标。

加强节能减排全过程管理。要抓好项目前期、工程建设、生产管理各环节的节能减排工作，实现节能减排关口前移。加强对高能耗企业的督导，加大监督考核和问责力度，严格执行“一票否决制”。要加强脱硫设施运行维护管理，保证正常的运行和检修费用投入，对不能正常运行的脱硫设施要进行增容改造，加强新建机组环保设施“三同时”管理，确保脱硫设施的投运率和脱硫效率满足要求，超额完成“十一五”二氧化硫总量消减目标。要继续做好关停小火电机组工作，确保完成年度关停任务。

深入开展能耗指标创优活动。重点抓好主力机型的节能降耗工作，推动节约环保型企业创建工作取得新成效。要进一步开展节能诊断，抓好能耗指标对标分析，加强检修质量管理和缺陷管理，加大节能技改力度，优化机组运行，确保30万kW及以上机组以及公司总体能耗指标达到或保持行业领先水平。

加强污染物排放与碳资产管理。要建立健全污染物排放与碳资产管理体系，建立污染物排放及碳资产开发的统计、预算和考核体系。探索组建碳资产经营公司，积极参与国内外碳资产市场建设和市场交易。

（六）加强技术创新，努力提高自主创新能力

围绕发挥科技引领作用，整合公司系统科技资源，建立有利于调动科技人员积极性，有利于充分利用科技资源促进公司做强做大，有利于人才辈出、吸引人才、留住人才的技术创新体制机制。科技工作既要注重解决生产经营发展中的实际问题，为提高企业竞争力、促进企业发展服务；又要注重研发前沿高精尖技术，为国争光，为公司的可持续发展助力；还要注重推进科技成果转化，做强科技产业，提高科技产业对公司做强做大的贡献度。

做好“十二五”科技规划编制工作，研究制定知识产权发展战略。抓好国家创新型企业试点，推进人才创新创业基地建设。积极承担国家重点科研课题，加强新能源发电、洁净煤发电、节能降耗、自动化和信息化等方面的科研开发、技术服务、成果应用和知识产权保护。进一步加强软科学研究，增强前瞻性、时效性和实用性，为公司决策提供支持。

推进前沿电力技术研发和示范工程建设。要积极开展绿色煤电及煤基多联产、温室气体减排、低质煤利用等方面的研究工作。运行好北京热电厂和上海石洞口二厂二氧化碳捕集系统。抓好天津IGCC示范电站、石岛湾高温气冷堆核电站示范工程和石林大型光伏并网发电实验示范项目建设。推进超高参数和超大容量高效发电机组示范工程前期工作。

（七）加强企业管理，增强企业活力

进一步完善三级管理体系。要继续加强公司总部、区域（产业）公司和基层企业建设，发挥各级管理机构的职能作用，充分调动各个层面的积极性。要进一步加强总部的思想、作风、能力和制度建设，强化责任意识，优化工作流程，接受基层监督，努力提高总部的工作效率、工作质量和工作水平。按照所有权和管理权可分离的原则，继续推进专业化管理和集约化经营，合理界定有关区域公司与专业公司的业务分工和权责划分。根据公司发展需要，做好“空白”地区区域公司组建和管理工作。按照规模化经营、集约化管理的要求，整合公司系统资源，形成统一、高效、有序的物流、人力流、资金流和信息流。

要围绕经济增加值考核，完善以预算为龙头、对标为主线、责任制为载体、绩效与薪酬挂钩的绩效管理机制，健全指标、考核和薪酬分配的绩效管理体系，引导各单位、各环节增强效益观念，提升价值创造能力，促进公司健康发展。进一步推进收入分配制度改革，完善以绩效管理为核心的工资管理调控办法，健全绩效与薪酬挂钩的联动机制，探索建立适合多种产业特点的薪酬分配体系。全面实行企业负责人年薪制。加快实施企业年金制度，加强特殊保障基金管理。

深化对标管理、制度建设和标准化管理。健全完善“对照先进、查错纠弊、持续改善、不断超越”的对标机制，加快对标平台建设，实现对标结果动态发布、管理经验充分共享。加强制度建设，根据制度建设规划要求，及时废止、修订、完善相关制度。加强标准化管理，逐步建立管理、技术和工作标准，全面推进能耗、储备、造价、前期、资金、机构编制、成本费用、资本性支出等定额制订工作。

要进一步健全内控体系，认真落实《2010年集团公司全面风险管理报告》提出的风险应对措施，有效防范和控制各类风险。进一步做好内部审计和审计整改工作，切实发挥好审计工作的“免疫”功能与作用。建立健全公司法律事务管理的体制机制，推进企业法律顾问制度建设，确保实现国资委提出的三年法制工作目标。高度重视合同管理和纠纷处理，切实防

范法律风险。大力抓好财务、业务一体化平台建设，促进信息化水平迈上新台阶。

（八）切实加强党的建设、队伍建设和反腐倡廉建设

加强和改进公司党的建设。要认真贯彻党的十七大和十七届四中全会精神，落实全国国有企业党的建设工作会议部署，进一步加强党组织的思想建设、组织建设、作风建设、制度建设和反腐倡廉建设，充分发挥党组织的政治核心作用、党支部的战斗堡垒作用和党员的先锋模范作用。结合企业实际，优化组织设置，创新管理模式，强化绩效考核，提高党建工作科学化水平。

加强各级领导班子建设。要坚持正确用人导向，按照德才兼备、注重实绩、群众公认原则选拔干部，建立科学规范的选拔任用制度，完善干部选拔任用机制，提高选人用人公信度。深化“四好”领导班子创建活动，完善“两化”管理制度。加强各级领导班子的作风建设，大力弘扬求真务实作风，讲实话、干实事、求实效。加强各级领导干部能力建设，不断增强领导班子的凝聚力、创造力和战斗力。

加强干部队伍和职工队伍建设。加大干部交流力度，做好干部轮岗交流和挂职锻炼工作。制订实施后备干部培养计划，构筑干部培养成长平台。推进用人制度改革，逐步在公司系统推广干部竞聘工作。加强人才选拔工作，探索建立专业技术人才、高技能人才的多通道发展机制。建立“走出去”战略人才开发计划，实施创新型人才培养工程，推进海外高层次人才引进工作，建设好石岛湾核电、天津 IGCC 等人才基地。加强班组建设，深入开展“双争双优”和职工技术比武、技能竞赛等活动，着力塑造“学习型、团队型、安全型、管理型、创新型”班组。加大员工培训力度，抓好入企、任职、技能等各类培训工作，形成职工培训的常态化机制。

加强反腐倡廉建设。认真学习贯彻十七届中央纪委五次全会精神，坚持教育、制度、监督与惩处并重，落实集团公司建立健全惩治和预防腐败体系实施办法，加快具有华能特色惩防体系的建设步伐。以党风廉政建设责任制为龙头，认真执行《国有企业领导人员廉洁从业若干规定》，抓好反腐倡廉各项工作。加强招投标效能监察，认真开展巡视工作，加大信访举报案件查办力度，抓好反腐倡廉教育和廉洁文化建设，提高企业领导人员廉洁从业意识和拒腐防变能力，确保政治安全。

推进以“三色公司”为核心的企业文化建设，促进文化融合，丰富文化内涵。加强各级工会组织建设，推进职代会制度建设和职工素质工程，广泛开展丰富多彩的劳动竞赛和文体活动。认真推进“五四”红旗团组织、青年文明号等创建活动，进一步发挥共青团生力军作用。加强离退休人员管理，关心职工生活，为困难职工排忧解难。做好信访维稳工作，确保职工队伍稳定。

（九）做好社会责任工作

完善社会责任体系，推进社会责任建设，不断增强关注民生、回报社会的责任意识，继续做好可持续发展报告的编写发布和研究工作。加大对“绿色发展行动计划”的宣传力度，塑造公司绿色发展品牌。深入开展定点扶贫和援疆、援藏工作，积极参与社会主义新农村建设和社会公益事业。继续推进“百千万工程”、“哺农惠民工程”、“新牧区建设”等各项工作。加强公共关系管理，做好对外宣传，为公司营造良好的外部环境，确保形象安全。

中国大唐集团公司 2009 年工作会议报告（摘要）

一、2008 年工作回顾

（一）2008 年是集团公司发展速度最快的一年

在生产经营形势非常严峻、资金紧张状况加剧和自然灾害严重影响设备交货和施工进度的情况下，集团公司强化前期工作，加大资金筹措、设备催交及配套工程协调的力度，保证了项目建设顺利推进，继续保持了快速发展的良好态势。全年共有 1167.81 万 kW 容量通过核准，其中火电项目 880 万 kW，水电项目 183.76 万 kW，风电项目 104.05 万 kW。全年投产机组 63 台 1375.36 万 kW，居全国同行业之首，也创造了集团公司组建以来年度投产容量新高。

境外项目开发取得新进展。大唐集团海外投资有限公司揭牌，有效整合了集团公司系统的海外项目资源，为集团公司进一步加强海外项目开发与合作搭建了平台。缅甸太平江水电工程按期实现大江截流，其他海外项目顺利推进。

（二）2008 年是集团公司结构调整成果最为突出的一年

集团公司的电源结构和机组结构在快速发展中得到进一步优化。全年新投产 60 万 kW 级火电机组 9 台，60 万 kW 等级及以上火电机组占全部火电机组的比例达到 42.5%，纯凝机组平均单机容量达到 33.27 万 kW。新投产水电机组 544.06 万 kW，居全国同行业之首；在役水电装机比重达到 16.57%，创集团公司组建以来最好水平；新投产风电机组 97.25 万 kW，风电装机比重达到 2.61%，水电和

风电均创集团公司组建以来年度投产容量新高。与此同时，核电和生物质能、太阳能发电都实现了“零”的突破。

（三）2008年是集团公司节能减排成效最为显著的一年

通过深入开展以节约资源、保护环境为核心的“环保年”活动，全员节能环保意识进一步提高，管理体系进一步完善，节能减排成效显著。

集团公司在奥运会开幕前如期完成48台机组1365万kW容量的环保改造任务，13家相关企业全部实现在线联网监控，确保环保设施与主设备同步高效运行，为绿色奥运作出贡献。集团公司全年投入节能减排资金20多亿元，新增脱硫机组43台1731万kW，火电机组脱硫装备率达到85%；建成投产180万kW机组脱硝设施。消耗性指标和排放性指标继续大幅度下降。全年完成供电煤耗335.15g/kWh，同比降低7.79g/kWh，比全国平均水平低14.2g/kWh；发电厂用电率完成5.52%，同比降低0.16个百分点；单位发电油耗28.22t/亿kWh，同比降低0.25t/亿kWh；单位火力发电量烟尘、废水、二氧化硫、氮氧化物排放率同比分别下降45%、39%、58%、31%；粉煤灰综合利用率和脱硫石膏平均综合利用率达到66%和71%，分别比2007年提高9个和15个百分点。

（四）2008年是集团公司经营工作面临困难和挑战最大的一年

面对特大自然灾害造成的损失，艰巨的奥运保电任务，电煤供应紧张、价格大幅上涨，国际金融危机对实体经济影响加深等各种前所未有的困难和严峻的挑战，公司采取一系列积极的应对措施，保持正常的生产秩序和稳定的经营局面。在全社会用电量增速大幅回落的情况下，集团公司火电设备利用小时达到5048h，比全国平均水平高出137h，全年完成发电量3529.56亿kWh，同比增长15.82%，比全国平均增速高10.64个百分点。营业收入突破1000亿元，达到了1016亿元，同比增长17.19%；在煤炭价格大幅上涨，燃料成本增加180亿元的情况下，把亏损额控制在63.45亿元。

（五）2008年是集团公司多种产业发展势头最强劲的一年

集团公司加强多种产业发展问题的研究，进一步明确多种产业的发展原则、重点领域、产业布局、区域分布、管理体制和运作模式，成立中国大唐集团煤业有限公司，开展多种产业发展战略修订和煤炭产业规划的编制工作，为促进多种产业的健康有序发展奠定基础。煤炭资源开发取得重大进展，胜利东二矿和额吉煤炭项目已通过国家核准，资源储量约55.89亿t，产能1300万t/年；内蒙古多伦煤化工项目建设进展顺利，克什克腾旗和阜新煤制天然气项目获得国家发改委同意开展前期工作的批复；白浩铁路、虎丰铁路二期工程也已获得当地政府核准并开工建设；海上电煤运输取得“零”的突破；托克托电厂具有自主知识产权的高铝粉煤灰提取氧化铝及冶炼铝硅钛项目的工艺流程已全部打通，生产出合格的氢氧化铝，具备大规模工业化生产的条件。

除此之外，其他各项工作也都有序推进，取得新的成绩，上了一个新的台阶。人才强企战略继续推进，紧缺专业人才引进和各类人才培训工作取得新进展。企业文化入位工作继续深化，企业文化引领发展、凝聚力量的作用日益凸显。多种经营企业规范管理得到进一步加强，外部市场创收额首次突破20亿元大关。社会责任和品牌管理体系不断完善。集团公司正式加入联合国“全球契约”，建立集团公司社会责任指标体系，编制集团公司《社会责任指南》，发布第二份社会责任报告，得到国内众多媒体和国际评估机构的积极评价。2008年集团公司荣获“中华慈善奖”和“改革开放30周年·最具责任感企业”称号。随着集团公司的发展和经济效益的提高，员工的生产、生活环境得到不断改善。在前几年工作的基础上，前两批组建的分、子公司大都完成了生产调度指挥中心的建设，特别是集团公司全系统基本完成了边远地区企业生活基地向城市的搬迁，解决职工的后顾之忧，实现安居乐业。

二、集团公司六年发展的主要成果和基本经验

回顾六年来的实践，集团公司的核心竞争力明显增强，突出体现为三大成果。

一是创造了科学发展的“大唐速度”。集团公司仅用三年半时间就实现了装机规模比组建时翻一番；在六年时间里，装机规模从2384.75万kW增加到8242.027万kW，增长2.5倍，新投产机组容量和增长速度均居全国同行业第一，成为发展速度最快、成长性最好的发电企业。建成装机容量50万kW的世界最大的赛罕坝风电场和装机容量540万kW国内最大的燃煤电厂—托克托发电厂。装机容量占全国的份额由组建时的6.69%增加到了10.4%；资产总额从组建时的937亿元增加到4120亿元，增加了3.4倍。

二是资产结构和布局明显优化。水电装机容量从组建时的271.20万kW增加到1365.47万kW，增长4倍以上，水电装机容量居五大发电集团第一；风电从“零”起步，装机容量达到215.42万kW，为五大发电集团第二；清洁能源和可再生能源比重从组建时的11.37%提高到了19.22%。60万kW等级及以

上火电机组由组建时的2台增加到47台；30万kW等级及以上火电机组比例由组建时的52.99%提高到了77.05%；纯凝机组平均单机容量由组建时的17.89万kW上升到33.27万kW。资产分布由组建时的14个省区市扩大到28个省区市，填补沿海等经济发达地区的空白。海外发展项目已扩展到缅甸、老挝、柬埔寨、哈萨克斯坦等国家。

三是经营管理水平显著提高。集团公司坚持把加强经营管理作为企业发展的基础，促进了各项生产经营指标的持续优化。供电煤耗由组建时的371.18g/kWh下降到335.15g/kWh，六年降低36.03g/kWh，下降幅度居全国同行业第一，累计节约标煤2650万t，折合原煤3580万t。脱硫机组从25万kW增加到5588万kW，脱硫装备率达到85%。单位火力发电量烟尘、废水、二氧化硫、氮氧化物排放率累计分别下降了82%、80%、79%、55%。年发电量由组建时的1174.47亿kWh增加到3529.56亿kWh，年均增长20.13%。发电量占全国市场的份额由组建时的7.1%提高到10.3%。

回顾集团公司六年的实践，彰显出“三大法宝”对于集团公司持续快速发展的重要支撑和保障作用。

一是坚持以科学的发展战略为统领。集团公司组建之初就根据经济社会可持续发展的要求和集团公司的实际制定了集团公司发展战略，确定了未来18年的发展方向、分阶段的“3、8、18”战略目标和相关子战略，并一以贯之地认真实施、扎实推进。把发展战略的要求落实到每年的工作部署中，并根据发展情况及时进行滚动调整，使发展战略始终具有引领、指导和激励作用。根据这个战略，始终把发展作为第一要务，坚持加快发展不动摇；根据这个战略，始终把调整结构与加快发展有机结合起来，坚持在加快发展中优化结构、推动产业升级；根据这个战略，始终把节能减排放在突出重要的地位，大力实施节能环保改造，加强生产运行管理，促进消耗性指标和污染物排放指标持续下降。回顾六年来走过的历程，集团公司始终沿着发展战略确定的方向快速发展。实践充分证明，集团公司六年来的发展体现了以发展为第一要务和以人为本的精神，是全面协调可持续的发展，是完全符合科学发展观要求的。

二是坚持以三级责任主体的集团化管理体制和运行机制为保证。集团公司组建以来，坚持以提高整体效益为目标，积极探索管理体制和运行机制，逐步确立以三级责任主体为基础的集团化管理模式，形成三级责任主体各司其职、各尽其责、协同配合、运转高效的集团化管理体制和运行机制。六年的实践证明，这种管理体制和运行机制符合现代企业制度要求和集团公司特点，充分调动和发挥各方面的积极性、主动性和创造性，既保持总体指挥协调的有效性，又呈现万马奔腾的局面，为集团公司的持续快速发展提供了重要的体制和机制保证。

三是坚持以具有时代特点和大唐特色的企业文化为动力。集团公司组建以来，始终坚持以发挥员工作用、满足员工需要、实现员工价值为核心，积极培育具有大唐特色的企业文化，使企业文化成为激发员工积极性、主动性和创造性的不竭源泉。集团公司坚持用现实的业绩和发展愿景鼓舞人，用正确的理念团结人，用关怀和爱护感染人，用合理的分配制度激励人，逐步形成了“心气足、人气旺、风气正”的文化氛围和“务实和谐、同心跨越”的企业精神，造就一支善于把握全局、应对复杂局面的领导干部队伍，涌现出了一大批业务精湛的管理人才和技术过硬的科技人才，打造了一支具有求真务实、爱岗敬业和拼搏奉献精神的高素质员工队伍。

回顾集团公司六年来的实践，积累了丰富的经验，最重要的有三条。

一是必须始终如一地坚持以发展为主题。从集团公司六年的实践中更深刻地理解了邓小平同志所说的“发展才是硬道理”的深刻内涵和重要意义。发展是解决历史包袱、化解各种矛盾的根本途径，离开发展一切都将无从谈起。集团公司组建之初，面临着划转资产“三多三少”的不利局面，但公司广大员工没有怨天尤人、消极悲观，而是立足于通过加快发展来改变被动局面，解决存在的各种问题。六年来，从“组建年”、“管理年”、“安全年”到“效益年”、“节约年”、“环保年”，始终不变的是发展这条主线，每年根据客观形势变化和集团公司实际确定一个重点，目的在于提高工作的针对性和发展质量，避免盲目追求规模扩张，保证集团公司又好又快发展。通过发展，解决“三多三少”的矛盾；通过发展，调整和优化了结构；通过发展，改善了员工的生产和生活条件；通过发展，增强了集团公司的核心竞争力，奠定了集团公司在同行业中的优势地位。

二是必须善于抢抓机遇。集团公司六年来之所以能够保持持续快速发展，关键是抓住组建期全国电力严重短缺和2006年以来的“上大压小”两次重大机遇。电力短缺为电源项目提供广阔的发展空间；“上大压小”就是在挑战中蕴涵的机遇，如果舍不得“压小”，就丧失了“上大”的空间。正是这两次难得机遇促进集团公司的大发展。

三是必须努力营造和谐宽松的外部环境。企业存在的目的在于造福社会，企业的发展也离不开社会各方面的支持。集团公司组建以来，始终坚持依法经营、规范运作，诚信守约、互利共赢的原则，与各兄弟企业和有关方面建立战略合作关系；始终坚持认真履行社会责任，支持社会公益事业和地方经济发展，树立负责任的中央企业形象，形成和谐宽松的外部环境。

三、2009 年工作思路和奋斗目标

2009 年是集团公司实现发展战略第二阶段目标的重要一年，也是挑战和压力最大的一年。做好 2009 年的工作，任务艰巨、意义重大、影响深远。公司必须把思想统一到中央对国际国内经济形势的判断和对经济工作的总体要求上来，统一到中央关于保持经济平稳较快增长的一系列重大决策部署上来。

当前，国际金融危机仍在继续扩散蔓延，对实体经济的冲击进一步加大，全球经济增长明显下降。国际金融危机对我国经济的冲击也进一步显现，波及面继续扩大，影响程度不断加深。2008 年四季度以来，电力市场发生明显变化，全国发电量出现了自 1998 年亚洲金融危机以来的第一次负增长。用电需求的大幅下滑，加剧发电企业的困难。由于 2008 年煤炭价格大幅上涨造成的全行业亏损问题还没有完全解决，又遭遇到发电量急剧下降的风险，犹如雪上加霜，使发电企业处于更加困难的境地。

广大员工要正确认识当前的形势，时刻保持清醒的头脑，既不能盲目乐观，掉以轻心，更不能悲观失望，无所作为。要把困难和问题估计得更充分一些，把应对措施考虑得更周密一些，把工作安排得更细致一些，强化把握机遇和化挑战为机遇的意识，提高驾驭全局的能力，以辩证的观点和积极的心态看待形势的变化，以坚定的信心和务实的态度做好自己的工作。

基于对形势的分析判断和对集团公司实际情况的把握，2009 年集团公司的工作思路是：以邓小平理论和“三个代表”重要思想为指导，全面贯彻党的十七大、十七届三中全会和中央经济工作会议精神，坚持以科学发展观统领全局，以经济效益为中心，以扭亏增盈和防控风险两项工作为重点，实现装机规模“翻两番”、提前一年完成“十一五”节能减排任务和冲刺世界 500 强三大目标（简称“123 思路”，即一个中心、两项重点、三大目标）。

经济效益是企业追求的永恒目标。在当前情况下着重强调以经济效益为中心具有特殊重要的意义，目的是进一步强化各级领导班子和全体员工的忧患意识和效益意识，使大家充分认识到提高经济效益不仅关系到集团公司能否渡过难关，而且关系到集团公司的持续发展能力，关系到中央企业在国民经济中的控制力、影响力和带动力。从而更加自觉地把提高经济效益放在各项工作的中心地位，作为当务之急和保障集团公司持续发展的头等大事。

扭亏增盈和防控风险具有内在联系，是一个问题的两个方面。扭亏增盈是提高经济效益的必然要求，也是防控风险的基础。只有遏制住亏损加剧的趋势，缩小亏损面、减少亏损额，增强整体盈利能力和经济实力，才能有效抵御各种风险。突出强调以扭亏增盈和防控风险两项工作为重点，就是要使各级领导班子和全体员工从促进集团公司可持续发展的高度，充分认识这两项工作的紧迫性和重要性，通过狠抓扭亏增盈和防控风险，进一步提高集团公司的盈利能力和抵御风险能力，确保集团公司渡过当前难关，继续保持平稳较快发展。

实现装机规模“翻两番”、完成“十一五”节能减排任务和进入世界 500 强是集团公司到 2010 年的战略目标，但经过努力都有可能提前一年在 2009 年实现。虽然我们今年要面对集团公司组建以来最为复杂、最为严峻的经济形势，但经过六年的持续快速发展所形成的良好发展态势没有改变，员工队伍在六年艰苦奋斗的历练中所形成的奋勇争先的意志没有丝毫减弱。我们把这三项任务作为全年的奋斗目标，就是要动员各级领导班子和全体员工自我加压，努力克服新的困难，取得新的更大的成绩，为集团公司的持续发展奠定更加坚实的基础，为国家保增长、扩内需、调结构作出应有的贡献。

为了有效应对严峻形势的挑战，克服当前面临的各种困难，确保三大目标的实现，决定把 2009 年作为集团公司的“攻坚年”。2009 年是集团公司发展史上非常重要的一年，也是外部环境空前严峻的一年。在风险不断增加、经营压力继续加大的情况下，没有迎难而上的进取精神和攻坚克难的坚强毅力，就难以实现这三大目标。把 2009 年确定为集团公司的“攻坚年”，有利于引导各级领导班子和全体员工充分认识形势的严峻性和任务的艰巨性，充分做好克服各种困难的思想准备；有利于坚定各级领导班子和全体员工战胜困难、共克时艰的信心和勇气，继续发扬百折不挠的奋斗精神和求真务实、脚踏实地的工作作风，毫不动摇地为实现三大目标而奋斗。

“攻坚年”的总体要求是：正视困难，把握机遇；坚定信心，攻坚克难；立足当前，着眼长远；求真务实，扎实工作。一是要辩证地看待形势，努力化挑战为机遇。既要看到挑战的严峻性，更要看到挑战中蕴涵的新机遇，努力化经营压力为提高经营管理水平的动力，化发展难度加大的挑战为调整结构、提高发展质量的机遇，使集团公司的经营和发展水平迈上一个新台阶。二是要知难而进、迎难而上，全力以赴攻坚克难。既要做好打硬仗的充分准备，更要坚定战胜困难的信心和勇气。全力以赴攻克项目核准、资金筹措以及提高设备利用小时和经济效益等制约三大目标实现的难关。三是要妥善处理发展与防控风险的关系。既要努力推动集团公司的较快发展，又要有效防范和控制各种风险。四是要辩证地处理当前和长远的关系。各项工作既要立足于应对当前的挑战，又要为集团公司的长远发展创造有利条件。特别是在资产收购方面既要充分考虑投入产出和近期效益，又要注重对集团公司长远发展的影响。五是要继续发扬脚踏实地、真抓实干的工作作风。各企业、各部门和全体员工都要把自身工作与集团公司发展大局结合起来，勤勤恳恳、扎扎实实地做好每一项工作，以实际行动为实现三大目标添砖加瓦、贡献力量。

根据上述工作思路，集团公司 2009 年要完成以下主要指标：

安全生产。不发生重大人身伤亡事故、人员责任的重大设备事故、电厂责任的重大电网事故、重大火灾事故、溃坝事故、重大环境污染事故、负主要责任的重大交通事故，保持安全生产稳定局面。

发电量完成 4200 亿 kWh；供电煤耗完成 330g/kWh；销售收入完成 1270 亿元；利润总额力争整体扭亏为盈；资产总额达到 5000 亿元；资产负债率完成国资委考核指标；全员劳动生产率达到 50 万元/人·年；开工规模达到 726 万 kW；投产规模达到 1300 万 kW；期末发电装机规模达到 9540 万 kW。

四、2009 年重点工作

为完成上述指标、确保今年三大奋斗目标的实现，必须努力把握好以下几个要点：

（一）全力以赴抓好经营工作，努力实现集团公司整体扭亏为盈

2009 年是集团公司经营形势最为困难的一年，各企业和有关部门要把做好经营工作作为头等大事，力争尽快扭转整体亏损局面，实现集团公司扭亏为盈。

一是要进一步强化市场营销工作。要千方百计争取计划电量，积极开辟电力市场，抓住一切有利时机努力增发电量；同时要注重电量结构问题，充分发挥大机组优势，积极开展代发电量和电量置换工作。各发电企业要确保利用小时不低于本区域的平均水平，电源结构和机组结构好的企业要争取高于本区域的平均利用小时。要加大电价落实和电费回收力度，实现增产增收增利。

二是要加强电煤管理，努力降低燃料成本。2009 年煤炭市场需求增幅明显减缓，但煤炭行业限产保价力度也前所未有，电煤供需形势存在较大的不确定性。各企业和有关部门一定要准确把握煤炭市场变化，及时调整采购和储存策略，进一步加大与政府有关部门、煤炭企业和电网企业的协调力度，控制好电煤价格。同时要进一步加强企业内部燃料指标管理，严把入厂入炉煤质量关，努力控制热值差，加大亏吨亏卡索赔力度，降低燃料管理流程中的各种损耗，千方百计把燃料成本降下来。

三是要强化预算管理，严格控制各项成本支出。要继续加强全面预算管理，增强过紧日子的意识，对照先进指标进一步压缩可控费用，严格控制工程造价和非生产性支出，从紧控制大修费用和生产开支，能不花的钱坚决不花，能暂时不花的钱一律缓花。同时要强化预算执行过程的控制和执行结果的监督、分析与考核，实行节约有奖励，超支有处罚，坚决杜绝大手大脚和铺张浪费现象。

四是要加强经济活动分析，及时协调解决生产经营中的突出矛盾和问题。三级责任主体都要进一步拓展经济活动分析的深度，加大解决实际问题的力度，及时发现和解决经营工作中的突出矛盾和问题。集团公司和各分、子公司要抓好典型，以点带面，及时总结和推广好的做法和经验，促进整体经营水平的提高；同时要加强对严重亏损企业的检查指导，帮助他们解决生产经营中的关键问题，促进全系统经营形势的普遍好转。

（二）严格防控各种风险，确保集团公司安全发展

防控风险是集团公司 2009 年两项重点工作之一。由于集团公司新投产机组多、在建项目规模大，加上经济效益下滑，集团公司的流动资金紧张、还贷压力增加、资产负债率攀升，资金供求矛盾日益突出，经营和发展风险不断加大。要严格防控各种风险，确保集团公司的健康发展。一是要高度重视风险管理。各级领导班子和有关部门要切实增强风险防范意识，及时分析企业内外部经营环境变化对集团公司的影响，善于识别和评估企业经营管理中的各种潜在风险，切实提高整体抗风险能力。二是要进一步完善内控制度，切实加强风险管理。要建立健全集团公司全面风险管理机制，以财务管理信息系统为平台，完善重大财务事项管控制度，提高重大财务事项的管控能力。三是要突出重点，抓住关键。要加大资金筹措力度，争取更多的优惠贷款，同时继续推进集团公司金融平台建设，创新财务公司运营模式，提高资金归集能力，最大限度地用好用活内部资金，有效防止资金断流风险；要加强还贷管理，增强信用意识，确保按时还本付息，防止借款本息逾期现象；要合理控制负债规模，积极做好股权融资工作，强化上市公司的融资功能，降低负债水平。四是要切实加强投资管理，有效控制投资风险。要坚持有保有压的原则，千方百计保证生产经营和 2009 年计划投产电源项目的资金需

求；优先保证具有战略意义的煤炭资源开发项目的资金投入。五是要继续加强审计监督工作，认真落实国家审计署对集团公司的审计意见，从完善制度入手确保集团公司的依法经营、规范运作，确保担保、抵押、收购兼并、资产重组等重大事项的合法合规，为防范各种风险提供有力保证。

（三）加强项目前期工作和建设管理，继续保持又好又快发展态势

以结构调整为重点，继续加大前期工作力度。前期工作的重中之重是做好项目核准工作，确保投产项目全部通过国家核准。在此基础上要进一步做好项目储备工作。火电要坚持重点推进的原则，在继续推进“上大压小”、评优和煤电联营项目及配套煤炭项目前期工作的同时，积极寻找经济发达地区的电源项目；水电要坚持大中小兼顾的原则，积极争取流域开发项目；风电要坚持点面结合的原则，在抓好风资源集中地区项目核准工作的基础上，积极争取国家规划的千万、百万千瓦级风电基地特许权项目，年内在赤峰市建成集团公司第一个百万千瓦级风电场；积极争取核电资质，继续增加核电项目储备，努力推进现有厂址预审工作。

项目建设要加强关键环节管理和过程控制，确保工程质量、安全和进度。2009 年投产的项目要在保证安全质量的基础上争取早日投产。要着重抓好重点设备催交、送出配套工程建设等外部制约因素，强化过程控制，加强各环节的管理与协调，落实安全责任，优化工程设计，提高设备出厂质量和安装质量，降低工程造价，确保新机组即投产、即稳定、即盈利。今年计划开工项目要严格执行建设程序，积极落实各项开工条件，确保工程如期开工；继续保持核准一批、投产一批、储备一批的持续发展格局。

积极稳妥地做好资产收购工作。要抓住当前有利时机，在海内外积极寻找优质电源项目和煤炭等资源项目，在充分调研论证的基础上和风险可控的前提下，加大风电、水电等可再生能源及海外资产和煤炭项目的收购力度，积极稳妥地开展火电企业收购工作。

（四）强化安全生产基础工作，继续保持安全生产的稳定局面

电力安全生产要从加强基础工作入手，以强化重大危险源管理和防范人身伤亡事故为重点，进一步严格安全制度，完善安全措施，落实安全责任，切实加强技术监控，夯实安全生产基础。要进一步加强对重点设备、重点设施和重要场所的管理，确保重大危险源的可控在控；要以星级考评为平台，堵塞管理漏洞，进一步加大隐患排查和治理力度，把事故消除在萌芽状态。特别要强化安全生产责任制落实情况的排查和治理，坚决杜绝重大人身伤亡事故、重大设备损坏事故和其他恶性事故。

基建安全管理工作要以加强工程建设分包队伍的安全监督与管理为重点，全面加强施工现场管理，进一步提高安全施工、文明施工水平。要切实把分包队伍的安全工作纳入日常监管范围，确保各分包队伍的安全责任和安全措施落实到人、落实到位，杜绝以包代管、以罚代管的现象。

多种产业是公司相对陌生的领域，煤炭、煤化工等产业又属于高危行业，超前做好安全生产准备工作至关重要。要以多伦煤化工项目投产准备为契机，加强对煤炭、煤化工等产业安全生产管理工作的研究，尽快掌握相关安全生产知识和规律，充分借鉴相关企业的安全管理经验，把安全隐患消除在建设和调试阶段，把安全规章制度建立健全于投产之前，确保多伦煤化工项目顺利投产和安全稳定运行。

（五）进一步加大节能减排力度，确保“十一五”节能减排目标提前实现

全面完成“十一五”节能减排目标是 2009 年集团公司三大目标之一。要站在落实科学发展观的高度，进一步加大节能减排工作力度。一是要继续强化节能工作。全面推广提高机组性能的技术和节能降耗综合治理技术，加大节能监控工作力度，强化绩效考评，促进各项消耗性指标的持续优化；加强水电流域调度，提高水能利用率；建立节能培训与经验交流的机制和平台，推进全系统节能水平的提高。二是要继续加快环保设施建设步伐。除列入关停计划的小火电机组外，在役火电机组要全部实现脱硫；新建机组要保证脱硫等环保设施同步、高质量投入运行，确保即投产即达标排放；进一步完善污染物排放在线监测控制系统，提高环保设施的投运率和可靠性，保证环保设施运行指标和排放指标位居本区域一流水平，杜绝违规排放事件的发生。三是要加快发展循环经济。大力培育、推广综合利用示范项目，加快废弃物直接利用、合作利用和无害化利用步伐，确保三项综合利用率有新的提高。四是要继续深化“创一流”和“两型企业”创建活动，构建节能减排管理新机制，促进节能减排工作的规范化、精细化、实时化、信息化，力争把 50%以上的企业建设成为集团公司的“两型企业”。

（六）加强员工队伍建设，为集团公司发展提供智力支持和人才保障

适应集团公司电为主导、多元发展和境外业务快速拓展的需求，进一步推进以领导班子建设为重点的三支队伍建设，创新人才开发和激励机制，提高员工的整体素质，为实现集团公司发展战略目标提供强有力的智力支持和人才保障。一是要进一步加强各级领

导班子建设，优化干部队伍结构。加强“一把手”后备人才和其他紧缺人才的储备，不断优化干部队伍的年龄、知识和专业结构。积极开展干部培训工作，加快干部知识更新速度，努力提高干部队伍的整体素质。二是要继续深入贯彻实施《劳动合同法》和《劳动合同法实施条例》，建立劳动用工风险防范机制。进一步推进用工机制改革，大力开展竞争上岗，强化绩效考核工作，有效激发员工的积极性。三是要以能力提升为核心，加快大容量机组集控运行和点检定修等关键岗位人才的培养，同时积极开辟紧缺专业技术人才的培养渠道。四是要进一步完善收入分配的激励约束机制。按照国资委的要求，全面推行工资总额预算管理。在实行绩效考核的基础上，稳步推进集团公司工资制度改革，充分发挥优秀人才的骨干作用，调动生产一线员工的积极性。

（七）认真开展学习实践科学发展观活动，进一步加强党建和思想政治工作

学习实践科学发展观是党的十七大决定在全党开展的一项集中教育活动，是集团公司 2009 年的首要政治任务。各单位要充分认识开展这次活动的重大现实意义和紧迫性，切实把开展学习实践活动作为应对挑战、解决矛盾、统一思想、促进发展的重要契机，抓紧抓实抓出成效。要围绕提高思想认识、解决突出问题、创新体制机制、促进科学发展这一总体目标，深入开展学习实践活动，进一步理清发展思路，坚定发展信心，转变发展方式，提高发展质量，增强发展后劲。

要认真学习贯彻十七届中央纪委第三次全会精神，全面落实《建立健全惩治和预防腐败体系2008～2012 年工作规划》，深入推进具有大唐特点的惩防体系建设。要全面落实党风廉政建设责任制，提高领导人员的廉洁自律意识，重点加强对“三重一大”决策和招标、采购环节的监督。在坚决惩治腐败的同时，更加注重治本，更加注重预防，更加注重制度建设。

要认真落实集团公司第三次党建、人才、思想政治工作会议的部署，着力提高党建、工会、共青团组织的工作水平和服务中心工作的整体能力；着力完善企业的民主管理、民主监督和民主决策机制，维护职工队伍稳定，增进企业和谐；着力抓好劳动竞赛、技能大赛和青年创新创效活动，动员和组织广大职工为实现三大目标多作贡献；着力强化以人为本的管理理念，培养员工良好的职业道德和行为规范，帮助员工提高学习创新能力和竞争能力，促进员工与企业的共同发展。

（八）深化企业文化建设，打造“中国大唐”品牌

要进一步深化企业文化建设，完善并实施集团公司品牌战略，进一步增强集团公司的软实力。一是要继续丰富和完善同心文化理论体系，充分发挥各类文化基地的示范作用，继续推进文化入位工作；超前研究集团公司发展对企业文化建设提出的新要求，推进不同企业文化的整合与融合。二是要完成集团公司品牌战略的研究制定工作，提出实施方案，逐步加大品牌宣传力度，用“中国大唐”品牌激发员工的向心力和凝聚力，提高集团公司的影响力和辐射力。三是要进一步强化社会责任工作。建立健全社会责任工作体系和指标体系，提高全员责任意识和履责能力；组织好集团公司第三份社会责任报告的编制和发布工作，进一步树立集团公司负责任的中央企业形象，充分发挥社会责任工作对企业文化建设和品牌建设的促进作用。

中国大唐集团公司 2010 年工作报告（摘要）

一、2009 年工作回顾

（一）投产容量创造新纪录

集团公司全年电源项目核准和投产容量均创组建以来新纪录。全年核准电源项目 62 个共 1703.51 万 kW，投产项目 57 个共 1963.25 万 kW。到年底取得“路条”项目共 1600 万 kW，在建规模 1371.74 万 kW。2009 年 6 月 29 日，集团公司在役发电装机规模突破 9000 万 kW；11 月 10 日达到 9555.99 万 kW，比组建时“翻了两番”，提前实现全年投产目标；12 月 30 日，集团公司在役发电装机规模突破 1 亿 kW。一年实现“三大跨越”。

（二）结构调整取得新进展

电源结构、机组结构和区域布局继续优化。全年投产清洁能源和可再生能源装机 178.25 万 kW。其中水电 56.36 万 kW，风电 121.79 万 kW。12 月 28 日集团公司风电装机规模突破 300 万 kW，年末达到 343.56 万 kW。上海东大桥海上风电项目不仅创造了单机容量最大的纪录，也实现了亚洲海上风电“零”的突破。全年投产 60 万 kW 及以上等级火电机组 16 台 1094 万 kW，同比增加 536 万 kW，是七年来最多的一年；投产超临界和超超临界机组 13 台 914 万 kW，同比增加 716 万 kW；在沿海经济发达地区投产 6 台 332.9 万 kW 机组，同比增加 266.9 万 kW。

（三）节能减排实现新突破

全年新增脱硫机组 2195.5 万 kW，除列入关停计划的机组外在同行业中率先实现脱硫装备率 100%。新增脱硝机组 18 台 736 万 kW，脱硝装备率

达到 11.14%，居行业先进水平。消耗性指标和排放指标继续大幅下降，完成供电煤耗 328.41g/kWh，在前六年累计下降 36.03g/kWh 的基础上，又下降 6.73g/kWh。单位火力发电量烟尘、废水、二氧化硫、氮氧化物排放率均有较大幅度下降，集团公司提前一年完成国家下达的“十一五”节能减排任务。

（四）扭亏增盈取得新成效

面对利用小时下降和电煤价格高位运行的严峻经营形势，集团公司不断加大扭亏增盈工作力度，取得来之不易的经营成果。上半年实现了集团公司整体扭亏，全年实现利润 22.8 亿元，同比增加 85.96 亿元；完成发电量 3898.54 亿 kWh，同比增长 10.45%，高出全国平均增幅 3.41 个百分点；实现营业收入 1515 亿元，同比增长 49.11%，比年初预测进入世界 500 强门槛营业收入 1420 亿元高出 95 亿元。

（五）经营风险得到有效控制

积极推进全面风险管理体系和内部控制体系建设，制定应对风险整改计划。按照有保有压的原则，严格控制投资方向、规模和节奏，固定资产投资同比减少 85.1 亿元。加大审计和效能监察工作力度，认真落实国家审计署审计决定，进一步促进企业依法经营和规范运作。加大资本运作力度，大唐发电 A 股定向增发方案已获批准，岩滩资产注入桂冠的工作顺利推进；债务重组工作取得显著成效，共完成 20 家发电企业 200 亿元的贷款重组，优化债务结构，降低了还贷风险和信用风险；拓宽筹资渠道，争取 3 年期信托贷款 20 亿元，发行第二期中期票据 35 亿元，票面利率创同时期、同信用等级企业的最低纪录；加强资金集中管理，提高资金使用效率，保证日常经营和基本建设的资金需求，有效控制资产负债率上升幅度。

（六）安全生产保持平稳态势

精心组织安全生产“三项行动”和“安全月”活动，进一步强化重大危险源评估、安全性评价和隐患排查治理工作，设备可靠性和健康水平持续稳步提升，安全生产基础和安全生产长效机制不断巩固。全年共发生机组非计划停运 86 次，同比减少 15 次；平均非停运时间 31.08 小时/台，同比减少 1.72 小时/台；完成机组等效可用系数 94.85%，同比提高 1.09 个百分点；没有发生重伤及以上人身事故和重大及以上设备事故，顺利完成迎峰度夏和度汛工作，尤其是在国庆期间，集团公司京津唐和各重点城市保电机组实现“零”非停，圆满完成了新中国成立 60 周年的保障供电任务。

（七）多种产业发展加快

多种产业发展取得重大进展。胜利东 2 号露天矿一期工程已经投产，年产 1200 万 t 的龙王沟煤矿收购工作已经完成，孔兑沟等 8 个煤矿项目的前期工作正在稳步推进；多伦煤化工项目试运工作进展顺利，国内最大的克什克腾煤制天然气项目正式开工建设，阜新煤制气项目已经进入国家发改委核准审批程序；具有自主知识产权的粉煤灰综合利用项目托克托铝硅钛项目生产出合格的电解铝，鄂尔多斯铝硅钛项目已经开工；金融、物流、科技及燃料营销等领域的增收工作也取得显著成效。全年多种产业实现营业收入 382 亿元，同比增长 316%，占集团公司全部营业收入的 25.2%，同比提高 17.57 个百分点。

（八）集团化管理体制和运行机制更加完善

为有效应对国际金融危机的影响，增强防控风险能力和盈利能力，集团公司围绕进一步完善集团化管理体制和优化产业、区域布局，加快资产整合步伐。通过对境外资产的整合，强化对海外投资、贸易的统一管理，增强海外公司的实力。通过整合国内资产，先后成立山东发电有限公司、煤业有限公司、新能源有限公司、辽宁分公司、广东分公司和能源化工公司。实践证明，通过组建新的区域公司，进一步密切集团公司与有关地方政府的联系，增强集团公司在相关区域的整体实力和影响力，对加强内部管理和拓展发展空间发挥了不可替代的作用；通过组建新的专业公司，极大地提高集团公司各相关领域的专业化管理水平和规模效益。资产整合不仅使集团公司的战略布局更加科学，而且进一步完善集团化管理体制和运行机制，降低管理和运营成本，为有效防范风险和增强盈利能力提供体制保障。

（九）学习实践活动取得明显成效

按照党中央的统一部署和国资委党委的要求，集团公司以“应对金融危机，克服当前困难，实现三大目标，打造具有一流国际竞争力能源企业”为主题，在全系统开展深入学习实践科学发展观活动。通过深入学习调研、深刻分析检查、精心整改落实，提炼了电力行业发展六个方面的特有规律，达成了推进科学发展的五个方面的共识，解决影响和制约集团公司科学发展的突出问题，明确集团公司今后一个时期的发展思路。并在全系统掀起了学习李朗红同志先进事迹的高潮，“朗红”精神在系统内和全社会产生强烈反响，进一步激发大唐员工的拼搏进取和无私奉献精神。集团公司学习实践活动达到党员干部受教育、科学发展上水平、人民群众得实惠的总体要求，群众综合满意率达到 100%，得到中央企业学习实践活动领导小组的充分肯定。

企业文化建设继续推进，集团公司品牌战略正式推出并开始全面实施。社会责任工作取得重要成果，集团公司荣获“改革开放 30 年·最具社会责任感企业”称号，年度社会责任报告被评为全球契约中国网络“典范报告”，集团公司《关注环境，践行节能减排责任》被国资委评为“中央企业优秀社会责任实践成果”。

二、集团公司七年发展的主要成果与基本经验

七年的实践，硕果累累，集中体现在四个方面。

一是创造了“大唐速度”。集团公司组建以来，始终坚持以满足社会需求为己任，以做强做大为目标，以加快发展为主题，实现跨越式发展。到2005年年底，以发电装机容量、发电量和销售收入“三个突破”为标志，圆满完成发展战略第一阶段任务。进入发展战略第二阶段以来，发展速度进一步加快，2006年年底装机容量、发电量、营业收入、利润总额和全员劳动生产率比组建时全部“翻一番”，实现“四年再造一个大唐”的目标。特别是2009年装机容量一年实现了“三大跨越”，突破了1亿kW大关，成为世界亿千瓦级特大型发电公司。七年间共新投产发电机组7086.35万kW，创造了行业公认的“大唐速度”。截至2009年年底，集团公司装机规模达到10 017.23万kW，比组建时的2384.75万kW增加了3.2倍。

二是打造了“大唐质量”。集团公司始终坚持在加快发展中调整结构，在优化结构的基础上推动节能减排，实现企业与资源和环境的协调发展，实现速度与质量的有机统一。电源结构在发展中不断优化。水电得到快速发展，截至2009年年底，水电装机规模达到1451.74万kW，比组建时增加了1180.54万kW，居五大集团之首；风电从无到有，继2005年实现“零”的突破后，发展速度不断加快，近三年连续跨越了三个百万千瓦台阶，达到343.56万kW，并建成了世界上最大的风力发电场—赛罕坝风电场；核电、秸秆发电、垃圾发电、太阳能发电等新能源均实现“零”的突破。到2009年年底，集团公司清洁能源和可再生能源比重提高到17.95%，比组建时增加6.58个百分点。火电机组结构明显优化，装备水平全行业最优。60万kW及以上等级机组由组建时的2台增加到63台，占火电装机容量的47.4%，为全行业第一；热电联产机组达到2219.4万kW，占27.13%；纯凝机组平均单机容量达到40.29万kW，比组建时提高22.4万kW，居同行业前列。与此同时，环保投入不断加大，设备改造步伐不断加快，在同行业中率先实现火电机组脱硫装备率达到100%；脱硝机组达到916万kW，所占比重达到11.14%。消耗性指标和排放指标持续大幅度下降。供电煤耗达到328.41g/kWh，达到世界发达国家先进水平，七年累计下降42.77g/kWh，为同行业之最；单位火力发电烟尘、废水、二氧化硫、氮氧化物排放率均处于国内先进水平。煤炭、煤化工等产业的开发取得重大进展，煤炭产业布局趋于合理，电煤占有比重显著提高。资产布局填补沿海等经济发达地区的空白，从14个省区市扩大到28个省区市。在缅甸、柬埔寨的建设项目顺利推进，到目前为止已签署MOU的境外电源项目超过500万kW。

三是造就了“大唐团队”。集团公司组建以来，从打造“百年大唐”的战略出发，高度重视员工队伍建设，大力实施人才强企战略。集团公司的快速发展为员工成长提供广阔舞台，广大员工的拼搏奉献支撑集团公司的快速发展。广大员工在实践中提高了境界，磨炼了作风，增长了才干，积累了经验，整体素质不断提高。目前集团公司共有处级以上干部1704人；具有中高级专业技术人才17 227人，技师和高级技师4295人，“112”人才2464人；19名专业人才获得国务院特殊津贴，44名同志被评为全国和省级劳动模范，34名同志荣获全国和省级“五一”劳动奖章，179名员工在全国、行业和集团公司各类专业技能大赛中获得技术能手和优秀技术选手称号。七年的实践造就了一支善于把握全局、科学决策的领导干部队伍，培育了一支业务精湛、富有经验的管理和专业技术人才队伍，形成了一支爱岗敬业、技艺高超的高技能人才队伍。八万多大唐员工在艰苦磨炼和不懈奋进中成长为一支特别能吃苦、特别能战斗、特别顾大局、特别讲奉献的“大唐团队”，这是集团公司七年实践的重要成果，是集团公司持续快速发展的关键因素，也是集团公司今后发展的坚强有力的智力支持和人才保障。

四是培育了“大唐精神”。集团公司在七年的实践中培育了“务实和谐、同心跨越”的大唐人特有的企业精神，这种“大唐精神”在具体工作中突出表现为不畏艰难、勇于开拓的创新精神；求真务实、脚踏实地的实干精神；咬定目标、务期必成的拼搏精神；精益求精、争创一流的进取精神；不辱使命、勇担责任的奉献精神。这种“大唐精神”是“大唐团队”的灵魂，是“大唐文化”的深刻内涵，是“大唐品牌”的魅力所在，是创造“大唐速度”和“大唐质量”的不竭源泉，是促进集团公司又好又快发展、再创新辉煌的精神动力。

七年的实践不仅收获了丰硕成果，而且积累了丰富的宝贵经验，主要有以下三个方面。

一是必须自觉遵循电力发展的“六条规律”。遵循客观规律是企业持续快速发展的重要前提。集团公司在发展中不仅自觉遵循经济社会发展的普遍规律，而且积极探索并自觉遵循电力行业发展的特殊规律，即：适度超前于国民经济发展的规律；与资源环境相

协调的规律；装置性行业发展的规律；发展主要依靠科技进步推动的规律；电力的公用、公益性的规律和“安全第一”的规律。概括、提炼了这些规律是公司学习实践科学发展观活动的重大收获。这些规律集中反映了电力行业发展的内在要求和基本特征，集团公司的发展正是遵循了这些规律，才实现了企业发展与经济社会发展和环境的协调统一，才实现了发展速度与发展质量和效益的有机统一。要进一步推动集团公司的科学发展，就必须继续探索客观规律，更加自觉地遵循客观规律。

二是必须坚持并不断完善“三大法宝”。集团公司在发展中不仅自觉遵循客观规律，而且坚定不移地实施发展战略，积极创新管理体制机制，培育具有特色的企业文化。回顾七年的实践，公司深刻体会到“两型四化三个能力”的发展战略在集团公司发展中发挥重要的引领和激励作用；以“三级责任主体”为基础的集团化管理体制和运行机制为集团公司持续快速发展提供体制保障；以“心气足、人气旺、风气正”为基本特征的“同心”文化为集团公司的持续快速发展提供了不竭的精神动力。这“三大法宝”在集团公司持续快速发展中发挥了不可替代的重要作用，要进一步推动集团公司的科学发展，就必须继续坚持这“三大法宝”，并根据客观情况的变化不断进行调整和充实，在实践中不断加以丰富和完善。

三是必须进一步发挥人才、创新和企业外部环境“三大支撑”的作用。回顾七年的实践，广大员工深刻感受到人才是第一资源，是企业经营和发展的主体；创新是企业发展的不竭动力，是企业核心竞争力的重要组成部分，是企业实现可持续发展的重要途径；和谐融洽的企业外部环境，是企业经营发展不可或缺的必要条件。集团公司组建以来，高度重视人才队伍建设，大力推进科技和管理创新，努力营造良好的企业外部环境，对于集团公司持续快速发展起到重要的支撑作用。要进一步推动集团公司的科学发展，就必须不断提高人才队伍的整体素质，不断加大科技和管理创新力度，不断巩固良好的企业外部环境。

三、2010年的工作思路和重点工作

2010年是我国“十一五”规划的最后一年，是巩固应对国际金融危机取得成果的重要一年，是国资委对中央企业新的三年任期考核的第一年，也是集团公司发展战略第三阶段的起步之年。做好2010年工作意义重大，影响深远。

在集团公司2010年工作务虚会上，公司根据中央对国际国内经济形势的分析和判断，对2010年的经营形势进行全面分析。总的来说，2010年的经营环境将好于2009年，但困难仍然很大，不确定因素仍然很多。具体来说有以下几个特点。一是电力供需形势不容乐观。国民经济继续回升向好将拉动电力需求进一步增长，但新投产发电机组的增长高于电力需求增长，设备利用小时有可能继续下降。二是电煤价格进一步上涨已成定局。随着煤炭资源整合工作的推进和煤炭需求的趋旺，电煤价格呈现明显的上涨趋势。三是电力价格扭曲的状况难以改变。煤价继续上涨，但煤电价格联动政策能否重新启动、能否联动到位都难以确定；同时在电力供过于求的情况下，大用户直购电造成电价下行压力较大，有些地方出台的各种名目的降价政策难以有效制止。四是节能减排压力逐渐加大。我国作出的减排承诺，有利于加快清洁能源的发展，同时也对生产运行中的节能减排工作提出更高的要求。五是国资委从2010年起将对中央企业实行经济增加值（EVA）考核，更加强调以国有资产保值增值为导向，对集团公司的经营发展提出更高的要求。

新的形势既提出新的挑战，也蕴涵着新的机遇。经济平稳较快发展拉动电力需求进一步增长，用电量增长幅度必然加大；随着电源项目线路送出等外部问题的陆续解决，集团公司新投产机组的作用将逐步得到发挥；根据历史经验和概率，红水河、李仙江等流域的来水情况会好于2009年，有利于提高集团公司水电设备的利用率；2009年上网电价结构性调整的翘尾影响有利于集团公司经济效益的提高。

从总体上看，2010年的经营形势依然非常严峻。特别是必须清醒地看到集团公司2009年虽然在非常困难的情况下取得显著成绩，但是当前还面临着很多困难和问题。一是整体盈利能力不强。尽管集团公司已实现整体扭亏为盈，但是系统企业亏损面和亏损额都较大，整体盈利能力脆弱，特别是盈利水平与资产规模很不相称。二是资产负债率偏高。尽管资产负债率的攀升趋势得到有效控制，但是目前资产负债率仍然偏高。三是资本金相对短缺。尽管经过多方筹措基本满足快速发展对资本金的需求，但是公司的融资结构是以债务融资为主，股权融资比例很低，不仅推高了资产负债率，也制约了再融资能力。

当前，集团公司面临的各种困难和问题的核心是整体盈利能力不强，根本的解决之道和当务之急是增强集团公司的盈利能力。在2009年召开的工作务虚会上，建议把2010年确定为集团公司的“盈利年”。大家一致认为“盈利年”的建议抓住集团公司当前存在的主要矛盾和问题，符合实际情况，具有很强的针对性。把2010年确定为集团公司的“盈利年”，有利于强化各级领导班子的效益观念和盈利意识；有利于广泛动员广大干部职工积极性行动起来，全力以赴打一场扭亏增盈的攻坚战；有利于集中精力，采取有力

措施，尽快增强盈利能力，继续保持集团公司的良好发展态势。

根据2010年经营形势的特点和集团公司的实际情况，集团公司2010年的工作思路是：以科学发展观统领全局，以增强盈利能力为中心，以电煤、电量、资本运作和多种产业四项工作为重点，以实现集团公司经营状况明显好转为目标，确保发展战略第三阶段开好局、起好步。即“一个中心、四个重点、一个目标”。

以增强盈利能力为中心，就是要强化全员效益意识，各个单位、各个部门的各项工作都要围绕增强盈利能力来开展，自觉服从和服务于集团公司整体盈利能力的提高。集团公司整体盈利能力不强是当前的主要矛盾和最大问题，增强盈利能力是最为迫切的任务和各项工作的重中之重。只有坚定不移地坚持以增强盈利能力为中心，才能抓住主要矛盾，促进其他困难和问题的解决，继续保持又好又快发展的态势。

以电煤、电量、资本运作和多种产业四项工作为重点，是因为这四项工作关系着经营工作的全局，是增强盈利能力的关键。电煤占集团公司发电成本的70%，只有抓好电煤工作，才能有效控制成本，切实增强盈利能力。电量是集团公司收入和利润的主要来源，只有争取到更多的具有边际利润的电量，才能真正增强盈利能力。资本运作是增加资本金的重要途径，只有抓好资本运作，才能减少财务费用，降低资产负债率。多种产业是集团公司新的利润增长点，多种产业利润增加，可以促进集团公司整体盈利能力的增强。总之，这四项工作关系着集团公司经营工作的全局，对增强盈利能力具有重大影响，一定要高度重视，认真研究，精心部署，一抓到底。

经营状况明显好转是2010年集团公司最重要的奋斗目标。其标志是：在电价不上调的情况下，集团公司保持整体盈利；资产负债率稳中有降、出现拐点；现金流充足、经营风险处于可控状态。

“盈利年”的总体工作要求：一是在全体员工中开展增强盈利能力重要意义的宣传教育活动，牢固树立效益观念和盈利意识，切实增强紧迫感、责任感和使命感，形成人人努力为企业扭亏增盈作贡献的浓厚氛围。二是在对市场和自身情况进行深入研究的基础上，层层制定有针对性的增强盈利能力方案，提出具体对策措施。三是强化对标管理，各项指标都要瞄准同行业先进水平，力争做到最优。四是坚持以增强盈利能力、提高经济效益为导向，强化激励约束机制，完善考核体系，以实际经营成果决定奖惩并作为评价领导班子业绩的重要标准。五是加强调查研究，强化对重点企业的检查指导，确保方案落到实处。

为落实好“一个中心、四个重点、一个目标”的工作思路和“盈利年”的总体工作要求，要重点抓好以下九个方面的工作：

（一）加强市场营销工作，努力提高经济效益

当前电力市场竞争日趋激烈，经营环境非常严峻，集团公司增电量、降成本、提收入的难度越来越大。在这种情况下要增强盈利能力，必须坚持以经济效益最大化为原则，切实加强市场营销工作。

一是要努力争取电量。2010年集团公司确定的发电量计划是4500亿kWh，同比增长15.4%，完成这个指标是有难度的。各分、子公司和基层企业要进一步加强与政府部门和电网企业的沟通协调，尽最大努力多争取电量计划，确保计划内电量不低于区域平均水平。同时在确保边际利润的前提下多争取计划外电量。要完善增发电量考核办法，对增发电量的奖励要以是否具有边际利润为标准。二是要积极开拓热力市场，努力扩大供热范围和份额。三是要加强对电价改革、电量双边交易、节能调度、转移电量等政策的研究，不仅要把国家政策用到位，力争把国家核批的电价执行到位，而且要及时反映存在的问题，疏导矛盾，最大限度地维护企业利益。四是要在2010年上半年基本解决项目核准、配套工程、电量计划、容量差异等影响新机出力的问题，为新机组发挥优势、产生效益创造条件。五是要加大电、热费回收力度，确保经营成果颗粒归仓。

（二）以强化燃料管理为重点，严格控制各项成本

成本控制与经济效益直接相关，抓好成本控制是增强盈利能力的一个重要方面。

燃料成本约占发电成本的70%，电煤价格居高不下并呈明显的上涨趋势，控制成本首先要控制住燃料成本。一是要提高对燃料成本的控制能力。集团公司燃料管理中心和各企业要密切关注煤炭市场变化，提高市场预测的准确性，以保障供应和降低成本为原则制定电煤采购存储策略；同时要加强与煤炭、铁路、交通部门的协调与合作，扩大电煤来源和采购渠道，争取市场主动权，增强电煤供应的可靠性和对燃料成本的控制力。二是要强化对燃料的精细化管理，加强对标分析，查找差距，采取有效措施，提高燃料利用率。三是要积极调整燃料结构，减少对单一煤种的依赖，杜绝采购“价格倒挂煤”，慎重采购不能保证边际利润的煤。同时要积极借鉴其他发电企业的经验，逐步推进劣质煤掺烧工作。总之，要切实加强燃料的全过程管理，把燃料成本控制到最低。

同时，要严格控制财务费用和各项成本，把可控费用压缩到最低限度。一是要切实加强预算管理和资金管理，加大资金调度和集中管理力度，提高自有资金使用

效率，控制举债规模，降低资金成本，减少财务费用。二是要进一步贯彻勤俭办企业的方针，弘扬厉行节约精神，从大处着眼、小处着手，努力减少支出，切实压缩各项可控成本。同时要强化审计监督职能，加大对成本、效益的审计力度和深度，堵塞管理漏洞。

（三）进一步加大资本运作力度，优化资本结构和债务结构

集团公司处于快速发展时期，主要依靠债权融资是不可持续的。要改变资产负债率偏高的状况，必须加大股本融资比例。要进一步发挥上市公司的融资窗口作用，努力扩大股本融资规模，争取尽快完成大唐发电的A股增发和岩滩资产注入桂冠电力的工作；在保持集团公司合理持股比例的前提下，积极推进大唐发电、桂冠电力的再次增发工作；华银电力也要积极研究融资方案。要加快开辟新的融资窗口，抓紧做好新能源公司的资产整合和上市准备工作，力争年内实现上市目标；要加大扶持力度，促进海外公司尽快具备上市条件。同时要积极慎重地开展资产并购重组工作。高度关注有关省区煤炭资源整合政策和进度，积极参与煤炭资源的收购和重组。

（四）积极推进多种产业发展，尽快形成新的利润增长点

集团公司经过几年来的开发建设，多种产业即将步入发展的快车道。一是要重点抓好多伦煤化工的整体试运和投产工作。在确保安全质量的前提下，2010年上半年要打通全线工艺流程，年内形成稳定的生产能力。二是托克托粉煤灰综合利用铝硅钛项目确保在年内实现投产。三是要积极推进煤炭项目的建设和生产工作，全年煤炭产量要达到700万t。四是要进一步提高多种产业的利润贡献率。物资公司、科技公司、财务公司都要加大新业务、新产品的开发力度，提高市场占有率和产品附加值，提高集中采购、统一招投标和资金归集的比例。

（五）加大新能源和可再生能源开发力度，促进电源结构进一步优化

新能源和可再生能源发展前景十分广阔，蕴涵着新的巨大的发展机遇。要积极抢占新能源发展的先机，促进电源结构的进一步优化。

一是要加大新能源和可再生能源项目储备和开发力度。在积极推进中小水电开发建设的同时，扎实做好大型水电项目前期工作，增加水电项目储备，促进水电的持续发展。要努力争取风电资源，尤其要积极争取国家大型风电基地规划内项目。要全面加强核电能力建设，为在2015年前取得控股建设运营核电项目资质创造条件。稳步推进太阳能、生物质发电等可再生能源发展。二是要积极做好火电机组和布局的优化工作。要按照国家“上大压小”政策，打破区域限制，进一步安排好关停容量的有效使用，争取在东部沿海和经济发达地区布局一批新项目。积极发展热电联产项目，在具备条件的北方大中型城市和热负荷需求稳定的工业园区，积极布局一批优质热电联产项目。稳步推进洁净煤发电和低碳项目，积极储备IGCC、CCS技术，适时启动示范项目。

同时，要继续抓好项目建设和投产工作，确保完成全年投产发电装机800万kW的目标。要及时协调解决制约项目建设的突出问题，特别是要高度重视风电送出工程的建设；切实抓好水电项目现场安全管理，配合地方政府做好移民安置工作。要积极推进工程标准化、规范化管理，促进安全、质量、环保、造价、工期等指标的持续优化，进一步提高发展质量和效益。

（六）进一步加强和改进安全生产管理，确保安全生产稳定局面

安全生产工作要认真贯彻“安全第一、预防为主、综合治理”的方针，从强化薄弱环节和解决突出问题入手，进一步夯实安全生产基础，努力创建本质安全型企业。

一是要夯实安全生产基础，努力提高员工的技术水平和技术素质。要以全员“零违章”为目标，进一步规范班组安全生产管理，规范作业行为，改善作业环境，营造安全氛围。积极开展岗位练兵活动，进一步提高一线员工的安全技能、操作技能和检修技能。二是要大力推进安全生产对标管理，积极借鉴先进的安全风险管理方法。进一步完善技术支撑和保证体系，不断推进安全生产长效机制建设。三是要进一步提高安全生产管理能力和应对突发事件的能力。加强对煤化工和煤炭开采等高危行业的安全管理，尽快熟悉和掌握这些行业的生产特点和安全规范，切实提高安全生产管理能力和安全风险控制能力。坚决杜绝重特大事故、人身伤亡事故、人员责任的设备损坏事故和性质恶劣造成不良社会影响的各类事故，确保集团公司安全生产的稳定局面。

（七）依靠科技进步推进节能减排工作，继续保持行业领先地位

集团公司已经提前一年完成“十一五”节能减排目标，但今后的任务更加艰巨。公司要在新的起点上，依靠科技进步，以更高的标准、更大的力度推进节能减排工作。全年供电煤耗要降到326g/kWh，各种污染物排放率进一步降低。

一是要认真研究国家节能减排政策，高度关注减排二氧化碳和氮氧化物的量化指标、检测标准、考核办法，做好集团公司发展战略第三阶段尤其是“十二五”期间节能减排工作规划，完善配套机制和保障措施。要密切跟踪国内外碳减排、碳捕捉、清洁发电等技术发展趋势，通过引进消化吸收或战略合作，掌握

核心技术。二是要进一步落实节能减排综合治理措施，加强节能技术改造，对设备实施深度治理，提高机组效率。大力开拓热力市场，提高热电比。积极开展对标工作，瞄准国际国内同类型机组的一流指标，深入开展能耗分析，挖掘设备潜力，确保设备在最经济、最环保工况下运行，继续保持节能减排指标在同行业的领先地位。三是要明确目标、落实责任，构建和完善节能减排的工作体系、督察体系和绩效考核体系。

（八）继续巩固和完善体制机制，全面推进精细化管理

要进一步巩固和完善以三级责任主体为基础的集团化管理体制和运行机制，细化三级责任主体的职责，增强三级责任主体的协同功能。要进一步推进和深化三项制度改革，健全和强化激励与约束机制，继续完善考核制度和考核体系，加大考核力度，突出考核重点，强化考核的导向作用。考核指标要坚持以经济效益为中心，各项工作都要服从于增强盈利能力，把各级领导班子和全体员工的积极性、主动性和创造性引导到提高经济效益和增强盈利能力上来。

要学习国资委推荐的台塑经验，强化制度的约束力，加强标准化、规范化、精细化管理，全面挖掘内部潜力。各单位、各部门、各岗位都要从自身特点出发，对照先进水平挖掘潜力，提出改进目标，落实改进措施，真正做到向管理要效益，向管理要利润。同时要加强和推进信息化建设，用现代化手段提高集团公司的管控能力和水平。

要进一步加强人才队伍建设，提高职工队伍整体素质。要根据岗位职责和精细化管理的需要，有针对性地开展培训工作。同时要按照适度超前、梯次储备的原则，引进一批新能源、多种产业、境外业务和资本运作方面的专业人才，为进一步推进管理创新和科技创新、提高企业核心竞争力提供人才支撑。

（九）进一步加强党的建设和党风廉政建设，为新阶段的发展提供坚强保障

认真贯彻党的十七大、十七届四中全会和十七届中央纪委第五次全会精神，围绕集团公司中心工作，切实加强党的建设、思想政治工作和党风廉政建设。

进一步加强各级领导班子建设。坚持德才兼备、以德为先的用人标准，创新干部选拔任用机制，选好配强各级领导班子。健全干部管理机制和领导班子工作机制，严格执行民主集中制，提高领导班子的整体功能，努力提高领导班子的科学民主决策能力、创新能力、执行能力、驾驭复杂局面的能力和推动科学发展的能力。

进一步加强党的建设。深入开展争创“四强四优”活动，积极推进党的组织建设和党员队伍建设的规范化、标准化和科学化，发挥好党组织的战斗堡垒作用和党员的先锋模范作用，把党的政治优势和组织优势转化为推动集团公司又好又快发展的强大力量。同时要继续加强民主管理，开好职工代表大会，进一步发挥工会、共青团组织的作用，把职工群众的积极性、主动性和创造性引导到增强企业盈利能力上来。

进一步推进反腐倡廉建设。认真学习贯彻十七届中央纪委第五次全会精神，切实加强反腐倡廉制度建设，全面落实《国有企业领导人员廉洁从业若干规定》，进一步增强遵纪守法和廉洁从业意识，健全领导干部廉洁从业的教育、监督和问责机制，进一步完善“大监督”工作机制，发挥纪检、监察、审计协同监督作用，做到防范在先，关口前移。要着力抓好“三重一大”决策制度的落实，加强对企业重要领域和关键环节的监督。按照中央《关于开展工程建设领域突出问题专项治理工作的意见》，深入开展自查工作，查找漏洞和薄弱环节，分析原因，提出措施，抓好整改。

要继续深化同心文化建设，推进文化与管理的有机融合。继续推动品牌建设，加快实施大唐品牌战略。继续巩固企业社会责任工作成果，将社会责任指标体系与日常生产经营管理体系紧密结合起来，进一步拓展社会责任工作的深度和广度，树立集团公司的良好形象。

中国华电集团公司 2009 年工作会议报告（摘要）

一、2008 年工作回顾

（一）主要指标完成情况

公司系统没有发生生产基建较大及以上安全事故，没有发生企业经营和领导人员违法和严重违纪案件，没有发生对公司形象和稳定造成不利影响事件。

预计完成发电量 2900 亿 kWh，同比增长 13.1%；供电煤耗 341g/kWh，同比降低 6.1g/kWh；平均二氧化硫排放绩效 3.43g/kWh，同比降低 0.2g/kWh；1～11 月公司累计亏损 71.8 亿元，同比减少利润 111.8 亿元。预计全年可完成国资委下达的考核目标。

核准电源项目 817 万 kW；开工电源建设容量 1012 万 kW；投产发电装机容量 737 万 kW，完成年度目标任务；关停小火电机组 16 台 144.8 万 kW，超出全年关停计划；截至 2008 年年底，公司装机容量达到 6902 万 kW。控（参）股煤矿在建和投产规模 2905 万 t/年。

（二）基本工作情况

1. 抗击自然灾害作出突出贡献

在国家遭受严重冰雪和特大地震灾害的关键时刻，公司坚决贯彻落实党中央、国务院和国资委工作部署，在经营十分困难的情况下，不惜一切代价保人身、保设备、保发电，积极投身地方抢险救灾，奋起开展抗灾自救，迅速恢复安全生产，保障灾区电力供应，经受住了严峻考验，为战胜重大自然灾害作出了突出贡献。按照公司统一部署，各级领导快速反应、靠前指挥、精心组织，受灾企业的干部员工临危不惧、奋不顾身、全力应对，贵州、湖南、四川等受灾严重地区的企业，在危难之际发挥了重要电源支撑作用，弘扬了“顾全大局、高度负责、拼搏奉献、勇挑重担”的抗灾保电精神，受到了中央有关领导的充分肯定和灾区党委政府、社会各界的广泛赞扬。公司上下踊跃向灾区捐款6000多万元，交纳特殊党费600多万元，以实际行动支援全国抗灾工作。集团公司和华电国际荣获2008年度中华慈善奖，宝珠寺电厂荣获全国抗震救灾英雄集体称号。

2. 安全生产保持平稳局面

围绕奥运保电和迎峰度夏等重大任务，各单位坚持“安全第一，预防为主，综合治理”的方针，加强组织领导，完善制度措施，狠抓责任落实，努力夯实安全生产基础。在北京奥运会、残奥会举办期间，公司认真落实奥运保电方案，在电煤价格大幅上涨、发电即亏损的情况下，千方百计保发电、保稳定，圆满完成奥运保电任务，切实履行经济、政治和社会责任。深入开展隐患治理年、安全生产百日督查和无违章创建活动，重点对大坝专项治理、发电生产、输煤系统等进行安全督查，累计排查各类隐患1.8万项，整改率达到96%以上。加强运行和设备管理，强化技术监督和机组防“非停”措施落实，建立典型缺陷数据库和重大缺陷分析月报制度，抓好新投大机组运行管理，设备健康水平进一步提升。加强应急管理，完善应急管理机制和预案。华电北京热电、青岛、军粮城公司被国家电监会授予“奥运保电先进单位”称号，莱城、铁岭、乌溪江等24家单位安全生产超过3000天，公司全年机组“非停”同比下降34次。

3. 科学发展迈出新的步伐

坚定践行科学发展观，为公司增添发展生机和活力。公司党组及时提出“四个更加重视”、树立“四种理念”、处理好“四种关系”的新思路；提出既注意合理的发展规模，更把着眼点和落脚点放在质量效益上的价值思维新理念；提出从单一发电集团向综合能源集团转变的战略新定位。同时还制订调整产业结构、优化资产布局、优化电源结构的“一调整、两优化”指导意见，出台了沿海发展规划大纲，在资源丰富和市场条件好的地区规划打造一批大型产业集群。坚持有保有压，对电源项目进行全面清理，加快推进发展质量高、效益前景好的项目，从严从紧控制竞争力、盈利能力不强的项目，坚决不上回报率过低的项目，对推动公司步入科学发展轨道进行了有益尝试，取得了积极成效。

加快结构调整步伐，加大了在内蒙古、山西、陕西、新疆、宁夏等煤炭富集区域开发力度，年产1000万t的不连沟煤矿开工建设，小纪汗、肖家洼、西黑山、淖毛湖煤矿开工准备有序推进，收购了内蒙古大雁煤矿20%国有股权。陕西榆横项目取得重要进展，签订曹妃甸、呼伦贝尔等一批重要战略项目合作框架协议。推进产业延伸，投产年吞吐能力达1800万t的福建可门储运中心10、11号码头，参与了石太、乌准和国家第三运煤大通道蒙冀铁路建设。印尼阿萨汉、南苏等海外项目扎实推进。加大电源项目前期工作力度，全球首台百万千瓦空冷超超临界机组灵武二期获得核准，公司大比例参股的福清核电开工建设，泸定和乌江、金沙江中游重点水电项目积极推进，怒江开发权得到巩固，金沙江上游开发前期规划正在稳步开展。加强工程管理，芜湖、蒲城等企业8台60万kW级火电机组投入运行，公司60万kW及以上机组增至34台，黔源光照百万千瓦级水电站实现“一年四投”，库伦、莱州风电和宿州生物质能等一批新能源项目顺利投产。邹县四期、潍坊二期、洪家渡电站工程荣获鲁班奖，灵武一期、周宁水电站荣获国家优质工程银奖。

4. 对标管理年活动扎实开展

以“对照先进、查错纠弊、持续改善、不断超越”为主题，有效开展对标管理年活动。坚持全员、全要素、全过程对标，将活动延伸到部门、班组和岗位，形成层层有指标、人人有目标的对标链条。根据系统和行业先进标杆值，建立以52个系统指标和16个行业指标为重点的指标体系，搭建起对标信息发布平台，形成较为规范健全的对标管理体系。把对标管理融入到项目前期、工程建设和发电运营全过程，推进各个环节技术措施、管理制度和运营方式的改进提升，促进主要经济指标的进一步优化，综合供电煤耗同比下降6.2g/kWh，综合厂用电率同比下降0.09个百分点，单位容量材料费和修理费同比分别下降6%和8%。公司对标管理经验做法得到了国资委的充分肯定。

5. 经营管理水平进一步提升

面对利润大幅下降的不利局面，公司坚持眼睛向内，深入挖潜，确立了“控亏、减亏、扭亏”工作重点，连续召开经济活动分析会、经营目标汇报会，研究扭亏增盈措施。先后组织两批专门调研组，由公司领导分别带队，到基层企业特别是系统内八家亏损严重企业进行深入调研，查找亏损深层原因。成立学习实践科学发展观试点和生产经营两类八个指导小组，进驻企业帮助指导控亏、减亏和扭亏工作，初步解决一些长期困扰企业经营发展的难点问题。加强“三电”工作，千方百计争取和落实电量计划，贵州、山东、内蒙古、湖北、浙江等13个地区设备利用小时超过当地统调平均水平；争取和落实煤电联动政策，火电平均上网电价提高4.12分/kWh，16家供热企业热价平均上调12.65元/GJ；电热费回收率99.68%，陈欠电费同比下降18.2%。抓好煤炭管理，拓宽进煤渠道，努力提质控价，千方百计保证发电燃煤需求。积极争取政策，公司系统累计争取各类补贴资金10多亿元。公司上下树立“过紧日子”思想，从紧从严控制各项费用，干部带头降低薪酬，年度预算可控费用压缩10%。公司亏损势头得到较好控制。

在融资环境十分严峻的情况下，不断拓宽融资渠道，积极运用短期融资券、信托贷款、保险资金等形式多渠道筹措资金，成功发行两期中期票据共募集资金40亿元。加强资金预算和集中管理，资金运作平台的功能和效率得到进一步提升，做好公司资金平衡，有效地保障资金衔接和重要发展项目资金需求。高度重视财务风险管理，制定资金应急预案，开展“一改三查”活动，集中清理经济合同，切实维护公司信用安全。完善内控机制建设，集中开展管理制度、燃油专项审计和规范关联交易、关停小机组资产处置效能监察等工作，配合国务院派驻公司监事会和国家审计署做好各类监督检查工作。加强法制建设，制订法制建设三年规划，召开公司系统首次法制工作会议，加大合同审查和法律风险防范工作力度，开展“六个一”系列普法活动，促进企业依法经营。

6. 节能减排和科技工作取得新进展

深入贯彻国家节能减排工作一系列部署和要求，自觉履行社会责任，认真落实“十一五”节能减排目标规划。加强节能技改、节能技术应用和节能评价，大力推广微油点火、电机变频改造等技改项目，取得较好的节能效果。加强环保技术改造，新增脱硫机组21台、脱硝机组4台，单位发电量烟尘、二氧化硫和氮氧化物分别比成立时下降60%、58%和33%。清洁发展机制工作取得积极进展，18个项目获得国家发改委批准。全面推进科技创新，启动了百万千瓦超超临界机组空冷技术等3项重大课题攻关，高压大容量变频调速系统项目成功申报国家“863”计划，安排节能降耗等科技项目75项，获得中国电力科技奖8项和全国电力企业管理创新奖12项。公司节能减排工作被中宣部、国资委确定为13家宣传典型之一，公司荣获全国环境保护领域最高奖项—第五届中华宝钢环境奖。加强信息化建设，在中央企业信息化水平评价中位居发电行业前列。

7. 深化内部改革取得初步成效

适应内外部形势的变化，深入推进内部改革创新，着力增强公司发展活力。创新燃料管理体制，建立起三级燃料管控体系，进一步明确各级燃料管理责任，优化管理流程，形成确保电煤供应的整体合力。调整集团区域管控模式，进一步明晰管理界面，理顺管理关系。深化企业内部改制工作，解决襄樊、喀什“一厂两制”问题。积极推进检修和运营体制改革，完成贵州区域水电、火电检修业务的整合，清理和规范区域公司、新建电厂兴办的辅业。加强资本运作，华电国际受让杭州半山等四家电厂股权，成功收购河北华瑞公司100%股权，华电能源完成对哈尔滨热电公司的增资扩股工作，黔源电力实现对北盘江公司绝对控股，国电南自通过收购南自机电等13家公司股权实现产业一体化整合，四家上市公司整体实力和控制力进一步增强。华鑫国际信托公司获得银监会筹建批复并完成工商注册。

8. 党的建设和队伍建设不断加强

充分发挥党的政治优势，不断增强公司应对困难挑战、推动科学发展的战斗力。加强党的建设，认真学习贯彻党的十七大和十七届三中全会精神，召开公司系统纪念建党87周年视频会议，开展“共产党员和中央企业在抗震救灾中的义务和责任”专题组织生活。加强基层党组织建设和党员队伍建设，健全完善分支机构党组织设置，各级党组织和党员的“四个作用”得到有效发挥，受到中组部、国资委调研组的充分肯定。组织4家基层单位开展深入学习实践科学发展观活动试点工作，积累活动经验，取得明显成效。加强反腐倡廉建设，创新纪检监察工作机制，制订构建惩防体系五年规划《实施办法》，开展贯彻落实廉洁自律“七项要求”活动，增强党员干部廉洁自律意识。

进一步加强领导班子建设，深入开展“四好”领导班子创建和“讲党性、重品行、作表率”活动，出台《公开选拔企业领导人员暂行办法》等系列管理制度，调整充实112家企业领导班子、63家企业董事监事。制定非电产业定员标准，完善发电企业和专业公司工资总量决定机制及工资管理模式。推进人力资源优化配置配套政策建设，建立人才培养、输出管理办法和储备基地，安置分流人员3000余人。大力加强人才队伍建设，全年举办21期企业领导人员和专业人才培训班，加大核电、风电和涉外项目人才的培训力度，开展紧缺人才公开招聘试点。承办“华电杯”中央企业集控运行技能大赛并取得优异成绩，一举夺得 8 项金奖，荣获全国职业技能竞赛活动优秀组织奖，34 人被授予全国或中央企业技术能手称号。

加强企业文化、思想政治工作和精神文明建设，深入宣贯《华电宪章》，举办企业文化高峰论坛，承办全国企业思想政治工作与企业文化建设经验交流会，培育以“诚信、求真、和谐、创新”为核心精神的价值观体系。认真落实职工思想动态分析制度和稳定工作责任制，全面部署奥运期间维稳工作，加强信访工作，完善应急机制，保证职工思想和队伍稳定。加强公关宣传，发布首份社会责任报告。加强工会和共青团工作。公司总部通过全国精神文明建设工作先进单位、首都文明单位的考评。

在前所未有的困难和挑战面前，公司经受住了考验，取得显著成绩。这是党中央、国务院正确领导的结果，是国家有关部门、各级党委政府和社会各界大力支持的结果，是公司全体干部员工拼搏奉献的结果。难能可贵的是，在经营形势急转直下、出现大幅亏损的情况下，公司上下内强管理，外创环境，全力应对，经受住各种风险考验，保持安全稳定的良好局面；在结构布局矛盾突出、发展举步维艰的情况下，公司上下树立价值思维理念，开拓创新，科学谋划，优化发展，保持积极有序的发展态势；在自然灾害频发、各种不利因素错综复杂的情况下，公司干部员工不畏困难，同舟共济，共克时艰，始终保持奋发有为的精神状态。

在肯定成绩的同时，必须清醒地看到，公司还存在一些问题和不足：一是亏损较为严重，资产负债率较高，部分企业已出现资金链断裂风险，公司抗风险能力减弱。二是产业结构和布局不合理，火电比重偏大、煤炭资源开发严重滞后、市场条件优越地区份额偏少的结构性矛盾仍很突出。三是管理水平亟须提升，主要经济技术指标与行业先进相比还存在较大差距，公司管控体制机制有待进一步完善，部分单位管理基础较为薄弱。

二、公司面临的主要形势

当前，宏观经济形势正在发生急剧而深刻的变化。由美国次贷危机引发的金融危机愈演愈烈，目前，这场金融危机不仅本身尚未见底，而且对实体经济的影响正进一步加深。受金融危机快速蔓延影响，当前我国企业经营困难增多，产能过剩问题凸显，就业形势日趋严峻，经济增速下滑已经成为经济运行中的突出问题。尽管如此，我国经济发展的基本态势没有改变。党中央、国务院把保持经济平稳较快发展作为 2009 年经济工作的首要任务，把经济增长预期目标确定为 8%左右，实施积极的财政政策和适度宽松的货币政策，出台了一系列“保增长、扩内需、调结构”的调控措施。我国仍然处于重要的战略机遇期。总的判断，在当今全球一体化的背景下，国内外经济形势仍然存在许多不确定因素。2009 年可能是 21 世纪以来我国经济发展最为困难的一年，也是蕴含重大机遇的一年。对于发电行业和公司自身来说，同样是挑战和机遇并存，机遇大于挑战。

从面临的挑战看：一是电力市场形势异常严峻。2008 年下半年以来，受金融危机影响，社会用电需求大幅下降，电量增速急剧下滑；与此同时，发电装机快速增长，预计 2009 年全国新增装机约 8000 万 kW，全国发电装机年底将达到 8.6 亿 kW。在需求下降、装机增长的交叉影响下，2009 年电力总体将会出现供大于求、产能过剩的局面，设备利用小时将继续下滑，发电侧之间的竞争将更加激烈，发电量成为关乎公司经济效益的首要问题。在电力供应宽松的形势下，国家将进一步加大节能调度力度，对节能减排要求更加严格，公司系统老小机组较多的区域面临更加严峻的挑战。部分地区为刺激经济发展，对高耗能企业实施优惠电价，并相应降低上网电价，保持合理电价水平的压力加大。二是资金矛盾更加突出。为满足发展需求，公司需要投入大量资金用于开发建设，而公司 2008 年亏损严重，现金流十分紧张，资金矛盾将更加突出。银行对亏损企业的资信审查日趋严格，将惜贷慎贷，外部融资仍面临较大压力。三是火电发展难度加大。国家电力产业投资的方向和重点在风电、水电、核电等领域，火电项目的发展将进一步受到限制，在此前提下，上大压小和热电联供之外的火电项目核准将更加严格，发展门槛越来越高，难度越来越大。

从面临的机遇看：一是电力发展前景依然广阔。在我国进入以重化工为特征的工业化阶段，尽管周期性波动会出现某些需求减弱现象，但是对电力持续而旺盛的需求趋势不会轻易改变。国家扩大内需促进经济增长，也必然带动电力项目投资建设。这为公司保持较长时期快速发展提供广阔空间。二是成本压力有所缓解。当前，煤炭供应紧张局面已趋于缓和，市场煤价出现较大幅度回落。从近期看，受金融危机蔓延影响，国内主要耗煤行业增速仍在放缓，国家扩大内需效果显现需要一定时间，煤炭需求短期内难以明显回升；同时，煤炭供给能力仍保持较快增长，2009 年全国煤炭总产量将达到 30 亿 t。预计煤炭市场供求将总体宽松，煤价整体将继续呈下降走势，这对缓解公司燃料成本压力、改善经营状况将产生积极影响。国家实施积极的财政政策和适度宽松的货币政策，全面实施增值税转型改革，加大金融支持力度，从 2008 年 9 月份以来已连续五次降息，这些都将进一步降低公司税负，缓解财务成本压力。三是结构调整迎来新的机遇。国家推动能源产业结构优化升级，大力推进煤炭基地、核电基地、风电基地和铁路等基础设施建设，鼓励煤电联营，提高可再生能源价格，这给公司调整优化结构，延伸产业链条，加快煤炭、新能源、核电发展步伐带来良好机遇。国家规划通过超高压、特高压电网打通跨省区输电通道，也给公司规划建设大型煤电基地和水电基地提供有利条件。四是市场并购面临有利时机。国家引导和鼓励企业跨行业融合和重组，培育大型能源企业集团。从市场上看，受金融危机影响，一些发电、煤炭等能源企业经营难以为继；同时，国家规范电力职工持股行为，发电企业可以优先回购职工持股发电资产，这都给公司实施并购，获取战略性资源创造了机会，并购将成为公司下一步发展的重要途径之一。五是经过六年来的改革发展，公司资产质量大幅提升，综合实力明显增强。近年来公司新投大机组在运行趋于稳定后开始发挥效益。尤其是公司系统干部员工始终保持着一种不甘落后、团结向上、甘于奉献的精神风貌，改变华电现状、推动公司发展的信心很足、热情很高，应对严峻形势的能力不断增强。

综合以上分析，形势复杂严峻，挑战前所未有，机遇转瞬即逝。面对新形势，迎接新挑战，经受新考验，要注意把握以下几点：第一，要增强忧患意识。当前宏观影响和市场挑战叠加，外部冲击和内在制约交织，并且充满着诸多不确定性因素，潜在的风险很多，随时会出现一些新问题、新矛盾，使公司面临的形势异常复杂和严峻。公司上下必须要有清醒的认识，进一步树立忧患意识，时刻保持警惕性，增强危机感，做好充分准备，切实把困难估计得更充分一些，把应对措施考虑得更周密一些，在激烈的市场竞争中占据主动，赢得未来。第二，要坚定必胜信心。有信心就有勇气，就有战胜困难的力量。国家内需潜力很大，电力发展具有广阔空间；公司平稳较快发展的基本面没有改变，具备战胜困难的基础和条件，这些都是公司增强信心的坚实基础。只要坚定信心，审时度势，趋利避害，积极应对，就一定能够克服困难，渡过难关。第三，要全力转“危”为“机”。挑战中蕴含着机遇，关键在于发现，在于把握。一定要用辩证的观点，正确看待“危”与“机”，善于在“危”中求“机”，转“危”为“机”。虽然用电需求下降，但为公司调整结构腾出了时间和空间；虽然经济十分困难，但也为公司发挥大企业优势，实施并购重组带来机遇。要注重从变化的形势中捕捉和把握难得机遇，在逆境中发现和培育有利因素，科学调整策略，用好用足政策，在战略机遇期中加快推动公司又好又快发展。

三、公司今后一个时期的发展思路

主要体现了以下四个方面的特点：

第一，明确了集团定位。建设具有综合竞争力的现代化能源集团，是公司基于当前国际国内宏观经济形势，紧密结合公司实际而确立的愿景目标。当前，由于国家对电价继续实施计划管控，而煤价完全市场化运作，火电企业的发展长期受到煤炭供应紧张和煤价上涨的双重制约。要破解这一难题，必须实现从单一发电集团向综合性能源集团转变，增强抵御市场风险的能力，这是新形势下实现公司做强做大的必由之路。要力争通过 3 到 5 年的优化发展，把公司建设成为资产结构优、经济效益好、管理水平高，以电为主具有综合竞争力的现代化能源集团。

第二，调整了产业格局。按照价值思维和产业链的理念，推进发电企业向产业链上下游延伸，形成煤电一体、路港配套、产业集群的发展格局。煤电一体，就是在明确发电产业主导地位，加快推进优势电源项目，巩固提高在全国电力市场份额的同时，增强煤炭和电力同为主业的意识，抓紧占有和开发煤炭资源，大幅提高煤炭自给率，实现煤电优势互补。路港配套，就是根据公司主业发展需要，适度发展铁路、港口、物流等配套产业，增强煤炭自我保障能力。产业集群，就是产业成群、集聚发展，是一种有利于加强企业间有效合作和资源共享，有利于产业间循环经济拓展利用，有利于提高规模经济效益和产业整体竞争力的布局方式。公司要避免摊子铺得过大、布点比较分散的产业发展方式，适当收紧拳头，形成集约优势，着力在资源、市场和区位条件都比较好的地区，重点建设一批电源、煤炭、制造、物流基地，努力形成规模集聚、资源集约、优势集中、效益集显的产业集群。

第三，拓宽了发展路径。随着我国能源产业的迅猛发展和调控力度的进一步加大，企业之间争夺资源、争夺市场、争夺发展空间的竞争日趋激烈，能源项目特别是纯火电项目的核准难度越来越大。在这种情况下，公司要实现又好又快发展，必须以更加宽广的视野和创新的思维，进一步拓展发展的路径和空间，走建并结合、优化结构、持续发展之路。建并结合，就是在增量发展模式上，做到新建项目和并购重组相结合，一方面抓住发展机遇，建设符合国家产业政策的电源项目和上下游产业项目；另一方面积极寻找机会，抓紧并购部分优良资产，壮大公司实力。优化结构，就是在发展的过程中，注重优化电源结构和区域结构，不断提升公司资产质量。持续发展，就是要始终把发展作为第一要务，立足当前，着眼长远，努力增加后续项目储备，保证发展所需资金和人才，增强发展后劲，实现发展与经济社会资源环境相协调，保持发展的稳健性和持久性。

第四，强调了发展保障。坚持改革创新、内强素质、外树形象，为公司发展提供内在动力、重要支撑和良好环境，这是推动公司科学发展的客观需要和有力保障。改革创新，就是适应外部形势的发展变化，把握行业内在运行规律，紧密结合公司实际，着力推动公司体制、机制、制度、技术等方面的创新，不断消除束缚科学发展的体制性障碍，不断增强发展活力。内强素质，就是立足长远练好自身“内功”，使公司在改革创新中强化管理，在持续改进中追求卓越，努力构建制度规范、标准统一、责权清晰、运转高效具有华电特色的企业管理模式，支撑和推动公司科学发展；就是坚持以人为本，大力实施人才强企战略，建设一支思想好、作风实、素质高、能力强的员工队伍，为公司又好又快发展提供有力的人才保证和智力支持。外树形象，就是要全面履行经济、政治、社会三大责任，进一步树立“诚信、高效、合作、服务、环保”的企业形象，创造更加有利于企业发展的外部环境。

根据公司发展思路，今后一个时期的公司目标是，到2013年，也就是再用五年的时间，使公司装机规模超过1亿kW，控参股煤炭形成产能超过1亿t，利润超过100亿元，净资产收益率超过8%。概括来讲，就是“1118”发展目标。

四、公司2009年工作任务

（一）总体要求和思路

2009年公司工作的总体要求是：以党的十七大精神为指导，深入学习实践科学发展观，认真贯彻落实中央经济工作会议和中央企业负责人会议精神，以公司发展思路为统领，紧紧围绕扭亏增盈和科学发展，树立价值思维，加快结构调整，推进管理创新，全力增产增收，全面完成年度目标任务，挺直脊梁，勇挑重担，发挥中央企业顶梁柱作用，为保持国民经济平稳较快发展作出积极贡献。

把握全年工作要求，要贯彻好“二二三四”的工作思路：

突出两个目标：一是全力实现扭亏增盈；二是全力推进科学发展。

开展两项活动：一是围绕抓扭亏、促发展，开展深入学习实践科学发展观活动；二是以对标管理和创建星级企业为载体，开展管理创新年活动。

推进三个转变：一是干部员工的思想观念进一步向价值思维转变，推动公司做强做大；二是发展模式进一步向以电为主的综合性能源集团转变，确保发展又好又快；三是体制机制进一步向符合科学发展观要求转变，不断增强动力活力。

抓住四个关键：一是防范经营风险；二是促进增收节支；三是推进管理创新；四是优化结构布局。

（二）业绩目标

针对面临的形势和任务，根据公司发展思路和规划，公司确定2009年业绩目标是：

1. 安全目标

确保公司系统不发生生产基建较大及以上安全事故，不发生企业经营和领导人员违法和严重违纪案件，不发生对企业形象和稳定造成不利影响事件。

2. 经营目标

发电量3112亿kWh，比2008年增长7.3%；销售收入950亿元，比2008年增长8%；公司整体实现扭亏为盈；流动资产周转率3.4次；供电煤耗335.1g/kWh，比2008年下降5.9g/kWh；单位发电量二氧化硫排放量3.2g/kWh，比2008年下降0.23g/kWh。

3. 发展目标

电源项目核准1100万kW，开工1100万kW，投产、收购装机1355万kW，2009年年底公司发电装机突破8000万kW；煤炭项目争取核准5000万t，开工5000万t，投产1000万t。

（三）重点工作

1. 深入开展管理创新年活动，全面提升管理水平

公司决定开展管理创新年活动，利用3年左右的时间，通过强基础、促提升、上台阶三个阶段，推进公司体制、机制、制度、流程和技术创新，努力构建国内一流、具有华电特色的管理模式。公司上下务必高度重视，精心组织，全力推进，通过活动的开展，向管理要效益，向管理要发展，向管理要竞争力。

抓住管理重点，切实解决突出问题。既要着眼全局，保证覆盖面，实现公司管理水平的整体提升，更要抓住与公司经济效益最密切的重点工作、关键流程和主要指标，增强活动的针对性和实效性。当前公司系统在管理方面还存在着重视程度不够、体制机制不够完善、管理比较粗放等问题，严重影响公司经济技术指标水平，制约公司盈利能力，迫切需要通过强化细化内部管理来加以解决。要紧紧抓住机组利用小时、标煤单价、供电煤耗、大机组可靠性等关乎公司效益的关键性指标，着重加强安全生产、市场营销、成本控制和节能减排管理，创新管理体制机制，优化工作流程，改进方式方法，提升效益水平。各单位要结合自身实际，找准工作差距，集中精力抓好整改，通过管理上的持续改善，实现经营业绩的提升。

抓好载体创新，建立管理常态机制。要通过管理创新年活动，积极探索实践企业管理的新模式、新手段、新方法。从2009年开始，公司将在创建优秀发电企业的基础上开展创建星级发电企业活动，通过星级的逐步提升，引导和激励企业不断提升整体素质，形成管理效率机制。星级企业创建活动充分融合对标管理理念，是管理创新年活动的重要载体。各单位要对照对标管理指标和星级考评标准，实施目标管理、过程控制和动态评价，着力持续改进，做到干有方向，赶有目标，持之以恒，推动管理水平持续提升。

加强组织领导，确保活动取得实效。管理创新年活动涉及公司系统各个层面，要坚持“统一规划、整体设计、分步实施”的原则，统筹推进，逐步完善，持续改进。各单位要按照公司管理创新年活动《意见》，认真抓好落实，提高思想认识，周密安排部署，扎实推进实施，形成良好氛围。公司总部各部门、各区域公司要充分发挥职能作用，加强对基层的帮助指导，推进活动开展，确保取得实效。

2. 持续强化安全生产，努力创建本质安全型企业

要牢固树立安全发展的理念，把确保人身和重大设备安全摆在更加突出的位置。要强化安全生产组织领导和责任落实，进一步完善以责任、保证、监督、技术为支撑的管理体系，适应产业链延伸的需要，努力掌握煤矿、运输等非电产业领域的生产规律，构筑覆盖整个产业链的全方位安全生产格局。要加强安全隐患治理，深化反违章、安全性评价和隐患排查治理工作机制建设，加大安全生产考核和责任追究力度，落实“四不放过”原则，防止事故和缺陷重复发生。要重点抓好大机组安全经济运行，优化机组运行方式，尽最大努力降低机组非停，减少停备容量，为多发多供打下坚实基础。要创新设备管理模式，按照“新厂铺开、老厂试点”的要求，全面推行点检定修，提高机组等效可用系数，降低检修成本。要建立完善应急管理和应急预案体系，有效应对重大自然灾害和突发事件。高度重视并全面做好国庆60周年等重大活动、节假日期间的安全保电工作。

3. 切实加强经营管理，全力实现扭亏增盈

千方百计增产增收。要以电量为龙头，加大市场营销力度，完善各级电量分工责任制，加强与电网的联系与沟通，统筹运用节能调度、差别利用小时、关停机组电量转移等多种政策，努力拓展更大电量空间，确保设备利用小时不低于“三同”目标。要按照统筹和优选的理念，科学安排机组特别是大机组检修计划，千方百计提高大机组负荷率。要主动向各级政府反映企业经营困难，呼吁规范不合理电价行为，积极争取疏导水资源费等电价矛盾和置换电量等电价补偿政策，争取在水资源丰富省份出台补贴火电的电价政策，理顺电价机制。要进一步加大电热费回收力度，保持当期电费结零，努力降低陈欠电费。

加大燃料管理力度。各单位要按照新的燃料管理体制，切实承担相应责任，促进燃料管理水平实现新的提升。要适应煤炭市场形势，及时调整优化采购策略和进煤结构，公司上下要通力合作，协调一致，抓好电煤订货工作。要提高重点合同兑现率，保持合理库存，努力实现“量、质、价、时”的控制要求，确保电煤供应。各基层单位要把入厂煤管理作为重点，健全管理制度，优化管理流程，加强人力物力配备，严格采、制、化过程管理，开展效能监察，加强煤场管理，杜绝煤场亏煤。重视并抓好燃料管理信息系统建设，提升燃料管理水平。要在深化厂内燃料管理的基础上，强化燃料采购预算管理，将燃料成本控制的关口不断前移。

大力抓好降本增效。高度重视和强化全面预算管理，层层分解落实预算目标，实现与管理过程的有机结合，建立健全组织体系和制度体系，加强全过程管理，切实提高全面预算管理水平。抓好减亏和扭亏工作，立足自身，进一步采取有力措施，加大扭亏力度，力促经营状况根本好转。牢固树立“过紧日子”的思想，加强成本控制，紧缩开支，严控三项费用等可控成本支出，动员广大干部员工增收节支，厉行节约，广泛开展形式多样的挖潜增效、扭亏增盈活动。

加强市场和政策研究。深入了解市场信息，建立快速的市场跟踪、传导和反应机制，密切关注电力、煤炭、资本市场的动态变化，把握政策动向和经济运行规律，研判市场发展趋势，及早调整生产经营策略，在激烈的市场竞争中抢占先机，赢得主动。要广泛收集信息，深入研究政策，落实和用好增值税转型等财税政策，积极争取国家淘汰落后产能奖励资金、节能环保资金等国家鼓励政策，最大程度上向政策要效益。

4. 加快调整优化结构，推动公司科学发展

加快优化产业结构。抓好煤炭项目开发和建设，大力推进大型煤电基地和有关煤矿前期工作，重点落实小纪汗、肖家洼、昌吉西黑山、哈密淖毛湖、准格尔、呼伦贝尔、黑龙江东部等煤矿开工条件，确保开工建设；加快不连沟煤矿建设，确保2009年年底建成投产。围绕公司煤、电产业布局，重点推进不连沟煤矿铁路专用线、曹妃甸港口等物流项目前期工作，打造配套的物流体系。充分利用专业公司运作平台，加快推进金融、工程技术等产业发展。公司系统要支持专业公司发展，各专业公司更要发挥自身优势，不断改进服务，提升水平，开拓市场，提高对公司效益贡献度。

加快优化电源结构。进一步加大水电开发力度，扎实推进乌江、金沙江中游和上游、怒江等流域水电开发，尽快落实流域、环评、输电规划等核准条件，确保核准泸定、董箐、沙沱、阿海、鲁地拉五个大型水电项目，力争核准六库等更多项目，推动怒江一库四级规划审批，加快构皮滩、思林等水电项目建设。进一步加快风电开发步伐，实现规模化滚动发展，力争投产 116 万 kW。加快丹东、洛阳等核电项目前期工作，力争 2009 年年底完成初可研。继续推进戚墅堰、奉贤等燃机项目。坚持优中选优推进燃煤火电项目，重点争取榆横、镇雄、可门二期、土右等战略性项目获得核准。进一步加大“上大压小”工作力度，所有“上大压小”项目都必须拿到“路条”，力争莱州、句容、塘寨、十里泉扩建等项目获得核准。组织编制公司“十二五”发展规划，力争有更多的项目进入国家和地方“十一五”后两年计划和“十二五”规划。

加快优化区域结构。着重做好沿海区域发展规划工作，要与电网规划调整相衔接，与铁路运输通道相配套，统筹优化公司在沿海区域的电源点、港口、运输及相关产业的发展。积极推进曹妃甸等大型综合能源项目，加快项目催批工作。稳步推进海外项目开发和建设，确保印尼阿萨汉水电项目投产、柬埔寨俄勒赛水电项目开工，积极跟踪印尼发电资产收购工作。

2009 年各类电源、煤炭等工程建设项目数量多、工期紧、任务重，要统筹摆布安全、质量、工期、造价相互关系，加强在建项目的质量和成本控制，提高项目投资回报率。要重视设计优化，加强工程招标管理，抓好配套工程建设，确保实现基建工程投产、效益、效率“三达标”。

5. 加强资本资金运作，有效防控经营风险

要认真贯彻落实公司全面风险管理体系建设指导意见，切实把防范资金风险、保持企业正常运转作为重中之重，妥善处理好加快发展与防范风险的关系，确保“挺得住，过得去”。一是加大资金筹集力度，保障资金需求。按照公司发展规划要求，做好年度资金计划，落实资本金和融资安排。利用国家适度宽松的货币政策，进一步创新融资方式，充分发挥公司融资平台作用，加强与金融机构合作，密切跟踪利率、税率变化，利用银行并购贷款、信托贷款、债券票据等方式，有效保证资金供应，降低融资成本，改善债务结构。二是加强资金管理，有效防范资金风险。加强现金流管理，动态掌握各企业、各项目资金落实情况，做好项目资金协调，维护集团公司信用安全。加强投资管理，按照国资委“三不”要求，严格履行投资决策程序，坚持有保有压，审慎安排资金投放，切实把宝贵而有限的资金用在刀刃上。加强内部金融资源的整合和管理，减少资金沉淀，充分发挥结算网络的资金监控功能，加强资金风险的“防火墙”建设，切实防范资金风险。公司系统各个层面要明确和落实责任，制订预案，千方百计确保集团公司不发生资金链安全事件。三是有针对性地开展资本运作。密切关注和分析资本市场形势，进一步加大上市公司资本运作和资产重组力度。积极寻找有利时机，大力推进上市公司资本市场融资，优化股本结构，逐步降低负债率。研究通过定向增发等方式，提高控股比例较低的上市公司股比，加快将具备条件的发电资产装入上市公司，充分发挥上市公司的融资平台作用。要注重运用市场并购手段，捕捉市场机遇，沿产业链和价值链方向，积极稳妥推进资产并购，抢占市场和整合资源，提高公司在优质市场、资源富集地区的资产比重。四是加强内控机制建设。开展内部审计、风险管理、效能监察和专项检查工作，严肃财经纪律，强化依法经营，加强重大事项和关键环节的管控，合理控制负债规模，严格控制对外担保，防止发生信用危机。积极配合国务院派驻公司监事会、国家审计署等监督机构的监督检查。要进一步加强法制工作，推进规章制度、合同的规范化管理，加强对系统内重大法律纠纷案件处理，抓好法制工作三年目标和“五五”普法规划落实，增强公司法律风险防范能力。

6. 加大科技环保力度，提高节能减排水平

扎实推进节能减排工作，建设资源节约型和环境友好型企业。一是狠抓节能降耗。依托节能评价整改和耗差分析系统，全方位抓好管理降耗和技术降耗，加强机组关键运行参数的监控，努力做到能耗指标可控在控。抓好新机能耗管理，确保做到设计煤耗“三年达标”。二是加强环保治理。强化减排全过程管理，进一步完善环境监测、监督和考核三大体系，切实抓好环保设施“三同时”和竣工验收。加强脱硫设施运行维护管理，切实提高投运率，实现投运脱硫技改机组 306 万 kW，关停小火电机组 187 万 kW，确保完成二氧化硫削减目标责任书。要加强水电工程生态环境保护，抓好煤炭等非电产业减排工作。重视清洁发展机制项目开发，进一步拓展工作广度，提高项目开发质量。三是推进科技创新。继续组织做好“863”计划和国家科技支撑计划课题的研究和申报，加强对节能环保、新能源发电、核电、煤的多重加工和井下开采新工艺等技术研究和开发，进一步做好先进适用技术及管理创新成果的推广应用。加强信息化建设，推进系统软件正版化，做好财务与业务一体化等信息系统的研发，建设安全可靠的信息化平台。

7. 积极推进体制机制改革，增强企业发展活力

适应公司发展要求，积极推进公司体制、机制和制度创新，加强公司系统资源的整合和优化，不断增强公司发展活力。一是创新集团管控模式。大力推进现代企业制度建设，完善以资产为纽带的母子公司和以委托授权管理为主的总分公司相结合的管控模式，坚持责权利相统一，进一步调整和明确各层面的功能定位，缩短管理链条，明晰管理关系，提升管控效能，建立界面清晰、权责明确、布局合理、科学高效的三级管控体系。加强公司总部战略管控功能，围绕战略、决策、资源、业绩“四个管理中心”定位，努力向资产经营型方向转变。二是深入推进区域公司改制。增加对区域分公司的授权，落实区域公司资产保值增值责任，增强各区域自我发展和参与市场竞争的能力。进一步调整区域机构业务范围，适时推进内蒙古、新疆等单位改制为区域能源公司，推进部分分支机构改制成子公司。发挥区域优势，深化湖北、福建、云南、河北等区域的内部改制工作。三是扎实推进综合配套改革。继续抓好燃料管理体制改革措施的落实和推进，加快管理对接，实现正常有序运转。积极稳妥推进检修体制改革，调整完善发电运营管理体制，继续开展物资体制改革研究，规范交叉资产及职工股权处置。

8. 开展深入学习实践科学发展观活动，切实加强党的建设和队伍建设

根据中央部署，从2009年3月份起，公司将作为第二批活动单位，在全系统组织开展深入学习实践科学发展观活动。要认真总结试点工作经验，按照“党员干部受教育、科学发展上水平、职工群众得实惠”的总体要求，在学习领会科学发展观精神实质上下工夫，在解放思想、提高认识上下工夫，在解决公司生产经营和改革发展难题上下工夫，以学习实践活动的实际成效促进公司又好又快发展。

加强党的建设和队伍建设。坚持融入中心、服务大局，围绕扭亏增盈、科学发展、管理创新等重点难点工作，充分发挥各级党组织和广大党员的“四个作用”，将党组织的政治优势转化为企业的市场竞争优势。加强反腐倡廉建设，认真贯彻执行公司构建惩防体系五年规划《实施办法》，突出抓好领导人员廉洁从业教育和监督。创新干部管理体制，开展领导人员公开招聘、竞争上岗试点，完善选拔任用、考核评价和日常监督全过程管理制度体系。深化劳动用工制度改革，积极开展员工竞聘上岗和岗位动态管理的试点，建立符合市场化要求、竞争择优的用工机制；继续完善按定员组织生产，扎实稳妥做好小机组关停人员分流安置。深化分配制度改革，抓好企业工资总额的宏观调控，加强和创新运营企业、新建项目和非电产业工资管理；有针对性地实行多样化的分配方式，完善以业绩为导向的领导人员薪酬分配办法，优化年薪结构，增强激励约束作用。加强年轻优秀人才的培养锻炼，加大煤炭、金融、核电等专业紧缺人才的开发和引进力度，满足公司产业结构调整对人才的需求。

加强和谐企业建设。进一步完善富有华电特色的企业文化体系，重点培育与公司发展相适应的管理文化。抓好职工思想动态分析，加强形势任务教育，扎实做好信访维稳工作，确保职工思想和队伍稳定。广泛开展创建文明单位活动，充分发掘和宣传先进典型。发挥工会和共青团作用，围绕企业中心任务开展建功立业、创新创效等活动。进一步加强民主管理和职代会建设，全面推进厂务公开，努力构建规范有序、和谐稳定的劳动关系。认真履行社会责任，加强与地方、社会各界的沟通合作，构建和谐发展环境，树立公司良好形象。

中国华电集团公司2010年工作会议报告（摘要）

一、公司2009年工作回顾

（一）主要指标完成情况

公司系统没有发生较大以上安全生产事故，没有发生企业领导人员违法和严重违纪案件，没有发生对公司稳定造成不利影响的事件。

完成发电量3029亿kWh，同比增长5.5%；供电煤耗331.7g/kWh，同比下降8.7g/kWh；销售收入突破1000亿元，达到1030亿元；实现利润20.9亿元，同比减亏增盈88.9亿元。

核准电源项目1169万kW，取得“路条”911万kW，新开工建设665万kW，投产装机790万kW；公司装机容量达到7697万kW，其中水电装机1382万kW，清洁能源装机比例占到总装机的24.3%，比2008年年底提高5.3个百分点。投产煤炭1000万t/年，取得“路条”1000万t/年，累计获取控参股煤炭资源开发权8750万t/年。

单位二氧化硫排放绩效3.15g/kWh，同比下降8%；关停小火电机组19台165万kW，累计关停560.5万kW，提前超额完成“十一五”关停目标。

（二）主要工作情况

1. 扭亏增盈目标圆满实现

公司上下坚持内强管理、外拓市场，采取有力措施，狠抓经营要素，提升盈利能力。一是抓扭亏。加

强对亏损大户的深入调研和经营督导，一区一策、一厂一策地制定措施，解决难题，取得积极成效。2009年6月份公司实现整体扭亏，全年17家二级单位实现盈利，基层企业亏损面同比减少28.5%，其中华电国际盈利突破17亿元，乌江公司（贵州公司）突破9亿元，江苏、福建、资本控股、华电工程突破3.5亿元，四川、湖北、云南等区域和运营公司同比实现大幅减亏增盈，新疆、浙江、上海等区域实现效益稳步提升。二是促营销。围绕“三同”目标，争取和落实电量计划，贵州、浙江、天津、河南、江苏、湖北、湖南等16个地区设备利用小时完成较好，山东、江苏、广西等区域调增计划电量58亿kWh。积极开拓市场，争取大用户直供、跨区域送电等市场交易电量219亿kWh，落实关停机组补偿电量186亿kWh。电价调整取得预期效果，青海、陕西等区域火电电价和黑龙江、内蒙古跨区域送电价格得到提高，贵州、四川等区域新投水电电价争取到较好水平。加强电热费回收，2009年当年电热费回收率完成99.9%，累计回收陈欠电热费4052万元。三是控成本。加强燃料成本控制，充分发挥华电煤业和自供区域两方面的优势，加大跨区域调运力度，新增内蒙古至邹县、新疆至大通等跨区域调运通道，在优化供煤结构、控制采购价格方面发挥积极作用；加强厂内燃料全过程管理，推进燃料管理信息化建设，燃料管理规范程度进一步提高。江苏公司、华电能源等单位加大煤炭掺配掺烧，取得良好成效。严格控制成本支出，三项费用比预算减少1.98亿元。创新融资手段，优化债务结构，通过引入低成本信托、发行短期融资券、置换存量贷款等措施，全年财务费用比预算减少10.4亿元。四是要政策。自上而下强化财税工作，形成重视改善经营环境、争取政策支持的良好氛围。华电国际、贵州、四川等单位通过争取和落实财政政策税收优惠、进项税抵扣、节能调度补偿等政策，实现较大增利。

2. 结构调整初见成效

认真贯彻五年发展纲要和“一调整、两优化”的工作思路，按照价值思维理念，坚持建并结合，积极推进结构调整。一是产业结构调整加快。大力推进煤炭资源开发，公司首个千万吨级内蒙古不连沟煤矿投入试生产，千万吨级山西肖家洼煤矿取得“路条”。控股收购黑龙江兴边、陕西隆德等煤矿，大比例参股贵州六枝、内蒙古上海庙、宁夏银星等煤矿。华电国际茂华公司成为朔州地区煤炭资源整合主体，实现参与山西煤矿重组的重大突破。公司控参股煤炭资源储量达到220亿t。推进工程技术产业升级，华电工程整合内部资源形成五大业务板块，进一步增强集约优势。二是并购重组富有成效。加大资产并购力度，收购辽宁金山、山西晋能、山西和信、广东坪石以及四川、福建小水电等可控运营容量393万kW，增加核准在建容量315万kW，收购参股项目权益容量224万kW，实现在山西、辽宁、广东等重点区域发展的新突破。三是电源结构不断优化。发展高效火电，塘寨、镇雄、六安、西塞山等一批大型火电项目获得核准，莱州、十里泉、南疆等项目取得“路条”。加快发展清洁能源，西电东送标志性工程——构皮滩水电站实现“一年五投”，思林、董箐等大型水电项目相继投产，2009年全年新增水电装机486万kW。内蒙古库伦、河北沽源等风电项目，国内最大的分布式电源广州大学城项目，宁夏宁东、上海普陀太阳能等一批新能源项目建成投产。积极推进呼伦贝尔、曹妃甸等大型能源产业集群项目前期工作。福建龙岩、河南洛阳、辽宁东港等核电项目前期工作有序进行。四是“走出去”战略积极推进。柬埔寨额勒赛下游水电项目获得核准，印尼阿萨汉项目具备发电条件，运营公司海外签约运营管理容量超过1000万kW。

3. 管理创新活动扎实推进

坚持把管理创新作为促进扭亏增盈、推动发展转型的重要抓手，制定活动指导意见和实施方案，组织召开管理创新活动座谈会，进一步明确管理创新的总体思路和十项重点工作。一是创新管理体制机制。制定管控模式优化方案，进一步明确以三级管控为主架构的管控体系和各层面的业务定位，规范了“两权分离”管理体系。完成公司总部机构、职责的调整优化，进一步适应战略管控要求。华电国际、华电煤业创新部门设置模式，优化管理架构。加大对二级单位的管理授权，新成立内蒙古、陕西、辽宁、山西四家区域能源公司。改革华电工程和国电南自管理体制，压缩管理层级，提升管控效能。深化燃料、检修、运营专业化改革，进一步理顺工作关系，优化内部资源配置。乌江公司和华电煤业成立煤炭供应联合体，在燃料体制改革方面进行新的探索。改进决策管理，修订《投资管理办法》，建立起分级分类决策机制。推进干部人事、劳动用工、薪酬分配改革，研究完善相关配套制度，选取部分单位开展试点，收到较好成效。二是创新管理载体。把星级发电企业创建作为管理创新的重要载体，深入开展管理评价和指标评价，完善对标指标体系，企业运营水平不断提升。莱城电厂、棉花滩水电公司等10家企业被评为集团公司首批四星级发电企业，邹县电厂被中电联评为国内首家“资源节约型、环境友好型一流发电厂”。公司主要经济技术指标进一步优化，综合供电煤耗同比下降8.58g/kWh，综合厂用电率同比下降0.13个百分点，燃油单耗同比下降42%。三是创新经营管理。不断强化预算管理，在燃料采购预算、发电企业全面预算管理等方面取得突破；对现有会计制度和工作规范进行梳理优化，为推进会计信息化、流程化创造条件。健全完善安全生产与营销实时监管系统，信息化水平位居发电行业前列。四是创新工程管理。扎实开展施工准备、安全文明施工、质量工艺、工程创优“四个策划”，大力实施技术创新和节能减排设计优化，望亭3号等机组主要能耗指标优于设计水平。宿州一期、可门一期荣获国家优质工程银奖，洪家渡水电站荣获“詹天佑”奖，索风营水电站荣获中国电力优质工程奖。

4. 安全生产保持平稳局面

认真贯彻落实国家关于安全生产工作的重要部署，扎实开展安全生产年“三项行动”和“三项建设”，保证国庆60周年庆典、迎峰度夏、防洪度汛、冰雪灾害等重点活动和特殊时段的安全生产稳定，切实履行中央企业的经济社会责任。深入开展安全性评价、隐患排查治理、季节性安全大检查等活动，2009年全年排查隐患1.6万项，整改率达96%以上。推进安全生产标准化建设，累计完成标准化成果27个，安全管理水平进一步提升。高度重视煤矿安全，出台16项管理制度，初步形成煤矿安全生产责任和基础制度体系。加强应急管理，完善覆盖电力、煤矿、路港等跨产业的应急系统，进一步提高整体应急保障能力。全面推行点检定修管理，探索建立以精密点检为基础的设备远程诊断系统。全年机组非计划停运同比减少22次，机组等效可用系数达92.7%，同比提高0.9个百分点。

5. 节能减排和科技工作取得新进展

深入贯彻国家节能减排部署要求，加大节能技改力度，积极推进变频改造、供热改造等挖潜项目，在15台大修机组中推广实施汽机侧热力系统优化，平均煤耗降低12g/kWh；贵州大龙、福建可门、新疆红雁池等单位供电煤耗同比大幅降低。抓好环保治理改造，新增投运脱硫机组750万kW，提前并超额完成国家“十一五”脱硫技改目标任务。积极有序推进小火电关停，被评为全国“十一五”关停小火电机组先进单位。加强水电建设环保和水保规范化、标准化管理，在国内率先提出规范性文件和示范文本，水土保持工作经验被水利部推广。在乌江、北盘江流域实施珍稀鱼类增殖放流。大力推进清洁发展机制工作，戚墅堰燃机、高唐水电、辉腾锡勒风电等6个CDM项目在联合国成功注册，累计开发CDM项目已达91项。积极推进科技创新，抓好国家级科研项目的组织研究，承担国家“973”计划—高效规模化太阳能热发电项目研究，成功申报燃煤污染物减排国家实验室。组织开展节能环保、新能源等105项科技项目，首次获得1项中国电力科学技术一等奖，29项成果在全国管理创新成果评选中全部获奖。

6. 风险管控能力逐步提升

牢固树立风险防范意识，通过加强投资管理、资金管理、资本运作，在保持公司正常发展和运营的同时，有效遏制负债率上升势头。一是防范经营发展风险。突出抓好亏损大户、资不抵债企业、资金接续困难企业的风险点防控，结合企业不同情况，通过狠抓扭亏增盈、协调贷款展期、开展融资租赁等，确保资金安全。严格投资管理，坚持有保有压，规范基本建设程序，主动调控火电建设节奏，全年压缩投资近70亿元。二是抓好资金运作和管理。加强上市公司资本运作，顺利完成华电国际非公开发行7.5亿股，募集资金净额34.5亿元，拉低集团公司负债率近1个百分点；抓住有利时机，完成华电能源定向增发，大幅提高控制力。加大存量资产盘活力度，科学有效地处置参股资产，实现处置收入10亿元；招标公司通过盘活沉淀资金创收1800万元。公司与多家金融机构签订合作协议，综合授信总额达到3761亿元，较2009年年初增加411亿元。加强资金集中管理，自有资金运作规模稳步提升。三是加强内控机制建设。推进全面风险管理，开展扭亏增盈专项审计调查和任期经济责任、资产经营责任审计，对11家单位开展工程结算审计，审减工程投资3.5亿元。抓好“三重一大”集体决策制度执行情况和物资管理专项效能监察，积极配合财政部、国家审计署、国务院派驻公司监事会做好监督检查工作。强化法律风险防范，加大合同清理及法律风险点排查力度，做好重要经营决策的法律审核，有效规避潜在的重大风险。

7. 党建和队伍建设进一步加强

按照中央统一部署，扎实开展深入学习实践科学发展观活动，圆满完成学习调研、分析检查、整改落实三个阶段的工作任务，做到领导、认识、组织、责任、措施、督查“六个到位”，取得更新观念、谋划发展、解决问题、推进工作、改进作风五个方面的新成效，公司上下推动科学发展、应对危机、战略管理、统筹兼顾以及带领队伍的能力进一步增强，狠抓落实、雷厉风行、攻坚克难的作风有了新的改进。特别是通过开展“跳出华电看华电、科学发展上水平”解放思想大讨论，进一步破除制约公司科学发展的思想障碍，统一公司上下的思想。针对查找出的影响和制约公司科学发展的七大问题，紧扣中心工作，持续抓好整改，公司整改完成率达到91%，系统各单位集中解决突出问题1634项。公司学习实践活动得到上级单位的充分肯定和职工群众的一致好评，群众满意率达99.09%。

紧紧围绕“抓扭亏、促发展、推改革”等中心任务，完善党建工作制度，健全基层党组织，积极开展

“管理创新，党员争先”主题实践活动，充分发挥党组织和党员干部的“四个作用”。加强干部人才队伍建设，修订出台《企业领导人员管理办法》等一系列制度规定，进一步规范企业领导人员管理和领导班子建设。公司利用三个多月的时间，对系统所有企业的领导班子及后备干部进行集中考察，全面掌握公司系统干部队伍情况。制订“千名后备干部”培养计划。按照市场化原则，首次面向社会招聘一批煤炭、金融、新能源等专业人才。开展以价值思维为主题的企业文化创新活动，完善公司核心价值体系，修订并大力宣贯《华电宪章》，组织开展公司首届职工道德模范评选，发挥文化引领作用。加强反腐倡廉建设，有效落实惩防体系五年规划，积极探索和践行“大纪检”理念，初步形成“大监督”、“大宣教”、“大服务”格局，特别是作为中纪委、监察部确定的“做党的忠诚卫士、当群众的贴心人”主题实践活动的六家联系点之一，活动开展得有声有色，受到各方关注。落实维稳工作责任制，及时排查和消除不稳定因素，保障队伍和企业稳定。工会、共青团组织作用有效发挥，成功组织公司热控技能大赛，扎实开展青年创新创效活动，激发和凝聚广大员工的智慧和力量。发挥中央企业表率作用，积极参与公益活动，社会责任报告荣获“金蜜蜂”环境专项奖。顺利建成入驻华电大厦，改善办公条件。

第一，必须把价值思维作为引领公司科学发展的重要理念，努力在观念转变中提升发展质量。自2008年以来，公司提出把价值思维作为发展的重要指导思想，通过一年多的宣传和实践，价值思维深入人心，广大干部员工的市场意识、竞争意识、效益意识不断增强。各单位自觉把创造价值、创造效益作为中心任务，强化投资回报率，优选前期项目，加大营销力度，推进并购重组，使公司开始步入科学发展的轨道。通过实践得之，创造价值是央企的基本属性和主要任务，只有牢固树立价值思维理念，才能提升发展质量，增强竞争能力，提高盈利水平，实现又好又快发展和国有资产保值增值。

第二，必须把“一调整、两优化”作为践行公司科学发展的根本途径，努力在公司转型中实现良性发展。结构不合理是制约公司发展的根本性问题，针对这一问题，公司制定了五年发展纲要，确立“调整产业结构，优化电源结构，优化资产布局”的方针，经过一年来的努力，公司煤炭开发加快，新能源发展提速，水电快速增长，结构调整的成效正在显现。这也说明，立足于发展转型期、矛盾凸显期和战略机遇期的实际，必须抓住当前有利时机，下决心调整结构，优化资产布局，增加持续盈利的区域、产业、项目，这样华电才有出路，盈利水平才能提升，发展才能持续。

第三，必须把改革创新作为推动公司科学发展的内在动力，努力在强化管理中增添发展活力。2009年成绩的取得，还有一个重要原因是公司下功夫抓管理创新，完善管理机制，理顺管理关系，深化对标管理，开展星级企业创建，有力推动公司经营发展。经验再次证明，改革创新是企业发展的不竭动力，特别是在电力企业进入微利时代、市场竞争更加激烈的情况下，谁的管理成本更低，效率更高，在一定意义上就决定谁的优势更大，竞争力更强。

第四，必须把防范风险作为保证公司科学发展的重要举措，努力在应对危机中维护经营安全。面对严峻的内外部经营形势，公司把风险防范作为重要任务，通过狠抓扭亏增盈、严控投资风险、创新资本运作、强化成本控制，保证企业平稳渡过危机。事实说明，只有重视并防范住各种风险，公司才能拥有安全健康的环境，公司发展才能得到保障。

二、公司面临的形势和工作思路

中央经济工作会议、中央企业负责人会议对2010年国内外经济形势、中央企业面临的形势作了全面分析。总体上看，2010年经济发展环境将好于2009年，世界经济增速有望由负转正，国内经济形势总体回升向好。国家保持宏观经济政策的连续性和稳定性，国民经济仍将保持平稳较快发展。但也要看到，世界经济复苏将是一个缓慢曲折的过程，我国经济回升的基础还不牢固，外需恢复艰难、内生动力不强、部分行业产能过剩、通胀压力加大，使公司面临的困难和矛盾依然较大，经济环境较为复杂，不确定因素很多。在宏观形势的影响下，公司既面临着难得的发展机遇，也经受着严峻的考验。集中体现在以下几个方面。

产业政策方面：国务院决定到2020年单位国内生产总值二氧化碳排放比2005年下降40%～45%，非化石能源占一次能源消费的比重达到15%左右。围绕这一目标，国家加快建设以低碳排放为特征的产业体系，发展低碳经济，着力培育以新能源为重点的战略性新兴产业，修订《可再生能源法》，确立全额保障性收购制度，这些都给新能源、清洁能源带来了巨大发展空间。同时，国家大力削减火电污染物排放量，加大环保监督和执法力度，合理把握火电核准规模和建设节奏，“上大压小”成为火电发展最主要的途径，并且核准愈加严格，这给火电项目发展、节能减排都提出更高要求。另外，随着低碳经济推进，在开展碳交易、应用低碳技术等方面，需要从战略上进行超前谋划。

电力市场方面：国家加大扩大内需力度，加快城镇化步伐，国内经济回暖将进一步拉动社会用电需求，用电量将继续稳步增长，这给增发电量创造条件。但受电力装机产能过剩、电煤供应时段性紧张、极端天气等因素相互交织影响，电力供需依然存在不确定性，设备利用小时短期内还难以明显回升。国家继续推进发电企业竞价上网、大用户直购电等试点，计划外电量比例将继续扩大，跨区域交易电量增加，市场竞争更加激烈，营销形势更加复杂。天然气供应紧张，气价、水价面临上涨压力，政策性收费增加，这些都将进一步增加企业运营成本。

煤炭市场方面：2009年年中开始，煤炭价格持续走高，特别是2009年年底以来，受市场、天气、运输等因素影响，部分区域出现供应紧张、缺煤停机情况。煤炭订货会取消后，由煤电双方自行衔接，从目前合同签订情况看，煤价出现较大幅度上涨，煤炭市场形势依然十分严峻，短期内压力仍然很大。从长期来看，随着山西等主要产煤省资源整合矿井陆续恢复生产，煤炭产量将会明显增加，运输瓶颈也将逐步缓解，除局部区域受资源和地方煤炭企业垄断仍会出现偏紧状态外，煤炭供需基本保持平衡。

资本市场方面：国家继续实施积极的财政政策和适度宽松的货币政策，结构性减税制度化，总体有利于资本市场健康运行。受政策、经营等因素影响，资本重组仍然活跃，并购成为快速获取资源、优化结构布局的重要手段。但也要看到，国家突出管理好通胀预期，加强信贷流动性管理，并于2010年1月18日上调准备金率0.5个百分点，适当时机可能加息，从而影响企业资金筹集。国资委对负债率较高的企业进行重点监控，严格限制非主业投资等发展事项，企业所受监管压力进一步加大；金融监管部门加大对信贷资产监管力度，对信贷资金的使用方向进行严格监管，这对企业自身资金融通提出更高的要求。

就集团公司自身来讲，经过七年来的发展，水电资源储备较多，燃机规模居同行业前列，并且占有大量新能源和煤炭开发资源，拥有特色的工程技术产业板块，在低碳经济和国家加快转变发展方式的大背景下，将会迎来发展的新机遇；规划的煤矿、煤电一体化项目大都处在国家输送通道上，随着公司自身煤炭产能的增加，在平抑市场冲击方面也将发挥积极作用；公司拥有一支善打硬仗、作风顽强的干部员工队伍，这些都是公司经营发展的优势所在。但也要看到自身面临的严峻挑战，一是结构调整需要一个长期过程，产业结构、电源结构、资产布局不尽合理，严重制约着公司盈利能力提升。二是公司资金与发展需求不匹配，按照“1118”战略目标，每年的资本金需求超过100亿元，从目前公司经营状况看，自身用于发展的资金积累十分有限；上市公司融资功能需要进一步培育，依靠资本运作筹集资金也面临很多困难；同时，按照负债率控制要求，今后一个时期在权益资金增长上需要做大量艰苦的工作。三是国资委推行EVA指标业绩考核，引导企业注重资本使用效率，强化价值创造，这对公司经营发展提出更高的要求。四是公司正处在发展转型期，在管理体制、人才培养、现代企业管理等方面，都经受着转型带来的一系列新挑战、新考验。

总之，2010年公司面临的形势依然十分严峻复杂，积极变化和不利影响同时显现，历史问题和现实矛盾相互交织，政策影响和市场冲击相互叠加。面对新形势，应对新挑战，公司全年工作的总体思路是：认真贯彻党的十七大和十七届三中、四中全会精神，贯彻中央经济工作会议和中央企业负责人会议精神，坚持以科学发展观为指针，以转变发展方式为主线，以调整优化结构为重点，以管理创新活动为抓手，以提升执企能力和盈利能力为目标，攻坚克难，扎实工作，全面完成年度目标任务，全力实施五年发展纲要，努力建设以电为主的国内一流能源集团。概括来讲，就是“转方式、调结构、推创新、提效益”。

第一，加快转变发展方式。转变发展方式既是公司实现科学发展的长远之计，也是应对当前形势的紧迫任务，关乎公司发展全局和事业兴衰。公司成立以来，主要是依靠负债新建方式拉动发展，并且燃煤机组比例过高，致使公司经营长期受制于煤。当前，煤价高位运行、火电发展难度加大、市场竞争日趋激烈，特别是国家推行低消耗、低排放为特征的低碳经济对公司经营发展的影响不断加深。在这种新形势下，公司原有的发展方式已经难以为继，转变发展方式刻不容缓。公司必须把加快转变发展方式作为推动发展纲要实施的战略性举措，坚定不移地调结构，脚踏实地促转变，推动公司发展方式由规模带动向质量效益型转变，着力创造经济价值；由单一产业支撑向产业上下游协同发展转变，着力打造产业链优势；由高耗能、粗放型向低碳化、精细化转变，着力提升内涵式发展质量；由自我建设为主向新建和并购结合转变，着力加快发展步伐；由生产型向生产经营型转变，着力增强市场竞争能力，实现在发展中促转变，在转变中谋发展。

第二，加快调整优化结构。结构调整是转变发展方式的重中之重。2009年以来，公司下决心调整结构，取得积极成效，但横向比较来看，结构调整的步子还不够快。因此，要按照发展纲要的要求进一步优化投资结构，坚持有所为有所不为，科学摆布，立足当前，收缩战线，突出重点，集中财力物力保证结构调整项目，保证快速见效项目。要着力加快煤炭开发，华电煤业和改制后的区域能源公司，要把更多精力集中到煤炭开发上，抓住2010年国家推广煤炭资源整合重组的机遇，尽快占有煤炭资源，当务之急就是加快推进公司控股的几个战略性大煤矿开发，尽快形成产能。加大电源结构优化力度，大力发展清洁高效能源，通过引进战略投资者、资产注入等方式，做强做大新能源产业；加快水电流域开发，努力取得金沙江中游、上游和怒江开发新进展；优化发展火电，在煤炭资源富集、电力市场条件好、运输通道顺畅、电价承载能力较强的地区，发展大容量高效环保火电、煤电基地，结合资源条件，因地制宜发展热电联产和燃机项目；通过积极参股核电项目，努力培育发展资质，尽早实现新的突破。要把并购作为结构调整的重要手段，二级单位要学习借鉴广东等区域的并购做法，积极寻找机遇，加大并购力度，提升资产质量。大力推动工程技术产业板块发展，注重新兴产业的研发制造和市场开拓，提升效益贡献度；华电工程和国电南自分开运作后，要抢抓机遇、深化改革、创新发展、做强做大，共同打造工程技术产业的新优势。大力推动金融产业板块发展，坚持产融结合，发挥资本控股公司融资平台作用，整合金融资源，拓展融资渠道，创新金融产品，在服务集团资金需求的同时，提升“钱生钱”的盈利水平。树立国际视野，积极有效地实施“走出去”战略，寻找发展机遇，拓展外部市场，获取战略资源。

第三，加快推进管理创新。管理创新是推进发展纲要实施的有力支撑和重要保障。2010年是管理创新全面推进的一年，要按照公司统一部署的十大创新重点，全面计划，分步实施，狠抓落实。特别是几项重点工作2010年要见到成效：一是三级管控体系要基本建立。总部的机构调整和“四定”方案正在落实，下一步要做好二级单位和基层企业机构调整和“四定”方案落实工作，明晰管理责任，完善工作机制，提高工作效率。二是主要经济技术指标要有明显进步。通过不断对标、查错纠弊、持续改善，主要经济技术指标达到行业中游以上水平，2013年要达到行业先进水平。三是促进从生产型向生产经营型转变。不但在思想上要改变重生产轻经营的传统思维，而且要从管理模式、工作重点、干部安排、人才培养等方面适应“大经营”的要求，真正在经营体制和经营效益上有明显的进步。四是星级企业创建活动深入开展。大力推行精细化管理，提升基础管理水平，推动企业向更高星级迈进。五是推进科技创新。着眼公司整体战略，制订公司科技进步路线图，增强自主创新能力，实现产业技术升级，提升科技对公司发展质量和经济效益的贡献度。

第四，加快提升效益水平。经济效益是企业的生命线，企业发展必须是有质量、有效益的发展。2009年，经过艰苦努力，公司扭亏增盈取得明显成效，但盈利成果仍然较少。公司必须抓住内外部经济形势回升向好的机遇，乘势而上，推进价值创造，提升效益水平。一是注重向存量运营要效益，狠抓“三电”、“四煤”、成本控制等经营要素，着力提升运营企业盈利能力。突出把解决重点亏损企业的扭亏脱困作为今后一段时期的重要内容，抓住扭亏目标不放松，逐一研究，综合治理，特事特办，落实责任，持之以恒，减亏扭亏。各二级单位要切实担负起责任，结合不同企业实际情况，积极创新盈利方法，通过争取特殊补偿政策等手段，千方百计扭转亏损局面。对于近两年投产没有产生效益的火电新机，要下大气力解决好煤炭、送出、安全经济运行等问题，切实发挥出新机对效益的拉动作用。二是注重向项目发展要效益，坚持以效益为前提谋划发展，所有新上项目必须符合资本金回报率要求。切实将效益贯穿至发展全过程，统筹安全、质量、工期、造价和效益的关系，树立全生命周期成本控制理念，加强设计优化，提升机组性能指标。三是注重向市场、政策要效益，着力增强市场敏感度和洞察力，加大营销力度，积极“跑市场”、“找市场”，扩大市场份额；加强政策研究，积极争取政策、用好用活政策，切实把政策变成实实在在的效益。

三、2010年公司目标与重点工作

（一）工作目标

1. 安全目标

确保公司系统不发生生产基建较大以上安全事故，不发生企业经营和领导人员违法和严重违纪案件，不发生对企业形象和稳定造成不利影响事件。

2. 经营目标

发电量3400亿kWh，比2009年增长12%；销售收入1100亿元，比2009年增长8%；利润完成25亿元，流动资产周转率3.2次，资产负债率控制在87.5%；供电煤耗328.5g/kWh，比2009年下降3.2g/kWh；单位二氧化硫排放绩效3.05g/kWh，比2009年下降3个百分点。

3. 发展目标

电源项目核准1000万kW，开工1000万kW，投产装机850万kW，通过新建和并购，力争2010年年底装机突破9000万kW；煤炭项目核准3100万t/年，开工3100万t/年，控股煤炭产量达到1000万t。

主要目标可以概括为“9129”，即发电装机力争突破9000万kW，控股煤炭产量1000万t，实现利润25亿元，污染物排放量控制在90万t以内。

（二）重点工作

1. 坚定不移地推进发展纲要实施

充分发挥战略统领作用。全面抓好五年发展纲要的贯彻实施，制定并出台四大产业板块发展指导意见和各区域具体实施方案，遵循发展原则，分解发展目标，落实发展项目，有序推进实施。尤其要通过中长期预算，把投资规模、资本金来源、利润、资产负债率等主要发展目标细化分解到年度，纳入新一轮任期考核。与五年发展纲要紧密衔接，稳步推进“十二五”规划编制，确保发展项目纳入地方及国家能源发展专项规划。

加快以煤炭为主的产业拓展步伐。抓好不连沟煤矿竣工达产，加快推进山西东易、二铺、白芦煤矿建设，确保小纪汗、肖家洼、隆德、西黑山等大型项目年内核准并连续建设。努力在晋、陕、蒙、豫等产煤大省并购一些营运煤矿，积极做好与煤矿企业的联营、参股合作，提高煤炭保障能力。加快推进陕北、鄂尔多斯、呼伦贝尔等以煤炭为主体的产业集群建设，力争曹妃甸煤码头三期项目核准、北煤南运通道项目列入国家“十二五”规划。围绕煤炭运销发展物流产业，做到电源配套煤炭、煤炭配套物流、产用结合贸易，形成产运销一体化发展格局，保证煤炭产得多、运得出、用得上、销得好。推进工程技术产业发展，重点加快曹妃甸临港装备基地建设，抓好风电、智能电网设备、节能环保设备等领域的研发和制造。

促进电源产业优化升级。大力发展清洁能源，有重点地发展大容量火电和热电联产机组，争取到年底清洁能源装机比重超过总容量的四分之一。加大前期工作力度，千方百计确保铁岭二期、可门二期、望亭4号机组等项目尽快核准，确保2010年内核准句容、莱州、榆横等重点火电项目。坚持淘汰和新建相结合，合理调配关停容量资源，统筹推进“上大压小”，年内关停小机组55万kW。妥善处理好水电开发中的环保和移民工作，力争沙沱、阿海和鲁地拉等项目获得核准，确保年底水电装机达到1500万kW。加大新能源开发力度，积极占有和开发风电、光伏发电等资源，确保投产通辽北清河、甘肃瓜州等项目150万kW。扎实推进核电发展，积累管理经验，加快人才队伍建设，有力推进龙岩、洛阳、东港、湘潭等项目前期工作。加大并购力度，做好并购规划，积极寻找市场机会，加快并购水电、风电等符合国家可再生能源政策的项目，努力在沿海发达地区、资源富集地区取得新的成果。稳步实施“走出去”战略，确保印尼阿萨汉水电站上半年投入商业运行，力促柬埔寨额勒赛水电项目一季度导流洞开工，落实印尼南苏项目核准条件，积极跟踪东南亚、俄罗斯、非洲等地区的能源开发项目，深化中美绿色合作伙伴关系，推进双方实质性合作。

强化基建工程管理。全面推进基建项目“四个策划”，积极开展技术创新和设计优化，以综合效益最大化科学合理安排工期，确保基建工程投产、效益、效率“三达标”。着力加强招投标管理，改革管理体制，严格落实招投标制度，规范采购行为，推广实施“工程量清单”招标方式，严格执行施工预算。抓好配套工程建设，及时解决好影响工程建设的征地、移民、环保等外部问题，超前落实送出、铁路专用线、热网等配套工程条件，确保与主体工程同步建设、同步投用。注重与先进煤矿企业交流，探索总结煤矿项目建设规律，建立健全管理体系，提高煤矿基建管理水平。

2. 进一步巩固和扩大经营成果

加大营销力度。健全营销体系，创新营销机制，完善三级责任，进一步提升营销能力。加大电量工作力度，在争取更多计划电量的同时，有效扩大直供电、跨区域交易和竞价上网等市场电量份额，落实好关停小火电电量转移，确保利用小时不低于“三同”目标。发挥监控中心作用，抓好电量督导，建立月度信息分析预测机制，进一步研判市场走势。高度关注电煤和天然气价格，争取煤电、气电价格联动，缓解火电企业经营困难。积极争取有利的水电电价政策，保证水电特别是新投产水电企业的盈利能力。加强电价改革政策研究，继续推动四川等结构特殊地区电价调整。加强供热营销管理，开拓供热市场，增加供热量，提高供热盈利能力。继续争取电热费及时、足额回收，努力不产生新欠电热费。

加强经营管理。紧紧围绕全年经营目标，各亏损企业要全面减亏扭亏，盈利企业不能低于2009年利润水平。着力抓好新投产机组、新收购企业、新拓展产业的经营管理，提高效益贡献度。按照“生财”、“聚财”、“理财”的理念，推进财务管理机制创新，建立发展需求与资金供应平衡保障机制，保证投资规模与盈利目标、资金筹措目标相匹配，全面提升对财务目标、资金流和资金风险的控制能力。深入推进全面预算管理，重点抓好燃料采购、人工成本、基建投资、现金流量等关键环节的预算管理。加强成本控制，与前三年平均水平相比，公司材料费、修理费要压缩5%～10%，一般管理费要压缩10%～20%。公司上下要树立过紧日子思想，减少不必要、无实效的公务活动，严格控制出国、购车、接待等事项。积极向盘活资产要效益，对于无效益、无战略意义的参股资产要抓紧进行清理和转让，加快资金回笼；抓好闲置资产的有效处置，使之能够发挥效益。

强化燃料管理。适应煤炭订货的新形势，按照市场规律和供求关系，做好全年煤炭订货工作。总的原则是以效益为前提，确保有边际贡献。优化供煤结构，积极与神华等国有大型煤矿沟通协调，多签重点大矿合同，落实兑现率，增加下水煤量，重点保证供热电厂煤炭供应。综合运用跨区域调运、褐煤掺烧等手段，有效解决东北、安徽等区域长期受制于地方煤炭垄断的问题。紧跟形势变化，统筹机组检修、生产调度，科学调整采购和储存策略，最大程度降低燃料成本。加强厂内燃料管理，严把入厂煤质量关，积极应用燃料管理信息化系统，着力提高燃料管理水平。

3. 全面提升安全生产管理水平

突出重点，夯实安全管理基础。认真贯彻公司一号文件要求，全面落实三级安全管理机制和安全生产责任制，尤其是二级单位要落实本区域的安全责任，努力建设本质安全型企业。健全完善安全监督和保证体系，按照“依法依规、实事求是、注重实效”和“四不放过”的原则，严肃事故责任追究。深化反违章、安全性评价、隐患排查和季节性安全检查，健全风险防控机制和应急管理体系，做好极端气候下的应急准备，努力做到防患于未然。针对煤炭产业新特点、新要求，借鉴相关企业的管理经验，健全管理体系，积极开展本质安全型矿井建设和达标建设，严防瓦斯、坍塌、透水事故发生，确保控股煤矿生产安全。抓好基建工程安全、新机安全稳定运行和新接收企业的安全生产管理。

优化指标，提升“创星”工作成效。以星级企业创建为载体，突出星级的强带动和硬约束作用，进一步建立创建工作倒逼机制，完善指标体系、标准体系和保障体系，促进公司主要经济技术指标持续优化。深化对标管理，理顺能耗和其他指标的关系，充分发挥供热、燃机在降低煤耗方面的优势，统筹安排好机组检修，最大程度提升机组经济性。加强设备和运行管理，全面推行点检定修，提高设备安全可靠性水平，确保机组“调得出、顶得上、稳得住”。狠抓节能技改，积极探索火电机组整体优化途径，对 30 万 kW 以上火电机组大修全部实施汽机侧热力系统优化，继续抓好电机变频、供热改造、褐煤掺烧等节能项目实施。

4. 大力推进体制机制创新

完善三级管控体系。公司总部在完成机构调整、梳理管理职责与核心业务流程的基础上，着力提高管控效能和办事效率。进一步明确三级管控职责界面，在二级单位规范运作的情况下，合理扩大管理权限；加强管理协同，进一步理顺“两权分离”企业管理关系，发挥整体优势，树立良好形象。加强决策管理，按照新修订的投资管理办法，突出责任主体和决策重点，公司总部作为决策中心，要加强技经分析，抓好项目审核，及时批复申请事项；二级单位要切实履行投资决策第一责任，做好分析论证，为科学决策打好基础。健全党组织有效参与决策的体制机制，进一步落实重大事项集体决策。加强政策研究，整合研究资源，创新研究方法，有效服务公司决策。深化区域公司、专业公司改革，重点完成湖北区域公司化改制，研究推进贵州区域资源整合，深化区域内部改革，切实增强区域公司自我经营、自我发展的能力；抓好物资体制改革，建立集团物资管理体系，提高资源获取能力和市场议价能力。积极稳妥推进黑龙江、江苏、陕西区域检修体制改革，理顺陕西、天津、福建等区域燃料管理体制。完善运营体制改革，推动由管理服务型逐步向实体经营型转变。

推进人力资源管理创新。深化干部人事制度改革，建立分级分类管理、授权适度有序的领导人员管理体制。逐步推行企业领导人员公开招聘，加大面向社会公开选拔专业管理人员的力度。深化劳动用工制度改革，适应产业板块发展需要，完善市场化用工机制，采取引进、招聘和订单培养等多种方式，储备煤炭、物流、核电、风电、金融等紧缺人才。推广竞争上岗试点经验，争取年内完成具备条件单位的第一轮竞争上岗。深化薪酬分配改革，积极应用 EVA 考核方式，加大效益及指标先进性考核的奖罚力度，切实把业绩与干部薪酬、职务升迁紧密挂钩。完善岗位薪点和绩效工资制度，推动薪酬分配向贡献大的企业和关键岗位、优秀人才适当倾斜。

强化细化基础管理。按照新的管控架构、组织体系，重新规划、设计新的规章制度框架体系，实现用制度管人、管事、管权。加强标准化建设，制定完善贯穿生产、经营、发展、队伍等各方面的工作标准、管理标准，提升标准化、精细化管理水平。继续深化“五型”班组创建，学习和借鉴“白国周班组管理法”，激发企业“细胞”的活力。加强信息化建设，围绕发展纲要、新的管控体制，编制信息化建设规划，构建和深化企业资源计划（ERP）信息系统应用，在公司系统大力推行核心业务系统建设，进一步梳理优化业务流程，提高决策管理效率和水平。将燃料全过程管理流程化和人力资源信息集中管控在全系统推广作为突破口，以业务数据与财务数据直接对接和信息实时在线共享为重点，建设先进的数据中心和统一的信息化管控平台，实现集团信息共享和综合应用。

5. 抓好资本运作和风险控制

拓宽融资渠道，增强融资功能。加大资本运营力度，重点开拓权益性资金来源，降低公司负债率。充分发挥五家上市公司融资平台作用，做好融资工作，提升融资能力，为公司降低负债、推进发展提供资金支持。进一步优化调整资产布局，整合优质资源，扎实推进新能源、华电工程、华电煤业进军资本市场步伐。具备条件的二级单位，要立足自身，通过引入战略投资者、股权信托等形式，积极吸收外部股权投资，实现自我滚动发展。着力加强总部和二级单位投融资能力建设，积极运用信托资金、保险资金、短期融资券、并购贷款等金融产品，多渠道筹集发展资金，努力降低财务费用。充分发挥公司内部金融机构作用，着力抓好华鑫信托开业后的创效工作。加强资金集中管理，进一步提高系统资金归集率。创新金融运作，研究推进金融投资，扩大保理、票据业务规模，开展经营性租赁，有效降低负债率。

强化内控管理，有效防范风险。严格执行国家政策和公司规章制度，切实增强遵纪守法、风险防范意识，突出抓好企业主要负责人的监督，保证依法合规经营。加强投资管理，严格审批程序，抓好风险分析与评估，合理控制投资规模，规范投资行为。高度重视存量资产资金风险，资不抵债、现金流量为负数的企业要立足自身，抓好规避和防范。加强和改进审计监督，认真落实国家审计署的整改意见，加大“上审下”力度，健全完善集团公司和二级单位审计管理体系，围绕中心和重点工作，抓好资产经营审计、领导干部离任审计、新收购企业审计以及相关专题审计调查。推进全面风险管理体系建设，认真进行风险点的识别和评估，建立重大风险防控措施和标准，开展重点企业、重要流程内控试点，着力抓好上市公司的风险防范。建立健全法制保障工作体系，尤其要重视兼并重组和境外投资工作中的法律风险，加强法律事务管理，做到规章制度、经济合同和重要决策法律审核把关率“三个100%”，确保完成中央企业法制工作三年目标。

全力配合监事会工作。大力支持配合新一届国务院派驻公司监事会监督检查，进一步完善联系工作机制，加强与监事会的沟通交流，健全和规范资料传递、送达等程序，重大事项及时向监事会报告。高度重视监事会等外部机构检查提出的问题和建议，严肃认真地抓好整改落实。

6. 狠抓环保治理和科技创新

认真落实国家环保政策，继续完善环保三大体系建设，加大污染物排放治理，确保完成“十一五”减排目标。加强现役电厂污染治理，抓好2009年脱硫专项检查问题的整改，推进烟气脱硝技术改造，强化从设计、基建到生产运行的全过程监督管理，确保脱硫投运率、脱硫效率均在90%以上。加快推进公司重点煤炭、火电、水电项目的环保、水保审批，强化基建项目环保“三同时”，协调处理好公司环保与发展的关系。提高CDM项目开发和碳交易能力，争取全年开发18项，注册成功8项，获得收益超过2亿元。

积极适应低碳经济的要求，大力推进科技进步和自主创新，拓宽科研领域，整合科技资源，筹备成立华电技术研究总院，形成技术支撑体系，不断完善各项技术标准。全力抓好“863”、“973”计划和国家科技支撑计划的课题研究。加强对具有战略和全局意义技术的攻关和研发，加快推进超超临界空冷、蒸发冷却发电机、IGCC示范电站、大型循环流化床锅炉等高效发电技术的应用，积极做好煤的多重加工及提取、煤化工等领域的研究，跟踪做好二氧化碳捕集、淤泥发电、海上风电等低碳新能源技术的开发，努力形成一批研究成果，发挥在延伸产业链条、提高效益水平、实现低碳发展等方面的积极作用。保障科技投入，完善激励机制，加强科技交流，积极做好先进科技成果的引进、吸收和运用。

7. 大力加强党的建设和队伍建设

充分发挥党的政治优势。认真贯彻落实党的十七届四中全会和全国国有企业党建工作会议精神，以改革创新精神加强和改进党建工作。进一步加强党的思想、组织、作风和制度建设，适应新的管控模式，完善各级党组织机构设置，保证覆盖面。认真组织开展“四强”党组织和“四优”共产党员创争活动，持续抓好“管理创新，党员争先”活动，把党的先进性体现到落实发展纲要、推进管理创新、实现扭亏增盈的具体工作中，把党员培养成生产经营的能手、管理创新的模范、提高效益的标兵。筹备开好公司系统党建工作会议。加强反腐倡廉建设，深入贯彻第十七届中央纪委第五次全会精神，充分发挥“大纪检”理念引领作用，加快构建惩防体系，持续加强廉洁从业教育，突出抓好效能监察，深入开展工程建设领域突出问题和“小金库”的专项治理。加大监督和巡视力度，整合纪检监察、财务审计、法律防范、干部监督等力量，构建“大监督”体系，营造风清气正、干事创业的良好氛围。

全面提升干部人才队伍素质。进一步加强班子建设，认真落实全国组织部长会议精神，严格执行中央《关于进一步从严管理干部的意见》，深入开展“四好”领导班子创建活动，不断提高领导班子执企能力，特别是党政“一把手”履职能力。结合2009年公司系统干部集中考察发现的问题，研究制定巡查管理、任职试用、岗位退出等制度，加大治懒治庸力度，建立完善并严格执行问责和责任追溯制度。积极推进“千名后备干部”培养计划，选拔建立起一支数量充足、结构合理、素质优良的后备干部队伍。从战略高度抓好人才培养和开发，加强三支人才队伍建设，健全企业管理、专业技术、技能作业三类岗位职系，制定人才选拔办法，建立多方向、多层次的员工职业发展通道。

营造和谐稳定的企业环境。加强思想政治工作，抓好理想信念、形势任务教育，深入开展文明创建活动，积极选树和宣传先进典型，用共同的事业凝聚人、鼓舞人。大力弘扬“自强求变、厚德求进”的企业精神和“诚信、求真、和谐、创新”的核心价值观，继续深入推进以价值思维为主题的企业文化创新活动，加大《华电宪章》宣贯力度，着力抓好新建单位、并购企业以及非电产业的文化导入和融合。切实把维护稳定作为硬任务和第一责任，畅通信访渠道，突出源头治理，维护员工合法权益。注重做好亏损企业员工思想工作、困难员工帮扶工作，在企业发展、效益提高的基础上，不断改善员工工作、生活条件，实现八万员工共谋发展，共享成果。健全工会组织，适时召开集团公司层面的职工代表大会，推进民主管理和厂务公开，广泛开展创建“工人先锋号”、劳动竞赛、技术比武活动。加强共青团和青年工作，教育引导青年岗位成才、建功立业，全面开展“号”、“手”创建活动。加强公关宣传，注重舆论引导，抓好舆情监测，为企业发展营造良好的环境。进一步健全履行社会责任管理体系，认真履行社会责任，树立良好企业形象。周密细致地做好春节前后各项工作，加强节日值班和安全保卫，保证电力、热力安全稳定供应，开展好“送温暖”活动，确保广大干部员工过一个欢乐祥和的春节。

中国国电集团公司 2009 年工作会议报告（摘要）

一、2008 年工作回顾

主要工作情况：

（一）安全形势总体平稳

贯彻落实国家安全生产隐患治理年的各项要求，完善制度措施，狠抓责任落实，努力夯实安全生产基础。深入开展安全隐患排查治理，共查出安全隐患 2857 项，整改 2723 项，整改率 95.3%。健全应急管理组织和预案体系，认真开展应急演练，进一步提高应对突发事件的能力。深入开展水电工程地震影响调查、工程安全排查等工作，保证大坝安全。明确煤矿、制造等相关产业安全管理责任，健全安全管理体系。集团公司系统安全生产水平进一步提高，在安全管理的 117 个单位中，有 109 家全年安全无事故，电力生产企业设备故障次数同比下降 10%。聊城、万安、新疆天风等 37 家电厂安全生产超过 2000 天，实现长周期连续安全生产。

在应对冰雪灾害、特大地震灾害和奥运保电的过程中，集团公司迅速启动应急预案和保电方案，加强组织领导和协调，各级领导干部深入一线、靠前指挥，全体员工众志成城、迎难而上，不惜代价保安全、保供煤、保发电，充分履行中央企业的责任和使命。受冰雪灾害严重的贵阳、凯里、永福等电厂，为支撑城市孤网运行发挥关键作用，受到国家有关部门和地方政府的高度评价。四川公司、大渡河公司全力以赴抢险救灾，最大限度保证电力供应，大渡河双江口公司获得中华全国总工会“抗震救灾重建家园工人先锋号”荣誉称号。担负向北京奥运主会场及奥运协办城市供电的单位，圆满完成奥运保电任务，山东公司、大同二厂荣获“电力行业奥运保电先进单位”称号。在抗灾保电、奥运保电工作中，集团公司共有 18 个基层单位和党组织、9 名先进个人受到国家和地方政府表彰，以实际行动展示集团公司的良好形象，为集团公司赢得荣誉。

（二）挖掘潜力成效显著

面对煤价飙升等严峻经营形势，集团公司不等不靠、眼睛向内，采取一系列扭亏增盈措施，深入挖掘潜力，最大限度减少亏损。深化星级企业创建活动，确定新的对标先进值，每月发布企业达标情况。实行滚动预算机制，强化预算约束与考核。重点对亏损大户、减利增亏大户的经营情况进行监控和治理。规范辅业和多经企业管理，主业范围内的检修、燃料、物资等业务逐步回归主业。集团公司全年可控成本比预算下降 11.5%，不考虑煤价上涨和电价调整因素，可实现利润总额 59.9 亿元，同比增长 24.6%。非火电企业自我加压，全年实现利润 29.5 亿元，同比增长 122.5%。各企业坚决贯彻落实集团公司决策部署，为尽可能防止利润下滑和减少亏损作出艰苦努力，涌现出苏龙公司、石嘴山公司、双辽电厂、衡丰电厂、聊城电厂等先进典型单位。谏壁电厂、菏泽电厂荣获集团公司首批“五星级”发电企业称号。

燃料管理得到加强。完善燃料管理责任体系，明确电厂是燃料管理的责任主体。拓宽进煤渠道，加强全过程管理，努力提质控价。深入学习苏龙公司经验，牢固树立企业经营理念，加强管理创新，积极推广混配掺烧等生产经营措施。华东公司通过建立燃料采购信息平台，大比例掺烧褐煤等措施，四季度即实现扭亏为盈。煤价高峰时，苏龙公司掺烧褐煤达到 60%以上，度电可控成本较同类型电厂下降 5 分左右。华北公司入厂入炉煤热值差完成 0.22MJ/kg，处于国内先进水平。

节能减排工作深入推进。加强生产管理和技术改造，优化机组运行方式，主要经济技术指标持续改善。全年关停小火电机组 160.5 万 kW，累计关停 294.2 万 kW。参加全国千家企业节能行动的电厂全部完成年度节能目标。常州、靖远等电厂煤耗处于国内同类机组领先水平。全年对 57 台机组（设备）进行节能技改和脱硫技改。濮阳、吉热等改造机组的煤耗降幅超过 10g/kWh。龙山电厂通过加强管理降低煤耗 8g/kWh。机组检修质量不断提高，双鸭山、龚嘴等10台机组大修后连续运行超过180天，获得大修质量奖励。全年签订碳购协议总量达2270万t，目前已开发100个CDM项目，可实现总减排量5130万t，在发电行业中开发种类最全，预期总收益可达5亿欧元。

市场营销工作成效显著。千方百计争发电量，争取电价、热价，集团公司全额拿到两次调价，70%的火电企业发电利用小时高于所在区域同类机组平均水平。合理安排发电计划，加强电量置换，共优化电量107亿kWh。东北公司、山东公司、新疆公司、河南公司等超额完成年度电量计划。万安电厂在来水偏少的情况下，通过科学调度增发电量1.1亿kWh。四川公司、龙华公司积极争取直供电量，增加效益7000多万元。努力开拓供热市场，新增菏泽、蓬莱两家供热企业。加大电费回收力度，电费回收率99.5%。

（三）电源发展迈上新台阶

电源结构进一步优化。全年新增装机容量1017.6万kW。清洁可再生能源装机容量达到756.6万kW，比例持续提升。风电装机已达288万kW，继续在全国保持领先地位。注重建设大型环保节能机组，火电机组中30万kW及以上机组的比重达到78.5%，60万kW及以上机组的比重达到37.7%，火电平均单机容量上升到25.2万kW。

电源前期取得新成果。推行电源项目责任制，促进项目发展。火电项目全年具备核准条件和完成核准1270万kW，获得同意开展前期工作批复的400万kW，已申请开展前期工作的1462万kW。水电开发力度加大，大渡河、新疆、云南、西藏水电项目前期工作积极推进，全年具备核准条件和完成核准334万kW。风电开发速度加快，编制加快风电产业开发的指导意见，初步形成投资主体多元化、建设管理专业化的格局；积极参与国家规划的大型风电基地开发，拓展“六大风电基地”发展空间，全年核准178万kW，风资源储备超过1500万kW；风电产业成为集团公司的重要品牌，龙源集团荣获“亚洲500最具价值品牌奖”。漳州、衡阳核电项目前期工作取得进展。生物质发电稳步推进。IGCC项目整体方案和技术路线更加明确。

电源资产并购力度加大。完成湖南益阳电厂、湖南湘投其他发电资产以及陕西丹江莲花台梯级水电等项目收购，共增加装机容量223.2万kW。开展并购内蒙古能源发电公司资产前期工作，已于2009年1月签署框架协议。推进湖北竹溪水电等中小水电项目并购工作。加强并购项目的法律审核，清理和规范海外投资项目，防范投资风险。

工程建设有序推进。面对外送不配套、设备供货不及时、冰雪地震灾害等诸多困难，集团公司加强组织协调，进一步落实影响机组投产的各项内外部条件，各分（子）公司、项目单位周密制定进度控制目标，优化施工方案，各在建工程有序推进，全年投产容量955万kW。北仑6号百万千瓦机组注重科技创新，采用先进工艺技术提高了工程质量，确保按期投产。蚌埠电厂加大优化设计，严格造价控制，节省投资近2亿元。察汗乌苏水电站两台机组分别提前投产。深溪沟水电工程大坝混凝土浇筑和机电安装全面开始。江苏如东风电二期项目高标准投产，获得2008年度中国电力优质工程奖。

（四）企业转型取得新突破

战略规划和布局更加明晰。加强转型战略研究，完善涵盖电力上下游产业的规划体系，初步确定企业转型的发展原则、重点领域、产业布局以及区域分布。明确推进结构调整和企业转型的重点工程，与内蒙古、新疆、宁夏等地方政府签订能源开发战略协议。

煤炭产业开发快速推进。完成平庄煤业（集团）公司重组工作。取得同意开展察哈素煤矿前期工作的路条，推进晋北小煤矿整合和准东煤田勘探工作。蒙东和东北煤电化运港一体化项目、赤峰和锡林郭勒煤电运化项目、林白铁路、锦赤铁路等项目有序展开。国电电力实现控股英力特集团。燃料公司积极组织煤源和运力，加强和改善电煤供应服务；收购太原南峪、朔州中强伟业等煤矿，开展华中、山东、川渝等缺煤地区中心储配煤场建设。

科技产业优势进一步显现。风机制造进入批量生产阶段，产业链初步形成。积极涉足太阳能发电领域，开工建设宁夏多晶硅项目。等离子点火技术应用已超过1.8亿kW，进一步拓展台湾、韩国、俄罗斯等市场。烟气脱硫脱硝技术保持行业领先地位，首个境外脱硫工程—香港南丫项目进展顺利，脱硫特许经营项目进入实施阶段。电站控制系统实现批量应用，市场份额不断扩大。空冷公司建成国产化火电站空冷岛核心设备生产基地，在行业内占据优势地位。以合同能源管理方式，完成江西新余两台机组综合节能改造。科技创新稳步推进，组织实施“火电行业重大工程自动化成套控制系统”等十大重点科研项目，等离子低氮燃烧技术已经试验成功。烟气脱硫等省部级重点实验室、风力发电等企业技术中心建设进展顺利。龙源环保公司设立了集团公司首个“博士后工作站”。深入开展节能、环保技术和工程等方面的国际交流与合作。集团公司新获专利24项，目前共拥有专利107项，其中发明专利14项，获得省部级以上科技进步奖36项。

物资产业集约经营深入推进。开展大修物资、通用物资、紧缺物资的集中配送，服务范围不断扩大。集中采购得到加强，通用物资降低采购成本 15%左右，进口四大管道降低采购成本 20%左右。新建金堂等物资超市，现有 15 家超市运营，共减少资金占用 6500 万元。联合储备范围进一步扩大，基本涵盖国内主机及主要辅机制造企业，节约储备资金 1.8 亿元。集团公司开展集中采购的经验得到国资委肯定。

金融业务领域不断拓宽。开发具有自主知识产权的“国电网银”系统。进一步推进了信贷增值产品、保险经纪等金融服务业务。拓展投资投行业务，实现净收益 5778 万元。启动财险、寿险、基金公司筹建工作，开展财务公司金融债券发行准备工作。国电电力入股石家庄商业银行和大连百年人寿公司，实现金融业务突破。

基层企业积极推进转型。大力开展粉煤灰综合利用，靖远公司 2×5000 万块粉煤灰标砖项目竣工投产，年利用粉煤灰（渣）20 万 t；汉川公司正在建设年产 100 万 t 水泥粉磨站。积极开展煤炭经营，常州公司对外销售煤炭，实现利润 1940 万元；长源公司控股地方煤矿，年产煤炭 30 万 t。

（五）资金保障能力明显提高

资本运作积极推进。顺利发行国电电力 39.95 亿元分离交易可转债。完成龙源集团所持国电电力股权划转工作，龙源集团改制上市得到国资委批复。烟台龙源上市工作有序推进。其他上市公司的发展与战略定位进一步明晰。落实有关出售可分离债、权证和股份回购工作，为资本市场证券操作奠定基础。进一步加强产权管理，完成红雁池等公司少数股东股权收购工作，开展泉州、铜陵等发电公司股权结构优化工作。

融资渠道不断拓宽。通过加强银企合作，全年新增授信额度 546 亿元，实现总部贷款利率下浮 10%。成功发行 89 亿元短期融资券和 171 亿元的理财产品，完成发行 89 亿元中期票据的准备工作。通过引进低成本资金，直接降低财务费用 3.8 亿元。通过争取财税政策，获得财政贴息、节能减排、环保等补助 6.1 亿元。积极开展进口设备的免税退税工作，实现退税金额 5681 万元。

资金使用效率提高。资金统一结算量 4487 亿元，同比增长 31.5%，日均资金归集量 67 亿元，同比增长超过 50%。进一步优化年度资金支出，共向基层企业拨付转贷资金 139 亿元，保证资金链安全。各单位多渠道筹集资金，适时调整贷款结构，大量节约财务费用。

（六）深化改革取得新进展

体制机制创新工作稳步推进。调整总部组织机构，部门权责更加清晰，总部战略管理、预算管理、投资决策、资本运营、人力资源配置的职能进一步加强。扩大省公司组建范围，设立江苏、内蒙古等五个省级全资子公司。组建国电能源研究院和国电科学技术研究院。按照管理重心前移的原则，加大对区域分（子）公司的授权，明晰管理界面和管理关系。进一步加强三会业务管理，规范股东会、董事会、监事会运作。按照装机容量、资产总量、销售收入等要素，对所属企业实行分类管理。改革领导人员职级管理体系，公布施行一批加强干部聘用、管理的制度措施。建立和完善收入分配激励机制，修订工效挂钩管理办法，加大目标责任制考核和兑现力度。

（七）党建、队伍建设和反腐倡廉建设进一步加强

各级党组织深入学习贯彻党的十七大精神，以先进性建设为主线，围绕中心扎实推进党建工作，参与管理、推动发展、凝聚人心、促进和谐的作用更加突出。深入开展“三保一促”主题实践活动，扎实开展“学习苏龙公司经验、学习陶建华同志事迹”活动，在推进企业转型、实现扭亏增盈上取得实效。狠抓形势任务教育和思想政治工作，加大新闻宣传力度，抓好维护稳定工作，凝聚了推进企业发展的强大合力。工会、共青团组织认真履行职责，组织开展劳动竞赛等建功立业活动。深入开展“迎奥运、讲文明、树新风”系列活动，精神文明建设成效显著，集团公司和八个基层单位被评为全国文明单位、六个基层单位被评为全国精神文明建设先进单位。

领导班子和人才队伍建设取得新成效。进一步加强领导班子建设，强化领导班子配备，通过民主测评和考核，对华东、华中、西北等 17 个分（子）公司和 30 个基层单位的领导班子进行调整充实。进一步加大干部交流力度，干部交流 71 人次。加大人力资源调配和急需人才的引进力度，面向系统内选聘 280 人输送到新建电厂，面向系统外公开招聘 56 名优秀专业技术人才。加大教育培训和人才评价工作，员工培训率达到了 70%以上，队伍素质不断提升，集团公司干部教育培训经验在全国干部教育培训会议上交流。

纪检监察和审计工作不断加强。认真落实中纪委惩防体系工作规划，制订集团公司实施细则。贯彻落实“三重一大”集体决策制度和“国有企业领导人员廉洁从业七项要求”，继续开展巡视检查工作，进一步推进效能监察，有效促进反腐倡廉建设。建立和完善集团公司系统审计体系，积极开展内部经济责任审计、基建项目审计、绩效调查等工作。认真配合国家审计署对集团公司开展专项审计，加强协调和沟通，确保国家审计工作有序进行，促进企业合法经营和规范管理。

认真履行国有企业的社会责任。积极参加抗灾救灾、关心弱势群体、爱心捐助等社会公益活动。公司系统抗震救灾捐款捐物达7603万元，与东方电气签订82亿元发电设备合同，向大渡河“同一条河，同一个家”爱心帮扶基金注入资金4000万元。投入扶贫帮困资金646万元。

二、面临的主要形势

宏观经济形势正在发生急剧而深刻的变化，全球金融危机尚未见底，对实体经济的影响正在进一步加深。受金融危机快速蔓延影响，我国企业经营困难增多，经济增速下滑已经成为经济运行中的突出问题。形势虽然严峻，但我国经济发展的基本态势没有改变。党中央、国务院把保持经济平稳较快发展作为2009年经济工作的首要任务，经济增长预期目标确定为8%左右，出台一系列“保增长、扩内需、调结构”的调控措施，宏观经济正在出现积极变化。总的判断，2009年有可能是我国进入新世纪以来经济发展最困难的一年，也是蕴含重大机遇的一年。

国内外经济环境的复杂变化，使集团公司面临着前所未有的严峻挑战。电力市场总体呈现供大于求的局面，火电机组利用小时将继续下降，随着节能调度的深入开展，发电侧之间的竞争将更加激烈。煤电价格矛盾没有得到合理解决，电价进一步上调的可能性减小，电价执行难度加大，推动煤价上涨的因素依然存在，对企业盈利能力有较大影响。电力工业结构调整步伐加快，节能减排的要求更加严格，集团公司电源结构矛盾比较突出，调整优化的任务艰巨。另外，由于2008年的严重亏损，集团公司负债率高、资本金短缺等问题进一步加剧，资金保障仍很困难，经营风险加大，将给当前工作和今后一段时期的发展带来不利影响。

尽管形势严峻，但也应看到集团公司面临的有利条件和机遇。当前，我国仍处在重要战略机遇期，电力发展的内在动力依然强劲，将为集团公司的发展提供较大空间。国家推动能源产业结构优化升级，大力推进煤炭基地和电源基地建设，引导和鼓励企业跨行业融合和重组，为集团公司推进企业转型、优化产业结构、开展资产并购创造有利条件。煤炭市场供求总体宽松，燃料成本压力将有所缓解；2008年两次电价调整后，2009年有一定的“翘尾”效应；国家近期推出的一系列金融政策、财税政策和推进资本市场发展的措施，对于改善企业经营环境将产生有利影响。此外，随着挖潜工作的深入开展，集团公司成本控制能力不断增强，管理水平明显提高。更为重要的是，集团公司六年来培养锻炼了一支团结拼搏、埋头苦干、甘于奉献、勇于争先的干部员工队伍，这是集团事业发展最为宝贵的财富。

面对当前的形势，公司必须始终坚持“解放思想、改革创新、科学发展、构建和谐”的指导方针，紧紧围绕“转型企业、挖掘潜力、提高质量、创造一流”的中心任务，积极调整优化产业结构，着力提升生产经营管理水平，切实增强可持续发展能力，努力建设国内一流的综合性能源集团；必须牢固树立危机意识、过冬意识、争先意识，在思想观念上牢记使命、心存忧患，在工作重心上确保眼前、兼顾长远，在经营理念上突破常规、勇于创新；必须正确处理好新形势下发电企业改革发展的“十个关系”，审时度势，科学决策，统筹兼顾，周密部署。只要统一思想、振奋精神、坚定信心，不为任何风险所惧，不为任何干扰所惑，充分发挥自身优势，万众一心攻坚破难，就一定能够继续推进集团公司全面协调可持续发展。

三、2009年重点工作

2009年的主要预期目标是：

安全稳定目标：不发生人身死亡事故，不发生全厂停电或电厂引发的电网稳定破坏事故，不发生电厂垮坝事故，不发生重大及以上设备损坏事故、环境污染事故、交通事故和火灾事故，不发生对企业形象和稳定造成不利影响的事件。

生产经营目标：发电量完成3266亿kWh，煤炭产量2478万t。销售收入1000亿元以上，实现扭亏为盈，并达到一定规模的盈利。资产负债率87.8%，力争控制在86%以内。

发展目标：全年投资规模500亿元左右。开工电源项目1000万kW，投产960万kW，发电装机容量突破8000万kW。控制煤炭资源储量119亿t。

节能减排目标：供电煤耗低于334g/kWh，厂用电率低于6.06%，二氧化硫排放量少于92万t。关停小火电机组300万kW左右。

为确保完成2009年的目标，要重点做好以下工作：

（一）巩固安全生产基础，努力建设本质安全型企业

按照国家“安全生产年”的各项要求，建立和完善以风险预控为重点的安全生产管理体系，落实安全生产责任制，严格责任追究制度，确保各项安全生产防范措施落实到位，切实提高安全管理水平。

（1）坚持做好安全性评价工作。进一步完善安全性评价标准，严格执行管理制度，加强现场安全检查，确保重大危险源可控在控。抓好新投产电厂的安全性评价，确保机组安全稳定运行。

（2）在事故预防上下功夫。加大隐患排查治理力

度，加强对安全管理薄弱电厂的检查指导，坚决把事故消除在萌芽状态。进一步加强应急管理体系建设，实行预案动态管理，做好应急演练，提高处理突发事件的能力。

（3）推广 NOSA 综合管理体系。通过规范管理流程、加强程序化管理和闭环管理，提高安全管理效率，实现安全生产的持续改进，建立健全安全生产长效机制。

（4）加强基建安全管理。认真落实分（子）公司和项目建设单位安全管理责任，加大基建工程现场安全监管力度，规范分包工程管理，努力提高安全、文明施工水平。

（5）加强相关产业安全管理。深入研究煤矿、化工、设备制造等领域安全管理工作，掌握安全生产规律，建立涵盖各相关产业的安全生产保证体系和监督体系，确保安全稳定生产。

（二）调整优化电源结构，加快提高发电产业核心竞争力

（1）科学有序推进电源项目发展。开展重大发展专题论证工作，科学制定集团公司第二个五年规划。各公司要根据集团公司规划，因地制宜编制完善好本企业发展规划。加大前期工作和报批核准力度，开工项目必须经过国家核准。抓紧筛选和储备一批项目，为“十二五”发展奠定良好基础。从紧控制投资，降低新开工项目规模。调整电源投资结构，向水电、风电、核电等项目倾斜，适当控制燃煤电厂项目投资比重。加大并购重组工作力度，重点关注大容量火电机组和有资源优势的水电项目，争取重组并购 300 万 kW 以上。

（2）加大水电开发力度。坚持大中小水电并举，全力推进四川，大力争取云南，足额确保新疆，战略进军西藏，积极拓展海外，争取全年投产水电 128.8 万 kW，尽快提高水电装机比重。抓紧研究解决影响大渡河流域水电开发的关键问题，加快推进瀑布沟水电站工程建设，确保年内按期投产。力争在金沙江、怒江流域取得项目突破。

（3）进一步优化发展火电。认真做好火电项目的遴选工作，优先开工 60 万 kW 和 100 万 kW 机组 500 万 kW 以上。重点做好谏壁、天生港、霍州、南宁等大容量燃煤电厂的前期和建设工作。参与蒙东、鄂尔多斯、宁东等大型煤电基地一体化项目开发。严格控制热电比达不到设计标准的 30 万 kW 及以下机组建设。

（4）加快开发风电。在龙源集团作为主要投资主体的前提下，发挥多个投资主体的积极性，支持各分（子）公司参与河北、甘肃、内蒙古、东南沿海等风电基地建设，确保全年投产 250 万 kW。加强风电前期工作，广泛争取优质风电资源。加快海上风电开发，确保上半年开工海基风电项目。高度重视配套建设，保证风电项目送得出、落得下、不限电。加强专业化管理，把龙源集团建设成为具有“一流的勘测设计能力、一流的施工建设能力、一流的运营维护能力”的风电公司。

（5）重视开发其他新能源。大力开发核电，有选择地采取参股方式尽快取得项目突破。加快推进漳州等核电项目前期工作，继续增加核电项目储备。推进 IGCC、生物质能项目前期工作，研究开发太阳能、潮汐能、地热能等可再生能源。

（三）积极推进企业转型，大力提高相关产业利润贡献率

（1）加快煤炭综合产业开发。以资源大省为战略重点，积极开发内蒙古—东北、宁东、新疆等大型煤炭基地，大幅提高优质煤炭控制储量。进一步扩大煤炭产能，开工白音华煤矿、察哈素煤矿项目。稳妥开展煤化工项目，加强研究论证，做好赤峰 3052 化肥项目、英力特宁东煤基化热电多联产项目工作。建设配套运输项目及区域中心煤场，开工建设林白铁路，开展港口、码头等项目的合作开发。燃料公司要加快在电源负荷中心投资建设中小煤矿，在资源丰富地区建设发煤站，在供煤紧张地区建设中心储配煤场，切实发挥“调盈补缺、平抑煤价”的作用。完善下水煤和资源省煤炭调运网络，提高煤炭供应能力。积极面向市场，开展煤炭经营和海运业务。

（2）做大做强高新技术产业。继续做大脱硫脱硝、等离子点火、电站节能、空冷、电站控制与信息化等产业规模，努力提高经济效益。推进风机制造业扩大产能，确保年产风机 800 台，海基风机正式下线，完成三大制造基地布局，积极延伸产业链。做好多晶硅提纯、太阳能电池技术引进和消化吸收，建设国内一流的太阳能企业。加快优势技术、产品“走出去”步伐，积极拓展脱硫工程项目海外市场。加强科技创新和产业化工作，不断培育新的经济增长点。

（3）积极发展金融产业。实施金融产业发展规划，将财务公司建设成多元化金融平台，实现从产品单一到综合服务的跨越。稳健开展信贷资产转让、金融租赁、投资投行等金融创新业务。金融产业发展要取得新突破，保险、信托、基金公司的组建年内力争完成一个。争取发行财务公司金融债券，广泛募集权益性资金，改善集团公司财务结构。国电电力要做强石家庄商业银行，争取实现跨区经营。

（4）加强物资集中管理。加快构建覆盖全系统的集约化物资经营管理模式，实现集团效益最大化。做好集中采购，继续挖掘基建工程集中采购潜力，完善通用物资集中采购模式，扩大集中采购范围，全面降

低采购成本。推行备品备件联合储备，建立物资信息平台，实施动态管理，加强内部调剂，降低库存积压和资金占用。加强物资超市及物流配送系统建设，扩大覆盖范围，完成40家电厂物资超市建设。

（5）推进电厂转型发展。有条件的电厂要积极与煤炭企业合作，开展煤电联营，因地制宜进行电煤经营。各基层企业要发挥主业优势，积极开拓供热、水务市场，有条件的大机组要进行供热改造。进一步加大粉煤灰、脱硫石膏等资源的开发利用，建设一批循环经济示范电厂。

（6）加强商贸、技术、管理等方面的国际交流合作，择优推进有关能源投资项目。大力开展CDM国际交易，积极争取国内碳交易政策。继续做好运行检修劳务输出。

（四）深入挖潜增效，着力提高生产经营管理水平

（1）加强生产管理和技术改造。按照同类可比、同行领先的原则，确定对标先进值，加大对标管理力度，不断提高管理水平，力争部分电厂技术经济指标达到国内一流水平。认真开展节能评价，深入查找分析指标落后原因，加大整改力度，确保指标落后单位两年内达到国内平均水平。加大对并购电厂的运营管理，采取有力措施，迅速扭转落后局面。加大技改力度，重点抓好煤炭掺烧、等离子点火、汽轮机通流部分以及辅机变频等改造，深入做好脱硫特许权经营。改革技改投资体制，推行合同能源管理模式，通过系统诊断和改造实现效益最大化，年内建设2～3个节能示范工程。推广设备点检定修制，根据设备利用小时确定检修周期，合理延长检修间隔。有条件的地区可组建区域检修公司。

（2）加强燃料管理。完善燃料管理体系，落实电厂的主体地位，发挥集团整体优势，采取统分结合的方式，保证电煤供应，努力控制煤价。在同质同价的情况下，优先由燃料公司承担各电厂的煤炭供应及运输。建立燃料采购信息化平台，协调跨区跨省采购和调运，严格执行煤炭采购限价和报批制度。加强燃料采购运输、计量、采制化、煤场等全过程管理。入厂入炉煤热值差要同比降低0.05MJ/kg。认真执行集团公司掺烧褐煤和生物质燃料的指导意见，把掺烧纳入运行规程。有条件的电厂要改建或扩建混配煤场，逐步提高掺烧比例，原则上各燃煤电厂的掺烧比例要超过30%，确保燃料成本低于当地平均水平。

（3）加大节能减排力度。加快推进“上大压小”和关停小机组工作，部分计划于2010年及以后关停的小机组，提前到年内关停。对计划今后关停的小机组，要认真做好关停方案，确保按计划关停。妥善做好关停电厂的资产处置、电量置换、人员安置、替代方案等工作，确保资产安全、队伍稳定。加强对环保设备的监督管理、运行维护和检修技改，继续做好在建项目环保“三同时”工作，全面提高环保设备的投运率和脱除效率。

（4）加强市场营销工作。千方百计开辟电力市场，积极主动做好市场营销，确保集团公司发电量份额不减，确保电价执行到位，确保电费及时足额回收。积极协调发电量计划，建立发电量预警管理机制，定期进行跟踪管理。优化电量结构，深入开展小机组和关停机组的电量置换、转移以及有关发电权的交易。进一步推动大用户直供电。积极参与节能发电调度的试点和区域内、省内竞价工作。做好跨区、跨省的电能交易。抢占先机，努力开拓热力市场。加大对已出台特定电价政策的管理和执行。继续推动上网电价调整。

（5）提高财务运作水平。坚持“年零基，季滚动，月分析，周监控”预算管理模式，着力加强成本控制、现金流控制和投资控制，可控费用按平均先进水平进一步予以压降，防范和化解经营风险。加强对重点亏损企业的监控，督促整改提高。加强资金管理，减少生产、基建资金沉淀，最大限度盘活内部资金。各单位要通过“国电网银”系统进行资金结算，力争资金集中度达到100%。加大纳税筹划，科学调整信贷结构，积极争取财政补贴，努力降低财务费用。严守财经纪律，坚决禁止利用折旧、库存、摊销等方法违规调节、转移利润。做好审计署专项审计的整改工作，举一反三查找管理漏洞和不足，健全和完善管理制度。

（6）加快科技创新和信息化建设。完善集团公司技术创新体系，认真开展科技创新试点工作。与国内知名大学及科研院所联合，积极争取国家级课题及示范工程。加强节能环保、新能源、煤炭加工等技术研发，力争在褐煤干燥成型技术引进和国产化方面取得突破。完善信息化规划，加大信息化建设力度，加快形成集生产、财务等核心业务管理于一体的信息化平台。加快建设视频办公会议系统，努力降低管理费用。

（五）加强电源投资项目全过程管理，全面提高电厂建设质量和投资收益

（1）认真做好项目前期工作。落实电源项目责任制，加强评估论证，做好项目优选，确保项目核准。项目开工前要落实合作伙伴、解决融资问题。严格执行内部决策程序，从源头上把好项目质量效益关。

（2）开展系统优化设计。学习借鉴外高桥三期工程技术创新经验，制订工程设计优化导则，根据电网负荷情况和机组在电网中的作用，确定工艺系统、设备配置等方面的优化方案，逐步与国际一流标准接

轨。推行设计招标，通过多方案比选确定最优设计方案。通过技术经济论证，开展煤炭经营、粉煤灰和脱硫石膏等综合利用设施的配套建设，确保机组投产5年内不进行重大技术改造。2009年要重点抓好现有基建工程的重新评估，确保项目投产后效益水平高于当地平均水平。

（3）改革基建管理模式。积极探索在建项目的专业化管理。建立“统一管理，分级负责”的招标管理体制，明晰权责，提高招标工作效率和质量。

（4）加强造价控制。加强和完善基建财务管理工作，强化全过程管理，优化资金流向，降低财务费用。抓住设备材料价格下降的时机，努力降低采购成本。加强工程概预算和合同结算管理，推行编制施工图预算。进一步规范重大设计变更、合同变更和其他费用管理，严禁各种不合理费用进入基建成本。及时开展工程结算，各项目必须在规定时间内完成竣工决算。力争火电机组单位千瓦造价比国内平均水平低5%，水电工程造价目标比可研概算降低12%。

（5）全面提高机组投产水平。加强外送工程协调，搞好设备催交，实现机组按期投产和零尾工移交。大力开展洁净化安装，实行精细化调试，确保机组投产之日各项运行指标即达到国内先进水平。

（6）加强项目考核和后评价工作。加强投资责任体系建设，完善目标责任制考核办法，实行项目前期、基建全周期考核，加大考核兑现，防止盲目投资和不负责任投资。深入开展项目后评价工作，为今后建设同类项目提供经验。

（六）加强资本运作和融资工作，努力控制资产负债率

（1）加大上市融资工作力度。加快国电电力再融资工作，加大存量资产注入和直接融资比重，年内实现对国电电力注资融资。加快推进龙源风电和烟台龙源IPO进程，确保实现年内上市。抓住国家即将推出创业板的有利时机，鼓励高科技企业分别上市。提高长源公司盈利能力，深入研究其发展定位和资本运作模式。推进平能股份和英力特化工股份的再融资工作。

（2）开展多渠道股权融资。积极研究在集团多层面引进“社保基金”、“保险资金”、“信托股权资金”，增加股权资金来源渠道。在风险受控的条件下，开展二级资本市场证券操作。实行产权管理的动态化，加快产权流转速度，通过盘活不同级次的产权，拓宽获利渠道。

（3）拓宽债券和金融产品融资。扩大债券融资规模，加快产业投资基金运作，做好信托资金、理财资金等低成本资金续发、增发工作，积极开发利用新的金融产品。加强与银行机构合作，争取授信额度，加大低成本资金引进力度。

（七）坚定不移深化改革，完善有利于科学发展的体制机制

（1）健全三级管理体制。健全总部、二级分（子）公司和基层企业权责体系，在注重发挥集团化运作优势的同时，进一步推进管理重心前移，实现授权有度，管控有力，发挥好各个层面的积极性。继续在条件成熟的地区建立省级子公司，深化江苏公司管理体制改革试点工作。

（2）完善现代企业制度。在二级企业积极推进规范的董事会建设，加强董事监事管理，促进董事监事进一步履行职责。规范母子公司关系，加强对子公司重大事项的管控，提高集团控制力。

（3）推进考核激励机制改革。突出效益导向原则，构建体现科学发展观和正确业绩观要求的业绩考核评价体系。根据不同企业的特点，建立简便实用的分类考核办法。增加考核的“对标管理，过程监控，预警机制”功能，使考核结果真正反映企业实际和干部业绩。加大考核激励力度，严格执行工效挂钩，完善领导人员年薪制，加大绩效年薪和效益工资比重。严格执行领导人员问责制度。加快制定扭亏增盈、项目发展等专项奖励制度，设立总经理奖励基金，对业绩突出的单位和个人给予特别奖励。积极探索引入股权、期权等激励手段，充分激发干部员工的创造活力。

（4）完善内控机制。建立全方位、多层次的风险管理机制和化解机制。完善财务重大事项管控制度。进一步加强审计监督，健全审计组织体系和各项管理制度，加大建设项目全过程跟踪审计和决算审计，加强电厂绩效审计，形成严密的监督约束管理体系。对非电产业项目要实行更加严格的投资审批、更加精心的项目管理，建立更加全面的市场预测、预警机制，确保企业转型成功。做好重大项目投资和经营管理工作的法律监控，保障集团公司健康发展。

（5）进一步深化辅业和多经企业改革。规范企业管理层和职工持股、投资行为。规范集体企业管理体制。深入开展规范主辅业与多经企业关联交易工作。辅业和多经企业经营的属于主业范围内的业务，2009年上半年要回归主业。

（八）扎实开展深入学习实践科学发展观活动，切实加强党的建设、队伍建设和反腐倡廉工作

（1）按照中央部署组织开展好深入学习实践科学发展观活动。坚持把学习实践活动与中心工作紧密结合起来，在解放思想、提高认识上下功夫，在解决生产经营和改革发展难题上下功夫，达到党员干部受教育、科学发展上水平、职工群众得实惠的目标，以学

习实践活动的实际成效促进集团公司又好又快发展。

（2）加强党建和反腐倡廉工作。进一步加强企业党的思想建设、组织建设和制度建设，扎实开展“双学”活动和“三保一促”等主题实践活动，充分发挥各级党组织的政治核心作用和广大党员的先锋模范作用，使党建工作更好地服务和促进企业中心工作。建立和完善与现代企业制度相适应的惩治与预防腐败体系，严格执行党风廉政建设责任制，认真抓好关键环节和重点岗位的监督，严肃查处各种腐败行为。

（3）加强干部队伍建设。坚持正确的用人导向，实行优胜劣汰的干部任用机制，重点推进领导人员公开选拔工作。推进干部上下交流和横向交流。加大选拔培养优秀年轻干部、基层和生产一线优秀干部的力度，鼓励年轻干部到基层企业和艰苦地区锻炼成长。深入推进“人才强企”战略。建立相关产业市场化用人机制，积极引进高端人才创新创业，力争进入中央“海外高层次人才引进计划”。加快财会队伍建设和总会计师配备步伐，启动总会计师委派制。建立对燃料管理等重点岗位人员的定期轮岗制度。

（4）加强领导人员作风建设。各级领导干部要加强党性修养，树立和坚持正确的事业观、工作观、政绩观。要带头解放思想、与时俱进，用改革办法和创新精神解决发展中的重点难点问题；带头求真务实、真抓实干，模范履行岗位职责，出色完成工作任务；带头勤俭节约、艰苦奋斗，树立长期过紧日子的思想，密切联系群众，团结带领广大员工顽强拼搏，共克时艰。集团公司本部要进一步转变工作作风，着力提高工作水平和管理质量，寓管理于服务之中，在服务中体现管理，切实提高为基层服务的水平。

（九）高度重视维护稳定，着力建设和谐企业

坚持以人为本，关爱员工，在积极为股东创造丰厚回报的同时，为员工创造美好生活。

（1）加强企业文化建设。丰富集团公司企业文化内涵，确立“家园·舞台·梦”的企业文化愿景，努力把企业建设成为员工创造美好生活的“家园”，建设成履行社会责任、为国家和股东创造财富以及实现人生价值的“舞台”，成就建设国内一流的综合性能源集团的梦想。培育倡导“严格、高效、正义、和谐”的企业核心价值观，积极教育引导员工为集团公司改革发展贡献聪明才智。

（2）宣传教育工作。深入开展集团公司改革发展形势任务教育，引导干部员工转变观念、扎实工作、创造一流。强化新闻宣传工作，加大“中国国电”品牌宣传力度，不断提高“中国国电”品牌的知名度、美誉度。

（3）民主管理。坚持全心全意依靠职工办企业的方针，加强职代会制度建设，充分发挥职代会的作用，积极推行厂务公开，深化企业民主管理。

（4）企业稳定工作。要更加关注员工福利待遇，更加关注员工业余文化生活，切实为员工办实事、办好事、解难事，营造安居乐业的良好环境。严格落实维稳工作责任制，认真做好信访接待，防止发生群体性上访事件。充分发挥工会、共青团、妇女组织作用，组织引导广大员工为集团公司改革发展多作贡献。深入开展精神文明创建活动，积极参与社会公益事业，认真履行社会责任，展示集团公司的良好社会形象。

中国国电集团公司2010年工作会议报告（摘要）

一、2009年工作回顾和体会

集团公司综合实力获得明显增强，主要技术经济指标持续改善。可控装机容量达到8203万kW，同比增长16.8%，占全国的9.4%；控股煤炭资源132亿t，同比增长50%；资产总额4188.6亿元，同比增长36.1%；净资产762.2亿元，同比增长68%；资产负债率81.8%，同比降低3.46个百分点。

完成发电量3532亿kWh，同比增长18.6%；供热量8968万GJ，同比增长13.3%；煤炭产量3200万t，同比增长38%；全口径营业收入1252亿元，利润总额59.8亿元，一举实现扭亏为盈，同比减亏增利130.8亿元，创历史最好水平。

同时，集团公司在电源结构优化、资本运作和安全生产方面也获得较大提高。

（一）深入开展挖潜增效

1. 燃料成本得到有效控制

积极拓宽采购渠道，优化进煤结构，加强煤炭经营和燃料全过程管理，综合标煤单价同比下降8.1%，节约燃料成本52.5亿元。荆门电厂、宝二公司、永福电厂以控制燃料成本为重点加大治亏力度，优化煤炭库存，调整运输方式，综合标煤单价在区域内最低。积极开展配煤掺烧，全年掺烧低价煤种650万t，九江电厂、宿州电厂、龙华公司等电厂掺烧比例超过30%。开辟国际供煤渠道，采购低价海外煤炭284万t，有效平抑了下水煤价。积极推广无油和微油点火，耗油量同比减少3万t，降幅达33.8%。

2. 对标管理不断深化

深入开展星级企业创建活动，突出效益和成本，与国内先进水平动态对标，29家电厂达到三星级企业以上标准。江苏公司与华润企业对标，度电盈利能力、供电煤耗、厂用电率等指标均已超过华润，达到国内先进水平。优化机组运行方式，加大技术改造力

度，完成13台30万kW机组通流部分改造，供电煤耗降低15g/kWh以上，完成207台辅机变频改造，节电率40%以上。安顺、鸭溪等15家单位节能技改项目获得国家财政奖励1亿元。北仑1号、宝二4号、双辽2号、谏壁11号4台机组获全国可靠性金牌机组称号。国电科学技术研究院积极为集团公司系统企业提供技术咨询服务，重点开展环保、节能、安全专项评价及设计优化、性能诊断等工作。

3. 市场营销贡献突出

千方百计开拓电力市场，发电量超过年度计划8.13%，机组平均利用小时比全国平均水平高262h，争取基数外电量402.25亿kWh，占售电量的12.29%。集团公司26家火电企业利用小时比所在电网平均水平高500h，其中云南公司所属企业比全省平均水平高614h。四川公司、贵州公司、长源电力等20家发电企业积极参与直售电交易，增加边际收益近10亿元。努力开拓供热市场，推进城市热网建设和经营，售热量同比增加13.25%。积极争取电价政策，优化量价结构，落实新能源电价补贴和脱硫环保电价，平均上网电价同比有所提高。华北公司、山东公司争取试运期差价和新机脱硫电价，增收效果明显。瀑布沟电站取得较为合理的临时上网电价。新一轮电价调整好于预期，太一、大二等部分企业低电价问题得到解决。加大电费回收力度，当年电费回收99.85%，热费回收98.26%。

4. 集约化管理成效显著

不断完善物资联合储备、集中配送体系，西北物资配送中心成立并正式运营，东北、华北等区域配送中心筹建顺利，物资超市已达48家，通用物资采购成本同比降低10%～30%。燃料供应保障能力不断增强，与神华、中煤等大型煤炭企业签订总量为2.6亿t的五年期供煤协议，保障了沿海、沿江电厂用煤需求。把握时机加快海运船队建设，天津海运公司年运输能力达到2500万t。完善煤炭调运网络，推进区域储煤中心建设，湖北沙市储配煤场一期建成投运，发挥了调盈补缺、平抑煤价的作用。

5. “两项规范”效果明显

多经企业承担的电力燃料、物资、检修、辅机运行、技改等业务基本回归，主业和多经企业关联交易以及职工持股逐步规范，为主业降本增效7.5亿元。多经企业来自主业的收入同比降低27亿元，减幅59%；取得的与主业有关联的收入同比降低32亿元，减幅46%。90家职工持股企业中，86家完成厂级领导人员转退股工作。

（二）大力推进企业转型

1. 电源结构不断优化

火电重点建设高参数大容量、高效脱硫脱硝、无燃油电厂，60万kW及以上机组占39.6%，百万千瓦级机组台数居全国第一。加快淘汰落后产能，落实“上大压小”政策，全年关停小火电机组261.2万kW，累计关停573万kW，提前一年超额完成“十一五”关停目标。水电开发形成以大渡河为龙头，大中小并举的格局。瀑布沟水电站经过八年艰苦奋斗，总体完成了10万移民搬迁安置任务，首批两台机组高标准投产发电，大渡河流域开发进入良性循环的新阶段。在西藏、新疆获得水电开发权近2500万kW，尼勒克、艾比湖等项目开工建设。通过并购中小水电，新增水电资源210万kW，四川、大渡河、华东、华中公司并购小水电容量均超过20万kW。风电建设全面提速，形成投资主体多元化、建设管理专业化的开发格局，六大百万千瓦风电基地基本形成，建成国内首批海上潮间带风电机组，风电投产容量、发电量均居全国第一。南方公司、山西公司、宁夏公司等争取风电资源，填补多省风电空白。核电工作稳步推进，加快资源储备和人才培养，与中核集团签署战略合作协议，完成漳州核电可研和衡阳核电初可研，开展江西、河南、安徽等地选址工作。积极稳妥开发其他新能源项目，国电电力宁夏平罗、中卫两个太阳能光伏电站获得核准。华北公司掌握太阳能资源30万kW，争取到两个金太阳项目。西北公司在陕西取得建设10MW太阳能光伏发电项目“路条”。龙源浙江三门2万kW潮汐能电站正式启动。科环集团生物质能电站在建容量9万kW。

2. 煤炭综合开发力度加大

加快内蒙古、东北、新疆、宁东能源基地布局，增资重组内蒙古能源发电投资公司，并购贺斯格乌拉等煤矿，新增优质资源储量43亿t，“三片一线”战略格局初步形成。燃料公司在山西取得兼并重组整合煤矿的主体资格，成功控股国兴、国强、南峪3座煤矿。煤炭产能不断提高，白音华煤矿、察哈素煤矿、沙巴台煤矿开发进展顺利，达产后新增产能2300万t。一批煤电、化工和配套项目取得实质性进展，双鸭山煤电一体化项目资源勘探工作全面展开，赤峰煤化工项目有序推进，英力特煤基多联产项目进入宁夏宁东工业园区，林白铁路、葫芦岛煤码头等项目按计划推进。河南公司、广西公司开展了省内煤矿整合和资源收购工作。平煤集团发挥主力军作用，积极参与蒙能投、英力特、新疆地区煤炭项目开发，为集团公司煤炭产业发展提供人才和管理支撑。

3. 高新技术产业快速发展

新能源技术研发和装备制造水平不断提升，风机制造形成完整的产业链条，全年达产1.5MW风机800台，取得1.5MW风机设计制造及其核心控制部件变流器和变桨装置的完全自主知识产权，正在建设国内首个具有太阳能电站可研、设计、系统总成和EPC总包能力的光伏企业。节能环保自动化产业市场占有率显著提高，等离子点火技术利用总装机容量达到2.2亿kW；电站空冷系统设计达到国内先进水平，实现核心设备制造国产化，投运和在建的空冷机组1159万kW；烟气脱硫、脱硝占国内市场份额25%，完成世界首台百万千瓦超超临界机组海水脱硫项目；电站自动控制技术国内市场占有率达20%，庄河电厂600MW超临界机组DCS项目获中国机械工业科学技术奖一等奖。科技研发体系不断完善，获得电力科学技术奖三等奖3项；集团公司入选第一批海外高层次人才创新创业基地建设名单，选定十余位海内外知名的高科技人才；国电新能源研究院筹建工作有序推进，确定了研究领域、专业方向、重点课题，“世界太阳能之父”马丁·格林担任名誉院长。

（三）加强项目投资建设全过程管理

以优化电源结构为目标，突出投资重点，建设绿色电站，狠抓投资项目前期和基建全过程管理，全年新投产1017.5万kW，机组投产水平稳步提高。核准1404万kW，取得“路条”930万kW，双双创历史新高。

1. 前期工作扎实推进

控规模初见成效，全年完成投资678亿元，同比增长15%。投资引导作用明显，新能源和相关产业项目投资占年度投资计划的76.9%。内蒙古公司重组蒙能投、江西公司收购丰城项目，新增火电装机容量368万kW。全面落实电源项目责任制，东北公司、新疆公司项目前期工作成果显著。积极开展新能源领域对外合作交流，推行清洁发展机制，共开发CDM项目30个，预计到2012年减排二氧化碳320万t，可实现收入近3300万欧元。参股北京环境交易所。南非风电项目已开始测风、收资工作。国电能源研究院完成专项课题研究97项，项目评估论证91个，为集团公司投资决策提供了科学依据。

2. 工程管理水平不断提高

设计优化亮点纷呈，大力推广“外三”经验，实行设计招标制，都匀、布连、汉川三期等30个项目通过设计优化降低造价19.8亿元，火电机组供电煤耗平均下降3～5g/kWh。招标管理更加规范，实行“统一管理、分级负责”的招标管理模式，成立招标中心，合理把握招标时机，降低采购价格。造价控制进一步加强，加大结算管理力度，堵塞不合理费用进入工程项目投资；加强基建财务管理，优化资金流，降低财务费用。火电机组造价目标较初设概算平均降低9.9%，水电工程造价目标比可研概算降低9%左右。机组投产质量显著提升，实施精细化管理，全面推行洁净化安装和机组精细化调试，及时协调落实影响机组投产的外部条件，实现机组按期投产和零尾工移交。北仑三期新投产百万千瓦机组供电煤耗291.7g/kWh，达到国内先进水平。铜陵、蚌埠工程洁净化安装取得良好效果，机组投产至今未发生四管泄漏。

（四）不断增强资金保障能力

1. 资本运作多点推进

龙源集团H股发行上市，成为央企首个海外上市的新能源公司，得到国际资本市场广泛认可，降低集团公司资产负债率超过3个百分点，对集团公司以大力发展新能源引领企业转型战略具有重大意义。国电电力启动定向增发，将收购江苏公司80%股权，推动集团公司整体上市进程。英力特公开配股募集资金4.75亿元，成为金融危机后国内首家成功配股的上市公司。长源电力实现扭亏为盈，平庄能源ST摘帽后股价走势强劲，烟台龙源创业板上市工作有序推进。整合集团系统内金融资源，成立国电资本控股有限公司，构建统一的金融管理运营平台。

2. 融资渠道不断拓宽

发行中期票据、短期融资券及引入信托资金等低成本资金681亿元，平均成本比银行基准利率低27%。推广票据化结算450亿元，置换银行借款1100亿元，全年共节约利息支出16亿元以上。成功发行15亿金融债券。积极争取授信额度，全年新增805亿元，累计获得4104亿元，基本覆盖集团公司资产总额。

3. 资金管理水平显著提高

财务信息化建设持续推进，东北公司试点工作通过验收，并在各分子公司推广。规范银行账户管理，加强资金归集和使用，资金归集率达到91.4%。通过“国电网银”系统发放贷款430亿元，累计归集资金2030亿元，同比增长26%。争取财政补贴支持，全年获得补贴4.4亿元。积极做好增值税抵扣工作，实现固定资产购置抵扣进项税25亿元。

4. 内控体系更加完善

健全财务预算体系，实行“年零基、季滚动、月分析、周监控”的预算管理，对所属企业经营情况进行动态监控。全面开展任期经济责任审计，深入推进电力建设项目审计，以燃料管理为专题的绩效审计调研取得明显成效，省级公司审计试点工作顺利推进。加强重大投资和经营管理工作的法律监控，对非电项目实行更加严格的投资审批、更加精细的项目管理，风险防范水平进一步提高。

（五）加快推进体制机制改革

1. 三级管理体系不断完善

调整本部组织机构和部门职能，设立山西、黑龙江、江西、甘肃等省级分子公司，成立了西藏、青海、重庆等公司筹建组。进一步明确区域分公司与省级子公司的职责分工。构建适应三级管理的制度体系，健全完善集团公司规章制度 37 项，新出台 35 项，废止 43 项。

2. 法人治理结构更加健全

完善“三会”业务管理制度，改进控（参）股公司管理模式。进一步规范了母子公司关系，采取归口管理与专业管理相结合方式，加强子公司“三会”管理，强化重大事项管控。加大对董事、监事的专业管理，加大授权力度，实行会前审核、会后报告制度，实现“三会”业务的闭环管理。

3. 激励约束机制更加完善

突出效益导向原则，责任制考核直接反映经营成果，利润总额、EBITDA、资产负债率三项评价指标所占比重达到 75%。结合综合性电力集团建设实际，对所属企业实施分级分类考核，对企业领导人员实行动态职级管理。修订完善企业工效挂钩和领导人员年薪制管理办法，建立总经理奖励基金，对资本运作、项目发展、科技进步、生产经营等方面业绩突出的单位和个人给予特别奖励。

4. 干部人事制度改革不断深化

加强领导班子配备，实行公开选拔、竞争上岗和任前公示，班子活力不断增强。创新干部选拔任用方式，对本部办公厅副主任、所属企业副总经理等 14 个领导岗位进行公推比选，交流干部 90 余人次。健全领导人员选拔任用、考核评价等制度，完成大一、大二类企业职级初核工作，更新后备人才库。建立分层教育培训体系，实施员工素质提升工程，员工培训率达到 70%以上。推进人才强企战略，积极引进急需人才、稀缺人才和高端人才，面向系统外公开招聘 103 名优秀专业技术人员，评选命名第三届“168”人才 1316 人。

（六）狠抓安全生产和节能减排

1. 安全生产基础更加牢固

深入贯彻落实“安全生产年”要求，建立涵盖电力、煤矿、化工、设备制造等产业的安全保证体系和监督体系，形成齐抓共管的良好局面。健全重大事件应急预案体系，圆满完成国庆保电任务。乌鲁木齐“7·5”事件发生后，在疆各单位迅速启动应急预案，保持正常的生产经营工作秩序和队伍稳定。推广 NOSA 综合管理体系，扎实做好安全性评价工作，加大重点设备整治，狠抓安全隐患排查，巩固了安全生产局面。所属 132 个发电企业中，有 127 个安全生产无事故，占 96.2%。

2. 节能减排水平显著提高

推行合同能源管理，对机组运行指标较差的单位实施整厂改造，已签订合同和合作协议 7600 万元。认真落实环保责任制，加大机组脱硫技改投入力度，脱硫机组容量达 6114 万 kW，占燃煤机组容量的 86.77%。火力发电企业固体排放物综合利用 3034 万 t，同比增长 1.66%。废水综合利用 4324 万 t，同比提高 0.7 个百分点。集团公司供电煤耗由“十五”末的 361g/kWh 下降到 331.8g/kWh，二氧化硫年排放量由 157 万 t 下降到 86 万 t。

（七）加强党建和思想政治工作

1. 扎实开展学习实践活动

圆满完成学习实践活动三个阶段的主要任务，形成高质量的分析检查报告和整改落实方案，各级党员干部和广大党员科学发展的意识进一步增强，共整改解决影响和制约科学发展的突出问题 1155 个。实施十大“惠民工程”，为员工办实事好事 1759 项。集团公司学习实践活动开展情况的群众满意度达到 98.648%，得到中央学习实践活动领导小组、中央企业学习实践活动领导小组的高度评价。

2. 党建思想政治工作不断加强

深入开展“双学”和“三保一促”主题实践活动，基层党组织和党员队伍建设进一步增强，党组织的政治核心作用、战斗堡垒作用和党员的先锋模范作用得到有效发挥。平煤集团“转变十种意识、树立十种观念”大学习、大讨论活动，荆门电厂“党员团队示范岗”和“支部项目管理”活动，均有力地促进了扭亏增盈工作。推动党建思想政治工作创新，成立党建思想政治工作研究会，两项研究成果得到中央企业党建政研会表彰。加强反腐倡廉建设，健全完善惩防体系，强化监督检查和巡视工作，深入开展“小金库”等专项治理，扎实做好工程、招标和燃料等专项监管，规范各项经营管理行为。

3. 和谐企业建设稳步推进

深入宣贯“家园·舞台·梦”的企业愿景和“严格·高效·正义·和谐”的核心价值观，不断深化企业文化建设。衡丰公司等 5 家单位获得全国电力行业优秀企业文化成果奖。深入开展文明单位创建活动，集团公司本部获得“首都文明单位标兵”称号。加强职工代表大会制度建设，较好地发挥了职代会决定重大事项、反映员工意愿、维护员工权益等方面的重要作用，一届一次职代会提案满意度达到 100%。深入开展劳动竞赛、技能竞赛等建功立业活动，推动班组建设，构建和谐劳动关系，激发了广大员工与企业共渡难关、争作贡献的工作热情。各级共青团组织围绕中心开展工作，吉热化学分场团支部、大岗山公司直属团支部被共青团中央表彰为“全国五四红旗团支部”，石横电厂运行部甲二班被国资委和共青团中央联合命名为“全国青年文明号”。发布社会责任报告，开展扶贫帮困活动。新闻宣传和信息工作卓有成效，树立集团公司良好的社会形象。

近两年来，集团公司面对国际金融危机冲击的重大考验，围绕建设什么样的电力集团、怎样建设电力集团进行一系列探索，不仅取得扭亏为盈的重大胜利，而且实现企业转型的突破性发展，迈出建设国内一流综合性电力集团的坚实步伐，积累十分宝贵的经验：

1. 必须坚持探索科学发展道路

适应形势变化，公司提出“解放思想、改革创新、科学发展、构建和谐”的指导方针和“转型企业、挖掘潜力、提高质量、创造一流”的中心任务，明确以大力发展新能源引领企业转型的发展方向。实践证明，这一系列决策符合能源变革的新形势，符合电力工业发展的客观规律，符合集团公司自身实际，是指导集团事业不断前进的科学战略。

2. 必须坚持以经济效益为中心的经营理念

不断解放思想，转变观念，遵循市场经济规律，树立效益第一的理念，眼睛向内、不等不靠、深入挖掘潜力。坚持创一流目标，坚持典型引路，不断提升管理水平和综合素质，这是公司实现扭亏为盈、不断提升经营业绩的重要法宝。

3. 必须坚持加快推动企业转型

抢抓历史机遇，发挥自身优势，加快新能源产业发展，着力推动电源发展方式由主要依靠规模扩张向规模适度发展与着力提高质量相结合转变，发展模式由相对单一的发电集团向综合性电力集团转变，生产经营方式由主要增加资源消耗向实施管理和技术创新转变，这是实现集团公司又好又快发展的必然要求。

4. 必须坚持深化改革创新

适应一流综合性电力集团发展要求，以改革创新的精神解决制约发展的体制性、机制性障碍，加快构建充满活力、富有效率、更加开放、有利于科学发展的体制机制，这是公司推动科学发展的动力源泉。

5. 必须坚持弘扬和谐企业文化

始终把发展要依靠员工和为了员工紧密结合起来，积极为员工办好事、办实事，最大限度调动员工的积极性和创造性。注重以人为本，党政密切配合，班子思想统一，干部员工队伍团结一致，政令畅通、执行高效，保持企业内外和谐，这是公司可持续发展的根本保障。

二、面临的形势和今后一个时期的发展思路

（一）正确认识集团公司面临的形势

1. 准确把握宏观经济走势

2010年世界经济将逐步复苏，主要经济体出现好转迹象。我国经济回升向好的基础逐步稳固，但经济发展面临的形势依然十分复杂。2010年我国将保持宏观经济政策的连续性和稳定性，继续实施积极的财政政策和适度宽松的货币政策，并提高政策的针对性和灵活性，中央对2010年经济增长的预期目标是8%左右。在当前适度宽松的货币政策下，我国金融体系流动性充裕，货币信贷增长较快，在CPI走势将由负转正的背景下，年初央行已经上调一次存款准备金率0.5个百分点。与2009年相比，资本市场可能会处于不太宽松的格局中。从宏观形势看，发电企业最困难的时期已经过去，但经营形势仍不容乐观。公司要时刻保持清醒认识，既要警惕潜在风险，又要善于抓住机遇，趋利避害，认真制定应对措施。

2. 准确把握能源变革方向

当前，新能源发展方兴未艾，低碳经济成为世界潮流，发电企业大有作为。目前我国电力装机中火电占75%，火电厂消耗的原煤占全国煤炭消费总量的50%以上，排放的二氧化碳占全国排放量的45%左右，二氧化硫占30%以上，实现我国政府承诺的2020年节能减排目标相当艰巨。2010年，我国将继续推进“上大压小”，计划关停小火电机组1000万kW；继续大力扶持新能源产业发展，争取非化石能源占一次能源消费比重比2009年提高0.5个百分点左右，并积极推动CDM碳排放交易正常化。发电企业有责任、有能力也最有条件抓住这次难得的历史机遇，在推动能源变革中发挥重要作用。

3. 准确把握市场形势

随着我国经济形势进一步好转，2010年用电需求将稳步回升。预计全国装机容量增长10%，全年发电量增长6%～7%，全国电力供需形势总体平衡，局部略有盈余，发电利用小时将下降60h左右，电力市场竞争更加激烈。煤炭市场形势更加严峻，2009年四季度以来部分地区出现电煤供需紧张形势，华中、华东等地电煤库存告急，多个城市出现拉闸限电。国家发改委鼓励煤电双方签订中长期供应协议，集团公司2010年已经签订的煤炭合同价格上涨了近40元，全年煤炭涨价已成定局。中央经济工作会议提出，2010年将推进资源性产品价格改革，完善价格形成机制，开展用电大户与发电企业直接交易试点，完善可再生能源发电定价和费用分摊机制。但何时出台再次疏导上网电价的政策仍不明朗，集团公司2010年的经营状况仍然存在很大的不确定性。

经过几年来的发展，集团公司的经营和发展方式发生深刻变化。

（1）利润增长由主要依靠投资拉动向投资拉动和内涵增长协调发展转变，盈利能力和抗风险能力不断

提高。

（2）结构调整已成为发展的主线，集团公司清洁环保火电机组和可再生能源占总装机容量一半以上，新能源的地位和作用日益突出。

（3）集团公司融资空间较大，资本运作优势日益凸显。新能源概念得到资本市场认可，火电、化工、煤炭、科技等多个板块可将交替上市融资，将有力支持项目发展，较大幅度降低资产负债率。

（二）建设国内一流综合性电力集团的指导思想和总体目标

当前和今后一个时期，是集团公司必须紧紧抓住、大有可为的重要战略机遇期。集团公司工作的指导思想是：全面贯彻落实科学发展观，以大力发展新能源引领企业转型作为战略方向，以建设创新型企业为战略保障，不断提高经济效益、综合实力和清洁发展水平，加快实现建设国内一流的综合性电力集团的战略目标。

1. 大力发展新能源

就是通过大规模应用新能源技术，对传统化石能源开发利用方式进行改造升级，推动清洁能源和可再生能源的产业化发展，积极培育以新能源为核心的高新技术产业，增强集团公司科学发展的硬实力。

发展新能源的目标是，到2015年，火电机组中30万kW及以上的清洁燃煤发电机组比例提高到90%以上；水电、风电、太阳能等可再生能源和核电装机容量超过30%；供电煤耗低于320g/kWh，达到国内领先水平。到2020年，水电、风电、太阳能等可再生能源和核电装机容量占40%以上，新能源产业形成规模，能源结构全面优化；二氧化碳等污染物排放大幅度下降，节能减排指标达到国际先进水平。

2. 建设创新型企业

就是适应内外部形势的变化，转变企业经营管理模式，在企业管理、体制机制、人才队伍等方面加大创新力度，把创新作为重要的发展战略和途径，增强集团公司科学发展的软实力。

创新型企业建设目标是，建立健全适应新能源发展和综合性电力集团运营要求的组织架构和管控模式，企业管理水平先进，拥有较强的持续盈利能力；建立市场化的人才培养、引进和使用机制，形成有利于自主创新和可持续发展的特色企业文化。到2010年，完成国家第二批创新型试点企业工作目标。到2015年，拥有2～3家国家级重点实验室和研发中心，拥有重大自主核心技术30项，巩固和培育一批行业领先高新技术企业。到2020年，把集团公司建设成为技术领先、结构合理、管理科学、文化先进的国内一流创新型企业。

（三）建设国内一流综合性电力集团的两大战略任务

1. 大力发展新能源主要围绕“五个着力”展开

（1）着力推广清洁煤发电技术，建设节能环保燃煤电厂。积极应用洁净煤发电技术，建设大容量、高参数火电机组和热电联产机组。加大现有电厂清洁燃烧技术改造力度，全面提高节能减排水平。坚持淘汰落后产能，加大关停小火电机组力度。

（2）着力提高水电开发规模和质量，增加可再生能源比重。全面推进大中型水电流域开发，积极开发和并购中小水电，建设环境友好、流域和谐、管理先进、效益显著的一流水电企业。

（3）着力发展风电、核电、太阳能等清洁可再生能源，占领新能源开发的制高点。继续保持风电的国内领先地位，取得投资建设核电资质，积极启动并网太阳能发电项目。稳步开发燃气发电、生物质发电、城市垃圾发电项目，研究开发潮汐能、地热能等发电项目。

（4）着力开展煤炭综合开发利用，建设大型低碳化能源基地。重点建设一批大型坑口电站、煤电一体化项目和煤化工项目。加大煤炭资源开发力度，形成“三片一线”的战略布局。跟踪、研发煤基多联产以及二氧化碳的捕捉、封存技术。

（5）着力发展以新能源为核心的高新技术产业，形成行业领先的新兴产业集群。做强风电设备制造业，培育太阳能产业链，进一步发展以等离子点火技术、电站空冷技术、脱硫脱硝技术、大型火电机组自动化控制为代表的节能、环保、信息产业集群，形成研发、设计、制造、建设和技术服务体系。

2. 建设创新型企业主要围绕“五个强化”展开

强化经营管理创新。树立效益第一、勇创一流的观念，强化市场意识和风险意识，坚持眼睛向内、深入挖潜、精细管理、持续创新，建立产业结构合理、技术指标先进、管理流程科学、经济效益明显，具有中国国电特色的经营管理模式。

强化体制机制创新。围绕建设国内一流综合性电力集团战略目标，进一步建立健全现代企业制度，完善法人治理结构，构建有利于科学决策和高效管理的管控模式，完善绩效评价和考核体系，形成责任逐级落实、压力层层传递的运作机制。

强化科技创新。健全完善技术创新体系，以科技企业为骨干、发电企业为主体、科研院所为支撑，加大科研投入，增强自主创新能力，以重点项目带动技术升级和产业化发展。

强化人才开发创新。加大人力资源开发力度，创新人才引进、培养、选拔、使用、激励等制度，充分激发各类人才的创造活力，形成人才辈出、人尽其才的生动局面。

强化党建思想政治工作创新。以改革创新精神加强和改进党的建设，建设学习型党组织、学习型领导班子，围绕集团公司的企业愿景和核心价值观，建立以创新为重要特征的先进企业文化，增强企业持续发展的内生动力。

三、2010年主要工作任务

2010年的主要预期目标是：

(1) 安全稳定目标：不发生人身死亡事故，不发生全厂停电或电厂引发的电网稳定破坏事故，不发生电厂垮坝事故，不发生重大及以上设备损坏事故；不发生环境污染事故、重大交通和火灾事故；不发生煤矿重大及以上事故；不发生对企业形象和稳定造成不利影响的事件。

(2) 生产经营目标：发电量完成3930亿kWh。供电煤耗低于326.5g/kWh，厂用电率低于5.6%，二氧化硫排放量75.5万t。关停小火电机组150万～200万kW。

(3) 财务指标：营业收入1420亿元，争取1500亿元，实现利润50亿元。相关产业实现营业收入500亿元，利润40亿元。力争进入世界企业500强。完成国资委利润总额、经济增加值（EVA）、流动资产周转率和负债率考核指标。

(4) 产业发展目标：全年基建新增发电装机1237万kW，年末总装机容量力争达到9500万kW，30万kW及以上火电机组比重超过88%，水电装机突破1000万kW，水电、风电等新能源和可再生能源装机容量达到20%。控制煤炭资源储量132亿t，控股煤炭产能达到4500万t。

(5) 党建和队伍建设目标：党建及党风廉政建设责任制落实率100%，党员民主评议合格率100%，保持职工队伍稳定。

重点应抓好以下工作：

（一）大力发展新能源和清洁能源项目，调整优化电源结构

1. 抓紧实施新能源产业发展规划

因地制宜制定各分子公司规划，建立科学合理的规划体系，明确规划执行责任主体。合理布局新能源投资项目，投资向结构调整项目、企业转型项目和显著增加营业收入的项目倾斜。开展重大理论课题研究，重视成果应用，全面推进集团公司战略实施。

2. 多措并举开发水电资源

推进大型水电项目，确保大渡河瀑布沟、深溪沟电站高标准投产，加快大岗山、枕头坝、猴子岩、双江口等大型水电站的核准报批工作，加快伊犁喀什河、开都河流域水电开发及艾比湖等工程建设。实现金沙江上游、怒江，西藏地区以及周边国家水电开发的突破。加快中小水电并购，积极寻找优质资源，加强安全、经营管理，提高并购效益。

3. 继续扩大风电优势

坚持多元化投资、专业化管理，海陆并进开发风电。积极参加大型风电基地建设，重视资源优势明显、送出条件好的地区，建设国家海上风电示范项目。

4. 加快发展节能环保燃煤机组

重点发展60万kW及以上超超临界和30万kW级的超临界热电联产机组。根据国家煤电基地、特高压建设及外送电基地规划，重点建设煤电一体化项目。根据城市规模、热负荷需求，积极推动热电联产项目建设。稳步推进小火电机组关停工作，确保全年关停小火电机组150万kW，力争关停200万kW。

5. 稳步推进核电和其他能源开发

投资即将开工的核电项目，尽早解决控股投资核电项目的资质问题。积极争取太阳能、生物质能、地热能、潮汐能等优质资源，加快试验示范项目建设。

6. 继续实施“走出去”战略

跟踪国家产业发展战略、参与政府合作项目，扩大与国外大型电力企业交流，稳步推进南非风电项目。关注国际清洁能源发展趋势，研究探索碳交易平台和低碳技术标准体系，扎实做好CDM项目开发。

（二）深入开展挖潜增效，提高企业盈利水平

树立挖潜增效永无止境的理念，以经济效益为中心，深入做好生产经营管理、工程建设各个环节的挖潜增效工作。

1. 加大治亏工作力度

坚持典型引路，深入开展“双学”活动。全面落实领导人员治亏责任制，制定治亏目标，落实治亏措施，确保重点亏损企业实现扭亏或大幅度减亏，最大限度减少亏损面。

2. 加强对标管理

深化星级发电企业创建活动，扎实开展与同网同区域先进企业对标，在运行管理、检修管理、技术监督、技术改造上挖掘潜力，改善经济技术指标。

3. 加大市场营销力度

强化全员营销意识，创新市场营销工作。把握国家政策，协调各方关系，争取调价空间，落实上网电价调整成果。努力争取增加电量计划，积极优化电量结构，确保营销指标处于行业先进水平。

4. 高标准高质量建设“绿色工程”

树立项目全过程一体化管理的理念，从源头控制项目造价和工程质量，实现项目前期、建设和运营的无缝对接。加快建设以布连、汉川、肇庆、北塘项目为代表的绿色电站工程。结合水电、风电以及非电产业等各类工程特点，以高效、节能、环保、效益好、有竞争力为目标，强化工程设计、物资采购、施工安装和机组调试的全过程管理，确保实现机组投产3个月内高水平达标。

5. 完善燃料管理体系

发挥集团整体优势，落实三级管理责任，强化电厂的燃料管理主体地位，形成统分结合、管理规范、运转高效的燃料供应保障体系和成本控制体系。积极转变煤炭经营模式，与大型煤炭企业建立中长期稳定的合作关系，巩固电煤供应主渠道。加强厂内燃料管理，加大经济煤种掺烧力度，加强对采购、验收、结算和煤场管理等重点环节的监控，努力控制燃料成本。

（三）创新电厂经营模式，努力建设“三型”电厂

1. 加强资源综合利用

鼓励有条件的电厂综合利用煤、水、灰、汽、土地、石膏、港口、铁路等资源，提高综合经营效益。在保证发电用煤的前提下，积极开展煤炭经营。大力培育热力市场，支持有条件的企业进行机组供热改造。做好粉煤灰和脱硫石膏等的综合利用，提高产品附加值。开展乏汽热水销售工作，多途径探索电厂闲置土地的开发利用。推动三产企业走向市场，规范健康发展，不断提高利润贡献率。

2. 大力实施节能减排

加强节能、环保评价，跟踪落实节能减排指标。密切跟踪国家环保政策，制定集团公司环保技术路线和工作规划。加大设备治理和技术改造力度，优化机组运行方式，积极实施合同能源管理，提高机组运行效率。加强环保设施的运行和维护，推广脱硫特许经营，深入开展锅炉低氮燃烧。

3. 确保安全和谐稳定

坚持“安全第一，预防为主，综合治理”的方针，落实安全生产责任制。完善适应综合性电力集团建设的安全管理体系，加强对煤矿、化工和小水电项目的安全管理。推广NOSA等先进管理理念，扎实开展安全性评价工作，落实危险源控制措施，建设本质安全型企业。积极履行社会责任，构建和谐外部环境。密切关注、妥善处理好关停企业人员分流、政策性人员安置等热点、难点和敏感问题，及时化解潜在矛盾和不稳定因素，确保职工队伍稳定。做好对内、对外宣传工作，坚持正确的舆论导向，树立企业良好形象。

（四）加强财务管理和资本运作，防范企业经营风险

1. 加强财务管理

深化全面预算管理，严格控制成本费用。积极调整预算资金安排，重点向发展前景好、效益回报高的项目倾斜。优化本部出资结构，增强子公司投资能力，加大现金分红力度。做好关停机组资产减损增收工作，推动资产处置的挂牌交易，落实容量补偿、电量置换、土地处置、财政奖励等增收措施，努力将关停净损失降至最低。加强资金管理，适时调整融资策略和负债结构，继续置换中长期高息借款，大力引进低成本资金，大规模推广票据化结算，降低资金使用成本。

2. 加强资本运作

完善资本运作中长期规划，坚持多点推进，逐步实现整体上市。进一步优化各上市公司和拟上市公司的板块定位，在常规发电、新能源、煤炭、化工、高科技和金融等各板块大力培育上市资源，力争在三年内，每一个板块都有一个上市公司作为融资平台，实现滚动交替融资。2010年要实现烟台龙源创业板上市，完成国电电力定向增发及权证的到期行权，启动英力特、平庄能源的增发工作。继续开展多渠道、多层次的股权融资工作，继续引入信托股权、保险、社保资金。加快产业投资基金运作，进一步扩大企业债券融资规模。

3. 加强风险管控

完善风险管控体系，严格投资决策程序，完善经济责任追究办法，杜绝盲目投资行为，不盲目对外投资、对外担保，不参与高风险业务。加大内部审计监督力度，重点抓好领导干部经济责任审计、建设项目跟踪审计和经营绩效审计。建立完善法律管理体系，规避经济合同重大法律纠纷，降低各类法律风险。

（五）推进相关产业发展，拓宽增收创效渠道

1. 加快煤炭综合产业开发

按照“三片一线”的战略布局，抓好煤炭资源获取、资源开发、项目核准建设和安全管理工作。加快推进内蒙古蒙西、山西晋北、陕西陕北、宁夏、黑龙江、新疆等区域大型煤炭项目的开发并购，加快推进玻璃沟、黑岱沟、察哈素等现有煤炭项目的核准工作，加大华中和西南地区煤炭开发力度，争取煤炭资源，提升煤炭产能。加快英力特宁东化学工业园建设，重点推进一批大型坑口电站、煤电一体化项目。加快建设煤炭储配项目，在煤矿、港口路口、电厂合

理布局储煤站点，提高煤炭商业储备能力，调盈补缺，平抑价格。

2. 加快金融产业发展

加快银行、保险、信托公司的整合，提高资金归集度，构建坚实的国电资本金融管理运营平台，把资本控股公司建设成为盈利能力强、体系完善的集团化金融企业。

3. 加强物资集约管理

加快构建集约化物资经营管理模式，实现集团公司物资招标、采购和配送业务全系统覆盖。加强物资超市及物流配送系统建设，推行备品备件联合储备。大力推进现代电力物流园区建设，做好北京、上海、广州电力物流园区规划，加快推进北京电力物流园区建设。

（六）创新管理体制机制，增强企业发展活力

构建充满活力、精简高效、运转流畅的体制机制，提升集团公司管理水平和运营效率。

1. 提高总部管理效能

进一步明确本部职能定位，完善总部组织架构和工作流程，提高信息传递和执行效率。本部各部门要进一步转变工作作风，提高工作效率，更好地服务基层、推动工作。

2. 不断完善管理体制

深入推进“三级法人、省为实体”管理体制改革，完善分、子公司职责，在具备条件的福建、湖南、安徽等区域成立省级子公司。完善公司法人治理结构，重视“三会”制度建设，对具备条件的二级企业建立规范的董事会，确保决策更加科学高效。大力推进集约化管理，促进各级组织机构精干高效，坚决杜绝人浮于事的现象。完善管理制度体系，不断提高管理的适应性和有效性。

3. 深化干部人事制度改革

完善公开选拔、公推比选、任前公示、挂职交流、业绩评价的干部管理机制，做到德才兼备，以德为先，择优选用。特别关注基层、生产一线、艰苦地区干部，在同等条件下优先提拔使用。加大东部与西部、基层企业与本部领导人员交流力度，开展双向交流任职、挂职。逐步建立领导干部退出机制，对于年度考核不称职或连续两年基本称职的领导人员，予以解聘或免职。深化“四好”班子创建活动，提升班子整体功能。采取多种形式加强干部培训，建立干部培训硬性指标，提升干部队伍综合素质。加强人才队伍建设，深入推进“168”人才工程，研究技术系列人才管理改革，推行“首席专家”制度，拓展员工职业发展通道。

4. 完善业绩考核评价体系

学习国内外先进企业管理经验，彻底扭转“亏损无所谓”的认识，把业绩考核作为干部使用重要依据，建立科学合理的业绩考评体系，做到奖优罚劣。发挥好总经理奖励基金的作用，对作出突出贡献的干部员工进行重奖。

5. 继续规范辅业和多经企业管理

进一步做好“两项规范”工作，多经企业要按照市场化、规范化的原则，依法建立现代企业制度，完善法人治理结构，在规范中发展，在发展中规范。

6. 深化劳动用工制度改革

进一步巩固“三改”成果，根据行业特点，建立适应“三型电厂”建设和相关产业发展的人才管理模式，推行市场化聘用、劳务派遣和业务外包。严格控制劳动用工数量，规范劳动用工管理。相关产业发展用人需求，原则上优先从内部调配。

（七）加大科技创新力度，提高技术装备水平

加大高新技术开发力度，实现装备升级和产业升级，推动新能源和高科技领域的创新发展。

1. 加强关键发电技术攻关

深入推进百万千瓦空冷机组、IGCC示范电站、大型循环流化床锅炉等清洁高效火力发电技术的研究和应用。提高水电自动化控制技术水平，深入推进水电站高坝建设、大洞室开挖、抗震设计研究等技术攻关。加快推进风机制造核心部件国产化进程，提高风电主机研发制造技术水平。与国外先进太阳能公司合作，高起点进入太阳能发电产业。稳步开发核电、地热能、生物质能和潮汐能等新能源发电技术，积极跟踪碳捕捉技术。

2. 加快高新技术产业化发展

巩固集团公司在等离子点火、电站空冷、大型火电机组控制系统、脱硫脱硝等方面的技术优势，扩大电力节能、环保、自动化等高新技术产业的国内、国外市场份额。重点加快推进风机制造产业发展，加快直驱、海上风机以及电网友好型等新机型的研发，制造具有自主知识产权和自主品牌的风机产品，力争年内风机制造和销售规模达到国内前三名。

3. 完善科技研发保障体系

加快建设国家级重点实验室和研发中心，积极承担国家级重大科技项目，把专利数量和获奖项目列入年度考核目标。加快推进国电新能源研究院建设，结合国家“千人计划”的实施，加快引进海外高新科技研发人才，增强新能源产业发展的技术支撑能力。加大对高新技术的科研投入，建立多渠道、高效率的科

技投入体系，大幅提高科研经费在销售收入中的比例。

（八）贯彻落实四中全会精神，加强党建和精神文明建设

1. 加强党的建设

健全完善党建工作制度，落实党建工作责任制。认真抓好学习实践活动整改落实工作，巩固和扩大学习实践活动成果。深入开展“四强四优”创建活动、“三保一促”主题实践活动。建设学习型党组织、学习型领导班子、学习型员工队伍，落实党员领导干部学习读书制度。加强党建思想政治工作研究，形成一批高水平的理论和实践成果。

2. 加强反腐倡廉建设

认真贯彻落实中纪委建立和完善惩治和预防体系工作规划，严格执行《国有企业领导人员廉洁从业若干规定》和“三重一大”决策制度，建立权力运行的制约和监督机制。深入开展工程建设领域突出问题专项治理工作，开展好巡视检查、效能监察工作，严肃查处违规违纪行为。

3. 打造先进企业文化

继续深入开展“双学”活动，把思想政治工作的内容寓于企业文化建设的实践中，将“家园·舞台·梦”的企业愿景和“严格、高效、正义、和谐”的核心价值观转化为广大干部员工推进集团公司科学发展的自觉行动和不竭动力。

4. 加强对工会、共青团组织的领导

支持工会、共青团等群众组织依照法律和各自章程创造性地开展工作。以制度上完善、程序上规范、职权上落实为重点，深入推进职代会制度建设。认真开展“做主人、促转型、促增效、促和谐”建功立业活动、群众性劳动竞赛和技能竞赛，深化班组建设。支持共青团开展青年成长主题活动。

5. 落实十大惠民工程

解决好员工群众最关心、最直接、最现实的利益问题，让员工感到企业的温暖，促进全体员工共享发展成果，实现员工收入和企业经济效益同步。

中国电力投资集团公司 2009 年工作会议报告（摘要）

一、2008 年工作回顾

全年完成发电量 2051 亿 kWh，同比增长 15%；煤炭产量 3705 万 t，同比增长 36%；电解铝产量 46 万 t，同比增长 26%。集团营业收入 715 亿元，同比增长 21%。利润总额在五大发电集团中居第二位。

（一）全面落实发展战略部署，实现“三步走”战略良好开局

六大产业集群布局基本完成。以满足国民经济发展和市场需求为取向，优化产业和区域发展规划，蒙东、贵州、宁东、黄河、新疆、黑龙江六大产业集群总体布局基本完成，电力前期储备达 2 亿 kW、煤炭资源储备 80 亿 t 以上。支撑“三步走”战略目标实施的项目和资源储备基本得到保障。新组建的遵义、宁夏、新疆公司，开始发挥重要作用。拓展布局思路，强化资源配置，确立了依托现代物流实现跨区域煤电联营新构想。

资本运作取得巨大成效。抓住机遇，与金元集团强强联合，完成组建以来资产规模最大的一次主营业务重组，增加控股装机容量 628 万 kW，实现年装机规模最快增长和行业地位有效提升，首次在资源大省贵州拥有了一大批优质项目和资源，在“西电东送”大格局中占据有利位置，为实现“三步走”第一阶段目标提供了有力保障。重组青铜峡铝业，电解铝产能跃居国内第二，对推进宁东产业集群发展将起到重要作用。重组内蒙古巴其北煤矿，为实现跨区域煤电联营奠定了基础。无偿受让石家庄东方热电，首次拥有省会城市热网资源，境内外上市公司增至 7 家。2008 年，是集团公司组建以来资本运作成效最为显著的一年。

海外拓展实现重大突破。从国家能源安全高度审视并推动海外发展，跨国配置资源。东南亚项目纳入政府间合作，新增水电规划容量 1650 万 kW，是目前国内最大的海外水电开发项目，建成后将向国内大规模输送清洁能源。西非项目取得重大进展，已获得 2269km^2 的勘探许可，有望拥有铝矾土资源 20 亿 t，将对集团公司电解铝产业发展提供充足的资源保证。

核电发展迈出新的步伐。制定集团公司核电发展战略，确定了 2020 年核电投运 1400 万 kW 目标。控股开发的山东海阳一期主体工程提前两个月负挖。等比例控股的辽宁红沿河工程建设正有序推进。江西彭泽被列为国家第一批内陆核电开发项目，并全面开展了各项前期准备工作。一批项目正积极争取进入国家核电中长期发展规划。核电年内利润达 10.5 亿元。

前期和工程建设取得丰硕成果。2008 年全年核准电力项目容量 905 万 kW，在五大发电集团中居首位，其中核准火电项目平均单机容量 70 万 kW。乌苏项目获得路条，实现在新疆发展的突破。赤大白铁路全线贯通试运行。白音华 3 号煤矿、锦赤铁路核准并开工建设。获锦州港煤码头控股开发权和滨海港综合开发权。全年电力开工规模 690 万 kW，新昌、白城、平顶山等项目先后开工。投产 685 万 kW，阚

山、大别山、通辽、霍林河、黔东、开封8台60万kW等级机组连续高水平投产，有效改善了集团公司火电结构。开封1号机组以15个月零7天的总工期，创造了全国60万kW等级机组工期标杆。抚顺项目在送出工程严重滞后的情况下，以21个月零9天的总工期创造同类地区先进水平。长洲项目一年投产9台大型贯流式机组，创全国同类项目建设速度新纪录。平圩、姚孟、大别山项目先后刷新2006年电监会发布的同类工程造价标杆。田集、苏只项目分获2008年度鲁班奖和中国电力优质工程奖。阚山项目性能试验能耗指标居全国同类机组领先水平。

（二）沉着应对困难和挑战，保持生产经营平稳健康协调推进

2008年，是集团公司组建以来最为艰难的一年。煤炭价格大幅上涨、融资难度持续加大、财务费用急剧攀升、资金链条高度紧张，集团公司陷入整体亏损。这些困难与抗灾保电、奥运保电、迎峰度夏等重大任务交织在一起，给各项工作增加了很大难度。面对严峻形势，集团公司党组果断决策、周密部署，及时召开系统主要负责人会议，统一思想、坚定信心、明确任务、落实措施。通过不懈努力，在前所未有的困难条件下，保证了生产的正常接续，煤电利用小时数5235h，在五大发电集团中最高。充分发挥财务公司和区域二级公司融资功能，积极构建银企战略合作关系，扩大授信额度，努力开拓融资渠道，低成本引入邮储资金50亿元，发行100亿元中期票据，确保了生产和基本建设资金供应，全年没有发生资金断链和全局性财务支付危机。消化小火电关停损失，资产质量进一步提高。财务基本结构总体稳定，资产负债率控制在合理范围，在五大发电集团中处于最好水平。成本支出有效降低，全年可比口径原煤采购价格与标煤单价平均涨幅在五大发电集团中均为最低。保持了平稳较快增长，除火电（含热电）政策性亏损外，其他产业共赢利33亿元。水电、核电、煤炭结构优势继续显现，产业协同效应充分发挥。金融以及设备成套、工程建设等电站服务业利润贡献率明显提高。有效落实国家政策，部分企业电价问题得到初步解决。推进电价热价调整，上调幅度达到预期目标。争取到财税政策支持7.2亿元。

（三）认真落实隐患治理年要求，安全生产局面总体稳定

2008年是国家安全生产隐患治理年，也是集团公司安全生产基础建设年。一年来，公司坚持“安全第一，预防为主，综合治理”的方针，认真落实国家关于安全生产各项部署，推进隐患治理和基础建设年各项工作。积极开展安全隐患排查治理，组织开展专项行动，对重大隐患实行挂牌督办。全年共查出各类安全隐患5163项，整改率97%，一些严重影响企业安全生产的问题得到解决。根据集团公司产业多元化特点，确定了归口管理、分口负责的安全生产管理模式，二级单位健全了安全管理部门，火电厂全部设立了独立的安全监督机构，安全生产管理体系进一步完善。组织开展反习惯性违章专项活动，严格安全生产责任追究制度。加强应急管理，进一步健全了应急管理组织和预案体系。全年生产、基建、非电产业未发生较大及以上人身和设备事故，安全生产总体稳定，为集团公司平稳较快发展奠定了基础。

（四）扎实开展管理创新，推动各项工作不断向更高目标迈进

大力开展管理体制机制创新。以母子公司制为基础，以三级管理为主架构，全面构筑战略管控型能源集团的体制机制，建立完善以战略管理为核心的七大管理体系，强化责任追究，加大对关键经营指标和发展目标的考核。启动风险管理及内部控制体系建设。优化总部及区域组织体系，组建招投标、燃料管理中心，整合蒙东及东北区域资源，组建蒙东能源公司，完成东北分公司改制，有序推进五凌电力重组。加大改革力度，完善法人治理结构和区域检修公司体制，启动薪酬制度改革和财务集约化管理试点。按照三级管理要求，积极清理四五级公司。投资管理、法律顾问、财务总监等制度有效落实。配合国家审计署圆满完成了审计工作。

努力提高精细化管理水平。生产、经营、基建对标管理全面展开，完善了指标和标杆体系，搭建了对标信息平台，主要经济技术指标持续改善。火电机组A级检修全优率达到68%，平圩2号机组在全国60万kW火电机组竞赛中荣获唯一特等奖。工程建设管理制度体系和激励约束机制不断完善，出台四大控制管理标准，建设水平明显提高。规范火电厂形象设计，推动典型设计和模块化设计，田集二期、白城等一批新项目概算投资达到行业先进水平。完善招标程序和管理标准，规范集中招标，全年节省投资24亿元。组织系统内外对口竞赛和对标，创造了行业进度标杆。强化质量过程控制，增加关键节点的质量检查，坚持高标准试运和投产，机组投产水平稳步提高。新投产的60万kW等级机组全部实现自动保护，主要仪表100%投入，环保设施同步投运并达设计值。

（五）自觉履行中央企业职责，深入开展节能减排和环境保护

认真履行政治责任。坚决执行党中央、国务院各项部署，积极投入抗击自然灾害和维护奥运安全稳定工作。在南方雨雪冰冻灾害和汶川特大地震中，集团公司反应迅速、措施得力，出色完成抗灾保电任务。

积极捐款捐物，踊跃交纳特殊党费。奥运会、残奥会期间超前策划、制定预案，全面启动应急保障措施，实现安全生产零事故，涉奥电厂零非停，没有发生群访和进京上访等不稳定事件，圆满完成安全稳定任务。上海电力、抚顺公司受到国家电监会表彰。

继续推进节能减排。全年累计关停小火电 24 台 245.5 万 kW，提前两年完成关停任务。把环保脱硫设备纳入主设备管理，在江西贵溪开展取消烟气旁路试点。能耗水平继续下降，供电标准煤耗 350.24g/kWh，同比下降 8.15g/kWh。完成 27 台机组脱硫改造，新增二氧化硫减排能力 26.2 万 t/年。二氧化硫、烟尘、废水排放总量同比分别减少 13.75 万 t、4.72 万 t、1704 万 t。荣获联合国节能环保示范企业称号。

（六）加强党建和队伍建设，形成蓬勃向上的生动局面

加强和改进企业党的建设。认真学习贯彻党的十七大精神，广泛宣传改革开放 30 年的巨大成就，围绕抗灾保电、奥运保电、增收节支等重要工作，积极开展“党员先锋岗”主题实践活动，开展“强管理、求效益、保安全”红旗竞赛活动，各级党委（党组）政治核心作用、党支部战斗堡垒作用、党员先锋模范作用得到进一步发挥。认真抓好反腐倡廉建设，完善和落实党风廉政建设责任制，制定了“关于贯彻落实《建立健全惩治和预防腐败体系 2008～2012 年工作规划》的实施办法”。全面落实“三重一大”决策制度和廉洁自律“七项要求”，全年未发生领导干部重大违纪案件。充分发挥群团组织优势，推进企业文化和精神文明建设。加强内外部宣传，树立和展示团结、进步、和谐的企业形象，集团公司总部荣获“全国文明单位”称号。

继续推进队伍建设。“四好”班子创建活动扎实开展，11 家二级单位进入“四好”班子行列。调整配备二级单位和总部部门领导班子，加强干部异地交流，领导干部大局意识不断增强，精神状态更加饱满。按照中央统一部署，圆满完成首期三年援疆任务，并启动了新一轮援疆工作，受到上级领导高度评价。健全后备干部队伍，加强年轻干部培养，举办首期年轻干部培训班。高质量完成五年大规模培训干部规划，构建了较为完善的干部培训体系，形成了具有中电投特色的培训文化理念。全面落实人力资源规划，加大财务骨干、资本运作和大机组运行等急需专业人员培训力度。集中力量编写完成常规电力 42 个工种技能培训大纲，成为五大发电集团中唯一的“国家高技能人才培养示范基地”。

2008 年，面对巨大困难和挑战，成绩实属来之不易，主要得益于以下四个始终坚持：

第一，始终坚持科学发展观的战略引领。一年来，集团公司牢固树立发展是硬道理这一战略思想，确立并围绕“三步走”战略目标，统筹产业与区域、国内与国际布局，坚持以电为核心、煤为基础、产业一体化协同发展，优化产业结构和电源结构，有序推动由单一发电集团向能源集团转型，发展循环经济，保持了结构优势，扩大了规模优势，整体实力和行业地位有效提升，鼓舞了人心，提振了士气。实践证明，实现集团公司做强做大，必须始终不渝地坚持科学发展观的战略引领。

第二，始终坚持把改革创新贯穿于发展全过程。改革开放是决定当代中国命运的关键抉择。一直以来，公司积极参与电力体制改革，认真落实国企改革部署，坚持市场化改革方向，把握集团化和能源企业两大管理规律，明确战略管控型能源集团总体定位，努力创新产业发展模式，着力构建科学高效的体制机制，走出了一条充满生机与活力的特色发展之路。实践证明，改革创新是企业进步的灵魂，是事业兴旺发达的不竭动力，任何时候、任何情况下都要始终不渝的坚持。

第三，始终坚持以强化管理筑牢永续发展的根基。公司不断丰富安全理念，推行标准化管理，倡导全过程成本控制，打造信息化平台，着力夯实“三步走”战略实施的管理基础。在前所未有的经营困难面前，公司快速反应，果断决策，眼睛向内，挖潜增效，保障资金供给，积极防控风险，实现了工程建设、经营管理、安全生产、队伍稳定和产品产量、产能规模的全面提升，整体经营成果明显好于预期。实践证明，只有立足自身，强化管理，苦练内功，才能经得住市场风浪的严峻考验。

第四，始终坚持履行中央企业责任。面对自然灾害的突然袭击，电煤价格的大幅度飙升，迎峰度夏和奥运保电等艰巨任务，集团公司为国分忧，勇挑重担，展现了关键时刻靠得住、信得过、打得赢的扎实本领，体现了讲政治、顾大局、重责任的良好风貌，与各中央企业一道，在关键时期发挥了关键作用。实践证明，作为关系国计民生的能源企业，越是困难的时候，越要把履行责任放在突出位置，才能无愧为国家的脊梁，无愧为“共和国的长子”。

二、面临的形势和需要把握的重点问题

当前，金融危机不仅本身尚未见底，而且对实体经济的影响正进一步加深，国家发展的外部经济环境更加严峻，保持经济平稳较快发展的任务十分艰巨。行业看，全国发电装机容量继续增长，但全社会用电量近期快速萎缩，发电利用小时数持续下滑，同时受国内经济环境及电力需求下降影响，电价矛盾难以及时疏导。煤炭价格虽有回落，但仍然高于 2008 年同

期水平，火电成本压力继续存在。电解铝市场需求持续减弱，价格还在继续下行，后续产能无法充分释放。2009年对集团公司而言，火电、电解铝止亏扭亏难度加大，煤炭增利预期下降。

当前，挑战前所未有，机遇也前所未有。一是我国经济发展的基本态势没有改变，仍处在重要战略机遇期，特别是改革开放30年来积累了雄厚的实力，中长期看能源行业仍有较大的发展空间。二是近期电力供大于求，保电压力减轻，可以集中精力，加快淘汰落后产能，优化电源结构。三是国家拉动内需加大基础设施建设，有利于加快核电发展，推动路港布局与建设。四是近期增值税转型、货币政策调整等，有利于缓解资金压力，实施融资创新，改善财务状况，有效控制工程造价。特别是煤价的持续下跌，加上2008电价调整的翘尾影响，有助集团扭转亏损额持续加大的困难局面。

第一，要毫不动摇地坚持发展第一要务。经过几年不懈努力，集团公司发展取得长足进步，但与先进企业比依然存在不小差距，目前“三步走”战略刚刚起步，未来发展任重道远。因此，集团必须把发展作为首要任务，坚定不移地推进战略实施。一要坚定发展信心。既要充分估计当前形势的严峻性和复杂性，又要看到集团公司“三步走”战略实施的外部环境没有发生逆转。只要审时度势，周密部署，扎实工作，完全有条件变压力为动力，化危机为机遇，战胜困难和挑战，实现企业平稳较快发展。二要突出发展重点。就是要坚持“有保有压”、“长短结合”和“远近结合”。在资源配置方面重点向有市场潜力和增长潜力的区域倾斜，向纳入政府间合作或有利于获取战略资源的重大项目倾斜，向有利于拉动内需、调整产业结构、节能减排的重大项目倾斜。对于技术路线不明确、市场前景不明朗的项目，近期不予考虑。对部分已核准项目，要进行市场经济性评价，确定开工时序。三要注重发展质量。就是要坚持又好又快，好中求快，把发展目标建立在提高质量、优化结构、增加效益、降低消耗、保护环境的基础上。更加注重投资回报，没有效益的项目坚决不上，没有效益的投资尽快退出，没有效益的资产抓紧变现。充分利用兼并重组等资本运作手段，实现低成本、高质量扩张。

第二，要正确把握“三步走”战略的核心。中央经济工作会议把结构调整和加快发展方式转变，提高可持续发展能力，作为今年经济工作的战略重点。集团公司“三步走”战略的核心是电源结构调整和产业结构调整，这完全符合科学发展观全面协调可持续的基本要求，符合党的十七大和中央经济工作会议精神，符合国家能源中长期发展规划。电源结构调整，就是要大力发展水电、核电、风电等清洁能源，提高清洁能源在电源结构中的比重，长远看，要朝火电50%、水电25%～30%、核电10%～15%、可再生能源10%的目标努力。产业结构调整，就是要有序推动单一电力企业向综合能源企业转变，增强抵御风险能力。要强调突出主营业务，紧紧围绕电为核心、煤为基础、相关产业协同发展定位，做强做大主营业务，适度发展有色以及现代物流、金融、电站服务等现代服务业。要确保形成一体化优势，构筑涵盖上游资源和下游市场在内的产业链和供应链，实现产业间的优势互补，发挥协同效应，提升核心竞争能力。要注重实现战略协同，推动跨区域资源配置和重组。加快资源向优势企业和上市公司聚集，推动区域整体上市，打造区域竞争优势和具有自我滚动发展能力的平台。

实施“三步走”战略的保证是组织结构调整和人才结构调整。组织结构调整，就是要建立适应综合能源企业要求的组织结构，从总部到基层按产业关联关系进行组织结构的优化重组，实现综合管理与专业管理的有机结合。人才结构调整，就是要使人才队伍专业结构、知识结构更加符合多产业一体化协调发展要求，建立一支能够担当各产业发展重任的领军人才队伍、专业人才队伍和管理人才队伍。通过调整组织结构和人才结构，突破发展的深层次障碍，保证可持续发展。

第三，要着力在保增长上下功夫。这是中央经济工作的着力点，也是集团公司面临的突出矛盾。保增长重点是保利润，关键是保市场。一要增强市场意识。市场是企业生存的根本，企业一切行为都要面向市场、响应市场、适应市场。要把开拓市场作为保增长的主攻方向，把抓管理、增收入、降成本，特别是把降低与市场密切相关的变动成本作为保增长的重要环节，把发挥结构优势、发挥协同效应、发挥管理潜能作为保增长的强大动力。二要把握市场变化。要研究国际市场变化，特别要研究与集团公司关系密切的煤炭、有色金属及大型设备市场的变化，分析研判对公司的影响，及时调整经营策略。要研究国内市场变化，关注国家宏观调控措施对市场的影响，密切跟踪利率、税率、汇率变化，努力用好用足政策。要研究行业市场变化，特别要关注上下游产品市场变化，把握趋势，争取主动。三要加强市场营销。努力增收节支，积极做好电价、电量工作，在控制燃料、原材料、设备采购成本方面取得更大成效。水电、核电、非电产业、专业公司要继续发挥利润支撑作用。火电要减亏增盈。抓好重点区域、重点企业、重点产业利润增长，提高增量资产利润贡献率。

第四，要把管理工作不断提高到新水平。管理是企业永恒的主题，也是集团公司发展最终成败的关键。一要强调管理的科学性。2009年确定为集团公司“标准化管理推进年”，以此为主线，认真落实三级管理定位、七大管理体系总体要求，提高集团化管控能力，继续把对标管理作为提高管理水平的重要抓手，把管理工作不断向标准化、规范化、科学化方向推进。二要强调管理的系统性。在集团公司从单一电力企业向综合能源企业战略升级的关键时期，要切实加强对大局的掌控，统筹好主业与相关产业、国内项目与国外项目、区域公司与上市公司、总部与基层等各方面的管理关系，实现整体管理的高效协同。三要强调管理的针对性。针对基础管理方面存在的突出问题和薄弱环节，特别要针对暴露出的管理粗放问题，一厂一策、分析原因、落实措施、改进提高。针对形势变化，全面加强以效益为中心的各方面管理。加快重组企业的文化融合与管理融合。

第五，要高度重视和加强风险防范。金融危机所引发的各种风险还将进一步显现，要引起高度重视和警觉。企业间的新一轮重组浪潮，既是集团公司发展的重大机遇，也会带来很大并购风险。连续几年的投资增长，加上 2008 年的巨额亏损，使财务结构发生较大变化，风险不断加大。加强风险防范尤为重要和紧迫，在继续加强全面风险管理体系建设基础上，重点要把握：一是防范决策风险，强化投资管理，规范投资决策程序，严肃投资决策责任，加强监督考核。二是防范财务风险，既要抓住机会实现扩张，又要考虑到能力与需求、短期与长期、风险与收益的权衡。控制短贷长投，加强担保、偿债等风险管理，保持较稳健的财务结构。三是防范并购风险，关键是加强战略符合性评价、项目价值评估和并购后的整合管理。

第六，要切实维护企业和大局稳定。中央企业做好稳定工作是义不容辞的政治责任，越是在困难情况下，越是要做好稳定工作。当前金融危机影响不断扩大，带来社会不稳定因素增多，一些企业裁员、降薪等，对员工思想都有一定冲击。与此同时，企业内部不稳定因素依然存在，一些历史遗留问题还没有得到根本解决，再加上大面积亏损、小火电关停等影响，很容易发生影响稳定的问题。特别是将迎来国庆 60 周年这一举国盛事，更要把稳定工作摆在 2009 年各项工作的突出位置，提高认识，严格要求，切实维护企业和大局稳定，坚决履行好这一政治责任，为企业持续健康协调发展提供有力保证。

三、2009 年工作目标与任务

2009 年工作目标：

生产经营方面，发电量 2438 亿 kWh；煤炭产量 4555 万 t；电解铝产量 110 万 t；力争扭亏为盈，实现财务状况好转。

基本建设方面，电力开工 1044 万 kW，投产规模 741 万 kW；煤炭增加产能 725 万 t，电解铝增加产能 93.6 万 t。

安全生产方面，“五不发生”，即：不发生较大及以上人身死亡事故；不发生重、特大设备事故；不发生水电站大坝、火电厂灰坝垮坝事故；不发生重大水灾事故；不发生重大及以上火灾事故。

节能环保方面，小火电关停 10 台 102 万 kW；供电煤耗 344.45g/kWh，下降 5.79g；存量机组二氧化硫减排 17.68 万 t；万元工业增加值能耗控制在 13.02t 标煤以内；不发生重大环境污染事故。

对标管理方面，单位检修费用不高于区域内同类机组平均水平，检修技术指标达到或高于同类机组水平；基本建设单位造价在同类项目中保持较低水平，机组投运技术指标达到或优于平均水平；发电设备利用小时数达到或高于区域同类机组水平，燃料成本不高于区域内平均水平；非电产业成本保持行业领先。

精神文明、党风廉政建设及稳定工作方面，全面完成国资委考核目标；各级领导班子、领导干部不发生违法违纪案件；企业不发生影响稳定的重大事件。

为实现以上目标，重点做好以下七个方面工作：

（一）深入学习实践科学发展观，切实肩负起科学发展重任

在全党深入开展学习实践科学发展观活动，是党中央作出的重大战略部署，是全党政治生活中的一件大事。要充分认识这次学习实践活动的重要性，切实把“学习实践科学发展观、全面推进集团公司‘三步走’战略”作为贯穿全年工作的主线，放在突出位置，认真抓好，注重实效。要把学习实践活动与集团公司改革发展实际紧密结合起来，与贯彻党的十七大和中央经济工作会议精神结合起来，与应对当前金融危机结合起来，作为促进集团公司科学发展、和谐发展的重要机遇和强大动力。通过学习实践活动，进一步解放思想，坚定信心，形成全集团上下思想认识的高度统一。通过学习实践活动，重点解决部分领导干部思想、作风、能力、素质与推动科学发展要求不适应问题；廉政建设、主辅分离等员工关心的热点、难点、重点问题；影响和制约集团公司发展的体制机制问题。通过学习实践活动，深刻把握市场经济规律和企业发展规律，着力构建充满活力、富有效率、更加开放、有利于科学发展的体制机制，促进又好又快发展。通过学习实践活动，切实把科学发展观的要求转化为谋划科学发展的正确思路，促进科学发展的有力举措，领导科学发展的实际能力，动员广大干部员工积极投身集团公司“三步走”战略实施的伟大实践。

（二）把握发展第一要务，坚定不移推进“三步走”战略实施

大力发展清洁能源。积极发展水电，确保拉西

瓦、黑麋峰一期、长洲、团坡等总计297.3万kW容量投产，争取积石峡、黑麋峰二期、东南亚等项目792万kW容量核准。加快发展核电，推进海阳、红沿河核电建设，争取山东海阳4×125万kW同步核准，并确保开工；完成江西彭泽征地拆迁，全力推进现场“四通一平”；争取吉林靖宇、重庆涪陵、广西桂东、湖南小墨山、辽宁桓仁进入国家核电中长期发展规划，并积极推进前期工作。大力发展风电，加快甘肃、内蒙古、江苏、新疆等大型风电基地开发，力争核准165万kW。

积极推进火电产业升级。加快小火电关停步伐，大力发展高效节能环保的大机组，推进城市热电联产。确保芜湖等大型火电和良村等热电机组核准开工，大漕泾首台百万千瓦等级机组投产。争取核准上大压小项目、四川福溪、新疆乌苏等项目600万kW。积极实施煤电联营，推进豫南、淮南火电基地建设，尽快形成蒙东到长三角、珠三角及长江腹地的“黄金海岸”跨区域煤电联营，加快在京津唐等负荷中心的发展。

优化产业及区域布局。认真做好集团公司整体发展规划、区域发展规划、专业发展规划的滚动修编。各产业集群重在落实新增资源，形成具有区域特点的发展模式。重点做好蒙东、宁东、东部沿海、贵州和两个海外项目的规划完善，逐项落实外部条件。蒙东及东北区域，启动大板30万t甲醇项目，确保锦州港煤码头项目核准，加快白音华煤矿、锦赤铁路、锦州煤炭港口建设。落实宁夏区域煤炭资源，力争青铝自备电厂和红墩子煤矿等项目核准开工，加快产业链形成。积极推进华东滨海港综合开发前期工作，为实现跨区域煤电联营提供支撑。做好东南亚水电首批电站现场施工准备，继续做好西非项目前期工作。

（三）深化体制机制改革，加快组织结构和人才结构调整

加快改革调整步伐。落实三级管理定位，确保战略协同、市场协同、组织协同。进一步完善总部机构设置及职能，理顺事业部管理关系。完善东南亚及西非项目组织机构。以蒙东为重点，完善产业集群管控模式，加强对新投运铁路的管理。继续推进区域整体上市，促进资源向上市公司集中。建立投资退出机制，把投资从非核心领域、亏损行业、无发展潜力企业和长期无回报参股企业退出来。调整理顺发电企业运行、检修、维护体制和管理关系，完善区域检修公司体制。基本完成对四五级公司清理，收缩管理幅度，坚决把管理层级压缩到三级以内。按照国家四部委文件要求，妥善解决职工持股问题，规范关联交易。在总结试点经验基础上，扩大辅业、多经企业改革。继续深化分配制度改革，完善对二级单位领导班子薪酬管理，优化与产业特点、经营成果、岗位贡献相适应的分配机制。增亏和减利单位不得增加人工成本。按照《劳动合同法》要求，规范劳动用工。

加强人才队伍建设。全面落实人力资源规划。坚持德才兼备，以德为先，用严格的标准选人用人，尤其要选配好“一把手”，切实提高各级领导的素质与能力。健全领导班子考核和评价体系，不断优化班子年龄和专业结构，把懂市场、善经营、会管理、具备法律知识、熟悉财务金融和资本运作的优秀经营管理人才充实到二级单位领导班子；配齐二级单位财务总监，在二级单位试行总法律顾问制度；加快培养选拔优秀年轻干部步伐，健全二级单位后备干部队伍，每个二级单位领导班子中至少有1名40岁左右的年轻干部。继续加大总部与基层干部交流力度。全面启动新一轮大规模干部培训工作。继续办好党校班、企管班、青干班以及急需专业人员培训班。注重毕业生接收的专业结构和质量，对核电、财务、非电产业等急需专业人才适度超前储备。结合技能培训大纲的颁布和实施，加大生产技能人员培训力度，重点加强30万kW等级及以上机组运行和检修人员培训。在试点的基础上全面实施大机组运行主要岗位准入制度，大力开展生产技能竞赛活动，引导员工努力工作，提高技能，岗位成才。

完善经营业绩考核体系。进一步提高考核指标的导向性和针对性。加强分类考核和动态管理，突出短板考核和对标考核。分解考核目标，加大责任追究，确保考核的严肃性和执行的刚性，充分发挥考核的激励与约束作用。引导企业提高抗风险能力、提升管理水平，增强创造价值和资本回报意识。确保完成国资委第二轮三年考核目标。做好2010年国资委对中央企业经济增加值考核的准备工作。

（四）切实抓好安全生产，落实节能减排和环境保护基本国策

全力确保安全生产。按照国家“质量和安全年”活动总体要求，把安全工作提高到新水平。进一步完善安全管理组织，建立独立于其他部门的安全管理监督体系，涉及多元产业的二级单位和生产型三级单位设立独立的安全监督管理部门，完善“谁分管、谁负责”的安全管理保证体系。制定安全性评价标准，全面开展发电生产安全性评价工作，推进安全生产标准化管理。加强安全责任追究，落实重奖重罚制度，切实加大反习惯性违章力度，开展二级单位安全生产尽职情况督查，促进责任到位、人员到位、管理到位。进一步分层次，有针对性开展安全业务培训，提高安全生产业务能力和管理水平。高度重视东南亚、西非项目安全管理，采取有效措施，保证派出人员和财产的绝对安全。

认真履行环保责任。坚持“高标准、严要求、广覆盖、硬约束”原则，扎实开展节能减排工作。2009年内除列入关停计划机组外，全部在运机组完成脱硫改造，实现达标排放。从设计、施工、运行各环节，严格落实环保设备作为主设备管理要求。认真总结“节能降耗示范电厂”经验，全面开展节能对标管理。以白音华新建2×60万kW机组为试点，开展干法脱硫技术的应用和推广。脱硫装置取消旁路是当前和今后一个时期脱硫改造工作的主方向，要积极制定规划，抓好试点，逐步推开。

充分发挥科技引领作用。积极推进国家重大科技专项“中低热值重型燃机IGCC电站工程应用示范”和“分布式冷热电联供”实施，开展二氧化碳捕集及资源化利用技术和海上风电技术等重大课题研究。加快技术中心组建。推进信息化建设，落实国资委“登高计划”与绩效考核要求，加快重点应用系统建设，搭建信息整合平台，完善信息化工作管理体系。

（五）以“标准化管理推进年”为载体，全面加强改进基础管理工作

继续深入开展管理对标。巩固生产、经营、基建对标管理成果，进一步扩大对标管理广度和深度，为实施标准化管理奠定坚实基础。按照“同一行业，同一尺度”要求，开展煤、电、铝、路、港、太阳能等产业对标，探索产业集群对标的新路子。进一步完善对标指标体系，建立绩效综合评价管理机制，推进指标对标向管理对标的提升和跨越。研究对标工作奖惩机制，量化对标结果，纳入业绩考核，发挥激励约束作用，实现对标工作与日常管理的有机融合。

全面推进标准化管理。认真制定“标准化管理推进年”具体实施方案。以标准成本为抓手，推进经营管理标准化。完善电热产品标准成本，加快分产业、分区域、分类型标准成本体系建设，制定水电、煤炭、电解铝、太阳能、铁路等产品标准成本，落实成本进步路线图，确定三年成本进步目标。推进生产运营标准化管理，完成机组利用小时数、平均边际收益、供电煤耗、等效可用系数等标准制定和实施。继续推进基本建设标准化管理，制定严格的制度规范，以168h试运行达到商业运行标准作为划分基建与生产的管理界面，并将此固化为企业标准。夯实基础管理工作，推进管理标准化。继续完善七大管理体系，完善投资决策、经营管理、安全稳定责任追究制度。全面推行财务、招标、燃料集约化、标准化管理。

切实防范经营风险。着力改善财务状况，控制资产负债率过快上升。做好关停机组资产处置、债权债务清理或重组、损失核销，提高资产质量。严格对外担保，降低连带风险。加强现金回笼，保证现金头寸，提高近远期偿债能力。继续推进不良资产变现，防范和化解金融衍生工具风险。加强海外投资管控，强化境外资金与财务的监督管理。坚决防止各种投机行为，有效防范法律风险。

（六）牢牢把握市场变化，在应对挑战中保持平稳较快增长

大力开拓电力市场。在保证边际利润前提下，把提高利用小时数作为工作重点。跟踪把握市场动态，积极争取有利排序和合理电量计划。水电企业重在提高水资源利用率，减少弃水，多发电量。火电重点保证新投产机组、大容量机组、高效益机组电量，做好关停机组电量转移和跨省区电量消纳。核电要加强股权管理，提高收益。继续做好电价工作，争取政策支持。认真落实现有电价政策，积极争取老机组电价执行到位。努力争取蒙东、黄河等重点地区电价问题得到解决，推动工业热价的协议定价方式调整。做好新投产机组电价工作，努力争取脱硫脱硝电价。

积极培育产业链竞争力。以集群整体效益和价值最大化为目标，开发阶段重在保证资源储备与产能规划相匹配，建设阶段重在保证投产时序、产能产量有效接续，运营阶段重在保证产供销高效衔接。培育产业链，形成价值链，要注重资源共享，压缩管理链条，减少交易费用，寻求最佳利润增长点，形成相对于外部市场的比较优势，形成相对于单一产业更大的成本优势、更强的竞争能力、更突出的抗风险能力，实现由单一产业竞争到产业链竞争的跨越。蒙东区域协调好煤电铝路港产业链，落实增量煤炭的下游市场，加大对辽、吉火电的支持力度，确保铁路和煤矿双盈利。宁东要尽快形成煤电铝产业链。黄河上游发挥好水电、铝、太阳能产业链优势。

努力提高经营管理水平。建立集团公司燃料三级管理体制，完善资金统一结算平台，加强价格统一协调力度，发挥整体和规模优势，降低燃料采购成本。密切跟踪市场变化，及时调整工作思路，充分利用沿海下水煤、进口煤渠道，合理安排燃料采购和储备。抓住国家经济政策调整有利时机，充分利用财务公司融资平台，大力推行银团贷款，拓宽债权、股权融资空间，推进统一票据融资等创新融资业务。加强融资管控，优化存量贷款结构，降低融资成本和财务费用。积极探索信托融资、融资租赁、电费保理等调节性融资方式，持续开展直接融资。重点研究核电融资模式，考虑上市融资可行性。严控项目前期、设计、设备定货、建设等各环节，降低工程造价。开展项目后评价试点工作。

用好用足国家政策。认真落实国家出台的应对金融危机的一系列政策措施，积极争取核电、新能源、节能减排等方面的政策和资金支持。高度关注新所得

税法实施和增值税转型等税收政策调整，做好税收筹划。落实国家“走出去”战略，争取东南亚、西非项目财政等政策支持。结合六大产业集群发展模式，争取国家循环经济政策支持。密切跟踪国家能源政策调整和主体功能区划分，深入分析对能源行业的影响，及时提出应对措施。

（七）加强企业党的建设，努力营造和谐稳定的发展环境

进一步抓好党建工作。各级党组织和群团组织要以深入学习实践科学发展观活动为契机，紧紧围绕集团公司党组总体部署，结合本单位实际，坚持融入大局、服务大局、推动大局。特别在当前经济形势动荡和企业面临困难时期，更要在稳定人心、凝聚人心方面发挥作用，在统一思想、激发斗志方面发挥作用，团结带领广大员工众志成城，共渡难关。深入开展“四好”领导班子创建活动，增强领导班子凝聚力、战斗力和执行力。坚持全心全意依靠员工办企业，大力加强企业民主管理。加大惩治和预防腐败工作力度，坚决贯彻党中央关于惩治和预防腐败工作各项部署，认真落实党风廉政建设责任制，全面落实“三重一大”决策机制和廉洁自律“七项要求”，强化企业领导人廉洁从业意识。进一步完善监督机制，做好关键领域、关键环节、关键岗位的监督检查。监察、审计部门要认真履行监督职能，对问题工程、私设小金库等违纪行为进行专项审计，严肃查处，绝不姑息迁就，严格问责追究。

扎实做好稳定工作。发展是硬道理，稳定是硬任务。要正确认识和面对发展、改革中的各种矛盾和问题，重点做好关停机组、困难亏损单位以及历史遗留问题较多单位的稳定工作。高度重视和切实做好信访工作，变“堵”为“疏”，畅通问题反映渠道，在解决问题上下功夫，把问题解决在基层，解决在萌芽状态。坚决防止推诿扯皮，激化矛盾，形成群体上访事件，甚至造成恶劣影响。不管多么困难，都要本着对员工负责的态度，坚决保证员工基本利益不受影响。按照中央要求，做到“减薪不减员，歇岗不失业”。进一步做好关停企业员工的分流安置工作。严格对稳定工作的考核与奖惩。

充分发挥领导干部表率作用。各级领导干部要在思想和行动上与集团公司党组保持高度一致，清醒地认识到形势的复杂和严峻，清醒地认识到肩上责任的重大和艰巨，清醒地认识到职工群众的期待和要求，坚定做好工作的信心和勇气。要牢固树立过紧日子思想，坚决压缩一切非生产性开支，坚决砍掉计划外和预算外增支因素，坚决杜绝不必要的车辆购置、办公楼建设装修以及会议和出国考察活动。各项会议、接待等活动要本着节俭的原则，力戒讲排场、比奢华。要讲党性、重品行、作表率，胸怀大局，率先垂范，带头加强执行力建设，落实集团公司党组决策部署，带头转变作风、真抓实干，带头艰苦奋斗、勤俭节约，为员工树立榜样。

中国电力投资集团公司2010年工作会议报告（摘要）

一、2009年工作回顾

2009年集团公司累计完成发电量2515亿kWh，同比增长23%。煤炭产量4297万t，同比增长30%。电解铝产量110万t，同比增长147%。电、煤、铝三大板块产销量增长均高于同行业平均水平。集团公司营业收入首次突破千亿大关，达到1012亿元，同比增长44.8%。利润总额31.65亿元，同比减亏增利101亿元。利润总额、净资产收益率、流动资产周转率超额完成国资委考核目标和集团公司经营目标。完成资产负债率控制目标。目前，集团公司可控装机突破6000万kW，煤炭产能5015万t，电解铝产能175.5万t，分别增长13%、46%和105%。资产总额3776亿元，增长37.42%。

一年来，集团公司重点从以下方面开展工作并取得成效：

（一）抓发展，调结构，战略转型迈出坚实步伐

牢牢把握“抓发展”这条主线，带动全局工作，“三步走”战略扎实推进。全年电力核准容量1861万kW，开工规模首次突破千万，达到1276万kW，投产容量819万kW。集团公司首台百万千瓦机组漕泾1号投产发电，拉西瓦、黑麋峰、开封、新昌等项目相继投产。拉西瓦水电站实现一年四投，6号机组成为全国电力装机突破8亿kW标志性机组。海阳核电项目获得核准并开工建设。海阳核电开工和拉西瓦水电站6号机组投运同时被评为2009年中国十大能源新闻。红沿河核电、彭泽核电等项目取得积极进展。上海、廊坊、滨海、沈阳等IGCC项目进入地区发展规划。四川福溪和广东荔新两个项目的开工建设，填补了集团公司在四川和广东两省电源建设的空白。蒙东煤矿项目加快建设，宁夏红墩子煤矿项目有序推进，贵州林华煤矿进入联合试运转。内蒙古巴其北、新疆煤矿资源得到落实，新疆煤制天然气项目正式启动。蒙东、宁夏、青海电解铝项目稳步实施，在贵州获得1.2亿t铝土矿资源。“赤大白”铁路通车，“锦赤”铁路全线开工，锦州港煤码头取得控股开发权并即将核准。有序推进江苏滨海、江西九江、广东揭阳

港口及煤码头前期工作。“走出去”战略取得重大进展。伊江上游水电项目纳入中缅两国政府间重点合作项目，密松电站获得我国政府核准，并与缅甸政府签署合资协议，前期工程正式开工。西非项目稳步推进。通过资本运作，重组了先融期货、重庆渝能，有序开展对相关电厂、煤矿以及金融资产的并购重组。

推进结构调整和战略转型，电源结构和产业结构发生积极变化。清洁能源和相关产业投资比例首次超过50%。核准、开工、投产容量中清洁能源比例分别为55%、32%和60%。取得路条项目中清洁能源比例超过2/3。水电投产容量创历史新高，装机容量居五大发电集团之首。到2009年底，集团公司清洁能源比例上升到30%，居五大发电集团首位。火电资产质量得到明显改善。2009年关停小机组13台148.5万kW，火电全部投产容量中60万kW机组占67%，在建23个火电项目中13个是60万kW和100万kW项目。截至目前，集团公司30万kW以上机组容量占全部火电容量的71.61%，同比提高4个百分点。通过结构调整，资产进一步向主营业务集中，主营业务资产占总资产的98.83%。产业集群加快建设，煤炭、铝业板块规模不断扩大，在国内都具有举足轻重的影响。煤炭对电力的基础保障作用日益提升，60%以上产量实现自销，一体化协同效益逐步显现，跨区域煤电联营初具雏形。集团公司向综合能源集团的战略转型扎实推进。

（二）抓机遇，保增长，应对危机取得可喜成效

优势产业、优势企业作用充分激发，成为利润增长的重要支撑。水电、煤炭、核电、金融、服务业等累计实现利润超过40亿元。金元集团、蒙东能源、财务公司、黄河公司、中电核、中电国际、上海电力、成套公司、五凌电力等单位，为集团公司整体扭亏增盈作出重要贡献。

加强重点领域减亏控亏，取得明显成效。受金融危机影响，电解铝市场形势极其严峻。为应对危机，集团公司先后三次召开铝业专题会议，分析形势、查找问题、制定措施。蒙东能源、宁夏能源铝业认真组织落实，全力以赴降本增效，在行业整体亏损情况下，电解铝实现利润5500万元。从燃料组织、生产管理、市场营销等方面多管齐下，控制火电亏损，治理亏损源，江西、河南、华北等以火电为主的企业减亏工作取得积极成效，东北公司扭亏为盈。

强化关键环节控制，大幅降低支出。三项费用较2009年年初预算减少3.4亿元，燃料成本降低21.41亿元，招标采购比概算降低30多亿元。置换重组贷款2000亿元，节约利息支出12亿元。积极落实国家电价调整政策，争取国家财政税收优惠，取得明显成效。大力开展票据融资，节约费用6.9亿元。财务公司作为中国人民银行首批电子票据试点，开出中国金融史上第一张电子商业汇票，成功载入中国现代金融史册。

积极防范经营风险，控制风险敞口。利用国家适度宽松的货币政策，调整债务结构，改善财务状况，释放担保空间。采取积极措施，有效控制了资产负债率过快上涨。加大支持力度，上市公司全部实现扭亏。

（三）抓管理，练内功，企业管理水平不断提高

安全管理基础进一步夯实。深入开展“三项行动”、加强“三项建设”，完善“大安全”监督管理体系，取得显著成效。在安全隐患排查治理、安全教育培训等方面作了大量深入细致的工作，安全管理持续改进。实现了全年安全度汛目标，圆满完成了迎峰度夏任务，安全生产总体稳定。

标准化管理和对标管理成效显现。通过推进标准化管理和对标管理，主要技术经济指标明显改善，火电机组全口径等效可用系数升高0.64个百分点，单位售电燃料成本下降27.35元/MWh，入厂标煤单价降低34元/t。2009年集团公司入厂入炉热值差在五大发电集团中最低。

基本建设管理不断取得新突破。拉西瓦、黑麋峰项目工期、造价均创行业先进水平。公伯峡项目获国家优质工程金奖。平圩、大别山项目获2009年度中国电力优质工程奖。开封项目以17个半月的建设总工期，创国内同类工程最短工期纪录。新昌项目首台机组工期创行业标杆。

内控和风险管理扎实有效。充分发挥内部审计的“免疫功能”和风险管理“三道防线”作用，积极探索风险导向型审计监督评价体系。开展经济责任、财务收支、工程项目等审计369项，促进增收节支6.5亿元。在电力央企中首次出台了年度全面风险管理报告，得到国资委充分肯定。

投资管理工作全面开展。颁布和执行了《投资项目后评价管理办法》，建立健全集团公司投资闭环管理体系。完成田集电厂一期工程后评价试点工作，有序推进第二批试点。初步搭建起项目后评价指标体系，为后续项目投资决策提供了有价值的经验教训反馈。

（四）抓改革，增活力，组织和人才结构调整稳步推进

积极深化企业改革。按照优化管控模式的总体部署，完成河南分公司改制阶段性工作。规范清理职工持股，部分企业职工持股问题得到妥善解决。落实国家关于东北地区厂办大集体改革试点政策，实施部分区域厂办大集体改革试点。积极研究解决辅业公司改

革发展中的问题。推进常规电、核电及非电产业工资改革试点工作。

着力实施组织结构和人才结构调整。适应管理需要，调整总部职能部门，组建相应的业务单位。开展四五级公司清理工作，累计清理撤销四五级公司42个。认真落实全国组织工作会议精神，开展二级单位领导班子后备干部集中考察和部分二级单位领导班子任期考察工作。启动新一轮大规模干部培训，境外培训顺利实施。扎实推进核电、金融、非电产业领军人才、管理人才、专业人才的培养引进，与高校开展核电人才的联合培养。技能人才队伍建设进一步加强。

（五）抓重点，求突破，科技创新和节能减排深入实施

落实国家科技发展方针，大力实施应用型技术创新。集团公司承担的60万kW火电机组空冷系统国产化示范项目，性能考核达到设计值，并顺利通过技术鉴定。该技术打破了国外公司垄断，直接促进了大型空冷机组的国产化，有效降低了空冷机组的造价，经济和社会效益显著。积极推进整体煤气化联合循环（IGCC）、分布式冷热电联供等国家重大科技专项实施。“燃煤烟气净化技术及装备国家地方联合工程研究中心”获批。确定了电解铝新型阴极技术合作模式。九龙电力远达环保年产1万m^3脱硝催化剂生产线建成投运，由其承担的国内首个万吨级燃煤电厂碳捕集装置在合川双槐电厂建成投运，这是目前国内最大的碳捕集装置，技术居国际领先水平，对我国火电厂二氧化碳捕集技术大型化、工程化应用，以及提升我国在低碳领域的国际竞争力都具有重要意义。

落实国资委信息化“登高计划”，加快信息化步伐。开展了集团公司信息系统整体规划工作。积极推进生产调度管理、燃料管理、对标管理、综合计划与综合统计等系统建设与应用，进一步完善了信息化工作机制，较好完成了信息安全保障工作。集团公司资金统一管理系统被列为中央企业首批信息化示范工程。

落实国家环境保护基本国策，大力实施节能减排。2009年全年万元工业增加值能耗11.56t标煤，比2005年下降32.08%，提前一年实现“十一五”下降30%的目标。积极开展火电节能对标和节能示范电厂工作，供电煤耗降低7.01g/kWh。认真开展烟气脱硫无旁路试点。完成22台机组脱硫改造，新增二氧化硫减排能力24万t/年。全年二氧化硫、烟尘、废水排放总量同比分别减少54.53万t、3.46万t、1075万t，降幅分别为51%、28%和16%，提前实现“十一五”二氧化硫排放总量削减35%的目标。

（六）抓整改，重实效，学习实践活动取得丰硕成果

集团公司党组认真落实党中央部署，把深入学习实践科学发展观活动作为一项重要任务，做到两手抓，两不误，两促进，顺利完成了各阶段目标任务，取得圆满成效。通过学习实践活动，进一步完善了“三步走”发展战略，丰富了战略内涵，在发展的重大问题上统一了思想，达成了共识，明确了“四个坚持”的发展总方针，即：坚持“电为核心，煤为基础，产业一体化协同发展”的发展思路，坚持“两个结构调整”的战略核心，坚持“背靠资源，面向市场”的发展原则，坚持“建设国际一流能源企业”的发展目标。认真制定整改措施，积极开展“回头看”，解决影响和制约科学发展的突出问题。集团公司学习实践活动扎实深入，成果显著，群众满意率100%，得到中央企业第五指导检查组的充分肯定和高度评价，被中央学习实践活动领导小组列为中央企业学习实践活动典型单位，在中央电视台《新闻联播》栏目和其他媒体作了重点报道，引起良好社会反响。

（七）抓党建，促和谐，为科学发展提供坚强政治保证

围绕企业中心工作，着力加强党的建设。深入贯彻落实党的十七届四中全会精神和全国国有企业党建工作会议精神，积极探索新形势下加强和改进企业党建工作的新思路、新途径和新方法。结合集团公司18字工作方针和结构调整、战略转型的重要任务，努力把政治优势转化为核心竞争力。认真开展“四好”班子建设及“四牢记六争先”、“党员先锋岗”、“保增长、促发展”等主题实践活动。以落实惩防体系五年规划为重点，推进反腐倡廉建设。深入开展反腐倡廉教育，开展重大决策部署执行情况和“三重一大”决策制度执行情况的监督检查，强化制度执行力，为集团公司全面推进“三步走”战略提供了有力保障。推进效能监察工作深入开展，全系统开展效能监察项目239项。广大干部依法治企、廉洁从业意识不断增强。利用网站、报纸、内参、展览等形式，加强内外部宣传，在各大媒体广泛宣传集团公司改革发展稳定成果，树立健康、和谐的公众形象。

认真解决群众关心的热点难点问题，保民生、保稳定。先后解决了内部退养职工待遇、东北公司退休职工房补等一些影响大、难度大的问题，妥善安置了1700多名关停机组分流职工。在积极应对国际金融危机的同时，承诺并做到了“企业不减员，收入有保障”。积极开展“信访积案化解年”活动，落实领导干部下访制度，全年没有发生影响稳定的重大事件，维护了国庆60周年期间的稳定。新疆公司、黄河公司在2009年的特殊事件中措施得力，保证了职工生命财产安全，保证了企业安全，保证了正常生产经营秩序。

过去的一年，在应对金融危机的重大考验中，公

司不仅取得了好的改革发展稳定工作成果，更提高了对能源企业科学发展的认识，积累了应对复杂经济环境的经验和能力。回顾2009年的工作，公司始终注意把握以下几个方面。

一是始终坚持以科学发展观统揽全局。牢牢把握能源行业发展大趋势，统筹资源与市场、国内与国外、总体与局部。以电源结构和产业结构调整为核心，以组织结构和人才结构调整为保障，在更高的层面、更大的范围、更广的领域完善发展布局，着力提高优质资源、清洁资源、基础资源的配置能力，着力实现清洁发展、循环发展、低碳发展，着力节约资源、提高效率、降低排放。注重规模速度与质量效益的统一，注重产业间发展的协同，注重强中做大、大中求强。突出对事关全局和长远重大问题的驾驭，不断在核心领域、优势产业、战略项目上取得新突破。

二是始终坚持把握应对金融危机的主动权。密切关注形势变化，把准时机，灵活应对。突出的特点就是“科学决策、审慎经营、把握市场、发挥优势”。注重“远近结合，有保有压”，既着眼于当前保增长、争效益，也为长远发展打基础、增后劲。认真把握经济下行期市场规律和企业运行规律，调整投资、经营策略，紧紧抓住影响平稳较快增长的关键环节，把铝业、火电板块作为减亏控亏重点，集中力量，重点攻关。抓住下半年宏观环境企稳回升机遇，努力稳定生产，强化市场营销，实现主要指标快速增长。在十分困难的情况下，公司始终坚持深化改革，研究并探索解决制约发展的深层次问题，增强可持续发展的活力。

三是始终坚持调动两个层面积极性。为应对金融危机带来的困难和挑战，公司党组和总部各部门坚持深入基层，调查研究，广泛听取基层单位的意见建议，及时有针对性地帮助指导解决工作中遇到的矛盾和问题，提高决策的科学性和有效性。基层各单位认真落实党组决策部署，统一思想，服从大局，积极主动，创造性地开展工作。通过层层督办检查，狠抓落实，系统执行力得到明显提升，有力地保证了党组各项工作的顺利推进。充分发挥国有企业党建工作的政治优势，积极引导广大干部职工响应党组号召，理解企业困难，为企业献计献策，形成了共克时艰的强大合力。

四是始终坚持履行中央企业职责。担当重任、顾全大局，全力以赴保生产、保供热，保证了国庆60周年期间的安全稳定发电。响应党中央国务院号召，尽最大努力创造就业岗位，缓解社会就业压力，为国分忧。在经营困难的情况下，保证了安全生产、节能减排、科技创新等方面投入不减少，标准不降低。落实环境保护基本国策，克服资产处置、人员安置等困难，坚持淘汰高污染、高能耗、低效率的落后产能。集团公司坚定履行企业经济、政治、社会责任，在保发展、保稳定、保民生中作出了积极的努力，树立了负责任的中央企业形象，成为推动企业继续发展的坚强保证。

在充分肯定成绩的同时，也要看到存在的一些不容忽视的问题。一是思想观念转变依然滞后。有些干部对科学发展、全面发展认识模糊，把发展等同于简单的规模扩张，存在“重发展、轻管理，重投入、轻产出，重规模、轻结构”的思想。特别是有些单位市场意识淡薄，热衷于投资建项目，而不考虑项目效益，造成有些项目缺乏竞争力，甚至投产即亏。二是安全生产形势依然严峻。2009年发生责任事故造成3人死亡，外单位责任事故造成8人死亡，累计死亡11人，重伤5人。特别是海阳核电常规岛施工现场发生的伤亡事故，对项目建设乃至集团公司的核电发展都造成一定影响，反映出安全工作在思想认识、责任落实、管理制度和执行上的“四个不到位”，“以包代管”现象严重。同时公司进入核电、井工矿等安全标准高的行业，安全管理责任、任务都发生重大变化，但适应新情况新特点的安全管理体制机制还没有完全建立。三是产业不协同问题依然凸显。集中反映在产业链的规划、实施脱节，上下游项目建设不同步，产能释放不配套，造成有些项目建而不投，投而不产，产能闲置，资金沉淀，产业协同效益得不到有效发挥。四是管理上的问题依然突出。集团的很多指标在行业内还不先进，与国际先进企业相比差距更大。部分二级单位管理水平与当前所担负的责任和任务不相适应。由于管理跟不上，一些火电厂缺乏竞争力，甚至走入“高电价、低煤价、低效益”的怪圈，本应是利润增长点却成为亏损源。五是执行力不强的问题依然存在。虽然总体上有了较大改观，但有些方面与公司党组要求还存在一定差距，主要表现在：少数单位不能准确把握和创造性地落实党组决策部署，创新意识、责任意识、忧患意识不强，工作落实不到位；有些干部大局意识淡薄，本位主义严重，没有把本单位、本部门工作放在集团层面来研究、来思考、来落实，作风飘浮，缺乏正确的业绩观。个别单位有令不行，有禁不止，甚至存在“小金库”、“账外账”等严重问题。这些问题必须引起集团高度重视，着力解决。

二、面临的形势和任务

中央对2010年宏观形势总的判断是要好于2009年。在宏观形势总体回升向好的大环境下，集团公司也面临较好的市场形势。预计电力将继续保持较高的增长速度，发电利用小时将保持或超过2009年水平。

煤炭板块市场形势继续好转，保持产销两旺势头。铝业预计保持平稳上升态势，并成为重要的利润增长板块。核电、金融、服务业有望继续保持和扩大利润水平。集团公司经过几年的发展布局和结构调整，适应市场变化能力、核心竞争能力、抗风险能力不断增强，在当前世界能源低碳、清洁发展大环境下，水电、核电、风电、太阳能发电、IGCC 等领域和“走出去”面临重要机遇，结构优势、资源优势、协同优势将进一步显现，激发出新的动力和活力。

与此同时，广大员工也必须清醒地看到，当前大的国际经济环境仍然处在金融危机的深度影响之中，世界经济的全面复苏将是一个缓慢、曲折、复杂的过程，对我国经济也将产生重要影响。从国内情况看，我国经济回升的基础还不稳定、不巩固、不平衡，2010 年将是经济形势十分复杂的一年，不确定性增多。从自身情况看，集团面临诸多挑战。一是利润增长存在较大压力。主要是燃料价格上涨，同时由于集团自身小机组多、循环流化床机组多、空冷机组多，致使煤耗相对较高。火电仍将是影响总体效益水平的最大短板，也是减亏的难点和重点。二是结构调整遇到新矛盾。受资产负债率限制，保持较大投资强度与保持合理资产负债率之间矛盾突出，平衡好“保”和“压”、“远”和“近”的关系难度更大。三是可持续发展还有很多困难。国内清洁能源领域竞争激烈，水电等可获取的资源越来越少，需要争取更大的发展空间。电力与相关领域改革不同步，政策不配套，制约集团发展。新进入的核电、海外等领域经验不足，需要集团做更多艰苦细致的工作。四是深化改革面临新的问题。随着战略实施的深入推进，集团公司从对常规电的管理转向对煤炭、铝业、核电、海外等多行业的管理，从对单一产业的管理转向对产业链、产业集群的管理，从对区域的管理转向对跨区域战略协同的管理。在改革现有体制机制，建立统一的、适应新的管理特点要求的管控模式方面，公司面临着产业间、区域间、各单位间思想观念不同、管理方式不同、职工素质不同、文化背景不同等新问题和新挑战。

集团公司 2010 年工作总的要求是：以邓小平理论和“三个代表”重要思想为指导，全面贯彻落实党的十七大和十七届三中、四中全会以及中央经济工作会议和国资委中央企业负责人会议精神，深入贯彻落实科学发展观，继续应对金融危机挑战，围绕保发展目标、抓利润增长、促战略转型“三大任务”，牢牢把握“四个坚持”的发展总方针，进一步突出主营业务，突出战略协同，突出管理创新，着力在发展、改革、管理、稳定以及党建与和谐企业建设方面取得新突破，坚定不移地推进“三步走”战略，实现平稳较快发展。

2010 年公司要努力完成“三大任务”：

一是确保实现“三步走”战略第一步目标。2010 年是集团公司“三步走”战略第一步目标的实现之年，这是公司发展的重要里程碑，是实现“三步走”第二步、第三步目标的基础和保证，要作为首要任务，动员一切力量，克服一切困难，确保完成。

二是全力抓好利润的平稳较快增长。作为特大型中央企业，保持较好的利润水平和增长速度，不仅是国有资产保值增值的必然要求，也是可持续发展的客观需要。受政策性因素影响，集团公司连续两年效益下滑，目前仍没有恢复正常水平。较低的利润水平已经影响和制约了发展，保持利润的平稳较快增长非常重要和紧迫，要作为一项重要任务，突出抓好。

三是积极促进向综合能源集团的战略转型。这是一项长期艰巨的战略任务，也是当前的紧迫工作，事关发展全局。要进一步统一思想，提高对战略转型必要性、紧迫性、艰巨性的认识，以百折不挠的信心和勇气，坚定不移、毫不动摇地向前推进。

按照“三大任务”要求，确定 2010 年工作目标是：

生产经营方面，发电量 2720 亿 kWh；煤炭产量 5450 万 t；电解铝产量 175 万 t；销售收入 1170 亿元；不考虑煤价上涨和煤电价格联动因素，利润总额 50 亿元；EVA 增量实现 15 亿元；资产负债率控制在 85%以内。

基本建设方面，电力新开工 269.38 万 kW，投产和争取投产 1416.79 万 kW；煤炭增加产能 2260 万 t；电解铝增加产能 32 万 t；实现电力总装机 7000 万 kW，煤炭总产能 7275 万 t，电解铝产能 207.5 万 t。

安全生产方面，做到“五不发生”，即：不发生较大以上人身死亡事故；不发生重大以上设备事故；不发生水库、灰库和尾矿库垮坝事故；不发生重大以上铁路交通事故；不发生核电厂三级以上事件。

节能环保方面，小火电关停 18 台 198.42 万 kW；完成供电煤耗 337g/kWh，下降 6.23g/kWh；二氧化硫减排 9.96 万 t；万元工业增加值能耗控制在 11.43t 标煤以内；不发生重大环境污染事故。

精神文明、党风廉政建设及稳定工作方面，全面完成国资委考核目标；各级领导班子、领导干部不发生违法违纪案件；企业不发生影响稳定的重大事件。

要完成好 2010 年目标任务，必须更加注重以下方面：

第一，要更加注重把握形势变化。科学分析和正确把握形势，是谋划和做好工作的重要前提。中央继续实施积极的财政政策和适度宽松的货币政策，保持宏观经济政策的连续性和稳定性，同时根据新形势新情况，着力提高政策的针对性和灵活性。根据新的形势变化，中央可能会对宏观经济政策作出必要的有针对性的微调，有些方面将会适度收紧，对资金密集型企业将会产生较大的影响。因此，公司要密切关注政策变化，及时调整经营策略，提高风险意识，更加周密地做好应对困难和挑战的准备。必须树立长远眼光，抓住战略性、全局性、根本性的问题，聚精会神做好自己的事。越是形势比较好，越要保持清醒头脑，越是困难多，越要坚定信心，迎难而上，越是情况复杂，越要思想统一，步调一致，增强前瞻性，把握主动权。

第二，要更加注重发展的质量效益。紧紧把握能源行业低碳、清洁发展的主流和大趋势，全力推进“低碳清洁发展计划”，大力发展核电、水电，加快发展风电、太阳能、生物质等可再生能源发电，推进火电高效清洁发展和煤炭清洁利用，发展循环经济。继续巩固和扩大结构优势，保持在全国电力行业中清洁能源比例的领先位置，确保产业间发展比例不失调，结构不失衡，使发展和战略转型始终建立在结构优化的基础上。要进一步突出主营业务，提升竞争能力，加快资产从非主营业务、非关联领域退出，清理无效资产，推动资金、人才、管理力量等各类资源向主业集中。要加快一体化进程，着力打通产业链、形成价值链，实现战略协同、资源协同、项目协同和管理协同，充分发挥产业集群在发展和利润贡献方面的重要作用。要突出集团利益最大化，克服本位主义思想，在协同发展这一重大问题上提高认识，统一思想，加强领导，共抓落实，自觉服从服务于集团整体利益。要坚决控制不符合集团公司发展原则的项目，控制在非主营业务上的随意扩张行为，控制多元化发展的倾向和苗头。

第三，要更加注重企业的价值创造。企业是否创造价值是评价企业经营和管理成效的科学方法。国资委对中央企业全面引入 EVA 评价体系，即经济增加值评价体系，这将更加真实准确地反映企业的价值创造能力，对发展、管理、文化理念都带来深刻的变革。EVA 评价体系要求集团在决策上更加注重资本成本，注重出资人利益最大化，在经营上更加注重发挥存量资产效率，注重突出主营业务，在发展上更加注重中长期，注重价值的提升。要在业绩考核、价值管理、计划预算、薪酬激励等各方面，把 EVA 理念深入贯彻下去，切实体现资本成本对企业行为的约束。要在决策这个关键环节上着力落实好 EVA 的要求，探索建立经济责任追究制度，防止盲目决策、盲目投资、盲目建设甚至投产即亏。

第四，要更加注重积极稳健的原则。既要尽力而为，又要量力而行，要使各项目标规划与集团自身对资源和市场的掌控能力、配置能力相适应，防止急功近利和不切实际。要把控制资产负债率上涨作为重要工作，优化资本结构，保持资本结构的稳固与安全。积极利用资本市场，切实发挥上市公司作用，加强资本运作，加大并购重组力度。本着共赢、多赢、控股的原则引入多元投资主体，多渠道、灵活高效筹集低成本资金，降低自身投资压力。根据目前的资产结构和盈利能力，制定从紧的投资计划和预算安排，加强对二级单位债务结构的监管，控制新增贷款规模。在资金安排、项目排序等方面进一步平衡好远近、主次、轻重、缓急的关系，重点保证战略项目、关键项目、优势项目，控制一般性火电开工规模，压缩非生产性投资，把钱花在刀刃上。

第五，要更加注重深化改革和加强管理。改革是增强发展内动力、破解发展难题的根本途径。要围绕产业链和产业集群管控模式，进一步调整优化组织结构和人才结构，着力加快体制机制创新，建立适应当前一体化发展新形势、新要求，并有利于推动科学发展的体制机制。继续深化薪酬、辅业等方面的改革，特别要把辅业改革提到重要日程，努力取得新突破。要把管理作为推动发展和保持增长的重要抓手，重点提高二三级单位管理水平，落实“严、细、实”的管理要求，真正担负起贯彻党组部署、推动战略实施的重任。要把安全管理摆在更加突出和重要的位置，特别要加强对核电和井工矿的安全管理，切实提高安全保障能力。继续大力推进标准化管理和对标管理，脚踏实地，扎扎实实地提高基础管理水平，缩小与先进企业差距。

第六，要更加注重建设一支过硬队伍。公司的事业关键在人，关键在班子，关键在干部，关键在队伍。当前，集团公司发展处在战略转型和结构调整的重要阶段，面临复杂的内外部形势和异常艰巨的任务，建设和拥有一支求真务实、埋头苦干、默默奉献的干部队伍和一支爱岗敬业、技术精湛、纪律严明、作风过硬的职工队伍，是企业最根本的核心竞争力，是成功的根本保证。要把队伍建设放在突出、重要的位置，更加适应集团公司现阶段一体化发展的新特点，更加适应应对金融危机保持平稳较快发展的新形势，更加适应公司党组提出的结构调整和战略转型工作的新要求。要突出加强干部队伍素质建设，提高科学决策能力、市场竞争能力、维护和谐稳定的能力。要着力提高干部执行力，使各级领导干部真正成为企业的主心骨、带头人，成为党组工作的忠实推动力量，团结和带领职工群众在推动企业改革发展稳定中建功立业。

三、2010 年主要工作

按照 2010 年工作总体要求和目标任务，重点要抓好以下六个方面工作：

（一）加快产业区域发展，坚定不移推进战略实施

安全优质推进核电建设。全力以赴保证海阳核电建设，确保工程质量和安全，一期工程完成年度主要建设里程碑节点，3号、4号机组争取具备负挖条件。稳步推进江西彭泽项目前期，完成场地四通一平，1号核岛完成负挖并具备年底开工条件。有序推进吉林靖宇、辽宁红沿河二期、广西桂东、湖南小墨山、重庆涪陵、广东云浮等项目前期。跟踪国家核电中长期发展规划调整，确保集团公司重点项目列入规划。积极完善核电工程建设管理模式，培育自主建设和管理能力。

有序做好常规电源开发。水电保证拉西瓦1号，黑麋峰3号、4号机组投产，推进黄河班多项目核准。火电确保漕泾、平顶山、白城、新昌、清河、临汾、甘井子、四平、松花江热电等在建项目投产，合川第一台、清河第二台项目开工。继续推进上海、廊坊、沈阳、滨海IGCC项目前期。控制其他火电项目开工时序，优选火电项目报批。加大内蒙古、江苏沿海、甘肃、新疆、河北、宁夏等区域风电资源储备开发，推动项目核准。抓住国家发展战略性新兴产业机遇，加快风电、太阳能等新能源产业规划和整合，确保在未来可再生能源竞争中的地位。

加快产业区域发展协同。抓好蒙东白音华、扎哈淖尔煤矿项目建设，实现宁夏红墩子煤矿开工，贵州林华煤矿投产。继续推进“锦赤”铁路、锦州港煤码头以及褐煤提质、新疆煤炭及煤制天然气项目。积极推进贵州铝土矿项目开发和氧化铝项目报批，做好蒙东白音华铝工业园区规划。稳步推进江苏滨海、江西九江、广东揭阳、重庆涪陵港口码头和储配煤项目前期，争取江苏滨海港储配煤项目开工。

积极稳健实施海外项目。按照中缅两国政府关于合作开发水电的框架协议要求，加快伊江上游水电项目开发建设。高度重视工程建设的生态环境保护和移民安置工作。年内密松电站实现溢洪道开挖，其培电站力争获得两国政府批准，前期工程正式开工。腊撒、乌托、广朗普电站全面启动预可研，加快推进流域输电规划的研究论证。要充分认识伊江上游水电项目建设的艰巨性和复杂性，全面加强工程管理的策划，坚持高标准、高质量、高水平地实现工程建设目标。稳步推进西非项目，完成铝土矿勘查和项目总体规划编制。切实做好海外项目的风险管理。

认真做好“十二五”规划编制工作。坚持以科学发展观为指导，与“三步走”第二步规划对接，与国家产业规划和区域发展规划相衔接，引导集团公司向绿色、低碳、循环经济方向发展，推动结构调整和战略转型。要通过规划编制，进一步完善发展战略，突出科学发展，强化投入产出理念，重点完善区域、专业子战略，保持与总体战略的一致性。要按照“二级三类”的规划体系，形成一个涵盖发展、改革、管理、经营、科技、队伍、文化等各方面内容的全面规划。

（二）抓住国家扩大内需机遇，努力提高利润水平

保持和扩大电力板块盈利能力。水电要发挥好梯级调度优势，充分发挥新投产机组作用，避免非正常弃水，优化调度，提高水能利用率，实现效益增长。核电要继续加强股权管理，提高投资收益。要把火电减亏作为重中之重，坚持一厂一策，认真查找分析原因，提高盈利能力，确保达到和超过区域平均利润水平。要切实解决好东北、蒙东区域火电竞争力问题，扭亏创效。做好河南、江西、华北分公司等火电企业扭亏减亏工作，针对亏损面较大的循环流化床机组，有针对性制定减亏控亏措施。要保证新投产大机组煤源和运力，阚山等新投产大机组要成为新的利润增长点。尽最大努力加快黔东、大板电厂核准，减亏增效。

努力提高非电产业利润水平。抓住电解铝价格回升的大好时机，加强铝业板块生产经营管理，强化氧化铝采购和电解铝营销的统一运作，做好电解铝期货套期保值，确保实现应有利润水平，提高对集团公司总体的利润贡献率。积极解决黄河鑫业、通铝直供电问题，推动宁夏能源铝业和蒙东扎哈淖尔铝厂实现自备电厂供电。煤炭板块要努力扩大销售规模，提高利润。协调落实好“赤大白”铁路运营管理模式，与煤矿建设同步，保证投运后的正常经营和盈利能力。黄河多晶硅项目投产后要确保稳定运行和较好经济效益。采取积极措施，促进金融、服务业利润较快增长。

进一步加强和改善经营管理。大力加强发电营销管理，全面提高营销工作质量。发电利用小时要高于当地同类型机组平均水平，以边际收益最大化为目标优化电量结构，优化发电计划方案，通过发电权交易等手段，使电量向边际收益高的机组倾斜。强化燃料采购集中管理，建立燃料安全供应保障体系，重点做好铁路运力的协调，提高合同兑现率，抓住市场变化规律，适时调整供应结构。跟踪电煤价格走势，做好煤电价格联动准备。推动黄河流域电价机制改革试点。全面落实国家规范电能交易价格政策，确保电价执行到位，保证电费回收率100%。加快关停小火电资产处置，推动资产变现。落实三年成本进步路线图，确定合理的成本费用压缩目标。加强集中招标管理，构建两级招标管理体系，建立招标监督网络，积

极探索对通用材料、设备的招标采购模式，降低采购成本。继续构建金融平台，坚持资金集中管理，大力开展票据业务，降低资金成本，扩大利润水平。努力争取国家对核电项目、“走出去”项目的财政、金融政策支持，用好用足政策。

严格控制资产负债率增长。按照资产负债率控制目标要求，安排投、融资预算，试行新增贷款审批制度，控制贷款规模和速度。对于资产负债率超过70%的企业，要压缩新增债务预算规模，设置负债率控制警戒线。对于资产负债率超过80%的电力企业、超过70%的煤炭企业、超过60%的电解铝企业，必须根据本企业债务结构、现金流量和偿债能力等财务状况，制定债务风险控制方案，确定未来三年资产负债率控制及债务结构调整目标。加大资本结构调整力度，通过引进战略投资者、出让项目股权等方式吸收其他股东资本。发挥上市公司融资功能，通过资本市场运作募集资本金，降低资产负债率。

（三）切实抓好安全生产，推进科技创新和节能减排

加大安全管理力度，确保安全生产持续稳定。继续推进安全生产“三项行动”，全面加强“三项建设”，有效防范、坚决遏制重特大事故。严格落实安全生产“三个规定”及相关管理制度，完善监督体系，加大惩处力度。实现安全管理和监督“两条线”，在涉及多产业的二级单位设立独立的安全监督机构。建立安全风险管理机制，颁布火电厂安全评价标准，全面推进发电企业安全评价工作，提高本质安全水平。认真落实李克强副总理批示精神，践行核安全文化，把核安全放到核电建设全过程的首位，确保万无一失。要把非电产业安全管理作为重点，特别要加强对铝业、井工矿的安全管理，实现安全生产持续稳定。

大力开展科技创新，推动技术成果转化。召开集团公司首届科技工作大会。适时组建集团公司技术中心，对所属企业的技术中心遴选授牌。加大科技投入，建立集团公司科技进步和技术创新工作考核机制，建立并动态管理技术标准体系。针对当前发展中面临的煤制天然气、IGCC、褐煤提质、海上风电建设等重大关键技术问题，集中力量开展科研攻关。积极推进干法脱硫、氨法脱硫新技术应用。发布集团公司燃煤火电机组建设技术路线。继续研究和推广电解铝新型阴极技术。

继续开展节能减排，降低能源消耗和污染物排放。抓好漕泾、平顶山、新昌、贵溪、清河等60万kW及以上大机组性能试验，按计划完成21台现役机组脱硫改造，脱硫设备投入率不低于95%，实现达标排放。抓好烟气脱硫无旁路项目实施，年内确保3台机组完工，实现我国首台60万kW烟气脱硫无旁路机组投运。充分利用风电、小水电、煤层燃气利用等项目，做好CDM开发。加强对节能减排的考核。

（四）深化企业改革，加快组织结构和人才结构调整

适应市场化要求，进一步推进改革步伐。稳步实施江西分公司改制，研究推进黄河公司、成套公司改制工作。在总结试点经验基础上，2010年上半年基本完成工资制度改革。积极推进辅业主业化、社会化改革，制定辅业改革发展指导意见，分类指导二级单位辅业改革工作。按照国家和属地政府规定，开展厂办大集体改制试点。完成对辅业、代管和参股企业的清理工作。进一步解决职工持股问题。引入EVA评价体系，用三～五年时间，建立基于EVA的业绩考核体系、价值管理体系、跨年度预算体系、薪酬激励体系和企业文化体系。2010年内要做好考核体系的引入，开展好试点，做好培训工作，实现新旧考核办法的平稳过渡。

适应战略转型要求，进一步优化组织结构。积极推进优化管控模式规划、计划的落实，完善与综合能源集团相适应的组织结构。落实三级管理定位，完成对重组和收购企业四五级公司的清理。围绕海外发展取得的突破，同步推进对缅商谈及现场工程建设工作，结合项目的具体情况，研究确定伊江水电项目管控模式，有序开展基建和生产准备工作。根据产业集群建设管理的新特点，进一步完善总部部门设置，研究确定铝业、铁路、港口、煤化工等领域管理模式。加快铝业贸易公司组建工作。

适应可持续发展要求，进一步加强队伍建设。制定集团公司人力资源“十二五”规划。加强干部队伍建设，坚持“德才兼备，以德为先”的用人标准，树立正确的用人导向，做好领导班子和干部的选配。进一步促进干部双向交流，注重选拔基层品德好、有能力、有思路、有经验的干部充实到总部，有重点地选派总部年轻干部到基层任职，提高解决实际问题能力。继续研究落实人才引进政策，制定具体的目标措施，加快对领军人才、高端人才、专业人才的聚集和培养。抓好领导人员、急需专业人员培训和职工技能培训工作，推进三代核电AP1000培训基地建设。广泛开展群众性经济技术创新活动，提高一线职工职业素质和岗位能力。按照依法治企要求，有步骤推进总法律顾问制度的实施。

（五）继续提高管理水平，打造可持续发展的坚实基础

巩固已经取得的成果，深入持久推进标准化管理。制定实施进一步开展标准化管理的意见，推进管理流程、指标标准、作业规程标准化。根据形势变

化，对现行规章制度进行必要的调整和修订。优化火电、供热标准成本，落实铝业标准成本，制定水电及煤炭标准成本，逐步建立覆盖全行业的标准成本体系。以二级单位为主体，在火电、水电、煤炭板块的工程建设、生产运营、资产经营，以及成本、环境保护、人力资源管理等方面，制定强制性标准。

继续开展对标管理，进一步拓展对标深度和广度。开展火电综合能效对标，建立水电对标指标体系。启动煤业对标，开展指标综合评价体系建设。开展铝业对标，制定标杆值对标体系。实施对标指标评价考核，强化过程评估和效果评价，促进成果转化。建立完善典型经验库，推广先进对标管理经验。在具备条件基础上，适时开展 EVA 对标。

强化审计工作力度，建立健全风险管理及内控体系。继续深化内审工作，改进审计监督方式，整合内部审计资源，拓宽审计领域，加大审计成果运用，提高审计质量。在总结试点经验基础上，稳步有序推进风险管理及内控体系建设，发布风险管理及内控标准手册，开展风险内控评价，有效防范发展风险和经营风险。

落实“登高计划”，积极推进企业信息化建设。在集团公司信息化整体规划基础上，组织二级单位制定信息化实施规划。推进一体化信息系统（ERP）试点，加快集团公司信息门户和办公自动化建设。推广统一数据平台，扩展对标管理系统功能。开展环保烟气监测与统计系统试点。深化信息安全管理，做好信息安全保障。完善信息化管理制度和工作机制，为信息化升级奠定基础。在信息化的新形势下，更要切实做好保密工作，坚决杜绝失泄密事件发生。

（六）加强企业党建工作，充分发挥中央企业政治优势

贯彻落实十七届四中全会和全国国有企业党的建设工作会议精神，扎实推进企业党建工作。围绕企业中心工作，抓基层、打基础，开展争创“政治引领力强、推动发展力强、改革创新力强、凝聚保障力强”的“四强”党组织活动，开展争做“政治素质优、岗位技能优、工作业绩优、群众评价优”的“四优”共产党员活动。持续抓好深入学习实践科学发展观活动整改落实，建立健全长效机制。认真做好工会工作，研究推进职代会建设。落实国资委中央企业社会责任工作会议要求，做好 2009 年社会责任报告的发布。继续多渠道开展对外宣传，树立企业良好社会形象。

贯彻中央关于党风廉政建设和反腐败斗争各项部署，深入开展反腐倡廉工作。认真落实十七届中央纪委五次全会精神，落实惩防体系五年规划和党风廉政建设责任制，认真执行《国有企业领导人员廉洁从业若干规定》。加强对重要经营领域和关键管理环节的监督检查，不断强化巡视检查和效能监察工作，积极推进廉洁从业风险防范管理，切实加强领导人员作风建设和反腐倡廉制度建设，建立科学、严密、完备、管用的反腐倡廉制度体系。深入开展工程建设领域突出问题及“小金库”专项治理，严肃查处违规违纪问题。

贯彻中央保民生工作部署，切实维护企业和大局稳定。继续做好关停机组人员的分流安置工作，保证机组关停 2 个月内人员得到妥善安置。关心困难单位和困难职工，探索建立扶贫解困的有效途径和措施。落实退养职工指导意见，关心离退休职工生活。切实重视职工劳动安全卫生，落实休假、教育培训制度。建立健全信访工作机制，坚持领导下访工作常态化，真正深入到上访群体当中去，听取意见，与相关单位共同研究解决办法。紧紧依靠地方政府，做好移民搬迁过程中的稳定工作，保证企业的健康发展。

专 题 报 告

中电联第五次全国会员代表大会工作报告（摘要）

党中央、国务院高度重视电力工业发展。中共中央政治局常委、国务院副总理李克强同志为大会召开作出重要批示，对我国电力工业发展所取得的成就给予了充分肯定，强调电力是基础性产业，关系经济发展、社会进步和民生改善，并对新形势下加快电力发展提出了明确要求。李鹏同志发来贺信，高度评价了电力行业为经济社会发展作出的巨大贡献，对建立适

应低碳经济时代的电力发展方式提出了新的要求，并充分肯定了中电联所取得的成绩。国家发展改革委、能源局、电监会、国资委、民政部、工业与信息化部等部委，社会各界和广大新闻媒体始终关心电力行业发展，一直对中电联的各项工作给予了大力指导和支持。刚才，国家电监会副主席王禹民同志，国家发改委副主任、国家能源局局长张国宝同志，国资委研究局副局长武爱河同志代表国资委黄淑和副主任分别作了重要讲话，充分肯定了我国电力行业以及中电联的工作成绩，分析了我国电力工业发展的新形势，对进一步做好中电联工作、推动电力工业科学发展提出了新要求。工业与信息化部、工经联、能源化学工会等有关部委和单位的领导同志也莅临了今天的会议。

中电联的发展得到了电力工业战线老领导、老专家、老同志、广大职工和全体会员单位的关心和支持。今天，黄毅诚、史大桢、柴松岳等老领导以及中电联的历届老领导亲临会议指导，使我们感到十分亲切，深受鼓舞。中电联自 1988 年成立以来，在张凤祥、张绍贤、赵希正等历任理事长的领导下，在各会员单位、代管协会、专业分会和各地电力行业协会的参与和支持下，坚决贯彻党中央、国务院关于电力工业发展的重大决策和部署，与时俱进，开拓创新，认真履行协会职能、积极服务电力企业和电力行业，为我国电力发展作出了重要贡献。中电联第四届理事会围绕服务和促进电力工业持续健康发展，深入开展电力规划、电力改革、电网与电源建设、能源和电力立法等重大课题研究，为政府决策提供了重要依据；大力加强电力行业统计分析、环保与资源节约、可靠性管理、教育培训、标准化、国际交流等项工作，为电力企业经营发展提供了重要支持；不断强化自身建设，健全制度、规范管理、培养人才，服务能力和工作水平大幅提升，得到了政府部门、电力企业和社会各个方面的充分肯定和高度评价。长期以来，中电联立足于服务经济社会发展全局，充分发挥桥梁纽带作用，积极推动电力工业发展，影响力显著增强，为促进我国电力工业和行业企业的可持续发展作出了重要贡献，为中电联下一步发展奠定了坚实的基础。在此，谨代表中电联第五届理事会和广大会员单位，向以赵希正同志为理事长、谢振华同志为常务副理事长的第四届理事会，向关心电力工业发展和中电联工作的各位老领导、老同志，向全国电力战线广大职工，向各会员单位、代管协会、专业分会和各地电力行业协会，表示崇高的敬意和衷心的感谢！

这次会议，是在我国应对国际金融危机，进一步转变经济发展方式，加快经济结构调整的关键时期召开的一次重要会议；是电力行业深入学习实践科学发展观，贯彻中央经济工作会议精神，推动电力事业又好又快发展的一次重要会议；是中电联承前启后、继往开来、创新发展上水平的一次重要会议。大会听取并审议通过了谢振华同志代表第四届理事会所作的工作报告。报告全面、客观、系统地总结了中电联五年来认真履行职能，在服务电力企业和电力行业等方面所做的大量工作和取得的宝贵经验，深刻分析了我国电力工业和中电联面临的新形势、新任务，为中电联下一步的发展提出了很好的建议。会议审议通过了修订后的《中电联章程》等文件，进一步完善了工作制度。大会通过民主选举产生了第五届理事会，进一步充实了中电联的领导力量。第五届理事会领导班子全体同志一定要认真贯彻党中央、国务院的决策和部署，坚持科学发展观，立足行业、服务大局，团结合作、积极进取，尽职尽责、扎实工作，努力为中电联事业的进步，为我国电力工业的发展作出应有的贡献。

改革开放以来，我国电力工业发展取得了辉煌的成就，我国发电装机和发电量已连续十四年位居世界第二位。截至 2009 年 11 月底，我国 6000kW 及以上发电装机达到 8.14 亿 kW，是 1978 年的 14.3 倍；220kV 及以上电压等级输电线路达到 39.1 万 km、变电容量达到 15.8 亿 kVA，分别是 1978 年的 16.9 倍和 64.2 倍。在电网建设方面，我国 500kV 电网网架不断完善，750、1000kV 交流输变电工程相继建成投运，±800kV 直流输电工程也取得了突破性进展，全国联网和能源资源大范围优化配置的格局初步形成。在电源建设方面，60 万 kW、百万千瓦大容量高参数火电机组广泛应用；水电装机容量超过 1.8 亿 kW，位居世界第一位；核电在运规模 906 万 kW，在建规模 3412 万 kW，是世界上核电在建规模最大的国家；风电装机容量已达到 1469 万 kW。

当前，世界各国为应对气候变化、保障能源安全、提高能源效率，加快了清洁能源发展步伐，世界能源发展呈现了清洁化、低碳化、高效化的新趋势，我国电力工业发展也面临着新的形势，能源发展格局、电力供需状况、电力发展方式、行业发展环境正在发生深刻变化。面对新形势、新任务、新挑战，中电联要从服务党和国家工作大局出发，从服务国家能源战略全局出发，从实现电力行业和电力企业的可持续发展出发，全面贯彻落实科学发展观，全面履行服务企业、服务行业、服务政府、服务社会的宗旨，充分发挥自身优势，充分调动各方面的积极性，促进电力行业科学发展、创新发展、和谐发展，为服务经济社会发展作出积极贡献。在这里，谨就电力发展和中电联工作提出几点意见。

第一，增强电力工业科学发展的使命感。经过长期努力，我国电力工业有了长足的进步，但也要清醒地认识到，全面建设小康社会和构建社会主义和谐社会对电力工业发展提出了新的更高要求。要按照全面、协调、可持续发展的要求，充分发挥中电联的桥梁纽带作用和沟通协调作用，促进电力企业与政府和社会的互动，促进电力企业之间的互动，不断深化对科学发展有关重大问题的认识，深化对我国国情和电力发展规律的认识，进一步统一思想、形成共识，凝聚推动电力工业科学发展的强大合力。当前，尤其要认真贯彻落实好中央经济工作会议精神，深化对转变经济发展方式、加快经济结构调整的认识，结合电力行业的实际，适应电力市场化改革的要求，进一步增强推动电力工业科学发展的责任感和使命感。

第二，加快转变电力发展方式。转变电力发展方式是转变经济发展方式的重要内容，是实现电力行业科学发展的迫切要求。近年来，我国煤电运紧张局面反复出现，缺煤停机现象时有发生，电力企业发展面临困境，与长期局部地区就地平衡的电力发展方式有很大的关系。近4年来，我国每年新增装机容量接近1亿kW。由于受电煤供应、运输、煤价、来水、气温等因素影响，目前全国电力总体平衡与局部地区供电紧张的情况并存，装机容量快速增长与发电利用小时数持续下降的情况并存，结构性矛盾凸显。要实现电力行业的健康持续发展，加快转变电力发展方式已经成为当务之急。要在发展中促转变，在转变中谋发展。中电联和各电力企业应抓住当前国家大力推进西部、北部大型煤电、水电、风电和中东部地区核电等能源基地建设的有利时机，正确把握我国能源结构以煤为主、能源资源与生产力逆向分布、能源开发加速向西部和北部转移的基本情况，切实加强对能源、电力发展以及经济、社会、环境发展等有关重大问题的研究，充分发挥特高压和智能电网等新技术的优势，加快建设坚强智能电网，大力推进特高压、大煤电、大水电、大核电、大型可再生能源基地的建设，优化电源结构和布局，促进能源资源在更大范围的优化配置，促进电力发展方式的根本性转变。

第三，积极服务清洁能源发展。发展清洁能源是优化能源结构、应对气候变化、解决能源和环保问题的关键，将清洁能源转化为电能是高效开发利用能源的最重要途径。我国提出“到2020年，非化石能源占一次能源消费比重要达到15%左右，单位国内生产总值二氧化碳排放比2005年下降40%～45%”的目标，对能源发展尤其是电力工业发展提出了更高的要求。中电联及各电力企业要主动配合政府做好清洁能源发展规划研究及相关工作，统筹制订电力工业科学发展规划。要针对我国清洁能源发电规模大、分布集中、远离负荷中心等特点，深入分析影响和制约清洁能源发展的关键问题，提出富有建设性的意见和建议。要加紧组织研究和制订清洁能源发展有关行业标准和技术规范，健全和完善标准体系，为清洁能源的规范、有序发展提供保障。要加强清洁能源发展有关政策研究，争取国家政策支持，促进我国清洁能源持续健康发展。

第四，大力支持企业自主创新。我国电力工业发展面临的难题和挑战是世界上其他国家所不曾遇到甚至不会遇到的，许多关键技术和核心技术不仅买不来，而且无处可买，必须坚持以企业为主体，大力推进自主创新。这几年，正是依靠自主创新，我国电力行业在特高压、超超临界火力发电、核电、风电、光伏发电等领域取得了一大批国内外领先的创新成果，显著提升了行业的整体创新能力和企业的核心竞争力。要攻克未来我国电力发展所面临的各种难题，必须坚定不移地走自主创新的发展道路。中电联要大力支持电力企业的创新工作，关注国内外电力行业科技发展的最新动态，积极营造鼓励企业创新、有利于企业创新的良好环境，促进企业加快建立健全科技创新体系，促进企业之间加强合作、相互交流、取长补短，在服务创新型国家建设中发挥表率作用。

第五，共同维护电网安全。电力系统安全事关经济发展、社会稳定和国家安全的大局。确保电网安全可靠供电，是发电企业、电网企业和电力用户的共同责任。近年来，经过各方面的共同努力，在负荷持续快速增长、影响电网安全的因素不断增多的情况下，实现了电网安全稳定运行，有效防止了大面积停电事故的发生。坚持团结治网、共保安全是在实践中形成的广泛共识和基本经验。新形势下，能源发展格局的深刻变化以及恶劣气候、外力破坏的不断增多，使电网安全面临新的挑战。中电联要积极营造全社会共同关心电网安全、维护电网安全的良好环境，积极促进发电企业、电网企业和电力用户加强合作，形成共同保障电网安全的工作机制，提高电网的安全稳定运行水平。

第六，促进企业提高服务水平。电力是现代经济社会发展的重要物质基础。为经济社会发展提供安全、经济、清洁、优质的电力供应，是电力行业的基本使命。一直以来，电力企业坚持人民电业为人民的宗旨，不断提高服务水平，总体满足了经济社会发展对电力的需求，在抗冰抢险、抗震救灾、奥运保电、服务新农村建设中作出了积极贡献。随着我国工业化、城镇化、现代化进程的不断加快，电力需求将长期保持较快增长，对电力服务也提出了更高、更新的要求。中电联要引导和促进电力企业不断强化服务意识，加强行业自律，认真落实国家政策，积极履行社会责任，不断提高服务能力和服务水平，在推进节能减排、建设节约型社会、促进经济发展中发挥更重要的作用。

第七，推进企业管理创新。加强企业管理，增收节支、降本增效，走创新发展道路，是电力企业的一项长期任务。国际金融危机的发生，电力需求的波动变化，以及煤炭价格的持续上涨，给整个电力行业的经营发展带来了严峻挑战。电力企业必须进一步加大管理创新力度，深入挖掘内部潜力，努力提高经济效益。中电联要结合电力行业特点和现代企业发展规律，总结各行业先进的企业管理经验，为电力企业创新管理理念、完善管理制度、提升管理水平提供全方位的咨询服务，促进电力企业改进管理，提升管理效率和综合实力。

第八，建设优秀行业文化。良好和谐的环境是电力行业健康发展的重要保障。电力行业有着优良的传统和作风，团结合作、共谋发展，是电力企业的共同愿望。中电联要充分发挥自身优势，加强与社会各方面的沟通交流，正确引导社会舆论，争取各方面的关心、理解和支持，努力为电力企业发展营造良好的社会环境。同时要积极搭建电力行业内部沟通交流平台，增进各电力企业之间的交流与合作，促进形成诚信、负责、合作、创新的行业文化，增强凝聚力，形成行业合力，为企业发展营造良好的行业环境。

第九，加强行业交流与合作。电力行业发展与煤炭、石油、天然气、交通运输、机械制造、信息通讯、科研教育等行业密切相关。中电联要及时跟踪掌握这些行业的基本信息和发展动态，组织学习其他行业的先进技术和管理经验，推动本行业企业的发展和行业间合作。同时，要配合政府建立与其他行业之间的工作与利益协调机制，努力推动煤电运等问题的有效解决；要积极构建与国外相关行业组织的合作与磋商机制，支持企业实施“走出去”战略。

第十，主动为政府当好参谋助手。协助政府加强电力行业管理，提出政策建议是中电联的一项基本职责。我们要立足于服务党和国家工作大局，服务电力行业和电力企业的长远发展，不断深化电力相关重大问题研究，及时掌握行业发展情况，积极反映行业和会员的诉求，在促进行业发展的重要法律和重大政策等方面建言献策，为各级政府决策提供支撑。同时，要主动接受政府有关部门的领导和工作指导，保证党和国家的各项方针政策在电力行业的贯彻落实。

中电联本部作为理事会的工作机构，肩负着重要的职责。一直以来，本部全体员工克服困难、团结拼搏，不断开拓服务领域、提高服务水平、增强服务能力，为电力行业发展做了大量富有成效的工作，取得了突出成绩。下一步，要适应中电联事业快速发展的需要，把提高队伍整体素质和工作能力放在突出重要的位置，加强教育培训、岗位锻炼和工作交流，不断优化队伍结构、提高员工素质，完善激励约束机制，努力建设一支素质高、业务精、作风硬的服务团队。通过中电联事业的发展，为员工施展才智、建功立业和职业发展提供更大的空间和舞台。希望各会员单位充分发挥自身优势，积极为中电联本部建设给予大力支持和帮助，为他们的工作、生活创造更好的条件。

全国电力安全生产委员会第十次会议工作报告

召开这次会议的主要目的，是要认真贯彻落实党中央、国务院关于安全生产的决策部署，进一步推进电力安全生产“三项行动”，努力保证电力系统安全稳定运行和可靠供应。

一、从贯彻落实科学发展观高度，充分认识电力安全生产工作的重要性

近年来，面对复杂局面和严峻考验，在党中央、国务院的正确领导下，电力行业广大干部职工同心同德，顽强拼搏，共克时艰，夺取了抗冰抢险保电和抗震救灾保电斗争的重大胜利，圆满完成了奥运保电工作任务，向党和人民交出了一份合格答卷，得到了党中央、国务院的充分肯定。电力安全生产工作之所以能够取得现在这样的成绩，一条重要经验就是在思想上高度重视安全生产工作，始终把安全生产摆在第一位，作为电力工业的大事来抓。这条经验，要长期坚持下去。

当前，电力企业正在按照中央统一部署，深入开展学习实践科学发展观活动。科学发展观内涵十分丰富，思想博大精深。安全发展是科学发展的应有之义。没有安全发展，就不可能实现持续发展，更谈不上科学发展。坚持安全发展，既是实现科学发展的基本要求，也是实现科学发展的重要前提。电力工业是网络性产业，是国民经济的重要基础产业，也是重要的公用事业，安全发展的要求更高、任务更重。任何一个生产环节出现问题，都有可能影响全局；任何一次安全生产事故，都有可能给国民经济发展和人民群众生命财产安全造成巨大浪费和损失，甚至带来严重灾难。2003年8月14日发生在美国中西部、东北部及加拿大安大略省的大面积停电事故，影响到约5000万人口，仅美国因停电造成的损失估计就在40～100亿美元之间。同年5月25日发生的莫斯科大停电影响人口约200万，给莫斯科市造成至少10亿美元的经济损失。2008年年初我国发生的低温雨雪冰冻灾害致使南方部分地区电力设施大范围损毁，全国170个县停电，给电力企业和地方经济都造成了巨大经济损失。因此，必须从深入贯彻落实科学发展观的高度，充分

认识电力安全生产的极端重要性，坚持安全发展，扎实做好电力安全生产各项工作，努力保证电力安全生产持续稳定，促进电力工业又好又快发展。

二、正确认识当前电力安全生产面临的形势

受国际国内经济环境变化的影响，2008年10月以来，我国电力工业发展出现了一些新的情况，电力需求下降。2009年1～3月，全国发电设备累计平均利用小时1009h，比2008年同期减少151h。全国电煤供应基本稳定，电煤价格较2008年高位时有所回落，但电煤库存有所下降。电力企业售电收入增长缓慢，利润水平大幅下降，中央电力企业亏损加剧。电力需求持续低迷、煤电价格矛盾仍然突出、电力企业面临的生产经营压力大是当前电力生产运行的主要矛盾和问题。2009年以来，用电量下滑速度减缓，但回升的基础仍不稳固，预计电力供需仍将呈现供大于求的态势。

2009年，电力安全生产工作也面临新形势。突出表现在三个方面：一是2009年将迎来新中国成立60周年，保电任务重、要求高。保证电力安全稳定运行和可靠供应，创造良好的电力安全生产环境是2009年电力行业的一项重要任务和重要职责。二是随着电力供需形势的变化，厂网之间以及电力企业和用户之间的利益矛盾凸现，电力企业经营风险增加，厂网协调问题更加突出，势必对电力安全生产造成影响。煤电价格矛盾也给电力安全生产带来诸多不确定因素。三是电力技术进步给电力安全生产提出了新挑战。近年来，电力技术进步成效明显。大电网不断延伸，电压等级不断升高。电力生产过程自动化和管理信息化水平逐年提高。发电机组向大容量、高参数发展，风电装机容量快速增长，发展势头迅猛。电力工业步入了大电网、高参数、自动化和信息化全面发展的新时代。电力技术进步，既增强和丰富了电力安全生产的技术手段，同时也给电力安全生产提出了新要求、新挑战。

面对2009年电力安全生产的新情况，一定要正确认识形势，始终保持清醒的头脑，绝不能因为供需矛盾缓解而麻痹大意，绝不能有丝毫懈怠，绝不能有任何马虎。要充分认识在当前形势下做好电力安全生产工作，对于为新中国成立60周年创造良好环境、营造祥和气氛和应对金融危机、提振发展信心的重要意义，牢固树立大局意识、责任意识和忧患意识，切实做好新形势下各项安全生产工作。

三、以“三项行动”为抓手，扎实做好2009年电力安全生产工作

2009年年初，国务院召开安委会全体会议和全国安全生产电视电话会议，要求以“三项行动”和“三项建设”为主要内容，在全国范围深入开展“安全生产年”活动。近日，国务院办公厅印发了《关于进一步推进安全生产“三项行动”的通知》，对“三项行动”做了全面部署安排。按照文件要求，电监会制定了电力行业推进“三项行动”的实施方案。

一是要以严厉打击非法违法生产经营建设行为为重点，认真开展电力安全执法行动。2009年，电监会将组织开展打击非法违法专项行动。电力企业要配合执法行动，全面开展电力安全反违章行动，加强事故调查工作，落实安全生产责任制，严肃事故责任追究。电力监管机构要完善执法程序，加大执法力度，严肃查处各类非法违法行为。

二是要以电力安全生产隐患排查治理为重点，认真开展电力安全生产治理行动。电力企业要结合本单位实际情况，确定治理重点和内容，继续深化隐患排查治理各项工作，对于发现的问题，要立即整改；不能立即整改的，要制定应急预案。电力监管机构要加强对电力企业隐患排查治理行动的指导和督促，进行必要的监督检查，对重大隐患和突出问题要挂牌督办；对普遍性和倾向性问题，要进行集中整治。

三是要以提高安全生产意识为重点，认真开展电力安全生产宣传教育行动。电力监管机构和电力企业要以举办论坛、征文、开展“安全生产月”活动、教育培训等多种方式，广泛宣传党中央、国务院关于安全生产工作的决策部署和安全生产法律法规，努力建设“以人为本、关注安全、关爱生命”的安全文化，进一步营造有利于加强电力安全生产、促进电力安全发展的社会氛围。

全面深入开展安全生产“三项行动”，是国务院在新形势下为加强安全生产工作做出的重大举措。电力企业要以学习实践科学发展观活动为动力，以“三项行动”为抓手，全面加强安全生产工作。要统一思想认识，加强组织领导，制定工作方案，明确工作任务，落实工作责任。要把“三项行动”与“三项建设”以及日常安全生产工作相结合，协调推进各项工作开展，全面提升电力安全生产水平。要加强舆论宣传和教育引导，做好宣传动员工作，营造推进“三项行动”的浓厚氛围，做到全员参与，增强干部职工做好安全生产工作的主动性和自觉性。电力监管机构要配合地方政府，切实加强对本地区电力企业开展“三项行动”的监督检查和指导，督促电力企业把各项工作落到实处，确保“三项行动”取得实效。

安全生产是事关人民群众生命财产安全和改革发展稳定大局的大事。做好电力安全生产工作，责任重大，任务艰巨。大家要在以胡锦涛同志为总书记的党中央领导下，高举邓小平理论和“三个代表”重要思

想和伟大旗帜，深入贯彻落实科学发展观，牢固树立安全发展理念，始终把安全生产作为电力工业的头等大事，放在一切工作的首位。要发扬电力行业的好传统、好作风，安全生产这跟弦要时刻紧绷，安全生产工作要常讲、常抓、常督促，常抓不懈，警钟长鸣。要在抓落实上花更多的精力，下更多的功夫，狠抓电力安全生产责任、制度、措施和整改要求的落实，做到责任到位、制度到位、措施到位和整改到位，把安全生产各项工作落到实处，抓紧抓好，努力保证2009年电力安全生产形势持续稳定，为迎接新中国成立60周年，促进国民经济又好又快发展和人民生活水平提高创造安全、和谐的电力供应环境。

风力发电可持续发展机制研究（摘要）[1]

一、我国风电发展现状

现阶段，我国风电发展呈现以下特点：一是风电装机容量增长快速。风电装机容量已经连续三年实现“翻番”，从2000年的35万kW，增加到2008年的1217万kW；二是风电装备制造企业迅速跟进。我国风电整机制造企业有82家，叶片生产企业80多家，塔筒生产企业近100家；三是促进风电产业发展的相关政策、机制相继制定并施行；四是总体而言，风电产业发展还比较粗放。

（一）风电发展的法律法规与产业政策

2006年1月1日正式实施的《中华人民共和国可再生能源法》，构建了一个比较完整的可再生能源法律的系统框架，在风电等可再生能源发展的过程中具有里程碑的意义。

十一届全国人大常委会第十二次会议2009年12月26日表决通过了《中华人民共和国可再生能源法修正案》。修正案确定了国家实行对可再生能源发电全额保障性收购制度、国家设立可再生能源发展基金等。

在风电发展的装备政策和电价政策方面，国家系统地出台了通过减免税收、全额收购、电价附加、优惠上网价格、贴息贷款和财政补贴等激励性政策来激励风电相关企业积极参与风力发电的《可再生能源法》的配套政策。

（二）资源评估评价、规划情况

我国风能资源丰富，陆地上技术开发量在6亿～10亿kW之间，近海海域技术可开发量在约为1亿～2亿kW；风能总技术可开发量约为7亿～12亿kW，陆上大于海上。从资源储量、开发成本以及与负荷中心的距离考虑，我国风电开发应遵循“以陆上为主，因地制宜地开发海上风电”的方针。

仅根据当地的风能资源情况，我国七大风电基地的地方风电电源初步规划2020年达到12 630万kW，风电上网电量预计为2810亿kWh。

（三）设备制造与装备情况

从世界范围来看，风电设备制造前十强占据了大约90%的市场份额。2008年，中国的华锐风电、金风科技、东方汽轮机分别排在第七、第九和第十一位，占有一定的市场份额。目前，已有82家企业进入并网风电机组整机制造行业。

我国在齿轮箱、关键轴承、变频器和叶片等关键零部件制造环节，已形成生产能力，并逐步掌握关键的核心技术。

我国风电设备产品技术起点较高，大量应用的是国际主流机型，设备制造取得了长足的进步。但在风电设备的关键零部件、产品质量、研发能力、服务能力和企业管理方面，与国际同行相比均有一定的差距。

二、风电发展存在的主要问题

（一）规划比较粗放

我国风电发展在规划方面存在的主要问题是：风电地方规划与全国规划衔接不够、风电发展与其他电源规划协调不够、风电开发与电网规划建设配套不够、风电场区域缺乏科学合理的规划、布局和综合利用。

（二）激励政策不够完善

增值税方面，2009年1月1日实施购进或自制固定资产产生的进项税额从销项税中抵扣的政策，使地方政府至少有13年的时间没有增值税税收。所得税方面，过低的上网电价使得风电场投资难以盈利，地方政府短期内也无法从风电企业征收。因此，部分风电开发地区出现地方保护主义，干扰了风电的建设与发展秩序。

大规模风电并网的辅助服务补偿机制还不够完善。目前对于火电、水电为风电提供各类辅助服务尚无相关考核经济补偿政策，为风电调峰的水电、火电机组得不到辅助服务费用补偿。

（三）项目审批和电价机制存在的问题

风电项目审批方面。存在将风电项目拆分建设的现象。地方政府自行批准的小风电项目遍地开花，一方面风电资源被严重浪费；另一方面拆分建设的项目

[1] 此文为中国电力企业联合会专题研究报告。

与电网建设脱节，又进一步恶化了风电与电网的矛盾。

风电电价方面。前四期特许权招标时，风电项目往往是最低价中标，一方面过低的上网电价使得大多数特许权项目很难盈利；另一方面风电企业压低风电设备价格和工程建设成本，影响了工程质量，给整个风电产业的健康发展带来不利影响。

（四）并网存在的问题

据统计，因电网限电，2008年我国前七大风电开发商48个风电场总装机容量440万kW的电量损失约为3.7亿kWh，折等效小时数为84.7h。2009年前五个月，损失电量约为6.2亿kWh，折等效小时数为140h，全年将超过200h。

并网方面存在的问题可以分为两大类：一是主要由风电场和送出工程项目核准不同步、建设工期不配合造成的风电场建成后不能及时并入电网；二是风电并网后不能正常运行，主要由局部地区电网薄弱、电源结构不合理，调峰电源不足及部分风机质量等问题引起。

另外，由于风电的反调峰特性和大规模风电场接入电网，使系统调峰调频压力和部分电网电压控制难度加大，系统调度难度加大。

（五）机组质量急待提高

整机方面，存在整机未经严格测试和认证的情况下投入生产的现象。零部件方面，风电场采用的零部件质量未经实践检验。

（六）产业发展的基础工作有待加强

在气象资料的统一管理和测风工作管理方面、风资源特性研究、风力发电机组设计标准的制定、风机设备检测与认证工作的开展和机构的建立、风电并网技术标准的制定和并网检测工作的开展、风电机组质量控制体系的建立等方面还需要做很多基础性工作。

三、可持续发展水平分析与评价

课题研究遵循两条主线，一条主线风电发展的技术要求，另外一条主线是风电发展的相关方的责权利关系。前者主要是从产业“发展”考虑，而后者更偏重从产业“协调”的角度进行分析，将两者的发展放到时间维度上去考虑，即实现发展的“持续”性，这三者构成了风电产业可持续发展的综合评判框架。

综合来看，一方面我国风电产业发展取得了长足进步。体现在风电装机容量的快速增长、培育了一批风电制造企业、风电技术发展的自我创新能力逐步加强等；另一方面，由于风电市场的快速发展，也暴露出影响风电产业可持续发展的许多基础性和公共服务性工作缺乏坚实的基础，同时风电产业链上的各市场主体的利益关系没有得到很好的平衡，这些都将影响风电行业的可持续发展。

四、实现可持续发展的措施和建议

（一）大力加强风电发展的规划与管理

风电发展规划应该适应国民经济的总体发展要求，并纳入能源规划和电力规划。风电发展规划需要密切结合我国资源状况、设备制造技术水平、电网吸纳能力、工业产业布局和国民经济的发展需求，应充分考虑风电的发展规模对电网、环境、其他电源形式的影响。

（二）完善和健全风电市场化体系建设

政府部门要加强气象数据和风能资源评价的统一协调与管理，加强检测和论证体系建设，加强设备技术引进的规范管理，规范和统筹风电场与电网项目审批管理，并适时将风电上网发电量纳入地方政府减排的考核指标。

电力监管机构与政府相关部门要在风电场并网的安全性评价、完善风电场辅助服务的补偿机制、风电全额保障性收购执行情况的监督、制定新的并网标准与合同等方面开展相关工作。

电力行业协会要更好地协调与企业以及政府的关系，并通过加大行业的调查研究力度，及时反映风电企业的合理诉求。

设备制造企业要加大在核心部件和关键环节的投入和研发力度，风电企业要考虑委托中介机构务实进行风电项目的后评估工作，电网企业要在电网规划和建设、风电电量市场消纳能力论证和增强调度能力等方面进行深入研究。

（三）进一步健全和完善风电发展的法律法规体系

尽快出台基础性法律——《能源法》，加快《可再生能源法修正案》配套细则的修订工作，研究制定促进风电收购与消费的产业政策，完善风电技术研发的扶持政策，出台风电开发利用的技术标准和管理规范。

（四）健全和完善相关的金融、财税和电价政策

金融政策方面。扩大风电产业的融资渠道，促进风电投资主体的多元化，探索构建与完善我国的碳金融体系，积极培育国内碳交易市场。

财税政策方面。增加对风机研发与制造的基础性投入，支持研发机构开展基础研究，解决好增值税转型带来的地方税收减少问题。

价格政策方面。出台辅助服务补偿机制相关政策，建立合理的输电工程投资回收机制，解决好电费附加和全额上网方面出现的问题。

（五）加强基础性技术研究，提高自主创新能力

要加强气象数据的统一管理和测风工具的研发、加强风况模型的研究、制定适合中国实际情况的机组技术标准、建立健全风电产品检测认证体系、加快智能电网的研究和应用和加大储能技术应用的研究和投入。

（六）大力培育国内市场，逐步实施国际化战略

大力培育国内风电市场，走中国特色的发展道路。加强科研、质量标准和认证体系建设方面的国际合作，进而积极谋划中远期国际市场，逐步实施风电国际化战略。

我国热电联产行业发展机制与政策研究（摘要）❶

目前，我国是世界电力生产和消费大国，但是对能源的利用效率却远低于世界先进水平。随着我国工业化和城市化进程速度的不断加快，能源资源不足、供应压力增加、环境保护矛盾问题也越来越突出。如何实现提高能源利用效率、节约资源、保护环境、建设资源节约型、环境友好型社会是摆在我们面前的一项重要任务。根据国家发改委发改环资［2006］1457号文《关于印发“十一五”十大重点节能工程实施意见的通知》中指出“热电联产与热电分产相比热效率高30%，集中供热比分散小锅炉供热效率高50%”，充分说明了热电联产在节约能源方面有很大优越性。

一、基本情况

近年来，我国的热电联产得到迅速发展。据中电联统计，到2007年年底全国供热机组总容量达10 091万kW，初步统计到2008年年底全国供热机组总容量约为1.1亿kW，占同容量火电装机容量约19%，占全国发电机组总容量的14%左右，位居世界前列。到2007年底，全国热电联产的年供热量达259 651万GJ，比2006年增加14.13%，城市工业用汽约占83%。我国热电联产机组承担了热水采暖供热量约30%，在城市集中供热的总面积中，有1/3是由热电厂供热的。特别是中小热电机组是我国中小城市和经济开发区与工业园区的主要集中供热设施，承担着广泛的社会责任和义务。

二、促进节能减排的重要意义

一是节约能源效果明显。热电联产机组相对于热电分产，避免了冷凝损失，提高了能源利用效率。热电联产使用的锅炉都是大型锅炉，而且以循环流化床锅炉居多，运行时锅炉效率可以稳定在88%～91%，此时供热的标准煤耗在40kg/GJ左右。一般在热负荷较稳定的情况下，一台5万kW的热电机组抽汽供热时煤耗可以低于300g/kWh，比全国火电平均供电煤耗345g/kWh低很多。

二是保护环境作用突出。热电联产由于锅炉容量大，烟囱在80m以上均有除尘设备，较大的厂还有静电除尘和脱硫装置，除尘效果好，烟囱高，环保效果好，在同样的发电量和供热量条件下，热电联产煤耗更低，污染物排放总量更低。初步估算热电联产相对于热电分产，每年可减少二氧化硫排放120万t，减少灰渣排放1470万t。

三是节约用地效益提高。我国工业、民用的分散供热小锅炉不仅都要单独建设锅炉房，而且每个锅炉房还需要配备相应的储煤场和灰场，占用了大量的城市土地资源，而热电联产都在城市周边或工业园区，减少了大量的分散小锅炉占地，提高土地的使用效率，而且消灭小锅炉还减少了城市居民区的噪声，创造良好的社会效益。

四是不同煤种机组适应性更强。目前，我国热电厂的中、小型热电机组普遍采用循环流化床锅炉，该炉型的特点就是煤种适应性强，热效率稳定在80%左右。大型供热锅炉普遍采用的是链条炉，对煤种的适应性较差，一般对非设计煤种，其热效率普遍降低10%以上。因此，在这种情况下，小型热电联产机组显示了煤种适应性强的优越性。

五是电力供给的安全性和可靠性增强。热电冷联产系统可独立于电网运行，也可与电网构成一个电力供应联合体。二者相辅相成，将大大增强用户电力供给的安全性和可靠性。夏季制冷负荷引起的电网峰谷差值增大，不利于电网的安全、高效运行。热电冷联产系统在夏季提供制冷量，从而减小了对制冷用电负荷的需求，同时，这种系统还可以提供一定量的电力，因此其应用将有助于电网峰谷差的减小，对电网的安全运行有一定的帮助。

三、当前我国热电联产面临的主要问题

一是热电企业生产经营困难。多数热电联产企业多年来经济效益较差，有的甚至长期严重亏损，靠政府补贴为生，步履维艰。尤其是北方，以供暖为主的中小热电企业尤为困难，根本无力实施节能减排技术改造，扩大供热生产规模。

二是热电联产与“小火电”的概念界定模糊。由

❶ 此文为中国电力企业联合会专题研究报告。

于一些地方相关部门对热电联产的节能原理并不了解，因此往往将机组发电容量大小作为界定热电联产机组与“小火电”的标准，认为机组发电容量小就是“小火电”。有的地方政府部门和金融机构，曲解国发［2007］2号文件精神，把单机20万kW以下的热电联产机组也统统列入“小火电”，作为“关停”、“限期退出”对象。

三是价格形成机制不合理。供热为主的热电联产企业，与纯凝发电企业和以发电为主的热电企业的主要不同点在于热力和电力两种产品的市场不一样。电力销售目前是由国家统一定价，而热力销售，虽有地方政府确定热价，但基本上是市场竞争定价。

四是机型和规模选择缺乏科学的、因地制宜的原则。对于热电联产机组，为了节能减排，在有条件的地方应该“上大压小”，如果当地热负荷大且集中，供煤供水及灰渣处理方便，环境容量又允许，经过全系统（终端）能源利用率的比较研究结果是节能环保的就应该提倡支持。尤其对人口密集，经济发达，当地环境容量已经为负值的地区，不采取科学的态度，不考虑大、中、小型机组比例，而实施“上大压小”，可能带来诸多不良后果。

五是热电联产替代分散小锅炉推进速度缓慢。目前一些地区由于热电联产替代分散小锅炉的相关支持政策不明确，而且部分地方政府从利益出发，只考虑增加当地的财政收入，对于招商引资项目降低环保的准入门槛，在城市建设规划中没有提前配套考虑热力规划，这些导致一些企业为解决自身发展的热负荷需要而自行建设小锅炉。目前除广东省部分城市刚开始编制热电联产规划外，其他一些地区对用热企业仍没有统一规划，鼓励热电联产替代的政策不明确。

六是项目核准手续复杂，项目建设缺乏统一规划。节能、环保型背压式供热机组属于国家鼓励类建设项目，但由于没有具体的鼓励政策，其项目核准程序仍然等同于常规火电，需要向国家有关部门申报项目核准，导致项目核准的前期准备工作复杂、前期投入费用比例高以及申报周期较长，因而加大了申报难度和投资风险，影响了项目业主投资积极性。

七是政府管理职责不清、行业管理体系仍不完善。热电联产并不是一个完全市场化运作的行业。一方面，它作为当地城市和工业园区的重要基础设施，负有不间断供应热力、电力的责任，与当地经济和人民生活密切相关。同时，电力和热力又是政府定价的商品。对于热电产业主要存在政府管理职能分散，产业监管弱化等问题。

四、我国热电联产未来发展战略选择

我国面临的能源形势和节能减排的指标约束，未来热电在专注发展的同时，必须促进粗放型增长向兼顾节能、环保的集约型方向转变。一是通过改进运行管理方式，以发电为主转变为供热为主，实现节能发展；二是通过促进机组结构调整，以抽凝机组为主转向背压机组为主，实现大幅度提高效率降低能耗；三是通过机组改造，低参数机组为主转变高参数机组为主，提高能源利用效率；四是通过锅炉更替，层燃锅炉为主转变为新型循环流化床锅炉（CFB）为主，减少污染物排放水平；五是通过辅机系统应用新技术，传统技术为主转变为应用信息新技术为主，降低热电厂的用电率。

五、促进热电联产可持续发展的政策建议

一是抓紧修订法律法规，明确热电联产法律地位。

建议抓紧修订《电力法》，增加有关热电联产及分布式能源站的建设和运行管理等内容的章节，进一步明确热电联产的法律地位和重要作用。结合《电力工业产业政策》的编制，进一步制定和完善与热电联产及分布式能源站相关的政策规章、行业标准和技术规范。尽快修订热电联产行业准入的最低门槛和分布式能源站的并网规定，同时要通过深化电力体制改革，对热电联产机组开展大用户直供给予试点和规范。

二是明确界定热电联产的技术标准，抓紧修订准入门槛。

建议重新修订热电联产的热效率和热电比的标准，如将供应工业负荷用热为主的中小型热电联产的热效率提高到55%，热电比提高到200%。对于供采暖为主的热电联产，建议根据当前实际，区别制定相应标准。

三是完善金融、财税和价格政策，促进热电联产健康发展。考虑热电企业承担了许多社会和公共利益的义务，按照“以热定电”原则核定热电企业真正热效率和热电比，并在此基础上核算企业平均发电、供热成本后，考虑采取税收优惠以及贷款贴息等办法给予适当的支持。

四是根据不同地区，因地制宜确定热电装机方案。抓紧研究制订热电联产装机方案导则，以准入标准为门槛，以节能减排为目标，根据不同的条件，区分北方和南方，区别供暖为主还是供工业用热为主，因地制宜地确定装机方案，不搞一刀切的“上大压小”政策。

五是完善政府管理体系，促进热电联产产业可持续发展。借鉴国外发达国家的做法，对热电产业进行统一管理和调控，把分散在各政府部门、各产业的宏观调控、政策制定、价格管制等功能尽量集中到一个

部门，降低政策成本。同时考虑到目前热电产业发展的规模和重要性，建议在国家能源局内设立热电管理部门，逐步形成以能源局热电司为主，其他相关司局为辅的热电宏观调控格局。

六是采取有效措施，加快热电联产替代分散小锅炉推进力度。尽快完善法律、法规和若干有效的技术政策鼓励发展热电联产集中供热，科学规划、合理布局热电联产集中供热区，对同一供热区域范围内的统调大供热机组、中小热电机组和自备电厂机组进行整合，根据不同热用户的需求，实现供热区域内不同热源点优化配置，对小锅炉建设的审批、运营、排放要严格执行环保政策，促进真正用热电联产替代城市能耗高、污染重的分散小锅炉。

七是实现热电项目核准权限下放，建立备案制度。建议国家对热电联产特别是热效率高、以供热为主的背压式机组，采取核准权限尽快发文明确下放到省政府相关部门，由省有关部门根据地方发展的实际情况开展项目核准工作，国家层面可建立备案制度。

八是加大热电联产装备研发投入。大力扶持高效节能减排设备的研发和制造，特别要设立专项资金，加大投入，深入开展高效供热汽轮机的研发工作。

电力工业论坛

专 题 论 坛

中国国际电力安全发展暨电力应急管理论坛

2009年10月27～28日，中国国际电力安全发展暨电力应急管理论坛在北京国际会议中心隆重开幕。由国家电力监管委员会主办的这次论坛以“加强安全管理，提高应急能力，实现电力安全发展”为主题，来自10多个国家和地区的400多位政府部门、国际组织、大型企业和科研机构的代表和专家学者，围绕这一主题共同探讨和研究电力安全生产和电力应急管理的先进理念、科学技术和管理经验，共同分享本届论坛的成果。

中国政府一直高度重视电力安全发展和电力应急管理工作。中共中央政治局常委、国务院副总理李克强为这次论坛作出批示。中共中央政治局委员、国务院副总理、国务院安委会主任张德江发来贺信。国务委员、国务院秘书长马凯为论坛作出批示。国务院常务副秘书长尤权当日参观了与论坛同期举办的中国国际电力安全与应急技术装备展览会。

本届论坛得到了国内外各界的高度关注。国家电监会主席王旭东出席开幕式并致辞。国家安全生产监督管理总局副局长王德学出席开幕式并讲话。国家电监会副主席史玉波主持开幕式。

王旭东说，2009年是中国政府确定的“安全生产年”，本届论坛旨在通过研讨与交流，在电力安全和电力应急管理方面，深入开展宣传教育行动，弘扬“以人为本、安全发展”的理念，扩大交流与合作，探索有效手段和途径，推动电力安全和电力应急管理领域新技术和新装备的推广和应用，共同构建电力工业“安全发展、和谐发展”的良好局面。

王旭东说，电力体制改革后，国家电监会承担了中国电力行业安全监督管理的任务。几年来，经各有关方面的共同努力，中国电力行业基本保障了电力安全稳定运行和可靠供应。与此同时，我们还取得了抗冰抢险保电和抗震救灾保电的重大胜利，圆满完成了奥运保电和新中国成立60周年庆典活动保电任务。

王旭东指出，当前，电力工业面临着新的形势和挑战，确保电力安全运行和可靠供应的任务依然艰巨，我们将继续努力做好以下几方面的工作。①牢固树立“安全发展”理念，正确处理好安全与速度、安全与质量、安全与效益的关系，把安全发展纳入电力发展的总体战略，融入到电力工作的各个方面，扎实做好安全生产各项工作，推动电力工业又好又快发展。②坚持“安全第一、预防为主、综合治理”的方针，把安全生产工作的关口前移，重心下移，坚持标本兼治、重在治本，在遏制事故的同时，积极探索和实施治本之策。发挥好政策部门、监管机构、企业和社会各方面的力量，形成各司其职、齐抓共管、综合治理的工作格局。③把保证电力安全运行和可靠供应作为电力安全生产的中心任务，进一步落实安全生产工作责任，夯实安全生产工作基础，提高驾驭大电网安全运行的能力，防止电网大面积停电事故的发生，确保电力安全稳定运行和可靠供应。④大力加强应急能力建设，以保证电力安全稳定运行和可靠供应为目标，以提高电力突发事件综合处置能力为重点，以完善和落实应急预案为基础，建设好应急指挥平台体系、应急抢险救援队伍体系、应急物资储备体系，形成指挥有力、运转高效的电力应急体系。全面开展有社会各方面广泛参与的电力应急联合演练。积极推动电力应急新技术的科学研究和推广应用，提升电力应急技术水平和装备条件。加强电力应急宣传教育和技能培训，提高社会各界在电力突发事件时的应急能力。

王德学代表国家安全生产监督管理总局对论坛的召开表示祝贺。他说，2009年以来，国家电监会和电力行业坚持安全发展原则，按照国务院的统一部署，深入推进电力安全生产“三项行动”，切实加强“三项建设”，扎实做好电力安全生产及应急管理各项工作，为保证电力安全稳定运行和可靠供应作出了重要贡献。

王德学表示，目前我国电力行业正处在快速发展时期，安全生产形势依然严峻。电力行业仍需高度重视，落实责任，健全体系，夯实基础，完善预案，搞好防范，依靠科技，提升能力，远近结合，构建机制，进一步加大电力行业安全生产和应急管理工作力度，强化基层基础，努力提高防范和应对事故灾难的能力。

10月27日10时，由国家电监会主办的中国国际电力安全与应急技术装备展览会也同期在北京国际会议中心开展。王旭东、王德学共同为展览剪彩。

开幕式之后，电力安全生产和电力应急管理主论坛随之开始。出席今天开幕式的代表还有全国电力安全生产委员会委员和办公室成员，电监会各部门、信息中心、资质中心，各城市电监办有关负责人和安全监管人员，国家电网公司及其区域电网公司、南方电网公司、省（自治区、直辖市）电力公司安全管理和生产技术人员，发电集团公司及其所属区域、省（自治区、直辖市）子公司安全管理和生产技术人员，电力工程建设勘察设计、监理、施工企业的安全管理人员，电力科研院所和电力设备制造企业有关人员以及“关爱生命，安全发展”征文活动的部分获奖作者。

面向21世纪核能部长级国际大会

2009年4月20～22日，面向21世纪核能部长级国际大会在北京国际会议中心召开。20国部长在会议上宣示本国的核能政策，共商国际核能大事。中国、美国、俄罗斯、法国、日本等68个国家和国际原子能机构、经济合作与发展组织等8个国际组织的442名正式代表，365名观察员代表参加了大会。

国务院副总理张德江、国际原子能机构总干事巴拉迪、经济合作与发展组织秘书长古里亚出席会议并致辞。工业和信息化部部长李毅中担任大会主席。中国国家原子能机构主任陈求发做主题发言。

本次大会是继2005年巴黎第一届部长级大会后，国际核能界又一次具有重要影响的盛会，由国际原子能机构（IAEA）主办，中国国家原子能机构（CAEA）承办，中国核能行业协会和经济合作与发展组织核能署协办。

本次大会由开幕式、部长发言、技术专题讨论和闭幕式四个环节组成。部长发言部分由各国部长或高级代表发言；技术专题讨论部分的议题将涵盖能源资源与环境、核电发展基础结构、核电技术现状和展望、燃料供应与废物管理等当今核能界共同关心的问题。由中国国家原子能机构主办的“世界核能”主题展览也将与本次大会同期同址举行。

会议期间，中国国家原子能机构将与国际原子能机构签署共同声明，与法国原子能委员会签署核能合作协议，并与多个国家进行双边会谈。

本次大会吸引了国内外众多知名核能相关机构参加。国际方面，除国际原子能机构、经济合作与发展组织外，经济合作与发展组织核能署、经济合作与发展组织国际能源机构、阿拉伯原子能机构、国际科技中心、太平洋原子能理事会、世界核能工作者理事会均派员参加会议。中国方面，包括中国核工业集团公司、中国核工业建设集团公司、中国广东核电集团有限公司、中国电力投资集团公司、国家核电技术公司、中国华能集团公司、中国大唐集团公司等在内的涉核大型企业、研究院所、大学、中小型配套企业等100多家单位都派出了大会正式代表和观察员。

2009特高压输电技术国际会议

2009年5月21日，2009特高压输电技术国际会议（UHV2009）在北京隆重开幕。本次会议的主题是“特高压输电技术·创新与可持续发展”。大会倡议，各国同行进一步加强在特高压输电技术和智能电网建设方面的交流与合作，共享经验、知识和成果，共同推动具有坚强网架结构和先进智能水平的现代电网建设，促进经济、社会、环境的和谐发展。

中共中央政治局委员、国务院副总理张德江莅临会议，并于会前亲切会见了出席会议的国际大电网会议组织、国际电工委员会等国际组织代表，参观了“推进特高压工程建设，发展坚强智能电网”大型展览。

张德江对会议的召开表示祝贺，对国家电网公司立足自主创新，推动特高压电网发展实现新突破，积极探索建设统一的坚强智能电网等工作给予了充分肯定。

他强调，必须贯彻落实国家能源战略，大力发展特高压输电技术，优化能源结构，提高能源效率，确保能源安全，为经济社会可持续发展提供稳定可靠的电力保障。

张德江指出，随着我国工业化、现代化、城镇化的加快发展，对能源的需求还将长期持续增长，保障能源和电力稳定供应是我国一项长期而艰巨的任务。我国一次能源分布与生产力布局很不均衡，加快建设特高压电网，有助于促进能源布局结构调整和能源资源优化配置，有助于确保能源安全可靠供应。要抓住特高压输电发展的难得机遇，运行管理好特高压试验示范工程，确保工程安全稳定运行，并适时组织验收。要认真总结工程建设经验，不断完善特高压输电技术，加快特高压输电技术应用步伐。

张德江表示，中国政府一直倡导互利合作、多元发展、协同保障的新能源安全观，积极支持各种形式的国际交流与合作，共同推动此前，5 月 20 日上午，张德江还考察了国家电网公司特高压直流实验基地，对公司在特高压输变电技术创新中取得的成绩给予了充分肯定。他要求，国家电网公司要深入贯彻落实科学发展观，继续发挥技术创新的主体作用，坚持科学性、实践性、安全性、经济性，研发出更多具有世界领先水平的科技成果，建设安全、稳定、可靠的大电网，为经济社会发展作出更大贡献。

国务院副秘书长肖亚庆、国务院国资委主任李荣融，以及国家发改委、工业和信息化部、国家能源局、国家电监会、科技部、财政部、环保部、安监总局、知识产权局等政府有关部门领导，国际大电网会议组织秘书长科瓦尔、国际电工委员会副主席里斯等有关国际机构和企业代表出席会议。

国家电网公司总经理刘振亚致欢迎辞并作主旨发言。刘振亚说，特高压输电是世界电网技术的重要发展方向，发展特高压电网是为中国经济社会可持续发展提供稳定可靠电力供应的必然要求，将为大规模开发利用清洁能源提供重要保障，有利于应对国际金融危机带来的严峻挑战。

刘振亚说，积极发展智能电网已成为世界电力发展的新趋势，坚强是智能电网的基础，智能是坚强电网充分发挥作用的关键，两者相辅相成，协调统一。国家电网公司结合基本国情和特高压实践，确立了加快建设坚强智能电网的发展目标，即加快建设以特高压电网为骨干网架，各级电网协调发展，具有信息化、数字化、自动化、互动化特征的统一的坚强智能电网。

刘振亚表示，国家电网公司愿意按照互利共赢的原则，与国际电力组织和有关企业一道，在电网发展基础研究、技术攻关、设备研制、标准制定、人才培养等领域全面开展交流与合作，共同攻克前进道路上的各种难题，加快推进坚强智能电网建设，为应对国际金融危机和全球气候变化，为保障能源安全，促进经济、社会、环境可持续发展作出新的更大的贡献。

来自 21 个国家和地区的 400 余人，26 家电力企业、11 家研究咨询机构、9 家协会组织、11 所大学、27 家制造企业的代表和 40 余家中外新闻媒体应邀出席会议。

国务院派驻国家电网公司监事会主席路耀华，国家电网公司副总经理郑宝森、舒印彪、曹志安出席会议。

2009 中国电力论坛暨中国国际清洁能源发电技术与设备展览会

2009 年 11 月 3 日，2009 中国电力论坛暨中国国际清洁能源发电技术与设备展览会在天津滨海新区国际会展中心开幕。

2009 中国电力论坛的主题是“清洁能源、绿色电力”。与会代表就新能源开发、加强能源合作、新能源领域科技创新等问题探讨交流。中国国际清洁能源发电技术与设备展览会上，推出了清洁能源开发和保护生态环境的最新技术和产品。

国家国资委、科技部、环境保护部、中国国际经济交流中心、国家开发投资集团以及本市有关方面负责同志，南方电网公司、华能集团、大唐集团、华电集团、国电集团、电力投资集团、国家电网公司、长江三峡集团、神华集团等电力企业负责人参加会见或出席论坛、展览会。

第四届中日节能环保综合论坛

2009 年 11 月 8 日，由国家发展和改革委员会、商务部和日本经济产业省、日中经济协会共同主办的“第四届中日节能环保综合论坛”在北京召开。

中共中央政治局常委、国务院副总理李克强出席主论坛并讲话。国家发展和改革委员会副主任解振华、日本经济产业省大臣直岛正行参加会议发表主旨演讲，商务部、财政部、环保部和日本日中经济协会、经济产业省、日中节能环保商务推进协议会代表做大会发言，中日政府、行业协会和企业等方面约 1000 人参加会议。

论坛分为前期考察、主论坛和分论坛三部分，分论坛议题包括领跑者政策（先进的节能减排政策）、循环经济、海水淡化和水处理、汽车、发电和煤炭、化学、中日长期贸易共七个。

中日节能环保综合论坛是中日两国节能环保和经贸合作的重要平台，旨在促进中日两国在节能环保及其产业发展方面的合作，推动中日双边关系向深层次发展，已分别在中日两国成功举办三届。本次论坛上，中日双方签署了 42 个节能环保技术、人才和投资合作项目，中日在节能环保领域的合作规模不断扩大。

专家论坛

关于“十二五”电力科学发展若干问题的讨论

周小谦❶

一、关于建立科学的电力规划制度

规划作为政府履行宏观调控，经济调节和公共服务职责的重要依据，是政府定的，也是管政府的。政府既要依法行政，也要依规划行事。规划也用以指导企业的经营发展计划和项目开发。然而在电力体制改革之后，厂网分开，电力规划体制没有理顺，没有一个统一的电力规划，前期工作的内容与深度要求不明确，在规划制定项目的决策上，缺乏深入调研，也没有建立明确的民主论证、评估、衔接与公示制度；在项目的确定上既没有“计划”，也缺少“市场”，既没有严格的审批程序，也没有竞争机制；在项目的变动上同样缺少论证。例如对西南水电开发及送电方向本来经过多年论证，并已按规定程序审定，但现在没有经过重新论证与按程序评审，说变就变，而这种状况在一个有完善前期规划制度的情况下是不会发生的。

再有，在能源电力市场供需形势的预测方面，政府没有明确的责任机构，没有建立连续的预测、调整与发布制度，也使规划的编制与调整失去重要依据，使规划目标的确定、项目的安排往往陷于既非“计划”，也非“市场”的主观随意性的混沌中。

为建立科学的电力规划制度，一要明确电力规划的责任部门，切实负起规划编制的组织领导作用，并要承担决策的责任；二要明确具体的电力发展预测与规划的编制工作单位，相对固定的规划研究制订单位，有利于积累资料，连续编制，滚动调整；三要明确规划前期工作程序、深度要求、审批制度及调整制度，以及电力预测、预警的定期发布制度；四要明确规划中项目开发实施单位的竞争机制。

二、要正确预测和分析电力的供需形势

电力的供需预测，首先要把握我国经济社会发展所处的发展阶段的一般发展规律，同时要正确处理与研究经济发展波动对电力需求的影响。这对做好电力供需预测是重要的。

当前席卷全球的金融危机来势迅猛，恰好与我国本轮经济周期相重叠，影响巨大，电力的反映尤为迅速。

2000～2007年，电力需求不断攀升，从2008年开始快速下行，2008年10月首次出现负增长，2008年全年用电量比2007年仅增加1634亿kWh，增速为5.23%，仅为2007年电量增幅的40%，增速下降了10个百分点，形成典型的经济周期的低谷，成为我国经济发展从改革开放以来三十年中的第三个经济周期。

面对当前经济形势，如何吸取以前在经济发展出现周期性波动时，根据电力的特点，对电力规划进行调整安排的经验与教训，是十分必要的。

回顾我国电力的发展，对经济周期性的波动，采取不同的对策，其结果迥然不同。30年来第一次的经济周期在20世纪80年代末、90年代初，经济低谷，用电量减少，在这种情况下，如何安排“八五”的电力，当时有两种意见：一种认为电力有多余，就应该少安排或先停一两年再考虑。但当时能源部认为电力不能放松，虽然电力设备利用小时为4400多小时，但仍处于电力设备合理利用范围，并不标志电力有过多的富裕。因此仍要安排较多的项目与投资，维持较高速度发展，为下一周期的经济增长做准备。由部长亲自出面多次向计委、国务院领导汇报，争取了电力投资基本上没有削减，使1991～1994年电力装机保持9%～10%的增长，为“八五”期间的经济高速发展提供了电力支撑。而到了1997年，爆发了亚洲金融危机，又与我国改革开放以来第二个经济周期基本交迭，出现经济急速滑坡，到1998年社会用电

❶ 中国电机工程学会热（核）电专委会主任。此文刊载于《能源政策研究》(2009.2)。

量增速降到2.07%。当时同样面临“九五”后几年与“十五”电力如何安排的问题。争论仍然重复进行，但最后是电力部门的意见无法得到决策部门的认同，只同意加强农村电网与城网的建设与改造，而否定了维持电力建设投入及新项目开工的要求，提出了大家所熟悉的“三年不开工”政策。“九五”为“十五”的建设储备规模极小，同时对“十五”计划也大幅度缩减，原计划开工建设的核电也无限期地推后，致使2002年后经济进入高速增长期时，在2003年、2004年出现了全国性的“电荒”，电力高度紧张，2003年全国23个省市拉闸限电，2004年又增至24个省市拉闸限电，在计划用电、加强需求侧管理及调峰1600多万kW、限制峰荷354万kW情况下，全国仍缺电力3500万kW。与此同时，电力仓促开工上马，无序建设严重。规划、计划上的失当，极大地增加了严重缺电所造成的经济损失，也给社会与人民的正常生活造成很大的影响。

现在处于改革开放以来第三个经济周期，在准备调整“十一五”与制订“十二五”规划时，上述一正一反的经验与教训，对做好“十二五”直到2020年的规划工作是十分重要的借鉴。

从前几次经济周期特征来看，经济处于低谷运行时间2年左右。依此预计到2010年我国经济将会得到恢复。据有关预测2010年前增速可能在5%～6%，到2010年的发电量在3.8万亿kWh左右，相应装机容量在9亿kW左右。

到了“十一五”，我国经济又将按工业化发展阶段的特征继续向前发展，预测“十二五”期间经济增长将在8%～9%，电力弹性系数也接近于1，依据有关测算，2015年全国需电量也要在5.5万亿kWh，相应装机约为12.5亿kW左右，设备综合利用小时为4400h，使电力供需基本平衡。也即“十二五”期间年均需增加装机7000万kW左右，基本上维持“十一五”的建设规模。

三、要加快调整电力的结构

电力工业科学发展的重要内涵就是电力工业要在科学发展观的指导下，加快电力的节约发展，清洁发展和可持续发展，确保电力的安全、经济、高效供应，以满足经济社会发展和人民生活水平提高的需要，实现向低碳、高效、环保的电力供应体系的转变。

因此电力发展规划，在做出电力供需预测分析与安排后，重点在于对调整结构与转变发展模式做出部署和提出政策措施。

“十二五”的电力规划中，在调整电力结构方面，有以下几个方面问题应予以考虑。

（一）在电源结构方面

1. 要继续优化发展火电

火电包括了煤电、气电、热电联产及分布式电源等。

由我国能源资源赋存决定，以煤为主的能源结构，可能要维持很长时间，在相当长时间内我们都将坚持“以电为中心，以煤为基础”这一能源发展的基本指导思想。因此调整电源结构，一方面要进一步提高电煤在总的煤炭消费中的比重，具体要根据煤炭在我国能源中的消费总量来确定，目标要求电煤比重在“十二五”期间要提高到50%以上（不包括热电联产的供热部分用煤）。另一方面要调整煤炭发电的技术结构，以提高能效、降低消耗、减轻排放，具体包括以下几方面：

一是要进一步提高大容量、高参数机组的比例。

这是提高燃煤机组效率的重要方向之一。对新建大型区域性电厂一般要求采用60万kW及以上超临界或超超临界机组，到2007年0.6万kW以上火电机组中60万kW及以上机组容量1.31亿kW，占到火电总容量的27%，30万到60万kW机组1.72亿kW占到35.5%，两者合计达60%以上，而20万kW以下的小机组约占27%，其中相当部分是热电联产机组，总体来说是合适的，但需要将60万kW及以上机组比重进一步增大，对新建的大型区域电站和煤电基地的电站，都应按60万kW及以上超临界及超超临界来考虑。然而从稳定运行与电网的适应性来看，对100万kW级机组容量比例要适当。对大、中、小机组配置要科学合理，要从电力系统总体效率与效益来考量机组容量配置的合理性。

二是进一步提高热电联产的比重，机型选择要科学。

在能源的使用上，实现“温度对口，梯级利用”，这是提高热能利用效率的根本方向。热电联产以及热电冷联产是这一热力学原理应用的基本体现。尽可能提高热电联产的比重，做到凡是供热的要先经过发电，凡是发电的要同时进行供热，这是提高化石燃料使用效率的根本途径。2007年全国供热机组总计约9900万kW，占火电总装机5.4亿kW的17.9%，占0.6万kW以上机组的比重为17.7%，占总装机容量的13.6%。由于热电联产的能源转换效率达84.25%，而纯发电的热效率只有38.11%，2007年热电联产把电力的整体能源转换效率由38.11%提高到42.05%，提高了近4个百分点，其节能效益是巨大的。但在城市集中供热中，还有相当部分是直接由锅炉房供热，继续发展热电联产，提高热电联产机组比例还大有潜力。对于热电联产的机组选择，要根据热负荷来确定机组大小及机型，一味强调要发展单机容量在30万以上热电联产大机组，是不科学的，会阻碍热电联产的发展，影响热电联产机组效益的发挥。

三是加大大型矿区煤电联合开发，扩大大型火电基地的规模效益与煤电产业上下游联合协调的联营效益。

"十二五"期间要继续在山西、陕北、蒙西、宁东、蒙东、呼盟等地区加快煤电联营的建设步伐，扩大建设规模。另外要加快锡盟地区褐煤的煤电一体化建设，送电京津冀。对于新疆、哈密等地煤炭及电力的开发也要做出规划上的安排。

四是加大煤炭清洁发电的技术开发力度。

煤的清洁利用，目前技术上基本成熟的是循环流化床燃烧技术，30万kW及以下已经掌握，60万kW的也正在开发，预计"十二五"期间也将基本掌握，对于灰、硫含量高的煤炭应争取推广应用。

对于整体煤气化发电联合循环技术（IGCC），具有煤气化、发电、制氢、煤化工及二氧化碳捕捉、储藏等煤炭清洁利用的功能，但其技术复杂，对于氢能的发展与利用及二氧化碳的捕捉埋藏的经济性可能性尚需深入研究，当前特别是"十二五"重点是集中人力、财力建设一个或两个工业性示范工程，不宜全面铺开，遍地开花。

五是要尽可能提高气电的比重，但重点应放在小型分布式发电。

在化石燃料发电中，天然气发电要占有一定比例。由于我国天然气资源不丰富，而天然气用途广泛，可用于发电的天然气量不会太多。2007年在0.6万kW及以上火电机组中仅占4.8%，在全部电力装机中仅占3.9%，不到4%，今后气电比重可能也不会有较大增加，但最小要维持在装机总量与电量的4%以上，并且今后天然气用于发电主要投向应在分布式热电冷联产机组上，并建议在"十二五"规划安排中要予以重视，并研究制定分布式发电的专题规划。

此外，对于煤层气的开发利用也要列入"十二五"规划，同样也需制定煤层气发电的专项规划。

2. 加快核电发展，提高核电在电源结构中的比重

面对当前日益紧迫的环境和气候问题，调整能源结构，大力发展核电，以核能替代化石燃料是重要的方向，是走向低碳，实现温室气体减排的现实出路。同时也是在经济衰退期用于拉动经济，扩大就业其影响面和带动力都是较大的产业。

我国核电的发展差距很大。我国核电量只占全国总电量的1.9%，而世界核电的比重平均在15%～16%，发达国家在20%以上，高的达70%～80%，核电是我国电源结构中最短的一条腿。

经过30多年的发展，我国核电在自主设计、制造、建设和运营，以及厂址选择、核燃料供应、设备供应等方面，都做了不少工作，打下了重要的基础，到目前已具备了核电规模化发展的条件。到2007年底已完成初步可行性研究的核电项目有5200万kW，并且大多已经过审查。在厂址资源方面支持2020年7000万～8000万kW，2030年1.6亿～1.8亿kW是可行的。

"十二五"期间是加快我国核电发展的重要转折时期，也是我国调整电源结构的关键所在。初步分析，"十二五"到2015年核电装机达3300万kW以上，占到2015年装机容量的2.6%，是完全可能的，比2010年的1.1%提高1.5个百分点。"十二五"期间预计可建成的机组有岭澳二期2×100万kW，秦山二期扩建2×65万kW，红沿河3×100万kW，宁德一期3×100万kW，福清一期2×100万kW，方家山2×100万kW，阳江3×100万kW，三门2×125万kW，海阳2×125万kW，海南2×65万kW，以及咸宁、常德、彭泽、荣城高温堆等。与此同时上述工程的续建与台山、岳阳、广西防城、浙江苍南、山东荣成、河南南阳等一大批核电都要在"十一五"末和"十二五"期间新开工，为2020年达到核电装机7000万～7500万kW及2030年核电投产达1.6亿～1.7亿kW作好前期准备。使核电比重迅速由2015年装机的2.5%，电量的4%，提升到2020年的4.5%和6%，2030年的7%和10%左右。我国核电快速发展根本问题在体制，关键在设备，重点在人才。为此，中国电机工程学会核电专委会建议在编制"十二五"计划前，召开国家核电工作会议，统一对我国核电发展形势及发展阶段的认识；确定我国核电发展的规模与目标；改革投资建设体制；安排设备供应；建立燃料供应循环体系；培养人才等议题，形成决议，统一行动。

3. 继续大力开发水电

历次经济低谷时，各国都把开发水电作为拉动内需，增加就业促进经济复苏的重要措施，这次经济周期也将为进一步加快水电发展提供机遇。另外，水电在可再生能源中是能源密度最大的，应该优先开发与利用，这一基本原则至今不变。

2008年我国水电装机达1.6亿kW左右，开发率为技术可开发5.4亿kW的29.6%，与发达国家都在70%左右的开发率相比还是处于比较低的水平，水电开发的潜力还很大。

预计在2010年水电装机将达到2亿kW，其开发率为37%。

"十二五"将继续保持"十一五"水电开发势头，

有望年均水电增加 1400 万 kW，到 2015 年水电容量可达 2.7 亿 kW 左右，达到技术可开发的 50%，按现在的前期工作，是可以做到的。

“十二五”水电开发重点仍是黄河上游、金沙江及长江上游和澜沧江等正在开发的河段。同时要做好黄河北干流、黑山峡及和怒江开发前期准备，以及黑龙江的合作开发等。对西藏地区“十二五”要加快雅鲁藏布江中游河段干支流的藏嘎、藏木和拉萨河的巴河等中小型电站的开发，以适应西藏地区自身用电的需要。

水电开发要高度重视生态保护，实现环境友好，做好移民工作，确保社会和谐。坚持在开发中保护，在保护中开发的原则。

另外水电开发中要高度重视中小水电的合理开发，其数量众多，分布广泛，是我国重要的分布式能源，到 2005 年，全国农村小水电装机容量已达 4309 万 kW，占全国水电装机容量的 37%，发电量 1357 亿 kWh，占全国水电量的 34.3%，同时还有在建的小水电 1773 万 kW。因此小水电要纳入统一规划，既要与大型水电统一规划，也要与农村电网发展、新农村小城镇建设统一规划。

4. 积极发展可再生能源发电

“十二五”电力规划中要高度重视可再生能源发电，这应当成为“十二五”规划的又一重点与亮点，这既是应对经济危机的重要措施，更是电力调整结构的需要。当前除了水电以外的可再生能源，技术成熟，可以大规模开发的是风电，太阳能发电与生物质能发电三种，由于其资源具有分散性和能源密度较低特点，因此其利用方式宜以分布或面向终端供电为主。

第一，关于风力发电。

我国风电发展已进入大型化、规模化发展阶段，据中电联统计，2008 年新增 466 万 kW，达到 894 万 kW，发电量 128 亿 kWh，比 2007 年翻了一番，因此到 2010 年可能达到 2000 万 kW，以平均每年增加 600 万 kW 计，到 2015 年将达到 5000 万 kW 左右。

风电快速发展，“十二五”特别要重视风电的风力资源的勘测与评估，加大对资源可获得性的实证，以提高建设风场的风能利用效率和经济效益。同时要做好风场的总体规划，除了发展一定规模的大风场外，更应重视分散的中小型风场的开发，支持家用风电的发展。这有利于上网与就地利用，及提高其风能发电的经济效益。大规模风电规划争取与可间隙用能的高耗电产业规划相结合，以实现风电就地转化为高载能体的产品，以克服大容量风电远距离输送的经济性差的问题。对于规划若干个所谓“风电三峡”并要远距离外送的方案，其经济性与技术风险如何，尚需要通过专题深入论证。

另外，“十二五”期间，要做好海上风电的前期研究，落实国土规划、海域利用规划和风力资源的勘测评价等工作，并抓紧建设海上风场的示范工程，以取得经验，特别是海上风机设备制造及工程设计，施工安装和接入系统等经验，为“十三五”及其后海上风场大规模发展做好技术与装备准备。

第二，关于太阳能发电。

太阳能热利用及太阳能发电，对能源发展来说，具有重大而长远的战略意义。太阳能发电与其他可再生能源相比具有不少优势，特别是光伏发电，转换环节少，相对转换效率高，而且占用土地面积少。“十二五”重点要对太阳能光伏发电和太阳能热发电给予更多政策支持和技术开发的投入，扭转目前“两头在外”所带来的问题。

全球太阳能光伏发电，从 2000 年以来到 2007 年，发电装机容量年均增长 32%左右，到 2007 年已达 1043 万 kW，而我国只有 10 万 kW。但我国却已成为世界最大的光伏电池生产基地，到 2007 年生产能力已达 180 万 kW，产量已达 118 万 kW，占全球的 1/3 以上。然而我国生产用的高纯度的硅料主要依靠国外，而生产的光伏电池 98%以上出口，这种“两头在外”，把光伏电池的使用及其环境、经济效益让给了外国人，而将能源消耗及环境污染留在了国内，这种状况从“十二五”开始应当有一个根本的改变。

为此要在应用太阳能光伏发电方面国家要有更多的政策支持与对技术开发的投入，最低水平应当使“十二五”光伏发电的增长维持在 2000 年以来的年均 40%的速度，那么，光伏发电到 2015 年可达 100 万 kW，到 2020 年可达 500 万 kW 左右。

“十二五”期间，太阳能光伏发电从边远独立供电走向城镇，走向并网。要大力支持户用屋顶太阳能光伏发电，推进光伏系统和建筑一体化技术，要规划与落实百、千、万户用屋顶光伏系统工程，支持上海市都市型工业示范区太阳能光伏发电项目的实现，并且有更大规模的发展。支持昆明市城市太阳能与建筑一体化应用到 2015 年达到 95%，城镇太阳能普及率达 70%的规划目标早日实现，支持青海柴达木盆地建设规划容量 100 万 kW，首期为 3 万 kW 的并网太阳能电站的建设，通过这些工程的建设并推广，使我国太阳能发电在“十二五”期间有较大的发展，与此同时争取能在“十二五”期间建成太阳热发电示范工程。

推广太阳能光伏发电的关键之一是要降低造价及发电成本，除了政府财政上支持之外，重要的是规模的发展与技术的进步；二是要尽快自主开发掌握太阳能级硅料的生产技术。前景是光明的，据尚德公司分析，预测到2012年国内太阳能发电价格可降到1元/kWh，再加政策上的支持，规模化发展就有可能了。

第三，关于生物质发电。

我国生物质能源丰富，据有关资料分析，我国生物质资源可转换为能源资源的潜力约为5亿t标煤，今后植树造林等的发展，生物质资源中可转为能源的潜力可达10亿t标煤。

生物质能源转换方式目前分为燃料乙醇，生物柴油，沼气和发电，按国家可再生能源中长期规划，到2010年农村生物质发电550万kW，其中生物质发电400万kW，规划到2020年生物质发电达3000万kW，其中生物质发电2400万kW。

对于利用生物质发电与煤电、水电相比不具有优势，与风能、太阳能相比不具有资源优势，但秸秆发电对于增加农民收入，减少农村化石燃料使用是具有一定意义的。然而秸秆收集运输不宜太远，所以生物质发电其规模不宜过大，以分散式直接为终端用户服务为主。为此在生物能源发电规划中要做好秸秆发电与新农村城镇建设的统一规划，把秸秆发电与新农村城镇建设紧密结合起来。

总之，在“十二五”可再生能源发电规划中要重视以下方面问题：

一是要重视资源的调查与科学的勘测，对于如风能、太阳能与生物质能均如此，要做出科学的评估，具有可获得性。

二是要加强可再生能源的科技投入，重视可再生能源发电装备与工艺的自主创新，突破技术瓶颈，实现技术装备的国产化。

三是逐步建立完整的产业链以及要从全生命周期能量转换效率去评价考察能源的利用效率及其清洁度，以及对从社会资源的消耗，包括对土地的利用，水资源的消耗等。

四是在发展规划方面要高度重视风能、太阳能、生物质能等可再生能源资源分布的分散性，以及能源密度较低的特点，要从能源采集、输送、转换到使用整个产业链一体化来研究确定其在我国能源体系中的战略定位，并进行科学合理的配置。要以提高能源效率与清洁利用为中心来确定产业发展模式。只按工业化时代的“规模效益”的模式来配置资源，往往并非最好选择，而按“系统化”，“集成化”与“效益规模”等概念来配置组合各种能源的使用，可能会取得更佳效益。

（二）进一步加强电网建设

1. 首要的问题是要继续加大电网的投入，把加大电网投入作为调整结构，拉动内需，提升经济发展的重要措施

为此要继续调整电力投资比例，长期以来电源与电网投资比例在7∶3左右，与国外为4∶6完全相反。在进入21世纪后，这种状况有所改善，但2007年所完成的电源投资与电网投资之比仍然为6∶4，直到2008年才第一次出现电源与电网投资基本相等的状况（即电网投资达2885亿元，占电力总投资的50.05%），这种情况在“十二五”计划期内需要做进一步的调整，争取调整电源与电网之比为4.5∶5.5，这是调整电力内部结构的重要保证。

2. 加快全国联网建设，实现更大范围内的资源优化配置

在上个经济周期中，即在20世纪末中央提出了西部大开发战略，对于电力来说就是“西电东送”的发展战略，这对加快西部经济发展，水电开发以及促进全国联网建设，都起到积极的促进作用，取得了巨大的经济、社会、环境效益。

现在即将进入“十二五”规划期，又处于改革开放的第三个经济发展周期，在这一规划期内需要进一步在“西电东送”战略基础上增加“北电南送”的战略内容，即加大我国北部、西部的陕西、山西、宁夏、蒙西、锡盟等煤炭及其电力的一体化开发。实现西电东送与北电南送相结合的战略，这对中西部经济社会发展，对东中部地区的经济发展所提供的能源支撑，对于我国电力与电网发展都具有重要的意义。“十一五”期间，特高压1000kV交流输电示范工程取得的成功，将为这一战略的实施提供技术的支撑和装备供应的保证。为此，对“十二五”的“西电东送”与“北电南送”做出专项规划，在经国家组织论证审查后正式列入国家“十二五”电力发展规划，将是十分必要的。

3. 要重视区域电网的建设

主要为西北750kV电网和各大区500kV电网的建设与完善，为电网的安全、可靠奠定基础，也为扩大各区域电网之间的电力电量交易创造条件。

在完善与加强电网结构方面，首先是要消除输电“卡脖子”，提高电网的热稳定、暂态稳定水平，处理电网稳定过多依赖于安控装置、无功补偿不足等问题，以提高电网的安全稳定水平和输送能力。同时统筹经济与安全，提高电网的防御自然灾害与抗风险能力。

另外，要加强电源与电网的统一规划。使新建电厂能及时地送得出，落得下，用得上，使电网的安全稳定运行得到保证。

4. 要特别重视配电网的建设

这应是“十二五”电力规划的重点。其一是在配电网建设中要安排好可再生能源接入电网的规划，使配电网更能适应间隙电源的接入系统及其交易的需要，这既有一系列技术问题，也有经济补偿问题。二是提

高电网的信息化智能化水平，建设智能电网，使配电网更能适应用户自主选择的需要和适应电力市场发展的需要，三是使电网发展与城镇化与新农村建设紧密结合，使电网发展为扩大与拉动内需提供强力支撑。

5. 跨国电网的建设

电网是实现国内各地区资源化配置的载体，也是实现跨国能源资源优化配置的重要手段。"十二五"重点考虑的是俄罗斯向我国送电及在蒙古建设煤电向我国输电的问题，以及南方电网与东南亚越南、泰国、老挝等联网问题和缅甸水电开发向我国送电等问题。

四、要转变电力发展方式

主要是电力发展要由过度依靠财力、物力、人力及环境资源的投入，转变到依靠科技进步、依靠生产关系等的改革，由只依靠外延扩大再生产转到重视内延发展，以及只强调电力供应侧的发展，而对电力需求侧减少要求提高使用效率重视不够等。为此，在发展规划中要重视以下一些问题：

（一）要更加重视依靠科技进步

这是转变增长方式的中心环节。要建立资源节约型、环境友好型社会，根本的动力来源于科技进步，对于电力发展来说，首先要通过科技进步，提高能源的转换效率与传输效率；其次要广泛地、有效地将更多的难以直接利用的能源实现高效的转化，实现确保能源供应；其三是在能源转换与传输中要减少环境污染，保护生态环境，实现清洁转换与使用。为此，在"十二五"期间要更多关注以下一些课题，并能正式列入发展规划中：

1. 煤炭等化石燃料转换技术方面

（1）提高超超临界成套设备制造设计的国产化、自主化水平，以及其运行效率，如需解决好高温高压管材、管件及阀门的自主生产与寿命问题，进一步提高设备成套水平，提高设备利用率和运行效率。

（2）组织好煤炭的清洁利用研究。要集中力量在"十二五"建设好一两个示范工程，在煤的先进气化，气体净化、膜分离技术，碳封存技术，氢气透平，燃料电池/燃气轮机联合循环，先进燃烧技术，副产品利用技术，先进材料技术及控制技术等取得突破。

（3）掌握分布式能源发电技术，实现微型燃机、内燃机、外燃机等装备供应和控制技术的自主化与国产化，促进分布式能源的发展。

（4）煤层气的收集与应用技术及煤层气燃气轮机制造技术。

（5）规划解决好热电联产供热（冷）系统的温度、压力、流量的调节控制与计量技术。

2. 可再生能源发电技术

（1）水力发电技术。重点为水电开发与环境友好技术，以及大型复杂水电站群的优化规划与梯级水电站群及其跨流域优化调度和水文水情预测预报技术。

（2）风力发电。风力资源勘测评估技术与风电场的规划设计技术，提高风能利用率与风场建设的经济性。规划建设若干海上风电场，掌握海上风电场的设计、设备、材料、建设安装等技术。

（3）太阳能发电技术。提高光伏电池包括薄膜电池和电池组件转换率及其控制系统技术，推进太阳能建筑一体化技术，掌握高纯度硅料的清洁节能生产技术等。

另外是研究掌握太阳热发电技术，建设一两个示范工程。

（4）生物质能发电技术。研究生物质能利用的全寿命周期能量转换效率，以及大面积低能源密度、季节性供应与连续生产之间的在收集、运输、存储、使用方面的技术经济研究与评估技术。

3. 核电技术

（1）尽快掌握 AP1000 技术与自主开发 AP1400 技术及其装备的国产化，这是"十二五"核电技术发展的重中之重。

（2）进一步提高百万千瓦级二代改进型核电的设计与装备供应自主化、国产化水平，解决批量生产供应的关键问题。

（3）建立完善的能适应于大规模核电发展的核燃料供应体系及落实后处理技术路线等相关问题。

（4）进一步抓好高温堆、快堆等第四代核电示范工程，并开展高温堆的应用规划研究。

4. 电网技术

（1）提高大电网的规划技术，以及提高电网安全与抗风险能力技术。

（2）全面掌握特高压交直流输电的规划、设计、建设技术，提高成套设备的规模化生产能力及其自主化和国产化水平。

（3）大规模可再生能源的接入系统技术和安全稳定、经济高效的运行技术。

（4）实现电力系统技术与信息化的高度融合。建设智能电网。

（5）储能技术。大容量高效蓄电池技术，抽水蓄能技术，超导储能技术，氢能技术。

5. 需求侧管理技术

推广先进用电技术。一是重点突破电动汽车及其推广应用技术；二是发展电力需求侧管理的信息化、智能化技术；三是大力推进采用高效节能技术和装备，如高效电机、变频调速、绿色照明技术等。

（二）依靠改革，实现生产方式的转变

深化体制改革，是转变增长方式的根本保障。

(1) 推进电力的综合资源规划管理模式，将需求侧管理与节能、节电技术的应用，统一纳入电力供需平衡规划，以法律、行政与经济办法，确保实施。

(2) 要打破行业界限，实行能源的梯级利用与循环利用。

1) 推广实施煤电一体化开发，支持煤、电、运、用一体化的建设运营体系。

2) 大力推进热电冷联产。凡是用于供热的要先发电之后再供热，凡是发电的也要同时向冷热用户供热，实现能源的“温度对口、梯级利用”，提高能源利用率。

3) 光伏发电、分布式能源与建筑一体化技术。

4) 风能、太阳能发电与制氢、蓄能产品联合开发、循环发展技术。

(三) 建立统一电力市场，打破区域与行业界限，实现更大范围内实施能源优化配置

(1) 要继续推进全国联网，建立全国统一的电力市场，为实现全国范围的资源优化配置创造条件。同时实施分级管理，建立竞争机制，促进能源利用效率和经济效益的提高。

(2) 实施电网投资的多元化与建设管理一体化。在国家绝对控股前提下，允许多方面投资，以广泛筹措资金，实行产权多元、统一规划、同步建设、市场交易、分级管理。

(四) 重视内延扩大再生产

高度重视内延扩大再生产，要充分发挥已有电力设施存量资产的功能，充分利用这些设施的能源沉积，依靠新技术对原有系统进行改造，以提高其使用效率。

随着电力系统规模不断扩大，存量资产不断增加，这是人民的宝贵财富，充分利用和发挥，并要积极通过技术改造，挖掘潜力，发挥更大的作用，这是电力工作者的职责所在，对老设备系统进行“恢复性”工程建设就十分必要。对于设备的报废必须要慎重，要通过全寿命全系统能源审计与环境评价，方可决定是否应该报废，还是改造或控制使用。不作科学审计与评估，一哄而起，一炸了之的简单化的做法是不合适的。

五、政策建议

1. 电力要立法

要修订《电力法》，总结30年改革与发展成果，重新修订颁布《电力法》，进一步明确能源工业要以电力为中心的指导思想，及将提高电气化程度作为节约能源提高效率的重点。确定电力规划的法律地位。明确电力系统的自然垄断性质，确定实行国家监管的法律地位。明确电力投资与管理体制，中央与地方，政府与企业，计划与市场，监管与调控等相互关系与职责权利，确保电力健康快速发展，适应经济、社会、文化发展需要，保护国家、企业、个人合法权益。

2. 继续推进电力改革

要把电力体制改革的重点转到政府职能机制的改革。要明确政府管电的职责与范围；要将政府的行政审查纳入法规体系，使政府对国有公共资源的配置，符合法规体系，通过科学民主程序得以实施。使政府的规划和资源的综合平衡，制订的政策能准确反映社会要求，符合市场经济规律与能源发展的自身规律。有利于保障电力发展与供给，促进质量与效益的提高，加强环境生态的保护。

要加快电价改革，这是电力深化改革的重要内容。电价改革作为整个电力市场建立和竞争机制形成，以及提高企业效率与效益的支撑点，必须加快进行，尽快形成科学合理的发电、输电、销售电价的形成机制，改变当前“市场煤，计划煤”的不配套、不协调的混乱局面。

加快核电的投资、建设体制改革。目前核电只允许二三家公司具有投资建设核电的业主资格，把大部分电力企业排除在投资建设核电业主之外，这种垄断局面是我国核电快速发展最大的障碍。另外由少数几家垄断核电的设计建设，也成为核电造价居高不下的重要原因，所以改革核电的投资建设体制将成为“十二五”核电发展的头等重要的任务。

要实施在国家控股前提下的电网投资多元化的改革，以解决电网投资不足的问题。

2009年世界核能发电报告[1]

庞名立

核能发电是用铀制成的核燃料在“反应堆”的设备内发生裂变而产生大量热能，再用处于高压下的水把热能带出，在蒸汽发生器内产生蒸汽，蒸汽推动汽轮机带动发电机一起旋转而发电，并通过电网输送给消费者。

核能发电的能量来自核反应堆中的可裂变材料(核燃料)进行裂变反应所释放的裂变能。裂变反应指铀-235、钚-239、铀-233等重元素的原子核在中子作用下分裂为两个或以上的轻原子核，同时放出中子和大量能量的过程。反应中，可裂变材料的原

[1] 此文刊载于《能源政策研究》(2009.3)。

子核吸收一个中子后发生裂变并放出 2～3 个中子。若这些中子除去消耗，至少有一个中子能引起另一个原子核裂变，使裂变自持地进行，这种反应称为“链式裂变反应”。实现链式反应是核能发电的前提。

核电站是将原子核裂变释放的核能转变为电能的系统和设备的总称。核电站是一种高能量、低耗料的电站。此外，核燃料在反应堆内燃烧的过程中，同时还能产生出新的核燃料。核电站的基建投资高，但燃料费用较低，发电成本也较低，污染小。

核电站发电与火力发电相比，其特点是：

(1) 核能发电是清洁的能源。核电站不排放有害物质，不会造成“温室效应”。

(2) 核能发电是经济的能源。虽然核电站的投资高于燃煤电厂，但由于核燃料的成本低于燃煤成本以及核燃料是长期起作用等因素，所以目前核电站的总发电成本低于燃煤电站。

(3) 核能是可持续发展的能源。世界上已探明的铀储量约 490×10^4 t，钍储量约 275×10^4 t。这些裂变燃料足够使用到聚变能时代。聚变燃料主要是氘和锂。海水中的氘含量为 0.034g/L，地球上总水量约为 $1.386\times10^{18}\,m^3$，其中氘的储量约 40×10^{12} t，地球上的锂储量约有 2000×10^8 t，锂可用来制造氚。按目前世界能源的消费水平，地球上可供原子核聚变的氘和氚，能够供人类使用上千亿年。

一、世界铀矿资源分布

铀矿在世界各地均有发现，但最大的铀矿在澳大利亚、哈萨克斯坦和加拿大。高品质的铀矿在加拿大。表 1 是经济合作与发展组织/国际原子能机构 (OECD/IAEA) 出版的“铀 2005 年：资源、生产与需求”的数据。

表 1 世界铀矿资源分布 (2005 年)

国 家	占比 (%)	单位 (t)
澳大利亚	28	667 000
哈萨克斯坦	16	432 790
加拿大	12	314 560
南 非	7	231 100
尼日尔	6	—
纳米比亚	6	143 870
巴 西	6	162 000
俄罗斯联邦	5	138 000
美 国	3	104 000
蒙古国	2	61 600
乌克兰	2	—
乌兹别克斯坦	2	90 080

二、铀的价格

铀的价格随着世界原油价格波动而波动。图 1 表示世界铀的价格变化。最新价格数据可以从网络上查到：登录世界上最大的生产铀的公司——加拿大卡梅可公司网站 http://www. cameco. com，点击“Uranium Prices”。可以查阅铀的现货价格，以美元/bbl 表示。

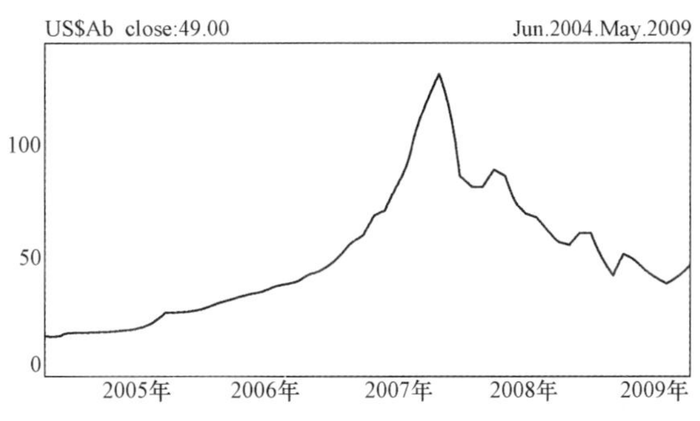

图 1 铀价格的变化

三、世界上最大铀的生产公司

世界排名前五位铀的生产公司是：

(1) 加拿大卡梅可公司 (Cameco) (http://www. cameco. com)。

(2) 澳大利亚能源资源生产有限公司 (ERA) (http://www. energyres. com. au)。

(3) 法国核燃料总公司 (AREVA) (http://www. areva-nc. com)。

(4) 哈萨克斯坦国家核能工业公司 (Kazakhstan) (http://www. kazatomprom. kz)。

(5) 俄罗斯近阿尔贡矿山化工联合体 (TVEL) (http://www. tvel. ru)。

其中法国核燃料总公司的业务范围涉及从铀矿开采到乏燃料处理以及重新使用经后处理提取的核燃料的整个核燃料循环过程。它的业务涉及 210 座核反应堆。

四、世界反应堆数量

铀用作电力生产，有很大的商业市场。目前世界上约有 440 个反应堆在运行，并在 10 年内有 96 个新建或计划建造的反应堆。根据 2009 年 1 月 31 日的统计，世界运行中的反应堆排行为美国 104 座、法国 59 座、日本 53 座。这三个国家占世界总量的 49%，而中国大陆仅为 11 座，占国内电力生产总量的 1.9%。按核能发电占总发电量最多的国家是法国 (77%)、立陶宛 (64%)、斯洛伐克 (54%)、比利时 (54%)，详见表 2。世界核反应堆展望情况见表 3。

表 2 世界反应堆数量统计

国 家	2007 年核电生产		2009 年 1 月 31 日								2009 年铀需求量
			运行中		建造中		计划建造		拟 建		
	10^9kWh	所占比重	No	MWe	No	MWe	No	MWe	No	MWe	t
阿根廷	6.7	6.2	2	935	1	692	1	740	1	740	122
亚美尼亚	2.35	43.5	1	376	0	0	0	0	1	1000	51
孟加拉国	0	0	0	0	0	0	0	0	2	2000	0
白俄罗斯	0	0	0	0	0	0	2	2000	2	2000	0
比利时	46	54	7	5728	0	0	0	0	0	0	1002
巴 西	11.7	2.8	2	1901	0	0	1	1245	4	4000	308
保加利亚	13.7	32	2	1906	0	0	2	1900	0	0	260
加拿大	88.2	14.7	18	12 652	2	1500	3	3300	6	6600	1670
中 国	59.3	1.9	11	8587	11	11 000	26	27 560	72	58 400	2010
捷克共和国	24.6	30.3	6	3472	0	0	0	0	2	3400	610
埃 及	0	0	0	0	0	0	1	1000	1	1000	0
芬 兰	22.5	29	4	2696	1	1600	0	0	1	1000	446
法 国	420.1	77	59	63 473	1	1630	0	0	1	1600	10 569
德 国	133.2	26	17	20 339	0	0	0	0	0	0	3398
匈牙利	13.9	37	4	1826	0	0	0	0	2	2000	274
印 度	15.8	2.5	17	3779	6	2976	10	9760	15	11 200	961
印度尼西亚	0	0	0	0	0	0	2	2000	4	4000	0
伊 朗	0	0	0	0	1	915	2	1900	1	300	143
以色列	0	0	0	0	0	0	0	0	1	1200	0
意大利	0	0	0	0	0	0	0	0	10	17 000	0
日 本	267	27.5	53	46 236	2	2285	13	17 915	1	1300	8388
哈萨克斯坦	0	0	0	0	0	0	2	600	2	600	0
朝 鲜	0	0	0	0	0	0	1	950	0	0	0
韩 国	136.6	35.3	20	17 716	5	5350	3	4050	2	2700	3444
立陶宛	9.1	64.4	1	1185	0	0	0	0	2	3400	0
墨西哥	9.95	4.6	2	1310	0	0	0	0	2	2000	242
荷 兰	4.0	4.1	1	485	0	0	0	0	0	0	97
巴基斯坦	2.3	2.34	2	400	1	300	2	600	2	2000	65
波 兰	0	0	0	0	0	0	0	0	5	10 000	0
罗马尼亚	7.1	13	2	1310	0	0	2	1310	1	655	174
俄罗斯	148	16	31	21 743	8	5980	11	12 870	25	22 280	3537
斯洛伐克	14.2	54	4	1686	2	840	0	0	1	1200	251
斯洛文尼亚	5.4	42	1	696	0	0	0	0	1	1000	137
南 非	12.6	5.5	2	1842	0	0	3	3565	24	4000	303
西班牙	52.7	17.4	8	7448	0	0	0	0	0	0	1383
瑞 典	64.3	46	10	9016	0	0	0	0	0	0	1395
瑞 士	26.5	43	5	3220	0	0	0	0	3	4000	531
泰 国	0	0	0	0	0	0	2	2000	4	4000	0
土耳其	0	0	0	0	0	0	2	2400	1	1200	0
乌克兰	87.2	48	15	13 168	0	0	2	1900	20	27 000	1977
阿联酋	0	0	0	0	0	0	3	4500	11	15 500	0
英 国	57.5	15	19	11 035	0	0	0	0	6	9600	2059
美 国	806.6	19.4	104	100 845	0	0	12	15 000	20	26 000	18 867
越 南	0	0	0	0	0	0	2	2000	8	8000	0
世界总计	2608	15	436	371 927	43	37 668	108	121 065	266	262 275	65 405

注 1. %e 表示核电生产占总发电量的百分比。

2. 世界总计包括中国台湾运行的反应堆，其生产能力为 4916MWe，2007 年生产 39×10^9kWh（占台湾总发电量的 19.3%）。台湾有两个反应堆在建生产能力为 2600MWe。

表 3　　世界核反应堆展望情况

国　家	2006 年核电生产	2008 年运行中	2017 年展望			
			新建	停工	运行	GWe 变化
阿根廷	7	2	2	0	4	1.5
巴　西	3	2	1	0	3	1.4
加拿大	16	18	2	2	18	1.1
墨西哥	5	2	0	0	2	0.0
美　国	19	104	5	0	109	6.5
美洲总计		128	10	2	136	10.5
中　国	2	11	23	0	34	23.8
印　度	3	17	15	0	32	10.2
伊　朗	0	0	2	0	2	2.0
日　本	30	55	5	1	59	6.1
韩　国	39	20	8	0	28	10.1
巴基斯坦	3	2	2	0	4	0.7
中国台湾	20	6	2	0	8	2.7
土耳其	0	0	1	0	1	1.0
亚　洲		111	58	1	168	56.6
比利时	54	7	0	0	7	0.0
保加利亚	44	2	2	0	4	2.0
捷克共和国	31	6	0	0	6	0.0
芬　兰	28	4	1	0	5	1.7
法　国	78	59	1	1	59	1.7
德　国	32	17	0	0	17	0.0
匈牙利	38	4	0	0	4	0.0
立陶宛	69	1	1	1	1	0.4
荷　兰	4	1	0	0	1	0.0
罗马尼亚	9	2	2	0	4	1.4
斯洛伐克	57	5	2	1	6	0.4
斯洛文尼亚	40	1	1	0	2	1.1
西班牙	20	8	0	0	8	0.0
瑞　典	48	10	0	0	10	0.0
瑞　士	37	5	0	0	5	0.0
英　国	18	19	0	4	15	(1.6)
欧洲总计		151	10	7	154	7.1
俄罗斯	16	31	13	2	42	11.3
亚美尼亚	42	1	0	1	0	(0.4)
白俄罗斯	0	0	1	0	1	1.0
乌克兰	48	15	2	0	17	2.0
俄罗斯和东欧国家总计		47	16	3	60	13.9
南　非	6	2	2	0	4	1.1
世界合计	16	439	96	13	522	89.2

注　1. 卡梅可公司 2008 年估计的数据。部分是根据 2008 年前公布的数据估计的。

2. 世界核协会（World Nuclear Association）数据。

五、世界核反应堆建造展望

在未来 10 年中，中国新建反应堆最多，达 23 座、其次是印度 15 座、俄罗斯 13 座。这三个国家新建反应堆占世界总量的 53%。

六、结语

世界各国核能消费量数据可参阅《能源政策研究》每年第 6 期。

2007 年世界各国核能消费量以美国最多，占世界总量 622.0Mtoe（百万吨油当量）的 30.9%，其次是法国 16.0%和日本 10.1%。尽管中国大陆的核能消费仅占世界总量的 2.3%，但是在未来 10 年中，中国发展最快。铀的需求量也多，可是我国是一个铀矿资源贫乏的国家，因此研究世界核能资源分布及采购是能源发展重要的事情。

中国的天然气产业政策[1]

华贵

一、中国天然气的需求、供应与消费

（一）经济发展、能源和环境对天然气的需求增长

由于中国能源资源多煤少油、气的特点，30年来经济持续快速发展对能源增长的需求，主要靠增加产煤来满足。致使一次能源消费中煤已占70%以上，导致SO_2、NO_x等排放超过环境承载量70%，生态退化；能源利用效率33.4%，远低于世界平均42%的水平；石油对外依存度已近50%。严重制约了国民经济的可持续、健康发展。中国在世纪之交提出实现科学发展观，制定了优化能源结构的战略。中国加速发展核能以及太阳能、风能等可再生能源的步伐。但这些能源的发展受到资源、技术、装备、规模等的限制，在一次能源中的份额很难快速增加。而天然气则最有高速发展的可能；是目前中国优化能源结构、节能减排的最有利的战略选择，也是中国经济社会可持续发展的要求。

（二）国内资源状况和产量增长预测

目前中国天然气的探明程度还很低。近年来，随着勘探开发理论、技术和装备的不断创新，先后发现苏里格气田、普光气田等大型气田20个。新一轮的资源量已达56万亿m^3，探明地质储量5.39万亿m^3，可采储量2.7万亿m^3，产量持续高速增长。2007年已达693.1亿m^3，预计2010年可达1050亿m^3，2020年可达1500亿～2000亿m^3。中国非常规天然气资源非常丰富，并将有较大发展。煤层气资源量达31万亿m^3，近年来开发速度加快。预计到2020年产量可达400亿m^3/年。此外，我国油页岩资源也非常丰富，随着国际石油价格持续高涨，油页岩气的开发也提上日程。在可再生能源法激励下，生物质气开发已经实现10万t/年规模的工业化。预计到2020年，它们将有与煤层气相仿的生产规模。

（三）利用国外资源

世界天然气资源多于石油。世界天然气贸易在2005年已达8500亿m^3，并将加速增长；2030年左右将超过石油而成为能源结构中比重最大的一次能源。中国人均能源资源量只有世界的一半，从国际市场上进口天然气理所当然。近年来中国加快了进口天然气的步伐。从土库曼斯坦进口300亿m^3/年项目已经开始施工。进口700亿m^3/年俄气已达成协议，正在谈判价格。同沙特阿拉伯、伊朗、卡塔尔、缅甸等国也签订了开发天然气或进口LNG的协议。已同澳大利亚、印尼、马来西亚签订了进口近千万吨/年LNG的合同。预计到2020年中国将进口管输天然气800亿～900亿m^3，进口LNG约600亿m^3（40～50Mt/年）。

（四）终端消费领域分布

发展天然气的推动力和目标是在能源终端利用的领域替代昂贵、低效、高污染的煤和油品。在市场经济条件下，成功的替代必须以用户在经济上能够承受为前提。从世界30年来天然气发展历程来看，主要分布在民用、发电、工业燃料、商用能源、汽车燃料、化工原料等6个领域；直接替代物分别为LPG、煤、燃料油和炼厂气、电和各种轻烃。从用户地域来看，主要消费分布在东南沿海和中部经济发达地区；产业发展的空间很大。

（五）中国一次能源分布中天然气增长估计

世界天然气在一次能源构成中的比率，2006年平均为23.7%，中国为3.2%。国内大型气田、进口管输天然气、进口LNG、中小气田，以及煤层气、油页岩气等非常规天然气，加上生物质气等6类来源，将构成中国多元化的燃气资源。按照2004年的能源规划和今后总能耗增长的趋势来估计，2010年天然气消耗量将为1300亿m^3，约占总能耗30亿t标煤的6%。预计到2020年，中国的总能耗将努力控制在35亿t标煤左右，能源构成大致将是：煤56%、石油16%、天然气12%、核能和可再生能源16%，这个分布对应的情景是：煤炭产量回落到28亿t，即2008年的水平；石油进口依存度控制在50%以内；天然气消费量3300亿m^3，接近3亿t油当量；核能和可再生能源总量争取达到5亿t标煤。这是在资源、生态和环境可持续发展约束条件下的中国能源战略所决定的控制能耗总量。是发展清洁能源、调整产业结构，以及控制石油对外依存度等战略，以及相应的规划目标所做出的估计。2020年是实现2030～2050年中国能源、环境和可持续发展目标的重要时间点。到2030～2050年，中国的能源状况将是：总能耗45亿～50亿t标煤/年，人均3t标煤/年；煤的比例将小于50%，并且相当一部分通过洁净转化为气体能源和化工原料；天然气将超过石油，二者之和接近30%；可再生能源占20%～25%或更多。可见持续、快速发展天然气，是这个战略中十分重要的一环。按照上述对国内外资源和供应形势的分析，这是可以实现的。

[1] 此文刊载于《能源政策研究》（2009.1）。

二、促进中国国内天然气资源开发和国外资源引进的政策建议

（一）鼓励加速勘探和开发大气田

中东地区占世界天然气资源的60%，集中在少数特大气田，所以开发成本很低。中国地质构造特殊，提高天然气探明程度，有赖于科技水平的进一步提高。在探明地质储量5.39万亿m^3中可采的2.7万亿m^3。其中较容易开采的大型气田，宜采取鼓励其加速开发的政策，以应当前急需，不应当惜护搁置。一方面，当前中国急需加速天然气的利用，而油气价格非正常暴涨，远超出生产成本，增加自产可减少对进口的依赖；另一方面，随着技术进步，会有更多资源被探明和开发利用。好钢须及时用在刀刃上。

（二）降低门槛、规范管理，允许民营企业开发中小气田

中国天然气资源中，有一大批低丰度的中小气田以及低渗透性油气田。远离干线输气管网的中小气田采用管道长途运输方式开发经济性较差；低渗透性油气田则需要采用特殊的技术开发，否则经济效益很差。由于小型撬装净化和液化技术不断取得突破、设施正逐渐成熟，加上中国槽运LNG市场已经形成并将快速壮大，这种开放路线更适合中国天然气资源状况，成本也将大大低于纳入管网系统的开放路线。低渗透性油气田开发技术也在发展中。建议在规范管理、防止浪费资源的前提下，降低准入门槛，允许和鼓励民营企业通过就地液化/槽车运输方式开发中、小气田和低渗透性油气田，并予以税收、融资等优惠，使其进入LNG槽车运输贸易市场。调动两个积极性，加速开发利用。

（三）鼓励民营油气企业投资国外天然气、LNG项目

中石化、中石油、中海油三大公司近年来在投资海外油气资源方面取得了不小的成绩；在世界排名日益靠前。但它们的国有性质，时常成为资源国保护市场、抵制投资的借口。鼓励中国民营油气企业投资国外天然气、LNG等项目，即使开始占有较小份额，但可积少成多，也是增加进口天然气资源的一条渠道。

（四）加速煤层气和油页岩气开发和合理利用

中国煤层气资源31万亿m^3，是常规天然气等重要补充。最近已向外资和民营开放，并且正在加速发展。但近来已出现了一些煤层气单纯发电的项目规划，还有建设煤层气专用管网的设想。中国油页岩资源和生物质气资源丰富，这些都属于非常规天然气。应当明确：非常规天然气的使用价值同于天然气，因而市场导向应与常规天然气完全相同。建议加强和规范监管、防止浪费资源。煤层气等非常规天然气单纯发电，特别是通过普通锅炉发电宜明令禁止；非常规天然气管网规划必须与天然气管网一起规划。上述第3点鼓励民营企业开放中、小型气田的政策，也应适用于各种非常规天然气。应尽快制定促进非常规天然气开发利用的专项政策和法规。

（五）规范油田伴生气的开发利用

中国油田多数规模较小，伴生气产量衰减很快，边远地区油井敷设管道回收伴生气经济性较差。以往为了采油，将伴生气放空烧掉，每年达上百亿立方米之多。在中国资源紧缺、价格昂贵情况下，宜采用一打一压两手政策：①严令禁止放空伴生气，违者重罚；②支持油田开发利用以天然气为动力的小型撬装就地净化和液化设施回收LNG，通过免征资源税、增值税和所得税，使投资项目能够有合理的经济回报，从而得到发展。把原来放空并污染大气的气体回收成为宝贵的清洁能源所带来的社会和经济效益，将远远大于少缴纳的税收。

（六）促进生物质转化燃气的开发和规模化利用

中国每年有6亿t农作物秸秆，还有更多的野生和栽培的生物质能源。按照可再生能源规划，生物质转化燃气2010年将达190亿m^3、2020年400亿m^3，与煤层气规模相当。发酵、热解、气化等各种技术途径的生物质气，多半规模较小，而且分散，大部分将就地纳入小城镇民用燃气系统，也会减轻天然气供应负担。随着全国天然气管网和槽运市场逐步形成，制定鼓励有一定规模的、就地利用剩余后的生物质气进入常规天然气或LNG市场的政策，包括同质同价，管网准入，及必要的减税支持等，将有助于扩大中国天然气市场的气源供应保障程度。

三、规范和加速培育中游输配市场的政策建议

（一）建立全国统一的管网公司，和上、下游交易平台

中国天然气将会形成包括大型气田、中小气田，以及煤层气、油页岩气、生物质气等非常规天然气，进口管输天然气、进口LNG等6类气源的多元化供应源局面。在各个地域的广泛分布的市场也会有上述6类不同规模和需求的下游用户。这种局面，迫切要求尽快建立全国统一的天然气“一张网”，和通畅、便捷的上下游交易机制。迄今为止由三大公司各自投资建设和经营管理的几个干线管网，已经在一些地方产生了重复建设、分割规划、垄断运作的苗头。天然气既是一次能源，也是同电一样具有集、输、配和终端直接利用功能的载能介质。应当借鉴当年电力系统“厂网分开”的经验，组建与天然气开发商分开的独

立企业。设立国家天然气管网公司，实施全国统一干线管网、统一管理。让管网公司成为联结多气源与多用户的上、下游交易平台。管网公司应与 LNG 槽运一起，构成中国天然气产业链极为重要的中游输配环节。天然气管网公司必须按照市场机制运作。在努力降低输送成本之下，以收取输运费和上市集资自我发展。吸取电网公司垄断的教训，天然气管网公司应当只是交易平台而不是购销中间商，只收取输气费用。天然气交易价格在国家掌控的前提下由下游用户直接与上游供气公司直接谈判。制定详细的法规和交易规则，规范对各气源公司和下游用户自建的管网接入主干网的规划、建设和管理。

（二）尽快制定天然气国家质量标准

制定统一的天然气质量标准已刻不容缓。标准的主要内涵一是热值，二是杂质含量。及早规范热值尤为重要。关键是规范天然气中甲烷的含量。煤层气、油页岩气、生物质气多半不含 C_2^+ 烃类；除去杂质后的热值接近甲烷热值。而不同来源的 LNG 和中小气田的天然气，C_2^+ 的含量却可能各不相同。C_2^+ 是中国非常珍贵的化工原料资源，中国石油对外依赖度过高的状况决定中国必须尽一切努力，防止 C_2^+ 以任何形式作为燃料烧掉。以甲烷为天然气热值标准制定的基准，一箭三雕：一是更能保证下游用户的热值稳定；二是有力地促使宝贵的 C_2^+ 烃类从天然气中分离出来用作化工原料；三是限制惰性组分进入，耗用宝贵的管道输送功。

（三）以掌控干线管网天然气价格为抓手，规范国内天然气市场价格

在进口天然气和 LNG 占 1/3 左右条件下，每多耗用 $1m^3$ 天然气，就需要多进口 $1m^3$ 天然气。因此国内市场价格必须逐渐与国际接轨。以不收或少收资源税和行政干预来压低国内天然气市场价格将导致宝贵资源的低效利用和浪费。

中国天然气产业链大致的地缘特征是：①西部资源丰富，但经济发展程度尚低，东部恰好相反；②进口管输气大部分从西（北）来，进口 LNG 多从东（南）沿海登陆；③西气东输费用造成东部气价自然高于西部。这都是中国调控天然气价格的有利条件。

政府应尽快变掌控天然气价格的行政机制为市场机制。按照市场机制掌控各地天然气主干网上的门站价格的手段有三：①调整国产气的资源税率。资源税率依资源规模、地点、开发或生产难度和成本而分别制定和调整，按价计征；②调整 LNG 及管输气的进口税率；③对中小型气田、非常规天然气给予资源税和/或其他税费的减免、融资贷款利息的补贴，以及其他优惠。对于收入较低的城乡弱势群体，政府可以拿出所收的资源税的一部分，通过立法，给予直接补贴，以保障人民生活和经济、社会稳定发展。

（四）构建 LNG 和 C_2^+ 烃类资源集成储运和交易平台

中国大批远离干线管网的中、小型油气田的天然气、煤层气，以及生物质气、油页岩气等非常规天然气，通过就地液化为 LNG 槽运入市场的资源，加上进口 LNG 直接槽车（船）转运的，总量将超过 1000 亿 m^3/年或近亿吨油当量/年。中国多山多河，槽运将与管网兼容互补，成为市场开拓和许多地方的重要供货方式。中国可能成为世界最大的 LNG 槽运市场。但需要培育、支持、规范，以保障安全和公平交易。建议尽快制定相应的政策、法规。

中国烃类资源匮乏，石油对外依存度已经达到 50%。分散于各个油气田、LNG 接收站和炼油厂所生产或分离出来的 C_2^+ 烃类是宝贵的化工原料。因为分散和规模小，除个别项目外，难以建立管网。构建一个以槽运为主的交易平台，是把分散的 C_2^+ 烃类集腋成裘，作为大型有机化工企业原料的唯一途径。−160℃ 的 LNG 槽运都已经成熟，−110℃左右的乙烷和沸点更高的丙烷常压储存、运输应更不成问题。只要市场需求达到一定的规模，这种交易模式就会在政府的规划和组织下应运而生。

（五）促进天然气资源开发和输配特色新技术的突破和推广

气田注氮气和 CO_2、提高采收率同时封存 CO_2 的技术；以天然气（煤层气）为能源的小型撬装净化、液化设施生产 LNG 的技术；低渗透油气藏开发技术；深海油气藏开发技术；地下煤气化技术；海上油气田海底直接净化、液化技术；油页岩低成本或地下气化技术等，是对中国天然气快速发展极其重要的支撑技术。尽快组织和制定相应的规划、激励政策和财政补贴，调动全社会，包括民营企业致力于此，取得突破，十分重要。

四、坚持市场经济机制和高效利用政策，促进下游市场发展

（一）天然气作为能源和资源合理利用的政策

迄今人类社会的一次能源和有机化工原料均主要依靠化石能源。在世界范围内，石油居首，天然气和煤次之。中国则以煤为主，占 7 成，石油 2 成、一半进口，天然气只占 3%。在这种格局下，应把具有高效、环保优势的天然气用于最关键的地方，即主要用于民用燃料、工商业燃料和车用燃料。天然气发电应结合冷热电联供或限于调峰。天然气作为化工原料应根据地域条件严格控制。在中国天然气与煤的比价高于国际市场情况下，有条件采用煤气化-合成气路线的产品如甲醇、合成氨、氢气等，一般不宜利用天然气为原料。

（二）促进天然气工业冷热电联供（CCHP）发展

中国的工业燃料，大部分是燃煤，主要用于锅炉。简单地改用等热值单价高2～3倍的天然气经济上难以承受。建立工业园区集约化的天然气冷热电联供分布式能源供应服务系统（DES/CCHP），把能源利用效率提高到80%以上；是工业用户承受天然气价格的关键。须由地方政府会同电力、天然气供应部门，统筹规划，制定支持社会资本按照市场机制投资DES项目，允许联产的冷热电就地直供给多个工业用户的政策法规。

（三）发展城市DES/CCHP的政策、运作机制和规划

城市建筑物和第三产业是天然气第二大用户，主要用于空调、采暖和热水等低品位供能。以DES/CCHP为特色的第二代城市能源供应服务系统，是天然气最高效利用的途径。美欧日等国都在加速发展。中国各地方政府必须结合建筑节能、天然气发展和城镇化进程，协调各项规划，扫清现有阻碍DES/CCHP发展的政策和机制障碍。

（四）发展LNG的政策、运作机制和规划

LNG的热值是柴油的1.23倍，价格却只有柴油的一半，而且更清洁、安全。因而是极有前景的代用燃料，对减少石油对外依存度可作出重大贡献。但LNG要求关键一个新的产业链：专门的发动机和燃料箱、专用加气站，为加气站补充燃料的专用LNG槽车，以及稳定可靠的LNG供应源。这些都需要地方政府牵头统筹规划，组织运输公司、制造商、LNG供应商、城市规划交通等部门，在投资、建设、运营各方面紧密协调配合；并给予政策支持。

上述政策建议如能得到采纳，相信会大大促进中国天然气产业的发展，并对中国能源结构的优化调整作出更大的贡献。

“十一五”关停小火电机组任务提前完成[1]

加快关停高耗能、高污染的小火电机组，优化电源结构，促进节能减排，是电力工业全面贯彻落实科学发展观、建设资源节约型和环境友好型社会的重要举措。根据中共中央《关于制定国民经济和社会发展第十一个五年规划的建议》精神，2007年3月，温家宝总理在十届全国人大五次会议上提出了“十一五”期间关停5000万kW小火电机组的目标。在有关方面的共同努力下，截至2009年6月30日，全国已累计关停小火电机组7467台，总容量达到5407万kW，提前一年半实现了国务院对全国人民的庄严承诺。初步测算，淘汰5407万kW小火电，每年可节约原煤6240万t，减少二氧化硫排放106万t，减少二氧化碳排放1.24亿t。

一、关停小火电机组意义重大

近年采，在体制改革和机制创新的推动下，我国电力工业实现了跨越式发展。全国发电装机总量从2002年的3.6亿kW增加到2008年的7.9亿kW，年均增长超过7000万kW，较好地满足了经济社会快速发展的用电需求。随着总量矛盾逐步趋于缓和，优化电源结构成为电力工业发展的中心任务。由于我国能源资源以煤为主，客观决定了火电占主体的装机结构。尤其是小火电机组，能耗高、污染重、比重大，成为电力工业结构调整、节能减排的重点和难点。据统计，2006年初，我国火电装机容量接近4亿kW，但平均单机容量仅6.09万kW，单机10万kW及以下小火电机组多达1.21亿kW，占火电装机容量的30.92%。目前，60万kW超临界发电机组平均供电煤耗仅299g标煤/kWh，而小火电机组则高达450g标煤/kWh。同样的发电量，小机组比大机组多耗煤50%以上。1.21亿kW小火电机组，一年将多耗原煤1亿多吨，多排二氧化硫200多万吨，2005年小火电机组排放的二氧化硫和烟尘已分别占到电力行业排放总量的35%和52%。

因此，加快关停小火电机组是做好电力工业节能降耗、保护环境的突破口和重要抓手，对于减缓温室气体排放，实现“十一五”规划纲要提出的节能减排目标，促进资源节约型和环境友好型社会建设，具有十分重要的意义。

二、切实推进小火电机组关停

为推动关停小火电机组工作，2006年下半年，我们会同相关单位，在深入调查研究和总结经验的基础上，向国务院上报了《关于加快关停小火电机组的意见》，国务院以国发［2007］2号文件予以批转印发。2号文件规定了小火电机组关停范围，强调综合运用经济、法律和行政等手段，通过为所有机组创造公平竞争环境，对关停企业和地方给予奖励，促进淘汰落后小火电工作，并明确了一系列具体政策措施。

（1）鼓励各地区、各企业关停小机组，集中建设高效、清洁大机组，关停一定规模的小机组并能妥善

[1] 此文出自国家能源局，刊载于《中国电力发展与改革研究》（2009.6）。

安置职工的电源项目，优先纳入国家电力发展规划。

（2）改进发电调度方式，逐步推行节能调度，按照节能、环保、经济的原则，优先调度可再生能源，高效、清洁的机组发电，限制能耗高、污染重的小火电机组发电。

（3）加强小火电机组上网电价管理，所有燃煤（油）小火电机组上网电价不得高于本地区标杆上网电价。同时，对自备电厂自发自用电量，严格按国家规定征收政府性基金、附加费和备用容量费。

（4）加强对火电机组污染物排放的监督检查和排污收费管理，提高发电企业的环保违法成本。

（5）为帮助关停机组的企业和地方政府妥善解决好人员安置、债务、财税等问题，按期关停的机组在一定期限内可享受发电量指标，并可通过转让发电量、排污和取水指标获得一定经济补偿。关停自备机组的企业在用电价格方面可享受一定优惠。关停越早的机组，获得的补偿越多。

（6）要求各地做好关停机组所在地区的电力供应接续工作，电网企业要加快配套电网建设，切实保障关停机组企业或地区的电力安全可靠供应。

在此基础上，按照国务院的要求，我们还主要开展了以下工作：

（1）受国务院委托，召开了全国电力工业上大压小、节能减排工作会议，与 30 个省（区、市）和 7 大电力企业签订了小机组关停责任书，将“十一五”关停任务分解到各地区和相关企业。

（2）抽调人员成立关停小火电机组工作办公室，专门负责相关具体事务，与各地发改委、经贸委（经委）和有关电力企业建立了定期沟通制度，加强督促指导，积极协调解决关停工作中遇到的各种问题。

（3）组织咨询机构赴各地和有关企业开展调研督导工作，深入基层对有关政策措施进行宣传解释。

（4）明确小火电机组关停标准，规范工作程序，累计派出 400 多人·次，对每一台关停机组进行现场核验、拍照、登记，并与关停企业、地方政府和电网企业等相关方签署关停确认书。

（5）加强舆论监督和信息交流。对已关停机组及时通过各类媒体对外公布，接受社会监督，确保机组真正关停到位。开设专刊和网站专栏，及时刊发各地和有关电力企业开展“上大压小”工作的情况及宣传材料。充分借助新闻媒体强大的力量，在中国政府网站登发了 2 号文件的解读材料，多次邀请人民日报、中央电视台、中央人民广播电台等媒体对小火电机组关停拆除活动进行宣传报道，努力营造“关比不关好，早关比晚关好，多关比少关好”的良好舆论氛围。

（6）加快核准符合规定的上大压小项目，充分调动各地和企业关停小火电的积极性。

（7）多次组织召开较大规模的关停小火电机组工作座谈会，及时总结经验，交流情况，解决问题。

各地和有关企业普遍反映，上述政策措施既体现了市场原则，又发挥了行政作用，较好地实现了经济效益与社会效益、当前利益与长远利益、淘汰落后与优化发展的有机结合，具有较强的操作性。

小火电机组人员多、经营困难，关停工作涉及多方利益，情况复杂。为此，各地政府和有关电力企业认真落实 2 号文件精神，成立了关停工作领导小组，明确了相关部门的职责，并组织力量对关停企业人员、资产和债务情况进行详细调查摸底，制定了关停计划和实施方案。各级政府和有关企业高度重视职工安置等善后工作，根据实际情况，按照“一厂一策”原则制定了职工安置方案，确保不因机组关停影响社会稳定。电网企业也积极采取措施，加强配套电网建设与改造，努力保证小火电机组关停后的电力供应。为支持经济欠发达地区关停小火电机组工作，财政部还安排中央财政专项资金，奖励经国家核查确认的关停机组，由地方财政统筹用于职工安置、企业转产等相关支出。这些都为关停小火电机组工作顺利推进发挥了重要作用。

三、淘汰落后小火电成效明显

经国家能源局核查，至 2009 年 6 月 30 日，全国已累计关停小火电机组 7467 台，总容量达到 5407 万 kW。其中：按燃料类型分类，燃煤机组 1177 台共 3839 万 kW，占关停总量的 71%；燃油及其他机组 6290 台共 1568 万 kW，占关停总量的 29%。按机组属性分类，公用机组 1768 台共 4504 万 kW，占关停总量的 83%；企业自备机组 5699 台共 903 万 kW，占关停总量的 17%。

这些小火电机组的关停，有力促进了电力工业结构调整和节能减排。一是火电装机结构得到优化。到 2009 年 6 月底，单机 30 万 kW 及以上火电机组比重达到 64%，比 2006 年初提高了 20 个百分点，单机 10 万 kW 及以下小火电机组比重降至 14%，比 2006 年初降低了 16 个百分点。二是火电能耗及污染物排放降低。火电机组平均供电标准煤耗逐年降低，2009 年上半年平均为 340g/kWh，比 2006 年初降低了 30g/kWh。“十一五”期间，因火电机组效率提高已累计节约原煤 1.6 亿 t，减少二氧化硫排放 270 多万吨，减少二氧化碳排放 3 亿多吨。

关停小火电工作主要呈现三方面特点：①关停进度逐步加快。2006 年，全国关停小火电机组 314 万 kW。国务院 2 号文件出台后，关停进度明显加快，2007 年关停容量达到 1436 万 kW，占关停总量的 26.6%，2008 年到 2009 年上半年累计关停容量达到

3657万kW，占关停总量的67.6%。②半数省份提前完成关停任务。关停小火电机组工作涉及的30个省（区、市）中，广东、河南、江苏、山东、河北、安徽、江西、福建、辽宁、四川、湖南、陕西、吉林、宁夏、海南15个省份已提前完成本地区“十一五”关停目标。其中，前五个省份关停了3146万kW，占全国关停总量的58%。③大型国企发挥了主力军作用。中央所属五大发电集团共关停小火电2233万kW，占全国关停总量的41.3%，依次为：大唐集团586.3万kW、华电集团487.7万kW、中电投集团466.7万kW、国电集团392.7万kW、华能集团299.3万kW。

四、关停小火电工作任重道远

尽管淘汰小火电取得了巨大成绩，但目前全国还有20万kW及以下纯凝火电机组约8000万kW，能耗高、污染重的火电装机依然较多。另外，随着关停工作的不断深入，人员安置任务更加繁重、债务处理难度更大，资产关系更加复杂，关停小火电工作任重道远。

当前，我国经济发展呈现出企稳回升的势头，但基础尚不牢固，尤其是世界经济复苏缓慢对我国经济发展的影响尚待观察。为此，我们要充分把握电力供需缓和这一时机，把保增长与调结构紧密结合起来，突出结构调整，以完成“十一五”关停任务为契机，总结经验，再接再厉，把淘汰小火电工作持之以恒地开展下去，努力实现我国电力工业可持续发展。

新能源产业发展思考（上）[1]
——全球新能源发展情况

陈宗法　李鹏云　闵文欣　刘维成　郭永凯

目前，新能源产业面临良好的发展机遇，必将给世界能源和经济发展带来深远影响。美国总统奥巴马提出了新能源产业革命，掀起全球“低碳经济”发展新模式。我国也在积极研究制定《新能源产业振兴规划》。中国华电集团公司作为国内五大发电集团之一，如何充分利用好这次机遇，积极布局，加大电源结构的调整力度，加快推进新能源产业的发展步伐，确保公司战略目标的实现，具有更加迫切和重要的意义。为此，我们组织人力做了专门研究，供领导和有关单位参考。

一、新能源定义

所谓新能源，可以简单理解为区别于传统石化能源以外的一切能源。联合国开发计划署（UNDP）概括为三类：大中型水电；新可再生能源，包括小水电、太阳能、风能、现代生物质能、地热能、海洋能；穿透生物质能。但大多数学者一般将技术上比较成熟且被大规模利用的能源称为常规能源，而尚未大规模利用、正在积极研究开发的能源称为新能源。因此，煤、石油、天然气以及大中型水电都被看作常规能源，太阳能、风能、现代生物质能、地热能、海洋能以及核能、氢能等则被认为是新能源。

在我国，新能源的概念百家争鸣，它既和可再生能源、清洁能源有共同的领域，也有互相区别的地方。《能源法》征集草案中对新能源给出较具权威的解释：“新能源，是指在新技术基础上开发利用的非常规能源。包括风能、太阳能、海洋能、地热能、生物质能、氢能、核聚变能、天然气水合物等。”

本文论述的新能源主要是指与发电行业息息相关，用于产业化发电的风能、核能、生物质能和太阳能。

二、新能源战略提出的背景

世界经济的迅速发展，对能源的需求越来越大。地球矿物资源的大量开采与消耗，使石油、煤炭资源日趋短缺。能源问题一直是全球的主题，传统能源的逐渐枯竭、全球环境的日趋恶化、发展中国家的进一步工业化及区域的不稳定等因素，都决定了能源在经济发展中日趋重要，同时也加重了寻求新能源的紧迫性。一方面要充分高效利用现有能源资源，避免浪费，降低消耗，提高技术水平与管理水平；另一方面，必须加快能源开发建设，克服因矿物资源严重不足带来的潜在危机，同时还必须承担保护全球环境的义务。因此，开发利用洁净的可再生能源是世界各国的必然选择。

在此背景下，美国总统奥巴马提出了新能源产业革命，通过发展新能源经济，打压高油价，从而摆脱对石油的依赖，掀起全球“低碳经济”发展新模式。其他国家也纷纷发展新能源，努力寻求稳定充足的能源供应，其中新能源及可再生能源的开发与利用尤为引人注目，相继在该领域投入大量资金，提出了明确的发展目标，制定了支持新能源发展的法规和政策。从目前世界各国既定能源战略来看，大规模地开发利用新能源，已成为未来各国能源战略的重要组成部分。各国都在大力抢占新能源行业的“制高点”和争

---

[1] 此文刊载于《中国电力发展与改革研究》(2009.4)，作者均来自中国华电集团公司。

取“话语权”，一场全球范围内的新能源革命正在展开。可以说，新能源战略势必给世界能源和经济发展带来深远影响，新能源产业正在面临良好的发展机遇。

三、全球新能源利用的基本情况

20世纪90年代以来新能源发展很快，世界上许多国家都把新能源作为能源政策的基础。从世界新能源的利用与发展趋势看，新能源的开发利用增长率远高于常规能源。核电、风力发电技术成本最接近于常规能源，因而也成为产业化发展最快的新能源技术。

（一）核能

1954年苏联建成世界上第一座功率为5000kW实验性核电厂，1957年美国建成功率9万kW的希平港原型核电站以来，世界核电已取得了长足发展。1986年4月，前苏联的切尔诺贝利核电站4号机组发生爆炸，部分国家的核电发展政策也由此改变。由于社会、经济和政治压力的影响，一些国家，特别是西欧纷纷停止核电项目或者是关闭现有的核电站，使得核电装机容量下降。但是，随着石油和石化产品价格居高不下，燃气价格不断攀升，能源安全问题、空气污染和全球变暖问题以及现有核电站的高性能运转状况，使得在美国和欧洲持续许久的反核电情绪开始平息，2005年以后出现了核电项目的“复兴”，标志之一是2007年中国政府确定引进美国西屋公司三代核电技术。据统计，2006年底全世界在运行的核电机组有441个（其中轻水堆核电机组约占80%，重水堆核电机组约占8%，轻水堆核电机组中压水堆机组占了76%，沸水堆机组约占34%），分布在31个国家或地区，年发电量占世界总发电量的16%。目前，世界核电主要分布在北美（美国、加拿大）、欧洲（法国、英国、俄罗斯、德国）和东亚（日本、韩国），这8个国家的核电机组数量占全世界总和的74%，其装机容量则占79.5%。核电装机容量排名前三位的美国、法国、日本的核电机组之和占全世界的49.4%，装机容量占56.9%。

（二）风能

世界风能资源储量十分丰富。斯坦福大学土木和环境工程系根据国家气象数据中心和预警系统实验室1998～2002年的风速和温度数据，对7753个地面和446个（其中414个位于距地面高度为80+20m）空间观测点两种不同类型的数据进行比较，采用最小平方原理对全球风能资源进行了统计和计算，得出结论：按在80m高度处6.9m/s的风速来计算，全球风能可利用资源量为72万亿kW。即使只成功利用了其中的20%，依然相当于世界能源消费量的总和。

风力发电在新能源中是技术相对成熟、成本相对较低的一种，受到各国的普遍重视，装机容量快速增长。近年来，全球风电装机呈快速增长趋势，以年均近30%的速度增长。根据全球风能理事会（GWEC）初步统计，2008年全球新增风电装机容量为27 060MW。其中美国新增风电装机8360MW，以总装机25 170MW跃居为2008年全球风电累计装机最多的国家。此外，德国新增装机1670MW，总装机容量23 900MW；西班牙新增装机1610MW，总装机容量16 750MW，分别位居全球风电累计装机第二、三名。截至2008年底，全球风电累计装机约120 790MW。以地区来看，欧洲仍是风电最普及的区域，但是，亚洲及美国则是未来三年风电市场增长动能主要来源。另外，北非及中东地区的风电新增装置容量也迅速增长。据欧洲风能协会最新评估资料显示，截至2008年底，欧洲风力发电装机容量约占全世界风电总装机的70%，比2007年增长17%，提供了欧盟近3.2%的电力消费量。按照现有趋势，到2019年，欧洲许多国家的风力发电将占本国总发电能力的10%以上。值得一提的是，中国2008年风电总装置容量及新增装置容量增幅分别高达70%和102%，增长幅度都居世界第一位。中国（不含港、澳、台）2008年底累计风电装置容量已达12 170MW，成为世界第四的风力发电国。

（三）生物质能

生物质能来源于生物质，是指植物叶绿素将太阳能转化为化学能贮存在生物质内部的能量，地球上的生物质能资源较为丰富，而且是一种无害的能源。地球每年经光合作用产生的物质有1730亿t，其中蕴含的能量相当于全世界能源消耗总量的10～20倍，但目前的利用率较低。现代生物质能的发展方向是高效清洁利用，主要是将生物质转换为优质能源，包括电力、燃气、液体燃料和固体成型燃料等。生物质发电起源于20世纪70年代，包括农林生物质发电、垃圾发电和沼气发电等。当时，世界性的石油危机爆发后，丹麦开始积极开发清洁的可再生能源，大力推行秸秆等生物质发电。自1990年以来，生物质发电在欧美许多国家开始大发展。到2005年底，全世界生物质发电总装机容量约为5000万kW，主要集中在北欧和美国。

（四）太阳能

太阳能利用包括太阳能光伏发电、太阳能热发电，以及太阳能热水器和太阳房等热利用方式。光伏发电最初作为独立的分散电源使用，近年来并网光伏发电的发展速度加快，市场容量已超过独立使用的分散光伏电源。2005年，全世界光伏电池产量为1200MW，累计安装了6000MW。太阳能热发电已经历了较长时间的试验运行，西班牙是太阳能热发电开发的中心国家，有22项工程共计1037MW在建，所有这些项目设计都将在2010年投入使用，截至2009年4月，全球太阳能热发电在建中的有1.2GW。太阳能热利用技术成熟，经济性好，可大规模应用。

目前，欧洲是世界上最为重视发展新能源产业的地区，特别是北欧国家，除传统新能源产业的风能、核能、生物质能和太阳能利用，更加表现出了对新能源利用的多样性，并取得了不错的成效。

四、新能源发电的基本趋势

随着经济的发展和社会的进步，世界各国将会更加重视环境保护和全球气候变化问题，通过制定新的能源发展战略、法规和政策，进一步加快新能源的发展。纵观世界新能源发展，有以下四大趋势：

（一）技术水平不断提高，成本持续下降

由于技术进步、上游成本瓶颈的突破和产业链的初步形成，新能源发电的成本逐年下降。第三代核电技术问世以后，受到全球核电用户的普遍关注，包括中国在内的一些核电业主已经选用第三代核电技术进行新的核电机组建设。安全和成熟的第三代核电技术，提高了燃料利用率，降低燃料循环成本，提高机组效率和机组整个寿期的平均可利用因子，缩短停堆换料和在役检查的时间，经济性更好，运行成本更低。新能源中其他两大主力品种风能和太阳能已经具备明确的产业化前景，成本有望在3～5年内大幅降低。总体来看，大多数新能源技术将快速发展，产业规模、经济性和市场化程度逐年提高，届时，新能源发电成本基本上可以和常规能源发电相当。

（二）发展速度加快，市场份额增加

由于各国政府积极推动，政策逐步完善，资金投入明显增加，再加上大型企业进入增多，目前，世界新能源总量显著增加，发展速度大大加快，新能源在世界能源供应中市场份额持续增长。世界上已有50多个国家制定了各种形式的激励可再生能源发展的政策。各个国家和世界性组织在新能源资金投入明显加大，政府每年直接或间接投入在100亿美元以上。据中国可再生能源专业委员会统计显示，世界可再生能源总量显著增加，新能源在世界能源供应中占有越来越重要的地位，呈现从补充能源到替代能源发展的趋势。预计在2010～2020年间，大多数可再生能源技术可具有市场竞争力，在2020年以后将会有更快的发展，并逐步成为主导能源。

（三）新能源已成为各国实施可持续发展的重要选择

从国际上来看，提高能源效率和发展新能源已成为全球无可争议的可持续发展能源的两个车轮，世界各国都把推动新能源和可再生能源的发展当作21世纪能源发展的基本战略选择。国际社会发展新能源的动力主要来自于能源安全和能源供应的多元化、减少温室气体排放、减少化石燃料引起的环境污染等。

为了促进新能源发展，许多国家制定了相应的发展战略和规划，明确了新能源和可再生能源发展目标。2007年初，欧盟提出了新的发展目标，到2020年，可再生能源消费占到全部能源消费的20%，可再生能源发电量占到全部发电量的30%。德国和法国还提出，到2050年，两国可再生能源的发电量要超过两国发电量的50%。日本的生物能源计划预计投资2600亿日元，从2010年起在全国建500个示范区。东盟10国也制定了发展可再生能源的计划，包括利用地热、水电、风能、太阳能和来自棕榈或椰子油的植物燃料等。按东盟计划，到2010年各成员国的可再生能源电力将达到2.75万MW。美国提出到2025年除水电外可再生能源生产将为2000年的两倍，其中生物质发电4500万kW，风电1000万kW，光伏发电300万kW，光热发电2000万kW。

（四）新能源是一种朝阳产业，孕育着巨大的潜在经济利益

当今世界上，新能源作为新兴产业在国民经济中的作用和影响已越来越大。据德意志银行2008年发布的研究报告预计，全球风电发展正在进入一个迅速扩张的阶段，风能产业将保持每年20%的增速，到2015年时，该行业总产值将增至目前水平的5倍，预计2020年全世界风机规模将达到12亿kW，年营业额在670亿欧元。光伏发电市场发展前景也很广阔，据欧盟估计，全球光伏市场到2020年将增加到7000万kW，光伏发电将解决非洲30%、经合组织（OECD）国家10%的电力需求。澳大利亚在新世纪能源规划中，提出2010年前建立年销售额40亿美元的可再生能源市场；美国进一步加强了光伏发电技术开发与制造，估计到2020年美国将占领全球太阳光伏电池的一半。另外，全世界生物质能源的商业化利用将达到1亿t油当量，并形成千万吨级规模的生物液体燃料的生产能力。

新能源不仅拥有良好的经济前景，而且，随着产业化的发展，将提供越来越多的就业机会。美国学者认为，投资于新能源所创造的就业机会大约是石油、天然气的2倍。在欧洲已经形成了相当数量的可再生能源方面的就业人口。据欧盟的估计，2010年，欧洲风力发电、光伏发电、生物质能发电和太阳热发电，总计可提供约150万个就业机会，而且这还不包括每年可能有170亿欧元商业出口所创造的、额外的潜在35万个就业机会。由此可见，新能源产业对经济发展的潜在影响和作用是巨大的。

新能源产业发展思考❶（下）
——我国新能源发展情况

陈宗法　李鹏云　闵文欣　刘维成　郭永凯

一、我国新能源发展情况

目前，我国经济发展已进入新一轮重工业化时期，受宏观大环境的影响，中国能源供应出现暂时相对过剩局面，但从长期看，据中国地质科学研究院发布的报告指出，除煤炭外，我国主要矿产资源都已告急。当前，我国能源供应中煤炭消费占一次能源消费的70%，其中发电供热用煤占全国煤炭生产总量的50%以上。在发电产业中，燃煤发电占76%，水电、核电等占24%；而全球平均水平是：燃煤发电占39%，水电占19%，核电占16%，燃气、燃油等发电占26%。相比较，我国的煤电高出世界平均水平27%，而水电、核电等可再生清洁能源低于世界平均水平10%。能源问题引发的中国经济增长成本将加大，专家呼吁必须高度重视我国的能源安全问题，建议通过大力发展可再生能源以缓解经济和能源的双重危机。

（一）发展现状

目前，我国新能源总体利用水平偏低，但近年来发展较快，利用比较广泛的新能源包括核电、风电、生物质发电和光伏发电。

1. 核电

我国核电起步于20世纪70年代，从2005年以来，国家才积极发展核电。通过自主研发、国外引进等形式，共投产核电机组11台，910万kW，装机容量仅占全国总装机容量的1.1%，发电量约占1.5%。目前，国家仅授权中核集团、中广核集团和中电投集团具有核电的控股建设运营资质，其他发电集团只能参股核电项目；现阶段正在批量建设一批二代加成熟技术的核电站，同时引进国际上最先进的AP1000三代技术并正在浙江三门和山东海阳建设示范工程，技术成熟后再大面积推广；在建机组24台，容量约2500万kW，其中二代加技术22台，三代技术2台。

2. 风电

风力发电近年来发展迅猛，2008年我国新增装机容量达到630万kW，仅列美国之后居世界第二位（美国2008年新增装机容量838万kW）。2008年是我国连续第四个年度实现新增装机容量翻番，总容量达到1217万kW，提前两年超额完成2010年风电装机容量1000万kW的目标，并超过印度，成为亚洲第一、世界第四的风电大国，同时跻身世界风电装机容量超千万千瓦的风电大国行列。

3. 生物质发电

2003年以来，国家先后核准批复了河北晋州、山东单县和江苏如东3个秸秆发电示范项目，并实施了生物质发电优惠上网电价等有关配套政策，从而使生物质发电，特别是秸秆发电迅速发展。近几年来，国家电网公司、五大发电集团等大型国有、民营及外资企业，纷纷投资参与我国生物质发电产业的建设运营。2007年底，国家和各省发改委已核准项目87个，总装机规模220万kW。全国已建成投产的生物质直燃发电项目超过15个，在建项目30多个。

4. 光伏发电

我国光伏发电产业于20世纪70年代起步，90年代中期进入稳步发展时期。中国光伏发电市场的发展历程为：90年代初期，光伏发电主要应用在通信和工业领域，包括微波中继站、卫星通信地面站、程控电话交换机、水闸和石油管道的阴极保护系统等。从1995年开始主要应用在特殊应用领域和边远地区，逐步建立了较大型的光伏发电应用系统，建成各种规模的县、乡、村级光伏电站40多座，推广应用家用光伏电源系统约15万套。从2002年以来，国家发改委启动了“西部省区无电乡光明工程”，通过光伏和小型风力发电的方式，最终解决西部七省区即西藏、新疆、青海、甘肃、内蒙古、陕西和四川近800个无电乡的用电问题。近期，国投电力与天威英利控股公司合作，共同投资建设我国首个光伏电站项目（甘肃敦煌10MW），预示我国光伏发电技术已步入大规模并网发电阶段。

（二）发展趋势

在国家能源局召开的首次全国能源行业会议上，提出要抓住我国经济调整的时机，加快进行电力工业结构调整，大力发展新能源发电将成为我国未来能源发展的主要方向，争取到2010年可再生能源消费占能源消费的比例达到10%，同时进一步提高可再生能源产业化水平，积极构建适应可再生能源发展的电力系统。

1. 新能源产业振兴规划的出台将加速我国新能源产业的发展

我国正在制定新能源产业振兴规划。拟定中的新

❶ 此文刊载于《中国电力发展与改革研究》（2009.5），作者均来自中国华电集团公司。

能源产业振兴计划，水电、风电、太阳能以及生物质能将成为可再生能源发展的重点区域，除上述可再生能源以及核能之外，新能源汽车、节能建筑和新材料也将成为规划的重点内容，其力度将比现有政策“大的多”，将对中国新能源的发展产生重大推动作用，将进一步加快我国新能源产业的发展步伐。根据国家能源局提供的数据，水电的发展重点为开发金沙江、雅砻江、大渡河、澜沧江和怒江流域，同时因地制宜开发小水电，到2010年，水电规模将达到1.9亿kW，到2020年，水电规模将达到3亿kW。风电的发展则将通过大规模开发，促进技术进步和产业发展，实现设备制造国产化，尽快使风电布局具有市场竞争力，到2010年，风电规模将达到2000万kW，在江苏、河北、内蒙古、甘肃和吉林建立百万千瓦风电基地，到2020年，力争在甘肃、内蒙古、河北、东北，以及江苏沿海等地建立若干个千万千瓦风电基地。风电发展的重点将是大型风电基地的建设和进行特许项目的招标。太阳能的发展重点是在偏远地区建设独立太阳能电站和户用光伏电源。在经济条件较好的城市发展并网光伏电源，在资源条件好的地区建设大型太阳能电站，到2010年，太阳能发电将达到30万kW；到2020年，达到180万kW。

新能源振兴规划的调整将直接增加新能源总投资额。水电新增装机约1.9亿kW，总投资约为1.3万亿元，风电新增装机约1亿kW，总投资约为9000亿元，太阳能发电新增173万kW，总投资约1300亿元，太阳能热水器新增2亿m^2，总投资约4000亿元。另外，生物质发电新增2800万kW，总投资约2000亿元，农村用户沼气新增6200万户，总投资约1900亿元。根据以上数据测算，如果要实现2020年规划目标，需要总投资约3万亿元。

2. 核电是我国优化能源结构的优先选择

当前，我国正在调整核电中长期发展规划，努力提高核电的装机比例，力争2020年核电占电力总装机比例从现在的1.1%提高到5%以上，装机容量从现在的910万kW增加到7500万kW。当前，核电的建设步伐也在加快，到2015年我国的核电装机容量将达到3450万kW，而按照原《核电中长期发展规划》，2020年核电装机容量应达到4000万kW，也就是说这一目标可以提前五年完成。据媒体报道，新修改的2020年规划将可能在7500万kW以上，那么除去已投产的、在建的、已规划的合计44台机组，未来至少还有30个核电机组拟建，总数将达74台。据悉，国家能源局正在制定《核电管理条例》，将对核电准入、规划、建设和运营等进行具体规定。

3. 风电是我国改善能源结构的重要手段

按照“融入大电网，建设大基地”的要求，从今年起，国家将力争用十几年时间在甘肃、内蒙古、河北、江苏沿海、新疆、东北三省等地形成几个千万千瓦级的风电基地。按照中国资源综合利用协会可再生能源专业委员会的估计，2010年，中国风电有望超过欧、美，成为世界风电第一大国，可能达到或超过3000万kW，提前10年达到国家确定的风电2020年发展目标。据预测，从2009年开始，我国每年新增风电装机容量将超过1000万kW，2020年我国风电装机规模将超过1亿kW，相当于每年减少使用2.7亿t原煤和1.3亿t原油。

4. 生物质发电和太阳能发电是我国发展新能源的必要补充

生物质发电。我国作为一个农业大国，生物质资源十分丰富，各种农作物每年产生秸秆6亿多吨，其中可以作为能源使用的约4亿t，全国林木总生物量约190亿t，可获得量为9亿t，可作为能源利用的总量约为3亿t，如加以有效利用，开发潜力将十分巨大。国家也非常注重生物质发电技术的发展，根据国家“十一五”规划纲要提出的发展目标，未来将建设生物质发电550万kW装机容量，《可再生能源中长期发展规划》也确定了到2020年生物质发电装机3000万kW的发展目标。总体看，生物质发电行业有着广阔的发展前景。

太阳能发电。《可再生能源中长期发展规划》提出，到2010年太阳能发电总装机容量达到30万kW，到2020年达到180万kW（规划中所指的太阳能发电包括光伏发电和热发电）。目前国内不少电力投资商对光伏发电的投资热情高涨，国家发改委为了规范并引导光伏发电市场，已于2009年组织了国内首个10MW级光伏发电项目的法人招标。同时不少电力投资商也正在消化吸收欧美的太阳能热发电技术，陆续开展了数个5万千瓦级太阳能热发电项目的前期工作，拟以示范项目的名义获取国家发改委的支持。但值得关注的是，2009年3月，财政部、住建部下发《关于加快推进太阳能光电建筑应用的实施意见》及《太阳能光电建筑应用财政补助资金管理暂行办法》，财政部明确表示，此次财政政策扶持重点是太阳能光电建筑一体化应用等，不与建筑结合利用的光伏电站等光电利用形式不在此政策扶持范围之内。此项政策的出台，也许会对光伏发电的投资建设产生不利影响。

（三）面临的主要问题

我国新能源的发展仍处于起步阶段，由于种种原因，我国新能源的开发和利用还普遍存在技术研发投入不足、价格形成机制不完善等制约因素，新能源企业的高投入和高成本不能为企业带来利润等，主要表现在以下方面：

1. 政策推动没有形成配套体系

(1) 政策激励不够。近年来，我国在鼓励新能源发展方面制定了一系列政策法规和激励机制，明确提出了加快发展风能、太阳能、生物质能等可再生能源，并制定了中长期总量目标与发展规划。但目前国家支持可再生能源发展的政策体系还不够完整，相关政策之间缺乏协调，各级政府对新能源产业的政策扶持力度还远远不够。

(2) 消费市场拓展缓慢，市场狭小。可再生能源市场保障机制还不够完善，没有形成连续稳定的可再生能源市场需求，从而使可再生能源发展缺少持续的市场拉动。

(3) 新能源的价格形成机制不完善。由于设备技术落后，我国发展新能源的成本还比较高，严重阻碍了可再生能源的发展。相对于煤炭、石油等传统能源来说，风能、太阳能、地热能等新能源的开发利用仍处于初级阶段，其前期投入成本高，风险大，需要政府出台相应的扶持政策。

2. 高成本是制约新能源发展的关键因素

新能源能否得到大规模运用，成本无疑是最为关键的问题。以太阳能为例。太阳能的利用被认为是解决世界能源危机的根本之道，尽管因为世界金融危机，硅材料的价格大幅下跌，但目前太阳能发电的成本最低也只能做到每千瓦时电 2 元，比燃煤机组的发电成本高 8～10 倍，严重影响了光伏发电的规模应用。和光伏发电相比，风电发电成本更加接近火电。目前风电的发电成本为 0.4～0.6 元，考虑到目前风电设备制造商的毛利较高，风电技术仍有提高空间，风电的成本还有望进一步降低。有专家预测，未来 10 年里，风电成本降到 0.3 元完全有希望做到。但目前风电利用还受风场偏远、输送成本高等问题的制约。

3. 产业链尚不完整

我国新能源产业普遍存在产业链不完整或上下游产业链无法对接问题。矛盾比较突出的是风电和光伏发电产业。对于风电产业，风电产业链大致分为上游的风电设备制造产业和下游的风电建设运营产业两部分，上下游产业链不对接是制约风电产业化的主要因素，上游生产能力和研发水平处于全球较低水平，而下游的风电建设发展速度却位居世界前列，上下游发展速度和规模明显不能衔接，风电产业化进程受到约束。对于光伏发电产业，目前太阳能光伏产业链的源头，原材料——多晶硅基本依赖进口，国内企业技术较低且规模较小。处于整个产业链中游的太阳能电池制造产业，我国却位居世界前列，但是此部分的附加值较低；处于产业链末端的太阳能光伏发电系统的应用基本都在国外，而我国太阳能光伏发电尚处于试用阶段，形成我国光伏发电产业链“两头紧、中间松”的现象，制约了我国太阳能产业的快速发展。

4. 核心技术依赖进口、利用成本较高

目前，我国新能源利用的大部分核心技术和设备制造依赖进口，导致我国新能源利用成本高。例如国内风电设备制造整体能力不高，兆瓦级以上风电设备制造技术取得进展，但还需要通过长期检验；太阳能电池生产能力居世界前列，但原材料依赖进口，致使目前太阳能光伏发电成本居高不下。同时，在生物质发电的净化处理、燃烧设备制造等方面，也与国际先进水平有一定差距。

二、五大发电集团新能源发展情况

(一) 发展现状

1. 核电领域

中电投集团“一枝独秀”，其他四大发电集团都在积极寻求突破。中电投集团因在电力体制改革时承接了国家电力公司的全部核电资产，成为五大发电集团在核电领域的领跑者。2006 年 11 月，国家正式确立第三代核电技术路线时，中电投集团被赋予了建设、运营第三代核电技术 AP1000 依托项目山东海阳核电一期工程的重任，由此成为继中核集团、中广核集团之后国内第三家核电建设运营商。2008 年，中电投集团核电发展迈出新步伐，控股开发的山东海阳一期主体工程提前两个月负挖，等比例控股的辽宁红沿河工程建设有序推进，控股的江西彭泽被列为国家第一批内陆核电开发项目，已开展各项前期工作。截至 2008 年底，中电投集团核电权益装机容量为 135 万 kW，国内所有在运的核电站中，除了秦山一期以外，中电投集团均拥有股权。其他四大发电集团也都在积极争取核电资质，不断增加核电项目储备。华能集团与中核集团联合组建海南核电公司，共同开发昌江核电项目，一期由中核控股，二期则由华能控股；华能集团控股 47.5% 的山东石岛湾高温气冷堆核电示范工程预计 2009 年开工建设。大唐集团与广东核电投资公司共同投资福建宁德核电项目，华电集团与中核总共同投资福建福清核电项目，目前均已开工建设。国电集团成立了漳州、衡阳两个核电项目筹备处。

2. 风电领域

国电集团持续保持领先地位，大唐集团紧随其后，华能集团居中，华电集团、中电投集团规模较小。由于国电集团所属全资企业——龙源电力集团公司，早在 1999 年 6 月就根据原国家电力公司的决定，与中国福霖风能开发公司进行了合并重组，因此国电集团风电开发起步较早，近些年来在五大发电集团中始终处于领先地位。截至2008年底，国电集团风电装机容量达到287万kW，居五大发电集团之首；大唐集团风电从成立之初的“零”起步，装机容量达到215.42万kW，并建成了装机容量50万kW、世界在役规模最大的赤峰赛罕坝风电场；华能集团风电装机也突破了100万kW；华电集团、中电投集团风电装机相对较小，仅在30万kW左右。

3. 生物质能发电领域

五大发电集团均有投入，但项目较少。目前，五大发电集团在生物质能发电领域均为秸秆发电项目。华能集团全资的长春生物质热电厂于2008年6月开工，建设两台1.5万kW秸秆发电机组，项目总投资约为3亿元人民币，预计2009年8月第一台机组投产发电，10月工程全部建成投产。大唐集团安庆秸秆发电项目于2007年6月开工，投资2.74亿元，一期建设两台1.5万kW机组，目前已投产。华电集团宿州生物质能发电项目一期工程安装2台12.5MW纯凝汽式秸秆发电机组，2007年6月开工建设，2008年投产发电。国电集团无棣生物质能发电工程2007年4月开工，2008年投产发电；国电聊城生物质发电项目2008年5月开工，建设两台1.5万kW秸秆发电机组，1号机组于2009年1月21日首次实现并网发电。中电投集团投资建设了姚电实业2×12MW生物质能热电项目。

4. 太阳能发电领域

五大发电集团刚刚起步，尚处于探索和尝试阶段。太阳能发电作为一项新兴产业，五大发电集团起步均比较晚，目前绝大多数项目还处于前期或建设阶段。华能集团控股的我国规模最大的太阳能光伏试验示范项目——昆明石林太阳能大型并网光伏试验示范电站，于2008年12月6日正式开工建设，该电站总装机容量166MW，总投资91亿元，计划于2010年开始陆续投产。此外，华能集团还投资广东南澳太阳能发电项目，但总装机容量较小，仅为100kW。大唐集团在太阳能发电领域先行一步，2008年12月19日，大唐甘肃武威太阳能电站建成并投产发电，这是五大发电集团中惟一一座投产的太阳能电站。今年5月5日，大唐集团新能源有限公司与内蒙古翁牛特旗举行“150MW太阳能光伏发电项目”签约仪式。华电集团控股投资上海都市型工业示范区太阳能光伏发电项目，规划建设容量为1.4兆瓦的并网型太阳能光伏发电系统，这是华电集团首个太阳能发电项目。国电集团控股投资宁夏太阳能有限公司多晶硅项目，规划建设年产5000t多晶硅，总投资50亿元人民币，已于2008年10月28日开工。近期，国电集团所属的龙源电力集团公司与青海格尔木市政府签订了《青海省格尔木200MW大型荒漠并网光伏电站投资协议书》，标志着龙源集团正式进军光伏发电投资建设领域。中电投集团于2009年4月21日挂牌成立了中电投西安太阳能电力有限公司。

（二）发展机制

1. 在核电发展机制方面

华能集团于2004年11月成立了核电办公室；大唐集团、华电集团成立了专门的核电部；国电集团采取项目负责制，成立了福建漳州和湖南衡阳两个核电项目筹建处；中电投集团将核电作为发展的核心优势，在集团层面成立了核电事业部和中电投核电有限公司，控股开发的山东海阳核电、辽宁红沿河核电等重点项目，则在区域层面成立了山东核电公司、辽宁核电公司，由集团总部直接管理，并形成一整套核电管理和技术支持体系。

2. 在风电、生物质能发电、太阳能发电发展机制方面

五大发电集团基本都以专业化发展为取向，先后成立了新能源产业公司，专门负责新能源项目的开发、投资、建设和运营工作。华能集团早在2002年11月就成立华能新能源产业控股有限公司，截至2008年底，华能新能源公司风电装机40.23万kW，在建风电项目78.75万kW。大唐集团在整合大唐赤峰赛罕坝风电公司现有资产的基础上，于2009年3月成立了中国大唐集团新能源有限责任公司，目前公司拥有880MW风电装机容量，本年计划开工930MW风电建设项目。大唐新能源公司定位是成为经营型、控股型、科研型，具有较强盈利能力和核心竞争力、行业领先、国内知名的一流新能源企业，将大力发展陆上风电，积极开发海上风电，稳健推进太阳能发电、垃圾发电、小水电等其他新能源项目，适当延伸风电产业链，加快风电项目建设。华电集团于2007年9月成立中国华电集团新能源发展有限公司，并将已经投产或在建的风电项目全部交由华电新能源公司投资、建设和管理。国电集团的风电开发任务基本都交由龙源电力集团公司负责，2008年龙源集团新增风电装机容量120万kW，年底总装机达到263万kW，继续在国内风电行业中处于领先地位。同时，国电集团还积极延伸风电产业链，风机三大制造基地建设逐步展开，产能进一步扩大。中电投集团于2006年12月在中国电力国际有限公司旗下设立了中电国际新能源控股有限公司，发展目标是坚持以可再生能源发电为主业，依托中小水电，重点发展风电，适度发展垃圾、秸秆等生物质能发电，积极关注，审慎进入太阳能发电及其他可再生能源发电项目，有选择地进入与新能源相关的设备制造和服务领域，到2010年发电容量达到1000MW，在建容量1000MW，规划容量1000MW。除了新能源公司外，五大发电集

团的上市公司，如华能国际、华电国际、国电电力也都承担了部分风电开发的任务。

（三）发展趋势

1. 核电、风电领域的竞争将日益激烈

2008年，与火力发电企业巨额亏损形成鲜明对比的是，中电投集团核电产业实现利润10.5亿元，以风力发电为主的龙源集团利润总额首次在中国国电集团排名第一，这使五大发电集团意识到电源结构调整的重要性。在2009年工作会议上，五大发电集团纷纷对风电、核电等新能源发展工作做出部署，华能、大唐、华电、国电、中电投集团2009年度的风电投产目标分别为115万、102万、116万、252万、40万kW。华能集团抓好高温气冷堆核电示范工程建造许可证申领、工程设计及相关试验验证和现场施工准备等重点工作；华电集团成立了核电部，加大核电开发力度；国电集团将2009年定为核电年，推进核电选址工作；中电投集团制定核电发展战略，确定了2020年核电投运1400万kW目标。这都表明了未来几年核电、风电领域的竞争将异常激烈，因此我们必须先行抢占资源，再作后期谋划。

2. 太阳能发电具有一定的发展潜力

我国已是世界太阳能光伏电池三大生产国之一，但90%的光伏产品都出口到国外。国内太阳能光伏的应用也主要集中在农村电气化和离网型太阳能光伏产品，真正并网型的太阳能光伏市场远未形成，太阳能光伏发电成本较高是近期在我国大规模推广应用的主要障碍。目前，五大发电集团都是刚刚涉足太阳能发电领域，个别发电集团已经意识到了太阳能发电蕴藏的巨大潜力，确定了太阳能产业发展战略。如国电科技环保集团有限公司确立的太阳能产业发展战略目标是，选取全产业链发展战略，统筹规划，分步实施，优先建设多晶硅生产项目，分期建设多晶硅电池和薄膜电池项目，力争在较短时间内成为世界上少数集全产业链、多晶硅和薄膜电池并重，具备自主开发能力的太阳能行业国际知名企业。预计不久的将来，在太阳能发电技术逐步成熟以及国家配套扶持政策逐步完善后，太阳能发电将成为一项新兴的朝阳产业，对此我们必须早做准备，适时介入。

三、我国新能源产业政策

（一）当前主要优惠政策

我国高度重视新能源产业发展，为鼓励和支持新能源项目的发展，国家从税收、财政补贴等方面制定了一系列优惠政策。

明确了中国清洁发展机制基金及清洁发展机制项目（简称CDM项目）实施企业的相关企业所得税政策。对清洁基金取得的下列收入，免征企业所得税，主要包括：CDM项目温室气体减排量转让收入上缴国家的部分；国际金融组织赠款收入；基金资金的存款利息收入、购买国债的利息收入；国内外机构、组织和个人的捐赠收入。

财政贴息。根据财政部《基本建设贷款中央财政贴息资金管理办法》（财建2007［416］号）的规定，对符合条件的中央企业基本建设及流动贷款进行贴息。

电价补助。国家对风电企业予以电价补助，来源是通过对除农业用电以外的电价每度征收2厘钱作为可再生能源电价附加，并按发电量分摊给风电厂，现在执行0.25元/kWh。

税收优惠。根据《可再生能源法》，风电企业增值税减半征收。

（二）希望继续完善的有关政策

新能源产业的发展，受成本等方面制约，仅靠投资者自身努力是远远不够的，还需国家政策支持。集团公司要加强对新能源产业的政策研究，时刻关注国家新能源产业政策、税收等政策措施的出台与调整，及时加以分析研究，为集团公司提供投资决策服务的同时，加强与国家相关部门的汇报与沟通，及时反映企业当前面临的困难与问题。

1. 希望尽快出台新能源产业发展规划

明确我国新能源产业发展方向以及发展目标，加快推进大型基地的规划进程。建立国家层面协调机制，避免各发电企业的重复建设和资源浪费，适当考虑大型发电企业集团所承担的可再生能源容量配额问题，在风电、太阳能基地资源配置过程中予以政策上的倾斜。

2. 希望尽快完善政策配套措施

一是充分考虑新能源项目的合理回报率，加大对风电、太阳能开发的支持力度。在接入系统的突破、项目建设资金的筹措以及上网电价的落实等方面给予更为优惠的政策，综合运用价格、税收、财政和金融等政策手段，从根本上解决风电、太阳能项目赢利能力差的问题，创造风电、太阳能产业健康可持续发展的良好环境。二是进一步完善风电、太阳能价格形成机制。借鉴国外的相关经验和做法，适时出台风电、太阳能的“电价—利率联动机制”，出台电量消费侧的可再生能源发电配额，鼓励使用可再生能源发电，为风电、太阳能等可再生能源行业的电价补贴提供保证。

3. 希望尽快构建新能源产业国家标准体系

加快构建风电、太阳能设备的国家标准体系，支持和鼓励社会力量尽快搭建针对风电、太阳能设备的测试、检验和质量认证平台和机构，促进风电、太阳能行业的技术进步，推动设备质量的不断改善。

4. 希望尽快明确新能源发电同步配套送出工程

在加快风电场、太阳能电站建设的同时，同步实施电网配套工程，解决电网送出的矛盾，实现新能源企业与电网的和谐发展。

四、意见与建议

（一）制定实施集团公司新能源发展战略

根据集团公司的发展目标要求，按照“抓住机遇、抢占资源，政策扶持、技术领先，科学论证、突出效益”和“努力突破核电、大力发展风电、关注生物质发电和光伏发电”的发展思路，尽快组织制定新能源发展战略，明确发展目标。

（二）加强对新能源项目的资产并购

集团公司要按照“建购并举”原则，研究收购若干经济效益好、有一定规划的新能源项目。充分利用资本市场手段，加快实现集团公司电源结构调整、树立环保形象服务。

（三）加强集团公司新能源人才队伍建设

集团公司要重视新能源队伍的建设，以满足集团新能源快速发展的需要。新能源人才队伍的建设应坚持引进和培养相结合的原则，通过系统外引进、系统选拔与培养等方式，为集团公司新能源产业的建设与运行管理，储备人才。

我国能源洁净发展的路径选择

蒋莉萍❶

一、推进能源洁净发展是世界各国的共同选择

进入21世纪以来，随着全球经济社会发展，世界能源需求总量出现了较为强劲的增长势头，由此引发了两个事关未来发展的全球性热点问题。一是对传统能源资源供应能力持久性的担忧，二是对化石能源消费引起的环境污染及其温室气体排放对全球气候变化影响的担忧。

为提高国家能源供应安全并应对气候变化，欧盟、美、日等发达国家纷纷调整能源战略，强调依靠制度和技术创新，提高能源利用效率、推进能源低碳化甚至无碳化发展，以实现能源与经济社会和环境的协调发展。大力开发和利用包括核电、可再生能源在内的清洁能源，成为世界各国保障能源供应安全、保护生态环境、应对气候变化的共同选择，也是当前应对金融危机的重要举措。

鉴于我国尚处于工业化、城镇化发展阶段且人口多、能源资源条件相对较差等国情，上述两大担忧，尤其是气候变化问题已发展成为当今国际政治热点和经济热点的现实，使得我国未来能源乃至经济社会可持续发展面临巨大的压力。因此，大力发展清洁能源，积极寻求新能源发展的技术突破，也是我国提升国际影响力、实现未来可持续发展的必由之路，事关政治、经济、社会发展大局，是我国能源战略调整的重要内容。

二、欧美等国路径：通过存量优化，实现洁净化调整

由于能源及电力基础设施供应能力相对充裕，需求总量新增有限，欧盟、美国等发达国家的能源洁净化发展路径主要是对其现行能源供应格局进行能源清洁化替代或技术更新，主要措施包括：强化节能措施，降低消费需求；大力提高风能、核能、太阳能等低碳能源在能源供应中的比重，替代现有能源消费中的化石能源。欧盟的目标是：在未来20年内，超过一半的能源供应将来自于清洁能源（包括核能在内）。美国能源战略的核心是通过促进可靠、经济、环境友好的能源供应多元化维护国家和经济安全。由于燃煤发电是其第二大电源装机（2007年美国煤电机组占其总装机的31%），因此除大力开发利用风能、太阳能等可再生能源外，煤的洁净利用也是美国关注的重点之一。日本高度关注节能问题，在其《国家能源新战略》提出要大力发展节能技术，争取到2030年之前将日本的整体能源利用效率提高30%以上；同时提出，要大力发展太阳能、风能、燃料电池等新能源，将对石油的依赖度从目前占能源消费总量的50%降到40%。

三、中国路径：立足新增发展，破解多重压力

相对于世界主要发达国家而言，未来较长时期内，我国能源需求还将继续以较大幅度增长。在目前国际社会对气候变化问题的关注度急剧升温的情况下，意味着我国能源发展既面临着要满足总量持续较大幅度增长的压力，又面临着减少环境污染，以及实现二氧化碳减排等多重压力。如何在保证满足经济社会发展需求的同时实现洁净/低碳发展，成为关系我国能源发展的重大战略问题。结合我国资源特点、经济社会发展阶段等现实国情，我国能源发展必须继续

❶ 国网能源研究院副总工。此文刊载于2009年8月10日《中国电力报》。

坚持“节能优先”的基本战略方针，进一步加强政策引导、大力推行节能措施、努力降低需求增长幅度。在此基础上，依托多种技术策略，根据未来需求增长、应对气候变化等各方面的要求，在中短期（2020年之前）和远期（2020年以后），通过不同的适用技术组合，多管齐下，多元发展，实现能源供应的洁净化及低碳化发展。

1. 主要技术路径选择

实现我国能源洁净发展的主要技术路径为：一是发展清洁能源，二是进口国外电力，三是实现化石能源的高效、洁净化利用。

加大对核电及可再生能源等清洁能源的开发利用力度是我国能源战略调整的重要内容，具有提高能源资源长期供应能力及降低二氧化碳排放的双重功效。由于未来20乃至30年内，我国新增能源需求的空间很大，因此清洁能源发展的主要任务是通过加大对核电、水电以及风电、太阳能等其他可再生能源的开发力度，努力降低对化石能源供应的增长要求，实现对新增能源供应结构的优化，从而实现能源消费总量结构的优化。

进口国外电力是实现节能减排最有效的举措。电力是最高效、洁净的终端能源。进口1kWh电力相当于进口3倍热当量的一次能源，而且其消费利用不产生任何污染排放。国家电网公司开展的国际电力合作研究表明，我国北部周边的俄罗斯、哈萨克斯坦及蒙古等国拥有丰富的能源资源，具有很强的能源输出能力。初步分析，2020年前，俄蒙哈三国的电力外送潜力可达1亿kW，每年可输送电量约5000亿～6000亿kWh，相当于约1.8亿t标煤的一次能源。

实现化石能源的高效、洁净化利用是我国能源发展的必然选择。以煤为主的能源资源特点以及现有发展基础，决定了在未来相当长时期内我国仍将保持以煤为主的能源供应格局。在仅仅通过发展清洁能源仍难以满足国际社会对中国施加的二氧化碳减排压力的情况下，必须加大煤炭等化石能源洁净化利用技术的推广和应用。因此，煤炭高效、洁净化利用技术已成为我国前瞻性能源技术研发的核心重点。

提高煤炭利用综合效率和洁净化水平的主要技术手段包括两大类：一是超（超）临界发电技术，以及热电联产、多联产等综合利用技术，这类技术的主要成效是提高能源利用效率、降低常规污染排放，目前技术较为成熟，是近期煤炭消费利用的主要技术；二是整体煤气化联合循环（IGCC）技术和碳捕获及埋存技术（CCS），这类技术主要是为了实现煤炭消费利用环节的CO_2减排，目前看这类技术尚未成熟，运行能耗及成本较高，大规模应用尚需时日。

2. 基本发展路径

借助上述三条主要技术路径，我国实现能源洁净化发展的基本发展路径是：

中短期内（2020年前）：重点加大对水电、核电及风电的大规模开发利用，加强从周边国家的电力进口，努力提高新增能源供应能力的清洁化程度，包括采用第一类煤炭洁净利用技术，发展一定规模的新增煤电机组。同时，立足于提高能源转换和利用效率，加强对存量技术设施的更新改造。

远期（2020年以后）：新增能源供应以核能、风能及太阳能等清洁能源为主，进入低碳增长阶段。在出现更为严峻的应对气候变化要求的情况下，可能还需要结合对存量设施的更新改造，对已有的化石燃料存量技术进行洁净化、低碳化改造（采用IGCC+CCS等技术），甚至采用清洁能源进行替代。

新形势下电力企业的战略转型与流程再造

肖　鹏[1]

一、电力企业面临历史性重大战略转型

新形势下的电力企业面临历史性的重大战略转型，电力系统长期沿袭下来的、传统的、固有的、关于如何发展的价值观念以及企业的经营环境已经发生并正在发生着重大变化。

“流程再造”的先驱迈克尔·哈默和詹姆斯·钱皮曾经指出，流程再造的目的在于“使得企业能最大限度地适应于顾客（Customer）、竞争（Competition）、变化（Change）为特征的现代企业经营环境”。站在建国60年、改革30年这个新的历史起点上，回顾和反思我国电力工业的发展历程，我们一方面为电力事业突飞猛进的发展、举世瞩目的成就而感到自豪，另一方面也深深感到电力工业正面临着来自“3C”（顾客、竞争、变化）的前所未有的挑战。首先，从计划经济模式和垄断体制下成长起来的电力工业，长期以来形成了“以计划为驱动，以自我为中心”的传统价值观念，并且根深蒂固，积重难返。这样的价值观忽视客户价值，导致终端客户的需求得不到有效满足，这是提升电力企业在市场经济条件下核心竞争力的最大挑战。其次，经过工业革命以来两百

[1] 中国南方电网公司副总经理。此文刊载于《中国电力企业管理》（2009.12）。

多年的快速发展以及在以工具理性为主导的价值观引领下，人类社会在获得巨大的科技、经济成就的同时，全球气候变化也已经上升为影响全人类的最重大的发展问题，并已经演变为重大的政治问题，在举世瞩目的哥本哈根气候大会即将召开之际，全世界都在对人类发展的可持续性进行深刻反思。作为化石能源消耗以及温室气体排放的大户，电力企业对减排温室气体、减缓全球变暖趋势承担着义不容辞的责任和义务。对此，电力企业必须坚定不移地实施两大战略性变革：①重建"以客户为中心"的核心价值，更好地满足客户需求；②走低碳之路，更好地满足电力企业乃至全社会可持续发展的要求。前者是发展理念的变革，后者是发展模式的变革。而这两大变革都可归纳为科学发展观对电力企业在新形势下提出的新要求，从这个意义上说，传统电力工业的未来发展已经来到了一个重大的历史转折点。具体来说，这两大变革主要体现在以下两个方面：

（1）提高供电可靠性。安全、可靠的电力供应是用电客户最基本也最重要的需求，是电力企业存在价值的基础，也是"以客户为中心"价值观在实践中的本质体现。但众所周知，我国电力行业在发展历程中曾经深受"重发轻供不管用"的影响，长期侧重于发电能力和电源送出能力（主网）建设，而对供电保障能力建设重视不够，投入不足。今天，我国拥有世界第二的发电装机容量，引以自豪的大规模、长距离、超高压乃至特高压输电网，规模与技术水平已接近甚至超过世界发达国家。与此形成鲜明对比的是，多年来对电网受端系统的规划和建设明显滞后，其中城市配网及农网建设更是远远落后于主网和电源建设，从根本上导致了与广大客户切身利益息息相关的供电可靠性远远落后于世界先进水平。与发达国家相比，我国电力系统的最大差距正是体现在供电可靠性上。2008年冰灾之后，我在《重建电力核心价值》系列文章中指出，必须加大对电网受端系统尤其是配电网络的投入，打造坚强合理的受端系统，为提高供电可靠性奠定坚实的基础。

（2）实施能源变革。发展低碳经济是全球气候变化背景下人类的必然选择，也是我国资源环境约束条件下经济社会可持续发展的必由之路，是大势所趋。能源变革是低碳经济的核心，而电力行业扮演着至关重要的角色。能源变革的核心内容一是提高能源尤其是传统化石能源的终端利用效率，二是大力开发利用新能源，发展的战略重点在电源侧是太阳能、风能等新能源、分布式电源，在电网侧则是智能电网以及作为未来高技术储备的高温超导电力技术等。能源变革是一项系统工程，既需要电力企业承担责任、努力推进，也需要政府、社会的大力支持与推动，包括推进政府管理体制、电力工业体制、经济管理体制改革，建立健全发展新能源、推进节能减排的相关法律法规、政策措施、价格机制等。

面对上述两大变革的新形势和新要求，电力企业管理必将发生根本性的变化。①管理思想的变化。核心价值观的重建，必然要求管理思想从"以自我为中心"，转向"以客户为中心"，从传统价值取向主导的设备管理，转向客户需求管理。②电网结构的变化。电力企业管理思想特别是规划指导思想的变化，以及新能源、分布式等新型电源的发展和智能电网的建设，将使电网结构发生重大变化，电源、输网、配网投资的比例将重新调整，配网和微网得到更大发展并更加智能化，接入终端系统的新能源、分布式电源的比重大幅增加，电力系统将从传统上的电力与信息单向流动、集中统一供电的模式，逐步转变为电力与信息双向甚至多向流动和互动、集中供电与分散供电相结合的模式。③经营模式的变化。新形势下电网企业的经营范围将在开展节能服务、电动运输配套服务等业务领域深入拓展，可以预言，电网企业未来发展目标模式的定位也将从单一的电力供应商，转向综合性的能源供应服务商。上述管理思想、战略定位、电网结构、经营模式、调度运营方式的变化最终都将体现在业务流程的再造上。

二、以客户需求为导向再造电力业务流程

电力企业要实现上述两大变革和三个根本性变化，必须进行业务流程再造。这种再造是根本性的，是在价值重建基础上对原有业务流程的革命性变革。为此，新形势下电力企业的流程再造应当遵循以下基本原则：

首先，必须坚持正确的指导思想。流程再造的指导思想必须是"以客户为中心"。如前所述，电力企业必须重建"以客户为中心"的核心价值，最终落脚在保障终端客户用电需求这一根本利益上。业务流程就是创造价值和传递价值的过程，必须为企业的核心价值服务。有什么样的核心价值，就要设计什么样的业务流程。既然电力企业的核心价值是"以客户为中心"，也就决定了电力企业的业务流程从客户需求出发到满足客户需求（"端-端"）的全过程都必须以终端客户的需求为导向。

对我国电力企业来说，传统价值观的驱动导致客户需求导向的缺失，扭曲了企业基建、生产、营销等各业务环节之间的价值链有机联系，难以形成有效传递核心价值的业务流程。所以，对电网企业来说，流程再造应坚持以客户需求为导向，在企业内部建立以市场营销系统为龙头的客户需求传递机制，有效调

度、协调企业规划、建设、生产、经营等各个系统的整体行为。在低碳经济时代，电力客户及其需求将呈现出更加复杂的多样性、多变性以及个性化等特点，必须更要坚持以客户端需求为导向再造业务流程。

国际先进电力企业在这方面的经验可以给我们带来启示。早在20世纪八九十年代，新加坡、西班牙、意大利等国家的电力企业就是通过流程再造，并加上精益化管理，成功实现了有效满足客户需求的目标，支撑了其业务能力的飞跃。

其次，必须创新可衡量的指标体系。供电可靠性为“以客户为中心”的核心价值建立了可衡量的指标体系，是核心价值的体现形式。在此核心价值指导下的电力企业流程再造，其核心目标必然是提高供电可靠性。

提高供电可靠性的关键在于三个方面：一是电网结构，坚强合理的电网尤其是配网结构是提高供电可靠性的物质基础、根本保障。二是科技进步，包括提高电网的科技含量、信息化水平、设备可靠性以及带电作业等技术。三是管理创新，包括可靠性管理、停电综合管理、检修作业管理等管理方式的创新，最大限度地减少停电时间。当前电力企业在以上三方面都有相当大的差距。在这些方面，随着价值取向的变化，业务流程的再造，也必须尽快创新可衡量的指标体系，因为正如卡普兰和诺顿所说：不能衡量，就不能管理。

在这方面，南方电网在实践中已取得了初步成效。有些中心城市如广州城区和深圳特区客户停电时间近年来分别减少了10多个小时和5个多小时，均达到了国内领先水平。

第三，必须运用正确的方法。正如哈默和钱皮在《企业再造—企业革命的宣言》一书中所说：信息技术是业务流程再造的必要条件。因此，正确的、也是必要的方法之一就是必须把创新的流程建立在一流的技术支持平台上，即依靠信息技术支持系统实现流程再造。以客户需求为导向的业务流程，必须能够对更加复杂多变的市场信息做出迅速判断，对客户需求做出快捷反应；另一方面，管理流程也必须借助技术支持系统得以规范和固化。此外，业务流程从开始到结束都将通过数字信息流动来实现，能够突破时间和空间的限制，简化流程环节，提高流程运转速度，最大程度避免人为差错，从而有效提高流程运行效率和质量。

近年来，南方电网公司在建设技术支持系统方面取得了长足的进步。如早在2001年，云南电力集团公司就开始建设全省大集中模式的客户服务技术支持系统，历时5年建成投运，将“以客户为中心”的价值理念固化到信息系统中，有效提升了营销管理水平，在全国电力系统处于领先水平。广东电网深圳供电局建设了ERP营销系统，实现了整个营销业务96项流程的优化与再造。

应当指出，电力企业流程再造受到发展理念、发展模式、技术路线乃至全社会生活方式巨大转型的影响，是一个复杂的系统工程，因此不可能是一蹴而就的，而是一个长期的变革过程。所以，尽管流程再造的性质是根本性、革命性的，但是其过程将是渐进、优化的方式，而不是激进、休克的方式。对此，我们必须有充分的思想准备。

综上所述，在我国电力工业面临历史性转折的新形势下，电力企业正面临着来自“3C”（客户、竞争和变化）的前所未有的挑战，实施战略性变革势在必行，在发展理念上，必须重建“以客户为中心”的核心价值，在发展模式上，必须走低碳之路，实现可持续发展。这两大变革对电力企业的发展提出了两大新的要求，一是提高供电可靠性，二是实施能源变革。而这些新的要求又将从管理思想、电网结构、经营模式等方面给电力企业带来根本性的变化。显然，电力企业从传统模式沿袭下来的业务流程，已经无法适应深刻的经营环境变化要求，必须进行流程再造。流程再造必须把握三个重要原则，即坚持正确的指导思想、创新可衡量的指标体系以及运用正确的方法，才能真正取得流程再造的成功。

电力2009：挑战与机遇

王永干❶

一、当前电力工业运行形势分析

当前国际国内经济形势严峻复杂，遏制经济增长过快下滑、迅速扭转经济局势成为当前我国经济运行的最突出、最重要的问题。2009年以来，电力工业在困境中出现了一些新的趋势和苗头。

一是发用电下滑态势有一定的遏制。1～2月，全国全社会用电量4972亿kWh，同比下降5.2%。从近期走势来看，全社会用电量由2008年9月的6.2%下降到12月的－8.3%，由于春节因素，2009年1月增速为－12.9%。从2009年1～2月合计用电量来看，用电增速虽然仍为负值，但是下降幅度相对2008年11、12月已有所改观。

❶ 中国电力企业联合会秘书长。此文刊载于《中国电力企业管理》（2009.4）。

2月，全国规模以上电厂发电量2449亿kWh，同比增长5.9%；全社会用电量2461亿kWh，同比增长4.4%；当月发用电量增速自2008年10月以来首次出现正增长。从数据上表现出回暖的迹象，也引起了政府和社会各界的关注与重视。但是，2月出现正增长有比较特殊的原因，包括春节因素、冰灾因素、气候因素、生产恢复因素等。

二是第二产业用电仍然低迷。1～2月，第二产业用电3493亿kWh，同比下降10.2%，增幅回落21.34个百分点；工业用电同比下降10.4%，回落21.56个百分点。如果占用电比重70%以上的第二产业用电不能恢复，就不能擅言用电已经回暖。与此不同的是，第三产业和城乡居民生活用电量分别增长7.7%和10.9%，高于全社会用电增速，这对遏制用电量下滑起到一定的作用。

三是重点行业用电对全社会用电的拉动作用较大。1～2月，化工、建材、冶金、有色四大行业用电均出现负增长，化工、有色行业下降幅度超过15%，而建材行业下降相对较小。1～2月，四大行业合计用电量同比下降11.3%，比全社会用电增速低6.08个百分点；四大重点行业用电下降拉动全社会用电下降3.71个百分点，占71.1%。

四是地区用电分化特点比较显著。虽然全国大部分地区用电下滑的趋势没有改变，但是各个地区用电分化的特点比较显著。以西北为代表的高耗能产业集中、产业结构比较单一的省区电力下降程度最大；东部出口外向型省区下降也高于全国平均水平。2008年受冰灾影响较大的省区增速较高，东北地区的吉林、黑龙江情况较好。

二、2009年电力供需形势预测

在严峻形势的考验和重大的历史使命面前，电力行业机遇与挑战并存。我们要把困难估计得更充分些，把预警预测工作做得更准确些，千方百计把握好发展改革的机遇：

一是宏观经济长期看好的机遇。我国经济发展面临的危机困难是暂时的，电力是我国经济发展和关系国计民生的重要保障，也是瓶颈制约，中长期看能源电力行业仍有较大的发展空间。这是我们坚定发展信心的坚实基础。

二是结构调整的机遇。近期电力供大于求，企业要集中精力谋大事、谋长远，加快淘汰落后产能，加速结构调整，优化电源结构和机组容量结构，加快各级电网的协调发展，下大力气持续抓好节能降耗工作。

三是产业调整的机遇。国家推动能源产业结构优化升级，大力推进煤炭和电源基地建设，引导和鼓励企业跨行业融合和重组，为发电企业推进企业转型、优化结构、开展资产并购等都创造了非常有利的条件，有利于发电企业打造综合性能源集团，提高企业抗风险能力。

四是推进改革的机遇。国家重启石油价格改革，重提加快推进能源资源价格改革，以及煤炭价格大幅回落，为逐步推进电价改革，理顺煤电价格关系，最终建立科学合理的电价形成机制创造了比较好的外部环境。

五是财税改革机遇。国家出台的一系列金融政策、财税政策和推进资本市场发展的措施，如多次降息、增值税改革等，都有利于缓解企业资金压力，有助于企业尽快扭转亏损局面。

国家出台拉动投资各项措施后，电力企业也已经积极行动起来，确保国家促进经济平稳发展各项措施在电力行业落实到位。预计2009年电源投资仍然在3000亿元左右，其中水电、核电、风电等可再生能源投资比例特别是核电投资比例将继续提高。电网投资规模继续扩大，全年电网投资预计在3500亿元左右。

全国发电生产能力继续提高。2009年，预计全国基建新增发电设备容量8000万kW左右，全年全国关停小火电机组容量力争超过1300万kW。

电源结构调整力度加大。2009年仍将是水电投产高峰期，全年将有超过1500万kW的水电机组集中投产。火电建设主要支持热电联产、大型煤电基地等项目建设，将有8台百万千瓦超超临界火电机组投运。2009年，将积极推进甘肃、内蒙古等大型风电基地建设；生物质发电将继续适度发展；浙江三门、山东海阳和广东台山等一批核电项目将尽快开工。

电网建设方面，2009年，国家会继续支持增强电网抗灾能力，还会重点支持青藏联网和中西部地区县级以上城市电网改造；继续推进皖电东送、川电东送、葛沪直流改造、西南水电送出、宁东和呼伦贝尔、锡盟煤电外送等工程。适时启动新疆联网工程，配套建设大型风电基地送出输变电工程。在海南联网一期工程预计2009年投产基础上，将积极推进该工程的二期建设。

2009年，全国电力供需形势总体将继续延续2008年下半年供大于求态势。受煤电矛盾、来水、气候等不确定性因素以及电网“卡脖子”问题影响，个别省份在电力负荷高峰时段仍可能存在少量电力供需缺口，需要进一步加强需求侧管理加以调节。

预计2009年一季度甚至二季度将是电力增长最困难的时期，上半年仍有可能持续出现负增长。全年呈现明显的“前低后高”态势。预计2009年全社会用电量增速在5%左右。全年发电设备利用小时在4500h左右，其中，火电在4700h左右。

预计2009年全国电厂发电、供热生产电煤消耗在15.5亿～16亿t。目前，大部分水电站蓄水比较充分，基本可以保证2009年冬春水力发电基本出力。电煤、气候和来水的不确定性仍然是影响2009年电力正常运行的主要因素。

三、坚定信心　促进电力平稳发展

在2009年《政府工作报告》中，有三处提到要解决电力行业发展中的问题，第一处是“大力发展循环经济和清洁能源。积极发展核电、水电、风电、太阳能发电等清洁能源”。第二处是“推进资源性产品价格改革。继续深化电价改革，逐步完善上网电价、输配电价和销售电价形成机制，适时理顺煤电价格关系”。第三处是“深化国有大型企业公司制、股份制改革，建立健全现代企业制度。加快铁路、电力、盐业等行业改革”。这对电力行业克服当前存在的各种困难，保证电力安全稳定供应，服务国家经济社会建设，提高持续发展能力都具有十分重要的意义。

（一）着力解决电煤问题，确保电力安全稳定运行

2008年电煤供需形势的剧烈变化给电力企业带来了深远影响，造成火电企业大面积亏损、资金链濒临断裂，电网企业经营形势严峻，电力企业负债率上升甚至出现资不抵债的情况。目前，电煤产量和价格引起的“市场煤、计划电”深层次矛盾更加突出，煤电双方对电煤价格分歧较大，利润分化严重，电煤问题已经危及电力安全稳定运行。

一是建议国家有关部门要加大调控力度，加快电煤协调，确保短期电煤供应和电力安全稳定运行。

二是要积极协调推动煤炭和电力企业签订长期稳定的电煤合约，建立“合作共赢、和谐发展”的长期合作伙伴关系。

三是要建立起政府各有关部门宏观领导和协调、行业中介组织参与、企业为市场主体的符合市场规律、适合中国国情、煤情、电情的电煤供需衔接机制。

四是要正视煤炭企业这两年利润快速增长、电力企业大面积亏损以及需求下降和国际煤价大幅回落的现实，在电价疏导还有很大空间不能到位的情况下，当务之急是电煤价格应该在2008年订货会合同价格的基础上下降到一个合理水平，同时加大对合同兑现的监管，以使火电企业维持简单再生产，煤电共同承担社会责任，共克时艰、共渡难关。

五是积极创造条件优化市场环境，推进煤电联营，打造综合能源产业集团，提高煤炭资源控制力，减少电煤市场风险。

六要建设大型煤电基地，通过特高压变输煤为输电，缓解电煤运输压力，减少流通环节风险。

（二）加大电力结构调整优化，提高电力发展质量

电力行业企业要加快转变电力发展方式，着力调整优化电力结构。

一是要继续推进电源结构调整，优化发展火电，着力改变火电比重过高的电力结构；积极发展清洁能源和可再生能源；加快煤炭的清洁利用，继续推进小火电关停或改造工作。

二是要加大水电开发力度，同时要特别重视解决移民环保的政策落实。

三是加快核电发展，抓紧研究解决制约核电发展的体制机制问题，进一步拓展核电投资主体，完善核电发展政策，确保核电运行安全。

四是要做好风电发展专项规划，风电建设和电网接入要统一规划、统一实施；建议进一步统筹中央和地方审批项目之间的衔接关系。

五是要继续加快电网建设，继续推进跨区跨省电网建设、加快城市农村配电网建设与改造，统筹各级电网协调发展，进一步提高电网优化配置能力，要积极争取城农网建设国家资本金投入。

六是建议国家有关部门抓紧组织开展对“十二五”规划重大问题的研究，进一步推动电力优化发展、可持续发展和适度超前发展。

（三）解决政策性亏损问题，逐步理顺电价机制

2008年火电企业巨额亏损和目前电网企业已经出现的亏损基本上是属于政策性亏损，国家有关部门仅对由于冰灾和地震造成的损失给予了适当补偿，但煤价上涨造成的巨额亏损却没有得到应有的解决。近几年，电价矛盾积累较多，电煤价格仍然高于去年同期水平，上网电价缺口较大，脱硫环保电价执行不到位、不及时，可再生能源补贴不足，水资源费等各种费用偏高；同时，销售电价偏低，单边上调上网电价严重挤压了电网企业利润空间，电网企业垫付脱硫加价情况突出。如果不能及时进行调整，电力行业整体亏损的局面将难以改变。

一是建议国家有关部门通过经济、财税、信贷等政策，帮助电力企业化解经营风险，如：通过继续注资提高企业资本金、通过国家担保提高企业融资能力，合理调减对电力企业的考核指标，在今年通过对火电企业实行部分增值税先征后返。

二是继续坚持煤电联动原则，抓紧理顺煤电价格关系，建议再次启动煤电价格联动政策时，考虑发电企业已经无力自行消化煤价连年上涨的30%，按煤价涨幅全额联动。同时进一步推动热价调整，减少长期以来的供热亏损。

三是把握能源资源价格改革的契机，深入开展煤

电价格机制研究，逐步形成上网电价、输配电价、销售电价价格体系比较科学合理的电价形成机制。

四是电力企业也要进一步加强资金管理，控制负债规模，把握发展节奏，加强电费清欠回收管理工作力度，确保资金安全。

（四）服务国家宏观调控大局，促进电力平稳发展

电力行业当前最大的任务就是紧紧服务党和国家“保增长、调结构、扩内需”的重大决策，应对危机、抢抓机遇，认真扎实做好自己的事情，千方百计促进电力平稳发展，努力为完成GDP增长8%服务。

一是建议政府对“保增长、扩内需”符合规划，能够形成新的经济增长点的电力项目，特别是水电、核电等清洁能源、新能源和电网建设项目，建议国家加快审批速度和加大投资力度，避免电力发展大起大落。

二是电力行业企业要将企业发展纳入国家宏观调控的总体部署当中，认真落实做好电力项目计划与实施，确保国家要求的结构调整、节能减排等各项任务、措施得到落实。

三是全行业都要密切关注国际金融危机的走势和对国内的影响，认真研究电力供需和国内经济发展形势，进一步加强电力预警预测工作，及时调整企业的发展策略，运用好各项发展政策，始终保持在危机中的主动权。

面对2009年，挑战与机遇并存、困难和希望同在，我们一定要深刻认识国际国内经济形势的严峻性和复杂性，增强危机意识和忧患意识，充分利用已经取得的好条件，积极应对面临的外部困难，努力扎实做好各项工作，继续发扬电力行业的光荣传统，我们完全有信心、有能力使电力保持平稳较快发展，为战胜危机、保持经济平稳较快发展作出新的贡献！

电力发展：问题与对策

郝卫平[1]

一、当前电力工业面临的主要问题

一是电力企业亏损。2008年五大发电公司亏损达350亿元，国家电网公司和南方电网公司利润水平比2007年减少了80%。造成企业普遍亏损的主要原因，首先是煤炭价格上涨；其次是电力需求下滑严重，许多火电机组发电设备利用小时数下降了20%甚至更多。但是，在全行业严峻的形势下，仍有部分地区的一些发电企业盈利，有的盈利水平还相当高。比如一些煤电联营项目，热电联产项目，单位造价比较低的大型高效发电机组。这反映出企业经营管理水平、经营理念、经营机制之间的差异，表明了在市场环境、条件同等情况下，企业的组织结构、经营理念、管理水平是会影响效益的。

二是结构性矛盾突出。首先，电网相对比较薄弱。近年来我国电网得到了长足的发展，2007年全国35kV及以上输电线路总公里数达到111万km，与美国基本相当，其中220kV及以上线路比美国长了10 000多公里。但是，城乡供电体制相对落后，不足以适应城市快速发展和新农村建设的需要；电网安全可靠性还不高，抗灾能力相对薄弱，应急机制需要完善；受体制和资金的制约，老少边穷地区的公益性电网设施发展落后，不能满足普遍服务的需要。

其次，电源结构不合理。我国火电占总发电装机的70%以上，有80%的发电量来自于燃煤。煤的大量开采和使用，造成了地质灾害、运力紧张、环保压力加大等一系列问题，不利于电力工业的科学发展。但这也是我们的国情，近期将难以改变。2008年火电机组的经营十分困难，也暴露出很多问题。特别是小机组、能耗高的机组亏损比较大，经营困难，很多民营电厂都面临着破产。

三是电力建设形势依然严峻。首先，设备生产能力放空与投资冲动不足的问题明显。初步统计，受宏观经济形势和电力市场需求快速回落的影响，2009年全国36家主要发电设备生产企业的生产计划是1.03亿kW，比2008年下降了15%。2010年发电设备订货8390万kW，在2009年的基础上又下降了10%。这些合同大多数是在2008年9月以前签订的，当时还没有出现大幅度下降，而2008年9月后已经有不少项目要求推迟交货。与此同时，当前有些地方推动电源建设的积极性仍然十分高涨，在地区利用小时数已经非常低的情况下，仍然要求加快项目建设和新项目上马。

其次，违规建设问题没有得到彻底解决。2002年以来，我国电力需求连续6年保持了两位数的增长，电力装机也从2002年的3.6亿kW增加到2008年的7.9亿kW，年均增长0.7亿kW左右。在市场需求较好的情况下，一些地方和企业违反国家产业政策规定，擅自开工建设电源项目。比如2008年审计署对某省348.4万kW企业自备电厂的审计，结果72%的装机不符合政策，而且很多属于国家禁止或限制的项目，并且是向国家禁止的小轧钢、小冶炼、高

[1] 国家能源局电力司副司长。此文刊载于《中国电力企业管理》（2009.4）。

耗能企业供电，同时还存在不交或者少交各种税费的情况。经过几年的整顿和疏导，电站建设秩序有了很大改观，但是由于新增需求多，加上企业政绩考核、财税体制等一系列因素的影响，违规建设电站项目没有得到彻底解决。据审计署调查，违规项目主要是靠企业自有资金、银行临时周转贷款、拖欠设备工程款等来维持，在电力需求下滑的情况下，这些项目的资金来源、上网电价都遇到问题，有些已经到了难以为继的程度。最近监察部可能还会加大调查力度。现在到了清理违规项目的时候，但需要引起重视的是，由于上马违规项目造成的亏损，恐怕要自己负责了，对违规项目提供支持的部门也有责任。对那些不考虑实际情况，盲目投资，形成恶性竞争或者利用小时数下降，或者利用小时数比较低造成亏损的，属于投资的问题，要自行承担。

二、电力工业应对危机的对策

我们一定要看到积极成果，坚定电力科学发展的信心。2008年，我们的发电结构调整成效较好，效率提高。全年水电增长达15.6%，增幅提高5.8个百分点；火电增幅回落12.43个百分点；全国火电供电煤耗2008年达到每千瓦时341克，比2007年下降了7个百分点，我国煤耗现在与国际上的差距已经从60克缩减到19克，这是非常令人鼓舞的。

2008年已经核准的电站项目装机规模1.83亿kW，其中水电6000多万kW，火电首次低于1亿kW。核电在建项目2200万kW，提高了8.2%。在电网方面，2008年，全国共核准330kV及以上变电容量1亿kW。线路长度1.56万km，比2007年增长30%；线路里程数增长11.5%，加快了电网建设。核准变电工程7256km，变电容量4040万kW，比2007年增长256%，体现了全国跨区的资源优化配置。

因此，在电力形势非常复杂，企业经营非常困难的过程中，我们看到了国家的很多努力取得了良好成效，这是很令人鼓舞的。

2009年还有大量建设项目要陆续投产。发电装机的增长预计将继续高于电量需求速度。我国正处在工业化和城镇化加快发展的历史阶段，人均装机水平不高。如果宏观经济形势很快走出低谷，目前的发电能力盈余状况很可能不足以支撑连续、快速的发展。科学预测经济发展趋势，合理把握电力结构，是当前电力行业宏观管理面临的重要课题。2009年的电量下降、企业亏损、煤价高起高落，比1998年面临的形势严峻得多、困难得多。但是，从电力行业自身规律和过去电力建设经验中应当看到，要立足长远与应对现实相结合，注重国民经济和社会发展的长远利益，促进电力工业科学发展。

当前，电力供需出现宽松局面，有利于我们加快调整，积极推进建设，大力改善民生。要抓住这一重大机遇，把握好时机，不能走错路，也不应错过机会。所以，尽管是危机，但机会也同时出现了。

一是要做好电力规划，避免出现大起大落，保持电力工业平稳发展。2009年，开始着手“十二五”电力规划的编制工作，还要针对当前的形势开展重大专项规划。目前已经启动或急需启动的规划包括调整核电规划，天然气储备规划、重要煤电基地的规划，电网和电力输出通道的发展规划，还包括城乡电网一体化建设等。

二是要针对形势发展，积极进行电力结构调整和优化。第一，加快核电的发展，对移民和生态保护条件成熟的水电项目加快开工建设。第二，继续加大上大压小。今明两年新建的常规火电项目，原则上要控制，用上大压小的方式保证火电建设规模基本稳定。第三，发展热电联产，改善北方地区生活质量。要抓住时机，把热电联产、集中供热解决好。这两年热电联产有所增加，但还有很多热电联产项目，建成以后由于热电价格高、管理体制不顺，发挥不了作用。第四，鼓励大型煤电一体化项目，减少大型煤矿的开发，积极推进大型煤电基地的建设。第五，优化电源布局，对有利于电网安全稳定供电，在电力需求增长潜力较大或者供需矛盾比较突出的地区，合理规划布局，对调峰起到支撑作用，一定要保证电力安全。第六，利用当前电力供需调节的有利时机，大力发展和应用清洁技术，特别是要加快洁净煤发电项目的技术开发、论证和推广应用，积极鼓励支持自主知识产权的技术开发和设备研制。

三是要积极推进节能发电的工作，及时总结经验，尽快推动实施。按照国家节能减排的要求，保护好环境。我们近期将召开工作会议，及时总结工作经验，针对可能出现的问题，尽快出台措施。

进一步推进电力市场发展

刘宝华[1]

建立市场化的电力发展和运行机制，是我国电力改革的最终目标。从国务院提出厂网分开、引入竞争机制开始，我们已经进行了10年的实践。虽然这个

---

[1] 国家电监会市场监管部主任。此文刊载于《中国电力企业管理》(2009.4)。

过程没有理想中的那么快，但回顾这 10 年的发展，应该承认，我国电力工业在发展运行的体制机制上，已发生了巨大的变化，计划的成分在减少，市场的成分在增加，电力市场正处于逐步发育的过程之中。有关电力市场方面的工作，主要是两大任务，一是推进电力市场建设，二是维护电力市场秩序。

一、当前电力市场运行情况

总体来讲，2008 年我国电力供需是前紧后松。电力装机容量增加较快，发电设备利用小时数下降较多，电力企业经营面临较多困难。电力行业作出了突出的贡献，也经受着严峻的考验。

2008 年的电力交易十分活跃，交易电量占全部电量的 16%。具体表现为以下几方面：

一是跨区域电能交易活跃。目前，除新疆、西藏、海南等少数地区外，全国 6 大区域电网和 27 个省级电网均已开展跨省跨区电能交易。2008 年，全国跨省跨区电能交易电量（含与香港特别行政区交易电量）4998.64 亿 kWh（其中跨区电量 2116.66 亿 kWh，跨省电量 2881.95 亿 kWh），同比增长 25.13%。

二是发电权交易初见成效。通过发电权交易，既实现了国家节能减排、关停小机组的目的，又保证了关停企业的既得利益。目前，全国已有 24 个省份开展了发电权交易。2008 年累计完成交易量约 992 亿 kWh，实现节约标煤 908 万 t，减少二氧化硫排放 27 万 t。

三是大用户直接交易继续进行探索。近几年，电监会、发改委在推进大用户与发电企业直接交易方面作了有益的探索和试点。试点的目的，第一是探索由供需双方自主协商的电价形成机制；第二是探索直接交易需要的输电价格水平。试验的结果还可以，但还不能说取得了全面的经验，因为试验的范围小，反映出来的主要是电力企业降价让利、大用户企业得到实惠，离真正的建立机制还有较大距离。

二、维护电力市场公平的情况

市场公平是电力体制多元化之后的一个重要问题。针对厂网分开后，在厂网界面上出现的新问题，我们在探索中建立了一批制度，尽力维护公平公正，保护各类电力企业的合法权益。

首先，建立了三项制度。第一是合同协议备案制度。发电企业上网必须与电网企业签订协议，将权利、义务、责任分清楚。电监会每年都制定购售电合的范本，发电企业和电网企业签订的合同、协议，必须向监管部门备案，是否符合范本原则，必须经过监管部门的监控。第二是厂网联席会议制度。对规范厂网分开，促进厂网共赢，起到了积极作用。第三是信息披露监管报告制度。电网企业掌握的信息相对充分，有些企业把电网运行的信息称为电网的商业利润，发电企业得不到，意见比较大。出台信息披露公共管理办法后，要求电力企业必须向政府、监管机构、电网调度机构提供相关信息。还有监管报告把整个行业一年或一个阶段运行的情况、经济关系做出梳理，集中向社会披露。监管报告制度对规范企业行为产生了很好的作用。

其次，关于厂网界面上的经济关系问题，主要建立了两项制度。一是规范新建机组转商业运营。新建机组从投产到正式转入商业运营之前，执行的是临时性电价，但是电网按目录电价销售，存在明显差价，操作上也存在不规范行为。如转入商业运营前的时间偏长等，相关发电企业也希望规范此事。为规范运作，专门出台了《新建机组进入商业运营管理办法》。二是规范厂网电费结算。厂网电费结算的现金流量非常大，因而结算时间、结算方式不同，结果相差会很大。为此出台了《发电企业与电网企业电费结算暂行办法》，效果不错。2008 年发布厂网关系报告时做了评估，从统计数据看，2008 年厂网电费结算的情况是厂网分开以来最好的，结算水平明显提高了。

第三，关于并网电厂的运行管理，也出台了两项制度。一是并网运行管理办法。按照公平市场竞争的原则来规范并网运作管理，出台了《发电厂并网运行管理规定》，2008 年制定并印发了六大区域的实施细则。二是并网电厂辅助服务管理办法。出台了《并网电厂辅助服务管理暂行办法》，把辅助服务分为两大类：一类是基本的，另一类是有偿的。而且要建立基金，基金的分配要及时向市场披露，基金的分配办法正在制定之中。从长远发展看，要逐步建立市场化管理机制。

三、目前市场运行的特点及问题

当前，社会和市场主体对市场机制的需求越来越强烈，尽管严格意义上的电力市场尚未正式运行，但各市场主体对市场机制及其系统已在逐步适应。如前面提到 16%的电量是通过灵活交易的方式实现，地区间的电能调剂基本上通过市场方式实现，省间电能交易已不再需要分配指标。当然，交易是否规范、公平？是否存在侵占利益的问题？都还需要进一步规范，但这些方面已确实是通过市场机制实现的。

当前市场运行存在的主要问题：

一是交易有待规范，防止利益转移。发电企业通过交易方式确定的电价，普遍低于上网电价。因为有大量的利益从发电企业转移到其他方面，有的是让利于用户，有的是发电企业之间的转移，有的则向电网企业转移。当然不是这些转移都有问题，但从操作层面讲，要对交易进一步规范，使其运作更透明、公开。

二是存在指定交易或无效交易，资源配置效率有待提高。例如，某个地方可能不缺电，机组利用水平并不高，但还要从外地送电，未能实现真正的通过市场配置资源，这种现象或者源于政府的某种意愿，或者体现了企业的某种利益，下一步也要加以规范。

三是电力供需形势变化，地区壁垒有所抬头。这是很难避免的现象，电量富裕时要保证本地发电，电量紧缺时，也同样会出现这样的问题，需要引起重视。

四是规范的交易制度尚未形成，交易透明度还不够。由于对电力市场的认识尚未统一，规范的制度没有出台，造成很多交易不是在规范的平台上进行，也没有实行有效和及时的监管。

四、电力市场的发展

总体来看，我国的电力市场建设面临着良好的机遇。对当前的市场可作以下分析：

（一）市场建设面临一些有利因素

一是电力供需缓和并出现富裕。全世界对电力改革成功的期待，即电力成本要下降，电价要下降，社会得到实惠。市场的本质是建立调节机制，而供需决定价格是市场规律最基本的特点。现在从运行情况看，供需已趋缓和，在这种情况下，电力企业要有改革的思想准备。

二是行业对市场机制的需求。只有通过市场机制，才能解决电能交易和利益分配的问题。通过这几年的实践，对电力商品属性的认识，对电力市场机制的认识，对电力企业及体制的认识，已大不相同。再加上当前电力企业之间、电力与上下游产业之间的许多矛盾长期无法解决，政府也很难决策，急需建立市场机制加以调节。所以，当前对于电力市场建设的要求已有很大提高。

三是市场意识的觉醒。对市场建设有力的支撑，就是市场主体的市场意识。近几年电力行业在大发展的同时，也陷入了空前的困境。如果维持现状不变，长期让电力企业承担这样的责任也难以为继，这集中反映了电力行业发展内在机制的缺失。出路只有一条，就是深化改革，建立市场化的运行和发展机制，把电力发展的内在关系理顺。

四是国内外的经验。20 多年来，世界上电力市场化改革总体上取得了成功，当然仍需继续观察。美国加州电力市场运行出现问题的重要启示，就是不能搞单独的竞价上网，一定要把灵活交易和集中竞价有机结合。国外电力改革提供了宝贵经验，应该认真分析，积极借鉴，结合我国国情，建设有中国特色的电力市场。

五是领导重视，各方面正重新形成共识。2009 年《政府工作报告》指出，要加快铁路、电力、盐业的改革，明确提出电价改革，最高决策层已明确要求电力改革要进一步深化。

这些都是当前推进电力改革的有利因素。把市场机制真正建立起来，还需要付出艰苦的努力，但 2009 年的电力市场建设正酝酿着新的突破。

（二）加快市场建设需要配套改革

电价机制。要建立电力市场，电价制度非常关键。不管电价怎样改，首先要从思路上明确一点，一定要使电价改革与市场建设相结合，建立市场化的电价形成机制，将电价分门别类加以管理，这是一个最基本的问题。

电力体制。现在的体制对我们形成组织化的电力市场还存在很大障碍。一般的电力市场可以做，但严格意义上的组织化的电力市场，现有的体制不能完全适应，需要深化电力体制改革。

深化政企分开。电力市场建设必须要深化电力工业的政企分开。目前从形式上看分开了，但实质上还有千丝万缕的联系。现在电力企业无法真正做到自主经营、自负盈亏，其生产要素中最重要的决策环节都掌握在政府手中，政府和电力企业的功能分工还不够清晰，政企分开还没有到位。

（三）当前电力市场建设的主要内容

当前电力市场建设有两种思路：第一是现有的体制、格局不发生大的变化；第二是按照国务院政府工作报告所描述的，根据改革的进展情况安排。这两种情况是不一样的。如果在现有体制下，一个基本原则就是，“利用现有体制，基于现有需求，培育区域平台，开展灵活交易”。

规范跨省区电能交易。最重要的一条，就是增强交易的规范性和交易的透明度，加强制度规则建设，加强对交易的监管。减少省级电网公司集中采购电量后再转售给其他省，要采取发电企业在大区平台上直接向省外销售的方式；当然也可以委托省电网公司帮助销售到外省，但要经过发电企业自愿委托，把发电企业从省为实体的框架中解放出来。

逐级开放电力用户，建立多边交易机制。这也是世界各国电力市场建设的成功经验之一。法国、日本的电力市场都是从这里开始的，这部分的用户数量少，电量大，效果也会比较好，而且大用户企业话语权也较多。小用户没有这样的时间和能力，所以可以先从大用户做起。对这项工作各地都很积极，也都提出了相应要求。

完善发电权交易机制。经过近一年运作，发电权交易基本上得到了各方肯定，接下来要加快推进，进一步完善。

建立电力辅助服务的市场化交易制度。辅助服务作为一种特殊的电力商品，对发电企业成本影响很大，目前正在大范围开展辅助服务市场化的试点，并将在适当的时候推进辅助服务市场化工作。

逐步建立电能的长期合约市场和期货市场。现行的电力运行方式是一年制订一次计划，电煤谈判也是一年一次。企业在同一时间集中发表意见，集中提出要求，矛盾也相对集中。上网购售电合同也是每年一签，这是从过去年度电量计划演化来的方式，有利有弊。因此，建议可以将年度合同变为发电企业与电网企业直接交易的更为灵活的合同，建立企业一对一的契约关系，战略协议从原则上定下来，合约年限内还可自愿调节，而不是像现在每年政府分配发电量的预期目标，然后再签合同。如果电能期货市场建立起来，对我国电力市场将是一个巨大的创新。

推进统一竞争的区域电力市场平台建设。根据多年电力发展的经验和电网形成的结构，区域市场相对来说是合理的、经济的。但是30年来，我国都是省为实体，这是一个基本特点，如何处理好这个矛盾？最重要的一条就是实事求是。例如目前竞争的市场建设，应该建立大区制交易体系，有利于区域的协调发展，国外也是这样做的。如果建立以区域为平台的市场，能够在平台上发现竞争的实时价格，为企业签订长期合同提供信息引导，从而调节供需，引导投资，优化资源配置。

五、电力市场建设需要攻坚

电力工业由计划体制向市场体制转变，需要“三级跳”，目前已经完成了两跳。第一跳是集资办电和还本付息电价政策的实施，形成了多元化的电力体制；第二跳是厂网分开和标杆电价政策的实施，给发电企业创造了规模竞争和成本竞争的空间。目前，发电竞争态势已经形成，但迈向市场还需要关键的一跳，这一跳就是放开用户侧和建立独立的输配电价制度。前两跳是条件积累，第三跳则产生飞跃——电力工业将突破传统的垄断体制，大步迈向市场之路。

长远来看，电力市场的发展，还有很多工作要做。包括市场的组织结构问题、企业的产权问题、交叉补贴问题、输配电价问题、主辅分离问题、政府监管制度的完善问题等。

目前，电力行业的体系结构改革还不到位，而建立市场化运行和发展机制，必须深化改革。这几年国有电力企业发展很快，民营、外资电力企业在减少，电网企业国有资产比重几乎是100%，发电企业国有资产比重也在90%以上。从长远来看，电力行业的产权结构应该响应市场，才能更好地提高效率。

具体到交叉补贴、输配电价格怎么定，首先要把输配电企业的真实成本搞清楚，逐步厘清哪些投资是必要的，哪些投资是过度的，哪些投资还不够。另外，主业和辅业之间有无关联交易，是否导致利润转移，政府监管制度如何完善，都要深入研究。

总的来说，电力经过几年的快速发展，为深化改革创造了条件。电力行业是在当前的困难中建立新的机制，还是在困难中再回到传统体制中去？这是值得思考的问题。我们必须坚持电力市场化改革的基本方向，进一步深化电力体制改革，进一步解放生产力，才能实现电力工业又好又快发展。

电 力 监 管

综述

2009年是新世纪以来我国经济发展最困难的一年。一年来，电监会系统认真贯彻落实党中央、国务院关于应对国际金融危机的一揽子计划和政策措施，围绕“保增长、保民生、保稳定”做了大量工作，为保持经济平稳较快发展作出了积极贡献。通过深入开展学习实践科学发展观活动，牢固树立“以人为本、监管为民”理念，凝聚共识、破解难题，进一步统一思想，坚持定位，深化改革，强化监管，着力保障电力安全，推进市场建设，加强行政执法，规范市场秩序，各项工作都取得了新进展。

深入开展“安全生产年”活动，安全监管进一步加强。认真贯彻落实国务院统一部署，积极推进电力行业“安全生产年”活动，扎实开展“三项行动”，切实加强“三项建设”，着力构建电力安全生产长效机制。会同有关部门，督查指导电力企业周密安排，及早部署，圆满完成国庆保电任务。结合各个时期电力安全生产特点和各地区保电工作重点，制订工作方案，加强监督检查，注意跟踪气象变化，及时部署应对措施，完成迎峰度夏、冬季大负荷、抢险救灾和哈尔滨大冬会、济南十一届全运会的保电任务。针对近年来电力建设安全事故多发的局面，吸取俄罗斯萨扬水电站的事故教训，认真开展调查研究，提出加强电力建设安全监督管理的具体意见。着力加强安全监管基础工作，修订完善电力安全监管有关技术规则和标准，推动发电机组运行可靠性和用户供电可靠性监督管理工作深入开展，发布2008年电力安全监管报告和电力可靠性指标，开展电力系统水电站大坝注册、定检、信息化建设和培训等工作，组织进行风电建设和运行等调查研究，举办首届中国国际电力安全发展暨电力应急管理论坛和征文活动。组织开展了电网企业信息安全大检查和电力二次系统安全防护检查，开展电力行业信息安全等级测评体系建设试点工作，发布《2008年度电力行业网络与信息安全情况通报》。完善电力应急管理的技术规则和标准体系，出台《关于加强电力应急体系建设的指导意见》。推进电力应急平台体系建设，综合应急指挥平台开始上线运行。积极推进和督促指导重庆、山西、内蒙古等地开展了处置电网大面积停电事件联合应急演练，电力应急管理工作不断深入。

积极推进电力改革，大用户直购电试点取得突破。抓住时机，因势利导，顺势而为，以市场为平台，以电价改革为核心，以大用户直购电为突破口，全力推进电力市场建设。3月，工信部、电监会、发改委、能源局联合发文，确定15家符合国家产业政策的电解铝企业开展大用户直购电试点工作。6月，牵头制定的《关于完善电力用户与发电企业直接交易试点工作有关问题的通知》正式出台。此后，陆续出台了规范大用户直购电试点的两份文件，为大用户直购电试点工作的推开提供了政策依据。20号文印发后，积极参与和促进部分省（区、市）大用户直购电输配电价制定工作，各派出机构积极与地方政府沟通协调，共同做好试点工作的申报、组织工作。截至2009年底，全国已经有11个省（区、市）正式上报了试点方案，安徽省的试点申请已经批复，辽宁抚顺铝厂与华能伊敏电厂的试点工作已经批准。

在积极推动大用户直购电试点工作的同时，各派出机构积极开展发电权交易、各种灵活交易和辅助服务市场化试点工作。各区域局结合本地实际，因地制宜地推进市场建设：华北电监局稳步推进内蒙古双边交易市场建设，目前已经进入模拟运行阶段；东北电监局组织开展了区域平台上的首次跨省发电权交易；西北电监局通过区域平台对跨区送电实行挂牌交易；华东电监局先行启动了华东电力市场跨省电能集中竞价交易；华中电监局利用区域市场吸纳区内省市的富余水电；南方电监局在丰水期启动了跨省水电临时交易。

电力体制改革工作稳步推进。积极推动农村电力体制改革，在深入调查研究和广泛听取意见的基础上，提出了开展农村电力体制改革试点工作的意见，完成了试点前期准备工作。推动电网企业主辅分离改革工作取得重要进展。积极参与、共同研究加快电价改革的意见。组织开展并完成输配电体制改革、输配电价改革等重大课题研究，取得了积极成果。

加大行政执法力度，稽查工作迈出新步伐。年初，开设了电力监管罚没收入财政账户。4月，印发了《关于进一步做好电力稽查工作的意见》。全年全系统共立案查处违法违规案件74起，罚款172万元。电监会直接对华北电网有限公司自行出台新机组商业运行管理办法并从中违规获利、葛洲坝集团机电建设公司和黄河上游水电开发有限责任公司违反电力行政许可有关规定、广东电网公司违反新建机组进入商业运营有关规定、湖北省电力公司随州供电公司对用户受电工程“三指定”、贵州腾元电力发展有限公司违规供电五起案件进行了立案调查，有的已经进行了处罚和处理，在电力行业引起较大反响。还有两起案件目前已调查完毕，正在审理过程中。

认真受理群众投诉举报，定期向社会公布12398投诉举报处理情况。全年电力监管机构共收到有效投诉举报信息10 381件，受理2492件，办结2116件。根据情况，对一些典型投诉举报案件直接进行调查处理，有效维护了人民群众的切身利益和社会公共利益。积极开展电力争议调解和裁决，化解矛盾纠纷，调解解决一些争议案件。配合、协同环保、公安、质检等部门开展行政执法活动。

大力加强市场监管，市场秩序进一步规范。坚持以发布监管报告为重要抓手，综合运用现场检查、信息公开等多种手段，加大监管力度，全面推进市场监管各项工作。

强化电力监测预警工作。针对国际金融危机以来严峻复杂的经济形势，把电力监测预警纳入市场监管范围，作为电力监管的常态工作，理顺监测预警工作机制，定期报告分析电力供需、电煤供应监测预警信息和电力企业财务经营情况。每季度召开会议，专题研究电力发展形势并向国务院上报分析报告，重要情况随时报告，为中央决策提供参考。

适时将电力业务许可工作重点从普及发证转向加强后续管理。在全国范围内组织开展承装（修、试）电力设施及电工进网作业许可制度执行情况的监督检查，依法处理一批违规企业，发布了监管报告。加强新建发电、输供电设施准入管理，启动发电企业持证经营和输、供电企业新建设施预期报备的试点监督管理工作，开展以新建设施为主要内容的许可证变更工作。

市场交易监管和“三公”调度监管不断深入。针对市场运行中存在的突出问题，重点加强对新建机组进入商业运营的监管和“三公”调度监管，建立电力系统年度运行方式汇报制度，开展跨区跨省电能交易情况检查，发布监管报告。继续推进厂网联席会议等三项制度的落实，厂网联席会议已经成为厂网沟通信息、解决纠纷的重要平台，对构建和谐厂网关系发挥了重要作用。

供电监管有新进展。在抓好2008年供电检查整改工作的基础上，组织开展了2009年供电检查工作，发布了监管报告。积极探索供电监管的新方式、新手段，引入第三方，在江苏无锡、广东东莞开展了供电用户满意度评价试点工作。联合国家质检总局对广东省中山市和河南省南阳市部分在用电能表计量性能进行了抽样检测。一些派出机构在开展定点监管、建立社会监督员制度等供电常态监管方面以及推进电力普遍服务实施、推动农村无电户通电等方面也进行了有益探索。

价格与财务监管工作积极推进。对山西晋东南—湖北荆门特高压示范工程输电价格进行审核。与有关部门联合开展清理优惠电价及大用户直购电等政策落实情况检查。发布2008年度电价执行情况监管报告。进一步加强网厂电费结算行为监管，按季度编制网厂电费结算情况简报。推进输配电成本监管工作，定期编制两大电网公司输配电成本分析简报。加强工程建设造价监管，编制发布《2007、2008年投产电力工程项目造价情况通报》。配合有关部门，开展全国电价调整的相关工作。

积极落实国务院确定的节能减排工作分工。继续推广燃煤机组烟气脱硫在线监测系统，对持证燃煤电厂二氧化硫治理情况开展拉网式排查，会同有关部门编制发布《2008年电力企业节能减排情况通报》，出台节能发电调度经济补偿办法。配合有关部门制订可再生能源电价附加与配额交易方案，开展了联合执法，取得了较好的社会效果。

积极推进监管法规建设和标准制定工作。发布了《供电监管办法》、《承装（修、试）电力设施许可证管理办法》和多个规范性文件。配合国务院法制办进一步修改《电力生产安全事故应急救援和调查处理条例》并推动列为2010年国务院立法计划一类项目。积极配合做好《可再生能源法》、《能源法》等法律法规的制定、修订工作。积极开展电力监管标准制定、修订，7项电力监管标准项目列入国标计划，电力工程项目建设有关标准制定、修订工作取得重要成果。成立了电力企业标准化良好行为试点及确认工作办事机构，试点和确认工作已进入实际操作阶段。

不断夯实基础工作，自身建设得到新提高。继续深入开展学习实践科学发展观活动，全面完成了学习实践活动各项任务。以抓整改为重点，推进学习实践活动不断深入。58项整改落实项目按进度要求除1项因客观原因需要延迟外，其他项目都按进度完成。

党风廉政建设取得新成效。认真落实中央关于反腐倡廉的重大决策部署，制订工作规划，扎实推进惩治和预防腐败体系建设。协助有关部门开展集中整治饮用水源地环境违法违规等突出问题，参加“环保专项整治行动”。深入开展“小金库”治理工作，对发现的问题进行了纠正。认真落实厉行节约要求，压缩“三项经费”开支，实现“四个零增长”，坚决制止公款出国（境）旅游。组织开展工程建设领域突出问题专项治理工作，对电力工程建设领域的突出问题进行调研和排查。深入开展电力行业治理商业贿赂专项工作，查结一批案件。继续做好电力行业信用企业评价工作，建立电力行业诚信记录信息库。切实加大查办违纪违法案件工作力度，对发现的违纪违规行为进行调查处理。

干部队伍建设和机关、党的建设进一步加强。认真研究推进电监会系统干部人事制度改革。开展教育培训工作，采取选派干部到基层锻炼等形式，创新培训途径和方式。认真学习贯彻落实十七届四中全会精神，进一步加强和改进机关、党的建设，围绕庆祝新中国成立60周年国庆，开展形式多样、丰富多彩的庆祝活动，基层党组织的战斗力、凝聚力进一步提高。

基础工作更加扎实。电力监管实时信息系统建设取得重要进展。统计分析系统投入运行，统计质量明显提高。“五五”普法工作取得阶段性成果。对外合作不断扩大，政府间合作项目取得新进展。推进信息公开和政务公开，完善了督办、检查、保密、财务等工作制度，规范机关运行，注重提高效率。预算管理、财务审计和资产管理工作不断加强，后勤服务保障工作进一步改善。

电监会职责

中华人民共和国国家电力监管委员会（简称电监会）根据国务院授权，行使行政执法职能，依照法律、法规统一履行全国电力监管职责。主要职责是：

（1）负责全国电力监管工作，建立统一的电力监管体系，对国家电力监管委员会的派出机构实行垂直领导。

（2）研究提出电力监管法律法规的制定或修改建议，制定电力监管规章，制定电力市场运行规则。

（3）参与国家电力发展规划的制定，拟定电力市场发展规划和区域电力市场设置方案，审定电力市场运营模式和电力调度交易机构设立方案。

（4）监管电力市场运行，规范电力市场秩序，维护公平竞争；监管输电、供电和非竞争性发电业务。

（5）参与电力技术、安全、定额和质量标准的制定并监督检查，颁发和管理电力业务许可证，协同环保部门对电力行业执行环保政策、法规和标准进行监督检查。

（6）根据市场情况，向政府价格主管部门提出调整电价建议；监督检查有关电价；监管各项辅助服务收费标准。

（7）具体负责电力安全监督管理工作。制订重大电力生产安全事故处置预案，建立重大电力生产安全事故应急处置制度。

（8）依法对电力市场、电力企业违法违规行为进行调查，处理电力市场纠纷。

（9）负责监督电力社会普遍服务政策的实施，研究提出调整电力社会普遍服务政策的建议；负责电力市场统计和信息发布。

（10）按照国务院的部署，组织实施电力体制改革方案，提出深化改革的建议。

（11）承办国务院交办的其他事项。

电监会领导

党组书记、主席：王旭东
党组成员、副主席：史玉波
党组成员、副主席：王禹民
党组成员、副主席：王野平
党组成员、纪检组长：江　岩

机构设置

一、内设机构

1. 办公厅（国际合作部）
2. 政策法规部（电改办）
3. 市场监管部
4. 输电监管部
5. 供电监管部
6. 价格与财务监管部（稽查局）
7. 人事培训部（机关党委）
8. 党组纪检组（监察局）
9. 安全监管局

二、直属事业单位

1. 信息中心
2. 电力业务资质管理中心
3. 中国电力报社
4. 机关服务中心
5. 大坝安全监察中心
6. 电力可靠性管理中心

三、主管的社会团体

中国电力企业联合会

四、派出机构

1. 华北监管局
华北监管局太原监管办公室
华北监管局济南监管办公室
2. 东北监管局
3. 西北监管局
西北监管局兰州监管办公室
4. 华东监管局
华东监管局杭州监管办公室
华东监管局南京监管办公室
华东监管局福州监管办公室

5. 华中监管局
华中监管局郑州监管办公室
华中监管局长沙监管办公室
华中监管局成都监管办公室
6. 南方监管局
南方监管局昆明监管办公室
南方监管局贵阳监管办公室

政 策 法 规

制订立法工作计划。研究起草《国家电力监管委员会 2009 年立法工作计划》。研究办理涉及制定《能源法》、修订《电力法》及其配套的《电力设施保护条例》等行政法规、修订《可再生能源法》的有关事宜。

配合国务院法制办进一步修改《电力生产安全事故应急救援和调查处理条例（草案送审稿）》。已就若干重点问题与有关方面形成一致意见，制定《电力生产安全事故应急救援和调查处理条例》，已列为 2010 年国务院立法计划一类项目。

审查起草修改规章。审查《供电监管办法（草案）》，经主席办公会议审议通过，印发电监会令第 27 号公布。审查《承装（修、试）电力设施许可证管理办法（修订草案）》，经主席办公会议审议通过，印发电监会令第 28 号公布。召开电力监管机构行政复议与应诉研讨会，研究形成《国家电力监管委员会行政复议办法（征求意见稿）》，经听取和征求意见，已形成《国家电力监管委员会行政复议办法（草案）》送审稿。

审查行政处罚案件。对葛洲坝集团机电建设有限公司等涉嫌违法案件的调查处理意见进行审查，及时总结完善电力监管行政处罚工作程序。

推进“五五”普法。转发《全国普法办、司法部关于开展“加强企业法制宣传教育积极应对国际金融危机”主题宣传活动的通知》（普法办［2009］8 号），推动电力企业依法积极应对国际金融危机。按照全国普法办要求，转发《关于组织开展“全国公务员学法用法征文”活动的通知》（普法办［2009］11 号），组织开展电监会系统学法用法活动征文活动，印发《关于电监会系统学法用法征文活动优秀作品评选结果的通知》（电监政法［2009］44 号），并向全国普法办推荐获奖单位和作品。召开“电力监管机构‘五五’普法经验交流暨行政复议工作研讨会”，表彰电监会系统的全国“五五”普法中期先进集体、先进个人和电监会系统学法用法征文活动的优秀作品，交流普法工作经验，进行行政复议法培训。

推进依法监管。完成《国家电力监管委员会贯彻实施〈全面推进依法行政实施纲要〉工作总结》。对电监会 2008 年行政审批制度改革工作进行总结，报送《电监会 2008 年行政审批制度改革工作情况的报告》。按照《关于对现有行政许可事项进行审核论证并提出取消或调整建议的通知》（监函［2009］76 号）要求，对电监会行政许可事项进行研究提出意见。

电 力 体 制 改 革

农村电力体制改革工作。为贯彻落实党的十七届三中全会《关于推进农村改革发展若干重大问题的决定》精神，研究拟订了《关于开展农村电力体制改革试点工作的意见》（征求意见稿），完成了试点前期准备工作，有关推动农村电力体制改革和实施新一轮农网升级改造的建议引起有关方面重视。

输配电体制改革等重大课题研究。针对下一步深化电力体制改革的关键环节，组织开展并完成输配电体制改革、调度交易机构设置、输配电价改革、输配电业务分开核算、农电体制改革等方面的课题研究，基本理清输配电体制改革的总体思路和方法路径。

电网企业主辅分离改革工作。推动有关部门成立主辅分离改革专项工作组，主辅分离方案制订工作取得重要进展。

市 场 监 管

出台电力市场建设政策文件。与国家发改委、国家能源局联合印发《关于完善电力用户与发电企业直接交易试点工作有关问题的通知》（电监市场［2009］20 号），与国家工商总局联合印发《大用户与发电企业直接交易购售电合同（示范文本）（试行）》和《大用户与发电企业直接交易输配电服务合同（示范文本）（试行）》（电监市场［2009］29 号）。印发《电力用户与发电企业直接交易试点基本规则（试行）》（电监市场［2009］50 号）和《跨省（区）电能交易监管办法（试行）》（电监市场［2009］51 号）。

推动大用户与发电企业直接交易试点工作。根据国务院会议纪要精神，会同工业和信息化部、发改委、国家能源局印发《关于工业企业参与大用户直购电试点有关问题的通知》和《关于开展电解铝企业直购电试点工作的通知》，贯彻国务院拉动内需应对国际金融危机的战略决策。修改完善《大用户发电企业直接交易购售电合同》和《大用户发电企业直接购售电委托输电服务合同》两个示范文本。在内蒙古双边交易中开展包头铝厂直购电试点工作，共同推进贵州电解铝直购电试点工作。与国家发改委、国家能源局联合印发《关于辽宁抚顺铝厂与发电企业开展电力直接交易试点有关事项的批复》和《关于安徽省开展电力直接交易试点的通知》。

促进并网发电厂辅助服务的逐步市场化及发电厂并网运行管理考核的规范化。组织实施《并网发电厂辅助服务管理暂行办法》、《发电厂并网运行管理规定》及各区域相应的“两个细则”，推动各区域开展辅助服务补偿机制模拟运行和试运行，实现发电机组运行管理考核与辅助服务经济补偿的有效结合。在京津唐地区、西北区域开展“两个细则”的试运行，南方、华东等区域部分省（区、市）组织开展“两个细则”的模拟运行。

指导各地电力市场建设工作。印发《关于华东地区继续开展跨省电量集中竞争交易的函》（办市场函［2009］217号），开展华东区域电能交易平台建设；印发《关于开展跨省（区）水电临时交易工作的函》（办市场函［2009］230号），开展南方区域电能交易平台建设。

加强和完善规范厂网关系的“三项制度”建设。采取多种措施大力推进和完善厂网联席会议、合同协议备案和“三公”调度交易情况报告“三项制度”建设，丰富信息范围和内容，完善全口径合同协议备案制度，促进电力调度交易的公开、公平、公正，进一步改善网厂关系。

维护电力市场秩序。编制并发布《2008年度全国电力“三公”调度交易及网厂电费结算情况监管报告》。该报告在全面客观评价取得成绩的同时，指出了电力企业在新投产发电机组转商运、新机组调试差额资金分配、公平调度交易、电费结算、购售电合同（协议）签订及备案、并网运行管理、信息报送等方面存在的问题，对一些电力企业违反国家相关规定的行为进行披露，提出了相应的整改要求，公布了《2008年全国大型发电企业有关数据调查统计情况》，对我国发电企业状况、电源结构、总体布局、发展趋势等相关技术经济指标进行了全面统计分析。

促进电力企业节能减排。与国家发改委协商沟通，将电力系统节能减排监管信息平台建设列入国家节能减排工作计划安排。会同国家发改委、国家能源局、环境保护部印发《2008年电力企业节能减排情况通报》（电监市场［2009］36号），并将有关情况上报国务院。

开展电力供需及电煤供应监测预警工作，定期上报电力供需及电煤供应监测预警信息。

输　电　监　管

深入开展跨区跨省电能交易检查。针对近年来电网企业和发电企业积极组织和参与跨区跨省电能交易工作，交易日趋活跃的情况，联合国家能源局开展跨区跨省电能交易情况检查工作。在各电力企业完成自查的基础上，各区域电监局会同区域内的城市电监办和地方政府发改委、经委（经贸委、工信委）、物价局等相关部门联合组成检查组，共同开展重点检查，发布《跨区跨省电能交易检查情况通报》。

电力监管标准化工作得到有效推进。积极开展电力监管标准制定、修订工作，《电力市场输配电成本的监管标准》等7个标准的项目计划按程序通过标委会全体会议审核，并报国家标准委申请立项；从电力安全、电力全行业的角度梳理电力标准，进一步研究完善电力监管标准体系框架，进一步完善、细化电监标委会的有关制度，规范标委会的运作，召开电监标委会一届二次会议，电力企业标准化良好行为试点及确认工作取得阶段性进展。按照《电力企业标准化良好行为试点及确认工作实施细则》的要求，就电力企业标准化良好行为试点及确认工作组织座谈和研讨，与国家标准委联合印发《关于成立电力企业标准化良好行为试点及确认工作办公室、省级确认工作联合办公室的通知》；电力企业标准化良好行为试点及确认信息系统通过了评审验收，进入试运行；开展了确认办公室和省级确认联合办公室相关人员培训；印发征集专家库成员和做好第一批试点申报工作的通知。电力工程项目建设有关标准制定、修订工作取得重要成果，组织召开《电力工程项目建设用地指标（火电、核电、变电站和换流站）》送审稿验收会和送审稿专家审查会，《用地指标》报批稿及其相关附件按有关要求报送住房和城乡建设部、国土资源部；《电力工程项目建设用地指标（风电场）》先后通过了送审稿验收和专家审查；《核电站工程项目建设标准》编制第一次通稿会召开，《风电场工程项目建设标准》已完成国内外调研和收资，进入标准文本草拟阶段；还就深化恶劣气象条件下电力标准适用性调研和电网工程电磁环境影响分析两项专题研究组织专家评审。

继续做好电力工程项目造价监管工作。在各区域电监局和国家电网公司组织报送2007、2008年投产电力工程造价资料的基础上，组织中国电力工程顾问集团公司和水电工程顾问集团公司对报送数据资料进行核实和统计分析，编制《2007、2008年投产电力工程项目造价情况通报》，并在电力系统范围内召开发布会。积极探索建立电力工程造价监管和发布的长效机制，组织草拟了《电力工程造价发布办法》，并组织相关电力企业进行座谈和研讨，进一步修改完善造价数据库软件平台。

加强电力调度监管工作。组织召开电力调度监管工作座谈会，会上就如何进一步加强电力调度监管工作进行了广泛深入的讨论总结。先后听取国家电网公司、南方电网公司关于电力系统运行方式的汇报，印发《关于建立电力系统年度运行方式汇报制度的通知》，初步建立电力系统年度运行方式汇报制度。同时，还开展电力调度信息披露深化研究工作。

开展国家标准《输电网运营评价》起草和电网公平开放课题研究工作。在国家标准委下达国家标准《输电网运营评价》起草任务后，组织成立标准起草小组，分别召开起草小组工作会和专家研讨会，研究起草工作思路，讨论标准大纲草稿、定位、评价对象、内容结构、指标选择、评价方式、评价依据等问题，逐一梳理各项评价指标。召开电网公平开放研究课题组专家研讨会，对课题研究报告进行修改完善。

组织开展可再生能源购售电合同和并网调度协议示范文本编制工作。启动可再生能源《购售电合同》和《并网调度协议》示范文本编制工作，组织有关企业和研究机构的专家召开风电、光伏发电购售电合同和并网调度协议示范文本编制工作研讨会。

供 电 监 管

完成《供电监管办法》（简称《办法》）的制定工作。先后在广东、江西和北京组织召开专题会议，通过书面征求意见、网站公示、召开研讨会等多种形式和途径，共征集意见264条。《办法》在8号令的基础上，进一步明确了监管目的和范围，扩展了监管内容。《办法》于2009年11月26日以电监会27号令形式正式颁布，并于2010年1月1日实施。

编制《供电服务规范》（简称《规范》）国家标准。召开启动会，成立工作组，先后召开4次专家研讨会，赴四省（区）调研，形成《规范》（送审稿），提交全国电力监管技术标准化委员会。

开展供电用户满意度评价试点工作。通过引进第三方调查方式，委托广东省省情调查研究中心于2008年10月～2009年2月，在无锡和东莞两市，对居民和非居民用户进行了供电用户满意度问卷调查，形成《用户满意度调查报告》。

联合国家质检总局开展在用电能表抽检。联合国家质检总局对广东省中山市和河南省南阳市各600块在用电能表计量性能进行抽样检测，抽检结果显示检测数据误差符合国家有关规定。

深入调研我国无电村、无电户情况。为深入贯彻落实党的十七大和《中国农村扶贫开发纲要（2001～2020年）》精神，完成对全国无电村、无电户，特别是“三个确保”贫困村通电情况的调查，并在此基础上，了解电网公司消除无电村（户）尤其是“三个确保”范围内无电村（户）的工作计划，汇总各地情况，形成《关于共同促进整村推进扶贫开发工作进展情况的函》（电监供电［2009］10号）报告上报国务院有关部门。形成《全国无电村、无电户基本情况报告》。

积极做好定点扶贫工作。2009年11月，国务院扶贫办确定甘肃省通渭县为电监会定点扶贫县，电监会召开专门会议研究部署扶贫工作并派人赴当地进行实地调研，确定扶贫工作的思路、建议以及近期工作重点，并组织落实。

价格与财务监管

加强制度建设，为依法监管奠定基础。研究制定《电价监督检查暂行办法（征求意见稿）》，起草《电价监督检查暂行办法（初稿）》。深入开展输配电成本监管工作，研究形成《输配电成本监管办法》征求意见稿。研究制定《跨区跨省输电损耗监管暂行规定》，撰写《跨区跨省输电损耗监管暂行规定（初稿）》。积极推动节能发电调度经济补偿办法的出台，与发改委、能源局联合印发《关于节能发电调度试点经济补偿有关问题的通知》(电监价财[2009]47号)。与发改委共同研究制定《关于规范当前电能交易价格管理有关问题的通知》。与发改委、能源局沟通协商，促成各方意见达成一致，于2009年10月共同颁布《关于规范电能交易价格管理等有关问题的通知》。

切实履行监管职能，充分发挥监管作用。审核晋东南—南阳—荆门特高压线路输电价格，报国家发改委核准。公开发布《2008年度电价执行情况监管报告》。按照国家发改委、国家电监会、国家能源局《关于清理优惠电价有关问题的通知》（发改价格［2009］555号）及《关于对清理优惠电价等情况进行督查的通知》（发改价格［2009］890号）要求，由电监会、发改委及能源局分别带队，对9个省份清理优惠电价及大用户直购电等政策落实情况进行检查。做好输配电成本监管工作，按季度编制《两大电网公司输配电成本分析报告》，对输配电成本情况进行分析比较，发现问题，提出政策建议。加强电费结算监管，规范电力企业电费结算行为，按季度编制《发电企业与电网企业电费结算分析报告》，对发现的问题提出相应的政策建议。印发《关于进一步加强电力企业财务经营信息报送工作的通知》，按季度编制《主要电力企业财务经营情况分析报告》，对电力企业财务及经营总体情况进行分析，提出政策建议，完成《2009年上半年经营情况分析及下半年经营走势预测报告》和《2009年前三季度经营情况分析报告》，专题报送国务院及有关部门，为领导决策提供参考。

加强配合协作，共同推进监管工作。与发改委密切配合，共同开展电价附加和配额交易方案制订工作，核实各省可再生能源附加收支金额情况，研究制定2008年7～12月和2009年1～6月可再生能源电价附加补贴和配额交易方案，共同印发《关于2008年7～12月可再生能源电价补贴和配额交易方案的通知》和《关于2009年1～6月可再生能源电价补贴和配额交易方案的通知》。组织各派出机构积极参与全国电价调整测算工作，了解各省电价调整测算方案，并结合电价监管工作，对测算方案提出建议。配合发改委，开展电价改革方案研究制定工作，征求《关于加快推进电价改革的若干意见》的修改建议，总结归纳各方意见，积极提出建议。

电力稽查

不断完善稽查相关制度。设立了电力监管机构罚没收入账户，行政处罚相关工作机制基本健全。印发《关于进一步做好电力稽查工作的意见》（电监稽查［2009］9号）、《关于进一步做好12398投诉举报热线有关工作的通知》（办稽查［2009］68号）和《关于开展行政处罚工作有关事项的补充通知》（办稽查［2009］77号），分别就加强稽查工作，规范12398热线系统的日常维护、人员管理、宣传方式、信息报送，明确行政处罚工作有关规定进行部署。

查处违法违规案件。对华北电网有限公司自行出台《京津唐电网新机组商业运行管理办法》并从中违规获利的行为，依法责令华北电网有限公司向有关发电企业退还违规所得资金4.2亿元，并进行通报批评。对葛洲坝集团机电建设公司和黄河上游水电开发有限责任公司违反电力行政许可有关规定、广东电网公司违反新建机组进入商业运营有关规定、湖北省电力公司随州供电公司对用户受电工程“三指定”、贵州腾元电力发展有限公司违规供电等4起案件进行立案调查，依法对葛洲坝集团机电建设公司作出罚款4万元的行政处罚，对黄河上游水电开发有限责任公司作出罚款1万元的行政处罚，对黄河上游水电开发有限责任公司25名、葛洲坝集团机电建设有限公司22名未取得《电工进网作业许可证》而从事进网作业的人员，按照行政处罚的简易程序现场每人处以50元罚款，对广东电网公司作出罚款80万元的行政处罚，并予以通报批评。

畅通投诉举报渠道。通过电话、信件、传真、短信、邮件等多种形式，认真受理群众投诉举报，并严格按规定进行办理。认真解决对12398投诉举报系统的一些硬件设备老化、软件系统故障等问题，主动与系统建设单位研究系统升级改造相关事宜，对各派出机构12398系统软、硬件设施进行全面故障排查，确保系统的稳定运行。对3起典型的投诉举报案件进行查处：对全国政协委员左宗申反映的电力行业的供电问题，通过实地调查，向重庆市电力公司出具监管意见书，督促电力企业依法依规经营；对浙江省沈天投诉电卡表多收费等问题，经过调查核实，向国家电网公司出具监管意见书，督促国家电网公司、浙江省电力公司限期整改，有效维护了消费者的权益；对群众反映江苏沛县供用电过程中存在的违规问题，经调查核实和多方沟通后，本着“尊重历史、面对现实、逐步规范”原则，分别对国家电网公司、中煤能源集团公司提出监管意见。

加大信息公开力度。健全和完善电力稽查工作信息台账管理制度，做好投诉举报信息统计、分析工作，督促各派出机构及时查处，对部分案件进行督办、回访，提高投诉举报案件的办结率和满意率。按季度正式在《中国电力报》、电监会门户网站上刊登《国家电力监管委员会12398投诉举报受理情况通报》，对投诉举报事项的地域分布、分类、受理及结案情况进行公布。按照政务公开的有关规定，及时在电力信息公开网站上刊登稽查相关工作信息，有效增强了与派出机构的信息沟通。

加强对电力企业污染物排放的监管。对2008年电力企业节能降耗工作开展情况、二氧化硫排放及减排情况进行统计、分析，形成《2008年电力企业节能减排情况通报》，并会同发改委、能源局、环保部向社会进行公布。对贯彻落实国务院节能减排工作安排的具体措施和工作进度进行汇总、分析，报国务院节能减排工作领导小组办公室，并在此基础上提出《电监会2009年节能减排工作分工》（办稽查［2009］56号）。

会同公安部门开展打击盗窃破坏电力电信广播电视设施犯罪专项斗争。会同公安部等九部门在京联合召开电视电话会议，总结2008年“三电”专项斗争工作，部署2009年工作，对2008年“三电”专项斗争先进集体和先进个人进行了表彰，电力监管机构2

个先进集体和5名先进个人受到表彰。会同公安部等部门组成联合督查组，对辽宁、吉林等省2009年“三电”专项斗争开展情况进行督导检查。

会同环保部门开展整治违法排污保障群众健康环保专项行动。会同环保部等八部门在京联合召开2009年全国整治违法排污企业保障群众健康环保专项行动电视电话会议。率第八督查组对吉林省2009年环保专项行动开展情况进行督导检查，对长春、吉林两市进行实地检查，听取有关政府部门的工作汇报，并就督查情况与吉林省政府交换了意见。

会同环保部做好履行斯德哥尔摩公约的相关工作。继续聘请专家常驻国家履行斯德哥尔摩公约工作协调组办公室，协助组织专家组的建立、部分日常项目管理以及相关行业的协调工作。为加强电力系统的履约能力建设，启动“电力系统含多氯联苯设备动态管理机制”课题研究工作。

会同质检部门开展建材市场专项整治工作。会同质检总局等九部门组成联合督查组，对山东青岛、河北沧州等地查处“地条钢”案件情况、区域性建材产品质量问题整治情况等进行调研和督查，及时掌握建材市场专项整治工作存在的问题，有力推动了各地建材市场专项整治工作的开展。

会同中央综治委组成督导组，对江苏、山东两省开展社会治安综合治理工作情况进行现场督导检查，全面了解两省综治工作和整治工作情况，推动社会治安综合治理各项工作措施进一步落实。

与发改委、能源局组成联合检查组，对云南等部分省份清理优惠电价工作开展情况进行督查。

安全监管

积极推进电力行业“安全生产年”活动。按照国务院全国安全生产电视电话会议精神和国务院通知要求，组织电力行业“安全生产年”活动，召开全国电力安全生产委员会第十次（扩大）会议，印发《电力行业深入开展“安全生产年”活动 保证电力安全生产持续稳定的意见》（电监安全［2009］5号）、《关于进一步推进电力安全生产“三项行动”的通知》（电监安全［2009］12号）及《关于进一步加强电力安全生产“三项建设”的实施意见》（电监安全［2009］25号），对电力行业“三项行动”和“三项建设”进行了部署。

扎实做好重要活动保电工作。以保证新中国成立60周年庆祝活动电力安全为工作重点，召开全国电力安全生产委员会第十次会议，印发了保证庆祝新中国成立60周年活动电力安全工作方案。同时加强指导协调和监督检查工作力度，组织4个督查组对华北、华东、西北、南方等区域重要电力企业保电准备工作进行督查；对华北区域西电东送的500kV输电线路涉及的重要电源点和变电站的保电准备工作进行督查；对华北电网公司、北京市电力公司及其调度机构、重要变电站保电情况进行督查；对福建、广东两省安全生产情况进行联合督查。

不断完善电力安全监管法规和标准体系。按照电监会《深入学习实践科学发展观活动整改落实方案》要求，配合国务院法制办进行《电力安全事故应急救援和调查处理条例》编制调研和反馈意见修改工作；编制《发电机组并网安全条件及评价》、《风电场并网安全条件及评价》和《供电企业可靠性评价实施办法（试行）》，修订《火力发电机组可靠性评价实施办法》。

组织开展电力安全生产监督检查。开展哈尔滨大冬会保电专项督查，确保大冬会供电保障万无一失。开展“两会”保电专项检查。为落实国务院领导的批示精神，开展华北、南方区域部分电网企业电力二次系统安全防护工作检查。对山东省第十一届全运会保电情况进行督查。针对2009年初河北、山西等10多个省市旱情严重，汛期部分地区暴雨、泥石流等自然灾害多发以及入冬后安徽、河南等省强降雪引发农网受损等情况，赶赴受灾地区，指导和帮助电力企业供电抢修恢复工作。

深入开展电力应急工作。加强电力应急体系建设，开展《国家处置电网大面积停电事件应急预案》修订工作，起草《关于加强电力应急体系建设的指导意见》；规范电力应急预案管理，制定《电力企业应急预案管理办法》，印发《电力企业综合应急预案编制导则》、《电力企业专项应急预案编制导则》、《电力企业现场处置方案编制导则》等文件，并指导有关单位完成《省（市）处置电网大面积停电应急预案》编制和评审工作；推动电力应急演练工作，印发《电力突发事件应急演练导则》，积极推进重庆、山西、内蒙古等地处置电网大面积停电事件联合应急演练的顺利完成；推进电力应急平台体系建设，按照国家电力应急平台体系建设规划，编制《国家电力监管委员会应急平台总体建设方案》，完成电监会综合应急指挥中心建设。

加强对影响电网安全问题的调查和研究。深入调研内蒙古、甘肃、新疆、江苏四省（区）风电建设和运行情况，完成《我国风电发展情况调研报告》。开展电力系统安全风险和脆弱性评估研究工作，组织编译美国能源部能源安全办公室发布的《电力系统脆弱性评估方法》。开展“输电系统串联补偿设备与发电机组关联影响与应对”问题的研讨。

开展电力建设施工领域调研和检查。探索电力建设施工安全监管的有效手段，针对2009年下半年电力建设重大人身伤亡事故连续发生的严峻形势，分别对四川、云南、广东等地区的大型电源和500kV变电站建设项目进行调研和检查，形成《关于进一步做好电力建设施工安全监管工作的报告》并报国务院，起草《关于进一步加强电力建设安全监督管理工作的意见》。积极做好电监会工程建设领域突出问题专项治理工作，召开专项治理工作领导小组第一次、第二次（扩大）会议，印发《电监会开展工程建设领域突出问题排查工作方案》和《电监会开展工程建设领域突出问题排查工作方案》，制定《电监会专项治理工作领导小组职责和工作制度》，并充分利用媒体对专项治理工作进行宣传报道，有力地促进了专项治理工作的深入开展。

举办中国国际电力安全发展暨电力应急管理论坛。在北京举办"中国国际电力安全发展暨电力应急管理论坛"和"中国国际电力安全与应急技术装备展览会"，10多个国家和地区的400多位代表和专家学者参加了会议，50余位演讲嘉宾发表了专题演讲。在与论坛同期举办的展览上，18家电力企业和10余家国内外电力制造企业展示了电力安全和应急管理工作的开展情况以及相关装备、产品、技术。

扎实开展安全监管各项基础工作。发布2008年电力安全监管报告和电力可靠性指标。继续做好电力二次系统安全防护工作，组织有关部门和电力行业科研机构专家对电力监控系统和管理信息系统等信息安全情况进行检查，检查涉及国家电网公司、南方电网公司及内蒙古电力集团公司所属网、省、市三级电网企业，覆盖了6个区域、13个省（直辖市）、34个地市共54家电网企业以及5大发电集团。完成电力系统水电站大坝注册、定检、信息化建设和培训等常规工作，与河海大学和国家电网公司、中国华能集团公司、神华集团有限责任公司等电力企业联合开展了大坝安全监测、大坝安全管理人员培训。组织或参与事故调查。针对2009年发生的重大以上事故和对社会有重大影响的事件，会同安全监管局及有关派出机构组织或参与事故调查，并针对电力系统生产实际，有计划、有重点地下发了一系列通知和沟通、解决安全生产实际问题的文件186份，安全简报10期。举办了以"关爱生命、安全发展"为主题的征文活动，各单位举办一系列专题讨论和交流活动，撰写征文8000余篇，评选出获奖征文183篇。开展电力二次系统安全防护、电力应急管理、电力建设施工安全管理培训工作，共培训电力监管人员和电力职工近千人，为建设高素质的电力安全生产和监督管理以及应急管理队伍奠定基础。

国 际 合 作

落实中办文件精神完善外事管理。严格按照中纪委、外交部要求调整部级、局级及以下人员因公出国（境）计划，完善出国用汇管理制度，坚决杜绝公款旅游。加强对管辖的社团组织等单位防治措施的督促。对派出执行参会、考察、培训任务的团组严格行前教育和报告制度。

加强交流任务的针对性和时效性，认真做好因公出访工作。认真贯彻执行制止公款出国（境）旅游专项工作的各项要求，做好部级领导出访计划报批工作。2009年度部级领导因公出国（境）1批。总计完成审批派遣因公出国（境）任务22批（含派出机构、中电联和电力报社人员），派出56人次，其中，会内组团任务11批。这些交流工作对完成政府间合作任务和加深电力监管国际交流与合作起到了积极的作用。

积极配合国家经济外交，做好政府间合作项目工作。对GMS电力合作有关情况进行调研，形成了建议报告；出席湄公河次区域合作内部工作协调会；参与中亚区域经济合作组织（CAREC）能源领域合作框架下的电力监管论坛工作，研究提出下一步工作建议；继续开展亚太清洁发展和气候伙伴计划（APP）能源监管与市场发展论坛相关工作，完成年度国别报告的翻译和送印。积极参与中国与蒙古政府间电力贸易框架研讨工作并提出工作建议，为今后两国政府间开展电力贸易合作项目奠定基础。

深化国际比较研究工作，做好国际金融组织项目的执行和管理工作。继续发展与重点国家和地区建立电力监管交流合作机制；举办有关电力体制改革、电力市场建设、电力安全监管等重点议题的国际研讨会；接待外国和国际能源监管机构负责人来访。全年接待来访和安排双边交流41次，邀请国（境）外官员、专家105人。开展电力监管国际比较研究工作，与世界银行、亚洲开发银行等国际金融组织开展中长期项目合作，进行战略性和前瞻性课题研究。目前，与世界银行开展的"中国输配电体制改革研究项目"已进入结题阶段；正在积极协调进行世界银行中国火电效率研究三个子课题项目工作。

华 北 电 监 局

1. 安全监管

做好国庆60周年、全国"两会"和重大节假日的安全供电监管。制订国庆保电专项监管方案和应急预案，及时开展专项检查，全面掌握电力系统安全运行情况和重要场所、重要用户的供电情况，确保信息畅通，圆满完成保国庆供电及“两会”、“两节”等重要活动的安全监管工作。

完善区域电力安全监管制度，制定华北区域电力安全生产大检查评分体系和电力建设施工安全专项检查标准化评分体系，对区域内主要发、输电企业及在建工程进行安全专项检查，累计发现各类问题1260余项，并对检查结果作了专题通报。

积极协调、组织了内蒙古大面积停电应急联合演练，演练活动参与面广、代表性强，进一步提升了社会应急反应能力。特别关注恶劣天气对电力安全的影响，在华北部分地区遭遇雨雪冰灾后，立即启动应急机制。

深入开展电力网络与信息安全的督导，组织开展华北区域电网企业信息安全现场督查和专项抽查，重点对电力企业贯彻落实信息安全自查工作情况、存在问题及整改措施落实情况进行了检查，进一步提高企业信息安全保护意识，确保电力行业网络与信息安全。

认真完成安全监管基础工作，努力推进区域电力并网安评、“三项行动”和“三项建设”、电力可靠性管理，以及电力工程建设领域突出问题排查等工作的不断深入；积极参加并参与组织了首届中国国际电力安全发展暨电力应急管理论坛和征文活动。

2. 市场监管

推进电力市场建设。起草《华北区域跨省电能交易规则》征求意见稿，稳步推进内蒙古多边交易市场建设。内蒙古多边交易市场开始模拟运行，发电企业和大用户在多边交易平台上共成交电量75亿kWh。对华北区域的大用户情况开展调查，摸清大用户基本情况。先期在京津唐电网启动并网运行考核与辅助服务实施细则的模拟运行，共涉及发电企业40家，机组近130台，装机容量近3800万kW。《两个细则》于5月1日起进入试运行。

积极推进监管中心建设。通过完善电力预警及快速响应机制，及时发现并迅速协调解决电力工业运行中存在的重大隐患和问题。组织研究实时信息系统接入对监管中心的软硬件要求，提出了初步接入方案。深入研究多边交易与发电侧电力市场在技术支持系统方面对二次防护要求的差异，开展内蒙古多边交易技术支持系统在监管中心的试运行。组织完成《电厂电煤监管及预警》课题研究，初步提出华北区域电煤监控和预警指标体系。针对华北区域电力负荷保持高位运行，部分电厂的电煤库存持续下滑，尤其是部分京津唐电网的电厂电煤可用天数连续多日低于警戒线的情况，密切跟踪华北区域的电力负荷和电煤供应情况，对电煤紧张原因进行深入分析，提出主要应对措施和解决电煤紧张局面的政策建议。

构建和谐的电力市场秩序。进一步加强每季度报送的“三公”调度报告的核查力度，提高各调度交易机构的信息披露质量，及时召开厂网联席会议，深入了解厂网间存在的各种问题。认真分析网省电力公司发电计划完成的公平性、电费结算率和新机转商运等情况，对存在问题的单位进行通报，提出整改要求，依法纠正了华北电网公司新建机组转商运的违规行为，并及时跟踪落实整改情况。

3. 供电监管

积极开展供电监管，促进供电企业提升服务质量。组织开展区域内供电检查，及时召开供电检查情况通气会，并向电监会报送供电监管报告。分省发布华北区域2008年供电监管报告。参与《供电服务规范》的起草及“三指定”案件的调查工作。及时公开监管动态，编制发布《华北区域2008年电力监管报告》。

4. 价格财务监管

深化电价监管。对区域内各电力公司所属供电公司的电价执行和电价调整政策情况进行专项检查，共查出违纪案件36起，涉及金额5.28亿元。开展电价信息汇总分析工作，汇总区域内各有关电力企业报送的相关材料。积极推进财务成本监管。召开电网企业输配电成本核算工作会，编制发布核算分析报告。建立和落实电费结算情况定期报送制度，区域内厂网电费结算率基本达到100%。按季度做好财务信息的收集和统计分析工作，全面反映电力企业财务经营状况，提出监管意见。

5. 电力稽查

加强对电力监管法规和12398投诉举报热线的宣传，加大12398投诉举报案件的曝光力度。热心处理群众投诉举报事项，对涉嫌违法违规行为组织查处，按照行政处罚程序，对5家企业作出行政处罚决定。积极开展调解工作，对没有违法违规的投诉举报事项进行积极协调，切实履行维护电力投资者、生产者和使用者合法权益的职责。

6. 电力业务许可管理

电力业务许可实现与日常监督并重。2009年，共颁发发电类电力业务许可证94家、承装（修、试）类许可证285家，颁发电工进网作业证8930个、续期注册23 360个，变更输供电类许可证106家。组织开展承装（修、试）电力设施及电工进网作业许可制度执行情况检查，对区域内有关电力企业进行现场检查，抽查工程招投标档案，用户工程报装档案，对检查中发现的5家违规无证施工企业进行严肃处理，罚款9万元，并下发检查情况通报。加强对电工考场监督管理，全面实现对考场的电子监控，提高对考试现场的监控能力，进一步严肃考场纪律。

7. 节能减排监管

节能减排向规范化发展。在与环保部门交流的基础上，加强可再生能源电价补贴结算监管。多次组织召开座谈会，听取区域内可再生能源企业在生产、经营等方面存在的问题和对政策方面的意见建议，协调解决相关问题。针对可再生能源电价补贴不能及时结算的问题，通过设立研究课题，研究提出完善可再生能源电价及附加的政策建议，制定《华北区域可再生能源电价补贴结算管理暂行办法》，进一步规范可再生能源电价补贴结算管理，保护可再生能源发电企业的利益，促进可再生能源规范、健康发展。在结算2008年可再生能源电价补贴费用时，积极帮助基金收取和电价补贴方面存在较大资金缺口的内蒙古电网公司协调有关单位，使配额资金及时到位。华北区域2008年可再生能源电价补贴结算工作达到100%。

东北电监局

国家电力监管委员会东北监管局（简称东北电监局）成立于2004年5月，负责辽宁、吉林、黑龙江等省及内蒙古东部地区的电力监管工作，代表国家电力监管委员会对东北区域电力企业行使监管职能。东北电监局现任领导：党组书记、局长韩水；党组成员、副局长王恩志、赵海华、杨子江；党组成员兼办公室主任吴大明。

1. 安全监管

加强领导，督促检查，扎实推进电力安全生产"三项行动"。认真部署电力行业"安全生产年"活动，大力营造"安全生产月"活动氛围，使安全发展的科学理念深入人心。

全力做好"大冬会"、国庆60周年保电工作。制定《东北电监局第24届世界大学生冬季运动会供电保障总体工作方案》，建立大冬会保供电重要信息每日报告制度，及时通报保供电信息，确保大冬会供电保障万无一失。按照国家电监会《保证庆祝新中国成立60周年活动电力安全工作方案》部署，切实加强组织领导，落实责任，加强值班管理，确保国庆期间电力安全稳定运行。

扎实做好隐患排查治理工作。排查一般隐患8900项，整改7800项，整改率为87.64%。多次组织检查组对丰满大坝病坝隐患整治、抚顺发电有限公司地质沉降、丹东海德热电有限公司贮灰场大坝等重大隐患情况进行检查，对隐患治理工作提出具体要求。

推进安全性评价深入开展。完成51家发电企业2252台机组的并网安全性评价工作。东北区域统调火电厂全部完成并网安全性评价。编制印发《风力发电机组并网安全性评价办法和标准》、《并网安全性评价现场评价标准》。

电力应急演练工作有序开展。与地方政府共同组织哈尔滨市大面积停电应急联合演练。辽宁省黑启动试验成功。调查、了解、掌握东北区域供电企业对重要电力用户供电电源及自备应急电源管理现状。根据国家电监会的部署作好网络信息安全检查，督促电力企业对检查中发现的问题进行整改。

2. 市场监管

稳步推进大用户直购电试点。根据三部委联合印发的《关于完善电力用户与发电企业直接交易试点工作有关问题的通知》精神，提出抚铝直购电采用跨省（区）供电的方案。直接交易试点工作于2009年10月正式启动，11月16日完成协议签订工作。继续推进吉林炭素厂与吉林热电厂大用户直购电工作。积极为推进辽宁、吉林、黑龙江省及内蒙古东部地区电力大用户直购电和多边交易创造条件。2009年完成大用户直接交易电量61亿kWh。

推进跨区跨省电能交易市场化。制定并印发《东北电网送华北电网电量市场交易暂行办法》，采取挂牌交易的方式实现送华北电量市场化。积极促进东北区域发电权跨省交易，印发《东北区域跨省发电权交易暂行办法》，2009年累计完成跨省发电权集中撮合交易17.49亿kWh。

加强电网调度和电网运行监管。重点对电网调度月度计划执行情况进行监管。做好电力"三公"调度交易监管工作，对信息披露情况进行监管。加强购售电合同和并网调度协议签订和备案管理。发布并实施《东北区域新建发电机组进入商业运营管理办法实施细则（试行）》。做好电力运行监测预警调查工作。分季度发布东北地区电力供需形势分析预测报告。编写东北区域电网运行周报，按期上报电煤日报及预测预警信息。对东北区域内10万kW及以上火电厂进行最小运行方式现场核查，提出了普遍认同的火电厂最小运行方式建议。

3. 供电监管

通过供电检查查找出部分供电企业在电能质量、供电服务、市场行为等方面存在的近200项问题。制定《2009年供电整改检查实施方案》，对整改情况进行检查。走访东北区域沈阳等城市信访接待大厅和"12345"市民热线电话受理大厅。针对电力用户普遍关心的停电问题，开展连续无间断向用户供电与按规定发布停电信息专项检查。

4. 价格与财务监管

发布《东北区域2008年电价执行情况报告》。按季度对区域内电力企业电费结算情况进行汇总、分析，发布《东北区域2008年厂网电费结算监管报告》，推动电费结算监管工作的逐步加强和深入，至2009年初全区4家省级以上电网企业当年电费结算率均达到100%。按季度发布、报送东北区域电力企业财务经营情况分析报告。开展电力工程造价统计分析，重点加强对2008年投产以及2007年投产尚未上报或上报资料不完整的电力工程造价的统计分析。

5. 电力稽查

加强投诉举报案件的处理和通报力度。研究制定《东北区域供电类投诉统计和通报规定》，及时通过网站、书面形式向公众和各网、省（或同级）电力公司通报供电类投诉案件内容和处理情况。重点加强对上级转办案件、历史遗留案件和热点难点投诉举报的处理工作。

开展用电检查监管工和探索电力并网互联争议裁决工作。调查形成《东北区域用电检查监管方案（讨论稿）》，并在东北区域范围内全面推动电网经营企业和供电企业加强用电检查工作。起草《东北电监局电力并网互联争议裁决管理办法（试行）》，对电力并网互联争议进行案例模拟，检验试行办法，同时完善电力并网互联争议裁决文书。

6. 电力业务许可管理

加大对持证企业监管力度。开展发电许可自查和现场检查，积极做好发电许可证监督管理试点工作。组织开展对辽宁、吉林、黑龙江三省装机6000kW（含）以上发电企业的发电许可证监管试点工作。明确步骤，组织开展发电许可年度自查自检，共有134家发电企业参加了自检自查 。根据企业上报的自检情况，对发电企业进行现场抽查。

推动承装（修、试）电力设施许可证年检工作。通报东北区域62家未按时提交承装（修、试）许可年度自检报告和未通过年度自检的企业情况。对从持证以来，未提交自检报告的30家企业、年度自检情况不合格的32家企业，作出收回承装（修、试）电力设施许可证的决定。开展承装（修、试）电力设施许可和进网作业电工许可制度执行情况检查。

完善电工培训考试和持证管理。目前，东北区域共设立41家考试站，地市覆盖率达到87%。制定发布《关于加强电工进网作业许可培训考试管理工作的指导意见》。对东北区域的重要用户和高危用户电工持证上岗情况进行专项抽查，对个别存在进网电工无证上岗问题的单位提出了限期整改要求。

7. 节能减排监管

加强电力节能减排信息统计分析。利用好已建成的电力企业能耗及环保指标数据报送系统，定期对能耗、环保指标进行统计分析，形成区域节能减排监管专项通报。联系环保部门和网省电力公司推动火力发电机组脱硫在线监测系统建设，实现联网监测，加强污染物排放监管。跟踪了解小火电机组计划执行及调整情况，对重点机组关停进行现场核查，加强对关停机组的安全检查。在发电许可、新机并网准入审核中，按照有关规定严格进行环保审核。

西北电监局

国家电力监管委员会西北监管局（简称西北电监局）成立于2005年1月10日，是国家电监会在西北区域的派出机构，依据国家电监会的授权履行陕西、甘肃、青海、宁夏、新疆五省区电力监管职能。西北电监局现任领导：党组书记、局长王天才，党组成员、副局长雷金娥、李英华，党组成员、办公室主任薛浒。

1. 安全监管

发现薄弱环节，夯实安全基础。全年及时贯彻电监会相关安全生产指示和要求，依据西北区域季节气候特点和主要活动的具体情况及时发出通知，要求企业做好相关工作。积极采取措施协调解决涉网二次专业管理问题，确保电网安全稳定运行。制定印发《西北区域并网企业涉网二次系统管理规定》，力求划分清楚网厂双方在涉网二次系统方面职责，明确落实双方责任；11月开展规定的执行情况专项检查，有效加强涉网二次系统管理。督促、指导电力企业技术监督工作，防范设备重大事故。

全面开展安全检查，完成重大保电任务。认真贯彻落实电监会关于电力行业开展安全生产“三项行动”、“三项建设”的要求，组织开展西北区域电力安全生产“三项行动”及迎峰度夏检查，督促、推进电力企业“三项行动”工作。8月下旬至9月上旬，安排西北区域电力企业国庆保电安全生产现场互查，并对发现的86个主要问题进行逐一通报，要求各电力企业举一反三，尽快组织整改，同时对落实电监会国庆保电各项措施进行再安排。国庆期间，加强应急值班，畅通信息渠道，西北地区电网安全平稳运行、电力供应有序，圆满完成了节日保电任务。按照电监会要求，年初开展西北区域电网企业信息安全检查。

开展事故调查，督促事故处理。对群众举报宁夏电力公司电力建设工程公司2008年发生一起一般人身伤亡事故未如实上报事件进行调查，督促宁夏电力公司对事故及事故瞒报情况进行调查处理，对宁夏电力公司给予通报批评。认真开展电力安全生产信息统计、分析工作，发布《2008年度西北区域电力安全监管报告》，全年编发《西北电力安全监管月报》12期，事故快报2期。

推动应急演练，应对突发事件。2009年，积极推动宁夏、新疆开展演练，不断加强和宁夏、新疆省（区）政府相关部门的沟通，协商开展联合演练。6月26日，召开西北区域电力应急工作座谈会，西北五省（区）政府发改委、经委、安监局、兰州电监办、西北主要电网企业都参加了会议。会议重点总结了陕西、甘肃、青海开展处置电网大面积停电联合演练工作经验，协商进一步做好新疆、宁夏演练工作。乌鲁木齐“7·5”事件发生后，向新疆电力企业发出通知，对电力安全生产、保障电力供应、电力设施安保、企业稳定等工作提出要求，同时，密切联系主要电力企业，督促其做到措施落实、反应迅速、信息畅通。针对特殊情况，9月对新疆主要电力企业进行重点检查，督促其做好国庆保电工作。

完善办法标准，提高安全性评价水平。编制了火电、水电、燃气电厂已运行机组并网安全性评价标准，对原有的新投机组并网安全性评价办法和标准进行修订。全年开展12个电厂共24台新投机组的并网安全性评价，装机容量共686.8万kW，发现并督促完成整改一般隐患432项，重大隐患108项。

2. 市场监管

完善区域市场方案，推进跨区跨省交易。认真研究西北区域跨省跨区交易市场方案，起草《西北区域跨区跨省交易实施方案》，初步建立长期跨区跨省交易机制，促进跨区跨省交易规范、有序开展。印发《西北区域电力市场交易管理暂行办法》，针对部分电力企业在跨区交易方案中存在的问题，坚持原则，坚决要求整改，维护了电力监管的严肃性，促进了电力交易的规范运行。2009年西北送华中跨区送电竞价交易会上，陕西、甘肃、宁夏、青海省（区）的18家发电企业参与竞价，其中5家发电企业竞价中标，累计交易电量5亿kWh。西北电监局对竞价交易全过程进行指导和监督，市场竞争机制取得了新突破。

年中，按照电监会等的统一部署，会同兰州电监办、各省（区）政府发改委、经委（工信厅）等对西北电网公司、陕西等各省（区）电力公司进行了跨区跨省电能交易检查，形成并上报《西北区域跨区跨省电能交易情况检查报告》。

深入调查研究，努力推动直购电试点。开展调查研究，组织座谈讨论，反复征求意见，协调联络政府、企业等各方工作。形成《宁夏青铝集团直购电方案》和《宁夏电力用户与发电企业直接交易方案》，起草完善陕西省和青海省的试点方案，向陕西、青海政府主管领导和陕西省政府常务会议进行专题汇报，两省人民政府对西北电监局的工作给予了充分肯定和高度评价。

打造监管平台，强化信息披露。建立完善厂网协调机制，精心组织厂网联席会议，进一步规范信息披露工作，印发《关于修订〈厂网联席会议电网、发电企业信息披露的基本要求〉的通知》，对原厂网联席会议电网、发电企业信息披露的格式、内容等进行了修订、完善。通过信息披露，促进“三公”调度和交易工作。

率先启动“两个细则”试运行。2009年初印发《西北区域发电厂并网运行管理规定实施细则》及《西北区域发电厂辅助服务管理实施细则》（试行），《关于印发实施西北区域发电厂辅助服务管理及并网运行管理新疆电网实施细则的通知》（试行），并于3月31日在陕西、甘肃、宁夏、青海、新疆等省（自治区）电网正式启动试运行工作。在第一阶段总结会议上，针对试运行出现的状况、取得的成绩及存在的问题进行深入剖析，依据技术支持系统参数及企业反馈的问题及时总结，着手修订细则和完善技术支持系统功能。

严格核查，加强合同备案管理。2009年在保证合同签约率的基础上，特别重视加强合同内容的核查工作，并对陕西、宁夏、青海三省（区）合同签订中存在的问题，要求三个省（区）电力公司限期进行整改。对西北电网公司报备的并网调度协议进行核查后予以退回，对并网调度协议中存在的问题，要求西北电网公司限期重新进行签订。

认真细致完成2009年供电检查。7～8月，组织供电检查组对陕西、宁夏、青海三省（区）电力公司、陕西地方电力（集团）公司及其所属的共计26家供电企业进行现场检查和重点抽查，发现各类问题160余例。随后，召开“西北区域2009年供电稽查工作座谈会”，集中通报了检查情况，并有针对性地提出整改要求和完成时限。并于11月24日开始，对所有受检供电企业进行复查。

作好电力市场监测预警。年初发布《西北区域2008年电力生产运行情况和2009年电力供需形势分析报告》。印发《西北电力运行信息》周报、月报共55期，向电监会、有关政府部门和广大电力企业定期上报和发布。

发布报告通报，沟通监管信息。2009年，西北电监局共发布各类电力监管报告7份，内容涉及“三公”调度、供电检查、电价执行、安全监管、工程造价、许可证管理、监管统计等重点、热点领域。全年共面向政府和电力企业印送印发《电力监管简报》37期，向电监会报送专报2期。

3. 价格与财务监管

采取多种手段逐步规范厂网电费结算行为。按照电监会要求，结合西北区域厂网电费结算实际情况，先后印发《关于建立西北区域厂网电费结算信息报送制度的通知》（西电监办［2008］78号）及《关于进一步加强西北区域发电企业财务经营信息报送工作的通知》（西电监办［2009］123号）和《关于进一步加强西北区域电网企业财务经营信息报送工作的通知》（西电监办［2009］124号）等文件，对厂网电费结算信息内容进行了细化要求。2009年，尽管各电力企业都面临着售电量下滑、发电利用小时数下降等困难局面，但在电费结算工作中，各省（区）电网企业都能够按照电力监管机构要求，以《购售电合同》条款约定的方式及时、足额地与发电企业结算电费。

4. 电力稽查

密切关注媒体舆情，及时解决群众投诉。形成舆情信息搜集和快速处理机制，对于陕西、宁夏、青海、新疆四省（区）范围内各主流媒体反映的涉电问题，均由专人每日负责收集和分类，属于监管范围的及时上报，然后转入投诉举报快速处理机制，及时妥善处理。2009年，西北电监局12398电力监管投诉举报热线接到有效投诉举报事项1576件。根据投诉举报有关规定，依法决定受理投诉举报事项214件，并已办理完毕210件。已办结事项平均办结时间16.63天，符合规定要求。

以人为本，方便群众。实现12398与陕西电力企业热线联动，使供电服务更加便捷优质，电力监管更加贴近民心。全年通过联动机制处理群众投诉举报2193起。积极开展电力监管投诉举报热线12398覆盖面普查，陕西、宁夏、青海三省（区）各县（区）级以上地区12398热线拨通率已达到100%。

行政处罚取得突破。认真贯彻落实电监会《关于进一步做好电力稽查工作的意见》，要求各业务处室在日常监管中及时发现并向稽查处移交电力企业违法违规行为。5月初，将一无证施工企业涉嫌跨地区违规施工案提交电监会稽查局，并参加了该案件的调查处理工作。该行政处罚案件是电监会机关立案查处的第一例行政处罚案件。

电力监管行政处罚实现突破，行政处罚工作顺利开展。随着4月对新疆创为电力建设公司无承装（修、试）电力设施许可证违规承接电力工程一案的顺利结案，行政处罚工作实现零的突破，也检验了行政处罚工作规定、流程和各类法律文书的实用性、可操作性，积累了执法经验。2009年共依法立案8起，涉及罚款金额104 350元。

5. 电力业务许可管理

全年共完成130家发电企业许可证申请材料的审核工作，其中有95家企业通过审批并颁证。积极开展装机容量1000kW以下小水电发电类电力业务许可证的豁免工作及发电类电力业务许可证的许可变更工作，共颁发豁免证7张，变更许可证5张。全年新颁发供电类电力业务许可证46张，完成许可证变更269家。做好承装（修、试）电力设施许可证的申请受理、材料审核、现场核查及审批工作，全年共颁发许可证100张，审批通过43家企业的变更申请。全面推进电工进网作业许可证核发工作，全年共核发电工进网作业许可证11 829张，并在非电力企业电工取证方面取得突破。

6. 节能减排监管

积极落实可再生能源全额收购和电价政策。针对可再生能源全额收购和电价政策执行情况专项检查中存在的问题，对陕西省电力公司和陕西省地方电力公司印发《关于报送可再生能源电量全额收购和电价政策执行整改情况的通知》。根据投诉，对安康供电局和紫阳县电力局可再生能源电量收购情况进行了调查，分别约谈陕西省电力公司和陕西省地方电力公司，通报有关情况和整改要求，并向两公司分别下发整改通知书。

华东电监局

国家电力监管委员会华东监管局（简称华东电监局）是国家电力监管委员会的区域派出机构，负责上海、江苏、浙江、安徽、福建五省市的电力监管工作，2004年7月正式组建成立。华东电监局现任领导：党组书记、局长丘智健，党组成员、副局长何昌群、邱水录。

1. 安全监管

深入推进电力行业“安全生产年”活动。加大电力安全生产执法力度。对上海市某供电公司工程现场人身触电死亡事故瞒报行为进行严肃查处；对安徽省发生的电力相关人身事故信息进行认真调查核实；对上海、安徽两地电力工程市场无证施工等违规行为进行全面检查。加大安全生产督查力度。督促电力企业做好隐患排查治理和重大隐患梳理上报工作，针对上海市部分发生不安全事件单位组织专项督查调研，开展迎峰度夏安全检查。加大安全宣传教育力度。先后组织开展了“安全生产月”活动、《突发事件应对法》普法活动，举办了电力二次系统安全防护、电力应急管理专题培训。

全面启动世博会保电各项准备工作。按照《中国2010年上海世界博览会保证电力安全工作责任书》确立的工作职责和任务要求，认真筹备世博保电各项工作。广泛调研，先后赴有关政府部门和电力企业就世博会保电工作准备情况进行了调研，明确世博会保电监管工作思路。加强组织领导，牵头成立了世博会保电工作综合领导小组，并定期召开工作会议，具体协调保电工作中的有关重大问题和事项。编制《保证2010年上海世博会电力安全工作方案》以及《华东区域世博保电工作意见》，明确世博会保电工作目标、重点工作和各阶段主要工作安排。按照“谁主管、谁负责”的工作原则分别与华东电网有限公司、上海市电力公司等8家电力企业签订保电工作责任书。加强部门合作，形成保电工作联动机制。会同市综治办、市经信委、市安监局等部门，共同开展反恐防范检查、重要用户安全用电督查、重大安全隐患监管等有关工作。

进一步规范电力应急管理，强化电力应急工作。受国家电监会委托，完成《电力企业综合应急预案编制导则》、《电力企业专项应急预案编制导则》和《电力企业现场处置方案编制导则》三份规范性文件的起草编制工作，组织开展宣贯培训，指导电力企业进一步规范应急预案编制和演练。在总结奥运保电成功经验的基础上，修订完善《华东电监局处置电力突发事件应急预案》，进一步加强应急机制建设。

2009年初和年底安徽电网遭遇严重冰雪灾害、6月安徽电网受强对流天气影响。灾害发生后，及时赴赴受灾现场了解灾情，指导抗灾抢险工作。同时，及时启动应急响应机制，每日以快报形式及时将电网抢修恢复情况上报，确保信息畅通。

加强电力安全监管各项基础工作。认真开展发电厂并网安全性评价。按照年初制订的并网安全性评价工作计划，先后对上海市、安徽省的9家发电厂24台发电机组和秦山核电三厂、田湾核电厂4台核电机组组织开展并网安全性评价工作，安全性评价总装机容量达13 072MW。进一步强化区域安全监管工作会议制度，不断突出强化安委会平台指导区域电力安全生产的重要作用。

2. 市场监管

华东跨省电能交易集中竞价交易平台进入常态运行。按照华东电力市场建设“三步走”工作方案，先行启动华东电力市场跨省电能集中竞价交易。连续7个月开展华东区域跨省集中竞价交易，首次实现华东区域内机组直接到华东平台上进行交易。在跨省电能集中交易过程中，实现了全程监管，并确保交易信息公开透明。

积极推进电力用户和发电企业直接交易试点工作。20号文件出台后，成立直购电工作领导小组，全面整合力量，积极推动区域各省市试点工作。积极与安徽省和上海市政府进行沟通，在专题研究的基础上向两省（市）领导送交了大用户直购电工作呈阅件，详细提出了试点工作的基本思路和操作方案。分别走访了宝钢等大型电力用户及上海市电力公司、安徽省电力公司、申能集团等电力企业，逐步形成并完善了对电力用户与发电企业直接交易的工作意见。与上海市发改委及安徽省经信委、发改委多次召开专题会议，共同研究讨论两地的直购电工作实施方案，安徽省铜陵有色公司与国投宣城电厂直接交易方案已经国家发改委、电监会同意。分别对福建、浙江、江苏省直购电工作进行具体指导。

华东区域“两个细则”实施取得新进展。按照国家电监会批复的“两个细则”的方案要求，全面完成华东电网及相关省市电力公司的实施工作。对华东电网公司及四省市电力公司的功能规范书进行审核，对华东、上海、江苏的技术支持系统进行测试。上海于11月24日启动了模拟运行，江苏、安徽两省完成了技术支持系统的开发，浙江、福建两省的技术支持系统于12月中旬建设完毕，华东电网具备模拟运行的条件。

认真维护电力市场运营秩序。会同区域各监管机构和省市政府部门，启动了华东区域跨区跨省电能交易检查，完成《华东区域跨区跨省电能交易检查报告》并督促电力企业整改。建立跨省双边交易信息披露和备案制度。深化和完善电力“三公”调度监管内容，每季度编写电力“三公”调度报告。建立调度运行方式汇报制度，各电力企业定期报告，并在迎峰度夏、迎峰度冬等重要时期专题汇报运行方式。厂网联席会议制度取得实效。组织召开上海、安徽两地的网厂联席会议。

建立并完善电力预测预警机制。建立电力供需形势分析制度，分别形成华东区域电力生产日报、电力生产和供需形势分析周报、电力市场运行和供需形势分析月报制度。建立电煤供应预测预警机制，及时跟踪了解电煤供应形势，形成华东区域各主要发电企业电煤供应情况日报制度。建立电力企业经营监测预警机制，密切跟踪华东区域电力企业经营发展状况，每月对电煤价格、成本、收入及相关经营指标进行分析并形成报告，为有关方面决策提供准确、及时的信息支持。

3. 供电监管

有效开展供电专项检查。第一次在区域内以跨省交叉检查方式开展供电专项检查，提高了检查的深度和广度。2009年在四省一市供电检查中累计发现问题168例，取得了良好成效。

建立和形成了供电常态监管机制。及时跟踪企业动态，锁定抽查企业。召开用户座谈会及走访用户现场实地了解用户需求，采取灵活多样的形式深入供电企业现场检查。针对首批试点企业先后召开各类座谈会6次，走访用户310余次，发放受电工程信息反馈表1021份，督促供电企业对供电质量、供电服务及市场行为等工作上存在的42个问题及时整改。通过常态监管的实施，供电企业主动接受监管的意识有所增强、用户普遍满意，监管效果明显。

4. 价格财务监管

有效开展电价检查。联合上海、安徽价检部门开展电价专项检查，对查出问题积极督促企业整改落实，同时对2008年开展的电价、厂网电费结算、可再生能源收购等检查进行了"回头看"。将输配电成本监管纳入供电常态监管，全面了解上海、安徽有关地市、县级供电企业输配电成本现状，为输配电成本监管和输配电价制定积累资料。强化企业经营行为的监管。召开电力企业财务负责人及相关人员经营情况分析会，通报年度价格财务成本分析报告及存在问题，并建立对相关问题进行财务负责人约问等机制，及时规范企业经营行为。

完善价财信息报送和分析制度。统一并细化信息报送口径、时间、内容等，建立输配电成本和电价执行报告的格式文本，实现监管机构为电力企业经营提出事先分析和预警，提高电力企业财务经营信息的质量和有效性。在总结前几年监管信息统计工作的基础上，研发了"华东电监局监管统计分析系统"，并全面开始填报工作。

5. 电力稽查

不断加强电力行政执法。建立行政执法约谈工作制度。对14家涉嫌违法违规企业的法人代表实施行政执法约谈，当场核实情况、宣讲电力监管法律法规，及时制止电力违法违规行为，提高电力行政执法效率。加大案件查办力度。设立了统一的财政罚没账户，对2家无证、1家超许可证许可范围从业的承装（修、试）企业开出行政处罚决定书。运用通报曝光形式，对1家电网企业、1家电网企业的多经企业违规发包电力设施工程的情况在华东区域电力企业中进行通报批评。建立稽查工作立体合作机制。积极主动配合上海市政府做好环保专项行动工作，联合环保部门印发《上海市2009年继续深入开展整治违法排污企业保障群众健康环保专项行动实施方案》；参与国家八部委部署的打击盗窃破坏电力设施专项行动；配合安徽质量监督局完成《安徽供电质量白皮书》。完善投诉举报机制。健全完善信访投诉举报工作流程，开展"12398"热线覆盖面普查，确保迅速、及时地受理、办理、回访广大电力用户对用电问题的投诉和咨询。全年"12398"热线共接到上海、安徽两省市的各类来电来访信息1287件，其中有效信息392件，对上海、安徽地区有效信息中需办理的44件进行了调查处理。

6. 电力业务许可管理

认真做好电力业务行政许可工作。顺利完成所辖范围内所有1000～6000kW发电企业审证任务，完成了华东电网公司输电类许可证、上海市电力公司、安徽省电力公司输电类和供电类许可证的年度变更工作。共审批承装（修、试）电力设施许可65家，完成1000（含）～6000kW地方发电企业发证92家，颁发电工进网作业许可证19 504张。开展承装（修、试）电力设施许可及电工进网作业许可制度执行情况检查。2009年的两项许可检查中，对24家承装（修、试）电力设施企业和近500家电力用户进行了现场检查，向2家电力企业、6家承装（修、试）电力设施企业和53家电力用户发送了整改通知，责令其限期整改。稳步推进电工进网作业许可工作。健全和完善各项内部管理制度，严格控制审发证流程；加大宣传力度，编印5万份《电工进网作业许可证管理办法》实务指南发放给电压等级10kV以上的电力用户；对上海、安徽地区的考试（培训）机构进行综合评估，对于综合评估中发现的问题责成相关单位限期整改；实施电工考点视频监控，提高了电工考核管理的工作效率，确保考试环节符合各项管理规章制度得到落实。

7. 节能减排监管

按照节能减排信息上报机制，每月收集节能减排有关信息，编写并发布了《2009年华东区域节能减排监管报告》。进一步加强与环保部门的合作和信息共享，开展烟气在线监测系统情况的调研，参与上海烟气排放应急演练工作。督促企业做好可再生能源的收购工作，监管可再生能源收购及可再生能源电价补贴的使用。加强课题研究，"华东区域电力节能减排研究"课题通过专家评审。

华中电监局

国家电力监管委员会华中监管局（简称华中电监局）是国家电监会在华中区域的派出机构，负责湖北、湖南、河南、江西、四川、重庆五省一市的电力监管工作。2004年7月正式组建成立。

华中电监局现任领导：党组书记、局长何兆成，党组成员、副局长罗毅芳、葛才胜，党组成员、办公室主任王笃奎。

1. 电力安全监管

认真组织开展电力安全生产“三项行动”、“三项建设”工作。制订电力安全生产“三项行动”实施方案，成立电力安全生产“三项行动”领导小组。加强督促检查，全年共检查电力企业 52 家，发现问题和提出整改要求 500 多条。开展安全管理人员培训学习班，电力企业安全第一责任人及安全管理人员约 240 人参加了培训学习。

完善华中电力安全生产工作交流平台。华中电力安全生产委员会和四川、河南、湖南三省电力安全生产委员会都根据情况进行了调整、完善，分别召开了安委会会议和安委会办公室会议，对做好当前电力安全监管工作提出了建设性的意见。

督促指导电力企业完善电力应急管理体系，积极推动省级大面积停电应急联合演练。5 月，积极推动、参与策划和组织实施重庆市突发大面积停电事故应急联合演练。大力督促指导电力企业结合实际编制各级各类应急预案，建立应急管理组织体系，健全应急管理制度，加强应急救援队伍建设，开展应急预案演练，提高应急处置能力。

并网安全性评价和可靠性管理收到成效。截至 2009 年底，完成三峡等 32 家发电企业 138 台发电机组（含风电机组 43 台）并网安全性评价工作，总装机容量 1729.4 万 kW（其中新投运机组 62 台 669.45 万 kW）。组织召开湖北、江西、重庆三省（市）发电企业可靠性工作会议，重点进行可靠性方面相关法律法规及文件的宣贯学习，对各电力企业可靠性信息报送情况进行总结。

进一步强化网络与信息安全监管和电力二次系统安全防护。对 4 家省级以上电网企业、7 家供电企业及 9 家重点发电企业进行电力二次系统安全防护和网络与信息安全工作专项检查，督促指导相关企业提高对网络与信息安全工作的认识，积极采取技术措施加强网络与信息安全性，堵塞管理漏洞。

2. 市场监管

大力推动大用户与发电企业直接交易试点工作。认真贯彻落实《关于完善电力用户与发电企业直接交易试点工作有关问题的通知》，积极调研、协调、建立与地方省市政府相互配合的工作机制，进一步明确职责分工，与政府有关部门共同制订完成交易试点工作方案，共同推动大用户直接交易试点工作。

探索建立区域水电弃水电量应急交易机制和交易平台。积极探索建立区域水电弃水电量应急交易机制，于 5 月 20 日正式印发《华中区域水电减弃增发应急交易暂行办法》。2009 年，华中六省市共消纳富余水电 25.6 亿 kWh（落地电价不超过三峡落地电价），相当于节约标准煤 87 万 t，减少二氧化硫排放 4.87 万 t。

强化“三公”调度监管。会同区域内城市电监办及省（市）政府有关部门认真组织跨区跨省电能交易情况检查，详细了解跨区跨省电能交易基本情况、交易机制与规则、政府部门相关文件执行情况以及交易取得的成效和存在的主要问题。强化“三公”调度监管，进一步发挥厂网联席会的作用，提升会议层次，丰富会议内容。10 月，组织开展电力市场秩序及“三公”调度监管情况专题调研，督促电网企业严格执行“三公”调度报告制度。加大对新机调试电量差额资金分配的监管力度，督促重庆市电力公司等做好新机调试电量差额资金分配情况整改和备案工作。

启动“两个细则”模拟运行工作。启动“两个细则”（《华中区域发电厂并网运行管理实施细则》和《华中区域并网发电厂辅助服务管理实施细则》）实施工作，成立实施领导小组和工作小组，推进“两个细则”技术支持系统的开发工作。截至 2009 年底，华中电网公司、湖北省、湖南省、四川省和重庆市的“两个细则”已启动模拟运行。

密切关注电力系统运行情况，加强监测预警和供需形势分析工作。完善电网年度运行方式汇报工作机制，听取华中区域网、省（市）电力调度机构关于 2009 年度电网运行方式的汇报，并针对年度运行方式中的突出问题开展专题分析工作。在迎峰度夏、迎峰度冬等关键时期，及时跟踪、分析电网运行情况，督促辖区内电网企业和发电企业认真做好电力供需和电煤的信息报送工作。开展电煤监测预警工作经验交流，督促电力企业超前做好各项应急预案。

认真做好新版监管统计报表的培训和报送督导工作。3 月下旬，召开了湖北、湖南、江西、重庆四省（市）统调电力企业专题培训会，对新版监管统计报表的填报和软件使用进行了现场培训。加强对新版监管统计报表的报送督导工作，针对部分单位报表报送存在不及时、不规范、统计数据不完整的问题，借助厂网联席会议平台进行督促落实。

全面启动三省市电力企业标准化良好行为试点及确认工作。会同湖北、江西、重庆三省（市）质量技术监督部门组建省级联合确认办公室，完成电力企业标准化良好行为试点及确认的培训，以及第一批申报试点电力企业和推荐专家库成员的会审工作。

3. 供电监管

完成整改检查工作，巩固落实检查成果。2～3 月，华中电监局开展了 2008 年供电整改检查工作，除对电监会《2008 年供电监管报告》中披露问题的整改落实情况进行复查外，还在各省（市）抽取一个 2008 年未被检查单位作为“对照问题进行自查自纠开展整改”单位进行检查。整体看，三省（市）电力公司高度重视检查整改工作，整改措施比较到位，效果较为明显。

改变属地检查方式，开展区域交叉检查。7月13日～8月17日，根据国家电监会的统一部署，与郑州、长沙电监办按照完全交叉的检查方式，从供电质量、供电服务、供电市场行为三个方面，按照“点面结合、突出重点”的抽检原则，对河南省、湖南省、重庆市等三省（市）供电企业选取省级供电企业3家、地级供电企业8家（其中河南省3家、湖南省3家、重庆市2家）、县级供电企业9家进行现场检查。

4. 价格财务监管

开展直接交易输电价测算工作。调查了解电网企业输配电成本核算办法实际执行情况和电网企业输配电成本各项目发生成本及其变动情况，并根据国家电监会、国家发改委、国家能源局《关于完善电力用户与发电企业直接交易试点工作有关问题的通知》要求，综合测算三省（市）内及省间大用户直接交易输电价格，并对符合条件的火电机组进行了摸底。

建立与价格主管部门的联系机制。联合三省（市）价格检查机构，在重庆市牵头组织发电企业脱硫电价执行情况的检查，并全面参与湖北、江西、重庆三省（市）的电价调整测算工作，完成了对火电企业脱硫电价、自备电厂收费情况的检查。

加强日常财务信息分析。根据华中区域内输配电成本报表，汇总分析各季度输配电成本变动趋势及各项目对单位输配电成本变动的影响，提出合理化建议。汇总分析华中区域电网企业及统调发电企业2008年电价执行情况，通过网站及时公布厂网电费结算数据，维护电费结算的公开公正。

5. 电力稽查

做好12398热线接听工作。完成了12398系统设备更新、调试工作，提高了系统的接入能力，增加了平台功能，畅通了投诉举报渠道。截至2009年，华中电监局12398电力监管投诉举报热线共接到有效信息604件，其中投诉201件，举报29件，咨询等其他事项374件。进一步加强12398热线统计报表的细化管理工作，对每一件投诉举报在进行初步分类的基础上进行二次细分，并加强对承办事项的办理时限管理。

进一步加大投诉举报处理力度。2009年受理的171件投诉举报事项，除责成省市电力公司先行处理的146件（湖北省电力公司99件、江西省电力公司38件、重庆市电力公司9件）外，华中电监局直接处理40件。同时，对转交三省（市）电力公司处理的投诉事项，坚持进行事前制度约束、事中跟进催办、事后回访监督，确保转交事项的调查处理质量。通过个案回访，对10件用户不满意处理结果的投诉事项进行重新调查和处理。针对投诉举报案件在分理、调查、处理等环节存在不规范、不透明、调查处理质量不高等状况，成立投诉举报领导小组，并实行投诉举报例会制度。

规范行政处罚程序，加大行政处罚力度。2009年，共开展4笔违反电力业务许可行为的行政处罚工作。其中，对江西4家电力企业的行政处罚决定执行工作已全部完成。同时，结合监管工作实际起草《华中电监局行政处罚简易程序实施办法》，对行政处罚简易程序适用的范围、步骤作出了明确细致的规定。

6. 电力业务许可管理

2009年，华中电监局共核发发电类电力业务许可证122张，承装（修、试）电力设施许可证123张，新发电工进网作业许可证19 736张。

认真开展承装（修、试）电力设施许可定期检查工作。继续开展承装（修、试）电力设施获证企业的监督检查工作。通过开展集中式定期检查，对获证企业的预算员、安装工长、质检员、合同管理员等关键岗位的人员资质情况进行认真核查。

深入开展“两项许可”专项检查工作。组成专项检查组，按照每个省（市）1家省（网）电力公司、2家市供电公司、2～3家县（区）级供电公司和3～4家承装（修、试）电力设施企业的要求，对27家企业进行检查。对存在问题的有关企业，下发整改通知书21份，责令其限期整改。

进一步规范电力业务行政许可管理工作。成立了华中电监局电力业务行政许可委员会，建立例会制度，研究落实电力业务许可各项政策措施，全面开展发电类、输电类、供电类、承装（修、试）、进网作业电工各项电力业务许可、申请、变更、撤销等事项的审查、核准工作。同时，进一步研究承装（修、试）电力设施持证企业监督管理办法，制定了《关于加强承装（修、试）电力设施许可审查的补充意见》。

7. 节能减排监管

加强燃煤机组发电业务许可证动态管理工作。对属于关停范围内的小火电机组，暂停颁发电力业务许可证；对已经颁发电力业务许可证但属于关停范围的机组，适时吊销其电力业务许可证。加强对发电业务许可证备注事项的跟踪管理，督促电力企业落实环保措施。

做好节能减排监管信息收集。研究制定火电企业能耗及大气污染物排放指标体系，建立覆盖华中六省市统调火电企业的节能减排监管信息网上报送系统，组织开展了六省市统调火电企业节能减排基础信息统计工作。通过对区域内统调火电企业煤耗、污染物排放、厂用电率以及脱硫除尘设备投运情况等相关数据的统计分析，为火电企业的节能减排监管提供服务。

加强节能发电调度和可再生能源发电上网监管。参与推进湖北省绿色电力调度工作，加强对湖北省电力调度交易机构“三公”调度及交易信息披露的监管力度，促进绿色电力调度方案的落实。按照国家关于可再生能源的有关规定，督促电网企业全额收购可再生能源发电上网电量。

认真贯彻落实国家电价政策。加强差别电价、脱硫电价、小火电机组上网电价和自备电厂收费政策执行监管，督促电力企业落实高耗能、高污染企业停、限电措施。2009 年 9 月，华中电监局在长沙市召开了 2009 年度华中区域发电企业节能减排监管工作会议，重点披露 2008～2009 年上半年华中区域各省(市)、各重点发电集团以及各个不同等级火电机组最新的节能减排监管信息，特别是火电机组能耗、发电设备利用小时数、主要污染物排放指标等信息。

南 方 电 监 局

国家电力监管委员会南方监管局（简称南方电监局）成立于 2004 年 12 月 16 日，负责广东、广西、海南、云南、贵州五省（区）的电力监管工作。南方电监局现任领导：局党组书记、局长郭智，局党组成员、副局长赵忠平、陈庆前，局党组成员、办公室主任张良。

1. 安全监管

认真贯彻落实“安全生产年”与“三项行动”各项工作部署。2009 年初，南方电监局召开了系统安全分析会，全面把握区域电力系统安全运行状况。制定《南方区域电力行业“安全生产年”活动实施意见》、《南方区域电力行业“三项行动”实施方案》，全面落实安全生产年任务，开展“三项行动”。针对±800kV 云广特高压直流输电工程和 500kV 海南联网工程投产对电网运行的影响，督促电力企业落实风险控制及反事故措施。推进安全生产隐患排查治理工作规范化、常态化。印发《南方区域电力安全生产事故隐患排查治理指导意见》，加强对重大隐患的动态跟踪，督促企业落实整改；开展保春运、防汛暨迎峰度夏电力安全生产隐患排查和重点检查，确保重大安全隐患及时整改和消除。针对电力建设安全突出问题，出台《南方区域电力建设安全管理指导意见（试行)》等规范文件，把广东河源电厂 2×600MW 建设工程作为南方区域电力建设安全示范点，定期进行现场监督检查。该工程未发生一起轻伤以上事故，实现了工程建设质量与安全双优投产，起到了良好的示范效应。

认真做好建国 60 周年等重大节假日的安全保供电。南方电监局按照“早动手、早安排、早部署、早落实”的原则，针对不同任务、不同要求认真制订保供电方案。开展建国 60 周年保供电安全大检查，督促电力企业加强系统运行与维护，限期消除安全隐患，防范涉电群体性事件发生。组织开展电网企业网络信息安全专项检查并督促整改。圆满完成建国 60 周年庆典、澳门回归 10 周年庆典、海南博鳌亚洲论坛、广西东盟博览会等重大活动及节假日的保供电任务。开展第 16 届广州亚运会保电前期工作，制订保电工作实施方案，联合广州亚运会组委会召开亚运保电启动会，对亚运会保供电工作进行动员和部署。

继续全力推进电力应急组织体系、预案体系、指挥体系的建设。加强政府、企业和社会三个层面的电力应急培训和宣教，组织开展广东省电力应急技能竞赛，提升应急救援能力。加强与部队、公安、气象、三防等单位的协作配合，成功应对多起强台风、暴雨洪涝灾害的袭击，保证了电力系统安全运行。联合海南省有关政府部门在全国率先发布《海南省电力用户供电电源及自备应急电源配置规定》。

2. 市场监管

营造外部条件，抓住有利时机，着力推进电力市场建设。根据电监会市场建设座谈会的精神，南方电监局成立了推进南方电力市场建设工作组，初步修订南方电力市场建设方案，明确以“中长期合约交易为主、集中竞价交易为辅、辅助服务补偿机制为补充”为市场目标，着力推动区域电力市场建设。开展完善“西电东送”交易机制工作。利用现有的区域电力市场交易平台，建立南方区域跨省（区）水电临时交易机制。配套开展云南、贵州两省间的水火电量置换工作。试行了发电厂辅助服务补偿机制。继续推进大用户直购电工作，及时解决运行中的问题。主动配合广西自治区政府推进大用户直购电试点，并主导《广西区大用户直购电试点实施方案》起草、落实工作。此外，南方电监局十分关注并积极推进深圳电力市场化综合改革试点工作，与深圳市政府有关部门建立了定期沟通机制。

初步建立“西电东送”临时电量交易机制。2009 年 11 月，广东省政府明确由南方电监局牵头负责完善“西电东送”交易机制工作。以优化利用丰水期西部富余水电为切入点，制订《南方区域跨省（区）水电临时交易方案》，利用现有的区域电力市场交易平台，建立了南方区域跨省（区）水电临时交易机制，累计成交电量 7100 万 kWh。配套开展云南、贵州两省间的水火电量置换工作，共计置换电量 4.23 亿 kWh，促进了电力资源的优化利用。

试行发电厂辅助服务补偿机制。根据电监会批复同意的《南方区域发电厂辅助服务管理及并网运行管理实施细则》，认真抓好实施工作，组织开展多层次的宣贯、培训和协调工作，积极推进技术支持系统的研发。2009 年 11 月，率先在广东省启动发电厂辅助服务补偿及并网运行考核试运行，总体反映良好。其他省区的试运行工作预计于 2010 年第一季度展开。

加大信息公开力度。发布 2008 年南方区域年度监管报告和电力安全报告等 6 项监管报告，披露电力企业生产经营状况及不合规的行为。针对电监会和本局发布的监管报告、通报中披露的问题，南方电监局集中对有关企业进行全面督查，落实整改，收到好的效果。认真贯彻落实《政府信息公开条例》，修改完善信息公开目录和信息公开指南，进一步完善监管信息公开制度，定期在网站公开电厂发电等效负荷率、利用小时数和烟气脱硫在线监测信息，增加监管透明度和公信力。

进一步加大电价执行情况和电费结算监管力度，初步建立区域电力企业财务经营状况分析预警制度，进一步完善对输配电成本核算的监管。电力监管统计信息报送制度逐步完善并初步发挥作用。加强对输电企业公平开放电网情况的监管。开展跨省跨区电能交易情况和输电网公平开放情况的检查。解决了广西电网与广西水利电业集团公司的进网问题，化解了矛盾，防止了涉电群体事件的发生。

3. 电力稽查

加大行政执法力度，依法维护各市场主体的合法权益。成立推进电力行政执法工作组，集中力量组织开展“行政许可执法、市场行为执法和电力计量执法”三个专题的“百日执法”行动。行政许可执法行动中，抽查供电企业、承装（修、试）电力设施企业和大用户 198 家，督促企业整改存在问题。通过查处作出行政处罚案件 12 宗，收缴罚款 20 万元，责成有关电力企业处理相关责任人 16 人；撤销行政许可 5 家；通报 3 家违法违规企业行为，并对专项检查发现问题的 1700 多家企业发出整改通知书，限期整改。规范市场行为执法行动中，配合电监会对广东电网公司在新机组运营差额资金使用中存在的违规问题进行立案调查。

开展新机组运营差额资金使用专项稽查，向贵州、广西电网公司下达整改通知书，向广东、云南、海南电网公司下达监管意见书。五省区电网公司已按要求作出了经厂网双方认可的涉及 5 亿多元的资金重新分配方案，并全部执行到位。

2009 年，南方电监局 12398 热线共受理投诉举报 271 件，办结案件 265 件。积极开展电力争议调解，调解厂网之间、网网之间及电网与用户之间的购售和服务等各类纠纷案件 60 多件，转办、督办企业化解纠纷投诉 160 多件。成功解决广东电网信宜供电局等与小水电历史遗留的电费纠纷 1.2 亿元问题，成功协调解决了广西融水县小水电上网纠纷问题，及时化解 100 多家小水电集体上访的行动，为维护社会稳定发挥了积极作用。

4. 电力业务许可管理

全面推进许可证普及工作，切实做好持证企业的后续监管工作。为应对金融危机，保障和扩大就业，出台行政许可便民措施，受到地方政府的肯定和申请人的欢迎。全年共审批颁发 5976 张发电业务许可证，受理并核准承装（修、试）电力设施企业 306 家，颁发 12 981 张电工进网作业许可证。完成输电、供电许可预期报备试点调研和选点，并开展许可预期报备工作。组织开展承装（修、试）电力设施及电工进网作业许可制度执行情况检查工作，加强许可后续管理。注销 3 家脱硫不合格且不按期整改的发电企业的发电业务许可证。目前，南方区域发、供电企业和承装（修、试）电力设施企业基本实现了持证经营，许可证在规范市场秩序中的作用进一步得到发挥。

5. 节能减排监管

跟踪督促小火电关停计划落实，监管可再生能源全额收购，开展节能发电调度的过程监管，推动燃煤机组烟气脱硫在线监测。目前，南方五省区关停小火电 1457 万 kW，统调电厂燃煤机组已全部投运脱硫设施。广东、海南燃煤机组烟气脱硫在线监测系统与监管机构联网。协助环保、质量技术监督部门处理 200 多家违法排污企业停电问题，有效地保护了环境。

太 原 电 监 办

国家电力监管委员会太原监管办公室（简称太原电监办）于 2006 年 5 月 16 日正式成立，是国家电监会派驻山西的监管机构。太原电监办现任领导：党组书记、专员李廷勇，党组成员、专员助理宋晋冀，党组成员、综合处处长赵乃方。

1. 安全监管

加强安全基础建设。制定并印发《山西电力安全“三项行动”工作实施方案》。组织召开电力安委会联络员会议。对电力企业主管安全负责人、安监部门负责人、专职安全员分期进行培训。

进行安全检查和隐患治理。详细调查河津振兴集团储灰场存在安全隐患事宜。对太原第一热电厂晋阳湖水库安全隐患治理工作进行督查。对省内三家水电站汛期安全准备工作进行检查。对在现场检查中发现的问题制订方案，要求迅速整改。制订《山西电力行业安全生产专项整治工作方案》。组成3个督查组对全省6大电网、发电公司和11个地市的发电、供电、电力建设企业安全专项整治第一、二阶段工作开展情况进行了督查。组织有关专家对省内主要水电企业安全生产情况进行督查。

加强应急管理。印发《山西省处置电网大面积停电事件应急预案》。8月19日，在太原进行山西电网大面积停电应急联合演练。认真做好国庆60周年保电工作，执行24h值班和安全信息“零报告”制度，协调解决华北大同超高压供电公司、国电电力大同第二发电厂和国网能源神头第二发电厂武警上勤问题。重点对太原、大同、忻州、朔州部分电力企业，特别是涉及北京供电的发电企业和输电线路进行安全检查。

2. 市场监管

会同山西省经信委每季度召开全省电力“三公”调度信息发布会。与省质监局就全面启动电力企业标准化良好行为试点工作进行座谈。召集省电力公司和省有关部门召开座谈会，基本统一了山西大用户直供电试点工作的方法和步骤，形成《山西省工业企业参与大电力用户直购电交易试点的暂行办法》。在广泛征求电网企业、发电企业和省政府有关部门意见后，向山西省政府主管领导进行了专题汇报。与省经信委、省物价局联合草拟《山西省电力用户与发电企业直接交易试点方案》并正式上报给省政府。会同省经信委、省物价局、省电力交易中心召集有意向参与直购电试点的电力用户和发电企业在省电力交易中心进行直购电试点申报模拟运行。对太原、忻州、晋中3个地（市）供电分公司，及其所属的阳曲、定襄、榆次3个县供电支公司，以及9个电力施工企业和6个所属的电力设计院进行综合检查。对山西省跨区跨省电能交易开展重点检查。制定并下发《关于建立新机调试有偿辅助服务机制暨规范调试差额资金分配管理等问题的通知》，首次建立新机调试有偿辅助服务机制。

3. 价格财务监管

在全省建立电力企业财务经营、输配电成本和电费结算月度、季度信息例报制度。于每月5日前，按月对全省电力企业经营情况及电煤价格信息进行统计分析，形成专报上报省政府。初步建立不同地区、不同类型的多口径电力数据统计库。历时2个月，高质量地完成国防动员潜力调查经济数据库的报送工作。适时开展电力企业工程造价资料的报送、统计和分析工作。对山西省各电力企业2008年度电价执行情况进行收集、分析。会同省物价局、省经委积极开展优惠电价政策自查自纠工作。完成特高压电网投资成本和价格测算基础数据的核实和分析。

4. 电力稽查

加强电力投诉举报处理。接到某公司不具备现有承装（修、试）许可等级要求条件的投诉，通过现场检查，查清问题及时处理。接到多家锻造企业多收损耗电费的投诉，经现场调查了解，澄清了相关情况。发现两家企业在申请许可时，使用了相同的技术经济管理人员，经赴现场调查，决定撤销上述两家公司的承装、承修五级电力设施许可。

5. 电力业务许可管理

进一步完善和规范许可工作流程和各项规章制度。试推行许可电子审批系统。在承装（修、试）企业内先后开展了“三员一长”培训。对承装（修、试）电力设施许可申请中涉及的技术人员的职称认定标准进行统一规定，并对出具专项报告的中介机构进行备案。对煤矿、非煤矿山电工的取证做了一定的限制。制定《太原电监办许可评审委员会议事规则》，对100余项许可申请进行评议。逐一对各培训机构进行现场调研和摸底，并对电工进网作业许可工作制定一系列规范措施。清理撤销部分不达标培训机构，对同一地市部分培训机构进行整合。对历年来颁发的电工进网作业许可证进行了归类整理和存档。制定并印发《山西省发电类电力业务许可证监督管理试点工作实施细则（试行）》。对已取得承装（修、试）电力设施许可证的企业进行全面复查，对43家定期检查不合格企业下发整改通知。完成95家供电公司变更审批流程，提前完成年度计划。针对63家国家电网公司系统内各分、支公司所属的承装（修、试）电力设施许可证持证企业，许可有效期届满而未在法定期限内提出续期注册申请的问题，统一进行清理注销，所有注销决定通过网站对外公示。

济南电监办

国家电力监管委员会华北监管局济南监管办公室（简称济南电监办）是国家电监会派驻山东的监管机构。济南电监办于2006年3月正式成立。济南电监办现任领导：党组书记、专员郑玉平，党组成员、专员助理付海波，党组成员、综合处处长孙永成。

1. 安全监管

扎实开展“安全生产年”活动。全面落实安全监管责任和安全生产主体责任，逐步建立科学严密的安全管理制度和安全生产责任体系。认真组织开展山东省电力迎峰度夏大检查和冬季电力安全生产大检查，及时发现问题和隐患，强化整改落实，确保电网迎峰度夏（冬）安全稳定运行。以“打非、治违、抓责任”为主线，扎实推进电力安全生产“三项行动”。

强化电力安全基础工作。加快推进全省电力安全标准化工作进程，与省安监局联合印发《关于2009年度加快推进全省电力安全标准化工作的通知》。进一步完善并网安全性评价机制，制定印发《山东省发电机组并网安全性评价实施细则》，加大发电机组考核力度，将发电机组出力与安全性评价挂钩，共完成33台发电机组并网安全性评价工作。

进一步完善应急管理工作机制。研究制定《全省电网大面积停电事件应急预案》，并报请省政府同意将其正式纳入全省应急预案总体体系，切实加强对全省电力应急管理工作的组织领导。举办首期山东省地方发电企业应急管理培训班。建立健全电力应急预警机制，联合山东省气象台建立电力应急信息预警平台，针对雷雨、大风、暴雪、大雾、风暴潮等恶劣天气，提前向全省电力企业主要负责人及安全管理负责人发布预警短信，加强调度值班力量，落实各项应对措施，保持临战状态，做好应急预案启动的各项准备工作。

开展电力施工安全专项检查。为确保全省重点电力建设项目施工安全，组织开展专项检查行动，共查出各类隐患201处，并将查出的问题向有关企业进行了通报。

做好重要电力用户应急电源配置及用电安全隐患治理工作。对供电区域内重要电力用户进行甄别确认，对其应急电源配置及用电安全隐患进行梳理排查，共确定重要电力用户1218户，发现自备应急电源、用电安全管理及用电设施等各类用电安全隐患2950条。针对发现的隐患和问题，对整改情况进行定期调查和督查，并建立严格的督办制度。

大力推进安全执法机制和安全文化建设。印发《山东省电力安全生产重大事故隐患挂牌督办制度》。认真开展以迎全运、保供电为主要内容的安全月活动。开展以“安全电力、和谐全运”为主题的征文活动，切实营造有利于电力安全发展的社会氛围。

圆满完成全运会电力保障工作任务。建立健全全运保电组织机构，加强对保电工作的组织领导，编制发布《全运会期间山东省电力突发事件应急预案》。督促电力企业做好重要发、输、变电设施的检修维护工作，加强全运会期间负荷预测，合理安排电网运行方式，优化调度管理，保证电力系统稳定运行。全运会期间，加大安全检查力度，实行24h值班和信息报告制度，每日调度电力生产运行和保电工作情况，抽查电力企业值班情况，做到信息畅通、协调有力，确保全省电网安全稳定运行和电力可靠供应。

2. 市场监管

全面落实《购售电合同》和《并网调度协议》备案制度，规范电力市场秩序。督促全省电力企业严格按照国家电监会两个示范文本的要求及时签订并网调度协议和购售电合同，并报电力监管机构备案。对协议和合同签订存在的争议和问题，及时进行协调和调解，全省统调发电企业均按时完成《并网调度协议》和《购售电合同》的签订及备案工作。

积极推进“两个细则”实施工作。国家电监会《关于同意印发实施华北区域发电厂辅助服务管理及并网运行管理实施细则的通知》（电监市场［2008］53号）印发后，积极向各电力企业详细介绍“两个细则”的制定依据、出台背景、基本思路和有关设计原则，强调实施工作的重要性，为山东省“两个细则”顺利实施奠定了良好基础。

扎实开展跨区跨省电能交易检查。对山东电力集团公司2007、2008年跨区跨省电能交易情况进行检查，认真梳理山东电力集团公司执行跨区跨省电能交易相关政策、制定交易机制和规则等情况，并根据检查情况提出进一步规范跨区跨省电能交易、维护电力市场秩序的相关建议。

积极推进发电权交易工作。指导协调电力企业严格执行有关法律法规和山东省《替代发电管理办法》，所有替代发电交易均签订替代发电协议，对替代发电量、结算电价、替代电价、结算方式及时间等作了具体规定，并报济南电监办备案，保证了2009年发电权交易工作的正常进行。2009年，共计组织达成并安排执行替代发电交易103宗，交易上网电量145.95亿kWh，估算节约标准煤150万t，减排二氧化硫10万t，减排二氧化碳350万t。

推进电力市场建设和电力分析预警。组织有关专家制定《山东省大用户直购电试点实施方案》，对全省符合直购电条件的电力企业和用户进行调查摸底，形成比较完善的直购电试点实施方案，上报电监会和发改委。认真做好电力供需形势分析和电煤监测预警工作。

3. 供电监管

进一步建立健全供电常态监管机制。起草印发《山东省供电监管实施办法（试行）》。印制《山东省电力用户受电工程信息反馈表》，广泛征求用户对供电企业受电工程服务情况的意见，并对存在问题认真调查处理。联合省质监局研究起草《供电服务质量规范》。

认真组织开展用户受电工程和农村低压电网维护改造专项检查。在全省范围内抽取16个市县供电公司，开展电力用户受电工程和农村低压电网维护改造专项检查。发布《山东省用户受电工程及农村低压电网维护改造专项检查监管报告》，对检查中发现的问题进行通报。

深入开展供电检查。对济南供电公司、青岛供电公司等15家市县供电企业进行供电现场检查，对存在的问题逐一进行剖析，提出建议，督促整改。

4. 价格财务监管

联合省环保厅、物价局、节能办建立执法机制，开展电力环保脱硫专项执法检查，对全省所有享受脱硫电价的133台燃煤机组脱硫情况开展专项检查，将脱硫电价与脱硫设施投运率挂钩，对脱硫设施投运率达不到100%的机组扣减脱硫电价。2009年，共检查企业106家，查处问题324项。

加强电价监督检查。联合省物价局组织开展全省电价专项检查，检查覆盖全省17市重点发供电企业68家，共查出违法金额8769万元。加大电价重点检查工作的力度，推动检查工作有效开展，与省物价局建立沟通协调机制，发挥电力监管专业性和物价部门电价监督管理优势，共同研究解决电价检查中存在的问题。

5. 电力稽查

及时调查处理各项投诉举报案件，严肃查处电力违法违规行为。成功调解10余起涉及省属重点企业和重点投资建设项目的重大供用电矛盾纠纷，积极为地方党委政府排忧解难。根据投诉举报，对26个典型投诉举报案件进行调查，对涉案有关部门和人员进行严肃处理，其中辞退3人，警告处分6人，经济处罚8人。

6. 电力业务许可管理

加强承装修试电力设施许可监督检查。组织284家企业进行自查，先后对14家承装修试企业、12家供电企业和13家用户单位进行现场检查。共查出问题61项，向有关企业下达整改通知13份，提出整改意见56项。为解决承装修试电力设施企业安装工长依法持证上岗问题，先后举办16期安装工长培训班，对1806名安装工长进行培训考核，颁发了岗位证书。在做好电工考试颁证和监督检查工作的基础上，及时启动进网作业电工续期注册工作，对到期的1583名电工进行培训和续期注册。

7. 节能减排监管

根据小火电机组的关停进度，认真落实关停政策规定，对于列入关停计划的机组坚决不予颁发许可；对于过去已经取得许可的机组，一经关停立即注销许可。2009年，共注销18家发电企业的31台关停机组的发电许可。同时，对环保不达标机组不予颁发许可，限期进行整改。对过去因二氧化硫排放未达到2010年标准领取《临时运营证明》的61家发电企业逐一进行核实。

兰州电监办

国家电力监管委员会西北监管局兰州监管办公室（简称兰州电监办）是国家电监会派驻甘肃的监管机构，于2005年12月成立。兰州电监办现任领导：党组书记、专员康安东，党组成员、专员助理顾平安，党组成员、综合处处长谢康。

1. 安全监管

突出“安全生产年”主题，常态监管与重点监管相结合。牵头成立甘肃电力行业“安全生产年”工作领导小组，对全省电力企业进行全覆盖、无死角检查；现场调查靖远第二发电公司灰库安全隐患；调研甘肃火电工程公司电力施工安全，专题报告引起重视。开展国庆保电安全大检查。严格信息报送制度，通报国电兰州热电公司机组非计划停运对兰州市区冬季采暖造成重大影响等安全生产事故。完成全省应急物资保障体系和应急队伍建设情况摸底调查。

发挥电力可靠性监管作用。连续第二年发布《甘肃省电力可靠性管理年报》，并开展电力可靠性统计检查，督促电力企业特别是自备电厂关注设备的质量安全管理，提高机组运行维护水平，减少非计划停运次数。

甘肃电力行业隐患排查治理成效显著。全省54个排查治理电力企业，排查出一般隐患15 922项，其中已整改一般隐患14 818项，整改率达93.07%；排查出重大隐患659项，其中已整改销号重大隐患289项，整改率达43.85%；列入治理计划重大隐患362项，其中落实目标任务293项，落实治理经费物资248项，落实治理机构人员421项，落实治理时间要求391项，累计落实治理资金达3043.41万元。

白银市2009年处置电网大面积停电事件应急联合演练取得圆满成功。演练由白银市人民政府、兰州电监办主办，包括电力、公安、商场、医院、银行在内的5家单位参加了演练。

2. 市场监管

大用户直购电试点取得突破。成立兰州电监办电力市场建设工作领导小组，发挥大用户与发电企业直接交易机制作用，与省工信委、省物价局联合出台《关于印发支持重点企业发展推行大用户直购电试点工作方案的通知》，明确职责分工和方案进度。11月，国家发改委批复甘肃省输配电价。第一批试点工作中，4家发电企业、2家电解铝企业和甘肃省电力公司已正式签订大用户与发电企业直接交易三方合同，“电力市场建设年”实现重大突破。

规范电力市场秩序。通过加强合同备案管理、厂网联席会、约谈走访企业等方式，重点加强对“三公”调度、发电权置换交易、发电计划完成情况的监管；印发《甘肃电网新建发电机组转入商业化运营实施细则》，规范并促进厂网关系大局；会同西北电监局开展甘肃省辖区跨省电能交易检查。

开展电力预警预测。继续做好电力供需形势分析和预测、电煤监测和预警分析，及时上报监测信息；编发《甘肃电力运行信息》，发布电力供需、电量交易、电煤供应、用电负荷预测等信息，掌握企业的生产经营情况，提交《现行煤电体制蕴含重大安全隐患》、《2009 年上半年甘肃省发电企业经营情况调研报告》等有价值的信息，及时、准确、完整地为政府部门、电力市场主体和社会公众提供信息服务，增加监管机构的非现场监管措施。

3. 供电监管

按照电监会《关于开展 2009 年供电检查的通知》要求，7 月下旬，兰州电监办成立检查组，对兰州、平凉、庆阳、华亭供电公司及镇原、永靖农电局进行供电综合检查，对其本部、调度中心、客户服务中心、电费管理中心、计量中心以及基层站（所）进行现场检查。累计制作检查笔录 180 份，电话回访 74 次，现场实测电压 6 次。

4. 价格与财务监管

会同省物价局组织甘肃省电价联合检查，重点检查市县政府和有关政府主管部门越权出台电价政策的情况，以及电网企业、发电企业在电价调整、脱硫电价、差别电价、电力收费等方面的政策执行情况。编制 2008 年度甘肃电价执行情况报告，了解电力企业财务经营状况，核实企业反映的有关问题。关注电价调整方案测算工作，提出监管建议。发挥电力监管统计的支撑作用，开展电力企业输配电成本、厂网电费结算、投产电力工程造价监管，完成 2008 年度企业经营情况、省内自备电厂运行情况、可再生能源补贴结算等调研。

5. 电力稽查

结合“信访积案化解年”活动和电力纠风，筹备推行电力监管社会监督员制度。将 12398、95598、电力用户三方联系机制推广到全省各市（州），强化企业内部责任追究落实；实地测试 12398 热线的接通率及覆盖情况，重大节假日、重大活动保电时期，保障热线 24h 畅通；2009 年全年，甘肃省累计登录 12398 热线 11 286 人次，其中，有效信息 170 件。根据所反映内容分类，投诉 143 件，占 84.12%；业务咨询及其他事项 22 件，占 12.94%；举报 5 件，占 2.94%。截至年底，兰州电监办调查处理的投诉举报事项已全部办结，平均办结时限 7.16 天。高度重视信访维稳工作，配置信访接待组织机构和人员，领导干部接访共 12 次。督促电网企业全面整治供电企业涉嫌报装工程“三指定”问题，进一步规范报装管理制度、工作程序、收费行为，切实维护群众利益；成立行政处罚委员会，积极开展行政执法，对某公司涉嫌无证安装电力设施一案开展调查，依法开出甘肃省电力监管行政处罚首张罚单。

6. 电力业务许可管理

开展发电企业持证经营监督管理试点工作，通过区别对待持证、持函、无证企业，考核平均利用小时数等手段提高企业参与积极性。核发《电力业务许可证（发电类）》18 家，累计核发 276 家；核发《豁免证明（发电类）》72 家，累计核发 77 家；出具同意发电企业与调度机构签订《并网调度协议》的函件 28 份；办理电力业务许可变更手续 17 家，其中登记事项变更 15 家，许可事项变更 2 家。

加快许可证颁发管理工作。共审查发电企业 179 家，其中豁免许可证 89 家；累计颁发发电业务许可证 384 家，其中，6000kW 以上的 104 家，约占甘肃省发电企业总数的 27%。供电企业许可证审发工作基本完成，全年共颁发 6 家，累计颁发供电企业许可证 120 家，约占全省供电企业总数的 98.4%。颁发承装（修、试）许可证 37 家，颁发电工进网作业许可证 4216 张，续期注册电工进网作业许可证 3355 张。截至 2009 年底，全省累计颁发承装（修、试）许可证 155 家，基本接近普及持证。累计颁发电工进网作业许可证 30 932 张。

开展承装（修、试）和电工进网作业许可检查。共涉及 135 家企业，共发出通知 135 份，收到企业回复 135 份，回收率 100%；现场抽查 26 家，占检查企业总数的 19.3%；查出违规企业 2 家，占检查企业总数的 7.69%，并对发现的问题依法及时进行了调查处理。

7. 节能减排监管

积极推动省内火电企业二氧化硫在线监测。根据省政府的任务分解，组织对酒钢宏晟电热公司、张掖发电公司污染减排突出问题整改情况进行现场督查，对省政府责成整改的其余 6 家发电企业进行动态跟踪监管；配合环保部门完成 2008 年度火电企业污染物排放核查工作，整理出全省 20 户火电企业污染物排放资料，按要求完整提交；针对靖远第二发电公司脱硫设施运行中出现的环境违法行为，及时参加调查，与省环保局等四部门联合做出《关于对靖远第二发电有限公司环境违法行为的处理意见》；迅速印发《关于进一步加强燃煤发电机组脱硫设施运行管理的紧急通知》，提出具体要求，督促燃煤发电企业进一步规范脱硫设施运行管理。

加强二氧化硫治理的许可管理，协助推进甘肃省“上大压小”工作。全省5家地方燃煤发电企业按照《关于加强电力业务许可管理促进燃煤电厂二氧化硫治理的通知》要求开展脱硫设施建设和二氧化硫排放治理工作，3家发电企业达到了排放标准，重点跟踪检查2家未达标企业。

杭州电监办

国家电力监管委员会华东监管局杭州监管办公室（简称杭州电监办）是国家电力监管委员会的派出机构，成立于2005年4月，负责浙江省范围的电力监管工作。杭州电监办现任领导：党组书记、专员谢国兴，党组成员、综合处处长周志明。

1. 安全监管

深入开展“安全生产年”等各项活动。印发《2009年浙江电力“安全生产年”活动工作方案》和《浙江电力“三项行动”实施方案》。开展隐患排查治理专项活动，妥善组织处理地质灾害重大隐患的治理，提高安全生产整体水平。

开展电力设备和系统安全监管，确保迎峰度夏、度冬和国庆60周年期间浙江电网运行安全平稳。组织开展保供电重点企业的专项督查和电网、发电企业技术监督专项检查；及时关注电网、发电机组运行和供用电平衡情况，加强厂网协调，要求调度作好负荷预测，电厂严格执行调度命令并作好燃料供应；加强对电力企业抵御强台风“莫拉克”的监督指导，及时向电监会、省政府报送防御和救灾及保供电情况。开展水电站大坝安全监管，在汛前对水电站的防汛、防台工作进行例行检查，督查水电企业做好大坝的定检和注册工作。开展涉网安全性评价，完善可靠性数据管理机制，开展电力企业标准化良好行为确认等工作，促进企业提高安全生产水平。

进一步加强电力应急管理工作。加强应急管理制度建设，草拟《浙江省电力行业防汛防台管理办法（试行）》、《浙江省电力行业雨雪冰冻灾害应急预案（试行）》和《浙江省电力用户供电电源及自备应急电源配置监督管理办法》。推进电力应急预案的演练工作，组织电力企业贯彻实施《中华人民共和国突发事件应对法》，并在省内三个地级市开展大面积停电演练工作。

加强网络信息安全管理。开展浙江电网企业网络信息安全和电力二次系统安全防护的专项督查，对发电企业开展网络信息安全和电力二次系统安全防护专项排查，初步掌握了信息安全基本情况，并就存在的问题向电力企业提出了整改要求和建议。

2. 市场监管

贯彻落实《华东区域发电厂并网运行管理规定实施细则》、《华东区域并网发电厂辅助服务管理实施细则》（简称“两个细则”），督促省调制定“两个细则”功能规范书，开发有关技术支持系统，举办“两个细则”和技术支持系统培训班。

推进发电权替代交易，丰富市场交易品种，认真做好替代交易电量、电费结算等监管工作。2009年，全省总替代交易电量完成83.5604亿kWh。

加强对《并网调度协议》、《购售电合同》的签订和备案工作的监管，特别加强对替代交易协议、替代补充购售电合同、跨省跨区市场交易合同的签订和备案工作的监管。开展电力交易与市场秩序有关情况的约谈走访。会同浙江省有关部门开展跨省跨区电能交易情况检查，进一步规范交易秩序。

对电力“三公”调度行为和调度信息披露情况进行监督检查。督促省电力公司及时披露电力市场交易信息、电厂年度发电计划完成情况和外购电情况。建立“三公”调度监管信息通报制度，编制发布每季度和年度的“三公”调度报告。

3. 供电监管

进一步加大供电检查的力度。2009年，重点对供电服务等方面进行检查，同时对2008年检查发现问题的整改情况予以复查。对于检查出的新、老问题，要求供电企业现场或限期整改，召开供电整改检查情况反馈会，通报有关情况，并编写上报《2009年浙江省供电检查报告》。在巩固重要电力用户业务报装流程和电源配置常态监管的基础上，逐步对315kV用电大户的业务报装流程进行延伸监管。加强对用户工程的设计、安装和设备供应采购行为的监管检查。

及时掌握供电的热点、难点和敏感信息，维护电力用户的合法权益。及时组织调查浙江省部分供电企业在推行使用IC卡式电能表中发生的技术质量、管理及法律等方面的问题，向供电企业提出监管检查意见和建议。对用户投诉供电局收费不规范事项及时进行调查处理，纠正供电企业违反国家电价政策多收费事项。

4. 价格与财务监管

加强和完善制度。制定《浙江省发电企业与电网企业电费结算实施办法》（征求意见稿），以进一步规范市、县一级电网企业与发电企业电费结算行为。

开展价格财务检查。联合有关部门对2008年度电价执行情况进行专项检查。对销售电价、上网电价发生调整，小火电关停、天然气东气电厂电量指标替代电价形成、电价附加及基金发生的变动情况，进行认真分析上报。核实可再生能源附加专项资金的收取、使用及资金账户余额。开展统调机组脱硝成本调研；分析研究2008年省电力公司输配电成本执行情况，了解输配电成本变化情况。进一步规范电费结算行为。制作电网企业和发电企业的电费结算报告模板，规范电费结算数据的季度统计报送工作。扩大电力企业电费结算监管范围。

5. 电力稽查

进一步加强12398投诉举报热线的宣传和工作力度。12398投诉举报热线实行24h人工值守，投诉举报热线接听质量进一步提高，投诉举报事项处理程序进一步规范，对受理的投诉举报案件基本做到“件件有依据、事事有着落”。2009年，在承装（修、试）许可监管领域共发现并查处违法案件2起，依法作出行政处罚，共计罚款4万元。

6. 电力业务许可管理

承装（修、试）电力设施许可证核发稳步推进。电工进网作业许可新考、续期注册有序开展，特种类电工持证试点工作顺利进行。发电类电力业务许可证核发工作深入开展，实施了1000kW以下小水电企业豁免办证工作，开展了供（输）电类电力业务许可证变更管理工作。

不断探索和加大许可后监管方式和力度。开展承装（修、试）许可证持证企业的年度自检和持证情况检查工作；积极培训和发展持证企业安装工长岗位人员和特种电工培训市场，加强企业施工管理水平；深入贯彻行政许可的便民、惠民原则，认真研究并细化外省持证企业在浙江设立分公司的备案制度和程序，创新许可方式，节约审批成本。加强对电工考试收费、题库建设和考点建设的指导，开展考务人员培训，规范考点考核管理，提高考务工作水平；完善电工管理系统。印发《浙江省电力业务（发电类）监督管理细则（试行）》和《关于进一步加强电力许可监督管理的通知》，细化实施方案，推进浙江省发电企业普遍持证（包括豁免证明）工作；开展统调发电和供电企业持证经营情况检查，加大监管力度。

7. 节能减排监管

监督电网企业全额收购可再生能源电量和严格执行有关电价，督促省电力公司整改落实可再生能源发电专项检查中发现的问题。推进小火电关停机组计划电量替代工作，推进常规燃煤机组以大代小替代交易，督促省电力公司按月披露替代电量落实情况。推动“发电厂节能调度系统”试点建设，以厂站调度替代机组调度促进节能减排。督促省电力公司制订燃油机组保养运行方案，实行燃油联合循环运行方式和定期保养性开机，提高燃油机组运行效率和机组设备健康水平。督促省调开展统调机组有序调停工作，实现科学有序经济调度，提高运行机组负荷率。实施有序调停以来，节能减排效果明显，统调机组平均负荷率提高8.6个百分点。加强电力工程环保设施建设“三同时”监管和脱硫设施运行监管。

南京电监办

国家电力监管委员会华东监管局南京监管办公室（简称南京电监办）于2006年12月正式成立，是国家电力监管委员会派驻江苏的监管机构。南京电监办现任领导：党组书记、专员顾瑜芳，党组成员、专员助理郑逸萌，党组成员、综合处处长宋宏坤。

1. 安全监管

“安全生产年”活动成效显著。结合自身实际，突出工作重点，认真开展“三项行动”，扎实推进“三项建设”，完善隐患排查治理与风险防控机制。深入推进并网安全性评价，促进发电企业涉网设备运行水平和安全管理水平的提高。全年共有7家发电企业18台机组对安全性评价中排查出的243项隐患或问题进行逐项整改，增强安全生产管理水平和综合保障能力。

圆满完成重要时期的安全保电任务。面对复杂的供用电形势，加强组织领导，进一步增强大局意识、政治意识、责任意识，积极采取切实有效的措施，全面落实安全生产责任制。组织广大发供电企业克服酷暑高温、台风雷暴、低温雨雪等恶劣灾害性天气以及电煤库存短缺等严峻考验，确保迎峰度夏、迎峰度冬和国庆期间全省电力系统的安全稳定运行。

电力企业应急管理能力进一步增强。认真贯彻执行《中华人民共和国突发事件应对法》和国家电监会印发的《电力企业应急预案编制导则（试行）》、《电力突发事件应急演练导则（试行）》，进一步规范电力应急管理，不断加强电力系统应急减灾能力建设。参与组织无锡市处置电网大面积停电联合演练、禄口国际机场突发停电应急演练、江苏电网“黑启动”、500kV电网应急抢修、配电网应急抢修、物资供应应急抢修等演练。通过演练，电力企业处置突发事件的综合应急能力和应急管理水平得到有效提高。

2. 市场监管

进一步有效规范电力市场秩序。采取多种形式，密切厂网关系，与省经信委组织召开季度厂网联席会议，进一步协调厂网关系，及时交流电网在安全运行、电力交易、电费结算、电网调度、节能减排等方面的经验和信息，电力企业维权意识和市场主体意识进一步增强，电力市场秩序得到进一步规范。监管电力企业按照国家电监会购售电合同、并网调度协议示范文本及南京电监办制定的非统调热电厂、可再生能源电厂购售电合同、并网调度协议示范文本，以平等协商、权责对等的原则做好“两个范本”签订和履约工作，维护了各相关电力企业的主体利益。针对新机组转商业运营中出现的问题，及时印发《关于进一步规范新建发电机组进入商业运营有关问题的通知》，明确新建发电机组转商业运营的起始时间、调试运行的程序、调试电费的结算、转商运的条件等，切实维护了厂网双方的合法权益。

3. 供电监管

为提高供电服务质量与水平，制定《江苏省供电常态监管实施意见（试行）》，重点加强供电质量、供电服务业务流程和供电市场行为的监管。供电常态监管工作，得到江苏省电力公司的高度重视和各供电企业的积极配合。2009 年，通过供电常态监管工作，供电企业市场行为进一步规范，供电服务水平进一步提升，用户满意度显著提高。从回收的《信息反馈表》统计情况看，用户普遍对供电方、设计方和施工方的工作表示满意。

4. 电力稽查

2009 年，12398 电力监管投诉举报热线共收到有效件 657 件，其中咨询 607 件，投诉举报 50 件，已按时办结 45 件。同时，以发电企业脱硫设施运行、供电企业市场行为和资质管理为重点，加大现场稽查和行政执法工作力度，依法查处电力违法违规行为。2009 年，对某送变电公司违反承装（修、试）许可制度情况进行了行政处罚，对部分电力企业违规行为进行了通报批评。电力行政执法已成为规范市场行为、维护电力用户合法权益的重要手段。

5. 电力业务许可管理

在继续做好许可证颁发工作的同时，积极探索电力许可后续监管的有效模式，逐步建立并完善电力企业许可证后续管理制度。共颁发发电许可证 30 张，承装（修、试）电力设施许可证 36 张，电工进网作业许可证 14 895 张；共有 48 项新（扩、改）建输、供电设施许可报备获得批复，46 家发电企业、1 家输电企业、72 家供电企业和 49 家电力承装（修、试）企业完成许可变更，38 791 名进网作业电工完成续期注册。通过开展承装（修、试）电力设施许可及电工进网作业许可执行情况专项检查，进一步发挥许可证制度在规范电力市场和保障电网安全运行等方面的作用。

6. 节能减排监管

烟气脱硫在线监控成效稳步提升。及时将新建燃煤机组纳入南京电监办脱硫在线监控系统，共有 7 家发电企业 8 台机组 367.5 万 kW 容量纳入在线监控范围，做到脱硫设施运行之日就是监管机构在线监控之时。截至 2009 年底，全省 125MW 以上监控机组装机容量达到 3918 万 kW。脱硫设施运行的质量与效率稳步提高。2009 年全省脱硫设施继续保持良好的运行状态，脱硫设施的投运率和脱硫效率分别为 98.32%和 93.37%；排放浓度为 130.98mg/m^3，同比下降 8.3%，为江苏省减排任务的完成作出了新的贡献。脱硫监控考核机制进一步完善。建立了脱硫数据信息公开通报制度，发电企业脱硫设施运行情况按投运率、脱硫效率和排放浓度按由高至低进行排名，并在脱硫在线监控网站上进行公布，提高工作透明度。同时对部分脱硫未达标企业扣减脱硫电价补贴 4915 万元。

可再生能源发展进一步加快。为贯彻落实国家电监会出台的全额收购可再生能源电量政策，促进可再生能源电厂健康发展，推进调结构、促减排工作的开展，针对可再生能源电厂购售电合同文本内容不规范、政策不明确、表述不准确等问题，结合江苏实际，制定了可再生能源电厂购售电合同示范文本，支持了可再生能源的发展。2009 年，江苏新建成投产可再生能源发电企业 7 家，总装机容量 45.6 万 kW。

福 州 电 监 办

国家电力监管委员会华东监管局福州监管办公室（简称福州电监办）是国家电监会派驻福建的监管机构，于 2006 年 12 月成立。福州电监办现任领导：党组书记、专员郑宝强，党组成员、专员助理张建平，党组成员、综合处处长朱文毅。

1. 安全监管

扎实开展安全生产年“三项行动”，深化推进安全生产隐患治理。全年电力行业共开展执法行动 26 起；排查治理一般隐患 16 082 条，已整改 15 307 条，整改率 95.18%；查重大隐患 11 条，已治理 6 条，整改率 54.54%，剩余 5 条均已制定整改措施，落实整改完成时限和责任人，累计落实治理资金 3363 万元。

加强电力应急管理工作。全省 9 个设区市全部完成处置大面积停电事件联合演练活动。会同省经贸委修订《福建省处置电网大面积停电事件应急预案》，完善电力应急管理机制和体系。加强对重要电力用户供电电源及自备应急电源配置的监督管理。会同有关部门研究制定《福建省重要电力用户供电电源及自备电源配置监督管理办法》、《等级分类建议表》，理顺重要电力用户等级认定流程。

强化电力行业在建重点建设项目施工安全监管，初步形成闭环监督管理。建立承装（修、试）企业安全证前座谈制和信息报送制，重点督查全省在建电力重要建设项目。

做好水电站大坝安全监督管理。开展大中型水电站防汛抽查督查；推进大坝安全注册申请相关工作，全省92座水电站均已提交注册申请。

开展电力系统可靠性统计和分析。按季度上报福建区域发、输、供电可靠性数据，分类开展电力安全和电力可靠性经验交流、技术研讨和专项检查。开展并网发电机组安全性评价工作。加强网络与信息安全工作。

开展事故调查分析，对4起安全生产事故进行分析、跟踪，发出《关于近期几起电力安全生产事故的通报》。

加强对安全文化建设的研究。完成安全文化建设课题报告。组织"电力生产突发事件应急处置实践"和"防灾技术在输电网络中的应用"项目评审，推动电力应急科技成果在全省推广应用。结合"安全生产月"活动，向全省电力企业征集企业安全文化建设、电力应急和电力安全管理等方面论文。

2. 市场监管

加强厂网协调、调度和电能交易监管，维护电力市场良好秩序。先后4次召开厂网联席会议，及时跟踪落实必须协调解决的问题。监督落实2008年"两个合同"专项检查存在问题的整改以及新签订"两个合同"的报备工作。把监管的触角延伸到地、县级"三公"调度和电费结算上，每季度、年度编写上报"三公"调度交易及网厂电费结算情况分析报告。开展福建省电力交易与市场秩序监管座谈，加强电力监管机构与电力企业的沟通与联系。协调引导好新建机组商转规范管理和电站机组规范并网管理工作。开展"两个细则"宣贯实施相关工作。

电力用户与发电企业直接交易试点工作取得实质性进展，电力市场建设稳步推进。成立福建省大用户与发电企业双边交易试点工作协调小组，下设办公室，挂靠在福州电监办，由福州电监办牵头开展试点工作。福州电监办也相应成立试点工作小组和办公室。制定出台《实施方案》、《实施细则》、《市场运营规则》及《购售电及输配电服务合同（实施文本）》。按照国家有关部门的意见，2009年12月启动并完成首批发电企业与电力用户直接交易意向协商工作，形成7家电力用户与7家发电企业共10对、28.4亿kWh电量的直接交易意向，并上报国家三部委审定。

加强电力供需、燃煤发电企业电煤库存及电力企业经营状况的统计分析和监测预警。完成全省电力运行情况月度、季度和年度分析报告，开展2009、2010年电力供需、经营和安全预测预警。

3. 供电监管

开展供电检查。重点对电力消费者关心的报装接电、收费和电能质量等进行检查和督促整改，实现2008、2009年供电检查工作闭环。对省电力公司《2009年阳光业扩工程建设指导意见》提出修改意见和建议；指导和督促福州电业局完善和规范用户工程市场化有关服务、投资界面及技术标准，推动福州电业局公开承诺开放用户业扩工程市场。

4. 价格与财务监管

加强电力价格财务的分析、调研和检查工作。建立厂网电费结算信息报送制度，跟踪、协调、落实2008年电费结算专项检查后电力企业存在问题的整改情况及厂网联席会议提出的网厂电费结算矛盾。及时协调晋江、莆田LNG电厂反映调试期电费未按规定及时结算等问题，督促省电力公司支付电厂调试电费差额8121万元，获得发电企业的好评。就电费回收和厂网电费结算问题作专题调研，形成《南平水口库区移民拒缴电费现象蔓延应引起高度重视》呈阅件报省政府，引起省政府领导的高度重视。开展电力工程造价监管，完成2008年福建省输配电成本年度分析报告和电价执行情况分析报告。

5. 电力稽查

建立重要投诉件督查落实通报制度，规范电网企业对12398电力监管投诉举报热线上墙公示格式，在省内749个供电营业场所统一上墙。做好特殊时期和节假日期间12398热线电话24h值班制度，并与电力服务热线95598实施联动，有效保障特殊时段值班工作正常有序运转。全年接到有效信息587件，其中咨询件540件，投诉举报件47件，所反映事项已全部办结。选择重点案件进行现场核查，并对一家无证承接涉网工程施工企业予以行政处罚。积极配合有关部门继续深入开展打击盗窃破坏电力设施违法犯罪专项斗争和环保专项行动。

6. 电力业务许可管理

强化市场准入监管，营造公开、公平、公正的电力市场环境。建立完善许可监督管理制度体系，将许可证和工商营业执照年检、并网运行、市场准入等相衔接，充分发挥许可证在市场准入方面的效力；制定《关于规范承装（修、试）电力设施市场和施工企业的通知》，进一步完善许可监督管理制度体系建设，在打破施工市场垄断、为民营施工企业发展营造公平竞争的环境、规范电网公司多经施工企业的市场行为方面起到有力的监管作用。

开展资质中心电子政务管理系统开发工作。推进资质许可信息化管理建设，促进资质许可工作朝着高效、便民、透明、规范的方向发展。2009年，共完成1230家发电企业、7家供电企业、14家承装（修、试）电力设施企业、6956个进网作业电工许可证核发及7190人进网作业电工续期注册工作。

7. 节能减排监管

落实电力行业节能减排相关监管工作。研究提出福州电监办电力节能减排监管工作运行机制的初步构想。参与福建省节能减排工作有关意见、办法和条例的起草和修订，以及关停小火电机组和“上大压小”相关监管工作。以强化差别电价政策监管为切入点，贯彻落实国家节能减排电价政策的执行。开展燃煤电厂二氧化硫治理筛查工作，监督火电机组脱硫改造工程的实施，加强二氧化硫治理工作落实情况的监督检查。截至2009年底，全省装机容量30万kW及以上的燃煤电厂已全部安装并投运脱硫设施，比国家要求提前1年多完成工程减排任务，平均脱硫效率95%以上，同时全面完成企业自备电站脱硫工程。做好可再生能源全额上网电量、电价执行情况监管工作，认真核对全省可再生能源电价补贴和电价附加调配有关数据。专题协调连城大灌水电开发有限公司、牛头山发电公司等的上网电量线损及线路代维费等争议矛盾。督促电网企业清退小水电企业预付变电站及送出线路建设垫款330万元，保护了小水电企业的合法权益，促进了可再生能源的健康发展。

郑州电监办

国家电力监管委员会华中监管局郑州监管办公室（简称郑州电监办）于2006年3月28日正式成立，是国家电监会派驻河南省的监管机构。郑州电监办现任领导：党组书记、专员匡宝珠，党组成员、专员助理阎俊超，党组成员、综合处处长刘建华。

1. 安全监管

全面落实国家电监会和河南省委省政府关于开展“安全生产年”活动的各项部署。全力推进电力应急管理工作，督促电力企业开展应急演练。扎实开展电力安全专项工作，组织开展各种安全大检查。积极推进并网安全性评价工作，完成32台1001.25万kW容量机组的并网安全性评价工作。不断规范可靠性管理工作。积极开展电力标准化良好行为确认工作。积极履行省政府安委会成员单位职责，落实省政府重大隐患挂牌督办制度。加强电力安全行业管理，建立全省电力安委会办公室联席会议制度。深入开展调查研究，形成《关于进一步加强河南省电力安全监督管理工作的意见》。定期编发全省电力安全通报，反映全省电力安全生产情况和安全工作开展情况。在各方共同努力下，2009年全省电力安全生产继续保持安全稳定的良好局面，实现了年初确定的“五杜绝、三防止、一提高、一维护”目标。

2. 市场监管

市场运营监管逐步加强。定期召开“三公”调度信息披露会和厂网联席会。定期通报电力交易监管报表数据，提高交易信息公开透明度。协商解决厂网之间在交易中存在的问题。开展“两个范本”签订和执行情况的督促检查。积极推动“两个细则”实施工作，加快建设技术支持系统平台。

电力预警预测和监管统计分析水平逐步提高。完善电煤信息报送体系和工作机制。密切关注电煤储备、负荷增长和保暖供热情况，汇总分析全省电力生产情况，做好电力、热力供需形势分析和预测。落实电力监管统计报表制度，完善非现场监管手段。

3. 供电监管

组织开展供电服务大检查，并督促供电企业认真整改。强化暗访制度，开展9次暗访和2次检查整改“回头看”。进一步完善供电社会监督体系。加大对基层供电企业和农村供电的监管力度。会同省质监局在南阳市开展在用电能表抽检。

4. 价格财务监管

认真编写河南省2008年电价执行情况报告。加强全省发电企业电煤价格情况调查。参与电价调整方案的研究和制订。进一步规范电网企业与发电企业电费结算行为，促进提高发电企业外送电上网电价和商业试运行期电费结算比例。定期发布全省电力企业经营情况通报。加强对县级供电企业监管，启动县级供电企业财务成本上报工作。

5. 电力稽查

完善12398电力监管投诉举报热线工作机制，确保投诉举报渠道畅通。定期发布《郑州电监办投诉举报情况通报》。对有关电力企业的60多项不规范经营行为进行通报批评，通报批评电力企业50余家次，使相关电力企业的经营行为更加规范。直接调查处理洛阳用户投诉高压线与自家房屋安全距离不够案件，以及农户反映电工抗旱浇麦期间违规多收电费等案件，对发现的违规行为责令限期改正。对某电力工程公司和电业局等2家违规企业进行经济处罚。制定《郑州电监办行政处罚简易程序》，并对查出的8家违规违章企业按照简易程序实施行政处罚。全年郑州电监办正式受理和协调解决群众投诉举报60多件，解答各类咨询735件，受理案件均在规定时限内办结，平均办案时间21天。

6. 电力业务许可管理

开展承装（修、试）电力设施及电工进网作业许可制度执行情况的监督检查，依法处理了一批违规企业。对持证的发电、供电企业首次实行年度自查报告制度，对承装（修、试）持证企业开展许可证年度审验。认真做好输供电设施许可预期报备管理和许可证变更工作。全年共颁发承装（修、试）电力设施许可证93家，组织45期共计22 586人参加电工考试。全省累计发放承装（修、试）电力设施许可证359

家，发电业务许可证 193 家，供电业务许可证 129 家，电工进网作业许可证近 9 万张。

7. 节能减排监管

督促电网企业认真落实国家可再生能源电量收购和电价优惠政策。积极支持发电企业上大压小，优化发电机组结构。配合发改委、环保部门做好电力行业节能减排相关工作。截至 2009 年 8 月底，河南省关停小火电机组 110 台 450.3 万 kW，“十一五”期间累计关停 847.7 万 kW，约占全国关停总量的 15.3%，提前 1 年超额完成“十一五”期间小火电关停目标；全年平均供电煤耗完成 335g/kWh，同比下降 9g/kWh。

长沙电监办

国家电力监管委员会华中监管局长沙监管办公室（简称长沙电监办）是国家电监会派驻湖南的监管机构，于 2006 年 4 月 26 日正式挂牌。长沙电监办现任领导：党组书记、专员陈建长，党组成员、综合处处长尚佳。

1. 安全监管

以安全活动为载体，推动安全监管向纵深开展。认真开展“安全生产年”、“三项行动”和“三项建设”等活动，制定下发湖南省电力行业“安全生产年”活动实施方案。结合“安全生产年”活动，切实抓好“三项行动”，深入开展电力安全生产执法行动，严厉查处电力建设施工安全、重要用户供用电安全管理等重点领域的违法违规行为；深入开展电力安全隐患排查治理行动，做好电建和农电安全生产的专项整治工作，进一步加强燃煤电厂灰渣库和水电厂大坝的安全监管；深入开展电力安全生产宣传教育行动，向电力企业宣传安全法规，向社会群众宣传用电安全常识。

以监管职能为依托，切实加大安全监管力度。根据《湖南省安全生产监督管理职责暂行规定》中明确的九大类安全监管职责，全面推动安全生产执法、安全评价、事故调查处理、安全宣传教育、安全检查与隐患治理等方面的工作深入开展，安全监管力度不断加大。

以安全性评价为抓手，提高企业安全生产水平。规范机组并网安全性评价工作，使之常态化、标准化。全年完成 15 个电厂 24 台机组总计 304 万 kW 的并网安全性评价工作，共发现 606 项安全隐患，整改 572 项。突出以安全性评价为主要措施的燃煤电厂贮灰场安全监管，根据省政府授权，牵头制定《湖南省燃煤发电厂贮灰场安全状况评价细则》，开展了湿式贮灰场安全性评价工作，得到有关方面的好评。

以信息安全检查为切入点，加快电网信息安全建设进程。年初，就电网信息安全工作印发通知，要求各电力企业认真开展自查，督促整改发现的问题。对 4 家电网企业进行现场检查，形成检查报告。通过检查和督促整改，有力地推动了电力企业信息安全建设。

以安全事故为警钟，全面提高安全生产意识。2009 年，全省电力系统共发生 3 起人身死亡事故。长沙电监办组织事故调查分析，提出了防范措施与监管要求，对事故单位进行通报批评，对隐瞒事故的单位给予行政处罚，把安全事故作为反面典型，促进提高电力行业安全意识。

圆满完成国庆 60 周年保电任务和其他重大保电任务。提前周密部署国庆 60 周年保电工作，督促指导省电力公司和重要统调电厂制订保电方案。抓好迎峰度冬、元旦与春节两节及重大政治活动期间的供电监管，着重对供电方案制订落实、调度命令执行、电煤储运及水情、主设备检修维护等方面进行重点监管，确保系统稳定运行和电力可靠供应。

2. 市场监管

进一步加强市场交易秩序监管。认真组织召开厂网协调会，及时通报电力供需、生产交易、价格财务等信息，畅通沟通交流渠道，协调厂网矛盾，丰富协调会的功能与内容。加强《购售电合同》和《并网调度协议》的签订备案工作，扩大签订备案范围，并对执行情况进行跟踪检查，促进规范生产调度及市场交易行为。加强“三公”调度监管，着重考核监管电网运行方式和发电厂并网运行考核工作，并把发电厂运行考核工作由统调电厂延伸到非统调电厂。开展电力交易与市场秩序约谈工作，深入了解电力企业的诉求，找准工作方向。

积极推进电力市场建设。按照课题开路、规则先行、试点推动、政府主导的工作思路，认真开展大用户直购电试点课题研究，向省政府作专题汇报，加紧推进直购电试点工作，制定《湖南省大用户直购电试点办法》，并广泛征求意见，进行修改完善。积极推进华中区域发电厂并网运行“两个细则”的实施，成立工作小组，制订工作计划、实施方案，落实工作责任。把农电体制改革作为学习研究、分析检查和整改落实的重要课题，积极推动农电体制改革试点工作，研究成果得到国家电力体制改革领导小组办公室的重视与肯定。

加强改进电力供需与电煤供应预警监测工作。建立电力供需及电煤供应监测预警日、周、月分析报告制度和情况通报制度，电煤库存按天监测、省网运行按周监测，坚持按月对地方电网购销情况进行分析。

认真做好监管统计信息工作。督促各电力企业及时报送统计报表，认真汇总分析统计数据，定期编写统计分析报告，并以简报的形式印发政府有关部门和各电力企业，提供行业总体情况和平均水平信息，为政府和企业决策提供参考。

顺利推进电力工程建设领域突出问题专项治理工作。根据国家电监会和省委省政府的安排成立专项治理工作领导小组，制定《湖南省电力工程建设领域突出问题专项治理工作实施细则》，明确规范电力工程招投标活动、加强工程建设安全质量管理等两大主要任务，并就目标要求和工作步骤、工作措施与保证措施进行安排部署。

3. 供电监管

创新工作机制，探索供电常态监管。在供电信息报送、供电现场检查、定期供电联席会议、工作通报、工作总结和用户座谈会等方面形成一系列规定，使工作联系紧密化、信息报送制度化、现场检查随机化、整改落实经常化，有针对性地随机开展明察暗访，努力实现监管常态化。2009 年，组织全省 16 家市州级供电企业开展供电检查自查。按照电监会的统一部署，完成江西省供电交叉检查，提交了检查报告。2009 年，长沙电监办共发现供电监管方面的问题 73 项，督促完成整改 53 项，另有 20 项仍在整改之中。

4. 价格财务监管

尝试建立企业财务经营状况监测预警机制。以电力企业财务报表和市场价格综合水平为实时最新财务数据，按季度编写监测报告，加强监测分析，发现预警信息，提出政策建议。年初，对全省电力企业 2008 年的财务经营情况进行深入调查，在真实反映情况和科学分析的基础上提出政策建议，得到省政府领导的高度评价和充分肯定。

积极稳妥，延伸监管范围。联合省物价局开展全省电价重点检查；认真组织编制《2008 年度湖南电价执行情况监管报告》；配合参与电价调整方案的测算和电价政策的制定与修改工作；按期进行输配电成本统计分析；积极强化电费结算监管工作，开展 6000kW 以上非统调发电企业电费结算与电价执行情况调查工作，掌握非统调发电企业（主要为小水电企业）发电上网在量、价、费、时方面存在的问题，进一步延伸价财监管的范围。全年电费结算情况较好，结算率较为稳定，陈欠电费问题逐步解决，基本没有发生新增欠费。

认真开展新建发电机组进入商业运营情况检查工作。着重检查调试电量上网电价与其标杆电价差额资金未作分配的问题，并对省电力公司下发整改通知书，要求限期整改。

5. 电力稽查

突出工作中心，注重实效。坚持把受理处理投诉举报事项、调查处理案件、调解电力争议作为电力稽查的中心工作，加强 12398 投诉举报中心内部管理，提高运行效率，努力打造优质服务窗口。截至 12 月中旬，共收到投诉举报事项 194 件；共受理投诉举报事项 175 件，办结 170 件。突出典型案件的现场查办，先后查处衡阳、娄底、株洲等地的电费计算抄收问题，成功调解了有关电费争议纠纷。

加大行政处罚力度，进一步树立监管权威。继续加大对违法违规行为打击力度，对 4 家违法违规的电力企业进行立案调查，办结 3 个案件，罚款 9 万元。全年共查找问题 100 余项，下达书面整改通知 30 余份，绝大部分问题已得到整改落实。

6. 电力业务许可管理

市场准入监管全面深入，涉电企业及电工持证率进一步提高。针对重点地区、重点问题开展综合性联合检查。检查发现电力行政许可制度执行、供电及电价执行等方面的问题 50 多项，发出了整改通知书 20 份，并启动相应的行政处罚程序。目前，全省县级及以上供电企业除不具备发证条件的 10 余家企业外，全部持证经营；发电企业尤其是小水电的许可证颁发取得实质突破，全年共颁发发电类许可证 455 张，承装（修、试）许可证 51 张。在各市（州）均建立了考试培训联系点，并全面启动特种类电工进网作业培训考试。全年共颁发电工进网作业许可证 9708 张，办理续期注册电工进网作业许可证 1802 张。

探索开展许可证后续管理。指导省内几家承装（修、试）企业发起成立承装（修、试）企业协会，围绕行业自律、沟通各方、服务成员的职能展开工作，协助电力监管机构加强对承装（修、试）持证企业的后续管理。同时，对一些不能依法经营或长期无经营业绩的企业采取注销（吊销）许可证的处理手段。积极协调工商部门，加强登记许可事项变更管理，严格按规定进行年检年审。

成都电监办

国家电力监管委员会华中监管局成都监管办公室（简称成都电监办）是国家电力监管委员会派驻四川的监管机构，于 2004 年 12 月 30 日正式挂牌，是全国首家省级电力监管机构。成都电监办现任领导：党组书记、专员张健，党组成员、专员助理马军杰，党组成员、综合处处长高晓楠。

1. 安全监管

大力开展电力安全生产“三项行动”和“三项建

设”。一方面要求电力企业从实际出发，将“三项行动”、“三项建设”与日常安全生产工作紧密结合；另一方面加强对电网安全、电力建设施工安全及水电站大坝安全的监督检查，并积极组织电力安全事故预防和应对能力培训，扎实推进四川电力安全生产“三项行动”深入开展。

督促指导电力企业加强电力应急管理。督促电力企业根据《四川省处置电网大面积停电事件应急预案》，结合实际编制各类应急抢险救援预案，积极开展桌面演练、分部演练和联合反事故演习。9月，按照《四川省人民政府办公厅关于进一步加强重要电力用户安全用电管理工作的紧急通知》的要求，牵头组织省级有关部门，在全省范围内对2997家重要电力用户开展拉网式排查整治行动，提升了重要电力用户安全用电管理水平，促进了企业安全生产和国庆期间的用电安全。

切实加强水电站大坝安全监管。协助电监会大坝安全监察中心，完成震区受损水电站大坝安全信息网络报送系统恢复重建及安全注册、定检工作，并以此推动水电站大坝安全的信息化管理和隐患治理，提高应急管理能力。

认真开展电力安全事故调查处理和安全性评价。根据国务院领导重要批示和省政府领导批示，牵头与有关部门组成调查组，对成都双流国际机场发生的大面积停电事件进行调查，查明事件原因，认定事件的性质和责任，向省政府提出了对相关责任单位及人员的处理建议和整改措施。积极开展电厂并网安全性评价工作，共完成62家电厂197台机组装机容量14 492.5MW的安全性评价工作。评价过程中发现存在的问题及安全隐患7595项，已完成问题整改5054项，整改完成率66.5%。

2. 市场监管

认真作好全省电力供需监测和形势分析。编制发布2008全年和2009年前3季度电力供需监测报告，按月发布四川省电力供需及电煤供应监测预警信息，及时发现2月出现的发、用电转换拐点、4月和10月出现的电煤库存拐点并上报。

探索创新监管手段。开展四川省电力交易和市场秩序监管谈话，对15家电力企业进行监管谈话和检查，形成《四川省电力交易和市场秩序监管报告》。

加强新建机组进入商业运行管理。制定出台《关于四川省新建发电机组进入商业运营有关事项的通知》（成电监［2008］67号），明确新建机组进入商业运行的条件和工作程序，规范新建机组进入商业运行的管理。加强与省物价局的联系，积极促进省物价局核定新建机组调试电价，解决了厂网之间难以就调试电价达成一致的问题。会同省物价局组织制订《2008年新建机组调试运行差额资金使用方案》，将差额资金按照电网企业和发电企业各占50%的比例进行分配。

稳步推进“两个细则”建设。成立以成都电监办副专员任组长、省电力公司分管副总经理为副组长的领导小组，积极协调解决推进中的难点，11月“两个细则”技术支撑系统投入模拟运行。

积极推进直购电交易规范化运行。按照国家电监会、工信部文件精神和要求，分别于3、5月组织省政府有关部门、省电力公司、有关发电企业、有关电解铝企业座谈，向省政府上报《关于完善电力用户与发电企业直接交易试点工作有关问题的报告》，积极推行直购电交易的两个合同示范文本，组织四川省大用户直购电交易试点政策培训。

3. 供电服务监管

精心组织供电检查。在电力企业自查的基础上，对四川省电力公司及7家市级供电企业、成都电业局下属的双流供电局等12家县级供电企业以及与上述供电企业有产权或管理关系的企业进行现场检查。及时向有关供电企业反馈检查出的问题，并发出整改通知，限期逐一进行整改。

积极探索供电常态化监管。对供电监管常态机制从理论和实践上进行调查和研究，提出初步方案，明确监管对象、监管内容、监管方式、监管频率、考核指标以及推行供电常态监管的步骤，并与有关供电企业交换了意见，为下一步推行这一工作打下基础。

切实做好无电村调研。积极与省地电业局和有关供电企业联系，成立无电村调研组，在摸清有关情况的基础上形成调研报告，为研究解决方案提供依据。

4. 价格财务监管

加强财务经营信息报送，夯实电力企业财务经营状况监测预警基础。在继续坚持所有统调发电企业上报电力财务经营状况统计报表的同时，建立QQ群，将全省统调发电企业中80%的统计和财务人员纳入其中，加强发电企业统计人员培训、催报协调工作，强化对电力财务经营状况的日常指导，加强发电企业上报数据审核。

建立工作机制，输配电成本核算监管进入常态化。督促省电力公司制定《四川省输配电成本核算办法实施细则》，规范电力企业报送时间，并加强对贯彻落实输配电成本核算办法情况的检查。针对汶川特大地震和国际金融危机导致电网企业电费回收难、特别是现金回收难的客观情况，积极协调电网企业和发电企业，按照不超过年度电费5%的比例支付承兑汇票，并要求电网公司对发电企业电费严格按照两次支付的规定执行。针对厂网分开前的陈欠电费问题，组织电网和发电企业座谈，协调制订5年支付计划，并督促电网企业按计划实施。对以债权方式转让陈欠上网电费问题，督促电网企业做好整改落实工作。

5. 电力稽查

2009年，共收到各类投诉举报信息681件，其中投诉93件，举报10件，其他事项578件。全年办结投诉举报95件，占应处理投诉举报案件的99%，规定时限内结案率100%，案件平均处理时间26天。全年查处违法违规行为7起，行政罚款12.2万元，其中：简易程序处罚2件，一般程序立案调查5件。

6. 电力业务许可管理

截至2009年底，成都电监办累计核发发电业务许可证1238家，豁免总装机1000kW以下小水电许可证902家，发电许可普及率达到95%。累计核发供电许可证226家，除因供电营业许可证和工商变更登记问题尚不具备发证条件的企业外，县级以上供电企业全部取证。累计核发承装（修、试）电力设施许可证340家。四川省基本实现许可证的普及。

资质管理工作逐步从颁证转向后续监管。根据四川省实际，从承装（修、试）电力设施业务许可入手，切实加大监管工作力度。依靠承装（修、试）行业协会，组织承装（修、试）企业开展自查。通过297家企业的自查，掌握了企业持证以后的经营情况，为加强后续监管打下了基础。2009年重点检查供电企业是否建立和完善招投标许可证准入制度、承装（修、试）企业的持证电工是否满足相应等级和类别要求，向四川省电力公司等36家企业发出整改通知书，现场处罚两家持证电工人数达不到标准的企业。立案查处3家伪造电力行政许可企业，对3家企业分别处以罚款4、1.5、2.5万元，并向全省发出通报，在全省电力行业引起很大反响。

7. 节能减排监管

加强小火电关停监管。把好市场准入关，切实加强对常规燃煤机组发电许可证的规范管理：对列入2009年关停计划的机组，不予受理；对列入2010年关停计划的机组，在许可证特别事项中作备注；核查过程中增加必要的环保指标，对达不到要求的机组，不予发放。2009年关停小火电机组3台，容量40万kW。截至2009年底，四川省“十一五”期间已关停小火电机组49台，容量188万kW，完成关停任务的139%。

积极推进节能减排。积极配合省政府有关部门，开展节能和污染物减排政策的制定和执行，落实火电企业节能减排信息报送制度，强化节能减排信息分析，发布四川省电力行业2008年节能减排监管信息通报和四川省火电企业2009年度上半年节能减排监管信息通报。配合物价部门开展火电企业脱硫电价检查，敦促火电企业提高脱硫装置运行维护水平，减少二氧化硫的排放。

8. 灾后恢复重建工作

做好电力灾后恢复重建工作的督导。在电力灾后恢复重建工作中，将电网恢复重建作为重点，突出抓好工程安全与质量，加强重点项目跟踪。截至2009年11月底，四川省电力公司完成灾后恢复重建计划中35kV及以上电网项目175个，完成项目计划的56.8%；110kV及以上的项目完成计划投资的45.1%。受灾的主网发电企业除映秀湾总厂的渔子溪、耿达电厂外，均已恢复发电。

加强地震灾区供用电保障能力监管。加强受灾群众安置点夏、冬季用电安全检查，督促供电企业解决好受灾群众安置点夏季高温天气和冬季用电安全问题。同时密切关注灾区电力供应形势，深入灾区了解用电情况，积极协调处理11月四川局部地区冰冻雨雪天气引起的甘孜州、阿坝州停电问题，督促加快受损电力线路抢修，优化调度方式，全力保证灾区电力供应。

积极争取电力灾后恢复重建有关政策。针对电力灾后恢复重建面临的困难，积极向电监会反映四川实际情况，并利用国家有关部门到四川调研的机会，建议加大对农村电网政策支持力度，建立灾后恢复重建基金，对受灾居民临时供电设施建设资金给予支持，增加农村电网灾后恢复重建投资的国债资本金比例；结合农村电网灾后恢复重建，加快推进农电体制改革，理顺地方电力管理体制，明确对口支援形成的资产处置，推进县级供电企业体制改革，提高县级电网整体运营水平，增强抵御自然灾害的能力。

昆明电监办

国家电力监管委员会南方监管局昆明监管办公室（简称昆明电监办）是国家电监会派驻云南的监管机构，于2005年12月1日正式成立。昆明电监办现任领导：党组书记、专员李现武，党组成员、专员助理周光灿，党组成员、综合处处长杨新红。

1. 安全监管

落实隐患排查治理工作。督促电力企业认真开展自查，抽调专家组成检查组，深入基层单位和生产一线调查研究，检查指导。总结云南中小水电企业在安全生产方面存在的十二类突出共性问题以及受检企业存在的特殊问题，分别督促指导企业及时整改，确保安全。针对电力建设工程安全管理、水电站大坝安全度汛及规范管理、供电企业网络与信息安全、重要电力用户用电安全及自备应急电源等重点监管内容，组织开展电力安全生产专项监督检查；部署安排和督促落实2009年云南电力行业“安全生产月”活动，与云南电力报社合作开展全省电力行业“关爱生命、安全发展”主题征文活动等。

突出重点，夯实安全生产基础。变事后处置为事前控制，及时修订《云南省电力典型不安全事件信息报送制度》，将电力生产一般人身伤害中的重伤、恶性电气误操作、电网振荡事件等纳入电力安全信息报送范围。组织对南方电网特高压试验研究基地、云广±800kV直流输电工程楚雄换流站、滇能楚雄公司在建重点电力建设项目开展专项安全检查；对华能澜沧江水电有限公司和滇能控股公司下属水电站大坝汛前安全管理工作实施专项检查。组织开展电力行业网络与信息安全工作专项督查。先后对曲靖发电有限公司、大风坝风电场、者磨山风电场及德宏弄另电站等一批发电企业开展并网安全性评价。

主动与有关部门协调配合，共同加强安全监管。与省安全生产监督管理局、省应急办等部门和机构联系，积极协助地方安全生产监督管理部门调查处理安全生产事故；按照“三电”斗争的需要及分工，配合公安部门加强对电力行业安全保卫工作的监督、检查和指导，积极协调有关部门着力改善电力安全生产环境。

积极促进全省电力行业进一步加强电力应急管理工作。积极参与省级电网电力应急预案修编、审定等工作，指导和督促电力企业和重要电力用户不断改进和加强电力应急工作，着力提高应急处置和抢险救援能力。

2. 市场监管

着力规范电力市场运行秩序。云南电网公司与统调发电企业分别签订《购售电合同》与《并网调度协议》79份和82份，签订率和备案率均达100%。按季组织召开厂网联席会，及时通报电力运行和相关政策情况，协调解决厂网间存在的矛盾和问题。积极推进云南地方电力市场主体诚信信息库建设工作，努力营造诚信公平的市场环境。

认真落实信息披露及相关报告制度，加强电网“三公”调度监管。按照国家电监会有关文件要求，督促电力企业认真做好每季度的“三公”调度交易、网厂电费结算信息披露和上报工作，切实落实电力“三公”调度交易情况报告制度。

加强并网运行管理，积极推进“两个细则”实施准备工作。按照电监会统一要求及时组织有关电力企业开展《南方区域并网发电厂辅助服务管理实施细则》和《南方区域发电厂并网运行管理实施细则》实施前准备工作。成立了云南省实施“两个细则”领导小组，召开领导小组工作会议和“两个细则”精神宣贯会议，进行相关工作部署，协调电力企业制订实施方案，开展前期技术培训，组织开展“两个细则”知识问答活动等。按照南方电监局出台的技术支持系统建设大纲，组织云南电网公司和统调发电厂努力推进技术支持系统建设工作。

3. 供电监管

认真开展供电常态监管工作。组织对云南电网公司楚雄供电局及下属楚雄市供电有限公司、玉溪供电局及下属华宁供电有限公司等进行供电服务现场检查，并针对检查中发现的问题及时下发整改通知并督促限期整改。

认真开展年度供电检查。南方区域年度供电检查采取交叉检查方式，云南省年度供电检查工作由南方电监局牵头，昆明电监办配合。昆明电监办牵头负责对广西壮族自治区实施年度供电检查，会同南方电监局广西电力业务监管办公室对广西电网公司、广西水利电业集团公司及地方独立的部分供电企业进行年度供电检查，并按照电监会的统一要求形成《2009年供电检查报告》（云南省）和《2009年广西壮族自治区供电检查情况》。

对2008年供电检查整改情况进行现场复查。针对电监会《2008年供电监管报告》中提到的“陆良供电有限公司供电所布点不合理”问题，经认真协调和督办，陆良供电有限公司新建的马街供电所于8月26日正式启用，得到群众好评。

努力推进客户受电工程市场化进程。选取省内客户工程业务量最大的昆明供电局作为重点监管对象，在4月组织专项监管检查，有效推动了全省供电企业客户工程的市场化、规范化进程。

重点关注民生用电，积极推动农村无电户通电工作。选取西双版纳供电局供电范围内690户无电户通电工程为督办重点，推动全省6万户无电户通电工程的加速实施。经过各方共同努力，9月9日，勐海县勐混镇勐岗新寨正式通电。至此，西双版纳供电局供电营业区域实现了户户通电目标。

4. 电力稽查

建立健全行政处罚机制。组建昆明电监办行政处罚委员会，建立罚没收入银行账户，制定了行政处罚程序规定和相关法律文书，初步建立起电力行政处罚工作机制。对3起电力违法违规案件进行严肃查处，强力规范电力市场正常运行秩序。

完善投诉举报受理调处机制，提高案件办结率和满意率。进一步规范投诉举报事项受理、登记、办理相关文书和程序，完善案件跟踪督办、回访工作机制，提高投诉举报案件办结率和满意率。2009年，12398投诉举报热线接受投诉及咨询39 965次，其中有效投诉33起，昆明电监办直接办理6起，转电力企业处理25起，转政府部门处理2起，所有投诉都得到妥善处理。

5. 电力业务许可管理

2009年共受理发电许可申请372家，审核发证358家，搁置14家。截至2009年底，云南省发电企业累计取证687家，持证经营电站超过1000座，基本完成发电类电力业务许可证持证普及工作。正式受理承装（修、试）电力设施许可证申报资料75份，其中准予新证申请许可44家，登记事项变更15家，许可事项变更15家，注销1家。截至2009年底，全省承装（修、试）电力设施许可证持证单位共计134家。全面认真开展电工进网作业许可证的申请受理、考试组织和颁发管理工作，电工持证进网作业比例和意识进一步提高。针对外省企业在滇开展电力施工业务的实际，2009年继续开展省外在滇承装（修、试）电力设施企业资质情况备案工作，共完成45家省外在滇承装（修、试）电力设施企业资质情况备案。

4～8月，组织开展云南省承装（修、试）电力设施许可及电工进网作业许可制度执行情况监督检查工作。通过企业自查、现场抽查、整改落实三个阶段工作，组织云南省电力承装（修、试）行业协会专家审查102家企业的自查报告，对8家供电单位和32家承装（修、试）持证单位开展现场抽查。检查过程中对3起违规事件进行查处，对3家企业予以行政处罚。

6. 节能减排监管

继续开展小火电机组关停监管，督促落实关停计划。积极配合开展节能发电调度试点工作，按照相关法规和规章要求做好节能调度信息披露和补偿管理工作。加强差别电价、脱硫电价、小火电机组上网电价、递进式电价和自备电厂收费政策执行监管力度，督促电网企业切实落实高耗能、高污染企业停、限电措施。积极推动电力需求侧管理上台阶，努力提高电能利用效率。积极协调火电机组脱硫在线监测系统建设，努力提高火电企业脱硫设施投运率和脱硫率。继续加强对发电业务许可证备注事项的跟踪监管，督促电力企业落实环保措施。

开展相关课题研究工作，努力促进可再生能源的利用和发展。针对云南省特殊的电源结构，就如何进一步贯彻落实好国家有关全量全价收购可再生能源政策开展专项课题研究。进一步加强电网企业全额收购可再生能源电量相关信息报送和披露监管工作。组织开展2008年统调电网范围内竣工投产可再生能源发电项目接入电网及电力电量收购情况专项检查。

贵阳电监办

国家电力监管委员会南方电力监管局贵阳监管办公室（简称贵阳电监办）是国家电监会派驻贵州的监管机构，于2005年12月5日正式挂牌。贵阳电监办现任领导：党组书记、专员王大鸾，党组成员、专员助理黄泽修，党组成员、综合处处长潘军。

1. 安全监管

积极开展安全生产年工作，组织开展安全大检查，作好电力安全常态监管。按照贵州省安委会关于《在全省立即开展安全大检查的通知》精神，在全省电力行业组织开展2009年电力春季安全及第一季度电力建设安全大检查。印发《关于开展电力防洪度汛安全检查的通知》，对水电厂大坝和火电厂灰渣库等防洪重点区域提出具体要求，提前部署电力防洪度汛工作。开展电力监管和综合性行政执法检查，包括电力防洪度汛、“安全生产年”活动开展情况、隐患排查治理治理工作、安全生产宣传教育情况等重点内容。下发《关于进一步加强在建电力项目安全管理的通知》，对电力建设参建各方的安全管理工作提出具体要求。

全力做好国庆保电工作。要求各电力企业高度重视国庆保电工作，按照方案要求，周密安排，加强节日值班职守，执行“零事故报告”制度。组织开展贵州电力安全检查、国庆保电检查、国庆信息安全专项检查，有力促进了各电力企业国庆保电工作的开展，确保了国庆期间贵州省电力的可靠供应。

规范电站锅炉安全阀管理工作。举办《电站锅炉安全阀应用导则》标准宣贯会暨电站安全阀检修和在线校验技术讲座，并下发《关于下达电站安全阀在线校验计划的通知》。

组织开展电力行业冬季安全生产专项行动。印发《关于开展电力行业冬季安全生产专项行动的通知》，召开贵州省安全生产协调委员会第十四次会议，对今冬明春的电力安全生产进行总体部署，并对发电企业、电网企业及电力施工企业进行冬季安全生产大检查。

稳步推进电力应急体系建设。加强煤矿等重要电力用户供电电源和自备电源配置的安全监管。加快应急体系平台建设，规范应急预案编制，指导和帮助电力企业进行应急演练，提高演练的针对性和实战性，确保灾害天气和突发事件的应急响应能力。

积极帮助电力企业进行隐患排查治理工作。针对贵阳高坡换流站接地极线路下方普定县林角村加油站正在建设，存在重大隐患，迅速向省政府提交了《关于普定县林角村加油站危及电网安全情况的报告》，妥善处理了该问题。向省政府提交《关于龙里县龙山镇冠山村环南路地段兴建建筑群危及铁路专用供电线路安全的报告》，并经省安监局和贵阳电监办牵头，使重大隐患得到有序治理。

2. 市场监管

积极推进直购电试点工作，牵头制订中铝贵州分公司直购电试点工作过渡方案。经省政府批准，中国铝业股份有限公司贵州分公司、遵义铝业股份有限公司试点过渡方案分别于2009年4月1日和5月1日启动。2009年9月16日，由贵阳电监办牵头制订的《中国铝业贵州企业直购电试点方案》已经省政府正式上报国家发改委、国家电监会和国家能源局。

积极抓好两个文本的签订和报备工作。全省统调发电企业应签《购售电合同》55份，实签55份，签约率100%；并网调度协议全部签订并报备；网厂电费结算做到按月结清。

依法解决历史遗留问题。多次深入企业现场调研贵州小水电企业上网管理和考核中存在的问题，针对调研发现的问题，向贵州省人民政府提交《关于建议废止我省小水电站（网）与贵州电网并网运行管理规定（试行）的请示》。贵州省政府采纳贵阳电监办建议，并于2009年11月3日出台《贵州省并网小水电管理规定》，同时取消对并网小水电进行功率因数考核的规定。4月，道真、赤水等地的小水电行业协会（商会）代表先后向贵阳电监办送来锦旗和感谢信，对贵阳电监办努力改善小水电企业上网环境，切实维护小水电企业合法权益所做工作给予高度评价。

积极做好“两个细则”的实施工作。根据南方电监局的统一安排部署，及时成立贵州发电厂辅助服务及并网运行管理工作机构。4月1日，贵州省“两个细则”进入试运行阶段。

3. 供电监管

按照国家电监会的统一安排和部署，根据区域内小交叉检查原则，承担了广东电网公司供电检查工作。检查组严格按照电监会对此次检查的有关要求和检查的有关事项，认真对供电质量、供电服务、市场行为三大项20个小项逐条进行检查，调阅了大量有关资料，与被检单位有关同志进行充分交流、沟通。通过检查，对被检单位的供电管理和服务方面的工作进行了基本评价，并针对检查中暴露出的问题提出16条整改建议，有力地促进了被检企业供电管理和服务管理水平的提高。

4. 电力稽查

不断完善电力投诉举报热线体系。成立争议调解委员会，12398电力举报投诉热线实现了24小时有人接听。全年共受理举报案件4件，其中60日内办结4件，办结率100%。

将许可证后续监管和稽查工作相结合，实现行政处罚零的突破。在2009年度电力监管和行政执法检查中，对未依法取得许可证，采取欺骗手段参与电网建设招投标的两家施工企业和一家违反电工进网作业许可证管理规定，聘用无证人员上岗造成人身伤亡安全事故的企业进行行政处罚，共计罚款3.5万元。

5. 电力业务许可管理

共审发（发电类）电力业务许可证186份，颁发承装（修、试）电力设施许可证31家，为51家小水电办理豁免手续，地方发电企业持证率达99%以上。规范许可证年审和变更管理，89家供电企业提供了年度自查报告，完成40家企业许可证变更工作，完成年度计划的117%。共举办高低压电工进网作业培训58期，5476人员申请参加考试，5034名人员考试合格取得许可证，考试合格率92%。

6. 节能减排监管

在贵阳电监办的积极推动和协调下，贵州省物价局、环保局于2009年2月下发《贵州省〈燃煤发电机组脱硫电价及脱硫设施运行管理办法〉实施细则》，对脱硫效率达不到要求的予以处罚。面对执行节能减排政策和经济发展的矛盾，一方面要求火电厂在优化脱硫改造工期减少停机时间，保证脱硫设施达到国家减排要求，另一方面加强与省政府的沟通和联系，帮助政府找到节能减排和经济发展的最佳平衡点。2009年，贵州统调发电量和社会用电量未出现大幅下滑情况，火电机组脱硫改造进展顺利，建成投运脱硫设施5套，完成率100%。

截至2009年底，全省已按计划关停小火电机组共计1034MW，占计划关停总数的72%，全网火电装机容量15 940MW（56台17个厂），脱硫在线监测完成率达100%。

信 息 中 心

1. 基本情况

国家电力监管委员会信息中心（简称信息中心）成立于2003年9月27日，是电监会直属事业单位，主要为电监会履行电力监管职责提供信息技术保障和信息服务。信息中心现任领导：主任倪吉祥，副主任鲁由明。

2. 工作综述

加强电力行业网络与信息安全监管工作。组织开展电网企业信息安全大检查。组织工信部、公安部、安全部、总参三部等有关单位的专家，组成3支队伍对6个区域电网公司、13个省公司、35个地市供电公司共54家电网企业的网络与信息安全工作进行检查。检查结束后，委托当地电监局向所辖电力企业反馈检查意见，并督促整改，形成《关于电网企业信息安全检查情况的报告》。强化电监会网络与信息系统安全，精心做好国庆60周年电监会和电力行业信息安全保障工作。开展电监会内外网信息安全加固。结合工信部安全检查规定，组织开展电监会本部信息系统风险评估工作，形成《国家电力监管委员会本部信息安全评估报告》，逐项完成整改。组织两支队伍开展电监会系统、重点电力企业信息安全抽查工作，现场反馈问题，现场要求整改，及时排查和消除安全隐患。印发《关于切实做好 2009 年国庆期间信息安全和保密工作的通知》，严格落实信息安全责任制，切实增强信息安全防范措施，充分做好信息安全应急工作，加强督促检查和责任追究。针对电网企业信息安全大检查中发现的问题，督促企业在国庆前完成整改。

认真做好信息安全调查工作，深入推进网络与信息安全水平评价。发布《2008 年度电力行业网络与信息安全情况通报》。组织起草《电力行业网络与信息安全水平评价管理办法》和 2009 年网络与信息安全评价指标，提出 15 大类 78 项信息安全检查评价指标，作为电力行业网络与信息安全水平评价的基本指标。按公安部要求，稳妥开展电力行业等级测评体系建设试点工作。

推动电力监管信息化建设。启动电力监管实时信息系统建设，组织编制《电力监管实时信息系统总体建设方案》，组织召开电力监管实时信息系统需求分析报告和可行性研究报告编制项目启动会议。完成需求分析业务分层分级工作，确定电力监管实时信息系统的政务目标、业务目标和作业目标。完成《电力监管实时信息系统需求分析报告》和《电力监管实时信息系统可行性研究报告》初稿。组织编制《电力调度实时信息接入系统实施方案》。开展节能减排在线监测系统建设，组织研发燃煤机组烟气脱硫设施实时监管原型系统。

组织开展电力应急平台调研和建设。开展电力移动应急平台调研，形成《电力移动应急平台调研报告》和《国家电监会移动应急平台总体建设方案》。编制完成《电监会值班平台和小型应急平台建设方案》和《电力预警与应急平台总体建设方案》。对电监会现有网络进行调整，完成与国家电子政务外网对接，实现电监会应急平台与国务院应急办网络层次的互联互通。开展电监会综合值班和应急平台前期调研，结合值班和应急工作的实际需求开展软件开发和局部调整工作。协助完成电监会综合值班和应急平台系统上线实施及设备安装调试工作。

做好网络信息系统建设和日常运行维护工作。健全信息中心信息安全管理制度，组织编制《电监会信息中心信息安全管理制度汇编》等 15 项管理规章制度。组织完成电监会办公外网接入国家电子政务外网、外网邮件系统的安全邮件改造、电力监管标准化工作专栏等工作。完成电监会财务部门网路迁移和财政专线接入工作。完善电监会安全审计系统。完成邮件系统的维护工作及门户网站的信息发布工作。2009 年，共发布信息 1450 余条，点击率 3712 人·次/天，总点击数 4 104 293 人·次。

积极开展电力监管统计分析工作。推进电力监管统计信息平台建设，完善电力监管统计制度。按照新统计报表制度的要求，组织完成新版电力监管统计分析系统的开发、部署和上线。电力监管统计分析系统已在全国范围内投入运行。“电力监管统计分析系统”在中国电子政务优秀应用成果推选活动中荣获“十佳电子政务效能管理优秀应用案例（部委级）”称号。为配合新版电力监管统计报表制度的推广应用，组织开展了面向各派出机构和电力企业的培训。全国范围内共组织 16 个培训班，培训人员 1765 人·次。

定期发布统计数据，加强电力监管统计分析。发布《2008 年电力监管统计通报》，并定期发布电力监管统计月报和季报，为电力行业相关决策提供参考和依据。加强电力监管统计分析工作，以电力监管统计数据为基础，完成了 2009 年前 3 个季度的电力监管统计分析报告。

资 质 管 理 中 心

1. 基本情况

国家电监会资质管理中心（简称资质管理中心）成立于 2003 年 11 月，属电监会直属事业单位，统一负责颁发和管理全国电力业务许可证。资质管理中心现任领导：主任张燕敏，副主任张洪波。

2. 工作综述

电力业务许可证颁发和变更年度工作任务全面完成。全年共颁发发电企业许可证 8928 家，其中 1000～6000kW 企业审发了 2799 家，完成年度计划的 136%。全年共豁免 1000kW 以下小水电企业 4491 家。颁发供电企业许可证 96 家。规范开展许可证变更工作，全年共变更发电企业许可证 505 家、供电企业许可证 1681 家、输电企业许可证 16 家。

2009 年，全国累计颁发发电企业许可证 15 094 家，其中 6000kW 以上的 3967 家，符合条件的企业已基本普及持证。1000～6000kW 的 3900 家，除少数省份外，全国绝大部分省份发电企业都实现普及持证。全国累计颁发供电企业许可证 2929 家。除个别供电企业外，全国供电企业基本实现了普及持证。

两项许可专项监督检查工作成效显著。为加强许可后续监管，在全国范围内围绕承装（修、试）企业持证经营情况、电网企业工程招投标情况和电工用人单位用工上岗持证情况三方面，开展承装（修、试）电力设施及电工进网作业许可制度执行情况监督检查。检查工作涉及单位13 156家。其中，检查输电、供电企业2992家、承装（修、试）电力设施企业5478家、电工用人单位4686家。共查出存在各类违规问题的单位565家，绝大多数单位都已进行整改。对严重违规的单位，分别给予警告、罚款、通报、撤销许可和移交司法机关等处罚。同时，在各派出机构上报材料的基础上，编制并发布监管报告。

电力企业持证经营监督管理试点工作进展顺利。开展发电企业持证经营和输、供电企业新建设施预期报备的试点监督管理工作。在发电企业持证经营管理方面，确定东北电监局、太原电监办、兰州电监办、杭州电监办4家试点单位，开展企业自查和现场抽查，初步建立企业年度自检自查制度和重大事项报告制度，开展许可证备注事项检查，加强新建机组准入和存量企业持证情况的监管工作。印发《新扩建、改建输供电设施许可预期报备管理实施办法（试行）》及有关文件。2009年，共对368项报备项目下发同意书，对20项不合格项目暂缓下发报备文件，并提出整改要求。

燃煤电厂二氧化硫治理情况后续监管稳步推进。研究提出持证燃煤电厂二氧化硫治理情况的后续监管工作方案，对在许可证标注治理期限以及持有《限期临时运营证明》的燃煤电厂开展拉网式排查。对已经完成治理的，要求其加快办理许可证管理的相关手续。对未到治理期限也没有完成治理的，督促其加快进度。对已到期但未完成治理的，责令其整改并研究处理。2009年，对全国277家发电企业进行跟踪监管，督促其加快二氧化硫治理进度。

有效开展承装（修、试）电力设施许可证和电工进网作业许可证颁发与管理工作。继续加强承装（修、试）电力设施许可证颁发和管理工作，全年共颁发承装（修、试）电力设施许可证1476家。截至2009年底，全国累计颁发承装（修、试）电力设施许可证8630家。加大电工进网作业许可证颁发工作力度，全年颁发电工进网作业许可证21.03万人，截至2009年底，全国累计颁发电工进网作业许可证132.06万人。加强电工进网作业许可考试管理工作，修订电工进网作业许可考试的教材和大纲，开展电工进网作业许可考试全国大检查，进一步筛查考试站点，严肃处理个别违规违纪行为。研究下发加强电工考试管理的措施和意见。加强许可法规完善工作，修订颁布《承装（修、试）电力设施许可证管理办法》（第28号电监会令）。

大坝安全监察中心

1. 基本情况

由钱正英、潘家铮等老一辈水电领导提议，水利电力部于1985年10月批准成立水利电力部大坝安全监察中心。该中心不同时期曾分别隶属于水利电力部、能源部、电力工业部和国家电力公司。2004年6月，中编办以《关于大坝安全监察中心划转更名的批复》（中央编办复字［2004］75号）将“国家电力公司大坝安全监察中心”划归电监会管理，并更名为“国家电力监管委员会大坝安全监察中心”（简称大坝中心）。大坝中心现任领导：主任张为民，副主任何海源，总工程师张秀丽。

2. 工作综述

依法按规持续推进大坝安全注册，为注册单位提供技术支持。2009年，大坝中心开展了75座大坝的注册现场检查工作，评审其中的50座大坝，同时对左江、浮石、雪山湖、羊湖进行复评。对福建省51座中型水电站大坝安全初始注册申请进行审查。继续做好注册证书的发放工作，全年共发放注册证书54份。截至2009年底，在大坝中心注册的大坝达205座，其中甲级187座，乙级15座，丙级3座。注册水电站大坝的水库库容2387亿m^3，占全国水库总库容的35%，装机容量6351万kW，占电力系统水电装机总容量的65%。

认真开展定检工作，仔细排查大坝安全隐患。根据电监会关于第三轮大坝安全定期检查的规划，结合新注册大坝及时开展大坝安全定检的要求，2009年共启动了34座大坝的定检工作。为了详细检查“5·12”汶川地震对水电站大坝安全的影响，完成了四川映秀湾、铜头，陕西碧口3座大坝的特种检查，对四川太平驿大坝开展特种检查。截至2009年底，第三轮定检共启动134座大坝的定检工作；完成63座规划内大坝的定检报告审查上报和下发工作；在大坝中心注册的205座大坝中，被评为正常坝或通过安全鉴定（特种检查）的大坝有202座，病坝3座。

持续推进大坝安全信息化建设。根据电监会的部署，继续加强大坝安全信息系统的建设和完善，进一步完善大坝安全信息系统及有关子系统的功能，为更好地开展水电站大坝安全信息化建设提供了技术保障。3月，召开定检和信息化建设工作会议，通过宣传、交流和沟通，部署、制订了工作计划。截至2009年底，有105座大坝完成了信息化建设，实现了大坝安全信息的网络报送。大坝中心还承担了汶川地震灾区水电站9座大坝、2个监管机构大坝安全信息系统恢复重建项目，完成碧口、宝珠寺、太平驿、紫坪铺4座大坝的系统和设备的安装与运行，基本完成映秀总厂下辖的映秀湾、耿达、渔子溪3合1分系统的系统和设备的安装与试运行。

继续强化大坝安全监测管理。完成浙江新安江等15座大坝的监测系统评价和资料分析。开展浙江石塘、紧水滩，云南以礼河一级等大坝的监测系统综合评价，掌握了相关大坝监测系统的现状，并据此对监测系统更新改造提出了具体意见。受理并批复了福建芹山等大坝的监测项目封存停测或改变监测频次的申请，同时提出了大坝监测系统在此后运行维护过程中应注意的问题。受理福建棉花滩大坝安全监测系统的实用化验收申请，完成云南大唐国际有限公司所属水电厂水工建筑物自动化规划设计审查。同时，为进一步掌握重要注册大坝的运行性态，指导具体大坝的运行管理和缺陷诊断，大坝中心还开展了贵州三板溪、江苏宜兴、河南宝泉、云南龙开口、四川锦屏二级等在建工程或即将竣工投运水电站大坝安全监测系统评价和监测资料分析工作。

加强督促和指导，促进大坝缺陷消除和补强加固治理。针对定检中发现的重大安全隐患，会同安监局和长沙电监办进行核查，进一步查清存在的问题，分析原因，对处理措施提出具体意见。对定检中发现的问题，督促主管单位对扩建改造项目进行总体布置、设计方案、施工方法等要素的复核和评价，提出扩建改造过程中需重点关注的技术要求。根据大坝安全远程管理系统的监控资料所反映的某大坝左岸基础扬压力持续升高的异常现象，及时通报运行单位，要求查清原因，并于7、8月两次派技术人员去现场进行检查和商讨对策，目前正在对扬压力升高的原因和对大坝安全的影响进行分析。在抗击“莫拉克”台风过程中，浙江百丈漈一级水电站发现大坝坝顶公路路面裂缝，及时联系运行单位核实情况，分析原因，并督促其采取临时应急措施，抗台结束后又派专家参与方案选择和论证，百丈漈一级大坝路面缺陷正在得到根治。

强化大坝安全运行管理人员的业务培训。3月，为华能集团在四川组织的大坝安全培训编写监测技术培训材料和授课；5月，会同中国水力发电工程学会大坝安全监测专业委员会、电力行业大坝安全监测标准化技术委员，在杭州召开大坝安全监测仪器应用培训班，并为神华集团进行了安全培训；6月，为国网新源控股公司在杭州召开的大坝安全和观测分析培训班进行授课；8月，为广西大唐广源水利发电有限公司宣讲大坝安全法规及管理要求的培训，并分别在黑龙江牡丹江、山西太原配合安监局举办的“2009全国电力应急管理培训班”进行三次有关水电站应急管理的授课；9月，派专家在东北电网公司在丰满举办的大坝安全培训班上进行授课；10月，派专家参加华能技术监督水工技术标准专题会议；9、11月，两次为二滩公司和二滩电厂举办大坝安全监测培训班授课；11月，继续与河海大学联合举办“大坝安全监测人员上岗培训”（第13期），水电站运行管理单位97人参加了培训。

组织力量对大坝中心网站的所有水电站资料进行校对、审核，保证资料的准确性；同时不断完善信息安全管理手段，不断充实信息内容，及时翔实报道行业内水电站大坝运行管理的重大事项，及时转载上传俄罗斯萨扬水电站事故、印度大坝垮塌、海南万宁垮坝、广西卡马水库事故、巴西伊泰普电站全厂甩负荷等报道。

2009年，《大坝与安全》期刊稳步发展，全年出版6期，共刊登论文120余篇，发行期刊约3万册，同时将期刊全文在大坝中心网站发布。期刊重点编排了《运行管理》、《水库调度与水情测报》、《资料分析》、《施工技术》、《补强加固》、《监测技术》等专栏。

建立和完善与大坝安全管理相关的技术标准，抓好规范的编制、修订和宣贯。组织开展大坝安全监测标准项目计划编制和申报，督促、检查标准制定进度及质量，及时组织标准的审查和报批。完成《土石坝安全监测资料整编规程（报批稿）》和《土石坝安全监测技术规范（报批稿）》、《水电站大坝安全监测自动化系统实用化要求及验收规程（征求意见稿）》的编写、修改工作，组织完成《真空激光准直位移测量装置》、《步进电机式垂线坐标仪》、《步进电机式引张线仪》、《大坝安全监测自动化系统通信规约》的审查工作，完成《水工设计手册》“第十一篇安全监测设计”部分的编写和校审。

行 业 管 理

中国电力企业联合会

综　　述

2009年是中国电力企业联合会（简称中电联）第四届理事会的最后一年，圆满完成了深入学习实践科学发展观活动各环节的要求，实现了年初提出的要把2009年工作做成第四届理事会最好一年的目标。与此同时，在电监会的领导和电力企业的支持下，圆满、顺利地完成中电联换届筹备工作，按照民主程序产生了更具活力和影响力的第五届理事会领导集体。

（一）紧紧围绕政府工作全局和行业发展重大问题，加强调研和统计分析，积极为政府服务

（1）加强调查研究，反映企业诉求，提出立法和政策建议。受国家发改委、能源局、电监会、环保部、工信部等政府部门委托，积极开展能源及电力行业重大问题研究课题30余项，涉及产业政策、体制改革、电价机制、煤电运平衡、电力信息化、新能源发展等方面，对于政府决策起到了重要作用或受到行业关注。通过参加全国人大、国务院以及10多个政府部门召开的各种分析会、座谈会，反映行业、企业的情况和诉求，提出了重要政策建议。

（2）提高统计工作时效和质量。电力统计数据作为反映国民经济的“晴雨表”，在应对金融危机中又一次得到充分展现。党中央、国务院和政府部门将电力行业统计工作作为把握经济形势、进行宏观调控的依据。中电联积极配合政府规范电力统计信息发布工作，加强统计分析，向政府部门累计提交相关报告40多个；发布相关电力供需分析预测、电力建设投资价格指数测算报告，配合国家统计局开展调研，使电力供需和经济运行分析工作更具时效性、实用性、前瞻性和权威性。

（3）积极推动电力行业节能减排。参与起草国家环保产业发展建议，提出电厂烟尘排放与控制政策建议，完成政府部门委托的电力行业清洁生产推行规划、燃煤电厂氮氧化物污染控制规划、电力企业节能减排情况的报告；向政府部门推荐电力行业重大节能示范项目和重大节能技术，开展火电机组能效水平对标、烟气脱硫工程后评估、烟气脱硫特许经营试点，初步开展应对气候变化工作。

（二）紧紧围绕行业需求，履行协会的行业管理职能，积极为行业服务

（1）协助电力监管机构，促进行业安全生产和信用建设。完成可靠性数据的采集、分析和共享，提出11类可靠性分析报告，并与电监会共同发布电力可靠性指标；受电监会委托，开展电力行业信用建设和评价工作；举办中国国际电力安全发展暨应急管理论坛，开展四川汶川大地震抗震救灾志电力行业部分的编纂工作。

（2）行业标准化工作取得新发展。完善电力标准化组织体系，成立电力节能和电力技术经济两个标准化委员会；完成电力标准编制281项，批准立项163项，有15项特高压国家标准获批准；1000kV晋东南至荆门特高压交流试验示范工程被列为国家重大工程标准化示范。

（3）电力工程造价与定额工作实现新拓展。编制完成电力定额编制手册；完成2009～2011年电力建设投资价格指数测算报告；调整电力工程概预算定额价格水平；编制并颁布20kV及以下电网工程定额和费用计算标准；首次编制完成西藏地区电网工程计价依据体系；首次颁布±800kV直流输电工程建设费用计算标准。

（4）技能鉴定与教育培训取得新成果。完成2363人的高级技师资格评审和72个电力行业特有工种职业鉴定站的审核报批，完成企业高技能人才评价试点方案并报政府部门，电力行业专业技术人才知识更新工程（“653”工程）继续推进。

（三）紧紧围绕企业迫切需求，开展普遍性、个性化和专项工作，为企业和社会服务

（1）特色服务受到欢迎。举办中国电力论坛、经济形势与企业改革分析预测会，编制《电力行业年度发展报告》、《电力工业年度统计分析报告》，出版《中国电力企业管理》、《电力技术》等刊物，开展企业管理创新成果及质量奖的评审与推广、电力司法技术鉴定等，受到企业和社会的欢迎。

（2）完成理事长单位、部分副理事长单位通过合

同委托的专项服务工作以及部分电力企业委托的相关工作。

(3) 由中电联组织的发电机组、CFB技术、脱硫脱硝、风电、水电、配电等技术协作网已成为促进企业科技进步和技术交流的良好平台。

(4) 积极开展科技成果鉴定。完成273个新产品、新成果鉴定，其中包括一批填补国内外空白的重大项目。围绕特高压工程提供有效的技术服务，开展大截面导线的技术鉴定工作，为特高压工程导线招标奠定基础。

(5) 开拓国际合作业务。举办国际会展及技术讲座活动20余个，接待国际组织和企业来访60余个，翻译出版16项水电标准及行业年度发展报告，促进电力行业的国际合作和电力企业走出去战略的实施。

2009年，中电联本部党风廉政建设、人力资源管理、会员组织、新闻宣传、财务资产管理、后勤保障等工作都取得了丰硕成果。

中电联组织机构

(一) 2009年中电联机构及人员变动情况

(1) 中电联本部现共设置14个部门（中心），其中综合管理部门4个，即理事会工作部（办公室）、会员与企业工作部、人事部（机关党委）、财务部，业务部门10个，即行业发展与环境资源部（电力节能与清洁生产中心、电力行业应对气候变化中心、中国电力企业联合会司法鉴定中心）、统计信息部、国际合作部、标准化中心、可靠性管理中心（国家电力管委员会电力可靠性管理中心）、技能鉴定与教育培训中心（电力行业职业技能鉴定指导中心）、资产管理中心、电力建设技术经济咨询中心（中国电力企业联合会电力建设技术经济咨询中心、电力工程造价与定额管理总站）、科技服务中心（中国电力企业联合会科技开发服务中心）、中国电力企业管理杂志社。

经国家事业单位登记管理局批准，中国电力企业联合会电力技术经济咨询中心、电力工程造价与定额管理总站、北京电力培训中心、中国电力企业联合会科技服务开发中心、国家电力监管委员会电力可靠性管理中心等5个单位取得事业单位登记。

(2) 人员变动情况：中电联本部2009年底实有职工总数159人（含长期聘用人员19人，不含内退人员），其中，增加长期聘用8人，调入1人，退休9人，调出2人，解除合同2人。

(二) 干部配置

(1) 中电联第四届理事会领导成员（2009年12月25日止）：

名誉理事长：柴松岳

理事长：赵希正

常务副理事长：谢振华

专职副理事长：孙玉才

兼职副理事长（按姓氏笔画排序）：云公民、王炳华、刘振亚、朱永芃、吴国潮、宋密、李永安、陆启洲、陈必亭、周大兵、贺恭、袁懋振、钱智民、曹培玺、翟若愚、潘力

秘书长：王永干

副秘书长：王志轩、孙永安、沈维春

(2) 中电联第四届理事会顾问：顾家麒、陆延昌、王文泽、谢松林、祝新民。

(3) 中电联第四届理事会专职顾问：刘宏、叶荣泗。

(4) 中电联第四届理事会2009年度资深专家：周小谦、冉莹、姜绍俊、霍继安、黄金凯、王信茂、陈汉章、周仲仁、付元初、黄其励、李锐波。

(5) 中电联第五届理事会领导成员（2009年12月25日起）：

理事长：刘振亚

常务副理事长：孙玉才

专职副理事长：魏昭峰

兼职副理事长（按姓氏笔画排序）：云公民、王炳华、朱永芃、孙勤、李永安、吴国潮、张喜武、陆启洲、袁懋振、钱智民、曹培玺、翟若愚、潘力

秘书长：王志轩

副秘书长：孙永安、沈维春

(6) 中电联第五届理事会顾问（按姓氏笔画排序）：王文泽、叶荣泗、刘宏、宋密、周大兵、贺恭、赵希正、祝新民。

(7) 中电联第五届理事会专职顾问：谢振华、王永干。

(8) 中电联第五届理事会专家：王信茂、付元初、冉莹、张安乐、周小谦、胡兆光、姜绍俊、黄金凯、黄其励、曾鸣、霍继安、魏光耀。

(9) 本年度部门（中心）领导干部：

理事会工作部（办公室）主任（兼职）：孙永安

理事会工作部（办公室）副主任：王利

理事会工作部（办公室）副主任：张海涛

会员与企业工作部主任：江宇峰

人事部（机关党委）主任：赵天荣

人事部（机关党委）副主任：李晓霞

机关党委专职副书记：朱二苗

财务部主任：崔照胜

行业发展与环境资源部主任（兼职）：王志轩

（电力节能与清洁生产中心、电力行业应对气候变化中心、中国电力企业联合会司法鉴定中心）

行业发展与环境资源部副主任：潘荔

行业发展与环境资源部副主任：游敏

统计信息部主任：薛静

国际合作部主任：李斌

国际合作部副主任：齐志强

标准化中心主任：许松林

标准化中心副主任：刘永东

可靠性管理中心主任：胡小正

（国家电力监管委员会电力可靠性管理中心）

可靠性管理中心总工程师：左晓文

技能鉴定与教育培训中心主任：徐玉华

（电力行业职业技能鉴定指导中心）

资产管理中心主任（兼职）：孙永安

资产管理中心副主任：王琪

电力建设技术经济咨询中心主任（兼职）：沈维春

（中国电力企业联合会电力技术经济咨询中心、电力工程造价与定额管理总站）

电力建设技术经济咨询中心副主任：郭玮

电力建设技术经济咨询中心总工程师：张天文

电力建设技术经济咨询中心总经济师：黄成刚

科技服务中心主任：米建华

（中国电力企业联合会科技开发服务中心）

科技服务中心副主任：赵凯

科技服务中心总工程师：尹松

会刊社社长：沙亦强

会刊社副社长：张晓京

（三）组织机构

1. 中电联本部常设办事机构

（1）理事会工作部（办公室）：综合处、秘书处、信息中心、机关服务中心。

（2）会员与企业工作部。

（3）人事部（机关党委）。

（4）财务部：资产与财务监督管理处、会计处。

（5）行业发展与环境资源部（电力节能和清洁生产中心、电力行业应对气候变化中心、中电联司法鉴定中心）：行业发展处、环境资源处、法律事务处。

（6）统计信息部。

（7）国际合作部。

（8）标准化中心。

（9）可靠性管理中心（国家电力监管委员会电力可靠性管理中心）。

（10）技能鉴定与教育培训中心（电力行业职业技能鉴定指导中心）。

（11）资产管理中心。

（12）电力建设技术经济咨询中心（中国电力企业联合会电力建设技术经济咨询中心、电力工程造价与定额管理总站）：综合管理处（行业管理处）、定额管理处、造价管理处、信息管理处。

（13）科技服务中心（中国电力企业联合会科技开发服务中心）：综合处、技术处、成果处、发展处。

（14）中国电力企业管理杂志社。

2. 分支机构

（1）火力发电分会。

（2）供电分会。

（3）水力发电分会。

（4）农电分会。

（5）电站装备及输变电设备分会。

（6）燃料分会。

（7）职业安全卫生分会。

（8）电力试验研究分会。

（9）物流分会。

（10）电力后勤分会。

（11）电力文艺体育分会。

（12）电力建设分会。

3. 非常设机构

电力行业可靠性管理委员会。

电力企业管理与咨询服务

（1）2月10日，中电联向电力行业首批41家获得AAA级信用企业发送了信用评价报告和确认文件《关于确认电力行业AAA级信用企业的通知》，有22家电力行业被确认为第一批信用企业。

（2）3月21～22日，在北京召开了2009年经济形势与企业改革分析预测会。中电联理事长赵希正出席会议并致辞，中电联党组书记、常务副理事长谢振华主持会议。国家能源局电力司副司长郝卫平、国资委规划发展局局长王晓齐、国务院发展研究中心宏观研究部部长余斌、国家行政学院副院长韩康、国家电网公司总工程师张丽英、国家电监会市场监管部主任刘宝华和财政部财政科学研究所所长贾康等有关领导同志为大会作了专题报告。中电联秘书长王永干发布《2009年电力供需情况及发展趋势》报告。中电联副理事长孙玉才、专职顾问、副秘书长及来自全国电力行业、相关行业以及多家媒体共350余人参加了会议。

（3）完成了电力行业企业管理现代化创新成果的申报、评审、交流、颁奖、发布和推广工作。8月，组织在呼伦贝尔召开了创新成果评审与交流会，对申报的创新成果进行了成果交流和评审。电力行业共申报436项成果，评出创新成果347项。其中一等奖69项，二等奖105项，三等奖173项。并下发了表彰文件，颁发了证书。

（4）10月，在北京举办了全国电力行业企业管理经验交流暨表彰大会。对全国电力行业优秀企业、优秀企业家、全国电力企业管理现代化创新成果、全国电力行业优秀企业文化单位进行表彰；发布了电力行业信用企业；表彰了2008、2009年全国电力行业质量奖、全国优秀质量管理小组和推进卓越绩效模式优秀领导者。2009年，评选出电力行业优秀企业71个、优秀企业家69名，并授予“全国电力行业优秀企业”和“全国电力行业优秀企业家”荣誉称号；评选出全国电力行业企业文化成果特等奖26项，优秀奖35项，全国电力行业企业文化优秀案例47项，全国电力行业企业文化论文一等奖12项、二等奖14项、三等奖18项。共有300多名电力企业及行业协会的代表出席大会。

电力行业发展与环境资源管理及服务

1. 积极参与能源和电力行业重大课题及政府委托课题研究

（1）编制完成国家电监会委托的《2008年电力企业节能减排情况通报》、《农电体制改革和发展研究》、《电力行业节能减排与CDM》、《火电厂烟气污染物排放连续监测系统调查研究》、《国家节能减排政策对发电企业绩效影响的评估》、《风电可持续发展机制研究》、《地方电力发展与电力体制改革》。其中，《2008年电力企业节能减排情况通报》由国家电监会会同国家发改委、国家能源局、环保部联合发布。

（2）完成华北监管局委托的《重大活动电力安全保障机制研究》。

（3）完成国家发改委委托的《电力行业清洁生产推行规划》、《现有燃煤电厂氮氧化物治理“十二五”规划》研究报告。

（4）完成环保部委托的《2008年度中国电力行业污染防治报告》和《“十二五”电力氮氧化物控制规划》研究报告。

（5）编制完成工信部委托的《电力行业发展现状、主要问题及政策建议研究》、《我国热电联产行业发展机制与政策研究》等课题报告。同时，完成了《中国循环经济年鉴2009》电力行业循环经济部分。

（6）完成能源专家委员会要求的《我国电价形成机制及改革建议研究》等课题研究。组织开展国家能源局“十二五”能源规划前期重大问题研究课题之《能源发展主要约束性因素研究》。

2. 对行业改革发展重大问题建言献策，反映行业企业诉求

（1）参与起草国家发改委向温家宝总理汇报的《关于振兴我国环保产业发展的建议》，就电力环保产业发展总体情况、技术发展提出政策建议。向国家发改委副主任解振华专题汇报《中国燃煤电厂烟尘排放与控制情况》。

（2）根据国家能源局要求，起草《电力体制改革重点问题研究报告》、《关于编制电煤物流规划及建设电煤物流网络建议的函》、《关于促进我国农电改革和发展的政策建议》；编制完成《中国能源报告》电力部分相关内容；起草《关于理顺燃料分会管理体制的建议》，报国家能源局电力司。同时，反映关于电煤供应协调会后电力企业的生产、经营情况。

（3）组织召开发电和电网企业座谈会。并就当前电煤供需形势及存在的问题，起草《电煤矛盾仍然尖锐，亟待加强协调》报告，报送国务院研究室。

（4）根据商务部召开中广核公司并购风电的征询会要求，开展调查分析，并接受政府和企业有关部门征询，经征询企业意见后向商务部反垄断局报送相关企业并购集中度调查情况。

（5）完成《南方电网绿色行动调研报告》，并形成《关于加强政策引导，促进中国南方电网公司持续开展“绿色行动”的建议》。

（6）向环保部、国家发改委反映对《火电厂大气污染物排放标准》修改意见和建议；分别向环保部、国家发改委、国务院法制办、全国人大常委会法制工作委员会和北京市司法局报送对《火电厂NO_x防治技术政策》的意见建议、对《国家酸雨规划中期评估报告》（征求意见稿）的意见、对《中华人民共和国能源法》（送审稿）的修改意见、对《可再生能源法（修正案）草案》的修改意见及《司法鉴定人助理管理规定》和《司法鉴定业务档案管理办法》的修改意见。

3. 围绕电力行业发展和节能减排，积极开展机构建设和技术政策研究

（1）启动电力行业应对气候变化相关工作。成立“电力行业应对气候变化中心”，促进电力行业和电力企业低碳经济的健康发展，提高中电联应对气候变化的行业服务能力和国际合作能力。组织召开电力行业应对气候变化形势分析会，交流探讨电力行业应对气候变化政策与技术路线等。

（2）组织开展电力环保与脱硫产业化信息统计分析。完成2008年度火电厂烟气脱硫产业信息的统计、汇总、整理、分析工作。

（3）组建成立电力节能标准化委员会，开展电力节能行业标准的研究制定工作。组织修订了《取水定

额 第1部分：火力发电》（GB/T 18916.1—2002），制定国家标准《节水型火力发电厂评价导则》。

（4）向国家发改委报送电力行业重大节能示范项目、电力行业重点节能技术，对重点节能技术推广目录第二批初选（电力行业）提出意见建议。组织2009年国家发改委资源节约和环境保护中央预算内投资备选项目评选。

（5）受国家发改委委托，组织开展火电厂烟气脱硫设备使用情况调查，完成《火电厂烟气脱硫设备使用情况调查报告》。

4. 围绕突出问题，开展行业基础性服务

（1）编制完成《中国电力行业年度发展报告》。

（2）制定《中国电力企业联合会软课题管理办法（试行）》，编制出版《中电联本部重要软课题成果简介汇编（2005～2009）》。

（3）举办全国燃煤电厂除尘技术论坛。

（4）组织开展《煤质变化对脱硫系统的影响分析》、《脱硫设备可靠性对系统造价的影响初步研究》、《成本增加对脱硫电价的影响研究》等专题研究，解决火电厂烟气脱硫特许经营试点中的共性问题。

（5）组织开展脱硫后评估工作。完成15家电厂、27台机组脱硫后评估。并完成脱硝后评估试点工作。

（6）开展脱硫脱硝技术协作网服务。举办2009年协作网年会暨脱硫脱硝企业CEO论坛；召开特许经营试点项目交流与研讨会；举办2009年燃煤电厂脱硫石膏及粉煤灰综合利用技术交流会；组织编制《火电厂烟气脱硫运行维护岗位培训教材》、《火电厂烟气脱硫管理岗位培训教材》；组织建立火电厂烟气脱硫脱硝装置管理、运行、维护人员岗位培训专家库；编辑出版《脱硫脱硝信息》。

（7）完成2008年度五大发电集团公司环境共享信息的分析工作。

（8）推广资源节约型、循环经济型脱硫技术。召开活性焦干法烟气脱硫技术论证会、氨法脱硫技术现场评议会。

（9）受华电集团委托，组织开展《华电集团2009～2015年环保策略研究》。

（10）开展电力司法鉴定业务。中电联司法鉴定中心被最高人民法院重新列入其对外委托鉴定机构名录。共受理电力司法鉴定业务咨询110件，受理电力司法鉴定委托24件，出具司法鉴定意见书21件。向最高人民法院组织报送了司法鉴定的行业专家。新增司法鉴定执业人员3人。

5. 积极开展节能减排领域的国际交流与合作

（1）与美国环保协会共同编制出版《中国燃煤电厂大气污染物控制现状（2009）》。

（2）开展中国电力行业低碳发展能力建设、中国燃煤电厂多种大气污染物联合控制技术与经济研究等项目研究工作。

（3）举办火电厂大气污染物区域环境影响及综合控制技术讲座，邀请加拿大RWDI公司专家作专题讲座。

（4）与德国技术合作公司合作编制燃煤电厂清洁燃烧和清洁生产指南。

电力统计信息管理与服务

1. 分析预测工作

（1）完成的各类分析预测报告。2009年，被国家工业与信息化部经济运行监测局授予“2009年度工业行业经济分析先进单位”称号；完成月度电力工业运行情况简要分析报告和每季度电力工业利润情况简要分析报告；完成2009年各季度全国电力供需和经济运行分析报告的发布。

（2）积极配合政府有关部门开展专题分析预测工作。完成《中国电力行业发展报告（2009）》提纲策划，初稿的汇总、修改和审定，承担完成其中多个章节的撰写和有关数据的整理；完成《中国电力工业统计数据分析（2009）》的编审、印刷工作；受国家电监会委托，组织对2008年度全国大型发电企业数据调查，完成相关分析报告，并由国家电监会发送各副理事长单位及有关电力企业；受国家电监会委托，参加《全国电力企业节能减排通报》的分析研究与撰稿工作；受国家电监会委托，参加报送国务院李克强副总理的《全国风电调研报告》调研、分析、数据整理、撰写等工作，就风电吊装容量和并网容量关系进行调研和专题论述；按国家统计局、新华社等单位的约稿要求，代表电力行业完成《新中国60年》、《中国年鉴》等著作电力行业篇稿件的撰写任务。

2. 行业统计工作

（1）完善统计口径，及时完成各项统计数据的整理、报送和发布。根据国家电网公司规范学、协会的要求，由相关省电网公司陆续平稳地接替了省行业协会的统计工作。2009年电力行业统计快报及时完成，并第一时间发送政府部门和大型企业。2009年电力行业统计月报在每月12日提前完成，根据国家能源局要求，在当日报国家能源局并通过国家能源局直报国务院后，于14日上午与国家能源局同步发布主要信息。

（2）完成《2008年电力工业统计资料汇编》，并发送各理事长单位及有关电力企业。

（3）加强专业统计人员的队伍建设及培训力度。中电联会同国家能源局共同表彰2009年度全国电力行业统计工作先进个人，对电力行业统计工作的成绩充分肯定；举办电力统计与分析岗位培训班，对新颁布的《统计法》、电力供需形势规律、电力经济和对标分析方法、企业统计等方面进行培训。

（4）配合政府部门，做好日常沟通协调、信息服务工作。积极配合国家能源局完成全国发电装机容量突破8亿kWh点标志性机组的遴选和授牌仪式。中国电力投资集团公司于2009年4月15日并网投产的青海拉西瓦水电站6号机组被确认为全国发电装机容量突破8亿kWh点标志性机组。根据国家能源局电力司的要求，对全国核电装机容量统计数据及截至2009年7月底6000kW及以上全国发电装机容量进行重新核定和更新，并在中电联网站上予以公布。根据国务院办公厅批转的对《国家统计局关于电力统计现状及进一步规范电力统计数据发布的报告》意见，及时与国家统计局、国家能源局、国家电监会进行多次汇报、沟通，并就进一步规范电力统计及数据发布向国家统计局和国家能源局提出建议，并下发规范要求。向国家能源局报送《国家风电信息管理办法》（征求意见稿）修改意见。根据国家发改委关于编制2010年国民经济和社会发展计划（草案）的通知要求，组织对2010年全国发电及可再生能源利用发电数据进行调查预测，并向国家发改委报送相关预测数据。参加国家统计局联合国际能源署和加拿大政府统计机构召开的可再生能源统计研讨会，对电力行业统计现状进行了介绍，并就国家开展可再生能源统计提出建设性意见。

电力外事管理与服务

1. 国际合作与交流

接待来访代表团。全年共安排接待境外来访国际组织、机构和企业代表团80余个。

2. 组织重要出访

中电联深入学习和贯彻落实两办及中纪委有关严格禁止公款出国（境）旅游的规定，全年共派出国团组22个，出国（境）人数89人。

3. 举办国际会议

（1）10月，中电联常务副理事长谢振华率团赴台湾高雄出席2009亚太电协CEO会议，并参加了中电联与台湾电力公司在台北共同举办的两岸电业高阶主管圆桌论坛，两岸电力企业与会代表就电力经营和电力技术等问题进行了讨论。

（2）10月28～30日，中国电力脱盐技术论坛（2009全国电站化学专业会议）暨展览会在杭州举办。会议邀请了电站化学与水处理的专业人员以及专家学者约200余人就电力行业节能减排及环保政策、法规和标准进行交流研讨，同时就脱盐技术在电力行业的应用成果和经验等问题进行交流和探讨。会议同期举办了小型展览会。

（3）11月3～5日，由中电联主办的2009中国电力论坛（China Power 2009）及2009中国国际清洁能源发电技术与设备展览会在天津举办。本届论坛以“清洁能源　绿色电力”为主题，来自国内外约1200多名代表参加了论坛。论坛同期举办了展览会，主要展示了电网与清洁能源关联技术、清洁发电技术及相关配套设备，以及电网技术和配套设备。

4. 举办国际展览

（1）7月8～10日，中电联在上海举办第七届上海国际电力设备及技术展览会。来自法国、德国、印度、日本、韩国、美国、俄罗斯等17个国家和地区约360家企业参展。展会全面展示了当前世界电力工业技术的先进水平。展会同期召开了中国电力行业报告会和智能电网技术国际会议，并举办了11场专题研讨会和技术交流会。

（2）9月10～12日，中电联秘书长王永干率中国电力代表团赴印度新德里参加2009印度国际电力展览会。国内共有17家企业参展。本次展览会中国企业与印度电力企业达成的意向成交额超过20亿美元。

（3）10月20～24日，中国—东盟博览会在中国南宁举办，由中电联承办电力专业展区，包括中国南方电网公司在内的国内200余家企业参加展览，为中国与东盟国家开展电力合作提供了有效的平台。

（4）10月27～28日，由国家电监会主办，中电联承办的中国电力安全发展与应急管理论坛暨电力安全设备与技术展览会在北京国际会议中心举办。本届电力安全展汇集了国内最具影响力的18家大型电力企业和10余家国内外电力安全设备技术制造企业参展，全面展示了电力安全和电力应急方面的装备和新产品、新技术。

（5）11月10～13日，由中电联和越南电力工业协会共同主办的越南国际电力工业技术及设备展览会在越南河内举办。国内近20家电力及设备制造企业参展。

（6）11月16～19日，中电联副理事长孙玉才率中国电力代表团赴约旦参加了在安曼举办的第六届中国（约旦）商品展暨伊拉克、黎巴嫩重建采购大会。中东地区有关国家3000余人前来参观展览。

电力标准管理与服务

1. 电力标准计划立项及颁布

（1）2009年电力标准计划立项共211项，其中，国家能源局下达的电力行业标准项目共196项。经住房和城乡建设部下达的电力工程建设国家标准制修订计划项目共15项。

(2) 2009年电力标准发布131项，其中，电力国家标准15项，电力行业标准116项。这些标准涉及技术进步、自主创新、节能减排等项目。

2. 标准化工作及有关课题的研究

(1) 加快工程建设英文标准翻译工作。下达2009年电力标准英文版翻译计划共13项。翻译出版水电标准共16项。水电标准英文版体系已基本建立。

(2) 特高压交流标准化工作。2009年，先后完成特高压交流16项国家标准、8项行业标准的审查，其中15项国家标准已获批准。由中电联和国家电网公司共同组织申报的1000kV晋东南—荆门特高压交流输变电工程已获国家标准委批准，成为我国首个"国家重大工程标准化示范"；针对特高压专题向国家标准委提出了31项国家标准计划项目的立项建议。

(3) 智能电网标准的前期研究。中电联与美国电气制造商协会（NEMA）、中国电器工业协会（CEEIA）共同召开智能电网标准与技术研讨会；组织召开数字化变电站标准化工作讨论会。确定了数字化变电站标准体系框架，提出了开展数字化变电站标准化工作的整体要求以及近期开展的重点工作。

(4) 启动了《电力技术标准体系表》（2006版）和DL/T 600—2001《电力行业标准编写基本规定》的修订工作。

(5) 承担有关企业标准化研究课题。受中电投集团公司委托，承担了该集团公司技术标准体系建设研究课题，并通过了征求意见稿的审查；受华能国际电力股份有限公司委托，承担了该公司标准体系建设课题研究，课题将于2010年上半年通过验收。

(6) 电力企业标准化良好行为试点及确认工作。2009年，在国家电监会和国家标准委的领导下，先后召开了电监会派出机构系统的研讨会、培训会议等，研制了试点与确认信息系统，实现了试点单位与评审专家的网上申报，为开展电力企业"标准化良好行为"试点工作迈出了实质性的一步。

(7) 开展标准培训。组织召开强制性国家标准GB 50227—2008《并联电容器装置设计规范》宣贯会，标准主要起草人对规范的技术内容、执行的要求及其背景情况等进行了详细的讲解，并开展了相关技术研讨和交流，组织了标准编写培训会议。

(8) 受北京市发改委的委托，组织开展《北京市电网规划建设技术规范》研究课题。

(9) 受住房和城乡建设部的委托，承担《工程建设领域标准现状与对策研究》中电力工程部分及对12个分课题的组织协调工作。完成起草和汇总。

3. 电力标准化组织体系的完善

(1) 适时修订部分管理文件。对《电力行业标准化技术委员会管理细则》、《电力行业归口有关国际电工委员会技术委员会（IEC/TC）工作管理办法》等进行了修订，并已印发。

(2) 新组建电力行业节能标准化技术委员会和电力行业技术经济标准化技术委员会。

(3) 2009年，对电力行业电站汽轮机、电站阀门、热工自动化和信息、气体绝缘金属封闭电器等4个标准化技术委员会进行了换届；对电力行业电力变压器标准化技术委员会、电力行业电能质量及柔性输电标准化技术委员会、全国架空线路标准化技术委员会线路运行分标准化技术委员会等3个标准化技术委员会进行了调整。

(4) 开展计划执行情况的检查。对近年来部分计划项目承担单位的标准计划执行情况进行了比较全面的专项检查，同时配合财务部对标准制定、修订经费使用情况进行了调研。

4. 加强IEC/TC 115工作，确立我国高压直流标准在国际上的主导地位

2009年，由我国电力行业承担秘书的IEC技术委员会——国际电工委员会高压直流输电技术委员会（IEC/TC 115）主办、由中电联协助的该委员会首次会议在北京召开。按照《参加国际标准化组织（ISO）和国际电工委员会（IEC）技术活动管理办法》的有关要求，中电联向国标委提出由中国电力科学研究院作为IEC/TC 115国内技术归口单位的申请获批。

5. 有关表彰

在国家标准化管理委员会组织的2009年度"中国标准创新贡献奖"评选中，由中国电力企业联合会归口管理、华东电力设计院等单位负责起草的GB/T 14285—2006《继电保护和安全自动装置技术规程》获得二等奖。

电力可靠性管理与服务

1. 完成2008年度可靠性数据的采集、分析和发布工作

2009年共完成各类可靠性年报、简报、汇编及手册10份。

(1)《2008年全国220kV及以上电压等级输变电设施可靠性分析报告》。

(2)《2008年全国城市用户供电可靠性分析报告》。

(3)《2008年全国直流输电系统可靠性分析报

告》。

(4)《2008 年部分县级供电企业用户供电可靠性分析报告》。

(5)《2008 年全国 200MW 及以上容量火电机组主要辅助设备运行可靠性报告》。

(6)《2008 年发电机组运行可靠性报告》。

(7)《2009 年电力可靠性指标发布会资料汇编》。

(8)《中国电力可靠性管理年报(中英文)》(2008)。

(9)《全国发电机组手册》(2008)。

(10)《2008 年全国 220kV 及以上电压等级变电站非计划全站停电分析报告》。

2. 成功召开 2008 年电力安全监管报告和电力可靠性指标发布会

5 月 27 日，国家电监会、中电联在北京联合召开 2008 年电力安全监管报告和电力可靠性指标发布会，这是电力行业第一次将电力可靠性指标与电力安全监管报告共同发布。

国家电监会副主席史玉波，中电联党组书记、常务副理事长谢振华，电力行业可靠性管理委员会主任委员刘顺达，中国机械工业联合会执行副会长杨学桐等先后在会上作了重要讲话。会议发布了 2008 年度电力可靠性指标，发布了《2008 年度电力安全监管报告》，对 2008 年度全国发电可靠性金牌机组进行了表彰。包括 11 家电力集团公司在内的 2008 年度 300MW 级、600MW 级火力发电机组可靠性金牌机组各 10 台。

3. 在北京召开电力行业可靠性管理委员会 2009 年工作会议

中电联党组书记、常务副理事长谢振华，国家电监会安全局局长杨昆，大唐集团公司副总经理、电力行业可靠性管理委员会主任委员刘顺达，可靠性中心主任胡小正等出席工作会并讲话。中电联秘书长、电力行业可靠性管理委员会副主任委员王永干主持会议。

4. 加强全国电力可靠性监督管理体系

8 月，在北京组织召开全国电监会系统电力可靠性监督管理技术研讨会。会议提高了电监会系统电力可靠性监督管理专业人员对电力可靠性管理规程、规定的理解和认识。同时，深入查找和分析了当前电力可靠性监督管理工作中存在的问题，明确了今后的工作目标和要求。

5. 切实履行职责，抓好基础工作

(1) 组织人员先后赴华东、华北、西北、南方等地区的电监会派出机构了解各单位近几年可靠性监督管理工作的开展情况，听取对电力可靠性监督管理工作的意见和建议。并对上海、陕西、青海、四川、河北等地的电力公司开展发电、供电和输变电可靠性调研，深入了解电力企业可靠性管理工作的开展情况。

(2) 组织启动各专业可靠性信息系统的升级和完善工作，升级后的信息系统都将以统一的数据交换平台为基础实现数据交换，数据报送方式更加迅速便捷；建立起电力可靠性中心、派出机构和电力企业三级数据中心的集中数据存储模式，数据库结构更加规范合理。

(3) 积极完善可靠性评价办法。对《火电机组可靠性评价实施办法(试行)》进行修订，并组织制定《供电企业可靠性评价实施办法(试行)》，两个评价办法均已上报电监会审订。

(4) 完成《国家电力监管委员会电力监管 2008 年度报告》、《2008 年电力安全监管报告》和《2008 电力行业发展报告》中电力可靠性部分有关内容，公布 2008 年电力可靠性监督管理情况和电力设施的可靠性运行状况。

(5) 分别组织针对基层电力可靠性管理人员的专业培训，促进了可靠性管理工作标准化、正规化开展。

6. 积极开展风力发电可靠性管理工作

9 月 18 日，组织召开风电可靠性管理工作研讨会。五大发电集团、各主要地方发电企业可靠性主管人员及部分所属风电企业的生产主管领导和可靠性专业人员参加了会议。

7. 积极开展相关交流与合作

(1) 10 月 27～28 日，国家电监会在北京召开“中国国际电力安全发展暨电力应急管理论坛”。中电联可靠性中心协助电监会进行了论坛的筹备工作。可靠性中心主任胡小正在论坛上作了题为《中国电力可靠性发展及现状》的报告，并向国内外嘉宾介绍了我国电力可靠性管理工作开展的情况。

(2) 7 月，在由中电联举办的“第七届上海国际电力设备及技术展览会”暨“第六届上海国际电机工程及电工装备展览会”上，发布了 2008 年发电和输配电主要设备的可靠性指标。

(3) 11 月，在中电联举办的“2009 中国电力论坛”的洁净煤分论坛、水电分论坛、风电分论坛三个分论坛上，就我国超(超)临界机组、水电机组和风电机组可靠性工作同与会代表进行了交流。

电力行业职业技能鉴定及教育培训管理与服务

(1) 4 月 22～23 日，在杭州召开 2009 年全国电力行业职业技能鉴定工作座谈会，来自 48 个鉴定中心的 100 多名代表参加了会议。会议就完善电力行业高技能人才培养和评价体系、电力行业职业技能鉴定工作今后发展等问题，进行了广泛交流和深入讨论。

（2）电力行业职业技能竞赛工作。召开全国电力行业职业技能竞赛活动及高技能人才鉴定试点工作研讨会，共有20多个省市鉴定中心代表参会。会议初步确定了2010年技能竞赛职业工种及相关事宜，确定了企业高技能人才评价试点工作方案，已上报人力资源和社会保障部。

（3）电力行业职业技能鉴定标准及试题库修编工作。

1）6月2～5日，在江西南昌召开“锅炉钢架安装工”等6个职业修编试题库审定会。完成了锅炉钢架安装工、锅炉受热面安装工、电厂筑炉保温工、送电线路架设工、变电一次安装工、变电二次安装工等6个职业试题库的审定工作。

2）7月7～10日，在上海召开“电机氢冷值班员”等6个职业修编试题库审定会。完成了电机氢冷值班员、集控巡视员、卸储煤设备检修工、厂用电值班员、输煤机械检修工、水泵值班员等6个职业试题库的审定工作。

3）8月18～21日，在齐齐哈尔市召开“直流设备检修工”等6个职业修编试题库审定会。完成了直流设备检修工、电测仪表工、电力负荷控制员、二次线安装工、厂用电安装工、电缆安装工等6个职业试题库的审定工作。

4）组织编制“水轮发电机组值班员”国家职业标准。已报人力资源和社会保障部鉴定中心标准处审核。

5）组织完成“燃汽轮机运行值班员”电力职业国家职业标准的编制工作，获人力资源和社会保障部批准并颁布实施。

（4）技能鉴定考核工作。3月，在长沙召开了2008年高级技师鉴定考核专业评审会议，在38个鉴定中心报送的3483人中，有2363人通过评审获得高级技师资格；4月，公布了2008年高级技师名单。

（5）职业技能鉴定机构审核报批工作。完成了华能集团公司等9个单位成立25个电力行业特有工种职业技能鉴定站的材料审核工作，并上报人力资源和社会保障部。其中，有20个电力行业特有工种职业技能鉴定站已获批准成立。完成了72个鉴定站到期许可证换发工作的材料审核及向人力资源和社会保障部报批工作。

（6）技能鉴定质量督导工作。组织开展电力行业职业技能鉴定督导工作检查活动，12月，对中国大唐集团公司职业技能鉴定中心及所属淮北发电厂、湘潭电厂2个鉴定站，安徽省电力行业职业技能中心及所属2个鉴定站进行了质量督导检查，同时对中国电力投资集团公司平圩发电公司建站筹备情况进行了考核检查。举办了电力行业职业技能鉴定质量督导员培训班，培训人数200人；同时为东北电网有限公司等9个单位分别举办了电力行业职业技能鉴定管理人员和考评员培训班，培训人员共计2103人。

（7）电力行业高技能人才培训基地评估工作。8月，组织进行对东北东网有限公司丰满培训中心、吉林省电力公司培训中心等进行电力行业高技能人才培训基地的评估工作，并均通过评估成立电力行业高技能人才培训基地；10月，组织召开电力行业高技能人才培训基地研讨会。

（8）电力行业仿真培训工作。组织编写《电力行业仿真培训教材（变电专业）》（初稿）；组织修编电力行业仿真培训指导教师培训认证题库；11月，组织进行对上海闸电燃气轮机仿真机培训基地的评估，达到合格标准并取得资质。

（9）电力行业专业技术人才知识更新工程（“653工程”）。

1）组织编制印发2009年电力行业继续教育重点培训项目计划，为电力企业开展专业技术人才知识更新工程“653工程”搭建了平台，提供了特色培训服务。

2）组织编制印发2009年中电联开展的行业服务性培训项目计划。

3）10月，与国家人事部联合主办，由西安热工研究院有限公司承办，在西安举办了“发电企业节能降耗技术高级研修班”，参加培训共计162人。由14位知名专家担纲主讲了我国火力发电厂节能现状与技术措施、火电机组热力系统节能理论、火电机组的运行优化调整、脱硫装置节能运行、火力发电厂节水等14个专题。

（10）电力行业中澳合作办学。

1）5月5～7日，在武汉组织召开中澳合作办学项目管理委员会第六次会议暨项目工作组会议。会议讨论并通过了中澳合作办学项目中方管理委员会成员和项目工作组成员调整方案；11月，在贵阳召开了中方管委会会议暨项目工作组会议，对2009年工作进行总结，并讨论确定了2010年工作计划和工作重点。

2）组织编制电力行业中澳合作办学项目的宣传手册；积极配合教学评估工作，帮助澳大利亚启思蒙学院电气技术专业合作办学项目顺利通过澳洲政府有关机构评审；4月，在保定组织召开电气技术专业教学研讨会；6月，在太原举办第六届学生英语演讲比赛，共有24名大专组学生和6名中专组学生参加比赛；7月，在四川电力职业技术学院举办专业教师英语强化培训班。共有学员26人参加了培训，并选派了来自英国的外教；9月，在西安举办第二届学生技能比赛，共有20名学生参加比赛。此外，还组织了第三批共4位项目管理人员赴澳为期3周的系统培训工作；开展了第二次电力行业中澳合作办学项目论文的征集及评审工作，从60篇论文中共评出一等奖12篇、二等奖17篇、三等奖24篇。

电力建设技术经济管理与服务

1. 电力建设工程计价体系建设成果显著

颁布实施《20kV及以下配电网工程定额和费用计算标准》、《20kV及以下配电网建设工程预算定额使用指南》、《西藏地区电网工程建设定额和费用计算标准》)、《±800kV特高压直流工程建设费用计算标准》、《1000MW级超超临界机组安装预算补充定额》。补充和完善了现行的电力工程定额和费用计价体系，为农网改造资金审计提供了基础依据，对规范国家电力工程费用计算规则、合理确定工程造价、提高投资效益创造了有利条件。

2. 开展相关管理办法和使用指南的编制工作

(1) 编制完成《电力建设工程量清单计价规范—变电工程使用指南》和《电力建设工程量清单计价规范—送电线路工程使用指南》，对技经人员准确理解和使用《电力建设工程量清单计价规范》起到了积极作用。

(2) 编制完成《电网工程技术改造与检修定额及费用标准》(征求意见稿)，填补了国内电网技术改造和生产检修领域定额的空白。

(3) 编制完成了《电力行业定额编制手册》和《建设预算费用标准编制手册》、《电力工程造价人员法律法规手册》。

3. 完善电力建设工程造价与定额管理工作体系

(1) 组织召开全国电力工程造价与定额管理工作会议。总结了近几年来的工作，明确了今后的工作思路。对于深入研究和扎实推进电力工程造价和定额管理工作，提高电力工程造价与定额管理工作水平具有重要意义。

(2) 完成了2009～2011年电力建设投资价格指数测算报告。并结合电力工程建设的实际特点，研究构建了电力工程建设投资价格指数预测体系，为政府宏观调控和企业正确投资决策提供可靠依据。

(3) 完成并发布《2008年电力建设工程常用设备信息价格汇编》。该汇编内容包括发变电工程常用设备，为计算电力工程投资提供了准确的参考依据。

(4) 发布2008年定额人工、材料和机械价格水平调整系数，确保概预算价格水平能够基本与市场保持一致。

(5) 完成并发布2009年上半年《20kV及以下配电网工程设备材料价格信息》，为准确计算配电网工程投资提供参考依据。

4. 完成政府委托项目，参与重大课题研究

(1) 开展《电力建设已完工程造价数据库计价与决策支持应用系统》的研究、论证工作。

(2) 开展《2006年以来政策调整对电力工程造价与定额管理工作的影响研究》，对2006年以来有关法律法规和政策对电力工程造价与定额管理的影响进行了分析，提出应对意见和建议。

(3) 启动“电力工程主要设备材料价格预测模型研究”课题。

(4) 建立和完善了“电力建设项目工程造价指数模型系统”。该系统将成为工程造价合理确定与有效控制的重要工具和手段。

(5) 承担国家能源局“十二五规划”重点研究课题“新兴能源发展基础设施及配套体系研究”，其研究大纲已经通过了专家审查。

(6) 完成了国家电网公司《工程量管理规范》、《线路工程索道运输费用标准》和《施工、监理激励约束机制》等研究课题。

(7) 受国家电网公司委托，开展了浙江、江苏、东北、湖北、北京、四川、山东等16个地区共490个220kV输变电项目初步设计的复核复审工作。

(8) 受法国国家电力公司委托，完成《2015～2035年燃煤电厂工程造价长期发展趋势的预测与分析》(征求意见稿)课题的研究工作。

(9) 受中价协的委托，完成《建设工程预算编制规程》的编制工作及《全过程工程造价管理咨询规程》的主要编写任务。

(10) 受中价协委托，完成《建设项目施工图预算编制规程》编写工作，为建设项目施工图预算的合理确定及有效控制工程造价提供重要依据。

5. 积极开展合作交流和个性化咨询服务

(1) 制定《电力行业工程造价咨询企业管理细则》(试行)和《电力行业工程造价咨询成果文件质量检查暂行办法》(试行)。其中《电力行业工程造价咨询企业管理细则》(试行)将于2010年1月1日实施。

(2) 配合中价协开展电力行业工程造价优秀成果奖评审活动，包含电力工程造价行业从管理到经济效益等多方面内容。

(3) 完成工程造价行业基本情况调查。

(4) 受南方电网公司的委托，完成南方电网公司2008年度工程造价分析工作，编写完成《南方电网

110～500kV 输变电工程造价分析报告》。

(5) 受中国华能集团公司的委托，启动华能玉环电厂后评价工作，并已完成后评价报告初稿。

(6) 协助中国华能集团公司，制定公司系统定额站工作章程、公司系统工程造价与定额管理办法和公司系统定额工作经费管理办法，为进一步理顺行业造价与定额管理工作体系，规范各级电力定额站造价与定额管理工作的职权及职责权限提供了保障。

(7) 完成国家电网公司和中国华电集团公司电力建设工程造价管理知识竞赛。

(8) 为加强国际交流与合作，全面提升电力工程造价从业人员专业水平，培养国际型专业人才，技经中心向英国皇家特许测量师学会推荐 29 名电力行业具有工程造价专业经历和较强领导力及管理能力的资深人士。经过严格评核，有 10 人顺利通过并成为英国皇家特许测量师。

(9) 为增进与国际工程造价管理组织的交流与合作，提升工程造价专业理论水平，技经中心有关人员参加了在马来西亚召开的第十三届亚太区工料测量师年会。

(10) 完成"中国电力工程造价信息网"全年的运营和信息管理更新工作，为电力工程造价专业人员提供最新最全的电力技经工作新闻，搭建了全方位的信息交流平台。

6. 做好电力行业造价专业资格与资质管理工作

(1) 组织完成注册造价工程师初始注册、继续注册工作。制订并实施了 2009 年继续教育工作计划，并对今后注册造价工程师继续教育内容设置和教育形式提出了具体的意见和建议。

(2) 完成甲级工程造价咨询企业资质延续工作。对行业注册管理的甲级工程造价咨询企业申请延续的书面材料和网上材料进行初审，并提出企业资质延续初审意见上报建设部，经建设部终审，现已全部通过延续审核。

(3) 2009 年 6 月 11 日，技经中心组织召开首次电力行业工程造价咨询管理工作会议。对进一步规范电力工程造价咨询执业行为，提高咨询工作质量，推动行业工程造价咨询企业规范管理具有重要促进作用，并向在电力行业注册管理的工程造价咨询企业颁发了会员证书。

(4) 完成全国电力工程造价专业资格认证考试工作。有 9621 人参加了考试。考试在全国 29 个省、市、自治区 217 个考场同步进行，是历年规模最大、报考人数最多的一次。

(5) 组织编制出版发行发电工程和电网工程两套《电力工程造价专业资格认证考试用书》和《电力工程造价专业资格认证考试大纲和习题集》；完成了发电和电网建设工程造价专业资格认证各专业的考试命题及标准答案的组织编写工作；受大唐发电集团委托，完成《发电工程建设高级造价管理人员培训教材》大纲及《发电技经人员上岗考试大纲》的编写工作。

(6) 在浙江举办十三期电网工程造价专业资格认证考前培训班，共计 1200 人参加培训。承办华能国际电力股份有限公司技经专业人员培训班，共有 190 名学员参加培训。

(7) 完成西藏地区工程造价管理知识培训。对提升西藏地区基建工程技术经济管理水平具有重要意义。

(8) 开展了 20kV 及以下配电网工程定额和费用标准的宣传培训工作。截至 2009 年 12 月底，已在 14 个省、市组织了 16 期宣贯培训活动，参加培训人员 2200 余人。

(9) 为华中电网公司从事电力建设技经、造价管理人员进行了宣贯和培训，对电力技经人员正确理解和使用 2006 年版计价依据体系起到了指导帮助作用。应江苏电力公司要求，组织有关专家分别对江苏省电力公司审计部门人员、技经人员进行培训，讲授电网建设工程造价管理相关专业知识及现行的电力行业工程造价计价依据。

电力科技管理与服务

1. 火电机组协作会工作

(1) 2009 年 5 月 20～22 日，在浙江省宁波市组织召开全国火电大机组竞赛（600MW 级）第十三届年会。中国电力企业联合会、中国能源化学工会领导参会并发表讲话，各发电集团公司和电厂共 280 余人参加。会上发表了《火电 60 万 kW 机组技术报告》和《火电 60 万 kW 机组能效水平对标工作资料》。

(2) 2009 年 6 月 24～26 日，在浙江省杭州市组织召开全国火电大机组（300MW 级）竞赛第三十八届年会。国家电监会、杭州市政府有关领导，以及华能、大唐、国电、中电投等发电集团公司、各地方能源公司、各科研院所的代表 290 余人出席年会。

(3) 受国家发改委委托，牵头组织制订了《火电企业能效水平对标工作方案》，研究制订了《全国 60 万 kW 级机组能效水平对标技术方案》，首批发布了 60 万 kW 火电机组能效对标结果。

2. 全国电力行业 CFB 机组技术交流服务协作网工作

2009 年 10 月 13～16 日，全国电力行业 CFB 机

组技术交流服务协作网在浙江省宁波市组织召开题为“节能降耗、保护环境”第八届年会，包括82家发电公司在内的185个单位312名代表参加了会议。中电联科技服务中心主任米建华，华电集团顾问、原四川电力局副局长、国家600MW超临界循环流化床项目专家组组长马怀新，全国电力技术市场协会秘书长暨CFB协作网副理事长江哲生出席会议。

3. 全国火电空冷机组技术工作

2009年9月1～4日，在宁夏银川市召开题为“创新技术、科学发展，推动空冷技术进步”的第四届全国火电空冷机组技术交流会。发电公司、大学、设计院、电力试验研究院、电力建设公司、辅机制造企业等83个单位的182名代表参加会议。

4. 全国大中型水电厂技术协作网工作

2009年11月3～5日，全国大中型水电厂技术协作网作为水电分论坛的承办方在天津滨海国际会展中心参与举办了题为“清洁能源　绿色电力”的国际论坛。中国水利部水电局、中国华能集团公司安监部、中国华电集团公司生产运营部、中国电力投资集团公司安生部等相关单位的领导及各水电运营企业、设备企业、勘测设计、科研院所等单位代表200余人出席分论坛。

5. 全国风力发电技术协作网

2009年11月3～5日，在天津滨海国际会展中心举办的题为“清洁能源　绿色电力”国际论坛上，全国风力发电技术协作网第四届年会作为分论坛同时举办。国家发改委、国家科技部的有关领导，华能新能源产业控股有限公司、中国华电集团新能源发展有限公司、中国电力投资集团公司、中国水电建设集团新能源开发有限公司等单位的代表及各风电运营企业、设备企业、勘测设计、科研院所等单位代表近200人参加出席分论坛。

6. 全国电力系统配电技术协作网

2009年11月25～27日，在福建福州市召开全国电力系统配电技术协作网第二届年会、“2009年全国高中压开关设备实用技术研讨会”和“2009年全国新型配电变压器技术研讨会”。

7. 电力信息化技术

2009年3月19～21日，在天津市组织召开了2009年全国电力企业信息化大会、同期举办了电力信息化新技术与方案展示和电力信息化优秀成果展示。会议由主题大会和电力信息安全、电力EAM/ERP两个专题论坛共同组成。大会期间发布了年度电力信息化发展报告、电力信息化优秀成果等。中国电力企业联合会副理事长孙玉才及国资委信息中心副主任王绪君出席会议并讲话。各电力集团公司和电网公司信息化负责人参加了会议。

8. 职工技术成果奖

在北京组织召开首届全国电力职工技术成果奖发布会。上海外高桥第三发电有限责任公司“1000MW直流锅炉蒸汽整体加热装置”等3项成果获得一等奖；云南大唐国际红河发电有限责任公司“大幅度提高国产30万kW CFB电站性能指标技术研究”等16项成果获得二等奖；浙江浙能嘉兴发电有限公司“缩短DCS系统主控制卡件在线异常处理时间”等59项成果获得三等奖。

9. 成果鉴定工作

2009年，组织有关专家对137个单位申报的273个项目进行了新成果（新产品）鉴定。

10. 技术咨询工作

在中、日两国政府组织下，中国电力企业联合会和日本煤炭能源中心、日本国际协力银行三方共同组织实施了节能诊断和技术交流合作项目，列入两国政府合作公报。确定了9台试点机组开展节能诊断工作，完成了诊断前国内、外培训，完成了第一次现场诊断工作。

11. 杂志出版工作

2009年，正式出版了12期《电力技术》。

会刊宣传与服务

（1）2009年1月，与华北电力大学在京联合举办了“金融危机与电力”座谈会。

（2）2月和7月，分别举办了电力行业新闻宣传工作联席座谈会。

（3）3～9月，与国家电网公司农电工作部合作开展了“农电收费模式”课题研究。

（4）4月，与博睿明天咨询公司在北京共同主办“3G时代下的电力应急管理研讨会”。本次会议是首次由电力行业与通信行业代表共同研讨电力应急管理中3G技术的应用，参会代表120余人。

（5）4月，中国电力企业管理杂志社首家研究基地——“胶电研究基地”在山东省胶州供电公司挂牌。

（6）4月，在安徽省黄山市主办“农电深度报道”研讨班，全国30多名骨干农电通讯员参加了学习。

（7）5月，在北京举办“中国智能互动电网发展战略研讨会”。智能互动电网专家武建东教授在会上发布了“中国智能互动电网发展战略报告”。国家能源局、中国国际经济交流中心、国家电监会等机构的相关领导和国家电网公司、南方电网公司以及部分发电企业代表出席了研讨会。20余家社会主流媒体记者参加了会议。

(8) 5月，在深圳召开“2009年农网降损设备节能应用专题研讨会”，来自广东、山东、云南、河北等省、地（市）供电公司主管领导和县供电企业领导、线损专责等70多名代表参加会议。

(9) 5月，与中国可再生能源学会在河北保定联合举办“中国能源战略转型与绿色革命电力论坛”。国家科技部和国家能源局有关领导出席了论坛。

(10) 7～12月，与国际铜业协会对农村供用电环节中存在的影响家电正常使用问题进行了调查、研究、分析和预测。调研范围包括四川、河北、湖北、内蒙古、广西等10个省（区），覆盖了7个重点市、18个重点县的供电企业和农村居民。

(11) 8月，在内蒙古呼和浩特市召开全国通联工作会议。会议总结了中国电力企业管理杂志社2008年度通联工作会议以来的工作，安排部署了2010年度工作。

(12) 9月，在太原召开2009年度农电通联工作会暨农电费收取方式经验交流会。来自全国农电系统的170余名代表和8名“农电收费方式课题研究”特邀评审专家出席大会。

(13) 9月，在哈尔滨举办“电力行业内部媒体建设交流研讨会”。

(14) 10月，由国家电监会主办，中电联承办的“中国国际电力安全发展暨电力应急管理论坛”在北京举行。论坛分为主论坛和“安全与应急管理”、“安全与应急技术创新”和“电力安全文化”等三个分论坛。共征集到征文8000余篇。国家安监总局、国家电监会、中电联的领导出席论坛，来自国内外的600余名代表参会。

(15) 11月，国家电监会主办，中电联参与承办了“2009中国电力论坛”。本次论坛的主题为“清洁能源　绿色电力”，全面展示和交流了电力企业在新能源发展中的业绩和规划。各大电力企业集团主要领导和电力企业代表1000余人参加了论坛。

(16) 11月，与中国南方电网公司在海南博鳌联合举办了“第五届中国电力企业管理论坛”。本次论坛的主题为“电力企业流程优化与再造”。

(17) 12月，与电子工业出版社在北京联合主办“中国智能电网与信息化论坛”。就我国智能电网的发展以及信息化在智能电网发展中的重要作用与行业间信息融合作了广泛交流研讨。

(18) 2009年，具体编写《汶川特大地震抗震救灾志》电力行业部分。截至2009年底，已收集到26个承编单位包括400多万字、1800多幅图片及大量图表的巨量资料。170余万字的资料长编已于2010年初报送国家全志办，并将筹备编撰出版《电力行业抗震救灾志》。

(19) 3月，编撰出版《国华电力管理实践》专著。

(20) 举办2009年电力信息化创新成果与电力自动化创新成果评选活动。共评选出各等级优秀成果209篇。

(21) 中国电力文协举办，中电联承办了电力辉煌60年摄影大赛。共收到参赛作品907幅（组），参赛158人，评出各等奖项共34幅，并有6个电力企业获优秀组织奖。

党　群　工　作

1. 加强理论学习提高党员干部的思想政治素质

中电联十分重视带领职工学习党在新时期的理论，不定期组织职工学习，主要学习内容包括学习习近平等领导同志在全国机关党建工作会议上的重要讲话，学习党的十七届四中全会精神，开展关于“加强和改进新形势下党的建设”专题学习，学习“两会”精神，组织观看人大会议开幕式和温家宝总理的政府工作报告，学习《六个“为什么”》——关于若干重大问题的深入解答，组织关于“国际金融危机下的中国经济增长以及应对国际金融危机的几个深层次问题”的专题学习等。

2. 开展深入学习实践科学发展观活动

中电联认真贯彻落实上级党委关于学习实践科学发展观的有关会议精神，紧密联系中电联实际，进行学习实践活动第二、三阶段的组织实施工作，组织召开学习实践活动总结大会。

3. 组织庆祝建国60周年系列活动，开展爱国主义教育活动

为庆祝建国60周年，组织职工参观内蒙古等5个自治区发展成就展、“中华人民共和国成立60周年成就展”和“复兴之路”基本陈列等一系列表现祖国伟大成就的展览，增强职工的自豪感和荣誉感。

4. 加强党风廉政建设，形成良好思想作风

按照电监会统一部署结合实际，制订中电联2009年纠风工作实施方案，部署加强机关作风建设、清理“小金库”、规范行业协会收费和清理规范评比达标表彰活动等三项重点工作，并成立了中电联纠风工作领导小组，明确分工和责任落实，做到不走过场、不留死角，及时发现和解决存在的问题，设立举报箱，公开举报电话和电子信箱。

中 电 联 分 会

中电联火力发电分会

(1) 4月，在南京市召开了五届一次联络员会议。全国各火电企业的54名代表参加了会议。会议总结了2008年火电分会秘书处工作，分析了全国火电企业生产经营形势，部署了迎峰度夏工作；并就分会落实调研课题，组织课题发布、创新经验交流、参与火电机组竞赛等活动进行了安排；会上，表彰了2008年度41名先进单位联络员、20名优秀联络员。

(2) 6月，在辽宁省锦州市召开了五届一次信息员会议。24家会员单位30余名代表出席会议。会议就如何落实火电分会年度工作计划安排，进一步强化火电分会的信息工作，加大信息交流力度，增强信息服务功能，组织开拓信息化建设、促进企业发展等内容进行了交流。

(3) 11月，在福建省厦门市召开火电分会2009年年会。70余名会员单位代表参加了会议。会议进一步明确了分区、分专业管理；确定了会长（副会长）单位分区域、分专业开展信息收集、联络工作和进行课题调研等工作；修订完善了火电分会多项工作制度；提出了2010年重点工作；表彰了2009年度各会员单位的管理创新课题；会议还研究了其他有关事项。

(4) 8月，组织“电力企业节能降耗减排措施研讨”课题组在海拉尔举办研究会。有9家单位代表参会。各代表围绕“重要设备节能改造，减少能源消耗”、“系统优化运行，不断开发节能潜力”、“实现精细化管理，从管理中获得效益”等方面对节能减排进行了充分的交流。

(5) 9月，组织“发电设备点检定修、优化检修管理”课题组在大连召开了研讨交流会。有14家发电企业、2家电力检修公司的26名代表参加了研讨会。会议就检修的流程化管理，点检定修管理，集设备管理、安全管理、工作票管理、物资管理于一体的工作风险控制系统的开发与应用等问题进行了充分交流。

(6) 9月，在广西南宁组织召开“2009年火电分会企业管理创新成果评审会”。从22项成果中，评出了二等奖6个，三等奖8个。

中电联供电分会

(1) 针对山西省阳泉煤矿由于存在安全供电隐患，供电设施长期不能入网运行问题，与山西省电力公司专业人员一道，深入现场调查研究，提出了既符合电网技术要求，又反映供电用户意愿的解决方案，签订了准予入网运行的协议，解决了用户后顾之忧。

(2) 组织编辑出版《中国供电发展与建设》。该书反映了全国电力事业改革30年发展的成就，并从电力高速发展、优质服务深化、行业科技进步、企业文化建设、供电经营管理等方面反映了供电企业的发展历程。

中电联电站装备及输变电设备分会

(1) 评优选先工作。中国华电工程集团（有限）公司获得中电联2009年“全国电力行业优秀企业”；国电南自总经理张国新获“全国电力行业优秀企业家”荣誉称号。并有4项成果获得管理创新成果奖，其中，“P6软件在工程公司企业级多项目进度管理工作中的应用”获得一等奖；“BP珠海PTA锅炉岛EPC总承包管理创新与实践”与“项目管理流程再造”获得二等奖；“关于国内超远期结售汇业务的创新管理”获得三等奖。

(2) 组织有关单位编撰出版《大型火电设备手册》，该手册共分《电站锅炉》、《汽轮发电机》、《烟风与粉煤制粉设备系统设备》、《汽水系统设备》、《水处理系统设备》、《输煤系统设备》、《除灰与环保设备》等8册。

(3) 2009年，出版《电源建设信息》12期、《输变电行业信息》12期，并发布了有关电力行业年度发展报告、经济形势与企业改革分析预测报告等。

中电联水力发电分会

（1）组织开展《四川省雅砻江机组状态在线监测系统硬件配置及功能研究》工作。

（2）组织召开水电分会成立20周年庆祝大会。

（3）开展“水电企业管理与创新”征文活动，对获奖论文进行了表彰，并汇编成册。

（4）组织编写《中国水电建设及发展》丛书。

中电联农电分会

（1）6月，在宁夏自治区召开学会秘书长工作会及优秀联络员表彰会。农电系统的100余名代表参加了会议。

（2）11月，在贵州省召开“建设智能农网”研讨会。会议围绕农网的智能化建设进行了学术探讨。

（3）为贯彻落实建设统一坚强智能电网的战略目标，更好地服务于新农村建设，组织开展了“农网智能化建设研究”工作，并向国家电网公司农电部提交了研究报告。

中电联后勤分会

10月，对2008年度“两个创建”活动先进单位进行了表彰，并寄发了表彰决定和证书、奖牌。2008年，组织开展“两个创建”（创建节约型后勤、创建和谐小区）活动。共评出创建节约型后勤活动先进单位25个、创建和谐小区活动先进单位38个。

中电联电力物资流通分会

（1）4月，召开会员代表大会。151个会员单位的210名代表参加了大会。大会总结了上一届理事会4年来的工作情况，选举产生了新一届理事会，研讨了物流分会的发展战略和今后的工作。

（2）7月，为贯彻落实国务院《物流业调整和振兴规划》，邀请了《规划》的主笔人中物联研究室主任贺登才及北方交通大学王耀球、赵启兰两位教授，为64个会员单位78人进行了“物流产业振兴规划”讲座。

（3）6月，先后三次组织80多家运输企业召开研讨会，制定大件运输应急预案。并将应急预案指导意见下发各电力大件运输企业参照执行。同时，组织编辑《电力大件运输企业名录》，作为电力大件运输项目招标范围的指导目录。

（4）组建大件运输评标专家库。9～12月，完成了45人资格入选的评审，以及对专家人员的培训和测试，并获得批准。专家库在大件运输的可行性研究、方案论证、招投标、大件运输应急预案等方面发挥了技术咨询服务作用。

（5）6月，在北京组织召开大件运输相关问题政策建议座谈会。北京、天津两地10家运输企业的主要领导参加了座谈会。会议提出了五个方面的政策建议，已通过有关渠道上报国家政府有关部门，并已引起有关部门高度重视。

中电联电力职业安全卫生分会

（1）3月，组织2个调查组对20多家发供电企业进行了职业卫生工作调研。

（2）5月，组织有关单位在山东烟台召开电力行业劳动环境检测监督工作研讨会。电力劳动环境检测监督总站等9家单位的代表参会。会议就劳动环境检测监督工作进行了交流，对《电力行业劳动环境监测技术规范》（征求意见稿）进行了审读讨论。

（3）11月，在广东省珠海市召开分会二届理事会三次会议。43家会员单位的共59名代表参加了会议。会议对分会2009年的工作情况进行了总结，审议通过了分会2010年度工作要点。中国疾控中心职业卫生与中毒控制所的所长李涛出席会议，并作了“我国职业病发病形势、存在的问题及对策”的专题报告。

中电联电力试验研究分会

（1）3月，召开了会长办公会议，确定了2009年度工作计划，并商定了相关工作。

（2）9月，召开了二届三次理事大会，全体理事单位的理事或理事代表90余人出席了会议。会长高明杰作了工作报告。

（3）做好“电力安全生产信息网”工作。电力安全生产信息网每月按时出版电子期刊，并于8月召开了信息网大会，23个网员单位的40名代表参加了本次会议。

（4）2009年，共组织召开了全国院（所）电气计量技术研讨会、全国院（所）金属技术研讨会、《热工技术监督导则》宣贯会、全国院（所）科技信息工作研讨会。

（5）召开理事单位联络员工作会议。6月，召开了理事单位联络员工作会议，全国30个省市电力试验研究院（所）联络员、联络员代表参加了会议。

（6）10月，在京召开了生产工作会议。32个院（所）主管生产的院领导参会。会议交流并讨论了目前电科院（所）生产工作方面的情况，提出了面对的问题及应对办法。

（7）12月，在海南召开全国电力试研院（所）经营工作会议，各院（所）主管经营的院领导参会。会议交流了院（所）经营工作中的经验。

中电联文艺体育分会

1. 电力文协工作

（1）3月31日，在北京召开“2009年全国电力行业职工文体工作会议”。全国电力行业的有关领导和代表共50多人参加了会议。中电联党组书记、常务副理事长、电力文体协理事长谢振华，中国能源化学工会主席张成富，国家电监会供电监管部主任贾英华，中国华能集团公司副总经理乌若思等有关领导出席会议。会议由中电联副秘书长、理事会工作部主任孙永安同志主持。会议对2008年全国电力行业职工文体工作进行了总结；研究部署了2009年电力行业的职工文体工作；中国长江三峡工程开发总公司和中国电力作家协会作了职工文体工作经验交流；中国电力文学艺术协会对2008年举办的“进步与辉煌——纪念中国改革开放30年电力行业文学作品征文”活动获奖单位及作者给予了表彰；中国电力体育协会对中国电力网球协会进行换届。

（2）4月，电力文协与电力集邮协会在洛阳市召开了2009全国电力集邮工作会议。中电联副秘书长、理事会工作部主任、中国电力集邮协会会长孙永安同志出席会议并讲话。全国电力行业企业集邮负责人和集邮爱好者60多人参加会议。

电力文协、电力作协联合举办了“第四届全国电力职工文学作品比赛”。共收到小说、报告文学、散文、诗歌、剧本等各类专著625部、单篇1300多篇及丛书30套（部）。共评出专著类奖项：“中国电力文学金奖”6部、“优秀著作奖”20部、“著作奖”47部、“优秀文学作品集（丛书）奖”7部（套）、“特别奖”13部等；单篇类奖项有优秀作品一等奖10篇、优秀作品二等奖22篇、优秀作品三等奖25篇、作品奖68篇等。电力文协及电力书法家协会与电力诗词学会联合举办了“辉煌历程——庆祝新中国60周年全国电力诗词大赛暨书法作品邀请展活动”。电力文协启动了“辉煌电力——庆祝新中国成立60周年全国电力诗词大赛”。评出优秀组织奖3名，一等奖1名，二等奖3名，三等奖10名，优秀奖50名。

由电力文协主办，中国电力企业管理杂志社承办的“感动电力——电力辉煌60年”为主题的摄影大赛启动。共收到参赛作品近千幅（组）。经评定，电力题材和艺术类各评出一等奖3名，二等奖6名，三等奖10名，入选作品奖15名；中国电力投资集团公司、华电陕西能源公司蒲电公司、国电九江发电厂、粤电沙角A电厂、内蒙古乌兰察布电业局、华能伊敏煤电公司等获优秀组织奖。

（3）5～10月，电力文协组织电力企业参加了由中国文联、中华全国总工会、中央电视台联合举办的2009年庆祝新中国成立60周年全国产业（行业）系统文艺展演。国家电网公司组织的戏曲代表队获银、铜奖；中国大唐集团公司组织的歌咏代表队获金、银奖和优秀创作奖；中国华电集团公司组织的曲艺代表队获金奖。电力文协分别在这三个单项活动中获得优秀组织奖。

2. 电力体协工作

（1）4月25日，电力体协组队参加了由国家体育总局群体司、全国行业体协联络组主办的第二届全国行业体协在京单位领导干部乒乓球比赛。全国各行业体协的13支代表队参加了比赛。电力体协张小明获得行业体协组冠军；中国华能集团公司张羡程、国家电网公司于军同志分别获得司局级领导干部组（男子组）亚军和季军。

（2）5月8日，由电力体协、电力网协共同主办，中国华能集团公司承办的，2009在京电力企业网球联谊赛在北京举行。国家电监会、中电联和在京电力企业的有关领导参加了这次网球联谊赛。

（3）5月19～24日，电力体协在苏州举行了2009年全国电力行业羽毛球比赛。电力行业的18支男、女代表队参加了比赛。广东电网公司、贵州电网公司分获男、女团体冠军；广东粤电集团、中国长江三峡总公司分获男子团体亚军和第三名；广东电网公司、广东粤电集团分获女子团体亚军和第三名。在单项比赛中，中国长江三峡总公司的孙钊力获得冠军；浙江能源集团的徐丹丹获女子单打冠军。

（4）10月16～28日，第十一届全国运动会在山东省举行。电力体协代表电力行业组织电力代表团参加了全运会。运动会上，国家体育总局对2005年1月1日～2008年12月31日期间群众体育开展好的单位及个人进行表彰。中国大唐集团公司等4家单位、中国国电集团公司褚静育等4名同志获得了表彰。

（5）11月6～10日，电力体协组织电力选手赴四川成都参加了国家体育总局举办的全国行业体协职工桥牌赛。全国各行业体育协会的16支代表队参加了比赛。由中国长江三峡总公司负责组队的电力代表队获得团体赛第七名。

电力行业协会

中国电力规划设计协会

1. 加强行业自律、规范市场行为

(1) 配合中国工程咨询协会，参与起草《工程咨询管理条例》。

(2) 5月，参加了国家发改委组织的“咨询评审单位”资格评审工作，完成了27家设计单位申报材料的评审。

(3) 7月，在贵阳市组织召开电力勘测设计企业党建及思想政治工作研讨会。

(4) 参与了建设部组织的“工程勘察资质标准研讨”和“工程设计相近专业研讨”工作。并组织了“甲级设计单位资质换证实物操作研究”工作，对各设计单位进行了“换证咨询”服务。

(5) 按照国家质检总局颁发的《压力容器压力管道设计许可规则》的规定和要求，继续指导各设计单位申请并组织评审《压力管道设计资格证书》工作。

(6) 参加国家发改委组织的“2009年度注册咨询工程师”注册评审工作，共评审注册咨询工程师445人；组织申报、初审第二批工程项目经理资格考评工作，共评审183人；组织对第三批147人“压力管道设计审批人员资格”进行了评审。

(7) 组织召开“注册工程师注册工作研讨会”。组织编制注册电气工程师注册工作流程、人员设置、内部管理规定及经费测算等文件，并报全国注册中心。

(8) 组织召开“工程咨询服务收费指导价格调研工作会议”。并开展工程咨询服务收费指导价格基础数据调研工作。

(9) 受住房和城乡建设部市场管理司委托，组织编写“工程设计招投标指导意见”，撰写了“工程设计招投标存在问题及建议”。

(10) 组织参加2009年度项目管理和工程总承包排序申报工作。并组织参加第二批项目经理的申报和行业初评。

(11) 编制《电力勘测设计行业资深专家评选办法》(征求意见稿)。

(12) 组织完成2009年行业参加工程设计责任险投保工作。

2. 加快行业标准化建设

(1) 组织完成26项标准的审查、8项标准的报批；完成了国家能源局标委会信息填报工作；组织开展《光伏发电接入配电网设计规范》等4项2010年国标立项申请工作。

(2) 组织召开中译英标准定稿审查会。并陆续出版发行39本英文标准。

(3) 组织制定系统集成环境下的设计管理制度，召开《三维布置集成设计管理指导意见》编制启动会，明确编制原则，制订编制计划。

(4) 多次组织召开会议，明确《压力管道安全技术监察规程》(动力管道篇)、《压力管道规范　动力管道》国家标准相应条款的编制原则，组织各编制单位完成征求意见稿初步修改，组织专家进行了内部讨论和校审。

(5) 组织对5个单位共11项设计软件进行评审；编制完成《电力工程设计软件评审办法》(草稿)。

3. 完善技术质量管理

(1) 组织召开行业技术质量管理经验交流会。会议的主题是“设计创新　创新设计”，有43个设计单位的86位代表参会。

(2) 共组织88个单位97次审核，参加审核365人·次。其中，56个单位63次三标体系认证审核，32个单位35次质量单标体系认证审核，有效地提高了设计单位的质量管理工作。

4. 组织评优工作

(1) 组织会员单位申报两年一届的全国优秀工程勘察设计奖的评选。在43个获奖项目(金奖7、银奖14、铜奖22)中，电力项目占23个(金奖3、银奖 8、铜奖 12)。

(2) 组织会员单位申报 2008 年度电力行业“四优”评选。在 282 个申报的项目中，共评选出 2008 年度行业“四优”获奖项目 176 个，其中一等奖 38 个、二等奖 55 个、三等奖 83 个。

(3) 组织召开 2009 年度全国电力行业优秀工程咨询成果奖评审会，在 202 个申报的项目中，评出行业一等奖 25 个、二等奖 42 个、三等奖 59 个，推荐参加全国优秀工程咨询成果奖评选的项目 57 个。

(4) 组织 2009 年全国电力行业质量管理奖申报，中南电力设计院获得电力行业质量管理奖称号。中国电力建设工程咨询公司、广东省电力设计研究院、陕西省电力设计院通过了复评。

(5) 组织评选全国电力行业卓越绩效先进企业和五满意企业。2009 年，共获得全国电力行业实施卓越绩效模式先进企业特别奖 3 个、全国电力行业实施卓越绩效模式先进企业 11 个、全国电力行业用户满意企业 10 个、全国电力行业用户满意服务 5 个、全国电力行业用户满意产品 2 个、全国电力行业用户满意工程 3 个。

(6) 2009 年，共收到优秀 QC 成果申报材料 55 项，召开电力勘测设计行业 QC 小组成果发表会，参加现场发表的成果有 52 项。

5. 认真组织注册电气工程师管理工作

(1) 组织了 2009 年度注册电气工程师考试试题的命题工作，共完成试题 1186 道，其中发输变电专业 635 道，供配电专业 551 道。完成了发输变电和供配电两个专业的考试共 20 套的组卷工作。

(2) 3 月，全国注册工程师电气专业管理委员会与香港工程师学会在深圳召开第二次联络会，就注册电气工程师与香港工程师学会电机界别法定会员资格互认条件和办法进行了磋商。

(3) 9 月，组织全国勘察设计注册电气工程师专业资格考试。参加基础考试的考生 13 356 人，参加发输变电专业考试的考生 929 人，参加供配电专业考试的考生 2692 人。

(4) 制定《2009 年度注册电气工程师专业资格考试试卷复评操作程序》。12 月，在珠海组织对通过机读的 1100 份专业案例试卷进行复核评分，其中发输变电专业有 292 人通过合格线，供配电专业有 655 人通过合格线。

6. 推动知识产权保护工作

(1) 成立了电力工程设计专有技术评审委员会，制定了《电力工程设计专有技术评审委员会工作条例》。

(2) 组织编制《电力工程设计软件专有技术成果转让管理办法》(讨论稿)。

(3) 组织对涉及发电、输变电、勘测、信息管理等 21 个专业的 113 个申报项目进行评审，共评审出 2009 年电力工程设计专有技术成果 47 项。

7. 组织各种培训工作

(1) 组织召开“行业培训工作座谈会”。总结了近 3 年行业培训工作，研究制定《2010～2012 年培训工作规划》。

(2) 编制出版《电网设计工程师手册》。全年共举办 4 期送变电设总培训班，培训学员 378 人；举办 1 期发电设总培训班，培训学员 91 人。

(3) 作为中国工程咨询协会电力专业委员会，承担了注册咨询工程师(投资)继续教育的专业课教育课程；组成由 18 位专家参加的讲师团，召开“注册咨询工程师(投资)继续教育讲师团工作启动会”，确定了讲师团教学大纲编制内容和编制计划。

8. 行业统计与同业对标

(1) 组织对“统计软件”进行了深度研究、修改和测试。

(2) 组织召开省级及以上设计院“行业统计与对标信息”集中填报工作会。完成“2008 年度省级及以上设计院统计年报”和“对标标杆指标”的报送和发布工作。

(3) 会同供用电设计分会召开“供用电设计单位统计与对标研讨会”，完成“2007、2008 年度供用电设计单位统计年报”和“对标标杆指标”的报送和发布工作。

9. 加强行业信用评价体系建设

组织召开信用评价研讨会。会议评审了福建永福工程顾问有限公司申请 3A 级信用企业的申报材料；研究了目前行业信用评价办法的修改意见、信用评价工作动态管理方式、信用评价成果应用等。

10. 其他日常工作

(1) 发行《电力设计信息》24 期，共计21 120册。

(2) 发行《电力勘测设计》6 期，共计24 900册。

(3) 组织制定《电力勘测设计行业档案工作 2009～2011 年发展规划》，修编《电力勘测设计科技文件归档及档案管理办法》，已完成了报批稿。

中国电力发展促进会

2009 年，中国电力发展促进会(简称电促会)本着理事会确定的宗旨组织专家开展了课题研究工作、《中国电力年鉴》(简称《年鉴》)及其他工具书的编辑出版工作和中国电力网站运行等方面工作。

1. 主要课题研究工作

(1) 受海南电网公司委托，开展《海南用电特性调查》课题咨询。

(2) 在中国工程院组织开展的《新疆可持续发展中有关水资源的战略研究》课题中，电促会负责《能源和化工用水与可持续发展研究》专题的研究报告。

(3) 配合国家电力监督管理委员会研究室，开展《电力产业“十二五”发展规划研究》课题。

2.《中国电力年鉴》编辑工作

《2009中国电力年鉴》于2009年12月出版发行。根据《年鉴》编委会对本期《年鉴》编纂指导思想的确定，对2009年《年鉴》的框架结构进一步作了调整。首先，特载内容更加丰富，体现当年度的大事、要事；其次，丰富和调整了原有篇目的部分栏目，见电力工业论坛篇；最后，在继续压缩文件、法规等的篇幅的基础上，加强文献的二次加工，从而增加《年鉴》的资料性和可读性。

本期《年鉴》主要收录2008年我国电力工业各方面所取得的成绩，重点反映了2008年电力工业发展和电力生产的内容。本期《年鉴》的框架结构由篇目、栏目、类目、条目4个层次和100多幅彩图组成。

2009年10月30日～11月1日，《中国电力年鉴》工作会议在广东省深圳市召开，参加会议的有40家单位的50余名代表。会议由年鉴编辑部副主编姜绍俊主持；主编周小谦作了主要讲话；编辑部主任肖兰就2009年《年鉴》的编辑工作作了回顾和总结，对2010年《年鉴》编辑工作提出要求；年鉴主管部门国家电力监管委员会、中国电力企业联合会有关领导到会并发言。

3. 中国电力网站工作

中国电力网（www.chinapower.com.cn）作为电力行业门户网站之一，网站访问量指标继续保持向上势头，全球排名继续攀升，进入全球前20 000名。除保持网站广告和会员服务外，在图书和会议方面加速拓展。

(1) 图书方面。组织《电网（新技术）所需产品供应商名录》的出版工作。

(2) 会议方面。2009年6月27～28日在北京蟹岛旅游度假村组织举办2009中国电力企业数据中心技术发展峰会，两大电网、五大发电集团的领导及相关人员参加了会议，参会人员超过180人。参会人员分布以北方地区为主，包括辽宁、吉林、河北、内蒙古、山西、天津、北京、山东。会议安排了数据中心虚拟化、智能管理与优化、业务持续性与灾备、绿色存储及数据安全、数据中心转型与下一代企业计算、数据中心绿色策略（散热、供电、能耗、优化）、数据中心网络建设、数据中心安全保障系统、运维管理等方面议题的演讲。参会的电力系统相关负责人员表现出强烈的兴趣。

中国电力建设企业协会

1. 达标投产、创优咨询与培训工作

(1) 组织对上海外高桥第三发电厂（2×1000MW）工程等24个项目进行了达标投产复检。

(2) 组织对陕西国华锦界煤电二期（2×600MW）工程等104个项目进行了创优咨询服务（其中火电73个、水电7个、输变电14个、风电10个）。

(3) 组织对国家工程建设质量奖审定委员会确定的华能海门电厂2×1000MW工程等3个项目进行全过程质量控制咨询服务。

(4) 组织召开“中国电力优质工程奖申报工作培训会暨创国家级优质工程奖研讨会”。电力工程项目建设、总包、施工、设计、监理、调试、运行等单位的460余人参加了会议。

(5) 组织对南方电网公司等3个有关工程项目进行了达标投产创优培训服务。

(6) 与国家档案局教育中心联合举办“电力建设档案业务人员岗位资格培训班”。电力工程项目的建设、勘测、设计、施工、监理、调试、运行等单位的档案人员260余人参加了培训。

2. 评优选先活动

(1) 在2009年度申报的71项中国电力优质工程中，“上海外高桥电厂三期扩建（2×1000MW）”等60项工程获2009年度中国电力优质工程奖。

(2) 2009年，在获得中国电力优质工程奖的项目中：国电泰州电厂一期建设（2×1000MW）等5项工程获2009年度中国建设工程鲁班奖；上海外高桥电厂三期扩建（2×1000MW）等2项工程获国家优质工程金质奖；华能上安电厂三期扩建等20项工程获国家优质工程银质奖；华能玉环电厂4×1000MW超超临界机组建设等5项工程获新中国成立60周年“重大经典建设工程”；国投宣城电厂一期建设（1×600MW）等5项工程获中国安装工程优质奖（安装之星）。

(3) 葛洲坝集团机电建设有限公司等8家企业获“电力建设功臣单位”荣誉称号；江苏省送变电工程公司等28家企业获“全国电力建设优秀施工企业”称号，其中，13家企业获“全国优秀施工企业”称号，4家企业获“全国建筑业优秀施工企业”称号；江苏宏源电力建设监理有限公司等18家企业获“全国电力建设优秀监理企业”称号；华北电力科学研究院有限责任公司等 11 家企业获“全国电力建设优秀调试企业”称号；尹志力等 76 人获“全国电力建设优秀职业经理人”（其中高级 56 名、中级 20 名），并同时获“中国工程建设优秀职业经理人”称号，其中 7 人获“全国建筑业优秀施工企业家”称号；唐文等 101 人获“全国电力建设优秀项目经理”称号，其中 29 人获“全国工程建设优秀项目经理”称号，9 人获“全国建筑业企业优秀项目经理”称号；唐明等 26 人获“全国电力建设优秀总监理工程师”称号；沈海涛等 71 人获“全国电力建设优秀监理工程师”称号，其中 1 人获国际杰出项目经理称号；钱麟等 16 人获“全国电力工程优秀调试项目经理（调总）”称号。

3. 积极开展培训与评审工作

（1）开展电力行业工程建设监理人员岗位资格评审工作，有 58 家企业 2192 人参评，通过 2181 人（其中总监 270 人、监理师 1529 人、监理员 382 人）。

（2）组织 17 期电力行业工程监理人员培训班（总监班 2 期，监理师/员班 15 期），培训人数 1650 人（其中总监 213 人，监理师/员 1437 人）。

（3）受国家建设部委托，组织开展国家注册监理工程师（电力工程专业）继续教育培训工作，共举办 33 期培训班，培训人数 3457 人。

（4）完成 237 项中国电力建设工法评审工作。共评出 100 项为中国电力建设行业级工法；推荐 31 项工法申报住房和城乡建设部的国家级工法。其中湖南省火电建设公司的“锅炉钢结构叠梁变形控制施工工法”、江苏省电力建设第三工程公司的“弹性减振基础上大型汽轮发电机组安装工法”获得国家一级工法，广东火电工程总公司的“GE1.5MW－Sle 风力发电机组安装”获国家二级工法。编辑出版《中国电力建设工法汇编（2009 年）》。

（5）积极开展科技成果和 QC 成果评审工作。共评选出中国电力建设科技成果 129 个（其中一等奖 17 项、二等奖 28 项、三等奖 43 项）；推荐了 33 项科技成果参评中国施工企业管理协会科技成果奖；组织编辑《2009 年中国电力建设科学技术成果专辑》；完成 174 个中国电力建设质量 QC 小组成果评审工作（其中一等奖 30 个、二等奖 67 个、三等奖 68 个），并从一等奖中择优推荐 25 个优秀 QC 小组参评中国质量协会、中国建筑业协会、中国施工企业协会的评选活动，均分别获得奖项。

4. 加强行业管理，开展行业自律

（1）开展电力建设企业信用评价工作，共有 41 家企业被确认为 AAA 级信用企业，5 家企业被确认为 AA 级信用企业。开展评估师培训工作。

（2）组织完成《火电建设项目质量管理规程》等 11 项标准的制定、修订工作。

（3）受住房和城乡建设部市场司的委托，组织完成《电力工程施工企业资质标准（修订稿）》的修订工作；汇总 165 家国资委管理企业下属一层级企业资质情况（其中火电 60 家、水电 35 家、送变电 32 家、设计院 38 家）。

（4）积极组织火电、水电、送变电施工企业开展卓有成效的有关工程结算情况的调研工作，搭建施工单位与电力建设项目业主上级主管部门沟通协调平台，构建解决问题的渠道。

全国电力技术市场协会

1. 正式启动电力集团公司科技联络会机制

（1）由两大电网、五大发电集团及神华国华电力共同发起的科技联络会，目的是交流科技管理经验，研讨热点共性问题，增进相互了解，推动科技进步。采取轮值主席制度，每半年召开一次，协会作为联络单位协助主席单位工作。

（2）3 月 13 日，在北京召开第一次电力集团公司科技联络会议，轮值主席单位为国家电网公司。各单位交流了集团公司的科技创新体系和科技管理工作；交流和讨论了科技统计方面的有关问题；讨论并一致通过《电力集团公司科技联络会议实施办法》；确定第二次联络会议的中心议题；国家发改委高技术司胡立玲处长作了有关企业技术中心和创新能力建设的专题介绍，并就相关问题进行了讨论。

（3）9 月23 日，在北京召开了第二次电力集团公司科技联络会议，轮值主席单位为中国华电集团公司。会上初审了《发电集团公司科技统计管理办法》草稿；交流了各集团公司科技开发费的提取、科技财务管理以及如何运用国家有关科技财税方面的优惠政策的情况；介绍了调研中石油、中石化和中核集团公司科技开发费的提取、科技财务管理和如何执行国家有关科技财税优惠政策的情况；国家能源局能源节约和技术装备司技术处处长修炳林介绍国家能源局的机构编制和职能，技术处分管的工作，以及“十二五”能源科技发展纲要正在编写中的情况；确立了第三次联络会议的中心议题。

2. 开展专题研究及企业咨询服务

（1）针对当前对机组铭牌功率定义比较混乱的状况，组织有关专家收集了从 20 世纪 50 年代以来我国火力发电机组铭牌功率定义的资料，进一步认证了我国当前标准中关于铭牌功率定义的合理性，提出了机组可调出力的概念。其研究结论已向国家发改委和国家电监会有关部门作了汇报。

（2）组织开展我国发电领域 CO_2 排放状况及减

排对策的研究。

（3）承担发电集团公司科技统计方法的研究。

（4）与中国动力工程学会合作，为有关环保能源企业制定了公司发展战略与规划。

（5）参与了商务部产业损害调查局委托中国电器工业协会的“中国发电设备制造业国际竞争力调查与评价”课题的部分工作；组织开展输变电二次设备故障录波装置、时间同步装置的行业市场分析等。

中国电力教育协会

（1）12月，召开理事长会议。会议在总结过去工作的基础上，提出了2010年的工作计划。中电联常务副理事长孙玉才出席会议并讲话。

（2）完成2009年度电力教育培训新星奖评审工作。9月，在上海召开2009年度电力教育培训新星奖评审会议。从申报的391个基层单位组织、353名人选中，经评审通过，并报经电力教育基金管理委员会批准，郑波等10名同志获特等奖；蒋权辉等30名同志获一等奖；刘颖等50名同志获二等奖。

（3）举办第四届电力职业技术教育校长论坛。本次校长论坛共收到交流论文21篇，安排大会交流论文16篇。在教学改革、课程建设、技能培训、管理创新、校企合作、基地建设、校园文化、和谐发展等方面，进行了交流和研讨。并编印了《第四届电力职业技术教育校长论坛文集》。

（4）积极开展行业职业技术教育活动，充分发挥桥梁和纽带作用。

1）2008～2009年度电力职业技术教育优秀论文评选工作。从收到的343篇论文中，共评出125篇优秀论文获奖。其中，高等职业教育组评选出一等奖1篇、二等奖25篇、三等奖63篇，中等职业教育组评选出一等奖3篇、二等奖6篇、三等奖27篇。

2）参与仿真机培训基地评估工作。组织对上海闸电燃气轮机仿真机培训基地进行评估。评估确认上海闸电燃气轮机仿真机培训基地达到电力行业仿真培训基地的合格标准，取得资质。

3）8月，与教育部高等学校电气工程及其自动化专业教学指导分委员会等单位在哈尔滨联合主办了2009年全国高校电气工程及其自动化专业教学改革研讨会。会议就专业建设和人才培养，课程建设、教材建设、现代教学技术，实践教学、工程实训，其他教学探讨等四个方面进行了研讨，并展现了电气工程及其自动化专业在上述方面的最新进展和研究成果。

4）12月，与电力高等教育委员会在福州联合组织召开电力工程教学与教材建设研讨会。西安交通大学、武汉大学、上海交通大学、华北电力大学等20多所高校的60余位老师参加了会议。会议就电力工程课程教学改革和发展、教材编写与新技术的衔接等问题进行了研讨。

5）与教育部高等学校能源动力学科教学指导委员会、教育部高等学校热能与动力工程专业教学指导分委员会、教育部高等学校热工基础课程教学指导分委员会和中国机械工业教育协会热能与动力工程学科教学委员会联合主办了2009年第二届全国大学生节能减排社会实践与科技竞赛。

（5）会刊《中国电力教育》出版发行工作。完成24期《中国电力教育》编辑出版任务，并经批准，增发了两期专刊。

中国水利电力质量管理协会

（1）4月，收集整理了全国电力行业协会、电力公司等单位推荐申报的“全国电力行业实施卓越绩效模式先进企业”和“五满意”先进单位材料。经过评审，山东电力工程咨询院有限公司等7个单位获全国电力行业实施卓越绩效模式先进企业特别奖；宁夏电力公司银川供电局等34个单位获得全国电力行业实施卓越绩效模式先进企业称号；广东电网公司广州供电局等34个单位获得全国电力行业用户满意企业称号；广西电网公司南宁供电局等16个单位获全国电力行业用户满意服务单位称号；北京电力设备总厂等6个单位获全国电力行业用户满意产品；金华送变电工程有限公司等3个单位获全国电力行业用户满意建筑工程；中国电力工程顾问集团东北电力设计院等7个单位获全国电力行业实施用户满意工程先进单位称号。

（2）5月，根据中国质协字［2009］8号文的精神，推荐浙江省电力设计院、中国水电顾问集团华东勘测设计研究院为“全国实施卓越绩效模式先进企业特别奖”，广东省电力设计研究院为“全国实施卓越绩效模式先进企业”。

（3）6月，在成都市组织召开供、发电企业QC成果发布会。共有93个QC小组在大会上发布成果，推广先进经验，交流开展QC成果的方法。向中国质量协会共推选出优秀QC小组26个，质量信得过班组11个，QC小组活动优秀企业2个。

（4）10月，在北京组织召开全国电力行业质量奖评审会。中国华能集团公司、中国华电集团公司、中国电力投资集团公司、国家核电技术公司、广东省粤电集团有限公司、中国电力工程顾问集团公司、中国水电工程顾问集团公司、中国电力规划设计协会等专家领导作为评委参加了评审会。会议听取了质量奖专家组对申报2009年全国电力行业质量奖的5家企业和已获质量奖满3年的9家企业的现场考评情况。经过评审，上海核工程研究设计院、中国电力工程顾问集团中南电力设计院、广西电力工业勘察设计研究院、广东粤电新丰江发电有限责任公司、河南电网建设管理公司5家企业获得“全国电力行业质量奖”；已获全国电力行业质量奖满3年的山西省电力勘测设计院、靖远第二发电有限公司、中国水电顾问集团华东勘测设计研究院、广东省粤电集团有限公司沙角C电厂、广东省电力设计研究院、上海久隆电力（集团）有限公司、中国电力建设工程咨询公司、浙江浙能嘉兴发电有限公司、安徽电力建设第一工程公司9家企业保持“全国电力行业质量奖”。其中，连续三次获全国电力行业质量奖的广东省电力设计研究院、上海久隆电力（集团）有限公司、中国电力建设工程咨询公司、浙江浙能嘉兴发电有限公司、安徽电力建设第一工程公司5家企业被授予“全国电力行业质量特别奖”称号。

（5）10月，在北京组织召开电力行业企业管理经验交流暨表彰大会。电力行业从事企业管理工作的各级负责同志、骨干、专家和受到表彰的优秀集体、优秀个人的代表共400余人参加了会议。会议总结交流了加强电力行业企业管理的新方法和新经验，表彰了为加强电力行业企业管理作出贡献的优秀集体和优秀个人。其中，中国水电质协全国电力行业推进卓越绩效模式优秀领导者14名；2008、2009年全国电力行业质量奖单位27个；2009年全国实施用户满意企业2个；全国优秀质量管理小组、优秀企业28个。

科技发展与创新

2008年度中国电力科学技术奖

综述

2009年2月27日，中国电机工程学会和中国电力科学技术奖励工作办公室联合发布《中国电力科学技术奖奖励通报（2008年度）》，决定对经中国电力科学技术奖励评审委员会审定批准的2008年度中国电力科学技术奖获奖项目（共117项）给予奖励并通报表扬。其中，“中国三峡输变电工程关键技术研究及工程实施”等9个项目获一等奖，“基于面向服务架构的电网调度自动化系统CC—2000A”等25个项目获二等奖，“高压输电线路防风灾安全保障关键技术研究”等83个项目获三等奖。这些获奖项目是众多优秀电力科技成果的代表，随着获奖项目的推广应用，它们将在电力生产建设中进一步发挥作用，从而取得更显著的效益。

附件：2008年度中国电力科学技术奖获奖项目一览表。

2008年度中国电力科学技术奖获奖项目一览表

序号	等级	获奖项目	受奖单位
1	一等	中国三峡输变电工程关键技术研究及工程实施	国家电网公司、国网直流工程建设有限公司、国网交流工程建设有限公司、中国电力工程顾问集团公司、国网信息通信有限公司、中国电力科学研究院、国网电力科学研究院
2	一等	电力系统全数字实时仿真装置的研制	中国电力科学研究院
3	一等	基于广域信息的多回直流自适应协调控制技术研究与实施	南方电网技术研究中心、北京四方继保自动化股份有限公司、清华大学、中国南方电网电力调试通信中心、中国南方电网有限责任公司超高压输电公司
4	一等	江苏电网安全稳定实时预警及协调防御系统的研发与应用	江苏省电力公司、国网电力科学研究院
5	一等	高压直流输电工程系统研究成套设计自主化技术开发与工程实践	南方电网技术研究中心、中国南方电网有限责任公司超高压输电公司、浙江大学、中国电力工程顾问集团中南电力设计院、西安高压电器研究所有限责任公司
6	一等	200m级碾压混凝土重力坝关键技术研究及在龙滩工程中的应用	中国水电顾问集团中南勘测设计研究院、龙滩水电开发有限公司、中国水利水电科学研究院、河海大学、武汉大学、清华大学
7	一等	溪洛渡水电站截流设计与施工关键技术研究	中国长江三峡工程开发总公司、中国水利水电第八工程局、中国水电顾问集团成都勘测设计研究院、四川二滩国际工程咨询有限责任公司
8	一等	1000MW超超临界发电机组本地化依托工程及关键技术研究应用	中国华电集团公司、华电国际电力股份有限公司、华电国际电力股份有限公司邹县发电厂、中国电力工程顾问集团西北电力设计院、中国东方电气集团公司、山东省电力建设第一工程公司、中国华电工程（集团）有限公司

续表

序号	等级	获奖项目	受奖单位
9	一等	火电厂燃用神华煤技术研究及应用	神华集团有限责任公司、中国神华能源股份有限公司国华电力分公司、西安热工研究院有限公司、中国神华能源股份有限公司煤炭销售中心、广东国华粤电台山发电有限公司、河北国华定洲发电有限责任公司、华北电力科学研究院有限责任公司、上海锅炉厂有限公司
10	二等	基于面向服务架构的电网调度自动化系统 CC—2000A	中国电力科学研究院、福建省电力有限公司、国家电力调度通信中心
11	二等	电网安全可视化及节能发电调度辅助决策系统	华北电网有限公司、国电南瑞科技股份有限公司
12	二等	电网综合防灾减灾系统研究与开发	福建省电力有限公司、厦门亿力吉奥信息科技有限公司
13	二等	国家电网公司信息安全深度防护体系研究	中国电力科学研究院
14	二等	同区域多回路直流落点相关技术的研究	中国南方电网有限责任公司电网技术研究中心、四川大学
15	二等	改善变电所接地系统安全性能的研究	清华大学、山东电力工程咨询院
16	二等	特殊型超高压输电线路带电作业技术及导则研究	国网电力科学研究院
17	二等	SDH光通信网络传递高精度标准时间的研究	华东电网有限公司、国网电力科学研究院、上海涌能电力科技发展有限公司
18	二等	利用直升机开展电网运行维护的技术研究与应用	华北电网有限公司北京超高压公司、华北电网有限公司、北京首都通用航空有限公司
19	二等	电价机制改革研究	国家电网公司、国网北京经济技术研究院
20	二等	500kV可控并联电抗器关键技术及工程应用	中国电力科学研究院、国家电网公司、国网交流工程建设有限公司
21	二等	三峡地下电站主厂房开挖及岩壁梁混凝土防裂控制施工技术	中国水利水电第十四工程局有限公司
22	二等	700MW全空冷式水轮发电机组安装调试技术研究与应用	葛洲坝集团机电建设有限公司、中国水利水电第七工程局有限公司、龙滩水电开发有限公司
23	二等	大跨度底轴驱动翻板闸门技术研究和应用	中国水电顾问集团华东勘测设计研究院，浙江大学
24	二等	冶勒水电站碾压沥青混凝土心墙堆石坝防渗工程施工技术研究与应用	中国葛洲坝集团股份有限公司、中国水电基础局有限公司、国电四川南桠河流域水电开发有限公司、中国水电顾问集团成都勘测设计研究院
25	二等	改进型R337焊接15×1M1Φ钢大口径厚壁管道焊接接头性能及寿命评估试验研究	华能国际电力股份有限公司南京电厂、苏州热工研究院有限公司、江苏省电力建设第一工程公司
26	二等	“烟塔合一”技术在火力发电厂的研究及应用	中国神华能源股份有限公司国华电力分公司、华能北京热电有限责任公司、北京国电华北电力工程有限公司、北京基伊埃能源技术有限公司、北京国华电力工程技术有限责任公司、三河发电有限责任公司，华北电力科学研究院有限责任公司、中国环境科学研究院

续表

序号	等级	获奖项目	受奖单位
27	二等	核电站设备腐蚀状态评估及防腐策略研究	苏州热工研究院有限公司、大亚湾核电运营管理有限责任公司
28	二等	“W”火焰炉大容量干式排渣系统关键技术的研究及应用	华能国际电力股份有限公司上安电厂、北京国电富通科技发展有限责任公司
29	二等	大型燃气—蒸汽联合循环机组设计技术研究	中国电力工程顾问集团公司、中国电力工程顾问集团华东电力设计院、北京国电华北电力工程有限公司、中国电力工程顾问集团东北电力设计院
30	二等	汽轮机转子热脆化非破坏性检测法的开发与应用	华北电力大学、大唐保定热电厂
31	二等	汽轮机冷端状态分析及运行优化技术开发	西安热工研究院有限公司、天津华能杨柳青热电有限责任公司、华能国际电力股份有限公司上安电厂
32	二等	电站锅炉调峰低负荷运行水循环可靠性研究与应用	东北电力大学、东北电力科学研究院有限公司、中国第一汽车集团公司动能分公司
33	二等	上汽600MW亚临界机组高压主汽门安全性研究	北京国华电力技术研究中心有限公司、西安交通大学
34	二等	早期投运机组设备运行状态评估技术研究	西安热工研究院有限公司、华能国际电力股份有限公司福州电厂
35	三等	高压输电线路防风灾安全保障关键技术研究	华东电网有限公司、华东电力试验研究院有限公司、同济大学
36	三等	新一代大中型同步发电机励磁调节装置的开发与应用	国电南京自动化股份有限公司
37	三等	建立国家直流高电压大电流比例标准	国网电力科学研究院、四川电力试验研究院
38	三等	基于三维激光雷达数据的架空送电线路优化选线平台OnePLD	广西电力工业勘察设计研究院、广西电网公司、广西桂能软件有限公司、广西桂能信息工程有限公司
39	三等	福建电网负荷在线综合建模研究	福建电力调度通信中心、河海大学
40	三等	动态风作用下悬垂绝缘子串风偏角计算和模拟试验研究	中国电力工程顾问集团西南电力设计院、重庆大学
41	三等	电能量采集与运行管理系统的研究与应用	江苏省电力公司、江苏省电力试验研究院有限公司、国网电力科学研究院
42	三等	500kV无间隙金属氧化物避雷器电压分布的研究	东北电力科学研究院有限公司
43	三等	多区域（多目标）自动发电控制（AGC）的研究及应用	贵州电力调度通信局
44	三等	换流站交流侧刀闸操作对直流保护系统电磁干扰的研究及应用	南方电网技术研究中心、清华大学、中国南方电网有限责任公司超高压输电公司、中国南方电网有限责任公司电力调度通信中心、华中科技大学
45	三等	超长站距光传输关键技术应用的研究	国网信息通信有限公司、北京中电飞华通信股份有限公司、中国电子科技集团第二十三研究所、江苏省电力公司通信中心、黑龙江省电力有限公司通信自动化中心、湖南电力调度通信中心、四川电力通信自动化中心

续表

序号	等级	获奖项目	受奖单位
46	三等	运行中六氟化硫气体测试和处理研究	安徽省电力科学研究院、安徽新力电气设备有限责任公司
47	三等	配电系统分析管理技术及其应用	天津市电力公司、天津天大求实电力新技术股份有限公司、天津市普迅电力信息技术有限公司
48	三等	智能污区图系统的研究	华北电力科学研究院有限责任公司、华北电网有限公司、北京煜邦电力技术有限公司
49	三等	换流站主控楼和阀厅结构设计研究	南方电网技术研究中心、中国电力工程顾问集团中南电力设计院
50	三等	钦州电厂—久隆变电站500kV送电线路跨海段双回共塔设计关键技术研究及应用	广西电力工业勘察设计研究院
51	三等	电能计量装置典型设计研究	国家电网公司、华北电网有限公司、黑龙江省电力有限公司、江苏省电力公司、安徽省电力公司、湖南省电力公司
52	三等	省、地广域互联分布式电网培训仿真系统	河北电力调度中心、清华大学
53	三等	继电保护标准化设计研究	华北电网有限公司电力调度通信中心
54	三等	超高压交联电缆线路的运行可靠性影响因素和载流量的研究	国网电力科学研究院
55	三等	四川电网实时运行可视化分析预警系统	四川省电力公司、四川大学
56	三等	陕西电网输电线路防灾变综合措施应用研究	陕西电力科学研究院、宝鸡供电局
57	三等	电网标识体系及在线编码系统研究与应用	福建省电力有限公司、福建省电力勘测设计院、福建英特莱信息技术咨询有限公司
58	三等	G.652光纤混合波分复用系统	河南省电力通信自动化公司
59	三等	杆塔试验站试验能力提升研究	中国电力科学研究院
60	三等	LB—1型抱杆研制及应用	华中电网有限公司、湖北省输变电工程公司
61	三等	广州市城市高压电网规划环境影响评价	广东电网公司广州供电局
62	三等	全省大集中的营销管理及决策系统	浙江省电力公司
63	三等	基于图模一体化平台的电力系统分析综合程序的开发与推广应用	中国电力科学研究院
64	三等	西北电网动态特性研究	西北电网有限公司、中国电力科学研究院
65	三等	重要城市电网安全预警与保障决策支持系统研究开发	福建省电力试验研究院
66	三等	华北电网调速系统入网检测方法研究	华北电网有限公司电力调度通信中心、华北电力科学研究院有限责任公司
67	三等	节约型配电网规划技术的研究及工程应用	上海电力学院、上海市电力公司市东供电公司
68	三等	《电力光纤通信工程验收规范》(DL/T 5344—2006)	国网信息通信有限公司、湖北省电力公司电力调度中心、山西电力公司电力通信中心、山东电力集团公司信息通信管理中心、河北电力勘测设计研究院、北京国电通信工程设计院有限公司

续表

序号	等级	获奖项目	受奖单位
69	三等	输变电设备状态检修技术研究及实施	浙江省电力公司、浙江省电力试验研究院、绍兴电力局、金华电业局、嘉兴电力局
70	三等	西北地区风电开发与利用研究	西北电网有限公司、中国电力科学研究院
71	三等	我国电力可持续发展战略研究	国网北京经济技术研究院
72	三等	BP—2C 微机母线保护装置	深圳南瑞科技有限公司、国网电力科学研究院
73	三等	MB 系列智能可编程控制器（iPLC）	国网电力科学研究院、南京南瑞集团公司
74	三等	线路绝缘子串雷电闪络路径及监测装置研究	湖北省电力试验研究院、武汉大学、国网武汉高压研究院、湖北省电力公司咸宁供电公司
75	三等	动模系统对电压等级提升的适应性研究及带通信通道的继电保护试验	中国电力科学研究院
76	三等	砾石土心墙堆石坝施工技术研究与应用	中国水利水电第七工程局有限公司、四川大学
77	三等	深厚混凝土防渗墙（地连墙）拔管设备、机理、技术研究与应用	中国水电基础局有限公司
78	三等	《混凝土拱坝设计规范》（DL/T 5346—2006）	中国水电顾问集团成都勘测设计研究院、中国水电顾问集团贵阳勘测设计研究院、中国水电顾问集团西北勘测设计研究院、清华大学、河海大学
79	三等	雅砻江锦屏深埋长隧洞岩溶水文地质研究及应用	中国水电顾问集团华东勘测设计研究院、中国地质科学院岩溶地质研究所、浙江华东建设工程有限公司
80	三等	复杂地层围堰快速防渗施工技术研究与应用	中国水利水电第九工程局、中国水利水电第八工程局
81	三等	现场“密度桶法”确定大粒径砂砾料压实标准的研究与应用	中国水电建设集团十五工程局有限公司
82	三等	高地应力、高外水压力条件下地下洞室 JPF 围岩分类体系研究	中国水电顾问集团华东勘测设计研究院、成都理工大学
83	三等	高拱坝建基岩体工程地质、岩体力学综合研究与成果应用	中国水电顾问集团西北勘测设计研究院、中国水电工程顾问集团公司、成都理工大学
84	三等	混凝土高拱坝震害预警与决策系统研究	中国水利水电科学研究院
85	三等	四川岷江紫坪铺水利枢纽工程重大地质工程关键技术系统研究	中国水电顾问集团成都勘测设计研究院、四川省紫坪铺开发有限责任公司、成都理工大学、河海大学、中国地质大学（武汉）
86	三等	黄河拉西瓦水电站拱坝施工测量计算软件	中国水利水电第四工程局
87	三等	基于分布式实时数据库技术的水调自动化软件平台研究	中国水电顾问集团中南勘测设计研究院
88	三等	水利水电三维 CAD 地质模型及可视化辅助设计信息系统开发和工程应用研究	中国水电顾问集团北京勘测设计研究院
89	三等	超硬岩筑坝技术研究	五凌电力有限公司、中国水电顾问集团中南勘测设计研究院

续表

序号	等级	获奖项目	受奖单位
90	三等	概率安全评价在核电厂风险实时评价与管理中的应用	中科华核电技术研究院有限公司、大亚湾核电运营管理有限责任公司
91	三等	以可靠性为中心的维修（RCM）在大亚湾核电基地的应用与改进	大亚湾核电运营管理有限责任公司
92	三等	吹填软土厂址电厂的地基处理技术——四支盘钢筋混凝土灌注桩	河北国华沧东发电有限责任公司、北京国电华北电力工程有限公司
93	三等	大型 CFB 锅炉水冷壁主动防磨装置开发及应用	西安热工研究院有限公司、平顶山市瑞平煤电有限公司
94	三等	节能提效型电除尘器电源及控制系统研制与应用	国电南京自动化股份有限公司、中国华电集团公司望亭发电厂
95	三等	大型物料装卸系统技术在神华天津煤炭码头工程项目的应用	中国华电工程（集团）有限公司、神华天津煤炭码头有限责任公司
96	三等	低热值煤气联合循环燃气轮机机组仿真系统研制与应用	西安热工研究院有限公司
97	三等	外海开敞海域围堤吹填工程集成创新技术研究与实践	江苏大唐国际吕四港发电有限责任公司
98	三等	600MW 超临界、亚临界火电机组给水泵国产化研制	上海电力修造总厂有限公司
99	三等	高烈度地震区地基抗液化处理技术研究	中国电力工程顾问集团西南电力设计院
100	三等	1000MW 超超临界汽轮发电机基础模型试验分析与数模、物模研究	中国电力工程顾问集团西北电力设计院、国网北京电力建设研究院、华电国际电力股份有限公司邹县发电厂
101	三等	回转式空预器密封回收系统研发与应用	华电潍坊发电有限公司、自贡东方发电设备工程技术有限公司
102	三等	凝汽式发电机组循环水余热利用技术的研究与应用	华电国际电力股份有限公司十里泉发电厂
103	三等	P91 主蒸汽管道焊缝蠕变损伤、断裂特性研究及应用	西安热工研究院有限公司、兰州西固热电有限责任公司
104	三等	火电厂中水深度处理回用技术研究及工程应用	国电环境保护研究院、国电内蒙古东胜热电有限公司
105	三等	《火力发电厂与变电站设计防火规范》(GB 50229—2006)	中国电力工程顾问集团东北电力设计院、中国电力工程顾问集团华东电力设计院、中国电力工程顾问集团公司、广东省公安消防总队
106	三等	《火力发电厂废水治理设计技术规程》(DL/T 5046—2006)	中国电力工程顾问集团华东电力设计院、中国电力工程顾问集团中南电力设计院、浙江省电力设计院、广东电力设计研究院、山东电力工程咨询院
107	三等	国产化 600MW“W”火焰锅炉燃烧劣质煤技术研究	华能重庆珞璜发电有限责任公司、东方锅炉（集团）股份有限公司

续表

序号	等级	获奖项目	受奖单位
108	三等	燃煤机组烟气脱硫实时监控及信息管理系统	江苏省电力公司，江苏方天电力技术有限公司
109	三等	300MW机组锅炉承压部件爆漏问题分析与防治研究	西安热工研究院有限公司、湛江电力有限公司
110	三等	高温燃料电池及发电系统研究	西安热工研究院有限公司
111	三等	凝汽器真空RB功能在大唐托电600MW空冷机组的研究和应用	内蒙古大唐国际托克托发电有限责任公司
112	三等	大型发电机组轴系振动三维空间模态分析方法研究及应用	广东电网公司电力科学研究院、广州粤能电力科技开发有限公司
113	三等	汽轮机组轴承—转子系统运行故障治理的理论及应用研究	湖北省电力试验研究院、西安交通大学
114	三等	自主知识产权的烟气海水脱硫技术在火力发电厂的研究与应用	华能国际电力股份有限公司日照电厂、北京龙源环保工程有限公司
115	三等	大容量燃煤锅炉安全节能减排综合技术研究及应用	广东粤华发电有限责任公司
116	三等	火电机组燃烧调整、燃煤结构优化研究及应用	国电燃料有限公司、国电浙江北仑第一发电有限公司、浙江省电力试验研究院、西安热工研究院有限公司
117	三等	火力发电厂水汽分析方法的研究	西安热工研究院有限公司

中国三峡输变电工程关键技术研究及工程实施

三峡输变电工程是三峡工程的三大组成部分之一，担负着三峡枢纽电站电力送出的重任。经过11年的建设，三峡输变电工程累计完成500kV交流线路工程55项，共6519km；交流变电工程33项，变电总容量22 750MVA；±500kV直流输电工程4项，以及相应的通信、调度等二次系统配套工程，于2007年12月通过国务院组织的验收，提前1年完成国家批复的全部项目建设任务。三峡输变电工程的建设奠定了以三峡电网为中心的全国联网基本格局，促进更大范围能源资源优化配置，成为我国能源战略实施和电力工业发展的重要里程碑。与国内外最先进技术相比，其总体技术水平、主要技术经济、环境等指标达到同类技术领先水平。

一、主要技术创新点

自“七五”以来，结合工程共组织实施了138个科研项目，先后有160多个科研、设计和施工单位承担了三峡输变电工程的建设任务。项目研究和建设过程中，获专利35项，受理专利11项。实现重大自主技术创新170项，形成标准国家标准6项、行业标准21项，获得国家优质工程奖7项，中国电力优质工程奖11项，国家环境友好工程奖1项。主要技术创新点有：

（1）提出了先进大型交直流电力系统规划设计方法，对三峡输变电系统规划设计方案进行对比分析论证，提出了三峡电力系统输电方式、电压等级、输电网络方案及确保系统安全稳定运行的技术措施。

（2）实现了直流工程系列关键技术国产化和交流工程系列关键技术的重大突破。

（3）开发了系列大规模电网调度运行关键技术及软件，建成全国范围内的电力调度数据网络，实现了三峡交直流大电网统一调度和管理，为全国联网奠定了基础。

（4）建设了一批重点实验室，试验能力全面提高，为我国电力工业发展奠定了坚实基础。

（5）制定了大型输电系统系列技术标准和技术规范，使我国输变电工程建设和管理跨上一个新台阶。

二、应用领域与推广前景

三峡输变电工程关键技术研究成果在三峡输变电工程建设实施中得到全面的应用，形成的直流工程建设模式在我国所有的直流工程建设中得到应用，形成的特大型电力系统规划设计方法在我国电力系统规划设计中得到推广，各项关键技术成果均应用于后续其他输变电工程建设中。三峡输变电工程关键技术研究成果的推广应用，全面提升了我国输变电工程建设水平和输变电装备水平。

截至 2007 年底，累计送出三峡电站上网电量 2068 亿 kWh，根据国家统计局颁布的单位 GDP 电耗 1358.5kWh/万元，估算产生 GDP 累计达到 1.5 万亿元。三峡输变电工程的建成投产确保了三峡电力“送得出、落得下、用得上”，提高了华东、华中及广东等地区的电力供应能力，为经济社会的平稳较快发展作出贡献。

三峡输变电工程在系统论证、规划设计、工程科研、建设管理、生产运行等各方面都取得了显著成就。尤其是在工程实施过程中所取得的一系列科技创新和技术进步成果，全面提升了我国输变电工程建设水平、技术水平、国产化水平和工艺质量水平，引领了电网发展的未来。三峡输变电工程的建设实施，把我国输变电工程的建设和输变电装备能力推进到了一个新阶段，并为今后的建设提供了大量宝贵的经验。尤其是三峡直流输电工程的建设和运行，使中国的输变电工程建设一跃跻身世界领先水平行列。

电力系统全数字实时仿真装置的研制

该项目是国家发展和改革委员会、国家电网公司资助的重大科技成果。经过 10 年左右的关键技术研究、装置研制和实用化完善，该项目研制出具有我国自主知识产权和国际领先水平的电力系统全数字实时仿真装置（Advanced Digital Power System Simulator，ADPSS）。

一、主要技术创新点

装置基于高性能 PC 机群，利用机群的多节点结构和高速本地通信网络，采用网络并行计算技术对计算任务进行分解，并对仿真过程进行实时和同步控制，实现了大规模复杂交直流电力系统的机电暂态实时仿真和机电、电磁暂态混合实时仿真以及外接物理装置试验。该装置可与调度自动化系统相连接取得在线数据进行仿真，可进行继电保护、安全自动装置、柔性交流输电系统（Flexible AC Transmission Systems，FACTS）控制装置以及直流输电控制装置的闭环仿真试验，可接入 MATLAB 等商用软件进行局部和子任务计算，接入用户自定义模型以完成用户指定的功能和任务。

装置在实现电力系统电磁暂态和机电暂态过程的混合仿真计算、直流输电系统的电磁暂态实时仿真、电力系统电磁暂态分网并行计算、电力系统机电暂态分网并行计算和多点复故障并行计算、外接 MATLAB 软件并行计算以及和物理元件接口的综合接口平台等多方面取得重要的技术突破和理论创新，获得 3 项发明专利。

二、应用领域与推广前景

装置技术先进、功能齐全、性能优异、占地面积小、可扩展性好，性能价格比明显优于国外同类实时数字仿真装置，拥有广阔的市场应用前景和巨大的发展潜力。该装置已经在江苏省电力试验研究院、山东大学等 9 家生产、科研、教学单位应用，大大加强了对电网的仿真分析和试验研究能力，在人员培训和教学方面也发挥了重要作用。

装置可用于电力系统各个部门，包括规划、设计、调度运行、试验研究和设备制造等，用于生产运行、科研项目研究、试验检测、人员培训、教学等各个方面，如：电力系统事故分析、继电保护、安全自动和稳定控制装置检测，HVDC 和 FACTS 等新设备的仿真分析、控制策略研究及控制装置检测试验，交直流混合输电大系统安全稳定运行及控制策略研究，电网规划方案校核、离线运行方式计算，电力系统在线安全分析等。

基于广域信息的多回直流自适应协调控制技术研究与实施

远距离大容量送电、交直流并联运行是南方电网的最大特点。近年来，以区域间低频振荡为代表的稳定问题已经对南方电网的安全构成了威胁。南方电网的多回直流输电系统高度可控、调节速度快、调节容量大，如果能充分利用好直流的可调制功率，将可以大幅提升区域间功率振荡的阻尼，采用基于广域量测信息的广域控制技术是提高直流调制阻尼能力的有效手段。南方电网公司 2005 年在国家发展和改革委员会重大产业技术项目资金支持下，开展了“多回直流基于广域信息的自适应协调控制技术研究”。

一、主要技术创新点

该项目在一系列前沿技术上取得了突破，包括：广域控制系统的架构方案；广域控制信号的选择技术；广域控制回路通信时延的处理技术；广域控制系统的实时数据处理技术；大电网多控制器的参数协调优化技术；大电网控制器的参数在线自适应调整技术；广域控制系统与直流控制系统的接口技术等。

二、应用领域与推广前景

基于项目研究成果研发的世界上第1套广域反馈控制系统已安装运行于南方电网，用于协调控制高肇直流以及兴安直流工程。该系统运行情况良好，动作正常，在专门安排的世界上首次大扰动阻尼比对试验中明显提升了电网阻尼，完全达到设计要求。本系统可以至少提升南方电网西电东送极限200MW。

项目技术在两个新技术领域做了有益的探索与开拓性的工作：一是拓展WAMS/PMU的应用领域，将其从单纯的监视转向控制领域；二是将多个直流调制用于抑制电网低频振荡。

江苏电网安全稳定实时预警及协调防御系统的研发与应用

建立一套完整的大电网协调防御自动控制体系，避免因多重故障和连锁故障引起的电网瓦解是世界公认的难题，也是当今世界电网安全控制理论与实践的巅峰。该项目属于电气工程学科，涉及电力系统及其自动化技术、输配电工程、电网及电力系统、电力系统的调度、管理技术等专业。

一、主要技术创新点

该项目首次独立提出了防御大电网多重故障和连锁故障的完整的协调控制体系，并建立了世界上第1个大电网安全稳定实时预警及协调防御系统，在大电网安全稳定控制领域取得了重大突破，使我国大电网安全稳定控制技术走在了世界的前列，对国际大电网解决类似问题具有重要的示范和借鉴意义。

该项目是国家电网公司重大科技创新专项，将大电网的实时分析、在线辅助决策和紧急控制有机地融为一体，首次实现了大电网安全稳定实时预警、预防控制和紧急控制三位一体的在线闭环控制，攻克了电网静态、暂态、动态安全稳定问题以及多种控制规律的综合协调控制，大电网多区域运行方式，连锁故障及异地、多点故障的自动识别、判断，控制策略的自动匹配和协调控制等国际大电网安全稳定控制的重大技术难题。采用EMS、WAMS、AVC集成的一体化平台框架，建立了“集中协调、分层控制”的紧急控制体系，实现了大电网安全稳定的实时预警、在线智能辅助决策和预防控制，及主干电网发生多重故障和连锁故障后的自适应紧急控制和协调控制。项目共受理专利15项。

二、应用领域与推广前景

该成果可有效解决大电网安全稳定实时预警、智能辅助决策和协调控制问题，避免发生大面积停电事故，代表了我国电网安全稳定控制的最高水平，作为大电网控制领域的重大自主创新成果，推广应用前景十分广阔。

重要科技基地建设

特高压交流试验基地

1. 基本情况

特高压交流试验基地的建设工程是国家“十一五”重大建设项目特高压交流试验示范工程的重要组成部分，是实际特高压建设工程的预演。通过试验基地的建设，将在特高压电磁环境、特高压设计、设备技术要求、设备制造、工程建设、试验调试运行等方面取得有益的经验，加速我国特高压工程建设的进程。特高压交流试验基地位于湖北省武汉市江夏区五里界凤凰山南，占地360亩。主要建设内容包括：特高压试验电源、1km单回特高压试验线段、1km同塔双回特高压试验线段、电磁环境实验室、环境气候实验室、特高压设备带电考核场、特高压交流电晕笼、车载式移动电磁兼容现场测试系统和电力系统电磁环境仿真平台、7500kV户外冲击试验场、科研培训综合楼以及必要的试验装置和其他辅助设备。2006年10月10日开工建设，2007年6月同塔双回试验线段成功带电，2008年12月试验基地具备全部试验功能。在外绝缘特性试验的条件、污秽试验能力等方面创造了12项世界第一。

2. 主要功能

试验基地主要围绕特高压交流输变电工程科研、建设、运行开展系统、全面的试验研究工作，可全面开展特高压交流外绝缘特性及电晕特性、电磁环境、带电作业、特殊环境气候对特高压交流系统运行影响、特高压交流输变电系统设计和运行等关键技术的试验研究。

3. 重点科研工作

2009年，依托特高压交流试验基地开展了特高压电磁环境、外绝缘特性、绝缘子和支柱覆冰及融冰闪络特性、VFTO特性、运行维护、检修等深化研究科研项目40多项。依托GIS VFTO试验平台，开展了特高压变电站GIS管道“VFTO”试验研究工作。初步获得了VFTO的统计数据和规律。对于正确认识VFTO的特性，优化GIS设备的设计，提高我国GIS设备的可靠性和制造能力具有重要意义。利用环境气候试验室模拟超特高压线路绝缘子和500kV支柱绝缘子在接近工作电压条件下的自然覆冰过程，研究了绝缘子的覆冰闪络试验方法、覆冰及融冰闪络特性，提出了输电线路绝缘子和变电站支柱绝缘子防冰闪的改进技术措施，为重冰区输电线路的工程设计提供了技术依据。深入开展了电磁环境研究工作。利用特高压基地电晕笼和试验线段，对不同导线的电晕特性进行了深入的研究，初步得出了导线无线电干扰激发函数，获得了特高压交流单回和同塔双回输电线路电晕损失的实测数据。通过电晕笼和试验线段的测量对比，结合理论计算，初步研究了试验线段与长线路电晕特性的等效性。这些研究成果，对规范电磁环境的研究方法、更准确地计算线路的无线电干扰水平，科学合理地评估线路的电晕损失，进一步指导特高压交流输电线路工程设计，导线选型和输电线路的运行经济性评估提供了重要的技术参数和依据。首次开展了高海拔等参数电晕试验研究，利用抽真空改变罐体内气压参数，模拟4000m高海拔地区低气压环境，通过模拟在不同自然条件下，记录起晕电压及起晕后的无线电干扰和可听噪声测量数据。利用特高压基地试验线段，开展了特高压输电线路对雷达、GPS等无线电设施的影响研究。通过测试和理论计算，对特高压单回和同塔双回输电线路与雷达、GPS等系统间的电磁兼容问题进行了深入研究。研究结果对指导特高压输电线路的路径选择、降低工程造价具有重要意义。配合特高压试验示范工程环保验收和国家工程验收，利用特高压基地的相关实验设施，开展了特高压线路电磁环境的实测和模拟试验研究工作，获得了气候条件对电磁环境参数的特性和测量技术的影响规律，对相关专家直观地了解电磁环境的特性，保证验收工作的顺利进行提供了强有力的技术支撑。对变电复杂架构引起的电晕噪声特性和抑制措施进行了深入研究，获得了复杂构架对金具表面电场的影响规律和金具噪声的控制措施，研究结果对于进一步降低特高压变电站的噪声水平，指导特高压变电站构架结构和金具的设计具有重要意义。针对高压输电线路广域灾害遥感监测应用的需求，开展了基于卫星遥感技术的电网广域自然灾害监测技术研究工作。利用单双回特高压线路和环境气候实验室，基于高分辨率SAR影像研究了特高压铁塔及导线的成像规律，并进行了铁塔横担缺失试验和铁塔横担覆冰试验，研究了基于高分辨率SAR卫星的自然灾害条件下输电线路广域监测技术。

4. 主要研究成果

依托特高压交流试验基地开展了特高压电磁环境、外绝缘特性、绝缘子和支柱覆冰及融冰闪络特性、VFTO特性、运行维护、检修等深化研究工作，初步获得了VFTO的统计数据和规律。提出了输电线路绝缘子和变电站支柱绝缘子防冰闪的改进技术措施，初步得出了导线无线电干扰激发函数，获得了特高压交流单回和同塔双回输电线路电晕损失的实测数据。为后续特高压工程的设计、建设安全、稳定、经济运行提供了技术保障。2009年依托基地开展科研项目40多项，申请并受理专利40项，制（修）订标准30多项，发表论文100多篇。

2009年，依托特高压交流试验基地试验线段开展了运行人员带电作业培训工作。采用理论学习和实际操作相结合的方式，为运行中的试验示范工程培训了优秀的带电作业人才。基地运行管理逐步规范，编制了基地试验设施近5年的科研使用规划，编制完善了基地规章制度及质量体系。

（修　建）

特高压直流试验基地

1. 基本情况

特高压直流试验基地是经国家发改委核准的特高压直流示范工程的6个建设项目之一，是国家电网公司重点科研项目，由中国电力科学研究院承担建设。试验基地的成功建设将全面推动特高压输电技术的发展，为特高压工程的设计、建设、运行提供有力的技术支撑。特高压直流试验基地位于北京中关村科技园昌平园区，征地120亩，租用270亩，由户外试验场、特高压直流试验线段、电晕笼、试验大厅、绝缘子及避雷器试验室、污秽及环境试验室、电磁环境模拟试验场、特高压直流换流阀试验室8大部分组成。基地于2007年2月23日全面开工建设，5月26日户外试验场建成投运，6月28日世界上第一个特高压直流试验线段建成投运，并成功升压至±1200kV，10月25日世界上最大的两厢式特高压电晕笼建成投运。2008年5月30日绝缘子及避雷器试验室建成投运，6月30日试验大厅建成投运，12月31日电磁环境模拟试验场、特高压直流换流阀试验室建成。特高压直流试验基地由我国自主设计、建设，设备全部国产化，在功能设计、设备研制、控制及试验技术和工程应用方面创造了15项世界第一。2009年2月22日，顺利通过国家电网公司组织的技术验收和工程验收，评审委员会一致认为：试验基地试验能力达到国际领先水平，在方案论证、科研设计、施工调试等方面取得了52项重大技术创新，设备参数和性能指标取得了15项世界第一，综合试验能力达到国际同类试验基地的领先水平。

2. 主要功能

特高压直流试验基地定位在对特高压电磁环境、外绝缘、系统运行安全、设备试验技术与运行特性等方面进行全方位的试验研究，首先满足±800kV特高压直流示范工程的研究需求；此次具备更高电压等级输电技术的试验研究能力；进而在直流电磁环境试验研究、交直流外绝缘试验研究、综合试验能力等多方面处于世界领先水平。特高压直流试验基地将成为开展超/特高压直流输电基础性、前瞻性技术研究的开放平台，成为国际领先的特高压直流输电技术试验研究中心。

3. 主要科研工作

2009年，依托试验基地，共开展±1000、±800、±660kV等多个电压等级34项科研试验项目，为国家电网公司青藏±500kV、锦屏—苏南±800kV、宁东—山东±660kV、西电东送±1000kV等重点工程的建设及规划提供了及时的支持与服务。试验基地在2009年6月10日，进行了世界首次±800kV特高压直流输电带电作业，标志着我国特高压带电作业技术获得重大突破。

4. 重大科研成果

通过同塔双回直流线路不同排列方式的电磁环境水平比较，确定了今后±660kV同塔双回工程的导线排列设计方案。确定了我国±800kV单回水平排列直流线路的合理对地高度和走廊宽度，给出了无线电干扰水平和可听噪声水平，给出±800kV直流输电工程在特定设计条件下的外绝缘设计参数，确定±1000kV级直流输电系统塔头空气间隙、换流站典型空气间隙距离。

截至2009年底，授权实用新型专利31项，已受理并公开的发明专利7项。国内外核心刊物发表论文29篇。出版专著8部，制（修）订特高压技术标准20项。

依托试验基地，积极开展国际合作，接待来自加拿大魁北克水电局研究所、日本电力中央研究所、巴西电科院、美国电力公司、韩国LS公司、ABB、AREAVA等研究单位或电力公司同行，提升我国电力行业的国际地位。开展了包括印度电缆导线在内的导线、绝缘子等多个产品的出口检测试验。

作为对外宣传特高压输电技术的窗口作用，2009年共接待参观视察试验基地71次，约1900余人·次。

（葛　俊　修　建）

特高压杆塔试验基地

1. 基本情况

特高压杆塔试验基地是我国唯一从事特高压杆塔真型试验研究的基地，位于河北省霸州市津港工业园区（霸州市杨芬港镇），占地300亩。基地2008年10月18日正式开工建设。2008年11月21日完成横向、纵向、纵向反向三个加荷塔基础施工。2008年12月16日完成万能基础主体工程施工，完成纵向加荷室及转向基础、横向加荷室及转向基础、纵向反向加荷室及转向基础施工。2009年1月13日，完成4个加荷室钢结构安装工程。2月20日，完成横向加荷室、纵向加荷室及纵向反加荷室液压加荷系统调试。具备对输电杆塔进行真型试验的能力，3月24～28日，在特高压杆塔试验基地成功完成了1000kV皖电东送特高压双回试验塔SJ301型转角塔真型试验。液压加荷系统、载荷测控系统、应变测量系统、位移测量系统及试验管理系统协调动作，运行正常；万能基础、加荷塔、地锚等承力系统工作稳定。10月完成部件实验室的设备安装及调试，11月3日，特高压杆塔试验基地科研及工程建设项目同时通过验收。

2. 主要功能

以满足皖电东送1000kV特高压同塔双回铁塔真型试验为基础，兼顾特高压电网远期发展会出现的1000kV同塔双回、±1000kV单回和±800kV同塔双回线路等有可能出现的杆塔外形尺寸和设计荷载，兼顾新型杆塔结构研究的部件试验及整体试验需求、兼顾已经出现和即将大量出现的 500kV 同塔多回线路杆塔真型试验的需求。可满足特高压工程杆塔真型试验的要求，根据研究工作需要，开展杆塔构件和部件的承载力试验、节点构造优化设计试验、构件传力试验、循环荷载强度试验和结构动力稳定性试验等多个研究方向的研究工作。其中杆塔真型试验能力可以覆盖特高压双回输电线路绝大多数的常规塔型。

3. 主要科研工作

杆塔真型试验方面，2～12 月，特高压杆塔试验基地安全运行 10 个月，共完成 15 基输电杆塔真型试验，包括 5 基 1000kV 淮南—上海（皖电东送）特高压交流同塔双回工程杆塔：SJ301，SZ3022，SJ3021，SZJ301P，SZ322P；2 基浙北 1000kV 变电站工程：人字柱构架，构架梁；3 基锦屏—苏南±800kV 特高压直流输电线路工程杆塔：ZJC3015，JC1，JT22；2 基南京大唐电厂送出线路工程同塔四回杆塔：SSZ1，SSJ2；1 基 750kV 酒泉—安西双回路送电线路工程：7GA—SJ2；1 基 750kV 西宁—日月山—乌兰—格尔木输电线路工程 LV30 拉线塔；1 基 500kV 玻璃钢抢修塔。试验基地杆塔部件实验室完成了 2 项复合材料杆塔部件试验。通过开展大量的试验研究，取得了丰富的试验资料，对特高压杆塔结构新的设计方法、新技术、新材料的应用进行一次全方位的检验，证明了各种塔型、结构构件设计的可靠性，为我国特高压交、直流输变电工程的建设和运行提供了重要依据。

特高压杆塔结构研究方面，在特高压工程关键技术研究过程中，杆塔试验基地为多项特高压杆塔结构研究课题提供了世界一流的试验手段，保证了 1000kV 交流同塔双回输电杆塔研究、±800kV 直流工程杆塔方案及荷载的研究、钢管塔结构试验研究、输电线路钢管塔应用研究、特高压钢管塔高颈法兰和偏心节点优化设计研究、耐候冷弯型钢输电铁塔试点应用研究等杆塔结构课题的深入开展。

4. 重大科研成果

特高压杆塔试验基地在科技期刊及会议上，共发表论文 24 篇，其中 EI 检索 2 篇，核心期刊 7 篇，ISTP 检索 2 篇；授权专利 5 项，已受理专利 9 项；制定了《架空输电线路钢管塔结构设计技术规定》、《输电线路钢管塔构造设计规定》两项技术标准；出版《特高压杆塔结构试验系统》专著。公司系统各科研单位依托特高压杆塔试验基地，完成了公司下达的重点科研任务，解决了特高压工程建设中的关键技术问题，支撑坚强智能电网建设。

（修　建　姚建国）

西藏高海拔试验基地

1. 基本情况

西藏高海拔试验基地是目前世界上海拔最高的电力试验研究基地。位于西藏自治区拉萨市当雄县羊八井镇，距拉萨市约 95km，海拔 4300m，占地约 66 亩。它的成功建设和试验功能填补了世界特高压高海拔试验研究的空白。西藏高海拔试验基地由户外试验场、污秽试验室和试验线段三部分组成，建有综合试验楼、污秽试验楼和生活楼。2008 年 6 月 15 日土建工程正式开工；7 月 25 日设备安装启动；10 月 31 日全面建成投运。

西藏高海拔试验基地于 2009 年 2 月 22 日顺利通过国家电网公司组织的技术验收和工程验收。评审委员会一致认为：西藏高海拔试验基地在设计和建设过程中实现了多项技术创新，其整体试验研究能力可满足高海拔地区超/特高压输变电工程建设及发展的需要，在高海拔领域里的试验功能达到国际领先水平。

2. 主要功能

西藏高海拔试验基地能够满足海拔 4000m 及以上输变电线路、设备绝缘和电磁环境特性研究的需求，为工程提供可应用的海拔修正方法，全面增强我国高海拔地区超/特高压试验研究的能力，为我国高海拔地区输电工程提供有力的技术支撑，从而形成一批具有世界领先水平、具有自主知识产权的研究成果，填补世界特高压高海拔试验研究的空白。

3. 主要研究工作

西藏高海拔试验基地建成一年多时间，已开展了多项高海拔空气间隙放电特性、绝缘子污秽特性、输电线路电晕特性和电磁环境试验研究，取得了一批重要的原创性成果。2009 年，共承担国家电网公司下达重点科研项目 7 项，研究领域涵盖±1000、±800、±500kV 等多个电压等级，为国家电网公司青藏±500kV、锦屏—苏南±800kV、西电东送±1000kV 等重点工程的建设及规划提供了及时的支持与服务。“± 500kV 青藏直流线路电磁环境试验考核”、“±1000kV级直流输电系统设备电晕特性研究”、“±1000kV级直流输电系统空气间隙冲击放电特性及海拔校正研究”3 项课题顺利完成。

4. 重大研究成果

获得了海拔 4300m 处±500kV 直流线路电磁环境大量试验数据，填补了高海拔全电压直流线路电磁环境研究空白，对±500kV 青藏直流工程的设计和建设具有重要指导作用。获得了±1000kV 级直流系统中管母线、均压环、模拟分裂导线等主要设备不同海拔下的可见电晕试验数据，研究提出了不同气候环境因素对电晕特性的影响以及可见电晕与电磁环境参数之间的关系，其成果可直接应用于我国高海拔地区直流输电线路和变电站各种设备的防晕设计。首次获得了海拔4300m地区开展长空气间隙操作冲击和雷电冲击放电特性试验数据，确定了在平原地区和高海拔条件下±1000kV直流输电系统线路杆塔空气间隙的操作冲击和雷电冲击放电特性曲线，以及换流站阀厅和直流场典型电极空气间隙的操作冲击放电特性曲线，提出长空气间隙操作冲击放电电压的海拔校正方法，为±1000kV直流输电工程外绝缘设计提供依据。

截至2009年底，依托试验基地已获得一系列具有自主知识产权的科技成果。其中包括编写技术研究报告多份，授权实用新型专利3项，在国内外核心刊物发表论文2篇。“西藏高海拔试验基地建设及应用”获中国电力科学研究院2009年度科技进步一等奖。

西藏高海拔试验基地在完成国家电网公司科研项目的同时，还兼具培训基地的作用。2009年，中国电力科学研究院与西藏电力公司开展密切合作，对于基地各项在研项目均采用“1+1”共同参与的方式，在完成科研试验的同时，也大大提高了西藏电力公司科研人员的技术水平。

作为对外宣传我国电力科技水平的重要窗口，西藏高海拔试验基地2009年度共接待参观考察十余次，其中包括国家发改委、国标委、国家电网公司等各部门领导以及CIGRE（国际大电网组织）秘书长和技术委员会主席等国际组织的同行，来访者均对西藏高海拔基地的试验能力给予了很高的评价。

（姚建国 修 建）

华电太阳能热发电试验基地

中国华电集团公司高度重视高新科技发展工作，跟踪国内外太阳能开发科技动态，超前研发太阳能发电重大关键技术，建立了国家级的太阳能热发电试验基地。2007年，联合国内多家科研机构共同开展槽式太阳能热发电技术的研究，2009年在廊坊建立了200kW电站示范实验基地，通过建立科技创新基金、合作开发等方式，建成了200kW槽式太阳能热发电集热系统试验平台，完成了槽式集热器系统安装、调试及性能测试，试验产生了300℃高温导热油，掌握槽式太阳能热发电系统集成技术、自动跟踪控制技术等技术。与中国科学院紧密合作，承担多项国家“863”计划课题，在北京延庆建成了我国第一座1MW塔式太阳能热发电示范电站，完成了兆瓦级太阳能塔式热发电站总体设计、定日镜的定位设计及场地建设和全厂DCS控制系统设计等。主要研究技术指标均已达到了标准要求，其中自动跟踪精度小于0.1度，与目前国际上投入商业运行的太阳能热发电技术参数相当，研究成果获得4项发明专利和多项实用新型专利。中国华电集团公司通过对太阳能槽式和塔式热发电主要关键技术的研究，形成了一支覆盖太阳能高温热利用科学技术领域的多学科交叉的研究团队，开发出一系列具有自主知识产权的太阳能热发电技术、设备和工艺，包括直通式真空集热管研制、热系统热工模拟与试验方案设计、反射镜自动跟踪太阳轨迹自动控制装置研究、槽式太阳能发电系统集成技术及塔式热发电蓄热器、蒸发器设计、蓄热系统工艺包设计等技术。

燃煤污染减排国家工程实验室

为推动燃煤污染物减排国家工程实验室建设，2009年11月，中国华电集团公司与山东大学签署了共建燃煤污染物减排国家工程实验室协议，共同建设硫氧化物减排实验室和烟尘减排实验室。

该实验室是产业升级领域国家工程实验室之一，由国家发展改革委批准成立。华电集团与山东大学各自发挥自身优势，共同针对国内燃煤电厂状况的脱硫工艺单元开展技术创新与集成创新，袋式除尘技术、静电除尘及复合除尘技术及污染物联合脱除技术研究与集成创新。

重 点 科 技 项 目

国家电网公司特高压输变电系统开发与示范项目研究

特高压输变电系统开发与示范项目研究内容包括1000kV交流输变电工程关键技术研究、1000kV交流输变电工程关键设备研制、±800kV直流输电关键技术研究、±800kV直流工程关键设备研制四个部分，公司负责组织1000kV交流输变电工程关键技术研究、1000kV交流输变电工程关键设备研制的全部及±800kV直流输电关键技术研究、±800kV直流工程关键设备部分课题。2006～2008年已完成1000kV交流输变电工程关键技术研究、1000kV交流输变电工程关键设备研制、±800kV直流输电关键技术研究三个方面的研究工作，2009～2010年在前期研究成果的基础上，重点开展±800kV直流工程关键设备研制。2009年，在前期研究成果的基础上，完成±800kV直流工程关键设备部分核心技术的研究。完成±800kV直流工程套管的整体设计及±125kV、±200kV样品的研制；完成6in大容量晶闸管及压装结构的研制，并通过型式试验；完成±800kV直流换流阀成套设计及换流阀关键元器件研制；完成±800kV特高压直流输电工程6in晶闸管换流阀及5in晶闸管换流阀的研制；完成±800kV特高压直流输电工程换流变压器及平波电抗器的研制。

（刘前卫）

国家电网公司大电网安全关键技术研究

大电网安全关键技术研究项目研究内容包含大电网安全控制防御体系、电力市场环境下保障大电网安全的技术措施，共计11个课题，涵盖大电网规划、运行、预警、控制、电力市场等多方面内容。2009年，在前期研究成果的基础上，完成了三大领域11个课题中的核心及重点研究内容，形成了一批完全具有自主产权的科研成果。完成了电磁暂态混合仿真程序以及全过程程序仿真过程中的计算量动态监视软件的开发，能对仿真过程中的曲线进行监视。实现了电磁暂态和机电暂态混合仿真、机电暂态和中长期动态过程的统一仿真。完善了电力系统稳定分析算法改进和软件，实现了电力系统全面的在线动态安全稳定评估。完成了电力系统在线动态安全评估和预警系统的设计开发。研究成果已应用于国调、网调、省调三级调度中心的电网动态安全评估和预警系统工程。构建了多区域电力市场的跨区跨省交易阻塞调度模型并形成相应的算法，论证了我国开展输电权交易的方式和实施路径，开发了我国电力市场模拟与分析软件。

（刘前卫）

国家电网公司风电场接入电力系统关键技术研究

风电场接入电力系统关键技术研究项目研究内容包括风电机组/风电场数学模型的开发与验证、风电场接入电力系统的稳定性技术研究、风电场输出功率预测系统的开发及示范应用、风电场控制技术的研究及控制系统开发、风电场接入电力系统的输电可靠性分析与应用五个课题。2008年已完成了基础性理论技术研究，2009年，在前期研究成果的基础上，完成了5个课题中的核心及重点研究内容，形成了一批完全具有自主产权的科研成果。在具有自主知识产权的电力系统分析软件PSD－BPA和PSASP中开发了固定转速风电机组、基于GE风电机组模型的双馈风电机组和基于GE风电机组模型的直驱风电机组仿真模块，提出了简便实用且满足工程实用精度的风电场倍乘等值方法，可有效提高计算分析的效率。开发了国内首套具有自主知识产权的风电功率预测系统，该预测系统预测准确度达到了国外同类系统的水平。结合我国风电发展的实际情况，经过大量的调研与技术交流，依托本项目对原国家标准GB/Z19963—2005《风电场接入电力系统的技术规定》的内容进行修改完善并形成推荐性国家标准。完成了风电场及其接入电力系统可靠性模型，提出了风电场接入电力系统的可靠性评估方法，初步开发完成了风电场接入电力系统的可靠性分析评估软件，并通过了 IEEE 等标准算例的测试。

（刘前卫）

大唐龙滩 200m 级碾压混凝土重力坝建设关键技术

获奖名称：国家科技进步二等奖（2010 年 5 月获奖）。

龙滩大坝应用结构体形优化设计技术、碾压混凝土自防渗技术，成功地按经济断面、全高度采用碾压混凝土设计了坝高为 216.5m 的龙滩碾压混凝土重力坝，大坝规模和高度创造了世界之最。利用高温多雨气候环境下全年连续施工技术、碾压混凝土快速施工技术建设的龙滩大坝，工程质量优良，建设工期明显缩短，实际了碾压混凝土快速、优质施工，创造了单仓日浇筑碾压混凝土 15 816m^3、月浇筑碾压混凝土 34.27 万 m^3 等多项世界施工新纪录。大坝蓄水至今，没有发生危害性裂缝，没有发现明显的渗水，总渗漏量（包括基础排水）约为 3.0l/s，远小于其他常态混凝土坝。大坝安全稳定，质量可靠。国家质量监督检查组和安全鉴定专家一致认为：龙滩大坝结构设计满足国家强制性标准要求，施工质量符合设计要求。大坝从 2004 年 8 月开始施工至 2008 年 2 月全面建成，建设工期比计划工期提前一年建成。

该技术还在光照等 7 座高碾压混凝土重力坝工程中应用，直接指导行业制定、修订规范 2 部、获得专利 2 项、形成国家一级工法 1 项，编写专著 3 部、发表论文 60 余篇，使我国碾压混凝土重力坝设计和施工技术跃居国际领先水平。由于建设工期较计划工期提前 1 年建成，提前 1 年取得了显著效益，有效地促进了社会经济的和谐与可持续发展。

一、主要技术创新点

（1）结构体型优化设计技术。提出了 200m 级碾压混凝土重力坝采用富胶碾压混凝土的技术路线和体型优化设计技术，创建了 200m 级重力坝全高度采用碾压混凝土修建的技术基础。应用该技术，200m 级碾压混凝土重力坝断面可与同高常态混凝土重力坝最优断面相当。

（2）碾压混凝土自防渗技术。揭示了变态混凝土和二级配碾压混凝土的渗流特性，提出了精细模拟碾压混凝土层面渗流特性和排水孔功能的渗流分析方法，论证了 200m 级碾压混凝土重力坝采用碾压混凝土自防渗、全断面采用碾压混凝土的可行性，首次采用碾压混凝土自防渗，解决了 200m 级碾压混凝土重力坝防渗问题，防渗结构简单、效果好。

（3）高温多雨环境下全年连续施工技术。揭示了高气温和降雨对碾压混凝土层面质量影响的基本规律，提出了高温多雨气候环境下连续施工的基本原则、质量控制标准和技术措施，形成连续施工的系列技术，突破了碾压混凝土坝夏季施工的瓶颈，保证了质量、赢得了工期。

（4）碾压混凝土快速施工技术。提出了以带式输送为主体的连续、高效大坝混凝土施工技术综合配套方案，开发了大仓面、大型施工设备协同作业动态控制技术，研究提出了喷雾降温和层面结合质量快速检测技术。

二、应用情况和效益

该成果系统解决了 200m 级碾压混凝土重力坝建设中的一系列关键技术问题，在 200m 级碾压混凝土重力坝的设计方法和准则、防渗结构及渗流控制、层面结合质量控制、高温多雨气候环境下全年连续施工及碾压混凝土快速施工技术等方面取得重大突破，形成了设计和施工的具有自主知识产权的成套技术。

该大坝共浇筑混凝土 658.4 万 m^3，其中碾压混凝土 442.8 万 m^3，与全浇筑常态混凝土相比，节约水泥 38.1 万 t。同时，碾压混凝土由于少用了水泥，减少了混凝土的发热量，节省温度控制费用约 1.1 亿元。节能环保效果明显。

由于建设工期较计划工期提前 1 年建成，取得了显著效益。在发电方面，由于提前蓄水发电，龙滩水电站本身增加发电量 57 亿 kWh，增加下游岩滩、乐滩、大化等梯级水电站发电量 22 亿 kWh，并在 2008 年初南方冰雪灾害中成为了抗冰救灾保供电的中坚力量；在防洪方面，在 2008 年 6 月广西梧州遭遇洪水灾害时，由于龙滩水库拦蓄了 8350m^3/s 的洪峰流量（入库 10 350m^3/s，出库 2000m^3/s），直接削减梧州洪峰流量 3800m^3/s，使梧州洪水重现期由 43 年一遇降为 13 年一遇，显著地减轻了洪水对梧州的危害；在供水方面，在 2007 年 10 月 1 日至 2008 年 2 月 28 日珠江流域实施枯季水量统一调度期间，由于龙滩大坝提前建成蓄水，龙滩水库的巨大容量为珠江压咸补淡提供了条件，保证了澳门和珠海等珠江三角洲地区的供水安全，有效地促进了社会经济的和谐与可持续发展。

大唐碧口大坝震后补强加固处理

获奖名称：中国大唐集团公司科技成果一等奖。

该科技成果属国家重要大坝，重大安全加固处理工程。“5·12”地震使碧口大坝在水平和垂直方向均发生了明显变形，变形量最大点发生在坝顶河床部位，坝顶最大沉降量27.5cm，向上游最大水平位移量16.4cm，心墙最大沉降量接近20cm。大坝背水面691m高程以下向下游位移，大坝护面开裂，坝面排水沟扭曲、变形，大坝渗流量也有所增大，受损情况严重。震后，为保证大坝和下游人民生命财产安全，水库一直采取低水位运行方式。为了消除大坝的安全隐患，确保安全发供电，降低水头损失，提高电站水能利用率，对大坝坝顶进行水泥、化学灌浆加固处理。

该工程主要对碧口大坝防渗的关键部位防渗心墙与防浪墙、防渗心墙与两岸接触部位由于“5·12”地震后出现的脱空防渗安全隐患，用水泥和“LW”水溶性聚氨酯化学材料，对脱空部位进行灌浆加固处理。①采用分排分序钻孔灌浆方式，钻孔穿过防浪墙与防渗心墙结合面0.3m，防渗心墙与两岸的结合面，钻孔打到齿墙混凝土或基岩终孔，不入岩。②水泥灌浆采用42.5号普通硅酸盐水泥，水泥灌浆最大压力为0.2MPa，控制抬动观测变形值$\Delta \leqslant 0.2$mm。③水泥灌浆结束14天后进行“LW”化学灌浆。

该工程结束后，水库蓄至正常高水位704m以上，最高蓄至704.98m，超正常高水位0.98m。对大坝水平垂直位移、浸润线、绕坝渗流等项目进行了加密测量，从监测数据采看，无突变、无异常，说明大坝补强加固效果良好，大坝安全稳定运行，确保了安全发供电，取得了显著的经济效益和社会效益。

一、主要技术创新点

碧口壤土心墙土石混合坝的防渗心墙与L型防浪墙接缝部位防渗问题，直接关系到高水位时大坝的安全稳定，大坝竣工后，对防渗心墙与L型防浪墙接缝部位分别与1979年、1983年、1995年及2006年进行了4次大规模水泥和化学水泥回填灌浆。对于此次“5·12”地震碧口大坝坝面出现变形等问题，就如何做好大坝除险加固，突破技术局限，解决震后土石坝裂缝、渗漏、不均匀沉陷等是主要技术创新点。

壤土心墙坝坝顶混凝土防浪墙与防渗心墙顶部，只允许将混凝土层钻穿并入心墙30cm。防渗心墙与两岸接触部位钻孔时穿过心墙至基岩，为了防止了心墙在灌浆过程中因灌浆压力过大而变形，对壤土心墙造成施工损伤，产生新的裂缝和渗漏点，采用下保护套管的方法保护心墙，并在套管底部半米内梅花型布设6mm孔，便于浆液顺利流出套管进入坝体缝隙。①采用分排分序钻孔灌浆方式，钻孔穿过防浪墙与防渗心墙结合面0.3m，防渗心墙与两岸的结合面，钻孔打到齿墙混凝土或基岩终孔，不入岩。水泥灌浆孔径为Φ56mm；化学灌浆孔径$\Phi 40 \sim \Phi 56$mm，化学灌浆孔将孔内粉尘吹净、无烟尘或将孔内水清除干净等；取芯检查孔径要求Φ76mm。②水泥灌浆采用42.5号普通硅酸盐水泥，水泥灌浆最大压力为0.2MPa，控制抬动观测变形值$\Delta \leqslant 0.2$mm。当起始浆比的注入量已经达到300L以上，或灌浆时间已达30min，而灌浆压力和注入率无改变或改变不显著时，改用1∶1的水灰比浆液。在设计最大压力下，注入速率量小于0.4L/min时，再继续灌20min即可结束水泥灌浆。③水泥灌浆结束14天后进行“LW”化学灌浆。“LW”灌浆材料要求比重为1.05，黏度为120～280（mPa·s），胶凝时间（浆液∶水＝1∶10）＜1.5min，包水量≥20倍，遇水膨胀率为100%。最大灌浆压力0.2MPa，在设计压力下单位注入率＜0.2L/min时，持续灌浆20min即结束。

大坝灌浆结束后，采用在检查孔内注入水泥浆液的形式，通过观察检查孔的注入率及压力变化情况，检验大坝灌浆效果，避免了采用注水检测对坝体的损害。

二、应用情况和效益

该工程结束后，水库蓄水位超过正常高水位704m，最高蓄至704.98m，超蓄水0.98m。根据《“5·12”地震后大坝监测方案》，对大坝水平垂直位移、浸润线、绕坝渗流等项目进行了加密测量，从监测数据来看，无突变、无异常，说明大坝补强加固效果良好，大坝又恢复到一个新的稳定状态。在枯水期为陇南和川北的工农业生产提供了优质的电源供给，使碧口水电站在变电、防洪等方面发挥出巨大的作用，并有效地保证了下游麒麟寺水电站的正常运行及下游人民生命财产不受损失，发挥了良好的社会效益。

大唐巨型水轮机转轮工地制造

获奖名称：中国大唐集团公司科技成果一等奖。

巨型水轮机转轮工地制造以龙滩水电站7台700MW转轮制造为依托（转轮直径8051mm，高4250mm，质量259t），在没有工地现场整体制造先例的情况下，根据龙滩水电站地处高山峡谷的特点，经过仔细论证后，首次采用了工地现场整体制造的模式。

该项目研究起始于2001年2月，2007年5月完成，转轮工地制造获得了成功。在转轮现场制造中，首次系统地测试了转轮制造过程中各阶段的残余应力，测评表明，工地制造的转轮最终的残余应力降低至材料屈服强度的1/3以下，达到了同类产品的世界领先水平；同时在残余应力测试中，突破了残余应力测试的多个技术难点，《水轮机转轮现场焊接残余应力测试方法》已申报专利并被受理（专利申请号：200910009184.7）；转轮静平衡试验成果也优于国际标准的规定。转轮工地制造比转轮整体运输节省投资约9900万元，效益显著。

该项目依托的龙滩水电站已于2007年5月投产发电，经过电站两年多的运行考核证明，水轮机转轮质量优良。巨型水轮机转轮工地制造成果鉴定会由广西科技厅主持召开，由中国科学院、中国工程院副院长潘家铮院士为主任委员、15位全国著名专家组成的鉴定委员会一致认为："该研究成果对巨型、大型水轮机转轮工地制造技术的发展起着重大的推动作用，……该项研究成果总体上达到国际领先水平"。

一、主要技术创新点

（1）在转轮工地制造的焊接及热处理过程中，通过选择合理的焊接方式和制定焊接工艺、采用先进的热处理工装和优化的热处理工艺，使转轮最终的残余应力降低至材料屈服强度的1/3以下，达到了同类产品焊接与热处理的世界领先水平。

（2）为确保工地制造转轮的质量，首次对转轮工地制造全过程各阶段的残余应力进行了对比测试，测试方法和测点选择合理，在三个技术难点上有所突破：焊接熔合线的确定；退火前后测点的布置；通过优化钻孔工装，实现了精确钻孔，保证了测量精度。

1）焊接熔合线的确定。残余应力测试最关键的一环是找到最大残余应力发生部位，采用标准的测试工装，测孔只能布置在焊缝熔合线外40mm处，残余应力数字很小，基本是母材的，未找到残余应力最大值，通过改装测试工装，使测孔布置在焊缝圆弧形区域，不仅能测试熔合线残余应力，而且能向熔合线内测延伸20～22mm，直接测到焊材熔合部位的残余应力，从而找到最大应力发生处。

2）退火前后测点的布置。经过充分的论证，残余应力测试采用分阶段和分区域的方式，能全面覆盖转轮焊接高应力区主要部位，使转轮的加工过程和残余应力测试时效性能得到较好地反映。

残余应力测试三个阶段分别为：转轮焊接结束并经探伤消缺后，转轮进退火炉热处理后，机组充水试运行前。

3）优化了残余应力钻孔工装，实现了精确钻孔，保证了测量精度。龙滩转轮为扭转型叶片，测试残余应力的位置复杂多变，标准的钻孔工装，无法达到焊缝最大应力发生的区域，通过优化钻孔工装，可以实现精确钻孔，保证了测量精度。

转轮残余应力测试技术已向国家知识产权局申报专利并被受理（专利申请号：200910009184.7）。

（3）采用三支点压力传感器换位平衡新技术进行转轮静平衡试验，静平衡校正工作精度高、速度快，成果优于国际标准的规定。

（4）根据工程实际情况，通过技术经济比较，转轮加工首次采用标准立式车床，加工精度满足了设计要求。

（5）转轮工地制造工艺流程设计合理，采用了流水作业、均衡生产、顺序交货的优化程序，使工地制造的转轮完全达到了在制造厂内制造的质量标准，同时满足了工程进度对转轮交货工期的要求。

二、应用情况和效益

巨型水轮机转轮工地制造的研究成果经过由中国科学院、工程院院士等15位专家组成的鉴定委员会鉴定为"该项研究成果总体上达到国际领先水平"。该研究成果已发表论文专集《龙滩巨型水轮机转轮工地制造论文集》[《水电站机电技术》(2009.1)]。

该研究成果对世界巨型、大型水轮机转轮现场制造技术的发展起决定性的推动、示范作用，尤其对我国西南地区水电开发有着重大的技术经济意义。龙滩工程巨型水轮机转轮工地制造转轮成功后，青海拉西瓦水电站、云南小湾水电站、向家坝水电站和溪洛渡水电站等一大批大型水电站的转轮都陆续采用工地制造技术。

华电百万千瓦超超临界直接空冷机组关键技术研究

中国华电集团公司联合相关制造企业和科研机构，依托华电宁夏灵武发电有限公司2×1000MW超超临界空冷发电机组开展了百万千瓦超超临界直接空冷汽轮机组系统技术研究工作，通过对1000MW超超临界直接空冷机组系统、汽轮机及空冷系统的设计、设备、结构、布置等关键技术的研究，确定了对机组性能及空冷岛性能有重要影响的关键选型参数，完成了末级叶片优化，凝结水精处理系统优化等多方面的研究工作。形成我国具有自主知识产权的1000MW超超临界直接空冷机组的成套技术，提高我国大型空冷机组的装备制造水平和运行管理水平，改变了我国空冷机组技术、设备依赖进口的历史，确立我国在该领域的国际领先地位，对于促进我国电力工业的发展，实现我国"建设资源节约型、环境友好型社会”的战略目标，具有非常重要的意义。

华电分布式供能技术研究

以广州大学城能源站为工程依托，开展了分布式供能技术研究。通过对发电设备的余热特性与典型冷热负荷特点的研究，建立分布式供能系统适用程度评价准则，制定了分布式能源选址评定方法。开发出分布式能源系统模块化、序列化、标准化设计软件。开展全工况系统集成，通过采用抽汽补汽式汽轮机、蓄能等方法实现了能源的梯级利用。

广州大学城能源站项目是目前国内最大的分布式能源冷、热、电联产项目，项目荣获 2010 年“中国分布式能源十年”杰出项目奖。实现了分布式供能系统在设计工况下一次能源利用率大于 75%，年均一次能源利用效率大于 63%，每年可减排 CO_2 8 万～12 万 t、NO_x 1500～2000t。项目成果技术达到国际先进水平，对发展我国分布式供能系统具有重要的指导意义。

华电百万千瓦级超超临界锅炉金属寿命管理技术研究

中国华电集团公司开展百万千瓦级超超临界锅炉金属寿命管理研究是国内首次对超超临界锅炉用新型高温材质（P92、T92、Super304H 和 HR3C）原始和在役性能进行系统研究，依托邹县 3033 t/h 超超临界锅炉，研究了新型耐热钢的寿命评估技术，开发了超超临界锅炉金属寿命管理系统，提供了单次评估锅炉管的寿命状态和在线评估锅炉管状态的功能以及锅炉管寿命管理技术，可为锅炉管的运行、维修、更换等提供准确的信息。从根本上减少过修、欠修及盲目更换等的发生。为电厂的安全、经济运行提供必要的保障，为金属监督奠定基础。

研究获得的主蒸汽 P92 钢及受热面 Super304H、HR3C、T92 钢原始管性能检测数据以及相关材质时效不同时间后试样组织、性能变化规律，可应用于原始态和服役态的相关材质金属监督及寿命评估，为新型高温材料下一步国产化提供参考建议。研究形成的“材料性能评价”、“状态评估技术”及“评估管理系统”具有很强的通用性，对国内同类机组高温锅炉部件评估及寿命管理具有较广泛的推广应用价值，其中评价技术方法和评估系统还可推广到其他新型耐热钢的研究中。

华电贵州乌江水电开发环境影响后评价

乌江是长江上游右岸的最大支流，也是我国重点开发的十三大水电站基地之一，数十年的开发建设，乌江干流已陆续建成一系列梯级电站，目前贵州境内所有梯级开发已接近尾声。为总结贵州乌江水电开发过程中环境保护的经验教训，及时有效的为后续在建或待建电站有序开发提供合理化建议，提高今后水电站建设质量、投资效益、水电站的环保决策和管理水平，在国家环保部的支持下开展了国内首次流域性水电开发后评价研究。

项目研究从全流域的层面以“统筹区域发展，统筹人与自然和谐发展”为重点，整体上研究乌江干流梯级电站建设对环境的影响，弄清电站建设时环境影响预测结果的准确性，采取防治对策的可行性以及环境保护设计的合理性，根据评价结果提出切实可行的补救措施，实现贵州乌江流域水电开发与生态环境有序、协调发展，开展了贵州乌江水电开发环境影响后评价工作。主要对水环境影响后评价、水生生态环境影响后评价、陆生生态环境影响后评价、社会环境影响后评价、环保制度及环保措施执行评价、乌江水电开发有序性评价，采用有无对比法、现场监测访谈法、前后对比法、累计环境影响评价等方法探索出流域水电开发环境影响后评价的理论体系和评价方法。

研究成果为进一步完善梯级水电站运行期生态保护提供了重要依据，对促进流域水电开发建设活动与环境保护的协调关系起到了推动作用，对我国其他流域水电后评价工作具有借鉴意义。

华电汽轮机及热力系统节能技术的研究与应用

汽轮机及热力系统节能技术研究通过分析机组节能潜力，利用系统工程学的理念，将组合新型汽封、调节级喷嘴优化设计、机组最佳配汽方式的研究、最佳经济真空的确定等创新技术综合应用于电厂机组节能改造中，通过修前诊断试验，节能优化方案制定，修后鉴定试验，项目后评估等闭环过程，对于节能技术的实施过程进行详尽、严密的控制，形成了一套完整的电厂节能改造方法，该方法不仅适用于引进型 300、600MW 机组，而且在 200、300、500、600MW 等不同类型和容量的机组上得到应用。研究成果实用性强，在华电系统所属 15 台发电机组应用后平均煤耗下降12.1kg/kW·h，经济效益显著，符合国家节能减排政策。

国电风电场生产运营远程监测及预警系统

获奖名称：2009年度中国电力科学技术奖三等奖。

完成单位：中能电力科技开发有限公司。

风电场生产运营监测和诊断技术关系到如何提高风电机组利用率、优化机组运行特性、保障支撑电网稳定运行、降低运行维护成本等重大问题。随着风电场规模的扩大，该技术已成为保障风电场持续良好发展的重要因素之一。发达国家在该领域的研究开发和应用已有一定的积累，与之相比，我国风电场的运营保障技术尚处于探索阶段。

风电场生产运营监测及诊断技术及系统的开发，极大地填补了国内的空白，大大地提高了风电场运营效率，降低运营成本，减少事故发生率及事故损失。该系统可以实现如下效益：①故障发生率降低15%；②故障维修费用减少20%；③故障维修周期减少20%；④故障损失减小20%；⑤年发电量提高2%～3%；⑥生产人员减少10%。

该系统目前已在龙源电力集团股份有限公司所属的近40个风电场推广使用，已被大部分使用的风电公司选为考核生产运行及风资源分析必不可少的工具和数据来源，大大节省了风电公司的管理费用，简化了工作流程，对风电生产自动化管理起到了一定的推进作用。

作为中国风电行业中第一个在集团公司中大规模运行的生产监测和诊断系统，其技术研究成果在国内风电领域是首创，在国际风电领域也处于领先地位，对风电行业的管理方式的优化和标准化过程有着关键推动作用。

国电500kV交流输电线路用带串联间隙复合外套金属氧化物避雷器的研制及应用

获奖名称：2009年度中国电力科学技术奖三等奖。

完成单位：中能电力科技开发有限公司。

由于500kV交流输电线路传输容量大、传输距离长，线路的安全稳定运行尤为重要。特别是500kV输电线路通道多为高山峻岭、气象条件复杂，在多雷地区，雷击跳闸问题一直影响着电力系统的安全运行，输电线路的防雷工作对安全运行起着至关重要的作用。常规的防雷措施，如架设耦合地线、降低土壤电阻率、增大绝缘子爬电距离以及安装消雷器、可控避雷针等，但有些地区雷击跳闸率仍然较高，所以采用线路避雷器进行防雷保护是一项更为有效的措施。

中能电力科技开发有限公司花了6年时间研究出的500kV交流输电线路用带串联间隙复合外套金属氧化物避雷器用于500kV交流输电线路的防雷领域，可有效地防止线路绝缘子的雷击闪络事故，降低超高压输电线路的雷击跳闸率。

在雷电过电压下，500kV交流输电线路会发生绝缘子串闪络，造成输电线路跳闸、损坏线路绝缘子、甚至损坏电站设备，危及电力系统的安全运行。采用该避雷器，对重点线路段和铁塔的绝缘子实施保护，限制雷电过电压，可更有效地防止线路雷击跳闸事故，降低雷击跳闸率，保证500kV输电线路的安全可靠运行。

该产品于2004年通过中国电力企业联合会组织的鉴定，并受到各省市供电公司的广泛关注，于当年挂网运行9支，截至2009年5月已销售217只，产值1682.7万元，为国内500kV线路避雷器供货最多的制造商。产品分布辽宁、北京、河北、山西、湖北、浙江、云南、广西及安徽等十多个省市，产品运行时间最长达4年多，安装该避雷器的杆塔均未发生雷击闪络事故，防雷效果显著。

该产品已有在导线上方悬挂式安装、在导线外侧悬挂式安装、在导线下方悬挂式安装、在导线下方立柱式安装及在转角塔跳线下悬挂式安装和在转角塔跳线下立柱式安装以及直线双回塔上安装等不少于7种安装方式，有效地解决了安装难题，推动了500kV线路避雷器的推广应用工作，保证了避雷器的可靠运行。特别是转角塔跳线下的悬挂安装具有安装简便、可靠，安装成本低的特点。

国电600MW超临界燃煤机组自主产权自动控制系统的研发及其工程应用

获奖名称：2009年度中国机械工业科学技术一等奖。

完成单位：北京国电智深控制技术有限公司。

中国国电集团公司通过实施“600MW超临界燃煤机组自主产权自动控制系统的研发及其工程应用”项目，为我国首次研发成功的适用于超临界机组的控制系统平台，并在大连庄河电厂2×600MW超临界机组获得成功应用。

发展大容量、高参数、低能耗的600MW及以上容量超（超）临界机组，是电力工业持续发展的必然选择。项目立项时，我国已建和在建的100多台600MW及以上超（超）临界发电机组分散控制系统全部被国外产品所垄断，对外依存度高达100%。

该项目坚持掌握核心技术，走自主创新之路，将技术开发和大型工程应用相结合，重点解决系统规模、数据处理能力、执行效率、系统实时性能、系统可靠性和控制策略等课题。在大型控制系统体系结构、快速稳定的实时控制技术、安全可靠性及实现技术、分散布置的顺序事件信号分辨率、先进控制算法、远程实时技术服务平台、超临界机组控制策略设计等方面都取得了创新性成果。

工程应用表明，该系统各项技术指标均达到或超过国家电力行业标准。中国电机工程学会的鉴定意见为："该项目总体技术已进入国际先进行列，对我国自主知识产权的自动控制系统在大型超临界燃煤机组上的广泛应用具有重要的示范意义和推动作用。"该项目之后，自主化EDPF-NT系统应用在600MW超临界机组上20台套，共新签1000MW超超临界机组4台。

国电TR-1.5C型风力发电机组变桨系统

完成单位：北京华电天仁电力控制技术有限公司。

北京华电天仁电力控制技术有限公司于2009年研制出了具有完全自主知识产权的TR－1.5C型风力发电机组变桨系统，两台样机已应用于辽宁某风场。该系统已取得软件著作权1项、申请专利1项，将于2010年实现批量化生产。该系统采用了专门针对风电变桨研制的交流伺服驱动器和三相交流感应伺服电机，配置安全可靠的后备电源系统，具有高可靠性、高精度定位和高动态响应能力，抗干扰能力强，抗振性能好，防雷击，环境温度适应范围宽，在紧急状态下能够可靠自动顺桨。

2009年10月，该系统通过了有多位国内风电领域知名专家参加的评审，与会专家一致认为：该系统采用的交流感应伺服控制技术符合技术发展趋势，设计先进、合理，功能满足要求；该系统在国内首次采用了交流伺服冗余技术，可提高控制系统的可靠性；该系统在借鉴国外成熟技术的基础上，自主攻克了交流伺服关键技术，研制了整套实用设备，具有完全的自主知识产权。

目前风电变桨系统尚无较成熟的国产化产品，该系统的研制成功，将为风力发电机组控制核心技术的国产化、为中国国电集团公司打造完整风电产业链的战略目标的实现起到较大的推动作用，有着良好的经济和社会效益。

国电VeStore™实时历史数据库管理系统软件研发及应用

完成单位：北京华电天仁电力控制技术有限公司。

实时历史数据库是工业领域信息化的核心基础软件，在"信息化与工业化融合"过程中发挥着重要作用。其作为企业生产信息化建设的重要支撑软件，广泛应用于流程工业领域。实时历史数据库面向工业过程控制和实时生产管理的实际需要，有效整合各自动化系统数据，建立长期存储历史数据库，在生产过程可视化、流程模拟、数据分析、事故追忆等方面发挥着重要的作用。

该项目是在大量工程设计和实施的经验基础上，通过对压缩算法、索引技术、事务处理等数据库关键点进行深入研究和系统化开发，历时3年完成。软件系统采用独特的分布式数据压缩技术，具有完备的数据库功能体系，设计思想先进、结构合理、功能齐全、可靠性高，可满足海量生产过程数据的高效采集、存储、加工、发布的要求。系统支持15万点，并发写入速度50万点/s，时间戳精度可达毫秒级。

该项目研发成果已应用于多个发电厂信息工程，长期运行状况良好，在功能、性能、可靠性等方面均满足实际需要。该项目的推广应用，对于摆脱我国在信息化基础数据开发平台方面对国外产品的依赖，实现重要基础软件的自主化，维护国家重要行业和企业的信息安全具有重要意义。2009年12月，通过了由中国电机工程学会组织的科技成果（项目）鉴定，总体技术达到国际先进水平。

国电1.5MW双馈式风力发电机组变流器

完成单位：国电龙源电气有限公司。

1.5MW双馈式风力发电机组变流器是风力发电机组中的核心部件之一，具有很高的科技含量和技术难度，而目前国内已经量产的风电整机厂无一例外采用的都是国外品牌的变流器产品，风电变流器也因此成为风电机组国产化的最大瓶颈之一。2008年底，针对风电变流器的行业现状，在进行了广泛调研的基础上，国电科环集团决定与中国科学院进行合作，并由国电龙源电气公司承担风电变流器的产业化开发工作。

国电龙源电气公司攻克了大功率风电机组变流器产业化的一系列技术和工艺难题，历经数次改型，最终完成了风电变流器从实验室样机到产品定型的转化。2009 年 4 月，首台样机进行了地面联调以及全功率测试。同年 7 月，改进后的样机随联合动力的整机一同吊装在龙源张北尚义石人风电场。并于 9 月末随同其他同批次的机组一同进入“240 考核”，并最终通过业主验收。2009 年冬天，在－40℃的环境下，变流器经受住了低温考验。经过不断的改进，变流器性能更加稳定，运行可靠，现已进入大批量化生产阶段。

目前，已安装在吉林富裕风电场、张家口市尚义县石人风电场及张家口市崇礼红花梁风场的国电龙源电气公司变流器一直运行稳定，性能良好。这标志着我国打破了国外企业长期垄断风电变流器市场的局面，填补了我国风电产业链的关键环节，迈出了风机设备制造国产化的重要一步，使我国风车装上了属于自己的“中国芯”。

中电投二氧化碳捕集装置

2009 年底，中电投集团投资建设的燃煤电厂二氧化碳捕集装置在重庆正式投运。该装置位于重庆市合川双槐电厂内，其技术位于国际领先水平，具有投资成本低、烟气适应性广、二氧化碳捕集率高、吸收溶剂耗量少等特点。该装置投运后，每年可处理烟气量最大约 5000 万 m^3，从中捕集浓缩得到 1 万 t 液体二氧化碳，二氧化碳浓度在 99.5%以上。

中电投集团于 2006 年开始研究二氧化碳捕集及综合利用技术，2009 年初在合川双槐发电厂开始建设二氧化碳捕集装置，并于 2009 年 12 月 10 日通过 168h 试运行，经过一个多月的商业运行，各项指标均达到或超出设计值。

该装置建设采用自有技术，设备全部国产化，具有建设成本及运行成本低等特点。万吨级碳捕集装置投资成本仅为 1235 万元，其单位碳捕集装置投资成本远低于同类条件下其他技术，更具市场竞争优势。此外，该装置二氧化碳产品成本低，碳捕集率大于 90%，最高可达 99%，达到工业级二氧化碳产品标准，可广泛运用在灭火、致冷、金属保护焊接、甲酸、尿素、生产碳酸盐等领域。

目前，我国针对燃煤电厂的二氧化碳捕集尚处于起步阶段，现投运最大捕集装置为 3000t/年；中电投集团万吨级碳捕集装置的投运，将为我国电厂二氧化碳捕集技术的大型化、工程化应用探索经验和奠定基础，推动我国在温室气体减排领域的技术进步，对于增强我国电厂烟气净化领域低成本建设能力，提升我国在电力环保领域内的国际竞争力，对国家应对气候变化、环境治理有着非常重要的意义。

2009 年 10 月 23 日，“CCS 技术（碳捕集与存储技术）——未来的清洁煤技术国际研讨会”在重庆召开。来自美国、英国、奥地利等十余个国家的国际一流 CCS 专家实地考察了该装置，对工程建设质量及技术水平给予了高度评价。

2009 年，中电投承担的 60 万 kW 火电机组空冷系统国产化示范项目，性能考核达到设计值，并顺利通过技术鉴定。该技术打破了国外公司垄断，直接促进了大型空冷机组的国产化，有效降低了空冷机组的造价，经济和社会效益显著。积极推进整体煤气化联合循环（IGCC）、分布式冷热电联供等国家重大科技专项实施。“燃煤烟气净化技术及装备国家地方联合工程研究中心”获批。确定了电解铝新型阴极技术合作模式。

国际合作与交流

中俄电力合作

2009年2月，国家电网公司与俄东方能源公司签署边贸购售电合同。3月1日，中断两年的中俄电力边贸开始恢复供电。2009年中俄电力边贸实现供电8.53亿kWh。12月，公司与俄东方能源公司签署2010年边贸供电合同，合同供电量9.6亿kWh，目前电力边贸运行正常。中俄电力边贸的恢复和正常供电，得到两国政府高度评价，对推动地区经贸合作起到积极作用。

中俄第一阶段项目中方境内的输变电工程已基本完成；俄方境内输电工程已开始设计、融资、征地等工作。2009年10月，中俄能源分委会第十一次会议召开后，俄方启动了一阶段中俄边境大跨越工程俄方侧杆塔建设。双方正在积极探讨一阶段供电的电源保障机制。

中蒙电力合作

2008年12月，中蒙双方启动项目商务谈判。

2009年5月，蒙新一届政府成立锡伯敖包项目部际工作组，专门与中方开展锡伯敖包项目商务谈判工作。

5～12月，中蒙联合工作组举行多次会晤，就锡伯敖包项目的合作方式和税费环境等主要问题举行实质性谈判。同时开展项目煤、水资源、人力资源、大件运输和环境影响评估等多项专题研究，为全面开展项目的可行性研究做好充分准备。

10月，随着蒙新一届总理的接任，蒙政府调整了其部际工作组成员。锡伯敖包项目被蒙政府列入2010年重点工作计划，中蒙双方就该项目的合作模式和税费环境开展实质性谈判。

中马合作项目

2009年4月，马来西亚政府代表访问国家电网公司，邀请国家电网公司赴马来西亚投资开发沙捞越州能源资源，以促进沙州经济社会发展和中马两国的经济贸易合作。

6月，国家电网公司向马方递交马来西亚沙捞越州合作开发项目兴趣函，表达在沙捞越州合作开发能源资源的意向。

7月，国家电网公司高层对沙州能源资源综合开发项目进行考察，并分别与马来西亚联邦政府、沙捞越州政府官员及相关企业高层举行会谈，探讨合作方案。

10月18日，公司高层赴马来西亚考察调研，并与马来西亚总理举行高层会谈，探讨双方合作可行性。随后公司及时向国家有关部门汇报沙州项目工作进展情况，得到国家有关部门的积极支持。

11～12月，公司与马来西亚合作伙伴“一个马来西亚开发公司”就双方建立合作关系、共同推进沙捞越州能源资源项目进行商谈，并于12月签署合作框架协议。

中朝电力合作

2009年8月15日，在中国丹东举行水丰水电站防洪设施改造工程开工仪式，中朝水力发电公司中方理事长、国家电网公司副总经理舒印彪，朝方理事长、朝鲜电力工业省副相金万寿，辽宁省副省长陈海波，东北电网公司、辽宁省政府、丹东市政府、丹东军分区、丹东市公安边防支队和参建单位有关人员参加开工仪式。2009年初和年底，先后举办了中朝水力发电公司第60次、61次理事会，对中朝水电公司的重大经营和发展形成决议。开展中朝建交60周年暨中朝友好年纪念活动。

中吉电力合作

2009年6月，在北京召开中吉（吉尔吉斯斯坦）政府间经贸合作第八次会议期间，中吉双方决定恢复中吉电力合作联合工作组机制。

8月，中吉双方召开第五次联合工作组会议，讨论落实中吉政府间经贸合作第八次会议涉及的电力合作项目。

12月，双方初步确定比什凯克热电站改造项目合作意向。

国家电网公司受托管理菲律宾国家输电网

菲律宾时间2009年1月15日0时，菲律宾国家电网公司正式接管运营菲律宾国家输电网。9时，菲律宾国家电网公司在菲律宾首都马尼拉举行揭牌仪式，并与菲律宾国家输电公司进行交接。中国国家电网公司副总经理郑宝森为菲律宾国家电网公司揭牌。

菲律宾国家电网公司是由中国国家电网公司与菲律宾蒙特罗电网资源公司、卡拉卡高电公司联合在2007年12月中标后，共同成立的合资公司，其中国家电网公司占40%股权，为单一最大股东。

国家电网公司参与菲律宾国家输电网特许经营权项目是目前中国在菲律宾最大的投资项目，也是我国电网企业首次获得境外国家级电网的运营权。这是国家电网公司按照党中央、国务院决策部署，积极实施“走出去”战略，充分利用国内、国外“两个市场、两种资源”，做强做大企业，实现国有资产保值增值的又一重大举措。

1月14日上午，菲律宾国家电网公司与菲律宾电力资产管理公司、菲律宾国家输电公司举行签约仪式。郑宝森代表菲律宾国家电网公司主要股东方和技术支持方致辞。他表示，国家电网公司将和菲律宾当地合作方密切合作，按照规定的特许经营目标履行电网管理职责，充分发挥国家电网公司在管理、人才、技术等方面的优势和运营国家级大型输电网络的经验，提供专业技术和管理的有力支持，全面提高菲律宾国家输电网的运行、管理水平，确保电力安全、稳定、可靠供应，为菲律宾社会经济发展提供坚强的电力能源支持。菲律宾能源部部长雷耶斯、菲律宾财政部部长特维斯、菲律宾电力资产管理公司主席依波塞塔、菲律宾国家输电公司总裁阿基拉出席了签约仪式。

在1月15日的交接仪式上，中国国家电网公司总经济师、菲律宾国家电网公司董事长杜至刚，代表该公司董事会致辞。他说，菲律宾国家电网公司将继承和发扬菲律宾国家输电公司的良好电网运行业绩和管理成就，致力于“同一个电网，同一个梦想”。拥有团结一心的世界级专业团队，相信菲律宾国家电网公司能够卓有成效地运营，打造东南亚一流的电网，发挥最好的运营实效。

我国在中亚首个铀资源项目开工

2009年4月29日，中国在中亚地区的首个铀资源合资开发企业——谢米兹拜伊铀有限责任合伙企业在哈萨克斯坦共和国阿拉木图揭牌成立。此前一天，中哈合作开采的第一个铀矿——该合资企业旗下的伊尔科利铀矿开工。

谢米兹拜伊铀有限责任合伙企业是中国和哈萨克斯坦在核能领域的重大合作项目，由中国广东核电集团公司和哈萨克斯坦国家原子能工业公司共同出资成立，拥有伊尔科利铀矿和谢米兹拜伊铀矿两个生产基地，是哈萨克斯坦重要的铀矿企业之一。根据协议，伊尔科利铀矿和谢米兹拜伊铀矿的产品将全部用于中国核电站。

我国与哈萨克斯坦在铀资源领域具有互利合作的坚实基础和互补优势。我国近年来核电发展迅速，建设规模已跃居世界前列。哈萨克斯坦铀资源储量居世界第二位，2009年天然铀产量将成为全球第一。按照国家部署，中广核集团2008年10月与哈萨克斯坦国家原子能工业公司签署战略伙伴合作协议，收购谢米兹拜伊铀有限责任合伙企业部分股权。

中广核集团公司董事长钱智民表示，在谢米兹拜伊铀有限责任合伙企业投入运行后，中广核集团将进一步支持合资企业的生产经营，扩大与哈萨克斯坦的核能合作领域，共同拓展在核电工程建设、天然铀产品等方面的国际合作。

谢米兹拜伊铀有限责任合伙企业负责人表示，此次合伙企业下属的伊尔科利铀矿开工，将带动当地经济增长和社会就业，为克孜奥尔金州谢里区提供460个工作岗位，并为当地员工提供专门培训。此外，企业还将积极参与矿区的社会项目建设，其中包括对贫困家庭和大学生提供援助，支持其他社会公益设施建设，每年为当地社会公益事业投入一定数额的资金。

除哈萨克斯坦外，中广核集团还积极参与乌兹别克斯坦、澳大利亚、加拿大等国铀资源的开发工作，与乌兹别克斯坦纳沃伊等世界知名能源企业结成了战略合作伙伴关系，签署了一系列铀资源合作开发协议，为我国核电事业发展提供充足的铀资源和核燃料供应保障。

大士能源登布苏多联产项目在新加坡开工

2009年11月11日，华能投资20亿新币的大士能源登布苏多联产项目在新加坡裕廊岛开工。中国华能集团公司总经理曹培玺、副总经理黄龙和新加坡经济发展局主席叶成昌出席了开工仪式。

裕廊岛是新加坡的工业基地，国际知名企业云集，市场前景广阔。登布苏多联产项目是新加坡第一个以煤和棕榈壳为燃料的大型热电联产项目。华能集团将通过经济环保的生物质和清洁煤混烧发电技术，为新加坡经济发展提供经济、高效、稳定、环保的共用事业产品与服务。

项目包括一座热电厂和一座海水淡化厂及废水处理厂。其中，热电厂将于2012年建成投产，建成后，将以16万kW的发电能力和1000t/h的供汽能力，为在裕廊岛登布苏地区设厂的石化公司提供蒸汽、冷水和电力，并为其处理废水。其余将于2014年建成。

该热电厂单位发电成本较低，相对于燃气电厂将使工厂的电费节约10%，大士能源公司计划将节约的这部分成本通过具有竞争力的定价转移给登布苏的客户。

曹培玺在致辞中表示，登布苏项目是华能收购大士后对新加坡的重要后续投资，在全球经历历史性经济危机尚未完全复苏前，华能决定启动登布苏项目的建设，充分表明了华能对新加坡市场及其未来的信心。华能集团一贯致力于研究和促进能源供应的效率、清洁和可持续，将积极运用各种先进的技术手段，确保该项目的排放指标达到新加坡严格的环保标准，并努力使其优于一些燃油电厂排放指标。

新加坡经济发展局主席叶成昌先生说，登布苏多联产项目必将大力促进裕廊岛的工业发展。他表示，新加坡非常欢迎大士能源登布苏多联产项目的加入，因为这将扩大在裕廊岛上第三方公用事业提供的可选范围和提高竞争度。随着亚洲日益成为能源和化工产品的重要消费者，新加坡能够给中国能源和化工公司在寻求国际化、市场进入和开拓商业机会方面提供一个战略平台。

大士能源有限公司是华能集团公司所属华能国际电力股份有限公司的全资子公司，是新加坡第三大发电公司，占有新加坡电力市场约1/4的份额。2008年3月14日，华能以210亿元人民币从新加坡主权财富基金淡马锡成功收购大士能源100%的股权，并在后续经营和项目发展中取得了优秀业绩。

缅甸瑞丽江一级电站6台机组全部投产

2009年4月29日，我国水电对外投资最大的BOT项目——缅甸瑞丽江一级电站6号机组顺利完成72h试运行。至此，该电站最后一台机组如期实现投产发电目标。此举标志着华能集团“走出去”战略取得了新的重大进展，为促进大湄公河次区域电力合作树立了成功典范。

瑞丽江一级水电站总装机容量60万kW，设计年发电量40亿kWh。项目概算总投资32亿元，其中，中方总投资29.6亿元。该项目是目前中国在缅甸投资的最大BOT水电项目，也是缅甸建成投产的最大水电站，是华能集团实施“走出去”战略的重要项目，由华能集团所属华能澜沧江水电有限公司控股的云南联合电力开发有限公司以BOT（建设—运营—移交）方式开发、运行和管理。

该工程建设严格遵循华能集团公司“安、快、好、省、廉”的基建工作方针，建设快、质量好、造价低，在缅甸塑造了良好的“中国水电”形象。尤其是工程建设，创下了国际国内水电建设多项新纪录。该工程从大江截流到首台机组（1号机组）2008年9月5日发电仅用了20个月，而目前同等规模的水电建设需要3年左右的时间。2008年，该电站1～4号机组相继投产，该工程从首台机组发电到最后一台机组发电只用了8个月的时间，比通常缩短了4个月。

电站建成后投产后，除缅方获得项目15%所发电量外，其余85%电量由南方电网全部输送回国，相当于每年节约110万t标准煤。电站所发电量参加云南省“西电东送”，在促进缅甸经济建设的同时，服务于我国经济建设大局。这对促进中缅两国资源优化配置、实现互利共赢、加强中缅睦邻友好关系起到了积极的促进作用。

瑞丽江一级水电站的成功建成投产是华能集团不断推进“走出去”战略、拓展国有企业发展空间、加快建设具有国际竞争力大企业集团的一个缩影。目前，华能的业务已经拓展到澳大利亚和新加坡。华能持有澳大利亚澳洲电力公司50%的股权。2004～2008年，澳洲电力公司取得了良好的经营业绩，华能累计获得7000多万澳元的现金回报。2008年，华能竞购了大士能源有限公司100%股权，拥有了新加坡电力市场25%的市场份额，成为新加坡发电和电力零售市场的重要参与者。

华能干煤粉加压气化技术打入美国市场

2009年7月15日，中国华能集团公司控股的西安热工研究院与美国未来燃料公司在上海正式签署了美国宾夕法尼亚州150MW IGCC项目煤气化技术使用许可协议。这标志着我国自主开发的IGCC核心技术——大型干煤粉煤气化技术进入美国市场，也是我国大型干煤粉加压气化技术首次进入西方发达国家能源市场。

华能集团副总经理乌若思出席协议签字仪式，并表示，华能集团支持西安热工院和未来燃料公司的合作，相信双方有能力设计建设一座先进、环保的IGCC电站，并预祝宾夕法尼亚州第一座IGCC电站早日建成。美国宾夕法尼亚州政府发言人凯思·麦考、州政府环境保护部部长约翰·汉格等政府官员出席了签字仪式并对此次合作表示祝贺。西安热工研究院院长赵毅、美国未来燃料公司董事大卫·安德森和宾夕法尼亚州项目公司总经理罗吉·苏里在协议书上签字。

按照协议，美方将采用华能西安热工研究院自主知识产权的“两段式干煤粉加压气化技术”作为IGCC电站的燃料气生产技术。西安热工研究院负责气化工艺设计和专有设备供货，美国未来燃料公司负责电站的建设，并向西安热工研究院支付专利使用费和设备费。

“两段式干煤粉加压气化技术”是西安热工研究院在国家“九五”科技攻关、“十五”和“十一五”863计划的支持下，自主开发的干煤粉加压气化技术，煤种适用性强、转化效率高、环保性能好，已在华能天津250MW IGCC电站项目和国内若干煤化工项目中得到应用，打破了国外干煤粉加压气化技术的垄断，大幅度降低了煤气化的成本。此次进入美国能源市场，标志着这项技术已达到了国际先进水平。

美国未来燃料公司主要从事洁净煤发电开发和运营，在美国、东欧、印度、巴西均有开发洁净煤发电项目的计划。未来燃料公司正在美国宾夕法尼亚苏伊科尔县筹建一座150MW IGCC电站，后续建设二氧化碳捕集和处理装置。该项目得到了美国宾夕法尼亚州政府和联邦政府的支持。

中国大唐集团公司与缅甸签署太平江一期水电项目合资协议

2009年12月20日，中缅两国政府经贸、金融、电力以及交通等16项合作文件签字仪式在缅甸首都内比都举行。中共中央政治局常委、国务院副主席习近平，缅甸联邦和平与发展委员会副主席貌埃出席签字仪式。

签字仪式上，中国大唐集团公司党组书记、总经理翟若愚与缅甸第一电力部水电规划司司长吴基苏分别代表双方签署《缅甸太平江一期水电项目合资协议》。

缅甸太平江一期水电项目装机容量为24万kW，由中国大唐集团海外投资有限公司所属大唐（云南）水电联合开发有限责任公司与缅甸第一电力部水电执行司合作，在缅甸成立合资公司，负责该项目的建设与运营。此次合资协议书的签署，对进一步推进太平江一期水电项目购售电协议的签署，确保中国大唐集团公司第一个海外发电项目如期投产运营奠定了良好的基础。

中国华电与美国未来能源控股公司加深在清洁能源发电领域合作

根据第五次中美战略经济对话时中国华电与美国未来能源控股公司签署的《关于建立绿色合作伙伴关系的意向书》，双方将在开发和建设大型发电项目、清洁煤技术（包括采矿和整体煤气化联合循环）及节能减排规划和管理等方面开展交流和合作探讨，以求通过分享成功经验和先进技术，达到合作共赢的目的。合作将在中美两国政府《关于能源和环境十年合作的框架文件》下的《绿色合作伙伴计划框架》内进行。

双方已组建行动小组，分别由两家公司的主管领导担任组长。2009年10月，未来能源公司副董事长格林率团访问了中国华电；11月，中国华电总经理云公民访问了未来能源公司；11月10日，双方签署了《绿色合作伙伴关系行动计划》，明确了合作的阶段性和整体性目标，细化了合作领域。双方将按照行动计划确定的目标、领域和时间表，开展互访、高级培训班、驻厂培训等活动，就大型发电项目的开发、建设和运营维护、清洁煤技术的开发和应用、节能减排规划和管理、可再生能源项目开发等领域开展交流与合作。

中国华电开发柬埔寨额勒赛下游水电站项目

柬埔寨额勒赛下游水电站项目位于柬埔寨西部戈公省的额勒赛河下游，电站总装机容量为338MW，由上、下游两个梯级电站组成，年平均发电量约为10.20亿kWh，是中国华电境外投资开发装机容量最大的水电站，也是柬埔寨国内装机容量最大的水电站。该项目由华电香港公司拥有100%股权，代表华电集团进行投资；华电工程作为工程总承包商负责工程建设工作。2009年4月28日，国家发改委以《国家发展改革委关于中国华电香港有限公司在柬埔寨投资建设额勒赛河下游水电站项目核准的批复》（发改外资［2009］1069号）核准了该项目。额勒赛水电站为BOT（建设、运营、转让）项目，特许运营期为30年，总投资约5.8亿美元，预计2010年开工建设，将于2014年建成发电。

国电集团公司投资南非风电项目

2009年9月21日，中国国电集团公司与中非发展基金、南非穆利洛可再生能源公司正式签署了关于共同开发南非风电项目的谅解备忘录，拟在南非合作投资开发共约160万kW的风电项目。

三方经过多轮商谈，已就合资公司的股比达成一致意见，为推动项目进展打下了良好基础。目前，项目已在5个风场开展了测风分析，初步决定2010年内首批申报两个项目。

随着资源、能源、环境和气候变化问题的日益突出，南非政府积极调整能源发展战略，提出清洁能源发展目标和行动计划，对发展风电等可再生能源陆续出台一系列鼓励措施。中非发展基金为推动国电集团与南非方面在风电领域的合作发挥了重要作用，其积极介入将为未来项目融资创造便利条件。

南非风电项目得以成功实施，将标志着中国风电企业首次走出国门积极开拓国际市场，实现零的突破，同时将促进中国国电集团公司的风电设备出口，为中国国电集团公司开拓国际风电市场积累经验，对推动发展中南（非）两国经贸合作关系也具有积极重要的意义。

国电集团公司聘请“世界太阳能之父”担任国电新能源研究院名誉院长

2009年11月23日，被誉为“世界太阳能之父”的马丁·格林先生正式受聘成为国电新能源技术研究院名誉院长。

格林先生作为澳大利亚新南威尔士学院教授，是澳大利亚联邦政府科学院12名院士之一，2002年获得瑞典正确生活方式奖，该奖亦被称为诺贝尔替代奖。

马丁·格林教授所在的澳大利亚新南威尔士光伏与可再生学院保持着多项太阳能电池技术转化效率的最高纪录，并在成果产业化方面具有大量成功案例，无锡尚德等多家国内企业都曾购买其技术并形成量产。目前，国电科环集团与其在产业化方面的合作已经开展，拟通过技术引进方式建立2条25MW高效晶硅电池生产线，生产转换效率大于18.5%高效单晶电池。

与马丁·格林教授及其领衔的新南威尔士光伏与可再生学院合作，将大大加快中国国电集团公司太阳能领域技术研发及成果产业化的进程，占领新能源开发制高点，为中国国电集团公司以新能源引领集团公司企业转型，提升集团公司自主科技创新能力和核心竞争力，实施科技强企和人才强企战略奠定坚实的基础。

学 术 团 体

中国电机工程学会

一、概况

中国电机工程学会（简称学会）是全国电机工程科学技术工作者自愿组成并依法登记成立的非营利性的学术性法人社会团体。1934 年 10 月 14 日创建于上海，原名为中国电机工程师学会，1958 年改名为中国电机工程学会，同年加入中国科协，总部设在北京。

中国电机工程学会先后召开了九届全国会员代表大会，第一届（1958 年）由刘澜波任理事长；第二届（1963 年）由程明陞任理事长；第三届（1980 年）、第四届（1984 年）由毛鹤年任理事长；第五届（1988 年）、第六届（1994 年）由张凤祥任理事长；第七届（1999 年）、第八届（2004 年）、第九届（2009 年）由陆延昌任理事长。

中国电机工程学会下设组织、学术、科普、外事、编辑、咨询、青年和教育、名词术语 8 个工作委员会，有覆盖电机工程各个专业的 33 个专业委员会，33 个省、直辖市、自治区均有地方电机（电力）学会组织。学会拥有会员 11 万余名，其中高级会员 4100 余名，荣誉会员 208 名，团体会员 1954 个。

中国电机工程学会与著名的国际组织 CIGRE（国际大电网委员会）、IEEE/PES（美国电机电子工程师学会电力与能源分会）、IET（英国工程技术学会）、CIRED（国际供电会议）有着密切的合作关系，同时与日本、韩国、越南等国家和我国香港、台湾地区的电机电力领域的学术组织的合作关系不断得到发展。

二、第九届理事会

理事长：陆延昌

常务副理事长：陈峰

副理事长：舒印彪　祁达才　那希志　刘顺达　任书辉　于崇德　田　勇　秦定国　郑健超　宋永华　蔡惟慈

秘书长：李若梅

刊物及主编：

《中国电机工程学报》主编　郑健超

《农村电气化》主编　耿立宏

《农电管理》主编　耿立宏

《ELECTRICITY》主编　叶　雷

三、2009 年工作情况

1. 学会建设

5 月 31 日～6 月 1 日，学会在北京召开第九次全国会员代表大会暨建会 75 周年纪念大会，选举产生了第九届理事会和常务理事会、正副理事长和秘书长；通过了名誉理事长提名，通过了新的工作委员会设置方案，通过了章程修订；向学会第八届荣誉会员代表，2008 年度中国电力科学技术奖获奖代表和获得学会第八届理事会先进学会工作者、2007～2008 年度先进专业委员会（分会）和先进省级学会、2007～2008 年度优秀学术会议和优秀会议论文、2007～2008 年度优秀科普作品荣誉的单位和个人颁发了荣誉证书。

2009 年，学会增加了名词术语工作委员会，恢复了外事工作委员会。专业委员会调整正在分步实施。

截至 2009 年底，学会办事机构有员工 22 人，志愿者 1 人。办事机构制订了员工职级和薪酬体系，对所有员工使用同一个职级岗位体系，明确任务职责，实行绩效考核薪酬制度。

3 月 7 日起至 8 月底，办事机构按照挂靠单位国家电网公司党组的统一部署，结合学会工作实际，开展学习实践科学发展观活动，历经学习调研、分析检查、整改落实三个阶段，学习调研、解放思想大讨论等六个环节。11 月起，参加科协组织的学习实践科学发展观活动。

2009 年度学会办事机构直接发展普通会员 188 人，其中学生会员 68 人；发展单位会员 9 个；审核批准高级会员 142 人。

2. 国内学术交流

2009 年，学会办事机构以综合性学术会议、专家报告会、专题研讨会等形式，组织召开国内学术会议 65 次，参加人数 7240 人·次，交流学术论文 2601 篇。

4 月，在扬州举办“超超临界机组新型钢国产化研讨会”。6 月 1 日，在第九次全国会员代表大会期间召开学术报告会。8 月，在北京举办“2009 国际电力变压器技术论坛”；联合电工学会在浙江乐清举办“2009 年电气工程学院院长论坛”。9 月，承办在重庆举行的“中国科协第十一届年会分 5 会场电力发展国际研讨会”；在贵州举办“锅炉运行技术研讨会”；和 ABB 公司在北京联合举办“电力设备全寿命周期管理研讨会”。10 月，承办中国科协在北京召开的“2009 国际工程教育大会分会场”；在北京举行“大规模风电的可持续发展研讨会”；和中国大唐集团公司在昆明联合主办“清洁高效燃煤发电技术协作网 2009 年会”。11 月，在天津举办“2009 年中国电机工程学会年会”，会议以“面对机遇与挑战的中国电力”为主题，包括智能电网、可再生能源融入电网、清洁发电、输变电新技术 4 个专题研讨会，5 位领导和专家在会上作主旨报告。会议组织11组论文交流。

3. 促成海峡两岸电机学会的合作

12月6～12日，陆延昌理事长一行9人访问了台湾，与中国电机工程学会（台湾地区）、台湾汽电共生协会、台湾电力公司、台湾汽电共生公司的领导和专家会谈。海峡两岸电机工程学会在隔断交流60年后，签订了合作备忘录，相约共同促进中国电机工程学会的发展，共同为海峡两岸电机工程领域的学术技术交流及电力电机产业的发展作出贡献。

4. 国际学术交流

2009年举办国际会议3次，组织出访2次，并接待多个来访的国外团组。

7月6～9日，电机工程国际会议（ICEE2009）在沈阳召开。

6月8～12日，第20届国际供电会议（CIRED2009）在捷克首都布拉格召开，学会组织了来自供电企业、科研院所和制造企业的论文作者和国家委员会代表共15人，由陆延昌理事长率团参加了会议。李若梅秘书长出席了指导委员会会议。

7月15～17日，学会常务副理事长陈峰率团赴韩参加韩国电气学会2009年会。

10月27～30日，国际大电网委员会（CIGRE）C1、C2、C5三个专业委员会联合组织的电力系统运行和发展国际研讨会在桂林召开。

学会理事长、常务副理事长和常务理事先后在学会总部接待了IEEE/PES出版总监一行、IET执行官一行、ASME理事长一行、日本电源开发公司代表、加拿大“人民对人民”代表团等，并和有关方面达成了合作协议。

5. 2008年电力青年科技创新项目

2008年电力青年科技创新项目资助共收到申请164项，经专家评审及学术工作委员会审定，学会网站公示，评选出青年科技创新项目资助36项，其中一等2项、二等5项、三等29项，资助总额83万元。

6. 技术咨询和技术服务

2009年开展科技成果评价工作，组织完成25个项目的科技成果评审。

承担中国科协“我国大规模风电的科学发展的战略研究”咨询项目，完成研究报告初稿编写。

承担中国科协委托“电磁环境调研”项目并通过结题评审。

承担中国科协“动力与电气工程学科发展研究项目”，组织业内50多位专家开展调研和报告编写工作。按科协统一安排，将于2010年4月发布。

承担国家电网公司委托“电力系统技术导则和电力系统安全稳定导则修订技术框架建议的研究”科技项目，完成并形成工作报告、研究报告和专题报告。

承担国家电网公司委托“国家电网2030技术路线图”科技项目，完成了专题报告的初稿。

组织专家完成修订《火力发电厂安全性评价》标准及其《查评依据》。完成国家电监会委托“发电机组并网安全性评价技术规范及管理研究”项目，并启动“发电机组并网安全性评价与条件”上升为国家标准的编制工作。

7. 科普活动

2009年，学会共组织“电力科普老区行”等主题科普活动73次，科普讲座59次，科普展览14次，其中主题科普活动的受众达13 366人·次。

9月19～20日，学会参加了2009年“全国科普日（北京分会场）”活动，宣传“节约能源资源、安全合理用电”活动主题。

组织策划出版《农村家电科学使用知识读本》、《假如没有电》等科普读物。

组织2007～2008年度优秀科普作品评选和优秀科普报刊文章精选活动，征集文章241篇，入选48篇。评选出优秀科普图书、音像、文章、宣传品32项。

8. 配合科协庆祝建国60周年庆祝活动及开展“科技工作者之家”活动

学会和北京电机工程学会联合组团参加中国科协“献给祖国母亲——科技工作者庆祝新中国成立60周年歌咏比赛”，并获得组织奖和优秀奖，参赛照片和参赛新闻均在人民日报登载。

学会广泛动员组织省学会、专业委员会开展“中国科协会员日”活动。学会办事机构举办了两次大型讲座活动，并于12月18日组织了主题为“学术立会服务为本”的“中国科协会员日座谈会”活动。

注重发挥“科技工作者之家”的作用。举办了中国电机工程学会在京老科技工作者新春茶话会、中国电机工程界及北京电力科技界2009新春联谊会、“三·八”妇女节联谊会、中秋节联谊会等4次大型活动。

9. 科技奖励、成果登记与人才举荐

组织召开2009年度中国电力科学技术奖评审委员会会议，投票产生2009年度中国电力科学技术奖推荐获奖项目129项。组织2009年度国家科技进步奖的推荐，推荐项目中获国家科技进步一等奖1项。

完成2009年科技成果登记工作，共受理电力科技成果登记967项。

组织参加中国科协高层次人才库的信息采集工作，组织各专业委员会填报174名专家信息，141位专家进入中国科协高层次人才库。

10. 编辑工作

《中国电机工程学报》连续3年获得国内精品科

技期刊类项目支持，连续 6 年被评为中国百种杰出学术期刊，在国内 6000 多种科技期刊中，“总被引频次”和“影响因子”总排名分别为第 1 位和第 16 位。

为纪念学会成立 75 周年，出版《中国电机工程学会会志》。

2009 年，学会会刊《动力与电气工程师》由季刊改为双月刊。

受全国科学技术名词审定委员会委托，组织第三届电力名词审定委员会，负责《电力名词》的起草和审定工作。《电力名词（第二版）》已正式出版。

学会组织编译了 2008 国际大电网会议 16 个专业委员会会议的技术报告和总结，以及国际能源署（IEA）风电工作组的接入大容量风电的电力系统设计与运行报告。

11. 专业委员会工作

据不完全统计，2009 年学会所属各专业委员会共举办学术会议 55 次，热电、动能经济、火电分会、电力信息化、电力系统自动化、水电设备、电力土建、高压、继电保护等专委会及其所属学组都组织了各种形式的学术活动。电工数学与全国大学生电工数学建模竞赛组委会共同发起第五届“中国电机工程学会杯”全国大学生电工数学建模竞赛，在专业委员会的努力下，此项活动的影响越来越大。

中国水力发电工程学会

一、概述

2009 年，中国水力发电工程学会（简称学会）在六届理事会领导下，在中国科协、水电规划总院和全体理事和会员单位的大力支持下，始终坚持以科学发展观为指导，冷静分析当前形势，紧跟行业发展态势，围绕水电发展过程不断涌现的环保、移民、合理规划、有序开发、和谐开发等热点、难点问题，求真务实，有针对性地筹划和开展了各项工作，努力提升综合服务水平，有力地推动了我国水电事业的健康可持续发展。

二、2009 年工作情况

1. 深入学习实践科学发展观，增强为水利发展服务自觉性

通过学习，认真理解科学发展观的科学内涵和指导价值，认清学会工作方向，围绕当前水利发展过程中备受关注的环境、移民、舆论、统一调度、上网电价，综合效益等热点问题，开展了广泛深入的交流和探讨，提出学会下一步工作重点和主要任务。通过学习，正作能力不断提高，服务水平不断提升，力争作政府、行业、会员单位广大会员的贴心人，推动水电事业又好又快发展。

2. 加强组织建设，不断提高学会工作的服务水平

（1）学会以一年一度的中国水利新春联谊会为纽带，搭建起全国全行业水电单位和新老水电工作者的交流和联络平台。2009 年的中国水利新春联谊会由水电学会和中国大唐集团公司联合举办，国家电力行业领导和嘉宾以及来自全国各地的新老水电界同仁 200 余人出席了会议。国家发改委副主任、国家能源局局长张国宝出席了大会并发表了重要讲话，强调水电发展建设对我国能源工业的重要性。

（2）组织召开了六届三次理事会和六届四次常务理事会，审议并通过了《深入学习实践科学发展观　积极推进水电发展　促进经济社会可持续发展》的工作报告；通过了 2008 年度学会财务报告；通过投票表决方式调整和变更了理事会常务理事和理事。

（3）按照中国科协要求，加强学会各专业委员会的管理和调整，2009 年度学会的主要工作，除了加强学会总部人员的素质教育外，完成 16 个专业委员会（分支机构）变更报批材料和换证工作，同时成立了风险管理专委会，组织召开了“电力企业风险管理研讨会及风险管理专委会”。成立风险管理专业委员会的宗旨，就是要充分发挥学会的行业地位、技术力量和专家群体等优势，积极推行国家相关政策，把脉行业最新发展动向，为电力企业风险管理搭建广泛的学术交流和技术服务平台，并通过归纳、总结和借鉴国内电力企业的风险管理经验，努力打造有中国电力行业特色的风险管控体系，帮助电力企业从根本上提高风险管理水平，使风险管理成为企业防范风险和实现经济增长的新亮点，为整个电力行业的健康、稳定和可持续发展作出新的贡献。

3. 积极拓展学术交流平台，人力推进技术交流

学会积极开展国内、国际学术交流，增进海峡两岸友好往来。学会始终积极履行学术交流的服务职能，多层次，多边组织举办各种学术交流和研讨活动，并不断拓宽行业各专业领域的广度和纵深度，做到目的明确，务实办会，注重实效，切切实实地为推动水电事业和广大水电电力企业又好又快发展做好服务。

（1）组织召开了第二届水力发电技术国际会议，经过一年多的紧张准备，大会于 2009 年 4 月在北京胜利召开。来自国内外水力发电技术领域的专家、学者、工程技术人员和国内外各大制造企业高层管理人员近 400 人参加了会议。这次会议就世界最新的水力

发电技术和管理经验进行了广泛的交流探讨，为世界各国相互学习和吸收水力发电技术搭建了国际平台。会议共收到论文近300篇，并精选了大部分优秀论文出版了中、英文两册论文集。应印度方面邀请，学会协办了11月于新德里举办的“第六届国际绿色电力会议和展览”，增进了中印水电方面的交流，尤其是了解了印度在“阿鲁纳恰尔邦”水电开发的一些情况，并对我国西藏的水电开发提出了一些建议。

(2) 为纪念汶川地震一周年，学会与抗震防灾专委会联合组织召开了“全国水工抗震防灾学术交流会”，共有来自全国各地高校、科研机构以及水利水电设计、施工和管理单位的专家、学者150余人参加。会议对社会各界极为关心的水坝、水电站在地震中的安全问题，进行了广泛深入的学术交流讨论，盘点中国水电在地震中的表现，总结水坝、水电抗击特大地震的经验。通过交流，代表们确信，本次会议的交流成果将会对我国未来的工程抗震起到重要的支持和推动作用。

(3) 组织参加了2009年第十一届中国科协年会学会术分场的宣传，与中国长江三峡集团公司共同举办了“三峡工程社会生态环境效应研讨会”，会议主要讨论分析三峡工程的生态环境效益，回答社会各界的疑问，并对我国水电未来的发展方向进行探讨。

(4) 成功举办“中国水电可持续发展座谈会”，来自全国水电开发、设计、施工、科研、高等院校等各有关方面的29个单位近60名代表出席了会议。与会代表围绕如何更好发挥可再生能源水电在社会经济发展中的重要作用和巨大综合效益；如何实现各大流域的科学合理规划和有序开发；如何保护好生态环境，把水电建设成为环境友好型工程；如何做好移民安置工作和落实移民后扶持政策，把水电建设成为民生工程；如何更好更有力地做好水电宣传工作；如何推动抽水蓄能电站加快建设等几大方面，从不同角度深入探讨了中国水电可持续发展这一重大问题，发表了个人的看法，介绍了经验，分析了问题，提出了建议。

(5) 应台湾地区有关方面的邀请，学会于2009年4月和11月共组织了两次专家交流考察团，赴台参加“海峡两岸水利水电行业合作研讨会”和开展水利水电科技学术交流考察活动，期间双方互赠水利水电发展与技术成就方面的资料书籍，更进一步加深了海峡两岸水电同行互访往来的频度、增进了海峡两岸水电同行的友谊，促进了对海峡两岸水电建设、水电技术和水电发展的相互了解，为今后海峡两岸水电行业开展实质性的互助合作进一步夯实了基础。

4. 发挥学会优势，积极开展科研咨询活动

学会充分利用行业影响力和专家群体优势，积极履行服务社会、行业、会员企事业单位和广大会员的办会宗旨，进一步加强与各大电力集团、流域开发公司和水电企业的交流与合作，围绕水电开发中的热点和难点问题，大力开展科研课题、技术咨询服务。

(1) 学会与中国水利水电科学研究院和河海大学签订了《全面合作框架协议》，就水电科技研究、学术交流、课题合作、人才培养等多方面达成了共识。

(2) 组织开展了龙滩水电工程正常蓄水位400m建设方案专家咨询课题，编写了《龙滩水电站正常蓄水位400m建设方案咨询报告》，为“龙滩400方案”能尽快建成出谋划策，提交有关部门决策参考。

(3) 组织开展红水河流域梯级水电站优化调度研究课题，贯彻落实国家节能调度政策，充分利用红水河水资源，协调流域发电、防洪及综合利用关系，保障电网安全经济运行和澳门地区供水安全。

(4) 组织20余位中国工程院院士和专家，开展国家“十一五”科技支撑重点项目“特大型梯级水利水电工程安全及高效运行若干关键技术问题研究”咨询课题，通过对该项目完成的质量、进度等进行技术咨询，对完成科技合同的阶段及终结成果进行阶段咨询及评估，对科技合同的技术报告及成果进行评审，为项目甲方提供技术支撑和决策支持。

(5) 组织开展“乌江梯级水电站优化调度效益评价体系研究及软件开发”课题，完成了雅砻江下游梯级水电站投产并网若干重大问题研究课题，继续履行好新疆吉林台一级水电站技术咨询服务课题。

(6) 为深入了解MgO筑坝技术的应用，受中国大唐集团公司委托，组织召开了MgO筑坝技术专题讲座。组织了《MgO膨胀材料的制备与性能》、《龙滩下游碾压混凝土围堰外掺MgO试验及监测成果》和《溪洛渡水电站MgO混凝土技术研究》专题报告，并进行了MgO筑坝技术的讨论和探讨。

5. 潘家铮水电科技基金工作进入良性运作

由水电学会会同中国水电顾问集团共同发起设立的潘家铮水电科技基金于2008年5月成立，2009年分别召开了基金一届一次理事会和基金秘书长工作会议，审议通过了理事会名单、基金章程和实施办法、奖励办法等，明确了基金相关运作事宜。经过多方努力，水电学会申请的“水力发电科学技术进步奖”已经国家科技奖励办批复设立，将于2010年开始开展奖励评选工作，相关奖励由潘家铮水电科技基金作支撑。2009年12月，首届潘家铮水电奖学金颁奖典礼在河海大学隆重举行。已届82岁高龄的中国科学院、中国工程院院士潘家铮亲临大会，为首批39位获奖学生颁奖，并为400余名师生作学术报告。通过设立“潘家铮水电奖学金”，用以奖励和激励水电水利学科专业品学兼优、勇于创新的本科生和硕博研究生，为

国家培养水电水利科技领域的优秀人才。

6. 做好学会刊物的编辑出版及网站建设

为纪念建国60周年，总结我国水力发电60周年的发展历程、突出成就和宝贵经验，水电学会编撰出版了《中国水电60年》，向祖国生日献礼，向中国水电人致敬。在年鉴编委会全体专家的努力下，继续顺利完成了《中国水力发电年鉴》一年一卷的编撰出版工作。

为了进一步拓宽水电宣传的力度，提升宣传的广度和深度，水电学会对老网站进行了全面的更新改版，于2009年4月启用了新网站，新购置的独立服务器保证了网站的顺畅运行。改版后的网站不但由专人每天从行业热点新闻、水电建设、水电环保、水电移民、领导专家话水电、论文资源库等方面进行及时更新，而且还实现了对重要会议和活动的实时网络直播，在行业内产生了深远的影响，大大丰富了网站内容，大大提高了宣传时效，进一步提升了水电学会的知名度和认知度。水电学会网站正一步步实现了由简单的新闻宣传向集热点新闻、行业动态、专家观点、技术资源等内容全面丰富的行业宣传平台的质的转变。

三、2009年中国水力发电工程学会各专委会活动情况（见下表）

2009年中国水力发电工程学会各专委会活动统计表

序号	专委会	活动名称/内容	时间/地点	规模
1	抽水蓄能	出版《抽水蓄能电站工程建设文集2009》	收录78篇，近80万字	
		抽蓄年会暨学术交流会（每年一次）	芜湖	
		中国抽水蓄能网，正常运行和更新		
2	地质勘探	“地下水科学与工程学术研讨会”（合办）	10月 南京	70
		下设4个学组，一年一次活动制度化		
3	电力系统自动化	专委会2009年年会暨学术交流会	7月 云南	64
		专委会年度委员会议	8月	
		2009年度发电机励磁系统学术年会暨技术研讨会	10月 大连	200
4	电气	2009年度电气学术交流会	6月 珠海	40
5	风险管理	召开“电力企业风险管理研讨会暨风险管理专业委员会成立大会”	10月 北京	45
		为河南国网宝泉抽水蓄能有限公司提供风险管理服务		
		与黄河上游水电公司进行风险管理模式探讨交流，寻求合作与服务	9月 西宁	
		开展“大渡河长河坝水电站风险管理服务”	11月	
6	高坝通航	积极协助申报“通航建筑物建设技术交通行业重点实验室”		
		组织开展高坝通航研究领域的研究成果总结和发展规划		
		组织专委会2名委员参加PIANC WG29工作组报告编写		
		召开“通航建筑物专题学术研讨会”会议	11月 南京	25
7	机械疏浚	参与水利部“百船工程”后水利疏浚工作评价项目工作，赴黑龙江、安徽、江苏、浙江、湖南、湖北等省调研，参与报告的编写		
		机械疏浚专委会工作会议	7月	
8	继电保护	2009年年会及继电保护课题研讨会	9月 云南	100
9	金属结构	出版了“水工机械技术”论文集（2009年）	收录83篇论文	
		液压启闭机新技术推广会议	4月 江苏	50
		水工金属结构专业委员会年会	7月 银川	100

续表

序号	专委会	活动名称/内容	时间/地点	规模
10	面板堆石坝	组织11人专家组对湖北鱼泉水电站大坝工程质量进行评议	6月 宣恩	
		第一届堆石坝国际研讨会，出版了论文集	10月 成都	350
		出版《面板堆石坝工程》期刊4期		
11	施工	水电工程施工与装备技术交流会	5月 徐州	100
		“水工混凝土材料与温度控制”交流会出版了论文集	7月 成都	150
		应业主单位邀请，专委会提供专家参加大型水电工程技术咨询10余次		
12	工程造价	组织有关委员单位或委员参与了《水电工程投资估算编制规定》、《水电工程复核概算编制规定》、《水电工程工程量计算规定》制定，《水电工程工程量清单计价规范》和《水电工程施工合同和招标文件示范文本》以及水电工程相关定额的修订工作		
		在三峡坝区和四川成都举办了二期水电工程造价专业人员培训班、资格考核		370
		协助水电总院负责水电行业全国注册造价工程师注册、培训和年检管理工作		120
		协助水电总院负责水电行业甲级工程造价咨询单位资质管理工作		
		共举办了六期水电工程造价专业人员资格继续教育培训班		800
		共同办好《水利水电工程造价》季刊；出版好《水利水电工程造价信息》半月刊		
13	水电站控制设备	出版了2009中国水电站控制设备论文集		
		组织召开学术交流会	9月 长沙	50
		2009年度共举行7期学习研讨班		
		积极调研、甄选专业技术人才培训基地		
14	水电站运行管理	2009年水电站运行与水库调度技术交流会	11月 长沙	50
		2009年水情水调新技术研讨会	11月 南京	76
		水利水电工程风险分析及可靠度设计方法研讨会	2010年1月	
15	水工及电站建筑物	2009年工作会议暨全国首届利用深厚覆盖层建坝技术研讨会	4月 三亚	59
16	水工水力学	京津委员座谈会（一年一度）	2009年初	50
		第四届全国水力学与水利信息学学术大会	10月 西安	230
17	水力机械	第十七次中国水电设备学术讨论会	10月 浙江	
		吸收“全国水力机械信息网”成为专委会信息网		
18	水能规划动能经济	主持参与了金沙江虎跳峡河段开发研究论证工作、水火电同网同价政策研究以及西藏水电开发利用研究等课题		
19	梯级调度控制	专委会2009年年会	10月 成都	71
		2009年主任办公会	6月 成都	15
20	抗震防灾	纪念地震一周年，第二届全国水工抗震防灾学术会议	5月 成都	150

续表

序号	专委会	活动名称/内容	时间/地点	规模
21	小水电	小水电清洁发展机制（CDM）项目能力建设培训班	5月　杭州	26
		农村水电系统安全监察培训班	10月　杭州	87
		水利部农村水电系统安全监察员培训班	10月　重庆	50
		组织开展“水能资源开发生态补偿政策研究”、“农村水电站安全保障关键技术研究”、“全国水能资源利用区划的总结战略及支撑技术”等课题		
		开展农村水电及电气化标准的修订、制定工作，共10项		
		启动“第一届中国小水电论坛”论文征集		
		变更《小水电》为会刊，全年出版6期		
		参加水利部《中国小水电60年》编写工作		
22	信息化	出版了《中国水力发电工程学会信息化专委会2008年年会优秀论文专辑》	6月	
		2009年水电站计算机监控系统暨水轮机调速器技术培训班	10月　北京	30
		2009年年会暨技术交流会	8月　四川	99
23	大坝安全监测	专委会主任委员（扩大）会议	1月　杭州	16
		大坝安全监测仪器应用培训班	5月　杭州	83
		专委会管理学组2009年年会筹备会议	三亚	
		专委会年会暨学术交流会的论文评审会暨专委会主任工作会议	11月　宜兴	
		专委会年会暨学术交流会	12月　四川	115
		正常维护和更新专委会网站，实现《大坝与安全》期刊上网		

（郦凤山）

电 力 企 业

电 网 公 司

国 家 电 网 公 司

公 司 概 况

国家电网公司（简称公司）成立于2002年12月29日，以建设和运营电网为核心业务，承担着保障安全、经济、清洁、可持续的电力供应的基本使命。公司实行总经理负责制，按集团公司模式运作，注册资金2000亿元，总经理为公司法定代表人，经营区域覆盖26个省、自治区、直辖市，覆盖国土面积的88%以上，供电人口超过10亿人。

截至2009年底，公司共拥有56个全资、控股公司及单位，管理员工总数153.4万人，资产总额18 419亿元，拥有110（66）kV及以上输电线路55.33万km、变电容量18.90亿kVA，在2009年《财富》全球500强企业中排名第15位。

特高压交流试验示范工程自2009年1月初建成投运，到目前已安全运行超过1周年，输送电量超过90亿kWh，发挥了显著的综合效益，验证了特高压输电的可行性、安全性、优越性，被评为新中国成立60周年“百项经典暨精品工程”，列入“国家重大工程标准化示范”项目。向家坝—上海特高压直流输电示范工程成功实现800kV全线带电。锦屏—苏南特高压直流工程开工建设。灵宝背靠背扩建工程竣工投产。西北750kV主网架基本形成。青藏联网以及新疆—西北联网等工程前期工作取得重要进展。宝鸡—德阳直流工程单极投运。呼伦贝尔—辽宁直流、宁东—山东等重要跨区跨省电网项目加快建设。一批500kV输变电工程建成投产，网架结构得到加强。完成提高电网输送能力工程190项，提高输送能力1719万kW。公司首条750kV同塔双回线路、首条220kV同塔6回线路建成投运。上海世博园智能电网综合示范工程扎实推进。

公司经营管理取得显著成效。完成售电量22 748亿kWh，增长7.1%；国家电力市场交易电量2944亿kWh，增长11.6%。

2009年，公司安全工作水平有了新的提升，电网事故和设备事故同比分别下降56.5%和15.6%。自觉规范市场行为，加大交易价格等重要信息公开力度，“三公”调度水平进一步提高。积极应对新疆“7·5”事件对电网和公司造成的影响，确保了电网安全和队伍稳定。圆满完成新中国成立60周年庆典、全国两会、全运会、迎峰度夏（冬）等重要保电任务。

深入开展社会责任工作。组织实施拉动内需农网完善工程，大力推进西藏“户户通电”。全年建成新农村电气化县132个、电气化乡镇1687个、电气化村3万个。实施品牌引领战略，全面履行社会责任，“国家电网”品牌名列2009中国500最具价值品牌第二名，公司名列2009中国服务企业500强第一名。

2009年，公司“电力系统全数字实时仿真”项目获得国家科技进步一等奖，获得国家科技进步二等奖5项，获得中国专利金奖和优秀奖各1项，获国家级奖励的数量创历史最好水平。发布特高压企业技术标准130项，申请专利2528项，获得授权专利1517项。具有自主知识产权的国际首套500kV故障电流限制器成功研发并投入运行。碳纤维复合芯扩容导线研制成功并推广应用。完成了公司信息化SG186工程，提前1年实现公司“十一五”信息化发展规划目标，建成了覆盖公司总部、网省、地市县公司，纵向贯通、横向集成的一体化信息平台。公司在中央企业年度信息化评价中连续被评为A级企业。

领 导 班 子

总经理、党组书记：刘振亚

副总经理、党组成员：陈进行

副总经理、党组成员：郑宝森

副总经理、党组成员：陈月明（女）

副总经理、党组成员：舒印彪

副总经理、党组成员：曹志安

副总经理、党组成员：栾军

总会计师、党组成员：李汝革

中央纪委驻国家电网公司纪检组组长、党组成员：潘晓军

组 织 机 构

截至2009年底，公司共拥有56个全资、控股公司及单位，具体如下：

网省公司：华北电网有限公司、北京市电力公司、天津市电力公司、河北省电力公司、山西省电力公司、山东电力集团公司、华东电网有限公司、上海市电力公司、江苏省电力公司、浙江省电力公司、安徽省电力公司、福建省电力有限公司、华中电网有限公司、湖北省电力公司、湖南省电力公司、河南省电力公司、江西省电力公司、四川省电力公司、重庆市电力公司、东北电网有限公司、辽宁省电力有限公司、吉林省电力有限公司、黑龙江省电力有限公司、内蒙古东部电力有限公司（筹备组）、西北电网有限公司、陕西省电力公司、甘肃省电力公司、青海省电力公司、宁夏电力公司、新疆电力公司、西藏电力有限公司。

公司直属单位：国家电网国际发展有限公司、国家电网公司驻菲律宾办事处、国家电网公司驻深圳经济发展联络处、山东鲁能集团有限公司、国家电网公司运行分公司、国家电网公司直流建设分公司、国家电网公司交流建设分公司、国网新源控股有限公司、国网能源开发有限公司、国网信息通信有限公司、中国电力科学研究院、国网电力科学研究院（国家高电压计量站）、国网北京经济技术研究院、国网能源研究院（国电动力经济咨询有限公司）、国网资产管理有限公司、中国电力财务有限公司、英大泰和财产保险股份有限公司、英大泰和人寿保险股份有限公司、长安保险经纪有限公司、英大国际信托有限责任公司、英大证券有限责任公司、英大传媒投资集团有限公司、中兴电力实业发展有限公司、中共国家电网公司党校（国家电网管理学院）、国家电网公司高级培训中心、国网技术学院（山东电力高等专科学校）、中国安能建设总公司、中国电机工程学会、中朝水力发电公司。

公 司 治 理

2009年，公司认真贯彻落实现代企业制度要求，健全法人治理结构，建立于依法决策、科学决策和民主决策的决策机制，提高利益相关方满意度，追求经济、社会和环境的综合价值最大化，协调推进公司与社会可持续发展。

公司实行总经理负责制，重大决策集体研究决定。按照公司规章成立的领导小组和专业委员会负责审议专项工作制度，拟订重大事项建议方案，各部门、各单位参与公司决策并负责具体实施。公司按照《国有企业财产监督管理条例》接受国务院派驻监事会的监督。公司充分发挥职工代表大会的民主管理和民主监督的积极作用，重大战略决策按照规章接受职工代表大会审议。

公司健全完善利益相关方参与机制，经营决策充分考虑利益相关方的期望和可持续发展要求，广泛听取利益相关方的建议与意见。

公司对所属或管理的单位履行出资人职责，委派或任免董事、监事和管理层，按照财务年度和经营任期实施经济、社会和环境的综合业绩考核和内部审计。

实施《国家电网公司履行社会责任指南》，把“安全、高效、绿色、和谐”的履责要求融入建设和运营电网的全过程和管理体系，落实到各部门、各单位、各岗位，全面、全员、全过程、全方位履行社会责任。

电 网 发 展

1. 电网规划

完成并发布《国家电网发展规划纲要　坚强智能电网发展规划纲要（2009～2020年）》。确定了国家电网发展规划的指导思想、基本原则、总体目标及分阶段目标，从主网架发展规划、配电网发展规划、通信网发展规划、智能化发展规划等四个主要方面明确各阶段规划的重点。指导公司坚强智能电网发展规划的编制和重点工作的有效落实。

编制完成《国家电网发展重大技术研究框架》。组织各相关部门、科研单位及网省公司，认真梳理关系电网发展的重大课题，形成完整的电网发展重大技术研究框架。研究涉及电网基础理论、电网规划、特高压技术、新能源、电网安全及调度运行等重点领域。

开展陕北、锡盟、酒泉、哈密、准东等大型能源基地，金沙江上游、雅砻江流域等大型水电基地，吉林、河北、蒙东、江苏沿海等千万千瓦级大型风电基地输电系统规划，促进大型能源基地的大规模、集约化开发。

完成了蒙东电网规划研究。6月29日，公司与内蒙古自治区人民政府签署了呼伦贝尔、兴安电网整体划转协议，将两盟市电网纳入东北电网统一管理。公司高度重视蒙东电网规划，专门成立蒙东电网规划工作组，组织相关设计科研单位，深入开展蒙东电网规划设计和锡盟及蒙西电网有关问题研究。

公司分别与浙江、河南、陕西、内蒙古等省（自治区）政府签署了会谈纪要，就加大电网投资力度、加快电网项目建设、推动煤电基地开发、加快特高压交直流工程建设、支持电力装备制造业发展、建立常态沟通机制等达成共识。会谈纪要的签署为地方经济社会长期平稳较快发展打下了坚实基础。

启动“十二五”电网规划。制订了“十二五”规划工作方案，确定“十二五”规划组织结构、职责分工、工作流程，指导网省公司和有关直属单位开展相关工作。完成电力需求预测及负荷特性、能源及电力流向等专题研究。

2. 电网建设

2009年，公司110(66)kV及以上输电线路开工6.29万km，投产5.8万km；变电容量开工3.1亿kVA，投产2.9亿kVA。“十一五”前4年，公司新投产110kV及以上输电线路长度17.2万km，变电容量9.1亿kVA。全年未发生因施工、设计、调试质量原因引起的电网事故和设备事故，工程移交水平进一步提高，全年优质工程率达到73.1%。1000kV晋东南—南阳—荆门特高压交流试验示范工程、宁夏银川东750kV变电站工程入选新中国成立60周年“百项经典暨精品工程”。青海西宁500kV变电站工程等11项工程获国家级优质工程奖(鲁班奖、国家优质工程银奖)，获国家级奖项工程数量为历年之最。

(1) 1月6日，特高压交流试验示范工程完成168h试运行正式投入商业运行，截至2009年底，特高压交流试验示范工程已安全稳定运行359天，累计输送电量88.63亿kWh。

特高压交流试验示范工程包括三站两线，起于山西晋东南（长治）变电站，经河南南阳开关站，止于湖北荆门变电站。全线单回路架设，全长约640km，先后跨越黄河和汉江。晋东南（长治）变电站、荆门变电站各装设一组1000kV、3000MVA大容量变压器，三站均采用1100kV气体绝缘全封闭组合电器(GIS或HGIS)。

(2) 正在建设的向家坝—上海±800kV特高压直流输电示范工程是目前世界上输送容量最大、输送距离最远、技术水平最先进、电压等级最高的特高压直流输电工程。工程起点为四川宜宾复龙换流站，落点为上海奉贤换流站，途经四川、重庆、湖北、湖南、安徽、江苏、浙江、上海8省市，4次跨越长江。线路全长约1907km，额定输送容量640万kW，最大连续输送容量700万kW。2009年，公司对工程工期提出新的要求，将工期目标分解为3个阶段：第一阶段是2009年12月实现奉贤换流站极Ⅰ 800kV设备和直流输电线路带电；第二阶段是2010年4月实现极Ⅰ直流系统全压送电；第三阶段是2010年6月底实现双极直流系统全压送电。工程建设第一阶段目标已经实现。

(3) 电网智能化与试点工作。

1) 智能电网关键技术研究。2009年，以智能电网关键领域率先取得突破为目标，公司确定了十大类智能电网技术专题和管理专题，启动了智能电网关键技术重点专项研究，包括智能电网调度技术、双向互动营销技术、智能变电站关键技术、超导储能系统及关键技术、风力发电和光伏发电并网关键技术、微电网技术框架/接入技术与分布式储能装置、高级量测技术、智能电网管理模式、智能电网信息架构与模型等。各项课题正在顺利推进中，大部分课题已完成主要研究任务并取得初步成果，风力发电和光伏发电并网、智能变电站、高级量测、电动汽车充放电站、智能用电小区、智能电网调度、电力光纤到户等关键技术研究进展较快，已取得阶段性成果，满足智能电网试点工程建设的需求。

2) 智能电网关键设备（系统）研制。2009年，为了引导关键智能设备的研发，公司编制完成《智能电网关键设备（系统）研制规划》，提出了智能电网关键设备的技术需求、研制目标和技术路线，部署了试点工程关键设备的研制工作。以该规划为指导，在智能开关设备、智能电能表安全芯片、电动汽车充放电设备、智能电网调度支持系统等方面取得了重要进展，保障了智能电网试点工程建设的顺利推进。

(4) “上大压小”、节能减排实施工作。截至2009年9月底，公司提前1年多完成“十一五”二氧化硫总量削减目标责任书下达的全部11台燃煤机组脱硫治理任务。按照公司统计，二氧化硫排放量下降到4.061万t，比2005年减少73.56%，提前并超额完成国资委下达的到2009年二氧化硫减排24.32%的考核目标。

安 全 生 产

2009年，公司将开展深入学习实践科学发展观活动与积极应对安全生产挑战紧密结合，认真贯彻国务院关于“安全生产年”总体部署，全面落实公司2009年安全工作意见，扎实开展安全生产“三项行动”、“三查一整改”和反违章活动，深化隐患排查治理，推进应急体系建设，狠抓安全生产“基层、基础、基本功”建设，积极应对电力供需形势变化、电煤供应短缺、灾害性天气频繁发生等挑战，确保电网安全稳定运行，圆满完成新中国成立60周年庆典、全国两会、全运会、迎峰度夏（冬）等重要保电任务。公司全年没有发生重大安全生产事故，一般电网事故同比下降56.5%，一般设备事故同比下降15.6%，实现了全年安全生产目标。

（1）电压无功专业管理。2009年，各单位按照公司统一部署，进一步规范和加强无功电压专业管理，认真梳理修订管理制度，夯实管理基础；加大电网、电厂无功电压运行管理力度，制定无功平衡预案；积极开展电网无功经济调度；加大无功设备建设改造力度，认真做好无功、调压设备的运行维护及消缺工作；强化客户端无功电压管理，大力开展谐波监测治理。在负荷屡创新高的情况下，保证了夏、冬季大负荷及国庆60周年保电期间的电压质量和无功平衡，电压水平稳步提升。综合供电电压合格率完成99.447%，提高0.041个百分点；D类供电电压合格率完成99.871%，提高0.053个百分点。

（2）推进变电站集中监控和专业化检修工作。8～10月，分区域召开生产精益化管理工作座谈会，组织制定变电站集中监控中心技术规范和管理规范。对福建、重庆、宁夏等公司专业化检修试点实施方案进行了讨论，公司供电企业劳动组织综合改革试点工作稳妥推进。

（3）深入排查治理设备隐患。6～8月，以电网迎峰度夏和国庆保电工作为重点，组织开展为期2个月的输变电设备隐患排查治理。累计排查出设备隐患12 208件，其中一般隐患11 697件、重大隐患512件。通过设备隐患排查治理工作，切实发现和消除一批设备隐患，进一步强化生产基础管理，提高安全生产的可控、能控和在控水平。

11月6日，公司召开会议，全面启动跨区电网直流输电系统隐患排查治理工作。会议明确隐患排查治理工作的组织机构、任务分工、时间进度、工作要求等内容。计划于11月6日开始至2010年1月底，集中对各控制保护系统的设计、图纸及一、二次设备运行状况进行分析，从源头上排查隐患和缺陷；2010年2月1日～4月30日为集中整治阶段，确保消除已排查出的隐患。

（4）加强电网迎峰度夏设备管理。组织召开加强输变电设备管理电视电话会议，部署加强设备运行监测以及设备监造、运输、安装调试和交接试验全过程管理工作。针对湖北钢都站传奇套管爆炸事故，紧急部署开展变压器缺陷套管检查，责成厂家及时召回与事故套管同批次的其余30支缺陷套管，组织专家开展传奇公司套管工艺质量评估，督促厂家改进生产工艺和控制措施，彻底消除设备安全隐患。深入研究分析电流互感器、套管设备事故原因，印发《预防油浸电流互感器、套管设备事故补充措施》，完善设备出厂试验、交接试验和预防性试验项目和试验标准。

（5）加强西北750kV电网安全稳定管理。组织制订西北750kV电网安全专项评估，梳理和发现在运、在建、规划750kV电网各类问题34条，为全面加强750kV电网规划设计、设备选型、安装调试、运行控制、设备运维等方面工作奠定了良好的基础。印发《关于加强西北750kV电网安全稳定工作的意见》（国家电网生［2009］445号）和《关于落实当前西北750kV电网安全稳定相关重点工作的通知》；下发《西北750kV电网安全稳定工作实施意见》，编制《西北750kV电网安全稳定工作实施方案》，督促落实整改措施。

（6）加强专业技术管理。组织召开公司系统输电线路、变压器、开关专业会议，总结专业工作经验，安排部署各专业重点工作。加强设备运行分析和缺陷跟踪处理。分析近年来变压器、断路器等主设备质量问题，配合物资部门及时进行通报，强化入网管理工作，促进设备质量提高。针对油浸电流互感器严重损坏事故频发，组织公司科研技术力量深入分析，制定预防油浸式电流互感器、套管设备事故的补充措施，组织开展互感器二次负载实测分析，为互感器二次参数优化、提高互感器安全性能奠定基础。针对浙江等多雷地区变电站设备雷击损坏事故，编制《预防多雷地区变电站断路器等设备雷击损坏事故措施》，进一步完善变电站防雷技术措施。针对西开公司500kV SF_6 互感器交接试验中发现的家族性缺陷，组织开展深入分析，全面落实整改措施，消除了设备运行安全隐患。积极开展防雷、防污、防覆冰等专项技术监督工作，规范雷电监测系统运行管理，制定雷害分级和雷害分布图绘制规则，修定输电线路反事故技术措施。开展带电作业技术规范化研究。

经 营 管 理

1. 生产指标

售电量完成22 748亿kWh，同比增长7.1%，完成年计划的100.8%；国家电力市场交易电量完成2944亿kWh，同比增长11.6%，完成年计划的

104%；线损率完成6.12%，低于计划0.03个百分点；公司管理机组发电量完成594亿kWh，完成年计划的103.2%；公司管理机组供电煤耗完成347.5g/kWh，低于年计划2.7g/kWh。

2. 供电服务指标

华北、华东、华中电网频率合格率均为100%，东北、西北电网频率分别越限73s和38s，均优于计划目标值；城、农网综合供电电压合格率分别为99.447%、97.25%，比年计划高0.039、0.15个百分点；城、农网供电可靠率分别为99.903%、99.615%，均高于计划目标。

3. 公司经营情况

2009年，公司完成售电量22 748亿kWh，增长7.1%，比年初计划高4.1个百分点。剔除上网电价上调等政策性因素，公司可实现利润超出330亿元。净资产收益率－0.82%，同比降低1.63个百分点，剔除不可比因素，同比上升2.2个百分点。

2009年11月20日起全国平均销售电价上调2.83分/kWh，电价矛盾得到有效疏导。电价调整为公司实现正常经济效益奠定了坚实基础。

公司广泛开展“三节约”活动，降本增效成效明显。加强调度管理，优化购电结构；加强营销管理，强化电费回收，年末电费余额创历史新低；强化统一融资管理，财务费用较带息负债增幅低7个百分点；在经营规模持续扩大的情况下，可控费用同比下降3.3%。通过多措并举，公司年内实现了扭亏为盈。

电网运行与电力市场建设

2009年，全年全社会用电增速有所提高。全国全社会用电量实现36 587亿kWh，同比增长6.4%，增幅提高0.9个百分点。其中，国家电网公司经营区域全社会用电量实现29 207亿kWh，同比增长6.7%，增幅提高1.0个百分点。全国新增装机容量8970万kW，全国发电量为35 874亿kWh，同比增长7.0%，增幅提高1.3个百分点，累计增速在8月首次实现正增长。

全年来看，全国电力供需总体呈现“前松后紧”态势。前3个季度，由于电力需求增速较低，发电装机继续保持较快增长，来水和电煤供应情况总体较好，输变电能力进一步提高，电力供应能力整体较为充裕，全国电力供需总体平衡，仅有西藏、新疆、江苏和浙江电网部分时段采取了有序用电等措施；第4季度，经济形势持续好转，加上低温天气影响，电力需求明显提高，受重点水库来水偏枯（部分为特枯）、电煤供应紧张、部分机组集中非计划停运等因素影响，局部地区出现电力供需紧张局面，上海、浙江、湖北、江西、西藏、云南、贵州等省出现拉闸限电。

国家电网公司电网规模继续保持快速发展，资源优化配置力度进一步增强。1000kV晋东南—南阳—荆门特高压交流试验示范工程年初正式投入商业运行，全年总体运行平稳，充分发挥了跨区优化配置资源的作用。德宝直流极Ⅰ和灵宝直流单元Ⅱ投产，“三华”电网与区外电网跨区交换能力进一步增加。三峡近区网络采用三江Ⅱ线、江复Ⅰ线在江陵站出串的方式运行，确保了汛期三峡电厂的发电，首次实现三峡电厂26台机组全部并网发电。锦界、府谷电厂送出系统忻都站5组串补投入运行，系统送出能力得到较大提高。

公司以特高压电网发展为机遇，创新设计“长期意向、年度合同、月度优化、实时平衡”的交易模式，构建以中长期交易为主、灵活调节交易为辅的电力交易机制，保证了大型能源基地外送的组织和落实。按此模式，公司对跨区跨省交易提出了从电厂上网组织到受端电网消纳全过程管理的要求，促进了跨区跨省交易的发展，推进了我国电力市场体系建设。

公司积极搭建跨区跨省交易平台，充分发挥市场在优化资源配置中的作用，在保障各地电力需求的前提下，实现了国家电力市场交易电量大幅增长，全年完成交易电量2943.99亿kWh，同比增加11.58%。

2009年售电量完成22 736亿kWh，同比增长7.18%，增幅比2008年回落0.33个百分点。江西、华北直属、四川、湖南、西藏、安徽、河北、重庆、新疆、青海、山东、河南、天津、福建、北京、浙江16个公司的售电量增幅超过公司平均水平。江西公司增幅最高，为16.42%；山西公司增幅最低，同比下降3.17%。

国际化经营

为保障国家能源资源供给，降低资源开发对环境的影响和生产成本，实现国际业务跨越式发展，公司加大对国际能源资源的综合开发力度，稳步开展对外投资和资产并购工作。公司实现对菲律宾国家电网的顺利接管和成功运营。多次赴目标国和目标公司进行考察，完成多个项目的初步可行性研究。公司与多家海外矿产公司达成合作意向，建立备选项目库并不断更新，及时分析研究市场走势，筛选合作项目。

1月15日，公司与当地合作伙伴合资设立的菲律宾国家电网公司顺利接管菲律宾国家输电网。公司充分发挥技术、资金和管理优势，与菲律宾合作伙伴密切配合，采取有效措施，顺利完成对菲律宾国家输电网的初步整合，逐步建立完善菲律宾国家电网公司的各项管理规章制度，大幅提升菲律宾国家电网系统的安全性和可靠性，赢得菲律宾各有关方面的赞扬和尊重。经过1年的努力，菲律宾国家电网运行指标明显提高，合资公司财务状况良好。公司作为股东实现了预期的投资利润和投资回报，大幅带动中国电力设备出口菲律宾，形成了投资回报与带动出口的双重效应，提升了我国企业的国际化经营水平和国际竞争力。

人才队伍建设

公司高度重视人才队伍建设工作，2009年，通过组织实施各类专项人才培养计划，加大优秀高层次人才和紧缺人才培养选拔力度，积极开展全员培训、技能竞赛和调考等工作，人才队伍结构不断改善，员工队伍整体素质不断提高，有力支撑了公司各项工作的顺利开展。

1. 大力开展高层次紧缺人才培养

为适应公司各项业务快速发展对人才队伍提出的新要求，公司加快了特高压、智能电网等紧缺人才的培养步伐，与清华大学、武汉大学联合开展了特高压交流、直流输电技术及智能电网高层次人才培训项目，脱产半年时间，以高电压专业硕士研究生主干学位课程及智能电网知识为主要培训内容，培养了120名特高压及智能电网研究生层次高端人才，为公司特高压电网和智能电网的建设补充了高层次人才。组织开展10期特高压专项人才培训班，培养了特高压交、直流运行维护及设备安装调试人员1320人；根据国际化人才培养需要，举办1期外语人才培训班，培养了40名外语及国际化人才；根据金融业务发展需要，培训165名金融保险人才，更好地满足了公司业务发展对高层次紧缺人才的需求。

2. 组织开展新一轮经营管理能力培训

2009年，公司深化实施高级经营能力培训，按照公司统一部署和《国家电网公司“经营管理能力培训”指导性大纲》要求，在2008年完成一轮副处级以上管理人员及县供电公司领导班子能力培训的基础上，继续组织开展新一轮经营管理能力培训。公司层面开展了2期、共90名处级干部参加的经营管理能力培训班，各网省公司共培训经营管理人员2.5万人·次，培训内容涵盖领导素养与领导力、经营管理、工作专题等，更好地推动了公司“两个转变”和“四化”建设工作的落实。

3. 加大高技能人才培养工作力度

公司加大高技能人才培养工作力度，依托年度培训计划，充分发挥各单位技能培训中心的作用，联合专业技术部门，开展技能人员培训。2009年，公司共培训技能人员101.5万人·次，新增高级技师2018名、技师14 187名，生产技能人员中高级技师、技师所占比例分别达到1.22%、11.46%，高技能人才比例达66.2%，提前实现“十一五”教育培训规划中的高技能人才培养目标，生产一线员工的能力和素质得到全面提升，保证了公司的安全生产和经济运营。

4. 进一步加强专家人才队伍建设

2009年，公司继续加大优秀人才的培养选拔力度，建立了公司专家人才库及后备人才库，进一步加强对各级优秀人才的统一管理。根据国家人力资源和社会保障部下发的《关于做好2008年政府特殊津贴有关工作的通知》（人社部发［2009］22号），公司新增享受政府特殊津贴的专家12人。公司现有两院院士6人（其中双院士1人），突出贡献的中青年科学、技术专家12人，享受国务院政府特殊津贴的科学、技术专家117人，新世纪“百千万人才工程”国家级人选21人，全国技术能手68人，全国青年岗位能手33人。

公司建立完善优秀专家人才培养选拔机制，建设优秀人才梯队，稳步提高公司人才队伍的整体质量。截至2009年底，公司共涌现出国家级优秀人才258人，公司级优秀人才997人，省部（行业）级优秀人才1110人，网省公司级优秀人才8586人，地市公司级优秀人才14 409人，公司系统各单位优秀人才选拔制度已基本建立，国家、国家电网公司、网省公司和地市公司四级优秀专家人才选拔培养体系已基本成型。

5. 继续实施“西部电力企业优秀青年人才培养计划”

2009年，公司进一步完善西部人才培养机制，完成了60名西部五省和西藏电力公司优秀青年骨干赴东部网省电力公司为期半年的实践锻炼培养工作，组织了西藏电力公司财务管理、电力营销、人力资源等三个专业的西藏人才帮扶培训，为西藏电力公司培训了330名专业人才。通过东西部人才交流培养机制，充分利用先进网省公司的优质资源，加大西部人才培养力度，提升西部网省公司的专业管理水平。

6. 深入实施“学习型班组长培养计划”

为全面培养和提高班组长的管理水平和业务能力，公司依据《国家电网公司学习型班组长培训指导大纲》，继续组织实施学习型班组长培训项目，使班组长掌握所需的现代化管理理念、方法和技能，学习并借鉴先进的班组管理经验，提高班组长的业务素质、工作能力和管理水平。2009年，公司共培训班组长6.6万人·次。

7. 广泛开展竞赛和调考选拔优秀人才

2009年，公司共有693人·次参加了国家、省、部（行业）级的各类竞赛，有 163 人・次获奖；公司统一组织了继电保护、信息系统安全运行维护、高压电气设备状态检测、工程造价管理四个专业的竞赛和针对可靠性专业人员、供电所人员、财务人员的调考，参赛 2004 人・次，表彰 139 人・次；网省公司及地市公司共举办各类竞赛、调考 4393 项，参赛 285 937 人・次，表彰 21 970 人・次。通过广泛开展竞赛和调考活动，培养了一批优秀技能人才，共有 9 人获得中央企业技术能手称号，28 人获得国家电网公司技术能手荣誉称号，16 人获得省级技术能手荣誉称号，287 人获得网省公司技术能手荣誉称号。

企业社会责任

国家电网公司在国内首创全面社会责任管理模式，用社会责任理念全面优化公司使命、战略、运营和文化，自觉将社会责任纳入经营战略，实现了从理论创新到实践突破，进而全面试点的成功探索。2007 年底，公司认真总结履责实践，发布了我国第一个企业履行社会责任指南，提出了实施全面社会责任管理的架构体系；2008 年 4 月，公司党组选择天津市电力公司作为网省公司试点，探索网省公司全面社会责任管理的目标模式和推进模式；2009 年，公司党组决定在天津市电力公司开展营销专业全面社会责任管理试点，在江苏无锡公司和浙江嘉兴嘉善县供电局开展地市和县供电企业全面社会责任管理试点，探索基层供电企业实施全面社会责任管理的有效路径，将全面社会责任管理理念层层推进，根植基层和一线。

三家试点单位按照公司统一部署，坚持以科学发展观为指引，按照深化“两个转变”和贯彻《国家电网公司履行社会责任指南》的要求，全面梳理体制机制，周密策划实施方案，不断创新实践载体，强化内质外形建设，凝聚内外发展合力，促进社会责任理念与企业运营实践全面融合，提升公司工作价值和品牌美誉度，为今后在全公司推动全面社会责任管理提供经验和样板。公司试点案例入选国资委“2009 年度中央企业优秀社会责任实践”第一名，并作大会交流发言和播放专题片。

党建和精神文明建设

2009 年，国家电网公司认真学习贯彻党的十七届四中全会精神，以开展深入学习实践科学发展观活动为契机，全面加强和改进公司系统党的建设，充分发挥党组织的政治核心作用、党支部的战斗堡垒作用和党员的先锋模范作用，为公司科学发展提供了坚强的政治保障。

公司高度重视反腐倡廉建设和纪检监察工作，深入学习实践科学发展观，认真贯彻落实党中央、中央纪委、国资委关于反腐倡廉建设的各项决策部署。坚持标本兼治、综合治理、惩防并举、注重预防的方针，以“三严一常”为根本措施，以构建国家电网“三化三有”特色惩治和预防腐败体系为重点，大力加强反腐倡廉建设，各项工作取得新的进展，为公司推进“两个转变”，推动“一强三优”现代公司建设再上新水平起到了积极的促进和保障作用。

2009 年，国家电网公司精神文明建设工作坚持“两手抓，两手都要硬”的方针，全面贯彻落实社会主义核心价值体系，以开展“窗口行业创建文明单位网上行”活动为载体，围绕中心、服务大局、以人为本、重在建设、与时俱进、注重实效，深入开展文明单位创建活动，全面提升公司精神文明建设整体水平，为促进电网和公司发展方式转变，加快建设“一强三优”现代公司提供了强大的思想保证和精神动力。

公司企业文化建设工作全面贯彻落实公司一届四次职代会暨 2009 年工作会议精神，坚持融入中心、服务大局，以人为本、全员参与，重在建设、突出特色，统一规划、分步实施的原则，大力宣传“诚信、责任、创新、奉献”的核心价值观，加快推进以“四统一”（统一的核心价值观、统一的发展目标、统一的品牌战略、统一的管理标准）为基础的优秀企业文化建设，企业文化穿透力、影响力和震撼力明显增强。

为推进“两个转变”，落实“四化”要求，按照公司党组的决策部署，2009 年进一步加大了社团组织管理工作力度。

公司系统的信访稳定工作坚持以邓小平理论和“三个代表”重要思想为指导，深入贯彻落实科学发展观，全面贯彻落实全国维护稳定暨信访工作电视电话会议精神，认真贯彻落实公司一届四次职代会暨 2009 年工作会议的部署，以维护国家重大政治活动期间职工队伍稳定为重点，紧紧围绕公司改革发展重点工作，按照“保增长、保民生、保稳定”的要求，进一步落实责任，排查不稳定因素，化解矛盾，确保职工队伍稳定，确保不发生影响企业和社会稳定的重大信访事件，努力营造企业良好和谐的发展环境。

中国南方电网有限责任公司

公 司 概 况

2009年是中国南方电网公司（简称公司）成立以来经营最困难、任务最艰巨的一年，也是我们在挑战中矢志探索科学发展、在逆势中奋力推进做强做优的一年。面对国际金融危机的影响不断扩散蔓延、不确定因素很多的严峻复杂形势，公司在党中央、国务院的坚强领导下，认真落实“保增长、保民生、保稳定”的决策部署，谋大势、抓重点，见事早、行动快，牢牢掌握工作的主动权，全体干部员工用心全力、砥砺奋进，超额完成了售电量增长5%的奋斗目标和固定资产投资1025亿元的硬任务。电网保持了安全稳定，主要生产运行指标优于2008年。完成售电量5239亿kWh，同口径增长6.2%。西电东送电量1155亿kWh，同比增长9.2%。营业收入3124亿元，增长9.4%；利税总额215.4亿元。完成电力基本建设933亿元，其中电网建设投资915亿元，增长91.5%；投产220kV及以上输电线路9221km，变电容量5176万kVA。2009年底，公司资产总额4404.5亿元，资产负债率66%。公司在世界500强企业的排名大幅上升41位，列第185位。

领 导 班 子

公司党组书记、董事长：彭檖振

公司党组成员、董事、总经理：赵建国

公司党组成员、董事、副总经理：肖鹏 周继太 王久玲 祁达才

公司党组纪检组长：王玉霜

公司党组成员、副总经理：王良友 张晓东

公司总会计师：李文中

组 织 机 构

公司总部设有13个部局，以及南方电网电力调度通信中心、电力交易中心、技术研究中心及信息中心（合署办公）。下设超高压输电公司、调峰调频发电公司2个分公司，广东、广西、云南、贵州、海南电网公司、南方电网国际公司6个全资子公司，控股南方电网财务公司，牵头发起设立鼎和财产保险股份有限公司。详见公司2009年组织机构示意图。

电 力 供 应

积极应对国际金融危机的影响，发挥电力作为基础产业的作用，全力以赴为保持经济平稳较快发展提供电力支撑。全系统层层建立增供扩销组织体系，层层落实责任，各级领导班子成员带头深入基层，传递信心，加强督导。健全用电市场分析预测标准体系，完善了日跟踪、周分析和月报告制度，分行业、分地区、分用户跟踪分析市场变化，全网年度电量预测准确率达98%，月度预测准确率达95%。千方百计开拓市场，通过采取“一厂一策”、“供电服务队”等灵活多样的措施，帮助企业启动潜在的生产能力；超前做好用电报装服务，实施以电代煤、油、气等工程，全年业扩报装新增容量2107万kVA，平均报装办理时间同比减少14%。制定了《客户停电管理规定》等制度，优化停电管理流程，规范客户停电时间统计工作。2009年全网城市供电可靠率完成99.87%，同比上升0.2%；农村供电率创近年来新高，达到99.74%；城市客户平均停电时间11.22h/户，同比减少1.66h/户，平均停电次数2.546次/户，同比减少0.183次/户。提高故障抢修响应速度，抢修到达现场时间平均缩短了10%。全年增供扩销电量120亿kWh，拉动售电量多增长2.5个百分点。灵活调配五省区资源，有效缓解东西部发电侧矛盾，其中安排云南、贵州电量置换4.2亿kWh，减轻了云南水电弃水压力，增加了广东火电利用小时数。深入开展“绿色行动”，累计为企业客户开展节能诊断2.6万次，提供合理化建议11万余条，建成地方政府认定的节电示范项目67个，节约用电24亿kWh。公司在广东、云南社情民意调查中荣获服务评价总体满意度第一。

电 网 建 设

抢抓机遇，加速电网建设改造。与广东、广西、云南、贵州、海南五省区政府建立了政企合作共同推进电网建设的机制，全网62个地级市中已有48个建立了电网建设绿色通道。选定15个主要城市重点加大投资，完成所有地市五年电网专题规划，全面梳理

并制定了电网技术原则和建设标准，将城农网改造纳入公司重点工程管理，推进工程建设协调属地化管理。进一步加大对农网和无电地区的投资力度，全年解决10.6万户无电人口的用电问题，海南和贵州实现电网覆盖范围内的“户户通电”。积极配合上级对中央扩大内需投资项目、城农网改造项目实施情况的监督检查，严肃认真地制定措施、限时整改。完成了南方电网“十二五”及中长期规划研究评审，完成了溪洛渡、糯扎渡送电广东直流工程的核准申报工作。投产18项重点工程，西电东送形成“八交五直”大通道，输电能力超过了2300万kW。完成向澳门供电2010～2020年规划研究工作，加大力度推进越南永兴电厂项目，投产向老挝送电的115kV输变电工程。6月底海南联网工程投产，结束了海南“电力孤岛”的历史，南方电网成为真正意义上的“一张网”；年底世界第一个±800kV特高压直流输电工程——云广特高压直流单极投产，输送负荷达到260万kW，工程自主化率62.9%，标志着我国电力技术、装备制造达到国际先进水平，在世界输变电领域占领了新的制高点。

安 全 生 产

沿着“体系化、规范化、指标化”的轨道扎实推进安全生产工作。全面完成生产管理规范化和安全生产风险管理体系试点工作，形成可复制、可推广的模板，全系统84%的110kV及以上变电站、47%的输电运行管理单位实现规范化管理。完成10个生产班组规范化试点建设，颁发34册生产班组技能培训规范。公司应急指挥平台建设按期推进，累计已制定总体预案140个、专项预案1893个、现场处置方案7272个，组建了920支应急队伍。制定《电网风险管理办法》，规范风险发布和预控措施管理。落实云广特高压直流和海南联网工程投产后的功率控制、安稳系统调整等对策。通过加强地区电网动态稳定管理等措施，全年没有发生系统低频振荡。对保护设备运行中发现的问题及时开展仿真分析，确保了220kV及以上故障快速切除率达100%。落实直流反措，调整了直流重启动策略，杜绝了直流双极闭锁，单极闭锁同比大幅减少54%。积极推进节能发电调度，具备条件的火电机组脱硫信息全部接入调度系统，实现了在线监测和实时排序。

经 营 管 理

多措并举挖潜增效。积极推进财务集约化管理，推行月度预算控制，提高预算对经营的管控能力。压缩可控成本规模，可控供电单位成本低于预算4.9个百分点；优化购电结构，节约购电成本8亿元；办公、差旅等五项费用均实现同口径零增长。深化线损“四分”（分压、分线、分区域、分台区）管理，57家地市供电局省级达标，其中16家网级达标，全网综合线损率比2008年有较大幅度的降低，达到5.81%。积极配合国家督查组对广西、云南两省区进行优惠电价清理督查。实施城农网建设改造统一融资，充分运用国家财政、税收、金融政策，多渠道、低成本筹集建设资金，成功发行100亿元中期票据。加强资金优化调度，累计取得资金运作效益7.5亿元，有效控制了资产负债率。加强增值税抵扣管理，减轻公司整体税负。电网主业与财务公司、保险公司金融平台优势互补的作用得到进一步发挥。推进投资清理和产权级次优化整合，完成投资清理1.4亿元。按照信用等级分类，加强电费风险管控，年底应收电费余额同比减少2亿元。积极配合监事会实地检查，认真落实整改；配合做好税务专项稽查、国有资本经营预算审计等工作。贯彻国资委关于工资总量调控的要求，制定《公司工资总额调控管理办法》。公司在国资委经营业绩考核中连续四年获得A级。

重 大 项 目

1. 云广特高压直流工程

云广特高压直流工程是世界上第一个±800kV特高压直流输电工程，是迄今世界直流输电领域电压等级最高的项目，也是我国特高压直流输电自主化示范工程。工程西起云南省楚雄州禄丰县，东至广东省广州市，途经云南、广西、广东三省（区），线路全长1373km，额定直流电压±800kV，输送容量500万kW，静态投资147亿元，动态投资154亿元。工程新建楚雄换流站、穗东换流站、楚雄—穗东直流线路、接地极及接地极线路。计划2009年12月单极投产，2010年6月双极投产。工程的建成投产标志着我国占领了世界直流输电领域的一个制高点，电压等级、电力技术、装备制造以及电网建设均上了新水平、新台阶，输变电技术管理水平进入了世界领先行列。工程投产后，南方电网形成了“八交五直”共13条500kV及以上的西电东送大通道，输电能力超过2300万kW。

云广直流的国内自主化率达到60%。南方电网技术研究中心承担工程的技术负责和直流成套设计工作。广东省电力设计研究院、西南电力设计研究院提供工程勘测设计。西门子公司、西安电力机械制造公司、特变电工沈阳变压器集团有限公司、许继集团有限公司、北京电力设备厂、保定天威保变电气股份有限公司等提供主要的设备和材料。工程建设需要突破诸多技术问题，不少属于目前世界上最前沿的技术。电压升至±800kV，特别是在地处云贵高原、海拔1850m的楚雄换流站（为目前世界上海拔最高的换流站），设备绝缘水平要求是其他同类工程不可比拟的。南方电网公司在自主开展系统研究、成套设计、性能仿真试验的同时，深入开展了过电压和绝缘配合、电磁环境研究，提出了一整套技术规范、标准，并对有关技术参数进行了海拔修正。该工程大多数设备属于世界首次研制，技术、设计、制造等方面均有很大突破。换流变压器绝缘要求高、直流偏磁大，单台重300余t，完整安装结束后将超过500t，这种“巨无霸”又受到铁路运输严格的尺寸限制，其设计和制造达到了极限。重达10t的直流穿墙套管长度也突破了世界同类产品长度之最，达21m。全新研制单台电感量为75mH的空芯平波电抗器。工程所用铁塔、线路、绝缘子及金具等均按照更高的电压、机械强度、高海拔、重覆冰等要求设计、制造和施工，其中单基铁塔最高达108m、最重达157t，重冰区的线路强度按照百年一遇的标准进行设计，完全可以抵御类似2008年初的冰雪凝冻灾害。整个工程除部分换流变压器和直流场设备由西门子公司提供，其余均由国内实力雄厚的厂家机构承担，综合自主化率超过60%，极大地促进了自主创新战略的落实，推动了装备制造业的发展。截至2009年底，仅南方电网公司就在云广特高压直流工程上获得14项发明、专利和软件著作权，另有21项已被受理。2009年12月28日，工程举行单极投产仪式。

2. 500kV海南联网工程

南方电网与海南电网联网工程是我国第一个500kV超高压、长距离、大容量的跨海联网工程，输送容量亚洲第一，海底电缆单根长度世界最长。工程的建成将结束海南电网长达95年的孤岛运行历史，有利于调剂电力余缺，实现资源优化配置，能有效提高海南电网水电利用率和火电装机利用率，改善海南电网的供电可靠率和电能质量，对提高海南电网运行安全可靠性和运行水平，促进海南省的经济社会发展具有重要意义。海南联网工程采用500kV交流输电设计，本期输送容量为600MW。国家发改委于2005年以发改能源［2005］2209号文批准本工程建设。工程静态投资24亿元，计划于2009年6月30日建成投产。工程包括陆上线路站点和海底电缆两部分，北起广东省500kV港城变电站，通过32km海底电缆穿越琼州海峡，南落海南省500kV福山变电站，通过5回输电线路与220kV海南电网相连，线路总长171.9km。陆上架空线路为单回设计，总长139.9km，新建500kV福山变电站，扩建500kV港城变电站，新建500kV徐闻高抗站、南岭海底电缆终端站及林诗岛海底电缆终端站。其中，福山变电站为海南省第一座500kV变电站，南岭终端站是我国首个完全建立在沙土软弱地基上的变电站。海底电缆全长32km，其中广东海域约8km，海南海域约24km，是目前世界上单条最长距离、较大容量的超高压海底电缆。南方电网公司经过对多种联网方案的反复论证比较，采用了现行的500kV交流联网方案，由挪威奈克森公司实施，节省投资10亿多元。该工程由中南电力设计院、广东省电力设计研究院联合设计，挪威奈克森公司提供主要设备，于2009年6月30日正式投产。

科 技 创 新

科技创新取得重大成果。2009年科技投入12.99亿元，公司被国资委、科技部等部委认定为创新型企业，研究中心获授牌成为“国家能源大电网技术研发（实验）中心”。自主完成了云广特高压直流工程的系统研究、成套设计和系统调试等工作。国家工程实验室昆明特高压试验基地正式投入使用。公司评定了首批重点实验室，举办了公司首届管理论坛。重点科技项目按期推进，科技部“特高压输变电系统开发与示范”项目12个课题完成验收；国家“863”项目分布式供能工程已具备投运条件，成为全国示范工程。积极支持电动汽车等新技术发展，在深圳建成全国规模最大的充电站。各级科技奖励项目数量83个，创历史新高。专利申请新增100项，专利授权新增32项，顺利完成新增专利30%的年度目标。实施信息化水平“登高计划”，营销、人力资源、财务、安全生产四个核心业务系统已基本覆盖各分子公司本部和地市供电局。

基 础 管 理

全方位加强基础管理。围绕物资采购、工程发包、资产转让、资金管理、电力购销和对外投资六个关键领域，进一步完善和深化内控体系建设。开展内部专项审计4951项，促进增收节支2.19亿元，提出审计建议3223条；深入开展“审计整改年”活动，促进审计成果的应用。常态化地发布社会责任报告，公司荣获国资委“中央企业优秀社会责任实践奖”。举办了公司首届管理论坛，软课题研究更注重深度和实效。以广东电网为先导，因地制宜地推进各个层面的国际国内创先工作，取得了积极进展。加强法律风险防范和法律纠纷案件管理，经济合同和重要规章制度的法律审核率达到100%。全面完成通信管理体制调整。农电体制改革稳步推进，县级供电企业基础管理达标率提高到66%，线损率全部降到20%以下。股改上市工作继续推进。

队伍建设

队伍建设水平有了新的提高。继续深化“四好”班子建设，完成了地市级和县级供电企业班子建设专题调研，抓好2008年分、子公司班子集中考核反馈意见的整改落实。印发公司《关于加强培养选拔年轻干部工作的实施意见》。制订了首批海外高层次人才引进计划，目前已有3人通过公司评审，其中1人作为2009年度“千人计划”人选通过了国资委评审。在南网总调、研究中心选聘了12名1～3级专家。高度重视教育培训工作，召开专题会议，系统总结教育培训加速融合、根植文化、激发活力、提高素质、培育品牌等方面的有效经验，全面部署进一步实施大规模分类分层培训、推进人才强企战略的相关工作，这对提升企业素质、永葆企业活力具有深远的意义。完成东莞板桥变电运检实操培训基地建设；编写43册B、C级管理人员课程；制定了覆盖7个专业系列、45个核心工种的技能人员评价标准，组织开展全网变电和调度运行技能普考。全系统共举办各类培训班18 296期，培训员工69.5万人·次，全员培训覆盖率达96.4%。

企业社会责任

公司积极利用西部地区水电资源，支持五省区内水电装机比重不断提高，对于五省区实现低碳发展具有重要意义。水电装机容量占36.72%，高于22.51%的全国平均水平；火电装机容量占58.13%，低于74.60%的全国平均水平。公司成立7年来，西部水电东送3992亿kWh，相当于节约标准煤12 734.5万t，减少二氧化硫排放244.5万t，减少烟尘排放127.3万t。2009年，南方电网统调水电发电量1350亿kWh。通过科学调度，消纳富余水电34亿kWh，相当于节约标准煤107万t，减少二氧化硫排放2.1万t，减少二氧化碳排放235.5万t，减少烟尘排放1.1万t。西部水电东送环保绩效节约标准煤3687.6万t，减少二氧化碳排放8112.8万t，减少二氧化硫排放70.8万t，减少烟尘排放36.9万t。

公司综合采取多种措施，促进大容量、高效率、低排放的火电项目发展。按能耗水平排序安排燃煤机组发电，提高燃煤机组发电利用率。2009年，南方电网区域发电标准煤耗完成315g/kWh，同比降低4g/kWh；供电煤耗完成336g/kWh，同比降低6g/kWh。落实“上大压小”政策，协助政府关停670万kW小火电燃煤机组。截至2009年底，累计关停1409万kW，超额完成“十一五”期间关停1327万kW的目标。推动燃煤机组脱硫，减少二氧化硫排放。公司统一调度的65座电厂、175台燃煤机组实现脱硫实时监控，监控信息接入率100%，全网脱硫装置平均脱硫效率为90.9%。公司鼓励新能源发电，扶持风能、太阳能等新能源发电项目的开发和利用。南方五省区风电装机容量增加62.87%，发电量增加62.83%。公司致力于建设绿色电网，高度重视电网建设中的环境保护。公司电网建设项目均依法办理环境保护许可手续，环评率达100%。对电建工程实施“三同时”管理，确保工程项目的污染防治设施与主体工程“同时设计、同时施工、同时投产”，并主动接受环境保护主管部门审查，未发生环保违规事件。

在输变电设施建设中，采用直流输电、紧凑型输电线路、同塔多回线路等先进技术，在同等输电规模情况下，大大减少变电站及线路走廊用地，有效节约了土地资源。在电网建设中，高度重视保护生物多样性，采用高塔跨越、张力放线、飞艇放线等技术手段，使线行在穿越森林、自然栖息地、湿地和野生动物走廊时，减少施工对沿途植被的破坏和对野生动物的影响。

通过优先吸纳水电、火电按能耗水平排序发电等节能发电调度措施，共减少燃料消耗折合标准煤243万t，相应减少二氧化硫排放4.7万t。全面启动管理降损“四分”（分压、分线、分区域、分台区）达标评价活动，努力降低输变电环节电能损耗。在配电和变电环节积极推广节能设备，实施多项高损耗配电变压器技术改造，推广非晶合金等节能型配电变压器。综合线损率降至5.81%，同比下降0.87个百分点，节约电量48.5亿kWh，相当于节约标准煤163万t，减少二氧化硫排放3万t，减少二氧化碳排放358.5万t，减少烟尘排放1.6万t。积极采购环境友好的电力设备，开关类设备实现100%无油化；加强变电站排水中的油处理及检修变压器的清重油料的再生利用。避免废弃物外泄造成污染。截至2009年底，基层单位对废弃设备SF_6气体回收率达67%。

公司和五省区政府签订《关于建立电力需求侧管理长效机制推进节能减排工作合作备忘录》，明确以政府为主导、电网经营企业为实施主体、电力客户和能源中介机构等各方共同参与的电力需求侧管理长效机制，共同推动终端客户节能。积极为客户提供节能诊断、节能建议、节能项目建设一条龙服务，帮助客户选用高效节能设备。截至2009年底，累计组织560期节能降耗交流研讨班，为40 642家企业、约10.3万名管理人员开展节能降耗业务培训。开展节能诊断2.6万次，协助客户累计节约电量24亿kWh。

公司大力支持教育、卫生和文化等公共事业的发展，积极参与扶贫济困、赈灾救灾活动；逐步完善捐赠制度，鼓励员工参与捐赠、参加志愿者活动，系统地开展社会公益活动。认真实施“兴边富民”工程，建立对口扶贫基金，支援贫困地区建设，每年到定点扶贫地区开展对口支援。面对地震、台风、洪水、冰灾等各种灾害，在全力抢修复电的同时，公司捐款捐物，支援地方抢险救灾和灾后重建，把真情与爱心送到千家万户。2009年，公司对外捐赠支出总额6712.04万元，其中，向台湾“莫拉克”台风灾区捐款1239万元。

高度重视社区居民的健康与安全。为消除居民对电磁辐射的误解，公司和地方环保局等第三方机构联合检测户外、户内变电站、高压线的电场强度和磁场强度，检测结果均远低于国家标准值，并将检测结果向公众披露。此外，还通过公交、地铁广告、广播和参观交流等方式消除公众对电磁辐射影响的担忧。广州供电局通过媒体组织穗港市民代表交流互访，赴香港参观居民住宅、学校等旁边的变电站，实地感受发达城市的变电站与居民区融为一体的情况，有效地减少社会公众对变电站电磁辐射的误解。开展“青春光明行、服务千万家”、“迎亚运、展风采”系列主题团日、安全用电进校园、进农村以及扶贫帮困、希望工程等各具特色的青年志愿服务活动1047项，参与人数16 780人·次。

学习实践活动

公司把“提高供电可靠率，科学发展上水平”作为学习实践活动特色，找到了一条电网企业科学发展之路。

(1) 学习实践活动主题突出、成果丰硕。公司深刻分析影响制约企业科学发展的突出问题和原因，提出了进一步贯彻落实科学发展观的思路和举措，形成了分析检查报告和整改落实方案两大成果，找到了“提高供电可靠率”这条电网企业的科学发展之路，体现了把电网发展的成果真正惠及广大人民群众，在全体员工中引起了强烈共鸣，得到了社会各界的广泛认可，也为有效应对国际金融危机、全面完成全年目标任务注入了新的动力。对查找出来的问题认真组织整改，让职工群众实实在在地感受到学习实践活动带来的新气象新变化。49个中长期整改项目已分解为145条措施，其中计划2009年完成的58条措施均已全部落实到位，其余的正在按计划推进，并纳入了常态化管理。

(2) 提高供电可靠率深入人心、取得实效。科学发展的意识、观念、思维浸润到公司的各项工作中，全系统围绕“提高供电可靠率”这个总抓手，认真梳理电网规划建设、生产经营、技术创新、供电服务等各项业务流程，打好基础、提高水平；通过采取提高自动化水平、转供电、带电作业、备用应急柴油发电机等措施，千方百计减少客户停电时间，最大限度地为客户提供安全、可靠、不间断的电力供应。全年客户平均停电时间同比减少13.6%。

(3) 学习实践活动促进了党建工作、激发了活力。各级党组织把学习实践活动与贯彻落实党的十七届四中全会、全国国有企业党的建设工作会议精神相结合，加强和改进党建工作。党组成员牵头开展党建专题调研，梳理公司系统党建工作的有效经验，找准存在的问题，提出了下一步的工作目标和思路。大力推进党建管理信息系统建设，已实现总部与分、子公司的互联互通。认真贯彻落实中央纪委三次、四次全会精神，坚持以完善惩防体系为主线，严格执行党性党风党纪的各项要求，严格落实党风廉政建设责任制，严格监督中央决策部署的执行情况，保障和促进全系统政令畅通、党组各项部署落实到位。认真贯彻《国有企业领导人员廉洁从业若干规定》等重要文件精神，开展各个层面的反腐倡廉教育。以规范权力运行为重点，对“三重一大”集体决策制度落实情况进行监督检查。

灵活多样地宣贯南网方略，把文化融入管理、切入业务、植入行为，重点加大县级供电企业的宣贯和践行力度。组织开展了企业文化建设评价，发布了《公司营销服务文化手册》，促进文化建设由宣教型向管理型转变。创新思想政治工作的方式方法，开展了员工思想状况及企业文化建设网上调查，员工对南网方略的认同度高达95.2%；实施了员工辅导计划的试点工作。深入开展“信访积案化解年”活动，共排查梳理积案131件，化解102件，维护了和谐稳定局面。开展了“祖国颂、南网情”庆祝建国60周年系列主题活动。围绕公司中心工作，推出了一批层次高、影响力强的新闻报道，营造了良好的舆论氛围。抓好以职代会为基本形式的民主管理，广泛开展形式多样的劳动竞赛和丰富多彩的文体活动，注重引领青年立足岗位建功立业。公司系统涌现出一大批先进典型，获得国家级集体荣誉24个、个人荣誉14个，省部级集体荣誉109个、个人荣誉188个。

（安华云）

发 电 公 司

中国华能集团公司

公 司 概 况

中国华能集团公司（简称中国华能）是经国务院批准成立的国有重要骨干企业。

中国华能注册资本200亿元人民币，主营业务为电源开发、投资、建设、经营和管理，电力（热力）生产和销售，金融、煤炭、交通运输、新能源、环保相关产业及产品的开发、投资、建设、生产、销售，实业投资经营及管理。

中国华能从1985年创立至今，在20多年的发展历程中，为电力工业的改革、发展和技术进步提供了丰富经验；为电力企业提高管理水平、提高经济效益发挥了示范作用；为满足经济与社会发展的用电需求、实现国有资产的保值增值作出了重大贡献。公司坚持方向明确、科学发展，不断创新、保持领先，多方合作、互利共赢，逐步形成了“为中国特色社会主义服务的红色公司；注重科技、保护环境的绿色公司；坚持与时俱进、学习创新、面向世界的蓝色公司”的企业使命和“坚持诚信、注重合作，不断创新、积极进取，创造业绩、服务国家”的核心价值观等具有华能特色的企业价值理念。

中国华能致力于建设具有国际竞争力的大企业集团。截至2009年底，公司在全国27个省、市、自治区及海外拥有运营的全资、控股电厂154座，装机容量10 438万kW，为电力主业发展服务的煤炭、金融、科技研发、交通运输等产业初具规模，被《财富》杂志列入世界企业500强。

在新的历史时期，中国华能深入贯彻落实科学发展观，以发展绿色电力、奉献清洁能源为己任，坚持安全发展、绿色发展、健康发展、和谐发展，走可持续发展之路。公司完善了“电为核心、煤为基础、金融支持、科技引领、产业协同，建设具有国际竞争力的综合能源集团”的战略定位，以“做强做大，保持综合实力行业领先”为发展方向，努力打造结构优势、体制机制优势、技术优势、管理优势和队伍优势，着力转变发展方式，着力提升竞争能力，着力增强综合实力，推动企业又好又快发展。

组 织 机 构

1. 集团公司总部各部门

办公厅

　法律事务办公室

规划发展部

预算与综合计划部

企业管理部

运营协调部

财务部

资本运营与股权管理部

安全监督与科技环保部

基本建设部

国际合作部

人力资源部

　离退休人员办公室

监察部

审计部

思想政治工作部

　扶贫办公室、社会责任办公室

工会工作委员会

事务部

电力开发事业部

科技事业部

2. 集团公司直属机构

中共中央党校中国华能集团公司党校（教育培训中心）

华能技术经济研究院

华能信息服务中心

3. 分公司

中国华能集团公司东北分公司

中国华能集团公司河北分公司

中国华能集团公司河南分公司

中国华能集团公司山西分公司

中国华能集团公司华中分公司

中国华能集团公司华东分公司

中国华能集团公司江苏分公司

中国华能集团公司浙江分公司

中国华能集团公司江西分公司

中国华能集团公司广东分公司

4. 区域公司

北方联合电力有限责任公司

华能呼伦贝尔能源开发有限公司

华能吉林发电有限公司

华能黑龙江发电有限公司

华能山东发电有限公司

华能海南发电股份有限公司

华能四川水电有限公司

华能澜沧江水电有限公司

华能西藏发电有限公司

华能陕西发电有限公司

华能甘肃能源开发有限公司

华能宁夏能源有限公司

华能新疆能源开发有限公司

5. 产业公司

华能国际电力开发公司

华能国际电力股份有限公司

华能新能源产业控股有限公司

华能核电开发有限公司

绿色煤电有限公司

华能能源交通产业控股有限公司

华能资本服务有限公司

中国华能集团香港有限公司

华能集团技术创新中心

西安热工研究院有限公司

华能综合产业公司

北京华能大厦建设管理有限责任公司

华能山东石岛湾核电有限公司

华能海南实业有限公司

基本概况

2009年，中国华能集团公司全面贯彻党的十七大精神，以邓小平理论和“三个代表”重要思想为指导，深入贯彻落实科学发展观，积极应对国际金融危机的严峻考验和经营发展的复杂形势，按照国资委要求，全面落实中央经济工作会议精神，团结一心，真抓实干，攻坚克难，锐意进取，取得了优异成绩。中国华能集团公司圆满完成了国资委考核指标，率先实现整体扭亏，盈利水平始终位居行业首位；发电装机容量率先突破1亿kW；在中国发电企业中领先进入世界企业500强；主要经济指标继续保持行业领先，综合实力再上新台阶，为促进国民经济平稳较快发展作出了重要贡献。

安全绩效。公司安全形势总体平稳。没有发生较大及以上事故，没有发生影响企业稳定的事件。生产、经营、政治和形象安全得到有效保障。

经营绩效。发电量和煤炭产量保持增长。完成发电量4201亿kWh，同比增长12.95%；完成煤炭产量4408万t，同比增加2159万t。在五大发电集团中率先实现扭亏为盈。实现营业总收入1777.40亿元，同比增长17.43%；主要能耗指标保持行业领先。完成供电煤耗327.7g/kWh，同比下降5.89g/kWh；完成厂用电率5.61%，同比下降0.29个百分点。

发展绩效。产能规模实现新突破。全年投产新机1615万kW，2009年底集团公司拥有境内外全资及控股电厂装机容量10 438万kW，同比增长21.5%，其中国内装机容量占全国装机容量的11.6%。新增煤炭产能2048万t/年，煤炭生产能力达到4772万t/年，同比增长75%。项目储备持续增长。

党建绩效。党和国家的方针政策得到全面贯彻落实；领导班子和干部队伍建设、基层党组织和党员队伍建设进一步加强；职工队伍保持稳定；没有发生企业经营和领导人员违法、违纪案件。

改革发展

电源结构继续优化。水电建设步伐加快。澜沧江中游水电开发扎实推进。国家“西电东送”标志性项目、国家重点工程——小湾水电厂提前1年投产发电，景洪水电厂建成投产，功果桥水电厂核准开工；四川宝兴河、涪江水电开发全面展开，宝兴、阴坪水电厂建成投产。

基地型和效益型风电场建设积极推进。阜新50万kW风电基地基本建成，河口等风电项目投产发电，酒泉50万kW风电基地开工建设。长春生物质热电厂、昆明石林太阳能大型光伏试验示范电站建设取得新的进展。截至2009年底，中国华能集团公司清洁能源占总装机容量的15%，比2008年提高2.6个百分点。新投产清洁能源容量占投产总容量的 31%。

火电结构调整迈出新步伐。大容量、高效率、低排放机组继续增加。百万千瓦机组增至 7 台，占全国百万等级超超临界机组总数的 33%。投产 60 万 kW 及以上火电机组 9 台，占投产火电容量的 63.3%。推进热电联产项目建设，投产热电联产机组 13 台，占投产火电容量的 30.5%。截至 2009 年底，公司 60 万 kW 及以上火电机组容量占火电装机容量的 40.2%，同比增长 5.83 个百分点。大力发展煤电一体化项目。煤电产业链建设取得新进展。

重 大 项 目

积极开展“十二五”发展规划及风电、核电、资金、人才等专项规划编制工作。中国华能集团公司与青海、宁夏、西藏、福建、山西、辽宁、浙江等省区加强能源战略合作。强化项目前期管理，做好重点项目论证和审批工作。基建工程设计审查、优化设计、招投标、投资管理、达标投产及造价控制等工作进一步加强。上海燃机、上安三期、沁北二期等 7 个项目荣获 2009 年度国家优质工程奖。玉环电厂工程被评为新中国成立 60 周年百项经典暨精品工程。

走 向 海 外

进一步实施“走出去”战略。广泛开展国际合作，境外业务进一步扩展和提升。澳洲电力公司和大士能源公司取得较好经济效益。我国水电对外投资最大的 BOT 项目——缅甸瑞丽江一级水电厂建成投产并实现当年盈利。大士能源公司登布苏多联产项目开工建设。具有我国自主知识产权的清洁煤电关键技术——干煤粉加压气化技术首次进入西方发达国家和国际能源市场。

科 技 创 新

技术创新体系进一步完善。中国华能集团公司被命名为“国家级创新型企业”。初步建立科技创新制度体系，编制完成了 2010～2025 年中长期科学技术发展规划。组建和参与国家科技部等部委组织的中国火力发电产业、新一代煤化工产业、中国风力发电产业三个技术创新战略联盟。北京人才创新创业基地建设稳步推进。

示范工程建设取得实质性进展。华能天津 IGCC 示范项目开工建设。与美国博地能源公司签署了《绿色煤电有限公司增资认购协议》。国家科技重大专项依托项目华能山东石岛湾高温气冷堆核电站示范工程项目核准取得重要进展。北京热电厂 3000t/年二氧化碳捕集系统运转正常并进行了大量试验研究工作，上海石洞口二厂 10 万 t/年二氧化碳捕集系统成功投入运行。

技术研发和应用取得新成果。在役大机组节能评估技术在公司系统各电厂推广应用，为降低煤耗发挥了积极作用。褐煤提质和褐煤气化工艺研发进入工业级工艺设计阶段。公司全年获得中国电力科学技术奖 13 项，其中一等奖 2 项；获得授权专利 13 项。

企 业 社 会 责 任

认真做好定点扶贫、援疆、援藏工作，主动参与新农村建设和希望工程。澜沧江公司“百千万工程”、四川公司“哺农惠民工程”、北方公司“新牧区建设”、吉林、黑龙江公司“抗旱救灾”等活动，得到了社会各界广泛赞誉。援建西藏过渡电源项目克服重重困难，在较短时间内投运，得到了国家有关部门和西藏自治区各级政府高度评价。华能戈枕水利枢纽工程提前 10 个月全面投产，实现了尽早造福当地居民的目标。公司荣获“2009 中国企业社会责任特别大奖”，《2008 年可持续发展报告》荣获“金蜜蜂 2009 优秀企业社会责任报告·领袖型”最高荣誉。玉环电厂、澜沧江公司入选“2009 年度中央企业优秀社会责任实践案例”。

党 建 工 作

认真贯彻党的十七届四中全会、全国国有企业党的建设工作会议精神，积极探索党建工作融入中心工作、进入管理、服务大局的有效途径。建立党建工作绩效考评体系和考核办法，落实党建工作责任制。广泛开展“党员示范行动”，使党员的先进性落实到基层、体现到班组、示范在岗位，为应对危机、降本增效注入生机和活力。

深化“四好”领导班子创建活动，建立对领导班子考核常态化、后备干部管理动态化的“两化”管理机制。推动竞争上岗和挂职锻炼工作，首次在系统内招聘总部有关部门副主任，选派近 40 名干部在总部和基层企业开展双向挂职锻炼。完善干部选拔任用机制，规范岗位设置，加强干部交流，注重对中青年干部的培养，加大年轻干部和基层干部的选拔力度。利用华能党校、上海电力检修培训中心等平台，加强对领导干部和专业人才的培训。

认真学习贯彻十七届中央纪委三次、四次全会和国务院第二次廉政工作会议精神，按照中央企业纪检监察工作会议的要求，以公司《建立健全惩治和预防腐败体系实施办法》为主线，全面深化惩防体系建设。贯彻落实《国有企业领导人员廉洁从业若干规定》，严格执行党风廉政建设责任制，认真组织“三重一大”制度执行情况效能监察，深入开展“廉洁从业无违纪”教育活动，反腐倡廉建设得到进一步加强。

（杨德邦）

中国大唐集团公司

公司概况

中国大唐集团公司（简称集团公司）于2002年12月29日成立，是在原国家电力公司部分企事业单位基础上组建而成的特大型发电企业集团，是中央直接管理的国有独资公司，是国务院批准的国家授权投资的机构和国家控股公司试点。

集团公司注册资本金为人民币153.9亿元。主要经营范围是：经营集团公司及有关企业中由国家投资形成并由集团公司拥有的全部国有资产；从事电力能源的开发、投资、建设、经营和管理；组织电力（热力）生产和销售；电力设备制造、设备检修与调试；电力技术开发、咨询；电力工程、电力环保工程承包与咨询；新能源开发；与电力有关的煤炭资源开发生产；自营和代理各类商品及技术的进出口；承包境外工程和境内国际招标工程；上述境外工程所需的设备、材料出口；对外派遣实施上述境外工程所需的劳务人员。

2009年，是集团公司组建以来挑战最多、困难最大的一年，也是集团公司发展速度最快、发展质量最好的一年。面对全社会用电量增速放缓，发电设备利用小时数下降，电煤价格持续高涨，煤电联动尚未启动的严峻经济形势，集团公司党组坚持以科学发展观统领全局，全面贯彻中央保增长、扩内需、调结构等一系列方针政策和胡锦涛总书记四次考察大唐企业的重要指示精神，紧紧围绕“一个中心、两项重点、三大目标”的工作思路，全面落实“攻坚年”总体要求，扎实推进各项工作，投产容量创造新纪录，结构调整取得新进展，节能减排实现新突破，扭亏增盈取得新成效，经营风险得到有效控制，多种产业收入大幅提高，安全生产保持稳定局面，集团公司发展战略第二阶段目标提前一年圆满实现。集团公司发电装机规模一年实现了“三大跨越”，先后突破9000万kW、翻两番、1亿kW大关，达到10 017.23万kW，成为世界亿千瓦级特大型发电公司。其中，水电装机规模达1451.74万kW，比组建时增加了1180.54万kW，居五大集团之首；风电装机规模突破300万kW，达302.26万kW，并建成了世界上最大的赛罕坝风电场；核电、秸秆发电、垃圾发电、太阳能发电等新能源均实现“零”的突破。集团公司清洁能源和可再生能源比重提高到17.95%，比组建时增加6.58个百分点。火电机组结构明显优化，装备水平全行业最优。60万kW及以上等级机组由组建时的2台增加到63台，占火电装机容量的47.4%，为全行业第一；热电联产机组达到2219.4万kW，占27.13%；纯凝机组平均单机容量达40.29万kW，比组建时提高了22.4万kW，居同行业前列。与此同时，环保投入不断加大，设备改造步伐不断加快，在同行业中率先实现火电机组脱硫装备率达到100%；脱硝机组达到916万kW，所占比重达到11.14%。消耗性指标和排放指标持续大幅度下降。供电煤耗达到328.41g/kWh，达到世界发达国家先进水平，为同行业之最；单位火力发电烟尘、废水、二氧化硫、氮氧化物排放率均处于国内先进水平。煤炭、煤化工等产业的开发取得重大进展，煤炭产业布局趋于合理，电煤占有比重显著提高。集团公司发电资产分布由组建时的14个省区市扩大到28个省区市，填补了沿海等经济发达地区的空白。

主要指标完成情况（直属、全资、控股口径）如下：

安全生产：没有发生人身伤亡事故和重大及以上设备事故，没有发生恶性误操作事故。发生一般设备事故10起，同比增加6起。

全年发生非计划停运86次，同比减少15次；平均非停运时间31.08h/台，同比减少1.72h/台；完成机组等效可用系数84.85%，同比提高1.09个百分点。

装机容量：达到10 017.23万kW，比组建时的

2384.75 万 kW 增加 3.2 倍。

发电量：完成 3898.42 亿 kWh，占全国发电量的 10.84%，同比增长 10.45%，比全年目标少发 301.58 亿 kWh，增幅比全国高 3.45 个百分点。

发电设备平均利用小时数：完成 4326h，同比下降 591h。

供电煤耗：完成 328.41g/kWh，同比降低 6.73g/kWh，达到世界发达国家先进水平，7 年累计下降 42.77g/kWh，为同行业之最。

综合厂用电率：完成 6.23%，同比下降 0.17 个百分点。

新机投产容量：1963.25 万 kW。

新开工规模：1571.03 万 kW。

领 导 班 子

党组书记、总经理：翟若愚

党组书记、副总经理：刘顺达　钟　俊　杨　庆
王　琳　蔡哲夫　邹嘉华

党组成员、总会计师：胡绳木

党组成员、党组纪检组组长：熊　皓

组 织 机 构

见组织机构图。

基 本 建 设

面对前所未有的困难和挑战，集团公司系统广大干部职工深入学习实践科学发展观，全面贯彻中央保增长、扩内需、调结构等一系列方针政策和胡锦涛总书记四次考察大唐企业的重要指示精神，紧紧围绕“一个中心、两项重点、三大目标”的工作思路，全面落实“攻坚年”总体要求，积极应对国际金融危机的影响，扎实推进各项工作，圆满完成了生产经营指标和各项任务，取得了发电装机规模先后突破 9000 万 kW、翻两番和 1 亿 kW 大关，风电装机规模突破 300 万 kW 以及结构调整、节能减排等多方面的重大成果。

电 源 发 展

全年电源项目核准和投产容量均创组建以来新纪录。全年核准电源项目 62 个，共 1703.51 万 kW，投产项目 57 个，共 1963.25 万 kW。到年底取得“路条”项目共 1600 万 kW，在建规模 1371.74 万 kW。

全年投产清洁能源和可再生能源装机 178.25 万 kW。其中水电 56.36 万 kW，风电 121.79 万 kW。12 月 28 日，集团公司风电装机规模突破 300 万 kW，年末达到 343.56 万 kW。上海东大桥海上风电项目不仅创造了单机容量最大的纪录，也实现了亚洲海上风电“零”的突破。全年投产 60 万 kW 及以上等级火电机组 16 台 1094 万 kW，同比增加 536 万 kW，是 7 年来最多的一年；投产超临界和超超临界机组 13 台 914 万 kW，同比增加 716 万 kW；在沿海经济发达地区投产了 6 台 332.9 万 kW 机组，同比增加 266.9 万 kW；在缅甸、柬埔寨的建设项目顺利推进，到目前为止已签署 MOU 的境外电源项目超过 500 万 kW。

节 能 减 排

全年新增脱硫机组 2195.5 万 kW，除列入关停计划的机组外，在同行业中率先实现了脱硫装备率 100%。新增脱硝机组 18 台 736 万 kW，脱硝装备率达到 11.14%，居行业先进水平。消耗性指标和排放指标继续大幅下降，完成供电煤耗 328.41g/kWh，在前 6 年累计下降 36.03g/kWh 的基础上，又下降了 6.73g/kWh。单位火力发电量烟尘、废水、二氧化硫、氮氧化物排放率均有较大幅度下降，集团公司提前一年完成了国家下达的“十一五”节能减排任务。

科 技 创 新

2009 年，集团公司完善了科技责任制，建立了具备三级责任主体可同时进行成果申报、推荐、网络评审、专业组评审、评审委员评审、统计分析和专家管理一体化的集团公司科技成果和论文两套评审系统，完成了集团公司系统年度推荐科技成果 207 项的评审工作。评出《利用高铝粉煤灰生产氧化铝联产活性硅酸钙关键技术开发与工业试验研究》等 7 项科技成果为中国大唐集团公司科学技术奖一等奖，《双背压凝汽器真空系统优化调整》等 25 项科技成果为中国大唐集团公司科学技术奖二等奖，《大型电站锅炉混煤掺烧及运行经济性研究》等 40 项科技成果为中国大唐集团公司科学技术奖三等奖。实施了 90 项 6900 万元 2009 年科技计划项目。

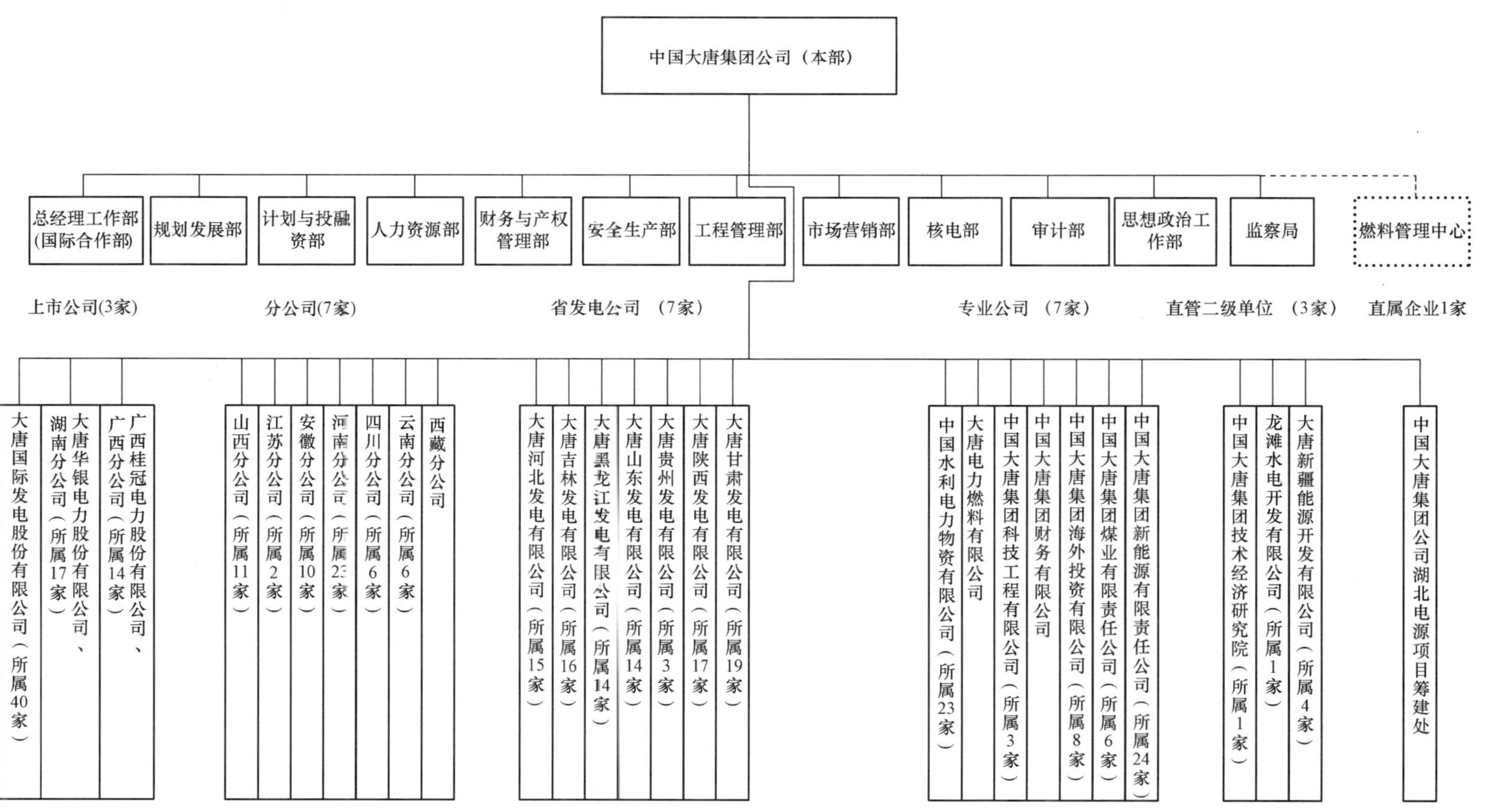

2009年中国大唐集团公司组织机构图

注：大唐电力燃料有限公司与燃料管理中心实行一个机构、两块牌子。

按照国资委的要求，启动了集团公司技术创新信息平台的建设。积极承担科技部、国家能源局委托集团公司承担的《1000MW空冷机组成套技术研究开发与工业示范》可行性研究前期工作和《国家煤气化甲烷化关键技术与示范工程》项目列入国家“863”计划的立项工作取得突破性进展。与中电联和日本煤炭能源中心对安阳和张家口2台300MW机组通流改造进行国内外节能诊断和培训。

应对金融危机

为了有效应对国际金融危机的影响，增强防控风险能力和盈利能力，集团公司围绕进一步完善集团化管理体制和优化产业、区域布局，加快资产整合步伐。通过对境外资产的整合，强化了对海外投资、贸易的统一管理，增强了海外公司的实力。通过整合国内资产，先后成立大唐山东发电有限公司、中国大唐集团煤业有限责任公司、中国大唐集团新能源有限责任公司、大唐辽宁分公司、大唐广东分公司和大唐能源化工有限责任公司。实践证明，通过组建新的区域公司，进一步密切了集团公司与有关地方政府的联系，增强了集团公司在相关区域的整体实力和影响力，对加强内部管理和拓展发展空间发挥了不可替代的作用；通过组建新的专业公司，极大地提高了集团公司各相关领域的专业化管理水平和规模效益。资产整合不仅使集团公司的战略布局更加科学，而且进一步完善了集团化管理体制和运行机制，降低了管理和运营成本，为有效防范风险和增强盈利能力提供了体制保障。

积极推进全面风险管理体系和内部控制体系建设，制订应对风险整改计划。按照有保有压的原则，严格控制投资方向、规模和节奏，固定资产投资同比减少85.1亿元。加大了审计和效能监察工作力度，认真落实国家审计署审计决定，进一步促进企业依法经营和规范运作。加大资本运作力度，大唐发电A股定向增发方案已获批准，岩滩资产注入桂冠的工作顺利推进；债务重组工作取得显著成效，共完成20家发电企业200亿元的贷款重组，优化了债务结构，降低了还贷风险和信用风险；拓宽筹资渠道，争取了3年期信托贷款20亿元，发行了第二期中期票据35亿元，票面利率创同时期、同信用等级企业的最低纪录；加强资金集中管理，提高资金使用效率，保证了日常经营和基本建设的资金需求，有效控制了资产负债率上升幅度。

企业社会责任

集团公司作为处于国民经济基础产业和关键领域的特大型发电企业，承担着推进能源发展方式转变、保持国有资产保值增值的神圣职责；作为电力生产企业，承担着提供清洁电力热力产品、保障安全可靠供应的庄严使命；作为能源转换企业，承担着节约能源资源，保护生态环境的重要责任。集团公司坚持在发展中不断优化能源结构和机组结构，尽最大努力降低企业发展对资源能源的依赖；加快设备节能环保改造和生态保护设施建设步伐，最大限度地减少企业生产过程对生态环境的影响；强化安全生产管理和综合治理，着力保障电力热力的安全稳定供应，特别是在“两节”、“两会”等重要时期以及北京奥运、汶川抗震救灾、南方雨雪冰冻灾害等关键时刻，中国大唐集团公司顾全大局、不辱使命，精心组织、科学应对，为其间的安全供电提供了坚强保障，为各项工作的顺利推进作出了积极的贡献。与此同时，集团公司在促进员工发展、构建和谐企业、支持公益事业等方面也取得长足进步，实现了企业经济责任、环境责任、社会责任的均衡发展，树立了良好的企业形象。

2009年，是集团公司社会责任工作规范化、制度化、常态化管理步入新高度并取得长足发展的一年。集团公司建立了覆盖各级企业的社会责任工作网络和涵盖各个专业的社会责任指标体系。已连续三年发布社会责任报告并举办企业开放日活动，大唐国际发电股份有限公司等系统企业也发布了自己的社会责任报告，成为与合作伙伴、客户等利益相关方沟通的重要平台。在中国社会科学院经济学部、社会科学文献出版社联合发布的《中国100强企业社会责任发展指数（2009）》中列第四名，居发电企业首位。4月20日，公司2007年社会责任报告被评为全球契约中国网络“典范报告”。11月3日，集团公司《关注环境，践行节能减排责任》被国资委评为“中央企业优秀社会责任实践成果”。12月2日，集团公司《2008年社会责任报告》在“2009企业社会责任报告·中国榜”发布典礼上荣获“金蜜蜂2009优秀企业社会责任报告（领袖型企业）”。2009年，集团公司荣获“改革开放30年最具社会责任感企业”称号。

党建和精神文明建设

2009年，紧密围绕“攻坚年”中心工作，集团公司各级党、工、团组织带领广大干部职工齐心协力，扎实有效推进各项工作，为实现集团公司“三大目标”作出了积极贡献。

深入学习实践科学发展观活动成效明显。按照党中央的统一部署和国资委党委的要求，集团公司以“应对金融危机，克服当前困难，实现三大目标，打造具有一流国际竞争力能源企业”为主题，组织200多家企业、1446名厂处级以上领导干部和32 557名共产党员开展了学习实践活动。通过深入学习调研、深刻分析检查、精心整改落实，提炼了电力行业发展六个方面的特有规律，达成了推进科学发展的五个方面的共识，解决了影响和制约集团公司科学发展的突出问题，明确了集团公司今后一个时期的发展思路，达到了党员干部受教育、科学发展上水平、人民群众得实惠的总体要求，群众综合满意率达100%，得到了中央企业学习实践活动领导小组的充分肯定。在中央深入学习实践科学发展观活动领导小组办公室组织的建立科学发展观长效机制座谈会上，集团公司作为参会的两家央企之一，进行了交流发言。

以新中国成立60周年为主题，组织开展了丰富多彩的精神文明建设系列活动。印制了《同心·同行》纪念画册，组织召开集团公司劳模和先进人物座谈会，举办“青春与祖国同行”专题访谈活动，在《中国大唐》报上举办“为祖国祝福，为大唐喝彩”纪念新中国成立60周年征文活动，组织集团公司本部和大唐国际本部员工收看新中国成立60周年献礼片《建国大业》，组织集团公司本部员工参观在北京展览馆举办的“辉煌六十年”成就展。形式多样的活动积极展示了职工昂然向上的精神风貌，增强了企业的凝聚力和向心力，进一步激发了广大员工爱国爱党、爱岗敬业的激情。

集团公司认真落实职工思想动态分析制度和不稳定因素排查制度，思想政治工作深入细致，确保了安全生产和职工队伍的“两个稳定”，赢得了团结稳定、政通人和的良好局面和企业社会环境。2009年，集团公司系统精神文明建设硕果累累，集团公司本部荣获“全国文明单位”和“首都文明单位”荣誉称号；系统有5个集体、6名个人荣获全国“五一”劳动奖状、奖章，5个集体荣获全国“工人先锋号”称号；4个集体和5名个人分别被授予中央企业先进集体和劳动模范称号；6个集体获得省级“五一”劳动奖状，12个集体获得省级“工人先锋号”，4名个人获得省级劳模，10名个人获得省级“五一”劳动奖章。有3个青年集体荣获“中央企业青年文明号”称号，15名同志获得“中央企业青年岗位能手”称号，2个企业团委荣获“中央企业五四红旗团委”称号，3个企业团委获得“中央企业五四红旗团委创建单位”。

宣传工作重点突出。紧紧围绕中心工作，通过《中国大唐》报、《中国大唐》杂志、网站、电视四大媒体开展形式多样的宣传活动，宣传集团公司负责任、有实力、可信赖的社会形象。在中央电视台、人民日报等中央媒体上深入报道集团公司装机容量突破9000万kW、“翻两番”、突破1亿kW等重大业绩，有效树立了集团公司良好的社会形象。《中国大唐》报成功实现了改版，推出了李朗红先进典型，掀起了学习朗红事迹、弘扬“朗红精神”的热潮，在系统内营造了学习先进模范的良好氛围。2009年8月，在国资委召开的中央企业宣传工作会上，集团公司以书面形式做了经验交流。

工会、青年工作特色鲜明。集团公司各级工会、共青团主动融入中心、服务工作，把开展“大唐杯”劳动竞赛作为一个重要抓手，积极拓展领域，创新竞赛内容。集团公司工会举办了2009年值长技能大赛，掀起了“大唐杯”劳动竞赛的热潮，营造了比、学、赶、帮、超的良好氛围。“五四”青年节前夕，开展了第二届“中国大唐集团公司十大杰出青年”评选活动，命名表彰了为集团公司发展作出突出业绩和重大贡献的10名先进青年典型，为系统广大青年树立了学习榜样。其中有1名同志在中央企业“寻找身边的榜样”活动中入选中央企业百名“身边的榜样”。

企业文化建设

企业文化建设继续全面推进。集团公司成立了企业文化和品牌建设领导小组，并于2009年8月正式发布了品牌战略，全面启动了“中国大唐”品牌战略实施工作。品牌战略确定了集团公司的品牌名称、品牌愿景、品牌定位、品牌口号、品牌形象等重要内容，明确了“中国大唐”品牌的传播体系和管理体系，提出了2009～2020年集团公司品牌建设的目标和行动计划。

为进一步推动集团公司企业文化示范基地的健康发展，集团公司对示范基地管理办法进行了修订，开展了2009～2014年企业文化示范基地评选工作，命名7家企业为“企业文化示范基地”。组织了第三届企业开放日活动，树立了集团公司良好的社会形象。举办了第四届企业文化论坛，组织交流了企业文化建设经验。开展了企业文化课题研究，集团公司《正确处理“和而不同”的辩证关系，全面建设集团文化》课题研究成果从数百项成果中脱颖而出，获得中央企业党建思想政治工作研究会评定的“2007～2008年度优秀成果一等奖”。2009年11月，集团公司参加了中外企业文化2009南昌峰会，就企业文化建设进行了经验介绍。

（孙占奎）

中国华电集团公司

公司概况

中国华电集团公司（简称中国华电）成立于2002年12月29日，是国家实施电力体制改革，在原国家电力公司部分企事业单位基础上组建的国有独资公司，是国务院批准的国家授权投资机构和国家控股公司试点单位，属国资委监管的特大型中央企业。主营业务为：电力生产、热力生产和供应；与电力相关的煤炭等一次能源开发；相关专业技术服务。

截至2009年底，中国华电可控装机容量7550.73万kW，其中火电6239万kW，占82.63%；水电1235.96万kW，占16.37%；风电、太阳能等新能源75.77万kW，占1%。总资产3594.3亿元人民币，资产主要分布在山东、贵州、黑龙江、四川、福建、江苏、湖北、内蒙古、新疆、安徽、宁夏、湖南、云南、浙江、陕西、河南、广西、辽宁、天津、上海、青海、河北、北京、山西、广东共25个省（自治区、直辖市）。控股华电国际电力股份有限公司（1071.HK，600027.SH）、华电能源电力股份有限公司（600726.SH）、国电南京自动化股份有限公司（600268.SH）、贵州黔源电力股份有限公司（002039.SZ）和沈阳金山能源股份有限公司（600396.SH）等上市公司。

领导班子

总经理、党组副书记：云公民

党组书记、副总经理：李庆奎

党组成员、副总经理：陈飞虎　程念高　任书辉　辛保安　邓建玲

党组成员、华电国际电力股份有限公司总经理：陈建华

党组成员、总会计师：王怀书

党组成员、纪检组组长：蒋亮平

价值理念

公司使命：创造更大的经济、社会、人文价值

公司愿景：建设以电为主的国内一流能源集团

公司精神：自强求变　厚德求进

核心价值：诚信　求真　和谐　创新

经营理念：管理最优化　价值最大化

员工守则：忠诚企业，勇于追求，共建华电家园；
关爱社会，乐于奉献，共担华电责任；
严以律己，敏于执行，共守华电规章；
勤勉敬业，敢于创新，共兴华电伟业；
诚实守信，善于合作，共铸华电品牌。

发展战略

根据国民经济发展规划、国家产业政策以及市场需求，中国华电的发展战略是：以创造经济社会价值为使命，以做强做大为方向，坚持电为主体、煤为基础、产业协同，坚持优化结构、建并结合、内外拓展，坚持改革创新、内强素质、外树形象，努力把公司建设成为以电为主的国内一流能源集团。

组织机构

见组织机构图。

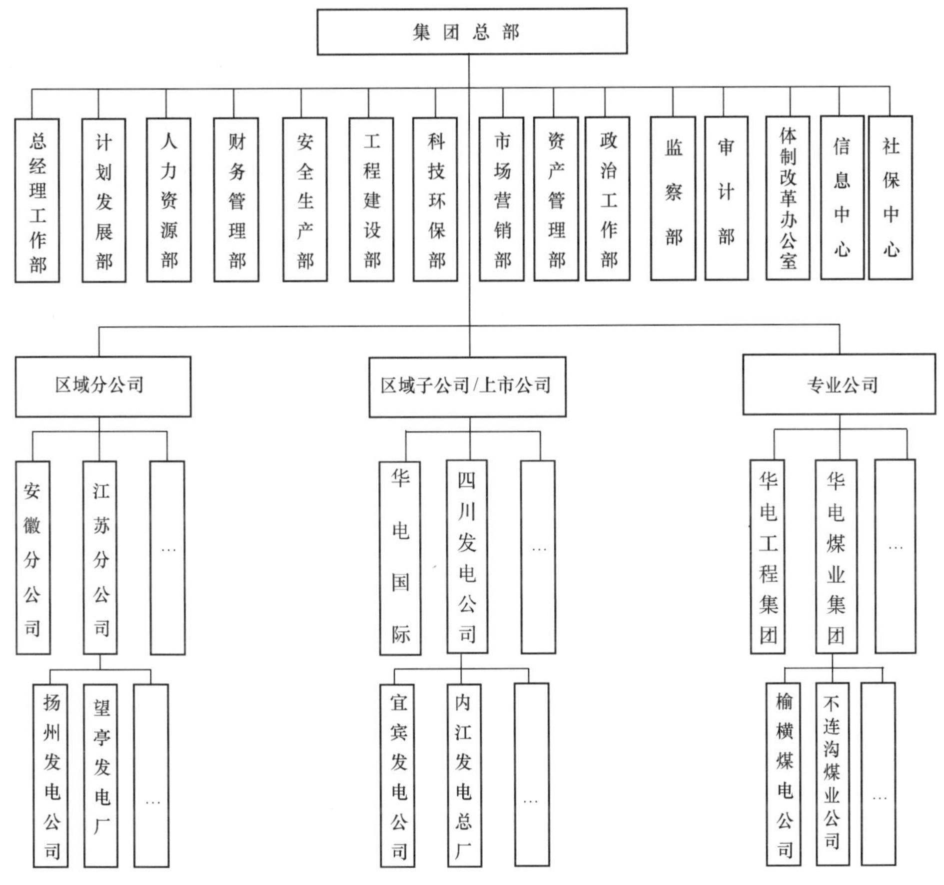

中国华电集团公司2009年组织机构图

治 理 结 构

作为国有独资特大型企业集团，中国华电在国家宏观调控和行业监管下，按照现代企业制度要求，完善“科学有效、责权明确、指挥有序、运转顺畅”的管控体系，改进决策监督机制，坚持依法经营，照章纳税，履行责任，建立了科学规范、有效制衡的公司治理结构，为维护国家利益、履行社会责任奠定了坚实的基础。

中国华电按照《中华人民共和国全民所有制工业企业法》注册，国务院向中国华电派驻国有重点大型企业监事会，国务院国资委代表国务院履行出资人职责。

中国华电实行总分公司、母子公司并存的复合型管理体制，对分支机构实行授权管理，对所属企业实行分级管理，形成集团公司总部、二级机构（分公司、区域子公司、专业公司)、基层企业三级管控模式。

中国华电建立了部门研究、专家咨询和领导决策相结合的决策机制，严格的、可追溯的决策责任追究制度，实行科学决策、民主决策和依法决策。公司的发展战略、经营计划、财务预算、投融资计划、企业管理和改革的政策措施、重大投资项目和重大资本运营项目等重大决策，由总经理办公会集体研究决定后实施。

年 度 业 绩

2009年以来，系统上下在公司党组的正确领导下，坚持以科学发展观为统领，牢固树立价值思维理念，坚定信心，迎难而上，顽强拼搏，从容应对金融危机冲击、煤价高位运行、电力需求下降等诸多不利因素影响，全面超额完成年度目标任务和国资委年度业绩考核指标，为国民经济平稳较快发展作出了重要贡献。

公司系统没有发生较大以上安全生产事故，没有发生企业领导人员违法和严重违纪案件，没有发生对公司稳定造成不利影响的事件。完成发电量3029亿kWh，同比增长5.5%。销售收入1030亿元。投产发电装机容量790万kW，投产煤炭1000万t/年，累计获取控参股煤炭资源开发权8750万t/年。供电煤耗完成331.7g/kWh，同比下降8.7g/kWh；单位二氧化硫排放绩效3.15g/kWh，同比下降8%；关停小火电机组19台165万kW，累计关停560.5万kW，提前超额完成“十一五”关停目标。

生 产 经 营

中国华电坚持内强管理、外拓市场，采取有力措施，狠抓经营要素，提升盈利能力。一是抓扭亏。加强对亏损大户的深入调研和经营督导，一区一策、一厂一策地制定措施，解决难题，取得积极成效。6月公司实现整体扭亏，全年17家二级单位实现盈利，基层企业亏损面同比减少28.5%。二是促营销。围绕“三同”目标，争取和落实电量计划，贵州、浙江、天津、河南、江苏、湖北、湖南等16个地区设备利用小时数完成较好。电价调整取得预期效果，青海、陕西等区域火电电价和黑龙江、内蒙古跨区域送电价格得到提高。加强电热费回收，当年电热费回收率完成99.9%。三是控成本。加强燃料成本控制，充分发挥华电煤业和自供区域两方面的优势，加大跨区域调运力度，新增内蒙古至邹县、新疆至大通等跨区域调运通道，在优化供煤结构、控制采购价格方面发挥了积极作用；加强厂内燃料全过程管理，推进燃料管理信息化建设，燃料管理规范程度进一步提高。江苏公司、华电能源等单位加大煤炭掺配掺烧，取得了良好成效。严格控制成本支出，三项费用低于预算水平。创新融资手段，优化债务结构，通过引入低成本信托、发行短期融资券、置换存量贷款等措施，降低了财务费用。四是要政策。自上而下强化财税工作，形成了重视改善经营环境、争取政策支持的良好氛围。华电国际、贵州、四川等单位通过争取和落实财政政策税收优惠、进项税抵扣、节能调度补偿等政策，实现了较大增盈。

结 构 调 整

认真贯彻五年发展纲要和“一调整、两优化”的工作思路，按照价值思维理念，坚持建并结合，积极推进结构调整。一是产业结构调整加快。大力推进煤炭资源开发，公司首个千万吨级内蒙古不连沟煤矿投入试生产，千万吨级山西肖家洼煤矿取得“路条”。控股收购黑龙江兴边、陕西隆德等煤矿，大比例参股贵州六枝、内蒙古上海庙、宁夏银星等煤矿。华电国际茂华公司成为朔州地区煤炭资源整合主体，实现参与山西煤矿重组的重大突破。公司控参股煤炭资源储量达到220亿t。推进工程技术产业升级，华电工程整合内部资源形成五大业务板块，进一步增强了集约优势。二是并购重组富有成效。加大资产并购力度，收购辽宁金山、山西晋能、山西和信、广东坪石以及四川、福建小水电等可控运营容量393万kW，实现了在山西、辽宁、广东等重点区域发展的新突破。三是电源结构不断优化。发展高效火电，塘寨、镇雄、六安、西塞山等一批大型火电项目获得核准，莱州、十里泉、南疆等项目取得“路条”。加快发展清洁能源，西电东送标志性工程构皮滩水电站实现“一年五投”，思林、董箐等大型水电项目相继投产，全年新增水电装机486万kW。内蒙古库伦、河北沽源等风电项目，国内最大的分布式电源广州大学城项目，宁夏宁东、上海普陀太阳能等一批新能源项目建成投产。四是积极推进“走出去”战略。柬埔寨额勒赛下游水电项目获得核准，印尼阿萨汉项目具备发电条件，运营公司海外签约运营管理容量超过1000万kW。

管 理 创 新

坚持把管理创新作为促进扭亏增盈、推动发展转型的重要抓手，制订活动指导意见和实施方案，组织召开管理创新活动座谈会，进一步明确管理创新的总体思路和十项重点工作。座谈会后，公司领导逐一听取总部各部门和有关单位专题汇报，研究、细化各项创新工作。一是创新管理体制机制。制订管控模式优化方案，进一步明确以三级管控为主构架的管控体系和各层面的业务定位，规范了“两权分离”管理体系。完成公司总部机构、职责的调整优化，进一步适应了战略管控要求。华电国际、华电煤业创新部门设置模式，优化了管理架构。加大对二级单位的管理授权，新成立内蒙古、陕西、辽宁、山西四家区域能源公司。改革华电工程和国电南自管理体制，压缩管理层级，提升了管控效能。深化燃料、检修、运营专业化改革，进一步理顺工作关系，优化了内部资源配置。乌江公司和华电煤业成立煤炭供应联合体，在燃料体制改革方面进行了新的探索和尝试。改进决策管理，修订《投资管理办法》，建立起分级分类决策机制。推进干部人事、劳动用工、薪酬分配改革，研究完善相关配套制度，选取部分单位开展试点，收到了较好成效。二是创新管理载体。把星级发电企业创建作为管理创新的重要载体，深入开展管理评价和指标评价，完善对标指标体系，企业运营水平不断提升。莱城电厂、棉花滩水电公司等10家企业被评为集团公司首批四星级发电企业，邹县电厂被中电联评为国内首家“资源节约型、环境友好型一流发电厂”。公司主要经济技术指标进一步优化，综合供电煤耗同比下降 8.58g/kWh，综合厂用电率同比下降 0.13 个百分点，燃油单耗同比下降 42%。三是创新经营管理。不断强化预算管理，在燃料采购预算、发电企业全面预算管理等方面取得突破；对现有会计制度和工作规范进行梳理优化，为推进会计信息化、流程化创造了条件。健全完善安全生产与营销实时监管系统，信息化水平位居发电行业前列。四是创新工程管理。扎实开展施工准备、安全文明施工、质量工艺、工程创优“四个策划”，大力实施技术创新和节能减排设计优化，望亭 3 号等机组主要能耗指标优于设计水平。宿州一期、可门一期工程荣获国家优质工程银奖，洪家渡水电站荣获“詹天佑”奖，索风营水电站荣获中国电力优质工程奖。

安全生产

认真贯彻落实国家关于安全生产工作的重要部署，扎实开展安全生产年“三项行动”和“三项建设”，保证建国 60 周年庆典、迎峰度夏、防洪度汛、冰雪灾害等重点活动和特殊时段的安全生产稳定，切实履行中央企业的经济社会责任。深入开展安全性评价、隐患排查治理、季节性安全大检查等活动，排查隐患，落实整改。推进安全生产标准化建设，累计完成标准化成果 27 个，安全管理水平进一步提升。高度重视煤矿安全，出台 16 项管理制度，初步形成煤矿安全生产责任和基础制度体系。加强应急管理，完善覆盖电力、煤矿、路港等跨产业的应急系统，进一步提高了整体应急保障能力。全面推行点检定修管理，探索建立以精密点检为基础的设备远程诊断系统。全年机组非计划停运同比减少 22 次，机组等效可用系数达 92.7%，同比提高 0.9 个百分点。

节能减排

深入贯彻国家节能减排部署要求，加大节能技改力度，积极推进变频改造、供热改造等挖潜项目，在 15 台大修机组中推广实施汽机侧热力系统优化，平均煤耗降低 12g/kWh；贵州大龙、福建可门、新疆红雁池等单位供电煤耗同比大幅降低。抓好环保治理改造，新增投运脱硫机组 750 万 kW，提前并超额完成国家“十一五”脱硫技改目标任务。积极有序推进小火电关停，被评为全国“十一五”关停小火电机组先进单位。加强水电建设环保和水保规范化、标准化管理，在国内率先提出规范性文件和示范文本，水土保持工作经验被水利部推广。在乌江、北盘江流域实施珍稀鱼类增殖放流。大力推进清洁发展机制工作，戚墅堰燃机、高唐水电、辉腾锡勒风电等 6 个 CDM 项目在联合国成功注册，累计开发 CDM 项目已达 91 项。积极推进科技创新，抓好国家级科研项目的组织研究，承担国家“973”计划——高效规模化太阳能热发电项目研究，成功申报燃煤污染物减排国家实验室。组织开展节能环保、新能源等 105 项科技项目，首次获得 1 项中国电力科学技术一等奖，29 项成果在全国管理创新成果评选中全部获奖。

风险管理

牢固树立风险防范意识，通过加强投资管理、资金管理、资本运作，在保持公司正常发展和运营的同时，有效遏制了负债率上升势头。一是防范经营发展风险。突出抓好亏损大户、资不抵债企业、资金接续困难企业的风险点防控，结合企业不同情况，通过狠抓扭亏增盈、协调贷款展期、开展融资租赁等，确保了资金安全。严格投资管理，坚持有保有压，规范基本建设程序，主动调控火电建设节奏，压缩火电投资。二是抓好资金运作和管理。加强上市公司资本运作，顺利完成华电国际非公开发行 7.5 亿股，募集资金净额 34.5 亿元；抓住有利时机，完成华电能源定向增发，大幅提高了控制力。加大存量资产盘活力度，科学有效地处置参股资产；招标公司通过盘活沉淀资金创收 1800 万元。加强与金融机构合作和加强资金集中管理，自有资金运作规模稳步提升。三是加强内控机制建设。推进全面风险管理，开展扭亏增盈专项审计调查和任期经济责任、资产经营责任审计，对 11 家单位开展工程结算审计。抓好“三重一大”集体决策制度执行情况和物资管理专项效能监察，积极配合财政部、国家审计署、国务院派驻公司监事会做好监督检查工作。强化法律风险防范，加大合同清理及法律风险点排查力度，做好重要经营决策的法律审核，有效规避了潜在的重大风险。

党建和队伍建设

按照中央统一部署，扎实开展深入学习实践科学发展观活动，圆满完成了学习调研、分析检查、整改落实三个阶段的工作任务，做到了领导、认识、组织、责任、措施、督查“六个到位”，取得了更新观念、谋划发展、解决问题、推进工作、改进作风等五个方面的新成效，公司上下推动科学发展，应对危机、战略管理、统筹兼顾以及带领队伍的能力进一步增强，狠抓落实、雷厉风行、攻坚克难的作风有了新的改进。特别是通过开展“跳出华电看华电、科学发展上水平”解放思想大讨论，进一步破除了制约公司科学发展的思想障碍，统一了公司上下的思想。针对查找出的影响和制约公司科学发展的七大问题，紧扣中心工作，持续抓好整改，目前公司整改完成率达到91%，系统各单位集中解决突出问题1634项。公司学习实践活动得到了上级单位的充分肯定和职工群众的一致好评，群众满意率达99.09%。

紧紧围绕“抓扭亏、促发展、推改革”等中心任务，完善党建工作制度，健全基层党组织，积极开展“管理创新，党员争先”主题实践活动，充分发挥党组织和党员干部的“四个作用”。加强干部人才队伍建设，修订出台《企业领导人员管理办法》等一系列制度规定，进一步规范企业领导人员管理和领导班子建设。公司利用3个多月的时间，对系统所有企业的领导班子及后备干部进行集中考察，全面掌握了公司系统干部队伍情况。制订了“千名后备干部”培养计划。按照市场化原则，首次面向社会招聘了一批煤炭、金融、新能源等专业人才。开展以价值思维为主题的企业文化创新活动，完善公司核心价值体系，修订并大力宣贯《华电宪章》，组织开展公司首届职工道德模范评选，发挥文化引领作用。加强反腐倡廉建设，有效落实惩防体系五年规划，积极探索和践行“大纪检”理念，初步形成了“大监督”、“大宣教”、“大服务”格局，特别是作为中纪委、监察部确定的“做党的忠诚卫士、当群众的贴心人”主题实践活动的六家联系点之一，活动开展得有声有色，受到各方关注。落实维稳工作责任制，及时排查和消除不稳定因素，保障了队伍和企业稳定。工会、共青团组织作用有效发挥，成功组织了公司热控技能大赛，扎实开展了青年创新创效活动，激发和凝聚了广大员工的智慧和力量。发挥中央企业表率作用，积极参与公益活动，社会责任报告荣获“金蜜蜂”环境专项奖。顺利建成入驻华电大厦，改善了办公条件。

（周　广）

中国国电集团公司

公司概况

中国国电集团公司（简称集团公司）是在原国家电力公司部分企事业单位基础上组建的国有企业，是电力体制改革后国务院批准成立的五大全国性发电企业集团之一，是经国务院同意进行国家授权投资的机构和国家控股公司试点企业。

集团公司从事电源的开发、投资、建设、经营和管理，组织电力（热力）生产和销售；从事煤炭、发电设施、新能源、交通、高新技术、环保产业、技术服务、信息咨询等电力业务相关的投资、建设、经营和管理；根据国家有关规定，经有关部门批准，从事国内外投融资业务；经国家批准，自主开展外贸流通经营、国际合作、对外工程承包和对外劳务合作等业务；经营国家批准或允许的其他业务。

2009年是进入新世纪以来我国经济发展最为困难的一年。集团公司在党中央、国务院的坚强领导下，深入贯彻落实科学发展观，围绕“控规模、调结构、上水平、保稳定”的工作主线，积极应对煤价高位运行、电价不到位、设备利用小时数下降等严峻挑战，攻坚克难，奋力拼搏，开创了改革发展的新局面。

集团公司综合实力获得明显增强，主要技术经济指标持续改善。可控装机容量达到8203万kW，同比增长16.8%，占全国总可控装机容量的9.4%；控股煤炭资源132亿t，同比增长50%；资产总额4188.6亿元，同比增长36.1%；净资产762.2亿元，同比增长68%；资产负债率81.8%，同比降低3.46个百分点。完成发电量3532亿kWh，同比增长18.6%；供热量8968万GJ，同比增长13.3%；煤炭产量3200万t，同比增长38%；全口径营业收入1252亿元，利润总额59.8亿元，一举实现扭亏为盈，同比减亏增利130.8亿元，创历史最好水平。

同时，集团公司在电源结构优化、资本运作和安全生产方面也获得了较大提高。

领导班子

2009年底集团公司领导班子成员：
总经理、党组副书记：朱永芃
党组书记、副总经理：乔保平
副总经理、党组成员：杨海滨
副总经理、党组成员：陈　飞
党组成员、纪检组长：郭培章
副总经理、党组成员：于崇德
总会计师、党组成员：张国厚

副总经理、党组成员：高　嵩

副总经理、党组成员：张成杰

组 织 机 构

1. 集团公司本部各部门

办公厅

新闻中心

计划发展部

人力资源部

社会保险中心

专家委员会办公室

财务管理部

安全生产部

市场营销部

工程建设部

招标中心

企业管理与法律事务部

资本运营与产权管理部

科技与综合产业部

审计部

监察部（纪检办）

工会工作委员会

政治工作部

国际合作与海外业务部

燃料管理部

2. 集团公司直属机构

中国国电集团公司华东分公司

中国国电集团公司华中分公司

中国国电集团公司西北分公司

中国国电集团公司南方分公司

中国国电集团公司广西分公司

中国国电集团公司宁夏分公司

中国国电集团公司山西分公司

中国国电集团公司黑龙江分公司

3. 全资企业

国电华北电力有限公司（中国国电集团公司华北分公司）

国电东北电力有限公司（中国国电集团公司东北分公司）

国电山东电力有限公司（中国国电集团公司山东分公司）

国电江苏电力有限公司

国电江西电力有限公司

国电四川发电有限公司（中国国电集团公司川渝分公司）

国电云南电力有限公司（中国国电集团公司云南分公司）

国电贵州电力有限公司（中国国电集团公司贵州分公司）

国电河南电力有限公司（中国国电集团公司河南分公司）

国电新疆电力有限公司（中国国电集团公司新疆分公司）

国电内蒙古电力有限公司

龙源电力集团公司

国电能源研究院（技术经济咨询中心）

国电科学技术研究院（国电环境保护研究院）

4. 控股企业

国电财务有限公司

国电物资集团有限公司

国电燃料有限公司

国电科技环保集团有限公司

国电海外电力股份有限公司

国电电力发展股份有限公司

国电大渡河流域水电开发有限公司

国电长源电力股份有限公司

国电内蒙古能源有限公司

内蒙古平庄煤业（集团）有限责任公司

内蒙古国电能源投资有限公司

挖 潜 增 效

2009年，集团公司积极推进“双学”活动，坚持不等不靠，眼睛向内，挖掘潜力，存量资产的质量和效益不断提升，度电盈利能力达到16.3元/MWh，高于全国平均水平。21家分子公司中，盈利单位17家，国电电力、龙源集团、江苏公司利润超过10亿元，山东公司、华东公司同比减亏增利超过10亿元。火电企业亏损面从2008年的72%下降到26%。

燃料成本得到有效控制。积极拓宽采购渠道，优化进煤结构，加强煤炭经营和燃料全过程管理，综合标准煤单价同比下降8.1%，节约燃料成本52.5亿元。荆门电厂、宝二公司、永福电厂以控制燃料成本为重点，加大治亏力度，优化煤炭库存，调整运输方式，综合标准煤单价在区域内最低。积极开展配煤掺烧，全年掺烧低价煤种650万t，九江电厂、宿州电厂、龙华公司等电厂掺烧比例超过30%。开辟国际供煤渠道，采购低价海外煤炭284万t，有效平抑了下水煤价。积极推广无油和微油点火，耗油量同比减少3万t，降幅达33.8%。

对标管理不断深化。深入开展星级企业创建活动，突出效益和成本，与国内先进水平进行动态对标，29家电厂达到三星级企业以上标准。江苏公司与华润企业对标，度电盈利能力、供电煤耗、厂用电率等指标均已超过华润，达到国内先进水平。优化机组运行方式，加大技术改造力度，完成13台30万kW机组通流部分改造，供电煤耗降低15g/kWh以上，完成207台辅机变频改造，节电率40%以上。安顺、鸭溪等15家单位节能技改项目获得国家财政奖励1亿元。北仑1号、宝二4号、双辽2号、谏壁11号共4台机组获全国可靠性金牌机组称号。国电科学技术研究院积极为集团公司系统企业提供技术咨询服务，重点开展环保、节能、安全专项评价及设计优化、性能诊断等工作。

市场营销贡献突出。千方百计开拓电力市场，发电量超过年度计划8.13%，机组平均利用小时数比全国平均水平高262h，争取基数外电量402.25亿kWh，占售电量的12.29%。集团公司26家火电企业利用小时数比所在电网平均水平高500h，其中云南公司所属企业比全省平均水平高614h。四川公司、贵州公司、长源电力等20家发电企业积极参与直售电交易，增加边际收益近10亿元。努力开拓供热市场，推进城市热网建设和经营，售热量同比增加13.25%。积极争取电价政策，优化量价结构，落实新能源电价补贴和脱硫环保电价，平均上网电价同比有所提高。华北公司、山东公司争取试运期差价和新机脱硫电价，增收效果明显。瀑布沟电站取得较为合理的临时上网电价。新一轮电价调整好于预期，大一、大二等部分企业低电价问题得到解决。加大电费回收力度，当年电费回收99.85%，热费回收98.26%。

集约化管理成效显著。不断完善物资联合储备、集中配送体系，西北物资配送中心成立并正式运营，东北、华北等区域配送中心筹建顺利，物资超市已达48家，通用物资采购成本同比降低10%～30%。燃料供应保障能力不断增强，与神华、中煤等大型煤炭企业签订了总量为2.6亿t的五年期供煤协议，保障了沿海、沿江电厂用煤需求。把握时机加快海运船队建设，天津海运公司年运输能力达到2500万t。完善煤炭调运网络，推进区域储煤中心建设，湖北沙市储配煤场一期建成投运，发挥了调盈补缺、平抑煤价的作用。

“两项规范”效果明显。多经企业承担的电力燃料、物资、检修、辅机运行、技改等业务基本回归，主业和多经企业关联交易以及职工持股逐步规范，为主业降本增效7.5亿元。多经企业来自主业的收入同比降低27亿元，减幅59%；取得的与主业有关联的收入同比降低32亿元，减幅46%。90家职工持股企业中，86家完成了厂级领导人员转退股工作。

深 化 改 革

三级管理体系不断得到完善。集团公司本部组织机构和部门职能得到了调整，设立了山西、黑龙江、江西、甘肃等省级分、子公司，成立了西藏、青海、重庆等公司筹建组。进一步明确了区域分公司与省级子公司的职责分工。构建适应三级管理的制度体系，健全完善集团公司规章制度37项，新出台35项，废止43项。

法人治理结构更加健全。完善“三会”业务管理制度，改进控（参）股公司管理模式。进一步规范母子公司关系，采取归口管理与专业管理相结合方式，加强子公司“三会”管理，强化重大事项管控。加大对董事、监事的专业管理，加大授权力度，实行会前审核、会后报告制度，实现了“三会”业务的闭环管理。

激励约束机制更加完善。突出效益导向原则，责任制考核直接反映经营成果，利润总额、EBITDA、资产负债率三项评价指标所占比重达到75%。结合综合性电力集团建设实际，对所属企业实施分级分类考核，对企业领导人员实行动态职级管理。修订完善企业工效挂钩和领导人员年薪制管理办法，建立总经理奖励基金，对资本运作、项目发展、科技进步、生产经营等方面业绩突出的单位和个人给予特别奖励。

干部人事制度改革不断深化。加强领导班子配备，实行公开选拔、竞争上岗和任前公示，班子活力不断增强。创新干部选拔任用方式，对本部办公厅副主任、所属企业副总经理等14个领导岗位进行了公推比选，交流干部90余人次。健全领导人员选拔任用、考核评价等制度，完成了大一、大二类企业职级初核工作，更新了后备人才库。建立分层教育培训体系，实施员工素质提升工程，员工培训率达到70%以上。推进人才强企战略，积极引进急需人才、稀缺人才和高端人才，面向系统外公开招聘103名优秀专业技术人员，评选命名第三届“168”人才1316人。

企 业 转 型

战略规划和布局更加明晰。确立了“以大力发展新能源引领企业转型”的发展思路和“五个着力”的工作措施，优化调整电源结构和产业结构，培育以新能源为特色的核心竞争力。热电联产、超临界、超超临界等清洁环保机组和水电、风电等可再生能源装机占总装机容量的53.4%。相关产业利润达到25.8亿元，占全年利润总额的43.14%。

电源结构不断优化。火电重点建设高参数大容量、高效脱硫脱硝、无燃油电厂，60 万 kW 及以上机组占 39.6%，百万千瓦级机组台数居全国第一。加快淘汰落后产能，落实“上大压小”政策，全年关停小火电机组 261.2 万 kW，累计关停 573 万 kW，提前一年超额完成“十一五”关停目标。水电开发形成了以大渡河为龙头，大中小并举的格局。瀑布沟水电站经过 8 年艰苦奋斗，总体完成了 10 万移民搬迁安置任务，首批 2 台机组高标准投产发电，大渡河流域开发进入良性循环新阶段。在西藏、新疆获得水电开发权近 2500 万 kW，尼勒克、艾比湖等项目开工建设。通过并购中小水电，新增水电资源 210 万 kW，四川、大渡河、华东、华中公司并购小水电容量均超过 20 万 kW。风电建设全面提速，形成了投资主体多元化、建设管理专业化的开发格局，六大百万千瓦风电基地基本形成，建成国内首批海上潮间带风电机组，风电投产容量、发电量均居全国第一。南方公司、山西公司、宁夏公司等争取风电资源，填补了多省风电空白。核电工作稳步推进，加快资源储备和人才培养，与中核集团签署了战略合作协议，完成漳州核电可行性研究和衡阳核电初步可行性研究，开展了江西、河南、安徽等地选址工作。积极稳妥开发其他新能源项目，国电电力宁夏平罗、中卫两个太阳能光伏电站获得核准。华北公司掌握太阳能资源 30 万 kW，争取到 2 个金太阳项目。西北公司在陕西取得建设 10MW 太阳能光伏发电项目“路条”。龙源浙江三门 2 万 kW 潮汐能电站正式启动。科环集团生物质能电站在建容量 9 万 kW。

煤炭综合开发力度加大。加快内蒙古、东北、新疆、宁东能源基地布局，增资重组内蒙古能源发电投资公司，并购贺斯格乌拉等煤矿，新增优质资源储量 43 亿 t，“三片一线”战略格局初步形成。燃料公司在山西取得兼并重组整合煤矿的主体资格，成功控股国兴、国强、南峪 3 座煤矿。煤炭产能不断提高，白音华煤矿、察哈素煤矿、沙巴台煤矿开发进展顺利，达产后新增产能 2300 万 t。一批煤电、化工和配套项目取得实质性进展，双鸭山煤电一体化项目资源勘探工作全面展开，赤峰煤化工项目有序推进，英力特煤基多联产项目进入宁夏宁东工业园区，林白铁路、葫芦岛煤码头等项目按计划推进。河南公司、广西公司开展了省内煤矿整合和资源收购工作。平煤集团发挥主力军作用，积极参与蒙能投、英力特、新疆地区煤炭项目开发，为集团公司煤炭产业发展提供了人才和管理支撑。

高新技术产业快速发展。新能源技术研发和装备制造水平不断提升，风机制造形成完整的产业链条，全年达产 1.5MW 风机 800 台，取得 1.5MW 风机设计制造及其核心控制部件变流器和变桨装置的完全自主知识产权，正在建设国内首个具有太阳能电站可研、设计、系统总成和 EPC 总包能力的光伏企业。节能环保自动化产业市场占有率显著提高，等离子点火技术利用总装机容量达到 2.2 亿 kW；电站空冷系统设计达到国内先进水平，实现核心设备制造国产化，投运和在建的空冷机组 1159 万 kW；烟气脱硫、脱硝占国内市场份额 25%，完成了世界首台百万千瓦超超临界机组海水脱硫项目；电站自动控制技术国内市场占有率达 20%，庄河电厂 600MW 超临界机组 DCS 项目获中国机械工业科学技术奖一等奖。科技研发体系不断完善，获得电力科学技术奖三等奖 3 项；集团公司入选第一批海外高层次人才创新创业基地建设名单，选定了 10 余位海内外知名的高科技人才；国电新能源研究院筹建工作有序推进，确定了研究领域、专业方向、重点课题，由“世界太阳能之父”马丁·格林担任名誉院长。

安全生产和节能减排

安全生产基础更加牢固。深入贯彻落实“安全生产年”要求，建立涵盖电力、煤矿、化工、设备制造等产业的安全保证体系和监督体系，形成了齐抓共管的良好局面。健全重大事件应急预案体系，圆满完成国庆保电任务。乌鲁木齐“7·5”事件发生后，在疆各单位迅速启动应急预案，保持了正常的生产经营工作秩序和队伍稳定。推广 NOSA 综合管理体系，扎实做好安全性评价工作，加大重点设备整治，狠抓安全隐患排查，巩固了安全生产局面。所属 132 个发电企业中，127 个实现安全生产无事故，占 96.2%。

节能减排水平显著提高。推行合同能源管理，对机组运行指标较差的单位实施整厂改造，已签订合同和合作协议 7600 万元。认真落实环保责任制，加大机组脱硫技改投入力度，脱硫机组容量达 6114 万 kW，占燃煤机组容量的 86.77%。火力发电企业固体排放物综合利用 3034 万 t，同比增长 1.66%。废水综合利用 4324 万 t，同比提高 0.7 个百分点。集团公司供电煤耗由“十五”末的 361g/kWh 下降到 331.8g/kWh，二氧化硫年排放量由 157 万 t 下降到 86 万 t。

党建和思想政治工作

集团公司扎实开展学习实践活动。圆满完成了学习实践活动三个阶段的主要任务，形成了高质量的分析检查报告和整改落实方案，各级党员干部和广大党员科学发展的意识进一步增强，共整改解决影响和制约科学发展的突出问题1155个。实施十大“惠民工程”，为员工办实事好事1759件。集团公司学习实践活动开展情况的群众满意度达到98.648%，得到了中央学习实践活动领导小组、中央企业学习实践活动领导小组的高度评价。

党建思想政治工作不断加强。深入开展“双学”和“三保一促”主题实践活动，基层党组织和党员队伍建设进一步增强，党组织的政治核心作用、战斗堡垒作用和党员的先锋模范作用得到有效发挥。平煤集团开展“转变十种意识、树立十种观念”大学习、大讨论活动，荆门电厂开展“党员团队示范岗”和“支部项目管理”活动，均有力地促进了扭亏增盈工作。推动党建思想政治工作创新，成立党建思想政治工作研究会，两项研究成果得到中央企业党建政研会表彰。加强反腐倡廉建设，健全完善惩防体系，强化监督检查和巡视工作，深入开展“小金库”等专项治理，扎实做好工程、招标和燃料等专项监管，规范各项经营管理行为。

和谐企业建设得到稳步推进。深入宣贯“家园·舞台·梦”的企业愿景和“严格·高效·正义·和谐”的核心价值观，不断深化企业文化建设。衡丰公司等5家单位获得全国电力行业优秀企业文化成果奖。深入开展文明单位创建活动，集团公司本部获得“首都文明单位标兵”称号。加强职工代表大会制度建设，较好地发挥了职代会决定重大事项、反映员工意愿、维护员工权益等方面的重要作用，一届一次职代会提案满意度达到100%。深入开展劳动竞赛、技能竞赛等建功立业活动，推动班组建设，构建和谐劳动关系，激发了广大员工与企业共渡难关、争做贡献的工作热情。各级共青团组织围绕中心开展工作，吉热化学分场团支部、大岗山公司直属团支部被共青团中央表彰为“全国五四红旗团支部”，石横电厂运行部甲二班被国资委和共青团中央联合命名为“全国青年文明号”。发布了社会责任报告，开展了扶贫帮困活动。新闻宣传和信息工作卓有成效，树立了集团公司良好的社会形象。

（朱 锋）

中国电力投资集团公司

基本情况

中国电力投资集团公司（简称中电投集团）成立于2002年12月29日，是电力体制改革时国务院批准成立的五大发电集团之一，是经国务院同意进行国家授权投资的机构和国家控股公司的试点。注册资金人民币120亿元。

2009年，中电投集团在党中央、国务院的坚强领导下，深入学习实践科学发展观，积极应对金融危机挑战，按照“抓发展、调结构、保增长、强管理、防风险、维稳定”18字方针，坚持“电为核心，煤为基础，产业一体化协同发展”的发展思路，坚持“两个结构调整”的战略核心，坚持“背靠资源，面向市场”的发展原则，坚持“建设国际一流能源企业”的发展目标，在巨大的困难面前不畏惧、不退缩，凝心聚力，攻坚克难，以高昂的斗志和顽强的精神，扎实推进“三步走”战略和战略转型，圆满完成各项任务。

截至2009年底，中电投集团累计完成发电量2515.96亿kWh，同比增长23%；煤炭产量4298万t，同比增长30%；电解铝产量110万t，同比增长147%，电、煤、铝三大板块产销量增长均高于同行业平均水平。清洁能源比例30%，居五大发电集团首位。中电投集团营业收入首次突破千亿大关，达到1006.58亿元。利润总额37.16亿元，比2008年减亏增利近110亿元。利润总额、净资产收益率、流动资产周转率超额完成国资委考核目标和中电投集团经营目标。截至2009年底，中电投集团资产总额3763.45亿元，分布在全国28个省、市、自治区及港、澳、东南亚等地区。拥有中国电力、上海电力、漳泽电力、九龙电力、吉电股份、露天煤业6家境内外上市公司，共有二级单位34家，三级单位205家，员工总数107 690人。电力控股装机容量5882.51万kW，其中：水电1463.39万kW，火电4330.58万kW。拥有24个1000MW以上的大型电厂。

领导班子

党组书记、总经理：陆启洲
党组成员、副总经理：丁中智
党组成员、副总经理：孟振平
党组成员、副总经理：张晓鲁
党组成员、副总经理：李小琳
党组成员、副总经理：余德辉
党组成员、副总经理：田 勇
党组成员、纪检组组长：王先文
党组成员、副总经理：苏 力

发 展 状 况

2009年，中电投集团全年电力核准容量1861万kW，电源项目开工1276万kW，创历史新高。电力投产容量702万kW，煤炭新增产能700万t，电解铝新增产能90万t。拉西瓦水电站实现一年四投，6号机组成为全国电力装机突破8亿kW标志性机组。海阳核电项目获得核准并开工建设。海阳核电开工和拉西瓦水电站6号机组投运同时被评为2009年中国十大能源新闻。上海IGCC项目实现重大突破。“赤大白”铁路重载试运通车，“锦赤”铁路全线开工，锦州煤码头获得控股开发权并获得国家发改委核准。新疆煤制天然气项目正式启动。内蒙古东、宁夏、青海电解铝项目稳步实施，贵州铝土矿项目进展顺利。江苏滨海、江西九江、广东揭阳港口及煤码头前期工作有序推进。

通过资本运作，重组了先融期货、重庆渝能，有序开展对相关电厂、煤矿以及金融资产的并购重组。中电投集团资产质量持续好转，资产不断向主营业务集中。2009年底，主营业务资产占总资产的97.83%。

低 碳 发 展

中电投集团以提高企业核心竞争能力和抗风险能力为目标，以提高低碳、清洁能源比重为重点，在保护生态环境基础上积极有序开发水电，大力开发核电，积极开发风电、太阳能等可再生能源，稳步推进IGCC等洁净煤发电，优化发展燃煤火电。2009年，核准、开工、投产容量中清洁能源比例分别为55%、32%和60%；取得“路条”项目中清洁能源比例超过2/3；全年基建投资580亿元，其中水电、核电、风电等清洁能源及相关产业投资比例首次超过50%；截至2009年底，中电投集团清洁能源比例30%，居五大发电公司首位。

中电投集团围绕电力核心业务，有序发展煤炭、铝等上下游资源型产业，以及铁路、港口、金融、环保产业，打造产业链，形成价值链，发挥产业间、区域间战略协同效应，在更大范围和更广领域优化资源配置。截至2009年底，中电投集团已基本形成内蒙古东、新疆战略性煤炭资源基地，宁东、贵州区域性煤炭资源基地及蒙东、新疆、宁东、贵州、青海五大产业集群。

核 电 建 设

中电投集团是国家确定的三大核电控股建设运营商之一，是国内唯一具有控股开发核电资质的发电企业。现持有除秦山一期外国内所有在运核电站股份，权益容量135.08万kW；控股在建核电站2座（含等比例控股），容量451.24万kW；参股在建核电站5座，权益容量387万kW。

经过多年持续不懈的努力，中电投集团的核电工作取得了显著成绩。山东海阳核电项目作为国家第三代核电技术引进依托项目之一，2009年12月正式开工；辽宁红沿河核电一期工程已于2007年8月开工建设；控股建设的江西核电项目已确定为国家首批内陆核电项目之一；吉林、辽宁、湖南、广西、重庆等核电项目的前期准备工作也在积极推进。

同时，中电投集团依托自身优势，形成了“集团总部统一规划、布局核电产业，中电投电力工程有限公司全面参与核电站工程建设，中国电能成套有限公司全面参与设备采购及监造工作，上海高级培训中心承担核电站技术和管理人员理论培训工作”的核电专业化发展体系。

海 外 事 业

中电投集团坚持合作共赢，有效利用国际国内两个市场、两种资源，海外事业取得了突破性进展。

2009年，伊江上游水电项目纳入中缅两国政府间重点合作项目，该项目规划建设七级水电站，总装机规模约1650万kW，年发电量约908亿kWh。项目全部建成后，每年将分别向缅甸和中国提供约100亿和800亿kWh清洁电能，将为中缅两国带来巨大的经济和社会效益。规划装机600万kW的密松水电站前期工程已于12月21日正式开工。同时，中电投集团西非项目也在稳步推进。

经 营 管 理

2009年，中电投集团将标准化管理和管理对标作为提升管理水平的重要举措，以“标准化管理推进年”活动为载体，进一步创新管理理念、完善管理体制、优化管理流程、规范管理行为，企业管理水平不断提高。在火电资产质量较差的情况下，火电机组利用小时完成4815h，较五家发电集团平均值高43h。电解铝在全行业亏损的严重局面下，减亏增效超过9亿元，实现盈利5500万元。拉西瓦、黑麋峰工期、造价均创行业先进水平。平圩、大别山项目获得2009年度中国电力优质工程奖，公伯峡项目获得国家优质工程金奖。开封项目以17个月零17天的建设总工期创国内同类工程最短工期记录。

一年来，中电投集团三项费用较年初预算减少3.4亿元，燃料采购成本同比降低21.41亿元，招标采购比概算降低30多亿元，置换重组贷款2000亿元，节约利息支出超过12亿元。大力开展票据融资，节约费用6.9亿元。

节能环保

2009年，中电投集团关停小火电机组13台148.5万kW。完成22台机组脱硫改造，新增二氧化硫减排能力24.03万t/年，供电煤耗同比降低7.02g/kWh。全年二氧化硫、烟尘、废水排放总量同比分别减少34.80、3.46、1075万t，降幅分别为31.15%、28.88%和16.55%，提前实现“十一五”二氧化硫排放总量削减35%的目标。

中电投集团承担的60万kW火电机组空冷系统国产化示范项目，顺利通过技术鉴定。该技术打破了国外公司垄断，直接促进了大型空冷机组的国产化。国内首个万吨级燃煤电厂碳捕集装置在集团公司双槐电厂建成投运，对提升我国在低碳领域的国际竞争力都具有重要意义。

学习实践活动

2009年，中电投集团认真学习实践科学发展观，结合18字工作方针和结构调整、战略转型的重要任务，在系统175个党委（党组）、34360名党员中扎扎实实开展了学习实践活动，顺利完成了各阶段、各环节任务，得到上级机关的充分肯定和高度评价，得到广大干部职工的认可，群众满意率100%。中央学习实践活动领导小组把中电投集团作为中央企业学习实践活动典型单位，在中央媒体作了重点报道，引起良好社会反响。

2009年，中电投集团在全系统开展“四好”班子建设以及“四牢记六争先”、“党员先锋岗”、“保增长、促发展”等主题实践活动，公司上下形成了推动科学发展的强大动力。以完善惩防体系为重点，深入推进反腐倡廉建设，开展廉洁自律“七项要求”和“三重一大”决策制度执行情况的监督检查，全系统立项开展效能监察项目239项，广大干部依法治企、廉洁从业意识不断增强。

企业社会责任

中电投集团充分发挥企业党组织的政治核心作用和战斗堡垒作用，以关爱员工、维护稳定为重点，努力构建和谐企业。在我国经济社会发展面临严峻考验的非常时期，中电投集团庄严承诺并做到“企业不减员，员工基本收入有保障”。解决了内部退养职工待遇问题，妥善分流安置了1700多名关停机组分流职工，全年没有发生影响稳定的重大事件。组建以来，中电投集团全系统未发生安全目标控制事故。

2009年，中电投集团积极参与社会公益事业，扶贫帮困，进一步树立企业诚信品牌和良好社会公众形象。中电投集团全年助学捐款163.38万元，向贫困地区、受灾地区捐款278万元、捐物13315件。5月25日，中电投集团发布了首份社会责任报告，得到社会各界的广泛认可和高度评价。

公司愿景

“三步走”发展战略目标

2010年实现可控装机7000万kW以上，煤炭产能7000万t，产业特点更加突出，资源和区位优势更加显著。

2015年实现可控装机容量1亿kW，煤炭产能1亿t，成为在国内居领先地位的能源企业集团。

2020年，实现可控装机容量1.4亿kW，电力装机容量占全国10%；煤炭产能1.4亿t，煤炭自给率达到50%以上。

低碳清洁发展计划

“十二五”期间，单位发电量二氧化碳排放0.58kg左右，比2005年下降16%。单位销售收入二氧化碳排放比2005年下降38%左右。

“十三五”期间，单位发电量二氧化碳排放0.4kg左右，比2005年下降40%。单位销售收入二氧化碳排放比2005年下降60%左右。

到2020年，低碳清洁能源发电比重提高至50%左右。2020年以后，以核电、风电、太阳能发电开发为主，火电以IGCC、燃气电站、分布式能源开发为主，积极探索新型储放能等低碳新能源的应用。

（王　聪）

其 他 公 司

中国长江三峡集团公司

概况

2009年，中国长江三峡集团公司（简称集团公司）以邓小平理论和“三个代表”重要思想为指导，深入贯彻落实科学发展观，按照党中央、国务院的部署和国资委的要求，积极应对金融危机挑战，精心组织工程建设和电力生产，稳步实施主营业务整体上市，加快推进公司战略转型，保持持续稳定增长态势，全面超额完成国资委下达的年度业绩考核指标。

2009年，集团公司年发电量971.95亿kWh，其中：三峡电站发电798.53亿kWh，葛洲坝电站发电162.43亿kWh，小水电发电8.3亿kWh，风电及余热发电2.68亿kWh。营业收入完成263.68亿元，同比增长3.52%。实现利润总额126.84亿元，同比增长8.60%。其中，经营利润94.05亿元，同比增长7.05%。净资产收益率（按考核口径）9.59%。成本费用总额占营业收入比重64.83%。安全生产形势总体平稳，没有发生重大安全事故。

2009年中国长江三峡集团公司固定资产投资完成情况见表1，2009年三峡工程固定资产投资及主要工程量完成情况见表2。

表1　2009年中国长江三峡集团公司固定资产投资完成情况汇总表　万元

项　目	2009年计划	2009年完成	占年计划（%）	自开工累计完成
总投资	3 435 026	2 232 849.45	65.00	20 198 641.71
一、水电项目投资	3 300 637	2 164 865.79	65.59	20 030 447.72
1. 在建项目	3 095 718	2 124 447.27	68.63	19 870 472.47
三峡工程	1 871 726	1 094 186.04	58.46	15 921 618.07
三峡地下电站工程	113 946	89 873.94	78.87	345 665.26
溪洛渡水电站项目	514 180	422 804.32	82.23	2 131 159.92
向家坝水电站项目	595 865	517 582.97	86.86	1 472 029.21
2. 筹建项目	204 919	40 418.52	19.72	159 975.25
乌东德水电站项目	23 952	5943.47	24.81	45 803.94
白鹤滩水电站项目	131 600	26 599.66	20.21	91 988.73
天荒坪二抽水蓄能电站	19 767	7258.24	36.72	11 265.24
小南海工程	29 600	617.15	2.08	10 917.34
二、风力发电工程	134 389	67 983.66	50.59	168 193.99
1. 在建项目	119 089	67 983.66	57.09	168 193.99
慈溪风力风电	3554	1012.89	28.50	60 491.75
响水风力风电	115 535	66 970.77	57.97	107 702.24
2. 筹建项目	15 300			
海上风电	15 300			

表 2　　2009 年三峡工程固定资产投资及主要工程量完成情况汇总表

项　　目	单位	2009 年计划	2009 年完成	占年计划（%）	自开工累计完成
一、三峡工程投资	万元	1 871 726	1 094 186.04	58.46	15 921 618.07
1. 建筑安装工程	万元	55 642	22 990.31	41.32	3 135 797.30
其中：建筑	万元	54 340	22 089.58	40.65	2 982 495.97
安装	万元	1302	900.73	69.17	153 301.33
2. 机电设备费	万元	5981	4781.94	79.95	938 715.43
3. 金属结构设备费	万元	12 255	3124.76	25.50	193 092.12
4. 其他费用	万元	21 892	8681.51	39.66	426 566.33
5. 基本预备费	万元	1761	3706.94	210.49	79 846.86
6. 水库淹没处理补偿费	万元	636 579	376 674.00	59.17	5 050 041.61
7. 价差预备费	万元	1 137 615	674 226.58	59.27	4 584 283.83
其中：枢纽工程	万元	84 194	50 900.58	60.46	1 778 662.48
水库淹没处理补偿费	万元	1 053 421	623 326.00	59.17	2 805 621.35
8. 贷款利息	万元				1 513 274.61
二、主要工程量					
土石方开挖	万 m^3	0.00	2.16		14 017.72
土石方填筑	万 m^3				5349.37
混凝土浇筑	万 m^3	7.60	4.42	58.16	2832.00
固结灌浆	万 m	0.00	0.33		49.58
帷幕灌浆	万 m	1.13	0.83	73.63	34.14
接缝灌浆	万 m^2				50.11
钢筋制作安装	万 t	1.57	0.27	17.39	59.67
锚杆	万根	0.00	1.12		57.00
混凝土防渗墙	万 m^2				28.35
机电安装	万 t				19.06
金属结构安装	万 t	0.15	0.10	69.33	22.04

电力生产经营安全平稳

集团公司坚持统筹兼顾，以确保满足防汛抗旱、航运、供水等要求为前提，实施优化调度，充分利用可调库容，不断提高电站经济运行水平。2009 年，三峡—葛洲坝梯级电站完成发电量 960.96 亿 kWh，节水增发电量 50.6 亿 kWh，水能利用提高率 5.6%。三峡电站 26 台机组首次全部并网发电，首次达到全厂额定出力 1820 万 kW，实现三峡电站全面投产后首个完整年度安全稳定运行。

加强电力市场营销，全面完成三峡—葛洲坝梯级电站上网电量销售任务。按照国家批复的上网电价，实现电量按期结算、电费足额回收。抓住国家调整火电价格机遇，加强与各方面的沟通和协调，提高葛洲坝上网电价 2 分/kWh，为葛洲坝电站实施重大技术改造创造条件。

风电、国际水电等新业务不断拓展

集团公司顺利完成与中国水利投资集团公司的重组和融合，在共同研究的基础上调整中国水利投资集团公司和中国水利电力对外公司的战略定位和发展规划，加大资金等方面的支持力度，加快风能开发和国际水电业务的发展步伐，在新业务培育和市场开拓方面取得突破，重组效益开始显现。2009 年，中国水利投资集团公司完成营业收入 8.89 亿元，同比增长 64.8%；实现利润总额 3.53 亿元，同比增长 20.2%。中国水利电力对外公司完成主营业务收入 37.6 亿元，实现利润约 8000 万元。

风电开发的区域布局初步形成。集团公司与内蒙古自治区政府签订战略合作框架协议，以抽水蓄能和风电组合方式开发内蒙古的清洁能源，获取 449 万 kW 风电场资源，为近期大规模开发风电增加储备。中国水利投资集团公司积极开拓内蒙古、新疆、辽宁、甘肃等地风电市场，内蒙古化德风电场一期工程、吉林白城风电场二期工程等相继投产发电。浙江慈溪风电场全部并网发电。完成国家“十一五”科技支撑计划海上风电课题的主体工作任务，江苏响水近海 2MW 试验风机吊装成功，浙江和江苏两个近海风场的预可行性研究通过咨询和审查，为集团公司未来开发海上风电做了必要的技术准备。

国际水电业务发展顺利。集团公司以 EPC 方式承建的马来西亚沐若项目施工情况良好，被当地媒体称为水电开发的示范性工程，初步树立中国长江三峡集团公司在国际水电市场的品牌和形象。中国水利电力对外公司积极开拓国际市场，市场占有率不断提高，首个BOOT项目老挝南立水电站成功下闸蓄水，承建的苏丹麦洛维电站正式发电。集团公司与中国水电建设集团、中国南方电网有限责任公司签订战略合作框架协议，明确由中国长江三峡集团公司作为中方的牵头方，联合开发缅甸萨尔温江流域水电项目，塔山项目的前期工作已经展开。

主营业务整体上市圆满完成

为进一步深化改革，促进企业持续发展，经国务院同意，在国资委、证监会等部委大力支持下，集团公司于2008年5月正式启动主营业务整体上市工作。将集团公司拥有的价值约1073亿元的三峡工程发电资产及相关专业化公司股权注入长江电力；三峡工程公益性资产继续保留在中国长江三峡集团公司，由集团公司负责运行、管理及维护。2009年9月28日，集团公司与长江电力顺利实现资产交割。

主营业务整体上市，对三峡工程公益性资产运行维护作出阶段性安排，有利于三峡工程综合效益的发挥；以划拨方式获得与发电资产相关的坝区土地的使用权，并由集团公司授权经营；减少集团公司与上市公司的经常性关联交易，两者的功能定位更加清晰；提升上市公司质量，促进长江电力与集团公司的协同发展，实现更高层次的国有资产保值增值。主营业务整体上市得到国家有关部门和资本市场的充分认可。

企业管理水平和经济效益逐步提升

面对全球金融危机的冲击，集团公司以风险防范为重点，以经济效益为目标，以信息化为手段，不断强化内部管理，夯实企业发展的基础，集团公司经济效益稳步提升。

加强资金集中管理，统筹安排筹融资活动，以内部资金拆借替代部分外部融资，全年共减少集团公司合并利息支出7.7亿元。成功发行100亿元三峡债(其中5年期70亿元、利率3.45%，7年期30亿元、利率4.05%)，在融资成本锁定较低水平上。强化预算管理和成本管理，严格控制非生产性支出，加强管理费用控制，降低管理成本。加强对外投资管理，制定对外投资管理办法，规范投资决策程序，加强投资项目的前期分析研究和评估审查，有效防范投资风险。

各专业化公司注重强化内部管理，不断提升服务质量。各公司经营稳定，营业收入、利润总额较2008年有所增长，完成主营业务收入13.74亿元，同比增长6.73%；实现利润总额1.47亿元，同比增长35.37%。

立足于服务集团公司整体战略，编制集团公司信息化总体规划，实施“信息化发展登高计划”。信息化建设全面覆盖集团公司工程建设、电力生产、专业化经营和内部管理等各项业务，实现信息管理的不断延伸和管理能力的移植复制，促进集团公司管理的规范化、科学化、集约化。集团公司在中央企业信息化水平评价中晋升A级，报评的电力生产管理信息系统（ePMS）被列为中央企业首批信息化示范工程。

水利工程建设与运行

1. 三峡水利枢纽工程建设和运行

2009年是三峡工程初步设计工期的最后一年，三峡工程初步设计建设目标如期实现，除国家批准缓建的升船机外，均提前或如期完成。顺利通过175m蓄水前验收，三峡工程由以建设为主转入以运行为主的阶段。三峡工程防洪抗旱、发电、航运、供水等综合效益全面发挥。

2009年，三峡工程投资计划187.17亿元，实际完成投资109.42亿元，占年度计划的58.46%。其中：建筑安装工程完成投资22 990万元，比计划投资（55 642万元）减少32 652万元；设备费完成投资7907万元，比计划投资（18 236万元）减少10 329万元；其他费用完成投资12 388万元，比计划投资（23 659万元）减少11 271万元；水库移民费完成投资100亿元，比计划投资（169亿元）减少69亿元。

1～11月，三峡主体工程土建与金属结构安装工程单元质量评定完成795个，合格率100%，优良率92.6%。实现全年无质量事故管理目标。

至2009年底，三峡工程累计完成投资1592亿元，其中：枢纽工程静态投资完成477.4亿元，占枢纽工程概算500.9亿元的95.31%；库区移民完成静态投资505亿元，占库区移民静态投资530亿元的95.28%；价差458.4亿元；贷款利息151.3亿元。静态、动态投资均控制在国家批准的概算投资范围内。

三峡工程防洪抗旱效益日益显著。在汛期，三峡工程最大削减洪峰流量15 000m^3/s，减轻长江中下游的防洪压力。在枯水期，三峡水库对中下游累计补水127.3亿m^3，保障长江中下游通航水深和生产生活用水要求。特别是蓄水期间加大下泄流量，放缓蓄水进程，为缓解长江中下游干流的严重旱情发挥重要作用。

三峡过坝货运量再创历史新高。加强船闸设备管理，建立科学高效的船闸运行机制，船闸通过能力不断提升。全年通过三峡坝区的货运量达到7426万t，比2008年增长8.5%。自2003年三峡船闸试通航以来，累计通过三峡坝区的货物已达3.6亿t，有力地促进长江航运业的繁荣和中西部经济发展。

地下电站和升船机建设进展顺利。右岸地下电站形象进度超过年度计划目标，完成6台机组基础环、座环的安装和验收，完成4台机组的蜗壳安装并向土建施工交面，基本满足2011年和2012年各投产3台机组的目标要求。升船机建设完成船厢室段塔机安装，塔柱混凝土浇筑有序上升。工程建设实现“双零”管理目标。

三峡水利枢纽运行和管理。三峡水利枢纽运行安全平稳。三峡大坝、船闸高边坡变形、渗流量等各项参数均处于正常范围内，枢纽建筑物运行正常。三峡水库水质同比无类别变化。库首区地震和库岸基本稳定。枢纽运行安全平稳，坝区内外平安和谐。

水库优化调度研究和实践取得初步成果。取得“防洪限制水位有条件上浮 1.5m，汛末试验性蓄水提前至 9 月 15 日开始”两项研究成果，并应用于批复的度汛方案、试验性蓄水方案及水库优化调度方案中。三峡电站通过优化调度节水增发电量 39.5 亿 kWh。春秋两季为下游实施航运补水调度 125 天，补水总量 96 亿 m^3，有效保障了枯水季节下游航运和生产生活用水需求。

试验性蓄水工作全面完成。试验性蓄水于 9 月 15 日启动，11 月 24 日达到最高水位 171.43m。蓄水过程严格执行长江防总下达的 6 次调度令，加大下泄流量，缓解了洞庭湖及鄱阳湖流域旱情。

枢纽管理进一步强化。对 26 台机组启闭机房进行改造，对电站环境进行整治，为机组安全发电提供保障。全年船闸通航率达到 95.9%，远高于 84.1% 的设计指标。启动《三峡船闸运行管理手册》编制。积极开展三峡通航管理体制研究及协调工作。制定 10 余项茅坪溪大坝管理制度。

水库管理工作有力推进。开展水文泥沙原型观测和多个科研项目；完成价值 1061 万元的设备招标采购和安装，水文泥沙监测实时性和准确性大大增强。联合中科院建立香溪河生态系统实验站，为库区水质监测提供技术支撑。继续开展漂浮物清理，全年清理漂浮物 10 万 m^3。进行库首区地震流动观测，完成地震监测系统技术升级改造准备。开展近坝库岸查勘和野猫面滑坡体监测。6 次巡查上游水库和下游河段，掌握三峡库区消落区、地质灾害治理、水环境和下游河势等方面第一手资料。

2. 溪洛渡水电站工程建设

2009 年是溪洛渡工程开工的第四年，主体工程全面展开。3 月 27 日开始大坝主体混凝土浇筑，6 月 29 日开始水垫塘底板混凝土浇筑，10 月 29 日开始二道坝混凝土浇筑。

2009 年，溪洛渡水电站工程计划投资 51.4 亿元，实际完成投资 42.3 亿元，占计划的 82.3%。其中：建筑安装工程完成投资177 229万元，比计划投资（198 894万元）减少21 665万元，设备费完成投资98 003万元，比计划投资（174 884万元）减少 76 881万元。

截至 2009 年底，溪洛渡水电站工程累计完成投资 213.12 亿元，其中建筑安装工程完成投资 125.17 亿元，永久设备完成投资 13.93 亿元，建设征地及移民安置费完成投资 29.44 亿元，其他费用完成投资 37.28 亿元，贷款利息 7.3 亿元。

2009 年，溪洛渡主体工程共评定单元工程 4690 个，合格 4690 个，优良 4478 个，优良率为 95.50%。

主要工程形象进度：

（1）大坝工程。大坝主体 11～20 号坝段混凝土最低浇筑至高程 341m，最高浇筑至高程 359m。

（2）水垫塘及二道坝工程。二道坝混凝土最低浇筑至高程 341m，最高浇筑至高程 348m。水垫塘底板混凝土浇筑完成 84 仓。

（3）地下厂房工程。左岸 1 号机组、7～9 号机组混凝土分别浇筑至高程 353.6m，并向机电安装交面；2～6 号机组混凝土浇筑分别至高程 348.5、346.53、335、335、344.53m。右岸 10、11、18 号机组混凝土均浇筑至高程 355.8m，并向机电安装交面；12～14 号机组混凝土浇筑分别至高程 352.5、349.1、336.72m。左岸主变压器室技术供水泵房和主变压器室上游运输通道混凝土浇筑完成。4、5、9 号机组母线洞大洞段边墙混凝土浇筑至高程 383m。1、2 号机组出线竖井下段开挖支护全部完成，竖井混凝土浇筑至高程 387m。右岸主变压器室技术供水泵房、上游运输通道和尾调渗漏集水井混凝土浇筑完成。10、11、13～15 号机组母线洞大洞段边顶拱混凝土浇筑完成。3、4 号机组出线竖井开挖支护全部完成，竖井混凝土浇筑至高程 400m。左岸 1～3 号尾水洞底板混凝土浇筑分别完成 1055.71、361.41、197.76。1、9 号机组尾水管底板混凝土浇筑完成 67.88m。右岸 4～6 号机组尾水洞底板混凝土浇筑分别完成 223.81、615.2、1030.87m；10、18 号机组尾水管底板混凝土浇筑完成 60.16m。

（4）泄洪洞。左岸 1、2 号泄洪洞有压段、中闸室、无压段开挖完成，龙落尾段开挖完成 50%。1、2 号泄洪洞进口护坦混凝土浇筑完成设计工程量的 40%；1 号泄洪洞有压段底板混凝土浇筑完成 49m，2 号泄洪洞无压段底板混凝土浇筑完成 198m。1、2 号泄洪洞出口最低开挖至高程 370m。右岸 3、4 号泄洪洞有压段、中闸室、无压段和龙落尾斜井段开挖完成，龙落尾下平段上层、中层开挖分别完成 383、86m。3、4 号泄洪洞进水塔底板及边墙混凝土浇筑完成，胸墙混凝土浇筑至高程 571m；4 号泄洪洞无压段底板混凝土浇筑完成 99m，3 号泄洪洞有压段底板混凝土浇筑完成 49m。3、4 号泄洪洞出口开挖至高程 370m。

2009 年溪洛渡水电站工程固定资产投资及主要工程量完成情况见表 3。

表 3 2009 年溪洛渡水电站工程固定资产投资及主要工程量完成情况汇总表

项 目	单位	2009 年计划	2009 年完成	占年计划（%）	自开工累计完成
一、溪洛渡水电站投资	万元	514 180	422 804.32	82.23	2 131 159.92
（一）枢纽工程	万元	374 777	275 232.13	73.44	1 390 953.20
1. 建安工程	万元	199 894	177 228.80	88.66	1 251 661.74
建筑工程	万元	198 894	169 685.67	85.31	1 242 246.09
施工辅助工程	万元	32 840	27 678.04	84.28	459 079.79
建筑工程	万元	155 573	137 270.12	88.24	752 656.62
环保工程	万元	10 481	4737.51	45.20	30 509.68
安装工程	万元	1000	7543.13	754.31	9415.65
2. 永久设备	万元	174 884	98 003.33	56.04	139 291.46
机电设备费	万元	153 784	89 151.54	57.97	130 358.18
金结设备费	万元	21 100	8851.79	41.95	8933.28
（二）建设征地和移民安置费	万元	37 362	58 548.23	156.71	294 385.00
（三）独立费用		46 376	34 889.57	75.23	219 025.01
（四）基本预备费	万元				
（五）价差预备费	万元	37 665	35 039.72	93.03	153 811.24
（六）贷款利息	万元	18 000	19 094.67	106.08	72 985.47
二、主要工程量					
土石方明挖	万 m^3	136.45	355.68	260.67	5459.75
石方洞挖	万 m^3	179.47	175.10	97.57	1970.77
混凝土浇筑	万 m^3	161.82	116.84	72.20	495.86
锚杆（锚筋）	万根	24.95	34.81	139.52	203.92

3. 向家坝水电站工程建设

2009 年是向家坝工程开工的第三年，工程建设按照年度计划稳步推进。2009 年底左非岸坡坝段混凝土浇筑基本至高程 382.5m；6 月 12 日上游围堰填筑至设计高程（305m），5 月 31 日下游围堰填筑至设计高程（291.5m）；二期基坑 11 月完成大面积开挖，年底基本完成齿槽开挖，并开始浇筑混凝土。全年向家坝主体工程共评定单元工程 2318 个，合格率 100%，优良率 92.36%。

2009 年，向家坝水电站计划投资 59.59 亿元，实际完成投资 51.76 亿元，占全年计划投资的 86.86%。其中：建筑安装工程完成投资 158 089 万元，比计划投资（195 151 万元）减少 37 062 万元；设备费完成投资 51 167 万元，比计划投资（83 094 万元）减少 31 927 万元；独立费用完成投资 34 218 万元，比计划投资（56 385 万元）减少 22 167 万元。

截至 2009 年底，向家坝水电站累计完成投资 147.2 亿元，其中建筑安装工程完成投资 59.92 亿元，设备费完成投资 7.79 亿元，建设征地和移民安置费完成投资 53.73 亿元，基本预备费用完成投资 1.82 亿元，其他费用完成投资 20.51 亿元，贷款利息 3.43 亿元。

翻坝转运。截至 12 月 31 日，共转运货物 58.36 万 t，其中煤矿 19.97 万 t，磷矿 38.39 万 t。最高日运量 0.61 万 t，平均日运量 0.22 万 t。

主要工程形象进度。

（1）左岸主体工程。冲沙孔坝段混凝土浇筑至一期设计高程 340m。左岸非溢流坝段 7～18 号除左岸非溢流坝段 13、14 号坝段外，混凝土浇筑均至高程 382.5m。

（2）二期主体工程。二期土石围堰汛前填筑完成；8 月中旬泄洪坝段坝基开挖至设计高程 240m，12 月基本完成齿槽开挖，具备碾压混凝土浇筑施工条件。

（3）右岸地下电站。1 号机组完成锥管一期混凝土浇筑（高程 251m）和锥管安装；2 号机组完成肘管安装，肘管二期混凝土浇筑至高程 241m；3 号机组完成肘管安装，肘管二期混凝土浇筑至高程 231m；4 号机组完成垫层混凝土浇筑；集水井边墙混凝土浇筑至高程 263.24m。主变压器室完成垫层混凝土浇筑。母线洞完成全部衬砌。进厂交通洞开挖已完成。进水口 1～4 号进水塔混凝土浇筑分别至高程 337.1～342.3m。引水系统完成引水洞全部开挖支护。尾水洞正在进行开挖支护。

2009 年向家坝水电站工程固定资产投资及主要工程量完成情况见表 4。

表 4 2009 年向家坝水电站工程固定资产投资及主要工程量完成情况汇总表

项 目	单位	2009 年计划	2009 年完成	占年计划（%）	自开工累计完成
一、向家坝水电站投资	万元	595 865	517 582.97	86.86	1 472 029.21
（一）枢纽工程	万元	278 246	209 225.66	75.19	677 125.47
1. 建安工程	万元	195 151	158 058.69	80.99	599 189.57
建筑工程	万元	194 251	154 124.94	79.34	594 889.37
施工辅助工程	万元	63 014	60 432.60	95.90	268 484.94
建筑工程	万元	128 125	91 160.54	71.15	311 523.89
环保工程	万元	3113	2531.81	81.34	14 880.53
安装工程	万元	900	3933.75	437.08	4300.21
2. 永久设备	万元	83 094	51 166.97	61.58	77 935.91
机电	万元	72 763	47 038.93	64.65	73 807.87
金结	万元	10 332	4128.04	39.96	4128.04
（二）建设征地和移民安置费	万元	237 499	241 572.00	101.71	537 322.00
（三）独立费用	万元	56 385	34 217.54	60.69	149 173.44
（四）基本预备费	万元	2100	1177.84	56.09	18 150.79
（五）价差预备费	万元	11 636	19 072.75	163.91	55 970.40
（六）贷款利息	万元	10 000	12 317.18	123.17	34 287.12
二、主要工程量					
土石方明挖	万 m^3	940.01	1050.41	111.74	4580.46
石方洞挖	万 m^3	29.16	21.28	72.98	290.89
土石方填筑	万 m^3	128.49	111.15	86.50	1139.56
混凝土浇筑	万 m^3	80.72	89.98	111.47	481.91
固结灌浆	万 m	9.70	4.75	49.01	17.48
帷幕灌浆	万 m	12.00	12.53	104.42	23.04
钢筋	万 t	0.77	3.78	490.91	13.14
锚杆（锚筋）	万根	6.09	4.34	71.26	84.42

学习实践科学发展观活动

中国长江三峡集团公司扎实开展深入学习实践科学发展观活动。通过学习实践活动，进一步深化科学发展理念，理清发展思路，提出创建大型清洁能源集团的战略目标，并滚动修编 2009～2011 年发展规划。认真抓好整改方案落实工作，初步解决制约企业科学发展的一些突出问题，为集团公司成功应对全球金融危机、实现又好又快发展提供保障。职工群众对学习实践活动的总体满意度测评达 99.12%。

履行企业社会责任

中国长江三峡集团公司认真落实“建好一座电站，带动一方经济，改善一片环境，造福一批移民”的“四个一”水电开发理念，主动履行社会责任，树立良好的企业形象。

加大扶贫工作力度。不断探索扶贫工作新思路和新方法，按照“输血与造血相结合，近期与远期相结合，支援与合作相结合”的原则，采取干部支援、智力帮扶、项目帮扶、送温暖等多种形式，加大对中央和国家确定的定点扶贫、对口支援县以及三峡、溪洛渡、向家坝库坝区的扶持和支援力度。全年共投入扶贫帮困资金 7560 多万元，重点支持改善民生和促进就业项目，为促进边疆稳定、促进贫困地区经济发展作出贡献，为三峡工程的长期安全运行和金沙江下游水电开发营造和谐、稳定的外部环境。2009 年，集团公司被国务院三峡工程建设委员会授予三峡工程移民培训工作先进集体称号。

加强环境保护和资源节约。坚持在保护生态的基础上有序开发水电，全面落实环境保护措施。中华鲟全人工繁殖研究取得成功，世界上第一尾全人工繁殖的中华鲟在中华鲟研究所三峡坝区基地降生，标志着中华鲟物种保护实现重大突破。集团公司节能减排系列活动获得圆满成功，增强全员节能减排意识，有力推进节能减排工作。中国长江电力股份有限公司发布环保节能规划，把绿色理念贯穿到电力生产经营的每个环节，着力打造绿色电站。

（张立先 乔仁贵）

中国电力工程顾问集团公司

概况

中国电力工程顾问集团公司（简称集团公司）是

2002年底依据《国务院关于印发电力体制改革方案的通知》（国发［2002］5号）和《国务院关于组建中国电力工程顾问集团公司有关问题的批复》（国函［2003］26号），在原国家电力公司所属中国电力工程顾问（集团）有限公司基础上组建的，由国务院国资委管理的全民所有制企业。集团公司下设东北电力设计院（简称东北院）、华东电力设计院（简称华东院）、中南电力设计院（简称中南院）、西北电力设计院（简称西北院）、西南电力设计院（简称西南院）、华北电力设计院工程有限公司、中国电力建设工程咨询公司（简称咨询公司）、科技开发股份有限公司、北京洛斯达科技发展有限公司共9家子企业和电力规划设计总院一家事业单位。

集团公司是面向国内外市场，为政府部门、金融机构、投资方、发展商和项目法人提供电力工程建设综合服务的中介机构。集团公司总部主要从事集团管理、电力发展规划研究、电力工程评审等。集团公司所属各设计院主要从事电力工程勘察设计、工程咨询、工程监理和工程总承包等。咨询公司主要从事工程监理和工程总承包。与传统生产领域企业不同，集团公司及所属企事业单位拥有的技术和智力资源以及勘察、设计、咨询、总承包等资质构成了集团最重要的生产要素。

截至2009年底，集团公司在职员工8181人，其中“百千万人才”3人，勘察设计大师13人，历年享受政府特殊津贴专家131人，高、中、初级专业技术人员6501人，取得各类注册执业资格的注册师1865人·次。集团公司技术力量雄厚，专业配套齐全，具有坚实的综合管理能力和丰富的工程实践经验，拥有先进的技术装备和大量专有的信息资源。

凭借良好的经营业绩和资产状况，从2003年首次参加并入选ENR排名以来，集团公司已经连续八年进入美国工程新闻记录（ENR）“世界200强设计公司”和“全球150强设计公司”排名，2008年分别名列第77位和42位。连续五年荣列中国企业联合会、中国企业家协会“中国服务业企业500强”排名，2009年名列第143名。自2003年中国勘察设计协会首次开展工程项目管理和工程总承包排序以来，集团公司连续8年进入工程项目管理和工程总承包排序百名行列。

公司领导

总经理、党组书记：汪建平

副总经理、党组成员：赵洁、姚强、吴春利、于刚

党组成员、纪检组长：王保国

总工程师：孙锐

总会计师：陈关中

总工程师：吴云

总经济师、总法律顾问：迟宝德

机构设置

内部主要设有专家委员会、总经理工作部（国际合作部）、人力资源部、财务与产权管理部、计划发展部、科技信息管理部、监察审计部、党群工作部、规划研究中心、发电工程分公司、电网工程分公司、技术经济中心、资金结算中心和体制改革办公室。五个研究中心分别是研发中心、核电技术中心、IGCC技术中心、空冷技术中心、直流技术中心。

主要经营指标

2009年，集团公司拥有资产总额144.6亿元，同比增长12.98%；净资产33.31亿元，同比增长34.53%；上缴利税16.72亿元，同比增长12.37%；技术开发投入6.91亿元，同比增长10.91%；全员劳动生产率43.65万元/人·年，同比增长5.11%；净增产收益率30.16%，同比下降17.46%；总资产报酬率7.98%，同比下降0.99%；国有资产保值增值率138.01%，同比下降3.31%。

生产经营

2009年，面对国家能源结构调整、电力建设速度明显放缓的严峻形势，集团公司坚持“一心一意谋发展，全心全意抓经营”的指导思想，努力开拓市场，确保实现了平稳较快发展。

2009年，集团公司新签合同总额158.3亿元，同比下降14.5%；实现收费128.8亿元，同比增长35.0%；完成产值79.8亿元，同比增长5.9%。勘察设计业务继续巩固并保持领先地位，新签合同71.7亿元，同比增长6.5%；总承包业务继续保持平稳发展，新签合同额79.8亿元，占全年合同总额的50.4%，连续4年超过50%，西北院、北京国电、咨询公司积极培育总承包市场，市场开发取得积极进展；境外业务不断扩大，新签合同额45.4亿元，同比增长108.7%，占全年合同总额的28.7%，东北院、中南院、西南院分别独立与国外业主直接签订了服务合同；新能源业务取得了较好发展，核电业务进一步扩大，华东院新签460万kW核电常规岛设计合同，风电业务进一步拓展，新签风电设计咨询合同68项。同时，高端咨询市场进一步巩固，完成了国家发改委、国家能源局委托的高端咨询项目48项，进一步带动了市场开拓。经营工作取得较好成绩，为集团公司平稳较快发展提供了有力的保证。

科技创新

2009年，集团公司紧紧围绕科技创新，加强管理，提升能力，扎实工作，科技创新水平有了新的提高。

2009年，完成《集团公司科技发展规划（2010～2015年）》，提出了集团公司科技发展的指导思想、创新战略和目标，确定了科技创新工作的重点领域和研究方向。全年科技投入5.53亿元，新立科技项目64项，发布技术标准28项，获得技术成果29项，申请专利110项，授予专利10项。多项技术创新成果在工程实践中得以应用。集团公司牵头设计的±800kV云广和向上特高压直流输电工程分别完成单极全功率送电和单极全压带电，标志着我国在特高压输变电设计领域的技术水平已居于世界前列；集团公司组织攻关的60万kW火电机组空冷系统研发与工程示范项目通过鉴定，整体技术达到国际先进水平。东北院在褐煤机组电站设计技术领域研究达到国际领先水平，其设计的华能九台电厂一期工程2台66万kW超临界机组是目前亚洲最大容量的褐煤塔式锅炉发电机组。华东院以上海外高桥电厂三期扩建工程等项目为依托，创造了“应用低温省煤器系统技术”等15项国内纪录。中南院设计的500kV超高压、长距离、大容量海南跨海电力联网工程，创造了亚洲第一、世界第二的纪录。西北院设计的华电宁夏灵武电厂二期工程2台100万kW超超临界空冷机组是世界最大的空冷发电机组。西南院设计的国华宁海电厂二期2台100万kW超超临界机组扩建工程，实现了在大型工业项目中采用特大型海水冷却塔循环冷却系统等五项国内首创技术。北京国电公司设计的天津北疆发电厂百万千瓦机组工程，利用汽轮机抽汽，采用低温多效海水淡化技术，实现了发电、海水淡化、浓海水制盐等一体化循环经济模式，为世界首创。

2009年，集团公司完成《电力工程项目建设用地指标》、《电厂标识系统编码规定》、《核电厂地震调查与评价规范》等3项国家标准，以及《火电厂接入系统设计内容深度规定》、《输变电工程经济评价导则》等13项电力行业标准的编制工作。受国家能源局委托，成立电力规划设计标准化管理中心，制定了电力设计行业标准化管理办法，梳理了电力规划设计行业技术标准体系，提出了电力设计行业标准化技术委员会的组建方案。

2009年，集团公司获得国家、省部级及行业各类奖项188项。其中，《300MWCFB锅炉机组示范工程及国产化》获国家科技进步二等奖；“华能玉环电厂燃煤工程（2×1000MW）”、“华电国际邹县电厂四期扩建工程（2×1000MW）”、“官亭—兰州东输变电工程（750kV）”、“国家电网公司输变电工程典型设计”工程获全国优秀工程勘察设计奖金奖；《中国三峡输变电工程关键技术研究及工程实施》、《高压直流输电工程系统研究成套设计自主化技术开发与工程实践》、《1000MW超超临界发电机组本地化依托工程及关键技术研究应用》项目获中国电力科学技术一等奖。

企业管理

2009年，集团公司认真探索企业发展规律，梳理管理流程，推进管理体制机制创新，不断提高管理的科学性和有效性。

以战略管理为核心，制定了《集团公司发展战略与规划（2009～2011年）》、《集团公司“十二五”规划大纲》，建立了发展战略与规划评价体系，完成了战略执行年度评估工作。深入开展集团公司“战略发展”、“总承包业务”、“国际业务”、“长期股权投资”、“生产经营统计”5个专题研究，为有效贯彻落实集团公司发展战略与规划奠定了基础。

以财务管理为中心，继续加强对子企业重大财务事项的管理，引导各单位克服财务工作短板，有效发挥集团公司财务管理协同效应。继续加强财务预算管理，逐步健全财务预算管理机制，规范成本费用管理，提高管理效益。积极推进财务管理创新，提升工程项目财务管理能力，各单位从人员工时统计、合同台账共享、项目明细核算等方面，加强勘察设计和总承包项目的财务精细化管理。积极稳妥开展资金理财投资工作，理财投资收益率达到3.38%。

以对标管理为抓手，制定《集团公司对标工作指导意见》，构建了由市场指标、财务指标、人力资源指标、科技指标和组织治理指标组成的对标体系，搭建了对标管理信息平台，编制了《集团公司对标分析报告》。通过对标，反映出各单位具体指标在集团公司或行业中所处的位置，引导各单位对照标杆指标找出差距，分析原因，持续改进。

进一步推进体制改革。规范了集团公司投资管理，完成了集团公司职工股内部收购工作，为下一步集团公司整体改制奠定了基础。继续深化华北院改革，启动了华北院公司与北京国电公司的重组工作。进一步完善了企业标准体系，发布了集团公司企业管理标准30项。开展“知识产权保护”专题研究。加强全面风险管理，完善战略、经营、财务、投资、法律等方面的管理制度，制定各类工作制度31项。强化监督检查和效能监察。全年没有发生安全生产责任事故。

党建工作

2009 年，集团公司深入贯彻落实党的十七届三中、四中全会精神，以科学发展观为指导，稳步推进各项党建工作。

按照中央和国务院国资委党委部署，集团公司认真开展深入学习实践科学发展观活动，活动中紧扣“加快战略转型，推动科学发展”实践载体，扎实有序推进各阶段工作。积极组织党员干部学习，举办专题辅导报告会 49 场、学习培训班 76 期。各级领导深入基层开展调研，提出调研报告 67 份，征集意见建议 2593 条。集团公司党组和各单位党委多次召开扩大会议和领导班子专题民主生活会，形成了领导班子分析检查报告，围绕影响和制约企业改革发展的突出问题制订整改方案，提出整改落实措施 59 条，修订完善制度 536 项，群众满意和基本满意度达 100%。

通过深入开展学习实践活动，集团公司“四好”领导班子建设进一步推进，领导人员综合素质得到普遍提高。企业党组织的政治核心作用、党支部的战斗堡垒作用和广大党员的先锋模范作用得到进一步发挥。惩防体系建设进一步深化，党风廉政建设责任制有效落实，全年没有发生重大责任追究事项。企业文化建设不断加强。职工代表大会制度进一步完善。工会、共青团工作有序开展。党建工作的稳步推进，为实现企业平稳较快发展提供了有力的保障。

中国水电工程顾问集团公司

企业基本情况

1. 概况

目前，中国水电工程顾问集团公司（简称水电顾问）现有全国工程勘察设计大师 8 人，享受国务院政府特殊津贴人员 135 人，有突出贡献的中青年科技、管理专家 5 人，新世纪百千万人才工程国家级人选 2 人，国家直管专家 1 人，教授级高级工程师 1233 人，高级工程师 2462 人，工程师 2233 人。

水电顾问是国内唯一一家从事水电和风电规划、勘测设计、科研、咨询、审查、评估、安全鉴定、工程验收、工程总承包（EPC）、电站投资的国有大型企业集团。主要从事：依法经营水电顾问及有关企事业单位中由国家投资形成并由水电顾问拥有的全部国有资产；从事水电和新能源等发电项目的勘测设计、咨询、监理、施工、项目管理、总承包及相关技术、中介业务等，以及河流（河段）水电规划；从事水电、风电及水务产业的开发、投资、经营和管理；相关的信息、软件等新技术开发利用、服务和转让，材料与设备销售，房地产开发；从事工业与民用建筑、水利、电力、环保、交通、桥梁、市政等工程的勘测设计、咨询、监理、施工、项目管理、总承包及相关中介业务，以及岩土工程；根据国家有关规定，经有关部门批准从事国内外投融资业务；经国家主管部门批准，自主开展外贸流通经营、国际合作、对外工程承包和对外劳务合作等业务；经营国家允许或委托的其他业务。经过几十年艰苦不懈努力，形成了很好的技术、管理优势和负责任的工作作风，受国家有关部委的委托，水电顾问肩负着越来越多的水电风电管理职能，如国家水电、风电发展规划及有关政策法规的研究和编制，水电、风电项目勘测设计报告及建设项目重大设计变更审查，水电项目核准（审批）评估，水电、风电、潮汐发电等可再生能源工程定额和造价管理，水电工程蓄水验收、枢纽工程专项验收、竣工验收及相关管理，水电工程竣工决算审计和决算验收，水电风电建设工程的安全设施竣工验收，管理国家水能风能研究中心、国家风电信息管理中心、可再生能源（水电、风电、潮汐发电）定额站。

水电顾问是中国水电和风电建设技术标准和规程规范的主要编制修订单位。承担了水电建设工程等级、勘测、规划、水库、环保、水工、施工、造价、机电、安全监测、运行管理等相关的国家及行业规程规范的编制和风电开发的规划、勘测、设计和运行管理等标准的编制工作。截至 2009 年底，水电顾问编制完成了 191 项水电和风电的国家及行业技术标准。

多年来，水电顾问共获得：国家级勘测设计及软件金奖 28 项、银奖 31 项、铜奖 24 项；省、部级“工程四优奖”131 项；获国家级科技进步一等奖 7 项、二等奖 21 项、三等奖 21 项；获省部级科技进步奖 330 多项；获得全国优秀工程咨询成果奖 50 多项，拥有 124 项授权专利（其中发明专利 19 项）、11 项软件著作权。

2009 年，水电顾问实现主营业务收入 88.4 亿元，利润总额 11.5 亿元。资产总额达到 147.9 亿元，所有者权益（不含少数股东权益）29.1 亿元，技术投入 8.7 亿元。经济实力显著增强。

2003～2007 年度，连续多年参加中国《建筑时报》和美国《工程新闻纪录》杂志“中国承包商和工程设计企业双 60 强”评比，都位列第 1 名或第 2 名。2009 年，在中国工程设计企业 60 强中排名第 1。

2. 组织机构

见组织机构图。

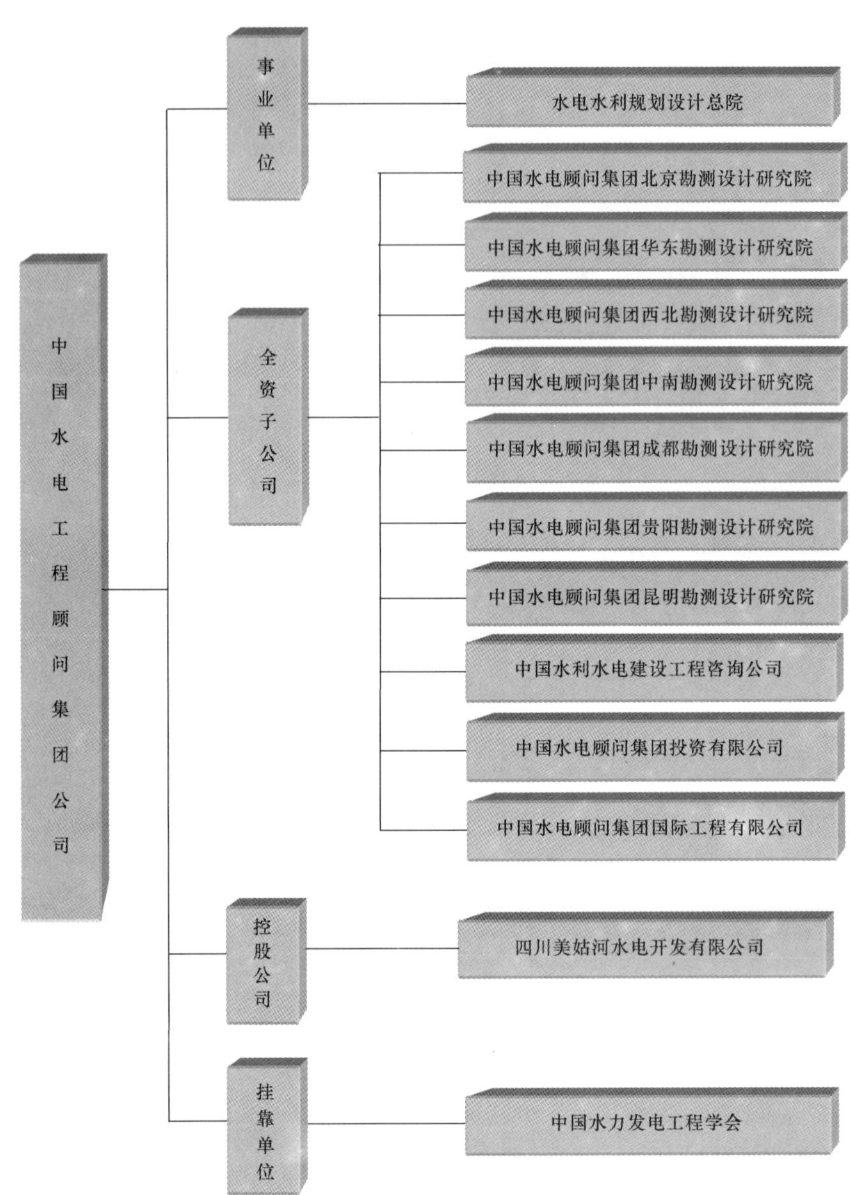

中国水电工程顾问集团公司组织机构图

3. 法人治理结构

水电顾问是按企业法注册的国有独资企业。

水电顾问实行总经理负责制，总经理是水电顾问的法定代表人，领导水电顾问的全面工作，行使水电顾问章程规定和上级主管部门赋予的职权。副总经理、总会计师、总经理助理和总工程师协助总经理工作。

国资委考核任命的水电顾问领导成员：

总经理：晏志勇

副总经理：董成银　王民浩　王　斌　兰春杰

总会计师：王首丽

水电顾问考核聘任的领导成员：

总工程师：彭　程　周建平

4. 二级企业（公司）基本情况

水电顾问二级全资子公司共有 10 个，控股公司 1 个，事业单位 1 个。具体情况见下表。

2009年水电顾问二级子企业（公司）基本情况

企业（公司）名称	产权状况		是否上市公司	资产总额（万元）	净资产（万元）	国有资产权益（万元）	在职职工人数（人）	所在国家或地区（省、市）
	属性	比重（%）						
北京勘测设计研究院	全资	100	否	35 015	11 918	11 918	830	北京市
西北勘测设计研究院	全资	100	否	135 816	35 817	35 817	2026	陕西西安
华东勘测设计研究院	全资	100	否	104 668	10 542	10 542	1222	浙江杭州
中南勘测设计研究院	全资	100	否	151 523	37 193	37 193	1860	湖南长沙
成都勘测设计研究院	全资	100	否	432 218	50 681	50 681	1660	四川成都
贵阳勘测设计研究院	全资	100	否	81 159	13 952	13 952	1014	贵州贵阳
昆明勘测设计研究院	全资	100	否	266 850	59 914	59 914	1485	云南昆明
中国水利水电建设工程咨询公司	全资	100	否	41 900	10 748	10 748	270	北京市
中国水电顾问集团投资有限公司	全资	100	否	113 031	48 947	48 947	38	北京市
中国水电顾问集团国际工程有限公司	全资	100	否	10 220	10 027	10 027	25	北京市
四川美姑河水电开发公司	控股	36	否	197 799	43 621	43 621	58	四川成都
水电水利规划设计总院	全资	100	否	19 514	3192	3192		北京市
总计				1 478 777	291 393	291 393	10 488	

5. 水电顾问主要业务构成情况

(1) 全国水电、风电及抽水蓄能电站发展规划，河流（河段）水电规划，水电和新能源等发电项目的勘测设计、咨询、监理、施工、项目管理、总承包、劳动安全预评价、水文和环境评价、水电和风电设备安全验收、评估、水电站安全鉴定及竣工验收。

(2) 水电、风电和水务及相关产业的开发、投资、经营和管理。

(3) 相关的信息、软件等新技术开发利用、服务和转让，材料与设备销售，房地产开发。

(4) 工业与民用建筑、水利、电力、环保、交通、桥梁、市政等工程的勘测设计、咨询、监理、施工、项目管理、总承包及相关中介业务，以及岩土工程。

(5) 外贸流通经营、国际合作、对外工程承包和对外劳务合作等业务。

6. 其他情况

从2003年开始，水电顾问先后投资控股开发四川美姑河流域水电站、四川白水江流域水电站、云南南盘江凤凰谷和糯租水电站、张北风电等。其中水电顾问控股的白水江黑河塘水电站和四川美姑河柳洪水电站已经投产发电。顺利组建中国水电顾问集团风电张北有限公司，风电投资开始大规模起步。截至2009年底，水电顾问已拥有的权益总容量（含已建、在建、已获开发权的前期及预备项目）约335万kW（其中控股124万kW，参股211万kW）。控股或参股拥有的水电已建成项目权益容量46万kW；控股或参股拥有的水电在建项目权益容量166万kW。2006年8月，水电顾问开始涉足水务产业，采用BOT特许经营模式建成的污水处理厂日污水处理能力10万t，在建或拟建污水处理厂日污水处理能力达29万t。2008年完成股权（产权）投资91 638万元，资本运营成效卓著。

2009年工作情况

1. 以学习实践活动为契机，理清发展思路，明确发展目标

2009年，按照中央和国资委党委的统一部署和要求，开展了深入学习实践科学发展观活动。在此基础上，通过系统调研和分析检查，基本查清了在发展战略、集团化经营、国际化发展、企业管理等8个方面制约集团公司科学发展上水平存在的问题，并针对存在的问题，以推进水电顾问科学发展为目标，通过认真研究和广泛征求意见，制定和实施了修订新一轮发展战略。

同时，以科学发展观为指导，水电顾问上下广泛开展解放思想大讨论，集思广益，冷静分析企业发展的内外部环境和自身的资源与能力，全面开展了水电顾问发展战略的修编工作。初步形成了“巩固和扩大国内市场、强力拓展国际市场，进一步做强做大传统主业、努力开拓新业务，实施多元化、国际化发展”的整体发展思路和“高端切入、规划先行、技术领先、融资推动、服务优良、风险可控、效益明显”的国际发展思路，提出了把集团公司建设成为“以技术和管理为核心竞争力的国际型工程公司”的发展战略目标。

2. 扎实工作，努力经营，继续保持企业平稳较快发展

2009年，在党组的正确领导下，集团公司、各子公司带领广大干部职工团结一致、努力奋斗，采取有效措施，沉着应对挑战，科学把握机遇，克服困难，扎实工作，努力经营，继续保持了集团公司平稳较快发展。

经营效益稳步提高，资产质量进一步改善。全年实现经营收入88.2亿元，同比增长15%；实现利润总额11.7亿元，同比增长60%，其中净利润10.1亿元，同比增长63%；净资产收益率40.75%，同比上升近5个百分点；总资产报酬率9.16%，同比提高近2个百分点。到2009年底，水电顾问资产总额达158亿元，资产负债率79%，同比降低3个多百分点；归属于母公司所有者权益28.9亿元。但是，2009年新签合同额136.5亿元，同比减少16.8%，其中国内合同121.2亿元，同比增加22%，国际合同15.3亿元、同比减少77%。

国际经营取得新进展。紧紧把握住国际加快发展清洁能源和我国拉动外需采取优买信贷的机遇，充分发挥技术优势，经过艰苦细致地工作，在我国有关部门和埃塞俄比亚政府的支持下，水电顾问与埃塞俄比亚电力公司签订了埃塞俄比亚乃至东非的第一个51MW风电场，这是我国在境外的第一个风电EPC并采用中国设备和技术标准的项目。通过努力，2009年初，在习近平副主席和哥伦比亚桑托斯副总统的见证下，水电顾问与哥伦比亚柯玛格达莱纳公司签署了玛格达莱纳河综合规划项目谅解备忘录，目前工作任务和大部分工作经费已经获得哥伦比亚政府有关部门的认可，待我国商务部批准后即可正式签订合同开展工作。2009年底，在习近平副主席和缅甸联邦和平与发展委员会貌埃副主席见证下，水电顾问与缅甸电力一部签署了缅甸瑙帕与曼栋两水电站的开发谅解备忘录，现已开展项目的前期工作。此外，水电顾问还与埃塞俄比亚矿产能源部签订埃塞俄比亚风电和太阳能规划的备忘录。水电顾问还组织了一系列国际项目投标。利比亚房建EPC项目克服了海水埋藏深度浅导致基础处理难度大和与外国监理沟通难等困难，各项工作正平稳推进，没有发生劳资纠纷和不安全的事故。土耳其和越南的机电设备成套业务也克服了劳务签证等困难、努力按合同实施。国际勘测设计咨询项目克服金融危机造成的影响等困难，继续取得了新的进展。

新业务开拓取得新突破。紧紧把握我国实施新的石油战略的机遇，充分发挥水电顾问勘察和地下工程的技术优势，在国家有关方面的支持下，中南院与有关单位联合中标承担了我国首批四座地下石油洞库中三座的勘察设计任务，昆明院承担了中缅输油管道的部分勘察工作，实现了水电顾问首次进入石油行业。

投资业务继续稳步发展，投资效益开始显现。全年共完成固定资产投资21.05亿元，其中新开工项目1.46亿元，续建项目19.6亿元。截至2009年底，集团公司投资水电风电权益容量411.68万kW（风电48.26万kW），其中开展前期工作项目169.82万kW（风电16.15万kW），在建项目170.07万kW（其中风电32.11万kW），投产运行71.79万kW（2009年新投产权益容量18.37万kW）。投资建设水务项目规模达51.1万t/日，其中已投入商业运营6万t/日。水电顾问第一个独立投资并由子公司以EPC方式建设的张北风电场一期工程（100MW）机组已全部安装完毕，送出工程完成后即可投产发电。其他在建的水电风电工程建设总体顺利。全年，控股投资电站实现销售电量17.15亿kWh，实现权益发电销售收入2.3亿余元，占水电顾问营业收入的2.6%。投资的水务工程开始产生收入，实现营业收入940万元，并在当年基本实现收支平衡。

2009年，水电顾问全面完成了国资委下达的经营业绩考核目标，其中实现利润总额完成目标值146%，净资产收益率完成目标值132%，成本费用总额占主营业务收入比重比目标值下降近5个百分点，技术投入比率超过目标值近2个百分点。

根据2009年发布的排名结果，水电顾问2008年业绩在全球150名设计公司中排名第38位，在国际200名设计公司中排名第156位；在全球225名承包商中排名第161位，在国际225名承包商中排名第214位，在中国工程设计企业60强排名第1位。

3. 直面困难、努力工作，保证国家水电风电发展需要

2009年，全国新投产水电发电装机容量2527万kW、风电发电装机容量1180万kW，均是我国水电、风电发展历史上新投产容量最多的年份，令人振奋。同时，又是近10年来国家核准新开工建设水电项目最少的一年，全年共核准水电装机容量516万kW，其中常规水电372万kW，抽水蓄能144万kW，我国水电发展新近面临的困难局面仍然严峻。为了促进我国能源和电力可持续发展，水电顾问广大干部职工直面困难、坚定信心、攻坚克难、努力工作，有效地保证了在建项目的顺利建设及前期项目论证的积极推进，从而保证国家水电风电等可再生能源发展需要。

风电规划又有新成果。按照国家能源局的要求，又完成4个千万千瓦级、3个百万千瓦级风电能源基地规划，通过了国家主管部门的批准，并已开始组织实施。同时，正在开展2个海上千万千瓦级和4个百万千瓦级风电能源基地规划的编制工作，为国家风电发展战略的顺利实施提供必备的规划依据。

水电规划取得新进展。在国家有关部门的支持下，通过与有关单位加强联系、充分沟通、科学研究，基本协调好金沙江、怒江等河流的水电规划与综合规划的有关问题，为这些河流的水电规划顺利审查并获得批准打下了重要的基础，进而为国家大力开发水电提供必需的规划支撑。

项目勘测设计等工作顺利进行。所承担的预可行性研究阶段的67项水电、4项抽水蓄能电站、12项风电总装机容量共6542万kW，可行性研究阶段的80项水电、8项抽水蓄能电站、67项风电总装机容量共7620万kW，建设阶段的124项水电、12项抽水蓄能电站、105项风电总装机容量共10 587万kW的勘测设计，以及有关项目的咨询、审查、评估、安全鉴定、验收、工程监理、移民综合监理、环保水保监理，总体上很好地按计划、按要求完成了相应工作。保证了酒泉千万千瓦级风电能源基地的顺利开工建设，保证了拉西瓦、小湾和瀑布沟等特大型水电站按计划投产发电，保证了其他在建水电风电项目的建设顺利，保证了前期论证项目的有效推进，从而保证了国家水电风电发展需要。

法规政策研究取得新成果。受国家有关部门的委托，完成了《水电开发管理条例（建议稿）》、《汶川地震灾区大中型水电站震损调查和初步分析》、《在保护生态基础上有序开发水电政策措施研究》和《中国水电中长期（2030、2050）战略规划研究》等近10项重大法规政策课题研究，按计划开展水电价格形成机制改革研究、长江宜宾至重庆河段开发问题综合研究论证、金沙江虎跳峡河段开发方案深入研究论证等重大课题研究工作，为促进我国大力开发水电提供政策依据。根据对西藏自治区发展及需要的前瞻分析，超前安排并垫资开展了数个水电项目的前期工作，为贯彻落实2010年1月召开的中央第五次西藏工作座谈会有关精神创造了必需的条件。

4. 加强内部管理

启动并推进战略管理。成立了由水电顾问集团公司领导、总部有关部门和各子公司主要负责人组成的战略管理委员会，组织了水电顾问战略修编工作组，在所聘请的国内知名咨询公司的帮助下，全面开展水电顾问的战略修编工作，现已取得许多重要的阶段性成果，为水电顾问进一步推进有效的战略管理打下了基础。

进一步建立健全规章制度。根据新的形势和新的要求，结合企业发展的实际，集团公司和各子公司对运行数千项制度进行了全面清理，新出台各类规章制度295项，修改完善486项，废止制度192项。

加强水电项目的经营管理。2009年，陆续按新收费标准签订了藏木、果多、阿海、景洪、硬梁包及缅甸乌托、腊撒等常规水电项目以及抽水蓄能项目的勘察设计合同，为下一步全面推行创造了条件。初步建立了内部协调机制，维护了水电顾问的整体利益。

初步形成了集团化国际经营的管理制度体系。通过大量的总结和调查研究，编制完成水电顾问《国际经营管理办法》等四项管理制度，并经水电顾问国际经营工作会议讨论完善，将于近期颁发。初步形成集团化国际经营的管理制度体系，将对加强管理、防范风险，推进集团化国际发展发挥重要作用。

加强财务、资金管理。为了适应新的要求，重新颁布了水电顾问《资金管理办法》等财务管理制度，进一步规范财务管理。进一步健全财务预算管理工作体系，完善预算工作流程和方法，提高了预算编制和管理的能力，预算编制和管理效果总体上好于2008年。除个别子公司外，各子公司基本能够按集团公司60%资金集中度的要求上划资金，资金管理进一步加强。初步建成了覆盖7个子公司的资金在线监控系统，实现了资金存量和流动的在线监控。

严格投资管理。在按照有关规定对投资项目进行进一步严格管理的同时，开始推行集中招标采购。第一次对投资和EPC总承包的风电场塔筒和箱式变电站实施集中招标采购，分别节省资金1.2亿元和0.3亿元，为项目概算的27%和43%，进一步提高投资和EPC项目的效益。

质量管理扎实稳步推进。对7个设计院的42个项目进行评审，产品质量“好”占52%，“合格”占48%，未出现“差”等级产品。组织开展了“质量和安全年”活动，通过顾客意见调查，对各子公司的满意率、基本满意率达到96.5%。开展工程质量问题剖析活动，通过对存在问题的深刻剖析，制定了严格的应对措施。

以抓制度执行力为重点，进一步加强安全生产。认真落实上级主管部门的各项工作部署，深入开展“安全生产年”各项工作。认真组织开展安全生产“三项行动”大检查，着力强化制度的执行力，抓好生产一线及重点岗位、重点部位的从严管理。以专题会议的方式，对已发生的典型安全生产责任事故进行深刻剖析，促进全集团充分吸取教训，更有针对性地加强安全生产管理，有效缓和了安全生产形势。

进一步加强内部监督管理，保障企业和职工健康发展。继续实施党风廉政建设责任制考核，落实述职述廉、任前廉政谈话等制度，坚持开展多种形式的党风党纪教育。进一步扩大内部审计范围和内容，继续加大过程控制力度，不断促进审计意见落实，全年开展各类审计91项，内部审计覆盖面达79%，累计提出审计意见和建议264条，按已下达审计意见和建议统计整改落实率为95%。开展了清理账外资金（“小金库”）专项检查，首次在各子公司自查的基础上，组织中介机构进行核查，对进一步加强资金管理、防范违规违纪行为起到了重要作用。对昆明院所属勘察分院设立账外资金（“小金库”）进行了认真查处，按照有关规定对相关责任人进行了纪律处分或通报批评，对昆明院领导班子的年度考核进行了扣分和扣减绩效工资处理，经过努力，在有关单位的帮助下，所有资金已全额追回。针对昆明院勘察分院出现的问题，深刻剖析产生问题的原因及应吸取的教训，进行警示教育，取得了很好的效果。

5. 推进科技创新，加强队伍建设

积极推动科技创新。进一步完善了科技创新管理机制，加强科技创新能力建设，加强科技研究设施建设，加强培养高精尖科技人员平台建设。坚持研究开发和开发应用相结合，积极推进水电工程三维设计专项研究，对水电规划设计理念、方法、标准进行研究和改进已初有成效，完成“拱坝辅助设计系统开发研究”等30项集团公司科研成果和3项集团技术标准，特别是《水电站气垫式调压室设计规范》填补了国内空白，也是国际上技术先进、系统完整的技术标准，且具有知识产权。“中国数字水电”研制取得阶段性初步成果。完成“风电技术标准体系专题研究”，获得国家能源局批准成为光伏发电技术负责归口管理单位，启动了光伏发电设计技术标准的工作。

进一步加强科技成果、工程“四优”和专利申报工作。2009年，水电顾问荣获省部级科技进步奖26项，《中华人民共和国水力资源复查》等2项成果荣获中国电力科技进步一等奖。获得优秀工程设计奖6项（金奖、银奖、铜奖各2项），优秀工程勘察奖4项（金奖1项、银奖1项、铜奖2项），优秀工程勘察设计软件银奖1项。获得授权专利35项（其中发明专利9项）。截至2009年底，水电顾问拥有专利124项，其中发明专利19项。此外，还有一大批规划设计、咨询成果荣获年度全国优秀咨询成果奖。

进一步加强信息化建设。制订并实施“登高计划”，通过国资委的评审，水电顾问网站实现从D级向A级的提升。为促进企业管理水平提升，启动建立集团公司决策支持系统研制工作。

加强教育培训，提高队伍素质。为更好地应对金融危机，进一步促进可再生能源发展，全年邀请国家有关部门领导和专家学者共举办了10场专题辅导报告，通过集中学习培训，在促进干部职工开阔视野、转变观念、更新知识和接受新理论、新方法，提高管理水平、增强工作能力等方面发挥了重要作用。举办了集团公司首次国际项目经理培训班，集中了46名骨干职工接受培训，为国际发展加快人才准备。举办水电顾问首次青年技术论坛，展示了青年职工科技创新的新观点、新思路、新成果，也展现了青年职工敢于探索、勇于创新的精神风貌，进一步激励青年职工科技创新的热情。

6. 认真开展学习实践活动，加强和改进党的建设

认真开展深入学习实践科学发展观活动，取得较好实效。2009年3～8月，按照中央和国资委党委的统一部署和要求，水电顾问各级党组织认真开展了深入学习实践科学发展观活动，紧密结合实际，圆满完成三个阶段六个环节各项工作，取得了较好的实效，为水电顾问继续保持平稳较快发展发挥了十分重要作用。8月底，在群众中进行满意度测评，对水电顾问党组和各子公司领导班子的满意率、比较满意率之和分别达到98.99%、99.49%。12月底，在群众中对整改落实后续工作进行满意度测评，对水电顾问党组和各子公司领导班子的满意率、比较满意率之和分别达到100%、99.7%。

继续开展“四好”领导班子创建活动。持续加强子公司领导班子和领导班子成员队伍建设，着力提高素质和能力，树立优良作风。加强各级领导班子思想政治建设，教育督促领导干部带头讲党性、重品行、作表率、勤政廉洁，增强领导班子的凝聚力、战斗力、创新力。进一步加强对子公司领导班子和领导班子成员监督管理，实行对子公司领导班子从政治素质、经营业绩、团结协作和作风形象四个方面进行民主测评。抽调各子公司团委书记参加集团公司学习实践活动指导检查组工作，加强年轻干部培养。紧紧围绕提高党员素质，全面推进党的基层组织建设，不断完善各项制度，落实党建工作责任制，组织实施党员教育培训规划，充分发挥党组织战斗堡垒作用和党员先锋模范作用。支持工会工作，健全职代会制度，进一步推进企业的民主管理。

继续加强精神文明建设、企业文化建设。2009年，水电顾问总部被首都文明委授予“首都文明单位”称号，华东院、昆明院荣获“全国精神文明建设工作先进单位”称号。水电顾问成功举办了“祖国颂——庆祝新中国成立60周年职工文艺汇演”，各子公司也举办文艺汇演活动，在激发职工爱国爱企热情的同时，丰富了职工文化生活，增强了企业的凝聚力。

（张　建）

中国水利水电建设集团公司

企业概况

中国水利水电建设集团公司（简称中国水电集

团），是中央管理的、跨国经营的综合性大型企业，是中国规模最大、最具实力的水利水电建设企业。中国水电集团注册资本金 40 亿元，在全国各大区域分别设有 17 个全资企业和 10 个控股企业，在全球 45 个国家设立了 57 个经理部、代表处和分公司。2007 年，中国水电集团以营业收入和总资产双双超过 500 亿元进入中央企业 500～1000 亿元规模企业行列，在中央企业第一个任期业绩考核中，被国务院国资委授予“绩效进步特别奖”。2009 年，中国水电集团各项工作取得新的成果，主要经营指标再创历史新高，经营质量效益持续快速提高，总资产规模超过 1000 亿元，进入千亿元中央企业行列；11 月 27 日，中国水利水电建设股份公司创立，股份公司的治理结构、组织架构和制度体系、运作规则已初步建立。中国水电集团实现了在高风险期的持续稳步发展。

2009 年，中国水电集团在“中国企业 500 强”中排名第 89 位，在全球最大 225 家国际工程承包商排名中，中国水电集团以总营业额 89.23 亿美元名列第 31 位。

中国水电集团主要从事国内外水利水电建设工程的总承包和相关的勘测设计、施工、咨询、监理等配套服务，以及机电设备、工程机械的制造、安装、贸易业务，电力、公路、铁路、港口与航道、机场和房屋建筑、市政公用、城市轨道等方面的工程设计、施工、咨询和监理业务；投融资业务；房地产开发经营业务；进出口贸易业务等。中国水电集团已由单一的水利水电施工企业发展成为工程承包、投资开发、国际经营等多元发展的大型企业集团。

自 20 世纪 50 年代以来，中国水电集团承担了国内 70%以上的大中型水利水电工程的建设任务，总装机容量突破 1 亿 kW，为中国常规水电装机容量、水电在建规模跃居世界第一作出了突出贡献。中国水电集团承建的多项工程获得了国家及地方政府颁发的鲁班奖、金质奖、银质奖、优秀工程奖。在交通、市政、工业与民用建筑等非水电建筑领域也取得了显著业绩。2008 年初，中国水电集团中标京沪高速铁路工程，对中国水电集团全面开拓非水电建筑市场产生了深远影响，在世界建筑市场进一步彰显了“中国水电”的品牌。

在水电建设中，中国水电集团攻克了一系列世界级的技术难题，创造和掌握了具有国际先进水平的水利水电工程及相关建筑领域的施工技术，在工程建设中广泛地运用新材料、新工艺。如各类水库坝型的成套建造技术和在复杂条件下建造水库大坝的技术，建成和在建着一批具有世界领先水平的大坝；大容量、超高压成套机电设备的安装和调试技术，高坝地基处理和对复杂地质进行基础处理的先进技术，以及人工砂石料的制备技术、在大江大河上施工导流的最新技术、各类爆破技术等。中国水电集团在水电建设方面的整体技术实力已经处于世界同行业先进水平。

在工程施工中，中国水电集团具备年完成土石方开挖25 000万 m^3、混凝土浇筑 3000 万 m^3、发电机组安装 1000 万 kW、钢结构制作安装 40 万 t 的综合施工能力。在从事工程建设的同时，中国水电集团积极稳健地开展融投资业务，投资建设了水电、煤电、风电等一批优质能源项目和房地产开发项目、BOT 高速公路项目。2008 年以来，中国水电集团投资规模稳步扩大，投资结构得到优化，从水电、火电延伸到风电、水务、房地产、基础设施等领域。截至 2009 年底，中国水电集团控股开发项目共 59 个，控股开发电力项目总装机容量约 918 万 kW，权益装机约 659 万 kW，投产运营电力项目总容量约 245 万 kW，项目涉及总投资规模约 678 亿元。

中国水电集团积极推进国际化战略，是中国水电产业“走出去”的排头兵和中国企业“走出去”的重要力量，先后在亚、非、欧、美洲的 50 多个国家和地区进行了工程承包建设和经济技术合作，拥有全球 50%的水利水电建设市场份额，树立起“水电建设第一品牌”的良好形象。2009 年，中国水电集团获中国对外承包工程企业社会责任奖。“中国水电”在国际上已成为中国水电建设行业的第一品牌和行业代表。

中国水电集团确立了全面建设“行业领先，管理一流，品牌影响力明显，具有持续成长性和较强国际竞争力的质量效益型跨国企业集团”的发展目标，确立了“四大主业协同发展；建筑工程承包、资产经营两条主线稳健延伸；国际、国内两大市场双向拓展、良性发展”的战略发展模式。

集团领导

总经理、党委副书记：范集湘
党委书记、副总经理：刘起涛
党委委员、副总经理：袁柏松　孙洪水　王彤宙
　　　　　　　　　　李跃平　黄保东
党委委员、纪委书记：唐苏军
党委委员、总会计师：孙　琏
总经济师、工会主席：王宗敏
总工程师：宗敦峰

主要经济技术指标

1. 2009 年完成主要经济技术指标

2009 年，中国水电集团实现营业总收入 778.61 亿元，为年计划的 109.93%，比 2008 年增长

28.04%。其中，国内水电建筑业营业收入335.57亿元，比2008年增长2.35%，占总营业收入的43.10%；国内非水电建筑业营业收入208.65亿元，比2008年增长56%，占总营业收入的26.8%；国外营业收入193.17亿元，比2008年增长31.8%，占总营业收入的24.81%。营业收入按行业板块划分的情况是：建筑业占94.41%，其中水电建筑占51.60%，非水电建筑占42.81%；设计制造业占0.73%；发电业占2.10%；房地产业占0.96%；租赁业占0.38%；其他业务（商业、酒店等）占1.41%。

2. 市场开发情况

2009年，中国水电集团实现新签合同额929.88亿元，是年计划的131.9%。集团合同存量为1787.26亿元（其中国内水电占688.95亿元，国际占740.05亿元，国际业务合同存量首次超过国内水电），比2008年增长15.5%。新签国内水电工程合同额346.70亿元，同比增长7.13%，占总签约额的38%；新签国际项目合同额375.61亿元，同比增长25.5%，占总签约额的40.49%，国际营销新签约额继续实现大幅增长；签订非水电建筑合同额207.57亿元，占总签约额的22%。

3. 经营质量进一步提高

2009年，中国水电集团总资产超过1000亿元大关，达到1022.63亿元，比2008年增长33.88%。净资产增加到156.05亿元。营业收入利润率3.95%，成本费用利润率4.11%，净资产收益率12.95%。国有资产保值增值率152.96%，资产负债率同比下降到84.74%。全员劳动生产率60.55万元/(人·年)，同比增长19.56%。全年完成国内水电机组安装119台，总容量1934万kW。截至2009年底，中国水电集团累计完成水电装机容量1.3亿kW。

4. 国际经营业务持续快速健康发展

2009年，面对国际金融危机的严重冲击和国际市场萧条的挑战，中国水电集团坚定实施国际业务优先发展战略，推动、引导各子企业继续大力开拓国际市场，国际市场空间不断拓展，市场份额不断扩大，国际业务经营管理水平进一步提升。集团新签约国际项目59个，成功开辟了贝宁、多哥、马里、科特迪瓦、科威特、厄瓜多尔等十国市场，并积极开发南部非洲市场及拉美市场，初步形成了9个以项目群为特点的大型国别市场。成立了卡塔尔、安哥拉、利比亚三个区域业务总部，推动了集团国际业务向区域化管理方式的转型。目前，在48个国家有在建项目211个，签约合同总额1029.49亿元。在45个国家设立了57个驻外机构。国际业务从水电项目向非水电项目拓展，形成了业务多元化格局。

海外投资业务稳步推进，经营业务升级取得新突破。目前，在海外投资建设的电站装机31万kW，已签订电源占有协议的项目计划装机约500万kW。中国水电集团投资兴建的老挝甘蒙塔克水泥厂运行顺利，2009年销售水泥46万t，营业收入超2650万美元。老挝万象平原钾盐项目开始首期年产12万t钾盐建设。“中国水电”品牌和影响力在国际进一步增强。

5. 非水电建筑业务板块持续增长

按照“大集团、大土木、大市场”的战略思路，中国水电集团加快推进经营结构的战略性调整和转型发展，确立了基础设施业务在集团持续发展中的重要战略定位，使基础设施建筑业务成为集团重要的经济增长源。继2008年中标京沪高速铁路第三标段和贵广铁路两个标段的施工建设任务外，2009年，中国水电集团又分别以29.5亿元中标新建南宁至广州铁路5标段，以49.4亿元中标南京到杭州铁路客运专线2标段，实现了在铁路建设业务领域的进一步拓展。

在公路市场方面，2009年中国水电集团中标了包括广东惠深高速公路路面工程在内的6个公路施工项目，总合同额达17亿元。此外，中国水电集团还以2.1亿元中标西安地铁一号线10标段工程，进一步巩固了集团公司在西北区域轨道交通领域的市场地位，也为集团公司纵深开拓轨道交通市场奠定了基础。

6. 投资业务板块稳步发展

2009年，中国水电集团控股开发项目共59个，其中电站项目43个，房地产项目10个，路桥项目4个，水务项目1个，国外水泥项目1个。控股开发电力项目总装机容量约918万kW，权益装机约659万kW，投产运营电力项目总容量约245万kW，项目涉及总投资规模约678亿元。

2009年，中国水电集团重点投资建设项目取得新突破，其中：投资建设的四川沙湾水电站、洪一水电站、色尔古水电站共8台机组提前投产发电；投资建设的辽宁长岭风电场二期项目全部投产；甘肃酒泉瓜州风电项目完成了项目核准和前期工作；包括福建武邵高速公路、四川邛名高速公路在内的路桥项目投资总额约166亿元，开发总里程达175km；房地产开发项目初步形成了全国性的战略布局。2009年，中国水电集团投资项目实现营业收入9.97亿元。

7. 自主创新能力不断提升

2009年，中国水电集团科技创新体系进一步健全，科技资源配置得到优化，新材料、新技术、新工艺、新装备的推广应用，促进了质量、安全、环保管理上水平，实现了较好的经济效益和社会效益。中国水电集团承建的山东泰安抽水蓄能电站、陕西省黑河金盆水利枢纽工程、海南省大隆水利枢纽工程、伊朗塔里干水利枢纽工程分别获得“鲁班奖”；青海公伯峡水电站工程等3项工程荣获国家优质工程金奖和银奖；黄河小浪底斜心墙堆石坝、四川紫坪铺面板堆石坝获得国际堆石坝工程里程碑工程奖。2009年，中国水电集团还获得中国电力优质工程奖7项、中国水利工程优质（大禹）奖3项、“新中国成立60周年百项经典暨精品工程”12项，获得发明专利64项。

企业党建工作

2009年，中国水电集团党委把学习实践科学发展观活动与学习全国国有企业党的建设工作会议精神相结合，坚持“融入中心、服务大局”，积极探索新形势下加强和改进党建工作的新思路、新途径和新方法，努力把党组织的政治优势转化为企业核心竞争力。

继续落实开展“四好”领导班子创建活动。4月，中央组织部在中国水电集团召开了中央企业组织建设工作座谈会，中国水电集团创建“四好”领导班子的做法和公开选拔企业领导人员候选人做法等得到了中组部领导的充分肯定。

把基层党建作为企业党建工作的重点。中国水电集团各级党组织进一步落实《关于加强集团公司国内项目党建工作的指导意见》和《关于加强海外工作机构党建工作的指导意见》，围绕生产经营和项目施工管理，坚持“三同时”和“三基本”的工作原则，进一步加强了项目党的建设。一线党支部把促进生产经营的成效作为重要检验标准，通过党员责任区、党员先锋岗等有效载体，为发挥党员作用搭建平台，使党建工作成为企业生产价值链上的重要环节，成为企业发展的内在推动力量。

加强党风廉政建设，发挥监督保障作用，为企业的改革发展保驾护航。中国水电集团党委以党风廉政建设责任制为抓手，全面推进反腐倡廉建设。2009年，围绕项目设备物资管理、工程分包、合同管理、人工费支出等重要领域和环节的成本管理开展效能监察，并首次对国际工程项目开展效能监察。开展了铁路项目、重点投资项目、中央企业新增投资项目的监督检查。中国水电集团党委确立的党风廉政建设责任制，在国务院国资委党委召开的相关会议上作了经验交流。

企业精神文明创建活动取得成效。中国水电集团深入开展以创建文明工程、文明机关、文明小区为载体的“三创建”活动，把文明建设同项目党建、机关党建及小区党建有机结合起来，收到了良好的效果。截至2009年，中国水电集团总部已连续5届荣获首都文明单位称号、连续10年荣获中央国家机关文明单位。

国际工程项目

1. 中国水电集团投资兴建柬埔寨甘再水电站BOT项目

柬埔寨甘再水电站BOT项目位于柬埔寨西南部的大象山区的甘再（Kamchay）河上，距柬埔寨贡布（Kampot）省首府贡布（Kampot）市西北部15km，是柬埔寨王国以BOT方式进行开发的国际招标项目，主要建设内容包括碾压混凝土大坝、取水口、发电引水隧洞、厂房、开关站及其他辅助设施。电站总装机容量19.32万kW，项目总投资2.805亿美元，建设期4年，特许经营期40年。

2007年7月8日，柬埔寨甘再水电站BOT项目永久营地开工建设。9月18日，项目主体工程开工。12月26日，1号厂房机电设备标签约。2008年10月23日，甘再项目反调节电站围堰截流成功；11月18日，实现主河道截流，大坝主体施工正在全面开展。2009年12月7日，甘再水电站项目首台机组投产发电。截至2009年12月31日，柬埔寨甘再水电站共完成投资12 019.6万美元，占投资总额的42.85%。

2. 中国水电集团投资兴建老挝南俄5水电站BOT项目

老挝南俄（NAM NGUM）5水电站BOT项目位于老挝北部的朗勃拉邦省和香圹省交界，是集团公司以BOT方式进行投资开发的水电站项目，电站总装机容量12万kW，年发电量5.07亿kWh，工程总投资1.99亿美元（含融资成本）。老挝南俄5水电站项目由集团公司与老挝国家电力公司组成南俄5发电有限公司共同进行开发，其中集团国际公司持股85%，老挝国家电力公司持股15%。整个项目的EPC（设计—采购—施工）部分由集团公司实施。南俄5水电站项目特许经营期25年，建设期4年。

2007年2月25日，南俄5发电有限公司股东合作协议签订；4月10日，南俄5发电有限公司与老挝政府在老挝首都万象正式签订南俄5水电站BOT项目特许经营协议和购电协议，并获得老挝计划和投资委员会投资许可证书；7月3～5日，南俄5发电有限公司分别获得营业执照和税务证书；11月5日，中国发改委正式批复该项目为集团国际公司投资项目。2008年10月1日，南俄5水电站BOT项目主体工程正式开工。

2009年12月7日，电站大坝基础开挖完工，进场公路、引水系统施工支洞和主洞、大坝坝肩和坝基开挖等工程项目开始施工。截至2009年12月底，项目完成总投资额3975.34万美元。

3. 中国水电集团投资建设老挝甘蒙塔克水泥厂

老挝甘蒙塔克水泥厂位于老挝甘蒙省东北部22km，首都万象以南350km，距泰国30km，距越南边境170km。甘蒙塔克水泥厂项目总投资额6800万美元，材料开采期30年。2006年9月13日，集团公司与老挝政府签订投资协议。同年11月26日，项目企业老挝水泥工业有限公司在老挝注册，集团公司总投资3060万美元为控股方，持有股份45%；北京中科电工贸有限公司总投资1020万美元，持有股份15%；老挝澳新永珍商业银行及当地企业个人等共同参股总投资2720万美元，持有股份40%。水泥厂建设主体工程于2006年12月25日完工，2007年6月30日正式进入生产经营期。2008年，老挝甘蒙塔克水泥厂全年生产水泥36.5万t，实现销售额2434万美元。

截至2009年底，甘蒙塔克水泥厂共生产水泥50万t，全年销售水泥46万t，实现营业收入2650万美元。

主要事件

1月3日，中国水电集团总经理范集湘出席铁道部召开的铁路建设动员大会暨2009年全路建设工作会议，并代表中国水电集团向铁道部递交了《2009年度铁路建设项目安全质量承诺书》。

1月6日，中国水电集团总经理范集湘在北京出席刚果（金）资源换项目中方指导委员会会议。

1月16～19日，中国水电集团党委书记刘起涛出席由中国进出口银行主办的中央企业应对金融危机银企座谈会。

2月4日，中国水电集团副总经理黄保东在北京代表中国水电集团与中非发展基金公司签署《合作投资开发非洲水电市场战略合作意向书》。

2月10日，中国水电集团总经理范集湘在集团总部会见阿尔斯通董事长兼首席执行官柏珂龙（Patrick Kron）一行，并就集团公司与阿尔斯通公司的合作前景进行会谈。

2月11～12日，中国水电集团召开2009年工作会议。

2月13日，中国水电集团以9.5亿元中标新建南宁至广州铁路NGZQ-5标段工程。

2月16日，中国水电集团副总经理黄保东在集团总部会见哥斯达黎加国家电力与电信公司执行总裁吉罗斯先生。

2月26日，中国水电集团总经理范集湘与中国进出口银行在北京签署《共同开拓拉美市场工作机制合作协议》。

3月3日，中国水电集团总经理范集湘、副总经理黄保东在丹麦麦洛维水电站工地出席苏丹麦洛维水电站首批发电机组投产发电庆典仪式，并拜会苏丹总统巴希尔。

3月7日，中国水电集团中标南京至杭州铁路客运专线（宁杭铁路）NHZQ-2标段，中标额49.4亿元。

3月9日，中国水电集团总经理范集湘、副总经理黄保东在阿联酋首都迪拜拜会中国驻迪拜总领事高有祯和迪拜世界集团主席苏拉耶。

3月18～19日，国务院国有企业监事会主席韩修国一行，在中国水电集团副总经理黄保东陪同下到水电十五局、水电三局进行调研。

3月19日，经国家发改委核准，中国水利水电建设集团公司向社会公开发行“2009年中国水利水电建设集团公司企业债券”，本期债券共募集资金13亿元，期限5年，采取固定利率形式，票面年利率为3.18%，在存续期内固定不变。中国银河证券股份有限公司担任本期债券的独家主承销商。

3月25～26日，中共中央政治局常委李长春对缅甸进行为期两天的访问，中国水电集团副总经理兼中国水电国际公司董事长黄保东作为企业代表陪同访问。

4月15日，由中国水电集团投资并建设的四川省乐山沙湾水电站首台机组正式并网发电。

4月16日，安哥拉公共工程部长代表团一行，在中国水电集团副总经理黄保东陪同下，到由中国水电集团承建的京沪高铁项目和泰安抽水蓄能电站项目考察。

4月18日，中国水电集团总经理范集湘在集团总部会见来华访问的安哥拉公共工程部长弗朗西斯科·卡尔内罗一行，并就中国水电集团在安哥拉的业务发展现况及前景进行会谈。

4月21日，国务院国有企业监事会新任主席董树奎到中国水电集团总部检查指导工作。

5月8日，中国水电集团与中国银行股份有限公司在中国银行总行签署战略合作协议。

5月13日，中国水电集团副总经理黄保东在集团总部会见埃塞俄比亚财政部长苏菲安·阿哈默德一行。

5月22日，中国水电集团党委书记刘起涛在大连会见马来西亚能源部长成华贵一行。

5月25日，由中国水电集团投资建设的大渡河支流洪坝河一级水电站首台机组通过72h试运行并网发电。

6月2日，集团公司党委书记、副总经理刘起涛在国务院国资委中央企业深入学习实践科学发展观活动第三阶段工作视频会议上作题为《抓好学习实践活动，推动集团战略转型上水平》的经验交流发言。

6月5日，由中国水电集团控股建设的贵州省圆满贯水电站1号水轮发电机组通过72h试运行，正式并网发电。

6月11日，中国水电集团副总经理黄保东在北京会见来华出席中吉政府间经贸合作会议的吉尔吉斯斯坦第一副总理巴巴诺夫一行。

6月18日，中国水电集团副总经理黄保东应邀在巴基斯坦驻华使馆拜会由巴基斯坦总统府秘书长萨尔曼·法鲁奎率领的高级代表团。

6月20日，中国水电集团与赤道几内亚政府在赤道几内亚能源矿产部签订巴塔市城市电网改造和扩建工程合同，合同总金额3.23亿美元。

6月22日，由中国水电集团投资控股的四川阿坝州黑水河流域色尔古水电站2号机组经过72h试运行后并网发电。

7月8日，中国水电集团总经理范集湘在集团总部会见来华访问的利比里亚共和国副总统约瑟夫·尼乌马·博阿凯一行，双方就利比里亚咖啡山电站修复及圣保罗河流域开发项目进行会谈。

7月13日，正在厄瓜多尔进行考察的中国水电集团党委书记刘起涛拜会了厄瓜多尔代总统列宁·莫雷诺。

7月14日，中国水电集团总经理范集湘在钓鱼台国宾馆拜会了来华访问的巴基斯坦参议院议长法鲁克先生，并就集团公司在巴基斯坦的业务发展现况及前景进行会谈。水电集团副总经理黄保东陪同会见。

7月15日，中国水电集团总经理范集湘在集团总部会见了由刚果（金）争取重建与民主人民党总书记、国民议会议长埃瓦里斯特·博夏卜率领的刚果（金）争取重建与民主人民党代表团。

7月30日，中国水电集团与天津市武清区签订天津市武清区新城开发BT项目协议，该项目的开发任务是完成武清开发区三期西区、北区和下朱庄的基础设施建设、陈石路及延长线的建设、村民回迁安置房建设项目。工期6年，总投资约80亿元。

8月8日，集团公司副总经理王彤宙在甘肃酒泉出席酒泉千万千瓦级风电基地一期工程开工仪式。

8月11日，中国水电集团与老挝国家电力公司在中国水电集团总部签署老挝南槛2、南槛3水电站和230kV欣合—朗勃拉邦输变电线路项目合同。

8月14日，中国水电集团总经理范集湘在集团总部会见俄罗斯卡尔梅金共和国总统伊柳姆日诺夫等代表团一行。

同日，中国水电集团副总经理王彤宙在集团总部会见中国驻斯里兰卡兼马尔代夫大使杨秀萍，双方就开拓斯里兰卡市场进行了交谈。

8月15日，中国水电集团副总经理王彤宙在集团总部会见非洲青年代表团一行，就集团公司在非业务开展情况进行座谈。

8月28日，中国水电集团总经理范集湘应邀在人民大会堂参加《非洲》杂志社揭牌暨首刊发行仪式，全国政协副主席、中国—非洲人民友好协会会长阿不来提在发行仪式前接见了范集湘总经理。

9月5～7日，2009中国企业500强发布暨中国大企业高峰会在杭州召开，中国水电集团在“2009中国企业500强”中排名第89位，在“2009中国企业效益200佳”中排名第160位。

9月7日，中国水电集团副总经理黄保东在北京会见罗马尼亚外交部长克里斯蒂安·迪亚科内斯库一行。

9月18日，中国水电集团总经理范集湘在北京会见来访的国际水电协会主席雷法特·阿卜杜勒—马力克博士。

9月25日，中国水电集团副总经理黄保东在集团总部会见来访的刚果民主共和国总统顾问摩西一行。

同日，中国水电集团与埃塞俄比亚电力公司签署了埃塞俄比亚齐莫哥耶达水电站项目总承包合同，合同金额5亿美元。

9月26日，中国水电集团与中国农业银行股份有限公司在北京签署全面战略合作协议。

同日，由中国水电集团投资的柬埔寨甘再水电站BOT项目首台3100kW机组通过72h试运行，正式投产发电。

10月5日，中国水电集团副总经理李跃平在厄瓜多尔总统府出席科卡科多—辛克雷水电站EPC总承包合同签约仪式并致辞。

10月9～10日，中国水电集团总经理范集湘对吉尔吉斯斯坦进行工作访问。

10月15日，中国水电集团总经理范集湘在集团总部会见马来西亚能源、绿色工艺及水务部部长拿督陈华贵一行。

10月16日，新一届国务院国有企业监事会主席高怀忠和监事会第10办公室人员到中国水电集团总部检查指导工作。

10月20～29日，中国水电集团副总经理黄保东到哥伦比亚、阿根廷、哥斯达黎加等南美洲国家进行考察访问。

10月28～31日，集团公司党委书记、副总经理刘起涛作为中国企业家代表团成员，随同国务院副总理张德江对阿尔巴尼亚、爱沙尼亚进行访问。

10月30日，中国水电集团副总经理孙洪水出席马里费鲁水电站建设奠基仪式。

11月13日，中国水电集团总经理范集湘在集团总部会见正在北京进行访问的赞比亚前总统肯尼斯·代·卡翁达一行。

同日，中国水电集团荣获中国对外承包工程商会颁发的“2009中国对外承包工程企业社会责任金奖”。

11月23～24日，中国水电集团副总经理黄保东随同全国政协主席贾庆林对厄瓜多尔进行友好访问。贾庆林主席对中国水电集团成功签约厄瓜多尔科卡科多—辛克雷水电站项目给予高度评价。

11月27日，中国水利水电建设股份有限公司创立大会在京举行。

12月10日，中国水电集团与河北省唐山市人民政府签署战略合作框架协议，唐山市人民政府同意中国水电集团在唐山市轻轨、曹妃甸填海造地、土地开发、基础设施、房地产、环城水系等方面进行广泛合作。

12月18日，由中国水电集团承建的非洲杯足球赛体育场馆——卢班戈体育场、本格拉体育场正式移交给安哥拉政府。

12月19～25日，中国水电集团党委书记刘起涛在委内瑞拉首都加拉加斯出席中国—委内瑞拉高级混合委员会第八次会议，拜会了委内瑞拉总统查韦斯。

（杜永昌）

国投华靖电力控股股份有限公司

企业概况

国投华靖电力控股股份有限公司（简称国投华靖）是国家开发投资公司电力业务的资产经营与资本运作平台。

国家开发投资公司（简称国投公司）是国务院批准设立的国家投资控股公司和中央直接管理的国有重要骨干企业之一。国投公司注册资本184亿元，资产总额2096亿元（截至2009年底），2009年实现经营收入500亿元人民币，利润55亿元人民币。在国务院国资委年度业绩考核中，连续5年获得A级，并成为任期考核“业绩优秀企业”。

国投华靖电力控股股份有限公司于2002年由湖北兴化与国投公司进行资产置换后变更登记设立。国投华靖主要投资建设、经营管理以电力生产为主的能源项目；开发及经营新能源项目、高新技术、环保产业；开发和经营电力配套产品及信息、咨询服务。

截至2009年底，国投华靖总股本1 995 101 102股，其中，国家开发投资公司持股1 407 281 129股，占国投华靖总股本的70.54%，社会公众股股东持股占公司总股本的29.46%。国投华靖资产总额达到884亿元，2009年实现累计发电量723亿kWh，营业收入119亿元，利润12.4亿元。

截至2009年底，国投华靖投产总装机容量2508.9万kW，控股装机容量1732万kW，包括受国家开发投资公司委托代管北京三吉利能源股份公司及国投钦州发电有限公司共计507.5万kW装机。国投华靖水电总装机661.9万kW，控股532万kW；火电总装机1842.5万kW，控股1195.5万kW；风电总装机4.5万kW。核准在建879.03万kW。国投华靖拥有19家控股企业，3家参股企业，投资企业分布在华北、华东、西南、西北、华南等11个省、市、自治区，有效防范区域电力市场风险。

2009年11月，证监会核准国投华靖以非公开发行收购国投公司持有的国投电力有限公司100%的股权，重组完成后的国投华靖电源结构合理，水、火、风、光、核电资源并济，水电比例达40%以上，成为国内A股市场第二大水电上市公司。国投华靖资源储备丰富，未来业绩增长明确，发展空间大。

面向未来，国投华靖将本着清洁、高效、经济、环保的原则，重点发展水电，择机发展核电，适度发展风电和光伏发电，适时发展火电，努力建成管理规范、治理完善的绩优蓝筹上市公司。

组织结构

国投华靖设有综合部、人力资源部、证券部、监审部、计财部、业务发展部、基建管理部、经营管理部8个职能部门，拥有全资和控股21家投资企业。国投华靖电力控股股份有限公司全资和控股企业包括：

国投电力有限公司
二滩水电开发有限责任公司
北京三吉利能源股份公司（代管）
天津国投津能发电有限公司
国投云南大朝山水电有限公司
靖远第二发电有限公司
国投钦州发电有限公司（代管）
厦门华夏国际电力发展有限公司
国投曲靖发电有限公司
甘肃小三峡水电有限公司
国投北部湾发电有限公司
国投宣城发电有限责任公司
国投白银风电有限公司
国投张家口风电有限公司
国投盘江发电有限公司
国投酒泉第一风电公司

国投酒泉第二风电公司
国投伊犁能源开发有限公司
国投格尔木光伏发电有限公司
国投敦煌光伏发电有限公司
国投石嘴山光伏发电有限公司

经营管理

2009年，国投华靖强化专业化管理职能，全方位提升管理水平，紧紧抓住影响指标优化和效益提升的关键环节，从严管理、深挖潜力，降本增效，继续将对标管理做全做实。全年完成供电煤耗333.9g/kWh，低于全国平均水平340g/kWh；厂用电率完成5.91%，低于全国平均水平6.69%，全面提升了企业生产经营的核心竞争力。

在安全生产工作上，通过安全大检查、“安全生产月”、隐患排查治理、修订应急预案及“安全和谐型”班组建设等一系列措施，夯实安全生产基础，建立应急管理机制，落实安全生产责任制和安全生产目标管理，完善安全生产管理体系。在电监会举办的中国国际电力安全发展暨电力应急管理论坛上，国投华靖投资企业安全生产成果及选送论文获得一致好评，展示了国投风采；二滩水电开发有限责任公司荣获“全国安全生产月活动优秀单位”。在安全标准化建设方面，生产施工现场安全管理面貌又上新台阶，全年有国投曲靖发电有限公司、国投宣城发电有限公司等8家投资企业启动NOSA体系建设，国投北部湾发电有限公司通过五星评审，二滩水电开发有限责任公司、国投云南大朝山水电有限公司和甘肃小三峡水电有限公司3家企业通过四星评审，厦门华夏国际电力发展有限公司通过三星评审。公司安全生产态势总体平稳，全年未发生一般及以上人身伤亡事故或设备事故。

2009年，国投华靖节能减排、技改工作成效显著。开展了国投曲靖发电有限公司4台机组和靖远第二发电有限公司5号机组脱硫改造和国投曲靖发电有限公司一期电除尘改造，实现了电厂脱硫设施配备率达到100%；组织国投华靖投资企业高电压电机节能改造统一招标采购，改造项目电机节电率普遍达到40%以上，有效降低了厂用电率；风电项目、光伏项目及水电项目的CDM开发也均有所突破。

基建管理

2009年，国投华靖积极推进基建管理关口前移，密切跟踪项目进展，全方位加强基建工程管理。通过优化设计，实现敦煌等三个光伏项目预计节约投资8000万，约占项目总投资的15%。年内锦屏一级大坝混凝土开浇，标志着锦屏一级水电站大坝工程全面转入主体混凝土浇筑施工阶段；国投宣城发电有限公司一期工程获得国家优质工程奖和中国电力优质工程奖；国投张家口风电有限公司67台机组全部吊装完毕，国投酒泉第一风电公司进入全面安装调试阶段，并荣获酒泉千万千瓦级风电基地建设突出贡献奖；三个光伏项目工程如期展开。2009年，电力板块在建项目7个，工程质量验收优良率均为良好。

党风廉政建设工作

2009年，在直属党委的领导下，国投华靖党支部把学习实践科学发展观活动作为应对金融危机、推进公司发展的强大动力，认真研究制订活动实施方案。通过深入研究存在问题和整改措施的基础上，紧紧抓住发展规划和经营管理这两个促进科学发展上水平的核心问题，围绕完善规划布局、增强企业竞争力、健全经营管理责任体系、改善工作作风、抓好企业班子建设五个方面制定了学习科学发展观的整改措施。

根据整改方案，国投华靖以“全面实践科学发展观，努力提高国投华靖竞争力”为主题，把全面落实整改措施当作推动各项工作的强大动力：在业务规划、生产经营、内部管理等方面，积极探索工作新思路，改进创新工作方式，全面夯实了管理基础。

国投华靖投资企业的党风廉政文化建设也取得硕果累累。二滩水电开发有限公司荣获“全国文明单位”、“中央企业思想政治工作先进单位”；靖远第二发电有限公司获“全国电力系统企业文化建设标杆企业”“全国电力行业质量奖”；国投云南大朝山水电有限公司荣获“全国学习型先进班组称号”，发挥了先进典型示范带动作用，充分展现了国投华靖的品牌形象。

中国长江电力股份有限公司

概况

2009年，三峡—葛洲坝区段长江来水总量仅为3881.29亿m^3，年平均流量为12 300m^3/s，相应来水频率90.3%，较多年均值（14 300 m^3/s）偏枯14.0%，与2008年（13 600m^3/s）相比偏枯9.6%。

中国长江电力股份有限公司（简称长江电力）管辖的三峡—葛洲坝梯级电站全年完成发电量960.96亿kWh，完成年度预算的97.07%，同比减少1.8%。其中，三峡电站798.53亿kWh（其中左岸电站402.41亿kWh，右岸电站392.27亿kWh，电源电站3.86亿kWh），左、右岸电站较年度计划830亿kWh

少发35.3215亿kWh，比2008年度（803.1096亿kWh）少发8.4311亿kWh；葛洲坝电站162.4301亿kWh（其中大江电站97.6538亿kWh，二江电站64.7763亿kWh，0号机组0.7254亿kWh），大江、二江电站比年度计划153.8亿kWh多发7.9047亿kWh，比2008年度（169.4139亿kWh）少发7.7092亿kWh。

截至2009年底，长江电力装机容量达到2103.5万kW，外部权益装机容量267万kW（不含在建）。实现总收入129.04亿元，利润总额58.86亿元，净利润44.87亿元，每股收益0.456元，电费全额回收，为股东、为社会创造了巨大的经济效益和社会效益。长江电力资产总额达到1616.35亿元，净资产616.57亿元，总股本达到110亿股。

安全生产取得好成绩，长江电力连续安全生产天数达285天，长江电力下属的葛洲坝电厂实现“零设备事故、零人身伤害，零设备障碍”的“三零”目标，连续安全生产天数达2451天、三峡电厂1233天、梯调通信中心2527天、检修厂285天，全年没有发生设备事故。三峡电厂设备可用小时数为7978.55h、利用小时数达4372.92h、等效可用系数93.34%；葛洲坝电厂设备可用小时数为8183.58h、利用小时数达5957.13h、等效可用系数93.42%；设备运行状况良好，为安全生产奠定了基础。

三峡电站全年节水增发电量为39.587亿kWh，水能利用提高率为5.23%，厂用电率0.084%，发电耗水率4.36m^3/kWh，发电水量利用率94.6%；葛洲坝电站节水增发电量为10.975亿kWh，水能利用提高率为7.28%，厂用电率0.166%，发电耗水率19.54m^3/kWh，发电水量利用率87.0%；三峡—葛洲坝梯级电站累计节水增发电量50.56亿kWh，平均水能利用提高率为5.57%，三峡—葛洲坝梯级电站2009年节水增发的电量相当于节约燃煤182万t，减少二氧化碳排放约477万t，有力地助推了节能减排工作，创造了良好的经济效益和社会效益。

汛期，三峡工程有效发挥了防洪作用，最大削减洪峰流量15000m^3/s，减轻了长江下游的防洪压力。在枯水季节，三峡水库对下游实施补水调度，累计补水127.3亿m^3，保障了长江中下游通航水深和生产生活用水要求，为缓解旱情发挥了重要作用。

资本运营方面富有成效。截至2009年底，长江电力已投资16家企业，累计完成股权投资总额92.9亿元，实现现金收入50.95亿元，其中处置股权收入39.91亿元，累计分红11.04亿元；剩余股权投资79.59亿元，其中持有上市公司股权市值96.6亿元，非上市公司权益净资产60.2亿元，相应权益装机容量267万kW（不含在建权益容量56.9万kW）。

年内，长江电力顺利完成了重大资产重组工作，支持配合三峡集团公司主营业务整体上市。通过承接债务、非公开发行股份和支付现金的方式，以12.67元/股的价格定向发行15.88亿股股份，收购价值约1043亿元三峡工程发电及相关资产，实现了三峡工程发电及相关资产整体上市，提前完成了长江电力IPO预定的收购三峡机组的进度计划。整体上市后，长江电力拥有全国装机容量最大、技术最先进的水力发电资产，资产规模得到大幅提升，进入A股市场前20名。完成重大资产重组，为未来发展奠定了坚实的基础，更加有利于长江电力与集团公司的协调发展，更加有利于深化企业内部改革和提升管理水平。

2009年，长江电力先后获得“全国电力行业首批AAA级信用企业”、“中央企业思想政治工作先进单位”、“中国文化管理十佳单位”、“2008年中国上市公司法律风险最小五佳上市公司奖”、“建国60周年中国企业文化建设十佳单位”、“中国电力信息化标杆企业”、“全国电力系统企业文化建设标杆企业”、“2008年度湖北省国税十强百佳纳税人”、“中国纳税百强企业”、“2008年度中国上市公司百强企业”、“2009中国上市公司最佳董事会”和“2009中国上市公司最佳市值管理董事会”等荣誉称号。

成功完成重大资产重组工作

5月15日，长江电力召开第二届董事会第二十九次会议，审议通过了关于《中国长江电力股份有限公司重大资产重组预案》的议案，长江电力拟以承接债务、向三峡集团公司非公开发行股份和支付现金的方式，收购控股股东三峡集团公司持有的目标资产。

本次重大资产重组也即三峡集团公司主营业务整体上市的目标资产，包括三峡工程发电资产和辅助生产专业化公司股权。具体是：三峡电站9～26号共18台单机容量为70万kW、合计装机容量为1260万kW的发电机组及对应的大坝、发电厂房、共用发电设施（含装机容量为2×5万kW的电源电站）等发电资产，以及与发电业务直接相关的生产性设施；长江三峡实业有限公司、三峡设备物资公司、三峡水电工程公司、三峡国际招标公司、三峡高科公司5家为水电工程建设和电力生产提供设备管理、招标、监理、供水、通信运行维护管理等服务的辅助生产专业化公司。此前，长江电力已完成对三峡电站1～8号发电机组及相关设施的收购。本次交易完成后，长江电力拥有三峡工程全部发电资产。

本次重大资产重组的目标资产评估值约为1043亿元。长江电力支付的对价包括承接债务、非公开发行股份和支付现金，具体内容是：①承接与目标资产相关的债务约500亿元，包括三峡债券、外汇借款和人民币借款；②2008年5月8日长江电力停牌前20个交易日股票均价并经过除息调整的价格为12.89元/股，向三峡集团公司非公开发行股份约15.52亿股，三峡集团公司以其持有的、评估价值约200亿元的部分目标资产认购发行的全部股份，若在定价基准日至发行日期间发生除权、除息，发行数量将相应调整，具体发行股份数量由三峡集团公司和长江电力双方另行签署补充协议予以确定；③向三峡集团公司支付现金约375亿元，即期支付现金200亿元，剩余现金在交割日后1年内支付给三峡集团公司。

本次重大资产重组有利于提高长江电力的核心竞争力，进一步规范公司运作。通过本次交易，将有效规避与三峡集团公司在电力生产领域的同业竞争，消除与三峡集团公司之间委托管理三峡发电资产的经常性关联交易，消除分次注入三峡工程发电资产而产生的持续关联交易。本次交易完成后，长江电力资产规模将成倍增长，盈利能力大幅提升，在水电行业的龙头优势地位更加巩固。资产重组即整体上市后，三峡集团公司主要履行三峡枢纽工程的统一管理和国有股权管理职能，集中精力开发长江上游的水电工程。长江电力主要负责三峡工程经营性职能，三峡集团公司和长江电力的战略定位与职责边界将更加清晰，有利于三峡水利枢纽综合效益的充分发挥，为三峡集团公司和长江电力全面、协调、可持续发展奠定更加坚实的制度基础。

9月27日，中国证监会出具了《关于核准中国长江电力股份有限公司重大资产重组暨向中国长江三峡工程开发总公司发行股份购买资产的批复》和《关于核准豁免中国长江三峡工程开发总公司要约收购中国长江电力股份有限公司股份义务的批复》，核准长江电力通过承接债务、非公开发行股份和支付现金的方式收购控股股东中国三峡总公司拥有的目标资产（评估值1073亿元），标志着本次重大资产重组交易的决策、审批程序全部完成，进入方案实施阶段。

9月28日零时，中国三峡集团公司和长江电力按照双方签署的协议完成了资产交割，长江电力收购控股股东中国三峡集团公司拥有的目标资产。至此，历时1年多的长江电力重大资产重组的主要工作全部完成。

长江电力股票复牌

为充分发挥三峡工程防洪、发电、航运等综合效益，加快金沙江下游开发，推进企业改革发展及集团化管控体系建设，中国三峡集团公司主营业务整体上市，对长江电力进行重大资产重组。长江电力股票（600900）于2008年5月8日开始停牌，由于国际金融危机蔓延的影响，资本市场系统性风险导致A股股价重心大幅下移，上证综合指数从长江电力停牌时的3656点最低跌至1664点，导致资产重组方案设计带来压力。1年来，根据相关部门和投资者的意见，长江电力对方案及时进行调整，方案取得积极成果。整体上市方案公布后，得到了市场的高度认可。2009年5月18日，长江电力股票复牌，尽管停盘期间资本市场重心大幅下移，但长江电力仍受到市场资金的追捧，逆势上扬，走势强劲，复牌当日收盘涨4.11%。复牌后股价走势平稳，长江电力仍然保持了大盘蓝筹股的形象。

三峡电站首次达到全厂设计出力

8月6日，长江上游出现5年以来最大洪峰，三峡大坝上游来水最大达到55 000m^3/s，由于三峡大坝控制下泄流量不超过40 000m^3/s，三峡大坝上游水位不断上升，8月8日已达到152.6m，机组运行水头达到84m。8月8日凌晨两点二十分，三峡电站的最大出力一度达到1823.1万kW，首次达到并超过全厂设计出力1820万kW，三峡工程和电厂都经受住了考验。

再创单月单日发电量历史新高

三峡电站投产发电以来创造了巨大的经济效益和社会效益，单月最高发电量和单日最高发电量创新纪录：三峡—葛洲坝梯级电站2009年8月单月发电达145.63亿kWh，完成月计划139.3亿kWh的104.5%，其中三峡电站月发电量127.16亿kWh，葛洲坝电站月发电量18.47亿kWh；2009年7月1日三峡电厂单日发电量突破4亿kWh，达到4.019 9亿kWh，再创历史新高。

三峡电站累计发电量突破3000亿kWh

4月7日凌晨2时3分，三峡电站累计发电量突破3000亿kWh，相当于改革开放初期1980年全国的发电总量。三峡电站是我国继葛洲坝电厂发电24年累计3000亿之后的第二个累计发电量突破3000亿kWh的电站，但三峡电厂仅用时7年。对于这一成绩，国务院三峡建设委员会办公室专门致电祝贺。

三峡电站设计安装32台70万kW机组，是世界上最大的发电站。目前，三峡左岸和右岸电站26台机组已全部投产发电，装机容量达到1820万kW。2009年全年发电798.53亿kWh。三峡电站发出的电力，主要供电华中、华东、广东和重庆等地区。三峡电站电价按0.25元/kWh计算，每年售电收入可达200亿元。

“无源零开断的自动灭磁装置及方法”获国家发明专利

7月，长江电力葛洲坝电厂收到国家“发明专利证书”，国家知识产权局正式批准并授权公告“无源零开断的自动灭磁装置及方法”发明专利，正式颁发《发明专利证书》，证书号为第522467号，专利号为ZL200510019636.1，专利有效期自2005年10月19日起，期限20年。该发明专利包括八项专利权利，属于国内外电机灭磁技术领域首创的先进的技术方法和电路结构，具有创造性、新颖性和实用性。

长江电力获两项“首届全国电力职工技术成果奖”

8月6日，由中国能源化学工会、中国电力企业联合会共同发起，由中电联组织开展的“首届全国电力职工技术成果奖发布会”在北京召开。

长江电力葛洲坝电厂黄大可、李平诗、罗仁彩、程刚、邵显钧五位同志的“自冷热管整流器及散热方式研究应用”获得首届全国电力职工技术成果奖二等奖；长江电力检修厂鲁结根、夏一强、赵建华三位同志的“CZY无浮托引张线系统研发与应用”获得三等奖。水力发电企业获奖8项，火力发电企业获奖64项，供电企业获奖6项。

长江电力获“2008年度湖北省国税十强百佳纳税人”称号

中国长江电力股份有限公司成立以来一直坚持规范纳税行为，完善财务管理，自觉履行法律赋予的纳税义务。湖北省国税局表彰长江电力为“2008年度湖北省国税十强百佳纳税人”，长江电力以2008年度缴纳国税182 325万元排名全省国税荣誉十强纳税人第4位。

长江电力加强内控管理

9月15日，长江电力《内部控制管理手册》（试行）和《内部控制评价手册》（试行）正式发布实施，标志着公司内控管理和风险管控进入到规范化和系统化的新阶段。长江电力自改制上市以来，坚持“诚信经营、规范治理、信息透明、业绩优良”的经营理念，创造性地开展各项生产经营管理工作，内部控制管理具有较好的基础，但随着经营管理领域、范围的快速发展，需要更高的内部控制和风险管控能力。长江电力以贯彻落实财政部等五部委联合发布的《企业内部控制基本规范》、学习落实科学发展观为契机，于2008年启动内部控制体系优化项目，在多次学习、考察、调研的基础上，先后开展理论培训、专项调查、内控访谈、梳理评估、流程描述、风险点识别、专家评审、领导小组审查等工作，投入6000多工日完成两个手册的编制工作。

《内部控制管理手册》围绕内部控制五要素，从公司层面、业务流程、关键控制点三个层次制定标准与要求，选取27个重要业务模块，制定48个二级子业务控制流程和800多个关键控制点的控制标准，形成了与现行规章制度的良性互动。《内部控制评价手册》明确了长江电力内部控制“自我评价、独立评价、第三方独立鉴证”的运行管理机制，制定了评价质量标准和计分标准。

“三峡工程右岸电站计算机监控系统”项目通过成果鉴定

11月6日，由中国水利水电科学研究院、中国长江三峡集团公司、长江委设计院共同承担完成的“三峡工程右岸电站计算机监控系统”项目顺利通过水利部组织的科技成果鉴定。鉴定会在三峡右岸电站现场举行，中国工程院院士梁维燕、张勇传及来自国内著名大学、科研机构和设计院等单位的14位专家组成了鉴定委员会。与会专家听取了系统设计、研制和运行管理汇报，审阅了相关技术资料，现场考察了运行情况，进行了现场质询和讨论。

与会专家一致认为：该系统首次研制成功了面向巨型水电站计算机监控系统的三网四层的分层分布开放系统结构，突破了水电站计算机监控系统的传统结构模式，显著提高了水电站计算机监控系统的可靠性与实时性；在LCU首次采用多链路、多线程处理技术；并成功开发了多数据采集服务器负荷平衡管理与互备技术，提高了数据采集系统的可靠性和效率；首次采用自适应、自学习算法确定巨型机组特大型电站在电网中的频率综合调差系数，有效地保证了巨型机组的安全平稳调节；首次采用分层分布的卫星时钟系统，实现了水电厂众多智能设备的时钟统一；首次采用GTK图形技术，实现了异构操作系统下的用户界面、功能和性能及软件源代码的全兼容。该系统成功实现了自主研发和集成创新，开发了具有自主知识产权的系统总体结构和应用软件系统，操作维护方便，实时性好，可靠性高，人机界面友好，推动了我国水电站计算机监控应用技术的发展，其成功运用，打破了国外公司在巨型电站特大型机组监控系统方面的垄断，推动了我国计算机监控技术的发展。系统的总体技术水平达到国际先进水平，在三网四层总体结构设计、自适应AGC频差系数控制技术、系统可靠性设计等方面居国际领先水平，代表了当今国际水电站计算机监控技术和应用的最高水平。

目前该系统已被直接推广应用到四川瀑布沟等国内外30多个大型水电站，创造了良好的经济效益和社会效益，具有广阔的推广应用前景。

长江电力金沙江电力生产筹备工作全面展开

2009年，长江电力金沙江电力生产筹备工作全面展开。4月30日，成立溪洛渡水力发电厂筹建处、向家坝水力发电厂筹建处和三峡水利枢纽梯级调度通信中心成都分中心筹建处，标志着金沙江下游电站电力生产准备工作从方案编制进入了方案实施的新阶段。

根据“强化电站责任、优化资源配置、深化精益管理、创建国际一流”的电力生产管理总体思路，溪洛渡水力发电厂筹建处、向家坝水力发电厂筹建处和三峡水利枢纽梯级调度通信中心成都分中心筹建处，积极参与溪洛渡、向家坝水电站工程建设和相关设计方案审查，对《溪洛渡、向家坝水电站电力生产管理方案》进行了分步细化，组织编制了接机发电倒计时工作计划，开展了“调控一体化”等重点管理项目的研究，努力探索符合溪洛渡、向家坝电站特点的生产管理方式，为顺利接管和运行管理好电站打下了良好基础。

主要事件

1月11日，全国电力行业首批AAA级信用企业评价结果发布会在北京人民大会堂隆重举行，长江电力被中国电力企业联合会评为“电力行业首批AAA级信用企业”。

1月15日，长江电力党委被国资委党委授予“中央企业思想政治工作先进单位”称号，党委书记、总经理张诚获得“中央企业优秀思想政治工作者”称号。

2月3日，长江电力《大型水电上市公司经营绩效分析与决策支持系统建设》和《关注设备全生命周期的专家会诊检修系统在葛洲坝电站的探索与实践》两项管理创新成果，被中国电力企业联合会和《中国电力企业管理》杂志社授予“正泰杯2008年电力行业十大管理创新奖”。

2月23日，长江电力召开2009年度工作会议，贯彻落实中国三峡总公司2009年工作会议精神，部署2009年主要生产经营工作。总经理张诚在会上作题为《坚定信心，迎接挑战，开创长江电力科学发展的新局面》的工作报告。三峡总公司副总经理毕亚雄到会并作重要讲话。

3月2日，在湖北日报社、湖北省社会科学院、湖北省企业评价协会主办的“2008年度湖北企业界20件大事发布会”上，长江电力投资大冶有色金属公司，促进湖北省有色金属整合，入选2008年度湖北企业界20件大事。

3月20日，在中国电力企业联合会科技中心主办的第三届全国电力企业信息化大会上，长江电力《建立关键绩效指标系统（eKPI）打造先进的商务智能决策分析平台》，被评为“2008年电力信息化十大成果”。

4月8日，长江电力以2008年度纳税182 325万元排名湖北省国税荣誉十强纳税人第4位。

4月11日，《董事会》杂志社举办第五届中国上市公司董事会“金圆桌奖”评选活动，长江电力董事会被评为“最佳董事会”，长江电力董事长李永安被评为“最具战略眼光董事长”。

4月17日，在文化部中国文化管理学会主办的“第七届中国文化管理经验交流大会暨第二届中国文化管理节”上，长江电力被授予“中国文化管理十佳单位”称号，长江电力纪委书记、工会主席艾友忠同志被授予“中国文化管理十佳个人”称号，长江电力员工作词的歌曲《因为有了你》被授予“中国企业歌曲文艺创作一等奖”。

4月30日，长江电力成立溪洛渡水力发电厂筹建处、向家坝水力发电厂筹建处和三峡水利枢纽梯级调度通信中心成都分中心筹建处，标志着金沙江下游电站电力生产准备工作从方案编制进入了方案实施的新阶段。

5月12日，长江电力运行管理的世界上最大水电站——三峡电站安全稳定运行1000天，累计发电3068.02亿kWh。

5月15日，长江电力与中国长江三峡工程开发总公司签署了《中国长江三峡工程开发总公司与中国长江电力股份有限公司之重大资产重组交易协议》。同日，召开第二届董事会第二十九次会议，审议通过了本次重大资产重组的相关事项，并于2009年5月16日在《中国证券报》、《上海证券报》、《证券时报》及上海证券交易所网站公告了《中国长江电力股份有限公司重大资产重组预案》。公司董事会审议通过关于《中国长江电力股份有限公司重大资产重组预案》的议案，长江电力以承接债务、向三峡总公司非公开发行股份和支付现金的方式，收购控股股东三峡总公司持有的目标资产。交易的目标资产包括三峡工程发电资产和辅助生产专业化公司股权。

6月5日，长江电力出台《中国长江电力股份有限公司企业文化建设管理规范》。

6月16日，长江电力成立光伏能源项目组。

6月24日，长江电力召开深入学习实践科学发展观活动总结大会，标志着学习实践活动阶段性工作圆满结束，员工满意率达到100%。

6月26日，中国长江电力股份有限公司2008年度股东大会在北京召开。出席会议的股东及股东授权委托代表共 40 人，代表股份6 453 650 309股，占公司股份总数（9 412 085 457股）的 68.567 7%。会议审议通过了《2008 年度董事会工作报告》、《2008 年度监事会工作报告》、《2008 年度财务决算报告》、《2008 年度利润分配方案》、《关于聘请公司 2009 年度审计机构的议案》、《关于在三峡财务有限责任公司存款的议案》和《关于在银行间市场开展短期固定收益投资的议案》共 7 项议案，北京市德恒律师事务所律师予以见证并出具了法律意见书。

7 月 10 日，由中央人民广播电台与北京大学金融法研究中心联合主办的“第二届中国上市公司法律风险论坛暨 2009 中国上市公司法律风险指数排名”活动在北京举行，长江电力荣获“2008 年中国上市公司法律风险最小五佳上市公司奖”。

7 月 13 日，在 2008 年度全国大型水电厂（站）劳动竞赛暨经验交流会上，三峡电厂被全国大型水电厂（站）劳动竞赛委员会授予“2008 年度全国大型水电厂（站）节能减排专项竞赛活动先进单位”光荣称号；葛洲坝发电厂被中国能源化学工会授予“2008 年度全国大型水电厂（站）劳动竞赛先进单位”光荣称号，这是葛电厂连续第 7 次获得该荣誉。

7 月 14 日 0 时 02 分，随着三峡电源电站 X1F 的开机并网，三峡电厂 28 台（包括电源电站 2 台）机组第一次同时全部投运，最高出力约 1720 万 kW。

7 月 17 日，刚果民主共和国争取重建与民主人民党总书记、议长埃瓦里斯特·博夏卜一行考察三峡电厂。

7 月 30 日，长江电力召开“五好”党支部创建工作经验交流会暨“六好”党小组建设研讨会，使“四好”领导班子创建活动不断向基层党组织延伸。

8 月 5 日，在中国证监会等相关方面的支持帮助下，长江电力抓住债券市场利率相对较低的机遇，通过与华泰证券等中介机构密切配合和共同努力，成功完成 35 亿元债券发行工作。

8 月 6 日，由中电联组织开展的“首届全国电力职工技术成果奖发布会”在北京召开，长江电力申报的“自冷热管整流器及散热方式研究应用”等 16 项技术成果获得二等奖，“CZY 无浮托引张线系统研发与应用”等 59 项技术成果获得三等奖。

8 月 6 日上午 8 时，长江上游 5 年来的最大洪峰开始通过三峡大坝。这次洪水洪量大、涨势陡、持续时间长，洪峰流量高达 5.5 万 m^3/s，防汛指挥部门启动了三级应急响应预案，三峡工程发挥了蓄洪作用，拦截洪水水量 15 亿 m^3。

8 月 7 日，长江电力开展庆祝建国 60 周年“十个一”系列活动，热烈庆祝中华人民共和国 60 华诞。

8 月 10 日 23 时 20 分，重庆丰都县航龙船务有限公司所属“航龙 518”滚装船行驶至湖北宜昌三峡大坝和葛洲坝之间的石牌水域，因操作失误发生集装箱落水事故，共有 8 个集装箱漂浮到葛洲坝前区域。长江电力及时采取了应急措施，避免了该事件给葛洲坝运行带来的不利影响。

8 月 14 日，在北京召开的“建国 60 周年中国企业文化管理大会暨企业文化落地论坛”上，长江电力被授予“建国 60 周年中国企业文化建设十佳单位”荣誉称号，长江电力纪委书记、工会主席艾友忠入选为“建国 60 周年·中国企业文化建设十佳个人”。

8 月 19 日，中国三峡集团公司通过上海证券交易所交易系统增持长江电力股份10 069 948股，占长江电力总股本的 0.107%。本次增持前中国三峡集团公司持有公司股份5 841 752 448股，占公司总股本的 62.067%；增持后中国三峡集团公司持有公司股份5 851 822 396股，占公司总股本的 62.174%。

8 月 28 日，长江电力重大资产重组网上交流会成功举行。交流内容为中国三峡集团公司拟以长江电力为平台，将三峡工程发电资产整体注入长江电力，支持长江电力做大做强，实现中国三峡集团公司和长江电力的协同发展。

8 月 29 日，国务院长江三峡三期工程验收委员会枢纽工程验收组成员在三峡工程正常蓄水 175m 水位验收鉴定书上签字，三峡三期工程枢纽工程正常蓄水 175m 水位通过验收，标志着三峡工程初步设计中的建设任务（除批准缓建的升船机外）全部完成，三峡工程可以全面发挥其巨大的综合效益。

8 月 31 日，长江电力以现场投票与网络投票相结合的方式召开了 2009 年第一次临时股东大会，会议审议并高票通过了《关于重大资产重组方案暨关联交易的议案》、《关于提请股东大会批准中国长江三峡工程开发总公司免于以要约方式收购公司股份的议案》、《关于提请股东大会授权董事会全权办理本次重大资产重组事宜的议案》、《关于向控股股东中国三峡总公司借入委托贷款的议案》、《关于三峡财务有限责任公司为公司提供金融业务服务的议案》和《关于为大冶有色金属有限公司发行不超过 7 亿元短期融资券提供担保的议案》共 6 项议案。所有议案表决项得票率均超过 97%，其中《关于重大资产重组方案暨关联交易的议案》等 5 项议案得票率超过 99%。

9 月 15 日，长江电力印发《中国长江电力股份有限公司内部控制管理手册（试行）》，标志着长江电力内控管理工作取得阶段成果。

9 月 15 日，经国务院批准，按照国家防总和长江防总批复意见，三峡工程 2009 年 175m 试验性蓄水于 9 月 15 日凌晨启动。按照蓄水方案，9 月底三峡水库水位原则上不高于 158m，10 月末蓄水至

175m。蓄水期间，每天水位涨幅不超过 3m。

9 月 27 日，中国证监会出具了《关于核准中国长江电力股份有限公司重大资产重组暨向中国长江三峡工程开发总公司发行股份购买资产的批复》和《关于核准豁免中国长江三峡工程开发总公司要约收购中国长江电力股份有限公司股份义务的批复》，核准长江电力通过承接债务、非公开发行股份和支付现金的方式收购控股股东中国三峡总公司拥有的目标资产（评估值 1073 亿元），标志着本次重大资产重组交易的决策、审批程序全部完成，进入方案实施阶段。

9 月 28 日，中国三峡集团公司和长江电力按照双方签署的协议完成了资产交割，长江电力收购控股股东中国三峡集团公司拥有的目标资产。至此，历时 1 年多的长江电力重大资产重组的主要工作已经基本完成。

10 月 10 日，三峡电厂符建平同志被集团公司党组授予 2008～2009 年度“优秀共产党员标兵”荣誉称号；张亚明、吕建全、赵云发、刘鲲等五位同志被三峡集团公司党组授予“优秀共产党员”荣誉称号。

10 月 20 日，在“第四届中国电力系统企业文化年会暨和谐电力——建国 60 周年电力企业文化建设高峰论坛”上，长江电力被授予“全国电力系统企业文化建设标杆企业”荣誉，长江电力纪委书记、工会主席艾友忠被授予“全国电力系统企业文化建设标杆个人”称号。

10 月 22 日，中国长江电力股份有限公司首次班组文化建设经验交流会召开，公司分部以上 110 余名领导和代表参加了会议。

11 月 20 日，根据国家发改委《国家发展改革委关于调整华中电网电价的通知》（发改价格［2009］2925 号），公司拥有的葛洲坝电站送湖北基数电量上网电价由 0.159 9 元/kWh 调整为 0.18 元/kWh，其余上网电量执行电价由 0.22 元/kWh 调整为 0.24 元/kWh。调整后的上网电价自 2009 年 11 月 20 日起执行。

11 月 24 日，下午 3 时，三峡水库蓄水至 171.43m，2009 年蓄水工作结束。

12 月 1 日，由中国国际经济交流中心、华顿经济研究院和《上海经济》杂志联合主办，北京银行承办的第九届中国上市公司百强高峰论坛于在北京举行，长江电力荣获“2008 年度中国上市公司百强企业”称号。

12 月 10 日，长江电力工会二届三次会员代表大会在长江电力报告厅召开。长江电力党委书记、总经理张诚等领导及正式代表、列席代表共 172 人出席会议。

12 月 18 日，由上交所主办、国务院国资委和经合组织（OECD）共同支持的第八届中国公司治理论坛在上海召开，长江电力因电力生产主营业务整体上市案例获“典型并购重组案例奖”提名，总经理张诚应邀参加论坛。

12 月 28 日，长江电力发布《节能环保规划（2010～2015）》（简称《规划》）。《规划》以长江电力节能环保工作现状为基础，提出了未来 6 年长江电力节能环保的具体目标和保障措施，是长江电力节能环保的工作指南。

12 月 30 日，长江电力创投公司出资 10 亿元人民币参股的大冶有色金属股份有限公司创立大会在武汉东湖宾馆隆重举行。长江电力董事长李永安和湖北省委常委、省委宣传部长李春明为大冶有色金属股份有限公司揭牌。

12 月 31 日，本年长江来水偏枯，第三季度偏枯高达 34%以上，但是截至 31 日，长江电力下属葛洲坝电站仍然完成发电量 162.43 亿 kWh，较 2008 年减少 4.72%；三峡电站完成发电量 798.53 亿 kWh，其中 1 月 1 日～9 月 28 日零时的发电量由长江电力与中国长江三峡集团公司按照《三峡发电资产委托管理协议》确定的分配原则进行分配，9 月 28 日零时～12 月 31 日的发电量全部归属长江电力，长江电力共计分配约 351.24 亿 kWh，较 2008 年增加 28.99%。2009 年长江电力所属总发电量约 513.67 亿 kWh，较 2008 年增加 16.01%。长江电力本年营业收入 110.570 534亿元，利润总额58.857 76亿元，年底长江电力总资产达到1616.351 67亿元。

（谢兴发）

中国安能建设总公司（武警水电指挥部）

企业概况

中国安能建设总公司（简称总公司）于 1988 年成立，是经原能源部、对外经济贸易部核准，在国家工商行政管理局登记注册的国有大型施工企业。总公司具有独立法人资格，享有对外派遣劳务、承包工程权。具有水利水电工程施工总承包特级、市政公用工程施工总承包壹级、民航场道总承包壹级、房屋建筑工程施工总承包贰级、公路工程施工总承包叁级资质。通过质量、环境、职业健康安全综合管理三体系认证并运行良好。电力体制改革后，成为国家电网公司全资子公司。

根据国务院、中央军委［1999］国发 6 号文件精神，总公司与武警水电指挥部继续实行一个机构两块牌子，主要承担国家重大能源有关项目建设，大江大河治理等水利基础设施和急工险段、重点部位防洪抢险任务。在完成国家指定工程任务之外，可暂时利用其装备、技术优势参与国家其他工程项目建设投标；承担依法执行国家赋予的维护社会稳定和处置突发事件任务。2009年7月1日，经党中央、国务院批准，总公司列入国家应急救援力量体系并开始建设。

总公司具有年开挖5000万m^3土石方、浇筑200万m^3混凝土、制作安装20 000t大中型金属结构、安装100万kW以上水轮发电机组、工业与民用建筑30万m^2、进行特殊基础处理和承担大型发电厂运行管理能力；具有地下工程施工、碾压混凝土筑坝、混凝土面板堆石坝筑坝、基岩保护层爆破、高边坡治理、滑模施工、不良地质基础的化学灌浆、大型船闸人字门安装、大型水力发电机组及抽水蓄能机组的安装等技术和工艺，10多项技术获得国家有关部委颁发的科技进步奖，5项施工技术持有国家专利权。

领导班子

总经理（主任）：李光强

党委书记（政治委员）：贾方亮（2009年10月离职）

韦秀锁（2009年10月任职）

总工程师：冉贤厚

总经济师：周光奉

总会计师：彭文武

机构设置

根据中国安能建设总公司与武警水电指挥部实行一个机构两块牌子的原则，在武警水电指挥部机关现有机构设置基础上以中国安能建设总公司的名义设置总经理办公室、工程技术部、质量安全部、招投标办公室、国际合作部、劳资管理部、干部管理部、政策与法律事务部、财务与资产经营部、机电物资部、企业管理部、国际贸易部、审计室等。各部负责人由总公司党委研究后，由总经理聘任。

总公司下辖四个子公司，分别为江南水利水电工程公司（武警水电第一总队，简称一总队）、江夏水电工程公司（武警水电第二总队，简称二总队）、安蓉建设总公司（武警水电第三总队，简称三总队）、宜昌安联水利水电有限责任公司（武警水电三峡工程指挥部）。

公司动态

2009年，总公司坚持以科学发展观为指导，按照武警党委和指挥部党委决策部署，狠抓各项工作落实，中心任务超额完成，应急救援力量建设稳步推进，部队安全稳定，全面建设有新进步。

中心任务圆满完成。面对金融危机带来的影响和部队涨工资后经费保障的巨大压力，指挥部党委研究制定应对措施，及时调整计划和经营指标，各级加大对中心工作的管控，克服重重困难，较好实现党委决心意图，超额完成年度任务。全年中标55项，合同金额100.3亿元。特别是南京至安庆铁路池州至安庆段中标26.5亿元，进一步优化任务结构，鼓舞部队士气。任务储备量由2008年的120亿元提高到近160亿元，为加快发展奠定坚实基础。举办2期项目主任培训班，把所有在建项目部主任轮训一遍。积极开展施工生产规范化管理竞赛活动，共评出27个“四好”项目部，充分调动广大官兵施工热情，促进施工生产管理水平不断提高，项目阶段性目标任务按期完成。特别是对17个管理型项目进行集中整治，有效防范管理风险。全年共完成施工产值73.19亿元，为年计划（60亿元）的122%，是部队组建以来产值最高的一年。未发生等级质量安全责任事故，单元工程合格率100%，综合优良率93.7%，截流、发电、度汛等关键形象目标全面实现。山东泰安抽水蓄能电站获“鲁班奖”。经营管理以效益为核心，狠抓成本核算和成本控制，加大变更索赔和工程清量结算力度，在增加1.9亿元人工成本情况下，所属部队全年实现利润5743万元，4个总队级单位、11个支队全部盈利。进一步加强投资项目监管，天生桥二级电站、新疆开都河流域开发等投资收益约3600万元。部队资产增加3亿元，达到53亿元，完成国家电网公司年度资产经营考核指标。

应急救援力量建设稳步推进。召开应急救援力量建设部署会，对兵力部署、分队编成、装备配备、训练基地、储备库建设以及试点工作等作具体安排。积极协调国家有关部委寻求政策支持，完善工作机制，制定《水电部队参加应急救援行动预案》等配套文件，规范部队应急救援行动。依托施工生产广泛开展岗位练兵，加强技术培训，强化专业技能，加大专业化队伍整合力度，举办参谋业务集训，提高部队应急救援能力。各单位有针对性地开展训练和演练，部队遂行多样化任务的能力在实践中得到提高。一总队圆满完成广西卡马水库抢险和北京国庆电力设施安保任务；三总队圆满完成重庆武隆堰塞湖抢险和参与新疆伊犁维稳执勤任务。

后勤保障能力不断提高。注重科学统筹，狠抓工作落实，实现“保中心、保生活、保稳定”目标。加大资金筹措力度，协调财政部落实2009年军费补助1.3亿元和灾后重建经费6153万元，增加银行授信额度18.1亿元，清收债权1.76亿元，房地产收入近2000万元，一、二总队协调地方政府落实驻地生活补贴295万元，有效缓解资金压力。加强财务管理，推行网上银行结算、公务卡结算和支票结算，开展小金库、银行账户清理和财务工作大检查，实施领导干部经济责任、项目经济效益、外包工程结算等审计项目67个，有效防范经济风险。大力开展资源节约工作，三级机关可控费用较2008年压减5%。加强物资装备管理，落实大宗物资集中招标采购，提高采购透明度，降低采购成本。投入资金1.26亿元，更新装备259台套，修理大中型装备182台套，内部调配173台套，装备成新率、完好率、利用率有所提高。改善官兵生活条件，落实新伙食标准，按时发放新式服装，加强甲型流感疫情防控，官兵物质文化生活和身体健康得到保障。武警水电第二总队、三峡工程指挥部新机关顺利搬迁。指挥部机关干部住房建设基本完成。

思想政治建设

注重创新理论学习，在支队以上党委机关开展“增强党性观念，振奋革命精神”教育，坚持课题牵引中心组理论学习，研究解决影响部队建设发展的矛盾和问题，进一步提高各级理性思维层次。落实民主集中制，在事关部队建设和管理的重大问题上和事关官兵关注的敏感问题上，充分听取专家群众意见建议，提高依法决策、民主决策、科学决策质量。注重转变作风，在支队以上党委机关集中开展“戒骄防满，保持清醒头脑”教育，引导各级正确认识部队建设形势，防止和克服自满、松懈、浮躁等问题。落实蹲点调研制度，指挥部党委常委先后3个批次带机关工作组深入基层蹲点调研，各级先后组成77个工作组，深入79个项目部进行帮扶。注重廉洁自律和风气建设，指挥部党委常委向部队作出“六项承诺”，接受官兵监督。在团以上干部中开展“读书思廉”活动，重点治理插手干预敏感事务、虚报瞒报等八方面问题，确保各级领导干部廉洁从政，有力促进部队风气建设。

狠抓中国特色社会主义理论体系武装，认真组织党委中心组和基层理论学习，及时传达学习十七届四中全会精神以及胡主席一系列重要论述，实行调阅学习笔记、调看学习记录、调听讨论录音、定期不定期抽查的工作机制，有力促进各级对创新理论的理解和把握。深入开展学习实践科学发展观活动，坚持大事大抓、强力推进。第一、二批学习实践单位注重理论武装，突出实践特色，在理清部队科学发展思路、指导中心工作、促进安全稳定、改善基层生活条件等问题上取得明显成效。共投入500多万元解决基层设施简陋问题；妥善处理6起积案，挽回经济损失近4000万元；21名长期滞留部队的伤病残人员顺利移交。第三批学习实践单位认真抓好每个步骤环节的工作落实，在提高思想认识、分析查找问题、研究创新发展上也取得阶段性成果，糯扎渡项目部教育试点经验被武警部队转发。经常性思想教育扎实深入，在基层部队广泛开展“培育当代革命军人核心价值观，永远做党和人民忠诚卫士”主题教育活动，认真落实谈心、思想分析、个别人排查转化等制度，开展法律服务到基层活动，集中宣传部队参加新疆、西藏建设和四川灾后重建典型事迹，思想政治教育的主动性、针对性、时效性进一步增强。二总队支援社会主义新农村建设做法在武警部队推广，三总队被全军表彰为促进民族团结先进单位。大力加强人才队伍建设和基层建设，补充生长干部154名，调整配备团以上干部94名，干部队伍结构进一步优化。成立博士后科研工作站，为高层次专业技术人才科技创新搭建了平台。制定落实《进一步加强基层建设的若干规定》，明确职责、规范标准、强化抓手，全面规范和加强基层建设。培训基层主官186名，进一步提高一线带兵人按纲抓建能力。八支队被武警部队评为基层建设先进单位。

经营策略

1. 全面提高“四种能力”，确保中心任务圆满完成

2009年总的目标是：投标找任务计划完成60亿元，施工总产值计划完成65亿元，产值利润率达到1%，力争无亏损项目，保持无亏损支队，总队取得良好经济效益，质量安全实现“双零”目标。下大力提高部队获取任务、施工组织、创造经济效益和应急救援“四种能力”，确保年度任务圆满完成。

投标工作。一是拓宽投标领域。坚持以水利水电为主，紧盯铁路项目和国内危库危坝抢修抢建任务，逐步向风电、太阳能、市政、矿山等非水电领域拓展。二是突出抓好投标重点。加强与水利部、铁道部、国家电网公司和有关集团公司各层次联系沟通，建立和巩固好与业主单位良好关系。落实好重点标段的跟踪和编标工作，争取中大标。三是加强统筹协调。发挥集团优势，充分利用总公司所有资质共同投标，对特大型项目、带有战略意义的重点项目，由指挥部牵头组织投标。采取社会聘请和部队选拔的方式，由既有施工经验又有专业知识的人员参与编标，提高编标水平。加强部队内部任务统筹协调，保证各支队间任务相对均衡。

在建工程。一是继续开展好施工生产规范化活动。分类细化评比标准，完善制度规定，强化现场管理与作业规范，推广典型经验，搞好检查验收，使这项活动能够常态化并作为一项制度长期坚持下去。二

是抓好施工组织。坚持项目从起步开始抓，贯穿全程抓。选准配强项目主官，做好施工前期准备工作，确保资源配置一次到位。加强现场组织指挥，抓好施工过程控制。加强所有新开工项目管控，加强对管理型项目管控，确保节点工期和阶段目标实现。加强安全风险管理体系建设，总结推广安全管理工作经验，开展安全隐患排查，制定重大危险源安全防范措施，杜绝和避免重大事故发生。三是加强专业化队伍建设。结合应急救援力量建设需要，按照“队伍成建制、工种成系列”要求，大力加强专业化队伍整合力度，增加一线施工兵员比例，确保在关键工序项目上形成比较全面的基本作业力量。四是提高自营产值。严格控制分包，对部队有能力干的工程不分包。加强施工任务内部调配，研究采取部队内部竞价分包、自营产值管理费优惠或返点奖励等方式，提高自营积极性。五是加强协作队伍管理。严格按程序、按标准选用好协作队伍，把协作队伍的管理纳入项目管理范畴，积极探索和推行统一用人、统一食宿、统一发放工资、统一劳保、统一培训的管理模式，共保利益、共保形象、共保安全，确保有一批资质信誉好、能力强的协作队伍作为施工补充力量。

经营管理。主要经济指标是：产值利润率达到1%，净资产收益率达到2%以上，资产负债率力争达到75%。各级紧紧围绕实现这些主要经济指标，狠抓工作落实。一是搞好项目评估。新中标项目必须进行预先评估，施工过程中及时组织项目中间评估和后评价，把评估成果作为项目经营管理考核的重要依据。二是加强成本管控。建立健全成本控制责任体系，突出抓好人工、材料和装备使用等直接成本管控，切实把成本指标分解到每道工序、每个班组和每个人，把成本核算渗透到生产及项目管理的全方位、全过程，把成本考核结果与单位和个人利益挂钩，向精细化管理要效益。三是加大变更索赔和债权清收力度。依据《变更索赔暂行规定》，进一步明确职责，落实奖惩措施，加强内业管理和现场签证工作，切实做到会干、会算、会要。按时收回各种履约保函和质保金，定期清理变更索赔情况和债权债务，重点难点项目要加强帮扶指导。年内指挥部举办两期项目部经营管理骨干人员培训班。

应急救援力量建设。落实武警部队应急救援力量建设工作会议精神，按照指挥部整体工作部署，细化落实具体步骤和措施，确保经费到位后能够立即展开工作，年底达到验收标准。本着“边施工边建设，边建设边形成能力”原则，突出信息化、装备和人才队伍建设三个重点，依托施工生产这个平台，强化专业训练，搞好平战结合，落实战备要求，尽快提高应急救援能力，确保一旦国家需要，能够快速出动、及时到位、高效处置。举办一期应急救援业务集训，重点研究提高应急救援中的组织指挥、部队管理、政治工作和后勤保障能力问题。

2. 信息化建设

抓好指挥部、总队、重点建设支队三级应急救援指挥中心建设，建好应急救援信息系统和中国安能一体化网络两个平台。加快三级网建设，积极推进机关办公自动化。研究实施项目信息化管理，实现重点项目施工生产动态可视化。

3. 科技和培训工作

加强专利申请、工法编报、企业技术中心认证及运行管理，汇编水电部队施工法。召开水电部队科技大会。加强施工技术交流，组织好中国电力建设企业协会水电施工分会等有关协会的学术会议。加强技术培训和职业技能鉴定，抓好岗位练兵、岗前培训和取证培训，突出关键岗位、关键工种培训，着力培养技能操作人才。

安全生产

狠抓部队正规化建设，认真贯彻武警部队辽宁会议精神，深入开展正规化管理试点，规范统一部队管理10个方面的内容，进一步正规部队秩序。狠抓重大节日、重要时段和敏感期的部队管控，开展作风纪律专项整顿，明确10条硬性措施，对人员、车辆、爆材和哨兵防袭击等11个方面问题进行整治，确保部队内部安全稳定。狠抓遂行重大任务中的安全管理，两次抢险、国庆电力安保和新疆维稳无一人受伤，无一台设备受损。狠抓重大安全问题的有效防范，坚持安全工作季讲评，深入研究分析安全形势，细化安全管理措施，加强安全风险管理体系建设，建立重大隐患排查治理机制，有效规避重大事故和群死群伤问题发生。5月21日，一总队二支队梨园项目部成功避险。狠抓安全问责制落实，对发生事故问题的17名相关责任人进行严肃处理，给部队以极大警醒。全年一般事故起数和亡人数较2008年分别下降了75%和50%，3个总队级单位、10个支队实现“三无”。

主要事件

1月12日，国家电网公司副总经理郑宝森、福建省副省长张志南在水电指挥部副总工程师刘平、二总队副总队长宣敏等陪同下参加七支队承建的仙游抽水蓄能电站开工仪式。

1月12～14日，水电指挥部在北京召开党委扩大会议。各总队、三峡工程指挥部军政主官和司政后领导、指挥部机关处室以上领导参加会议。会议传达胡主席在接见武警党委一届六次全体（扩大）会议人员时的重要讲话；传达武警党委一届六次全体（扩大）会议精神；李光强主任作题为《深入学习实践科学发展观努力推动水电部队建设持续稳定发展》工作报告；评议指挥部党委贯彻落实科学发展观情况分析检查报告；对 2008 年度责任制完成情况进行讲评，签订 2009 年度各类责任书；表彰奖励先进单位和个人；贾方亮政委作总结讲话。

2 月 17 日，武警水电、黄金部队博士后科研工作站揭牌仪式暨军队重大科技奖励颁奖大会在黄金指挥部机关隆重举行。国家人力资源和社会保障部副部长王晓初，武警部队副司令员息中朝，总政干部部部长朱福熙，武警部队后勤部政委高均起，水电指挥部主任李光强出席会议，武警部队政治部副主任张补旺主持会议。国家人力资源和社会保障部、总政、武警部队相关领导及黄金、水电指挥部机关干部共 200 多人参加会议。会上，国家人力资源和社会保障部副部长王晓初和武警部队副司令员息中朝分别为黄金、水电部队博士后科研工作站揭牌。国家人力资源和社会保障部专技司副司长吴剑英宣读设立博士后科研工作站的通知，总政干部部科干局副局长申维明宣读解放军四总部奖励通令。

2 月 23～25 日，国家电网副总经理郑宝森在直流公司副总经理肖安全、二总队参谋长张瑞新等陪同下到七支队承建的灾后重建项目——四川德阳换流站工地检查指导工作。

2 月 27 日，指挥部召开深入学习实践科学发展观活动总结大会，全面总结指挥部党委机关第一批学习实践活动情况，部署各总队、支队的第二批学习实践活动。

3 月 18 日，国家应急救援体系调研组到三总队映秀项目部进行调研，了解水电部队在灾区工作和生活以及应急救援预案和应急设施配置等情况。

3 月 19 日，水电指挥部编史办公室主任张永军荣获全军军史资料丛书和高级将领传编撰工作先进个人称号，受到解放军四总部联合表彰。

4 月 10 日，水电一总队二支队九中队开始第二批学习实践科学发展观活动试点工作。武警部队确定共在四个单位搞学习实践科学发展观活动。内卫、直属学院、警种和机动师各一家，二支队九中队被选为警种部队唯一一家试点单位。

4 月 15 日，河南省省长郭庚茂到八支队宝泉抽水蓄能电站视察。

4 月 22 日，武警部队召开武警部队史志工作电视会议。会议由武警部队副司令员息中朝主持，副政委吴云峰作讲话。

5 月 5 日，按照武警部队通知要求，水电指挥部成立防控甲型 H1N1 流感领导小组。指挥部副主任刘松林主持召开第一次会议，研究应对措施，督导部队成立组织机构，完善应急预案，落实防控措施，加强内部管理和疫情监控，搞好宣传教育，做好应急药品储备和应对处置准备。

6 月 7 日，全国政协副主席、中央统战部部长杜青林在西藏自治区副主席郝鹏等陪同下视察由武警水电十一支队承建的西藏老虎嘴电站工程。

6 月 11～17 日，应国家防总和重庆市政府请求，水电部队出动兵力 140 人（指挥部机关 3 人、三总队 137 人）、设备 25 台（套），共安装 4 台大口径污水泵，铺设水管 3600m，抽排堰塞湖积水33 750m^3，圆满完成重庆市武隆县铁矿乡鸡尾山堰塞湖排险任务。期间，指挥部副主任刘松林到重庆指导三总队武隆堰塞湖抢险。指挥部政治部下发《关于做好重庆武隆县鸡尾山堰塞湖应急抢险任务中政治工作的指示》，派出新闻报道人员赴一线采访，共在中央级媒体发稿 37 篇，刊发图片近 30 幅，网络媒体新闻 2300 余条；其中，人民日报 2 篇、解放军报 3 篇、光明日报 1 篇、人民武警报 2 篇、中央电视台播出新闻 8 条，中央人民广播电台《新闻与报纸摘要》栏目播出新闻 7 条、《中国之声》栏目每天连线 2～3 次，全方位报道部队抢险情况。

6 月 12 日，水电指挥部学习实践科学发展观活动领导小组召开会议，传达学习胡主席关于抓好第二批学习实践活动的重要指示，以及中央军委和武警部队近期一系列文件精神，分析学习实践活动进展情况，研究下步加强工作指导的意见和举措。

6 月 30 日，在武警驻京部队首都文明单位表彰暨“迎国庆讲文明树新风”动员大会上，水电指挥部警勤中队被表彰为“2008 年度首都文明单位”。

6 月，一总队承建的山东泰安抽水蓄能电站荣获 2009 年度“中国电力优质工程奖”。

7 月 1 日，国务院、中央军委批准《武警水电、交通部队纳入国家应急救援力量体系方案》。水电部队正式纳入国家应急救援力量体系并开始建设。

7 月 2 日，国家发改委副主任杜鹰在西藏自治区政府副主席郝鹏等陪同下到三总队西藏老虎嘴电站工地视察。

7 月 15 日，三总队十支队参建的西藏自治区最大水利工程西藏旁多水利枢纽工程在西藏拉萨市林周县举行开工典礼。典礼仪式由西藏自治区人民政府常务副主席郝鹏主持，水利部部长陈雷、副部长矫勇、西藏自治区党委书记张庆黎、主席向巴平措参加，水电指挥部主任李光强作为参建单位代表在仪式上发言。旁多水利枢纽工程地处拉萨河流域中游河段，是西藏自治区“十一五”规划重点项目，以灌溉、发电为主，兼顾防洪和供水等综合利用的大型水利枢纽工程，水库总容量 11.74 亿 m^3，电站装机 4 台，总装机容量 12 万 kW。

7 月中上旬，一总队调集 93 名兵力、62 台套机械设备，参与广西卡马水库抢险。经过 12 个昼夜艰苦奋战，顺利完成抢险任务，排除水库险情，部队于 15 日安全顺利撤回，受到国家防总、水利部领导和广西壮族自治区、河池市党委和人民政府高度评价。

8 月 8 日，三总队九支队中标承建的新疆吉林台二级水电站Ⅰ标主体工程顺利完工并通过验收，正式下闸蓄水。

8 月 12 日，三总队中标泸定水电站大坝工程标段，合同金额 65 748 万元。该工程位于四川省甘孜州泸定县镜内，工程枢纽主要建筑由黏土心墙堆石坝、泄洪建筑物、引水发电系统组成；黏土心墙堆石坝坝顶高程 1385.50m，最大坝高 85.5m。主要工程量：土方开挖 101.25 万 m^3，土方填筑 533.31 万 m^3，石方明挖 4.89 万 m^3，石方洞挖 0.59 万 m^3，混凝土 4.00 万 m^3，钢筋制安 1804t，锚杆及钢筋制安 2441 根，固结灌浆20 254m，帷幕灌浆 4400m。

8 月 20 日，八支队承建的宁东至山东±660kV 直流线路工程开工。

8 月 27 日，水电部队在广西南宁召开 2009 年度工程系列专业技术资格评审工作会议。会议根据《军队专业技术资格评审委员会条例》规定，经武警部队批准，组成本届武警部队工程系列（水电专业）高级专业技术资格评审执行委员会。

9 月 8 日，四川什邡石亭江西沟山体整体垮塌，通溪河形成库容达32 797m^3 堰塞湖。三总队十一支队成立由 28 名官兵，机械设备 11 台（套），（挖掘机 3 台、装载机 2 台、推土机 1 台、油罐车 1 台、水车 1 台、东风车 1 台、生活用车 2 台）的抢险突击队，于当日赶往四川什邡市红白镇处理堰塞湖险情。经过抢险官兵 20 天奋战，完成临时便道修建 950 余 m，开挖堰塞体土石方50 000多 m^3、铺设钢筋石笼 5000 余 m^3。30 日，抢险突击队圆满完成抢险任务。

9 月 16 日，指挥部党委召开第三批深入开展学习实践科学发展观活动动员部署电视会议。指挥部副政委程跃进对第二批学习实践活动进行全面总结，政治部主任范凌宣读指挥部《关于开展第三批深入学习实践科学发展观活动的实施意见》，一总队二支队九中队党支部介绍第三批试点经验做法。政委贾方亮就第三批学习实践活动进行动员部署。

9 月 25 日～10 月 5 日，一总队官兵完成北京地区左安门、长椿街、西大望 3 个变电站国庆安保执勤任务。

9 月 29 日，国务院第五次全国民族团结进步表彰大会在北京召开。武警水电第三总队被国务院表彰为“全国民族团结进步模范集体”。

9 月，三总队九支队被武警部队表彰为“西部大开发先进集体”。

10 月 1 日，指挥部主任李光强、政委贾方亮应邀到天安门城楼参加庆祝新中国成立 60 周年阅兵观礼。三总队政委翟从福作为全国民族团结进步模范集体代表，在天安门广场参加庆祝建国 60 周年阅兵仪式观礼庆典活动。

10 月 11 日，一总队一支队承建的湖北水布垭水电站大坝工程荣获混凝土面板堆石坝“国际里程碑奖”。

10 月 20 日，水电指挥部召开宣布命令大会，水电指挥部政委贾方亮调任武警部队政治部副主任；武警辽宁总队政委韦秀锁任水电指挥部政委。

11 月 25 日，四川苍溪嘉陵江亭子口水利枢纽工程举行开工仪式，水利部总工程师汪洪、四川省委书记刘奇葆、省长蒋巨峰、省委副书记刘崇禧、中国大唐集团总公司党组书记翟若愚、水电指挥部副主任岳曦等军地领导参加仪式。三总队十支队于 6 月中标该项目大坝土建与金属结构安装工程Ⅱ标，中标金额为 59 873.895 6万元。

11 月，一总队承建的山东泰安抽水蓄能电站荣获 2009 年度“鲁班奖”。

12 月 1 日，一总队承建的贵州北盘江董箐水电站 1 号机组投产发电；18 日，2 号机组顺利完成 72h 试运行，转入商业运行。

12 月 28 日，一总队七支队承建的陕西宝鸡至四川德阳 500kV 直流输电工程正式投产运行。国家电网公司副总经理郑宝森，四川省委常委、省国资委书记王少熊，四川省副省长李成云为该工程投入运营合闸。

2009 年，一总队承建的云南糯扎渡水电站截流和高土石围堰快速施工科研成果获国家电网公司“科技进步奖”二等奖。

（张永军 郝晓文）

神华北京国华电力有限责任公司

公司概况

神华北京国华电力有限责任公司（简称国华电力）成立于 1999 年 3 月 11 日，作为神华集团有限责任公司的全资子公司，全面负责神华集团电力业务的经营管理。2005 年 2 月 25 日，按照集团改制重组方案，将电力板块的大部分资产注入上市公司，并设立了中国神华能源股份有限公司国华电力分公司，对纳入上市范围的电力资产进行统一管理。

根据国民经济发展规划、国家产业政策及市场需求，国华电力认真贯彻落实科学发展观，依托集团煤炭、电力、运输一体化资源优势，按照“点、线、面”相结合的发展战略布局，重点建设坑口、港口、路口和负荷中心的电源项目，建设高效率、高参数、大容量火电机组，形成了规模适度、资产优良、竞争力强的电力产业格局，已成为具有一定规模的跨地区、跨电网的全国性发电企业，并被中国电力企业联合会授予“全国电力行业优秀企业”称号。

截至2009年底，国华电力管控全资、控股、参股企业33家，业务发展主要分布在华北、东北、西北、珠江三角洲、长江三角洲和印度尼西亚等区域，资产总额1121亿元，运营装机容量2318万kW。规划到2010年，运营装机容量将超过3000万kW；到2020年达到5000万kW。

国华电力坚持以实现资本的安全、保值、增值为国家创造价值；以履行企业使命，促进区域经济发展为社会创造价值；以提供满意的产品和优质服务，为客户创造价值；以提供个人发展空间，提升生活品质，为员工创造价值；以“与邻为善、与邻为伴”，承担社会责任，为合作伙伴和公众创造价值，努力建设“本质安全型、质量效益型、科技创新型、资源节约型、和谐发展型”企业，全面促进神华事业的又好又快发展。

领导班子

总经理、党委书记：秦定国

副总经理、党委副书记：夏　利

副总经理：王树民　张振香　罗　超　宋　畅　何成江　赵岫华　耿　育

副总经理、纪委书记、工会主席：赵世斌

总工程师：陈寅彪

组织机构

国华电力公司总部下设总经理工作部、内部控制部、战略发展部、项目管理部、财务产权部、经营管理部、发电营运部、企业文化部、人力资源部、科技信息部、国际项目管理部、国华国际财务部、安健环监察部、检修维护管理部。

主要业绩

2009年，国华电力深入学习实践科学发展观，持续推进“六个突破”，有效落实成本领先战略，着力克服外部困难条件，迎难而上，逆势图强，捷报频传，圆满完成了各项生产经营任务。截至2009年，公司控制资产总额达1121亿元，同比增长14.6%；运营燃煤机组43台，燃气机组1台（套），风电机组21台，全年新增装机容量465万kW，全口径装机突破2000万kW大关，达到2318万kW，同比增长25%。在全国用电量增长降至10年新低，电力需求严重放缓，电源建设持续高涨的情况下，国华电力在市场表现方面“量利齐升”，经受住了重大挑战和考验，表现出了较强的市场竞争力和抗风险能力：全年发电量首超千亿，达到1069亿kWh（含试运电量18亿kWh），超计划10.7%，同比增长7.1%；完成销售收入387亿元，超计划7.5%，同比增长13%；实现利润总额68.2亿元，超计划84%，同比增长111%；权益净利润35.7亿元，同比增长172%，净资产收益率达12%，同比提高6个百分点，产量和效益均创历史最好水平，有效抵御了外部市场相对停滞带来的负面影响，全公司15家发电企业全部实现盈利，在特殊时期作出了特殊贡献。

1. 解放思想，突破创新，市场营销创造历史佳绩

“三个贴近”狠抓市场。以“贴近市场、贴近客户、贴近生产”为指引，强化产销环节控制，成立河北、广东、东北、江苏、内蒙古五个市场营销中心，强化用户侧需求分析与管理。加强绩效引导，通过加大电量绩效考评幅度，设立发电量专项奖等措施，充分调动各单位、各级员工开拓市场的紧迫感和主观能动性。加强替代电量营销，全年共销售完成替代电量125亿kWh，超计划35亿kWh，同比增加123%。通过替代交易，公司机组利用小时数提高631h，实现边际收益7.6亿元。加强重点攻关，实现个体突破，准格尔电厂与包头铝业签订3年100亿kWh用电合同，成为国内大用户直供第一大单；神木电厂突破替代发电需30万kW以上机组的规定，成为全国唯一一家10万等级机组替代方；余姚电厂在电力市场和天然气短缺的双重压力下，获得发电指标和电量交易权，一举扭亏为盈。进入下半年以来，乘全国经济回暖之势，系统内各公司集体后程发力，连续“6战90亿”，“4破100亿”，全口径发电量接连6个月超额完成计划任务，极为有力地巩固了市场份额。自9月始，公司连续119天日发电量超3亿kWh（不含国庆3天），12月19日，日发电量达到4.186亿kWh，创下公司历史新高；台山公司连续半年超发20%以上，定洲、盘山、热电3家公司保持11个月超发，徐电公司全年全线飘红。

加强设备管理，提供基础保障。积极践行“生产为经营”的一体化理念，确保设备稳定运行，力争“早启、晚退、少停、多发”，最大限度争取机会电量。全年机组累计强停15次，同比降低8次；23台机组实现全年无非停，同比增长5%，其中9台实现两年无非停，机组的稳定为全力抢占发电空间、争取

市场份额提供了良好条件，安全生产的基础性作用得到充分体现。

全力扩展其他产品销售渠道。充分发挥坑口电厂和集团一体化优势，大力实施煤炭外销工作。锦能公司铁路专用线顺利竣工，打通了煤炭销售重要通道，继3月份月煤炭产能首次突破100万t后，多月连续创造产、销佳绩，全年完成产煤1271万t，同比增加501万t，增长65%；完成煤炭外销842万t，同比增加510万t，增长153.6%，煤炭销售贡献利润6.14亿元，一体化经营优势得到充分体现。积极开拓热力市场，催生节能环保效益，全年完成售热量1316万GJ，超计划10%；生产淡化海水467万t，外销54万t；销售粉煤灰制品413.5万t，同比增长54%。

2. 成本领先，精益管理，企业抗风险能力显著增强

2009年，国华电力大力实施“成本领先、精益管理”战略，不断突破传统观念、旧有模式的限制，以创新挖潜力，从细节得实惠，千方百计合理降本。

生产降本精益发电。深入进行低负荷工况下机组运行方式研究，总结并广泛推行微油点火、辅助蒸汽优化、汽泵启动等多项共性节能措施，充分挖掘现有系统节能潜力。通过开展机组运行优化试点工作，深化应用运行控制软件，大力进行指标分析、比对，有效调整机组工况，宁电公司供电煤耗下降4.1g/kWh，准电公司供电煤耗下降8g/kWh。通过实施通流改造，盘山2号、神木2号机组供电煤耗分别下降10.5g/kWh、35g/kWh，三河公司1、2号机组经供热改造和优化运行，全厂煤耗降低7.5g/kWh。通过精益发电，内部挖潜等积极措施，国华电力机组供电煤耗达到320.85g/kWh，同比降低4g/kWh，全年节约燃煤约40万t，降低燃料成本约2亿元。

基建“四清”优化投资。对占建设总投资额85.2%、规模达948万kW的7个在建项目，开展了以“清思想、清系统、清设备、清合同”为主线的“四清”工作。牢牢抓住供电煤耗和厂用电率两项关键指标，大力进行分析对标和指标核算。以适度可用为原则，加强小概率事件分析，严格控制系统配置冗余和设备功率冗余，控制建设标准。“四清”后，7个项目的供电标准煤耗平均降低4.28g/kWh，可实现节煤19.93万t/年，增利约1.1亿元；厂用电率平均降低1.02%，节电总计5亿kWh/年，增利超过6000万元；确定进项税抵扣25.5亿；核减投资14.37亿，投资总额降低3.61%，项目平均投资回报率提高2.87个百分点。机组造价水平持续改善，绥中二期单位投资指标预计达3512元/kW，可实现百万机组投资控制现阶段最好水平；定洲二期实现单位造价指标低于2950元/kW，创造了国华电力同类机组基建投资的新低，继续领先于国内平均水平。

多措并举共降成本。全年发放委托贷款资金110亿元，获得利息收益4.7亿元，通过强化资金计划、提前还贷、借短还长等手段，财务费用同比降低4.8亿元；落实财务经营“100条”、生产“60条”、基建“50条”等管控措施，形成“双增双节”长效机制，全年实现增收0.9亿元，节支5.1亿元，利润贡献5.38亿元；加强燃料管理，通过提高供煤计划准确率、提升供煤质量、租用市场船舶等措施，节约燃料费用约1.2亿元；完善“SCM系统”，全公司73%的生产性物资实现集约化采购，开发多元备件联储、储备方式，节约库存资金约7500万元，公司整体采购成本降低10%。

3. 夯实基础，深化管理，资产品质持续提升

安全基础有效增强。健全安全监督机制，成立安健环监察部和徐电安全监理中心，建立安全监察专职队伍，完成24台·次机组检修安全监理。大力实行现场作业风险点控制，推行基于工序和工艺的风险点辨识原理，全面推进风险预控平台建设。扭转年中安全工作不利局面，出重拳治理承包商违规问题，提出承包商管理问题和整改要求200余项；完善承包商管理体系，加强在承包商安全管理上的合法性、合规性和合理性；加强资质审查，实行承包商准入和退出机制。深入开展“百日安全活动”和“安全生产三项行动”，修编应急预案248个，发现并整改各类隐患890条；成功进行3次国庆安保综合演练，高质量完成国庆60周年保电和运输任务，得到阅兵指挥部嘉奖，圆满实现“两个确保、两个杜绝”的“百日安全活动”目标，公司整体应急能力得到有效提升。全年共治理完成DCS系统问题、主变压器套管抗风能力不达标等重大安全隐患128项，机组等效可用系数90.99%，等效强迫停运率0.2%，同比持平。定州、台山、宁海三家单位安全生产超过5年，盘山、三河、热电、神木四家单位安全生产超10年；台山公司成功抵御台风“巨爵”袭击；徐电公司历时1年4个月，圆满完成爆破工程；在电监会公布的60万等级机组可靠性评价结果中，宁海4号、台山2号机组获得“金牌机组”称号；准格尔电厂1、2号机组被内蒙古电网评为第一主力调峰机组。

发展基础不断夯实。项目开发稳步推进，惠州热电、宁东矸石电厂列入国家规划。大力推进大型煤电基地项目，结合神华煤炭资源战略和煤电一体化建设的要求，深入开展宁东火电项目、呼贝二期等煤电基地的前期工作。加大项目储备，启动了北京热电(新)、山海关热电、神木热电一期、三河三期的准备工作。深化走出去战略，印尼爪哇电力项目通过资格预审。创新发展模式，成功托管乌海能源西来峰电

厂，以承包经营方式实施专业化管理，实现管理增值服务，标志着“六个突破”之一的“转变公司发展方式”得到进一步丰富。

项目建设有序推进。全年新增容量465万kW，投产60万kW等级超临界机组4台（沧电二期2台、定电二期2台），100万kW超超临界机组2台（宁海二期），以及神木2号机组扩容改造新增10MW；在建项目10个，包括100万kW等级机组6台，60万kW等级机组4台，共计在建容量1054万kW。在基建过程中，各单位克服外部困难，严把施工质量，确保机组计划进度，其中沧电公司在供货延迟情况下，创造性提出无转子吹管技术，4号机组提前投产28天；定电公司加大转子催交力度，3、4号机组分别提前27天和99天竣工，为全面完成发电任务创造了良好条件。首个海外项目印尼南苏工程如期开工建设，现场施工井然有序，设备运输顺利进行，中印人员和谐相处，“走出去”战略得到深入推进。神华集团首个百万千瓦机组项目宁海二期工程顺利投产，实现了国华电力在大容量机组建设、运行领域的重大突破，试运期间，5、6号机组供电煤耗分别达到282、285g/kWh，厂用电率分别为4.6%、4.63%，均优于设计值，体现了较好的基建水平，标志着在“六个突破”的“转变技术发展方式，推进清洁煤发电技术应用”上又迈出了新的步伐。

环保品质持续改善。严格恪守企业社会承诺，坚持和谐发展，在2009年开展的多次全国性电力行业“环保风暴”中，国华电力在建项目环保设施不缺、不漏、不走样，运营电厂环保设备投入正常、运行稳定、数据准确，顺利通过国家相关部门的严格检查，企业美誉度显著提高。全年国华电力未发生环境事故，提前1年完成“十一五”节煤任务，烟尘排放量0.1g/kWh，氮氧化物排放量1.21g/kWh，均与2008年同期持平；二氧化硫排放量0.36g/kWh，同比下降41%，继续保持了行业领先水平。脱硫设施建设取得突破性成果，继绥中一期2套新增脱硫系统顺利投运后，国华电力实现所有运营煤机、总计容量达2238万kW的机组100%安装脱硫环保装置，29%的机组安装脱硝装置。60万kW以上煤机容量为1870万kW，占全部煤机容量的83.6%，平均单机容量52.1万kW，继续保持了大容量、高参数、高效率的环保结构优势。在全国600MW亚临界能效标杆先进机组评选中，有10台机组获奖，占全国获评总数28台的36%，锦界3号机组成为全国8台600MW空冷机组能效标杆机组之一，获奖比例居各发电企业前列，国华电力节能环保品质得到普遍认可。

燃料置换丰富发展内涵。积极响应集团公司煤炭大销售战略，按照“点对点、保安全、调结构”的原则，开展低质煤和进口煤置换、试烧工作，全年燃烧低质煤162万t，燃烧进口煤135万t。取得了包括各煤种间掺烧试验和煤种特性研究等5项基础性数据，有效治理了进口煤爆燃问题，形成了较为系统的掺配方案。初步摸索出大规模安全燃用进口煤的工艺方法，使扩大上游燃料来源成为可能，对提高国华电力风险规避能力，实现集团内部煤炭市场的统筹灵活调剂作出了有益的尝试。积极推进煤炭中转销售工作，于12月18日在台山电厂首次实现了煤炭中转。

财务管理不断深化。以自有储备人才和技术能力为主，在宁电、绥电两厂自主实施推进ABC作业成本法，实现全国华电力80%的运营单位ABC作业成本法上线。加强财务工具辅助决策作用，应用ABC数据进行成本费用动因分析和关键流程分析；项目财务分析评价模型在基建项目造价投资控制和运营电厂市场价值测算中得到广泛应用，有效提升资本投资决策和价值评估的合理性。全面加强税务管理，规避经营风险，稽核系统内23家单位涉税业务，对基建单位增值税抵扣工作进行督导，明确流程、内容及注意事项。提高资金管控能力，强化对资金收、支、存的过程监控，将全部单位纳入资金集中管理体系，充分发挥资金内部有偿调剂平台作用，资金集中使用度达100%。在2009年度财务管理工作FCM评价中，3F财务控制级以上单位占全部参评单位95%，盘电成为首家5F级单位。

内部控制不断丰富。进一步丰富和完善国华电力管控模式，以西来峰项目为基础，全面梳理承包经营模式下业务管控流程和公司治理方式，组织编制完成《托管发电项目管控系统》。完成包括10项在建评审、4项企业负责人任期和离任经济责任审计、7项管理审计在内的21个审计项目。开展风险管理调研与评估工作，重新梳理和修订风险库，推进内控与风险管理工作的全面开展。深化内审工作内涵，开展项目建设全过程跟踪评审试点，新增节能环保效益审计和企业负责人任期经济责任审计等管理审计项目，加强重大经营管理事项和国家政策法规执行情况的检查力度，加大审计问题的整改力度，规避管理风险。强化董事会业务管理，加强对重要决议、文件的签署过程管理，规范授权管理业务流程，进一步完善企业治理。紧贴资本运营业务流程，形成《公司章程指引》、《合资合同指引》、《资本运营相关业务程序指引》等指导性文件，初步建立资本运营项目全过程法律支持体系。

4. 变革创新，丰富内涵，企业“软”实力有效增强

科学发展激发变革，企业文化凝心聚力。全国华电力以深入学习实践科学发展观为契机，围绕企

业发展要务，突出实践特色，注重学习实效，确定了“科学发展 再造国华 创建国际一流企业”的发展目标，并在全国华电力范围内广泛开展“建五型、创一流”解放思想大讨论。通过11个专项课题的深入学习和反复研讨，较好地解决了“创一流”的观念问题和方法问题，初步完成了对大型电厂机构设置、生产流程优化方案、“建五型、创一流”工作绩效评价办法等措施的研究和论证，为全面推动该项工作奠定良好基础，获得了理论学习和实践创新的双丰收。

充分发挥企业文化的凝聚力和感召力，简朴隆重地组织完成国华电力10周年庆典系列活动，出版《国华电力十年精粹》系列丛书，注重成果沉淀，评选“十大人物”，突出先进典型；结合重点工作，利用宣传正向引导，开展“安全伴我行”巡回演讲等主题活动，有效强化员工安全意识。国华电力荣获“全国五一劳动奖状”，《国华电力培育基于价值创造力和可持续发展力的企业文化》获得全国电力行业企业文化成果特等奖。深入构建惩治和预防腐败体系，建立健全党风廉政建设工作，实施党风廉政建设问责。严肃查处违纪案件，认真做好信访、举报受理和案件查处工作，发挥查办案件的治本功能。

人力资源有效优化。深入推进人事制度改革，全面开展多级岗位公开竞聘，首次在系统范围内引入第三方测评、多角度反馈评估等科学遴选方式，公开选拔子公司正、副职领导干部后备人才。在电力研究院、徐电公司等多家单位多岗级应聘过程中，全员公开竞岗、笔（面）试测评、民主公示等科学方法得到普遍运用，建立起较为公平、有效的系统性人才选拔、评价机制，提高了选人用人的公信度。员工发展途径进一步扩展，以公开选拔9名高级专家、11名专家、209名各级专业技术带头人为突破口，着力打通技术人才队伍职业发展“全通道”，完善专业技术、技能人员职业发展管理体系，初步形成了技术研究（管理）和行政管理两大员工发展路径。深化分配制度改革，完善以绩效为导向的薪酬激励约束机制，实现了海外项目、收购项目、代管项目与公司薪酬制度体系的平稳接轨。加强技能培训体系建设，实现徐州电校从学历教育到技能培训的转型，培训员工3200余人·次，公司技能人员持证上岗率达到98.1%，三河公司程稳香荣获“神华集团特级技术能手”称号，有11名员工荣获“神华集团技术能手”称号，国华电力被授予神华集团技能人才培育先进单位。

科学和信息技术应用显著进步。两大自主创新科技项目取得重大成果，“万吨级低温多效海水淡化装置”顺利投运，为海水淡化产业化发展和大型化研究奠定了坚实的基础；“应用串联补偿电路（SVC）解决次同步谐振技术”成功通过运行考验，彻底解决锦界不能满负荷运行的难点，填补了该领域技术研究和工程应用的空白。标准制定能力不断增强，作为主要制定单位或评审成员，参与《火力发电厂设计规范》、《火电厂脱硝（SCR）系统运行技术规范》、《电力工程项目建设用地指标》、《电网在役高压支柱瓷瓶绝缘子及瓷套超声波检测》等多项国家和行业标准的编制、审定工作，将企业技术规范转化为行业通用标准，持续推动六个突破中“探索电站服务产业化”的深入进行。组织对“超/超超临界机组化学清洗导则和蒸汽吹管导则”、“火力发电厂湿烟囱防腐方式、结构型式研究”等五项实用性科技成果进行全面推广应用，加快企业科学技术升级。全面开展生产管理系统、ERP和SCM系统的深化应用工作，加强决策支持系统的指标数据分析深度和广度；以宁海电厂为试点，进行信息系统辅助机组优化工作，探索出了生产运行管理新方式，提高了运行效率。国华电力第三次当选“中国企业信息化500强”；4项成果荣获2008年度中国电力科学技术奖，“火电厂燃用神华煤技术研究及应用研究”获得一等奖；获得专利授权21项，发明专利7项；6项成果获得第十四批中国企业新纪录称号。

主要事件

1月15日，国华电力2009年度工作会隆重召开。会议认真学习、贯彻落实神华集团2009年安全工作会和年度工作会，以及集团党组中心组学习时集团领导讲话精神，概括总结2008年度工作，系统回顾神华国华电力10年发展历程，认真分析面临的形势和任务，全面安排部署2009年公司各项工作。

2月28日，国内规模最大、拥有自主知识产权的万吨级低温多效海水淡化装置，神华国华沧东发电公司3号海水淡化设备投入生产运行。

3月11日，国华电力成立10周年庆祝大会在北京举行。神华集团公司党组书记、董事长张喜武出席大会并发表重要讲话。

3月17日，国内首创、国际唯一、拥有自主知识产权的串补输电抑制次同步谐振项目，神华国华锦界能源公司4套次同步谐振动态抑制装置（简称SSR-DS）挂网调试试验圆满完成，并于3月30日顺利通过第三方性能验证。试验项目获得全面成功。

3月，国华电力入选“中国企业信息化500强”。

4月23日，中共中央政治局常委、国务院副总理李克强视察神华国华国际北京热电分公司循环经济工作，并出席在此召开的循环经济专家座谈会暨“循环经济专家行”启动仪式。

同日，人力资源社会保障部和国资委联合召开中央企业劳动模范和先进集体表彰大会。国华电力公司总经理、党委书记秦定国被授予“中央企业劳动模范”荣誉称号。

4月28日，神华陕西国华锦界煤电一体化项目三期工程奠基仪式隆重举行，工程建设规模为4×1000MW超超临界空冷机组，同步配套锦界煤矿产能扩建到1500万t/年。工程竣工后将成为亚洲最大的煤电一体化项目。

5月，中华全国总工会授予中国神华能源股份有限公司国华电力分公司“全国五一劳动奖状”。

6月2日，国华电力安全生产“三项行动”全面启动，为新中国成立60周年创造安全、稳定的电力生产环境。

7月7日，神华国华南苏煤电工程正式开工。工程建设规模为2×150MW发电机组，配套建设年产量约150万t的露天煤矿，计划2011年双机投产发电。

8月1日，神华国华电力公司、江苏双良集团公司、神华国华电力研究院、神华国华沧东发电公司共同签署国产2.5万t/日大型化低温多效蒸馏海水淡化项目中试研究合作框架协议。

8月27日，中共中央政治局委员、北京市委书记刘淇，北京市长郭金龙在神华集团董事长张喜武和国华电力公司总经理秦定国陪同下，视察神华国华国际北京热电分公司。

9～10月，国华电力圆满完成新中国成立60周年庆祝活动安全保电任务。

10月14日，神华集团首个百万机组建设工程，国华宁海电厂二期（2×1000MW）扩建工程全面建成投产。国华电力公司发电总装机容量突破2000万kW。

10月23日，国华电力第二届科技大会在北京召开，国家电力监管委员会副主席史玉波、神华集团公司总经理张玉卓出席大会。大会总结了公司两年来科技工作的丰硕成果，明确了下一阶段科技工作思路，为打造国际一流发电企业、开创科技工作新局面奠定了基础。

11月3日，神华国华寿光发电有限责任公司正式成立。

11月7日，神华国华电力公司六项成果入选第十四批中国企业新纪录。

11月27日，神华国华沧东发电公司（2×660MW）二期工程全面建成投产。

12月22日，神华国华定洲发电公司（2×660MW）二期工程全面建成投产。

黄河上游水电开发有限责任公司

概述

2009年是不平凡的一年，黄河上游水电开发有限责任公司（简称公司）成功克服金融危机带来的不利因素影响，全面实现年度经营目标任务，圆满完成集团公司下达的调整指标。在项目竞争日益激烈、核准难度不断加大的情况下，全年累计核准建设项目容量115.9万kW，其中积石峡是国家2009年唯一核准的百万级水电项目，促成中电投集团公司与青海省政府签订了第二轮战略合作框架协议。在基建规模逐步加大，产业结构逐步延伸，投产项目不断增多的情况下，实现了年度安全生产目标，保持了安全生产局面持续稳定。在基建单位、部门的共同努力下，拉西瓦电站成功实现“四投”目标，创造了多项中国水电建设新纪录，为集团公司大型水电站的建设和运营管理积累了宝贵经验。股权重组收购实现重要突破，解决了盐八电站长期存在的一厂多制问题。超额完成集团公司下达的年度发展目标，在集团公司单项考核中名列第一。

领导班子

党组书记、董事长：李树雷

党组副书记、副总经理：谢小平

党组成员、副总经理：周新光　聂毅涛　张俊才　吴连成

党组成员、财务总监：张鸿德

党组成员、工会主席、纪检组长：张　军

机构设置

公司机关本部下设：总经理工作部、计划发展部、人力资源部、安全生产部、综合产业部、商务部、财务产权部、工程项目部、煤电产业部、党群工作部、审计内控部、工会办公室、纪检监察室、铝业管理部、政策法律部。

公司下设二级单位：龙羊峡发电分公司、拉西瓦发电分公司、李家峡发电分公司、公伯峡发电分公司、积石峡发电分公司、陇电分公司（辖盐锅峡、八盘峡水电站）、宁电分公司（辖青铜峡、唐渠水电站）、格尔木发电分公司、运营分公司、工程建设分公司、新能源分公司、鑫业分公司、中电投西安太阳能电力有限公司、黄河电力检修工程有限公司、黄河电力测试科技工程有限公司、青海中型水电开发有限责任公司、青海大通河水电开发有限责任公司（与青

海中型水电开发有限责任公司合署办公)、黄河水电物资有限责任公司、陕西省白水县黄河煤炭资源开发有限责任公司、青海黄河能源工程咨询有限公司、青海创盈投资集团有限公司、梯级电站集中控制管理中心、培训中心、新闻中心、档案中心。

主要指标

公司全年完成发电量272亿kWh，较2008年增长28.66%。

截至12月31日，实现连续安全生产天数：龙羊峡水电站4531天，拉西瓦水电站219天，李家峡水电站3495天，公伯峡水电站585天，苏只水电站1462天，盐锅峡水电站3180天，八盘峡水电站3961天，青铜峡水电站3499天。

经济指标控制良好。公司综合厂用电率完成0.85%，同比降低0.01个百分点；机组台均利用小时数完成3855.83h，同比增加186.78h；机组等效可用系数完成93.88%，同比增加了3.01%。各电站耗水率均在控制指标范围。

龙羊峡水库运用。年入库水量为237亿m^3，同比偏多45%，较多年平均入库偏多34%；年出库水量为198亿m^3，同比偏多10%，较多年平均出库偏多15%。年末水库水位2591.47m，同比上升11.42m，相应库容215亿m^3，同比多蓄水39亿m^3。

基本建设

拉西瓦水电站实现“一年四投”目标，新增电力装机容量280万kW，完成年计划的133.33%，创造多项水电建设新纪录，6号和2号机组分别被授予全国电力装机突破8亿kW和青海电力装机超千万千瓦的标志性机组。公伯峡水电站喜获“新中国成立60年百项经典暨精品工程”称号和国家优质工程金奖。纳子峡、巨亭水电站正式开工建设。

西北区域战略实施取得新突破。坚持“以水电为核心，水、火、新能源发电并举，产业一体化协同发展”的发展思路，突出发展核心业务，积极推进产业协同发展，项目前期及储备取得阶段性成果。

水电站运行情况

(1) 龙羊峡水电站。全年完成发电量58.48亿kWh，完成年计划的101.7%；年末水库水位2591.47m，较2008年同期高11.42m，相应水库蓄水量215.4亿m^3，较2008年同期多蓄水39.17亿m^3，年累计入库水量237.46亿m^3，较多年同期多蓄水73.61亿m^3，出库水量为198.3亿m^3。电压合格率100%，频率合格率100%；继电保护装置投入率100%，继电保护动作3次，正确动作率100%；故障录波器完好率100%，保护定检率100%，自动装置投入率100%，正确动作率100%；主设备一类率100%，辅助设备完好率100%；综合厂用电率0.85%，比计划值减少了0.05%。

(2) 李家峡水电站。发电量57.39亿kWh，完成调整后计划电量56.46亿kWh的102%，同比增加7.57%，创历史新高。厂用电率0.3%，与计划指标持平，同比减少0.025个百分点；电压、频率合格率为100%；全年入库水量192亿m^3，出库水量191亿m^3，水能利用率100%；发电耗水率3.33m^3/kWh，低于计划值（3.34）0.01m^3/kWh，同比减少0.044m^3/kWh；设备等效可用系数91.15%，高于计划值2.38%，同比增加0.3个百分点；设备利用小时数完成3586.73h，同比增加252.03h，完成年度计划指标的101.65%。

(3) 公伯峡水电站。截至12月31日，年累计完成发电量53.73亿kWh，年完成率102.03%，创历年最高值；综合厂用电率为0.50%，比计划值低0.11%；耗水率3.65m^3/kWh，比计划值降低0.08m^3/kWh；年累计等效可用系数94.85%，比计划值提高1.97%。

(4) 积石峡水电站。完成大坝填筑279.07万m^3，混凝土浇筑34.79万m^3，钢筋制作安装10 148.98t。

积石峡水电站是国家2009年唯一核准的百万级水电项目。黄河水电公司建设分公司紧紧把握这一有利契机，根据三个主体标段实际开工时间均晚于合同要求时间的实际情况，组织参建各方详细编制年度进度计划，在实施过程中严格控制施工进度，组织召开进度专题会议，研究赶工方案，强化赶工措施的落实，并加大施工资源投入，确保了1号机定子吊装、坝体填筑等各关键节点目标按期实现。

大坝填筑至1857m高程；中孔泄洪洞及排沙底孔混凝土浇筑全部完成；进水口混凝土浇筑基本完成，引水压力钢管安装全部完成；溢洪道堰闸段混凝土浇筑完成；安装间、1号机组混凝土浇筑全部完成；1号机组定子10月22日吊入机坑，转子焊接完成；3号机组蜗壳安装完成向土建交面；GIS设备本体安装完成。

(5) 苏只水电站。全年发电量9.13亿kWh，为年计划的102.24%，创历史新高；上网电量9.03亿kWh；综合厂用电率1.13%；耗水率21.94m^3/kWh，比计划控制值低0.56m^3/kWh。等效可用系数、水能利用提高率两项指标均名列黄河水电公司对标管理指标前茅。

(6) 盐锅峡水电站。完成年发电量16.77亿kWh，完成年计划的101.39%；上网电量16.45亿kWh；综合厂用电率1.92%；发电耗水率10.87m³/kWh。

（7）八盘峡水电站。全年发电量8.25亿kWh，完成年计划的101.44%；上网电量8.08亿kWh；综合厂用电率2.04%；耗水率26.6m³/kWh。

（8）青铜峡水电站。

1）发电量：1～8号机组完成10.28亿kWh，同比增加9.74%，完成年发电计划的102.3%；唐渠电站完成1.26亿kWh，同比减少3.9%，完成年发电计划的100.58%。

2）上网电量：1～8号机组完成10.06亿kWh，同比增加9.8%；唐渠电站完成1.24亿kWh，同比减少3.9%。

3）综合厂用电率：1～8号机组完成2.19%，同比降低0.05个百分点；唐渠电站完成1.68%，同比增加0.1个百分点。

4）入库水量：261.30亿m³，同比增加9%；

5）发电耗水率：1～8号机组为21.50m³/kWh，同比增加0.65%；唐渠电站为25.93m³/kWh，同比增加2.73%。

6）继电保护：全部继电保护装置共动作1次，正确动作1次，正确率100%；全部继电保护装置投入率100%。自动装置投入率100%。电气主设备预试率100%。

安全生产

安全生产标准化工作整体推进。加强了对各电站技术规程的管理，全年修订各类技术规程325部，技术图册5册。安排在流域各电站移植公伯峡水电站生产管理信息系统，逐步统一各电站生产管理模式。修编印发了《应急管理工作手册》，进一步规范了应急管理工作。按照集团公司运行工作“四化”要求和公司运行专业化管理“六统一”要求，继续推行运行标准化作业，各电站基本完善计划检修标准、安全措施和运行标准操作票。

反违章工作逐步深化。发布《黄河水电公司反违章管理制度》和《黄河水电公司反违章学习手册》，印发到每位员工。组织开展“学制度，纠违章，查隐患”百日安全活动，将反违章工作进一步推向深入。活动期间，查处各类缺陷和隐患1121项，整改率达95%；查处违章行为12次，累计罚款35万余元。

加强设备日常维护管理。设备巡视检查到位，全年发现和消除设备缺陷3265项。公伯峡5号机组出口断路器操动机构故障、李家峡水电站下导瓦调整螺杆断裂等一批缺陷得到及时处理，设备可靠性显著提高。2009年发生一般电力生产事故1次，发生机组非计划停运3次，同比减少3次。安全事件总量同比下降27.7%。

优化设备检修管理。继续完善设备检修文件包，科学调整检修工艺、流程和质量控制点，组织水轮发电机组A/B级检修评估与检查，严格质量控制，提高检修质量，实现了计划检修后机组一次启动成功率100%的目标。将隐患治理落实到计划检修工作中。龙羊峡水电站主变压器总烃异常等较大隐患在计划检修中得到处理，提高了设备健康水平。全年完成机组计划检修45台·次。其中，A级检修4台·次，B级检修4台·次，C级检修31台·次，D级检修6台·次，完成了年度机组检修计划。检修全优率达到100%。

密切关注水情与天气变化，合理确定水库运行方式，汛期龙羊峡水库蓄水93.23亿m³。继续开展人工增雨作业，增加黄河径流量2.77亿m³。积极开展拉西瓦库区果卜错落体监控，完善应急预案，加强巡视监测和风险控制。

积极开展安全生产效能监察和隐患排查治理，查处重大隐患16项，治理12项；一般隐患1995项，整改1779项，整改率达到89%。存量资产实现“零非停”目标，各水电站继续刷新长周期安全生产纪录，保持了国内领先水平。完成了集团公司下达的安全生产目标，保证了安全生产的顺利进行。

基本建设安全管理成绩突出。按照努力实现“四大超越”的要求，水电建设工程继续加大安全投入，推行标准化施工管理，落实隐患排查治理和重大危险源辨识控制工作，定期分析和解决安全文明施工主要矛盾，拉西瓦水电站顺利实现“一年四投”。在复杂施工环境下，水电建设再次实现人身零死亡。

标准化管理

深入开展集团公司“标准化管理推进年”活动，积极推行管理流程、指标体系、作业规程标准化管理，建立了战略、经营、安全生产、工程建设、人力资源、风险、监督七大管理体系流程，对296部规章制度进行全面梳理，对5000余部作业规范进行分类修订或补充完善，标准化管理水平进一步提高，为实现管理标准化、技术标准化和工作标准化奠定了基础。

积极开展水电生产和成本对标，有效提升了公司管理水平。全年综合厂用电率完成0.85%，较计划值降低0.07个百分点，同比降低0.01个百分点；机组等效可用系数完成93.88%，高于计划值2.24个百分点，同比提高3.01个百分点，创公司成立以来的最好水平；设备C、D类缺陷消除率完成99.54%，同比提高1.48个百分点；继电保护投入率等多项生产指标继续保持100%的完成率；全年发电单位成本在中电投集团公司系统排名第一，其他各项成本指标大多处于集团公司领先水平。

认真贯彻中电投集团公司风险管理和内控体系试点的总体要求，积极加强风险和内控管理。初步完成公司本部风险辨识、风险评估和流程梳理等工作，设置了公司风险模型及风险评估标准，理清了公司目前面临的重大风险，积极推进风险管理得到实质性落实，进一步提高了风险防范能力。充分发挥审计职能作用。

密切关注政策变化和行业发展动态，加强相关政策在公司的应用分析和研究探讨。针对国际贸易合同、工资制度改革、辅业改制、征地移民等工作中存在的问题，确定了14项软科学课题，深入开展前瞻性研究，及时为公司发展提供政策依据和研究意见。进一步加强企业法律风险防范机制建设，充分发挥法律顾问作用，积极参与企业重组、改制、合同谈判等重大决策和经营活动，成功规避了法律风险，避免了公司可能遭受的损失。

准确把握公司市场定位，积极面对金融危机带来的不利影响。在政府出台各项优惠电价政策和措施，上网电价执行不到位，公司利益受到影响的情况下，加大与政府相关部门和省网公司的协调力度，努力减少水电低价外送，使黄河水电占省内市场份额进一步提高。加强电费回收管理，实现当年电费回收100%、陈欠电费回收64.3%的工作目标。积极建立适应市场经济的营销模式和定价机制，加强综合产业原料采购、仓储保管、产品销售、铁路运输管理，初步形成了采供销存运管理体系。

体制机制创新

大力推进管理体制机制创新，从思想观念到管理模式、人才结构、分配机制，逐步实现从单一发电企业到综合能源企业的转变。积极优化公司管控模式，及时调整组织结构，有效提高了管理效率。进一步明确机关本部和各二级单位的管理职责，使管理界面和职责定位更加明晰。及时高效地完成了综合产业、生产准备单位机构调整和组建。认真落实集团公司辅业发展改革指导精神，积极研究与推进辅业改革，理清辅业资产，缩短管理链条。切实开展了四、五级公司清理，并保持了员工队伍稳定。

按照中电投集团公司工资制度改革指导意见，以市场为导向，积极推进工资制度改革试点，突出了岗位价值和业绩水平两个要素，引导员工树立“岗位凭竞争、收入凭贡献”的观念，变身份管理为岗位管理，初步建立了适应公司发展模式需要的薪酬分配体系和激励机制。以利润为导向，探索工资总量决定机制，进一步完善工效挂钩管理，充分调动各方面的积极性。积极优化绩效考核指标体系，进一步完善综合业绩考核办法，使业绩考核更加科学合理。对企业人工成本构成与水平进行认真调查与分析，深入开展人工成本对标管理。加强跨区域流动人员的社保管理，确保社保有序接续。统一管理公司系统企业年金，确保资金安全。

人才队伍建设

积极适应公司跨流域、跨行业、多产业一体化协同发展对人力资源的需求，进一步推进以领导班子建设为重点的三支队伍建设，创新人才开发和激励机制，提高员工的整体素质。深入推进“四好”领导班子创建活动，进一步加强各级领导班子建设。公司领导班子连续三年被中电投集团公司命名为“四好”领导班子，公司系统基层单位“四好”领导班子创建优良率达到95%。不断完善企业领导人员选拔用人机制，增强干部选拔使用的公信度和满意度。加大中青年干部的培养和使用，不断优化干部队伍的年龄、知识和专业结构。改进干部管理的科学性，由公司领导带队，首次采用谈话、问卷等形式，对122名二级单位领导班子成员进行了集中考察，对后备干部进行民主推荐，全面掌握了公司系统干部队伍情况，进一步加强了对干部的督促与检查。以能力提升为核心，加大人才开发力度，延展人才工作的新视角和新领域。按照适度超前、梯次储备的原则，加强急需和紧缺人才的储备，招聘引进各类人才430多名。加强内部人力资源的挖掘与调配，全年内部交流140多名，提高了人力资源的使用效率。本着激励更多青年员工刻苦学习，勤奋工作，开拓进取，建功成才的目的，首次对优秀大学毕业生进行表彰，积极营造崇尚先进、学习先进、争当先进的良好舆论氛围和环境。拓宽选人用人视野和渠道，对机关本部及有关单位部分岗位进行了公开选聘。完成水力发电国家技能鉴定站的建站工作，积极开展职工技能培训与技术比武，提高了技能人才的数量和质量。全面实施年度各项专业培训计划，举办培训班65期，3074人·次参加了培训，形成了“培训就是福利”的共识。加强离退休及内退人员管理，妥善解决有关问题，确保了队伍稳定。

党群工作

扎实开展深入学习实践科学发展观活动，在历时5个多月的学习实践活动中，公司系统各级党组织以“解放思想，求真务实，凝心聚力，推动发展”为实践载体，高起点谋划，高标准定位，高质量推进，在完成“规定动作”的同时，不断创新“自选动作”，分析查摆影响和制约公司改革发展稳定的各种问题，明确了发展思路，解决了一批突出问题，圆满完成活动三个阶段十一个环节的各项任务。按照集团公司的统一部署和要求，公司系统 19 个党委（总支）141 个党支部 1563 名党员参加学习实践活动，覆盖面达到 100%，完成整改落实项目 193 项，为职工群众办实事好事 105 件，学习实践活动群众满意度达到 99.24%，有力地促进了公司科学发展、和谐发展，得到了集团公司学习实践活动指导检查组的充分肯定。

积极加强企业文化建设，召开企业理念发布会，发行《黄河水电文化手册》，建立了具有公司特色的企业文化体系。勇担国有企业社会责任，在西北电力行业首家发布社会责任报告。围绕公司发展的重点，不断加大内外部宣传报道工作力度，扩大了公司的知名度和美誉度。2009 年荣获“中央企业先进集体”和“全国电力行业优秀企业”称号。

切实落实党风廉政建设责任制的各项要求，完善“三重一大（生产经营重大决策、重要人事任免、重大项目决策、大额资金运作）”集体决策制度实施办法，以惩防体系五年规划为重点，不断推进反腐倡廉建设。深化廉洁文化建设，广泛开展岗位廉政教育、集中教育和警示教育活动。深入开展效能监察工作，安全生产保证与监督体系建设效能监察项目获集团公司表彰。

深化民主管理和厂务公开，实施总经理联络员制度。首次聘任联络员 26 名。围绕企业的中心工作，工会组织全面实施《企业工会工作条例》，深入开展“工人先锋号”创建活动，积极开展劳动竞赛和扶贫济困送温暖活动，有力地促进了和谐企业建设。围绕公司成立 10 周年开展系列文体活动，进一步增强了职工的向心力和凝聚力。团青组织积极加强自身建设，深入开展“展青春风采、创发展基业”等主题实践活动，引导青工为企业发展贡献青春和力量。

主要事件

1月 6 日，青海省政府以青政［2009］1 号文，对 2008 年度青海省上缴税收成绩突出的企业进行表彰，公司作为青海省财政支柱企业（名列第三）受到表彰。

1月 8 日，陕西省委副书记、省长袁纯清视察了西安国家民用航天产业基地黄河水电公司 1000MW 太阳能光伏电池项目建设现场。

1月 19～20 日，黄河水电公司与美国 GAMMA-SOLAR 公司（简称 GAMMA 公司）就《双面太阳能光伏电池片及组件项目合资经营协议》进行最后一次谈判。双方对该合作项目达成了共识，签订了《双面太阳能光伏电池片及组件项目合资经营协议》。公司副总经理聂毅涛代表公司与美国 GAMMA 太阳能公司总裁霍夫曼签订合资经营协议。

1 月 20～21 日，西北分公司党组书记、总经理夏忠，党组副书记、副总经理李树雷拜会了陕西省委书记、省人大常委会主任赵乐际，省委副书记、省长袁纯清，省委常委、省纪委书记郭永平及省委常委、常务副省长赵正永。

1 月 26 日，国家发改委以发改办能源［2009］201 号文件，出具了同意黄河班多水电站开展项目前期工作的批复。

2 月 13 日，青海省委书记强卫一行在黄河水电公司副总经理周新光等陪同下，视察了多晶硅项目建设工地，亲切看望了奋战在第一线的科技人员及工程建设者。

2 月 16～17 日，黄河水电公司 2009 年工作会暨二届二次职代会在西宁隆重召开。

2 月 26 日，黄河羊曲水电站建设工程征地拆迁动员大会在西宁召开，标志着羊曲水电站建设工程征地拆迁工作正式开始，工程进入实质性建设阶段。

2 月 27 日，青海省发改委下发青发改能源［2009］125 号《青海省发展和改革委员会关于大通河金沙峡二级水电站项目核准的批复》，对金沙峡二级水电站工程项目予以核准。

2 月 28 日，拉西瓦水电站工程蓄水验收会在黄河水电公司本部召开。经过严格细致地审查，拉西瓦水电站工程蓄水验收委员会认为，拉西瓦水电站工程具备蓄水条件，同意工程在 2009 年 3 月初开始蓄水。水库初期蓄水位 2370m，可满足首批机组投产发电要求。

2 月，由中国土木工程学会与詹天佑土木工程发展基金会颁发的“第八届中国土木詹天佑奖”揭晓，青海黄河公伯峡水电站工程获得土木工程类国家级最高奖“詹天佑奖”。

3 月 1 日 8 时 28 分，由黄河水电公司开发建设的拉西瓦水电站导流洞前两扇重达 329t 的钢闸门顺利落下，成功下闸蓄水。

3 月 5 日，国家发改委以发改办能源［2009］489 号文出具了羊曲水电站项目前期工作的批复。

3 月 6 日，国家发改委以发改办能源［2009］641 号文核准积石峡水电站项目，标志着积石峡水电站项目前期工作全部完成，正式列入国家基本建设计划。

3 月 7 日 8 时，拉西瓦水电站完成第一时段蓄水。

3 月 10 日，李家峡大坝第一次原型加密观测试验工作圆满结束。

3 月 13 日，中电投西北分公司、黄河水电公司开展深入学习实践科学发展观活动动员大会在西宁召开。会上，党组书记、董事长夏忠作动员报告。党组成员、纪检组长张军宣读了公司党组关于成立学习实践活动领导小组、建立领导班子成员联系点制度的通知和公司学习实践活动实施方案。

3月18日，国家电力监管委员会大坝安全监察中心以坝监函［2009］27号文批复：同意苏只大坝安全注册，注册等级为甲等，有效期为2009年～2014年3月，要求加强大坝安全管理，尽快完成整改工作，确保大坝安全。

4月2日，中电投集团公司以中电投安运［2009］109号文正式下发了《关于黄河青铜峡水电站技术改造可行性研究报告的批复》，标志着青铜峡水电站技改工程正式在集团公司立项。

4月9日，公司在西宁召开工资制度改革启动会，标志着黄河水电公司工资制度改革试点工作全面展开。

4月13日9时45分，拉西瓦水电站2号水轮发电机定子顺利吊装成功。

4月14日，公司召开标准化管理推进年启动会，宣读了成立公司标准化管理领导小组和办公室的通知及实施方案，党组副书记、总经理李树雷作了动员讲话。

4月15日，拉西瓦水电站首批两台发电机组（5、6号机组）投产发电，提前实现新增装机容量140万kW的目标。至此，公司总装机容量达到729.58万kW。

4月16～17日，黄河水电铝型材联营项目一期投产方案审查会在西安召开。会议审查通过了《青海黄河水电鑫业分公司电解系统投产方案》和《青海黄河水电鑫业分公司动力系统投产方案》。

4月23日，在人力资源社会保障部和国资委在北京联合召开的中央企业劳动模范和先进集体表彰大会上，黄河水电公司被授予“中央企业先进集体”称号，电检公司龙羊峡检修部起重班班长刘生德被授予“中央企业劳动模范”称号。

4月29日，在青海省召开庆祝“五一”国际劳动节暨表彰大会上，公司属工程建设分公司杨存龙被授予“全国五一劳动奖章”，工程建设分公司拉西瓦工程建设部工程管理办公室被授予“全国工人先锋号”称号。同时，电检公司、工程建设分公司被授予“全国‘安康杯’竞赛优胜企业”称号，测试公司龙羊峡水工部观测班被授予“全国‘安康杯’竞赛优胜班组”称号。

5月11日，青海省发改委以青发改价格［2009］353号文下发《青海省发展和改革委员会关于核定拉西瓦水电站上网电价的通知》。

5月10～12日，拉西瓦运行部完成了首批机组的接管工作。

5月14日，在青海省会议中心召开的青海省科学技术进步奖励大会上，“黄河上游李家峡、公伯峡大型水电工程建设”项目获青海省科技进步一等奖，青海省委副书记、省长宋秀岩亲自颁奖。

5月16日，中电投集团公司党组书记、总经理陆启洲，副总经理张晓鲁带领办公厅、计划部、财务部、安生部、工程部、综合产业部主要负责同志到公司调研并听取了工作汇报。公司领导夏忠、李树雷、谢小平、聂毅涛、张生元、张俊才、张鸿德、张军及机关各部室负责人参加了汇报会。

5月17日，集团公司党组书记、总经理陆启洲，副总经理张晓鲁在西宁与青海省副省长骆玉林就进一步促进黄河上游水电开发，拓展集团公司在青海的发展，将青海的能源资源优势转换成经济优势进行了座谈。

5月18日，黄河水电公司拉西瓦水电站首批机组投产发电庆典仪式在拉西瓦隆重举行。青海省委副书记、省长宋秀岩，省委副书记骆惠宁，省政协主席白玛，省人大常委会副主任桑杰，副省长骆玉林；中电投集团公司党组书记、总经理陆启洲，副总经理张晓鲁；国家能源局可再生能源司副司长史立山；国土资源部规划司副司长殷卫平；国家水利部副总工程师庞进武；中国电力企业联合会党组成员、副理事长孙玉才；国家电网公司总经理助理陈峰；武警水电指挥部少将副主任岳曦；中国水利水电建设集团公司副总经理李跃平；中国水电工程顾问集团公司副总经理董成银；中国葛洲坝集团公司党委常委、副总经理张崇久；黄河水电公司董事长、党组书记夏忠，党组副书记、总经理李树雷等领导出席庆典仪式。宋秀岩和陆启洲共同启动拉西瓦水电站首批投产的5、6号机组。

同日，拉西瓦发电分公司《并网调度协议》签订完成。

5月21日，青铜峡水电站大坝自动化监测系统更新改造项目进行招标。

6月3日，龙羊峡、拉西瓦、八盘峡水电站圆满完成西北电网2009年度迎峰度夏联合反事故演习的各项工作。

6月10日，公司以黄电司生［2009］186号文，印发了《黄河水电公司安全生产“三项行动”（执法行动、治理行动和宣传教育行动）实施方案》。

6月16日，在浙江安吉华东天荒坪抽水蓄能水电站召开的2008年度全国大型水电厂（站）劳动竞赛及经验交流会上，公伯峡发电分公司荣获“2008年度全国大型水电厂（站）劳动竞赛先进单位”荣誉称号。这是公伯峡发电分公司连续五年荣获此项荣誉。

6月23日，西安1000MW太阳能光伏电池项目一期工程初步设计第二次审查会在西宁召开。

6月25日，公司学习实践活动领导小组印发《关于〈黄河水电公司党组领导班子贯彻落实科学发展观整改落实方案〉征求意见的通知》。

6月26日，由德国、捷克、瑞典、爱尔兰、葡萄牙等13国驻华大使13人及随行大使夫人7人组成的欧盟驻华使节团一行在公司党组成员、纪检组组长、工会主席张军陪同下到李家峡水电站参观考察。

同日，经中国人民政治协商会议第十届青海省委员会常务会第八次会议协商决定，公司董事长、党组书记李树雷同志当选为政协第十届青海省委员会委员。

6月29日，班多电站泄洪闸过水。

7月1日，公司隆重庆祝建党88周年暨深入学习实践科学发展观活动总结大会召开。

7月3日，公司党组以黄电司党［2009］16号文印发《黄河水电公司关于贯彻落实〈建立健全惩治和预防腐败体系2008～2012年工作规划〉的实施方案》。

同日，公司董事长李树雷与美国应用材料公司副总裁Charlie Gay一行5人在西安进行了座谈，双方就目前光伏市场和光伏技术现状与未来发展前景及双方进一步合作等问题进行了交流。

7月20日，青铜峡水电站技术改造工程启动仪式在银川隆重举行。

7月26日，拉西瓦水电站3号机组转子吊装成功。

7月31日，陕西省发改委下发《关于嘉陵江干流巨亭水电站项目核准的批复》。这是黄河中型水电公司在陕西省取得的首个水电站核准项目，对今后在嘉陵江干流陕西境内梯级电站开发具有重要意义。

8月3日，黄河中型水电公司东旭二级水电站在荷兰CLIMEX交易所成功完成在国际碳交易所直接挂牌销售。总销售收入300多万元人民币，成为国内首个在国际碳交易所直接挂牌销售的CDM（清洁发展机制）项目。

8月6日，公司以青黄电司人［2009］94号文，决定成立积石峡发电分公司。

8月9日，国家发改委副主任、国家能源局局长张国宝在青海省委常委、常务副省长徐福顺，中电投集团公司党组书记、总经理陆启洲和黄河水电公司董事长、党组书记李树雷，党组副书记、副总经理谢小平等领导的陪同下，到拉西瓦水电站视察。

8月14日，公司组织召开深入学习实践科学发展观活动群众满意度测评工作会。公司学习实践活动群众满意度达到99.24%。

8月，“2009年青海企业50强”评审结果揭晓，黄河水电公司继续荣获“青海企业50强”。

9月8日，青海省委副书记、省长宋秀岩到积石峡水电站调研。

9月15日，被称之为大通河“龙头”电站的纳子峡水电站开工仪式隆重举行。纳子峡水电站装机总容量8.7万kW，是青海省能源规划中的骨干电源点和“十一五”时期的重点工程，也是在大通河开工建设的装机最大的水电站。

9月17日，黄河水电公司与陕西省工业和信息化厅在西安隆重举行“太阳能光伏项目建设战略合作框架协议”签字仪式。黄河水电公司党组书记、董事长李树雷与陕西省工信厅厅长蒋跃分别在《太阳能光伏项目建设战略合作框架协议》上签字。

9月23日，东旭二级水电站CDM项目第二次现场减排量、金沙峡和青岗峡水电站CDM项目第三次现场减排量通过德国汉德技术监督服务有限公司现场减排量核证，核证二氧化碳减排量28万多t。

9月26日，积石峡水电站拦河大坝顺利按期完成坝体填筑任务，全断面达到1857m高程。

9月27日11时18分，拉西瓦水电站3号水轮发电机组经过72h试运行，正式并网发电。

9月28日，公司在嘉陵江陕西段梯级开发的陕西境内第一个水电项目——巨亭水电站工程开工仪式隆重举行。

10月12～13日，缅甸第一电力部部长佐敏一行9人，在集团公司党组成员、副总经理张晓鲁，基建总工程师夏忠和公司领导李树雷、谢小平等人的陪同下，考察了龙羊峡、拉西瓦水电站。

同日，公司大坝安全信息管理分系统一、二期工程经过2年的建设，完成试运行并通过竣工验收。

10月23日，拉西瓦水电站数字地震台网工程通过竣工验收，标志着黄河上游梯级水电站地震监测信息统一分析、统一管理得以实现。

10月28日，公司成立10周年庆祝大会在西宁市胜利宾馆隆重举行。中电投集团公司党组书记、总经理陆启洲，青海省委常委、省总工会主席穆东升，青海省人大常委会副主任、海东地委书记王小青，青海省政府副省长骆玉林，青海省政协副主席陈资全，公司历任领导，公司属各部门、各单位代表和社会各界相关人士出席大会。

同日，公司《1999～2009年社会责任报告》发布会在青海省会议中心新闻发布厅举行。这是公司成立以来发布的第一份社会责任报告。报告全面介绍了公司在科学发展、安全生产、开发建设、节能环保、社会公益等方面积极履行社会责任的实践与努力。

10月28日，《青海省人民政府、中国电力投资集团公司关于加强能源合作的战略框架协议》签约仪式在西宁举行。青海省委常委、副省长徐福顺和集团公司总经理陆启洲分别在协议书上签字。

10 月 28～29 日，格尔木燃气电站 CDM 项目通过现场减排量核证。

10 月 29 日，中电投集团公司党组书记、总经理陆启洲一行，在公司董事长、党组书记李树雷，党组成员、副总经理聂毅涛等陪同下，到新能源分公司建设工地进行调研。

10 月，积石峡水电站大直径引水压力钢管整体卷制成套设备获得青海省企业技术创新奖。

11 月 1 日，公司日发电量达到 1.07 亿 kWh，这是公司成立 10 年来日发电量首次突破 1 亿 kWh 大关。

11 月 19 日，青海省委书记强卫在公司党组书记、董事长李树雷，党组成员、副总经理聂毅涛、吴连成的陪同下到新能源分公司多晶硅项目建设工地及甘河工业园区鑫业分公司水电铝型材联营项目建设工地视察。

11 月 28 日，由公司新闻中心制作的电视专题片《拉西瓦太阳升起来了》在上海召开的第五届“中电传媒杯”全国电力行业优秀电视片展评活动中获得大赛综合专题类特别奖。

12 月 7 日，国家工程建设质量奖审定委员会发布 2009 年度国家优质工程表彰决定，公伯峡水电站荣获“2009 年度国家优质工程金质奖”（金奖全国仅 5 项）。

12 月 17 日 16 时，班多水电站成功实现导流明渠截流。

12 月 25 日 18 时 45 分，拉西瓦水电站 2 号机组顺利通过 72h 试运行，正式并网发电。至此，拉西瓦水电站 4 台 70 万 kW 机组在一年内实现了投产发电，创造了我国水电建设史上又一个辉煌。6 号机组投产发电，被国家发改委、中国电力企业联合会授予我国电力装机容量突破 8 亿 kW 标志性机组；2 号机组的投产发电，被青海省政府授予青海省电力装机容量超千万千瓦标志性机组。

12 月 29 日，公司隆重召开企业理念发布会。公司领导李树雷、周新光、聂毅涛、张鸿德、张军、吴连成出席发布会，并向公司所属各基层单位颁发了《黄河水电文化手册》。

同日，龙羊峡水库全年入库水量 237.47 亿 m^3，出库水量 198.3 亿 m^3，年末库水位 2591.47m，相应库容 215.4 亿 m^3。

（胡耀斌 许为宁 张文俊）

中能电力工业燃料公司

公司概况

中能电力工业燃料公司（简称中能公司）成立于 1993 年，注册资本 3000 万元。中能公司作为电力行业燃料专业管理部门，根据国家综合部门授权，承担电煤供应的组织协调工作；代表电力行业同国家综合部门以及煤炭、铁路、交通等行业协调电煤供应有关事宜；受国家综合部门委托，承担电煤协调服务职能，从事电煤产运需衔接协调、全国电力燃料量、质、价等相关数据信息统计分析工作。对各地电煤质量监督检验中心行使归口管理职能。

多年来，中能公司坚持以市场为导向、服务为宗旨、协调为手段、电力燃料调度信息管理系统为平台，加强与政府、煤炭、铁路、交通等部门的密切联系，充分发挥桥梁纽带作用，根据国家综合部门要求，统筹协调电煤供应有关工作，形成了中能公司总体协调，各发电集团、独立发电公司燃料部门分层次管理的电煤协调工作机制，促进了跨省、跨区域电煤供应矛盾的有效解决，维护了正常的电煤调运秩序。

随着市场经济的逐步完善和电力体制改革的深入，中能公司根据电煤供应情况的不断变化和要求，在实施电力燃料系统信息化、完善电煤成本监测与协调机制等方面实现突破。中能公司长久以来并将继续坚持有利于国家宏观调控政策的落实和资源的优化配置，有利于煤炭市场稳定和煤、电、运协调发展，有利于提高电力燃料管理水平的原则，积极致力于做好电煤供应协调、服务工作，在系统内外树立良好的信誉和公认的企业品牌。

电力电煤供需

2009 年，全国电煤供需“前松后紧”，变化明显。上半年，受经济增长缓慢影响，全社会用电各月均为负增长，火电生产相对低迷，电煤消耗量低，尽管煤电双方因电煤价格等问题导致订货合同久拖不决，但电煤供应总体平稳，库存处于正常水平。下半年，特别是 11 月以来，在经济形势持续向好、需求强劲拉动、水电出力下降等因素综合作用下，火力发电量迅速增长，电煤耗用快速增加，全国特别是华中、华东地区电煤供需矛盾逐渐凸显，湖北、江西、湖南等主要煤炭调入区电煤供应普遍紧张，山西、河南等重点产煤大省也出现电煤告急状况。

协调服务

受价格等因素影响，2009 年全国煤炭产运需衔接工作进展缓慢。为确保电煤稳定供应、保障电网安全运行，积极组织协调有关发电企业做好电煤供需工作。积极向国家发改委、国资委、铁道部等国家综合部门反映订货进展情况，有关领导多次批示解决煤电矛盾；定期召开协调会议，通报煤炭产运需衔接进展及电煤供应情况，确保电力持续生产；强化“两节”、“两会”、迎峰度夏、国庆 60 周年庆典、备冬储煤等特殊时期电煤供应保障工作；定期参加由煤炭、电力、钢铁协会及国家发改委有关司局共同参与的行业信息通报会，参加交通运输部、铁道部组织的下水电煤平衡会，会同国家综合部门对重点产煤省的煤炭、电力企业及中央煤炭企业进行煤炭资源调研，了解掌握煤炭市场运行情况和各有关行业生产信息，为全面分析把握电煤供需形势提供支持，辅助电煤供需协调服务；在电煤供应困难时期，向国务院、国家发改委、铁道部等部委进行专题汇报，引起高度关注，铁道部多次下达调度命令予以倾斜保障，特别是利用春节前客运量相对较少的间隙，进行了为期 20 天的电煤集中抢运，电煤供应显著回升，缺煤停机范围有所缩小，容量有所减少，有效缓解了电煤供应紧张局面。

中国核工业集团公司

综述

中国核工业集团公司（简称中核集团）于 1999 年 7 月 1 日经国务院批准组建，是中央直接管理和国资委直接监管的特大型国有独资企业，其前身是中国核工业总公司、核工业部、第二机械工业部。

中核集团是国家核科技工业发展的主力军，国家核能发展的中坚，国家核技术应用的骨干。中核集团拥有完整的核科技工业体系，主要承担核动力、核材料、核电、核燃料、乏燃料和放射性废物的处理与处置，铀矿勘查采冶，核仪器设备，同位素，核技术应用等核能及其相关领域的科研开发、建设与生产经营，对外经济合作和进出口业务。与世界上 40 多个国家和地区有科技经济往来。

中核集团现有企事业成员单位 100 余家，现有职工约 10 万人，其中专业技术人才达 3.6 万人，拥有在职中国科学院和中国工程院院士 19 名。

中核集团在新的历史阶段将传承核工业半个多世纪以来举世瞩目的“两弹一艇”和实现中国大陆核电“零的突破”的辉煌历程，秉持开放、包容、合作、共赢的经营理念，积极推进我国核电事业发展，不断提高核科技工业的整体水平和国际竞争力，努力实现核工业又好又快安全发展。

2009 年核电发展概况

核电站继续保持安全稳定运行。2009 年中核集团管理的 7 台投运机组累计发电 382.5 亿 kWh，超额完成全年发电任务。平均能力因子达到 85.77%（较 2008 年增长 0.54 个百分点）。按计划完成了 5 台机组大修，大修业绩不断提升，工期进一步优化。

在建核电项目进展良好。2009 年，中核集团新开工 4 台机组。目前，中核集团同时在建 8 台机组，在建装机容量达到 812 万 kW。秦山核电二期扩建 3 号机组完成水压试验，提前 3 个月进入调试。浙江三门核电 1 号机组作为世界首台 AP1000 技术机组，4 月正式开工，2 号机组于 12 月正式开工。福建福清、方家山核电项目均提前 3 个月实现 2 号机组浇注第一罐混凝土。核电前期工作取得工作进展。海南昌江核电项目已具备浇注第一罐混凝土条件。湖南桃花江核电项目正在按照 AP1000 技术路线积极开展前期准备工作。浙江三门核电 3、4 号机组，江苏田湾核电 5、6 号机组，福建福清核电 3～6 号机组获得国家批准开展前期工作。浙江龙游、辽宁徐大堡、江西吉安项目进入国家核电规划。核电新厂址开发取得积极进展。

积极参与和承担三代核电技术消化吸收和重大专项工作。田湾扩建及示范快堆项目取得重要进展。

核电站安全稳定运行

中核集团目前共管理 7 台商业运行的机组，总装机容量为 513 万 kW，分别是地处浙江海盐的秦山一期 1 台 31 万 kW 压水堆机组，秦山二期 2 台 65 万 kW 压水堆机组，秦山三期 2 台 70 万 kW 重水堆机组，地处江苏连云港的田湾 2 台 106 万 kW 压水堆机组，全部通过华东电网消纳电量。2009 年，中核集团核电机组安全运行水平又迈上了新的台阶：运行核电机组总发电量 382.5 亿 kWh，创集团历史新高，平均负荷因子 87.94%（较 2008 年增长 0.26 个百分点）。

2009 年，中核集团认真落实中央应对金融危机的政策措施，充分发挥了核电的产业龙头带动作用，实现了产业经济平稳较快增长。2009 年，核电运行管理工作重点抓了如下五个方面的工作。

1. 安全为基，促进核电又好又快安全发展

核安全是核电企业的生命线，核安全责任重于泰山。2009 年中核集团核电厂的核安全继续保持良好纪录。中核集团已积累了近 52 个堆·年的安全运行经

验，本着追求卓越、持续改进的理念，通过不断提升管理水平，取得良好的安全运营业绩。2009 年，中核集团在提升安全管理上的主要举措是：在安全管理中充分强调“严、细”，严执行、严考核、严监管、严惩罚，工作细、管理细、标准细、培训细、监督细；广泛开展集团内和国内外交流，完善管理体系，进一步实现管理的全覆盖，提高管理的科学性和系统性；严格监管体系，开展指标考核和业绩对标，实现了安全管理的三个融入，即安全管理融入企业文化体系、安全管理融入企业管理规程、安全管理融入日常工作流程；积极借鉴国内外经验，广泛开展内外部经验反馈体系，加大经验共享力度，特别是建立防人因失误试验室，开展防人因失误培训，开展防人因失误工具的使用，显著降低人因失误率；开展 PSA 研究和电厂的 PSA 开发，提高安全管理的科学性；持续提升核应急装备水平和应急演练水平，提升响应能力。

2009 年，中核集团 7 台机组的各项指标稳步提升，在 WANO 性能指标体系 11 类 13 项性能指标中，燃料可靠性、化学指标、工业安全事故率三项指标均达到了 WANO 最佳值（先进水平），其中 1 台机组综合指标在全世界 434 台机组中处于第 25 位。按计划完成了 5 台机组的换料大修，大修业绩不断提升，工期进一步优化。

2. 人才为本，超前谋划，合理统筹，为核电发展做好人才储备

中核集团按照“广纳群贤、人尽其才、能上能下、公平公正、充满活力”的要求，深化干部人事制度改革。加强人才队伍建设，健全经营管理干部、科研技术干部、高技能操作人才培养的“三个通道”。特别是中核集团考虑到核电产业发展所需的从上游燃料生产、到中游核电生产和下游的核燃料后处理等完整产业链的需要，加大了人才培养的力度。

对核电而言，2009 年人才培养的重点是进一步加大人才培养储备的力度，加大运行电厂已有培训资源的利用力度，在全集团内共享资源，加强人才培养力度；对部分关键岗位如操纵员、关键设备检修、技术服务等领域人才，保证一定的裕量；在保证运行机组合理人力的情况下，在全集团合理统筹调配人力，充分发挥有经验人员的带动培养作用，在骨干的带领下，青年员工成长迅速；利用运行机组和调试机组的有力条件，加大人员的现场实习培训。此外，中核集团还积极承担中电投集团等单位的核电人才培养任务。

3. 抓好共性项目管理，提升集团内电站的技术管理水平

中核集团管理的电站堆型较多，其中有许多宝贵的经验值得电厂间相互借鉴，也有许多共性的技术问题和管理问题需要发挥集团平台研究解决，从而达到共同提高、优化管理、节约管理成本、提升管理效率的目的。2009 年，中核集团进一步加强共性项目管理，建立了中核集团核电厂共性项目管理委员会平台，在这一平台上充分地交流经验、共同研究解决电厂管理的共性问题。

2009 年，进一步深化合格供应商评价体系和完善合格供应商目录，显著节约了管理成本；针对电站运行中发生的设备老化、腐蚀等问题开展前瞻性的预研究工作，研究成果将在集团内电站间共享；针对集团电站运行中出现的汽轮机振动、焊接等问题，组织召开集团内部专家会，形成经验反馈文本，便于吸取经验教训；建立人因管理推进委员会，调研国内外防人因失误的最新成果，开发中核集团适用的防人因失误工具；开展电站经验反馈的分析研究工作，加大经验反馈力度。

4. 开放、包容、合作、共赢，持续开展国内外交流和对标，全面提高运营管理水平

中核集团本着“开放、包容、合作、共赢”的理念，广泛开展国内外交流。2009 年，中核集团与 WANO、NRC、INPO、CEA、EDF、EXELON、AECL 等国际组织和国外核电同行开展了广泛的交流，积极开展国际对标活动。2009 年，中核集团派员赴 WANO 东京中心任职交流，积极参加 WANO 年度大会和年度的同行评估（PEER REVIEW）、技术支持会议（TSM）等活动；与法国原委会（CEA）合作，派技术人员赴 CEA 进行研修，建立反应堆热工水力协作实验室；与 EDF 开展技术服务咨询。

中核集团还与国内核电的其他同行、从事设备制造的大集团（国内各电力集团、电力设备制造集团）广泛合作，共同承担我国核电发展的重任，与此同时也持续提升了自己的管理水平和运营业绩。2009 年与中广核集团开展技术管理交流，与华能集团、大唐集团、华电集团等开展合作，与上海电气集团、东方电气集团等签订合作协议。这些合作，都充分体现了在我国核电产业发展中所需要的合理分工、相互合作、共促发展的理念，也为后续的核电又好又快安全发展打下良好基础。

5. 积极探索集团化管理、专业化经营之路，为加快发展提供组织和机制保障

现代的技术密集型企业和资金密集型企业，无不是形成了完整的产业链条，内部分工更细、合作更加紧密，整体化运作更加完善。对现代企业大集团，功能化、模块化、专业化运作的特征更加突出，利用国内、国际两个市场的要求也更加突出。纵观当今世界和国内外核电发展，集团化运作、专业化经营是其中最重要的经验。2009 年，中核集团认真梳理核电产

业链条，对核电的专业化发展形成了初步的发展思路，特别是形成了“集团总部要成为战略和投资决策中心；中间的事业部和专业化公司要成为经营和利润中心；基层单位要成为运行和成本中心”的定位。为应对核电加快发展的新需要，集团认真调研、广泛讨论，形成了清晰的核电专业化发展思路，目前已着手开展相关工作。

积极推动核电新项目

2009年，中核集团继续抓好在建核电工程四大控制，积极推进核电项目前期工作，在安全管理、质量管理、进度管理、投资管理，制度建设、同行评估、工程总承包管理等方面不断深入探索和总结经验，有力地促进了核电工程建设质量和管理水平的持续提升。

1. 在建核电项目进展顺利

2009年福清核电工程2号机组、方家山核电工程2号机组及三门核电工程1、2号机组陆续开工建设，中核集团在建核电机组达到8台（国内部分）。在参建单位共同努力之下，8台机组工程进展顺利，2009年所有工程节点均按计划完成。到2009年底在建核电项目具体进度如下图所示。

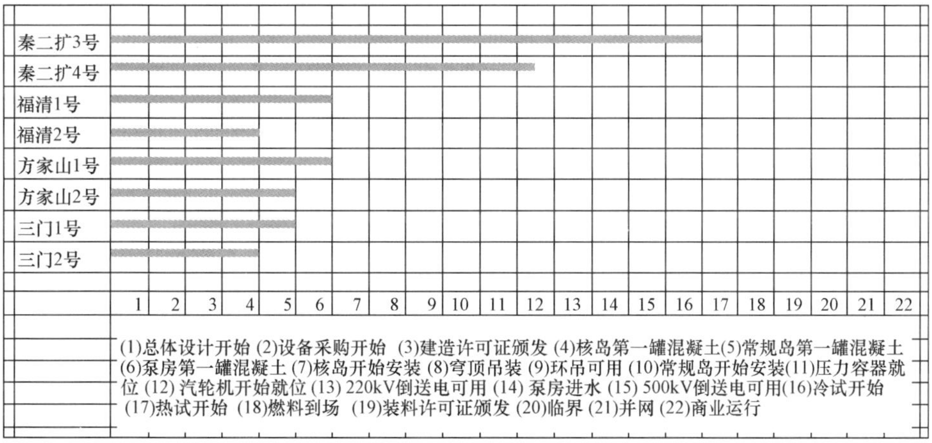

秦二扩3号
秦二扩4号
福清1号
福清2号
方家山1号
方家山2号
三门1号
三门2号

1 2 3 4 5 6 7 8 9 10 11 12 13 14 15 16 17 18 19 20 21 22

(1)总体设计开始 (2)设备采购开始 (3)建造许可证颁发 (4)核岛第一罐混凝土(5)常规岛第一罐混凝土(6)泵房第一罐混凝土 (7)核岛开始安装 (8)穹顶吊装 (9)环吊可用 (10)常规岛开始安装(11)压力容器就位 (12) 汽轮机开始就位 (13) 220kV倒送电可用 (14) 泵房进水 (15) 500kV倒送电可用(16)冷试开始 (17)热试开始 (18)燃料到场 (19)装料许可证颁发 (20)临界 (21)并网 (22)商业运行

2. 核电前期项目稳步推进

海南昌江核电工程执照申请、征地拆迁、现场施工、设备采购等主线工作总体进展顺利。12月，海南核电与工程公司正式签订总承包合同。环境影响报告书（选址阶段）和厂址安全分析报告已通过核安全与环境专家委员会评审，可研报告40个专题已完成39个，初步安全分析报告、设计阶段环境影响报告、设计和建造阶段质量保证大纲已召开多次对话会。项目核准和建造许可证申领工作接近尾声。

福清核电项目积极落实6台机组连续建设的批示，继1、2号机组顺利开工之后，3～6号机组前期工作也在积极推进之中。2009年4月获得国家发改委同意开展前期工作的批示，2009年9月获得国家核安全局关于选址阶段环境影响报告的批复。初步安全分析报告、设计阶段环境影响报告及设计和建造阶段质量保证大纲等许可证申请文件已提交国家核安全局。

田湾核电扩建5、6号机组于2009年6月获得国家发改委同意开展前期工作的批示。总体设计工作完成，厂址安全分析报告和环境影响报告及可研报告编制完成，初步设计工作大纲已经发布。

湖南桃花江核电工程属于我国内陆首批采用三代核电技术的项目，力争成为内陆首个开工建设的核电机组。项目许可证申领、初步设计工作整体进展顺利，施工图设计按计划进行，CV和结构、设备模块设计满足进度要求。现场方面，土石方施工完成，进场道路基本贯通，混凝土搅拌站、采石场等子项进展顺利。

除此之外，三门核电3、4号机组，田湾扩建3、4号机组及辽宁徐大堡核电等核电项目也在稳步推进之中。中核集团还在浙江、江苏、辽宁、江西、安徽、河南、湖北、福建、山东、广东、甘肃、四川等省份与地方政府大力合作，积极开展核电新项目选址及前期准备工作。

3. 持续强化安全管理

核安全是核工业的生命线。中核集团始终坚持“安全第一、质量第一”的原则，高度重视安全生产工作，建立了严格的安全制度体系，形成了鲜明的核安全文化，保持了非常好的核安全记录。在工程建设过程中坚持依法依规、严格管理，坚持注重细节、保守决策。

2009年3月，中央企业学习实践科学发展观活动第1指导检查组到秦山核电基地指导时，在参观完秦山二期扩建和方家山核电工程现场后，对现场安全管理给予了高度评价。2009年8月，中核集团部署了安全生产大检查工作，先后到福清、田湾、三门、海南等核电现场进行了专题安全检查。

4. 有序推进制度建设

按照核电工程管理程序化、规范化和制度化的要求，2009年中核集团完成了一系列管理文件：发布了《中核集团核电系统公司董事会工作参考手册》并进行了培训，以进一步推动和规范核电公司股东会、董事会和监事会的运作；发布了《核电在建工程同行评估实施程序》、《核电设备监造管理办法》、《核电工程建设质量监督计划编制指南》、《核电工程建设不符合项管理规定》、《核电工程进度管理软件使用手册》等程序，进一步规范了所属核电企业相关工作的开展。

5. 大力开展同行评估

中核集团视同行评估为持续改进的重要部分，在核电工程建设同行评估工作方面不断拓展，持续推进。2007年邀请美国Washington公司首次对秦山二期扩建工程9个领域开展工程建设同行评估，2009年中核集团邀请美国Bechtel公司对中国核电工程有限公司首次进行了工程总承包能力评估。在为期3周的时间里，美国专家通过对工程公司总部和福清核电工程现场进行评估，提出了多个强项和待改进项，为工程公司核电工程总承包管理迈向世界先进水平提供了有力的促进。

在石岛湾高温气冷堆同行评估活动中，中核集团挑选经验丰富的核电厂管理层人员担任评估队长，精选技术专家担任主要评估领域负责人，确保了评估活动成功实施。此外，秦山二期扩建工程也积极接受了中国核能行业协会组织的调试和生产准备专项评估活动。

通过不断探索和积累，中核集团建立并完善了在建核电工程评估体系，为后续开展在建核电项目同行评估积累了比较丰富的经验。

6. 积极完善工程总承包模式

为推动核电建设不断向专业化方向发展，中核集团在整合自身优势资源的同时，不断推进和完善工程总承包建设模式。

在福清和方家山核电项目采用工程总承包建设模式取得显著成效的基础上，2009年中核集团旗下三门核电、桃花江核电、徐大堡核电分别与工程公司签订了工程总承包建设框架协议，海南核电与工程公司签订了工程总承包合同。

为实现工程管理与国际接轨，打造国际一流工程总承包管理水平，2009年中核集团选取了几家国际知名总承包公司进行分析研究，参照各企业的先进管理经验，结合工程公司现状和发展规划，对工程公司在管理架构、程序体系及工作手册等方面提出了具体的改进建议并要求在后续工作中逐一落实。

（王振清　张国伟　竺　琳）

中国广东核电集团公司

2009年工作概况

2009年，中国广东核电集团公司（简称中广核集团）面对复杂多变的内外部形势，积极推进各项改革和创新，大力推进全员绩效行动，迎难而上，力求实效，各项主要经营指标超额完成，各领域工作均取得了可喜的成绩。到2009年底，集团总资产超过1439亿元，净资产达483亿元。

（1）学习实践科学发展观，加强战略谋划。中广核集团以“新阶段、新视野、新发展”为载体，深入开展学习实践科学发展观活动。结合学习实践活动，中广核集团提出坚持核电和新产业发展并重、项目开发和资本运营并举的方针；明确了新的发展战略目标，即力争进入拥有自主知识产权和知名品牌、主业突出、具有较强国际竞争能力的大型企业集团行列。

（2）安全生产稳步提升，专业化区域运营有了良好开端。大亚湾核电基地上网电量达到304.86亿kWh；4台机组实现全年无非计划停机停堆；在9项衡量电站综合业绩水平的世界核电营运者协会指标中，4台机组36项指标中有25项达到世界先进水平。同时，按照专业化运营的战略，谋划多项目多基地的运营模式，生产准备、区域运营各项工作扎实推进。

（3）工程建设经受考验，多项重大里程碑进展顺利。岭澳核电站二期1号机组顺利完成冷试，台山核电站主体工程开工建设，红沿河、宁德、阳江等项目建设稳步推进，咸宁、防城港项目进展迅速，在建机组达到11台。通过建立大工程管理模式，发挥集约化和规模化优势，工程核心能力进一步提升。

（4）加强统筹，大市场开发初显成效。红沿河二期、陆丰、岭澳三期、芜湖、韶关等项目稳步推进，与其他省份就核电及综合能源开发签署战略合作协议。与香港中电鉴署了大亚湾核电站延长合营期合同，加强在广东等重点地区市场开发工作，在多个省份形成了核电、风电、水电、太阳能、铀资源开发等多种项目协调促进的局面。“走出去”战略稳步推进，在重点核电、风电目标市场取得积极进展。

（5）抢抓机遇，新业务开发呈现良好发展态势。可再生能源方面，风电累计装机容量超过130万

kW，中标甘肃敦煌10MW光伏并网发电特许权项目，水电在运装机容量58.7万kW。铀资源开发方面，我国在中亚地区首个铀资源项目投入生产，与哈萨克斯坦、乌兹别克斯坦成立合资企业，与新疆自治区开展全面合作，成功收购澳大利亚EME公司。

（6）优化体系，科技创新能力进一步增强。国家能源核电站核级设备和数字化仪控系统两个研发中心落户中广核集团。核电站安全壳内不可接近设备研发、LOCA模拟环境鉴定、杂质鉴定3个实验室的建设填补国内空白。成功研制压水堆核电站换料机和地坑过滤器工程样机，达到领先水平。

（7）全员行动，综合绩效管理水平进一步提升。以全员绩效行动为主线，集团干部管理、资金保障、ERP实施等工作均得到有效推动。建立战略导向、业绩承诺、资源配置、绩效考核与结果应用为一体的绩效管理新机制。

（8）保障稳定，党建工作进一步加强。建立党建工作责任制，通过将其纳入全员绩效行动，与经营管理责任统一部署、统一落实、统一考核。通过完善双目标管理办法，组织开展“标准化支部”试点工作，进一步加强基层党组织建设。

2010年发展规划

2010年，中广核集团工作的指导思想是：全面贯彻党的十七大和十七届三中、四中全会精神，以邓小平理论和“三个代表”重要思想为指导，深入贯彻落实科学发展观，进一步坚持安全生产基础不动摇，坚持工程建设重点不动摇，坚持市场化经营理念不动摇，着眼国内与国际两个市场，着眼项目开发与资本运营两个手段，进一步加强战略谋划与战略落地，加强品牌推广与市场开拓，加强机制创新与绩效管理，全面提升企业经营管理水平，为实现战略目标而努力奋斗。

重点要做好以下工作：

（1）明确发展战略，制定五年发展规划。要在2009年开展的学习实践科学发展观活动和系列战略专题研究基础上，编制好下一个五年发展规划，进一步明确发展目标，制定战略举措，形成发展共识。

（2）抓好核电安全生产，提升专业化运营优势。要继续保持4台在运机组的安全稳定运行，重点做好在建核电项目的生产准备和岭澳二期移交接产工作，并按市场化的要求，深化专业化运营平台建设，打造并提升具有独特竞争力的专业化运营优势。

（3）推进核电工程建设，进一步提升自主化能力。在建机组将达到16～18台，并将横跨CPR1000、EPR、AP1000等多条技术路线，要高度重视安全和质量工作，确保工程建设“六大控制”目标总体可控，并以项目为依托，强化工程AE自主化优势。

（4）加强市场开拓，巩固市场开发优势。市场开发所面临的环境更加错综复杂，核电新项目开发和可再生能源项目竞争日益激烈，要不断加大市场开拓力度，提升“大市场”团队作战能力，加强核电新项目开发，推进广东、湖北、新疆等重点市场基地建设，大力开展电力市场营销。

（5）构建可再生能源发展新机制，抢抓新业务发展新机遇。坚持核电和新产业发展并重的方针，构建可再生能源健康和可持续发展新机制，打造风电、太阳能、核电产业链等产业新优势，提升清洁能源形象，为做强做大奠定基础。

（6）构建资本运营新机制，搭建资本运作平台。构建资本运营新机制，积极谋划风电、常规能源等直接融资平台，实现资本运营目标。健全完善集团资本运营组织体系和运作机制。明确资本运营业务规划目标，使资本运营成为新的收入和利润增长点。

（7）理顺科技研发体系，抢占未来发展制高点。不断完善科技创新体系，提升核心技术创新能力；加强核电品牌建设与型号研发研究，深化CPR1000技术自主化，推进EPR与AP1000技术引进消化吸收工作，积极参加国家核电重大专项与第四代反应堆技术的研发；建立清洁能源技术研发体系，跟踪风电、太阳能等低碳能源技术的发展，带动新产业发展。

（8）加快“走出去”步伐，拓展国际合作新空间。抓住有利时机，调动各方资源，深化国际合作，加大海外项目开发力度，实现核电技术服务输出，开展海外清洁能源项目开发。加大海外市场开发力度，力争核电及相关技术服务和新能源项目有实质性突破。

（9）加强品牌建设和全员绩效行动，提升集团综合管理水平。加强品牌建设，多渠道提升集团品牌在关键客户中的影响力，有效促进市场开发工作。继续深化全员绩效行动，通过持续改进，与其他管理手段结合起来，形成有中广核特色的管理工具。

（10）融入企业中心任务，创新开展企业党建工作。贯彻落实十七届四中全会和全国国有企业党建工作会议精神，抓好深入学习实践科学发展观活动后续整改落实工作，积极探索党建工作新思路新途径，形成党建与中心工作相结合的局面，促进企业和谐发展。

主要事件

1月3～10日，中国广东核电集团承担的海岛可再生独立能源系统研建863项目取得重大突破。担杆岛可再生独立能源系统成功试运行达168h，各项调试结果均达到设计指标。

1月22日，中共中央政治局原委员、国务院原副总理曾培炎同志视察中国广东核电集团阳江核电基地，并希望中广核集团今后更多地承担全国核电发展的任务。

2月7日，中共中央政治局常委、国务院副总理李克强视察中国广东核电集团大亚湾核电基地。李克强副总理强调指出，核电是清洁能源，在保障电力供给的同时，安全永远是第一位的，要切实把安全工作做好；在推进自主创新的同时，要确保核电安全。

3月7日，辽宁红沿河核电站3号机组开工。至此，红沿河核电站成为国内同时开工建设核电机组最多的核电项目。

3月28日，中广核集团韶关核电筹建处揭牌成立。韶关核电筹建处的成立是韶关核电新项目的重要一步，标志着韶关核电项目的筹建工作迈出关键步伐，即将进入项目开发前期准备阶段。

3月31日，中广核集团与四川省人民政府在成都签署了核电及相关领域合作框架协议，四川核电项目一期工程筹建处正式揭牌，标志着四川省与中广核集团能源合作全面展开。

4月2日，在巴黎举行的法国电力公司（EDF）2008年度安全业绩挑战赛颁奖仪式上，运营公司在参加的五项评比中，获得了“工业安全”、“厂房管理”和“能力因子”三项第一名、“辐射防护(900MWe组别)”第二名、“自动停堆”第三名的好成绩。至此，大亚湾、岭澳核电站已在EDF安全业绩挑战赛中累计获得19项次第一名。

4月18日，我国首家由企业发起并经国务院批准设立的产业基金——中广核产业投资基金（一期）募集协议在北京签署，中广核产业投资基金管理有限公司揭牌。

4月29日，中广核集团和哈萨克斯坦国家原子能工业公司共同出资成立的铀资源合资开发企业——谢米兹拜伊铀有限责任合伙企业在哈萨克斯坦首都阿拉木图揭牌成立，标志着中广核集团在推进国际化战略、积极开发利用海外铀资源方面取得了重要进展。

4月30日，岭湾核电有限公司在深圳注册成立。中广核集团再添新成员。岭湾核电有限公司是岭澳核电站三期工程的业主公司，其成立标志着岭澳核电站三期核电项目筹建工作迈出关键步伐。

5月10日，大亚湾核电站、岭澳核电站4台机组商运后累计上网电量达到3000亿kWh。其中，大亚湾核电站上网电量2051.98亿kWh，供香港1401.50亿kWh；岭澳核电站上网电量948.02亿kWh。

6月14日，中广核集团广东揭阳核电筹建处揭牌成立。广东揭阳核电厂址位于揭阳市惠来县仙庵镇东北约6km的岛屿沿海，规划总装机容量为6台百万千瓦级核电机组，一期工程建设2台百万千瓦级核电机组。

6月23日，中广核集团下属企业能源公司中标甘肃敦煌10MW光伏并网发电特许权示范项目。该项目是我国首个光伏并网发电特许权示范项目，也是目前批准的国内最大的光伏发电项目。

7月23日，国资委网站正式公布了2008年央企负责人业绩考核A级企业名单，中广核集团首次进入央企负责人业绩考核A级企业行列。

7月31日，中广核集团与国家核电技术公司、中国船舶重工集团公司有关AP1000合作协议和湖北省政府与中广核集团关于进一步推进湖北核电及核电产业发展等相关事项会谈纪要的签字仪式在武汉举行。根据签署的协议，中广核集团将以湖北咸宁核电项目向国家申请建设AP1000内陆首个核电项目，以湖北为集团发展的第二基地，积极推进湖北核电及核电产业发展。

8月7日，中广核集团风电装机突破100万kW，完成762台风机吊装。

8月15日，辽宁红沿河核电站1号机组穹顶成功吊装，4号机组主体工程开工。这标志着红沿河核电站1号机组全面进入设备安装阶段，红沿河核电站以在建4台机组的规模成为我国乃至全球同一基地同时在建机组最多的核电站。

8月28日，我国第一个光伏并网发电特许权项目——中国广东核电集团甘肃敦煌10MW光伏发电项目在甘肃敦煌奠基。

8月30日，国家能源局核电站核级设备研发和试验中心、国家能源局核电站数字化仪控系统研发中心落户大亚湾核电基地。

8月27日，中广核太阳能开发有限公司注册成立。该公司经营范围包括太阳能发电项目的开发、投资、总承包、设计、采购、建造、运营；太阳能发电和相关技术的集成和研发，包括光伏和光热发电技术、独岛蓄能、调峰、建筑光伏；太阳能产业链的产业技术的研发投资等业务。

9月23日，岭澳核电站二期1号机组核岛主回路水压试验圆满成功，标志着1号机组核岛安装基本结束，开始进入核岛各系统的联合调试高峰和设计、设备、安装的验证阶段。

9月29日，中共中央政治局常委、国家副主席习近平出席在人民大会堂举行的大亚湾核电站延长合营期合同签字仪式。根据签署的合同，大亚湾核电站首个合营期在2014年结束后，双方合营期限延长20年至2034年5月6日。

10月7日，中共中央政治局常委、国家副主席习近平与比利时首相范龙佩共同出席了在布鲁塞尔举行的两国企业合作签约仪式。在两国领导人的共同见证下，中国广东核电集团公司董事长钱智民与比利时羿飞集团（Enfinity）董事长GINO VAN NEER签署了战略合作协议。

10月14日，中广核集团与哈萨克斯坦萨姆鲁克·卡泽纳国家基金（简称国家基金）在北京签署合作协议。根据该协议，哈萨克斯坦国家基金和中广核集团将研究设立合资公司，共同开发哈萨克斯坦南部和中部地区的风能和太阳能项目，以及在哈萨克斯坦境内建设水电项目。

12月12日，中共中央总书记、国家主席胡锦涛见证了中广核集团与哈萨克斯坦萨姆努克·卡泽纳基金开展在可再生能源领域合作的签字仪式。

12月21日，中共中央政治局常委、国务院副总理李克强与法国总理菲永出席台山核电站开工暨台山核电合营有限公司成立仪式。李克强副总理指出，台山核电站是中法在清洁能源领域合作的重大项目，对于中法推进先进核能的技术利用，对深化两国经贸关系，对于促进双边关系发展都有着积极而重要的意义。

12月24日，大亚湾、岭澳核电站年度上网电量累计达300亿kWh，提前完成2009年300亿kWh的上网电量目标。其中，大亚湾核电站已于2009年12月24日01时40分达到153亿kWh（年度上网电量目标）。

国网新源控股有限公司

企业概况

国网新源控股有限公司（简称新源公司）是国家电网公司投资设立的国有独资公司，于2005年3月31日注册成立。目前，新源公司主要负责开发建设和经营管理抽水蓄能电站、新能源电站和可再生能源项目等业务。截至2009年底，新源公司抽水蓄能机组装机容量1517万kW，其中已投入商业运行机组装机容量1027万kW，在建装机容量490万kW。

新源公司所属全资、控股企业26家，分布在17个省（市、区）。新源公司对所属全资公司实行直接管理，履行控股股东权利对控股公司进行管理。

新源公司本部设置10个管理部门，分别为办公室、发展策划部、人力资源部、财务资产部、安全监察部、基建部、生产技术部、物资部、监察审计部、思想政治工作部。

人力资源

截至2009年底，新源公司员工总数为1827人，其中长期合同员工1817人，短期合同员工10人。学历构成：大学本科及以上学历929人，占50.8%；大学专科414人，占22.6%。技术力量构成：高级职称286人，占15.6%；中级职称383人，占21%；初级职称470人，占26%。技能力量构成：高级技师9人，占0.5%；技师38人，占2%；高级工229人，占12.5%；中级工73人，占4%；初级工48人，占2.6%。

2009年，新源公司以加强干部人事管理、用工配置管理、用工风险管理为重点，把好人员入口、机构编制和工资总额“三关”，人力资源集约化管理水平明显提高。

安全生产

按照“三个百分之百”要求，严格落实安全生产责任制，健全安全监督体系，完善安全监督组织机构。扎实开展安全生产“三项行动”、“三查一整改”和反违章活动，规范安全管理行为。组织开展安全互查、隐患排查治理等工作，完成8家蓄能电站安全性评价，从源头上预防和控制事故风险。大力推进设施标准化达标工作，规范分包队伍管理，开展安全质量专家巡视，落实防范措施，基建安全管理水平不断提高。完善生产管理制度，加强运行设备管理和检修、技改工作，设备可靠性稳步提高。新源公司有效应对生产基建并存、施工环境复杂、极端天气多发、设备质量缺陷凸显等困难，安全生产形势保持平稳，实现连续安全生产1737天。

2009年，新源公司未发生人身伤亡事故，未发生有人员责任的一般及以上设备事故和电网事故，未发生负主要责任的重大及以上交通事故，未发生重大及以上火灾事故，未发生火工品流失事故，全面完成全年安全目标。

服务电网

加强设备治理，通过检修和技改，重点解决了宜兴、琅琊山、天荒坪等抽水蓄能电站机组振动、推力瓦轴承设计缺陷、变压器制造缺陷等问题。全面开展生产单位安全性评价查评和设备运行特性、蓄能电站技术标准研究，加强专业培训和技术交流，强化生产移交管理，不断提升设备健康水平和运行水平。全年蓄能机组发电启动10 886次，成功率99.98%，同比上升0.06个百分点；抽水启动6435次，成功率99.85%，同比上升0.14个百分点。新源公司各单位在迎峰度夏、国庆保电、极端雨雪天气等重要时段、关键时期发挥了重要作用，为电网安全稳定运行作出了贡献。

建设发展

充分发挥蓄能电站区域代表作用，快速启动国家电网公司经营区域蓄能电站规划选址工作。启动新源公司“十二五”蓄能电站发展规划编制工作。洪屏、仙居抽水蓄能项目通过国家发改委办公会审查，敦化、天池抽水蓄能项目取得国家发改委“路条”。有序开展文登、天池、丰宁等抽水蓄能项目可研工作。

快速推进坚强智能电网首批示范项目——风光储输示范项目，完成项目选址、可研及专题报告编制审查、核准等工作。项目进入国家“金太阳”工程，被列为国家级示范项目。

大力加强基建标准化管理，制定土建和安装工程施工工艺标准，推行混凝土施工样板墙制度，建立项目季度协调机制，强化业主负责制的主导地位，进一步提高工程建设管理水平。完成开工投产目标，新源公司运行蓄能机组容量达到1027万kW。

经营管理

强化综合计划和预算管理。加强综合计划和专项计划执行情况的分析与监控，增强综合协调能力。建立以成本标准为基础的经营预算管理系统，增强预算刚性约束力。

认真抓好资金、资本、资产管理。通过采取融资结构置换、存量贷款利率下浮、筹集低成本资金等措施，节约财务费用。加强月度投资计划执行情况分析监控，强化投资计划管控力度。加强新源公司股权管理，提高投资效益。

认真研究落实电监会“两个细则”，积极协调电量电费，推动出台国家电网公司蓄能电站购售电合同统一文本，精心组织新机组转商运工作，保证经营成果。

扎实开展依法治企工作。对2005～2008年内外部检查揭示的问题进行全面梳理和整改，加强对制度执行情况的监督检查，深入查纠经营管理中的“习惯性违章”。加强内审工作，强化工程建设全过程跟踪审计和领导干部任期经济责任审计。强化法律监督，完善合同管理，制定并下发第一批合同范本。规范各单位“三会”管理，加强财务稽核工作，深入开展效能监察和招标监督，内控机制日益健全。

深入开展“三节约”活动。提高全员节约办企意识，严格成本控制，大力压缩非生产性开支，促进新源公司管理水平的提升。新源公司荣获国家电网公司“三节约”活动先进单位。

党建和精神文明建设

认真组织学习贯彻党的十七届四中全会精神，大力推进“三个建设”。积极开展“电网先锋党支部”创建活动，增强各级党组织凝聚力和战斗力。扎实推进“三化三有”惩防体系建设，积极构建“大宣教”、“大监督”工作体系。开展“勤奋敬业作表率、科学发展当先锋”党风廉政建设主题教育活动，扎实开展“三重一大”、“成本管理”效能监察，营造了“干事、干净”的良好氛围。加强民主管理，一届四次职代会24条代表提案全部落实。组织开展建功立业活动和各种劳动竞赛，加强班组建设和厂务公开工作，开展“送温暖”活动，加强离退休工作，取得了积极成效。发挥团员青年生力军作用，积极引导广大团员青年立足岗位拼搏奉献、成长成才。以“六个一”活动为抓手，全面开展“四统一”企业文化实践活动。新源公司系统两个文明建设取得新成果，新源公司本部保持中央国家机关文明单位称号，十三陵电厂、泰山公司分别获得“全国文明单位”和“全国精神文明建设先进单位”称号，宜兴公司总经理黄悦照被授予国家电网公司劳动模范，共有8个基层集体和个人获得省部级荣誉称号，展示了新源公司良好形象。

（韩 冰）

国网能源开发有限公司

企业概况

国网能源开发有限公司（简称能源开发公司）于2008年4月29日在国家工商总局注册成立。能源开发公司以运营管理调峰调频火力发电企业、煤炭资源开发、生产、仓储、配送等为主营业务，以确保电网安全经济稳定运行、为国民经济和人民生活提供安全可靠充足的电力供应与服务为使命。截至2009年底，能源开发公司所属天津大港发电厂、天津大港华实发电有限责任公司、秦皇岛发电有限责任公司、上海闸电燃气轮机发电有限责任公司、河南焦作电厂、重庆发电厂、山西神头第二发电厂、四川白马循环流化床示范电站有限责任公司八家发电企业，合计装机容量524.95万kW，权益容量443.1万kW。

能源开发公司本部由10个部门组成，拥有4个全资、7个控股参股企业及1个京外办事处。

2009年，面对国内煤炭供应持续紧张、机组利用小时数大幅下滑、国家环保政策进一步加强等因素带来的严峻挑战，坚决贯彻国家电网公司党组的决策部署，深入开展学习实践科学发展观活动，围绕“效益和发展”两大任务，坚持“两个创新”，强化安全、生产、经营管理，全面部署人财物集约化管理工作，全力推进煤电一体化战略，进一步加强党的建设、企业文化建设和队伍建设，各项工作取得显著成效。

2009年工作思路：围绕一个目标，贯穿一个坚持，突出两大任务，实现两个突破，促进两个协调。即全面贯彻落实国家电网公司一届四次职代会暨2009年工作会议精神，以科学发展观统领全局，围绕建设“三优两化”现代公司，坚持依法治企、从严治企，突出效益和发展两大任务，实现电源发展和煤炭开发两个突破，促进发展速度与发展质量相协调、企业效益与企业规模相协调。

人力资源

2009年底，能源开发公司员工总数10 792人。其中，具有大专及以上学历的4573人，占42.37%；具有高级及以上职称的367人，占3.40%。

加强领导干部队伍建设，不断丰富和完善领导班子考核评价内容。强化内部交流机制，重视青年干部多岗位锻炼，选拔基层单位骨干在本部挂职培养锻炼，着力打造一支政治过硬、领导力强、富有创新精神的管理团队。稳步推进人力资源集约化管理工作，优化人力资源配置，规范劳动组织管理。进一步夯实人力资源管理工作基础，能源开发公司被评为“国家电网公司2009年度人力资源信息管理与统计工作先进单位”。大力实施人才强企战略。健全有利于吸引人才、留住人才和优秀人才脱颖而出的人才机制。建立与岗位相适应、与员工职业生涯相结合的动态培训标准和考评体系。大力推进全员绩效管理，建立全员参与、指标完整、方法可行、结果科学、考核到位的绩效管理体系和领导干部业绩评价体系，促进企业与员工的共同发展。

以提高业务技能为重点，深入开展全员教育培训。完善远程教育培训系统，提高应用水平。组织举办了现职领导干部培训班、中青年后备干部培训班、本部全员脱产培训班、优秀班组长现场管理培训班等，提高了全员的管理能力、综合素质和专业理论水平。不断改进和创新培训内容与方式，广泛开展练兵比武活动，努力提高员工队伍素质。组织参加国家电网公司财务等专业调考，获得优良成绩。举办继电保护等岗位技能竞赛，提高员工实际操作水平。

安全生产

认真贯彻落实国家电网公司关于安全生产的各项要求，不断健全完善安全生产长效机制。建立科学完整、严密有序的责任体系，以责任制为核心，完善安全生产监督体系和保证体系。完善规章制度，出台并下发《国网能源开发有限公司关于规范生产管理工作的指导意见》等文件。开展同业对标活动，学习借鉴全国同类型机组先进的管理经验。积极推进、完善安全生产信息管理系统，深化“两票三制”工作，推进现场作业标准化。探索风险管理和安全性评价的新思路，建立分层次、综合性的企业安全风险评估体系。完善应急预案体系，提高突发事件的应急处置能力。加强设备治理和技术改造，优化运行指标，提高设备健康运行水平。大港发电厂1号机组、秦皇岛发电公司3号机组分获全国火电大机组进口和国产300MW级竞赛特等奖。对重大设备隐患和重大危险源管理实施动态监控，确保风险可控在控，有效防止重大人身设备事故发生。深化“百问百查”和安全隐患整治工作，建立长效机制。探索煤炭产业领域的生产特性及规律，建立有效的安全保证体系与监督体系。强化承、发包工程安全管理，确保安全施工和安全生产。认真做好全国两会、国庆60周年庆典等重大活动的保电任务，确保电网完全稳定运行和电力可靠供应。

加强技术创新与新技术推广工作，围绕环保、节能、设备改造，大力开展技术攻关和应用。积极推进产学研合作，与中国电力科学研究院签署了科技合作战略框架协议。加强资产全寿命周期管理、安全风险评估标准化建设、脱硫系统现场运行检修标准制定等研究应用。承担国家电网公司立项的科技项目2项。完善技改和技术开发管理制度，规范管理流程。加强信息化SG186工程建设，顺利通过国家电网公司竣工验收，信息化水平明显提高。燃煤机组100%实现脱硫，提前完成国家电网公司“十一五”减排目标和脱硫治理目标，兑现了国家电网公司对社会的责任承诺。

经营管理

面对严峻的经营形势，能源开发公司坚持以扭亏盈利为主线，合理安排年度经营目标，严格综合计划和预算管理，加强投融资管理，统筹协调资金运作，加大资金集中管理和监控力度。加强“四电”（电量、电价、电费、电煤）工作，对发电量、标煤单价等重点计划指标的监控，坚持月度指标分析、季度经济活动分析、年度综合业绩考评，强化预算执行过程监督，拓展预算管控范围，管理的集中度和调控力有了明显提升。加大代管机组的管理力度，制定了《代管机组财务管理办法》。在“三重一大”决策制度执行、成本控制、燃料管理等重点领域，深入开展效能监察，燃料管理效能监察项目获得国家电网公司效能监察优秀项目二等奖。

全面推进人财物集约化管理工作，研究制订了人财物集约化管理实施方案。全面推行财务管理标准化，研究制订标准成本体系。积极参与国家电网公司会计核算办法、会计科目的制订工作。加快建设物资管理组织体系建设。不断规范和完善招标管理制度，招投标管理继续加强。加强废旧物资管理，规范物资处置流程和审批制度，有效防止资产流失。加强燃料全过程精益化管理，充实管理力量，严格入场煤计量和采制化管理，燃料管理信息系统实施应用、燃料采购重点合同监管等工作取得了新进展。全面开展“五节约”活动，深挖内部潜力，大力增收节支、降本增效。

坚持依法从严治企，全面加强风险管理。严格遵守国家的法律法规，充分发挥纪检、监察、审计等监督保障作用，加大经济责任审计和投资项目跟踪审计力度，加强对燃料管理、物资采购、工程招投标等重大经营活动的全过程监督，防范经营风险，提高经营水平。加强能源开发公司“三会”（股东会、董事会、监事会）管理，进一步规范经营管理工作。

公司发展

电源项目发展快速推进。四川白马 600MWCFB 示范工程项目已进入核准程序，国家发改委副主任、国家能源局局长张国宝及国家电网公司有关领导出席主机设备采购合同签字仪式，完成工程的初步设计预审查及施工、监理、辅机等招标采购和厂区线路迁建等工作。国家电网公司分别正式向国家能源局上报重庆、焦作环保迁建项目的前期工作请示文件，开展了项目可行性研究。国家能源局对焦作电厂关停的 2 台机组进行了核查，项目前期工作有序推进。秦皇岛发电有限责任公司供热改造工程开始实施，神头二电厂通流改造工程和大港华实公司脱硫改造工程取得国家电网公司立项批复，能源开发公司可持续发展能力明显增强。

煤炭项目开发取得重要进展。能源开发公司适应国家煤炭资源开发的新要求，依托国家电网公司“一特四大”战略，积极开展前期工作。成立了内蒙古办事处，健全组织机构。对内蒙古煤炭资源富集地区进行实地考察，明确了规划重点。将白彦花特大型煤电基地项目列为长期发展的战略投资目标，与当地政府签订了合作框架协议。积极参与竞标呼伦贝尔市红花尔基煤炭资源转让，得到地方政府的有力支持。组织实施白彦花煤电基地项目初步可行性研究工作。

党建和精神文明建设

按照国家电网公司党组关于学习实践科学发展观活动的安排部署，能源开发公司党组以把握发展规律，破解发展难题，增强发展能力，推进“三优两化”现代公司建设为主题，以深化“两个转变”、推动科学发展为实践载体，精心组织，周密安排，严格按照“三个阶段、六个环节”的工作要求，做到规定动作不走样，自选动作有创新，整改落实工作切实有效，圆满完成了学习实践活动各阶段任务，达到了提高思想认识、解决突出问题、创新体制机制、促进科学发展的目标。活动群众满意度达到 100%。

认真学习贯彻党的十七届四中全会精神，切实加强党建和精神文明建设。认真执行民主集中制原则，扎实有效地推进党内民主建设。认真抓好党组（党委）理论学习中心组政治理论学习。积极组织开展“电网先锋党支部”创建活动和“两优一先”评比活动。党员干部队伍的整体素质有了进一步提高。深化“四好”班子创建活动，各级领导班子的领导力和执行力得到进一步加强，在能源开发公司的发展中发挥了重要作用。加强党风廉政建设，有序构建“三化三有”惩防体系，开展反腐倡廉建设“反违章”活动，深入开展警示教育，提高了干部队伍拒腐防变的能力。组织开展企业文化“四统一”主题实践活动，积极宣贯国家电网公司“诚信、责任、创新、奉献”的核心价值观。广泛开展群众性精神文明创建活动。大力选树和宣传公司各方面的先进典型，社会影响力明显提升。坚持党建带团建，成立临时团委，团青组织蓬勃发展。发挥工会文化阵地优势，举办了全民健身活动启动仪式暨本部首届职工趣味运动会和羽毛球比赛，活跃了职工的文化活动，增强了企业凝聚力。

（杨吉深）

中国华电工程（集团）有限公司

企业概况

中国华电工程（集团）有限公司（简称华电工程）是中国华电集团公司（简称集团公司）所属企业，是中国华电集团工程技术产业板块重要的组成部分和发展平台。

在中国华电集团公司总体发展战略统领下，经过多年不断创新发展，华电工程已经发展成为以高新技术产品研发与制造、工程设计与总承包、能源技术研究与服务为核心业务，以安全、质量、顾客满意、经济效益为核心业绩的国有大型企业集团，业务遍及海内外。

华电工程主要从事重工装备、环保水务、新能源建设、工程总承包、能源技术研究与服务五大板块业务。产品和服务涵盖电力、化工、港口、冶金、矿业、市政、新能源等领域。

华电工程奉行“拼搏进取、追求卓越”的企业精神，坚持“务实、创新、高效、和谐 ”的核心价值观，以“努力打造中国华电工程品牌，为国家能源产业发展提供优质产品和技术服务”为使命，坚持实践科学发展，坚持走市场化、产业化、集团化、国际化的道路，努力为国家建设贡献力量。

领导班子

董事长、总经理：孙青松
党组书记：杨　勇
党组成员、副总经理：谢春旺
党组成员、副总经理：马骏彪
党组成员、副总经理、总会计师：许建良
党组成员、副总经理：姜学寿
总工程师：黄　湘

机构设置

中国华电工程（集团）有限公司本部共设 10 个职能部门，即总经理工作部、人力资源部、市场营销部、工程管理部、财务部、政治工作部、监察审计部、发展策划部、科技管理部、资产管理部。7 个专业分公司，即华电重工装备有限公司、水处理分公司、环境保护分公司、总承包分公司、华电新能源技术开发公司、海外工程分公司、华电工程设计院。

在京内外有 6 家直属企业，即国电机械设计研究院（杭州）、电力工业产品质量标准研究所（杭州）、国电郑州机械设计研究所、武汉华电武仪科贸有限公司、扬州电讯仪器厂、北京中光电力设备公司、华电工程（厦门）有限公司。

公司所属企业有全资及控股子公司 20 家，主要参股公司 15 家，控股及参股子公司中有 4 家中外合资企业。

人力资源

华电工程现有员工 2305 人（截至 2009 年底），具有中、高级技术职称的 738 人，占 32%，其中享受教授级及以上待遇的 13 人；具有大学本科以上学历的 1567 人，占 68%。本部 869 人，具有中、高级技术职称的 459 人，占 53%，其中享受教授级及以上待遇的 5 人；具有大学本科以上学历的 555 人，占 64%。

获得资质

华电工程已获得的资质证书有：ISO9001、ISO14001、OHSAS18000 证书、高新技术企业证书、甲级工程咨询证书、甲级工程设计证书、AAA 信用等级证书、进出口资格证书、对外经济合作经营资格证书；中国钢结构制造企业特级资质、国家特种设备压力管道设计许可证等 21 项经营资质证书，8 项专业设计资质，4 项监理资质。

主要荣誉

首都文明单位
中国电力企业联合会全国电力行业优秀企业
北京中关村科技园丰台园“十佳企业”
华电集团先进企业
华电集团文明单位
华电集团信息化工作先进单位

经营情况

1. 经营范围

①各种装机容量的国内外火力、水力、风力、生物质、太阳能发电和冷、热、电联供系统等工程总承包及总承包技术管控、设计优化；

②电厂、港口、码头、粮食等散状物料输送系统，火电、水电、核电管道，供热、供水、废水管道，石化、天然气管道，工业和民用钢结构，风电钢结构，大型机械系统的设计、设备制造及工程总包；

③火电厂脱硫、脱硝、固碳、灰渣输送，电站水处理、工业水处理、城市污水处理、中水回用、海水淡化等系统设计、设备成套、工程总包及水务投资；

④电厂科学运营、技术监督，先进发电技术和安全经济运行技术的引进、合作和推广应用；电力行业相关设备的技术规范（标准）研究和制定；水利、电力工程及装备的设计、监理。

2. 主要指标完成情况

华电工程系统全年没有发生生产基建较大及以上安全事故；没有发生为用户提供不合格产品及服务等造成严重社会影响的生产事件；没有发生企业经营和领导人员违法和严重违纪案件；没有发生对华电工程形象和稳定造成不利影响事件。

在新项目少、竞争加剧、经济形势严峻等诸多不利情况下，华电工程通过严格控制成本费用等多项有效措施，着力提升经济效益，全面超额完成集团公司下达的各项经济指标，华电工程系统（不含国电南自）全年完成销售收入 68.13 亿元，实现利润总额 2.47 亿元，净资产收益率达到 28%，销售利润率 3.62%，资产负债率 89.45%，期末流动资产占用总额 63.37 亿元，华电工程主要经济指标创出历史最好水平。

工程进度指标按时完成。阿萨汉项目克服种种困难，精心组织，团结协作，顺利通过集团公司组织的专项质量验收；2009 年 12 月 30 日两台机组首次启动成功，具备了双投条件，总承包范围工作按时完成，圆满完成集团公司下达的考核指标，与合同里程碑相比提前五个月。

主要工作

1. 深入学习实践科学发展观，制定华电工程2009～2013年发展规划纲要

2009年，按照集团公司党组统一部署，华电工程组织开展了深入学习实践科学发展观活动。华电工程系统各级党组织高度重视，狠抓落实，做到“规定动作”不走样、“自选动作”有创新，圆满完成了学习实践活动三个阶段六个环节的各项任务，得到了集团公司的充分肯定和职工群众的一致好评，群众满意率达99.62%。

在深入学习实践科学发展观的过程中，为了落实集团公司领导关于大力支持华电工程持续发展的指示精神，更好地呼应集团公司“1118”战略，根据华电工程内外部经营环境的变化和集团公司对华电工程新的要求，制定了2009～2013年发展规划纲要。纲要提出了以做强、做大、做好集团公司工程技术产业为使命，以高新技术产品研发与制造、工程设计与总承包、能源技术研究与服务为核心业务的理念，明确了以安全、质量、顾客满意、经济效益为核心业绩的重要思想；强调要坚持以人为本、技术领先、机制创新、持续改进，突出业绩导向机制和核心能力建设；确定了到2013年要达到的战略目标，理清了贯彻发展战略的主要工作思路，制定了实现发展战略的主要措施。规划纲要的制定，为华电工程发展描绘了清晰的蓝图，对指导华电工程的发展起到了重要作用。

2. 优化结构，整合资源工作扎实开展

按照华电工程五年发展规划要求，华电工程把所属的13个二级经营单位根据有利于经营发展的需要进行了重组和整合，使原来分散的人才、技术、市场等小优势变成集中的大优势，使各业务板块的市场竞争能力、品牌优势和抗风险能力得到有效加强。

原国电机械设计研究院平稳实现业务转型，将原来所有参股业务退出主业经营，完全按参股公司管控模式运行，60多名员工与研究院解除了劳动合同。借助集团公司动力技术中心已有基础并组织新的资源，将原国电机械设计研究院改造成为向集团公司提供生产技术服务为宗旨的华电电力科学研究院，成为华电工程能源技术服务业务板块的载体。该院已经搭建了新的组织结构，进行了班子调整，内部建设正在深入推进。在集团公司及相关区域公司的大力支持下，该院承担了集团公司生产技术监督管理、脱硫系统技术评估、汽轮机节能诊断和优化改造咨询评价等多项工作，共涉及集团公司173台火电机组和128台脱硫装置，得到广泛好评，具有了电力科学研究院的基本雏形，发展势头良好。

重工装备板块将本部资源需求相同、市场相近的6个分、子公司连同11家三级公司近1500名员工重组为华电重工装备有限公司。该公司自2009年2月27日挂牌成立以来，在制定板块发展战略、搭建新的组织构架、优化内部资源、出台新的制度流程以及文化融合等方面做了大量深入细致的工作。目前该公司运转平稳，2009年实现利润总额1.4亿元，完成经营指标的110.3%。

3. 进一步加大集团内外市场的开发力度

2008年下半年以来，占华电工程业务量近80%的火电项目开始大幅减少，对华电工程2009年新签合同造成十分不利的局面，而且由于市场竞争更加激烈，合同利润率普遍降低，市场遇到前所未有的压力。

2009年3月，集团公司下发《关于印发〈关于支持华电工程发展汇报会会议纪要〉的通知》的文件，从政策层面对华电工程的发展进一步加大支持力度。为此，华电工程成立了“集团公司内部项目营销工作组”，将所有集团公司内部项目归到公司层面统一协调，这样既提升了市场形象，又减少了各分、子公司市场营销工作量，让各分、子公司集中更多的精力开拓集团外市场。在集团外市场方面，华电工程利用各种渠道与华润集团、中石化集团、中冶集团、上海电气集团等公司寻求合作。目前，中石化、重庆钢铁集团、中广核等集团外部项目已经超过2009年新签合同的70%。其中重庆钢铁集团铁矿废石输送排土系统总承包项目使华电工程在露天采矿业务上实现了新的突破，为华电工程拓展煤炭、矿石的露天开采业务奠定了基础。为了找到更大的生存发展空间，按照集团公司发展纲要中关于借助集团公司新能源产业发展打造华电工程完整风力发电产业链条的要求，华电工程在深入分析调研的基础上提出了以收购方式实现风电主机研发生产能力的可研报告，正在等待集团公司批准实施。

4. 科技创新和资质申办工作取得显著成绩

2009年7月，华电工程召开了有史以来第一次科技工作会议，对华电工程科技工作做了全面总结，表彰奖励了科技创新先进集体和个人，发布了《2009～2013年科技发展规划》，安排和部署了下一阶段科技工作重点，提出了各专业技术发展目标任务。

华电工程重视科技创新工作。华电工程系统2009年新增授权专利33项，其中发明专利12项，累计拥有专利达到115项。华电工程自主研制的“烟气脱硫塔”、“一种先进的凝结水中压设备”、“圆形储料场”、“长距离皮带机综合势能发电设备”4个产品，获得北京市第六批自主创新产品称号。有9项科技项目获得2009年华电集团科技进步奖，其中一等奖4项；6项科技成果通过了行业技术产品鉴定；有

2项自主研发的软件获得国家版权局认定的软件著作权；共获得全国电力行业管理创新成果奖4项，其中一等奖1项。与中科院联合申报的国家“973”课题获得批准，总工程师黄湘成为项目的首席科学家。华电工程与山东大学联合申报“燃煤污染物减排国家工程实验室”获得成功，并与山东大学签署科技合作协议，联合培养人才，探索产学研优化结合的新途径。华电工程本部博士后工作站与清华大学合作，第一名博士后进站工作已经完成，工作站进入正常运行状态。华电工程所属的《华电技术》刊物，被中国电力报刊协会评为2007～2008年度全国电力优秀期刊，及河南省第一届自然科学期刊综合质量一级期刊。华电工程与上海成套院联合主编了《大型火电设备手册》，涵盖了大型火电工程建设的主要设备，已列入中国电力出版社重点图书目录。华电工程协助集团申报“千人计划”工作和筹建华电集团技术研究总院工作进展顺利，2009年完成了集团“海外高层次人才创新创业基地申报书”编制工作，于9月4日通过集团人力资源部上报国资委；并完成了华电集团技术研究总院筹建方案编制工作，正待集团公司审批。

工程总承包资质一直是制约华电工程发展的瓶颈。经过精心组织，认真工作，在获得工程设计乙级资质后，2009年，华电工程终于通过国家住房和城乡建设部的审核，获得电力行业火力发电（含核电常规岛）工程设计甲级资质。

5. 合同执行能力逐步得到提升

2009年，华电工程正在执行项目合同总额高达153亿元，项目总数达154个，工地数量达51个。针对项目金额大、数量多、工地分布广的特点，华电工程狠抓安全管理，积极组织开展了“三项行动”、“三项建设”、“安全生产月”活动；组织参加了电监会“关爱生命，安全发展”安全征文活动，并获得二等奖1名，优秀奖1名；针对汛期特点，及时发布汛期预警信息，建立起汛期沟通联络机制，定期通报项目安全情况等方式，促进了华电工程安全管理，保证了2009年安全稳定的生产局面。

华电工程大力倡导和强化“执行好合同就是在做市场”的理念，合同执行能力逐步得到提升。以鞍钢、中广核、中石化项目由于产品质量好、服务周到而连续数期扩建都使用华电工程产品为实例，让广大干部员工充分认识到合同执行对华电工程生存发展的重要性，牢固树立用户至上的观念。华电工程将产品和服务集中的项目实行由公司副总工或部门副总经理任项目经理的“大项目管理模式”，统筹协调各专业的项目执行，加强与业主的沟通联系，取得了一定的效果。2009年第一个大项目模式工程——宁夏灵武项目实施统一对外协调、统一对内管理等“五统一”措施，提高了项目管控力度，得到了业主的好评；对于西塞山项目，公司统一调配内部资源，推广阶段性成功经验，大力倡导和推动以项目创优策划提升工程项目质量，得到集团的充分肯定，并确定西塞山项目为集团公司60万kW级机组工程建设标杆项目。通过一系列的措施，项目执行能力进一步得到提高，保证了华电工程生产经营中经济效益和社会效益的提升。其中，华电工程水处理专业已顺利完成2个难度极大的核电项目；已完工的16个中水处理项目如满负荷运行，每年可将2.3亿t污水资源化，接近国家南水北调工程总水量（10亿t/年）的1/4，为贯彻节能减排、循环经济、污水资源化作出了贡献。华电工程承担的中原普光系统总承包项目是输送硫磺的川气东送国家重点工程，攻克了许多难关，目前项目已全面投运，运行状态稳定。华电漯河电厂输煤系统总承包项目，以“创华电集团标杆”、“创行优，争鲁班”为目标进行管理，完全达到了业主里程碑节点计划要求。在新能源领域，华电工程承担的昌邑安利兴生物质热电项目1号机组已并网发电；北京德清源沼气发电项目已顺利完成；鞍钢鲅鱼圈风电项目已竣工验收。华电工程在2009年共有7个脱硫项目（19台机组合计3885MW）和1个脱硝项目（2台机组合计1320MW）顺利实现了与主机的同步投运，既保证了装置的高投运率，又保证了高脱硫脱硝率。华电工程总承包建设的华电毕节热电2×150MW机组工程获得“2009年度中国安装工程优质奖”和贵州省“黄果树杯”优质施工奖等荣誉称号。

6. 开源节流，降本增效，促使华电工程盈利能力稳步提升

面对金融危机的影响，华电工程继续加强开源节流、降本增效等工作，着力提升盈利能力。2009年，华电工程通过设立总法律顾问，成立法律事务部，出台《法律事务管理办法（试行）》等方式，保证华电工程合同法律风险在控。出台《项目成本概（预算）控制程序》，使大部分项目都能从投标到合同执行完成的各环节进行有效的成本控制，为创新项目经理考核机制奠定了重要基础；成立了竞标采购管理办公室，完善了采购程序，实现了阳光采购，降低了采购成本；加大应收账款回收力度，节省了财务费用，降低了经营风险；在面临市场严重下滑的情况下，华电工程秉承价值思维，仍然坚持做强而不是单纯贪大，要求所有新签项目毛利率不得低于公司规定的最低标准，例外情况严格审批；进一步加强税收政策研究，减少税收成本，2009年出口退税就达到2400万元，并且第一次完成了华电工程技术开发合同免征营业税工作，第一次完成了华电工程销售自行开发生产的软件产品的退税工作。

通过一系列开源节流、降本增效的措施，华电工程利润增幅显著，节约成本意识增强，盈利能力得到进一步提高。

7. 继续推进装备制造基地建设，提升装备制造能力

曹妃甸临港重工装备制造项目得到集团公司的正式批复以后，曹妃甸基地建设全面展开。经过各方面积极努力，克服重重困难，完成了项目可研审查论证、地质勘探、环境评价、厂房及基础施工图设计、主要施工标段招标等阶段性目标，2009 年底，完成了基础施工并开始厂房钢结构吊装，为完成既定工期目标奠定了良好的基础。

天津重工基地三期扩建工程全面展开，各项工作有序推进，目前已经开始钢结构安装，按照进度计划，预计于 2010 年 10 月建成投产。

8. 不断加强党风廉政建设、队伍建设和企业文化建设

在党风廉政建设方面，华电工程继续开展构建教育、制度、监督为主要内容的惩治和预防腐败体系工作。加强了工程项目跟踪审计制度和效能监察制度，2009 年开展离任审计 3 项，海外项目的跟踪审计 1 项，收到预期效果。队伍建设方面，华电工程对所属 11 家二级单位领导班子进行了全面考核并推荐了后备干部；加大了中层干部交流力度，全年累计交流 45 人次；积极开辟招聘渠道，引进多名电力建设行业资深的管理和技术人才。在企业文化建设方面，组织员工开展了以“我为华电工程发展作贡献”为主题的征文活动，优秀征文汇编成《情系华电工程》文集，增强了企业的文化凝聚力；及时组织华电工程突出业绩、先进人物先进事迹材料，在《中国电力报》、《中国发电》、《中国华电》、《电力企业管理与探索》及《华电内参》等报刊杂志发表文章 10 余篇，在集团公司网站上发表新闻及深入报道 36 篇，弘扬了企业精神，塑造了华电工程良好形象。2009 年出台《总经理联络员制度》，召开总经理联络员会议，搭建起公司领导与员工定期交流沟通的平台。同时，华电工程以集团公司《华电宪章》为指导，结合公司传统文化精髓，制定了《中国华电工程（集团）有限公司企业文化体系》，这将进一步促进公司持续健康发展。

主要事件

1 月 6 日，华电工程超额完成了集团公司 2008 年下达的各项指标，推进了企业的健康持续发展。被中国华电集团公司评为 2008 年度“先进企业”、“文明单位”、“内部审计工作先进单位”。

1 月 16 日，华电工程 2009 年工作会议在京召开。会议认真学习贯彻了集团公司 2009 工作会议精神，总结了华电工程 2008 年主要工作，客观分析了面临的形势，明确提出了 2009 年主要工作思路，全面部署了 2009 年各项工作。集团公司党组成员、副总经理、华电工程公司董事长邓建玲出席会议并讲话。

1 月 30 日，华电工程获得北京市科委、财政局、国税局、地税局联合颁发的“高新技术企业”资格证书（发证时间：2008 年 12 月 18 日），成为 2008 年 4 月《高新技术企业认定管理办法》颁发后北京市首批认定的高新技术企业之一。

3 月 2 日，华电工程与西班牙阿本戈集团就联合开发中国太阳能热发电市场在京举行签字仪式。副总经理谢春旺代表公司签订了合作协议，标志着华电工程太阳能热发电事业迈上一个新台阶。

3 月 4 日，华电工程与秦山核电有限公司、中国核电工程有限公司在京举行了福建福清核电厂一期工程除盐水生产系统和方家山核电工程除盐水生产系统采购包项目开工仪式，福清和方家山核电除盐水项目是华电工程承接的第一个中核工程有限公司的核电项目，标志着华电工程在核电领域已与两大核电工程公司开展全面合作。

3 月 13 日，华电工程承建的湖北华电襄樊发电有限公司 4×300MW 机组脱硫改造工程，4 号机组脱硫系统于 2009 年 3 月 13 日 15 点 33 分圆满完成 168h 运行，并同步通过了湖北省环保局组织的环保验收工作。

3 月 14 日，中国驻印尼大使章启月、经商处公使衔参赞房秋晨一行到集团公司投资、华电工程总承包建设的印尼阿萨汉 No.1，2×90MW 水电站项目现场调研。华电工程公司副总经理谢春旺、华电工程海外工程分公司总经理李林威、中国工商银行印尼有限公司、中国银行雅加达分行、中水电印尼代表，以及当地华侨商会的负责人陪同调研。中国中央电视台东南亚记者站、印尼美都电视台等进行了跟踪采访。

4 月 3 日，华电工程自主研发的“水处理控制软件 v1.0”和“辅机控制软件 v1.0”二项软件通过了中国软件评测中心的评测，获得中国国家版权局的计算机软件著作权登记证书，得到国家权威部门的认证。

4 月 9 日，11 点 58 分，华电工程总承包的德清源沼气发电厂成功并网发电。该项目在同类项目的规模上居世界第三、亚洲第一，已获国际节能减排（CDM）的经济补贴，同时也是目前国内第一个利用沼气发电并经批准并网的机组，深受各方的高度关注和重视。

4 月 11 日，华电工程承担的华电集团《槽式太阳能热发电集热管研制及系统集成技术研究》课题的

华电中科太阳能热发电试验基地在廊坊高科技园动工兴建。该项目以产生300℃高温导热油为目的，通过该项目掌握槽式太阳能热发电系统集成技术、自动跟踪控制技术、液压驱动等技术，同时与国内集热管厂家合作，研发适合槽式太阳能热发电的高温集热管。

5月14日，15时18分，华电工程总承包的山东昌邑安利兴生物质热电项目1号机组一次并网发电成功，实现了该项目“五个一次”（一次水压试验成功，一次倒送电成功，一次点火成功，一次汽机冲转成功，一次并网发电成功）的质量目标。

5月19日，华电工程研制完成的“HW澄清技术在电厂中水回用领域的应用研究”、“浸没式超滤技术在电厂废水回用处理工程中的应用研究”通过中国电力企业联合会的科技成果鉴定。

6月4日，华电工程总承包建设的鞍钢鲅鱼圈3台1250kW风力发电机组工程，获得冶金工业工程质量监督总站鞍钢监督站颁发的“达到国家质量验评优良标准”证书。

7月8日，18时18分，华电工程总承包建设的贵州毕节热电工程2号机组顺利完成（72+24）h满负荷试运。

7月30日，华电工程在中关村科技园区丰台园评选2008年度突出贡献企业的活动中荣获“十佳企业”称号，公司总经理白绍桐荣获“优秀企业家”荣誉称号。

8月，国家科学技术部基础研究司下发文件，华电工程总工程师黄湘担任首席科学家的“高效规模化太阳能热发电的基础研究”批准为2009年度国家973计划课题。

8月11日，华电工程总承包的印尼拉法基项目1号锅炉点火一次成功，标志着拉法基项目1号机组已经进入分系统调试的最后冲刺阶段，同时也是整套启动前的最后准备阶段，为9月初1号机组整套启动打下了坚实的基础。

8月21日，华电工程与重钢集团矿业公司太和铁矿在太和铁矿举行“重钢集团太和铁矿300万t/年采选扩建工程废石输送排土系统EPC总承包合同”签约仪式。

8月31日，华电工程承建的华电西塞山发电公司2×330MW机组脱硫技改工程，1、2号机组脱硫系统双双以高起点、高标准顺利通过了168h满负荷试运。

9月2～4日，华电工程在北京国际展览中心参加了“2009第三届中国国际核电工业展览会”。此次展会由中国能源协会、中国电机工程学会核能发电分会等单位主办，来自中国、美国、德国、日本、韩国等20多个国家和地区的企业及科研单位参加。

9月，中国电力企业联合会发布了“关于表彰全国电力行业优秀企业、优秀企业家的决定”及“2009年全国电力行业企业管理创新成果奖的表彰决定”，华电工程被评为“全国电力行业优秀企业”；公司党组成员、副总经理、国电南自总经理张国新同志获得“全国电力行业优秀企业家”荣誉称号。管理创新成果奖方面，“P6软件在工程公司企业级多项目进度管理工作中的应用”喜获一等奖，“BP珠海PTA锅炉岛EPC总承包管理创新与实践”与“项目管理流程再造”2个成果获得二等奖，“关于国内超远期结售汇业务的创新管理”获得三等奖。

9月20日，华电重工EPC承建的亚洲最大硫磺输送系统——中原普光净化厂硫磺产品散料储存及装车系统项目随净化厂主体工程一起顺利中交。华电工程总经理助理、华电重工总经理黄源红出席了项目中交仪式。

10月14日，华电工程总承包的华电包头河西电厂（2×600MW）循环水排污水回用节水改造工程，被中国膜工业协会授予“2009年全国十佳膜法水处理应用案例”并颁发荣誉证书，颁奖大会在中国国际展览中心举行。

10月21日，华电工程总承包建设的广州大学城能源站项目2×78MW机组分别于10月20日、10月21日相继通过了（72+24）h试运行，正式投入商业运行。集团公司专门发来贺电表示祝贺。

该项目是目前国内最大的分布式能源冷、热、电联产项目，规划建设4台78MW燃气—蒸汽联合循环机组，一期工程建设规模为2×78MW。

11月，华电工程通过国家住房和城乡建设部的审核，获得电力行业火力发电（含核电常规岛）工程设计资质甲级资质。

12月，华电工程参建的天津港南疆港区神华煤炭码头工程经国家工程建设质量奖审定委员会审定，荣获2009年度国家优质工程银质奖。

为推动中国太阳能热发电项目，亚洲开发银行（ADB）批准由华电工程负责开展中国太阳能热发电的技术开发，并提供技术援助基金，由财政部负责监管。

12月7日，集团公司总工程师张涛在京会见了柬埔寨能源有限公司董事会主席方木山先生一行，并出席了华电工程与柬埔寨能源有限公司2×50MW燃煤电厂总承包合同签字仪式。

集团公司工程建设部主任耿元柱；华电工程总经理白绍桐、副总经理马骏彪；华电香港有限公司总经理傅维雄等领导见证了签字仪式，华电工程副总经理谢春旺主持仪式，最后双方代表在合同书上签字。

12月11日，北京市召开“政府采购中关村自主创新产品第五次签约大会”，华电工程推荐的“节能型长距离带式输送机及势能发电系统设备”、“新型全封闭大储量圆形料场系统”、“一种先进的凝结水精处理系统”、“湿法烟气脱硫塔”4项产品被认定为北京市第六批自主创新产品（共批准300项）。

12月30日，上午11时整，印尼阿萨汉一级水电站两台机组首次启动成功，标志着阿萨汉项目EPC内工作已经按照华电集团要求具备了双投条件。

（肖克勤 杨文春）

各 地 区 电 力

华北地区

华北电网有限公司

企业概况

华北电网有限公司（简称华北公司）是国家电网公司的全资子公司，是由北京市电力公司、天津市电力公司、河北省电力公司、山西省电力公司等多家企业组成的法人实体。

华北公司主要经营和管理华北电网，负责华北电网输电、电力购销及调度交易服务，培育区域电力市场，运行应急调峰电厂及电力设备维修、基建施工、设备改造、科研、人员培训等业务。2009 年，华北公司深入开展观念更新大学习、解放思想大讨论，组织领导干部主题轮训班 86 期，开展专题党课讲座 272 次。

紧扣“深化‘两个转变’、推动科学发展”主题，梳理发展思路，开展“知企情、解网事、纳群策”专项调研，组织“金点子、银镜子”主题活动，征集意见建议 248 条，丰富了“打造绿色电网、创建和谐企业、建设现代公司”战略体系，形成了加快建设坚强智能电网、推进体制机制创新、党建创新、人力资源建设和优秀企业文化建设五方面长效机制。

按照区别情况、分类整改、注重实效、重在治本原则，找准阻碍发展的症结，明确整改提高的措施，先后完成 330 大项 525 条整改折子工程。管理链条长、横向沟通不畅等一批制约科学发展的突出问题得到初步解决，确保春灌用电、助力“家电下乡”等一系列惠民利民举措相继出台。华北公司学习实践活动总体评价满意率达到 100%。

安全生产

新中国成立 60 周年庆典保电工作万无一失。以新电网安全观为指导，划分七大防区和一个重点，协调公安部联勤指挥部，构建省、网、路防外力破坏协调工作机制，组织 29 310 人的护线大军，实行设备特巡监测，进行 2 万次电网安全校核，排查 561 个高危用户，开展绝缘抢修塔组立实战演练，实现“安全零事故、服务零缺陷、稳定零事件”保电目标。

深入开展“无违章年”活动，落实“四抓三深入”要求，强化作业现场“三查一整改”安全专项监督，共查处 4 类违章 735 起，排查治理一般隐患 1331 处，有效遏制了人身事故和人为责任事故的发生。全面实施“一书三卡五定”标准化作业，试点上线标准化作业信息系统，标准化作业文本现场应用率 100%。

根据特高压运行方式变化，协调各省调统一开展安全策略专题分析，建立定期评估制度；针对可能发生的严重故障，调整控制极限 33 项，编制安全对策 43 项；设立特高压专岗，加强实时在线监控和预警，实施直升机带电巡视，建立停电计划三级安全校核机制，特高压资源优化配置作用在投产第一年就得到充分发挥。

扎实推进“四严防、一降低”设备专项治理，深入分析 14 类设备的缺陷、隐患和故障，形成设备常态分析和缺陷闭环跟踪机制。完善状态检修辅助决策系统功能，直属运行单位全部通过状态检修验收。配合公安机关开展“三电”专项斗争，主网电力设施盗窃案件同比下降 64%。

电网建设与发展

2009 年，完成电网建设投资 95.88 亿元，投产 110kV 及以上线路 3527km，变电容量 1700 万 kVA，超额完成年度里程碑计划。500kV 沧板线的竣工投产，标志着“七横三纵”骨干网架和京津唐双环网、京津冀大环网的建设目标提前一年实现，多通道、多方向、多落点、西电东送、北电南送、南北互供的电力输送格局基本形成。220kV“两型一化”木兰变电站、沽源 500kV 变压器的按期投运，确保了承德、张家口地区风电可靠送出。扩大内需第一、二批农网完善工程顺利完成，2 个电气化县、30 个电气化乡、800 个电气化村如期建成。

坚持前期工作催批常态机制，104 项 110kV 及以上项目前期工作按计划完成。500kV 大房Ⅲ线工程荣获国家电网公司线路质量管理流动红旗。唐山西变电站、汗海—沽源—平安城双回线路等 9 项工程荣获国家电网公司优质工程。北京送变电公司获得国家电网公司特高压交流试验示范工程建设“突出贡献集体”荣誉称号。

成立智能电网办公室，组建跨部门、跨专业实施团队。编制华北电网智能化规划，确定了以“两个集成”为主线，打造智能电网“3i”核心系统、涵盖“六大领域”智能应用、“八大前瞻方向”的建设思路。开展风电大规模并网相关课题研究。初步建成一体化检修优化管理、AC2 高级控制总线、一体化网络模型管理、调度业务数字化支撑四个平台。编制完成“国家电网公司智能电网调度技术支持系统试点工程”实时监控预警建设方案。开发输电线路三维全景系统，实现“西电东送”主要通道的视频实时监视。建设 500kV 变电监测中心，投运 220kV 郭家屯数字化变电站。建立智能计量实验室，智能电网高级计量架构（AMI）研究取得关键成果。建成以 OPGW、ADSS 光缆为基础，SDH 光传输为主要通信方式，电路交换和数据交换为业务特点的电力通信网络，调度数据网和调度交换网覆盖华北电网所有直调厂站。

经营管理

售电市场稳步回升。建立拉动内需项目业扩报装绿色通道，新增电量 1.66 亿 kWh；加大地方小电厂和自备电厂发电替代力度，实现替代电量 7.4 亿 kWh；加强电费回收风险预警管理，实现当年电费和陈欠电费“双结零”；开拓增效“双方案”增加售电量 16.25 亿 kWh，圆满完成“奋战 100 天、多售 100 亿”目标。输电市场巩固扩大。加大跨区跨省电能交易力度，创新双边交易模式。全年实现输电市场总成交电量 1164.5 亿 kWh，同比增长 8.92%，其中短期双边交易电量达到 120 亿 kWh。辅助服务市场积极探索。在国内首批试点发电厂并网运行和辅助服务管理实施细则，初步建立科学合理的辅助服务补偿与考核机制，并网机组运行性能明显改善。

“三节约”活动扎实推进。组织开展优化电力调度交易、优化生产运行维护、优化资产过程管理的精益生产竞赛活动，实施“上大压小”，狠抓中压线路和低压台区降损考核，建成秦皇岛节能示范小区，加强生产办公节能节水管理，通过各类节能减排举措相当于节约标煤 49 万 t，总能耗同比下降 5.66%。组织开展细化预算管理、细化风险控制、细化日常管理的精细管理竞赛活动，加强成本费用管理，扩大可控费用管理范围，制定下发五个专项费用管理办法，从紧控制非生产性支出、消费性支出和小型基建支出，可控费用同比下降 5.09%。组织开展创最优设计、创最佳施工、创最低造价的精品工程竞赛活动，建成工程造价综合分析平台，开展工程造价全过程分析管控；严格执行结算审批制度，加快工程决算进度；扩大集中招标范围和规模，规范非招标采购行为，基建项目投资比定额概算下降 5.03%。

财务集约化管理有序开展。深化全面预算管理，优化预算编制模型，搭建预算责任中心体系。修订完善财务核算标准化手册，统一会计政策，固化核算规则，减少核算层级。执行集中支付管理方案，推广地市公司电费“一行一户”管理。灵活调动存量资金，压缩银行贷款规模，减少利息支出 9700 万元。制定固定资产管理标准，压缩产权级次。利用电价调整有利时机，争取到 3 分钱的调价空间。

经营管理更加精益。自主开发发电量计划编制系统，实行综合计划指标月度跟踪，综合计划管控能力明显提升。完成第二次经济普查。生产、营销类班组全部建成标准化班组。30 个学习型试点班组全部达标。2 个县级供电企业通过国家电网公司一流考评。

“五大”体制改革

“大生产”改革，确立地市公司变电运检分开、线路运检合一的专业垂直一体化生产管理模式，实现对 35kV 及以上输变电设备统一集中管控。完成张家口地区 500kV 设备资产及运维职责向两个超高压公司的调整。“大基建”改革，推行业主项目部管理模式，编制《业主项目部标准化管理手册实施细则》，积极建设“2＋X”信息一体化平台，上下贯通、完全覆盖、立体交叉、协同高效的“三位一体”基建管理模式初步形成。“大物流”改革，成立物资部，建立由物资管理办法和八大业务实施细则组成的物资管理制度体系。实施规模采购和“统谈、统签、统付”合同管理，节约资金 3.78 亿元。开展仓储网络规划与建设，推进设备统一监造和物资集中配送，推动废旧物资网上竞价售卖，创新供应商关系深度管理，“一级管控、两级作业”模式和“一个平台，三个中心”机制基本形成。“大营销”改革，按照准事业部及“一部四中心”管理模式，取消 21 个城市供电部，推进八项营销业务集中管理，实现由“分区管理”向“专业管理”转变。制定“大营销”工作标准，建立 22 个营销关键绩效指标体系，营销管理人员缩减 12%。“大信息”改革，成立信息运维中心，投运“81186”信息服务中心，建成从信息化立项到系统运维的一体化管控流程。以责任矩阵为手段，推进大信息绩效体系建设，促进了信息化应用水平持续提升。

体制改革顺利实施。全面推进组织架构改革，华北公司本部和供电企业管理机构进一步规范。国网通用航空有限公司组建和北京电力医院改制顺利完成。华北公司与廊坊市政府签订农电企业整体无偿划转协议，廊坊市农电上划工作取得实质性突破。北京、天津市电力公司管理体制调整工作取得阶段性成果。

依法治企扎实开展。着力推进国家电网公司“三化三有”特色惩防体系建设，深入开展反腐倡廉“反违章”活动，对19家一级单位、15家二级单位和49家多经企业开展财务、薪酬管理、“三重一大”等联合检查，查出违规行为358项，完成整改314项。加强对扩大内需农网完善工程新增投资项目的跟踪审计，实施审计公告制度，保障了公司经营安全。

科技与信息化

“5E”工程效益显现。ERP系统在直属单位全业务全面上线，初步搭建完成了以管理会计为核心的企业级管理系统。EAM系统提前三个月全面覆盖35kV及以上输变电设备，完成220kV层面与ERP系统的整合，实现核心资产在更大范围内的优化配置。ECM系统与ERP系统成功直联，客户关系管理系统如期上线，营销管理执行力明显提升。EMS/MOS系统实现发电计划的安全校核，实时在线扫描分析电网安全隐患，及时发布预警信息，辅助决策功能充分发挥。EAI系统实现核心业务全面覆盖，建成投运企业信息服务总线平台，用户请求处理周期平均缩短50%。全面完成以十大项目群为核心的信息化建设任务。公司顺利通过SG186工程验收，获得“国家电网公司信息化工作先进单位”荣誉称号。

企业经营管理分析体系实现盈利能力、偿债能力等分析内容的成功上线，有效支持了公司各项经营规划和决策。资产全寿命管理分析体系完成大中型基建项目投资、供应商选择等功能开发，公司资产决策管理更加科学。市场品质分析体系在统一可视化工具的基础上，借助多维度展现方式实现了公司生产经营指标的精细化分析。

建立风险管理知识库，制定风险管控流程，搭建风险指标分析体系和风险预警体系，与“5E”等系统集成，将风险管控措施嵌入各业务环节，风险管理理念扎实落地。安全生产、党风廉政和财务三大风险领域信息系统全部试点上线。《国有大型企业全面风险管理实践创新》课题获得全国电力企业管理创新和北京企业管理创新成果一等奖。

编制完成《电网电压自动控制技术规范》，填补了国内技术空白。华北电网稳态、动态、暂态三位一体安全防御系统等17项科技成果获国家电网公司及以上科技进步奖。机网协调运行仿真分析实验室被评定为国家电网公司重点实验室。电力系统实时动态监测系统（WAMS）接入厂站达到114个，PMU布点规模和高级应用水平跻身世界先进行列。北京电力设备总厂自主研发的±800kV直流特高压干式空心平波电抗器成功投运。

人力资源

编制《公司2009～2011年“四好”班子建设规划》。突出经营业绩和群众民主测评，建立领导班子两级评比表彰模式。开展领导职位分析研究，开发干部管理辅助决策专家系统。制定贯彻落实“三重一大”暂行办法和实施细则。严格执行领导干部个人重大事项报告制度，规范领导干部因私出国（境）审批管理。

深入开展用工制度改革，规范劳动用工管理，严格人员入口集约化管控，初步建立“六统一”招聘管理模式，人员结构逐步改善。构建多层次绩效管理体系，强化绩效过程管控，促进绩效管理与日常工作相结合。创新企业负责人薪酬分配模式，构建多元化薪酬分配体系，完成薪酬改革试点。人力资源信息管理系统获得全国电力企业管理创新和北京企业管理创新成果一等奖。

创新建立三级五类干部培训机制，开展领导干部主题轮训。组织15 700人·次参加统一培训，416人取得专业技术资格，新增技师和高级技师577人。全面推广能力管理体系，完成基层单位管理岗位能力素质模型建设。落实员工职业生涯规划能力素质提升方案。带电作业培训中心通过国家电网公司评估验收。

党的建设和精神文明建设

以党的十七届四中全会精神为统领，大力推进党建创新试点项目建设，深入开展“和谐党委”创建活动。创新党内民主建设途径，探索建立党员群众公开推荐基层党支部委员新方式。创新党员教育手段，打造党员数字化教育平台。

准确把握“四统一”要求，举办以“铸魂、立道、塑形”为主题的文化展示活动，广泛开展文化情景剧、诚信文化建设FLASH大赛等文化载体活动，发布华北公司《诚信公约》，促进了员工对国家电网公司“诚信、责任、创新、奉献”核心价值观的认可和认同。

以宣传新中国成立60周年的伟大成就和华北公司改革发展的优秀业绩为重点，举办“迎国庆、讲文明、树新风”、“祝福祖国、奉献电网”等系列活动，开展“同舟共济保增长、建功立业促发展”劳动竞赛，评选“十大感动事迹”，组织全国人大代表北京团考察特高压项目，广大员工的凝聚力和自豪感进一步增强。

加强华北公司本部厂务公开工作，梳理确定对503项工作进行厂务公开。落实维稳责任制，加强宣传疏导，健全三级维稳网络，变上访为下访，实现大规模群访“零”指标。坚持特困职工和困难职工生活救助、金秋助学等活动，切实关心离退休老同志生活，营造了和谐稳定的良好氛围。

（刁 宏）

北京市电力公司

企业概况

北京市电力公司（简称北京公司）是国家电网公司所属省级电力公司，以建设“国内一流、国际水准”现代电力企业为发展目标，负责北京电网的规划建设和运营管理工作，为北京地区 602 万用电客户提供电力供应和销售，同时承担保障党中央、国务院等首脑机关及首都各类重大政治、文化交流活动安全可靠供电的使命，供电面积 1.64 万 km^2。共有全民员工 9053 人。全年累计完成售电量 646.11 亿 kWh，同比增长 7.61%；线损率 6.76%，同比下降 0.16 个百分点。

组织机构

公司本部有 17 个职能部门及公司工会，4 个序列外部门，下设 31 个单位，其中 16 个直属供电公司、6 个直属生产单位、2 个直属其他单位、6 个关联单位及北京电力行业协会，共有全民员工 9053 人。

电网概况

北京电网是大型城市电网，以 500kV 电网为骨架、220kV 电网为主体、110kV 及以下电网覆盖全市，是京津唐电网的负荷中心。

截至 2009 年底，北京公司直调发电厂 20 座，发电机组 134 台，总装机容量 5887.872MW；其中火电厂 11（含燃气）座，发电机组 42 台，装机容量 4731.6MW；水电厂 5（含抽水蓄能）座，发电机组 16 台，装机容量 1007MW；风电厂 1 座，发电机组 76 台，装机容量 114MW；垃圾及沼气电厂 3 座，发电机组 6 台，装机容量 35.272MW。110kV 及以上变电站（含用户站）375 座，变压器 906 台，变电容量 84 626.5MVA。110kV 及以上架空线路 433 条，共 6156.979km；110kV 及以上电缆线路 670 条，共 1052.464km。

随着 500kV 通州、门头沟、兴都、朝阳变电站相继投产，高低压电磁环网范围逐步缩小，传统的东西分区供电形势被打破，形成了以两个相邻 500kV 变电站为核心的多分区供电方式。220kV 电网已形成五个相对独立的供电分区，各分区之间通过联络线互为备用。按照电网规划，未来北京电网将形成九个独立的供电分区，在多分区供电格局下，区域电网短路容量超标问题得到缓解，重要联络线及下送通道潮流趋于合理，发生大面积停电事故的几率降低，电网抵御风险的能力显著增强。

2009 年北京电网运行平稳，地区瞬时最大负荷 14 246MW，同比增长 13.37%，220kV 网损率同比下降 0.32 个百分点，主网电压合格率持续保持 100%。

领导班子

总经理、党委副书记：时家林（2009 年 6 月离职）
总经理、党委副书记：朱长林（2009 年 6 月任职）
党委书记、副总经理：郭要斌
副总经理：石 路（2009 年 12 月离职）
副总经理、总会计师：常世平（2009 年 10 月任职）
副总经理：王风雷（2009 年 10 月离职）
副总经理：郭 炬
副总经理：郑 林（2009 年 12 月任职）
副总经理：李百顺
总工程师：刘润生（2009 年 6 月任职，2009 年 10 月离职）
副总经理：刘润生（2009 年 10 月任职）
工会主席：李国华
纪委书记：柏 磊
总会计师：穆银安（2009 年 10 月离职）

人力资源

截至 2009 年底，全民员工 9053 人，平均年龄 43.05 岁；大学专科及以上人员 6031 人，占总数的 66.62%，同比增长 1.68 个百分点。其中：研究生及以上学历 693 人，占总数的 7.65%，同比增长 0.96 个百分点；副高及以上专业技术资格 672 人，占总数的 7.42%，同比增长 0.08 个百分点。北京公司党委管理的领导干部（含机关本部处长）336 人，平均年龄 44.58 岁；学历在本科及以上的干部 288 人；副高及以上职称的干部达 231 人。有国家电网公司级专家 19 名、华北电力技术院专家 37 名。

开展“工程师+技师”的双师培养工作，拥有具备双师资质人员 222 人。电缆等 28 个工种 2535 人·次通过技能鉴定。全年教育培训投入资金 13 281 万元，同比提高 2%。开展培训 175710 人·次，同比增长 9.81%。全员培训率 99.94%，人才密度 99.8%，高技能人才比例 98.5%。

针对子公司管理模式，完成与华北电网有限公司之间管理职责调整工作。择优录用 178 名高校毕业生。完成《国家电网公司生产技能人员职业能力培训规范专用教材 用电业务受理》和《国家电网公司生产技能人员职业能力培训通用教材 职业道德》编写任务。健全内部分配机制，出台《北京市电力公司所属单位及其企业负责人业绩考核暂行办法》、印发《关于做好2009年福利管理工作的通知》、重新制定并实施了《北京市电力公司企业年金方案》。

国庆60周年供电保障

2008年奥运会后，北京电网启动新一轮电网建设，以满足国庆供电要求。累计投产18项110kV及以上输变电工程，提升供电能力193.3万kW，专项实施广场临时供电工程和14项可靠性提升工程，满足527处临时用电点共1.1万kW负荷的需求。2月，在全年工作会上提出确保国庆60周年供电保障“万无一失”的奋斗目标。4月，成立国庆供电保障筹备工作领导小组，制订《国庆60周年庆祝活动供电保障筹备工作计划》，组建国庆供电保障工作办公室。8月，成立总指挥部、广场指挥部和各二级单位指挥部，在国家电网公司和北京市庆祝活动筹委会的领导下开展工作。组织实施阶段，北京公司对涉及国庆供电的重要站、线全面排查整治，498处电网设备安全隐患和517处环境隐患得到有效消除；对45个国庆重要客户和1072个城市运行重要客户内部电力设施纳入保障范畴，开展拉网式排查和专家评估，督促整改安全隐患243处；编制100多万字的保障工作方案；先后6次对全部重要供电设施开展实际传动演练，保证设备健康运行；采用信息化、自动化先进技术，提高核心区电网运行管理水平。8月27日，北京公司在天安门举行国庆60周年供电保障宣誓暨授旗仪式，供电保障工作进入决战阶段。国庆期间817名核心区保障人员、13 017名电网保障人员和5778名安保人员坚守岗位，对庆典用电设施、重要站线、重点场所逐一进行24h看护，240支应急抢修队伍、4266名抢修人员和31部发电车严阵以待，随时准备处置各类突发事件。国家电网公司发挥集团化优势，从8个省电力公司调集377名技术骨干和6辆发电车支援保电工作。10月1日，北京地区最大负荷743万kW。天安门中心区供电保持“全接线、全保护”运行方式，各类保障人员全面监控，重点看护，确保天安门广场核心区和重要客户的安全可靠供电，满足了国庆期间首都城市运行对电力供应的需求，取得“电网零闪动、设备零故障、供电零差错”的成绩，荣获首都中华人民共和国成立60周年庆典活动筹办工作最佳保障奖。

经营管理

11月完成北京地区非居民电价调整工作，销售电价全口径调整3.97分。开展清产核资，涉及资产价值627.57亿元，完成固定资产总量88.34%。合理利用资金资源，缓解还款压力，2009年延迟借款、利用子公司内部资金等方式，减少财务费用支出2.62亿元。推出以物抵债、律师函清欠等法律催收手段，成功回收电费及违约金147万元。开展警企联动专项打击职业窃电行动，全年营业普查累计挽回经济损失3257.7万元。拓宽国际对标渠道和范围，2009年先后派出5批共69人·次与东京、法国、美国等国际先进同行就大型城市电网规划建设、配网运行管理、智能电网发展等进行交流合作。出台《北京市电力公司投资管理办法》，明确在投资活动中管理、组织、建设等各类主体相应的管理责任、权利和义务。开展“三节约”活动，框架招标、集中规模招标节约资金5.44亿元，资金节约率8.64%；开展各类审计257项，促进增收节支4434万元。全年全员劳动生产率完成值818 280元/（人·年），同比减少2.28%，超额完成全年目标值1.93%。

电网建设与发展

2009年，电网建设重点突破受阻严重的难点工程，年初实现海淀500kV和玉泉营、望京220kV等受阻严重的重点工程按计划开、复工；度夏前完成朝阳500kV切改工程等13项度夏工程；冬季供暖前投产地安门220kV，大栅栏、什刹海110kV，投产配电变压器、开闭器1614台，确保了7.8万户文保区平房居民的电采暖。2009年，北京公司新投35kV及以上变电站24座，其中220kV变电站4座；110kV变电站18座；35kV变电站2座；主变压器容量494.435万kVA；输电线路311km；电缆线路116km。220kV东升等4项工程荣获国家电网公司优质工程称号，朝阳500kV变电工程被评为中国电力优质工程和国家优质工程银奖。开展新技术的推广和试验工作，完成李营110kV变电站配送式变电站的建设工程。

开展能源中长期发展规划研究，启动“十二五”电网规划编制，初步完成北京电网“十二五”网架设计报告。编制11个新城和6个功能区等21个专项规划报告。成功将中心城区220kV变电站规划纳入地区控制性详规。服务政府轨道交通建设，成立重要基础设施工作机构，推进配套输变电工程前期进度。编制完成轨道交通配套供电规划，2010年计划新建的13座配套变电站，全部落实规划站址。配合市规划委编制《北京市中心城区220kV变电站专项规划》，对未来城市近郊区20座规划220kV变电站进行控制性预留。全年落实110kV及以上核准批复91项，取得规划意见书99项。

安全生产

编制公司安全风险管理工作实施方案，形成以电网运行风险为先导，多专业风险同步管控的安全风险体系格局。修订《北京市电力公司安全分析会制度》、《北京市电力公司领导干部、管理人员生产现场到岗到位规定》等规章制度，将工作重点放在班组和作业现场。开展“安全生产月”、“百日安全”、“反违章活动”、“保国庆专项监督检查活动”等系列安全活动。完成各类人员16 575人的安全生产规程制度培训、考试工作。投入“安措”资金近1300万元，实施变电站安全设施规范化，为各单位购置有害气体检测仪、通风机等工具设备，集中解决安全生产中存在的共性问题，消除安全隐患。2009年，北京公司安全生产形势继续保持稳定态势，未发生电力生产人身伤害事故及电网和设备事故。荣获“全国安全生产月活动优秀单位”称号。

创新和优化电网调度运行管控模式和技术手段。完成9座统调电厂及220kV环网系统调度权的移交工作，实现负荷网调度向环网调度升级；建立以调度、方式、保护、通信、自动化多专业联合保障工作机制，增强调控运行工作的时效和技术支撑水平；推进市调层面调控一体化融合及受控站接入工作，截至2009年底，北京电网控制中心实现对39座220kV变电站、2座500kV变电站的实时监控，朝阳、城区、门头沟调控中心已经投运。

开展生产系统“一中心三平台”（北京电网生产运营指挥中心；变电智能运营平台、输电智能运营平台、电缆智能运营平台）建设。建立面向主、配网的运行风险分析、评估机制，建立月、周、日例会制度，健全风险管理的标准和分析手段，形成年计划、月会商、周发布、日管控的风险管理体系。针对恶劣天气，修订完善应急预警、预防、保障措施等方面工作要求。开展现场标准化作业工作，编制印发输、变、配电专业的作业卡172项。2009年累计完成大修技改项目1760项，资金总额79 252.9万元；安排生产大型技改工程项目460项，全年计划投资217 131万元，实际竣工378项，完成计划竣工项目的96.68%。编写完成设备状态监测的技术导则，输电、变电、试研专业通过国家电网公司状态检修验收。加强配电网故障管控，城市中心区配网初步具备智能隔离自愈功能。启动不停电作业基地建设，75%的配网检修工作实现不停电作业，用户平均停电时间同比下降40.43%。

2009年，累计城网综合供电电压合格率99.865%，同比提高0.105个百分点；城网供电可靠率*RS*-1为99.980 5%，同比增长0.026 7个百分点，户均停电时间减少141min。中压城网累计完成带电作业6943次，有效减少停电时户数44.21万时户，增加供电量5242.6万kWh。全口径用户平均停电时间为5.05小时/户，同比下降40.43%。

营销工作

面对金融危机给销售电量带来的下滑影响，加大市场开拓力度，2009年，北京地区推广热泵应用项目38项、应用面积188万m^2，增加用电量约6900万kWh。全年通过电能替代、加快报装接电和带电作业等措施累计增加销售电量11.1亿kWh，约占新增客户用电量22.9%。

提高电网盈利能力，从5月开始开展“保热点、压结存”专项工作，按照需求热度和客户类别定期公布需求热点和结存难点区域分析报告服务北京市重点项目和客户重大工程，提高报装效率。截至12月底累计消化热点需求104.1万kVA，并带动全年完成接电49 218户，累计接电容量566.37万kVA；客户累计结存（含往年结转）123.01万kVA，同比降低71.67%。

应对终端能源市场竞争，开展对天然气“三联供”、电动汽车、太阳能、合同能源管理的应对策略研究，加强与政府部门的沟通，争取政策支持。初步确定天然气“三联供”先行试点、逐步推广的发展模式。开展“节能诊断、用能咨询”活动，掌握9个不同类型客户用能情况的一手信息。针对应用热泵、蓄冷空调等需求侧项目，制定报装工程进入公司绿色通道的促进机制，全年实施绿色通道项目40项，设备装接容量4.96万kVA，应用面积162万m^2。

按照“模式创新，能力提高，确保结零”目标，开展加强电费回收专项行动。制定、修订《电费抄核收工作规范》等9项管理制度。制定《电费回收预警处理办法》、《电费风险防范及催缴指导意见》和《电费回收以物抵债管理办法》，全年共发布各类风险预警1300多户·次，规避欠费风险近2000万元。拓展分次缴纳电费、预收电费、电费担保等对电费回收有利的结算方式，规避电费风险约占总应收电费的30%。抄表结算客户电费银行代收实现由小票代收向银电联网实时代收的变革，开通中国工商银行、中国农业银行银电联网实时代收业务。成功解决首钢公司电费回收问题，应收电费期末余额同比下降99.87%。2009年电费回收率连续三年达到100%。全面开展电价互查、电价抽调考活动，电价执行误差率由2008年的万分之五下降到2009年的万分之零点九。

制订并实施《电能计量精益化管理工作计划》，从加强计量资产管理等5个方面制定38个精益化管理项目。启动计量库存“清淤、压库”工作，通过工程管理、设备配送和库存优化等措施提高设备周转率，2009年底计量库存压降至2008年底的30%左右，减少资金占用近5200万元。继续实施19项涉及现场60.8万个计量点计量改造工程。100kVA及以上高压用户采集实用化率达到99.7%。客户电子档案管理系统全面推广应用，实现新装客户全部以电子档案建户并动态实时更新。2009年北京地区全社会用电量739.1亿kWh，同比增长7.2%。全年完成售电均价：利润口径累计完成679.16元/MWh，同比提高23.00元/MWh。新增接电户数31万户。

优质服务

从7月开始，开展以“迎祖国60华诞，展供电服务风采”为主题的供电优质服务活动，实施“迎国庆，保供电”等10项活动，完成27项工作任务。策划实施“阳光报装、诚信服务”活动，3月组织成立专项监督检查专家组，分轮次、分重点，通过抽调资料、集中评检、现场核验等方式，对643户业扩报装工程资料进行专项检查，6月开始对所有10kV及以上报装客户开展服务质量100%回访。继续开展大客户差异化服务，组织召开金融系统大客户论坛、国庆重要客户论坛、地铁联合应急演习等一系列服务活动。加强与重要客户的联系沟通，建立与轨道交通、医疗卫生、旅游饭店、移动通信四大集团客户交流合作机制。继续开展北京公司示范窗口建设，2009年创建完成规范化服务A类窗口、B类窗口41个，北京公司规范化服务窗口数量达到186个。全力做好居民供电服务工作，全年完成低压“一站式”报装接电39 908户，平均接电时间1.46天，同比缩短1.02天；完成应急送卡8454次。10月与中国银联北京分公司签署业务合作框架协议，开通政府公共事业缴费“三通”售电功能，全市470万卡表客户和13.6万网络表客户实现跨行购电。履行社会责任，2009年完成7.8万户平房居民“煤改电”接入工作。继续解决历史遗留的“临时代永久”问题，全年共为12个小区8930户居民接入了正式电源。北京公司连续第二年在北京市行风、政风测评中取得桂冠，继续保持首都文明单位标兵荣誉，并被“北京影响力”组委会评为“影响首都百姓经济生活的十大企业”。

农电工作

全年创建完成新农村电气化区（县）8个，提前一年完成“十一五”规划目标，完成率100%。创建完成新农村电气化乡（镇）90个，创建完成新农村电气化村1380个。完成《北京新农村电气化建设“十一五”规划》滚动修编。加快农村配电网建设，采取变压器向负荷中心迁移等方式提高电压质量；开展“示范村”电力线路用电整治工作。开展标准化供电所建设，制定标准化供电所建设标准，下发到各区（县）农村供电所执行，做到统一领导、统一标准、分级管理、分步实施，供电所基础管理、人员管理、安全管理、营销服务工作实现标准化，2009年已建成39个标准化供电所。开展一流县供电企业动态考核，对国家电网公司一流县供电企业通州、密云供电公司进行动态管理。开展县供电企业各类“违章”行为集中排查整治活动，按规定完成各类“违章”行为排查整治工作月报表及阶段性工作总结，查出违章行为及问题229项，排查整治率达100%。继续实施农电SG186系统应用工作，进行了农电系统的安装调试及应用培训，完成国家电网公司系统应用的验收测试工作。

全年农电系统安全生产未发生电网事故；未发生农村供电所电力生产人身轻伤及以上事故；未发生农村地区村民人身触电伤亡事故。累计农网综合供电电压合格率99.603%，同比提高0.183个百分点；农网供电可靠率99.911 6%，同比增长0.057个百分点，户均停电时间减少301.38min。当年电费回收率≥100%。无陈欠电费，完成国家电网公司提出的陈欠电费回收率≥12%目标。服务承诺兑现率100%。农村供电所人员持证上岗率达到100%。

科技与信息化

全年技术开发费投入939万元，承担43个国家电网公司分摊项目，合同总金额为8998万元。紧凑型输电线路、同杆多回输电线路、气体绝缘金属封闭开关设备（GIS）等多项新技术在北京公司得到应用，推广应用率为72.2%。“奥运电力保障体系及技术支持系统的研究”、“奥运电动汽车配套设施关键技术以及能源供给模式研究”、“电网空间信息应用支持平台的研究和应用”获国家电网公司技术进步一等奖，“一体化的高压电缆网运行监控技术研究”获二等奖，“公共信息模型的设计与应用”获三等奖。制定专利管理办法，全年申请专利77项，同比增长92.5%，36项获得授权专利。修订《北京市电力公司环境保护工作管理办法》，制定颁发《公司电力建设环境治理工作管理办法（试行）》和《建设项目环境影响评价公众参与工作指导意见》，北京电网环保管理机制在处理北京公司工程环保纠纷中发挥积极作用。开展“对公众开放日”、“达尔文环保组织”第三方对公众测试、环保科普宣传进社区等活动，得到社会关注和好评。

SG186工程通过国家电网公司验收，并获得国家和省部级信息化奖项8项。完成ERP系统在北京公司内的推广工作，促进北京公司在财务、物资、项目、设备4个业务领域中的集约化管控进程。承担国家电网公司智能电网通信信息平台第一批7个信息项目试点工作，按照国家电网公司的统一部署，开展财务管控、基建管控、人力资源管控等系统的建设工作。

党的建设和精神文明建设

北京公司党委3月初至6月底开展深入学习实践科学发展观活动，北京公司两级领导班子共完成调研报告209篇；各级领导班子召开专题民主生活会，形成分析检查报告，218个党支部的4819名党员参加了专题组织生活会；制定了电网发展、安全生产、经营管理等8个方面88项整改措施；群众满意度测评满意率100%。加强党组织建设与党员教育管理工作，制定《全面加强干部队伍作风建设实施方案》；完成公司所属党委、纪委更名、委员增补等工作；以票决制方式全年发展党员237名，预备党员转正288名。在共产党员中开展"弘扬奥运保电精神，争做公司发展先锋"主题教育活动。开展"共产党员献爱心"捐献活动，4757名党员群众捐款总计418 529元。推进基层党建创新工作，评选优秀党支部创新成果31项。贯彻国家电网公司工作部署，初步建立"三化三有"（企业化、责任化、业务化、预防有方、监督有效、惩治有力）特色惩防体系。以加强领导干部党性修养及作风建设、加强招标管理与治理"小金库"、深化"反违章"及廉洁风险防控为主要内容，北京公司各级开展廉政谈话共计2100余人·次。开展反腐倡廉"反违章"教育实践活动，查找各类潜在"违章点"梳理汇总为110条廉洁风险事件，初步形成重点业务领域廉洁风险事件库。2009年，北京公司被国家电网公司评为年度党风廉政建设责任制考核优秀单位。推进精神文明建设，开展"忠诚企业、共谋发展"主题教育活动和"迎国庆、讲文明、树新风"活动；承办北京市"社区主任走国企"启动仪式，参加"百姓宣讲团"活动，被"北京影响力"组委会评为"影响北京百姓生活的十大企业"；修订完善精神文明建设创新成果评选办法，推动精神文明建设在观念、内容、方法、机制上的创新，全年共评出精神文明建设创新成果63项。开展2009年度"十大首都电力之星、十大优秀团队"评选活动。履行企业公民责任，4月18日在5·12地震重灾区兼国家级贫困县——甘肃文县动工援建北京电力横丹爱心学校，2009年底主体已完工。有序开展新闻宣传工作，在新华网、中国电力新闻网建立北京市电力公司专属网页。推进企业民主建设，2009年职工代表提出的43件提案，全部得到答复和处理。2009年，北京公司获得"全国文明单位"、"全国五一劳动奖状"、全国"安康杯"优胜企业等荣誉称号。

主要事件

1月24日，北京城区电网调控中心正式运行。

2月26日，中共中央政治局委员、北京市市委书记刘淇，市委副书记、市长郭金龙一行到北京公司西直门220kV变电站视察全国"两会"保电准备工作。听取汇报后，刘淇表示："对你们的保电工作，我们放心。"

3月16日，北京公司获得由中华全国总工会和国家安全生产监督管理总局评选的2008年度全国"安康杯"竞赛优胜企业荣誉称号。北京公司工会主席李国华获得全国"安康杯"竞赛优秀组织个人称号。

3月27日，根据国家电网营销［2008］797号文件《关于全面推进并规范"客户服务中心、电费管理中心、电能计量中心"建设与管理的通知》精神，北京公司，成立北京市电力公司客户服务中心；撤销现公司所属工程管理中心、客户服务中心；撤销营销部所属客户报装服务处、客户用电服务处。北京市供用电建设承发包公司与北京市电力公司客户服务中心合署办公。

4月28日，北京公司中标国家电网公司1000kV淮南——上海（皖电东送）输变电工程输电线路工程第17标段，此次中标使北京公司真正参与到国家电网公司1000kV特高压工程建设当中。

5月4日，北京公司成立北京市电力公司国庆60周年庆祝活动供电保障办公室，作为北京市电力公司国庆60周年庆祝活动供电保障领导小组的办事机构，挂靠生产技术部。

5月8日，北京公司召开全国五一劳动奖状、全国文明单位揭牌仪式暨践行科学发展观、推动北京公司又快又好发展电视电话会。北京市市委常委、常务副市长吉林和国家电网公司副总经理曹志安等领导来北京公司，参加揭牌仪式并分别发表讲话。

5月25日，北京市首座"煤改电"输变电工程——大栅栏110kV变电站顺利投产发电。该工程2008年6月9日动工，建筑面积4747m^2，新增变电容量150MVA，工程采用全地下布置形式，抗震强度达到8级。

7月29日，北京公司召开干部任免宣布大会。国家电网公司人事董事部主任林野受国家电网公司党组和国家电网公司党组书记、总经理刘振亚委托，宣布国家电网公司党组关于北京市电力公司领导班子调整的决定：国家电网公司经研究并征得北京市国资委同意，决定朱长林同志任北京市电力公司总经理、党委委员、常委、副书记，刘润生同志任北京市电力公司总工程师。

8月6日，北京市政府第一个能源类重点推进工程项目，海淀公司苏家坨110kV变电站投入运行。

8月17～18日，北京公司参加由中共中央组织部、国务院国资委组织召开的全国国有企业党的建设工作会议。党委书记郭要斌作为基层经验交流单位代表，做题为“坚持惩防并举　加强企业党风廉政建设”的经验发言，并同国家电网公司刘振亚总经理等与会领导一起，受到中共中央政治局常委、国家副主席习近平等中央领导人的亲切接见。

8月14日12时36分，北京电网最大负荷达1424.6万kW，创历史最高纪录。

8月20日，北京公司与华北电网有限公司在城北500kV变电站，举行管理职责分工调整协议签署仪式。

8月27日，北京公司在天安门举行国庆60周年供电保障宣誓暨授旗仪式。参与国庆60周年天安门广场供电保障的6支保障团队及北京公司所属各单位代表共200余人，代表北京公司万名员工庄严宣誓，誓保国庆60周年供电保障万无一失。

9月8日，国家电力监管委员会党组书记、主席王旭东一行，在国家电网公司党组书记、总经理刘振亚陪同下，来北京公司视察国庆供电保障工作。国家电监会党组成员、副主席史玉波等一同视察。王旭东一行先后到人民大会堂开闭站、人民大会堂临时箱变群、广场开闭站、前门110kV变电站、北京市调大厅和应急指挥中心，实地检查国庆供电保障工作情况，并听取总经理朱长林就国庆60周年庆祝活动供电保障工作汇报。王旭东以“思想高度重视，安排周密细致，工作扎实有力”高度评价北京公司国庆保障筹备工作。

10月1日，首都各界庆祝中华人民共和国成立60周年大会及“礼赞祖国、讴歌时代、振奋民心”为主题的联欢晚会，在北京天安门广场隆重举行。北京公司圆满完成盛事庆典供电保障任务，全面实现“电网零闪动，设备零故障，供电零差错”工作目标。

10月16日，首都国庆60周年群众游行指挥部授予北京公司“优秀组织单位”称号。

10月26日，北京公司与中国银联北京分公司签署业务合作框架协议，率先开通政府公共事业缴费“三通”售电功能。

10月29日，北京市发改委副主任王英建、北京公司副总经理郭炬与宣武、丰台、大兴、昌平四区有关人员正式签署北京市老旧小区配网改造试点工程协议。当天，北京市发改委、各区政府、北京市电力公司正式启动本市2009年居民老旧小区配网改造试点工程，确定对北京市16个小区进行试点改造。

11月9日，北京公司召开干部任免宣布大会。根据工作需要，经国家电网公司党组研究，并征得北京市国资委同意，决定常世平同志任北京市电力公司副总经理、总会计师、中共北京市电力公司委员会委员、常委；刘润生任北京市电力公司副总经理、中共北京市电力公司委员会委员、常委，免去其北京市电力公司总工程师职务；免去王风雷同志的北京市电力公司副总经理、中共北京市电力公司委员会委员、常委职务；免去穆银安同志的北京市电力公司总会计师、中共北京市电力公司委员会委员、常委职务。

11月14日，北京公司2009年“煤改电”配套电力工程如期竣工。东城区、西城区、宣武区约8万户平房居民告别小煤炉，用上清洁能源的电采暖。同时也标志着北京市二环内19片历史文化保护区的16万余户平房居民从此告别了烧煤取暖的时代。

12月29日，北京公司召开干部任免宣布大会。根据工作需要，经国家电网公司党组研究并征得北京市国资委同意，决定郑林同志任北京市电力公司副总经理、中共北京市电力公司委员会委员、常委；免去石路同志的北京市电力公司副总经理、中共北京市电力公司委员会常委、委员职务。

（王思敏　肖兴立）

天津市电力公司

企业概况

天津市电力公司（简称天津公司）隶属于国家电网公司，担负着整个天津地区的电网规划、建设和供电服务任务，供电面积1.19万km^2，供电营业户数412.9万户，供电业务人口超过1100万人。截至2009年，天津公司资产总额达到395亿元，资产负债率82.5%，年销售电量471.62kWh，员工13 000余人。天津公司本部设16个部室（含工会），定员320人，下辖22家直属单位，4家控股企业和1家代管单位。直属单位中供电单位12个，施工单位1个、电力设计单位1个、医院1个、其他单位7个。

2009年是天津公司发展进程中非同寻常的一年。面对异常复杂的发展环境和艰巨繁重的发展任务，天津公司坚决贯彻国家电网公司党组的决策部署，积极应对国际金融危机带来的挑战，整体推动全年工作。天津公司学习实践科学发展观活动取得实效，在国家电网公司系统综合评价中名列第一；圆满完成新中国成立60周年等重大活动保电任务，为滨海新区开发开放提供了坚强的电力支撑；企业和谐，队伍稳定，各方面工作不断取得新进展、实现新突破，天津公司发展呈现出良好的态势。

2009年，天津公司新一届领导班子按照国家电网公司“四化”和依法治企的各项要求，提出“高严细实”的工作理念，进一步推进管理创新，全面提升科学发展能力，努力实现“两个率先”（率先建成坚强智能电网，率先建成“一强三优”现代公司）的发展目标。圆满完成了国家电网公司下达的35项企业负责人业绩考核指标。电网建设投资完成109.7亿元，固定资产投资完成84.57亿元，新增变电容量559.67万kVA、输电线路1056.57km。营业收入249.95亿元，同比增长8.99%。

组织机构

天津公司本部机构2009年设置定员为270人，设14部1会2中心：办公室、发展策划部、人力资源部、财务部、生产技术部、营销部、基建部、监察部、安全监察部、审计部、思想政治工作部、科技信息部、物资部、农资部、工会、调度通信中心、电力交易中心。

截至2009年12月，天津公司下辖26个基层单位：滨海供电公司、高压供电公司、城东供电分公司、城南供电分公司、城西供电分公司、东丽供电分公司、蓟县供电分公司、客户服务中心、电力设计院、技术中心、电能计量中心、电力通信分公司、电力工程建设监理公司、电费管理中心、宝坻供电有限公司、静海供电有限公司、宁河供电有限公司、武清供电有限公司、修试中心、物流管理中心、培训中心、人才交流中心、路灯处、送变电工程公司、三源电力集团公司、电力医院。

领导班子

党委副书记、总经理：张　宁
党委书记、副总经理：王宏志
党委常委、副总经理兼工会主席：俞学豪
党委常委、副总经理：屠强、孟庆强、赵鹏
党委常委、总会计师：李　路
党委常委、纪委书记：刘宏新
正局级调研员：朱长富
副局级调研员：陈振宇

电网概况

2009年，天津电网与外部周边电网的联络通道有6个，是以北郊、吴庄、滨海、东丽、芦台5座500kV变电站和盘山电厂为支点，形成了发单环网。220kV电网已形成了西、中东部两个双环形的网架结构。220kV电网深入中心区直接降压至35kV及以下向城市供电，市区取消了110kV电压，因为供电半径较大，110kV电压在农村仍然保留。年最大负荷867.9kW，同比增长8.91%，用电量550.16kWh。同比增长6.64%。2009年，天津电网共接入电厂41座，发电装机容量1003.695万kW。其中：火电厂37座，装机容量999.492万kW，水电厂1座，装机容量5万kW，新能源3座，装机容量3.703万kW，其中天津公司直接调度的发电容量为224.57万kW（地方和企业自备电厂），其余由华北电网有限公司统一调度。天津电网已建成公用变电站414座，其中：500kW变电站5座，220、110、35kV公用变电站分别为56、98、244座，主变压器总容量4855.665万kVA，输电线路长度1056.57km，形成了500kV单环网和220kV西部和中东部两个供电分区。

人力资源

2009年，天津公司直属单位中，供电企业员工10 016人，占75%；其他单位员工3325人，占25%。按学历层次分，直属单位在岗员工具有本科及以上学历4246人，占31.8%；专科学历2683人，占20.1%；中专技校4241人，占31.8%；高中及以下2171人，占16.3%。按技术等级分，直属单位在岗有专业技术职务的4942人，占在岗员工总数的7.5%，高、中、初级专业技术人员比例为1∶1.5∶2.4；具有技能等级的7162人，占员工总数的53.7%，高级技师、技师、高级工、中技工、初级工比例为1∶9.1∶77.5∶7.2∶2，高级技师和技师分别占技能人员总数的0.6%和5.0%。

天津公司专家选拔管理工作开始步入扎实、规范、全面发展的新阶段。专家队伍发展到73人，形成国家电网公司专家、华北院院士级、一级专家、天津院专家、天津院专家后备等不同等级梯次的专家队伍。目前，天津公司建立了比较完整的专家管理体系，形成了培养、选拔、任用、考核、待遇相结合的系统管理模式，初步实现了引导员工走专家型成才道路的目标。出台了《天津市电力公司专家选拔实施细则》、《天津市电力公司专家考核与待遇管理办法》等管理制度，激发了专家开展科技攻关和学术研究的积极性。2009年由专家领衔的科技立项共5项，申报专利13项，核心刊物发表论文11篇。

2009年，天津公司深入开展“四好”领导班子创建活动，对基层单位领导班子进行调整、充实和优化。

电网建设和发展

2009年，天津公司启动了坚强智能电网建设，全面推进“十一五”电网建设工作。全年固定资产投资完成84.57亿元，前期节点完成560个，开工、投产35kV及以上电网建设项目各47项，新增变电容量559.67万kVA、线路1056.57km。投产计划完成率、前期节点计划完成率、工程节点完成率、220kV工程竣工结算完成率、110kV及以上工程达标投产率均达到100%，220kV优质工程率完成66.67%，220kV新建工程概算下降率完成9.57%，工程投资控制指标完成6.48%，圆满完成了年度电网建设工作任务。2009年，针对天津电网“主网不够坚强、配网尚未完善、设备相对落后、安全隐患较多”的现状，积极开展基建安全质量管理策划工作，完善了基建应急预案。建立天津公司本部、建设单位、项目部3个管理层面联动协调的基建安全质量管理体系，充分发挥各级安全组织作用，保持了基建安全局面。推行国家电网公司标准工艺，落实公司“五比一创”、“标杆工程”劳动竞赛。开展了“安全质量流动红旗”和“标准化工地”竞赛活动。2009年质监中心站和各质监分站共对130个项目进行监检，涉及发电373.6万kW、变电2391万kVA、线路1442km，共提出整改项1117项，工程质量稳步提高，西横堤220kV变电站工程等8项工程被命名为2009年度国家电网公司优质工程，同比增长一倍。2009年，电网建设投资力度进一步加大，市财政将借款额度调增至2亿元。天津市12个区县设立电网发展基金共计2亿多元，贴息3043万元，天津电网发展环境得到完善，500kV容载比为2.08，220kV容载比为2.31，110kV容载比为2.42，35kV容载比为2.23。电网供电可靠性明显提升，城网供电可靠率从99.854%提高到99.937%；农网供电可靠率从99.436%提高到99.832%。电网设备水平大大改善，青凝侯“两型一化”变电站、陈甫数字化变电站等先后建成，电网经受住了雷雨、大风恶劣天气和867.9万kW的历史最大负荷考验，天津电网连续5年夏季大负荷期间没有拉路限电，有效地支撑了天津经济社会发展。

经营管理

2009年，是新世纪以来面临困难最大，挑战最为严峻的一年。天津公司坚决贯彻国家电网公司的决策部署，以学习实践科学发展活动为契机，积极应对国际金融危机挑战，全面完成国家电网公司下达的35项企业负责人业绩考核指标，售电量完成471.62亿kWh，同比增长8.17%；线损率5.91%，与计划持平，同比降低0.1个百分点；利润总额−51 530万元，优于考核指标2994万元；资产负债率82.5%，优于考核指标3.07个百分点；净资产收益率−8.05%，优于考核指标0.08个百分点；流动资金周转率7.59次，优于考核指标0.36次；上缴投资收益24 000万元；全员劳动生产率完成404 726元/(人·年)。新增变电容量559.67万kVA，线路长度1056.57km；天津公司发展呈现良好面貌，各项工作得到了国家电网公司、天津市委、市政府和社会各界的充分肯定。2009年，通过深入开展“三节约”活动，制定考核细则，大力增收节支、降本增效。完成接电容量502万kVA，电费回收实现“双结零”；电网建设综合造价同比降低5%，管理性可控费用同比降低8.36%；争取国家电网公司低息资金50亿元，推迟贷款到位43亿元，降低融资成本1亿元；落实增值税转型政策，抵扣进项税5.5亿元；开展内部审计，审减工程造价8613.7万元，纠正违规使用资金4888.2万元；开展班组“五小”活动，节约资金3631.5万元。输配电价调整为3.35分/kWh，经营状况保持稳定。修订《天津市电力公司行政处分和经济处罚规定》，制定《天津市电力公司经济安全“十条禁令”》。深入开展联合监审和反腐倡廉“反违章”工作，纠正经营管理中的“习惯性违章”行为。完成全面风险管理咨询，全面启动“小金库”和工程建设领域突出问题专项治理活动，防范了企业经风险。

安全生产

2009年，天津公司始终把防止发生大面积停电事故放在首位，强化电网安全管理，完善事故应急预案，加强电力设施保护，开展重要用户安全隐患排想治理，全方位保障了电网安全运行。认真吸取吴庄2·11事故教训，落实“三个百分之百”要求，深入开展“三项行动”和“三查一整改”活动，严肃治理声音行为，夯实了安全基础。完善安全例会制度，规范工程以包和作业行为，加快应急体系建设，加大了现场管理和监督工作力度，消除安全隐患，夯实了安全基础。在电网快速发展、基建任务繁重、各种影响安全的因素十分复杂的情况下，天津公司圆满完成了迎峰、度夏和国庆60周年保电任务，实现了电网安全稳定运行，没有发生大面积停电事故，没有发生重特大人身伤亡事故和设备事故。全年发生一般设备事故一起，同比下降66.67%；发生一类障碍41次，同比上升24.24%。

营销工作

2009年，天津公司以“高严细实”工作理念深化营销管理思路，创新工作方法和手段，不断加快科学技术和管理新知识的应用，在优化服务活动中，全面落实年度“天津电力心连心工程”12项优质服务新举措，圆满完成国庆60周年保电任务，荣膺天津市“窗口单位民生贡献”奖，深化营销信息化建设和集约化进程，实现SG186营销业务应用系统的全面上线，该系统通过天津市科委组织的科技成果鉴定，认为已经达到“国际先进水平”。2009年天津公司服务理念深入人心，服务措施落实到位，服务质量得到各级政府和广大客户的认可和赞誉，客户满意率99.96%。优质服务工作取得了良好的社会效益，社会责任形象不断提高，改善了企业外部经营环境。取得了又好又快地完成各项营销指标及重点任务的好成效。为树立良好的外部形象和可持续发展作出了新的、更大的贡献。

全年售电量累计完成 471.62 亿 kWh，同比增长 8.17%。售电均价：售电到户均价 580.58 元/MWh，同比提高 19.36 元/MWh。电费回收：应收电费 292.39 亿元，同比增长 11.78%；电费回收率 100%；应收电费余额 609 万元，同比下降 71.42%，比计划降低 9391 万元。陈欠电费为零，下降率 100%。线损率完成 5.91%，同比下降 0.1 个百分点。天津公司系统电网平均用电负荷率为 85.67%，同比提高－0.28 个百分点。关口计量装置检验率：关口电能表校验率完成 100%；互感器二次压降测试率 100%，互感器校验率 100%。市场占有率 97.22%，同比增加 0.94 个百分点；营业户数 333.85 万户，比上年末增加 14.76 万户，增长 4.63%。报装申请 174 525 户，报装容量 524.98 万 kVA，同比增长－13.84%。累计完成接电 15 3401 户，接电容量完成 493.77 万 kVA，同比提高 11.54%。受理市政重点工程 65 项，完成 40 项。查处违章、窃电 2962 件，完成合理增收 2004.93 万元。受理客户服务电话 981 836 个，同比增加 33.13%；发送抢修工单 106 426 个，同比增加 35.92%；回访业务 74 927 户，成功回访 63 418，客户满意率 99.96%。办理居民户表业务 326 108 件，其中新装 199 581 件，日常营业 126 527 件。供电服务“十项”承诺兑现率为 100%。

农电工作

2009 年，天津公司全面落实“新农村、新电力、新服务”农电发展战略，加快实施农村电网建设与改造，扎实推进新农村电气化建设，天津农村主网结构和供电能力进一步增强，农村电网已连续 5 年高峰负荷没有拉路限电，为农村经济社会发展和农民生活水平提高提供了有力支撑，圆满完成了全年各项生产经营指标。2009 年，天津公司在经营形势严峻的情况下，继续投资 20 亿元，进一步加大农村电网建设和改造力度。各部门简化电网建设审批流程，充分利用市政府提供 2 亿元电网建设无息贷款，各区县设立电网基金，出台电网建设贷款贴息政策，全市 10 个涉农区县政府先后与属地供电公司签署合作共建协议，累计设立电网建设基金 2.09 亿元、贷款贴息到位 3043 万元，在市新农村电气化建设领导小组的正确领导下，各区县将电气建设作为新农村建设的重要基础性工作，加快了电气化县、乡（镇）、村的建设进度，完成了武清电气化县、20 个电气化镇、450 个电气化村的建设任务。截至 2009 年底，全市已经建成静海、宁河、武清 3 个电气化县，43 个电气化镇，937 个电气化村，市农村供电可靠率完成 99.832%，同比提高 0.135 个百分点；农网综合电压合格率完成 98.778%，同比提高 0.382 个百分点；其中农村居民电压合格率完成 97.329%，同比提高 0.671 个百分点；综合线损率 3.42%，同比下降 0.52 个百分点。农村电气化水平明显提高，农网供电可靠性进一步增强，有力地支持了农村电网发展。2009 年，天津公司在农网和新农村电气化建设中，积极采用新技术、新设备、新材料、新工艺，大力加强农网自动化、信息化建设。加大农网科技投入，全面推广应用“配网典型设计及造价管理技术平台”，实现了以标准化规范电气化建设。农村用户全部实施低压远程集中抄表系统建设，提高了电气化建设标准。大力推广技术先进、安全可靠、免维护的无油化、智能化设备，采用紧凑型杆塔，推广同塔多回架设，避让基本农田，减少了土地占用。电网建设累计节约土地近 1000 亩，为节约农村土地资源、保护农业环境作出了积极贡献。

科技与信息化

2009 年，天津公司不断加大科技投入，紧密围绕电网运行、管理需要，加强重大课题研究，全年安排科技计划三批 28 项，其中国家电网公司计划 5 项，天津市计划 1 项、国家“863”计划 1 项。投入技术开发经费 5808 万元。其项目内容为，国家“863”计划中的《配电带电机器人技术研究》和《220kV/800A 高温超导限流器的研究与开发》；天津市重大科技支撑项目《天津地区发电机组节能减排实时监控管理系统（TPMS)》；国家电网公司重大项目《电动汽车试点应用》；国家电网公司关键技术研究框架子课题《高压电缆线路检测与在线监测技术研究》、《高压电缆线路设备及线路工程质量监督体系研究》；“基于 IEC 61850 的高压数字化变电站关键技术研究及工程应用”实现了高电压等级全站数字化。2009 年，在科研创新方面投入资金 2000 万元，支持科技试验基地建设。配合技术中心建成“输变电设备状态检测和故障诊断”等 8 个中心。“电力电缆检测与运行技术实验室”已通过国家电网公司实验室的申报审查。在“产学研”合作上，首次采用联合科研苦头团队方式完成天津地区首座数字化变电站——陈甫 220kV 数字化变电站科研与示范工程项目，受到中央及地方媒体的高度关注。与天津大学联合培养的首批 9 名研究生结业出站。年内获市科技进步奖 5 项、国家电网公司科技进步特别奖 1 项、三等奖 1 项。ERP 实现全面上线，SG186 工程通过国家电网公司验收。ERP

系统在 23 个单位全面上线运行，实现人财物项目管理紧耦合业务的集成。包括 ERP、营销、协同办公、安全生产管理等 13 个主要业务系统在内的 SG186 工程高质量通过了国家电网公司验收。科技创新上，依托重大科技项目知识产权的培养和群众科技创新活动，全年完成专利申请 75 项，其中仅“陈甫数字化变电站”项目就申请专利 37 项。到 2009 年底，已获得省部级科技进步奖 15 项，国家电网公司科技进步奖 5 项，国家知识产权局授权发明专利 1 项，授权实用新型专利 33 项，并获得天津市知识产权试点单位。

优质服务

2009 年，天津公司优质服务赢得各界认可。在“国家电网”品牌统领下，全面实施“天津电力心连心工程”，主动服务京沪高铁等重点工程项目，配合开展市容环境综合整治，推动解决开发商遗留用电问题，得到市委、市政府和社会各界的高度评价。推出网上供电营业厅、电缆充值卡、居民电卡速递等特色服务，新增售电网点 353 个和纯电动电力服务车 12 辆，方便了业务办理和居民购电。出台一系列农村优质服务新举措，进一步优化农电服务流程，提升农电服务品质。加快建设农村售电网点，方便了农村居民购电。统一城乡供电企业的专业管理和业务标准，整体提升了农电企业的管理水平，落实城乡一体化服务规范，实现城乡统一标识、统一窗口建设标准、统一服务流程和服务规范。结合“家电下乡”工程，组织开展了电力建设、电力科技、电力服务和电力文化“四下乡”活动，使广大农村客户切实享受到与城市客户同样规范、真诚的供电服务，促进了城乡协调发展。全市完成了 50 片转供电改造，1.3 万户居民用上了安全电、放心电。完成发电权交易电量 11.8 亿 kWh，节约标煤 12.2 万 t，减排二氧化碳 31 万 t。建成武清电气化县、20 个电气化乡（镇）和 450 个电气化村，增强了服务新农村建设的能力。2009 年，天津公司加强了路灯统一管理，完成 13 片居民区和海河沿线等 39 项路灯设施改造，为城市建设增添了光彩。全面社会责任管理进一步深化，新闻宣传和品牌推广工作取得突破，天津电力科技博物馆参观人数超过 11 000 人，为更好地发展营造了良好的外部环境。

党建和精神文明建设

2009 年，落实国家电网公司 2009 年工作会议精神，全面推进“三个建设”（党的建设、企业文化建设、队伍建设）的各项工作。深入开展主题教育，大力加强党风廉政和惩防体系情况，推进以“四统一”为基础的优秀企业文化建设。深化“党员之家”建设，推广党员代表常任制，全面实施“双培养”工程。开展“五比一创”大竞赛，有效地促进了管理提升。评选表彰“十佳功臣劳模”，获得天津市和央企劳动模范 10 人、模范集体 5 个以及天津市“工人先锋号”、“工人发明家”、“职工先进操作法”等多项荣誉，调动了广大干部员工的积极性。召开青年干部和青年员工座谈会，深化青年创新创效活动，激发了广大青年员工的活力。召开总经理联络员座谈会，广泛开展“金点子”建议征集活动，畅通了职工参政议政渠道。认真落实离退休老同志的政治、生活待遇。完善两级帮扶机制，332 人得到帮扶资助。加大维护稳定工作力度，在改革发展任务异常繁重的情况下，保持了队伍稳定、企业和谐。

2009 年，在全体干部员工的共同努力下，天津公司获得全国“五一劳动奖状”，连续两届被评为“全国文明单位”，连续四届获得天津市“文明行业标兵”荣誉称号，党务公开入选全国 50 个联系点，获得中国企业“金蜜蜂·和谐贡献奖”和天津市“民生贡献奖”，充分体现了社会各界对天津公司工作的肯定和支持。

主要事件

1 月 12 日，天津市召开新农村电气化建设工作会议。全市已建成 1 个电气化县（武清）、20 个电气化乡（镇）和 450 个电气化村，促进了城乡协调发展。

5 月 27 日，国内首座拥有完全自主知识产权的全数字化 220kV 变电站——陈甫 220kV 变电站成功投运。该站是天津公司“十一五”期间重点科技示范项目，是天津地区建设的第一座数字化变电站，改善了地区电网结构，提高了供电可靠性。

6 月 24 日，天津公司在国家电网公司统一部署下，安全、平稳接收了天津 220kV 电网和电厂调度权，子公司管理体制核心条件基本具备，天津公司发展站在了新的历史起点上。

6 月 30 日，天津公司供电设备工厂化修试基地举行奠基仪式，建成后的修试基地将成为面向华北，服务天津电网设备检修的“4S 店”，努力实现检修资源集约化、生产管理精益化、检修工艺标准化、工艺流程智能化。

8 月 20 日，国家电网公司党组调整天津市电力公司领导班子，张宁任天津市电力公司总经理、党委常委副书记，王宏志任天津市电力公司党委书记、副总经理。屠强任天津市电力公司副总经理、党委常委。2009 年，公司圆满完成国家电网公司 35 项企业负责人业绩考核指标。

10月23日，由新华社《瞭望东方周刊》与今晚传媒集团《今晚报》联合主办“辉煌60年——天津民生贡献60大调查”推选活动中，公司荣膺“天津市窗口单位民生贡献奖”。

11月3日，天津公司档案工作通过了国家档案局、中央档案馆全国档案事业发展综合评估委员会的综合评估，以105.1全国第1名的高分得到评估委员会各位领导和专家的好评，并荣获“全国档案事业发展委员会综合评估受检先进单位”荣誉称号。

11月8日，天津公司ERP项目整体上线运行，SG186工程项目通过国家电网公司总体验收，公司信息化建设成效显著。

12月28日，党建和精神文明建设成果丰硕。天津公司评选表彰公司“十佳功臣劳模”，获得天津市和央企劳动模范10人、模范集体5个以及天津市“工人先锋号”、“工人发明家”、“职工先进操作法”等多项荣誉，调动了广大干部员工积极性。

12月28日，天津公司学习实践科学发展观活动取得实效，在国家电网公司综合评价中名列第一。天津公司荣获全国“五一劳动奖状”，连续两届被评为“全国文明单位”，连续四届获得天津市“文明行业标兵”荣誉称号。

（戴宗宝）

河北省电力工业

企业概况

2009年，河北省电力系统各电力单位，在省委、省政府和主管归属公司的正确领导下，紧紧围绕保增长、调结构、促改革、惠民生的工作主线，团结带领全体干部职工，坚定信心、迎难而上，全力以赴、攻坚克难，较好地完成了各项工作任务。

截至2009年底，全省发电装机容量达到3829万kW，其中6000kW及以上达到3807万kW。500kV变电容量达375万kVA，使500kV变电站达到了21座，共计3595万kVA；新建500kV输电线路17条，共计1553km，使500kV线路总长度达到8216km；新建220kV变电站17座，变电容量604万kVA；使全省220kV变电站达到了201座，共计6854万kVA；新建220kV输电线路40条，共计288km，使全省220kV输电线路达到12 797km，从而大大改善了河北省的电网结构，促进了工农业生产的发展。

发电量：全省完成发电量1764亿kWh，比2008年增长10.3%。

供热量：6000kW及以上供热量16 589万GJ，比2008年增长962万GJ。

供电量：全省完成供电量2117亿kWh，比2008年增长12.04%。

售电量：全省完成售电量2006亿kWh，比2008年增长12.10%。

发电煤耗：6000kW及以上全省发电煤耗完成321.53g/kWh，比2008年下降8.14g/kWh。

全省厂用电率：6.89%。

全省供电标准煤耗：完成344.59g/kWh，比2008年下降9.16g/kWh。

全省线损率：完成5.23%，比2008年下降0.07个百分点。

省电力公司领导班子

总经理、党组副书记：孙正运
党组书记、副总经理：孔庆军
副总经理、党组成员：刘永奇
副总经理、党组成员：白林杰
副总经理、党组成员：范振华
副总经理、党组成员：朱晋平
党组成员、石家庄供电公司总经理：闫卫国
党组成员、纪检组长：董双武
党组成员、工会主席：赵社宏
副局级调研员：何永章

电源建设

1. 火电建设

（1）沙河电厂2×600MW空冷机组工程开工建设。4月19日上午，计划投资47.4亿元的河北建投沙河电厂2×600MW空冷机组工程正式开工建设。按照计划，两台机组将分别于2011年四季度和2012年一季度建成投产。省委常委、常务副省长付志方宣布项目开工。

该项目属省重点建设项目。所建机组采用直接空冷发电技术，以城市中水为循环补充水源，同步配套建设烟气脱硫、脱硝装置，安装高效静电加电袋除尘器和在线监测装置，采用低氮燃烧技术，各项排放指标符合国家环保要求。项目计划投资47.4亿元（动态），投产后将以500kV电压等级接入河北南部电网。

（2）石家庄裕华热电1期工程投产。4月23日8时58分，河北华电石家庄裕华热电有限公司2号机组顺利完成168h满负荷试运行，这标志着裕华热电一期工程两台机组全面竣工投产。裕华热电2号机组的投产，将为石家庄南部1500万m^2的主城区供热，替代160多台分散小锅炉，每年减少烟尘排放量417.4t，减少二氧化硫排放量2537t。

裕华热电有限公司2台300MW供热联产机组工程是市重点建设的支撑性热源项目，总投资26.8亿元，由河北华电石家庄热电有限公司控股投资建设。裕华热电工程于2007年7月6日通过国家发改委核准，2007年8月20日正式开工。经过20个月的艰苦努力，一期工程顺利完成。

（3）张家口热电公司1号机组通过168h试运。12月11日，河北大唐国际张家口热电公司2台300MW供热工程1号机组通过168h试运，负荷率达到101%，自动投入率和保护投入率均达到100%，脱硫脱硝系统同步通过168h试运。

该公司一期工程投产后，年供热量为691.6万GJ，2010年将替代张家口市441台能耗高、污染重的分散小锅炉，可实现集中供热面积1206万m^2，占张家口市主城区总集中供热面积的70%。

（4）微水发电厂热源替代工程破土动工。8月2日，大唐微水发电厂热源替代工程破土开工。

微水发电厂热源替代工程为新建2台2.9万kW循环流化床锅炉，工程总造价为3970万元。此项工程将替代该厂原有的两台5万kW机组向井陉县城区供热。

（5）丰润热电公司1号机组通过168h试运。9月15日，河北大唐国际丰润热电公司2台300MW供热工程1号机组通过168h试运，自动投入率和保护投入率均达到100%，脱硫系统同步通过168h试运。

丰润热电公司一期2台300MW“上大压小”热电联产项目，由大唐国际发电公司与唐山市建设投资公司共同出资建设。项目建成投产后，年发电量约为33亿kWh，并具备1300万m^2的供热能力，可取代127台燃煤小锅炉，可实现废水“零排放”；粉煤灰综合利用率可达100%。

2．风电建设

（1）大唐乌登山风电场一期工程首批机组并网发电。12月20日，大唐张北乌登山风电场工程首批机组成功并网。该风电场规划装机容量30万kW，项目总投资近30亿元。于6月23日通过核准，9月开工建设，在短短3个月的时间内就实现了首批机组并网发电。

（2）国电、华能两大公司牵手尚义风电开发。国电电力发展股份有限公司、华能国际电力开发公司与尚义县合作开发的两个百万千瓦风电项目签约。至此，国内五大电力集团全部“抢滩登陆”尚义，使该县形成了大集团、大公司开发风电的良好态势。

近年来，尚义县先后与13家国内外企业签订了开发协议，约定中长期总开发规模为570万kW。目前，该县已开发了19个风电场，协议总投资600多亿元。现已完成风电装机15.15万kW，安装大型风力发电机组101台，年发电3.5亿kWh，创产值1.85亿元，税收1800万元。

（3）大型风电项目落户乐亭。乐亭大清河风力发电项目签约。该项目由乐亭县人民政府、三友集团大清河盐化公司、国电集团华北电力有限公司、河北建投新能源有限公司分别作为甲乙丙丁四方合作开发，总投资约15亿元人民币，规划装机容量15万kW。

电网建设

河北省电力公司（简称河北公司）全年完成电网投资66.4亿元，投产110kV及以上线路2006km、变电容量810万kVA。坚持基本建设和技术改造并举，实施提高输送能力工程7项，增加输送能力265万kW。积极配合高铁等工程建设，完成256条110kV及以上线路迁改任务。优化设备治理投资策略，强化大修技改项目审核，全面完成110kV及以上线路防鸟害治理、220kV及以下气动机构断路器改造等设备治理工作，设备健康水平大幅提升。

安全生产

（1）河北公司强化安全校核与风险预控，主网停电操作次数同比减少14%，继电保护操作检修零失误、正确动作率100%，确保了电网安全稳定运行和电力可靠供应。全年没有发生人身伤亡事故，没有发生重大电网、设备、交通、火灾、信息事故，安全生产保持了平稳态势。

在春灌抗旱、迎峰度夏、国庆60周年保电，以及应对特大暴风雨和历史罕见暴雪等重大考验中，河北公司科学指挥，超前防范，广大员工不畏艰难，连续奋战，确保了居民生活和高危重要客户的安全可靠供电，得到了国家电网公司和各级党委政府的充分肯定。

（2）张家口发电厂紧紧抓住设备巡检、燃料供应和后勤保障这三条保障线，安全度过雪灾封锁期，保证了首都北京的用电安全。

冰雪严寒一直是张家口发电厂在冬季面临的问题。对此，该厂及早制定出了《2009年防冻措施》。在组织措施方面，该厂副厂长亲自挂帅成立防冻抢险指挥组，并将全厂生产设备划分成12个区域，由16名防冻抢险指挥组成员负责。11月15日，该厂紧抓6号机组转入备用状态的时机，对机组再热导气管弯头内部裂纹及炉膛11根水冷壁管道爆裂的问题，进行突击处理，消除了隐患，提高了机组健康水平。

2009年第一场大雪到来后，该厂燃煤库存急剧下降。面对危情，该厂立即启动燃料供应应急预案，一方面确保火车燃煤按时、按量到货，一方面随时监控公路信息，雪融路通的第一时间启动汽运燃煤运输，以加大运力，确保发电用煤。

科技与信息化

河北公司积极推进信息化建设，SG186工程顺利通过国家电网公司验收，以ERP为核心的财务管控等五大应用系统成功上线，累计应用标准化业务流程332个、导入记录500余万条，一级公司代码、多种项目类型自动转资等6项功能实现突破。广域互联DTS系统、投资效益考核等成果荣获18项国家电网公司和省部级科技进步奖，47项专利申请获得授权，科研成果质量和数量取得历史性突破。建成非统调热电机组热信号远传系统，广泛应用电能质量在线监测、安全自动校核等先进适用技术。评选“五小”创新成果200项，除冰雪工具、“二牵六”放线工艺等在实际工作中发挥了作用。

经营管理

(1) 河北公司大力开拓电力市场，新增接电容量859万kVA，促成3家自备电厂转公用。严格落实电费回收责任，电费回收率保持100%。深入开展反窃电活动，累计查处窃电和违约用电9337户·次，追缴电费和违约电费3738万元。加大线损治理力度，城区和县域供电台区线损率全部降至10%和15%以下。

强化资金集中运作管理，节约利息支出1.4亿元。落实增值税转型政策，增加进项税抵扣4.9亿元。健全物资集约化管理体系，实施集中规模招标58项次、金额29.1亿元，降低工程造价1.1亿元；强化入网设备材料监造检测，线缆初检不合格率降至10%以下。推进资产全寿命周期管理，初步建立了涵盖项目建设、资产运营和退运报废全过程的指标评价体系。

成立河北南网电能交易议事委员会，完成交易运营系统实用化开发。合理增加低价关停补偿电量指标8.7亿kWh，组织以大代小交易电量127亿kWh，节约标煤117万t、减排二氧化硫6.5万t，交易电量占全网购电量比例名列国家电网公司系统榜首。强化直购地方电厂电能交易管理，购电成本同比降低4000万元。加强电能结算管理，追补计量误差和用网电量8100万kWh，追收电费4700万元。

充分发挥自主开发能力，节省ERP项目研发费用1874万元。创新应用单联卷纸电费发票，节约印刷费860万元。简化公务接待，广泛采用视频会议形式，全年压降办公、会议、车辆运维等费用3037万元。

(2) 保定供热公司重视管理创新，自2009年以来按照循序渐进的方式推行工时制管理，形成了比较成熟的工时制管理方法。

该公司工时制管理的具体操作方法是由公司多个部门组成工时定额小组，将公司每一名员工的日常工作、常规工作和定期工作进行分类，经过综合考量与讨论后，制定出每一项具体工作项目所使用的标准工作时间，以此作为员工工作的考评依据。员工每天要将自己完成的工作项目及所使用的标准工时填写入个人工时统计表，每周将个人工时表在一定范围内进行公示并报送人资部，由人资部门依据《定额工时管理办法》每月对员工工时完成情况进行考核。

实行工时制管理后，其显著的管理效果主要表现在5个方面。一是完成每日工时的动力使员工的工作态度发生了转变，充分调动了员工的工作主动性；二是提高了员工的工作效率；三是通过定期对工时进行汇报汇总，使员工更容易在繁杂的日常工作中发现和把握工作规律；四是工时统计表使员工的工作能力得到了量化体现，也促进了员工工作能力的提高；五是实现了量化管理和精细化管理，促进了管理水平的提高。

(3) 大唐河北发电公司把热电机组增发电量作为提高经济效益的主要抓手，多措并举、全线出击，确保扭亏增盈工作取得明显实效。截至11月底，该公司累计完成发电量859 446万kWh，设备利用小时完成5028h，较河北南网平均水平高出190h，供电煤耗同比下降6.88g/kWh。

(4) 2009年1～9月，河北马头发电公司坚持以经济效益为中心，充分挖掘企业内部潜力，积极争取电量计划，有效开展内外部电量置换工作，截至9月30日，该公司全年累计完成发电量39.55亿kWh，其中置换电量达10.28亿kWh，实现了节能与效益的双丰收。

(5) 截至12月8日，河北大唐国际唐山热电公司全年累计完成发电量32.8亿kWh，提前23天完成32亿kWh的年度发电任务。2009年，该公司广泛挖掘内部潜力、千方百计组织燃煤、实施增发电量计划，圆满完成了“两节”、“两会”、夏季高温大负荷及保国庆60周年活动的安全发供电任务。在圆满完成年度发电任务的同时，该公司还先后承担了迁安热电、丰润热电、锦州热电5台机组的日常维护工作。

(6) 自机组投产以来，河北大唐国际王滩发电公司始终将节能降耗工作视为企业可持续发展的重中之重，以打造节能环保型企业为目标，深挖内部潜力，不断提高自身水平，通过设备维护、技术革新、精细管理、全员参与“四步”走稳了节能降耗之路。1号机组小修，该公司认真研究制订检修计划，找准检修维护重点，使修后吸风机、一次风机耗电率分别降低0.15和0.05个百分点，厂用电率下降0.22个百分点，供电煤耗降低4g/kWh。

锅炉受热面改造工作中，该公司解决了过热减温水量大的问题，同时通过开展汽轮机高压主汽门、高调门下阀座改造，有效降低了节流损失。两项改造使机组供电煤耗降低约4g/kWh；首台循环水泵电动机双速改造，使电动机在低速运行下的实际电流由原来的215A左右下降到170A左右，降低了21%。按每年投入使用5个月计算，可节约电量近133万kWh。在运行和设备管理方面，经过多次试验和论证采用的两台机组蒸汽压力半负荷滑压方式，以及冬季机组负荷65%以下采取2台机组1台循环水泵运行方式，都使公司供电煤耗得到明显下降。

(7) 进入11月后，邯郸热电厂紧紧抓住经济回暖、冬季优先安排供热机组发电的有利时机，将抢发增发电量作为工作的重中之重。一是强化市场营销，争取增发电量计划。该厂积极与省发改委、省中调以及电力交易中心进行沟通，争取计划电量和替代电量，提高市场预测、分析和判断能力，优化调整运行方式，争取机会多发电量。二是加强燃煤管理，做好电煤可靠供应。面对煤源紧张、煤价居高不下的严峻形势，该厂密切跟踪把握煤炭市场动态，认真分析研究煤炭市场发展趋势，统筹煤炭“量、质、价”关系，积极协调铁路、煤矿关系，密切关注煤矿的生产情况，想方设法增加煤源。三是提高运行水平，保证机组经济运行。该厂要求运行人员认真监盘、精心调整，提高运行水平，最大限度地将机组各项指标控制在经济、优化的范围内。同时，加强设备巡检，对操作监视、经济指标的完成情况等进行分析，将影响机组带负荷的隐患消灭在萌芽状态，保证机组安全经济运行。此外，该厂以运行绩效考核系统为平台，大力开展发电量和小指标竞赛活动，加强电量进度管理，强化计划电量的落实，合理优化机组运行方式，提高设备出力和负荷率，确保在采暖期保持较高负荷，为全面完成年度目标任务打好基础。

节能减排

(1) 为保护环境和节约资源，实现企业的清洁环保生产和可持续发展，大唐国际下花园发电厂牢记“提供清洁电力、点亮美好生活”的承诺，积极履行企业社会责任，从源头抓起，以基础工作为着眼点，积极开拓环保管理工作途径，优化改进烟气脱硫设施，加强环境在线监测，较好地完成了集团公司及各级环保部门给企业下达的环保生产任务目标。

2009年，该厂环保工作实现零投诉、零纠纷，脱硫效率稳定达到95%以上；烟尘排放浓度低于排放标准300mg/标准m^3，排放量为集团公司下达排量的35.5%，排放达标率100%；二氧化硫排放浓度低于排放标准2100mg/标准m^3，排放量为集团公司下达排量的31.3%，排放达标率100%；氮氧化物排放浓度低于排放标准1100mg/标准m^3，排放量为集团公司下达排量的83.9%，排放达标率100%；烟尘和废水实现100%达标排放，其总排放量逐年下降。

超前谋划，提供清洁电力。该厂超前展开清洁生产审核工作，与张家口市环境保护研究所签订了《清洁生产审核技术咨询服务合同》，按清洁生产要求组织厂内相关部门开展此项工作。2009年以来，该厂提前收集排污许可证的相关资料，先后经过区、市环保局的校验，通过河北省环保局审核，成功更换了正式排污许可证，达到了省级排污标准。此外，该厂对电力清洁生产的认识在不断深化，不断探索以环境好的方式合理利用自然资源和有效保护环境。该厂制定了近10项有关电力环保生产的管理规定。

超前把控，强化煤质管理。发电企业各项污染物排放浓度和排放总量在一定程度上取决于燃煤的煤质情况，好的燃煤将为环保各项指标的完成奠定基础。对此，该厂燃料管理部门严格把好入厂煤质量关，不仅在燃煤热量上把关，更在燃煤硫分、灰分等主要影响环保指标的因素上把关，最大程度控制入厂煤污染物“携带量”。由于市场原因等因素的影响，为解决部分劣质煤造成污染物的问题，该厂发电部严格执行《入炉煤掺烧制度》，在发热量上满足适烧要求，将硫分等主要指标作为掺配指标进行合理配煤，以减缓设备的运行负担。

超前排查，优化设备运行。该厂利用春、秋季安全大检查和月度安全检查等契机，对环保设备存在的隐患进行细致检查，并以“五确认、一兑现”的方式落实整改责任，限定整改日期。同时，该厂根据集团公司下发的《中国大唐集团公司脱硫绩效核查办法》进行对标、对表检查，自行整改，加强环保设施管理，进一步提高设备运行可靠性，保证环保设备投入率。

超前监控，随时随地调整。该厂加强环保监督，对厂污水排污口进行巡回抽查，每月定期对排污口水质进行化验监督，发现水量或水质异常及时查找问题，切实保护水资源。在检修期间，该厂重点监督检修过程中的废油处置情况，严禁将替换下来的废油倒入地沟，并严肃考核规定。该厂还制订完善了《CEMS校验和维护制度》，并每月和地方环保部门进行烟气在线数据校对工作，确认传输数据的正确性。

(2) 因1、2号机组关停，大唐国际陡河发电厂获得国家淘汰落后产能中央财政奖励资金5625万元，为企业可持续发展提供了良好机遇和广阔空间。

我国“十一五”规划中明确提出，到2010年全国单位国民生产总值能耗达到0.98t标煤/万元，较2005年下降20%。以此为契机，全国各行各业打响了一场节能减排、淘汰落后产能、优化产业结构的攻坚战，电力行业拉开了节能减排、科学发展的序幕。作为有着30多年历史的老厂，陡河发电厂用实际行动在电力行业中树立起了“排头兵”的形象。面对新的发展形势，在各级政府和集团公司、大唐国际发电公司的直接关怀指导下，该厂果断采取一系列行之有效的措施，积极响应国家“上大压小”号召。一是于2008年12月31日提前关停小容量、高能耗的1、2号机组，并利用替代容量积极推进北郊热电联产项目的建设；二是对3、4号机组实施供热改造，向唐山市北部地区供热，提高能源转换效率；三是实施3、4号机组吸风机变频器改造，降低厂用电率；四是争取并替代1、2号机组电量，优化各项指标。

在各项有效措施的支撑下，2009年该厂完成发电量82.05亿kWh，机组利用小时完成6312h，较京津唐电网平均水平高955h；供电煤耗完成351.79g/kWh，较2008年降低8.16g/kWh，年节约标煤62 681t；完成“十一五”千家企业节能减排目标年度分解值的166%；在全厂6台机组脱硫投运的情况下，生产厂用电率较2008年下降0.24个百分点，年节电1969万kWh。

(3) 一直以来，张家口发电厂不断加强脱硫系统的运行、检修、维护管理，面对新设备、新问题不等不靠，大胆创新，在规范脱硫项目管理、健全管理制度和组织措施的同时，打造出了一支技术过硬的职工队伍，并成功整治一大批严重的设备隐患，确保了脱硫设施的投运率。在一系列创新举措的支持下，该厂脱硫管理工作获得了国家环保部华北督查中心的高度评价。

一是创新编制，组织机构实现专业化、体系化。脱硫设施投产后，该厂通过对外招聘、内部调剂等方式多方聚拢人员，组建了环保监督班、脱硫点检班、脱硫项目部三级脱硫设施管理体系，对脱硫设施的投运率、投运效果进行监督检查，并制定整改方案和维护措施，形成了一条责任明确、行之有效的“流水线式”组织管理体系，从而使脱硫设施投运率一直保持在99%以上。

二是创新制度，项目管理实现标准化、规范化。“没有规矩，不成方圆”，该厂不断创新管理制度，先后制定并下发了《张家口发电厂脱硫设备分工管理制度》、《张家口发电厂脱硫设施投运管理规定》、《脱硫技术监督管理制度》等文件，尤其是《脱硫设备缺陷考核管理办法》的实施，有效提高了脱硫设备的消缺率。从2009年11月开始，该厂脱硫设备消缺率一直维持在98%以上。

三是创新技术，设备管理实现科技化、实用化。针对脱硫设备存在的“疑难杂症”，该厂抽调专业技术骨干组成“技术攻关专家组”，建立设备运行状况分析评估预警机制，对设备原有设计缺陷和常发缺陷进行彻底根治。该厂先后实施了吸收塔除雾器喷嘴方向改造、滤液箱供浆回流管道调节改造、真空皮带地漏拓宽改造、工业水管道加装排放阀改造等一系列技术改造项目，有效提升了脱硫设备的健康水平。

四是创新培训，人才管理实现素质化、专业化。为培养大批脱硫专业管护人才，该厂制定了周密的人才培训计划。一是加强日常技术培训，通过开展“一带一”、“互学互助岗位互换”等灵活多样的培训活动，提升职工队伍整体技术水平；二是采取“走出去，请进来”的方式，选派技术人员奔赴兄弟单位取长补短，并聘请设备厂家技术人员进行现场讲课；三是建立有效的激励机制，通过施行岗位晋升与技术水平挂钩、薪资高低与考试成绩挂钩的激励办法，在职工中形成了“比学知识、争学技术”的良好氛围，打造出了一支技术过硬的脱硫专业人才队伍。

农电工作

实施“三新”农电发展战略，创新干部管理体制，加强劳动用工管控，顺利完成9个县公司基本工资制度改革，全面解决农电混岗情况。集中开展供电所长轮训、农电工技能竞赛等培训活动，供电所人员持证上岗率达到100%。深化同业对标创一流工作，8个县公司被评为国家电网公司农电标杆单位，累计22个县公司进入国家电网公司一流县供电企业行列，超额完成“十一五”规划目标。全面完成农电营销“五分离”，1431万用户全部实现由抄表中心集中抄表，农电企业陈欠电费全部结零，101个县公司全部取得线损率降低、售电均价上升的良好效果。

积极推进农电标准化建设，全面完成供电所作业组织专业化整合，15个供电所被命名为国家电网公司首批标准化示范供电所，数量位居国家电网公司系统首位。加大农网建设力度，规范实施农网完善工程，在各市公司成立项目部，圆满完成第一期农网完善工程。全年完成农网投资15.22亿元，新增10kV及以上线路6865km，新建和改造10kV变压器6454台、容量63.3万kVA，7个县、54个乡、1283个村达到新农村电气化标准。

优质服务

扎实开展“服务标准化，满意到万家”活动，发展代售电网点450个，构建城区10分钟售电服务圈。开展“真诚服务促发展，网厂携手迎华诞”活动，强化并网电厂服务。全面推行行风暗访检查，严格落实“三不指定”要求，客户投诉数量同比下降33.6%，河北公司系统继续保持民主评议领先优势。

注重加强职业道德教育，以便更好地提高服务质量。7月24日凌晨，一场50年一遇的特大暴风雨袭击了河北南部地区，灾害给邢台电网造成严重损害，多条线路跳闸、断电，为此领导果断决策，广大干部员工通力合作，勘查、设计、物资、后勤、抢修等部门人员争分夺秒，战高温、斗酷暑，提前优质高效地完成了抢修任务。11月10日凌晨开始，河北南部地区先后出现大范围的雨雪天气，后转为强降雪，其中石家庄大部、邢台西部、邯郸西部累计积雪深度超过300mm，石家庄市区积雪深度最大超过550mm，致使267座110kV及以上变电站相继出现积雪覆冰，给电网安全运行带来了严重威胁。针对这种情况，河北公司立即启动应急预案，抢在特大暴雪造成交通拥堵之前，向变电站增派运行检修人员2183名，以加强对设备积雪和融冰情况的监视，同时组织6417名员工、620台车辆紧急集结，做好抢修准备工作。据统计，10～12日，河北公司95598客户服务系统共受理电话2.8万个，是日常话务量的4.67倍，累计出动车辆1173辆·次、抢修人员2497人·次，处理故障2917起，主网系统做到了安全稳定运行，没有发生重要、高危客户以及有重大社会影响的停电事件，有力地保证了受灾地区工农业生产和人民生活的正常秩序，受到了河北省委、省政府和国家电网公司的高度评价和充分肯定。

党的建设和精神文明建设

深入开展“干部作风建设年”活动，积极创建“四好”领导班子，干部队伍素质得到有效提升。修订河北公司《党组议事规则》、《本部工作规则》和《“三重一大”集体决策若干规定》等重要制度，民主决策程序进一步完善。严格落实党风廉政建设责任制，编制《腐败风险辨识防控指导手册》，积极推进反腐倡廉“反违章”活动。优化升级标准化电子党务系统，深化“电网先锋党支部”创建，基层党组织的战斗堡垒作用充分发挥。健全民主管理和厂务公开，广泛开展“劳模示范岗”和全员建功立业劳动竞赛，广大员工干事创业的积极性、主动性得到充分激发。

扎实开展企业文化“四统一”主题实践活动，牢固树立“诚信、责任、创新、奉献”的核心价值观。围绕国庆60周年，深入开展群众性精神文明创建活动，组织评选“十大杰出青年”。加强离退休工作，严格落实维稳责任制，呈现出和谐稳定、开拓奋进的良好局面。首次荣获全国五一劳动奖状，1个基层单位荣获全国五一劳动奖状，4个单位荣获全国文明单位，4个单位荣获全国工人先锋号，3个单位荣获国家电网公司文明单位标兵，13个单位荣获河北省先进集体，29名员工被评为省部级以上劳模。

主要事件

1月4日，国务院国资委派驻国家电网公司监事会主席路耀华到省电力公司检查指导工作。河北省副省长孙瑞彬会见了路耀华一行。

1月24日，河北省委副书记、省长胡春华到石家庄供电公司看望并慰问电力员工。河北公司总经理孙正运，副总经理叶廷路陪同慰问。

4月21日，河北公司被全国总工会等十部委命名为“2008年度全国学习型组织优秀单位”。

5月20日，河北省委常委、副省长杨崇勇莅临省公司检查指导工作，他听取了河北公司的工作汇报，观看了河北公司宣传电视片，并到河北电力调度中心了解电网运行情况。他听取了河北公司总经理孙正运的工作汇报后，对河北公司的各项工作给予了高度评价。

6月8日和9日，河北省委书记张云川、省长胡春华在河北公司的工作汇报会上分别作出重要批示，高度评价河北省电力公司。

7月30日，河北省政府发来贺信，对河北公司抗击7·24特大暴风雨灾害表示亲切慰问和衷心感谢。

9月1日，由河北电视台、河北公司精心策划的农村电力题材系列剧《点亮山村那盏灯》在唐县举行了开机仪式。该剧是国家电网公司系统首部反映农电发展历程的电视系列剧。

10月14日，河北公司安全管理“五小”成果推广研讨会在石家庄召开，孙正运总经理出席并讲话。

11月4日，邯郸名府220kV数字化变电站零缺陷投运。该站是河北省南网首座220kV数字化变电站，也是目前国内数字化覆盖率最高的数字化变电站。

11月5日，河北南网电力设施保护暨违章作业治理工作会在石家庄召开。河北公司副总经理刘永奇出席会议并讲话，省发改委、公安厅、安全生产监督局、林业局、建设厅、工商局、国土资源厅、社会治安综合治理办公室等部门相关负责人出席会议。

11月12日，在河北省委常委会上，省委书记张云川对河北公司抗击特大暴雪，保障电网安全运行和电力可靠供应提出表扬，并希望河北公司再接再厉，争取最后胜利。

11月19日，河北公司召开网络视频会议，全面部署电价调整工作，紧急开展“零点行动”，确保电价政策有效落实。

11月24日，河北公司与石家庄市政府共同推进石家庄电网建设暨城市“三年大变样”工作会谈在石家庄举行，双方共同谋划石家庄电网建设，共商支持“三年大变样”电力设施建设改造达成了一致意见。河北公司与石家庄市政府主要领导出席。

（刘富长）

山西省电力公司

企业概况

山西省电力公司（简称山西公司）是国家电网公司全资子公司，属国有特大型企业。主要负责省境内的电网规划、建设、运营和电力供应。2009年底，山西公司资产总额432.86亿元；职工总数42 223人；所属单位42个，县级供电企业101个，多经企业法人实体285家。供电营业区覆盖太原、大同等11个地（市），直接服务客户790万户。

2009年，山西公司确定“三思三晋”❶ 工作方式和发展战略，各项工作不断取得新进展、实现新突破。当年完成固定资产投资101.10亿元；投产110kV及以上输电线路2016.12km、变电容量1098万kVA；售电量1134.62亿kWh，同比增长5.45%；全员劳动生产率21.01万元/（人·年）；电费回收率100%；实现利税17.15亿元。

2009年，1000kV特高压电网连通晋豫鄂三省，形成电力输送“高速通道”，山西电网融入全国电网，实现更大范围资源优化配置。通过1000kV长治—南阳—荆门1回线路向华中送电；通过500kV大同二电厂—房山、神头二电厂—保定、阳泉—石家庄北、潞城—辛安4个通道，8回线路向京津冀电网送电；阳城电厂通过3回500kV线路向江苏送电；忻州保德220kV变电站以3回110kV线路向陕西省榆林地区送电。至2009年底，山西省累计外送电量601.27亿kWh，其中山西公司207.25亿kWh。

省内500kV电网纵贯南北，11个地（市）均建有500kV变电站；220kV分区供电就地平衡；220kV及以上变电站全部为双主变压器双电源。2009年底，山西境内有1000kV变电站1座，主变压器1组，变电容量300万kVA，线路1条640km（山西段116.34km）；拥有110～500kV变电站468座，变电容量7810.56万kVA，线路1096条2.20万km。全省发电装机容量4089.36万kW，统调机组容量2794.25万kW；全省全口径发电量1873.8亿kWh，统调机组发电量1331.2亿kWh。

领导班子

总经理、党组副书记：王抒祥（2009年6月离任）

总经理、党组副书记：张建坤（2009年6月任职）

党组书记、副总经理：刘　光

党组成员、副总经理：曹福成

党组成员、副总经理：田　璐

党组成员、副总经理：胡庆辉（2009年11月离任）

党组成员、副总经理，太原供电分公司总经理（兼）、党委副书记：方剑秋（2009年2月任职）

党组成员、副总经理：王礼田（2009年11月前任总工程师，2009年12月任现职）

党组成员、纪检组长：吴联梓

党组成员、工会主席：鞠冠章

总会计师：刁　金

总工程师：刘人楷（2009年12月任职）

太原供电分公司党委书记、副总经理：刘了胜（2009年2月任职）

副局级调研员：刘宇平

副局级调研员：韩振江

人力资源

2009年底，山西公司职工总数42 223人，同比减少4.04%。具有专科及以上文化程度占54.07%；中专、技校、高中文化程度占32.3%；获得中级及以上专业技术职称的占20.28%，人才当量密度达0.820 9。

加强领导班子思想、能力和作风建设，坚持和完善“双向进入、交叉任职”❷ 的领导体制，试行《山西省电力公司领导干部离任交接实施细则（试行）》、《山西省电力公司关于领导干部实施离任后“回头看”

---

❶ “三思三晋”，“三思”的前三思指居安思危、履职思成、观念思新，后三思指化险思序、管控思效、创意思进；“三晋”指晋级、晋段、晋升。

❷ 独资和国有控股公司的党委成员分别进入董事会、监事会和经理班子，董事会、监事会、经理班子中的党员进入党委会。党委书记和董事长由一人担任，董事长、总经理分设；未设董事会的企业，党委书记兼任副总经理、总经理兼任党委副书记的交叉任职。

考评的实施细则（试行）》，完成对所属36个单位的年度考核测评，并对试用期满的55名领导干部进行考核。首次将“80后”青年骨干列入干部培训范围，全年培训各级干部1532人。加强基础管理工作，新提职干部任前公示率100%，县支公司党政正职任职备案率100%。

山西电力职业技术学院通过教育部“高职院校人才培养工作评估”验收，临汾电力技校输电（带电作业）培训基地通过国家电网公司验收。山西公司远程网络培训系统作为国家电网公司试点单位率先投运，“远程网络安全生产考试系统”首次实现题库组题、网上答题、在线监考等全过程一体化运作。加强人员流动与人员入口管控，实现山西公司层面统一集中招聘高校毕业生。推行管理岗位AB角和重点岗位交流轮换制度。举办8期加强本部作风和履职能力建设培训，全员培训率完成99%。

电网建设与发展

山西电网“十二五”发展规划编制工作全面启动，《山西省能源中长期规划》、《山西电网智能化规划》编制完成。积极配合国家电网公司取得陕北—长沙、蒙西—山东、晋东南—徐州等特高压工程山西境内输电线路建设有关协议。500kV阳泉输变电工程、塔山送出工程、雁同变电站扩建工程等7个项目获得核准。电网前期工作取得突破，2010年即将开工建设的99项输变电工程项目的可研审查和批复全部完成。

2009年，跨区电网500kV侯村—石家庄北Ⅱ回输电线路工程建成投运，500kV大同—房山Ⅲ回输电线路工程即将竣工，±660kV宁夏—山东直流输电示范工程正点推进。省内500kV稷山输变电工程按期投运，500kV南北第三通道基本形成。全年投产110kV及以上输电线路2016.12km、变电容量1098万kVA，分别完成计划的100.31%和102.50%；其中投产500kV输电线路323.8km、变电容量250万kVA，220kV输电线路1197.17km、变电容量477万kVA。山西公司在全省重点工程中的投资额名列全省大型企业第一名。火电施工企业全年承揽河曲电厂二期等35项电源项目。

加快基建标准化管理体系建设，其中业主项目部管理实施细则及标准化管理模板通过国家电网公司审查，并在电网工程指挥部、太原和忻州供电分公司进行试点。电网工程建设全过程贯穿“三通一标”（通用设计、通用设备、通用造价和标准工艺），全面推广“两型一化”（资源节约型、环境友好型和工业化）变电站、“两型三新”（资源节约型、环境友好型和新技术、新材料、新工艺）线路工程，110kV及以上新建输变电工程达标投产率100%。长治500kV久安变电站获中国电力行业优质工程奖，500kV吕梁变电站及运城万荣等10座220kV变电站获国家电网公司优质工程奖。电网建设项目全部纳入全省重点工程范围，与省发改委、省国土厅等5个政府部门签署电网建设工作备忘录，与太原铁路局签定合作发展协议，电网发展环境不断优化。

经营管理

2009年，实施财务“六统一、五集中”❶ 管理，推进财务核算由三级核算向一级核算转变，实现关联业务横向集成、重点业务纵向管控。积极推进集团账户建设，银行账户总数减少67个，资金归集度达90.8%。强化资金集中支付，加大票据融资力度，减少利息支出1.44亿元。积极争取政府支持，取得电价、财税政策重大突破，2009年11月20日起，山西省销售电价提高3.88分/kWh，外送电价提高1分/kWh，在现有电价空间内疏导电网电价矛盾0.31分/kWh，实现城乡各类用电同价，销售电价提高0.65分/kWh；实现地市增值税预征率由3%降为2%，全年增抵增值税额3.5亿元。加强“统一招标、规模采购、高效仓储、集中配送”的大物流管理，实现物资管理职能集中统一归口。创新招投标方式，拓展招投标范围，仅实行电网建设物资框架招标、办公物品集中采购和配送，就节约资金1978万元。开展“三节约”（节约一张纸，节约一分钱，节约一寸导线）活动，管理费用同比降低1.23亿元。

开展省公司和供电分公司两个层面的本部机构规范工作。实施供电企业劳动定员贯标工作，制订3年达标实施方案。推广和深化绩效考核。薪酬福利向生产一线倾斜。生育保险的全面实施，标志着5项法定社会保险完整建立。推进主多分离多经资产整合处置工作，将大同一电厂、晋能燃料公司、二铺煤业公司等7个单位人员、资产移交华电集团公司，和信公司人员、资产划转国网能源公司，完成晋源网络有限公司等股权分置改革，晋能集团公司与华电集团公司煤电合作取得重大进展，省公司层面多经资产整合处置和地市层面多经人员、资产摸底工作基本完成。出台《经营责任追究办法》、《案件败诉责任追究办法》，强化纪检监察、审计监督功能，实施专项效能监察129

❶ 统一会计政策、统一会计科目、统一信息标准、统一成本标准、统一业务流程、统一组织体系；会计集中核算、资金集中管理、资本集中运作、预算集约调控、风险在线监控。

项，开展内部审计762项，加大查处和纠正违规行为力度。开展财会、营销审计案例与相应法规制度、党风廉政建设相结合的特色培训，依法规范经营水平不断提升。

安全生产

坚持安全第一，严格落实各级安全责任制，开展安全生产“三项行动”（安全执法行动，安全教育行动，安全生产隐患排查治理行动）、“三查一整改”（查制度、查管理、查隐患，对查出的问题进行整改）等活动，大力实施技术改造，电网设备运行水平和健康状况大幅提升，成为国家电网公司安全管理专业标杆单位。积极转变生产方式，12个分公司全部通过状态检修验收。投运数字化应急指挥中心，开展电网大面积停电事故应急演练及电网实战演练，提升安全应急能力。精心组织、周密部署，设立117处线路蹲守点，安排1.2万余人参与国庆60周年保电各项工作，确保首都北京和全省人民节日用电。持续开展创建红旗变电站（线路）竞赛活动，2009年500kV临汾、忻州、晋城变电站分别被国家电网公司授予“标杆变电站”、“红旗变电站”。加强信息网络、交通、治安和消防安全管理，保持安全平稳态势。当年综合电压合格率99.275%，城市供电可靠率（*RS*1）99.86%；实现特高压安全运行392天；连续11年实现基建安全“四个零”（无人身死亡事故、无重大机械设备损坏事故、无重大火灾事故、无重大交通责任事故）目标。

农电工作

2009年，山西公司扩大内需农网完善工程分3批施工建设，总投资12.75亿元，年末完成投资9.47亿元。建成5个电气化县、40个电气化乡、600个电气化村，提前实现一市一个电气化县目标。组织开展农电设备隐患排查、农电安全生产反违章等专项活动，推进农电安全性评价、安全风险管理。全年农网综合电压合格率97.34%，同比提高0.13%；农网供电可靠率99.59%，同比提高0.20%；农网综合线损率7.0%，比年计划降低0.05个百分点。加强农网应急管理，成功处置运城平陆线路冰灾、永济黄河漫滩等事件。开展“农村供电营业规范化服务（示范）窗口”建设和农电特色服务。完成县供电企业混岗清理工作，清理各类混岗人员853人。培训6500名供电所人员，提升农电队伍素质。随机抽取的30名选手参加国家电网公司供电所人员调考，获得全国农电工调考团体第五名。持续开展农电标准化和一流县供电企业建设，完成100个标准化供电所建设，16个供电所达国家电网公司示范供电所标准；口泉、文水供电支公司被国家电网公司命名为“一流县供电企业”。

营销工作

2009年，面对售电市场困境，积极开展市场调研分析，多措并举，巩固开拓售电市场。通过开展“营销十个零”❶，“迎祖国60华诞，展供电服务风采”等活动，持续提升服务水平，千方百计增供扩销，全省净增用电容量580万kVA。积极促成与山东、湖南外送电力战略合作框架协议签署。开展月度增量外送电交易工作，依托特高压累计外送电量55.48亿kWh。

供电企业依法与用户签订付费购电协议，对特殊难点客户实行驻场催收，努力规避电费风险。推广自助收费、无线POS收费等多种方式，逐级落实收费责任，电费回收继续保持“双结零”（当年和陈欠电费全部结零）。以“三电一线”（电量、电价、电费、线损）为重点，大力开展营销稽查工作，形成打击窃电、违约用电常态机制。2009年，山西公司综合线损率完成6.9%，同比下降0.15个百分点。推进发电权交易，购电结构进一步优化。

2009年投资6.1亿元积极推进“双源双变”建设与改造，保证高危客户安全可靠供电。对业扩报装准入、供用电合同签约等关键点严格把关，供用电安全风险防范体系进一步完善。通过“营销运行监控中心”和“95598投诉举报中心”的集中监控，实现营销风险的“可控、能控、在控”。实施全省变电站及电厂电能信息采集系统升级改造，实现购电量、供电量的全采集和专线大用户信息采集功能。开展电能计量资产定位系统、电能计量检定一体化平台系统试点工作，投运电磁兼容实验室。

科技与信息化

坚持科技兴企，2009年科研投入3.16亿元，开展1000kV特高压交流线路带电检修技术实用化研究、±660kV直流输电线路安全工器具的研制、10kV带电作业机器人研制、全省高危和重要用户供用电管理系统、全过程数字化基建管理系统的应用研究等150多项科研攻关。特高压交流输电关键技术研究、设备研制及工程应用等4项成果获得国家电网公司及以上科技进步奖，58项获得专利授权，比计划

❶ 电价执行零差错、电费回收零风险、售电市场零流失、计量装置零缺陷、线损管理零漏洞、现场作业零违章、客户工程零指定、故障抢修零超时、业扩报装零超期、供电服务零投诉。

指标增加190%。推进输电线路状态监测中心等3个智能试点项目建设，对54项科研成果的运用情况开展后评估工作，全力推动新技术应用。电力系统非线性负荷动态影响实验室通过国家电网公司评审。完成公司本部信息安全等级保护建设及各供电分公司信息安全风险评估，提高信息系统安全保障能力。

SG186工程高质量通过验收，一体化平台、企业统一门户、ERP、生产管理、协同办公等一批核心系统成功上线，信息安全等六大保障体系日益完善，网络运行可用率100%，信息系统安全运行可用率99.98%，信息化水平步入国家电网公司先进行列。其中ERP系统的投运，标志着公司初步建成包括财务、项目、物资、人资、设备5个管理模块的企业级一体化信息管理平台，覆盖公司本部及各供电分、支公司。

党的建设和精神文明建设

2009年，开展深入学习实践科学发展观活动，通过学习调研、分析检查、整改落实3个阶段的工作，广大员工思想观念、工作作风明显改进。确定“三思三晋”工作方式和发展战略，解决了一批影响制约科学发展的突出问题。国家电网公司学习实践活动指导检查组对山西公司创新活动载体、注重活动实效等给予充分肯定。

全面推进“三个建设”（党的建设、企业文化建设、队伍建设）。开展创建“电网先锋党支部”等活动，增强基层党组织的战斗堡垒和广大党员的先锋模范作用。开展反腐倡廉“反违章”专项工作，党风廉政建设责任制考核连续4年评为国家电网公司优秀单位。通过集中培训、岗位轮换等形式，搭建员工成长成才平台。全面开展企业文化“四统一”（统一的核心价值观、统一的发展目标、统一的品牌战略、统一的管理标准）主题实践活动，太原供电分公司荣获全国电力行业优秀企业文化单位特等奖。

推行职代会质量评估标准，民主管理渠道更加畅通。为施工、修造企业提供资金支持和融资担保，促进辅业单位稳定发展。完善社会保险，确保企业和谐发展。开展“喜迎祖国60华诞，共创山西电网辉煌”千人大合唱等系列活动，提高企业向心力。荣获国家电网公司综合管理进步先进单位，连续6年评为“政风行风评议先进行业”，11个供电分公司获当地“政风行风评议”第一名，公司本部及所属7个供电分公司获“全国文明单位”，1个供电分公司获“全国五一劳动奖状”，4个供电分公司获“全国精神文明建设先进单位”。

主要事件

1月4日，山西、山东两省在北京签订《晋鲁两省加强能源交通领域合作框架协议》。

1月6日，1000kV晋东南—荆门—南阳特高压交流试验示范工程正式投运。全国南北“水火互济”，实现更大范围能源资源优化配置。

1月8日，山西省电网建设动员大会在11个地（市）同时召开，标志着总投资310亿元的新一轮电网建设项目全面展开。

1月21～22日，山西公司六届二次职代会暨2009年工作会议在太原召开。

3月9日，山西、湖南两省在北京举行《关于进一步加强能源领域合作框架协议》签订仪式。

3月12日～6月24日，山西公司系统开展深入学习实践科学发展观活动。

4月17日，山西公司与省发改委、省国土资源厅、省交通厅、省林业厅、省环保局5个部门签署山西省电网建设工作备忘录。

6月8日，山西公司ERP系统在4个试点单位成功上线。该系统覆盖财务、物资管理等5个方面。10月21日，ERP系统在全公司推广应用。

6月30日，省送变电公司中标±660kV宁夏—山东直流输电示范工程（包8标，长度72.55km）。

7月23日，省电建三公司与中国电工设备总公司合作，中标非洲博茨瓦纳Morupule B电厂4台15万kW燃煤火力发电厂项目土建安装工程。

7月27日，山西公司召开干部大会，宣布国家电网公司干部任免决定：张建坤任公司总经理、党组副书记，王抒祥不再担任原职务，另有任用。

7月31日，山西公司与国网能源开发有限公司在太原签署《山西和信电力发展有限公司国有股权划转协议》、《山西省电力公司与国网能源开发有限公司关于山西和信电力发展有限公司移交协议》，划转和信公司70.49%国有股权，并移交生产、管理等各项工作。

8月19日，山西省政府组织全省电网突发大面积停电事故联合应急演练。分太原、大同等5大区域，以太原电网大面积停电事件为主，采取全省电网同步、分区演练的方式，完成事故报告、应急预案启动、新闻发布等流程。山西公司及所属12个供电公司，兴能发电厂等14家电力企业，化工厂、消防队、医院、银行等12家重要用户共3000余人参加。全面检验了政府、电网、电厂和用户应对突发大面积停电事故的处置能力。

8月27日，500kV忻都开关站串联电容补偿装置投运，该装置容量67.80万kvar，补偿度35%。填补了山西超高压电网此项技术空白。

9月1日，省供电承装公司中标西藏自治区首座220kV曲哥变电站工程，本期工程安装15万kVA主变压器 1 台。

9 月 24 日，500kV 朔州输变电工程竣工投产。本期工程安装 75 万 kVA 主变压器 2 台；建成 500kV 朔州—云顶山（古交）输电线路及 Π 接线路 190km。

10 月 14 日，国家电网公司与中国华电集团公司在北京签订《辽宁、山西区域资产重组协议》。

10 月 29 日，中国华电集团公司、华电山西能源有限公司、省电力公司、晋能集团公司签署人员资产经营管理权移交协议。从 10 月 31 日起，大同一电厂、晋能燃料公司、二铺煤业公司等 7 个公司移交华电山西能源有限公司，彻底解决“厂网分开”遗留问题。

10 月，山西公司圆满完成国庆 60 周年保电任务。

11 月 22～25 日，山西公司历时 4 年建设的 SG186 工程通过国家电网公司验收。

11 月 25 日，跨区电网 500kV 侯村—阳泉—石家庄北Ⅱ回输电线路投运，线路全长 229.67km（其中山西段 145.33km）。

11 月 26 日，《山西省城乡规划条例》经省人大常委会表决通过，山西省电网规划纳入全省城乡规划。

12 月 1 日，山西公司开展首次特高压月度增量交易，标志着在特高压外送电交易中形成以年度合同为主、月度增量竞量交易为辅的交易机制。

12 月 25 日，500kV 稷山输变电工程投运，安装 2 台 100 万 kVA 变压器，建成 500kV 临汾—稷山—运城输电线路 145km（其中 2010 年 1 月 30 日投产 90km）。

（高一萍）

内蒙古电力（集团）有限责任公司

企业概况

2009 年，在自治区党委、政府坚强领导下，内蒙古电力（集团）有限责任公司（简称内蒙古公司）认真贯彻党的十七届四中全会精神，深入学习实践科学发展观，全体员工坚定信心，迎难而上，积极应对严重国际金融危机冲击，克服严峻市场形势和巨大经营压力，不断加强安全管理，科学推进电网建设，稳步实施企业改革，全力开拓电力市场，深入开展“增收节支、降本增效”活动，内蒙古公司经营形势逐步好转，各项工作取得新的成绩。

内蒙古电网负责除赤峰市、通辽市、呼伦贝尔市、兴安盟之外自治区其余 8 个盟市供电营业区的电网建设、经营、管理和农电工作，同时受自治区委托，管理自治区电力设计、电力科研、电力施工等国有企业。拥有盟（市）级供电企业 10 个，旗（县）级供电企业 58 个。供电面积 69.83 万 km^2。截至 2009 年底，内蒙古电网已形成西起阿拉善、东至锡林郭勒的 500kV 主网架和 220kV 地区供电网。2009 年底，内蒙古公司拥有 500kV 变电站 14 个，线路长 2764.23km；220kV 变电站 84 个，线路长 8946.13km；110kV 变电站 208 个，线路长 9053.86km。

2009 年，内蒙古公司售电量完成 1007.24 亿 kWh，同比增长 6.28%。其中区内售电量 756.91 亿 kWh，增长 1.37%；东送华北电网电量 250.33 亿 kWh，增长 24.52%。线损率完成 4.48%，降低 0.39 个百分点。全口径销售收入、产值完成 364.78 亿元，增长 3.58%。其中电网收入 319.29 亿元，施工企业产值 30.63 亿元，多经企业产值 14.86 亿元。利税总额 16.93 亿元，实现利润 2.09 亿元。资产总额 398.87 亿元，剔除国电蒙能电源委贷占用资金后，资产负债率为 78.98%，较年初下降 3.17 个百分点。内蒙古公司全面超额完成了自治区国资委下达的年度经营业绩考核目标。

领导班子

党委书记、董事长：刘　锦
总经理、党委副书记、董事：张福生
副总经理、党委委员、董事：张景生
党委副书记、董事：托　克（蒙古族）
副总经理、党委委员：高　野
副总经理、党委委员：于立新（蒙古族）
副总经理、党委委员：耿　白
副总经理、总经济师、党委委员：鲁当柱
副总经理、总工程师、党委委员：杨　泓
工会主席、党委委员：李　燕（女）
纪委书记、党委委员：贾振国（2009 年 5 月调离）
纪委书记、党委委员：张日成（2009 年 5 月任职）
总会计师：孙文彪（2009 年 5 月任职）

安全生产

以“安全生产年”活动为主线，深入开展春秋查、隐患排查治理、安全生产月、平安五十天、安康杯竞赛等专项活动，不断加大设备检修、预试和生产大修、技改力度，全方位排查治理安全隐患，电网设备健康水平不断提高。积极应对发供电矛盾突出、风电机组大量入网等问题，科学编制电网运行方式和事故预案，保证了电网稳定运行和采暖期供热机组启动。组织完成了500kV输电线路直升机航巡工作，累计巡视40架·次，巡检500kV永旗Ⅰ线等13条输电线路，共计1155km、2876基，发现并消除缺陷233项。全年共完成242座110kV及以上变电站和518条110kV及以上输电线路的检修预试，共安排各类设备停电检修2260台（条）·次，安排运行操作837 995项，发现并处理各类设备缺陷5883项。积极推广高载能独立供电变电站小电阻接地改造的成功经验，进一步降低高载能客户电气设备频繁故障对变电站主设备的冲击，防止电网重大设备损坏，提高变电站安全运行水平。圆满完成了涉及4个盟市20余家单位的“2009年内蒙古大面积停电事件应急联合演练”和新中国成立60周年庆典等重大政治性保电任务，全年未发生重大及以上电网、设备事故，一般设备事故、障碍同比减少。截至2009年12月31日，内蒙古电网实现安全运行4511天。

电网建设与发展

在投资能力严重不足的艰难条件下，内蒙古公司紧紧围绕市场和负荷安排重点电网项目，合理组织项目施工，保证了国家和自治区拉动内需国债项目、农网完善工程、无电地区通电工程、电气化铁路、重点工业项目供电工程顺利实施，较好地满足了机组接入和负荷落地需求。累计完成电网投资46.74亿元，安排基建项目57项，竣工投产34项，其中500kV工程4项，220kV工程10项，电气化铁路供电工程2项，110kV工程18项；新增变电容量478.4万kVA，新增输电线路1221km。开工在建工程22项。积极开展电网前期工作，全年核准项目81项，核准投资59.95亿元。

积极创新电网投资模式，多渠道筹措建设资金。在自治区党委、政府高度重视下，争取到自治区财政借款10亿元、中央预算内投资国债资金8880万元。通过协商取得地方政府、发电厂商和电力用户垫资34.5亿元、入股或出资15.1亿元，实现地方、发电企业和电网企业合作共赢。

经营管理

积极应对前所未有的经营压力，在全系统开展“增收节支、降本增效”活动，各单位全面落实公司部署，抓市场、强管理、重节约、增效益，全年增收节支50 385万元，超额完成38.72%。其中可控费用压缩13 512.38万元，10kV线损管理增收5840.8万元，营业外收入增收7585.37万元，业扩报装工程增收11 971万元，趸售农电增收6441.59万元，非合并报表单位其他项目增收5034万元。

积极争取、认真落实销售电价政策和增值税、差别电价、部分企业优惠电价差返还政策，增加了收益。多方拓展融资渠道，不断优化融资结构，争取贷款利率优惠政策，全年取得银行贷款34.17亿元，自治区财政借款10亿元，短期融资20亿元，保证了工程资金需求，降低了融资成本。创新招投标管理机制，推行厂家审核入围和合理低价中标的“两步式”招投标方法，全年完成招标合同金额28.56亿元，在保证设备质量的前提下节省资金1.73亿元。实行废旧物资统一处置，回收废旧物资处置资金400万元。按照“全面审计，突出重点”的方针，不断前移审计关口，扩大审计覆盖面，促进了依法经营，规范管理，降本增效。

营销工作

在国际金融危机的严重冲击下，面对电力需求急剧萎缩、负荷大幅度下滑的严峻形势，内蒙古公司全力启动停产高载能负荷，培育新的电量增长点。努力争取增加东送华北电力，积极开展临时电能交易，稳步推进电力多边交易和大用户直供电工作。进一步优化业扩流程，缩短报装接电时限，保证新装增容用户及早用电。推广带电作业和状态检修，加快故障抢修速度，最大限度地减少停电损失。自二季度开始，供电负荷与售电量企稳回升。8月，单月售电量同比实现正增长。11月，累计售电量、销售收入增幅全部“转负为正”；12月，售电量完成102.85亿kWh，单月售电量首次突破百亿千瓦时。全年售电量历史性地突破千亿千瓦时大关，居国家电网公司系统第7位。积极推进营销机制改革，加大营销技改投入，目前电能信息采集与监控平台系统已进入了实用化考核验收阶段，为实现购电、供电、售电三个环节电能量信息的实时采集、统计和分析打下了坚实的基础。利用营销查询分析系统，实现电能计量资产管理核实清理工作。加强供用电检查稽查，全年追收电费3384.67万元，收取违约电费和电费违约金2047.36万元。加强自备电厂管理，征收系统备用费1.79亿元，政府性基金1.58亿元，可再生能源附加费573.67万元。

企业管理

内蒙古公司法人治理结构在运作实践中不断完善，内部管理界面进一步清晰。圆满完成了呼兴电网整体划转、呼和浩特抽水蓄能电站股权转让重组、乌兰水泥公司产权剥离和国电蒙能公司债务分割协议签署等重大改革任务。持续深化全员绩效考核管理，规范所属企业负责人薪酬管理办法，使分配向基层和生产一线、向高技术高技能岗位倾斜。出台了《多经企业管理办法》，进一步明确了多经企业有进有退，有所为有所不为的总体改革思路。积极推进产权制度建设和资产产权界定工作，完成了产权登记、年检及变更的相关工作，保证了国有资产保值增值。印发了《加强公司同业对标诊断分析工作的通知》，进一步优化同业对标指标体系，加强诊断分析，促进各项经济技术指标稳步提升。完善法律风险防控机制，强化合同管理、用工管理和诉讼管理，不断提高企业管理法制化水平。3月，法律事务综合管理信息系统正式通过验收，成为自治区首家建成法律事务综合管理信息系统的单位。2009年，获得国家级优秀QC成果8项，信得过班组1个。

人力资源

截至2009年底，内蒙古公司所属二级单位28个，长期职工18 773人。其中正高级专业技术职称27人，副高级专业技术职称1757人，中级专业技术职称3342人，高级技师204人，技师756人。人才密度84.1%，高技能人才比例60.27%。2009年积极拓展教育培训模式，大力开展全员业务技能培训，全年完成总培训量382 658人·天。建成了覆盖公司总部和主要生产单位的远程培训系统，目前系统有管理类课程368门，生产技能类课程83门。制定了《“师带徒”管理办法》，各生产单位全年共有2005对技能人员签订“师带徒”协议，结对进行“一对一”指导培训。全年共有50名专家入选内蒙古高层次科技人才专家库，35人当选华北电网公司优秀工程师和优秀青年工程师。内蒙古电力技术院“专家讲师团”深入基层积极开展送教上门活动。首次对农电系统职工的职业技能鉴定工作实行统一申报、统一评定、统一鉴定和统一管理，全年报名人数1159人，合格418人。举办了调度运行、用电检查和焊接专业三项专业技能大赛，共有76名业务尖子参加比赛，其中3人获得自治区“五一”劳动奖章，9人获得自治区技术能手荣誉称号。继续深入开展高层次人才培养工作，目前公司培养的在职博士有38人，培养的在职硕士有393人。

农电工作

农电围绕年度工作目标和指导思想，积极推进“两创建”、“两清理”和安全性评价工作，深入开展“百问百查”活动，农网安全形势不断好转，全年未发生电网设备重大责任事故，电压合格率94.6%，供电可靠性*RSI*完成99%。全年农电趸售电量90.3亿kWh，农网综合线损完成5.89%，销售收入完成40.07亿元，所属趸售农电企业实现减亏5800万元。积极争取国债资金，实施了紧急拉动内需农网工程和无电地区电力建设工程，投入资金24亿元，进一步改善了农电基础设施，解决了9个边防连队、8个边防派出所和1.23万农（牧）户无电人口通电工作，使营业区内户通电率达到99%。完成全部趸售电力公司三项制度改革，形成了有效的激励竞争机制，供电所人员持证上岗率100%，在国家电网公司组织的供电所人员持证上岗调考中，内蒙古公司在国家电网公司27个省市自治区中获得团体总分第三名的好成绩。农电技术标准、管理标准、工作标准三大体系建设稳步推进，全区农电信息一体化管理系统建设进展顺利。

科学技术

大力推进科技创新活动，全年安排科技项目98项，资金1000万元。获自治区科技进步奖5项。积极开展风电有功、无功可控化技术研究，科学进行风电出力控制。与清华大学合作，开展了风电负荷预报系统研发。进一步加强信息化工程建设，组织了生产MIS系统的开发应用。继续进行生产管理信息系统的开发建设与应用工作，开展了变电设备、运行管理和信息通信管理模块的推广应用工作，已在包供、阿拉善局正式上线运行。开发完成了输电管理、技术监督管理、检修管理、调度管理、安全监督管理5个模块，并开始在包头供电局、阿拉善电业局试运行。按照国家电监会要求，组织开展了信息安全自查和整改工作，对调度管理系统（OMS）进行了等级保护测评。电力多边交易市场技术支持系统按期投入运行。呼包配网通过国债资金改造，完善了配电网络结构，有效降低了技术线损。针对电网快速发展、运行人员严重不足的突出问题，积极推广集控站建设。目前全网已建成集控站42座，无人值班变电站198座，大大降低了运行成本，达到了降本增效的良好效果。

优质服务

在供电营业窗口（95598服务热线）开展“蒙电——金牌服务行动”，为客户提供“融、通、便、捷”的全方位服务。全面推行、应用《营销服务行为规范手册》。开展“优质服务月”活动。建设三级客户服务中心。在各盟市、旗县、社区以统一的服务设施、统一的服务内容、统的一考核标准建设三级客户服务中心，统一了内蒙古电网9个盟市局A、B、C三级客户服务中心的外部标识，树立起统一的供电企业服务窗口的外部形象。先后下发了《内蒙古电力（集团）有限责任公司业扩报装客户工程管理办法》、《业扩报装检查评比实施方案》。并把对各环节的时限考核工作纳入营销MIS系统，在系统内真正实现了统一管理流程、管理内容、管理职责的目标。强化客户服务中心专业化管理力度，推行客户代表负责制，真正实现“一口对外”管理，实现业扩管理透明化。

进一步利用营销业务集中管理信息系统平台实现与各银行联网，开展电费代缴、代扣、网上银行、电话银行、手机银行、ATM自助业务，拓展了内蒙古政府信息办一卡通、鄂尔多斯政府市民卡等代收电费业务渠道，缓解了内蒙古公司各供电网点柜面缴费排队现象，极大地方便了客户缴费。

党的建设和精神文明建设

认真学习贯彻党的十七届四中全会精神，广泛开展创建学习型党组织活动。开展了深入学习实践科学发展观活动并取得丰硕成果。内蒙古公司作为活动典型，代表自治区国有企业向习近平同志做了情况汇报，并被中央活动简报专题报道。扎实推进“四好班子”创建活动。组织了“推动科学发展，争做时代先锋”等主题活动。荣获全国和自治区“五一”劳动奖状、奖章的数量连续六年居自治区各系统之首。深入发掘优秀传统文化积淀，整合系统先进文化特质，推出“融·通”文化方略，进一步完善了理念识别、视觉识别、行为识别三大系统。全面启动了“蒙电责任行动”，进一步亮化了“责任蒙电”品牌。积极维护职工群众的合法权益，深入开展职工思想政治工作、离退休管理和信访工作，营造出稳定和谐的良好氛围，内蒙古公司被评为自治区2006～2008年度信访工作先进集体、非正常上访及重信重访专项治理先进集体和国庆期间信访工作先进单位。组织了“送温暖”工程、“博爱一日捐”活动，全力打造电力爱心品牌。不断强化“党建带团建”工作，广大青年职工的生力军作用得到进一步发挥。

主要事件

1月19日，内蒙古公司与中国电力投资集团公司共同主持召开了国家863计划“北方地区兆瓦级分布式冷热电联供系统集成技术与示范工程”项目启动工作会议。

3月2日，内蒙古公司召开“增收节支降本增效”电视电话动员会议，旨在动员公司广大干部职工，把思想和行动统一到增收节支、降本增效、共渡难关的工作上来，不断提升企业管理水平，推动公司又好又快发展。

3月26日，内蒙古公司党委召开“深入学习实践科学发展观活动电视电话动员大会”，标志着公司深入学习实践科学发展观活动全面启动。

是月，在全区政风行风民主评议中，内蒙古公司继2002～2005年连续4年夺得自治区民主评议行风工作第一名和2006、2007年被确定为行风免评单位后，再次获得自治区行风评议第一名。

4月24～29日，内蒙古公司董事长、党委书记刘锦，总经理张福生率公司调研组赴河南省电力公司、山东电力集团公司开展学习调研。除省公司总部外，还深入青岛市供电公司、洛阳市供电公司及其多经产业公司龙羽集团、两省公司调度与应急指挥中心、营销服务中心、220kV GIS变电站等部门和单位进行考察，并与两省公司领导进行了座谈，就紧密衔接特高压电网建设、加快“蒙电入鲁”战略实施，加强城乡电网建设、创新管理理念与机制以及预算管理、电价执行、多经改革等问题进行了深入交流。同时，重点学习了两省公司营销线损管理、ERP系统建设、企业服务品牌建设等先进理念和工作经验。

4月29日，内蒙古公司举行内蒙古电网2009年春季暨特高压大型联合反事故演习，调通中心、内蒙古超高压供电局、呼和浩特供电局等7个单位参加演习。

5月8日，为最大限度地发挥电网投资效益，规避电网建设投资风险，内蒙古公司与鄂尔多斯市政府按照平等互利、风险共担的原则，签订了总额为30亿元的电网建设投资协议。内蒙古公司董事长刘锦、鄂尔多斯市市长云光中分别在协议书上签字。

5月25日，内蒙古公司召开“蒙电责任行动”新闻通气会，人民日报、新华社、经济日报、内蒙古日报、中国电力报、国家电网报等21家中央及自治区新闻媒体记者们对电力公司将科学发展的理论与企业实际紧密融合，运用“蒙电责任行动”这一实践载体表示出极大的关注。自治区党委宣传部副部长、文明办主任李冰，自治区国资委纪委书记刘志彧到会并讲话。

6月28日，国家电网公司党组书记、总经理刘振亚带领考察组，与内蒙古自治区副主席赵双连一道赴锡林郭勒盟考察。

6月29日，内蒙古自治区人民政府与国家电网公司在呼和浩特市举行会谈，双方代表在呼伦贝尔、兴安电网整体划转协议上签字，并举行了国家电网公司内蒙古东部电力有限公司揭牌仪式。国家电网公司党组书记、总经理刘振亚分别与内蒙古自治区党委书记储波、自治区主席巴特尔举行会谈，就进一步加快内蒙古电力发展达成共识。刘振亚、巴特尔出席了签字仪式。

7月1日，内蒙古电力多边交易市场模拟运行启动。

7月7日，内蒙古公司总经理张福生与鄂尔多斯市市委常委、东胜区区委书记王学丰，分别代表内蒙古公司和东胜区政府在东胜城市电网建设合作投资协议书上签字。根据协议，内蒙古公司与东胜区政府合作投资6亿元对东胜区城市电网进行建设和改造，以适应该地区经济发展需求，保障大型产业基地和重大项目供电。内蒙古公司董事长、党委书记刘锦、副总经理于立新等参加了签字仪式。

8月25日，中共中央政治局常委、中央书记处书记、国家副主席习近平在内蒙古考察调研时，来到呼和浩特市召开干部座谈会，听取自治区党委、政府的工作汇报。座谈会上，内蒙古公司董事长、党委书记刘锦作为国有企业的代表就内蒙古公司学习实践科学发展观活动的开展情况向习近平做了题为《提升科学发展水平，打造责任蒙电品牌》的汇报。

是月，内蒙古公司8月售电量完成972 354万kWh，较去年同期增长5.5%。这是公司自金融危机以来售电量连续数月大幅下滑后首次出现正增长。

9月8日，内蒙古自治区党委副书记、自治区政府主席巴特尔会见中国三峡总公司党组书记、总经理李永安一行，双方就合作开发清洁能源产业事宜进行了友好会谈。自治区副主席赵双连代表自治区政府与中国三峡总公司党组成员、副总经理曹广晶签署了战略合作协议，内蒙古公司总经理张福生代表内蒙古公司与中国三峡总公司副总经济师兼计划发展部主任梁福林签署了内蒙古抽水蓄能及风电项目合作协议。

9月21日，自治区政府进行2009年内蒙古大面积停电事件应急联合演练。这次演练是内蒙古近年来最大规模的一次电力突发公共事件应急联合演练。

10月20日，内蒙古电网最大负荷达17 693MW，创历史新高。

是月，内蒙古公司圆满完成国庆60周年保电任务。

是月，自治区首个利用国家拉动内需资金建设的电网工程——阿拉善盟板滩井35kV输变电工程建成投运。工程的建成不仅彻底解决了生活在腾格里和巴丹吉林沙漠交汇深处的227户农牧民生活用电问题，同时使13万亩梭梭林和2万多亩农电的灌溉成本高的问题得以解决。

11月26日，自治区党委副书记、常务副主席任亚平在自治区发改委、财政厅、党委办公厅、政府办公厅等有关部门负责同志的陪同下，来内蒙古公司进行调研，与领导班子及主要部门负责人进行座谈，就内蒙古公司发展及内蒙古电网“十二五”规划等重点工作听取汇报，提出指导意见和发展希望。

12月14日，内蒙古公司与蒙东电力有限公司在呼和浩特市完成了《呼伦贝尔市、兴安盟电网整体移交协议》的签署工作。

12月25日，包（头）西（安）电气化铁路北段正式开通运营。

12月31日，内蒙古公司售电量再创历史新高，剔除呼、兴电网，内蒙古公司全年售电量历史性突破1000亿kWh大关，达到1007.24亿kWh。截至12月31日，内蒙古电网安全运行4511天，东送电量完成250.33亿kWh，同比增长24.5%。

（娜日斯　包丹阳）

山东电力集团公司

企业概况

山东电力集团公司（简称山东公司）承担规划、建设、运营山东电网，为山东国民经济和社会发展提供安全、可靠、优质电力供应的任务，让全省人民用上安全电、满意电、和谐电。山东公司直接服务客户870万户，供电人口9400万人。下属17个市供电公司和超高压公司、电力基建等34家企业和单位，对全省97个趸售县供电企业实行代管。

2009年，山东公司坚持以科学发展观为指导，按照国家电网公司党组提出的“开创新局面、开拓新事业、提高新水平”的要求，确立“坚持继承创新、强化依法治企、确保健康发展”的工作指导思想和“国内领先、国际水平”的奋斗目标，全力保安全、保增长、保稳定、保全运、保任务，建设“一强三优”现代公司取得新成绩。

2009年，售电量完成2003.65亿kWh，同比增长8.52%；全省全社会用电量2941亿kWh，同比增长7.85%；线损率完成5.08%。

电网概况

山东电网是以500kV“五横两纵”为主网架，220kV变电站覆盖全省各县（内陆），网架结构合理，运行方式灵活的现代化电网。截至2009年底，山东电网拥有500kV变电站25座，容量3500万kVA、线路5164km；220kV变电站241座，变电容量7250万kVA、线路15 503km（含电缆）。

截至2009年底，山东全省发电装机容量达6078.6万kW，其中，火电装机5886.2万kW，占96.8%；水电装机105.9万kW，占1.8%；风电装机86.5万kW，占1.4%。全省发电装机中，电网统调公用电厂装机4248.4万kW，占69.9%。全省发电量2870.7亿kWh，同比增长6.43%。全省机组年均设备利用小时数4911h。

人力资源

2009年底，山东公司职工总人数30 836人，其中，长期合同职工28 288人，短期合同职工2548人。长期职工队伍学历：中专及以上学历22 578人，本科及以上学历8290人。长期职工队伍人员类别结构：经营管理人员 2717 人，专业人员 6580 人，技能操作人员 15 145 人。

完善“十一五”人力资源规划，制订市供电公司规范机构设置实施方案。全面开展劳动定员测算，严格执行人力资源年度计划。2009 年，组织开展本部“双向选择、竞聘上岗”工作，共发布直接选聘岗位 369 个、公开竞聘岗位 38 个，直接聘任科级干部 123 人、一般岗位员工 136 人，公开选聘科级干部 8 人、一般管理人员 31 人。

2009 年，全年举办公司级培训班 218 期，培训 11 149 人·次。全员培训率完成 99.1%。与中国电科院联合举办特高压输电技术培训班。组织开展电力调度员、用电检查员、配电线路工、电气试验工 4 个工种的生产技能人员普调考。落实《实训基地三年建设规划》，建成 220kV 户外变电运行和变电检修实训场、隔离开关检修实训室、电能计量（电能表校验）实训室、电力负荷控制实训室、调度自动化子站实训室、电力通信实训室等 14 个实训室。深入推进“111 优秀人才工程”建设，组织开展了 2009 年度优秀人才评选和各类高层次专家人才的选拔推荐工作，新评选出高级人才 113 人、中级人才 429 人、初级人才 1002 人，1 人被评为山东省有突出贡献的中青年专家、3 人被评为山东省首席技师、2 人被评为山东省有突出贡献的技师、3 人被授予山东省技术能手。组织完成了 2009 年度专业技术资格评定工作，881 人取得相应的专业技术资格。

不断探索提高技能人才队伍素质的新途径，推广“师带徒”管理办法，全年组织完成各类技能鉴定考评 4823 人·次，其中 434 人取得相应工种的技师职业资格、100 人取得高级技师资格。向山东省劳动和社会保障厅推荐“金蓝领”技师 120 人。

电网建设与发展

认真落实国家电网公司与省委省政府战略会谈精神，加快“外电入鲁”工程建设，宁东—山东 ±660kV直流工程进展顺利，特高压“东纵”、“北横”山东段站址、路径基本落实。500kV 黄骅—滨州输变电工程提前投产送电，实现与华北电网“两点”联网，电网接纳外电能力达到 200 万 kW 以上，电网资源优化配置和抗风险能力显著提高。全年累计接受省外来电 71.41 亿 kWh，比 2008 年增长 142%，为缓解山东电网负荷高峰供电紧张局面发挥了重要作用。

编制《山东电网“十二五”发展规划（2009 年版）》和《电网智能化规划》。500kV 北线升压工程全线竣工投运，山东电网“五横两纵”500kV 主网架提前一年建成。统筹城乡电网建设和改造，建成投产 35kV 及以上工程 157 项，变电容量 2132 万 kVA，输电线路 3192km。推进基建标准化和业主项目部建设，深入开展“质量建设年”活动，18 项工程被评为“国家电网优质工程”。500kV 鲁中变电站工程荣获“国家优质工程银质奖”，被评为“中国电力优质工程”。

主动与全省 16 个市政府举行 2010 年电网建设项目对接会谈并签署会谈纪要，落实项目、资金和措施。地方政府对电网发展支持力度进一步加大，解决了一些困扰山东公司和电网发展的实际问题。全省 17 个市全部出台新建居民住宅小区供电配套费政策。电网发展规划纳入各地土地利用调整规划和城乡发展规划。

经营管理

以提高管理效率和经济效益为目标，以加强人财物资源整合和优化配置为重点，着力构建集约高效的管理体系。建立财务管理信息化平台，编制财务集约化管理实施细则，优化整合财务资源，在会计集中核算、资金集中管理、资本集中运作、预算集约调控、风险在线监控等方面稳步推进。理顺物资组织体系，成立物资部，组建两级物流服务机构，建立物资管理制度体系和内控机制。

通过全面自查、落实整改、监督检查、总结提高四个阶段工作，深入开展依法治企活动，有效规范企业经营管理，依法治企水平进一步提高。全面落实勤俭节约要求，扎实开展“三节约”活动，在规划设计、建设运行、生产经营、营销服务等方面加强成本管理与控制，制定《员工节约公约》。山东公司被国家电网公司评为“三节约”活动先进单位。

以创一流同业对标为载体，落实“四化”工作要求，推动管理创新和绩效提升。定期对重点指标变动情况开展分析，制订和实施改进措施，同业对标继续保持国家电网公司系统前列。国际二维对标工作进一步完善，专业对标和班组对标持续推进。标准化建设进一步加快，编制完成管理标准 138 项、工作标准 429 项，新增技术标准 108 项。

安全生产

认真贯彻“三个百分之百”要求，强化各级安全生产责任制的落实、监督和考核，各单位认真履行领导干部的“五亲自、四参与”。强化“如履薄冰、如临深渊”的危机意识，实施全面、全员、全方位、全过程安全管理。开展“三项行动”、“全国安全月”、“三查一整改”等活动和基建、农电专项安全监督检查。加强应急体系建设，本部、市供电公司、超高压公司等 19 个电网应急指挥中心建成启用。参加国家电网系统应急指挥中心迎峰度夏联合演练，成功举行山东电网首次黑启动试验。加强灾害性天气和外力破坏防范应对，圆满完成国庆60周年、海军建军60周年活动、迎峰度夏度冬等重大保电工作。

面对山东电网历史上时间最长、范围最广、标准最高、责任最重的供电保障任务，山东公司按照高标准建设、高可靠性运营的要求，完成全省138项全运会配套工程建设。提前完成开、闭幕式及IBC独立供电系统建设任务。发挥集团化优势，加强电网供电安全保障和电力设施防护力量。全运会期间，共出动保电人员458 400人·次，发电车2880台·次，抢修车辆25 925台·次，以供电服务“零差错、零失误”，兑现了“万无一失”的庄严承诺。山东公司被省委、省政府授予“第十一届全国运动会筹办工作先进集体”称号。

营销工作

针对金融危机后电量增长低位徘徊的严峻形势，及时出台保电量、促增长，服务地方经济发展10项措施，促进经济复苏。认真研究、分析国家直购电试点方案，推动政府将电解铝行业和拥有自备电厂的企业纳入试点范围，启动了山铝、平铝等4个停产企业，以增量参与试点，年新增售电量8亿kWh。售电量自3月开始止跌回升，7月后进入高速增长，12月各市公司全部实现正增长，潍坊供电公司售电量继青岛供电公司之后突破200亿kWh，山东公司成为国家电网公司系统继江苏、浙江之后第三个售电量过2000亿kWh的网省公司。

主动参与电价测算调整，结合本次调价实现了价区的进一步合并，拉大了电压等级价差，提高了基本电费水平，规范了农网维护费收缴方式，疏导了电价矛盾。积极推广多功能缴费终端、POS机刷卡缴费等便民服务手段，满足客户个性化缴费需求。健全完善电费资金“实收率、解款率和到账率”考核体系，强化电费回收过程监控，继续保持电费回收100%。规范业扩报装管理，编制下发了《10kV客户工程典型设计》。推行计量标准化作业，加快低压集抄系统建设，保持在国家电网公司系统客户用电信息采集的领先地位。

农电工作

基于山东农电管理实际，提出“三个强化、三个淡化”的农电工作指导原则，深入推进农电管理工作。农网建设改造成效显著，全年建成新农村电气化县16个、电气化乡（镇）175个、电气化村7245个。累计建成电气化县35个、电气化乡（镇）394个、电气化村14 959个。农网发展自有资金投入和电气化建设规模为历年之最。农网中压客户供电可靠率99.833%，农网综合供电电压合格率98.58%。趸售电网综合线损率累计完成5.43%，同比降低0.07%。

不断巩固和提高创一流管理水平，有18个县供电企业获20项国家电网公司发布的2009年农电标杆，居国家电网公司系统首位。深入开展农电“三节约”活动，加强全面预算管理和综合计划管理。大力推进农电SG186工程建设，省市系统应用通过国家电网公司验收。加强农电培训工作，175名农电员工入选公司“112”农电优秀人才。加强农电标准化建设，建立技术、管理、工作三大标准体系，全省建成498个标准化供电所。

科技与信息化

按照“继承、融合、提升、超越”的思路，同步推进ERP和财务、人资等管控模块建设，同步推进ERP和标准化建设，全部实施单位同步上线，创造了ERP系统8个月全面上线的“山东速度”，打造了“标准设计、同步实施，注重质量、全程监理”的ERP建设“山东特色”，初步实现了工作流、资金流、物资流、信息流的整合和集成。SG186工程顺利通过国家电网公司竣工验收，建成信息一体化平台，实现了国家电网公司、山东公司本部、市供电公司三级级联和信息贯通。生产MIS、协同办公、综合管理等业务应用系统全面上线运行。强化信息系统风险评估和技术监督，确保了信息安全，运维体系初步建立。

加强关键技术攻关，全年获省部级科技成果22项，“变电站设备巡检机器人”、“继电保护及故障信息系统研究和实践”项目获山东省科技进步一等奖。“外电入鲁”及山东特高压电网规划研究达到国际领先水平。电网环保和水保工作目标全面完成，电网建设项目环保和水保验收率均保持100%。

优质服务

贯彻国家电网公司“迎祖国60华诞，展供电服务风采”活动部署，深入开展“彩虹工程”10周年系列活动，提出了“服务经济促发展”、“十年‘彩虹’展风采”等6大活动板块，供电优质服务水平持续提升。落实行动计划，及时调度、协调活动进展情况，大力宣传“彩虹工程”10年来取得的成就。召开“彩虹工程”10周年庆祝大会，发布深化“彩虹工程”优质服务十项新举措，评选出“彩虹工程”10周年“十大服务之星”。优质服务工作赢得了社会各界的广泛赞誉和好评，在全省九大公共服务行业公众满意度调查中得分名列第一，“彩虹工程”荣获“山东省服务名牌”称号。

积极推进替代发电工作，开展发电权交易，全年完成交易电量146亿kWh，节约标煤150万t，减排二氧化硫10万t，减排二氧化碳350万t。推进配套电网建设改造，确保全省关停512万kW小火电目标的顺利实现。

党的建设和精神文明建设

按照国家电网公司党组统一部署，紧扣“深化‘两个转变’、推动科学发展”这一主题，结合企业重点工作，精心组织，周密部署，高标准、高质量地开展学习实践活动。认真抓好“三个阶段、六个环节”的工作，做到了“两手抓、两不误、两促进”。突出“三破三立”，深入开展解放思想大讨论，加深对国家电网公司发展战略和重大部署的认识，坚定了干部员工实现“国内领先、国际水平”目标的信心和决心。认真组织开展“下基层、摸实情、办实事、促发展”主题调研活动，狠抓整改落实，对 9 大类 58 项问题进行集中整改，解决了一批影响和制约山东公司科学发展的突出问题，健全完善促进公司科学发展的长效机制。开展学习实践活动的做法得到国家电网公司充分肯定，荣获国家电网公司学习实践活动建言献策优秀组织奖。山东公司分别在国家电网公司学习实践活动学习交流座谈会、专题职代会和总结大会上作交流发言。

深化先进性建设，党建工作持续创新。全面落实党建工作责任制，开展党建工作联查，推动各级党组织强化责任、改进工作。深入实施党务干部能力提升工程，组织开展党务干部普调考和党务知识竞赛，有效提高了党务干部的综合素质和业务能力。深化“电网先锋党支部”创建，举办实践创新成果发布会，涌现出一批优秀成果。积极构建“三化三有”特色惩防体系，反腐倡廉建设“反违章”专项工作取得实效。扎实开展企业文化“四统一”主题实践，加强核心价值观教育。积极履行社会责任，加强公共关系工作，重视对外联络沟通，进一步提升了工作价值。山东公司先后荣获“全国文明单位”、“新中国成立 60 年服务山东功勋品牌”、“改革开放 30 年山东省功勋企业”、“山东十大责任企业”、“山东最佳企业公民”等荣誉称号。

（张志伟）

东　北　地　区

东北电网有限公司

企业概况

2009 年，东北电网有限公司（简称东北公司），坚决贯彻执行国家电网公司各项决策部署，认真落实科学发展观，提出了“‘一个定位’（面向大东北区域工作定位），‘两个能力’（提高资源优化配置能力和电网安全稳定运行能力），‘三个平台’（打造电力统一调度，市场交易和公司董事会的平台）”，切实搞好“四个服务”的大东北区域发展战略，明确发展方向，克服严峻经济环境影响，推进电网发展方式和发展方式转变，电网建设不断加快，发展质量和效益明显提高，保障了东北地区经济社会发展用电需求，为东北老工业基地全面振兴作出积极贡献。

截至 2009 年底，东北公司资产总额 317 亿元，其中 500kV 输变电资产 228 亿元，水电资产 84 亿元，全年实现主营业务收入 156 亿元。在国家电力市场交易电量 325.92 亿 kWh，管理水电机组发电 49.26 亿 kWh；全员劳动生产率（增加值）完成 59.96 万元/（人·年）；没有发生重大及以上电网事故及恶性误操作事故，较好地完成国家电网公司下达的业绩考核指标。

直属发电装机容量 351.25 万 kW；220kV 及以上输电线路回长 10 851.74km，其中 500kV 线路 6825.54km，220kV 线路 4026.2km；220kV 及以上公用变电站 46 座，变电容量 3729.8 万 kVA，其中 500kV 变电站 24 座，变电容量 3370.4 万 kVA，220kV 变电站 22 座，变电容量 359.4 万 kVA。

有直属单位 18 个；本部设 28 个职能部门（含临时部门 4 个）。

电网概况

东北电网供电区域主要包括东北三省和内蒙古东部，电网覆盖国土面积 124 万 km^2，供电服务人口约 1.15 亿。在东北电网区域内，内蒙古东部送入辽宁、黑龙江省的 500kV 联络线已达 6 回，辽吉省间 500kV 联络线达到 4 回，吉黑省间 500kV 联络线达到4回；东北与华北在2008年11月16日第一次实现直流背靠背联网。蒙西地区白音华电厂送入东北电网内赤峰地区的两条500kV线路已经建成。

东北电网全口径发电装机容量7141.28万kW，其中水电装机661.47万kW，占全网的9.26%；火电装机5827.21万kW，占全网的81.60%；风电装机627.16万kW，占全网的8.78%，其他25.44万kW，占全网的0.36%。发电装机容量按地区划分，辽宁省装机2576.8万kW，占全网的36.08%；吉林省装机1598.37万kW，占全网的22.38%；黑龙江省装机1886.09万kW，占全网的26.41%；内蒙古东部装机1080.02万kW，占全网的15.13%。

东北电网统调发电装机容量6075.67万kW（省调及以上），其中水电581.87万kW，占9.58%；火电5161.7万kW，占84.96%；风电装机容量231.46万kW，占3.81%。

东北电网220kV及以上输电线路回长44 330.49km，其中500kV线路回长12 748.97km，220kV线路长度回长31 581.52km。220kV及以上公用变电站362座，变电容量13 199.45万kVA，其中500kV变电站41座，变电容量5297.9万kVA，220kV变电站321座，变电容量7901.55万kVA。

东北电网全口径发电量完成2961.85亿kWh，同比增长4.61%。其中水电发电107.85亿kWh，同比上升1.60%；火电发电2742.17亿kWh，同比增长2.73%；风电发电96.93亿kWh，同比增长97.33%。其他发电量14.9亿kW，同比增长130.0%。

东北电网售用户电量完成2189.2亿kWh，同比增长3.54%。其中辽宁省公司完成1167.21亿kWh，同比增长3.33%；吉林省公司完成398.64亿kWh，同比增长3.59%；黑龙江省公司完成508.9亿kWh，同比增长4.16%。内蒙古赤峰、通辽完成114.44亿kWh，同比增长2.79%。

东北电网综合线损率完成7.38%，同比上升0.72个百分点；其中辽宁省公司线损率完成7.4%，同比上升1.58个百分点；吉林省公司线损率完成6.98%，同比降低0.30个百分点；黑龙江省公司线损率完成8.09%，同比下降0.45个百分点。东北电网内省间交换电量650.02亿kWh，同比上升8.11%；其中蒙东净送东三省电量282.34亿kWh，同比增长23.09%；黑龙江省净送出电量42.64亿kWh，同比下降38.72%；吉林省净送出电量32.13亿kWh，同比上升9.81%；辽宁省净受入电量292.91亿kWh，同比增长7.28%。

东北全区全社会用电为2898.61亿kWh，同比增长4.41%，其中辽宁省用电1488.17亿kWh，同比增长5.39%；吉林省用电515.25亿kWh，同比增长3.78%；黑龙江省用电688.67亿kWh，同比增长2.8%；内蒙古东部用电206.09亿kWh，同比增长4.2%。东北电网送华北电网电量69.83亿kWh，同比上升32.09%。

领导班子

董事长、党组书记：李一凡
副总经理、党组成员：王　钢
副总经理、党组成员：薛建伟
总会计师、党组成员：耿占东
工会主席、党组成员：刘　琳
纪检组长、党组成员：金汝传
总工程师：董恩伏
名誉总工程师：黄其励

人力资源

东北公司长期职工7561人，在岗职工7172人，管理人员2233人，占在岗职工（以下同）31.13%；技术人员754人，占10.51%；技能人员3462人，占48.27%。在岗职工平均年龄40岁，其中29岁及以下1080人，占15.06%；30～39岁2284人，占31.85%；40～49岁2845人，占39.67%；50岁以上1352人，占18.85%。有硕士研究生及以上学历332人，占4.63%，其中博士14人；大学本科2904人，占40.49%，大学专科2139人，占29.82%。具有高级职称1287人，占17.94%，其中教授级46人；中级职称1373人，占19.14%。

按照东北公司党组决策部署，加强领导班子和干部队伍建设。开展“四好”领导班子创建工作，完成领导班子考评和本部干部职代会测评工作。开展东北公司本部干部重新聘任和竞聘工作。按照党组要求制定出台干部竞聘工作制度和方案，对东北公司党组管理的部副主任以上51名干部重新进行聘任；对现职处长及以下79个干部岗位开展竞聘上岗工作，初步形成干部竞聘工作机制。完成部分直属单位领导班子调整配备工作。干部内外挂职锻炼工作取得实效，从本部和直属单位选派20名年轻干部到华东电网公司挂职锻炼。制订领导干部培训计划，全面提高干部综合素质和能力，全年举办1期青年干部培训班，2期直属单位领导班子副职轮训班和1期试用期干部培训班。完成干部管理信息系统与ERP接口设计工作，延伸干部管理信息系统功能。

制定《关于加强员工入口管理的规定》，明确高校毕业生招聘条件，调整退役士兵考试录取方法。调整本部机构设置和人员编制，理顺工作关系。实施“159”优秀人才工程，累计培养选拔国家电网公司层面优秀专家人才16人，东北公司层面优秀专家人才32人，直属单位层面优秀人才85人。博士后科研工作站正式投入运转。圆满完成对西藏帮扶任务，并获国家电网公司援藏工作先进单位荣誉称号。组织开展26个工种1458人参加的职业技能鉴定，累计培养高级技师113人、技师284人、高级工1963人；全年组织参加各类竞赛、调考11次，共计1072人·次参赛，高技能人才队伍建设得到加强。加强培训资源开发，全年共建设实训室14个，投资4813.37万元；组织编写国家电网公司、中国电力企业联合会和东北公司培训教材21个；通过师带徒制度和送培到企业，创新培训方式，全年共组织各类培训达2.89万人·次，全员培训率91%。实现ERP项目人力资源模块全面上线运行，率先实现国家电网人力资源管控系统推广上线。

电网建设与发展

全年固定资产投资49.53亿元，投产500kV输电线路1561.1km、变电容量975万kVA，新开工变电容量475万kVA。推进电网可持续发展，规划建设任务超前完成，把握智能电网建设机遇，成功争取到国家电网公司智能化变电站建设试点，编制东北公司2010年电网智能化专项计划；超前开展东北地区电力工业“十二五”发展规划研究，完成风电接纳能力研究及风电基地输电规划；超计划完成长春东500kV输变电工程等9个项目的核准上报；全面开展齐南—乌兰浩特—白城输变电工程前期工作；确定丰满大坝重建治理方案。超额完成基建投产里程碑计划，康平电厂送出等8个500kV重点输变电工程及扩建工程投产；开展呼兴电网与东北电网联网规划、内蒙古东部电网规划编制，实现呼伦贝尔电网与东北主网联网运行。水丰水电站防洪设施改造工程实现开工建设。

经营管理

发挥东北公司在电力资源优化配置中的主导作用，依托董事会平台，建立网省（区）公司重大事项沟通协商机制，与四省（区）电力公司共同打造区域交易平台，建立合作共赢的经营管理机制和目标。强化电网统一调度，以东北电网安全稳定领导小组会议为载体，发挥维护东北电网安全稳定主导作用。

加强规章制度体系建设，完成出台规章制度46项。重视经济法律问题研究，提升合同管理水平，防范招标合同法律风险，以法律为依据，审查合同文本280份。全面贯彻国家电网公司集约化管理要求，落实人财物集约化管理工作方案，集约化管控体系基本形成。财务集约化试点进展顺利，财务集中管控条件日益成熟。完善物资集约化管理体系，组建东北公司物流服务中心和分中心，物资管理信息化试点工作得到国家电网公司肯定。以“三节约”活动为主线，严格综合计划和预算管理，材料费、检修费压降15%，其他可控费用压降10%。协调解决资产涉税问题，开展税收筹划，完成3.87亿元增值税进项抵扣，成本显著降低；争取到全网新增输电电价0.1分/kWh，蒙东新增跨省交易输电电价2分/kWh，盈利空间扩大。完成松江河发电厂股权的无偿划转。支持蒙东电力公司独立运转，完成相关业务工作及资产财务移交。稳妥推进主多分离，按计划完成阶段性任务。全面梳理和集中整改了近三年审计发现的问题，内部审计逐步向绩效型、风险型审计转变，审计对内“增值”效应显现。全年自行累计完成集中规模招标采购10个批次，122个项目，节约资金约3.25亿元；完成集中规模非招标采购11批，节约资金0.37亿元。贯彻落实“三重一大”规定实施办法，对招投采购实施全过程监督。完善本部目标管理考核，在保持连续性的基础上不断改进创新。全年，共组织送华北年度交易电量80亿kWh，跨省发电权交易电量17.49亿kWh，大用户直购电交易电量21.46亿kWh，蒙东新机、吉林电网、黑龙江电网送辽宁中短期交易电量12.6亿kWh，促进了节能减排，增强了市场手段配置资源的能力。

开展职工代表巡视工作，“五段闭环”民主管理得到加强。加强班组建设，注重试点示范作用。坚持和完善东北公司职工代表大会制度、平等协商签订集体合同制度，职工群众的参与权、知情权、表达权和监督权进一步落实。

安全生产

狠抓安全生产基础建设，强化落实责任，采取积极整改措施，坚持反违章和隐患排查治理，确保电网安全稳定运行。严格落实安全生产责任制，深入开展安全生产“三项行动”、反违章、“安全月”、安全生产“百问百查”等活动，共排查治理安全隐患836个，自下而上广泛征询安全基本需求276条，109项问题列入整改计划并实行领导挂牌督办。圆满完成国庆60周年保供电任务。狠抓安全“三基”工作，开展安全策划调研，探索建立安全生产双向承诺机制，聘请专家对超高压局和水电厂进行安全性评价，对查找的问题实行领导挂牌督办整改。深入开展安全隐患排查治理，东北公司级重大安全隐患得到有效治理。加强安全风险培训，员工风险意识和防范能力进一步增强。建立完善状态检修管理体系、技术体系和执行体系，输变电设备状态检修工作通过国家电网公司验收。应急指挥中心建成投入使用，辽吉省间电磁环网实现解环，提高电网安全稳定水平。

科技与信息化

坚持科技发展战略，大力开发科技与人才队伍建设，核心竞争力全面得到提升。坚持以科技进步破解电网运行难题，全年获5项辽宁省及国家电网公司科技进步奖，巡线机器人研究得到了国内有关专家组"国内领先、国际先进"的高度评价；深入开展交直流混合联网问题、可控串补装置运行次同步震荡及在线监测问题的研究。信息化建设进展顺利，SG186工程一体化平台八大业务应用、六大保障体系建设全面完成，协同办公系统按计划上线运行，实现ERP与财务管控系统同步建设，水电厂流程设计和设备编码填补了项目空白。成立信息网络公司，完善信息化集成平台安全防护方案，实现"双机双网"，确保了信息安全。重视人力资源开发，深入实施"159"优秀人才工程，加大优秀专家人才和技师的培养选拔力度；成立东北电力技师学院；扩大职业技能鉴定范围；有针对性地组织技术技能竞赛和调考，促进员工队伍整体素质提升。合理开发利用科研培训资源，完成14个实训室建设；博士后科研工作站正式投入运转。

优质服务

以精心打造"三个平台"（电力统一调度、市场交易和公司董事会的平台），切实搞好"四个服务"的"大东北"区域发展战略为工作的出发点和落脚点。开展跨省电力用户与发电企业直接交易试点工作。按照国家有关部门关于积极稳妥、规范有序推进电力用户与发电企业直接交易试点的部署，在东北区域内开展了抚顺铝厂直购电交易试点工作。共成交电量4.06亿kWh。编制东北送华北电量交易办法。按照东北公司统一部署，为实现东北送华北电量市场化运作，东北电网提出了开展送华北电量交易的方案。加强电力"三公"调度交易规范管理。开展"三公"调度交易规范管理专项整改活动，对"三公"调度交易工作进行全面疏理，并建立健全了相关工作机制，规范了各项工作秩序，会同有关部门共同编制关于"三公"调度交易工作的六项管理制度，提高了"三公"调度交易工作管理水平。结合电力市场交易服务月活动，走访直调发电企业，了解发电企业实际困难，听取发电企业有关建议和意见，宣传市场交易有关工作内容，为更好地开展电力市场交易工作奠定基础。根据国网交易中心有关价格信息发布的要求，及时改造信息发布网站，及时发布跨省区交易及电厂上网电价信息，为电厂经营决策提供更为充足的数据依据，得到了发电企业普遍认可，开展调度交易规范管理专项整改活动，"三公"调度赢得发电企业的赞誉。不断推进纠风和行风建设。召开行风建设工作会议。组成专项检查组，对扩大内需，促进经济增长和电网建设项目进行监督检查，针对检查发现的9个共性问题和5项个性问题，及时下达整改通知。开展"依法治企、规范服务"专题活动，坚持在元旦、春节、"五一"等重大节日期间开展明察暗访活动，全年没有发生影响东北公司形象的行风事件。

党的建设和精神文明建设

发挥党组的领导核心作用，贯彻落实国家电网公司党组决策和部署，及时讨论决定重大问题，围绕中心工作加强党的建设。按照国家电网公司统一部署，深入学习实践科学发展观，开展学习实践活动。强化理论引导，开展"振兴东北老电网，共产党员当先锋"为主题的解放思想大讨论活动。立足实际，加强党建、精神文明建设和民主管理，为东北公司发展提供坚强保障。以党员每季一星评选、共产党员工程等活动为载体，深入开展"电网先锋党支部"创建活动。深化反腐倡廉教育，强化反腐倡廉专项监督，开展专项效能监察，党风廉政建设责任制得到落实，积极推进"三化三有"惩防体系建设。组织首届东北公司道德模范评比活动，举办优秀企业文化节，开展企业文化"四统一"主题实践活动，建设统一优秀企业文化精品工程，激发广大员工工作热情和创造活力，宣传推广"诚信、责任、创新、奉献"的核心价值理念。认真履行社会责任，对外捐赠爱心基金133.58万元。全面推广"国家电网"世博品牌，企业形象进一步得到提升。超前防范不稳定因素，层层落实维护稳定工作责任，促进企业和社会稳定和谐发展。

2009年，东北公司系统荣获省部级及以上荣誉称号先进集体和先进个人总计133项（含各直属单位所在当地政府和有关部门颁发的荣誉称号），其中先进集体66个，先进个人67个，其中丰满发电厂、云峰发电厂荣获"全国五一劳动奖状"，太平湾发电厂荣获"全国精神文明工作先进单位"称号，松江河发电厂荣获"全国精神文明建设工作先进单位"称号等。

主要事件

1月20日18时50分，国家电网公司重点工程，东北电网500kV兴黑线投入运行。兴黑线北起黑河换流站，南至哈尔滨兴福变电站，送电线路穿越小兴安岭，全长411.4km。兴黑线是中俄直流背靠背联网工程向南送电的重要组成部分，工程自2007年7月正式开始施工，2009年1月变电和线路通过验收；

该工程投入运行结束了黑龙江北部没有500kV电网的历史。

1月21日，召开三届三次职工代表大会暨2009年工作会议。

3月12日，召开部署开展深入学习实践科学发展观活动工作会议。

4月16日，东北公司组织研制的“基于HLA的全数字化东北电网综合仿真培训系统”项目通过中国电机工程学会组织的专家技术鉴定。该系统具有自主知识产权，其中网络智能化仿真培训评价指导系统等方面填补了国内外相关领域的空白，总体技术与应用达到国内外先进水平。

5月8日，国家电网公司批准东北公司与辽宁省公司就大连培训中心等资产达成置换协议。

5月21日，召开东北公司干部宣布大会。国家电网公司人董部主任林野、辽宁省委组织部沙首伟等领导出席会议，总经理魏昭峰主持。大会宣布，李一凡同志任东北电网有限公司董事长、党组成员、书记；黄传兴同志任东北电网有限公司顾问；免去黄传兴同志东北电网有限公司董事长、党组成员、书记职务。

6月19日，举行东北公司与国网电力科学研究院科技合作常态机制框架协议和技术领域合作意向书签字仪式。

6月27日，东北电网调度实现连续调度安全运行10年（3650天）。从1999年7月1日起，东北网调与辽宁省调独立分开运作，东北网调历经网厂分开，电力市场启动，东北华北电网交直流联网等重大事件。

6月29日，东北公司董事长李一凡、总经理魏昭峰在内蒙古呼和浩特市出席内蒙古自治区政府与国家电网公司签署呼伦贝尔市、兴安盟电网整体划转协议，并举行内蒙古东部电力有限公司成立揭牌仪式。

7月1日，东北公司重点工程东北电网500kV佳绥哈—松北变电站输变电工程一次投运成功。

7月17日，召开二届三次董事会会议。会议听取呼伦贝尔市和兴安盟电网整体划转及组建内蒙古东部电力有限公司有关情况汇报；审议通过《关于组建内蒙古东部电力有限公司的决议》等。

7月25日，东北公司承建的500kV康平—沈北输变电工程正式投入运行。该工程是辽宁省沈阳市重点建设项目，由5条500kV送电线路和新建蒲河500kV变电站两部分组成。

8月15日，中朝水力发电公司在丹东市举行水丰水电站防洪设施改造工程开工仪式。

8月19日，东北公司董事长李一凡会见中朝水力发电公司朝方理事长、朝鲜电力工业省副相金万寿一行，并参观调度通信中心。副总经理薛建伟及有关部门负责人参加。

9月3日，东北电网沈阳沈东500kV变电站2号主变压器正式投入运行。该变电站为沈阳主要供电电源单位。

9月16日9时21分，东北公司成功实施辽宁、吉林省间电磁环网解环，顺利实现东北电网历史上第一个省区间电磁环网解环。

9月23日，东北电网500kV长春龙嘉变电站正式投入运行。该变电站按照“两型一化”标准设计建造。

11月5日，举行东北区域跨省发电权交易协议签字仪式。

11月12日，东北电网公司、吉林省电力公司举行松江河发电厂股权划转签字仪式。

11月16日，东北公司举行抚顺铝业有限公司与伊敏煤电有限公司直接购电交易签字仪式。

11月22日，东北公司SG186工程通过国家电网公司验收。

11月25日，召开东北电网公司董事会第二届第四次会议。

12月21日，东北电网沙岭500kV变电站（沈阳局辖）静止无功补偿系统（SVC）投入运行。该系统为国家电网向自动化、科技化、创新化发展的典型工程，是东北公司重大科技项目。对于沈阳地区供电系统抵御大规模电网故障能力具有重要作用。

同日，东北公司举行与蒙东电力公司资产财务移交协议签字仪式。

12月22日，举行东北送华北年度电量挂牌交易仪式。

12月29日，东北公司召开干部宣布大会。国家电网公司人董部主任林野，东北公司董事长李一凡、原总经理魏昭峰出席会议并先后讲话。会议宣布，免去魏昭峰同志的东北电网有限公司总经理、党组副书记、党组成员职务；魏昭峰同志不再担任东北电网有限公司董事。

（王　历）

辽宁省电力有限公司

企业概况

截至2009年底，辽宁省电力有限公司（简称辽宁公司）拥有所属单位40个，其中供电公司14个、超高压分公司1个、施工企业6个、机械修造企业4

个、培训中心2个、职工医院1个、电力勘测设计院1个、其他所属单位11个。本部设职能部门21个，设其他部门8个。

2009年，辽宁公司紧紧围绕“解放思想、转变观念、科学发展”这条主线，突出抓好“再上新台阶攻坚年、电网发展赶超年和企业管理提升年”三大主题，在解决事关辽宁公司和电网发展的重大问题上取得历史性突破。在国家电网公司发布的73项同业对标评价指标中，具有同期可比指标67项。有31项指标实现不同程度的提升，其中位次前移10位以上的有7项，位次前移6～10位的有11项。19项指标并列第1名，总体位次同比前移1.77位。被评为东北区域除“安全管理”之外的“资产经营”、“营销服务”、“电网运行”、“人力资源”和“电网建设”5项专业管理标杆单位。

2009年，售电量完成1167.21亿kWh，综合线损率完成7.4%。

领导班子

总经理、党组副书记：燕福龙

党组书记、副总经理：孙吉昌（2009年6月12日调离）

党组书记、副总经理：焦保利（2009年8月20日任职）

副总经理、党组成员：张印明（2009年5月12日任职）

副总经理、党组成员：刘劲松

副总经理、党组成员：葛国平（兼沈阳供电公司总经理、党委副书记，2009年5月12日调离）

副总经理、党组成员：石玉东（兼大连供电公司总经理、党委副书记）

副总经理、党组成员：潘秀宝

纪检组长、党组成员：刘清汉

党组成员：牟景旭（兼沈阳供电公司总经理、党委副书记，2009年5月12日任职）

工会主席、党组成员：张建生（2009年8月20日调离）

工会主席、党组成员：张　力（2009年8月20日任职）

总会计师：池　源

总工程师：王芝茗（2009年6月12日任职）

调研员：魏振有　杨全亭　赵自力　王建群

机构设置

1. 公司本部

职能部门：辽宁省电力有限公司工会（辽宁省电力工会委员会）、监察部（纪检办公室）、思想政治工作部（直属机关党委、直属机关纪委）、办公室、发展策划部、人事董事部、人力资源部（人才交流服务分公司）、财务资产部、生产技术部、营销部、科技信息部、基建部（特高压及跨区电网建设部）、安全监察部、农电工作部、审计部、经济法律部（体制改革办公室）、机关工作部、离退休工作部、物资部（招投标管理中心）、辽宁电网电力交易中心、电力调度通信中心。

其他部门：社会保险事业管理中心、新闻中心、技术经济（研究）中心、辽宁省电机工程学会、国家电网公司企协辽宁分会、思想政治工作研究会、党建研究会、北京办事处。

2. 所属单位

沈阳供电公司、大连供电公司、鞍山供电公司、抚顺供电公司、本溪供电公司、丹东供电公司、锦州供电公司、营口供电公司、阜新供电公司、辽阳供电公司、盘锦供电公司、铁岭供电公司、朝阳供电公司、葫芦岛供电公司、鞍山超高压分公司、凌海供电有限责任公司、辽宁电力第一工程公司、辽宁电力第二工程公司、辽宁电力第三工程公司、辽宁电力第四工程公司、辽宁电力烟塔工程公司、辽宁电力送变电工程公司、沈阳电力机械总厂、鞍山铁塔制造总厂、葫芦岛电力设备厂、阜新电力修造厂、辽宁电力高级管理人员培训中心（辽宁省电力有限公司党校）、辽宁电力锦州培训中心、辽宁电力勘测设计院、辽宁电力中心医院（卫生处）、电网建设分公司（电网建设指挥部）、信息通信分公司、北方国际电力工业有限公司、辽宁电力经济开发有限公司、丹东福瑞德酒店有限公司、辽宁电能发展股份有限公司、东北电力物资总公司（物流服务中心）、辽宁电力实业有限公司、辽宁电力建设监理有限公司、辽宁电力通讯工程公司。

电网概况

截至2009年底，辽宁电网拥有系统资产（含国家电网公司总部、东北公司、辽宁省公司资产）35kV及以上公用变电站1418座（含换流站1座、开关站4座），公用普通变压器2550组，变电容量11 463.978万kVA；换流变压器4组，换流容量358.92万kVA。其中500kV公用普通变电站16座，普通变压器32组，变电容量2776.20万kVA。500kV换流站1座，换流变压器4台，换流变压器容量358.92万kVA；500kV开关站2座。220kV公用普通变电站148座，变压器289组，变电容量4566.40万kVA。220kV开关站1座。66kV公用普通变电站1244座，变压器2224组，变电容量4118.128万kVA。66kV开关站1座。35kV公用普通变电站5座，变压器5组，变电容量3.25万kVA。拥有35kV及以上线路2166条，回长40 146.56km。其中500kV线路回长5119.18km，220kV线路回长12 231.63km，66kV线路回长22 684.30km，35kV线路回长111.45km。

所属35kV及以上公用变电站1405座（含开关站4座），公用普通变压器2525组，变电容量9338.778万kVA。其中500kV公用普通变电站4座，普通变压器7组，变电容量651万kVA。500kV开关站2座。220kV公用普通变电站148座，变压器289组，变电容量4566.40万kVA。220kV开关站1座。66kV公用普通变电站1244座，变压器2224组，变电容量4118.128万kVA。66kV开关站1座。35kV公用普通变电站5座，变压器5组，变电容量3.25万kVA。拥有35kV及以上线路2123条，回长35 943.61km。其中500kV线路回长1319.80km；220kV线路回长11 828.06km；66kV线路回长22 684.30km，35kV线路回长111.45km。

人力资源

截至2009年底，辽宁公司职工人数59 630人，其中经营管理类4172人，专业管理类8544人，技术管理类4079人；大学本科及以上文化程度16 070人，人才密度90.63%，高技能人才比例71.4%；具有副高级以上职称3475人，中级职称7328人。

2009年，辽宁公司调整精简了本部机构设置，各供电公司职能部门由384个规范为200个，管理人员由2509人减少到1847人。招聘各类高校毕业生920人（含农电），接收复转军人213人（含农电）。清理在主业混岗作业的劳务派遣656人。组建了524人（含84名省公司级专家）的兼职培训师队伍。举办各类培训班204期，培训14 815人，培训率98%。

开展了第三批专家遴选工作，量化考核国家电网公司专家18人，辽宁公司专家30人，培养西藏电力有限公司锻炼人员5人，选送赴西藏帮扶人员2人。申报参加专业技术资格评审1032人。完成供电公司技能鉴定1549人。

发挥薪酬分配的激励和导向作用，向一线和技术复杂的岗位倾斜，妥善处理职工提出的“特殊工种提前退休”问题，引导员工向生产一线岗位流动。新进员工全部充实到生产一线缺员岗位，有效缓解了结构性缺员问题。做好农电企业整体划转中的相关工作，对农电企业2008年底在册趸售职工身份进行了认定，提出了各类人员接收后的分类管理意见。

全面加强领导班子和干部队伍建设，全年共举办现职领导干部培训7期，青年后备干部1期，累计培训500余人·次；考核测评干部600余人，调整交流干部194人，调整了12家所属单位党政领导班子主要负责人共13人；本部部分处长、副处长岗位面向辽宁公司系统公开招聘，有6名同志脱颖而出。从本部和基层单位选派30名同志到江苏省电力公司培养锻炼。

电网建设与发展

2009年，新开工66kV及以上线路4497.85km，变电容量1902.35万kVA；投产66kV及以上线路2847.24km，变电容量1279.76万kVA；2010年计划开工的38个220kV和71个66kV电网建设项目全部获得核准，有6个500kV项目上报国家发改委核准。加强政企协作，有效解决了抚顺、清河等500kV项目前期工作滞后、雁水和金家扩建项目环评等问题。500kV中南部双环网输变电工程按期投运，新建丹东北、程家、黄海3座500kV变电站，新增变电容量300万kVA，形成大连地区与辽宁中部的第2个500kV双回路输电通道，提高了大连、本溪、丹东地区电网供电可靠性和抵御自然灾害的能力。无人值班变电站等重点技改工程全面完成，提前一年实现了变电运行管理模式的转变。累计下达技改工程计划564项，共有12个供电公司的27个集控中心、80个操作队、117座220kV变电站、478座66kV变电站投入运行。辽宁和吉林省间电磁环网及沈阳电网内部分区供电顺利实施。完成了南关岭、虎石台等变电站220kV配电装置改造等大型技改工程，提高了电网安全稳定水平。

经营管理

2009年，辽宁公司紧紧抓住集约化、电价疏导、农电划转、迎审四大重点工作，加强内控体系建设，清理对外投资，回收对外借款，清理担保等。撤销了县（区）供电分公司的财务核算主体53个及其支出账户49个，撤销本部账户12个，完成了母公司单位组织体系的统一。疏导电价矛盾，销售电价每千瓦时提高0.028元；2009年，签订合同3092份，签约合同审核率达到100%，全年未发生合同纠纷；实现对大中型建设项目工程造价的全过程管控；开展大范围审计整改工作，完成审计项目622个；加强招标采购管理，累计完成集中招标21批次，66kV3.15万kVA变压器采购价格同比下降15%。完成了经开公司清理整顿、房屋开发公司的清算注销工作，地（市）县层面主多分离改革准备工作有序进行，完成丹东东方新能源有限公司股权转让；规范社保基金管理，实现了企业年金市场化移交与管理，标志着辽宁公司企业年金市场化移交迈出了实质性步伐。

2009年，辽宁公司把“三重一大”集体决策、废旧物资回收利用、台区承包、企业成本管理确定为4个重点效能监察项目，共立项72项，其中统一立项4项。完成审计项目563项，提出审计建议902条，已落实757条。

安全生产

2009年，辽宁公司城网供电可靠率99.916%，综合电压合格率99.372%，农网供电可靠率99.775%，综合电压合格率95.33%。在国家电网公司发布的13项安全管理指标中，除发生1起生产基建人身死亡事故外，其他指标均并列第1名。

认真总结朝阳供电公司"6·25"人身死亡事故教训，及时采取应对措施并抓好落实。制定了《所属供电公司及施工企业领导班子成员安全风险抵押办法》、《安全生产工作奖惩规定》，将原来的以罚为主，变为重奖重罚，真正发挥安全生产奖励的约束激励作用。建立领导干部分片包干制度，2009年辽宁公司所属各单位领导干部到岗到位3414人·次，一般管理人员到岗到位23 783人·次。

深入开展隐患排查治理工作，共排查出安全隐患14处，整改7处。抓好入网审核关，加强对外包队伍的管理和监督，组织191家入网作业队伍的578名项目经理参加培训考试，445人考试合格取得2009年度进入辽宁电网作业担任项目经理资格。率先开发了安全风险管理工作系统软件，并在大连、本溪、辽阳供电公司开展试点。深入开展反违章活动，共处罚各种违章763人·次。提高应急处置能力，高质量地完成了应急指挥中心建设，启动3次自然灾害预警，发布5次灾害天气信息。所属14个地市供电公司全部进行一次社会联动应急演练，为辽宁公司在调度、通信等专业快速有效应对各类突发事件打下了良好基础。

营销工作

2009年，辽宁公司当年电费回收率100%，市场占有率90.58%，全社会用电量1488.17亿kWh。陈欠电费为零。

完成新装、增容52.64万户1053.70万kVA。累计签订高压供用电合同21 507户，检查各类电力用户237万户，查获窃电用户5015户，查获违章用电3330户，追补电量3128万kWh。巩固电费回收"三结"成果，对鞍钢、本钢、抚铝、锦化等难点客户派专人看守，利用负控系统对电力负荷实时监控，对存在停、破产风险的用电大户，坚决采取分次收费和预购电措施，收效明显。开展"感动式服务"不停电收费竞赛活动，应收电费余额大幅下降。

2009年，全省公共低压台区数量为47 931个，台区承包率达到100%；累计低压线损率11.8%，少损电量4.8亿kWh。成立台区承包小组，逐线、逐台区、逐户开展信息普查活动，累计普查高损和负损台区18 820个，查获窃电3647户，消除计量故障9999件，订正串台信息102 887条。政企联手深入开展高危客户治理，共确认高危客户872户，704条安全隐患得到及时整改。安装台区用GPRS三相多功能电能表18 664只，三合一计量监测终端194只，改造关口电能表242只，对全省关口电能表通信规约进行了全面升级。智能化电网和SG186工程营销业务应用系统建设全面整体上线，完成农电划转营销业务平稳割接，实现与工作标准、管理标准的有效衔接。营销综合排名首次跻身国家电网公司系统前十名行列。

农电工作

2009年，辽宁公司农电系统全面开展企业管理提升年活动，全年未发生重、特大（电网、设备、人身、重伤）事故。农网供电可靠率99.775%，农网综合电压合格率95.38%。全省有26个县（区）实现安全生产5000天，有3个县（区）实现安全生产10 000天的长周期安全纪录。

辽宁省农电局等79家地方农电企业（单位）国有产权无偿划转，结束了辽宁农电26年的代管体制。加快对"两清理"重大隐患的整改，输配电设施标识清理完成97.8%，输配电设施对地距离清理完成98.24%。对存在供电隐患高危客户的供电设施进行改造，供电质量和供电可靠性得到大幅提升。完成16个标准化示范供电所的建设任务，辽阳县供电分公司兰家供电营业所等6个单位荣获国家电网公司2010～2011年度标准化示范供电所称号。

积极支援辽西北地区抗旱保电工作，新建和改造10kV线路延伸97km，新建及更换低压线路239km，新建及增容配电变压器746台，最大限度保障了抗旱工作的用电需求。按计划完成辽中县、大连开发区、台安县、大石桥市和辽阳县5个县、55个乡（镇）、525个村的新农村电气化建设任务，为农村经济发展发挥了重要作用。完成辽阳县、辽中县农电局2个单位的"国一流"县供电企业创建达标，组织开展对喀左县农电局等6个单位的"省一流"县供电企业创建达标验收工作。

科技与信息化

2009年，共下达技术开发项目55项，信息化项目29项，电网智能化项目70项，完成新技术推广计划124项。

2009年，获国家电网公司科技进步特等奖1项、二等奖2项、三等奖1项，获省政府科技进步三等奖3项。其中辽电送变电公司参与的“特高压交流输电关键技术研究、设备研制及工程应用”获国家电网公司特等奖，“基于信息共享的数字化变电站关键技术研究及示范应用”、“并联无功补偿电容器组群爆现象分析和对策”获国家电网公司科技进步二等奖。各单位申报辽宁公司科技成果181项，获奖163项，其中特等奖3项、一等奖18项、二等奖23项。共申报专利87项，其中发明专利12项、实用新型专利65项、外观设计4项、软件著作权6项、获得专利授权48项。组织编制企业标准43项。优秀QC成果158项，其中一等奖10项、二等奖60项、三等奖88项，申报电力行业优秀QC成果11项、国家级优秀QC成果1项。信息系统安全运行可用率、功能覆盖率、门户贯通率、营销业扩报装系统应用率、信息内外网络隔离完成率等均达到100%。以ERP为龙头的SG186工程全面竣工，并顺利通过国家电网公司测试验收，信息化建设取得重大突破。

优质服务

2009年，辽宁公司紧紧围绕“解放思想、转变观念、科学发展”这条主线，开展“迎祖国60华诞，展供电服务风采”主题系列活动，通过实施“感动式”服务、“亲情化”服务、“雷锋式”服务、“葛春精神”、“铁军精神”、“明珠彩虹”、“马上就办”等富有辽宁特色的品牌建设，极大地提升了“国家电网”服务品牌的社会影响力。

认真开展“三公”调度，完善服务质量，提升行风建设水平。先后走访五大发电集团在辽宁的部分电厂、华润电力（锦州）公司、地方热电厂及企业自备电厂，共计15个。开展发电权交易，达成交易电量31.71亿kWh，抚铝与发电企业直接交易，达成直接交易电量5.26亿kWh。大力推进先进、便捷的缴费形式，提供金融机构代收费、网上收费、电话收费、电费充值卡方式，方便用户缴费。2009年，共受理客户投诉举报310件，登记率、受理率、满意率、办结率、回访率均达到100%。荣获辽宁省民主评议政风行风优胜单位、辽宁省用户满意企业、2009年辽宁省优质服务先进集体称号。

党的建设和精神文明建设

2009年，辽宁公司围绕生产经营开展“共产党员工程”、“党员责任区”主题实践活动和“电网先锋党支部”创建活动，在1345个党支部、27 260名党员中组织开展了“党员身边无违章”主题实践活动、“青年员工不违章”主题安全活动和“安全文化理念宣传活动”。2009年，设立“共产党员工程”593个、党员责任区1176个、“党员先锋岗”841个，“党员安全生产示范岗”628个，在“七一”总结表彰大会上，辽宁公司党组对30个“电网先锋党支部”进行了表彰。

由局级调研员组成的形势任务报告团，到14个市的39家所属单位进行了宣讲活动；组织领导干部开展了“解放思想、转变观念、科学发展”征文活动；开展了38 117人参加的“当前应树立的观念”专项调查；开展了23家所属单位11个专业97个岗位14 961名员工的思想状况调查活动；首次出台公司企业文化示范基地建设标准和企业文化建设先进单位管理办法，确立了营口、抚顺供电公司和送变电公司为公司企业文化建设示范基地。

继续开展“投身‘十一五’，‘六比’建新功”主题活动，表彰了296名成绩突出人员，新评出省级青年文明号21个，命名辽宁公司级青年安全生产示范岗20个，征集合理化建议9143条。在国家电网公司500kV变电站劳动竞赛中，大连金家变电站荣获优胜变电站。开展了“三节约”优秀成果案例征集评选活动，共评选出“三节约”金点子20个，优秀成果案例48个。

2009年，有4名职工获国家电网公司劳动模范，有23名职工获辽宁省劳动模范。公司荣获“全国文明单位”、“全国五一劳动奖状”；“国家电网公司特高压交流试验示范工程先进单位”、“国家电网公司‘三节约’活动先进单位”、“国家电网公司信息化工作先进单位”、“国家电网公司品牌建设先进单位”；被评为“辽宁省政府民主评议政风行风优胜单位”、“辽宁省2009年度‘用户满意企业’”第一名；大连、锦州供电公司，辽电送变电公司被国家电网公司评为文明单位标兵；沈阳、营口、鞍山、本溪、辽阳、盘锦供电公司，辽电第三工程公司被国家电网公司评为文明单位。

兴城市农电局、辽阳弓长岭区农电局荣获全国精神文明建设工作先进单位称号；沈阳于洪区、长海县、海城市、营口老边区、北票市农电局荣获国家电网公司文明单位称号。

主要事件

1月21日，辽宁公司召开三届一次职代会暨2009年工作会议。

2月27日，辽宁电网建设暨500kV瓦房店输变电工程开工仪式在大连瓦房店市举行。辽宁公司自此拉开了全年电网建设的序幕。

3月5日，燕福龙总经理赴北京参加第十一届全国人民代表大会第二次会议，并于3月5日参加了辽宁省省长陈政高与国网公司总经理刘振亚举行的特高压电网建设、电力合作等问题的会谈。

5月4日，辽宁公司召开纪念“五四”运动90周年大会，表彰了公司系统在优质服务安全生产工作中涌现出来的优秀青年集体。对获得2008年度省级“青年文明号”的21个青年集体及“青年安全生产示范岗”给予了表彰。

5月7日，辽宁公司荣获中华全国总工会“全国五一劳动奖状”；大连供电公司、辽电三公司荣获“全国五一劳动奖状”；铁岭供电公司总经理徐义斌等3人荣获“全国五一劳动奖章”；沈阳供电公司送电工区、辽电四公司建筑专业公司安装班获全国“工人先锋号”。在辽宁省“五一”纪念表彰大会上，肖平被授予特等劳动模范；21人被授予辽宁省劳动模范；锦州、朝阳供电公司被授予辽宁省先进集体。

6月18日，鞍山超高压分公司正式挂牌成立。燕福龙总经理出席挂牌仪式，并为分公司成立揭牌。

8月12日，国务院国有资产监督管理委员会正式批复了辽宁省农电局等79家地方农电企业（单位）国有产权无偿划转工作，标志着辽宁省实行20多年的农电代管体制正式结束，辽宁农电管理体制改革取得历史性突破。

8月18日，受持续高温少雨天气影响，辽宁省旱情不断发展，已蔓延到全省14个市。辽宁公司立即启动抗旱保电工作预案，多次召开专题会议，研究部署抗旱保电工作。各单位迅速落实省公司提出的抗旱保电救灾工作各项要求。中央电视台全面报道了辽宁公司抗旱保电情况，凸显了电网企业积极履行社会责任，关注民生、服务社会的良好形象。

8月18日，500kV丹程线送电成功，标志着丹东北500kV变电站一期工程的两条500kV输电线路、1台1000MVA主变压器、8条220kV送电线路、3台66kV电抗器全部实现“零缺陷”一次投入运行。

10月14日，国家电网公司和华电集团公司在北京隆重举行辽宁、山西区域资产重组协议签字仪式，正式签署了包括丹东东方新能源有限公司股权转让在内的资产重组协议。

10月31日，随着1号主变压器一次5021开关合闸，1号主变压器正式投入运行，鞍山超高压分公司丹东北500kV变电站二期工程全部成功投运，标志着丹东北输变电工程圆满完成。

11月25日，辽宁公司ERP系统全面上线运行，标志着公司ERP项目由全面建设阶段转入系统应用与建设提升并重的新阶段。

12月10日，辽宁公司荣获“2009年辽宁省用户满意企业”称号，并在获此荣誉的全省34家企业中名列榜首。

12月16日，辽宁公司信息化SG186工程顺利通过国家电网公司组织的测试验收。验收范围涉及三大部分、22个分项、43个信息系统。验收测试专家对辽宁公司SG186工程的总体完成情况给予肯定。

（张永华　管廷福）

吉林省电力有限公司

企业概况

吉林省电力有限公司（简称吉林公司）是国家电网公司的全资子公司，以建设、运营电网为主营业务。截至2009年底，资产总额301.13亿元。

吉林公司所属500kV线路7条，回路总长度896.9km，500kV变电站3座，变电容量425万kVA；220kV线路191条，回路总长度7623km，220kV变电站64座，变电容量1265.6万kVA；66kV线路621条，总长度9174km，66kV变电站254座，变电容量975.1万kVA。

2009年，吉林公司售电量完成398.64亿kWh，同比增长3.59%；当年电费回收率完成100%；资产负债率完成67.94%，比年度预算低3.34个百分点；综合线损率完成6.2%，同比降低0.32个百分点；全员劳动生产率完成15.86万元/（人·年），剔除政策性因素影响，同比增长1.73%。

领导班子

公司总经理、党组副书记：张羡崇
公司党组书记、副总经理：杨俊文
公司党组成员、副总经理：汪忆新
公司党组成员、副总经理：李明
公司党组成员、副总经理：干国春
公司党组成员、工会主席：曾凡华
公司党组成员、长春供电公司总经理：赵振伟
公司党组成员、纪检组组长：朱教新
公司总工程师：马明焕
公司总会计师：李随东
公司副局级调研员：李大军
公司副局级调研员：董蕴华

组织机构

截至2009年底，吉林公司本部部门21个，设有8个供电分公司，控股吉林省农电有限责任公司，拥有施工修造企业5个，科研、设计单位和培训中心各

1个。

人力资源

截至2009年底，吉林公司职工人数31 231人。研究生及以上学历421人，占员工总数的1.35%；大学本科学历6529人，占员工总数的20.91%；大学专科学历6935人，占员工总数的22.21%；中专、技校学历5001人，占员工总数的16.01%；高中学历8100人，占员工总数的25.94%；初中及以下学历4245人，占员工总数的13.59%。初级及以上专业技术资格的员工为12 305人，占员工总数的39.4%。其中，正高级37人，占0.3%；副高级2093人，占17.01%；中级4032人，占32.77%；初级6143人，占49.92%。

人力资源集约化管理深入推进。规范本部机构编制，减少职能部门6个、内设处17个。统一管控供电公司机构编制，深入开展供电企业定员测算分析，制定供电公司劳动定员三年达标方案。首次公开考试择优招聘高校毕业生318人，压缩接收退役士兵29人，实现员工负增长626人。加强全员绩效和薪酬分配管理，统一规范所属单位负责人薪酬标准。完成职业技能鉴定3200人·次，全员培训率达96.5%。

人力资源配置不断优化。加大干部交流力度，调整领导干部98人·次。在国家电网公司系统公开招聘电建公司总经理。首次开展区县公司经理、书记集中培训和本部网络培训，开展本部处长及以下缺员岗位公开招聘，60名基层优秀人员通过考试、答辩和考察，择优聘用到本部工作，其中笔试前10名全部得到聘用。从设计院择优选拔10名专业技术人员到本部工作，电网规划力量得到加强。

电网建设与发展

吉林公司坚持以建设坚强智能电网为主线，全面实施资产全寿命周期管理，积极破解影响和制约电网发展的突出问题，促成了松原市政府设立电网发展基金，找到了一条从根本上解决电网发展前期问题的新途径。编制《吉林省能源中长期规划研究报告》并通过评审，启动“十二五”电网规划设计，完成电网智能化规划和各城市配电网“十二五”规划，长春配电网规划在国家电网公司第一评审组8个城市中排名首位。

2009年，完成电网建设投资52.29亿元，同比增长57.87%。全面超额完成全年大、中型基建任务，“三横五纵”基建标准化管理体系基本形成。在全国率先制定实施基建管理行动目标综合评价体系。白城、长春东500kV输变电工程投入运行，500kV主干网架初步形成；投产66kV及以上输电线路1935km，新增变电容量543万kVA；建成标准化示范输电线路4条、变电站5座。提高设备技术标准和投标人资质业绩条件，提高入网设备档次。松原500kV变电站等5项工程被评为优质工程。“电网建设”指标在国家电网公司同业对标中同比晋升8位。

经营管理

吉林公司牢固树立“过紧日子”思想，采取从严从紧的经营策略，严格综合计划和预算管理，在规划建设、生产运行、经营管理的全过程严格控制成本。制订实施电网大中型基本建设项目投资效益考核办法和市、县（级）供电公司小型基建标准及管理办法，修订售电量和线损考核办法，提升经营管理水平。强化审计监督和效能监察，促进增收节支近8000万元。积极破解经营难题，双河水电低效资产转让进展顺利，成功进行四平线路器材厂债务回购、松江河电厂股权划转、闲置资产置换、公允价值计价投资等重大资本运作。

深入开展“三节约”活动。把“三节约”活动贯穿于生产经营管理全过程，制订实施挖潜增效十项措施和降本增效40项工作措施。加强活动监督检查，避免流于形式，保证活动效果。可控费用剔除调整因素，比年度预算下降5.1%。

安全生产

吉林公司始终坚持“安全第一、预防为主、综合治理”的方针，安全基础不断夯实。认真组织“三项行动”、“安全月”和“三查一整改”活动。加大反违章力度，发现违章1982起，处罚1530人·次。加强隐患排查治理，排查设备隐患343件，整改率87.7%。推进现场标准化作业，保证作业安全和检修质量。基建、农电、交通和域外施工安全管理全面加强。生产管理系统（PMS）成功上线。延边、辽源、白山3个监控中心投入运行。吉林公司和长春供电公司通过国家电网公司状态检修试点验收。通化500kV变电站荣获“标杆变电站”称号。

电网运行保持稳定。积极应对电煤供应紧张和恶劣气候影响，合理安排调度运行方式，确保安全可靠供电供热。开展2次联合反事故实战演习。辽吉省间电磁环网实现解环。电力调度实现连续安全运行9000天。配合电力设施保护立法，《吉林省电力设施保护条例》颁布实施。

“三评”工作取得实效。以实施岗位安全等级准入为切入点，扎实开展“三评”工作，评估、评定领导干部、管理人员和生产员工8556人，1633人·次受到扣分考核；完成3961名生产员工的安全行为模拟测试，178名员工转岗或待岗培训。通过开展“三评”工作，促进了员工素质提高和安全责任落实。

2009年，吉林公司出色完成支援北京国庆保电以及“两节”、“两会”等重要保电任务。被确定为国家电网公司安全管理标杆单位和东北地区安全管理标杆单位。未发生人身死亡事故，未发生重、特大电网、设备、火灾事故，未发生恶性误操作事故，未发生有严重影响的供电不安全事件，未发生本企业有责任的特大交通事故，连续实现第四个安全年。

营销工作

吉林公司坚持积极、竞争、进攻态势的营销策略，营销管理不断夯实。完成SG186营销业务应用系统建设任务，实现19个业务类的全面应用。深化用户用电信息采集系统研究，完成长春、四平、辽源试点建设任务。编制《10kV及以上电力客户变电站运行管理标准》并纳入强制性行业标准。电网关口电量计量系统网厂结算应用项目通过省质监局鉴定。所属10个电能计量中心、44个县农电公司再次取得法定计量检定机构整体授权。

大力开拓电力市场。全面落实增供扩销十项措施。实施能源替代工程，推广地源热泵供暖100万m^2、电采暖1.6万kW、油改电8.4万kVA。开辟长白、靖宇直供营业区，市场占有率达到93.76%。在全国率先开展大用户直购电交易，实现交易电量16.77亿kWh。开展“保增长、压结存、促销售”活动，加快业扩报装速度，新增用户9.01万户、容量289.16万kW。实现外送电量30.8亿kWh，比计划增长15.7%。

电费回收颗粒归仓。实施电费预警管理和信用等级评价，建立风险电费客户档案，有效防范了电费风险，连续第二年实现电费“双结零”，应收电费余额同比下降17.57%。开展反窃电专项活动，查处违章用电、窃电行为1406起，挽回经济损失1987万元。成功破获长春“5·20”高科技窃电案件，成为首例公安部挂牌督办窃电案件。

农电工作

吉林公司全面履行管理农电企业责任，积极发挥人才、技术、管理等资源优势，大力推进农供电一体化管理。制定推进农供电管理一体化暂行办法，统筹规划农、供电网建设，将各县（市、区）农电公司委托当地供电公司管理，提高农电管理水平。线损降幅排名全国首位。农电工混岗问题得到有效解决。永吉农电公司被国家电网公司命名为“一流县供电企业”，长春城郊、榆树和九台农电公司分别被国家电网公司确定为优质服务、线损管理和安全管理标杆单位，4个供电所进入全国百名标杆供电所行列。

农网完善工程取得积极进展。完成扩大内需农网完善工程投资17.86亿元，完成总投资的82.23%，其中第一批5.72亿元全部完成，第二批完成6.76亿元，第三批完成5.38亿元；新增66kV线路635.87km，变电容量155.87万kVA，农网“卡脖子”问题基本得到解决，农网建设滞后局面得到改观。

服务新农村建设成绩明显。加快新农村电气化步伐，建成电气化县2个、乡镇18个、村252个。加强春耕生产服务和抗旱保电工作，成立685个支农服务队，帮助农民解决用电难题。投入近7000万元，支援全省抗旱救灾；抗灾捐资100万元，被省政府授予特别贡献奖。中央电视台报道了吉林公司全力支援抗旱救灾的事迹。

科技与信息化

2009年，吉林公司科技开发费投入2808万元。获得吉林省科技进步二等奖3项、三等奖6项，国家电网公司科技进步三等奖3项，全国电力职工技术三等奖2项，国家电网公司金点子奖2项；获得专利授权27项；9个项目列入省政府“五个一批”创新工程计划。

信息化建设投资力度加大，2009年资金投入25 800万元完成了20个信息化项目的建设。SG186工程和信息系统建设取得明显成效。ERP系统、生产管理系统、营销技术支持系统等主要应用系统全部上线运行，全面完成SG186工程验收。

优质服务

吉林公司坚持把优质服务融入电网发展和运营全过程，全面落实“四个服务”宗旨，认真践行“十项承诺”，创新机制，完善举措，推动“优质服务是电网企业生命线”理念不断深入，优质服务不断深化。深入开展“迎祖国60华诞，展供电服务风采”主题活动。深入190户重点企业走访调研，召开客户座谈会，共同应对金融危机。深化供用电安全隐患排查治理，及时督促230个重要客户进行整改。建成电力需求侧展示中心，广泛宣传用电知识。创新开展服务质量监控工作，各供电公司综合服务满意率均达98%以上。

全面落实社会责任。建立两级代理服务制，保证重点项目用电需要，被省政府授予工业提速增效先进集体称号。支持风电等新能源产业发展，投资25.7亿元加强白城地区电网建设，满足风电外送需求；深入研究风功率预测等风电发展关键问题。实施服务民生10件实事，投资6.09亿元支持棚户区改造、摘转供工程建设。开展“三公”调度交易规范管理专项整改活动，促进网厂和谐发展。

强化社会监督，聘请外部行风监督员3514名，组织座谈会和巡视活动246次，广泛听取社会各界意见和建议。深入开展“行风零投诉”、“满意服务先进百所”评比活动，连续三年实现国家电网公司层面行风零投诉，连续第四年被省政府确定为行风内评单位。

党的建设和精神文明建设

贯彻落实国家电网公司学习实践科学发展观统一部署，围绕科学发展上水平核心目标，精心组织，周密安排，全面完成“三个阶段、六个环节”学习实践任务。针对影响和制约吉林公司科学发展的突出问题，制定96条整改措施，全部得到整改落实，群众满意率达到100%。“名门花园”小区产权证办理等关系职工切身利益的问题得到有效解决。通过开展学习实践活动，全面深化了对电网功能定位和发展规律的认识，形成了运用科学发展观谋划工作、解决问题、推动发展的整体合力。

党建工作基础不断巩固。认真组织学习贯彻党的十七届四中全会精神，落实“三个建设”工作要求，编制完成《吉林省电力有限公司2010～2012年党建工作规划纲要》。开展“党建标准化年”活动，梳理完善各类制度、标准1255项，应用党建政工一体化管理信息系统，党建标准化管理水平明显提升。深入开展“四好”领导班子创建工作，各级领导班子的领导力和执行力进一步提高。认真学习贯彻“一百个不准”，加强警示教育，构建特色惩防体系，有效预防了违法违纪问题发生。

和谐发展氛围日益浓厚。大力弘扬“努力超越、追求卓越”企业精神和“诚信、责任、创新、奉献”核心价值观，扎实开展企业文化“四统一”主题实践活动和群众性精神文明创建活动，企业文化和精神文明建设成果丰硕。首次跨入全国精神文明建设工作先进单位行列，被评为吉林省劳动模范集体。通化公司连续43年照顾患病职工事迹得到上级领导肯定和社会各界称赞。长春公司等7个单位继续保持国家级文明单位荣誉。电科院等6个单位和89个县级供（农）电企业成功跻身省级文明单位行列。坚持职代会制度和厂务公开制度，民主管理和民主监督不断深化。加强新闻宣传工作，营造和谐发展氛围。围绕国庆60周年开展丰富多彩的文体活动。加强信访稳定工作，落实三级信访终结制，来访人数同比下降65.3%。加强离退休、共青团工作。吉林公司保持了和谐稳定的良好局面。

（马大庆）

黑龙江省电力有限公司

企业概况

黑龙江省电力有限公司（简称黑龙江公司）是国家电网公司东北电网有限公司的全资子公司，负责经营管理国家电网公司和东北电网有限公司投入的资产和本公司所属的全资子公司、控股公司、参股公司中相应的国有法人资产。承担国有资产的保值增值责任。黑龙江公司是以电网经营为主，经营售电业务，具有电力工程设计、施工能力的特大型国有企业，同时对黑龙江省内电网实施调度管理。直接管理单位36个，代管农、林、垦电业局66个。

电网概况

黑龙江省电网位于东北电网的北部，其东北方向与俄罗斯接壤，西面与内蒙古的呼伦贝尔盟相邻，南接吉林省电网。全省供电区域面积46.7万km^2。黑龙江省电网500kV线路28条，线路总长度为4636.07km，220kV线路218条，线路总长度为10 266.7km。黑龙江省电网公用500kV变电站10座（国家电网公司所属1座，东北电网有限公司所属7座，黑龙江公司所属2座），主变压器运行容量为991.6万kVA。220kV变电站87座，主变压器共145台，运行容量为1752.45万kVA。企业自备220kV变电站4座。110、66kV线路516条，线路总长度8790.59km。

人力资源

2009年，黑龙江公司有员工33 013人，其中长期合同职工31 861人，短期合同职工1152人，职工总数较2008年同比减少114人，继续实现人员负增长。人才密度85.95%，高技能人才比例72.75%，培训经费投入率为5.47%。

黑龙江公司以持续实施“十一五”人力资源发展规划为主线，认真贯彻落实国家电网公司集约化管理要求，并结合公司实际，积极实施人力资源集约化管理。努力控总量、保质量、调结构、防风险、强基础，完成国家电网公司人力资源集约化管理的各阶段工作任务，做到了措施科学、落实到位、执行有力、实施稳妥、和谐有序。①加强组织领导，积极推进人力资源集约化管理。印发了《关于加强人力资源集约化管理的通知》。召开了2009年人力资源工作会议，并就人力资源集约化管理进行了专题调研，推动此项工作的全面深入开展。②认真组织贯彻《国家电网公司供电企业劳动定员标准》，组织各电业局完成了定员测算及核定工作。③平稳有序地完成了本部机构编制和职员职级序列规范工作。同时，指导各局在2009年底前完成各电业局本部机构规范工作。④推进人力资源管理信息化建设，整合共享工作平台。组织完成ERP人力资源软件推广和人力资源信息管控模块建设，实现成熟套装软件和人力资源管控模块同步建设与应用。人力资源信息化建设通过国家电网公司验收，为人力资源集约化管理提供了技术支撑。

依法加强劳动用工管理，优化员工结构。认真贯彻《劳动合同法》，继续推进劳动关系和谐企业创建活动，开展了劳动关系和谐企业复查和人力资源基础工作情况检查。完善内部员工流动和解除劳动合同人员的审批程序，依法清理劳动关系。严把员工入口关，优化了新进人员结构。

推进全员绩效管理，健全激励约束机制。成立绩效管理委员会，转发国家电网公司《关于进一步加强全员绩效管理工作的意见》，完成了《黑龙江省电力有限公司绩效管理体系构建》课题研究。下发了《黑龙江省电力有限公司全员绩效管理工作方案》，编制下发了《黑龙江省电力有限公司全员绩效管理办法》和《公司本部全员绩效管理工作方案》，编写《黑龙江省电力有限公司绩效管理宣传手册》，开展绩效管理的宣传和培训。进一步完善企业负责人年度业绩考核管理办法，改进各单位的业绩考核指标，调整优化考核指标及评分细则，增强了指标的针对性和可操作性。

加强教育培训和人才培养，推进员工队伍建设。继续贯彻落实公司“十一五”教育培训规划，有序开展年度员工教育培训工作。全年达到规定学时数的受训职工人数为30 223人，其中培训生产技能人员16 900人。重点组织开展上划供电企业专项培训、供电企业班组长培训、新录用毕业生培训、ERP用户培训等工作，配合有关专业部门举办各类专业技术竞赛。加强教育培训经费管理，推行培训质量标准和生产人员培训规范。实施培训基地3年建设规划，加大培训设施和设备改造更新力度。持续实施“512”优秀人才工程，完成国家电网公司以及省公司优秀人才的年度考核与推荐等工作。

电网建设与发展

2009年，黑龙江公司编制了“十二五”电网发展规划，并纳入了全省国民经济和社会发展总体规划体系。开展了东部特高压工程、西部500kV主干网架完善化工程的前期工作。“十一五”计划56个开工项目开展前期工作并全部获核准批复。四项重点工程荣获国家电网公司优质工程。新增66kV及以上线路1138km，变电容量402万kVA；黑龙江省电网新建投产发电机组2台，新增容量600MW；风电场新建投产7座，新增容量535.5MW；输电设备新建投产66kV及以上线路32条，新增长度947.65km，拉动内需投产线路新增长度190.35km；变电设备新建投产66kV及以上变电站24座，新增变电容量298.85万kVA，扩建投产66kV及以上变电站6座，新增变电容量72.45万kVA，拉动内需投产变电容量30.82万kVA；新建投产500kV与66kV高、低压并联电抗器10组，新增无功补偿1260kvar。

黑龙江公司以全面满足全省建设小康社会发展的用电需要为目标，以确保电网安全为前提，为清洁能源发展提供保障，大力推进黑龙江省特高压工程实施战略，加快坚强智能电网建设步伐，实现黑龙江电网发展方式的重大转变。同时做好农村电网完善化、无电村屯供电和建三江等农垦地区灌溉用电工程工作，积极促进社会主义新农村建设。

经营管理

2009年，圆满完成国家电网公司下达的各项年度经营指标。大力倡导“三节约”活动，切实降本增效。强化预算管理，将废旧物资纳入预算管理，合理配置资源。加快信息化建设，积极推进财务集约化管理工作，实现ERP试点单位如期成功上线。研究税收政策，协调企税关系，增值税转型工作顺利过渡，增值税预征率下调2%，有效缓解资金压力。压缩地方上网电厂结算级次，加大资金归集力度。推行居民购电账户集中管理，提高电费资金归集速度和比例。实施农电企业三级账户资金管控模式，推进农电企业资金集中管理。压缩产权级次到五级，推进主多分开与主辅分离工作，规范产权关系。加强综合计划管理，综合线损率8.1%。

安全生产

2009年，黑龙江公司把握电网、人身、设备安全三个重点，加强安全生产工作组织领导，严格责任落实，深化隐患治理，强化风险控制，完善应急体系，圆满完成春、秋检，技改大修及国家电网公司春季区域安全检查、可靠性检查、环保工作检查、基建安全质量管理交叉互查和《国家电网公司电力安全工作规程》培训、调考等工作。累计完成电网技术改造项目280项，设备大修项目198项，完成计划的100%。顺利通过国家电网公司状态检修验收工作。按期完成应急指挥中心建设，进行了哈尔滨市电力应急联合演练。为确保大冬会和国庆60周年期间电网安全运行可靠供电，加强大冬会电力基础设施建设，提升供电能力和配网覆盖率。全年未发生电网瓦解和大面积停电事故，未发生有人员责任的重大设备损坏事故，未发生人身伤亡事故，未发生恶性误操作事故。截至2009年12月31日，省网实现连续调度安全运行10 329天。城市供电可靠率99.904%，较国家电网公司下达的年度业绩考核指标高0.034个百分点。综合电压合格率98.933%，较国家电网公司下达的年度业绩考核指标高0.011个百分点。牡丹江水电总厂完成了各项发电指标和任务。

营销工作

2009年，全年销售电量508.9亿kWh，同比增长4.16%，超额完成了国家电网公司502亿kWh的售电量指标，获得了国家电网公司2009年度市场开拓先进单位荣誉称号。

黑龙江省有400多万国网直供低压用电客户实现了电能信息自动采集，覆盖率达到95%；除部分偏远地区客户外，有11个电业局、79个供电局实现了“全覆盖、全采集”。营销信息化建设工程在国家电网公司组织的项目工程验收工作中，取得了突出的成绩，在参加验收的单位中名列前茅，黑龙江公司还被评为国家电网公司2009年度营销信息化工作先进单位。

加强了电费回收工作力度，建立了预警机制，施行了电费分次划拨，应收用户电费余额和比重大幅下降，实现了电费回收“双结零”，电费风险防范工作迈上了一个新台阶。

通过开展“迎祖国60华诞，展供电服务风采”活动，完善了服务措施，增强了服务能力，提升了服务形象，供电服务“十项”承诺兑现率为100%。

农电工作

2009年，黑龙江公司农电系统大力实施农网完善工程建设，启动大兴安岭无电地区电力建设工程。全面启动农电人财物管理工作，制定农电企业人力资源、财务、物资管理办法。稳步推进农电规范用工管理，统一县供电企业组织机构和岗位设置，完成混岗清理任务。推行代管农电企业资金“三级账户”管控试点工作，在绥化供电区启动试点。深入开展县供电企业各类“违章”集中排查整治活动，共计排查出问题1066项，已整改完毕1052项，完成率98.7%。认真贯彻落实安全生产责任制，以确保人身安全为重点，深入开展“百日安全”、“两清理”等系列活动，实现了各项安全目标。大力推进农网输配电设施标准化建设，广泛实行农网输配电工程的标准化典型设计。严格执行作业指导书和指导卡，提高农电系统的标准化和规范化管理水平。落实春耕、抗旱供电的保电措施，全力保障农业生产的电力供应。完成了2个县、50个乡（镇）、500个村的新农村电气化建设任务。虎林、萝北县电业局被国家电网公司命名为“新农村电气化建设先进单位”。积极推广“四新”技术，开展调度自动化、电能表集抄系统及无功优化补偿等建设工程，启动尚志、虎林两个县的无功优化试点县工作。出台大工业趸售电价，解决了农电系统长期盼望解决的问题。组织全省农电系统开展“家电下乡”及“优质服务”供电服务宣传日、“迎祖国60华诞，展供电服务风采”等活动，取得良好的宣传效果，得到了国家电网公司的表扬。开展“关注民生、服务发展”群众满意供电服务窗口评议活动，2009年各县供电企业在地方年终行风测评中均居前列。全面推进供电所全员持证上岗培训，在岗所长和农电工持证率达到100%。积极开展创建一流县级供电企业和同业对标活动，对富锦等6个公司一流县供电企业进行指标动态考核，虎林县电业局通过公司一流县供电企业验收。开展“农村供电营业规范化服务示范窗口”建设工作，青冈局柞岗供电所和富锦局大榆树供电所通过了检查验收。妥善解决清理混岗工作中出现的重点和难点问题，保障职工和农村电工的合法权益。确保缴纳社会保险，队伍和谐稳定。积极开展“送温暖”活动，仅元旦、春节期间慰问困难员工、农电工8176人。全年农电企业购电量128.39亿kWh，同比增长7.69%；当年电费上缴率100%，回收率100%，陈欠电费回收24.43%；综合电压合格率完成93.15%，服务承诺兑现率100%。供电可靠率99.765%，同比提高0.002个百分点，综合电压合格率93.15%，同比提高0.15个百分点。

科技与信息化

2009年，承担国家电网公司课题7项；申请专利49项，其中发明专利14项，完成专利授权20项。2009年12月，顺利通过SG186工程验收。

“大规模电力系统暂态稳定定量评价理论与应用”获国家科学技术进步二等奖，“黑龙江电网黑启动实施方案研究”、“1000kV特高压组塔、放线技术应用研究”2个项目获黑龙江省政府科学技术进步三等奖，黑龙江公司系统科学技术进步奖60项。

完成国家电网公司信息分类与代码标准编制（生产管理、电力物资分类部分）。

“黑龙江省电能信息采集与管理系统推广应用研究”全部完成，正在进行接受国家电网公司验收准备。“冻土地基钻孔灌注桩杆塔基础研究”、“静止型动态无功补偿器（SVC）在黑龙江省电网的应用”完成阶段性工作，正在按计划实施。500kV集贤—庆云—方正同塔多回线路工程正在按计划实施。

在2009年国家电网公司科技工作会议、部分网省公司科技座谈会、新技术推广交流会上做典型发言，创新形象得到提升。开展 TRIZ（发明问题的解决理论）研究和实践，到各电业局巡回培训和指导，员工创新意识得到增强，申请专利踊跃，QC 活动有效，得到国家电网公司认可。科技服务大冬会保电作用表现突出。

完成了全省广域网完善及升级改造工作；完成了一体化平台门户及数据中心二期建设工作，实现了国家电网公司总部、网省及地市的三级门户级联，实现了各业务应用系统接入门户实现单点登录和业务代办；实现了国家电网公司总部与网省两级数据中心级联；完成了存储备份系统建设。

完成了 ERP 项目试点建设及各地市的推广工作，完成了覆盖财务、物资、项目、人力资源的 ERP 系统，实施了财务、人力资源、基建等管控系统建设，实现了工作流、资金流、物资流、信息流的高度整合和集成。

完成了营销业务应用“3＋4”系统试点建设及推广工作，持续推进松耦合业务应用建设，推广了生产管理、应急指挥、农电管理等多个系统，基本实现了对业务管理的全面覆盖。

启动了全面推广安全移动存储介质的部署工作；实施了对接入互联网的计算机安装端点准入控制系统；在全省推广桌面终端标准化管理、内外网边界安全监控等系统实施工作，持续加强信息安全管理，开展信息安全等级保护建设；在全省推广北塔运维监管平台实施工作；开展 Ital 运维服务建设工作，开通了“8186”服务热线，提高了运维服务水平与工作效率；出台外网网站规范，进一步夯实信息安全保障体系，提升了信息化安全建设水平。

优质服务

2009 年，黑龙江公司开展了“创建优质服务工程”、“迎祖国 60 华诞，展供电服务风采”活动。制定了优质服务管理体系的总体框架，确定了优质服务的五大支撑、五项监督和五个满意工作目标。开展了领导层、管理层、执行层共同参加的优质服务知识竞赛。竞赛在全战线营造了展示风采的活跃氛围，尤其是各单位有关领导的积极参与，带动了员工积极学习的热情。通过对内部培训师的初级、中级、高级班培训，建立起了一支强有力的优质服务内部培训师队伍，优质服务培训工作得到提升。开展“大服务”理念宣传、优质服务“金点子”征集活动，收集建议 97 项。14 个地市级电业局在当地行风测评中均获得第一名。获得窗口行业满意度测评全省第一。黑龙江省社情民意调查中心受省委省政府委托，对全省 23 个服务行业 1095 个窗口进行明察暗访和问卷调查，电力行业满意度 81.2%，名列第一。省精神文明办对黑龙江公司窗口服务工作给予充分肯定。

党的建设和精神文明建设

2009 年，黑龙江公司党组认真学习贯彻党的十七大和十七届四中全会精神，按照国家电网公司的统一部署，深入开展学习实践科学发展观活动，做到高标准、高质量、高效率，实现了“两手抓、两不误、两促进”，得到中央企业学习实践活动第五指导检查组、国家电网公司学习实践活动领导小组及第四指导检查组的充分肯定。全面启动软实力建设，开展“三个建设”课题研究，健全党建系列规则，推进党建“三级联创”和“电网先锋”党支部创建，启动党支部书记理论业务培训，夯实党建基础工作。深入开展企业文化“四统一”主题实践活动，围绕建设统一优秀企业文化，组织开展了“四个一”活动（确定一批试点、征集一系列歌曲、开办一个网站、编撰一本书籍），全面推广核心价值理念，全面实施目标管理，全面开展“国家电网”品牌建设活动，全面推行标准化建设，为促进黑龙江公司科学发展提供坚强的思想保证、精神动力和文化支持。大力开展争先创优活动，哈尔滨电业局、齐齐哈尔电业局和鹤岗电业局被授予国家电网公司文明单位标兵称号，12 个单位荣获国家电网公司文明单位称号，创建数量为历年之最。坚持党建带团建，围绕大冬会保电和“三节约”等重大活动，开展系列主题活动，积极发挥团员青年的生力军和突击队作用。扎实开展思想政治工作，强化党组、党委两级中心组理论学习，采取专家讲座、党校培训、网络课堂等多种形式，提升各级领导干部的思想政治水平。认真开展形势任务教育，在本部和各单位 16 320 名员工中开展思想动态调研，为掌握员工思想状况提供了第一手材料。加强“学习型、务实型、服务型、节约型”机关建设，强化机关目标管理考核，组织召开纪念建党 88 周年大会。9 月 28 日，为迎接新中国成立 60 周年，成功举办了《岁月如歌》——黑龙江省电力工业发展历程回顾大型展览活动。深入开展“三节约”活动，各项可控费用大幅降低，荣获国家电网公司深入开展“三节约”活动先进单位荣誉称号。加强企业民主管理，建立厂务公开考核、追究、评议三项制度，开展职工代表、总经理联络员巡视检查活动。全面落实党风廉政建设责任制。加强纠风和行风建设，黑龙江公司总经理周安春和哈尔滨电业局道里供电局分获黑龙江省“十大贴心人”和“十大温暖事件”殊荣。加强新闻宣传工作，新闻应急响应及时，维护了“国家电网”品牌形象。落实离退休同志待遇，关心员工生活，确保企业和谐稳定。

（岳　赢）

内蒙古东部电力有限公司

企业概况

内蒙古东部电力有限公司（简称蒙东公司）是国家电网公司的全资子公司，主要承担建设、运营内蒙古东部电网，为内蒙古自治区经济社会发展和人民生活提供优质的电力保障，促进内蒙古东部地区电力资源优化配置的重要责任。

蒙东公司于2009年6月29日挂牌成立，8月13日完成登记注册。8月13日，接收了呼伦贝尔、兴安两个电业局。8月20日，接管了通辽、赤峰两个电业局。在对划转资产进行认真审计的基础上，12月14日与内蒙古电力（集团）公司签订了呼兴电网整体移交协议，12月21日与东北电网公司签订了赤峰、通辽电业局财务资产移交协议。至此，蒙东公司划清了与相关方的工作界面，产权清晰、权责明确的法人治理结构正式形成。

按照国家电网公司2009年批复的机构编制和定员要求，本部共设8个部室，51名员工。下设4个市级供电企业，32个县级供电企业（20个公司是代管），系统拥有员工6673人。供电面积46.83万km^2，占自治区总面积的39.6%，供电人口1194万，占自治区总人口的49.9%。

2009年，售电量完成148.48亿kWh，同比增长4.25%；市场占有率74.26%；线损率6.27%；220kV及以上电网开工、投产规模（分电压等级、按容量、线路长路）220kV开工容量129万kVA，开工线路长度1044km；220kV投产容量117万kVA，投产线路长度994.7km。

电网概况

蒙东公司4个直属单位中，通辽和赤峰电业局原属东北电网公司，呼伦贝尔和兴安电业局原属内蒙古电力（集团）公司。通辽、赤峰电网与东北电网相联，呼伦贝尔电网与东北电网弱联结，兴安电网分别由通辽、蒙西、呼伦贝尔供电，目前蒙东电网以220kV为主干网架，尚未形成统一电网。区域内500kV变电站4座（在建2座），变电容量450万kVA，线路1505km；220kV变电站34座，变电容量507万kVA，线路4630km；66kV变电站69座，变电容量273万kVA，线路3638km（含110kV）。

人力资源

截至2009年底，蒙东公司共有供电企业长期职工6599人。其中，经营管理人员457人，专业管理人员667人，技术管理人员298人，生产技能人员3749人，服务及其他人员1428人；大学本科及以上文化程度职工1306人，专科1870人，中专2459人，高技能人才比例55.51%；人才密度84.09%；具有副高级以上职称职工297人，初、中级职称2743人。

蒙东公司组建后，本部面向国家电网公司系统公开招聘30名员工；完成了与东北电网公司和内蒙古电力（集团）公司员工整建制划转交接工作。从内蒙古电力（集团）公司成建制划转呼伦贝尔电业局2844人、兴安电业局724人；从东北电网公司成建制划转赤峰电业局1630人、通辽电业局1418人；按照国家电网公司要求，规范了直属单位员工入口管理；加强人力资源信息化建设工作，开发建设了人力资源信息管控系统；加强人力资源管理制度建设，出台了《内蒙古东部电力有限公司员工入口管理暂行规定》等10项规章制度。

蒙东公司筹备期间，国家电网公司任命李一凡兼任蒙东公司筹备组组长；魏昭峰、陈连凯为蒙东公司筹备组副组长；佟卫东、李敏强、张力为蒙东公司筹备组成员。先后选调19名优秀干部到本部工作。注册后，国家电网公司聘任陈连凯为蒙东公司执行董事、总经理、党组副书记，吕海平为蒙东公司党组书记兼副总经理；佟卫东、李敏强为副总经理，党组成员；赵洪伟为总会计师，党组成员；徐润生为总工程师。

电网建设与发展

由于历史原因，蒙东电网基本以220kV为主干网架，尚未形成统一电网，辐射型单回供电、低电压长距离输电、设备超年限运行等现象普遍存在，全网结构十分薄弱。2009年，蒙东公司新开工项目11项，送电线路713.2km，变电容量103万kVA，其中：220kV线路23条，220kV以下线路8条，220kV变电站7座，220kV以下变电站1座。实际投产项目13项，送电线路1533km，66kV及以上变电容量288万kVA，其中：500kV线路4条，220kV线路23条，220kV以下线路21条，500kV变电站2座，220kV变电站6座，220kV以下变电站2座。全面完成了里程碑计划任务。配合国家电网公司完成了《蒙东电网规划设计》。依据蒙东电网总体规划，将特高压、智能电网建设、清洁能源规模接入纳入其中，全面启动“十二五”电网发展规划。积极推进重点工程建设，呼兴电网先后与东北电网主网联网，结束了长期孤网运行的历史，保证了地方供热机组的接入，初步改善了电网面貌。

经营管理

认真开展资产清查工作，对自身财务状况进行了专项审计和法律甄别，全面梳理了体制改革遗留、潜亏挂账、农网移交等问题。按照国家调价政策要求，基本完成了赤峰、通辽、呼伦贝尔3个直供价区和27个农电价区的电价调整工作，疏导了上网电价单边上调、脱硫加价等电价矛盾。稳妥推进人力资源管理政策调整，确保了划转单位政策衔接和平稳过渡。超前做好劳动计划申报工作，核定了全员工资基数。加强员工入口管理，加大了人力资源管控力度。上报了本部机构设置和人员编制方案。

本着急用先行、实用为主的原则，加强了信息系统建设，实现了信息网络内部互联，建立了协同办公、视频会议、邮件系统和内部网站，开通了综合统计等模块的基础功能，被国家电网公司确定为协同办公系统新版建设项目试点单位。按照国家电网公司物资集约化管理要求，组织了4次集中规模招标，满足了生产经营物资需要。

安全生产

2009年，蒙东公司安全生产工作实现由组建到独立工作的平稳过渡，安全生产形势稳定，未发生重大及以上人身、电网和设备事故。城市供电可靠率99.734%，综合电压合格率98%。

蒙东公司组建后，认真强化安全生产主体责任，细化安全生产监督管理，出台《安全生产工作奖惩规定》、《安全生产违章行为考核规定》等5种规章制度，规范安全管理。强调领导和专业管理人员深入现场开展明察暗访活动，查处违章作业行为。加大"安措"项目投入力度，完善安全工器具配置，推行二次作业安全措施标准化建设；以煤矿、非煤矿山、化工等高危客户以及政府机关、交通通信、医院学校等重要客户为重点，开展"三查一整改"活动；认真排查梳理电网安全隐患，查出重大隐患5起，一般隐患83起，初步建立起安全隐患的闭环管理体系；编制保供电方案，开展"国庆60周年"保电工作，保证国庆供电安全可靠；积极开展冬季高寒地区保供电工作，未发生因供电问题造成大面积停热事件。2009年安全生产工作水平快速提升，一类障碍次数同比下降50%以上，确保了电网安全运行。

营销工作

蒙东公司系统全面树立大营销、大服务、大市场理念，强化电网规划、基本建设、生产运行、停电检修、营销服务等全过程管理，推行联合检修、零点检修和带电作业，有效巩固存量市场；大力推行电能替代项目，增加水源热泵供热面积16万m^2；年售电量稳步增长，增供扩销取得显著成效。持续开展"无欠费供电公司"考核评比活动，加大按线、按台区综合指标考核力度，实施电费风险预警管理，推行大客户个性化服务，建立电费催收短信平台，拓展银行联网收费、邮政储蓄、自助缴费等多种服务方式，保证了电费安全、及时回收。有序推进营销信息化进程，完成赤峰、通辽供电系统需求对比分析和现有系统自评估工作，完成四盟（市）供、农电系统国家电网公司标设培训和需求比对的前期工作，编制营销信息化建设方案和实施方案，开展供农电系统营业大普查工作，于12月底全面完成了营销基础数据的清查、核对、整改和采集、补全工作，普查各类用电客户369万户，订正完善营销计量基础档案信息300余万条，为2010年营销信息化建设顺利实施奠定了基础。积极履行社会责任，进一步加强客户安全管理，加大客户用电安全隐患排查治理力度，建立高危及重要客户基础信息和安全隐患信息台账，做到安全隐患"告知、备案、督导"到位率100%，及时向政府、电力监管部门汇报治理工作进展情况，保证治理措施到位，没有发生电网责任的供用电安全事故。组织开展"反窃电、强管理、保效益"为主题的反窃电专项活动，有效维护了合法权益，保障了正常的供用电秩序。

2009年，检查各类电力用户102万户，查处窃电175起、违约用电188起，追补电量567.2万kWh。各单位行风测评均位居前列，未发生影响蒙东公司形象的行风事件，供电服务承诺兑现率100%。

农电工作

蒙东公司现有农电企业35个，所属农电企业没有股份制企业。辖区内用电户数2 711 871户，农村居民用电户数2 056 351户，售电量62.38亿kWh。员工15 610人(其中：全民8023人、集体994人、农村电工6593人)，辖区内共有110(66)kV变电站271座，主变压器容量350.28万kVA，35kV变电站62座，主变压器容量18.9万kVA。110(66)kV线路316条，线路总长7953km，35kV线路39条，线路总长1278km，10kV线路1405条，线路总长68 331km，0.4kV线路总长90 681km，配电变压器共计73 391台，配电变压器总容量594.8万kVA。

科技与信息化

蒙东公司科技项目共计22项，其中通辽供电公司10个项目，重点项目变电设备全寿命周期管理系统中500kV科尔沁变电站挂网使用。通辽城区电力电缆安全防火远程在线监测系统在开发期投入运行，高压断路器开关特性测试仪、地区电网在线潮流计算等项目均按计划投运。赤峰供电公司12个项目，重点研究了基于SF_6分解物的电气设备故障检测仪、变压器放电性故障综合在线监测系统以及配电变压器台负荷实时监控及分析系统，2009年末全部结题。信息化项目20项。蒙东公司刚刚组建之初召开了信息化建设座谈会，由国家电网公司邀请了国网电力科学研究院、中国电力科学研究院等单位的领导和专家为蒙东公司信息化工作提出了建议。利用国家电网公司邮件系统完成了蒙东公司内、外网邮件系统的建设。完成了本部内网门户网站建设和协同办公系统建设。编制完成了信息应用系统建设方案，本着数据集中管理，建设一级数据中心，硬件统筹规划的建设理念，以SG186工程为重点，借鉴兄弟单位实践经验，充分利用原有成果，高起点谋划，高标准实施，全面推进信息化建设。

优质服务

喜迎祖国60华诞，开展"迎祖国60华诞，展供电服务风采"系列活动。开展国庆供用电专项安全性评价，编制事故预防措施和供电保障应急预案，确保了国庆期间安全可靠供电。开展"迎国庆，展风采"主题开放日活动，邀请政府主管部门、供电监管部门、行风监督员、客户代表、新闻媒体等，参观营业厅、95598客户服务系统、调度中心等场所，让客户了解近年来不断推出的服务新举措，了解业扩报装、故障报修、客户投诉举报处理等服务流程和电网建设情况，增进客户对电力工作的认识和理解。开展"服务窗口形象展示"活动，通过各种不同形式，集中宣传优质服务新举措。开展客户走访活动，对客户提出的意见和建议实行闭环管理。根据地域特点，在服务窗口推出蒙汉双语服务，部分窗口增加手语服务。主动接受监管，切实做好《2008年供电监管报告》整改工作。深化优质服务"百问百查"活动，进一步提升优质服务水平，2009年，各单位在地方行风测评中均位居前列，优质服务再创佳绩。

党的建设和精神文明建设

蒙东公司于8月24日成立党组，印发了《中共内蒙古东部电力有限公司党组议事规则（试行）》、《中共内蒙古东部电力有限公司党组关于贯彻落实"三重一大"决策制度的暂行办法》等6个管理办法和实施意见，进一步明确了现阶段党建工作的主要任务和总体要求，确定了坚定企业发展信心、更加有效地做好新时期党建工作的目标。

进一步加强领导班子和干部队伍建设，蒙东公司党组下发了关于领导干部管理等4个制度，规范了蒙东公司干部管理工作。开展了直属单位创建"四好"领导班子考核工作，全面考察直属单位领导班子建设情况和后备干部队伍情况，完成了本部2009年度干部考核工作。

认真学习贯彻党的十七届四中全会精神。深化党建政工一体化管理，开展创建"电网先锋党支部"活动，开展青年文明号创建活动。2009年，呼、兴两局荣获了全国文明单位的称号，至此，4个直属单位全部荣获了此项殊荣。蒙东公司虽然没有成立工会，但4个基层单位都能发挥职代会作用，坚持总经理联络员制度，推进厂务公开工作，民主管理和民主监督进一步加强。高度重视信访稳定工作，积极研究政策，主动沟通协调，保持了和谐稳定的良好局面。

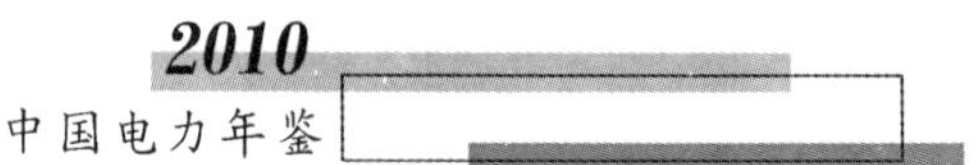

华 东 地 区

华东电网有限公司

企业概况

华东电网有限公司（简称华东公司）是国家电网公司投资设立的国有独资有限责任公司。2009年在国家电网公司的正确领导下，华东公司面对国际金融危机严重冲击和自然灾害频发的挑战，按照年初确定的"迎难而上、加快转变、科学发展、创新超越"工作基调，扎实有效地开展各项工作，深入推进电网发展方式转变，全面超额完成了年度各项工作任务和业绩指标，总体业绩保持了在国网系统中的领先地位。

2009年，华东公司系统安全生产形势总体平稳，主要指标完成情况良好，同业对标在国家电网公司系统中继续保持名列前茅；党风廉政建设被国家电网公司评为优秀；先后荣获了“上海市五一劳动奖状”、国家电网公司“三节约”活动先进单位等多项荣誉。

领导班子

董事长、党组书记：帅军庆

总经理、党组副书记：贺锡强

副总经理、党组成员：赵首先

副总经理、党组成员：李晶生

副总经理、党组成员：张怀宇

副总经理、党组成员：黄良宝

华东工委主任、公司工会主席、党组成员：庄毅群

检组组长、党组成员：王 航

总会计师、党组成员：牛汝涛

组织机构

2009 年，华东公司组织机构设有董事会、监事会，以及经营管理层，在经营管理层下设 20 个管理部门：办公室、战略研究和法律事务部、发展策划部、人力资源部、人事董事部（离退休工作部）、财务资产部、安全监察部、生产技术部、基建部、科技信息部、物资部（招投标管理中心）、审计部、监察部、思想政治工作部、华东电力调度通信中心、华东电网电力交易中心、机关工作部、工会、综合产业办公室和新闻中心。

电网概况

华东区域电网供电范围包括上海市、江苏、浙江、安徽和福建，土地面积 47.1 万 km^2，占全国的 4.9%。截至 2009 年底，全网共有 500kV 线路 23 456km；500kV 变电容量 17 048 万 kVA；全网 6000kW 以上装机容量为 17 793 万 kW，同比增长 6.6%；全网用电量为 9030.8 亿 kWh，同比增长 6.01%；全网发电量为 8517.1 亿 kWh，同比增长 6.40%；全年累计区外来电量 545.3 亿 kWh，同比增加 0.54%；全网统调最高用电负荷达到14 385.2万 kW（2009 年 7 月 20 日），同比增长 10.6%。

人力资源

截至 2009 年底，华东公司长期职工 6320 人。其中，研究生学历 168 人，大学本科学历 1271 人，大学专科学历 1116 人，中等教育学历 1304 人，高中教育学历 535 人，初中及以下 1926 人。

人力资源实施“人才强企”战略，以解放思想、求真务实、团结向上、主动作为的精神，实现了员工与企业、企业与社会的共同发展。先后完成了本部机构和人员的调整，完善了职员职级序列配套实施方案；出台《公司后备干部管理办法》和《公司后备干部 3 年培养计划》；完成中层后备干部的民主推荐和选拔工作，加大干部交流锻炼的力度；积极参加国家电网公司组织的各类技能竞赛和调考，在继电保护专业技能竞赛中勇夺团体第一，在财务技能调考中取得历史最好成绩；围绕重点工程、重点领域，开展形式多样的劳动立功竞赛活动；成立首家劳模创新工作室，积极弘扬劳模精神。

深化“四支人才队伍”建设。完成新一轮 65 名中层后备干部的推荐选拔工作，以及本部 2009 年度专业主任师和高级主管评聘和考核工作，专业技术岗位的更新率达到了 17.65%；举办了两期新一届中层干部和 1 期处长级干部集中培训班；推荐 6 位年轻干部到国家电网公司总部培养锻炼，选拔两位年轻员工参加西藏电力公司人才帮扶，组织 6 位员工赴东北电网有限公司进行跨网干部交流锻炼，选派 3 位后备干部到华东区域的省市电力公司挂职锻炼等。

完善业绩评价管理系统。完成对部门的业绩评价和对员工的绩效管理在操作层面上的完全并轨，实现了业绩考核闭环管理；完成部门和直管单位业绩评价的统一平台，为下一步推进直管单位全员绩效管理创造了良好条件。

丰富培训资源建设。水电检修实训基地初具规模，水电运行仿真基地基本建成；丰富远程网络教育培训系统功能，目前已有 364 个课件可供网上学习（包括国家电网公司课件在内）；组织水电生产技能人员职业能力培训规范的编写，并被纳入国家电网公司企业标准；完成首批兼职培训师选聘，做好授课安排和考核管理，提升了公司自主培训能力。

电网建设与发展

华东公司超额完成国家电网公司下达的 13 个投资项目核准计划，线路长度 565km，变电容量 1000 万 kVA。2009 年，共获得核准 14 个项目，线路长度 565km，变电容量 1100 万 kVA。其中，福建连江输变电工程、江苏宁东南输变电工程、东善桥变电站扩建第三台主变压器工程、龙王山变电站扩建第二台主变压器工程、上党开关站扩建工程、石牌扩建第三台主变压器工程和浙江海宁—乔司第 2 回线路工程、乔司变电站扩建第三台主变压器工程于第三季度获国家发改委核准。这批输变电工程为优化调整网架结构，满足地区负荷增长需要发挥了重要作用。

优化调整华东电网“十二五”发展规划。根据国家电网公司统一部署，积极开展华东电网“十二五”电网规划设计工作，并通过了国家发改委对华东电网近期规划的评审。同时，紧密跟踪国家电网公司特高

压电网规划的最新成果，进一步开展华东500kV电网适应方案的研究工作，提出相应措施，继续优化调整华东电网“十二五”500kV电网网架规划。

电网建设工程质量全面提升。全力配合向家坝—上海特高压直流示范工程建设，加大500kV配套工程建设推进力度，为向家坝—上海特高压直流示范工程顺利实现年底带电作出了贡献。大力推广“两型一化”变电站、“两型三新”线路设计建设，投资的500kV安徽铜贵变电站、江苏苏州西变电站、浙江杭北变电站等8项输变电工程全部获得国家电网公司优质工程命名，锡西南变电站获得国家优质工程命名；上海电建公司承建的外高桥电厂三期、华能燃机电厂分别荣获国家优质工程金质奖、银质奖。

工程造价得到有效控制。严格执行国家电网公司制定的工程结算管理办法，按时完成同业对标考核项目的工程竣工结算；严格执行国家电网公司关于工程初步设计审查及收口的新规定，在10月前完成全部已建工程的初步设计及概算收口工作，大部分工程造价控制在初步设计概算内；对于部分由于外部环境原因引起的超概算工程，积极做好工程超概算原因的深入分析和详细汇报。在同业对标指标中，投资、概算控制与2008年持平。

经营管理

华东公司把依法治企和全面风险管理作为强化公司经营管理的重点。加大规范经营管理的法制宣传教育和重要决策的法律支持力度，积极推进国资委和国家电网公司法制工作三年目标的实现；完成本部多经资产处置整合工作，集体企业管理进一步规范；落实审计意见整改，迎审后续工作卓有成效；完善“三公”调度交易工作机制，加强与监管部门的沟通协调；启动全面风险管理，完成两级风险清单的梳理。

经营管理成果丰硕。坚持稳健经营的策略，积极推进“皖电东送”一期战略的全面实施，区域资源优化配置能力增强；大力推进跨省市电力交易平台的常态化运作，累计成交电量17.3亿kWh；建成投运新安江、富春江水电厂梯级水库联合优化调度系统，提高了水能利用率和精益调度水平。

“三节约”活动成效显著。坚持抓大不放小，把节支降耗的重点放在电网建设、生产运行和经营管理的各环节，有效建立了降本增效的常态机制；组织开展“三学三比”劳动竞赛，大力倡导勤俭办企业的理念；通过科技创新和路径优化，在电网建设方面节约投资；推行状态检修、加强资产全寿命周期管理，在生产运行方面减少成本；加强资金运作、强化可控费用监控、积极争取税收优惠。

人财物集约化管理深入推进。按照国家电网公司加快构建集中、统一、精益、高效管理体系的要求，按期完成财务集约化实施方案和细则，开展资金管理平台建设，加强银行账户的统一在线监控，实现与银行“账银直联”；完成物资部和物流服务中心的机构设置，完善物资招标审批制度，规范物资采购流程，物资采购的招标率达到88.76%。

全面开展风险管理工作。正式启动全面风险管理工作，通过半年多的宣传、启动和梳理工作，形成华东公司及直管单位两级风险管理，并对列入公司级的风险进行了逐一的防范措施研究，落实办法、目标、责任；对列入各部门、各单位级管理的风险也逐一进行了沟通、探讨，进一步明晰思路和举措，促进了风险管理的全面开展。

安全生产

华东公司坚持“安全第一、预防为主、综合治理”的方针，牢固树立现代安全意识，把防止电网大面积停电和人身伤亡事故作为安全工作的生命线，确保了安全稳定的良好局面，为深化“两个转变”打下扎实的基础。

安全管理基础夯实。深入开展“安全生产年”、“反违章年”、“三项行动”和“三查一整改”等活动，全面排查整治各个环节的安全隐患。在特高压直流施工现场、500kV变电站、直管电厂集中开展安全生产大检查；加强电网调度运行管理，提高驾驭大电网的能力和水平；认真吸取上海电建“6·16”事故和其他网省公司安全事故的教训，督促协调事故整改和加强复工后的管理；加强对委托建设的输变电工程的监督协调，发挥业主对项目安全管理的主导作用，有效提高了安全管控水平。

电网运行稳定有序。周密部署，沉着应对，经受住了极端高温、“莫拉克”台风、低温雨雪等恶劣天气的冲击，克服了基建、技改和外部配合停电等任务集中对电网安全稳定的考验；精心安排电网运行方式，积极组织跨区跨省电量交易，充分调动新安江、富春江水电厂顶峰发电，确保华东电网安全稳定运行；全网夏季和冬季最高用电负荷，分别达到1.44亿kW和1.29亿kW，增长10%和20%以上；全面建成并启用应急指挥中心，加强值班、安保和信息网络安全保障，圆满完成国庆60周年保电任务。

技改检修实现新突破。加大电网技改检修力度，顺利开展瓶窑、繁昌等变电站改造和500kV设备增容工作，积极推进在线监测中心建设，全网状态检修率先整体通过了国家电网公司的验收。在全面推进状态检修工作规范的基础上，充分考虑安全、风险、成本、绩效等因素，开展设备检修方式优化研究；制定华东电网 500kV 输变电设施委托运维的状态检修管理规范和考核细则，初步建立了委托运维管理标准体系。

世界首台 500kV 短路电流限制器在华东电网顺利投运。12 月 25 日，世界第一台 500kV 短路电流限制器在华东电网 500kV 瓶窑变电站顺利投入运行。短路电流超标是长期困扰华东电网 500kV 系统安全可靠运行的突出问题，该项目自主研发和顺利投运，不仅为提高华东电网运行可靠性提供了更新、更丰富的技术手段，而且还填补了国际上超高压系统应用的空白，对提高电力系统的稳定性和安全性具有非常重大的意义。

科技与信息化

华东公司积极发挥科技与管理创新的双轮驱动作用，提升电网发展的速度、质量和效益，促进管理的信息化、标准化、现代化，推动各项工作再上新台阶；立足当前，着眼长远，对关系持续发展的重大课题，超前研究，早作准备，积极应对，把握工作的主动性和前瞻性。

高级调度中心一期研究成果、超高压短路电流限制器示范应用、Q460 高强度钢管塔研究应用等一大批科技创新成果，达到了国际领先水平；有 12 项成果获省部级科技进步奖，其中一等奖 4 项、二等奖 3 项、三等奖 5 项，继续在网省公司中保持领先水平；形成了知识产权工作的良性机制，获得专利授权 24 项，新技术应用率达到 72%。

智能电网建设取得突破。以建设高级调度中心为突破口、提升大电网驾驭能力的思路和举措，得到国家电网公司的高度肯定。成立智能电网建设组织机构，加大智能电网宣传策划力度，完成华东电网智能化规划，积极推进承担的智能电网试点项目，实现与先行先试成果的有机融合；高级调度中心项目群的研发实现了“一个创新、三个实践”的年度目标，总体达到国际领先水平，一期成果实用化已经在生产运行中发挥了重要作用，为华东公司建设坚强智能电网打下了基础。

信息化建设应用进一步深化。华东公司首批通过了国家电网公司 SG186 工程竣工验收，顺利部署实施国家电网公司一线贯通业务系统，为推进人财物集约化管理提供有力支撑。完成“电网企业信息化集成体系”研究，全面建成以“分布式、标准化、服务化”为特点的信息一体化平台；开展“十二五”信息化规划研究，进一步明晰信息化发展方向和方式；圆满通过电监会组织的信息安全检查，信息安全运维、管控能力持续提升。

科技创新体系建设再上新台阶。开展博士后工作站建站模式和人员管理等方面的研究，制订组建方案，拟定研究课题方向，完成博士后工作站申报材料的准备工作；在科研立项和能力建设方面进一步向实验室倾斜，国家电网公司命名的两个实验室的完善工作全部完成；变电站自动化工程应用和运行技术实验室已申报国家电网公司实验室，实验室功能定位通过国家电网公司审查，实验室建设列入国家电网公司智能电网第一阶段重点项目实施方案；完成“大受端电网安全稳定分析和控制”等三支重点攻关团队的组建，选送两支团队申报国家电网公司攻关团队，在国家电网公司系统和华东公司重大科研攻关中发挥了带动和示范作用。

优质服务

华东公司继承和发扬“团结治网”的优良传统，坚持服务大局、搭建平台、主动作为，做到主动作为不越位、把握定位不缺位；认真履行“四个服务”的宗旨，与行业内外和社会各方保持融洽、和谐的关系，努力为区域经济社会发展贡献力量。

世博会保电服务全面启动。华东公司周密谋划世博会保电服务准备工作，举全网之力确保世博会供电任务。成立了世博会保电组织机构，出台了全面的世博会保电方案；借鉴奥运会保电成功经验，建立了与省市公司协同联动机制，统筹协调全网世博会保电资源和力量；滚动编制应急处置预案，举行世博会保电反事故演习；加快配套电网工程建设，上海电网南半环输变电工程项目全部获核准并初步建成；通过选拔世博会国家电网馆志愿者等有关工作，大力营造“参与世博、奉献世博”的良好氛围。

优质服务实现新超越。华东公司积极服务国家能源战略和节能减排，进一步加大资源优化配置力度，主动为省（市）公司排忧解难、做好服务。面对提前入冬、部分省市供电紧张的情况，发挥统筹协调作用，积极组织电力支援，缓解省市公司燃眉之急；受上海市委、市政府的委托，与上海市电力公司一起，赴向家坝—上海特高压直流示范工程沿途九省市开展感谢慰问活动；积极推进“皖电东送”后续项目，争取安徽省政府对淮沪特高压项目的大力支持；通过迎峰度夏汇报总结、网厂协调等机制平台，展现了区域公司履行社会责任和优质服务的形象。

积极推进市场建设和双边交易。修改完善了跨省集中竞价交易规则，经征求省（市）电力公司和地方政府、发电企业的意见，于 2009 年 6 月正式获得华东电监局批准，基本实现了平台的常态化运作；超前谋划，积极开展省间中期交易互济余缺和峰谷置换，通过专题会议、双边协商、集中竞价等方式，落实 6 笔省间中期交易，共计电量 20.17 亿 kWh，满足江苏、浙江等省（市）的用电需求。

党的建设和精神文明建设

华东公司始终坚持把“四好”领导班子建设作为加强公司党建工作的重点，进一步提高各级领导班子凝聚力和执行力；紧扣“深化‘两个转变’，推动科学发展”的实践载体，突出“五个着力、五个提升”的实践特色，高起点、高标准、高质量地完成了学习实践活动；进一步落实“一岗双责”，深化党风廉政建设责任制，健全“三化三有”惩防腐败体系；深入开展“四统一”企业文化主题实践活动，大力推广“国家电网”品牌，形成有效的企业文化落地通道。

学习实践活动取得新成效。参加了第二批深入学习实践科学发展观活动，共有 159 个基层党组织，174 名厂处级以上领导干部和 2618 名党员参加，2575 名入党积极分子和群众代表全程参与了活动。通过学习实践活动，深化了对电网功能定位和华东公司发展规律的认识，明确了推动电网和华东公司科学发展的思路，分析查找影响和制约科学发展的关键问题；按计划全面完成年内 45 项整改工作，制定、修订相关规章制度达 60 余项，建立健全长效机制，增强科学发展能力，群众满意率达到 100%，受到了国家电网公司和上海市经信委的充分肯定和高度评价。

党建工作再上新台阶。以学习贯彻党的十七届四中全会精神为契机，充分发挥党的政治优势、组织优势、群众工作优势和创新发展优势，进一步加强党的建设；组织召开网省公司党委书记座谈会、华东公司系统党建工作座谈；开展党建工作专题调研，印发华东公司加强和改进党的建设的实施意见；创新廉洁文化教育形式，开办《廉政时评》教育栏目，得到国家电网公司监察局、上海市纪委的充分肯定。

企业文化和精神文明建设实现新提升。获得全国“企业文化建设优秀单位”荣誉称号和“全国电力行业企业文化成果特等奖”；成功举办了庆祝新中国成立 60 周年的职工文艺汇演，开展慰问“三老”等活动；加强重大信息报送和新闻宣传，内质外形建设持续深入；各直管单位两个文明建设有了新提升，新安江电厂获得“浙江省模范集体”称号，华东电力试验研究院和培训中心再次荣获“上海市文明单位”称号。共有 7 个集体和 6 位员工获全国总工会、国资委、国家电网公司、上海市总工会等多项荣誉称号。

主要事件

1 月 5 日，国家电网公司党组成员、中纪委驻国家电网公司纪检组组长祝新民和上海市委组织部秘书长冯伟等一行莅临华东公司，宣布新的领导班子。帅军庆同志任华东电网有限公司董事长、党组书记，贺锡强同志任华东电网有限公司总经理、党组副书记。公司党组成员、顾问、部门主任级以上干部、各直代管单位负责人出席了会议。

1 月 16 日，华东公司第二届董事会第五次会议在北京召开，公司董事长帅军庆主持会议。董事会成员听取并通过了公司总经理贺锡强代表公司所作的 2008 年工作和 2009 年主要工作安排的报告，审议并通过了国家电网公司对华东公司领导班子人事任免的建议和关于聘任王国平同志为华东公司董事会秘书的建议。国家电网公司首席法律顾问、华东公司监事会召集人吕振勇及监事会全体成员也出席了会议。

1 月 22 日，华东公司召开了一届三次职工代表大会暨 2009 年工作会议。

2 月 18 日，公司在培训中心举行兼职培训师受聘仪式。总经理贺锡强为六位荣获 2008 年度国家电网公司优秀专家的代表颁发了荣誉证书，副总经理赵首先向华东公司首批选拔出的 28 名兼职培训师颁发聘书。

3 月 2 日，董事长帅军庆、总经理贺锡强为华东公司信息监控中心揭牌，标志着华东公司信息监控中心正式启用。

3 月 11 日，华东公司与中核集团核电秦山联营公司、秦山第三核电公司 2009 年度购售电合同在浙江海盐签订。

3 月 24 日，皖电东送 2009 年度购售电合同签字仪式在合肥举行。华东公司副总经理张怀宇代表华东公司分别与中电投、国电、华电、大唐以及上海电力股份、浙江能源集团在皖各发电企业签订皖电东送 2009 年度购售电合同。

3 月 28 日，国家电网公司党组书记、总经理刘振亚率国家电网公司深入学习实践科学发展观第一调研组来华东公司调研、指导工作。

4 月 16 日，华东电网有限公司董事会同意：贺锡强任华东电网有限公司总经理；免去帅军庆的华东电网有限公司总经理职务；张怀宇任华东电网有限公司副总经理（兼）；潘震东任华东电网有限公司副总经理；免去胥传普的华东电网有限公司副总经理职务。

4 月 17 日，华东公司输变电设备状态检修工作通过了国家电网公司状态检修工作验收组的验收。在状态检修工作方面，华东电网率先实现了全网整体通过国家电网公司验收，也标志着整个华东电网设备检修工作迈上了一个新台阶。

4 月 24 日，华东公司应急指挥中心正式启用。

5 月 8 日，华东电网 500kV 南汇输变电工程成功启动投运，标志着上海 500kV 南半环工程的东段建成。

5月25日，总经理贺锡强、副总经理张怀宇、工会主席庄毅群率有关部门负责人，与上海市电力公司总经理周永兴、副总经理胥传普等，到华北电网公司取经，学习华北电网公司在奥运保电工作中的成功经验。

6月4日，华东公司召开干部宣布会议，董事长、党组书记帅军庆主持会议，并受国家电网公司人事董事部的委托，宣读了国家电网公司党组的有关文件：牛汝涛任华东电网有限公司党组成员、总会计师，方晓东不再担任华东电网有限公司党组成员、总会计师。华东公司党组领导和副总师参加了会议。

7月9日，华东电网有限公司第二届董事会第六次会议在山东青岛召开，董事长帅军庆主持会议。董事会全体成员参加会议，审议并通过了国网公司对公司领导班子人事任免的建议，听取并通过了华东公司总经理贺锡强所作的工作报告。监事会召集人吕振勇及监事会成员出席会议。

7月20日21时14分，华东电网的最高用电负荷创下了1.440 09亿 kW 的历史纪录。

7月22日，上海市市长韩正、副市长艾宝俊一行来到公司检查指导工作，代表市委、市政府慰问坚守在调度一线的员工，感谢大家为确保上海夏季高峰用电所作的努力，希望华东电网公司再接再厉，做到不拉电、少限电，保证全市生产、生活的电力供应。帅军庆董事长、贺锡强总经理等公司领导陪同检查。

8月12日，上海市委常委、常务副市长杨雄率有关委办领导，在奉贤区、华东电网有限公司和上海市电力公司领导的陪同下莅临向上直流工程上海段奉贤换流站视察，慰问了参与向上直流工程上海段建设的所有建设单位和建设者，拉开了上海市政府及华东电网有限公司、上海市电力公司领导感谢和慰问沿线其他七省市政府和向上直流工程建设者的序幕。

9月4日，华东公司召开党组（扩大）会议，公司党组书记、董事长帅军庆宣读了国家电网公司党组的有关人事任免决定。根据国家电网公司党组的决定，李晶生同志任华东电网有限公司党组成员、副总经理（正局级），潘震东同志将赴上海市电力公司履新。

9月21日，总经理贺锡强、副总经理张怀宇、工会主席庄毅群一行特意来到调度中心，对在本次国家电网继电保护知识和技能竞赛中获得优异成绩的华东代表队表示热烈祝贺。公司在此次国家电网继电保护知识和技能竞赛中，华东代表队勇夺团体第一。其中华东代表队张颖取得个人第一名，许海峰取得个人第五名，刘中平取得个人第十名。

9月29日，华东公司在上海音乐厅隆重举行《播撒光明——华东电网公司庆祝新中国成立60周年文艺汇演》。

12月21日10时40分，华东电网最高负荷达到1.284亿 kW，比去年12月最高负荷增长了2215万 kW，增幅达到20.8%，创华东电网冬季用电负荷历史新高。

12月21日，华东公司500kV漕泾输变电工程顺利投产，标志着上海电网南半环建设取得阶段性成功。至此，华东电网有限公司2009年累计投产变电容量1150万 kVA，较年初计划确定的投产变电容量1050万 kVA超额100万 kVA。

12月25日，世界第一台500kV短路电流限制器在华东电网500kV瓶窑变电站顺利投入运行。该项目依靠自主创新，填补了国际上超高压系统应用的空白，对提高电力系统的稳定性和安全性具有非常重大的意义。

12月30日，世博电力保障和服务工作会议在上海召开，华东公司总经理贺锡强主持会议，副总经理李晶生、张怀宇，华东公司世博电力保障服务工作小组成员及各相关部门负责人参加了会议。

（董是烈）

上海市电力公司

企业概况

上海市电力公司（简称上海公司）是从事上海地区电力输、配、售的特大型企业，统一调度上海电网，参与制定、实施上海电力、电网发展规划和农村电气化等工作，并对全市的安全用电、节约用电进行监督和指导。上海公司管辖的上海电网位于长江三角洲的东南前缘，北靠长江，东临东海，与江苏、浙江两省接壤。供电营业区覆盖整个上海市行政区。所属各类电网企业、发电企业、修造、施工、设计、科研、医院、培训中心等单位23个，共有职工14 900余人。

电网概况

上海市500kV电网已建成双环主网，通过“三交三直”合计6回500kV交流线路和复奉、宜华、葛南直流从华东和华中电网受电。220kV电网是上海电网主要供电网络，实现杨行、徐行等7个分区运行。110/35kV电网以放射状为主向10kV电网及客户供电。上海电网是典型的受端系统，电网密集、系统稳定水平高，短路电流问题突出。

上海电网拥有35～500kV变电站815座，变电容量10 155.47万 kVA，线路长度23 523.54km（含电缆线路14 965.05km）。其中，特高压线路106.58km；500kV线路798.24km，变电容量2841.4万 kVA；220kV线路3564.84km（含电缆线路636km），变电容量3964万 kVA；110kV线路3060.13km（含电缆线路1161km），变电容量874.25万 kVA；35kV线路17 154.75km（含电缆线路13 168.05km），变电容量2739万 kVA。营业用户数799.82万户，运行容量8837.43万 kW。电压合格率达99.813%，供电可靠性达99.981%。

2009年迎峰度夏期间，上海电网成功经受多轮持续高温考验，夏季用电最高负荷2379.9万 kW、日最高用电量4.82亿 kWh，均创历史纪录。

人力资源

上海公司所属全资企业2个，控股企业3个，代管县级供电企业2个。公司本部设19个职能部门（不含工会），定员400名。

截至2009年底，直接管理的领导干部235名，平均年龄45.09岁，大专及以上文化占99.15%，中级及以上职称占95.74%。管辖范围内的员工期末人数为14 948人。

2009年，评出高级技师59人、技师275人、高级工324人，人才当量密度为0.86。有26人获选国家电网公司优秀专家人才。评聘本部3名专业主任师、6名高级主管。

全面实施劳动组织综合改革，本部部门从24个缩减为19个，下属组织机构从37家减少为26家，供电公司、分公司从16家压缩至9家，成立和调整专业化公司7家，供电公司管理人员减少近20%，累计交流人员450余名，初步形成两层组织、专业管理的新模式，率先达到国家电网公司定员标准。强化了本部管理，充实了一线力量，突破了制约发展的主多分离和人力资源管理的瓶颈。劳动定员管理工作入选国家电网公司2009年同业对标典型经验；出台新组建供电公司人员交流与调整有关实施意见，实现管理人员的资源优化和均衡配置；配合国家电网公司完成人力资源管控系统上线；完成上海电力医院改制重组方案和报批工作。

电网建设与发展

按期完成向家坝—上海特高压直流示范工程上海段输电线路工程，配合国家电网公司成功实现±800kV全线带电。有序推进淮南—上海特高压交流工程前期工作，荣获“国家电网特高压交流试验示范工程先进单位”称号。

加强电网规划和前期工作，启动编制上海电网“十二五”规划，完成《上海电网差异化规划设计》的评审工作；上报的《上海市加快电网建设若干规定》获市政府常务会议通过。有序推进重点项目建设，500kV静安（世博）变电站土建和电气施工基本完成，500kV三林、远东、漕泾输变电工程顺利投运，500kV葛沪直流改造、练塘输变电工程顺利推进。迎世博电力架空线入地工程约涉及道路167条，共约274.1km，2009年已经完成道路97条，占道路总数的58.08%；完成道路长度143.87km，占道路总长度的52.49%。

加强智能电网研究与推进，开展世博园智能电网示范工程建设。110kV蒙自智能化变电站和上海首座环保型、节能型、智能化的110kV封周变电站投运成功。东海大桥100MW级海上风电场首批风机成功并网发电，国内首个100kW级镍氢电池和国内首套10kW/20kWh级钒电池储能系统分别成功投运。

全年52项基建项目顺利投产，新增线路578.48km、变电容量611.2万 kVA。基建管理系统成功上线，成为国家电网系统内第一个上线的省级电力公司。“高压电力电缆隧道消防关键技术研究及其应用”获2008年中国施工企业管理协会科学技术奖科技创新成果一等奖、中国电力建设科学技术成果奖一等奖；“地下变电站大型设备的运输”获得2008年度中国电力建设科学技术成果二等奖。

经营管理

全面深化导入卓越绩效模式，通过中国质量协会现场评审，荣获“2009年度全国质量奖”，成为全国电力系统内首家获此殊荣的网省公司。顺利通过了上海质量体系审核中心审核，获得三标管理体系认证证书，成为国家电网系统内首家取得“三标”认证的网省公司。

结合劳动组织综合改革，深入推进人财物集约化管理，初步建立全员绩效管理和员工任职资格评价体系，人力资源管理实现“三个一”（全公司实行一套管理模式，设立一级物流中心，供电公司层面只设一个财务机构）；财务管理实现“一本账”（会计核算、资金管理、预算控制和资产管理），资金集中率100%；物资采购实现全覆盖，成立物资部（招投标管理中心），采购周期缩短50%以上，采购平均价格下降8%以上。

深入开展“三节约”活动，实施投资优化管理；实施电缆工程余废料管理；强化资金预算和优化融资管理；降低电力排管造价20%；大修成本费用下降4.3%。认真落实电价调整政策和税收政策。通过质量、环境和职业健康安全“三标一体”认证；“科学优化电网企业投资管理”获得中电联管理创新成果一等奖。

安全生产

全年安全生产平稳有序，未发生一般及以上电网、人身和设备事故。电压合格率 99.813%，同比提高 0.001 个百分点；供电可靠率 99.981%，同比提高 0.003 个百分点。认真开展安全生产“三项行动”、“三查一整改”、“迎世博、查隐患、促整改”等专项活动，全面做好隐患排查和整改治理，共发现隐患 278 条，已整改 255 条，整改率 91.73%。圆满完成奥巴马访沪等重要保电任务。荣获“国家电网公司安全管理专业标杆单位”称号。

制订《世博会供电保障工作总体方案》，细化电网运行、用电保障、电网建设、应急保障、安全保卫、技术支撑、综合保障七个方面具体的实施方案，邀请国家电网公司专家组对世博会供电保障方案进行评审。对涉及世博会供电的电网运行可靠性、设备健康状况等进行全面、系统的排查，全面提升世博会安全供电保障水平。

加强电网安全管理，做好大受端电网安全运行分析；积极开展电网安全风险评估；制定上海电网安全性评价标准和风险评估标准；对可能引起上海电网 35kV 及以上变电站停电的各类不同风险进行分级，明确反事故重点，落实安全防范措施。开展电网智能安全预警与控制系统研究和建设工作，加强发电厂涉网运行管理；加强现场安全管理，印发《现场作业安全守则》，开发“反违章时空分析系统”；加强基建安全管控，督促建设施工单位严格履行安全管理职责；加强应急体系建设，成立应急管理处，组织参加一系列应急联合演练，建立电网防灾抗灾体系；加强电力设施保护，发挥电力办（上海市保护电力设施和维护用电秩序规定实施办公室）的作用，落实《上海市保护电力设施和维护用电秩序规定》。

营销工作

2009 年，上海公司售电量 906.13 亿 kWh，同比增长 1.38%；电费回收率 100%，陈欠电费下降 100%，实现全部清零。

2009 年，完成 14 855 个计量装置标准化改造。一体化推进线损治理工作。出台《开展线损治理工作的意见》，成立线损治理领导小组以及管理、技术和分析考核三个工作小组，建立以低压台区为基本单元的责任考核体系。大力打击窃电行为，举行联合反窃电劳动竞赛，将客户窃电信息纳入征信系统。全年累计查实窃电户数 4.62 万户，追补电量 9651.3 万 kWh。

加强与各级地方政府、电力客户的沟通工作，强化迎峰度夏各项有序用电措施，有序用电总体执行率超过 98%，保证上海电网在高温期间将负荷控制在可平衡范围内。做好电价改革方案的制订和调价测算，顺利完成电价政策性调整工作。开展营销业务应用系统的深化应用，完成 SG186 工程的竣工验收，实现和国家电网公司营销分析与辅助决策系统以及公司 ERP、PMS、CESS、EAI、IDP 等系统的集成。

农电工作

2009 年，建成新农村电气化乡镇 10 个、电气化村 100 个，全面完成年度建设任务。累计建成新农村电气化县 9 个、电气化乡镇 60 个、电气化村 544 个，分别占“十一五”建设计划的 90%、100%、90.67%，为上海公司全面完成“十一五”工程目标任务奠定了基础。

农电工队伍素质持续稳步提升。通过统筹安排计划、合理组织培训，农电工队伍的服务意识、业务技能有了明显提高，并在国家电网公司 2009 年营销专业调考中获得第 4 名的较好成绩。重视农电工队伍的稳定建设，从建设和谐企业高度出发，继续做好对农电工在技术上帮助、在生活上关心、在人格上尊重、在安全上严格、在报酬上合理、在政治上重视工作，着实加强了农电工队伍的稳定管理。

利农惠农政策切实加强落实。贯彻落实中央和上海市农村会议精神，出台《农民专业合作社享受农业生产用电（分时）电价实施细则》。年中，4 批共 58 家农民专业合作社享受到了政策的实惠，从根本上将对本市农民专业合作社的扶持工作落在了实处。

科技与信息化

2009 年，上海公司共有计划科技项目 240 项，其中新建项目 203 项，结转项目 37 项。加大推广新技术应用，基建、技改及其他专项工程中有科技含量的项目为 169 项。

大容量城网储能系统取得重要突破，完成 100kW 钠硫电池模块设计，5kW 钠硫电池子模块研制成功并稳定运行，被 563 位两院院士评选为“2009 年中国十大科技进展新闻”。国务院总理温家宝、上海市市委书记俞正声和上海市市长韩正、国家科技部部长万钢和国家电网公司副总经理栾军等先后到基地调研视察，对上海公司在重大前沿技术领域科技创新的实力和成果给予充分肯定和勉励。柔性直流示范工程阶段性成果通过专家评审。纯电动电力工程车、用电营销车和旅行大巴等车型和通用智能充电装置研制成功，总运行里程达百万千米。成功中标“国家风光储输示范工程”设计项目。

信息化建设成效显著。率先在国家电网公司系统内通过SG186工程竣工验收；启动国家电网公司集中式信息系统上海容灾中心建设；资产全寿命信息化系统典型设计和指标体系通过国家电网公司验收；顺利通过电监会和国家电网公司信息安全检查。2009年，上海公司荣获国家电网公司科技进步特等奖1项、一等奖2项、特别奖1项、二等奖2项、三等奖1项；获上海市科技进步一等奖1项、二等奖4项、三等奖1项；获中国电力科技奖三等奖1项；共申请专利191项，获得专利授权114项。

优质服务

学习借鉴奥运保电经验，成立了世博供用电保障小组，并执行双周例会制度，按照奥运保电规格积极筹划世博电力保障方案和各项供用电应急预案。重点加强高危及重要客户安全供用电管理。逐步建立奥运标准的一户一档管理，联合上海经信委、上海市安全局、上海市应急办对重要客户开展联合检查。

深入开展迎世博窗口服务和社区服务，推出优质服务“八项新举措”，其中“居民客户付费期限延长”措施成为最受市民欢迎的电力服务新举措。SG186营销业务应用系统（CMS）全面上线运行；95598系统电话线路从120门扩容至240门；完善客户诉求平台建设。组织社区文明用电讲堂，开办百个社区百场讲座，在千个“电力片警”服务的社区聘请千名文明用电宣传员。

利用世博会契机，积极开展“国家电网”品牌建设。在国家电网公司网站上开辟“世博合作伙伴专栏”网页，实时公布建设世博、服务世博、参与世博各项工作的进展情况。成功策划了世博会中国馆正式通电亮灯仪式，被新华社、《解放日报》、《文汇报》等全国60多家媒体争相报导。在上海世博局开展的“2008年度世博明星企业”评选中，国家电网公司获得“世博组织明星奖”。与上海世博局、上海市教委、《文汇报》社、《新民晚报》社等单位共同组织策划举办“国家电网杯”迎世博咬文嚼字大赛，共吸引海内外20万人的参与。

2009年，上海公司在市政风行风测评中各项指标均名列前茅，连续五次在世博会文明指数百日测评中荣登公用事业单位榜首，连续五年在全市窗口行业社会公众满意度测评中获得第一名，连续四届荣获上海市文明行业称号。

党的建设和精神文明建设

深入贯彻党的十七届四中全会精神，认真开展深入学习实践科学发展观活动，切实加强党的建设，形成了高质量的分析检查报告，明确整改方案（9方面共76项措施），2009年完成整改55项，其中，线损综合治理和困难企业帮扶两个突出问题整改落实成效明显。

完善落实党委（总支）中心组学习制度和党委议事规则，积极创建“四好”领导班子和“电网先锋党支部”，认真开展党风廉政建设责任制、惩防体系建设、反腐倡廉“反违章”、效能监察、信息公开、世博工程党风廉政建设和监督保障六方面的专项检查工作，组织开展自查自纠，杜绝违规设立和使用“小金库”行为。

结合创全国质量奖和迎世博600天行动，深入开展以“诚信、责任、创新、奉献”为核心的企业文化“四统一”实践活动。制定《企业文化建设规划（2009～2010）》，编印《上海市电力公司价值观手册》，制定以核心价值观为指导的员工行为准则。在全公司范围内开展企业文化“四统一”主题实践活动。

结合劳动组织综合改革，健全基层单位党政运行机制，实行“双向进入、交叉任职”机制的单位由2家上升到16家，中层干部调整达157人·次，交流比例达三分之二。被国家电网公司评为对藏人才帮扶工作先进单位。史济康、周永兴两位员工分别荣获国家电网公司特等劳模和劳模称号。

（顾　典）

江苏省电力公司

企业概况

江苏省电力公司（简称江苏公司）隶属于国家电网公司，主要从事江苏境内电网建设、管理，经营江苏境内电量销售业务。

2009年，江苏公司工作总的要求是：以科学发展观统领全局，认真贯彻落实国家电网公司和江苏省委、省政府的工作部署，坚持集约化、精细化、标准化，进一步加强依法治企、规范管理，迎难而上，锐意进取，深入推进“两个转变”，努力推动公司持续健康发展，加快建设“一强三优”现代公司，为江苏经济又快又好发展作出积极的贡献。

2009年底，全省全社会用电量3310亿kWh，同比增长6.3%；江苏公司完成售电量2632亿kWh，同比增长5.9%；线路损失率6.21%，同比下降0.09个百分点；实现营业收入（净额）1451亿元，同比增长7.3%；资产总额1207亿元，同比增长10.3%。保持国家电网公司“同业对标综合管理标杆单位”称号，并位列第一。

电网概况

2009年底，江苏电网（统调）拥有装机容量4955万kW，占全省发电总装机容量5650万kW的87.70%。江苏公司拥有220kV及以上变电站338座、变电容量13 685万kVA、换流变电容量340万kVA，输电线路回路总长度25 391km。其中，500kV变电站30座、变电容量4625万kVA、换流变电容量340万kVA，输电线路回路总长度8187km；220kV变电站308座、变电容量9060万kVA，输电线路回路总长度17 204km。统调用电最高负荷5230万kW，同比增长10.6%。

领导班子

总经理、党委副书记：费圣英（2009年5月12日调浙江省电力公司）

总经理、党委副书记：冯军（2009年5月12日任职）

党委书记、副总经理：张晶

党委委员、副总经理：黄卫国

党委委员、副总经理：张建功

党委委员、副总经理：单业才（2009年5月12日调重庆市电力公司）

党委委员、副总经理：马苏龙

党委委员、副总经理（南京供电公司总经理）：钱朝阳（2009年5月12日任职）

党委委员、副总经理：李斌（2009年8月20日任职）

党委委员、纪委书记：王江亭

党委委员、江苏省电力工会主席：肖开进

党委委员（苏州供电公司总经理）：蒋斌（2009年5月12日任职）

总会计师：丁勇（2009年8月20日调华北电网有限公司）

总会计师：刘岳华（2009年10月23日任职）

组织机构

2009年底，本部设有19个职能部室（2009年9月21日调整）：办公室（研究室）、发展策划部、人力资源部（党委组织部）、财务资产部、安全监察部、生产技术部、基建部（特高压办公室）、营销部、农电工作部、科技信息部、物资部（招投标管理中心）、审计部、监察部（与纪委合署）、思想政治工作部（党委工作部）、离退休工作部、江苏电力调度通信中心、江苏电网电力交易中心、经济法律部、机关工作部；同时，设置江苏省电力公司工会。

江苏公司下辖13个地级市供电公司、58个县（市、区）供电公司，15个直属单位（年内增设江苏天源招标有限公司和江苏省电力公司95598供电服务中心筹备组，撤销南京太阳宫经营有限公司，将中共江苏省电力公司委员会党校常设机构和培训基地转设江苏省电力公司高级管理培训中心），6个基建、监理单位［年内增设江苏兴力工程建设监理咨询有限公司（原为江苏科能兴力工程建设监理咨询有限公司），由省网出资收购，2009年11月30日纳入省电力公司直接管理］，4个修造单位，2个培训单位［江苏省电力公司高级管理培训中心和江苏省电力公司生产技能培训中心（2009年12月28日同时纳入省电力公司直接管理）］。另有1个代管单位（国家电网公司需求侧管理指导中心），1个挂靠单位（江苏省电机工程学会）。

人力资源

2009年，江苏公司优化招聘方式，出台了《高校毕业生招聘管理暂行办法》，切实加强新进人员入口管理，用工总量编制与岗位定员、新增机构及业务挂钩，超员单位原则上按减员人数的1/2、缺员单位按减员人数的2/3控制，继续保持人员负增长，并规定供电公司招聘毕业生计划中电专业比例不得少于90%，新进高校毕业生全部安排到生产一线和紧缺岗位，缓解生产一线结构性缺员矛盾。按照专业化管理要求，全面梳理各类用工，制定和修订相应管理办法，加强主业、辅业、集体、农电和社会化人员规范管理。出台了《江苏省电力公司员工培训积分管理办法（试行）》，在公司各类人才中全面试行培训积分制，引导员工灵活参与培训和业务学习，主动提升岗位能力，2009年员工积分达标率达98%以上，促进了培训工作从定性管理向定量管理的转型。有序开展专家管理、人才评价工作，组织对江苏公司273名各类专家进行工作业绩考核，考核结果与津贴等待遇挂钩，激励专家立足岗位、开拓创新、积极奉献；通过各类专业技术资格评审，850人取得相应专业技术资格；开展范围覆盖供电、发电、电力建设等51个职业（工种）的职业等级鉴定工作，完成技能等级鉴定11 326人。

2009年底，职工总人数50 186人（计划内单位统计口径），其中国网35 232人、省网14 954人；长期职工47 659人。长期职工中大专及以上学历30 196人，占63.36%，同比提高4.68个百分点。其中，研究生学历1588人，占3.33%，同比提高0.36个百分点；大学本科学历16 929人，占35.52%，同比提高6.4个百分点；大学专科学历11 679人，占24.5%，同比降低2.09个百分点。具有初级及以上专业技术任职资格的人员22 649人，占总人数的47.5%，具有中级及以上技能等级的人员26 838人，占总人数的 56.3%，分别比去年同期上升 1.04 和 3.37 个百分点。

电网建设与发展

2009 年，“十二五”江苏省电力公司规划和江苏电网规划编制工作全面启动，主动服务江苏沿海开发战略，完成江苏沿海电网发展规划和 2011～2015 年电网滚动规划设计，开展沿海大型风电场给电网带来的影响研究和太阳能光伏发电并网规范研究；积极推进智能电网规划与建设，完成国家电网公司省级电网智能化规划的编制，承担的第一批智能电网项目试点工程及信息化支撑工程建设有序推进。同时，继续积极推进特高压工程，配合开展了锡盟—上海、雅安—南京、晋东南—徐州等工程的可行性研究工作，可行性研究报告均已通过中国电力顾问集团和国网北京经济技术研究院的联合审查；徐州、南京北、泰州北、苏州等 4 个特高压站址获得规划保护文件。组织编制的《2010～2012 年苏南 500kV 电网规划设计报告》通过国家能源局的审查，22 个 500kV 输变电工程(变电容量 2350 万 kVA，线路长度 2316 km) 获准开展前期工作，金坛变电所等 16 个 500kV 输变电工程获得国家发改委核准，核准变电容量 2075 万 kVA，线路长度 468km；沪宁城际铁路配套工程等 132 个 220kV 输变电工程获得江苏省发改委核准，核准变电容量 2910 万 kVA，线路长度 6238km；164 个 110kV 输变电工程获得江苏省发改委核准，核准变电容量 1262 万 kVA，线路长度 3624km，电网项目储备规模进一步扩大。

2009 年，完成固定资产投资 227 亿元（含特高压 13 亿元）；开工建设 110kV 及以上变电容量 3972 万 kVA、线路长度 6319km，分别完成国家电网公司年度考核计划的 116%和 111%；投产 110kV 及以上变电容量 3630 万 kVA、线路长度 5245km，分别完成国家电网公司年度考核计划的 113%和 111%。其中，开工建设 500kV 变电容量 850 万 kVA、线路长度 104km，220kV 变电容量 1314 万 kVA、线路长度 3510km；投产 500kV 变电容量 825 万 kVA、线路长度 12km，220kV 变电容量 1374 万 kVA、线路长度 2335km，均完成或超额完成计划。省内特高压工程进展顺利，±800kV 向家坝—上海特高压直流输电线路工程江苏浙江段、重庆渝 2B 标段和湖北 K2 长江大跨越工程施工完成分省验收工作；±800kV 锦屏—苏南特高压直流输电线路工程完成锦苏线塔基复测和改线工作，进入塔基施工阶段；±800kV 同里换流站工程正在进行土建施工。500kV 双泗、泰北、南通东和宁东南输变电工程，500kV 东善桥、伊芦、石牌变电站扩建等一批重点工程均顺利投产，为缓解用电紧张状况、提高电网安全稳定运行能力发挥了重要作用。沪宁城际铁路、京沪高速铁路、宁杭城际电气化铁路牵引站及配套工程稳步推进，沪宁城际铁路配套工程开工建设，京沪高速铁路配套工程完成初步设计审查及物资招标工作，宁杭城际配套工程完成初步设计，为保证电气化铁路按期通车奠定了基础。新建 110kV 电网项目标准化设计成果应用覆盖率达到 90%以上，220kV 及以上优质工程率达 74.3%，500kV 锡西南变电站获得国家优质工程称号，由江苏省电力建设第一和第三工程公司施工、江苏兴源电力建设监理有限公司监理的国电泰州电厂项目获得中国建筑工程“鲁班奖”。

经营管理

2009 年，江苏公司人财物集约化管理体系基本建立，人财物等各类资源实现省公司层面的集中管控。构建新型财务管理模式，加大资金集中管理力度，资金使用成本得到有效降低，在电网投资持续加大的情况下，提前归还贷款 5 亿元，延迟贷款 50.1 亿元，减少当年融资成本 0.75 亿元。深化集中规模招标管理，严格供应商管理和履约管理，开展了仓储普查和专项整治活动，全年招标累计达到 299.9 亿元，节约资金近 45 亿元。加强电价政策研究，积极配合政府有关部门开展全省电价调整的研究、测算工作，国家发改委在 11 月中下旬正式批复江苏自 11 月 20 日起调整销售电价，不仅全额疏导了自 2008 年 8 月 20 日起垫付的上网侧单边提高 2.5 分钱的电价矛盾，以往年度垫付的机组脱硫、核电等高价电问题也得到了适当考虑，电价机制进一步优化，电网经营压力得到缓解。加强电力市场分析，巩固和开拓市场，切除江阴华西等 7 家企业转供电容量 6.2 万 kVA。年内，江苏电网完成省际双边交易电量 46.23 亿 kWh，其中长期双边交易（送出）34.34 亿 kWh，中期双边交易（购入）10.3 亿 kWh，短期及实时双边交易（净购入）2.89 亿 kWh。当年电费回收继续实现“双结零”。扎实开展“三节约”活动，在规划建设、生产运行、营销服务的全过程严格成本控制，会议费用、业务招待费等 7 项可控费用合计同比下降 14.15%，江苏公司获得国家电网公司“三节约”活动先进单位称号。

2009 年，完成固定资产投资 214 亿元，同比下降 1.52%；资产负债率 68.72%，比考核指标低 0.28 个百分点。全员劳动生产率(增加值)完成 56 万元/(人·年)，同比增加 6.2%。配合政府深入开展节能减排工作，全年完成替代电量 280 亿 kWh，实施“效能电厂”建设项目 150 个，推广使用节能型变压器 2.4 万台，共节约标准煤约 170 万 t，减少排放二氧化硫约 3 万 t。

安全生产

2009 年，江苏公司全面落实安全生产责任制，深入开展“安全生产年”、安全生产“三项行动”和“反违章”等活动，推动安全工作再上新水平。完善电网风险预警预控机制，着力加强了生产、基建、客户供电、公共关系等应急体系建设。深入开展安全生产事故隐患排查治理，年内集中整治“家族性”缺陷设备 4000 余台，夯实了电网安全运行的物质基础。优化了调度操作管理模式，加强了变电站集中监控管理，全面推行了输变电设备集中检修、状态检修和工厂化检修。加强全省配电网管理标准化建设，修订完善了配电网管理制度和相关技术导则，规范了配电网全过程管理，统一了配电网设备选型配置标准。组织落实《江苏省新建居住区供配电工程价格管理暂行办法》，推进了新建居住区供配电设施集中收费、统一建设和统一运行维护工作。按照国家电网公司和省委、省政府要求，通过总结分析近年来 500kV 主网突发事件的特点，有针对性地编制了《500kV 电网应急抢险专项预案》，并按照“机制常态化、装备机械化、相应快速化、作业标准化”的指导思想组织了实战演练；演练中采用了金属复合基础、抢险通用杆塔等一系列新工艺、新技术，缩短了抢险时间，演练后总结完善，同时对部分抢险物资和特殊装备进行了配备，500kV 主网应急抢险反应能力进一步增强。继续实现全年“八个不发生”目标（没有发生重大电网事故，人身死亡、重伤或轻伤事故，有人员责任的重大设备事故，误调度、500kV 误操作、110kV 及以上恶性误操作事故，重大基建质量事故，大型施工机械设备损坏事故，重大火灾事故，负同等及以上责任的重大交通事故）。江苏电网连续 37 年保持无电网瓦解、稳定破坏和大面积停电事故，电力生产连续 9 年无人身死亡事故。

营销工作

2009 年，江苏公司继续夯实电能计量管理基础，确保计量公平、公正、准确、可靠，有序推进统调电厂关口电能计量装置改造工程，年内改造关口电能计量装置 212 套，占需改造总数的 70%；在开展Ⅰ、Ⅱ类大客户电能计量装置普测的基础上，继续推进Ⅲ类大客户电能计量装置91 432个计量点的普测工作，年内完成 100%；推动《购电侧电能计量管理优化研究与应用》等科技创新项目的研究，建立健全购电侧计量装置全寿命周期管理；投入资金 1.6 亿元，完成 2399 个高供高计用户、21 830个高供低计用户和 165 347个低供低计用户的封闭性改造；制定了居民组合塑料计量表箱企业标准，提高了居民电能计量箱精细化管理水平。主动增供促销，巩固市场份额，年内全省业扩报装累计申请 174 万户，容量 4494 万 kVA，同比增长 9.9 %；累计完成 149 万户，容量 3256 万 kVA；累计结存 19.09 万户，容量 1558 万 kVA。年末，共有用电客户 3026 万户，比上年增长 4.1%；全年市场占有率 92.65%，同比上升 0.36 个百分点。电动汽车试点工作进入实用化，在常州供电公司试点运行的 9 辆电动汽车已累计行驶 2 万 km，在南京供电公司试点电动公交线工作进入实施阶段。积极做好电气化铁路供电服务工作，为铁路方提供便捷高效的服务。坚持打防结合，加强反窃电工作，在强化与政府有关部门联合打击力度的同时，落实事先防范措施，将公用变电站的计量表计纳入营销信息系统进行管理，重点检查线损较高、波动较大的台片，增强反窃电工作的针对性；开展计量装置封闭性改造和步进电机电能表的置换，全面封堵用户计量器具的各种疏漏，杜绝窃电隐患；逐步试点推广反窃电终端，通过比对功率曲线发现窃电行为。严格落实电费回收责任制，强化电费预收管理，全省预收电费占当月应收电费的比重已达 74.3%。顺应电力体制改革的深入，做好大用户直购电试点工作，积极与政府有关部门沟通，提出了结合江苏实际的试点方案，明确了准入条件、交易类型、交易模式和电费结算形式等内容；研究 95598 客户呼叫中心全省统一方案，从业务流程、技术方案、机构设置、人员安置和资金安排等方面进行充分论证，为建设全省统一的 95598 奠定基础；研究全省统一计量中心方案，明晰资产、人员、流程管理模式，确保集中方案顺利进行。

农电工作

2009 年，江苏公司服务新农村建设，加快推进新农村电气化，全年累计投入农村配电网建设资金 47 亿元，完成 16 个电气化县、127 个电气化乡镇、1741 个电气化村的建设任务，并在金湖县试点应用新农村典型供电模式，全省农村电网水平进一步提升，农村电网综合电压合格率达到 99.537%、供电可靠率达到 99.7845%，分别比上年提高 0.169 个百分点和0.014 6个百分点。年内，全省农电系统认真落实江苏公司安全生产各项工作要求，并开展了“安全生产年”活动、“关爱生命、安全发展”主题活动和“反违章”等活动，进一步加强农村剩余电流保护装置管理，全年未发生人身、电网及设备考核事故。按照国家电网公司“抓基础、上台阶，大力开展农电标准化建设”工作方案和“关于深化农电标准化建设工作的意见”的要求，省公司层面完成了农电基础标准体系的建立，整理制定完善 220 多个农电相关管理标准制度；全省县供电公司和农村供电所的建标工作基本完成，转入贯标建设。开展一流县供电企业复查和县供电企业同业对标工作，有 10 个县供电公司被国家电网公司评为县供电企业综合或专业标杆单位。针对供电所管理基础还比较薄弱，规范化程度还不够的情况，开展了为期 4 个月的“全省农村供电所集中排查整治各类违章行为”活动，通过问题排查和整治，供电所及农电员工依法经营管理的意识显著增强，农村供电所人财物管理水平进一步提升，农电管理标准、工作标准和管理流程进一步完善。标准化供电所建设工作成效明显，溧水柘塘、高邮龙虬等 6 个农村供电所被国家电网公司授予“标准化示范供电所”称号。在保证用工界面清晰的基础上，进一步加强农电队伍建设，提高农电队伍整体素质，制定农村供电所长和核算员异地交流办法，开展供电所长和核算员异地交流工作，增强农电队伍活力。继续开展农电人员上岗培训，年内全省农电人员全部实现持证上岗。

科技与信息化

2009 年，江苏公司按期完成综合计划研究开发费用22 303万元、国家电网公司总部科技项目及技术服务分摊费用30 600万元，科技项目研发工作和新技术应用重点工程完成了预期目标。承担的 20kV 通用设计、检修、运行维护等技术研究等 8 项课题，以及江苏电网风电功率预测系统开发等国家电网公司重点项目按计划完成研究工作，部分成果在生产实践中得到了应用；加强数字化变电站建设与改造技术研究，110kV 变电站数字化改造技术研究取得突破，首批 110kV 变电站数字化改造工程淮安城南变电站和徐州佟村变电站竣工投运，为数字化技术在江苏电网推广应用积累了经验；开展 220kV 数字化变电站标准化研究，编制并下发了《江苏省电力公司 220kV 数字化变电站技术导则（试行）》，规范数字化变电站建设；江苏电网省市协调无功电压控制研究于当年 7 月完成省级调度与南通、盐城市级调度无功电压控制系统的互联试点，并投入试运行。2009 年度科技成果获国家科学技术进步二等奖 1 项（供电网无功电压优化运行集中控制系统）、江苏省科学技术进步一等奖 1 项（电网安全稳定实时预警及协调防御系统的研究与应用）、国家电网公司科学技术进步奖 10 项。共发表论文 85 篇，其中被 EI 源刊收录 4 篇、出版科技论著 1 部、软件著作权登记 11 件。国家电网公司新技术推广 4 项综合应用成效指标、11 项重点新技术应用深度指标、5 项引导性指标等新技术应用激励性指标全部达到国家电网公司考核要求，新技术推广应用率达 72.22%。

2009 年，完成信息化投入32 785.96万元，信息化项目计划开工率和完成率均达 100%，10 月首批通过国家电网公司 SG186 工程验收。信息系统所有业务系统的人员全部按流程准确、及时使用系统开展业务，业务应用数据真实、准确、完整，信息系统纵向贯通率、企业门户注册率均为 100%，单点登录率 84.62%，与国家电网公司数据中心两级级联畅通，且实现自动交换，自动交换完成率为 100%。信息网络可用率和信息应用可用率均达到 99.99%以上。全体管理人员信息安全培训覆盖率高于 80%；信息系统日常安全检查及整改情况良好，全年未发生三级及以上信息系统事故，未发生有人员责任的信息系统障碍，未发生任何造成不良影响的信息安全事件；信息安全技术督查常态开展，全年专项督查、常态督查和年度督查工作全部按计划完成；按照政府有关部门要求，完成了信息安全等级保护的主体工程建设。

优质服务

2009 年，江苏公司积极服务全省经济社会发展，为政府及时报送用电情况和趋势分析信息。积极为客户排忧解难，提高业扩报装等业务的质量和效率，推行业扩工程全过程回访制度。全面开展了高危及重要客户安全隐患整改。针对入夏后全省多次出现高温和冰雹、大风等强对流天气，对社会生产、生活和电力供应均产生较大影响的情况，编制了《2009 年江苏电网电力供应应急预案》，安排督查人员督查客户25 619户，涉及应急设备容量 1024 万 kW，对执行应急措施的用户定人定点开展全程跟踪检查，保障了各项应急措施切实有效；开展对全省居民客户空调负荷调查和全民节电宣传活动，进一步细化全民参与、共度用电高峰的应急预案，并组织万人进社区，定人定点做好对居民客户高峰期间错峰用电的引导工作；新装电能信息采集终端17 371套，累计已达111 927套，监测负荷达 3198.98 万 kW，可控负荷达 2518.16 万 kW，并进一步加强负荷管理系统值班管理，充分利用短信息平台、负荷控制安全专网、高危及重要客户电力负荷管理系统等技术措施，确保电力供应应急管理措施有效落实；广泛宣传夏季用电高峰时期电力供需形势，详细介绍节约用电的意义、方法，营造了全社会科学、合理用电的良好氛围。积极履行社会责任，落实客户安全服务，采取有效措施，不断规范客户管理。2009 年，强化经营管理，梳理收费项目，规范和统一了全省收费业务收费标准；加大对高危和重要客户供用电安全的巡视力度，有效防范了因客户用电设备故障引发公共用电安全和电网安全的事故；加快推进客户投资公用电力设施资产清理工作，全面统计、分析非居住区接入工程资产、居住区外部接入工程资产以及居住区内部供配电工程资产总额及入账情况；结合新版营销系统上线应用，集中开展营销专项稽查工作，全省共进行现场检查10万多人次，落实整改数据78万条，挽回损失电量339.37万kWh、电费494.42万元，营销管理基础进一步夯实；加强临时用电管理，明确临时用电期限管理政策及日常监管制度，通过修订《临时供用电合同》，明晰供用电双方权利及义务；编制完成《20kV用户业扩工程供电方案编制导则》，为解决经济快速增长、用户用电需求剧增与10kV配电系统容量小、损耗大之间的矛盾提供了有效途径。

党的建设和精神文明建设

2009年，江苏公司认真组织学习党的十七大和十七届四中全会精神，开展了“坚定发展信心，推进科学发展”主题教育活动和庆祝新中国成立60周年爱国主义教育活动。深入推进“四好”领导班子建设，制定了《关于加强领导班子运行机制建设的意见(试行)》等8个领导班子和干部管理方面的规章制度，初步建立了较为完善的领导班子和干部管理制度体系。制定了《关于进一步做好2009年“电网先锋党支部”创建工作的意见》，积极推进创建“电网先锋党支部”，开展了主业党支部与农电党支部的“结对创先”活动，共有1358个党支部参加（主业529个，农电829个），占江苏公司供电系统党支部总数的64%。严格执行党风廉政建设责任制，加大教育、监督、管理、制度创新力度，着力构筑反腐倡廉思想道德、规章制度、纪律惩处“三道防线”，“三化三有”（企业化、责任化、业务化，预防有方、监督有效、惩治有力）惩防体系建设扎实推进，江苏公司处级及以上干部和本部员工没有发生违纪违法案件，没有发生瞒案不报、压案不查或责任追究不到位的情况，没有发生影响和损害江苏公司形象的重大事件。深化民主管理，厂务公开制度得到落实。深化文明创建工作，有4个单位（徐州、无锡、镇江、扬州供电公司）获全国“文明单位”称号，5个单位（常州、南通、泰州、盐城、宿迁供电公司）获全国“精神文明建设工作先进单位”称号。深化开展企业文化“四统一”（统一的核心价值观、发展目标、品牌战略和管理标准）主题实践活动，组织开展践行核心价值观主题演讲比赛、企业文化大讨论和主题征文活动，开展了110kV变电站和农村供电所办公环境品牌标识推广应用工作。加大班组建设力度，推进了创建标准化班组工作。积极开展建功立业劳动竞赛活动和群众性文体活动，涌现出4个全国“工人先锋号”（镇江供电公司配电工区抢修班、扬州供电公司500kV变电站、淮安供电公司配电抢修班、宜兴市供电公司调度通信中心），4个单位（盐城、宿迁、丰县供电公司和江苏省送变电公司）获全国“五一”劳动奖状，4人（南京供电公司陈德风、丹阳市供电公司方美芳、泰兴市供电公司张强、连云港供电公司邹斌）获全国“五一”劳动奖章。

主要事件

2月18日，江苏公司在南京举行“绿色电力、共建和谐”2009年优质服务活动启动仪式，这是江苏公司连续第八年举办大型优质服务活动。

3月5日，无锡地区第五座、江阴地区首座500kV变电站——500kV江阴东变电站在江阴市华士镇正式开工。

3月14日，由江苏公司承担的国家电网公司重点科技项目——“中压配电网电压等级优化及示范试点研究”通过国家电网公司组织的专家验收。验收专家组一致认为，项目成果属国内首创，总体上达到了国际先进水平，其中现有10kV电缆升压至20kV运行等研究成果达到了国际领先水平，为江苏省内全面推广应用20kV奠定了基础，为更大范围的推广应用提供了有益的参考和借鉴。

3月29日，国家电网公司党组书记、总经理刘振亚率国家电网公司深入学习实践科学发展观活动第一调研组在苏州供电公司和无锡尚德太阳能电力有限公司进行调研。

6月4日，国家电网公司人事董事部主任林野受国家电网公司党组和总经理刘振亚委托，在江苏省电力公司本部宣布国家电网公司党组关于江苏省电力公司领导班子调整的决定：冯军任江苏省电力公司总经理、中共江苏省电力公司委员会副书记，钱朝阳任江苏省电力公司副总经理、中共江苏省电力公司委员会委员（兼任南京供电公司总经理、党委副书记），蒋斌任中共江苏省电力公司委员会委员（兼任苏州供电公司总经理、党委副书记），免去费圣英江苏省电力公司总经理、中共江苏省电力公司委员会副书记、委员职务，免去单业才江苏省电力公司副总经理、中共江苏省电力公司委员会委员职务。

7月16日，国家电网公司在无锡供电公司正式启动全面社会责任管理的地区试点。

7月20日21时20分，全省电网用电负荷突破5200万kW，最高达5229.7万kW。

7月19～20日，国家电网公司党组书记、总经理刘振亚一行在江苏考察，并与江苏省委书记梁保华、省长罗志军等举行会谈。双方一致表示，积极推动特高压工程及江苏省内电网建设，满足江苏电力需求；继续发挥各自优势，加强战略合作，推进实施坚强智能电网战略，全面促进江苏经济社会发展。

8月28日，苏州市吴江平望镇G6608塔位开始浇筑基础混凝土，±800kV锦屏—苏南特高压直流输电工程江苏段线路施工正式启动。

8月31日，锡盟—上海西1000kV交流特高压输变电工程徐州变电站土地利用总体规划修改及实施影响评估报告听证会在徐州沛县供电公司召开，这标志着徐州首座1000kV交流特高压变电站将落户沛县敬安镇。

9月16日，国家电网公司2009年继电保护专业知识及技能竞赛在苏州拉开帷幕，9月18日落幕。江苏公司选手张颖获得“国家电网公司技术能手”称号；江苏公司代表队获团体三等奖，江苏公司获优秀组织奖。

10月30日，国家电网公司调度系统安全生产保障能力评估专家组经过3天的检查和评估，给予江苏电网调度系统安全生产保障能力95.75的高分，标志着江苏省电力公司顺利通过该次查评。

12月3日下午，±800kV向家坝—上海特高压直流输电示范工程江苏境内线路单项竣工验收会议在苏州召开。竣工验收专家组一致认为，向上线江苏段线路本体工程完好，符合相关设计标准和要求，通道内影响线路带电的障碍物清理完毕，具备提请国家电网公司正式验收条件。

12月4日，江苏公司通过“全国用户满意服务企业”复评，连续第三届获得“全国用户满意服务企业”称号，盐城、泰州供电公司同时通过“全国用户满意服务企业”复评。镇江、南通、苏州、连云港和宿迁供电公司通过“全国用户满意服务”复评，淮安、常州供电公司首次获得“全国用户满意服务”称号。

12月7日，江苏公司获得“全国职工教育培训先进单位”称号，并作为全国4个企业代表之一，在表彰大会上作了题为《紧扣能力核心，推动培训转型》的经验介绍。

12月7日，国家工程建设质量奖审定委员会表彰获得2009年度国家优质工程奖的工程，由江苏省送变电公司施工的“500kV锡西南变电站工程”和参与施工的“贵州至广东第二回±500kV直流输电工程”均获得2009年度国家优质工程银质奖。

12月15日，国家电网公司发出通报，对在2009年第二次安全质量管理流动红旗竞赛中获得优胜的4个基建工程进行表彰，500kV苏州东变电站工程被授予国家电网公司变电工程安全管理流动红旗。

（张建扬）

浙江省电力公司

企业概况

浙江省电力公司（简称浙江公司）是国家电网公司的全资公司和浙江省最大的公用事业企业，承担着为浙江经济社会发展提供安全、经济、清洁、可持续电力供应的基本使命，担负着促进全省电力资源优化配置的重要社会责任。

浙江公司拥有11个市级供电企业、64个县级供电企业（3个全资子公司、61个代管县供电企业），1个水电厂和16家主要面向电力行业服务的建设、设计、试验科研、学校等单位。

2009年浙江省全社会用电量2471.44亿kWh，同比增长6.40%；统调最高(用电)负荷3712.47万kW，同比增长9.08%；浙江公司资产总额913亿元；营业户数2140.02万户；净资产收益率0.34%；线损率2.55%，同比下降0.04个百分点；全员劳动生产率65.5万元/(人·年)。

2009年，浙江公司全面完成了年度业绩考核指标，各项工作取得了新的成绩。荣获国家电网公司综合管理标杆单位第二名，营销服务、人力资源、电网建设、资产经营、电网运行等5个专业成为专业管理标杆。浙江公司再度荣登浙江省“最具社会责任感企业”榜首，荣获“浙江省企业文化建设示范单位”称号。

领导班子

总经理、党组成员、副书记：赵义亮（2009年5月12日免去此职，调任上海市电力公司党委书记、副总经理）

总经理、党组成员、副书记：费圣英（2009年5月12日任职）

党组书记、副总经理：姜雪明（2009年4月2日任职）

副总经理、总会计师、党组成员（正局级）：徐伟良（2009年6月12日任职）

副总经理、党组成员：陈安伟、石华军

副总经理、党组成员：林荣卫（2009年5月12日免去此职，调任四川省电力公司党委书记、副总经理）

副总经理、党组成员：于金镒（2009年5月12日任职）

纪检组长、党组成员：江华东

工会主席、党组成员：单　人（2009年2月6

日免去此职，调任湖北省电力公司副总经理、党委委员，武汉供电公司总经理、党委副书记）

工会主席、党组成员：王幼成（2009 年 11 月 13 日任职）

党组成员：孔繁钢（2009 年 5 月 12 日任职）

总工程师：李海翔

组织机构

浙江公司本部设置 19 个职能部门，分别为办公室、发展策划部、财务资产部、人事董事部、人力资源部、营销部、生产技术部、安全监察部、基建部、农电工作部、科技信息部、思想政治工作部（与机关党委、团委合署办公）、监察部（与纪检组合署办公）、审计部、经济法律部、物资部（招投标管理中心）、离退休工作部、浙江电力调度通信中心、浙江电网电力交易中心 。同时，设置浙江省电力公司工会。

供电单位：杭州市电力局、宁波电业局、嘉兴电力局、湖州电力局、绍兴电力局、衢州电力局、金华电业局、温州电力局、台州电业局、丽水电业局、舟山电力局。

其他直属及代管单位：浙江电力综合服务公司、浙江省电力公司物流服务中心、浙江省电力物资供应公司、浙江省电力实业总公司、浙江浙电置业有限公司、浙江浙电工程招标咨询有限公司、紧水滩水力发电厂、浙江省火电建设公司、浙江省送变电工程公司、浙江省电力公司超高压建设分公司、浙江电力建设监理有限公司、浙江省电力试验研究院、浙江省电力设计院、浙江省电力设备总厂、浙江省电力公司培训中心、国家电网公司职业病防治院。

电网概况

浙江电网涵盖全省 11 个地区，共有 11 个市级供电企业和 64 个县（市）供电企业。

截至 2009 年底，全省共有 500kV 输电线路 5801km，变电站 31 座，变电容量 5901 万 kVA；220kV 输电线路12 327km，变电站 208 座，变电容量 7479 万 kVA。全省 600MW 及以上电厂装机容量 5024.74 万 kW，同比增长 6.92%。其中：浙江统调电厂装机容量 3600.80 万 kW，同比增长 8.72%；非统调装机容量 727.63 万 kW，同比增长 4.90%；华东直调电厂装机容量 696.32 万 kW。浙江电网统调装机中：火电装机容量为 3408.05 万 kW，占统调装机容量的 94.65%；水电装机容量为 161.75 万 kW，占统调装机容量的 4.49%；核电装机容量 31 万 kW，占统调装机容量的 0.86%。

人力资源

截至 2009 年底，浙江公司系统部属职工总数 25 460人，其中长期职工23 659人，临时职工 1801 人。长期职工中经营管理 1989 人，管理人员 5463 人，专业技术人员 2208 人，技能人员11 475人。按文化程度分组，研究生及以上学历 1080 人，大学本科学历 8474 人，大学专科学历 5914 人，大专以下 8191 人。按职称等级分组，高级职称 1755 人，中级职称 4184 人，初级职称 6321 人。按技能等级分组，高级技师 952 人，技师 6226 人，高级工 4763 人。人才当量密度为0.953 2。

2009 年，浙江公司着力推动建立以控总量、保质量、调结构、防风险、强基础为核心的人力资源管理体系。相继推出组织层级扁平化、劳动定员标准化、推进班组建设、统一薪酬管理、加强新员工入口管理等一系列措施。加强本部建设，调整机构设置，规范组织体系，完成本部和 11 个地市供电企业本部机构编制调整，实施供电企业定员达标。改变以往省、市、县供电企业三级垂直单向往返的管理模式，推动建立全新的“三角六向”管理架构，有效解决管理层级多、链条长的问题，在集约化管理上向前迈进了一大步。出台供电企业生产一线班级建设意见，引导员工向生产一线岗位流动，拓展技能人才成长通道，加快“双师型”人才队伍建设步伐，启动班级建设三年行动计划，促进人力资源的优化配置。

从“211 工程”院校以及原电力学院引进优秀的毕业生，共招聘录用高校毕业生 932 人（博士 20 人，硕士 241 人，本科 671 人）。做好干部挂职锻炼和对藏人才帮扶工作。合理配置人选，完善领导班子和领导干部队伍结构，对基层单位的领导班子及部门负责人进行调整充实，任免领导干部 121 人·次。至 2009 年底，浙江公司党组管理处级领导干部 305 名（正处级 82 名，副处级 223 名）。干部整体结构得到进一步改善。

深入实施“6123”人才工程，人才评价管理系统上线，完成国家电网公司人力资源信息管控模块在浙江公司的部署和应用。加大技能人才培养力度及培训投入，输电、配电带电作业培训基础率先在国家电网公司系统通过资质认证。认真组织做好各类技能竞赛比武工作，在国家电网公司继电保护比武、造价管理竞赛、信息安全比武等各类活动中获得良好成绩。人力资源专业评价获得国家电网公司系统第一名（和江苏公司并列第一）。

电网建设与发展

成立电网规划中心，强化电网规划的龙头作用，联合各级规划建设主管部门开展省、市、县三个层面的电力设施布局规划工作，初步编制完成十二五电力规划与智能电网规划，组织完成各县市十二五配电网发展规划。统筹发展各级电网，加快县域电网建设，110kV输变电项目由县供电企业自行投资。超前开展前期工作，247个110kV及以上输变电项目获得核准。向家坝—上海特高压输电线浙江段、电气化铁路配套工程按期建成，电网重点工程项目顺利投产，2009年，完成新建6座500kV变电站、23座220kV变电站、6座220kV电铁牵引站的投产任务。

推进新型电网建设，试点启动20kV电网建设，大力推广应用单相变压器与铝芯电缆等先进设备。开展电网生命线工程建设，力求在极端天气下重要线路能够抵御严重自然灾害，确保重要用户的供电。加强电网标准化建设，以资产全寿命周期理念为导向，推进标准化设计、标准化施工、标准化管理，组织编制完成标准化设计汇编，完成11大类68项标准化设计成果，涵盖规划、科研、初设、施工图设计等全部阶段。

2009年，浙江省电网建设与改造投资完成208亿元，其中500kV项目46.3亿元，220kV项目55.2亿元，110kV项目38.3亿元，城乡配网项目55.9亿元，技改、小型基建及其他项目12.3亿元。完成固定资产投资163.96亿元。投产110kV及以上变电容量3386.75万kVA、线路3378.1km（含华东项目），新开工110kV及以上变电容量2679.3万kVA、线路3108.5km（含华东项目），超额完成电网建设任务。乐清电厂一期工程被评为鲁班奖；500kV宁海电厂—苍岩线路工程获得国家电网公司安全质量管理竞赛“线路工程质量管理流动红旗”；温东变电站等5个500kV工程被评为国家电网公司优质工程，其中温东变电站被评为国家优质工程。浙江境内第一个特高压输电工程建成，舟山联网工程大猫山370m世界第一输电高塔成功组立。全面实现电网建设各项目标，在国家电网公司电网建设专业管理标杆中排名第二。

经营管理

加快发展方式转变，制订财务集约化管理实施细则，撤销资金结算中心，取消市供电分局核算主体，基本建立“一本账”，推进财务扁平化管理，初步实现财务一体核算，财务管控系统成功上线。加强物资管理体制建设，健全组织架构，初步形成集约统一的物资计划、采购、仓储、配送等管理体系，完成95.71亿元的招标采购任务。全面加强县级供电企业管理，统筹协调公司和县供电企业发展，推行省、市、县供电企业“三角六向”的管理模式，切实做好110kV及以下电网项目投资主体变更工作，优化投资结构，增强发展后劲。积极应对经营发展中的困难和不利局面，着力提升经营管理水平，疏导电价矛盾，销售电价平均上调2.9分/kWh，燃煤机组标杆上网电价下降0.87分/kWh。加强资金管理，优化账户资金归集路径，提高资金归集速度和比例，资金归集率达92%以上。增值税转型政策执行到位。广泛开展“三节约”活动，有力推动了电网建设和运营的降本增效工作。实现售电量2085.61亿kWh，同比增长6.20%，完成年度预算的101.03%；营业收入1178.87亿元，同比增长9.03%。资产负债率控制在74.54%。资产经营同业对标获得国家电网公司专业管理标杆第三名。

成立审计中心，加强内部审计，切实整改外部检查发现的问题。先后接受了国家发改委和国家电监会电价检查、国地税联合检查等六次大检查，全面规范公车、出国、会议和接待管理，省公司层面实现“主多分离”，规范集体企业发展，启动地方电力立法工作。

安全生产

始终坚持安全第一的工作方针，以抓各级安全生产责任制为核心，健全安全生产长效机制，安全生产实现可控、能控、在控。克服电网基建、技改、检修任务繁重等困难，安全生产保持了平稳态势，实现了全年不发生颠覆性事故的工作目标。2009年，浙江公司系统未发生生产（基建）人身死亡事故；未发生县级供电企业重大及以上人身死亡事故；未发生有人员责任的重大电网、设备、火灾事故（含县级供电企业）；未发生特大电网、设备、火灾事故（含县级供电企业）；未发生恶性误操作事故；未发生本企业负主要责任的由于供电安全引起的煤矿等重要用户人身死亡事故；未发生本企业负主要责任的特大交通事故；未发生本企业负主要责任的群体伤害事件。

组织开展“安全生产两无年”、“安全性评价”、“三项行动”、“春、秋季安全大检查”等活动；加强县供电企业、基建施工、外包工程、高危客户安全管理，夯实安全基础；全面推行状态检修和变电站集中监控，大幅降低生产操作频次；加强应急预案体系建设，编制并发布了《突发事件总体应急预案》、《电网大面积停电事件应急预案》等21个总体、综合和专项应急预案，提升风险防患处置能力，成功应对台风“莫拉克”和雨雪冰冻天气，圆满完成迎峰度夏和国庆60周年保电任务。

营销工作

圆满完成国庆60周年保供电任务。完成电气化铁路供电工程等各类业扩报装 88.44 万户，增加用电容量 1881.98 万 kVA；统筹协调基建、检修、技改停限电，大力推广带电作业；加强地方电厂发电量计划管理，编印非统调地方电厂“并网原则协议”、“并网调度协议”和“购售电合同”三个范本，配合浙江省经信委做好小火电机组关停工作，关停小火电厂 25 家，汽轮发电机组 41 台，容量 46.99 万 kW。实施“一企一策”的增供扩销策略，制订优化用电方案，努力稳定存量市场。积极推广能源替代新技术，共建成热泵项目 66 个，增加热泵应用面积 93.21 万 m^2；电蓄冷（热）空调 24 个，容量 2.43 万 kW。实施煤改电工程 30 家，新增容量 5.8 万 kVA，增供电量 22.5 亿 kWh，完成年度计划的 103.7%。目前国内规模最大的省级集中的营销业务应用系统整体上线，覆盖 11 个地市供电企业、64 个县级供电企业，用电户数 2078.96 万户。全面开展营销基础数据核查和整改工作，整改率为 99.47%。建成全国规模最大的省级集中的电能信息采集与管理系统。制定《重要用户供用电安全管理规范（试行）》，建立营销安全风险防范与管理机制。调整和优化营销组织机构和岗位设置，加强区域计量中心建设研究；建成电能表智能化检定流水线系统，实现电能表检定作业无人干预和全过程自动化；完成计量资产的全寿命周期管理课题研究；推行计量器具的“工厂化检定、自动化仓储、物流化配送”。建成省级集中的 95598 客户服务系统平台，坐席人员地市集中管理。出台《20kV 客户供电方案编制导则》。开展“电费管理年”及反窃电专项活动，推出电费回收 10 项具体措施，电费信用风险管理系统在绍兴局试点上线，电费回收继续保持“颗粒归仓”的优异成绩，市场占有率 94.57%，同比提高 1.07 个百分点。营销服务专业评价再次获得国家电网公司系统第一名。

农电工作

深入推进新农村电气化建设，与浙江省政府联合印制《走进浙江新农村》画册，编印《点亮新农村——浙江新农村电气化成果汇编》，制定《新农村电气化市考评标准》、《进一步加强新农村电气化建设的意见》，超前谋划，集中力量重点推进县域、中心镇、聚居区电气化建设，为浙江省中小城市和中心城镇经济社会发展提供坚强的电力保障，嘉兴市成为全国第一个大网供电的新农村电气化市。2009 年建成新农村电气化市 1 个、电气化县 12 个、电气化乡（镇）191 个、电气化村 3785 个；结对帮扶 12 个低收入集中村；规范新农村建设收费，开展农村用电价格执行情况检查，推进城乡各类用电同价。加强县级供电企业同业对标和创一流工作，5 个县级供电企业成为国家电网公司农电综合标杆单位，5 个县级供电企业成为国家电网公司农电安全管理、供电可靠性管理、电压无功管理、科技进步专业标杆单位；2 个县级供电企业获得国家电网公司一流县级供电企业称号。开展标准化供电所建设，进一步提高供电所管理水平，2009 年创建国家电网公司标准化示范供电所 7 个。浙江公司被浙江省委、省政府评为 2009 年度“社会主义新农村建设优秀单位”、“低收入农户奔小康工程结对帮扶工作先进单位”、“减轻农民负担工作专项考核优秀单位”荣誉称号。

科技与信息化

成立科技项目管理中心，以科技信息技术促进电网发展，“500kV 变电站直流融冰兼动态无功补偿系统”、“变压器过载能力深化研究”、“基于IEC 61850 的数字化变电站技术的研究”、“电能表智能检定流水线”、“直升机（智能）巡检技术的研究”等一批重点科技项目取得重要成果。专利申请完成 86 项，其中发明专利 45 项、实用新型专利 41 项，完成国家电网公司年度指标的 132%，其中完成发明专利申请指标 328%，直接产生经济效益 15 亿元。

23 项科技成果获奖，其中 1 项获国家科学技术进步奖、1 项获中国环境保护科学技术奖、6 项获浙江省科学技术奖、7 项获中国电力科学技术奖、8 项获国家电网公司科学技术进步奖。浙江公司名列“2008 年度中国企业信息化 500 强”16 位，在国家电网公司举办的首次网省公司信息化水平评价中名列第 3 位，SG186 工程首批通过国家电网公司竣工验收，国家电网公司营销、财务、基建和协同办公系统上线应用，获得国家电网公司信息化工作先进单位荣誉称号。

优质服务

开展以“科学发展树品牌、卓越服务暖万家”为主题的“浙江电力春风行动”，推出 18 项惠民助企措施，努力构建和谐的供用电环境，与全省企业共渡难关。编制《“电行家”电力社区服务形象规范》，深化电力社区服务共建。积极配合电力监管部门开展供电服务监管检查，提升优化用电服务典型经验，与省经信委联合制订有序用电方案，在全省推广应用“社会用电优化模式”，为 2752 户大工业企业提供优化用电方案，为企业节省电费开支累计达 9000 余万元。开展优质服务和行风暗访，制作优质服务宣传片，发放优质服务手册、编制服务画册，大力宣传优质服务典型和服务新举措，充分展示浙江公司良好的服务形象，2009 年浙江电力供电服务总体满意度较上年提升，供电服务品质综合满意度评分为 85.68 分。

党的建设和精神文明建设

扎实开展学习实践科学发展观活动，深化“两个转变”认识，不断推进“三个建设”，着力提升企业软实力。认真学习贯彻党的十七届四中全会精神，加强党的组织建设、领导班子建设、党员队伍建设，落实党风廉政建设责任制，健全惩防腐败体系。加强依法从严治企和民主管理，不断健全内控机制，加强法律、审计等监督机构建设，防范经济、法律、廉政风险，聘任新一轮总经理联络员。开展“青”字号活动，引导团员青年建功立业。健全信访维稳工作体系。全面落实离退休老同志“两项”待遇。开展企业文化“四统一”主题实践活动，推广和应用企业文化案例库，编印《细节之美——浙江省电力公司企业文化建设案例选编》，组织开展《国家电网核心价值观在浙江电力“落地生根”的实践与思考》课题研究，践行“诚信、责任、创新、奉献”的企业核心价值观，推进国家电网品牌建设，全面提升企业文化建设水平。浙电政工网络平台通过浙江公司科技项目验收并投入运行。调研报告获得第四届中国电力系统企业文化年会论文一等奖。完善扶贫帮困长效机制，认真履行社会责任，2家单位获全国“五一”劳动奖状，浙江省送变电工程公司获得国家电网公司文明单位标兵荣誉称号；10家单位获得国家电网公司2007～2008年度文明单位称号。7个班组获全国“工人先锋号”称号，5家单位获“浙江省模范集体”称号，15名个人被评为省部级及以上劳动模范。

主要事件

1月8日，国网公司总经理刘振亚在北京，就浙江电网建设与发展等问题与浙江省委书记、省人大主任赵洪祝进行座谈。

1月20日，中央文明委授予绍兴电力局、湖州电力局、紧水滩水力发电厂为“全国文明单位”称号；授予浙江省送变电工程公司、温州电力局、金华电业局、衢州电力局、台州电业局、丽水电业局为“全国精神文明建设工作先进单位”称号；授予绍兴电力局叶向东同志为“全国精神文明建设先进工作者”称号。

4月3日，浙江省电力公司荣获2008年度中国企业信息化500强，位列第16名，较去年提升一个位次。

4月29日，全国中华总工会授予嘉兴电力局、舟山电力局线路工区检修班长朱昌林、海宁市供电局陈新益全国“五一”劳动奖状荣誉称号。授予绍兴电力局运行工区“中央企业先进集体”荣誉称号，授予浙江省送变电工程公司220kV舟山—大陆跨海联网输电线路工程项目副经理彭立新、绍兴电力局修试工区修试二队“全国工人先锋号”荣誉称号，授予嘉兴电力局秀洲供电分局线路工区副主任张海标、金华电业局局长姜宪“中央企业劳动模范”荣誉称号。

5月4日，共青团中央授予嘉兴电力局团委2008年度“全国五四红旗团委”称号。

6月16日，浙江省人民政府授予浙江省电力公司2008年度全省党委系统信息工作先进单位称号。

6月18日，华东电网首座500kV数字化变电站——500kV海宁（由拳）变电站顺利投运。

6月25日，浙江省重点工程——500kV苍岩输变电工程顺利投运。

7月9日，目前国内首座500kV智能型数字化变电所——芝堰变电所投运。

7月10日，浙江省电力大楼工程获国家城乡建设部和科技部颁发的中国土木工程詹天佑奖。

8月12日，世界第一输电高塔在浙江省舟山市大猫山顺利结顶。这座红白相间的铁塔高370m，重5999t，其单基塔高和塔重均居世界输电铁塔之最。

8月19日，浙江省电力试验研究院《知识型企业发展与员工成长的组织创新实践》成果荣获中国电力企业联合会2009年全国电力行业企业管理创新成果一等奖。

9月25日，我省首座兆瓦级屋顶光伏发电站第一组100kW逆变器并网发电成功。

9月28日，浙江省人民政府授予浙江省火电建设公司职工杨丹霞、丽水电业局杜晓平、洞头县供电局职工叶志成被授予“2009年浙江省劳动模范”荣誉称号。

安徽省电力公司

企业概况

安徽省电力公司（简称安徽公司）是国家电网公司全资企业，主要建设、管理、经营安徽省域电网，具有电网建设、电力经营、电力施工、电力设计、电力科研和教育培训及电力修造等综合功能，承担促进全省电力资源优化配置的责任，为安徽经济社会发展和人民生活提供电力保障。

本部设20个职能部室（中心）和1会（安徽省电力工会委员会），另设国网企协安徽分会、安徽省电机工程学会、新闻中心和信息运行维护中心4个机构。按管理体制和资本纽带关系，安徽公司下设103个单位，包括17个市级供电公司、6个分支机构、7

个全资公司、1 个控股公司、23 个全资县级供电公司、49 个控股县级供电公司。截至 2009 年底，所属单位长期职工总数39 450人，另有农电工30 521人，共计69 971人。

2009 年，安徽省全社会发电量为 1328.58 亿 kWh，增长 20.50%。全社会用电量 952.31 亿 kWh，同比增长 10.88%。完成售电量 853.63 亿 kWh，增长 7.94%，其中省内售电量完成 726.86 亿 kWh，增长 10.63%。统调最大用电负荷达到 1596.20 万 kW，同比增长 20.15%。向华东电网净送电量 376.27 亿 kWh，增长 54.71%。服务各类用电客户数达 2056.32 万户。

电网概况

安徽电网初步形成以 500kV 东、中、西通道为骨干网架，220kV 为主网架，各电压等级协调发展的电网格局。截至 2009 年底，安徽电网拥有 500kV 变电站 14 座（含开关站 2 座），变电总容量 1210 万 kVA，500kV 交流线路 52 条，其中省际联络线 7 条，境内线路总长度 4429km。220kV 变电站 124 座（含牵引站），变压器 215 台，变电总容量为 3014 万 kVA；220kV 线路 305 条，线路总长度 8958km。110kV 变电站 461 座，变电总容量 3048 万 kVA，线路总长度11 675km。全社会装机容量为 2841.07 万 kW，统调装机容量2653.46 万 kW，其中，省内统调机组装机 1859.46 万 kW，皖电东送机组装机 734 万 kW，琅琊山抽水蓄能电站 60 万 kW。

人力资源

2009 年，安徽公司加强教育培训软硬件建设，完善兼职培训师资库，建成 3 个实训基地、18 个实训室，远程网络培训系统投入使用。加强干部队伍建设，组织高级经营管理人员、中青年干部、县公司领导干部培训班，累计培训 278 人。初步形成优秀年轻干部挂职锻炼、现职干部党校培训、领导干部国家电网送培、公司员工全面轮训的多元培训体系。积极参与竞赛和调考，技能竞赛及调考成绩位列国家电网公司系统第四名。

截至 2009 年底，安徽公司所属单位中，供电企业员工30 887人，施工、修造企业员工 7321 人，其他单位员工 1242 人。按学历层次分，所属单位在岗员工具有本科及以上学历 8968 人，占 22.73%；专科学历13 008人，占 32.98%；中等职业教育 8198 人，占 20.78%；高中及以下 9276 人，占 23.51%。按技术等级分，所属单位在岗员工具有专业技术职务的17 163人，占员工总数的 43.51%；具有技能等级的22 687人，占员工总数的 57.51%；高级技师和技师分别占技能人员总数的 1.93%和 13.12%。加强“四支”人才队伍建设，高级技能人才比例达 70.22%，人才密度达 88.76%，29 人被评为国家电网公司优秀专家人才。

电网建设与发展

开展安徽电网“十二五”规划工作，编制完成《安徽地区电网规划导则》，推进城乡供电专项规划有效落实。编制完成《安徽省能源中长期发展规划》并通过国家电网公司评审。完成《安徽省 500kV 及以上电网布局规划》编制并获省政府批复，完成《安徽省“十二五”城市配电网规划》审查，实现电网规划与安徽城乡规划体系有效衔接。启动智能电网规划研究，完成 2010 年安徽电网智能化专项计划和智能化规划编制。

强化政企合作，积极配合国家电网公司与省政府签署新的《合作发展协议书》，配合省发改委出台加快安徽省 220kV 及以下电网项目核准工作政策，完成 2010 年电网建设项目对接工作，电网建设外部环境得到改善。提速电网建设，境内向家坝—上海±800kV特高压直流示范工程按期建成，±500kV 葛沪直流改造工程进入架线阶段，500kV 肥东变电站、220kV 植物园智能变电站等重点工程顺利投产。提升基建质量，工程达标投产率 100%，500kV 六安变电站获国家优质工程银质奖。优化全省电网资源，全省建成投运 39 座集控站。规范实施农网完善工程，首批项目全部建成。完成技改扩能项目 39 项，提升电网输送能力 172.8 万 kW。

2009 年，新增 500kV 变电站 1 座，变压器 1 台，变电容量 100 万 kVA；新增 500kV 线路 2 条，线路长度 71km；新增 220kV 变电站 14 座，变压器 30 台，变电容量 510 万 kVA；新增 220kV 线路 39 条，线路长度 820.26km。

经营管理

深入推进人财物集约化管理。完成本部和市公司机关机构调整工作。修订企业负责人业绩考核办法，规范基层企业负责人的薪酬管理。编制并实施劳动定员总量三年达标规划。财务管理实现母公司范围“一本账”。撤销资金结算中心，移交资金结算职能，形成全面集中、统一管控的资金管理体系。强化资金集中管理，资金归集比例超过 95%。荣获国家电网公司“2009 年财务工作先进单位”和基建财务管理“最佳实践标杆单位”。优化物资管理组织体系、制度体系，调整业务流程，强化物资需求计划管理，物资类和非物资类规模招标的集中度加大。强化合同履约管理。

不断提升标准化水平。深入开展生产、变电、修试工区标准化建设；全面推行基建工程业主项目部建设；推广应用“两型三新”线路和施工工艺标准，3项施工工法被审定为中国电力建设工法；110kV装配式变电站试点工作进展顺利；完成营销“三个体系”推广工作，开展供电营业厅标准化建设，7个市公司标准化计量中心投入使用。

坚持依法从严治企。认真整改内外部审计和供电监管报告揭示的问题，经营管理行为得到规范。完成省公司层面多经资产处置工作。开展清理社团组织工作，退出各类社团组织138个。规范农电用工管理，完成年度农电混岗人员处置工作任务。完成亳州县公司股权划转工作，其他控股县公司股权划转工作开始启动。扎实开展普法宣传，干部员工法制意识不断增强。

切实开展“三节约”活动。全面加强综合计划、预算、资金和资产管理，加强成本标准化建设，严格控制一般性和非生产性支出，降本增效成果明显。扩大集中招标采购范围，强化工程造价管理。实施内部融资和低成本专项融资，优化施工合同条款，强化项目审计和效能监察，促进增收节支。

安全生产

严格落实各级领导特别是行政一把手安全责任，全面加强《国家电网公司电力安全工作规程》、“两票三制”等基本规章制度的宣贯和执行，深入开展基建安全稽查、农电专项安全监督和分包工程安全整治工作，安全管理得到切实加强。持续深化风险管理，结合春、秋季安检和“三查一整改”活动，全面排查治理各类安全隐患。加强电力行政执法建设，外破事故持续下降，500kV线路外力破坏跳闸事故实现“零”目标。优化发输变电设备停电计划，强化电网安全运行控制，全年没有发生电网事故和大面积停电事故。

初步建成省市两级应急指挥中心，安徽电网异地备用调度系统投入运行，应急管理体系初具规模，并经受住冻雨、强风、暴雪等恶劣天气实战检验。特别是在11月中旬的抗雪灾保供电斗争中，安徽公司及时启动电网预警和应急响应，坚持保障主网安全与保障终端客户供电并重，充分发挥集团优势，对重灾区实行跨地域抢修支援；各级领导干部讲政治、顾大局，深入一线、靠前指挥；广大一线员工顽强奋战，夺取了抗灾保电全面胜利，赢得地方政府和人民群众的普遍赞誉，中央政治局常委、国务院副总理李克强在安徽公司视察时对此给予充分肯定。

营销工作

千方百计增供扩销，全面推广应用客户工程典型设计，加快报装接电进度，全省高压客户平均接电时间同比缩短5.3天；落实蓄能空调、热泵、电动汽车、农业排灌推广项目94个；规范自备电厂管理，累计增加售电量3.2亿kWh。2009年省内售电量突破700亿kWh，省际双边交易送出电量44.95亿kWh。加强电费风险预警预控，密切关注经营困难用户和欠费客户情况，采取有效措施防范欠费风险，全省当年电费月结月清。

积极开展经济调度，购电均价比计划值降低0.005 6元/kWh。切实解决客户缴费难问题，大力拓展缴费渠道，全省新增电费代收网点近400个，新建、改建供电营业厅54个。加大用电营业普查力度，开展联合反窃电行动，挽回经济损失4474万元。反映困难，疏导电价矛盾，商业分时电价政策出台，完成了销售电价的调整，缓解了经营压力。开展电价稽核，加强特殊电价执行管理，维护公司合法权益。积极稳妥参与大客户直购电试点工作，有效防范公司效益受损。

农电工作

安徽公司明确推进农电加快发展的各项政策，细化落实农电发展的重点措施，缓解农网投入不足压力。建立农电综合管理与专业管理相结合的工作推进机制，有序开展供电所作业组织专业化工作。修订县公司业绩分类考核办法，完善农电目标管理评价体系。深化创一流工作，建成2个国一流、6个省一流县公司。统一县公司岗薪工资标准，建立薪酬常态调整机制和农电工大病帮扶基金，切实维护农电员工利益。

2009年，安徽省建成3个新农村电气化县、79个电气化乡镇、1054个电气化村。深化县公司服务质量标准化管理，考核确定五星级县公司4家，四星级县公司36家，三星级县公司17家。全省农电系统实现供电量357.84亿kWh，同比增长13.90%，占省内供电量的49.23%；实现售电量332.64亿kWh，同比增长13.77%；县公司综合线损率为7.04%，同比下降0.11个百分点；县公司当年电费回收率完成100%，农村供电电压合格率97.85%；农村供电可靠性为99.664%。全年未发生农电服务质量事故，安全生产实现“七无”目标，未发生担负同等及以上责任的农村触电伤亡事故。

科技与信息化

2009年，安徽公司取得一批重大科技创新成果。完成3项国家电网公司重大科技创新项目，8项科技成果获省部级奖励，获得专利授权30项。加强重点实验室建设，“用电安全和节能实验室”获批省级重点实验室，“六氟化硫气体实验室”成为国家电网公司重点实验室。荣获“国家电网公司农电科技先进单位”称号。大力推进成果转化和新技术应用，新技术推广应用率达到 84%。全面完成输变电设备状态检修推广工作，继电保护状态检修和用电信息采集系统试点工作进展顺利。

扎实推进信息化建设，SG186 工程建设进展顺利，一体化平台和八大业务应用系统全面上线运行，核心业务功能实现全面覆盖及整体应用，高分通过国家电网公司验收。顺利完成年度 ERP 项目建设任务，ERP 第二批推广应用单位成功上线。成立信息运行维护中心，完善“两级三线”运维体系建设，信息系统运行安全可靠。

优质服务

安徽公司细化落实各项措施，强化需求侧管理、应急管理和抢修管理，克服高温高负荷、自然灾害、机组运行不稳定等困难，圆满完成迎峰度夏和国庆 60 周年保电任务。积极推动节能减排，完成替代发电量 93.9 亿 kWh，节约标准煤 47 万 t，减少二氧化碳、二氧化硫排放 122 万 t 和 1.37 万 t。积极服务新农村建设，新建成 3 个电气化县、79 个电气化乡镇、1054 个电气化村，荣获“安徽省推进新农村建设帮扶先进单位”称号。积极开展扶贫帮困、捐资助学，累计向社会困难群体捐款 193.5 万元。

认真开展“迎祖国 60 华诞、展供电服务风采”主题活动、“绿色电网、服务发展”主题活动和“三公”调度交易专项治理整改活动。成立皖电情 VIP 客户俱乐部，为全省重点企业提供专业化、精益化供电服务。完善供电服务应急管理机制，升级改造客户服务信息发布系统，优质服务能力得到提升。积极开展行风建设和迎接行风评议工作，走访政府、重要客户，电话抽查、实地督察供电窗口，全面查找、整改服务问题。

党的建设和精神文明建设

认真贯彻中央和国家电网公司的决策部署，突出实践特色和企业特色，超前准备、深入调研、精心组织，高标准、高质量地完成学习实践科学发展观“三个阶段、六个环节”的活动，切实解决了一批影响和制约安徽公司科学发展的突出问题，92%的整改措施已得到落实，群众测评满意度达 100%。学习实践活动得到国家电网公司巡回检查组的充分肯定。

认真学习贯彻党的十七届四中全会精神，深化“以三大促三保”党建工作格局，完善“一岗双责”机制。建立“三化三有”惩防体系，编写《典型违章行为百条》，推进反腐倡廉反违章工作。中央纪委《纪检监察信息》专刊介绍公司廉政风险管理经验。大力宣贯“诚信、责任、创新、奉献”核心价值观，积极开展企业文化示范点建设，获全国电力行业企业文化成果特等奖 1 项。积极开展国庆 60 周年系列庆祝活动，职工合唱团代表安徽参加央视展演、职工文艺汇演、“送光明、光明颂”摄影展活动受到政府和社会高度评价。认真组织参与劳动竞赛活动，在国家级和国家电网公司举办的多项技能竞赛活动中取得优异成绩。认真排查、化解不稳定因素，加大信访案件查办力度，促进和谐稳定。继续实施送温暖工程，发放各类帮扶、救助、慰问金 998 万元。加强精神文明建设，14 个单位获“全国文明单位”和“全国精神文明建设工作先进单位”称号。重视开展群众体育活动，安徽公司获“全国群众体育先进单位”称号。

（赵大青）

福建省电力有限公司

企业概况

福建省电力有限公司（简称福建公司）是国家电网公司所属的全资子公司，以建设运营电网为核心业务，致力于为福建经济社会发展提供优质的电力保障。2009 年，全省全社会累计用电量 1134.9 亿 kWh，同比增加 5.7%；累计完成省内售电量 901.67 亿 kWh，同比增加 8%；省电网发电最高负荷为 2019 万 kW，同比增加 10.6%；省电网用电最高负荷为 1913 万 kW，同比增加 8.9%。

截至 2009 年底，福建公司拥有直管单位 31 个、二级单位 6 个，控股、参股单位 53 个。本部现设办公室、发展策划部等 20 个职能部门，同时设福建公司工会。地（市）公司设办公室、发展策划部等 13 个职能部门，同时设工会办公室。县公司设总经理工作部、财务部等 9 个职能部门，年售电量 10 亿 kWh 及以上的县公司增设配电部。

电网概况

福建公司是国家电网公司在中国最南端的电网企业，为全省 9 个地市、3600 万人口提供供电服务。2006 年，国家电网公司与福建省就推进海峡西岸经济区“十一五”电网建设举行高层会谈，明确福建电网“十一五”总投资规模。2008 年实现全省“户户通电”，2009 实现全省 500kV 大环网，福建电网进入坚强超高压大环网历史阶段。目前，省内 500kV 电网形成沿海 2～4 回坚强的主干网架，2904km 的 500kV 电网已成为省内南北电力交换以及福建与省外联络的主通道，同时，由宁德变电站—浙江双龙变电站的 2 回 500kV 线路并入华东电网。各地（市）

220kV受端主网均已形成环网结构，覆盖了全省全部9个地（市）。截至2009年底，福建电网110kV及以上变电站达584座、变电容量8359万kVA、线路2.36万km。其中，500kV变电站14座、容量1855万kVA、线路总长度2728km；220kV变电站110座、容量3282万kVA、线路总长度8447km。拥有调峰调频发电装机容量153万kVA。

人力资源

福建公司用工总量55 473人，其中长期职工33 708人、短期职工3010人、农电工15 504人、劳务派遣等其他用工3251人。

2009年，福建公司人力资源工作紧紧围绕“一强三优”现代公司的发展战略，把抓人力资源建设作为重大的战略举措，大力实施“人才强企”战略，不断夯实管理基础，创新管理模式，健全激励约束机制，确保人员总量有效控制、用工结构持续优化、优秀人才不断涌现、员工队伍保持稳定、整体素质快速提升，为公司和电网的快速发展提供了有力的人才支撑。

编制人力资源规划。修订《福建公司“十一五”人力资源规划》，编制完成《福建公司“十二五”人力资源规划》和《福建公司“十二五”农电工人力资源规划》，提出了“十一五”末期和“十二五”期间公司人力资源的数量、质量和效率目标，制订了今后几年人力资源集约化管理的措施和计划。同时，对基层单位的人力资源规划工作进行了统一部署。推进生产、营销、电网建设专业化管理。变电“调控一体化”改革试点在厦门、泉州电业局和石狮供电公司顺利完成，分别实现减员21%、23%、18%；营配“一部四中心”改革试点在泉州电业局开展，减员增效明显；组建福建公司计量中心并投入运营，集约管理全省计量资产；推行95598全省集中呼叫改革，成立南北两个省级集中呼叫中心；成立集中检修公司筹建处，推进生产专业化管理；制订电网建设“大监理”公司组建方案，推进电网建设专业化管理。

推行劳动定员贯标管理。出台《劳动定员管理办法》和《贯彻实施供电企业劳动定员标准工作方案》，完成基层各单位设备清查和定员测算，制订福建公司系统贯标总体目标和实施计划，厦门电业局等7个单位已达到定员标准。

统一规范劳动用工管理。出台《主业用工配置管理办法》、《供电所用工配置管理办法》、《集体企业用工指导意见》和《市场化用工指导意见》，加强用工全过程管理；编制《供电企业岗位体系管理办法》，规范岗位的类别、名称、职数、任职条件、岗位区间；编制完成《低端业务外包实施意见》，促进一线结构性缺员矛盾的有效解决；出台《规范劳动用工治理工作的实施意见》和《进一步推进解决农电混岗工作的意见》，加快推进混岗清理工作，全面完成清理各类混岗作业人员。

全面加强队伍建设。推广绩效管理，实行一线员工绩效“工分制”，实现全员量化绩效管控。“大培训、大练兵、大比武”活动深入推进，举办各类培训班4756期培训14万多人·次，竞赛132场3607人·次，调考129场13 258人·次；农村供电所人员100%持证上岗。“首席带新人、厂家带客户、大局带小局”不断深化，101名首席师与199名新人建立帮带关系，312名县公司管理、技术、技能骨干到所属电业局挂职锻炼。“513”人才在人才培养、科技攻关等方面作用明显，人均授课达65课时，科技项目参与率达59.5%。福建公司被评为“全国企业职工教育培训先进单位”，先后荣获国家电网公司信息系统安全运行维护技能竞赛团体第一名、农村供电所人员调考团体第一名，竞赛调考成绩指标继续保持国家电网公司A段水平。

电网建设与发展

2009年，福建公司制定《海西电网中长期发展规划》、《智能电网发展规划纲要》，以及配套的《人力资源规划》、《信息化建设规划》。“四个规划”有机统一，呼应国家电网发展战略，融入海峡西岸建设大局，体现福建公司鲜明特色。

电网架构更加坚强。新（扩）建500kV变电站3座，线路521km，提前1年实现500kV大环网；投产110kV及以上输电线路2235km，变电容量649万kVA。以500kV网架为骨干、各级电网协调发展的海西坚强超高压电网初步形成，供电保障能力和资源配置能力大幅提高。工程质量显著提升。建成国内首条220kV同塔6回线路（白花—碧里）。500kV项目优质工程率达100%，220kV项目优质工程率达81.8%；继东台变电站获得国家优质工程奖后，500kV莆田LNG送出线路工程再获此殊荣。

城市配网持续完善。投产10kV线路3494km、0.4kV线路3892km，新增配电变压器3792台。城区供电可靠性大幅提高，供电可靠率达99.914 1%，同比提高0.133个百分点；故障停电次数比降64.7%；低电压投诉事件比降62.8%。农村电网加快发展。筹措资金直接投资农网建设改造，目前除平潭外（2010年初解决），全部解决县城电网与主网之间因只有1条线路连接造成的联系薄弱问题，县城电网均至少有2条110kV以上线路与主网连接。建成新农村电气化县7个、电气化乡镇70个、电气化村

731个。

智能电网建设积极推进。国家电网公司提出建设坚强智能电网的宏伟目标后，福建公司在国家电网公司系统率先制定智能电网规划，明确了建设以“坚强自愈、集成优化、兼容互动、清洁高效”为特征，具有福建特色的智能电网。这种电网能够友好兼容新能源和客户接入与退出，最大限度地提高电网的资源优化配置能力，保证安全、可靠、清洁、高效、经济、优质的电力供应，满足海峡西岸经济区全面、协调、可持续发展要求。在此基础上，积极开展智能电网试点，厦门智能配电网试点工程快速推进，配网调控一体化建设等7项标志性工程全面启动；试点建设500kV福州西、220kV先农变电站等智能化变电站。

经营管理

2009年，福建公司成功应对电力需求大幅下挫、购电成本持续上升等诸多困难，经营管理水平快速提升。人财物集约化深入开展。实施劳动组织综合改革，有序推进本部、地市电业局机构编制和职级序列规范管理；制订二级供电局扁平化管理方案；整合成立中心供电所279个，比例达70.6%；开展劳动用工规范治理，加快推进混岗清理工作；开展劳动定员贯标，厦门电业局等7个单位已达标；营配改革试点在泉州电业局顺利推进。财务集约化试点稳步开展。初步建立省市二级会计核算体系；市县公司“一本账”、资金管理“一个池”提前实现。资金预算细化至具体项目，标准成本按明细项目进行二次分解；完成全省66家单位SAP系统财务单轨验收，财务管控模块在全省106家单位上线；营销财务集成试点上线，实现电费实时销根。统一物资机构设置、制度体系和信息平台，成立物资部与物流服务中心，集中全省物资采购和配送业务；物资管理系统在82家单位上线运行；加大公开招标力度，配网施工监理、输变电环评项目试行公开招标；扩大集中招标范围，全面开展220kV及以下输变电项目勘察设计招标。

管理创新迈出坚实步伐。福建公司承担国家电网公司27项重大试点任务，调控一体、状态检修、退役设备再利用、95598集中呼叫中心等管理创新取得实效，大计划、大预算等一批创新成果得以推广运用。ERP系统全省成功上线，并率先覆盖到县公司；SG186工程首批通过国家电网公司验收。先后与新加坡电力、澳洲越网、台湾电力开展业务交流，战略创新、思维创新和管理创新不断取得突破。营销服务进入国家电网专业标杆单位，4项典型经验入选国家电网公司典型经验库。电价矛盾有效缓解；取得海西发展专项电价支持，确立了两年内全省城乡用电同价目标；电价结构有效优化，经营状况得到改善，发展后劲显著增强。

“三节约”成效突出。深入挖掘内部潜力，在规划设计、生产运行、营销服务的全过程严格成本控制，大力增收节支、降本增效。压缩预算开支，可控管理费同口径同比降低5%。利用国家增值税转型政策减少税金支出。严控工程造价，推行施工图工程量清单招标，110kV及以上输变电工程概算节余率达12.25%；加强工程技术经济评审，投资总额平均核减率达7.36%。精选投资项目，投入产出效益进一步提高。4个“科学管理求节约”典型案例被国家电网公司选用。

依法治企工作不断深化。认真落实国家电网公司法制工作三年目标要求。严格执行“三重一大”集体决策，规范基层单位“三重一大”决策管理。实行重大决策法律论证，确保公司重大决策合法、合规、合程序。清理、规范社团组织；组建企业管理协会；深化合同标准化管理，规范合同文本，控制合同风险。狠抓审计问题的整改落实。积极稳妥、依法合规完成省公司层面主多分离多经资产处置工作，有效加强综合产业风险管控，维护队伍稳定。

安全生产

2009年，福建公司认真贯彻国家“安全生产年”部署，坚决落实省委省政府关于安全生产的各项指示，把安全生产、可靠供电作为首要任务抓紧抓好。安全管控持续加强。扎实开展“三项行动”和“三项建设”。开展安全生产内控管理和企业安全策划，深化“一个守则、两条红线、三面红旗”管理，建成设备、行为、环境三个风险库。建立区域安全大监督机制，组织安规执行、防农村触电等6个专项监督，常态化开展安全生产督察。完善应急管理组织体系，建立通信系统应急机制，组织迎峰度夏反事故演习。开展高危和重要客户供用电安全隐患治理。按照“四不放过”的原则，严肃安全事故处理；推行安全生产约谈制度。强化基建现场安全监督，开展基建安全风险辨识和专项整治；推行输变电工程“一工种、一守则、一卡片”管理。建立农电安全管理达标检查制度，强化作业现场“四规范”。安全业绩明显提升，全年没有发生人身事故和一般设备事故，被评为“全国安全生产月活动优秀单位”。

生产管理日益规范。推进生产管理扁平化，推行调控一体化变电运行模式，厦门电业局、泉州电业局、石狮供电公司试点运行，提高了电网事故处理和日常操作效率，精简人员25%。各电业局和超高压局全面开展状态检修；成立电业局在线监测与诊断中心站，建成输电线路状态监测中心，全省108个变电站安装在线监测系统，建成国内领先的电能质量监管分析平台。设备、岗位“红线”纳入规范化和准军事化动态考评；开展500kV线路巡检站规范化建设。开展输变电设备专项整治，消除“红线”设备1423处。开展合成绝缘子抽样检测等专项技术监督，建立技术监督预警机制。推进资产全寿命周期管理试点，开展技改退役设备技术评估，完成变电工程全寿命周期管理可行性研究。协助政府出台《福建省电力设施保护办法》，成立福建省电力设施保护领导小组办公室，开展“三电”专项斗争和电力设施保护群防群治，盗窃破坏电力设施案件比降42.6%。

电网调度更加科学。科学安排运行方式，确保迎峰度夏可靠供电。加强调度标准化建设，制定与“三华”电网运作模式相一致的工作标准和管理流程。开展全省OMS系统一体化建设和应用推广，实现省、地、县三级调度业务纵向贯通。加强节能调度管理，实施“以大代小”替代电量60.54亿kWh，节约标准煤104万t。开展水库群优化调度和跨流域补偿调度，节水增发电量11.59亿kWh。建成省调水口备用调度中心。建成大规模、跨流域水电站智能调度系统，投运基于EMS的实时调度系统。高分通过国家电网公司电网调度系统安全生产保障能力评估。

营销工作

2009年，福建公司在售电量受宏观经济影响刚性回落的形势下，加强经济形势与电力市场分析，深入挖掘用电潜力，千方百计巩固和开拓市场，积极开展“我为一度电作贡献”活动，大举增供扩销，全年增供电量21.9亿kWh，拉动售电量增长2.6个百分点。

推动出台燃煤自备电厂替代发电电价政策，推动18家燃煤自备电厂减发电5.8亿kWh。结合“家电下乡”，举办家电城乡巡回展及“无火煮食”展，大力开拓居民用电市场；依托地方政府力量，依法清理非法自供区，收回自供区37个，新增小水电上省网容量7.4万kW。实施能源替代工程，印制9类电能替代其他能源比对卡，重点实施旅游景区“以电代柴”、产茶产烟区“以电代煤”、供暖供热区“以电代油”，能源替代容量8.8万kW。实施解决电网“卡脖子”等涉及增供扩销的配网项目60项。推广配网检修工时定额管理以及配改工程工时招标，推行与客户联合检修、零点检修，客户平均停电次数比降57.4%。设立44名市场客户经理，“一对一”跟踪重点项目，做好供电服务参谋；建立由供电单位领导及中层干部挂钩省市重点建设项目的机制，促进新增项目早投产；对停产、减产的客户，提供恢复用电预约申请服务，促进停产企业快复电。

农电工作

2009年，福建公司大力实施“三新”农电发展战略，农电工作持续深入推进，年度各项目标任务全面完成。全省县供电企业累计完成售电量537.21亿kWh，同比增长7.99%；综合线损率6.65%，较目标值低0.35%；0.4kV线路线损率8.14%，比降0.68%；电费回收率100%；供电可靠率99.658%，居民端电压合格率95.541%；全年未发生生产性人身死亡事故。35个县公司获当地人大授予“人民满意供电单位”称号，全部县公司进入当地行风评议前3名，其中55个名列第一。

编制“十二五”农网规划工作大纲，明确规划目标和技术原则。典型设计应用面进一步扩大，110kV变电站和线路典型设计应用达93.94%和75.38%；35kV变电站和线路达91.67%和83.87%；10kV变电站和线路达100%和93.6%；低压线路和电气化村达100%。投产35kV及上线路538km、容量145万kVA，10kV线路83 043km、容量1051万kVA。

修订安全监督管理标准制度，开展执规督察；组织创无违章企业“三面红旗”竞赛，22家县公司农电安全验收达标。组织防低压作业人身触电专项整治，农网设施“两清理”全面完成。全面推广GPMS系统；县公司试点推进调控一体化改革；完善一流县调管理评价标准，6个县调通过验收；开展继电保护对口扶持和二次专业隐患排查，并落实整改计划；完成地、县一体化OMS系统建设，53个县调完成数据网络建设；开展电压质量管理调研和无功补偿装置普查。

深化全面预算管理，推进标准成本体系建设，加大预算管控力度。各县公司在中电财开立结算账户，实现资金集中归集。夯实会计基础，县公司全部达标。持续深化“三节约”活动，建立内部资金融通市场。疏导县公司电价矛盾，确立两年内城乡用电同价目标，省网提高趸售电价因素得到全额疏导。加强农电物资管理。物资采购计划、招标、监造和废旧物资处置纳入省公司统一管理。整合成立中心供电所279个；在未设立中心所的乡镇合理配置营业所，就近开展报装、抄收和抢修等服务。94%的标准化供电所建设实现达标，福州电业局和德化、长泰、泰宁供电公司共建成4个全国示范标准化供电所。农电同业对标创一流持续深化。罗源、德化供电公司建成国家电网一流县供电公司；石狮供电公司、永安电业局荣获国家电网公司农电综合管理标杆单位称号。

编制《“十二五”农电工人力资源专项规划》，规范县公司多元化用工，有效解决农电混岗问题。建成培训机房、装表接电、配电线路等114个实训基地；

实行上岗、在岗、转岗、晋级资格证书制度，供电所人员100%持证上岗；加强农电工技能鉴定和学历教育，工程师和技师比例达28.7%，30名供电所所长和营业人员参加国家电网公司调考，取得总分第一、所长个人第一的好成绩。统一农电工招聘程序和条件，加强劳动合同管理，完善退出机制；改善农电工薪酬待遇，工资总额同比增加13.6%；初步建立农电绩效考核制度。

科技与信息化

2009年，福建公司在技术创新方面积极落实国家电网公司“建设一流人才队伍、实施大科研、创出大成果、培育大产业、实现大推广”的科技发展战略，从解决电网建设、安全生产、经营管理中存在的实际问题入手，加快坚强智能电网研究步伐，加大新技术和新成果推广应用力度，不断提高企业技术水平和现代化管理水平，促进经济效益增长。

技术创新成效显著。全年申请专利55项，获得专利58项；发表文章259篇，论著5本；国家电网公司发布的新技术类型累计应用面超过100%。

科技成果持续涌现。参与研发的科技成果“SG186工程企业资源计划典型设计研究”和“国家电网公司两型三新输电线路设计建设研究与应用”获2009年度国家电网公司科学技术成果一等奖，参与研发的科技成果“针对影响公司经营的七类主要法律纠纷案件的结构性应对研究”获2009年度国家电网公司科学技术成果特别奖；科技成果“统筹安全、经济与节能目标的实时调度决策系统”和“基于LIDAR的电网生产管理高级应用功能研发”获2009年度中国电力科学技术奖三等奖；11项科技项目获福建省科学技术奖；2009年度公司科学技术奖共评出84项；全年验收项目共108项，其中9项达到国际先进及以上水平，25项达到国内领先水平，成果除个别项目按审批程序结题外，均能在生产、管理中发挥作用。

技术创新引领电网发展。提升电网调度自动化水平。新一代EMS系统、调度生产实时数据中心全面上线运行；新办公楼水调自动化系统平台软件及会商系统正式投入，成为全国首家实现具备防汛、发电、气象、应急指挥等会商功能的水调自动化系统；构建了新一代的大规模跨流域水电站群智能调度系统平台；地区OMS系统实现9个地区调度各专业生产管理流程化、规范化，标志着福建电网自动化技术水平和应用水平已步入国内先进行列。提升生产运行技术水平。全省生产信息化管理已进入了实用化普及应用阶段，县公司全面推广实施GPMS系统；建立了输电线路在线监测远程监控中心，全省状态检修工作进入实质性运作阶段；全省电网已形成了以集控所为中心的变电运行集中监控模式，20座220kV变电站实现无人值班；全省500、220kV变电站综合自动化系统应用比率分别达75%、100%。提升营销管理及配网技术水平。新的用电信息采集系统主站上线运行；深化研究应用配电GIS；自主研发应用单相防窃电电能表、电能计量封印管理系统；试点推广网络预付费系统，在厦门9个小区投入4162具预付费电表。

提升电网装备水平。500kV连江—宁德线路、福州—连江线路大截面导线已投运，依托龙岩卓然500kV变电站应用三维设计技术建立全站区三维浏览模型，采用海拉瓦—洛斯达航拍技术设计的500kV宁德—南平线路已投运，数字化变电站示范工程厦门湖边变完成初步设计，110kV变电站累计已完成安装非金合金变压器1177台，变电站普遍应用在线监测系统。

优质服务

福建公司认真履行优质服务责任，不断提升服务理念，健全完善优质服务机制，努力铸造一流优质服务品牌。服务方式持续创新。推进福州95598呼叫中心建设；成立厦门95598呼叫中心，统一服务品质，减少用工117人。全面建成营销业务应用系统，19类营销业务实现统一平台运作；推行业扩工程“售楼式”服务，推广阳光业扩典设套餐，开发阳光业扩互联网商务平台，省公司统一受理10kV业扩工程回访。直管供电单位营业窗口实现“一口式”服务，服务项目增至16个；直管供电单位全面推行“准军事化管理+海尔式”服务、故障抢修工时定额管理。实施农村供电所标准化建设，98%的供电所达到目标管理要求。

服务客户更加到位。启动“送温暖、保增长，真诚服务365”系列活动。开展“闽台电力缘，两岸光明行”行动，实施台企VIP专享服务。圆满完成“6·18”海交会、“9·8”投洽会、国庆60周年等重要保电任务。开展“供好电、服好务”、“零投诉累计天数”竞赛，投诉整改到位率98.4%，投诉处理满意率97.0%。全面推广停电检修工时定额管理，集中整治低电压问题，直供区低电压投诉比降63%，供电质量持续改善。试点开展电力市场交易“一站式”服务，在国家电网公司系统首家设立地、县电源客户服务中心。福建公司电能计量中心取得国家资质认可。

党的建设与精神文明建设

党的建设持续深化。认真学习贯彻党的十七届四中全会精神，完善党组（委）中心组学习、考核评价制度。深入开展“四好”班子创建，推行干部试用期满考评和“回头看”考评，“四好”班子考核覆盖至县公司；选送优秀干部在系统内外挂职锻炼；广泛开展“电网先锋党支部”创建活动；注重党建“三级联创”实效。举办领导人员视频集中培训、党委书记培训、县公司干部分专业培训。完成直属机关“两委”换届工作。开展“一带二”小组技能竞赛及星级评定，激励党员带头学技术、学业务。制订《2009～2013年党员教育培训工作实施意见》；深化党员队伍先进性建设，加强党员动态管理和入口管理；全面推行党员承诺制，让职工群众监督党员。

廉政建设常抓不懈。以建立健全制度体系和问责机制为重点，全面构建“三化三有”国家电网特色惩防体系。深化对重大经济活动、重点薄弱环节的党风廉政风险预控；推进“三重”人员轮岗交流，实施重点人员岗位交流2800人·次；试行届中经济责任审计，推行直管单位中层领导人员经济责任审计；完善县公司监察审计负责人委派制度，推行纪委书记报告工作制度；加强巡视督察，组织党规、党纪知识“飞行测试”，认真落实三项谈话、述职述廉、廉政审核等制度。通过学习案例汇编等形式，扎实开展廉政教育。反违章专项工作深入推进，开展工程青苗赔偿专项整治和后评估活动，严格重大设计变更、工程质量验收等环节监督管理，严肃查处私设“小金库”行为，全面推进重点领域专项整治；大力实施工程建设、废旧物资回收和集中处置等领域效能监察。

行风建设再创佳绩。完善与用电客户沟通联系的常态机制，各电业局均在当地媒体开设电力专栏，全部供电企业参加行风热线，主动把“企业交给社会监督”。完善申请用电、抢修服务、电费回收等环节监督机制，建立“三公”调度交易工作问责制和95598投诉受理中心100%回访制，严格规范调度交易和供电服务行为。以“三个十条”为主线，坚持“寓评于建”，行风建设成果不断巩固，各电业局在当地行风评议中全部名列第一，66个县（市）供电企业中55个获得第一名，其余单位位居前三名。

企业文化更趋统一。深入宣传贯彻国家电网公司“诚信、责任、创新、奉献”核心价值观，扎实推进企业文化“四统一”主题实践活动，规范清理基层单位冠名文化。开展纪念福建有电130周年活动，建成全国首家省级电力博物馆。围绕新中国成立60周年，深入开展“爱国、爱企、爱岗、爱家”主题教育活动。发布福建公司社会责任报告。

群团工作营造和谐。深化民主管理工作，组织职工代表对职代会决议、劳动保护等工作进行巡视检查；认真落实国家电网公司班组建设三十条重点要求，制定班组建设规划。爱心互助会资助困难职工571人、401万元。工会工作标准化建设达到国家电网公司考核A类标准。举办第三届职工运动会；组织纪念新中国成立60周年歌会。第四届海峡两岸职工创新成果展获得31枚金牌、23枚银牌、17枚铜牌。开展“青春建功大环网”立功竞赛，成立青年志愿者协会。荣获“希望工程20年杰出公益伙伴”称号。开展500kV大环网等重点宣传活动，在省级以上媒体上稿10 227篇。积极落实离退休老同志政治待遇和生活待遇，荣获国家电网公司离退休工作先进单位。

（许　旻）

华中地区

华中电网有限公司

企业概况

华中电网有限公司（简称华中公司）是国家电网公司投资设立的国有独资公司。华中公司的主要职责是执行国家法律、法规和产业政策，在国家宏观调控和行业监管下，贯彻和实施国家电网公司发展战略，依法经营、管理公司全部法人资产，对国家电网公司承担相应的资产保值增值责任；根据国民经济发展规划、国家产业政策、电力工业发展规划、市场需求和国家电网公司战略规划，制定并组织实施华中公司的发展战略、中长期发展规划、年度计划和重大生产经营决策；在国家电网公司的统一组织下，参与投资、建设和经营华中电网内的有关输变电工程和调峰、调频电源工程；依法对华中电网实施调度管理。

2009年，华中电网经受了特高压初期运行、三峡26台机组首次满发、国庆60周年保电、电力供需形势明显变化、用电负荷屡创新高和电网停电配合任务重、时间集中等重大考验，经历了国际金融危机的严重冲击。面对前所未有的复杂严峻形势和巨大考验，华中公司全面贯彻落实国家电网公司的各项决策部署，坚定不移地推进“两个转变”，以解放思想、转变观念为先导，以破解难题、创新发展为着力点，迎难而上，奋力攻坚，全面完成了年度目标任务，各项工作取得了新的成绩。

2009年，华中公司投产500kV线路447.5km，变电容量75万kVA。完成跨区跨省交易电量279亿kWh，同比增长29.7%。

电网概况

华中电网是国家电网公司所属五大区域电网之一，供电范围包括湖北、河南、湖南、江西、四川和重庆六省（市），土地面积约130万km^2，占全国国土面积的13.5%；供电服务人口3.95亿人，占全国总人口的29.6%。

华中电网是以湖北电网为中心，东西联江西、四川、重庆，南北接湖南、河南的辐射状跨省电网，在“全国联网、西电东送、南北互供”的战略格局中具有举足轻重的地位。晋东南—南阳—荆门1000kV特高压交流试验示范工程于2009年1月6日正式投运后，华中电网便步入以1000kV特高压电网为特点的新阶段。到2009年底，华中电网主网不仅已与河南、湖南、江西和川渝电网实现500kV强联系，而且与周边所有区域电网实现联网，通过3回±500kV直流线路与华东电网相联，通过1回±500kV直流线路与南方电网相联，分别通过1回1000kV及1回500kV交流线路与华北电网相联，通过3回330kV交流线路以直流背靠背方式及1回±500kV直流线路与西北电网相联。

截至2009年底，华中地区全口径发电装机容量17 633.2万kW，其中水电占40.6%，火电占59.2%，其他占0.2%；统调发电装机容量15 720.98万kW（含三峡电站，下同），其中水电占39.6%，火电占60.3%，其他占0.1%。华中地区全口径发电量7019.36亿kWh，其中水电占35.9%，火电占63.9%，其他占0.2%；统调发电量6152.28亿kWh，其中水电占35.2%，火电占64.8%。华中地区全社会用电量、统调用电量和统调年最高用电负荷分别为6702.86亿kWh、5700.07亿kWh和9461万kW，分别较2008年增长8.1%、10.8%和19.3%。

截至2009年底，华中电网500kV交流输电线路313条、28 239.719km，500kV公用变电站101座、12 420.1万kVA；220kV输电线路1957条、58 482.184km，变电站693座、17 778.654万kVA。

人力资源

2009年，华中公司职工总数为2564人，其中主营业务用工1654人，社会化用工910人。在主营业务用工中，经营管理人才490人，党群工作者43人，专业技术人才903人（其中在管理岗位485人），技能人才704人。专业技术人才中，具有高级技术职称的有426人，中级技术职称257人，初级技术职称163人。技能人才中，有高级技师1人，技师7人，高级工39人，中级工151人，其他506人。截至2009年底，共有享受国务院政府津贴人员2人，国家电网公司优秀专家人才8人，湖北省中青年科技专家2人。

按照“规范机构设置、合理定编定员、明确职责权限、优化业务流程、提高管理效率”的原则，在2009年顺利完成本部机构编制和职级序列规范管理工作，进一步优化了组织结构、提升了管理效率，为各项工作的正常进行和职工队伍的稳定提供了保证。

2009年，华中公司不断改进、深化绩效管理和业绩考核工作，进一步规范、完善分配机制，并按照依法从严治企的要求在多种用工管理方式上积极探索和创新。

教育培训工作以华中公司和电网发展需求为导向，围绕员工能力和素质的提高，大力开展全员培训，着力优化人才结构。2009年度完成教育培训项目85期，共培训8686人·次，全员培训率达到96.1%。其中，较好地开展了特高压与智能电网普及知识和专业技术知识的系列培训，开展了专业技术和生产技能人员的专项培训等。远程培训系统2009年正式上线运行，为不断提高培训管理水平、创新培训方式和手段提供了技术支撑。

电网建设与发展

2009年，华中公司全面完成各项电网建设任务，提前完成了年度投产计划，电网建设管理成效显著。在电网建设中深入推进基建标准化建设，全面应用“三通一标”标准化成果，建设“两型一化”变电站和“两型三新”线路。全面推行业主项目部管理，全面落实基建“三横五纵”管理体系，工程安全质量管理水平显著提高。2009年实现工程建设安全“双零”

目标，工程达标投产率实现100%，500kV水潜Ⅲ回等7项输变电工程被评为国家电网公司优质工程；500kV平顶山—洛南线、平顶山变电站被评为中国电力优质工程；500kV平顶山—洛南输电线路工程荣获2009年国家优质工程称号，是继2008年500kV水布垭—潜江输变电工程获得国优工程后，华中公司输变电工程再次获得国家优质工程的殊荣。

电网建设科技水平显著提高。2009年华中公司坚持以技术进步为先导，积极应用先进适用的新技术、新设备、新材料、新工艺。在500kV资阳、北碚变电站新建工程中，第一次全面采用IEC 61850统一通信规约技术，为智能变电站建设奠定了技术基础。在500kV水布垭开关站基建工程中，首次应用抽能高抗技术，提高了站用电的可靠性。在500kV鄂赣3回线路工程建设中，开展了装配式架线技术研究和应用。该项技术不仅为施工企业节省施工成本，提高工效，更在节约导线资源、安全施工方面具有极大的推广价值。已于2009年底向国家专利管理部门提交了该项技术的专利申报申请。

经营管理

2009年，面对全球金融危机给经营工作带来的影响，华中公司努力克服各种困难，经营和财务状况均好于年初预期。

坚持全局一盘棋，量入为出，突出重点，统筹协调各项资源，加强成本费用的精益化管理，建立全过程成本控制机制，全年可控费用同比下降5%。

按照国家电网公司的统一部署，在加强资产管理基础工作的同时，重点做好低效、无效股权的处置转让工作。主要完成了丰华招标公司、丰华监理公司以及三亚海角酒店的股权转让工作。

加大电费回收力度，提高资金使用效率，优化融资结构，加强资金运作，提高资金精益化管理水平，降低融资成本。

按照国家电网公司财务集约化管理的要求，结合实际，制定财务集约化管理实施细则，建立以成熟套装软件为主体，以财务管控模块为补充的财务应用建设目标，积极开展财务管控模块的推广工作，财务信息化建设工作成效显著。

安全生产

2009年，华中公司认真贯彻落实国家电网公司关于安全生产的各项决策和部署，坚持“安全第一、预防为主、综合治理”的方针，按照“三个百分之百”要求，深入开展各项安全活动，强化安全生产监督管理，深化隐患排查治理，协调推进应急体系建设，确保电网安全稳定运行，安全生产局面总体保持平稳。

2009年，未发生人身伤亡事故，未发生重大及以上电网、设备和人身事故，未发生大面积停电事故和重大火灾事故；全网发生一般电网事故5起，发生设备事故6起，华中电网连续27年实现安全稳定优质运行。

坚持动态跟踪安全生产状况，及时对安全生产工作进行总结、分析，查找存在的问题与不足，提出加强安全工作的建议，确保安全生产工作的针对性与时效性。

根据机构设置变化情况，及时编制、修订了《华中电网有限公司生产类应急工作流程》、《华中电网有限公司隐患排查治理工作规定》等规章制度，提升和规范管理水平。

认真开展各项安全活动。按照“组织到位、责任明确、任务具体”的原则，积极开展“三项行动”、“隐患排查治理”、“反违章”、“三查一整改”及“全国安全月”等活动，取得了良好的效果。尤其是通过贯彻落实国家电网公司关于春节、两会、迎峰度夏、国庆60周年保电等要求，加强检查，找准隐患，督促整改，确保了重要时期、时段电网的安全运行和可靠供电。有针对性地组织开展了《国家电网公司电力安全工作规程》执行、SF_6电气设备、稳措、通信专项治理等安全监督工作，及时消除电网安全隐患，专项监督工作成效显著。

强化基建安全监督与管理。大力推广安全文明施工设施标准化工作，开展安全文明施工对口竞赛活动，促进了工程项目安全管理水平的提高；组织开展基建工程反违章等专项安全活动，有针对性地开展工程分包、施工机械等专项安全监督工作，华中公司直属在建工程全年未发生人身伤亡事故、设备事故和施工机械事故。

认真组织实施机组并网前安全检查和安全性评价，严把机组入网关。认真开展新机组并网前涉网安全管理和技术监督工作，发现问题积极督促发电企业按期整改。

健全应急机制，加强应急管理。全力推进应急指挥中心建设，华中公司应急指挥中心于6月16日按期完成并投入使用。根据电网运行特点，及时修订相关应急预案。组织开展凤凰山变电站全停应急演练，参加国家电网公司迎峰度夏联合演练，增强应急处置、指挥协调能力。积极推进应急体系建设，开展应急预案管理系统课题研究，健全应急组织机构，进一步完善应急工作规定，制订应急工作流程，应急体系建设有序推进。

科技与信息化

2009年，华中公司对照国家电网公司创新型企业评价考核标准，积极落实“一流四大”科技发展战略的要求。在指导思想上，以支持先进适用新技术的推广应用为重点，以重大电网建设和技术改造工程项目为依托，以解决生产经营管理中面临的重大关键技术问题为突破口，开展新技术推广应用和技术创新工作。

在具体工作上，坚持结合实际、突出重点、集中精力、加强合作的原则，尤其是加大对重大科技项目立项的支持力度，重点组织开展重大项目的科技协作，杜绝低水平重复研究，实施大科研，创造大成果，实现大推广，进一步提高科技创新能力和科技绩效水平。

承担了10项国家电网公司下达的科技创新专项工作任务。取得了一批高水平的研究成果，其中“跨区域大型电网继电保护整定计算自动化系统”获得2009年度国家科技进步奖二等奖，“LB-1型抱杆研制及应用”和“华中电网电力资源优化配置平台”获得湖北省2008年度科技进步三等奖，“LB-1型抱杆研制及应用”还荣获2008年度中国电力科技三等奖。专利申报工作也取得显著成绩，全年共申报18项专利，其中包括7项发明专利；获得26项专利授权，其中包括1项发明专利。

2009年，按照年初制定的各项目标，全面完成本年度信息化工作任务，网络与信息系统安全稳定运行，没有发生因人员责任或管理责任造成的网络与信息系统停运、设备故障或涉密信息泄密等重大信息系统运行安全事件。ERP系统一期项目于1月8日正式上线运行，各项应用功能运行基本正常。在此基础上，以完善现有功能、扩展应用范围、深化系统应用，实现ERP系统“用好、好用”为目标的ERP二期项目3月23日正式启动实施；经过各部门共同努力，9月28日按期实现了ERP系统的全面上线，得到了国家电网公司的好评。SG186相关业务系统建设按计划推进，于11月通过了国家电网公司组织的测试，并全面完成SG186工程的总结与回顾，按期实现了年初确定的SG186工程竣工验收目标。华中公司科技信息部获得“国家电网公司信息化SG186工作先进集体”荣誉称号。

优质服务

2009年，华中公司面对上半年用电负荷严重下滑，电量交易开展困难，6月用电负荷出现恢复性增长，7～12月用电负荷屡创新高，出现电力供不应求现象等不利因素，以满足六省（市）用电需求为前提，以“四个服务”为宗旨，大力开展节能调度和绿色电力交易，提高发电设备利用小时数，全年交易电量279亿kWh。

在1000kV特高压电量送出和消纳方面做了大量工作。正常情况下，枯水期组织各省（市）消纳华北的电能，汛期组织四川水电送华北。5月底在四川水电来水不足时，组织湖南、重庆水电参与特高压线路北送交易。10月底，特高压线路功率反转南送时，四川来水丰裕，消纳特高压电量有困难，华中公司及时组织电网内的其他省（市）消纳特高压线路南送的电量。

积极执行国家低碳经济政策，通过努力工作，促请华中电监局于5月出台了《华中区域水电减弃增发应急交易暂行办法》，在华中区域建立了绿色能源输送通道。依据该《办法》，全年完成水电外送交易电量达到25.6亿kWh，取得了良好的经济和社会效益。

努力搞好冬季电力供应，满足六省（市）的供电需求。2009年第四季度由于缺煤少水，电力供应紧张，华中公司提出了保供电、促交易的措施。通过反复协商，完成了第四季度湖南、湖北、重庆等省（市）购电22.8亿kWh的电力交易，鄂豫联络线南送功率达到265万kW，接近送电极限，有效缓解了上述省（市）冬季供电的紧张形势。

把书面征求意见和走访发电企业结合起来，倾听发电企业有关开拓市场和提供更多市场信息的呼吁，积极开拓区外市场，加大跨区送电，提高火电机组利用小时，并增加发布电力市场运行情况周报和日报以及从7月开始在网站上发布电力交易价格信息。同时，还建立了交易联络员机制，实行问询答复制度，开展“真诚服务促发展，网厂携手迎华诞”电力市场交易服务月活动，为发电企业提供更好的服务。

全面开展了“三公”调度交易专项整改活动，进一步规范交易行为，杜绝对冲交易和接力交易，使协商和竞价等交易的组织行为更加规范，交易价格和交易电量的确定更加公平、透明，实现了网、省交易运营系统纵向贯通，各项交易的技术支持手段更加完备。

党的建设和精神文明建设

2009年，华中公司紧扣“深化‘两个转变’、推动科学发展”主题，深入开展了学习实践科学发展观活动。围绕打造坚强智能电网、破解发展难题、加强党的建设、解决历史遗留问题、优化资源配置、关心员工生活等方面，认真制订整改措施，狠抓落实，20条整改措施全部得到落实，解决了一批影响和制约华中公司科学发展的突出问题。

学习贯彻党的十七届四中全会精神，以党的建设为统领，全面推进“三个建设”，扎实开展“四好”领导班子创建工作。加强基层党组织建设，积极开展

“电网先锋党支部”创建活动。加强企业文化建设，组织实施企业文化“四统一”主题实践活动，大力弘扬“诚信、责任、创新、奉献”的核心价值观，扎实开展文明单位创建活动。

贯彻落实中央纪委十七届三次、四次全会和国家电网公司纪检监察工作会议精神，党风廉政建设责任制得到有效落实，廉政监督制度得到有效执行。“三化三有”特色惩治和预防腐败体系基本框架初步形成，“反违章”活动深入开展，加大案件查办力度，进一步规范效能监察、“三公”调度和优质服务工作。

开展华中电网500kV系统劳动竞赛，组织了庆祝新中国成立60周年系列活动。32件职工代表提案和建议的处理和答复工作圆满完成。深化厂务公开，征集合理化建议1217条。全面落实离退休人员政治待遇、生活待遇的有关政策。重视并积极解决员工关注的热点、难点问题，保持和谐稳定的局面。

2009年，本部继续保持“全国精神文明建设先进单位”称号。有2人荣获省级劳模称号，1人获湖北省“五一”劳动奖章，2人获“国家电网公司劳动模范”称号。

（戚大安）

河南省电力公司

企业概况

河南省电力公司（简称河南公司）是国家电网公司的全资子公司，国有特大型企业，下属郑州、洛阳、安阳、南阳、焦作、新乡、平顶山、三门峡、商丘、许昌、濮阳、驻马店、信阳、开封、周口、漯河、济源、鹤壁18个市供电公司、6个设计施工修造企业、4所教育培训机构和1所医院，员工3.47万人。受政府委托，代管107个县供电企业，农电员工10.9万人。

售电量完成1734亿kWh，同比增长8.5%，居国家电网公司系统第四位；跨区跨省交易电量180亿kWh。

电网概况

河南电网位于华中、华北、西北联网枢纽位置，中国首条晋东南—南阳—荆门1000kV特高压交流试验示范工程纵贯全省，已安全运行一周年。河南电网通过4回500kV线路与华中电网相联，1回500kV线路与华北电网相联，通过灵宝背靠背换流站与西北电网直流相联。目前，河南电网500kV网架已基本形成梯形网格状结构，220kV电网基本覆盖全省各县。

截至2009年底，河南境内500kV变电站23座、容量2940万kVA，220kV变电站167座、容量4775.6万kVA。全省全社会用电量2081.4亿kWh，同比增长5.6%。省网最大负荷3191万kW。全省装机容量4679.8万kW，其中火电4293.79万kW，水电365.28万kW，新能源20.73万kW。全省统调装机4296.38万kW。全省发电装机、发电量、用电量均居全国第六位。

人力资源

积极推进人力资源集约化管理，编制人力资源战略规划，加强年度计划管理，开展全员绩效考核。完成本部、市供电企业机构编制和职级序列规范，市公司职能部门压缩17%，二级机构精简16%。推进大班组建设，班组数减少36%。落实劳动定员标准，统一劳动用工管理，有效管控员工入口。加强用工风险管理，农电工混岗问题基本解决。

加快实训基地标准化建设，建成20个实训基地、59个实训室。开展大规模全员培训，举办各类培训班2800余期，培训人员超过12万人·次。在国家电网公司竞赛调考中，综合成绩名列第一。开展劳动竞赛和建功立业活动，13个班组荣获“河南省工人先锋号”，4个班组荣获“全国工人先锋号”，1人荣获“河南省十大能工巧匠”，2项成果荣获“河南省十大职工技术创新成果”。

电网建设与发展

贯彻国家电网公司与河南省政府战略合作协议精神，先后与安阳、开封、漯河等9市签订战略合作框架协议，形成政企和谐互动局面。以集中核准、集中开工、集中投产方式，全面实施“1811”电网发展提速工程，破解发展难题，服务了全省工作大局。

编制完成河南中长期能源规划、“十二五”电网规划设计，以及河南电网发展技术及装备原则。启动全省产业集聚区电网规划。承担的省内特高压项目前期工作有序推进。核准110kV及以上项目189项。新开工110kV及以上线路3677km、变电容量2121万kVA，分别完成综合计划的124%和114%；投产110kV及以上线路3397km、变电容量1913万kVA，分别完成里程碑计划的112%和114%。

全面贯彻“三通一标”、“两型一化”、“全寿命周期管理”要求，制定变电站设计标准化技术原则、输变电工程工艺标准，以及项目部标准化管理实施细则，电网标准化建设扎实推进。在全国全寿命周期输电工程、智能变电站设计竞赛中，省电力设计院荣获一等奖。郑州 220kV 腾飞输变电工程项目部，荣获国家电网公司示范业主项目部称号。商丘 500kV 变电站荣获国家优质工程银奖，24 项 220kV 及以上输变电工程荣获国家电网公司优质工程奖，优质工程率 82.7%，列国家电网公司系统第二位。成立智能电网研究中心，完成河南电网智能化规划，110kV 金谷园变电站和客户信息采集系统试点工程、智能电网重点专题研究取得阶段性成果。

经营管理

深入开展同业对标工作，安全管理、电网运行、电网建设进入国家电网公司专业管理标杆行列，是历年单项标杆数量最多的一年。夺得华中区域同业对标 7 项标杆中的 6 项，是华中区域获得标杆最多的单位。业绩考核排名在网省公司中由 2008 年的第十名上升到第五名。

全面全员开展“三节约”活动，严格综合计划和预算管理，增收节支取得显著成效。输变电工程概算同比下降 8.86%。采取预付费、分次结算预控等措施，电费回收率保持 100%。加强线损管理，市公司线损率同比下降 0.19 个百分点。搭建“资金池”账户，加大资金归集力度，实施集中规模招标。

把电价作为企业生命线，全力疏导电价矛盾，河南电价取得历史性突破。新的电价政策，除集中解决 2008 年 8 月 20 日单边提价、脱硫、燃气电站、无电地区建设投资还贷问题外，还有效疏导了华中区域输电费、抽水蓄能电价矛盾。

全面排查小型基建项目，完善审批手续，严格规范管理。开展“三公”调度专项整改活动，巩固扩大“三公”调度成果。加强法律纠纷案件管理，维护了合法权益。加强保险、担保及产权管理，有效防范经营风险。完成领导任期经济责任审计、国家扩大内需项目专项审计，以及中央财政预算资金审计等工作，推动了河南公司依法经营、安全发展。

安全生产

全面落实上级关于安全生产的各项部署，积极应对雨雪冰冻等恶劣天气，确保迎峰度夏度冬、国庆保电等重要时期电网安全运行，保持了长周期安全稳定局面。15 个单位连续安全生产超过 3000 天，基建系统保持全国同行业安全最好纪录。

认真开展安全生产“三项行动”和“三查一整改”活动，严格落实春、秋季安全检查整改措施，强化现场安全监督，巩固“飞行”检查成果，安全基础进一步夯实。健全特高压特护机制，河南境内特高压安全稳定运行。深化状态检修，加强设备标准化管理和运行维护，深入排查和消除安全隐患，精心组织 500kV 郑州变电站和嵩山变电站等技改大修，提高了设备健康水平。开展调度反违章活动，科学安排检修方式，强化反事故演习和专项演练，深入开展二次设备隐患排查，在夏、冬季省网用电负荷分别创 3080 万 kW、3191 万 kW 新高情况下，河南电网安全平稳运行。组织基建、辅业、农电和多种产业安全专项检查，加强分包工程和大型施工机械管理，对煤矿、化工等重要客户进行供用电安全隐患治理。完善应急体系建设，强化统一指挥和协作，取得了抗灾抢险保供电等一系列重大战役的全面胜利。

营销工作

深化营销集约化管理，加大增供扩销力度，推行业扩报装“契约式”服务，重点稳定工业用电市场，加强企业自备电厂规范管理，市场开拓成效明显。积极开展外送电委托代理试点，实现了互利共赢。市场占有率 96.39%，比 2008 年末提高 1.81 个百分点。

深化营销体制改革，设立省公司计量中心和市公司“一部五中心”。加快信息化进程，营销信息系统提前全面上线。周密组织落实电价调整方案，确保新的电价政策执行正确、到位。集中开展打击窃电、违章用电“春雷行动”和“飓风行动”，有效遏制了违法用电行为，取得了明显的社会和经济效益。加强配电网建设，完成省、市公司“十二五”城市配电网规划。推广“降频压时”三项停电作业法，成立郑州、平顶山、新乡 3 个 10kV 跨区带电作业协作中心，首次开展 10kV 旁路带电作业。

完成电监会和国家质检总局对河南公司电能表抽检配合工作，电能表抽检合格率 100%。积极开展配网降损改造及电能采集建设工程建设，在国家电网公司系统率先启动试点工程现场设备安装工作。

农电工作

大力开展农电标准化建设，推进农电人财物管理，农电事业取得新突破。全省 107 个县供电企业完成购电量 661.33 亿 kWh，同比增长 8.64%。综合线损率完成 6.69%，比计划指标降低 0.56 个百分点。

组织农电系统员工圆满完成援川地方电网恢复重建任务，受到北川地方政府和当地群众的高度赞誉。落实中央和河南省保增长、保民生、保稳定要求，加快实施中西部地区农网完善工程。落实国家粮食战略工程河南核心区建设规划，大力开展“农田机井通电”工程，改造机井 9.1 万眼，受益农田 576.4 万亩。农田机井通电工程的实施，在 2009 年初抗旱夺丰收工作中发挥了重要作用。积极落实国家“家电下乡”政策，集中招标采购近1万台变压器，有效解决了农村中低压电网供电设备过载、超载等电网“卡脖子”问题。落实国家新农村建设总体部署，积极实施新农村电气化建设，累计完成19个县、277个乡、4232个村的新农村电气化建设任务。

科技与信息化

坚持实施科技兴企战略，强化科技项目管理，河南公司成为河南省创新型企业试点单位。国家电网公司下达的八项科技创新重点工作全部完成。16项科研成果获省部级科技进步奖。申请受理专利772项，授权专利218项，专利申请和授权量均居国家电网系统第一位。真型输电线路等综合试验基地、实验室建设取得重要进展，数字化变电站技术推广与应用项目被列为省重大科技专项。

推进信息化建设与应用，SG186工程首批通过验收，被国家电网公司评为先进单位。ERP系统在推广单位中第一家成功上线，为人财物集约化提供了强力支撑。加大新设备、新技术、新材料研究应用力度，建成国内首条全线Q460高强钢线路——500kV博塔线，碳纤维复合芯导线在河南新乡220kV北卫线挂网运行。开展了20kV供电区试点工作。电动汽车充放电关键设备和技术研发等项目全面启动。

优质服务

扎实做好国庆60周年供电保障工作。举行“迎祖国60华诞，展供电服务风采”等活动，开展重要客户安全隐患排查治理，编制各类安全保障及事故处理应急预案，确保了全省各地大型庆典活动、市政、新闻媒体等重要部位和场所可靠供电。圆满完成了抗灾抢险和重要节日、重大活动保电任务。

全面深化供电优质服务，受理涉及供电服务方面的举报和咨询总量同比下降24%。积极做好全省行风评议工作，在2009年全省行风评议中实际得分再次名列公共服务行业第一名，实现“四连冠”，所属18个市供电公司行风评议实际得分均位居当地公共服务行业第一名。组建电力物业专业公司，开展客户电力设施代维代管工作。实施“岗位责任挂牌服务”，客户覆盖面超过90%。完成南水北调黄河以北段电网迁建及配套设施，以及郑西、京九、焦柳、新菏等电铁供电工程。加强电厂送出配套服务，保证了全年450万kW新机组顺利投产。

党的建设和精神文明建设

深入开展学习实践科学发展观活动，深化对电网发展规律的认识，分析查找制约河南公司发展的突出问题，落实37项整改措施。学习实践科学发展观活动取得了突出成效。

按照国家电网公司要求和部署，全面加强“三个建设”。以“四好”领导班子创建为抓手，对处级干部和县公司班子成员实施全员轮训，加大本部与基层、基层单位之间干部交流力度，拓宽了干部培养锻炼的平台与载体。落实党风廉政建设责任制，惩防体系不断完善。制订了加强党建工作的实施意见，完善了党员教育培训工作规划，“电网先锋党支部”创建、基层党组织建设工作稳步推进。坚持党建带团建，充分发挥团员青年生力军作用。扎实开展精神文明创建活动，15家单位被评为“全国文明单位”、“全国精神文明建设工作先进单位”，受表彰数量居全省各行业之首。以“祖国有我唱出去、成就有我展出来”为主题，举办庆祝新中国成立60周年系列活动，培育“诚信、责任、创新、奉献”的核心价值观，企业文化氛围日益浓厚。

全面落实离退休政策，为老同志安享晚年创造了良好条件。加强新闻舆论引导、舆情监测，广泛宣传电网发展新成绩，树立良好社会形象。保障职工福利待遇，启动职工生育保险。生产辅助体系日益完善，河南电力体检中心等一批项目相继建成。积极履行社会责任，开展拥军、扶贫、爱心助学等活动，赢得了社会各界广泛赞誉。

（胡宏伟）

湖北省电力工业

电网概况

2009年，全省用电呈低开高走加速上升态势。全省发电能力显著提高，电源结构进一步优化，电力行业节能减排成效显著。电网建设提速，网供能力和供电可靠性大幅提高。面对全年复杂多变的电力供需形势，全省电力系统广大干部职工团结一致，克难奋进，确保了电网安全稳定运行和全省电力正常供应。截至2009年底，全省全口径发电装机容量4566.88万kW（含三峡1820万kW），同比增长5.57%，居全国第七位，其中，水电、火电装机容量分别占65.68%和34.29%，风电、生物质等新能源占0.03%；全年发电量1797.76亿kWh，同比增长2.6%，居全国第八位；全社会用电量1135.13亿kWh，同比增长7.24%；全年累计网间互供电量1123.89亿kWh，同比增长21.01%；全网统调最高用电负荷1912.3万kW（2009年7月20日），同比增长 19.07%。

全国首个 1000kV 特高压交流试验示范工程（晋东南—南阳—荆门）于 2009 年 1 月 6 日成功投运，开启了湖北电网发展新篇章。湖北电网以 500kV 电网为骨干、220kV 电网为主体、110kV 及以下电网覆盖全省。省内 500kV 电网已形成鄂东双环网和中部环网。湖北电网通过 14 回 500kV 交流线与河南、湖南、江西、川渝等省（市）电网联网，通过 1000kV 特高压及 500kV 超高压与华北、华东和南方电网相连，在国家电网总体格局中，湖北电网更多地承担着“西电东送、三峡外送、南北互供”通道型电网作用。2009 年湖北电网规模情况见表 1。

表 1　2009 年湖北电网规模一览表

指标名称	计量单位	2008 年	2009 年	增幅（%）
全口径发电设备装机容量合计	万 kW	4327.75	4568.88	5.57
水电	万 kW	2905.24	3000.66	3.28
火电	万 kW	1418.65	1558.36	9.85
新能源	万 kW	3.86	9.86	155.44
110～1000kV 公用变电站合计	座	634	886	39.75
110kV	座	508	736	44.88
220kV	座	107	129	20.56
500kV	座	19	20	5.26
1000kV	座		1	
500kV 换流站	座		4	
110～1000kV 公用变压器容量合计	万 kVA	7823.07	10 025.092	28.15
110kV	万 kVA	2883.27	3950.892	37.03
220kV	万 kVA	2908.50	3467.5	19.22
500kV	万 kVA	2031.30	2306.7	13.56
1000kV	万 kVA		300.00	
500kV 换流容量	万 kW		1217.4	
110～500kV 输电线路回路长度合计	km	34 349.23	36 832.01	7.23
110kV	km	15 885.85	17 404.91	9.56
220kV	km	9180.21	9861.04	7.42
500kV	km	9283.17	9385.77	1.11
1000kV	km		180.29	

湖北缺煤、少油、乏气，发电用煤的 97%需从外省购入，省内大、中型水电资源基本开发完毕，大型水电厂发电量按照国家统一计划大量外送其他省市，全省用电量的 60%以上依靠火电厂发电。这种能源结构导致电力供应长期受电煤制约，每年枯水季节供用电形势严峻。2009 年湖北电网日最大限电负荷 283.8 万 kW、日最大限电量 4650 万 kWh，因缺电煤，全省被迫拉闸限电 11.86 亿 kWh。“十一五”以来，全省电网建设步伐加快，湖北电网与相邻省间、网间互济能力有所提高，特别是特高压交流试验示范工程投运后，2009 年累计向湖北送电近 20 亿 kWh，相当于输入电煤近 100 万 t，对确保全省有序供电作用突出，特高压对解决湖北缺电问题的重要作用初步显现。

湖北电网建设尽管取得很大成绩，但发展中依然面临着转变发展方式等艰巨课题。湖北电网必须围绕国家电网“二纵三横”特高压布局，按照“紧紧依托特高压电网、适度超前建设主网、大力优化配网、加快完善城网、积极改造农网、推动电网智能化”的总体原则，促进湖北电网科学发展。

电力建设

发电能力稳步提高，节能减排效果明显。大容量低能耗新机组不断投运，全省发电能力显著提高。下半年，荆州热电厂 2 台、东阳光 1 台 30 万 kW 热电联产机组和鄂州电厂 1 台 60 万 kW 级机组正式投入运行。火电装机占比较上年上升 1.3 个百分点。生物质电厂的投产标志湖北在新能源利用上迈出新步伐。强力推进小火电机组关停工作，发电行业产业结构进一步优化，节能减排效果明显。全年提前关停 4 台总容量 24 万 kW 小火电机组。在制订发电计划时，严格按照国家节能减排政策执行，优先安排水电和向低能耗、低排放的大火电机组倾斜。全省 60 万 kW 机组发电小时高于平均发电小时约 200h；对 2009 年新投产脱硫装置的机组相应增加发电量计划；开展小火电机组计划电量向大容量机组转移工作，全面落实国家节能减排战略。以上几项措施使全省火电行业每年可节约标煤 133 万 t，减排二氧化硫 6.79 万 t。至 2009 年底，全省 30 万 kW 以上大型火电机组占火电总装机容量的 78%，较上年同期上升 3.4 个百分点；统调火电机组平均供电煤耗 345g/kWh，比上年下降 1g/kWh，产业结构进一步优化。

电网建设加速，网供能力和供电可靠性大幅提高。完成 1000kV 荆门变电站和相关线路建设调试任务，促进首个特高压交流试验示范工程顺利投产送电。推进±500kV 三沪二回线路等跨区电网项目建设，完成±800kV 向家坝—上海特高压直流输电工程湖北段建设任务。完成湖北电网“十二五”规划设计和全省能源战略规划编制，开展三峡地区电网规划研究。“十二五”规划的 500kV 项目全部取得“路条”，解决宜昌北、荆州南等 2 个 500kV 项目系统接入难题，完成1000kV陕北—长沙交流输变电工程湖北段前期工作。开展电网发展效益评估和容载比分析，滚动优化里程碑计划，节点完成率98.2%。完成110kV及以上电网建设投资60.71亿元，投产110kV及以上变电容量686.25万kVA、输电线路1946.94km。其中，新建扩建2座500kV、7座220kV变电站，新增供电能力344万kVA。升级优化各等级线路及变电站，重点解决武汉凤凰山片负荷较重、武昌青山中心城区220kV单回问题。通过电网升级改造，电网结构得到明显加强，供电可靠性大大增加。完成中西部电网完善工程投资16.1亿元。完成电气化铁路供电配套工程投资16.2亿元，武襄、武广电铁配套工程投产送电。狠抓基建安全质量管理，输变电工程达标投产率100%，500kV大吉变电站获"国家优质工程银质奖"。

发电

全省全口径发电量稳步增长，发电计划执行情况良好，为全省经济发展提供了充足的电力供应。全年来水季节性、区域性明显，上半年各流域来水较好，各主力水电厂不同程度增发，由于上半年需求萎缩，大量火电机组让水停备；进入秋冬季，汉江流域来水偏少，长江、清江流域严重偏枯，主力水电厂出力大幅下降，少数机组甚至无水可发，此时火电机组满发保供，发电量和机组利用小时数由负转正。湖北是水电大省，水电装机占全省装机总容量的2/3，水火互济是湖北合理的开机方式。但全省基本不产电煤，来水的不确定性及电煤资源、运力等因素加大了湖北协调水火电机组开机方式的难度。

水电整体欠发。受冬季来水严重偏枯影响，全年水电发电量下降2.69%，水电电量占全部发电量的64.92%，较上年下降3.52个百分点。主力水电厂中，除丹江口全年发电43.34亿kWh，增长78.26%外，其他均不同程度减发。

火电满发补缺，保供支撑作用明显，其发电量和机组利用小时数同比双增长。火电全年发电增长14.05%。上半年水情较好，加之需求萎缩，大量火电机组让水停备，统调火电发电量和机组利用小时数持续下降；下半年在需求大幅增长而水电大幅减发的情况下，火电满发补缺，发电量和机组利用小时数逐步上升。迎峰度冬期间，水电欠发，火电对全省保电起到了主要支撑作用。全年统调火电机组平均利用小时数4332h，同比增加253h。企业效益有所改观，扭转了上年企业大面积亏损的局面。

供电

全省电力供应保障主要由湖北省电力公司（简称湖北公司）承担。全年，湖北公司系统未发生重特大电网、设备、火灾及交通事故；未发生误操作事故；未发生系统稳定破坏事故和大面积停电事故；发生人身死亡事故1次，一般供电设备事故和一般电网事故各2次，供电设备一类障碍81次，安全生产局面总体稳定，湖北电网实现连续安全运行27周年。湖北公司供电能力提升明显。全年供电量936.68亿kWh，同比增长6.63%；售电量878.17亿kWh，同比增长6.72%。线损率6.25%，同比下降0.08个百分点。供电可靠性和电能质量进一步提高，城市供电可靠率（*RS*-1）99.914%，综合电压合格率99.641%。

湖北公司执行企业领导人安全履职季度评估和年度考核制度，开展第一责任人讲安全课活动，逐级落实安全生产责任。坚持集中调考与随机抽考相结合，针对重点人员加大《国家电网公司电力安全工作规程》培训力度。推进备调系统建设，接收丹江口电厂调度权，成功进行湖北电网恩施片黑启动试验。圆满完成"两会"、国庆60周年等重要活动安全保电任务，电网经受住夏季持续高温大负荷考验。开展"三项行动"、春秋季安全大检查、输电线路"六防一清"和"三电"专项斗争，挂牌督办整改重点隐患302项。实施农电安全专项监督、防误闭锁专题调研、分包工程专项治理。推进反违章工作，规范稽查工作检查内容，稽查生产作业、基建施工现场6699次。

创新生产管理方式，完成8座220kV变电站综自系统及无人值班改造，220kV变电站集控率达到73%；推广应用国家电网公司生产管理系统，分析省地两级AVC优化控制和运行成效；推广抢修精益化管理，拓宽带电作业覆盖面；统筹优化检修安排，状态检修试点通过国家电网公司验收。编制智能电网规划，明确建设目标和重点，开展专题调研和试点项目建设。建成110kV及以上标准变电站295座、标准线路760条、标准台区1910个。投入技改资金4.3亿元，实施断路器、隔离开关和二次设备专项治理与技术改造，重点开展老旧变电设备整治和变电站集中监控建设相关项目。投入配网资金5.75亿元，在迎峰度夏期间开展大规模低电压专项改造，整治台区999个，惠及用户10.75万户。克服冬季缺煤少水、电力供应紧张困难，多方争取电力资源，加强设备运行管理，及时启动限电措施，保证居民生活和重要用户用电需求。全力抗击部分县市暴雨、大风、洪涝灾害，在最短时间内恢复供电。接管葛洲坝、龙泉、江陵等3个500kV换流站，重点加强特高压线路和直流设备运行维护管理。开展±800kV向家坝—上海直流输电工程的生产准备，提前进行人员培训和规程制订。

社会用电

2009年电力需求形势复杂多变。上半年，受金融危机影响，部分企业开工不足，全省用电需求持续萎缩，全社会和工业用电分别下降2.53%和7.33%。此间，积极开拓电力市场，出台政策鼓励企业用电是主要任务。随着全省经济逐步回暖，下半年用电逐月回升，10月以后，全省用电迅猛增长。10～12月，全社会用电302.90亿kWh，同比增长26.20%。此间，水电缺水、火电少煤，保发保供成为首要任务。

2009年用电特点：全社会用电增速超过上年0.22个百分点，第三产业和城乡居民生活用电贡献率分别达到37.38%、24.09%；工业用电增幅3.45%，低于全社会用电增幅，全年呈逐步恢复至加速上升态势，表明全省工业已摆脱金融危机影响，重新步入发展快车道；主要制造业用电大部增长，有色金属业用电大幅下降是工业用电增速放缓主因；除黄石外各地全社会及工业用电普遍增长，武汉、宜昌、荆州等传统工业城市增幅普遍低于孝感、黄冈等其他地市。2009年全省全社会用电量构成情况见表2。

表2　2009年湖北省全社会用电量构成情况表

构　成	单　位	2008年	2009年	增幅(%)
全社会用电量	亿kWh	1058.53	1135.13	7.24
第一产业用电量	亿kWh	18.14	18.84	3.86
第二产业用电量	亿kWh	781.09	809.97	3.70
第三产业用电量	亿kWh	98.71	127.29	28.96
城乡居民生活用电	亿kWh	160.59	179.02	11.48
其中：城市	亿kWh	110.82	124.77	12.58
乡村	亿kWh	49.77	54.25	9.02
人均用电量	kWh/人	1732.23	1984.49	14.56
人均生活用电	kWh/人	262.8	312.97	19.09

注　2009年全省总人口数5720万人为常住人口数。

针对全年用电形势的变化，湖北公司坚持巩固与开拓电力市场并举，有效推进积极的营销策略。出台大工业用电优惠政策，实施“阳光报装工程”，开展“家电下乡”和能源替代工作，规范自营区和自备电厂管理，在较短时间实现全年售电量平稳回升，市场占有率同比提高0.18个百分点。

农村电力

截至2009年底，农网完成售电量424.14亿kWh，同比增长9.12%；综合线损率7.02%，比计划降低0.25个百分点；供电可靠率（*RS*-1）99.680%，综合电压合格率97.377%。建成标准变电站149座、标准输电线路233条、标准配电线路808条、标准台区7302个。

湖北公司全年投资21.61亿元，新增104座变电站无功补偿装置，改造327座变电站直流系统、84座变电站综自系统、15套县调自动化主站系统；改造6条110kV老旧线路；农村配网批复项目10 371项、资金11.1亿元，新增、更换配电变压器7283台/67.36kVA，新建和改造10kV线路2734.26km、低压线路6245.6km，解决9866个低电压台区和505条负载率在100%及以上10kV线路，惠及122万多农户。

电网企业概况

湖北公司主要负责建设、管理、经营省内电网（除三峡输变电工程和省间联络线以外）。供电区域覆盖全省城乡，供电人口6110万人。至2009年底，资产总额505.3亿元，有直属单位38个，其中全资单位36个（含12个地市供电企业），控股单位2个；代管县级供电企业20个。用工总量94 925人。2009年，通过优化电网强基础，巩固市场保增长，提升管理上水平，转变机制增动力，努力克服金融危机影响，各项工作平稳较快发展。湖北公司市场占有率87.2%，同比提高0.18个百分点；完成售电量878.17亿kWh，同比增长6.72%；实现利税15.8亿元；全员劳动生产率23.9万元/(人·年)。15家单位被评为国家电网公司文明单位，21家单位被评为省级最佳文明单位。

国家电网公司调整公司领导班子。2、4、11月，湖北公司先后召开干部大会，宣布国家电网公司党组对公司领导班子调整决定。截至2009年底，湖北公司领导班子构成情况如下：

总经理、党委副书记：余卫国

党委书记、副总经理：梁国庆

党委委员、副总经理兼武汉供电公司总经理、党委副书记：单人

党委委员、副总经理：曹世强

党委委员、副总经理：周世平

党委委员、工会主席：王文桃

党委委员、纪委书记：杨光糯

总会计师：杨桂荣

总工程师：晏治喜

副局级调研员：易旺青

学习实践科学发展观活动取得实效。结合湖北公司实际，制订并实施独具特色的“8+8”学习实践科学发展观活动方案，圆满完成3个阶段、6个环节的各项任务。开展“百名干部大轮训、千个支部大讨

论、万名党员重温入党誓词”及“百家客户大访谈、千人问卷大调查、万人惠民大服务”等活动。举办“解放思想、科学发展”论坛、湖北电网“十二五”发展规划论坛。召开调研活动成果交流会、开门纳谏“直通车”对话会、领导班子专题民主生活会，听取各方面意见和建议。按照“四明确一承诺”要求，制订涉及10个方面的整改落实方案，圆满完成64个重点项目、87项制度体系建设和20条惠民措施的整改工作。学习实践活动群众满意率100%。

科技创新与信息化工作全面推进。制定《科技创新考核办法》。与武汉大学签订战略合作框架协议，与中国电力科学研究院联合开展《湖北电网全数字实时仿真系统的开发》等3个项目的科技攻关。“高压电气设备现场试验技术实验室”争创国家电网公司重点实验室通过国家电网公司评审；开展重点科技攻关，完成荆门变电站3台特高压变压器现场局部放电试验等多项重要试验。推进群众性科技创新，全年评出QC小组活动成果奖50项，其中10项获得全国电力行业优秀QC小组及活动成果奖。全年完成科技投入10 256万元。其中投入科技开发费5893万元，重点开展《变电站接地网状态评估与改良对策研究（Ⅰ期）》、《高压输电线路除冰机器人研制》等科技创新研究项目。建立科技成果推广应用“硬约束”制度，在电网建设、技术改造等环节强力推广应用大截面导线、碳纤维导线、同杆多回输电线路、SF_6气体回收、无人值班变电站集中控制等先进技术。投入技改、基建等工程科技资金4363万元（折算值）。湖北公司获得省部级科技成果奖8项，其中参与《特高压交流输电技术研究、设备研制及工程应用》获得国家电网公司科技进步特等奖。完成信息化建设投资21 952万元。SG186工程通过国家电网公司验收；ERP项目建设全面推进，22家单位成功上线，管理流程不断规范。完善安全防护、标准规范等6个保障体系，信息安全系统平稳运行。截至2009年底，信息系统没有发生一、二、三级信息安全事故和一类障碍。

积极履行企业社会责任。落实国家节能减排政策，推行节能、环保、经济调度，完成小火电机组转让上网电量32.21亿kWh。克服冬季缺煤少水、电力供应紧张的困难，多方争取电力资源，加强设备运行管理，及时启动限电措施，保证了居民生活和重要用户用电需求。实施“阳光报装”工程，用户报装平均接电时间同比缩短1.74天。建成电费绿卡村297个、金融卡社区130个，增配自助服务终端1000余台，方便城乡居民缴费。完成中西部电网完善工程投资16.1亿元。投入资金4.37亿元，在迎峰度夏期间开展大规模低电压专项改造，整治台区5679个，惠及用户75万户。完成电气化铁路供电配套工程投资16.2亿元，武襄、武广电铁配套工程顺利投产送电。实施新农村、新农电、新服务发展战略，大力配合仙洪等地新农村建设和鄂州城乡一体化建设。实施电力扶贫项目11项。建成3个电气化县、15个电气化乡、312个电气化村。全力抗击部分县市暴雨、大风、洪涝灾害，在最短时间内恢复供电。投资800余万元，提前两个月完成对口支援四川理县的电网重建任务。积极做好南水北调中线工程移民安置区供电服务工作。

主要事件

1月7日，中共湖北省委书记罗清泉在一份报告中亲笔批示：“2008年是极不平凡的一年。湖北省电力公司克难奋进，为湖北经济发展、社会稳定、民生改善做了大量卓有成效的工作。我代表省委衷心感谢电力系统的同志们。”

1月20日，在全国精神文明建设工作表彰大会上，湖北公司系统8家单位荣获第二届“全国文明单位”称号，比上届（2005年4家）增长1倍，5家单位荣获“全国精神文明建设先进单位”。

3月7日，湖北公司召开深入学习实践科学发展观活动动员大会，动员部署学习实践科学发展观活动。

3月28日，湖北公司与武汉大学签署《战略合作框架协议》。

4月2日，湖北电网“十二五”发展规划论坛在武汉举行，省政府主管部门和有关地市政府、高等院校、电力战线50多位领导及专家学者参加论坛。

6月10日，世界上首次±800kV特高压直流输电带电作业在国家电网公司特高压武汉直流试验基地获得成功。省超高压输变电公司胡洪炜、胡光等7名专业人员承担此次作业任务。

6月23日，湖北公司召开深入学习实践科学发展观活动总结大会（电视电话会）。

7月1日，华中网调、湖北省调、丹江口水电厂举行调度权移交仪式，当日零时起，丹江口水电厂调度权由华中网调移交湖北省调管辖。

11月7日，湖北公司召开干部大会，宣布国家电网公司党组对公司领导班子调整决定：余卫国任湖北省电力公司总经理、党委副书记，同时还有其他任免决定。

11月10日，湖北公司召开ERP系统全面上线启动仪式暨表彰大会，标志公司ERP系统全面上线运行。

11月12日，向家坝—上海±800kV特高压直流输电工程湖北段全线贯通，较计划工期提前3天。工程在湖北境内总长 486km，途经恩施、荆州、咸宁、黄石和黄冈 5 个地市、14 个县（区、市），共 6 个一般线路标段和 3 个大跨越标段，杆塔总量 990 基。

11 月 24～25 日，国家电网公司在武汉召开充放电站建设指导意见宣贯会议。湖北公司被国家电网公司列为 10 家试点网省电力公司之一，计划于 2010 年在武汉建设 5 座充放电站。

（杨 倞）

湖南省电力公司

企业概况

湖南省电力公司（简称湖南公司）是国家电网公司全资企业，主营业务为湖南省电网的经营、管理和电力生产，同时兼具电力规划、勘测设计、科研、工程施工、设备安装、修造等综合功能。2009 年底，湖南公司在职职工37 491人。拥有水电厂 3 座，装机容量 232.77 万 kW，占全省总装机容量的 8.54%，年发电量 44.89 亿 kWh，占全省发电量的 4.70%。35kV 及以上变电站 1131 座，变电容量 6941 万 kVA，线路41 985km。其中，500kV 变电站 16 座，变电容量 1800 万 kVA，线路 3937km；220kV 变电站 102 座，变电容量 2322 万 kVA，线路11 093km。

2009 年，有成员单位 31 家，其中供电企业 14 家，发电、施工等企业 17 家，本部设 21 个职能部室（中心）。实行垂直管理模式，由 14 家全资直属供电企业，管理 87 家直供直管县级供电企业，以及 31 家代管县级供电企业。

2009 年，湖南公司经受了金融危机的冲击，经营压力倍增，发展十分困难。全体干部员工共克时艰，团结拼搏，全面落实国家电网公司和湖南省委、省政府的决策部署，稳步推进各项工作，较好地完成了国家电网公司下达的资产经营考核任务。全年售电量（省内）721.6 亿 kWh，同比增长 11.03%。

电网概况

湖南公司高度重视湖南能源可持续发展，转变电网发展方式，积极推进特高压、外省电能入湘，支持新能源、核电的发展。突出抓电网统一规划，优化电网结构，协调发展各级电网。2009 年，开工 110kV 及以上变电容量 552.5 万 kVA、线路 3704km，投产 816.9 万 kVA、2411km。加快抗冰技改，主电网抗冰能力达到抵御 2008 年冰灾的水平。参建特高压输变电工程取得实效，智能电网试点项目进展顺利。

至 2009 年底，湖南电网拥有 500kV 变电站 16 座、变压器 23 台、主变压器总容量 1800 万 kVA，输电线路 42 条 4331km（含三广直流）；220kV 变电站 104 座、变压器 170 台、主变压器总容量 2367 万 kVA，线路 321 条11 312km；110kV 变电站 596 座、变压器 930 台、主变压器总容量 2903 万 kVA，线路 1345 条 22 484km；35kV 变电站 1051 座、变压器 1743 台、主变压器总容量 696 万 kVA，线路 2241 条25 210km。

人力资源

2009 年，湖南公司人力资源工作在深化改革、强化管理、搞好培训等方面全力推进，取得新的成绩。

贯彻新版《供电企业劳动定员标准》，推进供电企业按定员组织生产。组织了定员标准的学习培训，制订了《贯标工作三年方案》，严格审核设备台账，行文核定供电企业劳动定员，为实现人力资源标准化、精益化管理，有效控制用工成本，提高企业效率效益提供了科学依据。

优化供电企业劳动组织方式，规范人员编制和机构岗位设置。大力实施供电企业基层单位“大班组改革”，统一了基层班组设置，管理层级进一步压缩，一线班组力量得到充实，班组个数从 1440 个精简到 956 个，1210 名管理人员调整到生产一线；同时，规范人员编制、部门设置和负责人职数，组织岗位工作标准的修订完善，实现人员编制精干高效、机构岗位统一规范、业务流程合理顺畅。

加强劳动用工管理，完善劳动用工制度，人力资源配置逐步优化。全面落实 2009 年用工计划，严格控制新进人员的数量和质量。所有新员工经岗前培训后，一律安排到生产一线岗位工作，保障了一线人员有效配备。持续宣贯《劳动合同法》，大力清理混岗用工，指导各单位规范劳务派遣等社会化用工管理，并定期通报督查落实，用工风险得到有效化解。妥善处理集体工、农电工和退伍兵等劳动争议，保障了队伍稳定。

大力开展员工培训，员工综合素质和岗位适应能力不断提升。加强培训工作的针对性和实效性，组织“春季百日现场培训”和“暑期现场培训”专项活动，深入班组一线指导督查；开发电力职业精神、诚信感恩教育、大班组长等大型主题培训项目并在全系统组织实施，继续开展经营管理、专业技术、转岗人员等传统培训，全程实行准军事化管理，员工技术技能和思想素质同步提升，精神面貌和工作作风发生深刻变化；出台《现场培训管理办法》、《作业前一小时培训实施意见》，培训管理制度不断完善；整合优化培训资源，省公司层面完成了输配电和变电两大专业实训基地建设，组建技术培训部和三大技能实训部，培训网络逐步完善，二级单位实训基地初具规模，基地管理制度、培训项目规划、内训师队伍建设配套跟进；完成ERP培训模块建设，培训信息化工作取得重大进展。2009年共计培训员工超过50万人·次，全员培训率保持在95%以上，培训经费投入率达5.58%。

电网建设与发展

积极推进国家电网公司交、直流特高压试验示范工程建设，完成了荆门—长沙北1000kV输变电工程的选址选线和支持性文件办理；向家坝—上海±800kV直流输电工程湖南段已按要求提前建成，完成了竣工验收，具备投产条件；锦屏—苏南线路直流输电工程湖南段已按计划完成基础施工。

组织开展湖南省能源中长期发展规划研究，通过国家电网公司评审。同时，组织开展全省及地区城市配电网和农村配电网“十二五”规划工作。目前，长沙城市配电网“十二五”规划已通过国家电网公司评审，其他地区城市配电网“十二五”规划已编制完成，并按计划进行审查，农村配电网“十二五”规划正在开展中。

经营管理

2009年，公司深入开展“三节约”活动，强化全过程成本控制，经营管理取得实效。加强人财物集约化管理，核心资源的集中度、利用效率、管控力度以及风险防范能力有了明显提升，全局绩效管理逐步深化。财务集中核算工作基本完成，电业局层面实现了一个会计主体集中核算。物资集约化管理组织体系初步建立，实现了招标、签约、配送、监造、资金支付以及废旧物资处置“六集中”。信息化建设取得重大成果，历时4年的SG186工程全面建成。标准化建设全方位推进，状态检修全面实施，专业化管理稳步推进。省公司层面主多分离资产处置工作全面完成。

安全生产

2009年，湖南公司系统没有发生重大电网事故、重大设备事故、水电厂垮坝事故、生产场所重大火灾事故、特大交通事故、110kV及以上误操作事故。至2009年底，湖南电网已连续安全运行28年8个月。

开展的主要工作：一是突出中心，全面开展“无违章年”活动。按照活动整体安排，湖南公司上下始终坚持严抓严管，强势开展反违章活动，全面落实各项措施。以固化作业行为为手段，抓员工行为规范。重点加大了安全监督管理力度，强化现场安全管理，实现了信息发布、作业提醒、现场把关、现场监督的百分之百。加大了标准化建设的力度，完善了一系列安全生产管理制度，梳理工作流程，逐步实现生产管理全过程化的标准化。加大安全生产职责的落实，各级主管领导严格贯彻“谁主管，谁负责”，下基层、下班组、下现场，全面掌控安全生产关键环节。加大执行力建设，加大宣传教育力度，全面增强安全意识、责任意识和诚信意识。安全生产作为第一要务在各单位均已形成制度，得到较好的贯彻执行。

二是严抓严管，大力开展反违章工作。修订了《安全生产违章处罚规定》，重新界定32条行为性违章、20条管理性违章和10条装置性违章行为。省公司、二级单位安全稽查组均高效运作，巡回进行现场稽查，三级单位全面实现了现场跟队稽查，完善的三级安全稽查体系逐步形成。2009年，安全稽查组共督查各基层单位作业现场1143个，班组（供电所）342个，发出《安全生产监督通知书》236份，发现各类问题395项。进一步加大对管理性违章、行为性违章和装置性违章连带处罚力度，坚持以打击管理性违章来根治行为性和装置性违章。

三是多管齐下，全面排查治理隐患。认真组织开展了季节性安全大检查。春季安全大检查以设备缺陷、生产流程和基础管理为重点；秋季安全大检查针对秋季操作、检修、基建的高峰期，以现场管理、制度执行和措施落实为重点。同时认真开展安全专项督查，先后开展了打假防三表、起重设备、冰改工程、重点建设项目、交通、消防、电力设施保护等专项督查，促进了各项安全措施的落实。

四是抓住关键，全力搞好《国家电网公司电力安全工作规程》（简称《安规》）培训。实施理论与现场相结合的《安规》考试，并按照一个班组工作票签发人不超过3人，工作负责人的总数不超过班组人数的30%的要求，严格审核和控制“三种人”的队伍；直接抽调班组一线成员进行《安规》竞赛，真实检验各单位《安规》培训学习效果；开展《安规》分级培训，并结合国家电网公司要求开展SG186安全监督与管理信息系统、企业安全风险管理、安全稽查人员、施工项目经理及监理人员等一系列安全培训工作。

营销工作

2009年，湖南公司营销工作坚持以开展营销服务“无违章年”活动为主线，强化营销管理；以效益为中心，坚持不懈抓好电费回收，千方百计开拓电力市场；以营销标准化建设为重点，完善“三大中心”运行管理，稳步推广低压客户集抄系统建设，加快建设营销管理信息系统。

规范业扩管理，大力增供促销，市场开拓实现新发展。出台《进一步加快业扩报装工作的意见》，试行高压业扩客户业务并行处理，对关联设计、施工企业提出时限要求。开展业扩工程典型设计，组织编制了10kV业扩工程典型设计，缩短设计时间。组织修订业扩报装标准化作业指导书，明晰业务界限、明确时间节点、优化固化业务流程。加强分析预测，通过对51户典型客户进行按月分析，准确判断了市场走势。根据市场需求分析，及时制定公司《增供扩销管理办法》，强化对增供扩销的政策引导。

强化责任落实，突出风险防范，电费回收取得新成效。年初各单位负责人与省公司签订《电费回收责任状》，并发文明确各单位的电费回收目标的责任领导、责任部门和责任人，建立全员、全过程的目标责任体系，严格兑现奖惩，严厉追究责任。强化电费预警，有效化解电费风险。积极推进电费结算和缴费方式改革，2009年推行购电制、预交电费、分次划拨等，涉及的客户电量已达总电量的74.34%。

坚持严抓严管，突出台区降损，配网线损管理实现新突破。年初建立了年度配网线损目标责任体，分解细化降损责任。坚持供电台区线损公布等制度，及时通报降损情况，层层传递降损压力。为切实督促年度目标的落实，对各电业局的目标责任落实情况开展了检查。各电业局多措并举，台区线损持续下降。以SG186营销系统上线为契机，各电业局下大力气开展了配网关系核查与台区归属清理，完善了配网基础数据资料，夯实了配网线损管理基础。

农电工作

2009年，湖南公司完成了湖南省委、省政府为民办实事2000个村的农网建设与改造。建成新农村电气化县5个、新农村电气化乡17个、新农村电气化村716个。农网重要跨越抗冰改造工程全面竣工。同时，圆满完成了援建四川茂县的电网工作。根据国家电网公司整体部署，编制了《湖南省电力公司支援茂县电网灾后重建工程管理实施意见》，与茂县人民政府签订《茂县电力重建项目援建协议》等，至2009年6月12日，全面完成了国家发改委批复的抢修、恢复重建工程，得到了茂县人民的高度评价。

深入开展"百问百查"活动。认真落实"无违章年"各项措施和要求，扎实开展"无违章供电所"活动。全面推广应用农电标准化作业支持平台，现场标准化作业的比例达95%以上，基本杜绝农电施工检修无"双票"作业现象。开展县供电企业各类违章行为整治活动。推进农网输变电设施"两清理"，不断完善农、配网线路杆塔编号、图纸资料等基础工作，加强台区漏电保护器管理，台区漏电保护器安装率达到95%，较2008年提高4个百分点，投运率达到93%。普及农村用电安全知识，发放安全用电小册子，张贴安全用电宣传画、宣传标语等，有效减少了外人触电事故发生。

加强农电生产运行管理。重点解决线路砍青扫障、整治台架杆线对地距离不够等突出的装置性违章问题。抓好设备运行维护和缺陷管理，2009年农村10kV线路跳闸2987次，较2008年减少354次，同比减少10.6%。规范农电大修技改项目管理，加装农村10kV线路分段开关，提高了农村供电可靠性。

积极稳妥推动地方电力改革。2009年完成城步、洞口、桑植、炎陵等电力公司代管，江永、邵阳县、蓝山、麻阳、永顺等电力公司代管工作稳步推进。实现了隆回电力公司上划直管，进一步理顺了保靖、鲁塘电力公司的资产关系。完成了代管协议的续签工作。

科技与信息化

2009年，湖南公司紧密围绕核心业务和中心工作，稳步推进科技与信息化进程，取得了较好成绩。

信息化SG186工程全面建成，并以优异成绩通过国家电网公司验收。自2006年实施信息化SG186工程以来，按照国家电网公司统一部署和总体安排，各级领导指导、各部门和各单位高效协作、全员全过程共同参与，稳步推进信息化SG186工程建设和应用。经过3年多的努力，一体化信息集成平台全面建成：实现了与国家电网公司和二级单位之间数据的纵向贯通、各核心业务系统之间的横向应用集成；在省、地两级企业门户中实现了业务系统的单点登录、统一待办和用户身份同步，并统一规范了各单位网站风格和内容管理；以网络、信息机房等为重点的信息化基础设施装备水平迈上新的台阶。八大业务应用系统相继投运：人财物管理、电网建设、生产运行、电力营销等核心业务全部实现了信息化，并取得了初步应用成效，显著增强了集团化运作的集中监控能力。六大保障体系日趋完善：形成了职责明晰、高效协作的信息化工作组织体系；网络与信息系统的安全运行水平、信息化队伍的专业技术和协同工作能力明显提高。SG186工程已成为提升人财物集约化管理水平，强化集中管控能力，推动湖南公司发展再上新台阶的强有力支撑。

科技创新取得新成绩。"智能型无局放调频谐振特高压试验装置研制"、"中重冰区输变电工程抗冰设计参数优化及通用设计研究"等5项成果获省部级科技进步奖；质量管理小组活动再次作为湖南省政府唯一代表单位荣获"2009年全国质量管理小组活动优秀企业”光荣称号；专利申请创历史新高，全年完成专利申请28件，其中发明专利13件，实用新型专利15件，获专利授权19件，超额完成国家电网公司要求申请专利20件、授权6件的考核任务；在国际、国内一流期刊发表《基于仿真模型的电网振荡事故分析》等100余篇学术论文，其中11篇被SCI、EI等刊物收录；圆满完成国家电网公司下达标准编写任务，报送的标准顺利通过国家电网公司组织的专家评审，并即将发布实施。

优质服务

2009年，湖南公司通过深化供电服务，强化服务监督，使优质服务水平有了新提升。深入开展“真诚服务365”及“迎祖国60华诞、展供电服务风采”等活动，采取多项措施，提高服务质量。全面推进供电服务进社区，全省共选定164个社区作为服务对象，增设宣传栏230个、自助缴费终端42台、社区收费点168个（含代收网点106个），及时公示电量电费信息、停限电信息及欠费信息等，发放宣传资料8万余份，接受建议787条，解决问题1579个。建成标准化营业厅20个，累计完成44个，现有市区营业厅已经全面升级为标准化营业厅，极大改善了服务条件，提升了服务形象。在株洲和益阳电业局初步建成服务车辆GIS\GPS监控系统试点，通过实时在线监控调度及短信服务功能，提高客户报修速度、满足客户用电信息需求。加大营业场所“无现金”缴费推广力度，大部分营业厅均安装了POS机及读卡器，部分单位积极采取激励措施，引导客户“刷卡消费”，取得了明显效果。衡阳电业局营业前台收现由月均5万笔下降到2.1万笔，下降幅度超过50%。继续强化服务监督工作，开展专用变压器业扩报装客户回访，对全年新装增容的1129户10kV专用变压器客户回访调查，满意率为80%，根据调查情况，有针对性地开展客户走访，协调解决客户用电问题。95598话务量目前已达296万起，同比增长23%，所有报修、投诉、举报回访率均实现了100%。开展停电信息与95598话务快报制，每天将停电情况、话务量等信息进行统计，报送各级领导、相关部门，为上级领导和部门及时掌握情况提供真实、可靠的数据。全年社会监督办受理咨询、投诉、举报、建议共620笔，其中投诉举报486笔，属实93笔，客户满意率为96.3%。积极支持配合监管部门开展供电服务检查，华中电监局给予了充分肯定：湖南公司自觉接受监管意识较强，营销三个中心改革效果显著，营销服务“反违章”工作力度大、效果突出，供电质量逐年改善，服务意识显著增强，市场行为日趋规范，服务水平明显提高，服务特色及亮点工作较多，没有出现较为明显的问题。

党的建设和精神文明建设

2009年，湖南公司党组以深入开展学习实践科学发展观活动为主线，认真贯彻落实党的十七大、十七届四中全会精神，紧紧围绕中心工作和安全生产、优质服务、“无违章年”等活动，积极开展党的建设和精神文明建设工作，为科学发展提供了思想和组织保证。

认真学习实践，党建工作取得成效。根据国家电网公司党组的统一部署，湖南公司所属800余个党支部，2万余名党员全部参加深入学习实践科学发展观活动。活动期间，各单位学习调研扎实，分析检查透彻，整改落实持续有效推进，解决了一批热点、难点问题，逐步建立起促进湖南公司科学发展的长效机制，群众满意度测评优良率达100%。研究下发了《关于进一步加强和改进各级党组织中心组学习的实施办法》，促进了中心组学习进一步规范化和制度化。深化创建“电网先锋党支部”活动，研究制定了《基层党建管理考评管理体系》，并在衡阳电业局试运行成功，实现了党建工作过程与目标相统一的动态、实时管理和考核。

加强教育和引导，思想政治宣传发挥作用。以深入学习实践科学发展观、党的十七届四中全会和新中国成立60周年为契机，通过参与“新中国成立60周年三湘成就展”和“三湘读书月”活动等，引导干部员工深刻认识肩负的重要责任和使命，激励广大员工积极投入深化“两个转变”，建设坚强智能电网伟大实践。

深化文明单位创建工作，着力打造文明行业形象。加大争创国家电网公司、湖南省文明窗口单位宣传、指导工作力度。组织召开直属单位文明创建成果发布暨经验交流会，受到了省直工委、省文明办有关领导的肯定。积极开展了“窗口行业创建文明单位网上行”活动，总结提炼、及时推荐了衡阳电业局、湘潭电业局、湘西电业局等在履行国家电网供电服务“三个十条”中的典型人物、典型经验。

抓企业文化建设，着力打造“国家电网”品牌。研究、制作“国家电网”企业文化内容的试卷，深入到基层县电力局、专业所，对员工进行随即抽查考核。拨付20万元专款，为150余名品学兼优的贫困大学生搭建了理论学习与社会实践的结合平台。从爱心基金中拨付10万元专款，对郴州五马垅电力希望小学教学楼前护坡进行了加固，让学校的师生有了一个安全、放心的教学环境。组织开办企业文化骨干培训班，将培训对象延伸至县（市、区）电力局的企业文化专责。

坚持“党建带团建”，团青工作充满活力。大力开展创建“红旗（标杆）团支部”、青春光明行、“迎国庆、展风采、促和谐”和青年志愿者优质服务社会实践活动，履行社会责任、展示青年作为、打造活动品牌。评选表彰首届“十大杰出青年”，激励团员青年立足本职、建功立业。湖南公司团委被评为“湖南省五四红旗团委”和“中央企业五四红旗团委”。

（湖南省电力公司史志办）

江西省电力公司

企业概况

江西省电力公司（简称江西公司）是国家电网公司的全资子公司。本部设有 21 个部门，下属单位 29 个，全资和控股县供电公司 96 个。共有员工 7.41 万人（含农电工）。

2009 年，完成售电量 484.15 亿 kWh，同比增长 16.42%；综合线损率 5.4%，同比降低 0.59 个百分点；售电量增速和线损率降幅在国家电网公司系统均排名第一；当年电费回收率 100%。江西公司工作得到政府和社会的充分肯定，在全省“机关效能年”活动中获得最高分，连续 7 年荣获“全省工业崛起年度贡献奖”。

电网概况

江西一次能源缺乏，电源以火电为主，水电资源开发潜力有限。截至 2009 年底，江西电网统调发电厂 20 座，其中火电厂 11 座，水电厂 9 座。全网统调装机容量12 010.3MW（含华中网调调度的机组容量 4020MW），其中水电装机容量 1290.3MW，占 10.74%，火电装机容量10 720MW，占 89.26%。全省电力供需基本平衡，全年统调最高负荷 973.9 万 kW（12 月 28 日）。

江西电网以南昌为中心，通过 3 回 500kV 线路与华中电网联网。全网 500kV 变电站 10 座，开关站 2 座，变电容量 1125 万 kVA；输电线路 31 条，长度 2548.799km（含 3 回网间联络线江西境内长度）；220kV 变电站 82 座，变电容量 1881 万 kVA；输电线路 252 条，线路长度 7386.905km；110kV 变电站 273 座，变电容量 1450.08 万 kVA。110kV 输电线路 503 条，长度 8618.911km。

人力资源

江西公司现有长期员工50 727人。硕士及以上、本科、专科、中专技校学历员工分别占 1.09%、17.19%、29.31%、13.63%。具有专业技术资格的员工共15 017人，占 29.60%，其中高级、中级、初级职称分别占 3.18%、8.06%、18.36%；具有技能等级的员工共24 697人，占 48.69%，其中高级技师、技师、高级工、中级工、初级工分别占 0.75%、5.30%、31.09%、9.59%、1.97%。

2009 年，积极推进人力资源集约化管理，加强劳动用工管理，严把人员入口关，完善新录用员工招聘办法，加强多元化用工管理，制订冗员转岗培训方案。基本解决农电用工“混岗”问题，累计规范劳动用工 2 万余人，供电所人员持证上岗率 100%。完成首次人力资源基础信息普查，全面分析供电劳动用工现状，为加强员工调配、薪酬分配、实施大培训奠定基础。积极推进劳动定员贯标工作，对 109 家供电企业（含超高压分公司）劳动定员进行认真测算，编制劳动定员贯标三年规划，完成省、市公司本部机构和职级序列规范管理。持续推进全员绩效管理，强化常态化制度建设。规范培训经费使用和管理，加快各级实训设施建设，全年共组织省公司层面培训班 250 期，培训12 320人・次。

电网建设和发展

2009 年，新开工 110kV 及以上变电容量 516 万 kVA，线路长度 1376km；投产变电容量 613 万 kVA，线路长度 1478km。全年在建 110kV 及以上工程项目共 118 项。

大力推进基建标准化体系建设，完成了所有 110kV 及以上工程业主项目部的组建、审批和全员培训，初步建成“三横五纵”标准化管理体系。组织开展了部分基建管理制度的修订和完善工作，强化基建管理信息化建设。工程质量水平进一步提升，500kV 湖口变电站工程获国家电网公司下半年质量管理流动红旗，500kV 信州和 220kV 仙女湖等 8 项输变电工程被评为国家电网公司优质工程。

500kV 鄂赣Ⅲ回如期投运，500kV 抚州、进贤等输变电工程相继建成投产，井冈山电厂二期、新昌电厂等“上大压小”工程和峰福、昌九等电铁工程顺利接入系统。稳步推进江西公司史上单项投资最大的 500kV 昌北—九江—湖口输变电工程建设。积极参与向家坝—上海、锦屏—苏南线路和宜宾、复龙换流站等特高压工程建设，完成对口支援四川小金县电网恢复重建任务。

经营管理

按照财务集约化管理的要求，撤销省公司资金管理中心和上海经营部，对婺源文博宾馆、庐山休养院实行属地管理，整合“两校”及物业公司所属会计主体，归并市、县公司分支机构会计主体。通过改制、股权上划、收购、退出等资本运作方式，压缩产权层级至四级以内。统一会计政策和信息标准，全面开展标准成本测算。

大力推进物资集约化管理，完善物资管理规章制度，梳理优化关键业务流程，明确各级职责和各环节工作要求，形成了物资部集中管控、三级物流协同服务的物资管理新体系。统一规范物资技术标准和采购标准，全年组织招标44批次。

落实国家电网公司依法从严治企的各项要求，不断规范企业经营管理行为。完善依法治企相关规章制度，共废止69项、修订32项、补充24项。加大内部审计力度，历时3年全面完成96个县公司的财务收支审计。大力开展反窃电专项整治行动，全年共追补电量1191万kWh。强力推进主网变电站土地使用证办理工作，共办证232个，办结率达99.8%。注重税收筹划，争取到冰灾损失税前扣除等多项税收优惠政策。积极配合做好电价调整工作，电价矛盾得到部分疏导。

深入开展“三节约”活动，从规划源头开展降本增效，优化电网建设项目和投资规模，提高投资效益；开展月度经济活动分析，并针对输变电工程造价等重点环节进行专题分析；严格控制费用支出，各项消耗性成本同比降低9.94%。

安全生产

江西公司全年未发生重、特大电网，设备事故；未发生一般及以上火灾事故和负主要责任的交通事故。实现了无重、特大刑事案件，无治安灾害性事故，无民转刑案件，无重大以上灾害事故的目标。截至12月31日，主网连续安全稳定运行9607天。

扎实开展反违章活动、事故隐患排查治理、“百问百查”、安全生产“三项行动”和“安全生产月”等活动。大力推进安全风险管理工作，开展风险数据库、作业风险辨识范本、标准化监督检查表编制工作。修订下发《安全生产违章处罚实施办法（试行）》，进一步明确了各类违章行为的处罚原则；编制《安全生产稽查办法》，建立生产、基建、农电系统作业现场稽查常态机制。狠抓输变电设备隐患排查与整治，制定下发了《安全生产事故隐患排查治理实施细则》。强化安全警示教育和《国家电网公司电力安全工作规程》培训，制作安全教育警示专题片。积极配合各级政府开展“三电”专项斗争活动和反窃电专项行动。建成应急指挥中心，建立并完善了应急管理和指挥网络，制定《应急管理工作规定》、《处置雨雪冰冻灾害事件应急预案（试行）》和《电网大面积停电事件应急预案》等24个主预案。

营销工作

全年售电量增幅同比提高8.76个百分点，市场占有率同比提高0.8个百分点；当年电费回收率100%，县公司陈欠电费同比下降86.39%。完成增容317.67万kVA，同比增长5.45%。

积极应对金融危机，采取灵活营销策略主动开拓市场，推出19条促进内需扩大项目建设的服务举措，积极推进能源替代工程，全年主动开拓市场增售电量4.08亿kWh。加大电费回收力度，强化电费风险防范预警机制。通过加大电费分次划拨、分次结算的力度等一系列措施，有效提高了电费预收金额在电费总额中的比例，实现了母公司电费回收“双结零”，被国家电网公司评为电费回收先进单位。

加大台线绩效考核力度，编制标准化台区建设与管理办法，重点对10kV公用线路和台区线损进行监控，将线损完成情况纳入供电公司企业负责人业绩考核和单位绩效考核，全年10kV有损线损率同比降低1.86个百分点，减损电量1.58亿kWh。

进一步完善用电负荷与重要电力客户分级原则，逐步建立完善重要客户档案、重要客户停电应急机制、客户安全用电服务管理体系和协调机制，初步形成客户供电安全管理长效机制。

农电工作

各县公司完成售电量229.67亿kWh，同比增长14.54%；综合线损率8.20%；当年电费回收率完成100%，陈欠电费回收率完成86.39%。

严格节点管控，组织直属施工单位参与农网工程，招标引进社会上优秀的有资质的施工队伍参与工程建设，农网第一批扩需项目于9月15日提前半个月完成。大力推进新农村电气化建设。

深化农电标准化、信息化建设，夯实安全基础。开展农电安全生产标准贯标工作，推广应用农电标准化作业辅助系统，启动标准化巡视系统试点应用。

强化县公司创一流对标工作，着手实施归口管理与专业管理相结合的农电管理新模式，即由农电工作部归口管理、总体协调和评价考核，各业务部门按专业进行垂直管理。奉新、宜丰县公司获得2008年度国家电网公司一流县供电企业称号，至此，国家电网公司一流县级供电企业增至10个。广丰县公司获得2009年度国家电网公司农电同业对标“综合管理标杆”单位称号。高安市、上高县、吉安县、德安县公司获得2009年度国家电网公司“新农村电气化建设先进单位”称号。玉山县双明等4个供电所被国家电网公司命名为“标准化示范供电所”。

科技与信息化

认真落实国家电网公司重点科技创新工作任务，加强科技创新机制管理，进一步加大科技成果推广应用力度。获得国家电网公司科技进步二等奖、三等奖各1项，江西省科技进步二等奖1项、三等奖3项。在中文核心及以上期刊发表论文90篇，其中SCI论文1篇、EI论文13篇；已申请专利35项，其中发明专利14项，获得专利授权15项。博士后科研工作站研究运行机制逐步形成，实现博士进站零的突破。

信息化建设成效显著。SG186工程全面竣工并通过国家电网公司验收，建成“一体化安全运维综合监管系统”和“内外网边界监测系统”，完成企业门户及目录系统的推广实施，开展了数据中心深化应用建设。ERP系统在本部、市公司及13个县公司成功上线，营销业务系统在市公司全面应用，农电生产安全管理系统（PMS）在96个县公司投入试运行。全省信息系统一体化平台平均运行率99.997 5%，业务应用平均运行率99.994 5%，广域网络系统运行率100%。

优质服务

认真落实“机关效能年”活动部署，扎实开展优质服务“满意工程——2009诚信行动”和“迎祖国60华诞，展供电服务风采”主题活动，努力提升服务水平。完善供电服务违规行为考核办法，加大对市、县公司行风投诉的核查处罚力度，做到有诉必查、查必有果。重点围绕供电质量、服务时限和业务收费，抓好电监会2009年供电检查整改工作。在全省“机关效能年”活动中，综合成绩在42个厅局中获得最高分，12个市公司全部在当地位列第一。

紧密配合全省重点工程建设，积极落实扩需项目的服务措施，全力做好铁路、高速公路等重点工程供电保障工作，建立服务重大项目协调机构，出台重大项目跟踪服务制度，开辟重点建设项目供电绿色通道，加快报装速度、做好新报装项目和扩建生产线用电服务工作，不断延伸重点工程供电服务面，组织上门服务、电话服务等用电咨询共计475人·次。

组织开展“迎国庆，展风采”主题开放日、客户走访和集中宣传月等活动，主动为重要客户开展隐患排查治理，扎实做好机场、电气化铁路牵引站等重要客户的用电保障工作，圆满完成国庆60周年、央视“宜春月、中华情”等大型庆典活动保电任务。

党的建设和精神文明建设

紧紧围绕“科学发展上水平”的核心目标，认真开展以“深化‘两个转变’、推动科学发展”为实践载体的学习实践活动，增强广大党员干部对国家电网公司重大决策部署的理解，坚定推进“两个转变”的信心和决心。从工作实际出发，着力研究、解决影响和制约江西公司科学发展的突出问题，提出了树立“五种观念”、制订并实施三年重点发展计划等思路和举措。

认真学习贯彻党的十七届四中全会精神，出台进一步加强党的建设、企业文化建设、队伍建设工作要点。落实党风廉政建设责任制，坚持“三严一常”工作要求，加快“三化三有”特色惩防体系建设，进一步完善“一岗双责”工作机制，加强对重点部位、人员和关键环节的监督管理。启动政工标准化建设。建立领导班子周例会和党群月度工作例会制度。实施领导班子风险评估，健全领导干部任前公示制度，基层单位党政主要领导基本实现了党政分设、双向进入、交叉任职。

充分发挥职代会联席会作用，审议通过12项重要议案。大力加强班组建设，出台36个评价标准，建立班组挂点帮扶制度。认真落实离退休同志“两项待遇”。扎实开展团青工作。加强新闻宣传，强化舆情监控，规避新闻风险。扎实开展企业文化“四统一”主题实践活动，大力推广统一的“国家电网”品牌标识。组织新中国成立60周年系列庆祝活动。江西公司被国资委授予“中央企业思想政治工作先进单位”，本部连续两次被评为“省直十佳文明机关”，南昌、九江、赣东北供电公司荣获全国“五一”劳动奖状，上饶、赣东北公司和上高县公司荣获“国家电网公司文明单位标兵”，南昌公司团委被授予“全国五四红旗团委”称号，赣西公司白沙变电站被授予“2008年度全国青年文明号”。

（郭泉辉）

四川省电力公司

企业概况

四川省电力公司（简称四川公司）是国家电网公司的全资子公司。主要负责四川境内国家电网的规划建设、运营管理和电力供应。

2009年，四川公司完成固定资产投资148.06亿元，比2008年增长58.33%，其中电网投资142.73亿元，比2008年增长55.23%；投产110kV及以上线路3109km、变电容量975万kVA。资产总额754.6亿元，同比增长12.02%。完成包括各控股公司在内的合并口径售电量1153.54亿kWh，比2008

年增长18.61%，其中省内售电量969.8亿kWh，同比增长11.27%。应收电费余额下降至609万元，为历史最好水平。

2009年底，四川公司有基层单位48个，其中供电企业23个，发电企业1个，施工企业3个，修造企业5个，试验研究、学校、医院等直属单位16个。有上市公司和控股公司6个，本部设有编制职能部门和编制外部门32个。

电网概况

四川是国家电网与地方电网并存的地区，国家电网公司直供区域称为“国家电网”或“主网”，其余的电网称为“地方电网”。国家电网主要向大中城市和大中型企业供电，地方电网主要向农村和县以下企业供电。

截至2009年底，四川电网全口径装机容量3912.63万kW，其中：水电2676.09万kW，占总容量的68.4%，火电1236.54万kW，占总容量的31.6%。全省统调总装机容量3054.86万kW，有发电厂、站174个，机组451台（并网地方电网按核定容量合并为一台等值机统计），综合平均单机容量为6.75万kW，其中水电装机共1962.44万kW，占总容量的64.12%，机组390台，平均单机容量5.01万kW；火电装机1092.42万kW，占35.88%，机组61台，平均单机容量17.91万kW。直接接入220kV及以上电压等级的发电机组236台，总容量为2650.3万kW，其中火电装机为996.9万kW，水电装机为1653.4万kW。

2009年，四川省全社会用电量1324.61亿kWh，增长9.46%。其中全行业用电量1106.47亿kWh，同比增长7.98%，城乡居民用电量218.14亿kWh，同比增长17.61%。四川主网2008年遭受了“5·12”汶川特大地震严重自然灾害，在国家电网公司的统一组织领导下和各网省公司的大力支持下，四川主网抢险救灾和灾后重建工作进展顺利，电网得以迅速恢复。全网日用电负荷及用电量创历史新高，统调电网日最高用电负荷1869万kW，日最大发电量4.07亿kWh，日最大用电量3.52亿kWh。电网（责任）频率合格率100%；220kV及以上系统继电保护正确动作率为100%；500～220kV中枢点电压累计合格率为100%，创四川主网历史最好水平。

2009年11月，德阳—宝鸡±500kV直流输电线路工程全线贯通，西北与华中（四川）联网并通过国家电网公司组织的竣工验收，投入商业运行。四川公司按照国家电网公司常规直流和特高压线路实施“属地化管理”的要求，成立了四川电力直流运行分公司，进行专业化管理。

2009年，四川公司完全按节能发电调度规则进行发电安排，全年实现发供电总体平衡，并顺利实施了大规模的直购电和外送电安排。取得了全网水电发电量增幅22%，水能利用提高率6.47%的良好业绩。全年四川公司充分利用节能发电调度优先调度水电的有利原则，最大程度进行了水电收购，在6～10月丰水期，收购水电400亿kWh，较2008年增加34.2%，较传统调度模式下减少火电36.5亿kWh，直接少支出购电费用6.1亿元。充分利用特高压交流联网工程，积极实施富裕水电的外送，拓展省内发电空间，全年外送电量95.35亿kWh（不含二滩送重庆电网37亿kWh），较2008年增长266%。全网累计受电18.5亿kWh，较2008年减少55.2%。全网发电利用小时数在装机增加远大于用电增长的情况下，发电利用小时数达到4060h，较去年提高512h，有效缓解了网厂矛盾。

领导班子

2009年，四川公司主要领导因工作需要均发生变动，领导班子任职情况如下：

总经理、党委副书记、党委委员、常委：朱长林（2009年7月28日调任北京市电力公司总经理）

总经理、党委副书记、党委委员、常委：王抒祥（2009年7月28日由山西省电力公司调公司任职）

党委书记、副总经理、党委委员、常委：秦红三（2009年4月27日调任江西省电力公司总经理）

党委书记、副总经理、党委委员、常委：林荣卫（2009年6月1日由浙江省电力公司调公司任职）

副总经理、党委委员、常委：胡柏初

副总经理、党委委员、常委：王　平

副总经理、党委委员、常委：梁　旭

副总经理，党委委员、常委：张福轩（2009年11月11日任职）

纪委书记、党委委员、常委：甘和全

工会主席、党委委员、常委：崔保卫

总会计师、党委委员：潘贤芝（女）

总工程师、党委委员：张　伟

副局级调研员：何源森

组织机构

四川公司本部设有：总经理工作部（党委办公室）、发展策划部、财务部、生产技术部、安全监察部、营销部、基建部、农电工作部、调度中心、审计部、经济法律部、人事与董事管理部、人力资源部（体改办）、四川电网电力交易中心、招投标管理中心、科技信息环保部、特高压工程办公室、证券资产管理部、产业管理部、离退休工作部、本部工作部

(本部党委)、思想政治工作部(与公司团委合署办公)、纪检监察部、电力工会 24 个编制职能部门。有编制外部门 8 个:四川省电力公司公安处、四川省电力公司人才交流服务中心、四川省电力公司社保中心、四川省电力公司对外联络部(新闻中心)、四川与西北电网联网工程筹备处、国家电网公司成都援藏处、国家电网公司企业管理协会四川省电力公司分会、成都电力生产调度基地建设筹备处。

基层企业 48 个,包括电网企业(23 个):成都电业局、乐山电业局、攀枝花电业局、德阳电业局、四川省电力公司眉山公司、绵阳电业局、宜宾电业局、内江电业局、广元电业局、达州电业局、自贡电业局、西昌电业局、泸州电业局、南充电业局、广安电业局、四川省电力公司资阳公司、四川省电力公司阿坝公司、四川省电力公司遂宁公司、巴中电业局、四川省电力公司雅安公司、四川省电力公司甘孜公司、四川省电力公司超高压运行检修公司、四川省电力公司直流输变电运行检修公司筹备处。

发电企业(1 个):映秀湾水力发电总厂。

施工单位(3 个):四川电力建设二公司、四川电力建设三公司、四川电力送变电建设公司。

修造企业(5 个):成都电力机械厂、成都铁塔厂、成都电力金具总厂、都江电力设备厂、四川启明星装备制造集团有限公司。

直属单位(16 个):四川省电力公司通信自动化中心、四川电力试验研究院、四川电力工业调整试验所、四川电力物流集团公司、四川电力超高压建设管理公司、四川省电力公司定额质监管理中心、四川电力职业技术学院(培训中心)四川电力医院、四川省电力公司翠月湖培训基地、四川电力进出口公司、四川启明星物业管理有限公司、四川省电力公司本部离退休服务中心、四川启明星控股有限责任公司、北京京川电力设备经营中心、四川省电力公司嘉陵发电分公司、四川电力工业勘察设计院。

人力资源

截至 2009 年末,四川公司系统用工总量96 070人,其中:全资公司员工28 674人,占用工总量的 29.85%,控股、代管企业员工36 066人,占用工总量的 37.54%,劳务人员 7566 人,占 7.87%,农电工23 315人,占 24.27%。人才当量密度 0.81,全员培训率 97.74%,培训经费投入率 6.67%。

四川公司加强对员工队伍素质和培训资源的分析研究,制定了全员培训规划和实施计划。加强人才培养引进,重点抓好特高压、电网规划等专业人才队伍建设。2009 年在人才管理方面,主要完成了七个方面的工作:

一是人力资源集约化管控体系初步建立。实现公司全口径人力资源管理,启动公司系统人力资源“十二五”规划的编制工作;2009 年全口径新增用工总量 1450 人,生产一线缺员得到一定补充,结构进一步优化。二是完成规范本部机构和职员职级聘任工作,组建超高压运检公司和直流运行分公司,实现了超高压运检业务专业管理;推动营销“一部三中心”建设;组建信息运维中心,实现信息运维专业化。三是推进劳动定员达标,开展劳动用工清理,发供电企业清理“混岗”1726 人。绩效管理和薪酬分配制度改革扎实推进,2941 个班组实行了积分制量化考核模式,该模式已入选国家电网公司同业对标典型经验。四是制订和完善企业负责人年薪制办法和工资总额预算管理办法,理顺收入分配关系。五是岗位培训考核和素质提升计划初见成效。制订《特高压人才培养方案》,开展了特高压人才、大学生岗前培训及人力资源专项培训等工作。六是改制重组和电力体制改革各项任务进展顺利。总结提炼“雅安模式”,全面实施产权级次压缩工作,推进多经处置整合,实施省公司层面主多分离。七是顺利完成了地震伤亡人员的捐赠工作。周密制订方案,精心组织实施,确保了员工队伍的稳定。

电网建设与发展

2009 年,四川公司完成电网投资 142.73 亿元,同比增长 55.23%。德宝直流工程提前半年实现单极投运,四川电网正式进入交直流联网新阶段,对解决四川丰余枯缺的结构性矛盾将起到关键作用。±800kV向家坝—上海特高压直流输电示范工程顺利带电,锦屏—苏南特高压直流工程开工建设,雅安—南京特高压交流工程前期工作进展顺利。编制完成了特高压重件码头工程可研、防洪评价等专题报告,并分别取得省国土厅、省发改委等主管部门的批复。锦屏 500kV 送出等省内骨干电网建设工程步伐加快,工程开工、投产均超额完成计划任务。拉动内需项目和对口援建地方电网任务按期完成,地震中受损严重的映秀湾水电站全部恢复发电,渔子溪水电站首台机组启动成功。

全年开工规模及完成情况:线路工程 3337.48km、变电工程 1725.15 万 kVA,分别完成年开工计划的 108.29%和 101.72%;全年投产 110kV 及以上线路 3109km、变电容量 975 万 kVA,分别完成全年投产计划 106.59%和 101.43%。

电网发展环境明显改善。四川公司积极向各级党委政府和有关部门汇报沟通,加快推进各级政府出台支持电网建设的相关文件,积极推动电网建设任务列入地方政府经济工作目标,进一步改善四川电网建设的外部环境。大力推进地震灾区、革命老区、民族地区电网建设。与巴中、德阳、凉山等7个市州签订了战略合作协议，16个市州出台了支持电网发展的政策文件，营造了相互支持、合作共赢的良好氛围。

规划前期工作不断加强。完成四川能源中长期发展规划、四川电网“十二五”初步规划、四川电网智能化规划、城市配网“十二五”规划编制工作。强化前期管理，增加项目储备。

深入推进基建标准化体系建设，编制、印发了《四川省电力公司业主项目部标准化管理手册》，完成33个业主项目部组建工作。实现110kV及以上输变电工程通过业主项目部加强对设计、监理、施工等单位的管理。

基建信息化建设有序推进。基建管控模块已上线试运行，实现标准化管理流程与工作模板线上流转，为推动基建标准化管理体系有效运转搭建统一平台。

进一步完善基建安全管理策划及措施，规范和加强分包商管理，积极开展安全流动红旗竞赛。500kV绵阳—广元双回线路工程被评为国家电网公司输电线路安全管理的标杆工程，夺得2009年国家电网公司“安全管理流动红旗”，实现了基建这一荣誉“零”的突破。220kV以上输变电工程达标投产率100%、优质工程率75%，工程建设质量稳步提升。

经营管理

截至2009年末，四川公司资产总额达到754.6亿元，比2008年增长12.02%。资产负债率73.57%。实现营业收入577.58亿元，比2008年增长8.96%。

同业对标实现新突破。积极完善对标工作机制，加强指标分析和过程管控，不断找差、改进。四川公司共有5个典型经验入选国家电网公司典型经验库。建立完善企业管理创新评审、提炼、推广制度，获得中电联管理创新成果奖7项。

电价财税工作成效显著。认真测算、反复沟通，电网环节电价矛盾得到部分疏导。争取到灾后重建财政贴息资金、“拉动内需”专项财政资金近10亿元。妥善处理好节能发电调度和关停小火电补偿等问题。

“三节约”（即节约一分钱，节约一张纸、节约一寸导线）活动扎实推进。强化节约意识，培育节约文化。加强规划建设、生产运行、营销服务全过程管理，严格成本控制，工程概算比可研估算平均下降约5%。切实落实“过紧日子”各项措施，可控费用同口径相比下降8.25%，出国人员经费、水电费和办公费同比分别下降63%、7.49%和5.5%。

产业管理不断规范和加强。产权级次压缩和省公司层面主多分开工作按期完成。设计咨询公司和监理公司回归主业。大力支持辅业单位开拓市场。修造单位整体经营状况良好。积极指导帮助施工单位理清发展思路，解决发展困难。控股上市公司的盈利能力和发展能力进一步增强。

依法治企水平稳步提升。坚持依法从严治企，有效防范法律风险。认真开展财务稽核、审计监督、效能监察，规范社团组织，开展控股（代管）县级公司“违章”行为集中排查整治。积极配合完成抗震救灾、恢复重建和扩大内需等内外部审计。

安全生产

2009年，四川公司系统未发生较大及以上电网、设备、火灾事故、破坏电网稳定和大面积停电事故，未发生较大及以上人身死亡事故，安全生产保持总体平稳。

把确保安全稳定放在首位。加大《国家电网公司电力安全工作规程》培训宣贯力度，提升员工安全素质。深入开展“三查一整改”和专项整治活动，积极争取政府支持，加强高危客户安全管理，消除安全隐患。切实强化基建、农电、控股（代管）公司和辅业单位安全管理，扭转了安全生产被动局面，首次夺得国家电网公司基建安全管理“流动红旗”。

四川公司应急指挥中心建成投运，理顺应急管理体系，完善各类应急预案。建立健全应急体系，沉着应对突发事件。编写《应急救援体系建设实施纲要》，不断完善应急救援体系建设。

加强电网运行管理，500kV茂县等变电站获国家电网公司标杆站、红旗站称号。全面推进状态检修，乐山局等7个单位通过验收。合理控制水位，做好电煤预警，加强跨区购电，在年底负荷、电量屡创新高的情况下，确保全省电力充足和可靠供应。

强化迎峰度夏各项措施，四川公司高度重视，提前布置、提前安排，及时制订迎峰度夏方案。各级调度部门精心安排电网运行方式，严格控制断面潮流。加快新建工程的投产进程，深化隐患排查治理，完善迎峰度夏应急预案，积极参加应急演练。

大力开展“反违章”专项整治行动。建立了“反违章”组织体系和季报工作机制。将国家电网公司《安全生产典型违章100条》及身边违章事故案例，制作成画册、手册，强化“反违章”宣传。充分发挥巡查大队作用，共巡查23个基层单位，353余个作业现场，发现设备缺陷和管理等方面的问题478条。

营销工作

2009年，四川公司积极应对地震灾害和金融危机造成的严重影响，推动出台阶段性特殊电价政策，规范实施直购电试点，稳定和恢复大工业市场。坚持度电必争，推行“一站式”服务、“并联审批”。主动对接、闭环服务，确保灾后重建、拉动内需、西博会签约项目等重点工程尽早用电。全年完成省内售电量969.8亿kWh，同比增长11.27%。市场占有率90.86%，提高2.44个百分点。

坚持增供促销、增收节支与规范管理、强化监督并重，减亏工作成效明显，发展实力恢复提升。完成30万户户表工程新装改造，有效促进居民用电增长。电力销售迅速触底回升，四川公司售电量规模上升到国家电网公司系统第七位，增速排名第三位；省内市场占有率进一步提高。深化节能发电调度，水电上网电量创新高，经济运行成效显著。灵活实施跨区跨省电力交易，首次实现按反调峰方式向华中输电。切实强化电费回收，预购电费比例提高到51.66%，应收电费余额压欠幅度居国家电网公司系统第一名。

妥善处置“成都双流机场停电事件”，客户安全用电争取到政府长效支撑。3292户高危客户隐患排查率、告知率、备案率100%，实施“高危客户危险点识别和分级管理”，受到国家电网公司好评。构建“三标一体”（“三标”即以标准体系、考核体系和指标体系三个板块构成的营销标准，“一体”即以“一部三中心”专业化管理模式为核心的营销组织体系），实现了SG186营销业务应用上线。

制定《四川省电力公司办理新建发电机组进入商业运营流程的有关规定（试行）》和相关的大厅管理制度；制定《川电外送交易管理办法》，并促成政府出台相关文件，确保川电外送交易行为的规范、有序；积极促进华中电网建立水电弃水应急机制。编制《直购电平台交易规则》，使得各项业务和交易行为依法合规、公开透明。

农电工作

2009年，四川公司围绕“筑牢安全、服务两个基础，全力实现扭亏为盈”的年度工作目标，加强农电安全生产，积极开展新农村电气化建设、中西部农网完善和无电地区电力建设工程（含扩大内需农网工程），推动县级电力体制改革，加强控股、代管县级供电企业运营监管，确保年度各项工作目标完成。2009年新控股达州开江和宜宾屏山，使四川公司控股县级供电企业达到10家。

2009年，在建西部农网完善工程投资规模26.41亿元，完成13.6亿元。在建无电地区电力建设工程投资规模为6.13亿元，完成1.3亿元。扩大内需项目投资27.06亿元（包括西部农网完善工程投资23.56亿元，无电地区电力建设工程投资3.5亿元）。

同时，加快灾后重建步伐，完成了农村配网灾后重建规划的编制和修订。配合国家电网公司组织协调对口援建汶川等六县地方电网灾后恢复重建工作。对口援建重建阶段的任务于2009年6月10日前全部完成。

2009年，下达两批重建项目投资计划，总投资为7.1亿元。为灾后永久性农房7.6万户（不含抢修及其他资金渠道解决的21.9万户）提供了配套供电设施，完成已下达的投资1.5亿元，解决永久性农房配套供电13.2万户。全面开展新农村电气化建设工作。2009年规划创建7个电气化县、87个电气化乡镇、1182个电气化村，经报省新农村电气化建设领导小组审查同意后实施，已基本完成创建任务，报请省新农村电气化领导小组、省发改委同意，对7个新农村电气化创建县的正式验收，提前一年超额完成“十一五”新农村电气化建设目标。努力推进县级供电企业“创一流”工作。修订完善了“一流县级供电企业”创建规划，创建“国家电网公司一流县级供电企业”1个，动态考核“国家电网公司一流县级供电企业”4个。四川公司考评命名“省电力公司一流县级供电企业”10个。

科技与信息化

2009年，四川公司克服因灾启动晚、实施规模大等困难，ERP项目提前成功上线，SG186工程顺利通过验收，得到国家电网公司高度评价。初步建立“两级三线”运维体系，信息系统安全运维能力不断提高。加大科技创新投入，设立实验室开放基金，科研试验能力进一步增强。建立智能电网等两个省重点实验室，填补公司空白。集中力量开展科技攻关，直流电气设备试验研究和特高压施工器具研制等取得突破，科技信息水平明显提升。

高度重视ERP项目建设，ERP、生产管理、协同办公、营销业务应用、人资管控、财务管控、基建管控等系统已上线。成立了信息系统运维中心，初步建立了“两级三线”运维体系。完成了四川公司系统30个单位的上线，基本实现了“全单位、全口径、全业务”的人资管理、“一本账”的财务管理、“统一编码、集中管控”的物资管理，为人财物集约化管理工作提供了先进的信息化手段。全面推进“SG186”工程建设，为实现“两个转变”夯实基础，推动“四化”管理水平迈上新台阶。建立“智能电网实验室”等两个“四川省重点实验室”，填补了四川公司没有省部级重点实验室的空白，首次建立了实验室开发基金，创新能力平台建设取得了显著的进步。

优质服务

四川公司党委把共产党员服务队作为加强党的先进性建设的载体、加强党的先进性建设的重要举措和优质服务的重要手段，不断深化共产党员服务队工作，着力解决服务热点难点，打造“真情川电”品牌。从关注民生、惠及民生入手，继续深化“服务进社区，惠民千万家”活动，实施“一对一”亲情服务，拓展服务内容，使广大客户得到更多的电力便民服务实惠。真诚兑现“有呼必应，有难必帮”的庄严承诺，切实履行社会责任，树立了电网企业真诚为民服务的良好形象。党员服务队被誉为“电力 110”，成为优质服务的品牌、标杆和城市党建工作的亮点。2009 年 1～12 月，四川公司系统 19 支共产党员服务队进社区 1246 个、6955 次，为老弱病残等特困户服务 3389 次，定点上门服务 6081 次，被各级媒体宣传报道 788 次，收到感谢信或锦旗 355 封（面）。在灾区，党员服务队将板房小区作为“服务进社区”活动的重点与留守学生“一对一、一对多”帮扶，开展“代理家长日”、“亲情活动日”，将“川电留守学生之家”营造成温馨的爱心家园。

通过深化共产党员服务队进社区活动，促进内质外形建设，将供电服务窗口前移，零距离接触市民，架起与群众沟通的桥梁，促进社会和谐；把被动的传呼行动变为主动的日常服务，使帮扶困难户的工作经常化、制度化，使电网企业服务社会、履行社会责任的工作更加精细；树立党、政府和电网企业真诚为民的形象，展示党员风采，体现电力员工“服务客户，奉献社会”，切实履行社会责任的时代精神。成都电业局共产党员服务队与成都电视台“爱心传递，温暖成都”主题公益节目合作，引起了强烈的社会反响。

党的建设和精神文明建设

按照国家电网公司统一部署，在四川公司系统集中开展了学习实践活动。实现了26 161名党员全参与、全覆盖，群众满意度率达到 98.52%。四川公司党委中心组全年学习 12 次。形成领导干部调研成果 447 篇；深入推进“四好”领导班子建设，形成争先创优良好氛围。加强基层班子运行情况分析和风险评估，统筹做好领导班子的配备，加强干部交流，优化班子结构。开展反腐倡廉建设“反违章”专项工作，廉政风险分析与化解专项治理取得明显成效。大力加强行风建设，形成内外监督合力。党风廉政建设责任目标全面完成。新闻宣传工作大力加强。大力宣传公司在落实“四个服务”宗旨，履行社会责任方面所作的贡献。成功组织了“5·12”汶川地震周年纪念、“决战二台山”、特高压工程建设、九石线抢险等重大专题宣传。成功化解“8·11”成都双流机场停电事件可能带来的负面影响，树立了四川讲政治、顾大局的责任央企形象。

切实加强思想政治工作，把握员工思想动态，积极宣传疏导，凝聚全员力量。大力支持工会、共青团开展工作。厂务公开、民主管理深入推进，职工代表和总经理联络员作用有效发挥，公司荣获“全国五一劳动奖状”。团青工作有声有色，“号、手、岗、队”等载体建设位于国家电网公司系统前列，“川电留守学生之家”广受赞誉。企业文化实践活动不断深化。成功举办第二届企业文化节。评选表彰“电网十大楷模”。率先在国家电网公司系统发布诚信宣言。圆满完成通江县筲箕背村结对帮扶工作，深入推进马边扶贫工作。积极组织员工开展献爱心活动。

关心广大员工和离退休老同志，认真落实离退休老同志“两项待遇”，荣获“国家电网公司离退休工作先进单位”称号。切实加强信访稳定工作，深入开展信访积案化解活动，健全排查和包案机制，顺利完成地震伤亡人员捐赠工作，保持了队伍稳定。

主要事件

1 月 8 日，四川省委书记、省人大主任刘奇葆专程来到地处“5·12”特大地震重灾区的公司映秀湾水力发电总厂，看望并慰问在抢险恢复生产现场的电厂干部员工。

1 月 25 日，温家宝总理除夕到德阳与灾民欢度春节。德阳电业局对相关变电站、太平洋酒店、东汽新基地、东汽德阳分部、德新安置点的用电设施进行检查，在总理活动所经地点，德阳电业局均派人值守，协助用户做好保电工作，圆满完成了总理一行活动保电任务。

3 月 6 日，成都 500kV 龙泉输变电工程正式开工建设。

4 月 23 日，国家人力资源社会保障部和国务院国资委在京联合召开了中央企业先进集体和劳动模范表彰大会，四川公司送变电建设公司、映秀湾水力发电总厂机电检修厂荣获中央企业先进集体，德阳电业局局长杜小波等 4 名个人荣获中央企业劳动模范称号。

4 月 27 日，四川公司召开干部大会，会上宣布了国家电网公司调整公司领导班子的决定：因工作需要，免去秦红三四川省电力公司党委书记、常委、委员职务；免去秦红三四川省电力公司副总经理职务。调江西省电力公司任总经理、党组副书记。

4 月 29 日，四川省召开庆祝“五一”国际劳动节暨灾后重建再立新功劳动竞赛推进大会，四川省电力公司首次荣获中华全国总工会授予的全国“五一”

劳动奖状。

5月6日，四川电网最大负荷达到1278万kW，日均用电量约为2.5亿kWh，与2008年5月上旬汶川特大地震发生前，四川电网的最大负荷和用电量基本持平，地震灾害对电网负荷和用电量的影响因素已基本消除。

5月7日，被称为汶川灾区输电"大动脉咽喉"的220kV二台山变电站抢建工程试投运成功，二台山输变电工程在汶川特大地震一周年之际正式投入运行。

5月12日，映秀湾水力发电总厂映秀湾电站最后一台机组（1号发电机组）投运。至此，在汶川特大地震一周年之际，映秀湾电站全部恢复发电。

5月30日，向家坝—上海±800kV特高压直流输电工程的配套项目，复龙—泸州500kV线路工程开工建设。

6月1日，公司召开干部任免宣布大会，因工作需要，经国家电网公司党组研究，并征得四川省委同意，林荣卫任四川省电力公司党委委员、常委、书记，四川省电力公司副总经理。

6月17日，由四川电力超高压建设管理公司建设管理的绵阳—广元500kV双回输电线路工程，夺得国家电网公司2009年"安全管理流动红旗"，实现了多年来四川公司在国家电网公司系统安全质量管理流动红旗竞赛中"零"的突破。

7月28日，因工作需要，经国家电网公司党组研究并征得中共四川省委同意：王抒祥任四川省电力公司总经理，公司党委委员、常委、副书记。朱长林调任北京电力公司总经理。

8月20日，公司成立以王抒祥为组长的特高压暨跨区电网建设领导小组，全面负责向家坝—上海±800kV特高压直流输电工程和德阳—宝鸡±500kV特高压直流输电工程四川境内电网项目的验收、调试和移交工作。

9月4日，投资总额达20.24亿元的电网投资大单落地革命老区——巴中市，拉开了四川电网末梢改造的序幕。

9月18日，德阳—宝鸡±500kV直流输电线路工程广元段经过11个月的艰苦施工，全线贯通。

9月24日，按照国家电网公司常规直流和特高压线路实施"属地化管理"要求，四川电力直流运行分公司在成都正式成立。

9月30日，四川省委书记、省人大常委会主任刘奇葆在公司总经理王抒祥关于公司各项工作情况汇报的信件上批示指出，四川省电力公司工作深入并努力从四川的实际出发发展电力事业，省上对电力公司的各项工作应给予大力支持，并转省委、省政府有关领导阅示。

10月28日，四川公司德阳电网"康桥工程"项目集中开工仪式在德阳什邡隆重举行。

11月1日，德阳—宝鸡±500kV直流输电工程，德阳换流站系统调试通过预验收，具备通电条件，移交运行单位管理。

11月10日，公司ERP系统推广正式上线。

11月11日，根据工作需要，经国家电网公司党组研究并征得中共四川省委同意，张福轩任四川省电力公司副总经理，党委委员、常委。

11月16日，西昌裕隆±800kV换流站"三通一平"工程竣工验收总结暨移交会在西昌市举行。

12月11日，华中电网500kV变电站劳动竞赛总结表彰大会在成都召开。四川茂县变电站等8个变电站被评为"国家电网公司500kV级变电站劳动竞赛标杆站"，四川谭家湾变电站、蜀州变电站、石板箐变电站、东坡变电站等14个变电站被评为"国家电网公司500kV级变电站劳动竞赛红旗站"。

12月15日，公司SG186工程顺利通过国家电网公司的远程验收测试。

12月18日，四川省经委组织召开四川省电力地方性法规立法评审会。对《四川省保护电力设施和维护供用电秩序条例》（送审稿）进行了论证，提出评审和修改完善意见。

12月28日，德阳—宝鸡±500kV直流输电工程成功投入商业运行。

12月28日，复龙—泸州500kV线路工程全线正式贯通。

（梁　建　陆远兴　程彦韬）

重庆市电力公司

企业概况

重庆市电力公司（简称重庆公司）于1997年随重庆直辖成立，是国家电网公司所辖省级电网企业，经营区域覆盖重庆市40个区（市县），服务人口2981万人，占全市总人口96%。现有基层单位50个，其中供电企业37个，员工总数2.71万人。截至2009年底，售电量389.01亿kWh。

重庆电网实现了跨越式发展，特别是直辖以来，电网建设投资每年以直辖前十多倍的速度增长。如今，重庆电网已成为国家电网公司"西电东送"的中枢通道，500kV电网建成"日"字形环网，220kV形成双回环网，110kV及以下输配电网络日臻完善，全市基本形成统一电网格局，有力地支撑了直辖市的高速发展。

大力弘扬“努力超越、追求卓越”的企业精神，忠实履行社会责任，特别是在抗击特大自然灾害中，广大员工牢记宗旨、坚守职责，确保了电网安全和电力有序供应，彰显了国家电网“责任央企”的企业形象。先后荣获“全国五一劳动奖状”、“全国职业道德建设十佳单位”、“全国文明单位”和“全国和谐劳动关系企业”等光荣称号。

电网概况

重庆电网通过 4 回 500kV 线路与华中主网联网运行；通过 4 回 500kV 线路与四川电网联网运行；通过 2 回 220kV 联络线与贵州电网相联，已融入全国互联电网中，在川电东送及全国互联电网中发挥着重要的作用。

重庆 500kV 较为坚强的内部骨干网架已基本形成。现有 500kV 变电站 9 座，变压器 18 台，变电容量14 500MVA，500kV 线路共计 31 条，线路长度合计 2523.424km；220kV 变电站 51 座，变压器 101 台，变电容量15 780MVA。220kV 线路共计 149 条，线路长度合计 4384.39km。

截至 2009 年底，重庆电网统调用电量 413.56 亿 kWh，同比增长 9.57%，统调历史日最高用电负荷为 886 万 kW，同比增长 23.57%，日最大用电量18 282万 kWh，同比增长 27.37%，平均负荷率 83.16%，同比下降 0.35 个百分点。

人力资源

人才当量密度达到0.833 3，同比增长0.077 1；技能竞赛及调考成绩取得突破，在国家电网公司继电保护专业知识和技能竞赛中取得团体二等奖，个人第二名和第八名；评审推荐国家电网公司管理、专业技术、生产技能专家 18 人。2009 年，新增高级职称 126 人，中级职称 471 人；高级技师 19 人，技师 1191 人。高中及以下文化程度比例由 38.50%降为 30.12%。

2009 年，完成了本部机构编制和职级序列改革工作，印发了规范直属供电企业机构编制和职级序列管理办法；完成了 4 家回归企业的组建、“三定”工作，3 家单位的管理上划工作。加强《供电企业劳动定员标准》的宣贯和测算工作，及时核定下达了供电企业定员，促进了供电企业按定员定额组织生产，制订并上报了《供电企业三年劳动定员达标方案》。完成了 8712 名涉农群体人员历史信息资料清理核查，在 2009 年 9 月底前圆满完成了其中符合条件的 6374 名原农电工基本养老保险补缴工作。按国家电网公司 SG186 统一部署，基本建立了以 ERP 和人资管控系统为主的人力资源管控体系。

电网建设与发展

2009 年，新开工 110kV 及以上输电线路 1520.7km、变电容量 877.1 万 kVA，分别增长 41.5%和 36.7%；投产 110kV 及以上输电线路 888.4km、变电容量 569.4 万 kVA，分别增长 76.6%和 3.2%。

圆满完成向家坝—上海±800kV 特高压直流输电工程建设任务，其中重庆段 2009 年 11 月 6 日导地线全线架通，圆满完成国家电网公司“11·15 向家坝—上海线全线架通”建设目标。雅安—南京北 1000kV 特高压交流工程取得市规划局规划选址意见书，1000kV 重庆（铜梁）变电站和万州开关站站址用地纳入 2009 年当地土地利用总体修编规划。及时投运了 500kV 陈家桥 3 号主变压器扩建工程、220kV 板桥片区加强等重点工程，主城 27 个抢点抢线工程顺利推进；成功投运了 220kV 开县东华、璧山凤凰等 6 个扩大内需城网工程。500kV 张隆Ⅱ回线路代表华中电网地区参加国家电网公司安全质量流动红旗竞赛并受到好评，220kV 凤凰、丰都变电站等 6 个工程获得安全质量流动红旗，220kV 南川、花庄输变电工程获得国家电网公司优质工程奖。

经营管理

抓住地方发展机遇，争取电价政策。2009 年，重庆公司销售电价平均提高 3.2 分/kWh。市政府常务会议讨论通过《城市建设配套费征收标准调整方案》，从 2010 年起将城市建设配套切块 15 元/m^{2}用于重点补偿架空线下地费用。开展基于负荷特性的工商业用户销售电价研究，为销售电价改革提供了理论依据。全面分析居民用电情况，完成居民阶梯电价分档研究。

深化、细化全面预算管理，将预算要求层层分解落实，进一步发挥预算的引领和调控作用。开展 2006～2008 年成本梳理，总结分析探寻成本驱动因素。切实落实“三节约”措施，挖潜增效，全年“三节约”财务指标顺利完成。以集约化管理为主线，制订 2010～2020 年财务规划，持续推进财务信息化建设，远光与 ERP 系统双轨运行并大力推开，为全面实现套装软件、财务管控及业务系统集成打好基础。积极开展资产产权管理，做好多经企业回归规范工作。将财务评价与稽核有机结合，采取全面问卷调查与部分单位现场抽查的方式，对购售电、预算、专项成本、社会保险费收支、劳务费开支范围、大修项目管理等方面进行专项评价稽查，为今后持续改进和提高会计基础工作、规范会计核算奠定了良好基础。

安全生产

坚持科学的安全发展观，坚持“安全第一、预防为主、综合治理”方针，按照安全生产“三个百分之百”要求，始终把安全生产放在各项工作的首位来抓。积极开展“细化反违章、常态治隐患”为主题的“安全生产月”活动，强化反违章工作机制建设，加强作业现场风险控制与管理，细化作业现场“六不干”和防止人身伤害及人员责任事故“六个十条”重点安全措施。实施安全风险管理体系试点，持续推进安全生产“百问百查”、“三项行动”和“三项建设”活动及安全生产百日督查落实等专项行动，实施安监保卫“8911”工程，强化应急体系建设，提升应急救援和处置能力。创新安全监督举措，安全生产总体平稳。

开展以“细化反违章，常态治隐患”为主题的“安全生产月”活动，呈现出各级领导亲力亲为、党政工团齐抓共管、宣传发动形式多样、工作举措创新实用、自查整改认真有力、活动效果收效显著的特点。开展反违章工作问卷调查，15 987名员工接受了问卷调查，形成《反违章工作分析报告》，为改进反违章工作措施提供依据。开展以“牢记‘6·30’，警钟要长鸣”为主题的“6·30”专题安全日活动和反违章专项督查活动。2009 年，开展反违章自查 82 692次，自查违章 7592 次，因违章降岗 42 人、待岗 8 人，同比增加 8 人。

2009 年，实现人身死亡和恶性误操作事故双“零”目标。未发生重伤及以上人身伤亡事故，同比持平，未发生人身轻伤事故，同比减少 4 起；发生一般电网统计事故 1 起，同比增加 1 起；未发生一般设备及以上设备事故，同比持平；发生一类障碍 62 起(变电 4 起，同比增加 1 起；送电 58 起，同比增加 1 起)，同比增加 2 起，上升 3.2%。截至 2009 年 12 月 31 日，重庆电网安全稳定运行 4877 天，共有 31 个基层单位安全生产长周期超过 1000 天，安全生产保持总体稳定趋好的发展态势。

营销工作

2009 年，重庆公司全年售电量完成 389.01 亿 kWh，同比增长 8.29%；电费回收连续 5 年双结零；营销系统运行可靠率 99.92%，客户现场管理系统获得国家电网公司科技成果三等奖，“一部三中心”建设、电能计量管理获得国家电网公司先进单位；没有发生因供电安全引起煤矿等高危重要客户的人身死亡事故，没有发生营销人员重大伤亡事故，没有发生客户造成的电网考核事故，没有发生营销系统故障造成的重大服务事故；贸易结算电能计量装置配置合格率达 99.99%；供电服务十项承诺兑现率 99.85%。

成功应对金融危机，增供扩销成效明显。狠抓业扩报装时限管理，密切跟踪国家拉动内需、改善民生的重点工程项目，推行专变客户报装 100%回访制度，加快报装接电速度。全年平均缩短报装时间 18.19 天。电费回收再创佳绩。强化客户安全管理，规范用电秩序。积极履行社会责任，切实加强有序用电和客户安全用电服务，全力维护正常的供用电秩序，完成了 2197 户煤矿、石化等高危及重要客户的安全用电检查工作，对 1634 户重要客户存在的严重安全隐患在 95598 网站公告，并向重庆市安监局和华中电监局书面汇报。以低压采集试点为抓手，进一步加快营销信息化建设。2009 年，专变自动出账率达到 99.4%，同比提高 9 个百分点。完成 14 个供电公司专变客户采集系统主站建设工作，安装终端 2448 台。扎实推进精益化管理，进一步增强集约化管理。按照营销标准化、精益化管理的要求，不断深化营销集约化。17 个供电公司按照公司组织构架的要求，完成营销组织构架的调整，为推进营销专业化管理奠定了基础。

农电工作

继续深化电力体制改革，电力体制改革取得新进展。按照《重庆市人民政府关于重庆市电力体制改革的意见》(渝府发［2003］40 号）文件精神，积极配合地方政府，完成了重庆川东电力集团公司农网资产移交。2009 年 3 月，重庆市能源投资集团公司将所持重庆川东电力集团公司 42%股权划转公司；2009 年 9 月，涪陵区政府将所持重庆川东电力集团公司 46%股权划转公司。

推进新农村电气化建设，助推统筹城乡经济和社会发展。贯彻落实“三新”农电发展战略，健全“政企合作、供用和谐”的建设机制，服务社会主义新农村建设，助推统筹城乡经济和社会发展。推广应用新农村典型供电模式，提升新农村电气化建设水平。2009 年建成新农村电气化县 1 个（荣昌县)、新农村电气化乡镇 20 个、新农村电气化村 200 个。完成拉动内需农网完善及无电地区电力建设项目，农村电网改造面达到 93%。渝北区、巴南区、北碚区等 16 个区县农网改造面达到 100%。有力支持了国家“家电下乡”政策，提高了农村电压质量和供电可靠性。

深化创一流同业对标工作，积极开展农电标准化体系建设，编制了农电工作标准、管理标准、技术标准，大力实施县级供电公司贯标工作。夯实安全生产基础，巩固与提高建设一流企业成果，建立和完善创一流工作常态机制，认真开展国家一流县级企业动态复查，实行常态管理和动态考核。持续推进创一流工作，积极开展创建重庆市级一流县级供电企业活动，全面促进县供电公司管理水平提升。

科技与信息化

2009年，重庆公司共获得省部级科技进步奖10项。“电能计量中心运营策略及物流关键技术研究”等四个项目获得国家电网公司科技进步三等奖，参与的“国家电网公司供电企业劳动定员标准体系研究”成果获得国家电网公司科技进步一等奖，“重庆电网污区分布信息系统及其实施细则”等5个项目获得重庆市科技进步三等奖。管理创新工作成绩突出，获得省部级及以上企业管理创新奖18项，截至2009年底，累计获得省部级及以上管理创新奖43项。2009年，申请专利53项，同比增长60.6%，完成全年计划的177%；获得专利授权20项，完成计划的125%。出版论著16部，发表论文240篇，其中核心期刊及国际会议论文83篇。

2009年，信息化建设取得重大进展，全面完成了信息化SG186工程建设工作，建成了企业一体化信息平台，完成了八大业务应用推广，建立健全了6个保障措施，整体信息化水平大幅提升，信息化全面支撑各项管理工作，在生产经营管理中发挥了突出作用，12月SG186工程顺利通过国家电网公司验收，重庆公司科技信息部荣获国家电网公司信息化先进集体荣誉称号，5人荣获国家电网公司信息化先进个人荣誉称号，此外还荣获1项市级优秀科技成果特别奖、4项软件著作权专利。信息安全管理工作成绩突出，通过电监会信息安全检查并得到充分肯定及良好评价。成功举办首届信息安全运维竞赛，圆满完成重要时期的网络与信息安全保障，被重庆市授予“2009年度重庆市重要信息系统安全等级保护工作先进单位”。提前编制了“十二五”信息化发展规划和2010年信息化计划，与重庆公司“三大目标”、“四大愿景”和国家电网公司SG-ERP建设目标密切结合，助力坚强智能电网建设。

优质服务

加强供电薄弱环节整治，实现减少客户停电时间52分钟、供电方案答复及时率99.2%、用电接入及时率99.8%、投诉及情况反映及时办理率99.91%、抢修抵达及时率99.9%；为客户提供24小时热线服务，全年电话量137万个，同比增加23.79%，其中呼入电话126万个，拨打服务质量回访电话11万个，服务质量满意率99.94%。

主动服务全市重点工程，圆满完成国庆60周年重大活动保电任务，成功开展重庆市突发大面积停电事故应急联合演练。着力解决客户关注的8项热点难点问题，建立红岩供电服务抢修队，打造抢修服务品牌；改造电压质量低的台区1115个，解决客户反映的电压质量问题2480个；扎实开展客户报装“四个禁止”的自查整改工作；对大客户推行报装“绿色通道”，加快报装速度，报装用电时间缩短12%；深化抄表障碍管理，对无法抄表的现场进行计量改造共4.23万户；大力推广低压红外线抄表，严格催费流程和服务规范；进行迎峰度夏服务态度“五不准、五主动”专项治理，对一线员工发放服务岗位提示卡1.25万份、开展服务培训1.32万人·次、开展优质服务竞赛35次，促进服务意识提高；对小水电企业建立定期沟通机制，主动上门走访329次，规范并网服务。开展窗口服务提升活动。供电营业网点执行365天“知心”服务，建立柜台回访客户制度；开展“电力主题开放体验”活动。邀请政府相关部门、客户代表、行风监督员及新闻媒体等代表参观营业厅、变电站、调度等电力一线工作场所，演示推介电费短信通、代扣、预存的办理方式，增进各界对供电服务工作的理解和支持。召开金卡、银卡大客户座谈会，组织重要、高危客户和发电企业走访活动，实施专项走访994次，主动为客户提供业务咨询、安全用电指导及宣传，了解客户的用电需求，征求客户意见662条，对客户建议实行闭环管理，促进服务品质提升。

党的建设和精神文明建设

认真贯彻落实《重庆市电力公司基层党组织标准化建设实施办法》，将党建工作标准化纳入重庆公司发展战略规划和基础管理工程。用“固本”、“强基”、“标准化”作为创新党建工作机制的有效手段。以“班子建设好、党员队伍好、工作机制好、发展业绩好、阵地建设好”为主要内容推进“五个好”党委建设，以“班子建设好、工作机制好、职工队伍好、生产工作好、先锋模范作用好”为主要内容开展“五个好”党支部创建活动。目前基层已建成“五个好”党支部143个，占支部总数的32.5%。

开展新中国成立60周年先进基层党组织、优秀共产党员推荐活动，南岸供电局党委、张能瑜等4人分别获得重庆市委表彰的先进基层党组织和优秀共产党员。开展企业文化“四统一”主题实践活动征文比赛，组织“我是国家电网人”演讲比赛。广泛开展“唱红歌、读经典、讲故事、传箴言”活动；与重庆市扶贫基金会联合开展“送电影　进乡村”大型公益活动，放映《用电点亮巴渝大地》专题片和优秀红色电影共1010场，大力宣传电力设施保护、安全用电、电磁环保、供电服务等知识。

建立健全精神文明建设的领导机构和办事机构，认真落实加强精神文明建设5年规划。深入推进文明单位创建工作。2009年，1个单位创建为全国文明标兵，8个单位创建为全国文明单位，4个单位创建为市级文明单位，4个单位通过委级（区县级）文明单位检查验收。

（杨　龙）

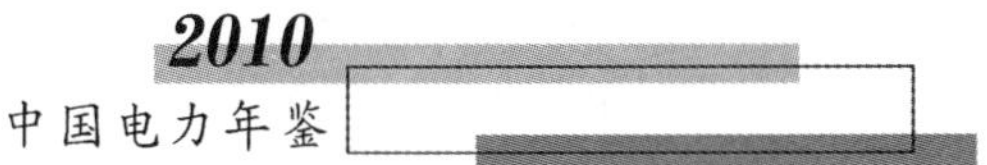

西　北　地　区

西北电网有限公司

企业概况

西北电网有限公司（简称西北公司）是国家电网公司在西北投资设立的国有独资公司，2003年11月正式成立。西北公司设立董事会，成员单位包括陕西、甘肃、青海、宁夏、新疆电力公司。西北电网包括陕、甘、青、宁、新五省（区）电网，供电面积310万km^2。

主要负责西北电网规划，建设运营西北跨省（区）750kV和330kV电网，受托运行国家电网公司部分750kV和直流输电资产，实施西北电网统一调度运行管理，履行黄河上游水库水量统一调度职责，指导、协调、监督西北电网安全生产，组织西北跨省（区）电力电量交易等。截至2009年底，西北电网统调装机6728万kW。运行750kV变电站13座1380万kVA，线路19条2499km；330kV变电站114座5590万kVA，线路318条19 020km。其中，直属750kV变电站3座420万kVA，线路7条1289km；330kV变电站14座654万kVA，线路50条（段）3680km。

2009年，西北全社会用电量2724.76亿kWh，同比增长7.3%。西北电网售电量2087.84亿kWh，同比增长5.61%。西北电网新增发电装机972万kW，发电装机总规模6728万kW。

西北公司坚决贯彻国家电网公司决策部署，主动服务西北五省（区）党委、政府工作大局，年度内召开董事会，统一认识，积极实施“三步走”发展战略，加快建设西北“三型”坚强智能送端电网和“一强三优”现代区域公司，着力推进电网发展方式转变和西北公司发展方式转变，电网发展全面提速，安全生产保持平稳，“四化”管理深入推进，经营效益不断提升。先后荣获“全国五一劳动奖状”、“全国精神文明建设工作先进单位”、“全国首批模范劳动关系和谐企业”、“陕西省先进集体”、“陕西省文明单位标兵”等荣誉称号。

电网概况

2009年，西北五省（区）系统统调发电设备新增机组66台（座），新增发电容量11 271.78MW，较2008年底统调总装机容量增长21.58%。

西北五省（区）系统五级调度调管统计的总装机容量为70 776.72MW，其中，水电19 598.29MW，占总装机容量的27.69%；火电47 920MW，占总装机容量的67.7%；风电2154.8MW，占总装机容量的3.04%。总装机最大的火电厂为蒲城电厂（全厂装机4×330+2×660MW），总装机最大的水电站为拉西瓦水电站（全厂装机4×700MW）。

西北五省区系统统调装机容量63 495.08MW，其中，水电17 377.15MW，占总装机容量的27.37%；火电43 562MW，占总装机容量的68.6%；风电2144.6MW，占总装机容量的3.38%。600MW及以上大容量机组12 520MW，占统调总装机容量的19.7%，较2008年底增长8个百分点。

直接接入750kV及以上输电网的机组6400MW，占总装机容量的10.08%；直接接入330kV及以上输电网络的机组28 260MW，占总装机容量的44.5%；直接接入220kV网络的机组13 218MW，占总装机容量的20.82%。

西北五省区系统统调220kV及以上降压变压器变电容量89 062MVA，其中，750kV变压器容量为13 800MVA（8台），330kV降压变压器变电容量为57 596MVA（230台）。西北电网220kV及以上输电线路长度31 889.195km（556条），其中，750kV线路长度为2498.483km（19条），330kV线路长度为

18 987.31km（318条）。

人力资源

截至2009年末，西北公司本部内设18个职能部门，下设11个直属单位。实有职工945人（长期职工763人，临时职工182人），较2008年增加60人，其中本部职工368人。

人员构成：2009年长期职工（763人）中，经营管理类140人，专业管理类240人，技术管理类169人，生产技能类214人。

有正高级技术职称2人，副高级技术职称239人，高级技师11人，技师46人。总体人才当量密度为1.063 2，总体人才密度为99.08%。

完成本部机构规范设置，理顺工程设计和施工建设管理职责，组建物流中心和信息公司，调整国贸公司主营业务。制定干部管理、员工入口、劳动用工等办法，研究建立高效的劳动组织形式。

交流、轮换、提拔干部28名，聘任优秀人才36名，培训员工近6000人·次，干部队伍结构和员工综合素质得到提升。

电网建设与发展

2009年，启动西北电网"十二五"规划设计。750kV输变电工程取得16项"路条"、11项核准。编制《西北电网有限公司2009年电网建设里程碑计划》，制订新开工程管理大纲和工程项目的物资需求计划，以及《西北电网有限公司基建项目重大作业管理规定（试行）》、《2009年西北电网有限公司基建系统大型作业计划》，规范了基建项目重大作业的管理，坚持对各在建工程的重大作业、重大施工方案进行多部门联合会审。

2009年，750kV项目开工线路740km、变电780万kVA，投产线路1573km、变电654万kVA。

新开工项目为：750kV平凉变电站四期扩建（主变压器210万kVA）工程；750kV乾县变电站五期扩建（主变压器210万kVA）工程；750kV乾县变电站四期扩建（彬长电厂送出间隔）工程；750kV平凉变电站三期扩建（平凉电厂送出间隔）工程；750kV平凉变电站二期扩建（崇信电厂送出间隔）工程；750kV宝鸡变电站二期扩建（宝鸡第二发电厂送出间隔）工程；750kV乌北郊变电站扩建（乌鲁木齐—吐鲁番—哈密出线间隔）工程。

投产项目为：750kV兰州东—平凉—乾县输变电工程；750kV宝鸡变电工程；750kV乾县变电站四期扩建（彬长电厂送出间隔）工程；750kV官亭—兰州东Ⅱ回输变电工程；750kV拉西瓦送出输变电工程。

经营管理

2009年，西北750kV主网架基本形成。灵宝扩建、宝德直流工程单极投运，西北外送能力达261万kW，较2008年提高6.25倍。

2009年，面对电力市场疲软，发电能力富余的形势，发挥区域电网的市场配置功能，稳步推进人财物集约化管理，创新规则，完善办法，成功组织并建立跨区域挂牌交易、定价交易和风电打捆外送交易机制，实现黄河水电购得进、送得出，不断提高综合计划和财务预算的管控能力。

首次引入"双边交易"机制，在做好灵宝一期送出电量的同时，积极争取灵宝二期和德宝正向送出调试、试运电量。全年累计完成跨区跨省交易电量80.22亿kWh，同比增加13.38亿kWh，增长20%。其中，完成跨区交易电量36.30亿kWh，同比增长15.35%；完成跨省交易电量43.92亿kWh，同比增长24.07%。

开展依法治企诊断，治理经营管理违章，14类24项主要问题得到积极整改。完善制度体系，优化业务流程，修订《党组议事规则》、《公司工作规则》等重要制度45项。全面落实"三节约"要求，在规划建设、生产运行、经营管理的全过程严格控制成本，大力增收节支。办公、差旅、会议等费用合计同比下降6.83%。优化电网投资结构，压缩330kV投资规模，完成遗留330kV技改项目决算，把有限资金用在提高750kV主网架资源配置能力上。完成工程、财务收支等21项审计任务，配合国家电网公司开展离任审计，审计成果得到充分应用。

安全生产

2009年，西北电网全年维持较高的备用水平，系统最大负荷时的实际备用率达到15.76%，富裕电力在4000MW以上。全网及各省（区）电网年内运行平稳，未发生330kV及以上主系统的稳定破坏、电网瓦解和大面积停电事故，未发生220kV及以上枢纽变电站的全站停电事故，未发生各级调度机构调度责任事故。全年西北电网电量供应充足，未发生计划限电及控制负荷的情况。截至2009年底，西北网调实现了4114天安全生产纪录。750kV示范工程安全运行1558天。实施黄河上游梯级水库联合拉沙调度，保证黄河防凌安全和下游灌溉用水。提前部署迎峰度冬工作，全网统调最大负荷22次创新高，达3266kW，电网经受了冰雪考验。

结合国家电监会和国家电网公司的要求，开展安全生产"三项行动"、反违章等各项安全活动，重点抓隐患排查治理活动和现场反违章工作，深化安全生产“百问百查”。完善隐患排查治理工作机制，认真开展反违章活动，强化安全管理，夯实安全基础，确保实现公司安全目标。

2009年，西北电网发生电力生产人身死亡事故1起，死亡1人。在电网结构日趋复杂、设备不断增多的情况下，一般电网设备事故大幅下降，共发生一般电网设备事故3起；发生一类障碍142起，同比下降13.41%。

继续完善隐患排查治理工作机制，努力建立隐患排查治理长效机制。分两批下发了《关于印发〈2009年西北电网有限公司隐患治理计划（第一批）〉的通知》，落实整改计划。消除46项隐患。严格执行隐患排查整治表单制、督办制和检查通报制，规范了安全隐患排查统计表和隐患编码方式。推行基建项目重大作业、重大操作方案会审制和现场指挥督办制。建成西北电网应急指挥中心，落实10项大反措计划，开展针对性反事故演练，完成国庆60周年保电和迎峰度夏任务。

科技与信息化

加强信息系统的统一规划建设，ERP系统三期上线并深化应用，人力资源和财务管控等11个系统建成使用。应用系统覆盖率达95%，SG186工程首批通过国家电网公司验收。深化关键技术研究和科技创新，建成投运国内首条750kV同塔双回线路，成功开展750kV输电线路带电实训作业、同塔双回线路感应电压电流实测和VFTO（GIS设备快速暂态过电压）测试。建成送端电网数字仿真实验室、变电仿真培训基地，以科技支撑750kV电网发展。全年获得12项省部级科技奖，申请专利31项，授权专利11项。西北公司被列为陕西省首批创新型试点企业。

优质服务

2009年，西北电网发电企业年度发电利用小时数下降，发电计划完成困难，“三公”调度交易压力增大。西北公司多措并举，及时跟踪、分析电网负荷及用电量情况，精心测算全网电力电量平衡，及时调整西北网调直调电厂发电计划、水库运用方式和电网检修方式，确保同类型火电机组发电利用小时数相当。

坚持服务地方经济社会发展，主动向五省（区）政府汇报电网规划建设、新能源发展等工作。落实节能减排政策，通过提高水能利用率、降低网损等途径，节约标准煤520万t，减少二氧化硫排放7.4万t。坚持服务五省（区）电力公司，在电网统一规划、电力统一调度、电量交易等工作中发挥作用，促进国家电网发展战略实施，推动网省公司共同发展。坚持服务发电企业，交易有关办法得到监管机构批复，“三公”调度水平进一步提高。

建立联络员工作机制。2009年9月组织召开了第一次发电企业联络员座谈会，广泛交流西北电网供需形势、西北电网2010年全网电量平衡情况，外送机组实施初步方案、后期电能交易的设想。重点抓规范跨省跨区交易增强交易的公开性、透明度，丰富信息披露内简和报送方式，缩短信息披露和报送周期等工作。

积极落实“三公”调度十项措施和调度机构“五不准”要求，建立“三公”调度工作机制，完善相关的规章制度，明确“三公”调度的服务原则，规范调度人员工作行为，强化提高服务意识和服务水平。聘请“三公”调度监督员，定期组织召开“三公”调度监督员座谈会，主动接受监督，广泛征求意见和建议，认真协调反映中存在的问题；不断扩展网厂联系渠道，进一步明确网厂间工作联系的流程，建立首问负责的问询答复制度，公布网调各专业技术管理人员的联系电话和电子邮箱，耐心做好问询受理、解答、执行三个环节的工作，并加强对问询答复的归档管理；2009年度开展对发电企业的“三公”调度走访，及时了解发电企业的设备状况、电煤供应、生产经营情况及新机组启动前的准备工作，积极协调解决发电企业反映的问题和面临的困难；定期向各发电企业下发针对网调“三公”调度暨优质服务的调查评议表，主动征求各发电企业的建议，并根据反馈意见在日后工作中落实改进措施，将存在的困难及时汇报国家电网公司和政府有关部门。增进网厂之间的理解和互信。采用以上自我评价、外部评价和上级监督检查相结合的方式，定期评价调度行风建设情况，树立廉洁奉公的工作作风。

党的建设和精神文明建设

2009年，西北公司全面贯彻落实党的十七届四中全会精神和国家电网公司党组的决策和部署，扎实开展深入学习实践科学发展观活动。3月11日～6月25日，深入开展学习实践科学发展观活动，活动历经三个阶段、六个环节。编发《学习实践活动简报》30期，开辟内外网活动专栏，先后有49篇信息稿件在中央、地方和国家电网公司媒体刊（播）发，制作了专题宣传短片，组织编印《西北电网公司学习实践活动专题调研报告汇编》、《西北电网公司学习实践活动党员学习心得选编》。

全面加强党的建设和思想政治工作，推出党支部标准化建设、安全生产思想政治工作保障体系和党建联动机制“品牌工程”，全面启动创建“电网先锋党支部”活动。在兰州召开党建联动机制现场会，全面推广党建联动机制，在基本建设战线通过“四联建、三联动、五协同”，共同构建党建联动机制。

编制完成《2009 年西北电网有限公司本部党委发展党员计划》，修订《西北电网有限公司本部发展党员工作实施细则》，发展新党员 9 名，转正党员 11 名。及时调整本部党支部组织设置。召开第一次党建工作会议，下发《关于进一步加强和改进公司党建工作的若干意见》。完成 2009 年员工思想动态调研报告。组织纪念建党 88 周年大会和 4 次形势报告会。

2009 年，西北公司荣获“全国精神文明建设工作先进单位”称号，兰州运行公司被评为“国家电网公司 2007～2008 年度文明单位”。

遵循“电网工程建设到哪里，国家电网的社会责任和爱心奉献就开展到哪里”的指导思想，在五省（区）750kV 输变电工程沿线开展爱心助学、爱心助教、爱心扶贫、爱心帮困活动，结合 750kV 宝鸡—乾县输变电工程建设，捐资陕西宝鸡凤翔县柳林镇宋村和河湾村小学 20 万元；结合 750kV 兰州东—平凉—乾县输变电工程建设，捐资甘肃省会宁县刘咀小学 20 万元，向陕西省慈善协会爱心捐资 50 万元，资助陕西 10 个县 50 名灾区和贫困大学新生。2009 年安排 20 万元的扶贫资金，继续做好陕西省政府指定国家级扶贫县镇巴县的扶贫帮困工作。新疆“7·5”事件发生后，西北公司和西北电力工委筹备伤亡人员慰问金 20 万元，全体员工踊跃捐款80 200元，向新疆电力公司及员工表达最深切的关心与慰问。

（程军生）

陕西省电力公司

企业概况

陕西省电力公司（简称陕西公司）是国家电网公司的全资子公司，是陕西省电力建设、输送、销售的独立法人，承担着为陕西省经济社会发展和城乡广大电力客户提供安全可靠电力供应和服务的主要职责。2009 年，陕西公司职工36 162人，年售电量 573.89 亿 kWh。辖有直属单位 32 个，其中供电企业 10 个，发电企业 1 个，修造企业 7 个，施工企业 5 个，综合单位 9 个。

电网概况

2009 年，随着 750kV 乾县—平凉双回、乾县—宝鸡双回线路的投运，陕西电网最高电压等级上升为 750kV，以 750kV 和 330kV 电网为主网架，750kV 电网率先伸入关中咸阳、宝鸡两市，330kV 电网东起华阴，西止宝鸡，北至府谷，南到安康，覆盖全省 10 个地市。省际间有 2 回 750kV 线路和 4 回 330kV 线路与甘肃电网相联，分别为乾县—平凉双回、宝鸡—秦安、宝鸡—天水、宝鸡—眉岘、桃曲—西峰各 1 回。

陕西电网结构依其地理分布、资源及经济特点，在关中形成了较强的 330kV 多个环形网架，以关中为核心向陕南和陕北辐射。截至 2009 年底，与陕北形成 2 回 330kV 线路联系；与陕南形成 6 回 330kV 线路联系，其中汉中 3 回、商洛 1 回，安康为 2 回。随着 330kV 峡汉 2 回线路的建成，陕南电网尤其是汉中电网与关中主网之间的联络更加紧密。

2009 年底，陕西电网已形成 3 个外送输电通道，即陕西关中东部罗敷—灵宝直流背靠背工程、关中西部德阳—宝鸡±500kV 直流输电工程，实现与华中电网联网；陕北神木—忻州双回和庙沟门—忻州一回 500kV 交流线路，实现陕北“点对网”向华北地区送电。

2009 年底，全省发电总装机达到 2040.6 万 kW（不含点对网外送容量），其中水电 231.7 万 kW，占总容量 11.35%，火电 1808.4 万 kW，占总容量 88.62%，新能源 0.5 万 kW，占总容量 0.03%；其中，统调电网装机 1742.1 万 kW，占 85.37%。陕西公司直属 750kV 线路 4 条、328.32km；330kV 线路 140 条、7603.73km；110kV 线路 957 条、13 131.35km；35kV 线路 612 条、4428.55km；500kV 直流线路 2 条、294km。拥有 750kV 变电站 2 座，变电容量 420 万 kVA；330kV 变电站 43 座（含开关站 1 座），变电容量 2151.00 万 kVA；110kV 变电站 386 座，变电容量 2337.13 万 kVA；35kV 变电站 163 座，变电容量 158.25 万 kVA；500kV 换流站 1 座，换流容量 150 万 kW（变电和线路均不含榆林供电局）。

人力资源

加强人力资源集约管理，出台了《深化全员绩效管理工作指导意见》。加强劳动用工入口管理，不断改进大学毕业生招聘组织方式，对复转军人进行考试择优录用。完成了本部机构规范调整，全面开展供电企业定员贯标。应用 ERP 信息化手段，实现人力资源系统集中管控。制定《农电工管理规定》等 14 项管理制度，完成全部 685 名农电混岗人员清理工作。

统一组织机构和人员编制管理，加快人力资源规范化建设。开展本部组织机构规范化设置，制订机构编制方案，设置 21 个部门，77 个部门内设机构，完善工作标准，编写职责说明书及岗位说明书，顺利完成本部机构规范调整。加大领导干部集中轮训和交流锻炼力度。创新干部培训，实施“走出去”战略，深入开展干部交流、挂职挂岗锻炼和外出培训，启动实施为期3年1200人的干部赴东部挂职交流学习计划。大力开展延安精神教育，举办首期“弘扬延安精神，加强三个建设”领导干部轮训班。编制完成陕西公司《2010～2012年人力资源规划》，明确了今后3年员工队伍建设的指导思想、基本原则和主要目标，制订了新的发展阶段加强员工队伍建设的对策措施，进一步增强了人力资源工作的计划性、超前性。稳步推进人才工程，创新人才引进培养模式，采取多种方式拓宽优秀人才选拔渠道，评聘首批89名优秀信息化人才。进一步完善人才管理制度体系，出台《“管理专家”、“工程技术专家”、“技术能手”和“优秀信息化人才”管理办法》，不断完善考核机制和考核标准，营造更有利于人才辈出的良好环境。

电网建设与发展

2009年，投产110kV及以上线路2307km、变电容量692万kVA。全面加强农网建设与改造，农村电网改造面达到了90%。加强规划工作，完成陕西能源中长期发展规划和三年发展规划，开展陕西及各地市“十二五”电网规划设计工作，编制完成电网智能化规划。省内坚强智能电网起步建设，“451”试点项目有序开展。750kV彬乾、宝乾线路顺利投运，陕西750kV主网架加快推进。330kV硖石、府谷等输变电工程和郑西铁路客运专线供电等一大批重点工程相继投产。省内首条德阳—宝鸡±500kV直流输电工程单极运行，完成灵宝直流背靠背扩建工程，外送能力由396万kW提高到621万kW。

经营管理

陕西公司坚持强化综合计划和预算的调控力，以“三节约”活动为主线，加强成本控制，严控预算外支出，加强资金管理和调整借款结构，节约资金成本，七项重点控制费用同比降低7.5%。开展电力市场建设，完善与交直流混联电网相适应的交易规则，千方百计扩大交易规模，完成跨省区交易电量42.43亿kWh。积极争取电价政策获得突破，电网环节电价得到部分疏导，缓解了经营压力。积极争取出台负控终端安装和延伸服务收费政策。大力开拓电力市场，安排应急资金，新增报装容量385万kVA。推进预付电费缴费方式，推行电费风险抵押金制度，严打窃电行为。对标工作取得新成绩，首次获得西北综合标杆单位。开展了“迎接中华人民共和国60华诞，展供电服务风采”主题活动，农电优质服务进园区、进基地、进景区，彰显了“国家电网”品牌。积极创建“人民群众满意基层站所”并取得显著成效，社会行风民主测评连续四年保持了省市县级全部第一名的好成绩。

安全生产

陕西公司推行标准化作业，组织开展标准示范工艺推广工作；实施标准化安全监督管理，安全设施规范化整治、现场安全监督检查工作标准化成效显著，PMS生产管理系统成功上线。认真组织开展“安全风险管理年”、安全生产“三项行动”以及安全专项监督和安全巡查活动，全面开展企业安全风险自评估，圆满完成了国庆60周年、欧亚经济论坛、迎峰度夏、迎峰过冬等重大保电任务。组建了超高压运行公司，建成投运应急指挥中心。2009年，电网经受了历史最大负荷1157万kW和冰雪大雾等恶劣气候的严峻考验，安全调度运行4095天。全年未发生人身、电网和设备事故，发生一类障碍35起，同比降低31%，各项生产技术指标稳步提升，安全生产形势保持平稳。

营销工作

2009年，陕西公司完成售电量573.89亿kWh，同比增长5.80%。当年电费回收率达到99.97%。关口电能计量装置现场检验合格率、轮换率100%。市场占有率97.40%，同比提高0.25个百分点。

跟踪省市重点项目240个、518万kVA，完成供电37个、85.13万kVA，增售电量1.8亿kWh。落实扶持政策，稳定负荷94.05万kVA，增售电量6.85亿kWh。安排市场开发应急资金，扶持31个供电项目建设，完成供电12个、30.68万kVA。推广热泵项目采暖面积达127万m^2，增加负荷9.5万kW。规范故障抢修管理，减少电量损失约3100万kWh。积极开展大客户与发电企业直接交易研究，做好前期工作。

新建营业网点、电力社区服务点56个，新增自助缴费终端、代收网点295个。推进分次划拨、预付电费缴费方式，月度预付电费额度提高到50%左右。落实收费责任，实行“日统计、周分析、月通报”，对10万元以上欠费跟踪督办，在系统内推行了电费风险抵押金制度。完善了电费回收考核机制，实行电费回收“一票否决”。开展了“欠费催收”专项活动。当年欠费明显下降，陈欠回收50.18%。

农电工作

2009年，陕西公司农电安全形势平稳，未发生农电较大及以上人身事故；县及县以下售电量累计完成173亿kWh，同比增长9.87%；农网综合线损率累计完成7.50%，比国家电网公司考核指标降低0.1个百分点；电费回收率完成100%；农网综合电压合格率累计完成98.15%，比国家电网公司考核指标提高0.01个百分点；农网供电可靠率完成99.652%，比国家电网公司考核指标提高0.012个百分点。户县、凤县被国家电网公司评为“农网技术进步试点县”；陕西公司被国家电网公司授予“农网科技进步先进单位”荣誉称号，承担的《新农村供电模式研究及综合示范工程建设》荣获国家电网公司科学技术进步一等奖。

完成《2010～2012年农电管理规划》、《2010～2012年农村电网建设与改造规划》和《2010～2020年农网智能化规划（初稿）》三个规划的拟定工作。农网建设全面加强，农网行政村改造面由80.1%提高到90%。新农村电气化建设任务圆满完成。4月3日，助推省政府召开了“陕西省新农村电气化建设工作会议”，将新农村电气化建设纳入陕西省发改委的年度重点工作，有效形成政府主导、企业实施、社会参与、全力推动电气化建设的良好氛围。2009年，建成10个电气化县、78个电气化乡、758个电气化村，累计建成20个电气化县、159个电气化乡、1406个电气化村。

科技与信息化

全面完成国家电网公司重点项目年度研究任务，其中，“接地网安全评估和综合诊断关键技术研究”项目研究成果“变电站地网缺陷综合诊断系统的研制”获得陕西省科学技术进步二等奖、国家电网公司科技成果三等奖，并获专利4项（其中发明专利1项，实用新型专利3项）。“750kV横榆—延安输变电工程”及“750kV乾县—宝鸡输变电工程”两项国家电网公司新技术应用重点工程进展顺利，完成年度建设任务，将按计划投产；“短路电流限流开断器在110kV大容量变电站的应用研究”完成并投入运行。新技术应用率达到90%，同杆双（多）回输电线路应用率35%，大截面导线应用率18%，发电机组实测参数应用率79%，一体化企业信息集成平台技术、业务应用技术及保障体系技术应用率均达到100%。

获得省部级科技进步奖14项，并首次荣获中国电力科学技术奖及陕西省环保科技进步奖一等奖；全年申报专利66项，完成年度指标的126%；获得专利授权41项，完成年度指标114%；参与的国家电网公司标准《电能计量装置通用设计》于9月8日发布实施，完成两项国家电网公司标准的送审稿，全年发布实施46项企业标准。

优质服务

2009年，陕西公司全力确保国庆安全供电。成立了以党政负责人为组长的活动领导小组，明确各部门的职责分工，制订了主题活动实施方案，确定31项具体活动举措，扎实开展“迎国庆，保供电”等6项专题活动，确保了国庆期间安全可靠供电，取得良好的活动效果。

紧紧围绕国家扩大内需、改善民生的重点领域，做好重点建设项目跟踪服务。主动做好省、市225项重点建设项目跟踪服务，开通供电服务绿色通道，全年投产37个项目，新增用电容量85.13万kVA。

积极履行社会责任，做好特殊时段、重要活动保电工作。健全常态保电工作机制，完善重要客户保电手册、保电方案和应急预案，扎实做好供电保障服务，圆满完成国庆、春节、全国两会、第十三届中西部经贸洽谈会等67项重要保电工作任务。

积极争取政策，完善规章制度，规范供电服务行为。向省物价局争取出台了全省统一的供电服务收费标准，明确了七大类39项供电服务项目和收费标准，进一步规范了供电有偿服务行为。制定下发了《业扩报装工作管理规定》、《客户工程服务管理办法》等5项制度，开发了客户工程服务管理系统软件，进一步规范了业扩报装和客户工程服务工作。

进一步拓宽服务渠道，创新服务举措，不断提升服务品质。年内新增5个营业网点，92台自助缴费终端，203个代收电费网点，新建51个电力社区服务点。基层各单位积极创新建成了全省“24小时自助缴费营业厅”，新增了银行POS机刷卡收费业务，试点开通了ATM机自助交费业务，极大地方便了客户办理业务。

强化窗口服务功能，提高窗口服务能力。进一步对营业网点命名进行了规范，统一了营业厅上墙展示牌和宣传资料内容。加强了95598客服中心运营管理，制定了《电力监管与客户服务热线联动运营细则（试行）》，做好95598与12398、96789热线联动工作。

加强培训，不断提高窗口人员业务素质和服务能力。组织开展了两期窗口人员服务技能提升培训班，抽调80名营业厅95598员工进行了专业调考；开展了营业窗口女工劳动竞赛，多渠道、全方位展示供电服务员工良好形象。

做好供电检查自查、迎检、整改、复查等工作。完成重要客户供电侧隐患治理107条、客户侧隐患治理654条，成为省行风测评免评单位，十个地市、38个县供电单位连续四年获得行风测评第一名。

党的建设和精神文明建设

2009年，陕西公司充分发挥各级党组织的政治核心作用，加强基层组织建设，完成了陕西送变电党委换届改选，组建了超高压运行公司临时党委；强化党建工作责任制，修订完善了党组议事规则；充分运用内外部调研成果，研究制订了进一步加强党建工作的实施意见；全面推进以文明系列创建活动为载体的精神文明建设，开展了庆祝新中国成立60周年主题教育活动，连续10年荣获陕西省“创佳评差”“最佳厅局”称号；深入开展员工思想动态分析和不稳定因素排查，维护了稳定发展局面。

充分发挥党支部的战斗堡垒作用，坚持以创建“电网先锋党支部”为抓手，把创建工作纳入党支部创一流对标，形成月度小结分析、季度组织考评、半年总结表彰的激励机制；探索推行党支部标准化管理和工作点评制，党支部管理实现精细化、标准化和科学化。充分发挥党员负责人的示范表率作用，向领导干部赠送理论书籍，坚持向本部副处级以上领导干部“每月送一文”，举办理论研讨班、学习班，提升干部政治理论修养。充分发挥党员的先锋模范作用，强化党员队伍教育和管理，编制下发了《2009～2013年党员教育培训工作规划（草稿）》和《进一步加强和规范流动党员管理服务工作的意见》，利用业余党校、政工网络等载体开展“五个一”党员主题教育活动，坚持对党员进行经常性教育，提高党员素质；探索开展一线党员“评星定级”活动，树立了一批优秀典型。

坚持以战略规划为抓手，制订了《企业文化建设三年规划》和《进一步加强企业文化建设的实施意见》，明确了建设优秀企业文化的奋斗目标、工作任务和具体措施；开展企业文化建设、品牌建设专题调研和“四统一”企业文化主题实践活动，利用多种载体开展宣传教育，引导员工准确把握“四统一”的基本内涵和目标要求，树立“我是国家电网人”的意识，共塑“国家电网”品牌；全面清理不符合“四统一”要求的规章制度、工作流程和管理标准，大力推进企业文化统一与管理标准化的深度融合，建立和完善与企业文化“四统一”要求相应的工作机制，营造了陕西公司与员工、社会共同发展的良好氛围。

（原增光）

甘肃省电力公司

企业概况

甘肃省电力公司（简称甘肃公司）成立于1990年2月，是国家电网公司的全资子公司，担负着全省电力供应、服务与保障的重任。截至2009年底，员工2.48万人。本部设19个职能部门，下设38个基层单位，其中发电单位1个、供电分公司13个、超高压公司3个，控股供电单位1个，施工、修造、通信、科研、设计、学校及培训等16个。

2009年，甘肃公司紧紧围绕国家电网公司战略部署，坚持“稳健经营、持续发展”理念，以学习实践科学发展观活动为契机，深入实施绩效管理、市场开拓、文化塑造“三大工程”，沉着应对金融危机带来的严峻宏观经济形势等各种挑战，加快“两个转变”，全面完成各项工作任务和主要经营指标。安全管理、电网运行、营销服务和人力资源4项专业管理在国家电网公司系统排序同比提升。3个集体荣获“全国工人先锋号”，1人荣获全国“五一”劳动奖章。1家单位荣获中央企业先进集体，2人荣获中央企业劳动模范。5家单位荣获甘肃省“五一”劳动奖状，4人荣获甘肃省“五一”劳动奖章。米祥仁获得“新中国成立60周年感动甘肃人物”。郑志威成为全省企业和甘肃公司系统第一位造血干细胞成功捐献者。

电网概况

甘肃电网与宁夏、陕西、青海等西北区域电网和华中四川电网联网运行，水火风电并济，具有较好的电力电量余缺互济能力。截至2009年底，全省发电总装机容量1803.985万kW，其中：火电装机1146.30万kW，占63.54%；水电装机578.175万kW，占32.05%；风电装机79.51万kW，占4.41%。截至2009年底，甘肃电网基本规模为：水电厂1座，装机容量116万kW；750kV变电站3座，容量510万kVA，线路1359.376km；330kV变电站33座，容量1554万kVA，线路6167.57km；220kV变电站11座，容量315万kVA，线路（含电缆）1049.69km。

人力资源

截至2009年底，甘肃公司系统长期职工22 538人，其中本部及关联机构783人，供电企业14 275人，发电企业1404人，施工修造单位4497人，科研设计单位576人，其他单位1003人，研究生及以上464人，本科5342人，专科7018人，中专及以下9714人。有专业技术资格的10 102人，其中副高及以上、中级和初级职称分别占13.54%、27.7%和58.76%。

甘肃公司代管县供电企业75家，共有长期职工16 063人。研究生及以上6人，本科565人，专科4091人，中专及以下11 401人。取得专业技术资格的有3876人，其中副高及以上、中级和初级职称分别占0.93%、15.22%和83.85%。

电网建设与发展

结合应对金融危机和省情实际，滚动优化电网规划，完成“十二五”电网规划和甘肃省能源中长期规划初稿。启动嘉酒风电和陇东煤电外送研究。落实省政府《关于加快甘肃电网发展的若干意见》，促进各市州相继出台措施，前期工作属地化原则得到较好落实，电网建设环境进一步改善。16 项 330kV 及以上项目获得国家发改委核准，93 项 110kV 项目获得甘肃省发改委核准。实行三级节点管理和业主项目部管理模式，强化基建标准化管理，被国家电网公司确定为监理项目部标准化建设 4 个试点单位之一。配网完成规划、通用设计、设备选型指导意见及技术规范等，建设水平和速度大幅提升。

投资、建设和管理的首个 750kV 武（胜）白（银）输变电工程竣工，河西 750kV 输变电工程全面开工。景泰电厂送出等重点工程如期投运。全年新开工 110kV 及以上线路 3521km、变电容量 1267 万 kVA，投产线路 1905km、变电容量 675 万 kVA。工程达标投产率实现 100%，工程优质率 66.7%，瓜州、双湾变电站和陇洛、嘉瓜线路工程被评为国家电网公司优质工程。新开工和续建的 708 项农网工程完成 524 项，达到国家进度要求。如期完成 4 个乡镇和 51 个村的电气化乡村建设任务。全省藏区实现寺寺通电，省委省政府给予高度评价。

落实“五制”要求，加强扩大内需和灾后重建工程管理，成立专门工作机构和监督检查机构，召开 4 次推进会和 3 次现场会，以“五查”为重点，进行 3 轮普查和 3 次项目抽查，构建“纵向到底、横向到边”的监督检查网络，全面落实两次中央级检查发现问题的整改任务，530 项扩大内需和 34 项灾后重建工作有序推进。

经营管理

稳妥推进人财物集约化管理。率先完成本部、供电和超高压单位机构编制，理顺行业协会与甘肃公司关系，监理业务划归主业。完善绩效评价体系，绩效管理成果得到国家电网公司充分肯定。推广 32 个工种培训规范，完成各类关键岗位人员持证上岗培训，6700 多人通过技能鉴定，1609 人晋升为技师。完成母公司财务数据的集中统一，初步实现“一本账”管理模式。强化银行账户管理，完成“资金池”搭建，加速资金周转，资金集中度同比提高 0.69 个百分点。成立物流服务中心和电力工程技术公司，完成物资体制改革。明晰物资管理、招投标和物资配送工作界面，确保重点工程物资及时供应。

建立运营效益评价体系，实现经营过程可控、在控。完善投资效益考核办法，调减年度计划投资规模，优化了投资结构，降低了融资成本。发挥预算调控作用，预算执行的均衡性、准确性和可控性不断提高。强化现金流量预算偏差考核，提高了资金使用效益。在国家电网公司系统率先实行银行承兑票据集中托管模式。创新融资方式，保障了电网建设资金需求。

扎实开展“三节约”和依法治企活动。制订 15 个节约目标，细化 72 条节约措施，开展“七个一百”劳动竞赛等活动，实现工程造价、各项消耗指标、可控管理费用和非生产性支出“四个明显降低”，甘肃公司被国家电网公司授予“三节约先进单位”称号。推行基层合同报备制度，招投标工作全程引入法律支持，法律工作进一步向决策论证型转变。加强审计监督和审计成果应用，上级部门审计查出的 35 个问题全部整改，基层单位 2005 年以来接受审计或检查下达的 177 条意见全部落实。开展“三清理”，促进增收节支，完成省公司层面主多分离工作。

其他产业健康发展。甘肃电力科学研究院高参数超临界机组调试技术步入国内先进行列。甘肃省电力设计院连续进入全国总承包百强之列，产值同比增长 50%。送变电公司中标 1000kV 淮南—上海等一大批重点工程。火电公司进军电网建设市场，风电制造安装省内领先。修造厂成功研发完全自主知识产权的电除尘器凝聚器，技术储备重新回到一流厂家行列。变压器厂新产品开发迈上新台阶。其他单位也围绕各自核心业务，加强经营管理，取得较好业绩。

安全生产

发挥“四个体系”作用，推进安全文化建设，各级领导班子齐抓共管的安全生产管理局面不断巩固。标准化建设全面开展，设备管理、运行管理、可靠性管理、电网调度及技术监督工作的规范化建设进一步加强。输变电设备状态检修通过国家电网公司验收。完成骨干电网安全评估，开展全网发电机一次调频联调试验。开展风电月度运行分析，受到国家电力调度中心好评。投运嘉玉瓜线路工程稳控系统和山丹变电站安全自动装置，河西电网风电接入能力明显提高。规范县调和风电调度管理，省调安全纪录突破 21 年，居全国前列。开展安全生产年、隐患排查治理、“三查一整改”等活动，强化现场反违章管理，开展 6 批安全专项监督检查和 570 余次作业现场检查。完成应急指挥中心建设。发挥集团化优势，经过近 1000 人 10 天的艰苦努力，圆满完成陇南抗洪抢险任务，以最短时间恢复 10.22 万用户供电，得到省委省政府充分肯定。城网综合电压合格率同比提高 0.226 个百分点；供电可靠率同比提高 0.024 个百分点。没有发生人身、电网事故，一类障碍同比下降34%。安全生产实现“八不发生、两防止”目标。安全生产指标创近三年来最高水平，安全管理和电网运行在国家电网公司系统的同业对标排序，同比分别提升9位和6位。

营销工作

营销工作重心由“营”转“销”，度电必争，千方百计开拓市场，全年售电量554.51亿kWh，同比增长0.66%。兰铝3×30万kW自备电厂参照公用电厂管理，每年可增售电量43亿kWh左右。争取政府出台电费补贴和丰水期电价政策，82%的有效高耗能负荷启动。建设“阳光业扩”服务新体系，缩短报装时间，增售电量2.7亿kWh。刘家峡水电厂完成发电量59亿kWh，节水增发电量2.72亿kWh。把握交易时机，跨区跨省外售电量16.1亿kWh。

农电工作

完成2家农电企业上划任务，农电体制改革实现突破。开展农电“三整顿”，出台73项管理标准和制度，规范农电企业干部、生产、营销和人资等管理工作，妥善解决农电企业9856人混岗问题。近10年来首次给农电系统招聘大学生、安置复转军人。完成76个农电企业安全性评价，推广应用“农网现场标准化作业辅助系统”，开展农网工程典型设计。加快农电营销信息系统建设，第一批24个县进入试运行阶段。落实“家电下乡”政策，开展“送农户家电、促用电增长”活动，农村居民生活用电增长15.6%，全省115个县级供电机构售电178.18亿kWh，同比增长5.06%。农网供电可靠率、供电电压合格率、综合线损率分别为99.403%、95.395%、8.68%，全部完成国家电网公司下达指标。

科技与信息化

加强科技创新体系建设，国家电网降损技术实验室通过挂牌评审。5项成果获甘肃省科技进步奖。取得专利30项，连续两年保持高速增长。取得软件著作权6项，实现“零”突破。750kV可控高压电抗器关键技术研究进展顺利。完成酒泉4个风电场风电功率预测预报系统建设，技术服务功能进一步发挥。ERP系统全面上线，SG186工程如期竣工并通过验收，协同办公、PMS、人资管控、营销等系统实现提前上线、全面应用。信息系统安全运行可用率达100%。

优质服务

深化服务升级，开展服务365活动，加大营业窗口标准化建设力度，全省建成标准化营业厅98个。开展供电服务进社区活动，建立社区服务点163个，深受社区居民欢迎。开展客户满意度综合评价，坚持月度稽查通报，主动接受政府监管和社会监督，服务工作质量稳步提升。规范运作跨区跨省交易，做到交易组织有依据、交易过程有记录，获得了电力监管机构和政府相关部门的充分肯定。

党的建设和精神文明建设

按照国家电网公司统一部署，坚持“两手抓、两不误、两促进”，自2009年3月开始，历时半年，组织12 000余名党员认真开展学习实践科学发展观活动，进一步深化了对关乎企业发展的一系列重大问题的认识，分析和梳理出一批事关电网发展、生产经营、科技进步等影响和制约科学发展的突出问题，并在电网发展方式、甘肃公司发展方式、安全发展、以人为本、科技进步、品牌形象、党建和思想政治工作等涉及根本性和战略性的8个方面形成共识，为企业稳健持续发展提供了强大的思想保障和精神动力。活动受到中央电视台等社会媒体的广泛关注，得到省委省政府和国家电网公司的充分肯定。

修订完善10项党内基本工作制度。开展“电网先锋党支部”创建活动。加强领导班子建设和领导干部管理与考核，规范干部任期管理、离任管理，开展党政主要负责人离任“回头看”，选拔9名年轻干部在甘肃公司内部交叉挂职锻炼，选送10名干部赴福建省电力有限公司实践锻炼，干部队伍建设进一步加强。构建“三化三有”特色惩防体系，启动党风廉政建设“六个一”教育活动，推进“违章行为”110条自查工作，开展本部警示教育和部门负责人廉政谈话，出台加强本部作风建设的决定和21条廉政规定。开展信访案件梳理排查。落实中央精神，及时增加离退休人员养老金。历史遗留“老工伤”等问题取得突破。召开首届劳模大会。首次开展青年支教活动。强化舆情管理，营造良好发展环境，“国家电网”品牌形象进一步彰显。

（李　龙）

青海省电力公司

企业概况

2009年，青海省电力公司（简称青海公司）面对国际金融危机的严重冲击和艰巨繁重的经营发展任务，坚决贯彻青海省委、省政府和国家电网公司的决策部署，深入落实科学发展观、攻坚克难，推动“两个转变”取得明显成效，总体保持了平稳健康发展的良好态势，并荣获全省“保增长、促发展”先进企业称号。在2009年青海省企业50强座次排定中，青海公司位居第三。

截至2009年底，青海电网发电装机容量为1056.059万kW，同比增加277.629万kW。其中水电装机容量为873.559万kW，占总装机容量的82.72%；火电装机容量为152.5万kW，占总装机容量的14.44%；燃气及太阳能电站装机容量30.03万kW，占总装机容量的2.84%。全网发电375.37亿kWh，同比增长18.09%，其中水电完成272.89亿kWh，同比增长26.63%；火电完成102.477亿kWh，同比减少0.11%。电网统调电厂平均发电设备利用小时数为4212h，同比增加120h。其中，水电设备平均利用小时数为3849h；火电设备平均利用小时数为5490h。电网内有35kV及以上变电站207座（含客户变电站）。输电线路579条，总长15 009.99km，其中750kV变电站2座，容量450万kVA；330kV变电站19座，变电容量1113万kVA；110kV变电站121座（含客户变电站），容量1033万kVA。综合线损完成3.76%；同比上升0.28个百分点。2009年完成工业总产值40.04亿元，实现全员劳动生产率27.91万元/（人·年），增长0.28%。连续16年荣获全省财政支柱企业称号。所辖14个下属企业，其中供电企业6个，设计、施工、信息通信、科研、培训等企业（单位）8个，共有员工7779人；至2009年底，公司总资产175.49亿元。固定资产净值127.55亿元。

青海电网是西北电网的组成部分，主要电压等级为750/330/110/35kV，电网覆盖面积44万平方千米，占全省总面积的61%，覆盖人口504.4万，占全省人口的91%。

领导班子

总经理、党委副书记：王怀明
党委书记、副总经理：邓永辉
党委委员、副总经理：李葛明、全生明、李生海
党委委员、纪委书记：陈永浩
党委委员、工会主席：张智民
党委委员、西宁公司总经理：畅　刚
总工程师：祁太元
总会计师：刘卫东

机构设置

本部设21个部门：办公室、发展部、财务部、安监部、生产部、营销部、农电部、科信部、基建部、物资部、新闻联络部、审计部、经法部、人资部、后勤离退部、政工部、监察部、工会、调度中心、交易中心、规划中心。

人力资源

截至2009年底，青海公司职工7779人，其中，职工队伍中长期职工7290人，占职工总数的93.7%；短期合同职工489人，占职工总数的6.3%。在岗职工7554人，占职工总数的97.1%，不在岗职工225人（其中内退职工72人），占职工总数的2.9%。职工中研究生92人（其中博士生3人），占总数的1.2%；大学本科1812人，占总数的24.95；大学专科2475人，占总数的34%；中等职业教育1908人，占总数的26.2%；高中502人，占总数的6.9%；初中以下501人，占总数的6.6%；中级职称1112人，占总数的15.2%；初级职称2285人，占总数的31.3%。高级技师89人，占总数的1.2%；技师471人，占总数的6.5%；高级工2228人，占总数的30.6%；中级工755人，占总数的10.3%；初级工309人，占总数的4.2%。人才密度为94.24%，高技能人才密度为94.24%，高技能人才比例为70.43%，人才当量密度为0.853。2009年教育培训资金投入共计4566.26万元，共组织各类培训21 435人·次，全员培训率94.27%。

规范两级本部部门设置与岗位编制，实施处/科以下职员的双向选聘与公开竞聘，有效推进两级本部建设。建立艰苦地区干部、骨干交流任职。员工定期轮换配置机制；明确农电员工岗位序列及岗位配置限制条件，农电用工混岗问题得以解决；择优招录高校或中专毕业生218名。组织薪酬总额切分首次采用定员要素的加权算法，发挥薪酬分配继续向基层企业、艰苦地区倾斜；率先推行本部部门薪酬总额预算制度，修订了基层单位、职能部门绩效考评办法，初步建立基层公司运营结果、禁绝事件、管理行为等3类考评指标体系，职能部门遵章执规、日常基础、超越创新、服务作风等4个考评维度，绩效考评分值与分子公司年度薪酬总额、部门季度薪酬总额挂钩核算，发挥绩效考核的激励导向作用。推广国家电网公司生产技能培训规范，生产技能培训率高于国家电网公司平均水平，大力实施“123人才建设工程”。引进博士2名、硕士23名。积极推动科级干部的跨地区、跨单位交流。先后两批组织了7名骨干从本部到基层、4名骨干从东部到西部交流任职，加大公开竞争选拔干部的力度。本部公开选聘33名内设处长。不断改进干部考评办法，开发了干部考评的网络工具，动态刷新的青海公司后备干部库。

电网建设与发展

2009年积极开展电网规划、加大可研编审力度，做好项目储备。稳步推进电网规划和前期工作，完成了青海电网“十二五”发展规划和（初稿）2009～2015年无电地区电力建设规划、电气铁路工程供电规划、火电电源点清规划及中长期规划。

积极推进电网发展方式转变，加快建设以750kV和330kV为骨干网架，各级电网协调发展的坚强智能电网。青海公司致力改善电网发展环境，积极探索创新电网建设投资模式，先后与各州、地政府签订电网发展会谈纪要，明确在国家电网规划指导下，以电网规划引导电源规划，进而引导地区产业布局的原则。构建由政府、电网企业和用电客户三方面互惠共赢、风险共担、利益共享的电网建设投资新模式，探索出了一条具有青海经济欠发达地区电网建设的新渠道。

2009年完成固定投资45.87亿元。其中电网建设投资完成45.47亿元。开工建设110kV及以上输电线路1075km，变电容量408万kVA；投产110kV及以上输电线路394km，容量374万kVA。750kV西宁变电站扩建工程，330kV甘森和桃园输变电工程等一批重点工程建成投运。“三通一标”、“两型一化”、“两型三新”等新标准、新技术在可研、设计、采购等环节推广应用，全年工程达标投产率100%，优质工程率达80%。750kV西宁变电站工程荣获西北地区电网建设史上首个“鲁班奖”。

经营管理

青海公司全年完成售电量294.5亿kWh，增长9.07%；超前防范电费风险，坚持依法实现预付电费和分次划拨制度，坚决杜绝欠费，连续50个月实现电费“月结月清”，电费回收率达100%。

依据标准化建设，全面修订标准196个，应用技术标准4个，作业指导书28个，涵盖了民有营销单位的全部营销业务，使营销标准体系更趋完善。电力营销系统自2008年10月率先在国家电网系统上线以来，又取得新的快速进展。电力营销业务应用系统顺利通过国家电网公司功能验收，荣获国家电网公司科技成果二等奖；同时，营销质量监控系统于7月在国家电网系统率先上线。

首部《用电检查实用培训教材》出版发行，填补了青海公司自行编写出版教材的历史空白；电能计量检定中心取得CNAS认证，这是青海公司在国家电网公司系统首家获得法定电能计量检定机构整体授权后，又首家整体获得CNAS认可资质。

2009年全社会用电量为306亿kWh，较2008年增长9.39%，产业用电：第一产业用电量为1.35亿kWh，同比增长87.42%；第二产业用电量281.05亿kWh，同比增长9.16%，所占比重同比下降0.19个百分点；第三产业用电量11.09亿kWh，同比增长11.81%；城乡居民生活用电量12.5亿kWh，同比增长7.37%。

青海电网全年用电最高负荷518万kW，比2008年同期最高负荷增长33.38%，最大日用电量1188万kWh，比2008年最高值增长36.27%，创历史新高。

2009年青海公司亏损达43406万元，主要财务指标呈下降趋势。累计实现售电量322.88亿kWh，累计实现营业收入净额93.88亿元，同比增长12.65%。

安全生产

2009年青海公司年内发生一起生产人身死亡事故，死亡1人，打破了青海公司保持长达17年之久的电力生产无人身死亡事故纪录。青海公司全面开展“反违章、除隐患、强管理、夯基础、安全整顿年”活动，制定了《青海省电力公司安全工作奖惩规定》、《青海省电力公司安全风险考核管理规定》、《青海省电力安全生产反违章工作管理规定》等，同时，加快信息化建设，规范基础管理工作，不断强化电网调度运行管理，积极完善现场标准化作业，大力推行设备状态检修，突出过程管控和监督考核，建立全员安全档案，实行全员安全风险奖惩制度，严肃事故调查处理，及时采取针对措施，确保了各项工作任务完成，保持了青海公司安全生产局面基本稳定。

公司注重过程管理和质量控制管理，编制下发现场标准化作业、工作管理规定、工作导则和81种涵盖全部输变电设备的检修工艺和评价导则，统一规范输变电设备检修项目、内容及工艺标准，指导推进现场标准化作业，完成了110kV及以上设备标准化检修446项，建立状态检修管理体系、技术体系和执行体系，完善相关支持性标准和制度，比计划提前3个月通过国家电网公司验收。按照专业化、信息化管理要求，开展超高压输变电设备运行检修管理模式课题研究并形成研究报告。

加大电力设施保护工作力度，投资36万元安装变压器防盗报警装置188台，有效地预防和减少了盗窃破坏电力设施案件的发生。

农电工作

2009年青海公司下达10kV及以下农网扩需项目6批，计划资金49 530万元。截至2010年1月10日，共完成投资37 875.52万元。截至2009年12月底，工程共拨付资金20 627.25万元。2009年新增通电户5915户，落实《青海省“送电到乡”工程太阳能光伏电站代管协议》精神，全面完成“送电到乡”108座光伏电站交接验收，与中国电力科学研究院合作开展光伏电站监控、互联与扩容，低压并网等重点技术领域研究。

扎实稳步推进农电人财物集约化管理，推动农电管理职能转变，加强农电员工“四定”管理，完成了缺员农电员工补充招标，申办独立账户体系，兑现了农电学历、岗位工资，进一步规范了农电员工保险管理；稳定推进农电工持证上岗工作，农电混岗问题已全部解决。省、地、县三级农电标准体系已开始编制，农电现场标准化作业已试点开展。作业卡辅助生成软件系统已经组织实施，农牧区配网规划和典型设计工作全面展开，与之相配套的《青海省电力公司农电标准化建设方案》及《关于农电标准化建设八项重点工作的实施意见》已印发执行。

科技与信息化

2009年，青海公司科技投入6255万元，同比增长1.24%，占营业收入比例达到0.69%，紧密围绕青海公司发展、基建、生产运行中的重点工作开展科技研发并组织进行先进适用性技术推广应用工作。“SG186青海电力营销业务应用系统建设及应用”荣获国家电网公司科技进步二等奖；“高海拔超高压变电站防电晕及降噪技术研究”荣获国家电网公司科技进步三等项。由青海科技厅鉴定的“750kVCIS设备现场冲出试验研究”、“1600kV/50mA直流电压发生器”、“青海电网雷电定位系统”3个项目达到国际先进水平。

2009年，信息化建设完成10 917万元，其中一体化平台类项目下达资金2667万元；业务应用类项目下达资金8000万元；保障体系类项目下达资金200万元用于信息网络安全体系建设，50万元用于软件正版化建设。在信息系统建设中，青海公司精心组织、强化协作，各系统建设推进迅速、成效显著。ERP系统在国家电网推广单位中第二家实现全面上线，在推广单位中首家实现所有项目资产一次性上线。财务管控模块成为国家电网公司试点中的试点，有效地实践了财务集约化管理的理念，初步实现了“集团一本账”，协同办公系统实现推广单位的首家上线，在国家电网范围内首家使用安全稳定的Linux操作系统为平台进行流程引擎部署。基建管控辅助模块建设在国家电网试点单位中首家上线，成为国家电网公司建设的典范。

优质服务

策划实施了“高原电网·真诚服务365”活动，圆满完成“迎新中国60华诞、展供电服务风采”系列活动，并推出一系列服务新举措。一是为两个电解铝等重点大客户提供全程介入、延伸业务、咨询指导的“保姆式”服务；二是组织开展了两期客户进网作业电工的培训，共培训1729人，1162人取得了电工进网作业许可证，提高了客户进网作业电工的业务技能。三是面向社会推出客户电费短信提醒定制业务，受到客户的普遍欢迎。四是开展了营业厅窗口人员的服务礼仪大赛，提升了标准服务的技能。五是继续扩大社区服务示范点，全年新建社区服务示范点100个，累计达到150个，进一步畅通了与客户交流的渠道。六是试点推行了“综合营业厅”服务模式，解决了缴费高峰客户排长队的问题，继续扩大农村电费社会化代收工作，新增收费网点165个，方便了边远地区客户的缴费，受到客户和社会的好评。七是电量交易“一站式”服务成为国家电网公司推广的典范，购售电各方关系和谐发展。八是开展优质子服务行风建设内外部测评活动，加强营销服务工作质量监管和通报考核。上述工作的有效开展，促进服务水平明显提高。

党建工作与精神文明建设

青海公司党委坚持围绕中心抓党建、突破难点促发展，使党建工作在规范管理、发挥作用方面取得新进展。一是全面启动“三个建设”，迅速出台三个实施意见，推动了青海公司系统“三个建设”工作深入展开。二是以加强领导班子建设为重点，深入开展“四好”领导班子、“学习型”领导班子创建活动，应用了干部考评信息系统，首次把党建工作纳入业绩考核体系。三是启动党建工作标准化体系建设，深入开展创建“电网先锋党支部”、党员“五带”等活动，组织开展党员责任区，党员安全示范岗，“党旗在重点工程飘扬”等主题活动。四是注重两级班子建设，着力提高领导班子的领导能力、执行力和凝聚力。强化落实两级领导班子民主生活会、中心组学习会等制度。与此同时，青海公司坚持把反腐倡廉建设，放在突出位置，全面落实“三严一常”根本措施，着力构建“三化三有”国家电网特色惩防体系。反腐倡廉建设“反违章”专项工作，“三重一大”决策制度执行情况等44个效能监察项目，分别获得国家电网公司管理效益一等奖和优秀成果奖。青海公司系统在行风建设方面也保持了有效投诉为零件次。年度举报投诉19件，同比减少37%。

在加强党建工作的同时，企业文化建设、队伍建设进一步得到加强。各级党组织以科学发展观为统领，按照围绕大局抓关键，凝心聚力抓队伍，融入中心抓载体，务实工作抓成效，创新工作上水平的工作思路，学习实践科学发展观活动成效显著，促进了各项年度目标任务的圆满完成。

以“高原电力·阳光服务”为品牌引领，有效提升“国家电网”品牌价值，扎实开展以“四统一”为基础的优质企业文化建设，青海公司系统近5000人·次参加了企业文化的教育培训，深入传播了国家电网公司优秀企业文化理念，文明创新活动成果显著。8个基层单位和2个县级公司分别荣获“全国文明单位”、“全国精神文明建设工作先进单位”、“国家电网公司文明单位标兵”等荣誉称号。

主要事件

1月9日，畅刚任青海公司党委委员，西宁供电公司总经理、党委委员、副书记。

1月20日，在中央文明委召开的全国精神文明建设工作表彰大会上，青海省火电工程公司和青海电力信息通迅管理中心荣获“全国文明单位”荣誉称号。

3月10日，青海公司根据规范多经企业要求，改组组成了青海智鑫电力监理有限责任公司、青海电力招标代理有限责任公司。6月15日，青海智鑫电力监理有限责任公司名称变更为“青海智鑫电力监理咨询有限公司”，成为省公司直属全资子公司。

3月25日，由青海公司承担的“青海高海拔高电压室优化调整”和“750kV CIS设备现场冲击试验技术”两个重点科技项目，通过专家组验收使青海公司作为高海拔电力试验基地的作用更加明显。

3月31日，青海省发改委与青海公司签订了《青海省“送电到乡”、太阳能光伏电站代管协议》108座光伏电缆管理步入专业化管理行列。

4月9日，青海电力招标代理有限公司成立揭牌仪式在西宁城北生物园举行，使青海公司招投标工作更加规范。

4月27日～5月7日，连续投运两座330kV大容量客户变电站，创下历史纪录。

6月1日，青海公司协同办公系统在国家电网首批推广单位中首家实现上线运行，项目建设覆盖本部和21家基层单位，实现了各种办公业务的上下贯通。

6月16日，组建青海省电力公司物流服务中心，撤销青海公司属地市供电公司的物资管理部门，并改组为隶属于青海公司物流服务中心的6个物流服务中心。

6月，国家电网首家在线监测中心在青海公司建成并试运行。主要包括：雷电定位监测，输电线路在线远程监测等。

7月，青海公司营销质量监控系统在国家电网公司首家试点单位中率先上线。

8月13日，在“青海省123科技支撑工程项目”实施动员会上，青海公司《750kV超高压输变电工程技术研发与应用》列为青海省“123”科技支撑工程。

8月14～17日，青海公司计量检定中心实验室顺利通过了国家认可委员会CNAS专家评审，11月2日取得正式认证。这是青海公司在国家电网公司系统首家获得法定电能计量检定机构整体授权后，又首家整体获得CNAS认可资质。

8月20日，邓永辉任中共青海省电力公司党委委员、书记，并任青海省电力公司副总经理。

免去魏海平的中共青海省电力公司委员会委员、书记职务和电力公司副总经理职务。

8月31日，青海电网地理信息系统项目通过省内外专家组验收。专家组认为，该系统是国内第一次在省级电力公司层面实现10～750kV各电压等级输、变、配一体化的电网CIS大集中建设模式，并达到了国内领先水平。

10月21～23日，青海公司SG186工程第一批通过国家电网公司验收。

10月30日，由青海公司建设、青海送变电工程公司承建、智鑫监理公司监理的西宁750kV变电站工程夺得全国建设工程质量最高荣誉“鲁班奖”。

11月9日，王怀明任中共青海省电力公司委员会委员、副书记，并任青海省电力公司总经理。

11月11日，青海公司电力调度大楼正式落成。

11月23日，公司正式完成了《青海电网智能化报告》编制工作。

11月23日，青海省电力公司信息通信中心改组为青海省电力公司信息通信公司。

12月22～23日，青海电网运行控制与安全防御系统第一阶段工程成功通过现场验收，专家验收组认为，该系统功能达到了国内一流技术水平。

12月23日，为加快建设坚强智能电网，强化青海省电网发展规划研究及编制工作，组建“电网规划研究中心”。

（尹兰英）

宁夏电力公司

企业概况

宁夏电力公司（简称宁夏公司）是国家电网公司的全资子公司，是国家电网公司的“责任主体”，是国家能源优化配置的参与者和宁夏能源战略的推动者，是关系宁夏能源安全和经济社会发展的国有重要骨干企业，是宁夏电力工业的主导力量，是宁夏电网的建设者、经营者和管理者。

宁夏公司下辖16个单位，其中包括6个地市级供电局（银川、石嘴山、吴忠、中卫、宁东、固原），6个分公司（超高压电网分公司、电能计量检定中心、电力科学研究院、教育培训中心、信息通信分公司、电网建设分公司），2个子公司（电力设计院、电力建设工程公司），1个控股公司（恒安监理公司）。所属多经企业英力持集团公司已完成与国电电力战略重组，主业人员已回归并得到妥善安置。天净集团公司按国家电网公司部署实现有序回归。共有24个县级供电企业，区内各县均为直供电模式。全民职工总数10 320人，农电工3567人，多经企业社会用工1万多人。

2009年，完成售电量365.14亿kWh，同比增长5.47%。宁夏全社会用电量为462亿kWh，人均装机容量和用电量分别为1.56kW和7573kWh。

2009年，面对国际金融危机给公司发展带来的严重冲击，在国家电网公司党组的正确领导下，坚持以科学发展观为统领，紧紧围绕自治区党委、政府工作大局，坚决贯彻“保增长、保民生、保稳定”的一系列重大决策和部署，安全生产保持平稳，电网发展成绩斐然，电力负荷连创新高，科技信息成果显著，改革创新亮点纷呈，党群工作蓬勃开展，“两个素质”显著提高。全面完成了国家电网公司下达的各项工作任务和考核指标，为自治区经济社会较快发展作出了积极贡献，受到自治区人民政府的通报表彰，荣获全国“五一”劳动奖状。

电网概况

宁夏电网主网电压为750、330、220kV，通过1回750kV、5回330kV线路与西北电网联网运行，交换功率200万kW。网内共有750kV变电站（开关站）3座，变电总容量360万kVA，输电线路351km；330kV变电站12座，变电总容量526万kVA，输电线路1439km；220kV变电站27座，变电总容量831万kVA，输电线路2159km。宁夏电源以火电为主。区内统调发电装机容量9535MW，其中：火电8556MW，水电422.3万kW，风电536.7MW，光伏发电总容量20.33MW。供电区域约10万km^2（含陕西定边等地区）。

人力资源

规范组织机构，推进专业化管理进程。完成了本部和各供电局本部机构的规范工作；按照专业化管理要求，成立了物流服务中心和各供电局物流服务分中心，组建了信息通信分公司，调整了超高压分公司职责范围，加快推进实施组织机构扁平化和专业化进程；编制了《宁夏电力公司供电企业劳动定员三年达标工作方案》，核定了6个供电局和直属分公司劳动定员，劳动用工进一步规范。积极稳妥地完成了多经回归主业分流人员155人的安置；加强人员入口管理，改进毕业生招聘工作，年度招聘毕业生电工类比例由以往的45%左右提高到71%，人员专业与岗位匹配度明显提高。

强化业绩考核管理，完善薪酬分配制度。坚持考核指标季度通报制度，有效控制指标的完成进度，全面完成了国家电网公司下达的各项业绩考核任务。不断改进职工教育培训，队伍素质稳步提升。突出培训工作阶段性主题；开展生产技能人员岗位基本技能大考评和信息化应用培训，启动了智能电网人才培训计划。完成本部直接组织实施的培训项目136项，举办培训班281期，参加培训13 800人·次，培训质量满意率达到96.68%。

电网建设与发展

完成宁夏电网“十二五”发展规划和宁夏能源中长期发展规划等重要规划的编制和修订。完成750kV主网架及外送电规划调整，宁夏—浙江±800kV直流工程正式上报国家能源局。750、330kV输变电工程有4项获得国家发改委核准，6项上报国家发改委待核。积极开展智能电网研究，参与国家电网公司智能电网规范编制，承担国家电网公司的配网自动化和调控一体化建设试点工作全面启动。

基建任务超额完成。宁东—山东±660kV直流工程宁夏段线路及接地极工程杆塔基础全部完成。750kV银川东—黄河Ⅱ回线路，330kV迎水桥、清水河等输变电工程基本建成。

精心组织拉动内需工程建设，完成31.31万户农村低压接（进）户线整治工程。建成5个新农村电气化县，提前一年完成国家电网公司“十一五”新农村电气化规划建设目标。积极支持自治区设施农业、塞上新居、生态移民等供电配套工程建设，有力促进了农村经济社会的快速发展。

积极开展达标创优工作，工程达标创优率均为100%。750kV银川东变电站被评为新中国成立60周年“百项经典暨精品工程”。

经营管理

制定宁夏公司财务集约化管理实施细则，编制会计机构优化、财务并账、关联业务集成方案。稳步推进财务一级核算，物资、项目两级控制、资产三级管理的财务应用模式。建立以成熟套装软件为主体、财务管控模块为补充的财务信息化体系。完成资产业务流程梳理和ERP上线前的资产清理，资产账、卡、物相符率进一步提高。

加强预算管理，深化资金集中管理，压降银行账户 19 个，资金归集率超过 99%。合理安排融资节奏和规模。坚持“过紧日子”，全面开展“三节约”活动，可控费用同比下降 19.74%。

完成物资管理组织体系建设，建立健全物资管理规章制度，明确工作界面，理顺工作流程，加快物资信息化建设。统一物资编码体系，建成一体化集中采购平台。全年共组织物资类集中公开招标 14 次，非物资类集中招标 12 次。

ERP 及人财物管控系统的实施，极大地提高了资源优化配置能力，提升了便捷沟通和快速决策的效率，加强了项目成本控制、跨部门流程沟通和协调运作，推动了管理理念从定性分析到定量分析的转变，促进了集约化发展。

安全生产

认真落实各项安全生产措施，扎实开展“安全年”、“三项行动”、“反违章”排查整改等各项安全生产活动。认真吸取事故教训，强化现场安全管理。在“三查一整改”及“秋检”中排查整改各类安全隐患 89 项。开展高危和重要电力客户安全隐患排查治理，客户用电安全隐患“告知、备案、督导”到位率 100%。

强化生产、施工、农电现场制度地执行，大力推行标准化作业，现场安全管理进一步规范。加快老旧设备技术改造，加强运行维护，110kV 及以上变电主设备可用率达到 99.9%。建成备用调度中心、应急物资储备中心，完成电网大面积停电应急预演，应急体系在实战中不断完善。全面推进输变电设备状态检修，建立了基于状态评估的状态检修管理体系、技术体系和执行体系。

安全生产“可控、能控、在控”水平明显提升。在电网负荷重、基建改造对电网运行影响大、气候恶劣等不利条件下，合理安排运行方式，电网保持了安全稳定的良好局面，圆满完成了国庆 60 周年、全国两会等重大活动和重要节假日期间的保电任务。2009 年，一般电网事故和一类障碍同比分别减少 2 次和 4 次。

营销工作

2009 年，宁夏公司把恢复和发展负荷作为营销工作的首要任务，深入分析宏观经济形势，密切跟踪高载能产品市场走势，深化市场分析预测，积极研究经营策略。认真落实自治区政府拉动内需、扶持高载能行业政策，实施积极灵活的经营策略，受冲击停产的 120 户高载能企业全部恢复生产，累计恢复用电容量 250 万 kVA；及时接入新增重点客户 60 家，形成负荷 90 多万 kW。四季度以来电网负荷 20 多次刷新历史纪录，最高突破 700 万 kW 大关，达到 703 万 kW，同比增长 16.6%。在全区经济工作会议上受到自治区政府主要领导的充分肯定和好评。

电价疏导取得突破。区内非居民生活用电每千瓦时平均提高 2.23 分。在经济环境极其不利的情况下，当年电费回收率完成 100%。促成了石嘴山电厂 9、10 号机组提前关停，自备电厂规范管理取得重大突破。

农电工作

完成扩大内需农网完善工程第一批工程计划，第二、三批工程按计划推进。完成“农网低压接（进）户线整治工程”31.31 万户，农村低压接（进）户线达到了“安全、规范、美观、经济、防盗”的要求。基本建成覆盖全区 35kV 变电站、乡镇供电所的光纤通信网；完成了 309 个供电所局域网建设，SG186 宁夏农电企业应用系统通过国家电网公司验收并在全区上线运行。供电无功优化建设试点和新农村典型供电模式推广应用建设取得初步成效，农网科技含量不断提升。

标准化建设再上台阶。农电工全部通过了分专业轮训并实现 100%持证上岗。两个标准化示范供电所通过国家电网公司验收。有两个县供电局获国家电网公司 2008 年一流县供电企业称号，一流县供电企业比率由 16.67%提高到 25%。重新修订并发布了新的农电标准体系。3567 名农电工全部通过了分专业轮训，提前完成国家电网公司在 2009 年底实现持证上岗 100%的要求。圆满完成农电工自然减员补聘工作，农电工缺员得到缓解。成功举办 2009 年农电工岗位技术标兵选拔赛，获得技术标兵的人数和奖励幅度实现新突破。

科技与信息化

加大科技投入，全年科技投入同比增长 35.69%。重点项目进展顺利，承担的国家电网公司 15 项科技项目、3 项标准编制，以及自治区 2 项科技创新项目顺利推进。开发研制的节能型电网限流装置填补了国内空白。完成了宁夏电力应急指挥系统开发项目，并在应急抢修及生产指挥中得到应用。两项成果分获自治区科学技术进步一、三等奖，并分获国家电网公司科技进步二、三等奖。

信息化建设成果丰硕。SG186 工程顺利通过国家电网公司工程验收。ERP、营销、生产、协同办公等管理系统全面推广应用，六个保障体系建设逐步完善，宁夏公司成为国家电网公司系统首家实现生产管理系统与ERP应用项目集成上线运行的单位。一体化平台初具规模，企业门户与目录服务系统实现了主要应用系统单点登录和身份认证。完成了289个乡镇供电所的网络接入，为乡镇供电所各项业务纳入集约化管理奠定了基础。

优质服务

全面开展国家电网公司“迎祖国60华诞、展供电服务风采”大型优质服务活动。新增自动售电柜员机68台，实现了城市居民磁卡客户全天24小时购电；新增社区供电服务示范点50个，供电服务更加贴近群众生活。供电质量进一步提升，城市综合电压合格率99.044％，城市供电可靠率99.888％。

坚持依法从严治企。不断加强制度建设，认真开展中央扩大内需电网建设项目和审计揭示问题的督查和整改；坚决治理经营管理中的“习惯性违章”，深入开展财务专项检查和“三公”调度交易规范管理专项治理活动。法律事务管理进一步规范，“五五”普法不断深入。行风建设再上新台阶，在自治区窗口行业测评中实现“零意见”反馈。

加强新闻宣传和对外沟通，全年总计外发宣传稿件2000多篇（条）。以实施爱心基金“234”助学工程为载体，不断提升“国家电网”品牌形象。建成希望小学2所，捐助贫困大学生300名、贫困中学生400名，荣获自治区十大公益企业、全国希望工程20年杰出公益伙伴奖。

党的建设和精神文明建设

全面部署“三个建设”。深入开展“四好”领导班子创建活动，完成了对各基层单位创建“四好”领导班子活动年度考核工作。加强政治理论学习，组织开展了“解放思想、科学发展”研讨及调研成果交流。扎实开展“红旗党支部”、“电网先锋党支部”和“基层党组织建设先进企业”创建活动，获自治区“基层党组织建设先进企业”称号。

扎实推进“三化三有”国家电网特色惩防体系建设，完善党风廉政建设责任制目标考核体系。强化效能监察，开展廉政建设“反违章”和“三重一大”决策制度落实专项检查。切实落实“一岗双责”，没有发生本部员工及处级以上干部违纪案件。

修订完善企业文化建设三年规划，健全企业文化管理体制和工作机制。开展党建理论与实践征文活动、“我喜爱的党组织生活实例”征集评选活动，编辑“三节约”文化作品集，宁夏职工科技文化周活动受到社会各界高度评价。4项成果分获自治区企业文化建设优秀成果奖和优秀研究成果奖，1个单位获得自治区优秀企业文化建设先进单位。大力开展精神文明创建活动，6个单位分获全国文明单位和全国精神文明建设工作先进单位。获得全国“创争”活动优秀单位、全国职工体育示范单位。

落实依靠职工办企业的方针，不断推进职代会、集体合同、厂务公开、总经理联络员等制度建设。全面开展“‘超越杯’‘六赛一创’”劳动竞赛，持续推进“青春光明行”志愿服务行动。深入开展以“三个一”工程为载体的和谐文化进社区活动。认真做好离退休工作，离退休职工“两个待遇”得到切实落实。严格执行社会保险政策，落实各项保险待遇。认真落实维稳工作责任制，化解各类矛盾，确保了职工队伍的和谐稳定。

（孟继东）

新疆电力公司

企业概况

新疆电力公司（简称新疆公司）是国家电网公司的全资企业，是以经营新疆电网为核心业务的国有企业。

新疆公司本部设19个职能部（室、中心）及工会，所属供电企业13家，所属设计、建设、科研和教育培训等单位7家。

2009年，新疆公司认真落实国家电网公司和自治区党委政府各项要求部署，积极开展深入学习实践科学发展观活动，深化“两个转变”。积极应对金融危机和乌鲁木齐“7·5”暴力事件，全力推进750kV电网规划建设，完善补强220kV电网，加快城农网改造，确保了电网安全稳定；深入开展集约化管理年活动，狠抓市场营销、全面风险防范，经营形势明显好转，“三个建设”富有成效；大力推动ERP系统建设，有效促进了体制机制理顺，在特殊的环境中取得了发展最快、效益最好的历史性突破。

领导班子（2009年12月31日）

总经理、党组副书记：苏胜新
党组书记、副总经理：文　博
党组成员、副总经理：沙拉木·买买提
党组成员、副总经理兼工会主席：侯立强
党组成员、副总经理：谭洪恩　施学谦　叶　军
党组成员、总会计师：张宁杰
党组成员、纪检组长：开赛江
总工程师：金　炜
总经济师：许传辉

组织机构(2009 年 12 月 31 日)

办公室，发展策划部，人力资源部，财务资产部，安全监察部，生产技术部，基建部，营销部，农电工作部，科技信息部（科技信息中心），物资部(招投标管理中心)，审计部，监察部，思想政治工作部，离退休工作部，新疆电力调度通信中心，新疆电网电力交易中心，机关工作部（机关党委、机关工会)，公安处，新疆电力公司工会。

电网概况

截至 2009 年底，新疆公司拥有 220kV 线路 90 条 6637.62km，变电站 71 座 923.6 万 kVA；110kV 线路 383 条12 608.94km，变电站 341 座 959.14 万 kVA。统一调度的新疆电网已覆盖自治区全部 14 个地州（市）。

人力资源

截至 2009 年底，新疆公司用工总量31 629人，全员劳动生产率176 385元/(人・年)。按照控总量、保质量、调结构、防风险、强基础的工作要求，加快推进人力资源管控体系建设，编制了“十二五”人力资源规划，实现统一人力资源规划、人才需求计划、统一控制进人渠道，制定劳动用工、劳动合同管理办法和解决混岗问题指导意见，实现人力资源统一归口管理。按照统一机构设置、统一职级序列要求，完成供电单位劳动定员核定。顺利实施了本部机构编制调整，供电单位机构编制规范工作有序实施。制定下发《关于规范农电用工的指导意见》，严格界定业务岗位类型，依法规范用工形式。完成回归主业单位相关人员安置工作。

以制度建设为着力点，对领导人员实行动态管理，实施了领导人员试用期和离任后回头看考评，积极开展各级领导人员挂职锻炼，初步建立了岗位、绩效、薪酬一体化考核管理机制。选派 10 名优秀青年骨干到江苏实践锻炼。大力推进全员教育培训，安排6068 万元用于员工培训和实训基地建设。通过多层次挂职、专家技术能手评聘、技能竞赛、竞聘上岗等有效途径，畅通人才成长渠道。新疆公司层面举办培训班 163 期，培训10 993 人・次，全员培训率达96%。人才密度和高技能人才比率同比提高 1.35 和1.58 个百分点。

电网建设与发展

电网规划水平显著提高。2009 年下半年至2012 年，220kV 电网建设项目储备 74 个，储备变电容量 1125 万 kVA。及时启动新疆特高压电网建设内部前期工作。通过积极主动工作，“疆电东送”得到自治区和中央调研组认可，为争取国家政策奠定了基础。成立了电力规划研究中心，制定《新疆电网规划设计导则》。启动“十二五”电网规划编制工作。提前下达了第四批 2009～2010 年地州220、110kV 项目前期工作计划，自治区批复 155个电网项目开展前期工作。完成 21 项电厂接入系统原则意见和设计审查。

基建标准化管理体系初步形成。制定 6 项基建管理评价办法，“三横五纵”管理体系逐步完善。以通用设计为龙头，大力推广“三通一标”，强化标准化成果应用，基建项目安全、质量、进度、造价管控水平进一步提高，6 项 220kV 工程被命名为2009 年度国家电网公司输变电优质工程。积极推进业主项目部管理，220kV 及以上项目全部成立了业主项目部，在部分地州公司 110kV 项目建立样板业主项目部。

电网建设、开工和投资规模再创新高。在建项目规模达 133 亿元，完成电网建设投资 77 亿元，同比增长 118%。750kV 电网规划建设取得重大突破。在自治区党委政府和国家电网公司的直接推动下，经过新疆公司各方面数年艰苦卓绝的努力，疆内 6 个750kV 项目获得路条，3 个项目获得核准并开工建设。新疆公司建设的首个 750kV 乌吐哈输变电工程已全线贯通，被国家电网公司誉为“新疆电网建设的新奇迹”。吐—巴工程建设进展顺利。750kV 骨干网架其他工程前期工作有序开展。各级电网协调发展。乌鲁木齐、昌吉、哈密、伊犁等 21 个 220kV 项目建成投运，当年新建 220kV 变电站 12 座，全疆电网结构得到较大完善补强。在准东戈壁上建成了 220/110kV 网架，成为第一个成网供应的公共基础服务行业，对大企业大集团入驻发挥了导向作用。全力推进各批次拉动内需项目，投资规模 44 亿元，完成 26.1亿元，有效拉动了相关产业发展。

经营管理

体制机制进一步理顺。经过 3 年的不懈努力，地方政府股权全部移交公司管理，地州和县级供电企业的管理体制以及投资关系全部理顺，为新疆公司集中精力发展电网奠定了体制基础。加大电网整合力度，与新疆油田准东采油厂和塔北油田实现联网，额河建管局全部电网资产移交公司运营。大电网供电受到广泛认可。遗留小火电移交工作取得新进展。按照国家电网公司确定的原则，完成了新疆公司层面的多经体制改革。

以集约化为统领，全面提升核心资源战略配置效能。在运营策略上，深入推进资本集中运作、资产集中管控、资金集中管理，着力发挥整体效益。切实落实“过紧日子”各项措施，深入内部挖潜，从规划、生产、经营、管理全过程节支增效，全员参与“三节约”活动，建立统一的标准成本定额体系，严格控制非生产性开支，全力压减亏损。新疆公司党组印发了《关于进一步加强从严管理厉行勤俭节约的通知》，明确管理费用压降指标，接待、车辆、会议、办公用品费用同比下降5%以上。采取多种措施帮扶困难单位扭亏增盈，层层落实扭亏任务，乌鲁木齐、巴州、伊犁等11家单位盈利，奎屯电业局扭亏，昌吉、塔城、吐鲁番等6家单位减亏，圆满完成10家县公司扭亏、18家减亏的目标。

加强财务集约化管理。制定财务集约化管理实施细则，实行“一行一户”和县公司账户“零余额”管理，建立统一“资金池”。深入开展资产清查，清理往来账款5.35亿元，核批固定资产、存货报废盘亏损失10 065万元，核销坏账6776万元。加强资金管控，采取年预算、月计划、周调度、日安排的资金控制模式，资金沉淀大幅减少，资金归集率98.1%。科学制定融资策略，优化融资额度、时限、类别，在大规模投资的情况下，财务费用同比下降10.07%。外部支持和政策效益落实到位，争取到各层面资本金9.5亿元。执行增值税转型政策，工程抵扣进项税4亿元。

加强物资集约化管理。加快建立物资管理组织体系和制度体系，统一物资管控机制初步建立。物资和非物资招标采购总金额为90.37亿元，节约资金6.29亿元，节资率6.51%。推进招投标工作标准化，招标方式、评标办法、工作流程全面统一。

深化依法从严治企。制定依法从严治企的实施意见，坚持规章制度、经济合同、重要决策法律审核把关，扎实推进法制工作三年目标各项任务。审计、监察、财务、法律等协调联动的监督体系不断完善。加强对拉动内需项目全过程监管，及时纠正不规范行为。立足工程审计和经济责任审计，积极开展经营预算审计，着力提升审计效能，采取严格措施强化审计整改，共完成审计项目495项，审计签证3736项，提出审计建议450条，促进增收节支9568万元。

辅业和直属单位发展态势良好。面对严峻的经济形势和市场环境，辅业单位不等不靠，内强管理，外拓市场，发展活力不断增强，累计中标设计施工合同148项，标的额21.7亿元，其中系统外中标12.8亿元，境外项目1.85亿元。送变电公司中标首条±660kV线路工程两个标段，圆满完成云广±800kV输电工程建设任务，积累了特高压施工经验。电力设计院立足传统市场，推进设计创新，企业效益稳步增长。电力建设公司积极开拓风电等新能源市场，确立了领先优势。电科院依托新院完善的科研条件，加强科研创新和实用技术研究，服务电网的技术支撑能力进一步增强。电力教育培训中心办学能力、管理水平逐步改善。

安全生产

认真落实安全生产各项规章制度，深入扎实开展了“三项行动”、“反违章”、安全生产月等各项活动，着力增强基层、现场管控水平。以基建安全、防外力破坏专项监督和“三查一整改”工作为平台，完善隐患排查治理常态机制，查出各类问题和隐患6763项，已整改4258项。严格规范指挥作业行为，严肃事故调查和责任追究，共处罚责任人6341人·次，处级干部95人·次，处罚金额221万元。加强应急能力建设，建成应急指挥中心，电网成功经受了3次覆冰和暴雪强降温及6次10级以上大风等恶劣天气的考验。建立电网灾害直升机救援机制并成功开展巡线工作。圆满完成国庆60周年等重要保电任务。全年实现连续安全运行3287天，被评为自治区安全生产优秀企业。

开展电网调度系统安全保障能力评估。制定《新疆地区电网年度运行方式编制规范》等5项电网运行管理制度。加强负荷高峰期和设备投产时段调度运行监控，精心调整运行方式，严格落实电网安全稳定控制措施。推行设备精益化管理，完成技改投资5.36亿元，同比增长21.3%。扎实开展设备专业化运检和技术监督工作，及时发布“家族性”缺陷，落实防范措施。状态检修试点成效显著，顺利通过国家电网公司验收。深化同业对标，加大持续改进力度，9项经营指标位于国家电网公司前6名。全面开展二维对标，促进了管理效率效益提升。

保护电力设施工作体制机制创新富有成效。公检法全部进入自治区护电组织。本部和10个地州供电单位成立了警企合作机构，促成出台《自治区加强施工管理保护电力设施安全暂行办法》，全国首家获得了政府授权悬挂电力设施保护标示牌。完善技防设施，在289座变电站安装了视频监控和电子围栏。促进加大涉电案件查处力度，公安厅挂牌督办案件30起，依法办理案件79起，共查获肇事责任人和犯罪嫌疑人87人，挽回经济损失131万元。

积极应对乌鲁木齐“7·5”暴力事件

乌鲁木齐“7·5”暴力事件发生后，在自治区党委政府和国家电网公司的坚强领导下，新疆公司党组第一时间启动应急机制，准确判断形势，果断指挥决策，在新疆公司范围制定部署一系列行之有效的应对措施。各级领导和各族员工始终与新疆公司党组保持高度一致，“胸怀全局、不怕牺牲、奋力拼搏、无私奉献”，在党和人民需要的时刻，在严峻形势考验的时刻，表现出了热爱祖国、对党忠诚的优秀政治品格。各级领导靠前指挥，率先垂范。乌鲁木齐电业局各族员工冒着生命危险，七进七出奋力抢修电力设施，当天晚上就恢复了所有停电地区的供电，在公共基础设施受损系统中第一个抢修恢复了相关公共产品（电力）的供应。事件中新疆公司系统没有一个工地停工，没有一个人参加事件或集会，没有一个营业厅停业，各族员工始终立场坚定地坚守在工作岗位上，再一次用电力铁军的顽强意志和卓越表现树立了“国家电网”责任央企的品牌形象，得到了中央领导和国家电网公司、自治区党委政府的高度评价。7 月 12 日，中共中央政治局常委、中央政法委书记周永康来公司所属乌鲁木齐电力调度中心看望和慰问坚守生产一线的广大电力员工，对新疆电力员工在乌鲁木齐“7·5”暴力事件中反应迅速、措施得当、及时抢修受损供电线路给予高度评价，并通过调度指挥系统向公司系统 120 余座变电站、发电厂和 13 个地州的近 5000 名在岗值班员工表示亲切慰问。

营销工作

积极开拓市场，全力增供扩销。制订市场开拓方案，实施灵活有效的综合营销策略，市场挖潜效益显著。优化简化工作流程，缩短了办理周期，业扩报装效率普遍提高。制订有源电网和企业自备电厂转公用指导意见，6 家自备电厂转为公用。推行重点业扩项目挂牌督办制等措施，超前做好西煤东运吐哈煤炭基地、工业园区等重点项目用电服务。新疆公司售电量增幅位居西北第一。

积极发挥大电网主导作用，最大限度发挥电网供电能力，分别向南疆、北疆地区调电 33.32、29.67 亿 kWh。加强与重要用电客户的沟通协调，全面了解金融危机对自治区各行业和重点企业经营形势的影响，与用电客户共同寻求对策，促进重点行业企业恢复和扩大产能。通过并网、接带、延伸供电等措施，新增负荷 31 万 kW。和田、阿勒泰、昌吉等 3 家单位售电量增长超过 20%。电网负荷创 805.9 万 kW 新高，最高日发电量达 1.768 亿 kWh。

严格落实各级电费回收责任制，加强电费风险预警和防范，当年电费回收 100%，陈欠回收 58.55%。加强购售电管理，合理优化上网电量结构，降低购电成本。全力推动电网电价矛盾疏导，组织专门力量超前开展电价测算和方案确定，为争取各方面支持赢得了主动。

农电工作

加大农网完善工程和无电地区电力建设投入，完成 35kV 及以下农网工程投资 9.6 亿元，共争取国家资本金 6.5 亿元，2009 年国家拟拨付 10 亿元，均为西北最高。强化农网工程标准化成果应用，积极推广 10kV 及以下农村配网工程典型设计。新农村典型供电模式试点取得实效。科学制定农网发展规划，安排 5 次项目集中审查，储备农网项目 19.12 亿元。时时跟进生态移民、牧民定居、抗震安居等民生工程建设，做到了入住一户送电一户，全年完成通电任务 35 万户，把党和政府的关怀送到了农牧民的家中。

农电管理进一步规范。积极开展农电标准化建设，健全管理规范和技术平台。强化违章行为整治，狠抓农电安全生产，对 31 家县供电企业进行了安全性评价。以创一流为载体带动农电综合素质和技术能力有效增强。新增国家电网公司“一流县供电企业”1 个、标准化示范供电所 2 个，命名新疆公司级“一流县供电企业”5 个。完成 2 个县、10 个乡、38 个村的新农村电气化建设任务，提前完成“十一五”建设目标。加快完善农村供电基础设施，投资 2226 万元，新建及改造 40 个供电所。大力开展农电员工各层次培训，持证上岗率达到 100%。

科技与信息化

有序推进 ERP 应用系统建设，生产管理、营销业务等 6 个专业系统上线运行，基建、财务管控等 4 个专业平台加紧建设，基本建成以一体化平台为基础的信息化 SG186 工程，标志着新疆公司信息化建设实现了专业全覆盖、数据广泛共享，极大提升了业务集成和作业协同。通过工作流程的全新再造，完成了一次深刻的管理变革，为精益化管理奠定了基础。一体化网络平台覆盖各地州县公司。网络信息安全预警防护水平进一步增强。加大科技创新投入，深入开展实用新技术研究，在沙漠施工、电网防灾、移动 SVC、碳纤维导线应用等方面取得技术突破，组织申报国家电网公司和自治区科技进步奖 5 项，荣获自治区科技进步奖 3 项，取得国家专利授权 17 项。

优质服务

努力服务经济社会发展。准确研判金融危机走势，为自治区党委政府决策提供了行业依据。三次集中调研走访重点行业企业，积极发挥电网企业在自治区经济中的独特作用，通过各种渠道宣传新疆公司大规模投资的做法，向地州和社会各方面传递信心。在经济形势低迷时期，主动与地州党委政府举行了第二轮会谈，加大了电网建设的投资力度，为全疆保增长发挥了积极作用，赢得了各地州的普遍欢迎和充分理解，地州主要领导亲自协调解决电网工程前期工作遇到的困难，实现了双赢。

主动为广大客户提供优质服务。深入开展了优质服务进万家、“真诚服务365”、“迎祖国60华诞、展供电服务风采”等活动，全面规范服务行为。建立了《95598电力呼叫中心知识库》。切实兑现各项服务承诺，自觉接受政府监管和社会各界监督，加大投入持续改善服务设施和管理水平，新增交费网点112个，新建电力社区服务示范站点140个。通过多种渠道方便居民客户交纳电费。实施行风建设和优质服务明察暗访常态化，有效形成了自我检查、整改、完善、提高的约束机制。创建53个自治区级“行风示范窗口”。

坚持“三公”调度交易。优化地区间电网调度和水火电调度，合理安排发电计划，提高了网厂经济运行水平。积极建立和谐网厂关系，注重沟通协调，努力与电源企业相互支持、互利共赢。认真开展“三公”调度交易规范管理专项整改活动，严格结算管理，规范信息发布。促请自治区出台了《新疆电网实施发电权交易暂行办法》，完成发电权替代交易5.4亿kWh。电力市场交易运营系统的基本功能达到实用化。向市场主体发布了《新疆电网电力交易服务手册》。

党的建设和精神文明建设

深入开展学习实践科学发展观活动，紧扣“解放思想，科学发展，建设坚强新疆电网”的主题，达成了共识，找准了问题，制定整改措施35项83条，圆满完成三个阶段各项任务。认真学习贯彻党的十七届四中全会精神，创新党建工作机制，在全体党员中开展“三对照”活动，定期发布党支部对标信息，着力建设坚强的党组织和优秀的党员队伍。各级党组织发挥了坚强的政治核心作用，党员先进性在特殊时期、关键时刻充分彰显。落实“三严一常”要求，积极构建“三化三有”的特色惩防体系，全面开展反腐倡廉建设“反违章”专项工作。组织全面清理“小金库”。深化“检企共建”内涵，不断加强预防职务犯罪警示教育，完善规章制度，党风廉政建设取得最好成绩。

制定企业文化建设三年规划，通过案例征集、专题片展播等载体，大力开展企业文化“四统一”活动，形成了一批具有影响力和穿透力的企业文化建设成果。思想政治工作扎实，民族团结教育深入，巩固了新疆公司各民族员工相互关爱、携手奋进的坚实基础。注重新闻策划和统一管控，统筹发挥内部宣传平台和外部媒体作用，“责任央企”品牌形象赢得广泛认同。大力开展精神文明创建活动，11个地州（县）公司受到国家电网公司表彰。

扎实推进工会标准化建设，民主管理渠道进一步畅通，建议提案全部答复落实，和谐劳动关系不断巩固。坚持团青工作服务发展大局，荣获了“全国五四红旗团委”。

存在的问题

电源建设快速发展，新建机组大规模投产，供大于求的矛盾逐步凸显，机组利用小时数较大下降，做好“三公”调度交易难度加大。同时，南疆电源建设严重滞后，供需矛盾突出。企业自备电厂无序发展问题已经影响了电网的稳定运行。

电网结构薄弱。地区电网与主网长距离、弱联结，高峰负荷期间输送能力接近稳定极限，外力破坏和恶劣天气呈多发趋势，大面积停电风险仍然存在。电网建设的高速发展带来系统方式调整频繁，特别是750/220kV电网并存初期，电网稳定不可控因素增多。风电等新能源大规模开发并网，电网运维控制风险增加。

人财物集约化管理的整体运作效益不够充分，信息化水平还不高，业务集成度低，内部资源整合潜力依然较大。科研体系不完善，科研协同不够，攻关能力不足，科研创新成果不多，产出率低。高效执行体系有待完善，管理习惯性违章问题较多，依法从严治企需要加强。整体管理水平和员工技能还不能与新疆公司的快速发展完全适应，员工队伍特别是农电工队伍不够稳定，科学高效教育培训体系需要健全完善。经营形势不容乐观，新疆公司长期处于低成本运营、低水平盈利，各单位全面扭亏的压力较大，后续投资乏力。

主要事件

1月5日，党组书记、总经理苏胜新与哈密地委书记郭连山共同签署推进哈密电网建设发展第二轮会谈纪要。

1月17日，公司党组书记、总经理苏胜新荣获“国家电网公司创建四好领导班子先进个人”，阿勒泰电力公司荣获“国家电网公司先进集体”，昌吉电业局输电工区带电一班荣获“国家电网公司工人先锋号”，疆南电力有限责任公司畅刚、乌鲁木齐电业局胡惠敏荣获“国家电网公司劳动模范”，和田电力有限责任公司和田市供电公司肖尔巴格供电所所长阿布力克木荣获“感动国家电网十大人物”。

2月12日，公司与昌吉州党委、政府就昌吉州电网“十一五”后两年建设和发展进行第二轮会谈，公司党组书记、总经理苏胜新与昌吉州党委副书记、州长刘志勇签署了会谈纪要。

3月14日，塔西南勘探开发公司（泽普石油基地）将泽普县奎依巴格镇4个片区供用电管理权和输电线路无偿移交新疆公司所属疆南电力有限公司。

3月21日，新疆公司与阿勒泰地区行署就共同推进阿勒泰电网建设发展举行会谈。

3月27日，党组成员、副总经理兼工会主席侯立强与阿克苏地委副秘书长、财政局局长杨东禄签署转让协议，阿克苏地区行署将持有的阿克苏电力有限责任公司10%股权无偿转让新疆公司。

4月28日，自治区打击涉电犯罪办公室成立，自治区公安厅刑侦总队总队长黄亚波，新疆公司党组书记、总经理苏胜新共同为办公室揭牌。

4月28日，新疆公司所属伊犁电力公司输电运检工区秦忠班在中华全国总工会庆祝“五一”国际劳动节暨表彰大会上被命名为全国“工人先锋号”。

5月15日，新疆公司物资部（招投标管理中心）成立，为公司总部职能部室，原新疆公司招投标管理中心人员随职能划入物资部。同日，新疆电力公司物流服务中心成立。

6月4日，新疆公司与中石化西北油田分公司签订共同推进电力联网建设及加强合作的框架协议，中石化西北油田分公司所属的位于阿克苏地区与巴音郭楞州交界区域的塔河油田电网将并入新疆电网运行。

7月5日，乌鲁木齐市发生打砸抢烧严重暴力犯罪事件。党组书记、总经理苏胜新接到有关情况报告后，立即指挥部署有关部门启动应急预案，迅速通知全疆所属单位加强变电所等重点部位巡逻防控和电网运行监控。同时，成立“7·5”打砸抢烧严重暴力犯罪事件应急指挥部，宣布新疆电网进入紧急保电状态。

7月12日，中共中央政治局常委、中央政法委书记周永康在自治区党委副书记、自治区主席努尔·白克力，新疆公司党组书记、总经理苏胜新等陪同下，来新疆公司所属乌鲁木齐电力调度中心看望和慰问坚守生产一线的广大电力员工，并通过调度指挥系统向新疆公司系统120余座变电所、发电厂和13个地州的近5000名在岗值班员工表示亲切慰问。

7月14日，国务委员、公安部部长孟建柱在自治区党委副书记、自治区主席努尔·白克力等陪同下，往新疆公司所属阿克苏电力公司看望慰问电力员工和驻守调度大楼的武警官兵和公安干警。16日，受自治区联合指挥部委派，武警某部官兵正式进驻新疆公司本部，以加强电力调度大楼的安全保卫工作。

7月24日，国家能源局批准新疆公司750kV伊宁—凤凰、凤凰—乌鲁木齐北郊、乌鲁木齐北郊—吐鲁番、吐鲁番—巴州、吐鲁番—哈密5个输变电工程开展前期工作。

8月10日，国家电网公司党组书记、总经理刘振亚等一行赴750kV乌北变电所和乌吐哈输变电工程施工现场慰问调研。

8月11日，国家电网公司党组书记、总经理刘振亚等一行在自治区党委副书记、自治区常务副主席杨刚，自治区党委常委、自治区副主席库热西·买合苏提，自治区政协副主席、发改委主任刘晏良等陪同下来新疆公司视察，慰问新疆公司各族员工。

8月20日，新疆公司成立新疆风电研究所，承担风电接入系统、稳定运行及控制技术等相关研究和实验分析工作。

9月11日，国家能源局批准国家电网公司开展新疆与西北电网联网工程前期工作，为加快新疆优势资源转换战略，大规模开发新疆火电及风电等新能源，实施“西电东送”，促进新疆经济发展和社会稳定具有重大意义。

9月24日，新疆能源基础设施重大工程——750kV凤凰—乌北—吐鲁番—哈密输变电工程开工奠基仪式在乌鲁木齐市米东区举行。

10月23日，国家电网公司党组调整公司领导班子，苏胜新任中共新疆电力公司党组成员、副书记、总经理；文博任中共新疆电力公司党组成员、书记、副总经理；施学谦任中共新疆电力公司党组成员、副总经理；叶军任中共新疆电力公司党组成员、副总经理；张宁杰任中共新疆电力公司党组成员、总会计师；开赛江任中共新疆电力公司党组成员、中共新疆电力公司党组纪律检查组组长；金炜任新疆电力公司总工程师，许传辉任新疆电力公司总经济师。洪连忠任新疆电力公司副局级调研员。11月3日，公司召开干部大会，国家电网公司人事董事部主任林野宣布了以上决定。

11月20日，新疆公司调整本部机构及部门职责，经营法规部撤销，总经理工作部更名为办公室，财务与资产管理部更名为财务资产部，市场营销部更名为营销部，审计工作部更名为审计部，监察办公室更名为监察部，政治工作部更名为思想政治工作部，离退休办公室更名为离退休工作部，电力调度中心更名为新疆电力调度通信中心，电网电力交易中心更名为新疆电网电力交易中心，电力工会更名为新疆电力公司工会。

12月3日，自治区经济信息化委员会命名巴音郭楞州和硕县、塔城地区和布克赛尔县为自治区首批“新农村电气化县”，标志着新疆公司“十一五”新农村电气化县建设计划提前一年完成。

12月22日，新疆北部、东部出现降温、降雪和大风天气，北疆大部积雪深度在12～50cm之间，阿勒泰地区局部最低气温下降到零下40℃。北疆沿天山一带出现持续性大风，风力达11～12级。新疆电网运行受到重大影响，截至24日零时220kV线路跳闸7条·次，110kV线路跳闸5条·次，35kV线路跳闸4条·次，10kV线路跳闸23条·次。部分输电线路还出现覆冰，最厚达23cm。灾情发生后，新疆公司第一时间启动紧急预案。新疆公司总经理苏胜新要求各单位动员一切力量加强巡视和抢修，确保电力可靠供应。新疆电力调度中心及时调整电网运行方式，要求各级调度立即启动调度应急预案。生产部门要求各单位认真做好事故预想和应急措施，全方位加强恶劣天气下保电工作。各单位共安排巡视值班人员4600余人，出动应急抢修人员900余人，车辆120余辆。24日12时，全部故障线路恢复正常供电。

12月26日，新疆公司党组成员、副总经理施学谦带领技术人员乘坐新疆军区陆航团直升机，对位于天山深处的220kV皇林线进行空中巡视勘察，初步确定故障点，这是新疆历史上首次采用直升机空中巡视输电线路。

12月，新疆公司团委被团中央命名为全国“五四”红旗团委。

（旷路明）

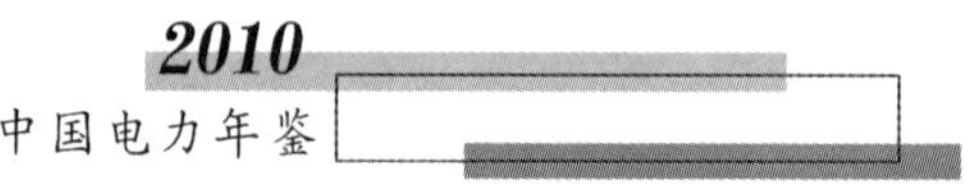

南方五省区

广东电网公司

企业概况

广东电网公司（简称广东公司）是中国南方电网有限责任公司的全资子公司，注册资金480亿元。截至2009年底，企业资产总额2226.65亿元，资产负债率58.08%。全省共有35kV及以上输电线路（含电缆）64 711km，变电站2113座、主变压器4298台、变电容量31 267万kVA。其中：500kV线路5659km，变电站31座、主变压器73台、容量6325万kVA；220kV线路16 953km，变电站265座、主变压器627台、容量11 766万kVA；110kV线路30 356km,变电站1420座、主变压器2965台、容量12 875万kVA；35kV线路11 742km，变电站397座、主变压器633台、容量301万kVA。目前已形成以珠江三角洲地区500kV主干内环网为中心、向东西两翼及粤北辐射，与贵州、云南、广西、湖南、香港、澳门电网互联的全国最大的省级电网。

截至2009年底，广东公司直管21个地市级供电局，29个县级供电局，687个镇供电所；代管50个县级供电企业，961个镇供电所。供电面积17.8万km^2。

组织机构

见广东电网公司2009年组织机构图。

广东公司本部设有办公室（党委办）、新闻中心、人事部、财务部、市场交易部、农电部（农电资产公司）、计划发展部、工程建设部、生产技术部、信息部、安全监察部、审计部、战略策划部、监察部（纪委）、政工部（含团委）、工会共16个部门，下辖21个地市供电局，以及省电力调度通信中心、电力设计研究院、电力科学研究院、教育培训中心（电校）、电力通信设备运维中心、物流中心、信息中心、资金管理中心、输变电工程公司、火电工程总公司、电力第一工程局、广华进出口公司、电力投资公司、实业发展总公司、线路器材厂、电力设备制造厂、电力技改公司等单位。

人力资源

2009年末，广东公司共有职工109 299人，其中拥有研究生1912人、大学本科17 790人、大学专科26 001人。拥有正高级职称42人、副高级职称2061人、中级职称7495人、初级职称16 004人，高级技师296人、技师2508人、高级工12 848人、中级工26 292人、初级工8397人。

领导班子

总经理、党委副书记：赖佳栋
党委书记、副总经理：廖建华
副总经理、党委委员：金基民　于俊岭　廖建平　徐达明　林　雄
纪委书记、党委委员：王　江
工会主席：王　江（兼）
总经济师：辛　瀑
总会计师：陈　山
广东电网公司助理巡视员：祁寿枝　赵树华

电网发展

统筹协调推进全省电力规划及各地市“十二五”规划编制工作。2009年9月底前完成了21个地市电网2009～2013年专题规划、“十二五”电网一次规划的编制和评审，形成了规划总结。年底前编制完成了各地市“十二五”电网二次系统规划初稿。完成了《广东省电力工业发展“十二五”规划及中长期规划研究》并于10月通过南方电网公司组织的专家评审。加强配网规划工作管理力度，编制配网年度规划大纲，10月前完成了各地市2010年中低压配电网年度规划评审。

电网建设

2009年建成投产500kV增城至横沥线路解口入穗东工程、500kV阳西电厂送出工程、500kV海门电厂送出工程、500kV鹏城站扩建4号主变压器工程、500kV砚都站扩建2号主变压器工程、500kV广南站扩建3号主变压器工程、500kV顺德站配套220kV送出工程、500kV惠州抽水蓄能电厂至东莞线路工程、500kV坪石B电厂三期接入系统工程、500kV沧江输变电工程、500kV中山桂山输变电工程、500kV横沥站扩建4号主变压器工程、500kV珠海国安输变电工程、500kV韩江输变电工程、500kV五邑输变电工程、500kV顺德站扩建3号主变压器工程等16项重点工程。高度重视配网“卡脖子”工程建设，加速农网建设与改造。在3个月的时间里，完成了10kV配网“卡脖子”工程投资13.032 2亿元，涉及18个供电局1469个项目，为增供扩销奠定了坚实的基础。

2009年电网建设完成投资459.42万元，建成投产35kV及以上项目359项，其中：500kV项目16项，220kV项目85项，110kV项目223项，35kV项目35项。新增35kV及以上输电线路（含电缆）5995.69km，新建35kV及以上变电站182座，新增主变压器457台、变电容量4865.25万kVA。其中：500kV线路1067.33km，变电站5座、主变压器12台、容量1150万kVA；220kV线路2010.81km，变电站33座、主变压器101台、容量2088万kVA；110kV线路2639.38km，变电站128座、主变压器317台、容量1611.20万kVA；35kV线路278.17km，变电站16座、主变压器27台、容量16.05万kVA。

电网运行与安全生产

广东电网统调负荷2次创新高，最高达6361万kW（8月3日），同比增长5.53%。中调负荷5次创新高，最高达5811万kW（8月28日），同比增长9.76%。全省最大错峰负荷15.4万kW（9月25日），同比减少98%。

积极争取外区电多送广东，全年外购电量1073.6亿kWh，同比增长12.5%。其中：购西电电量1044.1亿kWh，同比增长12.6%；购香港电量29.5亿kWh，同比增长8.6%。西电送广东最大负荷2071万kW，同比增长14.1%；香港电送广东最大负荷180.2万kW，同比减少8.7%。

印发《广东电网公司直属单位领导人员安全生产责任到位标准》。2月26日，在广东公司本部召开了2009年安全生产工作会议，总结2008年安全工作，部署2009年安全工作重点。

坚持以客户为中心，以提高供电可靠率为总抓手，通过制定和组织实施了《广东电网公司供电可靠性创先工作方案》，供电可靠性管理工作取得明显实效，可靠性指标大幅提升。城市用户平均停电时间7.71h，同比减少46%；农村用户平均停电时间20.02h，同比减少56%。

城市居民端电压合格率99.09%；城市用户平均停电时间7.71h，城市用户平均停电次数1.64次，农村用户平均停电时间20.02h；500kV架空线路可用系数99.75%，同比提高0.18%，500kV变压器可用系数99.954%，同比提高0.336%，500kV断路器可用系数99.916%；220kV架空线路可用系数99.37%，同比提高0.228%，220kV变压器可用系数99.879%，220kV断路器可用系数99.94%；220kV及以上电压等级保护正确动作率99.98%，同比提高0.11%，500kV保护正确动作率100%，同比提高0.21%；生产实时控制业务通信通道可用率99.999 8%。

市场营销

2009年，母公司完成购电量3391亿kWh，同比增长6.09%；售电量3229亿kWh，同比增长7.64%。线损率4.54%，同比下降1.35个百分点；综合售电单价696.45元/MWh；当年电费回收率99.82%，旧欠电费回收率54.84%，全口径终端用户应收电费余额7.12亿元；母公司计量准确率99.93%，计量故障差错率0.16%。

购电平均单价435.59元/MWh，比经营考核指标低4.61元/MWh。供电单位成本133.08元/MWh，比经营考核指标低0.02元/MWh。

广东公司在南方电网范围内率先出台了可操作的规范业扩工程投资界面方案，也是继北京、上海、福建等省市后较早规范业扩工程界面的省级电网公司。开展了业扩报装全过程监督回访，加强信息公开，有效防范了“三指定”问题。制定“一站妥”服务管理办法，启动“一站妥”服务工程。全面推动了营销指标体系、营销班组建设及作业指导书、营销三年培训计划、综合停电协调机制等9项工作。提炼形成了10项营销业务能力，再造了124个客户服务业务流程，配套修编了28项制度标准，培训了各级工作人员1.3万名。建立客户信用评价机制和重大欠费事件报告制度，防范电费风险。针对广州珠江钢铁重大欠费事件，采取与政府主动沟通协调、停电催收、协议担保、差异化收费等多种措施，追回了欠费，确保经营成果。动态分析监控电费回收指标完成情况，开展电费回收专项行动，加强电费回收考核和资金安全管理，超额完成了全年的电费回收指标。

人力资源管理

对公司本部部门和直属单位领导班子进行了调整和充实，全年调整配备干部189人，其中提拔干部109人、交流干部69人。完成16个县级供电企业（子公司）领导班子组建工作。建立了以业绩为导向的干部考核评价体系，加强对关键岗位人员的监管力度，研究制定了《广东电网公司管理的领导班子定期分析评价暂行办法》、《广东电网公司管理的领导人员考核评价暂行办法》和《广东电网公司关键岗位人员定期轮岗交流暂行办法》等制度。组织开展后备干部选拔工作，引入测评机构对后备干部人选开展培训和素质测评，形成了较为科学和系统的后备干部选拔机制。继续纵深推进“四好”班子建设，制定并印发《广东电网公司2009年“四好”领导班子建设工作要点》，指导直属各单位开展工作，加强对县级供电企业干部工作的指导和帮扶，举办了6期县级供电企业“四好”班子建设讲座。完成了直属36个单位的“四好”班子年度考核工作。

2009年，广东电网公司共招聘录用大专及以上毕业生2078人，同比增长10.4%，其中博士研究生17人、硕士研究生241人、本科1495人、大专325人，直属单位共录用1586人、县级供电企业（子公司）共录用492人，进一步优化和改善了公司系统的人员结构。

2009年，有近5万人参加电业安全工作规程同步网络考试。以能力和业绩为导向开展人才评价工作，择优选聘助理技术专家66名。组织完成公司2008年度专业技术资格评审、考核认定和其他系列委托外系统评审工作，广东公司系统共计1059人通过考评取得高、中级专业技术资格。大力开展职业技能鉴定工作，加速培养高技能人才，培养高级技师110人、技师614人、高级工5212人。2009年广东公司系统共举办各类培训班4825期，参加培训达27.9781万人·次，全员培训率95.1%，积分达标率93.9%，一线员工培训率100%、积分达标率93.3%。

经营管理

公司以战略为导向，根据“安全、可靠、优质、经济”四大战略维度，对应提出16个创先重点领域，有章法、成体系地有序推进。创先工作在6个层面同时展开，形成梯形布局、逐年推进的工作格局。公司本部和直属各单位互促互补，协调发展。各供电局根据各自的资源禀赋和基础条件，分阶段实现创先目标。经过一年的努力，16个创先重点领域取得了重大或者突破性的进展，衡量创先进展和成效的11项关键战略指标均达到或优于年度目标。广州、深圳供电局继续先行先试，供电可靠性、客户服务等关键指标基本达到国内先进水平。

2009年单位供电成本比经营考核目标节约0.02元/MWh。深化资金集约管理，实现收入资金按日归集，支出资金按周拨款。公司对地市供电局资金集中率达94%，同比上升12个百分点，降低资金成本10.24亿元，资产负债率控制在58.08%，有力支撑528亿元的资本性投资需求。推进财务管理创新，发挥财务引导控制作用。启动“大计划、大预算”管理，建立预算准入机制，实施项目优选评价，挖掘179项供电成本驱动因素，大力推进成本预算标准化管理；制定了涵盖规划设计、设备采购、工程建设、生产运营及退役报废5大环节的19项资产管理策略，完善了28项关键业务解决方案，设计了721个系统概要功能点，奠定了以资产价值管理链条为主线的资产全生命周期管理体系建设的基础；发挥绩效评价的导向作用，增加“总资产内部报酬率、万元固定资产供电投资电量增长比”等绩效考核指标，引导公司考虑投资回报，重视投入产出。加强竣工决算管理，全年完成竣工决算批复234项，实现全年应决算工程决算完成率100%。夯实财务基础管理，优化财务管理信息系统资产、工程、预算和电费四大核心业务模块的功能，开展购电费、成本和资金管理模块试点，实施县级供电企业财务核算数据省级集中应用。梳理制定预算、资金等财务管理制度30项，成功提炼出财务管理相关流程78项，完成了12项流程的固化工作。通过制定小水电直购政策、降低关口结算电价、调整县级电网投资模式、利用集团优势帮助电力一局、设备厂、线材厂筹集资金，大力支持困难企业改善经营状况。2009年县级企业同比减亏10.15亿元。组织地市供电局对县级企业开展“一对一”帮扶活动，落实管理措施，大力推进农电财务集约管理工作，增强财务管理的集团管控力。公司积极应对金融危机，坚持依法经营，强化内部管理，圆满完成各项目标和任务，保持了生产经营稳健，在南方电网公司2009年责任制考核中，公司获得综合考评第一。

党建和精神文明建设

2009年3～8月，公司1550个基层党组织、27 137名党员引领全体干部员工，紧紧围绕“提高供电可靠率，推进创先出成效，科学发展上水平”主题，扎实开展学习实践科学发展观活动，形成了高质量的分析检查报告和整改落实方案。截至12月31日，公司完成整改项目46项（总共69项），完成率达66.7%，基层单位整改完成率接近40%。群众对学习实践活动的满意率达100%。国务院国资委党建局给予充分肯定，《人民日报》、《经济日报》、《南方日报》等重要媒体进行了多次报道，产生了良好的社会影响。

推荐评选各类先进，有3家单位荣获中央企业先进集体，3家单位荣获全国五一劳动奖状，3家单位（班组）荣获“全国工人先锋号”，12个班组荣获广东省“工人先锋号”，7个单位荣获广东省先进集体，2个单位荣获全国能源化学系统女职工建功立业标兵岗；3人荣获全国五一劳动奖章，4人荣获中央企业劳模，9人荣获广东省劳动模范，1人荣获南粤杰出劳模，5人荣获全国优秀工会工作者，2人荣获全国能源化学系统女职工建功立业标兵。开展“冬送温暖夏送清凉”活动，先后到惠州抽水蓄能电站至东莞送电线路工程、潮州500kV韩江变电站工程、电力一局、火电工程总公司慰问一线员工和困难职工。积极参与各类社会公益救助，组织职工向受灾的台湾同胞捐款7 105 642.96元。

开展公司第二届十大杰出青年评选活动，刘之尧、沈坚获得“第三届南方电网公司十大杰出青年”称号。加强团的组织建设，江门供电局、电力学校、电力设计院和省输变电公司等到期换届改选的单位完成团委换届工作。发出《牢记青春使命，勇担时代重任，在创建先进省级电网公司的实践中发挥生力军作用——致公司全体青年的倡议书》，激励广大青年在公司科学发展、创建先进省级电网公司的实践中发挥生力军作用。举办“落实科学发展观，唱响青春促创先”辩论赛、“活力创先，成就梦想”舞林大赛和“我的祖国，我的电网”朗诵会，为公司创先文化建设营造良好氛围。加强志愿服务体系建设，印发了《公司志愿服务工作管理办法》。佛山供电局荣获“全国五四红旗团委”称号，珠海供电局变电部荣获“全国五四红旗团支部”称号。

主要事件

1月，广东电网公司按照南方电网公司“大胆创新，先行先试，接轨国际”的要求，全面启动创建国际先进电网公司工作。公司以战略为导向，根据“安全、可靠、优质、经济”四大战略维度，对应提出16个创先重点领域，有章法、成体系地有序推进。创先工作在六个层面同时展开，形成梯形布局、逐年推进的工作格局。

1月21～22日，广东电网公司召开2009年工作会议暨一届三次职工代表大会，总结2008年工作和发展成就，部署2010年主要工作。广东省政府黄华华省长、南方电网公司袁懋振董事长、赵建国总经理专门作出重要批示，广东省副省长佟星出席会议并作重要讲话。

2月26日，公司召开2009年电力营销工作会议暨营销创先启动大会，全面启动增供扩销工作。增供扩销各项工作全面提升了公司营业管理水平。公司2009年完成售电量3229亿kWh，同比增长7.64%，超额完成了售电量的增长目标。

3月，公司启动深入学习实践科学发展观活动，形成了高质量的领导班子《分析检查报告》和《整改落实方案》，实现了“三个百分百”，即学习内容100%落实，党员干部100%受教育，群众满意率100%。对此，国务院国资委党建局刘汉滨局长给予了充分肯定和高度评价。《人民日报》等多家社会主流媒体也进行了多次报道，产生了良好社会影响。

4月30日，广东省政府召开庆祝“五一”国际劳动节暨劳动模范表彰大会。广东电网公司招钜、陆浩臻、孙延廷荣获“全国五一劳动奖章”，韶关供电局、肇庆供电局、中山供电局荣获“全国五一劳动奖状”，赵树华等10人荣获“广东省劳动模范”，广州供电局等7个单位荣获“广东省先进集体”，梅州丰顺供电局调度班荣获全国“工人先锋号”。

6月22日，公司正式接管潮安县电力公司；11月23日正式接管潮阳市电力工业局；12月31日正式接管澄海区供电局。至此，历时6年，涉及面广、复杂多样、矛盾尖锐的县级供电企业体制改革工作全面结束。

6月30日，亚洲第一个500kV超高压、长距离、大容量的跨海电力联网工程——海南联网工程正式投产。海南联网工程始于广东湛江500kV港城变电站，终于海南省500kV福山变电站，全线由139km架空线路和32km海底电缆组成。

8月24日，广东电网安全运行天数突破5000天。

10月29日，广东省省情调查研究中心发布对供电、通信、民航、交通、邮政、银行、保险、供水、供油、旅游等十大服务行业调查结果：广东电网公司供电服务满意度以73.73分高居榜首，连续四年位居第一。

12月28日，广东省社科院与广东省省情调查研究中心联合发布“2009年度广东大型企业竞争力评估报告”，广东电网公司位列广东大型企业竞争力第四。

（钱永兵）

广 西 电 网 公 司

企业概况

广西电网公司（简称广西公司）是中国南方电网有限责任公司（简称南网公司）的全资子公司，注册资金37.83亿元，负责经营南网公司在广西的国有电网资产，对广西电网实行统一规划、建设、管理和对广西的发电、输电、配电实施统一调度。

截至2009年底，广西公司拥有35kV及以上输电线路33 325km，公用变电容量4849万kVA；其中35kV输电线路12 213km，35kV公用变电站538座，容量402万kVA；110kV输电线路10 106km，110kV公用变电站248座，容量1630万kVA；220kV输电线路9784km，220kV公用变电站84座，容量2142万kVA；500kV输电线路1222km，500kV公用变电站6座，容量675万kVA。全年广西公司电网建设投产110kV及以上线路2662.73km，同比增长67.8%；投产变电站66座（含扩建），新增变电容量771.5万kVA，同比增长55.33%。

2009年，广西全社会用电量856.35亿kWh，同比增长12.56%。广西电网统调购电量完成709.35亿kWh，同比增长2.83%；售电量完成671.25亿kWh，同比增长3.06%；其中区内售电量634亿kWh，完成全年计划600亿kWh的105.67%，同比增长11.32%，超预定增长目标一倍多。广西电网统调负荷19次创新高，最高负荷突破1200万kW，达1239.7万kW，同比增长23.27%；日电量17次创新高，最高达2.52亿kWh，同比增长23.53%；日平均负荷突破1000万kW。

广西电网城市供电可靠率99.90%，同比提高0.03个百分点；综合电压合格率99.39%，同比提高0.09个百分点；电网频率合格率100%，同比持平；线损率5.55%，同比降低0.03个百分点；城市居民端电压合格率99.30%，同比提高0.15个百分点。

2009年，完成基建投资111.17亿元；其中电网建设项目完成投资109.82亿元；小型基建完成投资1.35亿元。

组织机构

本部设办公室、计划部等16个部门、工会，6个直属机构。下设19个分公司（14个供电局、1个运维局、电网建设分公司、电科院、2个培训中心），1个子公司、1个控股公司，5个挂靠单位，职工总数63 980人。

领导班子

总经理、党组副书记：黄进平
党组书记、副总经理：宫　宇
副总经理、党组成员：李一平
副总经理、党组成员：韦家森
副总经理、党组成员：黄家林
党组成员：揣小勇
副总经理、总会计师、党组成员：罗体承
纪检组长、工会主席、党组成员：王　淼
副总经理、党组成员：何朝阳
巡视员：赖崇能

电网规划

2009年，广西公司完成广西电力工业发展“十二五”及中长期规划研究报告和全区14个市2009～2013年电网专题规划。编制北部湾经济区电网发展规划。加快电网规划与地方城市总体发展规划和土地利用总体规划的紧密结合、相互衔接，2009年，南宁、柳州已率先完成审查，电网规划成为城市发展规划中的一个有机组成部分或重要专项规划。

全力推动政企合作。2009年，在广西公司与各市政府签订电网建设战略合作框架协议的基础上，政企合作取得丰硕成果。一是自治区政府和南网公司签订《落实中央扩大内需决策部署、加快电网建设战略合作框架协议》。二是自治区政府出台《关于加快广西电网建设的若干意见》，将电网建设项目纳入自治区层面统筹推进重大项目范畴。三是广西公司与自治区发改委、14个地市政府三方签订《2009年加快推进电网建设目标责任书》，共同推进电网建设。四是全区12个地市政府出台电网建设绿色通道实施办法。五是全区12个地市政府和供电局联合成立电网建设领导小组，为电网项目建设创造了良好的外部环境。

加快电网建设立项、核准工作。抓住自治区政府开展“服务企业年”、集中联合审批项目的有利时机，组织各供电局加快电网建设项目前期工作进度，编制申报材料参加自治区项目前期工作攻坚战联合审批，推进电网建设项目前期工作。同时争取到自治区发改委同意广西公司开展屯亮等245项电网项目前期工作，为下阶段全面加快项目核准打下良好的基础。

积极配合自治区政府百色铝工业基地外部配套基础设施建设方案，加快百色电网的规划建设；做好广西电气化铁路供电方案研究。积极支持新能源开发建设。响应国家上大压小、节能减排，关停小火电政策，参与永福电厂上大压小和来宾A厂上大压小初可审查。组织或参与合浦西场风电、钦州热电场厂一期、上思生物质能发电、扶南蔗渣发电等电源项目接入系统审查；协调配合南网公司和电规总院审查和出具防城港核电、南宁电厂接入系统批复意见。

电网建设

2009年，广西主电网建设计划投资78.57亿元，同比增长137.45%。建设项目共计360项，同比增加57.21%，其中续建项目104项，新开工项目141项，开展前期工作115项，投产项目106项。新增主变压器容量5950MVA，其中220kV主变压器容量3510MVA、110kV主变压器容量2440MVA；新增输电线路2601km，其中220kV输电线路961km、110kV输电线路1640km。实际完成投资79.99亿元，完成年计划的101.81%。竣工投产128项，完成年计划的120.75%。新增主变压器容量7715MVA，其中220kV主变压器30台5310MVA，110kV主变压器48台2405MVA；新增输电线路2661.52km，其中220kV线路1229.24km，110kV线路1432.28km。南网公司2009年重点工程3项、广西公司2009年迎峰度夏重点工程9项均按计划要求建成投产。

2009年是广西公司有史以来电网建设投资完成情况最好的一年。广西电网工程建设有效地防止了有责任的人身事故和恶性误操作事故，实现了“双零”目标。公司500kV久隆变电站等18项工程先后被评选为2008年度广西电力优质工程，并完成2009年度中国电力优质工程、南网公司电网建设优质工程及广西优质工程的评审、推荐工作。其中500kV邕州变电站工程同时荣获“2009年中国电力优质工程”、“南网公司2009年电网建设优质工程”称号，220kV兴平变电站等8项工程荣获2009年广西优质工程奖。

电网运行

2009年1～5月，广西国民经济受国际金融危机、产品市场价格减少的影响，各行业（特别是电解铝、钢铁、铁合金等）用电负荷不断减少，统调负荷比2008年同期大幅下降，6～7月，电网负荷逐步回升，8～12月，受长时间高温干旱天气、产品市场价格回升影响，统调负荷比2008年同期大幅回升。

截至2009年底，广西电网统调装机容量（不含龙滩）1570.64万kW；2009年广西电网总利用小时为3764h，比2008年的4084h降低7.83%；其中火电机组利用4050h，同比上升21.25%；水电机组利用小时3535h，同比下降27.09%。与2008年相比，2009年600MW及以上容量机组利用小时数上升1.52%，600MW以下容量机组利用小时数下降，特别是300MW以下容量机组利用小时数下降幅度较大，达16.52%。

开展节能发电调度，实施跨省区电力资源优化配置，避免了广西电网年初水电弃水电量的产生。

开展水火电联合优化调度，合理安排电网运行方式，加强调度实时调控，努力做到节能机组优先多发。2009年火电上网电量达到326.04亿kWh，同比增长23.42%；火电平均供电标煤耗率下降到333g/kWh，同比下降7g/kWh。节约标煤22.82万t，减少二氧化硫排放近5400t，节能减排效果显著。实施汛期水位动态控制调度措施，取得水电增发效益。

安全生产

广西公司系统安全生产总体平稳，没有发生重大及以上设备和电网事故。

4月，组织开展春季安全大检查和第一次安全生产督查工作。在基层单位开展自查的基础上，广西公司组织6个安全生产督查组分赴各供电局开展督查，重点对各单位贯彻落实上级安全生产工作要求、执行安全生产规章制度及规程标准等情况进行督查。9月，结合国庆60周年、“两会一节”期间保供电安全检查，组织开展秋季安全大检查和第二次安全生产督查工作共发现问题276项，督促各单位进行整改。12月，结合今冬明春安全生产工作特点，组织开展第三次安全生产专项督查。

制订《广西电网公司深入开展“安全生产年”活动工作方案》和《关于进一步扎实开展安全生产“三项行动”的通知》，在公司系统全面开展46项“安全生产年”活动内容和24项“三项行动”具体工作，取得良好的效果。

根据国家、行业以及南网公司的有关法律、法规、规程、标准和规定，颁布《广西电网公司防止人身伤亡事故十大禁令》和《防止人身伤亡事故十大禁令相关说明》。发布《关于预防线路工作触电事故，加强线路作业接地线管理》和《关于加强线路安全工作的紧急通知》。全年累计排查一般隐患3788个，整改3435个，整改率90.68%。

编制《广西电网公司中央预算资金电网建设与改造项目安全监督管理规定》和《供电企业电网技改、改建、扩建工程施工安全管理标准》。加强县级供电企业安全监督管理。进一步明确农电安全管理界面，将县级供电企业安监部纳入到供电局安全监督体系的管理，并在县级供电企业组织开展危害辨识与风险评估工作。据统计，2009 年公司及所属各单位开展演练 428 次，参与演练人员15 029人・次，投入应急演练资金 253.1 万元。

经营管理

2009 年，面对金融危机，广西公司启动了市场调查和跟踪分析机制，建立了 2500 多家工业企业信息档案。“驻厂员”的服务方式进一步密切了供用电关系。建立健全市场跟踪、分析和负荷预测组织保障体系，提高系统预测的可靠性、准确性。把负荷预测准确率纳入考核，负荷预测准确率得到提高。采取灵活的供电措施，有效保住了统调负荷地增长，实现全年负荷的“V”字形扭转。在金融危机之年，广西公司有力地支撑了广西 GDP13.9%的增长。

截至 2009 年 12 月 31 日，广西公司主营业务收入首次突破 350 亿元，全年主营业务收入达 358.27 亿元，同比增长 9.45%；资产总额首次突破 500 亿元，达 509 亿元，同比增长 13.5%。

购电量完成 709.35 亿 kWh，同比增长 2.83%；售电量完成 671.25 亿 kWh，同比增长 3.06%。其中区内售电量 634 亿 kWh，同比增长 11.32%，超预定目标一倍多；售广东电量 36.87 亿 kWh，完成全年送电计划的 123.6%；售越南 0.38 亿 kWh。应收电费余额控制在考核目标之内。

客户服务

2009 年，服务品质明显提升，通过优化报装流程，提高办理效率，缩短报装接电时间，让服务更加贴近客户需求。全年累计提供供电方案 7.53 万个、超时率 0.07%，同比下降 11 个百分点，答复供电方案时限同比缩短 1.9 天。客户受电工程平均办理时间 21 天，同比下降 20%，因缩短办电时间增供电量 3.5 亿 kWh。为客户提供供电方案、审核受电工程资料、装表接电超时率同比下降 33%，平均办理时限缩短 16%。计划停电按时停、送电率达到 93%。重要客户、大客户、专变客户及大型居民住宅区停电提前告知率达到 100%。营销信息系统对直属供电局及其乡镇营业网点实现全覆盖。完成 50%的县级供电企业的营销 MIS 建设。95598 延伸到广西公司所属全部县级供电企业。自动抄表系统覆盖 15%的直供用户。加强营业网点建设管理，积极推广网上营业厅、自助缴费机、电费充值卡，服务手段日趋多元化、人性化。积极推进“绿色行动”，广泛开展节能宣传和展示活动。成功举办“万家灯火、南网情深”营销服务竞赛。整体服务水平上了新台阶，荣获“全国电力行业用户满意企业”、“广西诚信企业”等称号。

营销稽查

2009 年，开展抽查工作样本 7.17 万个，查处营业差错 1531 起，查处违章窃电行为 1344 起，共涉及电量 2285 万 kWh，累计稽查成效（电费及违约使用电费）1875 万元。同时，做好电能计量精细化管理，加快与发电企业签订计量协议。继续组织对供电量为公司前 100 家大用电客户的电能计量装置进行检测，严格把好重点大用电客户贸易结算关口。督促检查各供电局对照计划完成了电能计量工作整改，使基层单位计量工作得到加强。开展对电能计量器具的产品质量和供货厂商的服务质量的跟踪，对新型号电能表、CPU 卡预付费电能表、低压集抄系统厂家的产品进行入网质量检测。颁布了《CPU 预付费电能表业务管理办法》，及时出台管理制度，确保了预付费电能计量管理的规范化。

科技创新

2009 年，广西公司投入科技专项资金 8700 万元，同比增长 26%。投资 390 万元，将广西电网输电线路覆冰预警系统监测范围扩大到河池、贺州、柳州、百色等有可能遭受覆冰灾害线路；投资 249 万元整合台风、暴雨、雷电、温湿度、风速等气象信息，建立了全方位的广西电网输变电气象风险预警系统；投资 410 万元建设广西电网防灾减灾战略防御与应急管理平台；通过科技资金的投入，有效预防自然灾害对电网的破坏。组织开展专项研究，投资 100 万元研究应用遥控氦气飞艇展放引绳架线新技术，减少了输电线路架线对森林、经济作物的破坏；投资 80 万元，在桂林市开展地埋式变压器应用研究，为解决城市中心用地紧张地区供配电设施建设难的问题提供了新的建设思路；投资 463 万元，建设广西电网水火电力调度决策系统，实现了机组最优组合和节能发电经济调度，节能减排效果显著。投资 71.5 万元，开发基于营销 MIS 卡支付系统技术的柜台电费收费系统，对现有的柜台收费系统进行改造，把银行卡收单技术整合进来，构建广西营销 MIS 银行卡支付系统，从而增加柜台收费方式，提高电费缴费业务办理速度，提高了客户满意度。投资 119 万元，在南宁开展 10kV 带电旁路电缆作业应用研究，减少检修停电对居民用户的影响，大大提高供电可靠性。

科技创新 7 项成果分别获南网公司和自治区科技奖励。知识产权管理取得新成绩，5 项成果获国家实用型专利，3 项成果获国家版权局颁发的计算机软件著作权登记。

农电工作

2009 年，完成保电量增长、保电网建设目标。完成电网建设投资是 2008 年的 10 倍，为县域经济发展提供了强有力的电力支撑，创造了广西电网农村电网建设史上的新纪录，农电队伍的组织能力和工作水平得到增强。

2009 年，44 个县级供电企业完成售电量 152.84 亿 kWh，同比增长 8.7%。售电量超过 4 亿 kWh 的县级供电企业达 13 家，桂平、邕宁公司全年售电量都超过 8 亿 kWh；武宣等 9 个县级供电企业完成售电量增长超过 20%。全年完成 35kV 及以下工程建设投资 20.6 亿元，新建与改造 35kV 变电站 227 座，新增变电容量 1687.8MVA；新建与改造 35kV 线路 1371.88km、10kV 线路 2826.35km。实现 42 家县级供电企业财务决算与公司合并。清理债权债务，实现资产负债率 35.2%，同比下降 0.74%，农电资产继续保值增值。完成一、二期农网改造项目总体工程竣工决算工作。

出台《农村电网完善工程管理办法》，下发加快农村电网建设的通知，明确农网项目管理程序。编制《广西电网公司 2009 年农电安全生产专项整治活动方案》，重点落实安全管理责任、防止人身伤亡和恶性误操作事故的措施。组织开展安全技术知识调考、安全技术比武和反事故演习；修改完善《广西电网公司农电安全奖励基金和风险抵押金管理办法》，加大县级供电企业安全目标考核，突出法人安全责任主体，强化安全生产过程管理；加强农网施工现场安全监管，落实安全措施，严格执行“两票三制”。

人力资源

截至 2009 年底，公司人力资源总数为63 980人，其中博士 30 人，研究生 938 人，享受政府特殊津贴 1 人，教授级高工 8 人，高级职称 1778 人，高级技师 155 人。公司注重员工素质和能力的培养，不断加大培训力度。编制网络培训系统课件的开发规划，开发 17 门电子课件和 4 门视频教学课件。全年全员培训覆盖率为 97.3%，全员培训积分达标率为 91.4%，其中一线员工培训积分达标率为 95.2%。认真贯彻落实国家法律法规，公司与员工依法订立劳动合同（派遣协议），并按国家有关规定办理了社会保险。公司系统离退休人员总数为12 564人，比 2008 年12 010人增加 554 人，其中离休干部 97 人，同比减少 1 人。

出台《广西电网公司员工考核评价管理暂行办法》，将考核评价的结果与员工的劳动合同签订及薪酬待遇挂钩。出台《广西电网公司岗位薪级调整暂行规定》，利用考核评价结果对员工的岗位薪级动态管理进行规范。按照“择优录用”的原则，继续组织开展空缺岗位招聘工作。制订《广西电网公司持证上岗管理暂行办法》，初步实现生产一线员工“上什么岗持什么证”，激发员工岗位学习的积极性。完成了 17 个技能工种持证上岗培训考核基础资料的组织编写工作；对现有的《安规》等四大类专业技能题库近 10 万道试题进行整合优化，使其更符合培训与评价工作需要。

完善薪酬福利制度。探索和建立科学合理的分配机制，指导试点单位在规范用工管理、规范职系岗位设置的基础上，完成薪酬的测算、套改工作。根据机构变更和安全生产、考核的需要，完成年度安全生产目标风险抵押金管理办法的修订工作，进一步明确职责，理顺考核关系。通过制定相关制度，进一步规范工资发放渠道。研究制订员工薪酬激励与约束方案，出台《广西电网公司岗位薪级调整暂行规定》，利用考核评价结果对员工的岗位薪级动态管理进行了规范。

积极稳妥地开展优化组织机构设置。按照业务范围对相关部门和单位的组织机构设置进行了调整，分别设立了广西电网公司电力科学研究院、信息部、物资部、电网建设分公司等机构，并对南宁供电局二层机构优化调整及分局设置方案进行了审查和批复。指导、协调各部门（单位）开展机构设置及人员配置工作，平稳、顺利地完成了体制改革工作。加大人力资源信息化建设工作力度，全面启动了人力资源管理信息系统的建设，并在系统单位全面推进。

党建和精神文明建设

公司以深化“堡垒工程”为重点，党建工作创新成果不断涌现，“堡垒工程”彰显新活力。

公司围绕“提高供电可靠率，科学发展上水平”的学习实践科学发展观活动主题，以“五对照五促进”为载体，先后组织中心组专题学习 532 次，举办专题辅导报告会近 300 场，参与集中学习 2.39 万人·次；突出舆论引导，营造了浓厚的学习实践活动氛围；创新开展“我为公司科学发展献一策”、“科学发展面对面”主题对话和解放思想网上在线交流“三个一”活动，共收集意见和建议 3139 条；深入剖析影响和制约公司科学发展的 10 个方面主要问题，形成高质量的分析检查报告和整改落实方案，确定了 61 项主要整改内容和措施，做到了学习调研、分析检查、整改落实“三到位”。

实现“两不误、两促进”。公司各级党组织把应对金融危机作为学习实践科学发展观的最好课堂，把学习实践活动的成果转化为应对危机的强劲动力，圆满完成了三个阶段、六个环节的任务，实现了分析检查报告和学习实践活动群众满意率两个100%。全年共培训辅导员48名，开展小组辅导45次，一对一辅导70次，辅导员工756人·次。

公司党组坚持"集体领导、民主集中、个别酝酿、会议决定"的原则，凡涉及公司生产经营和改革的"三重一大"问题，通过党政联席会议（班子会）、党组会、总经理办公会、职工代表大会、年度工作会议、招标领导小组会议、安全生产委员会、资金预算委员会等形式进行集体决策。公司以述廉议廉为平台，领导干部带头廉洁自律。

加强对县级供电企业的监督。印发三项县级供电企业纪检监察管理标准，规范管理要求，敦促各县级供电企业党组织尽快完成党委的设置，并同时设立纪委。2009年共配备县级供电企业专职纪委书记24人，增强了监督工作力度。

公司把开展精神文明建设与企业文化建设相结合，通过南网文化走进党支部、走进班组、走进岗位，促进了南网文化的根植与转化。建成"光明之路"广西电网发展史馆，使之成为企业文化和精神文明建设的新阵地。深入开展"创建学习型组织，争做知识型职工"活动。组织开展变压器检修职业技能竞赛、营销服务技能竞赛和"文思杯"文秘技能竞赛，以"职工书屋"为载体，不断打造新的学习平台，涌现出"动感书屋"、职工夜校等新的经验与做法。在开展"营销工作保电量增长"和"保增长，建电网"两大劳动竞赛活动中，公司系统有60多个单位、近2万名职工和近1000个电网建设项目参加了竞赛，涌现出30个劳动竞赛先进单位与115名先进个人，为公司实现售电量增长和电网建设投资"两个翻番"作出了积极贡献。成功举办了弘扬抗冰保电精神文艺晚会、"祖国颂、南网情"职工合唱比赛以及南方电网公司摄影协会成立大会等大型活动，得到了自治区总工会、南方电网公司领导的充分肯定。参加南网公司"祖国颂、南网情"文艺汇演、网球、乒乓球比赛，分别取得一、二、三名的好成绩。开展"关注困难企业、关爱困难职工"活动，全年共发放帮困资金790.73万元，慰问5266名困难职工，资助612名困难职工子女就学。2009年公司荣获"全国学习型组织先进单位"，南宁供电局变维所继电保护一班及柳州供电局输配电所抢修中心被评为"全国学习型先进班组"，5人荣获"全国知识型职工先进个人"；公司系统有4个单位荣获全国五一劳动奖状，6人荣获全国五一劳动奖章，3个集体（班组）荣获全国工人先锋号；公司工会荣获全国电力系统先进工会组织，2名工会干部荣获能源化学工会"优秀工会工作者"。公司系统共有3名女职工集体荣获全国女职工建功立业标兵岗、2人荣获全国女职工建功立业标兵。公司评选表彰了2008年度10个先进单位和10名劳动模范，公司工会收集编印公司抗冰保电、先进集体及劳动模范的先进事迹，组织各级劳模代表赴北京、广东、山东、四川等地学习考察。

共青团工作

公司党建带团建得到加强，后备军作用凸显。进一步加强公司党建带团建工作，指导共青团积极参与到公司"保增长"各项任务中，使广大青年员工成为公司生产经营的突击队和生力军。在公司系统内组建150多支"电网建设青年突击队"和"增供扩销青年服务队"，为完成全年公司工作目标作出了贡献。以青年安全生产示范岗为载体，通过举办"全国青年安全生产示范岗"创建工作交流会、"QQ青年安全辩论赛"、"青年安全大讲堂"等活动，营造了"安全生产、青年当先"的浓厚氛围，促进了公司安全文化建设。搭建平台展现青工风采，举办"传承五四精神，唱响科学发展"青年红歌汇比赛，开展电力青年志愿者活动项目40多个，共4500多人·次参加。全年公司共青团系统荣获全国五四红旗团委、全国青年文明号等国家级和自治区级荣誉共42项。

主要事件

1月18日，自治区党委书记郭声琨莅临田东电厂慰问，充分肯定了广西电网公司的工作。一年来，郭声琨书记、马飚主席多次称赞公司为广西应对危机、保持经济平稳较快发展所作的突出贡献。南方电网公司领导也多次肯定公司工作。

2月9日，广西电网公司2009年度第一批城乡电网建设工程暨云景输变电工程开工仪式在南宁隆重举行，公司新一轮电网大投资、大建设、大发展拉开了序幕。

3月9日，广西公司召开深入学习实践科学发展观活动动员大会，学习实践活动迅速在公司系统全面展开。

4月16日，为落实中央扩大内需决策部署，中国南方电网有限责任公司与广西壮族自治区人民政府在南宁签订了加快广西电网建设战略合作框架协议。根据协议，双方将联合推进广西电网规划建设，共同协调解决广西电网建设中遇到的重大问题。

6月23日，广西公司在南宁发布《广西电网公司2008社会责任报告》，全面阐述公司2008年度安全优质供电、履行经济、环境和社会责任等方面的工作绩效，全面展示了公司主动承担社会责任的央企风范和良好形象，得到社会各界的高度评价。

6月23日，广西公司正式启动"广西有电100

年，新中国成立60周年，新闻媒体看电网科学发展”活动。活动历时2个多月，行程4000多千米，先后有近40家各级主流媒体、记者约175人·次参与采访，刊发稿件超过110篇。

9月16日，南方电网公司调研组充分肯定公司创建国内先进水平供电局的有关工作。自创先工作启动以来，公司把提高供电可靠率作为创先的主要内容全力推进，截至12月31日，实现广西电网城市供电可靠率99.90%，同比上升0.03百分点，全年客户平均停电时间缩短2h38min。

11月20日，广西电网统调负荷最高达1239.7万kW，再创历史新高，全年共19次刷新历史纪录。

截至12月31日，公司共完成区内售电量634亿kWh，同比增长11.3%，超预定目标一倍多，应对金融危机保电量增长取得重大成果。

（廖业明）

云南电网公司

企业概述

云南电网公司（简称云南公司）是中国南方电网公司的全资子公司，是云南省域电网运营和交易的主体和云南实施“西电东送”、“云电外送”和培育电力支柱产业的重要企业。2009年实现营业收入393.01亿元，同比增长16.73%。实现利税35.24亿元。截至2009年底，公司资产总额634.5亿元，同比增长19.89%。

组织结构

云南公司总部设14个职能部门，下设昆明供电局等16个州（市）供电局、调度中心等30个分公司，另有送变电工程公司等87个全资子公司，电力试验研究院（集团）公司等11个控股公司。截至2009年底，拥有职工64 154人。

领导班子

2009年末，云南公司领导班子成员为：

党组副书记、总经理：廖泽龙
党组书记、副总经理：张慧清
党组成员、纪检组长、工会主席：江兴国
党组成员、副总经理：李品清
党组成员、昆明供电局局长：唐广学
党组成员、副总经理：王　文
党组成员、副总经理：薛　武
党组成员、副总经理：赵炳松
总会计师：周正风

电力供应

成立增供扩销领导小组，领导对口挂钩联系，制定并落实“十大”措施，努力开拓电力市场挖掘潜力，及时调整增供扩销策略，全力以赴保增长。省内日供电量29次创新高，最高达2.07亿kWh。昆明、曲靖供电局年售电量分别突破200亿kWh和100亿kWh。发挥南方电网大平台优势，大幅增加送广东电量，努力把云南资源优势转化为经济优势。全年完成售电量985.07亿kWh，同比增长18.08%。其中，省内售电量688.9亿kWh，同比增长10.25%；西电东送电量255.18亿kWh，同比增长43.48%。

大力推进营销服务文化建设，深入开展“万家灯火、南网情深”优质服务活动。扩大营销“一体化”管理覆盖面，客户服务支持系统在81个县级供电企业上线运行。开展纠风与供电服务检查，投诉办结率和处理满意率均为100%。持续推进“绿色行动”，云南公司试点节电项目平均节电率达到30%以上。供电服务在云南省社情民意调查中总体满意度名列第一。

加大配网投资建设力度，完成了17项重点“卡脖子”工程和提高供电可靠率工程。制定35kV及以下配电网设备装备技术原则。拓宽带电作业范围，全面推广10kV带电更换柱上断路器作业，全年开展带电作业2078次。加强客户侧停复电管理，计划停电按时停送电率分别达到89.69%和88.31%。全年城市供电可靠率（RS1）99.887%，同比提高0.014个百分点。农村供电可靠率（RS1）99.608%，同比提高0.15个百分点。

电网发展

完成电网建设投资140.08亿元，其中中央扩大内需投资52.42亿元。累计投产110kV及以上输变电工程项目71项，建成投产输电线路3105km，变电容量904万kVA。其中：500kV线路建成投产1151km，变电容量300万kVA；220kV线路建成投产867km，变电容量315万kVA；110kV线路建成投产1087km，变电容量289万kVA。顺利投产了小湾电站送出及南通道串补等重点工程，西电东送输电能力达到580万kW。500kV和平输变电工程被评为南方电网建设优质工程，500kV砚山变电站被评为中国电力行业优质工程和国家优质工程银奖。

安全生产

认真开展“安全生产年”活动，扎实推进“三项行动”和人员责任事故治理行动。强化农电安全过程管理，完成了34家县级供电企业安全性评价复评工作。建设了一体化调度技术支持系统，逐步分离地调、配调。电网安全稳定分级分析机制逐步从主网延伸到110kV电网，全年未发生低频振荡。加强应急常态机制建设，成功应对了楚雄“7·9”地震等自然灾害。警企协作打击涉电违法犯罪立案165起，同比下降82%。圆满完成了国庆60周年保供电工作，全年未发生人身死亡事故、恶性误操作事故和重大电网设备事故，发生一般事故17起，公司安全生产保持了平稳态势，为近7年来最好水平。

电网频率合格率100%；综合电压合格率99.2%，同比提高0.09个百分点；城市居民端电压合格率99.22%，同比提高0.1个百分点；农村居民端电压合格率95.27%，同比增加0.16个百分点；城市供电可靠率（RS1）99.887%，同比提高0.01个百分点；农村供电可靠率（RS1）99.608%，同比提高0.15个百分点；500kV输电线路可用系数99.42%；500kV继电保护正确动作率100%；220kV及以上继电保护正确动作率99.92%。

企业管理

启动公司“十二五”发展规划编制工作。全面开展组织绩效考核。以资产全寿命周期和客户全生命周期管理为主线优化供电核心业务流程。完善供电局“创先”方案，扎实推进昆明、曲靖、红河、玉溪、楚雄供电局“创先”工作。积极开展内控风险研究，编制了劳动用工、营销业务法律风险控制手册。健全社会责任报告指标体系，发布了年度社会责任报告。

签订41个地方供电企业国有产权划转协议，供电营业区覆盖了全省16个州（市），基本实现了网架、管理、资产“一张网”。深入推进农电“一体化”管理，50家县级供电企业基础管理达南方电网公司标准。强化农电线损“四分”管理，所有县级供电企业线损率下降到15%以内。完成了8.7万户无电人口通电工作，昆明、玉溪、楚雄、西双版纳实现户户通电。

经营管理

高度关注金融危机对公司经营的影响和冲击，及时调整经营策略，保持了稳健经营。深化全面预算管理，从严控制非生产性费用，可控单位供电成本降低16.1元/MWh，5项专控费用“零增长”。深挖资金潜力，母公司资金集中率90%以上。

建立了审计联席会议制度，深入开展“审计整改年”活动，集中整改了958个问题。扩宽审计覆盖面，开展了内控制度、大修、技改、安措、信息化等5个方面的审计调查。完成550个项目审计，提出意见1618条，增收节支5483万元。

次区域电力合作

电力出口逆势快速增长，对越送电电量40.99亿kWh，同比增长29.88 %；创汇2.09亿美元。截至2009年底，累计对越送电突破百亿千瓦时大关，达到109.47亿kWh，累计创汇5.15亿美元。建成投产了115kV与老挝北部联网工程，为开拓国外电力市场打开了新通道。大力引进优质电力资源，累计购缅甸电量15.75亿kWh。

队伍建设

制定《进一步加强县级供电企业“四好”领导班子建设和管理的意见》，巩固基层单位“四好”领导班子建设成果。以举办高端讲座等形式，深入开展理想信念、爱岗敬业教育。深化干部人事制度改革，开展公选处级干部工作，选派了12名优秀科级干部和班组长到怒江、迪庆供电局挂职锻炼。大力践行“一线工作法”，处级以上干部撰写调研报告616篇，解决了基层900多个实际问题。

开展员工素质工程实施效果评价。公司系统员工持证上岗率达95.15%。完成了供电企业岗位能力素质模型及行为评价标准研究。4名博士后、14名研究生进入研究生工作站和博士后科研站工作。与重庆大学、浙江大学等高校签订战略合作框架协议。大规模开展分类分层培训，全员培训率达97.28%。

党群工作

深入开展廉洁文化“六进”活动，创办《清廉云电》杂志，充分利用公司监督保障网广泛开展廉洁文化教育。深化廉洁从业风险管理，识别了72个重点岗位的1038个廉洁从业危险点，不断完善廉洁风险识别与自控机制建设。深入落实党风廉政建设责任制，稳步推进惩防体系建设，层层签订了1659份党风廉政建设责任书，建立了142个城农网建设廉政监督联系点。开展“三重一大”制度落实情况监督检查，进一步规范了各单位的决策管理。

主要事件

2月25日，南方电网公司与云南省政府举行了《落实中央扩大内需决策部署加快电网建设战略合作框架协议》签字仪式。根据协议，云南省政府和南方电网公司将力争用3年左右时间，完成云南省电力体制改革，实现农网工程“一省一贷”和全省“一张网 全覆盖”等目标。

3月9日，云南电网公司启动了深入学习实践科学发展观活动。活动以“提高供电可靠率，科学发展上水平”为主题，全面查找制约公司科学发展的问题，深入剖析问题根源，形成了指导公司科学发展的《分析检查报告》和《整改落实方案》。认真制定整改措施，挂号整改、销号落实。8月19日，公司召开了学习实践活动群众满意度测评会议，广大干部员工对学习实践活动的总体满意率达100%。

4月23日，公司制定印发了分（子）公司组织绩效考核管理办法，构成了以平衡计分卡为核心的公司战略绩效管理体系，形成了公司、供电局和具体业务三个层面的量化指标体系，标志着公司深入推进“1149”战略实施工程迈出了关键而坚实的新步伐。

5月14日，中共中央政治局委员、国务院副总理张德江在国务院国资委李荣融主任、南方电网公司赵建国总经理等领导的陪同下到云南电网公司视察工作，对公司工作给予了充分肯定。

7月9日19时19分，云南省楚雄州姚安县发生里氏6.0级地震。灾情发生后，云南电网公司立即启动应急预案，集中力量全力抢修，震后25h就全面恢复了姚安灾区供电，获得了省委、省政府和广大灾区群众的好评。

8月5日，云南电网公司与怒江傈僳族自治州人民政府签署了《云南怒江电网有限公司国有资产划转云南电网公司协议》。至此，德宏、临沧、丽江、迪庆、怒江5州（市）地方电网企业国有产权划转协议全部签订完成，除保山市外云南15个州（市）地方电网全部纳入云南电网公司管理，标志着云南省“一张网 全覆盖”取得了历史性突破。

9月8日，云南电网统调日发电量首次突破3亿kWh大关。10月30日，云南电网省内日供电量历史性突破2亿kWh大关。2009年全年，省内日供电量29次创新高，售电量同比增长率接近20%。全年完成售电量985.07亿kWh，同比增长18.08%；其中，省内售电量688.9亿kWh，同比增长10.25%。

10月8日，公司圆满完成了国庆60周年保供电任务。2009年，云南电网经受住了电网建设与运行交叉衔接、网架结构和系统特性复杂多变、自然灾害频发等一系列考验和挑战，全面实现了年度安全生产目标，安全生产情况为近几年来最好水平。

12月6日，云南电网公司首个境外总承包电网建设工程项目——110kV勐腊至老挝那磨输变电工程提前55天投产，首次实现向老挝大规模送电。

12月28日，±800kV楚穗高压直流输电工程单极投产。至此，“云电送粤”步入交直流、特高压、长距离、大容量送电的新时期。2009年，云南电网公司西电东送电量255.18亿kWh，同比增长43.48%。

（陈 云）

贵州电网公司

基本情况

2009年，贵州电网公司（简称贵州公司）在南方电网公司和省委、省政府的领导下，以提高供电可靠率为总抓手，奋力拼搏，保增长、抓建设、强基础，超额完成省内售电量增长5%的奋斗目标和电网建设改造投资127亿元的硬任务，为全省GDP增长11%作出了应有贡献。

贵州公司全年安全生产形势平稳。年末总资产431亿元，增长25.5%；主营业务收入423.9亿元，同比增长17.5%；资产负债率75.5%。

全年售电量首次突破1000亿kWh，达1077.8亿kWh，同比增长19.18%。其中：省内售电量637.15亿kWh，同比增长14.07%；外送电量440.66亿kWh，同比增长27.44%；送广东电量416.40亿kWh，同比增长29.61%。

电网建设改造投资首次突破100亿元，全年共完成135亿元固定资产投资，其中，电网建设115亿元，技术改造20亿元。投产110kV及以上变电容量8500MVA，输电线路1625km。解决3.2万无电户用电问题，实现全省电网覆盖范围内“户户通电”。

2009年末，在岗职工46 547人。按5类职系构成划分，企业管理职系人员398人，占在岗职工人数的0.86%；职能管理职系人员3262人，占在岗职工人数的7%；专业技术职系人员6819人，占在岗职工人数的14.65%；技能职系人员18 256人，占在岗职工人数的39.22%；辅助职系人员17 031人，占在岗职工人数的36.59%；其他781人，占在岗职工人数的1.68%。

领导班子

2009年末，贵州电网公司领导班子成员如下：

公司总经理（法人代表）、党组副书记：唐斯庆

党组书记、副总经理：王 和

党组副书记、纪检组长、工会主席：孙兆媛

副总经理、党组成员：晁 剑

副总经理、党组成员：廖新和

副总经理、党组成员：邱跃丰

副总经理、党组成员：邓恩宏

总会计师：金昌铉

电网规划与建设

圆满完成贵州9个地、州、市2009～2013年主网、城市配电网及县级电网规划编制、评审工作；完成《贵州220kV及以上电网2009～2010年规划建设方案》，编制贵州电网各电压等级2010～2013年规划建设项目库；完成《贵州电力工业“十二五”及中长期发展规划研究》，并于2009年11月4日通过南方电网公司组织的评审，组织相关单位及部门研究2009年5月底遵义电厂、凯里电厂、12月盘县电厂1号、2号机关停给电网带来的风险，开展电网风险评估及应对措施分析，制定了关停应对措施。加快推进电源项目的建设，与新建各类电厂签订了并网意向协议27份，并网协议10份。

2009年全年基建投资共计115.03亿元，重点完成500kV松桃输变电工程、500kV董箐电厂送出工程、500kV构皮滩电厂送出工程，500kV安顺2号主变压器扩建工程、500kV息烽2号主变压器扩建工程、220kV六榕江输变电工程、220kV思林电站—思南220kV输变电等工程。共计投产变电容量10 393.6MVA，线路34 593.6km，其中：500kV变电容量3750MVA，线路340km；220kV变电容量2520MVA，线路702km；110kV变电容量2230MVA，线路583km。

电网运行

2009年贵州电网统调装机达2554.1万kW，其中火电装机1654万kW，水电装机900.1万kW（含统调小水电）。

2009年贵州电网公司电网频率合格率100%，同比持平；城市供电可靠率99.676%，同比上升0.096个百分点；综合电压合格率98.94%，同比下降0.38个百分点；城市居民端电压合格率98.4%，同比上升0.46个百分点；500kV交流输电线路可用系数98.081%，同比上升4.91个百分点；500kV变压器可用系数99.657%，同比上升0.631个百分点；500kV断路器可用系数99.808%，同比下降0.064个百分点；220kV及以上继电保护正确动作率99.64%，同比下降0.25个百分点；500kV继电保护正确动作率100%，同比增长0.1个百分点；220kV继电保护正确动作率99.64%，同比下降0.25个百分点。

元件保护正确动作率97.62%；故障录波完好率100%；中枢点电压合格率99.46%；网损率2.65%；安全装置投运率100%；安全装置正确动作率100%；主站系统运行率99.983%；远动设备运行率99.96%。

安全生产

2009年，完成6条220kV及以上线路综合整治和42条110kV及以上线路加固改造任务。出台进一步加强安全管理的若干意见，针对生产、建设和农电的安全管理提出13个方面共124项具体事故防范措施。修编完善“1+12”应急预案，开展各类应急演练154次，及时发布各类风险预警38次，启动应急预案4次。编制完成《关于提高装备和自动化水平措施报告》，提出主网、配网设备和自动化方面的24项措施计划。节能发电调度继续保持全国领先，全年共节约标煤146.58万t，平均脱硫效率94.84%，减排二氧化硫115.7万t。深入开展绿色行动，推广应用10kV线路自动调压装置，完成6家高耗能企业的无功补偿试点。更换城市电网高损配电变压器2086台。

科技创新

针对电网安全生产和快速发展的需要，审查、下达计划项目133个，年度计划资金2.16亿元。

按照国家鼓励科技创新的优惠政策，及时组织新产品、新技术、新工艺等开发应用项目向省经贸委、省科技厅等部门申请项目确认，有2个项目得到贵州省科技厅或省经委的支持，总计拨款89万元。

2009年，“贵州电网调度技术研究”等31个项目获得公司科技进步奖。同时获得南方电网科技进步一等奖1项，三等奖3项。获得贵州省优秀新技术、新产品一等奖1项，二等奖1项，三等奖6项。获得中国电力科技进步二等奖1项。

信息化建设

2009年，贵州公司信息化以央企信息化水平评价B+标准为目标，着力提升信息化领导力和信息化基础设施建设，在南方电网公司组织的水平评价中取得84.68分的优异成绩，并被中国电力企业联合会评为2009年信息化标杆企业。

信息化基础设施建设方面，贵州公司完成了110kV及以上电压等级变电站、县局供电企业光缆建设任务，建成了覆盖500kV、220kV、110kV的省地县三级供电企业综合数据网络。此外，完成公司本部和9个地区供电局的信息机房标准化改造，建成了标准、规范的局域网络。

业务信息系统建设方面，全面推进营销、财务、人事和安全生产系统纵向覆盖率，提升系统应用效果和业务支撑能力。综合信息平台建设完成横向集成整合，为数据共享、协同提供了技术支撑。

网络信息安全建设方面，建设完成公司互联网统一出口通道，集中加固了安全风险边界，实现公司系统内的互联网统一出口，减小了来自互联网络的安全威胁和风险。完成了南方电网公司“基于 ISO 27001 的信息安全管理体系研究”的试点课题，并落实了部分技术支撑系统的建设。

市场营销

2009 年，电网统调发电量完成 1171.01 亿 kWh，同比增加 196.11 亿 kWh，增长 20.12%。其中，水电发电量 207.76 亿 kWh，同比增加 27.95 亿 kWh，增长 15.55%；火电发电量 963.24 亿 kWh，同比增加 168.15 亿 kWh，增长 21.15%。2009 年最高日发电负荷 1912.4 万 kW（9 月 9 日），最大日发电量 3.95 亿 kWh（12 月 9 日），分别比 2008 年增长 423.7 万 kW 和 1.03 亿 kWh。

2009 年，贵州电网售电 1077.8 亿 kWh，同比增长 19.18%，完成售电量计划 1058 亿 kWh 的 101.87%。其中省内售电量 637.15 亿 kWh，完成年计划售电量 580 亿 kWh 的 108.34%。

2009 年外送电量 440.66 亿 kWh，同比增加 94.89 亿 kWh，同比增长 27.44%，完成年计划 477.9 亿 kWh 的 92.2%。其中，送广东电量 416.40 亿 kWh，同比增长 29.61 %；送湖南电量 4.78 亿 kWh，同比减少 4.38%；送广西电量 17.20 亿 kWh，与 2008 年持平；送重庆电量 1.50 亿 kWh，同比减少 35.34% 。

财务管理

用好消费型增值税转型政策，全年取得固定资产进项税 8.46 亿元，一定程度上降低了公司税负和工程成本；及时争取到电力供电环节增值税预征率 5%调低至 2%的政策，有效降低资金占用，节约公司财务费用。

农电建设

贵州电网公司管理的县级供电企业 86 个，其中分公司 6 个，子公司 30 个，代管公司 49 个，股份公司 1 个。2009 年完成售电量 331 亿 kWh，同比增长 12.6%。至 2009 年底全省乡通电率 100%、村通电率 100%、电网覆盖范围内户通电率 100%。

截至 2009 年底，贵州电网获“南方电网达标企业”称号的县级供电企业 66 个，达标率 76.7%；获“省级达标企业”称号的县级供电企业 79 个，达标率 91.8%。

贵州电网公司坚持资金投入向农村倾斜，加快农网建设与改造，努力促进城乡协调发展，2009 年县及以下电网建设与改造计划投资 489 404 万元，完成投资 517 445 万元，共建设改造 110kV 变电站 32 座，线路 680km；35kV 变电站 103 座，线路 1370km；10kV 线路 10 694km、配电变压器10 350台，低压线路19 291km；农村一户一表率 88.85%，农村电网供电可靠性和供电质量得到大幅提高。按照 2008 年审定的 678 条 35kV 及以下线路提高抗冰能力方案，2009 年如期完成剩余 347 条线路加固，投资 2.7 亿元，提升农网的抗灾能力。

提前一年实现户户通电目标。10.69 万户农民告别了“柴禾取暖、煤油点灯”的生活，通电工程建设共投入资金 7.72 亿（其中 2007 年 2 亿、2008 年 1.86 亿、2009 年 3.86 亿），共建成 35kV 变电站 2 座、35kV 线路 46km、10kV 线路 1892km、10kV 配电变压器 1736 台、低压线路 8374km，其中 2007 年解决无电户 4.6 万户、2008 年解决无电户 2.9 万户、2009 年解决剩余无电户 32 120 户。

人力资源管理

按照“四好”领导班子建设的要求，组织层层签订“四好”班子建设目标责任书，覆盖率为 100 %，并对直属单位领导班子进行考核，指导各地区供电局考核县级供电企业领导班子。各单位领导班子考核的民主测评得分均在 90 分以上。

积极组织系统单位开展大规模、差别化、人性化、分层次、分类别的全员培训，全年共举办培训班 1710 期，培训员工 71 450 人 · 次，组织远程培训 76 期，培训 22 818 人 · 次，实现全员培训覆盖率 97.6%，全员培训积分达标率 93.5%。

党建和精神文明建设

深化“党的基层组织建设年”活动，制定深化拓展工作实施意见，深入抓好党代会代表常任制、公推直选、农电工党员党建工作示范区创建、党员党性定期分析等试点工作和“万个支部结对、万名党员帮扶”活动。加强党内制度建设，制定“党务公开实施办法”，修订党建责任制考核实施办法及考核评分标准，出台政工人员到位标准。扎实推进“五好”、“六先”创建活动，命名 2 个党委、74 个党支部为公司“五好”基层党组织，1 个党委获贵州省委组织部命名、6 个党委获贵州省国资委党委命名。

根据文明单位创建规划和实施意见，以提高行业文明程度为目标，以加强职业道德建设为重点，以打造优质服务品牌为载体，以开展四级创建活动为支撑，广泛开展精神文明创建工作。公司 4 个单位获全国文明单位，4 个单位获全国精神文明建设工作先进单位，25 个单位获全省文明单位，26 个单位获全省精神文明建设工作先进单位，3 个单位获南方电网公司文明单位。深入开展“满意在贵州”及“不满意问题征集活动”，提高优质服务水平，树立公司良好社会形象。

主要事件

1月8日，贵州公司先后启动25、60MW直流融冰装置对220kV福旧线、500kV福施Ⅱ回线路进行实地融冰，成功消除覆冰隐患。随后，还启动了500kV福泉变和220kV筑东变融冰装置试点改造兼备SVC动态无功补偿功能，解决融冰装置利用率不高的问题，并有效提高供电电压水平。同时开展220kV毕节变带融冰功能的SVC无功补偿装置研究应用。

3～8月，贵州公司围绕“提高供电可靠率、做强电网保增长、科学发展上水平”主题，开展深入学习实践科学发展观活动。历时163天，圆满完成了南方电网公司党组安排部署的3个阶段6个环节工作任务。通过学习实践活动，公司明晰了“努力打造‘电网强、队伍强，服务好、管理好、形象好’国内先进现代化电网企业”的科学发展目标，提出了“加强电网结构，提高装备水平，提高自动化水平，提高信息化水平（一加强三提高）”的电网建设思路，明确了今后3～5年的电网建设改造目标。

为响应国家和南方电网公司拉动内需的号召，2009年贵州电网公司紧紧抓住发展机遇，强化电网建设，全年完成电网建设投资115亿元，超过以往3年投资的总和。与政府建立了双系统责任考核保障机制。全年投产110kV及以上输变电工程145个，新增110kV及以上变电容量8500MVA、输电线路1625km；农村一户一表率达88.85%，同比提高2.39个百分点。

12月14日，位于赤水市官渡镇渔湾村水坝源组的省内最后一户无电户通电。至此，贵州省实现户户通电。这是贵州继1998年实现乡乡通电、2007年实现行政村村村通电后，农村电力发展的又一里程碑。2009年公司投入专项资金3.8亿元，平均到每户的资金近两万元。

在电网建设任务异常繁重、电网安全运行风险高、电力电量供应复杂多变的情况下，公司强化电网风险管理，发布并落实电网十大风险控制措施，研究制定电网风险控制调度工作方案措施65项，加强对网内37个关键和重点输变电设备的特巡特护，落实遵义电厂、凯里电厂关停的各项措施，确保了安全生产形势平稳有序，圆满完成了迎峰度夏和国庆60周年保供电任务。

按照南方电网公司实事求是推进智能电网建设的要求，公司开展了贵州智能化电网建设战略规划、标准体系及技术路线的研究。积极推进集控中心、数字化变电站、模块化变电站、PASS、H-GIS、GIS变电站建设，开展6个方面在线监测技术的研究和应用，试点建设配网生产管理系统和配网自动化系统，加快通信基础设施的建设，为智能电网扎实推进夯实基础。全省第一座220kV GIS变电站赵斯变、省内首座110kV数字化变电站中华变均于年内建成，同时启动了110kV模块化变电站四方变的建设。

深入推进“绿色行动”，节能发电调度继续领先，100%的火电机组实现脱硫在线监测，89.7%的火电机组实现煤耗在线监测，平均脱硫效率95.8%；积极配合政府落实“上大压小”政策，对落后的高耗能企业执行差别电价政策；完成6家高耗能企业的无功补偿试点工作；积极推进10kV线路自动调压装置的推广应用；更换城市配网高损配电变压器2086台，两年共完成3033台，提前一年超额完成南方电网公司下达的计划。

全年共获得14项省部级以上科技奖励，获得专利6项，其中《节能发电调度研究及在贵州电网的实践》获南方电网科技进步一等奖，实现了公司成立以来省（部）级科技成果一等奖“零”的突破。2009年末，贵州省经济和信息化委员会表彰2009年贵州省优秀新产品新技术，公司共获得一、二、三等奖8项，成为全省本年度荣获优秀新技术奖最多的企业。

12月11日，在2009中国电力企业信息化发展高层论坛上，发布了2009年度中国电力信息化标杆企业的评选结果，公司被评为“中国电力信息化标杆企业”。2009年末，贵州电网已经完成8大类主营业务、17个专业管理信息系统建设开发及推广，系统应用覆盖了电网生产、营销、服务、财务等专业领域。

全年统调发电量完成1171.01亿kWh，同比增长20.12%；售电1077.8亿kWh，同比增长19.18%。年发售电量双双突破千亿kWh大关。

（蔡靖波）

海南电网公司

基本情况

2009年，海南公司实现与南方电网联网，售电量突破100亿kWh、固定资产原值超100亿元。截至2009年末，全省统调装机总容量391万kW，统调最高负荷189.1万kW。完成售电量103.13亿kWh，同比增长11.35%，资产总额达115.88亿元。海南电网已形成环岛220kV主网架，并通过178km

500kV 福港线（其中海底电缆 32km）与南方电网主网联网运行，结束海南孤网运行历史。西南部实现双环网运行，三亚形成“四线两变”城市供电主网架。公司建成投运 220kV 变电站 13 座、容量 318 万 kVA，220kV 线路总长 1627km，110kV 线路总长 2469.53km。35～110kV 电网已覆盖全省各市县及主要乡镇。公司供电客户 172.39 万户，乡镇、行政村和自然村的通电率均已达到 100%。公司在海南享有较高的企业知名度和社会美誉度。

海南公司本部设置 13 个职能部门，包括总经理工作部（党组办公室）、计划发展部、市场营销部（农电工作部）、人事部、财务部、生产技术部、安全监察部、工程建设部（质监站）、企业管理部、审计部、纪检监察部、思想政治工作部（直属党委、团委）、工会。设置直属机构 7 个，其中调度通信中心和审计中心按正处级编制设置，行政服务中心、招投标管理中心、技经管理中心、离退休管理中心、信息中心。

海南公司下辖 30 个二级单位，包括 18 个供电局和 2 个计划单列供电公司（洋浦供电公司、老城供电公司）；8 个全资子公司（电力设计研究院、电力线路器材厂、电力设备厂、送变电工程有限公司、电力通信自动化公司、电力物资公司、电力物业公司、电力置业公司），1 个分公司性质的通信资产运维公司（海南电网信息通信公司），1 个按分公司管理的技术学校（海南省电力学校），1 个调峰调频直属发电厂（清澜电厂）和 1 个试验研究单位（海南电力试验研究所）。

2009 年末，海南电网公司共有员工 11 096 人。其中，研究生及以上 78 人，大学本科 1352 人，大学专科 2335 人。公司员工中，有高级职称 206 人，中级职称 481 人，初级职称 1707 人；高级技师和技师 7 人；高级工 993 人，中级工 1175 人，初级工 211 人。全公司离退休人员 2658 人。

2009 年末，海南电网公司领导班子成员如下：

总经理、党组副书记：尹　炼

党组书记、副总经理：王静辉

党组成员、副总经理：庞　准

党组成员、副总经理：吴建宏

党组成员、纪检组长、工会主席：潘　超

党组成员、副总经理：杨　卓

党组成员、副总经理：李日亮

总会计师：莫锦和

电网规划与建设

2009 年，海南公司全面启动全省各市县电网“十二五”规划。积极配合网公司开展南方电网电力工业“十二五”规划，昌江核电、联网二期工程和海南抽水蓄能电站被列入规划，联网二期工程可研也正式启动。

2009 年，海南公司电网建设规模和速度前所未有。6 月 30 日，亚洲第一、世界第二的 500kV 海底联网工程顺利竣工投产，结束了海南长期以来孤网运行的历史，海南电网供电可靠性大大提高，南方电网成为真正意义上的“一张网”，同时，海南公司建设了第一座 500kV 变电站。公司 2009 年电网建设投资完成 19.46 亿元，是近年投资完成最高年份的 2 倍多。220kV 福官线建成，标志“目”字型主网架建设迈出关键性步伐。220kV 东茅线投产，东方电厂送出工程全面完成，实现西南部双环网运行；三亚新增主电源，形成“四线两变”城市供电主网架。2009 年开工建设 4 个 220kV 变电站，6 条 220kV 线路；实现中央预算内投资项目开工 100%，南网下达的重点城市电网建设目标完成 99.13%。海南首建智能光伏发电系统，解决白沙县最偏远无电村用电。

电网运行与安全生产

2009 年 1～5 月海南无新增机组投产，3 月中旬负荷便首次创历史新高，电力需求增长超出预期。公司积极完善一次能源调度管理及电力电量余缺调剂机制，克服气电因供气减少调峰能力下降的不利局面，及时调整发电计划，优化机组检修安排，协调保障电煤和天然气等一次能源的供给，优化水、气、煤电联合调度，实现了全网电力的正常供应。在全年负荷 12 次创新高、最高负荷 189.1 万 kW、同比增长 11.50%的情况下，海南公司没有实施错峰限电，为增供扩销打下了良好的基础。

面对海底联网带来的电网运行新变化，着力加强并网调度管理。制定了海南电网联网和孤网运行方式安排，为联网前后的调度运行安排提供了科学指导。根据孤网和联网的运行特点不同，分两次签署电厂并网调度协议。自联网工程投运以来，海南联网工程以及配套安全稳定控制措施，经受了东方电厂 35 万 kW 机组甩负荷试验以及多次台风期间运行方式的初步考验。海南电网在联网、孤网运行方式下均运行平稳。

2009 年，海南公司电网安全稳定，全面完成网公司下达的安全生产技术指标，近 5 年来安全考核首次名列南网五省区前列。公司深入开展安全生产年活动，狠抓安全基础管理和设备整治。积极应对联网后电网“双系统”特性，超前分析电网运行“九大风险”，落实 22 项重点任务，确保联网后系统安全稳定运行。编写供生产一线人员使用的《安全生产口诀》，出台《低压电气作业票、工作单管理规定》，修订《确保人身安全十条禁令》。完成儋州、万宁供电局安全生产风险管理体系试点并转入推广应用阶段。8家单位设立独立安监机构。开展安全生产治理行动，查处“三违”行为396例，处理设备缺陷25 821项，推行110kV及以上无人值班变电站“零缺陷”管理，电力设施盗窃破坏案件同比下降70.4%。

公司按照网公司生产管理规范化建设工作总体思路，紧紧围绕“完善、规范、巩固、提高”的总体要求，着力在体系化、规范化、指标化上下工夫，扎实推进生产管理规范化建设。梳理通用管理标准80个，确定24个生产核心业务流程，99份统计报表、100份业务表单。建立由12项管理指标、44项技术指标组成的安全生产指标体系和涵盖42 972条技术标准的技术标准体系。全面推广6类172项作业指导书。琼海、文昌、保亭等8家供电局建立无人值班站，海口、儋州供电局建立10条标准化线路，全省68个变电站完成标准化建设。

2009年，海南电网防雷防风防汛实现重大转变。公司投资2112万元加强防雷技术措施的落实，雷电检测范围扩大到35kV线路。开展“应急演练周”活动，清理树障66.69万株，实现安全运行。启动应急指挥平台建设。建立电网运行风险管理制度，首次发布安全风险通报，有效防御8个热带风暴袭击，防台风实现从传统突出完成任务向应急常态化管理转变、从抢修恢复电网向台风期间为客户提供有效电力供应转变。

市场营销

2009年初，海南公司将增供扩销工作作为首要任务，坚定目标，度电必争。出台《增供扩销实施方案》，从电网改造、停电管理、快报快装、客户停电管理、节能降耗、电力供应、市场开发和优惠电价等8个方面制定了详细的工作措施。出台《短期电力市场分析预测管理办法》，建立日跟踪、周预测、月分析和季报告的市场分析预测工作制度，成立了公司—供电局—供电所3级市场分析预测组织体系。增设增供扩销电量考核指标，实施月度考核，形成增供扩销常态管理机制。公司全年增供扩销电量5.53亿kWh，成效显著。

在保证售电量持续增长的同时，积极主动应对金融危机给电费回收带来的风险，加大电费回收力度。出台《公司电费回收风险防范标准》，建立高风险客户跟踪档案，建立客户欠费风险及供电局电费回收风险预警等管理机制，将电费回收风险防范贯穿到营销日常管理的每一个环节。成立电费结算中心和电费稽查大队，坚决堵塞跑冒滴漏，回收陈欠电费3160万元，追补电量115万kWh。

科技创新与节能降耗

2009年末，海南公司顺利通过网公司组织的信息化水平测评，实现了信息化C级水平的预期目标。成功研发了基于“动态共享池”技术的新型企业级电子邮件系统，实现了海量电子邮件存储和群发效率，获得国家颁布的“软件著作权证书”以及“发明专利”。成功组织开发了“海南电网统一用户平台”，实现了八大主要业务信息系统的对接和同步，在南网率先实现了统一用户管理，被南方电网公司认定为试点。《SVC在海南电网中的应用研究》等一批反映海南电网技术特点课题首次荣获网公司科技奖二等奖3个、三等奖5个，实现历史性突破。

积极推动节能减排工作。配合省节能监察办为宾馆酒店客户提供节能方案，协助儋州永航不锈钢有限公司做好节能减排设备改造，年节约电量5000万kWh。制定《海南电网线损四分管理标准》，出台《公司线损奖惩办法》，加强线损管理，海口、三亚供电局线损“四分”管理达网标，全年线损降低0.27个百分点。

开展节能发电调度。完成脱硫实时在线监测主站系统建设，实现按能耗安排机组发电。采取措施充分吸纳水电和风电，水电发电量19.43亿kWh，同比增长25.68%；风电发电量8438万kWh，同比增长407.05%。优化水库调度，充分提高水能利用率。全年水电优化调度增发水电量共6817万kWh，相当于节省标准煤2.15万t，减少二氧化硫排放量88t，减少二氧化碳排放量5.36万t。最大限度利用清洁气电，采取措施，减少煤耗高排放多的机组发电，平均发电用标准煤耗率从322g/kWh下降至315g/kWh，相当于节省标准煤4.22万t，减少二氧化硫排放量173t，减少二氧化碳排放量10.52万t，节能环保成效显著，为海南省节能减排和增强电网供电能力作出重要贡献。

经营管理

2009年，海南公司“三基”工作转入全面实施阶段。组织制定管理标准22个、本部岗位工作标准203个，这些标准与已有的4441个技术标准、137个管理标准和172项作业指导书，初步构建起由技术、管理、工作三大分体系组成的企业标准体系。指导基层单位梳理和优化机关、所站、班组的工作流程605个，为基层单位企业标准化奠定基础。组织开展加入南网以来规模最大的规章制度清理工作，共审核规章制度2285个，废止242个，增强制度的时效性和适用性。首次评选三基“十佳”典型管理案例、标杆所站（班组）和工作能手，以点带面，发挥典型辐射效应，业务管理专业化、工作流程规范化、企业管理标准化、营销服务精细化、管理手段信息化水平进一步提升。

公司基本完成“建设具有鲜明海岛特色的现代化电网”战略研究框架，为公司今后发展提供战略保障。首次发布公司社会责任报告，探索建立适合公司发展要求的社会责任管理体系和评价指标体系。加强绩效管理研究，调整目标考核分值，初步实现绩效考核和目标考核“双控制”。稳步推进“创先”工作，海口供电局以流程再造为着力点，填补220kV变电站标杆管理和城区供电所标杆管理领域空白；三亚供电局星级班组创建取得实在效果。扎实开展“达标”工作，累计11家县局获“南网基础管理达标企业”称号，网级达标率78%，居南网前列。

人力资源管理

着力提高领导班子和干部队伍的治企能力，制定《关于进一步深化“四好”领导班子建设的意见》，紧紧围绕公司发展中心任务，指导各基层单位全面深化“四好”班子创建活动，全面提升各级领导班子学习力、创造力、执行力、凝聚力和竞争力。加强对干部的调整和挂职交流，注重加强干部的培养使用，认真选派4人到政府部门挂职锻炼，各级班子的年龄、学历以及职称结构逐步得到优化。通过改革测评工具和方式，借助网络系统对不同的测评、推荐对象划分不同的参与人群和权重系数，实现了多角度了解不同群体对干部的评价，为干部队伍建设提供更为准确的依据，在配好干部和用好干部上取得初步成效。从严要求干部，强化考核，对违反组织纪律和在抗击“凯萨娜”台风期间未坚守岗位、工作严重失职的领导干部给予处分。

以文昌、屯昌供电局为试点推进规范劳动用工、构建岗位体系和优化薪酬分配机制工作，推动建立以劳动合同制为主、非全日制用工和劳务派遣制用工为辅的用工形式及稳定和谐的劳动用工关系。出台供电局绩效考核办法，搭建财务、营销、生产、安全四个维度评价的绩效管理体系。理顺组织机构和扩大选人用人视野。完善公司系统基建、财务、质监和物资管理部门的机构设置和人员配备。完成调度通信及信息管理体制的改革调整，成立海南电网信息通信分公司，实现管理与运维职能的分级管理。系统内公开招聘副处级干部，公司本部一般管理人员全部竞聘上岗。加大人才引进力度，逐步缓解基层单位结构性缺员问题。面向全国公开选聘设计院总工，优化人才结构。

教育培训更加注重系统性、体系化和规范化。组织编制了《公司教育培训基地规划》，编写《一线员工培训科目指导书》，开通教育培训管理信息系统，为员工个性化培训搭建了平台。不断创新培训模式，以班组课堂工程为载体，选择海口、琼海、屯昌供电局作为试点，通过“师带徒”、“精兵计划”、“五个一”练飞计划等多种活动方式开展一线员工培训，极大地提高了培训的针对性和实效性，一线员工技能水平得到有效提升。全面完成21个工种“应知应会”能力评价和年度鉴定任务，一线员工技能等级结构进一步优化。全员培训力度明显加大，全年共举办培训班649期，培训24 634人·次，全员培训覆盖率达96%，公司系统党政一把手培训率达100%。

党建和精神文明建设

2009年3月，开展深入学习实践科学发展观活动，紧扣“抓‘三基’提高供电可靠率、强电网科学发展上水平”的活动主题，坚持群众路线，找准突出问题，明确发展思路，完善体制机制，公司发展理念、思路、工作措施得到深刻变革。承诺年底完成的122项整改项目全部兑现，干部职工满意度100%。深化党建先锋工程，树立党员示范岗，制作《科学发展我示范》宣传片，开展“科学发展我讲传、我示范、我先行、我帮带”活动，党的先进性建设实现常态化。制定《公司2009～2013年党员培训工作规划》，明确了培训目标与任务。开展弘扬延安精神训后延伸“三个一”活动，主讲党课和讲座28场，参会人数1500人。构建网络化、一体化党建管理信息平台。公司直属党委、文昌供电局党委被评为省国资系统先进基层党组织。

2009年，通过强化职代会民主管理，积极拓宽职代会民主决策渠道。审议通过公司《依法治企十条禁令》和《确保人身安全十条禁令（修订案）》。关注民生，出台《公司2009年为职工办实事方案》、《企业补充医疗保险实施办法》，对一线员工实施交通通信补助，为带电作业和高空作业岗位员工购买保险，千方百计帮助职工解决住房难题。创新职工健身节活动形式，首次建立公司职工竞技历史记录。开展庆祝国庆60周年文艺汇演等系列活动，舞蹈《远征》获国家级大赛群文组铜奖第一名，音诗画《战达维》获省优秀节目奖，公司篮球队获省篮球锦标赛冠军。

以多种形式宣贯南网方略，深化安全、服务、廉洁等子文化建设，在海口、文昌、东方供电局开展员工辅导计划试点。儋州供电局《调声唱廉洁　五进创品牌》获中电联2009年度全国电力行业企业文化优秀成果特等奖。强化爱国主义教育，精心编制国庆60周年活动方案，举行国庆升国旗、升司旗仪式和文艺汇演。按照“状态好、作风实、效率高、业务精、风气正”的要求，以作风建设和能力建设为主线，开展建设“学习型、服务型、和谐型、效能型”本部主题活动，公司本部工作效率和服务水平得到了提高，在基层单位中起到了较好的表率和示范作用。继续深化党建带动工会和共青团建设工作，评选公司第二届“十大杰出青年”。公司95598呼叫中心荣获全国青年文明号，三亚供电局城区营业所前台班荣获全国巾帼文明岗，保亭供电局变电运行所荣获海南省三八红旗集体称号。公司系统现有各级五四红旗团委（团总支）6个、国家级青年文明号1个、省级青年文明号15个。

主要事件

3月22日，海南省人民政府与南方电网公司在海口签订了加快海南电网建设战略合作框架协议。省委副书记、省长罗保铭出席签字仪式，省委常委、常务副省长方晓宇和南方电网公司总经理赵建国代表双方讲话并在协议上签字。

6月2日、19日，文昌迈号和海口大英山220kV输变电工程相继开工建设，标志着海南电网公司贯彻落实中央拉动内需电网投资建设迈出实质性步伐。

6月17日，海南电网公司召开2008年社会责任报告发布会。这是海南电网公司首次发布社会责任报告，也是海南首家公开发布社会责任报告的企业。

6月30日，亚洲第一、世界第二的超高压、长距离、较大容量跨海电力联网工程——500kV海南联网工程正式投运，海南“电力孤岛”的历史由此结束。省委书记、省人大常委会主任卫留成，国家电监委副主席王野平，中电联常务副理事长谢振华出席投产仪式，省委副书记、省长罗保铭，南方电网董事长袁懋振在仪式上致辞。

9月8日，南网同意公司所属18家供电公司名称按照“海南电网公司＋市县级行政区划＋供电局”规划进行变更登记。

10月31日，首届海南电力电工及电气自动化展览会暨建省办经济特区电力建设成就展在海口隆重举行。2009年电力发展高层论坛暨新技术产品交流会也同期举行。海南省副省长符跃兰、国家电监会副主席史玉波，南方电网公司副总经理肖鹏、中国电力企业联合会顾问叶荣泗、南方电监局副局长陈庆前、ABB中国有限公司副总裁司徒儿，公司领导尹炼、王静辉等出席展览会开幕式。

12月3日，海南省电力学校（培训中心）新校区工程在海南省文昌市潭牛镇正式破土动工。文昌市委书记裴成敏、公司总经理尹炼、党组书记王静辉、海南省教育厅副厅长孔令德、公司副总经理李日亮、文昌市副市长符永丰等出席开工仪式并为工程奠基剪彩。

（陈　玮）

其他地区

西藏电力有限公司

企业概况

2009年，西藏电力有限公司（简称西藏公司）仍与西藏自治区电力工业局（2009年4月撤销西藏自治区电力工业局）实行“一套机构、两块牌子”的管理模式。西藏公司统一规划、统一建设、统一管理地市电网及其主电网覆盖下的农村电网，经营相关的发输配电业务；按照国家统一规划，合理有序开发西藏水电资源，投资或参与投资建设相关电源项目，促进国家规划电源基地的开发和前期工作的开发；完成并组织实施西藏公司的发展规划和重大生产经营决策；受自治区政府委托，编制西藏自治区电力工业发展规划，开展电力建设项目前期工作和其他工作。

2009年，经营管理范围为中部（包括拉萨市、日喀则市、山南地区、那曲地区、林芝地区）、昌都、阿里狮泉河三个地市电网。11月19日，林芝电网与藏中电网联网工程提前竣工投运，形成西藏中部电网。

2009年，以加快推进与国家电网公司管理接轨为主线，以体制机制改革为重点，努力推进“两个转变”和“四化”工作，积极应对缺电矛盾，狠抓安全生产和维护稳定，强化企业经营管理，着力推进人财物集约化管理和信息化建设，各方面工作取得突出成绩。

组织架构、工作流程、管理方式与国家电网公司基本实现了接轨。规范了企业内设组织机构：撤销了24个会计主体，包括电网建设指挥部、帮扶办等10个临设机构和5个三级子公司；成立了电网建设管理公司、输变电分公司、巴河发电公司、直孔发电公司和物业分公司。完成本部各部门职能调整、内部机构设置和调度本部化工作。截至2009年12月30日，下辖基层单位21个，其中，分公司16个，子公司3个，代管事业单位2个。员工总人数4210人。本部共设置16个部门和1个行业工会。

电力概况

2009年末，西藏自治区地市电网总装机容量57.9万kW，较2008年增加3.375万kW。其中：水电44.08万kW，占总装机容量的70.1%；地热发电2.42万kW，占总装机容量的4.1%；火力发电11.29万kW，占总装机容量的19.4%；太阳能和其他新能源发电0.11万kW，占总装机容量的0.1%。

全区地市电网发电量17.70亿kWh，较2008年增加1.83亿kWh；全区用电人口已达到近210万人，占西藏总人口的73%以上；全区人均用电量704kWh；全区各县府所在地、乡（镇）政府所在地通电率达到100%，行政村通电率为60%。

西藏电网由西藏中部、昌都、阿里3个独立的地市级主电网构成，形成以延伸覆盖到32个县农牧区的西藏中部电网（覆盖拉萨、山南、日喀则、那曲和林芝）、昌都电网和阿里狮泉河电网“一大两小”的电网格局。主电网以外的县级及以下的小水电和太阳能光伏电站分别由自治区水利部门和自治区科委负责规划与建设，建成后移交当地县级电管机构管理，均是独立的一县一网。

西藏中部电网、林芝电网和昌都电网最高电压等级为110kV。其中，阿里电网最高电压等级为110kV。全区地市以上电网共有110kV变电站25座，较2008年增加4座，变电容量105.28万kVA，较2008年增加36.78万kVA，110kV输电线路总长2072.58km，较2008年增加234.46km；35kV变电站123座，较2008年增加39座，变电容量48.39万kVA，较2008年增加1.75万kVA，35kV线路总长3791.63km，较2008年增加625.88km。

2009年，西藏中部电网仍存在冬春季节缺电矛盾，最大电力需求为37万kW，电量需求11亿kWh，电网能够组织的最大发电能力仅为29万kW，可发电量8亿kWh，电力缺口达30%。

人力资源

截至2009年底，西藏公司在职职工人数4210人，藏族及其他少数民族2363人，占职工总数的56.13%，汉族1847人，占职工总数的43.87%。其中：管理人员1141人，技术人员411人，生产人员1855人，分别占职工总数的27.10%、9.76%和44.06%。具有专业技术资格1121人（高级39人，中级226人，初级856人），占职工总数的26.63%，具有高级技能等级资格608人，中级技能登记资格261人，初级技能等级资格46人，分别占职工总数的14.44%、6.20%和1.09%，学历层次为：硕士研究生33人，占在职职工总数的0.78%，大学本科419人，占在职职工总数的9.95%；大、中专学历1777人，占在职职工总数的42.21%；高中及以下文化程度人员1981人，占在职职工总数的47.05%。全年新招聘员工149名。配合做好国家电网公司系统40名管理与专业技术人员进藏开展帮扶工作。

考核20家单位创建“四好”领导班子活动，进一步优化领导干部队伍结构。新组建领导班子8个、调整交流处级干部65人，提拔使用26人。加强后备干部的考察工作，调整充实了后备干部队伍。加大干部培训力度，举办了首届处级干部培训班，在国家电网公司高培中心对21人进行了为期1个月的培训。截至2009年12月31日，西藏公司党组管理的处级领导干部共177人。

按照构建“一个体系”、实施“四个统一”、深化“三个加强”的工作要求，不断加强人力资源集约化管理。加大人才引进力度，加强人员招聘和调动管理，完成了150人的招聘任务和岗前培训，新招聘学生的专业结构更加符合发展要求。坚持学以致用，专业知识和技能培训统筹兼顾的原则，完成培训项目422项，培训6630人·次。

规范劳动用工管理，完善劳动用工制度，全面梳理和规范各企业的劳动用工。认真开展主多分离工作，规范多经企业管理。建立了统一标准的营销体系，根据“一部三中心”要求，成立了西藏公司电能计量中心。完成了阿里电力公司体制上划工作，积极争取政策，推动水电勘测设计院和电力试验研究所的改制。对原来25家（到2009年底调整后仅有21家）单位企业负责人年度业绩考核指标完成情况进行了考核，对5家新成立单位年度工作情况进行了考核，并与年度绩效奖金挂钩兑现。编制印发了《西藏电力有限公司企业年度绩效考核管理办法（试行）》，对考核指标和方式进行了完善和改进。

严格工资管控，反复核查工资执行中存在的问题，彻底进行规范和整顿，先后出台多项管理制度，逐步完善管理制度体系。在国家电网公司的支持下，自2009年起建立企业年金制度，员工平均收入实现了较大幅度增长。

严格执行退休管理制度，切实落实离退休人员的政治待遇和生活待遇，截至2009年12月31日，共有离退休人员1619名，2009年退休员工131名。

电力建设与发展

加强跨区联网建设，加快骨干电源点的勘测、设计、论证和建设工作，扩大电网覆盖范围，完善供电网络设施，保障电网安全稳定和经济运行。2009年，完成了西藏能源中长期规划、西藏电力2008～2012年滚动规划报告，修编了西藏六地市城网“十一五”滚动规划和西藏电力发展“十二五”规划；尼洋河巴河口以下河段水电规划报告和象泉河水电规划报告通过审查；上报了拉萨220kV环网、拉萨至日喀则输变电工程可研报告，对雪卡水电站、老虎嘴水电站送出工程的可研估算投资进行了调整；积极开展阿里并网光伏电站可研工作。

同时，紧紧抓住国务院组织开展对西藏经济社会发展全面调研的难得机遇，完成了电力发展“十一五”规划项目调整，确定了“十二五”发展目标，特别是青藏直流联网和各级电网建设工程被确定为“十一五”末开工建设项目，为推动电网发展建设奠定了基础。

2009年，狠抓基建管理，理顺和规范了建设管理体制，明确责任分工，优化工作流程。以110kV经开区变电站为示范工程，着力推进基建标准化建设，安全文明施工水平有了很大提高，施工现场面貌有了较大改善。编制《2009年基建安全管理工作策划方案》，督促建设单位落实责任，细化措施。积极推动“三通一标”工作，开展110、35kV电网工程的通用设计，推广和采用新工艺、新设备、新材料。加强技经和定额管理。老虎嘴水电站工程建设按计划推进。倒排工期、调集力量、抢抓进度，提前完成林芝—拉萨联网工程，林芝电网工程和加查输变电工程建成投运，一定程度上缓解中部电网缺电矛盾。开工建设“拉动内需”项目和藏中四地市电网完善工程。

经营管理

积极开展增收节支，着力加强企业经营管理。以综合计划管理为龙头，强化预算管理，加大生产经营的组织协调。以营销、财务等核心业务为重点，做了大量卓有成效的工作，经营管理水平和风险防范能力有了明显提升。高度重视营销工作，着力推进营销标准化建设。狠抓电费回收，6个地区供电公司实现当年电费结零，取得了巨大成绩。全力推动电价调整工作，积极向政府汇报，加强与各地市沟通，2009年7月西藏中部电网电价调整。大力开展“三节约”活动，加强财务管理，及时筹集资金归还银行贷款。

充分发挥审计和效能监察作用，以经济责任审计、预算执行情况审计、内控制度审计和工程审计为重点，取得了突出成效，增强了规范经营管理意识，维护了企业利益。积极开展“五五”普法工作，加强法律纠纷管理。强化制度建设，出台了《合同管理办法》，规范合同与授权管理，有效防范了经营风险。严格工资管控，反复核查工资执行中存在的问题，解决了多年以来工资管理不规范和历史遗留问题。加强制度建设，各部门、各专业新编和修订规章与标准54项，进一步健全了制度体系。

加强财务集约化管理，成立了西藏公司预算管理委员会，建立了全面预算管理体系，规范了流程，强化了管控。加大资金集中管理和统一运作力度，资金归集率达到95.23%。严格执行“收支两条线”管理，开展了银行账户和资金的清理工作，银行账户从97个减少到38个，提高了资金集约化管理水平和使用效率。清理规范多经企业和基层单位对外投资，全面开展资产清查工作，规范处置不良资产。与银行签订战略合作协议，为财务集约化管理提供了保障。

推进物资管理体系建设，成立物资部和物流服务中心。开展库存物资和仓库情况普查工作。规范招投标管理，强化招标计划，组织集中规模招标13次。

协同办公系统不断深化应用，极大提高了办事效率。营销和财务的信息化应用实现了业务管理手段的重大跨越，进一步规范了管理，提高了工作质量和效率。

安全生产

2009年，西藏公司安全生产形势明显好转，全年未发生人身死亡、重大及以上电网、设备事故和交通、火灾事故，一般事故和障碍同比下降24%和29%，110kV输电线路故障跳闸率同比下降57%。西藏公司党组高度重视安全生产工作，2009年初以公司1号文件印发了《西藏电力有限公司关于加强安全生产工作的决定》。全面落实各级安全生产责任制，加强安全生产的组织与协调，强化安全生产的日汇报、周协调、月分析制度，及时协调解决安全生产存在的问题。加大安全生产投入，重点整治了110kV线路跳闸率高等突出问题和安全隐患，取得了明显成效。加强电网安全稳定分析，科学合理安排运行方式，狠抓继电保护和安全稳定控制装置管理。提前分析研究林芝与拉萨联网后电网结构发生的变化，落实有关措施，确保了电网安全稳定运行。狠抓反违章管理，认真开展“违章集中整治年”活动。深入开展隐患排查治理和“三查一整改”工作，完成了查龙电厂大坝病害整治。加强应急管理，建成了应急指挥中心，定期组织开展应急演练与培训，提高了应对突发事故的能力。

编制有关规程的实施细则或管理办法，完成一系列新版规程的宣贯工作。

西藏公司党组以高度的政治责任感，坚持“四个服务”宗旨，切实加强组织领导，采取有力措施，努力缓解电力供需矛盾。积极主动向国家电网公司和自治区汇报工作，精心组织电力生产与供应，加强设备管理，努力多发多供，确保电网安全稳定运行。抢抓林芝—拉萨联网工程建设，不惜成本增发火电，抢建拉萨过渡电源送出工程，积极配合拉萨过渡电源工程建设，提前开展生产准备工作，最大限度缓解缺电矛盾。为阿里购置 4 台 500kW 柴油发电机组，有效缓解了阿里地区严重的缺电矛盾。

营销工作

全年累计完成售电量 14.72 亿 kWh，增长 10.79%；综合线损率 12.85%，较 2008 年降低 0.43 个百分点。当年电费回收率 98.75%，同比下降 0.62 个百分点，陈欠电费下降率 64.94%。

强化营销职能建设，构建统一的营销组织体系，完成了拉萨等地供电单位“一部三中心”营销组织体系建设，组织编制完成了符合国家电网公司营销标准化设计的《西藏电力公司营销岗位标准》、《西藏电力公司营销管理标准》，完成了营销业务应用系统的试点上线和推广应用。8 月 1 日拉萨电业局试点上线运行，8 月 29 日其他 6 地市顺利完成系统切割上线，为营销管理业务标准、规范化建立提供了保障，实现了统一营销业务管理、统一营销数据管理、统一营销分析考核。

成立西藏电能计量中心。加强内部管理，强化电费回收管理的责任落实和过程控制，落实主要客户电费缴费责任的工作，建立电费回收保障机制。规范营业抄、核、收业务管理，积极做好抄核收风险防范工作，对客户缴费信用开展评估，促进电费回收。积极做好银电联网的协调，拓展收费方式，增加缴费渠道。加强供用电合同的签订和管理工作，利用法律手段，防范电费风险。

认真落实需求侧管理措施，缓解冬春季节电力供需矛盾。完善《藏中电网超供电能力拉闸限电序位表》，按计划对水泥、矿产等工业企业实施了限电停产，积极配合自治区政府组织召开全区节能节电电视电话会议，加强宣传与服务工作，争取社会各界的广泛理解与支持。

农电工作

2007 年 7 月 25 日，西藏自治区人民政府与国家电网公司签订了《关于共同推进西藏自治区农村“户户通电”工程建设会谈纪要》，明确了国家电网西藏电力有限公司地市电网农村“户户通电”目标：到 2010 年，通过采用电网合理延伸方式，努力解决好与国家电网西藏电力有限公司有供电和资产关系的 32 个县、市（区）的无电户通电问题。工程建设投资来源为国家定额补助 80%，国家电网公司配套承担 20%。

西藏地市电网农村“户户通电”工程 2008 年 4 月 18 日开工，截至 2009 年 12 月，国家电网西藏电力有限公司 32 县“户户通电”工程已全部开工建设，解决和改善了 2.17 万户 10.08 万人的用电问题。西藏自治区 7 地区（市）中通过主电网供电的有 32 个县（市）、220 个乡、1813 个村，网内用电人口 134.53 万人。

科技与信息化

2009 年，西藏公司着力推进信息化 SG186 工程建设，建成项目 29 个。完成了一体化平台建设项目 25 个，业务应用系统建设项目 16 个，保障体系项目 5 个，其他项目 2 个，一批重要业务应用系统上线运行，协同办公系统不断深化应用，营销和财务的信息化应用实现了业务管理手段的重大跨越。开展了安全防护、标准规范、运维体系建设等工作，建立了信息运维双周报机制，及时反映信息化运维、应用和建设情况。完成三期专业培训计划和信息化普及培训计划，2009 年 2 月 20 日，西藏高海拔试验基地建设作为国家电网公司重点科技创新任务，顺利通过国家电网公司组织的整体验收，圆满完成了土建工程等建设任务，积极配合中国电力科学研究院，开展了有关高海拔输变电课题研究。

2009 年，安排科技项目 6 项，开展了电力系统参数测试及建模、西藏中部电网安全稳定运行研究、西藏电网雷电定位监测系统二期建设、西藏高海拔地区电气设备绝缘运行状况分析与研究、西藏高海拔地区合成绝缘子运行特性分析与研究、藏中电网覆盖区域污秽等级研究。

优质服务

按照国家电网公司的要求，认真组织开展“迎祖国 60 华诞，展供电服务风采”主题活动，邀请了党政机关、行风监督员等各行业客户代表，参观了电力建设、生产调度及服务窗口，亲身感受西藏电力的发展，感受电力发展对西藏社会经济发展的贡献，活动得到了电力客户的一致认可。

认真组织，周密部署，圆满完成自治区特殊敏感时期和国庆60周年、西藏民主改革50周年等重大节日、重要活动、重点场所、重要客户的保电任务，全年累计完成保电工作245次，得到了自治区党委、政府的充分肯定。对今冬明春实施有序用电列入限电序位表中的重要客户进行统计梳理，对重要客户的供电保障工作进行了安排与协调。组织对各供电单位的“两率”（服务承诺兑现率、服务满意率）开展情况进行检查考评，并将考评情况及存在的问题在系统内进行通报，有力促进了各供电单位加强与改进优质服务工作，树立“国家电网”品牌形象。

针对冬春季节电力供需矛盾，提早研究制订了《西藏中部电网今冬明春有序用电方案》，主动向自治区政府和相关部门汇报，积极做好落实需求侧管理各项措施的准备工作。配合自治区节能办，广泛开展各项节能活动，通过走访客户、召开座谈会等形式，充分利用报刊、电视、广播等新闻媒体加大电力供应形势的宣传力度，倡导节约用电，增强全社会的节能意识，积极争取广大电力客户的理解、支持和配合，动员广大客户与供电企业共同努力，共同维护电网供电秩序。今冬明春供电企业还将加强电力供应秩序整顿工作，加大各类违章用电和窃电行为查处打击力度，维护正常的用电秩序。

帮扶（援藏）工作

2009年，国家电网公司认真贯彻落实中央第四次西藏工作座谈会精神，对人才、资金、技术帮扶力度不断加大。6月，从国家电网系统选派了40名年轻优秀的帮扶干部赴藏，在本部及基层单位从事具体工作，充分发挥了“传、帮、带”作用。组织了1批10名干部到内地进行为期半年的实践锻炼培训，其中包括所属单位班子成员2人和8名青年专业技术和管理骨干。组织了149名新进员工在江苏省进行岗前培训，有力缓解了人才紧缺的矛盾。国家电网公司积极组织各业务部门开展“结对子、一帮一”等方式的帮扶，相继组织帮扶工作组进藏开展专项帮扶工作。

国家电网公司对西藏公司信息化建设给予了大力支持，2009年，湖北省电力公司、福建省电力有限公司、江苏省电力公司、西北电网有限公司，中国电力科学研究院、国网电力科学研究院、国网信息通信有限公司、四川省电力公司8家单位在国网信息通信有限公司的牵头组织下，积极参与信息网络扩建规划、局域网改造、广域网改造、内外网隔离、信息机房改扩建规划、营销系统建设等多方面工作，帮扶实施项目总计57项，业务需求调研任务共计64项，撰写实施方案共计57套，业务系统开发培训、操作培训、实施培训等多项培训共计完成92次，培训人次达到1325人·次，全年先后到藏工作的帮扶专家达到120人·次，全面实现了2009年帮扶工作的预期目标。

党的建设和精神文明建设

加强党组织建设，开展基层党组织建设调研工作，新发展党员37名，截至2009年12月31日，西藏公司系统共有中共党员1381名，占职工比例的32.8%。理顺和完善了各级党组织、纪检和工会组织。贯彻落实国家电网公司“三严一常”根本措施，高度重视加强党风廉政建设，完善规章制度。充分发挥职工代表大会作用，开展总经理联络员巡视检查，认真答复一届四次职工代表大会代表提案。举办了劳动技能竞赛活动和职工运动会。电建总公司应急抢险队、阿里公司发电运行部分别获“全国五一劳动奖状”和“全国工人先锋号”荣誉称号。另有22个单位（集体）、28人分别荣获国家电网公司、自治区有关奖励及荣誉称号。积极履行社会责任，继续做好浪卡子县打隆镇扶贫工作，重点实施了农牧民安居工程、农业综合设施建设等项目，得到了自治区的充分肯定，赢得了当地农牧民群众的好评，树立了良好的“国家电网”形象。

认真排查和疏导各类不稳定因素，及时掌握并解决职工关心的热点、难点问题，解决和改善职工生产生活条件。积极开展“扶贫帮困送温暖”和“三大节日”、新中国成立60周年慰问活动。强化社会治安综合治理，认真开展“平安企业”创建活动，完善生产生活场所的监控设施。

（党亚利）

（香港）中电控股有限公司

企业概况

中电控股有限公司（简称中电）主要业务为发电及供电，投资国内以及亚洲其他地区电力项目及物业发展，中电一直贯彻以香港电力业务为核心的方针。2009年的总盈利为8196百万港元。

（1）香港。

●自1903年起供应电力。

●拥有及营运电力供应业务，包括：

——发电：6908MW❶；

❶ 包括由青山发电有限公司拥有、中华电力有限公司营运的100%发电容量。

——能源输送：输电及高压供电线路总长度超过13 000km；

——客户服务：2.3百万名客户（占香港人口逾80%）。

●受香港政府按管制计划协议监管。

（2）澳洲。

●自1999年起从事电力项目的发展、投资、管理、零售和营运工作。

●在澳洲（除西澳洲及北部领地外）经营能源业务。

●以TRUenergy身份，营运纵向式综合能源业务，包括：

——发电：全资拥有两座合共2080MW的大型热电厂和燃气电厂，以及一份966MW发电容量的长期对冲合约；

——1.28百万名燃气及电力客户；

——燃气储存及处理；

——购入及投资可再生能源。

（3）中国内地。

●自1985年起从事电力项目的发展、管理和营运工作。

●为中国内地电力行业中最大的投资外商，所占发电资产净权益达5578MW。

●在广东、北京、河北、天津、山东、陕西、辽宁、内蒙古、广西、贵州、四川、吉林及云南的不同种类发电资产中拥有权益，涵盖核能、抽水蓄能、燃煤、水力、风力及生物质能发电。

（4）印度。

●自2001年起从事电力项目的发展、管理和营运工作。

●为印度电力市场最大的投资外商之一，在当地的电力项目拥有2420MW的净权益。

●为印度最大的私营风电项目投资者，拥有446MW的风电项目。

●正在哈里亚纳邦哈格尔兴建一座1320MW的超临界技术燃煤电厂。

（5）东南亚及中国台湾。

●自1994年起从事电力项目的发展、投资、管理和营运工作。

●透过OneEnergy（与三菱商事株式会社共组的合营公司）和中电附属公司在中国台湾、泰国、菲律宾等拥有共832MW的发电资产净权益。

●正在越南与伙伴合作参与发展燃煤项目。

领导班子

首席执行官：包立贤

集团执行董事：谢伯荣

集团执行董事（策略）：林英伟

集团总监（新能源项目发展）：岳启尧

集团总监（企业财务及拓展）：罗柏信

常务董事（东南亚）：卓马克

集团总监（常务董事·香港）：蓝凌志

中华电力有限公司副主席：阮苏少湄

集团总监（常务董事·澳洲）：麦礼志

常务董事（印度）：苗瑞荣

中国区总裁：柯愈明

集团总监（营运）：李道悟

集团总监及财务总裁：高　桥

2009年，中电着眼于实现以下四大目标：①以可靠、具成本效益和对环境负责任的态度，满足香港市民的电力需求；②进行必要的资本性投资，以维持香港电力基建的质素；③以最好及最有效率的方式运用资源；④落实中央人民政府与香港特区政府就香港继续获得核电及天然气供应而签署的谅解备忘录。

2009年的本地售电量增长1.7%，而2008年仅增长0.3%。主要由于年内天气较为炎热，令空调需求增加，加上经济平稳复苏，本地售电量得以增长，其中住宅客户的增幅尤其显著。制造业的售电量持续下跌，现时只占中电本地总售电量6.3%，而1976年则大约为45%，明显反映本港经济过去数十年间从制造业转型至服务业主导模式的速度与幅度。2009年售电量见表1。

表1　2009年售电情况

类别	2009年		售电量较2008年增加/(减少)(%)	2005～2009每年平均售电量变动(%)	2009表现的背景资料
	客户数目(千计)	售电量(百万度)			
住宅	2016	8331	5.6	3.1	较2008年夏天天气为热，秋天天气则较凉
商业	184	12 488	1.4	2.4	夏天天气较热，客户对经济复苏的看法正面
基建及公共服务	96	7813	2.0	0.6	公共设施启用
制造业	25	1938	(12.0)	(7.3)	售电量持续减少，特别是纺织业
本地总售电量	2321	30 570	1.7	1.3	
外销电力	—	3731	5.0	3.9	广东省的电力需求显著增长
总售电量	2321	34 301	2.0	1.6	

中电售予中国内地的电量较2008年上升5%，主要是下半年内广东省的经济复苏，大幅带动电力需求所致。整体而言，计入售予广东省的电量，中电于2009年度的总售电量较2008年增加2.0%，而2008年度则为下跌1.1%。

表2列出中电于内地的发电厂普遍达至理想水平的使用率和可用率。

表2 2009年电厂运行情况

电厂	额定值(MW)	发电量(百万度)		使用率(%)		可用率(%)		运行时数	
		2009	2008	2009	2008	2009	2008	2009	2008
大亚湾	1968	15 662	15 430	95	93	96	93	8428	8221
广州蓄能水电厂(1期)	1200	1331	1589	13*	15*	92	88	2931*	3248*
石横1期及2期	1260	6641	6609	63	63	88	95	5534	5,508
菏泽2期	600	3326	3311	63	63	90	88	5544	5518
聊城	1200	6667	6764	63	64	91	93	5556	5637
一热	400	2326	2417	67	69	96	96	5816	6042
三河1期及2期	1300	6920	6502	61	57	93	95	5323	5002
盘山	1030**	6054	6043	69	69	84	96	6054	6043
绥中1期	1600	9408	8317	67	59	83	75	5880	5198
准格尔2期及3期	1320	5919	6522	51	56	93	93	4484	4941
神木	220***	1425	1413	76	80	92	91	6627	7065
安顺2期	660	3250	3075	61	59	84	95	5417	5125
怀集	125	284	347	26	36	87	91	2267	3185
防城港	1260	5227	4055	47	38	91	82	4149	3380
大理漾洱****	50	71	不适用	46	不适用	98	不适用	1421	不适用

* 发电及抽水模式。

** 盘山电厂2号机组已于2009年12月完成发电容量升级工程，名牌额定值因此由500MW增至530MW。

*** 神木电厂于2009年完成升级工程，总装机容量由200MW增至220MW。

**** 于2009年9月投产。

投资项目（截至2009年12月31日）

（1）中国内地投资项目总容量/所占容量（MW）。

1）广东核电合营有限公司（核电合营公司）1968/492MW，核电合营公司兴建和营运广东大亚湾核电站，共有两台各984MW的压水式反应堆，相关设备由法国及英国进口，所生产的70%电力供应香港，其余30%则售予广东省。

2）神华国华国际电力股份有限公司（神华国华）7650/1333MW❶，神华国华拥有以下5间燃煤电厂的权益：①北京一热电厂（400MW）的100%权益；②天津盘山电厂（1030MW）的65%权益；③河北省三河1期及2期电厂（共1300MW）的55%权益；④辽宁省正在施工的绥中1期及2期电厂（共3600MW）的50%权益，绥中2期预计于2010年第2季投入商业运作；⑤内蒙古自治区准格尔2期及3期电厂（共1320MW）的65%权益。

3）中电国华神木发电有限公司（神木）220/108MW，神木项目拥有及营运陕西省神木电厂（220MW）。

4）贵州中电电力有限责任公司（贵州中电）660/420MW，贵州中电拥有位于贵州省的安顺2期电厂（600MW），为贵州省电网提供电力，并间接为广东省供电。

5）山东中华发电有限公司（山东中华）3060/900MW，山东中华在山东省拥有4间燃煤电厂，分别为石横1期及2期电厂（共1260MW）、聊城电厂（1200MW）和菏泽2期电厂（600MW）。

6）中电广西防城港电力有限公司（防城港）1260/882MW，防城港项目在广西防城港拥有及营运两台各630MW的超临界燃煤发电机组。

7）国华瑞丰（荣成）风力发电有限公司（荣成1期风电）49/24MW，荣成1期风电位于山东省，发电容量为48.8MW。项目已于2008年投产。

8）国华中电（荣成）风力发电有限公司（荣成2期及3期风电）99/49MW，荣成2期及3期风电（2×49.5MW）位于山东省。两个项目均预计于2011年第1季投产。

9）国华瑞丰（东营河口）风力发电有限公司（东营河口风电）49/24MW，东营河口风电位于山东省，发电容量为49.5MW。项目已于2009年9月投产。

10）国华瑞丰（利津）风力发电有限公司（利津

❶ 中电通过持有神华国华的30%股权而占1333MW的净权益，其中包括神华国华在多项发电资产（总容量7650MW）中所占的不同净权益。

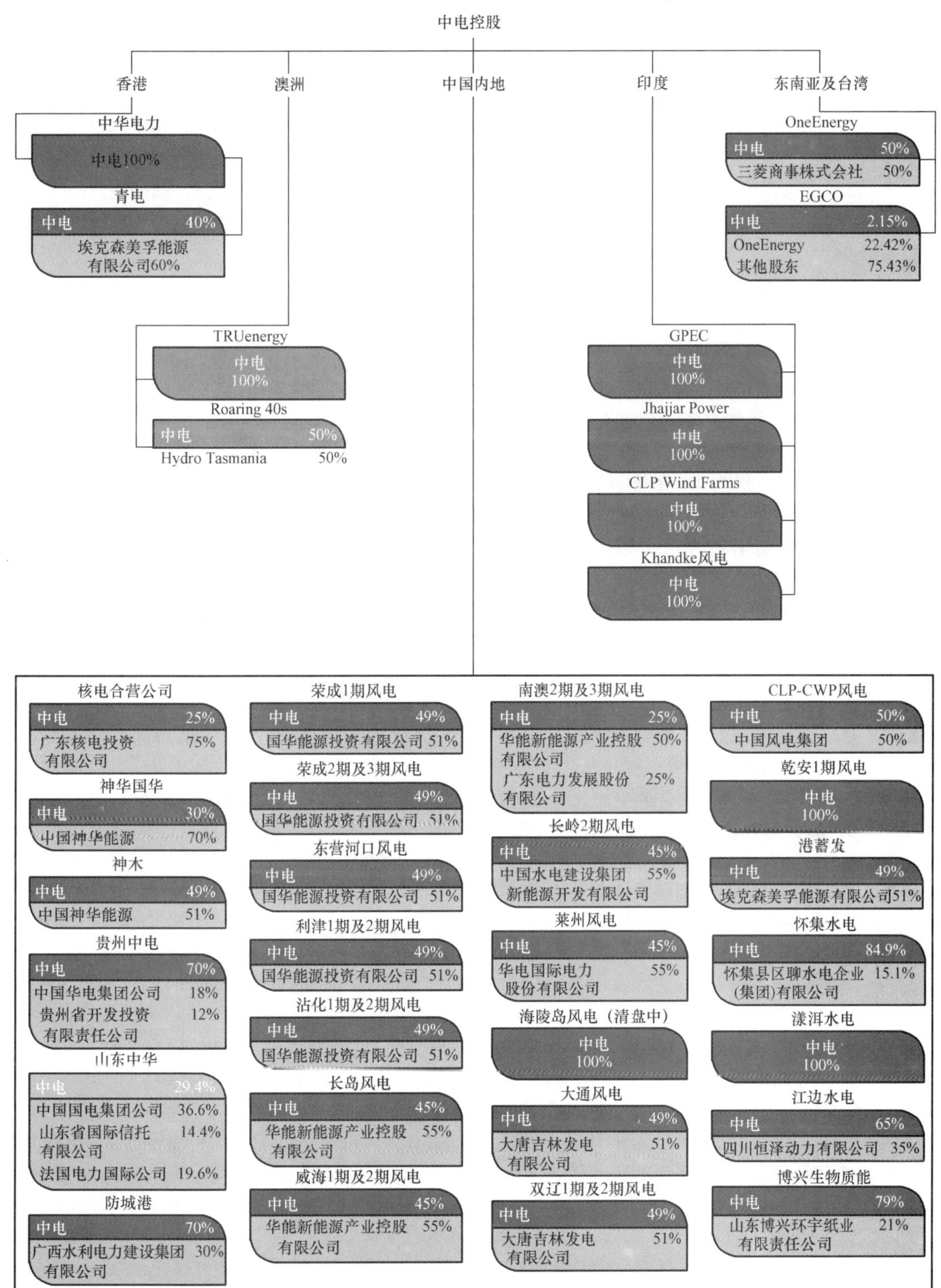

图 1　中电集团架构及伙伴关系图

1 期及 2 期风电）99/49MW，利津 1 期及 2 期风电（2×49.5MW）位于山东省。第 1 期已于 2009 年 12 月投产，第 2 期预计于 2011 年投产。

11）国华瑞丰（沾化）风力发电有限公司（沾化 1 期及 2 期风电）99/49MW，沾化 1 期及 2 期风电（2×49.5MW）位于山东省。第 1 期已于 2009 年 10

月投产，第2期预计于2011年投产。

12）华能中电长岛风力发电有限公司（长岛风电）27/12MW，长岛风场与山东省电网接连，为烟台市供应电力。项目已于2006年5月投产。

13）华能中电威海风力发电有限公司（威海1期及2期风电）69/31MW，威海风电位于山东省，第1期和第2期的发电容量分别为19.5MW和49.5MW。第1期于2007年3月投产，而第2期亦已于2008年12月投产。

14）华能汕头风力发电有限公司（南澳2期风电）45/11MW（南澳3期风电）15/4MW，南澳2期和3期风电项目位于广东省汕头市对开的南澳岛，为汕头市居民供应电力。南澳2期项目已于2007年投产，第3期项目预计于2010年第3季投产。

15）中水电中电风力发电有限公司（长岭2期风电）50/22MW，长岭2期风电位于吉林省松原市长岭县。项目已于2009年9月投产。

16）华电莱州风电有限公司（莱州风电）41/18MW，莱州风电位于山东省莱州市。项目已于2008年9月投产。

17）中电阳江海陵岛风力发电有限公司（海陵岛风电）22/22MW，位于广东省阳江市海陵岛。已同意向当地一名买家出售这项目，而有关交易预计于2010年第1季完成。现时项目公司正在清盘。

18）大唐吉林瑞丰发电有限公司（大通风电）50/24MW，大通风电位于吉林省，发电容量为49.5MW。项目已于2008年8月投产。

19）大唐吉林瑞丰新能源发电有限公司（双辽1期及2期风电）99/48MW，双辽1期及2期风电位于吉林省，第1期发电容量为49.3MW，而第2期为49.5MW。第1期于2007年4月投产，而第2期亦已于2009年5月投产。

20）CLP-CWP Wind Power Investment Limited（CLP-CWP风电）99/24MW❶，中电与中国风电集团各占50%股权的合伙项目，现时拥有：①辽宁省阜新市屈家沟风场（49.5MW）的49%权益。项目已于2009年12月投产；②辽宁省阜新市马鬃山风场（49.5MW）的49%权益。项目已于2010年1月开始运行。

21）乾安网新风电有限公司（乾安1期风电）50/50MW，乾安1期风电（49.5MW）位于吉林省。项目正在施工中，预计于2010年10月投产。

22）香港抽水蓄能发展有限公司（港蓄发）1200/600MW，港蓄发可使用广州蓄能水电厂第1期1200MW的50%抽水蓄能发电容量，有关使用权将于2034年届满。

23）怀集水力发电厂（怀集水电）125/106MW，包括在广东省怀集县和广宁县的12间小型水电厂。

24）大理漾洱水电有限公司（漾洱水电）50/50MW，漾洱水电位于云南省大理市漾濞县。项目已于2009年9月投产。

25）中电四川（江边）发电有限公司（江边水电）330/215MW，包括在四川省兴建、拥有及营运设有3台各110MW机组的水力发电厂，预期于2011年竣工。

26）中电环宇（山东）生物质能热电有限公司（博兴生物质能）相等于14/11MW，中电于山东省滨州市博兴县的生物质能热电项目拥有1×75t/h燃秆锅炉及6MW发电机。项目已于2008年12月投产。

（2）东南亚及中国台湾投资项目总容量/所占容量（MW）。

OneEnergy Limited（OneEnergy）8586/832MW❷，与日本三菱商事株式会社各占50%权益的合营企业，现时拥有：

（a）泰国Electricity Generating Public Company Limited（EGCO）的22.42%权益，中电并拥有2.15%EGCO的直接权益。EGCO拥有：①并营运在泰国的仁郎和KEGCO燃气联合循环发电厂（2056MW）；②在泰国已投产的BLCP燃煤发电厂（1434MW）的50%权益；③在泰国已投产的Kaeng Khoi 2期联合循环燃气涡轮发电厂（1510MW）的50%权益；④在寮国施工中的Nam Theun 2期水力发电项目（1087MW）的25%权益；⑤在菲律宾的Quezon Power燃煤发电厂（503MW）的26%权益；⑥在泰国及菲律宾多个小型电力项目（总发电容量为676MW）之中的322MW。

（b）和平电力股份有限公司（和平电力）的40%权益。和平电力在台湾拥有一间1320MW的燃煤电厂。电厂营运由另一家持股状况与和平电力相同，但由OneEnergy管理人员领导的合营企业负责。

（3）印度投资项目总容量/所占容量（MW）。

1）Gujarat Paguthan Energy Corporation Private Limited（GPEC）705/705MW，GPEC在古加拉特邦拥有及营运一间655MW的燃气联合循环发电厂，及50.4MW的Samana 1期风场项目。

❶ 中电通过持有CLP-CWP风电的50%股权而占24MW的净权益，其中包括CLP-CWP风电在多项发电资产（总容量99MW）中所占的不同净权益。

❷ 中电通过持有OneEnergy的50%股权及于EGCO的2.15%直接权益而占832MW的净权益，其中包括OneEnergy及中电在多项发电资产（总容量8586MW）中间接持有的不同净权益。

2）Jhajjar Power Limited（Jhajjar Power）1320/1320MW，Jhajjar Power现正于哈里亚纳邦哈格尔区兴建一项1320MW（2×660MW）超临界燃煤发电项目。首台机组预计于2011年12月投产，而第2台机组则于2012年5月投产。

3）CLP Wind Farms 345/345MW，拥有位于卡纳塔克邦的Samana 2期风场项目（50.4MW）及Saundatti风场项目（82.4MW），位于马哈拉施特拉邦的安得拉湖风场项目（113.6MW），以及位于泰米尔纳德邦的Theni风场项目（99MW）。

4）CLP Wind Farms（Khandke）Private Limited（Khandke风电）50/50MW，拥有位于马哈拉施特拉邦Khandke风场项目（50.4MW）的100%权益。

（4）澳洲投资项目总容量/所占容量（MW）。

1）TRUenergy 3046/3046MW，TRUenergy在维多利亚省、南澳省、新南威尔斯省、昆士兰省、塔斯曼尼亚省及澳洲首都领地经营发电、电力及燃气零售综合业务，其中包括：①位于维多利亚省的1480MW雅洛恩燃煤发电厂及褐煤矿场；②位于南澳省的180MWHallett燃气发电厂；③Ecogen长期对冲合约（TRUenergy可购入最多966MW燃气发电容量）；④位于新南威尔斯省的420MWTallawarra燃气发电厂；⑤位于维多利亚省的22kMMJ lona燃气储存设施；⑥1.28百万名电力及燃气商业及住宅客户；⑦Petratherm Paralana地热项目的30%权益；⑧Eastern Star Gas的4.51%股权；⑨在昆士兰省上游燃气租用地作出的直接投资。

2）Poaring 40s Renewable Energy Pty Ltd（Roaring 40s）317/142MW❶，Roaring 40s是中电与Hydro Tasmania各占50%股权的合伙项目，持有：①塔斯曼尼亚省Woolnorth Bluff Point风场（65MW），Studland Bay风场（75MW）和南澳省正在施工的Waterloo风场（111MW）的100%权益；②南澳省Cathedral Rocks风场（66MW）的50%权益。

（5）香港投资项目。

1）中华电力有限公司（中华电力）❷，中华电力拥有及营运输电及供电网络，其中包括：①555km的400kV电线、1488km的132kV电线，60km的33kV电线及11 444km的11kV电线；②57 700MVA变压器及运行中的214个总变电站和13 074个副变电站。

2）青山发电有限公司（青电）装机发电容量为6908MW，青电拥有而中华电力负责营运：

龙鼓滩发电厂（2500MW）：全球最大型燃气发电厂之一，设有8台联合循环发电机组，每台发电容量为312.5MW。

青山发电厂（4108MW）：①装有4台各350MW及4台各677MW的燃煤发电机组；②其中两台发电容量各677MW的机组，可以采用天然气作为后备燃料。所有机组均可采用燃油作为后备燃料。

竹篙湾发电厂（300MW）：装有3台各100MW的柴油燃气涡轮发电机组。

---

❶ 中电通过持有Roaring 40s的50%股权而占142MW的净权益，其中包括Roaring 40s在多项发电资产（总容量317MW）中所占的不同净权益。

❷ 中华电力向青电、港蓄发和广东大亚湾核电站购电。综合上述发电设施，香港电力业务可享用的总装机容量为8888MW。

科研、教育与新闻出版

中国电力科学研究院

单位概况

中国电力科学研究院（简称中国电科院）成立于1951年，是国家电网公司直属科研单位，是中国电力行业多学科、综合性的科研机构。中国电科院主要开展智能电网、大电网规划与运行、超/特高压输变电、输变电设备、电力电子、电力自动化、供用电、信息通信、电能计量、输变电工程力学和施工技术以及新能源（风电）、电工与新材料技术的研究开发。建有主要实验室39个，其中，电网安全与节能国家重点实验室、电力系统仿真国家工程实验室和特高压工程技术国家工程实验室（北京）、输配电及节电技术国家工程研究中心、国家能源大型风电并网系统研发（实验）中心为国家级实验室。

2009年，中国电科院大力落实国家电网公司学科专业整合工作部署，在充分调研的基础上制订了学科专业整合实施方案，在确保平稳过渡、队伍稳定、各项工作顺利开展的前提下，按照“面向需求、同源合并，合理分工、加强协同，有机衔接、相互合作，专业先行、团队跟进”的原则，将原有23个专业机构整合为12个新的研究所，实现了研究所和产业公司的完全分离。配合学科专业整合工作，成立“三基地三中心”运行管理机构等支撑保障部门，进一步加强对“三基地三中心”的管理和保障，充分发挥“三基地三中心”的重大作用。

整合后，中国电科院研究拥有专业研究所12个（电工与新材料研究所和超导技术研究所合署），产业公司17家，支撑部门13个，形成了以北京清河院区为中心，覆盖良乡、华亨院区及北京昌平、丰台、河北、江苏、重庆、西藏等试验研究基地和产业基地的区域布局，占地近3000亩、建筑面积50万m^2，综合实力明显增强，业务范围涵盖了电力科学及其相关领域的各个方面，已成为一个跨地区的综合性科研机构和高科技企业集团。

人力资源

2009年，中国电科院接收153名硕士、博士毕业生；研究生部招收20名硕士研究生、12名博士研究生，进站博士后3人，目前在读硕士研究生62人、博士研究生64人，在站博士后8人。截至2009年12月底，全院共有员工6257人，离退休人员694人，其中正高级职称95人、副高级职称372人、中级职称743人，平均年龄34.4岁；拥有中国科学院院士1人，中国工程院院士3人，国家级有突出贡献中青年专家13人，“百千万人才工程”国家级人选5人，享受国务院政府特殊津贴专家133人，中央直接联系专家9人，国家电网公司优秀专家24人，形成了一支以院士为代表，专业理论扎实、实践经验丰富的高层次专家队伍。

2009年，中国电科院加大员工培训力度。加强外部合作，与国网高培中心签订战略合作协议。搭建远程教育平台，首期配置255门管理课程，丰富员工网络培训资源。全年开展教育培训192项、428班·次，共计7431人·次，全员培训率达95.06%。

经营管理

2009年，中国电科院干部员工深入学习实践科学发展观，团结一心，全力以赴，积极应对各种挑战，大力推进“一流四大”科技发展战略，全力服从服务于国家电网公司改革发展大局，奋力支撑坚强智能电网建设，加快建设运行“三基地三中心”，高质量完成重大科研攻关项目，积极推动产业加速发展，稳妥实施学科专业整合，全面加强“三个建设”，进一步推动人财物集约化管理，各方面工作均取得显著成绩。

在人力资源集约化管理方面，全面梳理修订人力资源管理制度，完善中层干部薪酬、干部管理等多项管理制度，聘请咨询公司开展以绩效与薪酬为核心的人力资源管理体系优化改革。积极推行市场化用工机制，缓解用工需求矛盾。规范劳务派遣人员劳动保护与薪酬保险福利管理。

在财务集约化管理方面，深化全院预算编制，做好指标执行跟踪，强化全面预算管理的刚性。梳理财务业务流程，梳理会计科目，做好新旧科目衔接，为管控模块的上线奠定基础。强化资金收支计划管理，建立资金预警机制。

在物资集约化管理方面，招标管理工作进一步规范，完成年度招标计划，累计完成院为主体的招标项目50项。完成研究所和产业公司招标采购项目的管理备案300项。

大力加强综合管理。对全院经营规模、股权投资、产业建设投资、小型基建、技术改造等进行了全面的调研和分析，编制完成年度产业投资项目专项报告。对全院经营性合同进行法律审查，经营合同法律顾问审查率达到100%；颁布实施安全生产系列制度23项，对8个在建的基建项目和科研生产活动进行了有效的安全监管，院“三标”管理体系顺利通过复评认证和扩项认证，质量管理体系新增4个单位、扩充4类产品；开展大型资产清查内部审计工作，对院属34家单位的资产状况、内控管理进行全面审计；

圆满完成 SG186 工程一体化信息集成平台、八大业务应用和六大保障体系建设任务，在直属单位中第一批通过国家电网公司验收；围绕院重点工作，及时向国家电网公司报送信息，总积分居直属单位第一名，一些重要信息被采编为《国家电网专报》，并向国家有关部委报送，为服务决策、交流经验、推动工作发挥了积极作用。

科研工作

（1）重大科研攻关项目进展顺利。在研纵向科技项目 359 项，完成 101 项；新签横向科技合同 1602 项，完成 1135 项。获批立项 973 计划、863 计划、科技支撑计划、国家自然科学基金项目等国家级项目课题共 18 个。国家 973 计划“提高大型互联电网运行可靠性的基础研究”项目顺利通过国家科技部验收，项目取得了一系列创新成果，为互联电网安全稳定运行奠定了坚实的理论基础。国家自然科学基金重大项目课题“电力系统动态安全分析的广域建模和仿真理论与方法”顺利结题。国家科技支撑计划重大项目“特高压输变电系统开发与示范”10 项交流课题顺利通过国家科技部验收。国家科技支撑项目“大电网安全关键技术研究”、“风电场接入电力系统关键技术研究”按计划进行。世界上试验能力最强的超/特高压直流换流阀成套型式试验装置全面建成投运。中国电科院研发的国家电网公司应急指挥平台在国家电网公司应急指挥中心首次整体联动的大规模演练中发挥了重要作用。1000kV 特高压交流同塔双回关键技术研究、钢管塔结构试验和加工、大截面导线及配套施工工器具研制等 25 个特高压项目通过国家电网公司验收，±1000kV 直流输电关键技术研究等 47 个项目取得阶段性成果，为国家电网公司特高压交直流输电工程规划、建设和运行提供了重要支撑。交直流电力系统多时间尺度全过程仿真建模研究项目通过中国电机工程学会组织的专家鉴定，大电网分析与控制能力再上新台阶。紧密围绕电网生产运行所开展的输电线路直流融冰和机械除冰技术、电铁接入电网电能质量关键技术、社会主义新农村典型供电模式等研究成果已在工程中应用，为中国电网安全、经济、节能、环保运营作出了积极贡献。

（2）智能电网研究全面展开。组建院智能电网研发中心，成立智能电网办公室，集中优势资源积极推进智能电网关键技术研究和先进设备研发。作为主要技术支撑单位，参与了国家电网公司全部 9 个智能电网试点工程及 10 项重大专项研究工作。作为主要编写单位参与了《坚强智能电网综合研究报告》等编制工作。牵头开展智能电网标准体系研究，分 9 个领域对国际国内标准进行全面梳理和分析，提出了系统的标准体系研究成果。与上海市电力公司联合成立智能电网联合研发中心，积极开展上海世博园智能电网综合示范工程建设。完成用电信息采集系统研发并开展试点应用。在国际上首次提出了基于智能组件的一次设备智能化技术方案，编制完成常规电源网厂协调试点工程总体方案和输电线路状态监测中心建设方案。智能电网调度技术支持系统研发取得阶段性成果，已在国调和华中电网试点应用。

（3）新能源新技术研究不断深化。积极参与国家可再生能源政策研究和“金太阳工程”建设，承担了国家风光储输示范工程关键技术研究。自主研发的风电功率预测系统在 7 个网省公司示范应用，风电场/风电机组建模技术研究、光伏发电建模与仿真研究、光伏发电功率预测研究取得阶段性成果，巩固了中国电科院在新能源领域的优势地位。液流电池储能系统关键技术研究、高温超导储能系统研究取得阶段性成果，超导输电技术试验工程、“多网融合”科研攻关工作全面启动。

（4）技术服务支撑有力。对国家电网公司总部 18 个部门的 221 项技术服务项目全部通过验收，工作量共计 11 万人·天。配合特高压交流试验示范工程建设，参与完成了工程总结丛书编制、工程质量监督等工作，该工程被评为新中国成立 60 周年“百项经典暨精品工程”。圆满完成向家坝—上海±800kV 特高压直流输电示范工程的质量监督、现场监造、材料抽检、电能计量装置验收检测和奉贤换流站极Ⅰ站系统调试，实现了±800kV 直流年内带电目标。完成了国家电网公司首批智能电能表集中招标检测、19 个网省公司的输变电设备状态检修验收、京沪高铁 27 个牵引站接入电网的电能质量评估等工作。积极开展锦屏—苏南±800kV 特高压直流输电工程咨询、试验检测等技术服务。全力推进皖电东送工程单项课题研究、钢管塔设备监造等前期准备工作。协助国家电网公司完成主设备供应商评估及调研、设备招标技术规范编制、系统内电力建设大型施工机械安全分析。承担完成国家电网公司“十二五”及中长期科技发展规划战略专题研究、智能电网关键设备研制规划等报告的编写工作。牵头编写并出版《特高压直流输电技术丛书》。组织开展国家电网公司特高压直流输电培训和西藏电力公司“电量采集与控制技术”人才帮扶培训。

（5）科技成果喜获丰收。“电力系统全数字实时仿真关键技术研究、装置研制和应用”项目获得 2009 年度国家科技进步一等奖。名誉院长周孝信院士荣获“何梁何利基金”2009 年度科学与技术进步奖。一项发明专利获第十一届中国专利金奖。15 个项目获得 2009 年度省部级科技成果奖，其中一等奖

4项；24个项目获得2009年度国家电网公司科技进步奖，其中特等奖1项、一等奖9项。评选出中国电科院科技进步奖131项，优秀论文10篇，标准创新奖10项。获专利授权91项，专利受理265项，其中发明专利157项；登记软件著作权19项；出版科技专著20部；发表科技论文366篇。《中国电机工程学报》连续七年被评为“中国百种杰出学术期刊”，《电网技术》和《电力建设》期刊的影响因子和总被引频次均有大幅度提升。

标准化建设方面，首批15项特高压交流国家标准正式发布，参与14项标准编写。白晓民、范建斌分别作为中国唯一代表，成为IEC标准化管理局智能电网战略工作组和IEC市场战略局能效战略工作组正式成员。承担技术标准工作任务103项，完成了国家电网公司技术标准体系的梳理工作。

三基地三中心建设

特高压直流试验基地创造了15项世界第一，综合试验能力达到国际领先水平，开展了±1000kV及以下直流输电和1000kV特高压交流输电的电磁环境、绝缘特性、设备运行特性等试验研究，取得了多项原创性成果，为特高压交直流输电和西电东送提供了坚强的技术支撑。中共中央政治局委员、国务院副总理张德江于2009年5月20日视察了试验基地，并对试验基地取得的创新成果和重大突破给予高度赞扬和鼓励。特高压杆塔试验基地的7项主要性能指标居世界首位，完成了皖电东送特高压交流同塔双回线路、锦屏—苏南特高压直流输电线路等重大工程的15基杆塔真型试验，为特高压交直流工程建设提供了重要依据，提升了我国输电杆塔技术的设计和研究水平。西藏高海拔试验基地的建成标志着中国在高海拔输电领域的试验能力达到国际领先水平，开展的高海拔外绝缘、电磁环境等关键技术研究为青藏联网工程建设和高海拔修正提供了试验依据。国家电网仿真中心综合试验能力达到国际领先水平，开展了“三华”电网仿真试验研究，国家电网2～3年滚动规划和调度运行方式计算分析，＋500kV、±660kV、±800kV直流输电工程关键技术试验研究，数字化变电站二次设备系统联合测试等工作，为国家电网规划和安全运行提供了重要技术支撑。国家电网计量中心为国家电网公司建立“体系完整、技术先进、管理科学、运转高效”的计量体系、建设坚强智能电网提供了有力的技术保障。国家质检总局副局长蒲长城和国家电网公司副总经理陈进行为中心揭牌，并给予高度评价。“三基地两中心”全面建成并发挥重大作用，已成为世界上功能最完整、试验能力最强、技术水平最高的特高压、大电网试验研究体系的主体组成部分。

国家能源大型风电并网系统研发（实验）中心获国家能源局授牌，成为首批16个国家能源研发（实验）中心之一，研发中心的基础研究能力和移动检测能力建设进展顺利，张北试验基地建设积极推进，1号风机并网发电，中心的建设将为中国风电并网研究及风电产业健康快速发展提供可靠支撑。

产业发展

2009年，中国电科院产业工作取得显著成效，电力电子方面多项工程成功投运；直流产业依托示范性工程，加紧实现国产化和自主创新；ERP咨询和电力营销等信息化产业走在行业前列；大力开展智能电网调度、用电信息采集系统等智能电网相关的产业化工作；同时在电厂自动化、高压管件、配电设备、在线监测等业务领域也取得了较大成果。2009年中国电科院产业经营规模显著增大、经营主体明显增加，经营业绩创历史同期最高水平。

围绕国家电网公司“发展电工电气设备制造业、建设坚强智能电网”的战略部署，结合院各产业单位的发展规划，通过深入分析市场需求、现有生产能力、产品结构以及盈利水平等因素，编制《中国电科院产业发展战略与规划（2009～2015）》。加大股权清理力度，突出了阶段性重点培育和发展的产业领域。完善产业公司考核体系，探索科研与产业互动机制，围绕智能电网建设精心培育新兴产业，积极参与多经企业重组整合，努力实现产业发展由提供科技装备向提高对公司直属产业板块贡献率的转变。完成对国家电网公司系统5家多经企业的重组整合工作。

党的建设和精神文明建设

按照中央企业学习实践活动领导小组的部署，在国家电网公司党组的领导下，在国家电网公司第七指导检查组的指导下，中国电科院高度重视、精心组织，紧紧围绕“深入贯彻落实科学发展观，推动中国电科院实现跨越式发展”的实践主题，超前调研、创新形式，高标准、高质量地开展学习实践活动，共有38个基层党组织、1372名党员参加，召开15次座谈会，完成8个课题调研报告。向广大员工群众和民主统战人士征求意见，制订详细整改方案，召开群众满意度测评大会，群众满意度达100％。

认真贯彻党的十七届四中全会精神，深入落实中央纪委三次、四次全会精神，大力推进“三个建设”。把党组织政治核心作用与治理结构有机结合，坚持“双向进入，交叉任职”的领导体制，完善科学、高效、协调的领导班子运行机制。积极开展“四好”领导班子创建活动，不断完善各基层单位党组织机构。

在“三重一大”决策制度执行和内控机制方面深入开展效能监察；坚定不移地加强反腐倡廉建设；认真落实“一岗双责”，不断规范党员干部廉洁自律行为。

全面开展企业文化“四统一”主题实践活动。充分发挥“爱心基金”作用，开展“送温暖，献爱心”等社会捐助活动。与武警北京总队一师第五支队签订《警民双拥共建协议》，并举行双拥共建庆“八一”活动。组织创建6个文体协会，开展“通信杯”篮球联赛和“青年杯”足球比赛，隆重举行“庆祝伟大祖国60华诞”文艺演出暨集体婚礼。成立青年读书会，组织青年员工进行科技创新交流活动。

（于　荣）

西安热工研究院有限公司

单位概况

2009年，西安热工研究院有限公司（以下简称热工院）在中国华能集团公司的正确领导下，以党的十七大精神为指导，深入开展学习实践科学发展观活动，全院干部、职工团结一心，努力拼搏，充分发挥科技优势，强化“服务国家、服务行业、服务华能”的理念和责任，积极开展前沿技术领域关键技术的研究开发，努力为电力企业提供优质技术支持和服务，不断推进电力工业技术进步和节能减排工作。全院在科研开发、技术服务、经营管理和深入学习实践科学发展观活动等方面均取得新的成绩。

全年签订纵向科研合同0.86亿元、横向合同11.81亿元，实现合并主营业务收入8.54亿元、利润1.6亿元；而且科研成果丰硕、技术服务出色，全面超额完成了华能集团公司下达的各项绩效考核目标。

领导班子、组织结构和人员情况

领导班子。2009年4月，热工院领导班子换届，新领导班子成员包括：赵毅（院长、党组副书记），刘伟（党组书记、副院长），巨俊鹏（副院长、党组成员），屈芒（党组纪检组组长），许世森（总工程师、党组成员），纪世东（副院长、党组成员），王月明（副院长、党组成员），汪德良（副院长、党组成员）；其中，巨俊鹏同志因年龄原因自2009年9月起任院顾问，不再担任副院长和党组成员职务。（原任院长蒋敏华同志于2009年4月调任中国华能集团公司总经理助理兼科技事业部、技术创新中心主任。）

组织结构。与上年相比，基本保持不变：管理职能部门7个，预算制服务部门2个；专业部门24个（含3个研究中心和21个专业技术部门）；子公司8个；派驻管理机构2个（北京分公司、苏州分公司）；此外，2009年5月成立了节能减排技术中心，由现有的6个专业部门（电站技术监督部、电站性能技术部、汽轮机及热力系统技术部、煤粉锅炉技术部、锅炉系统及设备技术部、燃料与燃烧试验室）组成，属于非独立的专业技术中心。全院继续实行一体化管理。

人员组成。2009年末全部在岗职工人数1298人（其中编制内长期职工731人）。硕士学历及以上人员308人，其中博士学历21人（其中博士后4人）；高级工程师及以上人员285人（其中研究员127人）。

科研工作

1. 科研奖项

获2009年度中国电力科学技术奖12项：燃煤电厂3000t/年二氧化碳捕集装置自主研发及工程示范（一等奖）；DSB低NO_x旋流煤粉燃烧器研制与工业应用（二等奖）；超临界直接空冷机组凝结水精处理技术研究（二等奖）；节能发电调度研究及在贵州电网的实践（二等奖）；中国动力用煤数据库的建立（二等奖）；P91蒸汽管理寿命监督试验研究（二等奖）；超超临界机组复合有机酸清洗配方及工艺的研究与应用（三等奖）；含缺陷阀壳高温结构完整性评定技术研究（三等奖）；表面式凝汽器运行性能试验规程制定（三等奖）；国华电力600MW机组重大设备应用综合评价技术（三等奖）；630MW超临界机组给水工况技术研究与实践（三等奖）；国华600MW机组GGH堵塞综合治理研究与应用（三等奖）。

获2009年度陕西省科技进步奖1项：超超临界机组氧化物粒子的形成机理与规律的研究（二等奖）。

获2009年度中国电力建设科学技术成果奖3项：CFB锅炉炉内高效脱硫技术研究与开发（一等奖）；超超临界锅炉不熄火降压蒸汽吹洗研究及应用（二等奖）；国产首台超超临界600MW机组设备监造管理研究（三等奖）。

2. 专利

2009年共获得授权专利14项。其中，发明专利3项：一种多支路出料的干煤粉加压密相输送装置；切圆燃烧锅炉新三区燃烧器的分体布置方式；隔墙结构循环流化床锅炉。实用新型专利11项：燃煤锅炉双无送风装置；一种强磁除铁水净化装置；燃煤电厂烟气中二氧化碳捕集装置；外置床高、低温回料管给煤系统；一种煤粉锅炉纯氧点火/稳燃装置；一种循环流化床锅炉炉内屏的防磨和加强防变形装置；一种煤气洗涤净化装置；一种燃煤锅炉的热一次风旁路装置；流化床式高水分固体燃料提质反应装置；高压微量气体流量计；一种带有立式低温过热器的燃煤锅炉。

3．软件著作权

2009年度取得软件著作权5项：变更煤种（混烧）评价决策系统软件；燃煤电厂烟道气脱碳控制系统软件；华能沁北电厂600MW超临界机组仿真培训装置软件；1000MW超超临界机组仿真培训装置软件；华能海门电厂1036MW超超临界机组DCS控制软件。

4．专著和论文

2009年，由热工院专业人员主编的5部专著（包括：《大型循环流化床锅炉技术》、《大型循环流化床锅炉技术与工程应用》、《电气设备用六氟化硫的检测与监督》、《电力用油分析及油务管理》、《电力系统水处理培训教材》）和参与主编的两部专著（《中国电气工程大典·火力发电工程卷》和《电站锅炉水化学工况及优化》）均由中国电力出版社正式出版发行。

在2009年度的各类学术期刊、国内外学术会议上，热工院专业人员共发表论文100多篇；有多篇论文获得省部级奖项（中国电机工程学会年会优秀论文等），还有数篇论文被选为国际权威专业学术会议宣读论文。

5．院级科技成果奖

院内评出2009年度院级科技成果奖共76项（一等奖11项，二等奖29项，三等奖36项）（成果名称略）。

6．纵向科研项目和横向技术服务项目

全年新签并执行纵向科研合同56项。全年列入科研工作计划的各类重大科研项目136项，其中：国家科技部、发改委项目7项，国家及行业标准制修订项目20余项，省市科委项目2项，华能科技项目共101项（含继续执行项目55项，新立项项目46项）。全年新签和执行横向技术服务项目合同1657项，项目内容涵盖电厂建设、生产运行、优化改造，包括发电设备监造、技术监督、技术咨询、技术服务、仿真培训、机组调试、性能考核、各类试验、事故分析与处理、优化设计、技术改造等，涉及火力发电技术领域的各个专业，还包括发电新技术领域（如核电、风电、生物质发电等）以及石化工业等领域的有关专业。

热工院按照华能集团公司部署，卓有成效地开展了节能减排技术支持工作，全年共完成华能系统63台（2700万kW）发电机组的节能诊断任务，为集团公司节能减排提供了强有力的技术支持。此外，还完成了华能系统90余台新建及在役机组的性能考核试验、运行优化调整试验、水平衡试验等相关试验，承担了约40台机组的节能（节电、节水）技术改造、服务项目。2009年，华能集团完成供电煤耗327.7g/kWh，同比下降5.89g/kWh；火电的厂用电率5.98%，同比下降0.22个百分点；供电煤耗和火电的厂用电率均为五大发电集团最好水平。热工院为华能集团火电机组能耗指标继续保持行业领先作出了重要贡献。

另外，在热工院参建的电力工程项目中，热工院负责调试的“华能玉环电厂工程”等10个项目，分别荣获中国建筑业协会等单位颁发的“新中国成立60周年百项经典暨精品工程”、“2009年度国家优质工程银奖”和“2009年度中国电力优质工程奖”等奖项。

全年完成并出具A类（含纵向科研项目和院控其他项目）科研技术报告699篇，B类（主要为横向技术服务项目）专业技术报告705篇，C类（含化学、材料、燃料特性等小型试验项目）专业试验报告726篇。

其他荣誉

2009年度，除科研类奖项以外，热工院还获得多项省、部、市级管理机构授予的荣誉，主要有：陕西省知识产权局授予的“2009年度专利工作先进单位”，西安市科技局、市国资委、市经委及市总工会联合授予的“西安市创新型企业”，西安市科技局和市知识产权局联合授予的“知识产权优势单位”，西安市政府授予的“西安市2009年度纳税突出贡献单位”；院材料技术部工会被陕西省总工会授予“陕西省模范职工小家”等。

另外，热工院绿色煤电部部时旺博士被陕西省国资委授予“第二届陕西省国资委系统十大杰出青年”称号。

管理和服务工作

热工院的管理服务体系包括行政、科研、质保、安全、营销、人资、财务、审计、教培、后勤等各个方面。2009年，科研生产等任务与往年相比持续保持增加，职工总数也快速增加。管理服务体系在人员配备基本维持不变的条件下，进一步完善制度建设，规范工作程序，继续挑战自我，充分挖掘工作潜力，促进了管理服务绩效的持续提升。主要体现在：

（1）规范决策程序，提高工作透明度。一方面，制定了《工作规则》、《院长办公会议管理办法》、《党组会议管理办法》、《重大事项决策暂行规定》及《干部聘任管理办法》等规章制度，进一步明确了决策和工作程序，严肃干部任用，规范各项经营活动。另一方面，通过多项举措，增加工作信息的上下沟通和横向交流，提高工作的透明度。在重大事项上实行“阳光工程”，广泛听取职工代表意见，进行民主决策，实行政务公开。

(2) 科研管理注重抓质量、促进度。科研生产在始终坚持“安全第一”的前提下，强化了对项目执行质量的监督和进度检查。期间，通过开展2009年9月的全国“质量月”活动，重点加强了职工质量意识的宣传和培训，进一步提高对质量的重视程度。在科研项目的全过程管理上，科研管理部门在履行督促、检查职能的同时，还尽可能协助专业部门解决项目执行过程中的问题，通过质量抽查和内部质量审核，对数百个项目的执行情况进行了检查监督，保证了项目的进度、质量按合同要求进行。

(3) 人资管理、教培工作再上新台阶。加强了干部任用管理和人力资源开发，不拘一格选拔人才，适时出台派遣制人员转录为正式员工的管理办法，激发了优秀员工的积极性；在教培方面，充分挖掘院内专业技术资源，配合市场开拓，担负起内部培训和行业技术培训双重责任。

(4) 小型基建、后勤服务迈出新步伐。在小型基建方面。通过规范项目招投标工作，加强项目执行过程中的质量监督，较好地完成了各项工作。在院属各区后勤服务、治安管理方面，比上年度有所提高。增设了可视监控系统，加强了全院各区的治安检查；同时还加强了环境绿化以及对职工餐厅的监督管理工作，并增加了防疫服务，为全院创造了一个健康、平安、舒适的工作和生活场所。

思想政治和企业文化建设工作

2009年，热工院思想政治和企业文化建设工作，坚持以邓小平理论、党的十七大会议精神为指导，以科研、生产、经营为中心，深入开展学习实践科学发展观活动，努力营造健康、和谐、稳定的氛围，保障了热工院科学、和谐、又好又快地发展。其中，深入学习实践科学发展观活动是2009年度的重要工作之一。按照集团公司的统一部署，热工院认真组织、立足实际，扎实推进。院党组提出了“发挥技术优势，强化服务华能，创建国际一流”的学习实践载体，按照学习、调研、分析、检查、整改、落实的学习实践步骤，召开专题民主生活会，分析存在的问题和不足，探索解决问题的思路和措施，听取各方面的意见和建议，制定了科研、经营、人才培养、企业发展等6个方面的54项整改措施，随后的整改落实工作稳步推进并取得了显著实效。学习实践活动达到了提高思想认识、解决突出问题、创新体制机制、促进科学发展的目标，得到了华能集团公司检查组的充分肯定。同时，2009年是国庆60周年的大庆之年，按照华能集团公司党组要求，热工院以和谐稳定为目标，从多方面深入开展维稳工作。

国际合作与交流

为贯彻落实华能集团公司的“走出去”战略，鼓励科研人员积极参与国际科技合作与交流，扩大国际影响力，配合“国际一流”建设，热工院于2009年初适时出台了《关于促进国际合作与交流的若干意见》，鼓励和支持专业技术人员开展国际交流和技术合作。

2009年，随着热工院国际影响力的日益提升，国际技术合作取得了重大进展，同时也吸引了许多发达国家的政府官员和专家到访。如4月澳大利亚参议员科林女士和贸易委员会专家专程来热工院访问；5月，热工院与美国未来燃料公司（Future Fuels）签订了“煤气化技术使用许可协议”，美国参议院对外关系委员会主席约翰·克里慕名来院访问，考察热工院在洁净煤技术和二氧化碳减排技术等领域的研究开发情况；7月热工院与德国曼内斯曼钢管公司签署了技术合作框架协议；9月，热工院与美国劳伦斯国家能源实验室正式签署了合作备忘录，双方将在碳捕集技术、煤气化技术等领域展开合作。

热工院参与执行的中美、中德、中澳、中法、中日等政府和机构间国际科技合作项目，均圆满完成了年度计划。承担的澳洲、印尼、印度、巴基斯坦等国家的电厂技术服务项目，获得业主的普遍好评。

2009年共安排涉外技术合作、项目考察、参加国际学术会议等公务出国团组33批75人·次，接待来访外宾团组43批160人·次。

挂靠的学会、行业质检中心、标委会、硕士点、博士后站、专业期刊

(1) 挂靠在热工院的中国电机工程学会火力发电分会，按计划组织举办了多次学术交流、培训研讨会和有关专委会（学组）换届会议等各项活动，保持在电机工程学会中的重要地位，在行业学术工作中成绩突出；荣获2009年度中国电机工程学会“先进专委会”称号。

(2) 以热工院为依托单位的国家工程研究中心（电站锅炉煤的清洁燃烧国家工程研究中心），各方面工作运营顺利，按照“开发煤清洁燃烧技术、形成高技术的工程化成果”的目标，进行了流化床锅炉技术、低氮燃烧技术、烟气脱硫技术、脱硝技术等的研发工作，取得了一批科研成果，并为行业和用户提供了大量技术咨询和服务。

(3) 挂靠在热工院的5个行业质检中心（电力工业热力发电设备及材料质量检验测试中心、电力工业

发电用煤质量监督检验中心、电力工业热工计量测试中心、西安热工院锅炉压力容器检验检测研究所有限公司、电力管道产品质量检验测试中心），均正常开展管理工作和质量检验测试工作。全年共完成质量检验测试并出具质量检验报告（CMA 检测报告）1000多篇。

其中，电力工业热力发电设备及材料质量检验测试中心，通过了国家认证认可监督管理委员会组织的扩项认证。获准检测认证的范围从原有的 41 类、304 项参数，扩大为现在的 47 类、351 项参数，提升了检测中心的实力。

电力工业热工计量测试中心，较好地完成了我国电力行业热工最高计量标准对各省、市、自治区电力系统热工标准的年度量值传递任务，为电力系统热工量值的准确与统一，提供了强有力的技术保障。

（4）挂靠在热工院的国家级和行业级标委会机构：经国家标准管理局批准筹建且秘书处设在西安热工院的 5 个全国专业技术标准委员会（含分委会、标准工作组）相继在年内正式成立，包括：全国电气化学标委会、全国电站过程监控及信息标委会、全国环保产品标委会水处理设备分技术委员会、全国燃气轮机标委会联合循环发电工作组、全国塑料标准化技术委员会通用方法和产品分技术委员会水处理用离子交换树脂工作组，均已开始标准化工作。挂靠在院的 7 个电力行业标准化技术委员会包括：电站锅炉标委会、电站汽轮机标委会、电厂化学标委会、电站金属材料标委会、电站阀门标委会、热工自动化标委会、联合循环发电标委会，在年内均召开了年度工作会议、有关换届会议和标准审查会，开展了相应的 30 多项标准的制定、修订工作，以及有关的标准审查、标准宣贯和培训、研讨活动。

（5）硕士学位授予点。2009 年，热工院电厂热能动力工程专业硕士学位授予点研究生毕业并获硕士学位者 8 人，在读研究生 13 人。

（6）博士后科研工作站。2009 年，热工院博士后科研工作站在站 1 人。

（7）由中国电机工程学会火力发电分会与西安热工院共同主办的专业期刊《热力发电》，2009 年全年按计划完成编辑出版 12 期。2009 年初第 5 次入选全国中文核心期刊，影响因子从 0.278 上升至 0.333，在国内核心期刊能源动力类排名上升 1 位。

主要事件

1 月 20～21 日，热工院召开 2008 年度工作总结表彰大会暨三届六次职代会。蒋敏华院长在会上作工作报告并传达华能集团公司 2009 年工作会议精神。会议还表彰了先进集体和先进个人。

1 月 20～21 日，赵毅副院长会见了以日本煤炭能源中心（JCOAL）项目推进部下西庆行副部长为团长、由 12 家单位 21 名代表组成的“燃煤电厂节能技改项目”日本代表团。双方就燃煤电厂能耗诊断与提效改进技术进行了深入交流和讨论，并商讨了合作项目（中国燃煤电厂能耗诊断与提效改进评估项目）中的具体事宜。

1 月 22 日，根据陕西省建设厅发布的“关于勘察设计资质审查意见的通告”，热工院首次通过了“环境工程（水污染防治工程、大气污染防治工程）勘察设计资质（乙级）”的审查。

3 月 3 日，热工院赵毅副院长与专程来访的澳大利亚驻华大使馆商务公使 Alan Morrell 先生一行，交流了热工院近年来与澳方在洁净煤技术特别是在华能北京热电厂二氧化碳捕集项目等方面的合作状况，并对今后的合作方向进行了意向性洽谈。

3 月 16 日，院党组书记、院长、院学习实践科学发展观活动领导小组组长蒋敏华主持召开会议，传达集团公司党组书记会议精神，通报了集团公司所属单位的学习实践活动开展情况，并以“创建国际一流科研机构”为主题，对热工院下一步的学习实践活动提出重点要求并作出具体部署。

4 月 8 日，华能集团公司领导曹培玺总经理一行到西安热工院召开了全院干部大会，宣布了热工院新一届领导班子调整决定；同时，结合学习实践科学发展观调研活动，就如何实现热工院的科学发展与广大干部进行了交流，并作了重要讲话。

4 月 8～10 日，热工院完成的华能集团公司科技项目“第四代低 NO_x 燃烧技术研究开发”等 10 个项目通过华能集团公司组织的项目验收，各项目研发结果受到验收组专家好评。

4 月 10 日，赵毅院长与来访的澳大利亚工党参议员 Jacinta Collins 和澳大利亚贸易委员会有关负责人，交流了热工院与澳大利亚有关机构的合作情况，并就推动双方进一步合作特别其中在澳大利亚维多利亚州褐煤利用方面进行科研开发合作等事宜进行了商讨。

4 月 14 日，热工院党组召开会议，决定成立节能减排技术领导小组，下设“节能减排技术中心”，并将此作为学习实践活动的一项重要举措，以充分发挥热工院技术支撑作用，积极开展提高火电机组经济性工作，努力为华能、其他股东乃至全行业节能减排工作作出贡献。

5 月 22 日，由热工院与哈锅合作研制的首台国产 33 万 kW 循环流化床锅炉（中电投分宜发电厂）圆满通过性能考核试验。试验期间的锅炉运行参数和测试结果表明，主汽温度、主汽压力、再热汽温和锅炉热效率等性能参数均达到设计值。该机组为世界上目前已投运的单机容量最大的循环流化床锅炉机组。

5月24日，美国参议院对外关系委员会主席约翰·克里在全国人大外事委员会副主任委员、中央对外联络部副部长马文普以及陕西省人大常委会副秘书长何少林一行陪同下，专程来到热工院，了解热工院在清洁煤发电领域方面的先进技术以及与美国有关机构、企业的合作情况。院领导赵毅、许世森、王月明与来宾进行了会谈，并陪同参观院内试验室。

6月3～4日，由秦山核电公司恰希玛核电厂项目调试部和质保部一行5人组成的质保监查组到热工院，对热工院承担的该核电厂2号机组性能试验项目的质保体系进行了严格的监督检查，并给予了充分的肯定。这是热工院首次针对单个项目的质保监查。

7月13日，热工院院长赵毅一行访问了美国能源部，与美国能源部部长副助理 Victor Der 博士、美国国家能源技术实验室总工程师 Joseph Strakey 博士、清洁能源办公室 Peter Rozelle 博士等人进行了会谈，并考察了美国宾夕法尼亚州 SUMMIT ANTHRACITE 煤炭公司。

7月15日，西安热工院与美国未来燃料公司在美正式签署了美国宾夕法尼亚州150兆瓦 IGCC 项目煤气化技术使用许可协议，标志着我国自主开发的 IGCC 核心技术——大型干煤粉煤气化技术进入美国市场，也是我国大型干煤粉加压气化技术首次进入西方发达国家能源市场。

7月17～18日，中国神华能源股份有限公司科技发展部在北京组织召开了科技创新项目验收会，热工院主持完成的两项科技创新项目——“60万 kW 机组燃用神华煤防结渣技术研究”和“国华电厂燃烧神华高硫煤技术研究”顺利通过验收。该两项研究成果已在燃用神华煤的电厂中成功应用和推广，为我国储量巨大的低灰熔点优质动力煤的大规模开发与利用提供了依据，具有显著经济效益、社会效益和环境效益。

8月11日，挂靠在热工院的电力行业汽轮机标委会在拉萨组织召开“六届一次工作会议暨标准审查会”，赵毅院长及该标委会专家和委员30余人参加了会议。会议讨论通过了标委会《章程》和《秘书处工作细则》，并审查通过了热工院负责修订的《凝汽器胶球清洗装置及二次滤网装置》等两项电力行业标准。

8月，热工院第一套用于核电站（宁德核电站6台百万千瓦级压水堆核电机组）的化学加药装置顺利发货，实现了热工院在核电领域设备供货零的突破。在此基础上，热工院顺利获得阳江核电站化学加药装置供货项目。

8月，热工院相继获得大地泰泓风能公司1.5MW×33台风电机组设备监造合同、新疆公司别迭里水电站8×31MW混流式水轮发电机组设备监造合同、石岛湾公司20万 kW 核电机组核岛及常规岛设备监造合同，这些项目成为热工院在风电领域、水电领域、核电领域的首个监造合同。

9月8～9日，赵毅院长会见了美国未来燃料公司（FF）首席运营官 Nick Cohen 一行，就双方合作的美国宾夕法尼亚 IGCC 项目的设计协调工作进行了商谈。

9月27日，热工院与国核工程有限公司签订了“核电调试技术合作框架协议”，刘伟书记、汪德良副院长及国核工程公司刘军韬总经理助理等出席签约仪式。

9月，热工院与美国 Lawrence Livermore 国家实验室（LLNL）正式签署了“合作备忘录”。

10月18～19日，电力行业电厂化学标委会在武汉组织召开了标准审查会，热工院负责编制的两项电力行业标准《火力发电厂凝汽器及辅助冷却器管选材导则》和《火电厂凝结水精处理技术要求》（送审稿）在会上通过审查。

11月1日，院领导赵毅、刘伟、许世森、汪德良与来访的华能集团公司北方电力公司领导吴景龙、李国宝一行，就双方未来的合作方式和内容进行讨论，并签订了“技术合作框架协议”。

11月4日，加拿大驻中国大使馆一秘 Majid Dellah 以及加拿大 Sask Power 公司国际事务部经理于泽伟一行访问热工院，就加拿大 Sask Power 与热工院在碳捕集技术、燃料电池技术的研发方面开展合作进行洽谈。外宾还参观了院内的燃料电池实验室。

11月30日，赵毅院长和天津煤气化发电公司毛巍总经理在西安分别代表双方签署了一揽子技术合作合同。根据合同，热工院将为天津 IGCC 示范电站提供全方位、全过程的主要技术服务。

12月，由热工院历经16个月开发完成并已在深能源河源电厂实施的“末端废水蒸发结晶预处理系统”，顺利通过深能源集团组织的项目验收。该系统设备运行稳定，出水水质优于合同要求，实现了真正意义上的火电厂废水零排放，在国内尚属首例。

12月30日，由热工院 EPC 总承包、石洞口二厂投资建设的燃煤电厂烟气10万 t/年二氧化碳捕集示范工程完成72h试运，成功捕集出纯度99.5%以上的二氧化碳，经提纯后达到食品级标准。该项目采用热工院自主开发的烟气二氧化碳捕集技术，是目前世界上容量最大的燃煤电厂二氧化碳捕集工程。

（姚惠珍）

国网电力科学研究院

单位概况

国网电力科学研究院（简称国网电科院）是国家电网公司的直属综合性科研单位，专业涵盖新能源发电、电力自动化、高电压技术、智能配用电、信息通信等领域。

国网电科院是国家科技部设立的“国家电力自动化工程技术研究中心”、国家发改委设立的“电力系统自动化—系统控制和经济运行国家工程研究中心”、国家质检总局设立的“国家高电压计量站”、国家能源局设立的“国家能源太阳能发电研发（实验）中心”、国家电网公司“特高压交流试验基地”及“智能用电研究检测中心”的依托单位。设有“电力工业电气设备质量检测中心”、“电力工业电力系统自动化设备质量检测中心”和“电力工业通信设备质量检测中心”。

南京南瑞集团公司是国网电科院为促进科研成果产业化而创立的高新技术企业，具有计算机信息系统集成一级资质，是第二批国家创新型企业。注册商标“南瑞”是中国驰名商标，“南瑞”牌产品是中国名牌产品。由南京南瑞集团公司发起设立的“国电南瑞科技股份有限公司”在上交所上市（股票代码：600406）。

国网电科院实行院长负责制，目前下设 14 个职能部门、9 个研究单位、16 个产业公司，设有研究生部及博士后科研工作站。在南京、武汉、合肥、北京、上海、深圳建立了科研和产业基地，形成了电网监控、继电保护、水电自动化、信息通信、高电压设备 5 个技术优势明显、主营业务突出的产业群。

2009 年，国网电科院再次获省、市“重合同守信用企业”称号；南瑞集团名列“2009 年中国软件业收入前百家企业”（第 16 位）和“2009 年中国自主品牌软件产品前十家企业”（第 5 位），连续八届进入中国软件企业百强，连续三届成为中国十大创新软件企业和中国自主品牌软件产品十强企业。

人力资源

截至 2009 年底，国网电科院及其全资、控股子公司共有员工 6220 人，其中高科技人才 3921 人，高级及以上职称 529 人。中国工程院院士 4 人，国家级有突出贡献中青年专家 2 人，“新世纪百千万人才工程”国家级人选 4 人，享受国务院政府特殊津贴专家 29 人，江苏省“333 高层次人才培养工程”专家人才 44 人，国家电网公司优秀专家人才 19 人。2009 年，新增国务院特殊津贴专家 3 人，江苏省“333 高层次人才培养工程”专家人才 3 人，国家电网公司优秀专家人才 6 人。

规范干部管理，加大交流力度。2009 年，共交流干部 69 人·次；制订实施干部年度培训计划，举办 3 期干部管理培训班和 1 期董事监事培训班，选派 6 位优秀青年干部前往国家电网公司挂职锻炼；建立健全二级教育培训管理体系，举办各类培训活动 915 期·次，全员培训率达 94%，新员工入职培训率达 100%。

经营管理

初步完成战略发展规划的制订，确立“三三六”发展思路，即专注三大核心领域（以电力行业为核心市场领域，以电气设备为核心产业领域，以测控技术为核心技术领域），瞄准三大技术方向（引领国际电力发展的基础性、前瞻性和原创性科学技术，国家电网公司发展及生产建设急需的重大关键技术，具有广阔市场前景的应用技术）实施大科研，围绕六大板块（电网自动化及保护、清洁能源、信息通信、智能化电器设备、电力电子、轨道交通及工艺自动化）培育大产业。近期目标是至 2012 年，初步建设成为国际一流的电力科研机构和产业规模达到 300 亿元的电力高新技术企业。

加强人力资源规划计划管理、人员编制管理和劳动用工管理，启动职能部门绩效管理试点。有序推进会计集中核算、资本集中运作、资金集中管理、预算集约调控。成立物资部和招标中心，建立统一招标体系，加强物资集中招标采购。以开展“三节约”活动为主线，大力增收节支，降本增效。

制定、修订规章制度 81 项，各类标准 41 项。内外网实现物理隔离，协同办公、文档管理、科技管理等业务应用系统试运行，院数据中心建设全面启动，顺利通过国家电网公司验收。加强外派董事、监事和财务总监的管理，扎实推进“三清理，一规范”工作，完成 4 家职工参股企业的清理、注销工作。顺利完成离任院长任期经济责任审计、三峡建设项目延伸审计及国税总局税务稽查。

规范院本部机关岗位设置、职责及任职资格，梳理和优化核心管理流程。实施月度工作例会制度，重点加强经营指标分析和管控。职能部门的功能和作用得到增强，工作作风明显改善。

加强安全教育培训和隐患排查治理，深入开展“安全生产月”活动，持续保持安全生产。全面改版质量管理体系文件，建立健全统一质量管理模式，推进三标合一体系建设和 CMMI 体系认证。

重点工作

（1）学习实践科学发展观活动。高度重视、精心组织，牢牢把握“跨越发展、科学发展”的实践载体，认真开展学习调研，形成调研报告55份；积极参与建言献策活动，提出工作建议68条；深入查找影响和制约全院科学发展的突出问题，深刻剖析原因，制订整改落实方案，全面完成2009年整改任务。突出直属科研单位特色，高标准、高质量地完成“三个阶段、六个环节”的工作，做到了“两手抓、两不误、两促进”，群众测评满意度达100%。国家电网公司学习实践活动第七指导检查组给予了充分肯定。

（2）坚强智能电网研究。紧密围绕智能电网建设总体部署，全方位支撑规划和设计工作。全面参与相关研究报告编制、技术导则和标准体系制订、技术规范研究等工作。完成院智能电网总体技术方案、关键技术研究框架、关键设备研制规划、太阳能光伏发电关键技术研究框架等制订工作。确立攻关方向，组建攻关团队，承担多项重点科研课题，积极跟踪、服务、推进智能电网建设第一阶段试点工作，承担上海世博园智能电网综合示范工程等8项试点项目建设。

着力开展关键设备研发，完成智能调度技术支持系统基础平台和部分应用功能研发。完成用电信息采集主站系统、系列终端和系列智能电能表的研制。完成面向智能变电站应用的工业以太网交换机、智能通信网管理系统基础平台、高性能全光纤电流电压互感器、新一代雷电定位系统、基于GIS的输电线路状态监测系统的研制。有效提高了关键设备的智能化水平。

成立项目部，扎实推进智能电网科研产业基地建设。12月27日，国家电网公司智能电网科研产业（南京）基地举行奠基仪式，国家电网公司总会计师李汝革参加仪式并作重要讲话，标志着基地建设进入了实质性启动阶段。

（3）重组整合。确立武汉院区管控模式。成立武汉南瑞，全面整合武汉院区科研与产业资源，形成专业较为完整的一次产业板块。运用资本平台整合二次产业，完成城乡电网自动化、电气控制自动化及成套设备加工相关业务注入国电南瑞。实现对国电南瑞股份增持。初步建立起适合全院科研产业跨地域发展的管控模式。

在整合基础上，按照国家电网公司下发的整合方案，制订实施全院学科、产业和机构整合方案，创新管控模式，构建科研、产业、检测三大体系，建立分工明确、相互支撑、协调发展的运行机制。整合后，全院科研机构由20个减少为9个，产业公司由25个减少为16个，机构更加精简、体系更加健全、科研资源更加集中、产业布局更加合理，集团化管控水平更为提升。

（4）重大科技项目攻关及技术服务。完成科技项目97项。“1000kV交流输变电工程电磁环境的研究”等6项国家“十一五”科技支撑计划课题和“大区互联电网解列判据的研究”等16个国家电网公司关键科技攻关项目通过验收；“智能电网层次化信息体系与架构研究”等200余项课题按项目进度要求稳步推进。国内首套具有完全自主知识产权的1000MW级汽轮发电机静止励磁系统成功应用。新一代调度自动化/集控站自动化系统ON3000研制成功。“电网广域监测分析保护控制系统WARMAP”和“基于标准化平台的电网调度自动化系统OPEN-3000”获国家自主创新产品认定。

北京技术中心建成投运，积极做好技术支撑和综合服务。组织精干力量，配合国家电网公司编制技术研究框架、生产技术监督服务、科技成果推广目录、“十二五”规划专题研究报告等关键技术资料。完成特高压试验示范工程设备监造、电磁环境测量、环保验收、现场事故分析等相关工作。认真做好特高压国际会议筹备工作，为会议成功举办发挥了重要作用。累计完成工作量66 776人·天，增长77%。

2009年，共获科技进步奖51项。其中国家科技进步二等奖2项；中国电力科学技术奖11项，一等奖2项，二等奖3项，三等奖6项；国家电网公司科技进步奖26项，特等奖1项，一等奖6项，二等奖11项，三等奖8项；省市科技进步奖12项。申请专利242项，获专利授权89项，获软件著作权18项。发表科技专著5部，学术论文867篇。《电力系统自动化》获“RCCSE中国权威学术期刊”称号，《高电压技术》成为EI核心期刊。

（5）实验室建设。特高压交流试验基地通过工程竣工验收，综合试验能力国际领先。国家能源太阳能发电研发（实验）中心获国家能源局批准，积极支撑“金太阳示范工程”和“国家风光储输示范工程”。智能用电研究检测中心、常州大功率试验站获国家电网公司支持建设。国家电网公司系统唯一的国家级软件评测实验室落户国网电科院。信息网络安全实验室、外绝缘高电压实验室通过国家电网公司重点实验室初评；雷电监测与防护实验室通过国家电网公司实验室初评；电网环境保护技术国家重点实验室通过国家科技部初评。国家电网计量中心高压计量站按期投运。

（6）产业发展。电网调度自动化、信息、计量测试产业呈现30%以上的增长势头。中标上海世博会园区最大的单体工程综合自动化系统、华北智能电网研究开发项目、安徽调度自动化系统、江西电网安全稳定智能防御系统等多个重大项目，采用NS3000系统的上海世博园蒙自智能变电站顺利投运。承担30多个网省公司SG186工程项目，获国家电网公司先进集体称号。承建辽宁大伙房输水工程、南水北调工程等大型、特大型跨流域调水工程监测监控系统。

轨道交通监控产业拓展迅速，成为国内一流轨道交通自动化产品供货商和系统集成商，中标苏州地铁综合监控系统等项目。打破国外垄断，独立承担蒲石河、响水涧大型抽水蓄能电站监控系统。风力发电机组及风电场控制系统的产业化工作取得突破，兆瓦级异步风机主控系统、2MW双馈式风电变流器和直驱变流器实现成功并网。大型实时数据库项目进展顺利，成功申请国家软件与集成电路基金项目。

企业收并购工作进展顺利，完成了帕威尔电气、银龙电缆、淮胜电缆、继远电网、继远软件5家企业的并购重组并实现有序运作。

交流合作层面不断加深，与俄罗斯全俄列宁电工研究所、美国G&W电气公司、日本电力中央研究所、埃森哲公司的国际合作取得实质进展；顺利实施苏丹国调、沙特励磁、泰国15个变电站项目等一批海外工程。与东北电网有限公司、浙江省电力公司、安徽省电力公司、上海市电力公司等10余家单位签署战略合作框架协议。

（7）基础设施建设。电力自动化实验验证中心主体工程竣工验收，院本部科研楼外立面出新项目完工，继远软件园建成并投入使用，银龙电缆大截面钢芯铝绞线技改项目建成投产。员工办公、生活条件逐步改善，全院整体形象明显提升。

党的建设和精神文明建设

认真组织学习贯彻党的十七届四中全会精神，大力推进“三个建设”。健全党建工作制度，在具备条件的单位，配齐配强基层党组织领导班子，深入开展“电网先锋党支部”、“争做跨越发展先锋”等主题实践活动。深化“四好”领导班子建设，各级领导班子的领导力和执行力明显增强，建立健全企业文化建设领导体系及工作机制，深入开展企业文化“四统一”主题实践活动。

加强党风廉政建设，完善党风廉政和反腐败工作领导体系和工作机制，开展系列警示教育培训。加强专项工作治理，“反习惯性违章”和“小金库”等专项工作顺利开展。

开展职工代表巡视检查，落实职工代表提案，有效解决员工普遍关心的热点、难点、焦点问题。成立羽毛球、乒乓球、摄影、书画等协会组织，形成依托协会、全员健身的常态机制，获国家体育总局授予的“全国群众体育先进单位”称号。

坚持党建带团建，积极开展“同庆和谐盛世、再展青年风采”等主题活动。高度重视离退休工作，全面落实政治、生活待遇，丰富离退休职工精神、文化生活。

（苏发亮）

国网北京经济技术研究院

单位概况

国网北京经济技术研究院（简称经研院）是支撑国家电网公司电网发展的规划设计咨询机构和直属科研单位，承担电力、电网规划和工程设计咨询技术归口职能，拥有“工程设计电力行业专业甲级资质”证书和“工程咨询甲级资格”证书。2009年职能重组以来，经研院着力开展电力、电网规划设计研究，努力做强特高压工程设计咨询，不断加强项目评审工作，充分发挥技经研究优势，已经形成了专业配置齐全、人员结构合理的专业规划设计咨询团队，构建了较为全面的业务体系，初步确立了在电网规划设计咨询领域的地位，支撑和服务电网发展和公司发展的能力不断提升。

经研院的成长历程是一条不断创新探索的发展之路。1999年4月，国家电力公司党组决定将北京动力经济研究所、中国电力科学研究院所属技术经济研究所和挂靠在规划院的电力部南方四省（区）能源战略规划项目办公室合并组建了国电动力经济研究中心。2002年8月转制为科技型企业。2005年设立内部专门机构，开展电网规划研究工作。2006年4月变更为国网北京经济技术研究院。2009年8月底，国家电网公司决定对经研院进行重组整合，将经研院软科学研究的相关业务和人员分立组建国网能源研究院。重组后，经研院立足新的业务功能定位，明确当前及今后一段时期的发展目标是：以提升核心技术实力为根本，以构建科学规范的业务运营管理机制为支撑，以优秀人才队伍建设为保障，努力建设成为“技术领先、服务优质”的电网规划设计咨询机构，全面支撑和服务公司“两个转变”。

经研院管理部门6个，分别是办公室、人力资源部、财务资产部、计划发展部（规划设计管理办公室）、科技信息部、思想政治工作部（监察审计部）；业务部门4个，分别是规划研究中心、设计咨询中心、技术经济中心（技经中心定额统计处承担公司定额站办公室职能）、徐州勘测设计中心；子公司1个，为北京华建网源电力设计研究所；挂靠单位2个，即中国电机工程学会热电专业委员会和中国电力发展促进会。

人力资源

经研院现有正式员工 212 人，其中院本部 148 人，徐州勘测设计中心 64 人。其他三个业务中心，规划中心 29 人、设计中心 42 人、技术经济中心 20 人。现有业务人员 169 人，占全院正式员工的 79.7%。研究生学历人员 73 人，占 34.4%，大学学历人员 117 人，占 55.2%，大学以上学历人员 190 人，占 89.6%。高级职称人员 101 人，占 47.6%。

2009 年，经研院认真组织开展全员培训，加强教育培训工作。全年参加国家电网公司专项教育培训 30 项，组织院内专项培训和业务专题讲座 18 项，参加系统外社会培训 8 项，参加培训员工达 2200 人·次，全员培训率超过 92%，全面完成年度教育培训计划。

经营管理

全面完成年度经营业绩考核指标，党风廉政建设、安全生产和稳定工作保持良好局面。

集约化管控能力稳步提高。加强合同管理，规范合同审批流程，开展《合同管理办法》和《合同评审程序》修订工作。建立综合计划滚动优化调整机制，完善综合计划月度、季度执行情况统计分析报告制度。制定《招标采购管理暂行办法》、《采购控制程序》以及记录体系，严格采购计划控制与审核。以开展“三节约”活动为主线，深化全面预算管理，严格控制各项管理费用支出，实现全年可控费用压降 5% 的目标。加强战略协作，与国际公司、高培中心建立战略合作关系，为院拓展国际化业务，建立完善专业化人才培养体系奠定了坚实基础。

加强基础管理，健全制度体系。按照新的职能定位要求，对 72 项规章制度进行全面梳理，修订完善劳动人事、资产财务、综合计划、物资、招投标、科研管理等方面的规章制度 54 项，新制定规章制度 10 项。开展质量、环境、职业健康安全管理体系认证工作。针对规划设计咨询等业务需要，修订完善院质量、环境和职业健康安全管理体系，进一步梳理业务流程，改进、完善管理体系控制程序和相关支持文件。

重点工作

2009 年是经研院发展历程中具有重要意义的一年，顺利完成了重组和办公区搬迁，新的定位、新的环境和扩充后的员工队伍，为经研院创新发展带来了新的气象。

（1）承担电力、电网规划技术归口职能，扎实做好电网规划研究工作。深入开展特高压电网滚动研究，对特高压交流电网、直流落点及建设时序进行优化调整。发挥电网规划技术归口职能，具体承担国家电网公司“十二五”坚强智能电网规划报告编制。配合国家电网公司制定《电网规划工作管理规定》。顺利完成《坚强智能电网发展规划纲要》、《智能电网科技框架编制》、《对我国风电发展相关问题的探讨》等研究课题，为电网发展提供有力支撑。

（2）拓展配电网研究领域，加快配电网业务能力建设。协助国家电网公司总部完成公司系统各网省公司重点城市配电网“十二五”规划评审。配合国家电网公司完成《关于推进电网统一规划管理的思路和建议》，开展《智能电网试点项目评估指标体系研究》、《输配电压序列优化研究》、《城市电网建设机制及相关政策研究》、《中压配电网规划设计技术原则研究》等课题，配电网专业支撑水平不断提升。

（3）依托特高压工程项目，不断提高勘测设计业务能力。牵头完成锡盟—南京 1000kV 特高压输变电工程可研工作，开展宁东—浙江±800kV 特高压直流输电工程预可研工作，完成 500kV 扬州西输变电工程初步设计。

（4）以工程项目评审为抓手，全面服务公司电网建设。经研院的评审工作主要包括 110～220kV 工程可研评审、330kV 及以上初步设计评审、220kV 及以下初步设计复核复审、生产技改项目可研评审和公司其他单项工程评审，覆盖了公司规划、基建、生产、调度、营销、科技等领域。2009 年完成 73 个 110～220kV 输变电工程项目包可研评审；完成 330kV 及以上输变电工程初步设计评审项目 70 个，收口评审项目 93 个；完成 220kV 输变电工程初步设计复核复审 27 个批次；完成国家电网公司所属的 14 个网省公司限上技改年度项目和 23 个跨区电网限上技改项目的可研评审；完成国家电网世博企业馆、抗冰实验室、备调系统、容灾中心等单项工程评审。

（5）技经和后评价工作不断深入。发挥技经研究和全过程管理优势，开展《国家电网公司输变电工程年度造价分析》、《输变电工程建场费专题调研》等工作，承担国家电网公司《财务成本定额研究》、《设计费计费方法与标准研究》、《特高压直流工程定额与费用计算标准》编制工作，为国家电网公司推进基建标准化建设提供支撑。受国家电网公司委托参加中国工程院组织的《三峡工程电力系统论证结论阶段性评价报告》，承担三峡办组织的《三峡工程研究性总结》有关内容编撰，显著提升了在后评价领域的影响力。积极占领后评价市场，承担《通化 500kV 输变电工程后评价》等项目，进一步巩固了在输变电项目后评价领域的领先地位。积极履行作为国家电网公司定额站办公室的管理职能，组织编制并审查《各网省公司定额工作计划》，组织完成《电力建设工程概预算定额价格水平调整》、《安装定额材机调整测算》等工作。

(6) 积极推进实验室建设。经研院“电网规划与工程设计研究中心”和“电网工程技术经济实验室”是国家电网公司构建“大规划、大建设”体系的重要支撑平台。2009 年，“电网规划与工程设计研究中心”进入试运行阶段，其中，数据平台已具备数据汇集管理功能；电网规划研究平台原型系统搭建完毕，部分规划业务辅助功能具备应用条件，并初步具备电气计算能力；工程设计平台初步具备选线及选线路径专题统计功能，具备图形文件输出及打印功能。“电网工程技术经济研究实验室”第一阶段开发任务全面完成，基础数据报送、造价分析、通用造价对比、工程经济评价、定额工作管理、文件浏览等功能模块已挂网运行。

(7) 分支机构和子公司保持良好发展态势。2009 年，徐州勘测设计中心完成投产新建 220kV 输变电工程项目 7 项，220kV 新建输变电项目初步设计 6 项，220kV 变电站扩建主变压器初步设计 9 项，目前大部分项目正进行施工图设计。

北京华建网源电力设计研究所努力拓展生物质发电、可再生能源发电、分布式发电等领域的设计咨询业务，全面参与国家电网公司太阳能光伏发电有关调研及战略制订工作，完成西藏 10MW 太阳能光伏发电可研。受国家能源局委托，承担中国热电联产规划技术标准研究和范本编制，以及中国天然气分布式能源发展问题研究。

科研成果

参与《特高压交流输电关键技术研究、设备研制及工程应用》研究，获国家电网公司科技进步特等奖。《输配电压序列优化及在中压配电网中的示范应用研究》、《电网规划设计的技术经济方法研究和应用》分获 2009 年度国家电网公司科技进步一等奖和二等奖。深化航测遥感技术在电网工程中的应用研究，初步掌握电网工程遥感测量技术。技经实验室通用造价自动组合模型取得软件著作权，徐州勘测设计中心申报的“碳纤维导线接续金具专用保护器实用新型专利”获得专利授权，《电网规划设计的技术经济方法和应用研究》成果专利申请已被国家专利局受理，获取自主知识产权方面取得突破。

研究制定《输变电工程施工图设计内容深度规定》、《输变电工程初步设计内容深度规定（征地拆迁及重要跨越补充规定）》等多项企业标准，并由国家电网公司颁布实施。《电网勘测设计关键技术框架》、《电网设计地理信息系统》等课题通过国家电网公司立项，并顺利启动。完成《二自线地质灾害分析与对策研究报告》，在输电线路地质灾害及防治研究方面填补了国家电网公司空白，实现了工程设计领域科研项目新突破。

党的建设和精神文明建设

2009 年，经研院以党的建设为统领，大力推进“三个建设”。高度重视党风廉政建设，认真学习贯彻有关反腐倡廉重要文件。全面开展“反违章”专项工作，完成“三重一大”集体决策和“三节约”活动效能监察，启动成本管理效能监察项目，开展招投标监督领域诚信建设。开展企业文化建设专题调研，制订加强企业文化建设实施方案。开展企业文化“四统一”主题实践活动，组织学习宣传吴大观同志先进事迹，完成“双百”评选群众投票工作。加强工会建设，通过职工篮球比赛、联欢会、演讲比赛等活动载体，增强员工凝聚力。组织退休老同志学习国家电网公司特高压建设成果，不断加强退休人员服务工作。

（王　巍）

国网能源研究院

单位概况

国网能源研究院（简称能源院）是国家电网公司的全资子公司，是国家电网公司从事软科学研究及咨询服务的直属科研单位，定位为国家电网公司综合性能源研究智库和交流平台。

能源院前身是 1984 年成立的北京水利电力经济研究所（1995 年更名为北京动力经济研究所），于 1999 年与中国电力科学研究院电力技术经济研究所等机构合并组建国家电力公司动力经济研究中心，后更名为国电动力经济研究中心，2006 年更名为国网北京经济技术研究院。根据国家能源发展和国家电网公司发展的需要，2009 年 8 月，国家电网公司批准国网北京经济技术研究院实施业务分立，以软科学研究力量为主组建国网能源研究院。2009 年 10 月 25 日，国网能源研究院正式挂牌成立，组建工作圆满完成。国网人才评价中心、国家电网公司电力前期工作周转金中心由能源院管理，成立了国家电网公司科技项目咨询中心。

能源院致力于国家电网公司和电力行业的重大问题研究，取得了一系列创新性研究成果，在电力行业规划、能源与环保、电力供需分析、企业战略与管理、体制改革与电力市场、财会审计、电力价格、能源统计与分析等领域已形成显著优势，培养造就了一支专业素质高、研究能力强的研究咨询队伍。一批重大研究成果得到政府和企业认可与采纳，研究成果多次获得国家有关部门和国家电网公司的奖励。

目前，能源院业务范围涉及能源战略与规划研究、能源经济与政策研究、能源与电力供需研究、清洁能源发展研究、智能电网研究、能源环保与碳减排研究、节能与需求侧管理研究、企业战略与管理研究 8 大研究领域，覆盖了能源与电力发展战略研究等 35 个专业研究方向。

组织机构

2009 年 9 月，国家电网公司印发《关于组建国网能源研究院的通知》（国家电网人资［2009］846 号）。2009 年 11 月，按照国家电网公司《关于国网能源研究院机构设置和人员编制的批复》（国家电网人资［2009］1201 号）意见，能源院完成了内部机构的设置调整和定岗定编工作。截至 2009 年底，能源院设置职能部门 5 个：办公室、科研发展部、财务资产部、人力资源部、思想政治工作部（监察审计部）；业务部门 7 个：能源战略与规划研究所（国家电网公司科技项目咨询中心、《能源经济技术》杂志社）、经济与能源供需研究所、新能源研究所、智能电网研究所、能源统计与信息研究所（能源观察网站编辑部）、企业战略与管理咨询研究所、财会与审计研究所；代管机构 2 个：国网人才评价中心、国家电网公司电力前期工作周转金管理中心（与财务资产部合署办公）；子公司 1 个：北京兴业动经科技有限公司。

人力资源

截至 2009 年底，能源院在职员工 138 人。其中研究咨询人员 110 人，占 80%；高级职称人员 46 人，占研究咨询人员的 42%；博士 38 人、硕士 71 人，占研究咨询人员的 99%。拥有享受政府特殊津贴专家 3 人，国家电网公司优秀专业人才 4 人。能源院拥有一支由首席专家、各研究领域高级专家、专家及研究咨询骨干组成的层次较高、结构合理的研究队伍。

重点工作

（1）顺利完成能源研究院组建工作、开局良好。2009 年 8 月，国家电网公司党组决定以原国网北京经济技术研究院已有的软科学和能源经济研究力量为基础，组建国网能源研究院。按照国家电网公司的统一部署，能源院筹备组于 9 月 27 日完成工商登记注册等工作。以 10 月 25 日召开成立大会为标志，能源院圆满完成组建工作。实现了综合管理、科研咨询业务、人员队伍的平稳过渡。

按照国家电网公司赋予的功能定位，能源院加快专业整合和研究领域、重点研究方向调整。落实功能定位，新成立了新能源研究所、智能电网研究所、国家电网公司科技项目咨询中心、能源观察网站编辑部，调整了部分业务所的名称并扩展了相关职能。

（2）研究确定了发展战略目标和发展思路。按照国家电网公司赋予能源院的战略定位，能源院研究确定了发展战略目标，即打造成为“以电力和能源经济研究为特色”的国际一流综合性能源研究咨询机构。

能源院将围绕能源行业和国家电网公司的重大问题，开展战略性、综合性和基础性研究。以吸纳和培养高水平专家为重点，以创出高质量研究成果为导向，以强化绩效管理为抓手，通过“三个创新”、“三个加强”和“一个平台”建设，实现“三个提升”。

三个创新：创新研究咨询理念，创新研究方法和手段，创新研究成果宣传模式和应用效果。

三个加强：加强对国家电网公司总部和政府部门的服务，加强与权威研究机构的合作，加强与能源企业的交流。

一个平台：搭建国家电网公司与政府、研究机构、能源企业和权威专家联系沟通的平台。

三个提升：提升对重大决策和政策的影响力，提升在能源领域的话语权，提升在国内外的知名度。

（3）学术影响力进一步提升。公开出版了《电力供需模拟实验——基于智能工程的软科学实验室》专著。首次公开出版《国外电力市场化改革年度分析报告》、《发电能源供需形势与电源发展年度分析报告》、《电力行业节能各社会节电年度分析报告》3 部基础研究年度报告，取得良好反响。

《决策参考》影响力持续扩展。《统一认识，积极推进输配电价形成机制》等文章，主要观点和数据在国家电网公司向国务院办公厅、国资委的上报材料中得到采纳。《2020 年非化石能源比重达到 15%对电力行业发展的影响分析》等文章被国家能源局《能源问题研究》直接转发。研究成果转化宣传力度加大。8 月下旬以来，在《经济日报》、《经济参考报》等报纸，以及《中国电机工程学报》等核心期刊发表论文、文章 40 余篇。接受人民日报、新华社、中央电视台、经济日报等主流媒体采访 20 余次。

积极参加高层次论坛和学术会议。能源院专家参加了中国电力论坛、特高压输电技术国际会议、大规模风电发展政策国际研讨会、清洁能源国际高峰论坛等 10 多个国内外能源、电力论坛，发表专题演讲 16 场次，产生了较好效果。

创办《能源研究观点·专报》。汇集出版能源院发表的文章、论文和接受媒体采访的报道等，及时向国家电网公司系统及政府部门、研究机构和社会专家发送，扩大了能源院学术影响力。

《电力技术经济》获批更名为《能源技术经济》，由双月刊变更为月刊，成立了层次较高的新一届编委会，杂志影响力不断提升。《电力财务会计》和《电力人力资源》办刊质量均有所提高。

(4) 聘请知名专家工作取得重要进展。按照国家电网公司党组对能源院品牌建设和专家队伍建设的要求，能源院相继聘请林伯强、冯飞、杨富强、施鹏飞、周小谦、石定寰等为特聘研究员和高级顾问，并开始在科研课题策划、研究成果评审和对外宣传交流中发挥积极作用。

科研成果

2009 年，能源院围绕国家电网公司经营、管理、发展、改革战略重点以及能源行业热点、难点问题开展研究项目 255 项，完成 149 项，为国家电网公司总部 24 个部门提供了常态技术服务支持。

(1) 围绕国家电网公司“两个转变”开展重大问题研究发挥独特作用。开展智能电网和清洁能源发展重大问题研究，推进电网发展方式转变。发挥综合性研究优势，加强关乎智能电网的宏观性、政策性研究。参与撰写并修订了《坚强智能电网综合研究报告》。承担的《国家电网智能化规划总报告》、《坚强智能电网的社会经济效益及对公司经营影响分析》专题研究等已初步完成。开展清洁能源发展重大课题研究，完成的《国家电网公司促进清洁能源发展综合研究报告》被采纳，牵头承担了风能资源与风电开发等 9 个专题研究。开展了“我国风电发展规划若干重大问题研究”、“调峰电源与清洁能源发展关系研究”等课题。研究成果为促进清洁能源与电网协调发展提供了高水平的决策支持。启动并顺利推进“国家电网公司促进低碳经济发展研究”等一系列与清洁能源发展相关的课题。

承担国家电网公司可持续发展问题研究，支撑公司发展方式转变。“国家电网公司发展战略深化研究”被采纳，《国家电网公司成本定额体系建设》、《国家电网公司物资管理战略实施方案》、《国家电网公司全寿命周期管理框架体系》等成果在国家电网公司系统推广应用。完成“国家电网公司可持续发展关键问题研究”、“国家电网公司全面社会责任系列研究”等项目。

高质量完成国家电网公司重大科技项目。《国家电网公司科技项目管理模式深化研究》成果被采纳。圆满完成《国家电网公司“十二五”及中长期科技发展规划战略研究决策支持技术专题报告》研究工作。

(2) 服务政府部门的研究范围快速扩展、效果明显增强。受国家能源局委托，完成《新疆电力与可再生能源发展战略研究》等专题报告，参与了《国家能源战略》总报告的编写和修改完善工作。受国资委委托，完成“中央电力企业‘十二五’规划前期研究”等课题。受国家发改委委托，开展了“我国电价与国际比较研究”等项目。受国务院三峡办委托，完成“三峡输变电工程资金总结性研究”。受国家财政部、审计署、电监会等部门委托，在“十二五”电网基础设施发展、输配电价、煤电价格改革等领域开展了一系列联合研究。部分研究成果被纳入到国家能源局《国家能源发展战略研究》和中国工程院《我国中长期（2030、2050 年）能源发展战略研究》。

《新疆“十二五”及 2020 年电力发展规划》、《2008～2009 年我国电力与经济关系研究》等作为国家电网公司汇报材料上报国家能源局。《输煤输电综合比较》、《关于风电发展的调研报告》、《关于煤电价格改革的意见》由国家电网公司上报国家发改委。《国资委 EVA 考核有关政策建议》作为国家电网公司向国资委汇报的材料，在国资委征求意见稿中得到采纳。

能源院积极参与国家能源局“十二五”能源规划前期重大问题研究项目投标，联合权威研究机构中标“我国智能电网发展模式及实施方案研究”等 3 项课题，是所有参加投标的单位中中标课题数量最多的单位。此外，能源院还承担了国家能源局综合司的“GDP 增长与全社会用电量增长研究”、发展规划司的“‘十二五’电网基础设施建设和发展相关问题研究”、政策法规司的“分布式能源政策法规问题研究”等课题。

(3) 科研成果水平进一步提升。获国家电网公司科技进步奖 9 项，其中“国家电网公司财务管控模式研究”获一等奖。获中国电力科学技术二等奖和三等奖各 1 项。

实验室建设

2009 年，能源院基础研究能力特别是量化分析模型和工具建设稳步推进，对科研咨询业务的支撑作用日渐突出。“电力供需研究实验室开发与建设”项目顺利通过国家电网公司验收，在国家电网公司系统得到有效应用。国家电网公司经营与财务仿真实验室主要模块开发基本完成。电力市场模拟分析软件开发逐步得到应用。启动了国家电网公司能源研究中心（实验室）规划建设工作。

经营管理

2009 年，能源院全面完成了国家电网公司下达的年度经营业绩考核指标：流动资产周转率为 0.57 次，均超额完成，可控费用在年度预算控制之内；研究成果水平、重大咨询建议采用等指标超额完成。

申报并获批成为国家自然科学基金依托单位。国家电网科技项目咨询中心开始运行并发挥作用。科研项目立项、检查和结题验收进一步细化和规范。完成联合培养研究生、博士后入站工作。通过 SG186 工程验收。完成院域名注册、内外网站及邮件系统建设。

制订印发了 60 余项规章制度。启动了财务集约化管理工作。综合计划、预算管理和招标采购管理进一步加强。顺利完成入住都城大厦整体搬迁工作。

党的建设和精神文明建设

2009 年，能源院深入开展学习实践科学发展观活动，群众满意度测评结果为 100%，得到国家电网公司学习实践活动指导检查组好评。切实加强党的建设，建立健全院党的基层组织和工作制度。深入开展“三节约”活动，积极降本增效。开展企业文化建设“四统一”主题实践活动，推进统一优秀企业文化建设。强化惩治和预防腐败体系建设，开展“反违章”专项工作。落实效能监察工作。加强警示教育，组织全院党员举办集体廉政党课，开展“扬正气，促和谐”全国优秀廉政公益广告展播活动。建立和完善民主管理制度，成立院工会委员会。关心在职员工和离退休职工身心健康。

（李连存）

中国水利水电科学研究院

单位概况

中国水利水电科学研究院（简称中国水科院）是以水利水电公益型研究和应用技术科学研究为主，面向全国的专业齐全的综合性科研机构，是全国水利水电科学技术研究的中心。它着重解决水利、水电建设中的重大关键技术问题，承担行业基础和应用基础研究及新技术、新成果的推广。

主要研究领域包括水资源、水环境、防洪减灾、高效节水灌溉、牧区水利、河流水库泥沙、高坝水力学、高坝结构、新型建筑材料、岩土工程及地基加固、工程抗震、遥感、高效水轮机及水泵、电站计算机监控和水情测报自动化系统、电站通信及自动化设备、火电核电站冷却水及环境、试验仪器及水利史研究等方面。同时还进行水利水电工程经济、环境问题的咨询及评估、工程安全监测及缺陷处理、工程安全鉴定、工程监理等。

中国水科院是国家“水利工程”一级重点学科单位，设有 8 个硕士、8 个博士学科授予点，并设有 2 个一级学科博士后流动站。设有国家节水灌溉工程技术中心、部防洪抗旱减灾工程技术中心、水工程建设与安全重点实验室、水沙科学与江河治理重点实验室和工程环境评价中心。

中国水科院具有国家核准的安全评价机构资质证书、工程咨询资格甲级证书、水文、水资源调查评价甲级、建设项目环境影响评价甲级、编制开发建设项目水土保持方案资格甲级、建设工程地震安全性评价许可甲级、监理队伍资质甲级、设计乙级、施工贰级资质证书，以及通过国家质量监督检验检疫总局的计量认证。

目前在职人数 1341 人，其中中国科学院、中国工程院院士 7 人，高工 441 人（含教授 125 人）。具有博士、硕士学位 300 余人。固定资产 6 亿元，具有国内外先进水平的大型试验设备有：三维六自由度震动试验台、450gt 土工离心试验机、大型减压厢、高精度水力机械试验台等大型设备 120 台套，水力学、冷却水、泥沙、岩土、结构与材料、抗震、水利、水力机械、计算机监控、水情测报、调速器等综合试验室 32 座，科研设备总值近 1 亿元。

中国水科院与国外著名科研机构、高等院校以及国际上重要的学术团体有广泛的交流与合作。国际泥沙研究培训中心、中国大坝委员会秘书处、中国灌排委员会秘书处、国际水利工程和研究协会中国会员联络组、世界泥沙研究学会等均设（挂靠）在中国水科院。

科学技术面向经济建设是中国水科院的宗旨，中国水科院竭诚为国内外水利水电、火电、核电建设以及其他领域的科学技术研究与发展提供优质服务。

领导班子

党委书记、院长：匡尚富

党委副书记、纪委书记：陈祥建

副院长：贾金生　杨晓东　刘之平　胡春宏　汪小刚

2009 年的主要工作

2009 年，中国水科院以科学发展观统领各项工作，以建设世界一流水利水电科研院为目标，在科研、科技产业、国际合作、人才队伍、后勤保障、党建和精神文明建设等方面，取得了可喜的成绩和新的进展。

1. 创新战略扎实推进，科研成果喜获丰收

紧紧围绕水资源合理配置与严格管理、节水防污

型社会建设、水利水电工程建设与安全、新能源开发等领域面临的关键性科技问题，立足于原始创新和关键技术突破，进一步加强了基础理论、宏观战略和实用技术的研究与开发，有力地促进了中国水科院水利水电科技的健康发展，在科研数量和质量方面成果喜人，成效显著。

（1）科研合同持续增长，合同总额再创新高。2009年新增合同额8.56亿元，同比增长了16%；人均合同额58.9万元，同比增长12%。其中，非营利所（中心）新签合同额3.33亿元、占全院总量的38.9%，科技企业新签合同总额5.20亿元、占全院总量的60.7%，其他0.03亿元，占全院合同总额的0.4%。中水科技签订的土耳其水电站项目，单项合同额1625万美元，约合1.1亿元人民币，在国际咨询方面再创佳绩。

（2）创新理念日益深化，科研成果再创佳绩。一是重视项目结题和成果总结验收。2009年通过验收鉴定成果242项，荣获国家科学技术进步二等奖3项，省部级科技进步奖17项，包括特等奖1项、一等奖5项，二等奖8项，三等奖3项。二是重视成果的凝练和总结提升。全年出版专著48部，同比增长27%；发表学术论文774篇，同比增长13%；撰写各类科研报告646份，同比增长26%。获得专利授权公告26项，同比增长160%。三是重视院承办的学报质量。由中国水科院承办的《水利学报》在全国1868种期刊中综合指标排名第七，在水利工程类71种期刊中排名第一，被评为中国权威学术期刊，《水利学报》编辑部同时荣获中国水利学会“先进集体”荣誉称号。

（3）过程管理常抓不懈，重大项目进展顺利。一是重大科研项目研究取得新的突破。国家“十一五”科技支撑、“973”、“863”、公益类行业专项、水利前期等各类项目研究工作进展顺利，按时提交了中期成果报告，取得了一系列新的阶段性成果。二是重大工程项目关键技术研发取得新的突破。承担的二峡、小湾、锦屏、向家坝、景洪、溪洛渡、龙开口、五强溪、鲁地拉、拉西瓦等重大工程项目，内容涉及工程论证、规划、设计、施工、运行管理以及生态环境保护等重要环节。在国际水电市场，承担完成了多项国际重大工程项目，越南大青项目、越南苏潘项目、土耳其BH电站和GB电站等项目成功通过验收，通过不断争取新的重大项目，国际声誉不断提升。中国水科院还结合国家核电发展、风电开发和火电建设，为多项工程建设项目提供技术支撑，并取得了新的阶段性成果。三是重大民生问题的科技支撑取得了新的突破。一年来，围绕事关民生的重大科技问题，切实开展了一系列的科技咨询和服务等工作。如承担了汶川地震灾后重建、国家地震志组织编写等任务，为确保水利水电工程安全、防御灾害等提供了支撑。

（4）科研前期不断加强，项目筹划进展顺利。一是面向国家和行业需求，纵向项目取得新进展。坚持以国家和行业发展提供科技支撑为目标，凝练重大科学问题，着力于原始创新和关键技术突破。二是面向国内外建设市场需求，横向项目取得新进展。充分发挥重点学科、专业人才、条件平台等综合优势，面向国内外水利水电建设市场需求，通过多种形式，不断拓展业务领域，积极争取横向项目。2009年，中国水科院积极响应国家加强新能源开发的新战略，不断探求风能、核电等新能源领域的业务需求，争取了多项新的项目，成为未来项目的新增长点。通过积极开拓国际水利水电建设市场，在东南亚等地区水电行业的影响不断提升，成为了中国水科院新项目的重要来源。

2. 人才战略逐步推进，优秀人才不断涌现

（1）专业人才引进培养，竞争能力不断提升。一是重视人才引进。修订完善了《人才引进的暂行办法》等，加强了优秀专业技术人才的引进工作。二是加强年轻科技人才培养。三是加强高层次人才培育。积极开展高层次人才推优和申报工作，加强高层次人才队伍建设。

（2）干部队伍加强建设，管理能力日益增强。一是加强干部选拔与聘任。坚持“德才兼备、以德为先”的原则，坚持“公开、平等、竞争、择优”的方针。二是加强干部交流锻炼。结合工作需要，继续推进干部跨部门交流工作。三是加强干部培训。通过举办企业中高层管理干部培训班等多种培训班，加强对先进管理理念、管理方法的学习，加强引导企业管理干部转变经营理念，培养创新意识、练就独立经营管理的能力、发扬开拓进取精神，加快建立现代企业制度，推动企业真正走向市场。

（3）人才战略逐步加强，优秀人才不断涌现。随着人才强院战略的逐步加强，优秀人才不断涌现，进一步激励和带动了全院人才的发展和提升，国内外影响力不断扩大。贾金生副院长当选新一届国际大坝委员会主席和世界水理事会董事、陈祖煜院士当选国际土力学与岩土工程学会副主席（亚洲区主席）。

3. 产业战略不断推进，竞争实力不断提高

中国水科院科技企业以实现产业化发展为目标，国内外市场的竞争实力不断增强，呈现出良好的发展趋势。

（1）科研生产紧密结合，市场推广进程加快。近年来，中国水科院科技企业瞄准市场，科研产业化意识不断增强，注重核心技术的自主研发，强化科技成果的市场推广应用，在机电设备、自动化、监测、结

构材料等领域已形成了一批优势技术与产品，通过软件开发、专利申请和标准制定，并通过加强系统集成等措施，在自动化监控系统、机电设备成套化组装、新型水工材料生产和施工等方面，不断拓宽服务领域，扩大了市场。

（2）企业管理日渐规范，市场运作能力提升。坚持深化科技企业体制改革，加强资源整合，重视企业文化和管理体系建设，企业通过了 ISO 9001：2008 版换版认证，促进了规范化管理；实施了新的企业绩效考评办法，健全了激励机制。

（3）开发拓展齐头并进，市场竞争优势增强。坚持不断开拓新领域、新市场，不断拓展技术市场。积极开拓了风电和核电等新的技术服务市场，取得了一定的成效。积极开拓了国际水电新市场，取得了突破性成绩，科技企业今年又在土耳其新签订了单项合同额再创历史新高的重大机电设备项目，市场开拓屡创佳绩，国际声誉不断提升，为今后发展打下了良好基础，促进了可持续发展。

4．学科建设持续推进，创新能力不断提升

坚持“突出重点学科，巩固优势学科、发展新兴学科、加强交叉学科”的学科发展思路，通过调整机构设置、加大扶持力度、开辟创新增长点等方式，不断加强学科体系建设及组织体系建设，努力构建满足水利水电发展需要、水平领先、门类齐全的学科体系，促进学科支撑实力进一步加强。

（1）优化调整机构设置，完善学科体系建设。为适应国家水电可持续发展战略需要，中国水科院成立了国家水电可持续发展研究中心，加强对我国水电发展政策、宏观战略等研究；中国水科院作为发起单位申请成立了中国大坝协会，秘书处挂靠我院，为学术交流拓展了新的平台。

（2）加大投入扶持力度，促进新兴学科发展。围绕国内外水利水电学科发展热点、难点与前沿领域，我院加强了应对气候变化、新能源、水电可持续发展、水文化、水公共安全保障等领域的研究工作，在人才引进、专项项目资助等方面，加大了政策扶持与发展支持，不断促进了新兴学科和交叉学科的快速发展。

（3）适应发展形势需要，推进传统学科创新。基于国家水利水电发展的新思路、新目标、新要求，考虑国情、水情、民情变化和国际形势等新背景，中国水科院水资源、水环境、防洪抗旱减灾、节水灌溉、水沙科学与江河治理等重点学科不断深化和拓展。为顺应水利水电工程建设规模不断扩大，环境条件不断变化，中国水科院的水力学、岩土、抗震、结构材料、自动化、机电、监测等传统水利水电工程学科在稳固、提高的基础上，不断引入自动化、信息化等现代化新科技、新设备、新手段，促进了传统学科的创新发展。

5．平台建设全面推进，科研环境明显改善

围绕支撑水利科技创新发展的目标，制定了“中国水科院国家水利科技创新基地建设规划”和“中国水科院学科发展和科研能力建设规划”，将条件平台建设纳入院科研能力建设的大局，为我院科研水平的大幅提升、国内外市场的进一步开拓奠定了坚实基础，取得了显著成效。

（1）试验条件不断改善，科研基础支撑有力。一是试验基地建设成绩显著，试验条件不断提升。河口海岸、水力学等新试验厅基本建成并投入使用，节水灌溉试验研究基地建设不断加强，水力机械实验室居国际先进水平；延庆试验基地建设全面推进，总平面规划通过审批、基础设施建设基本完成。二是专业实验室改造成绩显著。大型振动台、离心机动力模拟试验系统、土工合成材料试验室和混凝土材料试验室等完成升级改造。三是实验室管理不断规范，实验能力不断提升。通过完善实验室管理体系文件和制度建设、加强规范化管理，中国水科院工程检测中心顺利通过了国家计量认证。四是实验室使用效率不断提高，社会效益和经济效益不断提升。2009 年共承担完成了国内外 9 项大型电站水轮机的试验任务，优良的实验环境和先进的试验仪器设备，极大地促进了科技成果的创新水平，也创造了显著的经济效益。

（2）资质建设不断加强，业务优势更加突显。中国水科院将资质建设与管理作为促进市场竞争能力和业务持续发展的最重要举措之一，2009 年使用工程咨询资质 70 项，项目成果报告 54 项、合同总额 1139 万元。

一是不断强化制度建设。对资质管理、使用、建设与维护、考核监督等作了具体规定，从制度建设入手加强资质建设与管理工作。二是积极开拓资质领域。成功获得水利部水利工程质量检测甲级单位资质，水利部大中型水闸安全评价单位资质。三是着重发挥支撑作用。利用现有资质开展了一系列的技术咨询、评估和服务。

6．内外交流深入推进，多边合作成效显著

中国水科院以国内领先、国际一流为发展目标，进一步加强了与国内外的交流与合作。在国际合作交流方面，充分显现了中国水科院的国际学术地位在不断提高，合作交流成效显著。

（1）建立合作长效机制，优化合作交流环境。与三峡总公司、中国水电建设集团等国内 9 家单位，与韩国建筑技术研究院、巴基斯坦水利电力开发署、马来西亚能源委员会、加拿大魁北克水电公司、美国北达科他州立大学 5 家国际机构签订了新的合作协议，与澳大利亚蒙纳士大学、土耳其国家水电工程总局、土耳其 SOYAK 能源集团、苏丹共和国大坝工程运行管理局、阿根廷水资源研究所 5 家机构达成了合作意向，增加了新的交流平台与合作机制，不断拓展了发展空间。

（2）策划各类水事活动，拓展学术交流平台。中国水科院成功举办了国家水电可持续发展中心、中国大坝协会成立大会，承办了第一届堆石坝国际研讨会。通过举办重要会议、参加重要活动，提升了中国水科院的学术地位。

（3）加大对外宣传力度，提升国内国际影响。中国水科院在第五届世界水论坛、第十六届中国杨凌农业高新科技成果博览会、2009 年中国水博览会等展览会上，加强对外宣传，得到了广泛的好评。加强院中英文网站更新维护和重大事件的专栏报道。通过多种途径，全面加强了对外宣传，扩大了社会影响。

（4）深化科研项目合作，促进共同持续发展。中国水科院通过争取 948 项目等，引进、消化、吸收、再创新，不断提升创新能力。通过承担 UNDP、欧盟国家等支持的科技项目，广泛拓展国际水电工程咨询和产品服务市场，推广中国水利水电技术的广泛应用。

7. 管理体系不断完善，管理水平显著提升

在制度建设、质量管理体系建设和管理能力建设等方面取得了显著成效，促进了科学发展。

（1）规章制度不断健全，管理效率不断提高。2009 年，已完成了 15 项规章制度的制（修）订工作，加强了单位内部规章制度建设。各项管理工作更加规范，管理效率不断提高。

（2）运行机制持续改进，管理质量不断提升。按照 ISO 9001 标准建立的质量管理体系已经运行三年，2009 年结合中国水科院实际，不断修改完善体系文件，通过强化体系运行过程的内部审核和管理评审，加强了对质量管理体系运行情况的监督检查与整改落实，尤其是加强了对科研项目的全过程监督管理，并建立健全了持续改进、不断完善的良性运行机制，有力地促进了各项工作的规范化进行，保证了科研质量、提高了科研水平。

（3）网络信息建设加强，服务水平不断提高。按照实现一流管理的发展目标，中国水科院网络信息等现代化建设全面推进。启动了数字水科院建设项目，推进了院科技资料数字化建设工程，实现了网络设施标准化管理，极大地提高了管理能力。

8. 党建、精神文明建设不断加强，组织保障更加有力

（1）学习实践活动深入推进，科学发展初见成效。2009 年初，将学习实践科学发展观活动贯彻落实到实际工作中。切实对照科学发展要求，全面梳理发展进程中面临的问题。在科学发展观活动解决突出问题方面取得了成效，促进了中国水科院的科学发展。

（2）理论学习不断加强，思想觉悟不断提高。一是不断创新学习方式方法、营造学习氛围。通过多种形式，提高了党员干部政治理论水平与政策水平。二是以新中国成立 60 周年为契机，开展了系列教育活动，加强党性教育，提高政治觉悟。

（3）基层党建不断加强，保障作用更加有力。通过广泛开展调研活动，深入查找基层党建工作的薄弱环节，不断创新工作思路，以党建制度创新和完善党内机制为强大动力，以强化院属各单位基层党支部建设为重要保障，加强中国水科院党委对基层支部的工作指导、规范基层党支部工作、促进基层党支部建设，政治思想保障作用不断增强。

（4）廉政建设不断加强，优良党风发扬光大。一是认真贯彻落实党风廉政责任制，完成了 2009 年度党风廉政建设责任书的签订，开展执行情况的检查考核等。二是完成了中国水科院惩治和预防腐败体系 2008～2012 年工作规划任务实施情况的自查。三是组织党员干部听报告、看廉政教育宣传片，以及发学习材料、更新院网廉政建设专栏等，督促大家加强学习，提高警戒。四是高度重视群众来信来访，积极妥善地办理每一位群众的来信事项。五是积极配合院中心工作，开展内部审计，加强监督，促进全院健康持续发展。

（5）精神文明不断加强，和谐氛围更加浓厚。一是通过调整院精神文明工作机制，各项精神文明建设工作扎实推进。二是深入开展水利科研单位文化建设调研，分析当前科研院所文化建设取得成绩和存在的问题，提出有效措施和方法，为建立世界一流的院所文化进行有益的探索。三是围绕中国水科院中心工作，加强院所文化建设情况的宣传报道。四是丰富离退休职工生活。组织离退休职工开展内容丰富的学习和文体活动，提高离退休职工的生活质量。

主要事件

2 月 10 日，中国水科院匡尚富院长一行访问中国电力企业联合会标准化中心。双方就电力标准化方面的相关问题进行了座谈讨论。副院长贾金生、杨晓东、胡春宏、汪小刚等陪同走访。

3 月 2 日，巴基斯坦总理特别助理 Kamal Majidulla 先生、巴基斯坦驻华大使馆参赞 Syed Ali Tallae 先生一行再次访问中国水科院，就双方技术合作问题进行洽谈。受匡尚富院长委托，汪小刚副院长主持了会议，同 Majidulla 先生一行进行了深入、友好的座

谈与交流。

3月9日，中国水科院召开2009年党的工作会议。

3月12日，全国政协原副主席、中国工程院院士钱正英应匡尚富院长的邀请莅临中国水科院，作题为“转变发展方式一中国水利的战略选择”的学术报告。匡尚富院长主持会议并致辞，共有专家、学者200余人参加了报告会。

4月20日，冰岛共和国驻华大使Gunnar Snorri Gunnarsson先生带着冰岛总统Olafur R. Grimsson阁下致匡尚富院长的邀请信，亲临水科院访问。随行来访的还有冰岛驻华参赞Axel Nikulasson先生。匡尚富院长热情会见了Gunnarsson大使一行。

5月23日，国际大坝委员会第77届执行会议在巴西首都巴西利亚召开，63个国家的代表参加了执行会议，通过选举，中国水科院贾金生副院长当选为国际大坝委员会新一届主席（任期从2009年至2012年），是国际大坝委员会第22位主席，也是我国历史上的第一位国际大坝委员会主席。

6月8日，中国大坝协会成立大会暨第一次全国会员代表大会在北京隆重召开。全国政协原副主席、中国工程院院士钱正英，水利部党组书记、部长陈雷，中国工程院院士、中国大坝协会名誉理事长陆佑楣，中国科学院、中国工程院院士、中国大坝协会名誉理事长潘家铮，全国人大财经委员会副主任委员、水利部原部长、中国大坝协会理事长汪恕诚，水利部副部长矫勇、民政部民间组织管理廖鸿巡视员出席大会开幕式。

6月28日，中国水科院与中国水力发电工程学会召开全面合作框架协议签字仪式。

9月19日，国家水电可持续发展研究中心成立大会暨高层论坛在北京隆重召开，水利部部长陈雷，国家发展与改革委员会副主任、国家能源局局长张国宝出席大会开幕式并发表重要讲话，随后共同为国家水电可持续发展研究中心揭牌。

10月20日，UNDP“加强水电安全项目”国际专题研讨会在四川成都召开。作为项目的执行单位，我院组织召开了本次研讨会。会议由项目主任、中国水科院贾金生副院长主持。来自联合国开发计划署、商务部国际经济技术交流中心、水利部以及来自日本、巴西、瑞士、塔吉克斯坦、中国台湾的40余位代表和专家参加了会议。

11月2日，第十三届海峡两岸水利科技交流研讨会在中国台湾台中市开幕。副院长杨晓东代表大陆地区组委会和中国水科院致辞。

（安晓滨）

国网信息通信有限公司

单位概况

国网信息通信有限公司（简称国网信通公司）是国家电网公司的全资子公司。国网信通公司的战略定位是：坚持“立足电网、面向社会、加快发展、做大做强”的方针，服务坚强智能电网的建设与发展，努力建设成为国家电网公司服务型、经营型、控股型、产业化创新型企业，成为国家电网公司坚强的信息通信运行中心、工程中心、资源中心、技术中心。

国网信通公司依托国家电网公司丰富的信息通信资源，利用多年积累的人才和技术优势，在为国家电网公司提供优质可靠的通信信息服务保障同时，面向社会提供电信增值业务、工程集成、技术服务、信息资源等多种优质服务。核心业务包括：电力通信网、电力信息网的运行维护；语音、宽带接入、专线租赁、互联网数据中心（IDC）、企业邮箱、应急通信等增值服务；通信信息网络、视频应用系统、电能量管理与集中抄表、电力行业信息化和PLC技术综合应用等工程集成；工程设计监理、信息系统测试、专利服务、电力科技查新、远程培训及课件制作等技术服务；国家电网数字图书馆、电力标准化信息管理系统、《中国电力》等期刊出版和会展业务等信息资源服务。

截至2009年末，国网信通公司设有8个职能部门，8个业务中心，下属6家直属公司（其中4家全资公司，2家控股公司）和3家参股公司。

人力资源

截至2009年底，国网信通公司正式员工311人，其中研究生及以上学历112人，大学本科学历118人，大专学历55人，中专及以下学历26人。高级职称125人，中级职称97人。技师11人，高级工11人，中级工1人。

国网信通公司坚持以人为本，促进员工与企业共同成长。2009年在全面实施绩效与薪酬改革和绩效考核管理的基础上进一步完善。国网信通公司全年组织实施的教育培训共184项，国家电网公司下达的教育培训计划中的15项培训全部完成，参加培训2305人·次，人员培训率达到100%。

安全生产

国网信通公司负责运行管理的国家电网公司一级骨干光纤通信网络运行光缆达12 643km，通信站326

个；以国家电网公司总部为核心的信息网络，实现了所有网省公司和直属单位的高速安全互联。

为了适应大规模通信信息网络运行管理的要求，国网信通公司大力强化安全风险防范体系、应急管理体系、事故调查体系三个体系的建设。成立安全工作领导小组和工作小组，层层落实安全责任；组织安全隐患排查治理，整治隐患600余项；制订、修编应急预案40余项，组织开展应急演练；由点及面深入开展故障调查与分析工作。2009年，国家电网公司一级骨干通信网、信息网骨干网及信息系统运行安全稳定，数据通信业务通道可用率99.999%，国调直调范围内保护通道、安控通道可用率99.999%，一级骨干通信电路运行率99.999%，国家电网公司信息网骨干网运行率99.964%，国家电网公司总部信息业务应用平均运行率99.978%，国家电网公司总部局域网运行率99.993%，各项生产运行指标均优于考核指标。

经营管理

2009年，国网信通公司深入开展学习实践科学发展观活动，认真贯彻人财物集约化管理，强化经营管理，加强劳动用工管理，加强应收账款管理，加强工程项目采购计划和招投标管理，开展企业资质和贯标认证工作，取得了高新技术企业和软件企业资格认定，通过了ISO 9001、ISO 20000和ISO 27001标准认证，管理基础进一步规范，服务水平进一步提升。认真落实依法从严治企要求，进一步强化内部管控，深入开展“三节约”活动，努力增收节支、降本增效，运营成本得到有效控制。深入落实国网信通公司产业化发展战略，完成福建亿力股权划转和汇通金财股权收购，完成对深圳公司和国电通公司的增资工作，国网信通公司业务范围、经营能力得到有效扩展，经营状况良好，经营业绩取得了快速发展。

积极配合国家电网公司智能电网相关工作。建成智能用电小区用户侧试点，莲香园小区和阜成路95号院2个试点分别基于电力线宽带和光纤通信技术构建入户网络，采用智能交互终端、机顶盒、智能插座等自主创新研发的软件和设备，在国内首次实现了基于宽带网络的用电信息采集和双向互动，电力流、信息流、业务流有机融合，为广泛开展智能电网用户侧建设提供了有益实践。

国网信通公司积极参与上海世博会国家电网企业馆智能用电环节展示和智能用电小区示范项目。积极参与建设基于智能电网用电体系的95598客户服务中心。深入开展信息通信支撑智能电网解决方案、多网融合、光纤复合架空相线（OPPC）、光纤复合低压电缆（PFTTH）、物联网技术、智能电网商业模式等方面的研究。完成了基于物联网的电动汽车辅助管理系统研究。着力推进PFTTH技术研究，建立了多网融合仿真测试平台。自主开发了智能杆塔、线路巡视系统、电网生产智能管理系统等产品。密切跟踪国际智能电网动态，为国网信通公司决策提供有力支撑。

党的建设和精神文明建设

2009年，国网信通公司认真落实党风廉政建设责任制，成立国网信通公司党风廉政建设责任制领导小组及办公室，实行由党组统一领导，党政领导班子共同研究、部署、检查，纪委协调监督，广大员工积极参与和监督评议的领导体制。组织开展领导干部廉洁自律七项要求自查申报和贯彻“两办规定”制止公款旅游专项工作。加强领导班子和干部队伍建设，发挥党组织在选人用人中的主导作用。加强干部作风建设和反腐倡廉建设，认真贯彻中央纪委四次五次全会精神，构筑反腐倡廉思想道德、规章制度、纪律惩处“三道防线”，深入开展构建国家电网特色惩治和预防腐败体系建设，加强党风廉政教育，建设廉洁文化。加强基层党组织建设。深入开展以争创“四强”（政治引领力强、推动发展力强、改革创新力强、凝聚保障力强）党组织、争做“四优”（政治素质优、岗位技能优、工作业绩优、群众评价优）共产党员为主要内容的争先创优活动，深化电网先锋党支部创建工作，充分发挥基层党组织的战斗堡垒作用。加强对工会、共青团组织的领导，充分发挥工会、团组织联系群众的桥梁纽带作用。

在全体员工中开展“成长的员工成长的信通”主题活动。采取学习、交流、拓展等形式拓宽员工视野，激励员工创新思维，努力推动员工与企业共同成长。

深入开展“建功在企业，和谐促发展”主题活动，以创建“精神文明号”、“安全生产示范岗”、“创金牌服务”为抓手，促进安全生产月、奥运保电应急预案联合演练等活动的开展。积极发挥职代会的民主决策功能，组织召开职工代表议事会议。组织青年团员去牛街敬老院献爱心等。围绕国庆60周年，在广大员工中组织开展摄影比赛和各类文体活动。关心、关注离退休职工、患病和困难职工，努力保障老同志福利，积极为老同志排忧解困，促进企业和谐发展。

（侯　毅）

南方电网技术研究中心

企业概况

南方电网技术研究中心（简称南网研究中心）是中国南方电网公司的分公司，专门从事基础性、前瞻性的电网核心技术研究开发；同时，负责整合和优化配置公司系统科研资源；对外承接技术研发、HVDC成套设计、仿真测试、工程调试、咨询和培训等业务。

南网研究中心致力于解决南方电网规划、建设、生产运行中重大技术问题；管理电网仿真实验室和重点试验基地；引进消化超高压直流输电技术及其国产化实施；建立和管理博士后科研工作站；开展国内外技术交流与合作；出版和发行《南方电网技术》杂志；整合配置公司系统科研资源，协调指导技术研发；参与重大技术方案和科研成果评审（估）；组织开展电网技术监督。

2009年南网研究中心电网安稳技术支持作用得到更好地发挥；云广±800kV直流输电工程技术取得自主化，较好地完成了南方电网电压层级优化研究，昆明特高压国家工程实验室正式投入使用，“十一五”国家科技支撑计划“特高压输变电系统开发与示范”圆满完成全部课题验收；获准实施国家能源大电网技术研发实验中心建设，新增知识产权数量大幅上升；《南方电网技术》被评为2007～2008年度中国电力报刊协会优秀期刊。

组织机构

南网研究中心设综合管理处、电网技术研究处、直流输电研究处、电网仿真实验室、特高压实验室和智能电网研究所共6个处室。

领导班子

2009年8月27日，经中共中国南方电网有限责任公司党组研究决定，成立中共中国南方电网有限责任公司电网技术研究中心党组，任命魏善淇为南网研究中心党组成员、书记，任命赵杰为中共中国南方电网有限责任公司电网技术研究中心党组成员、副书记，任命饶宏、刘智宏、佀蜀明为中共中国南方电网有限责任公司电网技术研究中心党组成员。

2009年末南网研究中心领导班子成员组成如下：

主任：赵　杰

党组书记、副主任：魏善淇

副主任：饶　宏

副主任：刘智宏

副主任：佀蜀明

电网安全运行技术支持与服务

全方位开展了电网安全稳定分析与控制策略研究。南网研究中心与南网总调和超高压公司建立了有效的生产技术支持工作协调机制。电网处在人手紧缺的情况下，积极推进各项工作，制定了2009年南方电网安稳系统策略和海南联网工程安稳策略。创新机制，完成南方电网安全稳定未来三年滚动评估，为大电网可持续安全可靠运行奠定基础。参加并完成南方电网主网和海南联网工程安稳系统联合调试工作。深入推进云广直流工程投运后安全稳定分析与对策研究，完成双极投产后电网安全稳定运行措施研究。完善系统参数建模工作，审核确定150台机组的励磁参数实测报告，进一步完善南方电网励磁参数数据平台，编制《南方电网调速器模型参数实测与建模技术导则》。多直流协调控制系统作为世界上第一个投入商业运行的广域闭环控制系统，具有典型智能电网概念，它的投运进一步提升了主网的动态安全稳定性。

积极发挥电网规划与运行技术支持桥梁作用，为各分省公司提供技术服务。电网处超前开展云广工程投运对南方电网安全运行影响问题的研究。强化云南电网小水电机组功率控制，完成小水电群同步振荡解列系统一期工程联调和二期工程研发，为云南电网安全稳定提供有力保障。配合制订云南电网2030年远景目标网架规划方案。完成广西电网动态稳定分析报告。根据联网后电网特性变化情况，协助海南电网公司及时优化调整安稳系统。深入分析西电东送串补间隙动作原因，提出针对性措施，有效规避了西电东送主通道功率大幅降低的安全风险。

积极利用实时仿真试验系统开展典型异常和事故仿真试验与分析。仿真室积极响应有关方面需求，及时为交直流并联输电系统安全运行提供有效的技术支持。组织开展了云广直流配套安稳控制措施、云南小水电区域电网振荡解列措施及海南电网联网安稳技术等电网安全稳定控制技术的实时仿真试验与研究。与运行单位合作对高肇/兴安直流的接地极过电压保护、直流滤波器保护直流线路纵差保护改进措施及接地极不平衡保护重启功能完善等进行仿真试验与研究，协助开展国内各类距离保护Ⅰ段动作特性的试验研究，完成六期仿真试验专题报告。结合云广直流、天广直流改造及楚雄/梧州SVC工程和西电东送网络完善串补工程，对西门子、GE、中国电科院等五大厂家的控制保护装置进行性能/功能检验，及时发现缺陷并提出整改要求。

切实开展全网性技术监督有关工作。在充分调查研究的基础上，积极配合公司生技部制订南方电网公司技术监督体系建设方案，并积极筹划全网性技术监督工作。完成500kV变压器套管事故反措调研和相关研究。同时开展应对气候变化的拓展性技术监督工作，完成南方电网输电线路覆冰预警系统的接入及联调工作，建成了以南方电网总部一级监测主站，广东、广西、云南、贵州电网和超高压输电公司二级监测有机结合主站的输电线路监测网络。研究制订了南方电网雷电监测定位系统方案。

电网核心技术研究

国家有关重点科技项目按计划完成。“十一五”国家科技支撑计划“特高压输变电系统开发与示范”圆满完成全部任务验收和课题验收。该项目历时4年，取得了一系列具有自主知识产权并具有国际领先水平的成果。其中属于南方电网公司产权的专利共计31项，其中发明专利20项，完成了国家和行业标准19项，获得国家级科技二等奖1项，省部级科技奖励5项，为云广±800kV特高压直流输电工程的设计、主设备制造和工程建设提供了强有力的技术支撑，提升了南方电网技术品牌，并对我国特高压直流输电工程的建设起到了示范作用。国家“863”计划“高效节能与分布式供能技术”课题通过国家科技部中期评审，配合示范工程按计划实施。国家“973”计划“输电线路预警系统”研究课题和国家支撑计划重点项目“电网抵御极端天气灾害关键技术及装置开发与应用”进展顺利。

南方电网重点科技项目稳步推进。积极开展以电压层级优化、交直流混合电网稳定、仿真关键技术以及高海拔特高压外绝缘试验研究为重点的一系列相关科研和技术开发工作。

积极推进智能电网有关技术研究。按照公司统一一部署，积极开展研究，提交了《智能电网技术研究综述报告》和《国内外配网智能化技术发展现状及南方电网试点方案研究报告》，提出公司推进智能电网建设的总体构想与具体实施建议。同时，积极调研电动汽车充电站接入系统、储能技术、智能计量体系、智能计量通信方式现状和发展前景，做好专项研究工作技术储备。

云广±800kV直流输电工程系统研究成套设计

南网研究中心所做的技术支持工作，包括系统研究、成套设计、设备监造、控制保护系统功能、动态性能试验和现场系统调试。云广特高压直流输电工程的自主化率达到62.9%，标志着我国电力技术、装备制造达到了国际先进水平，在世界输变电领域占领了新的制高点。特别值得一提的是控制保护系统一次试验成功，得益于在用RTDS仿真系统进行功能和动态性能试验中发现的300多个软件问题和缺陷得到及时研究处理解决。南网研究中心克服工期紧、技术复杂等困难，自主进行整个系统调试，优化方案奏效，纵横向比较都处于领先水平。

电网规划与建设技术服务

精心组织溪洛渡、糯扎渡电站送电广东直流输电工程前期关键技术研究。两渡工程前期研究项目共计26项，南网研究中心承担了其中18个项目的研究工作。完成了溪洛渡、糯扎渡送电广东对南方电网安全稳定的影响、换流站污秽预测、无功优化、平波电抗器配置方案、国产化调研报告以及溪洛渡同塔双回工程控制保护系统研究和电压优化等课题并通过评审，并在此基础上完成了“两渡”工程总体技术方案编制和评审，基本确定了工程的主要技术原则和技术方案，在谐波阻抗扫描、干式平波电抗器配置和同塔双回控制保护方面均作出了一些创新性的工作，为顺利开展预初步设计和招标规范书编制等工作提供了技术支持。

南方电网电压层级优化专题研究顺利完成。取得一系列具有指导意义的研究成果，并应用于深圳光明新区20kV电压层级优化工程试点及有关重点城市电网规划中。

积极参加天广直流控制保护系统技术改造工作。系统研究项目全部通过评审，直流控制保护设备FPT正式试验顺利完成，开展了DPT设备接入与调试试验工作。

顺利完成串补、SVC工程现场调试。先后完成了500kV砚山、贺州、河池串补工程和梧州SVC保护装置的系统调试并成功投入运行，进一步提高西电东送网络输电可靠率。

科技基础平台建设

特高压工程技术（昆明）国家工程实验室正式投入使用。作为第一批国家工程实验室，得到了国家发展改革委的充分肯定，创造了5项“世界第一”，三项“世界唯一”，并且在硬件方面已成为世界领先的特高压直流输电技术研发平台。目前，一期工程全面建成投产，7套主设备通过验收，四大功能场区具备试验研究条件。组织召开了第一届理事会和技术委员会会议，建立实验室的季度协调会制度，颁布了实验室科技规划和相关管理规章制度。积极开展电磁环境、污秽外绝缘、空气间隙等5个特高压技术重点科技项目，进展受控。并协助生产运行单位开展±800kV直流输电系统带电作业培训、开关户外联合加压和污秽等多项试验。

2009年5月，特高压工程技术国家工程实验室启动仪式在云南昆明举行。（南网研究中心　提供）

稳步开展广州特高压基地建设工作。顺利通过可研收口审查，组织开展了多次各功能场区的技术研讨，进一步细化技术方案。

积极实施仿真实验室功能扩展计划。电网仿真实验室作为公司首批重点实验室，同时获批国家能源大电网技术研发（实验）中心，向具有国际有影响力的国家级重点实验室目标迈进一大步。完成仿真实验室进一步发展规划，对仿真实验手段、仿真规模和应用功能的拓展等进一步明确目标。实施国家能源大电网技术研发（实验）中心5项试验研究平台建设，积极推进RTDS升级改造与扩展计划，提升仿真技术水平，RTDS规模已扩充至26个机箱。同时，配置云广直流及天广直流改造控制保护实验系统，配置与EMTDC配套的RTP试验技术，实时仿真实验规模、功能及应用居世界领先地位。

进一步加强国家认定企业技术中心建设。“国家认定企业技术中心”顺利通过评估。“电网实时仿真平台建设”项目在国家创新能力平台建设专项中获得中央专项资金800万元资助。“国家能源大电网技术研发（实验）中心”获得中央专项资金1700万元资助。

内部规范化管理

研究确定中心功能定位及专业技术重点发展方向。全面总结分析研究中心面临的机遇和挑战，发掘自身优势与特色，剖析存在问题与不足，结合海外高层次人才创新创业基地建设和南方电网“十二五”科技发展规划，研究并确定了南网研究中心功能定位，提出了六大专业技术重点发展方向，工作思路更加清晰，同时作为软课题获得公司首届管理论坛三等奖，意义重大而且深远。

进一步加强科技管理。修订完善中心科技管理办法。借鉴国内外有关单位的成功经验，制定中心科学技术奖评选办法，初步建立了评奖专家库，组织开展了2009年度中心科学技术奖的评审和奖励工作。更加重视知识产权的申请和保护工作，配合生技部积极开展南方电网“十二五”科技发展规划和知识产权战略编制工作。

加强科技人才队伍建设。做好学科带头人的选拔、引进与培养，充实人才队伍。在人事部的指导下，组织开展了技术专家选聘和研究员选聘，积极引进海外高层次科技创新领军人才和实用型科技创新人才，同时积极申报“千人计划”。

科技开发和研究成果

2009年申请和获得专利授权共16项，登记软件著作权7项。1个科技项目获得2009年南方电网科学技术一等奖、5个项目获得二等奖、2个项目获得三等奖。“恶劣环境中电气外绝缘放电特性及其在电网中的工程应用”获得国家科技进步二等奖。“直流输电自主化控制保护系统试验的关键技术研究”、“天广直流不同类型线路故障在直流控制保护中的响应研究”和“换流站电磁兼容技术研究”3个项目获得了中国电力科学技术三等奖。

技术交流与合作

扩大技术交流与合作。成功加入国际电力研究交流协会（IERE）并成为高级会员。积极推进电网研究实用技术培训18项，开展“学术活动日”与国际交流活动，与总调合作举办了7次内部学术交流活动，邀请网内、国内外知名专家讲课，实现资源共享。通过“请进来、走出去”方式，选派技术人员参加国际大电网（GIGRE）、IEEE等国际学术会议。协助公司生技部，举办2009年南方电网技术论坛，进一步提高了研究中心的知名度和影响力。

做好《南方电网技术》杂志和博士后科研站工作。召开编委座谈会，进一步确定杂志工作重点和目标。积极做好科技核心期刊申请准备工作。2名博士后进入博士后科研站工作，开展了低频振荡和轻型直流输电关键技术研究并完成了中期评审。

（刘抒彦）

南方电网信息中心

企业概况

2009年，南方电网信息中心（简称信息中心）信息化工作紧紧围绕南方电网公司战略发展目标和“十一五”信息化规划要求，坚持“以信息化促进管理现代化”原则，按照“体系化、规范化、指标化”管理思路，统筹协调全网信息技术开发和应用，组织实施登高计划，大力推进“4+1”工程建设，建立健全三大标准体系，加强信息安全保障工作，信息化管理和应用水平有了显著的提高。

针对2008年信息化工作会议中提出的B+登高目标，制订了全网信息化水平登高计划，有针对性地提出了各项登高措施，并逐一分解到各有关部门和单位实施落实。在国资委开展的2008年度央企信息化水平评价中，得分75.42分，完成了73.34分的年度登高目标。其中，信息化基础建设、信息化应用与效果两大核心指标分别提升了2.82分和4.16分，反映出推进四大业务系统建设和信息化标准建设已初见成效。

信息化管理

1. 信息化管理架构

根据信息化建设和管理要求并结合南方电网公司实际，南方电网公司人事部下发了《中国南方电网有限责任公司信息化管理体制调整方案》（98号文件），要求各单位于2010年3月之前建立健全南方电网公司信息化管理体系，加强信息化职能管理。

2. 信息化水平评价考核

为了激励南方电网公司系统各单位加快信息化建设步伐，结合国资委信息化水平评价办法和南方电网公司实际情况，编制下发了《中国南方电网有限责任公司信息化水平评价考核管理办法（试行）》和评价考核细则。2009年11月，信息中心组织专家从信息化管理水平、建设水平、应用水平、运维水平、安全防护水平五大方面对各分、子公司的信息化水平进行了评价考核。经过专家组评定，广东电网88.7分、贵州电网84.68分、云南电网83.26分、广西电网81.62分、超高压公司74.5分、调峰调频公司70.5分、海南电网64.34分，全网平均78.23分。从2010年起，信息化水平考核被纳入南方电网公司责任制考核中。

3. 网站绩效评估

2009年上半年，国资委开展中央企业对外网站绩效预评估，南方电网公司网站得分仅为61.2分。针对这一情况，南方电网公司立即开展对外网站整改工作，由信息中心联合各相关部门召开了网站整改工作协调会，对整改工作进行了具体的部署。经过整改，南方电网公司网站的内容与功能方面取得较大的提升，在2009年中央企业网站绩效的终评中，得分93.4分，A级，得到了国资委的肯定。

规划标准

1. 三大标准

按照南方电网公司“体系化、规范化、指标化”要求，建立健全信息化“技术标准、管理标准、工作标准”三大标准体系。截至2009年底，南方电网公司总部共编制各项标准129项，其中企业标准49项。同时，各分、子公司在引用南方电网公司企业标准的基础上，结合自身特点建立和完善标准体系，开展标准梳理工作并制订下一步的标准编制计划。其中，超高压公司梳理74项，调峰调频公司梳理21项，广东电网公司梳理105项，广西电网公司梳理165项，云南电网公司梳理129项，贵州电网公司梳理186项，海南电网公司梳理50项。

在2008年编码工作的基础上，完成并颁发了安全、物资等编码标准。截至2009年底，所有编码标准已经完成，为全网范围内实现“统一信息模型、统一信息编码、统一数据标准、统一交换格式”打下了基础。

2. “十二五”规划

启动“十二五”规划编制工作，11月召开了南方电网公司“十二五”信息化规划项目启动会，成立了规划编制工作组，确定了由广东省电力设计研究院牵头、联合国内外著名咨询单位开展规划编制工作。同时，全面开展规划前期调研工作，与同行业和其他中央企业就信息化建设经验进行了交流和沟通。

信息系统建设

1. “4+1”工程

2009年是南方电网公司“4+1”工程建设的关键之年，南方电网公司高度重视，每季度由副总经理、首席信息官祁达才主持召开协调会，检查工程进度，协调有关问题。业务部门和信息中心紧密合作，圆满完成年度目标，“4+1”工程取得了阶段性成果。

营销系统：各省公司的营销系统均已建成，应用系统基本覆盖了地市供电局和县级供电企业，总部系统已完成需求分析。

人力资源系统：总部、广东电网、调峰调频公司完成竣工验收。海南电网和超高压公司完成了功能验收，贵州电网公司提前完成了功能验收，大部分单位开始进入双轨运行，其他单位完成了数据准备和软硬件平台搭建工作。

财务系统：对已推广的四大核心业务模块进行了优化完善，统一组织实施资金管理、成本费用控制、购电费管理的试点工作，完成了新接收县级供电企业会计核算数据的省级集中工作。

生产系统：除海南电网即将在全省范围内推广实施外，其他单位生产系统已全部建成，实现了总部、分（子）公司本部和基层生产单位三级全覆盖。

企业级数据中心：完成了调研、可行性研究、立项、咨询、系统设计和实施招标，编制了《南方电网数据中心建设可行性研究报告》和《南方电网公司数据中心建设方案》，成立了数据中心项目领导小组、工作小组、实施小组。

2. 四大系统评估

2009年首次开展了四大业务系统评估工作。编制下发了《中国南方电网公司四大业务管理信息系统评估管理办法（试行）》。11月24日，信息中心联合四大业务部门，成立四大业务系统评估专家组，组织网内外专家，从功能完备性、系统覆盖率、系统集成度、数据规范性、流程固化度、实用化程度、系统稳定性、系统安全性八大指标对各分、子公司四大业务系统建设和应用水平进行了评估。经过专家评定，广东电网的营销系统、人力资源系统、生产系统，广西电网的财务系统和云南电网的营销系统达到了国内先进水平。其余系统中有12个系统处于国内中等偏上水平，3个系统处于国内中等水平。评估结果显示，南方电网公司各单位的主营业务系统建设正处于快速发展阶段，并整体向国内先进水平迈进。

3. 其他系统建设

超高压公司工程管理信息系统正式上线运行，包括项目管理、职能管理、工作平台、系统管理四大主体功能点，能够对工程项目建设的整个生命周期进行管理。

广东电网综合管理信息系统包括党务、团务、纪检监察、审计、法律事务、工会、行政后勤七大子系统共计219个功能模块，实现了“横向集成，上下贯通”的全覆盖，本部横向覆盖了七大部门，地市供电局横向覆盖了6个职能部门或职能单位，纵向覆盖了省公司本部和11个地市供电局。

广西电网公司通过建立信息运维管理信息系统，实现了信息运维工作的信息化。该系统将生产中的工作票、操作票机制以及流程处理机制引入到运维管理中，实现信息运维操作的生产化。

云南电网综合计划统计管理系统包括权限管理、综合维护、指标体系、统计对象管理、指标实例管理、综合统计、组织绩效计划、农电绩效、生产统计、基建管理、电源并网和短信平台等12个核心业务功能模块，共18个功能模块，约80多个功能点，涵盖了省、地、县、电厂的基础信息管理和统计分析工作。

贵州电网综合信息平台实现了营销、生产、财务、人资、物资、基建和政工等部门的初步辅助决策功能，提供了鱼骨图、杜邦分析、联合分析、增减利因素分析等多种跨专业联合分析手段，实现了领导驾驶舱功能。

海南电网统一用户管理信息系统集中管理所有应用系统的用户，为各个应用系统提供安全的服务与支持。系统已完成了平台搭建、与海南电网PKI/CA系统的结合以及部分应用系统接入调试工作。

IT运行维护

1. IT集中监控运行系统

参照ISO 20000国际标准体系，推进“运维体系化”建设。组织建设涵盖网络管理、系统管理、安全管理、IT服务管理等功能模块的IT集中运行监控系统，建立网、省、地三级IT集中运行监控体系和运行指标体系，实现对主机、应用系统、数据库、中间件和网络安全设备等的监控和管理，提高信息安全预防、应急、处理等能力，提升系统安全性，降低安全风险。

项目按照“试点—验收—推广”的模式推进，选择南方电网公司总部—广东电网公司本部—佛山供电局作为试点单位。

2. 关键应用系统年可用率

关键应用系统年可用率是衡量南方电网公司总部、各分、子公司和各分、子公司下属单位信息系统运行水平的重要指标。2009年度，全网关键应用系统年可用率平均值在99.9%以上，满足南方电网公司关键应用系统可用率要求（大于99.5%）。其中，总部99.993%，超高压公司99.985%，调峰调频公司99.8%，广东电网99.94%，广西电网99.97%，云南电网99.966%，贵州电网99.981%，海南电网99.9%。

3. 信息网络年可用率

信息网络年可用率是衡量南方电网公司总部、各分、子公司和各分、子公司下属单位网络运行水平和可靠程度的重要指标。2009年度，全网信息网络年可用率平均值为99.94%，满足网公司信息网络可用率要求（大于99.5%）。其中，总部99.81%，超高压公司99.94%，调峰调频公司100%，广东电网99.976%，广西电网99.985%，云南电网99.956%，贵州电网99.97%，海南电网99.9%。

信息安全

1. 总体情况

按照国资委、电监会的要求和南方电网公司管理信息系统安全等级保护要求，逐步规范信息安全工作。组织开展了信息安全防护建设工作和全网范围内的网络与管理信息系统安全自查、抽查工作，各单位针对检查中发现的问题进行了整改。网络与信息安全总体受控，全年没有出现重大信息安全事故。

2. 信息安全体系化研究

以贵州电网作为试点，组织开展了“基于ISO 27001国际标准的南方电网信息安全管理体系应用研究”工作，通过分析ISO 27001国际标准的结构和内容，结合南方电网公司信息安全现状，从管理和技术相结合的角度，取得策略体系、防护体系、责任体系、基线体系四方面的研究成果，提出了南方电网信息安全管理体系建设基本思路和信息安全技术环境构建的框架建议，为今后3～5年的信息安全保障体系建设奠定了基础。

（余 芸）

国电能源研究院(技术经济咨询中心)

概述

2008年10月，中国国电集团公司（简称集团公司）在原国电技术经济咨询中心（简称中心）的基础上组建成立了国电能源研究院（简称能源院）。能源院作为集团公司全资企业，与国电技术经济咨询中心采取一套人马、两块牌子的方式运行，集团公司对能源院（中心）实行预算制管理。能源院（中心）内设七个部门，分别为综合管理部、战略与信息研究部、财经研究部、电力项目部、产业项目部、海外项目部和工程造价部，主要负责集团公司及下属企业发展战略研究、能源和电力行业技术经济政策研究；能源和电力行业相关的国内国际重要技术经济信息收集、分析、研究；资本运作和资产重组研究；电力及非电投资项目前评估和后评价，投资项目技术方案及造价审查等业务。

课题研究

（一）关注国内外及能源行业经济形势和技术更新，选择对集团公司经营、发展可能产生影响的热点课题，进行政策解读和市场分析，如《大用户直购电专题研究》、《分布式发电专题研究》、《燃煤电厂掺烧劣质煤经济性分析报告》等。

（二）关注国内外及能源行业形势，在宏观经济、集团战略等方面开展专项研究，编制战略规划，面对金融危机给发电企业带来的困难，深入实地调查，破解企业发展难题，开展并完成了《加快结构调整，促进集团公司科学发展分析》、《新能源引领发电企业转型》、《内蒙古地区综合能源规划》等大型专题研究。

（三）针对集团公司生产经营形势开展财经政策及经营策略研究，对促进集团公司资本运作创新、降低经营成本、改善财务结构、降低资产负债率起到积极作用，完成了《增值税转型对集团公司影响分析》、《集团公司资产负债率预测分析》、《经济增加值（EVA）分析研究》等专题报告。一年来，能源院（中心）共完成以上三类专题研究107项。

项目评估

（一）前评估工作。全年共完成106个项目评估，内容涵盖煤电、小水电、太阳能、核电、风电、垃圾发电、热网等电力领域和煤矿、煤化工、水泥厂、污水处理厂、土地开发等非电领域的投资、收购、重组等各种类型前评估工作。

（二）后评价工作。通过对项目的设计方案与实际运行效果进行比较，分析设计和生产经营中存在的问题，提出技改方案，提高管理水平，并在后续投资的同类项目中加以借鉴，提高设计及运行的合理性，更好地保证投资收益。全年共完成7个发电项目后评价。

（三）造价管理咨询工作。完成工程造价管理咨询共50项工作，内容涵盖建设项目造价水平评估、造价目标编制、标书审查、执行概算审查、结算审查等，为降低工程费用，提高投资效益作出贡献。

（四）优化评审工作。按照集团公司建设“绿色电站”的要求，逐步开展项目可研、设计审查和设计优化评审工作，提高项目设计的先进性、合理性、经济性，为建设节能环保电站贡献了力量。从小规模的秸秆发电项目入手，逐步扩展到30万kW级、60万kW级项目，共完成21个项目的评审工作。

信息服务

能源院（中心）进一步拓宽信息收集渠道，加强信息捕获、解读，对国家宏观政策、电力、煤炭等能源行业政策、数据进行系统分析，定时发布日刊《每日信息》和月刊《能源观察》，为集团公司领导及相关部门提供及时、动态、优质的行业信息。

国电科学技术研究院（环境保护研究院）

单位概况

国电科学技术研究院（简称国电电科院）是以国电环境保护研究院（简称国电环保院）和中国国电集团公司安全生产技术服务中心为基础，于2008年10月22日组建的。目前国电电科院与国电环保院实行一套人马、两块牌子模式进行管理。国电环保院成立于1980年，为原电力部、国家电力公司的直属科研院所，也是国内电力行业唯一专门从事环境保护的科研机构。中国国电集团公司安全生产技术服务中心成立于2007年11月，主要面向中国国电集团公司、下属发电企业开展技术服务工作。

国电电科院目前下设6个管理部门、10个专业所（中心）、1个分院、2家全资子公司、1家控股公司、1家参股公司，建有5个实验室。截至2009年末，在册员工277人，平均年龄38岁，其中硕士以上学历108人，占39%；高、中级职称的有174人，占63%；享受国务院政府特殊津贴15人，科技人员占90%以上。

国电电科院拥有发电工程类甲级调试证书、环境影响评价甲级证书、环境工程设计甲级证书、环境工程咨询甲级证书以及环保工程总承包、安全评价咨询乙级、电力设备性能试验、CEMS环境污染治理设施运营资质证书和中国环境保护产品认证证书、质检中心计量认证证书、专项承包（总包）二级资质。国电电科院是中国电机工程学会环境保护专业委员会、电力行业环境保护标准化技术委员会挂靠单位，设有国家环保部认可的南京电力设备质量性能检验中心，主办国内外公开发行的《电力科技与环保》期刊。

国电电科院目前的主要业务有：

（一）技术服务和咨询。重点是发电设备安全评价、环保评价、节能评价；建设项目环境影响评价；工程咨询、系统调试、性能试验、环保设备检测；技术监督、培训和信息服务。

（二）环境污染治理。包括电厂烟气、烟尘、固体排放、噪声治理等工程的总承包和设备集成，均拥有广泛的应用业绩。

（三）技术研究和产品开发。主要是节能减排、新能源和高效发电相关新技术、新产品的自主研发、引进吸收和再创新、推广应用等。

（四）环保和节能产品研发及制造。研制成功的高频电源和烟气排放连续监测系统（CEMS）是中国国电集团公司乃至电力行业重点节能、环保产品，正在加快实施产业化。

科技研发工作

（一）科技发展措施

2009年国电电科院在促进科技发展方面重点采取了四项措施：

(1) 增加硬件投入，提升装备水平。国电电科院组建之初，技术装备较为薄弱，特别是在非环保专业方面差距较大。随着各项工作的开展，分批购置了电磁环境测试、环保检测、性能试验等仪器设备。

(2) 总结在生产研发中业已形成的自有技术，积极开展科研工作。以从事的各项业务为基础，积极开展科技研发和项目攻关，取得了多项显著成果。

(3) 开展横向合作，加强了与清华大学、华北电力大学、南京大学、中电联等单位的合作，强化产学研结合，快出成果。

(4) 开展新技术领域的研究。为适应中国国电集团公司“以大力发展新能源引领企业转型”的发展战略，国电电科院在新能源和电站材料方面积极加强相关新技术的研究和储备，特别是核电、风电、节能等技术。

（二）科技获奖情况

国电电科院2009年获国家教育部科技进步一等奖1项、环保部环境保护科学技术一等奖1项、二等奖1项；新承担中国国电集团公司重大科研项目7项，完成中国国电集团公司下达的科技项目4项；控制系统优化及控制工程师仿真培训系统开发的关键技术取得重大突破；承担的2项863项目取得阶段性成果；形成了“节能提效型电除尘器高频电源”、“火电机组状态及性能全息诊断系统”、“WHear烟气脱硫技术”、“外装置成栓密相气力输送技术”和“火电厂冷却塔降噪消声导流装置”5项自有技术并通过技术鉴定，获得专利6项。

经营工作

(1) 技术咨询与服务。2009年，国电电科院重点开展了环保、安全、节能三大专项评价以及设计优化、性能诊断和试验等工作，初步具备了有一定特色的技术服务能力。全年共完成安全性评价28个电厂、环保评价21个电厂、节能评价20个电厂，性能试验14个电厂，技术咨询多项。

其中，贵州鸭溪发电公司1、3、4号三台机组性能整体优化工程，机组供电煤耗平均下降3.5g/kWh；长源荆门热电厂6号机组运行方式优化工程，供电煤耗下降2.5g/kWh；益阳电厂3、4号机组凝结泵改造工程，节电率28%以上。在完成生产任务同时，国电电科院还参加了《中国国电集团公司绿色火电厂建设指导意见》的制定，编制了相关的专题报告，完成多项设计优化咨询。完成中国国电集团公司“十二五”环境保护规划的编制。

(2) 环境影响评价。2009年国电电科院环评业务再创历史新高，取得历年来最好成绩。业务等级和市场区域均取得了重大突破：首次承担1000kV特高压输变电项目环评，环评业务首次进入新疆地区。积极开拓新业务，在输变电建设项目竣工环保验收、通信类（中国移动、中国联通等）、核电、清洁生产机制（CDM）、建材等方面的业务也取得了突出成绩。在规模扩大的同时，高度重视环评质量，荣获江苏省年度环评机构考核甲级环评单位第一名。

(3) 脱硫工程。脱硫专业以环保评价为平台重点转向技术咨询服务、专项设计、技术改造等工作。承接了库车、石嘴山、阳宗海等电厂的脱硫系统改造及中国国电集团公司内外十多个电厂脱硫方案编制、业主工程师等服务项目，成功实现了由工程型向工程及技术服务复合型的战略转变。

（4）除尘除灰工程。2009年布袋除尘专业突破了300MW机组电袋复合除尘技术，气力输送专业承接中电投黄河上游水电集团及国电科环集团的多晶硅输送项目，取得火电厂飞灰以外物料气力输送业务的突破；承接国电谏壁电厂2×1000MW机组飞灰气力输送项目，取得百万千瓦级机组气力输送项目重大突破。

（5）电力设备性能检测。2009年国电电科院性能检测业务量稳步增长，完成41个电厂的环保设备性能检测与性能考核试验，在行业内成为国内第一品牌。同时，根据业务的扩张，将原环保质检中心更名为南京电力设备质量性能检验中心并进行了扩项认证，共增加了5大项20个小项，涵盖了发电厂主辅设备测试的全部内容，为经营范围的拓展创造了条件。

（6）产业化。国电电科院电除尘器高频电源被国家发改委列入重点产业化项目，并得到了江苏省2009年度科技成果转化专项资助。目前已有103套高频电源设备在7个电厂8台机组上成功应用，机组容量等级涵盖了135、300、600MW到1000MW。尤其是在上海外高桥第三发电公司1000MW超超临界机组上的成功应用，将为高频电源产品在电力行业的推广应用起到巨大的促进作用。

（刘志坦）

中共国家电网公司党校（国家电网公司高级培训中心）

单位概况

中共国家电网公司党校前身是成立于1980年10月的中央党校中央国家机关分校电力部班。1994年12月，正式成立中共电力工业部党校。1998年9月，更名为中共国家电力公司党校。国家电网公司高级培训中心前身是成立于2000年5月18日的国家电力公司高级培训中心，当时与中共国家电力公司党校一体化运行。2002年12月，随着国家电网公司的组建，中共国家电力公司党校更名为中共国家电网公司党校，国家电力公司高级培训中心更名为国家电网公司高级培训中心。

国家电网公司党校、高级培训中心（简称党校、高培中心）是国家电网公司直属的教育培训单位，担负着国家电网公司领导干部教育培训和高级经营管理人才培养的重任；是学习、研究和宣传马克思列宁主义、毛泽东思想和中国特色社会主义理论体系的重要阵地，是领导干部加强党性锻炼的熔炉；是宣贯国家电网公司战略、传播国家电网公司文化的主要平台，是汇聚国家电网公司最佳管理实践、助力经验分享的知识管理平台，是国家电网公司高素质、复合型、国际化高级经营管理人才的培训基地。下设七个职能管理部门：综合管理处、教务管理处、教学研究处、教学培训处、思想政治处、财务资产处和后勤保障处。

人力资源

截至2009年底，党校、高培中心共有员工295人，其中，长期合同员工47人，短期合同职工248人。在长期合同员工中，高级职称24人，中级职称4人；研究生学历19人，大学本科学历19人，大学专科学历3人。

党校、高培中心充分利用地处首都的地理和人才优势，有效整合师资资源，建立了一支由中央国家机关领导、国内外研究机构专家、著名高校教授、知名企业家、企业高管以及公司系统内部优秀管理专家、技术专家等组成的，具有较高专业理论造诣以及丰富教学和实战经验的雄厚师资队伍，确保培训业务的拓展和培训质量的提高。

经营管理

2009年，党校、高培中心在国家电网公司党组的正确领导下，理清思路，找准定位，紧紧围绕公司发展大局，坚定不移做好服务支撑，以培养适应“两个转变”和“四化”工作要求的高素质干部队伍和经营管理人才为宗旨，整合内部资源，再造业务流程，进一步提升教育培训水平和服务支撑能力，培训效益稳步提高，圆满完成各项工作任务和指标，实现了平稳较快发展。

2009年，党校、高培中心共策划、组织、实施培训项目129个，培训量为67 956人·天。其中，完成公司总部培训项目72个，占全部实施项目的56%，培训量为42 766人·天；组织实施各网省公司和直属单位培训项目37个，培训量为11 479人·天；开发新师资86人；新项目完成率100%，培训质量满意率97.1%，综合服务满意率97.4%，全面超额完成国家电网公司下达的各项指标。

主要工作

1．深入学习实践科学发展观活动取得显著成效

在学习实践科学发展观活动中，党校、高培中心

高度重视、精心组织，围绕为公司深化“两个转变”、推动科学发展提供坚强人才保障和智力支撑的核心目标，紧密联系高培中心发展实际，深入调研，创新形式，高标准、高质量地完成了学习实践活动，做到了“两手抓、两不误、两促进”。通过学习实践活动，深化对国家电网公司深入推进“两个转变”的理解和认识，深化了对国家电网教育培训发展规律、转变培训发展方式的理解和认识，体制机制建设、培训教学管理、后勤保障服务等各方面工作得到加强，干部员工的思想观念、工作作风明显改进，解决了影响和制约中心科学发展的突出问题，有力地促进了中心科学发展上水平。

2. 全面落实培训计划，圆满完成培训任务

充分发挥干部教育培训的主阵地和主渠道作用，全面加强干部队伍能力素质培养。重点抓好青年后备干部理论教育和党性教育，强化总部员工能力培训，深化专业管理培训，开展产业板块和金融板块系列培训，积极拓展网省公司和直属单位的各类培训，为加快建设高素质的企业家队伍和管理人才队伍做好服务支撑。

深化专业管理人员培训。2009 年，党校、高培中心紧紧围绕国家电网公司发展战略，配合国家电网公司人财物集约化管理，推进专业管理培训由总部业务部门向网省公司、地市公司对应管理部门纵深辐射，建立了关键岗位“纵向直训”的培训模式。先后组织开展了产业发展、金融板块、人力资源管理、财务管控、物资管理、电网规划、基建管理、特高压人才、国际化人才、法律人才和纪检监察等专业类别培训，提升了公司管理理念的穿透力，增强了专业管理人员的专业素养和履职能力。

强化培训管理，坚持从严治校、从严施教、从严管理，既为学员提供优质高效的服务，创造良好的学习条件，又严格学员管理和学习纪律，将学风情况纳入培训考核评价，保证了培训的质量和效果，营造了良好的学风和校风。

3. 持续加强培训研究，培训质量和效果进一步得到保障

党校、高培中心始终坚持将教育培训融入公司发展大局，坚定贯彻公司党组决策部署，传播公司最佳管理实践，培训项目策划更加系统，课程内容设计更加深化。积极推进国家电网公司高级经营管理人员培训课程体系建设，初步形成分层、分类、进阶培训课程体系框架和教学大纲。采取丰富多样的培训教学方式方法，先后组织开展企业家论坛、个人发展潜质评估，演讲模拟训练，组织专业知识竞赛与辩论会，拓展现场教学，提高了学员的参与度，增强了培训的实效性。

4. 宣贯统一优秀企业文化，公司良好形象得到充分展示

充分发挥教育培训平台作用，积极宣传公司文化，向来自中央党校、国家行政学院、政府部门、研究机构、高等院校等单位的授课老师及相关方宣传公司发展战略，全面展示公司讲政治、负责任，强管理、重服务，求创新、作表率的央企形象，促进了“国家电网”品牌价值的提升。在各类培训班中，开设公司重点工作研讨和公司文化专题，邀请公司系统具有丰富管理实践经验的高级经营管理人员，特别是总部相关部门主要领导授课，增强公司决策部署的穿透力，加深学员对公司重点工作部署的理解认识和准确把握。

5. 创新体制机制，加强标准化建设，运行机制更加集约高效

夯实管理基础，再造业务流程，加快构建集中、统一、精益、高效的管理体系，初步实现了人力资源集中统一调配、计划资源统一调度、培训教学专业化管理、后勤保障专业化服务、财务“一本账”管理和物资资源数字化管控，建立了高效集约的闭环管控模式，对核心资源的集中度、利用效率和管控力度有了明显提升，实现了由分散粗放到相对集中的转变。各部门的大局意识不断增强，工作的计划性、协同性、主动性以及管理的规范性不断提高。

加强制度建设，构建了覆盖高培中心全部业务流程的制度体系，印制《国家电网公司高级培训中心规章制度汇编》，有力保障了各项工作的有序顺畅运行。开展培训管理标准化研究，规范培训管理流程，明晰班主任工作职责，制订《班主任工作手册》，切实做到工作有标准、做事有依据。扎实推进信息化建设，自主开发了培训教务管理信息系统，顺利通过了 SG186 工程的验收工作，为实施培训教学全过程管理和培训分析研究奠定基础。

6. 加强班组建设，实施后勤扁平化管理，后勤服务保障能力不断增强

建立开放式的后勤服务管理模式，加强对后勤服务人员的有效配置和合理使用，在依法规范和加强劳动用工管理的前提下，压缩管理层级，缩短管理链条，完善服务流程和服务标准，加强岗位技能交叉培训，提升员工综合素质，服务质量不断提升。加强班组建设，将经验丰富、工作负责的中坚力量充实到服务一线，建立班组间的横向联系与协作，使服务更为快捷有效，执行更加准确有力。夯实安全基础，加强隐患排查治理，加强设备设施运行维护。统一组织物资采购，不断扩大集中招标范围，降低材料采购成本，建立高效集约的物资闭环管理模式，实现物资流向数字化管理和全过程控制，提升了物资管理效率。

7. 加快教学楼工程建设，做好管理学院运行筹备工作

为缓解培训资源紧张，改善学员住宿条件，党校、高培中心教学楼工程于2009年2月26日正式开工建设，总建筑面积15 000m^2。在建设过程中严格落实安全责任，严格招投标管理，实行工程建设全过程质量监控，保证了建设进度、工程质量、综合效益的协调统一。学员公寓楼已经基本装修完毕，教学楼精装修、设备安装和室外配套工程接近尾声。管理学院工程于2009年3月16日破土动工，总建筑面积近30 000m^2；11月24日，国家电网公司总经理刘振亚考察国家电网管理学院和党校教学楼建设；12月8日，国家电网管理学院正式成立。在管理学院建设过程中，始终与建设方保持密切沟通，及时提出实际需求，成立了前期工作组，在充分考虑未来的使用要求和运行成本的前提下，开展深入调研，确保符合管理学院的功能定位，共同推进管理学院建设，年底管理学院基建施工基本结束。

党的建设和精神文明建设

紧密结合学习实践科学发展观活动，全面加强党的建设，确立了“围绕中心抓党建，抓好党建促发展”的指导思想。在校园的显著位置，设立企业文化宣传专栏，加大对学习实践科学发展观活动和建设坚强智能电网的宣传。

落实公司1号文件的各项措施，树立“过紧日子”的思想，全面深入开展“三节约”活动，全员发动，从自我做起、从点滴做起，成功组织了“三节约”和安全生产反违章知识竞赛活动。在教学楼工程建设、培训教学、经营管理的全过程中厉行节约，从严、从紧安排和控制各项成本费用支出，取得明显成效。

坚持不懈加强党风廉政建设，健全内控机制，强化“三化三有”惩防体系建设，深入开展廉洁文化教育，营造“十事、十净”的浓厚氛围。重点加强廉政机制建设，加强对领导干部、关键岗位以及人财物管理使用的监督，确保不发生经济违法违纪案件。顺利通过国家电网公司2009年党风廉政建设责任制考核。

（张庆伟）

英大传媒投资集团有限公司

单位概况

英大传媒投资集团有限公司（简称传媒集团）是国家电网公司的全资子公司，于2008年8月7日正式成立。传媒集团以新闻、出版为核心业务，具有优良的图书出版资质和较强的品牌策划、渠道营销、广告经营能力；旗下拥有《国家电网报》、《亮报》、《国家电网》杂志、《企业软实力》杂志、《能源评论》杂志、国家电网电视频道（SGTV）、英大网（www. indaa. com. cn）、电网新闻网（内网 news. sgcc. com. cn）、电力设备网（www. cepee. com）、《国家电网报》手机报等媒体；图书出版覆盖电力、经管、建筑、教材等重点领域，年出版发行电力专业及各类书籍超过2000种；同时开展会议展览、品牌策划、广告营销、软件开发、装帧设计、投资与资产管理及相关咨询、培训业务。传媒集团是我国首家企业传媒集团，是目前国内仅有的几家传媒产业种类齐全的传媒集团之一，是新闻出版总署新闻出版领域体制改革重点联系单位。

传媒集团设总经理工作部、发展策划部、人力资源部、财务资产部、思想政治工作部（监察审计部）、总编室、出版管理部7个职能部室，下设《国家电网报》编辑中心、《国家电网》杂志编辑中心、《能源评论》杂志编辑中心、广告发行中心、设计制作中心、图书营销中心、编辑业务中心、电网技术出版中心、发电技术出版中心、用电技术出版中心、建筑与机械出版中心、教材中心、华电出版中心、经管图书出版中心、网络信息中心、数字媒体中心、影视中心17个业务中心，有《国家电网报》社有限公司、中国电力出版社有限公司、《亮报》社有限公司（筹）、国网卓越传媒广告（北京）有限公司4个全资子公司；参股北京世纪东方科技发展有限公司；在国家电网公司所属网省公司及相关单位建立32个记者站。

领导班子

总经理、党组副书记：王海啸

党组书记、副总经理：宗　健

党组副书记、副总经理：刘勤（正局级）（2009年5月到任）

党组成员、副总经理：马家斌

党组成员、副总经理：马　磊

党组成员、副总经理：王树民

党组成员、副总经理：丁海东

党组成员、纪检组长、工会主席：宋　芃

党组成员、总会计师：丛德强

人力资源

截至2009年底，传媒集团有在岗员工454人，其中硕士及以上学历101人，大学本科学历239人，研究生学历同比上升3个百分点；高级职称55人，

中级职称78人。员工平均年龄34.6岁。

2009年，传媒集团切实加强人力资源集约化管理和队伍建设，科学规划整合内部组织机构，合理配置人力资源。采用竞争上岗、交流轮岗、引进人才、社会招聘等方式选拔人才，拓宽人才选拔渠道，进一步优化人员结构。理顺了各类用工劳动关系，调整了劳动合同管理流程，降低了用工法律风险。根据业务特点设置考核指标，实现全员绩效考核。建立全体员工账户式补充医疗保险制度。统筹各类专业人才培养和新员工集中培训工作，举办传媒集团中层干部培训班。2009年，传媒集团共举办和参加各类培训87次，经营管理人员培训率为100%，全员培训率达98.43%以上。

经营管理

2009年，传媒集团始终坚持增强服务公司软实力提升的能力，将开展深入学习实践科学发展观活动与做优做强做大传媒产业紧密结合，推进管理方式转变和业务发展方式转变，抢抓发展机遇，新创办面向广大用电客户的《亮报》、面向能源领域的《能源评论》杂志，筹办《企业软实力》杂志，上线运行英大网、电网新闻网、英大图片库，开通国家电网网络电视，抓紧筹建网络电视台和音像视频资料档案库，完成《中国电气工程大典》、《特高压直流输电技术丛书》、《走进特高压》等重点图书的编纂出版工作，全面超额完成各项考核指标，各方面工作取得了新的成绩。

2009年，各业务板块发展良好，报纸板块销售收入同比增长60.21%；图书板块主营业务收入同比增长3.3%；期刊板块收入同比增长76.29%；影视板块收入同比增长15.39%；网络板块收入同比增长25%；品牌策划及广告板块收入同比增长44.43%。

服务公司软实力提升

突出传媒特色，学习实践活动取得明显成效。传媒集团紧紧围绕科学发展上水平的核心目标，结合工作实际和传媒产业特点，以促进“管理方式转变、业务发展方式转变”为重点，以“做优做强做大传媒产业、服务公司软实力提升”为中心，深入调研、创新形式，高标准、高质量开展了深入学习实践科学发展观活动，开展了实施发展战略与规划、规章制度建设、同业对标管理、业务板块优化调整及加强人财物集约化管理和信息化建设等重要工作，解决了一批影响和制约传媒产业科学发展的突出问题。突出传媒特色，将宣传公司学习实践活动纳入公司总体部署中。各媒体整体策划、上下联动，全方位、全过程宣传报道公司总部及公司系统各单位学习实践活动的重要成果和典型经验。组织策划公司学习实践科学发展观知识竞赛活动，公司系统70多万名党员和员工参加；配合开展建言献策活动，公司系统36万人·次参与；出色完成公司学习实践活动展览展示任务。传媒集团学习实践活动得到公司领导和公司学习实践活动指导检查组的充分肯定，在公司学习实践活动总结大会上，作为直属单位唯一代表作典型发言。

实行全媒体运作和走出去战略，新闻宣传工作取得突出成效。切实发挥新闻宣传工作在宣传贯彻公司党组重要决策部署、服务公司企业文化建设、服务“国家电网”品牌建设等方面的重要作用，丰富媒体品种，创新运作方式，提升能力水平，集中各媒体资源，成功策划并组织实施了公司两会、特高压工程建设等重大新闻报道。其中，新中国成立60周年大型宣传报道在全国产业、企业报刊60周年宣传报道中规模最大，社会反响强烈。加强对外宣传，创办《亮报》、《能源评论》等社会化新媒体，构建对外新闻报道平台，团结了一大批外部专家队伍。利用外部媒体扩大对外宣传，组织和推荐优质稿件在中央级主流媒体播发，有效提升了传媒集团品牌形象，提高了各媒体知名度和社会影响力。组织创作《走进特高压》、《大地飞虹》等文学作品，影视剧本创作取得阶段成果。提高会议会展服务能力，出色完成了庆祝新中国成立60周年成就展能源展区总体策划、布展和展期服务等工作。组织开展国家电网公司最美工装评选活动。2009年，34件作品在第二十三届中国产业经济新闻奖、全国报纸副刊作品年赛、全国安全生产新闻奖、全国行业电视新闻展评奖等全国性新闻奖项评选中获奖。

强化出版资源管理，图书出版实力进一步增强。围绕公司中心工作，加强电力主专业图书出版，全面优化出版结构，高质量完成《国家电网公司输变电工程通用设计》、《中国三峡输变电工程》、《中国电气工程大典》等重点图书的编辑出版工作。加强图书出版领域拓展工作，发展经管图书出版业务，做好建筑装饰、家居等图书的编辑出版工作，逐步形成特色和品牌。加强对图书作者、选题、营销渠道、读者等出版资源的综合管理和开发。构建图书选题、编辑、校对、印制等环节的质量监控体系。加大图书营销创新研究，加强图书宣传推广，增强图书出版的影响力。以图书品牌建设为目标，《中国电气工程大典》、中国园林经典系列等一批精品图书的编辑出版工作获国家专项资金支持。2009年，共有36种图书、音像电子出版物作品分别获得新闻出版总署、科技部、中国出版工作者协会等颁发的优秀图书奖、畅销书奖。

转变业务发展方式，形成传媒产业发展新格局。积极推进业务发展方式转变，印发和实施发展战略与规划（2009～2012年），明确了传媒集团功能定位，确立了电力、财经“两大传媒方阵”和报纸、图书、期刊、影视、网络、品牌策划及广告“六大业务板块”的发展思路，建设市场竞争力、社会影响力“两个一流”优秀传媒集团。按照集中、集约和大部室制管理思路，进一步突出各业务中心的职能和定位，积极增强业务中心独立运作能力，业务发展活力逐步显现。自我加压，在公司系统直属单位中率先开展同业对标工作，印发同业对标大纲，并将对标成效纳入绩效考核。通过一年的发展，电力传媒方阵发展态势良好，财经传媒方阵初显成效，较好地实现业务板块间的协同互动、资源共享，各业务板块竞争力和影响力不断提升。

转变管理方式，建立科学规范管理体系。积极推进以“集团化、集约化、精益化、标准化”工作为核心的管理方式转变，优化资源配置，全面加强人财物集约化管理，持续优化组织架构，不断增强集团化运作能力，管理基础进一步夯实。创新干部选拔机制，首次开展竞聘上岗工作；首次实行全面预算管理，各项经营活动全部纳入预算，加强预算执行监督；强化物资管理，规范采购流程，加强采购项目控制，积极实施框架招标和批次招标；扎实开展好“三节约”活动。加大规章制度建设力度，形成了层面较为健全合理的规章制度体系。加强规章制度宣贯和强化执行监督，增强员工规章制度意识。推进SG186工程建设，上线运行协同办公、人力资源、财务等信息系统，提高了管理工作的质量和效率。以SG186工程典型设计为基础，根据传媒集团业务特点，完成报刊采编系统、图片库系统、图书ERP管理系统、内外部网站等核心业务信息系统的建设和升级改造工作。顺利通过国家电网公司SG186工程验收。

党的建设和精神文明建设

认真学习贯彻党的十七届四中全会精神，全面加强党建和精神文明建设。开展“四好”领导班子创建工作。制定和落实党组议事、中心组学习、民主生活会等相关规章制度，健全传媒集团党组会、总经理办公会、领导班子碰头会等会议制度，完善民主决策机制。加强党的组织建设，做好党员发展工作。开展廉洁文化和案例警示教育，开展反腐倡廉反违章专项工作，开展“三重一大”决策和成本管理效能监察工作。做好内部审计工作。建立健全工会组织，成立工会，以建立健全规章制度为基础，全面加强工会标准化建设，合理化建议活动、“送温暖”等工作取得积极成效。建立职工代表大会制度，企业民主管理和民主监督得到加强。建立临时团委，组织开展“青春光明行”、“降本增效、青年争先”主题实践活动，深化“青年文明号”创建活动。

建立健全企业文化建设体制机制，成立企业文化建设领导小组和工作机构。以“四统一”企业文化主题实践活动推动传媒集团“诚信、责任、创新、奉献”的核心价值观在传媒集团落地。凝聚员工智慧和力量，开展企业文化知识答题活动。大力弘扬“努力超越、追求卓越”的企业精神，深入推进“人人讲诚信”主题教育活动，编辑印发《“人人讲诚信”征文选》。开展“爱国歌曲大家唱”歌咏比赛、广播体操比赛等丰富多彩的主题活动，营造企业文化建设的良好氛围。

2009年，传媒集团工作得到政府有关部门和公司的肯定，在公司系统内外影响力和知名度进一步增强。传媒集团先后获得“全国文化体制改革先进企业”、“全国百佳图书出版单位”、“中华人民共和国成立60周年成就展能源展览筹办工作先进单位”、“产业报协‘三项学习教育活动’先进单位”、“国家电网特高压交流试验示范工程先进集体”、“首都文明单位”等称号。《国家电网报》编辑中心再次被评为“全国青年文明号”，网络信息中心获得“国家电网公司信息化SG186工程先进集体”称号。2位集团领导获新闻出版总署“中国百名优秀出版企业家”称号，1位集团领导获新闻出版总署“百名有突出贡献的新闻出版专业技术人员”称号。

主要事件

1月1日，全国首份用电服务类报纸《亮报》首发式在朝阳供电公司客服中心举行，并在活动现场、劲松小区、前门等地分发《亮报》创刊号，社会反响良好。《亮报》为周报，每周三出版。

同日，英大网（indaa.com.cn）正式上线运行。

1月6日，全国首份能源评论类杂志《能源评论》在人民大会堂举行创刊新闻发布会。《能源评论》为月刊，致力于能源领域观点高端平台建设。

2月1日，新闻出版总署印发《关于表彰全国新闻出版行业抗震救灾先进集体和先进个人的决定》，英大传媒集团所属国家电网报社、中国电力出版社均获得“全国新闻出版行业抗震救灾先进集体”荣誉称号。

2月23日，传媒集团工会召开成立大会暨一届一次会员代表大会，会议选举传媒集团工会第一届委员会委员、主席、副主席和经费审查委员会委员。

3月12日，传媒集团召开开展深入学习实践科学发展观活动安排部署大会，通过精心组织和认真开展活动，成效显著；6月25日召开总结大会；7月4日，在国家电网公司开展深入学习实践科学发展观活动总结大会上作典型发言。

8 月 14 日，在江苏南京召开的全国文化体制改革经验交流会上，中共中央宣传部、文化部、国家广电总局、新闻出版总署联合对 12 个“全国文化体制改革先进地区”和 58 家“全国文化体制改革先进企业”进行了表彰，传媒集团中国电力出版社获得“全国文化体制改革先进企业”荣誉称号。

9 月 9 日，传媒集团中国电力出版社获得新闻出版总署全国经营性出版单位首次等级评定“科技类一级”资质。

10 月 12 日，新中国成立 60 周年各项大型宣传基本结束，社会影响大，效果好。《国家电网报》推出 64 版国庆特刊和 4 版国庆盛典号外，“名家谈电”等栏目广受社会关注，结集出版《光明的记忆》、《光明的故事》等作品集；《亮报》、《国家电网》杂志、《能源评论》杂志、国家电网电视频道、英大网依照媒体特点推出国庆特刊、特别报道、专题；编辑出版《中国电气工程大典》(共 15 卷)、《中国三峡输变电工程》(共 8 卷)、《走进特高压》等一批高质量的国庆献礼图书；积极做好新中国成立 60 周年成就展能源展区策划、布展和展期服务等工作。

10 月 22 日，国家能源局举行表彰大会，传媒集团获“中华人民共和国成立 60 周年成就展能源展览筹办工作先进单位”荣誉称号。

12 月 3 日，传媒集团举办中层领导干部培训班，全体处级、副处级干部参加培训。

12 月 7 日，传媒集团信息化 SG186 工程顺利通过公司验收。

（王红亮）

中国电力报社

单位概况

中国电力报社成立于 1982 年 1 月 1 日，是国家电监会直属事业单位，拥有《中国电力报》、《网络导报》、《中国电业》、《中国发电》(《中国电业》杂志下半月刊)、《中国电力新闻网》、《中国电力网络电视》，以及内部发行的《电力决策参考》、《电力快讯》、《新闻工作动态》、《电力市场与电价监测研究报告》等媒体，同时拥有中电传媒股份有限公司。公司主要从事广告代理、发行印刷、影视制作、网络传播、信息咨询、展览展示、电子音像出版、计算机应用、酒店管理等经营业务。

组织机构

中国电力报社实行总编辑负责制。

编委会成员：总编辑白俭成，副总编辑张敬元、郝兴国、韩健、方彬。

党委会成员：党委书记张敬元，副书记白俭成，党委委员郝兴国、韩健、方彬。

报社各所属各部门：总编室、采访中心、农电部、专题部、记者部、财务部、审计部、人力资源部、党委办公室、办公室。

中电传媒公司所属各部门：期刊中心、周刊中心、展览制作中心、信息中心、影视中心、文化艺术中心、图书音像中心、置业中心、网络导报编辑部、人力资源部、财务部、审计部、董事会办公室、行政部、上海中电大厦有限责任公司、北京瑞驰大酒店。

重点工作

2009 年，在电监会党组的领导下，报社及公司全体职工围绕党和国家“保增长、保民生、保稳定”的总体要求，围绕电力行业改革发展大局和电力监管中心工作，以及王旭东主席视察报社时的指示精神和年中工作会上史玉波副主席提出的“坚持行业特点，发挥自身优势，坚持改革创新，提高竞争实力”的四点要求，圆满地完成了全年的各项工作任务。

(1) 建设现代新闻传媒集团的发展战略进一步得到细化，发展目标得到明确，落实措施得到强化。

(2) 报刊质量得到提升，媒体影响力进一步扩大。《中国电力报》在电力传媒领域的龙头地位进一步巩固，《中国电业》、《中国发电》、《中国电力新闻网》、《中国电力网络电视》、《电力决策参考》等媒体质量得到提高。

(3) 经济实力持续增强，经济效益得到增长。报社及公司 2009 年全年总体收入再超亿元，中电传媒公司实现净利润达到 1670 万元，较上年度增长了 15.1%。

(4) 管理水平稳步提升，“科学管理”工作开始起步，集团化管理模式初步形成；制度建设进一步强化，员工队伍素质不断提高，班子与干部队伍驾驭现代企业的能力明显增强，后备干部培养和人才储备工作有所突破。

(5) 深化文化体制改革工作深入推进，部分工作取得里程碑式进展，引进战略投资者和申请加入“中央重点扶持的新闻出版单位”的准备工作已经就绪，市场化的新媒体《网络导报》正式创刊，瑞驰酒店的经营管理工作得到肯定，公关工作得到加强。

(6) 报社与公司的文化建设工作效果明显，职工的精神面貌有了很大改观，文化生活不断丰富，一种积极向上、不畏艰险与挑战、勇于战胜自我的企业精神正在形成。

（一）以修改完善《发展纲要》为切入口，修改并重新制订了五个纲要，细化并明确第二步发展战略的目标与措施。

2006年本届报社领导班子上任以后，面对复杂多变的形势，从报社实际出发，认真研判电力体制改革以来电力行业媒体发展变化的特点，研判新闻文化出版行业改革的趋势，迎难而上，适时提出了“三步走”的战略发展目标，结束了报社发展徘徊不前的局面。三年多来，报社上下一心，按照这一战略发展目标，积极谋划，扎实工作，一年迈上一个台阶。2007年组建了“中电传媒股份有限公司”，2008年实现了收入过亿元、效益过千万的“二次创业”任务，完成了“三步走”发展战略目标的第一步。2009年工作会议上，报社提出了坚定推进第二步发展战略目标的任务，即用3～5年时间打造一个依托电力行业的现代新闻传媒集团。

五个纲要：

(1) 修改完善《发展纲要》是总抓手。

(2) 制订《新闻质量建设纲要》和《人力资源发展纲要》。

(3) 重新修订《信息化建设纲要》和《文化建设纲要》。

五个纲要的制订与修改，进一步明确了报社今后一段时期的主要任务，起到了纲举目张的作用。围绕着五个纲要的目标与措施，报社在发展战略布局、提高新闻质量、信息化建设、干部与人才队伍的培养、内部精神文明建设等方面都有了具体的目标、任务和措施。

（二）坚持正确舆论导向，采编质量全面提升，媒体影响力和行业报龙头地位得到进一步巩固与提高。

2009年，报社所属各媒体始终坚持正确舆论导向不放松，从提升质量和加快创新两方面入手，围绕“两会”、“庆祝新中国成立60周年”、“十七届四中全会”等重大庆典及会议，开展了大量卓有成效的新闻报道工作。通过狠抓新闻质量建设工作，加快内容与机制创新步伐，强化了新闻选题策划制度，强化了重大选题计划的采访落实，新闻宣传影响力不断扩大，得到与会领导及电力行业广大读者的赞扬，得到了社会的肯定。

(1)《中国电力报》行业报龙头地位继续得到巩固与加强。2009年总编室认真制订落实年度报道要点和计划，按照《新闻质量建设纲要》的要求，修改完善业务制度，做好选题制定工作，认真编辑相关版面与专栏，圆满完成全年的各项工作。

采访中心在队伍扩大后，着力于制度建设和业务培训；制订记者分工和新闻联系制度，加强选题制度规范，提升突发事件新闻应急报道能力；多种方式开展实战业务培训，并划分方向培养专家型记者，不断提升记者的职业素养与业务水平。

农电部强化策划，注重创新，推出年度策划——“中国农村用电调查”及多个系列报道、专题报道和专栏，并对《中国农电报道》电子版的栏目进行优化，加强与报纸、杂志互动，以确保网报天天连线。

专题部组建运行后，在很短的时间内，不仅很好地承担了新闻专版和《电力决策参考》的编辑工作，还创造性地推出《品味》周刊，发挥周刊灵活多样、报道方式生动活泼的特点，得到读者好评。

周刊中心所负责的《电力工程》、《电气世界》和《节能环保》三个商务周刊，在办刊质量显著提升的同时，有效地拉动广告经营工作；《电力工程》举办了第一次电建系统通讯员工作会，建立了自己的通讯站。

通过报纸全体采编人员的努力，圆满地完成了全年各项重大新闻的报道工作，重点栏目与版面的品牌优势得到强化，深度报道和事件性新闻报道取得突破，新闻分析和言论工作得到加强。电监会党组中心工作和电监系统重要成绩的新闻宣传力度不断提升，一批重要新闻稿件引起业内外强烈反响并得到了多家转载，有力地反映了行业声音，维护了行业利益。新中国成立60周年纪念特刊的推出，多角度展示行业职工风采，展示电力工业自新中国成立以来特别是改革开放以来所取得的辉煌成就。《福建阳光业扩系列报道》和《突破班组安全管理的瓶颈》两组新闻报道稿件，得到了史玉波副主席的肯定和表扬。

(2)《中国电业》及所属《中国发电》、《电力快讯》、《电力市场与电价监测报告》4种刊物齐头共进，关注行业内的热点、难点、重点，准确、及时、深刻地反映电力行业各方面工作，推出的一系列重点专题报道，对电力工业改革与发展中的重大课题做出了深刻剖析，为树立行业典型，促进电力企业开展各项工作，发挥了积极的作用。

(3)《电力决策参考》加强选题策划，关注行业热点，提供价值分析。先后就“大小网、电网建设、金沙江中游水电被叫停、电力体制改革、清洁能源”等问题进行专题探讨；推出《电力行业形势分析、供需预测及政策建议》等多篇专题文章，并完成了电力监管系统通讯队伍建设，推出“监管专栏”，确保每期都有电力监管的声音。

(4)《中国电力新闻网》从“拓宽报道视野、丰富报道内容”两方面入手，加强“网报互动、网企合作”，在完成重点采访报道的同时，通过开展地方频道培训、网络舆情监测及危机公关、通讯员会议等活动，增强网站影响力。地方频道项目在2009年4月9日史玉波副主席等领导共同开通后，进展顺利，并荣获中国报业2008/2009年度技术进步优秀奖，成为全国行业报仅有的四个获表彰项目之一。

（5）《中国电力网络电视》始终坚持正确的舆论导向，反映和报道电力行业各个时期的重点工作，通过狠抓电视队伍建设，完善节目内部工作流程及工作机制，不断提高电视制作水平和竞争力。通过进一步调动基层电视通讯员的积极性，使节目来源及质量显著提高，影响力不断增强。

（6）《新闻工作动态》继续加强与会员单位和基层的互动联系，加强对新闻改革的关注和对会员单位报刊的报道力度，使之更好地服务于会员单位、电力新闻工作者和基层通讯员。

（三）经营工作取得了可喜的成绩，在复杂的经营环境下，在报社与公司投资加大、培育性项目增多的情况下，经济实力持续增强，经济效益快速增长。

（1）报纸发行工作稳步提升。在行业内外媒体竞争日趋激烈的形势下，报社高度重视发行工作，报纸发行量达到16.2万份，超额完成了任务。同时，发行中心加强纸张采购和印务管理工作，极大地节约了成本，间接为报社与公司创造了效益。

（2）面对前所未有的冲击与挑战，周刊中心狠抓队伍建设，着力提升经营、采编与管理能力，并不断完善管理制度，规范广告经营秩序，以“广告管理系统”的应用为基础，以“建国六十周年纪念特刊”等项目为切入点，切实推进广告策划与开发水平提高，推动经营工作取得突破性进展。广告经营工作再上新台阶，超额完成了全年利润指标。

（3）展览制作中心积极开拓社外印刷排版市场，承揽相关展览项目，充分利用自身优势，开发新业务。中心根据形势及时调整工作部署与人员结构，不断增强自身活力和竞争力，配合新中国成立60周年宣传报道，出色地完成了《中国电力报》及《国家电网报》68个专版的排版工作。承办了中国国际核电展大唐展区、首届中国国际电力安全展等设计布展项目，成效显著。超额完成了全年利润指标。

（4）期刊中心全体员工群策群力，发行《中国电业》近27 000份。新中国成立60周年之际，出版了《中国电业》、《中国发电》特刊，并联合主办“中国风电论坛”，经营活动有了新起色。超额完成了全年经营任务。

（5）信息中心加大了网站网员入网、《网中刊》销售、广告销售等传统业务的工作力度，传统项目经济效益稳步提高。同时签署了十三陵网站的建设维护及软硬件购置合同，网站建设能力不断增强，舆情监测项目也得到了客户的高度评价。超额完成了全年经营任务。

（6）影视中心着力于打造一支较强的电视制作队伍，提高制作水平的同时，成本不断降低，一年来为电监会及报社做了许多录制工作。网络电视经营工作有所突破，确立了影视中心网员发展和经营选题制作的网络电视经营思路。电视片制作和IPTV（网络电视）业务逐步成长为业绩支柱，圆满地完成了全年销售任务和利润指标。

（7）事业发展中心在保持人大继续教育、书画院及电力书协等传统经营项目延续和发展的同时，积极进行新项目的策划与调研工作，下半年通过开拓图书项目和举办新中国成立60周年诗词书画展，有力地扭转了上半年的亏损局面，超额完成了全年经营任务。

（8）广东分公司积极开拓南方市场，并通过承揽制作《深圳供电报》等经营工作，在上半年就超额完成了全年的经营任务。

（9）吉林分公司组建时间短，并且缺乏行业资源。但组建以来利用自身优势积极开拓行业以外市场，在报社与公司没有任何投入的情况下，超额完成了全年经营任务。

（10）报社于2009年4月承包经营瑞驰酒店。虽然报社缺乏酒店专业管理人才与经验，但领导班子对酒店经营管理工作高度重视，派驻工作组努力保持酒店的健康发展。当年运营的8个多月中，认真解决了一些历史遗留问题，理顺了酒店经营的各种关系，用较少的资金对酒店进行了重新装修，保证了酒店经营工作进入良性发展的轨道。

（四）管理工作的科学化进一步推进，“科学管理”工作开始起步，员工队伍素质不断提高，班子与干部队伍驾驭现代企业的能力明显增强，后备干部的培养和人才储备工作有了突破。

为适应公司集团化发展要求，提升市场经济条件下传媒企业的驾驭能力，报社领导班子始终高度重视管理工作，从战略管理和职能管理两个层次，在各领域推进管理工作的科学化，使科学管理成为助力企业发展的新引擎。

（1）董事会办公室作为承担报社与公司战略管理职能的部室，在广泛咨询和认真调研的基础上，切实做好《发展纲要》修订工作，战略发展研究的职能得到强化。并通过扎实有效地工作，为报社和公司进行股权结构调整、体制改革、金融理财等重大战略决策提供科学依据。完成了制订《引进战略投资者商业计划书》的各项工作，加强对资本市场运营、公司股权管理的调研，关注媒体信息，掌握产业发展动态与趋势，积极拓展维护报社与公司的公共关系，开展公司形象推广等工作。

（2）财务部通过树立全员理财观，建立健全科学的财务决策机制，不断提升报社与公司整体财务管理水平。严格坚持以预算管理为核心，强化预算控制与精细化管理。通过修订完善相关财务制度，规范了公司与报社之间的经济关系，并完成对分公司的财务稽核，为公司董事会的投资决策提供财务意见；通过设计投资理财方案，落实公司年度企业所得税免税事宜，为报社及公司创造效益；按照《企业会计准则》和上市公司要求开展核算工作，并顺利通过审计。

（3）2009年，是报社和公司接受外部审计最多的一年，既有报社主动外请会计师事务所的审计，又有国家审计署的二次审计。审计部积极配合完成大量工作的同时，不断加强内审工作，在建章立制和审计工作机制等方面取得了突破。结合公司实际，审计部参与制订、修订《内部广告代理制实施办法（试行）》等制度，为规范公司管理提供依据；将审计工作关口前移，从预算开始，从合同抓起，实现了全过程审计；加强重大合同管理，进一步减少漏洞，规范了公司经营行为，增强了依法经营观念，促进经营工作健康发展。

（4）2009年度人力资源管理的核心是“三定”工作的开展，“三定”方案以公司战略为导向，全面分析和界定岗位职责，按专业领域设置岗位，以实现责、权、利的确定与统一。人力资源部结合《人力资源建设纲要》、部门《工作目标责任书》、《经营目标责任书》等相关制度及考核办法的起草与实施，加强绩效管理、人才招聘、选拔引进工作的科学性，同时，规范员工管理、社会保障及分公司子公司相关人力资源管理工作，力争形成激发活力、提升素质的良好机制，管理工作水平有所提高。

（5）办公室（行政部）作为综合行政管理部门，充分发挥“管理、协调、服务”职能。牵头对管理制度手册进行修订，以适应企业发展需要；扎实做好报社及公司的相关文件起草工作、印章及证照的使用工作、固定资产管理工作、交通安全工作、办公网络的维护工作；认真做好对上级主管部门服务和内部各部门的协调配合工作、各项突发工作及行政保障工作；积极完成物业服务关系协调、基地办公楼工程善后等诸多后勤保障工作；为应对甲流疫情，积极组织抗甲型流感和职工体检工作，为员工健康构筑一道安全网。

（6）为确保记者站工作健康发展，记者部着力加强记者站的建设、管理与考核工作力度。2009年组织召开两次全国记者工作会，总结部署工作同时，进一步增进与记者的交流联系，为报社在基层工作的深入开展夯实基础；2009年下半年，在“记者之家”网站基础上，开通记者QQ群，加强与驻站记者的动态联系；评选表彰优秀记者站、记者、通讯站和通讯员，积极发挥对记者通讯队伍的管理职能。电力报刊协会通过理顺各分会关系、制订和实行分会收费的有关制度规定、举办好新闻评选活动等方式，进一步加强了对报刊协会分会的管理，强化了协会影响力。

（7）农电部加强通讯站建站与管理工作取得实效，2009年新增100家通讯站，通讯站队伍不断壮大；加强通讯员培训及通讯站调研工作，积极发挥《基层通讯信息》的阵地作用；着手建立起一支基层报道的专家队伍，恢复成立了中国电力报刊协会供电报专委会，并召开五届一次会议，为通联工作开辟了新的渠道。

（8）班子与干部队伍驾驭传媒企业的能力得到提高，后备干部的培养和人才储备工作开始启动。市场经济条件下的竞争归根结底是人的竞争，是一个企业领导班子制订与执行企业发展目标的竞争，是管理企业统帅队伍的竞争；是干部队伍的执行能力与应变能力的竞争，是整个员工队伍素质与精神力的竞争。

（9）2009年结合“第二步走”的发展战略布局，积极从社会上招聘了一批从事新闻采编、广告经营、项目策划、酒店管理、发行制作、资本运作等领域工作的专业人才，已经并将继续发挥更大的作用。2009年底，为了更好地形成干部梯队，提拔了一批年轻同志担任主任助理职务。

（五）改革工作取得突破性进展，中电传媒股份有限公司这一改革与发展平台正展现其旺盛的生命力。

2009年报社与公司的改革工作继续得到推进。

（1）作为改革的产物，作为实现报社做大做强目标的重要资本与运营平台，中电传媒股份有限公司在国家电力监管委员会及新闻出版管理部门的支持下，获得了报社所属各个媒体的联合主办权。这对于中电传媒构建覆盖电力行业的文化传媒服务体系，提高报社的内部活力与外部竞争力，形成可持续发展的传媒产业新格局，具有至关重要的作用。

（2）2009年6月18日，中电传媒股份有限公司与内蒙古日报传媒集团合作创办的《网络导报》正式创刊。《网络导报》以城市白领为主要读者对象，以网络原生态、网络生活为主要报道内容，注重时尚，填补了国内纸媒的一个空白。经过半年时间的运营，已开始在北京报刊零售市场上立足。

（3）天力盛华公司从2008年6月开始运营《That's Beijing》杂志，其组建之初所设计的对五洲传播出版社旗下四本《That's》系列刊物的投资管理职能，由于合作方及市场等因素导致迟迟不能落实。在投资收益不能保证、国际金融危机引发外文期刊经营风险加大的情况下，报社果断决策停止运营《That's Beijing》杂志。将其经营人才充实到报社与公司其他项目中。

（4）中电传媒公司引进战略投资者的计划得到国家电监会党组批准。经过两年多的发展，特别是在中电传媒公司取得了报社各个媒体主办权后，具备了由报社办媒体到公司办媒体转变的条件。为了进一步适应新闻文化出版行业改革的形势，壮大实力，中电传媒公司引入战略投资者已成为公司发展的必然趋势。这项工作史玉波副主席两次听取专题汇报，在有关券商、律师和会计师等专业机构的参与下，《中电传媒引进电力行业重点企业战略投资者商业计划书》修订完成并顺利通过党组会的批准。

主要事件

1月18日，报社、公司2009年工作会议在京召开。报社总编辑白俭成作2009年工作会报告，党委书记张敬元作2009年党委工作报告。会议提出要为报社“三步走”发展战略第二阶段目标的实现奠定坚实基础，努力开创电力新闻宣传工作和传媒产业繁荣发展的新局面。

1月19日，中国电力报社、中电传媒股份有限公司第二届第一次职工代表大会在报社本部召开。

1月20日，《网络导报》进行第一期试刊。

2月27日，《网络导报》进行第二期试刊。

2月21日，专业报新闻摄影学会第五届常务理事会在中国电力报社举行，会议宣布，专业报新闻摄影学会正式落户中国电力报社。

3月6日下午，中国电力报社、中电传媒公司举行了2009年度经营、工作目标及党风廉政建设责任书签约会议。

3月初，中电传媒公司深圳分公司更名为中电传媒公司广东分公司，办公地点设在广州。

3月28日，电监会主办、中国电力报社承办的电力科学发展高层研讨会在北京召开。

4月1日，中国电力报社正式承包经营瑞驰酒店，按照中电传媒公司全资子公司模式进行管理。

4月9日，中国电力报社2009年记者会议在泉州召开。

4月21日上午，报社召开班子会议，决定成立中电传媒公司吉林分公司。

4月23日，中国电力报社被中央国家机关精神文明建设协调领导小组授予2008年度“中央国家机关文明单位”称号，这是我社连续第10年获此荣誉。

5月26日上午，报社召开主任以上干部会议，原则同意《网络导报》项目与中央党校大友数字有限责任公司的合作方案。

6月9日下午，电监会王旭东主席一行（谭荣尧、陈群、童加本、张渝同行）莅临报社检查指导工作。报社班子成员、姜晓澜、严明、贺金照参加了汇报。

6月18日下午，《网络导报》在北京举行创刊仪式，庆祝《网络导报》正式创刊。

7月20日，中国电力报社、中电传媒公司召开2009年年中工作座谈会，报社班子、中层以上干部及职工代表参加了会议。

9月4日，报社召开班子会议，听取了办公室关于全媒体技术平台建设工作及实施方案的汇报并原则通过。

10月初，报社圆满完成国庆特刊专版工作。

10月12日召开班子会议，决定天力盛华公司运营的英文期刊《That's Beijing》停刊。

10月30日，报社2009年全国记者工作会议在上海召开，电监会副主席史玉波作重要讲话。

12月2日，召开班子扩大会议，听取了财务部关于瑞驰酒店向中国电力报社借款协议的有关汇报，并原则通过。

12月3日，召开班子扩大会议，同意报社与怀柔区雁栖镇官地村结成“城乡手拉手”共建文明单位，由党办负责做好具体工作。

12月22日，电监会史玉波副主席、谭荣尧总监、陈群主任莅临报社视察指导工作。史主席听取了报社关于2009年工作总结及2010年工作计划，并表示同意。史主席对报社2009年的各项工作进行了充分肯定，用六个字评价：“努力、扎实、有效”。

12月24日，召开班子扩大会议，会议决定，正式解除天力盛华公司与五洲出版社的合作协议。同时，引进专业酒店管理公司全面负责瑞驰酒店的经营管理。

12月29日，中国产业报协会在人民大会堂举行表彰大会，表彰“三项学习教育”活动先进单位和优秀产经新闻工作者。报社因在“三项学习教育”活动中表现突出，成为本次受表彰的单位之一，另外，姜晓澜、樊於通、谢毅3人获“优秀产经新闻工作者”称号。

（贺金照）

大 事 记

2009年电力行业主要事件

1月4日 中共中央政治局常委、国务院副总理、国务院第二次全国经济普查领导小组组长李克强到中国电力投资集团公司调研经济普查工作开展情况，并详细了解了企业生产经营情况。

1月6日 我国自主研发、设计和建设，具有自主知识产权的1000kV交流输变电工程——晋东南—南阳—荆门特高压交流试验示范工程正式投入运行。4月16日，试验示范工程安全运行超过100天，实现第一个百日无事故纪录。特高压交流试验示范工程的成功投运和安全稳定运行，标志着我国在远距离、大容量、低损耗的特高压核心技术和设备国产化上取得重大突破。

1月10日 鲁布革电厂无人值班系统通过专家评审，成为国内第一家实现无人值班的常规水电厂。

2月3～5日 国家能源局在北京召开第一次全国能源工作会议。会议就“电力工业结构调整，煤炭资源整合，国际能源合作，发展可再生能源和新能源，加强能源行业管理”等全国能源领域重点工作做出部署。

2月7日 中共中央政治局常委、国务院副总理李克强视察大亚湾核电基地。

2月13日 中国葛洲坝集团公司独家承建的中国政府对非洲最大援助项目——马里首都巴马科第三大桥开工。在马里出访的国家主席胡锦涛出席了开工仪式并讲话。

3月6日 工业和信息化部、国家发展改革委、国家电监会、国家能源局联合印发《关于开展电解铝企业直购电试点工作的通知》，决定选择15家符合国家产业政策、具备直购电条件的电解铝企业开展直购电试点工作，并公布了将开展直购电试点工作的15家电解铝企业名单。6月24日，国家电监会、国家发展改革委和国家能源局（简称三部门）联合发布了《关于完善电力用户与发电企业直接交易试点工作有关问题的通知》。10月、12月，三部门批准了辽宁抚顺铝厂与华能伊敏电厂、安徽铜陵有色金属集团控股有限公司与国投宣城发电有限责任公司开展直接交易试点的方案。

3月7日 辽宁红沿河核电站3号机组正式开工；8月15日，4号机组主体工程开工。至此，辽宁红沿河核电站一期4台机组全部开工，成为国内同时开工建设机组最多的核电项目。

4月13日 中共中央政治局常委、中央书记处书记、国家副主席、中央深入学习实践科学发展观活动领导小组组长习近平到国家电网公司，实地了解公司学习实践活动的开展情况及公司发展现状，并主持召开有关单位座谈会。

4月16日 中国电力投资集团公司拉西瓦水电站6号机组（70万kW）投产。至此，我国电力装机容量突破8亿kW。8月16日，国家能源局和中电联共同为中国电力投资集团公司拉西瓦水电站6号机组成为全国电力装机8亿kW标志性机组举行了授牌仪式。

4月19日 浙江三门核电站一期工程（2×125万kW）1号机组开工建设。12月28日，山东海阳核电站一期工程（2×125万kW）正式开工。三门核电站和海阳核电站都是我国第三代核电（AP1000）自主化依托项目。我国成为全球率先建设第三代先进压水堆核电（AP1000）站的国家。

5月21～22日 2009特高压输电技术国际会议（UHV2009）在北京举行。中共中央政治局委员、国务院副总理张德江出席会议。来自21个国家和地区的400余人应邀出席会议。

5月21日 国家电网公司首次公布智能电网发展计划，提出了2009～2020年将分三个阶段推进“坚强智能电网”建设时间表，其智能电网包括电力系统的发电、输电、变电、配电、用电和调度六个环节。

6月15日 我国CPR1000首台百万千瓦级反应堆压力容器——岭澳核电站二期首台百万千瓦级反应堆压力容器在东方电气（广州）重型机器有限公司（简称东方重机南沙厂）制造完工，并正式交付发运。

6月23日 中国广东核电集团能源公司联合体正式收到甘肃省敦煌市10万MW光伏并网发电特许权示范项目的中标通知书。国家能源局确定其中标电价为1.092 8元/kWh。

6月30日 亚洲第一、世界第二，长距离跨海电力联网工程——500kV海南联网工程投产。该工程将海南电网与南方电网主网联在一起，结束了长期以来海南“电力孤岛”的历史。

7月6日 华能绿色煤电天津IGCC（联合循环发电系统）示范电站在天津临港工业区正式开工。该项目是国内第一座、世界第六座IGCC发电站，采用华能自主研发的具有自主知识产权的两段式干煤粉气化炉技术，建设25万kW IGCC机组一台，将于2011年投产发电，预期发电效率达48%，脱硫效率达99%以上。

7月21日 国家财政部、科技部、国家能源局发布《关于做好金太阳示范工程实施工作的通知》，决定中央财政从可再生能源专项资金中安排一定资金，支持光伏发电技术在各类领域的示范应用及关键技术产业化（简称金太阳示范工程）。

7月24日 国家发展改革委发布《关于完善风力发电上网电价政策的通知》，规定按风能资源状况和工程建设条件，将全国分为四类风能资源区，相应制定陆上风电标杆上网电价。

7月30日 国家能源局宣布，上半年全国关停小火电机组1989万kW，至此，“十一五”期间全国淘汰小火电机组已突破5407万kW，提前一年半完成“十一五”关停5000万kW小火电的任务。

8月8日 位于甘肃省酒泉市的中国首座千万千瓦级风电基地一期380万kW工程正式开工。按照规划，酒泉千万千瓦级风电基地在“十一五”末，将建成装机容量516万kW；“十二五”末再新增装机755万kW，累计建成装机1271万kW。

8月16日 国家能源局成立后首次组织召开全国电力工作会议。

8月26日 中共中央政治局常委、国务院总理温家宝主持召开国务院常务会议，研究部署抑制部分行业产能过剩和重复建设，引导产业健康发展。会议指出一些行业产能过剩、重复建设问题仍很突出，风电、多晶硅等新兴产业出现重复建设倾向。

9月4日 我国首座也是亚洲首座海上风力发电场——上海东海大桥风电场首批3台机组正式并网发电。该海上风电场计划安装34台单机容量为3000kW的风电机组，总装机容量10.2万kW，由中国大唐集团公司、上海绿色环保能源有限公司、中广核风力发电有限公司和中电国际新能源控股有限公司共同出资组建的上海东海风力发电有限公司负责投资开发和运营管理工作。

10月18日 中共中央政治局常委、国务院副总理李克强到正在建设中的贵州电网220千伏万松变电站调研。

11月3～4日 中电联理事长、副理事长单位与相关电力企业在天津联合举办了“2009中国电力论坛”。

11月5日 我国具有完全自主知识产权的风力发电核心控制设备——国电龙源电气公司1.5MW双馈型风电机组变流器在河北省保定市下线。

11月19日 国家发展改革委出台新一轮电价调整方案，自11月20日起将全国销售电价每千瓦时平均提高2.8分钱，并对各地区标杆上网电价做了有升有降的调整。按照“突出重点、促进环保、推进改革、关注民生”的原则，统筹解决了2008年8月20日以来火电企业上网电价上调对电网企业的影响；提高了可再生能源电价附加标准，适当解决了电厂脱硫加价对电网的影响。居民电价暂不调整。

11月26日 中共中央政治局常委、国务院总理温家宝主持召开国务院常务会议，研究部署应对气候变化工作。会议决定，到2020年我国单位国内生产总值二氧化碳排放比2005年下降40%～45%。通过大力发展可再生能源、积极推进核电建设等行动，争取到2020年我国非化石能源占一次能源消费比重达到15%左右。

12月10日 龙源电力集团股份有限公司（简称“龙源电力”，股份代号：00916）在香港联合交易所有限公司主板正式上市。

12月14日 西北与华中联网灵宝背靠背扩建工程投入商业运行。此工程是目前世界上最大额定电流的直流工程。

12月15日 国家发展改革委发布《完善煤炭产运需衔接工作的指导意见》，宣布取消2010年度煤炭视频会、衔接会及合同汇总会。2010年度以后，煤炭和电力企业将完全自主进行煤炭价格谈判。自此，从1993年开始的全国煤炭订货会正式“谢幕”。

12月21日 由中广核集团公司控股、中法合营的台山核电合营有限公司成立，台山核电站一期（2×175万kW）EPR核电机组同时开工建设。台山核电站一期机组是目前世界上单机容量最大的核电机组。

12月25日 中电联召开第五次全国会员代表大会暨第五届理事会第一次会议。刘振亚当选中电联理事长。

12月26日 《全国人民代表大会常务委员会关于修改〈中华人民共和国可再生能源法〉的决定》由十一届全国人大常委会第十二次会议通过，自2010年4月1日起施行。

12月27日 国家电网公司智能电网科研产业（南京）基地在江苏省江宁市奠基。该项目是国内第一个以智能电网自主技术研发、核心装备制造、关键产品检测为核心的科研产业基地。

12月28日 世界首个±800kV特高压直流输电工程——云南—广东特高压直流输电工程成功实现单极投产。

国家电力监管委员会主要事件

1月8～9日 2009年电力监管工作会议在北京召开，中共中央政治局常委、国务院副总理李克强对会议召开作了重要批示。

1月21日 国家电力监管委员会（简称电监会）发布《可再生能源电量收购和电价政策执行情况监管报告》。

2月24～25日 电监会在北京召开2009年电力

业务资质管理工作会议，全面部署2009年资质管理工作。

2月26日 电监会举行深入学习实践科学发展观活动总结大会。

4月14日 环境保护部、电监会等国务院八部委在北京联合召开2009年全国整治违法排污企业保障群众健康环保专项行动电视电话会议。

4月21日 电监会发布《2008年电力企业执行许可制度情况监管报告》。

4月22日 电监会在北京发布《电力监管年度报告（2008）》。

同日 电监会召开新闻发布会，通报2008年12月至2009年3月间电监会及各派出机构开展的供电整改检查落实情况。

4月23日 为深入开展“安全生产年”活动，保证电力安全生产持续稳定，电监会印发《关于进一步推进电力安全生产“三项行动”的通知》（电监安全［2009］12号）。

同日 电监会在北京召开全国电力安全生产委员会第十次（扩大）会议暨电力安全“三项行动”工作布置会议。

5月6日 电监会在北京举行《2008年度全国电力“三公”调度交易及网厂电费结算情况监管报告》发布会。

5月15日 电监会党组书记、主席王旭东和党组成员、副主席王禹民会见了青海省委副书记、省长宋秀岩一行。

5月25日 电监会在北京召开治理“小金库”及自查自纠工作布置会。

5月26日 重庆市举行2009年突发大面积停电事故应急联合演练。

5月27日 电监会在北京发布《2008年电力安全监管报告》。

同日 电监会和中电联联合召开2008年电力可靠性指标发布会。

6月24日 电监会、国家发展改革委、国家能源局联合印发了《关于完善电力用户与发电企业直接交易试点工作有关问题的通知》（电监市场［2009］20号）。

7月21日 电监会印发《大用户与发电企业直接交易购售电合同（示范文本）（试行）》和《大用户与发电企业直接交易输配电服务合同（示范文本）（试行）》（电监市场［2009］29号）。

8月4日 电监会在北京召开治理“小金库”自查自纠“回头看”工作会议。

9月8日 电监会主席王旭东、副主席史玉波在国家电网公司总经理刘振亚陪同下，对首都国庆60周年安全保电工作进行现场检查。

9月27日 电监会召开工程建设领域突出问题专项治理工作领导小组第一次会议。

10月14日 电监会发布《2008年度电价执行情况监管报告》。

10月15日 第一届全国电力监管标准化技术委员会第二次全体会议暨2009年年会在北京召开。

10月27～28日 第一届中国国际电力安全发展暨电力应急管理论坛在北京举行。

同日 电监会印发《电力用户与发电企业直接交易试点基本规则（试行）》（电监市场［2009］509号）、《跨省（区）电能交易监管办法（试行）》（电监市场［2009］519号）。

11月17～18日 电监会在北京召开电力监管机构“五五”普法经验交流暨行政复议工作研讨会。

11月26日 电监会发布《供电监管办法》（电监会［2009］27号）。

11月24日 电监会在北京召开工程建设领域突出问题专项治理工作领导小组第二次（扩大）会议。

12月8日 电监会召开会议，传达学习中央经济工作会议精神。

12月11日 电监会综合应急指挥中心正式建成并启动运行。

12月18日 电监会印发《承装（修、试）电力设施许可证管理办法》（电监会［2009］28号）。

12月15日 电监会发布《2009年供电监管报告》。

12月30日 电监会在北京召开全国电力建设安全监督管理工作座谈会。

中国电力企业联合会主要事件

1月18～19日 中国电力企业联合会（简称中电联）统计信息部在北京组织召开“2008～2009年全国电力供需形势分析预测研讨会”，广泛征求分析预测报告修改意见。参会的有国家电监会信息中心，国网公司、华能、大唐、华电、国电、中电投集团公司的统计、计划、营销专业人员。

1月20日 中电联成立20周年纪念大会在北京召开。中电联理事长赵希正，党组书记、常务副理事长谢振华，副理事长孙玉才，秘书长王永干，副秘书长王志轩、孙永安、沈维春，专职顾问刘宏、叶荣泗，中电联在职、离退休职工出席会议。国家电监会副主席王禹民、国家能源局电力司副司长曹述栋到会祝贺并讲话，老部长史大桢代表老领导讲话。中电联理事长、副理事长单位代表到会祝贺。中共中央政治局委员、国务院副总理张德江，原全国人大常委会委员长李鹏，中企联会长王忠禹，工经联会长徐匡迪以及中电联理事长、副理事长单位发来贺信。

2月2日 中电联召开贯彻落实科学发展观学习实践活动分析检查阶段总结暨整改落实阶段动员会，总结学习实践科学发展观活动分析检查阶段的工作，对整改落实阶段工作进行动员和部署。

2月4日 中电联在北京组织召开2008～2009年度全国电力供需形势分析预测新闻发布会，中电联秘书长、新闻发言人王永干代表中电联发布2009年电力供需形势预测并回答记者提问。中央电视台、新华社、经济日报、人民日报、中国经济导报、经济参考报、中国日报、中国工业报、中国电力报等媒体记者参加发布会。

2月9日 中电联在北京本部召开职工大会。会议全面总结了中电联2008年工作，部署了2009年工作任务，表彰了2008年度中电联本部优秀职工，签订了部门三项考核责任书。国家电监会副主席王禹民出席会议并讲话。

2月19日 中电联国际合作部在北京召开电力企业外事工作座谈会。来自两大电网公司和五大发电公司及四大辅业集团公司的近30名外事部门负责人及海外工程项目负责人参加了会议。

3月1日 中电联技经中心主编的《西藏地区电网工程费用计算标准（试行）》（共八册）出版发行。

3月3日 中电联召开深入学习实践科学发展观活动总结大会。国家电监会党组成员、副主席王禹民出席会议并作了重要讲话，中电联党组书记、常务副理事长、学习实践活动领导小组组长谢振华作总结讲话。

3月5日 中电联技经中心主编的《±800kV直流输电工程建设费用计算标准》（共八册）出版发行。

3月6日 中电联行业发展与环境资源部在本部组织召开发电和电网企业座谈会，就当前电煤供需形势及存在的问题，听取相关企业意见和建议后，并起草《电煤矛盾仍然尖锐，亟待加强协调》的报告，报送国务院研究室。

3月10～13日 中电联技能鉴定与教育培训中心在湖北宜昌召开了2008年度职工教育统计工作会议，完成了2008年度电力行业职工教育培训统计汇总工作。

3月17～20日 中电联技能鉴定与教育培训中心组织完成了2008年高级技师鉴定考核专业评审工作，共有38个鉴定中心报送3483人参加高级技师专业评审。2363人通过评审获得高级技师资格。

3月19～21日 中电联科技服务中心在天津召开2009年全国电力企业信息化大会。发布了电力信息化年度发展报告、电力信息化创新成果，主要电力企业介绍了一年来的管理进展和成绩，研讨了当前存在的主要问题，举办了重点技术交流。

3月21～22日 2009年经济形势与企业改革分析预测会在北京召开。中电联理事长赵希正出席会议并致辞，中电联党组书记、常务副理事长谢振华主持了会议。国家能源局有关领导、中电联副理事长孙玉才、专职顾问、副秘书长以及电力行业、企业有关人员共350多人参加了会议。

3月24～25日 中电联统计信息部在上海市召开2008年全国电力统计年报会审会议。参会的有电网及发电企业固定资产投资专业的相关统计人员，以及新疆经贸委、中国核工业集团公司相关人员。

4月15日 中电联标准化中心在南京组织召开数字化变电站标准化工作会议。确定了数字化变电站标准体系框架，提出了开展数字化变电站标准化工作的整体要求以及近期重点开展的领域。

4月15～18日 中电联科技服务中心在湖北省召开2009年电力设施保护工作交流大会。国家电力监管委员会稽查局、两大电网公司、五大发电集团公司共350余名代表出席了会议。

4月22～23日 中电联鉴教中心在杭州召开2009年全国电力行业职业技能鉴定工作座谈会，来自48个鉴定中心的100多名代表参加了会议。会议围绕电力行业高技能人才培养和评价体系的完善、电力行业职业技能鉴定工作的健康发展等议题，组织了广泛的交流和讨论。

5月5日 经中电联党组研究决定，聘任江宇峰为会员与企业工作部主任；崔照胜为财务部主任；刘永东为标准化中心副主任。

5月13～15日 中电联会员与企业工作部在山东烟台召开电力行业劳动环境监测工作座谈会。全行业各级检测机构的30名代表参加了会议，电力行业职业卫生专家和代表对近两年的行业劳动环境监测工作进行了交流和研讨。

5月22日 中电联标准化中心在湖北省组织召开了电力行业电站锅炉标委会第五届的换届会议。会议总结了上一届标委会的工作，并对本届标委会的工作计划及标准体系进行了认真的讨论。同时，第五届电站锅炉标委会组织召开了电力行业标准《给煤机故障诊断及煤仓自动疏松装置》和《循环流化床锅炉启动调试导则》送审稿的审查会，会议审查并通过了两项标准。

5月25日 中电联统计信息部完成全国发电装机突破8亿kW时点机组的遴选工作，并报国家能源局。上报的机组是中国电力投资集团公司拉西瓦水电站6号机组。

5月27日 国家电力监管委员会和中国电力企业联合会联合举办的2008年电力安全监管报告和电力可靠性指标发布会在北京召开。这是第一次将电力可靠性指标与电力安全监管报告共同发布。国家电力监管委员会副主席史玉波、中国电力企业联合会党组书记、常务副理事长谢振华、电力行业可靠性管理委员会主任委员刘顺达、中国机械工业联合会执行副会长杨学桐等先后在会上作了重要讲话。会议发布了2008年度电力可靠性指标，揭晓并表彰了2008年度全国发电可靠性金牌机组。两大电网公司、五大发电集团公司及国内外制造商共300余名代表参加了会议。

同日 电力行业可靠性管理委员会2009年工作会议在北京举行。中电联党组书记、常务副理事长谢振华，电监会安全局局长杨昆，大唐集团公司副总经理、电力行业可靠性管理委员会主任委员刘顺达，可靠性中心胡小正主任等出席工作会并讲话。电力行业可靠性管理委员会全体委员以及电力可靠性管理中心工作人员共30余人参加了会议。

6月1～3日 中电联标准化中心在西安主持召开电力行业气体绝缘金属封闭电器标委会第五届成立大会暨GIL标准审查会议。标委会主任委员对第四届任期工作进行了总结，讨论并通过了标委会章程；审查并通过了电力行业标准《气体绝缘金属封闭输电线路使用导则》(送审稿)。

6月3～4日 中电联标准化中心在西安组织召开工程建设国家标准《双曲线冷却塔施工与质量验收规范》送审稿审查会，会议审查并通过了该标准。

6月11日 中电联技经中心在武汉市召开了首次行业工程造价咨询管理工作会议。会议就进一步规范电力工程造价咨询执业行为，提高咨询工作质量，推动行业工程造价咨询企业规范管理具有的重要的促进作用。

6月17～19日 中电联科技服务中心在安徽组织召开了第二届全国架空输电线路技术交流研讨会。会议就特高压输电技术，架空输电线路直升飞机巡线技术、状态检测技术、防覆冰技术、防污闪技术、带电作业技术进行了交流和研讨，来自两大电网公司和制造企业共260余名代表参加会议。

6月21日 中电联技经中心完成了全国电力工程造价专业资格认证考试工作。全国报名人数约1.1万人，9621人参加了考试。

7月8日 中电联在上海举办第七届上海国际电力设备及技术展览会暨第六届上海国际电机工程及电工装备展览会。党组书记、常务副理事长谢振华出席开幕式并致辞。

7月10日 中电联标准化中心在南京组织召开工程建设国家标准《电气装置安装工程母线装置施工及验收规范》(送审稿)审查会。会议审查并通过了该标准。

7月30日 中电联标准化中心在山东青岛主持召开GB 50227—2008《并联电容器装置设计规范》标准宣贯会。

8月2～4日 中电联鉴教中心组织专家组完成了对东北电网有限公司丰满培训中心全国电力行业水力发电培训基地的评估工作。

8月6日 中电联科技服务中心在北京召开全国电力职工技术成果奖发布会。党组书记、常务副理事长谢振华、副理事长孙玉才出席会议并为获奖单位颁奖。上海外高桥第三发电有限责任公司“1000MW直流锅炉蒸汽整体加热装置”等3项成果获得一等奖，云南大唐国际红河发电有限责任公司“大幅度提高国产30万kW CFB电站性能指标技术研究”等16项成果获得二等奖，浙江浙能嘉兴发电有限公司“缩短DCS系统主控制卡件在线异常处理时间”等59项成果获得三等奖。

8月6～8日 中电联鉴教中心组织专家组完成了对吉林省电力公司培训中心电力行业高技能人才培训基地的评估工作。

8月18～20日 中电联科技服务中心在昆明市召开2009年发电厂热工自动化专业会议暨DCS与辅控网技术研讨会，来自发电公司、发电厂、电力科研院所等单位的200余位代表参加了会议，电力行业热工自动化技术委员会委员出席了会议。

8月18～21日 国家电力监管委员会电力可靠性管理中心在北京举办全国电力可靠性监督管理业务培训班，来自全国17个电监会派出机构的电力可靠性监督管理专业人员参加了培训。培训就发电、输变电、供电评价规程和信息系统的使用进行了详细讲解。

8月26日 中电联技经中心完成《电力建设工程量清单计价规范——变电工程使用指南》的编写工作，并出版发行。

9月5日 中电联科技服务中心在北京举办型线导线创新技术论坛。国家能源局、国家工业与信息化部、国家电网公司等单位的领导到会并讲话，会议介绍了采用新材料、新技术、新工艺开发具有高强度、高导电率、节能和低弛度等特性的新型导线的情况，来自全国各网、省电力公司，科研院所等单位的100余位代表参加了会议。

9月11日 中电联技经中心完成了《电力建设工程量清单计价规范——送电线路工程使用指南》的编写工作，并出版发行。

9月13～17日 中电联科技服务中心在湖南长

沙召开W型火焰超临界电站锅炉技术研讨会。会议内容包括W型火焰60万kW超临界锅炉设计、制造技术的介绍，锅炉试运行调试技术及实践报告，锅炉运行使用情况介绍，超临界锅炉机组技术的发展及相关锅炉技术研讨和交流。

9月15日 中电联技经中心编制完成《±800kV特高压直流工程定额与费用计算标准》，并出版发行。

9月18日 国家电监会电力可靠性管理中心在北京召开风电可靠性管理工作研讨会。华能、大唐、华电、国电、中电投集团公司，京能集团，浙能集团，神华国华电力公司及部分地方风电企业的领导及风电专业技术人员参加了此次会议。会上总结了近年来风电可靠性管理工作的整体情况。与会代表分别介绍了各自单位风电项目发展现状和开展风电可靠性管理工作的经验，并对相关的技术及管理问题进行了深入的讨论和交流。

同日 中电联行环部在广西南宁召开氨法脱硫技术现场评议会。国家发展改革委、国家环保部、广西电网公司、华能集团、大唐集团、国电集团、华电集团、中电投集团等24个单位代表参加了会议。专家组对广西田东电厂氨法脱硫装置进行了现场考察和评议。

10月29日 中电联在北京举办全国电力行业企业管理经验交流暨表彰大会。国家电监会副主席王禹民、中电联常务副理事长谢振华、副理事长孙玉才、秘书长王永干等有关领导出席了会议，来自全行业的300多名代表参加了会议。

11月3～4日 中电联在天津举办"2009中国电力论坛"（China Power 2009），同期举办"中国国际清洁能源发电技术与设备展览会"及2009（天津）国际节能减排科技博览会。本届论坛以"清洁能源 绿色电力"为主题。邀请国务院相关领导及国家电监会、国家能源局、天津市政府等政府部门，有关行业组织及相关国际机构负责人发表演讲。

11月3～5日 中电联鉴教中心组织专家对上海闸电燃气轮机仿真机培训基地进行评估，上海闸电燃气轮机仿真机培训基地达到了电力行业仿真培训基地的合格标准，取得资质。这是全行业唯一一家电力行业燃气轮机仿真机培训基地。

11月4～6日 中电联标准化中心在广西北海市召开《核电厂测量规范》国家标准送审稿审查会，会议审查并通过了该标准。

11月19～20日 中电联统计信息部在重庆市召开2009年度全国电力行业统计年报工作会议，总结、交流2009年电力行业统计工作，对2010年行业统计工作做了部署。并表彰了2009年度全国电力行业统计工作先进个人。

11月25～27日 中电联科技服务中心在福建福州召开全国电力系统配电技术协作网第二届年会，同期召开2009年全国高中压开关设备实用技术研讨会和2009年全国新型配电变压器技术研讨会。就新形势下的配电网规划，城市配电网节能改造高效措施，配电电能质量控制技术，配电网可靠性评估技术，智能配电网协调控制技术等课题进行探讨。

12月3日 中电联鉴教中心举办第四届电力职业技术教育校长论坛。共收到交流论文21篇，涉及教学改革、课程设置、技能培训、管理创新等方面，并在会上作了交流和研讨。

12月17日 中电联在北京召开理事长会议。会议的主要内容是：中电联汇报换届筹备工作情况；国家电监会作第五届理事会领导班子推荐人选的说明；讨论提交第五次会员代表大会的主要文件、议案及有关事项，并听取会议代表的意见建议；国家电监会领导讲话。党组书记、常务副理事长谢振华、副理事长孙玉才、秘书长王永干，副秘书长王志轩、孙永安、沈维春出席会议。

12月24日 中电联对第一届电力行业技术经济标准化技术委员会组建方案进行了批复（中电联标准〔2009〕146号）。主任委员为沈维春，副主任委员为胡兆光、张天文，秘书长为褚得成。该技术委员会的工作任务：构建电力行业技术经济领域标准体系，编制经济消耗和价值成本标准；负责标准的跟踪管理、修订、宣贯、咨询等工作。第一届电力行业技术经济标准化技术委员会秘书处挂靠在电力工程造价与定额管理总站。

同日 中电联对第一届电力行业节能标准化技术委员会组建方案进行了批复（中电联标准〔2009〕147号）。主任委员为王志轩，副主任委员为潘荔（兼秘书长）、罗发青、刘建民，副秘书长为任淑敏。工作任务：构建电力行业节能标准体系，组织制（修）订电力行业节能领域技术标准；负责标准规范的跟踪管理、修订、宣贯、咨询工作。第一届电力行业节能标准化技术委员会秘书处挂靠在电力节能与清洁生产中心。

12月25日 中电联在北京召开第五次全国会员代表大会暨第五届理事会第一次会议。大会审议通过了《中电联第四届理事会工作报告》、《关于中电联第四届理事会财务收支和审计情况的报告》、《中国电力企业联合会章程（修改稿）》、《中国电力企业联合会会费缴纳及管理办法（修改稿）》和《中国电力企业联合会第五届理事单位及理事选举办法》。根据选举办法，选举产生了中国电力企业联合会第五届理事会理事单位和理事。在中电联第五届理事会第一次会议上，审议通过了《中国电力企业联合会第五届理事会常务理事单位及常务理事选举办法》、《关于中国电力企业联合会第五届理事会常务理事单位、常务理事构成及候选名单的议案》，选举产生了中电联第五届常务理事单位和常务理事，审议通过了《关于中国电力企业联合会第五届理事会理事长、常务副理事长、副理事长、秘书长单位及其人选的议案》、《关于聘任中国电力企业联合会第五届理事会顾问的议案》、《关于聘任中国电力企业联合会第五届理事会副秘书长的议案》和《中国电力企业联合会 2010 年经费预算草案》。会议选举产生了中电联第五届理事会理事长、副理事长单位和第五届理事会理事长、常务副理事长、副理事长、秘书长。中国电力企业联合会第五届理事会领导集体如下：国家电网公司总经理刘振亚当选理事长。中国南方电网有限责任公司董事长袁懋振、中国华能集团公司总经理曹培玺、中国大唐集团公司总经理翟若愚、中国华电集团公司总经理云公民、中国国电集团公司总经理朱永芃、中国电力投资集团公司总经理陆启洲、中国核工业集团公司总经理孙勤、中国长江三峡集团公司总经理李永安、神华集团有限责任公司董事长张喜武、国家核电技术有限公司董事长王炳华、中国广东核电集团有限公司董事长钱智民、广东省粤电集团有限公司董事长潘力、浙江省能源集团有限公司董事长吴国潮当选副理事长。孙玉才当选常务副理事长，魏昭峰当选专职副理事长，王志轩当选秘书长。王文泽、王永干、叶荣泗、刘宏、宋密、周大兵、贺恭、赵希正、祝新民、谢振华被聘任为顾问，其中谢振华、王永干为专职顾问。孙永安、沈维春被聘任为副秘书长。新当选的中电联第五届理事会理事长刘振亚代表新一届领导集体发表了重要讲话。

国家电网公司主要事件

1月6日 特高压交流试验示范工程顺利完成 168h 试运行，正式投入商业运行。

1月9日 国家电网公司申报的“输电系统中灵活交流输电（可控串补）关键技术和推广应用”项目在 2008 年国家科学技术奖励大会上被授予国家科学技术进步奖一等奖。同时，公司另有一个项目获得国家技术发明奖二等奖、两个项目获得国家科技进步奖二等奖。

1月15日 菲律宾国家电网公司在马尼拉举行揭牌仪式，并与菲律宾国家输电公司进行交接，正式接管菲律宾国家输电网。郑宝森副总经理为菲律宾国家电网公司揭牌。公司在菲律宾国家电网公司中占 40％的股权，为单一最大股东。

1月17～19日 国家电网公司一届四次职工代表大会暨 2009 年工作会议在北京召开。刘振亚总经理在大会上作了题为《积极进取　努力超越　深入推进“一强三优”现代公司建设》的工作报告。

1月20日 国家电网公司（总部）在全国精神文明建设工作表彰大会上荣获“全国文明单位”称号。

2月9日 国家电网公司总部 2008 年度总结表彰大会召开，刘振亚总经理作重要讲话，公司领导参加会议。会议总结了总部 2008 年工作，明确了下一阶段工作任务，并对先进集体和个人进行了表彰。

自 2008 年底以来，我国河南、安徽、山东、河北、山西、甘肃和陕西等省遭遇历史罕见的严重旱情。公司采取多项措施，全力以赴做好抗旱保苗夺丰收工作。公司组建抗旱供电小分队、共产党员服务队、青年志愿者服务队 10 561 支，共计 15.78 万人深入到田间地头，为农民立杆、拉线，架设临时电源，解决用电实际困难。至 2 月中下旬，旱情基本得到缓解。

3月29日 2008 年度中国企业信息化 500 强大会在北京召开。在发布的 2008 年度中国企业信息化 500 强名单中，公司位列第三名，较 2007 年提升一位，并荣获大会最具影响的集体奖项——“2008 年度信息化企业大奖”。

4月11～13日 国家电网公司召开深入学习实践科学发展观活动学习交流座谈会。公司总经理、党组书记刘振亚作重要讲话，公司党组成员参加会议。

4月13日 中共中央政治局常委、中央书记处书记、国家副主席、中央深入学习实践科学发展观活动领导小组组长习近平来到国家电网公司，实地了解公司学习实践活动的开展情况及公司发展现状，并主持召开座谈会。公司党组成员参加了调研活动。

4月18日 在 2009 中国管理创新论坛暨第三届“中国管理学院奖”颁奖大会上，国家电网公司的管理创新成果“全面社会责任管理”获得“十佳管理创新奖”。这是公司连续第二次获得该奖项。

4月23日 人力资源和社会保障部、国资委在北京联合召开中央企业先进集体和劳动模范表彰大会。会上表彰了一批中央企业先进集体和劳动模范。公司系统 39 个集体获得“中央企业先进集体”荣誉称号，62 名个人获“中央企业劳动模范”荣誉称号。

同日 在 2009 中国绿色公司年会上，公司荣膺中国绿色公司星级标杆企业。这是公司连续第二年获得这一称号。

4月28日 庆祝“五一”国际劳动节暨保增长促发展劳动竞赛推进大会在人民大会堂举行。会上隆重表彰了一批“全国五一劳动奖状”、“全国五一劳动奖章”和“全国工人先锋号”。公司系统共有44个单位和37名个人分别荣获“全国五一劳动奖状”和“全国五一劳动奖章”，有68个集体荣获“全国工人先锋号”称号。

4月29日 国家科技部部长万钢在国家电网公司主持召开“金太阳工程”协调会，刘振亚总经理、陈进行副总经理、李汝革总会计师参加会议。

5月20日 刘振亚总经理陪同张德江副总理视察特高压直流试验基地。

5月21～22日 2009特高压输电技术国际会议(UHV2009)在北京举行。中共中央政治局委员、国务院副总理张德江莅临会议。国务院副秘书长肖亚庆、国资委主任李荣融，以及国家发改委、工业和信息化部、国家能源局、电监会、科技部、财政部、环保部、安监总局、知识产权局等政府有关部门领导，国际大电网会议组织秘书长科瓦尔、国际电工委员会副主席里斯等有关国际机构和企业代表出席会议。来自21个国家和地区的400余人，26家电力企业、11家研究咨询机构、9家协会组织、11所大学、27家制造企业的代表和40余家中外新闻媒体应邀出席会议。

5月26～27日 公司召开深入学习实践科学发展观活动专题职工代表大会。357名职工代表参加会议，审议《国家电网公司党组贯彻落实科学发展观情况分析检查报告》，为促进公司又好又快发展建言献策。中央企业学习实践活动第五检查指导组部分成员、公司党组成员参加会议。

6月10日 世界首次±800kV特高压直流输电带电作业，在国家电网公司特高压直流试验基地获得成功，标志着我国特高压带电作业技术取得重大突破。

6月29日 国家电网公司与内蒙古自治区政府在呼伦贝尔市电网、兴安盟电网整体划转协议上签字，并举行了国家电网公司内蒙古东部电力有限公司揭牌仪式。刘振亚总经理与内蒙古自治区主席巴特尔出席签字仪式并揭牌。

7月8日 国家电网公司在《财富》全球500强排序中提升至第15位，排名比2008年跃升9位，在入选的中国企业中名列第三位。在全球入选的公共事业公司中，公司继续稳获第一名。

7月9日 新疆“7·5事件”发生后，国家电网公司向新疆自治区政府发去慰问信，并向新疆自治区政府捐款1000万元人民币。

7月11～12日 国家电网公司2009年年中工作会议召开。公司总经理、党组书记刘振亚作了题为《加快转变电网发展方式，推动公司科学发展》的工作报告，确定了建设坚强智能电网的发展战略目标，并部署了下半年重点工作。

7月17日 宁东—山东±660kV直流输电线路工程进入全线开工阶段，此工程是世界上首个±660kV电压等级的直流输电线路工程。

7月21日 国资委公布了2008年度经营业绩考核A级中央企业名单，国家电网公司超额完成了利润总额、净资产收益率、流动资产周转率和售电量4项年度经营业绩考核指标，连续5年获国资委经营业绩考评A级。

7月30日 国家电网公司荣获由司法部、共青团中央发起“1＋1”中国法律援助志愿者行动中的“中国法律援助公益慈善奖”。

8月18日 “国家电网”品牌入选中央电视台央视网主办的“新中国成立60周年——‘推动中国经济·影响民众生活的60个品牌’”，成为我国电力行业内唯一获此殊荣的企业。

8月26日 国家电网公司正式批复1000kV晋东南—南阳—荆门特高压交流试验示范工程为“达标投产输变电工程”。

9月19日 国家电网公司荣获由中国企业社会责任研究中心等机构主办的2009年中国企业社会责任研讨会颁发的“2009中国企业社会责任特别大奖”。

9月24日 经过中国建筑业协会等12家行业协会共同评审，并经国家建设主管部门核准，1000kV晋东南—南阳—荆门特高压交流试验示范工程成功入选新中国成立60周年“百项经典暨精品工程”。

10月13日 美国《财富》杂志英文版公布了中国10强公司排行榜，国家电网公司位列第三。此次排名以公司营业收入作为排名的主要依据。

10月25日 国网能源研究院举行揭牌仪式，舒印彪副总经理出席。国网能源研究院的成立，标志着公司在深化能源领域重大问题研究、促进电网与能源协调发展方面，迈出战略性一步。

10月29日 新中国成立60周年“百项经典暨精品工程”发布会在人民大会堂隆重举行，公司1000kV晋东南—南阳—荆门特高压交流试验示范工程荣获新中国成立60周年“百项经典暨精品工程”称号。

10月30～31日 国家电网公司2009年第四季度工作会议召开。公司总经理、党组书记刘振亚作了题为《认真学习贯彻党的十七届四中全会精神，推动国家电网公司又好又快发展》的工作报告，并提出要在确保完成全年经营发展目标的同时，提前思考和谋划2010年工作，为2010年的工作奠定良好基础。

11月3日 国资委在北京召开中央企业社会责任工作会议，同时宣布了中央企业优秀社会责任实践名单，国家电网公司“开展基层试点示范，推进全面社会责任管理”的履责案例入选 2009 年度中央企业优秀社会责任实践，排名首位。

11 月 13 日 ±800kV 向家坝—上海特高压直流输电示范工程线路工程全线贯通，此工程承担着将西南清洁水电大规模输送到负荷中心、促进我国电力工业可持续发展的重要使命，是国家电网公司在建的世界上电压等级最高、输送容量最大、送电距离最远、技术水平最先进的直流输电工程。

11 月 16 日 国家发改委召开国家创新能力建设、国家信息化试点授牌表彰大会，公司承担的国家发改委“电网信息安全等级保护纵深防御示范工程”，获得国家发改委表彰并被授予“国家信息化试点工程”称号。

11 月 19 日 共青团中央、中国青少年发展基金会在北京人民大会堂举行希望工程 20 年座谈会，国家电网公司荣获“希望工程 20 年特殊贡献奖”。

11 月 24 日 国家电网公司配电变压器提前更换清洁发展机制（CDM）项目设计文件经联合国指定的项目审定核查机构（德国北德认证有限公司）初审合格，正式在联合国气候变化框架公约网站公示，标志着该项目开始进入联合国审定、注册程序。

11 月 26 日 由中国社会工作协会企业公民委员会主办的“2009 第五届中国企业公民论坛暨优秀企业公民颁奖盛典”在上海开幕，公司荣获“2009 第五届中国优秀企业公民奖”。

12 月 2 日 由商务部《WTO 经济导刊》杂志社、中德贸易可持续发展与企业行为规范项目、中国可持续发展工商理事会等机构举办的第二届中国企业社会责任报告国际研讨会在北京举行，公司获评中国社会责任报告发展特别贡献奖。

12 月 3、5 日 北京、上海电力医院董事会分别成立并召开了第一次会议，北京、上海电力医院完成改组工作。

12 月 10 日 “2009 第一财经·中国企业社会责任榜”颁奖盛典在上海环球金融中心举行，公司以“大型国有企业的社会责任理论模型”获得本届社会责任榜优秀实践奖。本次评选活动由上海文广新闻传媒集团（SMG）旗下的第一财经电视、第一财经日报等 7 家机构共同举办。

12 月 14 日 西北与华中联网灵宝背靠背扩建工程正式投入商业运行。此工程是目前世界上最大额定电流的直流工程，将实现更大范围资源优化配置，促进西北电网、华中电网水火电跨流域补偿调节和联网效益。

12 月 16 日 国家标准化管理委员会、中国电力企业联合会、国家电网公司在北京联合召开国家重大工程标准化示范暨特高压交流输电标准化新闻发布会，发布首批 15 项特高压交流输电技术国家标准，并授予 1000kV 晋东南—南阳—荆门特高压交流试验示范工程“国家重大工程标准化示范”称号。

12 月 20 日 “共和国 60 年经济盛典”系列评选活动之“第二届中国经济百人榜”、“中国品牌百强榜”暨第四届“人民社会责任奖”颁奖盛典在人民大会堂隆重举行，国家电网公司荣获“共和国 60 年最具影响力品牌 60 强”。此项活动由人民网与《中国经济周刊》联合主办。

12 月 22 日 “2009 北京互联网发展论坛”在国家会议中心举行，国家电网公司荣获了由北京市互联网宣传管理办公室、北京网络媒体协会、北京互联网发展论坛组委会共同颁发的“2009 北京互联网发展论坛最佳合作伙伴”奖。

12 月 23 日 国网通用航空有限公司正式挂牌成立。这是国内第一家专业直升机作业公司，将在电网维护、建设施工、应急检修等领域开展相关工作。

12 月 28 日 由国家安全生产监管总局、全国总工会、中国文学艺术界联合会共同举办的全国职工安全文艺汇演活动评比工作圆满结束，国家电网公司荣获活动“优秀组织奖”。

12 月 29 日 由世界品牌实验室发布的 2009 年“世界品牌 500 强”在美国纽约揭晓。根据评选结果，“国家电网”首次入围世界品牌百强行列，排名第 95 位。

同日 国家工程建设质量奖审定委员会在北京召开“加强重大工程安全质量管理创建国家优质工程”表彰大会，对 2009 年度国家优质工程获奖单位进行表彰，国家电网公司山东鲁中变电站工程等 9 项工程获银质奖。

12 月 30 日 国资委公布 2008 年度中央企业信息化水平评价结果，国家电网公司连续被评为 A 级企业，综合排名第三，较 2007 年度再提升一位。

同日 国资委公布首批 30 项中央企业信息化示范工程名单。公司信息化 SG186 工程中的 ERP（套装软件）、资金集约化管理系统和电网信息安全等级保护纵深防御示范工程 3 项入选。

12 月 31 日 自 2009 年 1 月 6 日正式投产至 12 月 31 日 特高压交流试验示范工程已经安全稳定运行 359 天。并在公司 2009 年度输变电优质工程评选中，被命名为 2009 年度国家电网公司输变电优质工程。

中国南方电网有限责任公司主要事件

1月5日　中国南方电网公司（简称南网公司）召开加快城市电网改造和完善农村电网电视电话会议，公司总经理赵建国作了讲话。

1月16～17日　南网公司2009年工作会议暨一届二次职工代表大会在珠海召开。南网公司党组书记、董事长袁懋振作工作报告，南网公司总经理赵建国、副总经理肖鹏分别主持会议，赵建国作总结讲话。中组部、国务院国资委、国务院国有企业监事会、国家电监会、中电联、国家审计署驻广州特派办以及广东省政府的有关领导应邀出席了会议。

2月18日　南网公司与贵州省委、省政府在贵阳市签署加快电网建设改造战略合作协议，建立起横向到边、纵向到底，政企共同规划、共同建设、共同负责的双系统责任考核保障体系，以确保贵州电网2009年123亿元建设改造任务的完成。

2月23日起　全网电力负荷在经历连续数月的下滑后，恢复正增长，为实现力争售电量增长5%的核心目标开好头，起好步。

2月25日　南网公司与云南省政府在昆明召开座谈会，签订了落实中央扩大内需决策部署、加快电网建设战略合作框架协议。云南省委常委、常务副省长罗正富和公司总经理赵建国代表双方在协议上签字。

3月9日　南网公司召开深入学习实践科学发展观活动动员大会，全面启动公司系统学习实践活动。

3月12日　南网公司与中国工商银行在北京举行战略合作协议签约仪式。根据协议，南网公司将获得由中国工商银行提供的额度为1000亿元授信。南网公司董事长袁懋振、中国工商银行董事长姜建清出席签约仪式并致辞，南网公司总会计师李文中代表南网公司在协议上签字。

3月22日　南网公司与海南省政府在海口签订了加快海南电网建设战略合作框架协议。根据协议，未来三年，南方电网将向海南电网投资100亿元，双方将共同规划、共同负责、共同建设海南电网。

4月16日　南网公司与广西自治区政府在南宁签订了落实中央扩大内需决策部署、加快电网建设战略合作框架协议。根据协议，南网公司进一步加大在广西的电网建设投资，2009年安排广西电网建设投资146.4亿元。

5月18日　在昆明特高压试验研究基地，特高压直流试验线段成功带电。特高压工程技术国家工程实验室正式启动，五项“第一”三项“唯一”问鼎世界之最。

5月19日　目前在建的世界最大的抽水蓄能电站，也是南网公司成立后兴建的第一座大型抽水蓄能电站——惠州抽水蓄能电站首台机组（2号机组）成功投入可靠性运行，实现投产发电目标。

5月26日　南网公司在广州发布2008年社会责任报告。报告全面系统地披露了在抗冰保电、安全供电、经济绩效、节能环保、社会和谐等方面履行社会责任的情况。南网公司党组书记、董事长袁懋振在发布会上致辞，总经理赵建国主持会议。

6月8日　南网公司与广东省政府在广州签订了《关于加快广东电网建设战略合作框架协议》。广东省委副书记、省长黄华华出席签字仪式。广东省委常委、常务副省长黄龙云，南网公司党组书记、董事长袁懋振在签字仪式上致辞。广东省副省长佟星和公司总经理赵建国代表双方在协议上签字。

同日　南网公司与第16届亚运会组委会在广州举行签约仪式，公司正式成为广州2010年亚运会高级合作伙伴。

6月30日　亚洲第一、世界第二，超高压、长距离跨海电力联网工程——500kV海南联网工程投产仪式在海南省海口市福山变电站举行。16时10分，海南联网工程成功投运，从此结束了长期以来海南“电力孤岛”的历史。

7月8日　美国《财富》杂志公布了2009年全球500强企业排行榜。南网公司排名第185位，较去年跃升41位。

8月12日　南网公司总经理赵建国在越南河内分别与越南国家副总理黄中海、越南电力集团董事长陶文兴等就推进永兴火电Ⅰ期项目开发进行了会谈。

8月20日晚　在大型赈灾晚会《跨越海峡的爱心——大陆同胞援助台湾风灾灾区赈灾晚会》现场，南网公司工会代表全网员工现场捐款1115万元。

9月8日　全网统调负荷2009年第8次创历史新高，达9590万kW，比2008年统调最高负荷增长7.92%。

10月17～19日　中共中央政治局常委、国务院副总理李克强在贵州考察时，充分肯定了西电东送对广东经济发展的突出贡献和抗冰保电过程中体现出来的拼搏精神。李克强副总理来到南方电网公司贵州电网贵阳供电局220kV万松变电站进行了调研，肯定电网企业给万家送灯火，希望电网企业为满足民生需要、为开发区服务好。

10月28～30日　第六届南方电网技术论坛优秀论文交流会在云南昆明举行。参会人员听取了关于超导技术及相关产品和特高压技术国家工程实验室建设情况的介绍。

10月29日 第三方机构广东省省情调查研究中心公开发布《2009广东服务行业居民评价调查报告》，报告显示：在调查涉及的十大行业中，居民对供电的总体服务满意度评价最高，这已是公司连续4年获此殊荣，体现了广大客户对南网公司供电服务的充分肯定。

11月3日 在2009中国电力论坛高峰论坛上，南网公司党组书记、董事长袁懋振在主题演讲中提出了电网走向低碳时代的发展路径，并根据南方区域资源、经济分布的实际，结合低碳经济发展的需要，介绍了南方电网发展的重点。

11月9～12日 南网公司总经理赵建国赴越南，拜会越南政府副总理黄中海，与越南政府办公厅、越南工商部、越南电力集团、越南煤炭矿业工业集团、越中友好协会负责人等进行了富有成效的会谈。

11月27日 由中国电力企业联合会与公司联合主办的2009中国电力企业管理论坛在海南召开。本次论坛主题是“电力企业流程优化与再造”。公司副总经理肖鹏出席论坛并作了题为《新形势下电力企业的流程再造》的主题演讲。

12月2日 南网公司获得《金蜜蜂2009优秀企业社会责任报告》社会专项奖，是获奖的30份优秀企业社会责任报告之一。

12月3日 第六届南方电网技术论坛在广州举行。南网公司副总经理祁达才出席论坛开幕式并讲话。论坛还为获得2009年南网公司科学技术奖、技术改进贡献奖和优秀论文奖的人员举行了颁奖。

12月8日 世界首个特高压直流输电工程——云南—广东特高压直流输电工程楚雄换流站带线路成功升压至额定电压800kV，标志着世界上首次研制的特高压直流输电主设备和直流线路经受了直流领域最高电压的考验，在世界上树起了特高压直流输电工程建设的一个标志性里程碑。

12月10～11日 南网公司首届管理论坛暨2009年软课题评审会在广东东莞举行。

12月14日 随着地处黔渝交界的赤水县官渡镇金宝村箐口组无电户电灯的亮起，贵州省最后的2.9万户无电户彻底告别了无电的历史，提前一年零一个月全面实现贵州电网覆盖范围内“户户通电”。

12月17日 清远抽水蓄能电站主体工程开工暨劳动竞赛启动仪式在清远市举行。

12月24日 南网公司召开首届管理论坛暨2009年软课题评审会获奖课题报告会。南网公司总经理赵建国出席会议并讲话，获得一、二等奖的6个研究课题进行了汇报演讲。

12月28日 世界上第一个±800kV特高压直流输电工程——云南—广东特高压直流输电工程成功实现单极投产，投产仪式在广州隆重举行。这标志着我国电力技术、装备制造达到国际先进水平，在世界输变电领域占领了新的制高点，也是向中央提出西部大开发战略10周年献出了一份厚礼。

同日 南网公司首批电动汽车充电站（桩）在深圳建成投运，本期建设规模为2座充电站、134个充电桩，充电容量总计2480kVA。

中国华能集团公司主要事件

1月10日 中共中央政治局委员、国务院副总理张德江对中国华能集团公司2008年工作作出重要批示：2008年，中国华能集团克服困难，团结拼搏，圆满完成了抗灾救灾、奥运保电等各项任务，在生产经营、节能减排、技术创新等方面取得了显著成绩。2009年，希望你们深入贯彻落实科学发展观，积极应对国际金融危机的挑战，深化改革、开拓创新，加强管理、挖潜增效，加大结构调整力度，强化安全生产、经营安全，为促进国民经济平稳较快发展作出新的更大贡献。

1月13日 中共中央政治局常委、国务院副总理李克强对中国华能集团公司2008年工作作出重要批示：2008年，华能集团公司奋力拼搏，实现绩效目标，取得可喜成绩。谨向全体职工致意，并祝在新的一年奋发有为，进一步提升竞争力，为保持经济平稳较快发展作出新贡献。

1月14日 中国华能集团公司在北京召开2009年工作会议，总结2008年的主要工作，分析当前面临的形势，研究部署2009年的工作。

1月25日（农历除夕） 中共中央总书记胡锦涛到华能井冈山电厂考察并慰问一线员工。胡锦涛先后考察了集控室和汽轮机房，详细了解企业生产经营、设备运行和节日期间供电情况，并向节日期间坚守在电力生产第一线的企业员工表示慰问。胡锦涛说，群众生活一刻也离不开电，搞好春节期间的电力供应尤为重要。胡锦涛希望电厂抓好安全生产，保障电力供应，让人民群众过一个亮堂、欢乐、祥和的春节。

3月26日 华能贵诚信托有限公司在贵阳举办开业仪式。华能贵诚信托公司注册资本金6.03亿元，净资产超过8亿元，是由华能资本服务公司在原黔隆国际信托投资有限责任公司基础上，于2008年11月增资扩股重组而成。

4月29日 我国水电对外投资最大的BOT项目——缅甸瑞丽江一级电站6号机组完成72h试运行。至此，该电站顺利建成。该项目是目前中国在缅甸投资的最大BOT水电项目，也是缅甸建成投产的最大水电站。瑞丽江一级水电站总装机容量 60 万 kW，设计年发电量 40 亿 kWh，由华能集团所属华能澜沧江水电有限公司控股的云南联合电力开发有限公司以 BOT（建设—运营—移交）方式开发、运行和管理。

5 月 2 日 新疆最大扶贫工程——华能托什干河别迭里水电站开工。华能托什干河别迭里水电站是中国华能集团公司对口支援阿合奇县的扶贫项目，总装机容量 24.8 万 kW，总投资 21.35 亿元。

5 月 22 日 华能阜康热电联产工程举行奠基仪式。这是中国华能集团公司在新疆投资兴建的第一个大型热电项目。该工程由华能新疆公司和新疆天河能源开发有限责任公司共同投资建设，规划装机 87 万 kW。

5 月 27 日 华能景洪水电站 2 号机组完成 72h 试运行。至此，该电站 5 台机组全部投产发电，总投产装机容量达 175 万 kW。

6 月 10 日 中国华能集团公司与甘肃省国资委签订《华亭煤业集团公司股权转让协议》。根据协议，甘肃省国资委向华能集团转让华亭煤业 9%的股权。重组后，华能集团持有华亭煤业 49%的股份，并对其实施管理，其他股东甘肃省国资委、平凉市国资委分别持有 41%、10%的股权。华亭煤业矿区总面积 $134km^2$，剩余煤炭地质储量 21.87 亿 t，年生产能力 2000 万 t。

6 月 17 日 中国华能集团公司与宁夏自治区政府在吴忠市举行了《进一步加强能源项目合作协议》签字仪式，并启动太阳山煤电热化一体化项目。宁夏太阳山煤电热化一体化项目将建设年产 120 万 t 煤制甲醇、40 万 t 烯烃项目、2 台 30 万 kW 综合利用电厂和年产 420 万 t 的煤矿。

6 月 20～21 日 华能太平驿水电站 2、3 号机组相继并网成功，标志着华能四川公司灾后恢复重建工作取得了重要的阶段性胜利。该电站地处汶川特大地震震中位置，受损严重。

6 月 30 日 我国单机容量最大的超超临界燃煤机组——华能海门电厂 1 号 103.6 万 kW 机组正式投入商业运行。

7 月 6 日 我国首座自主开发、设计、制造并建设的 IGCC（整体煤气化联合循环发电系统）示范工程项目——华能天津 IGCC 示范电站开工，标志着具有我国自主知识产权、代表世界清洁煤技术前沿水平的“绿色煤电”计划取得了实质性进展。

7 月 8 日 《财富》杂志官方网站发布了 2009 年《财富》世界企业 500 强排行榜。中国华能集团公司作为唯一一家进入榜单的中国发电企业，以第 425 位的排名，实现了中国发电行业率先进入世界企业 500 强的目标。

7 月 10 日 装机 30 万 kW 的华能阜新风电场二期工程全部调试完毕，实现并网发电。该风电场由华能新能源公司建设，安装 200 台风力发电机组，工程总投资 31 亿元。

7 月 15 日 中国华能集团公司控股的西安热工研究院与美国未来燃料公司签署宾夕法尼亚州 15 万 kW IGCC 项目煤气化技术使用许可协议。此举标志着我国自主研发的 IGCC 核心技术——大型干煤粉气化技术达到国际先进水平，并首次打入西方发达国家的能源市场。

7 月 29 日 华能莱芜电厂 1、2、3 号共 40.5 万 kW 的小火电机组水塔成功爆破。至此，中国华能集团公司累计关停小火电 475 万 kW，全国淘汰小火电已突破 5400 万 kW，标志着国家“十一五”关停 5000 万 kW 小火电任务提前一年半圆满完成。

8 月 8 日 “陆上三峡”——甘肃酒泉千万千瓦级风电基地“十一五”380 万 kW 风电场项目中规模最大的风电场——华能酒泉风电基地一期正式开工。

8 月 10 日 中国华能集团公司与美国杜克能源公司在北京签署合作备忘录，计划共同开发各种可再生能源和清洁能源技术，提高应对气候变化能力。

8 月 13 日 中国华能集团公司与辽宁省政府签署《关于加强能源领域战略合作协议》。根据协议，中国华能集团公司继续加大在辽宁投资力度，力争到“十二五”末，累计投资超过 500 亿元，运营、在建装机超过 1000 万 kW。

9 月 4 日 中国华能集团公司与国家核电技术公司签署发起设立国核示范电站有限责任公司出资协议书。根据协议，双方将共同出资组建国核示范电站有限公司，投资建设国家大型先进压水堆核电站重大专项示范工程。

9 月 19 日 在“60 华诞责任中国”主题研讨会上，中国华能集团公司荣获“2009 中国企业社会责任特别大奖”。

9 月 25 日 国家重点工程、西部大开发和云南“西电东送”的标志性工程——华能小湾水电站 70 万 kW 首台机组投产发电。华能小湾水电站建设创下了多项世界第一，即世界最高的双曲混凝土拱坝、最高的边坡、水头最高的机组等。电站建设攻克了 300 米级双曲混凝土拱坝浇筑等世界级设计和施工难题。

10 月 24 日 我国自主研发的国产首台 66 万 kW 超临界塔式褐煤锅炉机组——华能九台电厂 1 号机组正式投入商业运营，填补了我国火力发电超临界塔式炉建设的空白。

10 月 27 日 中国华能集团公司与福建省政府在福州签署了《关于共同推进海峡西岸经济区建设的合作协议》。

10月29日 在由中国建筑业协会联合11家行业建设协会共同举办的新中国成立60周年“百项经典暨精品工程”发布会上，华能玉环电厂作为唯一的火力发电建设工程入选。

11月8日 我国第一艘以租赁方式建造的万吨级大型船舶——“工银1”轮在江苏中船澄西船舶修造有限公司正式命名交付。由船东方——中国工商银行旗下工银金融租赁有限公司将该轮交给中国华能集团旗下能源交通产业控股有限公司承租经营。

11月11日 华能投资20亿新币的大士能源登布苏多联产项目在新加坡裕廊岛开工。登布苏多联产项目是新加坡第一个以煤和棕榈壳为燃料的大型热电联产项目，包括一座热电厂和一座海水淡化厂及废水处理厂。

11月17日 作为中美清洁能源合作签字仪式的一部分，中国华能集团公司与美国博地能源公司在北京签署《绿色煤电有限公司增资认购协议》。

11月19日 华中地区首台66万kW超超临界机组——华能井冈山电厂二期扩建工程3号机组顺利通过168h试运行，正式投产。

12月4日 中国华能集团公司和浙江省政府在京签署进一步加强能源领域战略合作协议。根据协议，双方将共同开发电力等能源项目。

12月9日 中国华能集团公司和浙江省能源集团有限公司在京签署关于能源项目战略合作框架协议。根据协议，双方将共同开发建设浙江省有关能源项目，加快合作项目的实施进度，并共同投资开发浙江的风、水、气、核等能源项目。

12月10日 中国华能集团公司与唐山市政府在唐山市签署了能源交通等领域战略合作框架协议。根据协议，双方将开展5000万t码头的建设和丰南风电等项目的开发。

12月17日 国核示范电站有限责任公司成立大会暨揭牌仪式在北京举行。此举标志着国家大型先进压水堆核电站重大专项示范工程——CAP1400核电站进入实质性推进阶段。国核示范电站有限责任公司由中国华能集团公司和国家核电技术公司分别按照45%和55%的比例出资组建。

12月20日 中国华能集团公司在共和国60年经济盛典“中国经济百人榜、中国品牌百强榜”暨第四届“人民社会责任奖”颁奖盛典上荣获“共和国60年自主创新品牌20强”。

12月21、23日 中国华能集团公司援建的拉萨应急过渡电源第一、二台柴油发电机组相继投入运营，使拉萨地区发电装机增加2.3万kW，有效缓解了拉萨地区冬季缺电局面。电源项目计划安装9台单机容量1.15万kW的柴油发电机组，共10.35万kW，占藏中电网总装机容量的20%左右，于9月11日开工。

12月23日 随着华能小湾水电站3号机组、华能金陵电厂3号百万千瓦机组投产，中国华能集团公司装机容量突破1亿kW。

12月31日 华能国际电力股份有限公司与山东电力集团公司、鲁能发展集团公司在北京举行产权转让暨托管协议签字仪式。根据协议，华能国际电力股份有限公司出资86.25亿元人民币收购山东电力集团公司和山东鲁能发展集团公司拥有的9家公司的股权及部分前期电力项目的开发权，主要资产包括煤电一体化项目、火电厂和煤运码头、煤运船舶等，分布在云南、福建、山东、吉林四省。

中国大唐集团公司主要事件

1月13日 中共中央政治局常委、国务院副总理李克强对中国大唐集团公司作出重要批示：过去一年，大唐公司在抗震救灾和保经济运行等方面取得来之不易的成绩，谨向全体职工致以诚挚问候。希望在新的一年，克难攻坚，优化结构，加强管理，取得新成效，再创新业绩。

同日 中共中央政治局委员、国务院副总理张德江对中国大唐集团公司作出重要批示：2008年，大唐集团全体员工同心协力、奋勇拼搏，圆满完成了抗灾救灾、奥运保电等各项任务，形成了发展快速、结构优化、能耗降低、排放减少的良好局面，为国民经济和社会发展作出了贡献。希望在新的一年里，继续发扬自强不息、勇创一流的精神，进一步加快发展方式转变，努力建设资源节约型和环境友好型的现代电力企业，为促进国民经济和社会发展作出新的更大贡献。

1月15～16日 中国大唐集团公司2009年工作会议在北京召开。中国大唐集团公司党组书记、总经理翟若愚在会上作工作报告，总结了2008年的工作，深刻分析了集团公司2009年面临的形势，明确了集团公司2009年的工作思路、奋斗目标和重点工作，并把2009年确定为集团公司的“攻坚年”。会议还兑现了2008年度三项责任制的考核，并签订了2009年度三项责任书；表彰了2008年度集团公司先进单位、劳动模范、文明单位、两型企业及一流企业和一流指标。

1月9日 中国大唐利用高铝粉煤灰生产氧化铝技术成果发布会暨大唐国际与鄂尔多斯市项目合作框架协议签字仪式在北京举行。

同日 在北京举行的“第四届中国·企业社会责

任国际论坛暨改革开放 30 年·最具责任感企业”颁奖典礼上，中国大唐集团公司被授予“改革开放 30 年·最具责任感企业”荣誉称号。全国共有 13 家企业获得此奖项，大唐集团公司为唯一一家电力企业。

2 月 23 日 大唐山东发电有限公司成立大会在山东省济南市举行。中国大唐集团公司党组书记、总经理翟若愚，山东省委常委、省人民政府副省长王军民出席成立大会并共同为大唐山东发电有限公司揭牌。

3 月 2 日 中国大唐集团公司在北京举行中国大唐集团公司 2008 年社会责任报告发布会，这是中国大唐集团公司发布的第三份社会责任报告。

3 月 3～12 日 中国大唐集团公司党组书记、总经理翟若愚作为十一届全国政协委员参加十一届全国人大二次会议和全国政协十一届二次会议。

3 月 7 日 中央企业深入学习实践科学发展观活动领导小组办公室企业一组和中央企业深入学习实践科学发展观活动第五指导检查组与中国大唐集团公司领导班子见面会在北京召开。同日，中国大唐集团公司深入学习实践科学发展观活动动员大会在北京召开，标志着中国大唐集团公司深入学习实践科学发展观活动全面启动。

3 月 19 日 中国大唐集团煤业有限责任公司成立大会在北京举行。中国大唐集团公司党组书记、总经理翟若愚，国务院国有资产监督管理委员会规划发展局局长王晓齐出席成立大会并共同为中国大唐集团煤业有限责任公司揭牌。

3 月 26 日 中国大唐集团新能源有限责任公司成立大会在北京举行。中国大唐集团公司党组书记、总经理翟若愚，国务院国有资产监督管理委员会规划发展局副局长张忠林出席成立大会并共同为中国大唐集团新能源有限责任公司揭牌。

4 月 17 日 中国大唐集团技术经济研究院、中共中央党校教学基地、中共中国大唐集团公司党校、中国大唐集团干部培训学院、北京唐韵山庄酒店有限责任公司成立大会在北京举行。

4 月 21 日 中共中央政治局委员、国务院副总理张德江到第八届中国国际核电工业展览会中国大唐集团公司展区参观。中国大唐集团公司党组书记、总经理翟若愚陪同参观。

第八届中国国际核电工业展览会由中国核能行业协会主办，来自世界 15 个国家及地区、200 多家核电工业企业、科研院所参加本届展览会。中国大唐集团公司首次参加该展览会。

4 月 22 日 中国大唐集团公司与黑龙江省人民政府能源项目开发战略合作协议签字仪式在黑龙江省哈尔滨市举行。按照协议规定，中国大唐集团公司将积极参与黑龙江省东部煤电化基地建设，把黑龙江省作为重点战略发展区域。黑龙江省人民政府为中国大唐集团公司开发建设能源项目创造有利条件，积极支持本地装备企业为集团公司提供先进、优质、可靠的电力装备和技术。

4 月 27 日 大唐辽宁分公司成立大会在辽宁省沈阳市举行。中国大唐集团公司党组书记、总经理翟若愚，辽宁省委常委、沈阳市委书记曾维出席成立大会并共同为大唐辽宁分公司揭牌。

同日 中国大唐集团公司与大连市人民政府投资建设能源项目合作协议签字仪式在辽宁省大连市举行。按照协议规定，中国大唐集团公司将在大连市投资建设节能、环保技术和新能源、可再生能源等电力项目；大连市人民政府对投资项目前期工作给予充分支持，并支持中国大唐集团公司在与大连港集团合作的基础上，进一步开展合作交流。

4 月 28 日 中国大唐集团公司与安徽省宣城市人民政府核电开发协议书签字仪式在安徽省宣城市举行。按照协议规定，中国大唐集团公司将控股投资建设宣城核电厂项目，该项目规划建设规模为 4 台 100 万千瓦级核能发电机组，一期建设规模为 2 台 100 万千瓦级核能发电机组；宣城市人民政府同意中国大唐集团公司独家规划开发宣城核电建设厂址，并配合对泾县、宁国地区的重点厂址进行甄选，同时，给予中国大唐集团公司投资优惠政策，协调当地政府各部门积极支持、配合宣城核电厂项目的申报核准和建设工作。

5 月 4 日 中国大唐集团公司与韩国电力公社核电项目合作谅解备忘录（MOU）签字仪式在北京举行。中国大唐集团公司党组书记、总经理翟若愚，韩国电力公社社长金双秀出席签字仪式。按照备忘录规定，集团公司将与韩国电力公社参与在中国、韩国及第三国的核电项目领域的投资与建设，实现共同发展。

5 月 15 日 大唐广东分公司成立大会在广东省广州市举行。中国大唐集团公司党组书记、总经理翟若愚，广东省人民政府副省长万庆良出席成立大会并共同为大唐广东分公司揭牌。

5 月 22 日 内蒙古大唐国际鄂尔多斯铝硅钛项目奠基仪式在内蒙古自治区鄂尔多斯市准格尔旗举行。根据大唐国际发电股份有限公司与鄂尔多斯市人民政府签订的煤电铝硅钛合金循环经济项目合作框架协议，项目规划建设规模为年产 56 万 t 铝硅钛合金（配套氧化铝产能 100 万 t/年），分两期建设。其中，一期工程建设规模为年产 28 万 t 铝硅钛合金，建设工期约 36 个月。投产后，每年可利用废弃粉煤灰约 138 万 t、干电石渣约 95 万 t，可节约铝土矿约 100

万 t，形成年产 28 万 t 铝硅钛、4.5 万 t 白炭黑、37.3 万 t 活性硅酸钙的生产规模，可有效缓解我国铝土矿资源短缺、大量依靠进口的不利局面。

6 月 12 日 大唐能源化工有限责任公司成立大会在北京举行。中国大唐集团公司党组书记、总经理翟若愚，北京市石景山区人民政府区长周茂非出席成立大会并共同为大唐能源化工有限责任公司揭牌。

6 月 18 日 中共中央政治局委员、全国人大常委会副委员长、中华全国总工会主席王兆国到河北大唐国际丰润热电有限责任公司考察并亲切慰问生产一线干部职工。王兆国在听取中国大唐集团公司党组书记、总经理翟若愚工作汇报后强调，发展循环经济是造福一方百姓的大好事。发电企业通过环保产业和对废弃物的利用，不仅可以提高经济效益，而且社会效益十分显著，切实增强了可持续发展的能力。

6 月 27 日 许昌禹龙发电有限责任公司 3 号机组（660MW）完成 168h 满负荷试运行并移交试生产。以此为标志，中国大唐集团公司发电装机规模突破 9000 万 kW，达到 9006.11 万 kW，成为亚洲最大的发电公司。

7 月 17 日 中国大唐集团公司第三届企业开放日活动启动仪式在大唐山东黄岛发电厂举行。本届企业开放日的主题是"新能源、新动力"。

8 月 14 日 大唐河北发电有限公司与石家庄市人民政府《合作开展南部工业新区热电项目框架协议》签约仪式在河北省石家庄市举行。按照协议规定，大唐河北发电有限公司与石家庄市人民政府双方将共同建设石家庄市南部工业新区热电项目，项目规划 4 台 30 万千瓦级热电联产机组，一期 2 台 30 万千瓦级热电联产机组力争"十一五"期间开工建设。

8 月 30 日 内蒙古大唐国际克什克腾煤制天然气及输气管线工程开工仪式在内蒙古自治区赤峰市克什克腾旗达日罕乌拉苏木锡腾海举行，这是我国第一个经国家核准并开工建设的大型煤制气示范工程。中国大唐集团公司党组书记、总经理翟若愚，内蒙古自治区人民政府主席巴特尔、副主席赵双连，国家能源局总工程师吴贵辉，中国大唐集团公司党组成员、副总经理刘顺达出席开工仪式并共同为项目开工奠基。

9 月 4 日 上海东海大桥海上风电场（102MW）首批风电机组投产发电，这是亚洲首座单机容量最大（3MW）的海上风力发电场。

9 月 7 日 中国大唐集团公司与国家核电技术公司战略合作框架协议签字仪式在北京举行。中国大唐集团公司党组书记、总经理翟若愚，国家核电技术公司党组书记、董事长王炳华出席签字仪式。按照协议规定，双方将在三代非能动核电技术的应用推广方面开展合作，并积极推动三代非能动核电自主化、国产化、标准化、规模化建设；在核电关键设备制造、燃料元件供应及电站运行、技术服务等领域寻求合作；在常规电力工程建设方面开展合作；在核电技术专业人才培养，特别是工程建设管理人才培养方面开展合作。国家核电技术公司承诺积极支持与配合中国大唐集团公司尽快形成控股建设、运营核电厂的能力，优先推进中国大唐集团公司核电项目，并为中国大唐集团公司电源项目提供优质、高效的服务；中国大唐集团公司承诺以 AP1000 机组以及国家核电后续开发的、成熟的核电机组作为其核电项目的首选技术方案，并原则上由国家核电技术公司对项目实施 EPC 总承包。

9 月 10 日 2009 山西省招商引资项目签约仪式在山西省太原市举行。中国大唐集团公司党组书记、总经理翟若愚出席签约仪式并与山西省人民政府副省长陈川平签署《中国大唐集团公司与山西省人民政府战略合作框架协议》。签约仪式上，还签署了中国大唐集团公司与山西省能源交通公司战略合作意向性协议，中国大唐集团公司山西分公司与太原市人民政府合作开发建设太原市汾东新区热电联产项目协议，中国大唐集团新能源有限责任公司与朔州市人民政府、新疆金风科技股份有限公司朔州引进风机设备制造、打造百万风电基地项目合作协议，中国大唐集团公司山西分公司与山西文峰焦化科技有限公司、山西煤炭运销集团有限公司大唐文峰热电有限责任公司 2×300MW 煤矸石综合利用发电项目合作建设协议。

9 月 23 日 中国大唐集团公司与青海省人民政府能源战略合作框架协议签字暨大唐甘肃发电有限公司青海能源项目筹建处揭牌仪式在青海省西宁市举行。按照协议规定，中国大唐集团公司将根据青海省能源发展规划，在青海省投资开发建设火电、太阳能、风电、水电等项目。

10 月 18 日 中共中央总书记、国家主席、中央军委主席胡锦涛到大唐东营风电场考察调研并亲切慰问生产一线干部职工。胡锦涛总书记考察了大唐东营风电场主控室和生产现场，听取了中国大唐集团公司党组书记、总经理翟若愚关于集团公司组建七年来的发展情况和大唐东营风电场生产经营情况的汇报，重点就抢先机、转方式、调结构、又好又快地发展可再生能源等方面进行了调研。

11 月 10 日 河北大唐国际丰润热电有限责任公司 2 号机组（300MW）完成 168h 满负荷试运行并移交试生产，标志着河北大唐国际丰润热电有限责任公司 2 台 30 万 kW 热电联产机组年内实现了双投产。以此为标志，中国大唐集团公司发电装机规模从组建时的 2384.75 万 kW 增加到 9555.99 万 kW，仅用 6 年 10 个月实现了发电装机规模翻两番的目标。

12月7日　中国大唐集团公司四川分公司与宜宾市人民政府《关于加快建设西部综合能源基地的战略合作框架协议书》签字仪式在四川省宜宾市举行。按照协议规定，中国大唐集团公司四川分公司与宜宾市人民政府将本着平等互利、相互支持、共谋发展的原则，加快筠连矿区煤矸石发电项目的前期工作，在宜宾市境内投资开发包括岷江在内的水电及多元化产业。

12月20日　中缅两国政府经贸、金融、电力以及交通等16项合作文件签字仪式在缅甸首都内比都举行。中共中央政治局常委、国务院副主席习近平，缅甸联邦和平与发展委员会副主席貌埃出席签字仪式。签字仪式上，中国大唐集团公司党组书记、总经理翟若愚与缅甸第一电力部水电规划司司长吴基苏分别代表双方签署《缅甸太平江一期水电项目合资协议》。缅甸太平江一期水电项目装机容量为24万kW，由中国大唐集团海外投资有限公司所属大唐（云南）水电联合开发有限责任公司与缅甸第一电力部水电执行司合作，在缅甸成立合资公司，负责该项目的建设与运营。此次合资协议书的签署，对进一步推进太平江一期水电项目购售电协议的签署，确保集团公司第一个海外发电项目如期投产运营奠定了良好的基础。

12月27日　大唐新能源锡盟多伦风电场三期工程（49.5MW）首批风电机组投产发电。以此为标志，中国大唐集团公司风电装机规模突破300万kW，达到302.26万kW。

12月30日　大唐景泰发电厂一期工程2号机组（660MW）完成168h满负荷试运行并移交试生产，标志着大唐景泰发电厂2台66万kW超临界直接空冷燃煤发电机组年内实现了双投产。以此为标志，中国大唐集团公司发电装机规模突破1亿kW，达到10 007.53万kW。

中国华电集团公司主要事件

1月9～10日　中国华电2009年工作会议在北京召开。中共中央政治局常委、国务院副总理李克强，中共中央政治局委员、国务院副总理张德江，国务院国资委主任李荣融，国家电监会主席王旭东分别作重要批示。中国华电总经理、党组副书记云公民作了题为《坚定信心，扭亏增盈，科学发展，建设具有综合竞争力的现代化能源集团》的工作报告。党组书记、副总经理李庆奎作总结讲话。会上，中国华电与部分企业领导人签订了2009年度绩效目标责任书并表彰了中国华电2008年度先进集体和先进个人等。

1月23日　中国华电党组成员、副总经理程念高在北京会见了来访的印度尼西亚国家电力公司副总裁鲁迪·安塔拉一行，双方就有关电力项目合作进行了友好会谈，并达成共识。

2月19～20日　中国华电2009年基本建设暨前期工作会议在上海召开。中国华电总经理、党组副书记云公民出席会议。会议要求在新形势下要用科学发展观统领基建和前期工作，准确把握电力工业发展形势和政策走向，准确把握集团发展战略和结构调整，准确把握区域电力需求和配套资源情况；积极适应集团结构调整和形势变化需求，通过不懈努力，解决前进中遇到的困难和问题，推动中国华电又好又快发展。

2月20日　中国华电在北京召开2009年纪检监察工作会议。中国华电党组书记、副总经理李庆奎作重要讲话，指出各级领导干部要强化宗旨意识，树立正确的利益观；强化责任意识，树立正确的业绩观；强化纪律意识，树立正确的权力观。进一步加强反腐倡廉建设领导，落实机构设置和人员配备，加强纪检监察队伍建设。

2月22日　中央政治局委员、新疆自治区党委书记王乐泉在北京会见了中国华电总经理、党组副书记云公民，党组书记、副总经理李庆奎等。王乐泉表示新疆自治区将积极创造良好的投资发展环境，合理调控煤炭资源，支持华电集团等大型中央企业在新疆的发展。云公民、李庆奎表示将进一步做好生产经营工作，加快在新疆的发展，推动新疆经济社会快速发展。

2月24日　中国华电与中国光大银行签署银企合作暨综合授信协议。

3月2～14日　中国华电总经理、党组副书记云公民，中国华电党组书记、副总经理李庆奎分别在北京会见了云南、内蒙古、宁夏、山东、山西、河北、贵州、安徽、陕西、西藏10个省（区）的党政主要领导及广西北海、湖南常德、江苏扬州等11个地市的有关领导，就华电集团的投资建设、经营发展、项目合作等事宜进行会谈，达成广泛共识。

3月3日　中国华电在位于北京西单的中国华电大厦举行新办公大楼入住仪式。

3月6日　中国华电召开深入学习实践科学发展观动员视频大会。会议由中国华电总经理、党组副书记、活动领导小组副组长云公民主持。中国华电党组书记、副总经理、活动领导小组组长李庆奎作动员报告。

3月17日　中国华电总经理、党组副书记云公民，公司党组书记、副总经理李庆奎在中国华电总部会见了国家电网公司党组书记、总经理刘振亚，党组成员、副总经理栾军一行。双方就我国电力工业现状和未来交换了意见，表示要共同促进我国电力工业健康快速发展。

3月18日 全国人大常委会副委员长、民革中央主席周铁农在贵州毕节试验区考察期间，视察了贵州华电毕节热电有限公司。指出，要把毕节热电工程建设好，把循环经济建设的示范意义凸显出来，为毕节试验区经济社会发展多作贡献。

4月10日 中国华电召开2008年社会责任报告发布会。

同日 国家电监会党组成员、副主席史玉波到福建棉花滩水电开发有限公司调研，充分肯定了棉花滩公司成立以来取得的成绩。

4月23日 中国华电系统3家企业和6名职工分别被人力资源与社会保障部、国务院国资委授予中央企业先进集体和劳动模范称号。

4月28日 中国华电第一家综合性区域能源公司——华电内蒙古能源有限公司成立庆典仪式在内蒙古呼和浩特市举行。内蒙古自治区党委副书记、政府主席巴特尔，中国华电总经理、党组副书记云公民共同为华电内蒙古能源有限公司成立揭牌。中国华电党组书记、副总经理李庆奎，自治区政府副主席赵双连等出席仪式并讲话。

同日 贵州乌江水电开发有限责任公司与贵州六枝工矿集团有限责任公司战略合作协议签字仪式在贵阳举行。此次合作采取增资扩股形式，由乌江公司以现金方式向六枝工矿集团注资，注资后六枝工矿集团从国有独资企业变为有限责任公司，股权比例为贵州省国资委控股55%、乌江公司参股45%。乌江公司所注入资金将全部用于煤炭产业发展，力争用5年时间使该公司煤炭生产能力超过1000万t。

4月29日 中国华电与陕西省政府战略合作协议签字仪式暨华电陕西能源有限公司揭牌仪式在陕西榆林市举行。中国华电总经理、党组副书记云公民，党组书记、副总经理李庆奎，陕西省委副书记、省长袁纯清，省委常委、常务副省长赵正永，省委常委、副省长洪峰出席仪式。

5月12日 青海省委书记强卫在省委常委、副省长骆玉林的陪同下到青海华电大通发电有限公司调研。

同日 国家环境保护部副部长吴晓青到贵州索风营发电厂调研。吴晓青一行察看了乌江公司索风营鱼类增殖放流站和环境绿化情况，对华电集团、乌江公司高度的保护意识给予了充分肯定。

5月15日 中共中央政治局委员、新疆自治区党委书记王乐泉，全国政协原副主席、原水利电力部部长、中国工程院院士钱正英到华电奇台西黑山煤电一体化项目基地考察。王乐泉、钱正英希望新疆公司以科学发展观为指导，努力打造精品工程，加快准东煤电煤化工基地建设，为地方经济社会发展作出更大贡献。

5月25日 中国华电与山西省电力公司、山西晋能集团有限公司合作框架协议签字仪式在北京举行。标志着三方就晋能集团有关资产重组达成共识并取得初步成果。

5月28日 国家“西电东送”重点工程——乌江思林水电站（4×262.5MW）首台机组顺利结束72h试运行后直接转入商业运行。

6月9日 国家水利部在北京召开“全国水土保持监督执法专项行动总结暨监督管理能力建设启动会”，对78家水土保持“三同时”先进单位通报表彰，中国华电荣获“水土保持工作突出的生产建设单位”称号。

6月10日 中国华电与辽宁省电力有限公司、丹东东方新能源有限公司股权转让框架协议签约仪式在辽宁沈阳举行，中国华电成功受让丹东东方新能源公司全部股权。期间，中国华电总经理、党组副书记云公民在沈阳会见了辽宁省委副书记、省长陈政高。

6月16日 华电煤业集团有限公司与中国矿业大学战略联盟合作协议签字仪式在北京举行。中国华电总经理、党组副书记云公民会见了中国矿业大学校长葛世荣一行，双方就加强校企合作进行了会谈。

6月24日 中国华电与中国建设银行银企合作协议签约仪式在北京华电大厦举行。中国华电总经理、党组副书记云公民，党组书记、副总经理李庆奎，中国建设银行行长张建国出席仪式。

6月29日 中国华电召开学习实践科学发展观活动总结暨“两优一先”表彰视频大会。会议由中国华电总经理、党组副书记云公民主持，公司党组书记、副总经理、学习实践活动领导小组组长李庆奎作总结报告，中央企业学习实践活动第五指导组组长张青林出席会议并讲话。大会表彰了中国华电先进基层党组织、优秀共产党员、优秀党务工作者。

7月4日 全国政协副主席、科技部部长万刚到贵州华电毕节热电有限公司调研，对以毕节热电为核心的新型循环经济工业园区建设表示极大关注。

7月5日 新疆乌鲁木齐市发生打砸抢烧严重暴力犯罪事件。华电新疆发电有限公司党组在第一时间启动应急预案，迅速安排部署，加强区域各电厂治安保卫工作。7月6日下午，新疆公司召开“7·5”乌鲁木齐打砸抢烧严重暴力犯罪事件情况通报会，新疆公司本部全体人员及乌昌（乌鲁木齐—昌吉）地区所属企业党政主要领导参加了会议，对各企业加强治安防范和安全保卫工作作出部署。

7 月 8 日 国家电监会副主席王野平到华电能源哈尔滨第三发电厂调研。王野平要求哈尔滨第三发电厂积极应对严峻的市场形势，进一步做好热电联产集中供热工程建设，争取按期实现供热。

7 月 17～18 日 中国华电 2009 年中工作会议在北京召开。中国华电总经理、党组副书记云公民作了题为《谋划科学发展，落实年度目标，为建设国内一流能源集团而努力奋斗》的工作报告。公司党组书记、副总经理李庆奎作总结讲话。

7 月 20 日 中国华电集团新能源发展有限公司与无锡尚德太阳能电力有限公司在北京签署太阳能光伏发电项目战略合作协议。

7 月 31 日 贵州乌江水电开发有限责任公司构皮滩水电站首台机组经过 72h 试运行后，正式投入商业运行。中国华电水电装机容量达到 1028 万 kW。

8 月 5 日 乌江构皮滩水电站首台机组投产暨中国华电水电装机规模突破 1000 万 kW 庆典仪式在贵阳举行。贵州省委副书记、省长林树森与中国华电总经理、党组副书记云公民为中国华电水电装机突破 1000 万 kW 标志性机组授牌。

8 月 7 日 贵州乌江水电开发有限责任公司举行乌江流域首次珍稀鱼类增殖放流仪式，在乌江流域的东风、索风营、乌江渡、思林等水库同时放流乌江珍稀鱼类 17 万尾。

8 月 16 日 在井冈山召开的全国电力工作会议上，中国华电由于小火电机组关停工作成效显著，被国家能源局评为全国“十一五”关停小火电机组先进单位。

8 月 17～18 日 全国国有企业党的建设工作会议召开，中国华电作为电力系统唯一一家从集团层面介绍党建工作经验的单位，以“坚持党建工作‘三融入’推动科学发展上水平”为题，介绍了党建工作经验。中国华电党组书记、副总经理李庆奎出席会议并受到习近平等中央领导同志的亲切接见。

8 月 25 日 中国华电与中国太平洋保险（集团）股份有限公司《战略合作框架协议》签字仪式在上海举行。双方将在保险业务和投资业务方面加强合作，充分发挥各自资源及渠道优势，有效实现优势互补，促进共同发展。

9 月 1 日 宁夏回族自治区党委书记、人大常委会主任陈建国，党委副书记、政府主席王正伟到华电灵武公司二期工程建设现场调研。

9 月 3 日 全国人大环境与资源保护委员会副主任委员张文台率领 18 家中央和行业媒体记者在内的“中华环保世纪行”新闻采访团一行，到华电贵州索风营发电厂就乌江梯级开发的水土保持和流域综合治理等情况进行采访。

9 月 9 日 西藏自治区人民政府、中国华电关于进一步加强西藏水电资源开发战略合作协议的签字仪式在拉萨举行。中国华电党组书记、副总经理李庆奎与西藏自治区政府主席向巴平措代表双方在协议书上签字。

同日 中国华电与中国铝业公司战略合作协议签字仪式在北京举行。中国华电总经理、党组副书记云公民，中国铝业公司总经理、党组书记熊维平出席签字仪式并致辞。

9 月 24 日 新疆华电昌吉新热电公司 2×33 万 kW 热电联产项目举行开工奠基仪式。中共中央政治局委员、新疆自治区党委书记王乐泉，国家发展改革委副主任、国家能源局局长张国宝，新疆自治区党委副书记、自治区主席努尔·白克力，中国华电总经理、党组副书记云公民出席开工奠基仪式。新疆华电昌吉新热电项目位于新疆昌吉市滨湖乡，由华电集团控股建设，动态投资约 27 亿元，建设规模为 2×33 万千瓦等级亚临界中间再热供热式机组，同步安装烟气脱硫装置。预计首台机组 2010 年 12 月并网发电。该项目是新疆首台集空冷机组、脱硫、中水利用、热电联产等优势为一体的节约型、循环利用资源项目，投入运营后将替代高耗能分散锅炉 27 台，每年可减少采暖用标准煤 22 万 t，节约城市用水 400 万 t。

9 月 27 日 中国华电与河北省政府战略合作协议签字仪式暨石家庄鹿华热电一期工程开工奠基仪式在石家庄市举行，中国华电总经理、党组副书记云公民，中国华电党组书记、副总经理李庆奎，河北省委副书记、省长胡春华，省委常委、常务副省长付志方出席仪式。

10 月 10 日 中国华电党组成员、副总经理程念高在北京会见了来访的美国未来能源控股公司副董事长马克格林一行。双方就电力及能源相关领域的发展情况等交换了意见，并表达了进一步加强大型发电项目、新能源项目等方面的交流探讨，促进互利合作的愿望。

10 月 12～13 日 中国华电在北京召开管理创新年活动座谈会。中国华电总经理、党组副书记云公民作了题为《以改革创新精神深入推进管理创新年活动，全面提升中国华电执企能力和盈利能力》的重要讲话，充分肯定了 2009 年以来公司系统管理创新年活动开展情况和取得的成效。强调要围绕公司管理创新年活动的总体思路和安排，着力研究和推进十大重点工作。

10 月 13 日 中国华电举行首届职工道德模范颁奖典礼暨第二届“感动华电”故事演讲视频会。中国华电党组书记、副总经理李庆奎出席典礼并讲话。公司总部主会场和 130 多个分会场的 6000 余名干部职工共同倾听了十大道德模范饱含真情大爱的人生故事。

10月14日 中国华电与中国邮政储蓄银行专项融资协议签约仪式在华电大厦举行。中国华电总经理、党组副书记云公民，中国邮政储蓄银行行长陶礼明出席签约仪式。根据协议，中国邮政储蓄银行将向华电集团提供80亿元专项融资支持。

同日 中国华电和国家电网公司辽宁、山西区域资产重组协议签字仪式在华电大厦举行。中国华电总经理、党组副书记云公民，公司党组书记、副总经理李庆奎，国家电网公司党组成员、总会计师李汝革出席签字仪式。华电金山能源有限公司总经理王清文，辽宁省电力公司总会计师池源，丹东金宇贸易商社授权的辽宁省电力公司副总经济师左永坤，代表各方签署《丹东新能源有限公司股权转让协议》。华电山西能源有限公司总经理王存洲、山西省电力有限公司总经理张建坤、山西晋能集团董事长王雁宾、山西和信电力发展有限公司徐志刚代表各方签署《山西股权转让协议》。

10月19～21日 中国华电2009年火力发电企业热控技能大赛在国电南京自动化股份有限公司举行。公司系统共有30名选手获得金、银、铜奖。

10月21日 中国华电与中国中煤能源集团签署《煤炭长期供需合作协议》。根据协议约定，2010～2014年中煤集团将向华电集团供应煤炭总量1510万t。

10月28日 华电渠东发电有限公司2×330MW热电工程开工。

10月29日 华电在山西并购企业人员资产经营管理权移交协议签字仪式在山西太原举行。

11月10～14日 中国华电总经理、党组副书记云公民率团访问美国未来能源控股公司，双方举行友好会谈并签署了《绿色合作伙伴关系行动计划》。

11月18日 华电金山能源有限公司丹东热电2×300MW机组开工。

11月22日 乌江构皮滩水电站3号发电机组投入商业运行，标志着中国华电在贵州省的发电装机突破1000万kW，达到1001.95万kW。

同日 华电新疆发电有限公司乌鲁木齐热电厂1号机组，容量33万kW热电联产机组圆满完成168h满负荷试运行，移交生产，成为新疆维吾尔自治区投产的单机最大的火力发电机组。

11月25日 新疆喀什市隆重举行“中国华电援建喀什市广播电视塔竣工典礼暨2009年援助资金捐赠仪式”。中国华电向喀什市捐赠300万元人民币。

12月1日 由贵州黔源电力股份有限公司控股开发的北盘江董箐水电站首台机组顺利完成72h试运行，正式投入商业运行。

12月2日 国家电力监管委员会党组书记、主席王旭东到华电国际邹县发电厂调研。王旭东一行参观了邹县发电厂百万千瓦机组生产现场，详细了解机组安全生产、经济运行及煤价、电价等情况，对管理创新和创国际一流发电企业的工作给予高度评价，同时对下一步工作提出了具体要求。

12月7日 中国华电工程（集团）有限公司与柬埔寨能源有限公司2×50MW燃煤电厂总承包合同签字仪式在北京举行。

12月16日 中国华电总经理、党组副书记云公民在北京会见美亚电力有限公司董事长、首席执行官杜鹏茂一行，双方就进一步加强合作交换了意见，并达成共识。

同日 中国华电首座大型太阳能光伏电站——华电宁夏宁东光伏电站并网发电。与传统火力发电相比，每年可节约标煤1万t，减少二氧化碳排放2.5万t。

12月30日 中国华电与国家电网公司在北京举行山西和信电力发展有限公司、忻州广宇煤电有限公司管理权移交签字仪式。

中国国电集团公司主要事件

1月1日 广西自治区政府、中国国电集团公司在南宁市举办国电南宁电厂项目启动仪式。集团公司总经理、党组副书记朱永芃出席仪式并致辞。

1月14日 中国国电集团公司召开机关干部大会。国务院国资委企业领导人员管理一局副局长李伟，在会上宣布了国资委党委关于杨海滨、高嵩两位同志的任职决定：任命杨海滨为中国国电集团公司副总经理、党组成员；聘任高嵩为中国国电集团公司副总经理，试用期一年。

1月16日 在全国“创争”活动先进单位和先进个人表彰大会上，国电大武口发电厂汽机分部本体班被授予2008年度“全国学习型标兵班组”荣誉称号。

1月20日 国家发展和改革委员会以发改能源[2009]225号文件对国电吉林江南热电厂“上大压小”工程项目进行了核准批复，正式核准国电吉林江南热电厂2×300MW机组工程开工建设。

1月21日 中国国电集团公司与内蒙古国有资产监督管理委员会“内蒙古能源发电投资有限公司重组框架协议签字仪式”在呼和浩特市举行。集团公司总经理、党组副书记朱永芃，党组书记、副总经理乔保平，副总经理、党组成员陈飞，内蒙古自治区副主席赵双连出席了签字仪式。

同日 国务院国资委党委对中央企业2008年北京奥运会期间安保工作进行表彰：中国国电集团公司（总部）被授予在京中央企业2008年北京奥运会安保工作先进集体荣誉称号。

2月20日 中国国电集团公司宁夏分公司、国电英力特能源化工集团股份有限公司成立揭牌仪式在银川隆重举行。

2月23～24日 中国国电集团公司一届一次职工代表大会暨2009年工作会议在北京召开。中共中央政治局常委、国务院副总理李克强，中共中央政治局委员、国务院副总理张德江对集团公司工作作出重要批示。国务院国资委主任李荣融、国家电力监管委员会主席王旭东、国家能源局局长张国宝也分别对集团公司工作作出重要指示并对会议的召开表示祝贺。朱永芃作集团公司2009年工作报告。乔保平作总结讲话。

3月10日 中国国电集团公司召开深入学习实践科学发展观活动动员电视电话会议。

3月23日 中国国电集团公司召开党组会议。集团公司党组书记、副总经理乔保平在会上宣布了国务院国资委、国资委党委关于张成杰同志的任职决定：任命张成杰为中国国电集团公司副总经理、党组成员。

4月17日 中国国电集团公司与内蒙古自治区政府签署重组内蒙古能源发电投资有限公司增资协议。

4月23日 中央企业先进集体和劳动模范表彰大会在北京京西宾馆召开。国电集团公司4个单位获得“中央企业先进集体”称号，5名同志获得“中央企业劳动模范”称号。

5月5日 在中国青海投资贸易洽谈会上，中国国电集团公司所属龙源电力集团公司签约国内目前最大的光伏发电项目。

5月7日 中国国电集团公司与青海省人民政府能源战略合作框架协议签字仪式在青海省西宁市举行。

5月18日 中国国电集团公司与新疆维吾尔自治区人民政府在乌鲁木齐市签订深化投资建设新疆电力能源项目战略合作协议。

6月18～19日 中国国电集团公司学习实践活动整改方案征求意见暨新能源发展座谈会在北京召开。集团公司总经理、党组副书记朱永芃出席会议并作重要讲话，党组书记、副总经理乔保平主持会议并作总结讲话。

6月23日 中国国电集团公司向社会首次发布《2008年社会责任报告》。

6月25日 国电英力特宁东煤基多联产化学工业园在宁夏宁东能源化工基地正式开工建设。

7月1日 中国国电集团公司召开学习实践活动总结大会。朱永芃、乔保平在会上作重要讲话，杨海滨主持会议。乔保平对集团公司学习实践活动三个阶段的主要工作做了总结，对下一步工作做了部署。

7月26日 首都文明委授予国电集团公司本部“2008年度首都文明单位标兵”，这是集团公司本部2005～2007年连续3年保持“首都文明单位”称号以来取得的又一殊荣。

8月3～5日 中国国电集团公司召开2009年生产经营暨发展工作会议。集团公司总经理、党组副书记朱永芃在会上作总结讲话，党组书记、副总经理乔保平主持会议并讲话；杨海滨、陈飞、郭培章、于崇德、张国厚、高嵩、张成杰出席会议。杨海滨在会上宣读了国电集团公司表彰2008年度三星级四星级发电企业、2009年度科技进步暨优秀合理化建议奖获奖单位和个人的决定；陈飞作发展工作报告；于崇德生产经营工作报告。

8月10日 中国国电集团公司与西藏自治区在拉萨市签署开发西藏能源项目合作协议。

8月20日 龙源格尔木新能源开发有限公司光伏发电项目正式开工。该项目总装机20万kW，为国内目前最大太阳能发电项目。

9月5日 由中国企业联合会和中国企业家协会评选的“2009中国企业500强”在杭州发布。中国国电集团公司以945.07亿元的营业收入排名第64位，在入榜的发电企业中位居第三。

9月14日 国电新疆开都河公司察汗乌苏30万kW水电站清洁发展机制（CDM）项目正式获得联合国批准，世界装机最大的水电CDM项目落户国电集团。

10月13日 中国国电集团公司与中国核工业集团公司在集团公司本部签署战略合作协议。

同日 中国国电集团公司与中国铝业公司大用户直购电合作框架协议签字仪式在集团公司本部举行。

10月20日 由龙源集团投资建设的我国第一个海上（潮间带）风电项目——江苏如东海上（潮间带）试验风电场首批两台1500kW机组并网发电。

11月5日 我国具有完全自主知识产权的风力发电核心控制设备——国电龙源电气公司1.5MW双馈型风电机组变流器下线典礼在河北保定举行。集团公司总经理、党组副书记朱永芃在典礼上致辞并为1.5MW双馈型风电机组变流器下线揭幕。

11月11日 中共中央政治局常委、全国人大常委会委员长吴邦国到中国国电集团公司所属龙源电力集团股份有限公司甘肃玉门风电场考察调研并慰问。

全国人大常委会副委员长、秘书长李建国，甘肃省委书记陆浩、甘肃省省长徐守盛等陪同吴邦国考察调研。中国国电集团公司总经理助理、龙源电力集团股份有限公司总经理谢长军代表中国国电集团公司在现场陪同，并向吴邦国作了工作汇报。

12月10日 集团公司所属的龙源电力集团股份有限公司（简称龙源电力，股份代号：00916）在香港联合交易所有限公司主板正式上市。龙源电力本次全球发行2 142 860 000股，发行价为每股港币8.16元，募集资金总额约为港币175亿元。

12月13日 中国国电集团公司目前在建的最大水电项目，单机容量55万kW，装机容量330万kW的瀑布沟水电站首台机组成功投产发电，正式进入商业运行。

中国电力投资集团公司主要事件

1月4日 中共中央政治局常委、国务院副总理李克强到中国电力投资集团公司（简称中电投）总部考察调研，对集团公司工作给予充分肯定。

1月15～16日 中电投2009年工作会议在北京召开。会前，中央政治局常委、国务院副总理李克强，中央政治局委员、国务院副总理张德江，国家电监会主席王旭东专门作出重要批示。

3月11日 中电投开展深入学习实践科学发展观活动动员大会在北京召开。会议对中电投学习实践活动进行了动员部署，标志着中电投学习实践活动全面启动。

同日 中电投与云南省人民政府战略合作框架协议签字仪式在京举行，标志着双方合作进入全新的阶段。

3月26日 中共中央政治局常委李长春出席《关于共同开发水电的政府间框架协议》签字仪式，明确了中电投作为东南亚水电项目开发主体，并纳入政府间合作规划。

4月7日 中电投"标准化管理推进年"动员大会在北京召开。

5月18日 拉西瓦水电站首批机组正式投产发电，6号机组成为国家电力装机突破8亿kW的标志性机组。

5月25日 中电投在北京召开2008年社会责任报告发布会。

6月13日 "重庆国企开放发展高层论坛"举办期间，中共中央政治局委员、重庆市委书记薄熙来会见中电投党组书记、总经理陆启洲。

6月20日 中电投党组书记、总经理陆启洲拜会中共中央政治局委员、上海市委书记俞正声，加快推进中电投以大漕泾百万千瓦超超临界火电项目、IGCC项目为代表的长三角地区清洁能源项目的发展。

6月24日 中电投与中国工商银行《战略合作协议》签字仪式在北京举行。

7月9日 中电投深入学习实践科学发展观总结大会在总部召开。会议全面总结了中电投学习实践活动，表彰了近年来涌现出的基层先进党组织和优秀共产党员。

8月16日 在2009年全国电力工作会议上，中电投被评为全国"十一五"关停小火电机组先进单位。

9月4日 中共中央政治局委员、国务院副总理张德江在中电投党组书记、总经理陆启洲陪同下，视察正在建设中的江西新昌电厂。

9月14日 中共中央政治局常委、全国政协主席贾庆林在《人民政协重要文献选编》出版座谈会上亲切接见了全国政协委员、中电投党组书记、总经理陆启洲。

9月17日 中电投党组书记、总经理陆启洲向原中共中央政治局委员、国务院副总理曾培炎就中电投发展情况、核电建设等工作进行汇报。

10月23日 中电投党组书记、总经理陆启洲拜会了中共中央政治局委员、广东省委书记汪洋，进一步推动中电投在粤的发展步伐。

11月9日 中电投党组书记、总经理陆启洲拜会了中共中央政治局委员、新疆自治区党委书记王乐泉，进一步落实了保证可持续发展的资源、项目储备，推进中电投新疆产业集群开发建设。

12月20日 在中共中央政治局常委、国家副主席习近平的见证下，中电投与缅甸第一电力部和缅甸和平与发展委员会副主席貌埃正式签署《东南亚水电项目合资协议》。

12月28日 三代核电AP1000自主化依托项目——山东海阳核电项目一期工程正式开工，该工程1号机组计划于2014年5月投产。

重 要 文 献

国 务 院 文 件

国务院办公厅公布《装备制造业调整和振兴规划》

装备制造业是为国民经济各行业提供技术装备的战略性产业，产业关联度高、吸纳就业能力强、技术资金密集，是各行业产业升级、技术进步的重要保障和国家综合实力的集中体现。

为应对国际金融危机的影响，落实党中央、国务院关于保增长、扩内需、调结构的总体要求，确保装备制造业平稳发展，加快结构调整，增强自主创新能力，提高自主化水平，推动产业升级，特编制本规划，作为装备制造业综合性应对措施的行动方案。规划期为2009～2011年。

一、装备制造业现状及面临的形势

经过多年发展，我国装备制造业已经形成门类齐全、规模较大、具有一定技术水平的产业体系，成为国民经济的重要支柱产业。特别是《国务院关于加快振兴装备制造业的若干意见》（国发［2006］8号）实施以来，装备制造业发展明显加快，重大技术装备自主化水平显著提高，国际竞争力进一步提升，部分产品技术水平和市场占有率跃居世界前列。我国已经成为装备制造业大国，但产业大而不强、自主创新能力薄弱、基础制造水平落后、低水平重复建设、自主创新产品推广应用困难等问题依然突出。同时，受国际金融危机影响，2008年下半年以来，国内外市场装备需求急剧萎缩，我国装备制造业持续多年的高速增长势头明显趋缓，企业生产经营困难、经济效益下滑，可持续发展面临挑战。

应该看到，我国目前正处于扩大内需、加快基础设施建设和产业转型升级的关键时期，对先进装备有着巨大的市场需求；金融危机加快了世界产业格局的调整，为我国提供了参与产业再分工的机遇，装备制造业发展的基本面没有改变。必须采取有效措施，抓住机遇，加快产业结构调整，推动产业优化升级，加强技术创新，促进装备制造业持续稳定发展，为经济平稳较快发展作出贡献。

二、指导思想、基本原则和目标

（一）指导思想

全面贯彻落实党的十七大精神，以邓小平理论和“三个代表”重要思想为指导，深入贯彻落实科学发展观，依托国家重点建设工程，大规模开展重大技术装备自主化工作；通过加大技术改造投入，增强企业自主创新能力，大幅度提高基础配套件和基础工艺水平；通过加快企业兼并重组和产品更新换代，促进产业结构优化升级，全面提升产业竞争力，努力推进装备制造业由大到强的转变。

（二）基本原则

坚持装备自主化与重点建设工程相结合。加强政策支持和市场引导，充分利用实施重点建设工程和调整振兴重点产业形成的市场需求，加快推进装备自主化，保障工程需要，带动产业发展。

坚持自主开发与引进消化吸收相结合。支持企业自主开发新产品，鼓励开展引进消化吸收再创新，引导企业逐步由依赖引进技术向自主创新转变，大力推进技术产业化。

坚持发展整机与提高基础配套水平相结合。努力实现重大技术装备自主化，带动基础配套产品发展。提高基础件技术水平，开发特种原材料，扭转基础配套产品主要依赖进口的局面。

坚持发展企业集团与扶持专业化企业相结合。支持装备制造骨干企业通过兼并重组发展大型综合性企业集团，鼓励主机生产企业由单机制造为主向系统集成为主转变，引导专业化零部件生产企业向“专、精、特”方向发展，形成优势互补、协调发展的产业格局。

（三）规划目标

1. 产业实现平稳增长。保持装备制造业生产经营稳定，增加值占全国工业增加值的比重逐步上升，为扩大内需、转变发展方式、确保国民经济稳定增长提供保障。

2. 市场份额逐步扩大。提高国产装备质量水平，扩大国内市场，国产装备国内市场满足率稳定在70%左右，巩固出口产品竞争优势，稳定出口市场。

3. 重大装备研制取得突破。全面提高重大装备技术水平，满足国家重大工程建设和重点产业调整振兴需要，百万千瓦级核电设备、新能源发电设备、高速动车组、高档数控机床与基础制造装备等一批重大装备实现自主化。

4. 基础配套水平提高。基础件制造水平得到提高，通用零部件基本满足国内市场需求，关键自动化测控部件填补国内空白，特种原材料实现重点突破。

5. 组织结构优化升级。形成若干家具有国际竞争力的科工贸一体化大型企业集团，形成一批参与国际分工的“专、精、特”专业化零部件生产企业。

6. 增长方式明显转变。生产组织方式和重要生产工艺得到改进，现代制造服务业得到发展，单位工业增加值能耗、物耗和污染物排放显著降低，劳动生产率显著提高，大型企业集团的现代制造服务收入占销售收入比重达到20%以上。

三、产业调整和振兴的主要任务

（一）依托十大领域重点工程，振兴装备制造业

1. 高效清洁发电。以辽宁红沿河、福建宁德和福清、广东阳江、浙江方家山和三门、山东海阳以及后续核电站建设工程为依托，推进二代改进型、AP1000核电设备自主化，重点实现压力容器、蒸汽发生器、控制棒驱动机构、核级泵阀、应急柴油机等主要设备的国内制造。以东北、西北、华北北部和沿海地区大型风电场工程为依托，推进风电设备自主化，重点实现变频控制系统、风电轴承、碳纤维叶片等产品的国内制造。进一步提高70万kW以上水电设备、大型抽水蓄能机组、百万千瓦级超临界/超超临界火电设备、大型燃气机组、垃圾焚烧发电设备等技术装备的性能质量。开发太阳能发电设备。发展大型火电、核电站辅机。

2. 特高压输变电。以特高压交直流输电示范工程为依托，以交流变压器、直流换流变压器、电抗器、电流互感器、电压互感器、全封闭组合电器等为重点，推进750、1000kV交流和±800kV直流输变电设备自主化。

3. 煤矿与金属矿采掘。以平朔东、胜利东二号、白音华、朝阳等十个千万吨级大型露天煤矿，酸刺沟等十个深井煤矿，以及大型金属矿建设为依托，大力发展新型采掘、提升、洗选设备，重点实现电牵引采煤机、液压支架、大型矿用电动轮自卸车、大型露天矿用挖掘机等设备的国内制造。

4. 天然气管道输送和液化储运。以西气东输二线、陕京三线等天然气管道输送工程为依托，发展长距离输送管道燃压机组、大型管线球阀和控制系统等装备；以浙江、江苏、珠海、青岛等液化天然气接收站工程为依托，发展大型液化天然气运输船及接收站等设备。

5. 高速铁路。以在建的京沪、京广、京沈、沪昆等约1万公里高速铁路客运专线，以及西部干线铁路、煤运通道建设项目为依托，组织实施铁路交通设备自主化，实现高速动车组、大功率交流传动电力/内燃机车、重载货车、大型养护机械等装备的国内制造。

6. 城市轨道交通。以北京、上海、广州、深圳等17个城市近70条线路工程项目为依托，重点实施城市轨道交通车辆、信号系统、列车网络控制系统、制动系统、主辅逆变器等机电设备自主化。

7. 农业和农村。以国家新增千亿斤粮食工程为依托，大力发展大功率拖拉机及配套农机具、节能环保中型拖拉机等耕作机械，通用型谷物联合收割机、新型半喂入式水稻联合收割机、高效玉米联合收割机、自走式采棉机等收获机械，免耕播种机，节水型喷灌设备等。适应新农村建设、农业现代化的需要，重点发展农产品精深加工成套设备、灌溉和排涝设备、沼气除料设备、农村安全饮水净化设备等。

8. 基础设施。适应交通、能源、水利、房地产等行业发展需要，以大型隧道全断面掘进机、大型履带吊和全路面起重机、架桥机、沥青混凝土搅拌和再生成套设备等为重点，发展大型、新型施工机械；以空管设备和空管自动化系统、行李和货物高速分拣系统、安检设备与智能化监测系统、航显综合系统及设备、机场信息集成系统及设备等为重点，发展机场专用装备；以大型斗轮堆取料机、翻车机、装卸船机等为重点，发展港口机械。

9. 生态环境和民生。适应环境保护和社会民生需要，大力发展污水污泥处理设备、脱硝脱硫设备、余热余气循环再利用设备、环境在线监测仪器仪表，食品、药品、煤矿瓦斯等安全检测设备，重大事故应急救援设备，数字化医疗设备等。

10. 科技重大专项。加快实施高档数控机床与基础制造装备科技重大专项，重点研发高速精密复合数控金切机床、重型数控金切机床、数控特种加工机床、大型数控成形冲压设备、重型锻压设备、清洁高效铸造设备、新型焊接设备与自动化生产设备、大型清洁热处理与表面处理设备八类主机产品，基本掌握高档数控装置、电机及驱动装置、数控机床功能部件、关键部件等的核心技术。

（二）抓住九大产业重点项目，实施装备自

主化

1. 钢铁产业。以钢铁产业调整和振兴规划确定的工程为依托，以冷热连轧宽带钢成套设备、大型板坯连铸机、彩色涂层钢板生产设备、大型制氧机、大型高炉风机、余热回收装置等为重点，推进大型冶金成套设备自主化。

2. 汽车产业。结合实施汽车产业调整和振兴规划，重点提高汽车冲压、装焊、涂装、总装四大工艺装备水平，实现发动机、变速器、新能源汽车动力模块等关键零部件制造所需装备的自主化。

3. 石化产业。以石化产业调整和振兴规划确定的工程为依托，以千万吨级炼油、百万吨级大型乙烯、对苯二甲酸（PTA）、大化肥、大型煤化工和天然气输送液化储运等成套设备，大型离心压缩机组、大型容积式压缩机组、关键泵阀、反应热交换器、挤压造粒机、大型空分设备、低温泵等为重点，推进石化装备自主化。

4. 船舶工业。结合实施船舶工业调整和振兴规划，重点提高焊接、涂装工艺装备水平，实现船用柴油机、曲轴、推进器、舱室设备、甲板机械等关键零部件制造所需装备的自主化。

5. 轻工业。结合实施轻工业调整和振兴规划，以食品机械、制浆造纸机械、塑料成型机械、制革制鞋机械、光机电一体化缝制机械、包装设备以及食品安全检测设备等为重点，推进轻工机械自主化。

6. 纺织工业。结合实施纺织工业调整和振兴规划，以粗细联、细络联、高速织造设备，非织造成套设备、专用织造成套设备，高效、连续、短流程染整设备等为重点，推进纺织机械自主化。

7. 有色金属产业。结合实施有色金属产业调整和振兴规划，以高精度轧机、大断面及复杂截面挤压机等为重点，推进有色冶金设备自主化。

8. 电子信息产业。结合实施电子信息产业调整和振兴规划，以集成电路关键设备、平板显示器件生产设备、新型元器件生产设备、表面贴装及无铅工艺整机装联设备、电子专用设备仪器及工模具等为重点，推进电子信息装备自主化。

9. 国防军工。结合国防军工发展需要，以航空、航天、舰船、兵器、核工业等需要的关键技术装备，以及试验、检测设备为重点，推进国防军工装备自主化。发挥军工技术优势，促进军民结合。

（三）提升四大配套产品制造水平，夯实产业发展基础

1. 大型铸锻件。重点发展大型核电设备铸锻件，百万千瓦级超临界/超超临界火电机组铸锻件，70万千瓦以上等级大型混流式水轮机组铸锻件，石化、煤化工重型容器锻件，冷热连轧机铸锻件，大型船用曲轴、螺旋桨轴锻件，大型轴承圈锻件等。

2. 基础部件。重点发展大功率电力电子元件、功能模块，大型、精密轴承，高精度齿轮传动装置，高强度紧固件，高压柱塞泵/电动机、液压阀、液压电子控制器、液力变速箱，气动元件，轴承密封系统、橡塑密封件等。加快发展工业自动化控制系统及仪器仪表、中高档传感器等。

3. 加工辅具。重点发展大型精密型腔模具、精密冲压模具、高档模具标准件，高效、高性能、精密复杂刀具，高精度、智能化、数字化量仪，高档精密磨料磨具等。

4. 特种原材料。重点发展耐高温、耐高压、耐腐蚀电站用钢（钢管），大型变压器用高磁感取向硅钢，高压、特高压输变电设备用绝缘材料，高速列车转向架、轮对用特种钢，飞机用高档铝型材，轴承、齿轮、模具、量具、刃具、高强度紧固件用特种钢，机床滚珠丝杠和直线导轨专用钢材，高耐磨钢，高强度、耐高温、低磨损、长寿命复合密封材料等。

（四）推进七项重点工作，转变产业发展方式

1. 加快产业组织结构调整。重点支持装备制造骨干企业跨行业、跨地区、跨所有制重组，逐步形成具有工程总承包、系统集成、国际贸易和融资能力的大型企业集团。加大对重点基础配套企业的投入力度，引导民营资本和外资投向基础零部件、加工辅具等领域，发展一批高起点、大规模、专业化企业，健全产业配套体系。

2. 增强自主创新能力。加大科研投入力度，集中攻克一批长期困扰产业发展的共性技术。加快建设一批带动性强的国家级工程研究中心、工程技术研究中心、工程实验室等，提升企业产品开发、制造、试验、检测能力。推进以企业为主体的产学研结合，鼓励科研院所走进企业，支持企业培养壮大研发队伍。

3. 提高专业化生产水平。改进企业生产组织方式，合理配置资源，整合区域内铸造、锻造、热处理、表面处理四大基础工艺能力，建设专业化生产中心。加大技术改造投入力度，推广先进制造技术和清洁生产方式，提高材料利用率和生产效率，降低能耗，减少污染物排放。

4. 加快完善产品标准体系。加快制（修）订装备产品技术标准，提高标准水平，促进新技术、新工艺、新设备、新材料的推广应用，淘汰落后产品。跟踪国际先进技术发展趋势，注重与国际标准接轨，积极参与国际标准制（修）订工作，促进自主创新产品进入国际市场。

5. 利用境外资源和市场。充分吸收借鉴境外先进管理经验，有选择地引进先进技术，为海外专业技术人才回国工作创造良好条件，提高我国装备制造业技术水平。支持有条件的企业兼并重组境外企业和研发机构。稳定和扩大装备产品出口，提高出口产品技术含量、附加值和成套水平。

6. 发展现代制造服务业。围绕产业转型升级，支持装备制造骨干企业在工程承包、系统集成、设备租赁、提供解决方案、再制造等方面开展增值服务，逐步实现由生产型制造向服务型制造转变。鼓励有条件的企业，延伸扩展研发、设计、信息化服务等业务，为其他企业提供社会化服务。

7. 加强企业管理和人才队伍建设。引导装备制造企业加快改革步伐，优化产权结构，转换经营机制，建立现代企业制度，加强企业管理，全面提高科学决策和生产、经营水平，增强参与国际竞争和防范市场风险的能力。改进企业生产组织方式，加强产品质量管理，落实各项安全生产措施，提高生产效率和产品质量。加强人才队伍建设，重点引进和培养创新型研发设计人才、开拓型经营管理人才、高级技能人才等专业人才，强化职工培训，提高职工队伍素质，满足企业可持续发展需要。

四、政策措施

（一）发挥增值税转型政策的作用

充分发挥增值税转型政策对企业技术进步的促进作用，鼓励企业加大技术改造力度，加快装备更新，调整产品结构，推动企业技术进步。

（二）加强投资项目的设备采购管理

中央预算内投资项目要支持自主创新的技术装备。项目申报文件中须附有设备采购清单，项目咨询评估阶段需对设备采购方案进行评估，项目实施阶段要加强对设备招投标的监督和指导，确保自主创新设备采购方案的落实。

（三）鼓励使用国产首台（套）装备

建立使用国产首台（套）装备的风险补偿机制。鼓励保险公司开展国产首台（套）重大技术装备保险业务。

（四）加大技术进步和技术改造投资力度

制定《装备制造业技术进步和技术改造项目及产品目录》，支持使用国产首台（套）重大技术装备，支持目录内装备的自主化、节能节材减排改造、企业兼并重组后内部资源整合、区域性四大基础工艺中心建设、发展现代制造服务业等。

（五）支持装备产品出口

完善出口退税政策，适当提高部分高技术、高附加值装备产品的出口退税率。鼓励金融机构增加出口信贷资金投放，支持国内企业承揽国外重大工程，带动成套设备和施工机械出口。

（六）调整税收优惠政策

鼓励开展引进消化吸收再创新，对生产国家支持发展的重大技术装备和产品，确有必要进口的关键部件及原材料，免征关税和进口环节增值税。在对铸件、锻件、模具、数控机床产品增值税实行先征后返的政策到期后，研究制定新的税收扶持政策，调整政策适用范围，引导发展高技术、高附加值产品。

（七）推进企业兼并重组

制定鼓励境内企业跨地区、跨行业、跨所有制重组的政策措施，妥善解决富余人员安置、债务核定与处置、财税利益分配等问题；对重组企业发行股票、企业债券、公司债券、中长期票据、短期融资券以及申请贷款等予以支持；对境内企业并购境外制造企业和研发机构，可给予相关项目贷款贴息支持。鼓励金融机构在风险可控的条件下开展境内外并购贷款业务。

（八）落实节能产品补贴和农机具购置补贴政策

用好节能产品补贴资金，对购买高效节能装备产品的终端用户给予补贴，2009 年先行开展对高效电机推广应用的补贴。抓紧落实好农机具购置补贴政策，及早兑现到户。

（九）建立产业信息披露制度

适时向社会发布产业政策导向、项目核准、企业重组、产能利用、进出口、生产销售库存等信息，为企业投资决策、银行贷款、土地预审等提供信息指导。

（十）支持产品检验检测和认证机构建设

加强产品质量检验检测能力建设，提高质量检测水平。建设高速铁路、城市轨道交通等新型装备产品检验检测和认证机构，完善国家强制性产品认证体系。

五、规划实施

国务院有关部门要根据《规划》分工，尽快制定完善相关政策措施，密切配合，形成合力，确保《规划》顺利实施。要适时开展《规划》的后评价工作，及时提出评价意见。

各地区要按照《规划》确定的目标、任务和政策措施，结合当地实际抓紧制定具体落实方案，确保取得实效。具体工作方案和实施过程中出现的新情况、新问题要及时报送发展改革委、工业和信息化部等有关部门。

国务院办公厅关于进一步推进安全生产“三项行动”的通知

（国办发［2009］32号）

各省、自治区、直辖市人民政府，国务院各部委、各直属机构：

2009年以来，在党中央、国务院的正确领导下，通过各地区、各部门、各单位的共同努力，全国安全生产保持了总体稳定、趋于好转的发展态势，但形势依然严峻，重特大事故时有发生，事故总量仍然较大。为认真贯彻全国“质量和安全年”工作的各项部署及全国安全生产电视电话会议精神，深入开展“安全生产年”活动，促进安全生产形势的持续稳定好转，经国务院同意，现就进一步推进安全生产执法行动、治理行动、宣传教育行动（简称三项行动）的有关事项通知如下：

一、工作目标

扎实开展安全生产“三项行动”，加强安全生产全员、全过程、全方位管理，推进“安全生产年”目标任务落实。加大安全生产执法力度，严厉打击非法违法生产经营行为，建立规范的安全生产法治秩序；深化安全生产专项治理，促进安全生产责任制落实，强化安全生产监管监察，治理纠正违规违章行为，狠抓隐患排查治理，切实加强和解决安全生产薄弱环节和突出问题；加强安全教育，牢固树立安全发展理念，增强全社会安全意识，提高广大从业人员的安全生产技能素质。通过开展安全生产“三项行动”，强化安全生产基层和基础管理，构建安全生产长效机制，坚决遏制重特大生产安全事故发生，促进全国安全生产形势持续稳定好转。

二、重点范围和内容

（一）安全生产“三项行动”的对象范围是，各地区、各行业（领域）、各生产经营单位。主要包括：

1. 煤矿、金属和非金属矿山、尾矿库、化工、烟花爆竹、建筑施工、民爆物品、冶金、有色、石油、电力等工矿企业；

2. 道路交通、水运、铁路、民航等交通运输企业和渔业船舶、农机、水利等企业单位；

3. 商（市）场、公共娱乐场所、旅游景点、学校、医院、宾馆、网吧、公园等人员密集场所；

4. 锅炉、压力容器、电梯、起重机械、客运索道、大型游乐设施、厂（场）内机动车辆等特种设备；

5. 建设工程项目及设施；

6. 易受自然灾害影响的企业、单位、居民区和场所；

7. 2008年隐患排查治理不到位的企业、单位；

8. 近年来发生较大以上事故的单位。

（二）安全生产“三项行动”重点内容。

1. 执法行动。对下列行为依法进行打击或查处：

（1）无证或证照不全从事生产、经营、建设的；

（2）关闭取缔后又擅自生产、经营、建设的，小煤矿应关未关或关闭计划不落实的；

（3）私采滥挖、超层越界开采、尾矿库违规排放的；

（4）违反建设项目安全设施“三同时”规定，违法违规进行项目建设的；

（5）瞒报事故的；

（6）重大隐患隐瞒不报或不按规定期限予以整治的；

（7）不按规定进行安全培训或无证上岗的；

（8）拒不执行安全监管监察指令、抗拒安全执法的；

（9）其他非法违法生产、经营、建设行为。

2. 治理行动。对以下行为进行严格治理：

（1）安全生产工艺系统、技术装备、监控设施、作业环境、劳动防护用品配备不符合规定要求的；

（2）危险性较大的特种设备和危险物品的存储容器、运输工具完好率不达标及不按规定进行检测检验的；

（3）受自然灾害威胁而未落实防范措施的；

（4）隐患排查治理制度不健全、责任不明确、措施不落实、整改不到位的；

（5）应急救援队伍、装备不健全，应急预案制订修订演练不及时，以及自救装备配备不足、使用培训不够的；

（6）高危行业安全生产费用提取使用、安全生产风险抵押金交纳等经济政策落实不到位的；

（7）重大基础设施建设安全制度不完善、管理措施落实不到位的；

（8）违章指挥、违章作业、违反劳动纪律的；

（9）地方各级人民政府对有关地区、行业（领域）和企业单位的安全监管责任不落实，安全管理机构不健全，有关部门监督检查不到位，安全许可制度执行不严格的；

（10）有关地区和行业主管部门确定的行业（领域）及企业、单位安全隐患治理不到位的。

3. 宣传教育行动。着力开展以下宣传教育活动：

(1) 宣传安全生产法律法规、规章制度，增强安全法制意识；

(2) 宣传安全发展的理念，推进安全文化建设；

(3) 宣传推广安全生产工作的典型经验和做法，推进安全生产示范企业建设；

(4) 完善安全生产信息发布制度，公布生产安全事故企业“黑名单”、事故查处情况，加强安全生产舆论监督；

(5) 深入开展“安全生产月”、“安全生产万里行”、“安全生产科技周”等集中宣传教育活动；

(6) 改革企业相关招用工制度，推广实行“变招工为招生”，加大委托学校定向培养工作力度；

(7) 严格教育培训机构监管，加强师资力量、培训装备建设，提高培训质量；

(8) 加强企业主要负责人、安全管理人员和特种作业人员培训，抓好新进人员安全教育，强化全员安全技能培训。

三、重点时段

“三项行动”要贯穿各地区、各行业（领域）、各单位全年安全生产工作始终，同步部署、同步实施、同步检查推进。同时要结合安全生产规律特点，统筹兼顾，突出重点，有计划、有步骤、有针对性地组织开展。

（一）进一步细化方案，开展自查自纠（4月底以前）。

1. 各地区、各有关部门根据全国安全生产电视电话会议部署和本通知要求，结合2008年“隐患治理年”发现的突出问题，进一步细化本地区、本行业（领域）“三项行动”工作方案。国务院安全生产委员会办公室制定“三项行动”实施方案。省级人民政府、国务院各有关部门的“三项行动”具体实施方案报国务院安全生产委员会办公室。

2. 各地区、各有关部门、各企业和单位要按照“三项行动”内容要求，抓好组织发动，提高思想认识，认真开展自查自纠，针对存在的问题和薄弱环节，制订整改计划，落实整改措施，严防事故发生。

（二）加强督促检查，全面推进各项工作（5月至9月）。

1. 针对煤矿、金属和非金属矿山、道路交通、烟花爆竹、化工、建筑施工、民爆物品、消防等重点行业（领域）存在的非法违法行为，落实地方政府安全监管责任，组织有关部门联合执法，严厉打击各类非法违法生产、经营、建设行为。

2. 进一步强化煤矿瓦斯治理和整顿关闭、尾矿库安全整治、化工企业规范生产运营、危险化学品安全运输、道路交通超员超载超速超限治理、人员密集场所火灾隐患治理、建筑施工防坍塌坠落、砂石运输船和施工船安全管理等专项整治措施，切实防范遏制重特大事故发生。

3. 落实汛期防洪、防透水、防坍塌、防泥石流、防雷电等措施，严密防范因台风、暴雨、洪水等自然灾害引发生产安全事故。

4. 认真组织开展安全生产月等宣传活动，进一步抓好安全生产方针政策和各项任务措施的宣传贯彻落实；加强岗前培训，推进职业安全教育，促进提高广大从业人员安全素质。

5. 各地区、各部门在9月组织开展全国安全生产大检查，国务院安全生产委员会组织开展专项督查，为国庆60周年创造安全稳定环境。

（三）深化“三项行动”，巩固扩大成果（10月至12月）。

1. 针对四季度工作的特点，进一步完善执法措施，提高执法效能，坚决查处和打击超能力、超强度、超定员生产，超员、超载、超速、超限运输等违法违规行为，以及非法生产、储存、销售烟花爆竹、火工品等行为；认真落实防火、防爆、防尘、防静电、防寒风大潮、防冰雪灾害、防冻裂泄漏，以及交通运输安全防范等各项措施，切实消除事故隐患。

2. 地方各级人民政府对“三项行动”开展情况进行督查，并进行全面总结。省级人民政府和国务院有关部门将“三项行动”开展情况于12月上旬报国务院安全生产委员会办公室。同时，国务院安全生产委员会组织开展综合督查，于12月底前将全国开展“三项行动”情况报国务院。

四、工作要求

（一）加强组织领导。地方各级人民政府统一组织实施“三项行动”，层层落实责任，对影响安全生产的重大问题要抓住不放，组织安全监管、国土资源、工业和信息化、公安、住房城乡建设、工商等部门，明确牵头单位，加强联合执法和督促检查。国务院有关部门要对本行业（领域）开展“三项行动”加强督促指导，国务院安全生产委员会办公室做好综合协调。落实企业安全生产主体责任，企业法定代表人要针对“三项行动”内容，强化各项措施，确保安全生产。

（二）抓好协调推进。着重做好“三个结合”：一是安全执法与安全治理相结合，重点打击非法违法生产、经营、建设行为，同时对安全治理过程中的重大隐患和问题，要及时组织联合执法、专项执法督促解决；二是“三项行动”与“三项建设”（安全生产法制体制机制、保障能力和监管监察队伍建设）相结合，研究把握安全生产规律，完善和落实治本之策，推进建立安全生产长效机制；三是“三项行动”与安全生产日常工作相结合，严格安全生产许可，推进安全生产标准化建设，加强安全监管监察，务求实效。

（三）突出工作重点。立足于治大隐患、防大事故，依法严厉打击非法违法行为、治理违规违章现象，对不具备安全生产条件且难以整改到位的单位，该关闭的坚决关闭、该取缔的坚决取缔；狠抓重点行业（领域）和企业的规范化建设，进一步加大安全投入，加快安全技术改造，淘汰落后生产能力，提高安全基础保障水平；组织开展职业安全健康检查，促进企业改善安全生产和劳动保障条件；加大“五一”、汛期、“十一”、第四季度等重点时段和关键节点的安全防范工作，坚决遏制重特大事故发生。

（四）严格责任追究。要协调执法行动，严格行政执法，触犯刑律的要移交司法部门，依法追究刑事责任。要健全完善和落实重大隐患公告公示、挂牌督办、跟踪治理和逐项整改销号等制度，对因隐患排查治理工作不力而引发事故的，依法严厉查处。要充分发挥生产安全事故处理协调机制的作用，严肃追究责任，坚决惩处生产安全事故涉及的瞒报事故、失职、渎职以及事故背后的腐败行为，公开查处结果，接受社会监督。

（五）强化监督检查。地方各级人民政府及负有安全监管、行业管理职责的各部门要切实加强对“三项行动”的监督检查和指导，及时研究、协调解决行动中出现的突出问题。建立“三项行动”工作督查通报制度，国务院安全生产委员会办公室和国务院有关部门要加强工作督查，及时掌握各地区、各部门和本行业（领域）工作进展情况，通报重大问题执法解决情况、重大事故隐患治理情况和安全教育培训情况，并定期发布。省级人民政府和国务院有关部门每月要将“三项行动”开展情况报送国务院安全生产委员会办公室。

（六）加强舆论引导。各地区、各有关部门要充分利用广播、电视、网络、报纸等各种媒体，大力宣传“三项行动”的目标、范围、重点和要求，广泛发动群众，增强推进“三项行动”的积极性、主动性。总结宣传安全生产的典型事例，鼓励群众举报非法违法生产、经营、建设行为和事故隐患，对“三项行动”实施不力、走过场的单位公开曝光。进一步加强安全生产法制教育，宣传普及安全生产基本知识，增强安全意识，在全社会营造安全发展的良好氛围。

国务院办公厅
二〇〇九年三月三十日

国务院办公厅关于印发2009年节能减排工作安排的通知

（国办发［2009］48号）

各省、自治区、直辖市人民政府，国务院各部委、各直属机构：

《2009年节能减排工作安排》已经国务院同意，现印发给你们，请认真贯彻执行。

中华人民共和国国务院办公厅（印）
二〇〇九年七月十九日

2009年节能减排工作安排“十一五”前三年，各地区、各部门认真落实党中央、国务院的部署，把节能减排作为促进科学发展的重要抓手，作为扩内需、保增长、调结构的重要内容，工作力度不断加大，节能减排取得积极进展。全国单位GDP能耗逐年逐季降低，2006年下降1.79%，2007年下降4.04%，2008年下降4.59%，三年累计下降10.1%，节能约2.9亿t标准煤。全国二氧化硫、化学需氧量（COD）排放总量不断降低，2007年分别下降4.66%和3.14%，2008年分别下降5.95%和4.42%，“十一五”前三年累计分别下降8.95%和6.61%。

虽然节能减排取得积极进展，特别是今年以来产业结构发生了一些积极变化，但结构不合理的问题仍然突出，第三产业比重偏低，高耗能工业增速较快。国际金融危机对我国影响加剧，给节能减排工作带来新的问题和挑战。有的地方出现盲目上高耗能、高排放项目的苗头，有的地方擅自出台高耗能行业电价优惠政策；一些企业效益回落，影响节能减排重点工程实施。工作层面也还存在着认识不到位、激励政策不完善、机制不健全、监管不到位、基础工作薄弱等问题。从目前进展情况看，“十一五”节能目标完成进度仍落后于时间进度，形势严峻，任务艰巨。

2009年是实现“十一五”节能减排目标具有决定性意义的一年，各地区、各部门要进一步统一思想，充分认识节能减排工作的重要性和艰巨性，增强紧迫感和责任感，以科学发展观为指导，在保持经济平稳较快增长中坚持节能减排不动摇，继续把节能减排作为调整经济结构、转变发展方式的重要抓手，作为应对国际金融危机，扩内需、保增长、调结构的重要内容，作为减缓和适应全球气候变化、促进人类可持续发展的重要举措，全面落实各项节能减排政策措施，进一步加大工作力度，务求取得更大成效，确保节能减排目标完成进度与“十一五”规划实施进度同步。

一、加强目标责任考核。组织相关部门和专家对省级政府2008年节能减排目标完成情况进行现场评价考核，评价考核结果向社会公告，落实奖惩措施，实行严格的问责制。组织各地节能主管部门开展千家企业节能目标责任评价考核，审核汇总考核结果，向社会公告并做好考核结果的运用。发布2008年全国和各地区单位GDP能耗、主要污染物排放及工业增加值用水量指标公报，以及2009年上半年全国单位GDP能耗和主要污染物排放量指标公报。抓好军队资源节约统计与考评工作。

二、推动重点工程实施。继续加大中央预算内投资、新增中央投资、中央财政专项资金和国外优惠贷款对节能减排的支持力度，重点支持十大重点节能工程建设、循环经济发展、淘汰落后产能、城镇污水处理设施及配套管网建设、重点流域水污染治理，以及节能环保能力建设。2009年，通过实施十大重点节能工程，形成7500万t标准煤的节能能力；实施“节能产品惠民工程”，对能效等级1级或2级以上高效节能空调、冰箱等10大类产品，通过财政补贴方式加大推广力度；推广节能灯1.2亿只；支持在北京、上海、重庆等13个城市开展节能与新能源汽车示范试点。新增城市污水日处理能力1000万立方米，全国36个大城市基本实现污水全部收集处理；新增燃煤电厂烟气脱硫设施5000万kW以上，新增钢铁企业烧结机烟气脱硫设施20台（套）。

三、严控高耗能、高排放行业盲目扩张。组织修订《产业结构调整目录》。在抓紧组织实施钢铁、汽车、造船、石化、轻工、纺织、有色金属、装备制造、电子信息、物流等重点产业调整振兴规划过程中，严格执行国家产业政策和项目审核管理规定，强化用地审查、节能评估审查、环境影响评价，从严控制高耗能、高排放行业盲目扩张。继续推动外商投资产业结构优化升级。加大信息技术在传统产业中的应用力度，对高耗能、高排放行业进行改造和提升。加大淘汰落后产能的力度，2009年“上大压小”关停小火电机组1500万kW，淘汰落后炼铁产能1000万t、炼钢600万t、水泥5000万t、造纸50万t、铁合金70万t、焦炭600万t。完善淘汰落后产能退出机制，公告淘汰落后产能企业名单，推广大型企业兼并重组落后企业等有效做法，落实好差别电价政策和淘汰落后产能企业职工安置政策措施。发布节能设备指导目录、落后高耗能设备淘汰目录等，推动淘汰落后高耗能设备。落实节能发电调度办法，抓紧出台配套政策。大力促进服务业和高技术产业发展，提高其在国民经济中的比重。

四、加快技术开发和推广。围绕能源、资源、环境等领域，建设和完善若干国家工程中心、国家工程实验室和国家重点实验室，在高效发电、重污染行业清洁生产、建筑节能等方面组织科研攻关，攻克一批节能减排关键和共性技术。编制工业、通信业清洁生产技术指南和重点节能技术推广专项规划。支持大型先进压水堆及高温气冷堆核电站重大科技专项。加大新技术、新产品产业化的实施力度，推动电动汽车产业化，做好“金太阳”太阳能发电、大型超超临界发电、有机废水循环利用等技术的规模化推广应用。制定半导体照明（LED）产业发展意见。推进浅层地热能开发利用。加快风能资源的评估与开发。发布农业机械节能减排技术。出台关于推行合同能源管理加快节能服务产业发展的意见，鼓励专业节能公司采用合同能源管理方式，为中小企业、公共机构实施节能改造。启动污泥处理处置示范工作。积极推进环保产业发展，继续开展烟气脱硫特许经营试点，规范城镇污水和垃圾处理特许经营，鼓励排污单位委托专业化公司承担污染治理或设施运营。发布当前国家鼓励发展的环保设备（产品）目录，编制环保装备示范工程规划。广泛开展节能减排国际合作，切实加强双边、区域和多边在节能、新能源和低碳技术研发等方面的交流，积极引进国际先进技术和管理经验。

五、着力抓好重点领域节能减排。继续大力推进千家企业节能行动，发布能源利用状况公告，开展节能管理师试点，形成2000万t标准煤的节能能力。制定发布钢铁、建材、电子信息、军工和中小企业节能减排指导意见，深入开展重点耗能行业能效水平对标活动。扩大强制性能效标识实施范围，制定发布电风扇、微波炉、通风机、工业锅炉等6种产品能效标识实施规则。组织开展5万个锅炉房节能管理达标活动。2009年底施工阶段执行节能强制性标准比例提高到90%以上；全面开展北方采暖地区既有居住建筑节能改造，2009年改造6000万m^2，继续推进供热按用热量计量收费，扩大可再生能源建筑应用示范规模，出台推动太阳能光电技术在建筑领域应用的实施意见，实施好新建经济适用房、廉租房、新农村农房可再生能源建筑规模化应用项目。大力发展公共交通，优化道路运输组织管理；严格执行汽车燃料消耗量限值标准，实施落后车辆淘汰制度，完善报废汽车回收机制；加快发展水路运输，推进船型标准化；加快电气化铁路建设；优化航线航路，启动机场节电工程，研究建立民航业节能减排激励约束机制；建立交通运输行业节能减排监测考核体系。安排财政资金70亿元，鼓励汽车、家电“以旧换新”。推进节约型机关、学校、科技场馆、文化场馆、医院、体育场馆等

“六个100示范工程”建设，研究建立公共机构节能考核制度。开展大型公共建筑能耗统计、审计和公示工作。继续安排中央投资支持农村沼气建设；实施农村清洁工程，加大“以奖促治”工作力度，解决一批村镇存在的突出环境问题。推进零售业节能降耗。

六、大力发展循环经济。做好循环经济促进法贯彻实施工作。组织编制重点行业和重点领域循环经济发展规划，印发省市循环经济发展规划编制指南。建立循环经济发展专项资金，支持循环经济技术研发、示范推广、能力建设等。深化循环经济示范试点，开展“循环经济专家行”活动。加快实施汽车零部件再制造试点，出台促进汽车零部件再制造产业发展意见，建立汽车零部件再制造产品标识制度。组织编制实施再生金属利用规划、重大机电装备再制造产业发展规划。加快国家生态示范工业园区建设。研究建立循环经济评价指标体系和统计制度。发展矿产资源领域循环经济，推进矿产资源综合利用，加快脱硫石膏、磷石膏、农作物秸秆等资源化重点工程建设。启动第三批禁止使用实心黏土砖和第三批“禁止现场搅拌砂浆”工作。制定重点电子信息产品污染物管理目录，推动废弃电器电子产品回收利用。加快第二批再生资源回收体系建设试点，支持建设一批统一规范的社区回收站点、专业化分拣中心和区域集散市场。推进城镇污水处理再生利用。启动餐厨垃圾无害化处理试点。促进灾区建筑废弃物资源化利用。进一步加大“限塑”和秸秆综合利用工作力度。落实国务院办公厅关于治理商品过度包装的有关文件精神，抓紧制定治理商品过度包装的相关标准和政策。推动机电产品包装节材代木。推进循环农业促进行动，重点抓好10个循环农业地市建设，以及农垦制糖业、天然橡胶业的循环产业建设。

七、完善相关经济政策。继续推进资源性产品价格改革，落实成品油价格和税费改革方案。完善天然气价格形成机制。实行鼓励余热余压发电的上网和价格政策。继续推进电价改革，完善需求侧电价管理制度。继续实行促进节约用水的水价制度，鼓励使用再生水。完善老旧汽车报废更新补偿制度。出台农村老旧渡船拆解改造补偿制度。研究调整车辆购置税政策。推进环保收费改革，提高收缴率。研究建立污染物减排激励机制。修订高污染、高环境风险产品名录，继续控制高耗能、高排放和资源性产品出口。继续实施促进节能减排的政府采购政策，完善清单动态管理制度、公示制度和执行政策的奖惩制度。完善矿产资源有偿使用制度改革。逐步建立生态环境补偿机制。进一步扩大用于节能减排的企业债券发行规模，研究开展污水处理项目收益债券试点、环境污染责任保险试点。金融机构继续加大对节能减排重大项目的信贷支持。推进有条件的地区开展排污权有偿使用和交易试点工作。

八、加快法规和标准建设。完善节能减排法律法规体系，加快节约能源法和循环经济促进法配套法规建设。落实好民用建筑节能条例、公共机构节能条例。研究起草排污许可证条例。尽快出台固定资产投资项目节能评估和审查办法、城镇排水和污水处理条例。修订重点用能单位节能管理办法、能效标识管理办法、节能产品认证管理办法，组织制订、修订电炉钢冶炼和氧化铝、尿素等高耗能产品能耗限额强制性国家标准，以及水源热泵机组、小功率电机、容积式空气压缩机、通风机、工业锅炉等用能产品强制性能效标准。进一步完善并严格执行电石、热轧带肋钢筋等高耗能和易造成环境污染产品的市场准入条件。制订电力企业节能降耗主要指标监管评价标准。

九、强化节能减排监管。加强对各地区节能减排工作的监督检查，督促各项节能减排优惠政策的落实，坚决制止和纠正擅自出台对高耗能行业实行优惠电价、违规乱上高耗能和高排放项目等行为。加强节能减排执法检查，严肃查处严重浪费能源资源、严重破坏环境、违反能源利用状况报告制度、私自排污等问题。开展能效标识、能源计量器具配备、能源计量数据及使用、高耗能特种设备等专项检查。深入开展环保执法专项行动，重点做好电力、钢铁、建材、造纸等12个高耗能、高排放行业排放总量控制和排污许可制度执行情况的监督检查。加强职工节能减排义务监督员队伍建设，强化对义务监督员的培训。发布电力企业节能减排情况通报。

十、加强监管能力建设。加快节能减排统计、监测和考核体系建设。加强资源环境、循环经济基础研究，建立体现资源节约型、环境友好型社会建设的中国资源环境统计指标体系。抓紧组建国家节能中心，健全省级节能监察机构和节能技术服务中心。结合第二次全国经济普查，组织实施第二、三产业用能单位能耗调查和主要耗能行业重点耗能设备普查。继续推进污染源普查工作，加强环境质量监测、污染源自动监控、信息传输与统计等能力建设。进一步完善城镇污水处理管理信息系统，启动建设全国城镇生活垃圾处理管理信息系统。建设电力行业节能减排监管信息平台。

十一、开展规划编制等重大问题研究。编制节能环保产业发展规划，加快培育新的经济增长点。开展“十二五”节能专项规划前期研究，研究节能重大问题，重点做好节能目标预测。对节能中长期专项规划实施情况进行评估。开展“十二五”污染物排放总量控制计划前期研究，重点对实施总量控制的污染物及排放指标等开展专题研究。做好“十二五”城镇污水、垃圾处理设施建设规划的前期研究，重点是目标、技术路线、政策机制等，特别是对垃圾处理技术路线、污泥无害化处理做专题研究，为制订“十二五”规划纲要做好前期准备。

十二、加大宣传教育工作力度。继续广泛深入开展“节能减排全民行动”，以节油节电和全民节能为重点，深入开展节能减排宣传教育，普及节能环保知识，积极倡导节约型的生产方式、消费模式和生活习惯。做好2009年全国节能宣传周、中国城市无车日、世界水日、中国水周、全国城市节水宣传周、“六·五”环境日的宣传活动。各地区要对节能减排作出突出贡献的单位和个人予以表彰，在全社会进行广泛宣传。开展“汽车节能环保驾驶”活动，大力宣传节能环保驾驶理念。新闻媒体要加大节能减排报道力度，宣传先进经验，曝光反面典型，发挥舆论的引导和监督作用。

发展改革委要加强节能减排综合协调，环境保护部要做好减排协调工作，指导、督促、检查各地区、各部门落实国务院节能减排综合性工作方案和本工作安排的各项工作，及时向国务院报告节能减排进展情况，提出意见和建议。

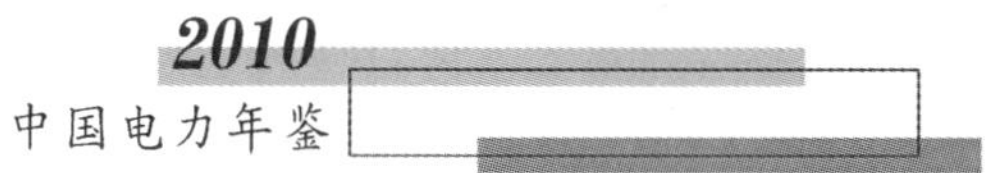

国务院国有资产监督管理委员会文件

关于开展中央企业“十二五”发展规划编制工作的通知

（国资厅发规划［2009］58号）

关于开展中央企业“十二五”发展规划编制工作的通知为深入实践科学发展观、全面落实党的十七大提出的战略任务，结合国家中长期发展规划编制周期，我委将开展中央企业“十二五”规划编制工作，同时进一步加强三年滚动规划的管理。现将有关要求通知如下：

一、启动中央企业“十二五”发展规划编制工作

（一）关系国家安全和国民经济命脉的重要行业和关键领域（军工、石油石化、电网、电信、民用航空、航运、煤炭等）的中央企业，要根据国家中长期规划的编制周期和要求，及时启动企业“十二五”发展规划前期工作研究和规划编制工作，研究提出企业“十二五”规划发展的总体思路，制定企业“十二五”发展规划。

（二）近期国务院陆续出台了钢铁、汽车、船舶、装备制造、电子信息、轻工、纺织、石化、物流、有色金属等十个重要产业的振兴规划，主业与上述十个产业振兴规划业务相关的中央企业要根据振兴规划，认真组织实施，并在此基础上结合“十二五”规划的编制工作，使振兴规划的要求在企业“十二五”发展规划中体现和落实。

（三）其他行业的企业要结合国家“十二五”规划的编制工作和本企业发展战略，对“十二五”期间企业所处的发展环境、产业发展趋势和发展重点等重大问题进行深入研究，确保新一轮滚动规划的科学编制和有效实施。

二、继续做好中央企业滚动规划编制工作

（一）中央企业2010～2012年滚动规划编制工作应按照《关于对中央企业发展规划进行滚动调整的通知》（国资厅发规划［2006］5号）和《关于印发〈中央企业发展战略与规划编制大纲（修订稿）〉的通知》（国资厅发规划［2006］26号）的要求，认真编制，按时上报。

（二）企业三年滚动规划要与企业年度财务预算和中央企业负责人任期经营业绩考核相衔接，同时要根据编制完成的滚动规划抓好组织实施工作，推进企业发展和结构调整，进一步精干主业，增强核心竞争力。

（三）国资委根据工作需要，将就新一轮滚动规划编制工作与企业沟通，进行指导，同时组织专家适时对企业发展规划开展评议。

请各中央企业在收到本通知之日起，由企业分管规划工作负责人牵头组织的精干规划工作班子，做好企业“十二五”发展规划和2010～2012年新一轮三年滚动规划编制工作。企业应结合自身实际情况，重点在三个方面开展前期研究：一是企业发展的环境变化与影响，尤其要加强应对国际金融危机的研究，二是企业发展的目标与思路，三是企业发展重点与对策

措施，理清企业“十二五”发展的总体思路，将企业发展规划编制好、落实好、实施好。

请各中央企业于2010年3月底前将编制完成的2010～2012年企业发展规划一式3份并附电子版（光盘）报送我委规划发展局；2010年8月底前将编制完成的企业“十二五”发展规划一式3份并附电子版（光盘）报送我委规划发展局。

联系人：于天荣 张丽萍

电 话：010-63193596 63193597 63193541（传真）

国务院国有资产监督管理委员会办公厅（印）
二〇〇九年六月五日

关于印发《关于进一步加强中央企业全员业绩考核工作的指导意见》的通知

（国资发综合［2009］300号）

各中央企业：

为了全面推进中央企业经营业绩考核工作上水平、更规范、更精准，确保国有资产保值增值责任层层得到落实，现将《关于进一步加强中央企业全员业绩考核工作的指导意见》印发给你们，请认真贯彻落实。

各中央企业要把本企业的全员业绩考核制度和对公司副职的考核情况定期报我委（综合局）备案。每年3月20日为备案截止时间。

我委将加强对中央企业全员业绩考核工作的检查和监督，从2010年起，将对未建立全员业绩考核制度、全员业绩考核工作开展不力的中央企业，扣减经营业绩考核得分（具体办法另行制订）。

国资委综合局联系人：略

国务院国有资产监督管理委员会（印）
二〇〇九年十月十六日

关于进一步加强中央企业全员业绩考核工作的指导意见

为全面推进中央企业经营业绩考核工作上水平、更规范、更精准，确保国有资产保值增值责任落到实处，广泛调动、充分发挥中央企业各级负责人和广大员工的积极性和创造性，促进中央企业稳健科学发展，根据《中华人民共和国企业国有资产法》、《企业国有资产监督管理暂行条例》和《中央企业负责人经营业绩考核暂行办法》，国资委就进一步加强中央企业全员业绩考核工作提出如下指导意见：

一、充分认识进一步加强中央企业全员业绩考核工作的重要性

建立经营业绩考核制度，是党的十六大关于完善国有资产管理体制、深化国有企业改革的一项重大战略部署，是落实国有资产经营责任、促进企业提升管理水平的重要手段。实施“工作有标准、管理全覆盖、考核无盲区、奖惩有依据”的全员业绩考核，是深入实施《中华人民共和国企业国有资产法》、《企业国有资产监督管理暂行条例》、《中央企业负责人经营业绩考核暂行办法》和完善经营业绩考核制度的重要举措，是确保国有资产保值增值责任落实到各级企业负责人和基层单位，压力传递到各个岗位，激励约束覆盖到广大员工的制度保障，对于落实全员经营责任，调动好、保护好、发挥好广大企业管理者和员工的积极性，发展壮大国有经济，具有十分重要的意义。

中央企业负责人经营业绩考核制度建立以来，各中央企业积极探索，勇于实践，努力健全经营业绩考核体系，充分发挥业绩考核的导向作用，较好地落实了国有资产保值增值责任，促进了三项制度改革，取得了显著成效。但是，目前中央企业经营业绩考核工作发展还不平衡，一些企业国有资产保值增值责任体系还不完整，责任链条还没有实现全方位覆盖，尤其是对企业副职、职能部门的考核制度还不完善，薪酬分配还存在一定程度的平均化倾向。各中央企业要认真总结分析自身业绩考核工作中存在的问题和不足，高度重视加强和改善全员业绩考核工作，不断增强推行全员业绩考核的自觉性和坚定性。

二、正确把握全员业绩考核工作的原则

加强中央企业全员业绩考核工作，应遵循以下原则：

（一）坚持考核的正确导向。以科学发展观为指导，以落实国有资产保值增值责任为核心，通过完善考核体制、机制，促进集团公司战略目标和年度工作任务的分解落实和最终完成，不断提高集团的战略管理水平，增强集团管控力和执行力。

（二）坚持按照岗位职责考核。以目标管理为重点，针对企业管理人员和职工各自的岗位、职责，紧紧抓住出资人最为关注和影响企业可持续发展的关键绩效指标和工作目标进行考核。

（三）坚持公开公平公正。以充分调动每一名员工的积极性为目的，切实做到考核办法、考核过程公开，确保考核结果公平、公正。

（四）坚持持续改进。以实现可持续发展为目标，按照先规范、再完善的要求，循序渐进地推动企业全员业绩考核工作健康发展。

三、全面落实全员业绩考核工作的要求

各中央企业要切实加大推进全员业绩考核工作的力度，高度重视，加强领导，完善办法，健全机制，严格执行，务求实效。

（一）建立健全业绩考核组织体系。各中央企业要切实加强对实施全员业绩考核工作的领导，企业主要负责人要亲自挂帅，认真研究业绩考核中的重大问题，建立健全领导机构和相应的工作机构，制定和完善相关工作制度，明确职责分工，强化业绩考核的组织保障和机制保证。分管业绩考核工作的企业负责人和有关职能部门，要勤勉履责，及时解决业绩考核工作中的突出矛盾和问题，不断改进工作方式方法，提升企业各层级的业绩考核工作水平。

（二）真正实现考核的全方位覆盖。各中央企业要切实加大业绩考核的力度、广度和深度。考核范围要涵盖从企业主要负责人到副职、职能部门管理人员，从集团公司到所属全部子企业或单位、全体员工，确保企业资产保值增值的责任和压力从上到下层层传递，真正建立起完善的业绩考核机制，彻底消除考核死角。

（三）努力完善全员业绩考核办法。各中央企业要针对企业所处不同行业、不同发展阶段的特点，针对管理层和部门的不同职责、员工所处的不同岗位，围绕集团公司的总体目标和发展战略，加强研究和完善业绩考核办法，科学合理地确立业绩考核指标，突出分类指导，不断增强业绩考核的导向性、针对性和实效性。考核指标要突出关键业绩指标和主要短板指标，力求少而精。对企业副职和职能管理部门的考核，要认真听取基层群众和所属单位的意见，要将考核办法、考核过程、考核结果在一定范围内公开，切实接受职工群众监督。

（四）健全激励约束机制。各中央企业要把业绩考核与薪酬激励和干部任免紧密挂钩，严格兑现奖惩，做到有目标、有记录、有评估，先考核后定绩效薪酬，赏罚分明。要合理确定业绩考核结果的分级比例，避免考核等级的平均化倾向。要高度重视业绩考核结果的反馈，提出改进方向，引导先进企业、优秀管理者和员工不断创造卓越业绩，激励后进企业、管理者和员工努力追赶先进目标。要通过全员业绩考核，促进企业深化内部制度改革，真正建立起管理者能上能下、员工能进能出、薪酬能高能低的有效激励约束机制。要将企业的发展战略与员工个人能力提升、职业发展规划有机结合，为被考核人提供相关业务培训的条件保障以及完成考核目标的必要指导。

（五）加强指导和监督。各中央企业要加强对实施全员业绩考核工作的自查，强化对集团公司副职、各职能部门和所属单位的督导检查，持续改进和提高全员业绩考核工作质量和水平。要注重结果考核与过程评价的高度统一，对考核过程中目标的执行、评价、反馈以及考核结果的应用等各个环节实施闭环管理，定期检查分析考核目标执行情况，确保考核目标的完成。董事会试点企业要参照本指导意见，建立和完善全员业绩考核体系，并加强对所属单位全员业绩考核工作的指导和监督。

（六）不断创新全员业绩考核方法。各中央企业要积极借鉴国内外先进的考核方法和理念，鼓励使用经济增加值（EVA）、平衡计分卡（BSC）、360度反馈评价、关键绩效指标（KPI）等先进的考核方法，解放思想，开拓创新，积极应对企业改革发展和经营管理中出现的新问题和新挑战，不断探索符合本企业实际的全员业绩考核方法和途径。

关于印发《关于深化中央企业劳动用工和内部收入分配制度改革的指导意见》的通知

（国资发分配［2009］299号）

各中央企业：

为深入贯彻落实科学发展观，推进中央企业劳动用工和内部收入分配制度改革，我委制定了《关于深化中央企业劳动用工和内部收入分配制度改革的指导意见》，现印发给你们，请遵照执行。

国务院国有资产监督管理委员会（印

二〇〇九年十月十六日

关于深化中央企业劳动用工和内部收入分配制度改革的指导意见

为贯彻实践科学发展观，深化中央企业劳动用工和内部收入分配制度改革，构建和谐劳动关系，提高企业竞争力，根据《中华人民共和国公司法》、《中华人民共和国企业国有资产法》、《企业国有资产监督管理暂行条例》等国家有关法律和行政法规，现提出以下意见。

一、充分认识当前深化中央企业劳动用工和内部收入分配制度改革的重要性和紧迫性

中央企业是国民经济的骨干力量。深化中央企业劳动用工和内部收入分配制度改革，对确保中央企业持续健康发展具有重要意义。

（一）中央企业进一步推进劳动用工和内部收入

分配制度改革，是贯彻实践科学发展观、健全适应社会主义市场经济要求的体制机制的重要举措。近年来，中央企业在劳动用工和内部收入分配制度改革等方面不断探索，取得显著成效。中央企业经济效益快速增长，职工收入稳步提高，收入分配差距得到控制，人工成本投入产出水平逐步提高，收入能增能减的机制逐步形成。但当前中央企业仍存在劳动用工的市场化程度不高，激励约束机制不健全等问题。深化劳动用工和内部收入分配制度改革，是当前中央企业面临的一项十分重要的任务。稳步推进用工分配制度改革，有利于中央企业按照科学发展观的要求，建立健全适应市场经济要求的用工分配的体制机制，构建和谐劳动关系，实现企业又好又快的发展。

（二）中央企业进一步深化劳动用工和内部收入分配制度改革，是提升中央企业核心竞争力，有效应对当前金融危机的内在要求。目前全球经济正进入新一轮调整期，金融危机持续蔓延，不稳定不确定因素增多，市场竞争加剧，中央企业面临的外部经营环境更加复杂。《中华人民共和国劳动合同法》、《中华人民共和国劳动合同法实施条例》等一系列法律法规的出台也对中央企业劳动用工和收入分配提出更加规范的要求。面对复杂的经济形势和法律法规及政策的新要求，中央企业应当认真分析经济环境变化给劳动用工和内部收入分配制度改革带来的机遇和挑战，研究存在的问题，按照市场化的改革方向，加大劳动用工和内部收入分配制度改革力度，转换企业经营机制，完善科学决策制度，不断增强自主创新能力，提高管理灵敏度和执行力，提高队伍整体素质，从而提高企业核心竞争力。

二、深化中央企业劳动用工制度改革

劳动用工制度改革要建立以合同管理为核心，以岗位管理为基础的市场化用工机制。通过建立健全规章制度、优化用工结构、规范用工形式、形成流动机制等，实现企业劳动用工市场化。

（一）依法加强用工管理，强化岗位体系建设。通过依法签订合同，明确企业和各类用工之间的权利、义务和责任，按照合同的约定加强企业各类用工管理。加快建立适应市场要求及企业发展的岗位体系，明确岗位职责和上岗条件，加强岗位动态管理，力争用三年左右时间在中央企业建立起符合市场化要求的企业用工制度。

（二）建立健全企业劳动规章，完善用工管理制度。依法建立健全劳动定额、劳动报酬、保险福利、绩效考核、职工奖惩、劳动安全卫生、培训、招聘、建立和解除劳动关系等企业劳动规章制度，依法做好履行民主程序和公示告知工作，提高劳动规章制度的规范性和可操作性，实现企业用工管理的制度化。

（三）合理配置人力资源，优化用工结构。根据行业竞争特点和企业战略经营发展要求，参照国内外同行业先进标准，合理控制职工总量，确定不同岗位的用工形式，理顺各类用工关系，优化企业用工结构。依法使用劳务派遣用工；根据企业实际需要，合理使用非全日制用工；积极探索社会合作和业务外包等多种用工形式。

（四）建立健全人员进出机制，促进职工合理流动。现有在岗职工实行竞聘上岗，新录用职工按照市场化原则进行公开招聘并签订劳动合同，促进职工合理流动；加强企业经营发展急需的关键人才引进，拓宽人才引进渠道；加强绩效考核和劳动合同管理，依法做好解除、终止劳动合同等工作，深化劳动用工制度改革，建立健全职工退出机制。积极探索多渠道分流安置富余人员的有效办法，妥善做好企业转产、重大技术改造、经营方式调整，以及实施关闭破产、改制重组中的职工安置工作。

三、深化中央企业内部收入分配制度改革

中央企业内部收入分配制度改革要坚持市场化方向，坚持效益决定分配的原则，处理好效率与公平的关系，合理确定与企业竞争能力相适应的职工收入水平。规范企业内部分配行为，理顺内部收入分配关系，逐步构建增长适度、差距合理、关系和谐的收入分配格局。

（一）加强人工成本管理，完善中央企业工资总额决定机制。要控制企业人工成本，使企业人工成本水平与企业发展战略和竞争力相适应。积极探索通过预算管理方式确定工资总额的办法，建立以市场价位为导向、以绩效考核为基础的工资总额管理体系。中央企业及其子企业应当按照国家有关法律法规和政策要求，逐步建立“效益升、工资升；效益降、工资降”的工资总额决定机制，保持职工工资合理水平。

（二）强化岗位绩效管理，理顺各类人员收入分配关系。加强岗位分析、岗位评价，合理确定岗位工资水平；加强绩效管理，形成个人收入与岗位责任、贡献和企业效益密切挂钩、与劳动力市场价位相衔接的增长机制。进一步理顺企业领导人员、关键岗位人员、一线职工等内部各类人员收入分配关系，加强集团总部职工工资管理。

（三）探索生产要素按贡献参与分配方式，加大对关键人才的激励力度。完善企业法人治理结构，结合企业的发展战略、管理基础、行业特点和职工的可承受程度，规范实施中长期激励。中央企业内部收入分配应当向对企业发展作出突出贡献的人才适当倾斜。

（四）加强收入分配重大事项管理，完善职工薪酬福利体系。职工住房补贴制度、职工薪酬福利等收入分配重大事项必须在严格实施条件、规范工作程序的基础上，按照有关规定执行。具备条件的企业应建

立健全企业年金制度。按照国家有关政策规定，规范年金资金列支渠道和缴费比例，统筹考虑企业内部各类人员福利待遇水平，妥善处理历史遗留问题。

四、积极落实中央企业劳动用工和内部收入分配制度改革的各项工作

中央企业应当充分认识劳动用工制度和内部收入分配制度改革的重要意义，高度重视，精心组织，认真抓好各项工作的落实。

（一）把握力度时机，稳步推进改革。中央企业应当按照科学发展观的要求，妥善处理好改革、发展、稳定的关系；应当充分考虑企业的内、外部环境，认真研究企业的发展阶段和职工对改革的承受能力，把握改革力度和时机。对历史遗留问题较多的企业，可以结合实际，依据国家有关政策，采用适当的过渡性措施，积极稳妥地推进改革。

（二）夯实管理基础，提高管理水平。中央企业应当建立人力资源统筹管理体系，完善人力资源信息管理系统；加强人力资源管理队伍建设，提升人力资源管理水平；制定企业人力资源培训规划，建立、完善培训体系，保证必要的培训投入。

（三）明确目标任务，精心组织实施。各中央企业要紧密结合企业实际，突出工作重点，着力在强化劳动合同管理、加强制度建设、规范薪酬决定机制等方面，制订具体工作目标，明确相关部门责任，务必使各项工作落到实处。中央企业应当加强对所属企业的指导，加紧完善规章制度，并做好贯彻实施的督导、检查等工作。各中央企业要充分发挥企业党组织的政治核心作用，发挥工会依法维护劳动者合法权益的作用，建立风险防范体系和劳动纠纷的预警机制，加强与地方政府和劳动部门的沟通与联系，稳步推进改革，确保企业和社会的和谐稳定。

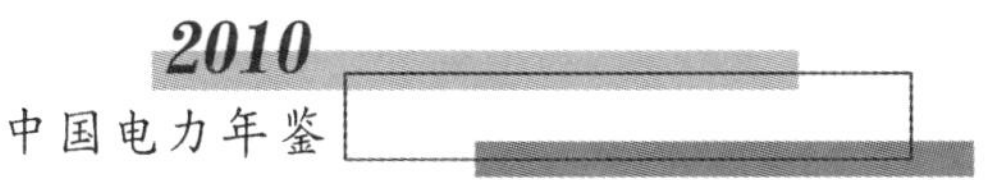

财 政 部 文 件

关于印发《中央国有资本经营预算重大技术创新及产业化资金管理办法》的通知

（财企［2009］220号）

有关中央管理企业：

为增强中央企业的自主创新能力，促进重大技术创新和成果产业化，进一步规范和完善资金管理，我们对《中央国有资本经营预算重大技术创新及产业化资金管理暂行办法》（财企［2008］431号）进行了修改。现将《中央国有资本经营预算重大技术创新及产业化资金管理办法》印发给你们，请遵照执行。

附件：中央国有资本经营预算重大技术创新及产业化资金管理办法（略）

中华人民共和国财政部（印）
二〇〇九年十月二十七日

关于企业加强职工福利费财务管理的通知

（财企［2009］242号）

党中央有关部门，国务院各部委、各直属机构，全国人大常委会办公厅，全国政协办公厅，解放军总后勤部，武警总部，各省、自治区、直辖市、计划单列市财政厅（局），新疆生产建设兵团财务局，各中央管理企业：

为加强企业职工福利费财务管理，维护正常的收入分配秩序，保护国家、股东、企业和职工的合法权益，根据《公司法》、《企业财务通则》（财政部令第41号）等有关精神，现通知如下：

一、企业职工福利费是指企业为职工提供的除职工工资、奖金、津贴、纳入工资总额管理的补贴、职工教育经费、社会保险费和补充养老保险费（年金）、补充医疗保险费及住房公积金以外的福利待遇支出，包括发放给职工或为职工支付的以下各项现金补贴和非货币性集体福利：

（一）为职工卫生保健、生活等发放或支付的各项现金补贴和非货币性福利，包括职工因公外地就医费用、暂未实行医疗统筹企业职工医疗费用、职工供养直系亲属医疗补贴、职工疗养费用、自办职工食堂经费补贴或未办职工食堂统一供应午餐支出、符合国家有关财务规定的供暖费补贴、防暑降温费等。

（二）企业尚未分离的内设集体福利部门所发生的设备、设施和人员费用，包括职工食堂、职工浴室、理发室、医务所、托儿所、疗养院、集体宿舍等集体福利部门设备、设施的折旧、维修保养费用以及集体福利部门工作人员的工资薪金、社会保险费、住房公积金、劳务费等人工费用。

（三）职工困难补助，或者企业统筹建立和管理的专门用于帮助、救济困难职工的基金支出。

（四）离退休人员统筹外费用，包括离休人员的医疗费及离退休人员其他统筹外费用。企业重组涉及的离退休人员统筹外费用，按照《财政部关于企业重组有关职工安置费用财务管理问题的通知》（财企〔2009〕117号）执行。国家另有规定的，从其规定。

（五）按规定发生的其他职工福利费，包括丧葬补助费、抚恤费、职工异地安家费、独生子女费、探亲假路费，以及符合企业职工福利费定义但没有包括在本通知各条款项目中的其他支出。

二、企业为职工提供的交通、住房、通讯待遇，已经实行货币化改革的，按月按标准发放或支付的住房补贴、交通补贴或者车改补贴、通讯补贴，应当纳入职工工资总额，不再纳入职工福利费管理；尚未实行货币化改革的，企业发生的相关支出作为职工福利费管理，但根据国家有关企业住房制度改革政策的统一规定，不得再为职工购建住房。

企业给职工发放的节日补助、未统一供餐而按月发放的午餐费补贴，应当纳入工资总额管理。

三、职工福利是企业对职工劳动补偿的辅助形式，企业应当参照历史一般水平合理控制职工福利费在职工总收入的比重。按照《企业财务通则》第四十六条规定，应当由个人承担的有关支出，企业不得作为职工福利费开支。

四、企业应当逐步推进内设集体福利部门的分离改革，通过市场化方式解决职工福利待遇问题。同时，结合企业薪酬制度改革，逐步建立完整的人工成本管理制度，将职工福利纳入职工工资总额管理。

对实行年薪制等薪酬制度改革的企业负责人，企业应当将符合国家规定的各项福利性货币补贴纳入薪酬体系统筹管理，发放或支付的福利性货币补贴从其个人应发薪酬中列支。

五、企业职工福利一般应以货币形式为主。对以本企业产品和服务作为职工福利的，企业要严格控制。国家出资的电信、电力、交通、热力、供水、燃气等企业，将本企业产品和服务作为职工福利的，应当按商业化原则实行公平交易，不得直接供职工及其亲属免费或者低价使用。

六、企业职工福利费财务管理应当遵循以下原则和要求：

（一）制度健全。企业应当依法制订职工福利费的管理制度，并经股东会或董事会批准，明确职工福利费开支的项目、标准、审批程序、审计监督。

（二）标准合理。国家对企业职工福利费支出有明确规定的，企业应当严格执行。国家没有明确规定的，企业应当参照当地物价水平、职工收入情况、企业财务状况等要求，按照职工福利项目制订合理标准。

（三）管理科学。企业应当统筹规划职工福利费开支，实行预算控制和管理。职工福利费预算应当经过职工代表大会审议后，纳入企业财务预算，按规定批准执行，并在企业内部向职工公开相关信息。

（四）核算规范。企业发生的职工福利费，应当按规定进行明细核算，准确反映开支项目和金额。

七、企业按照企业内部管理制度，履行内部审批程序后，发生的职工福利费，按照《企业会计准则》等有关规定进行核算，并在年度财务会计报告中按规定予以披露。

在计算应纳税所得额时，企业职工福利费财务管理同税收法律、行政法规的规定不一致的，应当依照税收法律、行政法规的规定计算纳税。

八、本通知自印发之日起施行。以前有关企业职工福利费的财务规定与本通知不符的，以本通知为准。金融企业另有规定的，从其规定。

中华人民共和国财政部（印）
二〇〇九年十一月十二日

关于进一步加强中央建设投资项目预算管理等有关问题的通知

（财建〔2009〕552号）

国务院各部委、各直属机构，新疆生产建设兵团财务局、发展改革委，各中央管理企业：

为了充分发挥中央建设投资对经济增长的拉动作用，加快预算执行进度，提高资金使用效率与效益，现将进一步加强中央建设投资项目预算执行管理等有关事项通知如下：

一、加快投资预算执行进度，尽快形成实物工作量

项目主管部门或单位是中央建设投资预算执行的责任主体，要把督促项目建设单位加强预算执行管理作为工作重点。要在依法合规的前提下抓紧开工，加快工程进度，加快预算执行，尽早形成实物工作量。

一是指导和督促项目建设单位严格执行基本建设程序，做好项目勘察、设计、论证分析等前期工作，认真完备土地、环评、项目审核（备案）等前期工作条件。

二是指导和督促项目建设单位尽快落实各项开工条件，保证项目投资计划和资金预算下达后，能及时开工建设。

三是督促和指导项目建设单位做好项目用款的各项准备，包括招投标、编制用款计划、政府采购计划等。

四是督促项目建设单位加快预算执行进度。对重点项目要实行专人负责制度，指派专人督导项目预算执行。对投资预算执行慢的项目，要及时采取措施改进提高。

五是在继续加强资金拨付审核把关的同时，要加快资金拨付进度，提高办事效率。会同相关部门按照工程建设进度需要拨付资金，防止出现“要么执行缓慢、要么超量预拨”的现象，避免“库款搬家”问题。

六是加强对中央建设投资预算执行进度的管理，及时分析、跟踪和通报有关情况，掌握预算执行动态，把强化预算执行进度管理经常化、制度化。同时，要按照有关规定和要求每月按时向财政部、国家发展改革委报送相关项目建设进度和预算执行的信息。

七是指导和督促项目建设单位按规定的时间要求，加快中央建设项目竣工验收和财务决算的编报工作。

二、改进和完善中央建设投资预算编制和执行工作

各项目主管部门或单位要把加快中央建设投资预算执行作为绩效管理的重要内容，将所属单位中央建设投资预算执行结果，作为今后编报项目投资计划和资金预算的重要参考。

一是对已经安排但长期不能执行或执行慢的项目，要分析原因，尽早报告，提出解决办法。对确实不能执行的项目，按照规定的程序，报国家发展改革委调整投资计划、财政部调整项目资金预算。

二是中央建设投资预算执行情况，将作为今后安排投资计划和下达资金预算的重要参考。对项目预算执行慢、延续结转资金较多的项目或单位，在安排新项目时将不下或缓下项目投资计划和资金预算。

三是对没有按规定时间要求办理竣工验收和财务决算的项目，财政部将加大跟踪评审核查力度，视情况暂缓下达该项目主管部门或单位的预算。

三、抓紧对中央建设投资项目预算执行进度情况开展

项目主管部门或单位要立即对本部门或单位已安排投资计划和资金预算、但资金预算仍在执行中或在国库有结余的项目开展自查。分项目查找是否开工建设、什么时间开工，资金预算是否执行、执行进度如何。请按附表（详见附件）所列内容分项目填制投资预算执行情况表，并对预算执行进度慢、特别是以前年度安排预算至今未执行或执行进度较差的项目，说明原因并提出整改处理意见。请于 2009 年 10 月 15 日前将文字报告和附表分别报财政部、国家发展改革委。

附件：中央建设投资预算执行进度情况（略）

财政部　　　（印）
国家发展改革委
二〇〇九年九月十七日

关于做好金太阳示范工程实施工作的通知

（财建［2009］718 号）

有关省、自治区、直辖市、计划单列市财政厅（局）、科技厅（委）、发展改革委（能源局），新疆生产建设兵团财务局、科技局、发展改革委，总后勤部，国家电网公司：

财政部、科技部、国家能源局已确定纳入金太阳示范工程的项目（详见附件 2），计划在 2～3 年时间内实施完成。为加快示范工程建设，规范项目管理，提高财政资金使用效益，按照《财政部　科技部　国家能源局关于实施金太阳示范工程的通知》（财建［2009］397 号）要求，现就做好项目实施工作的有关事项通知如下：

一、请督促项目业主单位抓紧做好项目立项、审批、环评等各项工作。如项目无法实施或需要调整，应及时上报财政部、科技部、国家能源局。

二、严格招标程序，做好招标工作。

（一）项目业主单位必须通过公开招标方式择优选择系统集成商和关键设备（包括光伏组件、控制

器、逆变器、蓄电池等)。项目比较集中的地区，可由地方统一组织招标。

(二) 招标条件必须符合《金太阳示范工程基本要求》(详见附件1)。

(三) 招标条款不得含有要求使用本地产品等地方保护内容。

(四) 光伏系统集成商或关键设备生产企业作为项目业主单位的，对外采购也必须严格履行招标程序；如选用本企业或关联企业提供的集成服务或关键设备，需在符合《金太阳示范工程基本要求》基础上，按成本核算投资。财政部对其补贴标准另行核定。

三、示范项目要加快实施，建设周期原则上不超过一年。同时，要严格控制工程质量，地方财政、科技、能源部门负责对示范项目实施情况进行日常监督，尤其是对造价偏高、系统集成商或设备供应商作为业主单位的项目，要进行重点检查。对在工业区、产业园连片开发建设的项目，要集中实施，统一管理，提高综合效益。

四、并网光伏发电项目必须配置数据采集系统和远程通信系统，实行集中、实时监控。

五、项目完工后，业主单位要抓紧进行项目竣工决算，财政部将会同科技部、国家能源局组织对项目进行评审，并据实清算补助资金。

六、申请2009年财政补助资金的项目业主单位在完成立项、用地许可、项目审批、关键设备招标、资本金筹措等前期准备工作后，及时提交财政补助资金申请及中标协议、购销合同、项目审批文件、关键设备检测认证报告、同意接入电网意见等相关材料。各省级财政、科技、能源部门负责汇总财政补助资金申请，按项目装订成册，于2009年11月30日前报财政部、科技部、国家能源局。

附件：1. 金太阳示范工程基本要求(2009年)
2. 金太阳示范工程项目目录(分发主送单位)(略)

财政部
科技部 (印)
国家能源局
二〇〇九年十一月九日

附件1：

金太阳示范工程基本要求(2009年)

一、系统集成要求

(一) 并网光伏发电项目符合《光伏电站接入电网技术规定(试行)》的要求。

(二) 并网光伏发电项目须配置现地数据采集系统，能够采集项目的各类运行数据，并按规定的协议通过GPRS/CDMA无线通道、电话线路或Internet公众网上传。

(三) 系统整体质保期不低于2年。

(四) 支持在光伏系统中采用新产品和新技术。

二、关键设备要求

(一) 电池组件

1. 晶体硅组件最高限价14元/峰瓦，非晶硅薄膜组件最高限价9元/峰瓦。

2. 单晶硅组件效率不低于15%，多晶硅组件效率不低于14%，非晶硅薄膜组件效率不低于6%。

3. 组件使用寿命不低于25年。

4. 晶体硅组件衰减率2年内不高于2%、10年内不高于10%、25年内不高于20%；非晶硅薄膜组件衰减率2年内不高于4%、10年内不高于10%、25年内不高于20%。

5. 晶体硅和非晶硅薄膜组件分别按照GB/T 9535(或IEC 61215)和GB/T 18911(或IEC61646)标准要求，通过国家批准认证机构的认证。

6. 组件整体质保期不低于5年，功率衰减质保期不低于25年。

7. 采用化合物薄膜、聚光等新型太阳电池技术须有成功案例。

(二) 并网逆变器

1. 单相逆变器最高限价5元/W；三相逆变器最高限价3元/W。

2. 最大逆变效率不低于94%。

3. 平均无故障时间不低于5年，使用寿命不低于20年。

4. 按照CNCA/CTS0004：2009认证技术规范要求，通过国家批准认证机构的认证。

5. 单相逆变器质保期不低于5年；三相逆变器质保期不低于2年。

(三) 独立逆变器(容量5kW以上独立光伏发电系统所用逆变器)

1. 最高限价为3元/W。

2. 直流电压等级不低于48V。

3. 功率不低于5kW。

4. 正弦波输出，波形失真度不低于5%。

5. 逆变效率不低于85%。

6. 整机质保期不低于2年。

7. 平均无故障时间不低于3年，使用寿命不低于12年。

8. 按照GB/T 19064标准要求，通过国家批准认证机构的认证。

（四）独立控制器（容量 5kW 以上独立光伏发电系统所用控制器）。

1. 最高限价为 2 元/W。

2. 直流电压等级不低于 48V。

3. 功率不低于 5kW。

4. 平均无故障时间不低于 3 年，使用寿命不低于 12 年。

5. 按照 GB/T 19064 标准要求，通过国家批准认证机构的认证。

6. 整机质保期不低于 2 年。

（五）控制逆变一体机。

1. 最高限价为 4 元/W（以逆变部分容量确定）。

2. 直流电压等级为 24V。

3. 逆变效率不低于 80%。

4. 平均无故障时间不低于 3 年，使用寿命不低于 12 年。

5. 按照 GB/T 19064 标准要求，通过国家批准认证机构的认证。

6. 整机质保期不低于 2 年。

（六）用于独立光伏系统的铅酸蓄电池。

1. 最高限价为 1.3 元/Wh。

2. 直流电压等级为 2、12V。

3. 正常使用期限不低于 5 年。

4. 产品性能符合太阳能光伏发电系统的使用特点，通过国家批准认证机构的认证。

5. 质保期不低于 2 年。

关于进一步推进中央部门预算项目支出绩效评价试点工作的通知

（财预［2009］390 号）

党中央有关部门，国务院各部委、各直属机构，总后勤部，武警各部队，全国人大常委会办公厅，全国政协办公厅，高法院，高检院，有关人民团体，新疆生产建设兵团，有关中央管理企业：

为进一步推进中央部门预算项目支出绩效评价试点工作，提高绩效评价工作的制度化、规范化、科学化程度，切实提高绩效评价工作实效，现就推进中央部门预算项目支出绩效评价试点工作有关问题通知如下：

一、关于绩效评价各方职责

中央部门预算项目支出绩效评价，采取“项目承担单位开展自评、中央主管部门组织实施评价和财政部进行重点评审”相结合的方式。项目承担单位、中央主管部门和财政部的职责如下：

项目承担单位的职责：提出本单位绩效评价项目，科学设立项目绩效目标和绩效指标，进行绩效评价项目的事前自评和事后自评，协助中央主管部门组织开展项目绩效评价工作。根据评价结果和中央主管部门、财政部的有关意见，提出改进项目支出管理的具体措施。在中央主管部门的组织下，做好绩效评价结果公开工作。

中央主管部门的职责：负责指导项目承担单位开展绩效评价工作，审核项目单位提出的绩效评价项目，对项目事前自评结果进行审核。项目执行结束后，组织专家组或委托中介机构对项目进行绩效评价。积极运用绩效评价结果，提出优化支出结构、加强项目管理等改进意见。组织在部门内部或有选择地向社会公开绩效评价结果。

财政部的职责：制定绩效评价办法，设计绩效评价体系，负责指导各部门的评价工作。对部门提出的绩效评价项目建议进行审核，确认部门绩效评价项目。对部门报送的事前自评结果和绩效评价结果进行审核，选择重点项目对事前自评结果和绩效评价结果组织评审。根据绩效评价结果，提出改进和加强中央部门项目支出管理的意见。

二、关于绩效评价工作程序

相关部门和单位应按照以下程序开展绩效评价试点工作：

1. 确定绩效评价项目。部门报送“一上”预算时，提出绩效评价项目建议。绩效评价项目应选择与部门履行职能密切相关的重大项目。绩效评价项目经财政部审核同意后，财政部在下达“一下”预算控制数时将确定的绩效评价项目通知中央部门。

2. 进行项目事前自评。项目承担单位根据财政部确认的绩效评价项目及其“一下”预算控制数额，提出项目绩效目标，组织进行项目的事前自评。项目事前自评由项目承担单位组织，也可以成立专家组或委托中介机构进行。在报送“二上”预算时，中央主管部门将经审核的项目自评结果报送财政部。财政部可选择部分重点项目，对部门项目事前自评结果组织评审。

3. 进行项目事后自评和绩效评价。预算年度结束后，项目承担单位组织对项目绩效实现情况进行事后自评，在此基础上，中央主管部门组织专家组或委托中介机构进行项目绩效评价。对评价中发现的问题，提出切实的整改措施。中央主管部门应将绩效评价情况报财政部，财政部可选择部分重点项目，对部门项目绩效评价结果组织评审。

4. 评价结果运用。中央主管部门和项目承担单位根据绩效评价结果，及时调整和优化预算支出结构，合理配置资源，加强项目支出财务管理，提高管理效率。积极推进绩效评价结果公开，接受监督。财政部在进行部门预算测算时，结合部门项目支出绩效评价情况，合理安排项目支出预算。

三、关于绩效评价内容体系

项目支出绩效评价内容体系，包括项目绩效目标和项目绩效问题框架两部分。

项目绩效目标，是中央部门（项目承担单位）根据其履行职能、发展事业的需要，结合项目支出预算提出的项目完成后将要达到的目的或结果。包括年度目标、长期目标和效率目标。其中：年度目标，是针对项目所期望达到的年度结果设定的目标；长期目标，是针对项目所期望达到的长期结果设定的目标；效率目标，是在实现项目结果方面体现成本节约或效率改进的目标。

项目绩效目标可通过定量或定性绩效指标的形式来体现，绩效指标应做到与项目绩效目标密切相关，突出重点，系统全面。

项目绩效问题框架，是开展项目支出绩效评价的工具，即围绕项目绩效目标，针对“项目定位、计划、管理和结果”设计的一系列问题。这些问题是项目承担单位进行事前自评、事后自评和主管部门组织进行绩效评价的依据。项目绩效问题框架包括以下四个部分，每个部分由若干问题组成：

第一部分，项目定位。包括评价项目的绩效目标是否具体明确，项目的设计是否避免了重大缺陷，项目是否避免了与其他项目的重复，项目是否有明确的服务对象或受益人等。

第二部分，项目计划。包括评价项目是否有明确的实施计划，项目是否有科学合理的绩效指标体系，项目的预算安排是否合理等。

第三部分，项目管理。包括评价项目的管理者和参与者是否有明确的责任，项目是否有有效的财务管理办法，部门是否运用项目的绩效信息来加强项目管理等。

第四部分，项目结果。包括评价项目是否实现了年度绩效目标、长期绩效目标和效率绩效目标等。

项目绩效问题框架的每个部分、每个问题，均设定相应的权重值。通过采取评分和评级的方式，实施对项目支出的绩效评价。

以上为部门通用的绩效问题框架设计，各部门在开展绩效评价工作时，可根据本部门行业特点和项目管理的具体要求，对绩效问题框架进行细化、补充或调整。

四、关于绩效评价文本

绩效评价文本体系包括《中央部门预算项目支出自评报告》、《中央部门预算项目支出绩效报告》和《中央部门预算项目支出绩效评价报告》共三个报告。具体内容如下：

《中央部门预算项目支出自评报告》，该报告由项目承担单位编写，主要内容包括项目的基本信息、项目的绩效目标（包括年度目标、长期目标、效率目标等）、项目绩效问题自评打分结果（包括项目定位、项目计划、项目管理、项目预期结果等），项目支出预算及测算依据，主管部门的审核意见等。此报告的核心是在项目实施前，由项目承担单位提出绩效目标并依照项目绩效问题框架进行事前自评，并报送中央主管部门。

《中央部门预算项目支出绩效报告》，该报告由项目承担单位在预算年度结束后填写，主要内容为报告项目绩效目标的完成情况，并依据项目绩效问题框架，对项目执行绩效进行评价打分。此报告的核心是在项目年度预算执行结束后，由项目承担单位依照项目绩效问题框架进行事后自评，报告项目执行绩效情况。

《中央部门预算项目支出绩效评价报告》，该报告由项目单位的中央主管部门，在项目年度预算执行结束并组织对项目支出进行绩效评价后填写，主要内容为依据项目绩效问题框架，对项目执行绩效进行评价打分，并提出综合评价意见等。此报告的核心是对项目执行结果和项目的绩效实现情况提出评价意见。

中央部门在报送“二上”预算时，应将《中央部门预算项目支出自评报告》一并报送财政部；年度预算执行结束后四个月内，中央部门应将《中央部门预算项目支出绩效报告》和《中央部门预算项目支出绩效评价报告》报送财政部。

以上三个报告的文本格式及编写说明见附件1至附件3。

五、关于绩效评价结果公开

绩效评价结果公开，以部门自主公开为主。即部门将项目支出绩效评价目标、绩效评价结果等，以适当方式在部门内部或有选择地向社会公开。另外，财政部也可以商中央部门选择部分绩效评价项目，将评价情况报送全国人大常委会预算工作委员会审核，并以适当方式向社会公开。

六、其他

本通知由财政部（预算司）负责解释，从发布之日起开始施行。相关规定与《中央部门预算支出绩效考评管理办法（试行）》（财预［2005］86号）及其他有关制度文件不一致的，以本通知规定为准。

附件：1. 中央部门预算项目支出自评报告及编写说明（略）
2. 中央部门预算项目支出绩效报告及编写说明（略）
3. 中央部门预算项目支出绩效评价报告及编写说明（略）

财政部（印）
二○○九年十月二十六日

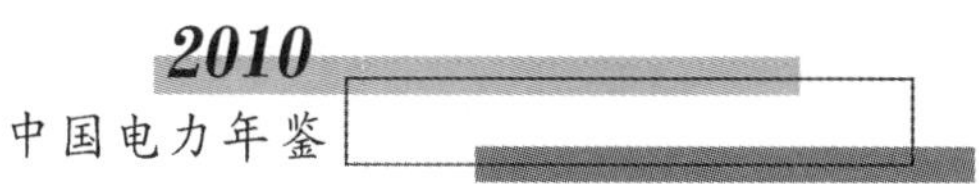

国家发展和改革委员会文件

关于清理优惠电价有关问题的通知

（发改价格［2009］555号）

各省、自治区、直辖市发展改革委、物价局、经贸委（经委），各区域电监局、城市电监办，国家电网公司、南方电网公司，华能、大唐、华电、国电、中电投集团公司：

近一段时间以来，针对经济增长放缓、高耗能企业生产经营困难等情况，部分省（区）自行出台措施对高耗能企业实行优惠电价。这种做法，造成电价政策的混乱和价格信号的扭曲，不利于促进高耗能行业结构调整和产业升级。为维护正常的市场秩序，促进国民经济又好又快发展，保证国家宏观调控政策的顺利实施，报经国务院批准，决定对各地自行出台的优惠电价措施进行清理，同时推进电价改革。现通知如下：

一、坚决取消各地自行出台的优惠电价措施。各省（区、市）价格主管部门要会同有关部门立即开展对国家电价政策执行情况的自查自纠工作。凡是以发、用电企业双边交易等名义，擅自降低发电企业上网电价或用电企业销售电价，对高耗能企业实行优惠电价措施的，3月15日前应全面停止执行，并将自查自纠情况于3月底前上报国家发展改革委和国家电监会。

二、积极稳妥地推进大用户直购电试点工作。对符合国家产业政策要求的大型工业企业，用电电压等级在110千伏及以上的，可以按自愿协商的原则，向发电企业直接购电，电价由供需双方协商确定，同时按国家规定的输电价格支付输电费，并缴纳随电价收取的政府性基金与附加费。各省（区、市）政府有关部门按照市场化原则，按程序上报大用户直购电试点方案，经批准后实施。具体实施办法国家将另行下达。

三、合理调整峰谷电价等需求侧管理措施减轻企业电费负担。2008年降水充沛、冬季来水较好且水电丰富的地区可适当延长丰水期电价执行的时间，以降低用户实际负担的电价水平。各地还可以依据电网负荷特点通过合理调整峰谷分时电价结构，鼓励高耗能企业用电削峰填谷，减轻用电负担，提高电力工业整体效率。具体由省级主管部门商有关部门提出方案，报国家发展改革委批准后实施。

四、电网企业要严格执行国家电价政策。国家电网公司、南方电网公司要认真督导所属省级电网公司严格执行国家政策规定，自觉抵制违反国家规定自行出台的优惠电价措施，按照国家核定的上网电价与发电企业结算。对违反政策继续执行优惠电价措施和克扣发电企业电费的电网企业，将依法予以严肃查处，并追究有关负责人责任。

五、加强监督检查。国家发展改革委、国家电监会、国家能源局将组成工作组，对各地自查自纠情况进行督查，并将督查情况报告国务院。对于届时继续对高耗能企业实行优惠电价措施的，将予以通报批评，追究有关负责人责任。

国家发展改革委
国家电监会　（印）
国家能源局
二○○九年二月二十五日

关于做好2009年电力运行工作的通知

（发改运行［2009］568号）

各省、自治区、直辖市经贸委（经委、工信厅），北京市、河北省、河南省发展改革委，中国电力企业联合会，国家电网公司、中国南方电网有限责任公司，中国华能集团公司、中国大唐集团公司、中国华电集团公司、中国国电集团公司、中国电力投资集团公司：

为应对国际金融危机，保持国内经济平稳较快发展，各地电力运行主管部门和电力企业要根据中央经济工作会议、全国发展改革会议部署和要求，进一步加强电力运行调节，及时解决运行中的各种矛盾和问题，为经济平稳较快发展提供良好的电力保障环境。现就有关问题通知如下：

一、围绕经济运行走势，加强电力运行监测分析

用电需求变化是经济运行走势的“晴雨表”。在目前国际金融危机影响仍在延续、经济增速下滑尚未得到根本扭转的形势下，加强电力运行监测分析对判断经济形势和增强宏观调控的预见性、针对性尤为重要。

（一）各地电力运行主管部门要结合现有月度分析制度，重点加强本地区电力运行尤其是需求变化情况的监测分析，对用电增幅下降较大或回升较慢的行业摸清原因，加强趋势预测。

（二）国家电网公司和南方电网公司要加强本营业区内电力需求变化的监测，对新增用电报装和用户报停、减容的情况进行统计分析，做好供需形势预测，及时向政府有关部门提出建议。

（三）中央发电企业要加强本企业生产运营情况监测分析。

（四）各地电力运行主管部门、各电力企业要将本单位的月度监测分析报告，报我委经济运行调节局。

二、针对电力供大于求，强化生产运行调节

受用电增幅下滑的影响，今年将是近十年来电力供需形势较为宽松的一年，全国大部分地区供大于求，发电设备利用率进一步下降。为此，各地电力运行主管部门和电力企业要强化综合协调，采取有效措施，及时解决运行中出现的各种矛盾和问题。

（一）统筹安排好发电生产。各地电力运行主管部门要按照保障电网安全、服务于保持经济平稳较快增长、兼顾效率和公平的原则，做好发电生产的统筹组织和协调工作。

开展节能发电调度试点的省，要按照有关要求，结合本省实际，认真落实各项措施，不断完善试点方案，尤其是要会同有关方面妥善解决小机组减发后的有关问题。每季度末将试点工作的进展情况报送我委经济运行调节局。未开展试点的地区，要全面推行差别电量计划。在年度计划安排上，要全额安排可再生能源并网发电项目的上网电量；优先安排大型水电、核电、热电联产、资源综合利用机组发电；低污染、高效燃煤发电机组的年利用小时数应明显高于高污染、低效机组的年利用小时数，燃煤发电机组中容量、参数接近的要保持利用小时数基本相同。在实际运行中，要以保障电网安全为前提，加强对执行情况的监督检查，及时组织公布电力生产调度信息，及时化解厂网矛盾；要按照交易各方自主协商确定交易电量和交易价格的原则，会同有关方面制定完善清洁、高效机组替代中小火电机组的实施办法，并做好组织实施，推动节能减排，缓解发电企业经营压力，维护职工队伍稳定。同时，要维护担负调峰任务的中小机组顶峰发电能力不受影响，确保电网安全和夏季大负荷期间电力供需平衡。

（二）做好跨省区电能交易。国家电网公司、南方电网公司要积极配合我委做好跨省区电能交易工作，及时公布年度、季度和月度交易安排。各地电力运行主管部门要会同有关方面做好本地区电力、电量的平衡预测，按照有利于促进节能减排和电能资源优化配置的原则，统筹制定本地区年度区内发电和外来电或外送电的方案；要组织电网、发电和电力用户代表定期召开信息披露会，通报本地区经济运行和电力供需形势，公布电力、电量交易情况，预测电力供需走势；要会同有关方面加强对交易电力、电量、价格的监管，防止市场保护，防止过度交易，严禁虚假交易，促进电能交易规范有序进行。电力供应相对宽松的地区，外购电也应根据具体情况，适当参与本地电网调峰。

三、继续加强电力需求侧管理

针对电力供求矛盾缓解后有可能放松需求侧管理的倾向，各地要继续加强电力需求侧管理，充分发挥其在提高能效和强化有序用电方面的积极作用。

（一）积极推进提高电能效率。正在进行需求侧项目试点的江苏、广东省，要按照工作进度安排，积极推进相关工作。开展需求侧管理工作较早的河北、

上海、北京、山西、湖南等省（市），要充分运用国家关于节能减排的经济激励政策，进一步完善工作机制，围绕当前企业结构调整的有利时机，推动本地区项目的开展，降低用电成本，提高企业竞争能力和经济效益。其他地区也要研究建立工作机制，做好培育市场中介服务组织、建立专家队伍、加强资源潜力调查和统计分析、推广先进适用技术和产品等基础性工作，为开展电力需求侧管理工作创造好的环境。

（二）推动移峰填谷。各地电力运行主管部门、电网企业要继续推进电力负荷管理系统的建设和运行，加快蓄冷、蓄热项目建设，鼓励热电冷三联供项目并网运行，促进用电负荷移峰填谷，保障电网安全。

（三）完善有序用电方案。各地电力运行主管部门要继续会同有关方面研究制定不同负荷水平下的有序用电方案，重点做好节假日和“两会”、迎峰度夏、迎峰度冬特别是建国六十周年庆祝活动期间的用电保障，确保居民生活、医院、学校、铁路、交通枢纽、供水供热、广播、电信、金融机构、农业生产、石油天然气生产输送等涉及公众利益和国家安全的重要用户用电不受影响，全力保障全社会各行业对电力的需求，促进经济平稳较快增长。

四、细化落实电力应急措施和方案

各地电力运行主管部门要组织有关企业、相关部门继续做好煤电油运应急预案、大面积停电事故应急预案，加强演练，增强可操作性。督促电网企业落实移动发电设备，督促广播电视、通信、铁路、交通枢纽、供水、能源生产供应、政府机关、金融机构、医院等重要用户落实自备保安电源，督促学校、商场、宾馆等人员聚集场所配备应急照明设施。继续跟踪火电厂煤炭库存情况，对可能导致大量缺煤停机、影响电力供应的趋势性、苗头性问题及早协调和反映。电网企业要加强输电线路防覆冰、除冰等技术、装备的研发和应用，加强与气象部门的沟通、会商，切实做好低温雨雪冰冻灾害的预防；对电煤库存低于警戒线的电厂，要按照以煤定电的原则安排发电生产。

五、组织换发《供电营业许可证》

根据《电力法》有关规定，我委2006年组织各地换发了《供电营业许可证》。鉴于近几年供电营业区划分方面出现较多的新情况、新问题，为保证供电营业许可工作正常开展，保障电力供应正常秩序，2009年我委将组织换发新的《供电营业许可证》，具体事项另行通知。各省级电力运行主管部门负责本地区供电营业区划分管理和证书的换发、颁发工作，要力争年内完成，并对上次证书换发工作进行总结，分析存在的问题，提出相关政策建议。

国家发展改革委（印）
二〇〇九年二月二十六日

关于做好商业与工业用电、用水同价工作有关问题的通知

（发改办价格［2009］1255号）

各省、自治区、直辖市发展改革委、物价局、电力公司，国家电网公司、南方电网公司：

按照《国务院办公厅关于搞活流通扩大消费的意见》（国办发［2008］134号）有关要求，2008年以来，各地积极推进商业与工业用电同价工作。目前，大部分省（区、市）商业用电已与工业用电执行相同的目录电价标准；没有实现同价的省（区、市）也适当缩小了商业用电与工业用电的价差。现就进一步推进工、商业用电用水同价工作通知如下：

一、加快推进商业与工业用电同价

（一）尚未实现商业与工业用电同价的省（区、市），应认真做好商业与工业用电同价的实施方案，结合销售电价调整，尽快实现工商企业用电同价。

（二）商业与工业用电同价，执行与工业用户相同的电价标准的同时，执行峰谷分时电价等需求侧电价管理制度。鉴于当前商业企业经营困难较大，尚未对商业用户执行峰谷分时电价的地区，可暂缓执行。

二、认真落实商业与工业用水同价

各地在调整供水价格时，要按照《国务院办公厅关于搞活流通扩大消费的意见》（国办发［2008］134号）的要求，遵循“补偿成本、合理收益、节约用水、公平负担”的原则，简化水价分类，实行商业用水（经营服务用水）与工业用水同价。同时，对洗浴、洗车等特种用水，仍应实行单独分类计价，与其他用水保持合适的差价，促进节约用水。

三、采取综合措施确保同价政策落实到位

各地价格主管部门要高度重视商业用电、用水同价工作，尽快研究实施方案，统筹兼顾各方面影响，积极做好宣传解释，确保工、商用电用水同价政策平稳顺利实施。

国家发展和改革委员会办公厅（印）
二〇〇九年六月十二日

关于完善风力发电上网电价政策的通知

（发改价格〔2009〕1906号）

各省、自治区、直辖市发展改革委、物价局：

为规范风电价格管理，促进风力发电产业健康持续发展，依据《中华人民共和国可再生能源法》，决定进一步完善我委印发的《可再生能源发电价格和费用分摊管理试行办法》（发改价格〔2006〕7号）有关规定。现就有关事项通知如下：

一、规范风电价格管理

（一）分资源区制定陆上风电标杆上网电价。按风能资源状况和工程建设条件，决定将全国分为四类风能资源区，相应制定风电标杆上网电价。具体标准见附件。

今后新建陆上风电项目，包括沿海地区多年平均大潮高潮线以上的潮上滩涂地区和有固定居民的海岛地区，统一执行所在风能资源区的风电标杆上网电价。跨省区边界的同一风电场原则上执行同一上网电价，价格标准按较高的风电标杆上网电价执行。

（二）海上风电项目上网电价，今后将根据建设进程，由国务院价格主管部门另行制定。

（三）省级投资及能源主管部门核准的风电项目，要向国家发展改革委、国家能源局备案。

二、继续实行风电价格费用分摊制度

风电上网电价在当地脱硫燃煤机组标杆上网电价以内的部分，由当地省级电网负担；高出部分，通过全国征收的可再生能源电价附加分摊解决。脱硫燃煤机组标杆上网电价调整后，风电上网电价中由当地电网负担的部分要相应调整。

三、有关要求

（一）上述规定自2009年8月1日起实行。2009年8月1日之前核准的风电项目，上网电价仍按原有规定执行。

（二）各风力发电企业和电网企业必须真实、完整地记载和保存风电项目上网交易电量、价格和补贴金额等资料，接受有关部门监督检查。各级价格主管部门要加强对风电上网电价执行和电价附加补贴结算的监管，确保风电上网电价政策执行到位。

附件：全国风力发电标杆上网电价表

国家发展改革委（印）
二〇〇九年七月二十日

全国风力发电标杆上网电价表

资源区	标杆上网电价（元/kWh）	各资源区所包括的地区
Ⅰ类资源区	0.51	内蒙古自治区除赤峰市、通辽市、兴安盟、呼伦贝尔市以外其他地区；新疆维吾尔自治区乌鲁木齐市、伊犁哈萨克族自治州、昌吉回族自治州、克拉玛依市、石河子市
Ⅱ类资源区	0.54	河北省张家口市、承德市；内蒙古自治区赤峰市、通辽市、兴安盟、呼伦贝尔市；甘肃省张掖市、嘉峪关市、酒泉市
Ⅲ类资源区	0.58	吉林省白城市、松原市；黑龙江省鸡西市、双鸭山市、七台河市、绥化市、伊春市，大兴安岭地区；甘肃省除张掖市、嘉峪关市、酒泉市以外其他地区；新疆维吾尔自治区除乌鲁木齐市、伊犁哈萨克族自治州、昌吉回族自治州、克拉玛依市、石河子市以外其他地区；宁夏回族自治区
Ⅳ类资源区	0.61	除Ⅰ类、Ⅱ类、Ⅲ类资源区以外的其他地区

关于规范电能交易价格管理等有关问题的通知

（发改价格〔2009〕2474号）

各省、自治区、直辖市发展改革委、经贸委（经委）、物价局，各区域电监局、城市电监办，国家电网公司、南方电网公司，内蒙古电力公司，华能、大唐、华电、国电、中电投集团公司：

为进一步规范电能交易价格行为，维护正常的市场交易秩序，促进电力资源优化配置，现就有关问题通知如下：

一、关于发电企业与电网企业的交易价格

（一）发电机组进入商业运营后，除跨省、跨区域电能交易及国家另有规定的以外，其上网电量一律执行政府价格主管部门制定的上网电价。

（二）发电机组进入商业运营前，其调试运行期上网电价按照当地燃煤发电机组脱硫标杆上网电价的一定比例执行。其中，水电按照50%执行，火电、核电按照80%执行；水电以外的可再生能源发电机组自并网发电之日起执行价格主管部门批复的上网电价。电网企业据此支付购电费，并计入购电成本。

（三）发电企业启动调试阶段或由于自身原因停运向电网购买电量时，其价格执行当地目录电价表中的大工业类电度电价标准。

（四）燃煤发电机组安装脱硫设施、具备在线监测功能且运行正常的，已经环保部门验收合格的，自环保部门验收合格之日起执行脱硫加价；环保部门不能按时验收的，由省级价格主管部门商环保部门通知电网企业，自发电企业向环保部门递交验收申请之日起30个工作日后执行脱硫加价；经环保部门验收不合格的，相应扣减已执行的脱硫加价。发电企业向环保部门递交验收申请时应抄送省级价格主管部门和电力监管机构，并抄录电能表起始表示数。

（五）经政府有关部门批准的替代发电或发电权交易中，发电企业按照合同或协议约定的交易电量和价格进行结算。

二、关于跨省、跨区域电能交易价格

（一）跨省、跨区域电能交易的受电价格由送电价格、输电价格（费用）和输电损耗构成。

（二）跨省、跨区域电能交易国家已规定价格的，要严格按照国家规定的价格执行。国家尚未规定价格的，在送电、受电地区省级价格主管部门、电力监管机构和电力管理部门的指导下，由送受双方参考送端电网平均上网电价和受端电网平均购电电价协商确定厂网间结算电价。其中，送电省（区、市）电网企业的输电价格（含损耗）原则上不得超过每千瓦时3分钱。

（三）跨省、跨区域电能临时交易的送电价格按照上述原则确定。紧急情况及事故支援交易，事先交易各方有约定的，按照约定价格进行结算；事先没有约定的，原则上按照购电方所在电网燃煤机组标杆上网电价上浮20%确定。紧急情况及事故交易免交输电费。

（四）除国家规定的跨省、跨区域电能交易外，电网企业之间不得以降低发电企业上网电价为目的，在同一时点相互进行没有电能物理流量的虚假交易和接力送电。

（五）受电省（区、市）电网企业购外省电量的电价与本省平均购电价有差异的，纳入本省销售电价方案进行平衡。

（六）省级电网企业每月汇总本省的跨省、跨区域电能交易情况，并于每月15日前将上一月度的交易情况报省级价格主管部门、电力管理部门和电力监管机构。国家电网公司、南方电网公司将季度、年度跨省、跨区域交易情况，报国家发展改革委、国家电监会和国家能源局。各电网公司应当在每月20日前，向各利益相关方公布上一月度的交易电量、送电价格、输电费用、输电损耗、购电来源、售电去向等交易情况。

（七）电力企业要保留跨省、跨区域电能交易的详细调度、交易记录，包括交易电量、价格、输电费用、输电损耗、购电来源、售电去向、联络线关口计量数据等内容，接受政府有关部门和电力监管机构的监督检查。

三、关于电网企业与终端用户之间的交易价格

（一）电网企业对电力用户的销售电价，要严格按照国家发展改革委颁布的电价标准执行。各级政府和电网企业不得自行提高或降低电力用户销售电价，不得自行以大用户直购电（或直供电）等名义实行电价优惠。

（二）各地要按照《国务院办公厅转发发展改革委关于完善差别电价政策意见的通知》（国办发［2006］77号）和《国家发展改革委、财政部、电监会关于进一步贯彻落实差别电价政策有关问题的通知》（发改价格［2007］2655号）要求，继续加大差别电价贯彻落实力度。要加强对高耗能企业的动态监管，及时更新执行差别电价的企业名单，确保差别电价政策执行到位。

（三）拥有自备电厂的企业，应在发电机端加装电能量计量表计，自用电量由政府有关部门和电力监管机构核定，并按照国发［2007］2号文件规定缴纳国家规定的三峡工程建设基金、农网还贷资金、城市公用事业附加费、可再生能源电价附加、水库移民后期扶持资金等政府性基金及附加，并由当地电网企业负责代征并上缴。拥有自备电厂并与公用电网连接的企业，应按规定支付系统备用费。

四、其他事项

（一）现有办法和规定与本通知不一致的，按本通知规定执行。

（二）政府价格主管部门、电力监管机构依法对电能交易价格执行情况进行监督检查。

国家发展改革委
国家电监会 （印）
国家能源局
二〇〇九年十月十一日

环境保护部文件

2008年中国环境状况公报

根据《中华人民共和国环境保护法》规定，现予公布2008年《中国环境状况公报》。

中华人民共和国环境保护部部长
二〇〇九年六月四日

一、综述

2008年10月9日，胡锦涛总书记在中国共产党第十七届中央委员会第三次全体会议上提出，到2020年，农村人居环境和生态环境明显改善，可持续发展能力不断增强。

2008年3月5日，温家宝总理在第十一届全国人民代表大会第一次会议所作政府工作报告中，提出要更加重视节约资源和保护环境。

2008年是中国发展进程中很不寻常、很不平凡的一年，也是环境保护史上波澜壮阔、惊心动魄的一年。在党中央、国务院的坚强领导下，各地区、各部门紧紧围绕抗击自然灾害和北京奥运会环境质量保障，全面加强环境监管和环境应急工作，大力推进节能减排，各项环境保护工作都取得了新的进展。环境保护工作既有效应对了经济高增长、财政高收入、企业高效益的发展局面，也经受了增长速度下行、财政收入下滑、企业效益下降带来的严峻挑战，经济与环境逐步协调发展，环境保护历史性转变迈出了坚实的步伐。

一是党中央、国务院对做好新形势下的环境保护工作作出重要部署，将“加强生态环境建设”作为抵御全球金融危机扩内需保增长的十项重要措施之一。十一届全国人大一次会议批准组建环境保护部，强化了统筹协调、宏观调控、监督执法和公共服务等职能，为推进环境保护历史性转变提供了更加有力的组织保障。二是环境影响评价制度在宏观调控中发挥了重要作用。积极应对国际金融危机，及时调整改进环境影响评价审批管理工作，完善审批机制，简化审批程序，认真兑现七项承诺，对符合环境保护准入条件的项目开通“绿色通道”，对“两高一资”（高污染、高能耗、资源性）项目严格把关。三是污染减排取得突破性进展。化学需氧量和二氧化硫排放量比上年分别下降4.42%和5.95%，比2005年分别下降6.61%和8.95%，首次实现了任务完成进度赶上时间进度，为全面完成“十一五”减排目标打下了坚实基础。四是圆满完成特大自然灾害环境应急处置和北京奥运环境质量保障任务。五是流域污染防治工作稳步推进。淮河、海河等七项水污染防治“十一五”规划已经国务院批复实施。组织开展了太湖、巢湖、三峡库区生态安全评价，全面启动了生态安全监测工作，为深化湖泊综合治理奠定了基础。六是农村环境保护工作全面启动。国务院召开全国农村环境保护工作电视电话会议，提出了“以奖促治、以奖代补”等主要政策措施，中央财政首次设立了农村环境保护专项资金。七是环境执法监察力度进一步加大。继续深入开展整治违法排污企业保障群众健康环境保护专项行动，不断加大后督察力度，加强在建核电厂和拟建核电厂项目监管与审评，进一步加强放射源管理，确保了核与辐射环境安全。八是环境法制、政策、科技、宣教和国际合作取得新进展。修订后的《水污染防治法》正式实施，首次发布了《社会生活环境噪声排放标准》。环境经济政策继续完善。环境与灾害监测小卫星成功发射。宣传教育工作丰富多彩，国际环境合作更加务实。九是环境保护能力建设进一步加强。2008年中央环境保护投资达到340亿元，比上年增长百亿元。十是三大基础性战略性工程进展顺利。污染源普查进入总结发布阶段；中国环境宏观战略研究已基本完成；水体污染控制与治理科技重大专项全面启动。

2008年，全国地表水污染依然严重，七大水系水质总体为中度污染，湖泊富营养化问题突出，近岸海域水质总体为轻度污染。城市空气质量总体良好，酸雨分布区域保持稳定。全国城市声环境质量总体较好。

二、主要污染物总量减排

基本目标

《国民经济和社会发展第十一个五年规划纲要》

提出了“十一五”期间单位国内生产总值能耗降低20%左右，主要污染物排放总量减少10%的约束性指标。到2010年，“十一五”污染减排的两项约束性指标化学需氧量和二氧化硫排放量分别比2005年下降10%，即全国化学需氧量由2005年的1414.2万t减少到1272.8万t，二氧化硫排放量由2549.4万t减少到2294.4万t。

2008年污染减排工作目标主要有：实现新增城市污水处理能力1200万t/日，形成化学需氧量减排能力60万t/年；现有的燃煤电厂投运脱硫设施3000万千瓦，完成10台规模1000平方米钢铁烧结机烟气脱硫工程，形成二氧化硫减排能力150万t/年；加大小火电、炼钢、水泥、炼铁、造纸、酒精、酿造、柠檬酸等行业落后生产能力淘汰力度，实现减排二氧化硫60万t，减排化学需氧量40万t。

主要污染物削减情况

2008年，全国化学需氧量排放量1320.7万t，比上年下降4.42%；二氧化硫排放量2321.2万t，比上年下降5.95%。与2005年相比，化学需氧量和二氧化硫排放量分别下降6.61%和8.95%，不仅继续保持了双下降的良好态势，而且首次实现了任务完成进度赶上时间进度。

全国城镇污水处理率由上年的62%提高到66%；脱硫机组装机容量达到3.63亿千瓦，装备脱硫设施的火电机组占全部火电机组的比例由上年的48%提高到60%。

主要措施

2008年，国务院召开了节能减排工作领导小组第一次会议，国务院办公厅印发了《2008年节能减排工作安排》。发布了2007年各省、自治区、直辖市和五大电力集团公司主要污染物总量减排考核结果及2008年上半年各省、自治区、直辖市主要污染物排放量指标公报，对问题突出的部分地区和企业分别作出暂停建设项目环境影响评价、责令限期整改或经济处罚决定。

地方各级政府进一步转变观念，变被动减排为主动减排，采取多种责任追究手段，有力地推动了污染减排工作的深入开展。山东、河北等地对未完成年度目标的市县主管领导给予了行政记过或撤职处理，安徽、福建、江西等地对减排工作进展不力的县区实施了区域限批。广东和北京等省市通过财政补贴支持企业淘汰落后产能，上海、宁夏、陕西等地通过以奖代补激励企业减排。

2008年，工程减排、结构减排和监管减排三大措施稳步发挥效益，两项指标呈现较大幅度下降。一是工程减排。全国新增城市污水处理能力1149万t/日，新增燃煤脱硫机组容量9712万千瓦。此外，还新建成一批废水深度治理工程、钢铁烧结机烟气脱硫设施等。通过工程治理措施，全国新增化学需氧量减排量121万t，二氧化硫减排量135万t。二是结构减排。淘汰和停产整顿污染严重的造纸企业1100多家，关闭小火电机组1669万千瓦，淘汰了一批钢铁、有色、水泥、焦炭、化工、印染、酒精等落后产能。通过淘汰关停落后产能，全国新增化学需氧量减排量34万t，二氧化硫减排量81万t。三是监管减排。2008年，中央财政继续加大污染减排三大体系建设和环境保护能力建设资金投入力度。各地减排统计监测和执法监管能力进一步加强，省级环境保护部门污染源在线监控系统陆续建成，企业达标排放水平稳步提升。全国燃煤脱硫机组脱硫综合效率由2007年的73.2%提高到78.7%，提高了5.5个百分点。

三、淡水环境（略）

四、海洋环境（略）

五、大气环境（略）

六、声环境（略）

七、固体废物

状况

2008年，全国工业固体废物产生量为190 127万t，比上年增加8.3%；排放量为782万t，比上年减少34.7%；综合利用量（含利用往年储存量）、储存量、处置量分别为123482万t、21883万t、48291万t，分别占产生量的64.9%、11.5%、25.4%。危险废物产生量为1357万t，综合利用量（含利用往年储存量）、储存量、处置量分别为819万t、196万t、389万t。

2008年全国工业固体废物产生及处理情况

产生量（万t）		综合利用量（万t）		储存量（万t）		处置量（万t）	
合计	危险废物	合计	危险废物	合计	危险废物	合计	危险废物
190 127	1357	123 482	819	21 883	196	48 291	389

措施与行动

【大中城市固体废物污染防治信息发布情况】根据《固体废物污染环境防治法》和《大中城市固体废物污染环境防治信息发布导则》（原环境保护总局

公告2006年第33号)，2008年206个城市发布了固体废物污染防治信息。

【进口废物审批情况】 2008年，环境保护部会同商务部、国家发展和改革委员会、海关总署、质检总局发布了《2008年进口废物管理目录》(2008年第11号公告)；会同海关总署、质检总局发布了《关于发布固体废物属性鉴别机构名单及鉴别程序的通知》(环发［2008］18号)，明确了进口废物鉴别机构和程序，依法暂停了17家进口固体废物单位的申请，向2868家进口废物加工利用单位签发了10 397份固体废物进口许可证。

【废物进口管理国际合作】 2008年，环境保护部加强了与有关国家和地区关于控制废物越境转移的国际合作，组织召开了内地—香港废物越境转移控制合作第五次工作会议，与荷兰住房、空间规划及环境部签署了《中荷废物越境转移合作工作协议》，与日本召开了第二次中日固体废物管理司长级对话，参加了欧盟环境法执行和执法网络(IMPEL/TFS)关于执行欧盟废物转运法令的2008年年会，加强了与有关国家之间关于废物越境转移控制的信息交换和联合查证合作，全年交换信息200余件。

【危险废物出口核准情况】 2008年3月11日，环境保护部《危险废物出口核准管理办法》(原国家环境保护总局令第47号)正式施行。2008年环境保护部共受理危险废物出口申请24份，其中内地11份，台湾13份。申请出口危险废物共13991.8t，其中内地6841.8t，台湾7150t。进口国主要为比利时、新加坡、日本、德国、法国、韩国。

【铬渣污染治理情况】 截至2008年底，全国累计处置铬渣130多万t。列入《铬渣污染综合整治方案》的19个省(直辖市)中，山东、浙江两省的铬渣已全部处置完毕。河北、山西、内蒙古、湖南、湖北、江苏、重庆、甘肃、陕西、辽宁、云南等省(直辖市、自治区)铬渣处置设施已建成并投入使用。天津、吉林、河南、四川、青海、新疆等省区市的铬渣处置设施尚在建设之中。

八、辐射环境

状况

2008年，全国辐射环境质量总体良好。环境电离辐射水平基本保持稳定状态，核设施、核设备周围环境电离辐射为正常环境水平；环境电磁辐射水平总体情况较好，除个别大功率发射设施局部环境综合场强略超国家标准外，其他电磁辐射设施、设备周围电磁辐射水平满足国家标准。

环境电离辐射　全国重点城市辐射环境自动站未监测到环境γ贯穿辐射剂量率异常升高，环境γ辐射剂量率、气溶胶和沉降物总放、空气中氚化水活度浓度为环境正常水平；七大江河水系、西南和西北诸河、浙闽区河流、主要湖泊水库各放射性核素活度浓度水平与历年监测结果相比未发生变化，其中天然放射性核素活度浓度与1983～1990年全国环境天然放射性水平调查时的监测值处于同一水平。开展监测的饮用水中总α、总β放射性活度浓度均低于《生活饮用水卫生标准》(GB 5749—2006)指导值。近岸海域海水人工放射性核素锶—90和铯－137活度浓度均在《海水水质标准》(GB 3097—1997)限值内。土壤中放射性核素含量与历年监测结果相比未发生变化，其中天然放射性核素活度浓度与1983～1990年全国环境天然放射性水平调查时的监测值处于同一水平。

核电厂周围环境电离辐射　浙江秦山核电基地、广东大亚湾/岭澳核电厂和江苏田湾核电厂安全、正常运行，外围辐射环境自动站测得的γ贯穿辐射剂量率年均值分别为102.2nGy/h、123.5nGy/h、101.1nGy/h，处于所在地区的天然本底涨落范围内。浙江秦山核电基地周围关键居民点空气、降水、地表水及部分生物样品中氚活度浓度与核电站运行前本底值相比有所升高；广东大亚湾/岭澳核电厂排放口附近海域海水氚活度浓度高于对照点，部分牡蛎样品可监测到微量的人工放射性核素银—110m；但与历年监测结果相比，没有累积升高的趋势，且其对公众产生的附加剂量贡献很小，远低于国家规定的限值。江苏田湾核电厂各环境介质中放射性核素含量与核电厂运行前本底值处于同一水平。

其他核燃料循环设施周围环境电离辐射水平　中国原子能科学研究院、清华大学核能与新能源技术研究院、山东省地质科学实验研究院、中国核动力研究设计院、陕西省西北核技术研究所等研究设施外围环境γ辐射剂量率，气溶胶和沉降物总放活度浓度，地表水、土壤和生物样品中放射性核素含量为当地环境水平；饮用地下水总α、总β放射性活度浓度均低于《生活饮用水卫生标准》(GB 5749—2006)限值。包头核燃料元件厂、中核建中核燃料元件公司、陕西铀浓缩公司、中核四〇四有限公司、西北低中水平放射性固体废物处置场、兰州铀浓缩有限公司、北龙低中水平放射性固体废物处置场等核燃料生产、加工企业外围环境γ辐射剂量率仍为当地环境水平，其余环境介质中也未监测到企业生产、加工、储存的放射性核素含量异常升高。

铀矿冶及伴生放射性矿周围环境电离辐射　中核北方铀业有限公司本溪铀矿、中核浙江衢州铀业有限责任公司、中核抚州金安铀业有限公司、中核赣州金瑞铀业有限公司、衡阳新华化工冶金总公司、中核金原铀业有限责任公司桂林分公司、南宁新原核工业有限公司七〇一矿、贵州原核工业七六一矿、贵州原核工业二七六厂、新疆中核天山铀业有限公司等铀矿山及水冶设施周围环境空气中氡浓度，气溶胶、地下水和生物样品中放射性核素铀和镭－226含量未见异常；但极少数铀矿山及水冶系统因矿石运输沿途撒落，造成矿区边界和运矿公路周围个别监测点位γ辐射剂量率高于运行前水平；同时受历年排放的废水和尾矿坝渗漏水的影响，部分铀矿山及水冶系统周围环境个别监测点位地表水和底泥放射性核素铀和镭－226活度浓度偏高。白云鄂博矿物资源开发利用活动对当地环境产生了一定程度影响。

电磁辐射设施周围环境辐射水平　环境电磁辐射水平总体情况较好，个别大功率发射设施周围局部环境存在超标现象。移动通信基站天线周围环境敏感点的电磁辐射水平低于《电磁辐射防护规定》(GB 8702—88)规定的公众照射导出限值；各输电线和变电站周围环境敏感点工频电场强度均低于居民区工频电场评价标准4kV/m，磁感应强度均低于公众全天候辐射时的工频限值100μT；个别电视（调频）发射塔、中波广播发射台周边环境敏感建筑物部分监测点位环境综合场强超公众照射导出限值。

措施与行动

【强化核与辐射安全监管】　加强运行核电厂安全监管与审评，完成了60余项运行核电厂的重要安全改造审评，强化日常监督和运行经验反馈。加强在建核电厂和拟建核电厂项目监管和审评。组建了两支相对独立的核安全审评队伍，完成了8台机组的初步安全分析报告的技术审评与环境影响报告书的技术审查工作，并办理了建造许可证。2008年4～7月，各级环境保护部门对全国11 728家涉源单位的放射源安全与防护进行了排查，进一步摸清单位底数，提高了涉源单位安全水平。

【加强辐射环境监测】　在国家辐射环境监测网第一批国控点的基础上，增设了11个重点城市辐射环境自动站、10个陆地辐射监测点、38个水体监测点，在4座重要核与辐射设施周围增设了核环境安全预警监测点。首次设置了43个电磁环境质量监测点，并在41个重点电磁辐射设施周围设置了电磁监测站点。

加强核与辐射突发事件应急监测系统建设，积极开展中央财政主要污染物减排专项资金核与辐射监测能力建设项目的前期工作，项目包括1个增强型辐射自动连续监测子站、31个标准型辐射自动监测子站、68个基本型辐射自动连续监测子站、31个省级数据汇总中心、1个全国数据汇总中心以及常规能力建设。

九、自然生态

状况

自然保护区建设与管理情况　截止到2008年底，全国已建立各种类型、不同级别的自然保护区2538个，保护区总面积约14 894.3万公顷。其中，国家级自然保护区303个，面积9120.3万公顷，分别占全国自然保护区总数和总面积的11.9%和61.2%。有28处自然保护区加入联合国教科文组织“人与生物圈保护区网络”，有20多处保护区成为世界自然遗产地组成部分。

物种　中国疆域辽阔，地形、气候复杂，南北跨越寒、温、热三带，高原、山地占80%，生态环境多样，孕育了丰富的野生动植物资源。除鱼类外，中国约有脊椎动物2619种，其中哺乳类581种、鸟类1331种、爬行类412种、两栖类295种，大熊猫、朱鹮、金丝猴、华南虎、普氏原羚、黄腹角雉、扬子鳄、瑶山鳄蜥等数百种珍稀濒危野生动物。约有高等植物30 000多种，水杉、银杉、百山祖冷杉、香果树等17000多种植物为中国所特有。

湿地生物多样性　中国湿地类型齐全、数量丰富，除苔原湿地外，其余类型均有分布。现有100公顷以上的28类湿地总面积3848万公顷，其中，自然湿地3620万公顷，包括滨海湿地594万公顷，河流湿地821万公顷，湖泊湿地835万公顷，沼泽湿地1370万公顷。中国现存自然湿地仅占国土面积的3.77%。目前中国以自然保护区为主体，湿地公园、湿地保护小区等多种保护管理形式并存的保护管理体系正在逐步形成。截至2008年底，全国已建立湿地自然保护区550多处，国家湿地公园达到38处，共有36块湿地列入《湿地公约》的国际重要湿地名录，全国共有1790多万公顷自然湿地得到有效保护，约占总面积的49%。

中国湿地物种非常丰富。兽类7目12科31种，鸟类12目32科271种，爬行类3目13科122种，两栖类3目11科300种，鱼类有1000多种。湿地高等植物约225科815属2276种，苔藓植物64科139属267种，蕨类植物27科42属70种，裸子植物4科9属20种，被子植物130科625属1919种。湿地植物种密度为0.0056种/平方千米，是中国种密度（0.0028种/平方千米）的2倍。

措施与行动

【发布《全国生态功能区划》】　2008年7月，环境保护部和中国科学院联合发布了《全国生态功能区划》（环境保护部2008年第35号公告），划出了216个生态功能区，确定了50个对保障国家生态安全具有重要意义的区域，分析了各类生态功能区的生态问题、生态保护、限制措施。

【印发《全国生态脆弱区保护规划纲要》】 2008年9月环境保护部印发了《全国生态脆弱区保护规划纲要》（以下简称《纲要》）。《纲要》明确了生态脆弱区的概念、基本特征，划分出8大生态脆弱区，明确了下一步生态脆弱区的重点建设任务和优先领域。

【自然保护区综合管理】 完善国家级自然保护区评审机制，修订《国家级自然保护区建立申报书》和《国家级自然保护区范围和功能区调整申报书》。开展了2008年度评审工作，经国务院批准同意，调整了江西井冈山和河南豫北黄河故道2处国家级自然保护区的范围，发布了19处新建国家级自然保护区范围、面积和功能区划。

环境保护部联合国土资源部、水利部、农业部、国家林业局、中国科学院和国家海洋局等部门对福建、江苏、浙江、安徽、上海、江西、山东七省市的41处国家级自然保护区进行了评估。

环境保护部联合国家发展和改革委员会、国土资源部、水利部、农业部、国家林业局、国家海洋局等部门印发了《关于加强自然保护区调整管理的通知》，要求不得随意调整保护区，地方级保护区调整要报省政府批准。

加强涉及自然保护区开发建设活动的监督管理，开展专项检查，查处了一些保护区违规开发等事件。

【生物多样性保护】 继续开展全国生物物种资源重点调查项目，修改完善“全国生物物种资源重点调查项目调查规范”。开展全国生物多样性评价试点工作，选择生物多样性较丰富的云南、广西和江西三个省（自治区）作为第一批试点，2008年试点扩大到北京、江苏、山东、湖南、青海五省（直辖市）。

2008年，一批濒危野生动物物种得到有效保护，国家重点保护野生动物数量总体呈上升态势。全国圈养大熊猫种群数量已达到268只；朱鹮突破1000只；东北虎野外活动更加频繁，栖息范围有所扩展。朱鹮、麋鹿、野马、扬子鳄等濒危物种放归自然工作稳步推进。针对野生生物保护工程重点物种和极小种群野生植物，开展了一系列拯救保护试点项目，巧家五针松、落叶木莲等极度濒危野生植物的野外生存状况有所改善。

【水产种质资源保护区建设、增殖放流】 2008年12月22日农业部公布了（农业部公告1130号）63个国家级水产种质资源保护区（第二批）。这些保护区分布于长江、黄河、黑龙江、珠江等水系的34条江河、20个湖库，以及渤海、黄海、东海和南海的9个海湾、岛礁、滩涂等水域，扩大了对《国家重点保护经济水生动植物资源名录》物种的保护。新纳入保护的有元江鲤、彭泽鲫等一些特有种。

2008年，全国共计增殖鱼、虾、贝等苗种计197亿尾（粒），投入资金3.11亿元，分别比上年增加17.8%和1.0%，其中近海海域增殖放流经济苗种57亿尾（粒），内陆水域增殖放流经济苗种140亿尾（粒），是历年来放流规模最大、投入资金最多的一年。

【农业野生植物保护】 2008年，农业部重点调查了27个农业野生植物资源状况，调查范围涉及22个省（直辖市、自治区）的363个县（市），调查内容包括物种地理分布及面积、生态环境、种群数量、种类、濒危状况等基本信息，对894个重要分布点进行了GPS定位，抢救收集各类农业野生植物资源1081份（次），发现了一批重要或珍贵的农业野生植物资源。新建农业野生植物原生境保护点22个。通过鉴定评价，获得了7份优质野生稻资源和8份野生大豆资源，定位、克隆了一批高产、抗逆和养分高效吸收的基因。

【外来入侵物种防治】 2008年，农业部继续在北京、天津、河北、内蒙古、辽宁、浙江、安徽、江西、山东、河南、湖北、湖南、广西、四川、云南15个省（直辖市、自治区）开展外来入侵物种灭毒除害行动，全年动员各界力量550多万人次，对豚草等14种重大农业外来入侵物种进行了“灭毒除害”大行动，共铲除（灭除）外来入侵生物3200多万亩次，防除效果达到了75%以上。同时，重点对黄顶菊、薇甘菊、福寿螺等22种具有重大危害的农业外来入侵物种进行了全面普查，并建立和完善427种外来入侵物种的信息数据库。

十、土地与农村环境

土地状况

耕地为1.22亿公顷，园地0.12亿公顷，林地2.36亿公顷，牧草地2.62亿公顷，其他农用地0.25亿公顷，居民点及独立工矿用地0.27亿公顷，交通运输用地0.02亿公顷，水利设施用地0.04亿公顷，其余为未利用地。与上年相比，耕地面积净减少1.93万公顷，其中，建设占用19.16万公顷；灾毁耕地2.48万公顷，生态退耕0.76万公顷，因农业结构调整减少耕地2.49万公顷，以上四项共减少耕地24.89万公顷，同期土地整理复垦开发补充耕地22.96万公顷。

现有水土流失面积356.92万km^2，占国土总面积的37.2%，其中水力侵蚀面积161.22万km^2，占国土总面积的16.8%，风力侵蚀195.70万km^2，占国土总面积的20.4%。

农村环境状况

当前农村环境问题日益突出，形势十分严峻，突出表现为生活污染加剧，面源污染加重，工矿污染凸显，饮水安全存在隐患，呈现出污染从城市向农村转移的态势。

全国农村改水累计受益人口达8.94亿人，其中，自来水6.26亿，占受益人口总数的70.0%；手压机井1.76亿，占受益总人口的19.7%；其他改水形式受益人口0.92亿，占受益总人口的10.3%。已改水受益人口占农村人口93.6%。

截止到2008年底，当年新增卫生厕所716.9万户，全国累计卫生厕所户数达1.52亿户，卫生厕所普及率为59.7%。

措施与行动

【土壤污染状况调查】 2008年1月8日，原国家环境保护总局在北京召开第一次全国土壤污染防治工作会议，要求搞好全国土壤状况调查，强化农用土壤环境监管和综合防治，加强城市建设用地和遗弃污染场地环境监管，拓宽土壤污染防治资金投入渠道，增强土壤污染防治科技支撑能力，建立健全土壤环境保护法律法规和标准体系，加强土壤环境监管体系和能力建设，加大宣传教育力度。2008年6月6日环境保护部印发了《关于加强土壤污染防治工作的意见》，明确了土壤污染防治的指导思想、基本原则和主要目标。指出了土壤污染防治的重点领域是农用土壤和污染场地土壤。要求建立污染土壤风险评估和污染土壤修复制度。按照“谁污染、谁治理”的原则，被污染的土壤或者地下水，由造成污染的单位和个人负责修复和治理。

到2008年底，全国31个省（直辖市、自治区）共采集土壤和农产品等样品78 940个，完成了78 852个样品的分析测试，获得近300万个有效调查数据，制作图件8575件。

【实施水土流失治理重点工程】 全国共实施水土流失防治面积7.3万km^2，其中综合治理4.7万km^2，封育保护2.6万km^2，治理小流域3209条。当年完成水土流失治理面积3.9万km^2，完成封育保护面积2.05万km^2，完成小流域治理1829条，完成小流域治理面积1.58万km^2。全国共改造坡耕地、沟滩地65万公顷，营造水土保持林草493万公顷，在黄土高原地区建设淤地坝1239座。全国水土保持重点工程治理水土流失1.76万km^2，比上年增加8000km^2。全国有1200多个县实施了全面封禁，累计实施封育保护面积71万km^2，其中39万km^2的生态环境得到初步恢复，依靠生态自我修复能力加快了水土流失防治进程。

【国务院召开全国农村环境保护工作电视电话会议】 2008年7月24日，国务院召开全国农村环境保护工作电视电话会议，这是新中国成立以来首次召开的全国农村环境保护会议。中共中央政治局常委、国务院副总理李克强出席并讲话。会议确定农村环境保护的主要目标是：到2010年，农村饮用水水源地水质有所改善，农业面源污染防治取得一定进展，严重的农村环境健康危害得到有效控制。农村生活污水处理率、生活垃圾处理率、畜禽粪便资源化利用率、测土配方施肥技术覆盖率、低毒高效农药使用率均提高10%以上。到2015年，农村人居环境和生态状况明显改善，农村环境监管能力显著提高。

【实施“以奖促治”政策，推进农村环境综合整治】 2008年7月24日，国务院召开的第一次全国农村环境保护工作电视电话会议上，提出了“以奖促治、以奖代补”等重要政策措施，中央财政首次设立农村环境保护专项资金，安排农村环境保护专项资金5亿元用于“以奖促治、以奖代补”。

【农村沼气与乡村清洁工程建设】 2008年，国家进一步加大投资，提高补助标准，农村户用沼气和养殖场沼气工程建设取得重大进展。全国新建农村户用沼气池502万户。截至2008年底，全国农村户用沼气池总量为3050万户，各类养殖场沼气工程约3.5万处，其中大中型养殖场沼气工程2000多处。农村沼气年产气约120亿立方米，使用沼气相当于替代1850万t标准煤，年可为农户直接增收节支150亿元。

2008年，农业部进一步加大农村清洁工程建设和实施范围，在湖南、安徽、甘肃、河南、湖南、江西等16省、直辖市及计划单列市开展了农村清洁工程示范建设，共建成农村清洁工程示范村117个。示范村生活污水、生活垃圾、人畜粪便、秸秆、田间废弃物等收集处理率均达到90%以上。截至2008年底，全国累计建成农村清洁工程示范村1000多个。

十一、森林

状况

中国地域广阔，自然气候条件复杂，植物种类繁多，森林资源丰富，森林类型多样，具有明显的地带性分布特征。森林类型由北向南依次为针叶林、针阔混交林、落叶阔叶林、常绿阔叶林、季雨林和雨林。根据第六次全国森林资源清查（1999～2003年）结果，全国森林面积17490.92万公顷，比第五次全国森林资源清查（1994～1998年）增加1596.83万公顷；森林覆盖率18.2%，比第五次全国森林资源清查提高了1.7个百分点；活立木总蓄积136.18亿m^3，森林蓄积124.56亿m^3。人均森林面积0.132公顷，人均森林蓄积9.421m^3。林木年均净生长量4.97亿m^3，年均采伐消耗量3.65亿m^3。

病虫害　发生面积1141.2万公顷，其中，虫害面积846.2万公顷，病害面积115.1万公顷，鼠（兔）害面积150.8万公顷，有害植物面积29.1万公顷。全国林业有害生物防治面积761.1万公顷，为发生面积的66.7%，其中无公害防治611.1万公顷。2008年林业有害生物防治成灾率1.6‰；无公害防治率80.3%；种苗产地检疫率94.0%；测报准确率85.0%。

森林火灾　共发生森林火灾14.144起（其中：森林火警8458起、一般火灾5673起、重大火灾13起），火场总面积184 495公顷，受害森林面积52 539.1公顷，伤亡174人（死97人，伤77人），森林火灾次数比前三年同期均值上升46.5%，受害森林面积减少69.2%，全年无特大森林火灾发生。

措施与行动

【全面推进集体林权制度改革】　2008年6月8日，《中共中央 国务院关于全面推进集体林权制度改革的意见》（以下简称《意见》）颁布，标志着集体林权制度改革进入全面推进的新阶段。《意见》确立了改革的指导思想、基本原则，明确了改革的主要任务，提出了完善集体林权制度改革的政策措施。

集体林权制度改革的总体目标是用5年左右时间，基本完成明晰产权、承包到户的改革任务。提出了完善集体林权制度改革的一系列政策措施，主要包括五个方面的政策：一是完善林木采伐管理机制，二是规范林地、林木流转，三是建立支持集体林业发展的公共财政制度，四是完善林业投融资改革，五是加强林业社会化服务。

【林业重点工程建设】　2008年，林业重点工程完成造林面积343.85万公顷，比2007年增长28.2%，占全国总造林面积的64.2%。其中，人工造林188.60万公顷，飞播造林14.67万公顷，无林地和疏林地新封山育林140.58万公顷。

天然林资源保护工程　完成各项公益林建设100.90万公顷，其中：人工造林19.16万公顷，飞播造林6.67万公顷，无林地和疏林地新封山育林75.06万公顷。森林管护面积10 364.20万公顷。

退耕还林工程　完成造林面积130.73万公顷（含京津风沙源治理工程中的11.70万公顷），其中，退耕地造林1.20万公顷，配套荒山荒地造林93.98万公顷，无林地和疏林地新封山育林35.56万公顷。

京津风沙源治理工程　完成造林面积46.90万公顷，其中，人工造林19.81万公顷，飞播造林6.67万公顷，无林地和疏林地新封山育林20.42万公顷。草地治理面积达到18.07万公顷，小流域治理面积9.27万公顷，治理总面积达到74.24万公顷。建设水利配套设施1.73万处，生态移民人数达到1.03万人，涉及3179户。

三北及长江流域等防护林体系建设工程　完成造林面积76.62万公顷，其中，人工造林62.86万公顷，飞播造林1.33万公顷，无林地和疏林地新封山育林12.42万公顷；另外还完成低产低效防护林改造面积2.31万公顷。

重点地区速生丰产用材林基地建设工程　完成速生丰产用材林造林面积5294公顷，其中，荒山荒地造林面积3975公顷，更新造林面积1319公顷；另外改培面积达到4.18万公顷。

石漠化综合治理工程　2008年，岩溶地区石漠化综合治理规划顺利实施，中央投资4亿元完成林业治理项目治理任务2.61万公顷，占国家下达计划任务的26%。其中，封山育林任务1.82万公顷，占国家下达封山育林计划任务的25%；人工造林任务0.79万公顷，占国家下达人工造林计划任务的29%。

十二、草原

状况

全国草原面积4亿公顷，约占国土面积的41.7%。西藏、内蒙古、新疆、青海、四川、甘肃、宁夏、陕西、贵州、云南、广西、重庆12省（直辖市、自治区）草原面积约3.3亿公顷，占全国草原面积的84.4%；辽宁、吉林、黑龙江三省草原面积约0.17亿公顷，占4.3%；其他省市0.45亿公顷，占11.3%。

草原生产力　2008年，全国草原植被总体生长状况与上年接近。全国天然草原鲜草总产量94 715.5万t，折合干草约29626.8万t，与2007年基本持平，载畜能力约23178万个羊单位。

草原灾害　2008年，全国共发生草原火灾251起，受害草原面积9895.9公顷，同比2007年减少13.0%。草原鼠害危害面积3675.8万公顷，占草原总面积的9.4%，同比减少5.6%。草原虫害危害面积2700.7万公顷，占草原总面积的6.9%，同比增加53.6%。

措施与行动

【实施草原保护建设重大工程】　2008年，国家在内蒙古、四川、甘肃、宁夏、青海、西藏、新疆、云南、贵州和新疆生产建设兵团实施退牧还草工程，投入15亿元，建设草原围栏522.8万公顷，开展石漠化治理2.7万公顷，对严重退化草原实施补播

156.9万公顷。在北京、内蒙古、山西、河北实施京津风沙源草地治理工程，投入3.9亿元，治理草原23.6万公顷，建设棚圈121万m^2，配置饲草料加工机械25 540台套。

通过项目实施，工程区草原植被盖度、高度和鲜草产量大幅提高，草原生态环境明显改善，基础设施建设得到加强，草原畜牧业生产方式有效转变。

十三、气候与自然灾害（略）

十四、专栏

环境保护部成立

2008年3月15日，为加大环境政策、规划和重大问题的统筹协调力度，十一届全国人大一次会议决定组建环境保护部。环境保护部的主要职责为拟定并组织实施环境保护规划、政策和标准，组织编制环境功能区划，监督管理环境污染防治，协调解决重大环境问题等。在此次国务院机构改革中，环境保护部是唯一从直属机构调整为国务院组成部门的机构，充分体现了党和国家对环境保护的高度重视。组建环境保护部在环境保护事业发展中具有重要意义，对环境保护历史性转变具有重大推动作用。

2008年7月11日，国务院办公厅首批印发了《环境保护部主要职责内设机构和人员编制规定》。新"三定"强化了职能配置，重点是转变职能，取消和下放了有关的行政审批事项，减少了技术性、事务性工作，进一步理顺了部门职责分工，强化了统筹协调、宏观调控、监督执法和公共服务职能；新增了部总工程师、核安全总工程师和污染物排放总量控制司、环境监测司、宣传教育司3个内设机构，增加人员编制50名，行政能力得到了进一步加强。

三大基础性战略工程进展顺利

污染源普查、中国环境宏观战略研究和"水专项"三大基础性战略性工程进展顺利，指导当前谋划长远的作用初步显现。

2008年污染源普查工作进入了关键的入户调查阶段。各级政府和环保部门共同努力，着力抓好人员培训、入户调查、督促检查、技术核查、审核把关五个环节，将统一印制的各类普查表、《第一次全国污染源普查手册》、《工业源产排污系数手册》、《生活源产排污系数手册》和《集中式污染治理设施系数手册》直接递送至县级普查机构；培训普查员、普查指导员、数据录入员等50余万名，完成了工业污染源、农业污染源、生活污染源和集中式污染治理设施的入户调查和数据录入工作。

中国环境宏观战略研究已基本完成。提出了"以人为本、科学发展、环境安全、生态文明"的战略思想，以及"预防为主，防治并重；系统管理，综合整治；民生为本，分级推进；政府主导，公众参与"的战略方针，并提出了一系列政策建议，为完善环境管理机制，理清"十二五"环保工作思路，积极建设生态文明提供了支撑。

水专项全面启动。科技部、国家发展和改革委员会和财政部正式批复水专项实施方案。"十一五"（2008～2010）实施计划和2008年度实施计划编制完成，水专项的33个项目、238个课题中，2008年启动21个项目，含105个课题。财政部组织对水专项2008年启动项目进行了评审，审定2008年水专项中央财政支出预算4.80亿元，并拨付了首批启动经费1.44亿元。

四川汶川特大地震环境应急

2008年5月12日四川省汶川县发生8.0级特大地震。灾情发生后，党中央、国务院高度重视，胡锦涛总书记作了重要批示，国务院成立了以温家宝总理为总指挥的抗震救灾指挥部，并设立有关部门、军队、武警部队和地方党委、政府主要负责人参加的救援组、预报监测组、医疗卫生组、生活安置组、基础设施组、生产恢复组、治安组、宣传组8个抗震救灾工作组。按照中央的统一部署，环境保护部对重灾区的绝大部分县、乡镇的工矿企业、污水处理厂、垃圾填埋场等环境保护设施的受损情况进行了考察，指导灾区抗震救灾工作，防止各种次生污染发生。

环境保护部在第一时间启动应急预案，积极应对，在保证灾区环境安全方面取得成效。一是制定了关于饮用水源保护及水质监测、医疗废物处置、过渡性安置区生活污水和生活垃圾处理、危险废物和危险化学品清理等37份应急技术指南和规范性文件，为灾区污染防治提供了有力的技术支持。二是及时排查环境安全隐患，及时防控次生环境污染。围绕核与辐射安全和饮用水安全，重点排查化工石化企业、核设施及放射源、化工原料及油库、污水处理厂、垃圾填埋场、尾矿库、饮用水源地等，排查企业10237家，对排查发现的重大环境隐患均及时采取防控措施，未造成重大环境影响。三是开展应急监测工作，掌握灾区环境状况。迅速制定了"地震灾区环境应急监测方案"，抽调21个省市480多名人员，对灾区饮用水源地、地表水、环境空气、污染源、生态进行持续监测。四是着手开展灾后重建的相关工作。针对灾区卫生防疫药剂与消毒剂的大量使用、腐尸渗出物、医疗废物、生活污染物等环境问题越来越突出，环境污染的威胁越来越大，启动了"汶川特大地震灾后环境安全评估与应对措施”项目。

北京奥运会、残奥会环境质量保障

为保证第29届奥运会和第13届残奥会环境质量达到国际奥委会的要求，环境保护部、中国气象局、国家海洋局和北京、天津、河北、山西、内蒙古、山东6省（直辖市、自治区）积极配合兑现了“绿色奥运”的承诺。

一是制定实施奥运空气质量保障措施，确保奥运会期间空气质量良好。制定了《北京奥运会残奥会期间极端不利气象条件下空气污染控制应急措施》，在三个方面进一步采取控制污染措施：再实施一批企业停产或部分停产；进一步限制机动车行驶；施工工地停止作业。

二是开展环境安全隐患排查。会同监察、农业等部门以及地方政府对《第29届奥运会北京空气质量保障措施》中重点项目进展情况逐一督察、督办落实，6省（区、市）共关停企业199家，治理企业和项目683家（个），淘汰181家企业，油气治理项目、机动车改造项目、京津冀47家火电厂烟气在线监测系统联网项目如期完成。

三是加强环境监管，维护奥运期间环境安全。围绕保障北京市饮用水源环境和核安全，组织北京、天津、河北开展了“2008北京奥运反化学恐怖应急演练”和“2008北京奥运期间处置核与辐射恐怖袭击事件应急演练”。

四是启动应急措施，确保空气质量达标。8月7日，北京市出现极端不利气象条件后，京津冀环境保护部门出动五千余人次，对六千余个重点污染源进行了全面排查。北京、天津、河北等省、市采取了紧急防控措施，北京市暂停首钢、燕山石化、北京水泥厂等105家污染企业或生产线；天津市暂停了14家企业的生产和施工，河北省对164家存在问题企业责令停产整治或实施限产、停产措施，紧急关停48家水泥生产企业；内蒙古关停了37家不达标企业；山东对未完成污染治理的6台发电机组实施停运；山西关停了6家重点污染企业。

奥运期间，环境保护部联合地方共检查北京及周边地级以上城市34个，出动人员1.5万余人次，对34个城市的空气质量进行了全面监控，共检查300余个奥保项目，200余个国控重点污染源企业，排查了1万多个污染源。北京市及周边33个监控城市的空气质量均为良以上，没有发生一起重大突发环境事件。

经过多方努力，奥运会和残奥会期间，北京市空气质量优良率为100%，与上年同期相比，二氧化硫、可吸入颗粒物、一氧化碳和氮氧化物4类主要污染物浓度均下降50%左右，实现了奥运会、残奥会环境空气质量良好的目标。

南方雨雪冰冻灾害环境应急

2008年1月10日至2月2日，中国南方地区遭受百年一遇的低温雨雪冰冻天气过程，交通运输、电力传输、通信设施受到严重损坏。为应对潜在的环境风险，原国家环境保护总局印发了《南方雨雪冰冻灾害环境保护应对技术措施》，指导、督促各级环境保护部门有针对性地排查环境安全隐患，重点排查饮用水源地、居民集中居住区等环境敏感区域和医药、化工等高危企业，督促有关部门，及时移除堆积的施用过融雪剂的积雪。同时加强灾后环境监管工作，仔细核查雨雪冰冻灾害对当地企业污染治理实施、在线监控设备的损害情况，加强监测，严密监控融雪后可能产生的水环境影响，确保了灾区饮用水安全。在此次雨雪冰冻灾害期间，仅发生1起因融雪剂造成的一般性水污染事件，未发生重大以上环境污染事件。

“环境与灾害监测预报小卫星”A、B星成功发射

环境与灾害监测预报小卫星星座是中国为加强环境监测、抗灾减灾而首次发射的专用卫星。该星座由4颗光学卫星和4颗合成孔径雷达卫星组成。具有大范围、全天候、全天时、动态的环境监测能力。2008年9月6日，中国在太原卫星发射中心用长征二号丙SMA遥一火箭，成功将“环境与灾害监测预报小卫星”A、B星（简称环境一号A、B星）送入太空。环境一号A、B星由两颗中分辨率的光学小卫星组成，是星座建设的第一步，为建立“天—空—地”一体化环境保护技术支撑体系奠定了坚实基础；为完善环境污染与生态变化以及灾害监测、预警、评估、应急救助指挥体系提供了良好平台。同时，也将极大地推动中国环境保护领域的国际交流与合作。

开展环境保护专项行动，严厉查处环境违法行为

2008年各级地方党委、政府积极贯彻落实李克强副总理关于环境保护专项行动的重要批示精神，按照国务院八部门的总体部署，深入开展环境保护专项行动。全国共出动执法人员160余万人次，检查企业70多万家次，立案查处1.5万家环境违法企业，挂牌督办案件3500余件，追究责任人100余人。重点对2005年以来全国各级挂牌督办的2.8万件案件、2007年整治的8000多家造纸企业及饮用水源保护区开展了后督察，97%挂牌督办案件的环境违法问题得到全面整改，641家不符合产业政策和超排污总量指标的造纸企业实行关闭，845个一、二级保护区内排

污口及违法建设项目被取缔关闭。对已投入运营的1530家城镇污水处理厂和935座垃圾填埋场进行了检查。82.4%的城镇污水处理厂出水能够达到国家或地方排放标准，85.5%的污水处理厂出水口安装了在线监控设施，污水处理厂平均运行负荷率由71.8%提高到76.9%。责令100余家不符合规范要求的生活垃圾填埋场限期整改。同时，各地还不断加大重点流域环境执法力度，全国重点流域水质总体有所改善。通过开展环境保护专项行动，解决了一批影响群众健康的污染问题，促进了污染物减排工作，局部地区环境质量明显改善。

环境经济政策的实施与深化

2008年，国家推动绿色信贷、绿色保险、绿色贸易、绿色税收等一系列环境经济政策的实施和深化，减轻了经济增长的环境代价。

绿色信贷进展较快。环境保护部、人民银行、中国银行业监督管理委员会（简称“银监会”）共同完善了环境保护与金融部门的信息交流机制，人民银行将环境保护部提供的3万多条环境保护信息纳入征信管理系统，银监会将其中1.3万余条环境违法企业信息转发商业银行，商业银行据此对环境违法企业采取限贷、停贷、收回贷款等措施，促进了企业治理污染、保护环境。环境保护部发布绿色信贷行业指南，指导银行、投资机构在项目融资过程中识别环境风险、加强项目环境保护。

绿色保险稳步推进。在环境保护部、中国保险监督管理委员会指导下，全国部分省市开展了环境污染责任保险试点工作。江苏省出台了船舶污染责任保险，湖北、湖南、宁波等省市推出了环境污染责任保险产品。其中，湖南省支付全国首例环境污染责任保险赔偿；武汉市专门安排200万资金作为政府引导资金，为购买保险企业按保费50%补贴；沈阳市在《危险废物污染环境防治条例》中写入环境责任保险条款。

绿色贸易不断深入。2008年，环境保护部发布“高污染、高环境风险”产品名录，含140余种产品，涉及出口金额20多亿美元。财政部、税务总局、商务部根据名录调整了出口退税政策、加工贸易政策，对遏制这些产品出口、减轻环境压力起到了重要作用。许多“双高”产品出口量已经大幅度减少。

绿色税收政策逐步完善。财政部、税务总局、环境保护部联合调研，研究制定开征环境税的方案。国家出台了对减排设备、环境保护设备给予所得税和增值税优惠的政策；完善了对符合环境保护要求综合利用产品的增值税优惠政策，对脱硫副产品、利用医疗垃圾和污泥焚烧发电等给予增值税优惠。

城市市政公用基础设施建设

城市园林绿化　城市建成区绿化覆盖面积1 357 161公顷，建成区绿化覆盖率由上年的35.3%上升至37.4 %，全国拥有城市公园绿地面积359 593公顷，城市人均公园绿地9.69平方米，比上年增加0.71平方米。

市容环境卫生　全国城市生活垃圾清运量15 471.6万t，清扫保洁面积469 176万平方米，粪便清运量6832.1万t。建有生活垃圾无害化处理厂500座，无害化处理能力315 283t/日，无害化处理量10 215.5万t，无害化处理率为66.0%。公厕115 337座，市容环卫专用车辆总数76 449辆。

强化环境准入，坚持科学审批

为贯彻落实党中央、国务院关于保增长、扩内需、调结构的战略部署，对符合中央政策要求和环境保护准入条件的项目开辟环境影响评价审批“绿色通道”，对“两高一资”项目，严格执行环境准入条件，从源头上控制其过快增长，努力推动经济平稳较快发展。

对涉及民生工程、基础设施、生态环境建设和灾后重建等有利于扩大内需的项目，特别是国家重点项目，开辟绿色通道，推动项目尽快落地，尽快开工、尽快形成实物经济工作量。2008年11月和12月，环境保护部共审议同意批复项目环境影响评价文件180个，涉及项目总投资6102.5亿元。其中，涉及交通、水利等基础设施项目43个，总投资1809.2亿元。

对不符合法律规定的建设项目设置了“防火墙”，坚持“四个不批、三个严格”。“四个不批”，即对于国家明令淘汰、禁止建设、不符合国家产业政策的项目，一律不批；对于环境污染严重，产品质量低劣，高能耗、高物耗、高水耗，污染物不能达标排放的项目，一律不批；对于环境质量不能满足环境功能区要求、没有总量指标的项目，一律不批；对于位于自然保护区核心区、缓冲区内的项目，一律不批。“三个严格”，即严格限制审批涉及饮用水水源保护区、自然保护区、风景名胜区、重要生态功能区等环境敏感区的项目；严格控制高能耗、高污染、高耗资项目建设，坚决杜绝已被淘汰的项目以所谓技术改造、拉动内需等名义重新上马；严格按照总量控制的要求，把污染物排放总量指标作为区域、行业、企业发展的约束条件。2008年，环境保护部对总投资4737亿元的156个“两高一资”项目暂缓审批或不予批复，有力地促进了产业结构调整和落后产能淘汰。

化学品管理（略）

履行国际环境公约

《关于消耗臭氧层物质的蒙特利尔议定书》截至2008年底，《关于消耗臭氧层物质的蒙特利尔议定书》多边基金执委会已批准中国17个行业整体淘汰计划，已完成3个行业计划，14个正在执行。2008年中国《蒙特利尔议定书》履约工作成果显著，各行业计划稳步推进，全年多边基金共批准中国行业计划资金4807.7万美元，包括新批药用可吸入气雾剂（MDI）行业计划1350万美元和9个含氢氯氟烃淘汰管理计划编制准备项目410万美元。

《生物多样性公约》编制完成了《中国履行〈生物多样性公约〉第四次国家报告》，为评估2010年目标的实施进展提供了重要的保证。环境保护部、国家发展和改革委员会、欧盟和联合国开发计划署在北京共同主办了中国首届“生物多样性与气候变化国际研讨会”，就“制定生物多样性保护应对气候变化国家方案、加强生物多样性保护应对气候变化的科技支撑、加强生物多样性保护应对气候变化的国际合作与交流、推动社会公众广泛参与”等五点建议所达成的共识将成为今后一个阶段指导国内开展生物多样性保护应对气候变化工作的重点。

《关于持久性有机污染物的斯德哥尔摩公约》2008年，《中国履行关于持久性有机污染物（POPs）的斯德哥尔摩公约国家实施计划》进入了全面执行阶段。组建了协调组专家委员会，研究制定并出台了POPs相关管理政策、技术标准和导则，完成了POPs清单调查工作，积极争取公约赠款资金支持开展了杀虫剂淘汰和替代、多氯联苯管理与处置、二噁英减排、废物及污染场地调查和管理等履约重要工作。在履约成效评估、拟新增受控POPs、遵约机制、资金机制等热点问题上的研究工作取得了实质性进展。POPs信息管理系统建设基本完成，为今后削减控制POPs提供了有效的现代化管理平台。

2008年11月11日，履约办公室在北京召开了中国POPs履约情况国际交流大会。

地方病防治（略）

全国特大、重大环境污染事件

2008年全国突发环境事件总体呈上升趋势，环境保护部直接调度处理的突发环境事件135起，比上年增长22.7%。其中重大环境事件12起（比上年增加4起），较大环境事件31起（比上年减少4起），一般环境事件92起（比上年增加26起），未发生特别重大环境事件。

按照事件起因分类，在135起突发环境事件中，由安全生产事故引发的57起，占总数的42.2%，比上年增加18起；由交通事故引发的25起，占总数的18.5%，比上年减少3起；由企业排污引发的23起，占总数的17.0%，比上年增加9起；由自然灾害引发的次生环境事件17起，占总数的12.6%，比上年增加8起；由其他因素引发的环境事件13起，占总数的9.7%，比上年减少7起。

按照环境污染类型分类，其中水污染事件74起（包括海洋污染事件3起），大气污染事件45起，固体废物污染事件2起，土壤污染事件4起，未造成环境污染的事件10起。

环境宣传教育

2008年环境宣传教育工作深入贯彻落实科学发展观，大力宣传环境保护历史性转变，努力推动全社会逐步树立生态文明观念，新闻宣传工作扎实稳健、环境宣传教育全面推进，为环境保护工作营造了良好的舆论氛围。

新闻宣传引导舆论 2008年，新闻宣传工作紧密围绕环境保护中心工作，积极策划重点报道，正确引导社会舆论，密切跟踪各类舆情，收到了良好的效果。2008年共采集、编发新闻通稿52篇，协调、联系中央主要媒体刊发、播出有关环境保护工作的新闻稿件676篇（次），受理境内媒体有效采访申请94件，境外媒体有效采访申请35件。大力开展了污染减排、重点流域水污染防治、环境经济政策、“六·五”世界环境日等重大举措、重要环境保护政策规划、环境保护热点的新闻宣传，积极主动地组织了人大政协两会、奥运会等重要会议活动的环境保护新闻发布会，尤其是围绕“化学需氧量和二氧化硫排放量实现双下降”，污染防治由被动应对转为主动防控，环境保护历史性转变迈出坚实步伐等内容进行了重点报道。

宣传教育营造气氛 围绕“绿色奥运与环境友好型社会”世界环境日中国主题，举办了全国环境保护知识竞赛等活动。参与协办了“中国对外开放30周年回顾展”，展示对外开放以来环境保护事业伟大历程和辉煌成就。为鼓励环境保护宣传志愿者义务宣传环境保护，引导规范环境保护宣传志愿者有序开展环境宣传教育活动，自2008年起，环境保护部开展环境保护宣传志愿者接访工作。

十五、编写单位

主持单位

环境保护部
成员单位
国家发展和改革委员会
国土资源部
住房和城乡建设部
水利部
农业部
卫生部
国家统计局
国家林业局
中国气象局
中国地震局
国家海洋局

国家电力监管委员会文件

供电监管办法

（电监会［2009］27号）

《供电监管办法》已经2009年11月20日国家电力监管委员会主席办公会议审议通过，现予公布，自2010年1月1日起施行。

第一章　总　　则

第一条　为了加强供电监管，规范供电行为，维护供电市场秩序，保护电力使用者的合法权益和社会公共利益，根据《电力监管条例》和国家有关规定，制定本办法。

第二条　国家电力监管委员会（简称电监会）依照本办法和国家有关规定，履行全国供电监管和行政执法职能。

电监会派出机构（简称派出机构）负责辖区内供电监管和行政执法工作。

第三条　供电监管应当依法进行，并遵循公开、公正和效率的原则。

第四条　供电企业应当依法从事供电业务，并接受电监会及其派出机构（简称电力监管机构）的监管。供电企业依法经营，其合法权益受法律保护。

本办法所称供电企业是指依法取得电力业务许可证、从事供电业务的企业。

第五条　任何单位和个人对供电企业违反本办法和国家有关供电监管规定的行为，有权向电力监管机构投诉和举报，电力监管机构应当依法处理。

第二章　监 管 内 容

第六条　电力监管机构对供电企业的供电能力实施监管。

供电企业应当加强供电设施建设，具有能够满足其供电区域内用电需求的供电能力，保障供电设施的正常运行。

第七条　电力监管机构对供电企业的供电质量实施监管。

在电力系统正常的情况下，供电企业的供电质量应当符合下列规定：

（一）向用户提供的电能质量符合国家标准或者电力行业标准；

（二）城市地区年供电可靠率不低于99%，城市居民用户受电端电压合格率不低于95%，10kV以上供电用户受电端电压合格率不低于98%；

（三）农村地区年供电可靠率和农村居民用户受电端电压合格率符合派出机构的规定。派出机构有关农村地区年供电可靠率和农村居民用户受电端电压合格率的规定，应当报电监会备案。

供电企业应当审核用电设施产生谐波、冲击负荷的情况，按照国家有关规定拒绝不符合规定的用电设施接入电网。用电设施产生谐波、冲击负荷影响供电质量或者干扰电力系统安全运行的，供电企业应当及时告知用户采取有效措施予以消除；用户不采取措施或者采取措施不力，产生的谐波、冲击负荷仍超过国家标准的，供电企业可以按照国家有关规定拒绝其接入电网或者中止供电。

第八条　电力监管机构对供电企业设置电压监测点的情况实施监管。

供电企业应当按照下列规定选择电压监测点：

（一）35kV专线供电用户和110kV以上供电用户应当设置电压监测点；

（二）35kV非专线供电用户或者66kV供电用户、10（6、20）kV供电用户，每10 000kW负荷选择具有代表性的用户设置1个以上电压监测点，所选用户应当包括对供电质量有较高要求的重要电力用户和变电站10（6、20）kV母线所带具有代表性线路的末端用户；

（三）低压供电用户，每百台配电变压器选择具有代表性的用户设置1个以上电压监测点，所选用户应当是重要电力用户和低压配电网的首末两端用户。

供电企业应当于每年3月31日前将上一年度设置电压监测点的情况报送所在地派出机构。

供电企业应当按照国家有关规定选择、安装、校验电压监测装置，监测和统计用户电压情况。监测数据和统计数据应当及时、真实、完整。

第九条 电力监管机构对供电企业保障供电安全的情况实施监管。

供电企业应当坚持安全第一、预防为主、综合治理的方针，遵守有关供电安全的法律、法规和规章，加强供电安全管理，建立、健全供电安全责任制度，完善安全供电条件，维护电力系统安全稳定运行，依法处置供电突发事件，保障电力稳定、可靠供应。

供电企业应当按照国家有关规定加强重要电力用户安全供电管理，指导重要电力用户配置和使用自备应急电源，建立自备应急电源基础档案数据库。

供电企业发现用电设施存在安全隐患，应当及时告知用户采取有效措施进行治理。用户应当按照国家有关规定消除用电设施安全隐患。用电设施存在严重威胁电力系统安全运行和人身安全的隐患，用户拒不治理的，供电企业可以按照国家有关规定对该用户中止供电。

第十条 电力监管机构对供电企业履行电力社会普遍服务义务的情况实施监管。

供电企业应当按照国家规定履行电力社会普遍服务义务，依法保障任何人能够按照国家规定的价格获得最基本的供电服务。

第十一条 电力监管机构对供电企业办理用电业务的情况实施监管。

供电企业办理用电业务的期限应当符合下列规定：

（一）向用户提供供电方案的期限，自受理用户用电申请之日起，居民用户不超过3个工作日，其他低压供电用户不超过8个工作日，高压单电源供电用户不超过20个工作日，高压双电源供电用户不超过45个工作日；

（二）对用户受电工程设计文件和有关资料审核的期限，自受理之日起，低压供电用户不超过8个工作日，高压供电用户不超过20个工作日；

（三）对用户受电工程启动中间检查的期限，自接到用户申请之日起，低压供电用户不超过3个工作日，高压供电用户不超过5个工作日；

（四）对用户受电工程启动竣工检验的期限，自接到用户受电装置竣工报告和检验申请之日起，低压供电用户不超过5个工作日，高压供电用户不超过7个工作日；

（五）给用户装表接电的期限，自受电装置检验合格并办结相关手续之日起，居民用户不超过3个工作日，其他低压供电用户不超过5个工作日，高压供电用户不超过7个工作日。

前款第（二）项规定的受电工程设计，用户应当按照供电企业确定的供电方案进行。

第十二条 电力监管机构对供电企业向用户受电工程提供服务的情况实施监管。

供电企业应当对用户受电工程建设提供必要的业务咨询和技术标准咨询；对用户受电工程进行中间检查和竣工检验，应当执行国家有关标准；发现用户受电设施存在故障隐患时，应当及时一次性书面告知用户并指导其予以消除；发现用户受电设施存在严重威胁电力系统安全运行和人身安全的隐患时，应当指导其立即消除，在隐患消除前不得送电。

第十三条 电力监管机构对供电企业实施停电、限电或者中止供电的情况进行监管。

在电力系统正常的情况下，供电企业应当连续向用户供电。需要停电或者限电的，应当符合下列规定：

（一）因供电设施计划检修需要停电的，供电企业应当提前7日公告停电区域、停电线路、停电时间；

（二）因供电设施临时检修需要停电的，供电企业应当提前24h公告停电区域、停电线路、停电时间；

（三）因电网发生故障或者电力供需紧张等原因需要停电、限电的，供电企业应当按照所在地人民政府批准的有序用电方案或者事故应急处置方案执行。

引起停电或者限电的原因消除后，供电企业应当尽快恢复正常供电。

供电企业对用户中止供电应当按照国家有关规定执行。

供电企业对重要电力用户实施停电、限电、中止供电或者恢复供电，应当按照国家有关规定执行。

第十四条 电力监管机构对供电企业处理供电故障的情况实施监管。

供电企业应当建立完善的报修服务制度，公开报修电话，保持电话畅通，24h受理供电故障报修。

供电企业应当迅速组织人员处理供电故障，尽快恢复正常供电。供电企业工作人员到达现场抢修的时限，自接到报修之时起，城区范围不超过60min，农村地区不超过120min，边远、交通不便地区不超过240min。因天气、交通等特殊原因无法在规定时限内到达现场的，应当向用户作出解释。

第十五条　电力监管机构对供电企业履行紧急供电义务的情况实施监管。

因抢险救灾、突发事件需要紧急供电时，供电企业应当及时提供电力供应。

第十六条　电力监管机构对供电企业处理用电投诉的情况实施监管。

供电企业应当建立用电投诉处理制度，公开投诉电话。对用户的投诉，供电企业应当自接到投诉之日起10个工作日内提出处理意见并答复用户。

供电企业应当在供电营业场所设置公布电力服务热线电话和电力监管投诉举报电话的标识，该标识应当固定在供电营业场所的显著位置。

第十七条　电力监管机构对供电企业执行国家有关电力行政许可规定的情况实施监管。

供电企业应当遵守国家有关供电营业区、供电业务许可、承装（修、试）电力设施许可和电工进网作业许可等规定。

第十八条　电力监管机构对供电企业公平、无歧视开放供电市场的情况实施监管。

供电企业不得从事下列行为：

（一）无正当理由拒绝用户用电申请；

（二）对趸购转售电企业符合国家规定条件的输配电设施，拒绝或者拖延接入系统；

（三）违反市场竞争规则，以不正当手段损害竞争对手的商业信誉或者排挤竞争对手；

（四）对用户受电工程指定设计单位、施工单位和设备材料供应单位；

（五）其他违反国家有关公平竞争规定的行为。

第十九条　电力监管机构对供电企业执行国家规定的电价政策和收费标准的情况实施监管。

供电企业应当严格执行国家电价政策，按照国家核准电价或者市场交易价，依据计量检定机构依法认可的用电计量装置的记录，向用户计收电费。

供电企业不得自定电价，不得擅自变更电价，不得擅自在电费中加收或者代收国家政策规定以外的其他费用。

供电企业不得自立项目或者自定标准收费；对国家已经明令取缔的收费项目，不得向用户收取费用。

供电企业应用户要求对产权属于用户的电气设备提供有偿服务时，应当执行政府定价或者政府指导价。没有政府定价和政府指导价的，参照市场价格协商确定。

第二十条　电力监管机构对供电企业签订供用电合同的情况实施监管。

供电企业应当按照国家有关规定，遵循平等自愿、协商一致、诚实信用的原则，与用户、趸购转售电单位签订供用电合同，并按照合同约定供电。

第二十一条　电力监管机构对供电企业执行国家规定的成本规则的情况实施监管。

供电企业应当按照国家有关成本的规定核算成本。

第二十二条　电力监管机构对供电企业信息公开的情况实施监管。

供电企业应当依照《中华人民共和国政府信息公开条例》、《电力企业信息披露规定》，采取便于用户获取的方式，公开供电服务信息。供电企业公开信息应当真实、及时、完整。

供电企业应当方便用户查询下列信息：

（一）用电报装信息和办理进度；

（二）用电投诉处理情况；

（三）其他用电信息。

第二十三条　电力监管机构对供电企业报送信息的情况实施监管。

供电企业应当按照《电力企业信息报送规定》向电力监管机构报送信息。供电企业报送信息应当真实、及时、完整。

第二十四条　电力监管机构对供电企业执行国家有关节能减排和环境保护政策的情况实施监管。

供电企业应当减少电能输送和供应环节的损失和浪费。

供电企业应当严格执行政府有关部门依法作出的对淘汰企业、关停企业或者环境违法企业采取停限电措施的决定。未收到政府有关部门决定恢复送电的通知，供电企业不得擅自对政府有关部门责令限期整改的用户恢复送电。

第二十五条　电力监管机构对供电企业实施电力需求侧管理的情况实施监管。

供电企业应当按照国家有关电力需求侧管理规定，采取有效措施，指导用户科学、合理和节约用电，提高电能使用效率。

第三章　监管措施

第二十六条　电力监管机构根据履行监管职责的需要，可以要求供电企业报送与监管事项相关的文件、资料，并责令供电企业按照国家规定如实公开有关信息。

电力监管机构应当对供电企业报送信息和公开信息的情况进行监督检查，发现违法行为及时处理。

第二十七条　供电企业应当按照电力监管机构的规定将与监管相关的信息系统接入电力监管信息系统。

第二十八条　电力监管机构依法履行职责，可以采取下列措施，进行现场检查：

（一）进入供电企业进行检查；

（二）询问供电企业的工作人员，要求其对有关检查事项作出说明；

（三）查阅、复制与检查事项有关的文件、资料，对可能被转移、隐匿、损毁的文件、资料予以封存；

（四）对检查中发现的违法行为，可以当场予以纠正或者要求限期改正。

第二十九条 电力监管机构可以在用户中依法开展供电满意度调查等供电情况调查，并向社会公布调查结果。

第三十条 供电企业违反国家有关供电监管规定的，电力监管机构应当依法查处并予以记录；造成重大损失或者重大影响的，电力监管机构可以对供电企业的主管人员和其他直接责任人员依法提出处理意见和建议。

第三十一条 电力监管机构对供电企业违反国家有关供电监管规定，损害用户合法权益和社会公共利益的行为及其处理情况，可以向社会公布。

第四章 罚 则

第三十二条 电力监管机构从事监管工作的人员违反电力监管有关规定，损害供电企业、用户的合法权益以及社会公共利益的，依照国家有关规定追究其责任；应当承担纪律责任的，依法给予处分；构成犯罪的，依法追究刑事责任。

第三十三条 供电企业违反本办法第六条规定，没有能力对其供电区域内的用户提供供电服务并造成严重后果的，电力监管机构可以变更或者吊销电力业务许可证，指定其他供电企业供电。

第三十四条 供电企业违反本办法第七条、第八条、第九条、第十条、第十一条、第十二条、第十三条、第十四条、第十五条、第十六条、第二十一条、第二十四条规定的，由电力监管机构责令改正，给予警告；情节严重的，对直接负责的主管人员和其他直接责任人员，依法给予处分。

第三十五条 供电企业违反本办法第十八条规定，由电力监管机构责令改正，拒不改正的，处10万元以上100万元以下罚款；对直接负责的主管人员和其他直接责任人员，依法给予处分；情节严重的，可以吊销电力业务许可证。

第三十六条 供电企业违反本办法第十九条规定的，电力监管机构可以责令改正并向有关部门提出行政处罚建议。

第三十七条 供电企业有下列情形之一的，由电力监管机构责令改正；拒不改正的，处5万元以上50万元以下罚款，对直接负责的主管人员和其他直接责任人员，依法给予处分；构成犯罪的，依法追究刑事责任：

（一）拒绝或者阻碍电力监管机构及其从事监管工作的人员依法履行监管职责的；

（二）提供虚假或者隐瞒重要事实的文件、资料的；

（三）未按照国家有关电力监管规章、规则的规定公开有关信息的。

第三十八条 对于违反本办法并造成严重后果的供电企业主管人员或者直接责任人员，电力监管机构可以建议将其调离现任岗位，3年内不得担任供电企业同类职务。

第五章 附 则

第三十九条 本办法所称以上、以下、不低于、不超过，包括本数。

第四十条 本办法自2010年1月1日起施行。2005年6月21日电监会发布的《供电服务监管办法（试行）》同时废止。

关于公布《承装（修、试）电力设施许可证管理办法》的令

（电监会［2009］28号）

《承装（修、试）电力设施许可证管理办法》已经2009年12月9日国家电力监管委员会主席办公会议修订通过，现将修订后的《承装（修、试）电力设施许可证管理办法》公布，自2010年3月1日起施行。

承装（修、试）电力设施许可证管理办法

第一章 总 则

第一条 为了加强承装（修、试）电力设施许可管理，规范承装（修、试）电力设施许可行为，维护承装、承修、承试电力设施市场秩序，保障电力安全，根据《电力供应与使用条例》、《电力监管条例》和国家有关规定，制定本办法。

第二条 承装（修、试）电力设施许可证（简称许可证）的申请、受理、审查、颁发、管理和监督，适用本办法。

第三条 国家电力监管委员会（简称电监会）负责指导、监督全国许可证的颁发和管理。

电监会派出机构（简称派出机构）负责辖区内许可证的受理、审查、颁发和日常监督管理。

第四条 在中华人民共和国境内从事承装、承

修、承试电力设施活动的，应当按照本办法的规定取得许可证。除电监会另有规定外，任何单位或者个人未取得许可证，不得从事承装、承修、承试电力设施活动。

本办法所称承装、承修、承试电力设施，是指对输电、供电、受电电力设施的安装、维修和试验。

第五条　取得许可证的单位依法开展活动，受法律保护。

第二章　分类与分级

第六条　许可证分为承装、承修、承试三个类别。

取得承装类许可证的，可以从事电力设施的安装活动。

取得承修类许可证的，可以从事电力设施的维修活动。

取得承试类许可证的，可以从事电力设施的试验活动。

第七条　许可证分为一级、二级、三级、四级和五级。

取得一级许可证的，可以从事所有电压等级电力设施的安装、维修或者试验活动。

取得二级许可证的，可以从事 220kV 以下电压等级电力设施的安装、维修或者试验活动。

取得三级许可证的，可以从事 110kV 以下电压等级电力设施的安装、维修或者试验活动。

取得四级许可证的，可以从事 35kV 以下电压等级电力设施的安装、维修或者试验活动。

取得五级许可证的，可以从事 10kV 以下电压等级电力设施的安装、维修或者试验活动。

第三章　申请、受理、审查与决定

第八条　申请许可证，应当向申请人所在地的派出机构提出。

申请人取得许可证后，方可向工商行政管理部门申请营业执照或者变更经营范围。

第九条　申请许可证应当具备下列条件：

（一）具有法人资格；

（二）具有与申请的许可证类别和等级相适应的注册资本；

（三）具有与申请的许可证类别和等级相适应的设备、经营场所；

（四）技术负责人、安全负责人具有与申请的许可证类别和等级相适应的任职资格，且不能同时在其他单位任职；

（五）具有与申请的许可证类别和等级相适应的专职专业人员；

（六）具有健全有效的安全生产组织和制度。

申请一级至三级许可证的，还应当具有与申请的许可证类别和等级相适应的业绩。

许可证不同类别、不同等级的具体申请条件，由电监会另行制定并向社会公布。

第十条　申请许可证应当提交下列材料：

（一）许可证申请表；

（二）法人证明材料和净资产证明材料；

（三）主要设备及机具清单、经营场所证明材料；

（四）技术负责人、安全负责人的简历、专业技术任职资格证书等证明材料；

（五）专业技术人员明细表、专业技术任职资格证书或者任职培训合格证书等证明材料；

（六）电工作业人员登记表；

（七）安全生产组织和制度的证明材料。

申请一级至三级许可证的，还需要提交相关业绩报告以及证明材料。

第十一条　合并后新设单位申请许可证的，除应当提交第十条规定的材料外，还应当提交下列材料：

（一）合并的证明材料；

（二）合并前各单位的许可证。

第十二条　分立后新设单位申请许可证的，除应当提交第十条规定的材料外，还应当提交下列材料：

（一）分立的证明材料；

（二）业绩证明材料；

（三）分立前单位的许可证。

分立后至多一个单位部分或者全部延续分立前单位从事同类活动的业绩。

第十三条　派出机构收到申请，应当对申请材料是否齐全、是否符合法定形式进行审查。派出机构有权要求申请人就申请事项作出解释或者说明。

第十四条　派出机构对申请人提出的申请，应当根据下列情况分别作出处理：

（一）申请材料存在可以当场更正的错误的，应当允许申请人当场更正；

（二）申请材料不齐全或者不符合法定形式的，应当当场或者五日内向申请人发出申请材料补正通知书，并一次告知需要补正的全部内容；

（三）申请材料齐全并符合法定形式的，或者申请人按照派出机构的要求提交全部补正申请材料的，应当向申请人发出受理通知书。

第十五条　派出机构应当自受理之日起二十日内完成申请审查，并按下列规定作出是否许可的决定：

（一）经审查，申请人的条件符合法定条件、标准的，派出机构应当依法作出准予许可的书面决定，并自作出决定之日起十日内向申请人颁发、送达许可证；

（二）经审查，申请人的条件不符合法定条件、标准的，派出机构应当依法作出不予许可的决定，以书面形式通知申请人，通知书中应当说明不予许可的理由。

第十六条　派出机构在审查过程中认为需要对申请材料的实质性内容进行核实的，应当指派两名以上的工作人员进行现场核查。

第十七条　派出机构自受理通知书发出之日起二十日内不能作出决定的，经派出机构负责人批准，可以延长十日，并将延长期限的理由告知申请人。

第十八条　派出机构应当按照国家有关规定建立信息公开工作制度，向社会公开承装（修、试）电力设施许可的依据、条件、程序、期限、办理情况以及申请材料目录、申请材料示范文本等信息。

第四章　变更与延续

第十九条　许可证的变更分为许可事项变更和登记事项变更。

许可事项变更是指许可证类别和等级的变更。

登记事项变更是指承装（修、试）电力设施单位名称、住所、法定代表人等事项的变更。

变更后的许可证，有效期限不变。

第二十条　申请许可事项变更，应当提交本办法第十条规定的材料和许可证原件。

有下列情形之一，申请增加许可证类别或者提高许可证等级的，一年内不予受理：

（一）发生较大生产安全事故或者发生两次以上一般生产安全事故的；

（二）发生重大质量责任事故的。

有下列情形之一，申请增加许可证类别或者提高许可证等级的，两年内不予受理：

（一）超越许可范围从事承装（修、试）电力设施活动的；

（二）涂改、倒卖、出租、出借许可证，或者以其他形式非法转让许可证的；

（三）违反国家有关规定将本单位承包的承装（修、试）电力设施业务转包或者分包的；

（四）发生重大以上生产安全事故的。

第二十一条　派出机构应当按照本办法第三章规定的程序办理许可事项变更。

许可事项变更后，承装（修、试）电力设施单位应当依法向工商行政管理部门办理有关变更手续。

第二十二条　承装（修、试）电力设施单位名称、住所或者法定代表人发生变化的，应当自工商行政管理部门依法办理变更登记之日起三十日内，提出登记事项变更申请，并提交下列材料：

（一）登记事项变更申请表；

（二）许可证原件；

（三）变更后的法人证明材料；

（四）涉及修改单位章程的，应当提交修改后的单位章程。

变更后的住所与原住所属于不同派出机构管辖的，应当向变更后住所地的派出机构提出登记事项变更申请。

派出机构应当自收到登记事项变更申请之日起十五日内，办理变更手续。

第二十三条　许可证有效期为六年。

有效期届满需要延续的，应当在有效期届满三十日前提出申请，提交本办法第十条规定的材料和许可证原件。派出机构应当按照本办法第三章规定的程序，在许可证有效期届满前作出是否准予延续的决定。逾期未作出决定的，视为同意延续并补办相应手续。

第二十四条　许可证损毁的，应当及时向颁发许可证的派出机构申请补办；许可证遗失的，应当立即在规定的媒体上刊登遗失声明，刊登遗失声明十日后方可向颁发许可证的派出机构申请补办。

申请补办许可证，应当提交下列材料：

（一）许可证补办申请表；

（二）法定代表人身份证明材料；

（三）法人证明材料；

（四）损毁许可证原件或者许可证遗失声明。

派出机构应当自收到许可证补办申请之日起十五日内，按照有关规定补发许可证。

第五章　监 督 检 查

第二十五条　电监会对派出机构实施承装（修、试）电力设施许可工作进行监督检查，及时纠正工作中的违法行为。

第二十六条　派出机构依法对辖区内从事承装（修、试）电力设施活动的单位或者个人的下列事项实施监督检查：

（一）依法取得许可证的情况；

（二）在许可范围内从事承装（修、试）电力设施活动的情况；

（三）依法使用许可证的情况；

（四）遵守国家有关转包或者分包承装（修、试）电力设施业务规定的情况；

（五）遵守国家有关安全生产管理规定的情况；

（六）遵守相关电力技术、安全、定额和质量标准的情况；

（七）遵守国家其他有关规定的情况。

第二十七条　承装（修、试）电力设施单位有下列情形之一的，应当按照规定向有关派出机构报送信息：

（一）人员、资产、设备等情况发生重大变化，已不符合许可证法定条件、标准的，应当自发生重大变化之日起三十日内向颁发许可证的派出机构报告；

（二）解散、破产、倒闭、歇业、合并或者分立的，应当自工商行政管理部门办理相关手续之日起十日内向颁发许可证的派出机构报告；

（三）发生生产安全事故的，应当按照国家有关规定向事故发生地派出机构报告；

（四）发生重大质量责任事故的，应当自有关主管机关作出事故结论之日起十日内，向事故发生地派出机构报告。

前款第(三)项、第(四)项规定事项，事故发生地不属于颁发许可证的派出机构管辖的，事故发生地派出机构应当及时将有关情况通报颁发许可证的派出机构。

第二十八条　承装（修、试）电力设施单位在颁发许可证的派出机构辖区以外承揽工程的，应当自工程开工之日起十日内，向工程所在地派出机构报告，依法接受其监督检查。

工程所在地派出机构应当按照规定将监督检查情况及时通报颁发许可证的派出机构。

第二十九条　派出机构对电力企业遵守承装（修、试）电力设施许可制度的情况实施监督检查。

电网企业对用户受电工程依法实施中期检查、竣工检验，应当查验施工企业是否具有许可证，对未经许可或者超越许可范围承揽用户受电工程的，应当立即向派出机构报告。

第三十条　承装（修、试）电力设施单位应当按照规定建立自查制度，报送自查结果。派出机构应当按照规定程序对自查报告进行抽查。

第三十一条　派出机构履行监督检查职责，可以采取下列措施：

（一）进入被检查单位的生产经营场所进行检查；

（二）询问被检查单位的工作人员，要求其对有关检查事项作出说明；

（三）查阅、复制与检查事项有关的文件、资料，对可能被转移、隐匿、损毁的文件、资料予以封存；

（四）对与检查事项有关的业务组织技术鉴定；

（五）对检查中发现的违法行为，有权当场予以纠正或者要求限期改正。

派出机构实施监督检查，被检查单位应当依法予以配合。

第三十二条　派出机构应当建立承装（修、试）电力设施单位定期综合评价制度，定期对承装（修、试）电力设施单位遵守国家有关规定的情况给予综合评价。

定期综合评价等次分为良好、一般和差。派出机构应当及时将定期综合评价等次结果告知承装（修、试）电力设施单位。定期综合评价等次结果为差的单位，派出机构应当责令其限期整改。

第三十三条　派出机构应当建立承装（修、试）电力设施单位的许可证信用档案，记录其基本情况、重大生产经营情况、良好行为、违规情况等，并按照规定向社会公开。

第三十四条　承装（修、试）电力设施单位的人员、资产、设备等情况发生重大变化，已不符合相应许可证条件、标准的，派出机构应当根据其实际具有的条件，重新核定其许可证的类别和等级。

第三十五条　有下列情形之一的，电监会及其派出机构可以依法撤销承装（修、试）电力设施许可：

（一）派出机构工作人员滥用职权、玩忽职守作出准予许可决定的；

（二）超越法定职权作出准予许可决定的；

（三）违反法定程序作出准予许可决定的；

（四）对不具备申请资格或者不符合法定条件的申请人准予许可的；

（五）依法可以撤销许可的其他情形。

承装（修、试）电力设施单位以欺骗、贿赂等不正当手段取得许可的，应当予以撤销。

依照本条第一款的规定撤销许可，承装（修、试）电力设施单位的合法权益受到损害的，派出机构应当依法给予赔偿。依照本条第二款的规定撤销许可的，承装（修、试）电力设施单位基于许可取得的利益不受保护。

第三十六条　有下列情形之一的，派出机构应当依法办理承装（修、试）电力设施许可注销手续：

（一）许可有效期届满未按照本办法规定申请延续或者延续申请未批准的；

（二）承装（修、试）电力设施单位因解散、破产、倒闭、歇业、合并、分立等原因依法终止的；

（三）许可依法被撤销、撤回，或者许可证被依法收缴或者吊销的；

（四）法律、法规规定的应当注销许可的其他情形。

第三十七条　派出机构在承装（修、试）电力设施单位的营业执照有效期内撤销、撤回许可，或者收缴、吊销许可证的，应当自作出决定之日起五日内通知工商行政管理部门，并责令当事人向工商行政管理部门办理变更登记手续。

第六章　法律责任

第三十八条　申请人隐瞒有关情况或者提供虚假申请材料申请许可证的，派出机构不予受理或者不予许可，并给予警告，一年内不再受理其许可申请；情节严重的，两年内不再受理其许可申请。

承装（修、试）电力设施单位隐瞒有关情况或者提供虚假申请材料申请许可事项变更的，派出机构不予受理或者不予批准，并给予警告，一年内不再受理其许可事项变更申请。

第三十九条 承装（修、试）电力设施单位采取欺骗、贿赂等不正当手段取得许可证的，由派出机构撤销许可，给予警告，处一万元以上三万元以下罚款，三年内不再受理其许可申请；构成犯罪的，依法追究刑事责任。

承装（修、试）电力设施单位采取欺骗、贿赂等不正当手段变更许可事项的，由派出机构撤销许可事项变更，给予警告，处一万元以上三万元以下罚款，三年内不再受理其许可事项变更申请；构成犯罪的，依法追究刑事责任。

第四十条 承装（修、试）电力设施单位涂改、倒卖、出租、出借许可证，或者以其他形式非法转让许可证的，由派出机构责令其改正，给予警告，处一万元以上三万元以下罚款；情节严重的，收缴其许可证；构成犯罪的，依法追究刑事责任。

第四十一条 违反规定未取得许可证或者超越许可范围，非法从事承装、承修、承试电力设施活动的，由派出机构责令其停止相关的经营活动，没收违法所得，处一万元以上三万元以下罚款；违法经营行为规模较大、社会危害严重的，可以并处三万元以上二十万元以下的罚款；违法经营行为存在重大安全隐患、威胁公共安全的，处五万元以上五十万元以下的罚款，并可以没收从事无证经营的工具设备。

第四十二条 承装（修、试）电力设施单位在从事承装、承修、承试电力设施活动中发生重大以上生产安全事故或者重大质量责任事故的，由派出机构给予警告，责令其限期整改，在规定限期内未整改的或者整改后仍不合格的，处一万元以下罚款，降低许可证等级；情节严重的，收缴其许可证。

第四十三条 承装（修、试）电力设施单位未按照本办法规定办理许可证登记事项变更手续的，由派出机构责令其限期办理；逾期未办理的，处五千元以下罚款。

第四十四条 电力企业违反国家有关规定，将承装（修、试）电力设施业务发包给未取得许可证或者超越许可范围承揽工程的单位或者个人的，由派出机构责令其限期改正，给予警告，并处一万元以上三万元以下罚款。

电网企业发现未取得许可证或者超越许可范围承揽用户受电工程的单位或者个人，未按照本办法规定及时报告的，由派出机构给予警告，处一万元以上三万元以下罚款。

第四十五条 违反本办法第二十六条、第二十七条、第二十八条、第二十九条、第三十条、第三十一条规定，向派出机构提供虚假或者隐瞒重要事实的文件、资料，或者拒绝、阻碍派出机构及其从事监管工作的人员依法履行监管职责的，依照《电力监管条例》第三十四条的有关规定追究其责任。

第四十六条 电监会及其派出机构工作人员玩忽职守、滥用职权、徇私舞弊的，对直接负责的主管人员和其他直接责任人员依法给予处分；构成犯罪的，依法追究刑事责任。

第七章 附 则

第四十七条 许可证分为正本和副本，正本、副本具有同等法律效力。许可证由电监会统一印制。

第四十八条 本办法自2010年3月1日起施行。

关于印发《国家电力监管委员会用户受电工程“三指定”行为认定指引（试行）》的通知

（办稽查［2009］76号）

会内各部门，信息中心，资质中心，各派出机构：

为规范电力监管机构查处用户受电工程“三指定”行为的认定工作，制定了《国家电力监管委员会用户受电工程“三指定”行为认定指引（试行）》（简称《认定指引》），现印发给你们，并就有关事项通知如下：

一、《认定指引》适用于电力监管机构对用户受电工程“三指定”行为的认定及“三指定”案件的立案、调查、审查、审理、处罚等工作。

二、《认定指引》在试行中有何问题和意见建议，请及时告知国家电力监管委员会行政处罚委员会办公室（稽查局）。

附件：国家电力监管委员会用户受电工程“三指定”行为认定指引（试行）（略）

国家电力监管委员会（印）
二〇〇九年十二月二十一日

关于印发《电力行业深入开展“安全生产年”活动保证电力安全生产持续稳定的意见》的通知

（电监安全［2009］5号）

各派出机构，国家电网公司，南方电网公司，华能、大唐、华电、国电、中电投集团公司，各有关单位：

为认真贯彻落实党中央、国务院关于安全生产的重要部署，搞好电力行业2009年“安全生产年”活动，按照全国“安全生产年”活动的总体要求，电监会研究制定了《电力行业深入开展“安全生产年”活动 努力保证电力安全生产持续稳定的意见》（简称《意见》），现印发给你们，请遵照执行。

各单位要高度重视，结合本地区、本单位实际，按照《意见》要求，制定切实可行的工作方案，明确任务、各负其责、全面落实；各单位要加强组织领导，充分利用广播、电视、报纸、互联网等媒体，加强舆论宣传，教育引导广大干部员工，深刻认识开展“安全生产年”活动的重要性、必要性和紧迫性，做到全员参与。电监会各派出机构要充分发挥电力监管机构的监督、指导和协调作用，加大督查力度，确保电力行业“安全生产年”活动取得实效。

附件：电力行业深入开展“安全生产年”活动努力保证电力安全生产持续稳定的意见（略）

国家电力监管委员会（印）
二〇〇九年二月二十日

关于印发《电力企业应急预案管理办法》的通知

（电监安全［2009］61号）

各派出机构，国家电网公司，南方电网公司，华能、大唐、华电、国电、中电投集团公司，各有关电力企业：

为了规范电力应急预案管理工作，完善电力应急预案体系，增强电力应急预案的科学性、针对性、实效性，电监会组织制定了《电力企业应急预案管理办法》，现印发给你们，请依照执行。

附件：《电力企业应急预案管理办法》

国家电力监管委员会（印）
二〇〇九年十二月二十八日

电力企业应急预案管理办法

第一章 总 则

第一条 为规范电力企业应急预案（简称电力应急预案）管理工作，完善电力应急预案体系，增强电力应急预案的科学性、针对性、实效性，依据《中华人民共和国突发事件应对法》、《中华人民共和国安全生产法》、《电力监管条例》、《生产安全事故应急预案管理办法》等法律、法规和规章，制定本办法。

第二条 本办法适用于电力应急预案的编制、评审、发布、备案、培训、演练和修订等工作。

本办法所称电力企业是指以电力规划设计、生产运行、检修试验以及电力建设等为主要业务的企业和单位。

第三条 电力应急预案管理工作应当遵循分类管理、分级负责、条块结合、网厂协调的原则。对涉及国家机密的应急预案，应当严格按照国家保密规定进行管理。

第四条 国家电力监管委员会（简称电监会）负责对电力应急预案管理工作进行监督和指导。电监会派出机构负责对所辖区域电力应急预案管理工作进行监督和指导。

第五条 电力企业是电力应急预案管理工作的责任主体，应当按照本办法的规定，建立健全电力应急预案管理制度，完善电力应急预案体系，规范开展应急预案的编制、评审、发布、备案、培训、演练、修订等工作，保障电力应急预案的有效实施。

第二章 预 案 编 制

第六条 电力企业应当依据有关法律、法规、规章和规范性文件要求，编制各级各类电力应急预案，并按照“横向到边，纵向到底”的原则建立覆盖全面、上下衔接的电力应急预案体系。电力应急预案体系一般由综合应急预案、专项应急预案和现场处置方案构成。

第七条 电力企业应当根据本单位的组织结构、管理模式、生产规模和风险种类等特点，组织编制企业综合应急预案，作为应对各类突发事件的综合性文件，从总体上阐述处理事故的应急方针、政策，应急组织结构及相关应急职责，应急行动、措施和保障等基本要求和程序。

第八条 电力企业应当针对本单位可能发生的自然灾害类、事故灾难类、公共卫生事件类和社会安全事件类等各类突发事件，以及不同类别的事故或风险，组织编制相应的专项应急预案，明确具体应急处置程序、应急救援和保障措施。

第九条 电力企业应当根据生产经营现场的实际情况，针对特定的场所、设备设施和岗位，组织编制相应的现场处置方案，为应对现场典型突发事件制定具体处置流程和措施。

第十条 电力企业编制的各类应急预案具体内容应当符合《电力企业综合应急预案编制导则（试行）》、《电力企业专项应急预案编制导则（试行）》和

《电力企业现场处置方案编制导则（试行）》的基本要求。

第十一条　电力企业应当全面分析本单位的危险因素和事故隐患，客观评估本单位的应急能力和应急资源。分析评估结果应作为应急预案的编制依据。

第十二条　电力企业编制的本单位综合应急预案、专项应急预案和现场处置方案之间应当相互衔接，并与所涉及的其他单位的应急预案相互衔接。

第三章　预 案 评 审

第十三条　电力企业应当按照分级评审的原则对电力应急预案组织评审。

第十四条　预案评审由电力企业组织有关人员进行。涉及网厂协调和社会联动的应急预案，参加预案评审的人员应当包括应急预案涉及的政府部门、电力监管机构和相关单位工作人员以及电力安全生产和应急管理方面的专家。评审意见应当记录、存档。

第十五条　预案评审应当注重电力应急预案的实用性、基本要素的完整性、预防措施的针对性、组织体系的科学性、响应程序的操作性、应急保障措施的可行性、应急预案的衔接性等内容。

第十六条　电力应急预案经评审合格后，由电力企业主要负责人签署印发。应急预案印发文件或单位主要负责人签署声明内容及签字应当作为应急预案批准页的主要内容。

第四章　预 案 备 案

第十七条　电力企业应当按照以下规定将应急预案报电力监管机构备案。

（一）电监会城市电监办辖区内的电力企业向城市电监办备案，未设立城市电监办的省、自治区、直辖市范围内的电力企业，直接向所在区域电监局备案。

中国南方电网有限责任公司、国家电网公司所属区域电网公司向区域电监局备案。

中央电力企业、资产跨区域的电力企业（集团公司或总部）向电监会备案。

（二）需要备案的应急预案包括：综合应急预案，专项应急预案。专项应急预案应至少包括《电力企业专项应急预案编制导则（试行）》附录中电力企业专项应急预案体系目录所列内容。

（三）国家有关部门对应急预案备案另有要求的，应当按其规定执行。

第十八条　电力企业向电力监管机构报备应急预案时，应当提交以下材料：

（一）应急预案备案申请表；

（二）应急预案评审意见；

（三）应急预案文本目录；

（四）应急预案电子文档。

第十九条　电力监管机构应当指导、督促检查电力企业做好应急预案备案工作，并对电力应急预案的备案情况和备案内容提出审查意见。对予以备案的电力应急预案，应当出具应急预案备案登记表，并建立预案库登记管理，对于不符合备案要求的电力应急预案，应当说明不予备案的理由。

第五章　预 案 培 训

第二十条　电力企业应当每年至少组织一次预案培训。培训的主要内容应当包括：本单位的应急预案体系构成、应急组织机构及职责、应急资源保障情况以及针对不同类型突发事件的预防和处置措施等。

第二十一条　电力监管机构应当将应急预案培训列入电力安全监管培训计划，组织开展对电力企业安全生产负责人及应急管理人员的预案培训工作。

第六章　预 案 演 练

第二十二条　电力企业应当结合本单位安全生产和应急管理工作实际情况定期组织预案演练，以不断检验和完善应急预案，提高应急管理和应急技能水平。

第二十三条　电力企业应当制订年度应急预案演练计划，增强演练的计划性。根据本单位的事故预防重点，每年应当至少组织一次专项应急预案演练，每半年应当至少组织一次现场处置方案演练。

第二十四条　电力企业在开展应急演练前，制定演练方案，明确演练目的、演练范围、演练步骤和保障措施等。

第二十五条　电力企业在开展应急演练后，应当对应急预案演练进行评估，并针对演练过程中发现的问题对相关应急预案提出修订意见。评估和修订意见应当有书面记录。

第七章　预 案 修 订

第二十六条　电力企业制定的应急预案应当每三年至少修订一次，预案修订结果应当详细记录。

第二十七条　有下列情形之一的，电力企业应当及时对应急预案进行相应修订：

（一）企业生产规模发生较大变化或进行重大技术改造的；

（二）企业隶属关系发生变化的；

（三）周围环境发生变化、形成重大危险源的；

（四）应急指挥体系、主要负责人、相关部门人员或职责已经调整的；

（五）依据的法律、法规和标准发生变化的；

（六）应急预案演练、实施或应急预案评估报告提出整改要求的；

（七）电力监管机构或有关部门提出要求的。

第二十八条　电力企业对应急预案进行修订后，应当及时向电力监管机构和有关部门或单位报告修订情况，并按照有关程序重新备案。

第八章　奖励与处罚

第二十九条　对于在电力应急预案编制和管理工作中做出显著成绩的单位和人员，电力监管机构可以给予表彰和奖励。

第三十条　电力企业未按照本办法规定实施电力应急预案管理有关工作的，由电力监管机构依据有关规定追究其责任。

第九章　附　　则

第三十一条　电监会派出机构可根据本办法，制定本辖区电力应急预案管理实施细则。

第三十二条　《电力应急预案备案申请表》和《电力应急预案备案登记表》由电监会统一制定。

第三十三条　核电站涉及核事件的应急预案管理工作不适用于本办法。

第三十四条　本办法自印发之日起施行。

关于完善电力用户与发电企业直接交易试点工作有关问题的通知

（电监市场［2009］20号）

电监会各派出机构，各省、自治区、直辖市发展改革委、物价局、经贸委（经委），国家电网公司、南方电网公司，华能、大唐、华电、国电、中电投集团公司，有关电力企业：

为落实国务院关于深化经济体制改革的有关要求，进一步开放电力市场，增加用户用电选择权，完善电价形成机制，实现电力与国民经济的协调发展，决定进一步规范和推进电力用户与发电企业直接交易试点工作，现就有关事项通知如下：

一、市场准入条件

（一）参加试点的大用户、发电企业、电网企业，应当是具有法人资格、财务独立核算、信用良好、能够独立承担民事责任的经济实体。内部核算的大用户、发电企业经法人单位授权，可参与试点。

（二）参与试点的大用户，近期暂定为用电电压等级110kV（66kV）及以上、符合国家产业政策的大型工业用户。大型工业用户电量比重较大的地区，应分年逐步推进试点。

（三）参与试点的发电企业，近期暂定为2004年及以后新投产、符合国家基本建设审批程序并取得发电业务许可证的火力发电企业（含核电）和水力发电企业。其中，火力发电企业为单机容量30万kW及以上的企业，水力发电企业为单机容量10万kW及以上的企业。由国家统一分配电量的跨省（区）供电项目暂不参加试点。

（四）根据试点工作进展情况，逐步放宽市场主体准入条件。

二、试点主要内容

（一）公平开放电网，在电网输电能力、运行方式和安全约束允许的情况下，电网企业应公平、公正地向直接交易双方提供输配电服务，并根据国家批复的输配电价收取输配电费用。

（二）符合准入条件的大用户和发电企业可在自愿、互利的基础上，建立规范透明的市场交易机制，自主协商交易电量、确定交易价格，签订1年及以上的直接交易合同。

（三）参与直接交易试点的大用户支付的购电价格，由直接交易价格、电网输配电价和政府性基金及附加三部分组成。其中：

1. 直接交易价格。由大用户与发电企业通过协商自主确定，不受第三方干预。

2. 电网输配电价。近期，在独立的输配电价体系尚未建立的情况下，原则上按电网企业平均输配电价（不含趸售县）扣减电压等级差价后的标准执行，其中110kV（66kV）输配电价按照10%的比例扣减，220kV（330kV）按照20%的比例扣减。输配电价实行两部制。输配电价标准与损耗率由省级价格主管部门提出意见报国家发展改革委审批。

3. 政府性基金和附加。大用户应和其他电力用户一样承担相应社会责任，按照国家规定标准缴纳政府性基金及附加。政府性基金和附加由电网企业代为收取。

（四）电网企业根据可靠性和服务质量标准的要求，负责组织提供辅助服务。发电企业和大用户根据合同约定提供辅助服务。近期，发电企业和大用户暂不另行缴纳辅助服务费用。条件成熟时，辅助服务可单独核算，并向相应的市场主体收取，具体办法由国家电监会会同国家发展改革委、国家能源局另行制定。

（五）大用户、发电企业可以委托电网企业对直接交易余缺电量进行调剂。在实时市场建立前，当大用户、发电企业实际用电量、发电量与直接交易的合同电量发生偏差时，余缺电量可向电网企业买卖。购电价格按目录电价的110%执行；售电价格按政府核定上网电价的90%执行。电网企业由此增加的收益在核算电价时统筹平衡。

（六）发电企业、大用户应当将交易容量、电量及负荷曲线事先报电网企业，由电网企业安全校核后纳入系统平衡。交易过程由于网络输电容量的限制，导致直接交易未能实现、电网存在堵塞时，电网企业可根据大用户提交直接交易合同的先后顺序安排输电通道。

（七）参加试点的大用户、发电企业和电网企业应参考国家电监会制定的范本，签订直接交易购售电合同和委托输电服务合同，并严格按合同约定执行。直接交易购售电合同的主要内容应包括负荷、电量、交易时间、供电方式、生产计划安排、计量、结算、电价、调度管理、违约责任、赔偿以及争议的解决方式等。

（八）大用户向发电企业直接购电，一般通过现有公用电网线路实现。确需新建、扩建或改建线路的，应符合电网发展规划，由电网企业按投资管理权限申请核准、建设和运营。大用户已有自备电力线路并符合国家有关规定的，经电力监管机构组织安全性评价后，委托电网企业调度、运行，可用于输送直接交易的电力。

（九）大用户直接交易的电力电量，限于生产自用，不得转售或者变相转售给其他用户。

（十）发电企业直接向大用户供电的发电容量，在安排计划上网电量时予以剔除。

（十一）近期试点原则上以省为单位开展。

三、计量与结算

（一）参与直接交易试点的发电机组上网关口的计量点、电力用户购电关口的计量点，原则上设在与电网企业的产权分界点，并按照关口计量点记录的电量数据进行结算。

（二）交易结算方式，在各方自愿协商基础上，可由大用户分别与发电企业和电网企业进行结算，也可由电网企业分别与大用户和发电企业进行结算。具体结算方式由大用户、电网企业、发电企业在合同中约定。

四、有关要求

（一）各地要按照国家统一部署，在确保供需平衡和电网安全的基础上，按照市场化和自愿的原则指导省内有关企业开展电力用户与发电企业直接购电交易试点工作，不得强制规定直接交易电量和电价。

（二）电网企业要公平开放电网，为大用户直接交易提供输配电服务，履行相关合同；按规定提供辅助服务，保证用电安全；电力调度机构应当按照“公平、公正、公开”的原则和有关合同进行调度；按照有关规定，及时向发电企业、大用户提供直接交易所需的电力调度信息；由于电网原因影响直接交易造成损失的，电网公司应予以补偿。

（三）大用户与发电企业要按照有关规则参与交易，相关合同应报电力监管机构和政府有关部门备案，并履行相关合同，按照有关规定提供直接交易所需要的信息。进入市场的大用户和发电企业要保持相对稳定，按规定进入和退出市场。

五、组织实施

（一）电力用户与发电企业直接交易试点工作由国家电监会、国家发展改革委和国家能源局负责组织实施，确保试点工作规范进行。

（二）参加试点的企业根据本通知精神提出试点申请，经省级人民政府指定的部门牵头审核、汇总后提出具体实施方案，报国家电监会、国家发展改革委和国家能源局。国家电监会会同国家发展改革委和国家能源局审定后实施。

（三）未经国家批准，任何单位不得擅自进行试点，违反规定的，由国家电监会、国家发展改革委进行查处。

（四）各地应将直接交易试点的电量纳入当地年度供需平衡。各地电力监管机构、价格主管部门要根据本通知规定，对直接交易的实施、价格执行等情况进行监督检查。对违规行为要依据有关规定予以处罚。

（五）已有规定与本通知不一致的，按本通知执行。

关于印发《大用户与发电企业直接交易购售电合同（示范文本）（试行）》和《大用户与发电企业直接交易输配电服务合同（示范文本）（试行）》的通知

（电监市场［2009］29号）

电监会各派出机构，各省、自治区、直辖市、计划单列市工商行政管理局，国家电网公司，南方电网公司，华能、大唐、华电、国电、中电投集团公司，有关电力企业：

为促进和规范大用户与发电企业直接交易工作，提高合同谈判效率，按照《国家电监会、国家发展改革委、国家能源局关于完善电力用户与发电企业直接交易试点工作有关问题的通知》（电监市场［2009］20号）要求，根据《中华人民共和国合同法》、《电力监管条例》等有关法律、法规，国家电力监管委员会和国家工商行政管理总局在充分组织讨论和广泛征求意见的基础上，制定了《大用户与发电企业直接交易购售电合同（示范文本）（试行）》（略）和《大用户与发电企业直接交易输配电服务合同（示范文本）（试行）》（略）（简称《示范文本》），现印发给你们，并就有关问题通知如下：

一、各有关部门和大用户、发电企业、电网企业要充分认识推行《示范文本》的重要意义，认真推广使用《示范文本》。经国家有关部门批准参与电力直接交易的大用户、发电企业和电网企业开展直接交易时，应参照《示范文本》签订购售电合同和输配电服务合同（以下简称《合同》）。

二、有关各方应将所签《合同》分别报所在地电力监管机构和政府有关部门备案。国家电力监管委员会将会同国家工商行政管理总局对有关各方签订和履行《合同》的情况组织监督检查。

《示范文本》由国家电力监管委员会会同国家工商行政管理总局负责解释。使用中有何意见和建议，请及时告知国家电力监管委员会市场监管部和国家工商行政管理总局市场规范管理司。

国家电力监管委员会（印）
二〇〇九年七月十一日

关于印发《电力用户与发电企业直接交易试点基本规则（试行）》的通知

（电监市场［2009］50号）

各派出机构，国家电网公司、南方电网公司，华能、大唐、华电、国电、中电投集团公司，有关电力企业：

为规范和推进电力用户与发电企业直接交易试点工作，依据《关于完善电力用户与发电企业直接交易试点工作有关问题的通知》（电监市场［2009］20号），我会制定了《电力用户与发电企业直接交易试点基本规则（试行）》，现印发给你们，请依照执行。

附件：电力用户与发电企业直接交易试点基本规则（试行）（略）

国家电力监管委员会（印）
二〇〇九年十一月十九日

关于印发《跨省（区）电能交易监管办法（试行）》的通知

（电监市场［2009］51号）

各派出机构，国家电网公司、南方电网公司，华能、大唐、华电、国电、中电投集团公司，有关电力企业：

为规范电力市场秩序，维护电力企业的合法权益，优化电力资源配置，根据《电力监管条例》，我会制定了《跨省（区）电能交易监管办法（试行）》，现印发给你们，请依照执行。

附件：跨省（区）电能交易监管办法（试行）（略）

国家电力监管委员会（印）
二〇〇九年十一月二十二日

统 计 资 料

电力行业统计资料

电力统计基本数据一览表

统计口径	单位	2009年	2008年	比2008年增长(±、%)
一、发电装机容量	万kW	87 409.72	79 273.13	10.26
水电	万kW	19 629.02	17 260.39	13.72
火电	万kW	65 107.63	60 285.84	8.00
核电	万kW	907.82	907.82	
风电	万kW	1759.94	838.77	109.82
6000kW及以上火电厂设备容量	万kW	64 522.91	59 675.45	8.12
其中：燃煤(含煤矸石)	万kW	59 889.17		
燃油	万kW	823.00		
燃气	万kW	2402.96		
生物质	万kW	108.80		
垃圾	万kW	130.29		
余温、余压、余气等	万kW	1168.70		
二、关停机组	万kW	1812.79	1892.64	−4.22
水电	万kW		42.05	
火电	万kW	1812.79	1850.50	−2.04
三、新增发电设备能力	万kW	9667.35	9201.88	5.06
水电	万kW	2105.70	2148.27	−1.98
火电	万kW	6585.76	6554.54	0.48
其中：燃煤	万kW	6186.71		
燃气	万kW	127.34		
煤矸石	万kW	155.00		
生物质	万kW	23.20		
垃圾	万kW	11.34		
余温、余压、余气等	万kW	68.25		
其他	万kW	0.22		
技改增容	万kW	13.70		
核电	万kW			
风电	万kW	973.00	499.07	94.96
太阳能	万kW	2.79		

续表

统计口径		单　位	2009 年	2008 年	比 2008 年增长(±、%)
四、年底电源在建规模		万 kW	17 407.56	16 053.00	8.44
	水　电	万 kW	6724.80	7343.61	−8.43
	火　电	万 kW	7749.10	6911.70	12.12
	核　电	万 kW	2192.00	1210.00	81.16
	风　电	万 kW	720.75	586.97	22.79
五、基建新增 110kV 及以上输电线路长度		km	69 217	67 592	2.40
其中：	1000kV	km	640		
	±800kV	km	1375		
	750kV	km	2021	651	210.35
	500kV	km	12 959	15 436	−16.05
	其中：±500kV	km	574		
	330kV	km	1766	1796	−1.63
	220kV	km	22 697	23 994	−5.41
	110kV	km	27 760	25 716	7.95
六、基建新增 110kV 及以上变电设备容量		万 kVA	37 105	31 878	16.40
其中：	1000kV	万 kVA	600		
	±800kV	万 kVA	593		
	750kV	万 kVA	1080	360	
	500kV	万 kVA	11 902	10 095	17.90
	其中：±500kV	万 kVA	357		
	330kV	万 kVA	780	654	19.27
	220kV	万 kVA	12 801	12 359	3.57
	110kV	万 kVA	9349	8410	11.17
七、单机 6000kW 及以上机组		台	9081	8890	191
		万 kW	79 901.58	72 047.19	7854
	水　电	台	2860	2653	207
		万 kW	15 768.11	13 357.96	2410
	火　电	台	6221	6237	−16
		万 kW	64 133.47	58 689.23	5444
平均单机容量		万 kW/台	8.80	8.10	0.70
其中：	水　电	万 kW/台	5.51	5.04	0.48
	火　电	万 kW/台	10.31	9.41	0.90
八、35kV 及以上输电线路长度		km	1 229 370	1 168 857	5.18
其中：	1000kV	km	640		
	±800kV	km	1375		
	750kV	km	2747	630	336.03
	500kV	km	121 939	107 993	12.91
	其中：±500kV	km	13 298		
	330kV	km	19 156	16 717	14.59
	220kV	km	253 573	233 558	8.57
	110kV	km	422 863	401 310	5.37
	35kV	km	407 077	408 649	−0.38

续表

统计口径	单　位	2009 年	2008 年	比 2008 年增长(±、%)
九、35kV 及以上变电设备容量	万 kVA	324 771	279 861	16.05
其中：　1000kV	万 kVA	600		
±800kV	万 kVA	593		
750kV	万 kVA	1740	660	163.64
500kV	万 kVA	64 145	52 588	21.98
其中：±500kV	万 kVA	4031		
330kV	万 kVA	5656	4665	21.24
220kV	万 kVA	103 498	89 685	15.40
110kV	万 kVA	112 965	99 130	13.96
35kV	万 kVA	35 574	33 133	7.37
十、电力投资	亿元	7701.61	6302.40	22.20
1. 电源工程投资	亿元	3803.31	3407.39	11.62
其中：水　电	亿元	867.19	848.86	2.16
火　电	亿元	1543.56	1678.50	−8.04
核　电	亿元	584.01	329.49	77.25
风　电	亿元	781.78	527.27	48.27
2. 电网工程投资	亿元	3898.30	2895.01	34.66
其中：基本建设	亿元	3497.95	2665.84	31.21
其中：小型基建	亿元	121.39	81.59	48.78
送变电	亿元	3376.55	2584.25	30.66
直流：±800kV	亿元	189.44	54.56	247.21
±660kV	亿元	9.08	0.47	1831.64
±500kV	亿元	78.24	30.95	152.81
交流：1000kV	亿元	4.88	37.22	86.88
750kV	亿元	125.46	55.31	126.84
500kV	亿元	699.74	600.01	16.62
330kV	亿元	56.93	47.34	20.26
220kV	亿元	891.28	961.88	−7.34
110kV 及以下	亿元	1321.50	796.49	65.92
其他专项	亿元	400.36	299.17	33.82
十一、发电量	亿 kWh	36 811.86	34 510.13	6.67
水　电	亿 kWh	5716.82	5655.48	1.08
火　电	亿 kWh	30 116.87	28 029.97	7.45
核　电	亿 kWh	700.50	692.19	1.20
风　电	亿 kWh	276.15	130.79	111.14
地热、潮汐、太阳能等	亿 kWh	1.52		
6000kW 及以上火电厂发电量	亿 kWh	30 050.07	27 978.38	7.40
其中：燃　煤	亿 kWh	28 665.47		
燃　油	亿 kWh	170.76		
燃　气	亿 kWh	52.17		
生物质	亿 kWh	67.48		
垃　圾	亿 kWh	565.59		
余温、余压、余气等	亿 kWh	528.60		

续表

统计口径	单 位	2009年	2008年	比2008年增长(±、%)
十二、6000kW及以上电厂供热量	万GJ	258 198.07	249 701.62	3.40
十三、6000kW及以上电厂供电煤耗	g/kWh	340	345	−5
十四、6000kW及以上电厂发电煤耗	g/kWh	320	322	−2
十五、6000kW及以上电厂厂用电率	%	5.76	5.90	−0.14
水 电	%	0.40	0.36	0.04
火 电	%	6.62	6.79	−0.17
十六、6000kW及以上电厂利用小时	h	4546	4648	−102
水 电	h	3328	3589	−261
火 电	h	4865	4885	−20
核 电	h	7716	7679	37
风 电	h	2077	2046	31
十七、供、售电量及线损				
供电量	亿kWh	32 613.74	30 617.02	6.52
售电量	亿kWh	30 423.09	28 537.22	6.61
线损电量	亿kWh	2190.65	2079.80	5.33
线路损失率	%	6.72	6.79	−0.07
十八、全社会用电量	亿kWh	36 595.15	34 379.69	6.44
A. 全行业用电合计	亿kWh	32 019.99	30 297.56	5.69
第一产业	亿kWh	939.90	879.25	6.90
第二产业	亿kWh	27 136.40	25 920.16	4.69
其中：工业	亿kWh	26 754.49	25 577.80	4.60
1. 轻工业	亿kWh	4635.55	4572.24	1.38
2. 重工业	亿kWh	22 118.94	21 005.56	5.30
第三产业	亿kWh	3943.70	3498.15	12.74
B. 城乡居民生活用电合计	亿kWh	4575.16	4082.13	12.08
其中：城镇居民	亿kWh	2670.00	2407.04	10.92
乡村居民	亿kWh	1905.16	1675.09	13.73
十九、6000kW及以上电厂燃料消耗				
发电消耗标准煤量	万t	91 478.17	86 857.72	5.32
发电消耗原煤量	万t	139 669.62	131 902.75	5.89
供热消耗标准煤量	万t	10 199.06	10 022.73	1.76
供热消耗原煤量	万t	14 959.97	14 732.18	1.55
二十、6000kW及以上电厂热效率				
电厂热效率	%	40.44	39.57	0.87
电厂供热效率	%	86.38	85.01	1.37
能源转换总效率	%	43.89	43.19	0.70
二十一、发用电设备比				
发电设备容量：用电设备容量		1∶3.16	1∶3.12	
二十二、电力弹性系数				
电力生产弹性系数		0.73	0.60	
电力消费弹性系数		0.71	0.57	
二十三、电力消费能源占一次能源消费的比重	%	40.96	40.94	

注 国家能源局于2009年将核电设备在运容量调整为908万kW，故计算当年及上年设备利用小时是按国家能源局2009年核定后设备容量计算的。

2009年电网企业生产经营数据

指标名称		单位	国家电网公司		中国南方电网有限责任公司	
			2008年	2009年	2008年	2009年
总资产		亿元	16 435	18 600	3837	4425
主营业务收入		亿元	11 407	12 660	2855	3136
主营业务利润总额		亿元	98	45	65	36
公司合并净利润		亿元			41	23
上缴税金		亿元	868	682	303	267
所有者权益		亿元	6071	6433	1420	1499
资产负债率		%	63.1	65.4	63	66
资本保值增值率		%			104.65	101.61
全员劳动生产率		万元/(人·年)	29.6	29.63	30.72	22.45
发电装机		万kW	2644	2937		537
其中	水电装机	万kW	2081	2362		522
	其中：抽水蓄能装机	万kW	792	1038		330
	火电装机	万kW	555	557		15
发电量		亿kWh	596	802	150	120
年售电量		亿kWh	21 235	22 748	4826	5239
综合电压合格率	城市	%	99.406	99.447	99.23	99.30
	农村	%	97.05	97.25	96.0	96.17
供电线损		%	6.10	6.12	6.68	5.81
供电可靠率(*RS*-1)	城市	%	99.865	99.903	99.85	99.87
	农村	%	99.545	99.615	99.56	99.74

注 根据各电网企业提供的资料汇总。

2009年全国分地区发电设备容量

万 kW

地 区	全部			水电			火电			核电			风电			其他
	2009年	2008年	同比(%)	2009年	2008年	同比(%)	2009年	2008年	同比(%)	2009年	2008年	同比(%)	2009年	2008年	同比(%)	2009年
全 国	**87 410**	**79 273**	**10.3**	**19 629**	**17 260**	**13.7**	**65 108**	**60 286**	**8.0**	**908**	**908**		**1760**	**839**	**109.8**	**5.31**
北京市	622	581	7.0	105	105		512	476	7.6				5			
天津市	1004	749	34.0	1			1003	749	34.0							
河北省	3829	3211	19.2	179	154	16.1	3514	2987	17.7				136	70	93.3	
山西省	4088	3604	13.4	161	79	103.2	3915	3525	11.1				12			
内蒙古区	5556	4886	13.7	83	83	0.1	4830	4574	5.6				642	230	179.4	
辽宁省	2577	2219	16.1	146	143	2.5	2256	1990	13.4				174	85	103.8	
吉林省	1593	1300	22.6	390	389	0.1	1056	835	26.5				148	76	94.0	
黑龙江省	1886	1813	4.0	94	94	0.3	1672	1657	0.9				120	62	95.0	
上海市	1658	1682	−1.5				1654	1678	−1.5				4	4		0.21
江苏省	5662	5442	4.0	114	114	0.1	5242	5068	3.4	212	212		95	61	55.9	0.25
浙江省	5610	5317	5.5	956	896	6.7	4330	4099	5.6	301	301		23	15	53.3	0.39
安徽省	2841	2638	7.7	162	156	3.9	2679	2482	7.9							
福建省	3036	2627	15.6	1098	1058	3.8	1892	1543	22.7				46	26	73.9	
江西省	1533	1308	17.2	377	371	1.4	1150	934	23.1				6	3	110.0	
山东省	6079	5736	6.0	106	105	0.4	5886	5593	5.2				86	37	134.9	
河南省	4680	4572	2.3	365	302	20.9	4310	4268	1.0				5	3	91.2	
湖北省	4569	4328	5.6	3001	2905	3.3	1567	1421	10.3				1	1		
湖南省	2736	2508	9.1	1146	1065	7.6	1590	1443	10.2				0.2	0.2		
广东省	6407	6008	6.6	1126	1028	9.5	4830	4573	5.6	395	395		56	29	92.6	
广西区	2552	2424	5.3	1475	1397	5.6	1077	1027	4.9							
海南省	385	279	38.1	70	41	70.7	309	237	30.4				6	1	569.0	
重庆市	1134	1073	5.7	453	406	11.4	680	666	2.0				1			
四川省	3808	3501	8.8	2581	2224	16.1	1227	1277	−4.0							
贵州省	3091	2664	16.0	1361	947	43.7	1731	1717	0.8							
云南省	3169	2585	22.6	2090	1574	32.8	1071	1003	6.7				8	8		
西藏区	57	54	5.4	44	43	1.5	10	8	28.4							2.43
陕西省	2181	1966	10.9	192	181	5.6	1990	1785	11.5							
甘肃省	1767	1502	17.7	594	544	9.1	1099	898	22.4				75	60	25.1	
青海省	1067	791	34.9	874	591	47.8	193	200	−3.4							
宁夏区	952	814	16.9	43	43		882	754	16.9				25	17	45.2	2.03
新疆区	1280	1090	17.5	243	219	11.0	952	820	16.1				86	51	68.0	

2009年全国分地区发电量

亿 kWh

地区	全部			水电			火电			核电			风电			其他
	2009年	2008年	同比(%)	2009年	2008年	同比(%)	2009年	2008年	同比(%)	2009年	2008年	同比(%)	2009年	2008年	同比(%)	2009年
全国	**36 812**	**34 510**	**6.7**	**5717**	**5655**	**1.1**	**30 117**	**28 030**	**7.4**	**701**	**692**	**1.2**	**276.1**	**130.8**	**111.1**	**1.5**
北京市	247	247	−0.3	4	5	−2.5	241	243	−0.8				1.4			
天津市	413	397	3.9	0.1			413	397	3.9							
河北省	1764	1601	10.2	7	7	5.4	1733	1580	9.7				23.8	13.6	75.4	
山西省	1873	1786	4.9	22	23	−6.5	1850	1762	5.0				2.1			
内蒙古区	2250	2057	9.4	18	11	56.5	2135	2008	6.3				97.4	37.4	160.0	
辽宁省	1194	1139	4.9	32	42	−24.0	1135	1085	4.6				26.8	10.8	147.9	
吉林省	547	526	4.0	52	48	7.3	473	464	2.1				21.7	13.7	58.6	
黑龙江省	732	739	−1.1	18	14	29.3	694	715	−2.9				19.9	10.9	82.8	
上海市	783	795	−1.5				782	794	−1.6				0.7	0.6	28.2	0.0
江苏省	2984	2887	3.4	3	3	−18.4	2825	2735	3.3	142	141	0.8	14.5	7.8	86.5	0.0
浙江省	2251	2134	5.5	152	147	3.6	1855	1748	6.1	240	238	0.9	3.5	1.3	175.9	0.1
安徽省	1329	1103	20.5	29	28	3.6	1299	1074	20.9							
福建省	1171	1085	7.9	276	332	−16.8	886	748	18.5				8.8	5.9	49.9	
江西省	524	494	6.3	78	89	−11.9	445	405	10.0				1.1	0.0		
山东省	2871	2697	6.4	1	2	67.8	2858	2689	6.3				12.0	5.4	120.9	
河南省	2068	1972	4.9	82	81	0.9	1985	1890	5.0				1.0	0.2		
湖北省	1798	1752	2.6	1167	1199	−2.7	630	553	14.0				0.2	0.2	28.2	
湖南省	952	850	12.1	319	312	2.0	634	537	18.0				0.0	0.0	29.3	
广东省	2666	2682	−0.6	197	256	−22.9	2143	2107	1.7	318	313	1.6	7.7	6.0	27.0	
广西区	905	855	5.8	477	513	−7.1	428	342	25.2							
海南省	135	118	14.9	21	11	89.0	114	107	6.7				0.9	0.1	493.4	
重庆市	430	403	6.8	125	116	7.0	306	286	6.7				0.1			
四川省	1449	1236	17.2	945	836	13.1	504	401	25.8							
贵州省	1345	1179	14.0	367	366	0.1	978	813	20.3							
云南省	1174	1040	12.9	624	622	0.3	548	418	31.2				2.1	0.3	567.8	
西藏区	18	16	12.5	15	14	5.7	1.31	0.1								1.4
陕西省	840	769	9.2	65	54	20.0	774	715	8.4							
甘肃省	704	691	1.9	251	217	15.8	441	468	−5.7				11.9	6.3	88.7	
青海省	380	322	17.8	273	216	26.6	107	107	−0.1							
宁夏区	468	459	2.1	17	16	7.0	447	440	1.5				3.9	2.4	60.7	0.0
新疆区	548	479	14.3	81	74	9.4	452	397	13.8				14.7	7.8	89.4	

2009年全国新增发电机组设备能力

万kW

地区	合计	其中															
		水电		火电											核电	风电	太阳能
			其中：抽水蓄能		燃煤	燃气	燃油	其他									
									煤矸石	余温、余压等	垃圾	生物质	沼气	技改增容			
全国	**9667.35**	**2105.70**	**385.00**	**6585.76**	**6186.71**	**127.34**	**0.17**	**271.54**	**155.00**	**68.25**	**11.34**	**23.20**	**0.05**	**13.70**		**973.00**	**2.79**
北京市																	
天津市	266.00			266.00	266.00												
河北省	699.78	25.00	25.00	579.60	552.00				27.00		0.60					95.18	
山西省	519.50	80.00	60.00	432.00	372.00				60.00							7.50	
内蒙古区	667.57			291.46	258.26				32.00			1.20				376.11	
辽宁省	394.19	1.31		271.70	212.50				30.00	29.20						121.18	
吉林省	410.73	0.30		346.70	338.00						4.20	3.00		1.50		63.73	
黑龙江省	134.14	0.24		63.24	62.85						0.09	0.30				70.66	
上海市	142.24			141.20	132.00									9.20		0.90	0.14
江苏省	296.15			264.75	224.30					26.00	4.55	6.90		3.00		31.15	0.25
浙江省	342.44	40.00		300.00	300.00											2.44	
安徽省	230.90	7.80		223.10	214.50					3.70		4.90					
福建省	272.95			266.00	161.00	105.00										6.95	
江西省	236.40			231.00	231.00											5.40	
山东省	504.49			447.40	442.30						1.80	3.30				57.09	
河南省	493.33	90.00	90.00	401.00	401.00											2.33	
湖北省	242.04	83.19	60.00	158.40	153.15					1.65		3.60				0.45	
湖南省	232.25	90.70	60.00	141.55	133.25				6.00	2.20	0.10						
广东省	823.45	90.00	90.00	716.80	701.20	15.60										16.65	
广西区	73.32	72.42		0.90	0.90												
海南省	87.32	8.20		71.37	70.00		0.17			1.20						7.75	
重庆市	31.53	26.60														4.93	
四川省	400.00	398.70		1.30						1.30							
贵州省	466.05	316.05		150.00	150.00												
云南省	495.53	430.33		60.05	60.00								0.05			4.95	0.20
西藏区	0.10																
陕西省	257.90	5.90		252.00	252.00												
甘肃省	348.27	45.27		258.00	258.00											45.00	
青海省	282.42	282.42															
宁夏区	144.05			126.40	120.00	6.40										15.45	2.20
新疆区	172.31	11.27		123.84	120.50	0.34				3.00						37.20	

2009年全社会用电量情况

亿kWh

地　　区	2009年	同比（%）
全国合计	**36 595.15**	**6.44**
北京市	739.15	7.17
天津市	550.16	6.64
河北省	2343.85	11.88
山西省	1267.54	−3.56
内蒙古区	1287.93	5.52
辽宁省	1488.17	5.39
吉林省	515.25	3.78
黑龙江省	688.67	2.80
上海市	1153.38	1.33
江苏省	3313.99	6.27
浙江省	2471.44	6.40
安徽省	952.31	10.88
福建省	1134.92	5.72
江西省	609.22	11.42
山东省	2941.07	7.85
河南省	2081.38	5.61
湖北省	1135.13	7.24
湖南省	1010.57	10.23
广东省	3609.64	2.93
广西区	856.35	12.56
海南省	133.77	8.78
重庆市	533.80	9.45
四川省	1324.61	9.17
贵州省	750.30	10.47
云南省	891.19	7.44
西藏区	17.70	11.51
陕西省	740.11	4.53
甘肃省	705.51	4.09
青海省	337.24	7.67
宁夏区	462.96	5.31
新疆区	547.88	14.29

2009年全国百万电厂情况表

电厂名称	省份	机组构成	期末设备容量（万 kW）	发电量（万 kWh）	利用小时（h）
合 计			45 025	20 463	4807
水 电			7485	2304	3342
其中：抽水蓄能			660	46	
火 电			36 664	17 482	5023
核 电			877	677	7777
一、水电					
大唐彭水电站	重庆	5×35	175	45	2555
天荒坪抽水蓄能电站	浙江	6×30	180	18	1004
国投云南大朝山水电有限公司	云南	6×22.5	135	54	3983
云南华能澜沧江水电有限公司景洪电站	云南	5×35	175	55	3610
华能漫湾发电厂	云南	5×25 1×30	155	55	3536
云南华能澜沧江水电有限公司小湾电站	云南	3×70	210	17	4746
二滩水电厂	四川	6×55	330	155	4557
汉源瀑布沟水电站	四川	2×60	120	1	
公伯峡水电站	青海	5×30	150	54	3582
拉西瓦水电厂	青海	4×70	280	38	3423
李家峡水电厂	青海	4×40	160	57	3587
龙羊峡水电厂	青海	4×32	128	58	4568
万家寨水电站	内蒙古、山西	6×18	108	24	2268
白山水电总厂	吉林	5×30 4×5	170	20	1157
中电投五强溪电厂	湖南	5×24	120	50	4144
水布垭水电站	湖北	4×46	184	30	1609
三峡水电厂	湖北	26×70 2×5	1830	799	4363
隔河岩水电厂	湖北	2×30.6 2×30	121	24	1969
葛洲坝水电厂	湖北	2×17 19×12.5	272	162	5956
小浪底水电厂	河南	6×30 4×3.5	194	55	2831
天生桥第二发电有限公司	贵州	6×22	132	65	4920
乌江渡发电厂	贵州	5×25	125	36	2893
天生桥第一发电有限公司	贵州	4×30	120	40	3320
光照水电站	贵州	4×26	104	20	1964
三板溪水电厂	贵州	4×25	100	21	2076
构皮滩发电厂	贵州	3×70	180	19	3127
大唐龙滩水电开发有限公司	广西	7×70	490	131	2682
大唐岩滩水力发电厂	广西	4×30.25	121	66	5469

续表

电厂名称	省份	机组构成	期末设备容量（万 kW）	发电量（万 kWh）	利用小时（h）
刘家峡水电厂	甘肃	4×22.5　1×26	116	48	4107
水口水力发电厂（控）	福建	7×20	140	42	3026
其中：抽水蓄能					
华东桐柏抽水蓄能发电有限公司	浙江	4×30	120	10	854
泰山抽水蓄能电厂	山东	4×25	100	0	
江苏宜兴抽水蓄能有限公司	江苏	4×25	100	0	0
河北张河湾蓄能发电有限责任公司	河北	4×25	100	2	149
广州抽水蓄能电站	广东	8×30	240	34	1421
二、火电					
华能重庆珞璜电厂	重庆	4×36 2×60	264	108	4107
浙江嘉华发电有限公司	浙江	4×60	240	141	5889
浙江大唐乌沙山发电厂	浙江	4×60	240	138	5753
浙能兰溪发电有限公司	浙江	4×60	240	129	5358
浙江浙能长兴发电有限公司	浙江	4×30	120	73	6096
华能玉环电厂	浙江	4×100	400	199	4978
北仑发电有限公司	浙江	3×60	180	93	5145
北仑第一发电有限公司	浙江	2×60	120	54	4528
浙江浙能乐清发电有限责任公司	浙江	2×60	120	67	5554
萧山发电厂	浙江	2×40.245 5　2×13	106	15	1376
镇海发电厂	浙江	2×39.461　4×21.5	165	55	3326
华电半山发电有限公司	浙江	2×39　1×13.5　1×13	144	47	3292
台州发电厂	浙江	2×13.5　2×30　2×33	153	103	5451
浙江国华浙能发电有限公司	浙江	2×100　4×60	440	175	5792
国电浙江北仑第三发电有限公司	浙江	2×100	200	85	5103
国电宣威发电有限责任公司	云南	6×30	180	92	5090
云南滇东能源有限公司滇东电厂（一期）	云南	4×60	240	130	5423
国投曲靖发电有限公司	云南	2×30　6×10	120	66	5481
阳宗海发电有限公司	云南	2×20　2×30	100	53	5314
新疆玛纳斯电厂	新疆	3×11　3×10　2×30	123	66	5099
大港发电厂	天津	4×32	128	68	5160
天津华能杨柳清热电有限责任公司	天津	4×30	120	60	5006
天津大唐盘山发电有限责任公司	天津	2×60	120	63	5242
天津国华盘山发电有限责任公司	天津	2×50	100	61	6054
天津国投津能发电有限公司	天津	2×100	200	18	3728
广安发电厂	四川	4×30　2×60	240	93	3889
国电金堂电厂	四川	2×60	120	64	5311
泸州川南发电有限公司	四川	2×60	120	48	4019
宝钢电厂	上海	4×35　1×14.97	155	97	6233

续表

电厂名称	省份	机组构成	期末设备容量（万 kW）	发电量（万 kWh）	利用小时（h）
华能上海燃机电厂	上海	3×40	120	8	706
外高桥第二发电有限公司	上海	2×90	180	100	5558
吴泾第二发电有限责任公司	上海	2×60	120	62	5169
石洞口二厂	上海	2×60	120	67	5576
外高桥发电有限公司	上海	2×30　2×32	124	63	5237
外高桥第三发电有限公司	上海	2×100	200	112	5592
石洞口发电公司	上海	1×30　1×32　2×32.5	127	68	5392
陕西国华锦界能源有限责任公司	陕西	4×60	240	109	4543
陕西华电蒲城发电有限责任公司	陕西	4×33	132	49	3725
渭河发电有限公司	陕西	4×30	120	60	5026
陕西宝鸡第二发电有限责任公司	陕西	4×30	120	56	4663
华电陕西蒲城电厂三期	陕西	2×66	132	41	3141
华能国际电力开发公司铜川电厂	陕西	2×60	120	52	4356
韩城第二发电有限责任公司二期	陕西	2×60	120	44	3627
大唐彬长电厂	陕西	2×60	120	6	806
大唐韩城第二发电厂有限责任公司	陕西	2×60	120	61	5053
陕西府谷电厂（庙沟门）	陕西	2×60	120	55	4577
阳城国际发电有限责任公司	山西	6×35	210	117	5572
大同第二发电厂	山西	6×20	120	60	4919
太原第一热电厂	山西	4×30 1×2.5	123	65	5330
阳光发电厂	山西	4×30	120	69	5764
国电电力大同发电有限公司	山西	2×60 2×66	252	72	3803
鲁能河曲发电厂	山西	2×60	120	69	5719
武乡和信电厂	山西	2×60	120	62	5201
王曲电厂	山西	2×60	120	66	5489
大唐运城发电有限公司	山西	2×60	120	62	5141
山西华光发电公司	山西	2×60	120	64	5366
大唐阳城发电公司	山西	2×60	120	61	5118
同煤大唐塔山发电公司	山西	2×60	120	65	5399
大唐神二电厂	山西	2×50	100	51	5060
神头第二发电厂	山西	2×50	100	63	6345
太原第二热电厂	山西	2×30 3×20	120	72	6035
山西漳山发电公司	山西	2×30 2×60	180	96	5341
兆光发电有限责任公司	山西	2×30 2×60	180	45	3948
大唐云岗热电公司	山西	2×22 2×30	104	54	5388
石横电厂	山东	4×31.5 2×33	192	98	5105
青岛发电厂	山东	4×30	120	58	4819
莱城发电厂	山东	4×30	120	60	4960

续表

电厂名称	省份	机组构成	期末设备容量（万 kW）	发电量（万 kWh）	利用小时（h）
运河电厂	山东	4×14.5　2×33	124	66	5331
华能德州电厂	山东	2×70　1×33　2×31　1×30	265	149	5626
国电费县电厂	山东	2×65	130	66	5070
国电聊城发电有限公司	山东	2×65	130	33	3891
邹县电厂	山东	2×60　4×33.5	254	126	4965
聊城发电厂	山东	2×60	120	67	5556
潍坊发电厂	山东	2×33　2×67	200	94	4694
黄岛发电厂	山东	2×22.5　2×66	177	97	5486
胜利电厂	山东	2×22　2×30	104	64	6147
滕州新源热电公司	山东	2×15　2×35	100	49	4923
菏泽发电厂	山东	2×12.5　2×30　2×33	151	86	5707
聊城热电	山东	2×11.5　2×14　2×33	117	55	4732
华电邹县发电有限公司	山东	2×100	200	119	5935
日照发电厂	山东	2×35　2×68	206	115	5563
石嘴山发电有限公司	宁夏	4×33	132	71	5355
宁夏大唐国际大坝发电有限公司	宁夏	4×30	120	36	3791
大坝发电有限责任公司	宁夏	2×63	126	66	5293
华电宁夏灵武发电有限公司	宁夏	2×60	120	66	5482
大唐托克托发电公司	内蒙古	8×60	480	262	5465
达拉特发电公司（北方公司）	内蒙古	6×33　2×60	318	139	4369
丰镇发电厂（北方公司）	内蒙古	6×20	120	48	3971
岱海发电公司	内蒙古	4×60	240	70	2935
正蓝旗上都上发电公司（北方公司）	内蒙古	4×60	240	129	5389
国华准格尔热电厂	内蒙古	4×33	132	59	4484
华电包头发电公司	内蒙古	2×60	120	57	4764
霍林河坑口发电公司	内蒙古	2×60	120	59	4936
京隆发电有限责任公司	内蒙古	2×60	120	53	4433
华能伊敏煤电有限责任公司	内蒙古	2×50　2×60	220	116	5289
希望铝业集团希望电厂	内蒙古	2×35　4×15.5	132	40	3706
海渤湾电厂（北方公司）	内蒙古	2×33　2×20	106	55	5208
包头二电厂	内蒙古	2×20　2×30	100	50	5001
包头一电厂（北方公司）	内蒙古	2×10　2×12.5　2×30	105	42	4028
元宝山发电公司	内蒙古	1×30　3×60	210	91	4344
锦州东港电力有限公司	辽宁	5×20	100	67	5614
华能大连电厂	辽宁	4×35	140	84	5990
铁岭发电厂	辽宁	4×30	120	70	5460
绥中发电有限责任公司	辽宁	2×80	160	94	5880
华能营口发电厂	辽宁	2×60　2×32	184	94	5110

续表

电厂名称	省份	机组构成	期末设备容量（万 kW）	发电量（万 kWh）	利用小时（h）
国电电力大连庄河发电公司	辽宁	2×60	120	68	5662
国电康平发电有限公司	辽宁	2×60	120	21	4011
阜新发电有限公司	辽宁	2×20 2×35	110	60	5421
江西丰城二期发电有限公司	江西	2×70	140	61	4334
国电黄金埠发电厂	江西	2×65	130	59	4518
大唐徐塘发电有限公司	江西	2×32 2×33	130	67	5248
丰城发电有限责任公司	江西	2×30 2×34	128	55	4289
井冈山华能发电有限责任公司	江西	2×30 2×66	192	35	4672
九江发电厂	江西	1×22 1×20 2×35	112	62	5004
谏壁发电厂	江苏	6×33	198	112	5681
徐州华润电力有限公司	江苏	4×32	128	67	5217
（常熟）华润电力有限公司	江苏	3×65	195	117	6014
扬州第二发电有限责任公司	江苏	2×63 1×60 1×66	252	154	6104
江苏镇江发电有限公司	江苏	2×63 2×14 2×13.75	182	103	5668
江阴利港发电股份公司	江苏	2×63	126	105	6221
国电常州电厂	江苏	2×63	126	79	6231
国华（太仓）发电有限公司	江苏	2×63	126	68	5424
江苏沙洲电厂	江苏	2×63	126	76	6061
江阴电厂	江苏	2×60	120	72	5970
华能集团公司南通分公司	江苏	2×35.2 2×35	140	78	5567
江苏利港电力有限公司	江苏	2×35 2×37	144	77	5363
华能太仓发电厂	江苏	2×32 2×63	190	115	6073
太仓港协鑫发电有限公司	江苏	2×32 2×13.5 2×33	157	85	5395
江阴苏龙发电有限公司	江苏	2×13.75 2×14 2×33	122	69	5699
国电泰州电厂	江苏	2×100	200	120	5989
华电望亭发电厂	江苏	1×31 1×33 1×66 2×39	208	82	4588
中电投常熟发电有限公司	江苏	1×30 3×33	129	67	5277
华能淮阴发电有限公司	江苏	1×22 4×33	154	73	4736
华能金陵煤机	江苏	1×100	100	4	1475
长春第二热电厂	吉林	5×20 1×22	122	51	4216
双辽发电厂	吉林	4×30	120	61	5095
华能九台发电厂	吉林	2×66	132	9	3068
浑江发电厂	吉林	2×30 1×20 1×21.5	102	48	4697
纳雍发电总厂	湖南	8×30	240	120	4998
石门电厂	湖南	4×30	120	39	3257
大唐金竹山新厂	湖南	3×60	180	63	4122

续表

电厂名称	省份	机组构成	期末设备容量（万kW）	发电量（万kWh）	利用小时（h）
华润电力湖南有限公司	湖南	2×65	130	74	5661
湖南益阳发电有限公司	湖南	2×60　2×33	186	59	3274
华电长沙发电有限公司	湖南	2×60	120	49	4122
大唐湘潭电厂	湖南	2×30　2×60	180	63	3523
华能湖南岳阳发电有限责任公司	湖南	2×30　2×36.25	133	52	3943
大唐耒阳电厂	湖南	2×21　2×30	102	44	4270
阳逻电厂	湖北	4×30	120	45	3744
襄樊电厂	湖北	4×30	120	43	3566
汉川电厂	湖北	3×30　1×33	123	51	4192
大别山电厂	湖北	2×64	128	50	3873
阳逻三期	湖北	2×60	120	46	3863
襄樊二期	湖北	2×60	120	53	4397
鄂州电厂	湖北	2×30　1×60	120	32	4178
荆门电厂	湖北	2×22　2×60	164	79	4812
富拉尔基总厂燃煤	黑龙江	6×20	120	58	4817
双鸭山发电厂燃煤	黑龙江	3×21　1×20　2×60	203	68	3361
七台河第一发电厂燃煤	黑龙江	2×60　2×35	190	66	3490
哈尔滨第三发电厂燃煤	黑龙江	2×60　2×20	160	67	4158
鹤岗发电厂燃煤	黑龙江	2×30　1×60	120	45	3734
焦作电厂	河南	6×22	132	41	3083
郑州热电厂	河南	5×20	100	53	5327
沁北电厂	河南	4×60	240	125	5212
平顶山姚孟发电有限责任公司	河南	3×30　1×31	121	54	4430
新乡宝山电厂	河南	2×66	132	66	5024
许昌禹龙电厂	河南	2×66	132	20	4249
华润首阳山电厂	河南	2×60	120	68	5641
丰鹤电厂	河南	2×60	120	60	4985
姚孟二电厂	河南	2×60	120	66	5538
鸭河口天益公司	河南	2×60	120	67	5564
梨园电厂	河南	2×60	120	58	4828
开封电厂	河南	2×60	120	57	4990
华阳电厂	河南	2×30　2×60	180	90	5001
华豫电厂	河南	2×30　2×60	180	62	4939
洛阳首阳山电厂	河南	2×22　2×30	104	48	4576
张家口发电厂（大唐）	河北	8×30	240	131	5469
国华定洲发电有限公司	河北	4×60	240	86	5743

续表

电厂名称	省份	机组构成	期末设备容量（万 kW）	发电量（万 kWh）	利用小时（h）
河北国华沧东发电有限责任公司	河北	4×60	240	99	5486
秦皇岛发电厂	河北	4×30 2×21.5	163	87	5315
河北西柏坡发电有限责任公司	河北	4×30	120	59	4918
衡水电厂	河北	4×30	120	64	5292
邯峰发电厂	河北	2×66	132	68	5188
河北大唐国际王滩发电有限责任公司	河北	2×60	120	70	5801
西柏坡第二发电有限责任公司	河北	2×60	120	66	5462
国电河北龙山发电有限责任公司	河北	2×60	120	66	5466
三河发电有限责任公司	河北	2×35 2×30	130	69	5323
华能上安电厂	河北	2×30 2×35 2×60	250	118	4730
陡河发电厂（大唐）	河北	2×25 4×20	130	82	5418
邢台发电厂	河北	2×22 2×30	104	63	6051
海口电厂	海南	4×13.8 2×33	121	67	5513
盘县发电厂	贵州	5×20	100	66	6576
盘南发电厂	贵州	4×60	240	126	5244
鸭溪发电厂	贵州	4×30	120	67	5558
大方发电厂	贵州	4×30	120	79	6544
黔北发电厂	贵州	4×30	120	75	6273
黔西发电厂	贵州	4×30	120	78	6516
安顺发电厂	贵州	4×30	120	70	5835
发耳发电厂	贵州	3×60	180	63	4945
国投钦州发电有限公司	广西	2×63	126	48	3786
华电贵港发电有限公司	广西	2×63	126	51	4036
广西防城港电力有限公司	广西	2×63	126	52	4149
广西来宾火电厂	广西	2×36 2×12.5 2×30	157	70	4458
国华粤电台山电厂	广东	5×60	300	183	7639
妈湾发电厂	广东	4×30 2×32	184	109	5910
湛江电厂	广东	4×30	120	69	5742
湛江奥里油电厂	广东	4×30	120	0	
珠江发电厂	广东	4×30	120	73	6050
沙角C电厂	广东	3×66	198	121	6100
深圳广前电力公司（LNG）	广东	3×39	117	37	3147
广东惠州天然气发电公司	广东	3×39	117	37	3172
深圳能源集团东部电厂	广东	3×39	117	37	3136
珠海电厂	广东	2×66	132	82	6185
广东粤电靖海发电公司	广东	2×60	120	62	5208

续表

电厂名称	省份	机组构成	期末设备容量（万 kW）	发电量（万 kWh）	利用小时（h）
珠海金湾发电有限公司	广东	2×60	120	69	5726
红海湾电厂	广东	2×60	120	65	5422
大唐国际潮州发电公司	广东	2×60	120	67	5634
深能合和电力（河源）有限公司	广东	2×60	120	44	5219
阳西海滨电力发展有限公司	广东	2×60	120	12	5816
沙角 A 电厂	广东	2×30　3×21	123	75	6103
华能汕头电厂	广东	2×30　1×60	120	62	5165
中山嘉明电力有限公司	广东	2×12.5　2×39	103	19	3483
华能海门电厂	广东	2×100	200	39	4952
甘肃华能平凉发电有限责任公司	甘肃	4×30	120	51	4231
靖远第二发电有限责任公司	甘肃	2×30　2×32	124	49	3956
嘉峪关宏晟电热有限责任公司	甘肃	2×30　2×12.5　1×17.9	103	58	5653
华阳后石电厂	福建	7×60	420	237	5651
可门电厂	福建	4×60	240	118	4925
华能福州电厂	福建	4×35	140	85	6066
嵩屿电厂	福建	4×30	120	72	5975
大唐宁德发电厂	福建	2×60　2×66	252	106	4985
马鞍山第二发电厂	安徽	4×30	120	58	4819
华电芜湖发电有限公司	安徽	2×66	132	52	3958
马鞍山当涂发电有限公司	安徽	2×66	132	46	3479
淮南平圩第二发电公司	安徽	2×64	128	69	5414
阜阳华润发电公司	安徽	2×64	128	63	4958
淮沪煤电有限公司田集发电厂	安徽	2×63	126	70	5760
华电宿州发电有限公司	安徽	2×60	120	65	5409
淮南凤台电厂	安徽	2×60	120	67	5564
国电铜陵发电有限公司	安徽	2×60	120	53	4382
华能巢湖发电有限责任公司	安徽	2×60	120	50	4148
国电蚌埠发电有限公司	安徽	2×60	120	56	5301
淮南洛河发电厂	安徽	2×32　2×60	184	100	5433
安徽淮南平圩发电公司	安徽	1×60　1×63	123	69	5636
三、核电					
江苏核电有限公司	江苏	2×106	212	142	7092
岭澳核电站	广东	2×99.03	198	155	7812
大亚湾核电站	广东	2×98.38	197	164	8320
秦山第三核电有限公司	浙江	2×70	140	117	8052
核电秦山联营有限公司	浙江	2×65	130	99	7647

2009年全国6000kW及以上电厂供热生产情况

地　区	供热设备容量（万 kW）	供热量（万 GJ）	供热厂用电		供热标准煤耗		供热用原煤量（万 t）
			厂用电量（万 kWh）	厂用电率（百 kWh/GJ）	煤量（万 t）	煤耗率（kg/GJ）	
全　国	**14 464**	**258 198**	**1 976 195**	**7.65**	**10 199**	**40**	**14 960**
北京市	386	7399	64 891	8.77	281	38	256
天津市	396	6182	48 815	7.90	245	40	346
河北省	1192	16 589	133 722	8.06	623	38	947
山西省	489	4108	46 154	11.24	166	40	229
内蒙古区	1296	10 607	119 510	11.27	437	41	880
辽宁省	1096	23 496	204 355	8.70	947	40	1478
吉林省	777	12 890	133 353	10.35	526	41	922
黑龙江省	786	14 365	146 756	10.22	560	39	1033
上海市	355	5715	43 702	7.65	223	39	266
江苏省	1625	49 649	343 673	6.92	1953	39	2797
浙江省	548	33 465	160 601	4.80	1268	38	1748
安徽省	264	5190	46 397	8.94	213	41	303
福建省	63	2207	15 856	7.18	113	51	127
江西省							
山东省	2907	40 292	266 194	6.61	1582	39	2126
河南省	826	4435	35 886	8.09	188	42	302
湖北省	173	218	1731	7.93	11	51	17
湖南省	51	4307	25 861	6.00	188	44	206
广东省	329	3681	22 701	6.17	146	40	168
广西区							
海南省							
重庆市	14						
四川省	45	1266	11 388	9.00	58	45	130
贵州省							
云南省							
西藏区							
陕西省	186	1570	14 023	8.93	71	45	113
甘肃省	332	4099	37 417	9.13	150	37	227
青海省							
宁夏区	90	861	6447	7.49	34	39	56
新疆区	252	5608	46 762	8.34	218	39	283

2009年6000kW及以上电厂发电技术经济指标及燃料消耗情况

地区	发电设备平均利用小时(h)					发电厂用电率(%)			标准煤量(万t)	标准煤耗(g/kWh)		原煤量(万t)
	合计	水电	火电	核电	风电	合计	水电	火电		发电	供电	
全国	**4546**	**3328**	**4865**	**7716**	**2077**	**5.76**	**0.40**	**6.62**	**91 478**	**320**	**340**	**139 670**
北京市	4150	418	4968		2759	6.43	1.15	6.55	634	271	291	654
天津市	5133		5133			6.80		6.80	1257	313	336	1831
河北省	5026	337	5353		2270	6.89	1.61	6.92	5441	322	345	8193
山西省	4886	1781	4987		1647	8.02	0.55	8.10	5752	324	352	9000
内蒙古区	4323	2118	4580		2104	7.54	0.37	7.82	6876	326	354	13 293
辽宁省	5010	2214	5373		2027	6.77	2.45	6.94	3617	323	347	6147
吉林省	3787	1296	5017		1913	7.05	0.98	7.89	1414	309	336	2914
黑龙江省	4032	1770	4257		2208	7.00	1.41	7.29	2333	341	367	4137
上海市	4596		4602		1823	5.22		5.22	2331	306	323	2824
江苏省	5315	166	5411	6690	1786	5.44	1.34	5.38	8378	309	327	11 577
浙江省	4533	1495	4874	7982	1888	5.51	0.53	5.66	5556	305	324	7342
安徽省	4773	1548	4934			5.53	0.66	5.59	3898	309	326	5935
福建省	4245	2503	5019		2616	4.23	0.17	5.10	2576	300	317	3342
江西省	4026	1889	4510		1975	5.37	0.88	5.80	1386	322	343	2291
山东省	4921	8	5041		1925	7.43	0.00	7.43	8856	327	350	12 591
河南省	4465	2657	4582		2210	6.40	0.50	6.62	5936	312	334	9227
湖北省	4137	4040	4331		1764	2.17	0.12	6.21	1760	318	339	2687
湖南省	3782	3013	4223			4.92	0.52	6.39	1998	322	344	3014
广东省	4788	1992	4896	8065	1859	5.63	0.66	6.16	6678	312	332	8128
广西区	3666	3458	3921			3.14	0.37	6.69	1095	311	334	1620
海南省	3527	2785	3668		1476	7.29	0.57	8.17	343	310	339	344
重庆市	4100	3787	4223		2264							1208
四川省	4508	4786	4048			3.56	0.40	7.92	1537	339	367	2815
贵州省	4704	3202	5614			5.51	0.22	6.68	3092	322	346	4871
云南省	4215	3553	5285		2647	3.56	0.31	6.52	1605	320	342	3178
西藏区	3113	3391	1289			4.71	3.02	8.06	4	315	343	
陕西省	4088	3399	4151			6.76	0.41	7.24	2390	319	344	3661
甘肃省	4285	4284	4442		1863	4.60	0.83	6.88	1392	319	343	2063
青海省	4214	3880	5359			2.57	0.68	7.01	351	335	359	487
宁夏区	5138	4096	5267		1940	7.53	0.25	7.76	1212	318	345	1995
新疆区	5040	3560	5700		2483	4.44	0.77	5.16	1781	395	434	2299

2009 年全国 6000kW 及以上风电生产情况表

风电厂名称	装机容量 (kW)	发电量 (万 kWh)	设备利用小时 (h)
全国	**17 585 348**	**2 758 855**	**2077**
北京市	**49 500**	**13 655**	**2759**
官厅风电厂	49 500	13 655	2759
河北省	**1 357 950**	**237 746**	**2270**
河北建投中兴风能有限公司	49 500	9364	1892
河北建投蔚州风能有限公司	99 000	12 674	1804
国华爱依斯(黄骅)风电有限责任公司	49 500	3122	1251
长城风电有限责任公司	9850	2515	2553
国华尚义满井风电场	183 000	39 376	2152
红松风电	215 400	45 098	2094
张北国投风力发电厂	193 500	46 827	2596
康保卧龙山风电场	30 000	7135	2378
沽源五花坪风电场	30 600	7882	2576
龙源风力发电有限公司	75 000	17 543	3263
乐亭风力发电有限公司	49 500	8994	1817
崇礼清三营风电场	98 600	20 872	2299
博德玉龙风电场	36 000	6782	2101
中节能港建风力发电(张北)有限公司	40 500	9518	
龙源建投风力发电有限公司	198 000	44	26
山西省	**124 500**	**20 508**	**1647**
大唐左云风力发电厂	49 500	12 972	2621
福光平鲁风电场	33 750	3305	979
福光右玉风电场	41 250	4231	1026
内蒙古自治区	**6 420 540**	**973 499**	**2104**
国电龙源达茂风场	200 000	44 407	2220
宏腾能源风电公司达茂风场	50 000	13 340	2668
漳泽风电公司达茂风场	49 500	11 857	0
鲁能风电达茂风场	45 000	6820	1516
茂明风电	49 500	3249	1964
金风风电	26 300	3627	4126
国电赤峰新胜风电发电公司	150 000	34 206	2280
国电龙源赤峰风电	148 000	37 677	2546
大唐赤峰新能源有限公司(风场)	567 600	128 254	2260
亿合公风电	49 500	4613	2223

续表

风电厂名称	装机容量（kW）	发电量（万 kWh）	设备利用小时（h）
茂霖风电	50 160	10 614	2116
乌套海南风电场	49 500	18 105	3658
国华代力吉风电场	99 000	18 780	1897
国华科左中旗风电场	99 000	3874	1503
华能宝龙山风电场	148 500	21 570	1453
霍林河西风口风电厂	49 500	5569	1125
京能霍林河三湖风电厂	49 500	2610	3155
华能科左中旗乌力吉吐风电厂	49 500	536	648
大唐(通辽)霍林河新能源有限公司	246 550	5579	1985
大唐扎旗北风电场	49 500	10	105
中国风电扎旗阿日昆都愣风场	49 500		
华能右中高力板风电场	49 500	69	318
杭锦旗新锦风电场	99 000	15 014	1942
国华呼伦贝尔风场	49 500	10 852	2192
国电龙源巴盟风场	350 000	42 430	1212
鲁能集团巴盟风场	45 000	14 176	3150
大唐富汇中、后旗风能有限公司	99 000	21 945	2217
漳泽风电巴盟风场	49 500	12 665	2559
乌拉特中旗乌兰伊力更风力发电厂	300 000	18 682	2550
乌拉特中旗乌力吉风力发电厂	49 500	16 052	4166
乌拉特中旗中广核宝日布风电场	50 000	3831	2304
乌拉特中旗龙源赛乌素风电场	31 500	4152	3943
北方龙源风电公司(北方公司)	151 000	26 500	2023
京能投辉腾锡勒风场	100 500	20 158	2006
京能国际察右中旗风电场	99 500	14 180	4995
华电辉腾锡勒风场	121 500	32 717	2693
华电库仑风场	201 000	27 626	1374
中广核风场(四子王)	49 500	4276	864
中广核宏基风电场	98 600	7166	3636
大唐国际卓资风电场Ⅰ、Ⅱ期	88 000	11 869	2693
国电龙源乌盟辉腾锡勒风场	49 500	12 406	2506
汇德风场Ⅰ、Ⅱ期	99 000	16 462	3281
北京京能新能源有限公司商都吉庆梁风电场	49 500	1471	1819
国水投资集团化德长顺风电场	49 500	1090	1535
中海油新能源化德风电场	49 500	657	1064
华能国际通顺风电场	49 500	1283	1649
龙源兴安盟风电场	99 000	10 915	1323
北方龙源风电公司(北方公司)	214 780	21 462	6613
中国大唐多伦新能源有限公司	60 600	14 554	2161
锡盟太旗申华协合风电公司	49 500	11 827	2389

续表

风电厂名称	装机容量（kW）	发电量（万 kWh）	设备利用小时（h）
二连协合风场	21 000	5453	2597
锡林郭勒吉相华亚风力发电公司	49 500	11 493	2322
中国水电新能源锡盟风电场	49 500	12 708	2567
国华(锡林郭勒)新能源有限公司	99 500	22 203	2231
中广核宝力格灰腾梁风电	225 000	16 321	1837
京能赛汉风电	49 500	26 489	6647
京能锡盟哲里根图风电	48 750	14 000	3537
中广核苏尼特风电场	100 000	15 592	2110
国泰灰腾梁风电场	49 500	9525	4266
中广核响泉风电场	50 000	3762	2985
大唐锡盟灰腾梁风电	198 000	19 011	1711
贺兰山风场	172 800	24 924	1792
天净神州风力发电公司	30 900	5523	1787
天净风力发电场	19 500	3160	1621
天净左旗风力发电场	30 000	4538	1513
乌拉特中旗国华川井发电厂	99 000	7013	1306
辽宁省	**1 733 210**	**266 605**	**2027**
国电凌海风力发电有限公司	49 500	12 200	2465
华能阜新阜北风力发电厂	300 000	51 764	2222
国电凌海青松风力发电厂	48 000	8755	2176
国电凌海胜利风力发电厂	42 000	8462	2403
阜新联合风力发电有限公司	49 500	676	968
阜新申华协合风力发电有限公司	49 500	2069	1824
阜新华顺风力发电有限公司	1500	1	122
阜新巨龙湖风力发电有限公司	12 000	47	650
阜新千佛山风力发电有限公司	3000	1	165
沈阳龙源康平东升风力发电场	49 500		
阜新聚合彰武东方红风电厂	3000	3	440
沈阳龙源康平张强风力发电场	49 500		
沈阳龙源慈恩寺风力发电场	49 300		
沈阳东方风力发电有限公司	22 450	2043	910
丹东海洋红风电厂	21 000	2379	1133
彰武风电厂	24 650	4227	1715
康平风电厂	24 650	4485	1819
营口风力发电厂	32 660	3099	949
昌图辽能协鑫风力发电公司	50 250	8102	1612
航天龙源(本溪)风力发电有限公司	24 650	5507	2234
铁岭龙源风力发电有限公司	49 300	9665	1960
国电兴城风力发电有限公司	49 500	9700	1960
沈阳龙源望海寺风力发电场	20 400	4525	2218

续表

风电厂名称	装机容量（kW）	发电量（万 kWh）	设备利用小时（h）
沈阳龙源雄亚富饶山风力发电场	49 500	10 222	2065
沈阳龙源望海寺东风力发电场	22 100	6078	2750
国水投资调兵山风电厂	49 500	9711	1962
国电兴城刘台子风力发电场	31 500	4725	1500
华能阜新高山子风力发电场	100 500	25 978	2585
沈阳龙源和平风力发电场	49 300	13 034	2644
大连土城子风电公司	30 000	4593	1531
铁岭龙源昌图石虎风电厂	49 300	9614	1950
大唐法库十间房风力发电场	49 500	7889	1900
沈阳龙源柏家沟风力发电场	49 500	10 978	2218
中电投北票北塔子风电厂	45 000	11 427	2539
辽宁铁岭昌图太阳山风电厂	49 500	5090	1227
铁岭大唐昌图新能源风电厂	49 500	4239	1864
铁岭开原辽能业民风电厂	49 500	1626	1702
铁岭国电和风调兵山风电厂			
大唐(朝阳)喀左中三家风电厂	6000	2	
锦州国电和风杨屯风电			
锦州国电和风芳山风电			
大连长海风电厂	10 200	1578	1547
横山风场	7400	867	1172
沈阳法库风电厂	9600	1244	1296
吉林省	**1 477 010**	**216 956**	**1913**
吉林风力发电股份有限公司	30 060	6288	2093
吉林华能洮北风电场	49 300	8910	1806
吉林风力发电股份有限公司长岭风电场	9350	2159	2309
白城富裕风电场	49 500	7380	1491
吉林洮南风电场	49 300	9931	2014
大唐吉林瑞丰新能源发电有限公司	49 300	10 999	2231
白城查干浩特风电场	45 000	4667	1492
吉林龙源同发风电场	100 300	20 145	2008
吉林华能同发风电场	100 500	18 610	1852
长岭王子风电场	49 500	10 600	2141
大岗风电场	198 000	34 515	2200
大通风电场	49 500	10 365	2094
龙二通榆同发风电场	100 300	14 305	1426
里程协合镇赉风电场	49 500	6226	1846
大唐吉林瑞丰新能源发电有限公司二期	49 500	10 620	2145
长岭王二风电场	49 500	7029	1988
华能洮北风电场二期	49 600	6131	1645
马力风电场	49 500	5024	1700

续表

风电厂名称	装机容量（kW）	发电量（万 kWh）	设备利用小时（h）
华能同发二期风电场	100 500	17 578	1958
龙源长岭双龙风电场	49 500	2240	5328
黑鱼泡风电场	49 500	3234	1924
吉林大唐向阳风电场	150 000		
黑龙江省	**1 201 500**	**199 159**	**2208**
依兰龙源风力发电有限公司(马鞍山)	98 600	29 047	2946
桦南龙源风力发电有限公司(横岱山)	90 100	20 016	2222
伊春龙源风力发电有限公司小城山风电厂	49 300	10 108	2050
国华能源投资有限公司风电场(富裕)	49 500	10 150	2051
大唐桦南风力发电有限公司(大架子山)	99 000	21 566	2178
黑龙江华富风力发电穆棱有限责任公司(十文字)	32 200	5087	1580
哈尔滨依兰华富风力发电有限公司(鸡冠山)	49 500	7688	1604
大庆龙江风电有限责任公司(瑞好)	49 000	3695	824
黑龙江省华富风力发电富锦有限责任公司(别拉音)	90 300	20 887	2518
黑龙江富龙风力发电有限责任公司(乌尔古力)	60 000	18 972	3395
东宁(绥阳)华富风力发电有限责任公司	42 000	3023	1570
少白山风电	99 000	8391	3363
大唐依兰风力发电有限公司	99 000	3287	1317
望云峰风电场	49 300	1	10
国电和风风电开发有限公司佳木斯分公司(猴石)	49 500		
木兰风电厂	12 000	2260	1883
伊春兴安岭风力发电有限公司大箐山风电厂(含耳朵眼)	44 200	10 559	2389
伊春兴安岭风力发电有限公司石帽顶子风电厂	30 600	6720	2196
亚洲风力发电牡丹江有限公司(代马沟)	59 500	8535	1434
抚远龙源风力发电有限公司(大峰山)	28 500	5688	2466
海林龙源风电厂(小锅盔)	20 400	3479	2909
上海市	**36 000**	**6962**	**1823**
上海风力发电有限公司	36 000	6962	1823
江苏省	**945 250**	**144 579**	**1786**
江苏联能风力发电公司	100 000	14 313	1431
启东龙源风电	102 000	22 561	2212
华能启东风电	91 500	18 303	1706
龙源(如东)风力发电有限公司	100 500	8302	1881
江苏龙源风力发电有限公司	150 000	34 445	2296
国华东台风电	201 000	27 021	1551
中电大丰风电厂	200 250	19 634	1483
浙江省	**225 590**	**35 143**	**1888**
临海风力发电厂	21 300	2686	1261
苍南风力发电厂	17 050	3134	1838
岱山大衢风电场	40 800	10 824	2653

续表

风电厂名称	装机容量（kW）	发电量（万 kWh）	设备利用小时（h）
慈溪长江风力发电	49 500	9909	2002
温岭东海塘风电公司	40 000	7038	1775
浙能洞头风电	13 500	1547	1367
浙江上电天台山风电有限公司	10 920	3	7
浙江星星风力发电有限公司	25 500	2	7
格林苍南风电	7020		
福建省	**457 250**	**87 718**	**2616**
平潭长江奥风电场	6000	3844	6407
东山澳仔山风电场	6000	1084	1807
南日岛后山仔风电有限公司	16 150	5750	3561
大唐漳浦六鳌风电(115)	30 600	5074	1658
东山乌礁风电(165)	30 000	6709	3051
平潭龙源(Ⅱ期)风电厂	100 000	28 057	2806
漳浦大唐六鳌风力发电站(二期)	45 000	8270	1838
漳浦大唐六鳌风力发电站(三期)	26 000	4672	1797
福煤(莆田)风力发电有限公司	40 000	6954	2965
福煤石井风力发电有限公司	40 000	4655	2777
福清嘉儒风电	48 000	6090	2517
福清玉山风电	20 000	3260	4877
东山大帽山风发站(181)	49 500	3299	2644
江西省	**63 000**	**10 887**	**1975**
矶山湖风电	30 000	5288	1926
长岭风电	33 000	5599	2024
山东省	**864 900**	**120 245**	**1925**
东楮岛风力发电场	15 000	2958	1972
青岛华威风电	16 350	2114	1293
长岛风电	22 950	4267	1859
华能长岛风电	27 200	5895	2167
华能中电威海风力发电有限公司	69 000	14 870	2155
长岛联凯风电场	12 000	2208	1840
栖霞风电场	38 500	5614	1739
国华瑞丰荣成风力发电有限公司	48 750	10 062	2064
烟台海阳东源风电发展有限公司	15 000	2107	1405
莱州鲁能风力发电有限公司	51 250	7022	1579
大唐山东莱州风电	81 000	11 211	1484
华电莱州风电	40 500	7359	1817
蓬莱平顶山风电场	70 400	13 163	3485
东源集团莱州风电有限公司	48 500	7934	2075
华能寿光风力发电有限公司	49 500	8636	2316
山东大唐东营风电公司	34 500	2944	2666
华能昌邑风力发电有限公司	49 500	3863	
国华瑞丰东营河口风电公司	50 000	4326	2064
烟台开发区东源风电	25 500	478	
国华瑞丰利津风电公司	50 000	1349	3177
国华瑞丰(沾化)风力发电有限公司	49 500	1865	1698

续表

风电厂名称	装机容量（kW）	发电量（万 kWh）	设备利用小时（h）
河南省	**48 750**	**10 338**	**2210**
大唐华阳风力发电厂	25 500	5515	2163
方城风力发电厂	23 250	4823	2267
湖北省	**13 600**	**2399**	**1764**
九宫山风电场	13 600	2399	1764
广东省	**557 498**	**76 619**	**1859**
集华风能电厂	16 500	2342	1419
陆丰集华风能电厂	20 400	3521	1726
宝丽华风能电厂	48 000	1216	1216
粤电石碑山风电场	100 200	17 636	1760
珠海横琴风电场	15 750	3420	2171
南澳风力发电厂	123 380	38 126	3090
后坪风电场	99 000	4896	495
达濠风能公司	11 468	581	507
徐闻洋前风电场	49 500	1548	313
惠来县华润(仙安)公司风电厂	49 500	2536	512
揭西县安远公司风电站	23 800	797	335
海南省	**58 200**	**8592**	**1476**
东方风力发电厂	8700	1134	1303
文昌风电厂	49 500	7458	1507
重庆市	**12 750**	**603**	**2264**
大唐国际武隆兴顺风电有限责任公司	12 750	603	2264
云南省	**78 750**	**20 902**	**2647**
华能港灯大理风力发电有限公司大风坝电场	48 000	12 543	2613
大理聚能投资有限公司者磨山风电场	30 750	8359	2700
甘肃省	**747 100**	**118 966**	**1863**
甘肃洁源风电公司	208 800	30 036	1731
甘肃新安风力发电公司	99 000	12 246	1940
中电酒泉风力发电有限公司	150 000	26 514	1768
中广核大梁风电场	100 500	20 780	2068
国投白银风电有限公司(景泰捡财塘)	45 000	6058	1346
大唐景泰风电有限责任公司	45 000	8885	1974
甘肃大唐玉门风电有限公司	98 800	14 447	2357
宁夏自治区	**250 500**	**39 317**	**1940**
宁夏银仪长山头风电厂	49 500	7139	1442
华电宁夏宁东风电有限公司	57 000	10 839	2166
太阳山风力发电厂	94 500	13 141	2176
宁夏银仪红寺堡风电厂	49 500	8198	1921
新疆自治区	**862 000**	**147 458**	**2483**
华电小草湖风电厂	99 000	18 454	1864
华能吐鲁番风力发电有限公司	49 500	6372	2079
国电风力发电厂	64 800	17 245	2661
新疆风能公司电厂	40 260	8448	2098
国电新疆阿拉山口风电开发公司	49 500	686	843
托里天风风电	159 000	48 897	3075
新疆国投风力发电厂	100 500	25 335	2521
塔城天润风力发电有限公司	49 500	12 963	2619
布尔津天润风力发电有限公司	49 500	6209	2026
其他	200 440	2849	142

截至2009年底35kV及以上输电线路回路长度

km

地　区	合计	特高压	±800kV	750kV	500kV	其中:500kV直流	330kV	220kV	110kV(含66kV)	35kV	电缆
全　国	**1 229 370**	**640**	**1375**	**2747**	**121 939**	**13 298**	**19 156**	**253 573**	**422 863**	**407 077**	**36 902**
北京市	9625				1359			2676	3396	2194	1198
天津市	8689				660			2113	2674	3242	3443
河北省	69 806				8216			13 785	22 898	24 907	438
山西省	45 949	116			7347			9636	12 559	16 291	212
内蒙古区	44 437				4238			13 486	20 956	5757	68
辽宁省	43 180				5119			12 288	25 744	29	564
吉林省	23 901				2285			8089	13 483	44	183
黑龙江省	40 234				4067	713		9765	16 030	10 372	196
上海市	8559			107	798	81		2929	738	3987	14 964
江苏省	72 091				8409	147		19 607	21 547	22 528	3937
浙江省	49 054				5801	5801		12 210	16 037	15 006	2508
安徽省	44 533				4635	726		9012	11 623	19 263	257
福建省	36 212				2728			8439	12 127	12 918	351
江西省	33 079				2548			7547	9388	13 596	216
山东省	68 761				5167			15 295	21 227	27 072	1808
河南省	57 727	343			6060		140	12 170	18 115	20 899	266
湖北省	55 319	180			9386	1390		9861	17 437	18 455	397
湖南省	59 297				4331	857		11 287	19 638	24 041	517
广东省	60 319				5363			16 636	27 658	10 662	2623
广西区	48 789				1222			9844	13 155	24 568	138
海南省	7040							1830	2767	2443	
重庆市	20 503				2524			4385	6241	7353	155
四川省	61 157				6880	240		12 365	19 047	22 865	625
贵州省	34 220				2946			7373	10 565	13 336	1056
云南省	64 636				6326			10 629	19 561	28 120	161
西藏区	4241								1964	2277	
陕西省	35 246			508	565	294	7604	96	15 920	10 553	390
甘肃省	40 540			1359			6240	1110	14 416	17 415	35
青海省	14 930			422			3638		6412	4458	105
宁夏区	10 416			351			1534	2136	3771	2624	1
新疆区	42 345							6774	15 769	19 802	59
跨区	14 534		1375		12 959	3049		200			31

截至 2009 年底已装置 35kV 及以上变压器容量

地区	合计			特高压			±800kV			750kV			500kV			330kV			220kV			110kV			35kV		
	座数(座)	组数(组)	铭牌容量(万 kVA)	座数(座)	组数(组)	铭牌容量(万 kVA)	座数(座)	组数(组)	铭牌容量(万 kVA)	座数(座)	组数(组)	铭牌容量(万 kVA)	座数(座)	组数(组)	铭牌容量(万 kVA)	座数(座)	组数(组)	铭牌容量(万 kVA)	座数(座)	组数(组)	铭牌容量(万 kVA)	座数(座)	组数(组)	铭牌容量(万 kVA)	座数(座)	组数(组)	铭牌容量(万 kVA)
全　国	**55 297**	**125 110**	**324 771**	**2**	**2**	**600**	**2**	**8**	**593**	**10**	**15**	**1740**	**411**	**851**	**64 145**	**114**	**245**	**5656**	**3450**	**6945**	**103 498**	**18 677**	**34 250**	**112 965**	**32 631**	**82 794**	**35 574**
北京市	620	1360	8743										9	26	2521				59	145	2652	306	726	3251	246	463	319
天津市	967	2172	5987										5	12	1005				64	151	2253	152	310	1243	746	1699	1486
河北省	3408	6823	21 243										21	46	3595				201	434	6854	967	1913	7871	2219	4430	2923
山西省	2033	3955	11 731	1	1	300							14	28	2250				135	289	3750	597	1141	3865	1286	2496	1566
内蒙古区	1085	1852	7331										19	27	1957				125	215	2830	651	1112	2178	290	498	366
辽宁省	2131	3994	14 470										17	36	3135				179	347	4804	1928	3604	6517	7	7	14
吉林省	1069	1749	4316										9	30	1155				70	111	1261	987	1605	1900	3	3	
黑龙江省	1567	2597	5462										10	37	992				91	154	1795	735	1254	1966	731	1152	709
上海市	1397	2990	12 259										10	33	2841				100	240	4386	134	268	1191	1153	2449	3841
江苏省	6936	15 777	30 145										30	68	4965				361	659	10 331	1512	2580	10 806	5033	12 470	4043
浙江省	2563	4740	23 113										31	72	5901				228	468	7628	972	1712	7253	1332	2488	2331
安徽省	2202	4214	8601										12	16	1210				124	215	2955	461	809	3074	1605	3174	1362
福建省	1269	2180	9385										14	21	1855				116	221	3382	516	939	3529	623	999	619
江西省	1246	2110	5604										10	15	1125				86	146	1971	328	591	1861	822	1358	647
山东省	4802	9577	23 452										25	49	3575				249	473	7390	1126	2085	8175	3402	6970	4312
河南省	2572	4878	16 044										23	40	3030	2	6	133	188	399	5637	824	1539	5562	1535	2894	1682
湖北省	1959	3518	11 987	1	1	300							24	42	3524				129	245	3468	739	1272	3950	1066	1958	745
湖南省	2073	3502	8883										16	23	1800				130	252	2925	671	1112	3292	1256	2115	866
广东省	2442	5040	32 332										31	73	6325				276	652	12 046	1516	3140	13 542	619	1175	419
广西区	2097	4047	6817										6	9	675				98	217	2670	356	657	2242	1637	3164	1230
海南省	258	414	946																15	27	356	87	155	477	156	232	113
重庆市	743	1331	5438										9	18	1450				51	109	1623	256	492	1926	427	712	439
四川省	2002	3241	11 267										21	40	2900				143	267	3499	640	1075	3782	1198	1859	1086
贵州省	1281	20 706	6155										10	16	1175				63	135	1886	409	733	2333	799	19 822	761
云南省	2008	3591	7829										13	41	1875				88	195	2510	390	698	2323	1517	2657	1121
西藏区	93	88	111																			20	20	78	73	68	33
陕西省	1237	2265	6356							2	2	420				44	97	2176	1	2	24	524	978	3109	666	1186	627
甘肃省	1233	2446	5294							3	4	510				35	73	1662	14	44	428	308	617	2027	873	1708	667
青海省	338	816	3064							2	3	450				22	49	1159				121	278	1214	193	486	241
宁夏区	454	1072	3256							3	6	360				11	20	526	25	56	831	153	343	1193	262	647	346
新疆区	1188	2020	2833																41	73	938	291	492	1235	856	1455	660
跨区	24	45	4317				2	8	593				22	33	3309					4	415						

2009年电力板块上市公司基本情况

证券代码	证券简称	总股本（亿股）	总市值（亿元）	A股市值(不含限售股)（亿元）	类型
600011.SH	华能国际	120.55	965.64	230.54	火电
600021.SH	上海电力	21.40	124.10	124.10	火电
600027.SH	华电国际	67.71	363.61	246.49	火电
600098.SH	广州控股	20.59	152.38	152.38	火电
600101.SH	明星电力	3.24	28.50	22.78	电网
600116.SH	三峡水利	2.10	19.57	16.52	电网
600131.SH	* ST 岷电	5.04	31.76	22.87	电网
600236.SH	桂冠电力	14.80	116.47	63.40	水电
600310.SH	桂东电力	1.57	40.61	40.61	电网
600396.SH	金山股份	3.41	29.67	24.65	火电
600452.SH	涪陵电力	1.60	16.19	7.83	电网
600505.SH	西昌电力	3.65	38.21	35.51	电网
600509.SH	天富热电	6.56	62.09	62.09	火电
600578.SH	京能热电	5.73	57.74	57.74	火电
600642.SH	申能股份	28.90	328.84	328.84	火电
600644.SH	乐山电力	3.26	34.31	25.85	电网
600674.SH	川投能源	9.33	151.13	54.59	水电
600719.SH	大连热电	2.02	17.36	11.65	火电
600726.SH	华电能源	19.67	95.97	35.16	火电
600744.SH	华银电力	7.12	40.92	27.28	火电
600758.SH	红阳能源	1.60	22.30	12.27	火电
600780.SH	通宝能源	8.73	56.57	42.10	火电
600795.SH	国电电力	54.48	402.05	402.05	火电
600863.SH	内蒙华电	19.81	149.98	43.37	火电
600864.SH	哈投股份	5.46	59.83	59.83	火电
600868.SH	ST 梅雁	18.98	70.80	70.80	水电
600886.SH	国投电力	19.95	196.32	103.78	火电

续表

证券代码	证券简称	总股本（亿股）	总市值（亿元）	A股市值(不含限售股)（亿元）	类　型
600900. SH	长江电力	110. 00	1469. 60	655. 89	水电
600969. SH	郴电国际	2. 10	25. 02	11. 00	电网
600979. SH	广安爱众	2. 38	18. 96	18. 96	电网
600982. SH	宁波热电	1. 68	15. 61	15. 61	火电
600995. SH	文山电力	4. 79	40. 67	28. 65	电网
601991. SH	大唐发电	117. 80	1066. 09	766. 02	火电
000027. SZ	深圳能源	22. 03	298. 66	81. 18	火电
000037. SZ	深南电 A	6. 03	43. 64	24. 54	火电
000301. SZ	东方市场	12. 18	85. 28	85. 28	火电
000426. SZ	富龙热电	3. 81	58. 43	30. 81	火电
000531. SZ	穗恒运 A	2. 67	46. 53	46. 53	火电
000539. SZ	粤电力 A	26. 59	208. 23	155. 57	火电
000543. SZ	皖能电力	7. 73	72. 28	72. 28	火电
000600. SZ	建投能源	9. 14	63. 32	37. 93	火电
000601. SZ	韶能股份	9. 26	60. 81	51. 19	水电
000690. SZ	宝新能源	11. 51	111. 19	109. 36	火电
000692. SZ	惠天热电	2. 66	18. 25	18. 25	火电
000720. SZ	* ST 能山	8. 63	42. 40	42. 39	火电
000767. SZ	漳泽电力	13. 24	76. 64	72. 00	火电
000875. SZ	吉电股份	8. 39	44. 81	35. 25	火电
000899. SZ	赣能股份	5. 48	48. 99	21. 27	火电
000958. SZ	* ST 东热	2. 99	16. 86	11. 07	火电
000966. SZ	长源电力	5. 54	29. 81	18. 66	火电
000993. SZ	闽东电力	3. 73	33. 57	33. 57	电网
001896. SZ	* ST 豫能	4. 30	36. 21	36. 21	火电
002039. SZ	黔源电力	1. 40	25. 81	22. 70	水电
	板块合计		**7730. 58**	**4827. 21**	
	市场合计		289 741. 55	149 389. 24	
	板块占比		**2. 67%**	**3. 23%**	

资料来源：Wind 资讯、中信证券研究部。

2009年与1949年、1978年电力行业主要指标对比

指标名称	单　位	指标数值		
		1949年	1978年	2009年
发电装机容量	万kW	185	5712	87 410
其中：水电	万kW	16	1728	19 629
火电	万kW	169	3984	65 108
核电	万kW		30（1991年）	908
风电	万kW			1760
发电量	亿kWh	43	2566	36 812
其中：水电	亿kWh	7	446	5717
火电	亿kWh	36	2119	30 117
核电	亿kWh		0.08（1991年）	701
风电	亿kWh			276
发电厂用电率	%	8.28	6.61	5.76
发电设备利用小时	h	2330	5149	4546
线路损失率	%	22.35	9.64	6.72
供电标准煤耗❶	g/kWh	1130	471	340
220千伏及以上输电线路回路长度	km	765	23 207	399 430
220千伏及以上变电设备容量	万kVA	33	2528	176 232
全社会用电量	亿kWh	49.02	2498	36 595
人均装机容量	kW/人	0.003（1952年）	0.059	0.655
人均发电量	kWh/人	12.4（1952年）	266.6	2757.99
人均生活用电量	kWh/人		21.5（1986年）	342.78
电力消费弹性系数			1.29	0.71

❶ 1949年为500kW以上电厂供电标准煤耗，1978年、2009年为6000kW及以上电厂供电标准煤耗。

国家电网公司统计资料

国家电网公司经营区域发电生产情况

区 域	发电设备容量（万 kW）			发电量（亿 kWh）		
	2009 年	2008 年	同比增长(%)	2009 年	2008 年	同比增长(%)
合 计	**67 136.01**	**61 302.36**	**9.52**	**28 769.20**	**26 974.99**	**6.65**
1. 华北电网	**15 625.95**	**13 911.37**	**12.33**	**7168.09**	**6739.78**	**6.35**
北京市	625.00	586.07	6.64	246.73	248.35	−0.65
天津市	1003.70	750.60	33.72	412.78	397.66	3.80
河北省	3829.24	3206.53	19.42	1764.08	1599.76	10.27
山西省	4089.36	3632.43	12.58	1873.80	1796.77	4.29
山东省	6078.65	5735.73	5.98	2870.71	2697.25	6.43
2. 华东电网	**18 800.45**	**17 706.03**	**6.18**	**8517.01**	**8004.51**	**6.40**
上海市	1657.66	1682.48	−1.48	782.70	795.01	−1.55
江苏省	5650.34	5441.97	3.83	2984.31	2887.26	3.36
浙江省	5616.00	5316.80	5.63	2250.72	2133.87	5.48
安徽省	2841.07	2638.07	7.70	1328.58	1102.54	20.50
福建省	3035.38	2626.71	15.56	1170.71	1085.84	7.82
3. 华中电网	**18 464.53**	**17 343.47**	**6.46**	**7224.60**	**6708.85**	**7.69**
湖北省	4568.88	4327.47	5.58	1797.76	1752.19	2.60
湖南省	2743.32	2520.69	8.83	955.23	852.68	12.03
河南省	4679.80	4572.47	2.35	2067.96	1971.98	4.87
江西省	1532.56	1320.25	16.08	524.43	493.22	6.33
四川省	3806.21	3500.17	8.74	1448.93	1235.88	17.24
重庆市	1133.75	1102.44	2.84	430.30	402.90	6.80
4. 东北电网	**7141.29**	**6305.63**	**13.25**	**2961.85**	**2831.37**	**4.61**
辽宁省	2576.80	2219.44	16.10	1194.49	1138.98	4.87
吉林省	1598.37	1300.08	22.94	547.37	525.75	4.11
黑龙江省	1886.09	1812.80	4.04	731.56	739.48	−1.07
蒙东地区	1080.02	973.31	10.96	488.43	427.16	14.34
5. 西北电网	**7047.12**	**5982.09**	**17.80**	**2879.95**	**2673.27**	**7.73**
陕西省	2181.44	1959.69	11.32	839.81	785.08	6.97
甘肃省	1803.99	1496.04	20.58	703.70	690.76	1.87
青海省	1067.01	791.18	34.86	379.51	322.22	17.78
宁夏自治区	975.37	835.69	16.71	472.24	462.84	2.03
新疆自治区(主网)	1019.32	899.50	13.32	484.69	412.37	17.54
6. 西藏自治区	**56.67**	**53.76**	**5.41**	**17.70**	**15.87**	**11.53**

国家电网公司经营区域发电设备容量

万 kW

区域	合计	水电	火电	核电	新能源	其他	其中：6000kW 及以上电厂					
							合计	水电	火电	核电	新能源	其他
合计	**67 136.01**	**13 418.95**	**51 569.62**	**506.60**	**1430.95**	**209.89**	**64 985.81**	**11 811.77**	**51 045.55**	**506.60**	**1420.30**	**198.27**
1. 华北电网	**15 625.95**	**551.48**	**14 677.86**		**292.56**	**104.05**	**15 553.27**	**520.99**	**14 640.99**		**291.59**	**99.70**
北京市	625.00	105.34	511.44		8.22		621.83	102.44	511.44		7.95	
天津市	1003.70	0.50	999.49		3.70		1001.75		998.15		3.60	
河北省	3829.24	179.09	3500.56		149.60		3806.84	165.37	3491.88		149.60	
山西省	4089.36	160.67	3912.64		16.05		4068.06	152.51	3899.50		16.05	
山东省	6078.65	105.88	5753.73		114.99	104.05	6054.79	100.68	5740.02		114.39	99.70
2. 华东电网	**18 800.45**	**2330.79**	**15 626.29**	**506.60**	**240.23**	**96.54**	**17 793.20**	**1759.35**	**15 200.45**	**506.60**	**237.53**	**89.27**
上海市	1657.66		1649.42		8.25		1654.94		1647.24		7.70	
江苏省	5650.34	113.78	5095.68	200.00	144.33	96.54	5618.43	110.00	5076.31	200.00	142.85	89.27
浙江省	5616.00	956.61	4330.08	306.60	22.72		5024.74	762.73	3932.85	306.60	22.56	
安徽省	2841.07	162.34	2668.14		10.59		2809.86	135.26	2664.01		10.59	
福建省	3035.38	1098.06	1882.98		54.34		2685.23	751.36	1880.05		53.83	
3. 华中电网	**18 464.53**	**7931.03**	**10 480.03**		**47.27**	**6.20**	**17 554.33**	**7059.17**	**10 442.93**		**42.71**	**6.20**
湖北省	4568.88	3000.66	1558.36		9.86		4469.35	2904.89	1554.60		9.86	
湖南省	2743.32	1153.39	1579.90		3.83	6.20	2471.78	891.86	1570.40			6.20
河南省	4679.80	365.28	4293.79		20.73		4665.16	356.54	4288.14		20.48	
江西省	1532.56	376.52	1149.45		6.59		1370.05	215.65	1148.10		6.30	
四川省	3806.21	2582.54	1221.27		2.40		3517.86	2309.23	1206.23		2.40	
重庆市	1133.75	452.64	677.25		3.87		1060.13	381.01	675.45		3.68	
4. 东北电网	**7141.29**	**661.48**	**5827.21**		**649.49**	**3.10**	**7095.14**	**629.66**	**5814.81**		**647.58**	**3.10**
辽宁省	2576.80	146.46	2255.19		175.15		2555.73	132.19	2249.02		174.52	
吉林省	1598.37	389.74	1044.10		161.43	3.10	1588.67	381.09	1043.05		161.43	3.10
黑龙江省	1886.09	94.38	1661.87		129.84		1874.47	88.78	1657.14		128.55	
蒙东地区	1080.02	30.89	866.05		183.08		1076.27	27.59	865.60		183.08	
5. 西北电网	**7047.12**	**1900.08**	**4948.07**		**198.97**		**6933.21**	**1798.52**	**4936.22**		**198.47**	
陕西省	2181.44	191.60	1989.34		0.50		2161.31	176.31	1985.00			
甘肃省	1803.99	578.18	1146.30		79.51		1766.73	540.92	1146.30		79.51	
青海省	1067.01	873.56	193.45				1045.18	851.73	193.45			
宁夏自治区	975.37	42.87	882.10		50.40		973.93	42.23	881.30		50.40	
新疆自治区(主网)	1019.32	213.89	736.88		68.56		986.06	187.34	730.17		68.56	
6. 西藏自治区	**56.67**	**44.08**	**10.16**		**2.43**		**56.67**	**44.08**	**10.16**		**2.43**	

国家电网公司经营区域发电量

亿 kW

区　域	合计	水电	火电	核电	新能源	其他	其中：6000kW 及以上电厂					
							合计	水电	火电	核电	新能源	其他
合　计	**28 769.20**	**4017.77**	**23 954.15**	**382.09**	**291.31**	**123.88**	**28 311.87**	**3602.91**	**23 918.43**	**382.09**	**289.15**	**119.29**
1. 华北电网	**7168.09**	**34.14**	**7006.60**		**65.05**	**62.30**	**7154.58**	**31.12**	**6997.95**		**64.74**	**60.76**
北京市	246.73	4.43	239.66		2.64		246.42	4.28	239.66		2.47	
天津市	412.78	0.13	410.66		1.98		412.39		410.47		1.92	
河北省	1764.08	7.19	1725.20		31.69		1760.48	5.75	1723.04		31.69	
山西省	1873.80	21.66	1848.76		3.38		1870.36	21.00	1845.98		3.38	
山东省	2870.71	0.72	2782.32		25.37	62.30	2864.94	0.08	2778.80		25.29	60.76
2. 华东电网	**8517.01**	**459.88**	**7553.93**	**382.09**	**63.66**	**57.45**	**8360.08**	**318.66**	**7541.83**	**382.09**	**63.10**	**54.40**
上海市	782.70		779.19		3.51		781.79		778.35		3.43	
江苏省	2984.31	2.70	2741.39	141.83	40.93	57.45	2973.39	1.83	2734.76	141.83	40.57	54.40
浙江省	2250.72	152.11	1854.82	240.26	3.52		2206.57	111.03	1851.77	240.26	3.51	
安徽省	1328.58	29.15	1296.22		3.20		1318.42	19.78	1295.44		3.20	
福建省	1170.71	275.92	882.30		12.50		1079.92	186.03	881.51		12.38	
3. 华中电网	**7224.60**	**2717.80**	**4488.97**		**15.63**	**2.20**	**6999.92**	**2504.12**	**4478.33**		**15.27**	**2.20**
湖北省	1797.76	1167.07	628.68		2.02		2061.31	77.28	1975.08		8.96	
湖南省	955.23	321.32	630.92		0.79	2.20	1772.47	1143.69	626.76		2.02	
河南省	2067.96	82.22	1976.72		9.02		892.13	259.61	629.59		0.72	2.20
江西省	524.43	77.80	445.34		1.29		486.20	40.73	444.39		1.09	
四川省	1448.93	944.80	503.11		1.01		409.40	104.61	303.32		1.47	
重庆市	430.30	124.59	304.21		1.51		1378.42	878.20	499.20		1.01	
4. 东北电网	**2961.85**	**107.85**	**2742.17**		**109.90**	**1.93**	**2951.07**	**100.40**	**2739.60**		**109.13**	**1.93**
辽宁省	1194.49	32.23	1134.64		27.62		488.17	6.07	452.65		29.46	
吉林省	547.37	51.79	465.93		27.72	1.93	1190.35	29.26	1133.63		27.46	
黑龙江省	731.56	17.50	688.95		25.10		544.32	49.36	465.31		27.72	1.93
蒙东地区	488.43	6.33	452.65		29.46		728.23	15.72	688.02		24.49	
5. 西北电网	**2879.95**	**683.14**	**2161.17**		**35.64**		**2828.52**	**633.64**	**2159.40**		**35.48**	
陕西省	839.81	65.34	774.31		0.16		830.81	57.08	773.73			
甘肃省	703.70	253.41	438.34		11.95		676.91	226.62	438.34		11.95	
青海省	379.51	272.89	106.61				371.78	265.17	106.61			
宁夏自治区	472.24	17.39	447.11		7.75		472.06	17.30	447.01		7.75	
新疆自治区（主网）	484.69	74.11	394.79		15.79		476.96	67.47	393.70		15.79	
6. 西藏自治区	**17.70**	**14.97**	**1.31**		**1.42**		**17.70**	**14.97**	**1.31**		**1.42**	

国家电网公司经营区域用电消费情况

区　域	用电量(亿 kWh)			用电设备容量(万 kW)		
	2009 年	2008 年	同比增长(%)	2009 年	2008 年	同比增长(%)
合　计	**29 209.00**	**27 353.40**	**6.78**	**230 988.85**	**206 803.41**	**11.69**
1. 华北电网	**7868.66**	**7365.69**	**6.83**	**52 321.77**	**44 023.61**	**18.85**
北京市	739.15	689.72	7.17	13 246.34	8922.19	48.47
天津市	550.16	515.88	6.64	5049.29	3622.22	39.40
河北省	2343.85	2095.02	11.88	11 343.63	10 064.77	12.71
山西省	1267.54	1314.33	—3.56	7471.88	7253.61	3.01
山东省	2941.07	2726.97	7.85	15 210.63	14 160.82	7.41
2. 华东电网	**9026.03**	**8511.84**	**6.04**	**84 580.74**	**74 845.34**	**13.01**
上海市	1153.38	1138.22	1.33	9663.46	9428.18	2.50
江苏省	3313.99	3118.32	6.27	32 659.80	30 377.22	7.51
浙江省	2471.44	2322.87	6.40	21 759.12	17 866.81	21.79
安徽省	952.31	858.88	10.88	9521.00	7462.72	27.58
福建省	1134.92	1073.55	5.72	10 977.37	9710.42	13.05
3. 华中电网	**6697.76**	**6191.44**	**8.18**	**57 127.60**	**56 297.88**	**1.47**
湖北省	1135.13	1058.50	7.24	12 869.94	12 796.29	0.58
湖南省	1010.57	916.79	10.23	6125.75	4812.27	27.29
河南省	2081.38	1970.77	5.61	12 123.44	10 826.13	11.98
江西省	609.22	546.77	11.42	8009.38	4356.52	83.85
四川省	1324.61	1210.13	9.46	13 195.65	20 382.36	—35.26
重庆市	533.80	485.92	9.85	4803.43	3124.32	53.74
4. 东北电网	**2898.18**	**2776.16**	**4.40**	**21 991.72**	**18 981.63**	**15.86**
辽宁省	1488.17	1412.00	5.39	12 030.58	9670.26	24.41
吉林省	515.25	496.49	3.78	3430.80	3471.08	—1.16
黑龙江省	688.67	669.90	2.80	4627.76	4451.48	3.96
蒙东地区	206.09	197.77	4.21	1902.58	1388.82	36.99
5. 西北电网	**2651.98**	**2450.50**	**8.22**	**14 597.13**	**12 482.64**	**16.94**
陕西省	679.87	634.68	7.12	3892.68	2854.14	36.39
甘肃省	705.51	677.76	4.09	3773.05	3088.23	22.18
青海省	337.24	313.23	7.67	2050.74	1558.31	31.60
宁夏自治区	462.96	439.62	5.31	2013.32	2993.56	—32.75
新疆自治区(主网)	466.40	385.21	21.08	2867.34	1988.39	44.20
6. 西藏自治区	**17.70**	**15.87**		**369.88**	**172.32**	

国家电网公司经营区

区 域	全社会用电总计	城乡居民生活用电合计	全行业用电合计	第一产业	第二产业	第三产业	一、农、林、牧、渔业
合 计	**29 209.00**	**3 606.89**	**25 602.11**	**802.78**	**21 714.52**	**3084.81**	**802.78**
1. 华北电网	**7868.66**	**865.97**	**7002.68**	**291.84**	**5861.63**	**849.22**	**291.84**
北京市	739.15	128.80	610.35	15.73	302.80	291.82	15.73
天津市	550.16	64.61	485.55	10.86	395.69	79.00	10.86
河北省	2343.85	255.49	2088.36	157.45	1773.79	157.11	157.45
山西省	1267.54	94.20	1173.34	32.04	1038.94	102.36	32.04
山东省	2941.07	322.88	2618.19	75.75	2323.50	218.93	75.75
2. 华东电网	**9026.03**	**1117.86**	**7908.17**	**69.87**	**6790.47**	**1047.82**	**69.87**
上海市	1153.38	152.52	1000.86	5.39	711.15	284.32	5.39
江苏省	3313.99	323.93	2990.06	25.45	2660.16	304.44	25.45
浙江省	2471.44	280.46	2190.98	15.71	1934.30	240.98	15.71
安徽省	952.31	151.30	801.00	11.28	703.71	86.01	11.28
福建省	1134.92	209.65	925.27	12.04	781.16	132.07	12.04
3. 华中电网	**6697.76**	**1029.47**	**5668.30**	**217.44**	**4793.19**	**657.67**	**217.44**
湖北省	1135.13	179.02	956.10	18.84	809.97	127.29	18.84
湖南省	1010.57	200.76	809.81	86.52	621.34	101.95	86.52
河南省	2081.38	233.67	1847.71	76.88	1612.0	7158.76	76.88
江西省	609.22	103.30	505.92	19.63	422.57	63.72	19.63
四川省	1324.61	218.14	1106.47	14.24	959.45	132.77	14.24
重庆市	533.80	94.57	439.23	1.33	364.72	73.18	1.33
4. 东北电网	**2898.18**	**393.97**	**2504.21**	**62.26**	**2148.17**	**293.78**	**62.26**
辽宁省	1488.17	167.42	1320.76	20.13	1147.2	4153.39	20.13
吉林省	515.25	88.70	426.55	8.67	356.71	61.17	8.67
黑龙江省	688.67	117.43	571.24	24.24	477.47	69.53	24.24
蒙东地区	206.09	20.43	185.66	9.22	166.75	9.69	9.22
5. 西北电网	**2651.98**	**194.50**	**2457.48**	**161.07**	**2063.86**	**232.55**	**161.07**
陕西省	679.87	83.09	596.78	36.82	457.42	102.54	36.82
甘肃省	705.51	46.33	659.19	56.38	540.27	62.54	56.38
青海省	337.24	12.68	324.55	1.35	311.89	11.31	1.35
宁夏自治区	462.96	16.07	446.89	10.85	420.77	15.28	10.85
新疆自治区	466.40	36.33	430.07	55.67	333.52	40.88	55.67
6. 西藏自治区	**17.70**	**5.12**	**12.58**	**0.30**	**8.51**	**3.77**	**0.30**

域全社会用电分类

亿 kWh

二、工业	三、建筑业	四、交通运输、仓储和邮政业	五、信息传输、计算机服务和软件业	六、商业、住宿和餐饮业	七、金融、房地产、商务及居民服务业	八、公共事业及管理组织
21 412.91	**298.55**	**512.06**	**165.89**	**854.22**	**633.15**	**919.50**
5785.03	**76.60**	**164.64**	**38.57**	**201.58**	**191.70**	**252.72**
285.30	17.50	27.40	12.67	65.62	93.99	92.14
386.54	9.15	12.58	2.81	26.79	16.21	20.61
1757.72	16.07	47.95	8.03	35.15	21.84	44.13
1027.74	11.20	41.18	3.66	17.04	15.12	25.37
2300.82	22.69	35.53	11.40	56.97	44.54	70.48
6695.72	**94.75**	**98.50**	**59.82**	**312.72**	**251.34**	**325.45**
701.58	9.56	25.89	11.05	64.75	112.24	70.39
2631.28	28.88	25.40	17.70	93.64	62.66	105.05
1904.24	30.06	21.24	15.53	84.17	41.81	78.23
693.05	10.66	12.16	5.32	28.42	13.93	26.17
765.57	15.59	13.82	10.21	41.74	20.70	45.61
4718.85	**71.28**	**118.77**	**31.98**	**201.23**	**104.72**	**200.96**
799.60	10.37	12.71	2.41	51.68	10.64	49.86
614.11	7.23	24.34	3.86	23.74	20.24	29.77
1601.87	10.20	39.02	8.74	40.43	23.52	47.05
416.62	5.95	10.64	4.64	18.96	8.82	20.65
934.28	25.17	22.89	8.63	42.26	22.41	36.59
352.37	12.35	9.18	3.70	24.16	19.08	17.05
2120.83	**27.35**	**52.09**	**21.23**	**87.72**	**52.25**	**80.49**
1130.54	16.70	29.74	9.51	48.24	26.64	39.25
351.74	4.97	12.08	4.98	18.20	9.04	16.87
472.78	4.69	8.69	5.83	18.21	15.49	21.31
165.77	0.98	1.57	0.91	3.07	1.08	3.06
2036.20	**27.66**	**77.52**	**13.89**	**50.18**	**32.88**	**58.08**
446.64	10.78	36.52	5.09	19.77	13.96	27.20
534.44	5.83	28.92	2.44	10.12	9.92	11.16
308.49	3.40	1.35	1.00	3.07	1.99	3.90
417.01	3.76	5.89	1.08	3.75	1.35	3.21
329.63	3.88	4.84	4.28	13.47	5.67	12.61
7.60	**0.92**	**0.53**	**0.39**	**0.79**	**0.26**	**1.80**

国家电网公司经营区域

区　　域	合　计	1000kV	750kV	500kV	330kV	220kV	110kV	66kV
合　　计	**965 020**	**640**	**2640**	**91 112**	**19 157**	**196 773**	**271 877**	**60 527**
1. 华北地区	**205 862**	**116**		**22 297**		**43 512**	**61 686**	
北京市	9629			1363		2676	3396	
天津市	8831			802		2113	2674	
河北省	70 324			8009		13 798	22 898	
山西省	45 605	116		6801		9637	12 546	
山东省	71 471			5322		15 287	20 172	
2. 华东地区	**210 441**			**22 371**		**52 197**	**62 049**	
上海市	8452			798		2929	738	
江苏省	72 057			8409		19 607	21 524	
浙江省	49 055			5801		12 210	16 036	
安徽省	44 663			4635		9012	11 623	
福建省	36 212			2728		8439	12 128	
3. 华中地区	**283 821**	**523**		**31 464**	**140**	**57 580**	**88 513**	**53**
湖北省	55 331	180		9386		9861	17 405	53
湖南省	53 870			4066		11 287	17 931	
河南省	57 985	343		6060	140	12 190	18 136	
江西省	33 664			2548		7477	9431	
四川省	61 157			6880		12 365	19 047	
重庆市	21 814			2524		4400	6563	
4. 东北地区	**123 778**			**13 111**		**33 370**	**6361**	**60 474**
辽宁省	43 180			5119		12 288		25 744
吉林省	26 987			2451		8326		16 166
黑龙江省	40 918			4067		9836	6361	10 265
蒙东地区	12 693			1474		2920		8299
5. 西北地区	**135 357**		**2640**	**565**	**19 017**	**10 115**	**51 304**	
陕西省	32 964		508	565	7604	95	13 710	
甘肃省	40 541		1359		6241	1110	14 416	
青海省	14 904		422		3638		6400	
宁夏自治区	10 417		351		1534	2136	3771	
新疆自治区	36 530					6774	13 007	
6. 西藏自治区	**4461**						**1964**	

架空线路回路长度

km

35kV	20kV	其中：供农电用					
		合　计	220kV	110kV	66kV	35kV	20kV
321 598	**696**	**189 760**	**2279**	**34 626**	**18 483**	**134 286**	**84**
78 251		**38 483**	**600**	**8247**		**29 635**	
2194							
3242		3314		1295		2018	
25 619		15 073	600	2051		12 422	
16 505		6164		1247		4917	
30 691		13 932		3654		10 278	
73 127	**696**	**42 237**	**880**	**9920**		**31 354**	**84**
3987							
21 823	694	15 071	744	5085		9159	84
15 006	2	5135				5135	
19 393		9209		351		8858	
12 918		12 822	136	4484		8202	
105 546		**60 643**	**595**	**13 149**	**24**	**46 874**	
18 446		11 325		3986	24	7315	
20 586		13 235	318	4481		8435	
21 115		16 754	277	2805		13 672	
14 207		10 127		362		9765	
22 865		3860		783		3077	
8327		5342		732		4610	
10 462		**19 769**	**1**	**171**	**18 459**	**1138**	
29		6165			6136	29	
44		3352			3352		
10 389		4295	1	171	3014	1109	
		5957			5957		
51 715		**28 353**	**203**	**3139**		**25 010**	
10 483		2684		924		1760	
17 415		11 940		551		11 389	
4444		2525				2525	
2624		152				152	
16 749		11 052	203	1664		9184	
2497		**275**				**275**	

国家电网公司经营区域

区 域	合 计		1000kV		750kV		500kV		330kV	
	条数	长度	条数	长度	条数	长度	条数	长度	条数	长度
合 计	**66 673**	**907 516**	**1**	**640**	**20**	**2126**	**1067**	**82 827**	**337**	**17 953**
1. 华北地区	**16 954**	**196 810**		**116**			**253**	**21 316**		
北京市	748	9182					20	1363		
天津市	724	8391					15	802		
河北省	5338	68 271					78	8009		
山西省	3387	45 476		116			77	6801		
山东省	6757	65 490					63	4341		
2. 华东地区	**18 458**	**185 459**					**342**	**17 763**		
上海市	1743	6880					40	588		
江苏省	6764	59 385					112	6047		
浙江省	4185	42 063					97	4942		
安徽省	3149	42 563					54	3589		
福建省	2617	34 568					39	2597		
3. 华中地区	**18 519**	**277 044**	**1**	**523**			**339**	**29 496**	**4**	**95**
湖北省	3257	53 105		180			95	9056		
湖南省	3033	53 696					39	4066		
河南省	4670	56 100	1	343			81	6060	4	95
江西省	1971	33 154					31	2142		
四川省	4030	59 639					62	5648		
重庆市	1558	21 350					31	2524		
4. 东北地区	**6414**	**112 412**					**121**	**12 383**		
辽宁省	2536	36 834					55	4923		
吉林省	1323	23 281					26	2221		
黑龙江省	2059	39 732					28	3773		
蒙东地区	496	12 565					12	1466		
5. 西北地区	**6194**	**130 351**			**20**	**2126**	**3**	**565**	**333**	**17 858**
陕西省	1787	29 156			6	508	3	565	140	6510
甘肃省	1867	40 007			6	846			96	6227
青海省	576	14 631			4	422			63	3587
宁夏自治区	571	10 396			4	351			34	1534
新疆自治区	1393	36 161								
6. 西藏自治区	**125**	**4138**								

架空线路条数及杆路长度

条，km

220kV		110kV		66kV		35kV		20kV	
条数	长度	条数	长度	条数	长度	条数	长度	条数	长度
7560	**177 121**	**19 764**	**257 167**	**4114**	**53 586**	**33 592**	**315 432**	**218**	**664**
1840	**40 118**	**4970**	**58 590**			**9891**	**76 670**		
165	2639	290	3117			273	2063		
145	1915	213	2553			351	3121		
539	12 811	1690	22 053			3031	25 398		
341	9602	979	12 465			1990	16 492		
650	13 151	1798	18 402			4246	29 596		
2531	**41 643**	**5668**	**55 157**			**9699**	**70 232**	**218**	**664**
251	1699	83	730			1369	3863		
1030	14 301	2201	18 095			3204	20 280	217	662
607	9745	1602	13 384			1878	13 990	1	2
312	8477	803	11 295			1980	19 202		
331	7421	979	11 653			1268	12 897		
2026	**55 443**	**6437**	**86 408**	**4**	**53**	**9708**	**105 026**		
342	9008	1190	16 477	4	53	1626	18 331		
336	11 205	1017	17 841			1641	20 584		
512	11 280	1658	17 269			2414	21 053		
248	7414	558	9404			1134	14 194		
394	12 219	1416	18 960			2158	22 812		
194	4317	598	6457			735	8052		
946	**29 863**	**346**	**6179**	**4110**	**53 533**	**891**	**10 454**		
465	10 808			2015	21 074	1	29		
203	6784			1092	14 232	2	44		
213	9353	346	6179	584	10 046	888	10 381		
65	2918			419	8181				
217	**10 055**	**2315**	**49 106**			**3306**	**50 640**		
2	96	820	12 003			816	9474		
38	1110	612	14 415			1115	17 409		
		231	6198			278	4424		
86	2136	260	3751			187	2624		
91	6713	392	12 739			910	16 709		
		28	**1728**			**97**	**2410**		

国家电网公司经营区域

区 域	电							
	合 计		220kV		110kV		66kV	
	条数	长度	条数	长度	条数	长度	条数	长度
合 计	**12 157**	**32 881**	**386**	**1693**	**2949**	**7367**	**175**	**745**
1. 华北地区	**2525**	**7158**	**139**	**454**	**837**	**1685**		
北京市	764	1197	83	249	590	814		
天津市	652	3443	20	155	16	217		
河北省	194	445	10	17	68	158		
山西省	148	213	21	20	55	52		
山东省	767	1860	5	13	108	444		
2. 华东地区	**7724**	**22 019**	**159**	**856**	**1170**	**3718**		
上海市	5604	14 964	124	636	430	1161		
江苏省	1404	3937	23	70	448	1170		
浙江省	478	2510	11	116	199	976		
安徽省	167	257			39	157		
福建省	71	351	1	34	54	254		
3. 华中地区	**1154**	**2186**	**78**	**321**	**709**	**1544**		
湖北省	367	397	33	73	240	279		
湖南省	64	518	6	52	55	450		
河南省	241	266	11	20	135	156		
江西省	128	223	11	46	75	149		
四川省	234	625	17	130	114	413		
重庆市	120	157			90	97		
4. 东北地区	**219**	**943**	**10**	**62**	**3**	**24**	**175**	**745**
辽宁省	77	564	3	47			65	428
吉林省	82	183	7	11			75	172
黑龙江省	60	196		4	3	24	35	145
5. 西北地区	**535**	**575**			**230**	**396**		
陕西省	461	374			208	290		
甘肃省	49	35			14	18		
青海省	14	106			5	51		
宁夏自治区		1						
新疆自治区	11	59			3	37		
6. 西藏自治区								

电缆及直流线路

条，km

缆				直流线路					
35kV		20kV		合　计		500kV		35kV	
条数	长度	条数	长度	条数	长度	条数	长度	条数	长度
8349	**21 591**	**298**	**1488**	**7**	**4430**	**5**	**4427**	**2**	**3**
1549	**5021**								
91	135								
616	3071								
116	271								
72	141								
654	1403								
6101	**15 961**	**294**	**1484**	**3**	**1649**	**1**	**1646**	**2**	**3**
5050	13 167			1	82.5		81	1	1.5
639	1215	294	1482		146		146		
268	1416		2	1	260.5		259	1	1.5
128	100			1	1160	1	1160		
16	63								
367	**322**			**3**	**2194**	**3**	**2194**		
94	45			2	1389	2	1389		
3	16			1	565	1	565		
95	90								
42	28								
103	82				240		240		
30	61								
27	**108**	**4**	**4**						
5	85	4	4						
22	23								
305	**179**			**1**	**294**	**1**	**294**		
253	84			1	294	1	294		
35	17								
9	55								
	1								
8	22								

国家电网公司经营

区 域	合 计		1000kV		750kV		500kV		330kV	
	台数	容量	台数	容量	台数	容量	台数	容量	台数	容量
合 计	**54 465**	**220 245**	**2**	**600**	**18**	**1740**	**599**	**46 557**	**222**	**5344**
1. 华北地区	**13 968**	**59 591**	**1**	**300**			**172**	**12 946**		
北京市	958	6395					18	720		
天津市	846	4030					3	240		
河北省	5053	20 565					74	6161		
山西省	1949	8947	1	300			28	2250		
山东省	5162	19 654					49	3575		
2. 华东地区	**14 871**	**73 136**					**192**	**15 941**		
上海市	1757	9920					27	2350		
江苏省	5631	25 602					56	4625		
浙江省	3318	21 516					72	5901		
安徽省	2371	7282					16	1210		
福建省	1794	8815					21	1855		
3. 华中地区	**14 124**	**50 149**	**1**	**300**			**155**	**12 372**		
湖北省	2575	9429	1	300			28	2307		
湖南省	2372	7462					23	1800		
河南省	3647	13 227					37	2940		
江西省	1883	5151					15	1125		
四川省	2605	9821					34	2750		
重庆市	1042	5060					18	1450		
4. 东北地区	**5928**	**20 606**					**80**	**5298**		
辽宁省	2596	11 508					32	2776		
吉林省	1363	3763					30	1155		
黑龙江省	1479	4197					13	992		
蒙东地区	490	1139					5	375		
5. 西北地区	**5457**	**16 651**			**18**	**1740**			**222**	**5344**
陕西省	1447	5245			2	420			89	2151
甘肃省	1878	4200			3	510			68	1554
青海省	364	2228			7	450			45	1113
宁夏自治区	460	2705			6	360			20	526
新疆自治区	1308	2273								
6. 西藏自治区	**117**	**111**								

区域公用变压器

台，万 kVA

220kV		110kV		66kV		35kV		20kV	
台数	容量	台数	容量	台数	容量	台数	容量	台数	容量
4813	**75 248**	**16 642**	**64 601**	**4580**	**6615**	**26 387**	**19 452**	**1202**	**88**
1322	**21 367**	**4478**	**18 443**			**7995**	**6535**		
134	2553	624	2929			182	193		
124	2005	195	915			524	869		
405	6486	1380	5690			3194	2229		
217	3210	688	2509			1015	678		
442	7113	1591	6401			3080	2566		
1651	**27 322**	**5235**	**22 523**			**6591**	**7261**	**1202**	**88**
211	3964	179	811			1340	2795		
593	9762	2046	9304			1737	1823	1199	88
443	7479	1576	6761			1224	1375	3	0
198	2835	597	2424			1560	813		
206	3282	837	3222			730	457		
1113	**16 564**	**4785**	**16 731**	**3**	**2**	**8067**	**4181**		
200	3053	986	3224	3	2	1357	544		
170	2377	861	2655			1318	630		
303	4759	1143	4288			2164	1239		
133	1881	504	1557			1231	588		
206	2916	901	3309			1464	846		
101	1578	390	1699			533	334		
573	**7902**	**249**	**636**	**4577**	**6613**	**449**	**158**		
289	4566			2270	4162	5	3		
104	1223			1226	1384	3	1		
145	1752	249	636	631	663	441	154		
35	359			450	405				
154	**2094**	**1866**	**6195**			**3197**	**1278**		
2	24	722	2337			632	313		
25	315	423	1357			1359	465		
		163	616			149	49		
56	831	211	912			167	76		
71	924	347	974			890	376		
		29	**73**			**88**	**38**		

国家电网公司经营

区域	合计		330kV		220kV	
	台数	容量	台数	容量	台数	容量
合计	**34 539**	**36 134**	**17**	**179**	**709**	**5690**
1. 华北地区	**9932**	**11 577**			**170**	**1532**
北京市	396	559			11	99
天津市	1317	1192			27	248
河北省	1798	3244			29	368
山西省	2006	2785			72	540
山东省	4415	3798			31	277
2. 华东地区	**15 016**	**9523**			**152**	**1359**
上海市	1225	1841			29	422
江苏省	10 139	4204			66	569
浙江省	1423	1590			25	149
安徽省	1843	1319			17	120
福建省	386	570			15	100
3. 华中地区	**4123**	**7019**			**289**	**2317**
湖北省	930	1343			45	415
湖南省	847	1235			81	533
河南省	1219	2552			93	835
江西省	218	453			12	90
四川省	620	1060			50	400
重庆市	289	378			8	45
4. 东北地区	**3023**	**4627**			**79**	**369**
辽宁省	1394	2605			60	246
吉林省	385	555			7	38
黑龙江省	1098	1287			9	43
蒙东地区	146	182			3	42
5. 西北地区	**2445**	**3387**	**17**	**179**	**19**	**113**
陕西省	556	699	8	25		
甘肃省	565	1093	5	108	19	113
青海省	459	841	4	46		
宁夏自治区	612	551				
新疆自治区	253	203				
6. 西藏自治区						

区域企业自备变压器

台，万 kVA

110kV		66kV		35kV		20kV	
台数	容量	台数	容量	台数	容量	台数	容量
4744	**15 281**	**2094**	**3186**	**21 580**	**11 113**	**5395**	**686**
1699	**5974**			**8063**	**4071**		
104	335			281	125		
115	328			1175	616		
533	2181			1236	694		
453	1356			1481	888		
494	1775			3890	1746		
1071	**3323**			**8419**	**4206**	**5374**	**634**
87	373			1109	1046		
534	1502			4165	1499	5374	634
136	492			1262	950		
212	650			1614	549		
102	307			269	162		
1200	**3369**	**1**	**0**	**2622**	**1284**	**11**	**49**
283	727	1	0	601	200		
164	410			591	243	11	49
396	1274			730	443		
79	304			127	59		
176	427			394	234		
102	227			179	105		
129	**507**	**2093**	**3185**	**712**	**564**	**10**	**3**
		1322	2345	2	11	10	3
		378	517				
120	440	259	251	710	553		
9	67	134	73				
645	**2107**			**1764**	**988**		
161	446			387	228		
193	670			348	202		
116	600			339	195		
132	281			480	270		
43	110			210	93		

国家电网公司经营区域换流变压器情况

台，kVA

区　域	合　计		500kV		330kV		220kV		110kV		35kV	
	台数	容量	台数	容量	台数	容量	台数	容量	台数	容量	台数	容量
合　计	**56**	**3918**	**44**	**3669**	**5**	**177**	**3**	**57**	**2**	**7**	**2**	**7**
华北地区												
华东地区	**22**	**846**	**18**	**832**					**2**	**7**	**2**	**7**
上海市	6	499	6	491					2	7		
江苏省	14	340	12	340								
浙江省	2	7									2	7
华中地区	**26**	**1929**	**18**	**1694**	**5**	**177**	**3**	**57**				
湖北省	14	1217	14	1217								
河南省	10	355	2	120	5	177	3	57				
四川省	2	357	2	357								
东北地区	**5**	**389**	**5**	**389**								
辽宁省	5	389	5	389								
西北地区	**2**	**357**	**2**	**357**								
陕西省	2	357	2	357								
鹅城换流站	**1**	**397**	**1**	**397**								

国家电网公司换流站换流容量及直流输送能力

名　称	地　址	电压等级（kV）	换流站换流容量（万 kW）	直流输送能力（万 kW）
合　计			3197.4	1620
一、葛南直流		500		120
葛洲坝换流站	湖北		120	
南桥换流站	上海		134.4	
二、龙政直流		500		300
龙泉换流站	湖北		300	
政平换流站	江苏		300	
三、江城直流		500		300
江陵换流站	湖北		300	
鹅城换流站	广东		300	
四、灵宝背靠背		500/330/220		150
灵宝换流站	河南		36	
灵宝换流站（二期）	河南		150	
五、宜华直流		500		300
宜都换流站	湖北		300	
华新换流站	上海		357	
六、高龄背靠背		500		150
高龄换流站	辽宁		300	
七、德宝直流		500		300
德阳换流站	四川		300	
宝鸡换流站	陕西		300	

中国南方电网公司统计资料

2009年南方电网概况

序号	项目名称	广东	广西	云南	贵州	海南	天生桥电站及超高压	合计	同比增长(%)
1	全省区装机容量(万kW)	6406.92	2552.40	3169.45	2739.24	385.02	252.00	15 505.02	10.86
	其中:水电	796.24	1475.18	2090.37	1008.51	70.10	252.00	5692.40	19.39
	抽水蓄能	330.00						330.00	37.50
	火电	4930.13	1077.23	1070.91	1730.73	305.40		9014.38	5.36
	核电	394.80						394.80	4.44
	风电	55.75		7.88		5.82		69.44	62.87
	其他			0.30		3.70		4.00	185.71
2	全省区发电量(亿kWh)	2666.25	905.06	1173.82	1222.18	135.46	104.78	6207.56	5.57
	其中:水电	163.18	476.94	623.66	244.24	20.74	104.78	1633.55	-5.94
	抽水蓄能	34.09						34.09	-9.32
	火电	2142.90	428.12	548.07	977.94	112.03		4209.96	11.20
	核电	318.41						318.41	1.65
	风电	7.66		2.09		0.86		10.61	62.83
	其他					1.83		1.83	78.20
3	统调装机容量(万kW)	4844.10	1992.00	2342.31	2583.99	303.80	252.00	12 318.20	14.19
	其中:水电	102.70	1122.60	1380.93	889.99	40.40	252.00	3788.62	27.30
	抽水蓄能	330.00						330.00	37.50
	火电	4016.60	869.40	953.50	1694.00	263.40		7796.90	8.50
	核电	394.80						394.80	4.44
	风电			7.88				7.88	0
	其他								
4	统调发电量(亿kWh)	2222.13	735.56	911.63	1171.01	108.60	104.78	5253.71	16.16
	其中:水电	21.93	384.62	414.81	207.76	9.98	104.78	1143.88	41.58
	抽水蓄能	34.09						34.09	-14.88
	火电	1847.70	350.95	494.73	963.24	98.62		3755.24	11.33
	核电	318.41						318.41	5.50
	风电			2.09				2.09	—
	其他								

续表

序号	项 目 名 称	广东	广西	云南	贵州	海南	天生桥电站及超高压	合计	同比增长(%)
5	全社会用电量（亿 kWh）	3610	856	891	750	135	49	6292	5.86
	同比增长率（%）	2.93	12.56	7.44	10.47	9.10	12.65	5.86	
	全社会最大负荷（万 kW）	6600	1520	1500	1350	220		10 490	5.75
	同比增长率（%）	6.45	22.58	10.29	21.62	10.00		5.75	
	统调最大负荷（万 kW）	6361	1240	1135	1306	189		9590	7.92
	同比增长率（%）	5.53	23.28	23.39	25.28	11.44		7.92	
6	全省区 800kV 线路长度（km）						1375	1375	
	全省区 500kV 变电容量(万 kVA)	6175	675	1875	1175	798	1925	12 623	28.15
	全省区 500kV 线路长度(km)	5363	1222	6326	2946		12 959	28 816	9.07
	全省区 220kV 变电容量(万 kVA)	11 793	2157	2292	1656	318		18 216	20.58
	全省区 220kV 线路长度(km)	16 636	9844	10 629	7373	1830	200	46 512	10.54
7	西电东送(受端,亿 kWh)	1044.11	111.18					1155.29	9.22
	同比增长率(%)	12.56	−14.61					9.22	
	1. 天生桥送电(亿 kWh)	64.38	35.48					99.86	−24.53
	同比增长率(%)	−24.59	−24.44					−24.53	
	2. 广西送电(亿 kWh)	36.87						36.87	−0.53
	同比增长率(%)	−53.23						−53.23	
	3. 云南送电(亿 kWh)		241.84					241.84	44.65
	同比增长率(%)		44.65					44.65	
	4. 贵州送电(亿 kWh)	391.22	16.86					408.07	27.99
	同比增长率(%)	29.55						27.99	
	5. 三峡、鲤鱼江、桥口电厂送电(亿 kWh)	243.24						243.24	9.92
	同比增长率(%)	9.92						9.92	
	6. 龙滩电站送电(亿 kWh)	66.56	58.84					125.40	−9.97
	同比增长率(%)	−8.71	−11.36					−9.97	
8	南方五省区 GDP(亿元,初步核算数)	39 082	7700	6168	3894	1647		58 490	10.5
	同比增长率(%)	9.5	13.9	12.1	11.2	11.7		10.5	

注 1.“天生桥电站及超高压”项下的发电部分是指天生桥一级、二级电站，送电部分是指南方电网超高压公司，云南鲁布革电站已计入云南省。

2. 变电容量是指公用变压器容量，未含电厂升压变、企业自备变、换流变容量。

3. 全社会最大负荷由电量推算得出。

4. 广东、云南、广西、贵州、海南省 GDP 数据来自各省统计局 2008 年统计公报。

5. 按全国电力行业统计口径，统调是指各省区中调及以上统一调度电厂范围。

2009年南方五省区年末发电装机容量和全年发电量情况

统计口径		南方五省区合计	广东省	广西区	云南省	贵州省	海南省	天生桥电站
发电装机容量（万kW）	合计	15 505.02	6406.92	2552.40	3169.45	2739.24	385.02	252.00
	水电	5692.40	796.24	1475.18	2090.37	1008.51	70.10	252.00
	抽水蓄能	330.00	330.00					
	火电	9014.38	4830.13	1077.23	1070.91	1730.73	305.40	
	其中：煤电	7408.32	3594.42	869.40	980.58	1730.73	233.20	
	油电	587.48	587.48					
	气电	698.12	625.92				72.20	
	其他	320.46	22.31	207.83	90.32			
	核电	394.80	394.80					
	风电	69.44	55.75		7.88		5.82	
	其他	4.00			0.30		3.70	
其中：统调电厂容量（万kW）	合计	12 318.20	4844.10	1992.00	2342.31	2583.99	303.80	252.00
	水电	3788.62	102.70	1122.60	1380.93	889.99	40.40	252.00
	抽水蓄能	330.00	330.00					
	火电	7796.90	4016.60	869.40	953.50	1694.00	263.40	
	其中：煤电	6961.10	3253.00	869.40	953.50	1694.00	191.20	
	油电	265.00	265.00					
	气电	555.80	498.60				57.20	
	其他	15.00					15.00	
	核电	394.80	394.80					
	风电	7.88			7.88			
	其他							
发电量（亿kWh）	合计	6207.56	2666.25	905.06	1173.82	1222.18	135.46	104.78
	水电	1633.55	163.18	476.94	623.66	244.24	20.74	104.78
	抽水蓄能	34.09	34.09					
	火电	4209.06	2142.90	428.12	548.07	977.94	112.03	
	其中：煤电	3734.50	1807.06	350.95	507.74	977.94	90.82	
	油电	151.20	151.20					
	气电	195.62	174.41				21.22	
	其他	127.74	10.23	77.17	40.33			
	核电	318.41	318.41					
	风电	10.61	7.66		2.09		0.86	
	其他	1.83					1.83	
其中：统调电厂发电量（亿kWh）	合计	5253.71	2222.13	735.56	911.63	1171.01	108.60	104.78
	水电	1143.88	21.93	384.62	414.81	207.76	9.98	104.78
	抽水蓄能	34.09	34.09					
	火电	3755.24	1847.70	350.95	494.73	963.24	98.62	
	其中：煤电	3527.65	1641.33	350.95	494.73	963.24	77.40	
	油电	56.92	56.92					
	气电	170.54	149.45				21.09	
	其他	0.13					0.13	
	核电	318.41	318.41					
	风电	2.09			2.09			
	其他							

注 1. 鲁布革水电站位于云南省境内，其装机容量和发电量已计入云南省。

2. 广东粤电集团所属天生桥一级水电站不在广东省境内，其装机容量和发电量未计入广东省。

3. 按全国电力行业统计口径，统调是指各省区中调及以上统一调度电厂范围。

2009 年南方五省区电源结构情况(一)

统计口径		南方五省区合计	广东省	广西区	云南省	贵州省	海南省	天生桥电站
发电装机容量比重(%)	合　计	100.00	100.00	100.00	100.00	100.00	100.00	100.00
	水　电	36.71	12.43	57.80	65.95	36.82	18.21	100.00
	抽水蓄能	2.13	5.15					
	火　电	58.14	75.39	42.20	33.79	63.18	79.32	
	其中：煤电	47.78	56.10	34.06	30.94	63.18	60.57	
	油电	3.79	9.17					
	气电	4.50	9.77				18.75	
	其他	2.07	0.35	8.14	2.85			
	核　电	2.55	6.16					
	风　电	0.45	0.87		0.25		1.51	
	其　他	0.03			0.01		0.96	
其中：统调电厂容量比重(%)	合　计	79.45	75.61	78.04	73.90	94.33	78.90	100.00
	水　电	24.43	1.60	43.98	43.57	32.49	10.49	100.00
	抽水蓄能	2.13	5.15					
	火　电	50.29	62.69	34.06	30.08	61.84	68.41	
	其中：煤电	44.90	50.77	34.06	30.08	61.84	49.66	
	油电	1.71	4.14					
	气电	3.58	7.78				14.86	
	其他	0.10					3.90	
	核　电	2.55	6.16					
	风　电	0.05			0.25			
	其　他							
发电量比重(%)	合　计	100.00	100.00	100.00	100.00	100.00	100.00	100.00
	水　电	26.32	6.12	52.70	53.13	19.98	15.31	100.00
	抽水蓄能	0.55	1.28					
	火　电	67.81	80.37	47.30	46.69	80.02	82.71	
	其中：煤电	60.16	67.78	38.78	43.26	80.02	67.04	
	油电	2.44	5.67					
	气电	3.15	6.54				15.66	
	其他	2.06	0.38	8.53	3.44			
	核　电	5.13	11.94					
	风　电	0.17	0.29		0.18		0.63	
	其　他	0.03					1.35	
其中：统调电厂发电量比重(%)	合　计	84.63	83.34	81.27	77.66	95.81	80.17	100.00
	水　电	18.43	0.82	42.50	35.34	17.00	7.37	100.00
	抽水蓄能	0.55	1.28					
	火　电	60.49	69.30	38.78	42.15	78.81	72.80	
	其中：煤电	56.83	61.56	38.78	42.15	78.81	57.14	
	油电	0.92	2.13					
	气电	2.75	5.61				15.57	
	其他	0.00					0.10	
	核　电	5.13	11.94					
	风　电	0.03			0.18			
	其　他							

注　1. 鲁布革水电站位于云南省境内，其装机容量和发电量已计入云南省。

2. 广东粤电集团所属天生桥一级水电站不在广东省境内，其装机容量和发电量未计入广东省。

3. 按全国电力行业统计口径，统调是指各省区中调及以上统一调度电厂范围。

2009年南方五省区电源结构情况(二)

统计口径		南方五省区合计	广东省	广西区	云南省	贵州省	海南省	天生桥电站
发电装机容量比重(%)	合计	100.00	41.32	16.46	20.44	17.67	2.48	1.63
	水电	36.71	5.14	9.51	13.48	6.50	0.45	1.63
	抽水蓄能	2.13	2.13					
	火电	58.14	31.15	6.95	6.91	11.16	1.97	
	其中：煤电	47.78	23.18	5.61	6.32	11.16	1.50	
	油电	3.79	3.79					
	气电	4.50	4.04				0.47	
	其他	2.07	0.14	1.34	0.58			
	核电	2.55	2.55					
	风电	0.45	0.36		0.05		0.04	
	其他	0.03			0.00		0.02	
其中：统调电厂容量比重(%)	合计	79.45	31.24	12.85	15.11	16.67	1.96	1.63
	水电	24.43	0.66	7.24	8.91	5.74	0.26	1.63
	抽水蓄能	2.13	2.13					
	火电	50.29	25.91	5.61	6.15	10.93	1.70	
	其中：煤电	44.90	20.98	5.61	6.15	10.93	1.23	
	油电	1.71	1.71					
	气电	3.58	3.22				0.37	
	其他	0.10					0.10	
	核电	2.55	2.55					
	风电	0.05			0.05			
	其他							
发电量比重(%)	合计	100.00	42.95	14.58	18.91	19.69	2.18	1.69
	水电	26.32	2.63	7.68	10.05	3.93	0.33	1.69
	抽水蓄能	0.55	0.55					
	火电	67.81	34.52	6.90	8.83	15.75	1.80	
	其中：煤电	60.16	29.11	5.65	8.18	15.75	1.46	
	油电	2.44	2.44					
	气电	3.15	2.81				0.34	
	其他	2.06	0.16	1.24	0.65			
	核电	5.13	5.13					
	风电	0.17	0.12		0.03		0.01	
	其他	0.03					0.03	
其中：统调电厂发电量比重(%)	合计	84.63	35.80	11.85	14.69	18.86	1.75	1.69
	水电	18.43	0.35	6.20	6.68	3.35	0.16	1.69
	抽水蓄能	0.55	0.55					
	火电	60.49	29.77	5.65	7.97	15.52	1.59	
	其中：煤电	56.83	26.44	5.65	7.97	15.52	1.25	
	油电	0.92	0.92					
	气电	2.75	2.41				0.34	
	其他	0.00					0.00	
	核电	5.13	5.13					
	风电	0.03			0.03			
	其他							

注 1. 鲁布革水电站位于云南省境内，其装机容量和发电量已计入云南省。

2. 广东粤电集团所属天生桥一级水电站不在广东省境内，其装机容量和发电量未计入广东省。

3. 按全国电力行业统计口径，统调是指各省区中调及以上统一调度电厂范围。

2009年南方五省区电厂生产能力

kW，万kWh

按省区统计	年初生产能力	2009年新增能力				2009年减少能力	年末生产能力	发电量
		合计	基建新增	技改新增	其他新增			
南方五省区合计	139 855 833	19 720 039	18 838 903	670 526	210 610	4 525 632	155 050 240	62 075 559
1. 水电	50 079 283	10 496 531	10 330 395	67 526	98 610	351 852	60 223 962	16 676 419
2. 火电	85 556 170	8 761 440	8 223 440	435 000	103 000	4 173 780	90 143 830	42 090 647
3. 核电	3 780 000	168 000		168 000			3 948 000	3 184 120
4. 风电	426 380	268 068	268 068				694 448	106 113
5. 其他	14 000	26 000	17 000		9000		40 000	18 261
一、广东省小计	60 078 516	7 658 174	7 409 658	248 516		3 667 514	64 069 176	26 662 485
1. 水电	10 283 796	1 256 666	1 194 150	62 516		278 044	11 262 418	1 972 756
2. 火电	45 725 290	5 965 440	5 947 440	18 000		3 389 470	48 301 260	21 428 990
3. 核电	3 780 000	168 000		168 000			3 948 000	3 184 120
4. 风电	289 430	268 068	268 068				557 498	76 619
二、广西自治区小计	24 244 903	1 309 290	779 600	421 185	108 505	30 170	25 524 023	9 050 615
1. 水电	13 973 683	789 290	779 600	4185	5505	11 220	14 751 753	4 769 425
2. 火电	10 271 220	520 000		417 000	103 000	18 950	10 772 270	4 281 190
三、云南省小计	25 850 440	5 904 875	5 889 745	825	14 305	60 844	31 694 471	11 738 181
1. 水电	15 736 780	5 225 875	5 210 745	825	14 305	58 984	20 903 671	6 236 577
2. 火电	10 034 910	676 000	676 000			1860	10 709 050	5 480 701
3. 风电	78 750						78 750	20 902
4. 其他		3000	3000				3000	
四、贵州省小计（不含天生桥一、二级电站）	24 121 570	4 034 300	3 955 500		78 800	763 500	27 392 370	12 221 838
1. 水电	6 950 820	3 134 300	3 055 500		78 800		10 085 120	2 442 421
2. 火电	17 170 750	900 000	900 000			763 500	17 307 250	9 779 417
五、海南省小计	3 040 404	813 400	804 400		9000	3604	3 850 200	1 354 614
1. 水电	614 204	90 400	90 400			3604	701 000	207 413
2. 火电	2 354 000	700 000	700 000				3 054 000	1 120 348
3. 风电	58 200						58 200	8592
4. 其他	14 000	23 000	14 000		9000		37 000	18 261
六、天生桥一、二级电站	2 520 000						2 520 000	1 047 826
1. 水电	2 520 000						2 520 000	1 047 826

2009 年南方五省区电力基本情况

指 标 名 称	计算单位	2009 年	2008 年
发电装机容量	kW	155 050 240	139 855 833
水电	kW	60 223 962	50 079 283
火电	kW	90 143 830	85 556 170
发电量	万 kWh	62 075 559	58 803 086
水电	万 kWh	16 676 419	17 742 694
火电	万 kWh	42 090 647	37 852 522
购五省外电量	万 kWh	20 232 937	2 611 461
售五省外电量	万 kWh	19 386 275	1 957 184
全社会用电量	万 kWh	62 922 221	59 440 954
发电平均设备利用小时*	h	4447	4555
水电	h	3368	4169
火电	h	4924	4579
发电厂用电率*	%	4.84	4.83
水电	%	0.33	0.29
火电	%	6.43	6.62
发电标准煤耗率*	g/kWh	315	321
供电标准煤耗率*	g/kWh	337	343
发电消耗标准煤量*	t	128 126 559	118 279 485
发电消耗原煤量*	t	181 401 853	165 984 775
发电消耗燃油量*	t	2 341 832	4 569 236
供电线路损失率	%	5.56	6.22
供电线路损失量	万 kWh	4 093 372	4 368 577
变电设备容量(35kV 及以上)**	万 kWh	74 647.45	63 211.82
500kV	万 kVA	20 560.75	16 413.25
220kV	万 kVA	25 922.76	22 014.29
110kV	万 kVA	23 287.38	20 844.42
35kV	万 kVA	4283.64	3939.86
输电线路长度(35kV 及以上)	km	229 536.22	214 333.98
500kV	km	28 815.63	26 419.18
220kV	km	46 511.90	41 271.39
110kV	km	73 705.04	67 160.46
35kV	km	79 128.95	79 482.95

注 1. 全社会用电量=发电量+购五省外电量-售五省外电量。

2. 供电线路损失量扣除了各省之间互送电量产生的线损电量。

3. 水电未含抽水蓄能电站。

* 6000kW 及以上电厂数据。

** 含电厂升压、企业自备变压器、换流变压器容量。

2009年南方五省区分省区电力基本情况

指标名称	计算单位	合计	其中					
			广东省	广西区	云南省	贵州省	海南省	天生桥电站 鲁布革电站 超高压公司
发电装机容量	万 kW	15 505.02	6406.92	2552.40	3169.45	2739.24	385.02	252.00
水电	万 kW	6022.40	1126.24	1475.18	2090.37	1008.51	70.10	252.00
火电	万 kW	9014.38	4830.13	1077.23	1070.91	1730.73	305.40	
发电量	亿 kWh	6207.56	2666.25	905.06	1173.82	1222.18	135.46	104.78
水电	亿 kWh	1667.64	197.28	476.94	623.66	244.24	20.74	104.78
火电	亿 kWh	4209.06	2142.90	428.12	548.07	977.94	112.03	
购外省电量	亿 kWh	2023.29	1081.42	65.49	18.93	0.90		856.54
售外省电量	亿 kWh	1938.63	138.03	114.20	301.56	472.79		912.05
全社会用电量	亿 kWh	6292.22	3609.64	856.35	891.19	750.30	135.46	49.28
发电设备平均利用小时*	h	4447	4788	3667	4215	4868	3527	4158
水电	h	3368	2385	3458	3553	3019	2785	4158
火电	h	4924	4896	3921	5285	5614	3668	
发电厂用电率*	%	4.84	5.63	3.14	3.56	5.51	7.29	0.11
水电	%	0.33	0.66	0.37	0.31	0.22	0.57	0.11
火电	%	6.43	6.16	6.69	6.52	6.68	8.17	
发电标准煤耗率*	g/kWh	315	312	311	320	322	310	
供电标准煤耗率*	g/kWh	337	332	334	342	346	339	
发电消耗标煤量*	万 t	12 812.66	6677.59	1095.18	1604.94	3092.36	342.58	
发电消耗原煤量*	万 t	18 140.19	8128.18	1619.52	3177.52	4870.82	344.14	
发电消耗燃油量*	万 t	234.18	230.70	0.56	1.07	1.75	0.12	
供电线路损失率	%	5.56	5.59	6.44	5.93	4.61	7.68	5.26
供电线路损失量	亿 kWh	409.34	190.10	50.94	56.93	54.24	8.58	48.55
变电设备容量(35kV及以上)	万 kVA	74 647.45	37 983.88	9331.86	11 235.99	9981.63	1412.67	4701.42
800kV	万 kVA	592.92						592.92
500kV	万 kVA	20 560.75	7629.20	1805.00	3488.80	4026.55		3611.20
220kV	万 kVA	25 922.76	14 898.40	3602.14	3681.90	2671.52	579.40	489.40
110kV	万 kVA	23 287.38	14 894.95	2486.31	2754.32	2448.81	695.49	7.50
35kV	万 kVA	4283.64	561.33	1438.41	1310.97	834.75	137.78	0.40
输电线路长度(35kV及以上)	km	229 536.22	60 319.00	48 788.81	64 635.89	34 220.00	7039.57	14 532.94
800kV	km	1374.69						1374.69
500kV	km	28 815.63	5363.00	1221.73	6326.29	2946.00		12 958.61
220kV	km	46 511.90	16 636.00	9843.87	10 629.38	7373.00	1830.01	199.65
110kV	km	73 705.04	27 658.00	13 154.56	19 560.67	10 565.00	2766.81	
35kV	km	79 128.95	10 662.00	24 568.65	28 119.55	13 336.00	2442.75	

注 1.“水电”未含抽水蓄能电站；标记“*”的是6000kW及以上电厂数据。

2. 变电设备容量是电厂升压变、公用变压器、企业自备变压器和换流变压器的总容量，未含天生桥二级电站联络变75万kVA。

3. 全社会用电量=发电量+购外省电量-售外省电量。

4.“云南省”项含鲁布革水电站的装机容量和发电量；“天生桥电站、鲁布革电站、超高压公司”项含天生桥一级、二级水电站发电装机容量和发电量，及超高压公司购云南、贵州和地方小水电的电量，售给广东、广西的电量，还有鲁布革电厂、天生桥一级、二级电站和超高压公司变电设备情况，超高压公司的输电线路情况。

5. 变电设备容量中换流变容量1798.8万kVA（其中800kV 592.92万kVA，500kV 1384.2万kVA，220kV 414.6万kVA）。

6. 输电线路长度中直流输电线路4423.99km，其中，800kV 1374.69km，500kV 3049.3km。

2009年南方电网统调负荷情况

万kW，%

序　　号	指标名称	全　　网	广　　东	广　　西	云　　南	贵　州	海　　南
1	最高负荷	9590	6361	1240	1135	1306	189
(1)	同比增长率	7.92	5.53	23.28	23.39	25.28	11.44
(2)	最高负荷日	2009.09.08	2009.08.03	2009.11.20	2009.11.20	2009.11.19	2009.07.27
2	最低负荷	2387	1005	355	290	471	59
3	平均负荷	6560	3968	796	769	841	130
4	最高峰谷差	3416	2641	475	371	395	95
5	最低峰谷差	1070	727	184	146	192	42
6	平均峰谷差	2591	1815	317	251	298	68
7	最高日负荷率	91.86	91.08	93.36	92.39	92.87	88.31
8	最低日负荷率	73.92	68.91	69.68	79.21	80.91	65.50
9	平均日负荷率	84.79	82.14	83.00	86.89	86.92	79.39
10	负荷率	68.40	62.38	64.22	67.71	64.40	68.91

注　本表全网负荷未包括海南。

2009年电量交换情况

万kWh

统　计　口　径		2009年	2008年
一、西电东送情况			
（一）西电东送合计（受端）		11 552 888	10 577 666
超高压公司	西电送广西	1 111 792	1 301 944
	其中：1. 天生桥一级电站送	97 449	135 350
	2. 天生桥二级电站送	257 336	334 173
	3. 龙滩电厂送	588 447	663 861
	4. 盘县电厂送	168 560	168 560
	5. 云南电网送	0	0
	6. 贵州电网送	0	0
	西电送广东	10 441 096	9 275 721
	其中：1. 天生桥一级电站送	281 318	383 887
	2. 天生桥二级电站送	362 521	469 867
	3. 龙滩电厂送	665 581	729 090
	4. 云南电网送	2 418 430	1 671 961
	5. 贵州电网送	3 912 188	3 019 715
	6. 广西电网送	368 680	788 284
广　　东	7. 三峡电厂（含国网）送广东	1 401 663	1 347 235
	8. 鲤鱼江电厂送广东	348 296	310 113
	9. 桥口电厂送广东	682 418	555 569
（二）广东送广西		0	24 089
（三）广西地方送广东		765 988	844 945
二、购售国家电网公司系统电量			
	其中：购电量	2 505 122	2 251 108
	售电量	359 952	81 840

续表

统计口径		2009年	2008年
广　东	购鲤鱼江电厂	348 296	310 113
	购三峡电厂	1 401 663	1 347 235
	购桥口电厂	682 418	555 569
	售湖南	0	0
广　西	购湖南	54 178	24 523
	售湖南	3569	7269
云　南	购四川	18 567	13 668
	售四川	2802	1445
贵　州	售重庆	215 841	212 819
	售湖南	137 740	50 000
三、购售港澳地区电量			
广　东	购香港	373 129	355 257
	其中：蛇口购	78 070	83 561
	售澳门	222 672	231 089
	核电输香港	1 096 322	1 080 090
	抽水蓄能送香港	61 293	47 515
四、售越南电量		413 624	326 957
广　西	售越南	3752	11 383
云　南	售越南	409 872	315 574
五、购缅甸电量		152 838	4666
云　南	售缅甸	152 838	4666
六、售老挝电量		1295	0
云　南	售老挝	1295	0

2009年南方五省区主要指标占全国比重

统计口径	全　国	南方五省	比重（%）
人口（万人）	133 474	23 724	17.77
国内生产总值（亿元）	335 353	58 490	17.44
全社会用电量（亿kWh）	36 430	6292	17.27
发电装机容量（万kW）	87 407	15 505	17.74
水电	19 679	6022	30.60
火电	65 205	9014	13.82
发电量（亿kWh）	36 639	6208	16.94
水电	5747	1668	29.02
火电	29 922	4209	14.07
人均GDP（元/人）	25 188	24 745	98.24
人均全社会用电量（kWh/人）	2736	2662	97.29
人均发电装机容量（kW/人）	0.6549	0.6536	99.80
人均发电量（kWh/人）	2752	2626	95.43

注　1. 本表中的水电含抽水蓄能电站的数据。

2. 因统计局统计公报中未公布，本表中人均GDP按照GPD除以年均人口计算。

3. 人均用电量=全社会用电量/年平均人口数；人均发电量=发电量/年平均人口数；人均发电装机容量=发电装机容量/年末人口数。

4. 本表中全国全社会用电量、发电量、发电装机容量数据来源于中电联统计信息部2008年快报。

企 业 风 采

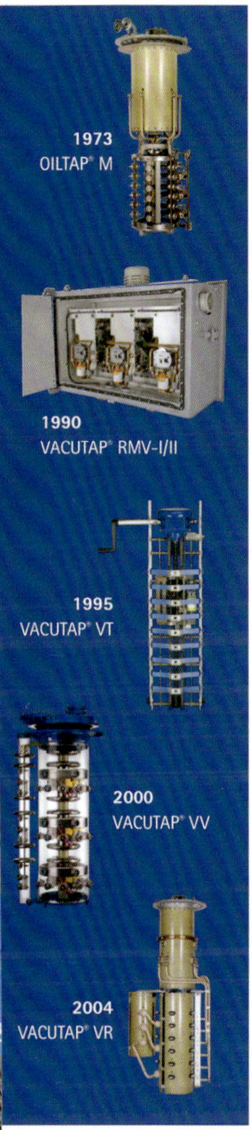

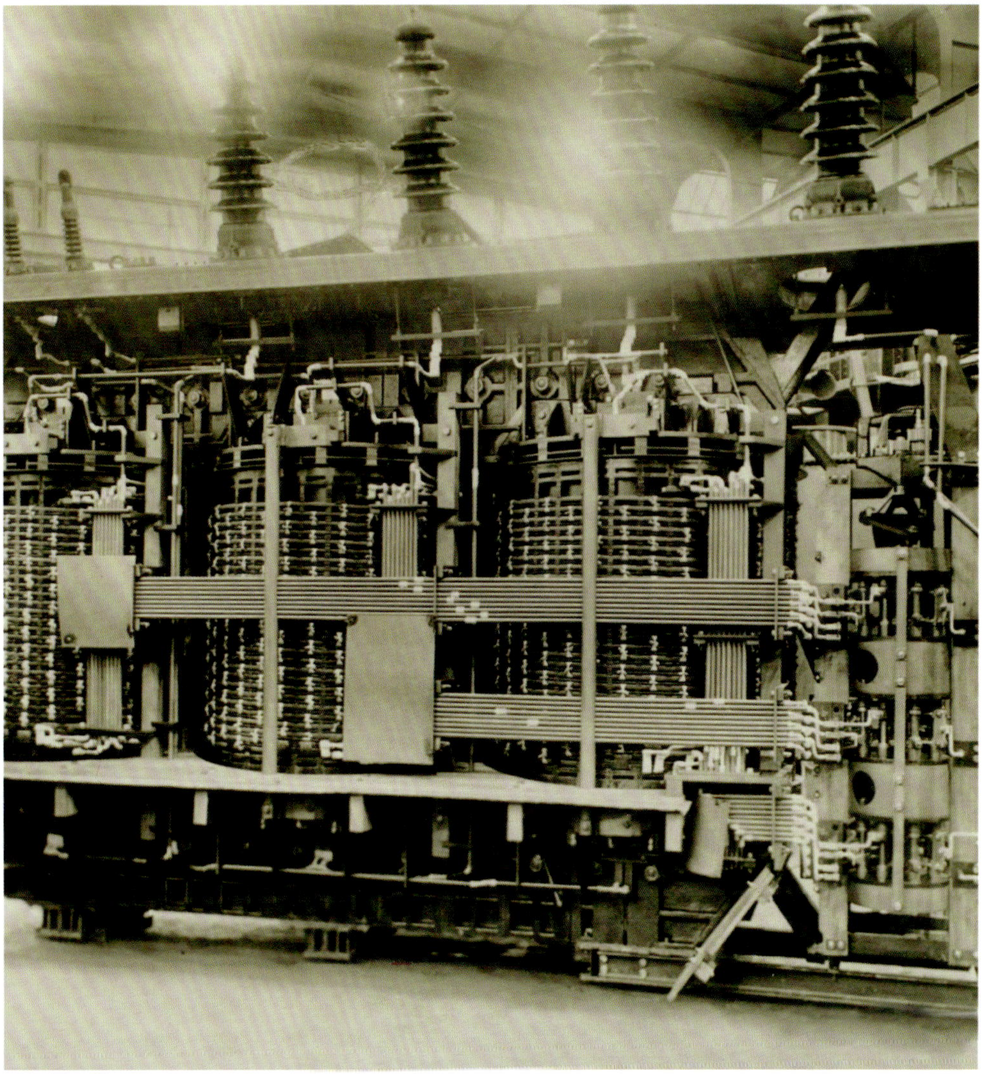

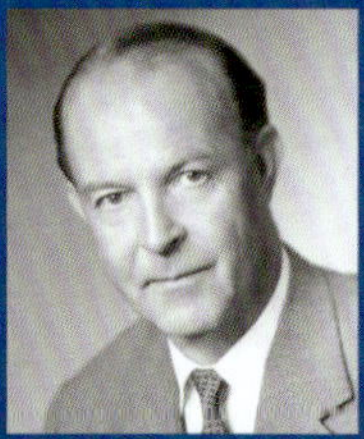

公司简介

浙江创维自动化工程有限公司（简称浙江创维），是浙江省电力实业总公司的全资子公司，位于杭州市天堂软件园区，是一家集电力自动化领域软硬件产品的研发、生产、服务及电力信息系统的开发、实施、运行维护于一体的高技术企业。公司目前拥有员工400余人，其中技术、研发人员占员工总数的68%。

浙江创维围绕“以技术手段解决电力运营商和电力用户希望被解决的问题”的愿景目标，立足于自主研发，并积极与知名高 校展开技术合作，持续增强核心竞争力，保持了高速的发展势头，形成了输电网、配电网及电力信息领域三大产品线整体解决方案。

公司核心竞争力

浙江创维围绕“一项基础、两个体系、四大平台、四个应用”的工作提纲，以智能电网应用为主导，经过数年的积累，逐步形成并提升公司的核心竞争能力。

一项基础：

一体化综合能力提升为基础。

两个体系：

项目过程管理保障体系；软件过程管理保障体系。

四大平台：

实时自动化平台：数字化变电站平台（SDP）；

信息采集平台：超大规模用电信息采集系统平台；

业务信息系统基础平台：业务系统一体化平台；

数据融合与应用支撑平台：电网资源、资产及测量综合平台（PAM）。

四个应用：

大生产业务应用：输变配调生产一体化应用；

大营销业务应用：营配一体化应用；

一体化数据应用：电网资源、资产及测量综合数据应用；

IT服务管理应用：IT服务、业务服务、IT系统监控的综合应用。

公司里程牌

1994年9月，公司成立；

1995年，站内SCADA系统投运；

1998年，远方电能量数据采集终端（ERTU）投运；

2000年，国家电网公司三峡送出工程电量计费系统项目ERTU投运；

2002年，变电站计算机监控系统投运；

2004年，负荷控制终端投运；

2005年，配电变压器终端投运；

2006年，参与的浙江省数字化变电站计算机监控系统宣家变试点工程投运；

2007年，智能无功补偿设备投运；

2007年，参与浙江省电力公司安全生产管理系统（PMS）设计、开发，负责全省推广、实施及运维；

2007年，浙江省地方电厂数据采集及信息管理系统上线；

2008年，与ABB合作生产的Creaway品牌保护测控装置在芬兰下线；

2008年，承担了浙江省电力公司营销技术管理系统的运行维护，负责后续开发任务；

2009年，浙江省电力公司农电安全生产管理系统（CESP）上线；

2009年，单相电子式预付费表、配变计量监测终端分别取得了计量器具制造许可证；

2009年，“基于IEC61850数字化ERTU”取得了多项发明专利（200910152810）和实用新型专利（200910152810）；

2009年，自主开发的数字化变电站监控系统CMES 1300在衢州110kV天宁变电站投运；

2009年，世界领先的、超大规模的浙江省电能信息采集与管理系统通过国网组织的验收。

浙江创维自动化工程有限公司

Creaway Automation Engineering Co.,Ltd.

地址：浙江省杭州市西斗门路7号1号楼　传真：0571-51216989
邮编：310012　http：//www.creaway.com.cn
电话：0571-51216999　51216900

公司产品发展思路

浙江创维围绕建设坚强智能电网，贯彻落实国家电网公司关于“三集五大”管理思路，以及精益化、标准化、信息化的要求，着眼于智能电网应用，以一体化解决能力实现大生产、大营销业务应用的纵向集成与横向整合。

公司产品布局

浙江创维目前已经形成了三条产品主线，研发了具有完全自主知识产权的数据采集、业务管控、分析决策的智能电网产品体系和一体化综合解决方案，以支撑输电、变电、配电、调度及用电环节的技术和管理变革。

公司产品布局如下图所示：

	发电	输电	变电	配电	调度	用电 电力营销	用电 电力用户
智能电网		一体化业务系统平台 统一数据及应用支撑平台					用户 门户
电力业务 信息化		生产系统（PMS）				营销系统 （CIS）	95598
自动化& 数字化			数字化变电站平台 综合监控系统 继保信息管理系统 CMES变电站终端 变电站电能量终端	配电综合控制系统 CMES配电终端 公用变压器终端		电能量采集系统 大用户终端 居民集抄 智能电表	无功补偿 自动化终端 智能配电箱 光伏逆变器 电能质量管理（等）
一次系统							

自动化终端产品线

浙江创维的自动化终端产品线包括：CMES系列数字化变电站监控系统、预付费式智能电表、电能量采集终端、配变在线监测终端、大用户负控终端、居民集抄终端、电厂终端、智能无功补偿装置、光伏电源逆变器等，并具备上述产品从需求响应、研发、测试、大规模生产及服务的全过程能力。

信息系统及信息化项目

浙江创维自2007年起参与浙江电力SG186工程建设，走过了一条从项目实施、参与系统开发、独立自主研发、核心基础平台研发的信息化建设之路，具备大型信息系统基础研发、应用开发、实施及运维的全过程能力。

浙江创维完全自主研发并提供实施、运维服务的信息系统包括：全球超大的电能信息采集与管理系统；全省统一的输变配安全生产管理系统（PMS）；此外，公司还承担了营销技术支持系统（CIS）、IT服务管理系统的部分开发、实施及运维服务。

调峰调频发电公司

调峰调频发电公司揭牌仪式

调峰调频发电公司荣获“全国五一劳动奖状”

调峰调频发电公司是中国南方电网有限责任公司的专业化分公司，成立于2006年7月，本部位于广东省广州市，负责南方电网区域内调峰调频电厂的运营、维护、管理和建设。

目前，公司运行管理和建设的电厂包括：已全部投运的天生桥水力发电总厂、鲁布革水力发电厂、广州蓄能水电厂，在建的惠州抽水蓄能电站、清远抽水蓄能电站、深圳抽水蓄能电站，前期开发的梅州、阳江、海南等抽水蓄能电站和佛山LNG项目。已投运机组容量582万kW，在建机组容量218万kW，前期开发及规划项目容量885万kW。公司管辖的电厂在电网中主要承担调峰、调频、调相和事故备用等任务，是保证电网安全不可或缺的重要组成部分，对促进地方经济社会发展具有十分重要的作用。

天生桥水力发电总

鲁布革水力发电厂

广州蓄能水电厂

公司成立以来，坚持认真履行为南方电网安全、经济、优质运行服务的职责，突出“安全、发展、和谐”三大主题，大力推行“专业化、一体化、标准化”管理，充分发挥专业化管理的人才、技术和管理优势，不断提高调峰调频电厂的运行管理水平，天生桥、鲁布革、广州蓄能三个电厂均实现了“厂房无人值班”，各项经济技术指标在国内名列前茅。为进一步优化南方电网电源结构，公司成立后，加快了调峰调频电源建设步伐，目前惠州抽水蓄能电站已有5台机组投入运行，计划2011年全部投产；清远抽水蓄能电站项目已通过国家核准，并于2009年全面开工。

公司将坚持深入践行科学发展观，以南网方略统揽全局，上下同欲、励精图治，努力打造“团队高素质、管理高效率、技术高水平、业绩优良、服务优质”的调峰调频发电公司。

惠州抽水蓄能电站

清远抽水蓄能电站

奋进中的湖北电力劳保用品厂

湖北电力劳保用品厂位于九省通衢的武汉，紧邻湖北省电力公司，是湖北省电力公司定点生产劳保防护皮鞋和防护服装的专业化工厂。该厂拥有先进的设备，技术力量雄厚。生产的“相依牌”劳保皮鞋系列产品，具有防砸、防穿刺、绝缘等性能；生产的“剑牌”劳保防护服系列产品，有40个花色品种。现已开发生产工具包、手套等产品。

该厂生产的劳保防护系列产品，具有设计独特、款式新颖、制作精良、美观大方等特点，深受客户的好评。生产的电绝缘皮鞋取得由国家安全生产监督管理总局颁发的特种劳动防护用品安全标志证书。该厂的宗旨是：用户第一、质量至上。

用户第一　质量至上

武汉铁塔厂，地处素有“九省通衢”之称的中华腹地—武汉市，现址位于武汉市江岸区百步亭，在武汉市仓储物流中心的丹水池北部地区，紧临解放大道，背靠长江，拥有一条与京广线相连的厂内铁路专用线，占地面积18万m^2。

武汉铁塔厂是国内部分电网公司定点加工输变电铁塔、钢结构件的骨干企业，是从事铁塔生产、销售和服务的专业厂家，具有加工35～1000kV输变电铁塔、微波通信塔、钢管杆塔的资质等级。主导产品：输变电铁塔、微波通信塔、钢结构件、热浸镀锌和钢管杆塔等。年生产能力：铁塔6万t，镀锌6万t，钢管杆塔1万t。

现有总资产3.89亿元，拥有“计算机数控角钢加工自动线、液压数显折弯机和计算机数控切割机”等200多台套国内一流的大、中型专用设备，具有先进完善的生产、试验、检测手段和经营管理系统、营销服务网络。

该厂于1997年1月依照ISO9001标准建立的质量管理体系获得认证证书；2004年取得质量管理体系、环境管理体系、职业健康安全管理体系三位一体综合管理体系认证证书，产品在市场上具有良好的信誉，持有的“双箭”牌铁塔产品，自1998年起，连续被省政府授予“湖北名牌”产品称号。

多年来，该厂先后承担了我国第一条500kV交流（平武线）输电线路工程铁塔加工任务、我国第一条500kV直流（葛上线）输电线路工程铁塔加工任务，第一条大区联网的华北—东北联网工程及三峡各条交、直流送出工程等百余项国家和地方重点工程的铁塔加工任务，是国内率先进入660～1000kV等级特高压试验铁塔加工行列的企业之一，出色完成了国内首条特高压交流试验示范工程——晋南荆工程的加工。

在全力抢占国内市场的同时，还相继承接加工了巴基斯坦、尼日利亚、埃塞俄比亚、肯尼亚、挪威等涉外工程，出口产品遍及亚、非、欧等十余个国家和地区。

武汉铁塔厂先后获得湖北省“五一劳动奖状”、省级文明单位、支援三峡建设先进单位及国家电网特高压交流试验示范工程先进单位、抗灾救灾恢复重建功勋集体、特高压及跨区电网建设先进单位等多项殊荣。今后，武汉铁塔厂将继续秉承“艰苦创业、严细求实、团结进取、敢争第一”的企业精神，为国内外客户、业主提供合格、优质的产品和高效、满意的服务，为电力建设作出新的贡献。

地址：湖北省武汉市汉口解放大道2034号武汉铁塔厂　　邮编：430011
联系人：曾祥林　　联系电话：027-82314377-2345

珠海天瑞电力科技有限公司是以国际上先进的电力线宽带通信技术为核心、以电力配网自动化和电力用户用电信息采集系统的研发、生产及系统集成为主业的国家高新技术企业和软件企业。

多年来，公司一直致力于电力线宽带通信技术与国内电网匹配的产品研发和创新，以及针对电力用户和其他行业的电力线宽带应用系统及解决方案的整体研制。在中国智能电网与三网融合全面启动的大背景下，具有广阔的市场前景。

公司已经批量生产并大规模推广应用的产品和系统有：中低压电力线宽带通信产品、电力线宽带抄表系统、电力线宽带视频监控系统、电力线宽带校园网系统等。多年的不懈努力，使得天瑞已经成为国内电力线宽带通信技术的龙头企业。

同时，公司紧密联系智能电网发展的现实需求，在高压输电线路在线监测、低压无功补偿、负荷控制、配变监测等产品与系统的研发、生产和工程实施方面，达到国内先进水平。

➡ 集中器

运算能力极强：采用高性能嵌入式微处理器以及嵌入式实时操作系统

管理存储能力：采用文件系统管理技术，支持2000户电表数据存储（可扩展）

安全性能保证：掉电保存数据可靠保存10年以上

上行通信信道：以太网、GPRS、CDMA选一

下行通信信道：以太网、电力线宽带选一

高精时钟管理：日计时误差≤±0.5s/d，并可对系统内电能表进行广播校时

更换维护方便：模块化，热拔插设计

➡ 采集器

运算能力极强：采用高性能嵌入式微处理器以及嵌入式实时操作系统

管理存储能力：采用文件系统管理技术，支持2000户电表数据存储（可扩展）

安全性能保证：掉电保存数据可靠保存10年以上

上行通信信道：以太网、GPRS、CDMA选一

下行通信信道：以太网、电力线宽带选一

高精时钟管理：日计时误差≤±0.5s/d，并可对系统内电能表进行广播校时

更换维护方便：模块化，热拔插设计

➡ 200M加强版电力线网桥

公司基于欧洲DS2标准的最新研制产品，可支持10级自动路由选择中继功能，将电力线宽带的有效通信距离延长1000m以上，在长距离低压电力线宽带通信中具有无可比拟的优势。系统软件还具有完善的网管功能，适用于大范围和多层次设备联网和管理。

➡ 耦合器

天瑞科技自主研发生产的中低压电力线宽带电感耦合器，是利用电磁感应原理，实现电力线宽带信号与电力线的耦合。将电力线宽带网桥信号通过电感耦合加载到电力网络的连接设备，设备性能达到国际标准。

耦合器没有方向性，但是闭合程度的好坏直接影响到注入效果。本产品主要用于电力线宽带网的建设，适用于单相和三相电路的耦合。公司研制了不同尺寸规格的产品，可以满足各种现场需求，也可根据客户的要求来订制。

系统概述：

珠海天瑞历经5年精心打造的电力线宽带载波抄表系统，是把国际上先进的电力线宽带载波技术与网络抄表技术相结合，实现电能表数据实时采集与宽带传输于一体的高科技产品。已开发出符合广东、广西、湖北和贵州电力抄表标准的系统版本。

系统特色：

1. 相对低压窄带载波通信，宽带载波通信占用频带宽（>1MHz），在电力线上干扰较少，通信可靠性更高，稳定性和安全性更好。

2. 数据传输速率超过窄带载波抄表千百倍（本地通信达到10～100Mbit/s），数据容量大，双向全双工快速通信，方便用电管理与控制。

3. 无需另外敷设通信线路，安装方便，施工量和维护量小、可以经济地将电力通信网络延伸到低压用户侧，实现对用户电表的数据采集和控制。

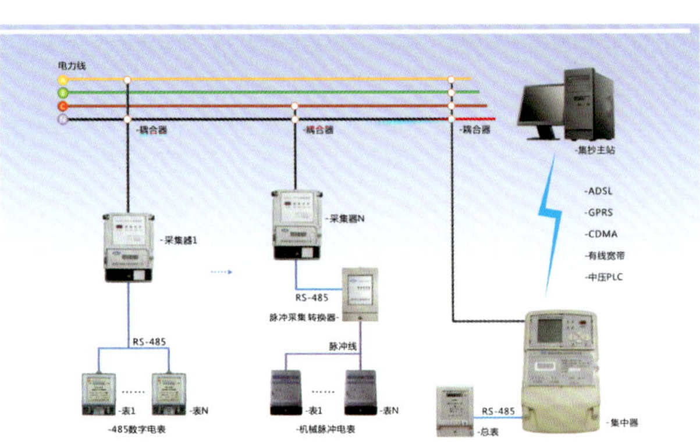

注：采集器1如果距离超长，自动选择最近的采集器中继。支持10级以上自动路由中继功能，可实现1km通信。

➡ 抄表系统拓扑图

珠海天瑞电力科技有限公司

电话：0756-3626280 传真：0756-3626270

地址：广东省珠海市唐家湾港湾大道科技一路十号民营科技园附D座

网址：www.skyraytech.com 邮箱：sales@skyraytech.com

深圳市能源环保有限公司

深圳市能源环保有限公司（简称深能环保）是由深圳能源集团股份有限公司控股的大型环保专业化公司，注册资本10.28亿元。公司自成立以来，怀着高度的社会责任感，以"为环境，为将来"为使命，遵循可持续发展和循环经济理念，致力于开拓高标准垃圾焚烧及其他环保产业。业务涉及垃圾焚烧、三废处理、污泥焚烧等领域。

公司从2000年进入垃圾焚烧发电领域，是国内最早从事该领域的专业化公司之一。公司于2003～2005年先后建成深圳南山、盐田、宝安三座垃圾焚烧发电厂，垃圾日处理能力2450t，年处理能力达100万t，建设运营标准均达到了当今国际先进水平。其中，南山垃圾发电厂是引进国外先进设备建成的示范项目；盐田垃圾发电厂是消化吸收引进技术后建成的国产化设备示范项目；宝安垃圾发电厂位列中国可再生能源产业蓝天榜"中国十大垃圾焚烧发电厂"。公司正在建设的新项目有：深圳东部（5000t/天）、南山二期（800t/天）、宝安二期（3000t/天）、湖北武汉（1000t/天）等垃圾焚烧发电厂。新项目将于2011年后陆续建成投产，届时公司的垃圾日处理量能力将达到12250t。其中，深圳东部项目将成为全球最大的垃圾焚烧发电厂。

深能环保下属的设计研究所是国内一家由企业成立的致力于垃圾焚烧发电、烟气处理和废水深度处理研究和设备研发设计的专业机构，拥有一批优秀的研发设计人员，具有雄厚的科研力量。设计研究所在成功引进并消化欧洲先进的垃圾焚烧和烟气净化系统技术的基础上，经过十年的探索和潜心研发，全面掌握了国际领先的垃圾焚烧处理及相关的环保技术，并且创新发明了多项核心技术，获得了国家实用新型专利(ZL200620145357.X)，填补了国内空白。其中，垃圾渗沥液热力法处理技术（CEAB）成功应用于盐田和南山垃圾发电厂；燃煤电厂脱硫废水深度处理技术成功运用于河源电厂（2X600 MW），使河源电厂成为国内首个实现废水"零排放"的电厂之一。

深能环保于2007年通过了ISO9001：2000（质量管理体系）、ISO14001:2004（环境管理体系）和OHSAS18001:1999（职业健康安全管理体系）认证，为公司的发展奠定了良好的管理基础。

深能环保近期将按照《深圳市新能源产业振兴发展规划》的产业布局，围绕核心技术优势，建设新能源环保装备产业基地及重点技术实验室，进一步提升核心竞争力，保持深能环保在城市生活垃圾处理、电厂脱硫废水处理、污泥处理等领域的竞争优势。

深能环保还是深圳市政府确定的垃圾处理"投融资体制企业化、建设发展规模化、技术设备国产化"改革试点单位。经过不懈的努力，深能环保得到了社会各界的赞誉和肯定。

山东帅信电气有限公司

山东帅信电气有限公司为山东省高新技术企业，潍坊市守合同重信用企业，是目前山东省内规模最大、采用国际标准生产的电力互感器专业厂之一。

公司拥有专业的技术攻关及产品开发队伍，是潍坊电力互感器工程技术研究中心依托单位，中国环氧树脂应用技术学会团体会员单位，中国环氧树脂应用技术学会浇注专委会试验基地，曾先后自主设计开发新产品十几种，其中6个系列、8种产品填补国内空白，2项工艺填补行业空白，获17项国家专利（ZL200620130991.6、ZL200930181844.0）。

公司曾先后参与行业联合开发，2001年参入国家“十五”科技攻关重大专项之第十四项课题；2003年参入清华大学环氧树脂增韧技术试验；2007年自行开发“硅橡胶户外互感器生产工艺”获得成功，于2009年取得国家发明专利（ZL200610107926.6　ZL200920157053.9）；2008年投入的“全硅橡胶互感器生产工艺”技术的研发取得成功，并于2009年取得国家发明专利（ZL200520003106.3、ZL200930181845.5、ZL200330110210.9）；2009年投入的“电子式互感器”及“电子式互感器合并单元”项目开发取得成功。

公司注重质量管理，建立完善的计量管理及质量管理体系，通过了ISO 9000质量管理体系认证，所生产产品质高品优，各项技术指标稳定可靠，控制产品局部放电量的水平在国内名列前茅，自公司建立来始终保持零责任事故率，受到客户及行业高度评价。销售产品覆盖全国各大开关厂及各级电业部门，运行于全国各地，销售业绩逐年攀升。与此同时，为更好的为广大客户服务，公司还建立了完善的售后服务系统，从客户的角度处理各种问题，为客户排忧解难，服务的脚印遍布全国各地。

高新技术企业

研究中心

重信用

公司遵循真诚守信、精益求精、仁义礼智、为而不争的理念，提供更新更优的产品为电力发展服务，与国内同行一道为电气行业赶超世界先进水平作出贡献。

质量管理体系认证证书

质量管理体系认证证书

采用国际标准标志证书

地址：山东省潍坊市玉清西街1765号　电话：0536-8335007　网址：http://www.wfit.cn

烟台市福山区供电公司

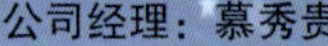

公司经理：慕秀贵

公司党委书记：赵建梅

烟台市福山区供电公司成立于1963年，为趸售县供电企业，系国有中一型企业，承担着福山区6个镇、街和1个高新区的供用电业务。

目前，全区拥有220kV变电站2座，公司拥有110kV变电站7座、35kV变电站7座。平均每个乡镇拥有110kV和35kV变电站1座以上。所属变电站无人值守率、微机综合自动化率、主变压器有载调压比率、10kV及以上断路器无油化率、电容器可投入率、光纤通信覆盖率、城区10kV线路手拉手比率、全区客户电子式电能表应用率实现了“8个100%”。所有变电站均实现了双电源供电，双主变运行，满足了“N-1”标准。构建起了以220kV为主供、110kV为骨架、35kV及以上变电站全部双电源、城乡“手拉手”和环网供电的新电网，并全部达到国家电网公司新型农网评价指标A类标准。新设计、新工艺、新设备得到普遍应用，农网装备水平和信息化程度全面提升，具有高科技含量的坚强电网受到国家电网公司的充分肯定。

2009年，福山区供电公司完成电量10亿kWh，资产保值增值率实现110.58%，企业资产总额达到4.78亿元，相当于“九五”期末年资产总额的5.3倍。公司高低压综合线损率达到3.28%，城乡供电可靠率99.899%，综合电压合格率99.04%，均为历史最好水平。服务承诺兑现率持续保持100%。公司在当地行风评议中连续九年获得第一名，2009年被确定为全区行风建设免评单位。2010年上半年，完成电量5.9亿kWh，同比增长40.6%；电网连续安全运行10244天，安全生产连续8999天无事故。

2009年，公司在全省县供电企业中综合评价排名第十二位，连续三年被山东省电力集团公司评为“综合管理标杆单位”、“资产运营标杆单位”。公司相继荣获全国电力“三为服务达标单位”、全国“一流县供电企业”、省级“文明单位”，国家电网公司“全国新农村电气化建设先进单位”、“全国电力系统最具社会责任感企业”、省级“科技进步示范县”、“省供电系统先进县供电企业”、“山东省职业道德建设先进单位”、“山东省优秀职工思想政治工作研究会”、“山东省模范职工之家”、烟台市“AAA”劳动关系和谐企业、烟台市“廉洁文化示范点”等一系列荣誉称号。公司营业大厅被国家电网公司评为“农村供电营业规范化服务示范窗口”，六处供电所全部被山东省电力集团公司命名为“标准化供电所”。

优质服务宣传现场

公司举办的“和谐供电、服务社会”京剧消夏晚会

组件事业
定制器件事业
元件事业
笔记本电脑领域
移动通信领域
汽车电子领域
数码家电领域
LED 领域
电力电网领域
太阳能发电领域
村田制作所的电子元器件遍布笔记本电脑、数码家电、汽车电子、移动通信、LED照明、电力电网等各个领域，伴随着我们的生活。

四川省德阳电业局绵竹供电局

“5·12”强震后，绵竹电网陷入瘫痪，德阳电业局和绵竹供电局迅速开展抗震救灾工作，调集大量的发电机为抢救被埋人员和排危除险提供电力保障。同时调集大量物资和人员，昼夜工作，在较短的时间内，陆续恢复了绵竹城乡的供电，为绵竹市取得抗震救灾的伟大胜利做出了积极贡献。灾后的绵竹电网需要重建，德阳电业局在省公司实施的康桥工程中安排5.3亿元用于绵竹电网的建设和改造，重建绵竹国家电气化县。整个工程新建和改造线路182km，低压线路2842km，接户线1235km。新增配电变压器667台，改造农村户表114572户，到2010年4月上旬，绵竹市重建国家电气化县工作如期完成。经德阳市城乡电网建设领导小组考评验收，达到新农村电气化县标准。绵竹市重建国家电气化县工作的完成，标志着绵竹电网的可靠性和安全性又跃上了一个新台阶，坚强的电网将给绵竹的经济建设提供强大的动力保障。

福建省福清供电公司

2010年4月以来，福清供电公司结合工作实际，突出实践特色，紧紧围绕“深入推进两个转变、服务福建跨越发展”的活动主题，以“推动科学发展、促进社会和谐、服务人民群众、加强基层组织”为目标，切实落实领导点评制度，立足“五比五看”竞赛活动、“三个先锋在行动”等实践载体，深入推进创先争优活动，使领导干部紧盯起来，广大职工群众参与进来，实现全员“全覆盖”。

三个层面点评，保证工作实效

实行党委书记点评制度。每个月公司党委书记通过召开政工例会、支部书记例会对各党支部活动开展情况进行点评。会前结合日常工作及时了解情况；会上有针对性地对党支部进行随时点评，实事求是肯定取得的成绩，指出存在的问题和努力方向；会后及时跟踪改进情况，保证活动开展实效。实行挂钩联系点领导点评制度。公司建立“创先争优活动领导小组党员领导干部联系点”制度，公司领导班子成员根据分工分别挂靠到各党支部。每月通过召开党委会，要求每个领导班子成员对各自联系点党支部开展创先争优活动情况进行点评。实行支部书记点评督促履诺制度。党支部结合“三会一课”制度，对创先争优活动开展情况对各党小组进行讲评，党员陈述自己参加活动的情况，由党小组长点评党员，党支部作简要活动小结并对党员履行承诺情况进行点评，表扬先进，帮助后进。

“五比五看”竞赛丰富活动内涵

比学习，看谁进步快。通过“争创学习型党支部、争做学习型党员”活动，比学习的恒心、比学习的收获、比学习的运用，引导党员干部把学习理论同解决本单位改革发展面临的问题结合起来，着力提高理论素养和解决实际问题能力。比工作，看谁干劲大。深入推进“讲党性、重品行、作表率”活动，以充分展示和发挥基层党组织及党员带头作用为内容，切实发挥好党员先锋模范作用，在各自的工作岗位上，发挥主观能动性，不等不靠，创造性地开展工作。比作风，看谁更过硬。以贯彻落实《廉政准则》和“四项监督制度”为抓手，开展“讲廉、评廉、促廉”主题教育活动，大力提倡雷厉风行、真抓实干、求真务实的作风，促进广大党员干部增强勤廉意识，积极主动地履行党员义务，树立党员模范形象。比纪律，看谁要求严。全面开展争创“党员先锋岗、党员示范窗口”活动，通过佩戴党徽、挂牌上岗等形式，把党员身份亮出来，增强政治荣誉感和工作责任心，自觉提高服务质量，自觉接受社会监督，自觉发挥先锋模范作用。比业务，看谁技术精。通过开展“大培训、大练兵、大比武”活动，大力开展岗位练兵、技能培训、能手竞赛活动，比促进发展措施实、比化解难题水平高、比创新工作影响大，在实践工作中提高工作能力，建设一支高素质的干部队伍。

“三个先锋在行动”促全员参与

和谐先锋在行动。公司深化“爱企业、爱岗位、爱员工，构建和谐福清电力”的“三爱一构建”活动，开展“查摆和消除不和谐因素、培育和谐因素”为主要内容的“和谐先锋在行动”实践活动，系统整理制约企业发展、影响安全生产、优质服务、经营管理等各个方面的不和谐因素，教育引导职工树立“向和谐要效益”的责任意识，做到和谐创建人人有责，人人参与，不断拉升企业和谐指数。服务先锋在行动。弘扬“崇尚简单、务求实效”的作风，推进“服务型、廉明型、效能型”的“三型”机关建设活动，开展以“改进机关作风、提升工作效能”为主题、以“服务企业、服务基层、服务职工”为主要内容的“服务先锋在行动”实践活动，着重在提高工作效率上下功夫，在狠抓责任落实上下功夫，在激发工作活力上下功夫，在建立长效机制上下功夫，激发机关党员比态度、比实干、比效率、比自律，全面提升服务基层、服务群众的质量和水平。敬业先锋在行动。扎实开展“营销流动红旗”、“变电安全伴我行”、“党徽在迎峰度夏中闪光”等载体活动，突出以“争当岗位能手、争当攻坚标兵、争当克难模范”为主要内容的“敬业先锋在行动”实践活动，让党员在本职岗位和急难任务中勇挑重担、勇当先锋，争做岗位技能的表率、克难攻坚的表率、节能增效的表率，加强党员队伍和职工队伍建设。

福建省龙海市供电有限公司

公司简介

龙海市供电有限公司于2007年4月正式挂牌成立。公司现有员工404人，专业技术人员188人。公司内设职能部门和生产机构13个，专设机构7个，下设供电所9个，拥有110kV变电站7站，35kV变电站4站，变电总容量58.65万kVA，10～110kV高压线路1224km。2009年，公司供电量16.20亿kWh，电网最高负荷达到29.8万kW。

公司连续11年入选“福建省工业300强”、“福建省纳税300强”，连续5年进入“福建省电力供应行业10强”，连续5届被评为“福建省文明单位”，连续5年名列龙海市民主行风评议第一名；先后荣获了“全国模范职工之家”、“国家电网公司新农村电气化建设先进集体”、“全省先进基层党组织”、“福建省第五届军民共建精神文明先进集体”、“福建省一流县级供电企业”、“福建省电力有限公司县级供电企业文明单位”、“福建省电力有限公司抗冰抢险先进集体”、“漳州市纳税大户”、“人民满意供电单位”等称号。

河南省淅川县电业局

公司简介

淅川县电业局是国家大型企业，综合实力位于河南省县级供电企业前列，始建于1973年，现有变电站24座，主变压器总容量193万kVA。企业从业人数2000余人，其中主业910人，企业总资产15亿元，其中主业12亿元，2009年完成供电量28.2亿kWh，销售收入12.1亿元，实现利税9984万元。近年来，淅川县电业局在县委县政府和市供电公司的正确领导下，以科学发展观为统领，紧紧围绕县经济发展战略和中心工作，加快推进统一坚强的智能电网建设，强力开拓供电市场，大力提升经营管理水平，强化社会责任意识，积极服务南水北调移民迁安，打造企业核心价值观和核心竞争力，提升组织执行力，企业综合实力持续增强，先后获得"全国五一劳动奖状"、"全国'安康杯'竞赛优胜企业"、"全国模范职工之家"、"国网公司双文明单位"、"国网公司一流县供电企业"、"河南省文明单位"、"河南省五好基层党组织"等荣誉。淅川县电业局还大力发展多种经营，现有电力试修所、恒昌制衣有限公司、南阳丹江航空俱乐部、龙山度假村、神光灯具厂等15个多经企业，2009年完成销售收入2.4亿元，实现利税1884万元。

目前，淅川县电业局正迎来南水北调中线工程建设和供电市场形势全面好转的重大机遇。未来三年，淅川县电业局将发扬"努力超越，追求卓越"的企业精神，加强"三个建设"，加快"两个转变"，创新超越，强网强企，实现企业和电网发展三级跳。即：企业供电量一年增长10亿kWh，2012年实现供电量60亿kWh，实现销售收入30亿元，实现利税2亿元，职工年人均薪酬6万元；电网建设夯实35kV、110kV基础，壮大220kV规模，加强500kV支持，完成滔河、王楼、陶岔35kV变电站，梁洼、毛堂、大石桥和厚坡第2座110kV变电站建设，在完善楚都、渠首、荆关220kV变电站的基础上，建设淅川（西）220kV站和淅川（南）第2座220kV站，并争取在淅川和邓州之间建设1座500kV变电站。倾力打造"淅川电力"品牌，综合实力在3～5年时间内跨入全国县级供电企业前列。

安徽省宁国供电公司

公司简介

宁国供电公司（前身是宁国供电局），成立于1981年，现有正式职工256人，农电工370人，下辖12个供电所，全市乡镇村通电率100%。境内有500kV开关站1座，220kV变电站1座，110kV变电站5座，35kV变电站12座，总容量627.9MVA，固定资产原值3.9亿元。2009年，实现全社会用电量达14.89亿kWh，公司完成供电量11.62亿kWh，实现综合线损率5.25%，电压合格率98.83%，供电可靠率99.76%。截至2009年12月31日，安全生产实现6671天。

近年来，宁国供电公司紧紧围绕安徽农电“三步走”发展战略，一年迈出一大步，实现了农电“三步走”发展目标。公司先后获得国家电网公司“先进集体”、“文明单位”、“一流县供电企业”、“新农村电气化建设先进单位”，安徽省B类新农村电气化建设先进单位”、“诚信单位”、“A级纳税信用单位”、“创建和谐劳动关系模范企业”，省公司“一流县级供电企业”、“党风廉政建设优秀单位”、“农电安全管理先进单位”、“农电生产管理先进单位”等多项荣誉称号，被省公司首批纳入常态型副处级县级供电公司管理。

2009年，宁国供电公司多措并举有效应对金融危机。一是为客户量身定做“优化用电建议书”，指导客户科学合理用电，降低生产成本。二是优化业扩报装审批程序，压缩审批时限，提高办事效率，为大客户开辟电力“绿色通道”。三是建立大客户服务联系人制度。电量实现逆势增长，全年新增报装客户7731户，新增容量98852kVA，供、售电量首次双双突破10亿kWh，同比均增长21.60%。

常言道，金杯、银杯，不如老百姓的口碑。宁国供电公司不断改善服务环境、创新服务方式，将“拓宽缴费渠道”纳入为民办实事工作的重中之重，针对不同客户群的需求，多管齐下，先后推出超市缴费、24小时自助缴费、邮政代扣电费、预存电费、城乡异地缴费、POS机缴费等业务。不同的用电客户可以根据自己的时间和口味，在“传统餐”、“休闲餐”、“自助餐”、“工作餐”、“代餐”、“预备餐”、“联谊餐”、“快餐”、“放心餐”9类中任意选择适合自己的缴费方式，缴费难题彻底解决。该公司多年在宁国市行风评议中名列第一名，多次获得“行风建设先进单位”称号。

党委书记乐培书在施工现场督查员工安全防护工作

电费缴纳九大套餐之一——超市缴费

服务“三农”，实施新农村电气化建设

公司总经理余宗斌（中）在施工现场督查安全管理

安徽省芜湖县供电公司

【公司简介】

芜湖县供电公司地处皖江南岸，是安徽省电力公司全资子公司，隶属芜湖供电公司，担负着全县六个乡镇的供用电管理工作。公司设有总经部、人资部、财务部、营销部、生产部、安保部、思政部、监审部8个管理部室和电网调度中心、供电服务调度中心、计量中心、信息中心、物流服务分中心、变电工区、输变电工区、配电工区、客户服务中心、开发区供电服务中心等生产经营机构和6个供电所，1个多经企业。

目前，公司拥有固定资产原值3.949亿元，辖有220kV变电站1座，110kV变电站2座，35kV变电站9座，总容量50.245万kVA；2009年供电量6.79亿kWh。截止到2009年12月31日，公司已安全运行6420天，实现了16年安全生产无事故。

近年来，在深化电力体制改革的新形势下，公司坚持科学发展观，以农电目标管理和创一流为基础，全面加强企业规范化管理，通过开展一流常态管理工作，促进农电管理水平、服务水平和企业效益进一步提高。公司围绕农电目标管理，坚持科学化、精细化管理，以同业对标为抓手，风险管理为保障，狠抓过程管理、不断创新管理手段和科技亮点，深化指标控制、整治薄弱环节，完成了安全生产、资产经营和党风廉政三项责任制目标任务，企业综合实力持续提高。2004年公司首家跻身安徽省公司一流县供电企业；2005年荣获国家电网公司文明单位；2006年跨入国家电网公司一流县供电企业行列；2007年在安徽省建成首个新农村电气化县；同年获国家电网公司“农电安全管理、农电线损管理、供电可靠性、农电优质服务”标杆单位；2008年荣获国家电网公司新农村电气化建设先进单位，安徽省电力公司业绩优秀单位，安全生产先进单位、经营管理先进单位、省五星级服务质量达标单位；2009年荣获国家电网公司优质服务标杆单位、新农村电气化建设先进单位等称号；同业对标综合业绩跃入全省前列，企业逐渐驶入了健康、快速、持续发展的轨道，跃入了发展的新境界。

同时，公司还始终坚持“服务社会、服务电力客户，服务地方经济”的方针，认真履行政治责任、经济责任、社会责任，努力为县域经济发展和城市化建设服务，大力实施新农村电气化，深入开展优质服务活动，为县域经济快速发展作出了突出贡献，实现了电与社会的和谐发展，连续受到县委、县政府通令嘉奖。

广东省肇庆四会供电局

【公司简介】

四会供电局是广东电网公司直属县级供电企业，成立于1962年8月，自1963年4月起，行政业务划归肇庆供电局管辖。四会供电局负责四会市行政辖区13个镇（街道办事处）的供电及电网运行维护业务。供电面积1163km^2，用电客户数18.69万，供电人口44.19万。辖区内有35kV及以上变电站14座，主变压器容量104.47万kVA，110kV输电线路17条，线路总长度146.58km，35kV输电线路11条，线路总长度101.43km，10kV配电线路136条，线路总长度1422.16km。

四会供电局电力生产调度综合大楼

2009年，四会供电局认真贯彻广东电网公司、肇庆供电局组织体系创先有关文件精神，执行落实组织机构设置优化调整工作方案，对局组织机构和人员进行优化设置和整合，机构改革后，局属下设机构有：综合部、配电部、营业部、计划建设部、安全监察部、党群工作部6个职能管理部门；司机班、调度班、运行维护班、急修班、修试班、营业厅、抄核收班、装拆表班、用电检查班、客户服务班、营销数据维护班、安全督查大队12个班组以及1个大型供电所、11个小型供电所。全局现有职工402人，其中省属职工84人(管理人员33人，生产人员51人；中专及以上学历56人，占总人数65.9%)，农电职工318人。

2009年，四会供电局认真开展深入学习实践科学发展观活动，以南网方略为统领，以提高供电可靠率为总抓手，全面深入开展创先工作，进一步巩固安全生产局面，加快电网建设步伐，推进管理年工作，提高优质服务水平。经过全体员工共同努力，全面完成了上级下达的各项工作任务，为推进四会经济社会又好又快发展作出了积极贡献。

2009年全年完成供电量17.16亿kWh，比2008年15.57亿kWh增长10.21%。售电量完成16.47亿kWh，比2008年14.70亿kWh增长11.99%。综合线损率4.04%，比2008年5.57%下降1.53个百分点。售电收入98696万元（不含税），同比增长11%。售电均价570.11元/MWh（不含税），比2008年同期579.25元/MWh下降9.14元。售电净收入9.38亿元（不含税），比2008年同期 8.52亿元增长10.09%。单位可控供电成本为40.92元/ kWh，同比下降8.23%。经营性、资本性资金计划准确率分别为100%和99.71%。

安全生产情况良好，无发生35kV及以上人员任何责任事故和障碍；实现2009年全年安全运行，跨年度连续安全运行3172天，完成三个百天安全周期的安全生产目标。

电费回收情况良好，当年电费回收率为100%，旧欠电费回收率为100%，累计完成电费代扣签约用户129075户，占应收电费户数的71.23%。

综合电压合格率为99.22%，比南方电网公司规定指标99.1%高出0.12个百分点。综合供电可靠率99.7116%。城镇供电可靠率99.8905 %，同比增长0.0333个百分点，较肇庆局指标99.885%高出0.0055个百分点；农村供电可靠率99.6515%，同比增长0.0991个百分点，较肇庆供电局指标99.63%高出0.0215个百分点。

2009年，四会供电局被评为肇庆供电局文明单位；吴畅燊同志被中国南方电网公司授予2009年度增供扩销先进个人，被广东电网公司评为2009年度创先工作先进个人荣誉称号。

目前，四会供电局全体员工正以良好的精神面貌，积极开展创建县级先进供电企业，至2012年，争取实现供电可靠性等各项主要指标在全省甚至全国同行中处于先进行列。

2010 中国电力年鉴

附　　录

2009年发布的电力国家标准

序号	标准编号	标 准 名 称	实施日期	替代标准
1	GB/T 24833—2009	1000千伏变电站监控系统技术规范	2009年11月30日	
2	GB/T 24834—2009	1000千伏交流架空输电线路金具技术规范	2009年11月30日	
3	GB/Z 24835—2009	1000千伏气体绝缘金属封闭开关设备运行及维护规程	2009年11月30日	
4	GB/Z 24836—2009	1100千伏气体绝缘金属封闭开关设备技术规范	2009年11月30日	
5	GB/Z 24837—2009	1100千伏高压交流隔离开关和接地开关技术规范	2009年11月30日	
6	GB/Z 24838—2009	1100千伏高压交流断路器技术规范	2009年11月30日	
7	GB/Z 24839—2009	1000千伏交流系统用支柱绝缘子技术规范	2009年11月30日	
8	GB/Z 24840—2009	1000千伏交流系统用套管技术规范	2009年11月30日	
9	GB/Z 24841—2009	1000千伏交流系统用电容式电压互感器技术规范	2009年11月30日	
10	GB/Z 24842—2009	1000千伏特高压交流输变电工程过电压和绝缘配合	2009年11月30日	
11	GB/Z 24843—2009	1000千伏单相油浸式自耦电力变压器技术规范	2009年11月30日	
12	GB/Z 24844—2009	1000千伏交流系统用油浸式并联电抗器技术规范	2009年11月30日	
13	GB/Z 24845—2009	1000千伏交流系统用无间隙金属氧化物避雷器技术规范	2009年11月30日	
14	GB/Z 24846—2009	1000千伏交流电气设备预防性试验规程	2009年11月30日	
15	GB/Z 24847—2009	1000千伏交流系统电压和无功电力技术导则	2009年11月30日	

2009年发布的电力行业标准

序号	标准编号	标 准 名 称	实施日期	替代标准
1	DL/T 415—2009	带电作业用火花间隙检测装置	2009年12月1日	DL 415—1991
2	DL/T 421—2009	电力用油体积电阻率测定法	2009年12月1日	DL/T 421—1991
3	DL/T 423—2009	绝缘油中含气量测定方法真空压差法	2009年12月1日	DL/T 423—1991
4	DL/T 438—2009	火力发电厂金属技术监督规程	2009年12月1日	DL/T 438—2000
5	DL/T 492—2009	发电机环氧云母定子绕组绝缘老化鉴定导则	2009年12月1日	DL/T 492—1992
6	DL/T 500—2009	电压监测仪使用技术条件	2009年12月1日	DL/T 500—1992
7	DL/T 503—2009	电力工程项目分类代码	2009年12月1日	DL/T 503—1992
8	DL/T 535—2009	电力负荷管理系统数据传输规约	2009年12月1日	DL/T 535—1993
9	DL/T 543—2009	电厂用水处理设备验收导则	2009年12月1日	DL/T 543—1994
10	DL/T 604—2009	高压并联电容器装置使用技术条件	2009年12月1日	DL/T 604—1996
11	DL/T 606.5—2009	火力发电厂能量平衡导则 第5部分：水平衡试验	2009年12月1日	DL/T 606.5—1996
12	DL/T 634.5104—2009	远动设备及系统 第5～104部分：传输规约采用标准传输协议集的IEC 60870-5-101网络访问	2009年12月1日	DL/T 634.5104—2002

续表

序号	标准编号	标 准 名 称	实施日期	替代标准
13	DL/T 653—2009	高压并联电容器用放电线圈使用技术条件	2009年12月1日	DL/T 653—1998
14	DL/T 654—2009	火电机组寿命评估技术导则	2009年12月1日	DL/T 654—1998
15	DL/T 662—2009	六氟化硫气体回收装置技术条件	2009年12月1日	DL/T 662—1999
16	DL/T 665—2009	水汽集中取样分析装置验收导则	2009年12月1日	DL/T 665—1999
17	DL/T 677—2009	发电厂在线化学仪表检验规程	2009年12月1日	DL/T 677—1999
18	DL/T 698.1—2009	电能信息采集与管理系统　第1部分：总则	2009年12月1日	DL/T 698—1999
19	DL/T 756—2009	悬垂线夹	2009年12月1日	DL/T 756—2001
20	DL/T 757—2009	耐张线夹	2009年12月1日	DL/T 757—2001
21	DL/T 758—2009	接续金具	2009年12月1日	DL/T 758—2001
22	DL/T 759—2009	连接金具	2009年12月1日	DL/T 759—2001
23	DL/T 890.404—2009	能量管理系统应用程序接口（EMS-AP1）第404部分：高速数据访问（HSDA）	2009年12月1日	
24	DL/T 890.405—2009	能量管理系统应用程序接口（EMS-AP1）第405部分：通用事件和订阅（GES）	2009年12月1日	
25	DL/T 1098—2009	间隔棒技术条件和试验方法	2009年12月1日	
26	DL/T 1099—2009	防振锤技术条件和试验方法	2009年12月1日	
27	DL/T 1100—2009	电力系统的时间同步系统　第1部分：技术规范	2009年12月1日	
28	DL/T 1101—2009	35kV～110kV变电站自动化系统验收规范	2009年12月1日	
29	DL/T 1102—2009	配电变压器运行规程	2009年12月1日	
30	DL/T 1103—2009	核电站管道振动测试与评估	2009年12月1日	
31	DL/T 1104—2009	电位器式仪器测量仪	2009年12月1日	
32	DL/T 1105.1—2009	电站锅炉集箱小口径接管座角焊缝无损检测技术导则　第1部分：通用要求	2009年12月1日	
33	DL/T 1106—2009	煤粉燃烧结渣特性和燃尽率——维火焰炉测试方法	2009年12月1日	
34	DL/T 1107—2009	水电厂自动化元件基本技术条件	2009年12月1日	
35	DL/T 1108—2009	电力工程项目编号及产品文件管理规定	2009年12月1日	
36	DL/T 1109—2009	输电线路张力架线用张力机通用技术条件	2009年12月1日	
37	DL/T 1110—2009	卧式蒸发冷却电机基本技术条件	2009年12月1日	
38	DL/T 1111—2009	火力发电厂厂用高压电动机调速节能导则	2009年12月1日	
39	DL/T 1112—2009	交、直流仪表检验装置检定规程	2009年12月1日	SD 111—1983
40	DL/T 1113—2009	火力发电厂管道支吊架验收规程	2009年12月1日	SD 112—1983
41	DL/T 1114—2009	钢结构腐蚀防护热喷涂（锌、铝及合金涂层）及其试验方法	2009年12月1日	
42	DL/T 1115—2009	火力发电厂机组大修化学检查导则	2009年12月1日	
43	DL/T 1116—2009	循环冷却水用杀菌剂性能评价	2009年12月1日	

续表

序号	标准编号	标 准 名 称	实施日期	替代标准
44	DL/T 1117—2009	核电厂常规岛焊接工艺评定规程	2009年12月1日	
45	DL/T 1118—2009	核电厂常规岛焊接技术规程	2009年12月1日	
46	DL/T 1120—2009	水轮机调节系统自动测试及实时仿真装置技术条件	2009年12月1日	
47	DL/T 1121—2009	燃煤电厂锅炉烟气袋式除尘工程技术规范	2009年12月1日	
48	DL/T 1122—2009	架空输电线路外绝缘配置技术导则	2009年12月1日	
49	DL/T 1123—2009	火力发电企业生产安全设施配置	2009年12月1日	
50	DL/T 1124—2009	数字电力线载波机	2009年12月1日	
51	DL/T 1125—2009	10kV带电作业用绝缘服装	2009年12月1日	
52	DL/T 1126—2009	同塔多回线路带电作业技术导则	2009年12月1日	
53	DL/T 1128—2009	风冷式钢带输渣机	2009年12月1日	
54	DL/T 1129—2009	直流换流站二次电气设备交接试验规程	2009年12月1日	
55	DL/T 1130—2009	高压直流输电工程系统试验规程	2009年12月1日	
56	DL/T 1131—2009	±800kV高压直流输电工程系统试验规程	2009年12月1日	
57	DL/T 1132—2009	电站炉水循环泵电机检修导则	2009年12月1日	
58	DL/T 1133—2009	钢弦式仪器测量仪表	2009年12月1日	
59	DL/T 1134—2009	大坝安全监测数据自动采集装置	2009年12月1日	
60	DL/T 1135—2009	电位器式位移计	2009年12月1日	
61	DL/T 1136—2009	钢弦式钢筋应力计	2009年12月1日	
62	DL/T 1137—2009	钢弦式土压力计	2009年12月1日	
63	DL/T 1138—2009	火力发电厂水处理用粉末离子交换树脂	2009年12月1日	
64	DL/T 1139—2009	燃煤电站齿索式输粉机	2009年12月1日	
65	DL/T 1141—2009	火电厂除氧器运行性能试验规程	2009年12月1日	
66	DL/T 1142—2009	核电厂反应堆控制系统软件测试	2009年12月1日	
67	DL/T 1143—2009	压水堆核电站一回路主设备监造技术导则	2009年12月1日	
68	DL/T 1145—2009	绝缘工具柜	2009年12月1日	
69	DL/T 1146—2009	DL/T 860实施技术规范	2009年12月1日	
70	DL/T 1147—2009	电力高处作业防坠器	2009年12月1日	
71	DL/T 1148—2009	电力电缆线路巡检系统	2009年12月1日	
72	DL/T 5230—2009	水轮发电机转子现场装配工艺导则	2009年12月1日	
73	DL/T 5057—2009	水工混凝土结构设计规范	2009年12月1日	
74	DL/T 5065—2009	水力发电厂计算机监控系统设计规范	2009年12月1日	DL/T 5057—1996
75	DL/T 5112—2009	水工碾压混凝土施工规范	2009年12月1日	DL/T 5065—1996
76	DL/T 5125—2009	水电水利岩土工程施工及岩体测试造孔规程	2009年12月1日	DL/T 512—2000
77	DL/T 5128—2009	混凝土面板堆石坝施工规范	2009年12月1日	DL/T 5125—2001
78	DL/T 5210.2—2009	电力建设施工质量验收及评价规程 第2部分：锅炉机组	2009年12月1日	DL/T 5128—2001

续表

序号	标准编号	标准名称	实施日期	替代标准
79	DL/T 5210.3—2009	电力建设施工质量验收及评价规程　第3部分：汽轮发电机组	2009年12月1日	
80	DL/T 5210.4—2009	电力建设施工质量验收及评价规程　第4部分：热工仪表及控制装置	2009年12月1日	
81	DL/T 5210.5—2009	电力建设施工质量验收及评价规程　第5部分：管道及系统	2009年12月1日	
82	DL/T 5210.6—2009	电力建设施工质量验收及评价规程　第6部分：水处理及制氢设备和系统	2009年12月1日	
83	DL/T 5210.8—2009	电力建设施工质量验收及评价规程　第8部分：加工配制	2009年12月1日	
84	DL/T 5407—2009	水电水利工程斜井竖井施工规范	2009年12月1日	
85	DL/T 5408—2009	发电厂、变电站电子信息系统220/380V电源电涌保护配置、安装及验收规程	2009年12月1日	
86	DL/T 5409.1—2009	核电厂工程勘测技术规程　第1部分：地震地质	2009年12月1日	
87	DL/T 5410—2009	中小型水力发电工程地质勘察规范	2009年12月1日	
88	DL/T 5411—2009	土石坝沥青混凝土面板和心墙设计规范	2009年12月1日	
89	DL/T 5412—2009	水力发电厂火灾自动报警系统设计规范	2009年12月1日	
90	DL/T 5413—2009	水力发电厂测量装置配置设计规范	2009年12月1日	
91	DL/T 5414—2009	水电水利工程坝址工程地质勘察技术规程	2009年12月1日	
92	DL/T 5415—2009	水电水利工程地下建筑物工程地质勘察技术规程	2009年12月1日	
93	DL/T 5416—2009	水工建筑物强震动安全监测技术规范	2009年12月1日	
94	DL/T 5417—2009	火电厂烟气脱硫工程施工质量验收及评定规程	2009年12月1日	
95	DL/T 5418—2009	火电厂烟气脱硫吸收塔施工及验收规程	2009年12月1日	
96	DL/T 5419—2009	水电建设项目水土保持方案技术规范	2009年12月1日	
97	DL/T 5420—2009	水轮发电机定子现场装配工艺导则	2009年12月1日	
98	DL/T 5422—2009	混凝土面板堆石坝挤压边墙混凝土试验规程	2009年12月1日	SD 287—1988
99	DL/T 5423—2009	核电厂常规岛仪表与控制系统设计规程	2009年12月1日	
100	DL/T 5424—2009	水电水利工程锚杆无损检测规程	2009年12月1日	
101	DL/T 5425—2009	深层搅拌法技术规范	2009年12月1日	
102	DL/T 5426—2009	±800kV高压直流输电系统成套设计规程	2009年12月1日	
103	DL/T 5427—2009	火力发电厂初步设计文件内容深度规定	2009年12月1日	
104	DL/T 5428—2009	火力发电厂热工保护系统设计技术规定	2009年12月1日	
105	DL/T 5429—2009	电力系统设计技术规程	2009年12月1日	
106	DL/T 5430—2009	无人值班变电站远方监控中心设计技术规程	2009年12月1日	SDJ 161—1985
107	DL/T 5431—2009	水电水利工程水文计算规范	2009年12月1日	

续表

序号	标准编号	标　准　名　称	实施日期	替代标准
108	DL/T 5432—2009	水电水利工程项目建设管理规范	2009年12月1日	SDJ 214—1983
109	DL/T 5433—2009	水工碾压混凝土试验规程	2009年12月1日	
110	DL/T 5434—2009	电力建设工程监理规范	2009年12月1日	
111	DL/T 5435—2009	火力发电工程经济评价导则	2009年12月1日	
112	DL/T 5436—2009	火电厂烟气海水脱硫工程调整试运及质量验收评定规程	2009年12月1日	
113	DL/T 5437—2009	火力发电建设工程启动试运及验收规程	2009年12月1日	
114	DL/T 5438—2009	输变电工程经济评价导则	2009年12月1日	
115	DL/T 5439—2009	大型水、火电厂接入系统设计内容深度规定	2009年12月1日	
116	DL/T 5440—2009	重覆冰架空输电线路设计技术规程	2009年12月1日	SDJ 84—1988

索　引

内 容 索 引

说 明

本索引是全书条目和条目内容的主题分析索引。索引主题按先数字大小、再字母顺序，最后汉语拼音字母的顺序并辅以汉字笔画、起笔笔形顺序排列。同音时，按汉字笔画由少到多的顺序排列，笔画数相同的按起笔笔形一（横）、丨（竖）、丿（撇）、（点）、㇇（折，包括㇆ ㇄ ㇀等）的顺序排列。第一字相同时，同原则按第二字排列，余类推。

A

B

C

D

F

G

H

J

K

L

M

N

P

Q

R

W

X

Y

Z

《中国电力年鉴》编辑出版人员

责任编辑　肖　兰　邓　春　薛　红
　　　　　岳　璐　穆智勇
封面设计　杨晓东
版式设计　张秋雁
责任校对　刘振英　黄　蓓
出版印制　甄　茁